U0567424

吕思勉读史札记

吕思勉文集

上

上海古籍出版社

圖書在版編目(CIP)數據

吕思勉讀史札記 / 吕思勉著. —上海：上海古籍出版社，2020.3（2025.6重印）

（吕思勉文集）

ISBN 978-7-5325-9462-7

Ⅰ.①吕… Ⅱ.①吕… Ⅲ.①中國歷史—史評 Ⅳ.①K207

中國版本圖書館 CIP 數據核字(2020)第 022301 號

吕思勉文集

吕思勉讀史札記

（全三册）

吕思勉 著

上海古籍出版社出版發行

（上海市閔行區號景路159弄1-5號A座5F 郵政編碼 201101）

（1）網址：www.guji.com.cn

（2）E-mail：guji1@guji.com.cn

（3）易文網網址：www.ewen.co

江陰市機關印刷服務有限公司印刷

開本 890×1240 1/32 印張 47.25 插頁 15 字數 1228,000

2020 年 3 月第 1 版 2025 年 6 月第 3 次印刷

ISBN 978-7-5325-9462-7

K·2763 定價：178.00 元

如有質量問題，請與承印公司聯繫

前　言

吕思勉先生，字誠之，筆名駑牛、程芸、芸等。一八八四年二月二十七日（清光緒十年二月初一日）誕生於江蘇常州十子街的吕氏祖居，一九五七年十月九日（農曆八月十六日）病逝於上海華東醫院。吕先生童年受的是舊式教育，六歲起就跟隨私塾教師讀書，三年以後，因家道中落而無力延師教授，改由父母及姐姐指導教學。此後，在父母、師友的幫助下，他開始系統地閱讀經學、史學、小學、文學等各種文史典籍。自二十三歲以後，即專意治史。吕先生夙抱大同思想，畢生關注國計民生，學習新文化，吸取新思想，與時俱進，至老彌篤。

吕先生長期從事文史教育和研究工作。一九〇五年起開始任教，先後在蘇州東吴大學（一九〇七年）、常州府中學堂（一九〇七年至一九〇九年）、南通國文專脩科（一九一〇年至一九一一年）、上海私立甲種商業學校（一九一一年至一九一四年）等學校任教。一九一四年至一九一九年，先後在上海中華書局、上海商務印書館任編輯。其後，又在瀋陽高等師範學校（一九二〇年至一九二二年）、蘇州省立第一師範學校（一九二三年至一九二五年）、上海滬江大學（一九二五年至一九二六年）、上海光華大學和華東師範大學任教。其中，在上海光華大學任教最久，從一九二六年至一九五一年，一直在該校任教授兼歷史系系主任，并一度擔任該校代校長。一九五一年，高等學校院系調整，光華大學并入華東師範大學，吕先生遂入華東師範大學歷史系任教,被評爲歷史學一級教授。吕先生是教學與研究相互推動的模範,終生學而不厭,誨人不倦。

吕先生是二十世紀著名的歷史學家,對中國古代史的研究,做出了巨大的貢獻,取得了多方面的成就。他在中國通史、斷代史、社會史、文化史、民族史、政治制度史、思想史、學術史、史學史、歷史研究法、史籍讀法、文學史、文字學等方面寫下大量的論著,計有通史兩部:《白話本國史》(一九二三年)、《吕著中國通史》(上册一九四〇年、下册一九四四年);斷代史四部:《先秦史》(一九四一年)、《秦漢史》(一九四七年)、《兩晉南北朝史》(一九四八年)、《隋唐五代史》(一九五九年);近代史一部:《吕著中國近代史》(一九九七年);專著若干種:《經子解題》(一九二六年)、《理學綱要》(一九三一年)、《宋代文學》(一九三一年)、《先秦學術概論》(一九三三年)、《中國民族史》(一九三四年)、《中國制度史》(一九八五年)、《文字學四種》(一九八五年)、《吕著史學與史籍》(二〇〇二年);史學論文、札記及講稿的彙編三部:《吕思勉讀史札記》(包括《燕石札記》、《燕石續札》,一九八二年)、《論學集林》(一九八七年)、《吕思勉遺文集》(一九九七年);以及教材和文史通俗讀物十多種,著述總量超過一千萬字。他的這些著作,聲名廣播,影響深遠,時至今日,在港臺、國外仍有多種翻印本和重印本。吕先生晚年體衰多病,計劃中的六部斷代史的最後兩部《宋遼金元史》和《明清史》,已做了史料的摘録,可惜未能完稿,是爲史學界的一大遺憾。

吕先生治史是從撰寫讀史札記入手的,所寫的札記,承繼了前輩乾嘉學者的治學方法。他嘗自謂:“少時讀史,最愛《日知録》、《廿二史札記》,稍長,亦服膺《十七史商榷》、《癸巳類稿》。今自檢點,於顧先生殊愧望塵,於余家差可肩隨耳。”其所寫札記或考證史實,或訂正文獻,更多的是對史事的分析研究。隨着研究的不斷深入,許多札記都曾一再補充脩改;經過長期積累,札記總量達一百多萬字。吕先生的那些有系統、有分量、有見解的論文、著作,就是在這種堅持不懈、有計劃地閲讀和撰寫札記的基礎上，再加以綜合研究、融會貫通而成的。

吕先生的讀史札記，向來爲學術界所推重。因學界朋友的索求，部分札記曾在報刊雜志上刊出。一九三七年，作者將四十七篇札記編輯成《燕石札記》，由商務印書館出版。五十年代初，爲協助華東師範大學校長孟憲承先生編寫《中國教育史》，吕先生特地對中國教育史的史料作了較系統的整理考訂，寫了許多教育史方面的札記。一九五八年一月，部分教育史方面的札記以及其他札記遺稿共八十二篇編成一册，取名爲《燕石續札》，由上海人民出版社出版。但這些結集出版的札記，衹是吕先生札記的很小一部分。早在一九五七年年底，歷史學家顧頡剛就倡議整理吕先生的遺稿，一九六二年三月，由中華書局上海編輯所發起整理出版吕先生的遺稿，并約請楊寬、唐長孺、湯志鈞、胡道静、李永圻和吕先生的女兒吕翼仁組成吕思勉先生遺著整理小組。由於整理校對及謄寫工作的繁重，吕翼仁又邀請了吕先生的學生陳楚祥、陳祖釐（式圭）兩先生參加協助。至一九六五年，約九十萬字、共五百二十六篇的《吕思勉讀史札記》整理完畢，其中一百二十四篇採自《燕石札記》和《燕石續札》，部分散見於報刊雜志，大部分是未發表過的遺稿。由於“文革”的影響，《吕思勉讀史札記》直到一九八二年纔由上海古籍出版社出版。隨着吕先生遺稿整理工作的深入，部分未收入《吕思勉讀史札記》的已刊和未刊的札記，則分别收入一九八七年上海教育出版社出版的《論學集林》（共一百一十四篇）和一九九七年華東師範大學出版社出版的《吕思勉遺文集》（共八十八篇）中。

由於歷史的原因，已經刊出的吕先生的札記，除了《燕石札記》外，都有程度不同的删節，個别札記曾有較大的删改。爲了使讀者能見到全面、完整的吕先生的讀史札記，這部《吕思勉讀史札記》（增訂本），匯總了吕先生全部的已刊和未刊札記約一百餘萬字，共七百六十二篇。全書仍按歷史時代的順序來編排，共分五帙：甲帙爲先秦部分，乙帙爲秦漢部分，丙帙爲魏晉南北朝部分，丁帙爲隋唐以下部分，戊帙爲通代部分，個別條目較原刊有所分合。删改的部分，現均按原稿加以補全恢復。除訂正了一些訛誤外，其他如習慣用詞、行文遣句、概念術語等，均未作改動。爲便於查考，又爲各篇札記編注了序號，并在目録中篇題後以“*”號多少標注其出處：標*的曾刊布於《燕石札記》，標**的曾刊布於《燕石續札》，以上及未標符號的均曾收入初版的《吕思勉讀史札記》中，共計五百二十六篇；標***的曾刊布於《論學集林》，共計一百一十七篇；標****的曾刊布於《吕思勉遺文集》，共計八十七篇；標*****的爲增補稿，除個别曾刊發於報刊雜志，均爲未刊稿，共計三十二篇。

李永圻　張耕華
二〇〇五年四月

目　録

甲帙　先　秦

〔一〕 盤古考①

今世俗無不知有盤古氏者，叩以盤古事跡，則不能言，蓋其説甚舊，故傳之甚廣，而又甚荒矣。

盤古故事，見於《五運歷年記》者曰："元氣濛鴻，萌芽兹始，遂分天地，肇立乾坤。啓陰感陽，分布元氣，乃孕中和，是爲人也。首生盤古，垂死化身，氣成風雲，聲爲雷霆，左眼爲日，右眼爲月，四肢五體爲四極五嶽，血液爲江河，筋脈爲地里，肌肉爲田土，髮髭爲星辰，皮毛爲草木，齒骨爲金石，精髓爲珠玉，汗流爲雨澤，身之諸蟲，因風所感，化爲黎甿。"據《繹史》卷一引。見於《述異記》者曰："昔盤古氏之死也：頭爲四嶽，目爲日月，脂膏爲江海，毛髮爲草木。秦漢間俗説：盤古氏頭爲東嶽，腹爲中嶽，左臂爲南嶽，右臂爲北嶽，足爲西嶽。先儒説：盤古氏泣爲江河，氣爲風，聲爲雷，目瞳爲電。古説：盤古氏喜爲晴，怒爲陰。吴楚間説：盤古氏夫妻，陰陽之始也。今南海有盤古氏墓，亘三百餘里，俗云：後人追葬盤古之魂也。桂林有盤古氏廟，今人祝祀。"據《漢魏叢書》本。《繹史》無末十一字。見於《三五曆記》者曰："天地混沌

---

① 又名《盤古非磐瓠》。

如雞子，盤古生其中。萬八千歲，天地開闢，陽清爲天，陰濁爲地。盤古在其中，一日九變。神於天，聖於地。天日高一丈，地日厚一丈，盤古日長一丈。如此萬八千歲，天數極高，地數極深，盤古極長。後乃有三皇。”據《繹史》卷一引。案《厄泰梨雅優婆尼沙曇》(Aitareya Upanishad)云：“太古有阿德摩(Atman)，先造世界。世界既成，後造人。此人有口，始有言；有言，乃有火。此人有鼻，始有息；有息，乃有風。此人有目，始有視；有視，乃有日。此人有耳，始有聽；有聽，乃有空。此人有膚，始有毛髮；有毛髮，乃有植物。此人有心，始有念；有念，乃有月。此人有臍，始有出氣；有出氣，乃有死。此人有陰陽，始有精；有精，乃有水。”《外道小乘涅槃論》云：“本無日月星辰，虚空及地，惟有大水。時大安荼生。形如雞子，周匝金色。時熟破爲二段：一段在上作天，一段在下作地。”《摩登伽經》云：“自在以頭爲天，足爲地，目爲日月，腹爲虚空，髮爲草木，流淚爲河，衆骨爲山，大小便利爲海。”《五運歷年記》、《三五曆記》之説，蓋皆象教東來之後，雜彼外道之説而成。《述異記》首數語，即《五運歷年記》之説。秦漢間俗説亦同。此説疑不出秦漢間，任氏誤也。至其所謂先儒説、古説、吴楚間説者，則皆各自爲説，與上諸説不同。

《山海經·海外北經》云：“鍾山之神，名曰燭陰。視爲晝，瞑爲夜。吹爲冬，呼爲夏。不飲，不食，不息；息爲風。身長千里。在無晵之東。其爲物，人面，蛇身，赤色，居鍾山下。”《大荒北經》云：“西北海之外，赤水之北，有章尾山。有神，人面蛇身而赤。直目正乘，其瞑乃晦，其視乃明。不食，不寢，不息。風雨是謁。是燭九陰。是謂燭龍。”此二者即一事，皆謂其身生存，不謂已死，《述異記》所謂先儒説及古説者蓋如此。《路史》謂：“荆湖南北，今以十月十六日爲盤古氏生日，以候月之陰晴。”《初三皇紀》。可見《述異記》所謂古説者流傳之久矣。至其所謂吴楚間説者，則盤古氏明有夫妻二人，與一身化爲萬有之説，尤釐然各别。

盤古即盤瓠之説，始於夏穗卿。見所作《古代史》。予昔亦信之，今乃知其非也。盤瓠事跡，見於《後漢書·南蠻傳》，其説云："昔高辛氏有犬戎之寇，帝患其侵暴，而征伐不克，乃訪募天下：有能得犬戎之將吴將軍頭者，購黄金千鎰，邑萬家，又妻以少女。時帝有畜狗，其毛五采，名曰槃瓠。下令之後，槃瓠遂銜人頭造闕下。羣臣怪而診之，乃吴將軍首也。帝大喜。而計槃瓠不可妻之以女，又無封爵之道，議欲有報，而未知所宜。女聞之，以爲帝皇下令，不可違信，因請行。帝不得已，乃以女配槃瓠。槃瓠得女，負而走。入南山，止石室中。所處險絶，人跡不至。於是女解去衣裳，爲僕鑒之結，著獨力之衣。帝悲思之，遣使尋求，輒遇風雨震晦，使者不得進。經三年，生子一十二人，六男六女。槃瓠死後，因自相夫妻。織績木皮，染以草實。好五色衣服，製裁皆有尾形。其母後歸，以狀白帝。於是使迎致諸子。衣裳班蘭，語言侏離；好入山壑，不樂平曠。帝順其意，賜以名山廣澤。其後滋蔓，號曰蠻夷。外癡内黠，安土重舊。以先父有功，母帝之女，田作賈販，無關梁符傳租税之賦；有邑君長，皆賜印綬，冠用獺皮。名渠帥曰精夫，相呼爲姎徒。今長沙武陵蠻是也。"《水經·沅水注》與此説同而辭較略，云："今武陵郡夷，即盤瓠之種落也。其狗皮毛，適孫世寶録之。"夏氏謂漢族古帝，蹤跡多在北方，獨盤古祠在桂林，墓在南海，疑本苗族神話，而漢族誤襲爲己有。案干寶《晉紀》，范成大《桂海虞衡志》，皆謂"歲首祭盤瓠，雜糅魚肉酒飯於木槽，叩槽羣號爲禮"。《文獻通考·四裔考》引。而今粤西巖峒中，猶有盤古廟，以舊曆六月二日爲盤古生日，遠近聚集，致祭極虔；此予昔所以信夏氏之説也。由今思之，殊不其然。凡神話傳説，雖今古不同，必有沿襲轉移之跡，未有若盤古、槃瓠之説，絶不相蒙者。《後漢書注》云："今辰州盧溪縣西有武山。黄閔《武陵記》曰：山高可萬仞。山半有槃瓠石室，可容數萬人。中有石牀，槃瓠行跡。《水經注》云："武水源出武山。水源石上，有槃瓠跡猶存矣。"今案山窟前有石羊石獸，古跡奇異尤多。望石窟，大如三間屋。遥見一石，仍似狗形，蠻俗相傳，云是槃瓠像也。"《路史·發揮》云："有自辰、沅來者，云盧溪縣之西百八十里，有武山焉。其崇千仞。遥望山半，石洞罅啓。一石貌狗，人立乎其旁，是所謂槃瓠者。今縣之西南三十，有槃瓠祠，棟宇宏壯，信天下之有奇跡也。"《注》云："黄閔《武陵記》云：山半石室，可容數萬人，中有石牀，槃瓠行跡。今山窟前石獸，石羊，奇跡尤多。《辰州圖經》云：隍石窟如三間屋。一石狗形，蠻俗云槃瓠之像。今其中種有四：一曰七村歸明户，起居飲食類省民，但左衽。二曰施溪武源歸明蠻人。三曰山猓。四曰犵獠。雖自爲區别，而衣服趨向，大略相似。土俗以歲七月二十五日，種類四集，扶老攜幼，宿於廟下。五日，祠以牛彘酒鮓，椎鼓踏歌，謂之様。様，蠻語祭也。云容萬人，循俗之妄。"自唐迄宋，遺跡依然，足見《後漢書》所謂槃瓠者，實僅指武山一種落。《後漢書》説雖荒唐，中實隱藏實事。如衣服，居處，語言，俗尚，及中國待之之寬典等。獨力、僕鑒，蓋其衣結之名。精夫之精，義雖難解，夫固漢族稱長上之辭，如大夫，千夫是也。姎徒尤確爲漢語。其事託之高辛者。楚之先，爲高辛火正。楚與吴世讎。吴將軍，蓋本謂吴之將軍。復以槃瓠狗種，稱其人爲犬戎，以冠吴將軍上，遂若吴爲其人之氏族矣。《公羊》言"楚王妻娟"，同姓爲昏，楚蓋自有此俗。《廣韻》獛字注引《山海經》云："獛鉛，南極之夷。尾長數寸。巢居山林。"今經無。《後漢書》述哀牢夷，亦云"衣皆著尾"。濮之先，固亦在荆豫之域，《左氏》："王使詹桓伯辭於晉曰：巴、濮、楚、鄧，吾南土也。"昭公九年。又云"楚子爲舟師以伐濮"，是也。昭公十九年。將軍，戰國後語。金以鎰計，封以户數，亦皆秦漢時制。然則槃瓠傳説，蓋起於楚，而經秦漢後人之改易，所指固不甚廣，其原亦非甚古也。孰與夫盤古之説，東漸吴會，南踰嶺表，且視爲凡生民之始者哉？《路史》又謂會昌有盤古山；湘鄉有盤古堡；雩都有盤古祠；成都、淮安、京兆，皆有廟祀；又引《元豐九域志》，謂廣陵有盤古冢廟；與所謂荆湖南北，以盤古生日候月陰晴者，固與槃瓠渺不相涉。《述異記》謂："南海中有盤古國，今人皆以盤古爲姓。"則盤古亦自有種落，此當與南海之盤古墓、桂林之盤古祠有關。吴楚間盤古之説，蓋亦同出一原。惟本夫妻二人，故有墓；若一身既化爲萬有矣，又何墓之有焉？豈聞創造天地萬物之神，乃待以衣冠爲冢者哉？然其與槃瓠之説，不可緄而爲一，則又無待再計矣。

《路史》又引《玄中記》云："高辛時，犬戎爲亂。帝曰：有討之者，妻以美女，封三百户。帝之狗曰槃瓠，去三月，而殺犬戎，以其首來。帝以女妻之，不可教訓，浮之會稽，東有海，中得地三百里封之。生男爲狗，女爲美人，是爲犬封氏。《玄中》之書，《崇文總目》曰不知撰人名氏，然書傳所引，皆云郭氏《玄中記》，而《山海經注》狗封氏事，與《記》所言一同，知爲景純。"羅氏因謂槃瓠之説，乃因《山海經》而譌。今案《海内北經》云："在崑崙墟北有人曰大行伯，把戈。其東有犬封國。"郭《注》云："昔槃瓠殺戎王，高辛以美女妻之，不可以訓，乃浮之會稽東南海中，得三百里地封之。生男爲狗，女爲美人。是爲狗封之民也。"又曰："犬封國曰犬戎國。狀如犬。有一女子，方跪進杯食。有文馬，縞身朱鬣，目若黄金，名曰吉量。乘之壽千歲。"《注》云："黄帝之後卞明，生白犬二頭，自相牝牡，遂爲此國，言狗國也。"郭《注》又云："《周書》曰：犬戎文馬，赤鬣白身，目若黄金，名曰吉黄之乘。成王時獻之。《六韜》曰：文身朱鬣，眼若黄金，項若雞尾，名曰雞斯之乘。《大傳》曰：駮身朱鬣雞目。《山海經》亦有吉黄之乘壽千歲者。惟名有不同，説有小錯，其實一物耳。今博舉之，以廣異聞也。"《大荒北經》云："大荒之中，有山名曰融父山，順水入焉。有人，名曰犬戎。黄帝生苗龍，苗龍生融吾，融吾生弄明，弄明生白犬，白犬有牝牡，是爲犬戎。"《注》云："言自相配合也。"案郭注《海内北經》之犬戎，即本《大荒經》爲説。《書大傳》所云犬戎文馬，即散宜生取之以獻紂者，其爲西北之國可知。《海内北經》"犬封國曰犬戎國"，曰上當有奪字。《經》本不以犬封、犬戎爲一，《注》意尤皎然可明，謂其由一説傳譌，似近武斷。會稽海中，不知果有槃瓠傳説否？即使有之，亦武山種落，播越在東，或則東野之言，輾轉傳布；要不容與盤古之説并爲一談也。

《路史》又引《地理坤鑑》云："盤古龍首人身。"《地理坤鑑》，非必可信之書，然小道可觀，其言亦時有所本。《魯靈光殿賦》曰："圖畫天地，品類羣生。雜物奇怪，山神海靈，寫載其狀，託之丹青。千變萬化，事各繆形。隨色象類，曲得其情。上紀開闢，遂古之初。五龍比翼，人皇九頭。伏犧鱗身，女媧蛇軀。"李善注："《列子》曰：伏羲、女媧，蛇身而人面。"又云："《玄中記》曰：伏羲龍身，女媧蛇軀。"畫壁之技，必自古相傳，匪由新創。古帝形貌，皆象龍蛇，則以文明肇啓，實在江海之會也。會稽、南海，皆尊盤古，固其宜矣。是其年代，必遠在高辛之前，安得與槃瓠之説并爲一談邪？

原刊一九三七年八月十一日《時事新報》副刊"古代文化"第二十一期；一九三九年四月改定，收入《古史辨》第七册

〔二〕　古史時地略説上

古史者，史之闕誤最甚者也，得史前史以相證補，爲益可謂弘多。然史前史之年代，遠較古史爲長；其地域，亦遠較古史爲廣；不審所欲補證者，略在何時何地，而貿然引古跡以相明，則謬矣。如今人或以周口店之遺跡與伏羲氏事相傅會是也。然則欲治古史，不可不先審其所述者略爲何時何地之事明矣。然一言及此，人必以爲甚難，以古史所述，二者皆極茫昧也。

試論其時。最使人遑惑者，爲其所説年代之長。《廣雅・釋天》曰："天地辟設，人皇以來，至魯哀公十有四年，積二百七十六萬歲，分爲十紀。"司馬貞《補三皇本紀》曰："《春秋緯》稱自開闢至於獲麟，凡三百二十七萬六千歲，分爲十紀。"豈不使人驚怖其言，若河漢而無極？今案將古史年代説至極長者，其説皆出緯候；而其所借資者，則爲曆法。《續漢書・律曆志》載靈帝熹平四年蔡邕議曆法：謂《元命苞》、《乾鑿度》皆以爲開闢至獲麟二百七十六萬歲。三統曆以十九年爲章，四章七十六年爲蔀，二十蔀千五百二十年爲紀，三紀四千五百六十年爲元。二百七十五萬九千二百八十者，一元與六百十三相因

之數。《路史·餘論》引《命曆序》，謂自開闢至獲麟三百二十七萬六千歲。《漢書·王莽傳》：莽改元地皇，從三萬六千歲曆號也。三百二十七萬六千者，三萬六千與九十一相因之數也。蓋是時之人，以一切演進之跡，皆爲兩間自然之運，而古書述諸演進之跡者，悉傳諸帝王一人之身，緯説好爲侈大，乃借資曆法，假設一天地闢設之年。而以古書中諸帝王分隸其後，則其歷時不得不極長。如《禮記》大題《正義》引《易緯通卦驗》云："遂皇始出握機矩。"注云："遂人在伏羲前，始王天下也。"又引《六藝論》云："遂皇之後，歷六紀九十一代至伏羲。"譙周《古史考》："遂人，次有三姓至伏羲。"《曲禮正義》引譙周云："伏羲以次，有三姓始至女媧，女媧之後五十姓至神農，神農至炎帝一百三十三姓。"《祭法正義》又引《命曆序》云：炎帝傳八世，合五百二十歲；黄帝傳十世，二千五百二十歲；《校勘記》云："監、毛本同，閩本二千作一千，惠棟校宋本同。"少昊傳八世，五百歲；顓頊傳二十世，三百五十歲；帝嚳傳十世，四百歲；則是物也。知其所由來，則知此説原屬假設，本不能據爲典要，亦無人據爲典要，可以置諸不論也。此説雖荒唐，亦有一用處，樹立古史紀年之法是也。史有確實之紀年甚遲，而治古史者所欲求則甚遠，不必史前史，即昔人之所著，其去確實之紀年亦遠矣。以確實之紀年爲元，自此以前，不得不逆計，究極不便。假設一較遠之年爲元，則此弊免矣。

古史所言古人年壽，亦不足據。《大戴記·五帝德》："宰我問於孔子曰：昔者予聞諸榮伊言：黄帝三百年，請問黄帝者人邪？抑非人邪？何以至於三百年乎？孔子曰：生而民得其利百年，死而民畏其神百年，亡而民用其教百年。"榮伊之言，固不近情；孔子之言，亦豈中理？今案古人述人事跡，大抵先定其壽爲百年，乃以其事分隸之。《史記·五帝本紀》言："堯立七十年得舜，辟位凡二十八年而崩。""舜年二十以孝聞。年三十，堯舉之。年五十八，堯崩。年六十一，代堯踐帝位。踐帝位三十九年，南巡狩，崩於蒼梧之野。"古四十而仕，過三十即可言四十，故舜以三十登庸。相堯歷一世，中苞居喪二年，則踐帝位必六十一。自其翼年起計，在位三十九年，適百歲也。然如此,則堯衹得九十八,故又有爲之彌縫者。《詩·生民疏》引《中候握河紀》云“堯即政七十年受河圖。《注》云或云七十二年”是也。此舉其立説最密者,餘類此者尚多。《書·無逸》言殷高宗享國五十有九年,《石經》殘碑作百年。《吕刑》言穆王享國百年,《史記·周本紀》云:“穆王即位春秋已五十矣。”又云:“穆王立五十五年崩。”言百年者皆舊説也。《禮記·文王世子》:文王謂武王曰:“我百,爾九十,吾與爾三焉。”亦以文王之年爲百歲也。此蓋古人好舉成數之習?《漢書·律曆志》譏張壽王言舜、禹年歲不合人年,此亦不免焉。然較諸緯説之弘大不經,相去已不可以道里計矣。

史事不能臆説,亦不能憑記憶以約略言之,故前二説皆不足用。求可信者,必資記載。記載爲史官之職。古代史籍傳諸後世,可爲考校年代之資者,“譜諜獨記世謚”,《史記·十二諸侯年表》語。爲用最微。記言之史,或具一事之年月,而前後不能貫串。惟記事之史,多用編年之體,有歷時甚久者,傳之於後。古史之年代,固可大詳,即或不然,亦可以諸國之史,互相校補,其爲用誠甚大也。《漢書·律曆志》曰:“《春秋》、《殷曆》,皆以殷、魯自周昭王以下無年數,故據周公、伯禽爲紀。”即以各國之史互相校補也。《史記·六國表》曰:“秦既得意,燒天下《詩》《書》,諸侯史記尤甚,爲其有所刺譏也;《詩》《書》所以復見者,多藏人家,而史記獨藏周室,以故滅。惜哉!惜哉!”此周室二字,當苞諸侯之國言,乃古人言語以偏概全之例;非謂周室能徧藏各國之史也。秦人焚書,於凡《詩》《書》,關係實淺。自漢以降,更無祖龍,而諸史《藝文》、《經籍志》所載之書,皆佚多存少,果何往哉?惟史記在秦時爲官書,使無祖龍之焚,漢代所存,決不止此。考證之方,愈後愈密,史籍之存者多,古史年代之詳明,亦必不止如今日矣,誠可惜也。《史記·三代世表》曰:“自殷以前諸侯不可得而譜,周以來乃頗可著。”此所據者爲譜諜。又曰:“孔子因史文次《春秋》,紀元年,正時日月,蓋其詳哉。”此所據者,爲編年之史。又曰:“至於序《尚書》則略,無年月;或頗有,然多闕,不可録。故疑則傳疑,蓋其慎也。”此所據者,則記事之史也。《史記》紀年起於共和,早於《春秋》所託始者百十有九年。《韓非子·説難》曰:“《記》曰:周宣王以來,亡國數十,其臣弑君而取國者衆矣。”《記》謂史記,云周宣王以來,蓋所見者止此。宣王元年,後於共和者十有四年。足見諸家所考得之年代,大略相近,然非此之外遂無可考也。《三代世表》又曰:“余讀諜記,黄帝以來皆有年數。稽其曆譜諜終始五德之傳,古文咸不同,乖異。夫子之弗論次其年月,豈虛哉?”此即《十二諸侯年表》所謂“曆人取其年月,數家隆於神運,譜諜獨記世謚”者。譜諜即《世表》所著。數家隆於神運,《表》言“漢相張蒼,曆譜五德”,是其一事。曆人取其年月,若張壽王者即其一人。其所言者固未必可信,然合多種記載,以天象人事互相校勘而求其年,其法固不可謂誤。不能因用之者之不善,并其法而抹殺之。安得謂夫子所弗論次者,遂終於不可論次哉? 劉歆所作《世經》,蓋用此法之較善者,觀其所言與古人所傳之都數略相符合可知。《孟子·公孫丑》下篇曰:“五百年必有王者興”,“由周而來七百有餘歲矣。”《盡心》下篇曰:“由堯、舜至於湯,五百有餘歲;由湯至於文王,五百有餘歲;由文王至於孔子,五百有餘歲;由孔子而來,至於今,百有餘歲。”《韓非子·顯學》篇曰:“殷、周七百餘歲,虞、夏二千餘歲。”樂毅報燕惠王書稱昭王之功曰:“收八百歲之畜積。”其説皆略相符合。古人言數,固不審諦,然於其大致,則衆相傳,必不致大謬也。然則其所推得唐七十、虞五十、夏四百三十、殷六百二十九、周八百六十七,合二千有四十六年者,與實際相去,必不能甚遠也。《續漢書·律曆志》:安帝時,尚書令忠,訾歆横斷年數,損夏益周,考之表紀,差繆數百。此不必非歆之誤,然論無紀年之古史,而所差不過數百,已不爲大誤矣。

然即譜諜亦非絶不足用。何者? 人壽長短,自有定限,苟能知其世次之相承,自可推見其年歲之大略,此《世表》所由作也。古代列國譜諜已多無存,故《世表》所次,僅在共主。以後世之事況之,自夏以後,猶元自仁宗以後也;五帝之世,則自成吉思汗至武宗之比也;自此以前諸帝王,則如哈不勒、忽都剌之偶一出現矣。但知哈不勒、忽都剌,誠無從推測其年代;自成吉思汗至武宗,則雖紀年之史料盡亡,仍可據人壽之定限,以爲推測之資也。億定人壽爲百年,誠不可信。然所假定爲百年者,其壽及其執政之時,均不能甚短,則理無可疑。然則黄帝、高陽、高辛三世,假定其在位之年各爲古人所謂一世,似不嫌多,然則三帝合爲九十年,以與二千又四十八年相加,凡得二千一百三十八。自此以上,帝王之名,多出讖緯既興之後,有無殊不可知。

即謂可信其有，亦或同時并立，而非前後相承，古各地方演進之深淺不同，故其人之見解新舊亦互異。如許行見解即甚陳舊。蓋其所爲之神農之言，流行於僻陋之區也。使非見於孟子書，著於孟子與其弟子辯論之語，人將疑其不出戰國時矣。然則儒家所言三代之法，夏不必不出於杞，商不必不出於宋，周不必不出於魯，亦或同時并立，非必前後相承也。誠以闕疑爲是。然其事跡符合於社會演進之序者，其人亦決非子虚。儒家以遂人、伏羲、神農爲三皇，而韓非子以有巢氏與遂人氏并舉，《五蠹》。《莊子·盜跖篇》以知生之民與有巢氏之民并舉，"知生"亦即遂人氏也。於行事當有所見，則亦哈不勒、忽都剌之比矣。其人不必同部，然究非如五帝之身相接，則更延長其所占之年，謂其各歷百年，亦不爲過，則合二千一百三十八年，當得二千五百三十八年矣。自周之亡至於今，又歷二千二百有餘歲。然則謂中國古史，始於距今四千五百年至五千年之間，雖不中，當不遠也。

論地域亦有大略可言。東西洋之文明，緣起與傳播皆異。西洋開化，起於歐、亞、非三洲之交，幅員較廣，地形亦較錯雜，故其文化亦多端。希臘、希伯來之異轍，即其顯而易見者也。東洋則中國，蓋其緣起於江河下流，幅員較小，地形亦較畫一。故論中國文明肇基何地乎，溯諸邃古殊難質言，若求諸四五千年之前，則初不難斷。人事可以亟更，法俗不能驟變。古代風俗：食以魚與植物爲主；衣以麻、絲，裁制寬博；居則以上棟下宇，革陶復陶穴之風；錢幣以貝爲主；宗教敬畏龍蛇；皆足證其起於巨川下流與海交會之地，此固世界各國之所同也。古帝王都邑之可考者，始於黄帝邑於涿鹿之阿。以史稱其與炎帝戰於阪泉，又與蚩尤戰於涿鹿，有戰事相證，非如泛言丘邑、陵墓者，可以信口開河也。涿鹿、阪泉，實即一役；蚩尤、炎帝，亦即一人；予别有考。論其地，則服虔謂在涿郡，張晏、皇甫謐謂在上谷，《史記·五帝本紀集解》引。皆以漢世郡縣名相附會，不足據。紂都朝歌，其游樂之地在於沙丘，蓋即武王克殷後狩禽之所。見《周書·世俘》。爾時尚爲獸蹄鳥跡所萃，安得黄帝時乃爲名都？《太平御覽·州郡部》引《帝王世紀》曰："《世本》云：涿鹿在彭城南。"《世本》古書，較可信據，則涿鹿實在今銅山附近也。《史記·五帝本紀》言:“嫘祖爲黄帝正妃,生二子,其後皆有天下:其一曰玄囂,是爲青陽,青陽降居江水;其二曰昌意,降居若水。昌意娶蜀山氏女曰昌僕,生高陽。”古南方之水皆稱江。《殷本紀》載《湯誥》曰:“東爲江,北爲濟,西爲河,南爲淮。四瀆已脩,萬民乃有居。”可見古所謂四瀆者,特就所居附近之水言之,如宋代之有四河耳。若水,《水經》謂出旄牛徼外,至朱提爲瀘江,乃以蜀山之蜀爲後世巴蜀之蜀,致有此誤。《吕覽·古樂》曰:“帝顓頊生自若水,實處空桑,乃登爲帝。”《山海經·海内經》曰:“南海之内,黑水、青水之間,有木曰若木,若水出焉。”《楚辭·離騷》曰:“飲余馬於咸池兮,總余轡乎扶桑。折若木以拂日兮,聊逍遥以相羊。”《説文·叒部》:“叒,日初出東方湯谷。所登榑桑。叒木也。”王棻友曰:“《石鼓文》有[illegible]字,蓋叒本作[illegible]。……若字蓋亦作[illegible],即[illegible]之重文。加凵者?如𣡌字之象根形。是以《説文》之叒木,他書作若木。蓋漢人猶多作[illegible]。是以八分桑字作桒,《集韻》、《類篇》:桑古作[illegible]。《説文》收若字於艸部,从艸右聲,亦似誤。”此説甚精,若水實當作桑水。《東山經》曰:“《東次二經》之首曰空桑之山,北臨食水。”又曰:“《東山經》之首曰樕螽之山,北臨乾昧,食水出焉,而東北流注於海。”空桑即窮桑,其地當近東海也。《周書·史記》曰:“昔阪泉氏用兵無已,誅戰不休,并兼無親,文無所立,智士寒心,徙居至於獨鹿。諸侯叛之,阪泉以亡。”獨從蜀聲,蜀山即獨鹿之山,亦即涿鹿之山也。《御覽·州郡部》又引《帝王世紀》,謂堯之都後遷涿鹿,《世本》謂在彭城,而孟子以舜爲東夷之人,則五帝實迄未易地也。然漢族之肇基,尚不在是。《爾雅·釋言》曰:“齊,中也。”《釋地》曰:自齊州以南戴日爲丹穴,北戴北極爲空桐,東至日所出爲太平,西至日所入爲大蒙。可見華族古代自稱其地曰齊州。濟水蓋亦以此得名。《漢書·郊祀志》曰:“昔三代之居,皆在河洛之間,故嵩高爲中嶽,而四嶽各如其方。”不居河洛之間,嵩高自非中嶽。《釋地》又曰:“中有岱嶽。”其初蓋以泰岱爲中,故封禪告成功者必於是也。古稱異族曰夷、蠻、戎、狄,特以方位言之,若論民族,則東與南,西與北其實是一。故《禮記·王制》:"東方曰夷,被髮文身。"此被髮之被,爲髲之借字。下西戎被髮之被,爲辮或作編之借字。"南方曰蠻,雕題交趾。"同不火食。"西方曰戎,被髮衣皮。""北方曰狄,衣羽毛穴居。"同不粒食。法俗不能驟變,前已言之。古於髮飾甚嚴。北人辮髮,南人斷髮,中原束髮,恰成三派。南方之民,古稱曰越,即後世之馬來人。蓋在江淮之域,居漢族之南。河濟之間,直北爲海,向西北則地較荒寒,故其開拓南向,至彭城附近,而與越人遇。三苗實居前行。俘其文身之人,則以爲奴隸。其後本族之有罪者,以爲奴,儕諸異族,即以異族之飾加之,黥刑於是乎興。抑古之刑施諸本族者,本不虧體。至於虧體者,非降敵即間諜。其人既以異族自居,則亦以遇異族之道遇之,此五刑之所由作。中國奴隸社會究起迄於何時,今日尚無定論。三苗其奴隸社會歟?古書傳其事跡多侈而虐,其以是歟?然三苗在當日,實未因俘翦越人而獲利,而轉以其侈而虐,爲姬姓所敗焉。然姬姓亦未能據姜姓之地,終乃并其故居之地而棄之。何哉?古書所言禹治水之事,若《禹貢》等,什九皆出傅會,此在今日,事極易見。禹自道之辭曰:"予決九川,距四海,濬畎、澮,距川。"《書·皋陶謨》,今本《益稷》。海爲夷蠻戎狄謂之四海之海,川爲自然水道,畎、澮則人力所成也。孔子之稱禹曰:"卑宫室而盡力乎溝洫。"《論語·泰伯》。真實史跡之可考者,如此而已。然自禹以降,遂不聞更有水災,而使後之人興微禹其魚之歎者,何哉?自黄帝至舜,皆居彭城,而《周書·度邑》曰:"自洛汭延於伊汭,居易無固,其有夏之居。"《史記·周本紀》:伯陽父謂"伊洛竭而夏亡",《左氏》言羿"因夏民以代夏政"。襄公四年。而《楚辭·天問》曰:"帝降夷羿,革孽夏民。胡射夫河伯而妻彼雒嬪?"皆以夏在河洛之域,何哉?累世沈災,實非一時所克濬。自禹以降,蓋稍西遷以避之。舊居之地,水災深,水利亦饒,水利饒則耕作不待加功,而流於怠惰;水災深,人力又無所施。而新遷之地,則適與相反,故其孟晉,反出舊居之上。西遷以後,故居之地,雖有水患,載籍無傳,歷久亦遂忘之,此後之人所以有微禹其魚之歎也。晉之先爲唐國,周公滅之,以封叔虞。《史記·吴世家》曰:"自太伯作吴,五世而武王克殷,封其後爲二:其一虞,在中國;其一吴,在夷蠻。十二世而晉滅中國之虞。中國之虞滅二世,而夷蠻之吴興。"此中虞、吴,當本同字,故以中國、夷蠻别之。北方之虞,初蓋舜後所居也。《國語·晉語》曰:"昔少典娶於有蟜氏,生黄帝、炎帝。黄帝以姬水成,炎帝以姜水成,成而異德,故黄帝爲姬,炎帝爲姜,二帝用師以相濟也。"《水經·渭水注》:"岐水東逕姜氏城南爲姜水。"阪泉、涿鹿,皆在東方,炎帝所長之姜水,決不能在岐下,蓋其西遷後嘗居於是耳。然則遷三苗於三危,亦非必盡出迫逐,蓋亦因其自遷。後世申、吕、齊、許之祖,皆在西方,亦由是也。《易·繫辭傳》言神農氏"日中爲市",而《吕覽·勿躬》云"祝融作市",蓋即一事,傳者異辭。祝融蓋即遂人氏之族,其大者如大彭、偪陽、鄒、莒皆在東方,而西遷之芈姓尤大。芈姓初與鬼方爲昏,鬼方蓋即紂時之九侯,《文王世子》"西方有九國焉"之九國,《詩》"我征自西,至於艽野"之艽野。宋于庭説,見《過庭録》。然則古代自東徂西之族多矣。要之自黄河下流,上溯至涇渭之間,南薄江、漢、淮水,則中國古史所及之區域。其遠於此者,縱有傳聞,必不審諦。睹《紅崖刻石》而以爲殷高宗伐鬼方紀功之辭,則不必審其文字之爲真爲僞,舉其地而已知其非古人遠跡所至矣。

原刊《華東師範大學學報》一九五七年
第四期,一九五八年八月出版

〔三〕　古史時地略説下

予作《古史時地略説》,述古事止於夏初,以自此以降,史事稍已明白,不待辭費也。然古代西遷之一支,與留居舊地者,彼此之間,似頗有隔礙,久之而後消釋浄盡,則治古史之家,能留意及此者甚鮮。今故不憚辭費,更陳其略焉。

夏室自啓一傳，即有五觀之亂。《周書·嘗麥》曰：“其在殷之五子，此即後來盤庚所居。《書·盤庚疏》引鄭玄曰：“商家自徙而號曰殷。”蓋其地本名殷也。忘伯禹之命，假國無正，用胥興作亂，遂凶厥國。皇天哀禹，賜以彭壽，思正夏略。”彭壽蓋即舜時之彭祖，以其壽考而稱之。夏室西遷，彭城之地，蓋爲彭祖所據，其後遂爲大彭，東方之名國也。然雖有此相扶翼，仍無救於羿、浞之亂。羿、浞之事，見於《左氏》襄公四年、哀公元年。杜《注》釋其地多在今山東，其説殊不足信。古事傳諸後世者，多出春秋、戰國時人，必以其時之地名述古事。后羿自鉏遷於窮石，《路史·國名紀》作耝，謂耝即《左氏》襄公十一年城柤之柤。案《左氏》襄公十一年無城柤者，於十年有會吴于柤，《路史》引蓋有誤。又謂安豐有窮谷、窮水，即《左氏》昭公二十七年楚師救潛與吴師遇處，爲羿之故國。其説殊較杜《注》爲勝。又云羿偃姓，《世紀》云：“不聞其姓，失之。”《路史後紀》卷十四《夷羿傳》。案《水經·河水注》：大河故瀆，“西流逕平原鬲縣故城西。”《地理志》曰：“鬲津也。故有窮后羿國也。”應劭曰：“鬲，偃姓，皋陶後。”羅説蓋本諸此。謂窮在平原不足信，以鬲爲偃姓，當有所受之。羿亡而靡奔有鬲氏，蓋欲藉其同姓之力，爲之復讐。其後顧立少康者，蓋以羿身死世殄，無可扶翼。靡固有窮氏之忠臣，非夏后氏之遺老也。《史記·夏本紀》曰：“帝禹立而舉皋陶薦之，且授政焉，而皋陶卒，封皋陶之後於英、六，或在許。而後舉益任之政。”然則因夏民以代夏政者，正是次當代爲共主之族，與夏相干。東方諸族之聲勢，猶可想見。少康光復舊物後，夏室仍寂寂無聞。安知東方不有名族，爲諸侯所歸往，特因其事無傳，而夏室譜諜，未盡亡佚，遂若其王位相承勿替邪？

契封商，鄭玄云：“國在大華之陽。”《書·帝告序疏》引。與《史記·六國表》以湯起於亳，與禹興於西羌，周以豐鎬伐殷，秦用雍州興，漢之興自蜀漢并舉者，頗相符合。《中候雒予命》謂天乙在亳，東觀於洛，《詩·玄鳥疏》引。其説亦同。然古人言古事，信口開河者甚多，正未可據爲典要。《史記·封禪書》載公孫卿言黄帝事，最使人讀之發笑。其實古人之言，如此者甚多。湯所居,《管子·地數》、《輕重甲》、《荀子·議兵》、《吕覽·具備》、《墨子·非攻下篇》皆作薄,惟其《非命上篇》及《孟子》書作亳。薄、亳蓋古今字。釋爲漢之薄縣者自是。《具備》篇曰:"湯嘗約於郼、薄矣。"《慎大覽》曰:"湯立爲天子,夏民大説。親郼如夏。"則郼亦湯所嘗居。此即《詩》"韋顧既伐"之"韋",釋以《續漢志》東郡白馬縣之韋鄉,亦當不誤。湯始征自葛載,其地自在東方。《慎大覽》又曰:"末嬉言曰:今昔天子夢西方有日,東方有日,兩日相與鬬,西方日勝,東方日不勝。故令師從東方出於國西以進。"則湯在伐桀時,兵力已軼夏都而西。而克桀之後,"作宫邑於下洛之陽",《春秋繁露·三代改制質文》篇語。則正夏所居河洛之域也。後世都邑屢遷,迄在今河南北境大河西岸。故居之勢力,可謂深入新遷之地之中心矣。然新遷之前茅,則初不止此。洛陽,"其中小,不過數百里,田地薄",張良語,見《史記·留侯世家》。實非移殖最佳之境。新遷者既至此,必更渡河西北上。則自至河汾下游,更西渡津浦,則入渭水流域矣。此周人西遷之所届也。渭水流域,地廣而腴,此周之所以强,能還滅殷也。

然牧野之戰,周雖勝殷,初未能據有其地,故仍以之畀武庚,特命管叔居東監之,又據洛邑,使聲援連接耳。武王崩,管叔以殷叛,果與周公不協,而認敵爲友邪?抑爲武庚所脅邪?事不可知。設使其事有成,必不能以管叔代周公,而將爲武庚之光復舊物,則殆無可疑。何則?東方諸國皆助殷,莫助周也。然周人當日兵鋒蓋甚鋭,而東方諸國皆小,《孟子·滕文公》下篇言周公滅國者五十。《周書·作雒解》言凡所征熊、盈族十有七國。惟國小,故國數多也。盈即嬴。故不能終與之抗。周既得志,營洛邑以臨東諸侯。又封魯於奄,太公於爽鳩氏故居,以控制未西遷時之舊地。新國之聲威,至斯可謂極盛。然東方之地,不久仍有起與之抗者,徐偃王是也。偃王之抗周,《史記·秦本紀》、《趙世家》皆云在穆王時,惟《古史考》謂與楚文王同時,見《史記正義》。其説蓋不足據。《後漢書·東夷傳》云:"徐夷僭號,乃率九夷以伐宗周,西至河上。穆王畏其方熾,乃分東方諸侯,命徐偃王主之。偃王處潢池東，地方五百里，行仁義，陸地而朝者三十有六國。穆王後得驥騄之乘，乃使造父御以告楚，令伐徐，一日而至。於是楚文王大舉兵而滅之。偃王仁而無權，不忍鬭其人，故致於敗。乃北走彭城武原縣東山下。百姓隨之者以萬數，因名其山爲徐山。”此説與《史記》所本頗同，其説自難盡信。然與《禮記·檀弓》徐容居謂“昔我先君駒王西討濟於河”者相合。其人其事，必非子虛，蓋周公雖滅奄，據《書·費誓》，魯公亦嘗大征淮夷、徐戎，然於奄則魯據之，於徐則初未能據有其地，故閲時而復盛也，然是時東方之文明，已稍落西方之後，非復夏殷間比。故留處之徐，卒爲遷居之楚所敗，然東西相争之形勢仍存，故徐甫敗而齊又繼之而起焉。敵盡而我所資以防敵者，即起而與我争，亦猶漢世異姓諸侯盡而所患者即在吴楚也。世豈有能以一手把持天下者哉？

春秋之世，争霸者爲何方之國乎？曰：南方與北方之國也。南北之名國誰乎？曰南爲楚，北爲晉。此人人所能言，且以爲無疑義者也。非也，南北之争實不如東西之争之烈。何也？案春秋之世，首創霸業者爲齊桓公。齊桓公之得國，在入春秋後三十七年。是時秦尚未盛，晉初興，旋困於内亂，與齊争霸者，惟楚而已。入春秋後六十七年，齊桓公合諸侯於召陵以擯楚，楚服。後十三年入春秋後八十年。而卒，諸子争立，霸業遽隳，宋襄公欲繼之，而爲楚所敗。此猶楚之與徐，固純然東西之争也。入春秋後九十一年，晉文公起，敗楚於城濮。自此西方之國，復分爲南北，歷邲之戰、入春秋後百二十六年。鄢陵之戰、入春秋後百四十八年。蕭魚之會，入春秋後百六十二年。至入春秋後百七十七年，宋向戌爲弭兵之會，而其争始稍澹焉，前後幾九十年，似烈矣。然齊自桓公死後，閲三十七年，頃公立，即復欲圖霸。以徒勇故，有鞌之敗。入春秋後百三十四年。頃公歸國後，七年不飲酒，不食肉，國亦復安，入春秋後百四十一年卒，子靈公立，繼父之志，與晉争。入春秋後百六十八年，晉合諸侯圍之。就《左氏》所載觀之，晉兵勢似甚盛，然《公羊》謂其實未圍齊，則《左氏》之言，不足信也。靈公亦好勇，明年見弑。子莊公立，性質復與父祖同。然入春秋後百七十三年，乘晉有欒氏之亂，出兵伐之，上太行，入孟門，張武軍於熒庭，其兵威或轉有勝於晉圍齊之役也。後二年，入春秋後百七十五年。又見弑，弟景公立。景公之爲人，蓋多欲而侈，故不克大成霸業，然非如頃、靈、莊三世之徒勇，故其國勢反較强。其季年，鄭、衛景從，援范、中行氏以敵趙氏。雖竟未有成，然晉之爲所苦亦甚矣。齊晉之争，始頃公之立，至獲麟之歲，田常執齊政，懼諸侯討之，脩四境之好，乃西約韓、魏、趙氏，前後幾百三十年，實較晉楚之争爲久也。

抑不僅此也。晉楚之争至弭兵之會而澹，而其因此而挑起之吴越，則轉代齊而爲東海之表焉。東方名國，奄滅之後惟徐。然自此以南，諸小邦蓋甚衆。徐偃王敗後，楚之聲勢，蓋益東漸。齊桓公蓋欲收率之以翦楚之羽翼，故召陵會後，濱海而東，陷於沛澤之中，受創頗巨，然其志殊未已，故頻年仍有事於東。徐固大國，蓋亦思倚齊以與楚抗，是以有婁林之役。入春秋後七十八年。經略未竟，齊桓遽逝。爾後齊與楚無争，而晉代之。晉蓋鑒於徐距中原較遠，齊桓公欲援之而無成，故不復援徐以敵楚，惟思通吴以犄楚後而已。然其收效，反遠較援徐爲大，則世運日進，東南方之開化爲之也。通吴之役，據《左氏》在入春秋後百四十七年。至二百十七年而有柏舉之役，吴自此轉鋒北向。至二百三十七年而有艾陵之役，其兵鋒復轉而西。至二百四十一年而有黄池之會，吴爲東方之大長，以屈西方之霸主矣。而睦於楚之越復犄吴後。至入戰國後八年，吴遂爲越所滅。越既滅吴，遷居琅邪，與齊晉會於徐州，而自齊頃公以來，東方與西方争霸之局，至此而告成。

吴、越晚起，國力不如齊楚之堅凝，故越自句踐而後，不聞其與大局有關。《越絶書・外傳・記地傳》稱句踐爲大霸，以下諸君但皆稱霸。大霸蓋能號令中原；但稱霸者，則如秦霸西戎，但爲一方之長而已。戰國時之形勢，仍爲齊、秦、楚及三晉所左右。新興之北燕，關係亦較微焉。齊、秦、楚、三晉中，首起稱霸者爲楚悼王。嘗伐周、圍鄭、伐韓、取負黍。後三晉敗之大梁、榆關，乃厚賂以與秦平。春秋時，晉、楚搆兵，皆因争與國而起，逕相攻擊之事甚少，至楚悼王乃異是。雖竟喪敗，固猶遠在敵境也。楚悼王之立，在入戰國後七十九年，其卒適在其百年，楚自此衰，而三晉中之魏崛起。然其兵鋒非向齊、燕、秦、楚，乃爲同出自晉之趙。入戰國後百二十八年，魏惠王攻拔邯鄲。齊威王救趙，敗魏於桂陵。明年，秦乘機取魏安邑。又明年，魏乃不得已而歸趙邯鄲。入戰國後百三十八年，齊威王卒，子宣王立。明年，魏爲逢澤之會。《戰國策・魏策》言其乘夏車，稱夏王，朝天子，天子皆從。《齊策》言魏拔邯鄲，又從十二諸侯朝天子，其聲勢仍極赫奕。魏蓋因此以爲齊、秦皆服，又明年，復起兵以伐趙。韓救之，不克，與趙皆委國於齊。齊出兵援韓趙，魏亦大起兵以逆之，然大敗於馬陵，長子死焉。三晉中韓本較弱小，趙所圖亦在北，胡地中山。魏既敗，不復能問鼎中原，三晉遂微，而齊、秦、楚并盛。入戰國後百五十七年，齊宣王卒，子湣王立。百六十三年，東方諸國合從以攻秦，楚懷王爲從長。此役未知緣何而起，要是東方諸國輕視秦國之舊習；非如後人所傅會，秦有獨雄之勢，故合從以擯之也。楚懷王之爲人，蓋極昏亂，故有張儀欺楚絶齊之舉，終至與秦搆釁，再戰皆北，天下之重乃歸於齊、秦。入戰國後百八十二年，懷王爲秦所劫，齊歸其太子頃襄王。明年，齊、韓、魏擊秦，敗其軍於函谷關。越二年，入戰國後百八十五年。懷王卒於秦。齊與韓、魏、趙、宋、中山共攻秦，蓋亦藉口於抑强扶弱。然後四年，入戰國後百八十九年。楚卒迎婦於秦，則可見秦雖欺而齊彌不易與也。入戰國後百九十三年，齊稱東帝，秦稱西帝。雖旋去之，然是時七國已分二等，齊、秦爲上，餘五國次之，則形勢可見矣。齊長東方，古來所稱爲文物之地，其聲威自更出秦上。然齊結怨太多，後四年，入戰國後百九十七年。爲燕所破，自此秦遂獨强，無能與之競者矣。戰國起獲麟之明歲，訖秦滅齊，凡二百六十年。其初百年，除楚崛起於其末年外，猶是春秋時之舊形勢。中百年初爲齊魏争霸，次則齊秦争霸；至末六十年，乃成秦人獨雄之局，固猶是東西之争也。觀其結局，西卒成而東卒敗，似誠有如

《史記·六國年表》所云:“作事者必於東南,收功實者常於西北”者。然其後項籍用江東之衆,則吴越之民也。劉邦起於豐沛,則淮徐之地,亦可云東卒成西卒敗也。從古東西相争之局,固當至秦亡而後結,不當於秦滅六國時。何也?一統之局始於秦,實定於漢也。

東西相争,歷如是之久者何歟?豈其民族固有異同乎?曰:否。考民族之異同者,莫切於語言。古稱語言之異者,必曰楚夏。然孟子斥許行爲南蠻鴃舌之人,譏陳相爲用夷變夏,而陳相一見許行,即能盡棄其學而學,不聞其有待譯人。又孟子謂戴不勝:“有楚大夫於此,欲其子之齊語也,一齊人傅之,衆楚人咻之,雖日撻而求其齊,不可得矣。引而置之莊、嶽之間數年,雖日撻而求其楚,亦不可得矣。”知當日齊、楚語言,本無大異。《左氏》衛侯見獲於吴,歸效夷言。能暫聞而即效之者,吴謂善伊,謂稻緩,不過如今日南北音讀之殊。凡楚、夏之異,皆如此也。當日東西所異,蓋在文化。殷弟兄相及,而周傳祚嫡長之法甚嚴。《禮記·大傳》曰:“六世親屬竭矣。其庶姓别於上,而戚單於下。昏姻可以通乎?繫之以姓而弗别,綴之以食而弗殊,雖百世而昏姻不通者,周道然也。”可見男系同姓昏姻之禁,實至周而始嚴。此皆社會組織之異。所以然者,殷居東方,爲漢族肇基之地,其人特重農業。農業本女子所發明,廬舍土田,皆女子所有,而男子依附焉。故内昏之戒,主女系而不主男系。兄弟爲一家人,父子則否,傳祚者遂主相及。周遷西北,蓋與戎狄雜處,戎狄事射獵畜牧,高氣力,男權斯張,周人化之,宗法立焉。而昏姻承襲之制,皆異於故居東方時矣。然春秋時,晉嫁女於吴,《左氏》襄公二十年。魯亦娶於吴。《左氏》哀公十二年。又魯自莊公以前,實一生一及。見《史記·魯世家》。吴諸樊、餘昧弟兄相及。餘昧死,弟季札讓位,子僚立,諸樊子光曰:國宜之季子者也。季子不受,則己當立,卒殺僚而代之。亦與殷弟兄相及、既盡還立長兄之子者同。此皆姬姓之國,而還從東方之法者,以少數人廁居多數之中,終不得不爲所化。觀姬姓東遷者後如此,而知其初西遷時之不得不變矣。此等同異,蓋亦甚微。故東西方之争戰,初不甚烈。特其風同道一,亦非旦暮間事耳。

原刊《華東師範大學學報》一九五七年第四期,一九五八年八月出版

〔四〕 緯書之三皇説

緯書三皇之説,原本非一。予既著之《古史紀年》條矣,今更引《御覽》、《路史》之文以明之。《御覽》引項峻《始學篇》曰:"天地立,有天皇,十二頭,號曰天靈,治萬八千歲,以木德王。""地皇十二頭,治萬八千歲。""人皇九頭,兄弟各三分,人各百歲。依山川土地之勢,財度爲九州,各居其一。乃因是而區别。"此句上疑有奪文。《洞冥記》曰:"天皇十二頭,一姓十二人也。""地皇十二頭。"於人皇則無説。《三五曆記》曰:"溟涬始牙,濛鴻滋萌,歲起攝提,元氣肇起。有神靈人,十三頭,號曰天皇。"又曰:"有神聖人,十二頭,號地皇。""有神聖人,九頭,號人皇。"《始學篇》及《洞冥記》,天皇地皇,皆十二頭,《三五曆記》天皇獨十三頭,似誤。然《路史》言地皇十一君。又引《真源賦》曰:"盤古氏後,有天皇君,一十三人。時遭劫火。乃有地皇君,一十一人,各萬八千餘年。乃有人皇君,兄弟九人。結繩刻木。四萬五千六百年。"《補三皇本紀》亦曰"地皇十一頭",又曰"姓十一人"。姓上當有奪字。則又有以天皇爲十三頭,地皇爲十一頭者,説頗難通。疑天皇既譌爲十三,後人乃減地皇之數以合之。羅氏引《通卦驗》"君有五期,輔有三名",謂"三輔九翌,并皇是十三人",則鑿矣。九翌,見下引《河圖括地象》。《通卦驗》之説,《禮記》標題下《正義》引之,《御覽》引《遁甲開山圖》榮氏《注》:"天皇兄弟十二人。""地皇兄弟十人。""人皇兄弟九人。"十人,疑亦十二人之奪。《御覽》又引《帝系譜》曰:"天地初起,即生天皇,治萬八千歲,以木德王。""地

皇，治一萬八千歲，以火德王。"於人皇亦無説。又引《春秋緯》曰："天皇，地皇，人皇，兄弟九人，分爲九州，長天下也。"《河圖括地象》曰："天皇九翼，題名旋復。"《春秋命曆序》曰："人皇氏，九頭。駕六羽，乘雲車，出谷口，分九州。"凡此諸文，顯分兩説。《洞冥記》、《帝系譜》，所本者同；《始學篇》、《三五曆記》，言天皇、地皇亦本之，言人皇則別本《春秋緯》及《括地象》。此説言三皇皆分長九州，而其年亦僅百歲。今其説僅見於《始學篇》人皇下者，以項峻於天皇地皇，亦採如《洞冥記》、《帝系譜》之説。其實此語依《春秋緯》及《括地象》，不僅指人皇也。《御覽》又引馬總言人皇云："一百六十五代，合四萬五千六百年。"《路史》云："《三五曆》云：人皇百五十六代，合四萬五千六百年，小司馬氏取之。"今《補三皇本紀》作百五十世，未知其有異同與？抑傳寫譌誤也？

《遁甲開山圖》，專言三皇地理。《御覽》引云："天皇被跡在柱州崑崙山下。""地皇興於熊耳、龍門山。""人皇起於形馬。"《路史》云："《遁甲開山圖》云：天皇出於柱州，即無外山也。鄭康成云：無外之山，在崑崙東南萬二千里。《水經注》云：或言即崑崙。滎氏云：五龍及天皇，皆出其中。"案《水經・渭水注》："故虢縣有杜陽山，山北有杜陽谷，有地穴北入，亦不知所極，在天柱山南。"趙《釋》云："《寰宇記》鳳翔府岐山縣下云：岐山，亦名天柱山。《河圖括地象》曰：岐山，在崑崙山東南，爲地乳，上多白金。周之興也，鸑鷟鳴於山上，時人亦謂此山爲鳳凰堆。注《水經》云：天柱山有鳳凰祠。或云其峯高峻，迴出諸山，狀若柱，因以爲名。一清按《御覽》及程克齋《春秋分記》并引之，今缺失矣。"然則柱州即岐山也。熊耳、龍門，人所共知，無煩贅説。人皇，《路史》正文云："出刑馬山提地之國。"《注》云："《遁甲開山圖》云：人皇出於刑馬山提地之國。山今在秦州，伯陽谷水出之。老子之所至。"正文又云："相厥山川，形成勢集。才爲九州，謂之九囿。"《注》云："見《雒書》。《春秋命曆序》云：人皇出暘谷，分九河。"正文又云："別居一方，因是區理，是以後世謂之居方氏。"《注》云："見《三墳》。又《雒書》云：人皇出於提地之國，兄弟別長九州，己居中州，以制八輔。"則提地之國，語出《雒書》。前《注》引《遁甲開山圖》，當僅云出於刑馬山。提地之國四字，乃涉正文而誤衍也。《水經·渭水注》云："伯陽谷水出刑馬山之伯陽谷。北注渭水。渭水又東，歷大利，又東南流，苗谷水注之。水南出刑馬山，北歷平作。西北逕苗谷。屈而東，逕伯陽城南，謂之伯陽川。蓋李耳西入，往逕所由，故山原畎谷，往往播其名焉。"即羅氏隱括其語，謂老子所至者也。此說與《雒書》非一，不可混同。《路史》正文又云："駕六提羽，乘雲祇車。制其八土，爲人立命。""迪出谷口，還乘青冥。"《注》云："谷口，古塞門。或云上暘谷。《蜀·秦宓傳》曰：三皇乘祇車，出谷口，謂今之斜谷，樂史從之，妄矣。"案：駕六羽，乘雲車，出谷口，與《御覽》引《命曆序》之言合；制八土即分九州，與《御覽》引《始學篇》、《春秋緯》、《命曆序》之言皆合；則谷口自當指暘谷。《說文·示部》："祇，地祇，提出萬物者也。"提地之國，蓋取此爲義，則亦當在東方，特未審造緯者之意，以何地當之耳。九河不可分；且亦禹時始有，不當人皇已分；分九河必分九州之誤也。秦宓之語，乃對夏侯纂誇張本州，見《三國·蜀志·秦宓傳》。本非情實，可弗論。

《淮南·原道》云："泰古二皇，得道之柄，立於中央。"此乃寓言，指陰陽二力，非謂人也。高《注》云："二皇，伏羲、神農也。"指說陰陽，故不言三也。知其指說陰陽，是矣，又必牽引伏羲、神農，何哉？則以古者三皇之義，本託之於天地人也。《書大傳》云："遂人以火紀，火，太陽也，故託遂皇於天。伏羲以人事紀，故託戲皇於人。神農悉地力，種穀疏，故託農皇於地。"《白虎通義》云："伏羲仰觀象於天，俯察法於地，因夫婦，正五行，始定人道。"此今文家相傳之說。定人道最難，故曰"古有天皇，有地皇，有泰皇，泰皇最貴"也。高氏之意，蓋以羲皇妃天，農皇妃地，遂皇妃人，實違舊義。然較之依三萬六千歲之曆而造怪說者，則固有間矣。

原刊《古史辨》第七册，一九四一年六月出版

〔五〕　儒家之三皇五帝説

三皇五帝，異説紛如，昔人多莫能董理，此由未知其説之所由來也。歷考載籍，三皇異説有六，五帝異説有三。《史記·秦始皇本紀》：丞相綰等與博士議帝號曰："古有天皇，有地皇，有泰皇，泰皇最貴。"此三皇之説一也。《尚書大傳》以燧人、伏羲、神農爲三皇，《含文嘉》、《風俗通》引。《甄燿度》、宋均注《援神契》引之，見《曲禮正義》。《白虎通》正説、譙周《古史考》《曲禮正義》。并同，惟《白虎通》伏羲次燧人前。此三皇之説二也。《白虎通》或説，以伏羲、神農、祝融爲三皇，此三皇之説三也。《運斗樞》、鄭注《中候勑省圖》引之，見《曲禮正義》。《元命苞》《文選·東都賦注》引。以伏羲、女媧、神農爲三皇，此三皇之説四也。《尚書·僞孔傳序》、皇甫謐《帝王世紀》、孫氏注《世本》，以伏羲、神農、黄帝爲三皇，此三皇之説五也。緯候家言：或云天皇、地皇各十二頭，萬八千歲；人皇九頭，百歲；或又云四萬五千六百年。或云天皇十三頭，地皇十一頭。又或謂三皇者九頭。或云三皇分長九州。或云人皇氏出谷口，分九州。或云：天皇被跡在柱州崑崙山下，地皇興於熊耳、龍門，人皇起於刑馬山提地之國。詳見《緯書之三皇説》條。此三皇之説六也。太史公依《世本》、《大戴禮》，以黄帝、顓頊、高辛、唐堯、虞舜爲五帝，譙周、應劭、宋均皆同，《五帝本紀正義》。此五帝之説一也。鄭注《中候勑省圖》，於黄帝、顓頊之間，增一少昊，謂德合五帝座星者爲帝，故實六人而爲五，《曲禮正義》。此五帝之説二也。僞孔、皇甫謐、孫氏以少昊、顓頊、高辛、唐、虞爲五帝，《五帝本紀正義》。此五帝之説三也。案《風俗通義》云："燧人以火紀。火，太陽也，故託燧皇於天。伏羲以人事紀，故託戲皇於人。神農悉地力，種穀蔬，故託農皇於地。天地人之道備，而三五之運興矣。"此蓋《書傳》之義，爲今文家舊説。伏生者，秦博士之一，始皇時，時代較早，異説未興。大泰同音，大亦象人，竊疑泰皇爲大皇音借，大皇實人皇形譌，秦博士之説，與《書大傳》之説一也。女媧本造物之神，漢人與祝融混而爲一，説見《女媧共工》條。故《白虎通》或説與《運斗樞》、《元命苞》之説是一。僞孔三皇之説，根於其五帝之説而來。《後漢書·賈逵傳》：逵奏《左氏》大義長於二傳者曰："五經家皆言顓頊代黄帝，而堯不得爲火德。《左氏》以爲少昊代黄帝，即《圖讖》所謂帝宣也。如令堯不得爲火，則漢不得爲赤。"此古文家於黄帝、顓頊之間增一少昊之由。然以六爲五，於理終有未安。僞孔乃去燧人而升黄帝爲三皇，則五帝仍爲五人，且與《易·繫辭傳》始包犧終堯、舜者相合，此實其説之彌縫而更工者也。僞孔以《三墳》爲三皇之書，《五典》爲五帝之典，據《周官外史疏》，其説實本賈、鄭，然《路史·疏仡紀·帝鴻氏》云："《春秋運斗樞》，以帝鴻、金天、高陽、高辛、唐、虞爲五代。"鄭康成於《書中候》，依《運斗樞》，以帝鴻爲五帝，指爲黄帝，則賈、鄭之言，亦有所本。蓋漢言五德，本取相勝，至末葉乃改取相生，故異説起於是時也。《發揮·論史不紀少昊》曰："梁武遂以燧人爲皇，黄帝、少昊、顓頊、帝嚳、堯爲五帝。謂舜非三皇，亦非五帝，特與三代爲四代。"亦以六人爲五爲不安而改之，特其説與僞孔又異耳。緯候三皇之説，皆因曆法僞造，見《緯書之三皇説》條。其天地人之名，則仍取今文舊義也。三皇五帝之説，源流如此。

問曰：三皇五帝之爲誰某，則既聞之矣。三皇五帝之名，舊有之邪？抑儒家所創也？應之曰：三皇五帝之名，舊有之矣。託諸天地人，蓋儒家之義也。《周官·春官》："都宗人，掌都宗祀之禮。凡都祭祀，致福於國。"《注》："都或有山川及因國無主，九皇六十四民之祀。"《疏》："史記伏羲已前九皇六十四民，并是上古無名號之君，絶世無後，今宜主祭之也。"按《注》以因國無主之祀釋《周官》之都宗人蓋是，以九皇六十四民説周因國無主之祭則非也。《周官》雖戰國時書，然所述必多周舊制。九皇六十四民，見《春秋繁露·三代改制質文》篇。其説：存二王之後以大國，與己并稱三王。自此以前爲五帝，録其後以小國。又其前爲九皇，其後爲附庸。又其前爲民，所謂六十四民也。其説有三王九皇而無三皇。《周官》：外史，"掌三皇五帝之書。"伏羲者，三皇之一,《疏》引史記云"伏羲已前",明在三皇五帝之前,其説必不可合。鄭蓋但知《周官》都宗人所祀,與《繁露》九皇六十四民,并是絶世無名號之君,遂引彼注此;《疏》亦未知二説之不可合,謂史記所云伏羲已前上古無名號之君,即鄭所云九皇六十四民,遂引以疏鄭也。《史記·封禪書》:"管仲曰:古者封泰山禪梁父者七十二家。"又曰:"孔子論述六藝傳,略言易姓而王,封泰山禪梁父者,七十餘王矣。其俎豆之禮不章。"而《韓詩外傳》曰:"孔子升泰山,觀易姓而王,可得而數者七十餘人,不得而數者萬數也。"《封禪書正義》引。今本無之,然《書序疏》及《補三皇本紀》并有此語,乃今本佚奪,非張氏誤引也。萬蓋以大數言之,然其數必不止七十二可知。數不止七十二,而管仲、孔子皆以七十二言之者,蓋述周制也。七十二家者,蓋周登封之所祀也。曰俎豆之禮不章,言周衰,不復能封禪,故其禮不可考也。春秋立新王之事,不純法古制,然損益必有所因。因國無主之祭,及於遠古有功德於民之人,忠厚之至也,蓋孔子之所因也。然不能無所損益。王制者,孔子所損益三代之制也。《王制》曰:"天子諸侯祭因國之在其地而無主後者。"此《周官》都宗人之所掌,蓋孔子之所因也。《繁露》曰:"聖王生則稱天子,崩遷則存爲三王,絀滅則爲五帝,下至附庸,絀爲九皇,下極其爲民。有一謂之三代,故雖絶地,廟位祝牲,猶列於郊號,宗於岱宗。"絶地者,六十四民之後,封爵之所不及,故命之曰民。絶地而廟位祝牲,猶列於郊號,宗於岱宗,此蓋周登封時七十二家之祭矣。周制,蓋自勝朝上推八世,謂之三皇五帝,使外史氏掌其書,以備掌故。自此以往,則方策不存,徒於因國無主及登封之時祀之而已。其數凡七十二,合本朝爲八十一。必八十一者,九九八十一;九者數之究,八十一者,數之究之究者也。孔子則以本朝合二代爲三王,又其上爲五帝,又其上爲九皇,又其上爲六十四民,合之亦八十一。必以本朝合二代爲三王者,所以明通三統之義也。上之爲五帝,所以視昭五端之義也。九皇之後,絀爲附庸,六十四家徒爲民,親疏之義也。此蓋孔子作新王之事,損益前代之法,《春秋》之大義。然此於《春秋》云爾,其於《書》，仍存周所謂三皇五帝者，以寓天地人之道備而三五之運興之義。故伏生所傳，與董子所説，有不同也。《古今注》："程雅問於董生曰：古何以稱三皇五帝？對曰：三皇三才也，五帝五常也。"《御覽・皇王部二》引董仲舒答問曰："三皇三才也，五帝五常也，三王三明也，五霸五嶽也。"三才者，天地人也，五常可以配五行。董子之言，與伏生若合符節。故知三皇五帝爲《書》説，三王五帝九皇六十四民爲《春秋》義也。或曰：《繁露》謂湯受命而王，親夏。故虞絀唐謂之帝堯，以神農爲赤帝。周以軒轅爲黄帝，因存帝顓頊、帝嚳、帝堯之帝號，絀虞而號舜曰帝舜，推神農以爲九皇。明九皇六十四民爲周時制也。應之曰：此古人言語與今人不同。其意謂以殷、周之事言之當如此，非謂殷、周時實然也。或曰：《管子》曰："古者封泰山禪梁父者七十二家，夷吾所記，十有二焉。"下歷舉無懷、伏羲、神農、炎帝、黄帝、顓頊、帝嚳、堯、舜、禹、湯、周成王之名，凡十二家，明三皇五帝，即在七十二家之中。應之曰：此亦古今言語不同。上云七十二家，乃舉其都數，下云十二家，則更端歷舉所能記者，不蒙上七十二家言。此以今人語法言之爲不可通，然古人語法如是，多讀古書者自知之也。《莊子・胠篋》篇列古帝王稱號有容成氏、大庭氏、伯皇氏、中央氏、栗陸氏、驪畜氏、軒轅氏、赫胥氏、尊盧氏、祝融氏、伏羲氏、神農氏，多在三皇以前，古人同號者甚多，大庭氏不必即神農，軒轅、祝融亦不必即黄帝、女媧也。《禮記・祭法正義》引《春秋命曆序》："炎帝號曰大庭氏，傳八世，合五百二十歲。黄帝一曰帝軒轅，傳十世，二千五百二十歲。次曰帝宣，曰少昊，一曰金天氏，則窮桑氏，傳八世，五百歲。次曰顓頊，則高陽氏，傳二十世，三百五十歲。次是帝嚳，即高辛氏，傳十世，四百歲。"又《曲禮正義》："《六藝論》云：燧人至伏羲一百八十七代。宋均注《文耀鉤》云：女媧以下至神農七十二姓。譙周以爲伏羲以次有三姓，始至女媧；女媧之後五十姓至神農；神農至炎帝一百三十三姓。"説雖迂怪，然三皇五帝不必身相接，則大略可知，亦足爲《韓詩外傳》"不得而數者萬數"作佐證也。

原刊《古史辨》第七册，一九四一年六月出版

〔六〕伏羲考

《易・繫辭傳》："古者包犧氏之王天下也。"《釋文》云："包，本又作庖。鄭云：取也。孟、京作伏。犧，鄭云：鳥獸全具曰犧。孟、京作戲，云伏，服也；戲，化也。"案鄭説非也。《白虎通義・號》篇説伏羲之

羲曰:"下伏而化之,故謂之伏羲也。"《風俗通義》引《含文嘉》曰:"伏者,别也,變也;戲者,獻也,法也。伏戲始别八卦,以變化天下;天下法則,咸伏貢獻,故曰伏戲也。"此今文舊説。《禮記·月令疏》引《帝王世紀》曰"取犧牲以共庖廚,食天下,故號曰庖犧氏",則襲鄭曲説也。此説實本於劉歆。《漢書·律曆志》載歆《世經》曰:"作網罟以田漁取犧牲,故天下號曰炮犧氏。"《易》但言"爲網罟以佃以漁"而已,歆妄益以"取犧牲"三字,實非也。

古代帝王,蹤跡多在東方,而其後率傅之於西,蓋因今所傳者,多漢人之説,漢世帝都在西,因生傅會也。而伏羲之都邑,亦不能外此。

《御覽·皇王部三》引《詩含神霧》曰:"大跡出雷澤,華胥履之生宓犧。"按《淮南·地形》曰:"雷澤有神,龍身人頭,鼓其腹而熙。"《山海經·海内東經》曰:"雷澤中有雷神,龍身而人頭,鼓其腹。在吴西。"《史記·五帝本紀正義》引作"鼓其腹則雷"。郭《注》引《河圖》曰:"大跡在雷澤,華胥履之而生伏犧。"又曰:"今城陽有堯冢,靈臺,雷澤在北也。"本於《漢志》,蓋相傳之舊説也。《水經·瓠子河注》:"瓠河又左逕雷澤北,其澤藪在大成陽縣故城西北一十餘里,昔華胥履大跡處也。"亦同《漢志》。乃《御覽》又引《遁甲開山圖》曰:"仇夷山,四絶孤立,太昊之治,伏犧生處。"又《水經》:"渭水過陳倉縣西。"《注》曰:"姚睦曰:黄帝都陳,言在此。滎氏《開山圖注》曰:伏犧生成紀,紀徙治陳倉也。"《注》又曰:"成紀水故瀆,東逕成紀縣,故帝太昊庖犧所生處也。"則將伏羲之跡,移至秦、隴之間矣。案《左氏》昭公十七年曰:"陳,大皞之虚也。"與宋大辰之虚、鄭祝融之虚、衛顓頊之虚并舉,所謂大皞,實爲天帝之名。皇甫謐因此附會,以爲伏犧都陳,已爲非是。《水經·渠水注》:"陳城,故陳國也。伏犧、神農并都之。城東北三十許里,猶有犧城。"今又移諸陳倉,於是并黄帝之都而移之矣。《注》又云:"南安姚瞻以爲黄帝生於天水,在上邽城東七十里軒轅谷。"則因移黄帝之都,又并其生處而移之矣。《注》又曰:"瓦亭水又西南出顯親峽,石巖水注之,水出北山,山上有女媧祠。"案《遁甲開山圖》又曰:"女媧氏没,大庭氏王。次有柏皇氏、中央氏、栗陸氏、驪連氏、赫胥氏、尊盧氏、祝融氏、混沌氏、昊英氏、有巢氏、葛天氏、陰康氏、朱襄氏、無懷氏，凡十五代，襲庖犧之號。自無懷氏已上，經史不載，莫知都之所在。”蓋自女媧以上，無不爲之僞造都邑矣。《遁甲開山圖》，蓋專將帝王都邑，自東移西者也。《路史》曰：女媧出於承匡。《注》曰：“山名，在任城縣東七十里。《寰宇記》云：女媧生處，今山下有女媧廟。”又言“任城東南三十九里又有女媧陵”。女媧本創造人物之神，説見《女媧與共工》條。其後附會，以爲伏羲之妹。《風俗通義》。任城地近雷澤，《寰宇記》之説，蓋由此而生。雖不足據，所託尚較古。然《寰宇記》又謂女媧治中皇山之原，山在金之平利。又《長安志》謂驪山有女媧治處，亦見《路史》引。則皆《遁甲開山圖》等既出後傅會之辭，其爲時彌晚矣。

《楚辭·大招》曰：“伏戲《駕辯》，楚《勞商》只。”《注》曰：“伏戲，古王者也。始作瑟。《駕辯》，《勞商》，皆曲名也。言伏戲氏作瑟，造《駕辯》之曲，楚人因之，作《勞商》之歌，皆要妙之音，可樂聽也。”伏戲遺聲在楚，亦其本在東南之證。

原刊《古史辨》第七册，一九四一年六月出版

〔七〕 華胥氏

《列子·黄帝》篇言華胥氏之國，其皆爲寓言，固矣。然華胥氏之名，當有所本，疑即《莊子·馬蹄》篇之赫胥氏也。下文言列姑射山，亦即《逍遥遊》篇之藐姑射山，其證。

〔八〕 有巢燧人考

服虔云：“自少皞以上，天子之號以其德，百官之號以其徵。自

顓頊以來，天子之號以其地，百官之紀以其事。”《左氏》昭公十七年《注》，《月令》“孟春其帝大皞”《疏》引。案伏犧之義，謂下伏而化之；神農猶今言農業。服說是也。《韓非·五蠹》曰：“上古之世，人民少而禽獸衆，人民不勝禽獸蟲蛇。有聖人作，構木爲巢以避羣害，而民說之，使王天下，號曰有巢氏。民食果蓏蜯蛤，腥臊惡臭，而傷害腹胃，民多疾病。有聖人作，鑽燧取火以化腥臊，而民說之，使王天下，號曰燧人氏。”此亦所謂德號者也。《周書·史記》曰：“昔者有巢氏，有亂臣而貴。任之以國，假之以權，擅國而主斷。君已而奪之，臣怒而生變，有巢以亡。”此有巢，與韓非所云必非同物，蓋以地號者也。以德號者，其去後世蓋已久遠，民已不能詳記其行事，徒以功德在人，久而不忘，乃即以其德爲其人之稱號耳，安能識其興亡之由乎？《莊子·盜跖》曰：“古者禽獸多而人民少，於是民皆巢居以避之，晝拾橡栗，暮栖木上，故命之曰有巢氏之民。古者民不知衣服，夏多積薪，冬則煬之，故命之曰知生之民。”煬亦用火，所稱當與《韓非》同，特無燧人之名耳。

《禮記·月令疏》云：“伏羲、神農、黄帝、少皞，皆以德爲號也；高陽、高辛、唐、虞，皆以地爲號也；雖以地爲號，兼有德號，則帝嚳、顓頊、堯、舜是其德號。”案帝嚳、顓頊、堯、舜等，皆徒爲美稱，與巢、燧等有實跡可指者又異，其意已頗近乎後世之號謚。生而稱之，類乎後世之徽號。死而稱之，類乎後世之美謚。然則同一德號，其間又有微别也。

《論衡·正説》曰：“唐、虞、夏、殷、周者，土地之名。皆本所興昌之地，重本不忘始，故以爲號，若人之有姓矣。説《尚書》者謂之有天下之代號。功德之名，盛隆之意也。故唐之爲言蕩蕩也，虞者樂也，夏者大也，殷者中也，周者至也。其褒五家大矣，然而違其正實，失其初意。唐、虞、夏、殷、周，猶秦之爲秦，漢之爲漢。秦起於秦，漢興於漢中，故曰猶秦、漢。使秦、漢在經傳之上，説者將復爲秦、漢作道德之説矣。”此亦以後人之見議古人耳，若反諸古俗，則以德爲號者正多也。

祝融列爲三皇之一，共工氏霸九州，皆嘗王天下者也，而其號皆爲官名，則以其功德皆出於其官守，以其官稱之，猶之以其事稱之，亦即所謂德號耳。《左氏》哀公九年，史墨曰："炎帝爲火師。"火師者，火官之長，亦即祝融也。《吕覽·勿躬》曰："祝融作市。"《易》言神農氏"日中爲市"，此祝融即神農，猶以其官稱之也。

《御覽》引《遁甲開山圖》曰："石樓山在琅邪，昔有巢氏治此山南。"《淮南·脩務》："湯整兵鳴條，困夏南巢，譙以其過，放之歷山。"《注》："南巢，今廬江居巢是。歷山，蓋歷陽之山。"《遁甲開山圖》言地理，殊不可信，讀《緯書之三皇説》、《伏羲考》兩條可見。高《注》亦以後世地名言之耳，無確據也。案寒地之民多穴居，熱地之民多巢居；寒地之民，多食鳥獸之肉，熱地之民，多食草木之實。《禮記·禮運》曰："昔者先王未有宫室，冬則居營窟，夏則居橧巢。未有火化，食草木之實，鳥獸之肉，飲其血，茹其毛。未有麻絲，衣其羽皮。後聖有作，然後脩火之利。範金合土，以爲臺榭宫室牖户。以炮以燔，以亨以炙，以爲醴酪。治其麻絲，以爲布帛。"蓋兼南北之俗言之，不徒有冬夏之别也。《莊子》言有巢氏之民，晝拾橡栗，暮棲木上，可見其多食草木之實。《韓子》言其食蜯蛤，可見其在江海之交。又《莊子》言其不知衣服，可見其皆裸裎。此皆可想見其在南方。《春秋命曆序》言人皇氏出暘谷，分九河，人皇即遂人，九河疑九州之誤，已見《緯書之三皇説》條。《御覽》引《古史考》曰："古之初，人吮露精，食草木實，穴居野處。山居則食鳥獸，衣其羽皮，飲血茹毛，近水則食魚鼈螺蛤。未有火化，腥臊多害腸胃。於是有聖人，以火德王。造作鑽燧出火，教人熟食，鑄金作刃。民人大説，號曰燧人。"此説實本《禮運》，而以他説附益之。其言脩火之利，皆以範金與熟食并舉，蓋古之遺言。觀後來範金之技，南優於北，亦可見開化之始於南方。竊疑巢、燧皆當在古揚州之域也。至湯放桀之南巢，則當在兖州，説見《論湯放桀地域考》條。

原刊《古史辨》第七册，一九四一年六月出版

〔九〕　神農與炎帝、大庭

《左氏》昭公十八年：“宋、衛、陳、鄭皆火。梓慎登大庭氏之庫以望之。”《注》：“大庭氏，古國名，在魯城内，魯於其處作庫。”《疏》云：“先儒舊説，皆云炎帝號神農氏，一曰大庭氏。服虔云：在黄帝前。鄭玄《詩譜》云：大庭在軒轅之前。亦以大庭爲炎帝也。”案《詩譜序》云：“詩之興也，諒不於上皇之世。大庭、軒轅，逮於高辛，其時有無，載籍亦蔑云焉。”但叙大庭於軒轅之前，初未明言其爲炎帝。《疏》云：“大庭，神農之别號。《禮記・明堂位》曰：土鼓，蕢桴，葦籥，伊耆氏之樂也。《注》云：伊耆氏，古天子號。案《郊特牲注》同。《周官・秋官・伊耆氏注》云：“古王者號。”《禮運》云：夫禮之初，始諸飲食。《注》云：中古未有釜甑，而中古謂神農時也。《郊特牲》云：伊耆氏始爲蜡。蜡者，爲田報祭。案《易・繫辭》稱神農始作耒耜，以教天下，則田起神農矣。二者相推，則伊耆、神農，并與大庭爲一。”《禮記》標題下《疏》云：“鄭玄以大庭氏是神農之别號。案《禮運》云：夫禮之初，始諸飲食，燔黍捭豚，蕢桴而土鼓。又《明堂位》云：土鼓葦籥，伊耆氏之樂。又《郊特牲》云：伊耆氏始爲蜡。蜡即田祭，與種穀相協；土鼓葦籥，又與蕢桴土鼓相當；故熊氏云：伊耆氏即神農也。”説與《詩疏》同。《疏》之所云，僅能明神農、伊耆是一耳，其即大庭，羌無左證。《魯頌譜》云：“魯者，少昊摯之墟也。國中有大庭氏之庫，則大庭氏亦居兹乎。”亦未言大庭即神農。疏家之言，似乎無據矣。案《月令》“其帝炎帝”《疏》引《春秋説》云：“炎帝號大庭氏，下爲地皇，作耒耜，播百穀，曰神農也。”則大庭、神農爲一人，説出緯候，而鄭與諸儒同本之。疏家不明厥由來，而徒廣爲徵引，是以文繁而轉使人不能無惑也。蕢桴土鼓，既相符會，神農居魯，亦有可徵，以三號爲一人，雖不中，固當不遠。

《史記・周本紀正義》云：“《帝王世紀》云：炎帝自陳營都於魯曲阜。黄帝由窮桑登帝位，後徙曲阜。少昊邑於窮桑，以登帝位，都曲阜。《太平御覽·皇王部》引，下多"故或謂之窮桑帝"七字。顓頊始都窮桑，徙商丘。窮桑在魯北。或云：窮桑即曲阜也。又爲大庭氏之故國。又是商奄之地。皇甫謐云：黄帝生於壽丘，在魯城東門之北。居軒轅之丘，《山海經》云此地窮桑之際，西射之南是也。"案謐言炎帝自陳營都於魯者，以炎帝繼大皞，《左氏》昭公十七年梓慎言"陳，大皞之虚"故也。梓慎又言"衛，顓頊之虚，故爲帝丘"，故謐言顓頊自窮桑徙都之。云商丘者，古本以商丘、帝丘是一，至杜預乃分爲二也。《御覽·州郡部一》引《帝王世紀》曰："相徙商丘，於周爲衛。成公夢康叔曰：相奪予享是也。"又曰："相徙商丘，本顓頊之虚，故陶唐氏之火正閼伯之所居也。今濮陽是也。"《史記·鄭世家》："遷閼伯於商丘。"《集解》引賈逵云："商丘在漳南。"《水經·瓠子河注》："河水舊東決，逕濮陽城東北，故衛也，帝顓頊之虚。昔顓頊自窮桑徙此，號曰商丘，或謂之帝丘。本陶唐氏火正閼伯之所居，亦夏伯昆吾之邦，殷相土因之，故《春秋傳》曰：閼伯居商丘，相土因之是也。"蓋依賈説也。《左氏》僖公三十一年，"衛遷於帝丘。衛成公夢康叔曰：相奪予享。公命祀相。寧武子不可，曰：杞鄫何事？"此謂夏后相。《御覽·皇王部》引《世本》云："相徙商丘，本顓頊之虚。"亦以商丘、帝丘爲一。

然《左氏》以陳大皞之虚，衛顓頊之虚，與宋大辰之虚，鄭祝融之虚并舉，大辰必不容説爲人名，則其餘三者，亦當事同一律。《左氏》昭公十年："正月，有星出於婺女。鄭裨竈言於子産曰：七月戊子，晉君將死。今兹歲在顓頊之虚，姜氏、任氏，實守其地。居其維首，而有妖星焉，告邑姜也。"所謂顓頊，亦天帝，非人帝也。昭公八年，楚滅陳。"晉侯問於史趙曰：陳其遂亡乎？對曰：未也。公曰：何故？對曰：陳，顓頊之族也。歲在鶉火，是以卒滅。陳將如之。今在析木之津，猶將復由。"此顓頊亦天帝。杜《注》云"陳祖舜，舜出顓頊"，殊非。下文曰"自幕至於瞽叟，無違命"，乃言陳之先耳。宋本作"陳，顓頊之後"，蓋因《注》而誤也。九年，"陳災。鄭裨竈曰：五年，陳將復封，封五十二年而遂亡。子産問其故。對曰：陳，水屬也，火，水妃也，而楚所相也。今火出而火陳，逐楚而建陳也。妃以五成，故曰五年。歲五及鶉火，而後陳卒亡，楚克有之，天之道也，故曰五十二年。"義正與史趙之言同。然昭公二十九年，蔡墨言少皞氏遂濟窮桑，而定公四年，祝鮀言伯禽封於少皞之虚，則窮桑地確近魯。《史記·封禪書》："管仲曰：古者封泰山禪梁父者七十二家，而夷吾所記者，十有二焉。昔無懷氏封泰山，禪云云；虙羲封泰山，禪云云；神農氏封泰山，禪云云；

炎帝封泰山，禪云云；黄帝封泰山，禪亭亭；顓頊封泰山，禪云云；帝嚳封泰山，禪云云；堯封泰山，禪云云；舜封泰山，禪云云；禹封泰山，禪會稽；湯封泰山，禪云云；周成王封泰山，禪社首。”管子去古較近，所言必非無據。泰山巖巖，魯邦所瞻，魯殆自古帝王之都與？皇甫謐謂自黄帝至顓頊，其都皆在於魯，卻當有所依據也。

《封禪書》又曰：“孔子論述六藝傳，略言易姓而王，封泰山禪乎梁父者，七十餘王矣，其俎豆之禮不章，蓋難言之。”《正義》引《韓詩外傳》云：“孔子升泰山，觀易姓而王可得而數者七十餘人，不得而數者萬數也。”今本無此語，然《書序疏》亦引之；司馬貞《補三皇本紀》，亦有此語。則今本佚奪，非《正義》誤引也。《論衡·書虚》曰：“百王太平，升封泰山。泰山之上，封可見者七十有二；紛淪湮滅者，不可勝數。”然則七十餘乃就其可見者言之，即管子所謂夷吾所記，其不可見者，自不止此。萬數固侈言之，其多則可想矣。陟千里而登封，必非隆古之世小國寡民所克舉，則泰山之下，名國之多可知也。七十二加三皇五帝凡八十，加本朝爲八十一，三皇五帝之書，掌於外史，自此以上，則方策無存，徒列爲因國無主之祀，《三皇五帝》條已言之。《管子治國》云：“昔者七十九代之君，法制不一，號令不同，然俱王天下。”云七十九者？古人好舉成數，故以八十一爲八十，而又除去本朝，則爲七十九矣。《吕覽·察今》曰：“有天下七十一聖。”《求人》曰：“古之有天下也者七十一聖。”則就七十二代中去其一代。《淮南·繆稱》曰：“泰山之上，有七十壇焉，而三王獨道。”則舉成數言之也。《齊俗》曰：“尚古之王，封於泰山，禪於梁父者，七十餘聖。”與《封禪書》并以辜較之辭言之。異口同聲，必非虚語。夫果如後儒之言，封禪爲告成功之祭，登封者之多，安得如是？則疑後世帝王都邑，漸徙而西，然後即事用希，在古則每帝常行，初不繫其成功與否也。然而泰山之下，名國之多，可無疑矣。

姜氏初雖在東，後則稍徙而西。有部爲姜嫄之國，太王妃曰太姜；武王妃曰邑姜，師尚父雖或曰辟居東海，或曰鼓刀朝歌，而卒佐周文、武以興，其證也。《水經・渭水注》："岐水又東逕姜氏城南，爲姜水。案姜氏城，在今陝西岐山縣南。《帝王世紀》曰：炎帝母女登遊華陽，感神而生炎帝，長於姜水，是其地也。"蓋後來附會之辭也。《漻水注》云："漻水北出大義山，南至厲鄉西，賜水入焉。水源東出大紫山，分爲二水。一水西逕厲鄉南。水南有重山，即烈山也。山下有一穴，父老相傳云是神農所生處也，故《禮》謂之烈山氏。水北有九井，子書所謂神農既誕，九井自穿，謂斯水也。又言汲一井則衆井動。井今湮塞，遺跡髣髴存焉。亦云賴鄉，古賴國也。有神農社。賜水西南流，入於漻，即厲水也。賜、厲聲相近，宜爲厲水矣。"案《禮記・祭法》："厲山氏之有天下也。"《注》："厲山氏，炎帝也，起於厲山。或曰：有烈山氏。"《疏》云："引《春秋左傳》昭二十九年蔡墨辭，云厲山氏，炎帝也，起於厲山者。案《帝王世紀》云：神農氏，本起於烈山，或時稱之，神農即炎帝也，故云厲山氏，炎帝也。云或曰有烈山氏者，案二十九年傳文也。"按《祭法》之文，略同《國語・魯語》。《魯語》作烈山。韋《注》云："烈山氏，炎帝之號也，起於烈山。《禮・祭法》以烈山爲厲山也。"韋氏之意，以烈山、厲山爲一，鄭意似猶不然。然則酈《注》之云，其爲後人附會，不待論矣。烈山，疑即《孟子》"益烈山澤而焚之"之"烈山"，《滕文公》上。乃德號，非地號也。又《管子・輕重戊》云："神農作樹五穀淇山之陽。"淇山蓋即箕山，乃許由隱處，亦姜姓西徙後語也。

《管子》之文，神農與炎帝各别。譙周《古史考》，以炎帝與神農，各爲一人，《左氏》昭公十七年《疏》。蓋本諸此。又侈靡云："故書之帝八，神農不與存，爲其無位，不能相用。"此節之言，不甚可解，然其大意自可見，此神農亦天帝，非人帝也。然則隆古之世，人神之不可分也舊矣。

近人錢賓四穆。云："《左傳》隱公五年，翼侯奔隨。《一統志》：隨城在介休縣東，後爲士會食邑。《續漢書・郡國志》：介休有介山，有緜上聚，之推廟。厲、烈、界皆聲轉相通。《周官》山虞，物之爲厲，鄭

《注》，每物有蕃界也。然則界山即厲山、烈山也。《日知録·緜上》條，稱其山南跨靈石，東跨沁源，世以爲之推所隱。漢魏以來，相傳有焚山之事。太原、上黨、西河、雁門之民，至寒食不敢舉火。顧氏頗不信之推隱其地。竊疑相傳焚山之事，即烈山氏之遺説也。"《西周地理考》。此説論烈山之義與予合。惟謂炎帝傳説始晉，似無解於古之封禪者皆在泰山，故予謂炎帝遺説，實始東方，後乃隨姜姓之西遷，流傳及於荆、豫，且入於冀方也。錢氏又云："《左》昭八年，石言於晉魏榆。杜《注》云：晉魏邑之榆地。《地理志》：榆次、界休，同屬太原。吴卓信《補注》引《汲冢周書》云：昔烈山，帝榆罔之後，其國爲榆州。曲沃滅榆州，其社存焉，謂之榆社。地次相接者爲榆次。其地有梗陽，魏戊邑。竊疑梗陽亦姜之音變也。"案《汲冢書》恐不足信。即謂可信，亦傳説遷移，未必榆罔在晉地也。

《御覽》引《帝王世紀》云："神農氏崩，葬長沙。"《路史》引云葬茶陵。又云："地有陵名者，皆以古帝王之墓，竟陵、零陵、江陵之類是矣。"案此足見古代南方陵墓之多，然以爲神農，則未必然也。《宋史·禮志·先代陵廟》：淳熙十四年，"衡州守臣劉清之奏：史載炎帝陵在長沙茶陵，祖宗時給近陵七户守視，禁其樵牧，宜復建廟，給户如故事。"

《吕覽》高《注》云："朱襄氏，古天子，炎帝之别號。"案以大庭、朱襄附會炎帝，猶之以女媧以後十五君附會伏羲，蓋取不甚著名之帝王，附會之於著名者耳。然隆古年代緜遠，割據者多，似不必如此也。

原刊《古史辨》第七册，一九四一年六月出版

〔一〇〕　炎黄之争考[①]

阪泉、涿鹿之戰，《史記集解》引服虔曰："阪泉，地名。"又曰："涿

① 又名《阪泉涿鹿》。

鹿，山名，在涿郡。"“在涿郡”三字，當兼指阪泉言之。又引皇甫謐曰："阪泉在上谷。"張晏曰："涿鹿在上谷。"予昔主服虔之説，謂神農爲農耕之族；黄帝教熊羆貔貅貙虎，遷徙往來無常處，以師兵爲營衛，頗類游牧之族。神農居魯，魯鄰泰山，古代農業，多始山林之間。神農號烈山，蓋即《孟子》所謂益烈山澤而焚之者，謂在湖北隨縣之厲鄉者繆也。河北之地，平曠宜牧，謂黄帝以游牧之族而居此，亦合事情。若上谷則相去太遠，蓋據漢世縣名附會也。《水經·㶟水注》："涿水出涿鹿山。東北流，逕涿鹿縣故城南。黄帝與蚩尤戰於涿鹿之野，留其民於涿鹿之阿，即於是也。其水又東北與阪泉合。水道源縣之東泉。泉水東北流與蚩尤泉會。水出蚩尤城，泉水淵而不流。霖雨并則流注阪泉，亂流東北入涿水。《魏土地記》曰：下洛城東南六十里有涿鹿城。城東一里有阪泉，泉上有黄帝祠。涿鹿城東南六里有蚩尤城。《晉太康地理記》曰：阪泉亦地名也。"要皆附會之説。由今思之，此説仍有未諦。《國語·晉語》云："昔少典娶於有蟜氏，生黄帝、炎帝。"《賈子·益壤》曰："黄帝者，炎帝之兄也。"《制不定》曰："炎帝者，黄帝同父母弟也。"三説符會，《益壤》、《制不定》，雖同出《賈子》，然各有所本，故謂炎黄兄弟不同，古人書率如此，不足怪也。決非偶然。然則炎、黄本同族，風氣相去，必不甚遠。教熊羆貔貅貙虎，不必其爲實事。遷徙往來無常處，好戰之主類然，如齊桓征伐所至即甚廣。設或史乘闕佚，傳者亦將謂其遷徙往來無常處矣。不必其民遂爲游牧之族。且除此二語以外，亦更無黄帝爲游牧之族之徵也。阪泉、涿鹿，蓋當如《世本》説，謂在彭城爲是。《御覽·州郡部一》引《帝王世紀》曰："黄帝都涿鹿，於《周官》幽州之域，在漢爲上谷，而《世本》云：涿鹿在彭城南，然則上谷本名彭城。"其曲解真可發一噱。《路史》亦云："《世本》云：涿鹿在彭城。"《續漢書·郡國志》：上谷郡：涿鹿，《注》："《帝王世紀》曰：黄帝所都。《世本》云在鼓城南。"王應麟《地理通釋》引《世本》亦作鼓，恐誤。《漢書·刑法志注》："鄭氏曰：涿鹿在彭城南。師古曰：彭城者，上谷北別有彭城，非宋之彭城也。"師古蓋誤駁。鄭氏實以涿鹿在宋之彭城南也。

《戰國·魏策》云："黄帝戰於涿鹿之野，而西戎之兵不至，禹攻三苗，而東夷之民不起，以燕伐秦，黄帝之所難也。"此涿鹿在東方之誠證。《賈子·制不定》，又謂炎黄"各有天下之半"，又隱見其一在東，一在西矣。《孟子》言周公相武王，誅紂，伐奄，驅虎豹犀象而遠之。

《滕文公》下。而《周書》言武王狩禽，貓虎熊羆，數至千百。《世俘》。則古者東方之地，本多禽獸之區，蓋承水患之後，所謂“獸蹄鳥跡之道，交於中國”也。見《孟子·滕文公》上。奄即魯，固與彭城相近矣。《索隱》引皇甫謐曰：“黄帝生於壽丘。”《正義》云：“壽丘，在魯東門北。”

《論衡·率性》云：“黄帝與炎帝争爲天子，教熊羆貔虎，以戰於阪泉之野。三戰得志，炎帝敗績。”《吉驗》云：“傳言黄帝姙二十月而生，生而神靈，弱而能言。長大，率諸侯，諸侯歸之。教熊羆戰，以伐炎帝，炎帝敗績。性與人異，故在母之身，留多十月；命當爲帝，故能教物，物爲之使。”其所本者，與《大戴記》、《史記》略同，然不必即《大戴記》、《史記》也。史公言百家言黄帝，其文不雅馴。此所謂傳，蓋儒家之説，然仍留神話之跡。亦可見據教熊羆貔貅貙虎之文而斷黄帝爲游牧之族者，未免失之早計也。教熊羆貔貅貙虎之説，或因蚩尤牛首而然，見《述異記》一條。

《史記集解》引《皇覽》云：“蚩尤冢在東平郡壽張縣闞鄉城中，高七丈。民常十月祀之。有赤氣出，如匹絳帛，民名爲蚩尤旗。肩髀冢，在山陽郡巨野縣重聚。大小與闞冢等。傳言黄帝與蚩尤戰於涿鹿之野，黄帝殺之，身體異處，故别葬之。”《水經·濟水注》引略同。高七丈作七尺。案《續志注》引《皇覽》亦作七丈。地皆與彭城近。《路史》引《啓筮》云：“蚩尤登九淖以伐空桑，黄帝殺之於青丘。”案蚩尤叛父，見《少昊考》條。空桑近魯，疑爲神農氏後裔所處，蚩尤滅之，遷於涿鹿，黄帝又滅蚩尤，而因其舊都也。

《史記》謂黄帝與炎帝戰於阪泉之野，又與蚩尤戰於涿鹿之野。前引《論衡·率性》及《大戴記·五帝德》，皆與《史記》所本略同，然有戰於阪泉之文，而無戰於涿鹿之事。《賈子·益壤》云：“炎帝無道，黄帝伐之涿鹿之野，血流漂杵，誅炎帝而兼其地，天下乃治。”《制不定》云：“黄帝行道，而炎帝不聽，故戰涿鹿之野，血流漂杵。”則蚩尤、炎帝一人，阪泉、涿鹿一役，《史記》蓋兼採兩書，而奪一曰二字也。《周書·史記》謂阪泉氏“徙居至於獨鹿”，疑阪泉爲神農氏或蚩尤舊號，涿鹿則其新居。蚩尤既滅神農氏，後裔遂襲其位號，故傳者混二人爲一，黄帝實衹與蚩尤戰，未嘗與神農氏戰也。《戰國·秦策》亦云："黄帝伐涿鹿而禽蚩尤。"

黄帝遺跡，又有在今陝西境者，蓋出附會。《封禪書》載公孫卿之言，謂："黄帝郊雍上帝，宿三月。鬼臾區號大鴻，死葬雍，故鴻冢是也。其後黄帝接萬靈明廷。明廷者，甘泉也。所謂寒門者，谷口也。黄帝採首山銅，鑄鼎於荆山下。鼎既成，有龍垂胡髯下迎黄帝。黄帝上騎。羣臣後宫從上者七十餘人。龍乃上去。餘小臣不得上，乃悉持龍髯。龍髯拔，墮，墮黄帝之弓。百姓仰望黄帝既上天，乃抱其弓與胡髯號。故後世因名其處曰鼎湖，其弓曰烏號。"明明極不經之語，乃處處牽引地理以實之，真俗所謂信口開河者也。乃《五帝本紀》謂"黄帝崩，葬橋山"。《漢書·地理志》亦云：上郡：膚施，《注》云："有黄帝祠四所。"陽周，《注》云："橋山在南，有黄帝冢。"《武帝紀》：元封元年，"祠黄帝於橋山。"亦見《郊祀志》。蓋帝王之所信，則無冢者可以有冢，而祠祭且因之而起矣。史實之淆亂，可勝道哉！《漢書·王莽傳》："遣騎都尉囂等分治黄帝園位於上都橋畤，虞帝於零陵九疑，胡王於淮陽陳，敬王於齊臨淄，愍王於城陽莒，伯王於濟南東平陵，孺王於魏郡元城。使者四時致祠。"案上都當作上郡。橋畤，師古曰："橋山之上，故曰橋畤也。"

《水經·河水注》："《魏土地記》曰：弘農湖縣，有軒轅黄帝登仙處。黄帝採首山之銅，鑄鼎於荆山之下。有龍垂胡於鼎，黄帝登龍，從登者七十人，遂升於天，故名其地爲鼎胡。荆山在馮翊，首山在蒲坂，與湖縣相連。《晉書·地道記》、《太康記》并言胡，縣也，漢武帝改作湖。俗云：黄帝自此乘龍上天也。《漢書·地理志》曰：京兆湖縣，有周天子祠二所，故曰胡。不言黄帝升龍也。"此等不經之説，酈道元已辨之矣。

《渭水注》云：横水："西北出溛谷峽。又西北，軒轅谷水注之。水出南山軒轅溪。南安姚瞻以爲黄帝生於天水，在上邽城東七十里軒轅谷。皇甫謐云生壽丘，丘在魯東門北。未知孰是也。"又渭水："又東過陳倉縣西。"《注》云："姚睦曰：黄帝都陳言在此。"趙氏一清曰:“上云南安姚瞻,此云姚睦,未知即一人也? 抑誤字也?”案《路史》引姚睦云“黄帝都陳倉,非宛丘”,則睦似非誤字。然謂黄帝都陳倉,要亦附會之説也。《洧水注》:“洧水又東逕新鄭縣故城中。皇甫士安《帝王世紀》云:或言縣故有熊氏之墟,黄帝之所都也。”《史記・五帝本紀集解》引徐廣曰:“黄帝,號有熊。”譙周曰:“有熊國君。”案《大戴記・帝繫》言昌意産顓頊,顓頊産老童,老童産重黎及吴回,吴回産陸終,陸終氏娶於鬼方氏,産六子,其四曰云鄶人,鄭氏也。重黎、吴回,相繼居祝融之職。《史記・楚世家》言季連之苗裔曰鬻熊,實即祝融異文。其後熊麗、熊狂等,世以熊爲氏。蓋云鄶人亦有祝融之號,或但稱熊,其地遂稱有熊之墟也。實與黄帝無涉。

《五帝本紀》又言:黄帝“披山通道,未嘗寧居。東至於海,登丸山,及岱宗。西至於空桐,登雞頭。南至於江,登熊、湘。北逐葷粥,合符釜山”。空桐,《集解》引韋昭云:“在隴右。”雞頭,《索隱》云:“後漢王孟塞雞頭道,在隴西。一曰崆峒山之别名。”《正義》云:“《括地志》云:空桐山在肅州福禄縣東南六十里。《抱朴子・内篇》云:黄帝西見中黄子,受九品之方,過空桐,從廣成子受自然之經,即此山。《括地志》又云:笄頭山,一名崆峒山,在原州平高縣西百里,《禹貢》涇水所出。《輿地志》云或即雞頭山也。酈元云蓋大隴山異名也。《莊子》云廣成子學道崆峒山,黄帝問道於廣成子,蓋在此。按二處崆峒皆云黄帝登之,未詳孰是。”《路史》云:“空同山,在汝之梁縣西南四十里。有廣成澤及廟。近南陽雉衡山。故馬融《廣成贊》云面據衡陰。”案《路史》之説是也。近人錢賓四撰《黄帝故事地望考》,亦主是説。錢氏又云:“熊山,即封禪書齊桓南伐至召陵所登,乃盧氏南之熊耳也。《水經》:潩水出河南密縣大騩山。《注》:大騩,即具茨山也。黄帝登具茨之山,升於洪隄山,受《神芝圖》於華蓋童子,即是也。”地亦於雉衡、熊耳爲近。黄帝蹤跡,至此已爲極遠矣,必不能至秦隴也。釜山,《正義》引《括地志》云:“釜山在嬀州懷戎縣北三里。”此又因涿鹿在上谷之説而附會。《左氏》昭公四年,司馬侯曰:“冀之北土,馬之所生,無興國焉。恃險與馬,不可以爲固也,從古以然。"可破涿鹿在上谷及涿郡之説矣。

吾昔謂炎帝爲耕農之族,好和平,黄帝爲游牧之族,樂戰鬬,其説雖屬武斷,然謂炎、黄之際,爲世變升降之會,則亦不盡誣也。《商君書·畫策》曰:"神農之世,男耕而食,婦織而衣,刑政不用而治,甲兵不起而王。神農既歿,以彊勝弱,以衆暴寡,故黄帝内行刀鋸,外用甲兵。"《莊子·盜跖》曰:"神農之世:卧則居居,起則于于。民知其母,不知其父。與麋鹿共處。耕而食,織而衣,無有相害之心。此至德之隆也。然而黄帝不能致德,與蚩尤戰於涿鹿之野,流血百里。"又《至樂》曰:"吾恐回與齊侯言堯、舜、黄帝之道,而重以燧人、神農之言。"《戰國趙策》曰:"宓犧、神農,教而不誅,黄帝、堯、舜,誅而不怒。"《春秋繁露·堯舜不擅移湯武不擅殺》曰:"今足下以湯、武爲不義,然則足下之所謂義者,何世之王也?則答之以神農。"皆可見炎、黄之際,世變轉移之亟也。蓋爲暴始於蚩尤,而以暴易暴,實惟黄帝。

炎黄之争,人皆知之,然古又有謂黄帝勝四帝者。《御覽·皇王部四》引《蔣子萬機論》曰:"黄帝之初,養性愛民,不好戰伐,而四帝各以方色稱號,交共謀之。邊城日驚,介胄不釋。黄帝歎曰:夫君危於上,民安於下;主失於國,案失同佚。其臣再嫁。厥病之由,非養寇邪?今處民萌之上,而四盜亢衡,遞震於師。於是遂即營壘,以滅四帝。向令黄帝若不龍驤虎變,而與俗同道,則其民臣亦嫁於四帝矣。"《萬機論》非可信之書,然《孫子·行軍》篇云:"凡四軍之利,黄帝之所以勝四帝也。"則其説自有所本也。惜其詳不可得聞矣。

原刊《古史辨》第七册,一九四一年六月出版

〔一一〕 少昊考

今文家叙五帝無少昊,而古文家妄增之,予既於《儒家之三皇五

帝説》條發其覆矣。然則少昊何人也？曰：少昊即蚩尤也。

《周書》一書，多存古史，其書傳習頗鮮，故語多詰屈，然轉鮮竄亂與傳譌，實較可信據之書也。《周書・嘗麥》曰："昔天之初，誕作二后，乃設建典。命赤帝分正二卿。命蚩尤宇於少昊，以臨四方。四，疑當作西。蚩尤乃逐帝，争於涿鹿之阿。九隅無遺，赤帝大懾。乃説於黄帝，執蚩尤，殺之於中冀，名之曰絶轡之野。"案《史記・五帝本紀》言："軒轅之時，神農氏世衰。諸侯相侵伐，暴虐百姓，而神農氏弗能征。於是軒轅乃習用干戈，以征不享。諸侯咸來賓從。而蚩尤氏最爲暴，莫能伐。炎帝欲侵陵諸侯，諸侯咸歸軒轅。軒轅乃脩德振兵，以與炎帝戰於阪泉之野。三戰然後得其志。蚩尤作亂，不用帝命。黄帝乃徵師諸侯，與蚩尤戰於涿鹿之野，遂禽殺蚩尤。"既言神農氏世衰，諸侯相侵伐，暴虐百姓，弗能征矣，又言其欲侵陵諸侯，未免自相矛盾。蓋《史記》此文，採自兩書，故其名稱不一。炎帝欲侵陵諸侯之炎帝，實即蚩尤，非世衰之神農氏也。參看《炎黄之争考》條。《周書・史記》曰："昔阪泉氏用兵無已，誅戰不休，并兼無親；文無所立，智士寒心。徙居至於獨鹿。諸侯叛之。阪泉以亡。"獨鹿即涿鹿。阪泉蓋蚩尤舊號。既遷於此，遂亦名其地爲阪泉之野。故阪泉、涿鹿非兩地，其戰亦非二役，而神農、蚩尤，則實有兩人。蚩尤既并神農，代居元后之位，諸書因亦以炎帝稱之，故或又誤爲神農氏也。《周書》之赤帝，蓋即世衰之神農氏，蚩尤初爲之卿。《禮記・月令疏》曰："東方生養，元氣盛大，西方收斂，元氣便小，故東方之帝，謂之大皞，西方之帝，謂之少皞。"此語當有所本。《左氏》文公十八年《疏》引譙周曰："金天氏，能脩大皞之法，故曰少昊也。"其證也。《鹽鐵論・結和》曰："軒轅戰涿鹿，殺兩暤蚩尤而爲帝。"兩暤者，一大皞，一少皞，所謂二卿也。蚩尤初爲神農氏少皞，既滅神農氏，蓋代居赤帝之位，而别以人爲少皞，涿鹿之戰，與其兩卿俱死也。

褚先生補《史記・建元以來侯者年表》，載田千秋上書曰："父子之怒，自古有之。蚩尤叛父，黄帝涉江。"似蚩尤爲神農氏之子。雖不必信，然其爲同族則真矣。蚩尤之後爲三苗，固姜姓也。姜姓殆内亂而爲姬姓所乘與？

《後漢書·張衡傳》：衡"條上司馬遷、班固所叙與典籍不合者十餘事"。《注》舉其一事曰："《帝系》：黄帝産青陽、昌意。《周書》曰：乃命少皞清。清即青陽也。今宜實定之。"案《周書》之文曰："乃命少昊清，司馬，鳥師，以正五帝之官。故名曰質。天用大成，至於今不亂。"《嘗麥解》。"清司馬鳥師"，文有奪誤，云以正五帝之官，則當有五官，而少昊，司馬，鳥師，僅得三官。衡妄加傅會，非是。《左氏》昭公十七年："郯子來朝。公與之宴。昭子問焉，曰：少皞氏鳥名官，何故也？郯子曰：吾祖也，我知之。昔者黄帝氏以雲紀，故爲雲師而雲名。炎帝氏以火紀，故爲火師而火名。共工氏以水紀，故爲水師而水名。大皞氏以龍紀，故爲龍師而龍名。我高祖少皞摯之立也，鳳鳥適至，故紀於鳥，爲鳥師而鳥名。自顓頊以來，不能紀遠，乃紀於近，爲民師而命以民事。"此文真僞未敢定，即以爲真，亦絶無先後相承之意。《世經》乃云："郯子據少昊受黄帝，黄帝受炎帝，炎帝受共工，共工受大昊，故先言黄帝，上及大昊。稽之於《易》，炮犧，神農，黄帝，相繼之世可知。"乃於炮犧、炎帝之間，增一共工，曰："周人遷其行序，故《易》不載。"又於黄帝、顓頊之間，增一少昊，曰："《考德》曰：少昊曰清。清者，黄帝之子青陽也，名摯。周遷其樂，故《易》不載。序於行。"又并顓頊、帝嚳，亦謂周遷其樂，故《易》不載。穿鑿甚矣。《考德》，師古曰："考五帝德之書也。"蓋即其所僞撰。《左疏》曰："《世本》及《春秋緯》，皆言青陽即是少皞，黄帝之子，代黄帝而有天下，號曰金天氏。"緯書固歆輩所造，《世本》亦其徒所改，或後人依歆説所改也。

《禮記·祭法》云："大凡生於天地之間者皆曰命。其萬物死皆曰折，人死曰鬼，此五代之所不變也。七代之所更立者，禘郊宗祖，其餘不變也。"《注》云："五代，謂黄帝、堯、舜、禹、湯，周之禮樂所存法也。""七代，通數顓頊及嚳也。""少昊氏脩黄帝之法，後王無所取焉。"《疏》云："周有六樂，去周言之惟五代。""《易緯》及《樂緯》有五莖、六英，是顓頊及嚳之樂。”又云:“《易緯》有黄帝及顓頊以下之樂,無少昊之樂。”則《世經》之言,於緯書亦不盡讎。蓋緯書造者非一手,亦或後人更有改易也。

《左氏》謂少昊名摯,或謂即《周書》名質之轉音。然《周書》“故名曰質”句,意實非謂人名,此按文可見者也。《國語·晉語》:“黄帝之子二十五人,其同姓者二人而已。惟青陽與夷鼓皆爲己姓。”下文又云:“凡黄帝之子二十五宗,其得姓者十四人,爲十二姓:姬、酉、祁、己、滕、箴、任、荀、僖、姞、儇、依是也。惟青陽與蒼林氏同於黄帝,故皆爲姬姓。”其説自相矛盾。《左疏》謂《世本》己姓出自少昊。《路史》作紀姓,則《國語》下一青陽是誤。疑其或處於紀,而因以爲氏也。《御覽·皇王部》引《古史考》:高陽氏,妘姓。高辛氏,或曰房姓。

《史記·五帝本紀》曰:“帝嚳娶陳鋒氏女,生放勳。娶娵訾氏女,生摯。帝嚳崩,而摯代立。帝摯立,不善。崩,而弟放勳立,是爲帝堯。”《御覽·皇王部》引《帝王世紀》曰:“帝摯之母,於四人之中,其班最下,而摯年兄弟最長,故得登帝位。封異母弟放勳爲唐侯。摯在位九年,政軟弱。而唐侯德盛,諸侯歸之。摯服其義,乃率其羣臣,造唐朝而致禪,因委至心願爲臣。唐侯於是知有天命,乃受帝禪,而封摯於高辛氏。事不經見,漢故議郎東海衛宏所傳云爾。”衛宏之言,未必可信。然黄帝之族,似確有一摯其人,在堯之前。其人究係嚳子,抑青陽若夷鼓之後,未可定,要之必爲己姓。後來之紀,當出於此也。

《説文·女部》:“嬴,帝少皞之姓也。”《御覽》及《路史》引《古史考》皆曰:窮桑氏,嬴姓。《左氏》昭公元年,“昔金天氏有裔子曰昧,爲玄冥師。生允格、臺駘。臺駘能業其官。宣汾、洮,障大澤,以處大原。帝用嘉之,封諸汾川。沈、姒、蓐、黄,實守其祀。”二十九年,“少皞氏有四叔,曰重、曰該、曰脩、曰熙,實能金木及水。使重爲句芒,該爲蓐收,脩及熙爲玄冥。世不失職,遂濟窮桑。”昧,不知即脩、熙之後否?錢賓四謂臺駘即有駘氏,見所撰《西周地理考》。則是姜姓也。又《山海經·大荒北經》:“有人一目,當面中生。一曰威姓,少昊之子。”此皆别一少昊，與摯無涉。蓋少昊本司西方之官，人人可爲之也。窮桑，杜《注》云："地在魯北。"《疏》云："《土地名》窮桑闕。言在魯北，相傳云爾。"案定公四年，祝鮀言伯禽封於少皞之虚，《史記·魯世家》亦云："封周公旦於少昊之虚曲阜。"《御覽》六百九十引《田俅子》："少昊都於曲阜。"則以窮桑爲在魯，説自不誤。《山海經·東山經》："《東次二經》之首曰空桑之山，北臨食水。"食水者，"《東山經》之首曰樕螽之山，北臨乾昧，食水出焉，而東北流注於海。"其地當在青、兖之域。又《北山經》："空桑之山。無草木，冬夏有雪。空桑之水出焉，東流注於滹沱。"郭《注》云："上已有此山，疑同名也。"郝《疏》云："《東經》有此山，此經已上無之。檢此篇，《北次二經》之首曰管涔之山至於敦題之山，凡十七山，今纔得十六山，疑正奪此一山也。經内空桑之山有三：上文奪去之空桑，蓋在莘虢間。《吕氏春秋》、《古史考》俱言伊尹産空桑，是也。此經空桑，蓋在趙代間。《歸藏·啓筮》言蚩尤出自羊水，以伐空桑，是也。"予案古代地名，每隨人而遷徙。空桑恐正隨少昊之族而西遷，臺駘之處大原，即其一證也。予因此悟《史記》"青陽降居江水"，"昌意降居若水"，後人以蜀地釋之者實誤。案《索隱》云："江水、若水皆在蜀，即所封國也。《水經》曰：水出旄牛徼外，東南至故關爲若水。南過邛都，又東北至朱提縣，爲瀘江水。是蜀有此二水也。"《正義》云："《華陽國志》及《十三州志》云：蜀之先，肇於人皇之際。黄帝爲子昌意取蜀山氏，後子孫因封焉。"今案《水經·若水注》云："《山海經》曰：南海之内，黑水之間，有木，名曰若木。若水出焉。又云：灰野之山，有樹焉，青葉赤華，厥名若木。生崑崙山，西附西極也。《淮南子》曰：若木，在建木西。木有十華，其光照下地。故屈原《離騷·天問》曰羲和未陽，若華何光是也。然若木之生，非一所也。黑水之間，厥木所植，水出其下，故水受其稱焉。"《注》所引《山海經》，前一條見《海内經》，黑水下多青水二字。後一條見《大荒北經》，灰野作洞野。郝《疏》云："《文選·甘泉賦》、《月賦》注，《藝文類聚》八十九引，并作灰野。"下云："上有赤樹，青葉赤華，名曰若木。"而"生崑崙西附西極"七字爲郭

《注》。郭《注》又云:“其華光赤,下照地。”郝《疏》云:“《文選·月賦注》引此經,若木下有日之所入處五字。《離騷》云:折若木以拂日。王逸《注》云:若木在崑崙西極,其華照下地。疑郭《注》當在經中。”案以若木爲生崑崙,西附西極,日之所入處者誤。此必非經文也。《離騷》云:“飲余馬於咸池兮,總余轡乎扶桑。折若木以拂日兮,聊逍遥以相羊。”其文相承,正言日出時。《天問》王逸《注》亦云:“言日未出之時,若華何能有明赤之光華乎?”安得言日入?所引《淮南子》,乃《地形篇》文。其文云:“扶木在陽州,日之所曊。建木在都廣,衆帝所自上下。日中無景,呼而無響,蓋天地之中也。若木,在建木西。末有十日,其華照下地。”此文疑有竄亂。《山海經·海外東經》云:“下有湯谷。湯谷上有扶桑,十日所浴。在黑齒北,居水中,有大木。九日居下枝,一日居上枝。”《注》云:“莊周云:昔者十日并出,草木焦枯。《淮南子》亦云:堯乃令羿射十日,中其九日,日中烏盡死。《離騷》所謂羿焉畢日,烏焉落羽者也。《歸藏·鄭母經》云:昔者羿善射,畢十日,果畢之。汲郡《竹書》曰:胤甲即位,居西河,有妖孽,十日并出。明此自然之異,有自來矣。《傳》曰:天有十日,日之數十。此云九日居下枝,一日居上枝。《大荒經》又云:一日方至,一日方出。明天地雖有十日,自使以次第迭出運照,而今俱見,爲天下妖災,故羿稟堯之命,洞其靈誠,仰天控弦,而九日潛退也。”然則若木自在日出處,安得云日所入乎?王菉友曰:“《石鼓文》有[illegible]字,蓋[illegible]本作[illegible]。若字蓋亦作[illegible],即[illegible]之重文。加口者?如𣎵字之象根形。是以《説文》之叒木,它書作若木,并非同音假借也。蓋漢人猶多作[illegible]?是以八分書桑字作桒。《集韻》、《類篇》:桑,古作[illegible],并足徵也。《説文》收若字於艸部,从艸,右聲,亦似誤。”《説文釋例》。此説甚精。然則若水亦當作桑水也。《史記·殷本紀》載《湯誥》曰:“東爲江,北爲濟,西爲河,南爲淮,四瀆已脩,萬民乃有居。”古言四瀆,實主四方,而江在東,則青陽所降,亦當在東方;而昌意所降,則必古空桑之水。今《山經》所載,雖注滹沱,然其始必在《東次二經》所載之山附近,後乃隨民族遷徙而西移也。《史記》言黄帝邑於涿鹿之阿，涿鹿本山名。《周書・王會》，北方有獨鹿，蓋即涿鹿，爲國名或部族名。蜀山者，涿鹿之山，亦即獨鹿之國。蜀山氏女，蓋即蚩尤氏之女；二族初雖兵争，至此復通昏媾也。《山海經・海内經》云："黄帝妻雷祖，生昌意。昌意降處若水，生韓流。韓流，擢首謹耳，人面豕喙，麟身渠股，豚止。取淖子，曰阿女。生帝顓頊。"郭《注》引《竹書》云："昌意降居若水，産帝乾荒。乾荒即韓流也，生帝顓頊。"又引《世本》云："顓頊母，濁山氏之子，名昌僕。"郝氏《箋疏》云："《大戴禮・帝繫篇》云：昌意取於蜀山氏之子，謂之昌僕氏，産顓頊。郭引《世本》作《濁山氏》，濁、蜀古字通，濁又通淖，是淖子即蜀山氏也。"然則蜀山氏之蜀，乃涿鹿獨鹿之單呼；其字可作濁，亦可作淖；乃望文生義，附會爲後世之蜀地，豈不謬哉？《山海經》世系，較《大戴記》、《史記》皆多一代。古世系本不能無闕奪，不當據《大戴》、《史記》以疑《山海經》也。《竹書》則不足信，其曰乾荒，蓋正因《山海經》之韓流而僞造。

近人蒙文通云："《山海經・海内經》云：炎帝之妻，赤水之子聽訞，生炎居。炎居生節并。節并生戲器。戲器生祝融。祝融降居於江水，生共工。共工生術器。術器首方顛，是復土穰，以處江水。共工生后土。后土生噎鳴。是祝融者，炎帝之胤也。《世本》：祝融曾孫生伯夷，封於吕，爲舜四岳；許慎以大岳佐夏侯許，爲祖自炎神，《周語》以共工從孫爲四岳，皆見共工、祝融，同祖炎神也。《大荒西經》云顓頊生老童，老童生祝融，是别一祝融，舊説每誤合爲一人。《風俗通義》説：顓頊有子曰黎，爲苗之民。鄭玄注《吕刑》，説苗民爲九黎之君，是應義本於鄭氏。《山海經・大荒北經》曰：顓頊生驩頭，驩頭生苗民，苗民，黎姓。則顓頊疑亦南方民族也。"見所著《古史甄微》第九篇《夏之興替》。予案《大荒西經》又有文曰："大荒之中，有山名曰日月山，天樞也。吴姖天門，日月所入。有神，人面無臂，兩足反屬於頭。山名曰嘘。顓頊生老童，老童生重及黎。帝令重獻上天，令黎卬下地。下地是生噎。處於西極，以行日月星辰之行次。""下地是生噎"，郝氏

《箋疏》云:"此語難曉。《海内經》云：后土生噎鳴。此經與相涉,而文有闕奪,遂不復可讀。"予案"山名曰嘘",山字疑誤。嘘似即噎之譌,乃神名。"下地是生噎",下地字誤重,是生噎之上,又有奪文。噎蓋噎鳴也。《國語·楚語》云:"昭王問於觀射父曰:《周書》所謂重、黎實使天地不通者,何也？若無然,民將能登天乎？對曰：非此之謂也。古者民神不雜。及少昊之衰也,九黎亂德。民神雜糅,不可方物。顓頊受之。乃命南正重司天以屬神,命火正黎司地以屬民。使復舊常,無相侵瀆。是謂絶地天通。其後三苗復九黎之德。堯復育重、黎之後不忘舊者,使復典之,以至於夏、商。故重、黎氏世叙天地,而别其分職者也。其在周,程伯休父其後也。當宣王時,失其官守,而爲司馬氏。寵神其祖,以取威於民,曰：重實上天,黎實下地。遭世之亂,而莫之能禦也。不然,夫天地成而不變,何比之有?""重實上天,黎實下地",即《山海經》所謂"令重獻上天,令黎抑下地"也。《大荒西經》又云:"有人,名曰吴回。奇左,是無右臂。"又云:"大荒之中有山,名曰大荒之山,日月所入。有人焉,三面,是顓頊之子,三面一臂。"案《説文·了部》:"了,尦也。从子無臂。象形。"孑,"無又臂也。从了乚,象形。"孓,"無左臂也。从了亅,象形。"人豈有無臂及一臂者?此三文蓋爲神而作。吴回者,《史記·楚世家》云:"楚之先祖,出自帝顓頊高陽。高陽生稱,稱生卷章,卷章生重黎。重黎爲帝嚳高辛居火正,甚有功,能光融天下。帝嚳命曰祝融。共工氏作亂。帝嚳使重黎誅之而不盡,帝乃以庚寅日誅重黎,而以其弟吴回爲重黎後,復居火正,爲祝融。"合此諸文觀之,黎苗確出顓頊,而出於黎之噎,與出於炎帝之噎鳴,又不能謂非一人;然則出於顓頊之祝融,與出於炎帝之祝融,亦不能謂其非一人也。是又何邪？蓋《海内經》所謂炎帝者,即是祝融。祝者,屬也,融者,光融。古者野蠻之族,恒有守火之司,祝融蓋即火正之名,其後因以爲氏。古無所謂共主,部族大者即可稱王。生時既可稱王,死後自可稱帝。居火正之官者,尊稱其祖,自可謂之炎帝。非古神農氏之後也。然出於祝融之四岳姜姓者,則以昌意娶蜀山氏子，其後或從母姓耳。然則蚩尤雖爲黄帝所誅，迄於顓頊之世，其族即已復盛矣。《潛夫論・五德志》謂"顓頊身號高陽，世號共工"。共工亦姜姓。

皇甫謐謂顓頊始都窮桑，蓋以其承少昊言之。云後徙商丘，於帝嚳則云都亳，蓋爲《左氏》"衛顓頊之虚也"一語所誤。《皇覽》謂顓頊、帝嚳，冢皆在東郡濮陽，皇甫謐謂在東郡頓丘廣陽里，見《史記集解》、《索隱》及《御覽》。又見《水經・淇水注》。亦因此附會。可參看《神農與炎帝大庭》條。《吕覽・古樂》，謂帝顓頊生自若水，實處空桑，乃登爲帝，則顓頊仍處空桑，帝嚳亦當襲其跡耳。郯子言少昊摯之立也，爽鳩氏爲司寇；而《左氏》昭公二十年：晏子對齊景公，謂"昔爽鳩氏始居此地，季萴因之，有逢伯陵因之，薄姑氏因之，而後大公因之。"十年："有星出於婺女。鄭裨竈言於子産曰：七月戊子，晉君將死。今兹歲在顓頊之虚，姜氏、任氏，實守其地。《注》："姜，齊姓；任，薛姓。"居其維首，而有妖星焉，告邑姜也。邑姜，晉之妣也，天以七紀。戊子，逢公以登，星斯於是乎出。"皆古代都邑在齊魯之地之證。

原刊《古史辨》第七册，一九四一年六月出版

〔一二〕 女媧與共工

司馬貞《補三皇本紀》云：女媧末年，諸侯有共工氏，任智刑以强，霸而不王。與祝融戰，不勝，而怒，乃頭觸不周山崩，天柱折，地維缺。女媧乃鍊五色石以補天，斷鼇足以立四極，以濟冀州。上當奪"殺黑龍"三字。《注》云："按其事出《淮南子》也。"按《淮南・覽冥》云："往古之時，四極廢，九州裂；天不兼覆，地不周載；火爁炎而不滅，水浩洋而不息；猛獸食顓民，顓，《御覽》引作精，并引高誘《注》曰："精，弱也。"鷙鳥攫老弱。於是女媧鍊五色石以補蒼天，斷鼇足以立四極，殺黑龍以濟冀州，積蘆灰以止淫水。蒼天補，四極正，淫水涸，冀州平，狡蟲死，顓民生。"

言女媧治水而不及共工。《原道》云:"昔共工之力,觸不周之山,使地東南傾,與高辛争爲帝,遂潛於淵,宗族殘滅,繼嗣絶祀。"《天文》云:"昔者共工與顓頊争爲帝,怒而觸不周之山,天柱折,地維絶;天傾西北,故日月星辰移焉。地不滿東南,故水潦塵埃歸焉。"《兵略》亦云:"顓頊嘗與共工争矣。"《本經》云:"舜之時,共工振滔洪水,以薄空桑,龍門未開,吕梁未發,江淮流通,四海溟涬。民皆上邱陵,赴樹木。舜乃使禹疏三江五湖,闢伊闕,導廛、澗,平通溝陸,流注東海。洪水漏,九州乾,萬民皆寧其性。"言共工致水患而不及女媧。《楚辭·天問》云:"康回馮怒,地何故以東南傾。"《注》云:"康回,共工名也。《淮南子》言共工與顓頊争爲帝,不得,怒而觸不周之山,天維絶,地柱折,維絶柱折疑互譌。故東南傾也。"《山海經·大荒西經》云:"西北海之外,大荒之隅,有山而不合,名曰不周,負子。"郭《注》引《淮南子》同,亦未及女媧。惟《論衡·談天》云:"儒書言共工與顓頊争爲天子,不勝,怒而觸不周之山,使天柱折,地維絶,女媧銷煉五色石以補蒼天,斷鼇足以立四極。天不足西北,故日月移焉,地不足東南,故百川注焉。"《順鼓》云:"傳又言共工與顓頊争爲天子,不勝,怒而觸不周之山,使天柱折,地維絶。女媧消煉五色石以補蒼天,斷鼇足以立四極。"與小司馬之言同。

古人傳説,每誤合數事爲一,《論衡》之言,蓋蹈此弊,而小司馬又沿其流也。古書言共工者:《史記·律書》云:"顓頊有共工之陳,以平水害。"又《淮南·本經》言"共工振滔洪水,以薄空桑",而《吕覽·古樂》言"帝顓頊生自若水,實處空桑",二者實消息相通。此與《淮南·天文》,皆以爲與顓頊争者也。《原道》謂與高辛争。《吕覽·蕩兵》云:"黄、炎故用水火矣,共工固次作難矣,五帝固相與争矣。"雖不明言何時,亦可想見其在顓頊之世。《書》言舜攝政,"流共工於幽州。"《周書·史記》云:"昔者共工自賢,自以無臣,久空大官,下官交亂,民無所附,唐氏伐之,共工以亡。"《淮南·本經》謂在舜時。《戰國·秦策》:蘇秦言:"禹伐共工。"《荀子·議兵》同。《荀子·成相》云:

“禹有功,抑下鴻,辟除民害逐共工。”《山海經·大荒西經》云:不周之山,“有兩黄獸守之。有水曰寒暑之水,水西有濕山,水東有幕山,有禹攻共工國山。”又《海外北經》云:“共工之臣曰相柳氏。九首,以食於九山。相柳之所抵,厥爲澤谿。禹殺相柳,其血腥,不可以樹五穀種。禹厥之,三仞三沮,乃以爲衆帝之臺。在崑崙之北,柔利之東。相柳者,九首人面,蛇身而青。不敢北射,畏共工之臺。臺在其東。臺四方,隅有一蛇,虎色,首衝南方。”《大荒北經》云:“共工臣名曰相繇,九首,蛇身自環,食於九土。其所歍所尼,即爲源澤。不辛乃苦,百獸莫能處。禹湮洪水,殺相繇。其血腥臭,不可生穀。其地多水,不可居也。禹湮之,三仞三沮,乃以爲池。羣帝因是以爲臺。在崑崙之北。”相繇即相柳,此與《海外北經》所言,係一事兩傳。又云:“有係昆之山者,有共工之臺,射者不敢北鄉。”則以爲在堯、舜、禹之世,無以爲與女媧争者。《國語·周語》載太子晉之言曰:“古之長民者,不墮山,不崇藪,不防川,不竇澤。昔共工棄此道也,虞於湛樂,淫失其身,欲壅防百川,墮高堙庳,以害天下。皇天弗福,庶民弗助。禍亂并興,共工用滅。其在有虞,有崇伯鯀播其淫心,稱遂共工之過。堯用殛之於羽山。其後伯禹念前之非度,釐改制量。共之從孫四嶽佐之。高高下下,疏川導滯,鍾水豐物。封崇九山,決汩九川,陂障九澤,豐殖九藪,汩越九原,宅居九隩,合通四海。克厭帝心。皇天嘉之,祚以天下,賜姓曰姒,氏曰有夏。祚四嶽國,命以侯伯,賜姓曰姜,氏曰有吕。”明自共工至禹,水患一綫相承,説共工者,自以謂在顓頊及堯、舜、禹之世爲得也。

女媧蓋南方之神。《楚辭·天問》云:“女媧有體,孰制匠之?”《注》云:“傳言女媧人頭蛇身,一日七十化。”《淮南·説林》云:“黄帝生陰陽,此黄帝非軒轅氏,陰陽亦非泛言,當指男女形體,與下二句一律。上騈生耳目,桑林生臂手,此女媧所以七十化也。”《説文·女部》:“媧,古之神聖女,化萬物者也。”蓋謂萬物形體,皆女媧所制,《御覽·皇王部》引《風俗通》云:“俗説:天地開闢,未有人民。女媧摶黄土作人,劇務,力不暇供,乃引繩於泥中,舉以爲人。故富貴者,黄土人也;貧賤凡庸者,絙人也。"説雖不同,亦以生民始於女媧。寖假遂可以補天,立四極矣。然實與水患無關。《論衡·順鼓》曰:"雨不霽,祭女媧,於禮何見?伏羲、女媧,俱聖者也,舍伏羲而祭女媧,《春秋》不言。董仲舒之議,其故何哉?俗圖畫女媧之象爲婦人之形,又其號曰女,仲舒之意,殆謂女媧古婦人帝王者也。男陽而女陰,陰氣爲害,故祭女媧求福祐也。傳又言云云,見前引。仲舒之祭女媧,殆見此傳也。"仲任揣測,全失董生之意。雨不霽則祭女媧,蓋古本有此俗,而董生採之,非其所創。其所以採之,則自出於求之陰氣之義,非以傳所云而然也。《史記·夏本紀索隱》引《世本》云:"塗山氏女名女媧。"《正義》引《帝繫》云:"禹取塗山氏之子,謂之女媧,是生啓也。"此説與謂女媧能治水者又迥别,亦後起之説,非其朔也。

《大荒北經》云:係昆之山,"有人衣青衣,名曰黄帝女魃。蚩尤作兵伐黄帝。黄帝乃令應龍攻之冀州之野。應龍畜水,案畜即蓄稸字,乃積聚之義,積聚者必先收斂,收斂者必順其理,故《記·祭統》曰:"順於道不逆於倫,是之謂畜。"蚩尤請風伯、雨師,縱大風雨。黄帝乃下天女曰魃,雨止,遂殺蚩尤。魃不得復上,所居不雨。叔均言之帝,後置之赤水之北。叔均乃爲田祖。魃時亡之。所欲逐之者,令曰:神北行!先除水道,決通溝瀆。"又曰:"大荒之中,有山名曰成都載天。有人,珥兩黄蛇,把兩黄蛇,名曰夸父。后土生信,信生夸父。夸父不量力,欲追日景,逮之於禺谷。將飲河而不足也,將走大澤,未至,死於此。應龍已殺蚩尤,又殺夸父,乃去南方處之,故南方多雨。"此説以應龍即魃。去南方處之者,蓋謂夸父。日與魃同類。夸父逐日,魃敵風伯、雨師,皆水火二神之争也。《海外北經》云:"夸父與日逐走,入日。謂使日入也。《史記·禮書集解》引作日入,蓋改從後世語法。渴欲得飲,飲於河渭。河渭不足,北飲大澤,未至,道渴而死。棄其杖,化爲鄧林。"兩經所載凡三説:《海外北經》暨《大荒北經》前一説,以爲逐日渴死;其後一説,則以爲與蚩尤同爲應龍所殺。夸父爲后土之子。后土者,《禮記·祭法》云:"厲山氏之有天下也,其子曰農,能殖百穀。夏之衰也,周棄繼之,故祀以爲稷。共工氏之霸九州也，其子曰后土，能平九州，故祀以爲社。"《國語·魯語》："昔烈山氏之有天下也，其子曰柱，能殖百穀百蔬；夏之興也，周棄繼之，故祀以爲稷。共工氏之伯九有也，其子曰后土，能平九土，故祀以爲社"。《山海經·海内經》云："禹、鯀是始布土，均定九州。炎帝之妻，赤水之子聽訞郝氏《義疏》云："《補三皇本紀》云：神農納奔水氏之女曰聽訞爲妃，生帝哀，哀生帝克，克生帝榆罔"云云。證以此經，赤水作奔水，聽訞作聽詙，及炎居以下，文字俱異。司馬貞自注云："見《帝王世紀》及《古史考》。"今案二書蓋亦本此經爲説，其名字不同，或當别有依據，然古典佚亡，今無可考矣。生炎居，炎居生節并，節并生戲器，戲器生祝融。祝融降處於江水，生共工，共工生術器。術器首方顛，是復土穰，以處江水。共工生后土，后土生噎鳴。噎鳴生歲十有二，洪水滔天。鯀竊帝之息壤，以湮洪水，不待帝命。帝令祝融殺鯀於羽郊。鯀復生禹。帝乃命禹卒布土，以定九州。"厲山即神農，與蚩尤、共工，同爲姜姓之國；黄帝、顓頊、高辛、堯、舜、禹則姬姓也；二姓相争之情形，可以想見。祝融，《左氏》、《國語》、《大戴記·帝繫姓》、《史記·楚世家》并以爲顓頊後。《山海經·大荒西經》亦云："顓頊生老童，老童生祝融。"又云："顓頊生老童，老童生重及黎。"而《海内經》獨以爲炎帝之後，共工之先。案《左氏》昭公二十九年之言，出於蔡墨。墨之言曰："有五行之官，是謂五官。木正曰句芒，火正曰祝融，金正曰蓐收，水正曰玄冥，土正曰后土。""少皞氏有四叔：曰重、曰該、曰脩、曰熙，實能金木及水。使重爲句芒，該爲蓐收，脩及熙爲玄冥，世不失職，遂濟窮桑，此其三祀也。顓頊氏有子曰犂，爲祝融；共工氏有子曰句龍，爲后土；此其二祀也。后土爲社。稷，田正也，有烈山氏之子曰柱，爲稷，自夏以上祀之。周棄亦爲稷，自商以來祀之。"而《國語·楚語》載觀射父之言曰："有天地神明類物之官，是謂五官。及少皞之衰也，九黎亂德。顓頊受之，乃命南正重司天以屬神，命火正黎司地以屬民，使復舊常，無相侵瀆。其後三苗復九黎之德，堯復育重黎之後不忘舊者，使復典之，以至於夏商。"然則亂德之九黎，與顓頊命其司地之黎，即蔡墨所謂顓頊氏有子曰犂，亦即《大戴記》、《史記》、《大荒西經》以爲顓頊之後者，實同號而異人。

後者蓋襲前者之位，故亦同稱爲祝融。實則一爲炎帝、共工之族，一爲顓頊之後也。蔡墨曰："昔有飂叔安，有裔子曰董父，乃擾畜龍，以服事帝舜。帝賜之姓曰董，氏曰豢龍，封諸鬷川。鬷夷氏其後也。陶唐氏既衰，其後有劉累，學擾龍於豢龍氏，以事孔甲。夏后嘉之，賜氏曰御龍，以更豕韋之後。"《國語·鄭語》：史伯謂鄭桓公曰："夫黎爲高辛氏火正，故命之曰祝融。夫成天地之大功者，其子孫未嘗不章，虞、夏、商、周是也。虞幕能聽協風，以成樂物生者也；夏禹能單平水土，以品處庶類者也；商契能和合五教，以保於百姓者也；周棄能播殖百穀蔬，以衣食民人者也；其後皆爲王公侯伯。祝融亦能昭顯天地之光明，以生柔嘉材者也。其後八姓，於周未有侯伯。佐制物於前代者，昆吾爲夏伯矣，大彭、豕韋爲商伯矣，當周未有。己姓昆吾、蘇、顧、温、董，董姓鬷夷、豢龍，則夏滅之矣。彭姓彭祖、豕韋、諸稽，則商滅之矣。秃姓舟人，則周滅之矣，妘姓鄔、鄶、路、偪陽，曹姓鄒、莒，皆爲采衛，或在王室，或在夷狄，莫之數也，而又無令聞，必不興矣。斟姓無後。融之興者，其在芈姓乎?"史伯所舉虞、夏、商、周及祝融，亦即蔡墨、觀射父所謂五官；協風成物，當爲木正。平水土爲水正，契當爲金正，故殷人尚白。社稷同功，棄當爲土正。其云鬷夷，即蔡墨所云董父之後，墨云以更豕韋，則豕韋雖伯於商，其先實爲夏所替。然則祝融同族，多爲夏所翦滅，謂爲高陽之後，理或未然。竊疑顓頊取於蜀山，實爲蚩尤之後，見《少昊》條。楚以母系言之，實於姜姓爲近，抑或楚之先，實爲少昊之祝融，而非顓頊所使司地以屬民者也。觀《海内經》祝融殺鯀之言，《楚語》三苗復九黎之德，堯復育重黎之後之語，則少皞時之九黎，即《海内經》所稱爲炎帝之後，共工之先者，與姬姓相争，仍甚烈也。黎蓋封地，祝融則官名。顓頊替少昊之祝融，所使繼之者，蓋居其職，并襲其封土，故黎與祝融之稱，二者皆同。惟少昊時之黎，分爲九族，故又有九黎之稱。顓頊所命之火正，則不然耳。然則《堯典》言黎民，殆即九黎之民，援秦人黔首之名以釋之，殆附會而非其實矣。《周語》太子晉諫靈王，鑒於黎、苗之王，亦即《楚語》所謂三苗復九黎之德者。先秦人語，固時存古史之真也。

《韓非·五蠹》曰："當舜之時，有苗不服，禹將伐之。舜曰：不可。上德不厚而行武，非道也。乃脩教三年，執干戚舞，有苗乃服。共工之戰，鐵銛矩者及乎敵，鎧甲不堅者傷乎體，是干戚用於古，不用於今也。"案所言舜服有苗事，即書所謂"竄三苗於三危"，亦即《楚語》所謂三苗復九黎之德者，蓋當堯、舜之世，九黎之後，又嘗與姬姓争也。共工與姬姓之争，實在有苗之先，《韓子》之文，顧若在其後者。古人輕事重言，此等處固所不計。然言共工兵甲之利，亦可見其爲蚩尤同族矣。三皇或説，一曰伏羲、神農、祝融，一曰伏羲、神農、女媧。見《三皇五帝》條。祝融列爲三皇，可見其嘗霸有天下，與共工同；其又曰女媧者，蓋漢人久將女媧與祝融，牽合爲一也。

少昊氏四叔，何以爲三官？玄冥一官，何以兩人爲之？亦一可疑之端。昭公元年，子産言"昔金天氏有裔子曰昧，爲玄冥師。生允格、臺駘，臺駘能業其官"。昧固祇一人，允格，臺駘，亦祇一人繼其業也。竊疑四叔初必分居四官，且正以居四官故而有四叔之稱。其後祝融爲顓頊所替，言祝融者惟知爲顓頊氏子，而少皡氏四叔之稱，相沿已久，不可改易，乃舉脩及熙而并歸諸玄冥耳。又《國語》言顓頊命南正重司天以屬神，命火正黎司地以屬民，是祝融一官，亦二人爲之也。古未有以二人爲一官者，故《鄭志》答趙商云火當爲北，韋昭亦云然。見《詩·檜譜疏》。然以南北二正爲相對之稱，又無解於《左氏》以祝融爲五官之一矣。案《大戴禮記·帝繫姓》，謂顓頊産老童，老童産重黎及吴回。《史記·楚世家》則云："高陽生稱，稱生卷章，卷章生重黎，重黎爲帝嚳高辛居火正，帝嚳命曰祝融。共工氏作亂，帝嚳使重黎誅之而不盡，帝乃以庚寅日誅重黎，而以其弟吴回爲重黎後，復居火正，爲祝融。"《集解》："徐廣曰：《世本》云：老童生重黎及吴回。譙周曰：老童即卷章。"卷章疑老童字誤，《史記》多稱一世。竊疑重黎實二人；其一爲少昊氏子，一爲顓頊氏子，《大戴》、《世本》以爲一人實誤，惟《史記》之文，猶留竄改之跡。蓋稱生重，亦即老童，顓頊氏命爲火正者也。黎則少昊氏之世居火正者，老童既襲其封土，乃兼稱曰重黎，帝嚳蓋顓頊之誤，云帝嚳使重黎誅之而不盡者，顓頊命老童誅少昊氏之黎而不盡也。云帝乃以庚寅日誅重黎者，非以老童誅共工不能盡而罰殛之，所誅者仍是少昊氏之黎。楚俗本兄弟相及，吳回居火正，不必以其兄之見誅；吳回生季連，季連之裔孫曰鬻融，《大戴記》如此，《史記》作鬻熊。仍是祝融異文耳。《大荒北經》云"顓頊生驩頭，驩頭生苗民，苗民釐姓"，則以三苗爲顓頊後矣。《潛夫論・五德志》云"顓頊身號高陽，世號共工"，則以共工爲顓頊後矣。古世系固多錯亂也。

《左氏》昭公十七年，郯子言黄帝以雲紀，炎帝以火紀，共工以水紀，大皞以龍紀。杜《注》云："共工以諸侯霸有九州者，在神農前，大皞後。"《疏》云："此《傳》從黄帝向上逆陳之，知共工在神農前，大皞後也。"此説未必是，然古以共工與大皞、炎、黄并列，則可知矣。

原刊《古史辨》第七册，一九四一年六月出版

〔一三〕 帝堯居陶

《左氏》襄公二十四年《疏》云："歷檢書傳，未聞帝堯居陶，而以陶冠唐，蓋地以二字爲名，所稱或單或複也。"《漢書・高帝紀贊注》引荀悦則云："唐者，帝堯有天下號；陶，發聲也。"書闕有間，又安知堯之不嘗居陶邪？

〔一四〕 囚堯城辨

晉時汲冢得書，自係實事，然其書之傳於後者，則悉爲僞物，世或以爲真而信之，皆惑也。《史記・五帝本紀正義》引《括地志》云："故堯城，在濮州鄄城縣東北十五里。《竹書》云昔堯德衰，爲舜所囚也。

又有偃朱故城，在縣西北十五里。《竹書》云舜囚堯，復偃塞丹朱，使不與父相見也。”案《水經·瓠子河注》云：“瓠河故瀆，又東逕句陽縣之小成陽城北，側瀆。《帝王世紀》曰：堯葬濟陰，成陽西北四十里，是爲穀林。余按小成陽在成陽西北半里許實中，俗喭以爲囚堯城，士安蓋以是爲堯冢也。”然則作《竹書》者，正因堯冢而附會耳。五帝之事，若覺若夢，魏史獨能得其真，且能實指囚之偃之之地，豈理也哉？抑古豈有此史體乎？

原刊《古史辨》第七册，一九四一年六月出版

〔一五〕 丹朱傲辨

《臯陶謨》曰：“無若丹朱傲。惟慢遊是好，傲虐是作。罔晝夜頟頟。罔水行舟。朋淫於家，用殄厥世。”《釋文》：“傲，字又作奡。”《説文夰部》：“奡，嫚也。從百，從夰，夰亦聲。《虞書》曰：若丹朱奡。讀若傲。《論語》：奡盪舟。”俞理初《癸巳類稿》曰：“奡與丹朱，各爲一人，皆是堯子。《莊子·盜跖》篇云：堯殺長子。《釋文》引崔云：長子考監明。又《韓非子·説疑》篇云：《記》曰：堯誅丹朱。堯時《書》稱胤子朱，《史》稱嗣子丹朱，朱至虞時封丹，則堯未誅丹朱。又據《吕氏春秋·去私》篇云：堯有子十人。高誘《注》云：《孟子》言九男事舜，而此云十子，殆丹朱爲胤子，不在數中。其説蓋未詳考。《吕氏·求人篇》云：妻以二女，臣以十子。《吕氏》實連丹朱數之，而《孟子》止言九男。《淮南·泰族訓》亦云：堯屬舜以九子。合五書，知堯失一子。《書》又云殄厥世。是堯十子必絶其一，而又必非丹朱也。《管子·宙合》篇云：若覺卧，若晦明，若敖之在堯也。即《史記·夏本紀》若丹朱敖，《漢書·楚元王傳》劉向引《書》無若丹朱敖之敖。房喬《注》云：敖，堯子丹朱。謂取敖名朱，若舉其謚者，尤不成辭。案《説文》言丹朱奡，《論語》已偏舉奡；司馬遷、劉向言丹朱敖，《管子》已偏

舉敖；則奡與朱各爲一人，有三代古文爲證，無疑也。《漢書·鄒陽傳》云：不合則骨肉爲仇敵，朱、象、管、蔡是已。漢初必有師説。朱與奡以傲虐朋淫相惡，亦無疑也。故《經》曰奡頟頟罔水行舟，則《論語》云奡盪舟也。《經》曰奡朋淫於家，則鄒陽云骨肉爲仇敵也。《經》曰奡殄厥世，則《論語》云不得其死。《孟子》、《吕氏》、《淮南》十子九男之不同，《莊子》言殺長子，《韓非子》言誅丹朱，皆可明其傳聞不同之致；又得《管子》、《論語》偏舉之文，定知言奡者不是丹朱矣。”予案以奡與丹朱爲兩人，説出宋人吴斗南，趙耘崧《陔餘叢考》引之，謂：“羿善射，奡盪舟，解以有窮后羿及寒浞之子，説始孔安國，而朱《注》因之。寒浞之子名澆，《左傳》并不言奡。禹之規戒，若作敖慢之傲，則既云無若丹朱傲矣，何必又曰傲虐是作乎？”今案古書辭義，重複者甚多，似不宜律以後世文法。況盪者摇也，《左氏》僖公三年，“齊侯與蔡姬乘舟於囿，蕩公”，與《論語》之“盪舟”，當係一義，非罔水行舟之謂。寒浞之子，《離騷·天問》，亦均作澆。然《天問》有“覆舟斟尋”之語，則澆似能用舟師，謂其盪舟，於事爲近。澆、奡同音，未嘗不可通用也。《管子》文義，殊爲難解。强釋之，敖似嶅之借字。《説文·山部》：“嶅，山多小石也。”《爾雅·釋山》作磝。蓋亦可用以稱小石。堯，高也。敖在堯，猶言小石在高山，蓋戒慎之意。覺與卧，晦與明，敖與堯，皆相對之辭，以爲人名，未必然矣。《韓子》云：“堯有丹朱，舜有商均，啓有五觀，商《楚語》作湯。有太甲，武王《楚語》作文王。有管蔡，此五王之所誅者，皆父兄子弟之親也。”亦見《國語·楚語》。《楚語》曰：“此五王者，皆元德也，而有姦子。”鄒陽之説本之，特易商均爲象而已。《莊子》謂堯殺長子，當亦此説，未必更有他義也。《吕覽》、《孟子》、《淮南》十子九男之不同，則古人於此等處，多以意説。去胤子則言九，并胤子則言十；丹朱爲堯長子，古無異説，高誘《注》殆不誤。“堯子丹朱、舜子商均，皆有疆土，以奉先祀，服其服，禮樂如之，以客見天子，天子弗臣。”《史記·五帝本紀》。乃儒家通三統之説，非事實，以此決丹朱之未見殺，誤矣。不得其死，非殄厥世。朋淫於家，更非骨肉爲仇敵。據此謂朱與奡以傲虐朋淫相惡，則幾於妄造史實矣。故俞説實無一是處。然謂奡爲堯長子，不得其死不確；而丹朱、商均亦有如五觀、太甲、管、蔡等争奪相殺之事則真矣。劉知幾《疑古》之篇，究爲千古卓識也。

古人之言，寓言、實事不甚分别，故欲辨其孰爲史實甚難。然亦有可以分别者。《韓非子·外儲説右上》曰："堯欲傳天下於舜。鯀諫曰：不祥哉！孰以天下而傳之於匹夫乎？堯不聽，舉兵而誅殺鯀於羽山之郊。共工又諫曰：孰以天下而傳之於匹夫乎？堯不聽。又舉兵而誅共工於幽州之都。於是天下莫敢言無傳天下於舜。"《山海經·海外南經》："三苗國，在赤水東，其爲人相隨。"郭《注》："昔堯以天下讓舜，三苗之君非之，帝殺之，有苗之民叛入南海，爲三苗國。"不知係誤記此文，抑别有據。然即别有所據，亦此文之類也。《外儲説右下》曰："潘壽謂燕王曰：王不如以國讓子之。人所以謂堯賢者，以其讓天下於許由。許由必不受也，則是堯有讓許由之名，而實不失天下也。今王以國讓子之，子之必不受也，則是王有讓子之之名，而與堯同行也。"一曰："潘壽見燕王曰：臣恐子之之如益也。王曰：何益哉？對曰：古者禹死，將傳天下於益，啓之人因相與攻益而立啓。今王信愛子之，將傳國子之，太子之人，盡懷印璽，子之之人，無一人在朝廷者。王不幸棄羣臣，則子之亦益也。"一曰："燕王欲傳國於子之也，問之潘壽。對曰：禹愛益而任天下於益，已而以啓人爲吏。及老，而以啓爲不足任天下，故傳天下於益，而勢重盡在啓也。已而啓與友黨攻益而奪之天下。是禹名傳天下於益，而實令啓自取之也。此禹之不及堯、舜明矣。今王欲傳之子之，而吏無非太子之人者也，是名傳之，而實令太子自取之也。"《韓子》此文，亦見《戰國·燕策》、《史記·燕世家》，皆不如此之詳。潘壽作鹿毛壽。徐廣曰：一作厝毛。又曰：甘陵縣本名厝。《難三》云："夫堯之賢，六王之冠也，舜一從而咸包，而堯無天下矣。"《五蠹》曰："堯之王天下也，茅茨不翦，采椽不斲；糲粢之食，藜藿之羹；冬日麑裘，夏日葛衣；雖監門之服養，不虧於此矣。禹之王天下也，身執耒臿，以爲民先；股無胈，脛不生毛；雖臣虜之勞，不苦於此矣。以是言之，夫古之讓天子者，是去監門之養，而離臣虜之勞也，故傳天下而不足多也。"《説疑》曰:"舜偪堯,禹偪舜,湯放桀,武王伐紂,此四王者,人臣弑其君者也。"《忠孝》曰:"堯爲人君而君其臣,舜爲人臣而臣其君,湯武人臣,而弑其主,刑其尸。"又曰:"瞽瞍爲舜父,而舜放之。象爲舜弟,而舜殺之。放父殺弟,不可謂仁。妻帝二女,而取天下,不可謂義。仁義無有,不可謂明。"《新序·節士》曰:"禹問伯成子高曰:昔者堯治天下,吾子立爲諸侯焉;堯授舜,吾子猶存焉;及吾在位,子辭諸侯而耕,何故?伯成子高曰:昔堯之治天下,舉天下而傳之他人,至無欲也;擇賢而與之其位,至公也。舜亦猶然。今君之所懷者私也。百姓知之,貪爭之端,自此始矣。德自此衰,刑自此繁矣。吾不忍見,是以野處也。"皆寓言也。《吕覽·舉難》曰:"人傷堯以不慈之名,舜以卑父之號,禹以貪位之意,湯、武以放弑之謀,五伯以侵奪之事。"《楚辭·哀郢》曰:"堯舜之抗行兮,瞭杳杳而薄天。衆讒人之嫉妬兮,被以不慈之僞名。"《九辯》杳杳作冥冥,衆讒人作何險巇,餘同。《怨世》曰:"高陽無故而委塵兮,唐虞點灼而毁議。"《注》:"言有不慈之過,卑父之累也。"《淮南·氾論》:"堯有不慈之名,舜有卑父之謗,湯、武有放弑之事,五霸有暴亂之謀。"可見其爲設辭矣。惟《韓非·説疑》之文稱《記》曰,《記》爲古史籍之稱,似有記載爲據。又《吕覽·行論》云:"堯以天下讓舜,鯀爲諸侯,怒於堯曰:得天之道者爲帝,得地之道者爲三公。今我得地之道,而不以我爲三公。以堯爲失論,欲得三公。怒甚,猛獸欲以爲亂,比獸之角,能以爲城;舉其尾,能以爲旌。召之不來,仿佯於野,以患帝舜。於是殛之於羽山,副之以吴刀。"《論衡·率性》:"堯以天下讓舜。鮌爲諸侯,欲得三公,而堯不聽。怒其猛獸,欲以爲亂。比獸之角可以爲城,舉尾以爲旌,奮心盛氣,阻戰爲强。"其説雖涉荒怪,然似亦以史事爲據也。

原刊《古史辨》第七册,一九四一年六月出版

〔一六〕 禪讓説平議

堯舜禪讓之説,予昔極疑之,嘗因《史通》作《廣疑古》之篇。由今

思之，其説亦未必然也。予昔之所疑者，俞理初《癸巳類稿》合《孟》、《莊》、《韓》、《吕》、《淮南》五書，謂堯失一子；又據《説文》、《管子》、《論語》，謂奡爲堯子，不得其死。予因疑奡爲堯長子，被殺。其説之誤，另見《丹朱傲辨》條。又宋于庭《尚書略説》據《周官疏序》引鄭《尚書注》，暨《尚書大傳》及鄭《注》，謂唐虞四岳有三：始羲和四子，爲四伯；後驩兜、共工、放齊、鮌等八人，爲八伯；其後則《尚書大傳》稱陽伯、儀伯、夏伯、羲伯、秋伯、和伯、冬伯，其一闕焉。鄭《注》以陽伯爲伯夷掌之，夏伯棄掌之，秋伯咎繇掌之，冬伯垂掌之，餘則羲和仲叔之後。宋氏謂伯夷即《左氏》隱公十一年"夫許，大岳之胤也"之"大岳"；《國語·周語》"共之從孫四岳佐禹"，《史記·齊太公世家》"吕尚其先祖嘗爲四岳"之"四岳"，亦即《墨子·所染》，《吕覽·當染》之許由、伯陽，《大傳》之陽伯；由與夷，夷與陽，并聲之轉。伯夷封許，故曰許由。《史記》堯讓天下於許由，正傳會咨四岳巽朕位之語。《路史·發揮·湯遜解》云："其遜四岳也，則許由已在其列矣。許，四岳之祚也。説者又奚必爲異，而以堯之禪爲虚哉?"其《餘論·論許繇》曰："許，四岳之祚也。堯之遜於四岳，則由既在舉矣，豈得云無此人邪?"則許由即四岳，羅氏早見及之矣。予因謂四岳之三即在四罪之中。又共工、三苗皆姜姓，既見流竄，許由亦卒不得位，蓋自炎黄以降，姬姜之争，至唐虞之際而猶烈也。其實鄭以驩兜等四人爲四岳，已臆説無確據，且四罪之中有鮌，亦黄帝之子孫也。以許由不能踐位，而疑爲姬姜之争，更無據矣。又《禮記·檀弓》言舜葬於蒼梧之野，各書皆同。惟《孟子》謂舜生於諸馮，遷於負夏，卒於鳴條。《孟子·萬章》上篇，及史公《五帝本紀》，言堯舜事皆與《書傳》相符，可決爲同用《書》説。《五帝本紀》及《索隱》引《書傳》，皆有就時負夏之文，疑亦當有卒於鳴條之語。《書傳》今已散佚，《史記》則爲後人竄亂。下文云"南巡狩，崩於蒼梧之野，葬於江南九疑，是爲零陵"，非後人竄入，則史公兼存異説也。此説由今思之，仍爲不誤。惟當時又謂鳴條當近霍山，霍山實古南嶽。後人移南嶽於衡山，乃并舜葬處而移之零陵。鳴條爲湯放桀處，疑舜敗逋至此，則殊不然。鳴條實當在《禹貢》兖域，説見

《論湯放桀地域考》條。又伯翳、伯益，實爲一人。説見《唐虞之際二十有二人》條。當時余謂《夏本紀》"帝禹立而舉皐陶薦之，且授政焉，而皐陶卒，而后舉益，任之政"，謂禹行禪讓，何以所傳者反父子相繼？則更不足疑矣。又《淮南子》謂"有扈氏爲義而亡"，高《注》謂"有扈，夏啓之庶兄，以堯舜舉賢，禹獨與子，故伐啓"；《書甘誓序疏》亦有"堯舜相承，啓獨繼父，以此不服，故伐之"之語，以爲啓之繼世亦有干戈之争。然高《注》實據後人設説，《義疏》當亦相同。有扈爲義，蓋徐偃、宋襄之儔，非奉辭伐罪之謂。至諸子書中論堯、舜、禹事跡，近乎争奪相殺者甚多，然皆屬後人設説，惟《韓非・説疑》引《記》，謂堯有丹朱，而舜有商均，啓有五觀，商有太甲，武王有管、蔡，五王之所誅者，皆父兄子弟之親也；又《吕覽》言鯀難帝舜事，或有史實爲據耳。説亦見《丹朱傲辨》條。昔時所疑，蓋無甚得當者。惟果謂堯、舜、禹之禪繼，皆雍容揖讓，一出於公天下之心，則又不然。《韓子》所引史記之文，即其明證。古代史事，其詳本不可得聞。諸子百家，各以意説。儒家稱美之，以明天下爲公之義；法家詆斥之，以彰姦劫弑臣之危；用意不同，失真則一。昔人偏信儒家之説，以爲上世聖人絶跡後世，其説固非；今必一反之視爲新莽、司馬宣王之倫，亦爲未當。史事愈近愈相類，與其以秦漢後事擬堯舜，自不如以先秦時事擬堯舜也。自周以前，能讓國者，有伯夷、叔齊、吴泰伯、魯隱公、宋宣公、《春秋》隱公三年。曹公子喜時、成公十六年。吴季札、襄公二十九年。邾婁叔術、昭公三十一年。楚公子啓哀公六年。之倫。又有越王子搜，見《莊子・讓王》、《吕覽・貴生》，惟亦係借以明養生之義，其真相不可考。既非若儒家之所云，亦非若法家之所斥。史事之真，固可據此窺測矣。然儒家所説，雖非史事之真，而禪繼之義，則有可得而言者。《書》説之傳者，今惟《大傳》，而亦闕佚已甚。歐陽、夏侯三家，胥無可考。自當以《孟子》爲最完。今觀其説，則先立天子不能以天下與人之義，然後設難以明之。曰孰與之？曰天與之。天與之者，諄諄然命之乎？曰：否。天視自我民視，天聽自我民聽。故舜禹之王，必以朝覲訟獄之歸，啓之繼世亦然也。所謂天與賢則與賢，天與子則與子也。故曰："唐虞禪，夏后、殷、周繼，其義一也。"然則天之於下民亦厚矣，而何以仲尼不有天下？曰：無天子薦之也。何以益、伊尹、周公不有天下？曰：繼世而有天下，天之所廢，必若桀紂者也。如常山蛇，擊首則尾應，擊尾則首應，亦足以逃難而自信其説矣。當時雖莫能行，而國爲民有之義，深入人心，卒成二千年後去客帝如振籜之局，儒者之績亦偉矣。王仲任謂世士淺論，聖人重疑；《論衡·奇怪》。劉子玄謂因其美而美之，雖有惡不加毁；因其惡而惡之，雖有美不加譽；《史通·疑古》。於古人之説史事最爲得實。康南海託古改制之論，已嫌少過，彼亦輕事重言，用信己見而已。今之論者，舉凡古人之説，一切疑爲有意造作，則非予之所敢知矣。

原刊《古史辨》第七册，一九四一年六月出版

〔一七〕　共工、禹治水

《禮記·祭法》言："共工氏之霸九州也，其子曰后土，能平九州，故祀以爲社。"而《周語》以共工與鯀并列，謂其治水無功。此成敗論人之辭，非其實也。《書·皋陶謨》載禹之言曰："予決九川，距四海，濬畎澮距川。"九者數之極，九川但言其多；四海謂中國之外；云"濬畎澮距川"，則但開通溝瀆耳，初未有疏江道河之事也。此蓋禹治水實跡。《禹貢》篇末云："九州攸同，四隩既宅，九山刊旅，九川滌源，九澤既陂，四海會同。"與《周語》所謂"封崇九山，決汩九川，陂障九澤，豐殖九藪，汩越九原，宅居九隩，合通四海"者，同爲泛言無實之辭，蓋皆相傳舊文。其前分述九州治跡，及道山道水之文，則皆後人所附益也。此等附益之文，參觀諸子，頗有可以互證者。《孟子·滕文公》上篇云："禹疏九河，瀹濟、漯而注諸海，決汝、漢，排淮、泗而注之江。"下篇云："水由地中行，江、淮、河、漢是也。"《管子·輕重戊》云："夏人之王，外鑿二十宝，韘七十湛；疏三江，鑿五湖，道四涇之水，以商九州之

高,以治九藪。"《墨子·兼愛中篇》云:"古者禹治天下:西爲西河漁竇,以泄渠孫皇之水。北爲防原、泒,注後之邸,呼池之竇;灑爲底柱,鑿爲龍門;以利燕、代、胡、貉與西河之民。東方漏之陸,防孟諸之澤;灑爲九澮,以楗東土之水;以利冀州之民。南爲江、漢、淮、汝,東流之注五湖之處,以利荆楚、于越與南夷之民。"《莊子·天下》曰:"墨子稱道曰:昔者禹之湮洪水決江、河而通四夷九州也,名山三百,支川三千,小者無數。禹親自操橐耜而九雜天下之川。"《吕覽·愛類》云:"昔上古龍門未開,吕梁未發,河出孟門,大溢逆流,無有丘陵,沃衍,平原,高阜,盡皆滅之,名曰鴻水。禹於是疏河決江;爲彭蠡之障,乾東土;所活者千八百國。"《新書·脩政語上篇》云:"環河而道之九牧,鑿江而道之九路,灑五湖而定東海。"《説苑·君道》、《淮南·要略》略同。《淮南·本經》云:"龍門未開,吕梁未發,江、淮流通,四海溟涬。舜乃使禹疏三江、五湖,闢伊闕,道廛、澗。"《人間》云:"禹鑿龍門,辟伊闕。"《脩務》云:"禹沐浴霪雨,櫛扶風,決江疏河,脩彭蠡之防。乘四載,隨山栞木,平治水土,定千八百國。"皆就已所知之地理,極意敷陳,而不計其實,《禹貢》特其尤甚者耳。《説文·川部》云:"州,水中可居者。昔堯遭洪水,民居水中高土,故曰九州。"此乃州字本義。后土之所平,禹之所同,皆不過如此。《孟子》述水患情形曰:"草木暢茂,禽獸繁殖。五穀不登,禽獸逼人,獸蹄鳥跡之道,交於中國。"《滕文公》上。又曰:"龍蛇居之,民無所定。下者爲巢,上者爲營窟。"《滕文公》下。《淮南》云:"民皆上丘陵,赴樹木。"《本經》。又曰:"時天下大雨,禹令民聚土積薪,擇丘陵而處之。"《齊俗》。其言治水之功者:《管子》曰:"民乃知城郭門閭室屋之築。"《輕重戊》。《淮南》曰:"使民得陸處。"《人間》。固無異於后土之所爲。其爲禹之佐者:禹自言之曰:"暨益奏庶鮮食。""暨稷播奏庶艱食鮮食。懋遷有無化居,烝民乃粒。"《臯陶謨》。《孟子》亦曰:"益烈山澤而焚之。""后稷教民稼穡。"《滕文公》上。此亦厲山氏之子之所爲耳,柱固先棄而爲稷,厲山亦即烈山也。禹、益、棄之功,何以過於前人哉?而一蒙湛樂淫佚之名,一見稱以明德之遠,則甚矣,世之有成敗而無是非，而書之不可盡信也！

知《禹貢》、諸子所言禹事，皆以意敷陳之辭，則知鴻水之患，實未及於西方。河患情形，古今一也。諸書侈言鑿龍門，通砥柱，辟伊闕，道廛、澗者，以當時人民，避水西遷，所見奇跡，實以龍門砥柱爲大；而西河、伊、雒，又爲有夏之居故耳。《淮南·地形》云："闔四海之内，東西二萬八千里，南北二萬六千里。水道八千里，通谷。其名川六百，陸逕三千里。禹乃使大章步自東極，至於西極，二億三萬三千五百里七十五步。使竪亥步自北極，至於南極，二億三萬三千五百里七十五步。凡鴻水淵藪，自三百仞以上，二億三萬三千五百五十里。有九淵。禹乃以息土填洪水，以爲名山。掘崑崙虚以下地。"《時則》云："中央之極，自崑崙東絶兩恒山。日月之所道，江漢之所出，衆民之野，五穀之所宜，龍門、河、濟相貫，以息壤湮洪水之州。莊逵吉云："《太平御覽》此下有注云：禹以息土湮水，以爲中國九州。州，水中可居也。"東至於碣石，黄帝后土之所司者，萬二千里。"《吴越春秋·越王無余外傳》云："禹乃案《黄帝中經曆》，蓋聖人所記。曰：在於九山，東南天柱，號曰宛委。赤帝在闕。其巖之巔，承以文玉，覆以盤石。其書金簡，青玉爲字，編以白銀，皆瑑其文。禹乃東巡，登衡嶽，血白馬以祭，不幸所求。禹乃登山，仰天而嘯。因夢見赤繡衣男子，自稱玄夷蒼水使者。聞帝使文命於斯，故來候之。非厥歲月，將告以期，無爲戲吟。故倚歌覆釜之山，東顧謂禹曰：欲得我山神書者，齋於黄帝巖嶽之下三月。庚子，登山，發石，金簡之書存矣。禹退，又齋三月。庚子，登宛委山，發金簡之書。案金簡玉字，得通水之理。復返歸嶽，乘四載以行川。始於霍山，回集五嶽。遂巡行四瀆。與益、夔共謀。行到名山大澤，召其神而問之山川脈理，金玉所有，鳥獸昆蟲之類，及八方之民俗，殊國異域土地里數。使益疏而記之。故名之曰《山海經》。"又云："於是周行寓内。東造絶跡，西延積石，南踰赤岸，北過寒谷。回崑崙，察六扈，脈地理，名金石。寫流沙於西隅，決弱水於北漢。青泉、赤淵，分入洞穴。通江東流，至於碣石。疏九河於涽淵，開五水於東北。鑿龍門，闢伊闕。平易相土，觀地分州。殊方各進，有所納貢。民去崎嶇，歸於中國。”其敷陳與諸子書同，而又雜以荒怪。然《洪範》云：“鯀湮洪水，汩陳其五行，帝乃震怒，不畀洪範九疇，彝倫攸斁。鯀則殛死，禹乃嗣興。天乃錫禹洪範九疇，彝倫攸敘。”《禹貢》云：“禹敷土。”《商頌》亦云：“禹敷下土方。”實與《淮南王書》、《吴越春秋》，暨前條所引《山經》之言相通。蓋古事之傳於後者，僅有極簡略之辭，如敷土之類。其詳，皆後人以意附會，而薦紳先生之言，與齊東野人之語，遂至於大有逕庭，若能深窺其原，則知其所附會者不同，而其爲附會，初無以異。楚固失矣，齊亦未爲得也。西方史家有言曰：“史事者，衆所共信之故事也。”豈不然哉！豈不然哉！

以息壤湮洪水者，謂以土填平低窪之區也。《山海經》言術器復土壤以處江水。復，即《詩》“陶復陶穴”之復，則就平地增高之也。此蓋古代治水誠有之事，抑亦其恒用之法。神話中仍有人事，猶之寓言中之名物，非可僞造也。太子晉言共工墮高堙卑，即取土壤以填低地之事。其云壅防百川，壅者遏絶之；欲堙卑，斯必不免於壅川矣。防者，築爲堤防，《史記》所謂鯀作九仞之城以障水也。然則鯀與共工，徒知壅防湮復，而不知疏道，此其所以終敗，而禹所以克成功與？夫如是，后土安能尸平九州之名，而爲百世所禋祀也？然則禹之所以克享大名者，黄帝之族戰勝共工之族，乃舉洪水之患，治水之勞擾，悉蔽罪焉，而功則皆歸諸禹也；抑禹之時，沈災久而自澹也；不則避水西遷，漸抵河雒，其地本無水患也；三者必居一於是矣，或且兼有之也。其治水之勞，安民之惠，必無以大過於共工可知也。《管子·揆度》曰：“共工之王，水處什之七，陸處什之三，乘天勢以隘制天下。”則共工氏實居水鄉，后土之能平九州，猶今荷蘭人之與水争地也，其勞必不讓於禹矣；其爲民之所禋祀也，宜哉。《管子》又曰：“至於黄帝之王，謹逃其爪牙，不利其器。燒山林，破增藪，焚沛澤，逐禽獸，實以益人，然後天下可得而牧也。”《揆度》。又曰：“黄帝之王，童山竭澤，有虞之王，燒曾藪、斬羣害以爲民利。”《輕重戊》。燒山林、破增藪、焚沛澤者，益烈山澤而焚之也。焚之則山童矣。謹逃其爪牙、不利其器者，以焚燒逐禽獸，不利其器以與之鬬也。前此蓋嘗與之鬬矣，不如焚燒之之善也。竭澤即禹之濬川，斬羣害則其栞木。然則禹治水之法，前人久用之矣。故曰：洪水至禹而平，非沈災之久而自澮，則西遷之業至禹而成也；而共工與鯀皆被惡名，必非其實矣。

《淮南》言“共工振滔洪水，以薄空桑”，空桑在魯，已見《少昊》條。《禹貢》言九州治跡，惟兗州獨有降丘宅土之文，亦古史實跡之僅存者也。然則西遷之業，必至禹而大成；堯都晉陽，必非事實。《堯典》、《臯陶謨》皆言洪水懷山襄陵，所謂山陵，亦水中州渚耳，非真出孟門之上也。《吕覽》言黄、炎固用水火矣，《蕩兵》。得毋是時水災方甚，戰時多決水以灌敵；而火攻之法，亦或得之烈山澤之餘與？

原刊《古史辨》第七册，一九四一年六月出版

〔一八〕　唐虞之際二十有二人

《史記·秦本紀》：“秦之先，帝顓頊之苗裔。孫。苗裔之下孫字之上當有奪文。曰女脩。女脩織。玄鳥隕卵，女脩吞之，生子大業。大業取少典之子曰女華。女華生大費。與禹平水土。已成，帝錫玄圭。禹受，曰：非予能成，亦大費爲輔。帝舜曰：咨爾費，贊禹功。其賜爾皁游。爾後嗣將大出。乃妻之姚姓之玉女。大費拜受，佐舜調馴鳥獸。鳥獸多馴服。是爲柏翳。”《正義》曰：“《列女傳》云：陶子生五歲而佐禹。曹大家注云：陶子者，臯陶之子伯益也。按此，即知大業是臯陶。”《索隱》曰：“尋檢《史記》上下諸文，伯翳與伯益是一人不疑。而《陳杞世家》，即叙伯翳與伯益爲二，未知太史公疑而未決邪？抑亦繆誤爾？”案《陳杞世家》，叙唐虞之際有功德之臣十一人：曰舜，曰禹，曰契，曰后稷，曰臯陶，曰伯夷，曰伯翳，曰垂、益、夔、龍。《索隱》曰：“秦祖伯翳，解者以翳益，則爲一人。今言十一人，叙伯翳而又别言

垂、益,則是二人也。且按《舜本紀》叙十人,無翳而有彭祖。彭祖亦墳典不載,未知太史公意如何?恐多是誤。然據《秦本紀》叙翳之功,云佐舜馴調鳥獸,與《舜典》命益作虞,若予上下草木鳥獸,文同,則爲一人必矣。今未詳其所以。"予案《陳杞世家》之文,蓋漏彭祖。所以叙翳又别言益者,以垂、益、夔、龍四字爲句,雖并舉益,實但指垂,此古人行文足句之例,亦或益字爲誤衍也。十一人去舜得十,加十二牧,凡二十二人。《五帝本紀》上文云:"禹、皋陶、契、后稷、伯夷、夔、龍、垂、益、彭祖,自堯時而皆舉用,未有分職。"次云命十二牧,下乃備載命禹、棄、契、皋陶、垂、益、伯夷、夔、龍之辭,而終之曰"嗟女二十有二人",明二十二人,即指十二牧及前所舉十人,特失命彭祖之辭耳。然則翳、益爲一人不疑也。馬融以禹、垂、益、伯夷、夔、龍、四岳、十二牧爲二十二人,鄭玄益殳斨、伯與、朱虎、熊羆而去四牧,見《書疏》及《史記·五帝本紀集解》。皆非矣。

《詩秦譜》:"堯時有伯翳者,實皋陶之子,佐禹治水。水土既平,舜命作虞官,掌上下草木鳥獸。賜姓曰嬴。"則康成亦以翳、益爲一人。

〔一九〕　唐、虞、夏都邑一

《左氏》昭公元年,子産謂:高辛氏有二子,季曰實沈,遷於大夏,主參,唐人是因,以服事夏、商,及成王,滅唐而封大叔焉。又云:"昔金天氏有裔子曰昧,爲玄冥師,生允格、臺駘。臺駘能業其官,宣汾、洮,障大澤,以處大原。帝用嘉之,封諸汾川,沈、姒、蓐、黄,實守其祀。今晉主汾而滅之矣。"七年,又言:"昔堯殛鯀於羽山,其神化爲黄熊,以入於羽淵,實爲夏郊,三代祀之。晉爲盟主,其或者未之祀也乎?"《國語·晉語》略同。定公四年,祝鮀謂唐叔,命以《唐誥》,封於夏墟,啓以夏政。是則唐叔所封,必堯、禹之舊都;而晉之所居,實臺駘之故壤矣。

大夏、大原、夏墟，杜《注》皆云晉陽。襄公二十四年《疏》引《釋例》曰："晉、大鹵、大原、大夏、參虚、晉陽六名，大原晉陽縣也。"服虔則云："大夏在汾澮之間。"《史記·鄭世家集解》引。《詩譜》云："唐者，帝堯舊都之地，今曰大原晉陽是。堯始居此，後乃遷河東平陽。成王封母弟叔虞於堯之故墟，曰唐侯。南有晉水，至子燮，改爲晉侯。其封域，在《禹貢》冀州太行、恒山之西，太原、太岳之野。至曾孫成侯，南徙居曲沃，近平陽焉。"又云："魏者，虞舜、夏禹所都之地。"《疏》云："《漢書·地理志》云：太原晉陽縣，故《詩》唐國，晉水所出，東入汾。《史記·晉世家》云：唐在河汾之東，方百里。則堯爲諸侯所居，故云堯始居此。《地理志》：河東郡平陽縣。應劭云：堯都也。則是堯爲天子，乃都平陽，故云後遷河東平陽也。"又引服虔云："堯居冀州，虞、夏因之，不遷居，不易民。"皇甫謐云："堯始封於唐，今中山唐縣是也。後徙晉陽。及爲天子，都平陽。"又云："舜所營都，或云蒲阪，即河東縣是也。""禹受禪，都平陽。或於安邑，或於晉陽。"《疏》又云："《漢書音義》：臣瓚案：唐，今河東永安是也。去晉四百里。"又云："堯居唐，東於彘十里。應劭曰：順帝改彘曰永安。則瓚以唐國爲永安。此二説，《詩》之唐國，不在晉陽，燮何須改爲晉侯？明唐正晉陽是也。"案《史記集解》引《世本》，謂叔虞居鄂。宋忠曰："鄂地今在大夏。"《世本》古書，最可信據。此正《史記》所謂河汾之東者。此外諸説，則皆就後世都邑，以意言之耳。不徒非堯、舜、禹之居，并非唐叔之所封也。服虔渾言在汾、澮之間，不過據後世晉都，略測古代都邑所在耳，未嘗鑿指其地，其失尚小。鄭玄億定堯始居晉陽，後遷平陽；皇甫謐更謂其始封唐縣，牽率附會，絶無古據，專輒甚矣。

《御覽·州郡部》引《帝王世紀》云："帝堯氏始封於唐，今中山唐縣是也，堯山在焉。唐水在西，北入唐河。南有望都縣山，即堯母慶都之所居也，相去五十里。都山，一名豆山。北登堯山，南望都山，故名其縣曰望都。而《地理志》堯山在唐南山中。張晏以堯山實在唐北。《地理志》堯之都，後徙涿鹿。《世本》云在彭城南。今上谷郡北自有彭城,非宋彭城也。後又徙晉陽,今太原縣也,於《周禮》在并州之域。及爲天子,都平陽,於《詩風》爲唐國。武王子叔虞封焉,更名唐。故吴季札聞《唐》之歌曰:思深哉!其有陶唐氏之遺民乎?”此節文頗錯亂,疑有譌誤。然謂唐都在涿鹿則可知。此即黄帝之舊都。此堯在東方之一證也。

顧亭林《日知録》謂晉之始見《春秋》,其都在翼,霍山以北,自悼公後始開縣邑,因疑自唐叔之封,以至侯緡之滅,并在於翼。今案古代都邑,遷徙不恒,春秋以前,孰能詳録?以《左氏》之無文,疑《世本》之所紀,非也。然謂霍山以北,自悼公之後始開,以此駁堯都永安、晉陽諸説,則甚當。凡開拓,必先肥沃之區,而後瘠薄之地。河汾下流,固較霍山以北爲肥沃。況於有夏之居,尚在河洛,安得唐時開拓,已及永安、晉陽乎?《史記·秦本紀》:飛廉爲紂石北方,還,無所報,爲壇霍太山而報。似殷之末葉,聲威已及霍太山,然未可云開拓也。顧氏又言,《史記》屢言禹鑿龍門,通大夏,齊桓伐晉,僅及高梁,而《封禪書》述桓公之言,以爲西伐大夏,可見大夏必在河東之西南境。此説甚精。近人錢穆闡其説云:“《封禪書》述齊桓公之言曰:西伐大夏,涉流沙,束馬縣車,上卑耳之山。《管子·小匡篇》曰:踰太行與卑耳之谿,拘泰夏,西服流沙、西虞。《齊語》:“踰太行與辟耳之谿拘夏,西服流沙、西吴。”卑耳,《索隱》云:山名,在河東大陽。《水經·河水注》:河水東過大陽縣南,又東,沙澗水注之。水北出虞山,有虞城。《史記·吴泰伯世家》:封虞仲於周之北故夏虚。即大夏。虞山殆即卑耳之山。沙澗水,本或作流沙澗,即齊桓所涉也。”予案《説文·水部》:“沙,水散石也。從水少,水少沙見也。”又:“漠,北方流沙也。”水少沙見,與北方流沙之沙,均非水散石之義。蓋今所謂沙漠者,古祇稱漠,後乃兼稱爲沙漠。漢世正沙字兩義遞嬗之時,《説文》説解,本雜採衆説而成,故其字義不免歧異也。釋古之流沙,自以依古義爲是。錢氏以流沙爲水名,似奇而實確矣。錢氏又云:“《漢志》臨晉縣,應劭《注》,以臨晉水得名。《史記·魏世家》:秦拔我蒲反、晉陽。《括地志》云:晉陽故城,在蒲州虞鄉縣西三十五里。《水經》：涑水所逕，有晉興澤，亦在虞鄉縣西。疑涑水古亦稱晉水。《漢書・地理志》謂武公自晉陽遷曲沃。以太原晉陽説之雖誤，然其語自有所本。《史記・晉世家》謂成王削桐葉以封叔虞。舊説太甲放桐宫在聞喜。聞喜當涑水之陽。《水經・涑水注》，涑水兼稱洮水，即臺駘所宣也。此亦可破據晉水之名謂唐叔受封必在太原之説。然河汾下流，雖有名爲唐又名爲夏虚之地，要爲堯、禹後裔所封。蓋堯遭洪水，使禹治之，用力雖勤，而沈災卒未克濟。自禹以後，都邑乃漸次西遷，而夏都遂在河洛。自三川渡河而北，即爲河汾下流，此固地理自然之形勢也。"錢氏之論，可謂極精。然謂禹之治水，實在蒲解之間，并謂唐、虞故都即在其地，則惑矣。參看《共工禹治水》條自明。

何以知古代西遷，必始於夏也？曰：以《孟子》知之。古書言堯、舜、禹都邑者，幾於紊如亂絲，不可董理。然《孟子》言舜生於諸馮，遷於負夏，卒於鳴條，《離婁》下。要爲較可信據之言。諸馮、負夏，諸家皆無確説，姑勿論；鳴條則實有古據，其地當在兗州，别見《湯放桀》條。《吕覽・簡選》謂湯"登自鳴條，乃入巢門"，云登則地勢必高，正與《堯典》陟方之言合。錢氏乃謂"《吕覽・有始覽》言九山曰會稽、大山，大山即霍太山，會稽則禹會諸侯之處。《吴越春秋》、《越絶書》，皆謂禹到大越，上茅山，大會計，更名茅山曰會稽之山。《周書・世俘解》：吕它命伐越。爲商近畿國，則河北有越。《水經注》：會稽之山，古防山也，亦謂之爲茅山。以茅津、茅城推之，《左氏》文公三年，秦伯伐晉，自茅津濟。《水經・河水注》：河水東過陝縣北，河北有茅城，故茅亭，爲茅戎邑。地望正在大陽。《注》云：大陽之山，亦通謂之薄山。疑即《世本》舜封丹朱於房之房，《尚書》陟方乃死之方。"其説雖巧，然合前後觀之，似不如予説之的也。

錢氏又云："《水經注》：伊水出陸渾縣西南王母澗之北，山上有王母祠，即古三塗山。王母即禹所娶塗山氏女。《山海經》云：南望禪渚，禹父之所化。《水經注》：陸渾縣東有禪渚。則塗山、羽淵，地正相近。鯀取有莘，亦在嵩縣。有莘氏女，採桑伊川，得嬰兒爲伊尹，其證。然則崇即嵩也。禹避舜之子於陽城，《孟子》趙《注》在嵩山下。禹伐有扈，戰於甘，《水經》：甘水出弘農縣鹿蹏山，《注》云：山在陸渾縣故城西北，甘水所逕有故甘城。啓有鈞臺之享，杜《注》謂在河南陽翟縣。此皆夏人蹤跡在今河南者。”予案：夏人西遷，始於何時，雖難質言，然大致必在禹後，鯀時恐尚在東方。故《五帝本紀》云殛鯀於羽山，以變東夷，《大戴記・五帝德》同。《漢志》東海郡祝其，羽山在南，鯀所殛，杜注《左氏》本此，《水經・淮水注》亦引之。雖不中固當不遠。其云在陸渾者，亦夏人西遷而傳説隨之，非其朔也。

《史記・貨殖列傳》云：“堯作游成陽，舜漁於雷澤。”《漢書・地理志》本之。此爲言堯、舜地理較古者。《五帝本紀》云：“舜耕歷山，漁雷澤，陶河濱，作什器於壽丘，就時於負夏。”《管》、《版法解》：舜耕歷山，陶河濱，漁雷澤。《墨》、《尚賢中》：古者舜耕歷山，陶河濱、漁雷澤。堯得之服澤之陽，舉以爲天子。《下篇》略同。○漁雷澤，《御覽》、《玉海》引作濩澤。《閒詁》曰：“王云：《水經・沁水注》曰：濩澤水，出濩澤城西白澗渠，東逕濩澤。《墨子》曰舜漁濩澤。《初學記・州郡部》正文出舜澤二字，《注》曰：墨子曰舜漁於濩澤。在濩澤縣西。今本《初學記》作雷澤，與《注》不合，明是後人所改。又《元和郡縣志》河東道下，《太平寰宇記》河東道下，《太平御覽・州郡部九》，《路史・蔬仡紀》引《墨子》，并作濩澤。是《墨子》自作濩澤，與他書作雷澤者不同。《下篇》漁於雷澤，亦後人所改。”又云：“《水經・濟水注》云：陶丘，《墨子》以爲釜丘。今檢勘全書，無釜丘之文，疑古本或作陶釜丘。”案《閒詁》之説是也。然文字不同，地望不必遂異；《水經注》之文，不必可以釋古也。《尸子》、《御覽・皇王部》引：舜兼愛百姓，務利天下。其田歷山也，荷彼耒耜，耕彼南畝，與四海俱有其利。其漁雷澤也，旱則爲耕者鑿瀆，儉則爲獵者表虎，故有光若日月，天下歸之若父母。《吕覽》、《慎人》：舜耕於歷山，陶於河濱，釣於雷澤。《書傳》、《索隱》引：販於頓丘，就時負夏。《淮南王書》《原道》：昔舜耕於歷山，期年而田者争處墝埆，以封壤肥饒相讓；釣於河濱，期年而漁者争處湍瀨，以曲限深潭相予。皆同，決非無據。歷山，《淮南》高《注》謂在濟陰城陽，一曰濟南歷城山。《正義》引《孝經援神契》舜生於姚墟，謂在濮州雷澤縣。又引《括地志》同。又謂雷澤有歷山舜井。鄭玄謂雷澤即雷夏，兗州澤。陶河濱，《集解》引皇甫謐謂濟陰定陶西南有陶丘亭，又謂壽丘在魯東門北。負夏,《集解》引鄭玄云"衛地"。《水經·濟水注》:濼水,案即今趵突泉。俗謂爲娥姜水,以泉源有舜妃娥英廟故也。城南對山,山上有舜祠,山下有大穴,謂之舜井。《瓠子河注》:鄄城西南有姚城。雷澤,在大城陽縣故城西北,即舜所漁。西南十許里有小山,謂之歷山。澤東北有陶墟,言舜耕陶所在。《泗水注》:水出卞縣故城東南姚墟西北,世謂之陶墟,舜所陶處也。井曰舜井。墟有漏澤,澤西際阜,俗謂之嬀亭山。劉向謂堯葬濟陰。《漢志》:濟陰城陽有堯冢、靈臺。《皇覽》及郭緣生《述征記》,亦謂堯冢在城陽。《吕覽·安死》:堯葬於穀林。《史記·五帝本紀集解》、《正義》,《水經·瓠子河注》,皆引皇甫謐,謂城陽即穀林,恐不足據。《水經·瓠子河注》,以靈臺爲堯母慶都陵。堯陵之東,又有中山夫人祠,爲堯妃。《五帝本紀正義》引譙周,謂禹以虞封舜子,爲宋州虞城縣。《水經·巨洋水注》:堯水出劇縣南角崩山,東北逕東西壽光二城間,又東北注巨洋。伏琛、晏謨并言堯嘗頓駕於此,故受名焉。《淄水注》引《從征記》:"廣固城北三里有堯山祠,堯因巡守登此山,後人遂以名山。"地皆在古兗域,或距兗域不遠。傳説雖未必可信,然以前後情事揆之,謂堯、舜、禹蹤跡在兗域,固較近於實也。

《詩·曹譜》云:"堯嘗游成陽,死而葬焉。舜漁於雷澤,民俗始化。其遺風重厚,多君子;務稼穡,薄衣食,以致畜積。"説與《史記·貨殖傳》、《漢書·地理志》同。乃《魏譜》又云:"舜耕於歷山,陶於河濱。"《疏》云:"《尚書傳》文也。彼《注》云歷山在河東。"則自相違矣。《水經·瓠子河注》云:"鄭玄曰:歷山在河東,今有舜井。皇甫謐或言今濟陰歷山是也,與雷澤相比。予謂鄭玄之言爲然。故揚雄《河東賦》曰:登歷觀而遥望兮,聊浮游於河之巖。今雷首山西枕大河,校之圖緯,於事爲允。"案《漢書·地理志》:河東郡蒲阪,"有堯山、首山祠,雷首山在南。"《水經·河水注》:"雷首山臨大河,北去蒲阪三十里,《尚書》所謂壺口雷首者也。俗亦謂之堯山。山上有故城,世又曰堯城。"則此等説,西漢末已有,故緯候得採之。然要爲後起之説,不足信也。

《周書·史記》云:“樂專於君者,權專於臣;權專於臣,則刑專於民。君娛於樂,臣争於權,民盡於刑,有虞氏以亡。”又云:“文武不行者亡。昔者西夏,性仁非兵,城郭不脩,武士無位,惠而好賞,屈而無以賞。唐氏伐之,城郭不守,武士不用,西夏以亡。”此唐、虞、西夏,當爲堯、舜、禹支裔分封者。在河汾下流者,殆即此等國也。

〔二〇〕 唐、虞、夏都邑二

《墨子·節葬》云:“堯北教乎八狄,道死,葬蛩山之陰。舜西教乎七戎,道死,葬南己之市。禹東教乎九夷,道死,葬會稽之山。”《吕覽·安死》云:“堯葬於穀林。舜葬於紀市。禹葬於會稽。”此亦爲言堯、舜、禹地理較古者。

《山海經·海外南經》云:“狄山、帝堯葬於陽,帝嚳葬於陰。”《大荒南經》云:“帝堯、帝嚳、帝舜,葬於岳山。”《注》云:“即狄山也。”郝氏《箋疏》云:“司馬相如《大人賦》云:歷唐堯於崇山。《漢書》張揖《注》云:崇山,狄山也,引此經云云。《水經·瓠子河注》亦引此經,而云狄山一名崇山。崇、蛩聲相近,蛩山又狄山之別名也。”案《論衡·書虚》云:“堯葬於冀州,或言葬於崇山。”葬於冀州,與北教八狄之説近,狄山之名,蓋由此而得。《論衡》既以爲兩説,則崇山、狄山,似不必牽合也。

紀必在南,故稱南己。《困學紀聞》引薛季宣,謂近莒之紀城,誠難遽斷,要爲近之。何者?古事皆春秋戰國人所傳,必據其時之地名以立説也。《後漢書·王符傳》引《墨子》,作南巴之中,巴、中必己、市之誤。畢校反據舜葬九疑之説,以己爲誤字,傎矣。王念孫謂如是,則不應更作紀,其説是也。且舜葬九疑,説亦本不足據。孟子、史公述堯、舜事,皆用《書》説,以《書傳》互勘可知。《孟子·公孫丑》上篇云“自耕稼陶漁，以至爲帝”，即《史記》之“耕歷山，漁雷澤，陶河濱”也。《離婁》下篇言“遷於負夏”，即《史記》之“就時於負夏”也。《盡心》上篇言“舜居深山之中，與木石居，與鹿豕遊”，蓋亦耕歷山時事。其言卒地，不應獨異。又《索隱》引《書傳》，有“販於頓丘，就時負夏”之文；《初學記》引《書傳》，又有“舜耕於歷山”之語，亦不應獨闕卒於鳴條。《書傳》固闕佚已甚，《史記》亦多遭竄亂。疑史公言舜卒地，本同《孟子》，今本“崩於蒼梧之野，葬於江南九疑，是爲零陵”之説，非史公兼著異聞，則後人所增綴，而正説反爲所删也。《吕覽》高《注》，謂九疑山下，亦有紀邑，固近附會。《書鈔》、《御覽》引《帝王世紀》，謂“舜南征，崩於鳴條，葬於蒼梧九疑山之陽，是爲零陵，謂之紀市”，舉諸説而强揉爲一，則更不足論矣。

《禮記·檀弓》云舜葬於蒼梧之野，《淮南·脩務》云舜南征三苗，道死蒼梧，均未言蒼梧所在。《史記》云葬於江南九疑，亦未言九疑爲何地也。《續漢書·郡國志》謂九疑在營道南；《檀弓》鄭《注》謂蒼梧於周南越之地，今爲郡，而舜卒葬之處，乃遠至今湖南、廣西境矣。《山海經·海内南經》云：“蒼梧之山，帝舜葬於陽，帝丹朱葬於陰。”丹朱在丹水之濱，不應在湖南、廣西境。《大荒南經》云：南海之中，有氾天之山，赤水窮焉。赤水之東，有蒼梧之野，舜與叔均之所葬也。注：叔均，商均也。郝《疏》云：舜子不名叔均；《大荒西經》有叔均，爲稷弟台璽之子，《海内經》又有叔均，爲稷之孫，此《經》叔均未審何人。案郝説是也，稷之苗裔亦不應葬南荒中。《海内東經》云：“湘水出舜葬東南陬，西環之，入洞庭下。”則湘水不過環繞舜陵，决非如今日之源流千里。《海内經》云：“南方蒼梧之丘，蒼梧之淵，其中有九嶷山，舜之所葬。”下云“在長沙零陵界中”，蓋後人注語。山在淵中，亦洲渚之類，决非如今之九疑，蟠結數百里者也。《國語·吴語》：申胥言楚靈王不君，築臺於章華之上，闕爲石郭，陂漢，以象帝舜。《注》云“舜葬九疑，其山體水旋其丘，故壅漢水，使旋石郭以象之”，正與《山經》之説合。《史記·秦始皇本紀》：二十八年，西南渡淮水，至衡山。此衡山當指霍山。《正義》引《括地志》，謂在衡州湘潭縣者，非。浮江，至湘山祠，逢大風，幾不得渡。上問博士曰:“湘君何神?”對曰:“堯女,舜之妻,而葬此。”爲今洞庭中山無疑。錢賓四有《戰國時洞庭在江北不在江南辯》,見所著《先秦諸子繫年考辨》。其説甚諦。此是戰國前事,至秦、漢,則其説漸移於今之洞庭。《中山經》云:洞庭之山,帝之二女居之。郝《疏》謂《初學記》引作帝女,實帝女化爲瑶草、帝女之桑之類,爲天帝之女。其説是也。觀秦博士之對,則帝之二女,與堯之二女混淆爲一,自江北之洞庭,移於今之洞庭矣。《海内北經》云:“舜妻登比氏生宵明、燭光,處河大澤,二女之靈能照此所方百里。一曰登北氏。”亦在北方。又始皇三十七年,出遊至雲夢,望祀虞舜於九疑山;《漢書·武帝本紀》:元封五年,南巡守,至於盛唐,望祀虞舜於九疑。若在零陵,未免太遠,云洞庭最爲近之。《檀弓》云三妃未從,三妃蓋二妃之誤。云未從,正以其死在一地。若舜死零陵,二妃死湘山,相距千里,豈有輦柩從葬之理?是蒼梧、九疑傳説南移之初,猶以爲在今洞庭,不謂在湖南、廣西境也。

《吕覽·召類》云:“堯戰於丹水之浦。”《淮南·兵略》同。高《注》云:“堯以楚伯受命,滅不義於丹水。”堯爲楚伯,説殊無據。《莊子·徐無鬼》,云舜三徙成都,至鄧之虚而十有萬家。舜徙鄧墟,亦無佐證。《水經》:“滍水出南陽魯陽縣西之堯山。”《注》云:“堯之末孫劉累以龍食帝孔甲,孔甲又求之,不得,累懼而遷於魯縣,立堯祠於西山,謂之堯山,故張衡《南都賦》曰:奉先帝而追孝,立唐祠於堯山。”蓋堯後有居楚、鄧間者,而堯之傳説隨之,而舜之傳説亦隨之矣。此《海内南經》之説所由來也。然則蒼梧之山,其初尚在漢北。此亦錢説洞庭初在北方之一證也。

《史記·五帝本紀集解》引皇甫謐曰:“或曰二妃葬衡山。”《水經·湘水注》云:衡山,“《山經》謂之岣嶁,爲南嶽也,山下有舜廟。”又引王隱言:“應陽縣,本泉陵之北部,東五里有鼻墟,言象所封也。山下有象廟,言甚有靈,能興雲雨。”《溱水注》:“邪階水,水側有鼻天子城。鼻天子所未聞也。”而《路史》亦以爲象。《史記·五帝本紀正義》引《括地志》云:“鼻亭神,在道縣北六十里。故老傳云,舜葬九疑,象來至此，後人立祠，名爲鼻亭神。"《集解》云："傳曰：舜葬蒼梧，象爲之耕；禹葬會稽，鳥爲之田。"語見《論衡・書虚》篇。《吴越春秋》言：禹即位，還大越，更名茅山曰會稽，居靡山，伐木爲邑，鳳皇棲於樹，鸞鳥巢於側，麒麟步於庭，百鳥佃於澤。禹命羣臣：百世之後，葬我會稽之山。禹崩之後，衆瑞并去。天美禹德，使百鳥還爲民田。大小有差，進退有行。一盛一衰，往來有常。禹以下六世而得帝少康。少康恐禹祭之絶祀，乃封其庶子於越，號曰無余。余始受封，人民山居，雖有鳥田之利，租貢纔給宗廟祭祀之費。乃復隨陵陸而耕種，或逐禽鹿而給食。無余傳世十餘，末君微劣，不能自立，轉從衆庶爲編户之民，禹祀斷絶。十有餘歲，有人生而言語，指天向禹墓曰：我是無余君之苗末，我方脩前君祭祀，復我禹墓之祀，爲民請福於天，以通鬼神之道。衆民悦喜，皆助奉禹祭，四時致貢。因共封立，以承越君之後，復夏王之祭，安集鳥田之瑞，以爲百姓請命。《越王無余外傳》。《水經・漸江水注》云：禹崩會稽，因而葬之。"有鳥來爲之耘，春拔草根，秋啄其穢，是以縣官禁民，不得妄害此鳥，犯則刑無赦。"此蓋圖騰遺俗，象耕亦其類耳。後人誤以象爲人名，乃并有鼻之封，而移之道縣矣。然亦可見舜之傳説，逐漸南移也。《漢書・律曆志注》：孟康言：漢章帝時，零陵文學奚景，於泠道舜祠下得白玉琯。《水經・湘水注》，亦言泠道縣界有舜廟，縣南有舜碑，零陵太守徐儉立。又云：衡山，山下有舜廟。南有祝融冢。楚靈王之世，山崩，毁其墳，得《營丘九頭圖》。

《吕覽》九山，曰會稽，太山，王屋，首山，太華，岐山，太行，羊腸，孟門。八山皆在西北，豈得會稽猶在東南？錢氏疑之是也。《史記・夏本紀》曰："或言禹會諸侯江南，計功而崩，因葬焉，命曰會稽。"此即《吴越春秋》之説。或言乃别列一説之辭。然則當時固有謂會稽不在南方者矣，惜其説無可考也。上文言"禹東巡守，至於會稽而崩"，不作疑辭。《管子》言禹封泰山，禪會稽，則會稽距泰山不得甚遠。必如此，乃能合於《墨子》東教九夷之説也。

《國語・魯語》："吴伐越，墮會稽，獲骨焉，節專車。吴子使來好聘，且問之仲尼。仲尼曰：丘聞之：昔禹致羣神於會稽之山，防風氏後至，禹殺而戮之，其骨節專車。客曰：防風何守也？仲尼曰：汪芒氏之君也。守封、嵎之山，爲漆姓。漆，《史記》、《説苑》作釐，《家語》作漆。黄丕烈云：漆乃淶之譌，釐、淶聲近。在虞、夏、商爲汪芒氏，於周爲長狄，今爲大人。"長狄見《左氏》文公十一年，兄弟數人斃於魯、衛、齊、晉，無在南方者；其人亦稱狄而不稱夷，而防風之防，實與陟方之方爲一字。得毋封、嵎之山，即鳴條所在邪？遐哉上已，弗可得而質已，然要不妨姑引一説也。《韓非子・飾邪》亦云：禹朝諸侯之君會稽之上，防風之君後至，而禹斬之。

舜之傳説，亦有在江東者。《五帝本紀正義》云："越州餘姚縣。顧野王云：舜後支庶所封之地。舜姚姓，故云餘姚。縣西七十里有漢上虞故縣。《會稽舊記》云舜上虞人。去虞三十里有姚丘，即舜所生也。"《水經・河水注》："周處《風土記》曰：舊説舜葬上虞。又《記》云：耕於歷山。而始甯、剡二縣界上，舜所耕田於山下，多柞樹，吴越之間名柞爲櫪，故曰歷山。"《漸江水注》："江水東逕上虞縣南，王莽之會稽也。地名虞賓。《晉太康地記》曰：舜避丹朱於此，故以名縣。百官從之，故縣北有百官橋。亦云禹與諸侯會事訖，因相虞集，故曰上虞。二説不同，未詳孰是。"《續漢書・郡國志》：吴郡吴，"震澤在西，後名具區澤。"《注》云："《越絶書》曰：湖周三萬六千頃，又有大雷山、小雷山。周處《風土記》曰：舜漁澤之所。"此説人無信之者。而禹葬山陰，遂爲故實，則以越爲禹後，吴爲泰伯後耳。其實越亦嬴姓，無余之後，絶而復續，安知其必爲禹之苗裔？而泰伯、仲雍之所君臨者，又安知其非重華之遺族邪？吴、虞之爲一字，固不疑也。

《史記・越王句踐世家》言少康庶子之封，二十餘世而至允常。允常者，句踐之父也，豈有距少康僅二十餘世之理？且《史記》不言其名，而《吴越春秋》謂其名曰無余；其後降爲編户，復立者曰無壬，無壬生無曎。則無者號氏，其名實曰余。《水經・漸江水注》，則謂少康封少子杼。杼乃繼少康爲夏后者，酈氏即誤記，不至於是，其言當有所本。然則余即杼，乃後人之億説。越始封之君，其名實不可考也。

《吴越春秋》云:“無曎卒,或爲夫譚,夫譚生元常。”元常即允常。古“或”與“有”通,“或爲夫譚”,猶云有名夫譚者,其人非親無曎子。《史記》“二十餘世”,或自無壬起計也。無余之名,既不足據,其事跡更無可考。而《漸江水注》又謂秦望山南有樵峴,峴裹有大城,越王無餘之舊都,其不足信明矣。《吴越春秋》謂無余質樸,不設宫室之飾,從民所居。雖亦億度之辭,然於事理頗近。

〔二一〕 唐、虞、夏都邑三

《周書·度邑》云:“自洛汭延於伊汭,居易無固,其有夏之居。”此爲言夏代都邑最古者。《漢書·地理志》潁川郡陽翟《注》云:“夏禹國。應劭曰:夏禹都也。臣瓚曰:《世本》禹都陽城,《汲郡古文》亦云居之,不居陽翟也。師古曰:陽翟本禹所受封耳,應、瓚之説皆非。”案古代都邑,祇能得其大概,區區校計於數十百里之間,實爲無當。《周官》大司徒之職曰:“以土圭之法測土深,正日景,以求地中。日至之景,尺有五寸,謂之地中,天地之所合也,四時之所交也,風雨之所會也,陰陽之所和也。然則百物阜安,乃建王國焉。”《注》云:“鄭司農云:土圭之長,尺有五寸。以夏至之日,立八尺之表,其景適與土圭等,謂之地中,今潁川陽城地爲然。”《疏》云:“潁川郡陽城縣,是周公度景之處,古跡猶存。案《春秋左氏》,武王克商,遷九鼎於洛邑,欲以爲都。不在潁川地中者,武王欲取河洛之間形勝之所,洛陽雖不在地之正中,潁川地中,仍在畿內。”指陽城度景之處爲周公古跡,自近附會,然司農所説,必古天官家言,陽城爲古名都可知。都洛陽,陽城在畿内;都潁川,陽城不亦在畿内與?古遷徙易,商、周之先皆屢遷,夏人何獨不然?故言夏都,謂大致在今伊洛之域可耳,必欲鑿指爲今某郡某邑,必無當也。況夏代創業未幾,即有五觀之亂,繼以羿、浞之篡,都邑又能保其無移徙邪?

《國語·楚語》云:“堯有丹朱,舜有商均,啓有五觀,湯有太甲,文王有管、蔡。”《韓非子·説疑》:湯作商,文王作武王,餘同。《左氏》昭公元年則云:“虞有三苗,夏有觀扈,商有姺、邳,周有徐、奄。”似一以人言之,一以地言之。然古地名與氏族名多不别,特後人知其地者,則以爲地名,不知其地者,則以爲氏族名耳。《左氏》杜《注》云:“觀國,今頓丘衛縣。”昭元年。衛,本漢東郡觀縣,後漢光武更名,晉屬頓丘郡,北魏曰衛國。《漢志注》引應劭曰:夏有觀扈。《水經·河水注》曰:“浮水故瀆,又東南逕衛國邑城北。又東逕衛國縣故城南古斟灌。《巨洋水注》亦云:“薛瓚《漢書集注》云:案《汲郡古文》相居斟灌,東郡觀是也。”案觀、灌非一地。《漢志注》引應劭,僅云“夏有觀扈”,酈氏牽合爲一,似非。酈氏又以己意論之曰:“余考瓚所據,今河南有尋地,衛國有觀土。《國語》曰啓有五觀,謂之姦子,五觀蓋其名也。所處之邑,其名曰觀。皇甫謐曰衛地,又云夏相徙帝丘,依同姓之諸侯於斟灌、斟尋氏。即《汲冢書》云相居斟灌也。既依斟尋,明斟尋非一居矣。是蓋寓其居而生其稱,宅其業而表其邑。未可以彼有灌目,謂專此爲非;捨此尋名,而專彼爲是。”亦近調停無據。應劭曰:夏有觀扈,即此城也。”《淇水注》云:“逕頓丘北。又屈逕頓丘縣故城西。《古文尚書》以爲觀地矣。”杜預、應劭蓋同用《古文書》説。此説似僅據漢世縣名附會,無確據。《周書·嘗麥》曰:“其在殷之五子,忘伯禹之命,假國無正,用胥興作亂,遂凶厥國。皇天哀禹,賜以彭壽,思正夏略。”此爲言五觀事最古者。《楚辭》曰:“啓《九辯》與《九歌》兮,夏康娱以自縱。不顧難以圖後兮,五子用失乎家巷。”《漢書·古今人表》云:“太康,啓子。昆弟五人,號五觀。”《楚語》韋《注》云:“啓子,太康昆弟也。”《潛夫論·五德志》云:“啓子太康、仲康更立,兄弟五人,皆有昏德,不堪帝事,降須洛汭。”是太康實在五人之内。僞《古文尚書》云“厥弟五人”,則并太康而六矣。此其作僞之伎倆最拙而可笑者也。五人既連太康在内,而《周書》云“遂凶厥國”,則五人必交鬩於夏都,而非或據都城、或據觀相對敵。夏都所在,王符明言之曰洛汭,實與《周書》相合。乃朱亮甫《集訓校釋》改殷爲啓,曰形近而譌。實則啓、殷形并不近,且下文明言“忘伯禹之命”,譌爲夏則可矣,何由譌爲殷乎?蓋殷即後世之亳殷，作書者以當時地名道古事也。啓子都邑之所在，從可知矣。

或曰：戡五子之亂者爲彭壽，非舜時之彭祖，則其後裔，其地當在彭城，此無足疑者也。以觀在衛國，頓丘不且較亳殷爲近乎？是固然。然五觀之後，繼以羿、浞之亂，所争奪者，仍在河洛，以是知五觀之亂，必不能在東方也。何以知羿、浞所争，實在河洛也？案羿、浞之事，見於《左氏》襄公四年及哀公元年。杜《注》釋其地云："寒，國。北海平壽縣東有寒亭。""有鬲，國名，今平原鬲縣。""樂安壽光縣東南有灌亭。北海平壽縣東南有斟亭。""東萊掖縣北有過鄉。戈在宋、鄭之間。""梁國有虞縣。"《疏》云："杜地名言有者，皆是疑辭。"則杜亦本不自信。然言夏事者多據之，遂若羿、浞之亂，緜歷青、豫，喋血千里，合從討伐，軼於桓文矣。其實夏時決無此事也。《左氏》言羿因夏民以代夏政；又引《虞人之箴》，謂其不恢於夏家；又言少康收夏衆以復禹之績；則羿所據者即夏地，所用者即夏民可知。《漢志》北海郡平壽《注》："應劭曰：古斟尋，禹後，今斟城是也。臣瓚曰：斟尋在河南，不在此也。《汲郡古文》云太康居斟尋，羿亦居之，桀亦居之。《尚書序》云太康失邦，昆弟五人，須於洛汭。此即太康所居爲近洛也。又吴起對魏武侯曰：昔夏桀之居，左河、濟，右太華，伊闕在其南，羊腸在其北。河南城爲值之。又《周書・度邑篇》曰：武王問太公曰：吾將因有夏之居，南望過於三塗，北瞻望於有河。有夏之居，即河南是也。"《汲郡古文》及《僞書》，雖不足據，然薛氏論夏居河南，饒有理致。蓋作僞者亦有所本，不能全屬子虚也。謂羿與太康，所居即係一地，亦可見羿所據即夏都矣。五子用失乎家巷，蓋謂降爲編氓，此必失其都邑而後然，不然無是事也。《史記・夏周本紀正義》引《括地志》云："自禹至太康與唐、虞皆不易都城。""故禹城，在洛州密縣界。""故鉏城，在滑州衛城縣東十里。""故鄩城，在洛州鞏縣西南五十八里。"又引《晉地記》云："河南有窮谷，蓋本有窮氏所遷。"固亦以羿與夏之所争，爲在河洛之間也。《史記・夏本紀》曰："禹爲姒姓，其後分封，用國爲姓，故有夏后氏、有扈氏、有男氏、斟尋氏、彤城氏、褒氏、費氏、杞氏、繒氏、辛氏、冥氏、斟戈氏。”斟尋氏，《集解》引徐廣曰：“一作斟氏、尋氏。”《索隱》曰：“《系本》男作南，尋作鄩，費作弗，而不云彤城及褒。斟戈氏，按《左傳》、《系本》皆云斟灌氏。”然則戈、灌一地，觀、灌非一地也。斟尋蓋即《左氏》昭公二十三年“郊鄩潰”之鄩，地在鞏縣西南，即《括地志》以爲故鄩城所在者也。戈所在不可考，亦不能遠至宋、鄭之間。南、男、任同音。《春秋》桓公五年“仍叔之子”，《穀梁》作“任叔”，疑即后緡所歸，亦即《周書・史記》之南氏也。

《左氏》云：“后羿自鉏遷於窮石。”杜《注》云：“羿代相，號曰有窮。鉏，羿本國名。”此乃億言之。羿因夏民，夏都不名窮，羿何由忽立有窮之號？則其國本名窮也。窮何地邪？即河南之窮谷邪？則《晉地記》亦以爲羿之所遷，不謂爲羿之本國也。《路史》以安豐有窮谷、窮水，即《左氏》昭公二十七年楚師救潛，與吴師遇於窮者，當羿之本國。《國名記》。其説蓋是。窮、潛地近英、六，爲臯陶之後所封。臯陶與其子益，固禹所嘗授之政者，而戡定五觀之亂之彭壽，其地實在彭城，爲黄帝以來舊都。蓋夏當西遷之初，東方之力猶競，啓雖排益而代之，然一傳之後，復爲東方强族所篡。羿蓋自窮、潛西北出，而據衛城之鉏，其後又據河南之窮谷，至此則深入伊洛之間，而夏民爲其所因，夏政爲其所代矣。《天問》曰：“阻窮西征，巖何越焉？”此窮，蓋即《左氏》所謂窮石，其城亦名窮，《左氏》謂羿之子死於其門者也。《淮南地形》謂“弱水出自窮石，至於合黎，餘波入於流沙”。流沙，錢氏以大陽之沙澗水當之，地望頗合。《王制》：“西不盡流沙，南不盡衡山，東不盡東海，北不盡恒山，凡四海之内，斷長補短，方三千里，爲田八十萬億一萬億畝。”此語當傳之自古。“盡”即《中庸》“有餘不敢盡”、《左氏》“盡曹地也”僖公三十一年。之盡，今作“儘”。河東之西南隅，固古代開拓所極也。

《左氏》哀公六年引《夏書》曰：“惟彼陶唐，帥彼天常，有此冀方。今失其行，亂其紀綱，乃滅而亡。”《注》云：“滅亡，謂夏桀也。”《疏》云：“此《夏書・五子之歌》第三章也。此多帥彼天常一句，文字小異。賈、服、孫、杜皆不見古文，以爲逸書，解爲夏桀之時，惟王肅云太康時也。”肅與賈、服、孫、杜所言，未知誰得逸書之意。然冀州爲古人通指中國之辭，非即《禹貢》冀州，不能以此定其所在。《疏》説頗爲通達，唐、虞、夏之都，實不相沿襲也。

《水經·河水注》云："河水又東逕平縣故城北。南對首陽山。《吕氏春秋》曰：夏后孔甲田於東陽萯山，遇大風雨，迷惑，入於民室，皇甫謐《帝王世紀》以爲即東首陽山也，蓋是山之殊目矣。"亦在河洛近境。

《水經注》云："潁水逕其縣陽城縣。故城南，昔舜禪禹，禹避商均，伯益避啓，并於此也。亦周公以土圭測日景處。縣南對箕山。山上有許由冢。山下有牽牛墟。側潁水有犢泉，是巢父還牛處也，石上犢跡存焉。又有許由廟，碑闕尚存，是漢潁川太守朱寵所立。"又云：陽翟"縣西有故堰，舊遏潁水支流所出也。其故瀆東南逕三封山北，今無水。渠中又有泉流出焉，時人謂之嵎水。東逕三封山東，東南歷大陵。西連山，亦曰啓筮亭。啓享神於大陵之上，即鈞臺也。其水又東南流，水積爲陂，陂方十里，俗謂之鈞臺陂，蓋陂指臺取名也。潁水自堨東逕陽翟縣故城北，夏禹始封於此，爲夏國。"《路史餘論》云："《淮南·脩務》云：禹生於石。《注》謂脩己感石坼胸而生。今登封東北十里有廟，廟有一石，號啓母石。應劭、劉安、郭璞、李彤、隨巢、王烔、王韶、竇苹等，皆云啓母。歷代崇祀，亦以之爲啓母。又有少室姨神廟，登封北十二里，云啓母之姨。而偃師西二十五，復有啓母小姨行廟。"此等傳説，雖不足信，然亦可見夏代傳説，在嵩嶽附近者實多也。

〔二二〕 唐、虞、夏都邑四

堯、舜、禹傳説，散在各地者尚多，要皆附會之辭，不足信也。《山海經·中山經》有堯山，郝《疏》云："《初學記》引王韶之《始興記》云：含洭縣有堯山，堯巡守至此，立行臺。"《水經·洭水注》亦云：陶水，"出堯山。山下有平陵，有大堂基，《耆舊》云堯行宫所。"又《沔水注》云："漢水又東逕嬀虚灘。《世本》曰：舜居嬀汭，在漢中西城縣。或言嬀虚在西北，舜所居也，或作姚虚。故後或姓姚，或姓嬀。"《路史·國名記》引《世本》:"嬀虚在西城西,舜居。"《困學紀聞》二引《世本》:"鐃汭,舜所居。"《地理通釋》云:"《世本》舜居鐃汭,在漢中西城,或言嬀虚在西北,舜所居也。"又云:"《通典》金州西城縣有嬀虚,《帝王世紀》謂之姚虚,《世本》曰鐃汭。"案在西城之説,殊不足據。又云:"漢水又東逕長利谷南,入谷有長利故城,舊縣也。漢水又東歷姚方,蓋舜後枝居是處,故地留姚稱。"《河水注》引皇甫謐,謂舜都或言平陽,或言蒲阪,或言潘。《史記·五帝本紀集解》引同。《瀔水注》云:潘城,"或云舜所都也。《魏土地記》曰:下洛城西南四十里有潘城。城西北三里有歷山。山上有虞舜廟。"《滱水注》云:濡水,"出蒲陰縣西昌安郭南。《中山記》曰:郭東有舜氏甘泉,有舜及二妃祠。"《史記·五帝本紀正義》引《括地志》云:"嬀州有嬀水,源出城中。《耆舊傳》云即舜釐降二女於嬀汭之所。外城中有舜井。城北有歷山,山上有舜廟。"又謂"其西又有一井,《耆舊傳》云并舜井也,舜自中出。"《夏本紀正義》引揚雄《蜀王本紀》云:"禹本汶山郡廣柔縣人也,生於石紐。"又引《括地志》云:"茂州汶川縣,石紐山在縣西七十三里。《華陽國志》云:今夷人共營其地,方百里不敢居牧,至今猶不敢放六畜。"《水經·沫水注》略同。又云:"有罪逃野,捕之者不逼。能藏三年不爲人得,則共原之,言大禹之神所祐之也。"《河水注》云:"洮水又東逕臨洮縣故城北。禹治洪水,西至洮水之上,見長人,受黑玉書於斯水上。"又云:大夏川水,"又東北逕大夏縣故城南,《地理志》:王莽之順夏。《晉書·地道記》曰:縣有禹廟,禹所出也。"《江水注》云:江州縣,"江之北岸,有塗山,南有夏禹廟、塗君祠,廟銘存焉。常璩、庾仲雍并言禹娶於此。"又云:"江水又東逕江陵縣故城南,故楚也。秦昭襄王二十九年,使白起拔鄢、郢,以漢南地而置南郡焉。《周書》曰:南,國名也。南氏有二臣,力鈞勢敵,競進争權,君弗能制,南氏用分爲二南國也。按韓嬰叙《詩》云:其地在南郡、南陽之間。《吕氏春秋》所謂禹自塗山,巡省南土者也。"《淮水注》云:"淮水自莫邪山東北逕馬頭城北,魏馬頭郡治,故當塗縣之故城也。《吕氏春秋》曰:禹娶塗山氏女,不以私害公,自辛至甲四日,復往治水。故江淮之俗,以辛壬癸甲爲嫁娶日也。禹墟在山西南，縣即其地也。”《廬江水注》云：“廬山之南，有上霄石，高壁緬然，與霄漢連接。秦始皇三十六年，歎斯岳遠，遂記爲上霄焉。上霄之南，大禹刻石，志其丈尺里數，今猶得刻石之號焉。《耆舊》云：昔禹治洪水至此，刻石紀功。或言秦始皇所勒。歲月已久，莫能辨之也。”嶺表行宫，蓋因堯字而附會；西城嬀虚、嬀州舜井，則因嬀字而附會。《水經·河水注》云：蒲阪，“南有歷山，謂之歷觀。嬀、汭二水出焉，南曰嬀水，北曰汭水。西逕歷山下。《尚書》所謂釐降二女於嬀汭也。孔安國曰：居嬀水之内。王肅曰：嬀汭，虞地名。皇甫謐曰：納二女於嬀水之汭。馬季長曰：水所出曰汭。然則汭似非水名。而今見有二水，異源同歸。”可見流俗之善於附會矣，其所言尚足信哉？禹至臨洮，蓋因秦時長人見臨洮而云然。上霄刻石，傳爲禹跡，正同一理。南、任音同，《春秋》桓公五年“仍叔之子”，《穀梁》作任；疑夏時之有仍，即《周書》之南氏，以其國分爲二，遂附會爲二南，尤滅裂可笑。辛壬癸甲，民俗可徵，以説塗山，似最有據。然禹時遺俗，安能留詒至於元魏？且《書》亦不云禹以辛壬癸甲日娶也，則亦後人附會《尚書》，因生此俗耳，非真沿之自古。《漸江水注》言：“浦陽江又東逕石橋，廣八丈，高四丈，下有石井，口逕七尺。橋上有方石，長七尺，廣一丈二尺。橋頭有磐石，可容二十人坐。”《廬江水注》言：西天子鄣，“巖上有宫殿故基者三，以次而上，最上者極於山峯。”《述異記》言：“廬山上有康王谷，巔有一城，號爲釗城。傳云此周康王之城。城中每得古器大鼎及弓弩之屬，知非常人之所處也。”然則南方古代大工正多，特以雅記無徵，遂率附諸北方古帝；營道舜陵，會稽禹穴，千載傳爲信史，作如是觀可矣。

〔二三〕 夏都考

夏都有二：《漢志》太原郡晉陽《注》云：“故《詩》唐國。”《左》定四年，祝佗謂唐叔封於夏虚，啓以夏政。服虔以爲堯居冀州，虞、夏因之。是夏之都，即唐堯舊都也。金氏鶚《禹都考》云："杜預注《左傳》云：夏虚、大夏，今太原晉陽是也。本於《漢志》，其説自確。《水經》云：晉水出晉陽縣西縣甕山。酈道元《注》：縣故唐國也。亦本《漢志》。乃臣瓚以唐爲河東永安，張守節以爲在平陽。不知唐國有晉水，故燮父改唐曰晉。若永安，去晉四百里；平陽，去晉七百里；何以改唐曰晉乎？"愚按臣瓚、張守節之言，蓋泥《史記》唐叔封於河汾之東致誤。不知古人言地理，皆僅舉大概。太原固亦可曰河汾之東也。顧亭林引《括地志》：故唐城，在絳州翼城縣西二十里，堯裔子所封，成王滅之，以封唐叔，以爲唐叔始封在翼。不知《括地志》此文亦誤。故又有唐城，在并州晉陽縣北二里。全謝山已糾之矣。《漢志》潁川郡陽翟《注》云："夏禹國。應劭曰：夏禹都也。臣瓚曰：《世本》禹都陽城。《汲郡古文》亦云居之，不居陽翟也。"《禮記·緇衣正義》："按《世本》及《汲郡古文》皆云禹都咸陽。"咸陽乃陽城之誤。洪氏頤煊謂陽城亦屬潁川郡，與陽翟相近。或禹所都陽城，實在陽翟。金氏鶚駁之，謂"趙岐《孟子注》：陽城在嵩山下。《括地志》：嵩山，在陽城縣西北二十三里。則陽城在嵩山之南，今河南府登封縣是也。若陽翟則在開封府禹州，其地各異。《漢志》於偃師曰殷湯所都，於朝歌曰紂所都，於故侯國皆曰國。今陽翟不曰夏禹所都而曰夏禹國，可知禹不都陽翟矣。"愚案古代命山，所苞甚廣，非如後世但指一峯一嶺言之。又其時去游牧之世近，民習於移徙；宫廟民居，規制簡陋，營構皆易；不恒厥居，事所恒有。稽古都邑，而出入於數十百里之間者，不足較也。《國語·周語》："伯陽父曰：伊洛竭而夏亡。"韋《注》："禹都陽城，伊洛所近。"蓋據《世本》，初説不誤。而金氏引《史記》吴起對魏武侯之言，謂桀都必在洛陽。其拘泥之失，亦與此同也。金氏又謂"《史記·夏本紀》：禹避舜之子於陽城，諸侯皆去商均朝禹，禹於是即天子位。知其遂都陽城，蓋即所避之處以爲都也。"釋"於是"字亦非是。《史記》此文，大同《孟子》。《孟子》及《史記》叙舜事，皆有"之中國踐天子位"語。《集解》引劉熙曰："帝王所都爲中，故曰中國。"雖未知當否，然必自讓避之處後歸建都之處可知。不然，即位之禮，豈可行之草莽之間哉？"於是"二字，指諸侯之朝，不指讓避之地也。予謂夏蓋先都晉陽，後都陽城。陽城之遷,蓋在太康之後。《左》哀六年引《夏書》曰:“惟彼陶唐,帥彼天常,有此冀方。今失其行,亂其紀綱,乃滅而亡。”蓋指太康失國之事。《僞五子之歌》曰:“太康尸位以逸豫,滅厥德,黎民咸貳。乃盤遊無度,畋於有洛之表,十旬弗反。有窮后羿因民弗忍,距於河。厥弟五人,御其母以從。徯於洛之汭。五子咸怨,述大禹之戒以作歌。”僞《書》此文,將羿好田獵,移諸太康;且誤太康兄弟五人爲厥弟五人,不直一笑。夏之亡,由好樂太過,非以好畋也。《墨子·非樂》:“於武觀曰:啓乃淫溢康樂,野於飲食,將將銘莧磬以力,湛濁於酒。渝食於野,萬舞翼翼。章聞於天,天用弗式。”辭雖不盡可解,然夏之亡,由好樂太過,則固隱約可見。《楚辭》曰:“啓《九辯》與《九歌》兮,夏康娱以自縱。不顧難以圖後兮,五子用失乎家巷。羿淫遊以佚田兮,又好射夫封狐。固亂流其鮮終兮,浞又貪夫厥家。澆身被服强圉兮,縱欲而不忍。日康娱而自忘兮,厥首用夫顛隕。”綜述太康、羿、浞始末,以好樂屬夏,以好田屬羿,尤極分明。《周書·嘗麥》:“其在殷之五子,忘伯禹之命,假國無正,用胥興作亂,遂凶厥國。皇天哀禹,賜以彭壽,思正夏略。”似五子之間,復有作亂争奪之事。與《左》昭元年“夏有觀扈”,《國語·楚語》“啓有五觀”之言合。韋注:“五觀,啓子,太康昆弟也。”《漢書·古今人表》“太康,啓子。兄弟五人,號五觀。”《潛夫論·五德志》:“啓子太康仲康更立,兄弟五人,皆有昏德,不堪帝事,降居洛汭,是爲五觀。”皆以太康兄弟凡五人,武五同聲,即《墨子》所謂武觀也。然“須於洛汭”,亦見《史記·夏本紀》。即謂《史記》同《書序》處,爲後人所竄。然《潛夫論·五德志》,亦有“兄弟五人,降居洛汭”之言。非撰《僞書》者所億造也。《左》襄四年:“后羿自鉏遷於窮石,因夏民以代夏政。”鉏不可考。《淮南子·地形訓》:“河水出崑崙東北陬,貫渤海,入禹所道積石山。赤水出其東南陬,西南注南海。丹澤之東。赤水之東。弱水出自窮石,至於合黎,餘波入於流沙。絶流沙,南至南海。洋水出其西北陬,入於南海。羽民之南。凡四水者,帝之神泉,以和百藥,以潤萬物。”此節文字頗錯亂。王引之謂“自窮石以下十三字,爲後人竄改。原文當作弱水出其西南陬。而出自窮石等文,當在下江出岷山諸條間。”王説信否難遽定。然王逸注《楚辭》,郭璞注《山海經》,并引《淮南子》,謂“弱水出自窮石”,則此語雖或簡錯,決非僞竄。“至於合黎”十字,或後人以《禹貢》傍注,誤入正文。《淮南》既云“絶流沙”,不必更衍此十字也。然竊疑《禹貢》“入於流沙”之下，亦奪“南至南海”一類語。《禹貢》雍州，“弱水既西”，其導九川，先弱水，次黑水，次河，次漾，次江。黑水即今長江、黄河上源，出於崑崙，與今所謂河源同；予别有考。導川叙次，蓋自西而東。《集解》引《地記》曰：“弱水西流入合黎山腹，餘波入於流沙，通於南海。”《地記》古書，頗可信據。見予所撰《弱水黑水考》。《集解》引鄭玄曰：“《地理志》：弱水出張掖。”又曰：“《地理志》：流沙，居延西北，名居延澤。”似鄭亦宗《漢志》所謂古文説者。《漢志》：張掖郡居延，“居延澤在東北。《古文》以爲流沙。”然《索隱》又云：“《水經》云：合黎山在酒泉會水縣東北。鄭玄引《地記》，亦以爲然。”合諸《集解》所載鄭引《地記》之説，則鄭初無所偏主矣。《禹貢》、《地記》説弱水，皆僅云西流，不云北向。《古文》以居延澤當之，蓋誤。既云入於南海，而又在黑水西，則弱水必今瀾滄江。瀾滄江東南流，而《禹貢》、《地記》云弱水西流者，其所指上源與今異也。《禹貢》云：“道黑水，至於三危，入於南海。”《集解》引《地記》曰：“三危山在鳥鼠之西南。”弱水在黑水西，窮石亦必在三危之西。然亦不越隴、蜀、青海之境。羿遷窮石，果即此弱水所出之窮石者，則當來自湟、洮之間。其地本射獵之區，故羿以善射特聞，而其部族亦彊不可圉也。太康此時，蓋失晉陽而退居洛汭。少康光復舊物，然曾否定居河北，了無可考。竊疑自太康之後，遂居陽城也。《周官》大司徒：“以土圭之法測土深，正日景，以求地中。日至之景，尺有五寸，謂之地中，天地之所合也，四時之所交也，風雨之所會也，陰陽之所和也。然則百物阜安，乃建王國焉。”《注》：“鄭司農云：土圭之長，尺有五寸。以夏至之日，立八尺之表，其景適與土圭等，謂之地中，今潁川陽城地爲然。”《正義》：“潁川郡陽城縣，是周公度景之處，古跡猶存，故云地爲然也。案《春秋左氏》：武王克商，遷九鼎於洛邑，欲以爲都。不在潁川地中者，武王欲取河洛之間形勝之所，洛都雖不在地之正中，潁川地中，仍在畿内。”司農父子，皆明《三統曆》，所舉當系曆家舊説。《義疏》此言，亦當有所本。此可見陽城附近，確爲歷代帝都所在。而先後營建,出入於數十百里之間,則曾不足較也。然則《漢志》、《世本》,非有異説;應劭、臣瓚,亦不必相非矣。

夏遷陽城之後,蓋未嘗更反河東。故桀時仍在陽城,而伯陽父以伊洛之竭,爲夏亡之徵也。鄭氏《詩譜》云:"魏者,虞舜、夏禹所都之地。"此亦以大較言之。乃造《僞孔傳》者,見戰國之魏,曾都安邑,遂以爲夏都亦在安邑;又不知《史記》所謂"湯始居亳,從先王居"者,先王爲契,亳爲契本封之商,而以爲即後來所都之偃師。見予所撰《釋亳》。於是解先王爲帝嚳,鑿空,謂帝嚳亦都偃師。《史記》云:"湯自把鉞,以伐昆吾,遂伐桀。桀敗於有娀之虚。桀奔於鳴條。"《尚書大傳》云:"湯放桀也,居中野。士民皆奔湯。桀與其屬五百人南徙千里,止於不齊。不齊士民往奔湯。桀與其屬五百人徙於魯。魯士民復奔湯。桀曰:國,君之有也。吾聞海外有人。與五百人俱去。"《周書·殷祝篇》略同。末作"桀與其屬五百人去居南巢。"其跡皆自西而東。今安邑反在偃師之西,其説遂不可通。《左》昭十二年:楚靈王謂子革曰:"昔我皇祖伯父昆吾,舊許是宅。"《國語》:史伯對鄭桓公曰:"昆吾爲夏伯矣。"韋昭云:"昆吾,祝融之孫,陸終第一子,名樊,爲已姓,封於昆吾。昆吾衛是也。其後夏衰,昆吾爲夏伯,遷於舊許。"是則桀時昆吾之地,在今許昌,去陽城極近。故得與桀同日亡。《孟子》曰:"舜生於諸馮,遷於負夏,卒於鳴條,東夷之人也。"《離婁》下。《吕覽·簡選》篇:"殷湯登自鳴條,乃入巢門。"《淮南·主術訓》:"湯困桀鳴條,禽之焦門。"《脩務訓》:湯"乃整兵鳴條,困夏南巢。譙以其過,放之歷山。"則鳴條之地,必與南巢、歷山相近。當在今安徽境。故《孟子》謂之東夷。《書·湯誓》:"伊尹相湯伐桀,升自陑,遂與桀戰於鳴條之野。"陑雖不知何地,度必近接鳴條。《僞傳》乃謂陑在河曲之南,鳴條在安邑之西,遂生繞道攻桀、出其不意之説,費後來多少辯論。皇甫謐又謂"昆吾亦來安邑,欲以衛桀,故同日亡。"又云:"今安邑見有鳴條陌、昆吾亭。"不知暫來衛桀,安暇築邑?遂忘其自相矛盾也。不徒妄説史事,并妄造地名以實之。江艮庭謂"謐無一語可信",誠哉其不可信矣。西漢經說,多本舊聞。雖有傳譌,初無億造。東漢古文家,則往往以意穿鑿。今日故書雅記,百不一存,無從考見其謬。然偶有可疏通證明者,其穿鑿之跡,則顯然可見。如予所考東漢人繆以倉頡爲黄帝史官,其一事也。詳見予所撰《中國文字變遷考》。魏、晉而後,此風彌甚。即如《左氏》所載,羿代夏政,少康中興之事,據杜《注》,其地皆在山東。設羿所遷窮石,果在隴、蜀之間,則杜《注》必無一是處,惜書闕有間,予説亦無多佐證,不能辭而闕之耳。

原刊《光華季刊》第二卷第一期,一九二六年十月出版

〔二四〕 有扈考

《書序》:"啓與有扈戰於甘之野,作《甘誓》。"《僞傳》:"夏啓嗣禹立,伐有扈之罪。"《疏》云:"孟子稱禹薦益於天七年,禹崩之後,益避啓於箕山之陰,天下諸侯不歸益而歸啓,曰吾君之子也,啓遂即天子位。《史記·夏本紀》稱啓立,有扈氏不服,故伐之。蓋由自堯舜受禪相承,啓獨見繼父,以此不服,故云夏啓嗣禹立,伐有扈之罪。言繼立者,見其由嗣立故不服也。"案《疏》辭非必《僞傳》之意。《淮南·齊俗》曰:"昔有扈氏爲義而亡。"高《注》曰:"有扈,夏啓之庶兄也。以堯舜舉賢,禹獨與子,故伐啓,啓亡之。"馮衍《顯志賦》曰:"訊夏啓於甘澤兮,傷帝典之始傾。"亦此意。蓋經生舊有此説,《義疏》本以立言也。然恐與史實不合。《周書·史記》曰:"弱小在强大之間,存亡將由之,則無天命矣。不知命者死。有夏之方興也,扈氏弱而不恭,身死國亡。"《吴子》曰:"昔承桑氏之君,脩德廢武,以滅其國。有扈氏之君,恃衆好勇,以亡其社稷。"所謂不恭者也。《韓非子·説疑》曰:"昔者有扈氏有失度,讙兜氏有孤男,三苗有成駒,桀有侯侈,紂有崇侯虎,晉有優施,此六人者,亡國之臣也。"失度其公孫强之流乎?

《僞傳》云:"有扈與夏同姓。"《疏》云:"孔、馬、鄭、王與皇甫謐等,皆言有扈與夏同姓,并依《世本》之文。"然皆無爲啓庶兄之説,未知高誘何據也。又《甘誓》、《墨子·明鬼》引其文,而作《禹誓》。畢校云:

"《莊子·人間世》云：禹攻有扈。《吕氏春秋·召類》云：禹攻曹、魏、屈驁、有扈，以行其教，皆與此合。"孫氏《問詁》云："《吕氏春秋·先己篇》云：夏后柏啓與有扈戰於甘澤而不勝。是《吕覽》有兩説。或禹、啓皆有伐扈之事，故古書或以《甘誓》爲禹誓與？《説苑·政理篇》云：昔禹與有扈氏戰，三陳而不服。禹於是脩教，三年而有扈氏請服，説亦與此合。"案古以後嗣之事繫之先王者甚多，不必作此調停之説也。

《楚辭·天問》："該秉季德，厥父是臧。胡終弊於有扈，牧夫牛羊？"《注》云："該，苞也。秉，持也。父，謂契也。季，末也。臧，善也。言湯能苞持先人之末德，脩其祖父之善業，故天祐之，以爲民主也。有扈，澆國名也。澆滅夏后相，相之遺腹子曰少康，後爲有仍牧正，典主牛羊，遂攻殺澆，滅有扈，復禹舊跡，祀夏配天也。"又曰："有扈牧豎，云何而逢？擊床先出，其命何從？恒秉季德，焉得夫樸牛？"《注》曰："言有扈氏本牧豎之人耳，因何逢遇，而得爲諸侯乎？言啓攻有扈之時，親於其床上擊而殺之，其先人失國之原，何所從出乎？恒，常也。季，末也。樸，大也。言湯常能秉持契之末德，脩而弘之，天嘉其志，出田獵，得大牛之瑞也。"案此《注》恐非。該與恒當俱是人名。該爲有扈所弊，爲牧牛羊，及有扈敗時，亦弊於牧豎之手，其人名恒，既弊有扈，復得樸牛之瑞也。《史記·秦本紀》：文公二十七年，伐南山大梓，豐大特。《集解》："徐廣曰：今武都故道有怒特祠。圖大牛，上生樹木，有牛從木中出。後見於豐水之中。"《正義》："《括地志》云：大梓樹在岐州陳倉縣南十里倉山上。《録異傳》云：秦文公時，雍南山有大梓樹。文公伐之，輒有大風雨，樹生合不斷。時有一人病，夜往山中，聞有鬼語樹神曰：秦若使人被髮以朱絲繞樹伐汝，汝得不困邪？樹神無言。明日，病人語聞。公如其言伐，樹斷。中有一青牛出，走入豐水中。其後牛出豐水中。使騎擊之，不勝。有騎墮地復上，髮解，牛畏之，入不出。故置髦頭。漢、魏、晉因之。武都郡立怒特祠，是大梓牛神也。"案《後漢書·西羌傳》，言爰劍與劓女遇於野，遂成夫婦，女恥其狀，被髮覆面，羌人因以爲俗，則《傳異録》之語，當出羌中。《水經》沔水《注》引《漢中記》曰："自西城涉黄金陗、寒泉嶺、陽都阪，峻崿百重，絶壁萬尋。山豐野牛野羊，騰岩越嶺，馳走若飛，觸突樹木，十圍皆倒。"則南山之地，本多樸牛，無怪羌中之有是説也。然遂依舊説，謂有扈在鄠縣，則恐未然。禹啓時兵力，恐尚不及此。甘恐即周時王子帶封邑，見《左氏》僖公二十四年。在河南，正有夏之居也。

原刊《古史辨》第七册，一九四一年六月出版

〔二五〕　太康失國與少康中興

太康失國，少康中興，爲夏代一大事，而《史記·夏本紀》一語不及，《正義》以此譏其疏略，其實非也。古人著書，各有所本。所本不同者，既不以之相訂補，亦不使之相羼雜，各如其故而傳之，所謂"信以傳信，疑以傳疑"也。《夏本紀》之所據者，蓋《繫世》之倫；《吴世家》載伍子胥之言，則所據者《國語》之類；二者固不同物也。《十二諸侯年表》曰"譜牒獨記世謚"，此蓋《周官》小史所職；國家之行事，固别有史以記之矣。《夏本紀》之不及，又何怪焉！

難者曰："譜牒獨記世謚"，於國家行事，有所不詳，是則然矣。然其關涉君身者，則亦不得而略也。如《秦紀》見《秦始皇本紀》後。獨載其君世系享國年數及葬地，而於厲、躁、簡公、出子之不寧，亦未嘗略，即其明證。今夏后相，身見殺於寒浞；少康始依有仍，後奔有虞，爲之牧正，爲之庖正，其降爲人臣久矣。奮起綸邑之中，祀夏配天，不失舊物，是漢光武、蒙古達延汗之儔也。而《史記》曰"帝相崩，子帝少康立"，一若安常處順，父子相繼者，不亦疏乎？應之曰：太康以降，夏雖中衰，統緒實未嘗絶。至於相之見弑，少康之降爲人臣，則其事尚有可疑也。請陳其説。

《墨子·非樂》："於武觀曰：啓乃淫溢康樂，野於飲食。將將銘莧磬以力。湛濁於酒，渝食於野。萬舞翼翼。章聞於天，天用弗式。"

《楚辭·離騷》:"啓《九辯》與《九歌》兮,夏康娱以自縱。"又《天問》:"啓棘賓商,《九辯》《九歌》。"《山海經·海外西經》:"大樂之野,夏后啓於此儛九代。《注》:"九代,馬名。儛,謂盤作之令舞也。"郝懿行《箋疏》:"案《九代》,疑樂名也。《竹書》云:夏帝啓十年,帝巡狩,舞《九韶》於大穆之野。《大荒西經》亦云:天穆之野,啓始歌《九招》。招即韶也。疑《九代》即《九招》矣。又《淮南·齊俗訓》云:夏后氏,其樂夏籥《九成》。疑《九代》本作《九成》,今本傳寫形近而譌也。李善注王融《三月三日曲水詩序》引此經云:舞九代馬。疑馬字衍。而《藝文類聚》九十三卷及《太平御覽》八十二卷引此經,亦有馬字。或并引郭《注》之文也。舞馬之戲,恐非上古所有。"乘兩龍,雲蓋三層。左手操翳,右手操環,佩玉璜,在大運山北。《注》:"《歸藏·鄭母經》曰:夏后啓筮:御飛龍登於天,吉。明啓亦仙也。"《箋疏》:"案《太平御覽》八十二卷引《史記》曰:昔夏后啓筮乘龍以登於天,占於皋陶。皋陶曰:吉而必同,與神交通。以身爲帝,以王四鄉。今案《御覽》此文,即與郭《注》所引爲一事也。"一曰大遺之野。"《注》:"《大荒經》云:大穆之野。"又《大荒西經》:"西南海之外,赤水之南,流沙之西,有人珥兩青蛇,乘兩龍,名曰夏后開。開上三嬪於天,得《九辯》與《九歌》以下。《注》:"皆天帝樂名也。開登天而竊以下用之也。《開筮》曰:昔彼《九冥》,是與帝《辯》同宫之序,是謂《九歌》。又曰:不得竊《辯》與《九歌》以國於下。義具見於《歸藏》。"此天穆之野,高二千仞,開焉得始歌《九招》。"《注》:"《竹書》曰:夏后開舞《九招》也。"此啓之所以致亂也。《離騷》王逸《注》曰:"夏康,啓子太康也。"案《離騷》下文又云:"日康娱以自縱",康娱二字相屬,則逸《注》誤也。孟子言啓賢,能敬承繼禹之道,意但主論禪繼,非史實;且亦無由知啓繼位時非賢君也。《山海經》所載乃神話,與《史記·趙世家》、《扁鵲列傳》所載趙簡子、秦穆公事極相類。啓亦作開者,漢人避景帝諱也。

《周書·嘗麥》:"其在殷之五子,忘伯禹之命,假國無正,用胥興作亂。遂凶厥國。皇天哀禹,賜以彭壽,思正夏略。"《離騷》:"不顧難以圖後兮,五子用失乎家巷。"《天問》:"何勤子屠母,而死分竟地?"揚雄《宗正箴》:"昔在夏時,太康不共。有仍二女,五子家降。"此言太康失邦之事,其亂蓋由於内鬩,猶齊桓死後五子争立也。遂凶厥國,國指夏都,蓋即殷。見《唐虞夏都邑》條。失乎家巷,失同佚,言逃亡民間也。《史記·魯世家》：楚考烈王伐滅魯。頃公亡，遷於下邑，爲家人。魯絶不祀。《晉世家》：魏武侯、韓哀侯、趙敬侯滅晉侯而三分其地，静公遷爲家人，晉絶不祀。此云家人，即《離騷》佚乎家巷之義。五子之亂，蓋得彭壽而復定。雖失故都，仍據他邑爲君如故，故太康、仲康、相得相繼在位。五子交争，而仲康仍得繼太康者，或二人本同黨；或後降於太康；如契丹太祖時諸弟之亂，亦或不與，或降而見釋也。《天問》言死分竟地，或亦有據地自立者，特太康、仲康、相相繼爲正統，故《系本》特記之也。《天問》又云："眩弟并淫，危害厥兄。何變化以作詐，而後嗣逢長？"王逸《注》謂眩弟指象，似非。眩弟蓋指仲康。相，仲康子；少康，相子，其後相繼有國。後嗣逢長蓋指此，謂仲康危害厥兄，何後嗣反得逢長也。逢，大也，即《洪範》"子孫其逢"之"逢"。少康祀夏配天，不失舊物，是能光大夏業也。勤子屠母，蓋謂愛其子而殺其母，疑即揚雄所云有仍二女事，其詳不可得聞矣。《天問》又曰："彭鏗斟雉帝何饗？受壽永多，夫何久長？"《注》曰："彭鏗，彭祖也。好和滋味，善斟雉羹。能事帝堯，堯美而饗食之。彭祖至八百歲，猶自悔不壽，恨枕高而唾遠也。"彭祖爲舜所命二十二人之一，見《唐虞之際二十有二人》條。彭爲祝融八姓之一，歷唐、虞、夏、商，皆爲强侯，其能爲夏戡亂，亦固其所。《天問》故事，漢世蓋本莫能説，又寖以失傳。王逸自謂稽之舊章，合之經傳，以相發明，事事可曉，實則乖繆甚多。如其釋彭鏗斟雉帝何饗，恐全是望文生義。帝當指天帝。言饗其雉羹，乃報以永壽。釋受壽永多，亦神仙家言。惟彭祖壽考，當本有其説，神仙家乃從而託之。《周書》之彭壽，未審即彭鏗與否。古稱人多以號，亦或因其壽考而稱之爲壽也。

《左氏》襄公四年："昔有夏之方衰也，后羿自鉏遷於窮石，因夏民以代夏政。"《天問》："帝降夷羿，革孽夏民。"此言羿代夏之事。云因夏民以代夏政，則據有夏之故都，且代之號令諸侯矣。然固無害於太康、仲康、相等之自君其民。如衛滿得朝鮮，侵降其旁小邑，服屬真番、臨屯，而箕氏之後，猶王馬韓中也。《天問》言革孽夏民，與《左氏》

因夏民之説合。然特乘亂入據耳，非稱兵犯順也。僞《古文尚書》曰："太康尸位以逸豫，滅厥德，黎民咸貳。乃盤遊無度，畋於有洛之表，十旬弗反。有窮后羿因民弗忍，距於河。厥弟五人，御其母以從，徯於洛之汭。"一似夏之喪邦，皆由羿之逞亂者，失其實矣。

《左氏》襄公四年："恃其射也，不脩民事，而淫於原獸。棄武羅、伯因、熊髡、尨圉，而用寒浞。寒浞，伯明氏之讒子弟也。伯明后寒棄之，夷羿收之。信而使之，以爲己相。浞行媚於内，而施賂於外；愚弄其民，而虞羿於田。樹之詐慝，以取其國家。羿猶不悛。將歸自田，家衆殺而烹之。以食其子，其子不忍食諸，死於窮門。靡奔有鬲氏。"《離騷》："羿淫遊以佚田兮，又好射夫封狐。固亂流其鮮終兮，浞又貪夫厥家。"《天問》："胡射夫河伯，而妻彼雒嬪？馮珧利決，封豨是射。何獻蒸肉之膏，而后帝不若？浞娶純狐，眩妻爰謀。何羿之射革，而交吞揆之？"此寒浞篡羿之事，乃有窮氏之内亂，與夏無涉。夏當是時，固仍保其所據之地也。王逸《注》曰："雒嬪，水神，謂宓妃也。傳曰：河伯化爲白龍，遊於水旁。羿見，射之，眇其左目。河伯上訴天帝，曰：爲我殺羿。天帝曰：爾何故得見射？河伯曰：我時化爲白龍，出游。天帝曰：使汝深守神靈，羿何從得犯汝？今爲蟲獸，當爲人所射。固其宜也，羿何罪與？羿又夢與雒水神宓妃交接也。"此説蓋已非其朔。古神話當以雒嬪爲河伯之妻，羿射殺河伯而奪之也。亦可見羿實有河雒之地矣。《左氏》昭公二十八年，載叔向母之言曰："昔有仍氏生女，黰黑而甚美，光可以鑑，名曰玄妻。樂正后夔取之，生伯封，實有豕心。貪惏無厭，忿纇無期，謂之封豕。有窮后羿滅之。夔是以不祀。"封豕，疑即《天問》之封豨。傳説中或以爲人，或竟以爲豕，謂射殺之而以其膏獻諸上帝也。《禹貢》稱"禹錫玄圭"，《檀弓》言"夏后氏尚黑"，疑夏以黑爲徽號。此玄妻及前所引眩弟，疑并當作玄。玄妻，即純狐。《楚辭》言羿射封狐，疑夔之族尊豕，禹之族尊狐。案《吴越春秋》言，九尾白狐造禹，禹以爲當王之徵。羿射封豕、封狐，實戕二族圖騰之神。神話中謂狐爲浞妻以報羿也。《孟子·離婁》下篇曰："逢蒙學射於羿，盡羿之道。思天下惟羿爲愈己，於是殺羿。”下引庾公之斯、子濯孺子事，以明取友必端。則逢蒙、羿之黨，《左氏》所謂家衆也。《淮南·詮言》曰：“羿死於桃棓。”《注》：“棓，大杖，以桃木爲之。以擊殺羿。由是以來，鬼畏桃也。”《説山》云：“羿死桃部不給射。”《注》：“桃部，地名。”莊逵吉云：“桃部即桃棓，”其説是也。羿之死，蓋逢蒙實爲主謀。逢、厖同字，逢蒙殆厖圉之族乎？

《左氏》襄公四年：“浞因羿室，生澆及豷。恃其讒慝詐僞，而不德於民。使澆用師，滅斟灌及斟尋氏。處澆於過，處豷於戈。靡自有鬲氏收二國之燼，以滅浞而立少康。少康滅澆於過，后杼滅豷於戈，有窮由是遂亡。”又哀公元年：“昔有過澆殺斟灌以伐斟鄩，滅夏后相。后緡方娠，逃出自竇，歸於有仍。生少康焉，爲仍牧正。惎澆能戒之。澆使椒求之。逃奔有虞，爲之庖正，以除其害。虞思於是妻之以二姚，而邑諸綸。有田一成，有衆一旅。能布其德，而兆其謀，以收夏衆，撫其官職。使女艾諜澆，使季杼誘豷。遂滅過、戈，復禹之績。祀夏配天，不失舊物。”《離騷》：“澆身被服强圉兮，縱欲而不忍。日康娱以自忘兮，厥首用夫顛隕。”《天問》：“惟澆在户，何求於嫂？《注》：“澆，古多力者也。《論語》曰：澆盪舟。言澆無義，淫佚其嫂。往至其户，佯有所求，因與行淫亂也。”何少康逐犬，而顛隕厥首？《注》：“言夏少康因田獵，放犬逐獸，遂襲殺澆，而斷其頭。”女歧縫裳，而館同爰止。《注》：“女歧，澆嫂也。館，舍也。爰，於也。言女歧與澆淫佚，爲之縫裳，於是共舍而宿止也。”何顛易厥首，而親以逢殆？《注》：“逢，遇也。殆，危也。言少康夜襲，得女歧頭，以爲澆，因斷之，故言易首遇危殆也。””此言浞滅相及少康中興之事。如《左氏》之言，則夏嘗中絶，然其説有不可盡信者。野蠻時代，十口相傳之説，理亂興亡之事，必以一女子爲之經緯。如《蒙古源流考》之洪郭斡拜濟，《雲龍紀略》之結媽、三妲皆是。見《章氏遺書·文集》卷八。《左氏》之言，看似全係史實，然“逃出自竇”一語，已顯類東野人之言矣。《離騷》云：“及少康之未家兮，留有虞之二姚。”蓋亦有娀佚女之倫。女艾即女歧，與澆淫亂，而少康乘機殺之，所謂諜也。《天問》又云：“女歧無合夫，焉取九子？”《注》云“女歧，神女，無夫而生九子”，則亦神話中人物也。古事之傳於後者，人神恒相雜。其後士夫傳述，則人事多而神事少；東野人言，則人事少而神事多。看似殊科，實同一本。《左氏》所載，亦神話之經士夫改定者耳。其原既爲野言，其事即非信史。信后緡真出自竇，女艾真爲間諜，則愚矣。后緡、女艾之事不可盡信，則其餘之語不可盡信可知也。《左氏》之言而不可盡信也，則夏祚曾否中絶，實可疑也。

《史記·夏本紀正義》引《帝王世紀》云："帝羿，有窮氏，未聞其姓。"而《左》襄四年杜《注》云："夷氏。"《正義》云："此傳再言夷羿，故以夷爲氏。"案《吕覽·勿躬》亦稱夷羿。《山海經·海内西經》云："海内崑崙之虚在西北，帝之下都。崑崙之虚，方八百里。非仁羿莫能上岡之巖。"仁、夷同字。《水經·河水注》云："大河故瀆。西流逕平原鬲縣故城西。《地理志》曰：鬲津也。故有窮后羿國也。應劭曰：鬲，偃姓，咎繇後。"《路史》謂"羿，偃姓。女偃出臯陶。《世紀》云不聞其姓，失之。"蓋本諸此。竊疑夷爲羿之號，偃則其姓也。有鬲爲羿同姓，靡之往奔，似謀爲羿報讎。其後輔立少康，則因羿子已死，其後或無可立故耳，非必盡忠於夏。杜《注》謂爲夏之遺臣，似失之。《史記·夏本紀》言："禹舉臯陶薦之，且授政焉，而臯陶卒，而后舉益任之政。"《楚辭·天問》云："啓代益作后，卒然離孽。"《漢書·律曆志》載張壽王以"化益爲天子代禹"。則偃、姒二姓在當時并爲强族，其勢實代相干。故益雖見排於啓，羿仍能代夏政；其後雖以好田爲浞所篡，而姒、偃合謀，卒覆澆、豷也。《夏本紀》言禹後有有男氏，斟尋氏，斟戈氏。《索隱》曰："《系本》男作南，尋作鄩。斟戈氏，《左傳》、《系本》皆云斟灌氏。"男、南皆與任同聲。《春秋》桓公五年"仍叔之子"，《穀梁》作任叔，疑有仍即有男，與夏同姓。杜《注》云"后緡母家"，亦誤也。戈、灌一地，過亦殆即斟尋。寒浞滅是二國，而使二子鎮之爾，亦可見當時同姓之國，恒相援衛矣。

《世紀》又言：羿自"帝嚳以上，世掌射正。至嚳，賜以彤弓素矢，封之於鉏。爲帝司射。歷虞、夏"。案《説文·羽部》："羿，羽之羿風。

亦古諸侯也。一曰射師。"《弓部》:"弙,帝嚳射官。夏少康滅之。《論語》曰弙善射。"《山海經·海内經》:"帝俊賜羿彤弓素矰,以扶下國。"《淮南·本經》:"堯之時,十日并出,焦禾稼,殺草木,而民無所食。猰貐、鑿齒、九嬰、大風、封豨、脩蛇皆爲民害。堯乃使羿誅鑿齒於疇華之野,殺九嬰於凶水之上。繳大風於青丘之澤。上射十日,而下殺猰貐。斷脩蛇於洞庭,禽封豨於桑林。"《世紀》蓋合此諸説以爲一説也。《世紀》又言:"浞因羿之室,生奡及豷。奡多力,能陸地行舟。"同《論語》孔安國《注》。澆、奡二字,可相假借。然盪舟實非陸地行舟。《天問》云:"湯謀易旅,何以厚之?覆舟斟尋,何道取之?"《注》云:"湯,殷王也。旅,衆也。言殷湯欲變易夏衆,使之從己,獨何以厚待之乎?覆,反也。舟,船也。斟尋,國名也。言少康滅斟尋氏,奄若覆舟,獨以何道取之乎?"《天問》文固不次,然特所問因仰見圖畫而發,不依年代先後云爾。非遂毫無倫序。"湯謀易旅",承前引"惟澆在户"云云下,上下皆言夏事,中忽間以殷湯,似不應陵亂至此。朱子謂湯乃康字之誤,亦近鑿空。宋本《説文》及《集韻類篇》引《論語》,盪并作湯,則《天問》之湯謀,亦即盪謀,謂動謀也。澆蓋能水戰,而少康覆其舟師。罔水行舟,蓋譬喻之語,不徒非澆事,丹朱亦未必實有其事也。《書疏》引鄭玄云"丹朱見洪水時人乘舟,今水已治,猶居舟中,雒雒使人推行之",妄矣。水雖治,豈遂無水可以行舟邪?參看《丹朱傲辨》條。

《史記·魯世家》:楚考烈王伐滅魯。頃公亡,遷於下邑,爲家人。魯絶不祀。《晉世家》魏武侯、韓哀侯、趙敬侯滅晉侯而三分其地,静公遷爲家人,晉絶不祀。此云家人,即《離騷》佚乎家巷之義。

原刊《古史辨》第七册,一九四一年六月出版

〔二六〕 越之姓

《史記·世家》云:"越王句踐,其先禹之苗裔,而夏后帝少康之庶

子也,封於會稽,以奉守禹之祀。"《吴越春秋》説同。《漢書·地理志》曰:"粤地,牽牛、婺女之分野也,今之蒼梧、鬱林、合浦、交阯、九真、南海、日南,皆粤分也。其君禹後,帝少康之庶子云,封於會稽。"亦本舊説。臣瓚曰:"自交阯至會稽七八千里,百越雜處,各有種姓,不得盡云少康之後也。按《世本》,越爲芈姓,與楚同祖,故《國語》曰芈姓夔、越,然則越非禹後明矣。又芈姓之越,亦句踐之後,不謂南越也。"案《漢志》所謂其君禹後者,自指封於會稽之越言之,不該百越。臣瓚實誤駁。至謂越爲芈姓,則《左氏》宣公八年《正義》亦據《外傳》而疑越非夏后之後;《正義》:《譜》引《外傳》曰:芈姓歸越。是越本楚之别封也,或非夏后氏之後也。《國語·吴語》韋《解》亦云:"句踐,祝融之後,允常之子,芈姓也。"引《鄭語》及《世本》爲證。《墨子·非攻下篇》:"越王繄虧盧校改爲翳虧,畢、孫二氏并從之。出自有遽,始邦於越。"孫仲容《閒詁》曰:"《楚世家》云:熊渠立少子執疵爲越章王。《左》僖二十六年,夔子曰:我先王熊摯;《漢書·古今人表》及《史記正義》引宋均《樂緯注》并謂熊摯亦熊渠子;竊疑夔、越同出。此出自有遽,或當云出自熊渠。"案渠、遽古字通,孫説似是;然必謂禹後之説爲誤,亦未必然。閩越王無諸及越東海王摇皆句踐後,而姓騶氏。見《史記》本傳。徐廣曰"騶一作駱",非也。《漢書》亦作騶,下文有將軍騶力,蓋其同姓。疑越俗或從母姓。句踐先世嘗與芈姓通昏姻,故爲楚之所自出,而云芈姓。然以父系言之,則固禹之苗裔而少康之庶子也。春秋之世,楚越常通婚姻而吴越相攻擊甚烈。夫差之讎越,自以闔廬見殺之故。闔廬、允常之相讎,則其故殊不可知,豈以越出於楚,故助楚以謀吴歟?若然,則楚之用越,正猶晉之通吴矣。

《史記》云:"夫餘之後二十餘世,至於允常。"自夏至春秋,年代雖難質言,必不止二十餘世。《正義》引《輿地志》云:"越侯傳國三十餘葉,歷殷至周。敬王時,有越侯夫譚,子曰允常,拓土始大,稱王。"三十餘世亦尚嫌其不足,豈其世數實自繄虧計之邪?

《後漢書岑彭傳》:"更始遣立威王,張卬與將軍徭偉鎮淮陽。"

《注》引《風俗通》曰:"東越王繇,句踐之後。其後以繇爲姓。"此則以王父字爲氏之倫,中國所謂庶姓也。

原刊《光華大學半月刊》第三卷第一期,
一九三四年十月十日出版

〔二七〕　匈奴爲夏后氏苗裔

《史記·匈奴列傳》曰:"匈奴,其先祖,夏后氏之苗裔也,曰淳維。"此非無稽之談也。《索隱》引張晏曰:"淳維以殷時奔北邊。"顔師古《漢書注》:"以殷時始奔北邊。"蓋本諸此。又引樂産《括地譜》云:"夏桀無道,湯放之鳴條,三年而死。其子獯粥妻桀之衆妾,避居北野,隨畜移徙。中國謂之匈奴。"二説未知所本。"避居北野,隨畜移徙",似因《史記》"居於北蠻,隨畜牧而轉移"之文附會者。然《史記》明言匈奴先祖名淳維,而此謂其名爲獯粥,逕以部名爲人名,則非襲《史記》也。特其所本與《史記》大同耳。然《史記》又云:"自淳維以至頭曼,千有餘歲,時大時小,别散分離,尚矣;其世傳不可得而次云。然至冒頓而匈奴最强大,盡服從北夷,而南與中國爲敵國,其世傳國官號乃可得而記云。"玩此數語,便知匈奴爲夏桀之後,説非無據。蓋此數語之意,謂自淳維至頭曼,其世傳雖不可得而次;其時大時小,别散分離之事,雖亦不能盡記;然要皆不如冒頓時之强大,則猶有可知。然則匈奴史事非盡無徵,特其詳不可得而聞耳。以此推之,則其世傳雖不可得而次,固無害其爲夏后氏之苗裔之確有可徵也。古者繫世之職,掌於史官,雖書闕有間,然其犖犖大者,後之人類能道之,特其世次不能盡具耳。如五帝世次見於《大戴禮記》及《史記》。堯禪舜,舜禪禹,其年歲當略相次,而堯與禹同爲黄帝玄孫,舜乃爲黄帝九世孫,蓋自堯、禹以上其世次并有脱落矣。《殷》、《周本紀》所載世系,殷自契至湯皆具,而《周本紀》曰:"封棄於邰,號后稷,别姓姬氏。后稷之興,在陶唐、虞、夏之際,皆有令德。后稷卒,子不窋立。"

此三十餘字之間，后稷二字，凡有三解："號曰后稷"之"后稷"指棄；"后稷之興"之"后稷"，括棄以後居稷官者；"后稷卒"之"后稷"則不窋之父也。蓋自棄至不窋之間，其名與世次皆不可考矣。然不得因此遂謂五帝及周之世系皆不足信也。匈奴爲夏后氏之後之可信，理正同此。

原刊《光華大學半月刊》第三卷第一期，
一九三四年十月十日出版

〔二八〕說　　商

《詩·商頌譜》云："商者，契所封之地。"《疏》云："商者，成湯一代之大號，而此云商者契所封之地，則鄭以湯取契之所封，以爲代號也。服虔、王肅則不然。襄九年《左傳》曰：閼伯居商丘，相土因之。服虔云：商丘，地名。相土，契之孫。因之者，代閼伯之後居商丘，湯以爲號。又《書序》王肅《注》云：契孫相土居商丘，故湯因以爲國號。《書·湯誓疏》引同。而鄭玄以爲由契封商者。契之封商，見於《書傳》、《史記》、《中候》，其文甚明。經典之言商者，皆單謂之商，未有稱爲商丘者。又相土居商丘以後，不恒厥邑。相土之於殷室，雖是先公俊者，譬之於周，則公劉之儔耳，既非湯功所起，又非王跡所因，何當取其所居，以爲代號也？"《左氏》襄公九年杜《注》云："商丘在宋地。"《疏》引《釋例》曰："宋、商、商丘，三名一地，梁國睢陽縣也。"《疏》又云："《殷本紀》云：帝舜封契於商。鄭玄云：商國在大華之陽。皇甫謐云：今上洛商縣是也。《書·帝告釐沃序疏》引同。如鄭玄意，契居上洛之商，至相土而遷於宋之商，及湯有天下，遠取契所封商，以爲一代大號。服虔云：相土居商丘，故湯以爲天下號。王肅《書序注》云：契孫相土居商丘，故湯以爲國號。案《詩》述后稷云：即有邰家室；述契云：天命玄鳥，降而生商；即稷封邰而契封商也。若契之居商即是商丘，則契已居之,不得云相土因閼伯也。若别有商地,則湯之爲商,不是因相土矣。且經傳言商,未有稱商丘者。《釋例》云:宋之先契佐唐、虞,封於商,武王封微子啓爲宋公,都商丘,是同鄭玄説也。"案《疏》謂相土以後,不恒厥邑,縣揣無據,已見《自契至於成湯八遷》條。至謂契之封商見於《書傳》、《史記》、《中候》,其文甚明,引《詩》"降而生商"爲證,謂湯之代號,必非取諸相土,則其言甚允。服虔、王肅,當亦不能有異辭。僞孔、杜預多同王肅,而《尚書·湯誓僞傳》謂"契始封商,湯遂以爲天下號",則王肅之意,殆不以契所封之商在大華之陽;杜預謂契封於商,啓都商丘,亦未嘗以爲兩地;《疏》謂其同於鄭玄,恐非也。上洛、商丘,相去千里,契封何所,固不可不一明辨之。

自來信鄭説者,以《史記·六國表》云"夫作事者必於東南,收功實者常於西北",以湯起於亳,與禹興西羌、周以豐鎬伐殷、秦用雍州興、漢之興自蜀漢并舉;又緯書有"太乙在亳,東觀於洛"之文;《詩·商頌·玄鳥疏》引《中候格予命》云:"天乙在亳,東觀在洛。"《藝文類聚》及《御覽》引《中候》,咸有其文。《水經·洛水注》云:"黄帝東巡河,過洛,脩壇沈璧,受龍圖於河,龜書於洛,赤文緑字。堯帝又脩壇河洛,擇良即沈,榮光出河,休氣四塞,白雲起,迴風逝,赤文緑字,廣袤九尺,負理平上,有列星之分,七政之度,帝王録記興亡之數以授之。堯又東沈書於日稷,赤光起,玄龜負書,背甲赤文成字,遂禪於舜。舜又習堯禮,沈書於日稷,赤光起,玄龜負書,至於稷下,榮光休至,黄龍卷甲,舒圖壇畔,赤文緑錯,以授舜,舜以禪禹。殷湯東觀於洛,習禮堯壇,降璧三沈,榮光不起,黄魚雙躍,出濟於壇,黑烏以浴,隨魚亦止,化爲黑玉赤勒之書,黑龜赤文之題也。湯以伐桀。故《春秋説題辭》曰:河以道坤出天苞,洛以流川吐地符,王者沈禮焉。"此説於黄帝亦言東巡,於堯亦言東沈,蓋皆謂其都邑本在河洛之西。緯候妖妄之辭,不足據也。其證據頗古也。予昔亦信是説,由今思之,漢人之言,亦未必不誤。《史記·秦本紀》:甯公二年,"遣兵伐蕩社。三年,與亳戰,亳王奔戎,遂滅蕩社。"《索隱》云:"西戎之君,號曰亳王,蓋成湯之胤。其邑曰蕩社。"《太平御覽·皇王部》引《韓詩内傳》曰:"湯爲天子十三年,百歲而崩,葬於徵;今扶風徵陌是也。"此等皆漢人附會湯興西方之由。案《秦本紀集解》引徐廣曰:"蕩音湯。社一作杜。"《索隱》亦云:"徐廣云一作湯杜,言湯邑在杜縣之界,故曰湯杜也。"《封禪書》:"於社亳有三社主之祠。"《索隱》云:"徐廣云京兆杜縣有亳亭,則社字誤,合作於杜亳。且據文,列於下者皆是地邑,則杜是縣。案:秦甯公與亳王戰,亳王奔戎,遂滅湯社。皇甫謐亦云:周桓王時自有亳王號湯,非殷也。"案《説文》亳下不言湯所都;又諸書多作薄,《周書·殷祝》:"湯放桀而復薄。"《管子·地數》:"湯有七十里之薄。"《輕重甲》:"伊尹以薄之游。""湯以七十里之薄。"《荀子·議兵》:"古者湯以薄。"《吕覽·具備》:"湯嘗約於郼薄。"皆作薄。《墨子·非攻下》:"屬諸侯於薄。""十日雨土於薄。"亦作薄。《非命上》:"湯封於亳。"則作亳。畢校亦云:當爲薄。孫仲容《墨子閒詁》謂"惟《孟子》作亳,蓋借音字,後人依改亂之。"然則《秦本紀》之亳王、湯社,究與湯有關係與否,尚未可知;而以此證契封大華,疏矣。《御覽》所引《内傳》之文,絶不似《内傳》之體。《史記·殷本紀集解》引皇甫謐云:"即位十七年而踐天子位,爲天子十三年,年百歲而崩。"與《御覽》所引文極相似,恐《御覽》誤《世紀》爲《内傳》。《世紀》之言固多荒,然則謂契封上洛,湯興西方,殊近無徵不信也。王静安《説商》云:"商之國號,本於地名。宋之稱商丘,猶洹水南之稱殷虚。《左傳》昭元年,遷閼伯於商丘,主辰,商人是因,故辰爲商星。又襄九年《傳》:陶唐氏之火正閼伯居商丘,祀大火,而火紀時焉。相土因之,故商主大火。又昭十七年《傳》:宋,大辰之虚也。大火謂之大辰,則宋之國都,確爲昭明、相土故地。顧氏《日知録》,引《左氏傳》,孝惠娶於商,哀二十四年。天之棄商久矣,僖二十二年。利以伐姜,不利子商,哀九年。以證宋之得爲商。閻百詩《潛邱劄記》駁之,其説甚辯。然不悟周時多謂宋爲商:《左》襄九年《傳》,士弱曰:商人閲其禍敗之釁,必始於火。謂宋人也。昭八年《傳》:自根牟至於商、衛。謂宋、衛也。案此條襄九年《疏》已引之。《吴語》:闕爲深溝,通於商、魯之間。謂宋、魯之間也。《樂記》:商者,五帝之遺音也。商人識之,故謂之商。"此説頗允。《韓非子·説林上篇》"子圉見孔子於商太宰",《下篇》"宋太宰貴而主斷";《内儲説上篇》"商太宰論牛矢","戴驩,宋太宰",《下篇》亦云"戴驩爲宋太宰";皆商、宋一字之徵。契之初封,蓋在商丘,後遷於蕃,昭明居於砥石，相土復返商丘。《左氏疏》言契居商丘，相土不得云因閼伯，其説似是而非。《左氏》論商主大火，不在溯其初封，故舉相土不舉契也。

《水經・渭水注》曰："渭水逕㶊都城北，故蕃邑，殷契之所居。《世本》曰：契居蕃。闞駰曰：蕃在鄭西。然則今㶊城是矣。"此乃契封上洛之説既出後附會之辭，不足爲據。王静安曰"疑即《漢志》魯國之蕃縣"，見《説自契至成湯八遷注》。頗爲近之。砥石，《書・帝告釐沃序疏》曰："先儒無言，不知所在。"亦當距商與蕃不遠也。

近人丁山《由三代都邑論其民族文化》曰："漢常山郡薄吾縣，戰國時謂之番吾，亦作蒲吾，在今平山縣境，即蕃。《史記》青陽降居江水，《大戴記・帝繫》作泜水。《山海經・北山經》：敦與之山，泜水出於其陰，而東流注於彭水。郭《注》：今泜水出中丘縣西窮泉谷，東注於堂陽縣，入於漳水。今《水經・漳水注》無泜水。全氏云：《漢志》：常山郡元氏縣，沮水首受中邱窮泉谷，東至堂陽入横河。又常山郡房子縣贊皇山，石濟水所出，東至於廮陶入泜。以互攝通稱之例言之，頗疑泜與石濟下游，古有泜石水之名，昭明所居，即在其處，當在今隆平、柏鄉、寧晉諸縣間。"予案古代開闢，南先北後，紂都朝歌，臺在沙丘，《漢志》。而《孟子》言紂之罪曰："壞宫室以爲汙池，棄田以爲苑囿，苑囿汙池，沛澤多而禽獸至。"《滕文公》下。武王狩禽，《周書・世俘》。蓋亦其地。然則沙丘以往，殷、周之際，猶爲榛莽之區，而謂契與昭明，能開拓至今平山、隆平、柏鄉、寧晉之間乎？且《山經》、《大戴》之泜是否一水，又是否《漢志》之泜，亦皆難質言也。

〔二九〕 自契至於成湯八遷考

《書序》云："自契至於成湯，八遷。湯始居亳，從先王居。"《僞傳》云："契父帝嚳都亳，湯自商丘遷焉，故曰從先王居。"《疏》云："《商頌》云：帝立子生商，是契居商也；《世本》云昭明居砥石；《左傳》稱相土居商丘；及今湯居亳；事見經傳者，有此四遷；其餘四遷，未詳聞也。”又云：“孔言湯自商丘遷焉，以相土之居商丘，其文見於《左傳》，因之言自商丘徙耳。此言不必然也。何則？相土，契之孫也，自契至湯凡八遷，若相土至湯，都遂不改，豈契至相土三世而七遷也？相土至湯，必更遷都，但不知湯從何地而遷亳耳。”案國都一時屢徙，或歷久不遷，皆事所恒有，安得億相土至湯，必更遷移，契至相土，不容亟徙？此言頗不近理。然猶可曰爲矜慎起見也。諸侯不敢祖天子，言湯之先，似無上溯帝嚳之理。且經傳之文，皆後人所追叙，實執筆者之辭，故帝王等稱謂，略有一定。如五帝，古書無稱爲王者；三王，亦無稱爲帝者。安得此言先王，獨指帝嚳？《僞傳》之説，實不可通。然契本封商，不可云遷，而《疏》以當四遷之一，是於此轉無異辭也。未免疑其所不當疑，信其所不當信矣。

揚雄《兗州牧箴》曰：“成湯五徙，卒歸於亳。”是則湯身凡五遷，湯以前祇三遷耳。三遷者，《水經·渭水注》引《世本》曰“契居蕃”，一也。蓋自商而徙。《荀子·成相》曰：“契玄王，生昭明，居於砥石遷於商。”言昭明遷商，不與《疏》引《世本》合。遷商蓋實相土事。《成相》多三七言，爲字數所限，故言之不悉。居砥石，是二遷；遷於商，是三遷也。成湯五遷者，《書序》言“湯始居亳”，蓋自商而徙，一也。《吕覽·慎大覽》言：武王“立成湯之後於宋，以奉桑林”。桑林爲湯所禱，而在宋，此湯曾居商之證。《吕覽·慎大覽》曰：“湯立爲天子，夏民大説，親郼如夏。”《慎勢》曰：“湯其無郼，武王無岐，賢雖十全，不能成功。”《具備》曰：“湯嘗約於郼、薄矣，武王嘗窮於畢裎矣。”《高義》曰：“郼、岐之廣也，萬國之順也，從此生矣。”《分職》曰：“無費乎郼與岐周，而天下稱大仁，稱大義。”郼即韋。《詩》言“韋顧既伐”，蓋湯嘗滅而居之，此爲二遷。《周書·殷祝》曰：“湯將放桀，於中野。《尚書大傳》曰：“湯放桀，居中野。”觀下文，《書傳》是也。“於”當作“居”，或上奪“居”字。士民聞湯在野，皆委貨，扶老攜幼奔，國中虚。桀請湯曰：國所以爲國者以有家，家所以爲家者以有人也。今國無家，無人矣。“無人矣”上，當奪“家”字。君有人，請致國。君之有也。“君之有也”上,當奪“國”字。湯曰:否。昔大帝作道,明教士民,今君王滅道殘政,士民惑矣。吾爲王明之。士民復致於桀。言湯致士民於桀。曰:以薄之居,濟民之殘,何必君更?桀與其屬五百人南徙千里,止於不齊。不齊士民往奔湯於中野。桀復請湯。言君之有也。“君”上疑亦奪“國”字。湯曰:否,我爲君王明之。士民復重請之。湯復致士民於桀。桀與其屬五百人徙於魯。魯士民復奔湯。桀又曰:國,君之有也,吾則外人有言。此即《左氏》莊公十四年“寡人出,伯父無裹言”之言,言外人有招我者。《尚書大傳》曰:“吾聞海外有人。”彼以吾道是邪?我將爲之。湯曰:此君王之士也,君王之民也,委之何?湯不能止桀。湯曰:欲從者從君,桀與其屬五百人去居南巢。”此將湯之放桀,附會爲揖讓之文,言湯三讓乃取桀之國也,是三遷也。《春秋繁露·三代改制質文》曰:“湯受命而王,作宮邑於下洛之陽。”此放桀後作新邑,既作之,必嘗居之,是四遷也。《風俗通·三王》篇曰:“湯者,攘也。言其攘除不軌,改亳爲商,成就王道,天下熾盛。”此即揚雄所云成湯五徙,卒歸於亳者,蓋營下洛後復歸於亳也。是五遷也。然則自契至湯八遷,經傳本具,特後人未能深思而熟考之耳。《詩·玄鳥疏》云:“自契至湯八遷者,皇甫謐云史失其傳,故不得詳。”案鄭玄蓋亦無説,故《疏》不之引。

原刊《群雅》第二集第二卷,一九四一年出版

〔三〇〕釋 亳

《史記》曰:“自契至湯八遷。湯始居亳,從先王居。”其後仲丁遷於隞,河亶甲居相,祖乙遷於邢,盤庚渡河南,復居成湯之故居。武乙立,復去亳徙河北。歷代都邑遷徙,蓋無如殷之數者。而亳之所在,異説尤滋。《漢書·地理志》河南郡偃師縣《注》云:“尸鄉,殷湯所都。”《續漢書·郡國志》,偃師縣下亦云“有尸鄉”。《注》引《皇覽》曰:“有湯亭,有湯祠。”《書序疏》:“鄭玄云:亳,今河南偃師縣,有湯亭。”

此皆以亳在偃師者也。《漢志》論宋地云："昔堯作遊成陽，舜漁雷澤，湯止于亳，故其民猶有先王遺風。"山陽郡薄縣下《注》："臣瓚曰：湯所都。"河南郡偃師縣下又載瓚説曰："湯居亳，今濟陰縣是也。今亳有湯冢，己氏有伊尹冢，皆相近也。"《續漢書·郡國志》：梁國薄縣，湯所都。《注》："杜預曰：蒙縣西北有亳城，中有湯冢。"《書序疏》："皇甫謐云：孟子稱湯居亳，與葛爲鄰，葛伯不祀，湯使亳衆往爲之耕。葛即今梁國甯陵之葛鄉也。若湯居偃師，去甯陵八百餘里，豈當使民爲之耕乎？亳，今梁國穀熟縣是也。"又《立政》"三亳阪尹"《疏》："皇甫謐以爲三亳三處之地，皆名爲亳。蒙爲北亳，穀熟爲南亳，偃師爲西亳。"此以薄、亳、蒙、穀熟之地爲亳者也。魏氏源以《史記·六國表》以湯起于亳與禹興于西羌，周之王也以豐鎬代殷，秦之帝用雍州興，漢之興自蜀漢并言；又《雒予命》、《尚書中候》皆有"天乙在亳，東觀於洛"之文；斷"從先王居"之先王爲契。謂湯始居商，《帝告釐沃序疏》："鄭玄云：契本封商，國在太華之陽。"有天下後，分建三亳：徙都偃師之景亳，而建東亳於商邱，仍西亳於商州。案魏氏説三亳，雖與皇甫謐異，而其立三亳之名，以牽合《立政》"三亳阪尹"之文則同。似非。《立政疏》云"鄭玄以三亳阪尹者，共爲一事，云湯舊都之民服文王者，分爲三邑。其長居險，故言阪尹"，蓋是。此自周初事，不必牽及商代。此又以商之地亦爲亳者也。《書古微·湯誓序發微》。王氏鳴盛《尚書後案》，謂薄縣漢本屬山陽郡，後漢又分其地置蒙、穀熟，與薄并改屬梁國，晉又改薄爲亳，且改屬濟陰，故臣瓚所謂湯都在濟陰亳縣，《尚書胤征》"湯始居亳"《疏》引《漢書音義》。及其所謂在山陽薄縣，司馬彪所謂在梁國薄縣，杜預所謂在梁國蒙縣者，本即一説，孔穎達《書》、《詩》疏皆誤認爲異説；皇甫謐以一亳分爲南北，且欲兼存偃師舊説，以合《立政》三亳之文，實爲謬誤。其説甚確。然謐謂偃師去甯陵八百餘里，不當使民往爲之耕，則其説中理，不容妄難。王氏論古，頗爲精核，惟佞鄭太過。如於此處，必執謂薄非亳；薄非亳，則蒙、穀熟可知。其所據者，謂晉人改薄爲亳，乃以《漢志》謂湯嘗止於是，又其地有湯冢也。然《漢志》僅謂湯嘗遊息於此。劉向云："殷湯無葬處。"而《皇覽》云："哀帝建平元年，大司空御史長卿案行水災，因行湯冢。"突然得之，足徵其妄。其説似辨矣。然於"偃師去甯陵八百里，不當使民往爲之耕"之難，不能解也。此難不能解，而必謂薄非亳，則非疑《孟子》不可。尊鄭而排皇甫謐可也，佞鄭而疑《孟子》，則傎矣。王氏於謐説，但謂"其説淺陋，更不足辯"，豈足服謐之心乎？魏氏謂湯始居商，所舉皆古據。諸侯不敢祖天子；《玄鳥》之頌，及契而不及嚳；先王爲契，尤爲確鑿也。然則亳果安在邪？予謂古本無今世所謂國名。古所謂國者，則諸侯所居之都邑而已。然四境之内，既皆屬一人所統，則人之稱此國者，亦漸該四境之内言之。於建專指都邑之國，乃漸具今世國名之義焉。都邑可以屢遷，而今世之所謂國名者，不容數變。於是雖遷新邑，仍以舊都之名名之。如晉之新故絳是也。商代之亳，蓋亦如是。《左》襄三十年："鳥鳴於亳社。"是春秋之宋，其都仍有亳稱也。《史記·秦本紀》：甯公二年，"遣兵伐蕩社。三年，與亳戰，亳王奔戎，遂滅蕩社。"《集解》：徐廣曰："蕩音湯，社一作杜。"《索隱》："西戎之君，號曰亳王，蓋成湯之胤。其邑曰蕩社。徐廣云：一作湯杜。言湯邑在杜縣之界，故曰湯杜也。"《封禪書》："於社亳有三社主之祠。"《索隱》："徐廣云：京兆杜縣有亳亭，則社字誤，合作於杜亳。且據文，列於下者皆是地邑，則杜是縣。案秦甯公與亳王戰，亳王奔戎，遂滅湯社。皇甫謐亦云：周桓王時自有亳王號湯，非殷也。"是湯後在雍州者，春秋時其都仍有亳稱也。此皆亳不止一處之證。亳既不止一處，則商也，偃師也，薄縣也，固無妨其皆爲亳矣。予蓋以湯用兵之跡證之，而知其始居商，中徙薄，終乃定居於偃師也。何以言之？案《史記》云："葛伯不祀，湯始伐之。"又云"當是時，夏桀爲虐政，淫荒，而諸侯昆吾氏爲亂。湯乃興師，以伐昆吾。遂伐桀。桀敗於有娀之虚。桀奔於鳴條。夏師敗績。湯遂伐三嵏。伊尹報。於是諸侯服，湯乃踐天子位，平定海内。湯歸至於泰卷陶，還亳"云云。葛，《漢志》陳留郡甯陵《注》："孟康曰：故葛伯國，今葛鄉是。"今河南甯陵縣是也。昆吾有二：一《左》昭十二年："楚靈王謂子革曰：昔我皇祖伯父昆吾，舊許是宅。"地在今河南許昌。一哀十七年："衛侯夢於北宫，見人登昆吾之觀。"《注》："衛有觀，在古昆吾氏之虚，今濮陽城中。"今河南之濮陽。《國語·鄭語》：史伯對鄭桓公曰："昆吾爲夏伯矣。"韋昭《注》："昆吾，祝融之孫，陸終第一子，名樊，爲己姓，封於昆吾。昆吾，衛是也。其後夏衰，昆吾爲夏伯，遷於舊許。”則此時之昆吾，在今許昌，去桀都陽城極近，桀都陽城，見予所撰《夏都考》。故得同日亡也。有娀之虚不可考。鳴條，《吕覽・簡選篇》云：“登自鳴條，乃入巢門。”《淮南・主術訓》云：“湯革車三百乘，困之鳴條，禽之焦門。”注：“焦，或作巢。”《脩務訓》云：“乃整兵鳴條，困夏南巢，譙以其過，放之歷山。”注：“南巢，今廬江居巢是。歷山，蓋歷陽之山。”居巢，今安徽巢縣。歷陽，今安徽和縣。鳴條亦當在今安徽。故舜“卒於鳴條”，《孟子》以爲“東夷之人”也。《史記・夏本紀集解》：“鄭玄曰：南夷地名。”《書・湯誓序正義》引同。三朡者，《續漢書・郡國志》：濟陰郡定陶，“有三朡亭。”地在今山東定陶縣。泰卷陶者，《集解》：“徐廣曰：一無此陶字。”《索隱》：“鄒誕生卷作坰，又作泂，則卷當爲坰，與《尚書》同。”解《尚書》者以大坰爲今定陶。舊本或旁記其地名，後人轉寫，遂衍斯字也。則泰卷亦今定陶也。《詩》云：“韋、顧既伐，昆吾夏桀。”則湯伐昆吾之先，又嘗伐韋、顧。《郡國志》：東郡白馬縣“有韋鄉”。注：“杜預曰：縣東南有韋城，古豕韋氏之國。”今河南滑縣。《郡縣志》：“顧城，在濮州范縣東，夏之顧國。”今山東范縣。《尚書大傳》：湯放桀，居中野，士民皆奔湯。桀與其屬五百人南徙千里，止於不齊；不齊士民往奔湯。桀與其屬五百人徙於魯；魯士民復奔湯。桀曰：國，君之有也。吾聞海外有人，與五百人俱去。《周書・殷祝》篇略同，末云：“桀與其屬五百人去居南巢。”不齊蓋即齊。魯則周公所封也。縱觀湯用兵之跡：始伐今甯陵之葛；次伐今滑縣之韋，范縣之顧；遂伐今許昌之昆吾，登封之夏桀。一戰而勝，桀遂自齊、魯輾轉入今安徽。湯以其間，更伐今定陶之三朡。三朡，蓋桀東方之黨也。其戰勝攻取之跡，皆在今河南、山東。則其所都，必跨今商丘、夏邑、永城三縣境之薄矣。《禮記・緇衣》引《尹吉》曰：“惟尹躬天見於西邑夏。”《注》：“天，當爲先字之誤。”夏之邑在亳西。夏都陽城，薄縣在其東，商與偃師、顧在其西，此則《孟子》“湯居亳，與葛爲鄰”之鐵證也。《孟子》言：“伊尹五就湯，五就桀。”《史記》言：“伊尹去湯適夏，既醜有夏，後歸於亳。”《書大傳》：“夏人飲酒，醉者持不醉者，不醉者持醉者,相和而歌,曰:盍歸于亳?盍歸于亳?亳亦大矣。故伊尹退而閒居,深聽樂聲。更曰:覺兮較兮!吾大命格兮!去不善而就善,何不樂兮?伊尹入告于桀,曰:大命之亡有日矣。桀僩然歎,啞然笑,曰:天之有日,猶吾之有民也。日亡,吾乃亡矣。是以伊尹遂去夏適湯。"所謂先見也。鄭釋先見,謂"尹之先祖,見夏之先君臣",似迂曲。如此,非謂夏本在亳西不可,則湯始居商之説不可通。吾舊疑西邑夏乃别於夏之既東言之,疑桀嘗自陽城遷居舊許,故得與昆吾同日亡。然此説了無證據,亦不能立。似不如釋尹躬先見即爲尹初就夏之爲直捷也。然湯始居商,後遷偃師,亦自有其佐證。《太平御覽·皇王部》引《韓詩内傳》曰:"湯爲天子十三年,百歲而崩。葬於徵。今扶風徵陌是也。"《韓詩》當漢時,傳授甚盛。劉向治《魯詩》,與《韓詩》同屬今文,《韓詩》果有此説,劉向豈得不知,而云殷湯無葬處乎?然則徵陌湯冢,蓋湯後裔,如《史記》亳王之類;或其先祖耳。然傳者以爲湯冢,則亦湯嘗居關中之證也。《書大傳》謂湯網開三面,而"漢南諸侯聞之歸之四十國",亦必居關中,乃能通武關之道,如周之化行江漢矣。《盤庚》"不常厥邑,於今五邦"《正義》:"鄭、王皆云:湯自商徙亳,數商、亳、囂、相、耿爲五。"鄭説商國在太華之陽。自商徙亳,即謂其自本封之商,徙居偃師。《春秋繁露·三代改制質文》篇:"湯受命而王,作宫邑於下洛之陽。"亦指偃師言之也。《孟子》謂"伊尹耕於有莘之野,湯三使往聘之",《史記》則謂"阿衡欲干湯而無由,乃爲有莘氏媵臣,負鼎俎以滋味説湯"。《吕覽·本味》云:"有侁氏女子採桑,得嬰兒于空桑之中,獻之其君。其君令烰人養之,察其所以然,曰:其母居伊水之上,孕,夢有神告之曰:臼出水而東走,毋顧。明日,視臼,出水,告其鄰,東走,十里而顧,其邑盡爲水,身因化爲空桑,故命之曰伊尹。此伊尹生空桑之故也。長而賢。湯聞伊尹,使人請之有侁氏。有侁氏不可。伊尹亦欲歸湯。湯於是請取婦爲昏,有侁氏喜,以伊尹媵女。""故命之曰伊尹",黄氏東發所見本作"故命之曰空桑",蓋是。如今本,文義不相銜接。身化空桑,跡涉荒怪。謂阿衡得氏,由其母居伊水,難可依從。尹之氏伊,蓋由後居伊水,故後人以其母事附會之邪?有莘者,周太任母家,其地在洽之陽,有渭之涘,今陝西郃陽縣是也。伊尹始臣有莘,後居伊水;亦湯初居商,終宅偃師之一證矣。統觀諸説，湯蓋興於關中，此猶周文王之作豐，武王之宅鎬也。其戰勝攻取，則在薄縣，猶周公之居東以戡三監也。終宅偃師，猶武王欲營洛邑，而周公卒成其志也。世之相去五百有餘歲，事不必相師也，而其攻戰之略，後先一揆，豈不詭者！商、周之得天下殆同，特周文、武、周公相繼成之，湯則及身戡定耳。

原刊《光華大學半月刊》第二卷第三期，
一九三三年十一月十日出版

〔三一〕 湯弱密須氏

《戰國策·魏策》："王不聞湯之伐桀乎？試之弱密須氏以爲武教，得密須氏而湯知服桀矣。"案伐密須氏爲文王事，此蓋傳譌也。古人輕事重言，往往如此。

〔三二〕 論湯放桀地域考

《史記·夏本紀》云："湯遂率兵以伐夏桀，桀走鳴條，遂放而死。"《殷本紀》云："桀敗於有娀之虚，桀奔於鳴條，夏師敗績。湯遂伐三㚇。"《周書·殷祝》曰："湯放桀於中野。士民聞湯在野，皆委貨扶老攜幼奔，國中虚。桀與其屬五百人南徙千里，止於不齊；不齊士民往奔湯。桀與其屬五百人徙於魯；魯士民復奔湯，桀與其屬五百人去居南巢。"《尚書大傳》略同。惟末句作"桀曰：吾聞海外有人，與五百人俱去"。《墨子·三辯》："湯放桀於大水。"《荀子·解蔽》："桀死於亭山。"《御覽·皇王部》引《尸子》："桀放於歷山。"《吕覽·簡選》："殷湯良車七十乘，必死六千人，戰於郕，登自鳴條，乃入巢門。"《淮南·本經》："湯以革車三百乘伐桀於鳴條，放之夏臺。"《主術》："湯革車三百乘，困之鳴條，禽之焦門。”《注》：焦或作巢。《脩務》：“湯整兵鳴條，困夏南巢，譙以其過，放之歷山。”《列女·孽嬖夏末喜傳》：“戰於鳴條。桀師不戰，湯遂放桀，與末喜嬖女同舟流於海，死於南巢之山。”《夏本紀正義》云：“《淮南子》云：湯敗桀於歷山，與妺喜同舟。浮江，奔南巢之山而死。”今《淮南子》無之。疑兼引此文，而傳寫奪佚。合諸文觀之，則有娀之虚桀初敗處；鳴條再敗處；南巢被禽處；亭山即歷山，亦曰南巢之山，則其被放處也。《墨子·尚賢下篇》言“傅説居北海之洲，圜土之上”，則古放逐人，固有於水中洲上者。《左氏》哀公八年，吴囚邾子於樓臺，洊之以棘，則夏臺即在亭山之上，正洲上之圜土也。參看《婦人無刑》、《圜土即謫作》兩條。《楚辭·天問》云：“湯出重泉，夫何罪尤？”則桀囚湯亦於水中。

《山海經·大荒西經》：“有人無首，操戈盾立，名曰夏耕之尸。故成湯伐夏桀於章山，克之。斬耕厥前。耕既立，無首，走厥咎，乃降於巫山。”章山疑亭山之誤。郭《注》云“于章，山名”，似非，或亦有譌誤也。

《孟子》曰：“舜生於諸馮，遷於負夏，卒於鳴條，東夷之人也。”《離婁》下。其地迄無確釋。今觀《吕覽》“登自鳴條乃入巢門”之語，則鳴條地勢必高，巢門或亦天然形勝，而非巢國之門與？抑巢固因山爲郭也？予又疑《書序》所謂升自陑者，或即指此。《書序》雖僞，亦當採古籍爲之也。郕當即春秋時之郕國，見隱公五年。《公羊》作成。後漢時爲成縣。《左氏》杜《注》云“東平剛父縣西南有郕鄉”，地在今山東寧陽，於魯頗近。

桀都河洛，其敗顧在齊、魯，殊爲可疑。案《左氏》昭公十一年，叔向言“桀克有緡，以喪其國；紂克東夷，而隕其身”，有緡即有仍，已見《亳》條。《説苑·權謀》曰：“湯欲伐桀。伊尹曰：請阻乏貢職，以觀其動。桀怒，起九夷之師以伐之。伊尹曰：未可。彼尚能起九夷之師，是罪在我也。湯乃謝罪請服，復入貢職。明年，又不供貢職。桀怒，起九夷之師。九夷之師不起。伊尹曰：可矣。乃興師伐桀而殘之。”則桀於東方亦頗有威力，《天問》“桀伐蒙山”，儻即《詩》“奄有龜、蒙”之蒙與？宜其敗於魯也。《韓非子·難四》："桀索岷山之女。"岷山亦即蒙山也。

原刊《古史辨》第七册，一九四一年六月出版

〔三三〕湯冢

《水經·汳水注》曰："崔駰曰：湯冢在濟陰薄縣北。《皇覽》曰：薄城北郭東三里平地有湯冢。冢四方，方各十步，高七尺，上平也。漢哀帝建平元年，大司空史郤長卿案行水災，因行湯冢。以上《史記·殷本紀集解》引略同。惟"湯冢在濟陰亳縣北"句，亦在"《皇覽》曰"之下。"大司空史郤長卿"作"大司空御史長卿"。《索隱》曰："長卿，諸本皆作刼姓。按《風俗通》有御氏，爲漢司空御史，其名長卿，明刼非也。亦有刼彌，不得爲御史。"在漢屬扶風，今徵之迴渠亭有湯池、徵陌是也。然不經見，難得而詳。按秦甯公，《本紀》云二年伐湯，三年與亳戰，亳王奔戎，遂滅湯。然則周桓王時自有亳王號湯，爲秦所滅，乃西戎之國，葬於徵者也，非殷湯矣。劉向言殷湯無葬處爲疑。杜預曰：梁國蒙縣北有薄伐城，城中有成湯冢，其西有箕子冢。今城内有故冢方墳，疑即杜元凱之所謂湯冢者也。而世謂之王子喬冢。冢側有碑，題云仙人王子喬碑，曰：王子喬者，蓋上世之真人，聞其仙，不知興何代也，博問道家，或言潁川，或言産蒙。初建此城，則有斯邱，傳承先民，曰王氏墓。暨於永和之元年，冬十二月，當臘之時，夜上有哭聲，其音甚哀。附居者王伯怪之，明則祭而察焉。時天鴻雪，下無人逕，有大鳥跡，在祭祀處，左右咸以爲神。其後有人，著大冠，絳單衣，杖竹立冢前，呼採薪孺子伊永昌曰：我王子喬也，勿得取吾墳上樹也。忽然不見。時令泰山萬熹，稽故老之言，感精瑞之應，乃造靈廟，以休厥神。於是好道之儔，自遠方集，或絃琴以歌《太一》，或覃思以歷丹邱。知至德之宅兆，實真人之祖先。延熹八年秋八月，皇帝遣使者奉犧牲致禮，祠濯之敬肅如也。國相東萊王璋，字

伯儀,以爲神聖所興,必有銘表,乃與長史邊乾遂樹之玄石,紀頌遺烈。觀其碑文,意似非遠;既在逕見,不能不書存耳。"案《御覽·皇王部》引《韓詩内傳》云:"湯爲天子十三年,百歲而崩,葬於徵,今扶風徵陌是也。"《漢志徵》屬左馮翊,不屬右扶風,韓傳、酈生,未審緣何同誤,足見其辭不諦。徵陌地在關中,果有湯冢,劉向豈得不知? 語及湯之卒葬,亦非《内傳》之體。《史記·殷本紀集解》引皇甫謐曰:"即位十七年而踐天子位,爲天子十三年,年百歲而崩。"與《御覽》所引《韓詩》之文略同,恐實《内傳》而《御覽》誤爲《韓詩》也。薄城方冢,蓋舊有湯冢之説,然亦非其實,故劉向不之取。以爲王子喬,道家附會之説,更不必論矣。據碑,口實相傳,祇知爲王氏墓耳,而無王子喬之説也。湯池、徵陌,蓋因西方傳説附會,如禹生石紐之類,不徒非湯,并不必定是《史記·秦本紀》之亳王、湯社也。

又《泗水注》: 泡水,"又東逕己氏縣故城北,王莽之己善也。縣有伊尹冢。崔駰曰: 殷帝沃丁之時,伊尹卒,葬於薄。《皇覽》曰: 伊尹冢在濟陰己氏平利鄉。《史記集解》引《皇覽》同。皇甫謐曰: 伊尹年百餘歲而卒,大霧三日。沃丁葬以天子之禮,親自臨哀,以報大德焉。"案《史記》亦有葬伊尹於亳之語,則伊尹葬亳,或較可信,然亦未必《皇覽》所指之伊尹冢也。

〔三四〕 伊尹生於空桑

《吕覽·本味》曰:"有侁氏女子採桑,得嬰兒於空桑之中,獻之其君。其君令烰人養之,察其所以然,曰: 其母居伊水之上,孕,夢有神告之曰: 臼出水而東走,毋顧。明日,視臼,出水,告其鄰,東走,十里而顧,其邑盡爲水,身因化爲空桑,故命之曰伊尹。"畢校云:"以其生於伊水,故名之曰伊尹,非有譌也。而黄氏東發所見本作故命之曰空桑,以爲地名。且爲之辨曰: 此書第五紀云: 顓頊生自若水,實處空桑,則前乎伊尹之未生,已有空桑之地矣。盧云:案黄氏所據本非也。同一因地命名,不若伊尹之確。張湛注《列子·黄帝》篇伊尹生於空桑,引傳記與今本同,尤爲明證。"案《史記·殷本記索隱》引《吕覽》云:"有侁氏女採桑,得嬰兒於空桑,母居伊水,命曰伊尹。"則今本似不誤。《水經·伊水注》:"昔有莘氏女採桑於伊川,得嬰兒於空桑中,言其母孕於伊水之濱,夢神告之曰:臼水出而東走。母明視,而見臼水出焉,告其鄰居而走,顧望其邑,咸爲水矣。其母化爲空桑,子在其中矣。莘女取而獻之,命養於庖,長而有賢德,殷以爲尹,曰伊尹也。"則命曰伊尹,又似蒙"殷以爲尹"而言,然酈氏此文,乃隱括諸書而成,非專引《吕覽》也。

《史記正義》引《括地志》云:"古莘國,在汴州陳留縣東五里,故莘城是也。《陳留風俗傳》云:陳留外黄有莘昌亭,本宋地,莘氏邑也。"《周本紀》"乃求有莘氏美女",《正義》又引《括地志》云:"古𡑞國,城在同州河西縣南二十里。《世本》云莘國,姒姓,夏禹之後,即散宜生等求有莘美女獻紂者。"案《詩》言"纘女維莘","在洽之陽,在渭之涘。"《大雅·大明》。而伊水亦在西方,故有人疑伊尹所育之有侁,即文王所昏之莘者。然《吕覽》言伊尹母居伊水之上而東走,則有侁必在伊水之東。《楚辭·天問》曰:"成湯東巡,有莘爰極。何乞彼小臣,而吉妃是得? 水濱之木,得彼小子。夫何惡之,媵有莘之婦?"東巡所極,恐尚不止陳留,《風俗傳》之言,恐尚係以宋地附會耳。《吕覽》云:"湯聞伊尹,使人請之有侁氏。有侁氏不可。伊尹亦欲歸湯。湯於是請取婦爲昏,有侁氏喜,以伊尹媵女。"説與《天問》全合。王逸注云:"伊尹母姙身,夢神女告之曰:臼竈生鼃,亟去無顧,居無幾何,臼竈中生鼃。母去,東走,顧視其邑,盡爲大水。母因溺死,化爲空桑之木。水乾之後,有小兒啼水涯,人取養之。既長大,有殊才。有莘惡伊尹從木中出,因以送女也。"此説謂尹母所夢者爲神女,又身溺死,皆與他説殊。然足補他説之闕。蓋戒其毋顧者,正因顧則將爲水所溺也。

〔三五〕 惟尹躬天見於西邑夏解

《禮記・緇衣》引《尹吉》曰:"惟尹躬天見於西邑夏,自周有終,相亦維終。"《注》云:"天當爲先字之誤。忠信爲周。相,助也,謂臣也。伊尹言尹之先祖,見夏先君臣,皆忠信以自終。"案《孟子》言伊尹五就湯,五就桀;《史記》言伊尹去湯適夏,既醜有夏,復歸於亳。其適夏,即所謂先見也。此《記》上文言戒慎之道,則周當爲周密,言能周密自處,乃得餘終而歸於亳也,鄭義似迂。僞《大甲》曰:"惟尹躬先見於西邑夏,自周有終,相亦惟終;其後嗣王,罔克有終,相亦罔終。"實襲鄭義也。

〔三六〕 盤 庚 五 遷

《書序》:"盤庚五遷,將治亳殷。"《僞傳》云:"自湯至盤庚,凡五遷都。盤庚治亳殷。"《疏》云:"《經》言不常厥邑,於今五邦,故《序》言盤庚五遷。《傳》嫌一身五遷,故辨之,云自湯至盤庚,凡五遷都也。上文言自契至於成湯八遷,并數湯爲八;此言盤庚五遷,又并數湯爲五;故班固云殷人屢遷,前八後五,其實正十二也。此《序》云盤庚將治亳殷,下《傳》云殷,亳之别名,則亳殷即是一都,湯遷還從先王居也。《汲冢古文》云:盤庚自奄遷於殷,殷在鄴南三十里。束晳云:《尚書序》盤庚五遷,將治亳殷,舊説以爲居亳,亳殷在河南。孔子壁中《尚書》云將始宅殷,是與古文不同也。《漢書・項羽傳》云:洹水南殷墟上。今安陽西有殷。束晳以殷在河北,與亳異也。然孔子壁内之書,安國先得其本,亳字摩滅,容或爲宅;治皆作亂,其字與治不類,無緣誤作始字,知束晳不見壁内之書,妄爲説耳。"汲冢書傳於後者,盡係僞物，此與孔壁古文，同爲作僞者所依附，輾轉不可究詰。《疏》所引説，果出束晳與否，亦難斷言也。《太平御覽・皇王部》引《竹書紀年》云：仲丁自亳遷於囂，河亶甲自囂遷於相，祖乙居庇，南庚自庇遷於奄，盤庚自奄遷於北蒙，曰殷，《水經・洹水注》引同。蓋即不滿舊説者所改。其所不滿者，殷人屢遷，前八後五，皆并數湯，故益一南庚；又不以殷爲在河南，故改盤庚所遷爲北蒙也。《史記・殷本紀》述殷遷徙之事曰："帝仲丁遷於隞；河亶甲居相；祖乙遷於邢；帝盤庚之時，殷已都河北，盤庚渡河南，復居成湯之故居；帝武乙立，殷復去亳，居河北。"《世表》云殷徙河北。仲丁、河亶甲、祖乙、盤庚之事，《書序》全同，惟隞作囂，遷於邢作圮於耿耳。撰《書序》者蓋即據《史記》爲説，否亦據與《史記》同類之書。蓋殷代遷徙，可考者不過如此。《書序》固僞物，然時代究較早，異説尚未甚滋也。

湯滅桀前嘗居郼，已見《自契至於成湯八遷考》條引《吕覽》。高《注》云："郼讀如衣，今兖州人讀殷氏皆曰衣。"則郼即殷，造《竹書》者謂殷在河北，似亦有據。然夏居洛汭，而《周書》稱殷之五子，胥興作亂，見《夏太康失國少康中興》條。則河洛之間，久有殷名。《盤庚上》"盤庚遷於殷"《疏》云"鄭玄云：商家自徙此而號曰殷。鄭以此前未有殷名也"，固未必確，然盤庚後居殷地，則事實也，不必牽引河北爲説，河南固亦殷地也。《世表》亦云盤庚徙河南。

《書序疏》云："李顒云囂在陳留浚儀縣；皇甫謐云仲丁自亳徙囂，在河北也，或曰今河南敖倉。二説未知孰是。"《御覽・州郡部》引《帝王世紀》曰："《世本》言太甲徙上司馬，在鄴西南。"果有此説，謐不當謂仲丁自亳徙囂。《吕覽・音初》曰："殷整甲徙宅西河，猶思故處，實始作爲西音。"錢賓四《子夏居西河辨》引此；又引《史記・孔子世家》：衛靈公問孔子：蒲可伐乎？對曰：可。其男子有死之志，婦人有保西河之志，吾所伐者不過四五人。《索隱》曰：此西河在衛地，非魏之西河也。及《藝文類聚》六十四、《文選》左太沖《招隱詩》注，并引《尚書大傳》子夏對夫子云"退而窮居河濟之間"，以證子夏居西河，不在龍門汾州，其説甚確。然則《世本》所謂太甲，實河亶甲之誤也。

“祖乙遷於邢”，《書序》作“祖乙圮於耿”。《僞傳》云：“圮於相，遷於耿。”此大不辭。《疏》云：“知非圮毁於耿，更遷餘處。必云圮於相地，遷於耿者，亶甲居於相，祖乙居耿，今爲水所毁，更遷他處，故言毁於耿耳，非既毁乃遷耿也。《盤庚》云不常厥邑，於今五邦；及其數之，惟有亳、囂、相、耿四處而已。知此既毁於耿，更遷一處，盤庚又自彼處而遷於殷耳。《殷本紀》云祖乙遷於邢，馬遷所爲説耳。鄭玄云祖乙又去相居耿，而國爲水所毁，於是脩德以御之，不復徙也。録此篇者，善其國圮毁脩政而不徙，如鄭所言，稍爲文便。但上有仲丁、亶甲，下有盤庚，皆爲遷事作書，述其遷意。此若毁而不遷，《序》當改文見義，不應文類遷居，更以不遷爲義。《汲冢古文》云盤庚自奄遷於殷者，蓋祖乙圮於耿，遷於奄，盤庚自奄遷於殷；亳、囂、相、耿，與此奄五邦者。此蓋不經之書，未可依信也。”《疏》雖斥《竹書》未可依信，然必謂既毁於耿，更遷一處，正造《竹書》者之見解也。不曰遷而曰圮，既已改文見義矣，又責其文類遷居，更以不遷爲義，不幾深文周内乎？竊疑鄭玄所據《書序》作“圮於耿”，僞孔本實作“遷於耿”，後人妄改僞《傳》正文，乃至生此曲説也。邢爲春秋時國名，蓋後人據其時地名以述古事，皇甫謐以河東皮氏縣耿鄉當之，見《疏》。殆非也。

《盤庚序疏》云：“鄭玄云：祖乙居耿，後奢侈踰禮，土地迫近山川，嘗圮焉。至陽甲立，盤庚爲之臣，乃謀徙居湯舊都。又《序注》云：民居耿久，奢淫成俗，故不樂徙。王肅云：自祖乙五世至盤庚，元兄陽甲，宫室奢侈，下民邑居墊隘，水泉瀉鹵，不可以行政化，故徙都於殷。皇甫謐云：耿在河北，迫近山川，自祖辛已來，民皆奢侈，故盤庚遷於殷。”案《漢書·翼奉傳》：“奉以爲祭天地於雲陽、汾陰，及諸寢廟不以親疏迭毁，皆煩費，違古制；又宫室苑囿，奢泰難供，以故民困國虚，無累年之畜，所繇來久，不改其本，難以末正。”乃上疏請遷都成周，首言“盤庚改邑以興殷道”，則以盤庚遷都，爲能革奢淫之俗，經生固舊有此説也。

《史記》曰:"帝盤庚之時,殷已都河北。"又曰:"帝武乙立,殷復去亳,徙河北。"明武乙所徙,即盤庚未遷時之居。《水經・沁水注》:"《韓詩外傳》曰:武王伐紂,到邢邱,更名邢邱曰懷。"今本作懷寧,誤。《荀子・儒效》曰:武王之伐紂也,至懷而壞。《史記》言"紂益廣沙丘苑臺",又言其"大聚樂戲於沙丘",沙丘亦邢分。揚子雲《兖州牧箴》曰:"盤庚北遷,牧野是宅。"謂盤庚所居者,即後來紂之所居。知相以外,古不謂殷在河北更有兩都。自《竹書》出,乃鑿言殷虚爲殷都,於是有朝歌、北蒙之别。以其距沙丘太遠也,《正義》又謂"紂時稍大其邑,南距朝歌,北據邯鄲及沙丘,皆爲離宫别館",以資調停,可謂心勞日拙矣。《周本紀正義》引《帝王世紀》曰:"帝乙復濟河北,徙朝歌,其子紂仍都焉。"亦不同《竹書》之説。

《國語・楚語》:白公曰:"昔殷武丁能聳其德,至於神明,以入於河,自河徂亳。"此殷自武丁以前仍居河南之證。《紀年》乃云"自盤庚徙殷,至紂之滅,更不徙都",蓋由不知河洛爲殷,故造爲此説也。

綜觀殷世,都邑多在河北。《史記・秦本紀》云:"蜚廉爲紂石北方,還,無所報,爲壇霍太山而報,得石棺。"則紂時聲威,尚達河東,故西伯雖戡黎,而仍未能勝之。至武王渡孟津,而後克集大勳,豈武乙北遷以後,河南地稍空虚歟?《殷本紀》言:西伯獻洛西之地,以請紂去炮烙之刑。《正義》云:"洛水,一名漆沮水,在同州。洛西之地,謂洛西之丹、坊等州也。"其地似非紂之力所能及。此洛疑實是伊洛之洛。然則亳殷之地,至紂時已成殷、周争奪之區矣,此武王之所以卒渡孟津而殪戎殷與?武乙獵於河渭之間,暴雷震死,亦甚似昭王之南征而不復也。

〔三七〕 殷兄弟相及

女系社會,恒兄弟相及。蓋兄弟爲一家人,父子非一家人也。《春秋繁露・三代改制質文》云:"主天法商而王,立嗣予子,篤母弟。

主地法夏而王，立嗣予孫，篤世子。"《公羊》隱公七年："母弟稱弟，母兄稱兄。"《解詁》云："母弟，同母弟；母兄，同母兄。分别同母者，《春秋》變周之文，從殷之質。質家親親，明當親厚，異於羣公子也。"知殷制之必相及矣。

相及之制，同母兄弟盡，則還立長兄之子。今頓卡人（Thonga）及墨西哥之亞兹得族（Aztec）皆然。據林惠祥《文化人類學》。殷人蓋亦如是。故中壬崩，立大丁之子大甲；沃甲崩，立祖辛之子祖丁也。殷自成湯至辛三十王，兄弟相及者多，而還立長兄之子者，惟此二王；自契至湯十四世，則更無相及者；疑史傳世系，或有繆誤也。

殷人兄弟相及之俗，猶有存於後世者。《公羊》莊公三十二年：公子牙謂莊公曰："魯一生一及，君已知之矣。"《史記·魯世家》："叔牙曰：一繼一及，魯之常也。"莊公以告季子。季子曰："夫何敢？是將爲亂乎？"今案《史記·魯世家》，自莊公以前，皆一生一及，則牙之言非誣也。案莊公適夫人哀姜無子，其娣叔姜生閔公。果欲立子，立閔公正也，立孟女之子班實非正。公儀仲子舍其孫而立其子，鄭康成云："公儀蓋魯同姓。"《禮記·檀弓》。而公孫嬰齊，實後歸父。《公羊》成公十五年。則魯居東方，漸殷俗久矣。檀弓問公儀仲子之立子於子服景伯，子服景伯曰："仲子亦由行古之道也。昔者文王舍伯邑考而立武王，微子舍其孫腯而立衍也。"知殷人入周，猶沿故俗。其後宣公命其弟和曰："父死子繼，兄死弟及，天下通義也。"其視二者，猶無所軒輊也。《史記·宋世家》。吴諸樊、餘祭、夷昧、季札同母兄弟四人，欲行相及之制。夷昧卒而季札讓。夷昧之子僚立。諸樊子闔廬公子光。殺而代之。《公羊》載闔廬之言曰："將從先君之命與？則國宜之季子者也。不從先君之命與？則我宜立者也。僚惡得爲君乎？"襄公二十九年。《史記·吴世家》言：光以爲"季子即不受國，光父先立。即不傳季子，光當立"。其告專諸曰："我真王嗣，當立。"《刺客列傳》同。又曰："光曰：使以兄弟次邪，季子當立；必以子乎，則光真適嗣，當立。"此亦殷人同母兄弟盡，還立長兄之子之法。又言季札逃去，吴人曰：王餘昧後立，其子當代。蓋非實録。不然，亦脅於僚云爾，非法也。《世家》又云：諸樊攝行事當國。已除喪，讓位季札。《左氏》亦云：諸樊既除喪，將立季札。襄公十四年。此蓋與魯隱公攝政以待桓公同，特桓公年少，故隱公歸政較晚耳。《史記·魯世家》云："惠公卒，長庶子息攝，當國，行君事。"又云："魯人共令息攝政，不言即位。"又《公羊》隱公三年，亦載宋繆公之言曰："吾立乎此，攝也。"吴居東南，蓋亦沿殷俗。《公羊》云季子弱而才，兄弟同欲立之；襄公二十九年。《史記》云壽夢欲立之；必非其實也。

《公羊》云："魯一生一及。"《史記》作"一繼一及"。案《孟子·萬章》上篇言："唐、虞禪，夏后、殷、周繼。"則繼可該生與及言之。又《禮記·禮運》言："大人世及以爲禮。"則父子相繼，又可云世也。

《公羊》曰："爲人後者爲之子。"成公十五年。蓋"臣繼君，猶子繼父"，文公二年《解詁》。故文公躋僖公，《春秋》譏其"先禰而後祖"也。文公二年。閔公元年《穀梁》曰："親之非父也，尊之非君也，繼之如君父也者，受國焉爾。"《史記·殷本紀》："自中丁以來，廢適而更立諸弟子，弟子或争相代立。"此適字當兼弟與子言。適者，當立之弟與子；諸弟子，則其不當立者也。女系社會之俗，不容以男系社會之俗繩之。殷世廟制，亦必有成法可循，特非後世所知耳。然後世若行相及之法，禮固可以義起。漢成帝議立太子，孔光謂立嗣以親，欲援殷"及王"之例，立中山王，帝謂兄弟不相入廟，卒立哀帝。見《漢書》宣元六王及光本傳。則已拘於周制矣。

《韓詩外傳》曰："五帝官天下，三王家天下。家以傳子，官以傳賢。故自唐、虞以上，經傳無太子稱號。夏、殷之王，雖則傳嗣，其文略矣。至周，始見文王世子之制。"《太平御覽》一百五十九。案又見《初學記》。蓋宗法實至周始嚴也。周重嫡長，而楚國之舉，恒在少者，《左氏》文公元年子上之言。又昭公十三年叔向亦曰："芈姓有亂，必季實立。"哀公六年，楚昭王在城父，命公子申爲王，不可；則命公子結，亦不可；則命公子啓。杜《注》："申，子西；結，子期；啓，子閭；皆昭王兄。"知南方諸族，皆不行周法。然行周法之國，亦有兄弟相及，或受國於兄，復致諸其子者。如趙襄子傳代成君。此正見傳子之俗，深入人心，事雖同而心則異，不得妄相比附也。

《史記·魯世家》："武公與長子括、少子戲西朝周宣王。宣王愛戲,欲立戲爲魯太子。樊仲山父諫曰:廢長立少,不順;不順,必犯王命;犯王命,必誅之。故出令不可不順也。令之不行,政之不立;行而不順,民將棄上。夫下事上,少事長,所以爲順。今天子建諸侯,立其少,是教民逆也。若魯從之,諸侯效之,王命將有所壅;若弗從而誅之,是自誅王命也。誅之亦失,不誅亦失,王其圖之! 宣王弗聽,卒立戲爲魯太子。武公歸而卒,戲立,是爲懿公。懿公九年,括之子伯御與魯人攻弑懿公而立。伯御即位十一年,周宣王伐魯,殺伯御,而問魯公子能道順諸侯者以爲魯後。樊穆仲曰:魯懿公弟稱,肅恭明神,敬事耆老,賦事行刑,必問於遺訓,而咨於固實;不干所問,不犯所知。宣王曰:然則能訓治其民矣。乃立稱於夷宫,是爲孝公。自是後,諸侯多畔王命。"《國語》略同。韋《注》曰:"伯御,括也。"疑誤。又竊疑括實前卒,依一生一及之制,懿公當立,伯御犯法而弑之,宣王依魯法而討其罪,仍依魯法立孝公。史所傳樊仲山父、樊穆仲之言,則拘於周法不達殷故者所附會也。

〔三八〕 周先世世系

《周本紀》云:"封棄于郃,號曰后稷,别姓姬氏。后稷之興,在陶唐、虞、夏之際,皆有令德。后稷卒,子不窋立。"此三十四字之中,"后稷"二字,凡有三解:"號曰后稷"之"后稷",指棄;"后稷之興"之"后稷",指棄以後不窋以前居稷官者;"后稷卒"之"后稷",則不窋之父也。《索隱》云:"《帝王世紀》云后稷納姞氏生不窋,而譙周按《國語》云世后稷,以服事虞、夏,言世稷官,是失其代數也。若不窋親棄之子,至文王千餘歲,唯十四代,亦不合事情。"蓋士安以不窋即棄之子,而小司馬駁之也。《正義》引《毛詩疏》云:"虞及夏、殷,共有千二百歲。每世在位皆八十年,乃可充其數耳。命之短長,古今一也,而使十五世君,在位皆八十許載,子必將老始生,不近人情之甚。"其誤與士安同。

《本紀》又云："不窋末年，夏后氏政衰，去稷不務，不窋以失其官，而奔戎狄之間。不窋卒，子鞠立。鞠卒，子公劉立。公劉雖在戎狄之間，復脩后稷之業。"《匈奴列傳》曰："夏道衰，而公劉失其稷官，變于西戎，邑于豳。"蓋自不窋失官，至公劉迄未復。《匈奴列傳》不敘鞠以前事，故逕云"公劉失其稷官"，所謂"變於西戎"，即《本紀》所云"雖在戎狄之間復脩后稷之業"者也。其説本相符合，乃《正義》云："《周本紀》云不窋失其官，此云公劉，未詳。"亦疏矣。

古代父子祖孫同蒙一號者甚多。《封禪書》："伊陟贊巫咸，巫咸之興自此始。"《索隱》云："《尚書》伊陟贊於巫咸。孔安國云：贊，告也；巫咸，臣名。今此云巫咸之興自此始，則以巫咸爲巫覡。然《楚詞》亦以巫咸主神，蓋太史公以巫咸是殷臣，以巫接神事，太戊使禳桑穀之災，所以伊陟贊巫咸，故云巫咸之興自此始也。"《索隱》文義不甚明白，疑有譌誤，然大意則可知，謂巫咸爲巫覡之名，其興自大戊時。"伊陟贊巫咸"之巫咸，爲臣名，"巫咸之興自此始"之巫咸，爲巫覡，其説是也。又不獨人臣之世其家者也，雖方技之家亦有之。《扁鵲列傳》曰："扁鵲者，勃海郡鄭人也，姓秦氏，名越人，少時爲人舍長。舍客長桑君過，扁鵲獨奇之，常謹遇之。長桑君亦知扁鵲非常人也。出入十餘年，乃呼扁鵲私坐，間與語曰：我有禁方，年老欲傳與公，公毋泄。扁鵲曰：敬諾。乃出其懷中藥與扁鵲：飲是以上池之水，三十日當知物矣。乃悉取其禁方書盡與扁鵲，忽然不見，殆非人也。扁鵲以其言飲藥三十日，視見垣一方人。以此視病，盡見五藏癥結，特以診脈爲名耳。"此言扁鵲得術於長桑君之始末也。下云："爲醫或在齊，或在趙。在趙者名扁鵲。"則汎言受扁鵲之術者，不指秦越人一人。曰"在趙者名扁鵲"，則在他國，固有不名扁鵲者矣。下文言起虢太子者，自稱越人，當係受術於長桑君者。視趙簡子及客齊桓侯者，則無文以知之，不必其爲一人也。乃傅玄以史叙虢太子事次趙簡子下，齊桓侯事又次虢太子下，議之曰："虢是晉獻所滅，先此百二十餘年，此時焉得有虢？"又曰："是時齊無桓侯。"裴駰則曰是田和之子桓公午，欲以是爲調停，亦不達矣。且古國之滅而復建者甚多，如陳、蔡等皆是。庸有其滅見於史而其復建不見者，亦不得謂虢一滅之後，即定無虢也。至以秦越人直趙簡子時傳其術者，自不能及齊桓公；然古人輕事重言，此等傳説，但取一著名之人以實之耳，固不必爲齊桓公，亦不必其定爲田午也。故讀古書，非知古書之義例不可。

〔三九〕 公　　劉

《公劉》之詩曰：“篤公劉，匪居匪康，迺埸迺疆，迺積迺倉，迺裹餱糧，于槖于囊，思輯用光，弓矢斯張，干戈戚揚，爰方啓行。”《毛傳》曰：“公劉居於邰，而遭夏人亂，迫逐公劉。公劉乃辟中國之難，遂平西戎，而遷其民，邑於豳。蓋諸侯之從者，十有八國焉。”《箋》云：“厚乎公劉之爲君也，不以所居爲居，不以所安爲安。邰國乃有疆埸也，乃有積委及倉也，安安而能遷，積而能散，爲夏人迫逐己之故，不忍鬭其民，乃裹糧食於囊槖之中，棄其餘而去。公劉之去邰，整其師旅，設其兵器，告其士卒曰：爲女方開道而行。明己之遷，非爲迫逐之故，乃欲全民也。”案《國語·周語》，載祭公謀父之言曰：“昔我先王，世后稷，以服事虞夏。及夏之衰也，棄稷不務，我先王不窋，用失其官，而自竄於戎狄之間。”《史記·周本紀》曰：“不窋末年，夏后氏政衰，去稷不務，不窋以失其官，而奔戎狄之間。”二説相合。《史記》又曰：“不窋卒，子鞠立。鞠卒，子公劉立。公劉雖在戎狄之間，復脩后稷之業。務耕種，行地宜。自漆沮渡渭，取材用，行者有資糧，居者有畜積，民賴其慶，百姓懷之，多徙而保歸焉。周道之興自此始，故詩人歌樂思其德。”此説與孟子對齊宣王所謂“居者有積倉，行者有裹糧也，然後可以爰方啓行”合。《梁惠王》下。知必詩人舊説，自不窋已見迫逐，公劉安得居邰，更何來夏人迫逐公劉，公劉不忍鬭其民之説？《鄭箋》此語，蓋謬以太王避狄事，移之公劉。《史記》又云“公劉卒，子慶節立，國于豳”，則公劉猶未居豳也。毛、鄭之云，幾於妄造史實矣。惟謂諸侯從公劉者十有八國，此語當有所本。當即《史記》所云"百姓懷之，多徙而保歸焉"之事。《疏》云"不知出何文"，蓋亦詩人遺説，而毛氏竊聞之。然不知前後事實，遂至陵亂失次矣。故知無本之學，終不可與道古也。鄭氏初學韓詩，乃舍完具之説，而取枝節之談，可謂下喬入幽矣。

《史記》曰："封棄於邰，號曰后稷，别姓姬氏。后稷之興，在陶唐、虞、夏之際，皆有令德。后稷卒，子不窋立。"此三十四字中，后稷二字，凡有三解："號曰后稷"之"后稷"指棄。"后稷之興"之"后稷"，指棄以後不窋以前居稷官者。"后稷卒"之"后稷"，則不窋之父也。婁敬言：周自后稷封邰，十有餘世，公劉避桀居豳。此后稷指棄言。太子晉謂"自后稷之始基靖民，十五王而文始平之，十八王而康克安之"；衛彪傒謂"后稷勤周，十有五世而興"，皆見《國語·周語》。則指不窋之父言。自不窋以前，周之世系，已無可考。故《左氏》謂"禹不先鯀，湯不先契，文武不先不窋"。文公二年。非不窋親足比鯀，尊足比契，而周先王之可溯者，止於是也。然名號世次，雖不可知，固猶約略知爲十餘世。乃韋注《國語》，以不窋當太康時；《鄭譜》更以公劉當太康時，則謬矣。自虞廷命棄，至於太康之時，安得有十餘世邪？《疏》云："《外傳》稱后稷勤周，十五世而興，《周本紀》亦以稷至文王爲十五世，計虞及夏殷，有千二百歲，每世在位，皆八十許年，乃可充其數耳。命之短長，古今一也，而使十五世君，在位皆八十許載，子必將老始生，不近人情之甚，以理而推，實難遽信。"竟不悟不窋之父與棄非一人，可謂瞽矣。

《吴越春秋·吴太伯傳》云："拜棄爲農師，封之邰，號爲后稷，姓姬氏。后稷就國爲諸侯。卒，子不窋立。遭夏氏世衰，失官奔戎狄之間。其孫公劉，避夏桀於戎狄，變易風俗，民化其政。"於棄與不窋之父，已不知分别，然云公劉當夏桀時則不誤。蓋得之舊傳，而措辭偶不省也。《史記·匈奴列傳》曰："夏道衰，而公劉失其稷官，變於西戎，邑於豳。"此約略之辭，故上不溯不窋，下不及慶節。婁敬言公劉居豳同此。此等皆非叙周事，故不爲過，不當與《毛傳·鄭箋》同譏也。然云"其後三百有餘歲，戎狄攻大王亶父"，則亦以公劉在夏末矣。

《史記》曰："慶節卒，子皇僕立。皇僕卒，子差弗立。差弗卒，子毀隃立。毀隃卒，子公非立。公非卒，子高圉立。高圉卒，子亞圉立。亞圉卒，子公叔祖類立。公叔祖類卒，子古公亶父立。"毀隃，《索隱》云：《世本》作僞榆，此僅字形之異。公非，《索隱》云：《世本》作公非辟方；高圉，《索隱》云：《世本》作高圉侯侔；亞圉，《集解》云：《世本》作亞圉雲都；公叔祖類，《索隱》云：《世本》云太公組紺諸盩，《三代世表》稱叔類；則嫌非一人矣。皇甫謐云：公非，字辟方；雲都，亞圉字；公祖，一名組紺諸盩，字叔類，號曰太公。《索隱》云："《漢書·古今人表》曰：雲都，亞圉弟。如此，則辟方侯侔，亦皆二人之名，實未能詳。"案《古今人表》以辟方爲公非子，高圉爲辟方子，夷竢、亞圉皆高圉子；如此，則辟方，侯侔，雲都，多出三代。故杜氏《釋例》，以高圉爲不窋九世孫。《路史·發揮》亦主是説，謂公叔組紺，是爲祖類，生諸盩，是爲太公，太公生亶父；自不窋至季歷一十七世。案《酒誥疏》云："《世本》云：后稷生不窋爲昭，不窋生鞠陶爲穆。鞠陶生公劉爲昭，公劉生慶節爲穆。慶節生皇僕爲昭，皇僕生羌弗爲穆。羌弗生毀榆爲昭，毀榆生公飛爲穆。公飛生高圉爲昭，高圉生亞圉爲穆。亞圉生組紺爲昭，組紺生大王亶父爲穆。亶父生季歷爲昭，季歷生文王爲穆。"則《世本》之意，確不以辟方、侯侔、雲都、諸盩爲異人。《吴越春秋》云："公劉卒，子慶節立，其後八世而得古公亶父。"此八世係除本計，其間亦不能容辟方、侯侔、雲都、諸盩也。《左氏》昭公十七年云："余敢忘高圉亞圉。"以高圉亞圉連言，其間亦似不能有侯侔。

〔四〇〕畢　郢

《孟子》言文王生於岐周，卒於畢郢。《離婁》下。而《史記》言文王伐崇侯虎而作豐邑，自岐下而徙都豐，明年西伯崩。《周本紀》。二者暌異,何也?案《詩·大雅·皇矣》曰:“密人不恭,敢距大邦,侵阮、徂、共。”《毛傳》云:密須氏侵阮,遂往侵共。《鄭箋》則謂阮、徂、共三國犯周,而文王伐之,密須之人,距其義兵。《詩》曰:“依其在京,侵自阮疆,陟我高岡。無矢我陵,我陵我阿;無飲我泉,我泉我池。度其鮮原,居岐之陽,在渭之將,萬邦之方,下民之王。”《箋》言“文王但發其依居京地之衆,以往侵阮國之疆。登其山脊,而望阮之兵,兵無敢當其陵及阿者,又無敢飲食於其泉及池水者。”又云:“文王見侵阮而兵不見敵,知己德盛而威行,可以遷居,定天下之心,乃始謀居善原廣平之地,亦在岐山之南,居渭水之側,爲萬國之所鄉,作下民之君。後竟徙都於豐。”如《箋》言,明文王作豐以前,嘗居於岐下,此即《史記》所謂自岐下而徙居者也。《疏》云:“太王初遷,已在岐山,故言亦在岐山之陽。《周書》稱文王在程,作《程寤》、《程典》;皇甫謐云,文王徙宅於程;蓋謂此也。”案《疏》言文王所居之岐,非即太王所居,是也,言此所營即程則非。伐密須,據《大傳》及《史記》,皆在受命後三年。而《周書·大匡》曰:“維周王宅程三年,遭天之大荒,作《大匡》以詔牧其方,三州之侯咸率。”《程典》曰:“維三月,既生魄,文王合六州之侯,奉勤於商。”《酆保》曰:“維二十三祀,庚子朔,九州之侯,咸格於周,王在酆。”古云九州,猶言天下。三州之侯咸率,猶云三分天下有其一。能合六州之侯,則所謂三分天下有其二也。云九州咸格,則天下皆服矣,此蓋稱王後事。“合六州之侯,奉勤於商”,即《論語》所謂“三分天下有其二,以服事殷”。《泰伯》。《程典》又云“商王用宗讒,震怒無疆,諸侯不娱,逆諸文王”,則《左氏》所謂“紂囚文王七年,諸侯皆從之囚”者也。襄公三十一年。宅程之三年,雖不能知爲何年,然必在作《程典》之前,安得至侵阮之後乃作程乎?故知《義疏》之言爲誤也。《史記·周本紀》言:“武王上祭於畢。東觀兵,至於盟津。爲文王木主,載以車,中軍。武王自稱太子發。言奉文王以伐,不敢自專。”《魯世家》言:“周公在豐,病將歿,曰:必葬我成周,以明吾不敢離成王。周公既卒,成王亦讓,葬周公於畢,從文王,以明予小子不敢臣周公也。”則畢爲文王墓地,《索隱》謂天星之名,非也。文王蓋卒於郢,葬於畢,故《孟子》連言之。《周書・和寤》曰:"王乃出圖商,至於鮮原。"此即詩所謂"度其鮮原"者。武王圖商,仍在鮮原,則豐邑草創,文王雖作之,而不常居,故其卒仍在郢也。

"侵阮、徂、共",以文義言之,似毛義爲長;又阮、徂、共爲三國,不見古書;此讀者所以多信毛而疑鄭也。按《箋》云:"阮也、徂也、共也,三國犯周,而文王伐之,密須之人,乃敢距其義兵。"則敢距大邦,侵阮、徂、共,乃所謂倒句法,曹元弼《復禮堂文集・書周禮從坐法辨》曰:"《書・費誓》:汝則有無餘刑,非殺。説者失其辭氣。夫軍令尚嚴,言非殺則非威衆之辭;且既云無餘刑,則非殺可知,何必别云非殺?竊謂此係倒句法,猶云汝非殺則有無餘刑。"案曹説是也。惟非有意倒之,乃言無餘刑之前,漏言非殺,既言之後,乃又從而補之耳。今人語言中,亦往往有此。古書中用者較鮮,故後人不察,然語言中自有此法,不能目爲誤也。下文云:"王赫斯怒,爰整其旅,以按徂旅。"《傳》云:"旅,師。按,止也。旅,地名也。"《疏》曰:"上言侵阮,遂往侵共,蓋自共復往侵旅,以文上不見,故於此言之。"又《傳》既謂密須侵阮,不能謂文王侵自阮疆,《疏》乃又説爲密人來侵周,迂曲甚矣。何若鄭解以遏徂旅爲遏止徂國之兵,侵自阮疆爲往侵阮國之疆之直捷乎?《疏》云:"王肅云:無阮、徂、共三國。孔晁云:周有阮、徂、共三國,見於何書?孫毓云:案《書傳》:文王七年五伐,有伐密須、犬夷、黎、邘、崇,未聞有阮、徂、共三國助紂犯周,文王伐之之事。皆以爲無此三國。"而申鄭云:"於時書史散亡,安可更責所見?張融云:晁豈能具數此時諸侯,而責徂、共非國也?《魯詩》之義,以阮、徂、共皆爲國名,是則出於舊説,非鄭之創造。《書傳》七年,年説一事,故其言不及阮、徂、共耳。"又引皇甫謐云:"文王問太公:吾用兵孰可?太公曰:密須氏疑於我,我可先伐之。管叔曰:不可。其君,天下之明君,伐之不義。太公曰:臣聞先王之伐也,伐逆不伐順,伐險不伐易。文王曰:善。遂侵阮、徂、共,而伐密須。密須之人,自縛其君而歸文王。"《疏》言謐采摭舊文,傅會爲説,其説是也。謐之病,在牽合,不在億造。豈惟謚,凡古書固多如此矣。此文必有所據,所據疑即《魯詩》遺說。疑於我,謂其勢敵於周,故當先伐,可見密須爲大國。阮、徂、共蓋皆小國,故《書傳》不之及也。書闕有間,而《魯詩》能著其説,可見漢初經師之學,自有真傳,不獨恃竹帛矣。鄭君初治《韓詩》,《韓詩》蓋與《魯》合,又可見今文先師之説,同出一原也。毛公之學,自謂子夏所傳,觀其説之支離,而知其言之不讎矣。

然則《書傳》言文王受命後征伐,與《史記·周本紀》不合者,其故安在?《史記》之文,自言出於詩人,豈《詩》三家之説相合,而其與《尚書》家則不能盡合乎?案《書傳》之文,蓋倒亂失次。《史記·本紀》,多用《書》説,其言文王事亦然。下別著之曰"詩人道西伯",則所以兼存《詩》説。故《史記·周本紀》之文,自"詩人道西伯"以上皆《書》説,正當據以正《書傳》之譌,不得因此反疑《詩書》之説有異同也。《詩·文王序疏》曰:"《尚書·周傳》云:文王受命,一年斷虞芮之訟,二年伐邘,三年伐密須,四年伐犬夷,五年伐耆,六年伐崇,七年而崩。《史記·周本紀》曰:西伯陰行善,諸侯皆來決平。虞芮既讓,諸侯聞之曰:西伯蓋受命之君也。此是受命一年之事。又曰:明年伐犬夷。明年伐密須。明年敗耆國。明年伐邘。明年伐崇侯虎而作豐邑。明年西伯崩。此雖伐犬夷與伐耆,伐邘,其年與《書傳》不次,要亦七年崩也。"《禮記·文王世子疏》引《書傳》,又《左氏》襄公三十一年《疏》引至四年伐犬夷皆同。惟《禮記疏》伐邘作伐鬼方耳。《文王序疏》曰:"《元命苞》云:西伯既得丹書,於是稱王,改正朔,誅崇侯虎。稱王之文,在誅崇之上。《是類謀》云:稱王制命示王意。《乾鑿度》云:改正朔,布王號於天下。二文皆承伐崇作靈臺之下,伐崇在六年,則亦六年始稱王也。但彼文以伐崇之等,皆是文王大事,故歷言之,其言不必依先後爲次,未可即以爲定。《書傳》稱二年伐邘,三年伐密須,四年伐犬夷。《書序》云:殷始咎周。《注》云:咎,惡也。紂聞文王斷虞芮之訟,後又三伐皆勝,而始畏惡之,拘於羑里。又曰:周人乘黎。《注》云:乘,勝也。紂得散宜生等所獻寶而釋文王,文王釋而伐黎。明年,伐崇。案《殷傳》云:西伯得四友獻寶,免於虎口而克耆。《大傳》曰:得三子獻寶,紂釋文王而出伐黎。其言既同,則黎、耆一物。是文王伐犬夷之後乃被囚,得釋乃伐耆也。《出車》説文王之勞還師云春日遲遲,是四年遣役,五年始反,乃勞之,當勞訖被囚,其年得釋,即以歲暮伐耆,故稱五年伐耆也。天無二日,土無二王,若五年以前,既已稱王改正,則反形已露,紂當與之爲敵,非直咎惡而已。若已稱王,顯然背叛,雖紂之愚,非寶能釋也。又《書序》周人乘黎之下云:祖伊恐,奔告於受,作《西伯戡黎》。若已稱王,則愚者亦知其叛,不待祖伊之明始識之也。且其篇仍云西伯,明時未爲王。是六年稱王,爲得其實。故《乾鑿度》布王號之下注云:受命後五年乃爲改。此是鄭意以爲六年始王也。但文王自於國内建元久矣,無故更復改元,是有稱王之意,雖則未布行之,亦是稱王之跡。故《周本紀》云詩人道西伯,蓋受命之年稱王。皇甫謐亦云受命元年,始稱王矣。正以改稱元年,故疑其年稱王,斯言非無理矣,但考其行事,必不得元年稱王耳。然則六年稱王,七年則崩,是稱王甚晚。《禮記大傳注》云文王稱王早矣者,以殷紂尚存,雖於年爲晚,而時未可稱,故爲早也。"《文王世子疏》云:"案緯候之説,文王年九十六始稱王。"案《文王世子》以文王九十七而終,此即受命後六年稱王之説也。《禮記疏》説略同。《左氏疏》云:"《周本紀》稱紂囚西伯於羑里,閎夭之徒,求美女、美寶而獻之紂,紂大説,乃赦西伯,賜之弓矢,使之得征伐。其下乃云:虞芮爭獄,俱讓而去,諸侯聞之曰:西伯,受命之君也。如馬遷所云,虞芮質獄之前被囚也。鄭玄《尚書注》,據《書傳》爲説,以爲四年囚之,五年釋之。即如所言,被囚不盈一年,此傳不得言紂囚文王七年也。馬遷之言,當得其實。"《詩疏》强申鄭説,然於《史記》所謂詩人之言,亦不敢難,蓋事理所在,自不可誣也。不特此也,鄭注《大傳》,既云"文王稱王早矣",其注《文王世子》"君王其終撫諸",亦曰"言君王,則此受命之後也";則鄭意亦以文王受命即稱王,其注緯候,乃隨文爲説,在鄭或初不相照,而《疏》曲爲之解,可謂碎義逃難矣。《殷傳》、《大傳》之言,即《疏》論《元命苞》等謂以是文王大事，故歷言之，不必依先後爲次者。安得據是而謂被囚必在伐犬夷之後，伐耆之前乎？犬戎，密須，皆近患也，故先伐之。耆在上黨，邘在野王，則出天門，臨河内矣，故祖伊聞之而懼。用兵先後，次序釐然，斷不得如《書傳》所説也。《緜》之詩曰："混夷駾矣，維其喙矣。"《箋》曰："是之謂一年伐混夷。"混夷即犬夷。《史記》伐犬夷在二年，而鄭云一年者，受命雖有七年，一年、七年，并無所伐，五伐實自犬夷始，故鄭云一年伐混夷也。觀此，知《書傳》之文，傳者必多到亂，其初必同於《史記》矣。

《書・無逸》曰："文王受命惟中身，厥享國五十年。"享國五十年，實當作年五十歲，解見《古史紀年考》條。如此，則受命惟中身，頗爲難解。今案紂囚文王七年，文王受命亦七年而崩，則文王在位凡十四歲，受命在其即位後八年，適當其饗國之中數，故曰受命惟中身也。《周書・酆保》言"惟二十三祀"，《小開》曰"惟三十有五祀"，蓋并王季之年數之，猶武王之年自文王受命時起計也。《酆保》曰："九州之侯，咸格於周。"蓋文王即位後，服周之國來朝。《大開》、《小開》，皆謀開後嗣，而繼以《文儆》、《文傅》。二篇所記，若在《小開》之明年，則自二十三祀至此，適得十四年。紂殺季歷，而《史記・殷本紀》言文王與鬼侯、鄂侯，同爲紂之三公，其本在内，隱約可見。九侯，《史記集解》引徐廣曰："一作鬼侯，鄴縣有九侯城。"鄂侯，《集解》引廣曰："一作邘，野王縣有邘城。"蓋皆以近紂都而附會，不足據。九、鬼同音，宋于庭謂即"西方有九國焉"之"九國"，亦即"我征徂西至於艽野"之"艽野"，《過庭録》。其説甚當。鄂，疑《左氏》隱公六年"翼九宗五正頃父之子嘉父逆晉侯於隨，納諸鄂"之"鄂"，其地在河汾之間。然則九侯、鄂侯與周，固皆西方諸侯也。竊疑九侯、鄂侯、王季俱如殷，皆見殺，而文王又被囚，至七年，其臣獻洛西之地乃釋也。洛西之地，《史記正義》以丹、坊等州當之，其地大遠，恐非紂所能有。疑洛實伊洛之洛，洛西，蓋在偃師以西。殷自武乙徙河北，舊都之守稍疏，周人圖取其地，及被囚，迫而獻出，乃改圖而出河東，則《禮記・樂記》所謂"始而北出"

者也。戡耆，則據上黨，俯臨河内矣。故祖伊懼而奔告。殷自此，蓋亦稍厚西方之防，故武王又攻其不備，出孟津而臨牧野也。

《新語術事》云："文王生於東夷，大禹出於西羌。"此語顯與《孟子》背。蓋古人於此等處，不甚審諦，特取東西相對爲文耳。不足據以疑《孟子》也。

〔四一〕 三恪解

《左氏》襄公二十五年：子産曰："昔虞閼父爲周陶正，以服事我先王。我先王賴其利器用也，與其神明之後也，庸以元女大姬配胡公，而封諸陳，以備三恪。"杜《注》云："周得天下，封夏殷二王後。又封舜後，謂之恪，并二王後爲三國，其禮轉降，示敬而已，故曰三恪。"《疏》："《樂記》云：武王克殷，未及下車，而封黄帝之後於薊，封帝堯之後於祝，封帝舜之後於陳；下車而封夏后氏之後於杞，投殷之後於宋。《郊特牲》云：天子存二代之後，猶尊賢也；尊賢不過二代。鄭玄以此謂杞宋爲二王之後，薊、祝、陳爲三恪。杜今以周封夏殷之後爲二王後，又封陳并二王後爲三恪。杜意以此《傳》言以備三恪，則以陳備三恪而已。若遠取薊祝，則陳近矣，何以言備？以其稱備，知其通二代而備其數耳。二代之後，則各自行其正朔，用其禮樂，王者尊之深也。舜在二代之前，其禮轉降。恪，敬也。封其後，示敬而已，故曰恪。雖通二代爲三，其二代不假稱恪，惟陳爲恪耳。"案杜《注》調和於《公羊》、《左氏》二家之間，説本依違無據，《疏》更就"備"字曲爲之説，尤非也。《郊特牲疏》引《異義》云："《公羊》説存二王之後，所以通天三統之義，引此文。《古春秋左氏》説周家封夏殷二王之後，以爲上公。封黄帝、堯、舜之後，謂之三恪。許慎謹案云：治《魯詩》丞相韋玄成、治《易》施犨等説引《外傳》曰：三王之樂，可得觀乎？知王者所封，三代而已。不與《左氏》説同。鄭駁之云：所存二王之後者，命使郊天,以天子之禮,祭其始祖受命之王,自行其正朔服色。恪者,敬也,敬其先聖而封其後,與諸侯無殊異,何得比夏殷之後?"據此,《公羊》通三統,與《左氏》三恪之義自殊,杜《注》曲爲比附,其説自非矣。稱舜後爲三恪,《左氏》既有明文,似《異義》所謂古説者不誤。然《左氏》僖公二十四年:"宋成公如楚,還入於鄭。鄭伯將享之,問禮於皇武子。對曰:宋,先代之後也,於周爲客,天子有事膰焉,有喪拜焉,豐厚可也。"昭公二十五年:會於黄父。趙簡子令諸侯之大夫,輸王粟,具戍人。宋樂大心曰:"我不輸粟。我於周爲客,若之何使客?"客即恪也。則謂宋在三恪之列,《左氏》亦自有明文可據也。《解詁》云:"王者封二王後,地方百里,爵稱公,客待之而不臣也。"又曰:"使統其正朔,服其服色,行其禮樂,所以尊先聖通三統師法之義。恭讓之禮,於是可得而觀之。"隱公三年。此自《春秋》之義。《郊特牲》之文,即傳説之散見者。《鄭注》云"二或爲三",非也。然在古代,則天子但於前代之後則敬之,不必限以二,亦不拘以三。古三爲多數之義,云三不必其果爲三也。此猶後世耶律氏盡并八部,尊遥輦於御營九帳之上耳。統其正朔,服其服色,行其禮樂,則古代畿外之國,本不能一統。《曲禮》曰:"君子行禮不求變俗,祭祀之禮,居喪之服,哭泣之位,皆如其國之故,謹脩其法而審行之。"則其義"變禮易樂者爲不從,不從者君流;革制度衣服者爲畔,畔者君討";《王制》。其實僅能行諸畿内耳。《左氏》所記,自爲古之事實;《公羊》所言,則儒家經説;二者正不必牽合也。《郊特牲疏》引熊氏云:"周之三恪,越少昊高辛遠存黄帝者,取其制作之人。故《易·繫辭》云:神農氏没,黄帝、堯、舜氏作,義當然也。"牽合彌廣,其無當於經義及古代之事實亦彌甚,皆所謂碎義逃難者也。

〔四二〕 武成取二三策[①]

《孟子》曰:"盡信書,則不如無書。吾於《武成》,取二三策而已

① 曾改題爲《武王克商》。

矣。仁人無敵於天下，以至仁伐至不仁，而何其血之流杵也？"《盡心》下。此古人見古書變亂史實之辭也。古史之傳於後，經此等改易刪削，而失其真者，蓋不知凡幾矣。

《史記》多取《書》説，予已累言之，無待更述。今觀其述殷周間事，多與《周書》相出入，而《尚書》家之變亂史實有可微窺者焉。《周書・克殷》云："周車三百五十乘，陳於牧野。帝辛從。武王使尚父與伯夫致師。王既誓以虎賁戎車馳商師。商師大崩。"如此而已矣，《史記》則曰："紂師雖衆，皆無戰之心，心欲武王亟入；皆倒兵以戰，以開武王。武王馳之，紂兵皆崩，畔紂。"增入紂師倒兵之説矣。《周書・世俘》曰："武王狩禽：虎二十有二，貓二，麋五千二百三十五，犀十有二，氂七百二十有一，熊百五十有一，羆百一十有八，豕三百五十有二，貉十有八，麈十有六，麝五十，麋三十，鹿三千五百有八。"世皆疑其誕而不之信，然此即《孟子》所謂"驅虎豹犀象而遠之"者也。《滕文公》下。《孟子》言紂之罪曰："壞宫室以爲汙池，民無所安息。棄田以爲園囿，使民不得衣食。園囿汙池，沛澤多而禽獸至。"同上。古多曠地，園囿汙池，豈待壞宫室棄田而爲之？齊宣王之囿，方七十里，殺其麋鹿者，如殺人之罪，《孟子》譏其爲阱於國中，《梁惠王》下。亦故山澤之區，禁御之，使芻蕘雉兔者不得往焉耳，未聞其壞宫室棄田而爲之也。紂早於宣王七百餘年，安得有此？蓋紂都朝歌，臺在沙丘，《漢書・地理志》。地偏東北，本皆曠廢之區，紂乃因以爲苑囿耳。雖曰禽荒，其惡未至如《孟子》所言之甚也。而武王則尤而效之者也，或且變本加厲焉。顧美其"兼夷狄驅猛獸而百姓寧"，《滕文公》下。天下真無復是非矣。"兼夷狄"者，《孟子》所謂"滅國者五十"，同上。《世俘》所記太公望命御方來等是也。皆云"告以馘俘"，又總計之曰："武王遂征四方。凡憝國九十有九國。馘魔億有十萬七千七百七十有九。俘人三億萬有二百三十。凡服國六百五十有二。"世或又疑其誕。然俘馘本有虚數。憝國九十有九，蓋以九爲數之究而云然。滅國者五十，則舉成數言之。雖不必實，然其數必不少矣。憝云滅云者，破壞其國，殺戮其君;服則望風歸款者也。即謂不然,亦師速而疾略之而已。滅者五十,憝者九十有九,而服者六百五十有二,正不必怪其多矣。不特此也,紂既自燔矣,武王又射之三發,下車擊之以輕吕,斬之以黄鉞,縣之大白之旗。又適二女之所,二女既縊矣,又射之三發,擊之以輕吕,斬之以玄鉞,縣之小白之旗。《克殷》。二女,《史記》云嬖妾;《世俘》則曰:"武王燎於周,大師負商王紂縣首白旂,妻二首赤旆,乃以先馘,入燎於周廟。"案殷俗多同有虞,而《孟子》言舜"二女裸",《盡心》下。或殷俗亦二妻,《世俘》之言是也。親加刃於敵國帝后之尸,其虐,過於邾人之戕鄫子。《春秋》宣公十八年。不歸其元而用之於廟,則秦不果施之於晉惠公,《史記・晉世家》。吴不忍行之於齊國書者也。《左氏》哀公十一年。赧王入秦,頓首獻地,猶獲歸正首丘。《史記・周本紀》。何其仁暴之殊也?大史公曰:"論秦之德義,不如魯衛之暴戾。"論周則又居何等焉?

臧哀伯曰:"武王克商,遷九鼎於洛邑,義士猶或非之。"《左氏》桓公二年。《克殷》曰:"命南宫伯達、史佚遷九鼎三巫。"蓋始遷之三巫,卒又營洛邑而居之也。《世俘》又記其"薦俘殷王鼎",又云:"商王紂,取天知玉琰璲身厚以自焚。凡厥有庶,告焚玉四千。武王乃俾於千人求之。四千庶玉則銷。天知玉五,在火中不銷。凡天知玉,武王則寶與同。凡武王俘商舊玉,億有百萬。"周之所求可知矣。而曰散鹿臺之財,發鉅橋之粟,何其誣也?抑粟帛不可載以行,亦非野人所寶,乃從而破散之邪?

《楚辭・天問》曰:"到擊紂躬,叔旦不嘉。"蓋謂武王親加刃於紂之尸,周公不以爲然也。周公之爲人,蓋較武王少知禮義,故攝政七年之後,傳有制禮作樂之事焉。《金縢》册祝曰:"乃玄孫不若旦多材多藝,不能事鬼神。"足見武王爲一武夫,一無所知也。《天問》又曰:"授殷天下,其位安施?反成乃亡,其罪伊何?"授殷天下,言復封武庚也。其位安施,言武庚敗亡也。反成而亡,言周公東征而歸,屬黨見執,身奔楚也。此周家争奪相殺之事也。《天問》又曰:"會鼂争盟,何踐吾期?蒼鳥羣飛,孰使萃之?"此即《詩》所謂"維師尚父,時惟鷹揚,涼彼武王，肆伐大商，會朝清明”者。蒼鳥羣飛，亦如烏流幄、魚躍舟之類，以爲瑞應耳。足見周初所傳，本無信史，後人稱誦，悉出文飾，雖詩人所詠，已非其實也。《天問》又曰：“稷惟元子，帝何竺之？投之於冰上，鳥何燠之？”此即《詩·生民》所詠。又曰：“何馮弓挾矢，殊能將之。”則后稷非農師，亦鬬士耳。教民稼穡，樹藝五穀之言，皆因其居稷官而附會者也。而“文王卑服，即康功田功”《書·無逸》。視此矣。又曷怪周人之好殺戮，事攘奪哉？

《賈子·連語》曰：“紂將與武王戰。紂陳其卒，左臆右臆，鼓之不進，皆還其刃，顧以鄉紂也。紂走還於寢廟之上，身鬬而死，左右弗肯助也。紂之官衛，輿紂之軀，棄之玉門之外。民之觀者，皆進蹴之，蹈其腹，蹶其腎，踐其肺，履其肝。周武王乃使人帷而守之。民之觀者，搴帷而入，提石之者，猶未肯止。”此説謂紂卒倒兵同於《書》家，而紂尸爲商民所殘，而武王且有帷守之惠，其諱飾彌工矣。

〔四三〕　太公爲西方人

《史記·齊世家》曰：“太公望吕尚者，東海上人也。其先祖嘗爲四嶽，佐禹平水土，甚有功。虞夏之際封於吕，或封於申，姓姜氏。夏商之時，申吕或封枝庶，子孫或爲庶人，尚其苗裔也。”又曰：“吕尚蓋嘗窮困，年老矣，以漁釣姦周西伯。周西伯獵，遇太公於渭之陽。或曰，太公博聞，嘗事紂，紂無道，去之。遊説諸侯，無所遇，而卒歸周西伯。或曰，吕尚處士，隱海濱。周西伯拘羑里，散宜生閎夭素知而招吕尚。吕尚亦曰吾聞西伯賢，又善養老，盍往焉。三人者爲西伯求美女奇物，獻之於紂，以贖西伯，西伯得以出，反國。”《孟子》言：“太公辟紂，居東海之濱，聞文王作，興曰：盍歸乎來，吾聞西伯善養老者。”《離婁》上。即《史記》吕尚隱海濱，散宜生閎夭招之之説也。《戰國·秦策》姚賈曰：“太公望，齊之逐夫。”亦謂其在東方。又曰：“朝歌之廢屠，子良之逐臣，棘津之讎不庸。"則謂其在河内矣。《尉繚子》曰："太公望年七十，屠牛朝歌，賣食孟津。"《韓詩外傳》曰："吕望行年五十，賣食棘津，年七十，居於朝歌。"《説苑尊賢》曰："太公望，朝歌之屠佐也，棘津迎客之舍人也。"説皆與姚賈同。《吕覽・首時》曰："太公望，東夷之士也。"説同《孟子》。又曰："聞文王賢，故釣於渭以觀之。"則與《史記》"以漁釣奸西伯"之説合矣。案《禮記・檀弓》："太公封於營丘，比及五世，皆反葬於周。君子曰：樂，樂其所自生，禮不忘其本，古之人有言曰：狐死正丘首，仁也。"此太公爲西方人之誠證。東海上人，蓋因其封東方而附會。其遺事或在朝歌，則因太公爲文武師，《史記》言吕尚所以事周雖異，然要之爲文武師。鷹揚之績，著在商郊故也。傳食諸侯，古無是事，謂其遊説無所遇，而卒歸周，乃戰國時人億度之説。后稷生於姜嫄，太王妃曰太姜，武王妃曰邑姜，當時姜姓在西方者實多，正不獨申吕也。

《水經・河水注》："張甲河右瀆，東北逕廣川縣故城西，又東逕棘津亭南。徐廣曰：棘津在廣川。司馬彪曰：縣北有棘津城，吕尚賣食之困，疑在此也。劉澄之云：譙郡酇縣東北有棘津亭，故邑也，吕尚所困處。余案《春秋左氏傳》，伐巢，克棘，入州來，無津字；杜預《春秋釋地》，又言棘亭在酇縣東北，亦不云有津字；不知澄之於何而得是説。天下以棘爲名者多，未可咸謂之棘津也。又《春秋》昭公十七年，晉侯使荀吴帥師涉自棘津，用牲於洛，遂滅陸渾。杜預《釋地》，闕而不書。服虔曰：棘津，猶孟津也。徐廣《晉紀》，又言石勒自葛陂寇河北，襲汲人向冰於枋頭，濟自棘。棘津在東郡、河内之間，田融以爲即石濟南津也。雖千古茫昧，理世玄遠，遺文逸句，容或可尋；沿途隱顯，方土可驗。司馬遷云：吕望，東海上人也，老而無遇，以釣奸周文王。又云：吕尚行年五十，賣食棘津，七十則屠牛朝歌，行年九十，身爲帝師。皇甫士安云：欲隱東海之濱，聞周文王善養老，故入釣於周。案《史記》以漁釣奸周西伯，與聞西伯善養老而歸周係兩説，謐强合爲一。凡謐之説多如此，古説之爲其所亂者蓋多矣，然正不獨一謐也。

今汲水城,亦言有吕望隱居處,起自東海,迄於酆雍,緣其逕趣,趙魏爲密,厝之譙宋,事爲疏矣。”案《秦策》、《韓詩》、《説苑》云棘津,《尉繚》云孟津,則服虔之言,未爲無據。佚事流傳,本多不實,於地理,必取著名者以立言。孟津爲武王伐紂濟師處,以此附會太公,正近情理,必謂其在趙魏,恐未然也。又《清水》“東過汲縣北”《注》云:“縣故汲郡治,晉太康中立。城西北有石夾水,飛湍濬急,人亦謂之磻溪,言太公嘗釣於此也。城東門北側有太公廟,廟前有碑,碑云:太公望者,河内汲人也。縣民故會稽太守杜宣白令崔瑗曰:太公本生於汲,舊居猶存,君與高、國,同宗太公,載在經傳。今臨此國,宜正其位,以明尊祖之義。於是國老王喜、廷掾鄭篤、功曹邠勤等,咸曰宜之,遂立禋祀,爲之位主。城北三十里有太公泉,泉上又有太公廟,廟側高林秀木,翹楚競茂,相傳云太公之故居也。晉太康中,范陽盧無忌爲汲令,立碑於其上。”此可見流俗附會之由。《吕覽》高《注》曰:“太公望,河内人也,於周豐、鎬爲東,故曰東夷之士。”合兩説而强爲之辭,真可發一大噱。

《吕覽·謹聽》曰:“太公釣於滋泉。”《水經·渭水注》曰:“渭水東逕郁夷縣故城南,汧水入焉。渭水之右,磻溪水注之。水出南山兹谷,乘高激流,注於溪中。溪中有泉,謂之兹泉。泉水潭積,自成淵渚,即《吕氏春秋》所謂太公釣兹泉也。今人謂之凡谷。石壁深高,幽隍邃密,林障秀阻,人跡罕交。東南隅有一石室,蓋太公所居也。水次平石釣處,即太公垂釣之所。其投竿跽餌,兩厀遺跡猶存。”又渭水“東過霸陵縣北,霸水從縣西北流注之”《注》云:“霸者,水上地名也,古曰滋水矣。秦穆公霸世,更名滋水爲霸水,以顯霸功。”郁夷在今隴州西,霸陵在今咸寧東,而皆以爲太公漁釣之所,可見流俗之善於附會。實則屠釣同爲古人所賤,傳者特以是言太公之困耳。太公蓋誠晚達,然曾屠釣與否,尚難斷言,況欲鑿指其地邪?《天問》曰:“師望在肆昌何識?鼓刀揚聲後何喜?”固不謂太公以漁姦西伯,而其屠亦不得在朝歌也。

〔四四〕 惟周公誕保文武受命惟七年

《詩·文王序疏》云:"伏生、司馬遷以爲文王受命七年而崩;劉歆作《三統曆》,考上世帝王,以爲文王受命九年而崩。班固作《漢書·律曆志》載其説。於是賈逵、馬融、王肅、韋昭、皇甫謐皆悉同之。《帝王世紀》引《周書》,稱文王受命九年,惟暮之春,在鎬,召太子發,作《文傳》。九年猶召太子,明其七年未崩,故諸儒皆以爲九年而崩。"是諸儒之説原於歆,歆之説實原於《周書》也。今案《周書》一字之誤,遂啓後來無限之争,然推其本,則《周書》之所據,實未嘗與《詩》、《書》之説有異同也。司馬遷文王受命七年而崩之説,見《史記·周本紀》,《周本紀》云"詩人道西伯",蓋舉《詩》説也。何則?《史記·周本紀》言文王受命七年而崩。"九年,武王上祭於畢。東觀兵,至於盟津。爲文王木主,載以車,中軍。武王自稱太子發,言奉文王以伐,不敢自專。"自七年至九年,二年矣,故劉歆《世經》,亦謂再期在大祥而伐紂。然《伯夷列傳》曰:"西伯卒,武王載木主,號爲文王,東伐紂。伯夷、叔齊叩馬而諫曰:父死不葬,爰及干戈,可謂孝乎?"豈有再期而猶不葬者?《楚辭·天問》曰:"武發殺殷何所悒?載尸集戰何所急?"《淮南·齊俗》曰:"武王伐紂,載尸而行,海内未定,故不爲三年之喪始。"《注》言始廢於武王也。其非再期大祥時明矣。武王當日,蓋祕文王之喪以伐紂,不克還歸,居二年而又東伐也。所以居二年而復東伐者,非如《史記》所言聞紂昏亂暴虐滋甚,實以已於是時免喪故耳。然則武王觀兵,當在文王受命七年;徧告諸侯東伐,當在九年。後周人自諱其不葬而用兵,乃將其事悉移下二年,然文王死即東兵,猶爲後人所能憶,作《周書》者遂誤將文王之死,移下二年也。載主而行,固古人用兵通禮。

《周書·明堂解》曰:"大維商紂暴虐,脯鬼侯以享諸侯,天下患之。四海兆民,欣戴文武。是以周公相武王以伐紂,夷定天下。既克紂六年而武王崩。成王嗣，幼弱，未能踐天子之位。周公攝政，君天下，弭亂。六年而天下大治。乃會方國諸侯於宗周，大朝諸侯。制禮作樂，頒度量，而天下大服，萬國各致其方賄。七年，致政於成王。”此文全與《禮記·明堂位》同，所多者，“既克紂六年而武王崩”一語耳。武王在位凡七年，其死當在受命十四年，若以克殷在九年，則自九年至十四年，固適得六年也。古人記年代固甚疏，然周公誕保文武受命，惟七年，其數甚巧，周人於此，當不得誤記，故《詩》、《書》皆無異説。《周書·武儆》曰：“惟十有二祀，四月，王告夢。丙辰，出金枝郊寶《開和》細書，命詔周公旦立後嗣，屬小子誦文及寶典。”此篇乃記武王將歿時事，二當爲四之誤。或曰：“作是篇者，明知文王之死，爲人誤移後二年，然不知其自受命七年移至九年，誤謂文王受命七年而崩之説，業經延長二年，乃將文王受命後年歲，縮短至五年，如是，則武王在位七年，其死適當受命之十二年矣。”此雖見巧思，然未免穿鑿，不可從也。

《明堂位疏》云：“周公制禮攝政，孔鄭不同。孔以武王崩，成王年十三，至明年攝政，管叔等流言。故《金縢》云：武王既喪，管叔及其羣弟流言於國曰：公將不利於孺子。時成王年十四。即位攝政之元年，周公東征管蔡，後二年，克之，故《金縢》云：周公居東二年，則罪人斯得。除往年，時成王年十六，攝政之三年也。故《詩序》云：周公東征三年，而歸攝政。七年，營洛邑，封康叔而致政，時成王年二十。故孔注《洛誥》，以時成王年二十是也。鄭則以爲武王崩，成王年十歲。《文王世子疏》：“鄭注《金縢》云：文王崩後，明年生成王，則武王崩時，成王年十歲。”《周書》以武王十二月崩，至成王年十二，十二月喪畢，成王將即位，稱己小，求攝，周公將代之，管蔡等流言，周公懼之，辟居東都。故《金縢》云：武王既喪，管叔等流言，周公乃告二公曰：我之不辟，無以告我先王。既喪，謂喪服除；辟，謂辟居東都。時成王年十三。明年，成王盡執拘周公屬黨。故《金縢》云：周公居東二年，則罪人斯得。罪人，謂周公屬黨也。時成王年十四。至明年秋，大熟，有雷風之異。故鄭注《金縢》云：秋大熟謂二年之後。明年秋，迎周公而反，反則居攝之元年,時成王年十五。《書傳》所謂一年救亂。明年,誅武庚、管、蔡等,《書傳》所謂二年克殷。明年,自奄而還,《書傳》所謂三年踐奄。四年,封康叔,《書傳》所謂四年建侯衛,時成王年十八也。故《康誥》云孟侯,《書傳》云天子,天子十八稱孟侯。明年,營洛邑,故《書傳》云五年營成周。六年,制禮作樂。七年,致政於成王,年二十一。明年乃即政,時年二十二也。"案《史記·周本紀》言武王崩,"成王少,周初定天下,周公恐諸侯畔,乃攝行政當國。管叔蔡叔羣弟疑周公,與武庚作亂,畔周"。明流言即在武王崩、成王初立之時,若攝政待諸二年之後,則國事既大定矣,周公有無篡奪之心,亦既爲衆所共見矣,若欲徐圖篡弑,其經營亦既鞏固矣,管叔等顧於此時流言何爲?況謂居喪二年中,成王能自爲政邪?服除何反求攝?謂周制亦如殷,諒陰聽於冢宰,故喪中不待求攝邪?則孔子於子張之問,何不曰殷周皆然,顧曰"古之人皆然"也?《論語·憲問》。《魯世家》曰:"管叔及其羣弟流言於國曰:周公將不利於成王。周公乃告太公望、召公奭曰:我之所以弗辟而攝行政者,恐天下畔周,無以告我先王太王、王季、文王。三王之憂勞天下久矣,於今而后成。武王蚤終,成王少,將以成周,我所以爲之若此。於是卒相成王,而使其子伯禽代就封於魯。"此文解"弗辟"二字,何等文從字順?且有卒相成王,而使伯禽就封之事爲證;豈比鄭以喪服除釋"既喪",辟居東都釋"辟"之牽强邪?且成王而既疑周公矣,疑之而既能執其屬黨矣,豈有倒持干戈,授人以柄,反迎之而請其居攝之理?謂此係設説,周公實挾兵力以入,則自辟居訖復入,爲時三年,武庚、管、蔡安得不以此時力攻東都,而聽其再奠鎬京,養成氣力?且周公甫戡大難,亦何能即出兵以誅武庚、管、蔡也?故鄭之所言,無一而合情理者。《周書·作雒》曰:"武王既歸成歲,十二月崩鎬,肂於岐周。周公立,相天子。三叔及殷東徐奄及熊盈以略。周公召公内弭父兄,外撫諸侯。"所謂"一年救亂"也。"元年夏六月,葬武王於畢。二年,又作師旅,臨衛政殷,殷大震潰。降辟三叔。王子禄父北奔。管叔經而卒。乃囚蔡叔於郭淩。"所謂"二年克殷"也。

曰:"凡所征熊盈族十有七國,俘維九邑。"所謂"三年踐奄"也。曰:"俘殷獻民,遷於九畢,俾康叔宇於殷,俾中旄父宇於東。"所謂"四年建侯衛"也。曰:"及將致政,乃作大邑成周於土中。"所謂"五年營成周"也。《明堂解》:"六年而天下大治,乃會方國諸侯於宗周,制禮作樂,頒度量,而天下大服。"所謂"六年制禮作樂"也。終之曰"七年致政於成王",所言無不與《書傳》合者,故知《書説》皆原本古史,非憑臆爲説也。

《魯世家》言:"武王有疾,不豫,羣臣懼,太公、召公乃繆卜。周公曰:未可以戚我先王。周公乃自以爲質。令史策告太王、王季、文王,欲代武王,藏其策金縢匱中,誡守者弗敢言。及東土既集,周公歸報成王,乃爲詩貽王,命之曰《鴟鴞》。七年,還政於成王。初,成王少時,病,周公乃自揃其蚤,沈之河,以祝於神,曰:王少,未有識,姦神命者乃旦也。亦藏其策於府。成王病有瘳。及成王用事,人或譖周公,周公奔楚。成王發府,見周公禱書,乃泣,反周公。周公在豐,病,將没,曰:必葬我成周,以明吾不敢離成王。周公既卒,成王亦讓,葬周公於畢,從文王,以明予小子不敢臣周公也。周公卒後,秋,未穫,暴風雷雨,禾盡偃,大木盡拔,周國大恐。成王與大夫朝服以開金縢書,王乃得周公所自以爲功代武王之説,二公及王乃問史百執事,史百執事曰:信有,昔周公命我勿敢言。成王執書以泣,曰:自今後其無繆卜乎?昔周公勤勞王家,惟予幼人弗及知,今天動威,以彰周公之德,惟朕小子其迎,我國家禮亦宜之。王出郊,天乃雨,反風,禾盡起。二公命國人,凡大木所偃,盡起而築之,歲則大熟。"史公此文,全取《尚書金縢》,而周公奔楚一節,則爲《金縢》所弗具。平心論之,成王既能拘執周公之屬黨,豈有聽其反而攝政之理?謂此事在成王用事後,則正合情理。然則鄭之所云,殆亦有所本,特其學無師承,經文既闕,不能借口説以補之,遂誤以此釋《鴟鴞》之詩,而繫之於攝政前耳,口説之足貴如此。

周公奔楚,《索隱》云:"經典無文,其事或别有所出。而譙周云秦既燔書，時人欲言金縢之事，失其本末。乃云成王少時病，周公禱河欲代王死，藏祝策於府，成王用事，人讒周公，周公奔楚，成王發府見策，乃迎周公。又與《蒙恬傳》同，事或然也。"然則譙周亦信周公欲代成王事爲真，而以《金縢》爲不具也。周非守章句之學者，而其言如此，可以知所從矣。

〔四五〕衛　伯

《詩・旄丘序》云："責衛伯也。狄人迫逐黎侯，黎侯寓於衛，衛不能脩方伯連率之職，黎之臣子以責於衛也。"《箋》云："衛康叔之封爵稱侯；今曰伯者，時爲州伯也。"案《史記・衛康叔世家》："周公殺武庚禄父、管叔，放蔡叔。以武庚殷餘民封康叔爲衛君。康叔卒，子康伯立。康伯卒，子孝伯立。孝伯卒，子嗣伯立。嗣伯卒，子庢伯立。庢伯卒，子靖伯立。靖伯卒，子貞伯立。貞伯卒，子頃侯立。頃侯厚賂周夷王，夷王命衛爲侯。"據此，自貞伯以上，未有侯稱，事甚明白。《索隱》乃云："《康誥》稱命爾侯於東土。又云孟侯，朕其弟，小子封。則康叔初封已爲侯也。比子康伯即稱伯者，謂方伯之伯耳，非至子即降爵爲伯也。故孔安國曰：孟，長也。五侯之長謂方伯。方伯，州牧也。故五代孫祖恒爲方伯耳。至頃侯德衰，不監諸侯，乃從本爵而稱侯，非是至子而削爵，及頃侯賂夷王而稱侯也。"案列國稱號，時有進退，《史記》多從其本名書之，蓋有所據。《宋微子世家》："微子開卒，立其弟衍，是爲微仲。微仲卒，子宋公稽立。"《索隱》云："《家語》：微子弟仲思，名衍，一名泄，嗣微子爲宋公，雖遷爵易位，而班級不過其故，故以舊官爲稱。故二微雖爲宋公，猶稱微，至於稽乃稱宋公也。"《家語》固不足據，然謂史之所書，隨其當時稱號則是也。安得於衛忽自亂其例？《詩序》説《詩》義皆非是，其辭則雜採舊記而成。此衛伯二字，必有來歷。正足證《史記》至頃侯乃命爲侯之説也。《衛世家》自貞伯以下稱頃侯、釐侯，兩世皆稱侯。武公佐周平戎有功，周平王命爲公，自此以下皆稱公。成侯貶號爲侯，及子平侯皆稱侯，嗣君更貶號曰君，自此以下四世又皆稱君。

〔四六〕　江漢、常武

《江漢》、《常武》二詩，説者皆以爲宣王時事，竊疑非也。《史記·秦本紀》、《趙世家》并謂穆王西巡狩，樂而忘歸，徐偃王因之作亂。《秦本紀》云：造父爲穆王御，長驅歸周，一日千里以救亂；《趙世家》云：繆王日馳千里馬，攻徐偃王，大破之；而《左氏》昭公四年，椒舉謂穆有塗山之會；則穆王當日兵力實曾至淮徐，二詩所詠，蓋即其事。

《説苑·指武》："王孫厲謂楚文王曰：徐偃王好行仁義之道，漢東諸侯三十二國盡服矣。王若不伐，楚必事徐。文王遂興師伐徐，殘之。徐偃王將死，曰：吾賴於文德而不明武備，好行仁義之道而不知詐人之心，以至於此。"《淮南子·人間訓》亦載此事，而繫之楚莊王。穆王時，楚尚未强，而周室聲威頗振；伐徐之役，楚人或以師從，故後遂附會以偃王爲楚所滅。以當日情勢度之，楚必不能爲是役之主也。

自《説苑》以後，乃有調停其辭，謂穆王之伐徐，實命楚爲之者。《博物志》云："偃王既有國，仁義著聞，欲舟行上國，乃通溝陳蔡之間。得朱弓朱矢，以己得天瑞，遂因名爲弓，自稱徐偃王。《韓非·喻老》："治國者以名號爲罪，徐偃王是也。"則偃王當日確有稱王之事。江淮諸侯皆服從，服從者三十六國。周穆王聞，遣使乘駟，一日至楚，使伐之。偃王仁，不忍鬭害其民，爲楚所敗，逃走彭城武原縣東山下，百姓隨之者以萬數，後遂名其山爲徐山。山上立石室，有神靈，民人祈禱，今皆見存。"《説苑》云偃王敗死，而此云逃走武原東山，蓋所以調停載籍與傳説也，然猶不鑿言爲楚之某王。至《後漢書·東夷傳》乃云："徐夷僭號，率九夷以伐宗周，西至河上。穆王畏其方熾，乃分東方諸侯，命徐偃王主之。偃王處潢池東，地方五百里，行仁義，陸地而朝者三十六國。穆王後得驥騄之乘，乃使造父御以告楚，令伐徐，一日而至。於是楚文王大舉兵而滅之。偃王仁而無權，不忍鬬其人，故致於敗，乃北走彭城武原縣東山下，百姓隨之者以萬數，因名其山爲徐山。”既云周穆王，又云楚文王，則時不相及，遂啓如譙允南者之疑矣。見《史記索隱》引。然云穆王使楚，非；云偃王當穆王時，自實。譙氏不疑彼而疑此，似未諦也。

古書率本傳説，年代人地名多不審諦，然謂其絶無根據，則又不然。《博物志》謂偃王溝通陳蔡之間，《後漢書》謂偃王伐宗周，西至河上，皆隱與《檀弓》容居“昔我先君駒王西討，濟於河”之言合，疑駒王即偃王也。《博物志》謂徐偃王名弓，弓、句聲近，竊疑傳説者譌駒爲弓，因附會爲得朱弓矢之説。溝通陳蔡之間，疑即鴻溝。《博物志》之言而信，則偃王之溝通南北，實在吴人溝通江淮之先矣。

楚之强，自熊渠，《史記·楚世家》謂其當周夷王時。又云厲王暴虐，“熊渠畏其伐楚，亦去其王”。然特去其王號而已。謂周當夷厲以還，猶能聲罪致討於楚，其説實不近情，況越江漢而征淮徐乎？乃《漸漸之石序》云：“下國刺幽王也。戎狄叛之，荆舒不至，乃命將帥東征，役久，病於外，故作是詩也。”幽王而能遠征荆舒，豈尚爲切近之申與犬戎所滅哉？《序》蓋因詩有“武人東征”語而附會也。三家説《詩》，多有傳授，猶不免誤，況於小序之馮億穿鑿者乎？其不足信，無俟再計矣。

原刊《光華大學半月刊》第三卷第一期，
一九三四年十月十日出版

〔四七〕 西周皆都豐鎬

《詩譜》云：“《小雅》、《大雅》者，周室居西都豐鎬之時詩也。”《疏》云：“《文王有聲》云作邑於豐，是文王居豐也。又曰考卜維王，宅是鎬京,惟龜正之,武王成之,是武王居鎬也。《世本》云:懿王徙於犬丘。《地理志》云:京兆槐里縣,周曰犬丘,懿王都之。京兆郡,故長安縣也。皇甫謐云:鎬在長安南二十里,然則犬丘與鎬相近,有離宫在焉,懿王暫居之,非遷都也。"其説是也。《漢書・匈奴列傳》曰:"懿王時,王室遂衰,戎狄交侵,暴虐中國,中國被其苦,詩人始作,疾而歌之曰:靡室靡家,獫允之故。豈不日戒,獫允孔棘。至懿王曾孫宣王,興師命將,以征伐之。詩人美大其功,曰:薄伐獫允,至於太原。出車彭彭,城彼朔方。"此所引者,爲《采薇》、《六月》之詩。《序》以《采薇》爲文王遣戍役,《出車》以勞還,《杕杜》以勤歸,於《六月》則説爲宣王北伐。然《出車》之詩曰:"王命南仲,往城於方。"《六月》之詩曰:"侵鎬及方,至於涇陽。"則諸詩所詠,實一時事。鎬方,《鄭箋》但云"北方地名",竊疑方即豐之轉音。懿王時,豐鎬實曾淪陷,故暫遷犬丘也。《史記・秦本紀》言:"非子居犬丘,孝王欲以爲大駱適嗣,而申侯之女爲大駱妻,生子成爲適。申侯乃言孝王曰:昔我先驪山之女,爲戎胥軒妻,生仲潏,以親故,歸周,保西垂,西垂以其故和睦。今我復與大駱妻,生適子成。申駱重昏,西戎皆服,所以爲王,王其圖之。孝王乃分土,以非子爲附庸,邑之秦,使續嬴氏祀,號曰秦嬴;而亦不廢申侯之女子爲駱適者,以和西戎。秦嬴四傳至秦仲,而周厲王無道,西戎反王室,滅犬丘大駱之族。宣王即位,以秦仲爲大夫,誅西戎。西戎殺秦仲。秦仲有子五人,其長者曰莊公。宣王召莊公昆弟,與兵七千人,使伐西戎,破之。於是復予秦仲後及其先大駱地、犬丘并有之,爲西垂大夫。"觀此,知犬丘所繫之重,故懿王親徙鎮之;抑懿王雖失豐鎬,猶能守犬丘,此周之所以未遽亡也。《周書・史記》曰:"昔有林氏召離戎之君而朝之,至而不禮,留而弗親,離戎逃而去之。林氏誅之,天下叛林氏。"文王之被囚,閎夭之徒,實求驪戎之文馬以獻紂。《漢書・律曆志》張壽王謂驪山女亦爲天子,在殷周間,則驪戎立國甚古,且頗强盛。與申僇力王室,此西垂之所以獲安。逮申與犬戎合而攻周,而幽王隕滅矣,其敗適在驪山之下,周室興亡之故,夫固可以微窺也。

《水經・渭水注》曰:"渭水又東逕鄭縣故城北,鄭桓公友之故邑也。《漢書》薛瓚注言:周自穆王已下,都於西鄭,不得以封桓公也。幽王既敗,虢儈又滅,遷居其地,國於鄭父之丘,是爲鄭桓公,無封京兆之文。余按《史記》,考《春秋》、《國語》、《世本》,言周宣王二十二年,封庶弟友於鄭。又《春秋》、《國語》并言桓公爲周司徒,以王室將亂,謀於史伯,而寄帑與賄於虢儈之間。幽王霣於戲,鄭桓公死之。平王東遷,鄭武公輔王室,滅虢儈而兼其土。故周桓公言於王曰:我周之東遷,晉鄭是依。乃遷封於彼。《左傳》隱公十一年,鄭伯謂公孫獲曰:吾先君新邑於此,其能與許争乎?是指新鄭爲言矣。然班固、應劭、鄭玄、皇甫謐、裴頠、王隱、闞駰及諸述作者,咸以西鄭爲友之始封,賢於薛瓚之單説也,無宜違正經而從逸録矣。"其説亦是也。《穆天子傳》云:"天子入於南鄭。"《注》云:"《紀年》:穆王元年,築祇宫於南鄭,《傳》所謂王是以獲没於祇宫者也。"《洧水注》云:"晉文侯二年,周惠王子多父伐鄶,克之。乃居鄭父之丘,名之曰鄭,是爲桓公。"此蓋瓚説之所由來。《左氏》曰:"祭公謀父作《祈招》之詩,以止王心,王是以獲没於祇宫。"祭公謀父,即《國語》載其諫穆王征犬戎之人,隱見《左氏》所謂"穆王欲肆其心,周行天下"者,即指其征伐之事。造《竹書》者,既因緣《左氏》,妄造事實;作《穆天子傳》者,遂變本而加厲,其淆亂史事甚矣。

〔四八〕 周失西畿之年[①]

《詩・六月》:"玁狁匪茹,整居焦穫;《爾雅》"十藪"之一,據郭《注》,在今陝西涇陽縣。侵鎬及方,至於涇陽。"周人嘗命將伐之,至太原而城朔方。

① 曾改題爲《疑周伐玁狁爲東遷後事》。

《詩》家説此，多以爲宣王時事，然觀《史記・匈奴列傳》，則似在驪山之役以後，疑莫能明也。

《史記・周本紀》及《匈奴列傳》，皆不言宣王時有與玁狁争戰之事。《匈奴列傳》曰："穆王之後二百有餘年，周幽王用寵姬褒姒之故，與申侯有隙；申侯怒而與犬戎共攻殺周幽王於驪山之下，遂取周之焦穫，而居於涇渭之間，侵暴中國。"又曰："初，周襄王欲伐鄭，故取戎狄女爲后，與戎狄兵共伐鄭。已而黜狄后，狄后怨。而襄王後母曰惠后，有子子帶，欲立之。於是惠后與狄后、子帶爲内應，開戎狄；戎狄以故得入，破逐周襄王，而立子帶爲天子。於是戎狄或居於陸渾，東至於衛，侵盜暴虐中國。中國疾之，故詩人歌之曰：戎狄是膺；薄伐獫狁，至於太原；出輿彭彭，城彼朔方。"則似詩之所詠，皆周東遷後事。案鎬、方、朔方，説《詩》者皆不能指爲何地；若以爲東遷後事，則鎬即武王所居；方，或豐之轉音也。劉向訟甘延壽疏："千里之鎬，猶以爲遠。"鎬京與雒邑相去固得云千里，朔方亦當在涇水流域，自鎬京言之，固可云西北也。平王雖不能禦犬戎，特以畏逼東遷，不應一遷之後，西都畿内之地，即盡淪戎狄。據《史記・秦本紀》及《十二諸侯年表》，秦襄公伐戎至岐，在其十二年，當周平王五年；秦文公十六年收周餘民，有之，地至岐，當平王十九年；德公元年卜居雍，後世子孫飲馬於河，可見是時秦東境尚未至河；德公元年乃周釐王五年，東遷後之九十四年也。《六國表》曰："穆公脩政，東境至河。"據《秦本紀》及《十二諸侯年表》，事在穆公十六年，則周襄王之八年，東遷後之百二十七年矣。周與西都交通之絶，由晉滅虢守桃林之塞而然。虢之滅，在周惠王二十二年，亦在東遷後百十六年。然則自平王東遷後百餘年間，周與西都之交通迄未嘗絶，西都畿内之地，亦未嘗盡爲秦有，命將出師，以征玁狁，固事所可有也。《出車》之詩曰："王命南仲，往城於方。"《毛傳》："方，朔方，近玁狁之國也。"案詩又言"天子命我，城彼朔方"，所詠當係一事，《毛傳》是也。然則朔方乃近玁狁之地，在周之北。劉向訟甘延壽疏，亦以詩所詠爲宣王時事。然古人學術，多由口耳相傳，久之乃著竹帛，不審諦處甚多，無妨其言千里之鎬爲是，其言宣王時事爲非也。

〔四九〕 齊桓公存三亡國

《左氏》僖公十九年：宋司馬子魚曰："齊桓公存三亡國以屬諸侯。"杜《注》曰："三亡國：魯、衛、邢。"非也。《管子·大匡》曰："五年，宋伐杞，桓公欲救之。管仲曰：令人以重幣使之；使之而不可，君受而封之。公乃命曹孫叔使宋。宋不聽，果伐杞。桓公築緣陵以封之，予車百乘，甲一千。明年，狄人伐邢，邢君出，致於齊。桓公築夷儀以封之，予車百乘，卒千人。明年，狄人伐衛，衛君出，致於虚。桓公築楚丘以封之，予車三百乘，甲五千。"《霸形》曰："管子曰：宋伐杞，狄伐邢、衛，今君何不定三君之位哉？桓公曰：諾。因命以車百乘，卒千人，以緣陵封杞；車百乘，卒千人，以夷儀封邢；車五百乘，卒五千人，以楚丘封衛。"然則三亡國者，杞、邢、衛也。故書有據，而杜億説之，非。且魯雖三君死、曠年無君，國曷嘗亡哉？

原刊《群雅》第一集第二卷，一九四〇年五月一日

〔五〇〕 長狄考

孟子曰："其事則齊桓、晉文，其文則史，孔子曰：其義則丘竊取之矣。"斯言也，實治《春秋》者之金科玉律也。能分别其事與義，則《春秋》作經讀可，作史讀亦可。而不然者，則微特不能明《春秋》之義，於春秋時事，亦必不能了也。

春秋事之可怪者，莫如長狄。文十一年《經》云："叔孫得臣敗狄於鹹。"但云狄而已，而《公羊》及《左》、《穀》皆以爲長狄。《左氏》所

載,但云長狄有名緣斯者,獲於宋;有曰僑如者,斃於魯叔孫得臣;僑如之弟焚如獲於晉,榮如獲於齊,簡如獲於衛;鄋瞞由是遂亡而已。無荒怪之説也。《公羊》云"記異",而不言其所以異。《穀梁》則云"弟兄三人,佚宕中國,瓦石不能害。叔孫得臣最善射者也,射其目,身横九畝,斷其首而載之,眉見於軾",其荒怪甚矣。

注家之言,《穀梁》范《注》但循文敷衍,無所增益。《左氏》杜《注》亦然。其云"蓋長三丈",乃本《國語》。《國語》、《左氏》固一家言也。何休之意,則不以長狄爲人,故注"兄弟三人"曰:"言相類如兄弟。"又曰:"魯成就周道之封,齊、晉霸,尊周室之後。長狄之操,無羽翮之助,別之三國,皆欲爲君。比象周室衰,禮義廢,大人無輔佐,有夷狄行。事以三成,不可苟指一,故自宣、成以往,弑君二十八,亡國四十。"二十八當作二十,四十當作二十四,見《疏》。《疏》引《關中記》曰:"秦始皇二十六年,有長人十二,見於臨洮,身長百尺,皆夷狄服。天誡若曰:勿大爲夷狄行,將滅其國。"《穀梁疏》引《考異郵》曰:"兄弟三人,各長百尺,別之國,欲爲君。"《漢書·五行志》引《公》、《穀》説,而曰:"劉向以爲是時周室衰微,三國爲大,可責者也。天戒若曰:不行禮義,大爲夷狄之行,將至危亡。其後三國皆有篡弑之禍,近下人伐上之痾也。"又引京房《易傳》曰:"君暴亂,疾有道,厥妖長狄入國。"又曰:"豐其屋,下獨苦。長狄生,主爲虜。"《五行志》又曰:"史記秦始皇帝二十六年有大人長五丈,足履六尺,皆夷狄服,凡十二人,見於臨洮。天戒若曰:勿大爲夷狄之行,將受其禍。後十四年而秦亡。亡自戍卒陳勝發。"其義皆與何休同。

以長狄爲非人,似極荒怪。然束閣三傳,獨抱遺經,以得臣所敗,亦尋常之狄則可;否則以之爲人,其怪乃甚於非人也。記事荒怪,《穀梁》爲甚。然《公羊》謂其"兄弟三人,一者之齊,一者之魯,一者之晉。其之齊者,王子成父殺之;之魯者,叔孫得臣殺之;則未知其之晉者也",其説全與《穀梁》同,特不云其"佚宕中國,瓦石不能害",又不言其長若干而已。然《穀梁》云:"不言帥師而言敗,何也?直敗一人之辭也。一人而曰敗,何也?以衆焉言之也。”范《注》:“言其力足以敵衆。”《公羊》曰:“其言敗何?大之也。其日何?大之也。其地何?大之也。”意亦全同。以得臣所敗爲一人,則非謂其瓦石不能害,身橫九畝,斷其首而載之,眉見於軾不可矣。故《公》、《穀》之辭,雖有詳略,其同出一本,蓋無疑也。《穀梁》曰“《傳》曰”云云,蓋據舊傳也。惟《左氏》之説,最爲平正。其曰“富父終甥摏其喉以戈,殺之”,特記其殺之之事,非有“瓦石不能害”,必“射其目”之意也。詳記齊、魯二國埋其首之處,則杜氏所謂“骨節非常,恐後世怪之”,更未嘗有“身橫九畝”、“眉見於軾”之説也。雖杜《注》謂“榮如以魯桓十六年死,至宣十五年一百三歲,其兄猶在,《傳》言既長且壽,有異於人”,然年代舛譌,古書恒有;此乃杜推《左氏》之意如此,《左氏》之意,初未必如此也。然則《左氏》果本諸國史,記事翔實,而《公羊》、《穀梁》皆不免口説流行之誚邪!

蓋《公羊》所云“記異”者,乃《春秋》之義也。何休所言,則發明《公羊》之所謂異者也,與事本不相干。至《公》、《穀》之記事,與《左氏》之記事,則各有所取。古事之傳於今,有出史官之記載,士夫之傳述者;亦有出於東野人之口,好事者之爲者。有傳之未久,即著竹帛者;亦有輾轉傳述,乃形簡策者。由前之説,其言恒較雅,其事亦較確。由後之説,則其詞多鄙,其事易蕪。《左氏》所資,蓋屬前説;《公》、《穀》所本,則屬後説也。以記事論,《左氏》誠爲近實;然以義論,則公羊子獨得聖人之傳已。

《左氏》之記事,誠近實矣,然長狄究爲何如人,《左氏》未之言也,則請徵之《國語》。《國語·魯語》:吴伐越,隳會稽,得骨專車,使問仲尼。仲尼曰:昔禹致羣神於會稽山,防風氏後至,禹殺而戮之,其節專車。客曰:防風何守?仲尼曰:汪罔國之君也,守封、嵎之山,漆姓,在虞、夏、商爲汪罔氏,於周爲長翟氏,今謂之大人。客又曰:人長之極幾何?仲尼曰:僬僥氏三尺,短之至也。長者不過十之,數之極也。《史記·孔子世家》、《説苑》、《家語·辨物》篇略同。惟《説苑》漆姓作釐姓,又云

"在虞、夏爲防風氏，商爲汪芒氏"耳。〇《説文》亦曰"在夏爲防風氏，殷爲汪芒氏"。如此説，則長狄之先，有姓氏及封土可稽；身長三丈，乃出仲尼推論，非謂其人實如是，了無足怪矣。《義疏》《左》文十一年杜《注》"長狄之種絶"孔《疏》。云："如此《傳》文，長狄有種；種類相生，當有支胤。惟獲數人，云其種遂絶，深可疑之。命守封、嵎之山，賜之以漆爲姓，則是世爲國主，緜歷四代，安得更無支屬，惟有四人？且君爲民心，方以類聚，不應獨立三丈之君，使牧八尺之民。又三丈之人，誰爲匹配？豈有三丈之妻，爲之生産乎？人情度之，深可惑也。"又引蘇氏云："《國語》稱今曰大人，但迸居夷狄，不在中國，故云遂亡。"案蘇氏所疑，蓋同孔《疏》，故以是爲解。然竊謂無足疑也。《疏》之所疑，首由不知身長三丈，乃出仲尼推論而非其實；若知此義，自不嫌以三丈之君牧八尺之民，更不疑乏三丈之妻爲之生産矣。次則不知鄋瞞遂亡，惟指防風一族。蓋泰伯、仲雍竄身揚越，君爲姬姓，民則文身，設使當日弟昆，并被異邦戕殺，南國神明之胄，固可云由是而亡。汪芒本守會稽，長狄佚宕兖、冀，蓋由支裔北徙，君臨羣狄，昆弟迭見誅夷，新邑遂無遺種，此亦不足爲怪。至於封、嵎舊守，原未嘗云不祀忽諸也。

民國十年十月八日，予客瀋陽，讀是日之《盛京時報》，有云：北京西城大明濠，因治馬路，開掘暗溝。有工人在下岡四十號民家牆根下，掘得巨人骸骨八具，長約八尺餘，頭大如斗，棄之阬内，行人觀者如堵。監者慮妨工作，乃命工人埋之。該報但云日前，未確記其日。此事衆目昭彰，不容虚構。知史籍所云巨人、侏儒，縱有過當之辭，必非子虚之説矣。長狄之長，何休云百尺，蓋本之《關中記》等書；杜云三丈，本諸《國語》；范云五丈四尺，則就九畝之長計之，并非其實。竊謂《左氏》"富父終甥搖其喉以戈"一語，即所以狀長狄之長，謂恒人舉戈，僅及其喉也。然則長狄之長，斷不能越北京西城所得之骨矣，豈當日北京西城之地，亦古代長狄埋骨之區邪？

夫語增則何所不至？今之歐洲人，皆長於中國人；日本人則短於中國人；來者既多，日習焉則不以爲異。設使歐人、日人，來者不過一家數口，後遂無以爲繼；數十百年之後，或則同化於我，或則絶世無傳；而吾國於此，亦無翔實之記載，一位傳説者之悠謬其辭；則不一再傳，而歐人爲防風，而日人爲僬僥矣。然則《公》、《穀》記事之繆悠，亦不足怪，彼其所資者則然也。故借長狄之來以示戒，《春秋》之意也。古有族曰防風，其人蓋别一種類，頗長於尋常人，事之實也。曰百尺，曰三丈，曰五丈四尺，事之傳譌，説之有託者也。曰瓦石不能害，弟兄三人即能佚宕中國，致興大師以獲一人，則又身長之《傳》語既增，因而輾轉附會焉者也。一一分别觀之，而《春秋》之義得，而春秋之事亦明矣。故曰：分别其事與義，乃治《春秋》者之金科玉律也。

原刊《光華期刊》第一期，一九二七年十二月出版

〔五一〕 鬼方考

《左氏》僖公二十二年，“秦晉遷陸渾之戎於伊川。”三十三年，“遽興姜戎，敗秦師於殽。”襄公十四年，“將執戎子駒支，范宣子親數諸朝，曰：來，姜戎氏！昔秦人迫逐乃祖吾離於瓜州，乃祖吾離被苫蓋，蒙荆棘，以來歸我先君。我先君惠公有不腆之田，與女剖分而食之。對曰：昔秦人負恃其衆，貪於土地，逐我諸戎。惠公蠲其大德，謂我諸戎是四嶽之裔胄也，毋是翦棄。賜我南鄙之田，狐狸所居，豺狼所嗥。我諸戎除翦其荆棘，驅其狐狸豺狼，以爲先君不侵不叛之臣，至於今不貳。昔文公與秦伐鄭，秦人竊與鄭盟而舍戍焉，於是乎有殽之師。晉禦其上，戎亢其下。秦師不復，我諸戎實然。”昭公九年，“周甘人與晉閻嘉争閻田。晉梁丙、張趯帥陰戎伐潁。王使詹桓伯辭於晉曰：先王居檮杌於四裔，以禦螭魅。故允姓之姦，居於瓜州。伯父惠公歸自秦，而誘以來。使偪我諸姬，入我郊甸，則戎焉取之。戎有中國，誰之咎也？”觀此諸文，陸渾之戎、姜戎、陰戎，異名同實，事至明白。駒支自稱四嶽之胄，而周人稱爲允姓之姦，則其人實有二姓。杜

《注》謂四嶽之後皆姓姜，又别爲允姓者，説自不誤。惟謂瓜州即敦煌，襄十四、昭九年《注》兩言之。説出杜林，《漢書·地理志》：敦煌，杜林以爲古瓜州，地生美瓜。則不無可疑耳。

河西四郡，乃漢武所開。春秋時，秦國疆域，蓋西不踰河，安得遠跡至敦煌哉？宋于庭謂《詩》"我征自西，至於艽野"之艽野，即"覃及鬼方"及《易》"高宗伐鬼方"之鬼方，又即《禮記·文王世子》"西方有九國焉"之九國。《史記·殷本紀》，以西伯昌、九侯、鄂侯爲三公。《禮記·明堂位》："脯鬼侯以享鄂侯。"《正義》曰："鬼侯，《周本紀》作九侯。"蓋西方九國之諸侯，入爲殷之三公。《列子》稱"相馬者九方皋"，九方當即鬼方，以國爲氏。愚案《左氏》昭公二十二年，"晉籍談、荀躒帥九州之戎，以納王於王城。"下言前城人敗陸渾於社。則杜《注》謂九州戎即陸渾戎者不誤。九州即九國，亦即艽野、鬼方，蓋陸渾戎之故國；所謂瓜州，疑亦其地也。

《漢書·賈捐之傳》："武丁、成王，殷、周之大仁也，然地東不過江黄，西不過氐羌。"此以氐羌即武丁所伐之鬼方也。《文選·趙充國頌》李《注》引《世本注》："鬼方，於漢則先零戎是也。"《潛夫論·邊議》篇論羌亂曰："破滅三輔，覃及鬼方。"并以漢時之羌當古之鬼方。干寶《易注》，謂在北方，《周易集解》。蓋誤。

氐羌者，《周書·王會解》："氐羌以鸞鳥。"孔《注》："氐地羌。羌不同，故謂之氐羌。今謂之氐矣。"蓋羌之一種也。《吕覽·義賞篇》高《注》，謂"氐與羌二種夷民"，蓋誤。案經典有但言羌者，《書·牧誓》"及庸、蜀、羌、髳、微、盧、彭、濮人"是也。有兼言氐羌者：《詩·商頌》"昔有成湯，自彼氐羌，莫敢不來享，莫敢不來王"；《大戴記·五帝德》述舜所撫者，析支、渠搜、氐羌是也。羌爲大名，氐爲種别。但言羌者，辭略也。蓋亦指氐羌矣。

《大戴記·帝繫》："陸終氏娶於鬼方氏。鬼方氏之妹，謂之女隤氏。"陸終爲顓頊之後，則鬼方在古代，實與中國相昏姻。故武丁伐之，至於勞師三年；其後又入爲紂之三公也。宜武王以撫有之爲蘿祥矣。《詩》:“文王曰咨,咨女殷商。如蜩如螗,如沸如羹。小大既喪,人尚乎由行。内奰於中國,覃及鬼方。”《毛傳》僅訓鬼方爲遠方,未能實指其事。今知鬼方即鬼侯,則知“覃及鬼方”,正指脯鬼侯事也。女隤,《世本》及《風俗通》皆作嬇,《漢書·古今人表》作潰。鬼、貴同音,故餽字亦通作饋。則隤字疑即隗字。《春秋》狄人爲隗姓,戎狄固以方位言,非以種族言。遷古公於岐者,書傳皆稱狄,其地固在秦隴間也。漢隗囂,天水成紀人。魏隗禧,京兆人。秦始皇時有丞相隗狀,當亦秦人也。隗禧,見《三國·魏志·王肅傳》。《國語·鄭語》:史伯謂鄭桓公曰:“當成周者,西有虞、虢、晉、隗、霍、楊、魏、芮。”則東遷後猶資其翊衛,周大夫之行役朮野,固無足怪矣。《左》僖二十二年杜《注》,但云“允姓之戎居陸渾,在秦、晉西北”。

《左》昭九年杜《注》:“允姓,陰戎之祖,與三苗俱放三危者。”蓋因陰戎、三苗皆姜姓云然。《禹貢疏》:“鄭玄引《地記書》云:三危之山,在鳥鼠之西,南當岷山。”《水經注》卷四十引《山海經》,亦云“在鳥鼠山西”。又云:“江水東過江陽縣,雒水從三危道廣魏雒縣南,東南注之。”雒縣,今廣漢也。然則三危之脈,實在隴蜀之間。《續書·郡國志》謂首陽有三危,三苗所處,雖不中,當不遠矣。孔晁謂“氐地羌謂之氐羌,今謂之氐”,則漢時所謂氐者,即古所謂氐羌。《漢書·西南夷傳》曰:“自莋以東北,君長以十數,冉駹最大。自駹以東北,君長以十數,白馬最大。皆氐類也。”《地理志》,隴西有氐道,廣漢有甸氐道、剛氐道。蜀郡有灊氐道。古所謂鬼方者必去此不遠矣。

陸渾之戎,杜《注》謂在當時之陸渾縣。僖二十二年。又有伊洛之戎,《注》謂雜戎居伊水、雒水之間者。僖十一年。《疏》引《釋例》:“河南雒陽縣西南有戎城。”又有蠻氏,《注》云:戎别種也。河南新城東南有蠻城。成公六年。案成公六年侵宋之役,《左氏》以伊雒之戎、陸渾、蠻氏并舉,則自繫三族。然秦晉遷陸渾之戎於伊川,則實與伊雒之戎雜處。《左氏》之伊雒之戎,《春秋》但作雒戎,得毋雒戎在雒,陸渾之戎在伊川,云伊雒之戎者,實兩種既混合後之總稱與?哀公四年,蠻子赤奔晉陰地。陰地之命大夫士蔑,致九州之戎,將裂田以與蠻子而城之,且將爲之卜。蠻子聽卜,遂執之,與其五大夫,以畀楚師於三户。則蠻子所奔者,實陸渾之戎,陸渾以昭十七年爲晉所滅,然其部落自在,故二十二年,籍談、荀躒仍帥其衆以納王也。二者之關係亦極密。莊公二十八年,晉侯娶二女於戎,大戎狐姬生重耳,小戎子生夷吾。杜《注》謂"小戎,允姓之戎",其言當有所據。獻公是時,未必越秦而遠婚於西垂。又僖二十二年《疏》云:"十一年《傳》稱伊洛之戎同伐京師,則伊洛先有戎矣。"疑允姓之戎,本有在伊洛之間者,惠公之處吾離,特使之從其類也。然則蠻氏之戎或亦氐羌之族矣。此皆鬼方之類,播遷而入中國者邪?

氐羌之俗,有與中國類者。《左》莊二十一年,"王以后之鞶鑒與之"。杜《注》云:"鞶,帶而以鏡爲飾也。今西方羌胡猶然,古之遺服。"定六年"定之鞶鑒"《注》同。《詩》"在其板屋,亂我心曲",《毛傳》曰:"西戎板屋。"《正義》:"《地理志》曰:天水、隴西,山多林木,民以板爲屋。故《秦詩》云在其板屋。然則秦之西垂,民亦板屋。"則衣服居處,西戎與中國,極相類矣。此皆其久相往來之徵,宜高宗之勤兵力於此也。《後漢書》謂巴俗喜歌舞。高祖觀之,曰:此武王伐紂之歌也。乃命樂人習之,所謂巴渝舞也。《尚書大傳》,稱武王伐紂之師,前歌後舞,所用者蓋即巴人?巴亦氐類也。殆果"終撫九國"歟?駒支謂"我諸戎飲食衣服,不與華同;贄幣不通,言語不達",《左氏》襄公十四年。達亦通也,謂無使命往來,非謂其人不知華語也。不然,安能賦《青蠅》之詩邪?

《三國志注》引《魏略》:"氐語不與中國同,及羌雜胡同。"胡者,匈奴。氐與習,故亦通其語。羌則其本語也。《荀子·大略》曰:"氐羌之虜也,不憂其係壘也,而憂其不焚也。"《注》:"氐羌之俗,死則焚其尸。"《吕覽·義賞》:"氐羌之民,其虜也,不憂其係纍,而憂其死不焚也。"《後漢書》謂羌人死則燒其尸。皆氐、羌同族之證。

《山海經·海内經》:"伯夷父生西岳。西岳生先龍,先龍是始生氐羌,氐羌乞姓。"西岳疑四岳之誤。乞姓疑亦允姓之譌。又《海内南經》:"氐人國,在建木西。其爲人,人面而魚身,無足。"《大荒西經》:"有互人之國。炎帝之孫,名曰靈恝。靈恝生互人,是能上下於天。有魚偏枯,名曰魚婦顓頊。死即復蘇。風道北來,天乃大水泉,蛇乃化爲魚,是爲魚婦顓頊。死即復蘇。"《圖讚》:"炎帝之苗,實生氐人。死則復蘇,厥身爲鱗。雲南疑當作雨。是託,浮游天津。"靈恝,《注》云:"音如券契之契。"與乞姓之乞,音同字異。《山海經》固不足信,亦氐羌姜姓之一佐證。頗疑姜、羌實一字也。

鬼方所在,古人雖不審諦,率皆以爲在西。自《詩序》以《殷武》之詩爲祀高宗,《毛傳》以"撻彼殷武,奮伐荆楚"爲指武丁,乃有以鬼方爲在楚者。今本《竹書紀年》,"武丁三十有二祀,伐鬼方,次於荆",即據此等説僞造。下又云"三十有四祀,王師克鬼方,氐羌來賓",遂忘其自相矛盾也。近世鄒叔績,推波助瀾,又據紅巖摩崖石刻,謂鬼方在貴州,則去之愈遠矣。紅崖碑者,在"貴州永甯東六十里紅巖後山諸葛營旁。字大者周尺三四尺,小者尺餘。深五六寸許。共二十五字。土人以其在諸葛營旁,稱爲《諸葛碑》。又傳云:不知刻自何年。諸葛征南,營其下,讀而拜焉,使蠻人護之,故謂之《諸葛碑》。蠻人因歲祀之,以占歿雨瘴疫。其碑在巖上最高處,非縆木叠架,不能上拓。"以上據鄒氏《紅崖碑釋文》。其文詭異而初不古,不知何世好事者所爲。鄒氏一一鉤摹而强釋之,附會爲高宗征鬼方所刻,亦可謂好奇之過矣。鄒氏之説曰:"漢之先零羌,即今青海。漢代之羌,有今藏地喀木。故《前漢書・地理志》云:桓水南行羌中,入南海。桓水,即今瀾滄江也。案此説亦誤。羌之種落,又延蔓於武都,越巂,所謂参狼、白馬、旄牛諸羌是也。以《竹書》、《世本》、《後漢書》證之,鬼方即羌明甚。是則今青海,藏地喀木,及滇蜀之西徼,皆商代鬼方。故虞仲翔謂坤爲鬼方。坤西南,且好寇竊,亦同羌俗也。案虞《注》"繻有衣袽終日戒"云:"伐鬼方三年乃克,旅人愬勞。衣服皆敗,鬼方之民,猶或寇竊,故終日戒也。"今雲貴羅羅種,自謂其先出於旄牛,殆亦羌種?其俗有鬼主,見《唐書》、《宋史・南蠻傳》。愈以知羌即鬼方也。案羅羅乃古之濮人,予别有考。羌以父名母姓爲種號，所謂旄牛，或人名，如蒙古始祖孛兒帖赤那，譯言蒼狼之例，非必謂其先爲旄牛所生也。《三國志注》引《魏略》，謂"氐種非一，或號青氐，或號白氐，或號蚺氐，此蓋蟲之類，中國即其服色而名之"，蓋氐羌有圖騰之俗。又部落各别其衣色。青氐、白氐之稱，由衣色而生；旄牛、白馬、蚺氐之名，皆以圖騰而立。圖騰之制，部各不同，斷不能謂漢代之西羌，同於今日之羅羅也。至以鬼主附會鬼方，則尤爲曲説矣。高宗之伐鬼方也，自荆楚深入，始入其地，歷今黔滇審矣。三年克之而還，蓋仍從故道，會諸侯於南岳也。此則其東還過西方而刻石紀功之作。"案鄒氏以羌爲鬼方，是也。乃舉後世羌人所居之地，悉指爲殷時之鬼方，則近於兒戲矣。古者師行日三十里，六軍一萬五千人，如何歷湘、鄂、滇、黔以入青、藏邪？

〔五二〕 山戎考

《管子·大匡》篇曰："桓公遇南州侯於召陵，曰：狄爲無道，犯天子令，以伐小國。以天子之故，敬天之命，令以救伐。北州侯莫至，上不聽天子令，下無禮諸侯。寡人請誅於北州之侯。諸侯許諾。桓公乃北伐令支，下鳧之山，斬孤竹，遇山戎。"《小匡》篇曰："北伐山戎，制泠支，斬孤竹，而九夷始聽。海濱諸侯，莫不來服。"又曰："桓公曰：北至於孤竹、山戎、穢貉，拘秦夏。"《霸形》篇曰："北伐孤竹，還存燕公。"《戒》篇曰："北伐山戎，出冬蔥與戎菽，布之天下。"《輕重甲》篇曰："桓公曰：天下之國，莫强於越。今寡人欲北舉事孤竹、離枝，恐越人之至，爲此有道乎？""桓公終北舉事於孤竹、離枝，越人果至。"皆以山戎在北方，與燕及孤竹、令支相近。燕召公封地在今薊縣。《漢志》：遼西郡令支，有孤竹城，《注》引應劭曰："古伯夷國。今有孤竹城。"則今遷安縣也。然《小問》篇曰："桓公北伐孤竹，未至卑耳之谿十里。"《小匡》篇曰："西征，攘白狄之地，遂至於西河。方舟投柎，乘舟濟河。至於石沈，縣車束馬，踰大行與卑耳之貉。拘秦夏。"又曰："北至於孤竹、山戎、穢貉，拘秦夏。”“卑耳之貉”之貉，當係谿字之誤。注隨文妄説爲“與卑耳之貉共拘秦夏之不服者”，誤也。穢貉初在今陝西北境，予别有考。然則卑耳之谿，實在西河、大行附近；與漢之令支縣，風馬牛不相及矣。《輕重戊》篇曰：“桓公問於管子曰：代國之出何有？管子對曰：代之出，狐白之皮，公其貴買之。代民必去其本，而居山林之中。離枝聞之，必侵其北。”則離枝又在代北，亦非漢令支地也。《穀梁》謂齊桓“越千里之險，北伐山戎，爲燕辟地”，又曰：“燕，周之分子也，而貢職不至，山戎爲之伐矣。”莊三十年。其釋齊侯來獻戎捷曰：“軍得曰捷，戎，菽也。”三十一年。皆與《管子》合。《史記·匈奴列傳》謂“山戎越燕而伐齊”。又云：“山戎伐燕，燕告急於齊，齊桓公北伐山戎。山戎走。”亦以山戎在北方，與燕近。然《公羊》謂其“旗獲而過我”，《疏》云：“齊侯伐山戎而得過魯，則此山戎不在齊北可知。蓋戎之别種，居於諸夏之山，故謂之山戎耳。”自來説山戎者，多主《左》、《穀》，鮮措意《公羊》。然《左氏》於齊侯來獻戎捷，但云“諸侯不相遺俘”，無戎菽之説。其説公及齊侯遇於魯濟曰：“謀山戎也，以其病燕故也。”雖似與《穀梁》合。然山戎果去齊千里，何爲與魯謀之？則其消息，反與《公羊》相通矣。《禮記·檀弓》：“孔子過泰山側，有婦人哭於墓者而哀。”《新序》亦記此事，而云“孔子北之山戎”。《論衡·遭虎》篇云：“孔子行魯林中。”《定賢》篇云：“魯林中哭婦。”俞氏正燮謂俱稱林中，殆齊配林之類。《癸巳存稿》。明山戎實在泰山附近，故齊伐之，得旗獲而過魯也。《管子》一書，述齊桓、管仲事，多不可據。即如一孤竹也，忽謂其在燕之外，忽焉伐孤竹所濟卑耳之谿，又近西河、大行，令人何所適從邪？蓋古書本多口耳相傳，齊人所知，則管仲、晏子而已，輾轉增飾，遂不覺其詞之侈也。然謂伐山戎而九夷始聽，則亦見山戎之在東而不在北矣。

杜預《釋例·土地名》，以北戎、山戎、無終三者爲一。昭元年《疏》。僖十年《注》曰：“北戎，山戎。”襄四年《注》曰：“無終，山戎國名。”昭元年《注》曰：“無終，山戎。”莊三十年《注》則曰“山戎，北狄”。《漢志》：“右北平，無終，故無終子國。”地在今薊縣。然襄四年，無終子嘉父使孟樂如晉，請和諸戎。魏絳勸晉侯許之,曰:“戎狄薦居,貴貨易土,土可賈焉。”又曰:“邊鄙不聳,民狎其野,穡人成功。”則無終之地,必密邇晉。故昭元年,荀吴得敗無終及羣狄於太原。若謂在今薊縣,則又渺不相及矣。故《義疏》亦不信其説也。

北戎之見於《春秋》者,僖十年:“齊侯、許男伐北戎。”其見於《左氏》者,隱九年北戎侵鄭;桓六年北戎伐齊。亦絶無近燕之跡。且隱九年鄭伯之患北戎,昭元年魏舒之策無終,皆云“彼徒我車”;而《小匡》篇亦以“北伐山戎,制泠支,斬孤竹,而九夷始聽”,與“中救晉公,禽狄王,敗胡貉,破屠何,而騎寇始服”對舉。胡者,匈奴東胡,貉即濊貉。屠何者,《墨子·非攻中篇》曰:“雖北者且不一著何,其所以亡於燕、代、胡、貉之間者,亦以攻戰也。”孫氏詒讓以且不一著何,當作且,不著何。“一”字疑衍。其言曰:“且,疑柤之借字。《國語·晉語》:獻公田,見翟柤之氛。韋《注》云:翟柤,國名是也。不著何,亦北胡國。《周書·王會》篇云:不屠何青熊。又《王會·伊尹獻令》,正北有且略、豹胡。且略即此且及《左傳》翟柤。豹胡,亦即不屠何。豹、不,胡、何,并一聲之轉。不屠何,漢爲徒何縣,屬遼西郡。故城在今奉天錦州府錦縣西北。柤,據《國語》,爲晉獻公所滅,所在無考。”案孫説近之。古代異族在北徼者多遊牧,雜居内地者則否。胡貉,屠何,爲騎寇,而山戎、令支、孤竹不然,又以知其非一族矣。

戎之名,見於《春秋》者甚多。隱二年,“春,公會戎於潛。”“秋八月庚辰,公及戎盟於唐。”又是年,“無駭帥師入極。”《疏》云:“極,戎邑也。”七年,“冬,天王使凡伯來聘。戎伐凡伯於楚丘,以歸。”桓二年,“公及戎盟於唐。”莊十八年,“夏,公追戎於濟西。”二十四年,“冬,戎侵曹。”二十六年,“春,公伐戎。”其地皆在今山東境。雖不云山戎,亦近魯之地多戎之證也。竊疑山戎占地頗廣,次第爲諸國所并。至戰國時,惟近燕者尚存。後人追述管子之事,不知其時之山戎疆域與後來不同也,則以爲在燕北而已矣。記此事者獨《公羊》不誤,亦足雪口説流行之誣矣。

寫於一九三四年四月前

〔五三〕 山戎考續篇

讀史者多以戰國時之東胡爲春秋時之山戎，此誤也。推厥由來，實緣誤以齊桓公伐山戎所救之燕爲北燕，遂誤以北燕北之東胡與南燕北之山戎，合并爲一矣。

《春秋》莊公三十年冬，公及齊侯遇於魯濟。齊人伐山戎。三十有一年六月，齊侯來獻戎捷。魯濟之會，《公》、《穀》皆不言其與燕有關，惟《左氏》曰：謀山戎也，以其病燕故也。伐山戎之齊人，《公》、《穀》皆以爲齊侯獻戎捷。《公羊》曰：威我也，旗獲而過我也。《穀梁》曰：軍得曰捷，戎菽也。案《説苑·權謀》曰：齊桓公將伐山戎、孤竹，使人請助於魯。魯君進羣臣而謀，皆曰："師行數千(十)里，入蠻夷之地，必不反矣。"於是魯許助之而不行，齊已伐山戎、孤竹而欲移兵於魯。管仲曰："不可。諸侯未親，今又伐遠而還誅近鄰，鄰國不親，非霸王之道。君之所得山戎之寶器者，中國之所鮮也，不可以不進周公之廟乎?"桓公乃分山戎之寶，獻之周公之廟。明年，起兵伐莒，魯下令丁男悉發，五尺童子皆至。孔子曰："聖人轉禍爲福，報怨以德。"此之謂也。則齊桓之伐山戎，確曾與魯謀之，確係桓公親行，而其還亦確曾過魯。《左氏》及《公》、《穀》之言，皆非無據矣。夫魯在齊之南，而北燕在齊之北，山戎所病者，果爲北燕，何爲與魯謀之，而其還亦安得枉道而過魯邪?

以桓公伐山戎，所救之燕爲北燕，始於《穀梁》而實不始於《穀梁》也。《穀梁》曰：燕，周之分子也。貢職不至，山戎爲之伐矣。《史記·齊大公世家》：山戎伐燕，燕告急於齊，齊桓公救燕，遂伐山戎，至於孤竹而還，命燕君復脩召公之政，納貢於周，如成康之時。《燕召公世家》曰：山戎來侵我，齊桓公救燕，遂北伐山戎而還。使燕共貢天子，如成周時。三者如出一口。《穀梁》晚出之書，蓋據傳記，左右採獲，非真有所受之，其以齊侯所獻爲戎菽，實沿《管子·戒》篇"出冬蔥與戎菽，布之天下"之文，即其一證。觀《史記》齊燕世家之文，知以桓公所救之燕爲北燕，西漢初年已有此誤，《穀梁》之所採者，蓋亦此等書。然傳記之較古者，固猶未嘗以此燕爲北燕也。

〔五四〕 赤狄、白狄考

狄之見於《春秋》者，或止稱狄，或稱赤狄、白狄。宣十五年："六月癸卯，晉師滅赤狄潞氏。"《注》："潞，赤狄之别種。"《疏》云："狄有赤狄、白狄，就其赤白之間，各自别有種類。此潞是國名，赤狄之内别種一國。夷狄祖其雄豪者，子孫則稱豪名爲種，若中國之始封君也。謂之赤、白，其義未聞，蓋其俗尚赤衣白衣也。"案兩爨蠻亦稱烏白蠻。《唐書》謂"初裹五姓，皆烏蠻也。婦人衣黑繒。""東欽蠻二姓，皆白蠻也。婦人衣白繒。"《疏》蓋據後世事推之。如《疏》意，則凡狄非屬於赤，即屬於白矣，竊謂不然。

赤狄種類見於《春秋》者有三：潞氏及甲氏、留吁是也。宣十六年："晉人滅赤狄甲氏及留吁。"《左氏》云："晉士會帥師滅赤狄甲氏及留吁、鐸辰。"杜《注》"鐸辰不書，留吁之屬"，似以意言之。又成三年："晉郤克、衛孫良夫伐廧咎如。"《左氏》曰："討赤狄之餘焉。"是《左氏》所稱爲赤狄者，較《春秋》多一鐸辰、一廧咎如也。廧咎如，《公羊》作將咎如。至東山皋落氏，則《左氏》亦不言爲赤狄，杜《注》云："赤狄别種也。"《史記·晉世家》：獻公"十七年晉侯使太子申生伐東山"。《集解》："賈逵曰：東山，赤狄别種。"《疏》云："成十三年《傳》，晉侯使吕相絶秦，云白狄及君同州，則白狄與秦相近，當在晉西；此云東山，當在晉東。宣十五年，晉師滅赤狄潞氏，潞則上黨潞縣，在晉之東，此云伐東山皋落氏，知此亦在晉東，是赤狄别種也。"其説似屬牽强。

白狄種類，《春秋》及《左氏》皆未明言。昭十二年，杜《注》曰："鮮虞，白狄别種。”“肥，白狄也。”十五年，《注》又曰：“鼓，白狄之别。”《疏》云：“宣十五年，晉師滅赤狄潞氏，十六年，晉人滅赤狄甲氏及留吁，成三年，晉郤克、衛孫良夫伐廧咎如，《傳》曰：討赤狄之餘焉。是赤狄已滅盡矣；知鮮虞與肥，皆白狄之别種也。”其説之牽强，與前説同。

案《春秋》、《左氏》言赤狄種類，雖似不同，然鐸辰之名，《春秋》無之。“討赤狄之餘焉”，語有兩解：劉炫以爲“廧咎如之國，即是赤狄之餘”。見《疏》。杜預則謂“宣十五年，晉滅赤狄潞氏，其餘民散入廧咎如，故討之”。揆以文義，杜説爲長。以《春秋》、《左氏》於潞氏、甲氏、留吁、鐸辰，皆明言爲赤狄，於廧咎如則不言也。然則《左氏》之意，蓋不以廧咎如爲赤狄。《左》不以廧咎如爲赤狄，而鐸辰爲《春秋》所無，則《春秋》、《左氏》言赤狄，初無歧異矣。然則赤狄自赤狄，白狄自白狄，但言狄者，自屬非赤非白之狄，安得謂凡狄皆可分屬赤狄白狄乎？杜説蓋失之也。

予謂赤狄、白狄，乃狄之兩大部落。其但稱狄者，則其諸小部落。小部落時役屬於大部落則有之，若遂以赤白爲種類之名，謂凡狄皆可或屬諸赤，或屬諸白，則非也。《左》宣十一年云：“衆狄疾赤狄之役，遂服於晉。”必赤狄之名，不苞衆狄，乃得如此措辭。若衆狄亦屬赤狄，當云疾潞氏之役，安得云疾赤狄之役乎？此《春秋》及《左氏》凡言狄者，不得以爲赤狄或白狄之明徵也。

然則赤狄、白狄，果在何方乎？曰：赤狄在河内，白狄在圁洛之間。何以知之？曰：以《史記·匈奴列傳》言“晉文公攘戎翟，居於河内、圁洛之間，號曰赤翟、白翟”知之也。居河内者蓋赤狄，居圁洛之間者蓋白狄也。曰：《史記》上云“攘戎翟”，而下云“號曰赤狄、白狄”，明赤狄、白狄爲兩種之總稱，所苞者廣矣。曰：《史記》之言，蓋舉其大者以概其餘，非謂凡狄皆可稱爲赤狄或白狄也。若謂凡狄皆可稱爲赤狄或白狄，則無解於《春秋》之或稱赤狄，或稱白狄，或但稱狄矣。蓋狄在《春秋》時，就大體言之，可區爲二：一在東方，一在西方。在東方者，侵軼於周、鄭、宋、衛、齊、魯之間，其地蓋跨今河北之保定、大名兩道，山西冀寧道之東境，河南之河北道，或且兼及河洛、開封道境。其中以居河内之赤狄爲最大。居西方者，其地蓋跨今山西冀寧道之西境及河東道，陝西之榆林道及關中道，其中以居圁洛之間之白狄爲最大，故史公特舉之也。言《春秋》時狄事者，莫詳於《左氏》，今請舉以爲證。

狄之居東方者，莫張於莊、閔、僖之間。莊三十二年伐邢，閔二年入衛，以齊桓公之威，糾合諸侯，遷邢於夷儀，封衛於楚丘。然及僖十二年，諸侯復以狄難故，城衛楚丘之郛。其明年狄侵衛，又明年侵鄭，則其勢初未弱也。齊桓公之卒也，宋襄公伐齊而納孝公，雖曰定亂，實有伐喪之嫌，諸侯莫能正，惟狄人救之。僖十八年。是時邢附狄以伐衛，《左》"衛侯以國讓父兄子弟及朝衆曰：苟能治之，燬請從焉。衆不可，而從師於訾婁。狄師還。"可見是時狄勢之盛。至二十五年而爲衛所滅，狄雖不能救，然二十年嘗與齊盟於邢，《左氏》曰：爲邢謀衛難也。二十一年狄侵衛，三十一年又圍衛，衛爲之遷於帝丘，狄之勤亦至矣。先是僖公十年："狄滅温。"温者，蘇子封邑，周初司寇蘇忿生之後也。見成十一年。十一年，王子帶召揚拒、泉皋、伊洛之戎以伐周，入王城，焚東門，秦、晉伐戎以救周。晉侯平戎於王。十二年，王討王子帶，王子帶奔齊。齊侯使管夷吾平戎於王，使隰朋平戎於晉。僖十四年秋，狄侵鄭，無傳。十六年："王以戎難告於齊，齊徵諸侯而戍周。"此所謂戎，不知與狄有關否。然及僖二十四年，王以狄師伐鄭，冬，遂爲狄所伐，王出居於鄭。大叔以狄女居於温，則必即九年滅温之狄矣。晉文勤王，取大叔於温，殺之於隰城，王以温錫晉。三十二年："狄有亂，衛人侵狄，狄請平焉。"其在河内者，至是當少衰。然三十年及文四年、九年、十一年迭侵齊，七年伐魯西鄙，十年侵宋，十三年又侵衛，則東方之狄，亦未嘗遂弱也。凡此者，《春秋》及《左氏》皆但稱爲狄，惟文七年侵魯之役，《左氏》云："公使告於晉，趙宣子使因賈季問酆舒，且讓之。"酆舒、潞氏相似，其事由赤狄，然此衹可謂侵魯之狄役屬於赤狄，不能謂侵魯者，即赤狄也。

赤狄見《春秋經》，始於宣公三年之侵齊。四年又侵齊；六年伐晉；七年又侵晉，取向陰之禾。十一年晉侯會狄於欑函，《左氏》云："衆狄服也。""衆狄疾赤狄之役，遂服於晉。"觀文七年，趙宣子之讓酆舒，則知赤狄是時所役屬之狄頗衆，故其勢驟張也。及是黨與攜離，勢漸弱矣。宣十三年雖伐晉及清，及十五年潞氏遂爲晉所滅，晉侯治兵於稷，以略狄土。明年滅甲氏、留吁及鐸辰，成三年又伐廧咎如，以討赤狄之餘焉。赤狄之名，自是不復見。蓋赤狄本居河内，是時强盛，故兼據潞氏、甲氏、留吁、鐸辰之地也。據《左氏》伯宗之言，則潞氏又奪黎侯之地。其本據地河内，未知滅亡或否，然縱幸存，其勢力亦無足觀矣。

東方之狄，自晉滅赤狄後，不見於《春秋》及《左氏》者若干年。至昭、定以降，鮮虞、肥、鼓乃復與晉競。《左》昭十二年，晉荀吴僞會齊師者，假道於鮮虞，遂入昔陽。秋八月壬午，滅肥，以肥子緜皐歸。十三年，晉荀吴以上軍侵鮮虞及中人。十五年，荀吴伐鮮虞，圍鼓，以鼓子鳶鞮歸。既獻而反之，又叛於鮮虞。二十二年六月，荀吴滅之。定三年，鮮虞人敗晉師於平中，獲晉觀虎。四年，晉士鞅、衛孔圉伐鮮虞。五年冬，士鞅圍鮮虞，報觀虎之役也。哀元年，齊、衛會於乾侯，救范氏也。魯師及齊師、衛孔圉、鮮虞人伐晉，取棘蒲。三年，齊、衛圍戚，求援於中山。杜《注》：中山，鮮虞。四年十一月，邯鄲降，荀寅奔鮮虞。十二月，齊國夏會鮮虞，納荀寅於柏人。六年春，晉伐鮮虞，治范氏之亂也。鮮虞、肥、鼓地與潞氏、甲氏、留吁、鐸辰相近，與齊、晉、魯、衛皆有關係，其形勢正與自莊公至宣公時之狄同，《春秋》及《左氏》皆絶不言爲白狄，《穀》昭十二《注》：鮮虞，姬姓，白狄也。《釋》曰：《世本》文。不知杜氏何所見而云然。以予觀之，毋寧謂爲與赤狄相近之羣狄爲較當也。

白狄本國蓋在圁洛之間。然西方之狄，跨據河之東西者亦甚衆，非止一白狄也。晉之建國也，籍談追述其事曰："晉居深山之中，戎狄之與鄰，而遠於王室。王靈不及，拜戎不暇。”昭十五年。是唐叔受封之時，已與此族爲鄰矣。二五之説晉獻公使重耳居蒲，夷吾居屈也，曰：“蒲與二屈，君之疆也。疆埸無主，則啓戎心。”又曰：“狄之廣莫，於晉爲都。晉之啓土，不亦宜乎？”莊二十八年。則蒲、屈所與爲界者，即狄人也。僖五年，晉侯使寺人披伐蒲，重耳奔狄。明年，賈華伐屈，夷吾將奔狄，郤芮曰：“後出同走，罪也。不如之梁，梁近秦而幸焉。”乃之梁。重耳、夷吾蓋皆欲借資於秦以復國，夷吾不果奔狄，仍奔近秦之梁，則狄之近秦可知也。晉文公讓寺人披之辭曰：“予從狄君，以田渭濱。”則晉文所奔、夷吾所欲奔而未果之狄，即與蒲、屈爲界之狄，其地自渭濱跨河而東界於蒲、屈也。《左》閔二年“虢公敗犬戎於渭汭”，雖未知即此狄否，然其地則相近矣。僖二年：“虢公敗戎於桑田。”《注》：“桑田，虢地，在弘農陜縣東北。”重耳之奔狄也，狄人伐廧咎如，獲其二女叔隗、季隗，納之公子。成十三年，吕相絶秦之辭曰：“白狄及君同州，君之仇讎，而我之昏姻也。”杜《注》：“季隗，廧咎如赤狄之女也。白狄伐而獲之，納諸文公。”杜氏此《注》，殊屬牽强，故《疏》亦游移其辭，不敢强申其説也。凡此等狄，其地皆與白狄近，然《春秋》及《左氏》皆不明言爲白狄，則亦西方之衆狄，與白狄相近者耳。僖八年：“晉里克帥師，梁由靡御，虢射爲右，以敗狄於採桑。梁由靡曰：狄無恥，從之，必大克。里克曰：懼之而已，無速衆狄。虢射曰：期年，狄必至；示之弱矣。夏，狄伐晉，報採桑之役也。復期月。”曰“無速衆狄”，明西方狄亦甚衆，如東方赤狄所役屬也。西方之狄，與晉相近，故争鬩頗烈。僖十六年，因晉韩原之败，侵晉取狐廚、受铎，涉汾及昆都。二十八年，晉作三行以禦狄。三十一年，又作五军以禦狄。三十三年：“晉侯败狄于箕，郤缺获白狄子。”曰获白狄子，而不言所败者即白狄，盖白狄与他狄俱来也。范文子曰：“吾先君之亟戰也有故，秦、狄、齊、楚皆强，不盡力，子孫將弱。”成十六年。以狄與秦、齊、楚并舉，可以見其强盛矣。襄二十六年：“子靈奔晉，晉人與之邢，以爲謀主，扞禦北狄。”此等狄人，東爲晉人所攘斥；又秦穆脩政，東境至河，《史記・六國表》。其在渭濱及河東之地，蓋皆日蹙。昭十三年，晉人執季孫意如，使狄人守之。定十四年，晉人圍朝歌。析成鮒、小王桃甲率狄師以襲晉，戰於絳中。蓋皆其服屬於晉者也。《史記》云："秦穆公得由余，西戎八國服於秦。"此《匈奴列傳》文，《秦本紀》云："益國十二，開地千里。"與《韓非子·十過》、《説苑·反質》篇同。《李斯傳》作"并國二十"，二十字疑倒。《漢書·韓安國傳》作"并國十四"，四亦疑二之誤。古文一二三四，皆積畫也。《鹽鐵論·論勇》："秦穆公得百里奚、由余，西戎八國服。"與《匈奴列傳》同。穆公所服，蓋多岐以東之地，即太王所事之獯粥，文王所事之昆夷，及滅幽王之犬戎也。然則同、蒲間之狄，蓋盡爲秦、晉所并矣。白狄居闇洛之間，其地較僻，蓋至魏開河西、上郡而後亡？

白狄之見《春秋》，始於宣公八年與晉伐秦，成九年與秦伐晉。十三年吕相絶秦之辭曰："白狄及君同州，君之仇讎，而我之昏姻也。君來賜命曰：吾與女伐敵。寡君不敢顧昏姻，畏君之威，而受命於吏。君有二心於狄，曰晉將伐女，狄應且憎，是用告我。"《左氏》亦曰："秦桓公既與晉厲公爲令狐之盟，而又召狄與楚欲道以伐晉。"白狄蓋叛服於秦、晉之間者也。《春秋》襄十八年春，"白狄來"。《左氏》云："白狄始來。"蓋至是始通於魯。可見所謂白狄者，惟指闇洛間一族，若凡在西北者，皆可稱白狄，前此似不得迄無往來也。二十八年，白狄朝晉；昭元年，祁午稱趙文子服齊、狄；杜《注》謂指此事，其重視之可知。《管子·小匡》篇謂齊桓公"西征，攘白狄之地，遂至於西河"。《小匡》述事，不甚可信，然白狄之在西河，則因此而得一左證也。《左》僖三十三年，杜《注》："白狄，狄别種也。故西河郡有白部胡。"

《左》襄四年："無終子嘉父使孟樂如晉，因魏莊子納虎豹之皮以請和諸戎。"杜《注》謂無終，山戎國名。其《釋例》又謂山戎、北戎、無終三者是一。案山戎、北戎在東方，别見予所撰《山戎考》。杜氏之云，未知何據。昭元年之《疏》，亦不信之。觀魏絳勸晉侯和戎，謂"戎狄薦居，貴貨易土，土可賈焉"。又曰："邊鄙不聳，民狎其野，穡人成功。"《左》襄公四年。則其地與晉密邇。昭元年："晉荀吴帥師敗狄於大鹵。"《左氏》云："敗無終及羣狄於太原。"則無終即在太原附近，疑亦西方之狄而能役屬羣狄者也。《左》襄五年:"王使王叔陳生愬戎於晉。"未知即四年所謂諸戎之一否。

寫於一九三四年四月前

〔五五〕 以畜喻君①

《左氏》宣公四年:鄭子公欲弑靈公,子家曰:"畜老,猶憚殺之,而況君乎?"成公十七年:晉欒書、中行偃欲弑厲公,韓厥曰:"古人有言曰:殺老牛莫之敢尸,而況君乎?"以畜類喻君,人莫不以爲駭,其實無足駭也。畜者,養也。臣之於君,固有孝養之義。古人言養,亦恒以畜類爲喻,不以爲褻也。《論語·爲政》:"子游問孝,子曰:今之孝者,是謂能養;至於犬馬,皆能有養;不敬,何以别乎?"《坊記》:"子云:小人皆能養其親,君子不敬,何以辨?"孟子曰:"繆公之於子思也,亟問,亟餽鼎肉。子思不悦。於卒也,摽使者出諸大門之外,北面稽首再拜而不受,曰:今而後知君之犬馬畜伋。"《萬章》下。又曰:"食而弗愛,豕交之也;愛而不敬,獸畜之也。"《盡心》上。雖不以爲然,然可見徒以養言,固恒以畜類爲喻。孟子又謂"理義之悦我心,猶芻豢之悦我口。"《告子》上。芻豢者,牛羊之食,亦未嘗不引伸爲凡食之稱,而以施諸人也。齊景公召太師曰:"爲我作君臣相悦之樂。其詩曰:畜君何尤?畜君者,好君也。"《梁惠王》下,《孟子》此六字即係解釋《詩》義。《集註》謂臣能畜止其君之欲,乃是愛君,非也。《吕覽·適威》引《周書》曰:"民善之則畜也,不善則讎也。"高《注》:"畜,好。"芻豢爲人之所好,好之者必飲食之,故自養義引伸爲好也。固亦施之於君,且以爲歌頌之辭矣。

《左氏》襄公二十一年:"齊莊公爲勇爵,殖綽、郭最欲與焉。州綽曰:二子者,譬於禽獸,臣食其肉而寢處其皮矣。"意雖近於自誇,然未聞以其言爲狎侮,則古人之賤禽獸,固不若後世之甚也。

---

① 曾改題爲《春秋時人以畜比君》。

〔五六〕 餘祭之死

餘祭之死,《春秋》在襄公二十九年,即餘祭之四年也。《史記·十二諸侯年表》,亦於是年書"守門閽殺餘祭,季札使諸侯"。於魯、齊、晉、鄭亦皆書季札來使事。《世家》則但記季札出使而無餘祭見殺之事。至十七年,乃書"餘祭卒,弟餘昧立"。卒、弑既異,先後又差十四年,疑《春秋》及《年表》是也。公子光之弑王僚也,乘蓋餘、燭庸之在楚,季札之使晉。光告專諸曰:"季子雖至,不吾廢也。"則季子在吴,未嘗不爲人所忌。餘祭之見弑,蓋亦乘季子出使而發。然餘祭雖死,而國不能定,故至十七年餘昧乃立也。春秋戰國時,君位曠廢歷年者甚多,周厲王、魯昭公、衛獻公乃其著者。《史記·燕世家》:惠公六年,欲去諸大夫而立寵姬宋,大夫共誅姬宋,惠公懼,奔齊,四年,齊高偃如晉,請共伐燕,入其君。晉平公許,與齊伐燕,入惠公,惠公至燕而死,燕立悼公。《年表》於六年書公出奔,歷七、八、九年,乃爲悼公元年,書惠公歸至卒,則君位曠者四年也。又《管蔡世家》:楚文王虜蔡哀侯以歸,哀侯留九歲,死於楚,凡立二十年,卒,蔡人立其子肸。《年表》見虜在十一年,至其二十一年,乃爲穆侯肸元年,則君位曠者九年矣。皆周厲王、魯昭公、衛獻公之倫也。春秋繫世之書,不記君之見弑,蓋亦習爲故常。《史記·吴世家》不記餘祭之弑,蓋其所本者如此,非漏落也。《禮記·明堂位》鄭《注》,以"君臣未嘗相弑"一語,深詆作者之誣。其實内大惡諱,乃當時史家成例,非孔子所創;而記人更非有意掩飾也。

〔五七〕 楚之四國

《左氏》:昭公十一年,"楚子城陳、蔡、不羹,使棄疾爲蔡公。王問於申無宇曰:棄疾在蔡,何如? 對曰: 擇子莫如父,擇臣莫如君。鄭莊公城櫟而寘子元焉,使昭公不立。齊桓公城穀而寘管仲焉,至於今賴之。臣聞五大不在邊,五細不在庭;親不在外,羈不在内。今棄疾在外,鄭丹在内,君其少戒。王曰: 國有大城,何如? 對曰:鄭京、櫟實殺曼伯,宋蕭、亳實殺子游,齊渠丘實殺無知,衛蒲、戚實出獻公,若由是觀之,則害於國。末大必折,尾大不掉,君所知也。"十二年,王謂子革曰:"昔諸侯遠我而畏晉,今我大城陳、蔡、不羹,賦皆千乘,子與有勞焉,諸侯其畏我乎? 對曰: 畏君王哉! 是四國者,專足畏也,又加之以楚,敢不畏君王哉?"《賈子・大都》曰:"昔楚靈王問范無宇曰: 我欲大城陳、蔡、葉與不羹,賦車各千乘焉,亦足以當晉矣;又加之以楚,諸侯其來朝乎? 范無宇曰: 不可。臣聞大都疑國,大臣疑主,亂之媒也。都疑則交争,臣疑則并令,禍之深者也。今大城陳、蔡、葉與不羹,或不充,不足以威晉;若充之以資財,實之以重禄之臣,是輕本而重末也。臣聞尾大不掉,末大必折,此豈不施威諸侯之心哉? 然終爲楚國大患者,必此四城也。靈王弗聽。果城陳、蔡、葉與不羹,實之以兵車,充之以大臣。是歲也,諸侯果朝。居數年,陳、蔡、葉與不羹或奉公子棄疾内作難,楚國雲亂,王遂死於乾溪。"案《左氏》昭公十三年,亦言棄疾等帥陳、蔡、不羹、許、葉之師以入楚,則《賈子》是也。杜氏以不羹有東西二城,恐非。

〔五八〕 三 王 五 霸

三皇五帝,無定説也,三王五霸亦然。《白虎通義・號》篇引《春秋傳》曰:"王者受命而王,必擇天下之美號以自號。"釋夏、殷、周皆爲美稱。又云:"五帝德大能禪,成於天下,無爲立號。"又引或説,謂唐、虞、高辛、高陽、有熊皆號。則其所謂三王者,但指夏、殷、周言之,未嘗鑿指其人也。《風俗通義》引《禮號謚記》以夏禹、殷湯、周武王爲三王，又有據《詩》、《書》、《春秋》之説，以文易武者，應氏謂“俗儒新生，不能採綜，多其辨論，至於訟鬩”。然應氏力辨武之爲是，文之爲非，亦未有以見其必然也。五霸之説，尤爲紛繁。《白虎通義》第一説曰昆吾、大彭、豕韋、齊桓、晉文。《風俗通義》、《吕覽·先己》高《注》、《左氏》成公二年杜《注》及服虔《詩譜序疏》主之。第二説曰齊桓、晉文、秦繆、楚莊、吴闔閭，無同之者。第三説曰齊桓、晉文、秦繆、宋襄、楚莊，《孟子·告子》趙《注》、《吕覽·當務》高《注》主之。《荀子·王霸》篇曰：“齊桓、晉文、楚莊、吴闔閭、越句踐，是所謂信立而霸也。”則其説又異。《議兵》篇亦以齊桓、晉文、楚莊、吴闔閭、越句踐并舉。又《成相》篇謂穆公强配五霸，亦以穆公在五霸之外。案《國語·鄭語》，以昆吾爲夏霸，大彭、豕韋爲商霸。《穀梁》隱公八年云：“交質子不及二伯。”則第一説有據。《太史公自序》云：“幽厲之後，周室衰微，諸侯專政，五霸更盛衰。”則五霸必在東周之世，第二三説及《荀子》之説亦有據。《白虎通義》及《風俗通義》疏釋辨論之語，亦皆可通而皆未有以見必然。由其本無定説，故後人以意言之，其説皆有可取也。

《史記·商君列傳》曰：“孝公既見衛鞅，語事良久，孝公時時睡，弗聽。罷而孝公怒景監曰：子之客，妄人耳，安足用邪！景監以讓衛鞅。衛鞅曰：吾説公以帝道，其志不開悟矣。後五日，復求見鞅。鞅復見孝公，益愈，然而未中旨。罷而孝公復讓景監。景監亦讓鞅。鞅曰：吾説公以王道而未入也，請復見鞅。鞅復見孝公。孝公善之，而未用也，罷而去。孝公謂景監曰：汝客善，可與語矣。鞅曰：吾説公以霸道，其意欲用之矣。誠復見我，我知之矣。衛鞅復見孝公，公與語，不自知膝之前於席也。語數日不厭。景監曰：子何以中吾君？吾君之驩甚也。鞅曰：吾説君以帝王之道，比三代，而君曰：久遠，吾不能待。且賢君者，各及其身顯名天下，安能邑邑待數十百年以成帝王乎？故吾以强國之術説君，君大説之耳。然亦難以比德於殷周矣。”設此説者，蓋謂秦之爲治，又下於五霸一等也。《白虎通義》曰：“德合天地者稱帝，仁義合者稱王。”又引《禮記·謚法》曰：“德象天地稱帝,仁義所生稱王。"《管子·禁藏》曰:"以情伐者帝,以事伐者王,以政伐者霸。"《霸言》曰:"得天下之衆者王,得其半者霸。"《兵法》曰:"明一者皇,察道者帝,通德者王。"《吕覽·應同》曰:"同氣賢於同義,同義賢於同力,同力賢於同居。帝者同氣,王者同義,霸者同力。"《先己》曰:"五帝先道而後德,故德莫盛焉。三王先德而後事,故功莫大焉。五伯先事而後兵,故兵莫强焉。"晁錯曰:"五帝神聖,其臣莫能及。""三王臣主俱賢。""五伯不及其臣。"《漢書·晁錯傳》。《淮南·泰族》曰:"同氣者帝,同義者王,同力者霸。"《公羊》何休曰:"德合元者稱皇","德合天者稱帝","仁義合者稱王"。《公羊》成公八年《解詁》。桓譚《新論》曰:"三皇以道治,五帝用德化,三王由仁義,五霸以權智。其説之曰:無制令刑罰謂之皇,有制令而無刑罰謂之帝,賞善誅惡,諸侯朝事謂之王,興兵約盟,以信義矯世謂之霸。"《御覽·皇王部》引。凡此皆設爲優劣,以明治道之升降,意本不主於人也。

《左氏》成公二年"四王之王也",《注》曰:"禹、湯、文、武。"案三王之説,初僅混言其爲夏、殷、周,逮進而鑿求其人,則夏禹,殷湯,均無疑義,惟周則爲文爲武,皆有可通,應劭所辨,即在於此。《左氏》文字,予嘗疑其多出傳者之潤飾,此四王,殆即主張以文、武并稱者,所以調和三王爲文爲武之争與?然必非舊説也。《學記》曰:"三王四代惟其師。"《明堂位》曰:"四代之樂器。"注皆曰虞,夏,殷,周。皆言四代而不言四王。何則?稱名必循衆所習知,古固無稱舜爲王者也。《表記》:子曰:"虞夏之道,寡怨於民,殷周之道,不勝其敝。"又曰:"虞夏之質,殷周之文,至矣。虞夏之文,不勝其質,殷周之質,不勝其文。"皆以四代并論。《檀弓》:哀公問於周豐曰:"有虞氏未施信於民,而民信之,夏后氏未施敬於民,而民敬之。"豐對曰:"殷人作誓而民始畔,周人作會而民始疑。"亦以四代并論。然又曰:"子言之曰:後世雖有作者,虞帝弗可及也已矣。"仍稱舜爲帝,不稱爲王也。或曰:古三、四字皆積畫,《左氏》之四王,乃三王傳寫之誤。説亦可通。然傳寫似誤四爲三者多,誤三爲四者少也。

《左氏》稱悼公復霸，成公十八年。《國語》亦然。《晉語》。《左氏疏》曰："鄭玄云：天子衰，諸侯興，故曰霸。夏有昆吾，商有豕韋、大彭，周有齊桓、晉文，此最强者也。故書傳通謂彼五人爲五霸耳。但霸是强國爲之，天子既衰，諸侯無主，若有强者，即營霸業，其數無定限也。而何休以霸不過五，不許悼公爲霸，以鄉曲之學，足以忿人。傳稱文、襄之伯，襄承文後，紹繼其業，以後漸弱，至悼乃强，故云復霸。"案以曾爲諸侯之長言之，霸自不止於五，豈惟晉悼，楚靈、齊景，亦可稱霸也。若就五霸説之，晉悼自不得與，此猶共工氏霸九州而不列於五帝也。義各有當，遽以鄉曲之學，横肆詆諆，過矣。

五霸雖多異説，然推創此説者之意，必指東周後之强國言之。何則？五帝不興於三皇之時，三王不起於五帝之世，爲皇帝王霸之説者，原取明世運之遞降，安得五霸之云，獨錯出於三王之代乎？《孟子》曰："五霸，桓公爲盛。"《告子》下。此乃與晉文以下比較言之，猶孔子言"晉文公譎而不正，齊桓公正而不譎"也。《論語·憲問》。夏殷史事，傳者已略，何由知昆吾、大彭、豕韋與齊桓孰盛哉？然則《白虎通》之正説，必《左氏》既出後之説，其爲元文與否，頗可疑也。《穀梁》獨稱二伯，《穀梁》亦古文家言也。

董子《繁露》，以王者之法，必正號，絀王謂之帝，封其後以小國，存二王之後以大國，同時稱帝者五，稱王者三。周人之王，尚推神農爲九皇，絀虞而號舜曰帝，《三代改制質文》。此《春秋》昭五端、通三統之義。諸家之稱三王，不知義同儒家以否，然曰三曰五，義必有取，則可知也。司馬相如《難蜀父老》："上咸五，下登三。"《史記》本傳。蓋即此義。《集解》引韋昭曰："咸同於五帝，登三王之上。"《索隱》云："李奇曰：五帝之德，漢比爲減，三王之德，漢出其上，故云減五登三。此説非也。虞喜《志林》云：相如欲減五帝之一，以漢盈之。然以漢爲五帝之數，自然是登於三王之上也。今本減或作咸，是與韋昭之説符也。"其所謂今本者，蓋後人依韋昭之説改之，李奇、虞喜解并誤，然所據本，固皆作減也。

〔五九〕中　　山

中山者,春秋戰國間之大國也。《左氏》載中山與晉相競,始於昭公之十二年,而迄於哀公之六年,其間凡四十二年。其後八十二年,而魏文侯滅中山,使太子擊守之。魏文侯十七年。見《史記·魏世家》。其後中山復國。見《樂毅列傳》。自魏文侯滅中山之後三十一年,爲趙敬侯十年,趙與中山戰於房子;其明年,伐中山,又戰於中人。見《趙世家》。越三十四年,而中山君爲魏惠王相。見《六國年表》,在魏惠王二十九年。《魏世家》作二十八年。此時中山雖爲魏弱,然趙武靈王之告公子成曰:"先時中山負齊之强兵,侵暴吾地,係累吾民,引水圍鄗,微社稷之神靈,則鄗幾於不守也。先王醜之,而怨未能報也。"見《趙世家》。則其力猶足與趙爲敵,春秋末葉連齊以掎晉之志,未嘗衰也。中山君相魏惠王之後三十五年,爲趙武靈王之十九年,始胡服騎射,以必取胡地、中山爲志。其明年,略中山地,至寧葭。又明年攻中山,中山獻四邑請和。王許之,罷兵。二十三年,攻中山。二十六年,復攻之。二十七年,傳國於惠文王。惠文王三年,乃滅中山,遷其王於膚施。均見《趙世家》。自魯昭公十二年至此,凡二百三十五年,中山之與晉相抗,可謂久矣。

中山之亡,《趙世家》在惠文王三年,而《六國年表》在四年。《表》云:"與齊、燕共滅中山。"《燕世家》及《表》皆不載此事,《齊世家》及《表》,皆係湣王二十九年,與《表》作惠文王四年者合。蓋遷其君在三年,而盡服其衆而定其地,實在四年也。趙惠文王四年,爲秦昭王十二年,而《秦本紀》昭王八年,"趙破中山,其君亡,竟死齊。"或以此疑《秦紀》及《六國表》相齟齬。案此不徒與惠文王四年中山滅非一事,即與三年中山君之遷,亦非一事。故《秦紀》昭王十一年,中山尚與齊、韓、魏、趙、宋共攻秦。《史記·秦紀》云:"齊、韓、魏、趙、宋、中山五國共攻秦。"《正義》云:"蓋中山此時屬趙,故云五國也。"案中山苟爲趙私屬,即不必特舉其名,蓋或五字誤,或衍他字也。《正義》説未安。明其亡竟死齊之後,尚有一君,蓋即遷於膚施者也。

《六國表》云齊湣王佐趙滅中山,《樂毅列傳》亦云齊湣王助趙滅中山;《范雎列傳》:説秦王曰:"昔者中山之國,地方五百里,趙獨吞之,功成名立,而利附焉,天下莫之能害也。"則湣王之佐趙,乃燭之武所謂"亡鄭以倍隣"者耳。夫中山去趙近,而去齊遠,其於趙,腹心之患也;武靈王告樓緩曰:"今中山在我腹心。"則趙之於中山,亦腹心之患也。連齊以拒趙,在中山策固宜然;撫中山以拒晉,於齊計亦良得。昭、定、哀間之已事及圍鄗之役,資中山以强兵,蓋齊之素計,非漫然而爲之也。棄累世之遺策,滅與國以資隣敵,湣王之所爲若此,欲以求伯,不亦難乎?燕是時亦助趙者。昭王方欲報齊,蓋以此結歡於趙,非徒爲趙用也,與齊湣王之勞民助敵者不同。

范雎云:中山"地方五百里"。中山與燕、趙爲王,齊閉關不通中山之使,其言曰:"我,萬乘之國也;中山,千乘之國也。"見《中山策》。然則中山之爲國,蓋魯、衛之倫也。方五百里,在周初爲大國,至春秋以降,則不足數矣。而中山獨累世雄張,爲齊、燕、趙、魏所重,蓋以其地險故。趙武靈王胡服騎射以取中山,非謂中山亦林胡、樓煩之倫,將以輕騎與之馳逐於原野,乃欲以是深入其阻耳。武靈王之告公子成曰:"今吾國東有河、薄洛之水,與齊、中山同之,無舟楫之用;自常山以至代、上黨,東有燕、東胡之境而西有樓煩、秦、韓之邊;今無騎射之備,故寡人無舟楫之用,夾水居之,民將何以守河、薄洛之水?變服騎射,以備燕、三胡、秦、韓之邊。"是趙與中山角逐,仍重在平地,其胡服騎射則所以防燕、三胡、秦、韓也。然又曰"今騎射之備,近可以便上黨之形而遠可以報中山之怨",則以中山地險,惟騎兵乃能深入其阻,一舉而兩利存焉。然其本意,固以備燕、三胡、秦、韓,非以爲中山也。胡服騎射之後,明年而有事於中山,史記其事云:"略中山地,至寧葭。"略者師速而疾,蓋猶僅拂其境。是年,使代相趙固主胡,致其兵。明年,又攻中山,趙袑爲右軍,許鈞爲左軍,公子章爲中軍,王并將之;

牛翦將車騎,趙希并將胡、代、趙,與之陘;合軍曲陽,攻取丹邱、華陽、鴟之塞,王軍取鄗、石邑、封龍、東垣。中山獻四邑請和。均見《趙世家》。四邑,蓋即鄗、石邑、封龍、東垣。是役也,以趙固有之軍爲三軍,王并將之,以攻中山之邑,而以新練之騎兵,牛翦所將。與所致胡、代之兵,趙希所將。云并將胡、代、趙者,趙爲主軍,胡、代爲客軍,并將是三國之兵也。與之陘,徐廣曰"一作陸",竊疑作陘爲是。陘者,山絶之名,所謂塞者,蓋在於是。豫許趙希攻下,即以之爲賞也。趙希,或致胡兵之趙固之父兄子弟。攻中山之塞,始深入其阻矣。其後之攻中山,當仍祖是策,故不數年而中山遂亡。惠文王二年,主父行新地,遂出代西,遇樓煩王於西河而致其兵。明年,遂滅中山。致樓煩之兵,蓋亦所以攻中山也。

《中山策》曰:"樂羊爲魏將攻中山,其子時在中山,中山君烹之作羹,致於樂羊,樂羊食之。古今稱之。"甘茂謂秦武王曰:"魏文侯令樂羊將而伐中山,三年而拔之。樂羊返而論功,文侯示之謗書一篋。"《史記》本傳,亦見《秦策》。中山之難攻可知,蓋以其險也。《中山策》又曰:"魏文侯欲殘中山,常莊談謂趙襄子曰:魏并中山,必無趙矣。公何不請公子傾以爲正妻,因封之中山,是中山復立也。"據《六國表》,襄子之卒,在魏文侯元年前一年。文侯之欲殘中山,得無惡其險,故欲破壞之,使之不復能立邪?樂羊之滅中山,文侯封之以靈壽。樂羊死,葬於靈壽。《史記·樂毅列傳》。則文侯固嘗拔其地以封有功之將,而樂羊亦能撫其封邑之民。然中山無幾卒復國,又百餘年而後亡,則甚矣滅國之不易,而險之果足恃也?吴起曰:"在德不在險",固也,然此亦爲大無道者言之耳,若得中主,恃險固亦足以延命矣。《史記·穰侯列傳》,須賈説穰侯曰:"宋、中山數伐割地,而國隨以亡。"四邑之獻,即中山好割地之一證。然僅此一事,不得云數,其前此如是者,蓋多矣。地數割,而猶後亡,亦地險使之也。

趙獻侯十年,中山武公初立。此事既見《趙世家》,又見《六國趙表》。其立也,蓋趙立之也。是年,爲魏文侯十一年,又五年而獻侯卒。其明年,魏遂使太子伐中山,蓋聞趙之喪也。此事亦記於《趙世家》及《六國表》趙下,蓋循趙史記之舊,可見趙視中山之重。

中山武公,徐廣曰:定王之孫,西周桓公之子。而《索隱》以《世本》不言誰之子孫，疑徐廣之言爲無據。然徐廣不得鑿空，蓋自有所據，而小司馬時已無考也。

中山嘗築長城，事在趙成侯六年，亦見《趙世家》。古長城之築，多文明之國，以此防野蠻部族之侵擾，故疑中山亦林胡、樓煩之類者，非也。趙主父使李疵視中山可攻不也，李疵告主父曰："中山之君見好巖穴之士，所傾蓋與車以見窮閭隘巷之士以十數，伉禮下布衣之士以百數矣。"《韓非子·外儲説左上》。案亦見《中山策》。是好文之主也。《説苑·權謀》曰："中山之俗，以晝爲夜，以夜繼日，男女切踦，固無休息，淫昏康樂，歌謳好悲。"是其憙音沈湎，亦文明之國之流矣，非穹廬之君，旃裘之民，所能有也。故以中山爲林胡、樓煩之倫者，非也。諸侯失地名滅同姓名，中山與趙，厥罪惟鈞，而引夷狄以伐中國，則武靈王有罪焉爾矣。

〔六〇〕皇帝説探源

《莊子·天運》："子貢(見老聃)曰：夫三王五帝之治天下不同，其係聲名一也，而先生獨以爲非聖人，如何哉？老聃曰：小子少進。子何以謂不同？對曰：堯授舜，舜授禹，禹用力而湯用兵，文王順紂而不敢逆，武王逆紂而不肯順，故曰不同。老聃曰：小子少進。余語女三皇五帝之治天下：黄帝之治天下，使民心一。民有其親死不哭而民不非也。堯之治天下，使民心親。民有爲其親，殺其殺，而民不非也。舜之治天下，使民心競。民孕婦十月生子，子生五月而能言，不至乎孩而始誰，則人始有夭矣。禹之治天下，使民心變。人有心而兵有順，殺盜非殺，人自爲種而天下耳。是以天下大駭，儒、墨皆起。其作始有倫，而今乎婦女，何言哉？余語女，三皇五帝之治天下，名曰治之，而亂莫甚焉。三皇之知，上悖日月之明，下睽山川之精，中墮四時之施，其知憯於蠣蠆之尾，鮮規之獸，莫得安其性命之情者，而猶自以爲聖人，不可恥乎？其無恥也？子貢蹴蹴然立不安。"《注》曰："子貢本謂老子獨絶三王，故欲同三王於五帝耳。今又見老子通毁五帝，上及三皇，則失其所以爲談矣。”《釋文》云：“三王，本或作三皇，依《注》作王是也。餘皆作三皇。”案子貢言禹、湯、文、武而上及堯、舜，老子更上溯及於黄帝，皆在三王五帝之中，未嘗及三皇也。《注》意蓋謂老子通毁五帝，則其所取，必在三皇，亦未嘗謂老子曾舉三皇之名也。此節中三皇字，蓋皆當作三王，而爲後人妄改；然陸德明所見本，已如此矣。上文又載師金之言曰：“三皇五帝之禮義法度，不矜於同而矜於治。故譬三皇五帝之禮義法度，其猶柤梨橘柚邪？其味相反，而皆可於口。故禮義法度者，應時而變者也。今取猨狙而衣以周公之服，彼必齕齧挽裂，盡去而後慊。觀古今之異，猶猨狙之異乎周公也。”此節意與下節同。獨舉周公以爲言，亦其所議者爲三王而非三皇之證。疑此節三皇本亦作三王，而爲妄人所改也。

《史記·殷本紀》：“伊尹名阿衡。阿衡欲干湯而無由，乃爲有莘氏媵臣，負鼎俎以滋味説湯，致於王道。或曰：伊尹處士，湯使人聘迎之。五反然後肯。往從湯，言素王及九主之事。”後説與《孟子》合，蓋儒家言也。《集解》：劉向别録曰：“九主者：有法君、專君、授君、勞君、等君、寄君、破君、國君、三歲社君，凡九品，圖畫其形。”《索隱》謂“所稱九主，載之《七録》，名稱則奇，不知所憑據耳”。案此蓋釋古法戒之圖象，與《史記》所言九主無涉。《索隱》又引或説云：“九主，謂九皇也。”以儒家言釋儒家言，庶幾近之。《漢書郊祀志》：“天子既聞公孫卿及方士之言：黄帝以上封禪，皆致怪物，與神通，欲放黄帝，以接神人蓬萊，高世，比德於九皇。”則九皇之説，神仙家亦有之，匪獨儒家；蓋古固有是名也。張晏曰：“三皇之前，有人皇，九首。”韋昭曰：“上古有人皇者九人。”并據讖緯爲説，恐非武帝時所有。人皇九頭，見司馬貞《補三皇本紀》。《注》云：“出《河圖》及《三五曆》，”案所謂天皇地皇者，當出《三五曆》；人皇當出《河圖》；説見《古史紀年》。《管子·輕重戊》：“桓公問於管子曰：輕重安施？管子對曰：自理國。虙戲以來，未有不以輕重而能成其王者也。公曰：何謂？管子對曰：虙戲作，造六峜以迎陰陽，作九九之數以合天道，而天下化之。神農作，樹五穀淇山之陽，九州之民乃知穀食，而天下化之。黄帝作，鑽燧生火以熟葷臊，民食之，無兹胃之病，而天下化之。”黄帝蓋燧人之誤。下文又言“黄帝之王，童山竭澤”可知也。《揆度》:“齊桓公問於管子曰：自燧人以來，其大會可得而聞乎？管子對曰：燧人以來，未有不以輕重爲天下也。”《輕重戊》列舉古帝，而首虙戲、神農、燧人；《揆度》言自燧人以來；則以三皇爲始王天下，燧人又居三皇之首。亦古本有是説，而非儒家之私言也。

然皇帝二名，雖出先秦之世，究爲後起之説。古者一部族之主謂之君，爲若干部族之共主者謂之王。尊至於王而止矣，不能更有所加也。天下歸往謂之王，此特侈言之，實則各王一域，春秋吴楚并時稱王其證。王與王之間，因彼此關係較疏，其上更無共主，自不能别有名稱。戰國之世，列國皆稱王，關涉較多，强弱漸判，乃謀立一更尊於王之號。於是借天神之名而稱之曰帝，齊、秦并稱東西帝，魏使辛垣衍説趙尊秦爲帝是也。時人之見解如是，於是論古史者，亦於三王之前，更立五帝之號焉。夫尊至侔於天神，亦止矣，不能更有所加矣。然論古史者，猶不以是爲已足也。乃不從尊卑著想，而從先後立義，據始王天下之義，造一皇字，而三皇之名立焉。皇王形異而聲同，可知雖制殊文，實非二語也。太史公論秦始皇，謂其自謂“功過五帝，地廣三王，而羞與之侔”，此非億度之辭，乃屬當時實事。始皇詔丞相、御史曰“其議帝號”，則業以帝者自居，而猶欲更議其號，即所謂羞與之侔也。帝且不嗛，何有於王？丞相等議曰：“昔者五帝，地方千里，其外侯服夷服，諸侯或朝或否，天子不能制。今陛下興義兵，誅殘賊，平定天下，海内爲郡縣，法令由一統，自上古以來未嘗有，五帝所不及。臣等謹與博士議曰：古有天皇，有地皇，有泰皇，泰皇最貴。臣等昧死上尊號，王爲泰皇。”亦以其功過五帝，而别覓一名以尊之也。始皇曰“去泰著皇，採上古帝位號，號曰皇帝”者，一以帝爲戰國以來最尊之號，衆所共喻，著之以適時俗；一亦以皇之與王，文雖殊而義則一，稱皇，自不知文字者聞之，一若名號未更者。故必著帝以異於先古之王,又必著王以異於戰國以來之所謂帝也。尊莊襄王曰太上皇,不曰太上皇帝者,以其不君天下。然則帝者諦也,取其審諦以治天下,猶上帝之居高而臨下土耳。張晏曰:“五帝自以德不及三皇,故自去其皇號。三王又以德不及五帝,自損稱王。秦自以德褒二行,故兼稱之。”《漢書·百官公卿表注》引。一若皇帝二名,古固有之者,真億説也。

原刊《古史辨》第七册,一九四一年六月出版

〔六一〕 管子論王霸

《管子·霸言》曰:“强國衆,合强以攻弱以圖霸;强國少,合小以攻大以圖王。强國衆而言王勢者,愚人之智也;强國少而施霸道者,敗事之謀也。”又曰:“强國衆,先舉者危,後舉者利;强國少,先舉者王,後舉者亡。戰國衆,後舉可以霸;戰國少,先舉可以王。”此殷周之所以成王業,而齊桓、晉文止於稱霸也。蓋强國少,則服一强而號令已施於天下。强國多,不可勝誅;戰雖勝,猶慮有畜全力以乘吾後者;則不得不善藏其鋒。强國少,衆小國皆可脅而服焉。强國多,地醜德齊,齊盟且思狎主,況欲南面而朝之乎?晉不能於齊,楚不能於秦,晉、楚之力,豈讓殷周,終不能代周而興者,世異而所直之敵不同也。然此爲春秋以前言之也。戰國之世,衆小國稍盡,大國壤地相接,惟以吞噬爲事,秦始皇卒并六國爲一,又非作《管子》書者所逆睹矣。

〔六二〕 中國未經游牧之世

言社會演進者,多謂人之求口實,必自漁獵進於游牧,自游牧更進於農耕。其實不然。自漁獵徑進於農耕者,蓋不少矣,中國即其一也。

謂中國曾經游牧之世者，多以伏羲氏爲牧民之君長，此爲劉歆、鄭玄、皇甫謐所誤也。《易·繫辭傳》云："古者包犧氏之王天下也，仰則觀象於天，俯則觀法於地；觀鳥獸之文，與地之宜；近取諸身，遠取諸物；於是始作八卦，以通神明之德，以類萬物之情。作結繩而爲網罟，以佃以漁，蓋取諸離。"《經典釋文》云："包，本又作庖。鄭云取也。孟、京作伏。犧，鄭云：鳥獸全具曰犧。孟、京作戲，云伏服也，戲化也。"案《白虎通義·號篇》云："下伏而化之，故謂之伏羲也。"《風俗通義》引《含文嘉》云："伏者，别也，變也。戲者，獻也，法也。伏戲始别八卦，以變化天下，天下法則，咸伏貢獻，故曰伏戲也。"蓋今文舊説，孟、京所用。《漢書·律曆志》曰："作網罟以田漁取犧牲，故天下號曰炮犧氏。"蓋鄭説所本。《易》但言田漁，歆妄益取犧牲三字，實非也。《禮記·月令正義》引《帝王世紀》曰："取犧牲以共庖廚，食天下，故號曰庖犧氏。"則又以庖字之義，附會庖廚，失之彌遠矣。《太平御覽》引《詩緯含神霧》曰："大跡出雷澤，華胥履之生伏羲。"《易·繫辭傳疏》引《帝王世紀》曰："有大人跡，出於雷澤，華胥履之，而生包犧。"《淮南子·地形》曰："雷澤有神，龍身人頭，鼓其腹而熙。"《山海經·海内東經》曰："雷澤中有雷神，龍身而人頭，鼓其腹。《史記·五帝本紀正義》引作"鼓其腹則雷"。在吴西。"此吴即虞字，可見雷澤即舜所漁也。《魯靈光殿賦》曰："伏羲鱗身，女媧蛇軀。"李善《注》引《列子》曰："伏羲、女媧，蛇身而人面。"又引《玄中記》曰："伏羲龍身，女媧蛇軀。"古者工用高曾之規矩，殿壁畫像，亦必有所受之，則古神話以伏羲在沼澤之區不疑也。《管子·輕重戊》曰："伏羲作九九之數，以合天道。"八卦益以中宫，是爲九宫。明堂九室，取象於是。明堂之制，四面環水，蓋湖居之遺制。伏羲之社會，從可推想矣。伏羲所重，蓋在於漁，故《易》稱其作結繩而爲網罟。網以取魚，罟則并舉以浹旬耳。尸子云："燧人之世，天下多水，故教民以漁；宓犧氏之世，天下多獸，故教民以獵。"似不甚合，然亦不云其曾事牧也。作結繩爲網罟，疑即一事。説者以結繩爲未有文字時記事之法亦非。又有以黄帝爲游牧之世之君長者，以《史記·五帝本紀》有"教熊、羆、貔貅、貙、虎"之語也。此亦本非畜牧之事。然其上文不言其"治五氣藝五種"

乎？又以其言黄帝“遷徙往來無常處，以師兵爲營衛”也，然其上文不又言其“邑於涿鹿之阿”乎？古人隨意衍説，其辭多不審諦，要在參稽互證，博觀約取，安可據彼單辭，視爲定論也？

中國與游牧民族遇，蓋起戰國之世。春秋時侵齊、魯又侵鄭者有山戎，亦曰北戎；侵晉者有赤、白狄；皆在今河南、北及山東境。其在今陝、甘境者，則《史記》所謂“自隴以西，有綿諸、緄戎、翟獂之戎；岐、梁山、涇、漆之北，有義渠、大荔、烏氏、朐衍之戎”者也。《史記》將此等盡入之《匈奴傳》中，後人遂皆視爲匈奴之倫，此實大誤。匈奴乃騎寇，此則所謂山戎。山戎猶後世言山胡、山越，乃諸部之通稱，非一族之專號。山戎之與我遇也，皆彼徒我車，與後世西南諸族，則頗相似矣，於匈奴乎何與？騎寇之名，昉見《管子・小匡篇》，此篇雖述管子事，實戰國時人作也。篇中言桓公破屠何。孫詒讓《墨子間詁》謂即《周書・王會》之不屠何。《非攻》云：且不一著何亡於燕、代、胡、貉之間。且當作祖，不一著何，則不屠何之衍誤，後爲遼西之徒河縣。其説似之。綿亘燕、代、胡、貉之間，蓋當時一大族矣。自此以西爲林胡、樓煩，後爲趙所懾服。又其表則爲匈奴，趙徒攘斥之，而未能懾服之，至秦、漢世，遂收率游牧之族，大爲北邊之患焉。《史記》云：“燕有賢將秦開，爲質於胡，胡甚信之。歸而襲破走東胡。東胡卻千餘里。燕築長城，自造陽至襄平，置上谷、漁陽、右北平、遼西、遼東郡以拒胡。”五郡之表，不得皆爲東胡。東胡，漢初居匈奴東，冒頓襲破之。其後匈奴單于庭直代、雲中，左方王將居東方，直上谷。上谷似即東胡舊地也。此等皆戰國時北方騎寇。古所謂大行之脈，起今河南、北、山西三省之交，東北行，蔽河北省之北垂，至於海，蓋皆山戎之所居，爲中國與北方游牧民之介，山戎之居，地險不易入，其民貧，亦無可略。斯時游牧之族，部落尚小，亦無力逾山而南。中國之文明，實在此和平安静之區，涵育壯大也。

或曰：子言騎寇雖見管子書，實説戰國時事，似矣。然孔子稱管仲之功曰：“微管仲，吾其被髮左衽矣。”何也？《論語・憲問》。曰：安見《論語》中遂無戰國時人語邪？不特此也。中庸：“子路問强。子曰：

南方之强與？北方之强與？抑而强與？”“衽金革，死而不厭，北方之强也，而强者居之。”所説亦戰國後情形也。又曰：“今天下，車同軌，書同文，行同倫。”則彌可見爲秦始皇一統後語矣。《國語・齊語》謂齊桓公築五鹿、中牟、蓋與、牡丘，以衛諸夏之地，所拒者亦不過山戎、衆翟而已。韋《注》説。《左氏》謂齊侯伐山戎，以其病燕，所病者南燕，非北燕也。別有考。

亞里士多德謂人之謀生，不外畜牧、耕稼、劫掠、捕魚、田獵五者。見所著《政治論》第一編第八章。吴頌皋、吴旭初譯本。劫掠之技，起自田獵之世，蓋以施諸物者移而施諸人也。然田獵之世，口實實少，不能合大羣，故其侵略之力不强，至游牧之世，則異是矣。中國自秦、漢以後，屢爲異族所苦，實以居其朔垂者爲游牧之民故也。然中國可謂善禦游牧民者矣。夫西洋之有希臘、羅馬，猶東洋之有中國也。今西方之希臘、羅馬安在哉？其在東方，則中國猶是中國人之中國也。此文明之扞城也。豈易也哉？或曰：中國當皇古之世，亦嘗有牧人征服漁人之事。觀古代牛、羊、犬、豕爲貴者之食，魚鱉爲賤者之食可知。此説蓋是？但其爲時甚早，其事跡，書傳已無可考矣。

原刊《華東師範大學學報》一九五八年第一期，
一九五八年一月十五日出版

〔六三〕 農業始於女子

今社會學家言：農業始於女子。求諸吾國古籍，亦有可徵者焉。《周官・天官》内宰：“上春，詔王后帥六宫之人，而生穜稑之種。”《注》：“古者使后宫藏種。”是藏種職之女子也。《穀梁》桓公十四年：“曰：甸粟而内之三宫，三宫米而藏之御廩。”文公十三年：“宗廟之禮，君親割，夫人親舂。”《國語・楚語》曰：“天子禘郊之事，必自射其牲，王后必自舂其粢。諸侯宗廟之事，必自射牛，刲羊，擊豕，夫人必自舂其盛。”

《周官・地官》:舂人有女舂抌。稾人有女稾。《秋官》司厲:"其奴,男子入於罪隸,女子入於舂稾。"是粟米之成,又由於女子也。《天官》九嬪:"凡祭祀,贊玉齍。《注》:"玉敦,受黍稷器。"贊后薦徹豆籩。"世婦:"掌祭祀賓客喪紀之事。帥女官而濯摡,爲齍盛。及祭之日,涖陳女宫之具。凡内羞之物。"《春官》内宗:"掌宗廟之祭祀,薦加豆籩。及以樂徹,則佐傳豆籩。賓客之饗食亦如之。"大宗伯:"凡大祭祀,王后不與,則攝。薦豆籩,徹。"《禮記・郊特牲》曰:"鼎俎奇而籩豆偶,陰陽之義也。"《禮・有司徹》曰:"宰夫羞房中之羞於尸侑主人主婦,皆右之。司士羞庶羞於尸侑主人主婦,皆左之。"《注》曰:"房中之羞,其籩則糗餌粉糍,其豆則酏食糝食。庶羞,羊臐豕膮,皆有胾醢。房中之羞,内羞也。内羞在右,陰也。庶羞在左,陽也。"《聘禮》:"醯醢百瓮,夾碑十以爲列,醯在東。"《注》:"醯谷,陽也。醢肉,陰也。"《疏》:"醯是釀穀爲之,酒之類,在人消散,故云陽。醢是釀肉爲之,在人沉重,故云陰也。大宗伯云:天産作陰德,地産作陽德。《注》云:天産六牲之屬,地産九穀之屬,以六牲之陽,九穀爲陰,與此醯是穀物爲陽違者,物各有所對。六牲動物,行蟲也,故九穀爲陰。《郊特牲》云:鼎俎奇而籩豆偶,陰陽之義也,又以籩豆醯醢等爲陰,鼎俎肉物揔爲陽者,亦各有所對。以鼎俎之實,以骨爲主,故爲陽;籩豆穀物,故爲陰也。《有司徹注》,又以庶羞爲陽,内羞爲陰者,亦羞中自相對。内羞雖有糝食是肉物,其中有糗餌粉糍食物,故爲陰,庶羞肉物,故爲陽也。"案醯爲陽,肉爲陰,即"凡飲養陽氣,凡食養陰氣"之義。《疏》以消散沉重爲説,是也。是古之祭饗,男子所共皆肉食,女子所共皆穀食疏食也。《祭統》曰:"祭也者,必夫婦親之,所以備外内之官也。官備則具備。水草之菹,陸産之醢,小物備矣。三牲之俎,八簋之實,美物備矣。昆蟲之異,草木之實,陰陽之物備矣。凡天之所生,地之所長,苟可薦者,莫不咸在,示盡物也。"蓋古者男女分業,非夫婦親之,則不能備物,此其所以"既内自盡,又外求助"也。《左氏》隱公三年曰:"苟有明信,澗溪沼沚之毛,蘋蘩薀藻之菜,筐筥錡釜之器,潢汙行潦之水,可薦於鬼神,可羞於王公。《風》有《采蘩》、《采蘋》,《雅》有《行葦》、《泂酌》,昭忠信也。"《關雎》之詩曰:"參差荇菜,左右流之。"毛《傳》曰:"后妃有關雎之德,乃能共荇菜,備庶物,以事宗廟。"《采蘩傳》曰:"公侯夫人執蘩菜以助祭。神饗德與信,不求備焉,沼沚溪澗之草,猶可以薦。王后則荇菜也。"蘋蘩蕰藻,乃水處之民所食,而亦其所以祭也。《禮記·昏義》曰:"古者婦人先嫁三月,祖廟未毁,教於公宫,祖廟既毁,教於宗室。教成祭之,牲用魚,芼之以蘋藻。"《公羊》哀公六年:"陳乞曰:常之母有魚菽之祭。"是古獵爲男子之業,耕漁皆女子之事也。獵以習戰鬥,則禮尚焉;耕漁較和平,則賤之而人君弗親;見《左氏》隱公五年臧哀伯諫觀魚。蓋人之好殺伐久矣。

《曲禮下》曰:"凡摯:天子鬯,諸侯圭,卿羔,大夫雁,士雉。庶人之摯匹。《注》:"説者以匹爲鶩。"婦人之摯,椇、榛、脯、脩、棗、栗。"《公羊》莊公二十四年:"大夫宗婦覿用幣。用者,不宜用也。然則曷用?棗栗云乎,腶脩云乎。"《左氏》亦載御孫之言曰:"男贄,大者玉帛,小者禽鳥,以章物也。女贄,不過棗栗脯脩,以告虔也。"夫"居山以魚鱉爲禮,居澤以鹿豕爲禮,君子謂之不知禮",《禮記·禮運》。則贄必各用其所有。而男贄以禽鳥,女贄以椇榛棗栗,可見其一事獵,一事農矣。女贄亦以腶脩者,腶脩女子所制,非其從事於田牧也。又古者五母雞,二母彘,爲田家之畜;又家從豭省聲。鄉飲酒之禮用犬;而昏禮,舅姑入室,婦以特豚饋;知田家孳畜,亦女子所有事,而男子主行獵,故與犬特親也。夫獵物者莫猛於犬;而人類殺伐之技,亦無不自弋獵禽獸來。當草昧之世,人與犬實相親也。曾幾何時,而人以屠狗爲業矣。而人與人且相戕相賊矣。"兵猶火也,弗戢將自焚也",豈徒施於人者爲然哉?横渠曰:"民吾同包,物吾與也。"世豈有殺朋友以食弟昆,而可稱爲仁人者乎?抑豈有不反戕其弟昆者乎?大雄氏之戒殺,有旨哉!

〔六四〕 古代商業情形[①]

商業之始,其起於各部落之間乎?孟子之詰彭更曰:"子不通工

① 又改題爲《古代商業緣起情形》。

易事，以羨補不足，則農有餘粟，女有餘布。"其詰陳相曰"一人之身，而百工之所爲備，如必自爲而後用之，是率天下而路也。"《孟子·滕文公下》。此爲商業之所由起。然古代部落，率皆共産，力之出不爲己，貨之藏不於己。取公有之物而用之，以己所有之物資人，皆無所謂交易也。惟共産限於部落之内，與他部落固不然，有求於他，勢不能無以爲易，而交易之事起矣。往來日數，交易日多，則敦樸日漓，嗜欲日啓，而私産之習漸萌。私産行，則人與人之相資，亦必有以爲易，此則商業之所由廣也。

老子曰："郅治之極，鄰國相望，雞犬之聲相聞，民各甘其食，美其服，安其俗，樂其業，至老死不相往來。"《鹽鐵論》曰："古者千室之邑，百乘之家，陶冶工商，四民之求，足以相更，故農民不離畎畝而足乎田器，工人不斬伐而足乎陶冶，不耕而足乎粟米。"《水旱》。《管子》曰："市不成肆，家用足也。"《權修》。可見古者一部落之中，及此部落與他部之間，交易皆極少，然生事愈進，則分工愈密。分工愈密，則彼此之相資益深，而交易遂不期其盛而自盛，故《管子》又謂"聚者有市，無市則民乏"矣。《乘馬》。《管子·乘馬》曰："方六里命之曰暴。五暴命之曰部。五部命之曰聚。"

陳相曰："從許子之道，則市賈不二，國中無僞，雖使五尺之童適市，莫之或欺。布帛長短同，則賈相若。麻縷絲絮輕重同，則賈相若。五穀多寡同，則賈相若。屨大小同，則賈相若。"《孟子·滕文公上》。不論精麤但論多少。戰國時人，斷無從發此奇想。蓋古自有此俗，而農家稱頌之。許行治農家言，因亦從而主張之也。交易之初，情狀奚若，據此可以想見矣。

《易·繫辭傳》謂"日中爲市"，"交易而退"，此蓋擇定時定地爲之，今之所謂作集也，斯時交易，蓋盛於農隙之時，《酒誥》曰："妹土嗣爾股肱純，其藝黍稷，奔走事厥考厥長，肇牽車牛，遠服賈。"僞《孔傳》曰："農功既畢，始牽車牛，載其所有，求易所無"，故《郊特牲》謂"四方年不順成，八蜡不通"，"順成之方，其蜡乃通"也。稍進，乃有常設之市，在於野田墟落之間，《公羊》何《注》所謂"因井田而爲市"，宣十五年。

《陔餘叢考·市井》曰:"市井二字,習爲常談莫知所出。《孟子》在國曰市井之臣,注疏亦未見分析。《風俗通》曰:市亦謂之市井,言人至市有粥賣者。必先於井上洗濯香潔,然後入市也。顔師古曰:市,交易之處;井,共汲之所,總言之也。按《後漢書·循吏傳》:白首不入市井。《注》引《春秋》井田記云,因井爲市,交易而退,故稱市井。此説較爲有據。"愚謂此説與《公羊》何《注》蓋係一説。市之設,所以便農民,而設市之處,則因衆所共汲之井,顔説亦此意也。管子所謂"聚而有市"者也。孟子曰:"有賤丈夫焉,必求龍斷而登之,以左右望而罔市利",《公孫丑下》。《注》:"龍斷堁斷而高者也。"明其貿易行之野田墟落之間,所居高則易望見人,人亦易望見之,故一市之利爲所罔矣。更進,乃有設肆於國中者。《管子》曰:"百乘之國,中而立市,東西南北,度五十里。一日定慮,二日定載,三日出竟,五日而反,百乘之制輕重,毋過五日。百乘爲耕,田萬頃爲户,萬户爲開,口十萬人,爲分者萬人,爲輕車百乘,爲馬四百匹。千乘之國,中而立市,東西南北度百五十餘里,二日定慮,三日定載,五日出竟,十日而反,千乘之制,輕重毋過一旬,千乘爲耕,田十萬頃爲户,十萬户爲開,口百萬人,爲當分者十萬人,爲輕車千乘,爲馬四千匹。萬乘之國,中而立市,東西南北度五百里。三日定慮,五日定載,十日出竟,二十日而反。萬乘之制,輕重毋過二旬,萬乘爲耕,田百萬頃爲户,百萬户爲開,口千萬人,爲當分者百萬人,爲輕車萬乘,爲馬四萬匹。"《揆度》。此雖辜較之言,然其所規畫,欲以一國之人,則審矣。古者建都,必中四境之内,曰中國,而立市即在國都之中,《考工記》所謂"匠人營國,面朝後市"者,此物也。故孟子曰:"在國曰市井之臣"也。《萬章下》。市井二字,初蓋指野田墟落間之市。後乃以爲市之通稱。

古代之商,非若後世之易爲也。古代生計,率由自給,生事所須,不資異國,其有求於異國者,必其遭遇災禍,以致空無,庚財不聞,乞粜莫與,交易所得,資以續命,匪徒曰不得不可以爲悦而已,而其時之貿易,不如今日之流通。我所求者,何方有之,何方較賤,所持以爲易者,何方有之,何方較貴,非若今日安坐可知,憶度可得,皆有待於定慮之豫,決機之果者也。故白圭曰:"吾治生産,猶伊尹、吕尚之謀,孫吴用兵,商鞅行法"是也。"是故智不足與權變,勇不足以決斷,仁不足以取予，强不能有所守，雖欲學吾術，終不告之矣。"《史記·貨殖列傳》。然則豪商駔賈其有才智，不始晚近，自古昔則然矣。故曰："商之爲言章"也《白虎通》、《漢書·食貨志》"大司農中丞耿壽昌，以善爲算，能商功利，得幸於上"。師古曰"商，度也。"鄭商人弦高，能矯命以卻秦師，《左傳》僖公三十三年。其賈於楚者，又密慮欲出荀罃，《左傳》成公三年。其明徵矣。子産之告韓宣子曰："昔我先君桓公，與商人皆出自周，庸次比耦，以艾殺此地，斬之蓬蒿藜藿，而共處之。世有盟誓，以相信也。曰：爾無我叛，我無强賈，毋或匄奪，爾有利市寶賄，我弗與知。"《左傳》昭公十六年。所以重商如此。其甚者以肇造之國，貨財或有闕乏，必恃商人致之也。衛國破壞，文公通商，卒致殷賑，亦同此理。《左傳》閔公二年。

曷言古者生事所須，不資異國也？《史記·貨殖列傳》曰："百里不販樵，千里不販糴。"又曰："夫神農以前，吾不知已。至若《詩》《書》所述，虞夏以來，耳目欲極聲色之好，口欲窮芻豢之味，身安逸樂，而心夸矜埶能之榮使。俗之漸民久矣，雖户説以眇論，終不能化。""夫山西饒材、竹、穀、纑、旄、玉、石；山東多魚、鹽、漆、絲、聲色，江南出枏、梓、薑、桂、金、錫、連、丹沙、犀、瑇瑁、珠璣、齒革；龍門、碣石北，多馬、牛、羊、旃裘、筋角；銅、鐵則千里往往山出棋置，此其大較也。皆中國人民所喜好，謡俗被服飲食奉生送死之具也。"此亦其所喜好而已，謂必待以奉生送死，非情也。《周書》曰："商不出則三寶絶。"三言其多，曰寶則亦非生活所必資矣。聲子之説子木也，曰："晉卿不如楚，其大夫則賢，皆卿材也。如杞、梓、皮革，自楚往也。雖楚有材，晉實用之。"《左傳》襄公五年。杞、梓、皮革，固非宫室器用所必資，亦其所喜好而已。當時商人所販粥者如此，故多與王公貴人爲緣，故子貢"廢作鬻財，""結駟連騎，束帛之幣以聘享諸侯，所至，國君莫不分庭，與之抗禮。"《史記·貨殖列傳》。鼂錯論漢之商人，猶謂其"交通王侯，力過吏勢"，《漢書·食貨志》。夫固有以中其所欲，非獨以其富厚也。然生事日進，分工愈密，交易愈盛，則其所恃以牟利者，不必皆王公貴人，而顧在於平民。其術一時穀物之輕重而廢居焉，一備百物以待取求。

《管子》曰:"歲有四秋,農事作爲春之秋。絲纊作爲夏之秋,五穀會爲秋之秋。紡績緝縷作爲冬之秋。見《管子·輕重乙》。物之輕重,相什而相伯。"又曰:"君朝令而求夕具,有者出其財,無有者賣其衣屨"是也。《輕重甲》。故曰:"君躬犁墾田,耕發草土,得其穀矣。民人之食,有人若干步畝之數,然而有餓餒於衢閭者,穀有所藏也。君鑄錢立幣,民通移,人有百十之數,然而民有賣子者,何也?財有所并也。"《輕重甲》。管子所欲摧抑者,正此等人。故曰:"歲有凶穰,故穀有貴賤。令有緩急,故物有輕重。然而人君不能治,故使蓄賈游市,乘民之不給,百倍其本。分地若一,强者能守;分財若一,智其能收。智者有什倍人之功。愚者有不賡本之事。然而人君不能調,故民有相百倍之生也。夫民富則不可以禄使也,貧則不可以罰威也。法令之不行,萬民之不治,貧富之不齊也。"故曰:"使萬室之都,必有萬鍾之藏,藏繦千萬。使千室之都,必有千鍾之藏,藏繦百萬。春以奉耕,夏以奉耘,耒耜器械,種饟糧食,畢取贍於君。故大賈蓄家,不得豪奪吾民矣。"《國蓄》。漢代之抑商,蓋由此也。

計然曰:"夫粜,二十病農,九十病末。末病則財不出,農病則草不闢矣。上不過八十,下不過三十,則農末俱利。"《史記·貨殖列傳》。然則斯時粜價,輕重相去,蓋四而又半之焉。而李悝爲魏文侯作盡地力之教,農民之生穀,石以三十錢計,然則農夫所得,最下之價耳,上此則利皆入於商人矣。此農家則流,所以欲重農而抑商耶,亦勢有所激也。古農家言,非徒道耕稼之事。許行爲神農之言,而譏切時政,其明徵矣。《管子》書最雜,昔人隸之道家或法家,實可入雜家。《輕重》諸篇亦皆農家言也。

上所言乃古代之豪商駔儈,其尋常者初不能然,古者行曰商,處曰賈。商須周知四方物産登耗,又周行異國,多歷情僞,其才智自高。賈即不能然,然猶有廛市以處。至求壟斷之賤丈夫,則又其下焉者矣。《周官》有販夫販婦,蓋亦此曹也。又廛人掌斂總布,杜子春云:"總當爲儳,謂無市立持者之税也。"鄭玄不從,而注肆長叙其總布取之,又《詩有瞽箋》:"簫,編小竹管,如今賣餳者所吹也。"《疏》:"《史記》稱伍子胥鼓腹吹簫，乞食吴市，亦爲自表異也。”此即《説文》所謂“衒，行且賣”也。此并壟斷而不能得，又下之者矣。

原刊《光華大學經濟雜志》創刊號，一九三〇年一月出版

〔六五〕 讀馬爾薩斯人口論

《論語》：孔子曰：“丘也，聞有國有家者，不患寡而患不均，不患貧而患不安。”曰“丘聞”，則是古語，而孔子引之也。歐洲自希臘時，已有憂人庶而地不足以容之者。馬爾薩斯之人口論，成於近世，實原於古昔也。中國自古無以此爲慮者。中國人好言井田。行井田，田不給授，尤爲巨患，而言治者訖亦慮不及此，何哉？曰：患必迫於目前，而後人以爲憂。中國井田之制，蓋行於古代，其時方患土滿。至後世，人滿之患，或見於一隅，然所謂計口授田者，徒有其名而已，人滿之患，不易徵實；且合全國而言之，固未嘗無調劑之方，患不切，故慮有所不及也。曷言乎古以土滿爲患也？且井田之制，至春秋戰國時，固已不可問矣。然其時患土滿者，猶比比也。《韓非子》曰：“今人有五子不爲多。子有五子，大父未死，而有二十五孫。是以人民衆而貨財寡，事力勞而供養薄。”徧檢書傳，以人滿爲患者，惟此而已。外此則皆以土滿爲患者也，則以韓地“險惡山居”故也。古之用兵，不守關隘；《春秋大事表》有此論。越國鄙遠，習爲恒事，《癸巳類稿·越國鄙遠義》。皆土曠人希之證。邲之戰，在鄭之郊，而樂伯致師，麇興於前；趙旃見逐，棄車走林。《孟子》曰：“牛山之木嘗美矣。以其郊於大國也，斧斤伐之。”知列國都邑，多在山林之間也。且韓子所謂事力勞而供養薄者，渠必由於民之庶哉？“齊桓公之平陵，見年老而自養者。問其故。對曰：吾有子九人。家貧無以妻之。吾使傭而未反也。桓公取外御者五人妻之。”《説苑·貴德》。知古之患貧者，在人少，無以力作，不在人多，無以爲食。韓子所謂大父未死，而有二十五孫者，使有制民之産

之君,授之以田宅,皆給足之民也。故《墨子·非攻》,極言土地所有餘,人民所不足,以攻戰爲不利也。夫人事不善,皆可救正。人庶而地不足以容,則限於天而無如何。實人患之最深者也。古之人慮不及此,不亦淺乎?曰今有人焉,五色以盲其目,五音以聾其耳,五味以爽其口,馳騁田獵以狂其心;而憂百齡之後目不明,耳不聰,口不知味,心不睿聖也,可謂知乎?由今之道,無變今之俗,日争奪相殺之不暇,安能至於人庶而地不足以容?

原刊《光華大學半月刊》第四卷第四期,
一九三五年十一月二十五日出版

〔六六〕管子輕重一

世皆以《管子·輕重》,徒爲富國之謀,甚者以爲損下益上之計,其實非也。《輕重》諸篇,皆言平均之道。蓋古者財利之分賦,其權本操之人君;其後王公大人,日以淫侈,寖至不能舉其職,而駔儈之勢日張;人君既不克裁制,而淫侈愈甚,患貧亦愈甚,轉致寬假於駔儈,而益虐取於下民,民生遂蹙焉不可終日。《輕重》諸篇,亦相時勢之所宜,欲使分財布利之權,復歸於上,以拯救煢獨,裁抑富人耳。故曰:"天以時爲權,地以財爲權,人以力爲權,君以令爲權。"《山權數》。《揆度》:"五穀者,民之司命也;刀幣者,溝瀆也;號令者,徐疾也。"此與《禮記》"天生時而地生財,人其父生而師教之,四者君以正用之"之言合。正同政。《禮運》。今之言生計者,以租庸贏爲利之本,古之言生計者,以時財力爲利之本,其説亦頗相類。而古必兼政令言之,則不徒致謹於其生,亦且致謹於其分。使歐人而知此義,則不致舉國之利,皆入於駔儈,而重煩言羣學者之勞心焦思矣。

《國蓄》曰:"人君挾其食,守其用,據有餘而制不足。"《揆度》曰:"民重則君輕,民輕則君重,此乃財餘以滿不足之數也。"又曰:"富能奪,貧能予,乃可以爲天下。”又述《神農》之教曰:“無食者予之陳,無種者貸之新,故無什倍之賈,無倍稱之民。”《輕重甲》曰:“今欲調高下,分并財,散積聚。不然,則世且兼并而無止,蓄餘藏羨而不息,貧賤鰥寡獨老,不與得焉。”其意在均平,躍然可見。《輕重乙》曰:“奪然後予。”蓋天下之財,必賴天下之力生之;若待人君耕而食之,織而衣之,則惟日不足矣。然則當財利分賦,既已不均之後,而欲有所予者,其勢固不能不先有所奪。故如《輕重》諸篇之言,非武健嚴酷也,更非損下以益上也,乃謀財有餘以滿不足也。《易》曰:“地中有山謙,君子以裒多益寡,稱物平施。”輕重之家有焉。

當時所謂兼并者,蓋以商賈之人爲多;積聚則卿大夫之家爲多。《國蓄》曰:“君引錣量用,耕田發草,上得其數矣;民人所食,人有若干步畝之數矣,計本量委則足矣;然而民有飢餓不食者何也?穀有所藏也。人君鑄錢立幣,民庶之通施也,人有若干百千之數矣;然而人事不及,用不足者何也?利有所并藏也。”藏字疑衍。《輕重甲》:“今君躬犂墾田,耕發草土,得其穀矣。民人之食,有人若干步畝之數,然而有餓餒於衢閭者,何也?穀有所藏也。今君鑄錢立幣,民通移,人有百十之數,然而民有賣子者,何也?財有所并也。”即言兼并積聚之害也。

《山權數》言“丁氏之家粟,可食三軍之師”,而《輕重丁》言“大夫多并其財而不出,腐朽五穀而不散”,此并兼積聚之在於封君者也。并其財而不出,蓋謂積幣而不散。“財幣欲其行如流水”,積而不散,本無利可圖,然能使民間錢幣之數減少,亦有害也。治之之策:一以寶爲質而假其邑粟,《山權數》所言是也;一則滅其位,杜其門,迫之使不得不散,《輕重丁》所言是也。《輕重甲》曰:“君請縞素而就士室,朝功臣世家遷封食邑積餘藏羨跱蓄之家曰:城脆致衝,無委致圍,天下有慮,齊獨不與其謀。子大夫有五穀菽粟者勿敢左右,請以平賈取之子。與之定其券契之齒,釜鏂之數,不得爲侈弇焉。困窮之民,聞而糴之,釜鏂無止,遠通不推,國粟之賈坐長而四十倍。君出四十倍之粟以振孤寡,牧貧病,視獨老。窮而無子者,靡得相鬻而養之,勿使赴於溝澮之中。若此,則士爭前戰爲顔行,不偷而爲用。輿死扶傷,死者過半。"此則官立法,强積聚之家以平賈糴其粟也。

封君之積聚,亦徒爲積聚耳,商賈則操奇計贏,資本隨周轉而增殖,其剥民尤甚。《國蓄》曰:"歲有凶穰,故穀有貴賤;令有緩急,故物有輕重。"《七臣七主》曰:"政有緩急,故物有輕重;歲有敗凶,故民有義當作羨。不足;時有春秋,故穀有貴賤。"此物賈升降之原也,而其利皆入於商賈。《輕重乙》曰:"歲有四秋。物之輕重相什而相伯。"《山國軌》曰:"泰春,泰夏,泰秋,泰冬,此物之高下之時也;此民之所以相并兼之時也。"《揆度》曰:"今天下起兵加我,民棄其耒耜,出持戈於外,然則國不得耕,此非天凶也,此人凶也。君朝令而夕求具,民肆其財物與其五穀爲讎,厭而去,賈人受而廩之;然則國財之一分在賈人。師罷,民反其事,萬物反其重,賈人出其財物,國幣之少分廩於賈人。若此,則幣重三分,財物之輕重三分,賈人市於三分之間,國之財物盡在賈人,而君無筴焉。民更相制,君無有事焉。"所言即其事也,三分,謂君民與賈人也。《輕重甲》曰:"今君之籍取以正,同政。萬物之賈,輕去其分,皆入於商賈,此中一國而二君二王也。"其權力之大可想。《輕重丁》曰:"桓公曰:四郊之民貧,商賈之民富,寡人欲殺商賈之民,以益四郊之民,爲之奈何?"可見商人之兼并農人,由來舊矣。

《國蓄》曰:"利出於一孔者,其國無敵;出二孔者,其兵不詘;出三孔者,不可以舉兵;出四孔者,其國必亡。先王知其然,故塞民之養,隘其利途。故予之在君,奪之在君;貧之在君,富之在君。"此等議論,皆後人所目爲武健嚴酷,而訾其損下益上者也。殊不知當時事勢,人民之利害,實與國君合,而與豪暴背馳。封建之所以卒廢,商賈所以世爲人之所賤者以此。先秦諸子,固無欲芻狗其民,以媚説其君者也。

《輕重丁》言:"城陽大夫,嬖寵被絺綌,鵝鶩含餘秣;齊鐘鼓之聲,吹笙篪,同姓不入,伯叔父母遠近兄弟皆寒而不得衣,飢而不得食。及滅其位,杜其門而不出,則功臣之家,皆争發其積藏,出其資財,以予其遠近兄弟；以爲未足，又收國中之貧病孤獨老不能自食之萌，皆與得焉。故桓公推仁立義，功臣之家，兄弟相戚，骨肉相親，國無飢民。此之謂繆數。”蓋老有所終，幼有所長，鰥寡孤獨廢疾者皆有所養；大同之世，本有此制，小康之世，猶沿襲焉。至於亂世，君卿大夫日以淫侈，然後其遺規寖以廢墜也。此亦民失其養之一大端。效晏子惠流三黨，見稱百世；即陳氏厚施，民亦未嘗不蒙其利也。

〔六七〕 管子輕重二

凡理天下之財者，必能通天下之有無。有無之差，一以時，一以地，商人之獲利，即由此也。《輕重乙》：“桓公問於管子曰：衡有數乎？管子對曰：衡無數也。衡者，使物一高一下，不得常固。桓公曰：然則衡數不可調邪？管子對曰：不可調。調則澄，澄則常，常則高下不貳，高下不貳，則萬物不可得而使固。”此言物賈之變動，乃事勢之自然也。又曰：“歲有四秋。物之輕重相什而相伯。”此物賈之異以其時者也。又曰：“昔狄諸侯，畝鍾之國也，故粟十鍾而錙金；程諸侯，山諸侯之國也，故粟五釜而輜金。”此物賈之異以其地者也，善爲天下者，必合異時異地而劑其平。使豐饒者不至有餘，空無者不至不足；樂歲不至狼戾，而凶年不至流離也，然則物不可調而可調也。此則以人事彌天行之闕，而民養生送死無憾矣。

《王制》曰：“三年耕，必有一年之食；九年耕，必有三年之食。以三十年之通，雖有凶旱水溢，民無菜色，然後天子食，日舉以樂。”此即所謂合異時而劑其平者也。輕重之家，亦知此義。《管子・國蓄》曰：“歲適美，則市糶無予而狗彘食人食；歲適凶，則市糴釜十繦而道有餓民。然則豈壤力固不足而食固不贍也哉？夫往歲之糶賤，狗彘食人食，故來歲之民不足也。”可謂言之深切著明矣。交易未興之世，無由合異地以相劑，惟有自營積貯，以備緩急，故有耕九餘三之制。交易既興,則不然矣。故《管子》又曰:“物適賤,則半力而無予,力當作朸,十一也。民事不償其本;物適貴,則什倍而不可得,民失其用。然則豈財物固寡而本委不足也哉?夫民利之時失,而物利之不平也。故善者委施於民之所不足,操事於民之所有餘。夫民有餘則輕之,故人君斂之以輕;民不足則重之,故人君散之以重。斂積之以輕,散行之以重,故君必有什倍之利,而財之櫎可得而平也。”蓋交易既興,則積貯之制雖廢,而商人之買賤賣貴,已不翅爲酌盈劑虚之謀。特其挹彼注玆,乃爲牟利起見,故凡民之受其害者,無以異於天災,或且加烈焉。言輕重者,知通工易事之既興,必不能返諸自爲而後用之之世也,則與其遏其貿易,迫其積貯,《郊特牲》曰:“四方年不順成,八蠟不通,以謹民財也。順成之方,其蠟乃通,以移民也。”蓋古者農家交易,多以穀粟。用有餘,食將不足,故年不順成,則禁其通商也。移,鄭讀爲羨,實即《管子》通移之移,不改字,義亦可通。毋寧即其貿易之間,爲之酌盈劑虚,損有餘以補不足焉,是則輕重家之旨也。故輕重者,交易既興後之積貯;積貯者,交易未興時之輕重。其爲法雖異,而其用意則同,皆所以馭天行之無常,而使之有常者也。

《山權數》曰:“王者歲守十分之參,三年與少半成歲。三十一年而藏十一年與少半。藏參之一不足以傷民,而農夫敬事力作。故天毁埊凶旱水泆,民無入於溝壑乞請者也。此守時以待天權之道也。”《揆度》曰:“一歲耕五歲食,粟賈五倍。一歲耕六歲食,粟賈六倍。二年耕而十一年食。”《事語》曰:“歲藏一,十年而十也。歲藏二,五年而十也。穀十而守五,綈素滿之,五在上。故視歲而藏,縣時積歲,國有十年之蓄。富勝貧,勇勝怯,智勝愚,微勝不微,有義勝無義,練士勝敺衆,凡十勝者盡有之。故發如風雨,動如雷霆,獨出獨入,莫之能禁止,不待權與。”皆合異時而劑其豐歉,與耕九餘三之意同。

欲調劑各地之盈虚者,必先明於一地之盈虚。《山國軌》、《山至數》之所言,則其事也,《山國軌》欲考各縣各鄉之田若干,餘食若干,女工若干,餘衣若干,山田間田不足者若干。有餘者置公幣以糴其餘,不足者置公幣以滿其准。《山至數》言一縣必有一縣中田之筴,一鄉必有一鄉中田之筴,一家必有一家直人之用。又言幣乘馬之法:以方六里爲一區,而計其田之美惡。穀之多寡貴賤,及其用幣之數,穀與幣相當之數。此皆欲明各地方之情形,以爲酌劑之本者也,蓋耕九餘三之制,藏有餘以待不足,善矣,然物不產於其地者,終不能得其用;而磽確之地,雖勤力而猶不能自活者,遂不可以居人,合各地而劑其盈虛,則無此患矣。《山至數》言:"有山處之國,有氾下多水之國,有山地分之國,有水泆之國,有漏壤之國。山處之國,常藏穀三分之一;氾下多水之國,常操國穀三分之一;山地分之國,常操國穀十分之三;水泉之所傷,水泆之國,常操十分之二;漏壤之國,謹下諸侯之五穀,與工雕文梓器以下天下之五穀。"《輕重乙》言:"畝鍾之國,粟十鍾而錙金;山諸侯之國,粟五釜而錙金。"皆因地利之不同,知其所産之多寡,以謀調劑之方者也。夫能合各地方而劑其盈虛,則真爲普天之下所仰賴,而不愧爲天下之主矣。古之所謂王道者如此。

合各地方以謀相贍,亦自古有之,庚財、乞糴是也;特其事不可常恃,故貿易之事,必繼之而起。《山權數》曰:"湯七年旱,禹五年水。湯以莊山之金、禹以歷山之金鑄幣,而贖民之無檀賣子者。"《國蓄》曰:"玉起於禺氏,金起於汝漢,珠起於赤野,東西南北距周七八千里;水絶壤斷,舟車不能通。先王爲其途之遠,其至之難,故託用於其重,以珠玉爲上幣,以黄金爲中幣,以刀布爲下幣。三幣,握之則非有補於煖也,食之則非有補於飽也,先王以守財物,以御民事,而平天下也。"知合各地方以酌盈劑虛,由來舊矣。惜乎乘時御宇之君,莫能行輕重斂散之事,使其權盡操於騆騶,而無檀賣子者,受人禍或轉烈於天行耳。此則每讀《管子》之書,不禁掩卷而三歎者也。

〔六八〕 管子輕重三

《洪範》八政:一曰食,二曰貨。《漢書·食貨志》曰:"食,謂農殖嘉穀可食之物；貨，謂布帛可衣，及金刀龜貝，所以分財布利，通有無者也。”蓋民以食爲天，在古代必出於自給，而其餘百物，則或仰給於外來，故總稱爲貨，與食對舉也。《管子·輕重》亦然。《揆度》曰：“五穀者，民之司命也；刀幣者，溝瀆也。”《國蓄》曰：“五穀食米，民之司命也；黄金刀幣，民之通施也。”《輕重乙》曰：“五穀粟米者，民之司命也；黄金刀布者，民之通貨也。”《國蓄》又曰：“凡五穀者，萬物之主也。穀貴則萬物必賤，穀賤則萬物必貴。兩者爲敵，則不俱平。”《輕重甲》曰：“粟重黄金輕，黄金重而粟輕，兩者不衡立。”《乙》曰：“粟重而萬物輕，粟輕而萬物重，兩者不衡立。”皆是。

是故當時之貿易，實爲以穀與萬物相易；而泉幣之初興，尤依附於穀粟，故《山國軌》言“幣若干而中用，穀若干而中幣”；又欲令“貲家假幣，皆以穀准幣，直幣而庚之”。《山至數》亦言“以幣准穀而授禄”也。

斯時民間之爲用，亦錢穀并行。故《國蓄》言“使萬室之都，必有萬鍾之藏，藏繦千萬；使千室之都，必有千鍾之藏，藏繦百萬”，《輕重丁》亦言“凡稱貸之家，出泉三千萬，出粟數千萬鍾”也。布帛之爲用亦甚多，故《輕重甲》言：“君朝令一怒，布帛流越而之天下。”

穀與萬物，相爲輕重，而時人之見解，則多重穀而輕他物，故《山至數》言：“彼守國者，守穀而已矣。”因欲貯穀於國中，而徠諸侯之穀，其言曰：“彼諸侯之穀十，使吾國穀二十，則諸侯穀歸吾國矣；諸侯穀二十，吾國穀十，則吾國穀歸於諸侯矣。故善爲天下者，謹守重流，而天下不吾洩矣。”《輕重乙》言：“昔者紀氏之國，强本節用者，其五穀豐滿而不能理也，四流而歸於天下，適足爲天下虜。”又言：“滕魯之粟釜百，則使吾國之粟釜千，滕魯之粟，四流而歸我。”《輕重丁》言：“昔者癸度居人之國，必四面望於天下。天下高亦高。天下高，我獨下，必失其國於天下。”凡以戒粟之外流也。《輕重乙》又曰：“桓公曰：皮幹筋角竹箭羽毛齒革不足，爲此有道乎？管子曰：惟曲衡之數爲可耳。桓公曰：行事奈何？管子對曰：請以令爲諸侯之商賈立客舍，一乘者有食，三乘者有芻菽，五乘者有伍養，天下之商賈，歸齊若流水。”可見其視穀粟以外之物，不妨仰給於國外也。《輕重戊》言魯、梁、萊、莒、楚、衡山之事皆寓言，亦皆重粟之理。

《輕重乙》曰：桓公曰：“吾欲殺正商賈之利，而益農夫之事，爲此有道乎?”管子請重粟之賈，釜三百，“若是，則田野大辟，而農夫勸其事矣。”桓公曰：“重之有道乎?”管子對曰：“請以令與大夫城藏，使卿諸侯藏千鍾，令大夫藏五百鍾，列大夫藏百鍾，富商蓄賈藏五十鍾，内可以爲國委，外可以益農夫之事。”《輕重丁》曰：“桓公曰：糴賤，寡人恐五穀之歸於諸侯。寡人欲爲百姓萬民藏之，爲此有道乎？管子曰：今者夷吾過市，有新成囷京者二家，君請式璧而聘之。桓公曰：諾。行令半歲，萬民聞之，舍其作業而爲囷京以藏菽粟五穀者過半。”此鼂錯貴粟之論所本也。

當時民間相易，蓋多以穀粟布帛，而泉幣則上之所爲，故上得挾此以御輕重。《國蓄》言“穀賤則以幣予食，布帛賤則以幣予衣，視物之輕重而御之以准”是也。以珠玉爲上幣，以黄金爲中幣，以刀布爲下幣。珠玉金銅，皆非凡民所有，故制幣之權，操之於君。《山國軌》曰：“斂萬物，應之以幣，幣在下，萬物皆在上。”《山至數》曰：“君有山，山有金，以立幣。以幣准穀而授禄，故國穀斯在上。”又曰：“士受資以幣，大夫受邑以幣，人馬受食以幣，則一國之穀資在上，幣資在下。”皆推行錢幣之策也。

人君挾幣以御萬物，其所重者仍在穀。故《山至數》言“穀十藏於上，三游於下”；又欲“國穀三分，二分在上”。

珠玉黄金，皆非平民所能有，而挾之可以御輕重者，以當時之封君，藏粟甚多故也。《山權數》言以寶爲質，而假丁氏之粟即其事。當時商人，所以能交通王侯、力過吏勢者以此。子貢貨殖，所以所至國君，無不與之分庭抗禮也。

後世之言理財者，每好言藏富於民，而實不得其解。藏富於民之語，昉見《管子》。《管子・山至數》曰：“王者藏於民，霸者藏於大夫，殘國亡家藏於篋。桓公曰：何謂藏於民？請散：棧臺之錢，散諸城陽；鹿臺之布，散諸濟陰。君下令於百姓曰：民富君無與貧，民貧君無與富。故賦無錢布，府無藏財，貲藏於民。歲豐，五穀登，五穀大輕，穀賈去上歲之分，以幣據之。穀爲君，幣爲下。國幣盡在下，幣輕，穀重上分。上歲之二分在下，下歲之二分在上，則二歲者四分在上；則國穀之一分在下，穀三倍重。邦布之籍，終歲十錢。人家受食，十畝加十，是一家十户也。出於國穀筴而藏於幣者也。以國幣之分，復布百姓，四減國穀，三在上，一在下，復筴也。"然則藏富於民，乃謂散幣以聚穀，非謂上於人民之生計，一無所知，徒以寡取爲仁，而聽其自相兼并也。苟一無所知而聽其自相兼并也，則所謂"民知而君愚，下貧而君富"者也。見《山權數》。

〔六九〕 管子輕重四

《管子》輕重之筴，意蓋欲以輕稅斂也。當時正稅之外，有所取於民，皆謂之籍。故《山至數》言"輕賦稅則倉廩虚，肥籍斂則械器不奉"；《輕重甲》："不籍吾民，何以奉車革？不籍吾民，何以待鄰國？"又言："皮幹筋角之徵甚重。重籍於民而貴市之。"又言："弓弩多匡軫者，而重籍於民。"《輕重丁》言"寡人多務，欲衡籍富商蓄賈稱貸之家，以利貧萌"也。《國蓄》曰："租籍者，所以强求也；租税者，所慮而請也。"蓋經常之税，謂之租税；按田而別有所取，謂之租籍。下文又云："以室廡籍，謂之毁成；以六畜籍，謂之止生；以田畝籍，謂之禁耕；以正人籍，謂之離情；以正户籍，謂之養贏。"《輕重甲》："桓公曰：寡人欲籍於室屋。管子對曰：不可。是毁成也。欲籍於萬民。管子對曰：不可。是隱情也。欲籍於六畜。管子對曰：不可。是殺生也。欲籍於樹木。管子對曰：不可。是伐生也。"以田畝籍，蓋即所謂租籍。正人正户之正，與直通。《山至數》："一縣必有一縣中田之筴，一鄉必有一鄉中田之筴，一家必有一家直人之用。"直人即正人，蓋謂中人,故有征役者。《輕重甲》:"民無以與正籍者,與之長假。"不與正籍,蓋不役之人也。以正人籍,口數將有蔽匿,故曰隱情;以正户籍,則重取於有役之家,無役者顧遨寬免,故曰養羸也。或曰:"羸當作贏,謂疲弱者獲免,而正户益困。"義亦可通。○《輕重乙》:"租税者,君之所宜得;正籍者,君之所强求。"此正字别是一義,與正人正户之正不同。

以室廡、六畜、田畝、正人、正户籍,蓋謂以是爲民貧富之准而斂之,猶後世以丁貲定户等矣。其政甚苛,故管子欲有國者取贍於物價輕重之間,而減廢此等苛税也。《國蓄》所謂"人君御穀物之秩相勝,而操事於其不平之間,故萬民無籍而國利歸於君"也。又曰:"天子籍於幣,諸侯籍於食。中歲之穀,糶石十錢。大男食四石,月有四十之籍。大女食三石,月有三十之籍。吾子食二石,月有二十之籍。歲凶穀貴,糶石二十錢,則大男有八十之籍,大女有六十之籍,吾子有四十之籍。是人君非發號令收嗇而户籍也。彼人君守其本委謹,而男女諸君吾子,無不服籍者也。"此言穀由官賣,凡食穀者,即不翅人人納税也,蓋租税之取民也顯,則民怨之;官賣穀之取利也隱,則民不覺;所謂見予之形,不見奪之理,此爲政之微權也。

《地數》曰:"武王立重泉之戍,令曰:民自有百鼓之粟者不行。民舉所最粟以避重泉之戍,而國穀二十倍,巨橋之粟亦二十倍。武王以巨橋之粟二什倍而市繒帛,軍五歲毋籍衣於民;以巨橋之粟二什倍而衡黄金百萬,終身無籍於民。准衡之數也。"此言以官粟市雜物,而免賦斂也。《山國軌》曰:"有莞蒲之壤,有竹箭檀柘之壤,有氾下漸澤之壤,有水潦魚鼈之壤。今四壤之數,君皆善官而守之,則籍於財物,不籍於人。"此言凡共用之物,皆設官治理,則不待賦斂於民也。此所謂不籍而富國也。

粟爲民之所有,取之雖多,猶可竭蹶以應上之求;非凡民所能自爲者,則不得不求之商賈,而商人因以剥削農人矣。《揆度》曰:"君朝令而夕求具,國之財物,盡在賈人。"是大事也。《國蓄》曰:"今人君籍求於民,令曰十日而具,則財物之賈什去一;令曰八日而具,則財物之賈什去二；令曰五日而具，則財物之賈什去半；朝令而夕具，則財物之賈什去九。先王知其然，故不求於萬民，而籍於號令也。”籍於號令，則所謂操重斂散之權者也。故輕重家言，不過欲奪商賈之利，歸之農夫而已矣，其意實在重農也，故吾疑爲農家言也。

官買物未嘗不可求之商人，然商人仍取之於平民；而其取之也，必乘其急，而抑其賈；如此，則利盡歸於商賈矣。故寧以穀易他物，使穀有所渫，而其賈亦昂也。《輕重丁》言：“君幣籍而務，則賈人獨操國趣；君穀籍而務，則農人獨操國固。”此之謂也。

籍字本義，蓋爲凡取民之稱。《孟子》言“助者藉也”，亦即此字。其初所取，蓋僅穀粟，故殷人田税，以此爲名。其後取於民之物日多，乃又以與賦税對舉也。《山至數》言：“皮革筋角羽毛竹箭器械財物，苟合於國器君用者，皆有矩券於上。”可見其取民之苛矣。

〔七〇〕 讀商君書[①]

井田之廢，昔人皆蔽罪於商鞅，此謬也。商君一人，安能盡壞三代之成法？且秦之法，鞅壞之矣，六國之法，壞之者誰乎？此弗思之甚者也。朱子言開爲破壞鏟削之意，而非創置建立之名。又謂阡陌之地，切近民田，必有陰據以自私，而税不入於公上者。是以《秦紀》、《鞅傳》皆云爲“田開阡陌封疆而賦税平。”蔡澤亦曰：“決裂阡陌，以静生民之業而一其俗。”以見商君之開阡陌，實爲救時之政。善矣。然於六國之井田，何以破壞，不能言也。予謂井田之廢，實由地狹人稠，而田不給於授。何也？人口之增，數十百年則自倍。戰爭雖酷，所以奉生者雖觳，皆不足以沮之。此徵諸已事而可知者也。三代建國，近者數百年，遠者千餘歲。邦域之中，安能無地狹人稠之患？《商君書》

① 又題《讀朱子〈開阡陌辨〉》，曾改題爲《井田之廢》。

曰:"地方百里者,山陵處什一,藪澤處什一,溪谷流水處什一,都邑蹊道處什一,惡田處什二,良田處什四,以此食作夫五萬。其山陵,藪澤,溪谷可以給其材。都邑、蹊道足以處其民。先王制土分民之律也。今秦之地,方千里者五,而穀土不能處二。田數不滿百萬。其藪澤溪谷、名山、大川之材物貨寶,又不盡爲用。此人不稱土也。秦之所與鄰者三晉也。所欲用兵者韓魏也。彼土狹而民衆。其宅參居而并處。其寡萌賈息,民上無通名,下無田宅,而恃奸務末作以處。人之復陰陽澤水者過半。此其土之不足以生其民也,似有過秦民之不足以實其土也。"《徠民》。當時列國衆寡不均之形可見。人情安土而重遷,《論語》:"小人懷土。"孔曰:"重遷。"寧尺寸墾闢於故鄉,而不肯移殖新地,蓋自古如此。且欲遷移,必有道路之費,室廬之築,口實播種之資,小民亦不足以語此。道遠既不能自達,達焉亦無以爲衛。有土之君,又域民而不欲其去。則惟有鏟削阡陌,填塞溝洫矣。朱子謂井田之制,水陸占地,不得爲田者頗多。商君惜地利之有遺,是以奮然不顧,悉行墾闢。予謂墾闢之舉,不足於食之民,必能自爲之;墾田多則賦税廣,有土之君,亦必利而陰許之。或且倡率之;正不待商君也。特前此非法所許。至商君,乃公許之;且覈其陰據自私者,以入於上耳。孟子謂"暴君污吏,必慢其經界。"夫固出於自利之私,亦或因民欲田宅而不得,坐視其破壞而不能禁也。

然就一國言之,井田之破壞,庸或出於不得已;而合全局言之,則當日神州,仍以土滿爲患。謂必鏟削阡陌,填塞溝洫,而後耕地可以給足,又不然之論也。古代議論,無不以土滿爲患也。古人患土滿之論甚多,試略舉數事爲徵。《論語》:"子適衛,冉有僕。子曰:庶矣哉!曰:既庶矣,又何加焉?曰:富之。既富矣,又何加焉?曰:教之。"此與子胥論越,"十年生聚,十年教訓"同意。必先有其民,然後治與教有所施。故孟子謂"雞鳴狗吠相聞,達乎四竟,而齊有其民矣,地不改闢矣,民不改聚矣,行仁政而王,莫之能御也。""葉公問政:子曰:近者説,遠者來。"其答樊遲,謂好禮,好義,好信,則"四方之民,襁負其子而至。"孟子説齊宣王:謂"王發政施仁,則耕者皆欲臧於王之野,商賈皆欲藏於王之市,行旅者皆欲出於王之塗。"《管子》謂"有地牧民者,務在四時,守在倉廩。國多財則遠者來,地闢舉則民留處。"皆以徠民爲急。梁惠王糜爛其民而戰之,然謂“鄰國之民不加少,寡人之民不加多”,大有悵恨之意焉。知寡弱爲列國之公患也。《吕覽》曰:“吴起謂荆王曰:荆所有餘者地也,所不足者民也。今君王以所不足,益所有餘,臣不得而爲也。於是令貴人往實廣虚之地。皆甚苦之。荆王薨,貴人皆來,尸在堂上。貴人相與射吴起。”《貴卒》。吴起之死,與商君同一可哀。微此篇,無以知其見嫉於貴人之故矣。此可見移民之難。此耕地之所以不足,而井田之所以破壞也。非真合中國計之,而田猶不給於授也。

“寡萌賈息”,孫詒讓謂當作“賓萌貸息”。賓萌即客民,對下民爲土著之民也。《吕覽·高義》:墨子曰:翟度身而衣,量腹而食,比於賓萌。高《注》曰:賓,客也。萌,民也。貸息,謂以泉穀貸與貧民而取息。言韓魏國貧,有餘資貸息者,皆外來之客民;其土著之民,則皆上無通名,下無田宅,而恃奸務末作以處。明客民富而土著貧也。朱師轍曰:“《左氏》:寡我襄公。《注》:寡,弱也。謂小民無地可耕,多事商賈,以求利息。孫校非。”予案此解自以朱説爲直捷。然客民富而土著貧,戰國時確有其事。韓非謂“公家虚而大臣實,正户貧而寄寓富,耕戰之士困,末作之民利者可亡也”是也。《亡征》。商君欲以故秦事敵,而使新民作本。又曰:“今王發明惠,諸侯之士來歸義者,今使復之。三世無知軍事。秦四竟之内,陵阪丘隰,不起十年征者。於律也,足以造作夫百萬。”可見當時待新民之優。故民既乏田宅,又從征戍,此其所以貧歟?觀商君之欲厚待新民,而知徠民之不易矣。此井田所由破壞與?“復陰陽澤水”之復,即《詩》“陶復陶穴”之復。言爲復於山之南北,及澤水之地也。嚴可均疑其有誤,殊疏,朱師轍曰:“處”,斷絶也。復,借爲瘦。瘦,病也。言民上不能通名於朝,下無田宅,而恃奸務末作,爲人治疾病,相陰陽澤水,猶今醫卜星相之流。治病未聞稱處,巫醫在古國賤業,亦未聞稱末作。相陰陽,觀流泉,乃司空之職,《漢·志》刑法之學,豈得謂之奸務?其曲解甚矣。三晉地狹人稠,至於如此,而《商君書》猶以民之不西爲慮,亦可見徠民之難矣。

原刊《光華大學半月刊》第四卷第四期,
一九三五年十一月二十五日出版

〔七一〕 買田宅、請田宅

《史記·廉頗藺相如列傳》：趙括之母上書言括不可使將，曰：始妾事其父時，大王及宗室所賞賜者，盡以與軍吏士大夫；受命之日，不問家事。今括一旦爲將，王所賜金帛，歸藏於家；而日視便利田宅可買者買之。又《蕭相國世家》曰：黥布反，上自將擊之，數使使問相國何爲。客有説相國曰：上所爲數問君者，畏君傾動關中。今君胡不多買田地、賤貰貸以自汙？相國從其計。上罷布軍歸，民道遮行上書，言相國賤彊買民田宅數千萬。言田宅皆曰買，是田宅已屬私家。又《白起王翦列傳》言：始皇起翦攻荆，自送至灞上，翦行請美田宅園池甚衆。既至關，使使還請善田者五輩。曰請，是田宅猶屬公家也。《趙世家》：簡子賜扁鵲田四萬畝。烈侯曰：夫鄭歌者槍、石二人，吾賜之田，人萬畝。亦見公家有田之多。此等固皆傳者之辭，未必當時實事；然傳者之辭，亦必依附實事，但皆務爲夸侈耳。觀此諸文，可見當時田宅之分屬公私也。

《荀子·議兵篇》言魏氏之取武卒，“中試則復其户，利其田宅。是數年而衰，而未可奪也。”可見是時，田宅與奪，尚有由公家者。

〔七二〕 買道而葬

《禮記·檀弓》：“季子皋葬其妻，犯人之禾。申詳以告，曰：請庚之。子皋曰：孟氏不以是罪予，朋友不以是棄予，以吾爲邑長於斯也，買道而葬，後難繼也。”舊説以子皋爲倚勢虐民，非也。此事可見井田廢、阡陌開之漸。夫使阡陌完整，營葬者安得犯人之禾？營葬而犯人之禾，蓋以阡陌剗削，喪車不能通行故耳。開阡陌乃違法之事，當時依法整頓，勢蓋已不能行，然猶難公然許爲合法。邑長犯人之禾而庚之，則許爲合法矣。關涉土地之案件，又將如何辦理，故曰後難繼也。“以吾爲邑長於斯也”，乃讀而非句。言以吾爲邑長於斯，買道而葬，後難爲繼，故孟氏不以是罪予，朋友不以是棄予；非謂爲邑長可倚勢虐民也。

〔七三〕 古振貸一

大同之世，人無所謂饥寒也。何也？人不獨親其親，不獨子其子；貨惡其棄於地也，不必藏於己，力惡其不出於身也，不必爲己。故遭凶荒，舉族困於飢寒者有之矣；滿堂而飲酒，一人鄉隅而飲泣，則未之前聞。至於貨力爲己，各親其親，各子其子之世，斯不然矣。而人有待於振濟矣。

然振濟之始，仍是屬之於族。《管子·問》篇：“問國之棄人，何族之子弟也？”“問鄉之貧人，何族之别也？”“問宗子之收昆弟者，以貧從昆弟者幾何家？”《入國》篇九惠之教，孤子不能自生者，屬之其鄉黨知識故人。士民死上事，死戰事者，亦使其知識故人受資於上而祠之。《禮記·檀弓》曰：“未仕者不敢税人，如税人，則以父兄之命。”《注》曰：“不專家財也。”《論語·先進》：“子路問聞斯行諸？子曰：有父兄在，如之何其聞斯行之？”包氏釋以“振窮救乏之事”，蓋以此也。何者？振救人者以其族之財，而族之財則其父兄主之故也。《左氏》言陳氏厚施，凡公子、公孫之無禄者，私分之邑。昭公十年。有邑，斯其族之人皆獲振救矣。此興滅國、繼絶世之所以爲美談也。

世運愈降，族不必皆有資財；有資財者，亦或爲其長所專有；乃有待振救於族外者。《論語》：“原思爲之宰，與之粟九百，辭。子曰：毋！以與爾鄰里鄉黨乎？”《雍也》。是其事也。斯時能振救人者，仍多有土之君。《説苑·臣術》：晏子對景公曰：“賴君之賜，得以壽三族；

及國交游，皆得生焉。”又曰：“以君之賜，臣父之黨，無不乘車者；母之黨無不足於衣食者；妻之黨無凍餒者；國之簡士，待臣而舉火者數百家。”又曰：“以君之賜，澤覆三族，延及交游，以振百姓。”簡士蓋即交游，先及族黨，次及士，次及凡民也。《管子·問》篇：“羣臣有位事官大夫者幾何人？外人來游在大夫之家者幾何人？”“問鄉之良家，其所牧養者，幾何人矣？”亦是物也。

〔七四〕古振貸二

言振救者，以《管子》九惠之教爲最備。九惠者：“一曰老老，二曰慈幼，三曰恤孤，四曰養疾，五曰合獨，六曰問疾，七曰通窮。八曰振困，九曰接絶。”案《孟子》言：“老而無妻曰鰥，老而無夫曰寡，老而無子曰獨，幼而無父曰孤。此四者，天下之窮民而無告者。”《梁惠王》下。而《管子·揆度》言：“匹夫爲鰥，匹婦爲寡，老而無子者爲獨。子弟師役而死者，父母爲獨。”《輕重己》言：“無妻無子，謂之老鰥；無夫無子，謂之老寡。”則鰥、寡與老鰥、老寡有異。《王制》言孤、獨、矜、寡，皆有常餼，説與《孟子》同，皆僅指老鰥、老寡。合獨之教曰：“凡國都皆有掌媒。丈夫無妻曰鰥，婦人無夫曰寡。取鰥寡而合和之，予田宅而家室之，三年然後事之。”此蓋《周官》媒氏之職。所以處徒鰥寡而未老者，爲《孟子》、《王制》所不及矣。《管子·問篇》曰：“問獨夫、寡婦、孤寡、疾病者，幾何人也？”此孤寡二字，蓋但指孤者言。兼言寡，蓋浹句以圓文也？獨夫、寡婦，蓋偏舉一端以相備。獨夫亦無妻，寡婦亦無子。《王制》又言：“瘖、聾、跛躄、斷者、侏儒，百工各以其器食之。”“八十者一子不從政，九十者其家不從政，廢疾非人不養者，一人不從政。”略與《管子》老老、養疾相當，而慈幼、問疾、通窮、振困、接絶，皆非所及。然非遂無其事也。通窮之教曰：“若有窮夫婦無居處，窮賓客絶糧食，居其鄉黨，以聞者有賞，不以聞者有罰。”此蓋《周官》以肺石達窮民之義。《大司寇》。《孟子》言許行踵門而告滕文公"願受一廛而爲民",《滕文公》上。即無居處之類。蓋小國之君,躬聽其事,《周官》、《管子》,皆治大國之法,則責諸其長也。孔子絶糧於陳蔡之間,"使子貢至楚,楚昭王興師迎孔子,然後得去。"《史記·孔子世家》。儻亦窮賓客之流乎? 九惠之政,振困、接絶而外,皆有專掌其事者在國都。然養孤屬之其鄉黨知識故人,而掌孤數行問之。士人之疾甚者,掌病以告,上身問之。周官鄉師,以歲時巡國及野,而賙萬民之艱阨,以王命施惠。皆小國寡民之遺制也。《左氏》哀公二年,子西言闔廬:"天有菑厲,親巡其孤寡而共其乏困。"吴雖驟强,本實小國,君民易親,儻非虚語邪?

〔七五〕 古振貸三

《管子·問》篇:"問理園圃而食者幾何家?"蓋無田,故恃園圃以爲食也。又曰:"人之開田而耕者幾何家?"蓋田不給授,從事新開。辟草萊、開阡陌,其此曹乎? 又曰:"士之身耕者幾何家?""餘子仕而有田邑,今入者幾何人? 士之有田而不使者幾何人? 吏惡何事? 士之有田而不耕者幾何人? 身何事?"此皆有田者,故但課其勤惰。又曰:"君臣有位而未有田者幾何人?""官承吏之無田餼而徒理事者幾何人?""外人之來從而未有田宅者幾何家?"蓋當授田而未授者。又問:"國子弟之游於外者幾何人?"蓋無田以授之,故去國而他適也。觀此,知其時之人,能否自給,尚以有田無田爲斷,而其有待於振救者可知矣。

《管子》又曰:"問國之伏利,其可應人之急者,幾何所也?"此所謂利,即《國語》榮夷公好專利之利,蓋利之在山澤者。名山大澤不以封,故至凶荒札喪之時,猶可應人之急,如五穀不熟而取疏食是也。《左氏》襄公九年,"晉侯歸,謀所以息民。魏絳請施舍。輸積聚以貸。自公以下,苟有積者盡出之。國無滯積,亦無困人。公無禁利,亦無貪民。"蓋以積聚貸,又弛山澤以與民。其所謂利,亦《國語》榮夷公好專利之利也。自封禁之者日多,而民之待振救者亦益衆矣。

〔七六〕 古振貸四

待振救者太衆,雖有仁君,不能給也。"子貢曰:如有博施於民而能濟衆,何如?可謂仁乎?子曰:何事於仁!必也聖乎!堯舜其猶病諸!"《論語·雍也》。蓋謂此也。於是乎有貣貸。貣者當復,則更可以振他人,而受振者衆矣。若更分所新生,以爲利息,但使受者不供自用,而更以之振他人,亦不翅初受振者後更振人,受振者將益多,所生之利亦益博,此自然之妙用也。然貸者安能如此,皆徒欲取諸貣者以自利,而盤剥之事興矣。

出貸之始,亦爲有土之君。《管子·問》篇:"問貧士之受責於大夫者幾何人?"則是物也。士蓋戰士,故能受責於大夫。又,"問邑之貧人,債而食者幾何家?"則不必盡然矣。此等貣貸,蓋多以粟?故《問》篇又"問人之貸粟米有别券者幾何家"也。《左氏》:文公十六年:宋飢,公子鮑竭其粟而貸之;襄公九年晉侯謀所以息民,魏絳請輸積聚以貸;詳見上條。昭公三年言陳氏厚施,以家量貸,而以公量收之,皆是物也。襄公二十九年,"鄭子展卒,子皮即位。於是鄭飢而未及麥,民病。子皮以子展之命餼國人粟,户一鍾,是以得鄭國之民。故罕氏常掌國政,以爲上卿。宋司城子罕聞之,曰:鄰於善,民之望也。宋亦飢,請於平公,出公粟以貸。使大夫皆貸。司城氏貸而不書,爲大夫之無者貸。宋無飢人。叔向聞之,曰:鄭之罕,宋之樂,其後亡者也。二者其皆得國乎?民之歸也,施而不德,樂氏加焉,其以宋升降乎?"二事并舉,則子皮於鄭人,亦必貸之而非與之也。昭公二十五年,伐季氏。入之。平子登臺而請,弗許。子家子曰:"君其許之。政自之出久矣。隱民多取食焉,爲之徒者衆矣。日入慝作,未可知也。”當時有土之君，以此取媚於國人者蓋多矣。晉文公歸國而“棄責”；《國語·晉語》。馮諼爲孟嘗君收責於薛，“矯命以責賜諸民”；《戰國·齊策》。皆是也。然究不敵爲藺絲者之衆，而欒桓子之“假貸居賄”，亦見《晉語》。乃習爲恒事矣。

〔七七〕 古振貸五

生計益進，則出貸之事，漸自封君移於富民。《管子·國蓄》曰：“使萬室之都必有萬鍾之藏，藏繦千萬；使千室之都必有千鍾之藏，藏繦百萬。春以奉耕，夏以奉耘；耒耜、械器、種饟、糧食，畢取贍於君。故大賈蓄家，不得豪奪吾民矣。”藏繦蓋出大賈，藏粟則出蓄家。商賈多資錢幣，遇出舉之利大於興生時，自可舍興生而事出舉。《史記·貨殖列傳》之子錢家，蓋本自商賈出。邴氏賒貸、行賈徧郡國，亦二者兼之也。《周書·文酌》云：“大農假貸。”蓋蓄家之倫。

大賈蓄家，專以牟利爲事，封君則耽於逸樂，故其勢浸不敵。《管子·輕重丁》：桓公曰：“大夫多并其財而不出，腐朽五穀而不散。”管子“請以令召城陽大夫而請之”。桓公曰：“何哉？”管子對曰：“城陽大夫，嬖寵被絺綌，鵝鶩含餘粖，齊鐘鼓之聲，吹笙篪，同姓不入；伯叔父母，遠近兄弟，皆寒而不得衣，飢而不得食。”此當時有土之君，競於奢侈，雖富厚而轉患不足之情形也，尚安能與大賈蓄家競哉？輕重之義，一言蔽之，則裁抑大賈蓄家而扶翼封君耳。觀其所欲扶抑，而其盛衰强弱可知矣。

封君之出貸，亦兼用錢粟。《國策》之馮諼，《史記》作馮驩。據《孟嘗君列傳》，馮驩之前，爲之收責者，尚有一魏子。其説曰：“孟嘗君相齊，其舍人魏子爲孟嘗君收邑人，三反而不致一人。孟嘗君問之，對曰：有賢者，竊假與之，以故不致入。孟嘗君怒而退魏子。居數年，人或毁孟嘗君於齊湣王曰：孟嘗君將爲亂。及田甲劫湣王，湣王意疑孟嘗君,孟嘗君乃奔。魏子所與粟賢者聞之,乃上書言孟嘗君不作亂,請以身爲盟,遂自剄宫門以明孟嘗君。"此以粟爲貸。又曰:"孟嘗君時相齊,封萬户於薛。其食客三千人,邑入不足以奉客,使人出錢於薛。歲餘不入,貸錢者多不能與其息,客奉將不給。""乃進馮驩而請之。"則以錢爲貸者也。此等説自不足信,然當時必有此等事,乃得造作此等説也。

〔七八〕 古振貸六

出舉之初,昔人多視爲不義,乃欲復之於振濟。《管子·輕重丁》曰:"桓公曰:峥丘之戰,民多稱貸,負子息,以給上之急,度上之求。寡人欲復業産,此何以洽?管子對曰:惟繆數爲可耳。桓公曰:諾。"乃"令表稱貸之家,使八使者式璧而聘之"。"稱貸之家皆折其券而削其書,發其積藏,出其財物,以振貧病"。又曰:"桓公曰:寡人多務,令衡籍吾國之富商、蓄賈、稱貸家,以利吾貧萌,農夫不失其本事。反此有道乎?管子對曰:惟反之以號令爲可耳。桓公曰:行事奈何?管子對曰:請使賓胥無馳而南,隰朋馳而北,甯戚馳而東,鮑叔馳而西,視四方受息之氓。四子已報。管子請以令召稱貸之家,君因酌之酒。稱貸之家,決四方子息之數,使無券契之責。"此皆當時之人之所願欲也,然豈可致哉?當時之封君,不徒出舉也,亦或入舉。齊公子商人"驟施於國,而多聚士,盡其家,貸於公、有司以繼之"是也。《左氏》文公十四年。此猶貸於公、有司。《漢書·諸侯王表》言:周衰,"有逃責之臺。"服虔曰:"周赧王負責,無以歸之,主迫責急,乃逃於此臺,後人因以名之。"服説必有所據,此則貣於富民矣。不能强取,而守民間貣貸之法,可見富民權力之長,尚可變其稱貸爲振濟乎?

赧王借債,不必皆供私用,雖謂爲公侯之濫觴可也。設使周久不亡,富人之權力更長,稱貸是求焉,收税是求焉,富人漸以其意左右政事,而如歐洲所謂憲政者之基立矣。

〔七九〕 母財

本錢之語甚古。《管子・國蓄》:言知者有什倍人之功,愚者有不賡本之事。不賡本,謂母財不復,不能再行生利,俗所爲折本是也。《輕重甲》曰:事再其本,則無賣其子者;事三其本,則衣食足;事四其本,則正籍給;事五其本,則遠近通,死得藏。《揆度》言再其本,民無檀者賣其子,三其本,若爲食,四其本,則鄉里給,五其本,則遠近通,然後死得葬矣。説雖微異,其意皆同。

〔八〇〕 釋官

《曲禮》曰:"在官言官,在府言府,在庫言庫,在朝言朝。"《注》曰:"官謂板圖文書之處,府謂寶藏貨賄之處也,庫謂車馬兵甲之處也,朝謂君臣謀政事之處也。"然則官字古義與今不同,今所謂官,皆爲政事所自出,古則政出於朝,官特爲庋藏之處,與府庫同耳。蓋古者政簡,不須分司而理,故可合謀之於朝。後世政治日繁,勢須分職,而特設之機關遂多,各機關必皆有文書,故遂以藏文書之處之名名之也。

官既爲庋藏文書之處,則處其間者不過府史之流,位高任重者未必居是。《論語》:"冉子退朝。子曰:何晏也?對曰:有政。"《論語・子路》。荀子入秦,"及都邑官府,其百吏肅然。入其國,觀其士大夫,出於其門,入於公門,出於公門,歸於其家",《荀子・强國》。其證也。然則司政令者不居官,居官者不司政令,故官在古代不尊,所尊者爲爵。《儀禮・士冠禮》曰:"以官爵人,德之殺也。死而謚,今也。古者生無爵,死無謚。"《檀弓》謂士之有誄,自縣賁父始。誄所以作謚,明古者大夫有謚，士無謚。生無爵，則死無謚，明大夫爲爵，士不爲爵也。《王制》曰："司馬辨論官材，論定然後官之，任官然後爵之，位定然後禄之。"官之者任以事，是爲士，爵之禄之則命爲大夫也。《曲禮》曰："四十曰强，而仕。"《士冠禮》曰："古者五十而後爵。"則任事十年，乃得爲大夫矣，所謂"任官然後爵之"也。《檀弓》又曰："仕而未有禄者，君有饋焉曰獻，使焉曰寡君，違而君薨，弗爲服也。"《王制》云："士禄以代耕，而此曰未有禄者。"《曲禮》又曰："無田禄者，不設祭器；有田禄者，先爲祭服。"禄指土田言，故代耕所廩，不爲禄也。《檀弓》：工尹商陽曰："朝不坐，燕不與，殺三人，亦足以反命矣。"《注》："朝燕於寢，大夫坐於上，士立於下。"坐於上爲有位，立於下爲無位，必爵爲大夫，然後有田，則所謂位定然後禄之也。古者國小民寡，理一國之政者，亦猶今理一邑之事者耳，勢不得甚尊。至於國大民衆而事繁，則其勢非復如此矣。則凡居官任事者，皆有以殊異於齊民矣。上下之睽，自此始也，故曰德也。

〔八一〕　三公、四輔、五官、六官、冢宰

言古官制者，今文家曰三公、九卿，古文家曰三公、三孤、六卿，而又有四輔、五官之名，孰爲是？曰：皆是也，皆有所據。今文家所謂三公，任職者也。古文家之三公及四輔，天子之親臣也。五官與今文家之三公，同爲任職之臣，或舉其三，或舉其五，各有所象耳。五官加一冢宰，則爲六官矣。

四輔、三公，見《禮記・文王世子》及《管子・幼官》。幼官不言其名。《文王世子》舉其名曰師、保、疑、丞。師、保者三公之二，疑、丞者四輔之二，《記》錯舉之也。《尚書大傳》曰："古者天子必有四鄰：前曰疑，後曰丞，左曰輔，右曰弼。"是爲四輔之名。《大戴・保傅》曰："昔者周成王幼，在襁褓之中，召公爲太保，周公爲太傅，太公爲太師。

保，保其身體；傅，傅其德義；師，道之教訓。此三公之職也。於是爲置三少，皆上大夫也。曰少保，少傅、少師，是與太子燕者也。"《賈子・保傅》篇同。與太子燕，《賈子》建、潭本作天子，是也。此即古周禮説之三公、三孤。其三太，即《文王世子》及《管子》之三公也。又曰："學禮曰：帝入東學，上親而貴仁，則親疏有序而恩相及矣。帝入南學，上齒而貴信，則長幼有差而民不誣矣。帝入西學，上賢而貴德，則聖智在位而功不匱矣。帝入北學，上貴而尊爵，則貴賤有等而下不逾矣。帝入太學，承師問道，退習而端《賈子》作考。於太傅，太傅罰其不則而達其不及，則德智長而理道得矣。"東學者左輔所在，南學者前疑所在，西學者右弼所在，北學者後丞所在，入太學所承之師，則太師也。退習而考於太傅，不言太保者，辭不備。觀下"免於保傅之嚴"，又以二者并言，則可知矣。然則太師與疑、丞、輔、弼，在五學者也。太傅與太保，則左右王於退習之際者也。又曰："明堂之位曰：篤仁而好學，多聞而道慎，天子疑則問，應而不窮者，謂之道。道者，導天子以道者也，常立於前，是周公也。誠立而敢斷，輔善而相義者，謂之充。充者，充天子之志者也，充，《賈子》作輔。志作意。常立於左，是太公也。潔廉而切直，匡過而諫邪者，謂之弼。弼者，弼天子之過者也，常立於右，是召公也。博聞而彊記，接給而善對者，謂之承。承者，承天子之遺忘者也，常立於後，是史佚也。"此即《書傳》之四輔。疑作道者，有所惑曰疑，釋其惑亦曰疑，所謂"疑之言擬"，《周官・司服注》。正道之義也。輔者輔之爲善，充亦充其善，與弼其過相對，名異而意同也。《管子・君臣》曰："四正、五官，國之體也。"《説苑・君道》曰："明君在上，慎於擇士，務於求賢，設四佐以自輔。"四正、四佐，亦即四輔。四輔、三公，皆天子之親臣，故《孝經》曰"天子有争臣七人，雖無道不失其天下"也。《禮記・禮運》曰："宗祝在廟，三公在朝，三老在學。王前巫而後史，卜、筮、瞽、侑、皆在左右。王中，心無爲也，以守至正。"三公在朝者，司馬、司徒、司空之倫，任職者也。三老在學，師、傅、保之倫也。前巫、後史，卜、筮、瞽、侑，亦即四輔之類。所述蓋王居明堂之禮。古者事簡，無衆官，政皆出於明堂，是時相王者三公、四輔之倫，蓋皆無所統。故古文家猶謂三公無官屬，坐而論道也。

今文之三公曰司馬、司徒、司空。此亦即五官，特僅舉其三耳。五官之説：《曲禮》曰："司徒、司馬、司空、司士、司寇，典司五衆。"《左氏》昭公十七年郯子之言曰："祝鳩氏，司徒也。鴡鳩氏，司馬也。鳲鳩氏，司空也。爽鳩氏，司寇也。鶻鳩氏，司事也。五鳩，鳩民者也。"司事即司士，鳩民即典司五衆之謂也。《春秋繁露・五行相勝》曰："木者司農也。火者司馬也。土者，君之官也，其相曰司營。金者司徒也。水者司寇也。"司營即司空，司農即司事，農者民事也。《淮南子・天文訓》曰："何謂五官？東方爲田，南方爲司馬，西方爲理，北方爲司空，中央爲都。"田即司農，理即司寇，都即司徒也。《左氏》昭公二十九年，蔡墨曰："木正曰句芒，火正曰祝融，金正曰蓐收，水正曰玄冥，土正曰后土。"名雖異，其象五行則同。《周官》及《大戴》之《盛德》篇，特多一冢宰，又以宗伯易司農耳。宗伯典禮，禮於五行爲火，其方在南，以此易東方之農師，實不如《繁露》等説之當。《管子・五行》曰："黄帝得蚩尤而明於天道，得大常而察於地利，得奢龍而辨於東方，得祝融而辨於南方，得大封而辨於西方，得后土而辨於北方。黄帝得六相而天地治，神明至。蚩尤明乎天道，故使爲當時。大常察乎地利，故使爲廪者。奢龍辨乎東方，故使爲土師。祝融辨乎南方，故使爲司徒。大封辨於西方，故使爲司馬。后土辨乎北方，故使爲李。是故春者土師也，夏者司徒也，秋者司馬也，冬者李也。"土師疑即農師，廪者疑即司空。當時蓋主歷象之官，以易《周官》之冢宰，亦各有所取耳。

漢初因秦置丞相，後用經生説，改爲大司徒，而以太尉爲司馬，御史大夫爲司空，皆稱公，爲相職，因有疑今文義三公外無宰相者。案《王制》言"冢宰齋戒受質"，别於三官。又曰"百官各以其成質於三官"，而三官"以百官之成質於天子"。《論語》曰："君薨，百官總已以聽於冢宰。"《憲問》。明百官分屬三官，冢宰則無所不統。三公以外，别有冢宰,較然甚明也。《荀子·序官》,列舉官名,凡十有三:曰宰爵,曰司徒,曰司馬,曰太師,曰司空,曰治田,曰虞師,曰鄉師,曰工師,曰傴巫、跛擊,擊疑當作覡。曰治市,曰司寇,曰冢宰。去冢宰及司馬、司徒、司空凡九官,或謂即九卿。此誠難質言,然數適相合,亦可備一說。此説而確,則冢宰在三公之外,愈明白矣。冢宰始蓋主飲食之官,後遂總統宫内,《禮記·祭統》:"宫宰宿夫人。"注:"宫宰,守宫官也。"此即《周官》天官之職。而爲羣吏之長。《儀禮·特牲饋食禮注》。宫、府之别,後世有之,古則皆君主私人耳,故遂於百官無所不統也。冢宰既總統宫内,兼長羣吏,財用自其所管,古國用與天子私奉養,蓋亦不分,故亦冢宰所制。《王制》:"冢宰制國用。""季氏富於周公,而求也爲之聚斂而附益之。"《論語·先進》。求,季氏宰也。叔孫穆子寵豎牛,"使爲政。"爲政者,爲之宰也。其後牛絶其飲食以死。《左氏》昭公四年。知宰雖總統宫事,猶侍食飲,故陳子亢謂疾則"當養者莫若妻與宰"也。《檀弓》。天子、諸侯、大夫,後而體制迥殊,其初一耳。觀諸侯、大夫之事,固足以明王室之初矣。《左氏》宋有六卿,又有太宰、少宰;成公十五年。魯羽父請殺桓公,以求太宰;隱公十一年。亦在三卿之外,《論語》有太宰問於子貢,《檀弓》有陳太宰嚭,《韓非》有商太宰。皆《王制·周官》冢宰之職。《荀子·王霸》曰:"論一相以兼率之,使臣下百吏,莫不宿道鄉方而務,是夫人主之職也。"又曰:"能當一人而天下取,失當一人而社稷危。"又曰:"君者,論一相,陳一法,明一指,以兼覆之,兼炤之,以觀其盛者也。"一人一相,皆指冢宰。《君道》又曰:"天子三公,諸侯一相。"非謂天子無相,諸侯無三官,互言之耳。

問曰:司馬、司徒、司空各主一官,與司寇等均耳,今文家獨取此爲三公,得毋武斷乎?曰:否。三官所職,視他官爲要,固考諸經文而可徵,亦古文家所不違也。《立政》、《梓材》,皆以三官并舉。《酒誥》有圻父、農父、宏父,僞《孔傳》亦以司馬、司徒、司空釋之。僞《孔》古文者流,非今文之與也。《左》昭四年叔孫穆子之葬,季孫"使杜洩舍路。不可,曰:夫子受命於朝而聘於王,王思舊勳而賜之路,復命而致之君，君不敢逆王命而復賜之，使三官書之。吾子爲司徒，實書名。夫子爲司馬，與工正書服。孟孫爲司空以書勳。今死而弗以，是棄君命也。書在公府而弗以，是廢三官也"，尤古文以司徒、司馬、司空爲三卿之鐵證矣。何邵公曰："古者諸侯有司徒、司空，上卿各一，下卿各二。司馬事省，上下卿各一。"襄公十一年。崔氏謂："司徒兼冢宰，司馬兼宗伯，司空兼司寇。司徒下小卿二：曰小宰，曰小司徒。司空下小卿二：曰司寇，曰小司空。司馬下小卿一，曰小司馬。"《左》僖二十二年，宋既有大司馬，又有司馬，説或有徵，則司寇等職，未嘗不可攝以三官，或屬之三官也。六卿之名，古無聞焉。惟《甘誓》有"乃召六卿"、"嗟六事之人"之語。鄭注《書傳》曰："后稷、司徒、秩宗、司馬、作士、共工。"仰即據古周禮爲説，難信。《管子·立政》曰："將軍大夫以朝。"《墨子·尚同》曰："擇其國之賢者，置以爲左右將軍、大夫。"以將軍大夫并言，猶以卿大夫連舉。將軍有左右，則《老子》所謂"偏將軍居左，上將軍居右"也。《非攻》曰："昔者晉有六將軍。"晉固有六卿。明六卿爲六將軍，與司馬等官無涉。撰《周官》者誤以六官爲六卿，亦其潰亂不驗之一驗也。宋六卿之名爲右師、左師、司馬、司徒、司城、司寇，見《左氏》文公七年、十六年、成公十五年、哀公二十年，亦與《周官》不合。

《異義》之古周禮説，撰僞《古文尚書》者取以入《周官》篇。攻之者或謂其誤據《大戴》、《賈子》，以太子官屬爲天子之官。或又謂鄭注《周官》"鄉老二鄉則公一人"云："王置六卿，則公有三人也。三公者，内與王論道，中參六官之事，外與六卿之教。"又其注《君奭序》"召公爲保、周公爲師"曰："此師、保爲《周禮》師氏、保氏大夫之職。"可見鄭不主六卿之上，别有三公三孤。然《異義》所舉古周禮説，確與僞《周官》同。《周官》朝士，"建外朝之法"，"左九棘，孤、卿、大夫位焉"，"面三槐，三公位焉"，亦明謂公、孤在卿之外。公、孤之名，見於他處者，尚有宰夫、司服、典命、巾車、司常、射人、司士、太僕、弁師、小司寇等。《保氏序官疏》引《鄭志》："趙商問：案成王《周官》：立太師、太傅、太保，茲惟三公。即三公之號，自有師、保之名。成王《周官》，是周公攝政三年事，此周禮是周公攝政六年時，則三公自名師、保，起之在前，何也？鄭答曰：周公左，召公右，兼師保，初時然矣。”趙商所云成王《周官》，蓋即《異義》所謂古周禮説，而亦造僞《古文尚書》者所取材也。

古人設官，各有所象。《白虎通義》曰：“内爵所以三等何？法三光也。”“商質者主天，夏文者主地，《春秋》變周之文，從殷之質，故立三公、九卿、二十七大夫、八十一元士、二百四十三下士，三三相承以法天。其五官則象五行，所以法地之文也。諸侯之國，三卿、五大夫。三卿法三光，五大夫象五行也。”《洪範》曰：“王省惟歲，卿士惟月，師尹惟日。”卿士謂三公、九卿。師尹惟日者，大夫合元士、下士，凡三百五十一，當朞之日也。此質家法天之明證。周家主地，蓋立五官。故《史記·周本紀》云：古公“作五官有司”。然則《曲禮》等書所言，蓋是周制。鄭顧以爲殷制，偏其反矣。五行之官益一，明乎天道之當時，是爲六官。冢宰兼統百官，不可以一職名也。造《周官》者以冢宰易當時，亦其濆亂不驗之一驗也。

原刊《光華期刊》第四期，一九二九年一月一日出版

〔八二〕 周官五史

《周官》大史之職：“掌建邦之六典，以逆邦國之治；掌法以逆官府之治；掌則以逆都鄙之治。凡辨法者考焉，不信者刑之。凡邦國都鄙及萬民之有約劑者藏焉，以貳六官。正歲年以序事，頒之於官府及都鄙，頒告朔於邦國。此即《月令》之類，備載一年中當行之事，及其行之之時。大祭祀，戒及宿之日，與羣執事讀禮書而協事。祭之日，執書以次位常。辨事者考焉，不信者誅之。大會同朝覲，以書協禮事。及將幣之日，執書以詔王。大師，抱天時，與大師同車。大遷國，抱法以前。大喪，執法以涖勸防。凡喪事考焉。小喪，賜謚。凡射事，飾中，舍算，執其禮事。”具見其爲禮與法之府。而小史、内史、外史、御史之職，其爲大

史之僚屬，又極易見也。如此，其典籍安得不多？其員額安得不廣？其先但爲四輔之一，居明堂中侍王者，其後安得不出居於外耶？

外史："掌書外令。掌達書名於四方。若以書使於四方，則書其令。"此亦内史書王命之類。蓋時愈晚，事愈繁，分職愈詳。故其初記言事於右史者，後又析爲内外也。疏家既引《周官》以證《禮記》，而偏舉内史，似非。

記事之史，體極簡嚴；記言之史，則體較恢廓；求諸《周官》，亦可喻其故焉。史官主知天道，故馮相、保章，皆屬大史。馮相氏："掌十有二歲、十有二月、十有二辰、十日、二十有八星之位；辨其序事，以會天位。"蓋司天道之常。保章氏："掌天星，以志星辰日月之變動，以觀天下之遷，辨其吉凶。"則司天道之變。常事不書，變事不可不記。執簡之始，蓋專記日食星隕等事。此本不待煩言，其後記人事者亦遂沿其體，此其所以簡嚴。古重言辭，書諸簡牘蓋其變。既重言辭，則其所書者，亦必如其口語；雖有潤飾，所異固無多也。此其體之所以日益恢廓也。

記言之史，體既恢廓，其後凡叙述詳盡者皆沿之。以其初本以記言辭；又古簡牘用少，傳者或不資記録，而以口耳相授受也，則仍謂之語。《禮記・樂記》：孔子謂賓牟賈曰："且女獨未聞牧野之語乎？"此記武王之事者稱語也。《史記》本紀、列傳，在他篇中述及多稱語。《秦本紀》述商鞅説孝公變法曰："其事在《商君》語中。"《孝文紀》述大臣誅諸吕，謀召立代王曰："事在《吕后》語中。"《禮書》述鼂錯事曰："事在《袁盎》語中。"《陸賈傳》述其使尉佗事曰："事在《南越》語中。"皆是。○《朱建傳》：漢已誅布，聞平原君諫不與謀，得不誅。曰："語在《黥布》語中。"而布傳無其事；蓋古人著書，多直録舊文，不加點定。史公所據朱建黥布兩傳，非出一家，故其文如是也。○《始皇本紀》述趙高與二世、李斯陰謀殺扶蘇、蒙恬曰："語具《李斯傳》中。"疑後人所改，亦或當時已有稱傳者，不始太史公。《蕭相國世家》述吕后用何計謀誅淮陰侯曰："語在《淮陰》事中。"《留侯世家》述良解鴻門之危曰："語在《項羽》事中。"事語二字，疑後人所互易。可知紀傳等爲後人所立新名，其初皆稱語。然則《論語》者，孔子及其門弟子之言行之依類纂輯者；《國語》則賢士大夫之言行，分國纂輯者耳。故吾謂《國語》實《尚書》之支流餘裔也。不惟《國語》,《晏子春秋》及《管子》之《大中小匡》諸篇,凡記賢士大夫之言行者,皆《國語》類也。亦不惟《論語》,諸子書中,有記大師巨子之言行者,皆《論語》類也。

記録之意在傳其人之言行者,謂之語。《易》所謂"多識前言往行,以畜其德"者也。若以其事有關家國之大而記之,則謂之故。故之始,蓋主典禮,其後則記行事者亦羼雜焉。《左氏》定公十年,齊侯將享公,孔子謂梁丘據曰:"齊魯之故,吾子何不聞焉?事既成矣,而又享之,是勤執事也。且犧象不出門,嘉樂不野合;享而既具,是棄禮也;若其不具,用秕稗也。用秕稗君辱,棄禮名惡。子盍圖之?"此即朝覲會同之禮,《周官》大史所掌。不曰禮而曰故者,禮據成憲言,故據成事言也。《史記·儒林傳》載公孫弘之言曰:"治禮次治掌故,以文學禮義爲官,遷留滯。"徐廣曰:"一云次治禮學掌故。"未知孰是。然禮與故爲文學大宗可見。襄公二十六年,聲子通使於晉,還,如楚,令尹子木與之語,問晉故焉。聲子歷舉楚材晉用之事以對。公扈子知叔術之事,而《公羊》謂其習乎邾婁之故。昭公三十一年。此則行事有關家國之得失者矣。《左氏》昭公元年,叔向出,行人揮送之。叔向問鄭故焉,且問子皙。知國家之行事若典章,賢士大夫之言行,并爲時人所重也。

史主記載,言、事皆然,故亦通謂之志。《周官》小史:"掌邦國之志。"鄭司農云:"《春秋傳》所謂《周志》,《國語》所謂《鄭書》之屬。"案《周志》見《左氏》文公二年。狼瞫引其辭曰:"勇則害上,不登於明堂。"《鄭書》亦見《左氏》襄公三十年。子産引其辭曰:"安定國家,必大焉先。"皆《尚書》類也。外史:"掌四方之志。"《注》云:"若魯之《春秋》,晉之《乘》,楚之《檮杌》。"則記事之史矣。案小史所掌,蓋縣内諸侯之史;外史所掌,則外諸侯之史也。外史又掌三皇五帝之書,則異代之史也。《注》云:"楚靈王所謂《三墳》、《五典》。"未知信否。然《禮記·禮運》:孔子曰:"大道之行也,與三代之英,丘未之逮也,而有志焉。"《注》曰:"志,謂識,古文。"説自不誤。何則?三代之英,指禹、湯、文、武、成王、周公,皆確有其人;大道之行,亦當如此;皆讀前人之記識而知之也。《莊子》:"《春秋》經世,先王之志。"《天下》。志亦當作記識解。此《春秋》不必鑿指記事之史。蓋志亦史籍通稱,猶漢人言史記也。記、志一語。古稱志,漢人稱史記,特辭有單複耳。漢人亦但言記,則志之異文也。

《史記・六國表》曰:"秦既得意,燒天下《詩書》,諸侯史記尤甚。《詩書》所以復見者,多藏人家;而史記獨藏周室,以故滅。"此周室二字,當苞凡諸侯之國言;乃古人言語,以偏概全之例,非謂衰周能徧藏各國之史,其餘諸國則獨有其本國之史也。戎夫習於遂事,倚相能讀《三墳》、《五典》、《八索》、《九丘》,皆當時良史熟於古記之證。

《周官》誦訓:"掌道方志,以詔觀事。"《注》曰:"説四方所識久遠之事,以告王觀博古所識。若魯有大庭氏之庫,殽之二陵。"訓方氏:"誦四方之傳道。"《注》曰:"傳道,世世所傳説往古之事也。爲王誦之,若今論聖德堯舜之道矣。"此亦古史也。又曰:"正歲,則布而訓四方,而觀新物。"此所布者,即其爲王所誦,訓方氏蓋身歷四方而布之,因以觀新物也。《禮記・郊特牲》曰:"大羅氏,天子之掌鳥獸者也,諸侯貢屬焉。羅氏致鹿與女,而詔客告也,以戒諸侯曰:好田好女者亡其國。"此即誦傳道訓四方之事,特非躬往巡歷耳。所觀新物,亦必反告於王。假令筆之於書,則又當時之外國史也。小行人之職:"若國札喪,則令賻補之;若國凶荒,則令賙委之;若國師役,則令槁襘之;若國有福事,則令慶賀之;若國有禍烖,則令哀弔之;凡此五物者,治其事故,及其萬民之利害爲一書,其禮俗政事教治刑禁之逆順爲一書,其悖逆暴亂作慝猶犯令者爲一書,其札喪凶荒戹貧爲一書,其康樂和親安平爲一書。凡此物者,每國辨異之,以反命於王,以周知天下之故。"亦訓方民觀新物之意也。

小史之職:"奠繫世,辨昭穆。若有事,則詔王之忌諱。"鄭司農云:"繫、世,謂帝繫、世本之屬是也。小史主定之,瞽矇諷誦之,先王死日爲忌,名爲諱。"瞽矇之職云:"諷誦詩,世奠繫。"杜子春云,"世奠繫,謂帝繫、諸侯卿大夫世本之屬是也。小史主次序先王之世,昭穆之繫,述其德行;瞽矇主誦詩,并誦世繫,以戒勸人君也。故《國語》曰:教之世,爲之昭明德而廢幽昏焉,以休懼其動。”康成謂“諷誦詩。主謂廞作柩謚時也。諷誦王治功之詩以爲謚,世之而定其繫,謂書於世本也。”案如子春及後鄭意,瞽矇所誦,即小史所定,則小史不徒譜其世次而已,必兼述其行事,其説當有所據。何則?繫、世雖經秦火而亡,其體例必相沿勿失。《隋志》家譜、家傳,分爲二門,蓋伊古相沿之例。譜以記世次,傳以詳言行。竊疑《大戴記》之《帝繫姓》,乃古繫、世之遺,《五帝德》則瞽矇所諷誦者也。如康成意,瞽矇所諷誦,初非受諸史官,然讀誄爲大史之職;卿大夫之喪,小史亦賜謚讀誄;則天子諸侯大夫之行事,史官固未嘗不記識之矣。

誄者,累也,累列其生時之事也。《禮記·檀弓》:“公叔文子卒。其子戍請謚於君。君曰:昔者衛國凶飢,夫子爲粥與國之餓者,是不亦惠乎?昔者衛國有難,夫子以其死衛寡人,不亦貞乎?夫子聽衛國之政,脩其班制,以與四鄰交,衛國之社稷不辱,不亦文乎?故謂夫子貞惠文子。”此累列生平行事之式。《祭統》載衛孔悝之鼎銘曰:“六月丁亥,公假於大廟。公曰:叔舅。乃祖莊叔,左右成公。成公乃命莊叔,隨難於漢陽,即宫於宗周,奔走無射。啓右獻公。獻公乃命成叔,纂乃祖服。乃考文叔,興舊耆欲,作率慶士,躬恤衛國。其勤公家,夙夜不解。民咸曰休哉。公曰:叔舅,予女銘,若纂乃考服。悝拜稽首曰:對揚以辟之。”其累列先代之美,亦與誄之用意同,故《荀子》曰:“銘累繫世,敬傳其名。”《禮論》。繫、世以記統緒,銘、累以詳德善功烈勳勞,此家譜、家傳分編并重之所由來也。

《楚語》載申叔時之言曰:“教之《春秋》,而爲之聳善而抑惡焉,以戒勸其心;教之世,而爲之昭明德而廢幽昏焉,以休懼其動;教之《詩》,而爲之導廣顯德,以耀明其志;教之《禮》,使知上下之則;教之《樂》,以疏其穢而鎮其浮;教之令,使訪物官;教之語,使明其德,而知先王之務,用明德於民也;教之故志,使知廢興者而戒懼焉;教之訓典,使知族類,行比義焉。”詳味其辭,則《春秋》重褒善貶惡,世主記君主賢愚，語主傳先世行事，志主記列國興亡。戎夫告武王者志也；孔子詔賓牟賈者語也；其所筆削者《春秋》。《書・無逸》載周公戒成王，備舉殷周列王，所謂教之世者歟？《史記》之本紀、世家、世表、年表，蓋合繫、世及《春秋》而成；而閒傅之以語；傳則本於語及銘誄之屬者也。

原刊《光華大學半月刊》第三卷第八期，
一九三五年四月二十五日出版

〔八三〕 毁 譽 褒 貶

史之權在於褒貶，褒貶即毁譽也。然毁譽之權，實惟風氣淳樸之世，爲能有之。《孝經》曰："身體髮膚，受之父母，不敢毁傷，孝之始也；立身行道，揚名於後世，以顯父母，孝之終也。"《祭義》曰："亨孰羶薌，嘗而薦之，非孝也，養也。君子之所謂孝也者，國人稱願然曰：幸哉，有子如此，所謂孝也已。衆之本教曰孝，其行曰養。養可能也，敬爲難。敬可能也，安爲難。安可能也，卒爲難。父母既没，慎行其身，不遺父母惡名，可謂能終矣。"《内則》曰："父母雖没，將爲善，思遺父母令名，必果；將爲不善，思遺父母羞辱，必不果。"其重名也如此，此良史之所以有權也。

臧孫紇之出也，其人曰：其盟我乎？臧孫曰：無辭。將盟臧氏，季孫召外史掌惡臣而問盟首焉。對曰：盟東門氏也，曰：毋或如東門遂，不聽公命，殺適立庶。盟叔孫氏也，曰：毋或如叔孫僑如，欲廢國常，蕩覆公室。季孫曰：臧孫之罪，皆不及此。孟椒曰：盍以其犯門斬關？季孫用之。乃盟臧氏曰：毋或如臧孫紇，干國之紀，犯門斬關。臧孫聞之，曰：國有人焉。誰居？其孟椒乎！《左氏》襄公二十三年。一盟誓之辭，其不能妄施如此，知輿論之有權，而史官之不敢曲筆，其故亦可思矣。

則有欲顯其名於史策者，石尚是也。《穀梁》定公十四年。有身爲不義，歿世猶以爲恥，而欲掩之者，寧惠子是也。《左氏》襄公二十年。有恥其先人之惡者，司馬華孫是也。《左氏》文公十五年。魯莊公之如齊觀社也，曹劌諫曰："君舉必書；書而不法，後嗣何觀？"《左氏》莊公二十三年。齊桓公之欲聽子華也，管仲諫曰："諸侯之會，其德刑禮義，無國不記。記姦之位，君盟替矣；作而不記，非盛德也。"《左氏》僖公七年。蓋人君之可以名動又如此，此良史之所以有權也。

然曰作而不記，則當春秋之時，已有掩其實而不書者矣。又有曲筆以亂其實者：《魯春秋》去夫人之姓曰吴，其死曰孟子卒是也。《禮記·坊記》。守死不渝，其人有幾！薰隧之盟，公孫黑與焉，使大史書其名，且曰七子，《左氏》昭公元年。則知史之可以威劫矣。此董狐、《左氏》宣公二年。南史《左氏》襄公二十五年。所由見重於世與？《左氏》文公十八年，襄仲殺惠伯。杜《注》曰："惠伯死不書者，史畏襄仲，不敢書殺惠伯。"未知有據與，抑以意言之也？

毁譽雖有懲勸之功，然亦有弊。何者？奇節懿行，惟有人倫之鑒者，爲能知之。若中庸之人，則其所知者，中庸之行而已，是可以貌爲也，是可以襲取也，於是非之無舉，刺之無刺，同流合污之鄉原出焉。古者國小，人民寡，又皆重去其鄉，所謂國人，則今一邑之人耳；十目所視，十手所指，安所逃之？毁譽所加，利害榮辱隨其後，此其懲勸之所以有功。然而嶔奇磊落之士，爲流俗之所不容者，亦不知其凡幾矣。鮑焦之無從容而死，安知其不以是與？

曾子所謂"國人稱願然曰幸哉有子如此"者，其人則騎款段馬之鄉里善人耳。夫以曾子之至大至剛，易簀之際，猶浩然欲行其心之所安，豈屑爲違道要譽之舉？然而儒生之制行，雖有其真，而不能禁巧僞者之不託其跡。鄉里之士，能知中行之德乎？抑將舍狂狷而取鄉原也？世惟中庸之人，不知有異己之美；亦惟中庸之人，必欲毁異己者使與己同。率一世而惟巧僞之崇，此嶔奇磊落之士所由激而爲矯枉之舉也。魏晉間士之毁棄禮法，殆於有激而然與？以是時鄉原之力方大也。然而其所獎飾者,則可知矣。不然,魏武曷爲求負俗之士哉?

原刊《光華大學半月刊》第三卷第八期,
一九三五年四月二十五日出版

〔八四〕 守藏室之史

《史記·老子列傳》曰:"周守藏室之史也。"又《張丞相列傳》:"秦時爲御史,主柱下方書。"《索隱》曰:"周、秦皆有柱下史,謂御史也。所掌及侍立,恒在殿柱之下,故老聃爲周柱下史,今蒼在秦代,亦居斯職。"案《漢書·百官公卿表》:御史大夫有兩丞:一曰中丞,在殿中蘭臺,掌圖籍祕書。張蒼所居,蓋即此職。《王莽傳》:居攝元年,置柱下五史,秩如御史。聽政事,侍旁,記疏言行。此蓋柱下名官之始。張蒼雖主柱下方書,官未必以柱下名,故《史記》但稱爲御史也。御史職甚親近,老子若居是官,可謂得時則駕,不必隱而著書矣。守藏室之史,當別是一官,不當附會爲柱下史也。

方書,《漢書注》引如淳曰"方,版也,謂事在版上者",正圖籍祕書之類。又列或説曰:"主四方文書也。"似近望文生義,而師古是之。《史記索隱》引姚氏亦云:"下云明習天下圖書計籍,主郡上計,則方爲四方文書者是也。"恐未必然。《周官》:凡四方之事書,内史讀之。亦不屬御史。

《漢書·功臣侯表》:山都貞侯王恬啓,漢五年,爲郎中柱下令。師古曰:"柱下令,今主柱下書史也。"此亦無主書明文,似皆據莽制附會。

《左氏》僖公二十四年:"晉侯之豎頭須,守藏者也。其出也,竊藏以逃,盡用以求納之。"老子爲之史之守藏室,蓋亦如是,乃藏財賄之地也。

原刊《光華大學半月刊》第三卷第六期,一九三五年出版

〔八五〕 左右史

《玉藻》:“動則左史書之,言則右史書之。”《注》:“其書,《春秋》、《尚書》其存者。”《疏》:“《春秋》是動作之事,故以《春秋》當左史所書。左陽,陽主動,故記動。《尚書》記言語之事,故以《尚書》當右史所書。右是陰,陰主静故也。《周禮》有五史:有内史、外史、大史、小史、御史。無左史、右史之名者,熊氏云:按《周禮》大史之職云:大師,抱天時,與太師同車;又襄二十五年《傳》曰:大史書曰:崔杼弑其君;是大史記動作之事,在君左廂記事,則大史爲左史也。按《周禮》内史,掌王之八枋。其職云:凡命諸侯及孤卿大夫,則策命之。僖二十八年《左傳》曰。王命内史叔興父,策命晉侯爲侯伯。是皆言誥之事。是内史所掌,在君之右,故爲右史。是以《酒誥》云:矧大史友内史友。鄭《注》:大史内史,掌記言記行,是内史記言,大史記行也。此論正法。若其有闕,則得交相攝代。故《洛誥》史佚命周公伯禽。服虔《注》文十五年《傳》云:史佚,周成王大史。襄三十年,鄭使大史命伯石爲卿。皆大史主爵命,以内史闕故也。以此言之,若大史有闕,則内史亦攝之。按《覲禮》賜諸公奉篋服,大史是右者,彼亦宣行王命,故居右也。此論正法。若《春秋》之時,則特置左右史官。故襄十四年左史謂魏莊子,昭十二年楚左史倚相。《藝文志》及《六藝論》云:右史記事,左史記言。與此正反,於傳記不合,其義非也。”《左氏序疏》亦曰:“左是陽道,陽氣施生,故令之記動;右是陰道,陰氣安静,故使之記言。《藝文志》稱左史記言,右史記動,誤耳。”《後漢書·荀淑傳》:孫悦,奏所著《申鑒》曰:“古者天子諸侯有事,必告於廟。朝有二史,左史記言,右史記事。事爲《春秋》,言爲《尚書》。”與《藝文志》同。案《周書·史記》:“維正月,王在成周。昧爽,召三公左史戎夫曰:今夕朕寤,遂事驚予。乃取遂事之要戒,俾戎夫主之,朔望以聞。”下文歷述皮氏、華氏等所以亡,蓋皆《春秋》之記。此左史記動,《春秋》

爲其書之徵。《禮記·祭統》:"古者明君,爵有德而禄有功,必賜爵禄於大廟,示不敢專也。故祭之日,一獻,君降,立於阼階之南,南鄉。所命者北面。史由君右,執策命之。再拜稽首受書以歸,而舍奠於其廟。"此右史記言,《尚書》爲其書之徵也。史官之職,原出明堂,蓋朝夕侍王。其後典籍日多,主其事者,出外别爲一官,是爲大史氏。其居中者,則别之曰内史。然亦多不别者。蓋屬官之所爲,皆得統於其長;且列國容有不别者也。《疏》以爲"相攝代",恐非。

曷言乎史官之職,原出明堂也?案《禮運》曰:"宗祝在廟,三公在朝,三老在學。王前巫而後史;卜筮瞽侑,皆在左右。王中心無爲也,以守至正。"此所述者,蓋王居明堂之禮。《大戴記·保傅》曰:"明堂之位曰:篤仁而好學,多聞而道慎,天子疑則問,應而不窮者,謂之道。道者,導天子以道者也,常立於前,是周公也。誠立而敢斷,輔善而相義者,謂之充。充者,充天子之志者也,常立於左,是太公也。潔廉而切直,匡過而諫邪者,謂之弼。弼者,弼天子之過者也,常立於右,是召公也。博聞而强記,接給而善對者,謂之承。承者,承天子之遺忘者也,常立於後,是史佚也。"承即所謂後史。合前後左右言之,則所謂四輔也,《内則》養老有惇史,養老亦明堂中事。皆史官原出明堂之證。

曷言乎典籍日多,掌其事者遂别居於外也?史官爲典籍之府,見於古書者甚多。《左氏》昭公二年,韓宣子適魯,"觀書於大史氏",此大史蓋以官爲氏者。襄公二十三年,"將盟臧氏,季孫召外史掌惡臣而問盟首焉。"外史,《左氏序疏》謂以其居於外而名之,固近於鑿。然亦必不在殿内。昭公十五年,王謂籍談曰:"昔而高祖孫伯黶,司晉之典籍,以爲大政,故曰籍氏。及辛有之二子董之,晉於是乎有董史。女,司典之後也,何故忘之?"蓋典籍之司,成爲專職久矣。此終古、向摯、屠黍之流,所以能載圖法以出亡;見《吕氏春秋·先識覽》。屠黍事亦見《説苑·權謀》,作屠餘。而王子朝之敗,亦奉周之典籍以奔楚也。《左氏》昭公二十六年。《周官》大史,"大遷國,抱法以前。"所謂法者,蓋所該甚廣,鄭

《注》偏舉司空營國之法以當之,固矣!

《左氏序疏》曰:“《周禮》諸史,雖皆掌書,仍不知所記《春秋》,定是何史。蓋天子則内史主之,外史佐之。諸侯蓋亦不異。但春秋之時,不能依禮。諸侯史官,多有廢闕。或不置内史,其策命之事,多是大史,則大史主之,小史佐之。劉炫以爲《尚書》周公封康叔,戒之《酒誥》。其《經》曰:大史友,内史友。如彼言之,似諸侯有大史内史矣。但徧檢記傳,諸侯無内史之文。何則?《周禮》内史職曰:凡命諸侯及孤卿大夫,則策命之。僖二十八年《傳》。説襄王使内史叔興父策命晉侯爲侯伯,是天子命臣,内史掌之。襄三十年《傳》,稱鄭使大史命伯石爲卿,是諸侯命臣,大史掌之。諸侯大史,當天子内史之職,以諸侯兼官,無内史故也。鄭公孫黑强與薰隧之盟,使大史書其名;齊大史書崔杼弑其君;晉大史書趙盾弑其君;是知諸侯大史主記事也。南史聞大史盡死,執簡以往,明南史是佐大史者,當是小史也。若然,襄二十三年《傳》,稱季孫召外史掌惡臣,言外史,則似有内史矣。必言諸侯無内史者,閔二年《傳》,稱史華龍滑與禮孔曰:我大史也;文十八年《傳》,稱魯有大史克;哀十四年《傳》,稱齊有大史子餘;諸國皆言大史,安得有内史也?季孫召外史者,蓋史官身居在外,季孫從内召之,故曰外史。猶史居在南,謂之南史耳。南史、外史,非官名也。”案《酒誥》已有内史之名,知大史内史,分立甚早。其徧檢記傳,諸侯無内史之名者,以屬官所爲,皆可統於其長。齊大史既死,南史執簡以往,則知掌史職者非一家;昭十五年《疏》引《世本》云:“黡生司空頡,頡生南里叔子,子生叔正官伯,伯生司徒公,公生曲沃正少襄,襄生司功大伯,伯生侯季子,子生籍游,游生談,談生秦。”以其官名觀之,自頡以下,蓋無復司典籍者,而辛有之後董之。蓋世官之制漸替,主一事者,多非一氏矣。辛有,見僖二十二年。杜《注》云:“董狐其後。”董狐見宣二年,上距平王東遷百六十餘年矣,則辛有之二子世其官亦百有餘年。季氏專召外史之掌惡臣,則知一家之中,尚有分曹治事者;典籍繁而故事衆,勢固不得不然也。《王制》曰:“大史典禮,執簡記,奉諱惡。”以《周官》之文稽之,奉諱惡當屬小史,而《王制》并屬諸大史,亦以屬官所爲,統於其長也。華龍、禮孔之自稱，諸侯命臣之稱大史，蓋亦如此。正不必鑿言諸侯兼官無内史也。又《左氏》所載公孫黑等事，正大史執簡記之證，云不知《春秋》定自何史，亦似非。

《左序疏》又曰："《藝文志》云：古之王者，世有史官，君舉必書，所以慎言行，昭法戒。左史記言，右史記事，事爲《春秋》，言爲《尚書》，帝王靡不同之。《禮記・玉藻》云：動則左史書之，言則右史書之。雖左右所記，二文相反，要此二者皆言左史右史。《周禮》無左右之名，得稱左右者，直是時君之意，處之左右，則史掌之事，因爲立名。故《傳》有左史倚相，掌記左事，謂之左史；左右非史官之名也。"案《周官》六國時書，不能以説古制。疏家附會，殊不足信。倚相能讀《三墳》、《五典》、《八索》、《九丘》，蓋其所主，實與戎夫相類，正見其一脈相承也。

言爲《尚書》，事爲《春秋》，班、鄭説同。《玉藻疏》云："《春秋》雖有言，因動而言，其言少也。《尚書》雖有動，因言而稱動，亦動爲少也。"案《春秋》文體，見於《公羊》莊公七年及《禮記・坊記》者，皆與今《春秋》同。蓋孔子脩《春秋》，雖别有其義，而其文字體裁，一仍舊貫，所謂其文則史也。《四庫書目提要》云："晉史之書趙盾，齊史之書崔杼及寧殖，所謂載在諸侯之籍者，其文體皆與經合。"可爲因仍舊貫之證。又云："墨子稱《周春秋》載杜伯，《燕春秋》載莊子儀，《宋春秋》載祐觀辜，《齊春秋》載王里、國中里，覈其文體，皆與《傳》合。"則非《春秋》文體之朔，蓋其初必如今之《春秋》者，乃謂之《春秋》；其後則凡記事之書，皆以《春秋》名之耳。《左氏》本非《春秋》之傳。《史記・十二諸侯年表》，稱爲《左氏春秋》。吕不韋之書，多記前人行事，國家典故；今所謂《晏子春秋》者，專記晏子言行，亦皆以《春秋》名，正以此也。然則《春秋》之朔，似不容兼有記言之文。《疏》云"因動而言"，似未審諦。至謂《尚書》因言稱動，而動爲少，説自不誤。蓋記事之史，體至簡嚴，而記言者不容不略著其事，以明其言之所由發，亦自古已然也。

《曲禮》曰："天子建天官，先六大：曰大宰、大宗、大史、大祝、大士、大卜，典司六典。"大宰等官，必不容略無僚屬，大史何獨不然。此亦諸史當屬大史，而古書所述大史之職，不必皆其所躬親之一證也。

原刊《光華大學半月刊》第三卷第七期，
一九三五年三月二十五日出版

〔八六〕 夫人選老大夫爲傅

《公羊》襄公三十年，"宋災，伯姬存焉。有司復曰：火至矣，請出。伯姬曰：不可。吾聞之也，婦人夜出，不見傅、母不下堂。傅至矣，母未至也，逮乎火而死。"《注》："禮：后夫人必有傅、母，所以輔正其行，衛其身也。選老大夫爲傅，選老大夫妻爲母。"《詩·南山疏》云："《内則》云：女子十年不出，傅姆教之執麻枲，治絲繭，則傅是姆類，亦當以婦人老者爲之矣。何休云：選老大夫爲傅，大夫妻爲姆，以男子爲傅，書傳未有云焉。且大夫之妻，當自處家，無由從女而嫁，使夫人動則待之。何休之言，非禮意也。"案今《内則》但云"女子十年不出，姆教婉娩聽從，執麻枲，治絲繭"，無傅字。《詩疏》之云，未知何據。《曾子問》：孔子曰："古者男子，外有傅，内有慈母。"所謂慈母者，《内則》言人君養子之禮曰："異爲孺子室於宫中。擇於諸母與可者，必求其寬裕慈惠，温良恭敬，慎而寡言者，使爲子師；其次爲慈母；其次爲保母；皆居子室。"此與大師、大傅、大保相當。師、保皆内外名同，傅獨變言慈者，《郊特牲》："夫也者，夫也；夫也者，以知帥人者也。"《注》："夫或爲傅。"則傅之義屬於丈夫，不可以名婦人，故變傅言慈也。《内則》言"十年出就外傅"，意謂傅在外，非謂内又有傅也。然則以婦人爲傅，則書傳未有云焉爾。《詩疏》誤記《記》文，因生曲説，不亦繆乎？

《穀梁》説伯姬之事曰："伯姬之舍失火。左右曰：夫人少避火乎？伯姬曰：婦人之義，傅母不在，宵不下堂。左右又曰：夫人少避火乎？伯姬曰：婦人之義，保母不在，宵不下堂。遂逮乎火而死。"《列女・貞順傳》曰："左右曰：夫人少避火。伯姬曰：婦人之義，保、傅不俱，夜不下堂，待保、傅來也。保母至矣，傅母未至也。左右又曰：夫人少避火。伯姬曰：婦人之義，傅母不至，夜不下堂。遂逮於火而死。"并以傅爲婦人。足徵《穀梁》之晚出。《漢書・外戚恩澤侯表》：扶平侯王崇，爲傅婢所毒薨。《王商傳》：耿定上書，言商與父傅通。師古曰："傅，謂傅婢也。"蓋漢時始有以傅稱婢者。乃稱男子之爲傅者曰傅父，以與之相對。《張騫傳》言烏孫昆莫有傅父是也。《武帝本紀》：建元三年，"濟川王明坐殺太傅、中傅，廢遷防陵。"應劭曰："中傅，宦者也。"亦不必非傅婢矣。然貴婦人仍有男子爲之侍從。審食其、周信爲吕后舍人是也。皆見《漢書・高惠高后文功臣表》。《東方朔傳》：昭平君醉殺主傅。《注》引如淳曰："禮有傅姆。説者又曰：傅者，老大夫也。漢使中行説傅翁主也。"又説引漢事以證古義，足見其事之未絶。《公羊》僖公十年云："卓子者，驪姬之子也，荀息傅焉。"又云："申生者，里克傅之。"成公十五年云："叔仲惠伯，傅子赤者也。"《文王世子》云："立大傅、少傅以養之。大傅在前，少傅在後。入則有保，出則有師。"然則師不共處於燕息之時，保不相隨於動作之際，惟傅則出入常偕。故其禍福之相關，亦最切也。

《内則》云："國君世子生，卜士之妻，大夫之妾，使食子。"此即《公羊》昭公三十一年所謂"君幼，大夫之妾，士之妻，以子入養"者，所謂食母也。《内則》云："大夫之子有食母，士之妻自養其子。"蓋國君世子，食母之外，又有師、慈、保三母，大夫之子，徒有食母，士則并食母而無之，等級分明。然則君夫人有傅、保，亦固其所。《葛覃》之詩曰："言告師氏。"則后夫人亦有師也。伯姬不待師者，師道之教訓，非附隨之保其身體者，故動不待之也。夫人出必與傅、母俱，而傅以男子爲之，亦猶后世貴家女出，兼有男女僕從耳，其無足怪。

古周禮説，以大師、大傅、大保爲三公，坐而論道。此乃誤竊《考工記》"坐而論道，謂之王公"之文。其實彼言王者謂天子，公者謂諸侯，皆非謂人臣也。三大、三少，據《大戴記・保傅》，則東宮官耳。故《記》言"太子既冠成人"，則"免於保傅之嚴"也。然《大戴記》言天子亦有三公者，幼而師焉、傅焉、保焉，及長，猶以舊恩而不去側，夫固事理所可有。抑三大、三少，實侍從之臣，不應太子有之，而天子無之也。然則夫人之有師、傅、保，亦不足怪也。《大戴記》曰：三大，"三公之職也。"三少，"皆上大夫也。"則選老大夫爲傅，選老大夫妻爲母，於法正合。而曰男子不可爲傅，古之媵，不亦兼有臣妾歟？又曰大夫妻當自處家，然則國君世子之三母，皆無家之婦人歟？

食母即乳母，見《内則》及《禮經・喪服》鄭《注》。又《士昏禮注》曰："姆，婦人年五十無子，出而不復嫁，能以婦道教人者，若今時乳母矣。"其實此正何君所謂老大夫妻，乃師保之倫，非食母也。《内則》曰："食子者三年而出。"蓋其職徒在食之，故子能食食則去，非如三母，日輔正其行而衛其身也。褚先生補《滑稽列傳》曰：武帝少時，東武侯母常養帝。帝壯時，號之曰大乳母。曰養則非徒食之，然亦號曰乳母，蓋人君養子之禮久廢，雖太子亦徒有食母也。無怪鄭玄之不辨三慈矣。

《禮經・喪服齊衰章》："慈母如母。""《傳》曰：慈母者何也？《傳》曰：妾之無子者，妾子之無母者，父命妾曰：女以爲子。命子曰：女以爲母。若是則生養之終其身，如母，死則喪之三年，如母，貴父之命也。"《注》曰："此主謂大夫、士之妾，妾子之無母，父命爲母子者。"《小功章》："君子子爲庶母慈己者。""《傳》曰：君子子者，貴人之子也。爲庶母何以小功也？以慈己加也。"《注》引《内則》三母及大夫之子有食母。又曰："其可者賤於諸母，謂傅、姆之屬也。其不慈己，則緦可矣。不言師、保，慈母居中，服之可知也。"《曾子問》："子游問曰：喪慈母如母，禮與？孔子曰：非禮也。古者男子外有傅，内有慈母，君命所使教子也，何服之有？昔者魯昭公少喪其母，有慈母良。及其死也，公弗忍也，欲喪之。有司以聞曰：古之禮，慈母無服。今也君爲之服，是逆古之禮而亂國法也。若終行之，則有司將書之以遺後世，無乃不可乎？公曰：古者天子練冠以燕居。公弗忍也，遂練冠以喪慈母。喪慈母，自魯昭公始也。"《注》謂："禮所云者，乃大夫以下父所使妾養妾子。""子游意以爲國君亦當然。"孔子"言無服，此指謂國君之子也"。魯有司曰古之禮慈母無服，"據國君也。"《南史·儒林·司馬筠傳》載梁武帝之説，謂子游所問，是師、保之慈，非三年、小功之慈，"鄭玄不辨三慈，混爲訓釋"，"後人致謬，實此之由"，其説是也。《曾子問》此節，自"何服之有"以上，爲孔子之言。"昔者魯昭公"以下，别爲一事，而記者類記之。《疏》謂孔子引昭公之事以答子游者，誤也。昭公與孔子同時，喪慈母果始昭公，子游無緣不知其非禮而有待於問。子游之問，蓋自爲當時有喪師、保之慈者而發。昭公所喪，自爲三年、小功之慈。鄭《注》以昭公三十乃喪齊歸，謂此非昭公，王肅《家語》遂億改爲孝公，作僞伎倆，真堪發噱。古人著述，輕事重言，記者之辭，誠未必不誤，然《左氏》妄取《國語》，以爲編年，又安見所言之必可信邪？梁武帝謂"三母義同師、保，師、保無服，故此慈亦無服。又此三母，非謂擇取兄弟之母。若是兄弟之母，先有子者，則是長妾，長妾之禮，實有殊加，何容次妾生子，退成保母？又多兄弟之人，於義或可，若始生之子，便應三母俱闕邪？"其言殊爲允當。亦足見何君選於老大夫、老大夫妻之説之確也。《喪服小記》曰："爲慈母後者，爲庶母可也，爲庶祖母可也。"此亦喪服三年之慈。擇及庶祖母，則其年之長可知。蓋古於教養之責，必付諸老成者，内外皆然也。亦選於老大夫、老大夫妻之一旁證也。

《左氏》説宋伯姬事曰："宋伯姬卒，待姆也。君子謂宋共姬女而不婦。女待人，婦義事者也。"亦可見女子之傅、母，即男子保、傅之倫。女待人，婦義事，猶言成人則免於保、傅之嚴耳。《列女·母儀·魯季敬姜傳》曰："仲尼曰：女知莫如婦，男知莫如夫。"亦此義。

《左氏》哀公二十三年，"宋景曹卒。季康子使冉有弔，且送葬。曰：以肥之得備彌甥也，有不腆先人之産馬，使求薦諸夫人之宰，其可以稱旌繁乎?”此夫人之宰,亦必男子爲之。

原刊《文哲》創刊號,一九三九年一月一日出版

〔八七〕 以夷隸守王門

《周官》師氏,“凡國之貴游子弟學焉。”《注》曰:“游,無官司者。”蓋古使年長者任政,年少者執兵也。師氏之職,“凡祭祀、賓客、會同、喪紀、軍旅,王舉則從。聽治亦如之。使其屬帥四夷之隸,各以其兵、服守王之門外,且蹕。朝在野外,則守内列。”此實王最切近之護兵,而以四夷之隸充之者,古同族人不甚肯相殘,夷隸則於吾族之人無所愛,且除豢養之者無所依,故肯爲之致死。執其兵,服其服,已足震懾本族人矣。此暴君之所以喜用之歟,可以覘世變矣!

漢司隸校尉,《漢書·百官公卿表》曰“周官”。此後來之説,武帝時《周官》未行,未必有取焉也。然亦必有所承,疑以徒隸壓伏良人,春秋、戰國時,各國多有此習。

〔八八〕 車　　服

《坊記》曰:“君不與同姓同車,與異姓同車不同服。”《韓非子·外儲説右下》亦云。案《左氏》定公五年曰:“(楚昭)王之在隨也,子西爲王輿服,以保路,國於脾洩。聞王所在,而後從王。”此車服不可混淆之一證也。此習蓋原於行軍校獵之際。師之耳目,在於旗鼓,車服等亦猶之旗鼓也。乾時之戰,“秦子、梁子以公旗辟於下道,是以皆止。”莊公九年。熒澤之戰,“衛侯不去其旗,是以甚敗。”閔公二年。邲之戰,“王見右廣,將從之乘。屈蕩户之,曰:君以此始,亦必以終。”宣公十二年。鄢陵之戰,“郤至三遇楚子之卒,見楚子必下,免胄而趨風。楚子

使工尹襄問之以弓,曰:方事之殷也,有韎韋之跗注,君子也。識見不穀而趨,無乃傷乎?"成公十六年。郤至見客,免胄承命。案哀公十六年,楚白公之亂,"葉公亦至,及北門。或遇之,曰:君胡不胄?國人望君,如望慈父母焉。盜賊之矢若傷君,是絶民望也。若之何不胄?乃胄而進。又遇一人曰:君胡胄?國人望君,如望歲焉。日日以幾,若見君面,是得艾也。民知不死,其亦夫有奮心,猶將旌君以徇於國;而又掩面以絶民望,不亦甚乎?乃免胄而進。"胄者面不可見,此亦軍行時惟以車服等爲别之故也。旌君以徇於國,與鄭莊伐許,潁考叔取蝥弧以先登意同,見隱公十一年。皆是物也。古一姓之興,必易服色,殊徽號,亦以此。

〔八九〕 篡立者諸侯既與之會則不復討

《左氏》宣公元年:"會於平州,以定公位。"杜《注》云:"篡立者,諸侯既與之會,則不得復討。臣子殺之,與弑君同。故公與齊會而位定。"成公十六年:"曹人請於晉曰:自我先君宣公即世,國人曰:若之何憂猶未弭,而又討我寡君?以亡曹國社稷之鎮公子,是大泯曹也。先君無乃有罪乎?若有罪,則君列諸會矣。君惟不遺德刑,以伯諸侯,豈獨遺諸敝邑?敢私布之。"《注》云:"諸侯雖有篡弑之罪,侯伯已與之會,則不復討。前年會於戚,曹伯在列,盟畢乃執之;故曹人以爲無罪。"《疏》云:"春秋之世,王政不行,賞罰之柄,不在天子。弑君取國,爲罪雖大,若已列於諸侯會者,則不復討也。其有臣子殺之,即與弑君無異,未必禮法當然,要其時俗如是。"見隱四年衛人殺州吁於濮。一似當時列國之間,有共認之法者,其實不然也。襄仲之殺惡及視而立宣公,本得請於齊而後爲之。齊大且近,故魯人不能討。至晉之於曹,則身爲伯主,列諸會而又討之,近於狐埋狐搰,故曹人以爲言。若會曹者爲他國,未必能引爲口實也。衛州吁欲求寵於諸侯,以和其民,使請伐鄭於宋。杜《注》亦云:"諸篡立者,諸侯既與之會,則不復討,故欲求此寵。"然是役也,宋既以欲除公子馮而許之矣。陳、蔡方睦於衛，故有宋公、陳侯、蔡人、衛人伐鄭之舉。“秋，諸侯復伐鄭。宋公使來乞師，公辭之。羽父請以師會之，公弗許，固請而行。”則是時近衛之國，既皆附和之矣。使求寵於諸侯而果可以定其位如魯宣公者，州吁其將遂成。而《左氏》又云：“州吁未能和其民，厚問定君於石子，石子曰：王覲爲可。曰：何以得覲？曰：陳桓公方有寵於王，陳、衛方睦，若朝陳使請，必可得也。厚從州吁如陳。石碏使告於陳曰：衛國褊小，老夫耄矣，無能爲也。此二人者，實弑寡君，敢即圖之。陳人執之，而請涖於衛。”二人遂皆見殺。然則以號稱方睦、摟之以伐鄭之國，旋即從其大夫之請而討之，所謂與之會則不復討者安在？《左氏》又載衆仲之言曰：“夫州吁，阻兵而安忍。弑其君而虐用其民，不務令德，而欲以亂成。”則所謂求寵於諸侯者，特欲藉與國之衆多，以立威於國内耳。阻兵者負實力，求寵者炫虚聲，所謂以和其民者，乃正欲免國内之討，而豈所懼於諸侯也？故杜氏之説，不徒非《春秋》之義，古代列國之禮法；抑并非當時之俗，《左氏》之意也。

石碏謂“王覲爲可”，而石厚問“何以得覲”，似簒弑之徒，得他國之承認頗難者。然昭公二十年：“齊侯使公孫青聘於衛。既出，聞衛亂，使請所聘。公曰：猶在竟内，則衛君也。乃將事焉。”則失國之君，爲諸侯所不認；而簒國者爲其所認，亦極易事耳。要之簒弑之徒，除非國中之臣子力能討之，或國外之諸侯力能征之，否則晏然竊據其位者多矣。諸侯既不能討之，豈能終不與之交涉？所謂列於會而後定，一若列國間有公法存焉者，固子虚烏有之談也。

〔九〇〕 釋“興滅國，繼絶世”

興滅國，繼絶世，此古貴族相扶持相救恤之道也。古之人有行之者：子越椒之亡也，箴尹克黄使於齊，歸復命，而自拘於司敗。楚莊王曰：“子文無後，何以勸善？使復其所，改命曰生。”《左氏》宣公四年。其後平王殺鬥成，然滅養氏之族，亦使鬥辛居鄖。《左氏》昭公十四年。衛人討寧氏之黨，石惡出奔晉，衛人立其從子圃以守石氏之祀，《左氏》曰禮也。《左氏》襄公二十八年。此皆行諸國内者也。其行諸國外者：楚莊王縣陳，以申叔時之言而復之。《左氏》宣公十一年。其後靈王滅陳、蔡，又遷許、胡、沈、道、房、申，平王即位，亦皆復之。《左氏》昭公十三年。王又使然丹誘殺戎蠻子嘉，遂取蠻氏，既而復立其子。昭公十六年。晉之滅偪陽，亦使周内史選其族嗣，納諸霍人。襄公十年。雖魯僖公猶能伐邾取須句而反其君，僖公二十二年。而齊桓公存三亡國，以屬諸侯，《左氏》僖公十九年。宋司馬子魚之言。不必論矣。《樂記》：孔子告賓牟賈稱牧野之語曰："武王克殷反商，未及下車，而封黄帝之後於薊，封帝堯之後於祝，帝舜之後於陳；下車而封夏后氏之後於杞，投殷之後於宋。"古之人之所稱美者，固專在於是。《管子·霸言》："夫明王之爲天下正理也，按强助弱，圉暴止貪，存亡定危，繼絶世。此天下之所載也，諸侯之所與也，百姓之所利也，是故天下王之。"蓋治人者，不能食力，恒藉庶民輸租税以養之。亡國敗家，則生無以爲養，而祭祀不能備禮，故子文泣言"鬼猶求食，若敖氏之鬼，不其餒而！"《左氏》宣公四年。紀季以酅入於齊，請復五廟以存姑姊妹。《公羊》莊公三年。而臧武仲之以防求爲後於魯，曰："紇之罪不及不祀"也。《左氏》襄公二十三年。夫興滅國，繼絶世，非甚難之事也。雖强暴之國，猶有能行之者。《史記·秦本紀》：莊襄王元年，"東周君與諸侯謀秦，秦使相國吕不韋誅之，盡入其國。秦不絶其祀，以陽人地賜周君，奉其祭祀。"周在是時，久夷於列國矣，無所謂共主也。孟子曰："三代之得天下也以仁，其失天下也以不仁。"是時周雖尚存，特列國之一耳，久不能號令天下，即不能謂之王矣。古之所謂國者，與後世不同。後世所謂國，乃一國之民共食息生長之地，古者則君若貴戚，據其土，奴其民，强其出租税以奉己者爾。亡國敗家，在衣租食税者，則流離失所，人民固無與也。故以今所謂愛國主義繩古人，乃大繆也。今世所謂國家之興亡者，乃民族之興亡耳。然古者夷蠻戎狄其於中國風俗之異，猶未若今世古民族相去之遠也。故古雖言攘夷狄亦不甚激。然則視滅國爲不義者，亦謂奪人之土地人民，使其生無以爲養，而祭祀亦不能備禮耳。若秦之於周，齊之於紀，其於貴族相扶持相救恤之道，未有虧也。然而其事有難言者，蓋奪人之國、滅人之家，真由伐罪弔民者少，其實皆利其土地人民耳。既利其土地人民，而仍以封其族嗣，或以與吾有功之人，《左氏》襄公十年："晉荀偃、士匄請伐偪陽，而封宋向戌焉。逼陽既滅，以與向戌。向戌辭曰：君若猶辱鎮撫宋國，而以偪陽光啓寡君，羣臣安矣，其何貺如之？若專賜臣，是臣興諸侯以自封也，其何罪大焉？敢以死請。乃予宋公。"蓋君臣之間，亦不能無争奪矣。争城争地者何利焉？故興滅繼絶之事，雖若史不絶書，實則其事殊罕，是以傳爲美談。而其所興所繼者，亦終不可以久也，此封建之所由廢也。

次於興滅繼絶而爲貴族間相扶持相救恤之義者，則爲不臣寓公。《禮記·郊特牲》曰："諸侯不臣寓公，故古者寓公不繼世。"《公羊》桓公七年："夏，穀伯綏來朝，鄧侯吾離來朝，皆何以名？失地之君也。其稱侯朝何？貴者無後，待之以初也。"《穀梁》義同。何君云："穀鄧本與魯同，貴爲諸侯；今失爵亡土，來朝託寄也，義不可卑；故明當待之如初，所謂故舊不遺，則民不偷。無後者，施於所奔國也。獨妻得配夫，衣食於公家，子孫當受田而耕故云爾。"春秋之時，弑君三十六，亡國五十二，諸侯奔走不得保其社稷者，不可勝數。欲一一錫之土田，勢不可得，故禄之，尊禮之止於其身也。然而并此亦有不可得者，宋昭公之將見殺也，蕩意諸曰："盍適諸侯。"公曰："且既爲人君，而又爲人臣，不如死。"《左氏》文公十六年。楚靈王之辱於乾溪也，右尹子革曰："若亡於諸侯，以聽大國之圖君也。"王曰："大福不再，只取辱焉。"昭公十三年。則當時諸侯能以寓公之禮待失地之君者，蓋少矣。甚至有不能存其身，如魯之於子糾者，《穀梁》莊公二十九年："九月，齊人取子糾，殺之。外不言取，言取，病内也。取，易辭也，猶曰取其子糾而殺之云爾。十室之邑，可以逃難；百室之邑，可以隱死；以千乘之魯，而不能存子糾，以公爲病矣。"成吉思汗之逃泰赤兀也，隱於……被鷳毆叢草猶能覆之。此貴族之所以日夷爲皂隸也。

《孟子》："萬章曰：士之不託諸侯，何也？孟子曰：不敢也。諸侯失國而後託於諸侯，禮也；士之託於諸侯，非禮也。萬章曰：君餽之粟，則受之乎？曰：受之。受之，何義也？曰：君之於氓也，固周之。曰：周之則受，賜之則不受，何也？曰：不敢也。曰：敢問其不敢，何也？曰？抱關擊柝者，皆有常職以食於上；無常職而賜於上者，以爲不恭也。"《萬章下》。又，"陳子曰：古之君子，何如則仕？孟子曰：所就三，所去三。迎之致敬以有禮，言將行其言也，則就之；禮貌未衰，言弗行也，則去之。其次，雖未行其言也，迎之致敬以有禮，則就之；禮貌衰，則去之。其下，朝不食，夕不食，飢餓不能出門户，君聞之曰：吾大者不能行其道，又不能從其言也，使飢餓於我土地，吾恥之。周之，亦可受也，免死而已矣。"《告子下》。觀此知窮而可以寄食於人者，惟諸侯大夫爲然，士則非任事無以得食，故曰：興滅繼絶，不臣寓公，皆古者貴族相扶持相救恤之道也。古貴族失守封土，亦有託於大夫者。如子鮮託於木門是也，見《左氏》襄公二十七年。

古之所謂亡國者與後世異。後世所謂亡國，指喪其主權言之；古則專指有國之君能否奉其祭祀，故苟有片土焉以畀之，則雖盡喪其主權，自古人言之，猶可謂之不亡也。《尚書大傳》曰："古者諸侯始受封，則有采地，百里諸侯以三十里，七十里諸侯以二十里，五十里諸侯以十五里。其後子孫雖有罪黜，其采地不黜，使其子孫賢者守之，世世以祠其始受封之人，此之謂興滅國繼絶世。"蓋自君國子民之義言之，周至於盡入其國，秦亦既蕩焉無存矣。然自奉其祭祀之義言之，則有陽人一邑，猶不可謂之滅亡，故曰秦之所爲，於興滅國繼絶世之義無虧也。許、胡、沈、道、房、申在楚靈王時，其地已盡爲楚所奪，然不曰亡而曰遷，以其祭祀未絶，故平王之復之，亦曰復而不曰封也。不寧惟是，昭公十八年，"楚左尹王子勝言於楚子曰：許於鄭，仇敵也，而居楚地，以不禮於鄭。晉鄭方睦，鄭若伐許，而晉助之，楚喪地矣。君盍遷許？冬，楚子使王子勝遷許於析實白羽"。然則許雖復國，仍居楚地，其去靈王時亦一間耳。哀公元年："楚子、陳侯、隨侯、許男圍蔡。"杜預《左氏注》曰："定六年鄭滅許，此復見者，蓋楚封之。"

案此亦或如秦之於周，滅其國，仍賜之以寀地，不必其爲復封也。

人臣出亡，亦有受封於他國者：如吴掩余、燭庸奔楚，楚子大封而定其徙是也。《左氏》昭公三十年。然其能得此於異國者，蓋視亡國之君爲尤寡。

晉人之滅虞也，執虞公及其大夫井伯以媵秦穆姬，而脩虞祀，且歸其職貢於王。《左氏》僖公五年。此則徒徼福於鬼神，免天子之誅責，而失興滅繼絶之義矣。

〔九一〕　古者君臣之義上

古者君臣之義，蓋嘗數變矣。其初也，君之於其臣，猶賃庸而使之也。《禮記·表記》曰："子言之：事君先資其言，拜自獻其身，以成其信。是故君有責於其臣，臣有死於其言。故其受禄不誣，其受罪益寡。"又曰："子曰：事君大言入則望大利，小言入則望小利，故君子不以小言受大禄，不以大言受小禄。"《燕義》曰："臣下竭力盡能以立功於國，君必報之以爵禄。"皆斤斤於功勞酬賞之間。而《少儀》曰："事君者，量而後入，不入而後量。凡乞假於人，爲人從事者亦然。"更明以賃庸之道言之。蓋所謂臣者，其初皆拔自賤族，王者不臣妻之父母，始封之君不臣諸父昆弟，天子不純臣諸侯，諸侯不臣寓公，可見君權未張之時，所臣者實皆賤族。族人不敢以其戚戚君，已爲後起之事矣。原不過乞假從事之流。其後關係日深，恩意周浹，一如家人；而君之與臣，又或意氣相得，乃以父子、朋友之道，推而行之。至此，則賃庸之意稍變矣，然猶私而非公。又其後，君與臣，同以社稷爲重，臣非復其君之私昵；君之畜臣，亦不以使令奔走，圖己身之便安爲事，君與臣，乃成爲一國之公僕。事雖未必能如此，而義理則如此。而君臣之義，迴非其故矣。

古者羣道未備，人與人之關係，限於親族之中；其出於親族之外者，乃亦以是推之。北族好畜義兒，而遼、金與中國和親，不曰兄弟，則曰伯叔父，其故即由於此。臣之始，服役於君之家；其事君，當如子之事父，此理之自然者也。臣之受令於君，既猶乞假，自必斤斤於酬賞；然又有不敢私有其財之義，即由以父子之道推之。《坊記》："父母在，不敢有其身，不敢私其財也。故天子四海之内，無客禮，莫敢爲主焉。故君適其臣，升自阼階，即位於堂，示民不敢有其室也。"亦見《郊特牲》。《燕義》曰："君席阼階之上，居主位也。"兩兩比況，最爲明白。《内則》曰："子婦無私貨，無私畜，無私器，不敢私假，不敢私與。婦或賜之飲食、衣服、布帛、佩帨、茝蘭，則受而獻諸舅姑。舅姑受之則喜，如新受賜。若反賜之，則辭，不得命，如更受賜，藏以待之。婦若有私親兄弟，將與之，則必復請其故賜，而後與之。"《儀禮·聘禮》："君使宰賜使者幣。"鄭《注》即援是以爲言，其説是也。《曲禮下》曰："大夫私行，出疆必請，反必有獻。"又曰："士私行，出疆必請，反必告。"《疏》曰："出與大夫同，還與大夫異，士德劣，故不必有獻。"此言殊含糊。《曲禮》又曰："士有獻於國君，他日，君問之曰：安取彼？再拜稽首而後對。"《疏》曰："須問者，士卑德薄，嫌其無有也。"此即不必有獻之故。蓋即"婦或賜之，獻諸舅姑"之義。"定公從季孫假馬，孔子曰：君之於臣，有取無假。"《公羊》定公八年《解詁》。蓋即子婦無私畜之義。《左氏》成公十七年：郤至曰："受君之禄，是以聚黨；有黨而争命，罪孰大焉？"襄公二十六年："孫林父以戚如晉。"《左氏》譏之曰："臣之禄，君實有之。義則進，否則奉身而退。專禄以周旋，戮也。"《論語·憲問》："子曰：臧武仲以防求爲後於魯，雖曰不要君，吾不信也。"皆自此義推之也，然而賃庸之本志荒矣。

朋友之間，所惡者，無信也。而君與臣之間，亦最貴信，即由以朋友之道推之也。荀息之對晉獻公曰："使死者反生，生者不愧乎其言，則可謂信矣。"《公羊》美其不食言。《左氏》亦曰："君子曰：《詩》所謂白圭之玷，尚可磨也；斯言之玷，不可爲也，荀息有焉。"僖公九年、十年。解揚之對楚莊王也，曰："君能制命爲義，臣能承命爲信，信載義而行之爲利。義無二信，信無二命，受命以出，有死無霣，又可賂乎？臣之許君，以成命也；死而成命，臣之禄也。寡君有信臣，下臣獲考，死又何求?"《左氏》宣公十五年。皆所謂以死其言者也。荀息、解揚之於其君!亦猶羊角哀、左伯桃之於其友,劉孝標《廣絶交論注》引《烈士傳》。而程嬰、公孫杵臼,則二者兼之者也。《史記·趙世家》。朋友之間,意氣固有厚薄,君臣之間亦然,豫讓國士衆人之論是也。《史記·刺客列傳》。"工尹商陽與陳棄疾追吴師,及之,斃一人。又及,又斃二人。止其御曰:朝不坐,燕不與,殺三人,亦足以反命矣。"《禮記·檀弓下》。亦豫讓之志也。

人之秉彝,無時而或泯者也。戰勝之族,初克戰敗之族,蓋亦嘗視之如土苴矣。觀夏后氏用貢法,最可見之。其後彼此之關係稍深,戰勝之族之天良,亦稍以發見,則君與民之利害稍相同,馴至民所恃以生之社稷,君亦與爲存亡焉。《曲禮》曰:"國君去其國,止之曰:奈何去社稷也?大夫曰:奈何去宗廟也?士曰:奈何去墳墓也?"又曰:"國君死社稷,大夫死衆,士死制。"《禮運》亦曰:"國有患,君死社稷謂之義,大夫死宗廟謂之變。"《公羊》曰:"國滅,君死之,正也。"襄公六年。又莊公十三年《解詁》曰:"諸侯死國不死邑。"蓋二者久合爲一體矣。人臣至此,亦不復以君之私暱自居。齊莊公之見弑也,晏子曰:"君民者,豈以陵民?社稷是奉。臣君者,豈爲其口實?社稷是養。故君爲社稷死則死之,爲社稷亡則亡之;若爲己死而爲己亡,非其私暱,誰敢任之?"《左氏》襄公二十五年。"衛獻公出奔,反於衛,及郊,將班邑於從者而後入。柳莊曰:如皆守社稷,則孰執羈靮而從?如皆從,則孰守社稷?君反其國而有私也,毋乃不可乎?弗果班。"《檀弓下》。《左氏》僖公二十八年:甯武子監衛人,亦曰:"不有居者,誰守社稷;不有行者,誰扞牧圉。""衛有太史曰柳莊,寢疾,公曰:若疾革,雖當祭必告。公再拜稽首請於尸曰:有臣柳莊也者,非寡人之臣,社稷之臣也。聞之死,請往。不釋服而往,遂以襚之。"《檀弓下》。皆其言之最明白者也。孟子曰:"有安社稷臣者,以安社稷爲説者也。"《盡心上》。《少儀》曰:"爲人臣下者,有諫而無訕,有亡而無疾,頌而無諂,諫而無驕,怠則張而相之,廢則埽而更之,謂之社稷之役。"與夫便嬖使令,固不可同年而語矣。

《説文·臤部》:"豎,堅也。从又,臣聲。"此與堅,實即一字。《石部》："硻，餘堅也。从石，堅省聲。"亦即从臣聲也。磬，古文作硜，段懋堂曰："《論語》曰：鄙哉硜硜乎。又云：硻硻然小人哉。其字皆當作硻。"案亦可作臤也。此可見臣字之初，有小與堅之義。小者，臣之始，本不過便嬖使令之流；堅則當守信之謂也。磬與硜，初爲一字，後乃分別，以磬爲樂器之名，硜狀其聲，觀《樂記》"石聲磬"，《史記・樂書》作硜，可見。

臣道始於賃庸，至後世，其遺跡仍有可見者。孟子曰："仕非爲貧也，而有時乎爲貧。"又曰："辭尊居卑，辭富居貧，惡乎宜乎？抱關擊柝。"又曰："抱關擊柝者，皆有常職以食於上，無常職而食於上者，以爲不恭也。"萬章曰："君餽之粟則受之乎？"曰："受之。""受之何義也？"曰："君之於氓也，固周之。"以上皆見《萬章下》。陳子曰："古之君子，何如則仕？"孟子曰："所就三，所去三。迎之致敬以有禮，言將行其言也，則就之；禮貌未衰，言弗行也，則去之。其次，雖未行其言也，迎之致敬以有禮，則就之；禮貌衰，則去之。其下，朝不食，夕不食，飢餓不能出門户。君聞之，曰：吾大者不能行其道，又不能從其言也，使飢餓於我土地，吾恥之。周之，亦可受也，免死而已矣。"《告子下》。皆以君當畜臣，臣不可無事而食爲言。彭更曰："士無事而食，不可也。"《滕文公下》。公孫丑曰："詩曰：不素餐兮，君子之不耕而食，何也？"王子墊問曰："士何事？"《盡心上》。亦皆以無事而食爲疑者，猶夫《表記》、《燕義》、《少儀》諸篇之言也。

〔九二〕　古者君臣之義下

臣能守信，善矣；然徒知守信，而不論其事之是非，則亦不足爲訓。里克之將殺奚齊也，謂荀息曰："君殺正而立不正，廢長而立幼，如之何？"荀息無以對也。徒曰："君嘗訊臣矣，臣對曰：使死者反生，生者不愧乎其言，則可謂信矣。"《公羊》僖公十年。即徒知守信，而不問其義不義者也。《左氏》僖公九年：荀息曰："吾與先君言矣，不可以貳。能欲復言，而愛身乎?”使荀息當日,毅然守正,而不從其君之逆命,晉國豈比數世亂哉?乃若里克,亦徒以嘗爲申生傅,而爲之報仇而已,非能知居正之義也。《左氏》:僖公九年:荀息曰:“人之欲善,誰不如我?我欲無貳,而能謂人已乎?”可見荀息、里克正是一流人物。人人各徇其私,則忠信也而愈亂。“此非禮之禮,非義之義”,大人所以弗爲也。《孟子·離婁下》。《左氏》宣公二年:晉靈公使鉏麑賊趙宣子,“晨往,寢門辟矣。盛服將朝,尚早,坐而假寐。麑退,歎而言曰:不忘恭敬,民之主也。賊民之主,不忠;棄君之命,不信;有一於此,不如死也。觸槐而死。”此亦小忠小信,所謂“非禮之禮,非義之義”者也。《檀弓下》:“齊大飢,黔敖爲食於路,以待餓者而食之。有餓者蒙袂輯屨,貿貿然來。黔敖左奉食,右執飲,曰:嗟來食。揚其目而視之,曰:予惟不食嗟來之食,以至於斯也。從而謝焉,終不食而死。曾子聞之曰:微與?其嗟也可去,其謝也可食。”聖賢之處生死之間,自與一節之士不同矣。故曰:“可以死,可以無死,死傷勇。”

晉惠公之卒也,“懷公命無從亡人。狐突之子毛及偃從重耳在秦,弗召。冬懷公執狐突,曰:子來則免。對曰:子之能仕,父教之忠,古之制也。策名委質,貳乃辟也。今臣之子,名在重耳,有年數矣;若又召之,教之貳也。父教子貳,何以事君?”《左氏》僖公二十三年。徒知貳之爲戮,而不計所忠之當否?亦猶夫荀息之志也。

且如季氏之當去,凡爲魯人,誰不知之?乃南蒯之謀去季氏也,其鄉人譏其家臣而君圖。《左氏》昭公十二年。其後事敗奔齊。子韓皙又謂其以“家臣而欲張公室,罪莫大焉。”昭公十四年。其背公黨私如此,此定於一尊之義,所由不可不亟講與?

陽虎之欲殺季孫也,臨南爲御,謂臨南曰:“以季氏之世世有子,子可以不免我死乎?”臨南許諾,乃以季孫如孟氏,《公羊》定公八年。此感於季氏之世世有之,非知陽虎欲弑季孫之爲不義也。使其世世豢於陽虎,則亦將爲之成濟矣。人人效其小信,而不知大義,此世事之所以紛紜也。

白公之縊也,其徒微之。生拘石乞而問焉,對曰:“余知其死所,而長者使余勿言。”曰:“不言將烹。”對曰:“此事也,克則爲卿,不克則烹,固其所也。”乃烹石乞。《左氏》哀公十六年。石乞可謂信矣。然而楚之亂，石乞之徒爲之也。

戰國時有肥義者，其爲人，猶之春秋時之荀息也。漢初有貫高者，其爲人，猶之春秋時之石乞也。周昌力争毋廢太子。其後使爲趙王傅。吕后召王，昌嘗弗遣。及王死，昌謝病不朝。其爲人，亦里克、荀息之流也。

豈惟國内，《雜記》曰："内亂不與焉，外患勿辟也。"《公羊》亦曰："君子辟内難而不辟外難。"莊公二十七年。列國之所以多戰事，亦商君所謂"勇於公戰"者爲之也。以大一統之義言之，則亦孟子所謂"善戰者服上刑"而已。《離婁上》。《表記》："子曰：事君可貴可賤，可富可貧，可生可殺，而不可使爲亂。子曰：事君軍旅不辟難，朝廷不辭賤。處其位而不履其事，則亂也。故君使其臣，得志則慎慮而從之；否則孰慮而從之。終事而退，臣之厚也。《易》曰：不事王侯，高尚其事。"《注》曰："使，謂使之聘問、師役之屬也。終事而退，非己志者，事成則去也。"此説非也。事成乃去，則不義之事已遂矣，亂矣。"小邾射以句繹來奔，曰：使季路要我，吾無盟矣。使子路。子路辭。季康子使冉有謂之曰：千乘之國，不信其盟，而信子之言，子何辱焉？對曰：魯有事於小邾，不敢問故，死其城下可也。彼不臣而濟其言，是義之也。由弗能。"《左氏》哀公十四年。"魯欲使慎子爲將軍，孟子曰：一戰勝齊，遂有南陽，然且不可。徒取諸彼以與此，然且仁者不爲，況於殺人以求之乎？君子之事君也，務引其君以當道，志於仁而已。"《告子下》。此豈聘問師役之不義者，可以强使之哉？《表記》曰："唯天子，受命於天，士受命於君。故君命順，則臣有順命；君命逆，則臣有逆命。"《荀子・臣道》曰："從命而利君謂之順，從命而不利君謂之諂；逆命而利君謂之忠，逆命而不利君謂之篡。不恤君之榮辱，不恤國之臧否，偷合苟容，以持禄養，交而已耳，謂之國賊，君有過謀過事，將危國家，殞社稷之懼也，大臣父兄有能進言於君，用則可，不用則去，謂之諫。有能進言於君，用則可，不用則死，謂之争。有能比知同力，率羣臣百吏，而相與强君撟君；君雖不安，不能不聽，遂以解國之大患，除國之大害,成於尊君安國,謂之輔。有能抗君之命,竊君之重,反君之事,以安國之危,除君之辱,功伐足以成國之大利,謂之拂。故諫,争,輔,拂之人,社稷之臣也,國君之寶也,明君所尊厚也,而闇主惑君,以爲己賊也。伊尹、箕子,可謂諫矣;比干、子胥,可謂争矣;平原君之於趙,可謂輔矣;信陵君之於魏,可謂拂矣。傳曰:從道不從君,此之謂也。"夫知從道不從君,而闇主惑君之獲行其志者寡矣,而人民利,社稷安矣。然徒爲一國之社稷計,猶非道之至者也。《公羊》莊公二十四年《解詁》曰:"不從得去者,所以申賢者之志,孤惡君也。"夫惡君孤,則其亡也速矣。此與無德欲速亡之義何以異?見《吕覽·長利》。豈不廓然而大公也哉?何君謂此爲孔子所謂"以道事君"者,其信然與?"所謂大臣者,以道事君,不可則止。"見《論語·先進》。

《荀子·臣道》又曰:"事暴君者,有補削,無撟拂。迫脅於亂時,窮居於暴國,而無所避之,則崇其美,揚其善,違其惡,隱其敗。言其所長,不稱其所短。"此非爲持禄養交計也,所以全賢者之軀也。賢者之生也,非爲一人,抑非爲一國,所以爲天下生民也。不忍一時之悻悻,以亡其身,不亦寡慮矣乎?《史記·宋微子世家》述殷太師之言曰:"今誠得治國,國治身死不恨。爲死終不得治,不如去。遂亡。"《管子·宙合》曰:"賢人之處亂世也,知道之不可行,則沈抑以辟罰,静默以侔免,非爲畏死而不忠也。夫强言以爲僇,而功澤不加。進傷爲人君嚴之義,退害爲人臣者之生,其爲不利彌甚。故退身不舍端,脩業不息版,以待清明,故微子不與於紂之難。"與《史記》之言,若合符節。案《微子世家》述微子、箕子、比干三人之事,而《論贊》引《論語》殷有三仁之文,蓋本儒家口説。其述太師之言,殆亦尚書家傳微子之意邪?《管子》此篇,其爲儒家口説無疑也。然則《左氏》譏泄冶,"民之多辟,無自立辟",宣公九年。亦不必非孔子之言矣。

衛寧喜之將納獻公也,使人謂獻公,獻公曰:"子苟納我,吾請與子盟。"喜曰:"無所用盟,請使公子鱄約之。"獻公謂公子鱄。公子鱄辭。獻公怒曰:"黜我者非寧氏與孫氏,凡在爾。"公子鱄不得已而與之約。已約，歸至，殺寗喜。公子鱄挈其妻子而去之，將濟於河，携其妻子而與之盟，曰："苟有履衛地食衛粟者，昧雉彼視。"《公羊》襄公二十七年。此事與小邾射不信魯國之盟，而信季路之要頗相類。季路不從康子，而公子鱄見迫於獻公，則其事殊也。鱄之深絶獻公，不可謂不合於義。《解詁》責其"守小信而忘大義，拘小介而失大忠"，似失之刻。

〔九三〕 君臣朋友

《假樂》之詩曰："之綱之紀，燕及朋友。"《毛傳》曰："朋友，羣臣也。"此古義也。《史記·廉頗藺相如列傳》：趙宦者令繆賢曰："臣嘗從大王與燕王會境上，燕王私握臣手，曰：願結友。"至戰國末造，以燕之僻陋，而猶知此義。可見《孟子》所言孟獻子、魯繆公、晉平公之事，必非虚語矣。見《萬章》下。

《唐書·吐蕃列傳》曰："其君臣自爲友，五六人曰共命。"秦穆公之於三良也，飲酒樂。公曰：生共此樂，死共此哀。三良許諾。公薨，遂皆自殺以殉。此所謂共命者也。可見未演進時，中國之風俗，與四夷相類者頗多。

《曲禮》曰："父母存，不許友以死。"則許友以死者多矣。服虔注《左氏》云："古者始仕，必先書其名於策，委死之質於君，然後爲臣，示必死節於其君也。"《史記·仲尼弟子列傳索隱》引。此亦許友以死之類也。古人有罪不逃刑，此乃許君以死，而又守信，使之然也。如晉之慶鄭是。事見《左氏》僖公十五年。子游曰："事君數，斯辱矣。朋友數，斯疏矣。"《論語·里仁》。左儒曰："君道友逆，則順君以誅友。友道君逆，則率友以違君。"《説苑·立節》。皆以君臣與朋友并言。然則若杜蕢之於晉平公者，亦朋友責善之道地。見《禮記·檀弓》下。《左氏》作屠蒯。見昭公九年。

《檀弓》云："魯人有周豐也者，哀公執摯請見之，而曰：不可。公曰：我其已夫！使人問焉。"《士相見禮疏》曰：執摯者，或平敵，或以卑見尊。尊無執摯見卑之法;哀公執摯見己臣,謂下賢,非正法也。案此亦以朋友之道行之也,而周豐曰不可,可見孟子謂魯繆公見子思,問千乘之國以友士,而子思不悦,非虚語矣。亦見《萬章》下。而哀公猶不肯已,而使人問焉,此亦足見哀公之下賢。嘗謂春秋時,與强臣不協者多賢君。而史記之多不美之辭者,乃强臣訾毁之辭,非實録也。如魯昭公如晉,自郊勞至於贈賄,無失禮。見《左氏》昭公五年。此豈年十九猶有童心,比葬易哀者之所能乎?襄公三十一年。其取於同姓,安知其非欲結强援,以除季氏也。且如晉平公,亦賢君也。觀其於杜蕢、亥唐之争,不賢而能之乎?湨梁之盟,在於平公之世,亦會公室將卑爾,而豈平公之過哉?

曰:中心好之,欲飲食之,朋友之道也。《燕禮》所陳是也。《雜記》曰:“卿大夫疾,君問之無算;士壹問之。君與卿大夫,比葬不食肉,比卒哭不舉樂;爲士,比殯不舉樂”。《喪大記》曰:“君於大夫疾,三問之”。《荀子·大略》亦曰:“君於大夫,三問其疾,三臨其喪;於士,一問一臨”。此言無算者,三但言其多耳,非必限之以三也。此亦非後世之所能也。

朋友戒褻狎,君臣亦然,故曰:“諸侯非問疾弔喪而入諸臣之家,是謂君臣爲謔”。《禮記·禮運》。又《荀子·大略》:“諸侯非問疾弔喪不之臣之家”。

〔九四〕 朋友之道

人之相結也,志或存於相利,是商賈之行也,君子羞之矣。然生死之交,其始之相結也,或未始不由於相利,此猶終成高世之行者,其入德之始,或亦由好名使然,故行之方始者,未易測其所終;而君子之設科也,往者不追,來者不拒,以是心至,罔不受之,所謂有教無類也。《論語·顔淵》:“司馬牛憂曰:人皆有兄弟,我獨無。子夏曰:君子敬而無失,與人恭而有禮,四海之内,皆兄弟也;君子何患乎無兄弟也?”《子路》:“樊遲問仁。子曰:居處恭,執事敬,與人忠。雖之夷狄,不可棄也。"《衛靈公》:"子張問行。子曰:言忠信,行篤敬。雖蠻貊之邦,行矣;言不忠信,行不篤敬,雖州里,行乎哉?"《大戴記·曾子制言上》:"曾子門弟子或將之晉,曰:吾無知焉。曾子曰:何必然?往矣。有知焉謂之友,無知焉謂之主。且夫君子,執仁立志,先行後言,千里之外,皆爲兄弟。苟是之不爲,則雖汝親,庸孰能親汝乎?"此皆兢兢自靖,意非存於相利也。然又曰:"人之相與也,譬如舟車然,相濟達也。己先則援之,彼先則推之。是故人非人不濟,馬非馬不走,土非土不高,水非水不流。"則明以相利爲懷矣。由此觀之,《禮記·儒行》言朋友之道,極之於"爵位相先,患難相死","久相待,遠相至",其始,亦未嘗不由於遊士之相結,如女之入宮者,相要以苟見接,毋相忘者也。人之意氣相得,願相爲死,非可得之立談之間,即無從期之訂交之始;而性情特厚,惟求無愧於心,無負於人者,亦非可以旦夕遇之;恒人之相結,始未有不期於相利者。終或超出於利害生死之外,則其情皆由於馴致,猶之始以脩名而立行者,終或至於獨立不懼,遁世無悶也。孔子曰:"端衣玄裳,冕而乘路者,志不在於食葷;斬衰簡屨,杖而歠粥者,志不在於飲食"。《大戴記·哀公問》。飾雖在外,猶足以變易其中,況於躬行實踐,始雖僞,有不徐致其情者乎?君子之接人也,惟勉其行之不飭,而不責其衷之不誠;其自律也,不敢謂心實無他,而不恤其行之有玷。自宋儒創誅心之論,乃不徒責人之行,而必深責其心。行誠不可不本於心,然過重存心,或反至略其制行;於是僞飾者得以依託,謹願者或反見屏矣。教既不廣,而其後之横決,轉有不忍言者。夫高世之行,絶俗之心,道德之士,豈不當以之自勉?亦豈不可與人共勉?然而可與二三人共勉者,不必其可與千百人共勉。宋明之講學者,聚徒至於千百,是當以接衆人之道接之,而亦以接二三人之道接之,此所以教似廣而無其實,而終且至於横決也。

《論語·顔淵》:樊遲問辨惑。子曰:"一朝之忿,忘其身以及其親,非惑與?"此與《孟子·盡心下》篇所謂"殺人之父,人亦殺其父;殺人之兄,人亦殺其兄;然則非自殺之也一間耳"之言同。以古重復仇,故以利害動之也。聖賢之言,不皆自出,亦多因襲成説。諺語流傳,原不過如此耳。

所知與朋友不同。古言所知,猶今言相識耳。《禮記・檀弓》曰:"師,吾哭諸寢;朋友,吾哭諸寢門之外;所知,吾哭諸野",厚薄顯然不同;而曾子謂"有知焉謂之友",則以待朋友之道待所知矣。厚人以求自親,所謂所求乎朋友先施之,抑亦行過乎恭之意也。《王制》七政,以賓客與朋友并列,二者亦顯非一倫。《論語・鄉黨》曰:"朋友死,無所歸,曰於我殯",而《檀弓》曰:"賓客至,無所館,夫子曰:生於我乎館,死於我乎殯",是亦以待朋友之道待賓客矣。古蓋自有此俗,故異邦羈旅之士,可先施以求之於人也。

〔九五〕 立君以法誅獨夫以衆[①]

立君之法,莫嚴於《公羊》。《左氏》襄公三十一年,穆叔曰:"大子死,有母弟則立之,無則長立,年鈞擇賢,義鈞則卜,古之道也。"昭公二十六年,王子朝告諸侯曰:"昔先王之命曰:王后無適,則擇立長,年鈞以德,德鈞以卜;王不立愛,公卿無私,古之制也。"此所謂古,皆指周之先世言之。案古代君位傳授,蓋有三法。孔子曰:"唐虞禪,夏后、殷、周繼,其義一也。"《孟子・萬章上》。是"禪"與"繼"爲相對之稱。然《公羊》莊公三十二年,公子牙曰:"魯一生一及。"《史記・魯世家》作一繼一及。《解詁》曰:"父死子繼曰生,兄死弟繼曰及。"是繼之中,又"生"與"及"之别也。人情兄弟之愛,每不敵父子之親,難保有宋太宗之事;又兄弟年或相近,幼者無登位之望,或不免於篡弒;故"生"之法優於"及"。同是生也,立適勝於立庶,以其易得外家之夾輔也。立長勝於立少,以君位早定,可無季康子之事,見《左氏》哀公三年。且長君利統

① 又改題爲《春秋立君之法》。

率也。然年鈞以德，仍不免於以意出入；德鈞以卜，則更聽諸不可知之數矣。《禮記·檀弓下》："石駘仲卒，無適子，有庶子六人，卜所以爲後者。"《左氏》昭公十三年：楚"共王無冢適，有寵子五人，無適立焉。乃大有事於羣望，而祈曰：請神擇於五人者。"定公元年：子家曰："若立君，則有卿大夫士與守龜在。"知以卜定君位，古確有是事也。然迷信甚深之世，龜筮所示，庸或莫之敢違。至於"天道遠，人道邇"，爲衆所著知，則龜筮之從，亦不足戢争奪之心矣。而異母之子，又可同時而生，争端究未盡泯也。《公羊》之法曰："立適以長不以賢，立子以貴不以長。"何君《解詁》曰："適，謂適夫人之子，尊無與敵，故以齒。子，謂左右媵及侄娣之子，位有貴賤，又防其同時而生，故以貴也。《禮》：適夫人無子，立右媵；右媵無子，立左媵；左媵無子，立嫡侄娣；嫡侄娣無子，立右媵侄娣；右媵侄娣無子，立左媵侄娣。質家親親，先立娣；文家尊尊，先立侄。嫡子有孫而死，質家親親，先立弟；文家尊尊，先立孫。其雙生也，質家據見，立先生；文家據本意，立後生；皆所以防愛争。"隱公元年。其立法可謂密矣。隱公四年："衛人立晉。"《傳》曰："立者何？立者，不宜立也。其稱人何？衆立之之辭也。然則孰立之？石碏立之。石碏立之，則其稱人何？衆之所欲立也。衆雖欲立之，其立之非也。"案《周官》小司寇有詢立君之法。《左氏》僖公十五年，子金教卻缺："朝國人，而以君命賞。且告之曰：孤雖歸，辱社稷矣，其卜貳圉也。"昭公二十四年："晉侯使士景伯莅問周政，士伯立於乾祭，而問於介衆。"哀公二十六年，越人納衛侯，文子致衆而問焉。蓋皆其事。石碏之立晉，度亦必有是舉，故以衆欲爲辭。然而《春秋》非之者，以衆之不足恃，時或與一二人等故也。然文公十八年："莒弑其君庶其。"《傳》曰："其稱國以弑何？稱國以弑者，衆弑君之辭。"《解詁》曰："一人弑君，國中人人盡喜，故舉國，以明失衆當坐絶也。"則無不與之之辭矣。蓋立君爲衆，隱公四年《解詁》。衆立之而非者，以衆不能知所當立；或雖知之，而不能自達其意也。至衆所欲誅，庸亦有不當於理者；然君人者，本應審輿情以爲舉措；事雖善而拂於輿情者，亦宜先立信而後行之；一意孤行，本非君人之道。且上之肆虐久矣，違道而拂衆者究多，得道而違衆者究少，故寧順輿情而絶之也，亦足見春秋立法之周矣。

〔九六〕 内亂不與焉，外患弗闢也[①]

《禮記·雜記下》："内亂不與焉，外患弗闢也。"案《史記·吴太伯世家》：闔廬乘季札使晉，弑王僚而立。"季子至，曰：苟先君無廢祀，民人無廢主，社稷有奉，乃吾君也，吾敢誰怨乎？哀死事生，以待天命；非我生亂，立者從之；先人之道也。復命，哭僚墓，復位而待。"即《雜記》之所云也。闔廬之謀弑僚也，告專諸曰："季子雖至，不吾廢也。"蓋當時君臣之間，義自如此，人人知之也。晉欒書、中行偃之執厲公也，召士匄，士匄辭；召韓厥，韓厥辭，曰："昔吾畜於趙氏，孟姬之讒，吾能違兵。古人有言曰：殺老牛莫之敢尸，而況君乎？二三子不能事君，焉用厥也？"《左氏》成公十七年。古者臣之事君，不過如此，爲己死而爲己亡，非其親暱，固莫之敢任矣。子思曰："今之君子，進人若將加諸膝，退人若將隊諸淵，毋爲戎首，不亦善乎？"《禮記·檀弓下》。言雖爲戎首，亦未大傷於義也。故孟子亦曰："君之視臣如草芥，則臣視君如寇仇"也。《離婁下》。《左氏》宣公四年：鄭子公欲弑靈公，謀於子家。子家曰："畜老猶憚殺之，而況君乎？"其言與韓厥同，亦不悖義。及子公反譖子家，子家遂懼而從之，則非之死不變之操矣。故《左氏》載君子之言，譏其"仁而不武無能達"，明其初志固不悖於義也。

〔九七〕 尊王與民貴之義相成

春秋有尊王之義，昧者輒與尊君并爲一談，疑其與民貴之義相

---

① 曾改題爲《臣之事君》。

背,此誤也。君所治者皆國内之事;王則爲天下所歸往,所治者乃列國之君,不及其民也。故五官之長,九州之伯,於外曰公曰侯,於其國則皆曰君。《禮記·曲禮下》。何君《公羊解詁》,謂"王者諸侯皆稱君"是也。隱公元年。君惡其虐民,列國則求其有共主,可以正其相侵。凡列國之内,臣弑其君,子弑其父,若虐民而無所忌憚者,亦宜有以威之。《左氏》襄公二十七年:"子罕曰:凡諸侯小國,晉、楚所以兵威之,畏而後上下慈和,慈和而後能安靖其國家,以事大國,所以存也。無威則驕,驕則亂生,亂生必滅,所以亡也。"此不盡虚辭,古時蓋實有此等情形也。故尊王之義與民貴,殊不相背,且適相成也。

孔子曰:"天無二日,民無二王。"《禮記·曾子問、喪服四制》作土無二王。此特願其如是,其實不必能如是也。大抵一方之中,有若干國歸往之者,則稱爲王,春秋吴、楚皆稱王,其先徐偃王亦嘗稱王以此,《史記·楚世家》曰:"熊渠甚得江漢間民和,乃興兵伐庸、揚、粤至於鄂,熊渠曰:我蠻夷也,不與中國之號謚。乃立其長子康爲句亶王,中子紅爲鄂王,少子執疵爲越章王,皆在江上楚蠻之地。"此乃楚自王蠻夷,於中國無與,故中國初不過問。《史記》又云:"及周厲王之時暴虐,熊渠畏其伐楚,亦去其王。"熊渠三子皆爲王,無反自稱君之理。所謂去其王號者,非去三子之王號,蓋自去其王號也。即謂不然,熊渠三子,固已并時稱王矣,足征王非不可有二也。其後越滅於楚,《越世家》云:"諸族子争立,或爲王,或爲君,濱於江南海上,服朝於楚。"爲王而仍可服朝於人,足見所謂王者,特爲一方所歸往,不必其尊無二上也。戰國齊、魏嘗相王,五國又嘗相王以此。

《楚世家》又云:"楚伐隨。隨曰:我無罪。楚曰:我蠻夷也,今諸侯皆爲叛,相侵或相殺,我有敝甲,欲以觀中國之政,請王室尊吾號。隨人爲之周,請尊楚。王室不聽。還報,楚熊通怒,乃自立爲武王,與隨人盟而去。""周召隨侯,數以立楚爲王。楚怒,以隨背己,伐隨。"武王之稱王,隨人蓋誠以王事之,故周人數其罪。隨蓋又辭服於周,請不王楚,故楚又怒其背己也。《齊、晉世家》皆謂齊頃敗於鞌,欲尊晉爲王，而景公不敢。齊之於晉，蓋欲以隨奉楚者奉之。竊疑熊渠亦曾稱王，以臨中國諸侯，而史失載也。《田敬仲完世家》："擊魏，大敗之桂陵。於是齊最强，於諸侯，自稱爲王，以令天下。"云令天下侈辭，然戰國時之小國，稱王固猶足以令之也。

《穀梁》曰："黄池之會，吴子進乎哉，遂子矣！吴，夷狄之國也。祝髮文身，欲因魯之禮，因晉之權，而請冠端而襲。其借於成周，以尊天王，吴進矣！吴，東方之大國也，累累致小國以會諸侯，以合乎中國。吴能爲之，則不臣乎？吴進矣！王，尊稱也；子，卑稱也；辭尊稱而居卑稱，以會乎諸侯，以尊天王。"哀公十三年。此言吴於是役，自去其王號，以尊周也。熊渠之去其王號，蓋亦如此。與中國接時去王，其在蠻夷無妨仍稱王號，猶越諸族子服朝於楚，猶王江南海上也。大抵自王其地者，必距其所服朝者甚遠，而其所王，亦必爲蠻夷；故北方之大國，未有敢自稱王者也。

五國之相王也，趙武靈王獨不肯，曰："無其實敢處其名乎？令國人謂己曰君。"《趙世家》。謙言無他國歸往之者，獨能自治其國也。衛嗣君獨有濮陽，乃貶號曰君，《衛世家》。以此。《韓世家》：宣惠王十一年，"君號爲王。"前此亦但自君其國而已。

爲他國所歸往者，臨其所歸往之國曰王，於其國則稱君，名之因實而不同者，如是而已。公、侯、伯、子、男等皆美稱，語其實則皆無以異也。春秋以前，天子稱王，中國諸侯隨其尊卑而有五等之號。戰國時齊、魏諸國皆稱王，服屬之小國仍稱公侯，其所封之大夫則徒稱君，如孟嘗君、望諸君之類是也。《衛世家》云，三晉强，衛如小侯屬之。成侯時，衛更貶號曰侯。蓋前此雖如小侯，猶襲公號；故史自聲公以上皆稱公，成侯以下乃改稱侯也。嗣君更貶號曰君者，自比於田文、樂毅等也。《孟嘗君列傳》曰："齊襄王立，而孟嘗君中立於諸侯，無所屬。"則進而魯、衛比矣。《樂毅列傳》報燕惠王書曰："先王以爲慊於志，故裂地而封之，使得比小國諸侯。"曰"比小國諸侯"，明猶未有侯稱也。《趙世家》：烈侯六年，"魏、韓、趙皆相立爲諸侯，追尊獻子爲獻侯。”《田敬仲完世家》：“太公乃遷齊康公於海上。三年。康公十六年。太公與魏文侯會濁澤，求爲諸侯。魏文侯乃使使言周天子及諸侯，周天子許之。康公之十九年，田和立爲齊侯，列於周室。”知當時三晉與齊雖曰强大，即諸侯之稱，猶不能自擅也。

列國之君，稱公、侯、伯、子、男，臨之者稱王。至列國皆稱王，則臨乎其上者，不能不更有他稱，乃採古有天下者之號，而稱之曰帝，齊、秦爲東西帝，辛垣衍欲令趙帝秦是也。秦始皇既并天下，詔丞相御史更名號。丞相御史等别上尊號爲泰皇，棄戰國時帝字弗用。始皇則去泰著皇，而仍用帝字焉。其實帝亦天下未一時之稱。丞相等議，固明言昔者五帝，地方千里，其外侯服、夷服，諸侯或朝或否，天子不能制矣；始皇盡廢封建，而仍襲戰國時臨於諸王之帝號，其實更之而未盡也。然言語嘗取習熟，帝之名，蓋戰國時人久知之矣；皇則博士稽古所稱，未必人人知之；始皇所以欲兼採帝字者以此。自此以後，遂以帝爲君天下之稱，而王爲獨王其國之號。趙高之弑二世也，召諸大臣公子曰：“秦故王國，始皇君天下，故稱帝；今六國復自立，秦地益小，乃以空名爲帝，不可；宜爲王如故，便。”則此時之王，猶之昔日之君，此時之帝，猶之昔日之王矣。秦既滅，諸侯相王，皆爲王，乃獨以帝尊楚懷王。漢滅楚列爵二等，君天下者亦曰帝。

夫名之尊卑隨實而變，王嘗爲君天下者之號矣，戰國以降乃變爲自君其國之稱。試問是時之稱王者，敢以天下之所歸往自居乎？敢自比於天無二日乎？然則無其實者，雖舉林蒸天帝皇王后辟公侯之名盡以歸之，猶之其爲匹夫也。清社之屋也，袁世凱有愚德焉，乃使虜之孺子仍皇帝之名，曰是固不失其尊榮矣。不學無術甘爲虜臣妾者，亦遂以是尊之曰是猶皇帝也。而不知在民國，君國者曰總統，皇帝之名猶之古之三恪，曰以外國之君待之則亦寓公而已，而猶以是爲尊，祇見亡國之士夫無一讀書人而不足與語也。

〔九八〕布衣死節

《史記·田單列傳》曰："燕之初入齊，聞畫邑人王蠋賢，令軍中曰：環畫邑三十里無入。已而使人謂蠋曰：齊人多高子之義，吾以子爲將，封子萬家。蠋固謝。燕人曰：子不聽，吾引三軍而屠畫邑。王蠋曰：忠臣不事二君，貞女不更二夫，齊王不聽吾諫，故退而耕於野。國既破亡，吾不能存。今又劫之以兵，爲君將，是助桀爲暴也。與其生而無義，固不如烹。遂經其頸於樹枝，自奮絶脰而死。齊亡，大夫聞之曰：王蠋布衣也，義不北面於燕，況在位食禄者乎？乃相聚，如莒求諸子，立爲襄王。"案布衣本無死節之義，蠋所以必死者，以敵人劫之以爲將。公山不狃曰："君子違不適仇國。未臣而有伐之，奔命焉，死之可也。"《左氏》哀公八年。今蠋曰："齊王不聽吾諫，故退而耕於野"，則固嘗仕齊矣。以湣王之暴，故無舊君反服之義；然倒戈助敵，則已甚矣；況於所謂燕人者，自蠋視之，亦桀也；助桀爲虐，其可乎？是爲君爲民，兩有不可，所謂進退惟谷者也。而燕人顧劫之以屠畫邑，則蠋安得而不死？孟子曰：可以死，可以毋死，死傷勇。宋明之末，乃有布衣之士，亦抗節以爲高者。夫國破家亡，所得以恢復者，人民也。若人民皆自經於溝瀆，則異族真得志矣，此不好學之蔽也。

忠臣不事二君，貞女不更二夫。在後世，幾於人人能言之。其實此亦可明一義耳。士君子懷才抱道，欲拯斯民於水火，雖爲伊尹之五就湯五就桀，固無所嫌，安得執此小諒乎？即以對君論，子思有"毋爲戎首，不亦善乎"之談。《禮記·檀弓下》。孟子有"寇讎何服之有"之論。《孟子·離婁下》。非禮之禮，非義之義，大人弗爲，豈得執效忠於一姓之小諒哉？若乃胡虜既亡，猶有亡民族之大義，而甘爲之效忠者，則直是之喪心病狂矣。女子之於其夫，亦何渠不如是。衣不暖，食不飽，鞭撻加於身，是寇讎也；寇讎也，雖爲戎首，不亦宜乎，又何不更二夫之有？

〔九九〕 民與政相關之切

左氏成公二年："新筑人仲叔於奚救孫桓子，桓子是以免。既，衛人賞之以邑，辭，請曲縣繁纓以朝。許之。仲尼聞之，曰：惜也，不如多與之邑。惟器與名，不可以假人，君之所司也。名以出信，信以守器，器以藏禮，禮以行義，義以生利，利以平民，政之大節也。若以假人，與人政也。政亡，則國家從之，弗可止也已。"邑之不惜，而曲縣繁纓是愛，自今人思之，殊不可解；然苟通觀前後，則自知其言之切也。魯昭公之將去季氏也，樂祁策之曰："魯君必出。政在季氏三世矣，魯君喪政四公矣，無民而能逞其志者，未之有也。"子家懿伯亦曰："舍民數世以求克，事不可必也。且政在焉，其難圖也。"及難既作，平子請亡，弗許。子家子曰："君其許之。政自之出久矣，隱民多取食焉，爲之徒者衆矣，日入慝作，弗可知也。"昭公二十五年。此可見君與民相關之切，民與政相關之切也。民與政相關之切，何哉？晏子論齊之將爲陳氏曰："齊舊四量：豆、區、釜、鍾。四升爲豆，各自其四，以登於釜。釜十則鍾。陳氏三量，皆登一焉，鍾乃大矣。以家量貸，而以公量收之。山木如市，弗加於山；魚、鹽、蜃、蛤，弗加於海；民参其力，二入於公，而衣食其一。公聚朽蠹，而三老凍餒。國之諸市，屨賤踴貴。民人痛疾，而或燠休之。其愛之如父母，而歸之如流水，欲無獲民，將焉辟之？"昭公三年。又曰："陳氏雖無大德，而有施於民。豆、區、釜、鍾之數，其取之公也薄；其施之民也厚。公厚斂焉，陳氏厚施焉，民歸之矣，《詩》曰：雖無德與女，式歌且舞。陳氏之施，民歌舞之矣。後世若少惰，陳氏而不亡，則國其國也已。"昭公二十六年。蓋古者利源皆總於上，而民多待施於上，故有篡奪之志者，恒借此以收民心。"公子商人驟施於國，而多聚士。盡其家，貸於公有司以繼之。”文公十四年。“公子鮑禮於國人。宋飢，竭其粟而貸之。年自七十以上，無不饋詒也；時加羞珍異，國之材人，無不事也；親自桓以下，無不恤也。”文公十六年。皆是物也。子産言陳之將亡也，曰：“政多門。”襄公三十年。多門則各有黨與，君不得不弱，而大夫不得不傲矣。齊景公聞晏子之言曰：“是可若何？”對曰：“唯禮可以已之。在禮：家施不及國，民不遷，農不移，工賈不變，士不濫，官不滔，大夫不收公利。”昭公二十六年。孔子曰：“冕弁兵革，藏於私家，非禮也，是謂脅君。大夫具官，祭器不假，聲樂皆具，非禮也，是謂亂國。”《禮記·禮運》。誠坊其漸也。秦後子有車千乘而懼選，《左氏》昭公元年。衛公叔戌以富而見惡，定公十三年。豈無故哉？衛獻公之求入也，乃曰：“苟反，政由寧氏，祭則寡人。”襄公二十六年。何其愚乎？

叔向策子干之無成也，曰：“有謀而無民，有民而無德。”昭公十三年。是知自外而欲求入者，亦以民爲之本也。欒盈之入於曲沃也，“胥午伏之，而觴曲沃人。樂作，午言曰：今也得欒孺子，何如？對曰：得主而爲之死，猶不死也。皆歎，有泣者。爵行，又言。皆曰：得主何貳之有？”其得人心如此，此其所以幾危范氏也，然而盈卒以敗者，欒王鮒爲范宣子畫曰：欒氏多怨。子爲政，欒氏自外。子在位，其利多矣。既有利權，又執民柄，將何懼焉？襄公二十三年。猶是得民與不得民之分也，所謂寡固不可以敵衆也。孟子曰：“天時不如地利，地利不如人和。三里之城，七里之郭，環而攻之而不勝；夫環而攻之，必有得天時者矣；然而不勝者，是天時不如地利也。城非不高也，池非不深也，兵革非不堅利也，米粟非不多也；委而去之，是地利不如人和也。”《公孫丑下》。故曰：“鑿斯池也，築斯城也，與民守之，效死而民弗去，是則可爲也。”《梁惠王下》。然則民苟去之，則其不可爲也審矣。效死而民弗去者，趙襄子之守晉陽其驗也，孟子豈欺我哉？

《論語·子路》：“冉子退朝，子曰：何晏也？對曰：有政。子曰：其事也；如有政，雖不吾以，吾其與聞之。”《疏》云：“案昭二十五年《左傳》曰：

爲政事，庸力行務，以從四時。杜預曰：在君爲政，在臣爲事。杜意據此文。”是君所行爲政，臣所行爲事也。政與事之别，《大戴記・少間》詳之。《少間》曰：“君時同於民，布政也。民時同於君，服聽也。大猶已成，發其小者。還猶已成，終其近者。將持重器，先其輕者。先清而後濁者，天地也。天政曰正，地政曰生，人政曰辨。苟本正，則華英必得其節以秀孚矣。此官民之道也。”“天政曰正”，指天生時言之。“地政曰生”，指地生財言之。“人政曰辨”，謂人之分職也。人各有其分職，是謂官民，此政定於君。爲下者，但服聽焉而已矣。參見《聖人之大寶曰位》條。政失則人皆失其分職，不能因天之時，以分地之利，而養生送死之道有憾矣。故曰：上失政，大及人，小及畜役也。孔子又論失政曰：“疆藪未虧，人民未變，鬼神未亡，水土未絪，糟者猶糟，實者猶實，玉者猶玉，血者猶血，酒者猶酒，優繼以湛，政出自家門，此之謂失政也。非天是反，人自反。臣故曰：君無言情於臣，君無假人器，君無假人名。”此可與《左氏》所載論新築人之言，互相發明也。

〔一〇〇〕 民各有心

《左傳》昭公四年：“鄭子産作丘賦，國人謗之，子寬以告，子産曰：民不可逞，度不可改。《詩》曰：禮義不愆，何恤於人言？吾不遷矣。”可謂之死不變，强哉矯矣，而渾罕譏之，何也？渾罕之言曰：政不率法，而制於心；民各有心，何上之有？其言，亦可深長思者也。蓋民之所以從其上者，匪由畏威，實由心服。畏威者有時而窮，心服則唯所投之，無不如志矣。凡民守舊者多，率舊章以臨之，易得其信服；否則每爲所腹誹，或陽奉而陰違，得隙則叛，此變法者之所以多敗也。韓非之言曰：“工人數變業，則失其功；作者數摇徙，則亡其功。一人之作，日亡半日，十日則亡五人之功矣。萬人之作，日亡半日，十日則亡五萬人之功矣。”又曰：“凡法令更則利害易，利害易則民務變，務變之謂變業。故以理觀之,事大衆而數摇之,則少成功;藏大器而數徙之,則多敗傷;烹小鮮而數撓之,則賊其澤;治大國而數變法,則民苦之;是以有道之君,貴静不重變法,故曰:治大國若烹小鮮。"《解老》。夫民務變猶惡之,況於人各有心,莫同於上乎?是十人而亡十人之功,萬人而亡萬人之功也。雖若有所爲,實則一無所得也。故凡陷於危亡而不自知者,皆由眩於有爲之名,而不察下所以應之之實也。

《左傳》昭公二十九年:趙鞅鑄刑鼎,仲尼譏之,曰:晉國將守唐叔之所受法度,以經緯其民。夫趙鞅所著,亦范宣子所爲刑書,非其所自爲也;而仲尼譏之者,蓋唐叔之法度,爲日久,入人深;宣子之刑書,爲日短,入人淺,民之信之者不侔也。此率舊章者所以多得衆,然弊積而莫能革,亦自此始矣。君子是以知言治之難也。

〔一〇一〕 韓起辭玉

《左氏》昭公十六年:韓宣子聘於鄭。宣子有環,其一在鄭商。宣子謁諸鄭伯,子產弗與。乃買諸賈人,既成賈矣。商人曰:必告君大夫。韓子請諸子產,子產又拒之。韓子遂辭玉。他日,又私覿於子產,以玉與焉。曰:子命起舍夫玉,是賜我玉而免吾死也,敢藉手以拜。讀者於此,徒善子產能知禮,宣子能改過耳。杜《注》語。

然觀子產報宣子之辭曰:"昔我先君桓公與商人皆出自周,庸次比耦,以艾殺此地,斬之蓬蒿藜藿而共處之。世有盟誓,以相信也。曰:爾無我叛,我無强賈。毋或匄奪,爾有利市寶賄,我勿與知,恃此質誓,故能相保,以至於今。今吾子以好來辱,而謂敝邑,强奪商人,是教敝邑背盟誓也,毋乃不可乎?"則宣子之謁諸鄭伯,蓋正欲使之强賈匄奪。其後雖云成賈,或仍爲虚辭,商人出其玉而價不可得;或雖得之而不免後禍,故必欲告諸君大夫也。《潛夫論·斷訟篇》謂當時貴戚豪富,高負千萬,不肯償責,小民守門,號哭啼呼,曾無怵惕慚怍哀矜之意。漢世如此,春秋時可知，況又以大國之卿，而臨小國乎？《左氏》一書，皆出士大夫之手。諺有之曰：人莫知其子之惡，莫知其苗之碩。凡人於其黨之惡，固未有能深知之者。抑其書多晉人語，於其君大夫之惡，亦不敢質言也。觀此，知《公羊》所謂定、哀多微辭者，事勢使然，毫不足異。《左氏》此事，不知本諸何人，其辭則婉而彰矣。書貴善讀，徒觀其表，而善韓子之改過，安知古人之深意乎？然通觀全書，當時士大夫出使之暴横，猶有可見者。楚公子圍聘於鄭，且取於公孫段氏，伍舉爲介。將入館，鄭人惡之，使行人子羽與之言，乃館於外。既聘，將以衆逆，子産患之，又使子羽辭，伍舉知其有備也，乃請垂櫜而入。昭公元年。公子棄疾如晉，過鄭，禁芻牧採樵不入田，不樵樹，不採蓺，不抽屋，不强匄。誓曰：有犯命者，君子廢，小人降，舍不爲暴，主不慁賓，往來如是。則"鄭三卿皆知其將爲王。"昭公六年。合此兩事觀之，當時使者之横暴，可以想見。戎伐凡伯於楚丘。隱公七年。楚子使道朔將巴客以聘於鄧，鄧南鄙鄾人，攻而奪之幣，殺道朔及巴行人，桓公九年。亦未必其罪之果在攻伐者矣。

巫臣之通吴也，以兩之一卒適吴，舍偏兩之一焉。《疏》引沈氏云："聘使未有將兵車者，今此特將兵車，爲方欲教吴戰陳，故與常不同。"成公七年。案當時諸侯爲會，尚有不以兵車者，聘使自無將兵車之理。然君行師從，卿行旅從，謂其毫無兵衛，則又不然也。晉之以邾愬而討魯也，叔孫婼如晉，晉人執之，韓宣子使邾人聚其衆，將以叔孫與之，叔孫聞之，去衆與兵而朝，昭公二十三年。則其衆固亦有兵。棄疾之所禁，正此曹也。然從者肆暴猶可；宣子乃身欲强奪，一之爲甚，而至於再，不亦難乎？

〔一〇二〕 封地大小

今文言五等之封：大國方百里，次國七十里，小國五十里；而《周官》大司徒：諸公之地封疆方五百里，諸侯四百里，諸伯三百里，諸子二百里,諸男百里。大小不同者何?曰:《王制》、《周官》等言封國大小,若九州封國之數,皆學者虚設之辭,非謂當時實有此事,自不能齗若畫一;然謂其虚設之辭,絶無事實若成法以爲依據,則又不然也。大抵列國疆域,愈古愈小,愈至後世愈大。事實如此,而制度因之,學者虚設之辭又因之,此今古文之説不同之所由也。曷言之?《吕覽·慎勢》曰:"王者之封建也,彌近彌大,彌遠彌小,海上有十里之諸侯。"羅泌《路史》謂此制在神農時未必然,然其爲遠古之制,則有徵矣。《易·訟卦》:"九二不克訟,歸而逋其邑,人三百户無眚。"《疏》云:"三百户者,鄭注《禮記》云:小國下大夫之制。又鄭注《周禮》小司徒云:方十里爲成,九百夫之地,溝渠城郭道路三分去其一,餘六百夫,又以田有不易,有一易,有再易,定受田三百家,即同則。此三百户者,一成之地也。"案此則夏少康所謂"有田一成有衆一旅"者。《左氏》哀公元年。古以之建國,而春秋時則僅以爲下大夫之封矣,《論語》"奪伯氏駢邑三百"是也。《憲問》。孟子曰"今滕絶長補短將五十里"也,《滕文公》上。是今文家所言小國之地也。《漢書·百官公卿表》曰:縣大率方百里,其民稠則減,稀則曠。鄉亭亦如之,皆秦制也。秦、漢之縣,多古國名。蓋皆古國爲大國所滅者。楚縣尹稱公,其所治之地,固與前此之大國侔。抑陳、蔡、葉、不羹等,亦皆舊國也。此今文家所言大國之地也。孟子之告慎子曰:"今魯方百里者五。"《告子》下。《禮記·明堂位》曰:"成王封周公於曲阜,地方七百里。"《管子·輕重丁》:"管子問於桓公曰:敢問齊方幾何里?桓公曰:方五百里。"《史記·漢興以來諸侯年表》曰:"周封伯禽、康叔於魯、衛,地各四百里,太公於齊兼五侯地。"《漢書》:"周公、康叔建於魯、衛,各數百里。太公於齊,亦五侯九伯之地。"則《周官》公侯之封也。孟子曰:"海内之地方千里者九,齊集有其一。"《梁惠王》上。子産曰:"今大國地多數圻矣。"《左氏》襄公二十五年。此古之王畿,春秋戰國時最大之國,其國已不受號令於人,故言裂土分封規模未有能如是者。《周官》乃戰國時書;戰國時次於七國者爲魯、衛等國。列國之臣受封地稱君者,蓋最小亦當如古之大國,故《周官》所擬之制度因之也。足見制度因於事實,學説依於事實及制度矣。漢初封國,大者或五六郡,連城數十,則過於魯、衛,擬於齊、楚矣。

古之封國小,後世之封國大,非無土以爲封也。古者曠土固多矣,然其封國大者止於百里,小且至於十里者,其人民之數止於如是,則其封土亦不得不止於如是也。《穀梁》曰:"古者天子封諸侯,其地足以容其民,其民足以滿城而自守也。"襄公二十九年。民固寡也,而多與之土,徒擁其名何益?《管子·事語》曰:"天子之制壤方千里,齊諸侯方百里負海,子七十里,男五十里。"《輕重乙》曰:"天子中立,地方千里,《小問》同。兼霸之壤三百有餘里,佌諸侯度百里負海,子男者度七十里。"此即《吕覽》彌近彌大彌遠彌小之説,非徒曰"如胸之使臂,臂之使指",《輕重乙》篇語。取其"本大而末小"也。《左氏》桓公二年:師服曰:"吾聞國家之立也,本大而末小,是以能固。"中原地闢而民聚,負海土曠而人希,夫固不得不然。孟子曰:"天子之地方千里;不千里,不足以待諸侯。諸侯之地方百里;不百里,不足以守宗廟之典籍。周公之封於魯,爲方百里也;地非不足,而儉於百里。太公之封於齊也,亦爲方百里也;地非不足也,而儉於百里。"《告子》下。事勢固有使之欲大不能欲小不可者也。

〔一〇三〕 巡守朝聘

巡守者,古果有之乎?謂其有之,以古者交通之不便,道路之多虞,君行師從,日不過三十里,安能一歲之中,東西南北,馳驅數千里乎?《書疏》云:"鄭玄以爲每岳禮畢而歸,仲月乃復更去。若如鄭言,當於東巡之下,即言歸格,後以如初包之,何當北巡之後,始言歸乎?且若來而復去,計程不得周徧,此事不必然也。"不必然,《校勘記》引盧文弨云"當作必不然",是也。北巡之後,始言歸格,是否足證中未嘗歸,姑弗深論;若以程途計,豈不歸遂往,便可周徧乎?經生家言,此等處最可笑。謂其無之,經傳何以言之鑿鑿也?曰:此王仲任所謂語增者也。謂其無之固不可,謂其有之又不可也。巡守者,古固有其事,特如後世諸侯行邑,方伯行國之類耳。至於合九州之土,以爲封域,謂岱宗爲今太山,南嶽爲今衡、霍,西嶽爲陝西之華山,北嶽爲河北之恒山,而謂天子能越五歲若十二歲,一馳驅於其間,則固必無之事。此蓋後世疆域既擴,而言治制者,猶欲以古者行於百里之國若一州之地之法,推而致之,遂不覺其扞格而不可通也。然其説之有所依據,則固可以微窺。《白虎通義·巡狩》篇曰:"天道時有所生,歲有所成。三年一閏,天道小備,五歲再閏,天道大備,故五年一巡守。三年,二伯出述職黜陟;一年,物有所終始,歲有所成,方伯行國,時有所生,諸侯行邑。"案孟子述晏子之言曰:"天子適諸侯曰巡守;巡守者,巡所守也。諸侯朝於天子曰述職;述職者,述所職也。無非事者,春省耕而補不足,秋省斂而助不給。夏諺曰:吾王不遊,吾何以休?吾王不豫,吾何以助?一遊一豫,爲諸侯度。"《梁惠王》下。《告子》下篇亦曰:"春省耕而補不足,秋省斂而助不給。"此即所謂"時有所生,諸侯行邑"者。蓋古之天子,原不過後世之諸侯;而當時之諸侯,則後世之邑大夫耳。此巡守之制之最早者也。其後邦畿稍廓,而至於千里,則當略如春秋時之晉、楚、齊、秦。斯時之天子,巡行其境内,固猶非不可行。齊景公問於晏子曰:吾欲觀於轉附朝儛,遵海而南,放於琅邪,吾何脩而可以比於先王觀也?《梁惠王》下。則齊之先君,固有行是者矣。晉、楚、齊、秦之君,雖無天子之號,論其實,固古者邦畿千里之天子也。《左氏》昭公五年:薳啓强曰:"小有述職,大有巡守。"本兼該凡大小言之,不專指天子諸侯也。封域更廣,則有并此而不能行者,周初周、召之分陜是也。周、召之分陜,蓋在文王化行江、漢之後,周南、召南之地,皆歸於周。周君不能徧行,乃不得不屬其事於介弟,此猶蒙古憲宗命忽必烈治漠南,阿里不哥治漠北耳。蒙古自成吉思汗西征以後,地跨歐、亞,謂其大汗,猶能隔若干年,則一巡視其全境,事豈能行?然當其僅有斡難河源若漠北之地,而謂其酋長,不能以歲時巡歷所部,可乎?故以古者有巡守之制,而謂後世猶能行之;與以後世之不可行,而疑古者并無其事,皆非也。

天子之能躬自巡守，蓋迄於邦畿千里之時。過此以往，則事不可行，而亦本無其事。故《堯典》五載一巡守、《周官》十有二歲王巡守殷國之説，徒聞其言，書傳未有載其事者。《史記·五帝本紀》云：黄帝東至於海，登丸山，及岱宗；西至於空桐，登雞頭；南至於江，登熊、湘；北逐葷粥，合符釜山。其所至之地，不得如注家所言之遠，然已逾於《禹貢》一州之封域矣。此由黄帝尚在遊牧之世，故能馳驅如是之遠，後世即不能行矣。别有考。

凡羣經之所言之制度，所以按之事實而格不相入者，皆由其以千里若數百里之國之制，而欲推之於提封萬里之世也。《公羊解詁》曰"古者諸侯非朝時不得踰竟"，隱公二年。蓋以"出入無度，禍亂姦宄，多在不虞"；隱公四年。故"君出疆，以三年之戒，以椑從。君、大夫、士一節也"；《禮記·曾子問》。"世子率輿守國，次宜爲君者，持棺絮從"。昭公二十年《解詁》。《穀梁》曰"知者慮，義者行，仁者守，有此三者，然後可以出會"；《穀梁》隱公二年。又桓公十八年。《荀子·大略》篇曰："諸侯相見，卿爲介，以其教出畢行，使仁居守。"案教出，當作教士。其難之也如是，安得僕僕道途，五年一朝乎？《左氏》曰"凡君即位，卿出并聘"；文公元年。又曰："凡諸侯即位，小國朝之，大國聘焉。"襄公元年。蓋事勢之所能行者，不過如此。而凡違禮而送葬，《公羊》之義：天子崩，諸侯奔喪會葬；諸侯薨，有服者奔喪，無服者會葬。夫人亦然。見文公六年、定公十五年《解詁》。此亦古制，行於寰内者也。畿外勢不可行。春秋時，如叔孫得臣之葬襄王，叔鞅之葬景王，皆無所脅，協於事勢者也。如成公之葬晉景公，襄公之葬楚康王，則脅於威，不得已而爲之者矣。非時而徵朝，《左氏》襄公二十二年：晉人徵朝於鄭。皆春秋以降之相脅以威，而非其朔也。觀子家與趙宣子之書，《左氏》文公十七年。公孫僑對晉人徵朝之辭，則知當時之小國，深以是爲苦矣。《左氏》莊公二十一年，王巡虢守；而鄭武公、莊公亦再世爲王卿士，《左氏》隱公三年。凡巡守述職之能行者，皆近畿之地也。近畿之地，事本未嘗不行；遠畿之地，雖欲行之，勢固有所不可。巡守朝覲如是，職貢亦然。《禮記·月令》：季冬之月，"乃命大史，次諸侯之列，賦之犧牲，以共皇天上帝社稷之饗。乃命同姓之邦，共寢廟之芻豢。命宰歷卿大夫至於庶民土田之數，而賦犧牲，以共山林名川之祀。”此即《周官》大行人所謂“侯服歲一見，其貢祀物”者，蓋皆行之寰内諸侯耳。於此可悟凡《月令》等所謂諸侯者，大抵皆指寰内諸侯言之。《月令》：季秋之月，“合諸侯，制百縣，爲來歲受朔日。與諸侯所税於民輕重之法，貢職之數，以遠近土地所宜爲度，以給郊廟之事，無有所私。”此等政令，亦止能行於寰内。經傳言天子諸侯之關係，若以爲在數百千里之内，則無不可通。若以爲言邦畿以外，九州以内之諸侯，則無一可通者矣。故知按諸事實而格不相入者，非制度與事實本相齟齬，乃由學者皆欲以邦畿千里之制，推之於九域一家之日也。

〔一〇四〕 霸國貢賦

春秋之世，霸國之誅求，亦可謂無藝矣。鄭子産曰：“小適大有五惡：説其罪戾，請其不足，行其政事，共其職貢，從其時命。不然，則重其幣帛，以賀其福而弔其凶，皆小國之禍也。”《左氏》襄公二十八年。今案當時職貢之數，皆大國制之，而小國聽焉。《左氏》文公四年：“曹伯如晉會正。”《注》：“會受貢賦之政也。”襄公四年：“公如晉聽政。”八年：“公如晉朝，且聽朝聘之數。”五月，“會於邢丘，以命朝聘之數，使諸侯之大夫聽命。”是其事也。貢賦之多少，視其國之大小，亦視所貢之國之大小。襄公十一年：“季武子將作三軍。叔孫穆子曰：政將及子，子必不能。”《注》：“政者，霸國之政令。《禮》：大國三軍。魯次國，而爲大國之制，貢賦必重，故憂不能堪。”二十七年弭兵之盟，“季武子使謂叔孫以公命，曰：視邾、滕。”《注》：“兩事晉、楚則貢賦重，故欲比小國。”此貢賦多少，隨其國之大小之説也。哀公十三年，黄池之會，“吴人將以公見晉侯，子服景伯對使者曰：王合諸侯，則伯帥侯牧以見於王；伯合諸侯，則侯帥子、男以見於伯。自王以下，朝聘玉帛不同，故敝邑之職貢於吴，有豐於晉，無不及焉，以爲伯也。今諸侯會，而君將以寡君見晉君，則晉成爲伯矣，敝邑將改職貢。”此貢賦多少，視所貢之國大小之説也。然霸國之制，多從其重，故平丘之盟，子産争承，曰："昔天子班貢，輕重以列；列尊貢重，周之制也。卑而貢重者，甸服也。鄭，伯男也，而使從公侯之貢，懼弗給也。"昭公十三年。卑而貢重者，豈獨一鄭，無子産以争之，則不競亦陵矣。當時貢賦之法，不可詳知，然罔不用幣。昭公十年：鄭子皮如晉葬平公，將以幣行。子産曰：喪焉用幣？用幣必百兩，百兩必千人。幾千人而國不亡？子皮固請以行。既葬，諸侯之大夫欲因見新君。叔向辭之，子皮果盡用其幣。夫因送葬以見新君，非禮也，諸侯之大夫，寧不之知？然而皆欲行之者，蓋亦以道路煩費，憚於再役也。而晉人卒不之許，求省而反益費，亦可見事大國之難矣。用幣之費如此，其他可以類推，安得不疾首蹙頞，視之爲禍乎？春秋時，列國用幣，頗爲煩費。故晉人輕魯幣而益敬其使，《左氏》以爲美談。范宣子重幣而鄭以爲静，趙文子薄幣而諸侯以爲説也。見襄公十四、二十四、二十五年。又齊桓之霸，亦薄諸侯之幣。詳見《管子書》。《皮幣》一條引之，可以參看。況乎其又有出於職貢之外者也。平丘之盟，子産争承之辭又曰："行理之命，無月不至。"叔侯亦言："魯之於晉也，職貢不乏，玩好時至，公卿大夫相繼於朝，史不絶書，府無虚月。"襄公二十九年。此即所謂從其時命者也。成公六年：晉遷於新田，季文子如晉賀。昭公八年，叔弓如晉賀虒祁，游吉亦相鄭伯以如晉。"史趙見子大叔曰：甚哉，其相蒙也！可弔也，而又賀之？子大叔曰：若何弔也？其非惟我賀，將天下實賀。"昭公三年，子大叔言："昔文、襄之霸也，君薨，大夫弔，卿共葬事；夫人，士弔，大夫送葬。"三十年，游吉言："先王之制：諸侯之喪，士弔，大夫送葬；惟嘉好聘享三軍之事，於是乎使卿。"《公羊》言弔喪之法，與《左氏》異，乃古法行諸鄰國者也。春秋時，所交者廣，則如文、襄之制，諸侯已疲於奔命矣。參看《巡守朝聘》條。然是年游吉之葬晉頃公，以非卿爲晉人所詰。晉人之言曰："悼公之喪，子西弔，子蟜送葬。"而游吉對曰："晉之喪事，敝邑之間，先君有所助執紼矣。"晉景公之喪，魯成公親弔，晉人止之，使送葬。成公十年。楚康王之喪，襄公及陳侯、鄭伯、許男皆送葬。襄公二十九年。甚有如昭公三年，游吉如晉葬少姜者。此所謂"重其幣帛,以賀其福而弔其災”者也。春秋時,又有問疾之舉。《左氏》昭公元年:晉侯有疾,鄭伯使公孫僑如晉聘,且問疾。二十年:齊侯疥,遂痁。期而不瘳,諸侯之賓問疾者多在,亦弔災之類也。吴之入楚也,胡子盡俘楚邑之近胡者。楚既定,胡子豹又不事楚,曰:存亡有命,事楚何爲?多取費焉。遂爲楚所滅。定公十五年。據《左氏》所記,一似胡子無禮以自取戾者。然多費非小國所堪,亦情實也。凡春秋時,所謂恃某國而不事某國,以致於亡者,蓋皆此類矣。如江、黄等。哀哀小國,復何以自處哉?

《穀梁》莊公三十二年:“宋公、齊侯遇於梁丘。梁丘在曹、邾之間,去齊八百里,非不能從諸侯而往也。辭所遇,遇所不遇,大齊桓也。”此言齊桓之身勤諸侯,而不煩諸侯以自助也。然自齊桓而外,能行之者蓋寡矣。凡霸國之征戍,無不牽率列國者,孟子所謂“摟諸侯以伐諸侯”也。《告子》下。又有役使之事,如齊之城鄫,《左氏》僖公十六年。晉之城杞,襄公二十九年。晉强諸侯輸王粟具戍人以納王,昭公二十五年。而城成周,定公元年。諸侯皆有違言。蓋霸國尸其名,諸侯盡其力,宜其嘖有煩言矣。況又有大煩諸侯,而霸國之大夫,顧求賂而罷,若召陵之會者乎!定公四年。此皆子産所謂“行其政事”者也。鄭伯之請衛侯而歸也,使子西如晉聘,辭曰:“寡君來煩執事,懼不免於戾,使夏謝不敏。”君子曰:“善事大國。”襄公二十六年。此所謂“説其罪戾”者也。桓公二年:“七月,杞侯來朝,不敬。杞侯歸,乃謀伐之。”“九月,入杞,討不敬也。”小國虔事大國,反以賈禍如此。哀公七年:“公會吴於鄫。吴來徵百牢,子服景伯對曰:先王未之有也。吴人曰:宋百牢我,魯不可以後宋。且魯牢晉大夫過十,吴王百牢,不亦可乎?景伯曰:晉范鞅貪而棄禮,以大國懼敝邑,故敝邑十一牢之。君若以禮命於諸侯,則有數矣。若亦棄禮,則有淫者矣。周之王也,制禮,上物不過十二,以爲天子之大數也。今棄周禮,而曰必百牢,亦惟執事。”此所謂“請其不足”者也,而卒不見聽於吴。子産所謂五禍,豈虚也哉?

襄公四年之如晉聽政也,“晉侯享公。公請屬鄫,晉侯不許。孟獻子曰:以寡君之密邇於九讎,而願固事君,無失官命。鄫無賦於司馬。爲執事朝夕之命敝邑，敝邑褊小，闕而爲罪，寡君是以願借助焉。晉侯許之。"五年："穆叔覿鄫大子於晉，以成屬鄫。""九月，盟於戚。穆叔以屬鄫爲不利，使鄫大夫聽命於會。"六年："莒人滅鄫，鄫恃賂也。""晉人以鄫故來討，曰：何故亡鄫？季武子如晉見，且聽命。"二十七年：弭兵之會，"季武子使謂叔孫以公命，曰：視邾、滕。既而齊人請邾，宋人請滕，皆不與盟。叔孫曰：邾、滕，人之私也。我列國也，何故視之？宋、衛，吾匹也。乃盟。"定公元年：城成周，"宋仲幾不受功，曰：滕、薛、郳，吾役也。薛宰曰：宋爲無道，絶我小國於周，以我適楚，故我常從宋。晉文公爲踐土之盟，曰：凡我同盟，各復舊職。若從踐土，若從宋，亦唯命。仲幾曰：踐土固然。薛宰曰：薛之皇祖奚仲，居薛以爲夏車正。奚仲遷於邳，仲虺居薛，以爲湯左相。若復舊職，將承王官，何故以役諸侯？仲幾曰：三代各異物，薛焉得有舊？爲宋役，亦其職也。"蓋春秋之時，小國屬於大國者，則不列於會盟；見霸主，必由所屬之國爲介。輸之賦，助之役，而屬之之國，亦當保護之，使不受兵。此當時之公法也。襄公十四年，戎子駒支對晉人之辭曰："殽之師，晉御其上，戎亢其下。自是以來，晉之百役，與我諸戎，相繼於時，以從執政，猶殽志也，豈敢離逷？"又曰："我諸戎飲食衣服，不與華同，贄幣不通，言語不達，何惡之能爲？"夫春秋時，以夷而通上國者多矣，蓋其民雖爲夷，其君與大夫，固神明之胄也。戎何獨不然。則其不通於諸侯，亦晉人爲之耳，此亦猶宋之於薛也。然真能保護之者實少，雖齊、晉之於江、黄猶然。蓋越國而鄙遠固難，千里而救亂，亦非易事也。許暱楚而不事鄭，而楚遷之於城父，又遷之於白羽；昭公九年、十八年。蔡從吴而不事楚，吴遷之於州來；哀公二年。亦以此。夫以楚之力威鄭，宜若有餘矣，而春秋時許屢見阨於鄭。夫差之强，亦豈不足以庇蔡，乃至以兵劫遷之。則知當時之大國，多不肯爲小國自勤其民也。魯之於鄫，亦以懼晉討，故以屬之爲不利耳。否則納其貢賦，坐視其亡而不恤矣，哀哀小國，復何所託命哉？黄池之會，子服景伯謂吴人曰："魯賦於吴八百乘，若爲子男，則將半邾以屬於吴，而如邾以事晉。"哀公七年：邾茅夷鴻請救於吴，曰："魯賦八百乘，君之貳也。邾賦六百乘，君之私也。"可見邾人所賦於吴者甚重。

〔一〇五〕 五侯九伯

有一州之伯,有分陝之伯。《王制》曰:"千里之外設方伯,五國以爲屬,屬有長;十國以爲連,連有帥;三十國以爲卒,卒有正;二百一十國以爲州,州有伯。"此一州之伯也。又曰:"八州、八伯、五十六正、百六十八帥、三百三十六長。八伯各以其屬,屬於天子之老二人,分天下以爲左右,曰二伯。"此分陝之伯也。其實分陝之伯,亦自一州之伯來。蓋古之王者,邦畿千里;其有會盟征伐,亦及於千里之内,而猶未足稱王者,則謂之爲伯。昆吾爲夏伯,大彭、豕韋爲商伯,所由來舊矣。周人興於雍州,而王季、文王皆稱西伯,《詩·大雅·旱麓箋》:"殷王帝乙之時,王季爲西伯。"《疏》引《孔叢》:"羊容問子思曰:古之帝王,中分天下,而二公治之,謂之二伯。周自后稷封,爲王者之後,至大王、王季、文王,此爲諸侯矣,奚得爲西伯乎?子思曰:吾聞諸子夏曰:殷王帝乙之時,王季以九命作伯於西,受圭瓚秬鬯之賜,故文王因之,得專征伐。此諸侯爲伯,猶周、召分陝,亦以周、召之君爲伯乎?"《疏》云:"鄭不見《孔叢》之書,其言帝乙之時,或當别有所據,故《譜》亦然。《尚書·西伯戡黎注》云:文王爲雍州之伯,在西,故謂之西伯。則以文王爲州牧。"案《孔叢》牽合《周官》,自不足據,然謂帝乙之時,王季作伯於西,則當有所本。故鄭與之不同也。此猶晉人雖霸中原,秦繆仍爲西戎之長,其與東方大彭、豕韋,亦各不相妨,無所謂東西分霸之制。王肅《孔叢》以西伯爲二伯之伯,自不如鄭氏以爲一州之牧也。見《書·西伯戡黎疏》。東西二伯之興,其當殷之末世乎?當文王與紂之事邪?蓋自南郡南陽之間,《水經注·江水》引韓嬰叙《詩》云:"其地在南郡南陽之間,即所謂周南也。"皆歸文王之化;而周之所長率者,非復一州之地矣,蓋倍於其初興之時矣,所謂三分天下有其二也。《論語·泰伯疏》引鄭説:以爲"雍、梁、荆、豫、徐、揚歸文王,其餘冀、青、兖屬紂"。説似精確,實於史事不合。蓋古之所以天子者,所治之地,略方千里,伯主亦然,王、伯特異其名耳。周興雍州,其所長率已略與王者邦畿相當,及服荆州,則二千里矣。較之殷紂,不啻倍之。以殷周之地相衡,是文王三分有二,而紂有其一也。淮夷、徐戎助武庚以抗周,曷嘗歸文王;豫州歸周,亦無確據。武王伐紂,庸、蜀、羌、髳從焉。其國是時,亦不必在梁州之域。予别有考。故鄭説實似是而非也。於是一伯不能專制,乃使周公、召公分治之,此猶蒙古憲宗命世祖主漠南,阿里不哥主漠北也。自是以降,言伯者多雜二制言之。《禮記·曲禮》曰:"五官之長曰伯,是職方。"此分陜之伯也。《公羊》隱公五年:"天子三公稱公,王者之後稱公,其餘大國稱侯,小國稱伯、子、男。天子三公者何?天子之相也。天子之相,則何以三?自陜而東者,周公主之;自陜而西者,召公主之;一相處乎内。"與《曲禮》"五官之長曰伯"、"於外曰公"、"九州之長,入天子之國曰牧"、"於外曰侯"、"其在東夷北狄西戎南蠻,雖大曰子"之説合,蓋皆周制也。鄭主《周官》,凡不合《周官》者,輒目爲殷制,大非。五官之長,即《公羊》所謂"一相處乎内"者。分陜之職雖廢,相之在内而職方者則如故。猶行中書省雖廢,中書省自在也。故二相爲增設之内官,非外官。又曰"九州之長,入天子之國曰牧",此一州之長也。牧爲所受於天子之職,非其本名。猶後漢光武以莎車王賢爲西域都護也。《堯典》曰:"乃日覲四岳羣牧。"又曰:"咨十有二牧。"《左氏》宣公三年,王孫滿曰:"昔夏之方有德也,貢金九牧。"可見一州之長,自天子之國言之皆曰牧。蓋自其長諸侯言之則曰伯,自其所受於天子之職言之則曰牧。牧與伯名異而實同。《楚辭·天問》云:"伯昌號衰,秉鞭作牧。"王逸《注》云:文王爲雍州伯,《詩疏》引此,以申鄭説,是也。《史記·五帝本紀》謂黄帝"置左右大監,監於萬國",似二伯之制,古已有之;其實黄帝時事,所傳未必能如是之詳,亦後人推周制言之耳。《王制》之文,亦猶是也。周衰,令不行於畿外,豐鎬舊都,亦鞠爲茂草,分陜之職,自是而廢。而一州之伯,則猶時有受命爲之者。《史記·楚世家》:成王"使人獻天子,天子賜胙,曰:鎮爾南方,夷越之亂,無侵中國"。此即命爲荆州之伯也。下文又云:"於是楚地千里。"可見當時所謂州牧,亦即所謂伯主者,其所長之地,略同於王畿也。其後齊桓、晉文之受策命,亦不過如是,特其所摟而伐者更廣耳。齊桓、晉文所受命,與齊太公、楚成王無以異。其所長之諸侯,實不止一州之地,則世變爲之也。《史記·越王句踐世家》曰:"句踐已平吴,乃以兵北渡淮,與齊、晉諸侯會於徐州,致貢於周。周元王使人賜句踐胙,命爲伯。句踐已去,渡淮南,以淮上地與楚,歸吴所侵宋地於宋,與魯泗東方百里。當是時,越兵横行於江淮東,諸侯畢賀,號稱霸王。"此猶齊桓、晉文之業。《秦本紀》曰:獻公"二十一年,與晉戰於石門,斬首六萬,天子賀以黼黻。"又云:"孝公元年,河山以東强國六,淮泗之間,小國十餘。周室微,諸侯力政,争相并。秦僻在雍州,不與中國諸侯之會盟,夷翟遇之。"則猶之僅伯西戎也。

《左氏》僖公四年:管仲對楚使曰:"昔召康公命我先君大公曰:

五侯九伯，女實征之，以夾輔周室。賜我先君履：東至於海，西至於河，南至於穆陵，北至於無棣。”此亦一州之長也。而服虔云：五侯，公、侯、伯、子、男。九伯，九州之長。大公爲王官之伯，掌司馬職，以九伐之法，征討邦國，故得征之。見《詩・旄丘序箋》。杜預亦主其説。鄭玄又謂“五侯，侯爲州牧也；九伯，伯爲州伯也；一州一牧，二伯佐之。太公爲王官之伯，二人共分陕而治，自陕以東，當四侯半，一侯不可分，故言五侯九伯”。則誠如《左氏疏》所譏，事無所出，且校數煩碎，非復人情，宜乎先儒無用之者矣。然《毛詩・旄丘序疏》申鄭，譏服説無異天子，何夾輔之有，亦不能謂其無理。推服、鄭之意，蓋謂五侯九伯，如即釋爲五等之爵之侯伯，則太公所長，不過一州，無緣得涉南海而問罪於楚，故必爲是曲説。而不知太公受命，征討所及，不過南至穆陵，管仲已自言之也。經生家言，多以碎義逃難，而失人情；服、鄭惟均，亦不必彼此相譏也。

〔一〇六〕 姬姓日也，異姓月也

《左氏》成公十六年：“吕錡夢射月，中之。占之，曰：姬姓日也，異姓月也，必楚王也。”此周人之妄自尊大也。蓋古以日爲君象，月爲臣象。自黄帝戰勝炎帝以來，爲天子者皆姬姓，故遂妄自尊大也。隱公十一年：“滕侯薛侯來朝，尊長。滕侯曰：薛庶姓也，我不可以後之。公亦使羽父請於薛侯曰：周之宗盟，異姓爲後。君若辱貺寡人，則願以滕君爲請。”定公四年：衛子魚述踐土之盟曰：“其載書云：王若曰：晉重、魯申、衛武、蔡甲午、鄭捷、齊潘、宋王臣、莒期。”齊、宋大國，齊大師之後，宋先代之後，猶後於鄭、蔡，可見周人之薄待異姓。襄公二十九年：“知悼子合諸侯之大夫以城杞，子大叔見大叔文子，與之語。文子曰：甚乎其城杞也。子大叔曰：若之何哉？晉國不恤周宗之闕，而夏肄是屏，其棄諸姬，亦可知也已。諸姬是棄，其誰歸之。

吉也聞之，棄同即異，是謂離德。《詩》曰：協比其鄰，昏姻孔云。晉不鄰矣。其誰云之？”城濮之戰，晉文公曰：“若楚惠何？”欒貞子曰：“漢陽諸姬，楚實盡之。思小惠而忘大恥，不如戰也。”僖公二十八年。吴之入郢也，鬥辛與其弟巢以王奔隨，吴人從之，謂隨人曰：“周之子孫，在漢川者，楚實盡之，天誘其衷，致罰於楚，而君又竄之，周室何罪？”定公四年。然則凡諸姬之子孫，互爲朋黨，坐視他姓之禍患而不顧，有是理乎？楚靈王謂子革曰：“昔我先王熊繹，與吕級、王孫牟、燮父、禽父并事康王，四國皆有分，我獨無有。”子革曰：“齊王舅也，晉及魯、衛，王母弟也。楚是以無分，而彼皆有。”《左氏》昭公十二年。《周官·秋官》司儀：“詔王儀，南鄉見諸侯，土揖庶姓，時揖異姓，天揖同姓。”《周官》雖戰國時書，然以《周官》爲名，則周之遺制也。《注》曰：“庶姓，無親者也。異姓，昏姻也。”蓋薛與楚，皆周之所謂庶姓者也。“周之東遷，晉、鄭焉依。”似同姓能屏藩王室矣；然秦文公收岐以東之地，猶獻之周。啓南陽使周之封畿日蹙者，晉也。射王中肩者，鄭也。齊，昏姻也；五霸桓公爲盛，而首止之盟，王使周公召鄭伯，曰：“吾輔女以從楚，輔之以晉，可以少安。”僖公五年。其後襄王又出狄師以代鄭。僖公二十四年。鞍之戰，“晉侯使鞏朔獻齊捷於周。王弗見，使單襄公辭焉，曰：夫齊，甥舅之國也，而大師之後也。寧不亦淫從其欲，以怒叔父？抑豈不可諫誨？”《左氏》成公二年。其意又右齊而左晉，蓋終逼周者，兄弟甥舅也，非庶姓無親者也。“楚人失之，楚人得之”，孔子譏其不廣，況乎以一姓壅天下之利哉？然而大人世及以爲禮，則各親其親，各子其子，其所由來者亦舊矣。漢高後内任外戚，外封建同姓，卒之安劉氏者，平、勃也；戡七國之亂者，亞夫也；庶姓亦何負於有天下者哉？

各親其親各子其子之烈也，由宗法之嚴始也。宗法莫嚴於周人，故其歧視異姓亦最甚。公山不狃謂叔孫輒曰：“今子以小惡而欲覆宗國，不亦難乎？”哀公八年。子贛謂公孫成曰：“利不可得，而喪宗國，將焉用之？”哀公十五年。皆是物也。然而虞公亦曰：“晉吾宗也，豈害我哉”已。僖公五年。

〔一〇七〕 屬　　人

《左氏》昭公二十一年："翟僂新居於新里，既戰，説甲於公而歸。華妵居於公里，亦如之。"《注》謂翟僂新"居華氏地而助公戰，妵華氏族，故助華氏。《傳》言古之爲軍，不呰小忿。"蓋古人視此爲當然之道，故無所用其忿也。此今政治學所謂屬人者也。

〔一〇八〕 古人不重生日

《禮記·内則》記子生之禮曰："三月之末，擇日，妻以子見於父。父執子之右手，咳而名之。夫告宰名。宰辯告諸男名。書曰：某年某月某日某生，而藏之。宰告閭史。閭史書爲二，其一藏諸閭府，其一獻諸州史。州史獻諸州伯。州伯命藏諸州府。"此古言記人生日之始。《春秋》桓公六年，書"九月丁卯，子同生"，亦是物也。然《左氏》昭公二十九年曰："公衍、公爲之生也，其母偕出。公衍先生。公爲之母曰：相與偕出，請相與偕告。三日，公爲生，其母先以告。公爲爲兄。"是古人於子之生，徒據其人告之先後，以定其長幼，而不復究其生於何日，又何其疏也？邃古之時，候草木榮落以紀歲時，視月之盈缺而知晦朔，既未定四時而成歲，又無紀年之法，自無所謂某年某月某日。絳縣人之自言其年也，曰："臣小人也，不知紀年。臣生之歲，正月甲子朔，四百有四十五甲子矣。"《左氏》襄公三十年。不言年，亦不言月，而徒以所積甲子計，蓋古之遺俗，非故爲是以惑人也。率是俗者，又安能知人生於某年某月某日乎？《内則》之所記，《春秋》之所書，蓋後來之事，亦惟貴族能行之，古人不重生日，蓋由此也。

《史記·孟嘗君列傳》曰："初，田嬰有子四十餘人，其賤妾有子名文。文以五月五日生。嬰告其母曰：勿舉也。其母竊舉生之。及長，其母因兄弟而見其子文於田嬰。”是古貴族之家，妾媵竊舉一子，至於既長，而其君猶不能知，其隔絶可謂已甚，無怪庶孽之生，不能確知其日矣。案《内則》云：“妻將生子，及月辰，居側室，夫使人日再問之。作而自問之。妻不敢見，使姆衣服而對。至於子生，夫復使人日再問之。夫齊，則不入側室之門。三月之末，妻以子見於父，妻遂適寢。”妾亦生子三月，然後入御。“庶人無側室者，及月辰，夫出居羣室。”蓋古者婦人産乳，與其夫隔絶頗嚴，故其夫不易知其子之生日。貴族之家，妾媵衆多，虚僞尤甚，自更易蒙蔽矣。

《章實齋文集·節鈔王鳳文雲龍記略》有云：“不知歲月，耕種皆視花鳥。梅花歲一開，以紀年。野靛花十二年一開，以紀星次。竹花六十年一開，以紀甲子。名杜鵑花爲催工，開則宜耕。擺夷興自阿苗，計其世，當東周之末。十一月梅開賀新年，疑周正也。及明初，段保爲長，始教人識字。如借貸書契，必曰：限至某花開時，或曰：限至某鳥鳴時，其舊俗也。”如此等人，能確言某事在某年某月某日乎？遊歷家言：印第安人不知以年計人之長幼。有所謂級友者，視爲長幼同，不過約計而已。《禮記·曲禮》曰：“問天子之年，對曰：聞之始服衣若干尺矣。問國君之年，長，曰：能從宗廟社稷之事矣；幼，曰：未能從宗廟社稷之事也。問大夫之子，長，曰：能御矣；幼，曰：未能御也。問士之子，長，曰：能典謁矣；幼，曰：未能典謁也。問庶人之子，長，曰：能負薪矣；幼，曰：未能負薪也。”此等辭令，後世言禮之家，必以爲不敢斥言，故依違以對，其實正是古者不知紀年之遺俗。《論語》言“可以託六尺之孤”，《泰伯》。而《周官》鄉大夫之職，言“國中自七尺以及六十，野自六尺以及六十有五皆征之”；計庶民之長幼，與國君之子同辭，即其誠證。《史記·秦始皇本紀》：十六年，“南陽假守騰，初令男子書年”，前此之不書年，亦率舊俗，而非政令之寬嚴有異也。

原刊《光華大學半月刊》第五卷第十期，
一九三七年六月三日出版

〔一〇九〕 古人周歲增年

錢大昕《十駕齋養新録·絳縣人七十三年》條云:"絳縣人生於文公十一年,至襄公三十年,當爲七十四年,而《傳》稱七十三年者,古人以周一歲爲一年,絳縣人生正月甲子朔,於周正爲三月,至是年周正二月癸未,尚未及夏正月朔故也。仲尼生於襄廿一年,至哀十六年卒,亦是七十四年,而賈逵《注》云七十三年,正以未周歲故,與絳縣人記年一例。《史記·倉公傳》:臣意年盡三年,年三十九歲也,蓋倉公生於冬末。"又《孔子生年月日》條云:"《史記》謂(孔子)生於襄廿二年,年七十三,則以相距之歲計之。"近錢穆撰《孔子卒年考》云:"狄子奇云:周歲增年之説,似未可泥。魯襄公生於成公十六年,至九年爲十二歲,是不以周歲增年也。絳縣老人生於魯文公十一年,至襄公三十年,計當七十四歲,而師曠止云七十三年,是以周歲增年也。狄氏論魯襄,確矣。至絳縣老人,師曠曰:魯叔仲惠伯會郤成子於承匡之歲也,七十三年矣。謂是歲距前七十三年,非謂老人七十三歲。《春秋》昭二十四年,仲孫貜卒,服虔引賈逵云:是歲孟僖子卒,屬其子使事仲尼,仲尼時年三十五。以周歲增年計,自魯襄二十一年至此,僅得三十四,則賈氏亦以相距之歲計。竊疑賈逵以《公穀》載孔子生而《左氏》無之,故據《公穀》爲説;而云年七十三,則本之《史記》,未曾細覈。《左》昭二十年《疏》:服虔云:孔子是時四十一。四乃三字之誤,則服虔亦自以相距之歲計。狄氏又謂《孔子世家索隱》云:孔子以魯襄二十一年生,至哀十六年爲七十三,若襄公二十二年生,則孔子年七十二,是以周歲增年也。然《索隱》之説,遠在賈後,安知其不誤據賈?烏從據《索隱》而逆定賈氏以周歲增年?又惡從據賈氏而逆定古人以周歲增年哉?"愚案:以周歲增年,或以相距之歲計,古人蓋自有此兩法,錯雜用之,至勞後人之推校也。晉吏之與絳縣人疑年也,絳縣人曰:“臣小人也,不知紀年。臣生之歲,正月甲子朔,四百有四十五甲子矣,其季於今,三之一也。”非故爲是難曉之語以惑人,蓋當曆法未明時,從候草木之榮枯以紀歲,斯時之人,蓋不知某年以某日始,以某日終,而以甲子紀日之法,則已知之,故於人之生,不能紀其歲,而徒累其日以爲計。此自太古時事,春秋時非復如此,然習俗每沿之甚久,故絳縣人猶不知紀年也。吏不知而問諸朝,則以是時朝市中人,已習用紀年之法,不復能據日數以推知其年之故。士文伯曰“然則二萬六千六百有六旬”,此語不必牽涉曆法,但以六十因四百四十五,得二萬七千,其最後一甲子,尚僅歷三之一,減去四十日,則爲二萬六千六百六十日矣。史趙曰“亥有二首六身”,亥疑傳寫之誤。故書當係一算式:二首即二萬,六身即六千;下二如身,謂其下二位亦爲六,猶今作二六六六耳。《左氏》之記是事,蓋以見鄉僻之人,猶有率古俗而與朝市中人不相中者。然此俗實非僅春秋時,至漢世猶有之。倉公言三十九歲,必盡三年,是其證。漢光武起兵時年二十八,崩年當六十三,而《紀》云六十二,二若非三之誤,則亦猶沿古俗也。此法計算殊爲不便,故曆法通行後稍棄之,皆以相距之年計矣。

古人計數之法,有并本與除本之不同,亦足使後人疑不得實。《詩・天作箋》云:“居之一年成邑,二年成都,三年五倍其初。”《疏》云:“鄭注《禹貢》,以爲堯之時土廣五千里,禹弼成五服,土廣萬里。王肅難鄭云:禹之時土廣三倍於堯。計萬里爲方五千里者四,而肅謂三倍,則除本而三。此云五倍,蓋亦除本而五,并本爲六也。”案《禮記・曲禮》:“生與來日,死與往日。”《注》:“與,猶數也。生數來日,謂成服杖以死明日數也。死數往日,謂殯斂以死日數也。”《儀禮・士喪禮》“三日成服”《注》引《曲禮》“生與來日”,《疏》云:“《喪大記》云三日不食,謂通死日不數成服日,故云三日不食。《孝經》三日而食者,是除死日數,故云三日而食也。”與來日即除本計,與往日即并本計也。古上溯高祖下逮玄孫爲九世,是并本計。然《檀弓》“叔孫武叔之母死”《注》云“武叔,公子牙之六世孫”,《疏》引《世本》云“桓公生僖叔牙,牙生戴伯兹,兹生莊叔得臣,臣生穆叔豹,豹生昭子婼，婼生成子不敢，敢生武叔州仇”，則亦除本計矣。《史記》謂孔子生於襄公二十二年，而與賈逵據《公羊》生於襄公二十一年者，同云年七十三，疑亦并本、除本，計法不同也。

《左氏》昭公元年，祁午謂趙文子曰：“子相晉國，以爲盟主，於今七年矣。”《注》云：“襄二十五年始爲政，以春言，故云七年。”《疏》云：“殷周雖改正朔，常以夏正爲言，此春正月，故爲七年，年末醫和則云八年。”案此但援今人所謂足七年之例釋之可耳，亦不必牽涉曆法。

原刊《光華大學半月刊》第五卷第十期，
一九三七年六月三日出版

〔一一〇〕 合男女頒爵位必當年德義

社會學家言：淺演之世，無所謂夫婦。男女妃耦，惟論行輩。同輩之男，皆其女之夫；同輩之女，皆其男之妻。我國古代似亦如此。《大傳》：“同姓從宗合族屬，異姓主名治際會。名著而男女有别。其夫屬於父道者，妻皆母道也。其夫屬於子道者，妻皆婦道也。謂弟之妻爲婦者，是嫂亦可謂之母乎？名者，人治之大者也。可無慎乎？”曰“男女有别”，曰“人治之大”，而所致謹者不過輩行，《注》：“異姓，謂來嫁者也。主於母與婦之名耳。”可見古者無後世所謂夫婦矣。蓋一夫一妻，起於人類妒忌專有之私。人之性，固有愛一人而終身不變者，亦有不必然者。故以一男而拘多女，以一女而畜衆男，已不能答，而又禁其更求匹耦，則害於義。若其隨遇而合，不專於一；於甲固愛矣，於乙亦無惡，則亦猶友朋之好，并時可有多人耳；古未爲惡德也。職是故，古人於男女配合，最致謹於其年。《禮運》曰：“合男女，頒爵位，必當年德。”《荀子》曰：“婦人莫不願得以爲夫，處女莫不願得以爲士。”《荀子·非相》。“老婦士夫”，“老夫女妻”，則《易》譬諸“枯楊生華”，“枯楊生稊”，言其鮮也。夫合男女而惟致謹於其年，而不必嚴一夫一妻妃合之制，則同輩皆可爲婚矣。《釋親》："長婦謂稚婦爲娣婦，娣婦謂長婦爲姒婦。"此兄弟之妻相謂之辭也。又云："女子同出，謂先生爲姒，後生爲娣。"孫炎云："同出，謂俱嫁事一夫者也。同適一夫之婦，其相謂乃與昆弟之妻之相謂同。"可見古者無後世所謂夫婦矣，娣姒之稱，或謂據夫年長幼，或謂據身年長幼，迄無定論。實緣兩義各有所主。據夫年長幼者，昆弟之妻相謂之辭也。據身年長幼者，同出者相謂之辭也。古無後世所謂夫婦，則亦無昆弟之妻相謂之辭矣。古之淫於親屬者，曰烝，日報《漢律》："淫季父之妻曰報"，見《詩・雄雉序疏》。皆輩行不合之稱。其輩行相合者，則無專名，曰淫，曰通而已。淫者，放濫之詞。好色而過其節，雖於妻妾亦曰淫，不必他人之妻妾也。通者，《曲禮》曰："嫂叔不通問。"又曰："内言不出於梱，外言不入於梱。"内言而出焉，外言而入焉，則所謂通也。《内則》曰："禮始於謹夫婦。爲宫室，辨内外，深宫固門，閽寺守之。男不入，女不出。"自爲宫室辨内外以來，乃有所謂通，前此無有也。《匈奴列傳》曰："父死，妻其後母；兄弟死，皆取其妻妻之。"父死妻其後母，不知中國古俗亦然否。妾皆幼小。則父之妾，或與子之行輩相當也。兄弟死，皆取其妻妻之，則亦必如是矣。象以舜爲已死，而曰"二嫂使治朕棲"是也。父子聚麀，《禮記》所戒。新臺有泚，詩人刺焉。至衛君之弟，欲與宣夫人同庖，則齊兄弟皆欲與之，《柏舟》之詩是也。然則上淫下淫，古人所深疾；旁淫則不如是之甚。所以者何？一當其年，一不當其年也。夫婦之制既立矣，而其刺旁淫，猶不如上下淫之甚，則古無後世所謂夫婦，男女耦合，但論行輩之徵也。今貴州仲家苗，女有淫者，父母伯叔皆不問；惟昆弟見之，非毆則殺；故仲家女最畏其昆弟云。亦婚姻但論行輩之遺俗也。

合男女貴當其年乎？不貴當其年乎？則必曰貴當其年矣。自夫婦之制立，而後男女妃合，有不當其年者，此則後人之罪也。俞理初有《釋小篇》，論妾之名義，皆取於幼小，其説甚博，猶有未備者。《易・説卦》：兑爲少女，爲妾。《内則》："妾將御者，齊漱澣，慎衣服。櫛縰，笄總，拂髦。"髦者，事父母之飾，惟小時有之，亦妾年小之徵。

《曲禮》:"諸侯之妻曰夫人,大夫曰孺人。"鄭《注》: 孺,屬也,《書·梓材》"至於屬婦",僞孔訓爲妾婦,蓋本下妻之稱。故韓非以貴夫人與愛孺子對舉也。《八姦》。古者諸侯娶,二國往媵,皆有侄娣。侄者何? 兄之子也。娣者何? 弟也。待年父母國,不與嫡俱行,明其年小於嫡。諸侯正妻之外,又有孺子。大夫則無有,故逕號其妻曰孺人。諸侯妻之外又有妾,皆由其據高位,故得恣意漁少艾也。《詩》曰:"婉兮孌兮,季女斯飢。"言季不言孟;妙之本字爲眇,由眇小引申爲美妙;皆古人好少女之證。男子之性,蓋無不好少女者。率其意而莫之制,而世之以老夫拘女妻者多矣。《祭統》曰:"祭有昭穆。""凡賜爵,昭爲一,穆爲一。昭與昭齒,穆與穆齒。"此亦古人重行輩之徵。《公羊》僖二十五年《解詁》曰:"齊魯之間,名結婚姻爲兄弟。"《曾子問》婿之伯父致命女氏曰: 某之子有父母之喪,不得嗣爲兄弟是也。結婚姻稱兄弟,亦其行輩相當之徵。

〔一一一〕 娶於異姓所以附遠厚别義

《郊特牲》曰:"娶於異性,所以附遠厚别也。"此古同姓之所以不昏也。《左氏》載鄭叔詹之言曰:"男女同姓,其生不蕃。"《左傳·僖公二十三年》。子産之言曰:"内官不及同姓。美先盡矣,則相生疾。"後人恒以爲是爲同姓不昏之由。然據今之治遺傳學者言,則謂近親婚姻,初不能致子孫於不肖。所慮者,男女體質相類,苟有不善之質,亦必彼此相同,子姓兼受父母之性,其不善之質,益易顯耳。若其男女二者,本無不善之質,則亦初無可慮。其同善質者,子姓之善性,亦將因之而益顯也。至於致疾之説,則猶待研究,醫學家未有言之者也。然則古人之言,何以來邪? 其出於迷信邪? 抑亦有事實爲據邪? 謂其出於迷信。其言固以子姓蕃殖與否及疾病爲據,擬有事實可徵也。謂有事實爲徵,則"晉公子,姬出也,而至於今"一語,已足破叔詹之説矣。然則古人之言,果何自來邪? 同姓爲昏之禁,何由持之甚嚴邪?

予謂古者同姓不昏，實如《郊特牲》所言，以附遠厚别爲義；而其生不蕃，則相生疾諸説，則後來所附益也。何則？羣之患莫大乎争，争則亂。妃色，人所欲也。争色，致亂之由也。同姓爲昏則必争，争則戈干起於骨肉間矣。《晉語》："同姓則同德，同德則同心，同心則同志，同志雖遠，男女不相及；畏黷故也。黷則生怨，怨亂毓災，災毓滅姓。是故娶妻避同姓，畏亂災也。"此爲同姓不昏最重之義。古人所以謹男女之别於家庭之中者以此。《坊記》："孔子曰：男女授受不親。御婦人則進左手。姑姊妹，女子子，已嫁而反，男子不與同席而坐。寡婦不夜哭。婦人疾，問之，不問其疾。以此坊民，民猶淫佚而亂於族。"亂於族，則《晉語》所謂黷也。古者防範甚嚴，淫於他族本不易。有之，雖國君往往見殺。如陳佗、齊莊是也。鄧扈樂淫於魯宫中，則以其爲力人也。又曰："禮，非祭男女不交爵。以此坊民，陽侯猶殺繆侯而竊其夫人。"陽侯、繆侯，固同姓也，此亂於族之禍也。蓋同姓之争色致亂如此。大爲之坊猶然，而況乎黷乎？此古人所以嚴同姓爲昏之禁也。同姓不昏，則必昏於異姓。昏於異姓，既可坊同姓之黷，又可收親附異姓之功，此則一舉而兩得矣。此附遠厚别，所以爲同姓不昏之真實義也。然則其生不蕃，則相生疾之説，果何自來哉？曰：子孫之盛昌，人之所欲也。凋落，人之所惡也。身，人之所愛也。疾，人之所懼也。以其所甚惡、甚懼，奪其所甚欲，此主同姓不昏之説者之苦心。抑同姓爲昏之禁，傳之既久，求其説而不得，乃附會於此，亦未可知也。《月令》：仲春之月，"先雷三日，奮木鐸以令兆民，曰：雷將發聲，有不戒其容止者，生子不備，必有凶災。"生子不備，猶云其生不蕃；必有凶災，猶云則相生疾；皆以是恐其民也。楚子反將取夏姬。巫臣曰："是不祥人也。是夭子蠻，殺御叔，弑靈侯，戮夏南，出孔儀，喪陳國，何不祥如是？人生實難，其有不獲死乎？"子反乃止。《左傳》成公二年。蓋愛身之情，足以奪其好色之心如此。叔向之母妒，叔虎之母美而不使。其子皆諫其母。其母曰：深山大澤，實生龍蛇。彼美，余懼其生龍蛇以禍汝。汝敝族也，國多大寵，不仁人間之，不亦難乎？余何愛焉？《左傳》襄公二十二年。蓋古人懼遺傳之不善,足以爲禍又如此。此其生不蕃,則相生疾諸説,所以能奪人好色之心,而禁其亂於族也邪?抑子孫之蕃衍,恃乎宗族之盛昌。宗族之盛昌,恃乎族人之輯睦。因争致亂,夫固足以召亡。又娶於異姓,則一人不能致多女。古惟諸侯娶一國,二國往媵。納女於天子,乃曰備百姓。管氏有三歸,則孔子譏其不儉矣。淫於同族,則可致多女。致多女,固可以致疾,晉平公其一也。其致疾之由在淫,不在所淫者之爲同姓也。然兩事既相附,因誤以由於此者爲由於彼,亦有所恒有也。

〔一一二〕 昏年考

古書言昏年者:《書傳》、《禮記》、《公羊》、《穀梁》、《周官》,皆以男三十而娶,女二十而嫁。《墨子》、《節用》。《韓非》《外儲説右下》。則謂丈夫二十,婦人十五。《大戴》又謂大古五十而室,三十而嫁。中古三十而娶,二十而嫁。《本命》。《異義》:《大戴禮》説,三十而室,二十而嫁,天子庶人同禮。《左氏》説,天子十五而生子;三十而娶,庶人禮也。案國君十五而生子,見《左》襄九年。諸説紛紛者何?曰:女子十四、五可嫁,男子十五、六可娶,生理然也。果何時娶,何時嫁,則隨時代而不同。大率古人晚,後世較早?則生計之舒蹙爲之也。《家語》:"哀公曰:男子十六精通,女子十四而化,則可以生民矣。而禮,男必三十而有室,女必二十而有夫也,豈不晚哉?孔子曰:夫禮言其極,不是過也。男子二十而冠,有爲人父之端;女子十五許嫁,有適人之道。於此而往,則是婚矣。"《本命解》。男子十六精通,女子十四而化,説與《素問》合。何君《公羊解詁》曰:"婦人八歲備數,十五從嫡,二十承事君子。"《隱公七年》。八歲者,齔之翌年。十五者,化之明歲。准是以言,則二十當云二十二。而云二十者,舉成數也。許慎曰:"姪娣十五以上,能共事君子,可以往。二十而御。"《穀梁》隱公七年《注》。説亦與何君同。

王肅述毛，謂男自二十以及三十，女自十五以及二十，皆得嫁娶，《摽有梅·疏》。其説是也。王肅又謂“男年二十以後，女年十五以後，隨任所當，嘉好則成。不必以十五六女，妃二十一二男。雖二十女配二十男，三十男妃十五女，亦可。”亦通論也。王肅又引禮子不殤父，而男子長殤，止於十九，女子十五許嫁不爲殤，證亦極確。毛謂“三十之男，二十之女，禮未備則不待禮，會而行之，所以蕃育人民也。”亦以三十、二十爲極。王肅述毛，得毛意也。然則古者以蕃育人民爲急。越王勾踐，棲於會稽，而謀生聚，至令男二十不娶，女十七不嫁，罪其父母。而其著爲禮，不以精通能化之年；顧曰二十、三十，太古且至三十、五十者，何也？曰：蕃民，古人之所願也。然精通而取，始化而嫁，爲古人財力所不逮，是以民間恒緩其年。此爲法令所無可如何。然曰二十、三十，曰三十、五十，則固已爲之極矣。爲之極，則不可過，猶蕃民之意也。何以知其然也？《説苑》曰：“桓公至平陵，見年老而自養者，問其故。對曰：吾有子九人，家貧，無以妻之，吾使傭而未返也。桓公取外御者五人妻之。管仲入見，曰：公之施惠，不亦小矣？公曰：何也？對曰：公待所見而施惠焉，則齊國之有妻者少矣。公曰：若何？管仲曰：令國丈夫三十而室，女子十五而嫁。”《貴德》。蓋古者嫁取以儷皮爲禮。儷皮者兩麋鹿皮也。《聘禮注》。漢武帝時，嘗以白鹿皮爲幣，值四十萬。白鹿皮固非凡鹿皮比；古時鹿皮，亦不必如漢代之貴。又漢武之爲皮幣，使王侯宗室，朝覲聘享，必以薦璧乃得行，則亦强名其值，猶今紙幣之署若干萬耳；尤非民間用之比。又用儷皮爲士禮，未知庶人以下亦然否？然古皮幣亦諸侯聘享所用，價不能甚賤。假不用之者，《曲禮》言取妻者“爲酒食以召鄉黨僚友”，亦民間所不可少矣。“古者庶人糲食藜藿，非鄉飲酒膢腊祭祀無酒肉。賓婚相召，則豆羹白飯，綦膾熟肉”，《鹽鐵論·散不足篇》。已不易辦矣。管仲非桓公以御女賜平陵之民，而謂施惠當限嫁娶之年，豈有是一令，民間即饒於財哉？有是令，則不可過，不可過，則雖殺禮而莫之非也。《周官》：媒氏“仲春之月，令會男女。於是時也，奔者不禁。若無故而不用令者罪之。”仲春則奔者不禁者，古以九月至正月爲婚期；仲春而猶不克昏，則其乏於財可知；乏於財，故許其殺禮。奔者，對聘而言。不聘即許其殺禮，非謂淫奔也。無故而不用令者，謂非無財，亦奔而不聘也。所謂聘者，則下文云："入幣純帛無過五兩"是也。大司徒荒政十有二，十曰多昏，《注》："不備禮。"亦此意也。賈生曰："秦人家貧子壯則出贅。"諸書或言貧不能嫁。皆嫁娶不易之徵。太古男三十而娶，女二十而嫁。中古則三十、二十。《論衡》曰："男三十而娶，女二十而嫁，法制雖設，未必奉行。何以效之？以令不奉行也。"《齊世篇》。曹大家十四而適人，則漢世嫁取，早於古人矣。故漢惠帝令女子十五不嫁五算也。然則世愈降，則昏年愈早。蓋民生降而益舒，故禮易行也。然墨子謂聖王之法，丈夫年二十毋敢不處家，女子年十五毋敢不事人。聖王既歿，民欲蚤處家者，有所二十處家；其欲晚處家者，有所四十處家。以其早與晚相踐，後聖王之法十年。此爲三十有室，二十而嫁，知古人制禮，必因習俗，非苟爲也。則後世嫁娶，反視古人爲晚。豈古者質樸，禮簡，嫁取易；後世迎婦送女愈侈，故難辦邪？非也。墨子背周道，用夏政；其所述者，蓋亦蕃育人民之法，禹遭洪水行之。猶勾踐棲於會稽，而謀生聚耳，非經制也。若其述當時之俗，民之蚤晚處家者，有二十年之差。民之貧富固不齊，就其晚者，固猶視三十有室之年爲遲矣。國君十五而生子，亦以饒於財，得蚤娶也。故曰：婚年之蚤晚，以民之財力而異也。《漢書·王吉傳》："以爲世俗聘妻送女無節，則貧人不及，故不舉子。"則後世昏年之早，亦竭蹶赴之，不必其財力果視古代爲饒也。但以大體言之，則後人生計程度，總視古人爲高耳。

蚤昏善邪？晚昏善邪？《尚書大傳》謂"男三十而取，女二十而嫁，通於織紝紡績之事，黼黻文章之美。不若是，則上無以孝於舅姑，而下無以事夫養子。"王吉亦謂"世俗嫁取大早，未知爲人父母之道而有子，是以教化不明，而民多夭"。今學術日進，人之畢業大學者，非二十四五不可；教子養子之道，亦愈難明；則是嫁取愈當晚也。然人之知妃色，亦在二七二八之年。强之晚昏。或至傷身而敗行。若謂不知爲父母之道，則將來兒童，必歸公育。今人一聞兒童公育之論，無不色然駭者。以爲“愛他人之子，必不如其愛己之子；而父母愛子之心，出於自然；母尤甚；强使不得養其子，是使爲父母者無所用其愛也”。是亦不然。今者教育之責，父母多不自尸而委諸師，豈師之愛其弟子，逾於父母之愛其子？而爲父母者，欲其子之善，不若欲其子之壯佼之切乎？教育亦專門之學，非盡人的能通；又繁瑣之事，非盡人所克任故也。然則育子亦專門之業，亦繁瑣之事，其非盡人所能通，所克任，而當委諸專司其事之人，將毋同？父母之愛其子，與凡仁愛之心，非有異也，視所直而異其施耳。今之世，委赤子於途，則莫或字之，或且戕賊之，父母之卵翼之，宜也。世界大同，人人不獨子其子。今日爲父母之愛，安知不可移諸他途？豈慮其無所用而戕其身邪？

嫁娶之時：《繁露》云：“霜降逆女，冰泮殺内。”《循天之道篇》。《荀子》同。《大略篇》。王肅謂自九月至正月，引《綢繆》三星之象爲證，見《疏》。其説是也。所以然者，“霜降而婦功成，冰泮而農業起”。亦王肅説。古人冬則居邑，春即居野，秋冬嫁取，於事最便，所謂循天之道也。《周官》仲春“奔者不禁”，乃貧不能具禮者，許其殺禮。王肅以爲蕃育法，亦是也。《毛傳》於《東門之楊》，言“男女失時，不逮秋冬”，則其意亦同董、荀。王肅述毛，得毛意也。鄭玄好主《周官》而不諦，誤其失時殺禮之法爲正法，并《邶》詩“士如歸妻，迨冰未泮”語意明白者，而亦曲釋之，非也。

〔一一三〕 釋夫婦

夫婦二字，習用之。詁曰：“夫，扶也。”“婦，服也。”其義甚不平等，然非夫婦二字之初詁也。夫婦之本義，蓋爲“抱負”，其後引伸爲“伴侣”。何以言之？《史》、《漢·高帝紀》有武負，《陳丞相世家》有張負。如淳曰:"俗謂老大母爲阿負。"司馬貞曰:"負是婦人老宿之稱。"然《高帝紀》以王媪、武負并言,則負必小於媪。師古曰:"劉向《列女傳》云:魏曲沃負者,魏大夫如耳之母也。此則古語謂老母爲負耳。王媪,王家之媪也。武負,武家之母也。"予謂媪爲老婦之稱;母不必老,凡主婦皆可稱之,猶男子之稱父也。然則王媪爲老婦;武負、張負,特其家之主婦耳。正婦字之轉音也。今用婆字,亦具二義。俗稱老婦爲老太婆,即如淳所謂老大母。吴俗稱妻曰家主婆,則古書皆作家主婦也。《爾雅·釋魚》:"鰝鰟,鱖婦。"王氏筠曰:"今稱爲鱖婆。"知二字之相淆久矣。古以南爲陽,北爲陰。亦以人身之胸腹爲陽,背爲陰。故南鄉而立,則曰:"左聖,鄉仁,右義,背藏。"《禮記·鄉飲酒義》。南訓任,男亦訓任。北訓背,負亦訓背,《秦策注》。可知婦、背本一字。《方言》:"抱,耦也。"則抱有夫義。抱、負雙聲,《淮南·説林注》:"背,抱也。"夫婦亦雙聲,夫婦抱負,正一語也。《老子》:"萬物負陰而抱陽,沖氣以爲和。"負陰而抱陽,猶言婦陰而夫陽。沖氣以爲和,則夫婦合而生一子矣。古言抱負,猶今言正負。正負各得其體之半,故孳乳爲半字。《儀禮》:"夫妻牉合",正言其爲一體也。物之正負,不能相離,故又孳乳爲伴字。《説文》:"扶,并行也。"讀若伴侣之伴。《説文》無侣字,伴訓大,讀若當出後人沾注。然其語自有所本。扶蓋伴侣之伴之正字也。《漢書·天文志》:"晷:長爲潦,短爲旱,奢爲扶。"《注》:"鄭氏曰:扶當爲蟠,齊魯之間聲如酺。晉灼曰:扶,附也。小人佞媚,附近君子之側也。"《通卦驗》:"晷,進爲贏,退爲縮,稽爲扶。扶者,諛臣進,忠臣退。"鄭《注》:"扶亦作扶。"《集韻》亦云:"古扶字作扶。"并文音義,多同本文,可知夫扶實一字。故訓夫之言扶,猶曰夫之言扶耳。諸侯之妻曰夫人,亦此義。不然,豈凡婦皆待其夫扶之,獨諸侯則當待其婦扶之乎?物之正負,既不可離,即恒相依附。故負訓恃,亦訓依。夫訓附,亦訓傅。《詩》:"夫也不良。"毛《傳》:"夫,傅相也。"《郊特牲》:"夫也者,夫也。"《注》:"夫或爲傅。"《方言》:"北燕朝鮮洌水之間,謂伏雞曰抱。"皆附著之意也。

〔一一四〕原 妾

社會學家言畜妾之由：曰女多男少也。曰男子好色之性，不以一女子爲已足也。曰男子之性，好多漁婦女也。曰女子姿色易衰，其閉房亦較男子爲早也。曰求子姓之衆多也。曰女子可從事操作，利其力也。曰野蠻之世，以致多女爲榮也。徵諸我國書傳，亦多可見之。《周官》：職方氏，揚州，其民二男五女。荆州，一男二女。豫州，二男三女。青州，二男二女。兖州，二男三女。雍州，三男二女。幽州，一男三女。冀州，五男三女。并州，二男三女。其數未必可信。然據生物學家言：民之生，本男多於女。而其死者亦衆。故逮其成立，則女多於男。脱有戰争，則男女之相差尤甚。吾謂戰争而外，力役甚者，亦足殺人。又女子恒處家，希觸法網。刑戮所及，亦恒少於男。天災流行，捍之者多死，亦戰争類也。古代女子皆能勞作，非若後世待豢於人。溺女等風，古必無有。試觀古書多言生子不舉，未嘗偏在於女，可知也。然則男少女多，古代亦必不免矣。惟男女雖有多少，初不得謂當藉畜妾以調劑之。古代人畜妾，亦未必有調劑男女多少之意，只是以快淫欲耳。《墨子》謂“當今之君，大國拘女累千，小國累百，是以天下之男，多寡無妻，女多拘無夫。”齊宣王曰：“寡人有疾，寡人好色。”孟子告以“大王好色”，“内無怨女，外無曠夫。”皆以怨、曠并言。則當時之民，怨女固多，曠夫亦不少矣。拿破侖曰：“一男子但有一女子則不足，以其有姅乳時也。”《内則》：妻將生子，及月辰，居側室。三月之末，見子於父，乃後適寢。妾亦三月見子，而後入御。《漢律》：姅變者不得侍祠。《説文解字》。即拿破侖之説也。班氏《女誡》謂“陽以博施爲貴，陰以不專爲美。”此男權盛時，好漁色之男子所創之義也。《素問》謂女子二七而天癸至，七七而天癸竭。丈夫二八天癸至，七八天癸竭。《上古天真論》。則女子閉房之歲，早於丈夫者殆十年。韓非曰：“丈夫年五十，而好色未解也；婦人年三十，而美色衰矣。以衰美之婦人,事好色之丈夫,則身死,見疏賤,而子疑不爲後。此後妃夫人,所以冀其君之死者也。"《韓非子·備内》。古制三十而娶,二十而嫁,女小於男者十年,殆以此歟?然三十而美色衰,五十而好色未解,雖小十年,終不相副。況三十二十,特辜較言之,課其實,男女之年,未必相差至是。此亦男子之所以好廣漁色邪?若夫求子姓之多,則詩人以則百斯男頌文王其事也。古重傳統,統系在男,則無子者不得不許其畜妾,不許畜妾,則不得不許其棄妻更取,而無子爲七出之一矣。《詩》又曰:"摻摻女手,可以縫裳。"毛《傳》:"婦人三月廟見,然後執婦功。"《箋》曰:"未三月,未成爲婦。裳,男子之下服。賤,又未可使縫。魏俗使未三月婦縫裳,利其事也。"然則坐男立女之風,正不待盛唐詩人而後興歎矣。多妻淫佚,義士所羞。此非流俗所知。流俗方以是爲美談耳。西南之夷,有八百媳婦者,傳言其酋有妻八百,與《周官》之侈言女御,何以異邪?然則社會學家所言畜妾之由,征諸吾國,靡不具之。人類之所爲,何其異時異地而同揆也?

〔一一五〕 飲食進化之序

野蠻之人,多好肉食,然後卒改食植物者,實由人民衆多,禽獸不足之故。《禮運》曰:昔者先王未有火化,食草木之實,鳥獸之肉,飲其血,茹其毛。疏曰:"雖食鳥獸之肉,若不能飽者,則茹食其毛,以助飽也。若漢時蘇武,以雪雜羊毛而食之,是其類也。"茹毛飲血四字,讀書者往往隨意讀過,不加細想,一經研究,實有飲食進化之理存焉。

《詩·豳風》:"九月築場圃。"箋云:"耕治之以種菜茹。"疏曰:"茹者,咀嚼之名。以爲菜之别稱,故書傳謂菜如茹。"案:毛言茹,菜亦言茹,則古人之食菜,乃所以代茹毛也。《墨子·辭過》曰:"古之民未知爲飲食時,素食而分處。故聖人作誨,男耕稼樹藝,以爲民食。其爲食也,足以增氣充虚,强體適腹而已矣。"孫氏閒詁曰:"素食,謂食草木。《管子·七臣七主》曰:'果蓏素食當十石。'素,疏之叚字。《淮南子·主術訓》云:'夏取果蓏,秋畜疏食。'疏,俗作蔬。《月令》:'取疏食。'鄭注云:'草木之實爲疏食。'《禮運》説上古,云:'未有火化,食草木之實。'即此素食也。"愚案《周官·太宰》"九職":"八曰臣妾,聚斂疏材。"注:"疏材,百草根實可食者。"委人:"掌斂野之賦","凡疏材木材,凡畜聚之物。"《管子》謂"萬家以下,則就山澤。"《八觀》。可見疏食之利之溥矣。疏,本訓草木之實,草木之實,較之穀食爲麤,故引申爲麤疏。凡穀之不精者,亦以疏食稱之。《雜記》:"孔子曰:吾食於少施氏而飽,少施氏食我以禮。吾祭,作而辭曰:'疏食不足祭也。'吾飧,作而辭曰:'疏食也,不足以傷吾子。'"疏曰:"疏麤之食,不可强飽。以致傷害"是也。《吕覽·審時》曰:"得時之稼,其臭香,其味甘,其氣章。百日食之,耳目聰明,心意睿智,四衛變强。"注:"四衛,四枝也。""凶氣不入,身無苛殃。黄帝曰:'四時之不正也,正五穀而已矣。'"穀食精者之勝麤,猶其麤者之勝疏食,亦猶疏食之勝鳥獸之毛也,此飲食進化之由也。

原刊《社會期刊》創刊號,一九二九年出版

〔一一六〕　古代貴族飲食之侈

古代貴族平民,生活程度,相去頗遠。今先就飲食一端論之。《左傳》莊公十年:"齊師伐我,公將戰。曹劌請見。其鄉人曰:肉食者謀之,又何間焉?"杜《注》曰:"肉食,在位者。"《正義》曰:"昭四年《傳》説頒冰之法,云:食肉之禄,冰皆與焉。大夫命婦,喪浴用冰。蓋位爲大夫,乃得食肉也。"《詩》:"牧人乃夢,衆維魚矣。""大人占之,衆維魚矣,實維豐年。"《箋》曰:"魚者,庶人之所以養也。今人衆相與捕魚,則是歲熟相供養之祥。"故《孟子》以"不違農時,五穀不可勝食","數罟不入污池,魚鱉不可勝食"并言也。《王制》言"六十非肉不飽",《孟子》言"七十可以食肉。"然孔子告子路:"啜菽飲水,盡其歡,斯之謂養”，則亦非貧者所能必得矣。平民與士大夫之食，禮之所定，相去如此。然論其實，則尚有不止此者。

《墨子·辭過》曰：“古之民，未知爲飲食時，素食而分處。故聖人作，誨男耕稼樹藝，以爲民食。其爲食也，足以增氣充虚，强體適腹而已矣。故其用財節，其自養儉，民富國治。今則不然，厚斂於百姓，以爲美食刍豢，蒸炙魚鱉。大國累百器，小國累十器，前方丈，《孟子·盡心》：“食前方丈。”趙注：“極五味之饌，食列於前，方一丈。”目不能徧視，手不能徧操，口不能徧味。冬則凍冰，夏則飾饐。人君爲飲食如此，故左右象之，是以富貴者奢侈，孤寡者凍餒，雖欲無亂，不可得也。”

今案人君之食，《周官》膳夫舉其凡，曰：“凡王之饋：食用六穀，膳用六牲，飲用六清，羞用百有二十品，珍用八物，醬用百有二十甕。”食醫職云：“掌和王之六食、六飲、六饍、百羞、百醬、八珍之齊。”

六穀者：稌、黍、稷、粱、麥、苽，皆嘉穀也。《内則》：“飯：黍、稷、稻、粱、白黍、黄粱、稰穛。”下言白黍，則上謂黄黍。下言黄粱，則上謂白粱也。孰穫曰稰，生穫曰穛。《正義》曰：“《玉藻》：諸侯朔食四簋：黍、稷、稻、粱。此則據諸侯，其天子則加以麥、苽爲六。”

六牲者：馬、牛、羊、犬、豕、雞。

六清者：水、漿、醴、涼、醫、酏。鄭《注》：據漿人也，酒正無水涼二物。鄭云：“無厚薄之齊，故酒正不辨矣。”《内則》：“飲：重醴、稻醴清糟、黍醴清糟、粱醴清糟，或以酏爲醴、黍酏、漿、水、醷、濫。”疏：“稻、粱、黍之醴，各有清糟，皆相配重設，故曰重醴。”《周官》：漿人共王之六飲無糟，而共後夫人致飲於賓客有之。蓋亦該於醴中也。“或以酏爲醴”《注》云：“釀粥爲醴”，即《周官》之醫。“黍酏”，即《周官》之酏。“漿”，即《周官》之漿。“水”，即《周官》之水，“濫”《注》云：“以諸和水也，以《周禮》六飲校之，則濫，涼也。”《疏》云：“漿人《注》涼，今寒粥，若糗飯雜水也。則此以諸和水，謂以諸若糗飯之屬和水也。諸者，衆雜之辭。”《釋文》曰：“乾桃乾梅皆曰諸”，疑《釋文》是也。酏爲《周官》所無，司農以爲即醫，鄭《注》曰梅漿。

羞即庶羞，出於牲及禽獸，以備滋味。鄭《注》云：“《公食大夫禮》、《内則》：下大夫十六，上大夫二十，其物數備焉。天子諸侯，有其數，而物未得盡聞。”《疏》云：“此經云百有二十者，是天子有其數。掌客云上公食四十，侯伯三十二，子男二十四，是諸侯有其數也。”今案《内則》云:“膳、臐、膷牛。醢、臐羊。膮、臐豕。醢、鄭云:衍字。牛炙醢、熊氏云:豕、牛、羊之下,即其肉之醢。牛胾醢、牛膾、羊炙、羊胾醢、豕炙醢、豕胾、芥醬、魚膾、雉、兔、鶉、鴽。”《公食大夫禮》:作鴽。自魚膾以上十六豆,爲下大夫之禮。雉、兔、鶉、鴽,則上大夫所加,此公食大夫所設也。《内則》又云:“牛脩一,鹿脯二,田豕脯三,麋脯四,麕脯五,麋六,鹿七,田豕八,麕九,皆有軒,雉十,兔十一,皆有芼,爵十二,鴽十三,蜩蟬也。十四,範蜂也。十五,芝栭十六,庾蔚曰:無華葉而生者曰芝栭。蔆十七,椇十八,棗十九,栗二十,榛二十一,柿二十二,瓜二十三,桃二十四,李二十五,梅二十六,杏二十七,柤梨之不臧者。二十八,梨二十九,薑三十,桂三十一。”鄭云:三十一物,皆人君食燕所加也。《内則》又云:食:《注》:“目,人君燕食所用也。”皇氏云:蝸一,苽食二,雉羹三,麥食四,脯羹五,雉羹六,析稌細析稻米爲飯。七,犬羹八,兔羹九,和糝不蓼,《注》:“凡羹齊宜,五味之和,米屑之糝,蓼則不矣。”《疏》:“此等之羹,宜以五味調和,米屑爲糝,不須加蓼。”濡豚十,包苦實蓼,《注》:“凡濡,謂烹之,以汁和也。苦,苦荼也,以包豚,殺其氣。”濡雞十一,醢醬實蓼,濡魚十二,卵醬實蓼,《注》:“卵讀爲鯤,鯤,魚子。”濡鱉十三,醢醬實蓼,腶脩十四,蚳醢十五,《注》:“蚳,蚍蜉子也。”《釋文》:“蚳,蟻子也。”脯羹重出,兔醢十六,麋膚十七,魚醢十八,魚膾十九,芥醬二十,麋腥二十一,腥 ,生肉,上麋膚謂熟也。醢二十二,醬二十三,桃諸二十四,梅諸二十五,卵鹽二十六。大鹽。鄭云:“二十六物,似皆人君燕所食也。《疏》云:按《周禮·掌客》云:諸侯相食,皆鼎簋十有二,其正饌與此不同。其食臣下,則《公食大夫禮》,具有其文,與此又異,故疑是人君燕食也。”《周官》百有二十品,雖不得盡聞,亦可以見其概矣。

珍,鄭《注》云:“淳熬,淳母,炮豚,泡牂,擣珍,漬,熬,肝背。”亦見《内則》。

醬,鄭云:“醯醢。”即醢人職云:“王舉則共醢六十瓮。以五齊、七醢、七菹、三臡實之”,醯人云:“王舉則共齊、菹、醯物六十瓮”者也。五齊者:昌本、昌蒲根,切之四寸爲菹。脾析、牛百葉。蜃、大蛤。豚拍、鄭大夫、杜子春皆以拍爲膊,謂脅也;或曰:豚,拍,肩也。深蒲、鄭司農云:薄蒻入水深,故曰深蒲。或曰：桑耳。七醓：醓、嬴、蝸蝓。蠯、小蛤。蚳、蛾子。魚、兔、雁。七菹：韭、菁、茆、凫葵。葵、芹、菭、荀。三臡：麋、鹿、麇。“凡醓醬所和，細切爲齏，全物若膴爲菹。菜肉通。”“作醓及臡者，必先膊乾其肉，乃後莝之，雜以粱曲及鹽，漬以美酒，涂置甀中百日，則成矣。”此與八珍，作之皆極費時者也。

王日一舉，《注》：以朝食。燕食奉朝之餘饍。燕食，謂日中及夕食也。《注》又云：後與王同庖。《疏》云：“不言世子，則世子與王别牲。”鼎十有二物，皆有俎。《疏》云：“趙商問：王日一舉，鼎十有二，是爲三牲備焉。商案《玉藻》：天子日食少牢，朔月太牢，禮數不同，請聞其説。鄭答云：《禮記》後人所集，據時而言，或以諸侯同天子，或以天子與諸侯等。禮數不同，難以據也。王制之法，與禮違者多，當以經爲正。”案《周官》六國時書，《玉藻》所述蓋較古，愈近愈侈也。

齊則日三舉。有小事而飲酒，謂之稍事，此康成説。司農以爲非日中大舉時而間食。設薦脯醢。其内羞，則醢人所供四籩之實，醢人所供四豆之食也。朝事之籩八：曰麷、熬麥也。曰蕡、麻子也。曰白、熬稻米也。曰黑、熬黍米也。曰形鹽、司農曰：築鹽爲虎形。康成曰：鹽之似虎者。曰膴、膴生魚肉爲大臠。曰鮑、曰鱐。乾魚也。饋食之籩：曰棗、曰栗、曰桃、曰乾穣、曰榛實。乾穣即乾梅，《疏》云：當别有乾桃。濕梅、棗亦宜有乾者，凡八也。加籩，以蔆、芡、栗、脯四物爲八籩。司農云：栗當爲脩，司農之。意以栗與饋食之籩同也。羞籩二：曰糗餌、曰粉餈、見《内則》。朝事之豆八：曰韭菹、曰醓醢、曰昌本、曰麋臡，曰菁菹、曰鹿臡、曰茆菹、曰麇臡。饋食豆八：曰葵菹、曰嬴醢、曰脾析，蠯醢、曰蜃、曰蚳醢、曰豚拍、曰魚醢。加豆之實八：曰芹菹、曰兔醢、曰深蒲、曰醓醢、曰箈菹、曰雁醢、曰笋菹、曰魚醢。羞豆之實二：曰酏食、日糁。亦見《内則》。

“列之方丈，目不能徧視，手不能徧操，口不能徧味。冬則涷冰，夏則飾饐”，信矣。

案《王制》曰：“羹食，自諸侯以下，至於庶人，無等。”《注》曰：“羹食，食之主也，庶羞乃異耳。”《疏》曰：“此謂每日常食。”《左傳》隱公元年：穎考叔有獻於公，公賜之食，食舍肉。公問之，對曰：“小人有母，皆嘗小人之食矣，未嘗君之羹，請以遺之。”杜《注》曰：“宋華元殺羊爲羹享士，蓋古賜賤官之常。”《疏》曰：“《禮》公食大夫，及《曲禮》所記大夫士與客燕食，皆有牲體殽胾，非徒設羹而已。此與華元享士，惟言有羹，故疑是賜賤官之常。”愚案孔子稱顔回“一簞食，一瓢飲。”其自述則曰：“飯疏食，飲水。”《鄉黨》記孔子之行，則曰：“雖疏食菜羹，必祭。”《孟子》言：“簞食豆羹，得之則生，弗得則死。”《檀弓》言：“黔敖左奉食，右執飲。”墨子稱堯，“黍稷不二，羹胾不重，飯於土塯，啜於土形。”《節用中》。《韓非子·十過》：“堯飯於土簋，飲於土鉶。”《史記·李斯傳》：“二世曰：堯飯土匭，啜土鉶。”《韓詩外傳》：“舜飯乎土簋，啜乎土型。”《史記·自序》：墨家亦尚堯、舜道，言其德行曰：“食土簋，啜土刑，糲粱之食，藜藿之羹。”凡古人之言食，無不以羹食并舉者，元凱之言，雖億度，固事實也。《曲禮》曰：“凡進食之禮：左肴右胾，食居人之左，羹居人之右。膾炙處外，醯醬處内。葱渿處末，酒漿處右。以脯脩置者，左朐右末。”《管子·弟子職》曰：“凡彼置食：鳥獸魚鱉，必先菜羹。羹胾中列，胾在醬前。其設要方。飯是爲卒，左酒右醬。”《曲禮》所加，不過肴胾、膾炙、醯醬、葱渿、酒漿。《弟子職》所加不過酒、醬及肉。一爲大夫、士與賓客燕食之禮，一爲養老之禮矣。食以羹食爲主，信不誣也。《弟子職》謂：“凡彼置食，其設要方。”蓋古人設食之禮如所云，設之方不數尺耳。而當時之王公大人，設食至於方丈，其侈固可見矣。《内則》又曰：“大夫，燕食，有膾無脯，有脯無膾，士不貳羹胾。”《疏》曰：“謂士燕食也。若朝夕常食則下云：羹食，自諸侯以下，至於庶人，無等。”

飲食愈後則愈侈。墨子用夏政，孔子言“禹菲飲食”，而墨子亦病時人之侈於食，可見夏時之儉。《内則》曰：“大夫無秩饍。大夫七十而有閣。天子之閣，左達五，右達五。公侯伯於房中五。大夫於閣三。士於坫一。”《注》曰：“秩，常也。”“五十始命，未甚老”，故必七十而後有秩饍也。“閣，以板爲之，庋食物。”五者：“三牲之肉及魚腊。”此則較常人少侈耳，尚未至食前方丈也。

古代外交之禮，亦可見其飲食之侈。據《聘禮》，客始至，則設飧。

飪謂孰。一牢，在西，鼎九，牛、羊、豕、魚臘、腸、胃、膚、鮮魚、鮮臘。膚，豕肉也。羞鼎三，腳、臐、膮，即陪鼎。腥，一牢，在東，鼎七，無鮮魚鮮臘。此中庭之饌也。其堂上之饌八：八豆、醓醢、昌本、麋臡、菁菹、鹿臡、葵菹、蝸醢、韭菹。八簋。黍、稷。六鉶、牛、羊、豕。兩簠、粱、稻。八壺。稻酒、粱酒。西夾六：六豆，六簋，四鉶，兩簠，六壺。六豆無葵菹、蝸醢、餘實與前同。門外，米禾皆二十車，薪芻倍禾。上介，飪，一牢，在西，鼎七，羞鼎三，堂上之饌六，西夾無。門外，米禾皆十車，薪芻倍禾。衆介，皆少牢，鼎五。羊、豕、腸、胃、魚臘。堂上之饌：四豆，四簋，兩鉶，四壺，無簠。既見而歸瓮餼。牲：殺曰饔，生曰餼。《周官·司儀注》："小禮曰飧，大禮曰饔餼。"則五牢，飪，一牢，鼎九，腥，二牢，鼎七。堂上：八豆，八簋，六鉶，兩簠，八壺。西夾：六豆，六簋，四鉶，兩簠，六壺。饌於東方，亦如之。東夾室。醓醢百甕，甕受斗二升。餼二牢，米百筥。黍、粱、稻、稷。門外，米三十車，車秉有五籔，凡二十四斛。禾三十車，車三秅，凡千二百秉。薪芻倍禾。上介三牢，飪、一牢，鼎七，羞鼎三，腥一牢，鼎七。堂上之饌六，西夾亦如之。筥及甕如上賓。餼，一牢。門外米禾視死牢。牢十車。薪芻倍木。士介四人，皆餼大牢，米百筥。夫人歸禮。堂上籩豆六，脯醢。筥黍清皆兩壺。稻、黍、粱、酒，皆有清白，筥言白，清指粱，各舉一也。大夫餼賓，大牢，米八筐。黍粱各二，稷四。筐，五斛。上介亦如之。衆介，皆少牢，米六筐。公於賓，一食再饗，燕與羞雁鶩之屬。俶獻始獻四時新物，《聘義》所謂時賜，無常數。上介，一食一饗。大夫於賓，一饗一食。上介，若食若饗。既致饔，旬而稍。謂廩食也。行聘禮一旬之後，或逢凶變，或主人留之，不得時反，即有稍禮。宰夫始歸乘禽，雁鶩之屬，日如其饔餼之數。士，中日則二雙。《周官·掌客》：王合諸侯而饗禮，公、侯、伯、子、男盡在，兼享之則具十有二牢，庶具百物備。王巡守殷國，國君膳以牲犢。令百官，百牲皆具。從者：三公視上公，鄉視侯伯，大夫視子男，士視諸侯之卿，庶子視大夫。凡諸侯之禮，諸侯自相待，天子待諸侯亦同。上公五積，侯伯四，子男三，皆視飧牽，謂所共如飧，而牽牲以往，不殺也。一積視一飧，飧五牢，五積則二十五牢。又云視飧，則有刍薪禾米等。三問皆脩，侯伯再，子男一。羣介、行人、宰、史，皆有牢。飧五牢，侯伯四，子男三。食四十，庶羞器。侯伯三十二，子男二十四。簠十，稻粱器。侯伯八，子男六。豆四十，菹醢器。侯伯三十二，子男二十四。鉶四十有二，羹器，鄭云：宜爲三十八。侯伯二十八，子男十八。壺四十，酒器。侯伯三十二，子男二十四。鼎、牲器。簋黍稷器。十有二，侯伯子男同。牲三十有六，鄭云：牲當爲腥。侯伯二十七，子男十八。饔餼：九牢，侯伯七，子男五，其死牢如飧之陳。牽四牢，侯伯三，子男二。米百有二十筥，侯伯百，子男八十。醯醢百有二十罋，侯伯百，子男八十。車米視牲牢，牢十車，車秉有五籔，侯伯三十車，子男二十。車禾視死牢，牢十車，車三秅，侯伯四十車，子男三十。刍薪倍禾。乘禽日九十雙，侯伯七十，子男五十。殷膳中膳。致太牢，以及歸，三饗，三食、三燕，侯伯再，子男一。凡介、行人、宰、史，皆有飧饔餼，以其爵等，爲之牢禮之陳數。惟上介有禽獻。夫人致禮。八壺、八豆、八籩，侯伯同，子男六。膳大牢，致饗大牢，子男不饗。食大牢，卿皆見以羔。膳大牢，侯伯特牛。侯伯子男，各有差等。卿大夫士，不從君而來聘者，如其介之禮待之。大行人：上公之禮，禮九牢，《注》："禮，大禮，饔餼也，三牲備爲一牢。"侯伯七，子男五。三享，王禮，再祼，《注》再飲公也。侯伯子男同。而酢，《注》報飲王也。子男不酢。饗禮九獻，侯伯七，子男五。食禮九舉。司農云：舉，舉樂也。後鄭曰：舉牲體九飯也。《疏》云：此經食禮九舉與饗禮九獻相連，故以爲舉牲體，其實舉中，可以兼樂。侯伯七，子男五。出入五積，《注》：謂饋之刍米也。侯伯四，子男三。《疏》云：在路供賓，來去皆五積。三問，三勞，《注》問，問不恙也。勞，苦倦之也。皆有禮，以幣致之。侯伯再，子男一。侯伯子男，亦各有差等。蓋其一食之費，足當平民終歲之飽矣。《聘義》曰："古之用財者，不能均如此。然而用財如此其厚者，言盡之於禮也。盡之於禮，則內君臣不相陵，而外不相侵。故天子制之，而諸侯務焉耳。"此固然。然其時王公大人之食用，與平民相去之遠，則可見矣。

《玉藻》：天子"皮弁，以日視朝，遂以食，日中而餕。《注》：餕，朝食之餘也。奏而食。《注》：奏，奏樂也。日少牢，朔月大牢。五飲：上水、漿、酒、醴、酏"。諸侯"朝服,以日視朝於内朝,……退適路寢聽政。使人視大夫,大夫退,然後適小寢。釋服。又朝服以食,特牲三俎,祭肺。《注》:食必復朝服,所以敬養身也。三俎:豕、魚、臘。夕深衣,祭牢肉。《注》:祭牢肉,異於始殺也。天子言日中,諸侯言夕,天子言餕,諸侯言祭牢肉,互相挾。朔月少牢五俎、四簋。《注》:五俎,加羊與其腸胃也。朔月四簋,則日食粱稻各一簋而已。子卯,稷食菜羹。《注》:忌日貶也。夫人與君同庖。《注》:不特殺也。《疏》:舉諸侯,天子可知。君無故不殺牛,大夫無故不殺羊,士無故不殺犬豕。《注》:故,謂祭祀之屬。《疏》:言祭祀之屬者,若待賓客饗食,亦在其中。案此三語,亦見《王制》。又曰:無故不食珍,庶羞不逾牲。君子遠庖廚,凡有血氣之類,弗身踐也"。《注》:踐當爲翦,翦猶殺也。所言與《周官》大同小異。如《周官》天子日食大牢,則無故得殺牛矣。

《玉藻》又曰:"年不順成,則天子素服,乘素車,食無樂。"又言諸侯之禮曰:"至於八月不雨,君不舉。年不順成,君衣布搢本,關梁不租,山澤列而不賦,土功不興,大夫不得造車馬。"《王制》曰:"以三十年之通,雖有凶旱水溢,民無菜色,然後天子食,日舉,以樂。"《曲禮》曰:"歲凶,年穀不登,君膳不祭肺,馬不食穀,馳道不除,祭事不縣,大夫不食粱,士飲酒不樂。"此蓋隆古共産社會,同甘共苦之遺制。三代制禮,猶有存者,特不能盡守耳。後世去古愈遠,遺意寖淪。"朱門飽粱肉,路有凍死骨",視爲固然,曾無愧惻。不惟大同之世之人,所夢想不到;即視三代守禮之貴族,亦有愧色矣。

原刊《社會期刊》創刊號,一九二九年出版

〔一一七〕原　　酒

《史記》謂紂以酒爲池。《正義》引《六韜》,云:"紂爲酒池,回船糟丘而牛飲者,三千餘人爲輩。"此其池當大幾何,其酒當得幾許,不問而知其誕謾矣。然其説亦有所本。《禮運》述太古之俗,"污尊而抔飲”。鄭《注》云：污尊，鑿地爲尊也；抔飲，手掬之也。《周官》萍氏：“掌國之水禁，几酒《注》：苛察沽買過多及非時者。謹酒《注》：使民節用酒也。禁川游者。”夫鑿地而飲，則所飲者水也。几酒、謹酒與掌水禁同官，尤邃初酒與水無别之明證。蓋大上僅飲水，後乃易之以酒也。何以知其然也？古之飲者必以羣。《酒誥》曰：“羣飲，女勿佚，盡執拘以歸於周，予其殺。”夫當酒禁甚嚴之世，寧不可杜門獨酌，以遠罪戾，而必羣飲以遭執殺之刑哉？則習之不可驟改也。《禮器》：“周禮其猶醵與。”《注》：王居明堂之禮，仲秋乃命國醵。《周官》酒正：“掌酒之政令，以式法授酒材，凡爲公酒者亦如之。”《注》謂鄉射飲酒，酒正授以式法及酒材，使自釀之。族師：“春秋祭酺。”《注》謂：族長無飲酒之禮，因祭酺，而與其民以長幼相獻酬焉。《疏》曰：知因祭酺有飲酒之禮者，鄭據《禮器》、《明堂禮》，皆有醵法。然則醵之由來尚矣。蓋部落共産之世，合食之遺俗也。夫當部落共産之世，其尚不能造酒，而惟飲水也審矣。斯時之聚食，蓋或就水邊，或則鑿地取水。至後世猶襲其風，羣飲者必在水邊。其初鑿地取水後雖易以酒，亦或鑿地盛之。故几酒與掌水禁同官，而紂亦作大池，以示其侈也。云牛飲者三千人爲輩，固《論衡》所謂語增之流；然其説固有所本，非盡子虚也。《易・序卦》言“飲食必有訟”，蓋由羣飲沈湎，以致争鬥，非争食也。漢世賜民牛酒，蓋實授以酒，古給公酒之遺。其賜民酺，則聽其合錢聚飲，古所謂醵也。

或曰：焉知酒之興，必後於部落共産之世乎？曰：有徵焉。《禮運》言“汙尊抔飲”與“燔黍捭豚”、“蕢桴土鼓”并舉。又曰：昔者先王未有火化，食鳥獸之肉，飲其血，茹其毛。後聖有作，然後脩火之利。以炮，以燔，以亨，以炙，爲醴酪。《疏》曰：“未有火化，據伏羲以前。以燔捭豚，即是有火。燔黍捭豚，汙尊捭飲，指神農，以《明堂位》云，土鼓葦籥，伊耆氏之樂。《郊特牲》曰：伊耆氏始爲蜡，焉説以伊耆氏爲神農。今此云蕢桴土鼓，故知謂神農也。”《士昏禮疏》云：汙尊抔飲，謂神農時，雖有黍稷，未有酒醴。後聖有作，以爲醴酪，據黄帝以後。案《禮運》言“汙尊抔飲”與“以爲醴酪”對舉，此疏是。《禮運・疏》謂：汙尊，乃鑿池汙下而盛酒，恐非。然亦可證後來有鑿池盛酒之事。然則酒醴之作，蓋在黄帝以後也。凡酒，稻爲上，黍次之，粟次之。《聘禮注》。五齊三酒，俱用秫、稻、曲、蘖，鬯酒用黑黍《周官》酒正《疏》。皆有資於農産。神農時，農事初興，農産未盛，未必能以之爲酒。謂酒起黄帝以後，近於實也。

《戰國策》曰：儀狄作酒，禹飲而甘之。遂疏儀狄而絶旨酒，曰：後世必有以酒亡其國者，則夏時酒尚不甚通行。《明堂位》曰："夏后氏尚明水，殷尚醴，周尚酒。"《注》：此皆其時之用耳，言尚非。案《禮器》、《郊特牲》，皆言"玄酒之尚"，《郊特牲》作"玄酒明水之尚。"《士昏禮疏》曰："相對，玄酒與明水别。通而言之，明水亦名玄酒。"《玉藻》曰："凡尊，必尚玄酒。惟君面尊，惟饗野人皆酒。"《注》蜡飲不備禮。《疏》：饗野人，謂蜡祭時也。野人賤，不得比士，又無德，又可飽食，則宜貪味，故惟酒而無水也。案如予説，玄酒所以和酒而飲。饗野人之酒蓋不多，故無待於和也。見下。則古祭祀飲食，皆尚玄酒。《士昏禮》：酌玄酒。三屬於尊。《疏》云："明水，若生人相禮，不忘本，亦得用。"康成所知者，作記者無由不知。則所謂尚者，正即康成所謂用耳。《疏》云：《儀禮》設酒尚玄酒，是周家亦尚明水也。《禮運》云：澄酒在下，則周世不尚酒。

《周官》酒正，有五齊、三酒、四飲。五齊者：泛齊、醴齊、盎齊、緹齊、沈齊。《注》云：自醴以上尤濁，盎以下差清。三酒者：一曰事酒，《注》云：即今醳酒。《疏》云：冬釀春成。二曰昔酒，《注》云：今之酋久白酒，所謂舊醳。《疏》云：久釀乃熟，故以昔酒爲名。對事酒爲清，對清酒爲白。三曰清酒。《注》：今中山冬釀接夏而成。《疏》云：此酒更久於昔，故以清爲號。四飲者：一曰清，即漿人醴清。二曰醫，即《内則》所謂或以酏爲醴，謂釀粥爲醴。三曰漿，四曰酏。鄭曰："五齊之中，醴恬，與酒味異。"《疏》曰："恬於餘齊，與酒味稍殊，故取入六飲。其餘四齊，味皆似酒。"蓋四飲最薄，五齊次之，三酒最厚。《疏》云：五齊對三酒。酒與齊異，通而言之，五齊亦曰酒。四飲去水最近。五齊醴以上近水，盎以下近酒。而古人以五齊祭，三酒飲。《周官·酒正》、《疏》："五齊味薄，所以祭；三酒味厚，人所飲。"其陳之也：則玄酒爲上，醴酒次之，三酒在下。《禮運》："玄酒在室，醴醆在户，粢醍在堂，沈酒在下。"《坊記》："醴酒在室，醍酒在堂，澄酒在下。"醴即醴齊，醆即盎齊，粢醍即緹齊，澄即沈齊，酒即三酒。《玉藻》："五飲：上水，漿、酒、醴、酏。"《注》："上水，水爲上，餘其次之。"

可見酒味之日趨於厚矣。

知酒味之日趨於厚，則知古人初飲酒時，其酒實去水無幾。酒之厚者，或和水而飲之，未可知也。《周官》漿人六飲有涼。司農曰："涼，以水和酒也。"康成不從，未知何故。《疏》謂"和水非人所飲"，則以後世事度古人矣。果古無和水而飲者，司農豈得億爲之説耶？

案古人飲酒之器：《韓詩》説："一升曰爵，二升曰觚，三升曰觶，四升曰角，五升曰散。觥亦五升。"《古周禮》説："爵一升，觚三升。獻以爵而酬以觚，一獻而三酬，則一豆矣。"亦見《考工記·梓人》。《毛詩》説："金罍大一石，觥大七升。"許慎云："一獻三酬當一豆。若觚二升，不滿一豆。觥罰有過。一飲而盡七升過多。"鄭駁之云："觶字角旁氏、汝、潁之間師讀所作。今禮角旁單。古書或作角旁氏，角旁氏，則與觚字相近。學者多聞觚，寡聞抵。寫此書亂之而作觚耳。又南郡太守馬季長説：一獻而三酬則一豆。豆當爲斗，與一爵三觶相應。"《禮器》："宗廟之祭，貴者獻以爵，賤者獻以散，尊者舉觶，卑者舉角。五獻之尊。門外缶，門内壺。君尊瓦甒。"鄭《注》爵、散、觶、角與《詩》同。《注》又曰："壺大一石，瓦甒五斗，缶大小未聞也。"《正義》："壺大一石，瓦甒五斗者，《漢禮器制度》文。此瓦甒即燕禮公尊瓦大也。《禮圖》：瓦大受五斗，口逕尺，頸高二寸；逕尺，大中，身鋭，下平。瓦甒與瓦大同，以小爲貴，近者小則遠者大。缶在門外，則大於壺矣。"《周官》、《疏》引《漢禮器制度》亦云："觚大二升，觶大三升。"《詩·疏》引《禮圖》："罍大一斛，觥大七升。"古十斗爲斛，即漢所謂一石。然則古酒器大小，惟觥未能定；缶不可知；自爵至罍，《韓詩》、《毛詩》、《周禮》、《禮圖》、《禮器制度》略同。《論語》："觚不觚。"馬曰："一升曰爵，二升曰觚"，亦同。據器之大小，可以考古人飲酒之多寡矣。《韓詩》説諸爵名之義曰："觚，寡也，飲當寡少。觶，適也，飲當自適也。角，觸也，不能自適，觸罪過也。散，訕也，飲不能自節，爲人所謗訕也。"又曰："觚、觶、角、散，總名曰爵。其實曰觴，觴者餉也。觥亦五升，所以罰不敬。觥、廓也，所以著明之貌。君子有過，廓然明著。非所以餉，不得名觴。"《玉藻》曰："君子之飲酒也，受一爵而色灑如也，二爵而言言斯，三爵而油油以退。"然則古人飲酒，不過三爵。過三爵，則不能自持矣。古權量於今不逮三之一,其飲酒之多寡,略與今人等也。乃《考工記》曰:"食一豆肉,飲一豆酒,中人之食。"淳于髡之説齊王曰:"臣飲一斗亦醉,一石亦醉。"雖諷諫之辭,不必盡實,亦不容大遠於情。知必有和水飲之之法,故能如是也。

《射義》曰:"酒者,所以養老也,所以養病也,求中以辭爵者,辭,養也。"孟子謂曾子養曾皙,曾元養曾子,必有酒肉。《曲禮》曰:"五十不致毁,六十不毁,七十惟衰麻在身,飲酒食肉處於内。"《周官》酒正:"凡饗士庶子,饗耆老孤子,皆共其酒,無酌數。"《注》:"要以醉爲度。""凡有秩酒者,以書契受之。"《注》:"所秩者,謂老臣。"《王制》曰:"九十日有秩。"此所謂所以養老也。《曲禮》又曰:"居喪之禮:頭有創則沐,身有瘍則浴,有疾則飲食肉。"《檀弓》曰:"曾子曰:喪有疾,食肉飲酒,必有草木之滋焉,以爲薑桂之謂也。"《周官·疾醫》:"以五味、五穀、五藥養其病。"《瘍醫》亦曰:"以五味節之。"《注》:五味:醯、酒、飴、蜜、薑、鹽之屬。《酒正》:"辨四飲之物,二曰醫。"《注》:"醫,《内則》所謂或以酏爲醴,凡醴濁,釀酏爲之,則少清矣。"醫字從毆從酉,疑正指其以酒爲養。此所謂所以養病也。酒者,興奮之劑,古人以爲可以養神。《郊特牲》曰:"凡飲,養陽氣也。"又曰:"凡食,養陰氣也。"《疏》曰:"飲是清虚,食是體質。"《周官·酒正·注》曰:"王致酒,後致飲,夫婦之義。"飲較酒興奮之用少也。射與角抵等事,其初不必如後來之有禮,敗者或致創夷,故宜以是飲之。《投壺》曰:"當飲者皆跪。奉觴曰賜灌,勝者跪曰敬養。"此所謂所以辭養也。夫以酒養人,厚薄必適如其量。不然,是困之已。人之飲酒,多寡不同。而相餉之爵,大小若一,明亦必和水飲之,而後其禮可行也。

以酒爲養生之物,則宜有以勝争飲者,古蓋亦有此俗。《戰國策》陳軫曰:有遺其舍人一巵酒。舍人相謂曰:數人飲此不足,請遂畫地爲蛇,蛇先成者獨飲之。此以勝争飲者也。禮戒争而教讓,故以飲敗者爲常耳。又酒以爲養,而又以爲罰不敬之具者,所以愧恥之也。此亦可見古人之貴禮而賤財,厚厲人之節,而重加之以罰矣。此文成後，讀《觀堂集林》卷三，有《説盉》一篇，明玄酒所以和酒，古人之酒，皆和水而飲，足與鄙説相發明。惟多引骨甲文，不佞甚不信之耳。

原刊《社會期刊》創刊號，一九二九年出版

〔一一八〕 衣服之法

《大戴記》曰："端衣玄裳，冕而乘路者，志不在乎食葷；斬衰簡屨，杖而歠粥者，志不在於飲食。"《哀公問五義》。此言服其服可以作其志也，文生情者也。《小戴記》曰："君子衰绖則有哀色，端冕則有敬色，甲胄則有不可辱之色。"《表記》。此其有其德斯可以稱其服也，情生文者也。情生文必積而致，文生情當勉而爲，故衣服不可以無法。

衣服之法如之何？曰：不離其本而已矣。《墨子》曰："聖人之爲衣服，適身體和肌膚而足矣。非榮耳目而觀愚民也。當是之時，堅車良馬，不知貴也，刻鏤文采，不知喜也。……故民衣食之財，家足以待水旱凶飢者何也，得其所以自養之情，而不感於外也。是以其民儉而易治，其君用財節而易贍也……當今之主……其爲衣服，非爲身體，皆爲觀好，是以其民淫僻而難治，其君奢侈而難諫也。"《辭過》。得其自養之情而不感於外，此養生之精義也。故九流之論，無不相通者。

〔一一九〕 諒　　闇

子張曰："高宗諒闇，三年不言，何謂也？"子曰："何必高宗，古之人皆然。君薨，百官總己以聽於冢宰，三年。"《論語·憲問》。案《喪服大記》曰："父母之喪，居倚廬，非喪事不言。既葬，與人立，君言王事，不言國事。大夫士言公事，不言家事。君既葬，王政入於國。既卒哭而服王事。大夫士既葬，公政入於家。既卒哭，弁絰帶，金革之事無辟也。既練,居堊室,不與人居。君謀國政,大夫士謀家事。”蓋古之居喪者,於凡事皆無所與。古者君與民相去近,而國事亦簡,是以能守其舊俗也。臣有大喪,君三年不呼其門,《公羊》宣公元年。亦以此。至於後世,則金革之事有不暇辟者也,禮從俗而變,亦事之不得不然。正不必譏後人之短喪也。

〔一二〇〕冰　鑒

今人入夏率以冰藏食物,此古人久有之。《周官》天官有凌人,掌冰。正歲十有二月,令斬冰,春始治鑒,凡内外饔之膳羞鑒焉,凡酒漿之酒醴亦如之,祭祀共冰鑒,賓客共冰。《注》曰:鑒如甀,大口,以盛冰,置食物於中,以御温氣。《疏》曰:漢時名爲甀,即今之甕是也。此即今之冰箱也。

然其取之甚虐。《豳風》曰:二之日,鑿冰沖沖。三之日,納於凌陰。《左傳》昭公四年:申豐曰:古者日在北陸而藏冰,西陸朝覿而出之。其藏之也,深山窮谷,固陰沍寒,於是乎取之。其出之也,朝之禄位,賓食喪祭,於是乎用之。食肉之禄,冰皆與焉。大夫命婦,喪浴用冰。祭寒而藏之,獻羔而啓之,公始用之,火出而畢賦,自命夫命婦,至於老疾,無不受冰。山人取之,縣人傳之,輿人納之,隸人藏之。今藏川池之冰,棄而不用云云。然則古之取冰,必竭民力以求之深山窮谷,又必窮其力以傳之、納之、藏之。至春秋時,乃徒取之於川池。此世運之漸進,虐政之漸減,民困之稍抒;而申豐反以爲致雹之由,而稱《七月》之卒章爲藏冰之道,亦可謂僨矣。

用冰之始,蓋當漁獵之世,藏生物於深山窮谷固陰沍寒之地,則不變壞。故其後雖不居山谷,猶勞民力以致之。因此并推之人體,故凌人大喪共夷槃冰,命夫命婦喪浴用冰也。然孔子不云乎:桓司馬自爲石椁,三年而不成,若是其靡也,死不如速朽之爲愈也。然則竭民力以取冰，而傳之、而納之、而藏之，亦不如速朽之爲愈矣；况乎爲冰鑒以縱口腹之欲乎？

原刊《中華文史論叢》第一輯，一九八三年二月出版

〔一二一〕墳 墓

顧亭林曰：古王者之葬，稱墓而已。春秋以降，乃有稱丘者。趙肅侯、秦惠文、悼武、孝文三王始稱陵，至漢則無帝不稱陵矣。《日知録·陵》。案古之葬，蓋本有二法：《易》曰："古之葬者，厚衣之以薪，葬之中野，不封不樹。"《繫辭傳》。此葬於平地者也。《孟子》言："上世嘗有不葬其親者；其親死，則舉而委之於壑；他日過之，狐狸食之，蠅蚋姑嘬之"，乃歸，"反虆梩而掩之"。《滕文公》上。此葬於山中者也。《淮南子》言：禹之時，"死陵者葬陵，死澤者葬澤。"《要略》。況上古之世，奉生送死，又不如禹之時之美備者乎？農耕者葬於中田，游獵者葬於山壑，亦固其所。《檀弓》曰"易墓非古也"；又言"季子皐葬其妻，犯人之禾"；成子高曰"我死，則擇不食之地而葬我焉"；此皆葬於中田者。公叔文子升於瑕丘，曰："樂哉斯丘也，死則我欲葬焉。"則擇丘陵之地以營葬矣。《注》言"刺其欲害人良田"，非也。《吕覽》曰："葬淺則狐狸扣之，深則及於山泉。故凡葬必於高陵之上，以避狐狸之患，水泉之溼。"《節喪》。則古之葬者，實以丘陵爲安，然非凡人之力所及，故不得不就近地而營葬焉。《吕覽》又言："古之人有藏於廣野深山而安者。"可見其葬原有兩法也。

言葬者既以高陵爲安，故公置之墓地，多在於是。"晉卿大夫之墓地在九原"。《檀弓》"是全要領以從先大夫於九京也"《注》。又云："京蓋字之誤，當爲原。"案下文"趙文子與叔譽觀乎九原"，《經》文亦作原，而此節《釋文》云："京音原。下同。下亦作原字。"《疏》云："知京當爲原者，案《韓詩外傳》云：晉趙武與叔向觀於九原。"則下節《經》文，本亦作京而或依鄭《注》改之。德明所見本，猶未盡改，《義疏》所據，亦爲未改

之本;否則《經》文下節可據,不待引《韓詩》爲證矣。《新序·雜事》:"晉平公過九原而歎。"亦作原。《左氏》襄公二十五年:楚蔿掩"辨京陵"。杜《注》曰"别之以爲冢墓之地"是也。人君所葬,或本非丘陵;或雖因丘陵,而猶以爲未高大,則以人力增築之事起,踵事增華,遂有如吴闔閭,秦始皇帝之所爲者矣。

上古之不封不樹,非徒制度之簡陋,亦以葬地距所居本近,不待識别也;不然,封樹不甚勞人,豈古之人所不能爲哉?"孔子既得合葬於防,曰:吾聞之:古也墓而不墳。今丘也,東西南北之人也,不可以弗識也。於是封之,崇四尺。"《檀弓》。墨子制葬埋之法,曰:"壟足以期其所。"《節葬》。皆是物也。《吕覽》言:"葬於山林,則合乎山林,葬於阪隰,則同乎阪隰。"《安死》。蓋就不封不樹之俗推言之。後世士大夫之墓,蓋無不封樹者。故《禮記·月令》:孟冬,"飭喪紀,辨衣裳,審棺槨之厚薄,塋丘壟之大小高卑厚薄之度,貴賤之等級。"《周官·春官》冢人,亦"以爵等爲丘封之度,與其樹數"也,秦穆公之距蹇叔也,曰:"中壽,爾墓之木拱矣。"《左氏》僖公三十二年。伍子胥之將死也,曰:"樹吾墓檟。檟可材也,吴其亡乎!"《左氏》哀公十一年。亦卿大夫之墓無不封樹之一證也。《詩·小弁》曰:"行有死人,尚或墐之。"《毛傳》曰:"墐,路冢也",路人而猶爲之冢,亦取其可識也。《周官·秋官》蜡氏:"若有死於道路者,則令埋而置楬焉。"其用意與爲冢同。

〔一二二〕 桐棺三寸非禹制

《墨子·節用》曰:"古者聖王制爲節葬之法,曰:衣三領,足以朽肉;棺三寸,足以朽骸;堀穴深不通於泉流,不發洩畢氏云:"流疑當爲氣。"則止。"《節葬》曰:"古聖王制爲葬埋之法,曰:棺三寸,足以朽體;衣衾三領,足以覆惡;下毋及泉,上毋通臭;壟若參耕之畝則止矣。"又曰:"禹葬會稽之山,衣衾三領,桐棺三寸;土地之深,下毋及泉,上毋通臭；既葬，收餘壤其上，壟若參耕之畝則止矣。”又曰：“子墨子制爲葬埋之法，曰：棺三寸，足以朽骨；衣三領，足以朽肉；掘地之深，下無菹漏，氣無發洩於上；壟足以期其所則止矣。”今案此葬埋之法，蓋墨子斟酌時俗所制；云古聖王所制，又云禹之行事如此，皆託辭也。《禮記・檀弓》曰：“有虞氏瓦棺，夏后氏堲周，殷人棺椁。”鄭《注》言：有虞氏始不用薪，上陶；火熟曰堲，燒土冶以周於棺，或謂之土周，由是也；椁，大也，以木爲之。《淮南・氾論》曰：“有虞氏用瓦棺，夏后氏堲周，殷人用椁。”高《注》言：“禹世無棺椁，以瓦廣二尺，長四尺，側身累之以蔽土，曰堲周。”如鄭意，夏后氏有棺，堲周所以爲椁；如高意；夏后氏無棺，堲周即所以爲棺。今案《檀弓》言“殷人棺椁”，明以木爲棺椁，并始於殷；《淮南》言“殷人用椁”，則以虞夏雖未以木爲棺，已有瓦棺、堲周之制，惟椁實始於殷，故主椁言之，非謂夏后氏以木爲棺；二説自當以高爲是也。或曰：《檀弓》又曰：“周人以殷人之棺椁葬長殤，以夏后氏之堲周葬中殤下殤，以有虞氏之瓦棺葬無服之殤。”《曾子問》曰：“下殤，土周葬於園。”此鄭以土周即堲周所本也。然則瓦棺而無椁，無服之殤之葬也；木以爲棺，堲周以爲椁，中殤下殤之葬也；棺椁皆以木爲之，則長殤之葬也。等級分明，隆殺以辨，安得謂堲周之制，更無木制之棺與？不知周承殷之後，而以燒土爲椁，夏當殷之前，即以燒土爲棺，事不相妨；正不必因周用堲周之有棺，而疑夏之堲周必爲椁也。部族長技，各有不同。虞夏蓋專尚陶，用木爲棺椁，實始於殷；不然，既以木爲之棺，何不遂爲之椁，而又必燒土以周之也？此又以理推之，而見高説之可信者也。然則夏時實未能以木爲棺，安有桐棺三寸之事？趙鞅之誓衆也，曰：“若其有罪，絞縊以戮；桐棺三寸，不設屬辟。”《左氏》哀公二年。延陵季子之葬其子也，“其坎深，不至於泉”。《檀弓》。然則墨子所據，自是當時轂薄之制，既背周道而用夏政，遂乃傅之於禹耳。其實禹時養生送死之制，較墨子所制，爲更薄陋也。

《郊特牲》曰：“禮之所尊，尊其義也。失其義，陳其數，祝史之事也。故其數可陳也，其義雖知也。知其義而敬守之，天子之所以治天下也。”其説則美矣，然禮家所言之義，未必皆禮之初意也，《檀弓》曰：“孔子曰：之死而致死之，不仁而不可爲也；之死而致生之，不知而不可爲也。是故竹不成用，瓦不成味，木不成斲，琴瑟張而不平，竽笙備而不和，有鐘磬而無簨虡。其曰明器，神明之也。”又曰：“孔子謂爲明器者，知喪道矣，備物而不可用也。哀哉，死者而用生者之器也，不殆於用殉乎哉？塗車芻靈，自古有之，明器之道也。孔子謂爲芻靈者善，謂爲俑者不仁，不殆於用人乎哉？”《孟子》亦曰：“仲尼曰：始作俑者，其無後乎？爲其象人而用之也。”《梁惠王》上。《淮南子》曰：“魯以偶人葬而孔子歎。”《繆稱》。又見《説山》。《荀子》亦曰：“卒禮者，以生者飾死者也。大象其生，以送其死也。故如死如生，如亡如存，終始一也。始卒，沐浴鬠體飯唅，象生執也。不沐則濡櫛，三律而止；不浴則濡巾，三式而止。充耳而設瑱，飯以生稻，唅以槁骨，反生術矣。設褻衣，襲三稱，搢紳而無鉤帶矣。設掩面儇目，鬠而不冠笄矣。書其名，置於其重，則銘不見而柩獨明矣。薦器則冠有鍪而無縰，甕廡虛而不實，有簟席而無牀笫，木器不成斲，陶器不成物，薄器不成内，笙竽具而不和，琴瑟張而不均，輿藏而馬反，告不用也。具生器以適墓，象徙道也。略而不盡，貌而不功。趨輿而藏之，金革轡靷而不入，明不用也。象徙道，又明不用也。是皆所以重哀也，故生器文而不功，明器貌而不用。”《禮論》。一似古人之制禮，真有深意存乎其間者。然既曰事死如事生，事亡如事存矣，又何惜乎器而必文而不功，貌而不用也？既惜其器，則不如無器之爲愈也。然則所謂文而不功，貌而不用者，亦古者技藝未精，所制之器，本不過如此。後世生人所用之器，雖日益美備，而事死之禮，則相沿莫之敢變，正如祭之尚玄酒大羹，路車越席耳。既拘於舊俗而莫敢廢，又沿襲舊器而莫敢革，因生致死不仁、致生不知之説，坊民之倍死忘生，而亦以儆夫以死傷生者也。其説則美矣，然豈禮之初意哉？塗車摶土而俑刻木，竊疑一與瓦棺塈周并行，一與棺椁并起，固由時代不同，亦虞夏與殷，制器各有專長也。

《檀弓》又曰：“仲憲言於曾子曰：夏后氏用明器，示民無知也。

殷人用祭器，示民有知也。周人兼用之，示民疑也。曾子曰：其不然乎？其不然乎！夫明器，鬼器也；祭器，人器也。夫古之人，胡爲而死其親乎？"其實示民疑者，即致死不仁、致生不知之説，曾子意存於厚，然其言，殊不如仲憲得孔子之意也。夏后氏用明器，殷人用祭器，周人兼用之，亦見喪禮前後相因，并日趨於美備。

《荀子》又曰："禮者，謹於吉凶，不相厭者也。紸纊聽息之時，忠臣孝子，亦知其閔已，然而殯斂之具未有求也。垂涕恐懼，然而幸生之心未已，持生之事未輟也。卒矣，然後作具之，故雖備，家必踰日，然後能殯，三日而成服。然後告遠者出矣，備物者作矣。故殯久不過七十日，速不損五十日。是何也？曰：遠者可以至矣，百求可以得矣，百事可以成矣。其忠至矣，其節大矣，其文備矣。然後月朝卜日，月夕卜宅，然後葬也。"《禮論》。然則殯葬之期，亦度其事之宜耳。離乎事而言禮者，未之有也。《左氏》隱公元年："天子七月而葬，同軌畢至。諸侯五月，同盟至。大夫三月，同位至。士踰月，外姻至。贈死不及尸，弔生不及哀。豫凶事，非禮也。"此即《荀子》遠者可以至，吉凶不相厭之説也。《淮南・齊俗》曰："禹遭洪水之患，陂塘之事，故朝死而暮葬。"則凶荒之時，不能備禮，戚友亦莫相弔贈，亦有不拘以時者，古人所以有報葬及久而不葬者也。報葬及久而不葬，皆見《禮記・喪服小記》。報，《注》云："讀爲赴疾之赴。"案《公羊》隱公三年，稱不及時之葬爲渴葬。

原刊《光華大學半月刊》第五卷第八期，
一九三七年四月二十日出版

〔一二三〕墓　祭

禮家言古不祭墓，謂葬埋所以藏其形，祭祀所以事其神也。《荀子・禮論》："葬埋，敬藏其形也；祭祀，敬祀其神也；銘誄繫世，敬傳其名也。"夫不以形魄爲重，則可戢厚葬之風，不至殫財幣以送死，而反使死者遭發掘之慘，其意則誠善矣，然謂古不祭墓，則非其實也。《易》曰："古之葬者，厚衣之以薪,葬之中野,不封不樹。"《繫辭傳》。此蓋農耕之民,即其所耕作之地以爲葬,猶《禮記·曾子問》言下殤葬於園耳。其距所居蓋甚近,祭於墓與祭於家,無甚區别,故古無祭墓廬墓之事,而非其不重形魄,以形魄爲無知也。户口漸繁,耕地漸虞不足,度地居民之法亦稍詳,則民居與墓地,不得不離,而祭墓廬墓之事,稍以起矣。

《禮記·檀弓》曰:"延陵季子適齊,於其反也,其長子死,葬於嬴博之間。既封,左袒,右還其封,且號者三,曰:骨肉歸復於土,命也;若魂氣,則無不之也。"劉向言嬴博去吴,千有餘里,季子不歸葬,《漢書》本傳。似古人之於形魄,誠以爲無足重輕矣。然《禮記·檀弓》又曰:"太公封於營丘,比及五世,皆反葬於周。君子曰:樂,樂其所自生;禮,不忘其本。古之人有言曰:狐死正丘首,仁也。"則又何也?《曲禮》曰:"國君去其國,止之曰:奈何去社稷也?大夫曰:奈何去宗廟也?士曰:奈何去墳墓也?"觀此知士不必有廟。《檀弓》曰:"子路去魯,謂顔淵曰:何以贈我?曰:吾聞之也:去國則哭於墓而後行;反其國不哭,展墓而入。"《史記·范雎列傳》:雎責須賈曰:"昔申包胥爲楚卻吴軍,楚王封之以荆五千户,包胥辭不受,爲丘墓之寄於荆也。今雎之先人丘墓亦在魏,公前以雎爲有外心於齊而惡雎於魏齊,公之罪一也。"《田單列傳》:"單縱反間曰:吾懼燕人掘吾城外冢墓,僇先人,可爲寒心。燕軍盡掘壟墓,燒死人。即墨人從城上望見,皆涕泣,俱欲出戰,怒自十倍。"古人之重丘墓如此。"曾子問曰:宗子去在他國,庶子無爵而居者,可以祭乎?孔子曰:祭哉。請問其祭如之何?孔子曰:望墓而爲壇,以時祭。若宗子死,告於墓,而後祭於家。"《禮記·曾子問》。奔喪者不及殯,先之墓。《禮記·奔喪》。謂古人以神不棲於丘墓,徒爲無知之形魄所寄,可乎?麗姬之欲陷申生也,"謂君曰:吾夜者夢夫人趨而來,曰:吾苦畏,胡不使大夫將衛士而衛冢乎?公曰:孰可使?曰:臣莫尊於世子,則世子可。故君謂世子曰:麗姬夢夫人趨而來,曰:吾苦畏,女其將衛士而往衛冢乎?世子曰:敬諾。築宫。宫成,麗姬又曰:吾夜者夢夫人趨而來,曰:吾苦飢。世子之宫已成，則何爲不使祠也？"《穀梁》僖公十年。曰苦畏而使士衛其冢，則古人謂神依於墓之證也。所築之宫，蓋即漢世之園寢。《吕覽》言："世之爲丘壟也，其高大若山，樹之若林，其設闕庭，爲宫室，造賓阼也若都邑。"《安死》。其所由來者舊矣。《史記·孔子世家》言："孔子葬魯城北泗上。""故所居堂，弟子内，後世因廟，藏孔子衣冠琴車書。""魯世世相傳，以歲時奉時奉祠孔子冢。"蓋即於是，非真祭於丘墓之間也。然其不能爲廟者，則不得不祭於丘墓之間矣。伊川之被髮而祭於野，《左氏》僖公二十二年。齊人之祭於東郭墦間《孟子·離婁》下。是也。《論衡·四諱》曰："古禮廟祭，今俗墓祀。"蓋謂此也。其《薄葬》又曰：世俗"閔死獨葬，魂孤無副，丘墓閉藏，穀物乏匱，故作偶人，以侍尸柩；多藏食物，以歆精魂"。俑與遣奠，固皆古禮。然則謂魂無不之，而棄其形魄於遠，乃古人無可如何之事，而非其謂神之必不棲於是也。《韓詩外傳》曰："曾子曰：椎牛而祭墓，不如雞豚之逮親存也。"夫能椎牛，其祭亦不菲矣，猶有祭於墓者，則知祭墓非古俗所無。《周官·春官》冢人"祭墓爲尸"，固不必六國時俗矣。

苦畏而將士以衛其冢，此廬墓之禮所由起也。孔子之葬也，弟子皆畢心喪三年，然後去，子貢廬於冢上，凡六年。《史記·孔子世家》。案亦見《孟子·滕文公》上。無衛士又無弟子者，即不得不作偶人以爲之侍；以偶人爲未足而加隆焉，則廬墓之事起矣。廬墓盛於漢世，固不免於矯詐而沽名，然謂其俗不原於古，固不可也。

然古人雖重視形魄，欲敬藏之，而當其臨利害之際，則亦有卓然不惑者。楚昭王之失國而秦救之至也，"吴師居麇。子期將焚之，子西曰：父兄親暴骨焉，不能收，又焚之，不可。子期曰：國亡矣，死者若有知也，可以歆舊祀，豈憚焚之？焚之而又戰，吴師敗，吴子乃歸。"《左氏》定公五年。此與延陵季子之事，可以參觀。古人雖兼重形魄，然及其不能兩全之際，其重神，固尤甚於其重形也。

原刊《光華大學半月刊》第五卷第八期，

一九三七年四月二十日出版

〔一二四〕 死於兵者不入兆域

《周官·春官》冢人:"凡死於兵者,不入兆域。"《注》曰:"戰敗無勇,投諸塋外以罰之。"觀下文"凡有功者居前"之文,其説似當矣。然《左氏》襄公二十九年,"齊人葬莊公於北郭。"杜《注》:"兵死不入兆域,故葬北郭。"君豈以戰陳爲勇乎? 且莊公死於弑逆,非戰敗也。戚之戰,趙鞅誓於師曰:"若其有罪,絞縊以戮,桐棺三寸,不設屬辟,素車樸馬,無入於兆。"《左氏》哀公二年。雖曰戰敗,其人仍死於刑戮也。邲之役,楚莊王"欲還,嬖人伍參欲戰。令尹孫叔敖弗欲,曰:戰而不捷,參之肉其足食乎? 參曰:若事之捷,孫叔爲無謀矣;不捷,參之肉將在晉軍,可得食乎?"《左氏》宣公十二年。戰而死於兵,非無勇也,較諸奔北者如何?《論衡·四諱》曰:俗諱被刑爲徒,不上丘墓。父母死,不送葬;若至墓側,不敢臨葬。甚失至於不行弔,傷見他人之柩者。仲任云:"不能知其不可之意。"然所諱者被刑,非戰敗也。康成之言,於是爲億測矣。

原刊《光華大學半月刊》第五卷第八期,
一九三七年四月二十日出版

〔一二五〕 厚 葬

墨家言薄葬,然儒家亦非主厚葬也。《禮記·檀弓》曰:"夫子居於宋,見桓司馬自爲石椁,三年而不成。夫子曰:若是其靡也,死不如速朽之爲愈也。"又曰:"后木曰:喪,吾聞諸縣子曰:夫喪,不可不深長思也,買棺外内易。我死則亦然。"《注》曰"此孝子之事,非所託",蓋譏之也。然而卒不能止厚葬之俗者,何也? 則當時之制度,牽於流俗,以厚葬爲榮,薄葬爲辱;而儒者又狃於當時之制度,未能一舉而正之也。《檀弓》又曰:"君即位而爲椑,歲一漆之,藏焉。"此與漢天子即位而爲陵;句驪婚嫁畢,便稍營送終之具者何異?蓋流俗之情,雖亦以爲魂升魄降,《禮運》:孔子言禮之初曰:"及其死也,升屋而號,告曰皋某復,然後飯腥而苴孰,故天望而地藏也。體魄則降,知氣在上,故死者北首,生者南鄉,皆從其初。"離魂與魄而二之,固野蠻人之思想也。而又不敢決形魄之無知,迷信之情愈澹,則愈懷疑於鬼神,而愈重視形魄。則恒思有以厚之,其不能遂者,限於力耳。力所能及,則無弗爲矣。變本加厲,遂有以此眩耀生人,而轉忘其本意者。《吕覽》曰:"今世俗大亂之主,愈侈其葬,非爲乎死者慮也,生者以相矜尚也。侈靡者以爲榮,儉節者以爲陋。"《節喪》。其極言厚葬之禍也,曰:"民之於利也,犯流矢,蹈白刃,涉血盩肝以求之。雖聖人猶不能禁。"況於"死者彌久,生者彌疏;生者彌疏,守者彌怠";同上。又況"自古及今,未有不亡之國"也?《安死》。此非難明之理,而亦著見之事也,然而卒莫能戢其觀世示富之心。豈不哀哉!

語曰:矯枉者必過其直。過其直,猶恐枉之不見矯也;況於不及其直也?《荀子》曰:"天子棺椁十重,諸侯五重,大夫三重,士再重。皆有衣衾多少厚薄之數,皆有翣蔞文章之等,以敬飾之。天子之喪,動四海,屬諸侯;諸侯之喪,動通國,屬大夫;大夫之喪,動一國,屬脩士;脩士之喪,動一鄉,屬朋友;庶人之喪,合族黨,動州里。刑餘罪人之喪,不得合族黨,獨屬妻子;棺椁三寸,衣衾三領;不得飾棺,不得晝行,以昏殣;凡緣而往埋之。反,無哭泣之節,無衰麻之服,無親疏月數之等;各反其平,各復其始;已葬埋,若無喪者而止。夫是之謂至辱。"《禮論》。晉趙鞅之誓師也,曰:"若其有罪,絞縊以戮,桐棺三寸,不設屬辟,素車樸馬,無入於兆。"《左氏》哀公二年。其以厚葬爲榮,薄葬爲辱如是,民安得不踰侈以相高也?流之不可止者,必由於不能塞其原。故曰:儒家非厚葬而終不能止厚葬之俗者,以其狃於當時之制度,未能一舉而正之也。

然則儒家之制非,而墨家之法善與?是亦不然。夫積古相沿之俗,非一朝之所能革也審矣。峻其法以禁之,革其事,不能革其心也。不能革其心,則督責之力一衰,其事且將變本而加厲。故儒家貴道之以德,齊之以禮,而不貴道之以政,齊之以刑。厚葬雖非義乎,不强人以所難從,先爲之禮,去其泰甚,正其事而徐俟其心之自變焉,固亦未爲非計。然而以身教者從,以言教者訟;其所令,反其所好,而民不從矣。"夫子制於中都,四寸之棺,五寸之椁。"亦見《檀弓》。"顔淵死,顔路請子之車以爲之椁。子曰:才不才,亦各言其子也。鯉也死,有棺而無椁,吾不徒行以爲之椁。以吾從大夫之後,不可徒行也。"《論語·先進》。然則夫子之所以送其子者,不及其所定之制也。"顔淵死,門人欲厚葬之。子曰:不可。門人厚葬之。子曰:回也,視予猶父也,予不得視猶子也。非我也,夫二三子也。"亦見《先進》。距顔路而顔路不敢非,責門人而門人莫敢懟,其所以自處者,固有以大服乎人心也。墨者夷之,葬其親厚,而猶欲以墨之道易天下,則必不行矣。《孟子·滕文公》上。夫夷子豈以爲非是而不貴也,然而葬其親厚,則墨子之道,流俗之情,必有交戰於中而不能自決者矣。子曰:"人之過也,各於其黨。觀過,斯知仁矣。"《論語·里仁》。"程子曰:君子常失於厚,小人常失於薄;君子過於愛,小人過於忍。"《集注》。人子而不忍儉其親,未爲大惡也,而民之從其意不從其令者,未嘗以是恕也。況夫情無以異於流俗,徒欲責人之守法,而己顧以踰侈爲快者乎?

《墨子·節葬》,《吕覽·安死》,言古之薄葬者,皆稱堯、舜、禹。劉向諫起昌陵,更列黄帝、殷湯、文、武、周公、秦穆公、樗里子、孔子、延陵季子。《漢書》本傳。其盡信與否不可知,然宋文公卒,始厚葬,而君子譏華元、樂舉之不臣,《左氏》成公二年。《史記·宋世家》亦云:"君子譏華元不臣。"則春秋以前,敢於違禮厚葬者,蓋亦寡矣。禮制未亡,而人莫敢自恣也。及戰國之世,則有難言者矣。然其甚者,尤莫過於吴闔閭、秦惠文、武、昭、嚴襄五王,則又何也?曰:儉,德之共;侈,惡之大;必嘗學問、積經歷而後知之,否則徒知以侈爲貴耳。是固流俗之情也。吴與秦,皆儉陋之邦也。以儉陋之邦,接富厚之國,而無嘗學問,積經歷之人,則必以富厚相高,以儉陋爲媿矣。則必以侈靡踰制者,奉其所尊,厚其徒黨矣。商鞅以大築冀闕、營如魯衛驕趙良,《史記》本傳。其務飾外觀可見。《吕覽》之言,蓋爲秦人發也。然而不韋賓客之爲秦謀,則可謂忠矣。蘇秦通於燕易王母,恐誅,乃説燕王,詳爲得罪於燕而亡走齊,説湣王厚葬以明孝,高宫室苑囿以明得意,欲破敝齊而爲燕。《史記》本傳。安知當時諸侯賓客,不有欲禍吴、秦者,而以是破敝之也? 然而燭客之姦,亦必資於嘗學問、積經歷,固非吴、秦之臣所及矣。

《荀子》書晚出,論多偏激不中理,其言厚葬亦是也。《荀子》之言曰:"世俗之爲説者曰:太古薄葬,棺厚三寸、衣衾三領,葬田不妨田,故不掘也。亂今厚葬飾棺,故抇也,是不及知治道,而不察於抇不抇者之所言也。凡人之盜也,必以有爲;不以備不足,則以重有餘也。而聖王之生民也,皆使當厚,優猶知足,而不得以有餘過度,故盜不竊,賊不刺;狗豕吐菽粟,而農賈皆能以貨財讓。風俗之美,男女自不取於途,而百姓羞拾遺。雖珠玉滿體,文繡充棺,黄金充椁,加之以丹矸,重之以曾青,犀象以爲樹,琅玕、龍兹、華覲以爲實,人猶且莫之抇也。亂今然後反是。上以無法使,下以無度行。若是,則上失天性,下失地利,中失人和。故百事廢,財物詘,而禍亂起。王公則病不足於上,庶人則凍餒羸瘠於下。於是焉桀紂羣居,而盜賊擊奪以危上矣。雖此倮而薶之,猶且必抇也,安得葬薶哉?"《正論》。其言似辯矣,獨不知珠玉滿體,文繡充棺者,何以使民知足也?《老子》曰:"民之飢,以其上食税之多。"何謂飢,蓋難言之矣。有多食税者以與之相形,民未有不自以爲飢者也。《孟子》曰:"萬取千焉,千取百焉,不爲不多矣。苟爲後義而先利,不奪不饜。"《梁惠王》上。有萬焉,未有以千自足者也;有千焉,未有以百自足者也。然而世皆以厚葬爲能尊其所尊,親其所親,是則宦官宫妾之見也。

原刊《光華大學半月刊》第五卷第八期,
一九三七年四月二十日出版

〔一二六〕殉　　葬

殉葬之風,何自起乎?曰:其所由來者舊矣。《檀弓》曰:"陳子車死於衛,其妻與其家大夫謀以殉葬。定,而後陳子亢至。以告,曰:夫子疾,莫養於下,請以殉葬。"此隆古留詒之思想也。觀羊角哀、左伯桃之事可知。春秋士大夫,雖不能斷然持無鬼之論,然疑信於其有無之間者多矣,不能革故俗,未必創此陋制也。故曰:殉葬之風,其所由來者舊矣。

《左氏》成公二年:"宋文公卒,始用殉。"《史記·秦本紀》亦言:"武公卒,初以人從死。"似前此無其事者,何也?蓋殉葬古有此俗,至周時多以爲非,故知禮之國莫敢行;而儉陋之國,又莫之能行也。陳子亢之距子車之妻與其家大夫也,曰:"以殉葬,非禮也。雖然,則彼疾,當養者,孰若妻與宰?得已,則吾欲已;不得已,則吾欲以二子者之爲之也。於是弗果用。"《檀弓》又曰:"孔子謂爲明器者,知喪道矣,備物而不可用也。哀哉,死者而用生者之器也,不殆於用殉乎哉?其曰明器,神明之也。塗車芻靈,自古有之。孔子謂爲芻靈者善,謂爲俑者不仁,不殆於用人乎哉?"《孟子·梁惠王》上:"仲尼曰:始作俑者,其無後乎?爲其象人而用之也。"夫象人及用生者之器則何害,然而孔子深惡之者,所謂防其漸也。又曰:"陳乾昔寢疾,屬其兄弟,而命其子尊己曰:如我死,則必大爲我棺,使吾二婢子夾我。陳乾昔死。其子曰:以殉葬,非禮也,况又同棺乎?弗果殺。"《左氏》文公六年:"秦伯任好卒,以子車氏之三子奄息、仲行、鍼虎爲殉,皆秦之良也。國人哀之,爲之賦《黄鳥》。君子曰:秦穆之不爲盟主也,宜哉。"又曰:"君子是以知秦之不復東征也。"宣公十五年:"魏顆敗秦師於輔氏,獲杜回,秦之力人也。初,魏武子有嬖妾,無子。武子疾,命顆曰:必嫁是。疾病,則曰:必以爲殉。及卒,顆嫁之,曰:疾病則亂,吾從其治也。及輔氏之役,顆見老人結草以亢杜回,杜回躓而顛,故獲之。夜夢之曰:余,而所嫁婦人之父也。爾用先人之治命,余是以報。”當時之人之視用殉,以爲慘酷不仁如是,宜其敢行之者少也。

《墨子·節葬》言:“天子殺殉,衆者數百,寡者數十;將軍大夫殺殉,衆者數十,寡者數人。”所謂天子,蓋指當時大國。秦當武公時,東竟猶未至河,未足與大國侔也,而從死者六十六人;穆公則從死者百七十七人,侔於墨子之所謂天子矣。《史記·秦本紀正義》引應劭云:“秦穆公與羣臣飲,酒酣,公曰:生共此樂,死共此哀。於是奄息、仲行、鍼虎許諾。及公薨,皆從死。《黄鳥》詩所爲作也。”此蓋三家遺説。當時許諾者必不止此三人,説詩者但舉此三人耳。蓋戎翟故有此俗,故君以是要其臣,臣亦以是許其君也。然則秦人之用殉,不盡由於其君之侈虐。然《史記》又言“獻公元年止從死”,則亦知其非禮而改之矣。《秦始皇本紀》:“葬始皇酈山。二世曰:先帝後宫非有子者,出焉不宜。皆令從死,死者甚衆。”蓋自此以前,後宫無子者皆出也。

《左氏》昭公十三年,楚靈王縊於申亥氏,“申亥以其二女殉而葬之”。雖造次顛沛之際,而殉葬之禮不廢,可見其俗由來甚久,深入人心也。

原刊《光華大學半月刊》第五卷第八期,
一九三七年四月二十日出版

〔一二七〕 蚩 尤 作 兵

《吕覽·蕩兵》曰:“人曰蚩尤作兵,蚩尤非作兵也,利其械矣。未有蚩尤之時,民固剥林木以戰矣。”是自古相傳,以蚩尤爲作兵之人也。《路史》引《世本》云:“蚩尤作五兵。”漢高祖之起兵也,祠黄帝,祭蚩尤於沛廷。《漢書·高帝紀》。馬援兄子嚴將北軍、羽林、衛護南單于,勑過武庫，祭蚩尤。《後漢書・援傳》。蓋相傳之舊典也。“祠兵”見《春秋》莊公八年，《左》、《穀》皆作“治兵”。《公羊》曰：“出曰祠兵，入曰振旅，其禮一也，皆習戰也。”《公羊解詁》曰：“祠兵，壯者在前，難在前；振旅，壯者在後，復長幼，且衛後也。”《穀梁》曰：“出曰治兵，習戰也。入曰振旅，習戰也。”《爾雅・釋天》曰：“出爲治兵，尚威武也；入爲振旅，反尊卑也。”其義實同。然此皆以後來軍旅之禮言之，非其朔也。《解詁》又曰：“兵不徒使，故將出兵，必祠於近郊，陳兵習戰，殺牲饗士卒。”此蓋其禮之朔。猶明、清初用火礮時，以爲有神，封爲紅衣大將軍而祀之云爾。《周官・春官》肆師：“凡四時之大甸獵，祭表貉則爲位。”《注》：“貉，師祭也。貉讀爲十百之百。於所立表之處爲師祭，造軍法者，禱氣勢之增倍也。其神蓋蚩尤，或曰黄帝。”此其禮之朔也。所以兼祠黄帝者，蚩尤爲黄帝所滅，其後或服屬黄帝；又蚩尤故盛强，黄帝亦或席其舊名，以劫制天下，故其事跡頗相混。《管子・地數》曰：“黄帝問於伯高曰：吾欲陶天下而以爲一家，爲之有道乎？伯高對曰：山之見其榮者，君謹封而祭之，距封十里而爲一壇。是則使乘者下行，行者趨。若犯令者，罪死不赦。然則與折取之遠矣。脩教十年，而葛盧之山發而出水，金從之。蚩尤受而制之，以爲劍鎧矛戟。是歲，相兼者諸侯九。雍狐之山發而出水，金從之。蚩尤受而制之，以爲雍狐之戟、芮戈。是歲，相兼者諸侯十二。”又《五行》篇言：“黄帝得六相而天地治，神明至，蚩尤明乎天道，故使爲當時。”《御覽・皇王部》引《龍魚河圖》曰：“黄帝攝政，前有蚩尤，兄弟八十一人，并獸身人語，銅頭鐵額，食沙石子；造立兵杖刀戟大弩，威振天下。黄帝仁義，不能禁止蚩尤，遂不敵，乃仰天而歎。天遣玄女，下授黄帝兵信神符，制伏蚩尤，以制八方。蚩尤歿後，天下復擾亂不寧。黄帝遂畫蚩尤形像，以威天下。天下咸謂蚩尤不死，八方萬邦，皆爲殄伏。”傳説雖不足據，亦必略有所本也。

《易・繫辭傳》述黄帝、堯、舜之事曰：“弦木爲弧，剡木爲矢。弧矢之利，以威天下。”則北方之兵，用木而已，所謂“剥林木以戰”也。《禮記・内則》言國君世子生三日，射人以桑弧蓬矢六，射天地四方。《注》：“桑弧蓬矢，本大古也。”亦古以木爲兵之一證。南方則不然，《左氏》僖公十八年：“鄭伯始朝於楚，楚子賜之金，既而悔之，與之盟，曰：無以鑄兵。故以鑄三鐘。”《荀子》言楚人“宛巨鐵釶，慘如蠭蠆。”《議兵》。《漢書・地理志》言吴越之士,輕死好用劍。其以金爲兵久矣。周穆王及管子皆有贖刑之制。見《贖刑》條。蓋皆以兵不給用而然。古有寓兵於農之説,後人多誤謂以農夫爲戰士,其實古無稱執兵之人爲兵者。寓兵於農,乃謂以農器爲兵器,《六韜·農器》篇所述是其事。《管子》言"美金以鑄戈劍矛戟",謂以銅爲兵;"惡金以鑄斤斧鉏夷鋸欘",謂以鐵爲農器也。《小匡》。則北方頗乏銅矣。故楚子矜重之也。《周官·秋官》職金:"掌受士之金罰貨罰,入於司兵。"《周官》戰國時書,則戰國時猶有此制。

《水經·資水注》:"茱萸江東逕益陽縣北,又謂之資水。水南十里,有井數百口,淺者四五尺,或三五丈,深者亦不測其深。古老相傳,昔人以杖撞地,輒便成井。或云古人採金沙處,莫詳其實也。"《續漢書·郡國志》武陵郡益陽《注》引《荆州記》曰:益陽"縣南十里有平岡,岡有金井數百,淺者四五尺,深者不測。俗傳云:有金人以杖撞地,輒成井。"又云:"承水出邵陵縣界邪薑山,東北流,至重安縣,逕舜廟下,又東合略塘。相傳云:此塘中有銅神,今猶時聞銅聲於水,水輒變緑,作銅腥,魚爲之死。"又《漸江水注》:"石帆山西連會稽,東帶若邪溪,《吴越春秋》所謂歐冶涸以成五劍。溪水下注太湖,湖水自東亦注江通海。東有銅牛山,其間有炭瀆。"皆南方銅礦夙開之證。

《吴越春秋》與《越絶書》爲一家言。《越絶外傳》有《記寶劍》之篇,載薛燭論巨闕之辭曰:"寶劍者,金錫和銅而不離。今巨闕已離矣,非寶劍也。"其論純鈞曰:"當造此劍之時,赤堇之山破而出錫,若邪之溪涸而出銅。"《山海經·中山經注》引此。又云:"汲郡冢中,得銅劍一枝,長三尺五寸,乃今所名爲干將劍。汲郡亦皆非鐵也,明古者通以錫雜銅爲兵器也。"金錫和銅,此今人所謂青銅器也。衛聚賢云:"今江蘇之無錫縣,舊説周、秦間本産錫。語云:有錫争,無錫平。漢乃以無錫名縣。古南方之錫,蓋取於是。"予案衛説是也。無蓋發語詞,以爲有無之無,乃後人附會。《周官·秋官》職金:"入其金錫於兵器之府。"則北方制兵亦用青銅。《外傳》又言:楚王令風胡子之吴,使干將作鐵劍三:一曰龍淵,二曰泰阿,三曰工布。晉、鄭聞而求之,不得。興師圍楚,三年不解。楚王引泰阿之劍,登城而麾之。三軍破敗,士卒迷惑，流血千里。楚王大説，曰："此劍威邪？寡人力邪？"風胡子對曰："劍之威也，因大王之神。"楚王曰："夫劍，鐵耳，固能有精神若此乎？"風胡子對曰："時各有使然。軒轅、神農、赫胥之時，以石爲兵，斷樹木，爲宮室，死而龍藏。龍同壠。言以劍徇葬。夫神，聖主使然。至黄帝之時，以玉爲兵，以伐樹木，爲宮室，鑿地。夫玉亦神物也，又遇聖主使然。死而龍藏。禹穴之時，以銅爲兵，以鑿伊闕，通龍門，決江導河，東注於東海，天下通平，治爲宮室，豈非聖主之力哉？當此之時，作鐵兵，威服三軍，天下聞之，莫敢不服。此亦鐵兵之神，大王有聖德。"玉亦石也，肅慎氏楛矢石砮，是兼用木石爲兵，蓋古北方多如此。

《吴越春秋・闔閭内傳》云：闔閭使干將作名劍二。干將採五山之鐵精，六合之金英，候天伺地，陰陽同光，百神臨觀，天氣下降，而金鐵之精不銷。干將不知其由。莫邪曰："夫神物之化，須人而成。今夫子作劍，得無得其人而後成乎？"干將曰："昔吾師作冶，金鐵之類不銷，夫妻俱入冶爐中，然後成物。至今後世即山作冶，麻绖葌服，然後敢鑄金於山。今吾作劍不變化者，其若斯邪？"莫邪曰："師知爍身以成物，吾何難哉？"於是干將妻乃斷髮翦爪，投於爐中。使童女童男三百人，鼓槖裝炭，金鐵乃濡，遂以成劍。陽曰干將，陰曰莫邪。干將匿其陽，出其陰而獻之。闔閭既寶莫邪，復命於國中作金鉤。令曰：能爲善鉤者，賞之百金。吴作鉤者甚衆，而有貪王之重賞也，殺其二子，以血釁金，遂成二鉤，獻於闔閭，詣宮門而求賞。王曰："爲鉤者衆，而子獨求賞，何以異於衆夫子之鉤乎？"作鉤者曰："吾之作鉤也，貪而殺二子，釁成二鉤。"王乃舉衆鉤以示之："何者是也？"王鉤甚多，形體相類，不知其所在。於是鉤師向鉤而呼二子之名："吴鴻、扈稽，我在於此，王不知汝之神也。"聲絶於口，兩鉤俱飛，著父之胸。吴王大驚，曰："嗟乎，寡人誠負於子，乃賞百金。"觀此，知當時造鉤專用銅，造劍則已用鐵矣。神物須人而成，此物成之所以必釁也。

僞《古文尚書·説命》曰："惟甲冑起戎。"僞《傳》云："甲，鎧；冑，兜鍪也。"《疏》曰："經傳之文，無鎧與兜鍪，蓋秦、漢以來，始有此名。《傳》以今曉古也。古之甲冑皆用犀兕，未有用鐵者。而鍪鎧之字皆從金，蓋後世始用鐵耳。"《費誓疏》云：經典皆言甲冑，秦世以來，始有鎧兜鍪之文。古之作甲用皮，秦、漢以來用鐵。鎧鍪二字皆從金，蓋用鐵爲之，而因以作名也。《周官·夏官》司甲注：甲，今之鎧也。《疏》：古用皮謂之甲，今用金謂之鎧，從金爲字也。此亦見鐵之爲用日廣。

《戰國策·趙策》：襄子至晉陽，召張孟談曰："吾銅少，若何？"張孟談曰："臣聞董子之治晉陽也，公宫之室，皆以鍊銅爲柱質，請發而用之，則有餘銅矣。"此可見戰國之時，猶以銅爲兵。然朱亥袖四十斤鐵椎椎殺晉鄙，《史記·信陵君列傳》。而張良得力士，爲鐵椎，重百二十斤，以狙擊秦皇帝於博浪沙中，《留侯世家》。則以鐵爲兵者，亦不乏矣。《范雎蔡澤列傳》：秦昭王曰："吾聞楚之鐵劍利而倡優拙。"楚猶如此，他國更可無論也。

蘇秦之説韓宣王也，曰："天下之强弓勁弩，皆從韓出。谿子、少府時力、距來者，皆射六百步之外。韓卒超足而射，百發不暇止，遠者括蔽洞胸，近者鏑掩心。韓卒之劍戟，皆出於冥山、棠谿、墨陽、合賻、鄧師、宛馮、龍淵、太阿，皆陸斷牛馬，水截鵠鴈。當敵則斬堅甲鐵幕，革抉㕹芮，無不畢具。以韓卒之勇，被堅甲，蹠勁弩，帶利劍，一人當百，不足言也。"《史記》本傳。《鹽鐵論·論勇》篇云："世言强楚勁鄭，有犀兕之甲，棠谿之鋌也。"又曰："楚、鄭之棠谿、墨陽，非不利也；犀冑、兕甲，非不堅也。"夫韓即鄭，而鄭則古祝融之虚也。然則北方軍械之精，亦仍由蚩尤之族傳之矣。

賈誼説漢文，收銅勿令布，而曰以作兵器，則前漢之兵，尚多以銅爲之。然《後漢書·鮮卑傳》載蔡邕之言曰："關塞不嚴，禁網多漏，精金良鐵，皆爲賊有，兵利馬疾，過於匈奴。"則後漢之兵，已兼用銅鐵矣。三國崔鑒冶銅爲農器，則農器亦有以銅爲之者。古專用爲兵，而後世兼以爲他器，此銅之所由日貴歟？

〔一二八〕 三　革

《管子·小匡》、《荀子·儒效》皆有定三革偃五兵之文。《齊語》則云："定三革，隱五刃。"韋昭云：三革，甲、胄、盾也。尹知章曰："車、馬、人皆有革甲曰三革。"案此説恐非。《考工記》曰："函人爲甲，犀甲七屬，兕甲六屬，合甲五屬。"蓋所謂三甲者也。

〔一二九〕 宋襄公

宋襄公泓之戰，《公羊》善之，《左》、《穀》非之。僖公二十二年。《左氏》曰："明恥教戰，求殺敵也，傷未及死，如何勿重?""雖及胡耇，獲則取之，何有於二毛?"此純係戰國時人議論，以多殺爲主，可以勿論。《穀梁》謂"道之貴者時，其行勢也"，議論似較正。然宋襄是戰，初非因持正而敗；而其持正，亦非真不度時勢也。《左氏》僖公三十三年："晉陽處父侵蔡。楚子上救之，與晉師夾泜而軍。陽子患之，使謂子上曰：子若欲戰，則吾退舍，子濟而陳。不然紓我。乃駕而待。子上欲涉，大孫伯曰：不可。晉人無信，半涉而薄我，悔敗何及，不如紓之。乃退舍。陽子宣言曰：楚師遁矣。遂歸。楚師亦歸。"曰晉人無信，則他國未必皆無信，此子上之所以欲涉。泓之戰，宋既成列，而楚人猶濟，蓋亦以此也。宋雖不鼓不成列，然以逸待勞，豈有必敗之理?所以敗者：《孫子》曰："諸侯自戰其地者爲散地。"《九地》。《戰國策·中山策》，武安君論楚之敗曰："當此之時，秦中士卒，以軍中爲家，將帥爲父母，不約而親，不謀而信，一心同功，死不旋踵。楚人自戰其地，咸顧其家，各有散心，莫有鬬志，是以能有功也。"此《孫子》之注脚也。春秋時用兵，侵伐者多勝，禦敵者多敗，載在《左氏》，斑斑可考。

宋之敗蓋亦以此。然以偏戰禦敵而克捷者,亦非無之,故謂宋襄以守禮而敗,絶非情實。謂其守禮爲不度時勢,則更以成敗論人,而又曲加傅會者矣。

行軍務於多殺,其禍至戰國時始烈,其論亦至戰國時始盛。古之所謂義兵者,散見羣經諸子中;《吕覽·懷寵》、《淮南·兵略》,言之尤詳。雖時異勢殊,其事不可復見,要不可謂古無其事。且即在晚近,亦未嘗絶跡也。齊桓之霸也,"邢遷如歸,衛國忘亡。"《左氏》閔公二年。蕭魚之役,"赦鄭囚,皆禮而歸之;納斥候,禁侵掠。"襄公十一年。雖古之義兵,亦何以過?《孟子》曰:"鄭人使子濯孺子侵衛,衛使庾公之斯追之。子濯孺子曰:今日我疾作,不可以執弓,吾死矣夫!問其僕曰:追我者誰也?其僕曰:庾公之斯也。曰:吾生矣。其僕曰:庾公之斯,衛之善射者也;夫子曰吾生,何謂也?曰:庾公之斯學射於尹公之他,尹公之他學射於我。夫尹公之他,端人也,其取友必端矣。庾公之斯至,曰:夫子何爲不執弓?曰:今日我疾作,不可以執弓。曰:小人學射於尹公之他,尹公之他學射於夫子。我不忍以夫子之道,反害夫子。雖然,今日之事,君事也,我不敢廢。抽矢,扣輪,去其金,發乘矢而後反。"《離婁》下。《左氏》則曰:"尹公佗學射於庾公差,庾公差學射於公孫丁。二子追公。公孫丁御公。子魚曰:射爲背師,不射爲戮,射爲禮乎?射兩軥而還。尹公佗曰:子爲師,我則遠矣。乃反之。公孫丁授公轡而射之,貫臂。"襄公十四年。此亦《左氏》爲六國時書,務殺而不重禮之證。《檀弓》曰:"工尹商陽與陳棄疾追吴師,及之。陳棄疾謂工尹商陽曰:王事也,子手弓而可。手弓,子射諸。射之,斃一人。韔弓。又及,謂之,又斃二人。每斃一人,掩其目。止其御曰:朝不坐,燕不與,殺三人,亦足以反命矣。孔子曰:殺人之中,又有禮焉。"曷嘗以多殺爲貴哉?邲之戰,"晉人或以廣隊不能進,楚人惎之脱扃。少進,馬還,又惎之拔旆投衡。乃出,顧曰:吾不如大國之數奔也。"當兩軍交戰之時,而教敵人以遁逃,以致反爲所笑,其事殊不近情。故有訓惎爲毒,以"惎之"、"又惎之"絶句者。然如是,則晉人顧曰之語，不可解矣。讀《公羊》還師佚寇之文，則知莊王之不欲多殺，故其下得教敵人以遁逃。《左氏》下文又曰："晉之餘師不能軍，宵濟，亦終夜有聲。"蓋亦見莊王之寬大。杜《注》謂"言其兵衆，將弗能用"，殆非也。宣公十二年。《左氏》書雜取而成，議論多戰國時人語，其記事猶或出舊聞。如宣公二年論狂狡曰："失禮違命，宜其爲禽也。戎昭果毅以聽之之謂禮，殺敵爲果，致果爲毅。易之，戮也。"竟以殺人爲禮。然其記齊桓、晉悼、楚莊之事，則猶是古之遺言矣。邲之戰，莊王不肯爲京觀，而《吕覽》言"齊攻廩丘，趙使孔青將死士而救之。與齊人戰，大敗之。齊將死，得車二千，得尸三萬，以爲二京"，《不廣》。於此亦可見春秋戰國時之變遷。在春秋時，惟齊莊公嘗封少水，《左氏》襄公二十三年。則好勇之徒，不足論也。

《左氏》云："凡諸侯有四夷之功，則獻於王，王以警於夷。中國則否，諸侯不相遺俘。"莊公三十一年。此亦同族間不尚殺戮之一事。宣公十五年、十六年，晉皆獻狄俘於王。城濮之戰，亦獻楚俘。僖公二十八年。蓋猶夷狄遇之。襄公十年，"以偪陽子歸，獻於武宫，謂之夷俘。"杜《注》曰："諱俘中國，故謂之夷。"鞌之戰，獻齊捷於王，成公二年。遂爲王所責矣。然齊伐山戎，子司馬子譏其操之已蹙，《公羊》莊公三十年。則於異族，實亦未嘗歧視也。

昭公八年，《穀梁》言蒐狩之禮曰："車軌塵，馬候蹄，揜禽旅。御者不失其馳，然後射者能中。過防弗逐，不從奔之道也。面傷不獻，《注》："嫌誅降。"不成禽不獻。《注》："惡虐幼小。"禽雖多，天子取三十焉，其餘與士衆，以習射於射宫。射而中，田不得禽，則得禽；田得禽，而射不中，則不得禽。是以知古之貴仁義而賤勇力也。"隱公五年云："戰不逐奔，誅不填服。"即此所謂"過防弗逐"，"面傷不獻"也。王良之論嬖奚也，曰："吾爲之範我馳驅，終日不獲一；爲之詭遇，一朝而獲十。詩云：不失其馳，舍矢如破。我不貫與小人乘。"《孟子·滕文公》下。即此所謂"射而中，田不得禽則得禽；田得禽，而射不中則不得禽"也。《郊特牲》曰："季春出火，爲焚也。然後簡其車賦，而歷其卒伍；而君親誓社，以習軍旅。左之右之，坐之起之，以觀其習變也。而流示之禽，而鹽諸利，以觀其不犯命也。求服其志，不貪其得，故以戰則克，以祭則受福。”即此“禽雖多，天子取三十焉，其餘與士衆”之道也。田獵之重禮如是，而況於争戰乎？

《禮器》：“孔子曰：我戰則克，祭則受福，蓋得其道矣。”即《郊特牲》之所云也。以教民爲制勝之術，論者多迂之。其實軍實之相去，并時之國恒無幾，所争者，仍在民心之和不和耳。孟子告梁惠王曰：“王如施仁政於民，省刑罰，薄税歛，深耕易耨，壯者以暇日脩其孝弟忠信，入以事其父兄，出以事其長上，可使制梃以撻秦楚之堅甲利兵矣。”《梁惠王》上。而《吕覽》曰：“世有言曰：鋤櫌白梃，可以勝人之長銚利兵，此不通乎兵者之論。”《簡選》。其言似相背而實非也。近世中國之敗於外國，豈不曰兵之利弗與哉？然而外人以鎗砲來，中國人未嘗挾弓矢戈矛而戰之也。咸豐戊午庚申之際，歐人即願以軍械資勝清，亦有願售諸太平天国者，彼此皆弗省。其後曾紀澤乘小汽輪歸湘，湘人猶欲焚之。法越戰後，經營海軍，頗有端緒矣，而以那拉氏造頤和園，盡移其費，以供土木，艦械遂無新增，致有甲午之敗。民國以來，軍人之所浪費者，豈不足當東瀛積年之儲，而至二十六七年之間，猶以士卒之血肉，當人之砲火也。嗟乎！果人爲之乎，抑械爲之也？不特此也，“城非不高也，池非不深也，兵革非不堅利也，米粟非不多也，委而去之”，《孟子・公孫丑》下。則數見不鮮矣！《論語》曰：“足食，足兵，民信之矣。必不得已而去，於斯三者何先？曰：去兵。必不得已而去，於斯二者何先？曰：去食。自古皆有死，民無信不立。”《顔淵》。信哉斯言也。《左氏》言晉文之霸也，曰：“晉侯始入而教其民，二年欲用之。子犯曰：民未知義，未安其居。於是乎出定襄王，入務利民，民懷生矣，將用之。子犯曰：民未知信，未宣其用。於是乎伐原以示之信。民易資者，不求豐焉，明徵其辭。公曰：可矣乎？子犯曰：民未知禮，未生其共。於是乎大蒐以示之禮，作執秩以正其官，民聽不惑，而後用之。出穀戍，釋宋圍，一戰而霸，文之教也。”僖公二十七年。其言楚莊之霸也，曰："楚自克庸以來，其君無日不討國人而訓之，於民生之不易，禍至之無日，戒懼之不可以怠。在軍，無日不討軍實而申儆之，於勝之不可保，紂之百克而卒無後。訓之以若敖、蚡冒，篳路藍縷以啓山林。箴之曰：民生在勤，勤則不匱。"宣公十二年。而管子作内政寄軍令，使"人與人相保，家與家相愛；少相居，長相游；祭祀相福，死喪相恤，禍福相憂，居處相樂，行作相和，哭泣相哀。夜戰其聲相聞，足以無亂；晝戰其目相見，足以相識；驩欣足以相死"，《小匡》。更無論矣。人莫不愛其身家，故"死徙無出鄉，鄉田同井，出入相友，守望相助，疾病相扶持"，《孟子・滕文公》上。實戰守之本也。"孔子過泰山側，有婦人哭於墓者而哀。夫子式而聽之，使子路問之曰：子之哭也，壹似重有憂者？而曰：然。昔者吾舅死於虎，吾夫又死焉，今吾子又死焉。夫子曰：何爲不去也？曰：無苛政。夫子曰：小子識之，苛政猛於虎也。"《檀弓》下。夫死於虎與死於兵則奚擇？死於兵者，猶或以爲國殤而哀之，死於虎則人莫之恤矣，然而民三死而弗去。苟如是，復何使之而不可也。故曰："有國有家者，不患寡而患不均，不患貧而患不安；蓋均無貧，和無寡，安無傾。"《論語・季氏》。然後知"鑿斯池也，築斯城也，與民守之，效死而民弗去"之可致也。《孟子・梁惠王》下。趙簡子之於晉陽，則其效也。晉文之於原，《左氏》僖公二十五年。荀吴之於鼓，昭公十五年。皆未嘗豫而徒襲而取之者也，而史家猶播爲美談，況於"好惡不愆"於素者乎？"民知所適"而"事無不濟"也宜矣。荀吴述叔向語。申叔時之責子反曰："德、刑、詳、義、禮、信，戰之器也。德以施惠，刑以正邪，詳以事神，義以建利，禮以順時，信以守物。民生厚而德正，用利而事節，時順而物成。上下和睦，周旋不逆，求無不具，各知其極。故《詩》曰：立我烝民，莫匪爾極。是以神降之福，時無災害，民生敦厖，和同以聽，莫不盡力以從上命，致死以補其闕。此戰之所由克也。今楚，内棄其民，而外絶其好；瀆齊盟而食話言；奸時以動，而疲民以逞。民不知信，進退罪也。人恤所底，其誰致死？"成公十六年。可謂知戰之本矣。子曰："言忠信，行篤敬，雖蠻貊之邦，行矣。言不忠信，行不篤敬，雖州里，行乎哉？”《論語·衛靈公》。觀諸葛亮之服南蠻，而知信之不可棄也。以區區之蜀，蹈涉中原，抗衡上國，使魏之君臣爲之旰食，有以也哉！

鞌之戰，齊侯“每出，齊師以帥退，入於狄卒，狄卒皆抽戈楯冒之，以入於衛師。衛師免之”。杜《注》曰：“狄、衛畏齊之强，故不敢害齊侯。”非也。鄢陵之戰，“晉韓厥從鄭伯，其御杜溷羅曰：速從之。其御屢顧，不在馬，可及也。韓厥曰：不可以再辱國君。乃止。郤至從鄭伯，其右茀翰胡曰：諜輅之，余從之乘，而俘以下。郤至曰：傷國君有刑。亦止。”晉亦畏鄭之强乎？是役也，“郤至三遇楚子之卒，見楚子必下，免冑而趨風。楚子使工尹襄問之以弓，曰：方事之殷也，有韎韋之跗注，君子也。識見不穀而趨，毋乃傷乎？”《左氏》成公十六年。邲之役，“楚許伯御樂伯，攝叔爲右，以致晉師。晉人逐之，左右角之。樂伯左射馬而右射人，角不能進，矢一而已。麋興於前，射麋麗龜。晉鮑癸當其後，使攝叔奉麋獻焉，曰：以歲之非時，獻禽之未至，敢膳諸從者。鮑癸止之，曰：其左善射，其右有辭，君子也。既免。”鞌之戰，邴夏欲射韓厥，曰：“射其御者，君子也。公曰：謂之君子而射之，非禮也。”君子如此，而況於國君乎？

大抵春秋時争戰，惟夷狄較爲野蠻。《穀梁》僖公三十三年：晉人及姜戎敗秦師於殽。不言戰而言敗，何也？狄秦也。其狄之何也？秦越千里之險入虚國，進不能守，退敗其師徒，亂人子女之教，無男女之别。《注》：“謂入滑之時縱暴亂也。”秦之爲狄，自殽之戰始也。《公羊》定公四年：“吴入楚。吴何以不稱子？反夷狄也。其反夷狄奈何？君舍於君室，大夫舍於大夫室，蓋妻楚王之母也。”此等事，蓋當時號稱禮義之國所不敢爲。《左氏》哀公七年：魯入邾，“處其公宫。衆師晝掠。邾衆保於繹。師宵掠，以邾子益來，獻於亳社，囚諸負瑕。”則幾於秦、吴之所爲矣。故茅夷鴻卒致死焉。春秋列國争戰，惟秦穆嘗止晉惠於韓；僖公十五年。而句踐與其夫人，亦入臣妾於吴；而會盟之際，則惟楚執宋公以伐宋；僖公二十一年。而其他諸國，皆逡巡而有所不敢，有以也。《檀弓》曰:"吴侵陳,斬祀殺厲。師還出竟。陳太宰嚭使於師。夫差謂行人儀曰:是夫也多言,盍嘗問焉?師必有名,人之稱斯師也者,則謂之何?太宰嚭曰:古之侵伐者,不斬祀,不殺厲,不獲二毛。今斯師也,殺厲與?其不謂之殺厲之師與?曰:反爾地,歸爾子,則謂之何?曰:君王討敝邑之罪,又矜而赦之,師與?有無名乎?"觀太宰嚭之言,知斬祀殺厲,非夷狄敢爲之者猶少也,而獨責宋襄爲不知戰,可乎?然而聞太宰嚭之言,吴王亦有悔心矣。

大同之世云遥,講信脩睦之風遂渺,然而小康之世,亦未嘗不重民命,惜民力也。是以師出不踰時;《公羊》隱公六年《解詁》。《詩·小雅·何草不黄》鄭《箋》同。《穀梁》隱公五年:"伐不踰時。"行不過三十里;《詩·小雅·六月》"我服既成,於三十里"毛《傳》:"師行三十里。"五十不爲甸徒;《禮記·祭義》。三十受兵,六十還之;《白虎通義·三軍》篇:"年卅受兵何?重絶人世也。師行不必反,戰不必勝,故須其有世嗣也。年六十歸兵何?不忍并鬭人父子也。《王制》曰:六十不與服戎。"《春秋》刺道用師;《公羊》僖公二十六年。重乞師;《公羊》僖公二十六年。《穀梁》成公十三年義同。又桓公十四年:"宋人以齊人、蔡人、衛人、陳人伐鄭。以者,不以者也。民者,君之本也。使人以其死,非正也。"惡一出兵爲兩事;《公羊》僖公二十五年《解詁》。追齊師弗及而止,則嘉其得用兵之節;《公羊》僖公二十六年《解詁》。救成而不敢進,則許其量力而弗責;《公羊》襄公十五年《解詁》。子之所慎:齊,戰,疾。子路曰:子行三軍,則誰與?子曰:暴虎馮河,死而無悔者,吾不與也。必也臨事而懼,好謀而成者也。《論語·述而》。皆此意也。至於戰國之世,則大不然矣。孟子曰:"争地以戰,殺人盈野;争城以戰,殺人盈城。"《離婁》上。"魯欲使慎子爲將軍。孟子曰:不教民而用之,謂之殃民;殃民者不容於堯舜之世。徒取諸彼以與此,然且仁者不爲,況於殺人以求之乎?"《告子》下。蓋其視民命如草芥矣,此其所以謂"善戰者服上刑"也。《離婁》上。不特此也,師之出也,"久者數歲,速者數月",《墨子·非攻》下。非復"不踰時"之舊矣。魏氏之試武卒,"衣三屬之甲,操十二石之弩,負矢五十個,置戈其上,冠軸帶劍,贏三日之糧,日中而趨百里",《荀子·議兵》。非復"日三十里"之程矣。《周官·地官》鄉大夫之職:"國中自七尺以及六十,野自六尺以及六十有五,皆征之。"無所謂"五十不爲甸徒"者矣。《孫子》曰:"主不可以怒而興師,將不可以愠而致戰;合於利而動,不合於利而止。怒可以復喜,愠可以復説;國亡不可以復存,死者不可以復生。"《火攻》。豈不以愛惜民命爲言,然純以利害立論矣。乃至《韓子》曰:王良愛馬,爲其可以馳驅;句踐愛人,乃欲用以戰鬭。《備内》。則真以百姓爲芻狗矣。世變之劇,不亦深可畏哉!

《公羊》言楚莊入鄭,"親自手旌,左右撝軍,退舍七里。將軍子重諫曰:南郢之與鄭,相去數千里,諸大夫死者數人,廝役扈養死者數百人。今君勝鄭而不有,無乃失民臣之力乎?莊王曰:古者杅不穿,皮不蠹,則不出於四方,是以君子篤於禮而薄於利,要其人而不要其土。"宣公十二年。知春秋時用兵,雖久役,死者初不甚多。而其動也不純以利,因亦無取償於敵國之意也。至戰國則又不然矣,阬降斬級,動以萬計。孟子言齊之入燕也,"殺其父兄,係累其子弟,毀其宗廟,遷其重器。"《梁惠王》下。墨子言當時之用兵也,曰:"入其國家邊竟,芟刈其禾稼,斬其樹木,墮其城郭,以湮其溝池。攘殺其牲牷,燔潰其祖廟,剄殺其萬民,覆其老弱,遷其重器,卒進而柱乎鬬。曰:死命爲上,多殺次之,身傷者爲下,又況失列北橈乎哉?罪死無赦。"《非攻下》。《天志下》略同。陳軫謂秦之伐也,"主必死辱,民必死虜。"《戰國·齊策》。魯仲連謂秦"權使其士,虜使其民"。《趙策》。蓋法俗相沿,有所不忍爲、不敢爲者,至是則無不忍焉敢焉者矣。孟子曰:"不仁哉梁惠王也!仁者以其所愛及其所不愛,不仁者以其所不愛及其所愛。梁惠王以土地之故,糜爛其民而戰之,大敗,將復之,恐不能勝,故驅其所愛子弟以殉之,是之謂以其所不愛及其所愛也。"《盡心》下。事勢之流,相激使然,曷足怪乎?

兵争之烈,雖至戰國而甚,然春秋時已開其端矣。殽之戰,匹馬隻輪無反者。《公羊》僖公三十三年。《穀梁》同。龍門之戰,民死傷者滿溝。《公羊》桓公十二年《疏》引《春秋説》。"邾婁復之以矢,蓋自戰於升陘始也。

魯婦人之髽而弔也,自敗於臺駘始也。"《禮記·檀弓》。案升陘之戰,在僖公二十一年,臺駘之戰,在襄公四年。此多殺之漸也。"晉侯圍曹,門焉,多死。曹人尸諸城上,晉侯患之,聽輿人之謀曰:稱舍於墓。師遷焉。曹人兇懼,爲其所得者棺而出之。因其兇也而攻之。"《左氏》僖公二十八年。陳之從楚伐鄭也,"當陳隧者,井堙木刊。"襄公二十五年。此肆虐之漸也。夫人孰好多殺?亦孰樂肆虐?然争之甚而惟勝之求,終必有不擇術而爲之者。争之烈,不必以兵之衆也,而兵之衆,終爲争之烈。抑且争之烈,終必至盡驅其民以赴戰場而後已。而好生之德,有不可復言者矣。用師之衆,戰國爲甚。然而鞌之戰,緜地五百里,侵車東至海;《穀梁》成公二年。晉人納捷菑於邾,長轂五百乘,緜地千里;文公十四年。《公羊》、《左氏》皆云八百乘。亦自春秋已開其端矣。

《戰國·齊策》:"蘇秦説齊閔王曰:戰者,國之殘也,而都縣之費也。殘費已先,而能從諸侯者寡矣。彼戰者之爲殘也:士聞戰,則輸私財而富軍市,輸飲食而待死士,令折轅而炊之,殺牛而觴士,則是路君之道也。中人禱祝,君翳釀,通都小縣,置社有市之邑,莫不止事而奉王,則此虚中之計也。夫戰之明日,尸死扶傷,雖若有功也,軍出費,中哭泣,則傷主心矣。死者破家而葬,夷傷者空財而共藥,完者内酺而華樂,故其費與死傷者鈞。故民之所費也,十年之田而不償也。軍之所出,矛戟折,鐶弦絶,傷弩,破車,罷馬,亡矢之大半。甲兵之具,官之所私出也,士大夫之所匿,廝養士之所竊,十年之田而不償也。天下有此再費者,而能從諸侯者寡矣。攻城之費,百姓理襜蔽,舉衝櫓,家雜總,身窟穴,中罷於刀金。而士困於土功,將不釋甲,期數而能拔城者爲亟耳。上倦於教,士斷於兵,故三下城而能勝敵者寡矣。"《中山策》:武安君(對秦昭王)曰:"長平之事,秦軍大尅,趙軍大破,秦人歡喜,趙人畏懼。秦民之死者厚葬,傷者厚養,勞者相饗,飲食餔餽,以靡其財。趙人之死者不得收,傷者不得療,涕泣相哀,勠力同憂,耕田疾作,以生其財。今王發軍雖倍其前,臣料趙國守備,亦已十倍矣。"又曰:"今秦破趙軍於長平,不遂以時乘其振懼而滅之,畏而釋之，使得耕稼以益蓄積，養孤長幼以益其衆，繕治兵甲以益其强，增城浚池以益其固。主折節以下其臣，臣推體以下死士。至於平原君之屬，皆令妻妾補縫於行伍之間，臣人一心，上下同力，猶句踐困於會稽之時也。”觀二子之言，則戰勝者之禍，有不可勝道者，而戰敗者無論矣。然因其敗而善用之，又未嘗不可以爲福也，故曰：“其亡其亡，繫於苞桑。”《易・否卦・九五爻辭》。

宋向戌爲弭兵之會，“如晉，告趙孟，趙孟謀於諸大夫。韓宣子曰：兵，民之殘也，財用之蠹，小國之大菑也；將或弭之，雖曰不可，必將許之。弗許，楚將許之，以召諸侯，則我失爲盟主矣。晉人許之。如楚，楚亦許之。如齊，齊人難之。陳文子曰：晉、楚許之，我焉得已？且人曰弭兵，而我弗許，則固攜吾民矣，將焉用之？”可見列國皆以兵爲患。子罕乃曰：“凡諸侯小國，晉、楚所以兵威之，畏而後上下慈和，慈和而後能安靖其國家，以事大國，所以存也。無威則驕，驕則亂生，亂生必滅，所以亡也。天生五材，民并用之，廢一不可，誰能去兵。兵之設久矣，所以威不軌而昭文德也。聖人以興，亂人以廢。廢興存亡昏明之術，皆兵之由也。而子求去之，不亦誣乎？”《左氏》襄公二十七年。“聖人以興，亂人以廢”，乃儒家義兵之論。《左氏》竊之，而未深明其旨。小國賴晉、楚威之，晉、楚失道，誰威之乎？“天生五材，民并用之，廢一不可”，信矣。然兵之設，豈爲殺人也哉？

《公羊》貴偏戰而賤詐戰。“偏，一面也。結日定地，各居一面，鳴鼓而戰，不相詐。”桓公十年《解詁》。“詐謂陷阱奇伏之類。”哀公九年《解詁》。泓之戰，宋襄即能守斯義者也。莒人以慶父之尸求賂，季子待之以偏戰，《春秋》大之。僖公元年。宋皇瑗取鄭師於雍丘，哀公九年。鄭軒達詐反，取宋師於嵒，則疾而略之。哀公十三年。《解詁》曰：“苟相報償，不以君子正道。”即晉人伐楚以救江，猶惡其諼。文公三年。堂堂之陳，正正之旗，豈徒講權謀形勢者所與知哉？《公羊》曰：“觕者曰侵，精者曰伐。戰不言伐，圍不言戰，入不言圍，滅不言入，書其重者也。”《解詁》曰：“將兵至竟，以過侵責之。服則引兵而去；侵責之不服，推兵入竟，伐擊之，益深。”莊公十年。然則切入境時,即應聲罪致討。《吕覽·懷寵》所謂“至於國邑之郊,先發聲出號”是也。《穀梁》曰“苞人民、敺牛馬曰侵,斬樹木、壞宫室曰伐”;隱公五年。《左氏》曰“有鐘鼓曰伐,無曰侵,輕曰襲”;莊公二十九年。蓋并非《春秋》意矣。《公羊》莊公二十八年、文公十五年并云惡以至日伐,《解詁》曰:“用兵之道,當先至竟侵責之,不服,乃伐之;今日至,便以今日伐之,故曰以起其暴也。”亦與此意相發明。

〔一三〇〕 六國之兵

荀子論六國之兵曰:“齊人隆技擊。其技也,得一首者,則賜贖錙金,無本賞矣。是事小敵毳,則偷可用也;事大敵堅,則涣焉離耳。是亡國之兵也。兵莫弱是矣,是其去賃市傭而戰之幾矣。魏氏之武卒,以度取之;衣三屬之甲,操十二石之弩,負服矢五十个,置戈其上,冠軸帶劍,贏三日之糧,日中而趨百里。中試則復其户,利其田宅。是數年而衰,而未可奪也;改造則不易周也;是故地雖大,其税必寡。是危國之兵也。秦人:其生民也陿阸,其使民也酷烈;劫之以勢,隱之以阸,忸之以慶賞,鰌之以刑罰,使天下之民所以要利於上者,非鬬無由也。阸而用之,得而後功之;功賞相長也,五甲首而隸五家。是最爲衆强長久,多地以正,故四世有勝,非幸也,數也。”《議兵》。案魯仲連言:“秦者,棄禮義而上首功之國也。”《集解》引譙周曰:“秦用衛鞅計,制爵二十等,以戰獲首級者計而受爵。是以秦人每戰勝,老弱婦人皆死,計功賞至萬數。天下謂之上首功之國。”《史記·魯仲連列傳》。《商君書·境内篇》云:“人得一首則復。得三十三首以上,盈論,百將屯長,賜爵一級。”“有爵者乞無爵者以爲庶子,級乞一人。”“爵五大夫,皆有賜邑三百家,有賜税三百家。”“能得甲首一者,賞爵一級,益田一頃,益宅九畝,除庶子一人。”即譙周之所云也。其所爲與齊何以異?而計功賞至萬餘,田宅安得給,而國安得不患貧哉?然而異於齊、魏者,齊賜贖錙金而止，無本賞，本賞蓋指田宅。則農民不勸，惟市井輕俠之人應之，故荀子譏其賃市傭而戰之也。魏能拔其民之壯者以爲兵，而不能使其民自厲於戰，故其兵之强者，遠不如秦之多。夫使舉國之民皆習於戰，則不待改造而周；而驅一國之民皆歸之於南畝，則又不慮其稅之寡。故秦之兼天下，農戰爲之也。

張儀説韓王曰："山東之士，被甲蒙胄以會戰，秦人捐甲徒裼以趨敵，左挈人頭，右挾生虜。夫秦卒與山東之卒，猶孟賁之與怯夫。"其説魏王曰："楚雖有富大之名而實空虚；其卒雖多，然而輕走易北，不能堅戰。悉梁之兵南面而伐楚，勝之必矣。"孫子謂田忌曰："彼三晉之兵，素悍勇而輕齊，齊號爲怯。"皆見《史記》本傳。是秦兵最强，三晉次之，齊、楚最弱。《漢書·地理志》論各地方風氣去戰國時不遠，其强弱與之相應。似兵之强弱，實與風土有關，不盡繫於政治之得失。然當桓公、莊王之時，齊、楚之兵，曷嘗不方行天下，强不可圉哉？五方風氣之不同，雖聖人不能使之齊一，然忸之以慶賞，鰌之以刑罰，而謂不能造數萬精强之衆，豈理也哉？管子之作内政寄軍令也，曰："使卒伍之人，人與人相保，家與家相愛；少相居，長相游；祭祀相福，死喪相恤，禍福相憂，居處相樂，行作相和，哭泣相哀。夜戰其聲相聞，足以無亂；晝戰其目相見，足以相識；驩欣足以相死。"《小匡》。此豈徒恃刑罰慶賞而用之乎？乃其後至於賃市傭而戰之，此豈風氣之罪也哉？

《淮南子》言七國之用兵也，曰："攻城濫殺，覆高危安。掘墳墓，揚人骸。大衝車，高重京。除戰道，便死路。犯嚴敵，殘不義。百往一反，名聲苟盛也。是故質壯輕足者，爲甲卒千里之外，家老羸弱悽愴於内。廝徒馬圉，軵車奉饟，道路遼遠，霜雪亟集，短褐不完，人羸車弊，泥塗至膝，相攜於道，奮首於路，身枕格而死。所謂兼國有地者，伏尸數十萬，破車以千百數，傷弓弩矛戟矢石之創者，扶舉於路。故世至於枕人頭，食人肉，葅人肝，飲人血，甘之芻豢。"《覽冥》。蓋其虐用其民如此。而又重之以首功之法，虐及於老弱婦人。嗟乎！戰國之世，生民尚安有孑遺哉？

〔一三一〕 女子從軍

後世女子罕從征戰,偶有其事,人遂詫爲異聞;若返之於古,則初無足異也。《商君書·兵守》篇曰:"壯男爲一軍,壯女爲一軍,男女之老弱者爲一軍,此之謂三軍也。壯男之軍,使盛食厲兵,陳而待敵。壯女之軍,使盛食負壘,陳而待令;客至而作土以爲險阻,及耕格阱,發梁撤屋,給從從之,不洽而熯之,朱師轍《解詁》曰:"當作給徙徙之,不給而熯之。"使客無得以助攻備。老弱之軍,使牧牛馬羊彘,草水之可食者,收而食之,以獲其壯男女之食。"《墨子·備城門》篇曰:"守法:五十步丈夫十人,丁女二十人,老小十人。"又曰:"廣五百步之隊,案同術。丈夫千人,丁女子二千人,老小千人。"又曰:"諸作穴者五十人,男女相半。"蓋兵亦役之一,古役固男女皆與也。《周官·地官》小司徒:"上地家七人,可任也者家三人。中地家六人,可任也者二家五人。下地家五人,可任也者家二人。"《注》曰:"可任,謂丁强任力役之事者。出老者一人,其餘男女强弱相半其大數。"則女子從役,漢人猶知其義矣。《商君書·竟内》篇,皆言稽衆寡以備師役之事,而曰"四竟之内,丈夫女子,皆有名於上,生者著,死者削",亦以此也。

《史記·田單列傳》謂單"身操版插,與士卒分功,妻妾編於行伍之間。令甲卒皆伏,使老弱女子乘城。"《平原君列傳》:李談説以"令夫人以下,編於士卒之間,分功而作"。而武安君言趙不可伐,亦曰:"至於平原君之屬,皆令妻妾補縫於行伍之間。"《戰國·中山策》。知墨子、商君皆非馮億之談也。楚之圍漢王滎陽也,漢王夜出女子滎陽東門被甲二千人,《史記·項羽本紀》。知其時之女子,猶可調發。《左氏》哀公元年:楚子圍蔡,"蔡人男女以辨。"《注》曰:"辨,别也。男女各别,係纍而出降。"襄公二十五年:齊人"男女以班",班即辨也。陳侯"使其衆男女别而纍,以待於朝",别亦即班也。出降必異男女,以其平時本各爲軍也。《周書·大武》曰:“三斂,一男女比。”蓋亦謂各爲一軍矣。

《商君書》曰:“慎使三軍無相過。壯男過壯女之軍,則男貴女而姦民有從謀,而國亡。喜與其恐有蚤聞,案此句有譌。勇民不戰。壯男壯女過老弱之軍,則老使壯悲,弱使强憐;悲憐在心,則使勇民更慮,而怯民不戰。故曰:慎使三軍無相過,此盛力之道。”《兵守》篇。案古之爲軍者,使壯男壯女各爲軍,而男女之老弱者各爲一軍,則其視丁壯老弱之差,甚於男女之異也。野蠻人之分黨,固多以其年齒。然則三軍之法,由來舊矣。

《書·費誓》曰:“馬牛其風,臣妾逋逃,勿敢越逐。”《疏》曰:“古人或以婦女從軍,故云臣妾逋逃也。”則廝徒中亦有婦女矣。

《三國·魏志·武帝紀》:興平二年,吕布“從東緡與陳宫將萬餘人來戰,時太祖兵少,設伏,縱奇兵擊,大破之。”《注》引《魏書》曰:“於是兵皆出取麥,在者不能千人,屯營不固。太祖乃命婦人守陴,悉兵拒之。”則女子從軍,漢末猶有之也。又《蜀志·楊洪傳》:“先主争漢中,急書發兵,諸葛亮以問洪,洪曰:漢中,益州咽喉,存亡之機會,若無漢中則無蜀矣,此家門之禍也。方今之事,男子當戰,女子當運,發兵何疑?”此雖不令女子當前敵,亦未嘗不與於發興也。

原刊《光華附中第二十二届畢業紀年刊》,一九三九年出版

〔一三二〕 守 險

《左氏》僖公三十年:秦晉圍鄭,鄭使燭之武見秦伯,曰:“越國以鄙遠,君知其難也,焉用亡鄭以倍鄰?”俞理初曰:“越國鄙遠,春秋戰國時最多。此言晉大國,數欺秦,秦難越之以鄙遠,明他國不難也。至晉文公卒,秦潛師欲得鄭,是謂晉襄無能爲,欲循越國鄙遠之事。”《癸巳類稿·越國鄙遠義》。案越國鄙遠之所以多,以春秋列國不守關塞。

顧復初《春秋大事表》論之甚明。其所由然，則以此時地廣人希，山林之地，未盡開拓，率爲戎狄所據故也。古之所謂險者，皆專指國都而言。故《易》言"王公設險以守其國"，《坎彖辭》。孟子言"固國不以山谿之險"，《公孫丑》下。戒人勿以是爲險，明時人以此爲險者尚多。鄭莊公曰："制，巖邑也，虢叔死焉。"《左氏》隱公元年。恃險而亡，即恃其城之險而已。《穀梁》曰："夏陽者，虞、虢之塞邑也；滅夏陽而虞、虢舉矣。"僖公二年。雖非都城，然恃一邑以爲屏蔽，亦制之類也。城濮之役，晉侯患楚，子犯曰："戰也。戰而捷，必得諸侯；若其不捷，表裏山河，必無害也。"《左氏》僖公二十八年。平公言晉有三不殆，國險爲其一。司馬侯諍以"四嶽、三塗、陽城、大室、荆山、中南，九州之險也，是不一姓。"昭公四年。魏武侯浮西河而下，中流，顧而謂吴起曰："美哉乎山河之固，此魏國之寶也！"起對曰："在德不在險。昔三苗氏左洞庭，右彭蠡，德義不脩，禹滅之。夏桀之居，左河濟，右泰華，伊闕在其南，羊腸在其北，脩政不仁，湯放之。殷紂之國，左孟門，右太行，常山在其北，大河經其南，脩政不德，武王殺之。"《史記・吴起列傳》。皆非專指都邑所在。劉敬説漢高祖曰："秦地被山帶河，四塞以爲固，卒然有急，百萬之衆可具也。因秦之故，資甚美膏腴之地，此所謂天府者也。"《劉敬列傳》。"左右大臣多關東人，多勸上都雒陽：雒陽東有成皋，西有殽黽，倍河，向伊雒，其固亦足恃。留侯曰：雒陽雖有此固，其中小，不過數百里，田地薄，四面受敵，此非用武之國也。夫關中左殽函，右隴蜀，沃野千里，南有巴蜀之饒，北有胡苑之利。阻三面而守，獨以一面東制諸侯。諸侯安定，河渭漕輓天下，西給京師；諸侯有變，順流而下，足以委輸。此所謂金城千里，天府之國也。劉敬説是也。"《留侯世家》。則兼人力物力言之，規模彌恢廓矣。此戰守形勢之變，實亦社會情形今古不同之所致也。

《鹽鐵論・險固》：大夫言："楚自巫山起方城，屬巫、黔中，設扞關以禦秦。秦苞商、洛、崤、函，以禦諸侯。韓阻宜陽、伊闕，要成皋、太行，以安周鄭。魏濱洛築城，阻山帶河，以保晉國。趙結飛狐、句注、孟門，以存荆、代。燕塞碣石，絶邪谷，繞援遼。齊撫阿、甄，關榮、歷，倚泰山，負海、河。梁關者，邦國之固，而山川社稷之寶也。”而文學駁之曰：“《傳》曰：諸侯之有關梁，非升平之興，蓋自戰國始也。”此足爲顧復初之説之證。然屈完對齊桓公曰：“楚國方城以爲城，漢水以爲池，雖衆無所用之。”《左氏》僖公四年。即設扞關之漸；晉使詹嘉守桃林，文公十三年。女寬守闕塞，昭公二十六年。亦韓阻宜陽、伊闕之漸也。故凡事必以漸興。

隆古之世，兵争烈而生事觳，設都專務守險。其後道路漸通，通工易事益盛，則都邑漸移於平地矣。劉敬言周公營成周維邑，以爲此天下之中，諸侯四方納貢職道里均，有德易以王，無德易以亡。凡居此者，欲令周務以德致人，不欲依阻險，令後世驕奢以虐民。《劉敬列傳》。乃儒家之説，非事實也。平夷之地，無險可馮，脱有兵争，乃專恃人力所築之城以爲衛。孟子説滕文公，所謂“鑿斯池也，築斯城也，與民守之”是也。《梁惠王》下。人力所設之險，終不如天然之險；亦且人力有限，不能徧設。故春秋時大舉侵伐，無不直傅國都，列城罕能堅拒；即戰國時猶然，特其時列國拓土較廣，國中大都邑較多，故攻取較難耳。此實非固圉之道。而大兵一至，列城望風而靡，人民爲敵係虜，禾稼爲敵蹂踐，屋舍爲敵焚燒，甚至於井湮木刊，元氣久而不復，尤非衛民之道。事勢所逼，而設關守隘之事起焉。諸侯之會於魯濟而伐齊也，齊侯禦諸平陰，塹防門而守之，廣里。夙沙衛曰：“不能戰，莫如守險。”《注》：“謂防門不足爲險。”弗聽。晉師卒入平陰，遂從齊師。夙沙衛連大車以塞隧而殿。殖綽、郭最曰：“子殿國師，齊之辱也。子姑先乎！”乃代之殿。衛殺馬於隘以塞道，二子遂爲州綽所得。魯、衛請攻險，晉人蓋弗聽，故齊大子與郭榮謂其“師速而疾，略也”，以止齊侯之行。齊是時蓋恃夙沙衛之塞隧以全其師，亦恃守險者與都城相犄角，故晉人弗敢攻也。《左氏》襄公十八年。齊侯之圍成也，孟孺子速徼之，齊侯去之。速遂塞海陘之道而還。襄公十六年。《注》：“海陘，魯隘道。”邾人之城翼也，還，將自離姑。公孫鉏曰：“魯將御我。”欲自武城還，循山而南。徐鉏、丘弱、茅地曰："道下，遇雨，將不出，是不歸也。"遂自離姑。武城人塞其前，斷其後之木而弗殊。邾師過之，乃推而蹷之。遂取邾師，獲鉏、弱、地。昭公二十三年。此皆以人力塞往來之路，與夙沙衛之所爲同。至晉禦秦師於崤，僖公三十三年。吴要楚於皐舟之隘，襄公十四年。則因天然之險矣。

《擊鼓》之詩曰："爰居爰處，爰喪其馬。於以求之，於林之下。"《箋》曰："求不還者及亡其馬者，當於山林之下。軍行必依山林，求其故處近得之。"《疏》引肆師云："祭兵於山川。"《注》云："蓋軍之所依止也。"案邲之戰，趙旃使二子下，指木曰"尸女於是"，其事也。是役也，晉師在敖、鄗之間。而趙旃致師，楚王乘左廣以逐，旃棄車而走林，足見驅馳雖於平地，屯止必依山林矣。《左氏》宣公十二年。鄢陵之戰，楚師薄於險，亦由是也。成公十六年。《易・師》六四："師左次，无咎。"《注》曰："行師之法，欲右背高，故左次之。"《疏》曰："此兵法也。故《漢書》韓信云：兵法欲右背山陵，前左水澤。"城濮之戰，楚師背酅而舍，蓋其事。

後世都邑雖稍移於平地，然喪敗之時，仍依山爲固。夫椒之敗，"越子以甲楯五千保於會稽"是也。《左氏》哀公元年。《注》："上會稽山也。"吴之潰也，"吴王帥其賢良，與其重禄，以上姑蘇。"云上，蓋亦山名。《史記・越世家》云："越遂復棲吴王於姑蘇之山。"韋昭曰："姑蘇宫之臺也，在吴閶門外，近湖。"《國語・越語》。恐非。魯昭公之伐季氏也，平子登臺以請；公山不狃、叔孫輒之襲魯也，定公與三子入於季氏之宫，登武子之臺；見《左氏》昭公二十五年，定公十二年。此皆倉卒之際，暫避敵鋒，亦非所以禦大敵也。

古約戰多於平地。秦、晉河曲之役，臾駢欲薄諸河，胥甲、趙穿當軍門呼曰："不待期而薄人於險，無勇也。"文公十二年。可見偏戰之必在平地矣。鞌之戰，齊師敗績，逐之三周華不注；與鄢陵之戰，楚師之薄於險，因皆不獲登山以自固，是兵行雖依山陵，約戰必於平地也。隱公四年："諸侯之師敗鄭徒兵。"《注》云："時鄭不車戰。"蓋以國都無所用車之故。宣公十二年，楚子圍鄭，鄭人卜巷出車，亦由是也。

《春秋》僖公三年:“徐人取舒。”《左氏疏》曰:“諸侯相滅亡者,多是土壤鄰接,思啓封疆。今檢杜《注》,徐在下邳,舒在廬江,相去甚遥,而越境滅國,無傳無注,不知所以。”案俞理初所舉證甚多,實尚其犖犖大者,若細疏之,則尚不止此。且滅國而不有者亦多矣,疏家之言,殊滅裂也。

〔一三三〕交　綏

《左氏》文公十二年:“乃皆出戰,交綏。”杜《注》曰:“《司馬法》曰:逐奔不遠,從綏不及。逐奔不遠則難誘,從綏不及則難陷。然則古名退軍爲綏。秦、晉志未能堅戰,短兵未至争而兩退,故曰交綏。”《正義》曰:“《魏武令》引《司馬法》云:將軍死綏。舊説:綏,卻也,言軍卻,將當死。綏必是退軍之名。綏訓爲安。蓋兵書務在進取,恥言其退,以安行即爲大罪,故以綏爲名焉。”然則交綏乃不戰而退。而世以爲戰無勝負之稱,誤矣。《公羊》於是年及文公七年令狐之戰,皆曰:“何以不言師敗績?敵也。”《解詁》曰:“俱無勝負。”昭公十七年楚、吴長岸之戰,亦曰:“詐戰不言戰,此其言戰何?敵也。”《解詁》曰:“俱無勝負,不可言敗,故言戰也。”然則戰無勝負者,正當以敵爲稱耳。

〔一三四〕國　士

豫讓曰:范、中行氏衆人遇我,我故衆人報之;知伯國士遇我,我故國士報之。《史記·刺客列傳》。國士,謂國中戰鬭之士,即《左氏》成公十六年所謂“國士在且厚”,哀公八年所謂“不足以害吴,而多殺國士”者也。古之精兵,皆萃於國都,而王卒尤强。《左氏》桓公八年,季梁謂隨侯曰:“楚人尚左,君必左,無與王遇。且攻其右,右無良焉,必敗。偏敗，衆乃攜矣。”少師不能用其謀，卒致敗績。鄢陵之戰，苗賁皇言於晉侯曰：“楚之良，在其中軍王族而已。請分良以擊其左右，而三軍萃於王卒，必大敗之。”成公十六年。聲子謂“晉人從之，楚師大敗”，襄公二十六年。即用是謀以制勝者也。是役也，郤至以“王卒以舊”，爲楚六間之一，其王卒蓋亦不盡精良。然子反謂“臣之卒實奔”，則王卒猶未敗也。哀公八年，吴爲邾故伐魯，微虎欲宵攻王舍。季孫雖以或人之言止微虎，然吴子聞之，猶一夕三遷。哀公十一年，齊之伐魯也，季氏之甲七千，冉有以武城人三百爲己徒卒，次於雩門之外，五日而後右師從之，蓋藉精强以作士氣。及戰，冉有用矛於齊師，故能入其軍。師獲甲首八十，齊人不能師。其所帥，蓋亦國士之選矣。魯旋會吴伐齊，戰於艾陵。齊、吴之上軍皆敗，吴王卒助之，乃大敗齊師。哀公十一年。可見吴亦如楚，國士萃於中軍也。

定公九年：“晉車千乘在中牟。衛侯將如五氏，卜過之，龜焦。衛侯曰：可也。衛車當其半，寡人當其半，敵矣。乃過中牟。中牟人欲伐之，衛褚師圃亡在中牟，曰：衛雖小，其君在焉，未可勝也。”可見雖小國，公卒亦甚精强也。《詩·常武疏》曰：“諸侯三軍，分爲左右，可得有中軍焉。天子六軍，而得有中軍者，亦當分之爲三，中與左右各二軍也。《春秋》桓五年，蔡人、衛人、陳人從王伐鄭，《左傳》曰：王爲中軍，虢公林父將右軍，周公黑肩將左軍。是天子之軍分爲左右之事也。”案《吴語》：句踐伐吴，“中分其師，以爲左右軍，以其私卒君子六千人爲中軍。”則君爲中軍，乃列國行軍之常，初不必天子而後如是。而國君亦自有其私屬。衛侯所謂寡人當其半者，即指此私屬言，非謂挺身以當晉師也。然則人君之私屬，力侔於與國之車矣。《書·甘誓》：“大戰於甘，乃召六卿。”孫星衍《尚書·今古文注疏》云：“鄭注《周禮》大司馬云：天子六軍，三三而居一偏。賈誼《新書》云：紂將與武王戰，紂陳其卒，左臆右臆。是天子親征，王爲中軍，六卿左右之也。”

《大戴記·虞戴德》曰：“諸侯相見，卿爲介，以其敎士畢行。”《荀子·大略》同，士誤作出。敎士，謂曾經敎習之士。《管子·小匡》言作内政寓軍令，而曰"君有此教士三萬人，以横行於天下"者也。《兵法》篇五教之法："一曰教其目以形色之旗，二曰教其身以號令之數，三曰教其足以進退之度，四曰教其手以長短之利，五曰教其心以賞罰之誠。"此乃胥卒伍而教之，即《周官》大司馬之職，非於其人有所去取也。然人固有强弱之殊，其後遂有所簡汰。《吴子·圖國》曰："强國之君，必料其民：民有膽勇氣力者，聚爲一卒；樂以進戰效力，以顯其忠勇者，聚爲一卒；能踰高超遠，輕足善走者，聚爲一卒；王臣失位，而欲見功於上者，聚爲一卒；棄城去守，欲除其醜者，聚爲一卒。此五者，軍之練鋭也。有此三千人，内出可以決圍，外入可以屠城矣。"《史記·越世家》言："句踐發習流二千，教士四萬人，君子六千人，諸御千人。"習流，蓋水軍；教士，《吴越春秋》作俊士，蓋《吴子》所謂有膽勇氣力，樂以進戰效力，能踰高超遠，經足善走者。《左氏》言檇李之戰，句踐使罪人三行，屬劍於頸而自剄，以亂吴師之目；定公十四年。雞父之戰，吴亦以罪人三千，先犯胡、沈與陳，昭公二十三年。則《吴子》所謂王臣失位若棄城去守之倫也。此已開謫發之先聲矣。君子、諸御，蓋王之貴臣親臣，其所率，即所謂國士也。《越語》言"吴王帥其賢良，與其重禄，以上姑蘇"，蓋亦越君子、諸御之類。

《禮記·月令》：孟夏之月，"命太尉，贊桀俊，遂賢良，舉長大。"孟秋之月，"命將帥選士厲兵，簡練桀俊。"桀俊，即《吴越春秋》所謂俊士，《國語》所謂賢良也。然則凡諸美稱，其初皆指戰士言之，可見古人之好鬬矣。舉長大，《疏》引王肅云："舉形貌壯大者。"蓋形貌壯大者，多有勇力，此亦簡選之一道也。《荀子》言魏氏之武卒，以度取之；《議兵》。《六韜》武車士，武騎士，皆取四十以下，長七尺五寸以上者，是其制。

《史記》又言越伐吴之後，四年復伐之。吴士民罷弊，輕鋭盡死於齊、晉，越大破吴，因留圍之，三年而棲吴王於姑蘇之山。士民，謂凡卒伍，輕鋭則其選鋒也。《吕覽·古樂》言："武王即位，以六師伐殷，六師未至，以鋭兵克之於牧野。"蓋以六國時制附會古事。然《六月》

之詩曰："元戎十乘，以先啓行。"《毛傳》曰："夏后氏曰鉤車，先正也；殷曰寅車，先疾也；周曰元戎，先良也。"《疏》曰："夏后氏曰鉤車，殷曰寅車，周曰元戎，《司馬法》文也。先疾，先良，《傳》因名以解之。"則以精鋭爲前驅，三代久有之矣。《吕覽·簡選》曰："吴闔廬選多力者五百人，利趾者三千人，以爲前陳。"《墨子·非攻》言闔廬之士，奉甲執兵，奔三百里而舍。《荀子·議兵》言魏氏之武卒，"衣三屬之甲，操十二石之弩，負服矢五十个，置戈其上，冠冑帶劍，贏三日之糧，日中而趨百里。"皆所謂良與疾者也。《史記·秦本紀》言："惡來有力，飛廉善走，父子俱以材力事殷紂。"蓋良與疾，爲戰陳之所尚久矣。

《管子·問》篇："士之急難可使者幾何人？吏之急難可使者幾何人？問兵官之吏，國之豪士，其急難足以先後者幾何人？"此平時料民之法也。《墨子·備水》："先養材士，爲異舍，食其父母妻子以爲質。"此將帥簡士之法也。《史記》言李牧居代，先使邊士習騎射，"乃具選車得千三百乘，選騎得萬三千匹，百金之士五萬人，彀者十萬人。"《廉頗藺相如列傳》。此教其民而後簡而用之之法也。《左氏》襄公三年："楚子重伐吴，爲簡之師。"《注》："簡，選練。"此出軍時簡選之法。二十五年：子彊以私卒誘吴，曰"簡師陳以待我"。此臨戰時簡選之法。哀公二十七年：晉荀瑶伐鄭，陳成子救之，屬孤子，三日朝；設乘車兩馬，繫五邑焉，召顔涿聚之子晉，使服車而朝。此亦所謂簡之師也。違穀七里，穀人不知，其整如此。宜荀瑶之避之矣。

《國語·吴語》：句踐伐吴，"命有司大徇於軍，曰：有父母耆老而無昆弟者，以告。王親命之曰：我有大事，子有父母耆老，而子爲我死，子之父母將轉於溝壑，子爲我禮已重矣。子歸，歿而父母之世。後若有事，吾與子圖之。明日，徇於軍，曰：有兄弟四五人皆在此者，以告。王親命之曰：我有大事，子有昆弟四五人皆在此，事若不捷，則是盡也。擇子之所欲歸者一人。明日，徇於軍，曰：有眩瞀之疾者，以告。王親命之曰：我有大事，子有眩瞀之疾，其歸若已。後若有事，吾與子圖之。明日，徇於軍，曰：筋力不足以勝甲兵，志行不足以聽命者歸，莫告。”此振作士氣之術，而汰弱留强之道亦寓焉。《史記·信陵君列傳》：既殺晉鄙，“下令軍中曰：父子俱在軍中，父歸；兄弟俱在軍中，兄歸；獨子無兄弟，歸養。得選兵八萬人，進兵擊秦。”亦是道也。得精强之兵，而又免於多殺，亦用兵之仁術矣。

《左氏》哀公十七年：“越伐吴，爲左右句卒。”《注》：“句卒，鉤伍相著，别爲左右屯。”案莊公四年：“楚武王荆尸，授師孑焉以伐隨。”《注》曰：“揚雄《方言》：孑者，戟也。楚始於此參用戟爲陳。”《疏》曰：“郭璞云：取名於鉤孑也。戟是擊刺之兵，有上刺之刃，又有下鉤之刃，故以鉤孑爲名。”句卒疑亦取義於此。謂能擊刺之卒，猶言劍客也。此亦必簡選之士。

古王卒固特精，而在君之左右者，尤必特有勇力。泓之戰，宋襄公傷股，門官殲焉。《左氏》僖公二十二年。《祈父》之詩曰：“祈父，予王之爪牙，胡轉予於恤，靡所止居。”鄭《箋》曰：“此勇力之士責司馬之辭也。我乃王之爪牙，爪牙之士，當爲王閑守之衛，女何移我於憂，使我無所止居乎？六軍之士，出自六鄉，法不取於王之爪牙之士。”此可見王卒之别有其人也。門官必在公之左右者也。驂乘者左必善射，右必有勇力，蓋簡材武之士以衛將帥最古之法。《周官·夏官》司右：“凡國之勇力之士，能用五兵者屬焉。”亦簡拔材士之職也。又“環人掌致師”，《注》曰：“環，猶卻也。以勇力卻敵。”“古者將戰，先使勇力之士犯敵焉。”此摧鋒陷陳之選，其所屬，亦必簡選之士也。

《孟子》言：“武王之伐殷也，革車三百兩，虎賁三千人。”《盡心》下。《吕覽》則言：“武王虎賁三千人，簡車三百乘。”《簡選》。案《周官》：“虎賁氏掌先後王而趨以卒伍，軍旅會同亦如之。舍則守王閑。王在國則守王宫，國有大故則守王門，大喪亦如之。”則虎賁蓋王之親衛也。

古人君多能養士者，在春秋時，則齊莊公、欒盈其最也。亦皆能食其報。《左氏》於此二人多貶辭，則以其書出自三晉，不足據也。平陰之役，夙沙衛連大車以塞隧而殿。殖綽、郭最曰：子殿國師，齊之辱也。子姑先乎！乃代之殿。衛殺馬於隘以塞道，二子遂爲州綽所得，《左氏》襄公十八年。寺人之不可用如此。然寺人而能殿師，亦見齊莊之多士矣。殖綽、郭最，非不能鬬而死，蓋不欲輕死也。齊侯之報平陰也，《左氏》備載諸臣之名，《注》謂見其廢舊臣，任武力。襄公二十三年。諸臣有所表見者，申鮮虞奔晉，僕賃於野，以喪莊公；襄公二十七年。盧蒲癸、王何卒殺慶舍；襄公二十八年。皆國士之節也。華周、杞梁仗節死綏，襄公二十三年。無論矣，乃其妻亦烈女。見《孟子·告子》下、《禮記·檀弓》、《列女·貞順傳》。莊公之死也，盡節者有賈舉、州綽、邴師、公孫敖、封具、鐸父、襄伊、僂堙；乃至司祭之祝佗父，侍漁之申蒯，在外之鬷蔑，亦皆不肯苟免，可不謂之多士矣乎？觀申鮮虞出奔時之從容，其愛其身以有爲可知，豈有殖綽、郭最甘爲降虜者乎？殖綽後歸衛，伐茅氏，殺晉戍三百人，孫蒯追之，弗敢擊，亦可見其勇。事見襄公二十六年。州綽晉臣，而爲莊公死，此豫讓所謂國士遇我，國士報之者也。樂王鮒謂范宣子曰：盍反州綽、邢蒯，勇士也。宣子曰：彼欒氏之勇也，余何獲焉？王鮒曰：子爲彼欒氏，乃亦子之勇也。襄公二十一年。君子違不適讎國，鮒可謂淺之乎測丈夫矣。欒氏之臣，爲宣子所殺者，曰箕遺、黄淵、嘉父、司空靖、邴豫、董叔、邴師、申書、羊舌虎、叔羆；奔齊者，州綽、邢蒯而外，又有知起、中行喜。自州綽外，其志行多不可考。然觀胥午之觴曲沃人也，“欒作，午言曰：今也得欒孺子，何如？皆曰：得主而爲之死，猶不死也。”襄公二十三年。則其多死士可知，諸臣之志行，亦從可想矣。此等死士，欲有所圖者恒求之。伍員之於專設諸，昭公二十年。白勝之於熊宜僚，哀公十六年。皆是。石乞寧死而不肯言白公所在，亦義士也。或爲後人所稱道，或爲後人所譏評，亦有幸有不幸而已矣。《史記·衛世家》：“釐侯卒，太子共伯餘立。共伯弟和，有寵於釐侯，多予之賂。和以其賂賂士，以襲攻共伯於墓上，共伯入釐侯羨，自殺。”和立。此亦猶公子光之於王僚也。

此等勇士，往往深沈有謀，非徒年少椎鋒也。盧蒲癸其徵也。秦伯終用孟明，增脩國政，卒以勝晉而霸西戎。然其初爲之勞師襲遠，不虞二陵之難，亦椎鋒之士也。子期之將死也，曰：“昔者吾以力事君，不可以弗終。”抉豫章之木以殺人而後死。哀公十六年。子期楚賢相，然亦以力聞矣。不特此也，微虎欲宵攻王舍，私屬徒七百人，三踴於幕庭，卒三百人，有若與焉。哀公八年。其後齊伐魯，戰於郊，齊師自稷曲，師不踰溝。樊遲曰："非不能也，不信子也。請三刻而踰之。"如之。衆從之。而冉有用矛於齊師。哀公十一年。則孔門弟子殆無不能從行陳者。又不特此也，《列子》曰："孔子之勁，能拓國門之關，而不肯以力聞。"《説符》。《列子》雖僞書，此語當有所本。然則孔子身亦能武矣。儒者之貴禮讓也，所以免爭奪相殺之禍也，而豈曰選耎見侮不敢校哉？

《郊特牲》曰："春饗孤子，秋食耆老。"《周官·天官》外饔："邦饗耆老孤子，則掌其割亨之事。饗士庶子亦如之。"《注》曰："孤子者，死王事者之子也。士庶子衛王宫者，若今時之饗衛士矣。"《疏》曰："云邦饗耆老者，謂死事者之父祖。"《管子·問篇》："問死事之孤，其未有田宅者有乎？問死事之寡，其餼廩何如？"則古於死事者之家，皆有特惠，陳成子之所爲，亦猶行古之道也。漢世之羽林孤兒，猶其遺法。

《吴子》料民，以踰高超遠、輕足善走爲一科。輕足善走，紂之飛廉，吴王之利趾其選也。踰高超遠，魏犨之距躍三百、曲踴三百其選乎？《左氏》僖公二十八年。杜《注》曰："距躍，超越也。曲踴，跳踴也。"微虎之三踴，蓋曲踴之類。《史記·王翦列傳》："使人問軍中戲乎？對曰：方投石超距。"超距則距躍之類也。投石者，《左氏》謂"齊高固入晉師，桀石以投人"，其事也。《左氏》成公二年。又十六年，"叔山冉搏人以投，中車折軾。"則以倉卒之間，無石可用故也。知投亦爲古之一技。《集解》曰："徐廣曰：超，一作拔。駰案《漢書》云甘延壽投石拔距，絶於等倫。張晏曰：《范蠡兵法》，飛石重十二斤，爲機發，行三百步，延壽有力，能以手投之。"此説似泥。桀石自爲一技，不論石之重輕也。《左氏》桓公五年，"旝動而鼓。"《疏》云："賈逵以旝爲發石，一曰飛石，引《范蠡兵法》作飛石之事以證之。《説文》亦云建大木，置石其上，發其機以追閩本、監本、毛本作磓。敵，與賈同也。"以此釋《左氏》亦非。《左》襄十年："荀偃、士匄帥卒攻偪陽，親受矢石。"《疏》曰："服虔云：古者以石爲箭鏑。若石是箭鏃，則猶是矢也，何須矢石并言？杜言在矢石間，則不以石爲矢也。《周禮》職金：凡國有大故而用金石，則掌其令。鄭玄云：用金石者，作槍雷之屬。雷即礧也。兵法：守城用礧石以擊攻者。"是殆所謂飛石之類歟？

《韓非子·外儲説左下》："少室周者，古之貞廉潔慤者也，爲趙襄主力士。與中牟徐子角力，不若也，人言之襄主以自代也。襄主曰：子之處，人之所欲也，何爲言徐子以自代？曰：臣以力事君者也。今徐子力多臣，臣不以自代，恐他人言之而爲罪也。一曰：少室周爲襄主驂乘，至晉陽，有力士牛子耕，與角力而不勝。周言於主曰：主之所以使臣騎乘者，以臣多力也，今有多力於臣者，願進之。"曰以力事君，則子期之類也。驂乘蓋車右之職。

〔一三五〕 致　　師

《周官·夏官》：環人，掌致師。《注》曰："環，猶卻也，以勇力卻敵。"又曰："古者將戰，先使勇力之士犯敵焉。"案"致"之義，一爲達之使往，一爲引之使來。致師之事，見於《左氏》者，皆意在引敵出戰，宣公十二年楚樂伯、晉趙旃，成公二年齊高固，襄公二十四年晉張骼、輔躒。即兵法致人而不致於人之"致"也。初不以此決勝負，然古自有以數人之格鬬決勝負者。《隋書·流求傳》曰："國人好相攻擊。諸洞各爲部隊，不相救助。兩陣相當，勇者三五人出前跳噪，交言相駡，因相擊射。如其不勝，一軍皆走，遣人致謝，即共和解。"《春秋》僖公元年："公子友帥師敗莒師於麗，獲莒挐。"《穀梁》曰："内不言獲，此其言獲，何也？惡公子之紿。紿者奈何？公子友謂莒挐曰：吾二人不相説，士卒何罪？屏左右而相搏。公子友處下，左右曰：孟勞。孟勞者，魯之寶刀也。公子友以殺之。"《史記·項羽本紀》："項王謂漢王曰：天下匈匈數歲者，徒以吾兩人耳。願與漢王挑戰，決雌雄，毋徒苦天下之民父子爲也。"即公子友謂莒挐之言也。《集解》引李奇曰："挑，身獨戰，不復須衆也。”又引臣瓚曰：“挑戰，擿嬈敵求戰，古謂之致師。”前説於項王、季友之事爲合，後説於《左氏》所載諸事爲合。竊疑古亦有如流求勝負决於一二人之格鬬者。後雖勝敗决於全軍，然以一二勇士與敵决鬬之俗猶存，其意則變爲擿嬈敵求戰，又或敵來而卻之也。《左氏》僖公二十八年：“晉侯夢與楚子搏，楚子伏己而鹽其腦，是以懼。子犯曰：吉。我得天；楚伏其罪，吾且柔之矣。”杜《注》謂“子犯審見事宜，故權言以答夢”，其説是也。古相搏蓋以處下者爲負，即《穀梁》所謂公子友處下者也。《穀梁》之言，未合經義，然自出舊聞。或以相搏安得帶刀疑之。然趙旃之致師也，屈蕩搏之，得其甲裳；又鄢陵之戰，叔山冉搏人以投，中車折軾。戰鬬之際，夫豈無兵？竊疑古相搏之法，不許用兵，彼此皆能遵守，是以莒挐不虞季友之佩孟勞，而傳者惡季友之紿也。

《左氏》昭公二十一年：公子城遇華豹，“城還。華豹曰：城也！城怒而反之。將注，豹則關矣。豹射，出其間。城與其御子禄之間。將注，則又關矣。曰：不狎，鄙。抽矢。城射之，殪。”《注》曰：“狎，更也。”《疏》曰：“城謂豹：汝頻射我，不使我得更遞，是爲鄙也。豹服此言，故抽矢而止。”又哀公十六年：許公爲遇子伯季子，“曰：與不仁人争，明無不勝。必使先射。射三發，皆遠許爲。許爲射之，殪。”相射以得更遞爲常，蓋亦古戰鬬之法。《疏》謂華豹不達軍禮，非也。

《三國・魏志・吕布傳注》引《英雄記》曰：“郭汜在城北。長安城。布開城門，將兵就汜，言：且卻兵，但身决勝負。汜、布乃獨共對戰，布以矛刺中汜，汜後騎遂前救汜，汜、布遂各兩罷。”此亦公子友、莒挐之所爲也。衆共前救，已非獨身挑戰之法矣。又《許褚傳》：“太祖與遂、超等單馬會語，左右皆不得從，唯將褚。超負其力，陰欲前突太祖，素聞褚勇，疑從騎是褚。乃問太祖曰：公有虎侯者安在？太祖顧指褚，褚瞋目盼之。超不敢動，乃各罷。”負力而欲於會語之間突人，雖得志，心爲勇士所羞矣。

〔一三六〕 古師行多侵掠

《穀梁》曰："古者大國過小邑，小邑必飾城而請罪，禮也。"襄公二十五年。此非謂大國來侵，謂其兵之過竟者耳。《左氏》成公六年："晉伯宗、夏陽説等侵宋，師於鍼，衛人不保。説欲襲衛，曰：雖不可入，多俘而歸，有罪不及死。"八年："鄭伯將會晉師，門於許東門，大獲焉。"《注》曰："過許，見其無備，因攻之。"則春秋時，此等乘機侵略之事甚多。隱公七年，"戎伐凡伯於楚丘以歸。"《公羊》、《左氏》皆以爲戎狄，《穀梁》以爲衛人，未知孰是，然其爲要遮劫奪則一也。《左氏》桓公九年："巴子使韓服告於楚，請與鄧爲好。楚子使道朔將巴客以聘於鄧。鄧南鄙鄾人攻而奪之幣，殺道朔及巴行人。"戎伐凡伯，蓋亦利其幣也。亦可謂野蠻矣。

〔一三七〕 兵　食

《論語·顔淵》："子貢問政。子曰：足食，足兵，民信之矣。子貢曰：必不得已而去，於斯三者何先？曰：去兵。子貢曰：必不得已而去，於斯二者何先？曰：去食。自古皆有死，民無信不立。"《管子·權脩》曰："地之守在城，城之守在兵，兵之守在人，人之守在粟。"此二説實相發明。各明一義，不相背也。

〔一三八〕 古水戰

古水戰以南方爲精。春秋時，吴、楚二國，水戰甚多。《左氏》襄公二十四年，楚子爲舟師以伐吴；昭公十九年，楚子爲舟師以伐濮；二十四年，楚子爲舟師以略吴疆；則人君且躬親其役矣。《史記·張儀列傳》："儀説楚王曰：秦西有巴蜀。大船積粟，起於汶山，浮江以下，至楚三千餘里。舫船載卒，一舫載五十人，與三月之食，下水而浮，一日行三百餘里。里數雖多，然而不費牛馬之力，不至十日而距扞關。"《蘇秦列傳》：蘇代言秦告楚曰："蜀地之甲，乘船浮於汶，乘夏水而下江，五日而至郢。漢中之甲，乘船出於巴，乘夏水而下漢，四日而至五渚。"蓋舟行則士逸。吴之伐楚也，捨舟淮汭；《左氏》定公四年。其伐齊也，溝通江淮；哀公九年。又使徐承帥舟師自海入齊；哀公十年。越之伐吴也，亦使范蠡、后庸率師沿海泝淮，以絶吴路；《國語·吴語》。蓋亦以此也。《吴子·應變》："武侯問曰：吾與敵相遇大水之澤，傾輪没轅，水薄車騎，舟楫不設，進退不得，爲之奈何？起對曰：此謂水戰。無用車騎，且留其傍，登高四望，必得水情；知其廣狹，盡其淺深，乃可爲奇以勝之。敵若絶水，半渡而薄之。"《管子·輕重甲》："桓公曰：天下之國，莫强於越。今寡人欲北舉事孤竹、離枝，恐越人之至，爲此有道乎？管子對曰：君請遏原流，大夫立沼池，令以矩游爲樂，則越人安敢至？桓公曰：行事奈何？管子對曰：請以令隱三川，立員都，立大舟之都。大身之都有深淵，壘十仞。令曰：能游者賜千金。疑當作十金。未能用金千，齊民之游水不避吴、越。桓公終北舉事於孤竹、離枝。越人果至，隱曲蔷以水齊。管子有扶身之士五萬人以待。戰於曲蔷，大敗越人。此之謂水豫。"北方之所謂水戰，如此而已矣。

《左氏》僖公十三年：晉薦饑，使乞糴於秦。秦輸粟於晉，自雍及絳相繼，命之曰汎舟之役。則秦人久能以船運粟，然未聞其舫船載卒也。《史記·白起傳》："與趙將賈偃戰，沈其卒二萬人於河中。"似爲北方舟戰之始。

春秋時，吴、楚陸戰，吴多勝，水戰則楚多勝，蓋以居上流故也。昭公十七年："吴伐楚。陽匄爲令尹，卜戰，不吉。司馬子魚曰：我得上流，何故不吉。"果敗吴於長岸，是其徵也。然《墨子·魯問》曰："昔者楚人與越人舟戰於江，楚人順流而進，迎流而退。見利而進，見不利則其退難。越人迎流而進，順流而退。見利而進，見不利則其退速。越人因此若勢，亟敗楚人。公輸子自魯南游楚，焉始爲舟戰之器，作爲鉤强之備，退者鉤之，進者强之，量其鉤强之長而制爲之兵。楚之兵節，越之兵不節，楚人因此若勢，亟敗越人。”則自然之勢，上流不足專恃，而又可以械器彌其闕。云公輸般爲楚制器，不足信；然楚人之有是器則實矣。此亦見水戰之日精也。

附：戰船之弊①

昔日戰船之弊，大者有二：官吏侵漁，工匠偷減，造不如法，一也。無事時不加修理，日益敝壞，二也。水師之用，固不僅在船，而有事時船不可用，或且無船，則率由於此。

〔一三九〕 丘　　甲

《春秋》成公元年：“作丘甲。”《穀梁》曰：“丘甲，國之事也。丘作甲，非正也。丘作甲之爲非正，何也？古者立國家，百官具，農工皆有職以事上。古者有四民：有士民，有商民，有農民，有工民。夫甲，非人人之所能爲也。”《公羊解詁》義同。《左氏》杜《注》謂使丘出甸賦，則《春秋》何不云賦而云甲乎？或曰：甲既非人人所能爲，而安得使之？不知古甲皆用革；非人人所能爲，謂爲之不能功耳，非謂竟不能成其物也。惟僖公十五年晉作州兵，兵非工民不能爲，或當斂其財，如哀公十二年之用田賦耳。杜《注》顧云使州長各繕甲兵，恐兩失之也。

古者兵甲皆藏於官。《左氏》隱公十一年：鄭將伐許，授兵於大宮；閔公二年：狄伐衛，將戰，國人授甲者皆曰使鶴，是也。漢世猶有

① 戰船之弊，原書寫於《古水戰》文末，現用作附録。

欲禁民藏弓弩者;而羌人久降伏,其叛也,至於執鏡以象兵。知兵之散在民間者不多,揭竿斬木非虚語。此秦皇之所以能收天下兵。若如後世,銅鐵徧佈民間,其可勝歛邪?

漢世盜發,多先劫庫兵。案藏甲兵之處曰庫,自古已然。《左氏》襄公二十六年,"齊烏餘襲我高魚,有大雨自其竇入,介於其庫",是也。亦曰軍府。成公七年:"晉人以鍾儀歸,囚諸軍府",是也。又曰武守。襄公九年,"宋災,樂喜使工正出車,備甲兵,庀武守",是也。然則秦、漢時制度,猶多沿自古昔也。

古之兵,非特民間無有而已,即大夫家亦然。《禮運》曰:"冕弁兵革,藏於私家,非禮也,是謂脅君。"《公羊》曰:"家不藏甲,邑無百雉之城。"定公十二年。此古制也。春秋時,此制浸壞。故齊之陳、鮑,授甲以攻欒、高;《左氏》昭公十年。楚之郤宛,陳甲兵以覼子常;昭公二十七年。而宋之皇非我,亦授甲以攻大尹。哀公二十六年。陳乞誑諸大夫曰:"吾有所爲甲,請以示焉。"《公羊》哀公六年。駟赤謂叔孫氏之甲有物,《左氏》定公十年。《注》:"物,識也。"案此即物勒工名之法。則非徒藏之,又能自造之矣。然在外之臣,猶不能操兵而入國,故白公欲作亂,必詭稱以戰備獻焉。《左氏》哀公十六年。

欒武子謂楚莊王:"在軍,無日不討其軍實而申儆之。"《左氏》宣公十二年。《注》曰:"軍實,軍器。"則古於軍實,視之蓋甚重。晁錯引《兵法》曰:"器械不利,以其卒予敵也。"《漢書》本傳。《吕覽》曰:"世有言耰鋤白梃可以勝人之長銚利兵,此不通乎兵者之論。"《簡選》。自系平心之説。孟子言制梃以撻秦楚之堅甲利兵,《梁惠王》上。特極言之而已。即使有勝,亦仁之勝不仁,非白梃之勝長銚利兵也,固不容以辭害意。

〔一四〇〕 軍與師

《白虎通·三軍》篇:"國有三軍何?所以戒非常,伐無道,尊宗廟，重社稷，安不忘危也。何以言有三軍也?《論語》曰：子行三軍，則誰與?《詩》云：周王於邁，六師及之。三軍者何?法天地人也。以爲五人爲伍，五伍爲兩，四兩爲卒，五卒爲旅，五旅爲師，五師爲軍。二千五百人爲師，萬二千五百人爲一軍，三軍三萬七千五百人也。五旅爲師下舊本誤。《漢魏叢書》本據《太平御覽》卷二百九十八改正。《傳》曰：一人必死，十人不能當；百人必死，千人不能當；千人必死，萬人不能當；萬人必死，横行天下。雖有萬人，猶謙讓自以爲不足，故復加二千人，因法月數。月者，羣陰之長也。十二月足以窮盡陰陽，備物成功，萬二千人，亦足以征伐不義，致天下太平也。《穀梁傳》曰：天子有六軍，諸侯上國三軍，次國二軍，下國一軍。"此文爲後人所竄亂。《管子·小匡》篇，述管子作内政寄軍令之制曰："五人爲伍，軌長率之；十軌爲里，故五十人爲小戎，里有司率之；四里爲連，故二百人爲卒，連長率之；十連爲鄉，故二千人爲旅，鄉良人率之；五鄉一師，故萬人一軍，五鄉之師率之。君有此教士三萬人，以横行於天下。"是古制實以萬人爲軍；復加二千人，乃其特異之制。《白虎通》所謂師，即《管子》所謂旅。其言軍制，當與《管子》大同小異。今爲妄人以《周官》改之，并其三軍法天地人之説，亦不可得聞矣。

《説文》以四千人爲軍，《一切經音義》引《字林》同，此古説之僅存者也。兵數不論多少，戰時皆分爲三軍，見《詩·常武疏》。如是，萬二千人，三分之，軍適得四千人也。《公羊》隱公五年《解詁》曰："二千五百人稱師。《禮》：天子六師，方伯二師，諸侯一師。"二千五百人爲師，亦妄人所改，原文當云二千人爲師。如是，則方伯之國，亦四千人。《穀梁》古文説與《周官》同，故《白虎通》更引之以備異説。今本《穀梁》云："古者天子六師，諸侯一軍。"襄公十一年。説反合也。

《詩》言"六師及之"，《大雅·棫樸》。而《毛傳》云"天子六軍"，則軍師二字，可以通用。《箋》云"二千五百人爲師。今王興師行者，殷末之制，未有《周禮》。《周禮》五師爲軍，軍萬二千五百人"，非也。《疏》云："鄭之此言，未是定説。《鄭志》：趙商問此箋，引《常武》整我六師,宣王之時,又出征伐之事,不稱六軍而稱六師,不達其意。答曰:師者衆之通名,故人多云焉。欲著其大數,則乃言軍耳。此正答《常武》六師,而不申此箋之意,是其自持疑也。又臨碩并引《詩》三處六師之文,案謂《棫樸》、《常武》,及《瞻彼洛矣》"以作六師"。以難《周禮》。鄭釋之云:春秋之兵,雖累萬之衆皆稱師。《詩》之六師,謂六軍之師。總言三文六師皆云六軍,是亦以此爲六軍之意也。又《易·師卦注》云:多以軍爲名,次以師爲名,少以旅爲名。師者,舉中之言。然則軍之言師,乃是常稱,不當於此獨設異端。又《甘誓》云:乃召六卿。《注》云:六卿者,六軍之將。《公劉箋》云:邰后稷上公之封,大國三軍。《大誓注》云:六軍之兵東行。皆在《周禮》之前,鄭自言有六軍三軍之法,何故於此獨言殷末?當是所注者廣,未及改之耳。"鄭之穿鑿附會,自語相違,雖《疏》亦不能爲之曲諱矣。《魯頌》"公徒三萬",《閟宫》。與《齊語》"萬人爲一軍"合。《箋》云:"萬二千五百人爲軍。大國三軍,合三萬七千五百人,言三萬者,舉成數也。"與《棫樸箋》同病。

《説文》:"軍,圜圍也。"《廣雅》曰:"軍,屯也。"此爲軍字之本義。《左氏》成公十六年:"鄭子罕宵軍之,宋、齊、衛皆失軍。"言子罕宵圍之,宋、齊、衛皆崩潰不復能屯駐也。興師命將,雖無定法,然戰争既烈,徵發漸廣,則多以命卿爲將,故軍字漸成卿所將衆之專稱。《公羊》襄公十一年:"作三軍。三軍者何?三卿也。作三軍何以書?譏。何譏爾?古者上卿下卿,上士下士。"《左氏》所載,晉之軍制屢變。莊公十六年,王命曲沃伯以一軍爲晉侯。閔公元年,作二軍。僖公二十七年,作三軍。三十一年,作五軍。文公六年,舍二軍。成公三年,作六軍。襄公十四年,舍新軍。而文公六年,以趙成子、欒貞子、霍伯、臼季皆卒,舍二軍;成公三年,以賞鞌之功,韓厥、趙括、鞏朔、韓穿、荀騅、趙旃皆爲卿,作六軍;襄公十四年,知朔生盈而死,盈生六年而武子卒,彘裘亦幼,皆未可立,新軍無帥,則舍之;皆其明證。鄭氏謂師者衆之通名,欲著其大數則言軍;又謂多以軍爲名,次以師爲名,少以旅爲名;失其本義矣。古者"君行師從,卿行旅從",師即《管子》所謂五鄉之師,旅則鄉良人之所率也。然則《管子》言師旅之名，實較《周官》爲古。

《管子》又言五鄙之法曰："制五家爲軌，軌有長；六軌爲邑，邑有司；十邑爲率，率有長；十率爲鄉，鄉有良人；三鄉爲屬，屬有帥；五屬一大夫。"案《小匡》之文，略同《齊語》。《齊語》曰："制鄙。三十家爲邑，邑有司；十邑爲卒，卒有卒帥；十卒爲鄉，鄉有鄉帥；三鄉爲縣，縣有縣帥；十縣爲屬，屬有大夫。五屬，故立五大夫，各使治一屬焉；立五正，各使聽一屬焉。"而《管子》下文云："五屬大夫退而脩屬，屬退而脩連，連退而脩鄉，鄉退而脩卒，卒退而脩邑，邑退而脩家。"則上文當作十邑爲卒，三鄉爲連，十連爲屬，今本有奪誤也。屬之衆凡九萬人。《莊子·德充符》云："勇士一人，雄入於九軍。"疑即此制。《釋文》引崔、李云："天子六軍，諸侯三軍，通爲九軍也。"又引簡文云："兵書以攻九天，收九地，故謂之九軍。"恐皆非也。《左氏》襄公九年："二師令四鄉正敬享。"此鄉正，疑即《齊語》屬立一正之正。

《周書·武順》："五五二十五曰元卒，一卒居前曰開，一卒居後曰敦，左右一卒曰閭，四卒成衛曰伯，三伯一長曰佐，三佐一長曰右，三右一長曰正，三正一長曰卿，三卿一長曰辟。"其法與《管子》又異。故知古制軍之法甚多，《周官》所言，特其一耳。後人遇古書言軍制者，輒以《周官》之法釋之，宜其齟齬而不可通也。

〔一四一〕 五　　兵

《墨子·節用上》："其爲甲盾五兵何？"《閒詁》："《周禮》司兵云：掌五兵五盾，又軍事建車之五兵。鄭衆注云：五兵者，戈、殳、戟、酋矛、夷矛。鄭康成云：步卒之五兵，則無夷矛而有弓矢。《司馬法·定爵》篇云：弓矢圍，殳矛守，戈戟助。凡五兵，當長以衛短，短以救長。案五兵古説多差異，惟鄭君與《司馬法》合，當爲定論。此甲、盾、五兵并舉。而衛宏《漢舊儀》説五兵有甲鎧；《周禮》肆師賈《疏》引《五經異義・公羊》説、《穀梁》莊二十五年范甯《注》、《曾子問》孔《疏》引《禮記隱義》、揚雄《太玄經・玄數》，説五兵并有盾，皆非也。”愚案《淮南・時則》：“春其兵矛，夏其兵戟，注：“戟或作弩也。”六月其兵劍，秋其兵戈，《御覽》引作鉞。冬其兵鎩。”或是《墨子》所謂五兵。

〔一四二〕 私　　屬

《左氏》宣公十一年：楚莊王讓申叔時曰：“夏徵舒爲不道，弒其君，寡人以諸侯討而戮之；諸侯、縣公、皆慶寡人，女獨不慶寡人，何故？”《疏》曰：“《經》無諸侯，而云以諸侯討之、諸侯皆慶者，時有楚之屬國從行也。十二年邲之戰，《經》不書唐，而《傳》云唐侯爲左拒；昭十七年長岸之戰，《經》不書隨，而《傳》言使隨人守舟；明此時亦有諸侯，但爲楚私屬，不以告耳。”案此説太拘。古封建郡縣之制錯行，人臣有世繼者，則曰諸侯；而不然者，則曰縣公而已矣。古卿大夫皆有私屬，如宣公十七年：郤子請伐齊，晉侯弗許，請以其私屬，又弗許；襄公二十五年：子彊、息桓、子捷、子駢、子盂以其私卒先擊吴師，是也。僖公二十八年：“子玉使伯棼請戰，王怒，少與之師，惟西廣、東宫與若敖之六卒實從之。”《注》曰：“六卒，子玉宗人之兵六百人。”宣公十二年：“楚熊負羈囚知罃，知莊子以其族反之。”《注》云：“族，家兵。”此即所謂私屬，蓋如遼之“頭下軍州”，其衆固亦可從王事。此等卿大夫，世其家者，固亦可稱諸侯也。楚既僭稱王矣，其縣尹稱公，卿大夫又何不可稱諸侯乎？《周官》有都司馬、家司馬之職，特聽於國司馬而已，其兵固不屬於國也。

縣亦有强弱。昭公十二年：楚靈王謂“今我大城陳、蔡、不羹，賦皆千乘”；五年：薳啓彊言晉“十家九縣，長轂九百”，縣亦千乘，皆大國之賦也。成公六年：知莊子等謂“成師以出，而敗楚之二縣，何榮之有焉”，則縣不及千乘可知。

〔一四三〕 教　士

《禮記・王制》:"有發,則命大司徒教士以車甲。"案《大戴記・千乘》曰:"司馬司夏,以教士車甲。"此篇多與《王制》相發明。《王制》之司徒,蓋司馬之誤。

〔一四四〕 原　兵[①]

客有遊倮羅者,曰:其人無不帶兵,然止以禦異類;人與人争,止於辨析是非而已,無相詈駡者,而鬬毆無論矣。故雖人人帶兵,無相殺傷之事。《墨子》曰:"古者聖人,爲猛禽狡獸暴人害民,於是教民以兵行,日孫詒讓曰:"疑當爲曰。"帶劍,爲刺則入,擊則斷,旁擊而不折,此劍之利也。甲,爲衣則輕且利,動則兵且從,孫詒讓曰:"兵字無義,疑當作弁,與兵形近而誤。弁者,變之假字。"此甲之利也。"《節用中》。《淮南王書》曰:"爲鷙禽猛獸之害傷人而無以禁御也,而作爲之鑄金鍛鐵,以爲兵刃。"《氾論》。古人豈欺我哉!

《考工記》曰:"攻國之兵欲短,守國之兵欲長。攻國之人衆,行地遠,食飲飢,且涉山林之阻,是故兵欲短。守國之人寡,食飲飽,行地不遠,且不涉山林之阻,是故兵欲長。"晁錯引《兵法》曰:"兩陳相近,平地淺草,可前可後,此長戟之地也,劍楯三不當一。萑葦竹蕭,草木蒙蘢,枝葉茂接,此矛鋋之地也,長戟二不當一。曲道相伏,險阸相薄,此劍楯之地也,弓弩三不當一。"可見短兵利險阻,長兵利平地。《淮南王書》又曰:"古之兵,弓劍而已,槽矛無擊,脩戟無刺。"可見古

---

① 曾改題爲《兵器長短》。

者主用短兵。其主用短兵也，蓋以獵獸於山林，非以殺人於平地也。

《考工記》："戈柲六尺有六寸，殳長尋有四尺，車戟常，酋矛常有四尺，夷矛三尋。"劍：上制長三尺，中制二尺五寸，下制二尺。可見古兵以劍爲最短，而上士、中士、下士各以形貌大小帶之，又可見惟劍爲人人所有也。《左氏》新里之戰，齊烏枝鳴曰："用少，莫如齊致死。齊致死，莫如去備。彼多兵矣，請皆用劍。"昭公二十一年。樂氏之復入於晉也，范宣子謂鞅曰："矢及君屋，死之！鞅用劍以帥卒。"襄公二十三年。《漢書》謂吴越之士，輕死，好用劍。《地理志》。孟子曰："夫撫劍疾視，曰彼惡敢當我哉！此匹夫之勇，敵一人者也。"《梁惠王》下。滕文公曰："吾他日未嘗學問，好馳馬試劍。"《滕文公》上。"莒子庚輿虐而好劍，苟鑄劍，必試諸人。"《左氏》昭公二十三年。然則公戰私鬭皆用劍，而輕俠自喜，賊虐好殺者尤尚焉。至此則劍爲殺人之具矣。

《莊子・説劍》："王曰：夫子所御杖，長短何如?"此劍隨人形貌而分長短之徵。"大冠若箕，脩劍拄頤"，明劍之脩不過拄頤。"挾於旁稱劍"，蓋劍本以挾於旁得名也。季札之初使，北過徐君。徐君好季札劍，口弗敢言。季札心知之，爲使上國，未獻。還至徐，徐君已死，乃解其寶劍，繫之徐君冢樹而去。《史記・吴太伯世家》。此可見古貴族之重劍也。

《公羊》曰："萬者何？干舞也。"宣公八年。《解詁》曰："干謂楯也。能爲人扞難而不使害人，故聖王貴之，以爲武樂。"此亦由墨子之非攻而上守禦歟?

原刊《光華附中第二十二届畢業紀年刊》，一九三九年出版

〔一四五〕軍　志

古《軍志》之語，多爲人所誦習。《左氏》宣公十二年，孫叔引《軍志》曰："先人有奪人之心。"昭公二十一年，宋廚人濮亦引之，又益一

語曰:"後人有待其衰。"然則文公七年,趙宣子謂"先人有奪人之心,軍之善謀也;逐寇如追逃,軍之善政也","逐寇如追逃",亦當爲《軍志》中語矣。又僖公二十八年,楚成王引《軍志》曰:"允當則歸。"又曰:"知難而退。"又曰:"有德不可敵。"凡三語。

《管子·兵法》曰:"《大度之書》曰:舉兵之日而竟内不貧,戰而必勝,勝而不死,得地而國不敗,爲此四者若何?舉兵之日而竟内不貧者,計數得也;戰而必勝者,法度審也;勝而不死者,教器備利而敵不敢校也;得地而國不敗者,因其民也。"此爲經傳之體,亦《軍志》之類也。曰書者,古兵家或蒐古史之文以爲鑑,觀今之《周書》,確有若干篇類《尚書》,然就其宗旨言之,則實爲兵家言,是其證也。《左氏》僖公二十五年,王與晉文陽樊、温、原、欑茅之田。"陽樊不服,圍之。倉葛呼曰:德以柔中國,刑以威四夷,宜吾不敢服也。此誰非王之親姻,其俘之也!乃出其民。"《史記·樗里子傳》:"秦惠王八年,伐曲沃,盡出其人,取其城,地入秦。"《索隱》:"《年表》云:十一年,拔魏曲沃,歸其人。"周赧王之入秦,獻其邑三十六、口三萬也,周民遂東亡。《周本紀》。則得地而不能因其民者多矣。宜太史公歎《司馬兵法》,"閎廓深遠,雖三代征伐,未能竟其義,如其文也。"《司馬穰苴列傳》。然《自序》曰:"《司馬法》所從來尚矣,太公、孫、吴、王子能紹而明之,切近世,極人變。"《律書》。此即《六國表》所謂"近己而俗變相類,議卑而易行",而譏舉秦而笑之,不敢道,爲與耳食無異者也。則《穰苴列傳》謂"穰苴區區爲小國行師,何暇及《司馬兵法》之揖讓"者,又非篤論矣。《自序》又云:"自古王者而有《司馬法》,穰苴能申明之。"《司馬穰苴列傳》。則穰苴之書,闡明舊説者亦不少。古人著書,多述成説,罕申己見,故《史記》一書,論穰苴之語,亦若彼此歧異也。

太史公稱《司馬兵法》之揖讓,蓋其所言多軍禮,故《班志》出之兵家,入之禮家。魏絳之戮揚干也,曰:"臣聞師衆以順爲武,軍事有死無犯爲敬。"晉悼公曰:"吾子之討,軍禮也。"《左氏》襄公三年。古兵書既多禮家言,魏絳之所聞,亦未必非《軍志》中語矣。

〔一四六〕騎　　射

《日知録》曰:"春秋之世,戎翟之雜居中夏者,大抵皆在山谷之間,兵車之所不至。齊桓、晉文僅攘而卻之,不能深入其地者,用車故也。中行穆子之敗翟於大鹵,得之毁車崇卒;而知伯欲伐仇猶,遺之大鍾以開其道;其不利於車可知矣。勢不得不變而爲騎。騎射,所以便山谷也;胡服,所以便騎射也;是以公子成之徒,諫胡服而不諫騎射。意騎射之法,必有先武靈而用之者矣。"卷二十九《騎》條。今案武靈王之所欲者,曰繼簡、襄之業;簡、襄之所欲者,則并代以臨胡貉而已。此騎寇,非山戎也。武靈王之攻中山,雖使趙希將胡代之兵,牛翦將車騎,然特五軍之二,非恃是以攻取。兵書言車騎步之長短者,莫古於《六韜》。大抵車利平地,忌險阻山澤汙下沮洳;騎雖不盡然,亦慮敵爲深溝阬阜;惟徒兵則依丘陵險阻以抗車騎,無則爲行馬木蒺黎以自固;三者之長短可知,豈有攻山國而可用騎者哉?

《容齋四筆》云:崇寧中,李復爲熙河漕使。時邢恕經略涇原,納許彦圭之説,欲用車戰,朝廷委復造戰車三百兩。復疏言:"古者征戰有禮,不爲詭遇,多在平原廣野,故車可行。今盡在極邊,戎狄乘勢而來,雖鷙鳥飛翥,不如是之迅捷,下塞駐軍,各以保險爲利。其往也,車不及期,居而保險,車不能登;歸則敵多襲逐,争先奔趨,不暇回顧,車安能收?"此車易而騎之理,乃以與匈奴、突厥等馳逐於廣漠之鄉,非與苗、瑶等争尺寸之得失於山谷之間也。古山戎多,騎寇少。《管子》言桓公"禽狄王,敗胡貉,破屠何,而騎寇始服",《小匡》。乃戰國時語,非當時實事。《戰國·趙策》言:"趙武靈王破原陽,以爲騎邑。牛贊進諫曰:國有固籍,兵有常經。變籍則亂,失經則弱。今王破原陽,以爲騎邑,是變籍而棄經也。且習其兵者輕其敵,便其用者易其難。今民便其用而王變之,是損君而弱國也。故利不百者不變俗,功不什者不易器。今王破卒散兵，以奉騎射，臣恐其攻獲之利，不如所失之費也。王曰：今重甲循兵，不可以踰險。”此其欲變服之由。蓋古者師行不遠，非如武靈之斥土於無窮之門也。然則胡服非徒以便騎射也。而觀牛贊之言，則趙之諸臣亦非徒諫胡服矣。

《左氏》隱公九年：“北戎侵鄭，鄭伯禦之，患戎師，曰：彼徒我車，懼其侵軼我也。”然則古車徒亦互有短長，不必恃騎也。《周官》大司馬曰：“險野，人爲主；易野，車爲主。”《周官》亦戰國時書，然猶不言騎，知騎非六國所深尚也。蘇秦言六國之兵皆有騎，然不皆胡服，知胡服非徒便騎射也。古建國必依山谿，故傅國都不利車戰。《左氏》隱公四年：“諸侯之師，敗鄭徒兵。”《注》曰：“時鄭不車戰。”蓋以其地不利出車也。故宣公十二年，楚子圍鄭，鄭人卜巷出車。文公十二年秦晉河曲之戰，“秦行人夜戒晉師曰：兩軍之士皆未憖也，明日請相見也。臾駢曰：使者目動而言肆，懼我也，將遁矣。薄諸河，必敗之。胥甲、趙穿當軍門呼曰：不待期而薄人於險，無勇也。乃止。”此可見偏戰必於平地，此古之所以上車也。鞌之戰，“齊師敗績，逐之，三周華不注”；鄢陵之戰，“楚師薄於險”。蓋兵敗乃依山林以自固。

《管子·兵法》：九章：“三曰舉龍章則行水，四曰舉虎章則行林，五曰舉鳥章則行陂，六曰舉蛇章則行澤，七曰舉鵲章則行陸，八曰舉狼章則行山，九曰舉韓章則載食而駕。”此七者，惟舉韓章是用車耳。《左氏》定公六年：“子期以陵師敗於繁陽。”《注》曰：“陵師，陸軍。”《疏》曰：“南人謂陸爲陵，此時猶然。《釋地》云：高平曰陸，大陸曰阜，大阜曰陵，是陵、陸，大小之異名耳。”《管子·地圖》曰：“凡兵，主者必先審知地圖。轘轅之險，濫車之水，名山通谷經川，陵陸丘阜之所在，苴草林木蒲葦之所茂，必盡知之。”凡此皆與易野異，車固不可用，騎亦非所宜也。

《史記·廉頗藺相如傳》：“李牧居代雁門，備匈奴。習射騎。具選車千三百乘，選騎萬三千匹，百金之士五萬人，彀者十萬人。”此用騎特多，亦以所備者爲騎寇故也。

〔一四七〕 象 魏

《左氏》哀公三年："司鐸火。季桓子至，御公立於象魏之外。命藏《象魏》，曰：舊章不可亡也。"杜《注》："《周禮》，正月縣教令之法於象魏，使萬民觀之，故謂其書爲《象魏》。"案此注未審。魏，闕名；象，乃刑典之名。象縣於魏，因稱魏爲象魏，古有之矣；以此而稱象爲象魏，未之前聞，即後世語法，亦無是也。必欲釋之，祇可援足句圓文之例耳。竊疑"命藏象魏"之魏字實衍，杜乃隨文曲釋之也。象之始當爲刑象，蓋畫刑人之狀，以怖其民，《堯典》所謂"象以典刑"也。其後律法寖繁，文字之用亦廣，則變而縣律文，《周官》所謂治象、教象、政象、刑象也。《周官》六官，其薦者五，惟《春官》無縣象之事，其餘皆有之。《詩抑疏》。冬官掌度地居民，實不掌工事，其與人民關涉甚多，《冬官》之文而存，亦必有縣象之事矣。

原刊《光華大學半月刊》第五卷第六期，
一九三七年三月十六日出版

〔一四八〕 五刑之屬三千

《吕刑》云："墨罰之屬千，劓罰之屬千，剕罰之屬五百，宫罰之屬三百，大辟之罰，其屬二百，五刑之屬三千。"《周官》司刑："墨罪五百，劓罪五百，宫罪五百，刖罪五百，殺罪五百。"雖減於《吕刑》，猶二千五百。古代風氣誠樸，簡策繁重，法文之煩，安得如是？苟如是，李悝撰諸國法爲《法經》，又安得止於六篇也？曰：三千若二千五百云者，乃辜較之辭，非實數也。古者出於禮則入於刑，而禮之節目，殊爲繁碎。故曰："禮儀三百，威儀三千。"夫威儀至於三千，而出於禮者咸入於刑,則固可云五刑之屬三千。抑威儀三千,亦辜較之辭,非審諦之數也。古言多則云三,以其數之繁,不可以百計,則云千;以千計而猶覺其多,則曰三千云爾。云墨罰之屬千,劓罰之屬千,剕罰之屬五百,宫罰之屬三百,大辟之罰其屬二百者,約計五刑之屬,墨、劓當各居都數三之一;剕、宫、大辟合三之一;其中剕之屬又居其半,宫與大辟,又當若三比二云爾。皆非實數也。《周官》五刑之屬各五百,豈有罪之輕重懸殊,而施於人,其數顧相等者邪? 益知其以意言之而非實録也。

《司刑注》曰:"夏刑大辟二百,臏辟三百,宫辟五百,劓墨各千,周則變焉;所謂刑罰世輕世重者也。"《疏》云:"夏刑以下,據《吕刑》而言。案《吕刑》剕辟五百,宫辟三百,今此云臏辟三百,宫辟五百,此乃轉寫者誤,當以《吕刑》爲正。"案鄭此《注》,不得别有所據,《疏》言是也。

原刊《光華大學半月刊》第五卷第六期,
一九三七年三月十六日出版

〔一四九〕 象　　刑

象刑之説,荀子深非之,《正論》。此未達於古今之變者也。荀子曰:"殺人者死,傷人者刑,是百王之所同也,未有知其所由來者也。"其實肉刑之原,出於戰陳,乃行於部族與部族之間;在本部族中,固無操兵刃以斷割人者也。

五刑之名,昉見《堯典》,然未嘗列舉其名。其見於《吕刑》者,爲墨、劓、剕、宫、大辟。見於《周官》司刑者,爲墨、劓、宫、刖、殺。《注》言"周改臏作刖",未知何據。恐即據《周官》與《吕刑》不同而言之,凡鄭《注》固多如是。案《國語·魯語》:臧文仲言:"刑五而已,無有隱者。大刑用甲兵,其次用斧鉞;中刑用刀鋸,其次用鑽笮;薄刑用鞭撲。大者陳之原野,小者致之市朝。五刑三次,是無隱也。"三次,即

《堯典》之三就，可見《堯典》之五刑，與《魯語》是一。大者陳諸原野，指戰陳言，又可見肉刑原於兵争，始僅施諸異部族也。

《吕刑》曰："苗民弗用靈，制以刑，惟作五虐之刑曰法。"《墨子·尚同中篇》亦曰："聖王制五刑以治天下，苗民制五刑以亂天下。"五刑始於苗民，説當可信。苗民者，九黎之君，蚩尤之後。蚩尤乃始作兵者，蓋嘗威行於南方。南方之民，本以雕題爲俗，蚩尤蓋得其人以爲奴隸。其後本族有罪者，亦以爲奴隸而儕諸異族，因亦如異族雕其題以别之，是爲黥。又其後，則并制臏、宫、劓、殺之法。古代鑄兵，南勝於北。故春秋時，鄭伯朝於楚，楚子賜之金，既而悔之，與之盟，曰：無以鑄兵；《左氏》僖公十八年。而吴以干將莫邪之利聞天下。微江、淮、荆州，蚩尤固無所取是。《周官》五隸：蠻、閩、夷、貉皆異族，而罪隸爲罪人。《堯典》："帝曰：臯陶，蠻夷猾夏，寇賊姦宄，女作士，五刑有服。"五刑初施諸異族，後乃貤及罪人，亦隱隱可見也。司刑鄭注："今東西夷或以墨劓爲俗，古刑人亡逃者之世類與？"不悟五刑之制放自異族，而轉謂異族效中國之刑人，可謂因果顛倒矣。《後漢書·西羌傳》：羌無弋爰劍，"與劓女遇於野，遂成夫婦。女恥其狀，被髪覆面，羌人因以爲俗。"此劓女之劓，實其飾也，蓋康成所謂西夷以墨劓爲俗者。至東夷之文身者，則不可勝舉矣。

《周官》司刑之爲刑，與《吕刑》僅剕刖小異。掌戮則曰："墨者使守門，劓者使守關，宫者使守内，刖者使守囿，髡者使守積。"《注》："鄭司農云：髡當爲完，謂但居作三年，不虧體者也。玄謂此出五刑之中，而髡者，必王之同族不宫者。宫之爲翦其類，髡頭而已。"案《説文·而部》："耏，罪不至髡也。"《漢書·高帝紀》：七年，"令郎中有罪，耐以上請之。"應劭曰："輕罪不至於髡，完其耏鬢，故曰耐。"《禮運疏》云："古者犯罪，以髡其鬚，謂之耐罪。"段懋堂《説文注》云："髡者，鬍髪也。不鬍其髪，僅去須鬢，是曰耐，亦曰完。謂之完者，言完其髪也。"《刑法志》：有司之議廢肉刑也，曰："諸當髡者，完爲城旦舂；當黥者，髡鉗爲城旦舂。"《列女·辨通·齊大倉女傳》曰："自是之後，鑿顛者髡，抽脅者笞，刖足者鉗。"然則耐輕於髡；髡所以代黥，非以代宫。漢初去古近，刑之相代，必有所受之。司農讀髡爲完；康成謂髡施諸王族不宫者；殆非是。然不改髡字則是矣。掌戮之意，蓋并舉刑人所職，耐名爲完，古人殆不以爲刑也。髡之初，蓋亦施諸奴隸。《少牢饋食禮》："主婦被錫。"《注》："被錫，讀爲髲鬄。古者或剔賤者刑者之髮，以被婦人之紒爲飾，因名髲鬄焉。"《詩·采蘩》："被之僮僮。"《毛傳》："被，首飾也。"《箋》引《禮記》"主婦髲髢"。《周官》追師"掌爲副編次"，《注》亦曰："次，次第髮長短爲之，所謂髲髢。"《詩疏》云："主婦髲鬄，在《少牢》之經，《箋》云《禮記》，誤也。""《少牢注》讀被錫爲髲鬄者，以剔是翦髮之名，直云被錫，於用髮之理未見，故讀爲髲鬄。鬄，剔髮以被首也。"案"鬄剔髮以被首也"，疑當作"髲鬄，剔髮以被首也"。《疏》引《左氏》哀公十七年：衛莊公登城望戎州，見己氏之妻髮美，使髡之，以爲吕姜髢。後卒以是見弑。蓋無故而刑人，故爲人所怨。髡之始，蓋以蠻隸斷髮，因而施諸本族之奴隸者也。蠻隸斷髮雕題，吾族之犯罪，儕異族爲奴隸者，重則鑿其顛，輕則剔其髮。雖輕重不同，其緣起則一，故掌戮以髡與墨、劓、宫、刖并舉，而漢有司猶議以髡代黥也。

古於刑人，畏惡特甚，後世則稍衰。《曲禮》曰："刑人不在君側。"《祭統》曰："古者不使刑人守門。"而《周官》墨、劓、宫、刖者，咸有所守，是其徵也。《公羊》曰："君子不近刑人；近刑人，則輕死之道也。"《穀梁》曰："禮：君不使無恥，不近刑人，不狎敵，不邇怨。賤人非所貴也，貴人非所刑也，刑人非所近也。"襄公二十九年。《公羊》又曰："盜殺蔡侯申。弑君賤者窮諸人，此其稱盜以弑何？賤乎賤者也。賤乎賤者孰謂？謂罪人也。"《解詁》曰："罪人者，未加刑也。"哀公四年。則當刑而未刑者，亦不敢近矣。《王制》曰："公家不畜刑人，大夫弗養，士遇之塗，弗與言也。屏之四方，不及以政，示弗故生也。"則不近刑人者。又不獨人君矣。其畏惡之至於如是，知其初必與異族相雜，慮其蓄怨而報復也。《吕覽·音初》曰："夏后氏孔甲，田於東陽萯山，天大風晦盲，孔甲迷惑，入於民室。主人方乳。或曰：后來，是良日也，之子是必大吉。或曰：不勝也，之子是必有殃。后乃取其子以歸，曰：以爲予子，誰敢殃之？子長成人，幕動坼撩斧斫斬其足，遂爲守門者。孔甲曰：烏乎！有疾，命矣夫！乃作爲《破斧之歌》。實始爲東音。"據此，則刖者守門，由來舊矣。然或偶行之，未以爲法。抑古書述事多不審，此未必果夏時事也。

然云東音,説當不誣。古東夷、南蠻,僅因居處不同而異其名,其種族實是一,亦足爲五刑始於南方之徵也。

刑皆施諸異族,則其施諸本族者如何?曰:笞撻而已,放流而已。語曰:教笞不可廢於家。古者一部族之民猶一家,上之施於下者,固不過如是。即其罪大惡極,不可與處者,亦不過屏之部族之外而止,猶子放婦出也。操兵刃以斷割人,部族中固無是事。舊時雲南彝族人,無不佩刀者。然皆以禦野獸,同族相争,莫或拔刀相向。彼豈無暴戾者?故無是事,則莫敢作是想也。皇古風俗之淳,奚翅今之彝族哉?《堯典》曰:"流宥五刑,鞭作官刑,撲作教刑,金作贖刑。"蓋本族之麗於刑者,或宥之以流,或許其納贖;其未麗於刑者,則止於鞭撲而已,此肉刑初用猶未至於濫之情形也。

《堯典疏》引《周官》條狼氏誓大夫曰敢不關,鞭五百;《左氏》鞭徒人費、圉人犖,子玉使鞭七人,衛侯鞭師曹三百。此皆所謂"鞭作官刑"者也。《學記》曰:"夏楚二物,收其威也。"此則所謂"撲作教刑"者也。季氏負捶於魯昭公;見《公羊》昭公三十一年《解詁》。《疏》云:"《春秋説》文。"廉頗負荆於藺相如;魏齊使舍人笞擊范雎,折脇摺齒;皆見《史記》本傳。可見古者鞭撲之刑,行用甚廣。《穀梁》宣公十八年:"邾人戕鄫子於鄫。戕,猶殘也。捝,殺也。"《注》:"捝,謂捶打殘賊而殺。"案鄫子之死,《公羊》但云"殘賊而殺之"。《解詁》曰:"支解節斷之。"蓋先捝殺之,後又支解之以爲徇,參看《轘》條。《公羊》言之不具也。《新序·節士》云:"掠服無罪,百姓怨。"蓋官刑至後來,寖以施諸訊鞫,如路温舒所謂"捶楚之下,何求不得"者矣。然其初當無是也。

《堯典》又曰:"流共工於幽州,放驩兜於崇山,竄三苗於三危,殛鯀於羽山。"此所謂"流宥五刑"者邪?幽州、崇山、三危、羽山,究在何處,殊難質言,然必不能甚遠。《大學》曰:"惟仁人放流之,屏諸四夷,不與同中國。"一似放流之刑,必極之四海者。然《周官》大司寇之職曰:"凡害人者,寘之圜土而施職事焉,以明刑恥之。其能改過,反於中國,不齒三年。"此圜土豈在四夷乎?然則中國猶言國中。不與同中國者,亦如《王制》移之郊,移之遂,終乃屏之遠方耳。所謂遠方,亦郊遂之外,非真在夷蠻戎狄之地也。不然,放流者何以自達? 而放流之者,亦將何以致之邪?《史記·五帝本紀》曰:"流共工於幽陵,以變北狄;放驩兜於崇山,以變南蠻;遷三苗於三危,以變西戎;殛鯀於羽山,以變東夷。"其説蓋出《書傳》,乃後之人侈言之耳。抑四凶皆貴人,放流雖遠,猶足自達,若平民則必無以達矣。《左氏》昭公元年,鄭放遊楚於吴。子産數之曰:"宥女以遠,勉速行乎,無重而罪。"則春秋時,放大夫者猶不甚遠。鄭之放遊楚,及楚放陳公子招於越,齊放高止、盧蒲嫳於北燕,皆罕有之事也。《周官》又曰:"其不能改而出圜土者殺。"殺之蓋以其逃亡。《周官》晚出之書,用刑稍酷;抑寘之圜土者,亦幾儕於奴隸,故逃亡而即殺之。若《王制》則屏之遠方止矣。然《周官》於圜土嘉石,猶皆不遽施刑,此可見古昔刑人,其難其慎,亦可想見其本不施諸同族也。

刑至後來,雖亦施於本族,然仍限於平民可儕異族爲奴隸者,貴族則否。何者? 貴族終不可儕異族爲奴隸也。故其有罪,止於放流。《公羊》宣公元年《解詁》曰:"古者刑不上大夫,有罪放之而已。"堯之於共工,得毋名曰流,其實放邪?《周官》小司寇:"以八辟麗邦法,附刑罰:一曰議親之辟,二曰議故之辟,三曰議賢之辟,四曰議能之辟,五曰議功之辟,六曰議貴之辟,七曰議勤之辟,八曰議賓之辟。"《疏》云:"案《曲禮》云:刑不上大夫。鄭《注》云:其犯法則在八議,輕重不在刑書。若然,此八辟爲不在刑書。若有罪當議;議得其罪,乃附邦法而附於刑罰也。"案以《周官》牽合《曲禮》非是。然議而後可麗邦法,附刑罰,則大夫之無刑可知。《周官》之法,蓋刑上於大夫之漸也。《文王世子》曰:"公族:其有死罪,則磬於甸人。其刑罪,則纖剸,亦告於甸人。公族無宫刑。"《注》:"縊殺之曰磬。纖讀爲鍼。鍼,刺也。剸,割也。刺割,臏、墨、劓、刖。"然則公族之異於平民者,死罪不殊其體,刑罪無宫而已,餘皆與庶民同矣。此刑法畫一,等級平夷之漸也。

然則所謂象刑者,可知已矣。象刑者,風俗寖薄,等級稍平,刑將施於本族,而猶未忍遽施,乃立是法以恥之者也。《周官·秋官》司圜曰:“掌收教罷民。凡害人者,弗使冠飾,而加明刑焉。”明刑者,大司寇之職曰:“凡害人者,寘之圜土而施職事焉,以明刑恥之。”《注》曰:“明刑,書其罪惡於大方版,著其背。”司救之職云:“凡民之有衺惡者,三讓而罰,三罰而士加明刑,恥諸嘉石,役諸司空。”《注》曰:“加明刑者,去其冠飾,而書其衺惡之狀,著之背也。”又掌囚之職曰:“及刑殺,告刑於王,奉而適朝。士加明梏,以適市而刑殺之。”《注》:“鄉士加明梏者,謂書其姓名及其罪於梏而著之也。”此亦明刑之類,皆所以戮之也。《司圜注》曰:“弗使冠飾者,著墨幪,若古之象刑與?”案《書大傳》云:“唐虞之象刑,上刑赭衣不純,中刑雜屨,下刑墨幪。”又《尸子》言:“有虞氏之誅,以幪巾當墨,以草纓當劓,以菲屨當刖,以艾韠當宮,以布衣無領當大辟。”此皆刑將施於本族,而猶未忍遽施之遺跡。《墨子·尚賢下》曰:“昔者傅説,居北海之洲,圜土之上,衣褐帶索,庸築於傅巖之城。”則圜土嘉石皆古法,或唐,虞已有之。明刑雖若無所苦,而囚繫其身,苦役其力,亦足以懲之矣,而荀子譏其殺人不死,傷人不刑,惠暴寬賊而非惡惡,何其闇於事也? 司圜曰:“凡圜土之刑人也不虧體,其罰人也不虧財。”不虧體即象刑。不虧財者,金作贖刑。本無刑,焉用贖? 知其爲古之遺制也。《玉藻》曰:“垂緌五寸,惰遊之士也。《注》:“惰遊,罷民也。”玄冠縞武,不齒之服也。”《注》:“所放不帥教者。”此亦象刑之意。《玉藻》所述,多王居明堂禮,可知其爲古制,知象刑爲古之所有也。

《禮經·鄉射·大射》,司射皆搢撲。鄉射升堂告賓,大射告公則去之,降,搢撲反位。《鄉射禮》云:“射者有過則撻之。楚撲,長如笴,刊本尺。”此即《堯典》所謂“撲作教刑”;亦即《皐陶謨》所謂“侯以明之,撻以記之”者也。《皐陶謨》又曰:“書用識哉,欲并生哉。”書識,蓋明刑所由昉。《周官》司市:“小刑憲罰,中刑徇罰,大刑撲罰。”憲罰亦明刑之類。徇罰所以戮之,意亦與明刑同。其附於刑者歸於士,知虧體之刑,與鞭撲明刑,迥然異物也。

《新唐書·吐蕃傳》曰:“重兵死,以累世戰歿爲甲門。敗懦者垂狐尾於首示辱，不得列於人。”案此古所謂不齒也。《回鶻黠戛斯傳》曰：“臨陳橈、奉使不稱、妄議國若盜者，皆斷首；子爲盜，以首著父頸，非死不脱。”此亦明刑之意，華夷淺演之世，法俗可以參觀。

《孝經緯》云：“三皇無文，五帝畫象，三王肉刑。”《司圜疏》引。《孝經説》云：“三皇設言民不違，五帝畫象世順機，三王肉刑揆漸加，應世黠巧姦僞多。”《公羊》襄公二十九年《解詁》。此漢人之言，蓋并緣《堯典》“象以典刑”之文而附會。其實《堯典》之“象以典刑”，當即《周官》之縣法象魏，謂所用之刑，當以縣象所有爲限，非謂畫衣冠異章服以爲戮也。然漢師之言，亦有所本。《淮南王書》曰：“神農無制令而民治，唐虞有制令而無刑罰。”《氾論》。此即三皇無文、五帝畫象之説。《管子》曰：“偖，堯之時，其獄一踦腓一踦屨而當死。今周公斷指滿稽，斷首滿稽，斷足滿稽而死，民不服。”《侈靡》。此即五帝畫象、三王肉刑之説。知舊有是言也。象刑固古所可有，謂必在唐虞時，初無確據，然《書》始《堯典》，而因於是著其説，亦《春秋》託始之義爾。儒家初不講史學，不容以後世考據家之見繩之也。

刑之用於家者，止於教笞，極於放逐，此自情理宜然，古今一揆。然古者國法未立，家長之權無限，亦有濫殺其家人者。《左氏》昭公二十一年，司馬歎曰：“吾有讒子而弗能殺，吾又不死，抑君有命，可若何？”可見父之殺子，當時視之，恬不爲怪矣。其後人權稍尊，則國法以立。《白虎通義·誅伐》篇曰：“父殺其子當誅何？以爲天地之性，人爲貴，人皆天所生也，託父母氣而生耳；王者以養長而教之，故父不得專也。”《説苑·建本》：“曾子蕓瓜，而誤斬其根。曾晳怒，援大杖擊之。曾子僕地。有頃蘇。孔子聞之，告門人曰：參來，勿内也。曾子自以無罪，使人謝孔子。孔子曰：女聞瞽叟有子名曰舜？舜之事父也，索而使之，未嘗不在側；求而殺之，未嘗可得。小箠則待，大箠則走，以逃暴怒也。今子委身以待暴怒，立體而不去，殺身以陷父不義，不孝孰是大乎？女非天子之民邪？殺天子之民罪奚如？”即設説以明《白虎通》所言之義者也。董仲舒説漢武帝“去奴婢，除專殺之威”，見

《漢書・食貨志》。知古家庭之中，專殺之事多矣。然以大體言之，施於本族者，終不能甚酷。故肉刑之原，非溯諸戰陳不可也。士師爲戰士之長，實司刑殺，亦可見其原於戰陳。見《鄭鑄刑書上》條。

漢文帝廢肉刑之詔曰："蓋聞有虞氏之時，畫衣冠異章服以爲戮，而民弗犯。"《武帝紀》元光元年。《哀帝紀》永光二年詔，亦稱是語。所稱即今文《書説》也。《論衡・四諱》曰："俗諱被刑爲徒，不上丘墓。古者用刑，形毁不全，乃不可耳。方今象刑。象刑重者，髡鉗之法也。若完城旦以下，施刑，施，疑當作弛。采衣系躬，冠帶與俗人殊，何爲不可？"然則象刑之法，漢固頗行之矣。漢刑罰固不中，姦固不得，然非以行象刑故也。抑行象刑，刑罰雖不中，姦雖或不得，然民之刻肌膚，斷支體，終身不息者究少焉。然則漢文不誠仁君？而緹縈之上書，不亦仁人之言其利溥哉？自漢文廢肉刑後，屢有議復之者。終以其事酷虐，莫之敢尸。民之獲宥者，蓋不知凡幾矣。信經術之有益於治道也。而荀子之言，則何其刻急也？其或者漢人託之與？

原刊《光華大學半月刊》第五卷第六期，
一九三七年三月十六日出版

〔一五〇〕 投畀豺虎

《詩・巷伯》："取彼譖人，投畀豺虎。豺虎不食，投畀有北。有北不受，投畀有昊。"案野蠻之世，往往有獄不能聽，而質諸不可知之神。《南史・林邑傳》："國不設刑法，有罪，使象蹋殺之。"又《扶南傳》："於城溝中養鰐魚，門外圈猛獸。有罪者，輒以餧猛獸及鰐魚，魚獸不食爲無罪，三日乃放之。"獸爲唐人避諱之字，猛獸即猛虎也。投畀豺虎，疑亦古之刑法。有北似指地言之，與有昊相對。投畀有北，投畀有昊，蓋詛諸天地，求其降罰也。《毛傳》云"北方荒涼而不毛"，則以爲流放，恐未是。

《説文·廌部》:“廌,解廌,獸也。似山牛,一角。古者决訟,令觸不直者。”段《注》删山字,云:“《玉篇》、《廣韻》及《太平御覽》所引皆無山也。”然又引《論衡》云:“獬豸者,一角之羊,性識有罪。皋陶治獄,有罪者令羊觸之。”案《墨子·明鬼下》云:“齊莊君之臣,有王里國、中里徼者,訟三年而獄不斷。乃使人共一羊,盟齊之神社。讀王里國之辭,既已終矣,讀中里徼之辭。未半也,羊起而觸之,殪之盟所。”此羊即解廌。羊本無知,共之神社乃有知,後遂傅會,謂其性識有罪,且億言其形一角,謂非凡羊耳。山牛二字,蓋羊之誤分,《玉篇》、《廣韻》、《御覽》所據,蓋已爲誤本,因億删山字,而段從之,似爲未諦。

有獄不能斷,顧聽諸不可知之神,自后世之人觀之,將無不笑其拙。然而未可笑也。古之聽訟者,悉其聰明,致其忠愛以盡之,疑獄,汜與衆共之。古之人固淳樸而少訟,其輿論又皆直道而行。夫如此,罪猶不能得,而獄猶有所怨者,蓋亦寡矣。如是而猶不能斷,是誠疑獄也。人力既盡,而聽諸不可知之天,又何責焉?而豈如後世:吏莫肯求獄之情,或且以恩怨賄賂橈法;輿論亦無復直道,明知有罪,莫肯證舉,明知冤枉,莫肯申理哉?嗟乎!民之生於古,與其生於後世者,其幸不幸之相去,蓋不可以道里計矣!而顧笑古人之愚,哀其無告,而自幸其生於文明之世也,豈不哀哉?

《説文·豸部》:“豻,胡地野狗。从豸,干聲。”其或體從犬。引《詩》曰:宜犴宜獄。今《毛詩》亦作豻。《釋文》云:“《韓詩》作犴,云鄉亭之繫曰犴,朝廷曰獄。”案《説文·㹜部》:“獄,从犬从言。二犬所以守也。”則犴自當從犬。蓋古之獄,以犬守之也。社會學家言:“人之好狗者,每易犯罪。以獵人性最殘忍,狗常與獵人爲伍,好狗者性必近於獵人也。”以犬守人,必田獵之羣之遺俗也。棄人用犬,雖猛何爲?

原刊《光華大學半月刊》第五卷第五期,
一九三七年一月九日出版

〔一五一〕 九　　刑

《左氏》昭公六年，叔向詒子産書曰："夏有亂政而作《禹刑》，商有亂政而作《湯刑》，周有亂政而作《九刑》，三辟之興，皆叔世也。"而文公十八年，季文子曰："先君周公制周禮曰：則以觀德，德以處事，事以度功，功以食民。作誓令曰：毁則爲賊，掩賊爲藏，竊賄爲盜，盜器爲姦。主藏之名，賴姦之用，爲大凶德，有常無赦，在《九刑》不忘。"杜《注》曰："誓令以下，皆《九刑》之書。"人因疑季文子之言，與叔向不合。其實誓令之文，止於"盜器爲姦"；自"主藏之名"以下，皆文子之言也。《周書·嘗麥》："令大正正《刑書》九篇。"疑即所謂《九刑》者。鄭注《堯典》，以正刑五，加之流、宥、鞭、撲、贖爲九刑；賈、服以正刑一，加之以八議爲九刑，見《周官·司刑疏》，附會不足據。

"主藏之名，賴姦之用"，爲《九刑》所不赦，則賊盜之有常審矣。"毁則爲賊"四語，雖誓令之辭，度《九刑》之文，亦必相類也。昭公十四年，叔向曰："己惡而掠美爲昏，貪以敗官爲墨，殺人不忌爲賊。《夏書》曰：昏、墨、賊殺，皋陶之刑也。"《大戴記·千乘》："作於財賄六畜五穀曰盜。誘居室家及幼子曰不義。子女專曰媒。飭五兵及木石曰賊。以中情出，小曰閒，大曰講。交構之構。利辭以亂屬曰讒。以財投長曰貨。"其辭亦與叔向、季文子所舉相類，此最古之律文也。《夏書》之文，蓋即所謂《禹刑》。湯之《官刑》，見《墨子·非命上篇》，殆亦所謂《湯刑》者也。

《晉書·刑法志》，言李悝撰次諸國法，著《法經》。云撰次，則是集諸國之法次序之，而非悝之所自爲也。叔向言子産制參辟。參辟，當即上文之三辟。然則鄭刑書中，實有《禹刑》、《湯刑》、《九刑》之文矣，而惜乎其不可考也。

《周官》朝士："凡盜賊軍鄉邑及家人，殺之無罪。"《注》："鄭司農云：謂盜賊羣輩若軍，共攻盜鄉邑及家人者。殺之無罪，若今時無故入人室宅廬舍，上人車船，牽引人欲犯法者，其時格殺之無罪。"《疏》："家人者，先鄭舉漢《賊律》云：牽引人欲犯法，則言家人者，欲爲姦淫之事，故攻之。"此當即《戴記》所謂"誘居室家"者也。云及幼子者，蓋誘其母并及其子；亦或有但誘其子者，蓋欲以爲奴也。

原刊《光華大學半月刊》第五卷第五期，
一九三七年一月九日出版

〔一五二〕 鄭人鑄刑書上

《左氏》昭公六年，鄭人鑄刑書。叔向詒子產書深譏之。子產復書曰："吾以救世也。"鑄刑書何以可救世？後人之説，不過謂風俗日薄，聖哲之上，明察之官，忠信之長，慈惠之師，不可必得，不得不明著其文，俾衆周知，使不敢以意出入而已。此固其一端，然而未盡也。讀書貴通觀前後，觀於後世刑法之敝，而子產之所爲鑄刑書者可知；而吾國法典之所由成，亦可知矣。

《晉書·刑法志》言：秦漢舊律，起自魏文侯師李悝。悝撰次諸國法，著《法經》，所著六篇而已，商君受之以相秦。漢承秦制，蕭何益《興》、《廄》、《户》三篇，合爲九篇。叔孫通益律所不及傍章十八篇，張湯《越宫律》二十七篇，趙禹《朝律》六篇，合六十篇。又漢時決事，集爲《令甲》以下三百餘篇。及司徒鮑公，撰《嫁娶辭訟決》爲《法比》，都目凡九百六卷。世有增損，錯糅無常。後人生意，各爲章句。凡斷罪所當由用者，遂至二萬六千二百七十二條，七百七十三萬二千二百餘言。文書盈於几閣，覽者不能徧睹，姦吏之得上下其手，蓋由此也。然陳羣等《魏律序》，謂"舊律難知，由於篇少；篇少則文荒，文荒則事寡，事寡則罪漏；是以後人稍增，更與本體相離"。然則錯亂之弊，雖生於繁，實原於簡。蓋緣人事日繁，律文不能與之相應，徒昝用法者之不善，實耳食之談也。本此以上觀春秋，其弊殆如出一轍。

叔向曰："先王議事以制，不爲刑辟。"又曰："夏有亂政而作《禹刑》，商有亂政而作《湯刑》，周有亂政而作《九刑》；三辟之興，皆叔世也。"然則三代盛時，果刑錯不用乎？抑法也者，設於此以待彼。世可百年無犯法之人，而國不可一日無法，不爲刑辟，果何以爲治乎？蓋刑之所誅，有兩大端：一爲俗所不容，所謂出於禮者入於刑也。一則上有所求，而下不能副，凡令不行禁不止者皆是。俗固衆所周知，無待於教。所惡於不教而誅者，則上之所求耳。故古所謂法者，皆力求人之周知。其原於俗者，謂之禮，不謂之法。凡縣象佈憲之事皆是。然此等事，果能使人周知法律乎？縣象之說，始見於《堯典》之"象以典刑"，蓋畫刑人之狀，以恐怖人。後乃改縣律文，《周官》所謂縣法者是也。夫區區魏闕，所縣幾何？雖又有憲禁及徇以木鐸之事，佈憲及屬民讀法之舉，然法文既繁，終非此等事所能盡；抑法有待於讀，則其爲人民所不易曉，又可知矣。讀爲紬繹之義，蓋如今之講解也。《周官》州長：以正月之吉，屬民讀法，正歲又讀焉，歲時祭州社又讀焉。黨正：以四時孟月吉日，屬民讀法，正歲又讀焉，春秋祭禜又讀焉。族師：以月吉屬民讀法，春秋祭酺亦如之。閭胥：凡春秋祭祀、役政、喪紀之數，聚衆庶，既比則讀法。其讀之甚繁，知其法之不易曉也。於此而隨之以刑，雖曰教之，猶不教也，況於議事以制，聽其高下在心乎？其不得不明著其文，使知某罪當某刑，而據之以諍於其上者，勢也。然則刑法之公佈，一由於俗之日薄，一亦由於政之日苛，而其大原，則尤在於社會演進，人事日益繁複也。夫豈爲治者所能逆？叔向曰："民知有辟，則不忌於上。"又惡知夫子產之所求者，正在於是乎？

然如子產之所爲，遂足使民皆曉然於法，而吏不得上下其手乎？吾又知其不能也。何也？以當時之法既繁，而如子產之所爲，其所能著者亦甚少也。古之所謂法者，實分守於諸官。凡犯法者，皆爲有罪，然犯法與否，及其所犯何法，則非守其法之官不得知。以除諸官成法之外，別無如後世之所謂律者也。《周官》大司寇："凡諸侯之獄訟，以邦典定之；凡卿大夫之獄訟，以邦法斷之；凡庶民之獄訟，以邦成弊之。”邦典、邦法，即大宰之六典、八法；邦成即小宰之八成。一曰聽政役以比居，二曰聽師田以簡稽，三曰聽閭里以版圖，四曰聽稱責以傅別，五曰聽禄位以禮命，六曰聽取予以書契，七曰聽賣買以質劑，八曰聽出入以要會，皆關涉人民之事也。別有所謂士之八成者，掌於士師。一曰邦汋，二曰邦賊，三曰邦諜，四曰犯邦令，五曰撟邦令，六曰爲邦盜，七曰爲邦朋，八曰爲邦誣，則施諸戰士之法。士師之初，蓋戰士之長，故治戰士之法屬焉。此可見古者治人之法，分屬諸官，不統於一也。是諸侯、卿大夫、庶民犯法與否，司寇不能知，必有待於大宰、小宰也。又大司寇以五刑糾萬民：一曰野刑，上功糾力；二曰軍刑，上命糾守；三曰鄉刑，上德糾孝；四曰官刑，上能糾職；五曰國刑，上願糾暴。官刑見於大宰。鄉八刑見於大司徒：一曰不孝之刑，二曰不睦之刑，三曰不婣之刑，四曰不弟之刑，五曰不任之刑，六曰不恤之刑，七曰造言之刑，八曰亂民之刑。自一至六，蓋不脩六行者。考察德行道藝之責，屬於族黨州鄉之師。則官刑鄉刑，又當質諸天地二官也。又大司徒以荒政十有二聚萬民，三曰緩刑，十有二曰除盜賊。而士師之職：“若邦凶荒，則以荒辯之法治之，令移民，通財，糾守，緩刑。”緩刑文同大司徒。糾守，《注》曰“備盜賊”，亦即其所謂除盜賊也。《注》又曰：“辯當爲貶。”引朝士“若邦凶荒札喪寇戎之故，則令邦國都家縣鄙慮刑貶。”則一荒政也，司徒、士師、朝士實兼守其法矣，然則士師者，行刑之官，非司法之官也。蓋古者政簡而刑清，諸官各司其事，有犯其法者，皆爲有罪，輕者自治之，重者則歸諸士師，所謂附於刑者歸於士也。不虞耳目之淆亂也。後世則事日繁而法亦隨之，寖至爲人民所不能曉，諸官各據其法以治民，安得不紛然淆亂？況又一事兼屬諸官，權限不清乎？如是而使之各率其意以治民，民尚有所措手足乎？

“議事以制”之議，與義通，謂度其宜也。制者，折也，斷也。議事以制，謂臨事度其宜而斷之也。《表記》曰：“義者，天下之制也。”與此制同，皆動字。此等釋法任情之舉，縱得其人，猶不免於輕重出入，況人不可必得乎？昭公二十九年，趙鞅、荀寅鑄刑鼎，著范宣子所爲刑書焉。仲尼非之曰：“晉其亡乎？失其度矣。夫晉國，將守唐叔之所受法度，以經緯其民，卿大夫以序守之。民是以能尊其貴，貴是以能守其業。貴賤不愆，所謂度也。文公是以作執秩之官，爲被廬之法，以爲盟主。今棄是度也，而爲刑鼎。民在鼎矣，何以尊貴？貴何業之守？貴賤無序，何以爲國？”其意亦謂民犯法者，當各由其官議之，而不當著之刑鼎，而不知其事之不可行也。

仲尼又呰趙鞅、荀寅曰：“宣子之刑，夷之蒐也，晉國之亂制也，若之何以爲法？”夷之蒐，事在文公六年。左氏以爲趙宣子，而是年又云范宣子。《注》云：“范宣子所用刑，乃夷蒐之法。”其信否姑弗論。要之趙鞅、荀寅之前，晉已嘗一改刑法矣。而據叔向之言，則三代已有《禹刑》、《湯刑》、《九刑》。知刑書之作，由來已久，《左氏》所載叔向、仲尼之言，特當時一派議論，未可據爲是非之準也。《左氏》文公六年紀事，即於趙宣子無貶辭。

《韓非・定法》曰：“韓者，晉之別國也。晉之故法未息，而韓之新法又生；先君之令未收，而後君之令又下。申不害不擅其法，不一其憲令，則姦多故。”魏亦晉之別國，度其情形，亦必與韓相類，故李悝急爲魏文侯制法，然其篇少文荒猶如是。子産、趙鞅又在悝前，其所定法，安得較悝爲詳，則亦著其大要而已。然其用意則一也。豈惟子産、趙鞅，制《禹刑》、《湯刑》、《九刑》者，其意蓋亦如是也。則知法家之原起亦舊矣。

《韓非・八説》曰：“書約而弟子辯，法省而民訟簡。是以聖人之書必著論，明主之法必詳事。”顧千里曰：“民訟簡，當作民萌訟，與弟子辯相對。”其説是也。知律之病簡，由來舊矣。而李悝所著，傷於篇少，商君又沿而弗革，則作始者勢有未皇，不得不有待於後人之彌縫匡救也。叔向顧非子産之所爲，可謂泥古而不知變矣。

《曲禮》下曰：“入竟而問禁，入國而問俗。”此古人之文，所謂互相備者，非謂入竟可不問俗，入國可不問禁也。故孟子謂齊宣王曰：“臣始至於竟，問國之大禁，然後敢入。”《梁惠王》下。禁者上之所爲，俗者民之所習，予所謂法所誅之兩大端也。俗之未敝也，不待有以守之，民自率由而弗敢越，及其既敝，則有弁髦視之者矣。俗足以約束其民，雖無刑政民猶治；及其約束之力既衰，則雖日飭刑政而猶弗能勝，叔向所由慮民之棄禮而徵於書也。然俗之變自有其由，又豈不爲刑辟所能逆挽邪？

原刊《光華大學半月刊》第五卷第五期，
一九三七年一月九日出版

〔一五三〕 鄭人鑄刑書中

《周官》士師之職云：“以五戒先後刑罰，毋使罪麗於民。一曰誓，用之於軍旅。二曰誥，用之於會同。三曰禁，用諸田役。四曰糾，用諸國中。五曰憲，用諸都鄙。”《墨子·非命上》亦曰：“先王之書，所以出國家佈施百姓者憲也，所以聽獄制罪者刑也，所以整設師旅，進退師徒者誓也。”此五者，蓋當時上所以約束其下之舉舉大端。誓與誥皆僅用諸一時；糾爲司察矯正之名，其所糾者，蓋亦衆所共知，如大司徒以鄉八刑糾萬民是。無待詔告；惟禁與憲，皆上之所求，而非下所素習，故憲之佈之，特爲殷勤也。

憲禁之文，見於《周官》者：《天官》小宰，以宫刑憲禁於王宫。内宰，正歲，憲禁令於王之北宫。《地官》小司徒，令羣吏憲禁令。鄉大夫，正歲，令羣吏考法於司徒，各憲之於其所治之國。司虣，掌憲市之禁令。《秋官》小司寇，令羣士，乃宣佈於四方，憲刑禁。案《春官》無佈憲之事，以其所司與人民無涉也。《冬官》亡，《夏官》小司馬文闕，否則亦當有佈憲之事。士師，正歲，帥其屬而憲禁令於國及郊野。佈憲。掌憲邦之刑禁。正月之吉，執旌節，以宣佈於四方。而憲邦之刑禁。以詰四方邦國，及其都鄙，達於四海。憲謂表而縣之，《小宰注》。蓋所以使衆共見；又或徇以木鐸，則所以使衆共聞；小宰，正歲，帥治官之屬，而觀治象之法。徇以木鐸，曰：不用法者，國有常刑。小司徒，正歲，則帥其屬而觀教法之象。徇以木鐸，曰：不用法者，國有常刑。小司寇，正歲，帥其屬而觀刑象。令以木鐸，曰：不用法者，國有常刑。又案小司馬文闕。士師，掌國之五禁之法，以左右刑罰。一曰宫禁。二曰官禁。三曰國禁。四曰野禁。五曰軍禁。皆以木鐸徇之於朝，書而縣於門閭。《秋官》司烜氏，中春，以木鐸脩火禁於國中。咸有其文。而《秋官》訝士，凡邦之大事，聚衆庶，則讀其誓禁，縣士，若邦有大役，聚衆庶，則各掌其縣之禁令。方士，凡都家之大事，聚衆庶，則各掌其方之禁令。當亦如訝士讀之，特文有異同耳。則又非徒使之聞知，并進而教之矣。佈憲之法，見於《管子》之《立政》。《立政》曰：正月之朔，百吏在朝，君乃出令，佈憲於國。五鄉之師，五屬大夫，皆受憲於太史。大朝之日，五鄉之師，五屬大夫，皆身習憲於君前。太史既佈憲，入籍於太府。憲籍分於君前。五鄉之師，出朝，遂於鄉官，致於鄉屬，及於游宗，皆受憲。憲既佈，乃反致令焉，然後敢就舍。憲未佈，令未致，不敢就舍。就舍謂之留令，罪死不赦。五屬大夫，皆以行車朝。出朝，不敢就舍，遂行。至都之日，遂於廟。致屬吏，皆受憲。憲既佈，乃發使者致令，以佈憲之日，蚤宴之時。憲既佈，使者以發，然後敢就舍。憲未佈，使者未發，不敢就舍。就舍謂之留令，罪死不赦。憲既佈，有不行憲者，謂之不從令，罪死不赦。考憲而有不合於太府之籍者，侈曰專制，不足曰虧令，罪死不赦。《周官》大司徒，"施教法於邦國都鄙，使之各以教其所治民"；鄉大夫，"受教法於司徒，退而頒之於其鄉吏，使各以教其所治"；其佈之之法，與《管子》不同，其用意則一也。禁專施於一事，故有宫禁、官禁、國禁、野禁、軍禁之不同，憲則所該頗廣。蓋國之舊典，隨時審正施行者。何以知其然？以佈憲在歲首，《周官·天官》大宰，"正月之吉，始和，佈治於邦國都鄙。乃縣治象之法於象魏，使萬民觀治象，挾日而斂之。"《注》："正月，周之正月，吉謂朔日。大宰以正月朔日，佈王之治事於天下。至正歲，又書而縣於象魏，振木鐸以徇之，使萬民觀焉。小宰亦帥其屬而往。"《疏》："必知乃縣是正歲建寅之月者，下小宰所以佐大宰，彼云正歲縣之，與此乃縣爲一事。"《注》《疏》所言，未知確否，然佈治在正月之吉，則《周官》本文明白也。而《月令》，天子與公卿大夫共飭國典，在季冬之月也。國典果屬常行，何待歲飭？歲飭之，則必有異於舊者矣。蓋成法甚繁，擇其切於時用者而佈之，否則格置之矣。《管子·小匡》所謂"脩舊法，擇其善者而嚴用之"也。然宣佈所不及者，人民苟或觸犯，是否舉不論罪，亦殊可疑。何也？以上之所求於下者甚多，而佈憲之所能及者必較少也。

憲據舊章增損，其隨事臨時制之者則曰令。《立政》所謂"凡將舉事，令必先出"也。《墨子》言"古之聖王，發憲出令，設爲賞罰以勸賢”,《非命上》。《韓非》謂“憲令著於官府”,《定法》。皆以憲令并舉,足徵其爲上所施於下之兩大端,蓋猶後世言法令也。令僅施於一事,其賞罰,蓋亦專爲一事而設。《管子》曰:“凡將舉事,令必先出。”又曰:“其賞罰之數,必先明之。”憲爲舊章,則犯之者亦有舊法可援,所謂國有常刑也。著常刑者,其書亦曰刑,如《禹刑》、《湯刑》、《九刑》是也。亦或稱爲法。《左氏》昭公七年,陳無宇述楚文王《僕區之法》曰:“盜所隱器,與盜同罪。”《韓非・外儲説右上》曰:“荆莊王有《茅門之法》,曰:羣臣、大夫、諸公子入朝,馬蹏踐霤者,理斬其輈,戮其御。”皆有治罪之文。陳無宇又引周文王之法曰“有亡荒閲”,未及治罪之方,蓋言之不具耳。子産、趙鞅之所著,則是物也。令雖臨時所制,亦戒數變,故《韓非・亡徵》,謂法禁變易,號令數下者可亡。

原刊《光華大學半月刊》第五卷第五期,
一九三七年一月九日出版

〔一五四〕 鄭人鑄刑書下

范宣子所爲刑書,《左氏》明言其著之刑鼎,至鄭人之刑書,則未言其著之何物。然史墨譏荀寅“擅作刑器”;士文伯亦譏子産“火未出而作火,以鑄刑器”;則晉鄭所制,殆爲同物。昭公六年杜《注》云:“刑器,鼎也。”雖出億測,説當不誤。襄公九年,宋樂喜使樂遄庀刑器,《疏》云:“當書於器物,官府自宰之,不知其在何器也。或書之於版,號此版爲刑器耳。”案有所盛乃可稱器,以版爲器,似未必然,恐宋之刑書,亦著之於鼎也。定公九年,鄭駟歂殺鄧析而用其竹刑。竹刑當著之簡策。然非以喻之人民也。

刑書必著於鼎,蓋亦有由。《周官・秋官》司約:“凡大約劑書於宗彝。小約劑書於丹圖。若有訟者,則珥而辟藏,其不信者服墨刑。若大亂,則六官辟藏,其不信者殺。”《注》:“大約劑,邦國約也。書於宗廟之六彝,欲神監焉。小約劑,萬民約也。丹圖,未聞。或有彫器簠簋之屬,有圖象者與?《春秋傳》曰:斐豹,隸也,著於丹書,今俗語有鐵券丹書,豈此舊典之遺言與?"案《左氏》載斐豹之言曰:"苟焚丹書,我殺督戎。"又載范宣子之言曰:"而殺之,所不請於君焚丹書者,有如日。"襄公二十三年。苟爲鐵券,如何可焚?明所著者爲簡牘之倫也。然俗語亦必有本,蓋自有著之鐵券者。蓋欲其貞於久,故著之金石。丹書且然,而況刑書?大司寇之職曰:"凡邦之大盟約。涖其盟書,而登之於天府。"《注》:"天府,祖廟之藏。"司盟之職曰:"掌盟載之法。凡邦國有疑會同,則掌其盟約之載,及其禮儀。北面詔明神。既盟則貳之。盟萬民之犯命者,詛其不信者,亦如之。"《左氏》定公十三年,荀躒言於晉侯曰:"君命大臣,始禍者死,載書在河。"即盟諸明神之事也。古之人篤於教,刑法之始,參以神權,刑書必著於鼎,蓋由是昉,後遂習爲故常也。

原刊《光華大學半月刊》第五卷第五期,
一九三七年一月九日出版

〔一五五〕 戮　尸

古者刑人,蓋以警衆。故曰:"爵人於朝,與衆共之;刑人於市,與衆棄之。"《禮記·王制》。《周官·秋官》掌戮,凡殺人,踣諸市,肆之三日,意亦如是,又云:"刑盜於市。"非欲殘其尸也。《左氏》襄公二十八年:"齊人遷莊公殯於大寢,以其棺尸崔杼於市。國人猶知之,皆曰:崔子也。"昭公二年:鄭公孫黑縊,"尸諸周氏之衢,加木焉。"《注》:"書其罪於木,以加尸上。"其意之所在,顯然可見。然殺機既啓,亦有殘賊已死之人以爲快者。齊懿公掘邴歜之父而刖之,文公十八年。叔孫舒等伐衛,掘褚師定子之墓而焚之是也。哀公二十六年。是故仲尼惡始作俑者。

《左氏》宣公十年:"鄭人討幽公之亂,斲子家之棺而逐其族。"

《注》曰:“斲薄其棺,不使從卿禮。”案古人視送終之禮甚重。《荀子·禮論》曰:“死之爲道也,一而不可得再復也。臣之所以致重其君,子之所以致重其親,於是盡矣。故事生不忠厚,不敬文,謂之野;送死不忠厚,不敬文,謂之瘠。君子賤野而羞瘠。故天子棺椁十重,諸侯五重,大夫三重,士再重。然後皆有衣衾多少厚薄之數,皆有翣蔞文章之等,以敬飾之。使生死終始若一,一足以爲人願,是先王之道,忠臣孝子之極也。天子之喪,動四海,屬諸侯;諸侯之喪,動通國,屬大夫;大夫之喪,動一國,屬脩士;脩士之喪,動一鄉,屬朋友;庶人之喪,合族黨,動州里。刑餘罪人之喪,不得合族黨,獨屬妻子;棺椁三寸,衣衾三領;不得飾棺,不得晝行,以昏殣;凡緣而往埋之。反,無哭泣之節,無衰麻之服,無親疏月數之等;各反其平,各復其始;已葬埋,若無喪者而止。夫是之謂至辱。”其視飾終之禮之重如此,無怪鄭人之欲追正子家也。然其意亦在於辱之而已,非欲殘其尸也。

又襄公三年:“晉侯之弟揚干亂行於曲梁,魏絳戮其僕。”《疏》曰:“《周禮》司寇之屬,有掌戮之官。鄭玄云:戮,猶辱也。既斬殺,又辱之。其職云:掌斬殺賊諜而膊之。凡殺其親者焚之。殺王之親者辜之。殺人者踣諸市,肆之三日。鄭玄云:膊,謂去衣磔之。焚,燒也。辜,謂磔之。踣,僵尸也。肆,猶申也,陳也。彼膊、焚、辜、肆,皆謂陳以示人,然則此言戮者,非徒殺之而已,乃殺之以徇諸軍。昭四年,楚戮慶封,負之斧鉞,以徇於諸侯,先徇乃殺之也。成二年,韓獻子既斬人,郤子使速以徇,是殺之而後徇也。此戮即彼徇之謂也。文十年,楚申舟抶宋公之僕以徇。或曰:國君不可戮也。彼抶以徇,亦稱爲戮。下云至於用鉞,當是殺之乃以徇也。”案《左氏》成公二年:“齊侯伐我北鄙,圍龍。頃公之嬖人盧蒲就魁門焉。龍人囚之。齊侯曰:勿殺,吾與而盟,無入而封。弗聽,殺而膊諸城上。”意蓋亦以辱齊,故齊侯怒而親鼓也。襄公六年:“宋子蕩以弓梏華弱於朝。子罕曰:專戮於朝,罪孰大焉。”則徒辱之而已。

此戮之本義也。《論語・憲問》:"子服景伯曰:夫子固有惑志於公伯寮,吾力猶能肆諸市朝。"亦謂殺而後戮之。

原刊《光華大學半月刊》第五卷第七期,

一九三七年三月三十日出版

〔一五六〕 轘

古有轘刑,其意,蓋欲裂其體以爲徇。觀《左氏》襄公二十二年,楚"轘觀起於四竟"可見也。《史記・商君列傳》:"秦發兵攻商君,殺之於鄭黽池。秦王車裂商君以徇。"《蘇秦列傳》:"秦且死,乃謂齊王曰:臣即死,車裂臣以徇於市。"其車裂皆在死後,可見其意在於徇。

《左氏》桓公十八年:"齊人殺子亹而轘高渠彌。"《疏》云:"《周禮》條狼氏,誓僕右曰殺,誓馭曰車轘,然則周法有此刑也。"案《墨子・號令》:"歸敵者,父母妻子同産皆車裂。"《周官》用諸誓馭,《墨子》用諸守禦,疑其初亦軍刑。《左氏》宣公十一年:楚殺陳夏徵舒,轘諸栗門。此與《墨子》之法,疑皆徇諸四門也。

《韓非子・人主》:"昔關龍逄説桀而傷其四支。"言傷四支,似臏刖之刑,然諸書皆言桀殺關龍逄,則亦轘刑也。蓋徇之以拒諫也。

《公羊》宣公十八年:"邾婁人戕鄫子於鄫。戕鄫子於鄫者何?殘賊而殺之也。"《解詁》曰:"支解節斷之,故變殺言戕。"豈亦徇之以立威邪?

原刊《光華大學半月刊》第五卷第七期,

一九三七年三月三十日出版

〔一五七〕 婦 人 無 刑

《吕刑》云:"苗民弗用靈,制以刑,惟作五虐之刑曰法,殺戮無辜,爰始淫爲劓、刵、椓、黥。”“劓、刵、椓、黥”，《書疏》云：歐陽大小夏侯作“臏、宫、劓、割頭、庶剠。”見卷二《虞書》標目下。案庶字未詳。案《説文·攴部》：“斀，去陰之刑也。《周書》曰：刖劓斀黥。”《説文》所稱，當係古文，則今本之刵乃誤字。改臏爲刵，苗民所制，遂與穆王所訓不合矣。予因此悟《康誥》之刑人、殺人、劓刵人，刵亦當作刖。殺指大辟，刑指宫，黥罪最輕，故不之及。《康誥》曰：“汝陳時臬司師，兹殷罰有倫。”又曰：“汝陳時臬事，罰蔽殷彝。”《荀子》亦曰：“刑名從商。”《正名》。然則五刑之名，蓋自唐迄周，未之有改。何者？《堯典》言“五刑有服，五服三就”，而《國語·魯語》言：“刑五而已。大刑用甲兵，其次用斧鉞；中刑用刀鋸，其次用鑽笮；薄刑用鞭撲。大者陳之原野，小者致之市朝，五刑三次。”三次即三就，知《堯典》之五刑，與《魯語》之五刑是一。《國語》韋《注》曰：“割劓用刀，斷截用鋸，亦有大辟。鑽，臏刑；笮，黥刑。”《周語》：内史過言：“有斧鉞刀墨之民。”《注》曰：“斧鉞，大刑也。刀墨，謂以刀刻其額而墨涅之。”與《魯語注》自相違異。竊疑斧鉞指大辟；《周語》所謂刀，《魯語》所謂刀鋸者，指宫、劓、刖；《周語》所謂墨，《魯語》所謂鑽笮者，指黥。知《魯語》之五刑，與《吕刑》之五刑亦合。所異者，《堯典》又言：“流宥五刑。鞭作官刑，撲作教刑，金作贖刑。”其所謂五刑者，與《吕刑》皆僅指《魯語》之中刑；而《魯語》則兼苞大刑與薄刑爲五耳。然所苞雖有廣狹之殊，所用實無古今之異。唐法當爲虞夏所沿，殷周又無二致，則五刑自苗民始制以來，歷代實未之有改也。

《左氏》襄公十九年：“婦人無刑；雖有刑，不在朝市。”案《韓非子·内儲説下》，載荆王劓其美人，《外儲説左下》，又載梁車刖其姊。則婦人非無刑。抑古者刑人於市，與衆棄之，惟公族而後刑於隱者，婦人無刑則已，苟有刑，安得不在朝市乎？且既曰“婦人無刑”，又曰“有刑不在朝市”，語亦自相矛盾。予反覆思之，乃知“婦人無刑”爲古語，“雖有刑不在朝市”，則爲《左氏》者所加以非齊莊公者，其言實無所據；而古謂婦人無刑，則因其所謂刑者專指宫，而婦人宫刑，止於幽閉故也。

刑之義爲斷。漢人恒言曰:“死者不可復生,刑者不可復屬。”亦曰:“斷者不可復屬。”黥本僅刻其肌膚,劓刖雖斷其體,所斷亦小,惟宫刑受創較深,故初所謂刑者,乃專屬之也。《周官·司刑》鄭《注》曰:“宫者,丈夫則割其勢,女子閉於宫中,若今宦男女也。”《吕刑》僞《孔傳》亦曰:“宫,淫刑也,男子割勢,婦人幽閉。”《疏》云:“漢除肉刑,除墨、劓、剕耳,宫刑猶在。近代反逆緣坐,男子十五以下不應死者皆宫之,大隋開皇之初,始除男子宫刑,婦人猶閉於宫。”《孝經·五刑章疏》略同。《周官·司刑疏》云:“宫刑至唐乃赦。”《校勘記》云:“閩本同,誤也。《漢制考》及監、毛本唐作隋。”案《文獻通考》言:景帝元年,詔言孝文皇帝除宫刑,出美人,重絶人之世也。知文帝并宫刑除之。至景帝中元年,赦徒作陽陵者死罪,欲腐者許之,而宫刑乃復用。則謂文帝未除宫刑者非是。然自文帝十三年除宫刑,下逮景帝中元年,僅十有八年,宫刑之復,或尚不始是歲,特可考者始於是歲耳。舊法不得遂亡。《左氏》僖公十五年:“穆姬聞晋侯將至,以太子罃、弘,與女簡璧,登臺而履薪焉。”《注》曰:“古之宫閉者,皆居之臺以抗絶之。”《疏》引哀八年《傳》,稱邾子又無道,吴子囚諸樓臺,栫之以棘,謂“以此二文,知古之宫閉者,皆居之於臺以抗絶之”。《正義》雖唐世所脩,實多沿隋舊,故并大隋字樣,亦未刊落。《堯典》“鞭作官刑”。《疏》亦曰:“大隋造律,方使廢之。”康成、元凱,及造《僞傳》、作《義疏》者,皆親見幽閉之刑,則婦人無刑,決非虚語。蓋肉刑原於戰陳,古於異族丁男,多施殺戮,而於婦女則多原宥邪?抑閹割女子之術,非古人所知也?

《周官》大司馬:“以九伐之法正邦國,暴内陵外則壇之。”《注》:“壇,讀如同墠之墠。《王霸記》曰:置之空墠之地。玄謂置之空墠,以出其君,更立其次賢者。”此即吴人之所以待邾子,與《左氏》杜《注》,亦可參觀也。

《書疏》引鄭注《尚書》曰:“刵,斷耳。劓,截鼻。椓謂椓破陰。黥謂羈黥人面。”《僞傳》亦曰:“截人耳鼻,椓陰,黥面。”知所據本刖雖誤刵,猶在劓上。以此知《説文》所據本,必不誤。《詩》曰:“矯矯虎臣,在泮獻馘。"《泮水》。《左氏》僖公二十二年:"鄭文夫人芈氏、姜氏勞楚子於柯澤,楚子使師縉示之俘馘。"知馘亦戰陳之際,施諸敵人。後來施諸本族以否不可知,要未嘗爲五刑之一。鄭玄注書,每沿誤本,妄爲之説。且如四始,《史記·孔子世家》曰:"《關雎》之亂,以爲《風》始;《鹿鳴》爲《小雅》始;《文王》爲《大雅》始;《清廟》爲《頌》始。"蓋《魯詩》説也。今《詩序》曰:"《關雎》,《風》之始也",既已同於三家矣,則《雅》、《頌》之始亦必同。下文"是謂四始"之上,蓋有奪文。而鄭即隨文説《風》、《小雅》、《大雅》、《頌》爲四始,不亦支離滅裂之甚邪?王鳴盛《尚書後案》引王鈢《嘯堂集古録》載周侯鎛鐘。亦有刖劓之文,足徵《説文》之是,乃反指爲傳寫之誤。王氏一生佞鄭不足責,陳樸園固蒐討今文書説者,乃亦欲改三家之説以從鄭,見《今文尚書經説考》。抑何不思之甚也!

《山海經·東山經》:"凡《東山經》之首,自樕𧑒之山以至於竹山,凡十二山,三千六百里。其神狀皆人身龍首。祠:毛用一犬祈,聃用魚。"郭《注》:"以血塗祭爲聃也。《公羊傳》云:蓋叩其鼻以聃社。音釣餌之餌。"郝氏《箋疏》云:"《玉篇》云:以牲告神,欲神聽之曰聃。説與郭異。據郭《注》,聃疑當爲衈。《玉篇》云:耳血也。《禮記·雜記》:衈皆於屋下。鄭《注》云:衈,謂將刲割牲以釁,先滅耳旁毛薦之。郭引《公羊傳》者,僖十九年文;然《傳》云蓋叩其鼻以血社,不作衈字。《穀梁》正作叩其鼻以衈社。范寧《注》云:衈者,釁也。是郭此注當由誤記,故竟以《穀梁》爲《公羊》耳。"愚案《穀梁》之文,多襲《公羊》。竊疑《公羊》之血社,實衈社之誤。《左氏》僖公三十三年,孟明視曰"君之惠,不以纍臣釁鼓",知古釁鼓用敵俘。衈社蓋亦其類。此本非刑,亦不以施諸異族之爲奴者,故亦無緣貤及本族也。入之五刑之中,其誤不足疑矣。

原刊《光華大學半月刊》第五卷第七期,
一九三七年三月三十日出版)

〔一五八〕 贖　刑

《吕刑》曰:“苗民弗用靈。制以刑。惟作五虐之刑曰法。”知五刑之制,昉自苗民,而中國效之,贖刑疑亦如是。奚以言之? 案《管子·中匡》曰:“甲兵未足也,請薄刑罰,以厚甲兵。於是死罪不殺,刑罪不罰,使以甲兵贖。死罪以犀甲一戟,刑罰以脅盾一戟。過罰以金鈞。無所計而訟者,成以束矢。”又《小匡》曰:“齊國寡甲兵,吾欲輕重罪而移之於甲兵。制重罪入以兵甲犀脅二戟,輕罪入蘭盾鞈革二戟,小罪入以金鈞。分宥薄罪,入以半鈞。無坐抑而訟獄者,正三禁之而不直,則入一束矢以罰之。美金以鑄戈劍矛戟,試諸狗馬;惡金以鑄斤斧鉏夷鋸欘,試諸木土。”《淮南·氾論》:“齊桓公將欲征伐,甲兵不足,令有重罪者出犀甲一戟,有輕罪者贖以金分,訟而不勝者,出一束箭。百姓皆説。乃矯箭爲矢,鑄金而爲刃,以伐不義而征無道,遂霸天下。”觀此,知《周官》大司寇束矢鈞金之法,實與《堯典》之金作贖刑、穆王之訓夏贖刑是一。蓋皆爲足兵起見也。《管子·地數》曰:“葛盧之山發而出水,金從之。蚩尤受而制之,以爲劍鎧矛戟。是歲,相兼者諸侯九。雍狐之山發而出水,金從之。蚩尤受而制之,以爲雍狐之戟、芮戈。是歲,相兼者諸侯十二。”《吕覽·蕩兵》曰:“未有蚩尤之時,民固剥林木以戰矣。”知以金爲兵,實始蚩尤。《左氏》僖公十八年:“鄭伯始朝於楚,楚子賜之金。既而悔之。與之盟,曰:無以鑄兵。”知春秋時鑄兵之技,北方猶不逮南,贖刑之法,固非蚩尤莫之能制矣。

《管子》贖刑之法,小罪以金鈞,薄罪半鈞。鈞三十斤,是薄罪亦十五斤也。《吕刑》之制,墨辟百鍰,劓辟惟倍,剕辟倍差,宫辟六百鍰,大辟千鍰。鍰六兩,則墨辟踰於《管子》之小罪,而大辟十倍之也。古二十四銖爲兩,十六兩爲斤,則周大辟之罰,以金之重計之,當秦半兩錢萬,漢五銖錢二萬三千餘。錢幣之價,誠不必與金同,然當圜法初立時,民信未孚,往往計金之重,以定錢價,二者相去,亦不能甚遠。《史記·貨殖列傳》言:"糶二十病農,九十病末。上不過八十,下不減三十,則農末俱利。"然則周大辟之贖,直漢糶最上時穀三百石。《漢書·食貨志》載李悝盡地力之教,言:"一夫挾五口,治田百畝,歲收畝一石半,爲粟百五十石。"若以粟一石當穀二石,則罄農夫一歲所得也,夫豈平民所能堪?故《淮南王》言齊桓制贖刑之法而百姓大説,此百姓必王之親若有爵者,非凡民也。穆王之法亦當然。刑不上大夫,至此蓋徒成虚語矣。

通工易事愈繁,則貿易愈廣,而錢幣之用亦愈溥,凡物皆可以之爲代。《周官·秋官》:"司厲,掌盜賊之任器、貨賄,辨其物,皆有數量,賈而揭之,入於司兵。"注:"鄭司農云:任器、貨賄,謂盜賊所用傷人兵器,及所盜財物也。"又職金:"掌受士之金罰貨罰,入於司兵。"《注》:"貨,泉貝也。"《管子·君臣下》:"千里之内,束布之罰,一畝之賦,盡可知也。"《注》:"束,謂帛也,布,謂錢也。"皆兵器與貨賄并重,則寖失初意矣。然《書疏》言"古之贖罪者皆用銅,漢始改用黄金",則究以足兵爲重也。

《墨子·非樂上》:"湯之《官刑》有之曰:其恒舞於宫,是謂巫風。其刑,君子出絲二衛。"衛蓋緯之借。以物爲罰,自古有之,蓋北方本不饒金也。

原刊《光華大學半月刊》第五卷第七期,
一九三七年三月三十日出版

〔一五九〕 圜土即謫作

《周官》大司寇:"以圜土聚教罷民。凡害人者,寘之圜土而施職事焉,以明刑恥之。其能改過,反於中國,不齒三年。其不能改而出圜土者殺。"司圜:"掌收教罷民。凡害人者,弗使冠飾而加明刑焉。任之以事而收教之。能改者，上罪三年而舍，中罪二年而舍，下罪一年而舍，其不能改而出圜土者殺。雖出，三年不齒。”云反於中國，則是圜土在邊竟也。《墨子・尚賢下》：“昔者傅說，居北海之洲，圜土之上，衣褐帶索，庸築乎傅巖之城。”云北海之洲者，古以夷、蠻、戎、狄爲四海，語增以爲真濱海，乃以其所居之地爲洲，此不足信，然其在邊竟則實矣。《正月》之詩曰：“民之無辜，并其臣僕。”《毛傳》曰：“古者有罪，不入於刑，則役之圜土，以爲臣僕。”即《周官》之制也。《管子・揆度》：“力足，游蕩不作，老者譙之，當壯者遣之邊戍。”《史記・商君列傳》：“秦民初言令不便者，有來言令便者。衛鞅曰：此皆亂化之民也。盡遷之於邊城。”游蕩不作，即所謂罷民。亂化之民，則商君比之害人者爾。古征戍亦役之一，秦漢時用兵多，乃變謫作爲謫戍耳。然亦非始皇所創也，圜土即謫作也。而鼂錯乃以是深罪始皇，若以爲始作俑者，非其實也。

原刊《光華大學半月刊》第五卷第七期，
一九三七年三月三十日出版

〔一六〇〕　父子兄弟罪不相及

《左氏》昭公二十年，苑何忌引《康誥》曰：“父子兄弟，罪不相及。”今《康誥》無其文。蓋《傳》辭也。案連坐之罪，古者無之。《甘誓》曰：“予則孥戮女。”《湯誓》曰：“予則孥戮女，罔有攸赦。”此已爲軍刑。然鄭《注》引《周禮》：“其奴男子入於罪隸，女子入於舂槀”，《湯誓疏》。則亦止於奴之而已，非殺其身也。《禮記・檀弓》：“齊莊公襲莒於奪，杞梁死焉。其妻迎其柩於路而哭之哀。莊公使人弔之。對曰：君之臣不免於罪，則將肆諸市朝而妻妾執。”執即爲奴之謂，非謂刑殺。《說苑・尊賢》：“晉文侯行地登隧，大夫皆扶之。隨會不扶。文侯曰：會，夫爲人臣而忍其君者，其罪奚如？對曰：其罪重死。文侯曰：何謂重死？對曰：身死，妻子爲戮焉。”以戮爲死，非古義矣。蓋緣秦以來有族誅之法，耳濡目染，忘其本來也。《牧誓》曰："勗哉夫子，爾所弗勗，其於爾躬有戮。"雖軍刑，亦止及其身。祁奚之言叔向曰："猶將十世宥之，以勸能者。"《左氏》襄公二十一年。則以功德而宥其親族者有之矣，以愆咎而戮及親族，軍刑外未之前聞，況於刑殺之乎？古有以謀叛而族誅者，此乃慮其復讎，非欲治其罪也，故出奔則可以免，如成虎是也。見《左氏》昭公十二年。

《史記·秦本紀》文公二十年，"法初有三族之罪"。《集解》引張晏曰："父母、兄弟、妻子也。"又引如淳曰："父族、母族、妻族也。"案費誓："汝則有無餘刑，非殺。"《疏》引王肅云："父母、妻子，同産皆坐之，無遺免之者，故謂無餘之刑；然入於罪隸，亦不殺之。"又引鄭玄云："無餘刑非殺者，謂盡奴其妻子，不遺其種類，在軍使給厮役，反則入於罪隸舂槀，不殺之。"案王肅之説，即張晏之説也。孥不兼父母兄弟言，恐不如鄭説之確。僞《大誓》："罪人以族。"《僞傳》云："一人有罪，刑及父母、兄弟、妻子"，與肅説同。《商君書·賞刑》："守法、守職之吏，有不行王法者，罪死不赦，刑及三族。"此刑字，亦當兼奴戮言之，不必皆爲虧體之刑也。

《史記·廉頗藺相如列傳》：趙括之母，請趙王毋用括，趙王不聽。括母因曰："王終遣之，即如有不稱，妾得無隨坐乎？"王許諾。其後括敗，趙王以母先言，竟不誅也。《三國·魏志·武帝紀》：建安八年五月己酉令，引此事，爲"古之將者，軍破於外，而家受罪於内"之徵，蓋軍刑之連及親族，由來舊矣。孔子曰："射不主皮，爲力不同科，古之道也。"況於軍之出，不必皆有可勝之道乎？而以一切之法劫之，至於戮及無辜，亦可哀矣，固知争奪相殺者，不能復顧仁義也。

《荀子·榮辱》論鬬者忘其身云："室家立殘，親戚不免乎刑戮。"此似内政，與軍法無關，然事勢之流，相激使然。後雖用諸内政，溯其始，要不能謂不出於軍刑也。

《吕覽·開春論》："晉誅羊舌虎，叔向爲之奴而朡。"《注》："奴，戮也。律坐父兄，没入爲奴。《周禮》曰：其奴男子入於罪隸，此之謂也。滕，繫也。"《漢書·楚元王傳》：申公、白生諫王戊不聽，"胥靡之。"《注》："應劭曰：《詩》云：若此無罪，淪胥以鋪。胥靡，刑名也。晉灼曰：胥，相也。靡，隨也。古者相隨坐輕刑之名。"師古曰："聯繫使相隨而服役之，故謂之胥靡。猶今之役囚徒，以鎖聯綴耳。"此正《吕覽》所謂滕者也。《叙傳》曰："嗚乎史遷，薰胥以刑。"《注》："晉灼曰：《齊》、《韓》、《魯詩》作薰。薰，帥也。從人得罪相坐之刑也。"《後漢書·蔡邕傳》："下獲熏胥之辜。"《注》："《詩·小雅》曰：若此無罪，勳胥以痡，勳，帥也；胥，相也；痡，病也。言此無罪之人，而使有罪者相帥而病之，是其大甚。見《韓詩》。"然則《詩》之所刺，亦僅相隨苦役耳。《左氏》昭公二十七年："子常殺費無極與鄢將師，盡滅其族。"《左氏》戰國時書，疑所言不盡實也。

原刊《光華大學半月刊》第五卷第七期，
一九三七年三月三十日出版

〔一六一〕 救父殺夫，助夫殺父

《左傳》桓公十五年，"祭仲專，鄭伯患之，使其婿雍糾殺之。將享諸郊。雍姬知之，謂其母曰：父與夫孰親？其母曰：人盡夫也，父一而已，胡可比也？遂告祭仲曰：雍氏舍其室，而將享子於郊，吾惑之，以告。祭仲殺雍糾，尸諸周氏之汪。"是雍姬殺其夫以救其父也。襄公二十八年，"盧蒲癸、王何卜攻慶氏，……盧蒲姜謂癸曰：有事而不告我，必不捷矣。癸告之，姜曰：夫子愎，莫之止，將不出，我請止之。癸曰：諾。十一月乙亥，嘗於大公之廟，慶舍莅事，盧蒲姜告之，且止之，弗聽，曰：誰敢者？遂如公"，卒見殺。是盧蒲姜助其夫以謀殺其父也。又定公十四年，蒯聵使戲陽速殺南子，則爲子欲殺其母者。

〔一六二〕 父爲子隱，子爲父隱

《論語·子路》："葉公語孔子曰：吾黨有直躬者，其父攘羊，而子證之。孔子曰：吾黨之直者異於是，父爲子隱，子爲父隱，直在其中矣。"古之爲法者，上之所求於下，不必其有利於民，或且賊民以自利焉；縱不如是，民之恃法以自安者淺，恃其以情相聯繫以爲安者深，故聖人不肯求法之必行，而使其民相糾告，知其所獲者小，所喪者大也，聖之至也。

《宋書·何尚之傳》："義熙五年，吴興武康縣民王延祖爲劫，父睦以告官。新制：凡制，身斬刑，家人棄市。睦既自告，於法有疑，時尚之父叔度，爲尚書，議曰：設法止姦，本於情理。非一人爲劫，闔門應刑；所以罪及同産，欲開其相告，以出爲惡之身。睦父子之至，容可悉共逃亡，而割其天屬，還相縛送，螫毒在手，解腕求全，於情可愍，理亦宜宥。睦既糾送，即餘人無應復告。并全之。"立法以劫其民，至於如是，亦可哀矣。《蔡廓傳》："宋台建爲侍中，建議以爲鞫獄不宜令子孫下辭，明言父祖之罪，自今家人與囚相見，無乞鞫之訴，使民以明伏罪，不須責家人下辭。朝議咸以爲允，從之。"此即頗有合平恕之理矣。廓少子興宗，"爲廷尉卿，有解士先者，告申坦昔與丞相義宣同謀。時坦已死，子令孫，時作山陽郡，自繫廷尉。興宗議曰：若坦昔爲戎首，身今尚存，累經肆眚，猶應蒙宥。令孫天屬，理相爲隱。況人亡事遠，追相誣訐，斷以禮律，義不合關。若士先審知逆謀，當時即應啓聞，包藏積年，發因私怨；況稱風聲路傳。實無定主，而干黷欺罔，罪合極法。"此則不徒平恕，且足以大畏姦狡矣。

原刊一九四七年五月十二日天津
《民國日報》副刊"史與地"

〔一六三〕 比伍相及

比伍相及之法，其初蓋亦軍刑。《康誥疏》謂“子弗祇服厥父事”云云，即父子兄弟，罪不相及。案此數語絶無罪不相及之意，《疏》言非也。自當如予説謂係《傳》文爲是，參看《傳説記》條。又言子非及父，理所當然，而《周官》隣保，以比伍相及，趙商疑而發問。鄭答云：《周禮》大平制，此居殷亂。《周官·大司寇疏》：“趙商問族師職曰：四閭爲族，八閭爲聯，使之相保相受，刑罰慶賞相及。在《康誥》曰：父不慈，子不孝，兄不友，弟不恭，不相及也。族師之職，鄰比相坐；《康誥》之云門内尚寬，不知《書》、《禮》是錯，未達指趣。答曰：族師之職，周公新制禮，使民相拱勑之法；《康誥》之時，周法未定，天下又新誅三監，務在尚寬，以安天下。先後量時，各有云爲，乃謂是錯也？”説殊不然，《墨子·尚同下》：“聖王皆以尚同爲政，故天下治。何以知其然也？於先王之書也。《大誓》之言曰：小人見姦巧，乃聞不言也，發，罪鈞。”魏默深謂此乃紂創之以監謗，《書古微·太誓補亡中》。説亦無據。《繁露·王道》云：“梁内役民無已，其民不能堪，使民比地爲伍，一家亡，五家殺，刑。”《公羊解詁》亦云：“梁君隆刑峻法，一家犯罪，四家坐之。”僖公十九年。《疏》云：《春秋説》有此文。蓋連坐之制，由來舊矣。《周官》族師職云：“五家爲比，十家爲聯；五人爲伍，十人爲聯；四閭爲族，八閭爲聯；使之相保相受，刑罪慶賞，相及相共。”比長職云：“五家相受相和親，有罪奇衺則相及。”隣長職云：“掌相糾相受。”士師職云：“掌鄉合州黨族閭比之聯，與其民人之什伍，使之相安相受，以比追胥之事，以施刑罰慶賞。”《周官》雖戰國時書，其所祖述，固皆古制。即《管子》之軌里連鄉，亦屬此制。《小匡》。特時會晚則操之者愈蹙，故《管子》僅言祭祀相福，死喪相恤，禍福相憂，居處相樂，行作相和，哭泣相哀。《周官》已以相糾與相受并舉，《商君》尤專重相司耳。《韓非·制分》曰：“去微姦之道奈何？其務令相闚其情者也。使相闞奈何？曰：里相坐而已。告過者免罪受賞，失姦者必誅連刑，如此，則姦類發矣。姦不容細，私告任坐使然也。”其言尤爲峻急。《商君書·賞刑》云：“周官之人，知而訐之上，自免於罪；無貴賤，尸襲其官長之官爵田禄。”則又推諸什伍之外矣。古之居民，蓋有二法：一如《周官》之比閭族黨，《管子》之軌里連鄉，與什伍之制相應，蓋軍人更屯聚者也。一如《尚書大傳》所述：八家而爲隣，三隣而爲朋，三朋而爲里，與井田之制相應，蓋農耕之民，不入行伍者。相司連坐之制，皆起於什伍，故知其初亦軍刑也。

原刊《光華大學半月刊》第五卷第七期，
一九三七年三月三十日出版

〔一六四〕 與於青之賞必及於其罰

《左氏》昭公二十年：衛侯告寧於齊，且言子石。齊侯將飲酒，徧賜大夫，曰：二三子之教也。苑何忌辭曰：“與於青之賞，必及於其罰。在《康誥》曰：父子兄弟，罪不相及。況在羣臣？臣敢貪君賜，以干先王？”罪不相及，人人知之。賞不可相及，聞者或不能無疑，而不知以法家之義言之，則二者之不可惟鈞也。《荀子·君子》曰：“古者刑不過罪，爵不踰德，故殺其父而臣其子，殺其兄而臣其弟。刑罰不怒罪，爵賞不踰德，分然各以其誠通。是以爲善者勸，爲不善者沮。刑罰綦省，而威行如流。亂世則不然。刑罰怒罪，爵賞踰德。以族論罪，以世舉賢。故一人有罪，而三族皆夷。德雖如舜，不免刑均，是以族論罪也。先祖當賢，後子孫必顯，行雖如桀紂，列從必尊，此以世舉賢也。雖欲無亂，得乎哉？”以族論罪，以世舉賢，其失維鈞，此《左氏》苑何忌語之注脚也。

原刊《光華大學半月刊》第五卷第七期，
一九三七年三月三十日出版

〔一六五〕 命夫命婦不躬坐獄訟

《周官》小司寇:“凡命夫命婦,不躬坐獄訟。”此與“刑不上大夫”同意。蓋古者平民貴族,界限森嚴,命夫命婦,固非獄吏小人之所得而治也。《左氏》僖公二十八年,衛侯與元咺訟,鍼莊子爲坐;襄公十年,王叔之宰與伯輿之大夫瑕禽坐獄於王庭;昭公二十三年,晉人執叔孫婼,使與邾大夫坐,叔孫曰:“列國之卿當小國之君,固周制也。邾又夷也,寡君之命介子服回在,請使當之,不敢廢周制故也。”乃得不坐。并《周官》之注脚。

貴族與平民,界限甚嚴;然同爲貴族,則不以其位之高下,而有所左右袒;故上下之訟,上不必勝,下不必負。衛侯與元咺、王叔與伯輿之訟,其明徵也。鄭之放子南也,子産曰:“直鈞,幼賤有罪。”《左氏》昭公元年。不曰不論曲直,罪在幼賤也。瑕禽曰:“下而無直,則何謂正矣。”《左氏》襄公十年。尤覺言之侃侃。

《小司寇注》曰:“不身坐者,使其屬若子弟。”此今訴訟之代理人也。衛侯之與元咺訟也,既使鍼莊子爲坐,又使甯武子爲輔,士榮爲大士。《疏》云:“以其主獄事,故亦使輔之。”蓋以其習於法律之故,則似今之律師矣。衛侯不勝,殺士榮,刖鍼莊子;蓋以尊者不可加刑,猶商君治秦,太子犯令,而刑其師傅,非以其爲坐爲輔也。然猶執衛侯,歸之京師,寘諸深室,則尊者僅得免刑,拘繫之罪,亦在所不免矣。

僖公二十八年杜《注》并引王叔之宰與伯輿之大夫坐獄事,曰:“各不身親,蓋今長吏有罪,先驗吏卒之義。”案衛青之責李廣也,史云大將軍長史急責廣之幕府對簿,然廣曰:“諸校尉無罪,乃我自失道,吾今自上簿。”則長史實未嘗責廣自行。賈生曰:“古者大臣,有坐不廉而廢者,不謂不廉,曰簠簋不飾;坐汙穢淫亂,男女亡别者,不曰汙穢,曰帷薄不脩;坐罷耎不勝任者,不曰罷耎,曰下官不職。”蓋其後僅爲遜辭,其初則所驗問者,誠皆其下執事也。“成王有過,則撻伯禽”,義亦如是。

《尚書·立政》曰:“文王罔攸兼於庶言、庶獄、庶慎,惟有司之牧夫。是訓用違,庶獄庶慎,文王罔敢知於兹。”崔東壁曰:“文王之不兼庶獄,謂庶人之輕獄,非士大夫之大獄也。孟子曰:訟獄者不之堯之子而之舜,不之益而之啓。是古者諸侯之獄,皆天子自治之也。王叔陳生與伯輿争政,王叔之宰與伯輿之大夫瑕禽,坐獄於王庭;叔孫昭子朝而命吏曰:婼將與季氏訟,書辭無頗;是古者卿大夫之獄,皆其君自治之也。邢侯與雍子争鄐田,叔魚蔽罪邢侯,邢侯殺叔魚與雍子於朝;梗陽人有獄,魏戊不能斷,以獄上;是古者位相埒則不能治其獄,必尊者而後能治卑者之獄也明矣。自秦始重獄吏之權,無論丞相大臣,皆使治之,而李斯以謀反誣服矣。唐高宗時,人告長孫無忌謀反,許敬宗文致而上之,高宗猶以元舅之故,不忍殺,而敬宗不可;夫元舅誠不可以謀反貸死,顧無忌實未嘗謀反,高宗何不親鞫之乎?至明置錦衣獄,其禍尤烈,楊漣、左光斗諸人皆忠直大臣,一入獄中,覆盆莫告,榜掠至無完膚,卒以獄斃。若此者,豈非人主不自理之過與?”《豐鎬考信别録》。案古者卑不治尊,實由平民貴族等級森嚴之故。漢武論魏其、武安之獄曰:“俱宗室外家,故廷辯之。不然,一獄吏所决耳。”謂此也。自秦以降,階級漸夷,雖丞相亦知獄吏之尊,實有平夷之美;然上下之隔絶愈甚,而冤獄益多,亦其遠不逮古者;故古今之刑法,亦互有得失也。

〔一六六〕 獄之遲速

《書·康誥》曰:“要囚,服念五六日,至於旬時,丕蔽要囚。”此古者政簡刑清之世之遺法也。《史記·匈奴列傳》曰:“獄久者不滿十日;一國之囚,不過數人。”蓋風氣誠樸之世恒如此。《周官》小司寇:

"以五刑聽萬民之獄訟,附於刑,用情訊之,至於旬乃弊之。"朝士之職:"凡得獲貨賄人民六畜者,委於朝,告於士,旬而舉之。"《周官》固晚出之書,然其弊獄及舉得獲之物,皆以旬爲限,猶是古之遺制也。

風俗彌薄,疆理彌恢,則有司之治獄益難,而人民之赴訴愈遠,獄訟遂有稽留之弊。《周官》鄉士之辨獄訟,旬而職聽於朝;遂士二旬;縣士三旬;方士則三月而上獄訟於國:此皆因其地之遠,而其斷弊不得不遲者也。夫法不出於一,不可也。然地既大,路既遠,舉獄訟之大且難者,而欲悉聽諸中朝,則其事不得不遲;而稽延之弊,遂自兹而起矣。《周官》訝士,"掌四方之獄訟,諭罪刑於邦國,凡四方之有治於士者造焉。四方有亂獄,則往而成之。"《注》曰:"如今郡國遣吏詣廷尉議","吕步舒使治淮南獄。"夫如是,尚安能守其旬時而蔽之舊,使獄囚不過數人哉?然吏之舞文弄法者則少矣。諭罪刑於邦國,蓋告以犯何罪當用何刑也,則各地錯雜之法,漸趨於一矣。此亦有畫一之美也。故曰:後世之刑法,與古者互有得失也。

《周官》朝士:"凡士之治有期日:國中一旬,郊二旬,野三旬,都三月,邦國朞。期内之治聽,期外不聽。"蓋以閲時久則事狀不明,情僞不易悉,故限之以期日也。然國中限以一旬,而邦國至於朞月,其事狀尚可考,而情僞尚可悉乎?然欲舉邦國之獄,而悉成諸士,勢固有不得不然者;後世遠年疑獄,久懸而莫能決,亦由地大而最高審斷不能以時舉行故也。故任各地方各自爲政,則慮下吏之弄法舞文,而法律亦各徇其俗而不畫一。一統之於中朝,則不免執一切之法,以御不齊之俗,而法遂不厭於人心,而久延而冤曲不得伸,凶暴莫能懲,其弊尤難偏疏舉也。故曰:古今之法,互有得失也。

《論語·顏淵》:"子曰:片言可以折獄者,其由也與?"亦貴其速也。故與"無宿諾"并舉。《集解》引孔,謂不須兩辭,可以偏信一言,其繆甚矣。

《月令》孟夏:"斷薄刑,決小罪,出輕繫。"仲夏:"挺重囚,益其食。"可見獄有留繫矣。鄉士、遂士、縣士之職:司寇斷獄、弊訟,既成，士師協日而刑殺。可見誅戮之不可久稽。然《月令》以孟秋戮有罪；仲秋命有司，申嚴百刑，斬殺必當；季秋乃趣獄刑，毋留有罪。《管子》亦曰“始寒盡刑”，《幼官》。則刑有不能協日而行者矣。司馬法曰：“賞不踰時，雖爲善者之速得利也。”夫爲善者不可不速得利，則爲惡者不可不速受懲。自獄有淹繫，刑或踰時，而爲惡者之受懲緩矣，尚何以快人心而收懲一儆百之效也？故獄之淹滯，終非美事也。然非至各地方風俗畫一，政治之情形大變，司法之制，有不易即改者，故法之弊亦風俗爲之也。《小司寇》：“歲終，則令羣士計獄弊訟，登中於天府。”蓋立程限，今年之事，不得延至明年也。

《公羊》宣公元年：“古者大夫已去，三年待放。”《解詁》曰：“古者疑獄三年而後斷，自嫌有罪當誅，故三年不敢去。”《墨子·明鬼下》“昔日齊莊君之臣，有所謂王里國、中里徼者，訟三年而獄不斷”，蓋即所謂疑獄也。此乃罕有之事，尋常獄訟，不得援以爲例。

〔一六七〕 舜爲天子皐陶爲士瞽瞍殺人

《孟子·盡心》：“桃應問曰：舜爲天子，皐陶爲士，瞽瞍殺人，則如之何？孟子曰：執之而已矣！然則舜不禁與？曰：夫舜，惡得而禁之？夫有所受之也。然則舜如之何？曰：舜視棄天下，猶棄敝蹝也。竊負而逃，遵海濱而處，終身訢然樂而忘天下。”此儒家斟酌於公私之間，恩義曲盡之道也。《記》曰：“門内之治恩掩義，門外之治義斷恩。”《喪服四制》。善言治者，不以門内之恩，害門外之義；亦不以門外之義，奪門内之恩。蓋人羣之公義，不得不信；而世運未至於大同，則各親其親之心，亦爲人人所同具，故以是斟酌於二者之間，而求其曲當也。此章讀者或疑之，其實以其義推之羣經，均無不合。《論語》：“葉公語孔子曰：吾黨有直躬者，其父攘羊，而子證之。孔子曰：吾黨之直者異於是，父爲子隱，子爲父隱，直在其中矣。”《子路》。夫以子證父則不可,人或證其父,則非其子所得而爲之諱矣。《公羊》曰:"父母之於子,雖有罪,猶若不欲其服罪然。"文公十五年。不欲其服罪者,其心,非能使之不服罪也。此舜之所以竊負而逃,而不能禁皋陶之執也。《公羊》又曰:"鄭伯克段於鄢,克之者何? 殺之也。殺之則曷爲謂之克? 大鄭伯之惡也。"《解詁》曰:"明鄭伯爲人君,當如《傳》辭,不當自己行誅殺,使執政大夫當誅之。《禮》: 公族有罪,有司讞於公,公曰: 宥之。及三宥,不對。走出,公又使人赦之。以不及反命。公素服,不舉,而爲之變,如其倫之喪;無服,親哭之。"隱公元年。三宥而有司不對,此即所謂皋陶執之者。《王制》曰:"三公以獄之成告於王,王三又,然後致刑。"三宥之文,亦見《周官》司刺,蓋古之遺法。人君之於其族,亦依成法宥之耳,非能特赦之也。此亦所謂舜不得而禁之者也。季子之於公子牙也,不以爲國獄,不欲其服罪之心也。其於慶父也,緩追逸賊,歸獄鄧扈樂而不變,竊負而逃之義也。然以君臣之義,誅不得辟兄,則又舜之不得禁皋陶也。《公羊》莊公三十二年,閔公元年、二年。故曰: 孟子之言,推之羣經而無不合也。

抑不獨經義。石碏之殺石厚也,使其宰獳羊肩涖焉,此即何君所謂"使執政大夫當誅之"者也。然卒不得不殺厚,則猶季子之誅不避兄也。《左氏》隱公四年。叔向治國制刑,不隱於親,三數叔魚之惡,不爲末減,而仲尼稱爲古之遺直。《左氏》昭公十四年。當官而行,勢不得隱,亦季子之誅不辟兄也。《史記·循吏列傳》曰:"石奢者,楚昭王相也。行縣,道有殺人者,相追之,乃其父也。縱其父而還自繫焉。使人言之王曰: 殺人者,臣之父也。夫以父立政,不孝也;廢法縱罪,非忠也;臣罪當死。王曰: 追而不及,不當伏罪,子其治事矣。石奢曰: 不私其父,非孝子也;不奉主法,非忠臣也。王赦其罪,上惠也;伏誅而死,臣職也。遂不受令,自刎而死。"夫其縱父,則舜之竊負而逃也。然孟子謂舜可遵海濱而處,而石奢必還自繫、不受令、伏劍而死者,其所處之位異也。《史記》又曰:"李離者,晉文公之理也。過聽殺人,自拘當死。文公曰: 官有貴賤,罰有輕重;下吏有過,非子之罪也。李離曰：臣居官爲長，不與吏讓位；受禄爲多，不與下分利；今過聽殺人，傅其罪下吏，非所聞也。辭不受令。文公曰：子則自以爲有罪，寡人亦有罪邪？李離曰：理有法：失刑則刑，失死則死。公以臣能聽微決疑，故使爲理，今過聽殺人，罪當死。遂不受令，伏劍而死。”李離自以爲有罪，而不謂其君有罪者，君故不以弊獄爲責，然則皋陶之父而殺人，苟縱之，亦必如石奢之自繫，而不得如舜之遵海濱而處矣。然則羣經之義，亦當時賢士大夫所共知，蓋孔子亦因俗之合於義者，著之於經爾，非必有所創也。

《左氏》襄公二十二年：“楚觀起有寵於令尹子南，楚人患之，王將討焉。子南之子棄疾爲王御士，王每見之，必泣。棄疾曰：君三泣臣矣，敢問誰之罪也？王曰：令尹之不能，爾所知也，國將討焉，爾其居乎？對曰：父戮子居，君焉用之？洩命重刑，臣亦不爲。王遂殺子南於朝，轘觀起於四竟。子南之臣謂棄疾：請徙子尸於朝，曰：君臣有禮，唯二三子。三日，棄疾請尸。王許之。既葬，其徒曰：行乎？曰：吾與殺吾父，行將焉入？曰：然則臣王乎？曰：棄父事讎，吾弗忍也。遂縊而死。”夫康王之欲殺子南，猶皋陶之欲執瞽瞍也，而何以棄疾不竊負而逃也？曰：觀子南既死，其徒猶欲犯命取殯，則其力能抗王可知，勸其行，必不從矣，此棄疾之所以弗告也；自殺以全臣子之義也。亦可哀矣。

〔一六八〕毋　　赦

儒家之言曰：“眚災肆赦。”《書・堯典》。又曰：“赦小過。”《論語・子路》。而法家之言曰：“小忠必赦。”《韓非子・飾邪》。二者果孰是？曰：皆是也。儒家之言，就犯罪者一人言之也。法家之言，則爲公衆言之也。就犯罪者一人而言之，凡有過者，不必其皆惡；即惡矣，亦或迫於勢不得已；又或偶然失足，後知悔悟；凡若此者，以情理言之，固可哀矜;舍之,使得改過自新,持法者固應爾也。然若其持法也,乃以警衆爲重,而不暇爲一二人計,則法家之言,有可深長思者。《管子》曰:"民無重罪,過不大也。民無大過,上無赦也。上赦小過,民多重罪,積之所生也。"《法法》。《商君書》曰:"行刑重其輕者,輕者不生,則重者無從至矣,此謂治之於其治也。行刑重其重者,輕其輕者,輕者不止,則重者無從止矣,此謂治之於其亂也。"《説民》。爲公衆計,不爲一二人計,則所謂"凡赦者,小利而大害者也,故久而不勝其禍;毋赦者,小害而大利者也,故久而不勝其福"者,確有至理。《管子·法法》。夫豈不知其有小害,勢有所不暇顧也。《禮記·王制》曰:"凡執禁以齊衆,不赦過。"夫執禁齊衆時之過,與平時之過,有何異焉?然而不赦之者,爲齊衆計,勢固不得不然也。此言可以通儒、法之郵。

《周官》大司寇:"掌建邦之三典,一曰刑新國用輕典,二曰刑平國用中典,三曰刑亂國用重典。"視所施而異其輕重,蓋亦度齊衆之宜。《荀子》曰:"刑稱罪則治,不稱罪則亂。故治則刑重,亂則刑輕。犯治之罪固重,犯亂之罪固輕也。《書》曰:刑罰世輕世重,此之謂也。"《正論》。不度時勢之殊,而以罪之輕重固爾,失其義矣。

原刊一九四七年五月九日上海《益世報》副刊"史苑"

〔一六九〕 以 吏 爲 師

《史記·秦始皇本紀》:李斯焚書之議曰:"若有欲學法令,以吏爲師。"《集解》引徐廣曰:"一無法令二字。"案《李斯傳》亦無之,疑此二字乃注語,諸本或奪,或溷入正文也。此語爲史公元文與否不可知,要不失李斯之意。或謂若有欲學,指凡學問言;又或謂吏即博士,以此爲秦未嘗滅學之徵,則翩其反而矣。

"欲學法令,以吏爲師",説見《商君書·定分》篇。此篇之意,欲置官吏知法令之謂者,以爲天下正。諸官吏及民,有問法令之所謂者，皆明告之。不告，以其所問法令之罪罪之。其言曰：“一兔走，百人逐之。賣者滿市，盜不敢取，由名分已定也。今法令不明，其名不定，天下之人得議之。其議人異而無定，是法令不定，以下爲上也。先聖人爲書而傳之，後世必師受之，乃知所謂之名；不師受之，而人以其心意議之，至死不能知其名與其意，故聖人必爲法令置官也。置吏也，爲天下師，所以定名分也。”蓋欲收解釋法令之權，歸之於上耳。

《禮記·王制》曰：“析言破律，亂名改作，執左道以亂政，殺；作淫聲、異服、奇技、奇器以疑衆，殺；行僞而堅，言僞而辯，學非而博，順非而澤以疑衆，殺；假於鬼神、時日、卜筮以疑衆，殺；此四誅者，不以聽。”《荀子·宥坐》曰：“孔子爲魯攝相，朝七日而誅少正卯。門人進問曰：夫少正卯，魯之聞人也，夫子爲政而始誅之，得無失乎？孔子曰：居，吾語女其故。人有惡者五，而盜竊不與焉。一曰心達而險，二曰行辟而堅，三曰言僞而辯，四曰記醜而博，五曰順非而澤。此五者有一於人，則不得免於君子之誅；而少正卯兼有之。故居處足以聚徒成羣，言談足以飾邪營衆，强足以反是獨立，此小人之桀雄也，不可不誅也。是以湯誅尹諧，文王誅潘止，周公誅管叔，太公誅華仕，管仲誅付里乙，子産誅鄧析、史付。此七子者，皆異世同心，不可不誅也。”《説苑·指武》篇略同，此即《王制》之注脚也。《吕覽·離謂》曰：“鄭國多相縣以書者，子産令無縣書，鄧析致之；子産令無致書，鄧析倚之；令無窮，則鄧析應之亦無窮，是可不可無辨也。”又曰：“子産治鄭，鄧析務難之。與民之有獄者約：大獄一衣，小獄襦袴。民之獻衣襦袴而學訟者，不可勝數；以非爲是，以是爲非，是非無度，而可與不可日變；所欲勝因勝，所欲罪因罪；鄭國大亂，民口讙譁。子産患之，於是殺鄧析而戮之。民心乃服，是非乃定，法律乃行。”夫是非可否，明著於法律者，豈鄧析所能違？鄧析所爲，亦貿其名實，以法之所誅爲無罪，法所不問者爲有誅耳。此正所謂“析言破律，亂名改作”者也。以此傳諸鄧析不必實，然春秋戰國時，必有此等事，則無疑矣。故儒、法二家，同以爲患也。

商君之意，欲"天子置三法官：殿中置一法官，御史置一法官及吏，丞相置一法官。諸侯郡縣皆各爲置一法官及吏。皆此秦一法官，郡縣諸侯，一受寶來之法令學問并所謂吏民知法令者，皆問法官。故天下之吏民無不知法者。吏明知民知法令也，故不敢以非法遇民。遇民不脩法，則問法官，法官即以法之罪告之，民即以法官之言正告之吏。吏知其如此，故吏不敢以非法遇民，民又不敢犯法"。此所謂法官，非躬行法，而爲行法之吏所稟承，故曰爲天下正。今之論者，但知司法與行政當分，而解釋法律，則悉由司法官，司法官猶得上下其手。若如《商君書》所言，則行政官雖兼司法，而亦不能自恣，而遇民不法者，民得告之法官，則又不啻今之平政院矣。其法雖與歐西立憲之國異，其用意固相通也。李斯所謂"欲學法令，以吏爲師"者，不知其吏亦如此否？然即謂其意如是，其事亦必未行，故《史記》不載，他書亦無及之者也。漢世法令之弊，在於郡國承用者駁，或罪同而論議，姦吏因緣爲市，惜乎未有以商君之説正之者也。然曹魏之世，因諸家章句大繁，而詔專用鄭氏，雖未嘗收解釋之權於上，亦有一其解釋之意矣。

《周官·天官》大宰："掌建邦之六典，以佐王治邦國。以八法治官府，以八則治都鄙。"《春官》大史："掌建邦之六典，以逆邦國之治，掌法以逆官府之治，掌則以逆都鄙之治。凡辨法者考焉，不信者刑之。"御史："掌邦國都鄙及萬民之治令，以贊冢宰，凡治者受法令焉。"此即商君欲於殿中、御史、丞相各置一法官之意；訝士論罪刑於邦國，亦即其爲諸侯郡縣各置法官之意。蓋考核諸司是否守法，其權固操之自上，而於法律或有不明，亦當問之於上，故戰國時之成法；《商君書》與《周官》，同爲六國時物，故其用意亦頗同也。

商君欲使人人皆知法令，與叔向之諍刑書，仲尼之非刑鼎，用意大異。然其言曰："吏不敢以非法遇民，民又不敢犯法，如此，天下之吏民，雖有賢良辨慧，不能開一言以枉法；解釋法律之權，操之於吏，而鄧析之徒絶跡矣。雖有千金,不能以用一銖。故知詐賢能者,皆作而爲善,皆務自治奉公,民愚則易治也。此所生於法明白易知而必行。”又曰:“夫微妙意志之言,上知之所難也。夫不待法令繩墨而無不正者,千萬之一也。故聖人以千萬治天下。故夫知者而後能知之,不可以爲法,民不盡知。賢者而後知之,不可以爲法,民不盡賢。故聖人爲法,必使之明白易知。名正,愚知徧能知之。爲置法官,置主法之吏,以爲天下師,令萬民無陷於險危。故聖人立而天下無刑死者,非不刑殺也,行法令明白易知,爲置法官,吏爲之師,以道之知,萬民皆知所避就;避禍就福,而皆以自治也。”然則刑期無刑之意,實儒、法二家之所同,特其所由之路異耳。以時勢揆之,則法家之言爲切矣。《吕覽·淫辭》:“惠子爲魏惠王爲法,已成,以示諸民人。民人皆善之。”則戰國時之爲法,無不求人民能知之者,與春秋時人見解大異矣。然仍有其不可行者,法家之所恃以致無刑者,曰人能知法;其所恃以使人能知法者,曰法明白易知。然羣治演進,則人事隨之而繁;人事既繁,而法令隨之而雜,其勢有不得不難知者。試觀今之法令,夫豈人人所能知,而亦曷嘗有一章一篇之可省乎?故法令如牛毛,而非人人所能知,而不足以饜人心,而不能收勸懲之效,皆世變爲之,非爲法者之過也。

李悝撰次諸國法,爲《法經》六篇,商君受之以相秦。六篇者:《盜》、《賊》、《網》、《捕》、《雜》及加減。其後蕭何益以《興》、《廄》、《户》三篇,叔孫通益律所不及旁章十八篇,張湯有《越宫律》二十七篇,趙禹有《朝律》六篇。漢律至此,遂有六十篇矣。益以漢時決事,集爲《令甲》以下三百餘篇,及司徒鮑公《嫁娶辭訟決》爲《法比》,都目凡九百六卷。《晉書·刑法志》。文書盈於几閣,典者不皆徧睹,此漢世之有心人,所由無不以删定律令爲急者也。張湯、趙禹之屬不足論,蕭何以清浄爲治,叔孫通亦儒者,豈肯使法令如牛毛?然於秦律皆有所增益,明《法經》原出李悝以前,悝撰次諸國法爲之,而非悝所自爲。已不足周當時之用,增益者亦出於勢不得已也。增益則文繁;文繁,衆必不能盡省矣,又況其不易知乎?

〔一七〇〕復　讎

《禮記·檀弓》："子夏問於孔子曰：居父母之讎如之何？夫子曰：寢苫，枕干，不仕，弗與共天下也。遇諸市朝，不反兵而鬬。曰：請問居昆弟之讎如之何？曰：仕弗與共國，銜君命而使，雖遇之不鬬。曰：請問居從父昆弟之讎如之何？曰：不爲魁，主人能，則執兵而陪其後。"《周官·地官》調人："凡和難，父之讎，辟諸海外；兄弟之讎，辟諸千里之外；從父兄弟之讎不同國。君之讎眂父，師長之讎眂兄弟，主友之讎眂從父兄弟。"《疏》云："趙商問：天下尚不反兵，海内何爲和之？鄭答曰：讎在九夷之東，八蠻之南，六戎之西，五狄之北，雖有至孝之心，能往討不乎？"案古所謂天下者，非真謂普天之下，乃謂中國政教所及耳。秦始皇分天下爲三十六郡，桂林、南海、象、閩中，初不在其内也。明當時所謂天下，限於四海之内也。《詩》曰："普天之下，莫非王土。"夷蠻戎狄亦非疆理所及也。

《禮記·曲禮》："父之讎，弗與共戴天，兄弟之讎不反兵，交游之讎不同國。"《注》：交游，或爲朋友。《大戴記·曾子制言上》："父母之讎，不與同生；兄弟之讎，不與聚國；朋友之讎，不與聚鄉；族人之讎，不與聚隣。"《公羊》莊公四年《解詁》："《禮》：父母之讎，不同戴天；兄弟之讎，不同國；九族之讎，不同鄉黨；朋友之讎，不同市朝。"所言大致略同。《二戴記》、《解詁》所謂國，蓋指郭以内言，較市朝鄉黨爲廣。《周官》晚出，其時交通較便，聲聞所及益廣，故兄弟之讎，所不同者，擴及千里；從父昆弟之讎，則同於昔者之兄弟也。世運愈進，交通愈便，聲聞所及愈廣，報讎者有雖數千里而弗釋者矣，若范雎之於魏齊是也；而如漢高之於田横，則雖亡之海外，亦弗獲免矣。

弗仕者，仕則有公事，不得專顧其私以復讎爲事也。《檀弓》曰：滕成公之喪，使子叔敬叔弔，進書，子服惠伯爲介。及郊，爲懿伯之忌不入。惠伯曰：政也，不可以叔父之私，不將公事。遂入。亦見《左氏》昭公三年。此所謂銜君命而使，雖遇之不鬬者也。伍子胥之干闔廬也，闔廬將爲之興師，子胥曰："諸侯不爲匹夫興師。且臣聞之：事君猶事父也，虧君之義，復父之讎，臣不爲也。"《公羊》定公四年。《穀梁》同。蓋君非一臣之君，勢不得舉一國以殉一人。故臣仕於君有不得資其力以復讎者。若枉道而資其力，則虧君之義矣，又古之義士所不爲也。此有父母之讎者所以弗仕也。然如伍子胥者，其所讎乃爲萬乘之君；范睢之所讎，則千乘之君蔽之，有非資國君之力不能報者。此虧君之義以釋私怨者，所由接跡於後世與？伍子胥不肯虧君之義，以復父之讎；范睢以一人之私怨，挾秦力以窮魏齊，而秦王亦舉國以殉之，可以覘世變矣。

葛伯讎餉之事，《孟子·藤文公下》。論者恒疑之；然大同之世，力惡其不出於身也，不必爲己，代耕之事，固古之遺俗，不足疑也；即爲匹夫匹婦復讎，亦不足怪，何者？古代部族林立，部族與部族之交涉，猶今日國與國之交涉也。今日此國之人，有見殺於彼國者，豈不亦責諸其國，而不問其人與。特不能皆爲之興師耳。此則時異勢殊，利害交錯，不能專殉一事，使之然也。然而匹夫匹婦，含憤而不獲申者衆矣。然後知伊尹思天下之民，匹夫匹婦，有不與被堯舜之澤者，若己推而内之溝中，《孟子·萬章上》。非徒存虚願也；當時之時勢，誠可使匹夫匹婦，無不被其澤也，何也？其羣小，其事簡，利害關係未甚錯雜，爲君相者誠可以顧及其人民，使之生得其養，死得其葬。苟有冤屈，無不獲理也。至於後世，牧民者雖有無窮之心，而爲事勢所限，可若何。禹思天下有溺者，由己溺之也；稷思天下有饑者，猶己饑之也；《孟子·離婁下》。亦當時之事勢，可以振天下之饑溺者。張子見餓殍輒咨嗟，對案不食者累日。其心，禹稷之心也；欲買田一方，試井之，卒不可得，尚何以振天下之饑溺者哉？

子胥之復讎，處心積慮，則可謂深矣。艱難其身，則可謂甚矣。抑如白公者，以子西不爲之復讎，而至於作難，《左氏》哀公十六年。雖曰虧君之義，亦不可謂之不烈。嚴仲子求匹夫以報國相；秦昭王以萬乘之力，爲范雎窮魏齊，平原君身見止而不肯出之，虞卿解相印而與之亡，侯嬴緩頰，信陵懷慙，魏齊猶以其初難見之也，怒而自剄。當時游俠之徒，意氣之盛，可以想見。如姬父爲人殺，資之三年，《史記·信陵君列傳》。《索隱》："舊解資之三年謂服齊衰也。今案：資者，畜也。謂欲爲父報讎之資畜於心已得三年也。"愚按舊解是也。三年言其久爾，亦不必三年而遂釋也。終以信陵君爲之報讎，冒死爲竊兵符，其視龐娥，亦何多讓焉？此借交報讎者之所以滿於天下與！蓋自俠累見殺，而刺萬乘之君若刺褐夫，而諸侯有不足嚴者矣。然如白公、嚴仲子者，不恤一身之忿，險危大人，雖微二子者楚不國，不之恤也。而如范雎、虞卿、平原、信陵、侯嬴、如姬之徒，其所行不同，而不免於虧君之義則同。事勢之流相激使然，曷足怪乎？然而復讎之風，有不可長者矣。

復讎之風，初皆起於部落之相報，雖非天下爲公之義，猶有親親之道存焉。至於范雎，一飯之德必償，睚眦之怨必報，《史記》本傳。則徒以一身之私矣。鄭伯將以高渠彌爲卿，昭公惡之，固諫，不聽。昭公立，懼其殺己也，弑昭公而立公子亹。公子達曰："高伯其爲戮乎，復惡已甚矣。"《左氏》桓公十七年。則并以除害而弑君矣。此亦所謂事勢之流相激使然者也。至此而復讎之風，益不可長矣。

以復讎之風之不可長也，而限制之法漸生。"父不受誅，子復讎可也；父受誅，子復讎，推刃之道也。"此以義之是非爲正者也。"復讎不除害，朋友相衛而不相迿。"《公羊》定公四年。《解詁》："迿，出表辭，猶先也。不當先相擊刺，所以伸孝子之恩。"案亦所以限制爲人復讎者，使不得踰其分也。《檀弓》之"不爲魁"亦此義。此限止其事，使不得過當者也。國君一體，故賢齊襄復九世之讎，而家則不得援以爲例，猶必以上無天子、下無方伯爲限，則幾於尊國法而絶私報矣。《公羊》莊公四年。此《春秋》之義也。《周官》所著，蓋當時所行之法，"調人掌司萬民之難而諧和之"，其意本在防其相報，故"凡過而殺傷人者，以民成之，鄭司農云："以民成之，謂立證佐成其罪也。一説：以鄉里之民，共和解之。"案一説是也。鳥獸亦如之"。凡和難者，皆使之辟。"弗辟，然後與之瑞節而以執之。凡殺人，有反殺者，邦國交讎之。凡殺人而義者，不同國，令弗讎，讎之則死。凡有鬬怒者成之，不可成者則書之，先動者誅之。"鄭司農云："成之謂和之也。和之猶今二千石以令解讎怨，後復相報移徙之。"此謂人遺法存於漢世者。又朝士，"凡報仇讎者，書於士，殺之無罪。"皆以其時復讎爲難之風方盛，《左氏》文公二年，"狼瞫見黜，其友曰：吾與女爲難。"古人不恤逞一朝之忿者，往往如此。不能絶，不得已而姑爲之限，以去其太甚者也。

《論語·憲問》："或曰：以德報怨，何如？子曰：何以報德？以直報怨，以德報德。"或謂此或人爲老氏之徒，此深求而反失之者也。此或人之言，不過指當時復讎之事耳。然則孔子亦不主不報怨也，此自當時事勢使然。《顔淵》："樊遲問辨惑，子曰：一朝之忿，忘其身以及其親，非惑與？"此即孟子所謂"好勇鬬狠，以危父母"者。《萬章》下。孟子又曰："吾今而後知殺人親之重也，殺人之父，人亦殺其父；殺人之兄，人亦殺其兄；然則非自殺之也，一間耳。"《盡心》下。《集注》謂："言吾今而後知者，必有所爲而感發也。"其實此亦當時風氣如此，不必特指一事也。

《史記·范雎蔡澤列傳》：鄭安平進雎於王稽，詐言其人有讎，不敢晝見。可見復讎風氣之盛，所謂不反兵者，非虚言也。聶政不肯受嚴仲子百鎰之金，即《禮記》所謂"父母存，不許友以死"者。

《左氏》襄公二十二年："鄭游眅將歸晉，未出竟，遭逆妻者，奪之以館於邑。其夫攻子明，殺之，以其妻行。子展廢良而立大叔。求亡妻者，使復其所。使游氏勿怨，曰：無昭惡也。"此以政令禁止民相讎報者也。文公六年："賈季奔狄，宣子使臾駢送其帑。夷之蒐，賈季戮臾駢，臾駢之人欲盡殺賈氏以報焉。臾駢曰：不可，吾聞敵惠敵怨，不在後嗣，忠之道也。夫子禮於賈季，我以其寵報私怨，無乃不可乎？介人之寵，非勇也；損怨益讎，非知也；以私害公，非忠也。釋此三者，何以事夫子？盡具其帑，與其器用財賄，親帥扞之，送致諸竟。"敵惠敵怨，不在後嗣，復讎不除害之義也。不肯介人之寵，朋友不相迿之義也。不肯損怨益讎,不以一朝之忿忘其身以及其親也。不肯以私害公,不虧君之義也。臾駢幾於能以德報怨矣。臾駢之人以賈季一人之失,而欲盡殺賈氏,何其甚也? 孟子曰:"仁者以其所愛及其所不愛,不仁者以其所不愛及其所愛。梁惠王以土地之故,糜爛其民而戰之,大敗,將復之,恐不能勝,故驅其所愛子弟以殉之,是之謂以其所不愛及其所愛也。"《孟子·盡心》下。亦不過一念之推耳,是以君子貴懲忿窒欲也。

《周官》:"凡殺人而義者。"鄭《注》謂:"父母兄弟師長嘗辱焉而殺之者。"此臾駢之人,所以以駢見戮而欲盡殺賈氏也。夏侯惇年十四,就師學,人有辱其師者,惇殺之。漢魏間人猶時有此事。

《管子·大匡》:"君謂國子,凡貴賤之義,入與父俱,出與師俱,上與君俱,凡三者,遇賊不死,不知賊,則無赦。"以此義推之,則復讎不徒非所禁,不復讎者且犯義當誅矣。《春秋》之義,君弒,賊不討,不書葬,以爲無臣子也。《公羊》隱公十一年。子沈子曰:"君弒,臣不討賊,非臣也;不復讎,非子也。葬,生者之事也。《春秋》君弒,賊不討,不書葬,以爲不繫乎臣子也。"案不繫乎臣子者,猶言非其君父也,乃絶之於君父云爾。又隱公四年:"衛人殺州吁於濮,其稱人何? 討賊之辭也。"《解詁》云:"明國中人人得討之,所以廣忠孝之路。"《檀弓》:"邾婁定公之時,有弒其父者。公曰:寡人嘗學斷斯獄矣:臣弒君,凡在官者殺無赦;子弒父,凡在宫者殺無赦。"蓋古之爲羣也重統率。君也,父也,師也,皆一羣統率之人,故其尊之也如此;猶後世軍行失主將者,部曲重誅也。

《曲禮疏》:"《異義》:《公羊》説:復百世之讎。古周禮説:復讎之義,不過五世。許慎謹按:魯桓公爲齊襄公所殺,其子莊公與齊桓公會,《春秋》不譏。又定公是魯桓公九世孫,孔子相定公,與齊會夾谷,是不復百世之讎也。從周禮説。鄭康成不駁,即與許慎同。凡君非理殺臣,《公羊》説:子可復讎;故子胥伐楚,《春秋》賢之。《左氏》説:君命天也,是不可復讎。鄭駁《異義》,稱子思云:今之君子,退人若將隊諸淵,無爲戎首,不亦善乎? 子胥父兄之誅,隊淵不足喻,伐楚使吴首兵，合於子思之言也。是鄭善子胥，同《公羊》之義也。”案部之狩，《春秋》諱齊侯稱“人”。《傳》曰：“前此者有事矣，後此者有事矣，則曷爲獨於此焉譏？於讎者將壹譏而已，故擇其重者而譏焉，莫重乎其與讎狩也。於讎者則曷爲將壹譏而已？讎者無時焉可與通；通則爲大譏；不可勝譏，故將壹譏而已；其餘從同。”《公羊》莊公四年。安得謂莊公與齊桓公會，《春秋》不譏？引夾谷之會，以非復百世之讎也。僖公元年：“九月，公敗邾婁師於纓。”《解詁》：“有夫人喪，不惡親用兵者，時惡邾婁人以夫人與齊，於喪事無薄故也。”哀姜且然，況桓公乎？抑《春秋》誅意不誅事，故乾時之戰，復讎者在下，則不與公。莊公九年。桓公之書葬，《傳》曰：賊未討，何以書葬？讎在外也。讎在外則何以書葬？君子辭也。《解詁》曰：時齊强魯弱，不可立得報，故君子量力；且假使書葬，於可復讎而不復乃責之，諱與齊狩是也。《公羊》桓公十八年。《穀梁》義同。然則《春秋》雖賢復讎，亦未嘗不量力，安得魯與齊會，一一譏之乎？許慎疾今學如讎，康南海語。見《新學僞經考》。然其無識妄斷率如此。至其從《左》義而非子胥，更不足辨也。

〔一七一〕 決鬥復讎

事有可行於古，不可行於今者，風俗之異也。西方兩男争一女，往往以決鬥定之，勝者取女以去，敗者甘服無辭焉；心即不樂，不敢爲枉道以求報也。夫鬥者求勝而已，所由之道何擇焉？然而莫肯爲者，風氣未開，人自不出於其途也。今中國以兩男而争一女者亦多矣，使以決鬥定其勝負，勝者取女以去，豈可一日安乎？此無他，風氣之異也。然初守成法而不敢踰者，久而終必至惟勝之求。而所由之道，一切皆非所計而後已。此事勢相激使然，雖有大力，莫之能遏者也。古之用兵，必守軍禮，不斬祀，不殺厲，不重傷，不禽二毛。其後終至於禽獮草薙，繫虜老弱，焚燒宫室，無所不爲者以此。觀於小，固可以知大也。

《春秋》之義，復讎不除害，此亦古代之風氣，有以限止人，使不出於過當不直之途者也。然而其後亦有不能保守者矣，族誅之法，蓋由是而起也。方□□□之肆意殺人也，所至必行其所謂清鄉者，有穀五石者殺，有銀三百元者殺，曾爲官吏者殺，曾入軍伍者殺，而卜筮巫祝之流無論矣。其殺人也，鼓勵鄉民以行之，已殺其家一人，必又鼓鄉民盡殺其家而後已，曰將來彼謀報復，爾家將無噍類也。嗚呼！復讎不除害之道，猶有存焉。而復讎之事，猶可行乎？君子觀於此，而知風氣之變遷之烈也。

〔一七二〕 斷獄重情

古之聽訟，所以異於後世者何與？曰：古者以其情，後世則徒以其事而已矣。人之所以能相與羣居而不亂者，以其相親愛；其不然者，則以其相怨怒。而人之所以相親愛相怨怒者，非以其利不利也，而特以其心之欲相利抑欲相賊。親戚朋友，敝吾之物，雖若丘陵，弗怒也；苟有意欲相賊者，則雖簞食豆羹，或至於挺劍而起矣。夫人，不能無羣居者也。利於羣居者謂之善，不利於羣居者謂之惡，此無待再計也。有相利之心，則足以使人相親愛；有相賊之心，足以使人相怨怒。而無其情而有其事者不然。則刑罰之所誅，乃意而非事，亦昭昭矣。此《春秋》聽獄之所以重志也。《大學》："子曰：聽訟吾猶人也，必也使無訟乎？此十四字亦見《論語·顏淵》。無情者不得盡其辭，大畏民志，此謂知本。"蓋謂此也。

古之斷獄，所以能重其情者，以其國小民寡而俗樸，上下之情易得而其誠意易相孚也。《左氏》莊公十年："齊師伐我，公將戰，曹劌請見。問何以戰？公曰：衣食所安，弗敢專也，必以分人。對曰：小惠未徧，民弗從也。公曰：犧牲玉帛，弗敢加也，必以信。對曰：小信未乎,神弗福也。公曰:小大之獄,雖不能察,必以情。對曰:忠之屬也,可以一戰。"所謂"必以情"者,《王制》曰:"凡制五刑,必即天論,郵罰麗於事。凡聽五刑之訟,必原父子之親,立君臣之義以權之。意論輕重之序,慎測淺深之量以别之。悉其聰明,致其忠愛以盡之。"蓋其推原其犯罪之由,而究度其究爲罪與非罪如是其悉也。《論語》曰:"孟氏使陽膚爲士師,問於曾子。曾子曰:上失其道,民散久矣。如得其情,則哀矜而勿喜。"《子張》。《孟子》曰:"鄒與魯鬨,穆公問曰:吾有司死者三十三人,而民莫之死也。誅之,則不可勝誅;不誅,則疾視其長上之死而不救,如之何則可也?孟子對曰:凶年饑歲,君之民,老弱轉乎溝壑,壯者散而之四方者,幾千人矣;而君之倉廩實,府庫充,有司莫以告,是上慢而殘下也。曾子曰:戒之戒之!出乎爾者,反乎爾者也。夫民今而後得反之也。君無尤焉!"《梁惠王》下。深推其犯罪之由,而洞燭乎其不得已之故,所謂得其情也。得其情,哀矜之心必有惕然不能自已者矣,刑罰安得不中?然此惟國小民寡而俗樸之世爲能。若如後世,敦樸既漓,詐僞百出,犯罪者不必窮民,或多大猾,微論其情不易得;即能得之,而以朽索馭六馬,懍懍乎防其奔逸之不暇,雖明知其窮而可矜,安能恤之?而於大猾,則有孰視而莫敢誰何者矣,而孰能治之!舉世皆知法律之誅求,乃其事之表面,而非心之意也,在上者雖有哀矜之心,亦豈有詳刑之效哉?

《周官·秋官》小司寇:"以五聲聽獄訟,求民情,一曰辭聽,二曰色聽,三曰氣聽,四曰耳聽,五曰目聽。"此所求其罪狀,無或有枉。司刺:"掌三宥三赦之法。壹宥曰不識,再宥曰過失,三宥曰遺忘。壹赦曰幼弱,再赦曰老旄,三赦曰惷愚。"此皆確有其人,確有其事,既得其罪狀之後,又深念其是否如是者也。《王制》曰"必察小大之比以成之",則慮蔽獄之人,性質或有寬嚴,又或有一時之喜怒,故必擇前此之成案,以相比較也。此皆悉其聰明,致其忠愛之道也。《管子·霸形》:"孤幼不刑。"《戒》篇:"老弱勿刑,三宥而後弊。"夫一人之聰明,必不如萬人之聰明也,是故"疑獄,氾與衆共之,衆疑,赦之"。《王制》。《周官》三刺之法,一曰訊羣臣,二曰訊羣吏,三曰訊萬民。小司寇。又見司刺。《孟子》“左右皆曰可殺”,即所謂“訊羣臣”;“諸大夫皆曰可殺”,即所謂“訊羣吏”;“國人皆曰可殺”,即所謂“訊萬民”。《梁惠王》下。蓋古之遺制也。《南史·扶桑傳》曰:“貴人有罪,國人大會。坐罪人於坑,對之宴飲分訣若死别焉。以灰繞之,其一重則一身屏退,二重則及子孫,三重則及七世。”扶桑蓋濊貉之族浮海而東者。濊貉法俗,類中國者極多,予别有考。抑人羣演進之程度相同,其法俗亦往往相類,正不必論其淵源之所自而已足相證明矣。

聽獄者之誅事而不誅意,果何自始哉?曰:一由風俗日漓,民思僥倖,《王制》所以云“凡作刑罰,輕無赦”也。一由是非利害,日益錯雜而難明,《王制》所以有“不以聽”之“四誅”也。《王制》曰:“析言破律,亂名改作,執左道以亂政,殺;作淫聲異服奇技奇器以疑衆,殺;行僞而堅,言僞而辯,學非而博,順非而澤以疑衆,殺;假於鬼神時日卜筮以疑衆,殺;此四誅者不以聽。”《注》曰:“爲其爲害大而辭不可明。”案犯法者有二:一不忍於社會之壓力而悍然犯之,如《莊子·則陽》篇柏矩所哭之辜人是。此僅圖苟免其身,乃尋常所謂犯罪。一不以社會之是非爲然,而欲反之,則不逞之徒矣。《王制》此四誅,皆其流亞也。一由衆心不同,不可理喻,而不得不取一切之法,《王制》所謂“凡執禁以齊衆,不赦過”也。蓋風氣稍變,德與禮之用窮,而不得不專恃法。夫法之與德禮,其初本一也,而後卒至於分歧者,則以民俗漸漓,表裏不能如一也。人藏其心,不可測度,何以窮之?其不得不舍其意而誅其事,亦勢也。故人不能皆合乎禮,而必有刑以驅之,而法之爲用由是起。其初猶兼問其意也,卒至於盡舍其意而專誅其事,而法之體由是成。

《王制》又曰:“有旨無簡,不聽。”《注》:“簡,誠也。有其意,無其誠者,不論以爲罪。”此謂明知其有犯罪之意,能得其犯罪之情。而不能得其犯罪之實據者,蓋不徒誅意而兼重事矣。因民情不易得,而不敢專據之以蔽罪也,亦法律變遷之漸也。

民情不易得,則蔽獄不免失實,而不得不力求其輕,故曰:“附從輕,赦從重。”《王制》。《左氏》:聲子謂子木曰:“善爲國者,賞不僭而刑不濫。賞僭則懼及淫人,刑濫則懼及善人。若不幸而過,寧僭無濫。與其失善,寧其利淫,無善人則國從之。《詩》曰:人之云亡,邦國殄瘁。無善人之謂也。故《夏書》曰:與其殺不辜,寧失不經。懼失善也。《商頌》有之,曰:不僭不濫,不敢怠皇,命於下國,封建厥福。此湯所以獲天福也。"襄公二十六年。"附從輕,赦從重",原不失祥刑之意,不幸而有過,勢亦不得不然,然去不僭不濫者則遠矣,終不得不謂爲過也,此風氣之澆爲之也。語曰:"無赦之國,其刑必平。"予亦曰:"無輕附之國,其俗必樸。"

〔一七三〕 龜兹刑法與中國類

肉刑之廢也,欲復之者頗多,其所持議,亦有多端;而曰使淫者下蠶室、盗者刖其足,則永無淫放穿窬之患矣,亦其一説也。此似是而實不可通。《周書·異域傳》:龜兹,其刑法殺人者死,劫賊則斷其一臂,并刖一足。其用意正與中國古制相類。凡民族之初制,恒相類也,以其直情而逕行也。

〔一七四〕 扶桑國法

儒家説治古無肉刑,後人疑之,非也。古必虧體而後稱刑,虧體必其創之不可復者,此惟兵刃足以致之,而兵刃惟用諸戰陳,故曰:"大刑用甲兵,其次用斧鉞;中刑用刀鋸,其次用鑽笮。"《國語·魯語》。地治之官,所施諸民者,止於圜土嘉石,而附於刑者必歸於士。士固戰士之稱,士師則士之長也。《梁書·諸夷傳》:扶桑,"其國法有南北獄,若犯輕者入南獄,重罪者入北獄。有赦,則赦南獄,不赦北獄。在北獄者,男女相配,生男八歲爲奴,生女九歲爲婢,犯罪之身,至死不出。貴人有罪,國人大會,坐罪人於阬,對之宴飲分訣若死别焉。以灰繞之,其一重則一身屏退,二重則及子孫,三重則及七世。"其罰皆貤及子孫,可謂酷矣,然終無虧體之刑也。扶桑者,貉族之浮海而東者也,其法俗多類殷,予别有考,然足證治古無肉刑之説矣。

原刊一九四七年五月十二日
天津《民國日報》副刊"史與地"

〔一七五〕 地平綫

《詩・周頌・噫嘻》:"終三十里。"《毛傳》曰:"終三十里,言各極其望也。"疏引王肅云:"三十里天地合。"此即今所謂地平綫也。天子種之離宫别館旁極望焉,亦即《毛傳》:"各極其望"之極望。

〔一七六〕 地　圖

《周官》地圖有數種:大司徒之職:"掌建邦之土地之圖,與其人民之數。以天下土地之圖,周知九州之地域廣輪之數,辨其山林川澤丘陵墳衍原隰之名物,而辨其邦國都鄙之數,制其畿疆而溝封之。"職方氏:"掌天下之圖,以掌天下之地,辨其邦國都鄙四夷八蠻七閩九貉五戎六狄之人民,與其財用九穀六畜之數要,周知其利害。"此皆徧及天下,故鄭《注》以司空郡國輿地圖、司空輿地圖相況。鄭注大司徒云:"土地之圖,若今司空郡國輿地圖。"注職方氏云:"天下之圖,如今司空輿地圖。"《疏》云:"職方兼主夷狄。夷狄中漢時不置郡國,惟置校尉掌之。"似鑿。鄭特措詞偶異耳。其所重者,蓋凡能生利之地,與其人民之數。土訓:"掌道地圖,以詔地事。《注》:"道,説也。説地圖九州形勢,山川所宜,告王以施其事也。若云荆揚地宜稻,幽并地宜麻。"道地慝,以辨地物,而原其生,以詔地求。《注》:"地慝,若障蠱然也。辨其物者，別其所有所無，原其生，生有時也。以此二者告王之求也。地所無及物未生，則不求也。"”謂此。遂人："以土地之圖，經田野，造縣鄙形體之法。五家爲鄰，五鄰爲里，四里爲酇，五酇爲鄙，五鄙爲縣，五縣爲遂，皆有地域溝樹之。"則其一地域中之圖。合若干地域，則成一國之圖；合若干國，則成天下之圖矣。小宰之職云："聽閭里以版圖。"《注》引鄭司農云："版，户籍；圖，地圖也。聽人訟地者以版圖決之。司書職曰：邦中之版，土地之圖。"小司徒云："地訟，以圖正之。"司會："掌國之官府郊野縣都之百物財用，凡在書契版圖者之貳，以逆羣吏之治，而聽其會計。"司書："掌邦中之版，土地之圖，以周知出入百物，以叙其財。"亦皆注意於民生，故及生財用之地。司險："掌九州之圖，以周知其山林川澤之阻，而達其道路。設國之五溝五涂而樹之林以爲阻固，皆有守禁，而達其道路。國有故，則藩塞阻路而止行者，以其屬守之，惟有節者達之。"此則專司道路者，掌固、司險所職，特一在國、一在野爲異。《序官注》："國曰固，野曰險。"司險有圖，掌固可知；不言者，文不具，或舉一以見兩也。

古所謂地圖者，未必其測量甚精、大小準確也，然於實用所資之事則必具。内宰之職："掌書版圖之法，以治王内之政令，均其稍食，分其人民以居之。"《注》："版，謂宫中閽寺之屬，及其子弟録籍也。圖，王及后世子之宫中吏官府之形象也。"冢人："掌公墓之地，辨其兆域而爲之圖。"墓大夫："掌凡邦墓之地域，爲之圖。"卝人："掌金玉錫石之地。若以時取之，則物其地圖而授之。"是凡一極小之區域，皆有圖也。據圖可辨山林、川澤、丘陵、墳衍、原隰、冢墓及金、玉、錫、石所在，則其記載頗詳正，不僅著其廣輪，略備名山大川矣。遂人所造，小宰、小司徒所據以聽訟者，當如後世魚鱗册之圖，内宰、冢人、墓大夫、卝人之所爲，後世轉無可比擬矣。

列國分主之世，一國所以得有他國之地圖者，蓋由臣伏之國之進獻。《史記·燕世家》："太子丹使荆軻獻督亢地圖於秦，因襲刺秦王。"《索隱》曰："督亢之田，在燕東，甚良沃。"案古田地通言，凡言地圖者,皆謂土田之圖,非今所謂地圖。《索隱》之言是也。有土田必有耕之之人,故版圖恒連言。《史記·蕭相國世家》:"沛公至咸陽,諸將皆争走金帛財物之府分之,何獨先入收秦丞相御史律令圖書藏之。漢王所以具知天下阨塞、户口多少、强弱之處、民所疾苦,以何具得秦圖書也。"此圖書即指版圖言。曰"知天下阨塞"者,蓋司險之所爲,曰"知民所疾苦"者,蓋即土訓之所詔。誦訓:"掌道方志,以詔觀事。掌道方慝,以詔辟忌,以知地俗。"《注》:"說四方所識久遠之事,以告王觀,博古所識,若魯有大庭氏之庫、殽之二陵。方慝,四方言語所惡也。不辟其忌,則其方以爲苟於言語也。知地俗,博事也。"此蓋陳《詩》以觀民風之流,亦有裨於知民疾苦。秦有天下,則天下之版圖咸歸之矣。蘇秦之説趙肅侯曰:"臣竊以天下之地圖案之,諸侯之地,謂田也。五倍於秦。"張儀之説秦惠王曰:"據九鼎,案圖籍,挾天子以令於天下,天下莫敢不聽。"皆見《史記》本傳,下文説秦武王亦再言挾天子、按圖籍。戰國時之周未必能有天下之圖籍,蘇秦更未必有天下之地圖可按,蓋爲縱横家之書者爲之辭,未必當時之口語也。

《藺相如傳》:"秦王恐其破璧,乃辭謝固請,召有司案圖,指從此以往十五都與趙。"此指秦邦域内之圖,雖未必當時情事,然在理則可有。

《逸周書·程典》:"慎地必爲之圖,以舉其物,物其善惡,度其高下,利其陂溝,愛其農時,脩其等列,務其土實,差其施賦,設得其宜,宜協其務,務應其趣。"所謂地圖,亦全以有裨農事爲旨,可與《周官》參觀。

〔一七七〕 五 嶽

五嶽之名,《爾雅》似有兩説,然實係一説也。《釋山》曰:"河南華,河西嶽,河東岱,河北恒,江南衡。"又云:"泰山爲東嶽,華山爲西嶽,霍山爲南嶽,恒山爲北嶽,嵩高爲中嶽。"前説雖無五嶽之名,

《詩・崧高疏》謂“《釋山》發首陳此五山,不復更言餘山,明有爲嶽之理”,其説是也。衡山之名,蓋由來已久,且所苞甚廣。凡山之東西緜亘者,皆可稱衡,不徒不必指今之衡山,并不必定指霍山也。然以霍山爲衡山之主峯,爲時必較早,以今之衡山當之,必較後。何者?淮南自古與北方交接多,湖南則至春秋時尚未開闢也。《詩疏》云:“《傳》言四嶽之名,東嶽岱,南嶽衡,《爾雅》及諸經傳多云泰山爲東嶽,霍山爲南嶽者,皆山有二名也。若然,《爾雅》云江南衡,《地理志》云衡山在長沙湘南縣;張楫《廣雅》云天柱謂之霍山,《地理志》云天柱在廬江灊縣,則在江北矣。而云衡、霍一山二名者,本衡山一名霍山,漢武帝移嶽神於天柱,又名天柱亦爲霍,故漢魏以來衡、霍别耳。郭璞《爾雅注》云:霍山,今在廬江灊縣西南,别名天柱山,漢武帝以衡山遼曠,移其神於此,今其土俗人,皆呼之爲南嶽。南嶽本自以兩山爲名,非從近也。而學者多以霍山不得爲南嶽,又言從漢武帝始乃名之;如此言,爲武帝在《爾雅》前乎?斯不然矣。竊以璞言爲然,何則?孫炎以霍山爲誤,當作衡山,案《書傳・虞夏傳》及《白虎通》、《風俗通》、《廣雅》并云霍山爲南嶽,豈諸文皆誤?明是衡山一名霍也。”案《書傳》明出武帝前,足徵郭璞謂霍有嶽名非始武帝之確,然謂衡一名霍則誤矣。當云:衡山所苞甚廣,前世以霍山爲其主峯,後乃移其名於湘南也。然衡山之名可移,霍山之名則不可移。至疑灊在江北,與《爾雅》江南之説不合,則衡山所苞既廣,《爾雅》之言,初不專指一峯,正無足疑也。

然以霍山爲南嶽,猶非其朔也。《漢書・郊祀志》曰:“昔三代之居,皆河洛之間,故嵩高爲中嶽,而四嶽各如其方。”可見五嶽之名,隨世而變。《爾雅・釋地》云:“中有岱嶽。”《淮南・地形》云:“東方之美者,有醫母閭之珣玗琪焉;東南方之美者,有會稽之竹箭焉;南方之美者,有梁山之犀象焉;西南方之美者,有華山之金石焉;西方之美者,有霍山之珠玉焉;西北方之美者,有崐侖之球琳琅玕焉;北方之美者,有幽都之筋角焉;東北方之美者,有斥山之文皮焉;中央之美者,有岱嶽以生五穀桑麻，魚鹽出焉。”高《注》釋諸山之名，均未必與古合，而岱嶽爲今泰山，則無可疑。四嶽緣起，蓋由巡守，《白虎通》、《風俗通》皆以桷釋嶽，爲考功德明黜陟之義。中嶽則由祭天，《記》所謂因名山以升中於天也。《禮器》。巡守之制，後來以泰山爲東嶽，今之衡山或霍山爲南嶽，華山爲西嶽，恒山爲北嶽，則一歲之中，馳驅且不可徧，更無論省方觀民矣。此實述經傳者以當時地理附會古制之失。語其實，古所謂巡守者，必在邦畿之内；其時之邦畿，且未必有千里之廣。夏諺所謂“一遊一豫”者，乃正當時巡守之事耳。然則西嶽之初，必在泰山之四面，距泰山不甚遠也。《淮南》述九域之山，與《周官》職方同。五嶽就五方言之，言四鎮則兼四隅耳。四鎮，其初亦不得如《周官》所言之遠也。鄭注大宗伯，與王肅注《書》，服虔注《左氏》，同取岱、衡、華、恒、崧高之説，見《詩疏》。而注大司樂，又據職方，可見鄭意亦謂五嶽隨世而殊也。

郭璞云“讖緯皆以霍山爲南嶽”，而《詩疏》引《孝經鉤命決》云南嶽衡，則其所謂衡者，亦指霍山而言也。讖緯雖不足據，然起哀、平之世，古文説尚未出，古讖辭雖多妖妄，緯説仍取今文，經説之亡佚者，賴之而可考焉。然則先漢經説，固皆以霍山爲南嶽也。

四嶽既分主四方，其官似當以四人爲之。《堯典》言四嶽，恒若一人者，其時疆域小，主四方之官，不妨其皆在朝；抑《堯典》之言，亦出追述，不復能知堯之所咨及舉鯀者爲何人也。《崧高》毛《傳》云“堯之時，姜氏爲四伯，掌四嶽之祀，述諸侯之職”，亦渾言之。《疏》云：“《周語》説堯使禹治水，四嶽佐之，帝嘉禹德，賜姓曰姒，氏曰有夏；祚四嶽國爲侯伯，氏曰有吕。此一王四伯，韋昭云：一王，謂禹也。四伯，謂四嶽也。爲四嶽伯，故稱四伯。是當堯之時，姜氏爲四伯也。《周語》唯云四嶽，不言名字，其名則《鄭語》所云伯夷能禮於神以佐堯者也。《堯典注》云：堯之末年，庶績多闕，羲和之子則死矣，於時分四嶽置八伯，四嶽四時之官，主方嶽之事。然則堯時四嶽，内典王朝之職，如周之六卿；外掌諸侯之事，如周之牧伯;故又述諸侯之職。然述職者,述其所主之方耳,其掌四嶽之祀者,則四嶽皆掌之,由掌四嶽,故獨得四嶽之名。”韋、鄭之説,固無確據,《疏》説似尤牽强也。

〔一七八〕 弱水、黑水

《禹貢》諸水,最難解者,爲弱水、黑水,讀《淮南·地形》而知其説矣。《地形》説崑崙云:“疏圃之池,浸之黄水。黄水三周復其原,是謂丹水,飲之不死。河水出崑崙東北陬,貫渤海,入禹所導積石山。赤水出其東南陬,西南注南海,丹澤之東。赤水之東,弱水出自窮石,至於合黎,餘波入於流沙;絶流沙,南至南海。洋水出其西北陬,入於南海,羽民之南。凡四水者,帝之神泉,以和百藥,以潤萬物。”此篇述八殯,八紘,八極,皆自東北而東,而東南,而南,而西南,而西,而西北,而北,述四水當亦然。然則弱水必出西南。今本乃後人據《禹貢》所改也。“丹澤之東”、“羽民之南”皆注語,“赤水之東”則衍文。下文述八殯,西南方曰丹澤,注語蓋明赤水入海處。又言海外三十六國,自西南至東南有羽民,則弱水出西南,東南流至南海也。飲之不死,以和百藥,以潤萬物,乃荒誕之言。此四水本不當鑿求所在。河雖實有其水,然《禹貢》云道河積石,則所知者殆積石耳,積石以上,無可言矣。此篇言入禹所道積石山,則所言者積石以上也,亦無可究詰矣。作《禹貢》者,於西南地理,本不審諦,蓋據故記姑妄言之,而後人必欲指其實爲何水,亦惑矣。上文云“水有六品”,又云“何謂六水?曰河水,赤水,遼水,黑水,江水,淮水”。水有六品者,下文云“山爲積德,川爲積刑”,“丘陵爲牡,谿谷爲牝”,陽數九,陰數六,故山有九而水有六也。六水蓋於四水之外,益以江、淮,然而遼水即弱水,黑水即洋水也。下文云遼出砥石,知非高《注》所謂出碣石、直遼東西南入海之遼。砥石爲昭明所居,窮石則后羿所遷,其地斷不在《禹貢》冀州之東,雍州之西也。

〔一七九〕歸　　虚

《山海經·大荒東經》云:“東海之外大壑,郝疏云:大壑上當奪有字,《藝文類聚》九卷引有。少昊之國。少昊孺帝顓頊於此。”案少昊乃西方之神,不應在東,蓋經文簡錯,而大壑下説,則奪佚矣。郭《注》云:“《詩含神霧》曰:東注無底之谷。謂此壑也。《離騷》曰:降望大壑。”案見《遠遊》篇。《莊子·天地》曰:“諄芒將東之大壑,適遇苑風於東海之濱。苑風曰:子將奚之?曰:將之大壑。曰:奚爲焉?曰:夫大壑之爲物也,注焉而不滿,酌焉而不竭,吾將遊焉。”《列子·湯問》:夏革曰:“渤海之東,不知幾億萬里,有大壑焉,實惟無底之谷。其下無底,名曰歸虚。”《山海經》之説,大致亦不外此也。

《大荒南經》曰:“大荒之中,有山,名曰融天,海水南入焉。”又曰:“大荒之中,有山,名曰天臺高山,海水出焉。”《大荒北經》曰:“大荒之中,有山,名曰先檻郝《疏》云:《藏經》本作光檻。大逢之山,河濟所入,海北注焉。”又曰:“大荒之中,有山,名曰北極天櫃,郝《疏》云:《藏經》本作樻。海水北注焉。”又曰:“大荒之中,有山,名不句,海水入焉。”郝《疏》云:《藏經》本水下有北字。大逢之山,郭《注》云:“河濟注海,已復出海外,入此山中也。”此語蓋以《經》下文云“其西有山,名曰禹所積石”而致誤。《海内西經》云:“河水入渤海,又出海外,入禹所道積石山。”禹所道積石,非即禹所積石之山。即令是一,而河入積石,濟則否,亦衹得謂經文簡錯耳。古蓋謂四方之水,皆有所歸,不獨東。然中國水皆東流,又惟東方之海,得諸目擊,故言之尤親切有味也。

大壑雖大,然舉天地間水,窮日夜注之,終亦必有盈時。真無底,則將超乎對色明空之外,非古人之所知矣。《吕覽·君守》曰:“東海之極,水至而反,夏熱之下,化而爲寒。”則亦以水爲循環者矣。此哲學之興,足彌神話之缺者也。

《楚辭·悲回風》云:"依風穴以自息兮,忽傾寤以嬋媛。"則古謂風亦有穴,蓋不知風爲氣之動,而謂其別爲一物也。

《墨子·經説下》云:"無南者。"孫氏《閒詁》云:"古天官家不知有南極,故於四方,獨以南爲無窮。"《莊子·天下》篇:惠施曰:"南方無窮而有窮。"蓋名家有持此義者。予案以南方爲無窮,蓋蓋天家之説。蓋天家以北極爲中心,則四方皆南。如此,亦應四方之水,皆有所歸也。

〔一八〇〕 涇洛諸戎

《史記·匈奴列傳》所述北狄,匈奴、林胡、樓煩而外,居涇、洛者爲一支,居圁、洛者爲一支,東胡、山戎又爲一支。居涇、洛者,以犬戎及義渠爲大;居圁、洛者,以赤白狄爲大;赤白狄及山戎,已有考,今考其居涇、洛之一支如下:

《史記》云:"自隴以西,有緜諸、緄戎、翟豲之戎;岐、梁山、涇、漆之北,有義渠、大荔、烏氏、朐衍之戎。"緄戎即犬夷,上文所謂"周西伯昌伐畎夷氏"者也。《緜》之詩,"昆夷駾矣",《説文·馬部》駾字下引同今詩,《口部》呬字下,則引作"犬夷呬矣"。《皇矣》之詩曰:"串夷載路。"《鄭箋》:串夷即混夷。《正義》:"《書傳》作畎夷,蓋畎混聲相近,後世而作字異耳。或作犬夷,犬即畎字之省也。"《采薇序》:"西有昆夷之患。"《正義》引《尚書大傳注》:犬夷,昆夷也。又《史記索隱》引韋昭謂畎夷,"《春秋》以爲犬戎",《正義》引韋昭謂緄戎,"《春秋》以爲犬戎",又云:"顔師古云:混夷也。"然則犬也,畎也,昆也,混也,緄也,串也,皆一音之異譯。《山海經》謂:"黄帝生苗,苗生龍,龍生融,融生吾,吾生并明,并明生白,白生犬,犬有二牡,是爲犬戎。"《史記·索隱》引。《漢書·匈奴列傳注》引,則作"黄帝生苗龍,苗龍生融吾,融吾生弄明,弄明生白犬,白犬有二牝牡,是爲犬戎。"昆夷、獫狁,系一種人。猶漢時既稱匈奴,亦稱胡也。《孟子》"文王事昆夷","太王事獯粥",乃變文言之耳。《詩序》"文王之時,西有昆夷之患,北有玁狁之難",竟以爲兩族人,誤矣。《出車》之詩曰:"赫赫南仲,玁狁於襄。"又曰:"赫赫南仲,薄伐西戎。"又曰:"赫赫南仲,玁狁於夷。"玁狁在西北,可稱戎,亦可稱狄,詩取協韻也。《箋》云:"此時亦伐西戎;獨言平玁狁者,玁狁大,故以爲始以爲終。"已不免拘滯序析玁狁、昆戎而二之,益鑿矣。

此族强盛最早,《尚書大傳》謂文王囚於羑里,散宜生之犬戎氏取美馬以獻紂;又謂文王受命一年伐混夷。見《緜詩箋》。《箋》云:"混夷見文王之使者將士衆過己國,則惶怖驚走奔突,入柞棫之中而逃,甚困劇也。"《正義》:"《帝王世紀》云:文王受命四年,周正丙子,混夷伐周。一日三至周之東門,文王閉門脩德而不與戰。王肅同其説以申毛義。"案文王受命後征伐先後,諸書互有異同,今不必深考。鄭、王是非,更可弗論。要之,混夷在當時,爲周强敵也,則當周初已嶄然見頭角矣。《史記》云:"後十有餘年,武王伐紂而營雒邑,復居於酆、鄗,放逐戎夷涇、洛之北,以時入貢,命曰荒服。其後二百有餘年,周道衰,而穆王伐畎戎,得四白狼四白鹿以歸。自是之後,荒服不至。於是周遂作《甫刑》之辟。"上云"命曰荒服",下云"荒服不至",則武王之所放,即穆王之所伐。《周本紀》載祭公謀父諫穆王之辭,曰:"先王之制,邦内甸服,邦外侯服,侯衛賓服,夷蠻要服,戎狄荒服。甸服者祭,侯服者祀,賓服者享,要服者貢,荒服者王。今自大畢、伯士之終也,犬戎氏以其職來王,天子曰予必以不享征之,且觀之兵,毋乃廢先王之訓,而王幾頓乎?吾聞犬戎樹敦,率舊德而守終純固,其有以御我矣。"古人輕事重言,所載言辭,類經後人潤飾,不必當時情實。犬戎蓋自武王時服於周,其後稍以桀驁,故穆王征之也。因此而作《吕刑》之辟者,金作贖刑,所以足兵也。周與犬戎之强弱,可以微窺矣。

穆王之後二百餘年,而有驪山之禍。是役也,《周本紀》曰:"申侯與繒、西夷犬戎攻幽王。"《秦本紀》則云:"西戎犬戎與申侯伐周。"然則是時西方戎甚多,而犬戎爲大。案當時所謂西戎者,《周本紀》及《匈奴列傳》述之皆不甚詳,惟《秦本紀》載其情形最悉,以秦之先世與西戎爲緣也。秦爲伯益之後。伯益,舜妻之以姚氏之玉女,固遥遥華胄也。然伯益之子曰若木,其玄孫費昌,子孫已或在中國,或在夷狄,則其與西戎爲緣舊矣,伯益又有子曰大廉,大廉玄孫曰中衍,中衍之後曰胥軒。申侯告周孝王之言曰:“昔我先酈山之女爲戎胥軒妻,生中潏。以親故,歸周,保西垂。西垂以其故和睦。”案《左氏》言:“晉伐驪戎,驪戎男女以驪姬。”則驪戎實周同姓之國,中潏不啻周之所自出,故能爲周保固西垂也。中潏之子曰蜚廉,雖與其子惡來俱事紂,然蜚廉又有子曰季勝,季勝生孟增,幸於周成王。孟增之孫曰造父,實爲周穆王御而西巡守。古書言穆王、造父事,多誕謾不足信,億其實則造父蓋以其爲中潏之後,能得西戎之和,故能御穆王以西征也。造父以寵,别封於趙城,自是其族與西戎少交涉。而惡來之玄孫曰大駱,有子曰非子,居犬丘,周孝王召使主馬於汧渭之間,馬大蕃息。孝王欲以爲大駱適嗣。而申侯之女爲大駱妻,生子成爲適。申侯言於孝王,孝王乃分土,邑非子於秦,而亦不廢申侯之女子爲駱適者,以和西戎。觀此知申與西戎關係之深,此其所以能摟犬戎以弑幽王也。自中潏至大駱父子爲周保固西垂者,蓋三百年,其根據地爲犬丘,在今陝西興平縣,在涇、渭二水之間,此時之戎,蓋猶在涇、洛以北。非子之曾孫曰秦仲,值周厲王時,西戎始叛,犬丘大駱之族,爲戎所滅,則戎始渡涇水而南,非復武王放逐時之舊壤矣。自是大駱之適嗣滅,轉藉其支庶之分封於秦者,與戎相枝拄。秦仲爲戎所殺,子莊公始破戎。宣王并與以犬丘之地,仍爲西垂大夫,傳子襄公。襄公之七年,而周幽王爲犬戎所滅。案莊公三子,其長男世父。世父曰:“戎殺我大父仲,我非殺戎王,則不敢入邑。”遂將擊戎,而讓其弟襄公。《史記》云:“襄公二年,戎圍犬丘世父,世父擊之,爲戎人所虜。歲餘,復歸世父。”又云:“周避犬戎難,東徙雒邑。襄公以兵送周平王,平王封襄公爲諸侯,賜之岐以西之地。曰:戎無道,侵奪我岐、豐之地。秦能攻逐戎,即有其地。”竊疑當時世父居犬丘,襄公居秦,故稱犬丘世父。世父之見獲於戎而復歸,不知仍歸其犬丘之地否。然及驪山之禍作，則犬丘之地，必復入於戎。故《匈奴列傳》謂其“遂取周之焦穫而居於涇渭之間”也。且戎即復歸世父地，世父亦必已弱而不克御戎；不然，犬戎之地，爲周之藩籬者數百年矣，以世父之孝且勇，犬戎安能長驅至於驪山哉？且使犬丘而猶有嬴秦之族，平王必不僅以岐以西之地賜襄公也。以岐以西賜襄公，而曰“能攻逐戎即有其地”，明東兵至於岐且不易也。自驪山之役以前，史皆但曰戎，不曰犬戎；至是役，乃曰西夷犬戎，曰西戎犬戎。蓋前此戎無强部，故自大駱以後能撫綏之，至此而大畢、伯士樹敦之後復强，爲諸戎率，將遂非嬴、趙之族所能馭也。襄公十二年伐戎，至岐而卒。《年表》。《本紀》同。子文公立。文公十六年，伐戎，戎敗走，始收周餘民有之，地至岐，岐以東獻之周。文公營邑於汧渭之間。孫寧公繼立，居平陽，滅蕩社。子武公伐彭戲氏，至華山下，伐邽、冀戎，初縣之。又縣杜、鄭，滅小虢。武公卒，弟德公立，居雍。梁伯、芮伯來朝。德公三子，宣公、成公、穆公以次立。宣公與晉戰河陽，勝之。穆公元年，自將伐茅津。其後再置晉君，虜惠公而歸之，惠公獻其河西地，而秦地始東至河。蓋自文公以後，專意於東略，其於西戎似少寬。然《左氏》閔公二年，虢公敗犬戎於渭汭，此所謂渭汭者，必不在渭水上流，則當時涇渭之域，殆全爲犬戎所據，秦文公以後之東略，乃正所以挫戎勢也。穆公三十四年，戎王使由余於秦，秦人間而降之。三十七年，用其謀伐戎王，益國十二，開地千里，此戎王不知其爲何戎，然自此以後，則戎遂弱，其地僅限於隴以西，如上《史記》所云者矣。

《漢書·楊敞傳》：“惲報孫會宗書曰：安定山谷之間，昆戎舊壤。”此即《史記》所謂“自隴以西，有緜諸、緄戎、翟貆之戎”之緄戎也。

《六國表》：厲共公六年，義渠來賂，繇諸乞援；二十年，公將師與緜諸戰；惠公五年，伐諸繇。《本紀》皆不載。繇諸疑緜諸之誤，諸繇則誤而又倒也。

翟貆之戎，《漢書》作狄獂。師古曰：“皆在天水界，即緜諸道及貆道是也。”意以狄獂爲一。《索隱》引《地理志》：“天水有緜諸道、狄道。

應劭以豲戎邑。”則以翟、豲爲二。《續漢書·郡國志》漢陽郡，隴州刺史治，有大坂，名隴坻；豲坻聚又有豲道。《注》：“《史記》秦孝公西斬戎王。”案事見《秦本紀》。孝公元年，“西斬戎之豲王。”

義渠者，諸戎之最强者也。試就《本紀》及《六國表》列其事如下：

厲共公六年，義渠來賂。《表》。《紀》無。

三十三年，伐義渠，虜其王。《紀》。《表》同。

躁公十三年，義渠來伐，至渭南。《紀》。《表》作侵至渭陽。

惠文王七年，義渠内亂，庶長操將兵定之。《表》。《紀》無。《周書·史記》：“嬖子兩重者亡。昔者義渠氏有兩子，異母皆重。君疾，大臣分黨而争，義渠以亡。”案昭王時，義渠之亡，其君先爲宣太后所詐殺，不以疾終，此所云疑指此時事也。

十一年，縣義渠，《紀》。《表》無。義渠君爲臣。《紀》。《表》同。

《張儀列傳》：義渠君朝於魏。犀首聞張儀復相秦，害之。犀首乃謂義渠君曰：道遠不得復過，請謁事情。曰：中國無事，秦得燒掇焚杅君之國；有事，秦將輕使重幣事君之國。其後五國伐秦，會陳軫謂秦王曰：義渠君者，蠻夷之賢君也，不如賂之，以撫其志。秦王曰：善。乃以文繡千純，婦女百人遺義渠君。義渠君致羣臣而謀曰：此公孫衍所謂邪？乃起兵襲秦，大敗秦人李伯之下。《索隱》云：“按《表》：秦惠王後元七年，楚、魏、齊、韓、趙五國共攻秦，是其事也。”案此事采自《戰國策》。《戰國策》乃縱横家之書，多設辭，非事實。義渠當時未必能越秦而朝魏也。

後十年，伐取義渠二十五城。《紀》。《表》十一年：侵義渠，得二十五城。《匈奴列傳》：“其後義渠之戎築城郭以自守，而秦稍蠶食，至於惠王遂拔義渠二十五城。”

武王元年，伐義渠。《紀》。《表》無。

《匈奴列傳》：“秦昭王時，義渠戎王與宣太后亂，有二子。宣太后詐而殺義渠戎王於甘泉，遂起兵伐殘義渠。”案此事《紀表》皆不載。《范雎列傳》載昭王謝雎之辭曰：“寡人宜以身受命久矣，會義渠之事急，寡人旦暮自請太后；今義渠之事已，寡人乃得受命。”范雎之見秦王,《傳》謂在昭王四十一年;其明年,宣太后亦薨矣。

自厲共公六年,至昭王四十一年,凡二百有七年,義渠與秦之相持,不可謂不久矣。

大荔,《漢志》謂在臨晉,《續漢書·郡國志》、徐廣、《括地志》皆因之,其地實不在岐、梁山涇、漆之北。案《秦本紀》:厲共公十六年,壍河旁,以兵二萬伐大荔,取其王城。《六國表》作塹阿旁,伐大荔,補龐戲城。《集解》:徐廣曰:臨晉有王城。《續漢書·郡國志》:臨晉有王城。《注》曰:《史記》曰:秦厲恭公伐大荔,取其王城,即此城也。《括地志》謂朝邑縣東三十步故王城,大荔近王城邑。案王城爲凡列國稱王者所居之城,安知其必屬大荔。《六國表》:孝公二十四年,秦、大荔圍合陽。《表》。《紀》無。合陽誠近臨晉,然是時勞師遠役者甚多,不能以此謂大荔之必在臨晉也。竊疑大荔本國亦當在義渠附近。

烏氏,漢爲縣,屬安定。《貨殖列傳》云:"烏氏倮畜牧,及衆,斥賣,求奇繒物,間獻遺戎王;戎王什倍其償,與之畜。畜至用谷量馬牛。"此所謂戎王,蓋即烏氏戎之君長也。

惟朐衍事無可考見。

〔一八一〕　古匈奴居地

《史記·匈奴列傳》備載自古北狄事跡,蓋以匈奴亦北狄之一,故連類而并及之,以見古代北方之異族甚多,而匈奴亦其一,非謂此諸部落,皆即後來之匈奴也。諸部落有在今陝、甘境者,有在今山東西、河南北四省之交者,亦有在今河北省東北境者。匈奴則初在今河北、山西之腹部,後乃退居今綏遠境内者也。

匈奴與獫狁、獯粥爲同音異譯,諸家皆言之。《史記》云:"唐虞以上有山戎、獫狁、葷粥,葷粥字系注。居於北蠻。"《集解》、《索隱》引應劭

《風俗通》曰:“殷時曰獯粥,改曰匈奴。”又引晉灼曰:“堯時曰葷粥,周曰獫狁,秦曰匈奴。”引韋昭曰:“漢曰匈奴。葷粥其别名。”案《詩・采薇》毛《傳》曰:“玁狁,北狄也。”《箋》曰:“北狄,今匈奴也。”《孟子・梁惠王》下趙《注》曰:“獯粥,北狄强者,今匈奴也。”《吕覽・審爲》高《注》曰:“狄人獫允,今之匈奴也。”又《漢書・韋賢傳》載王舜、劉歆上議曰:“臣聞周室既衰,四夷并侵,獫狁最强,於今匈奴是也。”異口同辭,必非無據矣。《史記・五帝本紀》謂黄帝北逐葷粥,邑於涿鹿之阿。涿鹿,《集解》引服虔云:“山名,在涿郡。”蓋是。又引張晏曰:“在上谷。”則因漢時上谷有涿鹿縣云然耳。黄帝之邑,恐不能遠至今之察哈爾境也。此匈奴自古即在今河北省之徵也。晉灼謂堯曰葷粥,周曰獫狁,秦曰匈奴,此特以大體言之,其實三者既係譯音,即無正字,故古書亦有作匈奴者,《周書・王會》及《伊尹朝獻》是也。《王會》:匈奴在北方臺西。與之并列者:有大夏、犬戎;臺東有高夷、獨鹿、孤竹、不令支、不屠何、東胡、山戎;其正北方,則有義渠、央林、渠叟、樓煩。《獻令》:匈奴在正北,與之并列者:有空同、大夏、莎車、豹胡、代翟、樓煩、月氏、孅犂、其龍、東胡。此等至後世事跡多有可考。高夷,孔云即高句驪,蓋是。犬戎、義渠,後來在陜甘境。月氏在甘肅西北。渠叟即渠搜,如《禹貢》所列,當在今青海。莎車,漢世在西域,此時蓋皆在河北、山西,古冀州之域,後世乃隨漢族之開拓而遷徙也。孤竹、不令支、不屠何、東胡,後世猶在今河北、熱河境。山戎亦在今河南北、山東西之間,予别有考。《史記》云:“晉北有林胡、樓煩之戎。”林胡,蓋即《王會》央林之林。央不可考。空同者,《五帝本紀》云:黄帝“西至於空桐”。《集解》引韋昭曰:“在隴右。”然《史記・趙世家》謂襄子取於空同氏,則仍在今山西境内耳。豹胡,據孫詒讓説,即不屠何之轉音,見所撰《墨子閒詁》。代,蓋即襄子所滅。《五帝本紀》之涿鹿,《索隱》云:“或作濁鹿。”蓋與此獨鹿是一,居此山之族也。孅犂、其龍者,《漢書・匈奴傳》謂冒頓“北服渾窳、屈射、丁零、隔昆、龍、新薪之國”。新薪,《史記》作薪犂,即孅犂;龍,即其龍之龍,《漢書》無

"其"字,蓋奪;渾窳一、屈射二、丁零三、隔昆四、龍五、新犂六,凡六國,師古曰"五小國",誤也。孅犂、其龍,此時當亦在今河北、山西境,後乃隨漢族之開拓而北走者也。《孟子》云:"太王事獯粥。"《吴越春秋》亦云:"古公積德行義,爲狄人所慕,獯粥戎姤而伐之。"錢君賓四撰《西周地理考》,謂周本居今山西,後乃西徙而入陝西。其説信否,予尚未敢斷;如其信也,固可證予匈奴在古冀州境内之説;即謂不然,於予説亦無背。蓋獯粥之衆,容有分支入陝,或盛强時曾侵略至陝,固無害於其本據之在晉也。匈奴本據雖在山西,然必在中國封略之外,非春秋時之所謂狄;蓋春秋時之所謂狄,其程度頗高,見予所著《北狄考》。固遠非匈奴所逮也。匈奴至戰國時,始與中國有交涉。惠文君後七年,韓、趙、魏、燕、齊帥匈奴共攻秦,見《史記・秦紀》。而趙將李牧常居代、雁門備匈奴;《史記・李牧列傳》。蘇秦之説燕文侯曰:"燕北有林胡、樓煩。"《史記・蘇秦列傳》。而鞠武謂太子丹:願"疾遣樊將軍入匈奴以滅口,請西約三晉,南連齊、楚,北購於單于";《史記・刺客列傳》。始足爲中國患,亦足爲中國重矣。《説苑・君道》:燕昭王問於郭隗曰:"寡人地狹人寡,齊人削取(《樂毅列傳注》引作取薊)八城,匈奴驅馳樓煩之下。"

《史記》云:"唐虞以上,有山戎、獫狁、葷粥居於北蠻,隨畜牧而轉移。"山戎未必事畜牧,參看予所撰《山戎考》。惟林胡、樓煩、孅犂等皆游牧之族,與匈奴最近,特大小不侔耳。

樓煩,漢爲縣,屬雁門,地當在今代縣之北。然戰國時樓煩之地,初不止此。蘇秦謂"燕北有林胡、樓煩",《趙世家》武靈王謂樓緩曰:"我先王因世之變,以長南藩之地,屬阻漳滏之險,立長城,又取藺、郭狼,敗林人《正義》:"即林胡也。"於荏,而功未遂。今中山在我腹心,北有燕,東有胡,西有林胡、樓煩、秦、韓之邊。"又曰:"今吾欲繼襄主之跡,開於胡、翟之鄉。"今案襄子滅代,又得霍泰山山陽侯天使朱書曰:"余將賜女林胡之地。至於後世,且有伉王,赤黑,龍面而鳥噣,鬢麋髭頔,大膺大胸,脩下而馮,左袵界乘,奄有河宗,至於休溷諸貉,南伐晉別,北滅黑姑。"所謂伉王,蓋指武靈,左袵即指其變服事也。武靈王又謂公子成曰:"吾國東有河、薄洛之水,與齊、中山同之,無舟檝之用。自常山以至代、上黨,東有燕、東胡之境,而西有樓煩、秦、韓之邊,今無騎射之備。故寡人無舟檝之用,夾水居之民,將何以守河、薄洛之水;變服騎射,以備燕、三胡、秦、韓之邊。《索隱》:"林胡、樓煩、東胡,是三胡也。"且昔者簡主不塞晉陽以及上黨,而襄主并戎取代以攘諸胡,此愚智所明也。"然則代以外爲林胡、樓煩,乃襄子未竟之功也。武靈王胡服之後,二十年,西略胡地,至榆中,林胡王獻馬;二十六年,攘地北至燕、代,西至雲中、九原;二十七年,傳國惠文王,自號爲主父,欲令子主治國,而身胡服將士大夫西北略胡地;惠文王二年,主父行新地,遂出代,西遇樓煩王於西河而致其兵。然則自代以北,雲中、九原、榆中、西河,皆林胡、樓煩之地也。《匈奴列傳》謂冒頓南并樓煩、白羊河南王,然元朔二年衛青出雲中擊樓煩、白羊王於河南,遂取河南地築朔方,復繕蒙恬所爲塞。則自頭曼至元朔時,河南之地,雖迭經漢與匈奴之争奪,而樓煩部落故無恙也,故河南亦故樓煩地也。南并樓煩白羊河南王,《史記索隱》引如淳曰:"白羊王居河南。"意以白羊爲樓煩諸王之一。《漢書》顏師古《注》曰:"二王之居在河南。"則以樓煩、白羊各爲部落也。然白羊自古未聞有此部落,恐當以如説爲得。

《匈奴列傳》言:趙武靈王"北破林胡、樓煩,築長城,自代并陰山下,至高闕爲塞,而置雲中、雁門、代郡",而《李牧傳》言其"常居代、雁門備匈奴",則此三郡者,代與林胡、樓煩之地;此三郡以外,則匈奴地也。匈奴是時去中國較遠,故未爲趙所吞并,而後得以自强。

《李牧傳》曰:"滅襜襤,破東胡,降林胡。"襜襤之襤,《集解》引徐廣曰:"一作臨。"又引如淳曰:"胡名也,在代北。"而《匈奴列傳索隱》又引如淳曰:"林胡即儋林,爲李牧所滅。"案諸篇不言林胡,即言林人,未有兼言儋者,明襜襤與林胡爲二,合爲一名非也。然此説與《李牧傳》所引,亦相矛盾,蓋傳寫有誤,非如説本誤也。

《淮南·原道》曰:"雁門之北,狄不穀食,賤長貴壯,俗尚氣力,人不弛弓,馬不解勒。"《淮南》雖漢時書,然多戰國以前語,至此乃筆之於書,古人著書體例則然也。雁門以北,在戰國以前,爲林胡、樓煩之地,此數語蓋即指此二族言之,可證其爲游牧之族也。李斯《諫逐客書》曰:“乘纖離之馬。”纖離即《王會》之孅犂,此族蓋亦事畜牧,與匈奴同俗。

古人著述,有據相傳誦習之辭筆之於書者,亦有以當時習熟之語易古人之言者,但取其意不失而已,不拘拘於其辭句也。《中庸》自爲孔門相傳之説,然其筆之於書則頗晚。昔人謂孔孟之書,言山多舉泰岱,以爲鄒魯之人所習見也;《中庸》獨言華嶽,以此知爲秦漢時書,此可證其辭爲秦漢人所爲耳,亦不能謂爲盡秦漢人所爲,特其中有秦漢時人之辭耳。不能謂其説非孔門相傳之舊也。然因此卻可借《中庸》篇中語,以證戰國時事。《中庸》:“子路問强。子曰:南方之强與?北方之强與?抑而强與?寬柔以教,不報無道,南方之强也,君子居之。衽金革,死而不厭,北方之强也,而强者居之。”此所謂南方,指中國;北方之强,則《淮南王書》所謂雁門以北之俗也。近人或謂南方之强指江域,北方之强指河域,則武斷甚矣。當時河域,乃冠帶之國,禮義之邦,安有所謂衽金革死而不厭者?而吴楚之俗,亦祇聞其票輕善用劍耳,曷嘗有所謂寬柔以教不報無道者邪?衽金革,死而不厭,惟匈奴等游牧之族爲然,居於腹地之戎狄,則已異於是矣。

〔一八二〕 發、北發

《史記·五帝本紀》:“南撫交阯、北發,西戎、析支、渠搜、氐、羌,北山戎、發、息慎,東長、鳥夷。”《索隱》:“此言帝舜之德皆撫及四方夷人,故先以撫字總之。北發當云北户,南方有地名北户。又按《漢書》:北發是北方國名,今以北發爲南方之國,誤也。此文省略,四夷之名錯亂,西戎上少一西字,山戎下少一北字,長字下少一夷字,長夷也,鳥夷也,其意宜然。今案《大戴禮》亦云長夷,則長是夷號;又云鮮支、渠搜，則鮮支當此析支也。"案謂"此文省略，四夷之名錯亂"，是也。謂北發當作北户，發當作北發，則非也。《周書·王會》，西面正北方有發人。《管子·輕重甲》："發、朝鮮不朝，請文皮毤服而以爲幣乎？一豹之皮，容金而金也，然後八千里之發、朝鮮可得而朝也。"是北方確有國名發也。《大戴記·少閒篇》云："昔虞舜以天德嗣堯，布功散德制禮。朔方幽都來服。南撫交趾，出入日月，莫不率俾。西王母來獻其白琯。粒食之民，昭然明視。民明教通於四海。海外肅慎、北發、渠搜、氐、羌來服。"海外以下，下述禹、湯、文之功并同。與此文互有詳略。言海内，以《大戴記》爲詳，《史記》僅及交趾，而《記》尚有朔方幽都及西王母；言海外，則《史記》爲詳，析支、山戎、發、長、鳥夷，《大戴》均未之及。然《大戴》之意，自以肅慎在北，北發在南，渠搜、氐、羌在西，北發與發，實非一國也。《漢書·武帝紀》：元光元年五月，詔賢良曰："德及鳥獸，教通四海，海外肅昚、北發、渠搜、氐、羌來服。"文與《大戴記》同，絶未言北發爲北方之國，未知《索隱》何所見而云然。以《大戴記》與《史記》互勘，似乎彼此均有奪誤。《史記》云"南撫交阯"，蓋專指南方言之，其上下未必不有朔方幽都、西王母等句也。《索隱》云"以撫字總之"，已嫌專輒。師古曰："北發，非國名也，言北方即可徵發渠搜而役屬之。瓚説近是。"獨以此四字爲句，然則上文"海外肅昚"四字何解歟？亦可謂疏矣。臣瓚曰："《孔子三朝記》云：北發渠搜，南撫交阯，此舉北以南爲對也。"案《困學紀聞》以《千乘》、《四代》、《虞戴德》、《誥志》、《小辨》、《用兵》、《少閒》七篇當《三朝記》，則臣瓚所引，亦即《少閒》篇之文，其誤與師古同。又案《墨子·節用》中："古者堯治天下，南撫交阯，北降幽都，東西至日所出入，莫不賓服。"《韓非子·十過》："昔者堯有天下，其地南至交阯，北至幽都，東西至日月之所出入者，莫不賓服。"賈誼《新書·脩政語上》："堯撫交阯，北中幽都。"《淮南子·脩務》："堯北撫幽都，南道交阯。"《説苑·反質》："堯地南至交阯，北至幽都，東西至日所出入。"咸與《戴記》大同小異。是彼此爲相傳誦悉之辭，《史記》獨舉交阯，必有奪誤也。

古人所舉四方地名，遠近亦有次序。《爾雅·釋地》："東至於泰遠，西至於邠國，南至於濮鉛，北至於祝栗，謂之四極。觚竹、北户、西王母、日下，謂之四荒。"四極者，中國聲教之所極；四荒，則荒忽無常矣。此北户與西王母，皆在海内，蓋即《大戴記》及《史記》所云交阯者。舉交阯，則不必言北户矣。必不能與海外之肅慎、北發、渠搜、氐、羌爲倫也。《索隱》謂北發當云北户，亦不考之談也。《吕覽爲欲》："有一欲，則北至大夏，南至北户，西至三危，東至扶木，不敢亂矣。"大夏者，伶倫取竹之所；三危，則舜竄三苗之所也。其不在海，亦可知。

〔一八三〕越 裳

世之言越裳氏者，多以爲在今越南之地，此爲王莽所誤也。賈捐之棄珠崖之對曰："武丁、成王，殷、周之大仁也，然地東不過江、黄，西不過氐、羌，南不過蠻荆，北不過朔方，是以頌聲并作，視聽之類咸樂其生，越裳氏重九譯而獻。以至乎秦，興兵遠攻，貪外虚内，務欲廣地，不慮其害。然地南不過閩越，北不過太原。"《漢書》本傳。尋賈氏之言，越裳必尚較閩越爲近。若謂在今後印度半島，未免不近情理矣。

以越裳在今越南之地者，蓋本於《後漢書》。《後漢書·南蠻傳》曰："交阯之南，有越裳國。周公居攝六年，制禮作樂，天下和平，越裳以三象重譯而獻白雉，曰：道路悠遠，山川岨深，音使不通，故重譯而朝。成王以歸周公，公曰：德不加焉，則君子不饗其質；政不施焉，則君子不臣其人；吾何以獲此賜也？其使請曰：吾受命吾國之黄耉，曰：久矣，天之無烈風雷雨，意者中國有聖人乎？有則盍往朝之。周公乃歸之於王。"《注》曰："事見《尚書大傳》。"古人引用，多不盡仍原文。此事散見古書甚多，陳恭甫《尚書大傳輯校》輯之甚備。《後漢書》而外，咸無"交阯之南"四字，知非伏生原文矣。《後漢書》上文曰："《禮記》稱南方曰蠻，雕題交阯。其俗男女同川而浴，故曰交阯。其西有噉人國，生首子輒解而食之，謂之宜弟。味旨，則以遺其君，君喜而賞其父。取妻美，則讓其兄。今烏滸人是也。"引《禮記·王制》，雜以《注》文。其噉人之國，見《墨子·魯問》篇，辭句亦有異同。不知爲此辭者所據《墨子》與今本異，抑引用改易，然"今烏滸人是也"六字，則必爲此辭者所加，“其西”二字，亦必其所改，承上文“故曰交阯”言之也。“交阯之南”四字，亦同一例。

《漢書·平帝紀》：“元始元年春正月，越裳氏重譯獻白雉一，黑雉二，詔使三公以薦宗廟。羣臣奏言：大司馬莽功德比周公，賜號安漢公，及太師孔光等皆益封。”此事亦見《莽傳》，但云“風益州令塞外蠻夷獻白雉”而已，知越裳之名，必莽妄被之也。《後漢書·光武紀》：建武十三年，“日南徼外蠻夷獻白雉、白兔”；《章帝紀》：元和元年，“日南徼外蠻夷獻生犀、白雉”；《南蠻傳》：建武十三年，“南越徼外蠻夷獻白雉、白兔”；“肅宗元和元年，日南徼外蠻夷究不事人邑豪獻生犀、白雉”，皆無越裳之名。《論衡·恢國》篇亦云越裳，蓋東漢人已受其欺矣。

越裳之地，當不遠乎魯。何也？曰：其事傅諸周公，一也。其所貢者爲白雉，而夏翟爲《禹貢》徐州之貢，二也。《周頌譜正義》引《大傳》，越裳作越常，陳恭甫謂舊本如此。竊疑《魯頌》“居常與許，復周公之宇”，常即越裳。越爲種族之名，常其邑名。以越冠裳，猶之《史記·楚世家》謂熊渠封少子爲越章王，而其地後亦稱故鄣耳。《左氏》越有常壽過，疑即此國人。《毛傳》謂常爲魯南鄙，其地當近海濱，故以無别風淮雨，占中國之有聖人也。

别風淮雨，見《文心雕龍》。按《文心雕龍·練字》篇云：“《尚書大傳》，有别風淮雨；《帝王世紀》云列風淫雨。别列淮淫，字似潛移。淫列義當而不奇，淮别理乖而新異。傅毅制誄，已用淮雨，固知愛奇之心，古今一也。”陳恭甫疑彦和見誤本《大傳》，此恭甫誤也。别風即颶風，後人不知，乃易貝爲具。凡風皆有定向，惟别風不然，一若東西南北，同時并作者。東與西相背，南與北相背，故曰别。名之曰具，義亦可通，但古無是語耳。《輯校》云：“《御覽·天部》一本引作天之無烈風，東西南北來也。下六字當是注文誤入《傳》。”是矣，而不悟此六字正是别風之義，轉以彦和所見爲誤本，不亦千慮之一失乎？淮雨蓋匯雨之省，言雨四面而至，意與别風之東西南北來同也。

越裳，《漢書注》引張晏曰：“越不著衣裳，慕中國化，遣譯來著衣裳,故曰越裳也。”附會可笑。師古曰:“王充《論衡》作越嘗,此則不作衣裳之字明矣。”《賈捐之傳注》。《魯頌》鄭《箋》云:“常或作嘗,在薛之旁。六國時齊有孟嘗君,食邑於薛。”《鄭箋》果是,則其地距魯甚近;而《御覽》引《大傳》云重譯,《文選》應吉甫詩《注》引作重三譯,王元長文《注》引作重九譯,賈捐之亦云九譯,則仲任所謂語增者耳。抑三與九亦但言其多,非如後世文字之必爲實數,不能因此遂斷爲遠國也。

〔一八四〕 揚　越

《史記·南越尉佗列傳》:“秦時已并天下,略定揚越。”《漢書》作粵。《集解》引張晏曰:“揚州之南越也。”顔師古亦曰:“本揚州之分,故曰揚粵。”案此説恐非也。《楚世家》云:“熊渠甚得江漢間民和,乃興兵伐庸、揚粵,至於鄂。”此與《索隱》所引《戰國策》,謂“吴起爲楚收揚越”者,并非揚州之分。《楚世家索隱》云:“有本作揚雩,音吁,地名也。今音越。譙周亦作揚越。”案雩、吁、粵同從於聲;古粵、越恒相假借。《方言》曰:“揚,雙也。燕、代、朝鮮、洌水之間曰盱,或謂之揚。”《釋言》曰:“越,揚也。”《禮記·聘義》鄭《注》同。“叩之其聲清越以長”《注》。《樂記注》則曰:“揚,越也。”“非謂黄鐘大吕弦歌干揚也”《注》。然則揚、越仍係一語。重言之,乃所以博異語,猶華、夏本一語而連言之耳。博異語見《禮記·内則》“封之刳之”《注》。不特此也,即吴、越二字,亦係一音之轉。吴,大也。《方言》十三。于,亦大也。《方言》一。《淮南·原道》:“于越生葛絺。”《注》:“于,吴也。”《荀子·勸學》:“于越夷貉之子。”《注》:“于越,猶言於越。”然則吴之與越,於越之與揚越,亦皆同言異字耳。《公羊》定公五年,“於越者,未能以其名通也;越者,能以其名通也。”《解詁》曰:“越人自名於越,君子名之曰越。”蓋諸夏之與蠻夷,有單呼累呼之别耳。

又不特吴、越也，即虞、吴亦爲一字。周之封虞仲與周章，非有二號，故《史記》分别言之曰："自太伯作吴，五世而武王克殷，封其後爲二：其一虞，在中國。其一吴，在夷蠻。十二世而晉滅中國之虞，中國之虞滅二世，而夷蠻之吴興。"此中虞、吴字，非并作虞，則并作吴，故須分别言之。"其一處在中國，其一吴在夷蠻"，虞、吴二字，當係後人所加，元文當作"其一在中國，其一在夷蠻"。若如今本，字形既有别異，尚何必如此措辭哉？《詩·絲衣》："不吴不敖。"《史記·武帝本紀》引作"不虞不驁"。越字在古爲民族之名。太伯、仲雍之居南方，蓋即其所治之民以爲號，而封之者因之。既以之封周章，則又變爲國名，故其支派之受封於北方者，雖所君臨者非越民，而亦以吴爲號也。

《漢書·地理志》："太伯初奔荆蠻，荆蠻歸之，號曰句吴。太伯卒，仲雍立。至曾孫周章，而武王克殷，因而封之。又封周章弟中於河北，是爲北吴。後世謂之虞。"案《吴越春秋》，虞仲作吴仲。《公羊》定公四年，晉士鞅、衛孔圄帥師伐鮮虞。《釋文》："虞本或作吴。"《尚書大傳》曰："西方者，鮮方也。"《詩·瓠葉》："有兔斯首。"《鄭箋》曰："斯，白也。今俗語斯白之字作鮮。齊、魯之間聲近斯。"然則西方之名，原於鮮白。鮮、西一字。鮮虞獨言西吴，疑本虞仲之後，爲晉所滅，支庶播遷，君臨白狄者，故《世本》謂鮮虞爲姬姓也。中山武公初立，事在趙獻侯十年，見《趙世家》及《六國表》。其時入戰國已久。然《春秋》昭公十二年。晉伐鮮虞，《公》、《穀》皆責其伐同姓，則鮮虞之爲姬姓舊矣，非以武公之立也。武公，徐廣曰："西周桓公之子。桓公者，考王弟而定王子。"《索隱》以《世本》不言，疑爲無據。然徐廣於此，不得鑿空，蓋自有所據，而小司馬時已無考耳。竊疑西吴之胤，或先此而絶，而西周公之後入承其緒也。

《孟子》曰："舜生於諸馮，遷於負夏，卒於鳴條，東夷之人也。"《離婁》下。而《史記·五帝本紀》曰："舜，冀州之人。"下文"舜耕歷山，漁雷澤，陶河濱，作什器於壽丘。就時於負夏"，無一爲冀州之地者。竊疑此語遭後人竄亂，非《史記》原文；否則與下文各有所本。冀州二字，但爲中國之義，非《禹貢》所謂冀州也。《正義》云："越州餘姚縣，顧野王云：舜後支庶所封。舜，姚姓，故曰餘姚。縣西七十里，有漢上虞故縣。《會稽舊記》云：舜上虞人；去虞三十里有姚丘，即舜所生也。周處《風土記》云：舜東夷之人，生姚丘。《孝經援神契》云：舜生於姚墟。"緯候之言，當有古據；漢世縣名，亦必非無因。竊疑歷山即湯放桀之處，與鳴條地正相近。説者或云在河東，或云在濮州，或云在嬀州，均無當也。有虞氏之虞，亦即吴耳。《墨子·尚賢》上："古者堯舉舜於服澤之陽。"孫仲容《閒詁》曰："服澤疑即負夏。"案孫説近之，然則負夏亦澤名，鄭云"衛地"，恐非是。

名有原同而流異者，夷、裔，華、夏，虞、吴，揚、越皆是也。揚、越既爲一語，則揚州猶言越州，亦以民族之名爲州名耳。然既爲州名，即自有其疆理，不得謂越人所居之處，皆可稱爲揚州。《禹貢》所載，蓋實東周時境域，然猶不及今閩廣。故知以《南越傳》之揚越爲取義於揚州者必非。《貨殖列傳》曰："合肥受南北潮，皮革鮑木輸會也，與閩中于越雜俗。九疑、蒼梧以南，至儋耳者，與江南大同俗，而揚越多焉。"此揚越與于越，各有地分，截然不可相溷。蓋其語原雖同，而自春秋以后，于越遂爲封於會稽之越之專稱耳。《自序》："漢既平中國，而佗能集揚越，以保南藩，納貢職。"亦以揚越言之，不曰于越。按其地分，似自《禹貢》荆州而南者，皆稱揚越；而在揚州分者，顧不然也。

〔一八五〕　論吴越文化

論吴越古代文化，求之傳記，可徵者甚少，必發掘之業益盛，乃能明之，今僅能言其崖略而已。蓋民之資生，莫急於衣食居處。居寒地者多食鳥獸之肉，居熱地者多食草木之實。中國古代，二者兼有，究以食草木之實者爲多。耕稼之業，實自兹而起。皮服與卉服并行，卉服亦必較盛，故農夫皆黄衣黄冠，績麻蓋由此發明。蠶桑古稱盛於北，其原起亦必在南。以《易》言黄帝、堯、舜垂衣裳，其時固猶在東南，未遷西北也。南方巢居，北方穴居，而言宫室者必曰上楝下宇，不聞以陶復陶穴自居，則亦以南方之居高明，革北方之處卑闇也。更進言之，生計之舒，必藉通功易事。《史記》謂自大皞以來，則有錢矣，固億説不足據；《説文·貝部》，云“古者貨貝而寶龜，周而有泉，至秦廢貝行錢”，説較可信。泉幣至周始有，則殷以前皆用貝矣。此實隆古民族起自海濱之鐵證也。《説苑》云：“子路鼓瑟，有北鄙之聲。孔子曰：先王之制音也，奏中聲，爲中節，流入於南，不歸於北。”《脩文》。禮樂爲化民之具，二者相爲表裏，樂主南則禮可知。《楚辭·天問》一篇，備攝宗教哲學之義，先秦諸子言宇宙論者，曾莫能加。是則道德學術，亦皆原於南也。

古代文化，蓋初植於揚州，西漸於荆、梁，而大盛於徐、兖。何以言？古言出治，必始人皇。人皇者，遂人也。天皇、地皇，乃後來附會之説，余别有考。遂人始知用火，實進化之大原也。《春秋緯》言遂人出暘谷，分九河，絶無他證，恐據萬物始於東方之義億言之，“九河”并恐係“九州”之誤。繼遂人者伏羲，其後有任、宿、須句、顓臾；繼伏羲者神農，即大庭，魯有大庭氏之庫，則地皆確實可徵矣。《禮運》言後聖有作，脩火之利，笵金合土；《御覽·皇王部》引《古史考》，謂遂人鑽燧出火，教人熟食，鑄金作刃；觀後來冶鑄之業，南盛於北，則遂人當在揚州。抑古代帝王，功德在民，有實跡可指者，遂人而外，莫如有巢。《韓子·五蠹》，即以二者并言。《莊子·盜跖》，無遂人之名，所謂“知生之民”，即指遂人也。有巢氏地亦無考。《遁甲開山圖》謂在琅邪，然此書全不足信。巢居必依茂林，疑亦當在揚州矣。然則華族初興，實在江海之會，羲、農乃其分枝北出者耳。此北出之枝派，文明反盛於其故鄉，則以古代徐、兖，下隰宜農之故。夫下隰之地，非脩溝洫無以事耕耘；而苟事耕耘，亦不慮其無刈穫。水功勤則人治脩，刈穫豐則資生厚，而文明大啓矣。此隆古開化之情形，可以追想者也。

黄帝崛興，實爲史事一大變。黄帝誅蚩尤於涿鹿，而身仍處於涿鹿之阿。涿鹿所在，舊説有三：一上谷，二涿郡，三彭城也。余初信涿郡之説，以史言黄帝遷徙往來無常處，又其戰也，教熊羆貔貅貙虎，類於游牧人之爲。阪泉、涿鹿之戰，實河北游牧之族，擾河南耕稼之民也。由今思之，殊不其然。遷徙往來無常處，特言其武功之盛，非謂其爲行國；不然，何又曰邑於涿鹿之阿乎？教熊羆貔貅貙虎，正足徵其尚在南方。《孟子》言堯時水患曰："獸蹄鳥跡之道，交於中國。"《滕文公》上。其言紂之罪狀曰："園囿汙池，沛澤多而禽獸至。"計周公之功曰："驅虎豹犀象而遠之。"《滕文公》下。而《周書·世俘》，言武王狩禽，貓虎熊羆，多至千百。則自商奄至江南仍爲禽獸逼人之地，蓋水患甚而農業荒也。洪水之患，爲古代文明自東南轉入西北之一大關鍵。其事似始於炎、黄之際。《管子》言黄帝之王，燒山林，破增藪，焚沛澤，正與《孟子》言"益烈山澤而焚之"同。《滕文公》上。《周書》言阪泉氏徙居獨鹿。《史記集解》。阪泉者，神農之末世；獨鹿即涿鹿，蓋蚩尤之居，其地實在彭城。蚩尤既滅，則黄帝居之，而使其子弟分治神農氏故地。

史言青陽降居江水，昌意降居若水，是也。江水、若水，後人以今四川之長江、雅礱江釋之，此實大誤。《湯誥》曰："東爲江，北爲濟，西爲河，南爲淮。"《史記·殷本紀》引。則古以江在東方，青陽之所居可知。《吕覽·古樂》言顓頊生自若水，實處空桑。空桑者，《左氏》昭公二十九年，蔡墨言少昊氏有四叔，世不失職，遂濟窮桑；定公四年，祝鮀謂伯禽封於少皞之虚；則杜《注》謂窮桑地在魯北者，不誤。王箓友云："蓋叒本作屮。若字蓋亦作[illegible]，即屮之重文；加口者，如𠱠字之象根形。"《釋例》。此説甚精。古謂日出榑桑，若水蓋亦桑水之誤，其當在東方不疑也。然則蜀山即涿鹿之山，昌意蓋取蚩尤氏女，故《大荒北經》、《風俗通義》，咸以顓頊爲黎苗之先。然昌意雖與蜀山昏媾，而姬、姜二姓之争，則仍未已。傳記言顓頊共工之争則是。《祭法》曰："共工氏之霸九州也，其子曰后土，能平九州。"《管子》曰："共工氏之王，水處十之七，陸處十之三，乘天勢以隘制天下”，《揆度》。則共工在當時，實爲姜姓一强國。《淮南》言“共工振滔洪水，以薄空桑”，其所争者，正神農氏故地也。自顓頊至堯，緜歷年歲，卒見流於幽州。蓋姜姓喪敗之餘，終不敵姬姓方張之燄。然姬姓雖克定共工，而兖州之地，卒亦不可復處。傳記言禹之治水，時愈晚則愈侈。遂至謂江、淮、河、濟，罔不施功，實則非是。禹之自言曰：“予決九川，距四海，濬畎澮距川。”《皋陶謨》。九者數之究，九川特言其多。四海者，中國之外。中國無定境，則四海亦無定在。濬畎澮距川，則孔子所謂盡力乎溝洫者也。后土與禹，治水不可謂不力，然終不能澹沈災。華族之居兖州者，乃稍稍西北徙。堯都究在何處，今難質言，舜之傳説甚多，孟子謂爲東夷之人，實最可信。舜在東，則堯不得在西。後世謂堯都晉陽，或謂都平陽，蓋以叔虞封於河汾，因唐之舊云爾；此或堯之後裔，必非堯身處於是也。武王謂有夏之居，自洛汭延於伊汭，則西遷之業，實至禹而告成；華族文化，自此寖盛於西北矣。然徐、兖之間，遺徽未沬，故夏甫衰而殷又自東方起。湯居亳，亳之所在，異説紛如，王静安謂即《左氏》莊公十一年公子御説奔亳之亳，最爲近之。蓋古事傳於後者，率經春秋戰國時人之手，必據其時之地名，以述古事也。仲丁遷於隞，或曰在河北，或曰敖倉，未知孰是，要在亳西北；河亶甲居相；祖乙遷邢；盤庚渡河南，復成湯之故居；武乙復徙河北；蓋始終向西北進。而東南之地，據前所引《周書》、《孟子》，仍爲曠廢之區，蓋水患後迄未能興復也。周初之奄，中葉之徐偃王，雖聲勢甚張，卒不能與周敵，蓋以此。然齊、楚未興以前，徐、兖之地，固東南之名區，而西北之勁敵也。當兹雍、豫、徐、兖，紛紜變化之時，華族之留居荆、揚者，以火耕水耨，漁獵山伐，飲食還給，不憂凍餓，稍流於呰窳偷生，治化遂落後，轉藉北遷之族，南歸爲之反哺焉。楚自荆山開拓至郢，泰伯、無余之後入於吴則是也。文化之傳播豈不異哉！職是故，南方所傳古史，實仍與北方無異。讀《離騷》、《天問》及伍子胥諫夫差之辭可知。舜生姚上，爲後世之上虞；耕歷山在餘姚；漁雷澤在具區；避堯子在百官橋;大禹陵在山陰;巫咸冢在常熟;泰伯城在無錫;皆是物也。謂夏、殷、周之後,有播遷至是者,而其史蹟隨之以傳則可;謂其人本居是,事即在是,則實不可。故謂吴、越古代文化,傳記可考者甚少也。然則遂無可考乎? 曰:是亦不然。蓋無可考者,其氏族部落若國家之行事;而有可考者,則其民間開化之跡也。且如冶鑄之技,械器之所由利,耕作之所資,亦戰鬬之所賴也。蚩尤尸作兵之名,固非黄帝之族弦木爲弧、剡木爲矢者所能逮,其遺跡之在南方者,則如《水經·漸江水注》曰:"石帆山西連會稽,東帶若邪溪,《吴越春秋》所謂歐冶涸以成五劍。谿水下注太湖,湖水自東亦注江通海,其東有銅牛山。"又如《資水注》,謂益陽有井數百口,皆古人采金沙處。可見南方阬冶夙興。此并非蚩尤之所教,必其民族久閑於是,蚩尤乃因以作兵也。《漸江水注》又謂秦望山南有樵峴,峴裏有大城,越王無餘之舊都。此未必然,然古代南方,久有都邑,則可知矣。《廬江水注》言西天子障,猶有宫殿故基,可想見障名所由得。《述異記》言廬山上有康王谷,顛有一城,號爲釗城,傳云周康王之城。城中每得古器大鼎弓弩之屬。傳諸康王非是,然亦必古代南方名國,聲明名物頗盛者也。此等皆并國名而不傳,無論繫世行事矣。南方史跡之難知,實由簡策之傳太少。然南方固非無文字。《廬江水注》言:"廬山之南,有上霄石。上霄之南,又有大禹刻石。"此實南方古國銘刻,正如登封、泰岱之有刻石。將來此等物發見較多,必可補史籍之闕。

〔一八六〕 大 九 州 考[①]

《史記·孟荀列傳》言:鄒衍"以爲儒者所謂中國者,於天下乃八十一分居其一分耳。中國名曰赤縣神州。赤縣神州内自有九州,禹

① 曾改題爲《鄒衍大九州説》。

之序九州是也,不得爲州數。中國外如赤縣神州者九,乃所謂九州也。於是有裨海環之,人民禽獸莫能相通者,如一區中者,乃爲一州。如此者九,乃有大瀛海環其外,天地之際焉”。此亦有舊説爲本,非衍新創也。《淮南・地形》曰:“何謂九州? 東南神州曰農土,正南次州曰沃土,西南戎州曰滔土,正西弇州曰并土,正中冀州曰中土,西北台州曰肥土,正北泲州曰成土,東北薄州曰穩土,正東陽州曰申土。”又曰:“九州之大,純方千里。九州之外,乃有八殥,亦方千里: 自東北方,曰大澤,曰無通;東方曰大渚,曰少海;東南方曰具區,曰元澤;南方曰大夢,曰浩澤;西南方曰渚資,曰丹澤;西方曰九區,曰泉澤;西北方曰大夏,曰海澤;北方曰大冥,曰寒澤。凡八殥八澤之雲,是雨九州。八殥之外,而有八紘,亦方千里: 自東北方,曰和丘,曰荒土;東方曰棘林,曰桑野;東南方曰大窮,曰衆女;南方曰都廣,曰反户;西南方曰焦僥,曰炎土;西方曰金丘,曰沃野;西北方曰一目,曰沙所;北方曰積冰,曰委羽。凡八紘之氣,是出寒暑,以合八正,必以風雨。八紘之外,乃有八極: 自東北方,曰方土之山,曰蒼門;東方曰東極之山,曰開明之門;東南方曰波母之山,曰陽門;南方曰南極之山,曰暑門;西南方曰編駒之山,曰白門;西方曰西極之山,曰閶闔之門;西北方曰不周之山,曰幽都之門;北方曰北極之山,曰寒門。凡八極之雲,是雨天下;八門之風,是節寒暑;八紘八殥八澤之雲,以雨九州而和中土。”此蓋舊説。謂有大瀛海環其外者,陸地盡於此矣。鄒衍則易其名爲裨海,謂又有如是者八,陸地乃窮,有大瀛海環其外,而真爲天地之際也。九州名義,多無可考,然泲州似以濟水得名,弇州或即商奄之奄,則冀州當在濟水之南、商奄之東也。九山曰會稽、泰山、王屋、首山、太華、岐山、太行、羊腸、孟門,九塞曰大汾、澠阨、荆阮、方城、殽阪、井陘、令疵、句注、居庸,此皆非其朔,蓋後人沿其目而易其名。九山當布列在九州,九塞則爲九州邊界。九藪曰越之具區、楚之雲夢、秦之陽紆、晉之大陸、鄭之圃田、宋之孟諸、齊之海隅、趙之鉅鹿、燕之昭余,則已在八殥之地矣,觀具區大夢之名,列於九藪又列於八澤可知也。然則所謂九州者，乃在齊之西，燕趙之南，宋鄭秦晉之東，楚越之北耳。鄒衍所謂禹之序九州者蓋如此。《禹貢》所述九州，已苞八殥八紘之地，當衍所謂如赤縣神州者九而有餘矣。《王制》曰："凡四海之内九州，州方千里。"《淮南》曰："九州純方千里。"可見其所謂九州者，僅當《王制》之一州。然則舉九州而九之，乃衍新創之説；謂中國外又有如赤縣神州者八，合中國而九。則固舊説也。

紘，高《注》云："維也。維落天地而爲之表，故曰紘也。"按《覽冥訓》云："往古之時，四極廢，九州裂，天不兼覆，地不周載，火爁炎而不滅，水浩洋而不息。女媧鍊五色石以補蒼天，斷鼇足以立四極。蒼天補，四極正，淫水涸，冀州平。"四極即八極也。獨言四正爲四極，兼四隅言之，則曰八極耳。天下之雨，來自八極，故四極正則淫水涸也。

九州之地皆曰土，八殥之地有八澤，八紘亦曰土、曰野，是中國與夷狄，以澤爲界也，此蓋島居之世之遺習。島居時，以所居之土爲州，此外爲澤，又其外復爲陸地，然爲他人之地矣，於此可窺見九州之説之起原。古無島字，洲即島，洲、州本一字也。《漢書・地理志》云："堯遭洪水，褱山襄陵，天下分絶爲十二州。"注："師古曰：九州之外，有并州、幽州、營州，故曰十二。水中可居者曰州。洪水汎大，各就高陸，人之所居，凡十二處。"宋祁曰："《注》文，南本無九州以下十五字，景本無《注》末凡十二處四字。"然則所謂九州者，推原其朔，則島居之民，分其衆爲九部耳。井田之法，以方里之地，畫爲九區，而明堂亦有九室，皆是物也。《周官》量人，掌建國之法，以分國爲九州；《考工記》匠人，亦九分其國，皆九州古義也。

原刊《學術》第四輯，一九四〇年五月出版

〔一八七〕南　　交

鄭康成曰："夏不言曰明都，三字摩滅也。"《尚書堯典疏》。案《大戴禮》："昔虞舜以天德嗣堯，朔方幽都來服，南撫交趾。"《少閒篇》。《墨子》:"昔者堯治天下,南撫交趾,北降幽都。"《節用》中。俱以交阯與幽都對舉,則南方初無所謂明都可知。《爾雅》:"觚竹、北户、西王母、日下,謂之四荒。"《史記·舜紀》:"南撫交阯、北發。"《索隱》:"北發當云北户,南方有地,名北户。"《淮南子·地形》篇作反户,高誘《注》:"在日之南,皆爲北鄉户,故反其户也。"《南史·林邑傳》:"其國俗居處爲閣,名曰干闌,門户皆北向。"可知北户之俗,南方確有之。而交趾在其北,羲叔所宅,必即今越南地矣。

〔一八八〕 嵎夷即倭夷説

《堯典》"宅嵎夷",《史記·五帝本紀》作郁夷;《毛詩·小雅》"周道倭遲",《韓詩》作威夷,《漢書》作郁夷。説者因謂日本即古嵎夷。此説似怪,然實不盡誣也。人類學家言:日本種族,十之六爲馬來,二爲蝦夷,中國人與通古斯皆僅十之一。馬來人古稱越,亦作粤,有斷髮文身之俗,日人亦然。且日人言語,亦有與馬來同者,其出於馬來族無疑也。《禮記·大傳》曰:"繫之以姓而弗别,綴之以食而弗殊,雖百世而昏姻不通者,周道然也。"楚則有妻妹之俗,見《公羊》桓公二年。日本古俗亦然。漢魏後,南洋羣島皆馬來族所居,其程度殊不高於日本人,或且不逮焉,必不能啓發日本。且日本與中國之交往,亦北方早而南方遲;則謂啓發日本之馬來人,自中國往而不自南洋往,又理之可信者也。《尚書正義》云:"夏侯等書,宅嵎夷爲宅嵎銕。"《説文·山部》:"嵎,首嵎山也,在遼西。一曰嵎鐵,嵎谷也。"説經者因謂今文家謂嵎夷在遼西,此殊不然。"一曰"乃别列一説之辭,不與上文相蒙。不徒夏侯等家不謂嵎夷在遼西,即《説文》所列之或説,意亦未必謂然。何者?暘谷之暘,諸書或作湯,無作嵎者;爲此説者之意,蓋謂暘谷之暘,亦當作嵎,而非謂遼西之嵎山即《尚書》之暘谷也。暘谷究在何處,雖難質言,謂在山東,情事頗近。自山東絶海至日本固不易,然冀、遼之地,久爲華人繁殖之區,試觀方言,自燕到朝鮮語言多同可知,自朝鮮至日本,則非難事矣。況民族之遷移,亦間有出於常理之外,而不可以測度者邪。

〔一八九〕 天地之化百物之産

《禮記·郊特牲》曰:"萬物本乎天,人本乎祖。"天之生物,乃使氣成爲物。《易》所謂"精氣爲物",物之相生,則以形更成是形,其爲事不同。《周官·大宗伯》曰:"以禮樂合天地之化,百物之産。"化者,天之生物之名;産者,物之生物之名也。注曰:"能生非類曰化,生其種曰産。"物固非天地之類。疏引"田鼠化爲鴽,雀雉化爲蛤蜃之等"以釋化,仍是物生物之事,非是。《乾·彖辭》曰:"乾道變化,各正性命。"疏曰:"變,謂後來改前,以漸移改。化,謂一有一無,忽然而改。"《月令》:"田鼠化爲鴽。"疏曰:"《易》乾道變化,謂先有舊形,漸漸改者,謂之變。雖有舊形,忽改者謂之化。及本無舊形,非類而改,亦謂之化。"本無舊形,一有一無,即天地之化之化,與田鼠化爲鴽之化,不同義也。

〔一九〇〕 形而上者謂之道、形而下者謂之器義

《易·繫辭傳》曰:"形而上者謂之道,形而下者謂之器。"近人每執此二語,謂中國人重空言而輕實事,此大繆也。道者,事物之所以然,《韓非·解老》曰:"道者,萬物之所以然也,萬理之所稽也。理者,成物之文也。道者,萬物之所成也。"案然,成也。稽,同也。無形跡可見,故曰形而上,猶言成形之先;曰形而下,則猶言成形之後耳。此乃天事,非人事。《周易正義·

八論》之一云："易之三義，惟在於有，然有從無出，理則包無。故《乾鑿度》云：夫有形者生於無形，則乾坤安從而生？故有太易，有太初，有太始，有太素。太易者，未見氣也。太初者，氣之始也。太始者，形之始也。太素者，質之始也。氣、形、質具而未相離，謂之渾沌。渾沌者，言萬物相渾沌而未相離也。視之不見，聽之不聞，循之不得，故曰易也。是知《易》理備包有無。而《易》象惟在於有者，蓋以聖人作《易》，本以垂教，教之所備，本備於有。故《繫辭》云形而上者謂之道，道即無也；形而下者謂之器，器即有也。"此言最得《易》義。形而上，形而下，乃就物之可見、可聞、可循與否而錫之名，非意有所貴賤於其間也。不徒未嘗賤器也，《繫辭傳》又曰"見乃謂之象，形乃謂之器，制而用之謂之法"，且盡力於制器以共民用矣。

《左氏》僖公十五年，韓簡曰："物生而後有象。"其所謂象，亦即《易》之所謂象也。象雖可聞見，猶不必其可循，《繫辭傳》曰"縣象著明，莫大乎日月"，則其徵也。若此者皆在天，古天官家言，自地以上皆爲天。在地者則不然。故曰："在天成象，在地成形。"成形者皆可共用，共用之謂器。凡器，皆可如其形，制爲笵，以更作之時曰法。故曰："成象之謂乾，效法之謂坤。"又曰："法象莫大乎天地。"而包犧作卦，《易》稱其"仰則觀象於天，俯則觀法於地"也。夫如器之形以制笵，以更成是器，不過能使固有之器增多而已，不能更得新器也。能取法於天則不然。《禮記·郊特牲》曰："地載萬物，天垂象。取材於地，取法於天，是以尊天而親地也。"取法於天者，依意想之所及，而制以爲法；如是，則共用之器，日出而不窮。《韓子》曰："諸人之所以意想者，皆謂之象。"《解老》。其理，觀《繫辭傳》"蓋取"一節可明。風行水上《渙》，制舟楫者取焉，不待言而喻也。服牛乘馬取諸《隨》，取其動而説也。臼杵取諸《小過》，《小過》上雷下山，上動，下任之以重也。弧矢取諸《睽》，《睽》上火下澤，火澤之行相違，猶射者引弦嚮己，矢激而外出也。上澤下天《夬》，夬者，決也，以五剛乘一柔，必決，決則殊矣，物之殊者仍可合之，知其故爲一體，此書契之所由作也。要之如器以制，法器有限；

因象而制，法器無窮。故曰："以制器者尚其象。"又曰："爻也者，效此者也，象也者，像此者也。"象者，物之所固有，像則人像之，故從人，非俗字也。

象之不可窮，猶形之不可窮也；於是能以一象廣攝衆義之説尚焉。《易》之始，不過占筮之書，而聖人有取焉，蓋以是也。故曰："書不盡言，言不盡意。然則聖人之意，其不可見乎？"又曰："聖人立象以盡意"；又曰："聖人有以見天下之賾，而擬諸其形容，象其物宜，是故謂之象"；又曰："極其變，遂通天下之象"也。《易》道至廣，皆攝諸象。故曰："彖也者，言乎象者也"，又曰："知者觀其彖辭，則思過半矣。""其稱名也小，其取類也大"，則以一象廣攝衆義之謂也。象雖若虚縣無薄乎，器之成恒必由之。故曰"象事知器"。事不違理，知象則器寓焉。《管子》曰："一者，本也，二者，器也。"《五行》。又曰："原始計實，本其所生，知其象則索其器。"《白心》。太史公曰："《易》本隱以知顯，《春秋》推見至隱。"謂其合本末爲一也。

《管子·七法》曰："治民有器，爲兵有數，勝敵國有理，正天下有分。則、象、法、化、決塞、心術、計數。根天地之氣，寒暑之和，水土之性，人民、鳥獸、草木之生，物雖不甚多，皆均有焉而未嘗變也，謂之則。義也，名也，時也，似也，類也，比也，狀也，謂之象。尺寸也，繩墨也，規矩也，衡石也，斗斛也，角量也，謂之法。漸也，順也，靡也，久也，服也，習也，謂之化。予奪也，險易也，利害也，難易也，開閉也，殺生也，謂之決塞。實也，誠也，厚也，施也，度也，恕也，謂之心術。剛柔也，輕重也，大小也，實虚也，遠近也，多少也，謂之計數。"其言足與《易》相發明。則謂自然之理，其予人以可知者謂之象。人效法之，有所制作，謂之法。化者，使人與事習也。決塞者，上之所以使下也。心術，上之所以自處也。計數，上臨事之所察也。法本於象，故曰："不明於象，而欲論材審用，猶絶長以爲短，續短以爲長。"法出於象，故亦自然不可改易。《法法》之篇曰："不法法，則事毋常，法不法，則令不行。"不法法者，謂不以法爲法也。法不法者，謂其所法者非法也。不合乎則。《周書·大匡曰》:"明堂所以明道,明道惟法法。"與《管子》所謂法法者同。朱右曾《集訓校釋》依陸麟書改爲"明道惟法,明法惟人",誤矣。《孟子》曰:"離婁之明,公輸子之巧,不以規矩,不能成方圓;師曠之聰,不以六律,不能正五音;堯舜之道,不以仁政,不能平治天下。"《離婁》上。此不法法則事毋常之義。又曰:"今有仁心仁聞,而民不被其澤,不可法於後世者,不行先王之道也。""爲高必因丘陵,爲下必因川澤,爲政不因先王之道,可謂智乎?"此法不法則令不行之義。非謂法出於先王,謂先王之法則法之法者也。雖荀子之法後王,意亦由是。《左氏》昭公四年,渾罕譏子産曰:"政不率法,而制於心;民各有心,何上之有?"政之不可制於心,以法之出於自然之則也。

《洪範》五事,思曰睿,睿作聖。《周官》鄉三物,一曰六德:知、仁、聖、義、忠、和。鄭《注》曰:"聖,通而先識也。"聖之本義,實以知識言,非以德行言。《荀子》曰:"不先慮,不早謀,發之而當,成文而類,居錯遷徙,應變不窮,是聖人之辯者也。"《非相》。又曰:"道出乎一。曷謂一?曰執神而固。曷謂神?曰盡善浹洽之謂神。萬物莫足以傾之之謂固。神固之謂聖人。聖人也者,道之管也。天下之道管是矣,百王之道一是矣。"《儒效》。又曰:"多言則文而類。終日議其所以,言之千舉萬變,其統類一也。是聖人之知也。"《性惡》。又曰:"所謂大聖者,知通乎大道,應變而不窮,辨乎萬物之情性者也。大道者,所以變化遂成萬物也。情性者,所以理然不取舍也。是故其事大辨乎天地,明察乎日月,總要萬物於風雨。繆繆肫肫,其事不可循。若天之嗣,其事不可識。百姓淺然,不識其鄰。若此則可謂大聖矣。"《哀公》。皆可見聖之本義。《論語·子罕》:"太宰問於子貢曰:夫子聖者與?何其多能也?子貢曰:固天縱之將聖,又多能也。"顯分聖與多能爲兩事。《雍也》:"子貢曰:如有博施於民而能濟衆,何如?可謂仁乎?子曰:何事於仁!必也聖乎!堯舜其猶病諸!"蓋尋常所謂相仁偶者,原不過及於與接爲構之人,博施濟衆,爲量彌恢,則非思無不過者不克濟其事,故以聖言之。《孟子》曰:“智,譬則巧也;聖,譬則力也。猶射於百步之外也,其至,爾力也;其中,匪爾力也。”《萬章》下。力之深入而克竟其功,亦仍就思無不通之義引伸之也。古之言聖,雖非如後世之高不可攀,然其尊之亦甚至。而《繫辭傳》曰:“備物致用,立成器以爲天下利,莫大乎聖人。”其重之也如此,而曷嘗有輕視制器之意哉?

〔一九一〕 君子上達,小人下達;往者不可諫,來者猶可追

《春在堂隨筆》云:戴子高嘗爲《論語注》,專以公羊家師説説《論語》,亦一家之學也。偶檢舊櫝,得手書一通,録《注》中義六十三事,質之於余,因擇其尤平易者識之,所録者凡十條,曰:因不失其親,因讀曰姻,姻,外親也。姻非五服之親,然猶必不失其親,以其亦有宗道。《雜記》曰:“外宗爲君夫人,猶内宗也。外宗爲姑姊妹之女舅之女及從母。又曰:井有人焉,井穽之假字,又曰:君子上達,言作君作師,上通天道。小人下達,言務工作,力田野,下通物性而已。又曰:往者不可諫,來者猶可追。往,往世也。諫,猶正也。來,來世也,言來世之治,猶可追乎?明不可追。莊子述此歌曰:往世不可追,來世不可待。皆愜心貴當。下學言務工作,下學而上達,亦謂因事而悟道也。曲園云:余因子高解往者不可諫,而悟來者猶可追之義。《周官·追師·注》:追,猶治也。猶可追,言猶可治也。夫子删《詩》、《書》,定《禮》、《樂》,贊《周易》,脩《春秋》,爲後世法,皆所以治來世也。公羊子曰:制春秋之義,以俟後聖,以君子之爲,亦有樂乎此也。深得孔子之意,而皆自楚狂一言發之,楚狂之功大矣。”予案曲園説追字之義是也,而其説猶可追之義則非。猶可追,言不可追也,乃反詰之辭。

〔一九二〕 君子有勇而無義爲亂，小人有勇而無義爲盜

《論語·陽貨》:"子路曰：君子尚勇乎？子曰：君子義以爲上，君子有勇而無義爲亂，小人有勇而無義爲盜。"古書語法，往往有互相備者，此言君子爲亂則爲盜亦在其中，小人爲盜則爲亂亦在其中是也。但此章則不然。蓋古所謂作亂者，乃指干犯名分，殺逐在上者而奪其位，而盜之本義，爲略取財物。古代等級森嚴，小人不易乘君子之位。君子雖不必皆富，然究與小人有别，略取財物，非其志之所存。即欲奪人之所有者，亦必代居其位而後可，其事即爲亂而非盜矣。故作亂之事，小人殆不能爲之，而君子亦無所謂爲盜也。

《春秋》書盜殺者四：襄公十年，"盜殺鄭公子騑、公子發、公孫輒"。《左傳》曰："書曰盜，言無大夫焉。"昭公二十年，"盜殺衛侯之兄縶"，《左氏》於三十一年論之，謂"齊豹爲衛司寇，守嗣大夫，……若艱難其身，以險危大人，……是以書之曰盜。……以懲不義"。然據二十年紀事，則齊豹之司寇與鄄，皆已爲摯所奪，當殺摯時，豹固微者也。哀公四年"盜殺蔡侯申。"《左傳》云："公孫翩逐而射之，入於家人而卒。"《杜注》曰："翩，蔡大夫。"《公羊》曰："罪人。"《公羊》蓋得其實。十三年，盜殺陳夏區夫《公》、《穀》、《左》皆無傳，而四年《穀梁》云："微殺大夫謂之盜。"范寧《集解》云："十三年冬，盜殺陳夏區夫是"，蓋爲夏區夫發。又定公八年，"盜竊寶玉大弓。"《公羊》曰："盜者孰謂？謂陽虎也。陽虎者，曷爲者也？季氏之宰也。季氏之宰，則微者也。"此外急壽及子臧之死，《左氏》亦咸謂之盜。見桓公十六年，僖公二十四年。蓋實使微者殺之。鄭三卿及衛縶之死，其君皆爲之出奔。又鄭子産卒，子大叔爲政，不忍猛而寬；鄭國多盜，取人於萑蒲之澤，至興徒兵以攻殺之，盜乃少正。見昭公二十年。吴之入郢也，楚子入睢濟

江，入於雲中，盜政之，至以戈擊王，王奔鄖。定公四年。其勢力亦不可謂不大。古書記人民作亂之事甚鮮，或以爲古者德化洽，生計饒，不至於亂也。又或以爲古者設治密，兵力足，人民不易爲亂，皆非也。古之史官主記貴族之事，民間之盜賊與貴族關係較少，故不之及耳。觀鄭所謂萑蒲及楚雲中之盜，可知盜賊之徒黨并不少，勢力并不弱。《莊子·盜跖》述當時之富人謂其"内則疑刼請之賊，外則畏寇盜之害，内周樓疏，外不敢獨行"，可知其無日不在戒備中也。而《左傳》亦咸稱爲盜，蓋當時言語如是也。

《論語·學而》："有子曰：其爲人也孝弟，而好犯上者，鮮矣；不好犯上，而好作亂者，未之有也。"蓋犯上者，作亂之履霜，而作亂其堅冰也。其與殺越人於貨者，所志迥不相侔審矣。《泰伯》篇："子曰：勇而無禮，則亂。"又曰："好勇疾貧，亂也。人而不仁，疾之已甚，亂也。"《陽貨》篇曰："好勇不好學，其蔽也亂。"其皆指君子言可知。《左傳》文公二年，"狼瞫怒，其友曰：盍死之？瞫曰：吾未獲死所。其友曰：吾與汝爲難。瞫曰：周志有之：勇則害上，不登於明堂。死而不義，非勇也。……子姑待之。"今《周書·大匡》篇曰："勇如害上，如同而。則不登於明堂。"明堂非小人所登，其言亦爲君子而發。狼瞫如聽其友而爲難，即有子之所謂犯上，更甚則爲作亂矣。

古之人，蓋貴賤莫不尚勇，故子貢問孔子："君子亦有惡乎？"子曰："惡勇而無禮者。"又曰："賜也亦有惡乎？"子貢曰："惡不孫以爲勇者。"《論語·陽貨》。孔子戒樊遲，一朝之忿，忘其身以及其親。《論語·顔淵》。而孟子告公都子，數世俗所謂不孝者五，好勇鬭狠，以危父母，居其一焉。《離婁下》。夫如是，安得不尚遜順。《祭義》稱：虞、夏、殷、周，未有遺年者。又稱：孝弟之道，發諸朝廷，行乎道路，至乎州巷，放乎獀狩，備乎軍旅，於衆義死之，而弗敢犯也。而大學又以是爲教。又曰："天子有善，讓德於天；諸侯有善，歸諸天子；卿大夫有善，薦於諸侯；士庶人有善，本諸父母，存諸長老。"《坊記》言："善則稱人，過則稱己"；"善則稱君，過則稱己"；"善則稱親，過則稱己"。豈好爲是柔弱之道以靡其民氣哉？當時之情勢，固有不得不然者也。不然，其争奪相殺不可以一朝居也久矣。

〔一九三〕 往者不悔，來者不豫

語曰："人所追悔者既往，所希冀者未來，所悠忽者見在。"又曰："勘破去來今，非佛無可做；不問去來今，隨地皆成佛。"世皆以爲名言。《禮記·儒行》曰："往者不悔，來者不豫。"《注》曰："雖有負者，後不悔也；其所未見，亦不豫備，平行自若也。"已具二諺之理矣。人之多悔多豫，皆由不能安於義命；不能安於義命，則患得患失之情生；患得患失之情一生，而往者不可勝悔，來者不可勝豫矣。其實往者已往矣，隳甑不可復完，悔之何益？而指窮於爲，世事之變化無方，亦何可豫也，徒自苦焉而已。抑且患得患失，則神情眩惑，未有不措置乖方者，是以悔既往，豫未來，正所以失見在而又生將來之悔也。有所悔，必又有所豫，是使悔且豫者相引於無窮，而終不獲一日之安也，不亦徒自苦乎？故曰："仁，人之安宅也；義，人之正路也；曠安宅而弗居，捨正路而弗由，哀哉！"

〔一九四〕 釋　　仁

道之高者必通，通者必合人我，忘利害。苟猶有人我利害之見存，未有能合天道者也。

孔門之言道，莫高於仁。孔子曰："道二，仁與不仁而已矣。"《孟子·離婁上》。又曰："苟志於仁矣，無惡也。"《論語·里仁》。又曰："君子而不仁者有矣夫，未有小人而仁者也。"《論語·憲問》。其言之決絶如此；然則所謂仁者，果何如哉？

子曰："民之於仁也，甚於水火。水火，吾見蹈而死者矣；未見蹈仁而死者也。"《論語·衛靈公》。孟子曰:"不仁者可與言哉?安其危而利其菑,樂其所以亡者。不仁而可與言,則何亡國敗家之有?"又曰:"三代之得天下也以仁,其失天下也以不仁,國之所以廢興存亡者亦然。今惡死亡而樂不仁,是猶惡醉而强酒。"《離婁上》。其言仁之有利無害,決然如此。然孔子又曰:"志士仁人,無求生以害仁;有殺身以成仁。"《論語·衛靈公》。則是爲仁者不免於殺身也。然則非泯利害之見,不足以言仁也審矣。子曰:"仁者必有勇。"《論語·憲問》。言其能臨利害而不惑也。又曰:"仁者不憂",《論語·子罕》。言其本不欲利,故無不利之時;無不利之時,自無可憂也。然則聖人非能教人得世俗之所謂利也,能教其祛欲利之心耳。《論語·顏淵》:"司馬牛問君子,子曰:君子不憂不懼。曰:不憂不懼,斯謂之君子矣乎?子曰:内省不疚,夫何憂何懼。"苟不仁,則不免損人以利己,損人以利己,則内省疚而憂懼隨之矣。斯言看似平易,而行之實艱。

墨子言兼愛,而孟子詆爲無父,似言仁不能無等差矣。然"仲弓問仁,子曰:己所不欲,勿施於人",《論語·顏淵》。恕之事也。孟子亦曰:"强恕而行,求仁莫近焉,"《盡心上》。此豈尚有人我可分乎?《中庸》曰:"仁者,人也,親親爲大;義者,宜也,尊賢爲大,親親之殺,尊賢之等,禮所生也。"所以不得不言親親,不得不言尊賢,且不得不有殺有等;乃各親其親,各子其子,以賢勇知,以功爲己之世,事勢不得不然,而豈道之本然哉?然則墨者夷之謂"愛無差等,施由親始,"《孟子·滕文公上》。其説實不背於儒。儒墨之道,可通爲一也。儒家辟墨千言萬語,皆自小康之世言之,若大同之世,則蕩蕩平平,本無差等也。夫惟不分人我者,人莫能與之敵,何也?苟欲敵之,是自爲敵也。故曰:"仁不可爲衆也夫!國君好仁,天下無敵!"《孟子·離婁上》。

孔子曰:"仁遠乎哉?我欲仁,斯仁至矣!"《論語·八佾》。又曰:"有能一日用其力於仁矣乎?我未見力不足者。"《里仁》。其言之之易如此。然忘人我,泯利害,則人所視爲至難者也。何哉?人之本心,本無人我之分,利害之見。所以有之者,皆事勢使然也。故曰:"仁義禮智,非由外鑠我也,我固有之也。"《孟子·告子上》。惟君子能全其仁於事勢萬難之際,亦惟君子能革易斯世,使事勢無阻。凡人皆克全夫仁也,不知革易斯世,而欲望人人克全夫仁,則以賁育、烏獲責孺子矣。此後世儒者之失,孔孟無此説也。

仁之道大如此,顧其言之,亦有時若甚淺近者。子曰:"巧言令色,鮮矣仁。"《論語·學而、陽貨》兩見。又曰:"剛毅木訥近仁。"《子路》。又曰:"仁者其言也訒。"《顔淵》。然則但謹於辭色之間,遂足以爲仁矣乎?非也。仁者必無人我之見存,無人我之見,尚何自炫以取媚於人之有?務自炫以取媚於人,則其人我之見深矣,是則與於不仁之甚者矣。遠不仁,斯近仁矣。故曰:"我未見好仁者,惡不仁者,好仁者,無以尚之。惡不仁者,其爲仁矣,不使不仁者,加乎其身。"《里仁》。惡不仁不可遂云仁,然求仁之端也。抑以道仁與不仁之義言之,則又不可謂之不仁也。然則巧言令色之不仁,審矣。故《集注》謂"聖人辭不迫切。言鮮,則絶無可知"也,可不深自警哉!

〔一九五〕 釋　因

因之道,諸子百家言之詳矣。雖儒家,亦不能不以此爲務也。因之道,有施之天者,"作大事必順天時,爲朝夕必放於日月,爲高必因丘陵,爲下必因川澤"是也。《禮記·禮器》。《孟子·離婁上篇》亦曰:"爲高必因丘陵,爲下必因川澤。"有施之治民者,"因民之所利而利之,擇可勞而勞之"是也。《論語·堯曰》。有施之敵者,"因重而撫之","亡者侮之,亂者取之"是也。《左氏》襄公十四年:"晉中行獻子曰:史佚有言曰:因重而撫之。仲虺有言曰:亡者侮之,亂者取之,推亡固存,國之道也。"又三十年:"子皮曰:仲虺之志云:亂者取之,亡者侮之,推亡固存,國之利也。"又案《周書·武稱》:"距險伐夷,并小奪亂,□强攻弱,而襲不正,武之經也。伐亂、伐疾、伐疫,武之順也。賢者輔之,亂者取之,作者勸之,怠者沮之,恐者懼者欲者趣之,武之用也。"與《左氏》所引史佚仲虺之言相出入,蓋古兵家言。大抵人之力,至大而不可遂。故曰:"以欲從人則可,以人從欲鮮濟。"

《左氏》僖公二十年臧文仲之言。又昭公四年，子産對楚靈王曰："求逞於人不可，與人同欲盡濟。"韓子曰："使匠石以千歲之壽，操鈞，視規矩，舉繩墨，而正大山；使賁育帶千將而齊萬民；雖盡力於巧，極盛於壽，大山不正，民不能齊。"《大體》。可謂言之深切著明矣。《孟子》曰："惡於智者，爲其鑿也。若禹之行水也，則無惡於智矣。禹之行水也，行其所無事也；如智者亦行其所無事，則智亦大矣。"《離婁下》。行其所無事者，因之謂也。所因者有事焉，因之者未嘗有事也。惟未嘗有事，乃能有成，此因之精義也。

自然之德在於信，信則必可知也。故曰："天之高也，星辰之遠也，苟求其故，千歲之日至，可坐而致也。"惟其信也，故逆之必敗，順之則必有成，此隨順萬物之義所由來也。《管子》曰："有道之君，其處也若無知，其應物也若偶之。"《心術》。此君人者，治國之術也。莊子述慎到之説曰："推而後行，曳而後往，至於若無知之物而已。"《天下》。此匹夫自處之道也。而其要，盡於莊周"無建己之患"五字。惟無建己，故無用知之患，而能動静不離於理也。此即孔子所謂"無可無不可"，《論語·微子》。其所以致之者，則"毋意毋必毋固毋我"也。《論語·子罕》。然則治人之道，與脩己之道，無二致焉。故曰："吾道一以貫之也。"《管子》亦曰："君子之處也若無知，言至虚也。其應物也若偶之，言時適也。若影之象形，響之應聲也。故物至則應，過則捨矣，捨矣者，言復所於虚也。"

惟能因也，故或見利而不爲，以違於道者，似利而實非利也。《管子·白心篇》所言是也。《白心篇》曰："建當立，有以靖爲宗，以時爲寶，以政爲儀，和則能久。非吾儀，雖利不爲；非吾當，雖利不行；非吾道，雖利不取；上之隨天，其次隨人。人不倡不和，天不始不隨。"以政爲儀，非吾儀，雖利不爲，法家所以戒釋法而任心治也。故儒、法二家之道，實亦相通。

〔一九六〕　釋 大 順

儒家之言治，莫高於大順。大順之説，見於《禮運》。其説曰："四體既正，膚革充盈，身之肥也。父子篤，兄弟睦，夫婦和，家之肥也。大臣法，小臣廉，官職相序，君臣相正，國之肥也。天子以德爲車，以樂爲御；諸侯以禮相與；大夫以法相序；士以信相考；百姓以睦相守；天下之肥也，是謂大順。大順者，所以養生送死事鬼神之常也。故事：大積焉而不苑，并行而不繆，細行而不失，深而通，茂而有間，連而不相及也，動而不相害也，此順之至也。故明於順，然後能守危也。故禮之不同也，不豐也，不殺也，所以持情而合危也。故聖王所以順，山者不使居川，不使渚者居中原，而弗敝也。用水火金木飲食，必時。合男女，頒爵位，必當年德。用民必順，故無水旱昆蟲之災，民無凶饑妖孽之疾。故天不愛其道，地不愛其寶，人不愛其情。故天降膏露，地出醴泉，山出器車，河出馬圖。鳳皇麒麟，皆在郊棷；龜龍在宮沼；其餘鳥獸之卵胎，皆可俯而窺也；則是無故。先王能脩禮以達義，體信以達順，故此順之實也。"言治至此，可謂豪髮無遺憾矣。論者或曰：西京儒者，不言祥瑞。言祥瑞者，西漢末葉，王莽之徒之爲之也。是不然，董仲舒對策曰："陰陽調而風雨時，羣臣和而萬民殖，五穀孰而草木茂。天地之間，被潤澤而大豐美；四海之内，聞盛德而皆徠臣；諸福之物，可致之祥，莫不畢至，而王道終矣。"非以瑞應爲治之至者乎？不言者，當時之治，固不足以言瑞應。且宣帝之世，言鳳皇降者，固連翩矣。安知當時儒者，無導諛貢媚之徒，特無傳於後邪？且經典之言瑞應者，非獨《禮運》也。《禮器》曰："因名山以昇中於天，因吉土以饗帝於郊。昇中於天，而鳳皇降，龜龍假；饗帝於郊，而風雨節，寒暑時。是故聖人南面而立，而天下大治。"《樂記》曰："夫古者，天地順而四時當，民有德而五穀昌，疾疢不作，而無妖祥，此之謂大當。"《大戴記·誥志》曰："聖人有國，則日月不食，星辰不孛，海不運，河不滿溢，川澤不竭，山不崩解，陵不弛，川谷不處，深淵不涸；於是龍至不閉，鳳降忘翼，鷙鳥忘攫，爪鳥忘距，蜂蠆不螫嬰兒，蟁虻不食天駒，雒出服，河出圖。"《論語·子罕》："子曰：鳳鳥不至，河不出圖，吾已矣夫！"皆與《禮運》相出入。抑非獨儒家也，《管子·小匡》曰："昔人之受命者，龍龜假，河出圖，洛出書。”《莊子・馬蹄》曰：“至治之世，其行填填，其視顛顛。當是時也，山無蹊隧，澤無舟梁；萬物羣生，連屬其鄉；禽獸成羣，草木遂長，是故禽獸可係羈而遊，烏鵲之巢，可攀援而窺。”其言與《二戴記》、《論語》，同出一本，亦顯而易見也。是何邪？是古人之知識短淺，不知人事而欲徼福於不可知之數邪？非然也。《祭統》曰：“福者，備也。備者，百順之名也。無所不順者謂之備。”然則大順云者，亦人事無所不盡，天瑞無所不臻之謂耳。瑞應之來，若由於天，而實由於人。何也？如其三年耕，則有一年之畜；九年耕，則有三年之畜；以三十年之通，雖有凶旱水溢，民無菜色。如此，雖有水旱，謂有水旱得乎？古昔情形，非有史官記録，特口相傳述耳。十口相傳，不能審諦。小康之治既作，大同之世云遥，乃有强者脅弱，衆者暴寡，知者詐愚，勇者苦怯，疾病不養，老幼孤獨，不得其所之事，追懷古昔，乃覺其苦樂之懸殊，而津津樂道之。然於古昔之事，知之不審諦也，則以爲天瑞之駢臻云爾。且人雖至仁，安能感物，然古言瑞應，必極之於鳳凰降龜龍假者，《荀子・王制》曰：“養長時則六畜育，殺生時則草木殖，聖王之制也。草木榮華滋碩之時，則斧斤不入山林；黿鼉魚鱉鰌鱣孕别之時，罔罟毒藥不入澤；污池淵沼川澤，謹其時禁，故魚鱉優多，而百姓有餘用也。斬伐養長，不失其時，故山林不童，而百姓有餘用也。故禽獸草木之滋殖，亦人事爲之也。”自後世言之，則曰“摘巢毁卵，則鳳凰不翔；刳胎焚夭，則麒麟不至。”《公羊》宣公元年《解詁》。一若非人事所致，而德化所感云爾，亦不審諦之辭也。然則所謂瑞應者，其説固不審諦，其言則非無由矣。此諸家之所以共傳之與？

儒家之無善治也，自其以大同之義，附諸小康之治始也。蓋郅治之極，必依於仁。《禮運》曰：“仁者順之體也。”仁者，不分人我之謂也。亦既知有人我矣，則終不能盡相人偶之道，而克全夫仁。人雖至仁，安能及物。所謂盡物性者，亦不過養長生殺得其時，使足供人用而無乏耳。此惟不獨親其親，不獨子其子，貨惡其棄於地也，不必藏於己；力惡其不出於身也，不必爲己之世爲能然。至於各親其親，各子其子，貨力爲己之世，則人我分而争奪起，人與人相處之道必不能盡。人與人相處之道不能盡，則人之所以處置夫物者，亦必不能盡其道矣。稍以陵夷，終至大壞，此山林之所以童，而川澤之所以竭也。而儒者乃以脩禮達義，體信達順，望諸世及以爲禮，城郭溝池以爲固之大人。《經解》曰："天子者，與天地參，故德配天地，兼利萬物，與日月并明，明照四海，而不遺微小。"《中庸》曰："聲名洋溢乎中國，施及蠻貊，舟車所至，人力所通，天之所覆，地之所載，日月所照，霜露所墜，凡有血氣者，莫不尊親。"皆《禮運》所謂"天子以德爲車，以樂爲御"；《禮器》所謂"聖人南面而立"也。董仲舒遂推言之曰："爲人君者，正心以正朝廷，正朝廷以正百官，正百官以正萬民，正萬民以正四方；四方正，遠近莫敢不壹於正，而亡有邪氣姦其間。"以是致瑞應而爲王道之終，其言之甚美，而不悟所操者之非其具也。此道家之言之所以爲得實與？所謂大同之治者，古人蓋皆知其有此一境，而莫能審其在於何時。乃皆以意附會道家主無君之治，故所附會者，較得其實。《禮運》記者，記禮之運，而始於大同。蓋非不知此義者，其以大同之治，責望於世及之君，豈亦望其漸致小康，以爲後圖與？定哀多微辭，下士笑大道，弗可知已！

〔一九七〕 釋"三年無改於父之道"

經義有以互證而益明者，《論語·學而》：子曰："父在觀其志，父没觀其行，三年無改於父之道，可謂孝矣。"似以從親爲孝者。然《禮記·坊記》説是語云："君子弛其親之過而敬其美。"則所謂三年無改者，謂其父之道之美者也。然則父在觀其志者，觀其能志於美也；父没觀其行者，觀其能敬其美也；非謂不論其爲美與惡，而皆無改焉也。惡豈惟不可因循，蓋有改之惟恐不速者矣，所謂弛其過也。古人言語,頗與後世不同,詳略之異,亦其一端。如"三年無改於父之道",自然指其美者言。此在古代,蓋不待言而可明,故記者不更分别。然在後世,則此等處,必明言其爲父之美。此自古今語法不同,彼此不足相非。然以後世之語法度古人,則必有覺其不可通,或致誤解者。《集注》引尹氏曰:"如其道,雖終身無改可也;如其非道,何待三年?然則三年無改者,孝子之心,有所不忍故也。"游氏曰:"三年無改,亦謂在所當改,而可以未改者耳。"彌縫匡救,用心亦可謂深矣。而未知一參考《戴記》則可明。故曰:"吾嘗終日不食,終夜不寢,以思,無益,不如學也。"孝子之心,有所不忍,其説最不可通。子曰:"好仁者,無以尚之;惡不仁者,其爲仁矣,不使不仁者,加乎其身。"又曰:"道二:仁與不仁而已矣。"夫過舉,則必其不仁者也。仁者居之,必不可一息安也。視其父之陷於不仁,必不可一息忍也。是可忍也,孰不可忍也。而忍無弛其親之過乎?豈有弛其親之過而反有所不忍者乎?後世人君,政事有不便於民者,新君即位,每以遺詔罷之,合於道矣。

〔一九八〕 釋"唯女子與小人爲難養也"

《論語·陽貨》:"子曰:唯女子與小人,爲難養也,近之則不孫,遠之則怨。"斯言也,讀者惑焉。人有善惡,男女一也,安得舉天下之女子,而悉儕諸小人?曰:此所謂女子,乃指女子中之小人言,非謂凡女子也。小人猶言臣,女子猶言妾耳,古臣妾恒并稱。《禮經·喪服》:爲貴臣貴妾皆緦;《禮記·曲禮》:"國君不名卿老世婦,大夫不名世臣侄娣,士不名家相長妾";皆是。《檀弓》曰:"陳子車死於衛,其妻與家大夫謀以殉葬。定,而後陳子亢至。以告,曰:夫子疾,莫養於下,請以殉葬。子亢曰:以殉葬,非禮也。雖然,則彼疾,當養者,孰若妻與宰?得已,則吾欲已;不得已,則吾欲以二子者之爲之也。"《周書·武稱》曰:"美男破老,美女破舌。"《戰國·秦策》引同。舌當作后,則又以妻與宰并稱焉。《曲禮》:"列國之大夫,於其國曰寡君之老",

而“夫人自稱於天子曰老婦”，老婦亦猶言老耳。人君外有三公，内有三母，夫人亦有師傅保，傅以老大夫爲之。夫人之有臣，亦猶國君之有妾也。

《檀弓》：“文伯之喪，敬姜據其床而不哭，曰：昔者吾有斯子也，吾以將爲賢人也，吾未嘗以就公室。今及其死也，朋友諸臣未有出涕者，而内人皆行哭失聲，斯子也，必多曠於禮矣夫！”《國語·魯語》：“公父文伯卒，其母戒其妾曰：吾聞之：好内女死之，好外士死之。今吾子夭死，吾惡其以好内聞也。二三婦之辱共先者祀，請無瘠色，無洵涕，無掐膺，無憂容，有降服，無加服，從禮而静，是昭吾子也。”亦以臣妾并舉。

〔一九九〕 一貫與致一

有一貫之道，有致一之道。一貫之道，以知之者言也；致一之道，以行之者言也。一貫之道，孔子告子貢者是也。《論語·公冶長》：“子謂子貢曰：女與回也孰愈？對曰：賜也，何敢望回！回也，聞一以知十；賜也，聞一以知二。”《衛靈公》：“子曰：賜也，女以予爲多學而識之者與？對曰：然、非與？曰：非也。予一以貫之。”蓋子貢平日致力於研求衆理，而得其會通，及其將届貫通之時，孔子乃呼而告之也。對曰：“然。非與？”乃設爲問答之辭，古書多如此，非子貢之真未悟也。致一之道，《荀子·勸學》言之最精。其言曰：“百發失一，不足謂善射；千里跬步不至，不足謂善御；倫類不通，仁義不一，不足謂善學。學也者，固學一之也。一出焉，一入焉，涂巷之人也。其善者少，不善則多，桀、紂、盜跖也。全之盡之。然後學者也。君子知夫不全不粹之不足以爲美也，故誦數以貫之，思索以通之，爲其人以處之，除其害者以持養之。使目非是無欲見也，使耳非是無欲聞也，使口非是無欲言也，使心非是無欲慮也。及至其致好之也，目好之五色,耳好之五聲,口好之五味,心利之有天下。是故權利不能傾也,羣衆不能移也,天下不能蕩也。生乎由是,死乎由是,夫是之謂德操。”此孔子所謂“知之者,不如好之者;好之者,不如樂之者”也。《論語·雍也》。“使目非是無欲見,使耳非是無欲聞,使口非是無欲言,使心非是無欲慮”,蓋所謂勉强而行之。及其“目好之五色,耳好之五聲,心利之有天下”,則所謂及其成功者矣。子曰:“天地絪緼、萬物化醇;男女構精,萬物化生。”《易》曰:“三人行,則損一人;一人行,則得其友;言致一也。”《易·繫辭》。其形容致一之篤如是,此其所以能力行而有諸己也。

孟子曰:“舜生於諸馮,遷於負夏,卒於鳴條,東夷之人也;文王生於岐周,卒於畢郢,西夷之人也;地之相去也,千有餘里;世之相後也,千有餘歲;得志行乎中國,若合符節,先聖後聖,其揆一也。”《離婁下》。此即本篇所謂“見而知之”、“聞而知之”者,以知言之也。“滕文公爲世子,將之楚,過宋而見孟子。孟子道性善,言必稱堯舜。世子自楚反,復見孟子。孟子曰:世子疑吾言乎?夫道,一而已矣。成覸謂齊景公曰:彼丈夫也,我丈夫也,吾何畏彼哉?顔淵曰:舜何人也?予何人也?有爲者亦若是。公明儀曰:文王我師也,周公豈欺我哉?”《滕文公上》。此則勉之以自古相傳之道,必可力行而有之於身,可謂詔之以致一之功也。

既知一言可以貫萬物矣。《管子》:“聞一言以貫萬物,謂之知道。”而求一直截之語,懸以爲鵠,以行之於待人接物之閒,則孔子所以告曾子者是也。《論語·里仁》:“子曰:參乎,吾道一以貫之。曾子曰:唯。子出,門人問曰:何謂也?曾子曰:夫子之道,忠恕而已矣。”孔子所以告曾子者,似與告子貢者不同。然《衛靈公》:“子貢問曰:有一言而可以終身行之者乎?子曰:其恕乎?己所不欲,勿施於人。”《公冶長》:“子貢曰:我不欲人之加諸我也,吾亦欲無加諸人。子曰:賜也,非爾所及也。”其所以相詔相勉者,猶之告曾子之言曰:“道一”而已也。

〔二〇〇〕中　和

中庸曰:“致中和,天地位焉,萬物育焉。”少嘗讀而疑之,以爲人之力,安能位天地,育萬物,毋乃言之夸乎?及讀《繁露·循天之道》篇,然後知其義也。《中庸》者,言禮而本之天道者也。其言致中和而天地位,萬物育,乃言天道,非言人事也。《繁露》之言曰:“循天之道,以養其身,謂之道也。天有兩和,以成二中,歲立其中,用之無窮。是北方之中,用合陰,而物始動於下;南方之中,上疑奪是字。是,正也。用合陽,而養始美於上。其動於下者,不得東方之和不能生,中春是也。其養於上者,不得西方之和不能成,中秋是也。”“中者,天下之所終始也;而和者,天地之所生成也”;此皆言天事也。其言人事,則曰:“泰實則氣不通,泰虛則氣不足,熱勝則氣寒,寒勝則氣□,泰勞則氣不入,泰佚則氣宛至,怒則氣尚,喜則氣散,憂則氣狂,懼則氣懾;凡此十者,氣之害也。而皆生於不中和。故君子怒則反中而自說以和,喜則反中而收之以正,憂則反中而舒之以意,懼則反中而實之以精。”此皆自致於和之術。蓋《中庸》主於治心,故但言喜、怒、哀、樂;《繁露》此篇,兼言養身,故并及實、虛、熱、寒、勞、佚也。

悟道必由於積漸,一人如是,一羣亦然。羣所共喻之義,未有不本於日用行習,徐徐擴而充之者。中國之民,邃古即以農爲業。農業與天時,相關最切,故其民信天最篤。一切人事,無不以之傅合天道,後來陳義雖高,然其初起之跡,固猶有不可掩者,《中庸》則其一也。《中庸》言:“天之生物,必因其材而篤焉。故栽者培之,傾者覆之”,此即其原出農業之羣之顯證。其言“惟天下至誠,爲能盡其性”,而又以至誠之德,歸諸天地。美天之高明而能覆物,地之博厚而能載物,美其無息,稱其不貳。義雖稍隱,仍可微窺。其稱致曲之德曰:“曲能有誠,誠則形,形則著,著則明,明則動,動則變,變則化”,此爲人所當盡之道而其義仍在於法天。《易》言“在天成象，在地成形”；“縣象著明，莫大乎日月”，所謂“誠則形，形則著，著則明”也。“日月運行，一寒一暑”，所謂“明則動”也。“句者畢出，萌者盡達”，所謂動則變，變則化也。終之曰：“不見而章，不動而變，無爲而成”，則孔子所謂“天何言哉？四時行焉，百物生焉”也。一言蔽之，言道皆法天地，而天地之德，在其能生物而已。

故其言曰：“喜怒哀樂之未發，謂之中；發而皆中節，謂之和”，此言人事也。又曰：“中也者，天下之大本也；和也者，天下之達道也；致中和，天地位焉，萬物育焉”，則舉天道以詔人事也。《繁露》先言天道，後言人事；《中庸》先言人事，後舉天道以明之，其言雖殊，其義一也。因《中庸》此處，未曾顯言天道，後人遂謂天地位，萬物育，皆由於人之能履中蹈和，則其義不可通，而若不免於夸誕矣。《禮運》曰：“故天秉陽，垂日星；地秉陰，竅於山川，和而後月生也。”《注》：“秉，猶持也。言天持陽氣施生，照臨天下也。竅，孔也。言地持陰氣，出納於山川，以舒五行於四時。比氣和，乃後月生而上配日。”《祭義》曰：“日出於東，月生於西，陰陽長短，終始相巡，以致天下之和。”其言和皆主天事，固可與《中庸》互證也。《周官》大宗伯曰：“以天産作陰德，以中禮防之。以地産作陽德，以和樂防之。”《周官》六國時書，仍知中和之德，本於天地。足徵此爲古者人人共喻之義也。

物之循環無端者，原不能强指其一處而謂之中。然其用既相反而相成，則其彼此更代之際，自與他處有異。此其相際之處，即禮家之所謂中矣。《易·泰卦》九三：“無平不陂，無往不復。”《象》曰：“無往不復，天地際也。”董子曰：“天地之道，雖有不和者，必歸之於和，而所爲有功。雖有不中者，必止之於中，而所爲不失。是故陽之行，始於北方之中，而止於南方之中。陰之行，始於南方之中，而止於北方之中。陰陽之道不同，至於盛而皆止於中，其所始起，皆必於中。是故中者，天地之大極也。極所以有至與中二義。日月之所至而卻也，長短之隆，不得過中，天地之制也。兼和與不和，中與不中而時用之，盡以爲功。是故時無不時者，天地之道也。”陽之行始於北方之中，陰之行始於南方之中，此喜、怒、哀、樂未發時所當正之位也。陽之行止於南方之中，陰之行止於北方之中，此喜、怒、哀、樂既發後所當中之節也。未發時不能正其位，則既發後必不能中其節矣。此正本、謹始、慎獨諸義所由來也。“發而皆中節”之“節”，即《樂記》“大禮與天地同節”之“節”。“謂之和”之“和”，即《樂記》“大樂與天地同和”之“和”。此禮樂之所以相須而成，而《中庸》之所以爲禮家言也。

“長短之隆，不得過中”，此即《易》盈虛消息之義。《豐》之《彖辭》曰：“日中則昃，日盈則食，天地盈虛，與時消息，而況於人乎？況於鬼神乎？”《繫辭傳》曰：“日往則月來，月往則日來，日月相推而明生焉。寒往則暑來，暑往則寒來，寒暑相推而歲成焉。往者屈也，來者信也，屈伸相感，而利生焉。”《蠱》之《彖辭》曰：“終則有始，天行也。”《剥》之《彖辭》曰：“君子尚消息盈虛，天行也。”《復》之《彖辭》曰：“反覆其道，七日來復，天行也。”皆以天道言之，亦足見古昔之哲學，無不以法天爲之本也。

法天者既法其消息盈虛，故無久而不變之義。“革”之《彖辭》所謂“天地革而四時成，湯武革命，順乎天而應乎人也”。物不可以不革，而此不可不革之道，則久而不革，此《易》所以兼變易不易二義。《恒》之《彖辭》曰：“天地之道，恒久而不已也。”而又繼之曰：“利有攸往，終則有始也。日月得天而能久照，四時變化而能久成。”以此，恒變而不已者，莫如四時。故“損益盈虛”，貴於“與時偕行”。《損・彖辭》。而“亢龍有悔”，在於“與時偕極。”《乾・彖辭》。

天有四時，地有五行，其事相成也。四時既以運行爲義，五行何獨不然。故曰：“五行之動，迭相竭也。”《禮運注》：“竭，猶負載也。言五行運轉，更相爲始也。”《疏》：“猶若春時木王，則水爲終謝，迭往王者爲負竭，夏火王則負竭於木也。”此五德終始之義所本。

《中庸》之道，既歸本於法天；而其所法者，爲天地生物之功用；則此二字之義，自當如鄭目録，以庸爲用，謂其記中和之爲用。程伊川曰：“不偏之謂中，不易之謂庸。”義則精矣，非記者之意也。通篇皆極稱中，無更言庸者，二字非平列可知。

人之心，恒陶鑄於其羣。故一時一地之人之議論，枝節雖異，根本必同，先秦諸子則是也。先秦諸子皆言法天，皆貴變易，皆主循環，即由中國之文明，植根於農業。農業與天時，相關最切之故。然諸家於循環變化之道，言之甚備；而於變化之分際，則未有詳哉言之如儒家之中庸者，此禮家之所以有獨至之處歟。《管子·形勢》曰："往者不至，來者不極。"此二語頗足與《中庸》相發明。《管子》固多儒家言也。

人之情，諸書所言亦不一。《禮運》以喜、怒、哀、懼、愛、惡、欲爲七情。《大戴記·文王官人》以喜、怒、欲、懼、憂爲五性。《周書·官人》作五氣。《左氏》昭公二十五年，載子大叔述子産之言，以好、惡、喜、怒、哀、樂爲六志。《管子·内業》言憂、樂、喜、怒、欲、利。惟《心術》亦言喜、怒、哀、樂，與《中庸》同。案《周書·度訓》曰："凡民生而有好有惡，小得其所好則喜，大得其所好則樂，小遭其所惡則憂，大遭其所惡則哀。"其言最爲明白。蓋人之性，惟有好惡二端，各以其甚否分爲大小，猶天有陰陽，分爲大少也。言五性，蓋所以配五行；六志則子産明言其生於六氣；《禮運》之言七情，蓋所以配四時及三光，其下文云："以四時爲柄"，"以日星爲紀"，"月以爲量"也，雖因所配者不同而異其辭，要之以天道爲本。

〔二〇一〕無　爲

世皆以無爲訾道家，謂其無所事事，非也。諸子百家無不貴無爲者。他家姑勿論，《論語》："子曰：無爲而治者，其舜也與？夫何爲哉，恭已正南面而已矣！"《衛靈公》。《中庸》亦曰："不見而章，不動而變，無爲而成。"此非儒家之顯言無爲者乎？爲與化同音，本一語。兩間品物之成，無不由於變化者。《易》曰："乾道變化，各正性命。"《乾·彖辭》。又曰："水火相逮，雷風不相悖，山澤通氣，然後能變化。"《説卦》。《樂記》曰："地氣上齊，天氣下降，陰陽相摩，天地相蕩，鼓之以雷霆，奮之以風雨，動之以四時，暖之以日月，而百化興焉。"又曰："和故百物皆化。”又曰:“化不時則不生。”《左氏》昭公七年傳:“子産曰:人生始化曰魄。”此化字皆即爲字也。《中庸》曰:“動則變,變則化。”《管子·侈靡》曰:“天地不可留,故變。化故從新。”物之施以人力,望其變化者,尤莫如五穀。《禮·雜記》:子貢觀於蜡,孔子曰:賜也樂乎?對曰:一國之人皆若狂,賜未知其樂也。子曰:“百日之蜡,一日之澤,非爾所知也。張而不弛,文武不能也。弛而不張,文武弗爲也。一張一弛,文武之道也。”“文武弗爲”之“爲”,即賈生諫“放民私鑄,姦錢日多,五穀不爲”之“爲”。《漢書·食貨志》,今本作五穀不爲多。多字後人妄增。言弛而不張,雖文武,不能使物變化而有成也。人之生必資於物。品物繁廡,實爲生民之福。祭之義在於求福,福之本義爲備,而《鳧鷖》之詩曰:“公尸燕飲,福禄來爲”;《祭統》曰:“賢者之祭也,不求其爲”,皆推本於物之變化而有成。最可見爲字之本義。人之生必資於爲如此,顧以無爲爲貴,何哉?變化之事多端,而其道則貞於一。必守此道而無失,而後其變化可遂歲月日時無易,則百穀用成其證。故曰:“無爲而物成,是天道也。”《哀公問》。《論語·陽貨》:子曰:“天何言哉,四時行焉,百物生焉,天何言哉!”即此義。又曰:“天地之道,可一言而盡也。其爲物不貳,則其生物不測。”《中庸》。然則無爲者,正所以成其無不爲也。天道如此,人事亦然。《管子》曰:“過在自用,罪在變化,變化則爲生,爲生則亂矣”,此爲之謂也。又曰:“與時變而不化,應物而不移,日用之而不化”,則無爲之謂也。《心術》。《禮運》曰:“宗祝在廟,三公在朝,三老在學。王前巫而後史,卜筮瞽侑,皆在左右。王中,心無爲也。以守至正。”“發於其心,害於其事;發於其事,害於其政。”政之爲,正自其心之爲始也。此無爲而治之真詮也,此無爲之所以貴也。

〔二〇二〕竭　　力

《論語·學而》:“子夏曰:事父母,能竭其力。”朱舜水先生曰:

"竭力二字,受用無窮。竭力以事君,必忠;竭力以事親,必孝;竭力以讀書脩己,則必爲賢爲聖;人之所以不肖者,皆不能竭其力者也,或竭其力於無用之地耳。"予謂凡事對人多盡一分心,反己即少一分愧悔,亦不必論其所對者爲何人也。要而言之,先人後己而已矣。息息以先人後己爲心,自無不能竭其力者,亦斷無竭力於無用之地之理;而行之者亦自覺心安理得,親切有味,愉快無已也。此無他,以仁存心而已矣。孔子曰:"道二:仁與不仁而已矣。"不亦簡而易行乎?

〔二〇三〕 釋"指窮於爲"

《莊子·養生主》:"指窮於爲薪,火傳也;不知其盡也。"郭《注》:"爲薪,猶前薪也。"以爲詁前,古無此訓。郭《注》不應荒繆至此。殊有可疑。《釋文》亦曰:"指窮於爲薪,如字,絶句。爲,猶前也。"然《釋文》亦未必無竄亂也。《釋文》引崔云:"薪火,爝火也。"則崔實以爲字斷句。指者,向方之謂。爲者,變化之謂。《荀子·儒效》云:"宇中六指謂之極",此爲指字之確詁。《王霸》云:"明一指",言但明於一理也。《淮南·氾論》云:"今世之爲武者則非文也,爲文者則非武也,文武更相非,而不知時世之用也。此知隅曲之一指,而不知八極之廣大也。"《齊俗》:"至是之是無非,至非之非無是,此真是非也。若夫是於此而非於彼,非於此而是於彼者,此之謂一是一非也。此一是非,隅曲也。夫一是非,宇宙也。"以隅曲與宇宙對言,可知隅曲二字方義。《説苑·善説》:"視天地曾不若一指",則以一指與天地對舉也。此即《荀子》所謂明一指者。人之所爲,必有其所欲得;猶之行路者,必有其所欲至;故指字引伸爲歸趨之稱。《管子·樞言》曰:"疾之疾之,萬物之師也;爲之爲之,萬物之時也;强之强之,萬物之指也。疾之以趨事言,爲之以治事言,强之以終事言也。"此即《莊子》"指窮於爲"之指。指窮於爲者,言人之所蘄至者,永無可至之時,皆隨世事之紛紜,而失其初意耳。蓋人之志所欲得者,雖可譬諸行路之所欲至,究與行路不同。行路者，遇平夷無阻之時，固可直趨其所欲至之地，如所謂空中鳥跡，即遇山川之險，亦仍可踰越之，而終至於其所欲至。至於作事，則其終始之時日既長，中間之變化又大，必無能如行路之曲折以達者。且如俄國之革命，豈不欲合全世界，而造成一勞力者專制之局哉？然國外之鼓動，未及成功，而國内之設施，先已不得不參用勞心者矣。又如孫中山之革命，亦欲國民革命與社會革命并行。然自國民軍既入南京，國内外時勢之艱難，遂不得不暫置社會革命於不問。蓋蘇俄及國民政府之所爲，皆與其初意大有出入矣。夫豈不欲至其初所欲至哉，勢固有所不可，然則蘇俄及中國之國民政府，果將稅駕何所乎，此甚難言。或竟如今日，應付目前之時勢尚且不給，更無從顧及其初意，未可知也。時異勢殊，久之，則初意不復可欲矣。抑豈獨將初意擱置而已；行至中途，或自覺其初計之未安而自變革焉，未可知也。此所謂“指窮於爲”也。喻之以薪，薪之焚，乃火之傳，固非其盡之所爲也。“不知其盡也”之“盡”同燼。火之傳，以喻人之作爲賡續不已，盡，以喻其既往也。火之傳，與其既焚之燼無涉，猶之今日之我，乃隨今日所直之時勢而謀因應之方，與已往之我無涉也。故曰：“薪，火傳也；不知其盡也。”崔以爲字絶句是。以薪火爲爝火亦非。薪字當絶。《天下篇》曰：“指不至，至不絶。”言人之趨向皆不得達，而人欲無窮，恒有引之使鄉前者，即使所欲已得，亦更有所欲者以繼其後也。《公孫龍子》曰：“物莫非指，而指非指。指也者，天下之所無也。物也者，天下之所有也。”《指物論》。言天下本無所謂方鄉，只有實物。蓋恒人之意，恒以空時間爲實有；有空間而物乃充塞其中，有時間而物乃變化其中，殊不知人之覺有空時間，正因物之充塞變化故，明於物理者，則知其不然矣。《莊子·齊物論》曰：“以指喻指之非指，不若以非指喻指之非指也。以馬喻馬之非馬，不若以非馬喻馬之非馬也。天地一指也，萬物一馬也。”即《公孫龍子》指物之論。特一用共名稱物，一偏舉一馬耳。以指喻指之非指，不若以非指喻指之非指者，强執一方鄉，謂人曰：此非方鄉，其人終不能明。引之博觀宇宙，而指無物有之義明矣。以馬喻馬之非馬，不若以非馬喻馬之非馬者,强執一物而曰是非此物,聞者必不能明,與之博觀萬物之變化,知朽腐可化爲神奇,神奇復化爲朽腐,而彼出於是,是亦因彼之義明矣。《公孫龍子》未必古書,然爲之者,於指字之義訓固不誤。子玄深通名理,且其注因於子期,不應昧昧若是,故疑其非元文也。

〔二〇四〕 釋 大 略

《逸周書・周祝》曰:"時之行也順無逆,爲天下者用大略。"此大略二字,當爲大道之義。用大略,猶言遵大路而行也。遵大路者不極細逕,故引伸爲總攝大綱,不務苛碎之稱,《管子》所謂"鳥飛準繩"也。見《宙合篇》。

《禮運》言郅治之極也,曰:"事大積焉而不苑,并行而不謬,細行而不失,深而通,茂而有間,連而不相及也,動而不相害也,此順之至也。"可謂無一事之不得其當矣。無一事之不當,然後無一夫之不獲。否則"一夫不耕,或受之饑;一女不織,或受之寒"。丘山之禍,未有不起於毛髮之微者。"伊尹思天下之民,匹夫匹婦,有不與被堯舜之澤者,若己推而内之溝中",《孟子・萬章上》。其不遺微細如此。故事之不容但循大略,審矣。然《管子》美"鳥飛準繩"以爲大人之義,何哉?蓋古者設治甚密,米鹽靡密之事,自有司其職者,故爲治者但總攝大綱即得也。後世民治,掃地無餘,切於民生日用之事,非廢墜,即錯亂。如此而欲總舉大略,以求苟安,充其量亦不過與天下安而已矣,不能安天下也。王仲任《治期篇》,謂治亂非人主所能爲,乃深得其實矣。

〔二〇五〕 釋 知 之 極

《莊子》曰:"吾生也有涯,而知也無涯,以有涯隨無涯,殆已。"《養生主》。欲蔽聰塞明，委心任運，以全其生。《荀子》曰："以可以知人之性，求可以知物之理，而無所疑止之，則没世窮年，不能徧也。其所以貫理焉，雖億萬已，不足以浹萬物之變，與愚者若一。學，老身長子，而與愚者若一，猶不知錯，夫是之謂妄人。故學也者，固學止之也。惡乎止之，曰：止諸至足。曷謂至足？曰：聖也，聖也者，盡倫者也；王也者，盡制者也；兩盡者，足以爲天下極矣。故學者以聖王爲師。"《解蔽》。則欲强立一境焉以自畫，皆非也。夫人之求知，心之欲也。强抑其心，使之不與物接，以是爲養生，吾見其戕賊其身而已矣。若曰：有能"盡倫盡制"者，吾可以之爲極焉。則未學，安知其爲"盡倫盡制"乎？故曰：二子之説皆非也。

二子之蔽，皆由誤謂理在於外，睹夫事物之紛紜也，倫理之繁賾也，怵於終身求之，有不能盡，乃欲爲是暴棄之計，自畫之圖；而不知所謂理者，皆在於吾心，而非在於外也。今有二人，同室而處，甲之所知者，乙弗知也；乙之所慕者，甲弗慕也；假有丙丁戊己，其相異也亦然。謂其所直之境有異可乎？故曰：理在吾心也。然人之心，又非自由也。處危弱之國，則思爲守御之謀；直凶饑之歲，則欲作富民之計；孔子不言生老病死，釋迦不言井田封建，所居之國異也，所直之時異也。然則人所求知，乃其所求之大小多少一視乎其所處之境，一視乎其人心力之强弱。若曰：外境有定，欲求盡知，則生民以來，未有其人。若懷是計，是爲狂易，豈徒愚昧而已。莊、荀二子之論，自謂能爲求知者立之極，而不知其陷於大愚也。

朱子《大學補傳》曰："人心之靈，莫不有知；而天下之物，莫不有理。惟於理有未窮，故其知有不盡也。是以大學始教，必使學者即凡天下之物，莫不因其已知之理而益窮之，以求至乎其極。至於用力之久，而一旦豁然貫通焉；則衆物之表裏精麤無不到，而吾心之全體大用無不明矣。此謂物格，此謂知之至也。"其言深切著明，乃昧者必欲詰其豁然貫通，將在何日，此則因人而異，豈能刻期以計哉？人所求知，本非無限，就其所求者，而旦旦用力焉；久之，必自覺有此一境，此無論所求者爲何事而皆可以共喻者。若其爲學數十年,仍覺茫無把握,則非由於外境之繁,而實緣其心力之弱。遇此等人,自可教以陸子之法,先發其本心之明,大綱提挈來,然後細細理會去。雖大綱已提挈在手,而細細理會之功,仍不可輟;固不當如莊子之自棄,亦不宜如荀子之自晝也。若用王陽明之法,以良知爲主,隨時磨練而即以是爲行爲之準則,則尤能將朱、陸二子之道,打成一橛。故學至朱、陸二子出,而沈潛高明者,皆可得所遵循;至王子出,而鈍根利根皆出一途,澈上澈下更無二致矣;若莊、荀二子之論,則直是淺陋可笑。世每震於先秦諸子之名而不敢議,而不知諸子書中,精絶處固多,麤淺者亦不少,此是時代爲之,不宜非薄古人,然亦不宜輕信也。

〔二〇六〕 命 訓[1]

吾讀《逸周書·命訓篇》,而知世風之日變也。《命訓篇》曰:"天生民而成大命,命司德正之以禍福,立明王以順之,曰:大命有常,小命日成。成則敬,有常則廣,廣以敬命,則度至於極。夫司德司義而賜之福禄,福、禄在人,能無懲乎?若懲而悔過,則度至於極。言見人得福禄,而己不然,因而自悔其過也。夫或司不義而降之禍,在人,在人上當奪禍字。能無懲乎?若懲而悔過,則度至於極。夫民生而醜,不明,無以明之,能無醜乎?若有醜而競行不醜,則度至於極。夫民生而樂生,無以穀之,能無勸乎?若勸之以忠,則度至於極。夫民生而惡死,無以畏之,能無恐乎?若恐而承教,則度至於極。六極既通,六間具塞。"極者,盡其所受之謂。凡物皆受命於天,自天之生物言之曰大命,自一物言之曰小命。命各有其短長之數,時曰度,盡其度而無所慊。時曰至於極,極其度之道有六。反是者爲

---

① 曾改題爲《司命與天命》。

六間,故曰"六極通則六間塞"也。

司德,蓋即漢人所崇奉之司命也。《禮記·祭法注》:"司命主督察三命。"《疏》:"案《援神契》云:命有三科:有受命以保度,度,今本作慶,誤。見下注。有遭命以謫暴,有隨命以督行。受命謂年壽也,遭命謂行善而遇凶也,隨命謂隨其善惡而報之云。"《白虎通·壽命》所言,與此略同,且云:"若言怠棄三正,天用勦絶其命矣。又欲使民……無滔天;滔天則司命舉過,言則用以弊之。"其敬畏之情可想,然其由來則甚古。《管子·法法》曰:"凡人君之德行威嚴,非獨能盡賢於人也。曰人君也,故從而貴之,不敢論其德行之高卑,有故爲其殺生急於司命也。"《莊子·至樂》曰:"莊子至楚,見髑髏因而問之,夜半,髑髏見夢。莊子曰:吾使司命復生子形,爲子骨肉肌膚,反子父母妻子,閭里知識,子欲之乎?"知古謂人之死生,悉由司命也。知司命即司德者,古言天地之生物曰道,物有所受於天地曰德。《易·繫辭傳》曰:"天地之大德曰生。"《管子·心術》曰:"虛無無形謂之道,化育萬物謂之德。""德者,道之捨。物德以生。"《莊子·天下》亦曰:"物得以生之謂德。"《中庸》曰:"苟不至德,至道不凝焉。"《易·鼎》之《象辭》曰:"君子以正位凝命。"《莊子·則陽》曰:"非相助以德,相助以消也。"以德與消對言。而《易·升》之《象辭》曰:"地中生木升,君子以順德,積小以高大。"知行道有得,爲德字後起之義,其初但言有所得而已。故受氣於天地亦曰德也。《抱朴子·對俗》引《玉鈐經》曰:"上天司命之神,察人過惡。其行惡事,大者司命奪紀,小過奪算。"《微旨》曰:《易内戒》及《赤松子經》及《河圖記命符》皆云:"天地有司過之神,隨人所犯輕重,以奪其算。算減則人貧耗疾病,屢逢憂患;算盡則人死。諸應奪算者,有數百事,不可具論。又言身中有三尸,三尸之爲物,雖無形,而實魂靈。鬼神之屬也,欲使人早死。此尸當得作鬼,自放縱遊行,饗人祭酬,是以每到庚申之日,輒上天白司命,道人所爲過失。又月晦之夜,竈神亦上天白人罪狀,大者奪紀,紀者,三百日也;小者奪算,算者,三日也。"司命即司過,自其察人過惡言之曰司過;自其主人壽命言之曰司命;隨所指而異其文,其實一也。道家之言,雖荒誕,必有所本。習俗不能驟變,其爲衆所共信者,尤必傳之自古,故知《周書》、《管子》、《莊子》及《抱朴子》所引諸書,所言是一事也。

《書·西伯戡黎》曰:"西伯既戡黎,祖伊恐,奔告於王,王曰:烏乎,我生不有命在天! 祖伊反曰:烏乎,乃罪多參在上,乃能責命於天!"《左氏》文公十三年:"邾文公卜遷於繹,史曰:利於民而不利於君。邾子曰:苟利於民,孤之利也。左右曰:命可長也,君何弗爲? 邾子曰:命在養民,死之短長,時也。遂遷於繹。"觀紂與邾文公之意,皆不以所行之善惡,與壽命之長短有關。此等見解,殆最古舊。邾文公雖春秋時人,然其見解,固不妨沿之自古。同一時代中人,見解新舊不同,此事之恒見者也。其後,則以爲天鑒其善惡而損益之。《無逸》一篇,歷舉殷周哲王,享國長久;其耽樂者,則亦罔或克壽,言之最深切。《墨子·明鬼下》曰:"昔者鄭穆公當晝日中,處乎廟,有神入門而左;鳥身,素服三絶,面狀正方。鄭穆公見之,乃恐懼奔。神曰:無懼,帝享女明德,使予錫女壽十年有九,使若國家蕃昌,子孫茂,毋失。鄭穆公再拜稽首,曰:敢問神名? 曰:予爲句芒。"此言天錫人年壽最明白者。孫詒讓云:"實當爲秦穆公。"詳見《閒詁》。《墨子·節葬下》曰:"若苟貧,是粢盛酒醴不浄潔也;若苟寡,是事上帝鬼神者寡也;若苟亂,是祭祀不時度也;今又禁止事上帝鬼神,爲政若此,上帝鬼神始得從上撫之曰:我有是人也,與無是人也孰愈? 曰:我有是人也,與無是人也,無擇也。則上帝鬼神降之罪,厲之禍,罰而棄之,則豈不亦乃其所哉!"蓋古視天之生殺禍福人,惟其所欲,是以可嚴威也。墨子背周道,用夏政,其所言,蓋夏時人之見解也。其後則不然矣。《禮記·禮運》曰:"夫禮,必本於大一,分而爲天地,轉而爲陰陽,變而爲四時,列而爲鬼神,其降曰命。"此其言生物之本也。所謂大一,果何物哉?《易》曰:"大哉乾元,萬物資始,乃統天。"《乾·彖辭》。何君《公羊解詁》曰:"元者,氣也。無形以起,有形以分,造起天地,天地之始也。"隱公元年。《易説》曰:"有大易,有大初,有大始,有大素。大易者,未見氣也;大初者,氣之始也;大始者,形之始也；大素者，質之始也。氣形質具而未相離，謂之渾沌。”《周易正義·八論第一》引《乾鑿度》。元氣初分，輕清上爲天，重濁下爲地。《莊子·天地篇釋文》引《易説》。又引《禮統》云：“天地者，元氣之所生，萬物之祖也。”《後漢書·班固傳》引同。《論衡·談天》：説易者曰：“元氣未分，渾沌爲一。”儒書又言“溟涬濛鴻，氣未分之類也。及其既分離，清者爲天，濁者爲地”。然則天地之生，亦一氣之鼓蕩而已矣。彼自行乎其所不得不行，止乎其所不得不止，而於我何德焉？亦何賞罰之有？《莊子·至樂》曰：“莊子妻死。惠子吊之。莊子則方箕踞，鼓盆而歌。惠子曰：與人居，長子老身；死，不哭，亦足矣；又鼓盆而歌，不亦甚乎？莊子曰：不然。是其始死也，我獨何能無概然？察其始而本無生；非徒無生也，而本無形；非徒無形也，而本無氣。雜乎芒芴之間，變而有氣，氣變而有形，形變而有生，今又變而之死，是相與爲。句。爲，化也。春秋冬夏四時行也。人且偃然寢於巨室，而我噭噭然隨而哭之，自以爲不通乎命，故止也。”所謂命者如此。豈有善惡賞罰之可言哉？是以墨子非之也。孔子五十而知天命，《論語·爲政》。亦知此義而已。曰：“君子有三畏，畏天命。”《論語·季氏》。以其禍福切於身，不得不慎也。曰：“不知命，無以爲君子。”《論語·堯曰》。以不知命，則無以隨順外緣也。“子罕言利，與命與仁”，《論語·子罕》。以命之理微，非恒人所能解也。《莊子》曰：“達生之情者，不務生之所無以爲；達命之情者，不務知之所無可奈何。”《達生》。孟子曰：“殀壽不貳，脩身以俟之，所以立命也。”又曰：“莫非命也，順受其正。”又曰：“君子行法以俟命而已矣。”皆見《盡心》。其所以自處者雖殊，其所抱之見解則一。故孟子亦曰：“莫之爲而爲者天也，莫之致而致者命也。”《萬章上》。夫如是，則命者，乃自然之數，必至之符，自有其定則可求，故窮理盡性，可以至於命也。《易·繫辭傳》。又何賞罰勸懲之足道哉？

《吕覽》曰：“生，性也；死，命也。”《知分》。《孝經説》曰：“性者，生之質；命者，人所稟受度也。”《中庸注》引。此度即《周書》“度至於極”之“度”也。《樂記注》亦曰：“性之言生也；命，生之長短也。”凡古之言命，無不指生之長短者；其後乃推之於窮通，子夏曰：“死生有命，富貴在天”是也。《論語・顔淵》。此“天”字與“命”字，異文同義，特變文以避復耳，古書文例如此。《孟子曰》：“求之有道，得之有命，是求無益於得也，求在外者也。”《孟子・盡心上》。又曰：“口之於味也，目之於色也，耳之於聲也，鼻之於臭也，四肢之於安逸也，性也，有命焉，君子不謂性也”，《盡心下》。亦皆以爲無如何之事。“孔子進以禮，退以義，得之不得曰有命”，《孟子・萬章上》。亦安於其無可如何而已，不曰行義可以徼福也。

《洪範》六極，與《周書》六極，名同而實異。《洪範》之六極：“一曰凶短折，二曰疾，三曰憂，四曰貧，五曰惡，六曰弱”，皆殃咎也；而《周書》之六極，則爲克盡天年之義。故《洪範》之六極，乃度未至而極之，而《周書》則塞六間以求極其度者也。故《周書》之六極，實兼《洪範》之五福言之。然《洪範》之五福六極，皆天所爲也。五福：“一曰壽，二曰富，三曰康寧，四曰攸好德，五曰考終命。”攸好德，蓋謂生而美好，亦天所爲也。其餘四者，爲天所爲易明。《周書》則曰：“夫天道三，人道三。天有命，有禍，有福。人有醜，有紼絻，有斧鉞。以人之醜，當天之命；以紼絻當天之福；以斧鉞當天之禍；六方三述，其極一也。”《命訓解》。天道不可專任，而不得不濟之以人事矣。至於後世，則其言命，又有異焉者。《禮記・祭法疏》引《援神契》曰：“命有三科，有受命以保度，度，今本作慶，誤也。依《白虎通義》、《左氏膏肓》改正。《中庸注》引《孝經説》，亦曰：命者，人所稟受度也。見前。有遭命以謫暴，有隨命以督行。”受命，謂年壽也；遭命，謂行善而遇凶也；隨命，謂隨其善惡而報之。此爲漢人常道之説，《白虎通義》、《壽命》。《左氏膏肓》《公羊》襄公二十九年、《左氏》成公十七年《疏》引。皆主之，《論衡・命義》亦具引焉。《白虎通義》説隨命曰：“欲使民務仁立義，闕無滔天，滔天則司命舉過，言則用以弊之。”此即《周書》命司德正之以禍福之説也；然有遭命則無隨命矣。《論衡》之説。案遭命之説，亦非始於漢。《莊子・秋水》：孔子謂子路曰：“我諱窮久矣，而不免，命也。求通久矣，而不得，時也。當堯、舜而天下無窮人，非知得也；當桀、紂而天下無通人，非知失也；時勢適然”，即遭命之説也。其實并不待《莊子》,《論語·雍也》:"伯牛有疾,子問之,自牖執其手,曰:亡之,命矣夫!斯人也,而有斯疾也。"《憲問》:"公伯寮訴子路於季孫,子曰:道之將行也與?命也。道之將廢也與?命也。公伯寮其如命何?"所謂命,皆遭命也。蓋立説必隨時勢,福善禍淫,本非天道,實乃人事。政俗愈壞,則其言之不驗者愈多。事實昭彰,非可諱飾,故立説者亦不得不隨之而變也。夫威權惟莫知其然而然者爲大,若紂與邾文公者,徒知命之短長由於天,而不知天之短長之之故也,此天之最可嚴威者也。然如是,則不足以資勸懲,乃立爲賞善罰惡之説,而又無如其事之不效何?乃又欲即其或效或不效者以恐之。《周書》曰:"正人莫如有極,道天莫如無極。道天有極則不威,不威則不昭;正人無極則不信,不信則不行";《命訓解》。即是説也。然人之所以嚴威自然者,正以其信。自然而不信,則亦同於人事矣。《白虎通義》謂必滔天之過,司命乃舉之。《抱朴子》則曰:"天地爲物之至大者,於理當有精神,有神則宜賞善而罰惡。但其體大而網疏,不必機發而響應耳。"《微旨篇》。皆所以釋天之報施之或爽或不爽者也。夫如是,安能使人不生僥幸之心。況夫既有不效者,即其效者,人亦將以爲偶合,而不以爲天之有知乎!

人所受於天自然之度,必善保之,然後能至於其極,此理之不疑者也。《左氏》成公十三年,載劉康公之言曰:"民受天地之中以生,所謂命也。是以有動作禮義威儀之則,以定命也。"此即《周書》所謂敬命也。《禮記·坊記》:"君子禮以坊德,刑以坊淫,命以坊欲。"《注》曰:"命,謂教令",疑誤。命以坊欲,亦定命敬命之義也。然既有遭命矣;敗績之軍,死者蔽草;飢饉之歲,餓者滿道;其間豈無命未合死之人,其如國命勝人命何?《論衡》之説。雖善自保何益?況人固有自放於醇酒婦人,以求速死者乎?莊子欲使司命生髑髏也,而髑髏深矉蹙額曰:吾安能棄南面王樂,而復爲人間之勞乎?既已俗流失政敗壞矣,亦安能使人自愛其生哉?

受命、遭命、隨命,漢人謂之三命。案《周書》所謂天道三者,亦可謂之三命也,特名同而實異,亦如《周書》之六極,與《洪範》之六極耳。

竊疑《周書》六極之名，本沿之自古，特易其説。漢人之於三命也亦然。《論衡》仍受命、遭命、隨命之名，而易其説，即其一證也。亦見《命義篇》。蓋欲喻諸人者，因舊名易，創新説難，抑人之心思，有所緣則易入，故立説必因夫舊也。君子有終身之憂，《禮記》以言忌日，《檀弓》、《祭義》。《孟子》以待横逆，《離婁下》。果孰爲本義哉？此《詩》之所以無達詁，《易》之所以無達占與？

〔二〇七〕 天志與明鬼

事之將成者，非人力所能强毁也；其將壞者，亦非人力所能强支也；若所謂迷信之説是也。

墨子背周道，用夏政，當東周迷信漸破之世，而欲逆挽之爲夏代之忠，其志則大矣，其事則不可行也。試觀其所謂明鬼者，皆與執無鬼者辯難之辭，又謂諸侯正長賤人之所以不義，皆由惑於鬼神之有無，不明於鬼神之能賞罰致之，即可見其時不信鬼神者之衆。於斯時也，而欲以隻手挽狂瀾，豈可得邪？夫迷信破，則人必自任其耳目。墨子乃謂衆人之耳目不足信，而多舉《詩》、《書》之辭，以張其説。殊不知人不自任其耳目，則迷信之説，本不得破。人而自任其耳目矣，《詩》、《書》之與鬼神，其爲無徵於吾之耳目一也，又安能執途之人而起其信邪？

迷信之所以漸破，其故有三：一由知天行之有常也。《左氏》僖公十六年："隕石於宋五，六鷁退飛過宋都。周内史叔興聘於宋。宋襄公問焉，曰：是何祥也？吉凶焉在？退而告人曰：君失問，是陰陽之事，非吉凶所生也。吉凶由人。"昭公二十一年："秋七月。壬午朔，日有食之。公問於梓慎曰：是何物也？禍福何爲？對曰：二至二分，日有食之，不爲災。日月之行也，分同道也，至相過也。"襄公九年："晉侯問於士弱曰：吾聞之：宋災，於是乎知有天道，何故？對曰：商人閱其禍敗之釁，必始於火，是以日知其有天道也。公曰：可必乎？對曰：在道。國亂無象，不可知也。”昭公元年：“晉侯有疾。卜人曰：實沈臺駘爲祟。子産曰：抑此二者，不及君身。山川之神，則水旱癘疫之災，於是乎禜之；日月星辰之神，則雪霜風雨之不時，於是乎禜之；若君身，則亦出入飲食哀樂之事也；山川星辰之神，又何爲焉？”皆曉然於天與人之不相干。是以鄭裨竈請用瓘斝玉瓚以禳火。子産弗與。既火，裨竈曰：“不用吾言，鄭又將火。”子産又弗與，曰：“天道遠，人道邇，非所及也，何以知之？”《左氏》昭公十七十八年。《左氏》曰：“遂不與，亦不復火。”《穀梁》曰：“人有謂鄭子産曰：某日有災。子産曰：天者神，子惡知之，是人也。同日爲四國災也。”即此一事之傳訛也。知者謂不與亦不復火，愚者則謂子産此語在火前，因以言者爲神人也。然可見其傳説之非無根，子産弗用瓘斝玉瓚，確有其事。“鄭大水，龍鬬於時門之外洧淵，國人請爲禜焉。子産弗許。曰：吾無求於龍，龍亦無求於我。”《左氏》昭公十九年。蓋深知其事之不相干，自不肯爲無益之舉也。一由以神爲聰明正直，不可干以私也。神不聰明正直，不爲人所信，既聰明正直矣，自不可干以私，此人心之所同然也。《左氏》莊公三十二年：“有神降於莘。虢公使祝應、宗區、史嚚享焉。神賜之土田。史嚚曰：虢其亡乎！神聰明正直而壹者也。虢多涼德，其何土之能得？”昭公二十六年：“齊有彗星，齊侯使禳之。晏子曰：無益也，只取誣焉。天道不慆，不貳其命，若之何禳之？”皆其事也。是以季氏旅於泰山，子曰：“曾謂泰山，不如林放乎？”王孫賈問曰：“與其媚於奥，寧媚於竈，何謂也？”子曰：“不然。獲罪於天，無所禱也。”《論語・八佾》。子疾病，子路請禱。子曰：“丘之禱久矣。”《述而》。“齊侯疥，遂痁，期而不瘳。諸侯之賓問疾者多在。梁丘據與裔款言於公曰：君盍誅於祝固、史嚚以辭賓。晏子曰：祝有益也，詛亦有損。聊攝以東，姑尤以西，其爲人也多矣，雖其善祝，豈能勝億兆人之詛？”《左氏》昭公二十年。楚昭王有疾，卜曰：河爲祟。王弗祭。王曰：“三代命祀，祭不越望，江、漢、睢、漳，楚之望也。禍福之至，不是過也。不穀雖不德，河非所獲罪也。”卒之歲，“有雲如衆赤鳥，夾日以飛，三日。

楚子使問諸周大史。周大史曰：其當王身乎？若禜之，可移於令尹司馬。王曰：除腹心之疾，而置諸股肱，何益？不穀不有大過，天其夭諸？有罪受罰，又焉移之？遂弗禜。”《左氏》哀公六年。此皆以人所謂義者度神，遂不肯干之以非義也。三則由於所謂迷信者，其事之不可信日甚也。《韓非子》曰：“今巫祝之祝人曰：使若千秋萬歲。千秋萬歲之聲聒耳，而一日之壽，無征於人，此人之所以簡巫祝也。”《顯學》。《史記·太史公自序》曰：“陰陽四時八位十二度二十四節，各有教令，順之者昌，逆之者不死則亡，未必然也。”此爲凡迷信之説所以不見信於人之本。夫巫祝之無驗，古今一也；而何以古人信之，而後世之人不信，此非必古之人願而可欺也。古者風氣誠樸，不知欺人，則巫祝無矯誣之事。巫祝無矯誣之事，則其人先已可信，而人皆直道而行，又足使爲善者獲福，而爲惡者獲禍。因人事之夾持，而“神福仁而禍淫”之説，亦若可信焉。士貞伯語。見《左氏》成公五年。後世風俗稍薄，人與人日相欺，而巫祝亦遂肆爲矯誣。夫欺人者，未有能使人信之者也。“屈建問范會之德於趙武。趙武曰：其祝史祭祀，陳信不愧。”《左氏》昭公二十年。而季梁謂隨侯，“今民餒而君逞欲，祝史矯舉以祭。”《左氏》桓公六年。晏子亦曰：“若有德之君，其言忠信於鬼神。其適遇淫君，其言僭嫚於鬼神。”《左氏》昭公二十年。由此觀之，當時祝史之矯誣，蓋習爲故常矣。蹶由對楚子曰：“國之守龜，其何事不卜。一臧一否，其誰能常之。城濮之兆，其報在邲。”《左氏》昭公五年。此卜筮者之自解説其無驗也。“晉獻公欲以驪姬爲夫人，卜之不吉，筮之吉。公曰：從筮。卜人曰：筮短龜長，不如從長。”《左氏》僖公四年。此卜筮之自相違，又自相争也。《史記·滑稽列傳》：“西門豹爲鄴令，會長老，問民所疾苦，長老曰：苦爲河伯取婦。豹問其故，對曰：鄴三老廷掾，常歲賦斂百姓，收取其錢，得數百萬，用其二三十萬，爲河伯取婦，與祝巫共分其餘。”此則公然爲虎狼於民間矣，安得不有西門豹出，投之於河乎？

春秋戰國之世，風氣如此，則迷信之事，安得而不破，是以有謂“智者役使鬼神，而愚者信之”者，管子是也。《輕重丁》。有“務民之義，敬鬼神而遠之"者，孔子是也。見《論語·雍也》。又《先進》："季路問事鬼神，子曰：未能事人，焉能事鬼。敢問死，曰：未知生，焉知死。"《述而》："子不語，怪力亂神。"《荀子·天論》：傳曰："萬物之怪書不説"，置諸不論不議之列者，乃儒家之宗旨也。而仁人君子，主張天與民一體，以爲民請命者尤多。《泰誓》曰："天視自我民視，天聽自我民聽。"《孟子·萬章上篇》引此非必用初書辭，實後來儒者之説也。自西漢今文師以前，引經皆經傳不别，見《經傳説記條》。季梁曰："夫民，神之主也。是以聖王先成民而後致力於神。"《左氏》桓公六年。史嚚曰："國將興，聽於民；將亡，聽於神；神依人而行。"《左氏》莊公三十二年。宫之奇曰："鬼神非人實親，惟德是依。故《周書》曰：皇天無親，惟德是輔。"又曰："黍稷非馨，明德惟馨。"又曰："民不易物，惟德繄物。如是，則非德，民不和，神不享矣！"《左氏》僖公五年。榮季曰："非神敗令尹，令尹其不勤民，實自敗也。"《左氏》僖公二十八年。雖墨子亦曰："順天意者兼相愛，交相利，必得賞；反天意者别相背，交相賊，必得罰。""順天意者義政，反天意者力政。"《墨子·天志》。又謂"吏治官府不潔廉，男女之爲無别者"，"爲淫暴寇亂盜賊"者，必爲鬼神所罰也。然所謂"深溪、博林、幽澗、無人之所"，"有鬼神視之"。"鬼神之罰，不可恃富貴、衆强、勇力、强武堅甲利兵"者，見《明鬼篇》。衆之耳目，不可欺也。其志則大矣，其説將何以見信乎？

夫知天行之有常，則凡祭祀等事，所以事鬼神者，其實皆人事也，其理至易見也。故《荀子》論祭，謂"君子以爲人道，百姓以爲鬼事"也。《禮論》。曾子曰："慎終追遠，民德歸厚矣。"《論語·學而》。曾子在孔門，最爲醇謹，拘舊俗，而其言猶如此，況其意氣之發舒者乎？《墨子》曰："今潔爲酒醴粢盛，以敬慎祭祀，若使鬼神誠有，是得其父母姒兄而飲食之也，豈非厚利哉？若使鬼神誠亡，是乃費其所爲酒醴粢盛之財耳。自夫費之，非特注之污壑而棄之也。内者宗族，外者鄉里，皆得如具飲食之，雖使鬼神誠亡，此猶可以合歡聚衆，取親於鄉里。"《明鬼》。亦仍疑惑於有無之間，而屑屑計財之不妄費耳。己則不信，而何以使人共信？

當時非遂無迷信之人也,《大戴記·四代》曰:“鬼神過節妨於政。”《管子·權脩》曰:“上恃龜筮,好用巫醫,則鬼神驟祟。”《韓非·亡征》曰:“用時日,事鬼神,信卜巫而好祭祀者,可亡也。”《飾邪》曰:“龜筴鬼神,不足舉勝;左右背鄉,不足以專戰;然而恃之,愚莫大焉。”《史記·孟子荀卿列傳》謂:“荀卿嫉濁世之政,亡國亂君相屬,不遂大道,而營於巫祝,信禨祥。”其所言皆春秋戰國間事,然此等人,亦所謂聊復爾爾者。謂其誠篤信之,恐未必然也。如臧文仲非必愚者,而孔子譏其作虚器,縱逆祀,祀爰居。見《左氏》文公二年。作虚器,謂居蔡山節藻棁也。見《論語·公冶長》。凡宗教爲衆所尊信者,必多自革教義而同於俗。佛教戒肉食,其行於西藏者不然,其明證矣。其能得王公大人之信心者尤然。八思巴能使元世祖無滅宋,毋距海都,毋亡乃顔乎?能使之棄大都之宫室而還於穹廬乎?豈惟不能,蓋有順其志而曲爲之説者矣。當時時日龜筮鬼神祭祀之説,所以王公大人所尊信者,以其順於志而從其欲也。而墨子乃致使之躬監門之養而行大禹之事,彼縱信之能決然以行之乎?不能行,則得自寬恕,自寬恕則得自解説,而天鬼之説破矣。在春秋戰國時,蓋惟所謂蠻夷者,迷信較甚。狄之滅衛也,囚史華龍滑與禮孔以逐衛人,二人曰:我大史也,實掌其祭,不先,國不可得也。乃先之。《左氏》閔公二年。吴人囚景伯以還,及户牖,謂太宰曰:魯將以十月上辛有事於上帝先王,季辛而畢。何世有職焉,自襄以來,未之改也。若不會,祝宗將曰:吴實然。大宰嚭言於王,乃歸景伯。《左氏》哀公十三年。此根敦珠巴之所以能捨住出家也。彼其風俗固異於中國也,然如忽必烈者,非八思巴之所能左右也,而況於中國之大人乎。

《淮南·氾論》曰:“天下之怪物,聖人之所獨見;利害之反覆,知者之所獨明達也。同異嫌疑者,世俗之所眩惑也。夫見不可佈於海内,問不可明於百姓,是故因鬼神禨祥而爲之立禁。世俗言曰:饗大高者,彘爲上牲;葬死人者,裘不可以藏;相戲以刃者,大祖軵其肘;枕户檎而卧者,鬼神蹠其首。夫饗大高而彘爲上牲者,非彘能賢於野獸麋鹿也，而神明獨饗之，何也？以爲彘者，家人所常畜而易得之物，故因其便以尊之。裘者，難得貴賈之物也，無益於死者，而足以養生，故因其資以讋之。夫以刃相戲，必爲過失；過失相傷，其患必大，故因大祖以累其心。夫户牖者，風氣之所從往來。而風氣者，陰陽相捔者也，離者必病，故托鬼神以伸誡之也。凡此之屬，皆不可勝著於書策竹帛，而藏於官府者也，故以禨祥明之。爲愚者之不知其害，乃借鬼神之威，以聲其教，所由來者遠矣。而愚者以爲禨祥，而很者以爲非，唯有道者能通其志。""很者以爲非"一語，最可玩味。夫淮南之説，乃世俗所謂神道設教者也。神道設教之本義，實非如此，乃後人誤解也。其意亦若無惡於天下，見一節之利者，且競稱焉。然徒能束縛愚者，而使很者益得自恣，此則老子所謂"聖人不死，大盜不止"者也。誰曾見厲鬼之能報怨乎？然俗固有厲鬼能報怨之説。爲此説者之意，豈不曰吾以儆夫狠者，使不敢陵虐愚者哉？然曷嘗見狠者之遂戢，徒聞弱者知盡能索，以爲死後猶可以圖報，乃益輕自殺耳。故儆强暴扶愚弱者，惟有人事，未聞明鬼神禨祥，可以收治世之效者也，夫强暴者聞之，豈不或儆？然而明著之利害見於前，而虚無之禍福垂於後。在明智者，必顧明著之利害，而不惑於虚無之禍福矣。縱或有以累其心，然累很者一，累愚者必十，是以鬼神禨祥，徒足爲强很者驅除難也。是以抑强扶弱，惟有人事。墨子豈不見古者尊天右鬼之世，人莫或别相背，交相賊，而慕欲復之乎？而不知是時天鬼之所以見信者，人羣之直道未衰，有以夾持之。使所謂福仁禍淫者，若可信也；非天道也，非鬼道也，乃人事也。而豈有倡天志明鬼之説可以挽周末之文勝，而反之於忠乎？

凡事之爲人所信者，未有可以人意左右之者也。可以人意左右之，是人役也。人役也，而人尊之乎？《墨子·迎敵祠、號令》兩篇，巫舍必近公社，望氣者舍必近太守。守獨知巫卜望氣之情，巫祝吏與望氣者，必以善言告民。妄爲不善言。驚恐吏民者，謹微察之，斷罪勿赦。然則是守與巫祝望氣者比，以欺吏民。而巫祝望氣者又惟守之聽也。守且將尊信巫祝望氣者乎？抑豈有一城皆愚，而守獨知者哉？

故曰：自然之爲人所敬畏也，以其信也。刑賞之爲人所敬畏、欲其亦如自然也，惟有使其信亦如自然而已矣。此人之所爲，非天道也，非鬼道也。人事之所不及而欲借天鬼以愚民，民必不信之矣。何也？天鬼固不爾也。記曰："不誠無物。"《中庸》。吾亦曰：不誠無政。

〔二〇八〕戒　殺

戒殺之義，儒家罕言。然非不言也，《大戴記·曾子大孝》："夫子曰：伐一木，殺一獸，不以其時，非孝也。"《小戴記·祭義》，曾子曰："樹木以時伐焉，禽獸以時殺焉。"夫子曰："斷一樹，殺一獸，不以其時，非孝也。"又《曾子制言上》："殺六畜不當及親，吾信之矣。"盧《注》：凡殺有時，禮也。此猶得曰爲節用起見也。《保傅》曰："於禽獸，見其生，不食其死；《賈子》作"不忍其死"。聞其聲，不嘗其肉；故遠庖廚，所以長恩，且明有仁也。"孟子亦引此義以告齊宣王。見《梁惠王上》。則其爲出於惻隱之心，更無疑義矣。殺動物而食其肉，本爲最不道之事，豈有大聖大賢，而見不及此之理？不言者，其時之時勢，未足以語此也。不然，今日之西藏人，亦不斷肉食，寧得消佛志亦不戒殺，許肉食邪。

〔二〇九〕形法家

《漢書·藝文志》論形法之學，謂其"形人及六畜骨法之度數，器物之形容，以求其聲氣貴賤吉凶。猶律有長短，而各征其聲；非有鬼神；數自然也。"此今哲學家所謂唯物論也。董子《春秋繁露·同類相動篇》,説與之同。《同類相動篇》云:"今平地注水,去燥就濕;均薪施火,去濕就燥;百物去所與異而從所與同,故氣同則會,聲比則應,其驗皦然也。試調琴瑟而錯之,鼓其宫則他宫應之,鼓其商而他商應之,五音比而自鳴,非有神,其數然也。"知此,則可以制物而用之矣。故曰:"陽陰之氣,因可以類相益損也。明於此者,欲致雨則動陰以起陰,欲止雨則動陽以起陽,故致雨非神也,而疑於神者,其理微妙也。"又曰:"琴瑟報彈其宫,他宫自鳴而應之,此物之以類動者也。其動以聲而無形,人不見其動之形,則謂之自鳴也。又相動無形,則謂之自然。其實非自然也,有使之然者矣。"《藝文志》駁形法家之論曰:"然形與氣相首尾,亦有有其形而無其氣,有其氣而無其形,此精微之獨異也。"蓋形法家欲凡事求之於形,而作《藝文志》者不以爲然也。夫謂物有有其氣而無其形,是矣。謂徒有其氣者,不可以定則求,則不然也。如董子之説,相動無形者,亦有其定則可求;則宇宙之間,惟是物類相感應而非如古人所謂有鬼神者以使之。自此而精求之,積古相傳之迷信,真可破除。物理化學等,且可以此發明矣。然卒不能然者何也?曰:此仍誤於以形法之理,推之於無形之物大早,而未能就有形之物,精密試驗,以植其基也。蓋物之能相動者,非徒以其質,亦必以其量。平地注水,去燥就濕;均薪施火,去濕就燥,固也。然必濕至若干度,而後水之就之之形可見;燥至若干度,而後火之就之之形可見乎?抑地濕至若干度,則水之濕之速率如何;薪燥至若干度,則火之燥之之速率爲如何;地燥若干度,水之濕之,加難若干度;薪濕若干度,火之燥之,加難若干度乎?凡此,皆可精密測驗而知之。能如此,則物性之從違,不但可知其大概,并可知其確實,真可駕馭之以爲用矣。有形之物既得,無形之物,自可本此法以施之,而物理化學等,真可發明矣。不此之務,遽以此理推諸無形之物,無形之物,無可測驗也;遂不得不但論其質,不論其量。董子遂推之以論美祥妖孽,曰:"帝王之將興也,其美祥先見;其將亡也,妖孽亦先見,物故以類相召也。"然則德美至若干度,而可致若干大之美祥;德惡至若干度,則將至如何甚之妖孽乎？不能言也。則不得不籠統其辭，而仍入於玄虚之論矣。故中國物理、化學等學之不能發明，實由徒引其端，而未能更精求之之故，而其徒引其端，而不能精求之，則由其推諸無可實驗之物太早，而未能就有形之物，實驗之以植其基也。

抑形法家所言之數，可謂數字之本義。而董子所言之數，則失其本義者也。數字之本義，本謂一二三四等，古人之言數，亦皆如此。《莊子·天下篇》："以法爲分，以名爲表，以參爲驗，以稽爲決，其數一二三四是也。"《周書·周祝》："左名左，右名右，視彼萬物數爲紀。"《管子·七法篇》曰："不能治其民，而能强其兵者，未之有也。能治其民矣，而不明於爲兵之數，猶之不可。"所謂數者："剛柔也，輕重也，大小也，實虚也，遠近也，多少也。"皆較計其量之辭，形法家之言亦如此。故曰："律有長短，而各徵其聲。"不曰律有銅有玉有竹，而各徵其聲也。今謂百物去所與異而從所與同，則但計其質而不計其量矣。如是求之，則無由更進一步。故中國形下之學之不能發明，實由好推論高遠者之太多，而能從事於實驗者之太少也。

〔二一〇〕 鬼谷先生

《史記·蘇秦列傳》云："蘇秦者，東周雒陽人也。東事師於齊，而習之於鬼谷先生，出遊數歲，大困而歸。"衡以文義，鬼谷自當在齊。《集解》引徐廣曰："潁川陽城有鬼谷，蓋是其人所居，因爲號。"蓋以其時陽城有鬼谷，故引以釋之。然曰"蓋"，亦疑辭也。《索隱》曰："扶風池陽、潁川陽城，并有鬼谷墟，蓋是其人所居，因爲號。"雲池陽有鬼谷者，《甘茂列傳》：蘇代説秦王曰："甘茂非常士也，其居於秦，累世重矣。自殽塞及至鬼谷，其地形險易，皆明知之。王不若重其勢、厚其禄以迎之，使彼來，則置之鬼谷，終身勿出。"此鬼谷，《集解》亦引徐廣曰："在陽城"，自非。《索隱》曰："在關内雲陽。"按漢雲陽縣，在今陜西淳化縣西北,池陽縣在今陝西涇陽縣西北,其地密邇。《索隱》此所云,與其《蘇秦列傳》所云者,其實是一,然皆不足以釋蘇秦所事之鬼谷先生也。

或曰:潁川距雒陽近,蘇秦雖東師於齊,而習之則在潁川之鬼谷先生也。亦嘗聞古人事師,有憚其遠而别就近者習之之例乎?東師事於齊者,言其所事非一師,而獨於鬼谷先生爲習耳,若求師於鄉里。張儀魏人,太史公曰:"三晉多權變之士。"夫言從衡强秦者,大抵皆三晉之人也。儀何不求師於鄉里,而亦與蘇秦俱師事鬼谷先生乎?又"鬼谷"二字不必爲地名。《索隱》云:"《樂臺》注《鬼谷子書》云:蘇秦欲神祕其道,故假名鬼谷。"其説固近億測,然不以鬼谷爲地名,亦未嘗非是也。《甘茂列傳》殿本《考證》:張照曰:"按《戰國策》作槐谷,補注曰:《春秋後語注》。槐里之谷,今京兆始平之地,與此異。"案謂槐里之谷者似是。以後世地名釋古書恒易誤。《索隱》、《集解》,亦有此失也。

〔二一一〕 金粟生死

《商君書・墾令》曰:"使商無得糴,農無得糶。農無得糶,則窳惰之農勉疾。商不得糴,則多歲不加樂;多歲不加樂,則饑歲無裕利;無裕利則商怯;商怯則欲農。窳惰之農勉疾,商欲農,則草必墾矣。"因欲貴酒肉之價,重其租,令十倍其樸。又欲重關市之賦,使農惡商,商有疑惰之心。農戰亦欲去遊士、商賈及技藝。似商工皆其所廢矣。然《去强篇》曰:"金生而粟死,粟死而金生。一作粟生而金死,金死而粟生。疑當作粟生而金死,粟死而金生;或金生而粟死,金死而粟生。本物賤,事者衆,買者少,農困而姦勸;其兵弱,國必削至亡。金一兩生於竟内,粟十二石死於竟外;粟十二石生於竟内,金一兩死於竟外。國好生金於竟内,則金粟兩死,倉府兩虚,國弱;國好生粟於竟内,則金粟兩生,倉府兩實,國强。"《外内》云:"欲農富其國者,竟内之食必貴,而不農之征必多,市利之租必重。則民不得無田,無田不得不易其食。食貴則田者利,田者利則事者衆。食貴糴食不利,而又加重征,則民不得無去其商賈技巧而事地利矣。""故爲國者,邊利盡歸於兵,市利盡歸於農。邊利歸於兵者强;市利歸於農者富。故出戰而强,入休而富者,王也。"則商君非欲繩商,特欲使糴貴而利農耳。以粟易金於竟外,亦非所禁也。

〔二一二〕 補損以知足

《論語·季氏》,子曰:"丘也,聞有國有家者,不患寡而患不均,不患貧而患不安。蓋均無貧,和無寡,安無傾。"曰丘聞,則是古有此語,而孔子引之也。《易》曰:"地中有山,謙,君子以裒多益寡,稱物平施。"《周書·度訓》曰:"天生民而制其度,度小大以正,權輕重以極,明本末以立中,立中以補損,補損以知足。"知古之言治,無不以均平爲義者。夫天下之有待於治,以其不均也;若本均矣,何待於治;治而不均,又焉用治也?而世乃以保其不均爲爲治之道,是則殺越人於貨者,據高位而肆攘奪而已矣。《老子》曰:"天之道,其猶張弓與?高者抑之,下者舉之,有餘者損之,不足者補之。天之道,損有餘以補不足;人之道則不然,損不足以奉有餘。"不道早老,豈可以久存哉。亦終必亡而已矣。

〔二一三〕 禮運、禮器

《荀子·富國》篇曰:"足國之道,節用裕民,而善臧其餘。節用以禮,裕民以政。""禮者,貴賤有等,長幼有差,貧富輕重皆有稱者也。""由士以上,則必以禮樂節之;衆庶百姓,則必以法數制之。量地而立國,計利而畜民,度人力而授事。使民必勝事,事必出利,利足以生民。皆使衣食百用,出入相揜,必時臧餘,謂之稱數。""輕田野之税,平關市之征,省商賈之數,罕興力役,無奪農時;如是,則國富矣。夫是之謂以政裕民。"然則政以生利言之,禮以用財言之也。《大學》曰:"生財有大道:生之者衆,食之者寡;爲之者疾,用之者舒;則財恒足矣。"《孟子·盡心》上曰:"易其田疇,薄其税斂,民可使富也。食之以時,用之以禮,財不可勝用也。"亦以生與食、爲與用分言,知古人之言財利,恒如此也。《禮運》、《禮器》,二篇相承。《禮運》言"山者不使居川,不使渚者居中原,而弗敝也。用水火金木飲食,必時。合男女,頒爵位,必當年德",皆《荀子》所謂分民之事。《禮器》曰:"居山以魚鼈爲禮,居澤以鹿豕爲禮,君子謂之不知禮。故必舉其定國之數,以爲禮之大經。禮之大倫,以地廣狹。禮之薄厚,與年之上下。是故年雖大殺,衆不匡懼。則上之制禮也節矣。"下文言禮之義,則曰時爲大,順次之,體次之,宜次之,稱次之;言禮之數,則曰有以多爲貴者,有以少爲貴者,有以大爲貴者,有以小爲貴者,有以高爲貴者,有以下爲貴者,有以文爲貴者,有以素爲貴者,皆《荀子》所謂等差之事。辜較言之,亦可謂《禮運》言政,《禮器》言禮也。若合而言之,則《禮運》所言,亦得謂之爲禮。古無該兩事之共名,固多即以其别名之一爲之也。

節用者,足國之大端也。生之者衆,而食之者愈衆;爲之者疾,而用之者愈疾,國未有能贍者也。故曰:"節以制度,不傷財,不害民。"《節卦彖辭》。又曰:"凡民之爲姦邪竊盜,歷法妄行者,生於不足。不足生於無度量也。無度量,則小者偷惰,大者侈靡,而不知足。""故有姦邪竊盜歷法妄行之獄,則飾度量也。"《大戴記·盛德》。夫人之欲惡多端,而資生爲急。《禮運》曰:"飲食男女,人之大欲存焉。死亡貧苦,人之大惡存焉。"不足,則飲食男女之欲不得遂,而死亡貧苦之禍不可避矣;則必爲姦邪竊盜,歷法妄行矣;是不可以力勝也。故古之言教化者,皆在既富之後。所謂禮者,非教以飾衣冠,美宫室,侈飲食,以飾耳目之觀，縱口腹之欲，乃正謂節之使不得過耳。故七十者食肉，五十者衣帛，而隆三年之喪，禮也。生不歌，死無服，桐棺三寸而無椁，亦禮也。行厚葬久服於死陵者葬陵、死澤者葬澤之日，而事雕幾組縢刻鏤於國家靡敝之年，則君子謂之不知禮矣。故曰："禮，國之幹也。"《左氏》僖公十一年，周内史過之言。又曰："壞國喪家亡人，必先去其禮。"《禮運》。

禮之壞也，則自在上者之逞其淫欲始也。《樂記》曰"樂者爲同，禮者爲異"，又曰"樂者敦和，率神而從天。禮者别宜，居鬼而從地"。禮所以爲别爲異者，《管子・心術》曰："禮者，因人之情，緣義之理，而爲之節文者也。故禮者，謂有理也。理也者，明分以喻義之意也。故禮出乎義，義出乎理，理因乎宜者也。"蓋"天高地下，萬物散殊"。《樂記》。物所自具之德不同，斯其當處之分自異。審其德而各協其宜，所謂義也。故曰：禮也者，義之實也。"協諸義而協，則禮雖先王未之有，可以義起也。"《禮運》。夫義之所以使物各殊其分，而制之以爲禮者，原欲使之各協其宜，非欲厚於此而薄彼也。故曰："夫禮，貴者敬焉，老者孝焉，幼者慈焉，少者友焉，賤者惠焉。"《大戴記・曾子制言上》。此即孔子"老者安之，朋友信之，少者懷之"之義。《論語・雍也》。原欲使宇宙之間，無一物不得其所。然而强者脅弱，衆者暴寡，知者詐愚，勇者苦怯，其所利者，則制爲禮焉，以爲是天理之宜也，而不知其大悖於理也。何者？禮樂不可以孤行，有樂以和之，而後禮之别異者，非厚此而薄彼。不然，則其所謂義者苦矣。故曰："禮之用，和爲貴。"《論語・學而》有子之言。别宜其言，而脅弱、暴寡、詐愚、苦怯其實，惡在其爲可行也。然而後世之所謂禮者，固多如此矣；曷怪老子以爲"忠信之薄而亂之首"乎！

顔淵問仁，子曰："克己復禮爲仁。一日克己復禮，天下歸仁焉。"顔淵曰："請問其目？"子曰："非禮勿視，非禮勿聽，非禮勿言，非禮勿動。"《論語・顔淵》。孔子所以貴禮如是其甚者，以其爲義之實；人人踐乎義之實，則物無不得其所矣，安得不謂之仁？然而其所謂禮者，果協於義則可矣；如其不然，而克己以復之，則是非强陵弱勿視，非衆暴寡勿聽，非知詐愚勿言，非勇苦怯勿動也，是大亂之道也。故曰："非禮之禮，非義之義，大人勿爲。"《孟子·離婁》下。故曰："仁之實，事親是也；義之實，從兄是也；智之實，知斯二者，弗去是也；禮之實，節文斯二者是也；樂之實，樂斯二者。"《孟子·離婁》上。知不足以知之，而以非義之義爲義，而强爲之節文，而强天下之人以從之，則必有愀然不樂者矣。何也？失其分不協其宜也。語曰：滿堂而飲酒，一人鄉隅而悲泣，則一堂爲之不樂。況飲酒者一人，而悲泣者滿堂乎？後世之所謂禮者，多此類也。世顧以爲天經地義而固守之，甚矣其可哀也！

甚矣夫，人之不知也，忘禮之大用，而屑屑於儀文之末也！魯昭公如晉，自郊勞至於贈賄，無失禮。晉侯謂女叔齊曰："魯侯不亦善於禮乎？"對曰："魯侯焉知禮！"公曰："何爲？自郊勞至於贈賄，禮無違者，何故不知？"對曰："是儀也，不可謂禮。禮，所以守其國，行其政令，無失其民者也。今政令在家，不能取也。有子家羈，弗能用也。姦大國之盟，陵虐小國，利人之難，不知其私。公室四分，民食於他，思莫在公，不圖其終。爲國君，難將及身，不恤其所。禮之本末，將在此乎在，而屑屑焉習儀以亟，言善於禮，不亦遠乎？"《左氏》昭公五年。善哉言乎！子大叔見趙簡子，簡子問揖讓周旋之禮焉。對曰："是儀也，非禮也。"簡子曰："敢問何謂禮？"對曰："吉也聞諸先大夫子産曰：夫禮，天之經也，地之義也，民之行也。"又曰："禮，上下之紀，天地之經緯也，民之所以生也，是以先王尚之。"同上昭公二十五年。齊侯與晏子坐於路寢，公歎曰："美哉室，其誰有此乎？"晏子曰："敢問何謂也？"公曰："吾以爲在德。"對曰："如君之言，其陳氏乎！陳氏雖無大德，而有施於民。豆區釜鍾之數，其取之公也薄，其施之民也厚。公厚斂焉，陳氏厚施焉，民歸之矣。《詩》曰：雖無德與女，式歌且舞。陳氏之施，民歌舞之矣。後世若少惰，陳氏而不亡，則國其國也已。"公曰："善哉！是可若何？"對曰："惟禮可以已之。在禮，家施不及國。民不遷，農不移，工賈不變，士不濫，官不滔，大夫不收公利。”公曰：“善哉，我不能矣！吾今而後知禮之可以爲國也。”對曰：“禮之可以爲國也久矣，與天地并。君令臣共，父慈子孝，兄愛弟敬，夫和妻柔，姑慈婦聽，禮也。君令而不違，臣共而不貳，父慈而教，子孝而箴，兄愛而友，弟敬而順，夫和而義，妻柔而正，姑慈而從，婦聽而婉，禮之善物也。”公曰：“善哉！寡人今而後聞此禮之上也。”對曰：“先王所稟於天地，以爲其民也，是以先王上之。”同上二十六年。然則禮之大用，在於經國安民，而不在於揖讓周旋之末。春秋時人，猶多知之。然而相習於以揖讓周旋爲禮，而忘經國安民之略者，則人之度量相越之不可强也。《管子·形勢》篇曰：“道之所言者一也，而用之者異。有聞道而好爲家者，一家之人也。有聞道而好爲鄉者，一鄉之人也。有聞道而好爲國者，一國之人也。有聞道而好爲天下者，天下之人也。有聞道而好定萬物者，天地之配也。”聞道而好爲國者亦寡矣，而況於天下乎，皆一家一鄉之士而已矣！夫如是，故不揣其本而欲齊其末，不知率今之禮，凡物皆失其位而乖於分也；而曰是天之經也，地之義也，民之行也，誹之者戮，叛之者誅，然則戕賊人以爲仁義，是以飲酒者寡，悲泣者衆也。然而一鄉一家之士莫之見，雖處一堂之上，若有藩籬之限，而曰飲酒之禮固如是也，豈不哀哉！

《禮運》曰：“聖人耐以天下爲一家，以中國爲一人者，非意之也；必知其情，辟於其義，明於其利，達於其患，然後能爲之。何謂人情？喜、怒、哀、懼、愛、惡、欲七者，弗學而能。何謂人義？父慈，子孝，兄良，弟弟，夫義，婦聽，長惠，幼順，君仁，臣忠十者，謂之人義。講信脩睦，謂之人利。争奪相殺，謂之人患。故聖人之所以治人七情，脩十義，講信脩睦，尚辭讓，去争奪，捨禮何以治之？飲食男女，人之大欲存焉。死亡貧苦，人之大惡存焉。故欲、惡者，心之大端也。人藏其心，不可測度也；美惡皆在其心，不見其色也；欲一以窮之，捨禮何以哉？”此言治天下者，必以人得其欲而去所惡爲歸。然人藏其心，不可測度，人人而問其所欲，勞而不可徧，而亦卒不能得其誠；故莫如先明於衆之所公好公惡也。此真知本之言也。然而其所謂人義者,果可以謂之義,而使人皆得所欲、去所惡而其情無拂鬱不平,則難言之矣。大抵善處人我之間者,惟無人我之見者爲能之。若既知有人我之別矣,而曰我當力求我所以自處,與所以待人之道,而使之各協其宜,其實未有不自利而戕賊人者。一人如是,人人應之,輾轉相及,而争奪相殺之禍作矣。争奪相殺,非起於兵刃相接之日,早起於分别人我之初。分别人我,即争奪相殺之至微者也。雖曰至微,積之久則成著矣。涓涓弗絶,終成江河;豪毛弗拔,將尋斧柯,信乎!至治之極,非人不獨親其親、不獨子其子不足以當之。而《禮運》之所謂十義者,已落第二義也。《記》者記禮之運也,不亦慨乎其言之哉!

〔二一四〕 殷因於夏周因於殷

董仲舒對策:"孔子曰:'殷因於夏禮,所損益可知也;周因於殷禮,所損益可知也;其或繼周者,雖百世可知也。'"此言百王之所用以此三者矣。夏因於虞而獨不言所損益者,其道如一而尚同也。觀夏因於虞句,則知上文,當以殷因於夏,周因於殷句絶。其或繼周句法,固亦一律也。今讀《論語》者,以"殷因於夏禮","周因於殷禮"爲句,失之,《後漢書·魯恭傳》:"故曰:'殷因於夏禮,周因於殷禮,所損益可知。'"蓋妄人於殷因於夏下,增一"禮"字。《禮記·禮器》曰:"三代之禮一也,民共由之。或素或青,夏造殷因。"

〔二一五〕 天生時而地生財

《禮運》曰:"故天生時而地生財,人其父生而師教之,四者君以正用之;故君者,立於無過之地也。"言其不當有過舉也。此可見吾國之文化,本於農業也。農業之所致謹者爲天時,其所用者則爲地利;因天之時,盡地之利,而使萬物各得其宜,則人與人之相處,咸得其道矣。夫非人與人相處,咸得其宜,固無以使物盡其利;抑出其力於身,而使物盡其利,正人與人相偶之道也。故一言道,而人之所以對天地萬物以今語言之,則謂之對自然也。《禮運》曰:"昔先王之制禮也,因其財物而致其義焉爾。"物以共人用,協於人之用,則爲物得其宜,是爲盡物性。及對人對己者,無不寓焉。其事殊,其道一也。故曰:"惟天下至誠爲能盡其性。能盡其性,則能盡人之性;能盡人之性,則能盡物之性;能盡物之性,則可以贊天地之化育;可以贊天地之化育,則可以與天地參矣。"《中庸》。《荀子·天論》曰:"天有其時,地有其財,人有其治,夫是之謂能參。"所謂贊天地之化育者,《禮運》下文言之,曰:"天降膏露,地出醴泉,山出器車,河出馬圖。鳳皇麒麟,皆在郊棷;龜龍在宫沼;其餘鳥獸之卵胎,皆可俯而窺也。"人知未開之世,庸以是爲天錫之瑞。治化既蒸,則知爲人事之所致矣。故曰:"則是無故。猶言無他故。先王能脩禮以達義,體信以達順,故此,順之實也。"蓋公産業農之小羣,其於萬事萬物,固可據理措置。使無一不得其當。所謂大順也。"山者不使居川,不使渚者居中原,而弗敝也。用水火金木飲食,必時。合男女,頒爵位,必當年德",則其義也。事物皆得其當,則災不足以爲害,而天行之有益於人者,則無不得其利焉。如有凶荒之備,則不畏水旱之災。耕穫無失其時,則不至雨暘時若而南畝仍荒棄也。於是惟覺天地之有惠於己,而不知其戕賊人也,故古人尊天親地之情甚深,而無暑雨祁寒之怨,非其時之天地,異於後世之天地也。人之所以與天地參者固殊焉。故今人但譏古人之迷信,殊非是。當是之時,所以定人之所當爲者則曰禮。故曰:"天時有生也,地理有宜也,人官有能也,物曲有利也。"《禮器》。古人之重禮以此。而豈如後世小儒,規規於儀文之末哉?

《大戴記·武王踐阼》曰:"牖之銘曰:隨天之時,以地之財,敬祀皇天,敬以先時。"《虞戴德》曰:"順天作刑,地生庶物;是故聖人之教於民也,率天如如,而也。祖地,能用民德。是以高舉不過天,深慮不過地，質知而好仁，能用民力。此以三常之禮明而名不蹇。禮失則壞，名失則惛，是故上古不諱，正天名也。天子之官四通，正地事也。天子御珽，諸侯御荼，大夫服笏，正民德也。斂此三者而一舉之，戴天履地，以順民事。"又曰："天事曰明，地事曰昌，人事曰比兩以慶。違此三者，謂之愚民。愚民曰姦，姦必誅，是以天下平而國家治，民亦無貸。"又曰："昭天之福，迎之以祥；作地之穡，制之以昌；興民之德，守之以長。"《誥志》曰"天曰作明，日與惟天是戴；地曰作昌，日與維地是事；人曰作樂，日與惟民是嬉。""天生物，地養物，物備興而時用常節曰聖人。"又曰："天作仁，地作富，人作治，樂治不倦，財富是節，是故聖人嗣則治。"《少閒》曰："天政曰正，地政曰生，人政曰辨。"又曰："時天之氣，用地之財，以生殺於民。"《左氏》載子大叔之言曰："則天之明，因地之性。"昭公二十五年。《荀子·禮論》曰："天地者，生之本；先祖者，類之本；君師者，治之本。"《周書·周祝》曰："地出物而聖人是時，雞鳴而人爲時，觀彼萬物，且何爲求。故天有時，人以爲正；地出利，而民是争；人出謀，聖人是經。"《管子·形勢解》曰："明主上不逆天，下不壙地，故天予之時，地生之財。亂主上逆天道，下絶地理，故天不予時，地不生財。故曰：其功順天者，天助之；其功逆天者，天違之。"《宙合》曰："天不一時，地不一利，人不一事。"《吕覽·任地》曰："天下時，地生財，不與民謀，無失民時。"其説皆與《禮運》同。知此爲古人言治之大義，故諸家皆有味乎其言之也。

孟子曰："齊人有言曰：雖有智慧，不如乘埶；雖有鎡基，不如待時。"以乘埶與待時并言，尤可見爲政之道，本於力農也。《禮運》曰："在埶者去。"《注》："埶，埶位也。"案埶與蓺本一字。農業不能違時，尤不可失時，故曰："爲之爲之，萬物之時也。"《管子·樞言》。《禮器》曰："是故天時雨澤，君子達亹亹焉。"《注》："達，猶皆也。亹亹，勉勉也。"此言乘時雨而致力於農功也。又曰："聖人能輔時，不能違時。知者善謀，不如當時。精時者日少而功多。是以聖王務具其備，而慎守其時。以備待時，以時興事。"《管子·霸言》。由此推之，則有"先天而天弗違，後天而奉天時"之義焉；《易文言》。有

"天與不取,反受其咎"之義焉。《漢書·蕭何傳》引《周書》。至於禮,時爲大,深觀人事之變,而隨時更張,以協其宜。而禮之義,極於天而蟠於地矣。

〔二一六〕　孟施舍似曾子,北宫黝似子夏

孟子曰:"北宫黝之養勇也,不膚撓,不目逃,思以一豪挫於人,若撻之於市朝。不受於褐寬博,亦不受於萬乘之君。視刺萬乘之君,若刺褐夫,無嚴諸侯。惡聲至,必反之。孟施舍之所養勇也,曰:視不勝,猶勝也。量敵而後進,慮勝而後會,是畏三軍者也。舍豈能爲必勝哉?能無懼而已矣。孟施舍似曾子,北宫黝似子夏。"《公孫丑上》。今案《大戴記》所載《曾子》諸篇,皆兢兢自守之言。然《制言》上篇曰:"富以苟,不如貧以譽;生以辱,不如死以榮。辱可避,避之而已矣;及其不可避也,君子視死若歸。"中篇曰:"君子直言直行,不宛言而取富,不屈行而取位。仁之見逐,智之見殺,固不難。詘身而爲不仁,宛言而爲不智,則君子弗爲也。"《大孝》曰:"戰陣無勇,非孝也。"亦見《小戴記·祭義》。《論語·泰伯》:"曾子曰:可以托六尺之孤,可以寄百里之命,臨大節而不可奪也,君子人與?君子人也。"又曰:"士不可以不弘毅,任重而道遠,仁以爲己任,不亦重乎?死而後已,不亦遠乎?"具見其凜然不可犯之概,不過既嘗學問,不爲撫劍疾視之小勇而已。子夏似北宫黝,度其勁毅之氣,必尚有過於曾子者,然諸書皆不載其勇武之風,亦不載其尚勇之論,使無孟子此語,誰復知之?故知書闕有間,古人之言論風采,不傳於後世者多矣。今人每每摭拾遺佚,輒曰某人如何?某事如何?多見其好專斷也。

孟子言我四十不動心,而公孫丑曰:"若是,則夫子過孟賁遠矣。"然則孟賁四十,尚未能成其勇也。人之筋力,踰四十則稍衰矣,故曰:

"古之道,五十不爲甸徒",《禮記·祭義》。然則孟賁之以勇稱,非以其筋力,亦以其能不動心也。秦舞陽年十三,殺人,人不敢忤視;而與荆軻入秦,至陛,色變振恐。彼豈有所畏於死哉?無養氣之功也。荆軻之筋力亦何以尚於秦舞陽?而能鎮定將事,至於圖窮而匕首見,則其養之有素矣。古所謂刺客者,若曹沫、專諸、豫讓、聶政、荆軻、高漸離之徒,皆以一身取君相於萬衆之中,雖有勇力,夫豈足恃?觀北宫黝孟施舍之言,然後知其所恃者,非敵之可勝,而爲己之無懼。惟無懼,然後視刺萬乘之君,若刺褐夫。雖不能必勝,而終有克捷之時。若其量敵而後進,慮勝而後會,則必怯懦而不敢發,《史記·廉頗藺相如列傳》贊語。而敵永無可勝之日矣。故百戰而百敗者,非敵之强,乃己之懦也。觀北宫黝孟施舍之言,荆軻秦舞陽之事,而知古之勇士,亦自有其學養,而非徒恃天稟矣。

孟子又曰:昔者曾子謂子襄曰:子好勇乎?吾嘗聞大勇於夫子矣。自反而不縮,雖褐寬博,吾不惴焉。自反而縮,雖千萬人,吾往矣。此曾子養勇之術,而亦夫子之真傳也。《檀弓》記曾子易簀之事,疾病之時,不肯絲毫苟且。又《論語·泰伯》載"曾子有疾,召門弟子曰:啓予手,啓予足。詩云:戰戰兢兢,如臨深淵,如履薄冰,而今而後,吾知免夫,小子。"其一言一行,兢兢業業,不敢或失如此。此其所以爲自反而縮之道也。《檀弓》又曰:"子夏喪其子而喪其明,曾子弔之。……曾子哭,子夏亦哭,曰:天乎!予之無罪也。曾子怒曰:商,女何無罪也。吾與女事夫子洙泗之間,退而老於西河之上,使西河之民,疑女於夫子,爾罪一也。喪爾親,使民未有聞焉,爾罪二也。喪爾子,喪爾明,爾罪三也。而曰女何無罪與?子夏投其杖而拜曰:吾過矣!吾過矣!吾離羣而索居,亦已久矣夫!"夫字當屬此句,今俗誤。此可見曾子與子夏,以集義之道,交相責難,即其以養勇之道,交相責難也。子夏之尚勇,可推想而得者,惟此而已矣。

子路有聞,未之能行,惟恐有聞。《論語·季子》。此勇之大者也。惟曾子亦然。《曾子·立事》曰:"人言不善而不違,近於説其言;説其言，殆於以身近之也；殆於以身近之，殆於身之矣。人言善而色葸焉，近於不説其言；不説其言，殆於以身近之也；近當作遠。殆於以身近之，殆於身之矣。"其言如是，其見善與不善，必當機立斷，定其從違取捨可知也。此所謂"見善如不及，見不善如探湯也。"《論語·季氏》。故曰："見義不爲，無勇也。"《論語·爲政》。抑此亦"君子見幾而作，不俟終日之義也。"《易·繫辭傳》。

《史記·管晏列傳》："管仲曰：吾嘗三戰三走，鮑叔不以我爲怯，知我有老母也。公子糾敗，召忽死之，吾幽囚受辱，鮑叔不以我爲無恥，知我不羞小節而恥功名不顯於天下也。"此言似與"戰陣無勇，非孝"之義相背者；然能勇者，必能有所忍。不忍一朝之忿，而以身殉之，正是孔子所謂"匹夫之諒"耳。《論語·憲問》。

〔二一七〕 曾子大孝

言道者莫高於能通，立教者莫善於能攝。凡於一種德行，鑽研有素、身體力行已久者，必能以此一德，徧攝諸德。縣一德以爲教，而人之所以爲人之道，靡不該焉，曾子之言孝則是也。《大戴記·曾子大孝》一篇，分孝爲三等，曰"大孝尊親，其次不辱，其下能養"，又曰"大孝不匱，中孝用勞，小孝用力"。於是直養而已，不足言孝。而居處、事君、涖官、朋友、戰陳，下至伐一木，殺一獸，靡不該焉。此以事言之也。以理言，則括以"父母全而生之，子全而歸之"兩語。欲求其全，則"一舉足而不敢忘父母，一出言而不敢忘父母"。欲求其全而歸之，則非終其身不可。而"養可能也，敬爲難；敬可能也，安爲難；安可能也，久爲難；久可能也，卒爲難"之義立矣。《小戴記·内則》曾子曰："孝子之身終。終身也者，非終父母之身，終其身也。是故父母之所愛亦愛之，父母之所敬亦敬之，至於犬馬盡然，而況於人乎？"終其身，即全而歸之之義。愛敬及於犬馬，則推之至於至微，即一舉足一出言而不敢忘父母之義也。言孝至此，可謂豪髮無遺憾。孔門《孝經》之作，必託諸曾子，有以也。

然此篇“仁者，仁此者也；《小戴》此下有“禮者履此者也”六字。義者，宜此者也；忠者，忠此者也；《小戴》無此六字。信者，信此者也；禮者，體此者也；行者，行此者也；《小戴》無此十二字。强者，强此者也。樂自順此生，刑自反此作”，“夫孝者，天下之大經也。《小戴》無此九字，而有“曾子曰”三字。夫孝，置之而塞於《小戴》作“乎”。天地。衡《小戴》作“溥”。《疏》云：“定本作傅。”之而衡於《小戴》作“横乎”。四海，施諸後世而無朝夕。推而放諸東海而準，推而放諸西海而準，推而放諸南海而準，推而放諸北海而準，《詩》云：自西自東，自南自北，無思不服。此之謂也”兩節，疑是他篇簡錯。曾子言孝，雖所該者廣，然特以之徧攝諸德而已。其言仍多就行爲指點，不作此誇張語也。《大戴》此篇，亦見《小戴·祭義》。其前有《樂記》一段，可爲此篇嘗與他篇相錯之證。此兩節蓋係脱簡錯入。“夫孝者天下之大經也夫孝”十一字，《小戴》記之“曾子曰夫孝”五字，疑係既簡錯後億補，其原文所指何事，則不可知也。

〔二一八〕子　張

《論語·子張》：“子游曰：吾友張也，爲難能也，然而未仁。曾子曰：堂堂乎張也，難與并爲仁矣。”於子張頗有貶辭。又《爲政》：“子張學干禄，子曰：多問闕疑，慎言其餘，則寡尤；多見闕殆，慎行其餘，則寡悔；言寡尤，行寡悔，禄在其中矣。”似子張之爲人，失於務外，而於言行之間，未能深致檢點者；然《禮記·檀弓》：“子張病，召申祥而語之曰：君子曰終，小人曰死，吾今日其庶幾乎?”其自守之密，與“曾子有疾，召門弟子曰：啓予手，啓予足，《詩》云：戰戰兢兢，如臨深淵，如履薄冰，而今而後，吾知免夫”者；曾無以異。《論語·泰伯》。然則古人操守之功，正不得以論者偶有貶辭而致疑矣。

〔二一九〕 忠 欲

《管子·樞言》:“日益之而患少者惟忠,日損之而患多者惟欲”,以“忠”與“欲”爲相對之辭。“忠”蓋“專一”之謂也,儒家“夏尚忠”之“忠”字,當如此解。

〔二二〇〕 辭 色

《論語·學而》:“子曰: 巧言令色,鮮矣仁。”夫徒以辭色説人,似亦非大惡;然而夫子惡之深者,人與人相處之道在誠,反於誠者爲僞,人人以辭色説人,則相欺之本也;相欺也,作始也簡,將畢也鉅,將無所不至矣。《表記》:“子曰: 君子不以辭盡人,故天下有道,則行有枝葉;天下無道,則辭有枝葉;是故君子於有喪者之側,不能賻焉,則不問其所費;於有病者之側,不能饋焉,則不問其所欲;有客不能館,則不問其所舍;故君子之接如水,小人之接如醴,君子淡以成,小人甘以壞。”又曰:“君子不以口譽人,則民作忠;故君子問人之寒則衣之,問人之饑則食之,稱人之美則爵之。”又曰:“口惠而實不至,怨菑及其身;是故君子與其有諾責也,寧有已怨。”所舉君子之行,亦若平平無奇者,然試默察當世,有一人不與是相反者與? 試反躬自省,其能免於是與? 故曰:“知之非艱,行之惟艱。”《表記》又曰:“子曰: 君子不以色親人;情疏而貌親,在小人則穿窬之盜也與?”讀之令人悚然。夫舉世皆以色親人,則是舉世皆穿窬之盜也。合穿窬之盜而成羣,夫焉得不亂?

語曰:“逢人輒有求,故覺萬事非。”夫有求於人者,非爵禄之謂也,亦非聲色貨利之謂也,只是求見好於人而已。試思堂堂七尺軀,彼丈夫也,我丈夫也,吾何畏彼哉? 而何以每見人,輒有此一副求見好之意也？抑口惠而實不至，怨菑及其身，徒以辭色親人，少有閲歷者，皆知其不可久，而何以每一見人，此一副求見好之意，又不能自克也？無他，爲習俗纏繞，不能自拔而已，故曰："棖也欲，焉得剛？"《論語·公冶長》。《詩》曰："天之方懠，無爲夸毗。"《毛傳》曰："夸毗體柔人也。"《大雅·板》。張子渠横曰："苟能除去了一副當世習便自然脱灑也"，《語録》。此之謂也。

《表記》又曰："情欲信，辭欲巧。"情既信矣，則其辭之巧，乃所以爲文也。文非無實，固無惡焉。《大學》曰："與國人交，止於信。"信即有其實之謂也。亦即"情欲信"之"信"也。

《表記》又曰："子曰：恭近禮，儉近仁，信近情；敬讓以行此，雖有過，其不甚矣。""恭近禮，信近情"，其理易明。謂"儉近仁"者，何也？豈仁者必惡衣菲食，敝車羸馬與？非也。且世之飾其車馬，美其服食者，非必以是爲安也；其意不過欲上人耳。夫好上人，則與於不仁之甚者也。彼爲矯飾之行者，意非欲以服用下人，乃正欲以矯飾上人耳，故君子弗取也。

〔二二一〕 知　　力

《商君書·算地》曰："聖人非能以世之所易，勝其所難也，必以其所難，勝其所易。故民愚則知可以勝之，世知則力可以勝之；臣愚則易力而難巧，世巧則易知而難力，故神農教耕而王天下，師其知也；湯武致强而征諸侯，服其力也，今世巧而民淫，方效湯武之時，而行神農之事，以隨世禁，故千乘惑亂。此其所加務者過也。"斯言也，可謂審於世變矣。入愚陋之羣，而以知勝之者，有之矣，遇知巧之國，而以知勝之者，未之有也。泰伯君荆蠻，箕子化朝鮮，莊蹻王滇，尉佗長越，漢族古代，所以所鄉無敵者，斯時之蠻夷方愚陋，不足與中國敵也，及其稍以開化，而不能同化，則事勢一變矣。而中國猶以故意遇之，不能自强而以力勝,此魏晉以後,夷狄之禍,所由史不絶書歟?

〔二二二〕 哀樂禍福

《大戴記·禮察》:"世主欲民之善同,而所以使民之善者異。或道之以德教,或驅之以法令,導之以德教者,德教行而民康樂;驅之以法令者,法令極而民哀戚。哀樂之感,禍福之應也。"案此篇以湯武與秦王相比較,蓋録《賈子》書。否亦漢初儒者之言。蓋實見當時人心怨怒,爲秦之所以亡;故引殷、周、秦事,以明禮與法之得失也。君子戒違道以干譽,然衆情不可逆,而衆不可以理喻,是亦一道也。法家不知此義,操之已蹙,遂至身死而國亡,如商鞅與秦皇所爲是也。君子非不知衆情之不可苟從也,然其力既不可逆,則斟酌於輕重緩急之間者,亦自有其道。必如何,然後不至苟順衆情而違於道,又不至激而生變,必有非漫然者矣。世每輕視民力,以爲不足畏,就一時一事觀之,似亦無以爲難。而不知民力之鬱而必發,其道多端,壅於此者,或決於彼,固不可以一時一事論也。今有拂輿情而犯衆怒者,時之未至,勢之未極,似乎衆皆疾視,而莫如之何;一旦時會至,衆怨皆作,則枯木朽株,盡爲難矣。匹夫行諸鄉黨之間且如此,況於治一國乎?故曰:"君子信而後勞其民;未信,則以爲厲己也。"《論語·子張》。未信時之所爲,豈必其誠爲厲民,然民皆以爲厲己,固非家置一喙所能解狙公賦芧。政術之然,不得指爲違道以干譽也。此篇言哀樂之感,即爲禍福之應,真能洞燭隱微,非身歷禍患者不能道也。

〔二二三〕 賊人者必自賊

社會學家言:凡食人之族必食犬,蓋其初皆以田獵爲食者也。

獵人之養生也至難，必十六英方里之地，乃足以養一人，故其口實甚觳，而至於人相食，然亦田獵之事，有以養成其殘賊之心也。故曰：賊人者必自賊。

吾嘗謂觀於牧畜，而可知《春秋》三世之義。犬，亂世之畜也。助其主而賊人，其主乃以所餘者食之。牛、馬，昇平世之畜也。用其力以事耕耘，引重致遠，而非以伐賊他物矣。猫，太平世之畜也。人與猫自相愛，非必欲其捕鼠，則非利其力也。猫之親媚人，亦出自其性，非以人之食之也。主或他適，猫亦不隨，則其親媚人亦自有限，非如犬之以身爲殉也。犬忠於主而戕賊他物，則惡德矣。終見賊於人，亦可謂賊人者必自賊也。

《管子・山權數》曰："若歲凶旱水泆，民失本，則脩宫室臺榭，以前無狗，後無彘者爲庸。"足見古者畜狗與畜彘同其普徧。然有狗屠而無彘屠，則食狗殆尤甚於食彘也。犬助人以戕他物，終乃爲人所伐，亦可謂賊人者必自賊也。

〔二二四〕 参天兩地

《易・繫辭傳》曰：参天兩地而倚數。《疏》曰：古之奇耦，亦以三兩言，且以兩是耦數之始，三是奇數之初，不以一目奇者。張氏云：以三中含兩，有一以包兩之義。明天有包地之德，陽有包陰之道，故天舉其多，地言其少也。説不以一目奇，殊爲牽强。《周書・武順》曰：人有中曰參，無中曰兩，兩争曰弱，參和曰强。男生而成三，女生而成兩，五以成室，室成以生民，民生以度。謝氏曰：有中無中，謂男女形體。朱右曾集訓校釋引。其説是也。合三兩而爲五，即男女之合。故曰五以成室，室成以生民。《説文》㐅，陰陽在天地間交午也。古文作×，×象交午，上下兩畫，則天地也。《繫辭傳》又曰：天數五，地數五，五位相得而各有合，天數二十有五，地數三十，凡天地之數，五十有五,此所以成變化而行鬼神也。萬物本乎天,天本乎祖,兩間之物爲天地所生,猶之人爲父母所生也。精氣爲物,遊魂爲變,遊魂即鬼神,特無形可見耳。其爲天地所生,與凡有形可見之物同,此猶人之室成而生民,故其數必皆以五也。天數二十有五,地數三十者,男女構精,婦人妊子,天地氣合,萬物資生於坤也。午,《説文》曰:啎也,與五古實一字。《説文》又説其形曰:此與矢同意。王氏筠曰:午蓋古文杵字。見《説文句讀》。按其説是也。杵動而臼承之,亦有男女交接之象矣。

〔二二五〕　聖人之大寶曰位

問曰:《繫辭傳》曰:"天地之大德曰生,聖人之大寶曰位,何以守位曰仁,《釋文》曰"人,王肅、卞伯玉、桓玄明、僧紹作仁",則本作人也。何以聚人曰財,理財正辭、禁民爲非曰義。"一若理財聚人,皆爲在上者保其禄位計者,何也?曰:位之始,非以爲一人一家富貴計也。《管子》曰:"天下不患無臣,患無君以使之;天下不患無財,患無人以分之。故知時者可立以爲長,無私者可置以爲政。審於時而察於用,而能備官者,可奉以爲君也。"《牧民》。蓋能力作者易得;能規畫全局、定各人之職事者難求。是以苟得其人,必使之當指揮統率之任。指揮統率者之有其位而不可失,猶之胼手胝足者之當各安其職而不可荒也。聖人之所以能盡其職,以利其羣者,實惟其所處之位是賴。使聖人而失其位,而爲胼手胝足之事,亦無以踰於農夫耳,或且不逮也。故曰:"聖人之大寶曰位"也。《管子》又曰:"聖人之所以爲聖人者,善分民也。聖人不能分民,則猶百姓也。於己不足,安得名聖。"《乘馬》。可以參稽而明其義矣。

《禮記·禮運》曰:"故天生時而地生財,人其父生而師教之,四者君以正用之,正同政。故君者,立於無過之地者也。故君者所明也,非明人者也;君者所養也,非養人者也;君者所事也,非事人者也。故君明人則有過,養人則不足,事人則失位。""天生時而地生財",即《易》所謂"天地之大德曰生"也。正用四者,惟不失其位是賴。故君之不可失其位,非以爲己也,以爲羣也,此君之本職然也。然自并耕而食、饔飧而治之風既渺,而君之利其位而忘其職者衆矣。然此乃末流之失,非其本義然也。《管子》又曰:"天不一時,地不一利,人不一事,是以著業不得不多,人之名位不得不殊。"《宙合》。名位之殊,本無貴賤,故孟子謂"天子一位,公一位,侯一位,伯一位,子男同一位,凡五等。"《萬章》下。天子亦與臣下同列也。

〔二二六〕 心學之原

《禮記·禮運》:"故宗祝在廟,三公在朝,三老在學。王前巫而後史,卜筮瞽侑,皆在左右。王中,心無爲也,以守至正。"此言帝王治心之學之最早者也。竊謂心學之原,與宗教殊有關係。《祭統》曰:"齊之爲言齊也。齊不齊以致齊者也。是故君子非有大事也,非有恭敬也,則不齊。不齊,則於物無防也,嗜欲無止也。及其將齊也,防其邪物,訖其嗜欲,耳不聽樂。故《記》曰:齊者不樂。言不敢散其志也。心不苟慮,必依於道;手足不苟動,必依於禮。是故君子之齊也,專致其精明之德也。故散齊七日以定之,致齊三日以齊之。定之之謂齊。齊者,精明之至也,然後可以交於神明也。"夫心學之精微,原不盡係於形體。然齊莊於外者,必能精明於內。至於心不苟慮,手足不苟動,而其精明有不待致而致者矣。《祭義》述齊之效曰:"齊三日,乃見其所爲齊者。"專精如是,又何求而不得哉?推所求於思其居處,思其笑語,思其志意,思其所樂,思其所嗜之外,而鬼神來告之矣。

〔二二七〕　楊朱之政治學説

先秦諸子之學，無不志存救世者，獨楊朱則不然。其自私自利，至於拔一毛利天下而不爲；而孟子謂“楊朱墨翟之言盈天下”，又謂“逃墨必歸於楊，逃楊必歸於儒”，其勢力之雄厚，至於如此，深可怪也。己飢己溺，勞心苦思，胼手砥足，或待教而後能。自私自利，何待於教。而楊朱之説，風靡一世如此，何哉？楊朱事跡，散見周秦諸子者頗多，皆不及其學説，惟《列子》有《楊朱》篇，述其説頗詳。胡適之謂當時時勢，自可産生此種學説而信之；梁任公謂周秦之際，決無此等頽廢思想而疑之。予謂二説皆非也。楊朱之學，實出道家。道家有養生之論，其本旨，實與儒家脩齊治平一以貫之之理相通；然推其極，遂至流於狹義之爲我與頽廢。所謂作始也簡，將畢也鉅，此學問所以當謹末流之失也。然楊朱之意，本在救世，所謂“爲我”，亦爲一種治術，而非自私自利之謂，則無疑也。

道家養生之論，老子已言之，如曰“貴以身爲天下，若可寄天下；愛以身爲天下，若可託天下”是也。“若”同“乃”。此語諸子之言養生者多引之。《莊子》之《繕性》、《讓王》，《吕覽》之《貴生》、《不二》，《淮南》之《精神》、《道應》、《詮言》諸篇，發揮此義，最爲透徹。《讓王》篇曰：“堯以天下讓許由，許由不受；又讓於子州支父，子州支父曰：以我爲天子，猶之可也。雖然，我適有幽憂之病，方且治之，未暇治天下也。夫天下至重也，而不以害其生，又況他物乎？唯無以天下爲者，可以託天下也。”“天下至重而不以害其生”，則與楊子之“拔一毛利天下不爲”近矣，而顧曰“可託天下”，何也？蓋道家之意，以爲人生於世，各有其所當由之道，即各有其所當處之位。人人能止乎其位，則無利於人，亦無害於人，而天下可以大治。若其不然，一出乎其所當處之位，則必侵及他人之位；人人互相侵，則天下必亂，固不問其侵之之爲善意惡意也。此亦道家所以齊是非之一理。惟如此，故謂仁義非人性，伯夷盜跖，失性則均也。道家之言治，所以貴反性命之情者以此。人人反其性命之情，則能各安其位矣。故道家之言養生，其意原欲以治天下。《不二》篇曰："楚王問爲國於詹子，詹子對曰：何聞爲身，不聞爲國。詹子豈以國可無爲哉？以爲爲國之本，在於爲身；身爲而家爲，家爲而國爲，國爲而天下爲。故曰以身爲家，以家爲國，以國爲天下。此四者異位同本。故聖人之事，廣之則極宇宙，窮日月，約之則無出乎身者也。"可謂言之深切著明矣。天下、國、家與身，異位同本，理頗難明，《淮南·精神訓》論之最好，其説曰："知其無所用，貪者能辭之；不知其無所用，廉者不能讓也。夫人主之所以殘亡其國家，損棄其社稷，身死於人手，爲天下笑，未嘗非爲非欲也。夫仇由貪大鐘之賂而亡其國，虞君利垂棘之璧而禽其身，獻公艷驪姬之美而亂四世，桓公甘易牙之和而不以時葬，胡王淫女樂之娱而亡土地。使此五君者，適情辭餘，以己爲度，不隨物而動，豈有此大患哉！"此從消極方面言之也。若從積極方面言之，則其説見於《詮言訓》。《詮言訓》曰："原天命，治心術，理好憎，適情性，則治道通矣。原天命則不惑禍福，治心術則不妄喜怒，理好憎則不貪無用，適情性則欲不過節。不惑禍福，則動静循理；不妄喜怒，則賞罰不阿；不貪無用，則不以欲用害性；欲不過節，則養性知足。凡此四者，弗求於外，弗假於人，反己而得矣。""適情辭餘，以己爲度"，乃養生論之真諦；"原天命，治心術，理好憎，適情性"，即所謂反其性命之情也。惟反其性命之情者，乃可以養生；亦惟反其性命之情者，乃能爲天下。故曰："惟無以天下爲者，可以託天下也。"世之不明此理者，每謂天下之治，有待人爲；殊不知如是，則吾已出乎其位。出位即致亂之原，雖一時或見其利，而將來終受其弊。故桀紂之亂在目前，而堯舜之亂在千世之後。何則？古之人好争，好争則亂，於是以禮讓爲教。夫以禮讓治當時之亂則可矣，然講禮讓太過，其民必流於弱。中國今日，所以隱忍受侮，不能與異族競者，則禮讓之教，入人太深爲之也。然如德意志，承霸國之餘業，席累勝之遺烈，志欲併吞天下，囊括歐洲，終亦以過剛而折。夫其今日之摧折則其前此之軍國主義之訓練爲之也。而其前此之盛强，則亦以此。故凡出乎其位之事，雖得利於一時，未有不蒙禍於將來者。佛說世人所爲，“如以少水，而沃冰山，暫得融解，還增其厚”，理正由此。今中國自傷其弱，而務求强，其將來難保不爲從前之德意志。歐洲之人，經大戰之創痛，而思休養生息。其將來，又安保不爲今日之中國。然則謂中國今日之弱，乃前此之教禮讓者致之；德意志今日之摧折，乃前此之唱軍國主義者致之，固無不可。即謂中國將來之失之過剛，仍係昔之教禮讓者貽之禍。歐洲將來之失之過弱，仍係前此唱競争者種之因，亦無不可也。一事之失，輾轉受禍，至於如此。然則孰若人人各安其位，不思利人，亦不思利己之爲當哉！故《列子》載楊朱之言曰：“善治外者，物未必治；善治内者，物未必亂。以若之治外，其法可以暫行於一國，而未合於人心；以我之治内，可推之於天下。”又曰：“古之人，損一豪利天下，不與也；悉天下奉一身，不取也。人人不損一豪，人人不利天下，天下治矣。”夫人人不損一豪，則無堯舜；人人不利天下，則無桀紂。無桀紂，則無當時之亂；無堯舜，則無將來之弊矣，故曰天下治也。楊子爲我之説如此，在哲學上，亦有甚深之根據，或以自私自利目之，則淺之乎測楊子矣。《淮南·氾論訓》曰：“全性保真，不以物累形，楊子之所立也。”可見楊子爲我之義，出於道家之養生論。

然則楊朱之説，即萬物各當其位之説，原與儒家相通。然所謂位者，至難言也。以人人論，則甲所處之位，非乙所處之位；以一人論，則今所處之位，非昔所處之位。以位之萬有不同，所謂當其位者，亦初無一定形跡。“禹稷顔子，易地則皆然”，“窮則獨善其身，達則兼善天下”，皆是理也。然則處乎君師之位者，即以一夫不獲爲予辜，亦不爲出其位；遭值大亂之時，又懷救世之志者，即如孔子之周流列國，亦不爲出其位。若但執七尺之軀爲我，以利此七尺之軀爲爲我，而執此爲當處之位，則謬矣。然智過其師，乃能傳法。一種學説，推行既廣，必不能無誤解其宗旨之人，此楊氏之末流所以流於無君，而孟子所以闢之也。然則如《楊朱》篇所載之頹廢思想,乃楊學之末流,固非楊子之咎,而亦不得謂楊氏之徒無此失也。《列子》固係僞書,其所謂《楊朱》篇者,亦或不可信。然《莊子·盜跖》篇設爲跖告孔子之辭曰:"今吾告子以人之情:目欲視色,耳欲聽聲,口欲察味,志欲盈人。上壽百歲,中壽八十,下壽六十,除病瘦、瘐之誤。瘐即瘉。瘉,病也。死喪、憂患,其中開口而笑,一月之中,不過四五日而已矣。天與地無窮,人死者有時;操有時之具,而託於無窮之間,忽然無異騏驥之馳過隙也。不能説其志意,養其壽命者,皆非通道者也。丘之所言,皆吾之所棄也。亟去走歸,無復言之。子之道,狂狂汲汲,詐巧虚僞事也,非所以全真也,奚足論哉!"與《列子·楊朱》篇所謂"徒失當年至樂,不能自肆於一時,重囚纍梏,何以異哉"、"生則堯舜,死則腐骨;生則桀紂,死則腐骨。腐骨一矣,孰知其異?且趣當生,奚遑死後"者,又何以異?跖之言曰"不能説其意志,養其壽命者,皆非通道",曰"子之道非所以全真",皆足見其所持,爲道家養生論之流失也。《列子》此篇,蓋有真有僞,其真者蓋剽自先秦古籍,而僞者則張湛之徒所推衍也。

原刊《政治學報》第三卷,一九三三年五月二十日出版

〔二二八〕 名他人之學

《史記·信陵君列傳》:"諸侯之客進兵法,公子皆名之,故世俗稱《魏公子兵法》。"案《項羽本紀》,謂羽於兵法不肯竟學,而《漢書·藝文志》兵形勢家有《項王》一篇,疑亦他人之兵法,而項王名之者。項羽百戰百勝,固由其天才之高,亦必不得略無法度。漢高祖征英布,望布軍置陳如項籍而猶惡之,則籍兵法之精可見。竊疑羽少時未肯竟學,逮起兵後,又未嘗不得進兵法者之教也。此古所謂學於其臣者歟?

後人著述,多務求名,古人則不然,乃有不自名而求人名之者。

趙賓好小數書，後爲《易》，持論巧慧，《易》家不能難，皆曰非古法也，云受孟喜，喜爲名之，即其一事。或務自著其名，甚者竊人之所有；或不自名而求人名之，其事若相反而實相符，凡以顯其學而已。然不自名而求人名之者，徒欲顯其學；務自著其名，甚或竊人之所有者，實欲顯其身，其公私貪廉，究未可同日語也。或曰：身持其學，以譁世取寵，顯其學，非即所以顯其身歟？此以言乎趙賓之倫則可矣，古之求人名其學者，安必其皆如是。

古或以神農、黄帝、伊尹、太公名其學，論者率訾爲作僞以欺人，實亦未必然也。且如魏公子，孰不知其非講兵法或著書之人？然兵法之家，猶願得公子以名其學者，非曰此兵法爲魏公子所發明，亦非曰此言兵法之書爲魏公子所著，特以魏公子號多士，又嘗有破秦之功，兵法而曾御於其門，則必經多家之品平，且嘗試之而有效，易爲人所信從耳。此如今人著書之求人鑒定，本亦非謂書即其人所作也。

孟子謂公孫丑曰："子誠齊人也，知管仲、晏子而已矣。"今《管子》書極雜，《晏子》書亦兼儒、墨二家，非管、晏之學如是，蓋亦所謂名之者也。名之者固無妨於雜，《吕覽》、《淮南》是也。以《吕覽》、《淮南》隸雜家，而《管》、《晏》則否，此向、歆論學之未審，而班氏誤仍之耳。不然，世豈有欲欺人而多存矛盾之論，授人以入室之戈，如今《管》、《晏》之書者哉？

原刊《齊魯學報》第二期，一九四一年七月出版

〔二二九〕古學制

古之學，有在於國者，亦有在於鄉者。在國者有大、有小，皆曰學。在鄉者或曰校，或曰庠，或曰序，皆不以學名也。《孟子·滕文公》上曰："設爲庠、序、學、校以教之。庠者，養也；校者，教也；序者，射也。夏曰校，殷曰序，周曰庠；學則三代共之，皆所以明人倫也。"言三代之學，皆無異稱也。《荀子·大略》，以"立大

學"與"設庠序"對舉。《漢書》董仲舒《對策》,亦曰:"古之王者,立大學以教於國,設庠序以化於邑。"凡漢人言語,猶大抵如此。

國中之學,緣起即在王宫之中。蔡邕之《明堂論》,言之最審。邕之言曰:"明堂者,天子太廟,所以崇禮其祖,以配上帝者也。取其宗祀之貌,則曰清廟;取其正室之貌,則曰太廟;取其尊崇,則曰太室;取其向明,則曰明堂;取其四門之學,則曰太學;取其四面周水圓如璧,則曰辟雍;異名而同事,其實一也。《易傳·太初》篇曰:太子旦入東學,晝入南學,暮入西學。案此據《續漢書·祭祀志》引。《玉海》百十一引作夕入西學,暮入北學。此文疑有奪誤。在中央曰太學,天子之所自學也。《禮記·保傅》篇曰:帝入東學,上親而貴仁;入西學,上賢而貴德;入南學,上齒而貴信;入北學,上貴而尊爵;入太學,承師而問道。與《易傳》同。案《保傅》今見《大戴記》及《賈子》。魏文侯《孝經傳》曰:太學者,中學,明堂之位也。《禮記》古大明堂之禮曰:膳夫於是相禮。日中出南闈,見九侯,及問於相;日側出西闈,視五國之事;日闇出北闈,視帝節猶。案亦奪出東闈。《爾雅》曰:宫中之門謂之闈。王居明堂之禮,又别陰陽門,南門稱門,西門稱闈。故《周官》有門、闈之學。師氏教以三德,守王門;保氏教以六藝;守王闈;然則師氏居東門、南門,保氏居西門、北門也。知掌教國子,與《易傳》、《保傅》、王居明堂之禮,參相發明,爲四學焉。"觀此,便知大小學皆與王宫是一。蓋吾國古者,亦嘗湖居,如歐洲之瑞士然。故稱人所居之處曰州,與洲殊文,實一語也。洲島同音,後來又造島字。以四面環水言之則曰辟,《説文》:"璧,瑞玉圜也。"説者皆謂貤玉之名,以稱周環之水。竊疑辟字本有周環之義,故有還辟之稱,後乃貤以名圜玉也。以中央積高言之則曰雍。《史記·封禪書》:"或曰:自古以雍州積高,神明之隩,故立畤郊上帝,諸神祠皆聚云。"案雍依《説文》爲借字,其本字當作邕。説解曰:"四方有水,自邕成池也。"斯時自衛之力尚微,非日方中及初昃猶明朗時,不敢出湖外,故其開門必向南西。漢時,公玉帶上明堂圖,水環宫垣,上有樓,從西南入,亦見《封禪書》。蓋有所受之,非意爲之也。少壯執戈,子弟職司守衛,其居實在門側,故小學亦設於其地焉。《爾雅》:"門側之堂謂之塾。"

《周官》師氏之職,“凡國之貴遊子弟學焉。”《注》曰:“遊,無官司者。”蓋古使年長者任政,年少者充兵。四十而後仕,則未及四十,皆無官司,當執戈任守衛之職也。然子弟之居於此,則初不待其能執干戈之年,蓋自出就外傅時即然矣,故小學亦設於其地。若正室,則古人言數,習於用三,三三而九,故井田以方里之地畫爲九區,而明堂亦作九室。王者蓋自居中央;一切政事,須在室中處理者,古人理事,居室中者較後世爲少。如獄訟,惟男女之陰訟,聽之勝國之社,餘則皆在衆著耳目之地,如棘木之下矣。《豳風》之詩曰:“穹窒熏處,塞向墐户,嗟我婦子,曰爲改歲,入此室處。”非風雨寒暑而居室,古人亦較後世爲少也。則環其四周,更作八室;王時省方至此,竊疑《虞書》“闢四門,明四目,達四聰”之語,實當以此釋之,乃謂人君出所居之外而聽政耳。亦即《禮記·保傅》、古大明堂之禮所説,聽政視學,實無别也。此但就四正室言之,若兼及四隅,則爲大乙行九宫之説矣。而太子以隨王練習政務,亦時至焉。此當與羣臣接,羣臣皆其父之臣,不敢慢也;惟至中宫,則視膳問安,所接不過内豎,無待加禮;故曰“天子設四學,當入學而太子齒”也。《禮記祭義》。一切政事,萃於王宫之中,蓋惟極樸陋之世爲然,其後則稍益分出。然遺意猶存,故小學仍在公宫南之左;大學雖在郊,猶作池以環之,稱爲辟雍,諸侯則減其半以示詘於天子,而稱之爲泮宫也。《禮記·王制》曰:“天子命之教,然後爲學。小學在公宫南之左,大學在郊。”此雖説諸侯,然古天子諸侯之國,相去實不甚遠,亦未必有異也。下文云“天子曰辟雍,諸侯曰泮宫”,言其異名而不言其異地可證。此辟雍乃人力所成,故諸侯得殺其制,以示詘於天子。半璧曰璜,段氏《説文解字注》,謂黌字緣之而作,其説是也。此與璧先有周環之義而後取以名玉者不同。以辟字自有周環之義,黌字别無他義也。禮貴反本脩古,不忘其初,故初出於自然之事,後亦多以人力放爲之。《靈臺》之詩,兼言靈囿、靈沼,其爲遊觀之地無疑,然再言“於樂辟雍”,則以苑囿與宫殿,後雖分,初亦合,故猶襲其名也。苑囿得襲辟雍之名,而學校無惑矣。斯時東南西北四學,蓋仍備設之,惟中央爲天子之居,出郊後則不復設,故曰“天子設四學”。康成以周設四代之學説之,則誤矣。康成之誤,蓋由據《明堂位》推論而起。《明堂位》曰:“米廩,有虞氏之庠也。序,夏后氏之序也。瞽宗,殷學也。頖宫,周學也。”此蓋魯爲東方文教之地,偶有虞、夏、殷三代之遺,而又自立當代之學耳,非有意兼立前代之學也。抑《明堂位》之言,不免誇侈,據以論魯事,且不可信,況又推以論周事乎?《王制》曰:“有虞氏養國老於上庠,養庶老於下庠;夏后氏養國老於東序,養庶老於西序;殷人養國老於右學,養庶老於左學;周人養國老於東膠,養庶老於虞庠。”觀上下、東西、左右之名，即可知其皆在一學之内。下文又云“虞庠在國之西郊”，一似與東膠異處者，蓋後來沾識之語，不足信也。

鄉學，詳别之，又有在鄉與在里之異。孟子曰“庠者養也”，乃行鄉飲酒禮之地；又曰“序者射也”，乃行鄉射禮之地；此皆在鄉。又曰“校者教也”，此則真教學之地，在里。《公羊》宣公十五年《解詁》曰：“在田曰廬，在邑曰里。一里八十户。八家共一巷，中里爲校室。選其耆老有高德者，名曰父老；其有辯護伉健者爲里正。十月事訖，父老教於校室。八歲者學小學，十五者學大學。”此説校制最審。《漢書・食貨志》，説古井田之制，與《解詁》大同，而所引證之書不同，蓋今古學之異也。《漢志》之言曰：“於里有序而鄉有庠，序以明教，庠則行禮而視化焉。”“冬，民既入”，“餘子亦在於序室。八歲入小學，學六甲五方書計之事，始知室家長幼之節；十五入大學，學先聖禮樂，而知朝廷君臣之禮。”曰序室與《解詁》言校室不同者，古人言語麤略，於庠序校等名，隨意用之，不求其審。若求其審，則序射、校教，自係一語，《漢志》實不如《解詁》之確也。《禮記・學記》曰：“古之教者，家有塾。”鄭《注》曰：“古之仕焉而已者，歸教於閭里。朝夕坐於門。門側之堂謂之塾。”此又是一説。案《解詁》又云：“吏民春夏出田，秋冬入保城郭。田作之時，春，父老及里正，旦開門坐塾上，晏出後時者不得出，暮不持樵者不得入。”《漢志》略同，見下。此乃田時勸農之事，非農隙教學之事；所坐者亦閭側之塾，不得云家；有門側之塾，有巷首之塾。門側之塾，《學記》所謂“家有塾”者也，此惟士大夫家有之。巷首之塾，《學記疏》曰：“周禮二十五家爲閭，同共一巷。巷首有門，門邊有塾。謂民在家之時，朝夕出入，恒就教於塾。”此説强申鄭《注》非是。其説閭字，必牽合《周官》，亦失之鑿。然謂巷首有門，門邊有塾，説自不誤。此門即名爲閭。《戰國・齊策》：王孫賈之母謂賈曰：“汝朝出而晚來，則吾倚門而望汝，暮出而不還，則吾倚閭而望汝”，即此。秦有閭左之戍；《後漢書・齊王縯傳》曰：“使天下鄉亭，皆畫伯升象於塾，旦起射之。”則秦漢時其制猶存也。則此説亦非是。《書・洛誥疏》曰：“伏生《書傳》稱禮：致仕之臣，教於州里，大夫爲父師，士爲少師，朝夕坐於門塾，而教出入之子弟。”此與《學記》鄭《注》符合，然恐爲疏家所亂，非《書傳》元文。故知何君之説最確也。《解詁》又言：校室之教，“其有秀者，移於鄉學；鄉學之秀者，移於庠；庠之秀者，移於國學，學於小學；諸侯歲貢小學之秀者於天子，學於大學；其有秀者，名曰進士；行同而能偶，别之以射，然後爵之。”《漢志》則云：“其有秀異者移鄉，學於庠序；庠序之異者移國，學於少學；諸侯歲貢少學之異者於天子，學於大學，命曰造士；行同能偶，則别之以射，然後爵命焉。”如《解詁》之説，則鄉學與庠，又分二級，疑出傳寫之誤，當依《漢志》，移鄉即學於庠序。此兼言庠序，明鄉有庠亦有序，前云“於里有序而鄉有庠”不審也。《學記》於“古之教者家有塾”之後，繼之以“黨有庠，術有序，國有學”，庠序亦是一級。言“黨有庠，術有序”，蓋所謂各舉一邊，實則術亦有庠，黨亦有序也。此所言者。實爲古人登進次第。里之秀者移鄉，即《周官》州長、黨正，考民之德行道藝，以贊鄉大夫廢興。庠之秀者移國，則《王制》鄉論秀士昇之司徒。諸侯歲貢小學之秀者，則《王制》司徒論選士之秀者而昇諸學。其有秀者，名曰進士，行同能偶，别之以射，然後爵之，則《王制》大樂正論造士之秀者以告於王，而昇諸司馬，司馬論進士之賢者以告於王；亦即《射義》之諸侯貢士，天子試之於射宫。今文，士自出於鄉至此，皆在學校中迴翔，古文則舉無其事，但云鄉大夫獻賢能之書於王而已。蓋今文爲儒家適傳，重教化，《周官》則六國時陰謀之書，故但言選政也。然其言古人登用，凡分三級，則二説皆同。蓋由事實如此，故立言者不得有異。三級者：自家出於鄉，一也；自鄉入於國，二也；自國達於王，三也。大學王之所居，故昇諸學即達於王也。《王制》言養老之禮曰：“五十養於鄉，六十養於國，七十養於學。”亦依此分三級。

鄉人出於家入於庠序，出於庠序乃入於國；而貴族之入小學者，出於家即入於國，則其家塾之等級，與庠序相當也。《禮記・内則》曰：“子能食食，教以右手。能言，男唯、女俞。男鞶革，女鞶絲。六年，教之數與方名。七年，男女不同席，不共食。八年，出入門户及即席、飲食，必後長者，始教之讓。九年，教之數、日。十年，出就外傅，居宿於外，學書記。衣不帛，襦袴。禮帥初，朝夕學幼儀，請肄簡、諒。

十有三年,學樂,誦詩,舞勺。成童,舞象,學射御。二十而冠,始學禮,可以衣裘帛,舞大夏。惇行孝弟,博學不教,内而不出。三十而有室,始理男事。博學無方,孫友視志。"此所言者,蓋貴族受教爲學始末。自九年以前,皆日用淺近、易知易行之事。與《漢志》所云六甲五方書計之事、室家長幼之節相當。貴族平民,當無所異。十年以後之教,蓋受之塾中,必非平民之僅入冬學者所克比擬。《漢志》云"十五入大學,學先聖禮樂,而知朝廷君臣之禮",蓋誤以貴族所受,貤及平民,失於分别也。然平民所受教育之善,實有不讓貴族者。孟子言井田之法曰:"謹庠序之教,申之以孝弟之義,頒白者不負戴於道路矣。"《梁惠王》上。乍觀之,似係以空言垂教。然《漢志》述井田之法曰:"春將出民,里胥平旦坐於右塾,鄰長坐於左塾,畢出然後歸,夕亦如之。入者必持薪樵,輕重相分,班白者不提挈。"《王制》云:"道路,男子由右,婦人由左,車從中央。父之齒隨行,兄之齒雁行,朋友不相踰。輕任并,重任分,班白者不提挈。"《祭義》云:"行,肩而不并,不錯則隨,見老者則車徒辟。斑白者不以其任行乎道路。"所言皆同物。《漢書·地理志》云:"瀕洙、泗之水,其民涉渡,幼者扶老而代其任。俗既薄,長老不自安,與幼少相讓,故曰:魯道衰,洙、泗之間,齗齗如也。"亦可見其曾實行。則孟子所云者,固係實踐之條規。孟子之告畢戰曰:"死徙無出鄉,鄉田同井。出入相友,守望相助,疾病相扶持,則百姓親睦。"《滕文公》上。"輕重相分,班白者不提挈",正"出入相友"之事,然則"守望相助,疾病相扶持",亦必有其當踐之條規,特書闕有間,不可盡知耳。即日用之間而教之以仁讓,夫豈貴族之學禮樂,徒用心於周旋昇降者所能逮?孔子曰:"先進於禮樂,野人也;後進於禮樂,君子也。如用之,則吾從先進。"《論語·先進》。有以也哉!此以踐履言也。至於行禮視化,使民得諸觀感者,則莫如鄉飲、鄉射之切。讀《禮記》之《鄉飲酒義》、《射義》可見。此庠序之教也。然《文王世子》言行一物而三善皆得者,惟世子之齒於學;《樂記》言散軍而郊射,而貫革之射息,亦何異於鄉飲、鄉射?《祭義》曰:"鄉里有齒,而老窮不遺,强不犯弱,衆不暴寡,此由大學來者也。"蓋有其由。此孟子所以言庠、序、學、校,皆所以明人倫也。

然則大學之爲用，亦無以異於庠序乎？此又不然。蓋在後世，宗教與學術恒分，而在古昔則恒合。吾國古代之大學，固宗教之府也。俞理初有《君子小人學道是弦歌義》，言古樂之外無所謂學。文見《癸巳存稿》。略曰："虞命教冑子，止屬典樂。周成均之教，大司成、小司成、樂胥皆主樂，《周官》大司樂、樂師、大胥、小胥皆主學。子路曰：何必讀書然後爲學？古者背文爲誦，冬讀書，爲春誦夏絃地，亦讀樂書。《周語》：召穆公云：瞍賦，矇誦，瞽、史教誨。《檀弓》云：大功廢業，大功誦。通檢三代以上，書樂之外，無所謂學。《内則》學義，亦止如此；漢人所造《王制》、《學記》，亦止如此。"案《左氏》昭公九年曰"辰在子卯，謂之疾日，君徹燕樂，學人捨業"，亦俞説之一證。其説甚創而確，然初未抉其原。《王制》、《文王世子》，説大學之教，皆分爲詩、書、禮、樂四科。禮、樂所以事神，詩者樂之歌辭，書則教中典籍耳。《王制》言"天子將出征，受成於學"；"出征執有罪，反釋奠於學"。明明師武臣力之事，何乃行諸弦歌雅頌之鄉，即可知古之所謂學者，決非後世之所謂學；而其所釋奠者，亦決非後世所謂先聖先師。《學記》曰："君之所不臣於其臣者二：當其爲尸，則弗臣也；當其爲師，則弗臣也。大學之禮，雖詔於天子，無北面，所以尊師也。"《樂記》曰："食三老、五更於大學，天子袒而割牲，執醬而饋，執爵而酳，冕而總干。"亦以其人爲教中尊宿，故尊之如此耳。迷信深重之世，教徒實居率將之地，故其人多能用智；而好深思者，亦能騖心於玄遠。先秦諸子之學，可謂"各引一端，崇其所善"。《漢書・藝文志》語。然惟涉及實際則爾，其騖心玄遠，及於宇宙之高深，心性之微眇者，則諸家皆無異辭。果其閉門造車，豈皆出而合轍？知必所本者同。所本者何自來？捨大學固莫屬也。《墨子・經上》《下》、《經説上》《下》、《大》《小取》六篇，爲古哲學科學所萃。墨子之學，出於史角；史角者，魯惠公請郊廟之禮於周天子，天子使往，《吕覽・當染》。固大學中人也。各引一端之説，雖能各極高深，然厚於此者必薄於彼，勢不能無所偏蔽。非有君人南面之學，無以用之。《學記》曰："師也者，所以學爲君也。"又曰："能爲師，然後能爲長；能爲長，然後能爲君也。”又曰：“師無當於五官，五官弗得不治。”又曰：“君子曰：大德不官，大道不器。”其爲君人南面之學可知。《莊子・天下》曰：“天下之治方術者多矣，皆以其有爲不可加矣。古之所謂道術者，果惡乎在？曰：無乎不在。”又曰：“古之人其備乎？配神明，醇天地，育萬物，和天下，澤及百姓，明於本數，係於末度，六通四闢，小大精麤，其運無乎不在。天下大亂，賢聖不明，道德不一，天下多得一，察焉以自好。譬如耳、目、鼻、口，皆有所明，不能相通。猶百家衆技也，皆有所長，時有所用，雖然，不該不徧，一曲之士也。”惟無所不苞者，乃能無所偏蔽。哲學之與科學，夫固各有所長也。此等高義，蓋非盡人所能領受。然古代大學之教澤，仍有所被甚廣者。蓋迷信深重之世，事神之道必虔，故禮樂之具必設，其後迷信稍澹，則易爲陶淑身心之具矣。梁任公嘗遊美洲，每星期，必入其教堂，觀其禮拜，聽其音樂，謂可以寧静六日紛擾之身心也。子夏曰“仕而優則學，學而優則仕”，《論語・子張》。此志也。古去草昧之世近，人皆剛狠好鬬，非禮樂無以馴擾之。《周官》大司徒，“以五禮防萬民之僞而教之中，以六樂防萬民之情而教之和”，雖六國陰謀之書，猶知此義也。欲以禮樂教人者，身漸漬於禮樂，必不可以不深，故設教以此爲尤亟。《論語・憲問》：“子路問成人。子曰：若臧武仲之知，公綽之不欲，卞莊子之勇，冉求之藝，文之以禮樂，亦可以爲成人矣。”四子實高世之材，過人之行，必文之以禮樂而後可以爲成人，可見禮樂之重。《學而》：“子曰：弟子：入則孝，出則弟，謹而信，汎愛衆，而親仁。行有餘力，則以學文。”“則以學文”之文，即“文之以禮樂”之文。自弟子至於成人，壹是皆以禮樂爲重，亦古學校設教之遺意也。

門人與弟子，是一是二，昔人議論紛如。予謂門人者，居於門側之塾者也。蓋年較小，如互鄉、闕黨之童子是也。弟子則年較長，可以昇堂，尤親者則入室。漢人教授尚如是，觀《講學者不親授》一條可明。

原刊《華東師範大學學報》一九五七年第三期，

一九五七年七月十五日出版

吕思勉读史札记

吕思勉文集

中

上海古籍出版社

〔二三〇〕 古哲學之傳[①]

《管子·宙合》曰:“天地苴萬物,故曰萬物之橐。宙合之意,上通於天之上,下泉於地之下,外出於四海之外,合絡天地,以爲一裹。散之至於無間,不可名而山,是大之無外,小之無内,故曰有橐天地,其義不傳。”案此篇爲經傳合居一簡者。篇首諸語爲經,其下乃逐節釋之。此釋天地萬物之橐、宙合有橐天地二語。謂其義不傳也,此“傳”字,即《公羊》“主人習其讀而問其傳”之“傳”,謂師徒相傳授,其義不傳,猶《公羊》言無聞焉爾。《墨子·辭過》:“聖人有傳天地也,則曰,上下四時也;則曰陰陽人情也;則曰男女禽獸也;則曰牝牡雄雌也;真天下之情,雖有先王,不能更也。”此則其義之有傳者也。可見古代學術,自有其傳授。

〔二三一〕 宦

《漢書·藝文志》言:九流之學,皆出王官之一守。此非漢世去古近,劉向、歆父子又博極羣書不能道。近世胡適之力駁之,乃於古事全無所知之瞽説也,而亦有人附和之,異矣。

古書言歷代學制,頗爲詳備,必不能皆屬子虛,然從未聞有一人焉,學於學校,而出其所學以致用者,何也?此語習焉不察,則不以爲異,一經揭出,未有不瞿然而驚者也。然無足異也。何也?古代之實學,固得之於宦,而非得之於學也。

理事不違,人之求之,則不能無所先後。《學記》曰:“凡學,官先

---

① 曾改題爲《古代學術傳授》。

事,士先志。”先志者先求明其理,先事則先求習於事者也。《曲禮》曰:“宦學事師,非禮不親。”以宦與學對舉。《疏》引熊氏曰:“宦謂學仕官之事。”即官先事之謂也。九流皆從事於宦者也。章太炎曰:“官人守要,而九流究宣其義,及其發舒,王官所弗能與。”其説最近於實。冰寒於水,非水固無以成冰也。

《論語・先進》:“子路使子羔爲費宰。子曰:賊夫人之子。子路曰:有民人焉,有社稷焉,何必讀書,然後爲學?”此重宦輕學之見。“子曰:是故惡夫佞者”,則謂學自有其用,而疾夫當世之佞者,徒能隨事應付,而絶無遠大之規,猶賈生言移風易俗,非俗吏之所能爲,俗吏之所務,在於刀筆筐篋也。《陽貨》:“子之武城,聞絃歌之聲。夫子莞爾而笑,曰:割雞焉用牛刀?子游對曰:昔者偃也聞諸夫子曰:君子學道則愛人,小人學道則易使也。子曰:二三子!偃之言是也。前言戲之耳。”此儻夫子所謂爲政不可不學之道邪?此固非凡俗所知。《左氏》襄公三十年,子皮欲使尹何爲邑。子産曰:少,未知可否。子皮曰:使夫往而學焉,夫亦愈知治矣。亦子路之見也。昭公十八年言原伯魯不説學,當亦如此。其所謂學,固與宦對舉之學,非該宦言之之學也。

子夏曰:“仕而優則學,學而優則仕。”《論語・子張》。所謂仕,即宦也。理事不違,學之雖可分先後,固不容畸有重輕。然當時之所謂宦者,未必皆能學仕官之事也。宦之義爲養。《檀弓》曰:“陳子車死於衛。其妻與其家大夫謀以殉葬。定而後陳子亢至。以告曰:夫子疾,莫養於下,請以殉葬。子亢曰:以殉葬,非禮也。雖然,則彼疾。當養者孰若妻與宰?得已,則吾欲已;不得已,則吾欲以二子者之爲之也。於是弗果用。”此所謂養,即宦也。《史記・吕不韋列傳》:諸客求宦爲嫪毐舍人者千餘人。正以司奉養之事,故必居於其舍耳。《漢書・惠帝紀》:帝之立,賜中郎、郎中滿六歲爵三級,四歲二級,宦官尚食比郎中,爵五大夫、吏六百石以上及宦皇帝而知名者有罪當盜械者,皆頌繫。此宦官及宦皇帝者,即太子家之舍人也。應劭以閹寺釋宦官非。《後漢書・宦官傳》曰:“中興之初,宦者悉用閹人。”則先漢固多士人矣。後世宦於士大夫家者曰門生,即古之舍人也。宦而徒以奉養人爲事,而不能習於官事,此其所以寖爲人所輕歟?

《漢書・馬宫傳》云:“本姓馬矢,宫仕、學,稱馬氏。”《樓護傳》云:“長者咸愛重之。共謂曰:以君卿之才,何不宦、學乎?”以仕、宦與學對舉,猶是古義。

原刊《華東師範大學學報》一九五七年第三期,
一九五七年七月十五日出版

〔二三二〕富　　教

先富後教之義,孟子闡之最明。《梁惠王》上篇曰:“明君制民之産,必使仰足以事父母,俯足以畜妻子;樂歲終身飽,凶年免於死亡;然後驅而之善,故民之從之也輕。今也制民之産,仰不足以事父母,俯不足以畜妻子;樂歲終身苦,凶年不免於死亡;此惟救死而恐不贍,奚暇治禮義哉?”言民不富則不可教也。《滕文公》上篇曰:“后稷教民稼穡,樹藝五穀;五穀熟而民人育。人之有道也,飽食暖衣,逸居而無教,則近於禽獸。聖人有憂之,使契爲司徒,教以人倫。”言教必繼富之後也。《王制》曰:“食節事時,民咸安其居,樂事勸功,尊君親上,然后興學。”亦同斯旨。《論語・先進》:冉有曰:“方六七十,如五六十,求也爲之,比及三年,可使足民。如其禮樂,以俟君子。”言富之之時,尚未暇施教也。《尚書大傳》曰:“耰鉏已藏,祈樂已入,《注》:“祈樂,當爲新穀。”歲事已畢,餘子皆入學。距冬至四十五日,始出學,傅農事。”是雖設學,亦如今之冬學也。《周書・糴匡》篇曰:成年,“餘子務藝”,年儉,“餘子務穡”。《墨子・七患》篇曰:“凶饑存乎國,士不入學。”是雖設學,遇饑年即罷,而致力於救荒也。

〔二三三〕六　　藝

六藝傳自儒家，而《七略》别之九流之外，吾昔篤信南海康氏之説，以爲此乃劉歆爲之；歆欲尊周公以奪孔子之席，乃爲此，以見儒家所得，亦不過先王之道之一端，則其所崇奉之《周官經》，其可信據，自在孔門所傳六藝之上矣。由今思之，殊不其然。《七略》之别六藝於九流，蓋亦有所本。所本惟何？曰：《詩》、《書》、《禮》、《樂》，本大學設教之舊科，邃古大學與明堂同物，《易》與《春秋》，雖非大學之所以教，其原亦出於明堂；儒家出於司徒，司徒者主教之官，大學亦屬焉，故其設教，仍沿其爲官守時之舊也。

古有國學，有鄉學。國學初與明堂同物，别見《學制》條。《王制》曰："樂正崇四術，立四教，順先王《詩》、《書》、《禮》、《樂》以造士，春秋教以《禮樂》，冬夏教以《詩書》。"《詩》、《書》、《禮》、《樂》，追原其朔，蓋與神教關係甚深。《禮》者，祀神之儀；《樂》所以娱神；《詩》即其歌辭；《書》則教中典册也。古所以尊師重道，執醬而饋，執爵而酳，袒而割牲，北面請益而弗臣，蓋亦以其爲教中尊宿之故。其後人事日重，信神之念日澹，所謂《詩》、《書》、《禮》、《樂》，已不盡與神權有關，然四科之設，相沿如故，此則樂正之所以造士也。惟儒家亦然。《論語》："子所雅言，《詩》、《書》、執《禮》。"《述而》。言《禮》以該《樂》。又曰"興於《詩》，立於《禮》，成於《樂》"，《泰伯》。專就品性言，不主知識，故不及《書》。子謂伯魚曰："學《詩》乎？""學《禮》乎？"季氏。則不舉《書》而又以《禮》該《樂》。雖皆偏舉之辭，要可互相鉤考，而知其設科一循大學之舊也。

《易》與《春秋》，大學蓋不以是設教，然其爲明堂中物，則亦信而有徵。《禮記·禮運》所言，蓋多王居明堂之禮，而曰："王前巫而後史，卜筮瞽侑，皆在左右。"《春秋》者史職，《易》者，巫術之一也。孔子取是二書，蓋所以明天道與人事，非凡及門者所得聞。子貢曰："夫子之文章，可得而聞也，夫子之言性與天道，不可得而聞也。"《論語・公冶長》。文章者，《詩》、《書》、《禮》、《樂》之事；性與天道，則《易》道也。孔子之作《春秋》也，"筆則筆，削則削，子夏之徒不能贊一辭。"《史記・孔子世家》。子夏之徒且不能贊，況其下焉者乎？《孔子世家》曰："孔子以《詩》、《書》、《禮》、《樂》教，弟子蓋三千焉，身通六藝者七十有二人。"此七十有二人者，蓋於《詩》、《書》、《禮》、《樂》之外，又兼通《易》與《春秋》者也。《孔子世家》曰："孔子晚而喜《易》，讀《易》，韋編三絶，曰：假我數年，若是，我於《易》則彬彬矣。"與《論語・述而》"加我數年，五十以學《易》，可以無大過矣"合。疑五十而知天命，正在此時。孔子好《易》，尚在晚年。弟子之不能人人皆通，更無論矣。

六藝之名，昉見《禮記・經解》。《經解》曰："孔子曰：入其國，其教可知也。其爲人也，温柔敦厚，《詩》教也；疏通知遠，《書》教也；廣博易良，《樂》教也；絜静精微，《易》教也；恭儉莊敬，《禮》教也；屬辭比事，《春秋》教也。故《詩》之失愚，《書》之失誣，《樂》之失奢，《易》之失賊，《禮》之失煩，《春秋》之失亂。"《淮南子・泰族》："《易》之失也卦，《書》之失也敷，《樂》之失也淫，《詩》之失也辟，《禮》之失也責，《春秋》之失也刺。"曰其教，則其原出於學可知也。《繁露・玉杯》曰："君子知在位者之不能以惡服人也，是故簡六藝以贍養之。《詩》、《書》序其志，《禮》、《樂》純其美，《易》、《春秋》明其知。"云以贍養在位者，則其出於大學，又可知也。《繁露》又曰："六學皆大，而各有所長。《詩》道志，故長於質；《禮》制節，故長於文；《樂》詠德，故長於風；《書》著功，故長於事；《易》本天地，故長於數；《春秋》正是非，故長於治人。"《史記・滑稽列傳》及《自序》，辭意略同。《滑稽列傳》曰："孔子曰：六藝於治一也。《禮》以節人，《樂》以發和，《書》以道事，《詩》以達意，《易》以神化，《春秋》以道義。"《自序》曰："《易》著天地陰陽四時五行，故長於變；《禮》經紀人倫，故長於行；《書》記先王之事，故長於政；《詩》記山川谿谷禽獸草木牝牡雌雄，故長於風；《樂》樂所以立，故長於和；《春秋》辨是非，故長於治人。是故《禮》以節人，《樂》以發和，《書》以道事，《詩》以達意，《易》以道化，《春秋》以道義。撥亂世，反之正，莫近於《春秋》。"此孔門六藝之大義也。賈生《六術》及《道德説》，推原六德，本諸道、德、性、神、明、命，尤可見大學以此設教之原。古代神教，固亦自有其哲學也。

《易》本隱以之顯，《春秋》推見至隱，二者相爲表裏，故古人時亦偏舉。《荀子·勸學》曰："學惡乎始？惡乎終？曰：其數則始乎誦經，終乎讀《禮》。其義則始乎爲士，終乎爲聖人。真積力久則入，學至乎没而後止也。故《書》者，政事之紀也；《詩》者，中聲之所止也；《禮》者，法之大分，羣類之綱紀也。故學至乎《禮》而止矣，夫是之謂道德之極。《禮》之敬文也，《樂》之中和也，《詩》《書》之博也，《春秋》之微也，在天地之間者畢矣。"古人誦讀，皆主《詩》《樂》。詳見《癸巳存稿·君子小人學道是弦歌義》。始乎誦經，終乎讀《禮》，乃以經該《詩》、《樂》，與《禮》并言，猶言興於《詩》，立於《禮》也。下文先以《詩》、《書》并言，亦以《詩》該《樂》。終又舉《春秋》而云在天地之間者畢，可見《春秋》爲最高之道。不言《易》者，舉《春秋》而《易》該焉，猶《史記·自序》，六經并舉，側重《春秋》，非有所偏廢也。《孟子》一書，極尊崇《春秋》，而不及《易》，義亦如此。《荀子·儒效》"《詩》言是其志也，《書》言是其事也，《禮》言是其行也，《樂》言是其和也，《春秋》言是其微也"，與《賈子書·道德説》"《書》者此之著者也，《詩》者此之志者也，《易》者此之占者也，《春秋》者此之紀者也，《禮》者此之體者也，《樂》者此之樂者也"，辭意略同，而獨漏《易》，可見其係舉一以見二，非有所偏廢也。《漢書·藝文志》："六藝之文：《樂》以和神，仁之表也；《詩》以正言，義之用也；《禮》以明體，明者著見，故無訓也；《書》以廣聽，知之術也；《春秋》以斷事，信之符也。五者，蓋五常之道，相須而備，而《易》爲之原。故曰《易》不可見，則乾坤或幾乎息矣，言與天地爲終始也。至於五學，世有變改，猶五行之更用事焉。"以五經分配五行，雖不免附會，然其獨重《易》，亦可與偏舉《春秋》者參觀也。

《莊子·徐無鬼》："女商曰：吾所以説吾君者，横説之則以《詩》、《書》、《禮》、《樂》，從説之則以《金版六弢》。"《金版六弢》，未知何書，要必漢代金匱石室之倫，自古相傳之祕籍也。《太史公自序》："余聞之先人曰：伏羲至純厚，作《易》八卦；堯舜之盛，《尚書》載之，禮樂作焉；湯武之隆，詩人歌之；《春秋》采善貶惡，推三代之德，褒周室，非獨刺譏而已也。"上本之伏羲、堯、舜、三代，可見六藝皆古籍，而孔子取之。近代好爲怪論者，竟謂六經皆孔子所自作，其武斷不根，不待深辯矣。《論衡·須頌》:"問説《書》者,欽明文思以下,誰所言也？曰:篇家也。篇家誰也？孔子也。"此亦與《史記》謂孔子序《書傳》之意同,非謂本無其物,而孔子創爲之也。不可以辭害意。

《莊子·天下》曰:"以仁爲恩,以義爲理,以禮爲行,以樂爲和,薰然慈仁,謂之君子。"又曰:"古之人其備乎？配神明,醇天地,育萬物,和天下,澤及百姓。明於本數,係於末度,六通四辟,小大精麤,其運無乎不在。其明而在度數者,舊法世傳之史,尚多有之;其在於《詩》、《書》、《禮》、《樂》者,鄒魯之士、搢紳先生,多能明之。《詩》以道志,《書》以道事,《禮》以道行,《樂》以道和,《易》以道陰陽,《春秋》以道名分。其數散於天下而設於中國者,百家之學,時或稱而道之。"以仁爲恩指《詩》,以義爲理指《書》,所謂薰然慈仁之君子,即學於大學之士也。此以言乎盛世。至於官失其守,則其學爲儒家所傳,所謂鄒魯之士、搢紳先生者也。上下相銜,"詩以道志"二十七字,决爲後人記識之語溷入本文者。《管子·戒》篇。"博學而不自反,必有邪。孝弟者,仁之祖也。忠信者,交之慶也。内不考孝弟,外不正忠信。澤其四經,而誦學者,是亡其身者也。"尹《注》:"四經,謂《詩》、《書》、《禮》、《樂》。"其説是也。古所誦惟《詩》、《樂》,謂之經,後引伸之,則凡可誦習者皆稱經。《學記》:"一年視離經辨志。"經蓋指《詩》、《樂》,志蓋指《書》,分言之也,《管子》稱四經,合言之也。可見《詩》、《書》、《禮》、《樂》,爲大學之舊科矣。舊法世傳之史,蓋失其義,徒能陳其數者。百家之學,皆王官之一守,所謂散於天下,設於中國,時或稱而道之者也。亦足爲《詩》、《書》、《禮》、《樂》出於大學之一旁證也。《商君書·農戰》:"《詩》、《書》、《禮》、《樂》、善、脩、仁、廉、辯、慧,國有十者,上無使守戰。"亦以《詩》、《書》、《禮》、《樂》并舉。

《詩》、《書》、《禮》、《樂》、《易》、《春秋》,自人之學習言之,謂之六藝;自其書言之,謂之六經。《經解》及《莊子·天運》所言是也。《天運》曰:"孔子謂老聃曰:丘治《詩》、《書》、《禮》、《樂》、《易》、《春秋》六經。老子曰:夫六經,先王之陳跡也,豈其所以跡哉？"亦可見六經確爲先王之故物，而孔子述之也。《莊子·天道》："孔子西藏書於周室，繙十二經以說。"十二經不可考，《釋文》引説者云："六經加六緯。""一説《易》上下經并十翼。"又一云"《春秋》十二公經。"皆未有以見其必然也。

六藝有二：一《周官》之禮、樂、射、御、書、數，一孔門之《詩》、《書》、《禮》、《樂》、《易》、《春秋》也。信今文者，詆《周官》爲僞書，信古文者，又以今文家所稱爲後起之義；予謂皆非也。《周官》雖六國陰謀之書，所述制度，亦必有所本，不能馮空造作也。《吕覽·博志》："養由基、尹儒，皆文藝之人也。"文藝，一作六藝。文藝二字，古書罕見，作六藝者蓋是。由基善射，尹儒學御，稱爲六藝之人，此即《周官》之制不誣之證。予謂《詩》、《書》、《禮》、《樂》、《易》、《春秋》，大學之六藝也；禮、樂、射、御、書、數，小學及鄉校之六藝也。何以言之？曰：《周官》大司徒"以鄉三物教萬民而賓興之。三曰六藝，禮、樂、射、御、書、數"，此鄉校之教也。"保氏養國子以道，乃教之六藝：一曰五禮，二曰六樂，三曰五射，四曰五馭，五曰六書，六曰九數"，此小學之教也。《論語》："子曰：吾何執？執御乎？執射乎？吾執御矣。"《子罕》。謙，不以成德自居，而自齒於鄉人也。六藝雖有二義，然孔門弟子，身通六藝，自係指大學之六藝而言。不然，當時鄉人所能，孔門能通之者，必不止七十二人也。

《管子·山權數》：管子曰：有五官技。"桓公曰：何謂五官技？管子曰：《詩》者，所以記物也；時者，所以記歲也；《春秋》者，所以記成敗也；行者，道民之利害也；《易》者，所以守凶吉成敗也；卜者，卜凶吉利害也。民之能此者，皆一馬之田，一金之衣，此使君不迷妄之數也。六家者，即見其時，使豫，先蚤閒之日受之。故君無失時，無失策；萬物興豐無失利；遠占得失，以爲末教。《詩》記人無失辭，行殫道無失義，《易》守禍福凶吉不相亂，此謂君棅。"上云五官，下云六家，蓋卜、易同官也。此與《詩》、《書》、《禮》、《樂》、《易》、《春秋》，大同小異。蓋東周以後，官失其守，民間顧有能通其技者，管子欲利田宅美衣食以蓄之也。此亦王官之學，散在民間之一證。

《新學僞經考》曰：史遷述六藝之序，曰《詩》、《書》、《禮》、《樂》、

《易》、《春秋》，西漢以前之説皆然，蓋孔子手定之序。劉歆以《易》爲首，《書》次之，《詩》又次之，後人無識，咸以爲法。此其顛倒六經之序也。以此爲劉歆大罪之一。《史記經説足證僞經考》、《漢書藝文志辨僞下》。案《漢志》之次，蓋以經之先後。《易》本伏羲，故居首；《書》始唐堯，故次之；以爲顛倒六經之序，殊近深文。謂《詩》、《書》、《禮》、《樂》、《易》、《春秋》之序，爲孔子手定，亦無明據。予謂《詩》、《書》、《禮》、《樂》，乃大學設教之舊科，人人當學，故居前；《易》、《春秋》義較深，聞之者罕，故居後。次序雖無甚關係，然推原其朔，自以從西漢前舊次爲得也。

原刊《光華大學半月刊》第一卷第三期，
一九三二年十一月十四日出版

〔二三四〕 原　易

宋人以圖書言《易》，清之治漢學者力排之，其實此乃漢人舊説也。《漢書・五行志》載劉歆之言曰："虙犧氏繼天而王，受《河圖》，則而畫之，八卦是也。禹治洪水，得《雒書》，法而陳之，《洪範》是也。"八卦五行，原出圖書，説始於此。張衡《東京賦》："龍圖授羲，龜書畀姒。"《三國・魏志注》載辛毗等勸進表："河洛之書，著於《洪範》。"皆出劉歆之後。《論衡・正説》曰："説《易》者皆謂伏羲作八卦，文王演爲六十四。夫聖王起，河出圖，洛出書；伏羲王，《河圖》從河水中出，《易》卦是也；禹之時，得《洛書》，書從洛水中出，《洪範》九章是也。故伏羲以卦治天下；禹按《洪範》，以治洪水。古者烈山氏之王得河圖，夏后因之曰《連山》。烈山氏之王得河圖，殷人因之曰《歸藏》。伏羲氏之王得河圖，周人曰《周易》。疑奪"因之"二字。其經卦皆六十四。文王、周公因《彖》十八章究六爻。世之傳説《易》者，言伏羲作八卦，不實其本，則謂伏羲真作八卦也。伏羲得八卦，非作之；文王得成六十四，非演之也。演作之言，生於俗傳。苟信一文，使夫真是幾滅不存。既不知《易》之爲河圖，又不知存於俗何家《易》也。"伏羲畫卦，文王重卦，西漢以前無異説。見下。仲任此言，蓋因《周官》大卜三易，"其經卦皆八，其别皆六十有四"之文，以駁今學家之説也。"河出圖，洛出書，聖人則之"，見《易大傳》。"子曰：鳳鳥不至，河不出圖，吾已矣夫！"見《論語》，《子罕》。"山出器車，河出馬圖"，見《禮記·禮運》。皆僅以爲瑞應，未嘗謂與八卦有關。劉歆鑿言畫卦係則《河圖》，陳範係法五行，業已穿鑿無據，然猶僅云則之法之而已。《論衡·自然》曰："或曰：太平之應，河出圖，洛出書，不畫不就，不爲不成。天地出之，有爲之驗也。張良遊泗水之上，遇黄石公授太公書，蓋天佐漢誅秦，故命令神石，爲鬼書授人，復爲有爲之效也。曰：此皆自然也。夫天安得以筆墨而爲圖書乎？天道自然，故圖書自成。晉唐叔虞、魯成季友生，文在其手，故叔曰虞，季曰友。宋仲子生，有文在其手，曰爲魯夫人。三者在母之時，文字成矣，而謂天爲文字，在母之時，天使神持錐筆墨刻其身乎？自然之化，固疑難知。外若有爲，内實自然。是以太史公紀黄石事，疑而不能實也。"則竟謂八卦五行，具於圖書，而伏羲等特從而謄録之矣。自謂得理之衷，而不知其荒怪更甚也。

《易大傳》曰："古者包犧氏之王天下也，仰則觀象於天，俯則觀法於地；觀鳥獸之文，與地之宜；近取諸身，遠取諸物；於是始作八卦，以通神明之德，以類萬物之情。"《含文嘉》曰："伏犧德合上下，天應以鳥獸文章，地應以《河圖》、《洛書》。伏犧則而象之，乃作八卦。"《周易正義·八論》引。説本於此。則而象之，即"觀象於天，觀法於地"之意，亦即"河出圖，洛出書，聖人則之"之意，乃取其義，非襲其文也。《易》之卦畫，蓋由來甚舊，其原當出於邃古之世。一以象男陰，一以象女陰。其後推而廣之，則凡物有陽剛之性者，皆表之以一；有陰柔之性者，皆表之以一。此已略有抽象及分類之意。然畫形祇有兩種，無以盡物性之紛紜，乃又推而廣之，以一與一相妃，重之而至於三，古以三爲多數。則☰可以表純陽，☷可以表純陰；☵可以表内剛外柔，☲可以表内柔外剛；☱、☴、☶、☳等，亦各有所象；向之於物，祇可分爲兩類者，今乃可分爲八類，則於物情益悉矣。《説卦・乾》爲天爲父，《坤》爲地爲母云云，蓋即此時之遺説，所謂"以類萬物之情"也。曰"以通神明之德"者？"物得以生謂之德"。《莊子・天下》。人受氣於天，受形於地，所謂德也。萬物皆一氣所成，積陽爲天，積陰爲地，元與爲人之沖氣非異物，《禮運》曰："體魄則降，知氣在上。"《祭義》曰："骨肉斃於下陰爲野土，其氣發揚於上爲昭明。"昭明之氣即知氣，天之屬也。骨肉則體魄，地之屬也。合此二氣以成萬物，則所謂"萬物負陰而抱陽，沖氣以爲和"也。故萬物之情得，而神明之德，亦可通矣。此等説，自今日觀之，誠亦了無足異，然在當日，必博觀萬彙，遺其形而求其理，而後能得之，故《易大傳》盛稱之也。古代有所創造，率以歸諸其時之帝王。八卦誠不必伏犧所畫，要必出於伏犧之世，如《周易》之出於周室者然。此於古代哲學，大有關係。以爲仰觀俯觀近取遠取所得，於理甚通；以爲録自《河圖》，則了無意義矣。古學家之好怪如此，後人顧或以純正稱之，不亦翩反矣乎？《隋書・經籍志》論圖讖曰："起王莽好符命，光武以圖讖興，遂盛行於世。漢時，又詔東平王蒼正五經章句，皆命從讖。俗儒趨時，益爲其學，篇卷第目，轉加增廣。言五經者，皆憑讖爲説。唯孔安國、毛公、王璜、賈逵之徒獨非之，相承以爲祆妄，亂中庸之典。故因漢魯恭王、河間獻王所得古文，參而考之，以成其義，謂之古學。當世之儒，又非毁之，竟不得行。魏代，王肅推引古學，以難其義。王弼、杜預從而明之，自是古學稍立。至宋大明中，始禁圖讖"云云，一似讖專與今學爲緣者，殊不知讖所由起之王莽，即附會古學之始祖也。專好引讖之鄭玄，名爲兼用今古，實則偏重古學者也。今學似語怪，古學似不然者，如《詩傳》稱聖人皆無父，感天而生；而《毛傳》釋《生民》詩獨言從祀高禖，不取履大人跡之説是。此好古學者所藉口也。殊不知此等乃古説而《詩》家傳之，與讖書之造作妖言者大異。古學家不知此説，正見其學無傳授耳。

西漢人説《易》者：《史記・周本紀》曰："西伯蓋即位五十年。其囚羑里，蓋益《易》之八卦爲六十四卦。"《自序》："昔西伯拘羑里，演《周易》。"《報任安書》："文王拘而演《周易》。"《孔子世家》曰："孔子晚而喜《易》，序《彖》、《繫》、《象》、《説卦》，《文言》。"《日者列傳》曰："伏羲作八卦，周文王演三百八十四爻。"《漢書・藝文志》曰："《易》曰：宓犧氏仰觀象於天，俯觀法於地，觀鳥獸之文，與地之宜，近取諸身，遠取諸物，於是始作八卦，以通神明之德，以類萬物之情。至於殷、周之際，紂在上位，逆天暴物，文王以諸侯順命而行道，天人之占，可得而效，於是重《易》六爻，作上下篇。案此亦今文《易》説也。《易大傳》曰："於稽其類，其衰世之意邪？"又曰："《易》之興也，其於中古乎？作《易》者，其有憂患乎？"又曰："《易》之興也，其當殷之末世，周之盛德邪？當文王與紂之事邪？"皆與此説合。故知西漢人謂伏羲畫卦，文王重卦，皆係相傳舊説也。孔氏爲之《彖》、《象》、《繫辭》、《文言》、《序卦》之屬十篇。此語譌誤。見下。故曰：《易》道深矣，人更三聖，世歷三古。"《揚雄傳》載雄《解難》之辭曰："宓犧氏之作《易》也，緜絡天地，經以八卦。文王附六爻。孔子錯其象而彖其辭。"《論衡・謝短》曰："先問《易》家：《易》本何所起？造作之者爲誰？彼將應曰：伏羲作八卦，文王演爲六十四，孔子作《彖》、《象》、《繫辭》，三聖重業，《易》乃具足。"皆與《正説》所引説《易》者之言，如出一口。又《正義・八論》引《乾鑿度》曰："垂皇策者犧，卦道演德者文，成命者孔。"《通卦驗》曰："蒼牙通靈昌之成，孔演命，明道經。"説亦并同。其時古文説未出也，然則伏羲畫卦，文王重卦，孔子繫辭，殆西漢以前之公言也。此説揆以理，證以事，有不可通者。《易》爲筮書，其緣起當甚古，不應至文王時始行重卦。《乾鑿度》曰"垂皇策者犧"，則伏犧固以《易》筮矣，豈專筮八卦邪？古學家以三《易》分屬三代，或歸諸神農、黄帝，固無確據，然《禮運》載孔子之言曰："我欲觀殷道，是故之宋，而不足徵也，吾得《坤乾》焉。"《坤乾》謂指八卦，自不如謂指六十四卦之首《坤》者爲得。《公羊疏》一引《春秋説》曰："孔子欲作《春秋》，卜得《陽豫》之卦。宋氏曰：夏、殷之卦名也。"緯多用今文説，亦今文家謂文王之前已有重卦之一證。卜筮二字，對文則别，散文則通。龜書不稱卦，此非指龜卜也。則文王重卦之説，有可疑也。《彖》、《象》、《説卦》，皆不類春秋時物，今即措勿論，《卦》、《爻辭》亦斷難指爲孔子作。一則文義相去太遠，一則前此筮者，不應竟無繇辭也。則孔子繫辭之説，亦有可疑者也。

案《淮南・要略》云："八卦可以識吉凶，知禍福矣，然而伏羲爲之六十四變，周室增以六爻。"文王重卦，先漢諸儒，既無異辭，《淮南》亦出漢初，不應獨立異説。今案《孔子世家》云："序《書傳》。"又曰："序《彖》、《繫》、《象》、《説卦》、《文言》。"序者，次序之謂，原不謂其辭爲孔子所自作。然則《彖》、《繫》、《象》、《説卦》、《文言》，蓋皆《周易》之舊，孔子特序而存之爾。《周本紀》益八卦爲六十四卦，與《日者列傳》演三百八十四爻之語，蓋辭異而意同，乃主爻辭言，非謂前此衹有八卦，至此乃有六十四卦，三百八十四爻也。《易》之爻辭，誠未必文王作，然古人於一代文物，既皆以歸諸其時之帝王，則以《周易》之爻辭爲文王作，亦猶之道家言之稱黄帝，兵家言之稱太公耳，其無足怪。文王重卦之疑既釋，孔子繫辭之難，亦可隨之而解。何者？謂《彖》、《繫》、《象》、《説卦》、《文言》，皆孔子所作，則不可通；謂爲固有之物，而孔子從而序之，則本無可疑也。故今學家相傳之説，實極平正也。

《易正義·八論》云："《彖》、《象》等十翼之辭，以爲孔子所作，先儒更無異論。但數十翼亦有多家。既文王《易經》本分爲上下二篇，則區域各别，《彖》、《象》、《釋卦》，亦當隨經而分，故一家數十翼，云：《上彖》一、《下彖》二、《上象》三、《下象》四、《上繫》五、《下繫》六、《文言》七、《説卦》八、《序卦》九、《雜卦》十。鄭學之徒，并同此説。故今亦依之。"案數十翼，云有多家，可見鄭學之徒，所説未爲定論，惜乎疏家之未徧舉也。今之《繫辭》，據《釋文》，王肅本實有傳字。案《太史公自序》，引一致百慮，同歸殊塗之語，稱《易大傳》；又今《繫辭》中屢稱繫辭及辭，皆指卦爻等辭言；則王肅本是也。傳爲孔門弟子所作，皆記孔子之言，不得爲孔子所序。先漢舊説，既以《彖》、《繫》、《象》、《説卦》、《文言》，并歸孔子，則此即所謂十翼。《繫》苞卦爻辭言，與《彖》、《象》俱分上下，合《説卦》、《文言》，其數正十也。《漢志》云："孔子爲之《彖》、《象》、《繫辭》、《文言》，《序卦》之屬十篇。"序疑説字之譌。《儒林傳》云：費直《易》"無章句，徒以《彖》、《象》、《繫辭》十篇《文言》解説上下經"。十篇二字，疑當在文言下，而奪説卦二字也。《序卦》、《雜卦》亦傳之屬，不當云孔子作。《雜卦》取備列卦名，以便記誦；《序卦》以見卦之次第。《漢志》：施、孟、梁丘三家經十二篇。竊疑如予十翼之説而加此兩篇也。二篇亦傳，而總稱經十二篇者，古經傳本不嚴别，但論其爲誰作，則傳不當附之孔子耳。

《論衡·謝短》、《正説》皆云宣帝時，河内女子得《易》，而《易》益一篇，説不足信，見《大誓後得》條。《隋志》以《説卦》當之，益繆矣。《漢志》明言秦燔書，《易》爲卜筮之事，傳者不絶，豈有失其一篇之理？即如古文家言，亦不過云或脱去無咎悔亡而已。《法言·問神》："或曰：《易》損其一也，雖惷知闕焉，至《書》之不備過半矣，而習者不知，惜乎《書序》之不如《易》也。曰：彼數也，可數焉故也。如《書序》，雖孔子，亦末如之何矣。"此乃設辭，言《書序》之不如《易》，非謂《易》真有闕也。

三《易》之説：《易·八論》曰："杜子春云：《連山》伏犧，《歸藏》黄帝。鄭玄《易贊》及《易論》云：夏曰《連山》，殷曰《歸藏》，周曰《周易》。"而其注《周官》，但引杜子春之説。答趙商云："非無明文，改之無據，故著子春説而已；近師皆以爲夏、殷、周。"見《周官疏》。竊疑《論衡·正説》之文，第二烈山氏，當作黄帝氏號，即康成所謂近師之説。推其本，以《連山》屬神農，《歸藏》屬黄帝；語其末，則以《連山》屬夏，《歸藏》屬殷也。《周易》本於伏犧，明見《易大傳》，子春以《連山》屬伏犧，似非是；此説以神農號烈山氏，而以連山歸之，似較近理。康成釋《連山》曰："似山出納氣變也。"釋《歸藏》曰："萬物莫不歸而藏於其中。"《大卜注》。《八論》曰："鄭釋云：連山者，象山之出雲，連連不絶。"《三國·魏志·高貴鄉公紀》："博士淳于俊曰：似山出内氣，連天地也。"俊亦爲鄭學者也。皆以義言之。案《易緯》云："因代以題周。"見《八論》。則以《連山》屬神農，似較鄭義爲得。然黄帝無《歸藏》之稱，後人稱黄帝爲歸藏氏，正以漢人以《歸藏易》屬諸黄帝耳。則鄭説亦未嘗不可用也。要皆無明據耳。

鄭氏謂《連山》首《艮》，未知何據。其謂殷《易》首《坤》，蓋據《禮運》"吾得《坤乾》"言之。《禮運注》云："其書存者有《歸藏》。"則鄭時確有其書，然《漢志》不載。《正説》云："不知存於俗何家《易》。"則當時俗所謂《易》者，不止一家。筮術通行民間，理固宜然也。然則《連山》當時或亦有書，首《艮》之言，亦目驗而知之歟？《漢志》不載者，民間卜筮之書，中祕固不能盡備歟？抑在蓍龜家《蓍書》二十八卷中歟？《漢志》無《歸藏》，而《隋志》有之，其通行民間之《易》，復登中祕者歟？抑後人所僞造歟？皆不可知矣。

今學家說經，誠亦不能無誤，然多本之傳說。傳說雖誤，自有其逕路可尋，依其逕而求之，而真象可見矣。古學家之說，則多出於億度。億度之說，往往偏據一端；就此一端觀之，似亦甚爲有理，而一經博考，往往繆以千里，此考據之所以終不能作爲事實也。況乎漢代古學家之億度，尚未足以語於考據邪？予昔撰《中國文字變遷考》，考見倉頡爲黄帝史官之說，全出東漢人附會，絶不足信，即其一事。以神農號烈山氏，而以《連山易》屬之；因殷《易》首《坤》，乃釋《歸藏》之義爲萬物莫不歸藏於其中；又因道家重陰，又多自託於黄帝，乃以《歸藏》屬之，以與《連山》之屬神農相耦；皆若是而已矣。即鄭亦自言其無據矣。東漢以後，異說紛紛，具見於《易・八論》。王輔嗣等以爲伏犧重卦，蓋即《論衡》之說。鄭玄等以爲神農重卦，蓋因神農承伏犧後，故以重卦歸之。孫盛以爲夏禹重卦，蓋以三《易》分屬三代，而禹爲三代首出之君也。舊說以爲文王重卦，故以《卦辭》、《爻辭》并歸之。馬融、陸績，分别《卦辭》文王，《爻辭》周公，亦即《論衡》"文王、周公因《彖》十八章究六爻"之說。蓋以三《易》之說，出於《周官》，而《周官》古學家以爲周公之書故也。凡諸異說，一一可以推厥由來，知其所由來，而其出於附會可見矣。

〔二三五〕 易大義

《易正義・八論》引《乾鑿度》曰："易一名而含三義：所謂易也，變易也，不易也。"此《易》之大義也。道家自稱爲君人南面之學，而譏諸家皆僅效一節之用，其言曰："無成勢，無常形，故能究萬物之情。"又曰："聖人不朽，時變是守。"其實此乃變易一義耳。《漢書・藝文志》,以《詩》、《書》、《禮》、《樂》、《春秋》爲五常之道,相須而備,而《易》爲之原,與天地相終始。五學世有變改,猶五行之更用事,則儒家亦自有君臣矣。今人亦張變易之説,力攻昔人言天經地義之誣。其實天下事自其變者而觀之,則不舍晝夜;自其不變者而觀之,則亘古如兹。執必變之事以爲不變之道固非,然因此遂謂不變之道爲無有則亦繆不然。試問所謂變易者,爲變乎?爲不變乎?故知崇一端之論者皆偏,變易必兼不易言之,義始該備也。

易者簡易,謂莫之爲而爲,莫之致而致也。淺演之世,恒謂天地萬物,皆有一神焉以主之,是爲有爲之法。有爲之法,不能無息,正猶機之不能恒動。莫之爲而爲,莫之致而致,則不然矣。所謂通精無門,藏神無穴,不煩不擾,澹泊不失也。此有神與無神之别也。

康成依《易緯》作《易贊》及《易論》。及釋《周易》,則不用緯説,而云:"易道周普,無所不徧。"蓋其釋三《易》,不以《連山》、《歸藏》爲代名,故云然。然如所説,則周字之義,已具於變易中矣。何待更爲辭費?故知舊説不可易也。

原刊《群雅》第一集第二卷,一九四〇年五月一日

〔二三六〕 論今文易

關於《易經》,余個人尚有一意見。余以爲中國古代學問無論何家,其根源蓋無不相同,至少亦極接近,世無憑空創造之學説,必有其淵源可尋,古代學術蓋皆以《易經》等書爲根據,故胡謂并不駁易圖之誤,祇能證其爲道家所出耳。方東樹所著《漢學商兑》反對漢學頗有偏見,但自謂河圖洛書,祇能證明非出儒家,不能謂其與不合,其言甚是,故吾意儒道不能分也。根據此理,可知古時各家學説,蓋完全相通,漢之今文《易》今雖全佚,依此道亦可輯出其一部分,余曾思得一著手處,即《淮南子》有《原道訓》一篇,據《漢書

注》，此爲淮南子易九師所著成，頗似漢之今文《易》，因其與《易緯》多相同也。《易緯》誠係假書，惟必有所本，造《易緯》時古文尚未出世，故除荒誕處不足信外，殆全與今文《易》相合，《易緯》既似今文《易》，而《原道訓》似《易緯》，是即《原道訓》爲今文《易》矣。若假定《原道訓》爲今文《易》之經説，自此出發，合此者輯出之，則今文《易》或有重現之望，亦未可知。

〔二三七〕　左氏不傳春秋上

《史記·十二諸侯年表》云："孔子明王道，干七十餘君，莫能用，故西觀周室，論史記舊聞，興於魯而次《春秋》，上記隱，下至哀之獲麟，約其辭文，去其煩重，以制義法，王道備，人事浹。七十子之徒口受其傳指，爲有所刺譏褒諱挹損之文辭不可以書見也。魯君子左丘明懼弟子人人異端，各安其意，失其真，故因孔子史記具論其語，成《左氏春秋》。鐸椒爲楚威王傅，爲王不能盡觀《春秋》，採取成敗，卒四十章，爲《鐸氏微》。趙孝成王時，其相虞卿上採《春秋》，下觀近世，亦著八篇，爲《虞氏春秋》。吕不韋者，秦莊襄王相，亦上觀尚古，删拾《春秋》，集六國時事，以爲《八覽》、《六論》、《十二紀》，爲《吕氏春秋》。及如荀卿、孟子、公孫固、韓非之徒，各往往捃摭《春秋》之文以著書，不可勝紀。漢相張蒼曆譜五德，上大夫董仲舒推《春秋》義，頗著文焉。太史公曰：儒者斷其義，馳説者騁其辭，不務綜其終始；曆人取其年月，數家隆於神運，譜諜獨記世謚，其辭略，欲一觀諸要難。於是譜十二諸侯，自共和訖孔子，表見《春秋》、《國語》學者所譏盛衰大指著於篇，爲成學治古文者要删焉。"此語出於武帝之世，今古學之争未興以前，實堪考見《春秋》信史。漢博士謂左氏不傳《春秋》；而治古學者，如劉歆、陳元之徒，執之甚固。近人信今文説者，謂史公《自序》云"左丘失明，厥有《國語》"，其《報任安書》亦云；下文又曰"左丘明無目”，則宋祁所見越本、王念孫所見景祐本及《文選》，皆無明字；《讀書雜志》。而《論語》巧言令色足恭一章，《集解》録孔安國《注》，則此章亦出《古論》；《新學僞經考》。因謂有左丘而無左丘明，有《國語》而無《春秋左氏傳》。予昔亦持此説，由今思之，古學家僞造《春秋左氏傳》，必不至誤所託者之姓名。稱名不具，古所時有；《十二諸侯年表》之文，亦無僞竄確據；則謂“有左丘而無左丘明”者殆非，然謂“有《國語》而無《春秋左氏傳》”，則殆是也。

同一時代之人，所著之書，體例必大略相似。知史事之可貴，如實叙述，以詒後人，殆先秦之人所未知；其時著書，引用史事，大抵雜以已見者耳。諸子書引史事，明著《春秋》之名者有三：周、燕、宋、齊之《春秋》，見於《墨子》；《桃左春秋》，見於《韓非》；又《韓非》、《管子》，皆引《春秋》之記云云，皆以明義，非以記事。此外不明言爲《春秋》，而按其文，可知爲出於《春秋》者甚多，其體例大抵相同。鐸椒、虞卿、公孫固之書已亡，吕不韋、荀卿、孟子、韓非之書具在，可覆按也；《史記·虞卿列傳》："不得意，乃著書，上採《春秋》，下觀近世，曰《節義》、《稱號》、《揣摩》、《政謀》，凡八篇。以刺譏國家得失，世傳之曰《虞氏春秋》。"似亦《吕氏春秋》類也。皆所謂斷其義，騁其辭，不務綜其終始者也。若有如今之《左氏》者，則固已綜其終始，具其年月世謚矣。史公安得一筆抹殺，自專要删之功。孔子生其時，見地安得獨異。然今《春秋》體例，實與孟、荀、管、韓、墨翟、吕不韋之書大異，何哉？曰：借史事以明義有兩法：一則明著其説，一則著其事而隱其説。由前之説，孟、荀、管、韓、墨翟、吕不韋之書以之；由後之説，孔子之《春秋》以之。《春秋》雖改舊史之文，其體例實一仍《不脩春秋》之舊，子女子所謂以《春秋》爲《春秋》也。孔子之脩《春秋》，所以獨隱其説者，蓋以其興於魯，所刺譏褒諱挹損者，皆其邦之大夫，主人得以習其讀而問其傳，故不得不微其辭也。鐸椒爲楚威王傅，採取成敗，以備王之鑑觀，蓋亦多引本國事，故其書以“微”稱，然則鐸氏之志，其猶孔氏之志歟？惜其書之不可見也。《漢書·藝文志》有《鐸氏微》三篇。又有《左氏微》二篇，《張氏微》十篇，《虞氏微傳》二篇，蓋皆妄人所爲。

古史記多稱語，史公此文稱丘明所著曰《左氏春秋》，而其《自序》及《報任安書》稱爲《國語》。此文前稱諸家所著書多曰《春秋》，而後以《春秋》、《國語》并舉，則《左氏春秋》一名《國語》，猶《吕氏春秋》一名《吕覽》也。《國語》者，記君卿大夫之事，異乎東野人之言，所謂"國聞"也。"爲成學治古文者要删焉"，《集解》："徐廣曰：一云治國聞者也。"案"國聞"二字罕見，非僞竄者所能造，恐"古文"二字係傳譌，"國聞"二字則原文也。傳必與經相附麗，獨《左氏》不然，且孔子之脩《春秋》，其文雖沿自史官，其義法則實爲一家所獨具，非口受其傳指不能知；弟子果安意失真，即具論其語何益。今案弟子之傳《春秋》，蓋獨傳其義。傳其義者，固非全不論事，然所重不在此，特取足以説明其義而止矣。如是輾轉傳述，義雖仍在而事則易以失真，故因孔子史記而具論之。所慮其失真者，在史事而不在孔子所脩《春秋》之義法也。其所論者，雖爲孔氏之史記，其書則全與《春秋》無涉，故曰"左氏不傳《春秋》"也。

或曰："古語字有二解：稱史記固曰語，稱人之言語亦曰語，如《論語》、《家語》是也。《禮記・文王世子》："語曰：樂正司業，父師司成，一有元良，萬國以貞。"此語必不能謂爲記事之語，亦《論語》、《家語》之類也。安知史公所謂具論其語者，爲史記之語而非言語之語乎？《左氏春秋》或與《國語》爲兩書，《國語》所記之事，雖多與《春秋》相同，其書實與《春秋》無涉；至《左氏春秋》，則實與孔子之書相附麗，《春秋》有一條者，《左氏》亦必有一條，所謂因孔子史記也。史記二字即指《春秋》言。具論其語，或所論者，竟爲孔子之言語，故可正弟子之安意而失真。如是，則《左氏春秋》實可稱爲《春秋》之傳，然其書已亡，劉歆等乃又據《國語》造作也。"此説亦似有理，然有不可通者。謂語爲孔子之語，則所謂刺譏襃諱挹損之文，既已筆之於書矣，孔子所微，其辭弟子所不敢顯然著之於傳者，丘明獨敢奮然爲之，何其勇也？若謂語即史記，丘明具論之，一一與孔子所脩《春秋》相附，如《韓非》之《儲説》者，然則其書當附麗於《春秋》，不當自爲一書稱《左氏春秋》或《國語》矣，故此説亦不中情也。

〔二三八〕 左氏不傳春秋中

《東塾讀書記》云:"漢博士謂左氏不傳《春秋》;晉王接謂《左氏》自是一家書,不主爲經發。近時劉申受云:《左氏春秋》猶《晏子春秋》、《吕氏春秋》也;冒曰《左氏春秋傳》,則東漢以後之以譌傳譌者矣。澧案:《漢書·翟方進傳》云:方進雖受《穀梁》,然好《左氏傳》。此西漢人明謂之《左氏傳》矣。或出自班孟堅之筆,冒曰《左氏傳》與?然翟方進受《穀梁》而好《左氏》,《穀梁》是傳,則《左氏》非傳而何哉?《左傳》記事者多,解經者少,漢博士以爲解經乃可謂之傳,故云左氏不傳《春秋》。然伏生《尚書大傳》,不盡解經也,左氏依經而述其事,何不可謂之傳?且左氏作《國語》,自周穆王以來,分國而述其事;其作此書,則依《春秋》編年,以魯爲主,以隱公爲始,明是《春秋》之傳;如《晏子春秋》、《吕氏春秋》,則雖以譌傳譌,能謂之《春秋晏氏傳》,《春秋吕氏傳》乎?"《東塾讀書記》卷十。愚案:謂《左氏》記事與經相附,是也,然記事與經相附,不可遂爲之傳也。傳自當以解經爲主,而所謂解經,非必句梳字櫛,但汎言義理者皆是,且尤爲可貴。伏生《書傳》,正是其例。《左氏》記事,以魯爲主,蓋其書與《不脩春秋》,同出於魯人,亦或本與《國語》爲一書,劉歆析爲編年,而改其語氣也。以隱公爲始,似與《春秋》相附矣,然則何不以獲麟爲終乎?又安知魯之有史,或其史之記年,非始於隱公乎?《翟方進傳》語,不徒其詞出於後人,即其事之可信與否,亦難質言也。

陳氏亦信《左氏》有後人附益之説,而引《公羊》之子沈子、子司馬子爲況,則又非也。《公羊》之子沈子、子司馬子,皆傳《春秋》之學者,在孔門爲後學,在漢世爲先師,一脈相承,確有傳授,與無所受而以意爲説者,安得强同?陳氏又以《左氏》一書,言日月例者惟二條,斷其爲依放《公》、《穀》;書法不通者,如公子遂、叔孫僑如之舍族,强説爲尊夫人,斷其爲後人所附益,則甚確。然此皆引傳文以解經者之所爲,《漢書・楚元王傳》。見下。并不得以插注其處者爲劉氏段相況也。杜氏《集解序》云:"古今言《左氏春秋》者,引《公羊》、《穀梁》,適足自亂。"《孔疏》叙云:"前漢傳《左氏》者,有張蒼、賈誼、尹咸、劉歆,後漢有鄭衆、賈逵、服虔、許惠卿之等,各爲詁訓,然雜取《公羊》《穀梁》,以釋《左氏》。"案張蒼、賈誼、尹咸等,傳《左氏》書否,殊不可知;即謂知之,亦所謂傳訓詁之流耳。引傳文以解經者,必始於劉歆;東漢治《左氏》者,皆襲其法,至杜氏乃破之也。觀此知以記事重《左氏》者,乃後起之説,其初自謂非解經即不足爲傳,故有此矯揉造作也。

俞理初《癸巳類稿》云:"《漢書・藝文志》云《春秋古經》十二篇,《左氏傳》三十卷,此官書,就所得經傳各本也;其經十一卷,則兩家立學官書,與《左氏》無涉。《儒林傳》云賈誼爲《左氏傳訓故》,又云平帝時立《左氏春秋》。《楚元王傳》:初,《左氏傳》多古字古言,學者傳訓故而已;及歆治《左氏》,引傳文以解經,轉相發明,由是章句義理備焉。是今傳附經三十卷本,非西漢官本,乃劉歆引傳解經本也。《後漢書》云:賈逵父徽受業於歆,逵傳父業。《南齊書・陸澄傳》云:澄謂王儉曰:太元取服虔而兼取賈逵經者,服傳無經,雖在注中,而傳又有無經者故也。今留服去賈,則經有所闕。是賈氏得劉本,亦傳附經也。"《癸巳類稿》卷二。愚案此亦《左氏》本與《春秋》各别,牽引出於劉歆之一證。

又《癸巳存稿》云:"《後漢書・鄭興傳》云:晚善《左氏春秋》,從劉歆講正大義,劉歆美其才,使撰條例章句訓詁。子衆從父受《左氏春秋》,作《春秋難記》原注:謂設難而通之。《條例》,又受詔作《春秋删》十九篇。《賈逵傳》云:父徽,從劉歆受《左氏春秋》,有《左氏條例》二十一篇。逵悉傳父業。建初時,條奏云:永平中,逵言《左氏》與圖讖合者,先帝不遺芻蕘,省納臣言,寫其傳詁,藏之祕書;則永平中上疏,上《左氏傳》、《國語解詁》五十一篇:《左氏傳解詁》三十,《國語解詁》二十一也。《鄭興傳》云:賈逵自傳其父業,故有鄭、賈之學。《陳元傳》云:父欽,習《左氏春秋》,事黎陽賈護,與劉歆同時,而别自名家。元少傳父業,爲之訓詁。是鄭、賈、陳三家不同。《蜀志・尹默傳》云:

專精《左氏春秋》，自劉歆條例，鄭衆、賈逵父子、陳元、服虔注説，咸略誦述，不復案本。是鄭、賈條例，但各著簡札，實俱爲劉歆條例也。《後漢書·儒林傳》云：潁容著《春秋左氏條例》五萬餘言。杜預《左傳集解序》云：潁子嚴者，亦復名家。是條例有劉、潁不同。訓詁劉、陳、服不同，賈逵爲劉學，今雜見服虔《左傳注》，多與賈異，職是故也。條例自爲卷數，訓詁則賈爲三十篇，附經傳下，杜承用之，服則不然也。"《癸巳存稿》卷一。愚案條例雖原於劉歆，然撰述實由鄭興，至賈徽乃勒成二十一卷。劉歆最初所撰者，未必不羼入《左氏》本文也。

〔二三九〕 左氏不傳春秋下

左氏不傳《春秋》，漢博士之言，既無可疑矣。乃《序疏》引陳沈文阿之説，謂"《嚴氏春秋》引《觀周篇》，云孔子將脩《春秋》，與左邱明乘如周，觀書於周史，歸而脩《春秋》之經，邱明爲之傳，共爲表裏"。《癸巳類稿》謂《觀周》爲《孔子家語》篇名，引於漢人，信爲周時孔氏之書在《藝文志》者，非今人所傳王肅本。殊不知所謂《嚴氏春秋》者，其可信與否已殊不可知，而此説之是否果出《嚴氏春秋》，亦復無可究詰也。古代簡策繁重，一國之史，史官所藏，能有幾何，已難質言，況於徧藏各國之史乎？《史記·六國表》曰：《詩》《書》所以復見者，多藏人家，人當作民，此乃唐人避諱字，後人改之未盡者。而《史記》獨藏周室，以故滅。此"周室"二字，該諸侯之國言，乃古人言語，以偏概全之例，非謂各國之史，皆藏於周室也。百二十國之書，豈衰周所能容，況《史記·孔子世家》，記孔子行事略備，脩《春秋》之前，豈嘗有如周之事乎？

《漢書·藝文志》云："左邱明，魯太史。"此乃因其著書而億測之，猶古言倉頡造字，又言三王無文，遂妄言倉頡爲黄帝史官也。詳見予所撰《中國文字變遷考》。理初乃信其自有世官，不能居孔氏之門，然則獨能曠其職守，與孔子乘以如周乎？況古者官人以世，左邱明果爲魯太史，何以其行事絶無可考？父子祖孫之事，亦曾不一見乎？

俞氏又引《太平御覽・學部》載《桓譚新論》云："《左氏傳》於經，猶衣之表裏，相持而成。經而無傳，使聖人閉門思之，十年不能得也。"《癸巳類稿》卷二。相爲表裏之言，與《嚴氏春秋》同，皆不似東漢人語。何者？如前條所言，則東漢人殊不以《左氏》之記事爲貴，而轉欲依附《公》、《穀》，造立條例，以自託於經也。

原刊《光華大學半月刊》，一九三六年出版

〔二四〇〕左國異同

《左氏》、《國語》二書，大體相似，而又多違異。黄池之會，哀公十三年。《左氏》云先晉，而《吴語》云先吴，與《公羊》同。《疏》云："經據魯史策書，傳採魯之簡牘。魯之所書，必是依實。《國語》之書，當國所記，或可曲筆直己，辭有抑揚，故與《左傳》異者多矣。鄭玄云：不可以《國語》亂周公所定法。傅玄云：《國語》非丘明所作，凡有共説一事，而二文不同，必《國語》虚而《左傳》實，其言相反，不可强合也。"《左氏》成公十六年《疏》："先賢或以爲《國語》非丘明所作，爲其或有與傳不同故也。"疏家回護之辭，不足深論；果如所言，《公羊》亦據《吴語》乎？姚姬傳謂《左氏》於三晉之祖，多諱其惡而溢稱其美，又善於論兵謀，其書於魏氏事，造飾尤多，謂其源流誠與吴起有關。近人章太炎，據《韓非・外儲説右上》吴起衛左氏中人也，謂《左氏春秋》以地名，猶《齊》、《魯》、《韓詩》之比。見所著《春秋左傳讀》。錢賓四云："《説苑》魏文侯問元年於吴子，此吴起傳《春秋》之證；魏襄王冢之《師春》，即採《左氏》，可見《左氏》書與魏之關係；又左丘失明，或自子夏誤傳。"見所著《先秦諸子繫年考辨・吴起傳左氏春秋考》。其推論可謂精矣。然則黄池之會，《國語》所記，或反較得實，《左氏》乃晉人諱飾之辭也；猶漢高祖平城之圍，所以得脱者，世莫得而言也。

溢美之談，諱飾之辭，各國皆有之；然著《左氏》、《國語》等書者，則亦如其辭而録之耳，非必有意代爲造作也。姚姬傳云："吴起始事魏，卒仕楚，故傳言晉、楚事尤詳。"劉向《别録》："左丘明傳曾申，申傳吴起，起傳其子期，期傳楚人鐸椒。"而《史記・十二諸侯年表》，謂"鐸椒爲楚威王傅，爲王不能盡觀《春秋》，採取成敗，卒四十章，爲《鐸氏微》"；則《左氏》之曾傳於楚，亦若可信。然其書多右晉而左楚，且田氏與晉、楚何與？而公子完之奔齊，《左氏》侈陳懿氏之卜，周史之筮，莊公二十二年。殊不減卜偃盈數大名之論。辛廖《屯》固《比》入之占，閔公元年。則知《左氏》多載晉、楚之事，稱美三晉之先，亦其所據者則然耳，非必著書者有意爲之也。

〔二四一〕 讀楚辭

《惜往日》："乘騏驥以馳騁兮，無轡銜而自載。乘泛泭以下流兮，無舟楫而自備。背法度而心治兮，辟與此其無異。"案《楚辭》上稱帝嚳，下道齊桓，中述湯、武，所言皆北方事。《天問》説宇宙開闢，亦與諸子書同。此言釋法度而心治，且作法家語矣。足見先秦學術，實無南北之分也。

《九辯》云："慕詩人之遺風兮，願托志乎素餐。"不知後人所改邪，抑宋玉辭本如此？

〔二四二〕 讀山海經偶記

《山海經》一書，説多荒怪，不待言矣。然其所舉人物，實多有其人；其所載事跡，亦間與經傳相合；何也？蓋此書多載神話，而其所謂神話者，實多以事實爲據，非由虚構也。涉獵偶及，輒書所見，惜乎未暇精治也。二十六年三月十九日燈下。

《大荒西經》云："大荒之中,有山名曰日月。山,天樞也。吴姖郝氏《箋疏》云:《藏經》本作姬。案此與下"山名曰嘘",《藏經》本山作上,恐均係億改。天門,日月所入。有神,人面無臂,兩足反屬於頭。山名曰噓。《箋疏》云:"山當爲上,字之譌。《藏經》本作上。"案作上則當屬上句讀,不合古書語法。山字當誤,然作上恐未是也。顓頊生老童,老童生重及黎。帝令重獻上天,令黎邛下地。下地是生噎。處于西極,以行日月星辰之行次。"郝氏《箋疏》云:"下地是生噎,語難曉。《海内經》云:后土生噎鳴,此經似與相涉,而文有闕奪,遂不復可讀。"案噎似噓之譌,即無臂之神之名也。經又云:"有人名曰吴回。奇左,是無右臂。"又云:"大荒之中,有山,名曰大荒之山,日月所入。有人焉,三面,是顓頊之子,三面一臂。郭《注》:"無左臂也。"三面之人不死。是謂大荒之野。"案《説文・了部》:"了,尥也。从子,無臂,象形。""孑,無右臂也。从了乚,象形。""孓,無左臂也。从了亅,象形。"人豈有無臂及奇左右者? 此三文蓋專爲神所作也。《國語・楚語》:"昭王問於觀射父曰:《周書》所謂重黎實使天地不通者,何也? 若無然,民將能登天乎? 對曰: 非此之謂也。古者民神不雜。及少昊之衰也,九黎亂德,民神雜糅,不可方物。顓頊受之。乃命南正重司天以屬神,命火正黎司地以屬民;使復舊常,無相侵瀆,是謂絶地天通。其後三苗復九黎之德,堯復育重黎之後不忘舊者,使復典之,以至於夏、商。故重黎氏世叙天地,而别其分主者也。其在周,程伯休父其後也。當宣王時,失其官守而爲司馬氏。寵神其祖,以取威於民,曰: 重寔上天,黎寔下地。遭世之亂,而莫之能御也。不然,夫天地成而不變,何比之有?""重寔上天,黎寔下地",即《山海經》所謂"令重獻上天,令黎邛下地"也。韋《注》云:"言重能舉上天,黎能抑下地,令相遠,故不復通也。"郭《注》云:"獻、邛,義未詳。"疑亦舉、抑之意。

《大荒東經》云:"東海之外大壑,少昊之國。少昊孺帝顓頊於此。"頗與《楚語》少昊之衰顓頊受之之説相會。《大荒南經》云:"有季禺之國，顓頊之子，食黍。”又云：“有國曰顓頊，生伯服，食黍。”《大荒西經》云：“有國名曰淑士，顓頊之子。”《大荒北經》云：“有叔歜國，顓頊之子，黍食。”又云：“西北海外，流沙之東，有國曰中輻。”《箋疏》云“《藏經》本作輪”，亦恐誤，或億改。此皆雅記無徵。然《海内經》云：“黄帝妻雷祖，生昌意。昌意降處若水，生韓流。韓流擢首、謹耳、人面、豕喙、麟身、渠股、豚止。取淖子曰阿女，生帝顓頊。”則與繫世頗相會矣。郭《注》引《竹書》云：“昌意降居若水，産帝乾荒。乾荒即韓流也，生帝顓頊。”又引《世本》云：“顓頊母，濁山氏之子，名昌僕。”郝氏《箋疏》云：“《大戴禮·帝繫篇》云：昌意取於蜀山氏之子，謂之昌僕氏，産顓頊。郭引《世本》作濁山氏，濁蜀古字通，濁又通淖，是淖子即蜀山子也。”又云：“《竹書》帝乾荒，蓋即帝顓頊也。此經又有韓流生顓頊，與《竹書》及《大戴禮》、《史記》皆不合，當在闕疑。郭氏欲以此經附合《竹書》，恐非也。”愚案《竹書》雖出附會，亦多有根據。韓流、乾荒，蓋因形近而譌。《大戴》顓頊世系，實奪一代也。

《海外北經》云：“務隅之山，帝顓頊葬於陽，九嬪葬於陰。”《海内東經》云：“漢水出鮒魚之山，帝顓頊葬於陽，九嬪葬於陰。”《大荒北經》云：“東北海之外，大荒之中，河水之間，附禺之山，帝顓頊與九嬪葬焉。”《箋疏》云：“《北堂書鈔》九十二卷引，漢水作濮水。水在東郡濮陽，正顓頊所葬。”亦《山經》不誣之證。

《海外南經》云：“狄山，帝堯葬於陽，帝嚳葬於陰，爰有熊羆文虎蜼豹離朱視肉吁咽。文王皆葬其所。”文王之上，蓋有奪文。郭《注》云：“帝王冢墓，皆有定處，而《山海經》往往復見之者，蓋以聖人久於其位，仁化廣及，恩洽鳥獸，至於殂亡，四海若喪考妣，無思不哀，故絶域殊俗之人，聞天子崩，各自立坐而祭醊哭泣，起土爲冢，是以所在有焉。亦猶漢氏諸遠郡國，皆有天子廟，此其遺象也。”案古所謂天子者，豈能令諸侯之國皆爲作原廟乎？況古豈有虚爲冢之事也？蓋神話之爲物也，不盡虚誣，而又非確鑿。回紇之亡也，其人自述：謂由唐以金蓮公主，女其葛勵的斤；因以詭謀，壞其福山之石，以致災異屢見，民弗安居。見《元史·亦都護傳》，《傳》本虞集《高昌王世勳碑》。其言荒矣。然金蓮公主，固非無其人；福山亦非無其地，古代繆悠之傳説，亦若是則已矣。前王不忘，其事跡則非所審諦也。隨其播遷之所至，而皆指其所見之地以實之，則無墟非其所都，無臺非其所遊，無邱陵非其冢墓之所在矣。

《檀弓》言“舜葬於蒼梧之野”，《史記·五帝本紀》則云：“崩於蒼梧之野，葬於江南九疑，是爲零陵。”《山海經·海内南經》云：“蒼梧之山，帝舜葬於陽，帝丹朱葬於陰。”《海内東經》云：“湘水，出舜葬東南陬，西環之，入洞庭下。”《大荒南經》云：“南海之中，有氾天之山，赤水窮焉。赤水之東，有蒼梧之野，舜與叔均之所葬也。”《海内經》云：“南方蒼梧之丘，蒼梧之淵。其中有九嶷，舜之所葬，在長沙零陵界中。”案《孟子》言“舜生於諸馮，遷於負夏，卒於鳴條，東夷之人也”，《離婁》下。安得葬長沙零陵界？《吕覽·安死》云：“舜葬於紀市。”《御覽》引《尸子》云：“舜西教乎七戎，道死，葬於南己。”據郝《疏》轉引。己即紀，則蒼梧、九疑，蓋後來附會之説也。《海外南經》云：“狄山，帝堯葬於陽，帝嚳葬於陰。”《大荒南經》云：“帝堯、帝嚳、帝舜葬於岳山。”嚳、堯、舜葬處相近，頗合事情。郝《疏》云：“《墨子》云：堯北教乎八狄，道死，葬蛩山之陰。此經狄山，蓋狄中之山。”説亦近理，《山經》固衆説并存也。《海外東經》又云：“䃸丘在東海，兩山夾丘，上有樹木。一曰嗟丘，一曰百果所在，在堯葬東。”舜東夷之人，東夷南蠻，實係一族，故舜事流傳於南方者甚多。《中山經》云：“洞庭之山，帝之二女居之。是嘗游於江淵。澧、沅之風，交瀟湘之淵，是在九江之間。出入必以飄風暴雨。”郭《注》云：“天帝之二女，而處江爲神，即《列仙傳》江妃二女也。《離騷·九歌》所謂湘夫人稱帝子者是也。而《河圖玉版》曰：湘夫人者，帝堯女也。秦始皇浮江，至湘山，逢大風，而問博士，湘君何神？博士曰：聞之：堯二女，舜妃也，死而葬此。《列女傳》曰：二女死於江湘之間，俗謂爲湘君。鄭司農亦以舜妃爲湘君。説者皆以舜陟方而死，二妃從之，俱溺死於湘江，遂號爲湘夫人。按《九歌》，湘君、湘夫人自是二神。江湘之有夫人，猶河洛之有虙妃也，安得謂之堯女？且既謂之堯女，安得復總云湘君哉？《禮記》曰：舜葬蒼梧，二妃不從，明二妃生不從征，死不從葬。原其致繆之由，由乎俱以帝女爲名，名實相亂，莫矯其失；習非勝是，終古不悟，可悲矣！”案《中山經》又云：“姑媱之山，帝女死焉。其名曰女尸。化爲䔄草。”又云：“宣山。其上有桑焉，大五十尺，其枝四衢，其葉大尺餘，赤理、黄華、青柎，名曰帝女之桑。”郝氏《箋疏》云：“《文選·别賦》：惜瑶草之徒芳。李善《注》引宋玉《高唐賦》曰：我帝之季女，名曰瑶姬，未行而亡，封於巫山之臺，精魂爲草，實爲靈芝。今《高唐賦》無之。又注《高唐賦》引《襄陽》《耆舊傳》云：赤帝女曰瑶姬。《水經》江水東過巫縣南《注》云：巫山帝女居焉。”合此諸文觀之，而舜葬蒼梧之説所由來，概可見矣。舜之葬處，自當以《吕覽》、《尸子》、《墨子》、《大荒南經》之説爲確。其地當名曰己，亦曰南紀；以山言之，則曰岳山，曰狄山，曰蛩山，距鳴條不遠也。

《山海經》中，屢見帝俊之名，郭《注》以爲即帝舜，恐未然也。案《大荒東經》云：“有中容之國。帝俊生中容。”又云：“有司幽之國。帝俊生晏龍，晏龍生司幽。”又云：“有白民之國。帝俊生帝鴻，帝鴻生白民。”又云：“有黑齒之國。帝俊生黑齒。”又云：“有五采之鳥，相鄉棄沙。惟帝俊下友。帝下兩壇，采鳥是司。”《大荒南經》云：“大荒之中，有不庭之山，滎水窮焉。有人三身。帝俊妻娥皇，生此三身之國。姚姓，黍食，使四鳥。”又云：“有襄山，又有重陰之山。有人食獸，曰季釐。帝俊生季釐，故曰季釐之國。有緡淵。少昊生倍伐，倍伐降處緡淵。有水四方，名曰俊壇。”又云：“東南海之外，甘水之間，有羲和之國。有女子，名曰羲和。方日浴於甘淵。羲和者，帝俊之妻，生十日。”《大荒西經》云：“有西周之國，姬姓，食穀。有人方耕，名曰叔均。帝俊生后稷。后稷降以百穀。稷之弟曰台壐，生叔均。叔均是代其父及稷播百穀，始作耕。”《大荒北經》云：“衛丘今本與上“皆出於山”句錯，作“皆出衛於山丘”，依郝校訂正。方員三百里。丘南，帝俊竹林在焉，大可爲舟。”《海内經》云：“帝俊生禺號，禺號生淫梁，淫梁生番禺，是始爲舟。

番禺生奚仲,奚仲生吉光,吉光是始以木爲車。少皞生般,般是始爲弓矢。帝俊賜羿彤弓素矰,以扶下國,羿是始去恤下地之百艱。帝俊生晏龍,晏龍是始爲琴瑟。帝俊有子八人,是始爲歌舞。帝俊生三身,三身生義均。義均,是始爲巧倕,是始作下民百巧。后稷是播百穀。稷之孫曰叔均,是始作牛耕。"郭《注》云:"俊亦舜字,假借音也。"未知何據。案帝舜之名,《山海經》亦屢見。且《大荒南經》云:"有淵四方,四隅皆達。北屬黑水,南屬大荒。北旁名曰少和之淵,南旁名曰從淵,舜之所浴也。"文承"帝俊妻娥皇"云云。《山經》叙次,固多錯亂,然謂帝俊與帝舜一人,求諸經文,實無左證。郝氏以《初學記》九卷引《帝王世紀》云"帝嚳生而神異,自言其名曰夋";又經言"帝俊生后稷",疑爲帝嚳。又以《左氏》文公十八年,高陽氏才子八人,内有中容;而經於"帝俊竹林"之下,又言"竹南有赤澤水,名曰封淵;有三桑無枝。丘西有沈淵,顓頊所浴";疑爲顓頊。又以經言"帝俊生帝鴻",賈逵《左氏注》以帝鴻爲黄帝,因擬之少典。又以《大荒東經》言"黄帝生禺虢",禺虢即禺號,而擬之黄帝。亦以三身姚姓,而擬之帝舜。卒乃謂經所言帝俊非一人。古以多人之事,附諸一人,誠所不免;然《山經》雖荒,他古書未必遂無譌誤,舉他書所載事跡,謂《山經》所言者即其人,似亦未安。要之帝俊必隆古之盛王,惜其事他無可考也。

原刊《光華大學半月刊》第五卷第九期,
一九三七年五月十日出版

〔二四三〕 諺爲俗語

《大學》:故諺有之。《章句》曰:諺,俗語也。《説文》曰:諺,傳言也。或以朱注爲非。其實不然,《詩·終風》:寤言不寐,願言則嚏。鄭《箋》曰:言我願思也。嚏讀爲不敢嚏咳之嚏。我其憂悼而不能寐,汝思我心,如是我則嚏也。今俗人嚏云人道我,此古之遺語也。

《正義》曰：稱俗人云者，以俗之所傳，有驗於事，可以取之。《左傳》每引諺曰：詩稱人亦有言，是古有用俗之驗。蓋傳言多出於俗人，俗語傳言之訓，亦可并行而不悖也。

〔二四四〕 洪範庶民惟星解

《洪範》曰："王省惟歲，卿士惟月，師尹惟日，庶民惟星。"説此者但以爲王與卿士、師尹各有職守，民情有好惡而已，而不知其中隱藏一段古代之宗教哲學也。

《論衡·命義》篇曰："列宿吉凶，國有禍福；衆星推移，人有盛衰。人之有吉凶，猶歲之有豐耗。子夏曰死生有命，富貴在天，不曰死生在天，富貴有命者，何則？死生者無象在天，以性爲主，稟得堅强之性，則氣渥厚而體堅强，堅强則壽命長，壽命長則不夭死；稟性軟弱者，氣少泊而性羸窳，羸窳則壽命短，短則早死。故言有命，命則性也。至於富貴，所稟猶性。所稟之氣，得衆星之精。衆星在天，天有其象。得富貴象則富貴，得貧賤象則貧賤，故曰在天。在天如何？天有百官，有衆星。天施氣而衆星布精。天所施氣，衆星之氣在其中矣。人稟氣而生，含氣而長，得貴則貴，得賤則賤；貴或秩有高下，富或貲有多少，皆星位尊卑小大之所授也。天有王良、造父，人亦有之，稟受其氣，故巧於御。"《抱朴子·辯問》篇曰："仙經以爲諸得仙者，皆其受命偶直神仙之氣，自然所稟，故胞胎之中，已含信道之性；及其有識，則心好其事，必遭明師而得其法；不然，則不信不求，求亦不得也。《玉鈐》云：主命原曰，人之吉凶脩短，於結胎受氣之日，皆上得列宿之精，其直聖宿則聖，直賢宿則賢，直文宿則文，直武宿則武，直貴宿則貴，直富宿則富，直賤宿則賤，直貧宿則貧，直壽宿則壽，直仙宿則仙。又有神仙聖人之宿，有治世聖人之宿，有兼二聖之宿；有貴而不富之宿，有富而不貴之宿，有兼富貴之宿；有先富後貧之宿，有先貴後賤之宿，有兼貧賤之宿；有富貴不終之宿，有忠孝之宿，有凶惡之宿：如此不可具載。其較略如此。”案謂星與人有關係，各國古多有之，中國亦然。《漢書・天文志》云：“星者，金之散氣，其本曰人。”《史記・天官書》同。今殿本誤作本曰火。此古天官家言也。星之行各有次舍，是之謂辰。《小弁》之詩曰：“天之生我，我辰安在？”鄭《箋》曰：“此言我生所直之辰，安所在乎？謂六物之吉凶。”《疏》曰：“昭七年《左傳》：晉侯謂伯瑕曰：何謂六物？對曰：歲、時、日、月、星、辰是謂也。服虔以爲歲，星之神也，左行於地，十二歲而一周；時，四時也；日，十日也；月，十二月也；星，二十八宿也；辰，十二辰也：是爲六物也。”此世人以所生年、月、日、時，推盛衰禍福之原也。俗猶有所謂“數星宿”者，推得某星爲己所稟，盛衰禍福，由是可知，尤與古人謂人稟列宿之精相合。蓋古謂“凡有形於地者，必有象於天”，《論衡》語。星之數甚多，實與萬民相似，故以爲人之本也。

以上論古以人秉星精而生

然則人君之生宜秉日，人臣宜秉月。古人謂“月臣道，日君道”《詩・十月之交》毛《傳》由此。《左氏》成公十六年：“吕錡夢射月，中之。占之曰：姬姓，日也。異姓，月也。”夫餘之俗，多爲殷遺，而《魏書・高句麗傳》，言其先出於夫餘，先祖朱蒙。朱蒙母河伯女，爲夫餘王閉於室中，爲日所照，引身避之，日影又逐。既而有孕，生一卵，大如五升。夫餘王棄之與犬，犬不食；棄之與豕，豕又不食；棄之於路，牛馬避之；後棄之野，衆鳥以毛茹之。夫餘王割剖之，不能破，遂還其母。其母以物裹之，置於暖處，有一男，破殼而出。及其長也，字之曰朱蒙。夫餘人謀殺之。朱蒙東南走，中道遇一大水，欲濟無梁。夫餘人追之甚急。朱蒙告水曰：我是日子，河伯外孫，今日逃走，追兵垂及，如何得濟？於是魚鼈并浮，爲之成橋，朱蒙得渡，魚鼈乃解，追騎不得渡。案此傳説，由來甚久。《三國・魏志・烏丸鮮卑東夷傳注》引《魏略》曰：“舊志又言，昔北方有高離之國者，其王者侍婢有身，王欲殺之，婢云：

有氣如雞子來下我，故有身。後生子，王捐之於溷中，豬以喙嘘之，徙至馬閑，馬以氣嘘之，不死。王疑，以爲天子也，乃令其母收畜之，名曰東明。東明善射，王恐奪其國也，欲殺之。東明走，南至施掩水，以弓擊水，魚鼈浮爲橋，東明得渡，魚鼈乃解散，追兵不得渡。東明因都王夫餘之地。"高離即高句麗。夫餘實出高句麗，非高句麗出於夫餘也。《魏略》所引舊志及《魏書》之言，其本是一，顯而易見。一云有氣如雞子來下，一云日光逐照者，傳説移譯，不能無譌，其言正可互相參證。

《湯誓》曰："時日曷喪？予及女皆亡。"《尚書大傳》曰："桀云：天之有日，猶吾之有民。日有亡哉？日亡，吾亦亡矣。"此即《白虎通義·五行》篇"君有衆民法天有衆星"之説，然則三代之君，悉有自託於日之事。郊之祭也，大報天而主日，《禮記·郊特牲》。不聞其主五帝坐星也。竊疑古之王者自稱天子，乃自謂感日之精而生；感大微五帝之精，乃漢人附會之説，非其朔也。《禮記·大傳》鄭《注》："王者之先祖，皆感大微五帝之精以生。"案《史記·天官書》："南宫掖門内六星，諸侯。其内五星，五帝坐。"《索隱》："《詩含神霧》云五精星坐，其東蒼帝坐，神名靈威仰，精爲青龍之類是也。"《公羊》宣公三年《解詁》："上帝，五帝。在大微之中，迭生子孫，更王天下。"《疏》引《感精符》云："蒼帝之始，二十八世。滅蒼者翼也，彼《注》云：堯翼之星，精在南方，其色赤。滅翼者斗《注》云：舜斗之星，精在中央，其色黄。滅斗者參《注》云：禹參之星，精在西方，其色白。滅參者虚《注》云：湯虚之星，精在北方，其色黑。滅虚者房《注》云：文王房星之精在東方，其色青。"案房星之精，星之二字誤倒。此皆讖緯既盛後之説。《詩·邶風·柏舟箋疏》引《孝經讖》曰"兄日姊月"，乃王者感五帝之精既行後之説，非古義也。

《生民》之詩曰"履帝武敏歆"；《閟宫》之詩曰"赫赫姜嫄，其德不回，上帝是依"；《玄鳥》之詩曰"天命玄鳥，降而生商"；《長發》之詩曰"有娀方將，帝立子生商"；此經文明言感生者。所感之帝，果何人哉？《左氏》昭公元年，子産言："當武王邑姜方娠大叔，夢帝謂己：余命而子曰虞，將與之唐，屬諸參，而蕃育其子孫。"此言帝而不言感。《國語·周語》：内史過曰："昔昭王娶於房，曰房后，實有爽德，協於丹朱，丹朱馮身以儀之，生穆王焉。"此言感矣，而非天也。《左氏》宣公三年："初，鄭文公有賤妾曰燕姞，夢天使與己蘭，曰：余爲伯儵。余，而祖也，以是爲而子。"《史記·趙世家》："趙簡子疾，五日不知人，大夫皆懼。醫扁鵲視之，出，董安于問。扁鵲曰：血脈治也，而何怪？在昔秦繆公嘗如此，七日而寤。寤之日，告公孫支與子輿曰：我之帝所，甚樂。吾所以久者，適有學也。帝告我：晉國將大亂，五世不安；其後將霸，未老而死；霸者之子且令而國男女無别。公孫支書而藏之，秦讖於是出矣。獻公之亂，文公之霸，而襄公敗秦師於殽而歸縱淫，此子之所聞。今主君之疾與之同，不出三日，疾必間，間必有言也。居二日半，簡子寤，語大夫曰：我之帝所，甚樂，與百神游於鈞天，廣樂九奏萬舞，不類三代之樂，其聲動人心。有一熊欲來援我，帝命我射之，中熊，熊死。又有一羆來，我又射之，中羆，羆死。帝甚喜，賜我二笥，皆有副。吾見兒在帝側。帝屬我一翟犬，曰：及而子之壯也，以賜之。帝告我：晉國且世衰，七世而亡；嬴姓將大敗周人於范魁之西，而亦不能有也。今余思虞舜之勳，適余將以其胄女孟姚配而七世之孫。董安于受言而書藏之，以扁鵲言告簡子，簡子賜扁鵲田四萬畝。以上《扁鵲列傳》略同。他日，簡子出，有人當道，辟之不去。從者怒，將刃之。當道者曰：吾欲有謁於主君。從者以聞。簡子召之，曰：譆，吾有所見子晰也。當道者曰：屏左右，願有謁。簡子屏人。當道者曰：主君之疾，臣在帝側。簡子曰：然，有之。子之見我，我何爲？當道者曰：帝令主君射熊與羆，皆死。簡子曰：是，且何也？當道者曰：晉國且有大難，主君首之。帝令主君滅二卿，夫熊與羆，皆其祖也。簡子曰：帝賜我二笥，皆有副，何也？當道者曰：主君之子，將克二國於翟，皆子姓也。簡子曰：吾見兒在帝側，帝屬我一翟犬，曰及而子之長以賜之。夫兒何謂？以賜翟犬？當道者曰：兒，主君之子也；翟犬者，代之先也。主君之子，且必有代。及主君之後嗣，且有革政而胡服，并二國於翟。簡子問其姓，而延之以官。當道者曰：臣野人，致帝命耳。遂不見。簡子書藏之府。異日，姑布子卿見簡子，簡子偏召諸子相之。子卿曰：無爲將軍者。簡子曰：趙氏其滅乎？子卿曰：吾嘗見一子於路，殆君之子也。簡子召子毋卹。毋卹至，則子卿起，曰：此真將軍矣。簡子曰：此其母賤，翟婢也，奚道貴哉？子卿曰：天所授，雖賤必貴。自是之後，簡子盡召諸子與語，毋卹最賢。簡子乃告諸子曰：吾藏寶符於常山上，先得者賞。諸子馳之常山上求，無所得。毋卹還，曰：已得符矣。簡子曰：奏之。毋卹曰：從常山上臨代，代可取也。簡子於是知毋卹果賢，乃廢太子伯魯，而以毋卹爲太子。"此事與《左氏》、《國語》，殊可參稽。觀此，知有國有家者，其先皆列於帝側，其降生皆由天命；且不必其爲人，熊也，羆也，犬也，蘭也，無所不可，殆圖騰之遺跡歟？然則狄爲犬種，羌爲羊種，貉爲豸種，閩、蠻爲蟲種，亦不必其爲賤視誣詆之辭矣。《趙世家》又云："中衍人面鳥噣，降佐殷帝大戊。"又霍太山神朱書，言伉王赤黑，龍面而鳥噣。此皆神，非人也。古記述古帝王形狀，多與人殊，以此。《詩》"惟嶽降神，生甫及申"，初義亦當如此。《禮記・孔子閒居》以神氣爲風霆，恐非其朔也。亦有爲人鬼之類者，如丹朱是也。此皆不足以言天子。爲天子者，必當爲天之所感。《韓非子・外儲説左上》云："趙主父令工施鉤梯而緣潘吾，刻疏人跡其上，廣三尺，長五尺，而勒之曰：主父嘗遊於此。秦昭王令工施鉤梯而上華山，以松柏之心爲博箭，長八尺，棊長八寸，而勒之曰：昭王嘗與天神博於此矣。"案《史記・殷本紀》："帝武乙無道，爲偶人，謂之天神，與之博，令人爲行。天神不勝，乃僇辱之。"合三事觀之，知姜嫄之所感，必天神也。秦與殷之先，皆云吞隕卵而生，與徐偃王、句麗、夫餘傳説相類。徐偃王事，見《後漢書・東夷傳注》引《博物志》。《魏略》引舊志，謂有氣如雞子下降，而《魏書》言日光逐照，則鳥卵殆太陽之精，古固云日中有鳥也。凡此，皆爲親受氣於天者，故曰天子。然天一而已，不聞其有五也。不寧惟是。《左氏》僖公十年："晉侯改葬共大子。秋，狐突適下國，遇大子。大子使登僕，而告之曰：夷吾無禮，余得請於帝矣。將以晉畀秦，秦將祀余。對曰：臣聞之，神不歆非類，民不祀非族，君祀無乃殄乎？且民何罪，失刑乏祀？君其圖之。君曰：諾。吾將復請。七日，新城西偏，將有巫者而見我焉。許之，遂不見。及期而往,告之曰:帝許我罰有罪矣,敝於韓。"成公十年:"晉侯夢大厲,被髮及地,搏膺而踴曰:殺余孫,不義,余得請於帝矣。"是凡有國有家者,其先祖皆列於帝庭,時得請於帝以行誅賞也。《詩下武》曰:"三后在天。"《書·盤庚》曰:"高后丕乃崇降罪疾。""先后丕降與女罪疾。"又曰:"乃祖先父,丕乃告我高后曰:作丕刑於朕孫。"《召誥》曰:"天既遐終大邦殷之命,兹殷多先哲王在天。"皆此義。《金縢》册祝曰:"若爾三王,是有丕子之責於天,以旦代某之身。"是有國有家者之先,不徒身列帝庭,且或有負子之責也。秦、楚盟誓,昭告昊天上帝、秦三公、楚三王,《左氏》成公十一年。豈徒然哉?然亦一上帝而已,不聞其有五也。不寧惟是。《皇矣》之詩曰"皇矣上帝,臨下有赫,監觀四方,求民之莫";《正月》之詩曰"有皇上帝,伊誰云憎",亦但云上帝而已,不云有五帝也。故知感生之説,自古有之,而其屬諸大微五帝,則五德終始之説既昌,乃因人生上秉列星之精而附會之,而非其朔也。

《禮器》曰:"因名山以升中於天,因吉土以饗帝於郊。升中於天而鳳皇降,龜龍假;饗帝於郊而風雨節,寒暑時。"此爲天、帝分言,明見經典者。昊天上帝及五帝之祀,見於《周官》;《周官》之制,多與《管子》相合;其闕者後人以《考工記》補之,亦齊地之書。知《周官》爲齊學,正五德終始之説道源之地也。然秦襄公時已祠五帝,是時齊學必未能行於秦,則謂五帝之名,肇自五德終始之説既立之後者自非。然言五帝是一事,謂感生乃稟五帝之精又是一事,二者固不可相混也。惟秦時五帝,僅以方色爲稱,至讖緯之説既出,乃有靈威仰、赤熛怒、含樞紐、白招拒、汁光紀等名。《正月》之詩曰:"燎之方揚,寧或滅之?"鄭《箋》曰:"火田爲燎。燎之方盛之時,炎熾熛怒,寧有能滅息之者?言無有也。"可見熛怒爲漢時語,靈威仰等名,必漢人所造作矣。

以上論感生初義當爲感日之精感大微五帝之精乃後起之説

古者天與人甚邇,人受命於天,爲數見不鮮之事,可爲天使者尤多。《趙世家》又云：知伯率韓、魏攻趙，趙襄子奔保晉陽。“原過從，後。至於王澤，見三人，自帶以上可見，自帶以下不可見。與原過竹二節，莫通，曰：爲我以是遺趙毋卹。原過既至，以告襄子。襄子齊三日，親自剖竹，有朱書曰：趙毋卹，余霍太山山陽侯天使也。三月丙戌，余將使女反滅知氏，女亦立我百邑，余將賜女林胡之地。至於後世，且有伉王，赤黑，龍面而鳥噣，鬢麋髭頿，大膺大胸，脩下而馮，左衽界乘，奄有河宗，至於休溷諸貉，南伐晉別，北滅黑姑。襄子再拜，受三神之令。”《墨子·明鬼下篇》曰：“昔者鄭穆公，孫詒讓《閒詁》曰：當作秦穆公。當晝日中，處乎廟。有神入門而左，鳥身，素服三絶，面狀正方。鄭穆公見之，乃恐懼奔。神曰：無懼。帝享女明德，使予錫女壽十年有九，使若國家蕃昌，子孫茂無失。鄭穆公再拜稽首曰：敢問神名。曰：予爲句芒。”此神之身降臨焉者也。夢謂伯儵者，人之先也。見於襄子者，野人也。《管子·輕重丁》曰：“龍鬭於馬謂之陽，牛山之陰。管子入復於桓公曰：天使使者臨君之郊，請使大夫初飭宋本作飾。顧千里云：“初疑袀之誤。”左右玄服。天之使者乎？天下聞之曰：神哉齊桓公，天使使者臨其郊！不待舉兵而朝者八諸侯。”則動物亦可爲之。《國語·周語》内史過對周惠王曰：“昔夏之興也，融降於崇山；其亡也，回禄信於聆隧。商之興也，檮杌次於丕山；其亡也，夷羊在牧。周之興也，鸑鷟鳴於岐山；其衰也，杜伯射王於鄗。是皆明神之志者也。”韋《注》曰：“融，祝融也。回禄，火神。”是句芒、陽侯之類也。又曰：“檮杌，鮌也。”是伯儵之類也。又曰：“夷羊，神獸。鸑鷟，鳳之别名也。”是龍之類也。玄鳥其鸑鷟之儔邪？大人其句芒、陽侯之類邪？不寧惟是。由管子之言推之，則《左氏》昭公十九年龍鬭於鄭時門之外洧淵，亦可云天使也，是以“國人請爲禜焉”。自杜伯射王言之，則晉侯所夢大厲，亦可謂之天使也。《史記·秦始皇本紀》：三十六年，“秋，使者從關東夜過華陰平舒道，有人持璧遮使者曰：爲吾遺滈池君。因言曰：今年祖龍死。使者問其故，因忽不見，置其璧去。使者奉璧具以聞。始皇默然，良久曰：山鬼固不過知一歲事也。退言曰：祖龍者，人之先也。”此亦霍山神之類，始皇惡其不祥，乃謂爲山鬼耳。《左氏》成公五年：趙嬰夢天使謂己：“祭余，余福女。”使問諸士貞伯。士貞伯曰：“不識也。”則奉使之神，或見於故記，可訪諸博物君子矣。邑姜夢帝謂己；《皇矣》之詩，屢言帝謂；或亦此類，不必其身自命之也。然親承帝命，如秦穆公、趙簡子者亦有之。萬章曰：“天與之者，諄諄然命之乎？”古蓋自有此説，非作《孟子》者漫爲是設問之辭也。

以上推論古所謂天使

〔二四五〕 作洪範之年

《書序》：“武王勝殷，殺受，立武庚，以箕子歸，作《洪範》。”《正義》：“《書傳》云：武王釋箕子之囚；箕子不忍周之釋，走之朝鮮；武王聞之，因以朝鮮封之。箕子既受周之封，不得無臣禮，故於十三祀來朝。武王因其朝，而問《洪範》。案此《序》云：勝殷，以箕子歸，明既釋其囚，即以歸之。疑作“即以之歸”。不令其走去而後來朝也。又朝鮮去周路將萬里；聞其所在，然後封之；受封乃朝，必歷年矣；不得仍在十三祀也。《宋世家》云：既作《洪範》，武王乃封箕子於朝鮮，得其實也。案周初朝鮮不在秦漢時朝鮮之地，予别有考。《史記》謂文王受命七年而崩；後二年，即受命之九年，武王觀兵於孟津；又二年而克紂；受命十一年。又二年而崩；受命十三年。《書》所謂惟十有三祀者，在克紂之後二年。即朝鮮相去萬里，聞而封之，既封而箕子來朝，亦無不及之理；況乎朝鮮之相去，本不甚遠邪？《正義》所云，蓋從《漢志》之説，謂文王受命九年而崩，再期而伐紂，還歸，二年而後克之，則克殷即在十三年。而又謂朝鮮去周萬里，則宜乎其聞其走而封之，既封而後來朝之不相及矣。然《漢志》、《書傳》，本兩家之説，不能據此以駁彼也。《史記·宋世家》云：“武王既克殷，訪問箕子。”下即録《洪範》

之文。既具，乃曰："於是武王乃封箕子於朝鮮，而不臣也。其後箕子朝周"云云。蓋但述其事，而未嘗次其先後，《正義》據以駁《大傳》，鑿矣。

原刊《光華大學半月刊》，一九三六年出版

〔二四六〕 禮記表記

《禮記·表記》："子曰：無欲而好仁者，無畏而惡不仁者，天下一人而已矣。是故君子議道自己，而置法以民。"此言衆不可不以賞罰使也，與法家之意同。又曰："仁有三，與仁同功而異情。與仁同功，其仁未可知也；與人同過，然後其仁可知也；仁者安仁，知者利仁，畏罪者强仁。"與仁同功，謂觀其行跡，異情，則誅其心也。《春秋》誅意不誅事，故與仁同功者，聖人不以仁與之，寧取夫與仁同過者也。以賞罰使民，不過一時之計而已。語其極，則必人人皆能志仁而後可。此又儒家之意與道家相通者也。

《表記》又曰："子曰：仁之難成久矣，惟君子能之。是故君子不以其所能者病人，不以人之所不能者愧人；是故聖人之制行也，不制以己，使民有所勸勉愧恥以行其言。"此言"置法以民"之又一義，然亦小康以下之教也。若大同之世，則蕩蕩平平，無奇節懿行之可言矣。《老子》曰："六親不和，有孝慈；國家昏亂，有忠臣。"

〔二四七〕 人生始化曰魄、既生魄、陽曰魂解

問曰：《禮記·祭義》曰："宰我曰：吾聞鬼神之名，不知其所謂。子曰：氣也者，神之盛也；魄也者，鬼之盛也。衆生必死，死必歸土。

骨肉斃於下，陰爲野土。其氣發揚於上爲昭明，焄蒿悽愴，此百物之精也，神之著也。”案《禮運》曰：“體魄則降，知氣在上。”知、晳一字，《説文解字》曰：“晳，昭晳，明也。”《易・繫辭傳》曰：“乾以易知。”又曰：“通乎晝夜之道而知。”明知氣即此所謂昭明之氣。延陵季子適齊，於其反也，其長子死，葬於嬴博之間。既封，左袒，右還其封，且號者三，曰：“骨肉歸復於土，命也，若魂氣，則無不之也，無不之也。”而遂行。《檀弓》。古不墓祭，而葬曰虞，弗忍一日離也。明形魄爲無知也。乃孔子又曰：“合鬼與神，教之至也。因物之精，制爲之極，明命鬼神，以爲黔首則。二端既立，報以二禮：建設朝事，燔燎羶薌，見以蕭光，以報氣也。薦黍稷，羞肝肺首心，見間以俠甒，加以鬱鬯，以報魄也。”《祭義》。《禮運》曰：“君與夫人交獻，以嘉魂魄。”《郊特牲》曰：“魂氣歸於天，形魄歸於地，故祭，求諸陰陽之義也。”《左氏》襄公二十九年：“裨諶曰：天又除之，奪伯有魄。”昭公七年：“子産適晉，趙景子問焉，曰：伯有猶能爲鬼乎？子産曰：能。人生始化曰魄，既生魄，陽曰魂。用物精多，則魂魄强，是以有精爽，至於神明。匹夫匹婦强死，其魂魄猶能馮依於人以爲淫厲。況良霄，我先君穆公之胄，子良之孫，子耳之子，敝邑之卿，從政三世矣；鄭雖無腆，抑諺曰蕞爾國，而三世執其政柄，其用物也弘矣，其取精也多矣，其族又大，所馮厚矣，而强死，能爲鬼，不亦宜乎？”又二十五年，樂祁曰：“心之精爽，是謂魂魄，魂魄去之，何以能久？”鄭氏注《祭義》曰：“氣謂噓吸出入者也，耳目之聰明爲魄。”杜氏注《左氏》曰：“魄，形也。陽，神氣也。”《疏》曰：“人稟五常以生，感陰陽以靈。有身體之質，名之曰形。有噓吸之動，謂之爲氣。形氣合而爲用，知力以此而强，故得成爲人也。人之生也，始變化爲形，形之靈者，名之曰魄也。既生魄矣，魄内自有陽氣，氣之神者，名之曰魂也。魂魄神靈之名，本從形氣而有，形氣既殊，魂魄亦異，附形之靈爲魄，附氣之神爲魂也。附形之靈者，謂初生之時，耳目心識，手足運動，啼呼爲聲，此則魄之靈也。附氣之神者，謂精神性識，漸有所知，此則附氣之神也。是魄在於前，而魂在於後，故云既生魄,陽曰魂。魂魄雖俱是性靈,但魄識少而魂識多。《孝經説》曰:魄,白也。魂,蕓也。白,明白也。蕓,蕓動也。形有體質,取明白爲名;氣惟噓吸,取蕓動爲義。"一似魄亦有知者何?

應問者曰:以形魄爲有知,非古義也。古之人以人稟天地之氣而生,而其有知則由於天氣。《樂記》曰:"地氣上齊,天氣下降,陰陽相摩,天地相蕩;鼓之以雷霆,奮之以風雨,動之以四時,煖之以日月,而百化興焉。"《管子》曰:"凡人之生也,天出其精,地出其形,合此以爲人。"《内業》。《淮南王書》曰:"天氣爲魂,地氣爲魄。"《主術》。此皆明言人合天地之氣以生者。其言有知專屬天氣者,《吕覽》曰:"所謂死者,無有所以知,復其未生也。"《貴生》。人之死也,形魄不猶在乎?《論衡》曰:"人之夢,占者謂之魂行。"《紀妖》。夫夢與死,固古人所以信形神之二之兩大端也。《禮運》曰:"人者,其天地之德,陰陽之交,鬼神之會,五行之秀氣也。"神屬陽,天之德,鬼屬陰,地之德也,鬼又何知之有?

《禮記·孔子閒居》曰:"天有四時,春秋冬夏,風雨霜露,無非教也。地載神氣,神氣風霆,風霆流形,庶物露生,無非教也。"又引《詩》曰:"嵩高惟嶽,峻極於天;惟嶽降神,生甫及申。"明嶽所降之神,即風雨霜露之類。故《郊特牲》曰:"天子大社,必受霜露風雨,以達天地之氣也。"此即《管子》所謂天出其精者。《莊子》曰:"察其始而本無生;非徒無生也,而本無形;非徒無形也,而本無氣。雜乎芒芴之閒,變而有氣,氣變而有形,形變而有生,今又變而之死,是相與爲春秋冬夏四時行也。"《至樂》。此即孔子所謂發揚於上爲昭明,百物之精,神之著者。《易》姚氏《注》曰:"陽稱精。"虞氏曰:"乾爲精。"《春秋繁露》曰:"氣之清者爲精。"皆可見其專指天氣。所以稱之爲精者,《禮器》曰:"德産之致也精微。"鄭《注》:"致,密也。"此即今之緻字。《荀子·非相》:"文而致實。"《詩·假樂箋》曰:"成王立朝之威儀,致密無所失。"義皆同。《爾雅·釋言》:"𥈭,密也。"郭《注》曰:"謂緻密。"字作緻。《公羊》莊公十年:"觕者曰侵,精者曰伐。"《解詁》:"觕,麤也。精,猶精密也。"《老子》曰:"窈兮冥兮,其中有精,其精甚真。”此真字與闐同訓。《淮南王書》曰：“二陰一陽成氣二，二陽一陰成氣三。”高《注》曰：“陰贏㹀，故得氣少；陽精微，故得氣多。”《天文》。《韓非・難四》：“事以微巧成，以疏拙敗。”疏與微爲對詞。蓋因風雨霜露，而設想陽氣之極微，因其極微，乃設想其致密也。物最小之分子，古人設想其爲糝粒形，稱之曰氣。氣之大小亦無定。《説文・皮部》：“皰，面生氣也”；“皯，面黑氣也”；皆形質兼具者。《氣部》：“氣，雲氣也”，則有形而無質矣。《莊子・秋水》曰“至精無形”，無形者亦不可不謂之氣也。《吕覽・至忠》曰“惡聞忠言，此自伐之精者也”，言其爲禍隱伏而不可見，亦無形之義也。其爲物既極微，故能生動飛揚，無乎不在。《吕覽》曰：“何以説天道之圜也？精氣一上一下，圜周復雜，無所稽留，故曰天道圜。”《圜道》。又《大樂》曰：“太一出兩儀，兩儀出陰陽。陰陽變化，一上一下，合而成章。渾渾沌沌，離則復合，合則復離，是謂天常。”義同。又曰：“精氣之集也，必有入也：集於羽鳥，與爲飛揚；集於走獸，與爲流行；集於珠玉，與爲精朗；集於樹木，與爲茂長；集於聖人，與爲夐明。精氣之來也，因輕而揚之，因走而行之，因美而良之，因長而養之，因智而明之。流水不腐，户樞不螻，動也，形氣亦然。形不動則精不流，精不流則氣鬱。氣鬱，處頭則爲腫、爲風，處耳則爲挶、爲聾，處目則爲䁾、爲盲，處鼻則爲鼽、爲窒，處腹則爲張、爲疛，處足則爲痿、爲蹷。”《盡數》。精氣之變動不居如此，故《易・繫辭傳》稱其德曰“惟神也，故不疾而速，不行而至”；曰“神無方而易無體”；曰“利用出入，民咸用之謂之神”。又曰“知變化之道者，其知神之所爲乎”，又曰“陰陽不測之謂神”。

《定之方中》之詩曰：“星言夙駕。”《韓詩》曰：“星，精也。”《史記・天官書》：“天精而見景星。”《集解》引孟康曰：“精，明也。”《索隱》引韋昭曰：“精，謂清朗。”《漢書》作暒，亦作甠。郭璞注《三蒼》曰：“暒，雨止無雲也。”此即今之晴字，從日從星。《説文・夕部》：“殅，雨而夜除星見也。”與甠皆暒之或體，蓋從星省聲，非從生也。然則古言晴者，或曰星，或曰精，此可見星精一字。古謂星主人民，實由其謂天之精氣生人也，參看《庶民惟星解》。暒者星之分别文，晴者精之後起字。知精有光明之義，即所謂知氣也。故《管子》曰:“知氣和則生物從。”《幼官》。孔子曰:“清明在躬,志氣如神,耆欲將至,有開必先。”《孔子閒居》。此知氣之在人者,以其變動不居也,故其爲用亦有微妙不可測者焉。《管子》曰:“善氣迎人,親於弟兄。惡氣迎人,害於戎兵。不言之聲,疾於雷鼓。心氣之形,明於日月,察於父母。”《内業》。《吕覽》曰:“攻者砥礪五兵,侈衣美食,發且有日矣,所被攻者不樂,非或聞之也,神者先告也。身在乎秦,所親愛在於齊,死,而志氣不安,精或往來也。”《精通》。不徒人也,《左氏》莊公十四年:“初,内蛇與外蛇鬬於鄭南門中,内蛇死,六年而厲公入。公聞之,問於申繻曰:猶有妖乎?對曰:人之所忌,其氣燄以取之,妖猶人興也。猶同由。人無釁焉,妖不自作。”則人與物之間,亦有感應之理矣。《易》曰:“寂然不動,感而遂通天下之故,非天下之至神,其孰能與於此?”《繫辭傳》。謂此也。《樂記》曰:“易、直、子、諒之心生則樂,樂則安,安則久,久則天,天則神。”《管子》曰:“賞不足以勸善,刑不足以懲過。氣意得而天下服,心意定而天下聽。摶氣如神,萬物備存。能摶乎?能一乎?能無卜筮而知吉凶乎?能止乎?能已乎?能勿求諸人而得諸己乎?思之思之,又重思之。思之而不通,鬼神得通之。非鬼神之力也,精氣之極也。”《内業》。《吕覽》曰:“無以害其天則知精,知精則知神。”《論人》。《孟子》曰:“聖而不可知之之謂神。”《告子》下。《荀子》曰:“盡善浹洽之謂神。”《儒效》。則脩爲之效也,凡以神之變化無方也。

《中庸》曰:“鬼神之爲德,其盛矣乎?視之而不見,聽之而不聞,體物而不可遺。《注》:“體猶生也,可猶所也,不有所遺,言萬物無不以鬼神之氣生也。”使天下之人,齊明盛服,以承祭祀,洋洋乎,如在其上,如在其左右。”此雖言鬼,實但指神。鬼神并稱,乃浹句圓文之例耳。《左氏》襄公二十年:寧惠子謂悼子曰:“猶有鬼神,吾有餒而已,不來食矣。”同此。《郊特牲》曰:“直祭祝於主,索祭祝於祊。不知神之所在。於彼乎?於此乎?或諸遠人乎?”即如在其上,如在其左右之義也。《左氏》宣公四年:子文曰:“鬼猶求食。若敖氏之鬼,不其餒而?”此雖言鬼,意實指神。乃對文則别、散文則通之例。定公五年:"吴師居麇。子期將焚之。子西曰:父兄親暴骨焉,不能收,又焚之,不可。子期曰:國亡矣,死者若有知也,可以歆舊祀,豈憚焚之?"明享禋祀者,乃魂神而非體魄也。《荀子》曰:"葬埋,敬藏其形也;祭祀,敬事其神也。"《禮論》。亦以二者分言。

《易》曰:"同聲相應,同氣相求。水流濕,火就燥;雲從龍,風從虎,聖人作而萬物覩。本乎天者親上,本乎地者親下,則各從其類也。"《文言》。案《大戴記曾子天圓》曰:"天之所生上首,地之所生下首。"即《易》所謂本乎天者親上,本乎地者親下也。上首謂動物,下首謂植物也。《荀子》曰:"水火有氣而無生,草木有生而無知,禽獸有知而無義。"《王制》。亦知專屬天氣之證。

以上論古以魂神爲有知形魄爲無知

子産言人生始化曰魄,既生魄,陽曰魂,一似魂魄之生分先後者,於理殊不可通,劉炫即疑之,見《疏》。是何也?曰:魂不能離魄而存,理極易見,然自邃古以來,習以形神爲二久矣,不能驟更,乃謂魂必藉魄以爲養,形榮而後神全焉,故曰:用物精多則魂魄强,是以有精爽,至於神明。此魂魄二字,但當言魄;曰魂魄者,亦浹句圓文之例也。下文"其魂魄猶能馮依於人以爲淫厲",則當但言魂。《管子》曰:"凡物之精,此則爲生。下生五穀,上爲列星。流於天地之間,謂之鬼神。藏於胸中,謂之聖人。"《内業》。此言精氣之集於人也。又曰:"定心在中,耳目聰明,四枝堅固,可以爲精舍。"又曰:"敬除其舍,精將自來。精想思之,寧念治之,嚴容畏敬,精將至定。"又曰:"凡食之道,大充傷而形不臧,大攝骨枯而血沍。充攝之閒,此謂和成,精之所舍,而知之所生。"同上。案《内業》多醫家言,可與《吕覽·盡數》參看。又曰:"怠倦者不及,無廣者疑神。"廣同曠,疑同凝。此言人治其身心,以全神氣之道也。神之全係於形之榮如此,用物精多則魂魄强,理固然矣。人之死也,魂神還於太虚,而失其所以爲人,猶之骨肉歸復於土。然形魄既强,則有暫時凝集不散者,是則能馮依於人以爲淫厲。故子産曰:"鬼有所歸,乃不爲厲。"《疏》引鄭箴《膏肓》曰:"厲者,陰陽之氣相乘不和之名,《尚書五行傳》六厲是也。人死,體魄則降,知氣在上。有尚德者,附和氣而興利。孟夏之月,令雩祀百辟、卿士有益於民者,由此也。爲厲者因害氣而施災,故謂之厲鬼。《月令》:民多厲疾,《五行傳》有御六厲之禮;《禮》:天子立七祀有大厲,諸侯立五祀有國厲;欲以安鬼神,弭其害也。"所以使之有所歸也。然魂魄雖强,亦久而必散。《樂記》曰:"幽則有鬼神。"《注》曰:"《五帝德》説黄帝德曰死而民畏其神百年,《春秋傳》曰若敖氏之鬼;然則聖人之精氣謂之神,賢知之精氣謂之鬼。"案此亦對文則别,散文則通之例耳,鄭妄生分别,實非是。《五帝德》説黄帝德,又曰亡而民用其教百年。曰亡,則其神已無存矣,《管子》所謂"源泉有竭,鬼神有歇"也。《輕重丁》。神歇則徒爲鬼矣。《祭法》述天子、諸侯、大夫、適士、官師、庶士、庶人之制,或去墠爲鬼,或去壇爲鬼,或去王考爲鬼,或死曰鬼。曰鬼,明其神不復存焉;其或遲或速,則用物有弘纖,取精有多少也。雖有久暫之殊,語其極蓋無不散者,故《祭法》又曰大凡物生於天地之間者皆曰命,其物死曰折,人死曰鬼也。

《左疏》以神靈分屬魂魄,説本《曾子天圓》。《天圓》曰:"陽之精氣曰神,陰之精氣曰靈。"此亦隨意分别言之,不謂靈有所知。《詩》《靈臺》毛《傳》曰:"神之精明者稱靈。"則又以靈屬陽氣矣。《禮記·聘義》:"氣如白虹,天也。精神見於山川,地也。"《注》曰:"精神,亦謂精氣也。虹,天氣也。山川,地所以通氣也。"此即《禮運》所謂"地秉陰,竅於山川者。"彼《注》云:"竅,孔也。言地持陰氣,出内於山川。"則地亦以精氣言之矣。古書用字,意義多歧,非如今日科學家之謹嚴,不容過於拘泥也。

《續漢書·五行志》引《五行傳》曰:"皇之不極,是謂不建,時則有下人伐上之痾。"《注》曰:"鄭玄曰:夏侯勝説:伐宜爲代。書亦或作代。陰陽之神曰精氣,情性之神曰魂魄。君行不由常,侜張無度,則是魂魄傷也。皇極氣失之病也。天於不中之人，恒耆其毒，增以爲病，將以開賢代之也。《春秋》所謂奪伯有魄者是也。不名病者，病不著於身體也。"《注》又曰："注《五行志》稱鄭玄曰：皆出注《大傳》。"此除引《左氏》外，説當略本夏侯。既曰魂魄傷，又曰病不著於身體，明魂魄傷之魄字，亦并舉以圓文；奪伯有魄之魄，則實當言魂；所謂氣失之病也。

以上論古謂魂神藉形魄而强

《洪範》五行之次："一曰水，二曰火，三曰木，四曰金，五曰土。"《周書·小開武》篇亦曰："五行：一黑位水，二赤位火，三蒼位木，四白位金，五黄位土。"二説符會，必非偶然。《左氏》昭公二十五年："用其五行。"杜《注》云："金、木、水、火、土。"《疏》云："《洪範》以生數爲次。《大禹謨》説六府云水、火、金、木、土、穀，五行之次與《洪範》異者，以相刻爲次也。此《注》言金、木、水、火、土者，隨便而言之，不以義爲次也。"案僞《大禹謨》之文，實本於《禮運》之水、火、金、木、飲食，似亦隨便言之。今人言語，猶恒曰金、木、水、火、土，其次亦無義也。《洪範》、《周書》，明著其次，自不得援以爲例。《洪範疏》曰："萬物之本，有生於無，著生於微，及其成形，亦以微著爲漸；五行先後，亦以微著爲次。五行之體，水最微爲一，火漸著爲二，木形實爲三，金體固爲四，土質大爲五。"《月令疏》云：水體最微；火比於水，嚴厲著見；木比火象有體質；金比木其體堅剛；土載四行，又廣大。水、火次前，金、木次後，自無間然；木、金、土之次，説亦可通；水有質，顧居前；火無質，顧居後；何也？讀《管子·水地》之篇，則知其故矣。《水地》曰："水具材也。案此即《左氏》襄公二十七年子罕曰"天生五材，民并用之"之"材"，言火、木、金、土，其初皆爲水也。無不滿，無不居也。集於天地，而藏於萬物，産於金石，集於諸生，故曰水神。集於草木，根得其度，華得其數，實得其量。鳥獸得之，形體肥大，羽毛豐茂，文理明著。萬物莫不盡其幾，反其常者，水之内度適也。"幾者物之微，猶今言最小分子。《莊子·至樂》曰"種有幾。得水則爲㡭。得水土之際，則爲鼃蠙之衣。生於陵屯，則爲陵舄。陵舄得鬱棲，則爲烏足。烏足之根爲蠐螬，其葉爲胡蝶。胡蝶胥也，化而爲蟲，生於竈下，其狀若脱，其名爲鴝掇。鴝掇千日爲鳥，其名爲乾餘骨。乾餘骨之沫爲斯彌。斯彌爲食醯。頤輅生乎食醯。黄軦生乎九猷。瞀芮生乎腐蠸。羊奚比乎不箰。久竹生青寧。青寧生程。程生馬。馬生人。人又反入於幾。萬物皆出於幾，皆入於幾。”此文雖難曲釋，大意尚有可知，蓋謂物以最小分子始，亦以最小分子終。終則復始、無待於言。自“得水則爲㡭”至“馬生人”，蓋《管子》所謂“盡其幾”者；其“反入於幾”，則《管子》所謂“反其常也”。常同尚，同上。物之出於幾，其情狀果何如乎？《水地》篇曰：“人，水也。男女精氣合而水流形，三月如咀。咀者何？曰五味。五味者何？曰五藏。酸主脾，鹹主肺，辛主腎，苦主肝，甘主心。五藏已具，而後生肉。脾生膈，肺生骨，腎生腦，肝生革，心生肉。五肉已具，而後發爲九竅。脾發爲鼻，肝發爲目，腎發爲耳，肺發爲口，心發爲下竅。五月而成，十月而生。生而目視、耳聽、心慮。”氣者生物之本，《大戴記・文王官人》曰：“氣初生物。”《周書・官人》同。《樂記》：“氣衰則生物不遂。”《管子・樞言》：“有氣則生，無氣則死，生者以其氣。”氣合而水流形，故五行之次，以水爲首也。《公羊》隱公元年《疏》引《春秋説》云：“元者端也，氣泉。”《注》云：“元爲氣之始，如水之有泉。”此即《莊子・大宗師》所謂“氣母”。《易・乾卦・彖辭》曰：“雲行雨施，品物流形。”《姤》之《彖辭》曰：“天地相遇，品物咸章。”《論衡・雷虚》篇曰：“説雨者以爲天施氣，氣渥爲雨。”皆以氣爲生物之本，而其初變則爲水也。沮者沮洳之義。氣無味，凝而爲水若沮洳，則有味矣。五味者何曰五藏，蓋謂具五味之水，成五藏之形，又繼此而生五肉，此皆子産所謂始化曰魄；發爲九竅，則其所謂陽曰魂也。《左氏》昭公元年，醫和曰：“天有六氣，降生五味，發爲五色，徵爲五聲。”二十五年，子大叔述子産之言曰：“則天之明，因地之性，生其六氣，用其五行。氣爲五味，發爲五色，章爲五聲。”《大戴記・文王官人》曰：“氣初生物，物生有聲。”義亦如此。昭公九年，屠蒯曰：“味以行氣，氣以實志，志以定言。”《大戴記・四代》篇：子曰：“食爲味，味爲氣，氣爲志。”此則形魄既成之後，取物以爲養也。形者重濁之質，當以重濁養之；氣者輕清之質，當以輕清養之；故曰

"凡飲，養陽氣也；凡食，養陰氣也"。輕清之至，則其所以養之者，亦且無形，故曰"至敬不饗味而貴氣臭"。有虞氏之祭尚用氣，殷人尚聲，周人尚臭也。《郊特牲》。《管子》曰："精存自生，其外安榮，内藏以爲泉原。浩然和平，以爲氣淵。淵之不涸，四體乃固。泉之不竭，九竅遂通。"《内業》。此即所謂"味以行氣，氣以實志"者，皆魂必藉魄以爲養之義也。

《吕覽·大樂》曰："萬物所出，造於太一，化於陰陽。萌芽始震，凝𣿅以形。"畢校曰："《御覽》作萌芽始厥，凝寒以刑。《注》：厥，動也。字書無𣿅字。"案𣿅者水之寒，古人隨義異文，字書固不能盡載。萌芽始動，而凝𣿅以形，蓋亦精氣合而水流形之意。《洪範》庶徵：曰雨，曰暘，曰燠，曰寒，曰風。《疏》云："昭元年《左傳》云：天有六氣，陰、陽、風、雨、晦、明也。"以彼六氣，校此五氣：雨、暘、風，文與彼同；彼言晦、明，此言寒、燠，則晦是寒也，明是燠也，惟彼陰於此無所當耳。《五行傳》説五事致此五氣云："貌之不恭，是謂不肅，厥罰恒雨，惟金沴木"；"言之不從，是謂不乂，厥罰恒暘，惟木沴金"；"視之不明，是謂不悊，厥罰恒燠，惟木沴火"；"聽之不聰，是謂不謀，厥罰恒寒，惟火沴水"；"思之不睿，是謂不聖，厥罰恒風，惟木、金、水、火沴土"。如彼《五行傳》言，是雨屬木，暘屬金，燠屬火，寒屬水，風屬土。鄭云："雨，木氣也，春始施生，故木氣爲雨。暘，金氣也，秋物成而堅，故金氣爲暘。燠，火氣也。寒，水氣也。風，土氣也。凡氣非風不行，猶金、木、水、火非土不處，故土氣爲風。六氣有陰；五事休咎，皆不致陰。"《五行傳》又曰："皇之不極，厥罰常陰，是陰氣不由五事，别自屬皇極也。"《左氏》"降生五味"，杜《注》謂"皆由陰、陽、風、雨而生"，《疏》曰："是陰、陽、風、雨、晦、明，合雜共生五味。若先儒以爲雨爲木味，風爲土味，晦爲水味，明爲火味，陽爲金味，而陰氣屬天，不爲五味之主，此杜所不用也。"案陰氣屬天，不主五味，即其不由五事，别屬皇極之義。《管子》曰："準也者，五量之宗也；素也者，五色之質也；淡也者，五味之中也。"《水地》。淡之爲味，蓋在流形之始，未逮如沮之時。然已非氣矣。《吕覽》特造凔字,明其爲水之寒,而非氣之寒也。

以上論古以氣爲生物之本氣始凝爲水五行所以首水

《禮運》曰:"是故夫政,必本於天,殽以降命,命降於社之謂殽地。"鄭《注》曰"殽天之氣,以下教令",以殽爲效法之義,恐非。"殽以降命"以下數語,蓋言天事而非人事。殽,雜也。凡物之生,皆由天命,天命一也,而所生之物萬殊,故曰殽。《易》曰:"乾道變化,各正性命。"《乾彖辭》。《樂記》曰:"方以類聚,物以羣分,則性命不同矣。"《大戴記·本命》曰:"分於道謂之命,形於一謂之性,化於陰陽,象形而發謂之生。"皆殽以降命之義。《吕覽》曰:"何以説地道之方也?萬物殊類殊形,皆有分職,不能相爲,故曰地道方。"《圜道》。《大戴記·禮三本》曰:"天地者生之本也;先祖者,類之本也。"《荀子·禮論》同。《郊特牲》曰:"萬物本乎天,人本乎祖。"萬物本乎天,以其生皆由天命也;類各本乎其祖,則以命降地而殽也。凡象形而發之物,無能相爲者,獨神物不然。《論衡》曰:"天地之間,恍惚無形,寒暑、風雨之氣乃爲神。今龍有形,有形則行,行則食,食則物之性也。天地之性,有形體之類,能行食之物,不得爲神。"《龍虚》。其説則是矣,而不知古之所謂龍者,非如是也。《管子·水地》篇曰:"龍生於水,被五色而游,故神。欲小則化如蠶蠋,欲大則藏於天下,欲尚則陵於雲氣,欲下則入於深泉;變化無日,上下無時,謂之神。"又曰:"水之精麤濁蹇,能存而不能亡者,生人與玉;伏闇能存而亡者,蓍龜與龍;或世見或不見者,蟡與慶忌。"然則物固有仍能變化者,豈以其得天氣獨多故邪?《大戴記·易本命》曰:"食氣者,神明而壽;不食者,不死而神。"其謂是邪?古言龍,有以爲神明能變化者,《管子》此篇是也;有以爲有形體、能飲食者,《大戴記·曾子天圓》、《易本命》之説是也。二説互異,各不相妨。《論衡》又曰:"神者,恍惚無形,出入無門,上下無垠,故謂之神。今雷公有形,雷聲有器,安得爲神?"《雷虚》。此亦可以闚漢人所畫之雷，而不可以闚古人之所謂雷者也。《淮南·天文》云："天地之襲精爲陰陽，陰陽之專精爲四時，四時之散精爲萬物。"萬物成於四時之散精，此其類之所以雜也。

以上論古謂形魄不能變化惟神物不然

《易觀》之《象辭》曰："聖人以神道設教，而天下服矣。"世或以是爲愚民之術，此大繆也。道者，物之所由生，故曰"分於道謂之命"。《管子·四時》曰："道生天地。"《繫辭傳》曰："一陰一陽之謂道，繼之者善也，成之者性也。"天地絪緼，男女搆精，此所謂"一陰一陽之謂道"；自水之流形，至於九竅之發，皆"繼之者善"之事；十月而生，則所謂"成之者性"也。追原生物之功而至於天地，崇高玄遠，其爲用本可敬畏；而逝者如斯，不舍晝夜，一受其成形，不亡以待盡，其爲用，又有足使人感喟者焉。《祭義》曰："因物之精，制爲之極，明命鬼神，以爲黔首則，百衆以畏，萬民以服。聖人以是爲未足也，築爲宫室，設爲宗祧，以别親疏遠邇，教民反古復始，不忘其所由生也。衆之服自此，故聽且速也。"此正神道設教之義。《檀弓》曰："魯人有周豐也者，哀公執摯請見之，而曰：不可。公曰：我其已夫！使人問焉，曰：有虞氏未施信於民而民信之，夏后氏未施敬於民而民敬之，何施而得斯於民也？對曰：墟墓之閒，未施哀於民而民哀，社稷宗廟之中，未施敬於民而民敬，殷人作誓而民始畔，周人作會而民始疑。苟無禮義忠信誠慤之心以涖之，雖固結之，民其不解乎？"此神道設教之效也。《禮器》曰："天道至教，聖人至德。廟堂之上，罍尊在阼，犧尊在西；廟堂之下，縣鼓在西，應鼓在東。君在阼，夫人在房；大明生於東，月生於西。此陰陽之分，夫婦之位也。君西酌犧象，夫人東酌罍尊，禮交動乎上，樂交應乎下，和之至也。"致中和，天地位焉，萬物育焉，本天道以教和，亦神道設教之意也，而豈有愚民之意哉？

以上論神道設教之義

〔二四八〕 龍

乾卦之取象於龍，何也？曰：讀《管子》水地之篇，則可以知其故矣。《水地》曰：地者，萬物之本原，諸生之根菀也。美惡賢不肖愚俊之所生也。水者，地之血氣，如筋脈之通流者也。故曰：水具材也，水集於玉，而九德出焉，凝蹇而爲人，而九竅五慮出焉，此乃其精也。精麤濁蹇，能存而不能亡者也。伏暗能存而能亡者，蓍龜與龍是也。龜出於水，發之於火，於是爲萬物先，爲禍福正。龍生於水，被五色而游，故神。欲小則化爲𧕒蠋，欲大則藏於天下，欲上則淩於雲氣，欲下則入於深泉，變化無日，上下無時，謂之神。龜與龍，伏暗而能存能亡者也。或世見或不世見者，生蟡與慶忌，故涸澤數百歲，谷之不徙，水之不絶者生慶忌。慶忌者，其狀若人，其長四寸，衣黄衣，冠黄冠，戴黄蓋，乘小馬，爲疾馳，以其名呼之，可使千里外一日反報，此涸澤之精也。涸川之精者生於蟡，蟡者，一頭而兩身，其形若蛇，其長八尺，以其名呼之，可以取魚鱉，此涸川水之精也。是以水之精麤濁蹇，能存而不能亡者，生人與玉；伏闇能存而亡者，蓍龜與龍；或世見或不見者，蟡與慶忌：是則管子將水所生物，分爲三類也。今人多好考龍如何物，然則蟡與慶忌，亦可考其如何物乎？

《淮南子・地形》曰：正土之氣也，御乎埃天，埃天五百歲生缺，缺五百歲生黄埃，黄埃五百歲生黄澒，黄澒五百歲生黄金，黄金千歲生黄龍，黄龍入藏生黄泉，黄泉之埃，上爲黄雲，陰陽相薄爲雷，激揚爲電，上者就下，流水就通，而合於黄海。偏土之氣，御乎清天，清天八百歲生青曾，青曾八百歲生青澒，青澒八百歲生青金，青金八百歲生青龍，青龍入藏生青泉，青泉之埃，上爲青雲，陰陽相薄爲雷，激揚爲電，上者就下，流水就通，而合於青海。壯土之氣，御於赤天，赤天七百歲生赤丹，赤丹七百歲生赤澒，赤澒七百歲生赤金，赤金千歲生赤龍，赤龍入藏生赤泉，赤泉之埃，上爲赤雲，陰陽相薄爲雷，激揚爲電，上者就下，流水就通，而合於赤海。弱土之氣，御於白天，白天九百歲生白礜，白礜九百歲生白澒，白澒九百歲生白金，白金千歲生白龍，白龍入藏生白泉，白泉之埃，上爲白雲，陰陽相薄爲雷，激揚爲電，上者就下，流水就通，而合於白海。牝土之氣，御於玄天，玄天六百歲生玄砥，玄砥六百歲生玄澒，玄澒六百歲生玄金，玄金千歲生玄龍，玄龍入藏生玄泉，玄泉之埃，上爲玄雲，陰陽相薄爲雷，激揚爲電，上者就下，流水就通，而合於玄海。説雖荒怪，然其大意，乃謂地氣上昇；與天相接，久而生金，由金生龍，由龍生泉，再上升而爲雲，雲下降而爲雨，雨匯流而成海，與《管子》以水地爲萬物之本，亦覺消息相通也。

《易·繫辭》曰：龍蛇之蟄，以存身也。古所謂龍者，果爲何物，雖不可知，然必爲蛇類，古書恒以龍蛇并言。《管子·樞言》曰：一龍一蛇，一日五化之謂周，似以變化時爲龍，不變化時爲蛇。是謂龍能蟄也。文言曰：雲從龍，是亦謂龍能乘風雲而上天也。《論衡·龍虚篇》曰：盛夏之時，雷電擊折樹木，發壞室屋，俗謂天取龍，謂龍藏於樹木之中，匿於室屋之間也。雷電擊折樹木，發壞室屋，則龍見於外，龍見，雷取以昇天，世無愚智賢不肖，皆以爲然。又曰：世俗之言，亦有緣也。短書言龍無尺木，無以昇天。又曰昇天，又曰尺木，謂龍從木中昇天也。案藏於樹木之中，匿於室屋之間，是即所謂蟄也。因雷電而昇天，是即《易》所謂雲從龍也。然則自先秦至漢，人心之所謂龍，迄未嘗變也，且驗仲任龍虚之篇，彼時世俗之言，與今人亦無大異，知傳説之難改。然則古之所謂龍者，其亦即後世愚夫愚婦之所謂龍歟？此乃雷雨之時所見，本無所謂龍，然古人迷惑，見一小物謂爲能變者甚多，雷雨之時，見名之曰龍，及乎晴霽，乃指類於蛇，小如蠶蝎之物以當之，事所可有，安可究詰，必欲索之於今之動物學中，則惑矣。世俗多謂狐能變幻，雖古昔亦然。謂今之所謂狐者，不足以當古短書之狐，而必别求其物以實之，其亦可乎？

〔二四九〕 帝

吴清卿《字説》,謂“帝皇之帝,與根柢之柢,原即一字。初但作▽作▼,後乃作帝”。其説憑字形推測,未知信否。然上帝之帝,古確有根柢之義。《周書·周祝》:“危言不干德曰正,正及神人曰極,世之能極曰帝。”《淮南·詮言》:“四海之内,莫不繫統,故曰帝也。”是也。又《周官·地官》泉府《釋文》,抵音帝,亦可見柢帝之同音。

〔二五〇〕 磌　然

《公羊》僖公十六年,“聞其磌然,視之則石,察之則五”。《釋文》:“磌然,之人反;又大年反;聲響也。一音芳君反。本或作砰,八耕反。”《穀梁注》引《公羊》之辭,《疏》曰:“磌字,《説文》、《玉篇》、《字林》等無其字,學士多讀爲砰。據《公羊》古本,并爲磌字。張揖讀爲磌,是石聲之類,不知出何書也。”《校勘記》引《經義雜記》曰:“今《玉篇》有磌字,云音響也,蓋孫强等增加。《廣雅》四《釋詁》:砰,普耕反,聲也,而無磌字。楊云張揖讀爲磌,是古本《廣雅》有磌矣。《五經文字》:磌,之人反,又大年反,聲響也,見《春秋傳》。”案八耕反與芳君反,同聲異韻,乃學士以當時狀聲之辭讀《公羊》,非其本字也。《公羊》本字,自當作磌,楊《疏》謂古本皆如此,又《廣雅》本有磌字,可見。此磌然,即《孟子》“填然鼓之”之“填然”;《梁惠王》上。因其爲石聲,故易土旁爲石旁耳。《楊疏》“張揖讀爲磌”,疑當作讀爲填。填然,蓋狀重物相擊,實而不浮之聲。古真字本訓充實,不作誠僞之誠解,故闐字從真得聲。今讀真爲之人反,闐爲大年反,古無是别也。《老子》曰:“窈兮冥兮,其中有精,其精甚真。”即充實之義。若依今人用法,則當作闐。

《莊子》之真人亦然,故謂其“入水不濡,入火不爇”也。見《大宗師》篇。又《天下》篇“關尹老聃乎?古之博大真人哉”,亦此意。觀上文言“堅則毀矣,鋭則挫矣”可知。《玉藻》“色容顛顛”,“盛氣顛實揚休”,又以顛爲之。

〔二五一〕 稽古同天

俞理初曰:“《詩·玄鳥正義》引《尚書緯》云:曰若稽古帝堯,稽,同也;古,天也。《三國志》、《書正義》均詆鄭氏信緯,以人繫天,於義無取;且云:古之爲天,經無此訓;不悟《詩》云古帝命武、湯,正是經訓古爲天。”《癸巳類稿·光被四表格於上下古文説》。愚案《周書·周祝》:“天爲古,地爲久,察彼萬物名於始。”此古書明言天爲古者。《管子·任法》曰:“法不一,則有國者不祥;國更立法以典民,則祥。故曰:法者,不可恒也,存亡治亂之所從出,聖君所以爲天下大儀也,君臣上下貴賤皆發焉。故曰:法,古之法也。”《韓非子·定法》曰:“韓者,晉之别國也。晉之故法未息,而韓之新法又生;先君之令未收,而後君之令又下。”所謂法不一者也。故國必不免於是,故貴更之,故曰不可恒。不可恒而曰古之法,則其所謂古者,非謂年代久遠,亦訓天耳。《祭義》曰:“以事天地、山川、社稷、先古。”先古即天古,乃複語。蓋天地之道,悠久無疆,故天可訓之以古。而天,顛也,本有最上之義,時之尚者則古矣。故言古者亦可言天也。《尹告》曰:“惟尹躬天見於西邑夏。”《禮記·緇衣》引。鄭《注》讀天爲先,可證。

〔二五二〕 獵 較

《孟子·萬章》下篇:“魯人獵較,孔子亦獵較,獵較猶可,而況受其賜乎?”《注》云:“獵較者,田獵相較,奪禽獸,得之以祭,時俗所尚,以爲吉祥。孔子不違而從之,所以小同於世也。"田獵縱不能教讓,豈有相奪之禮?相奪乃大亂之道,孔子焉得從之?趙《注》似近億説。予謂獵較,即漢人所謂校獵。《漢書注》云:"校獵者,大爲闌校以遮禽獸而獵取也。"《成帝紀》元延二年。有盡物之意,非天子不合圍,諸侯不掩羣之義;故充類至義之盡,謂之盜也。

〔二五三〕 上 國

《左氏》昭公二十七年:"吴子欲因楚喪而伐之。使公子掩餘、公子燭庸帥師圍潛,使延州來季子聘於上國。吴公子光曰:此時也,弗可失也。告鱄設諸曰:上國有言曰:不索何獲?我王嗣也,吾欲求之。"《疏》曰:"賈逵云:上國,中國也。服虔云:上國,謂上古之國,賢士所言也。此猶如上文聘於上國,則賈言是也。"案以成公七年"通吴於上國"之文言之,亦賈説是也。然昔人引古語者甚多,引同時列國之言者甚少。蠻夷引中國之言,亦不少概見。蓋載籍所傳者,多非其人之言,實執筆者以其意爲之辭耳。聘於上國之文,服虔豈不之見?必以上古之國釋之者,夫固别有見地也。竊疑《左氏》記事,雖有依據,其文則多經傳者潤飾。創通《左氏》者,多西漢末葉人,如劉歆、鄭興輩,於古書未必能真解。或見上國有言之文,誤解上國爲中國,因遂施之季札之聘,巫臣之通耳。要之《左氏》記事,大致可資參證,然其釋經處必出妄説,其文字亦多非故書之舊,則不可不知也。

〔二五四〕 女稱君亦稱君子

馮雲伯《十三經詁答問》云:"問《碩人》無使君勞,《毛傳》:大夫未退,君聽朝於路寢,夫人聽内事於正寢,大夫退然後罷。是君勞似兼夫人言之,何也? 曰: 此君字當專指夫人言。《列女傳》: 君者,謂女君也。引此,是《魯詩》説。鶉奔我以爲君,《毛傳》: 君,國小君,蓋夫人自稱曰小君也。”愚案《碩人》毛《傳》,意或亦專指夫人;兼言君者,連類及之耳。古書固多如此也。又案俞理初《癸巳類稿》云:《喪服傳》云: 君子子者,貴人之子也。此君子當屬母,即《詩・都人士》云彼君子女謂之尹吉者,以求之者必爲適妻故也。卷三。然則君與君子,皆男女之通稱矣。君者,羣也。能理一羣之事者,斯謂之君,固無分於男女。抑古者男有男事,女有女事,如今原始部族,往往戰守之事屬之男,弓矢戈矛之類,亦爲男子所有,凡爲戰守而結合之團體惟男子主之,女子不與焉。至於種植烹飪,緝績裁縫,治理居處,撫育孩幼,則皆女子主之,男子不與,其物亦皆女子所有,故家屬於女子也。此所謂男子治外,女子治内,而非如小康之世,所謂深宫固門,閽寺守之,男不入,女不出者也。小康之世之婦人,所治者悉爲家事,而家爲男子之所有,則亦無産之奴隸而已矣。

〔二五五〕　札

《周官》大司徒:“大荒大札,則令邦國移民,通財,舍禁,弛力,薄征,緩刑。”《注》:“大荒,大凶年也;大札,大疫病也。”司市:“國凶荒札喪,則市無征而作布。”司關:“國凶札,則無關門之征。”《注》:“鄭司農云: 凶,謂凶年饑荒也;札,謂疾疫死亡也;越人謂死爲札。《春秋》傳曰: 札瘥夭昏。”《疏》曰:“上注札爲疫病,此司農以札爲死,則札因病而死,義得兩兼,是以引越人謂死爲札也。云《春秋傳》者,昭十九年《左氏》云: 鄭駟偃卒,其父兄立子瑕。子産曰: 寡君之二三臣,札瘥夭昏。《注》云: 大死曰札,小疫曰瘥,短折曰夭,未名曰昏。又《洪範》云: 六極,一曰凶短折。《注》曰: 未齔曰凶,未冠曰短,未昏曰折,并無正文,望《經》爲説耳。引《春秋》者,證札爲大疫也。”案司徒職所謂大荒,即司市所謂凶荒,司關所謂凶;其所謂大札,即司市所謂札喪，司關所謂札；辭有單複，義無同異。《司徒注》但云疫病，乃辭不具，非謂未致死亡；《疏》謂義得兩兼，誤也。札、折，疑即一語。《禮記·祭法》："大凡生於天地之間者皆曰命，其萬物死皆曰折，人死曰鬼。"《注》："折，棄敗之言也。"蓋指秋時草木黄落言之，秋冬萬物皆死，總稱爲折，不復分别其名。萬物死其數甚多，因引申爲人死甚多之稱；死亡甚多者，固惟疫病足以致之也。

〔二五六〕 易抱龜南面

《祭義》："昔者聖人建陰陽天地之情，立以爲易。易抱龜南面，天子卷冕北面，雖有明知之心，必進斷其志焉；示不敢專，以尊天也。"《注》："易，官名。《周禮》曰大卜，大卜主三兆三易三夢之占。"案《周官·春官》占人："掌占龜，以八簭占八頌。"《左氏》僖公十五年，秦伯伐晉，卜徒父筮之，其卦遇《蠱》。則古者卜筮之職，蓋不甚分。《少牢饋食禮》："史朝服，左執筮，右抽上韇，兼與筮執之，東面受命於主人。"《疏》云："《雜記》：大夫士筮，亦云史練冠長衣。"今案《左氏》莊公二十二年："周史有以《周易》見陳侯。"襄公九年："穆姜薨於東宫，始往而筮之，遇《艮》之八；史曰：是謂《艮》之《隨》，《隨》其出也，君必速出。"是史亦知筮也。《荀子·王制》："相陰陽，占祲兆，鑽龜陳卦，主攘擇五卜，知其吉凶妖祥，傴巫跛擊之事也。"《注》："五卜，《洪範》所謂曰雨、曰霽、曰蒙、曰驛、曰剋。擊讀爲覡，男巫也。"其説當，則巫覡亦通於卜筮矣。蓋其術并非甚難也。

〔二五七〕 三兆三易

《周官·春官》：大卜，掌三兆三易之法。《注》引杜子春云："玉兆，帝顓頊之兆；瓦兆，帝堯之兆；原兆，有周之兆。”又云：“《連山》宓犧，《歸藏》黄帝。”《疏》引“趙商問：杜子春何由知之？鄭答云：此數者非，無明文，改之無據，故著子春説而已，近師皆以爲夏、殷、周。鄭既爲此説，故《易贊》云：夏曰《連山》，殷曰《歸藏》。又注《禮運》云：其書存者有《歸藏》。如是，玉兆爲夏，瓦兆爲殷可知，是皆從近師之説也。”案《史記·自序》云：“齊、楚、秦、趙爲日者各有俗，所用欲循觀其大旨，作《日者列傳》。”又云：“三王不同龜，四夷各異卜，然各以決吉凶，略闚其要，作《龜策列傳》。”則古者卜筮之法蓋甚多，今不可見者，以二傳皆非原文也。以爲夏、殷、周與黄帝、顓頊、帝堯，皇甫謐又以爲夏人因炎帝曰《連山》，殷人因黄帝曰《歸藏》，見《疏》引。同一無據而已。孔子之宋而得《坤乾》，經有明文；然以《坤乾》即《歸藏》，亦無確據。

《士冠禮疏》云：“案《洪範》云：七稽疑，擇建立卜筮人，三人占，從二人之言；又案《尚書·金縢》云：乃卜三龜，一習吉。則天子諸侯卜時，三龜并用，於玉、瓦、原，三人各占一兆也。筮時，《連山》、《歸藏》、《周易》，亦三易并用；夏、殷以不變者爲占，《周易》以變者爲占，亦三人各占一易。卜筮皆三占從二。三者，三吉爲大吉，一凶爲小吉，三凶爲大凶，一吉爲小凶。案《士喪禮》筮宅：卒筮，執卦以示命筮者，命筮者受視，反之東面，旅占。《注》云：旅，衆也；反與其屬共占之，謂掌《連山》、《歸藏》、《周易》者。又卜葬日云：占者三人在其南。《注》云：占者三人，掌玉兆、瓦兆、原兆者也。少牢大夫禮亦云三人占。鄭既云反與其屬共占之，則鄭意大夫卜筮，同用一龜一易，三人共占之矣。其用一龜一易，則三代顆用，不專一代。故《春秋緯演孔圖》云：孔子脩《春秋》，九月而成。卜之，得《陽豫》之卦。宋均注云：《陽豫》，夏、殷之卦名，故今《周易》無文，是孔子用異代之筮，則大夫卜筮，皆不常據一代者也。”今案三占從二，自當以三人共用一龜一易爲説；若各異其術，則所據不同，何以相正。《曲禮》曰“卜筮不過三”，又曰“卜筮不相襲”，《表記》亦曰：“卜筮不相襲也。”所以不過三者，懼其多則惑，不相襲者亦然。晉獻公欲以驪姬爲夫人，卜筮并用。《左氏》

僖公四年。文公欲納襄王,既卜之,又筮之,同上二十五年。皆非正法也。《周官·春官》簭人云:“凡國之大事,先簭而後卜。”《周官》,戰國時書,蓋亦末世惑亂之俗,非周代之正法。至《洪範》卜筮并用者,則又以其時代較早,信教之念甚深,未可援以爲解也。

〔二五八〕 史記日者龜策列傳

《史記·日者》、《龜策》二傳,今皆已亡,無由知其所言如何。今本《日者傳》載司馬季主事,姑勿論其爲諷諭之作,與數術無涉,即謂有涉,季主亦卜徒,正宜入《龜策傳》。至《龜策傳》則僅載褚先生所得於大卜官者,皆記事,非記人,劉知幾譏其全爲志體,當與八書等列。《史通》。後世所謂史例,誠非可以議古人,然《史記》各類傳,亦多列前人行事,則知原文若存,必不但記卜筮之法。《自序》云:“齊、楚、秦、趙爲日者各有俗,所用欲循觀其大旨,作《日者列傳》。三王不同龜,四夷各異卜,然各以決吉凶,略闚其要,作《龜策列傳》。”則《日者傳》當記齊、楚、秦、趙四國,《龜策傳》則上本三代,旁及四夷,各載其法俗與其人之行事也。然則二傳何以立别乎?曰:《龜策傳》當專記卜筮,《日者傳》則兼苞諸數術之家,特以日者爲名耳。案古有卜筮日之俗,《禮記·曲禮》曰:“卜筮者,先聖王之所以使民信時日。”似時日即該於卜筮之中,不得别爲一技矣。然《表記》曰:“子言之:昔三代明王,皆事天地之神明,無非卜筮之用,不敢以其私褻事上帝,是故不犯日月,不違卜筮。”又曰:“子曰:君子敬則用祭器,是以不廢日月,不違龜筮,以敬事其君長。”又曰:“子曰:齊戒以事鬼神,擇日月以見君,恐民之不敬也。”皆以時日與卜筮并言。《墨子·貴義》曰:“子墨子北之齊,遇日者。日者曰:帝以今日殺黑龍於北方,而先生之色黑,不可以北。”此時日自有吉凶,非爲龜筮者所能知也。褚先生曰:“臣爲郎時,與太卜待詔爲郎者同署,言曰:孝武帝時,聚會占家問之,某日可取婦乎?

五行家曰可，堪輿家曰不可，建除家曰不吉，叢辰家曰大凶，曆家曰小凶，天人家曰小吉，太乙家曰大吉。"可見凡諸數術之家，無不知有時日。蓋龜筮之義，一以占其事之可行與否，一以占其事當行於何時。古人最重卜，而筮次之，決事之可行與否，大抵以此二者爲主，故其後言決嫌疑定猶豫者，遂皆稱之曰龜筮；其實所用者，不必定此二術，特古人言語多以偏概全耳。決其事之可行與不者，既簡稱之曰龜筮矣，決其當行於何時者，乃總稱之曰時日，以與龜筮相對，其實定時日者，亦未必不用龜筮也。故以龜策、日者對立爲二名，及舉諸數術之家所最重者，特立爲一篇，餘則并爲一篇，其事皆當沿之自古也。古人著書，每舉文繁事重者列爲專篇，餘則合并爲一。如李悝《法經》，《盜》、《賊》、《網》、《捕》，各列專篇，餘則總爲《雜篇》。又如仲景著書，《傷寒》列爲專篇，餘則總稱雜病皆是。

《孟嘗君列傳》曰："田嬰有子四十餘人，其賤妾有子名文。文以五月五日生，嬰告其母曰：勿舉也。其母竊舉生之。及長，其母因兄弟而見其子文於田嬰，田嬰怒其母曰：吾令若去此子，而敢生之，何也？文頓首，因曰：君所以不舉五月子者，何故？嬰曰：五月子者，長與户齊，將不利其父母。"此俗以生年月日定吉凶禍福之本。《論衡·偶會》曰"世曰：男女早死者，夫賊妻，妻害夫"，亦此俗也。此皆時日之自有吉凶者也。知之當有一技。《論衡》又曰："世謂宅有吉凶，徙有歲月。"此則趨避由人，可決之以卜筮者矣。《小弁》之詩曰："天之生我，我辰安在？"《箋》曰："此言我生所值之辰，安所在乎？謂六物之吉凶。"《疏》曰："歲、時、日、月、星、辰也。"然則不惟卜筮日之俗，由來甚古，即以生年月日定吉凶，亦三代前既有之矣。

〔二五九〕 神嗜飲食

古人最嗜飲食，故遂以己之心度於神。《左氏》一書，所載當時士大夫務民之義之論，可謂多矣。然隨侯曰："吾牲牷肥腯，粢盛豐備，何則不信?”桓公六年。虞公曰:“吾享祀豐潔,神必據我。”僖公五年。猶可見習俗之相沿焉。趙嬰之放於齊也,“夢天使謂己:祭余,余福女。使問諸士貞伯,貞伯曰:不識也。既而告其人曰:神福仁而禍淫,淫而無罰,福也。祭其得亡乎?祭之之明日而亡。”成公五年。是雖持福仁禍淫之論者,亦未嘗謂祭不可以獲福也。《墨子》言《天志》,言《明鬼》,亦持福仁禍淫之論者也。然《天志下》云:“楚王食於楚四竟之内,故愛楚之人;越王食於越,故愛越之人;今天兼天下而食焉,我以此知其兼愛天下之人也。”亦不覺露出祭可獲福之舊見解矣。《明鬼下》曰:“昔者宋文君鮑之時,有臣曰祐觀辜,固嘗從事於厲。祩子杖揖出,與言曰:觀辜,是何珪璧之不滿度量,酒醴粢盛之不浄潔也,犧牲之不全肥,春秋冬夏選失時,豈女爲之與?意鮑爲之與?觀辜曰:鮑幼弱,在荷繦之中,鮑何與識焉,官臣觀辜特爲之。祩子舉揖而槀之,殪之壇上。”則更明目張膽,以飲食罪過生人矣。墨子此説,自言出於宋之《春秋》,可見當時流俗,持此等見解者之多也。

觀於祐觀辜之事,則知《史記·魯世家》謂成王少時病,周公揃其爪,沈之河,以祝於神,曰“王少未有識,姦神命者乃旦也”,不足怪矣。《金縢》册祝之辭,曰“爾之許我,我其以璧與珪,歸俟爾命;爾不許我,我乃屏璧與珪”,儼然有要挾之意。亦以人固蘄神佑,神亦恃人以飲食之也。不孝有三,無後爲大,即由於此。而微子以殷民攘竊神祇之犧牷牲用爲大罪,更不足怪矣。

《楚茨》一詩,皆言古人祭祀之事,而曰:“神嗜飲食,卜爾百福。”又曰:“神嗜飲食,使君壽考。”此真古人之見解與?《左氏》諸書所載務民之義之論,乃當時先知先覺者之見解,而非其時人人之見解也。

論者將曰:惟飲食之求,且以己意度於神,何其鄙也。而不知好貨財,貪飲食,其鄙一也。抑人孰不好飲食?不過古者貨財少,人之所以縱其欲者不多,故多好飲食。後世則聲色貨利,所以眩惑之者益紛。汲汲皇皇,惟恐不及。而奪利必先奪權,又益之以夸者之死權,遂致并其嗜飲食之本性而失之耳。今以餅餌、黄金與人,小人必取餅餌,成人必取黄金。可謂小兒貪而成人廉,成人仁而小兒鄙輿?夫好貨財非徒以爲飲食也,然未嘗不欲飲食也。固有朱門酒肉臭,坐視途有涷死骨,而莫之肯饉者矣。而孰與野人鄙夫。祭祀之餘,會聚親戚鄰里,欣然醉飽,而惠且及於過客也。而猶鄙古人,何也?然私貨財者,豈必其皆得飲食哉?固又有挾金玉錦綉而爲道殣者矣。此又小兒争餅餌者之所哀也。

〔二六〇〕 神仙家

天下事無可全誣人者。《史記·封禪書》言:"秦文公獲若石,於陳倉北阪城祠之。其神或歲不至,或歲數來,來也常以夜,光輝若流星,從東南來集於祠城,則若雄雞,其聲殷云,野雞夜雊。"而劉向言:"陳寶祠,自秦文公至今,七百餘歲矣。漢興,世世常來,光色赤黄,長四五丈,直祠而息,音聲砰隱,野雞皆雊。每見雍,太祝祠以太牢,遣候者乘一乘傳馳詣行在所,以爲福祥。高祖時五來,文帝二十六來,武帝七十五來,宣帝二十五來,初元元年以來,亦二十來。"《漢書·郊祀志》。此自然之象,衆目共覩,非可虚誣。然則漢武帝以正月上辛用事甘泉圜丘,使童男女七十人俱歌,昏祠至明,夜常有神光如流星止集於祠壇,天子自竹宫而望拜,百官侍祠者數百人,皆肅然動心焉。《漢書·禮樂志》。此亦非可虚誣。故知迷信之事,覩其事而不知其理者多矣,謂其絶無依據,則必不然。知此則可與論神仙家之原起焉。

《左氏》昭公二十年載齊景公問晏子之辭曰:"古而無死,其樂何如?"古無爲不死之説者,景公爲神仙家所惑,蓋又在威、昭、燕昭之前矣。《漢書·天文志》,望氣之術,有察海旁蜃氣者;又云:"雲氣各象其山川人民所聚積。"蓋後亦知倒景之理,然其初則不之知,誠以爲空虚之中有人焉。誠以爲人可乘雲氣而遨遊。《楚辭》中所表見者,皆此思想也。夫如是故方士必起於燕齊之間,而三神山必在海中也。

乙帙　秦　漢

〔二六一〕 太上皇

秦始皇稱皇帝，追尊莊襄王爲太上皇，漢高祖亦尊其父曰太上皇，後世遂爲故事。案薄昭予淮南厲王書曰："今大王不察古今之所以安國便事，而欲以親戚之意望於太上，不可得也。"如淳曰："太上，天子也。"然則"太上"二字，實無更尊於天子之意。《史記·高祖本紀集解》引蔡邕曰："不言帝，非天子也。"《三國志·王肅傳》："山陽公薨，肅上疏曰：漢總帝皇之號，號曰皇帝。有别稱帝，無别稱皇，則皇是其差輕者也。故當高祖之時，土無二王，其父見在而使稱皇，明非二王之嫌也。況今以贈終，可使稱皇以配其謚。"則天子之父，稱號與天子之别，在獨稱皇，不在太上二字。秦始皇尊其父曰皇，不曰皇帝者，亦以帝乃盡并六國後之稱，莊襄王固無實也。秦去謚法，不可追尊之爲莊襄皇，一皇字又不成辭，乃以"太上"二字妃之耳。古最高者，率曰太上，如《禮記》言"太上貴德"，《左氏》言"太上有立德"，司馬遷言"太上不辱先"是也。師古曰："太上，極尊之稱也。天子之父，故號曰皇；不預治國，故不言帝。"其説是也。又曰"皇，君也"，則非是。古君爲一國之主，王爲衆所歸往之稱。皇則本無其語，乃帝稱既作之後，欲名更蚤於五帝之君，而無其辭；乃以自字妃王，取始王天下之義,而造此字耳。見《三皇五帝》條。

〔二六二〕 焚 書 上①

《史記·秦始皇本紀》載李斯焚書之議曰:"若有欲學法令,以吏爲師。"《集解》引徐廣曰:"一無法令二字。"案《李斯傳》無之,則無之者,是也。"法令"二字,蓋注語,溷入正文。其爲史公原文,抑後人羼入,未敢定;然要無背於李斯本意。論者或謂秦實未嘗廢學,所謂吏者,即博士也,則又誤矣。秦惟惡人以古非今,故欲燔《詩》、《書》;若仍許博士傳授,則其燔之,爲無謂矣。斯之奏,明言"士則學習法律辟禁",《斯傳》言:"始皇可其議,收去《詩》、《書》百家之語,以愚百姓。使天下無以古非今,明法度,定律令,皆以始皇起。"其許民傳習者,不得出於法令以外可知。

《始皇本紀》載斯議,但言"《詩》、《書》百家語",而《斯傳》曰:"臣請諸有文學《詩》、《書》百家語者,蠲除去之。"文學蓋與《詩》、《書》百家語同爲經籍之通稱。古者文字用少,凡民蓋多不通知。其略知之者,亦僅以供眼前記事達意之用。書之較古,或涵義較深者,即非其所能讀,能從事於此者,則謂之文學之士,其學即謂之文學,其書因亦被文學之稱,孔門四科中文學,即是物也。後世各種學問,皆用文字,故文學不能成爲一種學問之名。古代學問,用文字者少,不用文字者多,則即其用文字者而名之曰文學,亦勢使然也。《易·繫辭傳》曰:"上古結繩而治,後世聖人易之以書契,百官以治,萬民以察。"《九家易注》曰:"百官以書治職,萬民以契明其事。"案此釋書契二字最確;獄吏僅知當世之法律禁辟,則以書治職之類也。項羽曰:"書足以記名姓而已",此猶今略識文字之人,僅能記帳、作書函、寫券契,則以契明事之類也;文字通常之用,不過如此。用以載道、記大事、前人以之垂後,後人以之識古,本非人人所能,今日猶然,況古昔乎?《論語》子曰:"行有餘力,則以學文。"所學者即以供通常之用,非游夏所通之文學也。然則所謂

① 曾改題爲《秦焚書上》。

文學士者，即通知古今，而不僅囿於當世法律辟禁之人矣。《紀》又載始皇之語曰："吾前收天下書不中用者，盡去之。悉召文學方術士甚衆，欲以興太平。方士欲練以求奇藥。""欲以致太平"上，蓋有奪文，此五字指文學言。焚其書而用其人者，特采取其謀議，用舍之權在我，若聽其私相傳授，則學者多，而非上之所建立者衆，主勢降乎上，黨與成乎下矣，此始皇、李斯之所深惡也，而惡得聽之？故若有欲學法令之"法令"二字，是否史公原文不可知，而其無背於當日焚書之意，則可斷也。

焚書之議，不外乎欲齊一衆論。夫欲齊一衆論者，不獨始皇、李斯也，董仲舒對策曰："春秋大一統者，天地之常經，古今之通誼也。今師異道，人異論，百家殊方，指意不同，是以上亡以持一統；法制數變，下不知所守。臣愚以爲諸不在六藝之科，孔子之術者，皆絶其道，勿使并進。邪辟之説滅息，然後統紀可一，而法度可明，民知所從矣。"與李斯議何異？特斯欲一之以當世之法律辟禁，而仲舒則欲一之以孔子之道耳。孔子之道，非吏之所知，欲以此一天下，自不得不用通知古今之博士。始皇令民以吏爲師，而漢武獨爲五經博士置弟子，其所以教民者異，其使之必出於一則同矣。

莊子曰："藏舟於山，夜半，有力者負之而走。"甚矣，世變之不可達也。世事日新，而人之所知，恒域於古，其所斟酌損益，以爲可措之當世者，皆其鑒於已往而云然者也，而世事則已潛移矣。人之所爲，終不能與時勢盡合以此。李斯論當時之弊，謂"語皆道古以害今，飾虚言以亂實"；又謂"五帝不相復，三代不相襲，各以治，非其相反，時變異也"。而謂淳于越曰："越言乃三代之事，何足法也"，善矣。抑此法家之公言，非斯一人之私言也：雖儒家亦惡處士横議。而曰三王之道若循環，終而復始，則亦惡夫道古以害今，飾虚言以亂實者矣。然而斯之所爲，則欲復古政教不分、官師合一之舊者也。雖董仲舒亦曷嘗不願之哉？未能致耳。亦何以異於淳于越乎？卻行而笑人之北，豈不悲哉？

李斯之負謗久矣，仲舒昔人稱之，今亦以其抑黜百家爲罪狀，其實立言各以其時，不必相非也。後人生於專制已久，思想已統一之世，但患在上者之威權過大，在下者之錮蔽過深，不察時勢之異，乃皆奮筆以詆李斯、仲舒，其實思想錮蔽固有弊，思想太披猖亦有弊。今也遇人於路，刺而殺之，則司敗將執而致諸辟，雖途之人，亦莫之哀也，是以莫敢刺人而殺之也。若斯世之風氣，十里五里而不同，有殺人於國門之外者，或呰其暴，或譽其勇，司敗執而戮之，則或聚徒而篡之，而是邦也，不可以一朝居矣。此墨翟所以有尚同之論也，非獨儒法也，一異道與異論，固晚周、秦、漢之世，人人之所同欲也。

原刊《光華大學半月刊》第一卷第六期，
一九三三年三月二十日出版

〔二六三〕 焚 書 下[①]

李斯議焚書之奏曰："所不去者，醫藥、卜筮、種樹之書。"《斯傳》同。則當時所不焚者，以此爲限。此不及政治，不得藉以是古非今者也。乃《論衡・書解》謂"秦確無道，不燔諸子，諸子尺書，文篇俱在"。趙岐《孟子題辭》亦謂"秦焚書，其書號爲諸子，故篇籍得不泯絶"。王肅《家語後序》又云："李斯焚書，《家語》與諸子同列，故不見滅。"

近人因謂秦之焚書，限於六藝，六藝爲古文，諸子書皆今文，故有秦廢棄古文之説。案此説非也，果如所言，"百家語"三字何指？仲任雖有特見，而於史事甚疏，往往摭拾野言，信爲實在，觀其論羣經傳授，語多誣妄可知。其所謂秦人燔書，不及諸子者，蓋亦流俗相傳之説，而仲任誤采之。流俗所謂諸子，即醫藥、卜筮、種樹之書，而非《漢志・諸子略》之所著也。邠卿、子雍誤皆與仲任同，亦見漢人論事之疏矣。

---

① 曾改題爲《秦焚書下》。

衛宏《古文奇字序》云："秦改古文，以爲篆隸，國人多誹謗。秦患天下不從，而召諸生，至者皆拜爲郎，凡七百人。又密令冬月種瓜於驪山硎谷之中温處，瓜實，乃使人上書曰：瓜冬有實。有詔天下博士諸生説之，人人各異，則皆使往視之，而爲伏機。諸生方相論難，因發機從上填之以土，皆終命也。"《書疏序》。《漢書·儒林傳注》引略同，而作詔定《古文官書序》。《隋志·小學類》：《古文官書》一卷，後漢議郎衛敬仲撰，蓋其書一名《古文奇字》也。其説之不經，真堪發笑，乃引之以序詔定之書。劉歆之《讓太常博士》曰："信口説而背傳記，是末師而非往古。"坑儒之事，明見《太史公書》，敬仲熟視無睹，乃引此齊東野人之言，其信末世之口説，而背往古之《史記》，抑何其更甚於博士也？衛宏爲古學名家，其言如此，亦何怪王充之本不專精，趙岐之稍爲固陋、語見阮元《十三經注疏校勘記》。王肅之有意作僞者乎？

原刊《光華大學半月刊》第一卷第六期，
一九三三年三月二十日出版

〔二六四〕 華　　夏

漢族之稱，起於劉邦有天下之後。近人或謂王朝之號，不宜爲民族之名。吾族正名，當云華夏。案《書》曰："蠻夷猾夏。"《堯典》，今本分爲《舜典》。《左氏》曰："戎狄豺狼，諸夏親暱。"閔元年。又曰："裔不謀夏，夷不亂華。"定十年。又載戎於駒支對晉人之言曰："我諸戎飲食衣服，不與華同。"襄十四年。《論語》曰："夷狄之有君，不如諸夏之亡也。"《八佾》。《説文》亦曰："夏，中國之人也。"則華夏確係吾族舊名。然二字音近義同，竊疑仍是一語，二字連用，則所謂復語也。"裔不謀夏，夷不亂華"二語，意同辭異，古書往往有之，可看俞氏樾《古書疑義舉例》。以《列子》黄帝夢遊華胥，附會爲漢族故壤，未免失之虚誣。夏爲禹有天下之號，夏水亦即漢水下流。禹與西羌，《史記·六國表》。漢中或其舊國，則以此爲吾族稱號，亦與借資劉漢相同。且炎劉不祀，已越千年。漢字用爲民族之名，久已不關朝號。如唐時稱漢、蕃，清時稱滿、漢；民國肇建，則有漢、滿、蒙、回、藏五族共和之説是也。此等豈容追改。夏族二字，舊無此辭，而華族嫌與貴族混。或稱中華民族，詞既累重，而與中華國民而稱爲一民族者，仍復相淆。

〔二六五〕 淮南王

漢人之重復仇，觀淮南王事可以知之。審食其之於厲王母，特未能争於吕后耳，非有意殺之也；而厲王處心積慮，必致之死。王安躬行仁義，通達道術，必非利天下者。史言王入朝，武安侯迎之，爲言上無太子而王喜；此乃武安姦詐，欲以此自結，而非王有利天下之心也。後王欲舉事，諸使道從長安來，言上無男，漢不治，即喜；言漢廷治，上有男，即怒，以爲妄言，亦以如此則易爲變，非利天下也。抑此二者或傳言之妄，而史從而書之，不然，王豈輕躁淺露若是？要之王無利天下之心，則可決矣。吴王濞宗室最長，蓄反謀數十年，豈能北面朝安者？安果有利天下之心，濞之舉兵，何爲欲應之乎？《史記》云安時時怨、望厲王死，欲畔逆；《漢書》云江淮間多輕薄，以厲王遷死感激安。此蓋安謀反之由，他皆不足信也。安之謀反也，女陵爲中詗長安；太子屏其妃弗愛，王后亦與計謀；其敗也，豪桀誅者數千人；其名臣則有伍被、左吴、趙賢、朱驕如等，君臣上下，同力一心。王聞伍被言反之難，曰："男子之所死者，一言耳。"其決如此。雷被告太子而不發，莊芷《漢書》作嚴正。告之而又不發，太子念事不成，則自殺以爲後圖，其審慎强毅又如此，皆復仇之大義，有以感激其心也。其所以能君臣上下，同力一心者，抑又王之意氣慷慨，孝思出於至誠，有以感激之也。不特此也，衡山之謀叛，史言其與淮南不相能，恐爲所并；又言淮南西發兵，則欲定江淮間有之。且衡山畏淮南兼并，何難發一使，以淮南反謀告漢朝，而招致賓客，求壯士，作輣車鏃矢，自陷於罪戾乎？史又言元朔六年，衡山王過淮南，淮南王乃昆弟語，除前隙，約束反具。夫二國之隙已數十年，豈有能除之一旦，遽共約束爲反謀者？衡山之志，蓋亦淮南之志也。淮南、衡山之志如此，而敗其謀者，乃以辟陽侯孫，亦以懷復仇之念故也。甚矣漢人之重復仇也！

淮南王曰："吴何知反？漢將一日過成皋者四十餘人。今我令樓緩要成皋之口，周被下潁川兵塞轘轅、伊闕之道，陳定發南陽兵守武關，河南太守獨有洛陽耳，何足憂？"善哉謀乎！吴王蚤歲冠軍，白頭舉事，然有桓將軍、田禄伯、周丘弗能用，兵徒屯聚而西，無他奇道，蓋仍年少椎鋒，徒知積金錢，招亡命耳，非有大略也。王又曰："天下勞苦有間矣，諸侯頗有失行，皆自疑。我舉兵西鄉，必有應者；無應，即還略衡山。"被又教以南收衡山以擊廬江，有尋陽之船，守下雉之城，結九江之浦，絶豫章之口，强弩臨江而守，以禁南郡之下，東收江都、會稽，南通勁越，屈强江淮間，其策畫之周又如此。以上均見《漢書・伍被傳》。使其舉兵，其輕剽或不逮吴王，必不如吴王之可以一戰覆也。漢亦危矣哉！然安終於無成者，則羣臣近幸素能使衆者皆前繫詔獄實爲之。否則公孫弘説下之如發蒙，大將軍衛青亦僅和柔自守，伍被譽大將軍之言，乃漢廷獄辭，非其實也。漢之爲漢，未可知也。

《漢書・梅福傳》：福上書曰："孝武皇帝好忠諫，説至言，出爵不待廉茂，慶賜不須顯功；是以天下布衣，各厲志竭精，以赴闕庭自衒鬻者，不可勝數。漢家得賢，於此爲盛。使孝武皇帝聽用其計，升平可致。於是積尸暴骨，快心胡越，故淮南王安緣間而起。所以計慮不成而謀議泄者，以豪賢聚於本朝，故其大臣勢陵不敢和從也。"云武帝時有可緣之間，是矣。云豪賢聚於漢朝，有以折淮南之謀，則福飾辭以悟時主耳，非其實也。不然，淮南之謀，豈久而始泄哉？且伍被之徒爲王謀者，可謂至矣，何勢陵不敢和從之有？

原刊《光華大學半月刊》第三卷第四期，
一九三四年十一月二十五日出版

〔二六六〕 項羽將才

世皆以項羽之善戰，爲曠古所希，其實非也。羽固善戰，亦不過歷代善戰者之一耳，謂其有以大過於人，固不然也。羽之戰功，爲世所艷稱者有三：一巨鹿之戰，一彭城陷後，釋齊還攻漢軍，一垓下之潰圍南出也。垓下潰圍，乃一戰將之事，優爲之者甚多，事極易見。巨鹿之戰固剽鋭，然此戰在二世二年十二月，章邯至三年七月乃降，其間相距尚半年，羽初未能一戰即使邯潰不成軍也。邯之降楚，其真相不可知。《項羽本紀》言：邯軍棘原，羽軍漳南，相持未戰，秦軍數卻，二世使人讓邯，邯恐，使長史欣請事，至咸陽，留司馬門三日，趙高不見，有不信之心。欣恐，還走其軍，不敢出故道。高果使人追之，不及。欣至軍，報曰：趙高用事於中，下無可爲者。今戰，能勝，高必疾妒吾功，不能勝，不免於死，願將軍熟計之。此説固不必實。高果疑邯，于欣必加禮敬矣。然賈生過秦，言邯以三軍要市於外，巨鹿之戰以前，邯軍看似常勝，然迄不能定東方，閱時久則耗損多，陳餘遺邯書，謂其所亡失以十萬數，説必不虚；加以巨鹿之戰，一敗塗地，秦法嚴，迄不易將，安知其無要市之事？要市者其孰能信之？楚、漢間事，多出傳言，頗類平話，誠不可信。然所傳情節可笑者，未必其事遂不實。如《史記》述沛公至鴻門見項王之事，其恢詭何以異於《三國演義》？然謂是時，沛公與項王不相猜疑，得乎？要之，趙高之不信，章邯之要市，皆爲理所可有，亦即爲勢所必至。然則邯之降楚，乃秦之自潰，而非楚能竟定關東也。兵鋒剽鋭，北不逮南，以南方論，楚又不逮吴越，觀春秋時事可知。楚自頃襄王以降，秦兵日肆蠶食，楚迄不能抗，然猶借東地以立國者久之。其時吴越之地，文明程度太低，故不能終與秦抗。至於項氏用江東之衆，則以文明程度較高之人之訓練節制，用文明程度較低之人之輕悍敢死，忠樸從令矣，其孰能禦之？項梁起東阿，西北至定陶，再破秦軍，以及羽巨鹿之戰，彭城之役，垓下之潰圍，皆是物也。亦安知項燕之破李信，所用者無江東之衆哉？此豈羽之力乎？羽以漢二年四月，破漢軍於彭城，漢王即退屯滎陽。明年四月，羽乃急攻。漢王使紀信詐降而遁去，其間凡歷一年，楚固未嘗急攻，然漢亦嘗敗楚於滎陽南京、索間，楚以故不能過滎陽而西，則初亦未嘗不思深入，不獲，乃改而急攻也。《高祖本紀》云：漢王之出滎陽，入關收兵，欲復東。袁生説漢王出武關，項羽必引兵南走，王深壁，令滎陽、成皋間且得休，使韓信等輯河北趙地，連燕、齊，君王乃復走滎陽，如此，則楚所備者多，力分；漢得休，復與之戰，破楚必矣。漢王從其計，出軍宛、葉間，與黥布行收兵，項羽聞漢王在宛，果引兵南，漢堅壁不與戰。是時彭越渡睢水，與項聲、薛公戰下邳、彭城，大破楚軍，項羽乃引兵東擊彭越，漢王亦引兵北軍成皋。當漢王之去滎陽，爲楚計者，當急破其城，否則亦留兵圍之，而疾行入據洛陽，則關中震動，漢即據之，亦無以定齊、燕，漢王南據宛、葉，復何能爲？吴王濞之反也，桓將軍説之曰：吴多步兵，步兵利險，漢多車騎，車騎利平地，願大王所過城邑不下，直棄去，疾西據洛陽武庫，食敖倉粟，阻山河之險，以令諸侯，雖毋入關，天下固已定矣。其説是也。洛陽固可衛秦中以制東方，東方强國據之，亦可距塞秦使不得出。周之東遷，晉、鄭焉依，秦猶不能肆志於洛，況於逕以一强國據洛陽之地乎？然則云漢王聽袁生之説而南行，而項羽從之，殆非實録。實則滎陽、成皋間，爲漢兵力所萃，項羽度不能破，又不敢軼之而西，乃變計思避實擊虚，南窺武關，而漢王乃亦南行以禦之耳。以彭城之役，漢高喪敗之烈，而聚兵滎陽、成皋之間，項羽竟爲所塞而不能越，可謂之善戰乎？

〔二六七〕 漢都關中

世皆以背關懷楚，爲項羽之所以亡，此乃爲漢人成説所誤，在今日，知其非者漸多矣，然猶以漢都關中，爲高祖之遠見長策，亦非也。

《史記·劉敬列傳》載：敬説高祖之辭曰："秦地被山帶河，四塞以爲固，卒然有急，百萬之衆可具也。"其説似善矣。然後高祖使敬往匈奴結和親之約，敬從匈奴來，因言匈奴河南白羊、樓煩王，去長安近者七百里，輕騎一日一夜可以至秦中。秦中新破，少民，地肥饒，可益實。夫諸侯初起時，非齊諸田、楚昭、屈、景莫能興，今陛下都關中，實少人，北近胡寇，東有六國之族，宗强，一日有變，陛下亦未得高枕而卧也。臣願陛下徙齊諸田、楚昭、屈、景、燕、趙、韓、魏後，及豪傑名家居關中，無事可以備胡，諸侯有變，亦足率以東伐，此强本弱末之術也。上曰：善。乃使敬徙所言關中十餘萬口。然則曩所謂卒然有急，百萬之衆可具者，將安從而具之乎？漢初諸政皆與秦異，獨其從劉敬説徙六國後，及豪傑名家，則與秦徙天下豪富於咸陽同。然則秦中人少，殆非因其新破？抑秦本地廣人希，故得招來三晉之人任耕，而使秦人任戰，則其患寡，殆自戰國以來，至漢初而未有改也。何以守位曰人？何以聚人曰財？秦果何所恃而能兼并六國哉？則自東周以來，六國地日廣，人日多，益富且强，而其荒淫亦益甚，而秦居瘠土，其政事較整飭，《荀子·强國篇》所言，可以復按，夫固人事，而非地與民之資之獨異於其餘諸國也。天下大勢，實在東方，此秦始皇滅六國後，所以頻歲東遊，即二世初立時亦然。楚懷王以空名稱義帝，而項羽爲霸王，正猶周天子以空名稱王，政由五霸，夫安得不居彭城？漢王所以背戏下約與項王争者，亦曰不能鬱鬱久居巴蜀、漢中耳，而安得如史家所言，關中本最善之地，爲諸將所共歆羨，故在出兵之初，懷王已指是立約；而楚之不居關中，亦徒以秦宫室殘破，其本意未嘗不歆羨之，至以此怨懷王不肯令與沛公俱西入關而北救趙，後天下約哉？漢所以都關中者，其在東方，本無根柢，非如項氏之世爲楚將，項氏尚爲齊、趙之叛所苦，而況漢王？於楚尚爾，楚之外，更何地可以即安？獨關中則據之已數年，治理之方麤具，故遂因而用之，所謂非擇而取之，不得已也。西都之策，發自劉敬，而成於張良，良之言曰：關中之地，諸侯安定，河渭漕挽天下，西給京師。諸侯有變，順流而下，足以委輸。使其本居東方富庶之地，何待漕挽以自給？如其東方皆叛，徒恃河渭之順流，亦何益哉？漢王既滅項氏，仍歲勞於東方，有叛者必自討之，亦猶秦皇之志也。高祖之滅項氏無足稱，兩雄相争，固必有一勝一負，獨其滅項氏之後，頻歲馳驅東方，并起諸雄，皆爲所翦滅，使封建復歸於郡縣，雖世運爲之，而其乘機亦可謂敏矣。此無他，知天下之大勢在東方，馳驅於東方，猶戰於敵境，安居關中，則待人之來攻矣。東方所以爲大勢所繫，以其富庶也。東方定，高祖亦無禄矣。使其更在位數年，亦安知其不爲東遷之計哉？

〔二六八〕 楚釋漢擊齊

楚漢相争，漢卒成而楚卒敗，其道或多端，然漢嘗一入彭城，後雖敗退，終據滎陽、成皋，楚迄不能下，而漢之後路安定，且可使韓信下齊、趙，彭越擾梁地，以犄楚後，要其大焉者也。然謂漢王夙有覆楚之計則非也。《項羽本紀》言：羽聞漢王皆已并關中，且東；齊、趙叛之，大怒。乃以故吴令鄭昌爲韓王以距漢，漢使張良徇韓，乃遺項王書曰：漢王失職，欲得關中，如約即止，不敢東。又以齊、梁反，書遺羽曰：齊欲與趙并滅楚。楚以此故無西意而北擊齊。論者皆以此爲楚之失策，爲漢所欺，其實非也。漢之降申陽，使韓太尉信降鄭昌，在其二年十月。十一月，立信爲韓王。漢王還歸，都櫟陽。至三月，乃復出兵，降魏王豹，虜殷王邛，劫五諸侯兵東伐楚。其間相距凡三閱月，蓋聞項羽不能定齊地而然？然則張良謂漢王欲得關中即止，殆非虚語。《高祖本紀》云：漢王之國，項王使卒三萬人從，楚與諸侯之慕從者數萬人，從杜南入蝕中，去輒燒絶棧道，以備諸侯盗兵襲之，亦示項羽無東意。當是時，項羽安知漢王之欲東？使其知之，相王時何不置諸東方，地近易制御，乃置之巴蜀、漢中，成鞭長莫及之勢哉？漢王所以敢并三秦者，亦以關中距東方遠，項羽不易再至。韓信故襄王孽孫，王諸韓，距楚爲有辭也。且漢王果欲東，安有燒棧道自絶其路之理？《淮陰侯列傳》載其説漢王之辭，謂秦民怨三秦王，痛入骨髓，無不欲得大王王秦，今大王舉而東，三秦可傳檄而定。此附會之辭，非實録。漢王以其元年四月就國，五月即出襲雍。章邯蓋出不意，故敗走。然猶據廢丘。司馬欣、董翳至八月乃降。章邯則明年六月，漢王自彭城敗歸，引水灌廢丘，乃自殺。然則謂三秦可傳檄而定者安在也？情勢如此，漢王豈能以一身孤居秦民之上？其燒棧道蓋所以防楚諸侯人附從者之逃亡？抑或以詐三秦王而還襲之也。漢王之入彭城，收其貨寶美人，日置酒高會，此豈入咸陽，封府庫，還軍霸上者之所爲？而爲之者，所謂思東歸之士，所願固不過如此，既至其地，則不可抑止矣。此等兵，可以千里而襲人乎？漢王亦豈不知之？而猶冒險爲之，而亦足以害楚，況乎齊、趙之怨深而地近者哉？安得不釋漢而先以齊爲事也？

〔二六九〕 楚將龍且

酈食其説齊王，言項羽非項氏莫得用事；陳平亦言：項王不信人，其所任愛，非諸項，即妻之昆弟；此項羽之所以敗也。《史記·項羽本紀》言：項王聞淮陰侯已舉河北，破齊、趙，且欲擊楚，乃使龍且往擊之。淮陰侯與戰，騎將灌嬰擊之，大破楚軍，殺龍且。《漢書·高帝紀》略同。《項籍傳》則云：羽使從兄子項它爲大將，龍且爲裨將救齊。《史記·曹相國世家》云：從韓信擊龍且軍於上假密，大破之，斬龍且，虜其將軍周蘭。《漢書·曹参傳》作亞將周蘭。《史記·灌嬰列傳》亦以周蘭爲亞將，《漢書》同。師古曰：亞將，次將也。然則龍且乃末將耳。諸文所以多言龍且者，蓋以其爲名將，當時人争指目之，而不數項它及周蘭也。龍且乃破淮南之人，其勁悍可知。陳平又稱爲骨髓之臣，使項王專任之，韓信或不易得志於齊邪？

〔二七〇〕 以賈人爲將

《史記·高祖本紀》：趙高已殺二世，使人來，欲約分王關中。沛公以爲詐，乃用張良計，使酈生、陸賈往説秦將，啖以利，因襲攻武關，破之。《留侯世家》言沛公欲以兵二萬人擊秦嶢下軍，良説曰：秦兵尚强，未可輕，臣聞其將屠者子，賈豎易動以利，願沛公且留壁，使人先行，爲五萬人具食，益張旗幟諸山上爲疑兵，令酈食其持重寶啖秦將。秦將果叛，欲連和俱西襲咸陽。《高祖本紀》又言其擊陳豨，聞豨將皆故賈人也，上曰：吾知所以與之矣。乃多以金啖豨將，豨將多降者。夫秦、漢時之輕賈人亦甚矣，安得以之爲將？以之爲將，人心安能服之？蓋當時習以賈人爲好利之徒，人有好利者則稱之曰賈豎云耳，非真賈人也。

〔二七一〕 漢世食客之多

《後漢書·吴漢傳》：家貧，給事縣爲亭長。王莽末，以賓客犯法亡命。一亭長而猶有賓客，可見漢時寄食者之多。

所謂賓客者，不能自食，常從人寄食之謂也。韓信數從其下鄉南昌亭長寄食。數月。亭長妻患之，乃晨炊蓐食。食時，信往，不爲具食。信亦知其意，怒，竟絶去。使亭長妻而不晨炊蓐食，信不怒而絶去，南昌亭長，亦一吴漢也。樓護有故人吕公，無子歸護。護身與吕公、妻與吕嫗同食。及護家居，妻子頗厭吕公。護聞之，流涕，責其妻子曰："吕公以故舊窮老，託身於我，義所當奉。"遂養吕公終身。使樓護而聽其妻子，則亦一南昌亭長也。灌夫食客日數十百人。鄭太知天下將亂，陰交結豪桀，有田四百頃，而食常不足。戴良曾祖父遵，食客常三四百人。知寄食於人之事，漢世甚多。其時去古近，貨力爲己之風猶未如後世之甚也。

《白虎通義》曰：友飢爲之減飡，友寒爲之不重裘。盡人而以朋友之道待之，勢弗能給也。然《詩》云：呦呦鹿鳴，食野之蘋。説者曰：鹿鳴興於獸，而君子大之，取其得食而相呼也。（《淮南·泰族》）可以人而不如獸乎？杜甫之詩曰：所來爲宗族，亦不爲盤飧。《史記·十二諸侯年表》曰：仁義陵遲，鹿鳴刺焉。豈爲飲食哉？中以好之欲飲食之朋友之道也。得食而不相呼，朋友之道盡矣。君臣猶朋友也，得食而不相呼，君臣之道薄矣。是以詩人刺之也。《易》曰：何以守位曰仁，何以聚人曰財。理財正辭，禁民爲非曰義。夫君子者，豈徒能飲食之而已矣。然較之使饑餓於我土地者，何如夫延陵、孟嘗、春申、信陵之徒，亦徒能飲食人而已矣。而士猶歸之，以其猶有君人之一德也。

〔二七二〕 兒寬阿世

《史記·封禪書》言：齊桓公欲封禪，管仲以爲不可，而不可窮以辭，乃設之以事。其事固不必實，然可見古之言封禪者，皆以爲非真天下太平，則不可妄舉其事也。秦漢之世，儒者已不能諍其君以封禪之不可，然議禮恒不能決，可見其於事仍不肯苟焉而已。秦始皇以儒生議各乖異，難施用而絀之，此始皇之侈也。乃司馬相如遺書頌功德，言符瑞足以封泰山，漢武以問兒寬，而寬對曰：使羣臣得人自盡，終莫能成。惟天子建中和之極，兼總條貫，金聲而玉振之，以順成天慶，垂萬世之基。上然之，乃自制儀，采儒術以文焉。然則封禪之議，啓之者相如，成之者寬也。相如逢君之惡，寬則長君之惡者也。抑寬之言，何其與始皇專己欲速之心，若合符節也？得不謂之曲學阿世邪？

〔二七三〕 遊俠郭解

郭解之得也，窮治所犯，爲解所殺，皆在赦前。軹有儒生，侍使者坐。客譽郭解，生曰：郭解專以奸犯公法，何謂賢？解客聞，殺此生，斷其舌。吏以此責解，解實不知殺者。殺者亦竟絶，莫知爲誰。吏奏解無罪。公孫弘議曰：解布衣，爲任俠行權，以睚眦殺人。解雖弗知，此罪甚於解知殺之。當大逆無道。遂族郭解。弘之議，乃謂弗知罪甚於知，則其果知與否，可以勿問，非謂解真不知也。史言解少時陰賊，概不快意，身所殺甚衆。年長，更折節爲儉，以德報怨。然其陰賊著於心，卒發於睚眦如故云。則其多所賊殺，時人固皆知之，特莫能舉發之耳。窮治所犯，所殺皆在赦前；殺軹儒生者，解實不知；殺者亦竟絶，未必非吏爲之道地也。武夫雖獷悍，然能磊磊落落，則雖報怨過當，猶有可取。以直報怨，固非所望於此曹也。賊而曰陰，風斯下矣。然非陰險有心計者，固不能爲豪傑魁首。彼殺軹儒生者，豈中心説而誠服解哉？亦以是納交於解，而要譽於其徒黨耳。自與季路、仇牧，而心計之工，雖商賈有所不若，清夜自思，不亦有靦面目乎？此所謂遊俠者，所以終爲盜跖之居民間者邪？史公曰："朋黨宗强比周，設財役貧；豪暴侵陵孤弱，恣欲自快；遊俠亦醜之。余悲世俗不察其意，而猥以朱家、郭解等，令與暴豪之徒同類而共笑之也。"以吾觀之，則朱家、郭解，亦暴豪之工於術者耳。語曰：不知來，視諸往。余則曰：不知古，鑒諸今。豈不見今之所謂朱家、郭解者？其立心與暴徒，何以别乎？古以儒、墨并稱，亦以儒俠并稱，明墨子之徒，原即世所謂遊俠。然閭巷之俠，儒、墨皆排擯不載；則俠之於墨，猶鄉原之於儒也。

客或譏原涉曰：子本吏二千石之世，結髮自脩，以行喪、推財、禮讓爲名。正復仇取仇，猶不失仁義；何故遂自放縱，爲輕俠之徒乎？

當時輕俠之徒，有所賊殺，非爲仇讎可知。此其所以爲盜跖之居民間者邪？觀客之所言，而世人之視遊俠者可知矣。史言涉性略似郭解，外温仁謙讓，而内隱好殺。人之視己，如見其肺肝然。豈有誠於心而不形於外，真可以欺世者哉？

劇孟過袁盎，盎喜待之。安陵富人有謂盎曰："吾聞劇孟博徒，將軍何自通之？"盎曰："劇孟雖博徒；然母死，客送喪車千餘乘，此亦有過人者。且緩急人所有。夫一旦叩門，不以親爲解；不以在亡爲辭，天下所望者，獨季心、劇孟。今公陽從數騎，一旦有緩急，寧足恃乎？"徙豪富茂陵也，郭解家貧不中訾，吏恐不敢不徙，諸公送者出千餘萬。彼有緩急，豈待叩人之門户哉？鄭莊行千里不賫糧，斂客之財以養客，徒取諸彼以與此，雖鄙夫豈有愛焉？此足方季次、原憲乎？

子曰："吾未見剛者。"或對曰："申棖。"子曰："棖也欲，焉得剛？"故曰：志士不忘在溝壑，勇士不忘喪其元。今漢之所謂遊俠者，欲姦公法，則相與探丸爲彈：得赤丸者斫武吏，得黑者斫文吏，白者主治喪。死而不忘埋葬，可謂勇乎？然而千金之子，坐不垂堂，此爲郭解報仇者之所以多與？公孫弘則可謂知治矣。

〔二七四〕巧　　吏

漢宣帝號留意吏治，然所奬進者，王成、黄霸，皆作僞之徒也。《晉書·良吏傳》：王宏，"泰始初，爲汲郡太守，撫百姓如家，耕桑樹藝，屋宇阡陌，莫不躬自教示，曲盡事宜。"武帝下詔，稱其"督勸開荒，五千餘頃，而熟田常課，頃畝不減。比年普饑，人不足食，而宏郡界，獨無匱乏"，則合王成、黄霸爲一人矣。然俄遷衛尉、河南尹、大司農，無復能名，而暮年且以謬妄獲譏於世。今跡其所爲，"桎梏罪人，以泥墨塗面，置深坑中，餓不與食"；代劉毅爲司隸校尉，"檢察士庶，使車服異制，庶人不得衣紫絳及綺繡錦繢。帝常遣左右微行，觀察風俗，宏緣此復遣吏科檢婦人袒服,至褰發於路”,此亦黄霸之所爲耳。且使黄霸之事,而使張敞記之,其可發笑,必尤甚於今之《漢書》也。然而此等人之獲浮名者,至今猶不乏矣。

〔二七五〕 漢吏治之弊

章帝元和二年詔曰:“俗吏矯飾外貌,似是而非,揆之人事則悦耳,論之陰陽則傷化。安静之吏,悃愊無華,日計不足,月計有餘。如襄城令劉方,吏人同聲謂之不煩,雖未有他異,斯亦殆近之矣。夫以苛爲察,以刻爲明,以輕爲德,以重爲威,四者或興,則下有怨心。”案貢禹言漢世吏治之弊曰:習於計簿能欺上府者爲右職,勇猛操切苛暴者居大位。《漢書》本傳。左雄曰:謂殺害不辜爲威風,聚斂整辨爲賢能,以理己安民爲劣弱,以奉法循理爲不化。《後漢書》本傳。李固論吏治之弊曰:伏聞詔書務求寬博,疾惡嚴暴。而今長吏多殺伐致聲名者,必加遷賞;其存寬和、無黨援者,輒見斥逐。《後漢書》本傳。皆即章帝詔之所云也。蓋欲考績而不知其方,“觀政於亭傳,責成於期月”,亦左雄語。則求進者不得不苟飾外表急圖見功矣。當時所謂循吏若黄霸等,其所行亦未嘗非塗飾表面,特其所以塗飾之者異耳。然此等人卒少,而以殺戮立威者多,則又秦世吏治之餘敝也。

秦世吏治何以嚴酷邪?蓋吏之所行者有二:一民間固有之綱紀,後以國家之力維持之,雖已不如人民自治時之善,然其利害與人民之利害猶不甚相違,人民亦自能維持之,不待官以强力行之守之也,故其施政可寬。一則在上者有求人,其利害與人民適相反,如是則非以强力行之守之不可矣,如糜爛其民以戰之,刻剥其民以自奉皆是也。戰爭愈烈,奢侈愈甚,則此等事愈多。吏治嚴急,殆六國之通弊,秦特其尤甚者耳。

蔣琬爲廣都長,先主因遊觀奄至,見琬衆事不理,時又沈醉,大怒，將加罪戮。諸葛亮請曰："蔣琬，社稷之器，非百里之才也。其爲政以安民爲本，不以脩飾爲先，願主公重加察之。"《三國・蜀志》本傳。駱統上疏孫權曰："方今長吏親民之職，惟以辨具爲能，取過目前之急，少復以恩惠爲治，副稱殿下天覆之仁，勤恤之德者。官民政俗，日以彫弊，漸以陵遲，勢不可久。"《三國・吴志》本傳。事荒廢而見稱，辨具而見斥者，辨具者徒脩飾，荒廢者乃實仁惠也。所以荒廢得爲仁惠者，以所謂辨具者不過以國之所求民所不利者，强力而推行之耳，此繭絲保障之異也。夫欲保障其民，則有時不得不距國家之政令，若隄防之於洪水矣。

馬貴與言：自孝文策鼂錯之後，賢良方正，皆承親策；至孝昭年幼未即政，無親策之事，乃詔有司，問以民所疾苦，所議者鹽鐵均輸榷酤，皆當時大事，令建議之臣，與之反覆詰難，講究罷行之宜。又謂漢武帝之於董仲舒也，意有未盡，則再策之，三策之；晉武帝之於摯虞、阮种也亦然。《文獻通考・選舉考》。今案淮南王安受詔作《離騷傳》；河間獻王亦對詔策所問三十餘事；安帝永初二年詔謂："間令公卿郡國舉賢良方正，而所對皆循尚浮言，無卓爾異聞。其百僚及郡國吏人，有道術明習災異陰陽之度璇璣之數者，各使指變以聞。二千石長吏明以詔書，博衍幽隱，朕將親覽，待以不次，冀獲嘉謀，以承天誡。"順帝陽嘉三年，河南三輔大旱，五穀災傷，亦以周舉才學優深，特加策問。《後漢書・周舉傳》。可見策問之始，實非疑其人之冒濫而思有以考試之，乃誠以其人爲賢能而咨詢之也。然章帝建初五年詔引建武詔書曰："堯試臣以職，不直以言語筆札。"則時之重言語筆札也久矣。人人面問，事煩而難行，故終必又偏重筆札。《漢書・尹翁歸傳》：田延年召翁歸辭問，甚奇其對，除補卒史。師古注："爲文辭而問之。"此亦策之類也。然則即守相之試其下，亦有不能盡用語言者矣。葛洪言格言不吐庸人之口，高文不墮頑夫之筆。此自今日文辭冒濫之世觀之，或疑其不實，然亦由衡鑒者之無識。言爲心聲，誠不可掩。苟司衡文之責者，誠爲學識超羣之士，亦未嘗不可衡其文而知其人也。特以觀其人之志識趣向則有餘,欲知應變之才,則終須試之以事耳。

〔二七六〕 官南方者之貪

古稱不寶遠物,斯言似易而實難;蓋見紛華靡麗而不説者,惟味道之腴者能然,固非所語於人人也。儒家之貴恭儉至矣,然其稱孝,曰"以天下養"。《孟子·萬章》上。所謂以天下養者,則三牲魚臘,極四海九州之美味而已,非寶遠物而何?

西域、南海,皆異物之所自來也,而貿遷往來,水便於陸,故南琛之至尤早。《史記·貨殖列傳》言番禺爲珠璣、犀、瑇瑁、果、布之湊,此語必非指漢時,可見陸梁之地未開,蠻夷賈船,已有來至交、廣者矣。趙佗以翠鳥、紫貝、生翠、孔雀遺漢朝,越繇王閩侯亦以荃、葛、珠璣、犀角、羽翠遺江都王建,其寶愛之情可想。職是故,宦於南方者,遂多貪墨之徒。湘成侯益昌,坐爲九真太守盜使人出賣犀、奴婢,臧百萬以上,不道,誅;《漢書·景武昭宣元成功臣表》。張恢爲交阯太守,坐臧千金,徵還伏法,《後漢書·鍾離意傳》。皆是物矣。《後漢書·循吏傳》:孟嘗,"遷合浦太守。郡不産穀實,而海出珠寶,與交阯比境,常通商販,貿糴糧食。先時宰守并多貪穢,詭人采求,不知紀極,珠遂漸徙於交阯郡界。於是行旅不至,人物無資,貧者死餓於道。"《賈琮傳》云:"舊交阯土多珍産,明璣、翠羽、犀、象、瑇瑁、異香、美木之屬,莫不自出。前後刺史率多無清行,上承權貴,下積私賂,財計盈給,輒復求見遷代,故吏民怨叛。中平元年,交阯屯兵反,執刺史及合浦太守,自稱柱天將軍。靈帝特敕三府精選能吏,有司舉琮爲交阯刺史。琮到部,訊其反狀,咸言賦斂過重,百姓莫不空單,京師遥遠,告冤無所,民不聊生自活,故聚爲盜賊。"其闇無天日,可見一斑。珠崖、儋耳二郡,率數歲一反,《後漢書·南蠻傳》。蓋有由也。《馬援傳》云:"初,援在交阯,常餌薏苡實,用能輕身省欲,以勝瘴氣。南方薏苡實大,援欲以爲種，軍還，載之一車，時人以爲南土珍怪，權貴皆望之。援時方有寵，故莫以聞。及卒後，有上書譖之者，以爲前所載還，皆明珠文犀。”《吴祐傳》：“父恢爲南海太守，祐年十二，隨從到官。恢欲殺青簡以寫經書，祐諫曰：今大人踰越五嶺，遠在海濱，其俗誠陋，然舊多珍怪，上爲國家所疑，下爲權戚所望。此書若成，則載之兼兩。昔馬援以薏苡興謗，王陽以衣囊徼名，嫌疑之間，誠先賢所慎也。恢乃止。”觀此二事，可見權貴之涎於南産。《三國・吴志・孫權傳》建安二十五年《注》引《江表傳》云：“是歲，魏文帝遣使求雀頭香、大貝、明珠、象牙、犀角、瑇瑁、孔雀、翡翠、鬭鴨、長鳴雞。羣臣奏曰：荆、揚二州，貢有常典，魏所求珍玩之物，非禮也，宜勿與。權曰：彼在諒闇之中，而所求若此，甯可與言禮哉？皆具以與之。”蓋其求之之切如此。晉武帝幸王濟宅，供饌悉貯琉璃器中。《晉書・王濟傳》。時石崇與王愷、羊琇之徒，以奢靡相尚。武帝每助愷，嘗以珊瑚樹賜之，高三尺許，枝柯扶疏，世所罕比。愷以示崇，崇便以鐵如意擊之，應手而碎。愷既惋惜，又以爲嫉己之寶，聲色方厲。崇曰：不足多恨，今還卿。乃命左右悉取珊瑚樹，有高三四尺者六七株，條榦絶俗，光采耀目，如愷比者甚衆。《晉書・石崇傳》。琉璃、珊瑚，非來自西域，則必出於南海。合魏文帝之事觀之，知當時勳戚之家，能致南琛者，亦必不少也。

交、廣而外，益州亦爲異物所自來。張騫在大夏，見邛竹杖，蜀布，問曰：安得此？大夏國人曰：吾賈人往市之身毒。其後武帝使騫發間使以求大夏，其北方閉氐、莋，南方閉嶲、昆明，終莫得通，然聞其西可千餘里，有乘象國，名曰滇越，而蜀賈間出物者或至焉。《漢書・張騫傳》。此自今緬甸通雲南之道，邛竹杖、蜀布，蓋即由是而入身毒。哀牢至荒陋，而《傳》述其物産，乃有光珠、虎魄、水精、瑠璃、軻蟲、蚌珠、孔雀、翡翠、犀、象，又有梧桐木華，績以爲布，皆海外之珍也。葛亮南征，軍資所出，國以富饒，其所取資，蓋不僅蠻中土物矣。《後漢書・朱暉傳》載張林上言，欲因交阯、益州上計吏往來市珍寶，收采其利，武帝時所謂均輸者也。其視之，一如宋人之視香藥寶貨矣。

安南爲中國郡縣踰千載，至宋而失之，明又復之，然其隸版圖，不及二十載也。五口通商之役，爲近世四夷交侵之始，其事固爲曠古之變局，非昔日馭夷之策所能弭，然其致變之由，官吏之貪求，不得謂非其一，古事之傳於後者希，觀於近世之事，而其情形可以想見也。知今古之同符，又知禍患之來，非一朝一夕之故矣。

原刊一九四九年四月八日《東南日報》

〔二七七〕 資格用人之始

資格用人，始於北魏崔亮，乃爲應付武夫起見，人皆知之矣；然其事，實不始於此。《後漢書·董卓傳》言李傕、郭汜、樊稠皆開府，與三公合爲六府，皆參選舉。《注》引《獻帝起居注》曰："傕等各欲用其所舉，若一違之，便忿憤恚怒。主者患之，乃以次第用其所舉，先從傕起，汜次之，稠次之；三公所舉，終不見用。"此雖與崔亮"以停解日月爲斷"異，然其用意則一也。

〔二七八〕 漢不守秦制

《漢書·百官公卿表》云："大率十里一亭，亭有長。十亭一鄉，鄉有三老、有秩、嗇夫、遊徼……縣大率方百里，其民稠則減，稀則曠，鄉、亭亦如之，皆秦制也。列侯所食縣曰國，皇太后、皇后、公主所食曰邑，有蠻夷曰道。凡縣、道、國、邑千五百八十七，鄉六千六百二十二，亭二萬九千六百三十五。"案縣方百里，爲方十里者十，當有十鄉，鄉有十亭，則千五百八十七縣，當得萬五千八百七十鄉，十五萬八千七百亭。表所載鄉亭之數，去此甚遠，豈皆以民稀故乎？案《續漢志》注引應劭《漢官》云：三邊始發，武皇帝所開，縣户數百而或爲令。荆揚江南七郡，唯有臨湘、南昌、吴三令耳。及南陽穰中，土沃民稠，四五萬户而爲長。蓋漢之不能守秦制久矣，官以治事，事生於有人，隨人户多少而置官，於理最得，而漢之不能守舊制如此知。

〔二七九〕 漢世選舉之弊

《漢書·何武傳》云："武爲郡吏時，事太守何壽。壽知武有宰相器，以其同姓故，厚之。後壽爲大司農，其兄子爲廬江長史。時武爲揚州刺史。奏事在邸，壽兄子適在長安，壽爲具，召武弟顯及故人楊覆衆等；酒酣，見其兄子，曰：此子揚州長史，材能駑下，未嘗省見。顯等甚慙，退以謂武。武曰：刺史古之方伯，上所委任，一州表率也，職在進善退惡。吏治行有茂異，民有隱逸，乃當召見，不可有所私問。顯、覆衆强之，不得已，召見，賜卮酒。歲中，廬江太守舉之。"師古曰："終得武之力助也。"夫終得武之力助，則不可謂之大公也。《後漢書·第五倫傳》："或問倫曰：公有私乎？對曰：昔人有與吾千里馬者，吾雖不受，然三公有所選舉，心不能忘，而亦終不用也。"倫之峻峭，蓋無可疑。既不受其馬，而猶不能忘者，則其時習以選舉爲報，已成習俗也。亦可見積弊之深矣。

〔二八〇〕 漢末名士

東漢之末，士之矯僞極矣。何武爲京兆尹，舉方正，所舉者召見，槃辟雅拜，有司以爲詭衆虚僞，武坐左遷。《漢書·何武傳》。而趙壹舉郡上計，到京師，司徒袁逢受計，計吏數百人，皆拜伏庭中，壹獨長揖而已。既出，往造河南尹羊陟，不得見。壹以公卿中非陟無足以託名者，乃日往到門，陟自强許通，尚卧未起，壹逕入上堂，遂前臨之，舉聲哭。西還，道經弘農，過候太守皇甫規。門者不即通，壹遂遁去。《後漢書·文苑傳》。其詭衆虚僞，視何武所舉者何如？使有紀綱，必蒙大戮。郡守且當坐選舉不實之罪，而逢等方共獎借之，爲之延譽，其時所謂名士者，尚可問哉！

《後漢書·符融傳》云："漢中晉文經、梁國黄子艾，并恃其才智，炫曜上京，卧託養疾，無所通接。洛中士大夫好事者，承其聲名，坐門問疾，猶不得見。三公所辟召者，輒以詢訪之，隨所臧否，以爲與奪。融察其非真，乃到太學，并見李膺，曰：二子行業無聞，以豪桀自置，遂使公卿問疾，王臣坐門。融恐其小道破義，空譽違實，特宜察焉。膺然之。二人自是名論漸衰，賓徒稍省，旬日之間，慙歎逃去。"夫趙壹逃去，而皇甫規追書以謝，已異矣；乃至三公辟召，訪諸晉、黄，豈不甚哉！徐幹言："桓靈之世，自公卿大夫，州牧郡守，王事不恤，賓客爲務，冠蓋填門，儒服塞道，饑不暇餐，倦不獲已，殷殷沄沄，俾夜作晝；下及小司，列城墨綬，莫不相商以得人，自矜以下士。星言夙駕，送往迎來，亭傳常滿，吏卒傳問，炬火夜行，閽寺不閉，把臂捩腕，扣天矢誓，推託恩好，不較輕重；文書委於官曹，繫囚積於囹圄，而不皇省也。詳察其爲也，非欲憂國恤民，謀道講德也，徒營己治私，求勢逐利而已。"《中論·譴交》。蓋既結黨連羣，則或能有所輕重，於是或倚之求進取，或則懼其謗毁，故其勢至於如此也。卒之求食者多，禄位有限，求度者十一未能得，身没他邦，長幼不歸，父母懷煢獨之思，室人抱《東山》之哀，親戚隔絶，閨門分離，無罪無辜，亡命是效，亦《譴交》篇語。亦何爲哉！此九品中正之制，所以不得不繼之而起也。

黄允以儁才知名，司徒袁隗欲爲從女求姻，見允而歎曰：得壻如是，足矣。允聞而黜遣其妻夏侯氏。婦謂姑曰：今當見棄，方與黄氏長辭，乞一會親屬，以展離訣之情。於是大集賓客三百餘人，婦中坐攘袂，數允隱匿穢惡十五事，言畢，登車而去。允以此廢於世。《郭太傳》。李充家貧，兄弟六人，同食遞衣，妻竊謂充曰：今貧居如此，難以久安，妾有私財，願思分異。充僞酬之曰：如欲别居，當醖酒具會，請呼鄉里内外，共議其事。婦從充，置酒燕客，充於坐中前跪白母曰：此婦無狀，而教充離間母兄，罪合遣斥。便呵叱其婦，逐令出門，婦銜涕而去。《獨行傳》。此兩事可以參觀。夫不聽其婦可也，僞酬之而顯逐之，又何爲乎？《記》曰：不可怒子放婦出而不表禮焉。充後爲博士，所行如此，豈無隱慝哉？其婦不起而數之，何也？人固有强弱乎？夫好名之士之得名，非必人人皆心服之也，固有劫於勢，不得發口言者。使其人而其時而未合敗，雖數其罪百五十事，猶無傷也。何者？衆人固戢戢如羊，雖心知善惡，口不能言也。然則若黄允者，沽名之才，則有之矣，劫衆之術，猶未工也，能不爲李充所笑乎？

李充後遭母喪，行服墓次，人有盜其墓樹者，充手自殺之。此大辟之罪也，而太守魯平請署功曹。延平中，詔公卿、中二千石各舉隱士大儒，務取高行，以勸後進，特徵充爲博士。時魯平亦爲博士，每與集會，常歎服焉。遷侍中。大將軍鄧騭貴戚傾時，無所下借，以充高節，每卑敬之。知當時之所謂高節者，如此而已。豈特以薄屋爲高，藿食爲清邪？仲長統語，見本傳。

魯平之請充署功曹也，充不就，平怒，乃援充以捐溝中，因謫署縣都亭長，似過矣。不特此也，公孫述之於譙玄、李業，皆以死脅之，於王皓、王嘉，則縶其妻子；業、皓、嘉竟以是死，皎并累及家屬，亦見《獨行傳》。似尤過矣。然橋玄賢者，召姜岐爲吏不就，勑吏逼之，曰：岐若不至，趣嫁其母。則亦有激而然也。觀迫之者之激，而知爲之者之僞也。

蜀漢先主薄許靖不用，法正説曰：天下有獲虚譽而無其實者，許靖是也。然人不可户説，靖之浮稱，播流四海，若其不禮，人以主公爲賤賢也；宜加敬重，以眩遠近。先主乃厚待靖。《三國志・法正傳》。此虚名之士所以獲處也。大抵欲養望者，不宜身任事，當多以虚譽奬進人；必審其人實不能自立，乃從而貶議之，亦所謂推亡固存之道也。如是，則黨與多，而仇怨我者，皆焉能爲有無之人也，則名譽可以長保，而權利可以獲處矣。權豪穢惡，當與之疏，以免譏議。至其人懷忿，實欲相讎，則又宜下之，所謂勿以虚名受實禍也。苟其虚譽隆洽，私黨衆多，人自莫我訾議，我固不難設辭以自解也。故陳寔、郭泰、徐稺、申屠蟠，皆術之最工者也。若黄允、晉文經、黄子艾者則下矣。允何以敗？以耆利冒進太甚也。文經、子艾何以敗？以矯激太甚，據非所據也。大抵好立名者當遠利；於聲勢貨財，必能勿亟取，然後名高而不危。故雖矯僞之士，亦不能令廢自克之功也。

孔融之稱盛憲也，曰："天下譚士，依以揚聲。"又曰："今之少年，喜謗前輩，或能譏平孝章，孝章要爲有天下大名，九牧之民，所共稱歎。"《三國·吴志·孫韶傳注》引《會稽典録》。亦何慙於許靖哉？然終已不免，則所遇者之異也。少年喜謗前輩，何也？曰：不謗人，不足以立名。故立虚譽者多危，欲圖保之，亦非易也。亦勞日矣，拙也。

名高易招嫉忌，故多危。荀爽就謁李膺，因爲其御，既還，喜曰：今日乃得御李君矣。郭泰行陳梁間，遇雨，巾一角墊，時人乃故折巾一角，以爲林宗巾。膺以聲名自高，士有被其容接者，名爲登龍門。泰名顯，士争歸之，載刺常盈車。其爲衆所歸附，指目同而禍福異者，膺持風裁，而泰不爲危言覈論也。故真能免患者必鄉原。袁閎不脩異操，致名當時；見《王龔傳》。法真逃名而名隨，避名而名追；見《逸民傳》。皆術之最工者也。

史叔賓少有盛名，後以論議阿枉敗。《郭太傳》。所謂論議阿枉者，扶翼所不當扶翼之人，未知推亡固存之道者也。然此等人必猶顧念私交，未肯落阱下石，故其人實未必大惡。若乃見私黨之將敗，從而攻之，以冀自免，或且徼利焉，則又叔賓之徒所不忍爲矣。或曰：凡人説話不可太切實；平時説話太落邊際，至緩急時，更欲改變則難矣。故處世之道，莫如模棱兩可，貌似慷慨激昂，而實不著邊際，以狂狷之行，飾鄉原之心，此處世之術之最工者也。叔賓之不克自拔於阿枉，亦其平時議論，太落邊際故與？

何以誣人？曰：莫如闇昧不明之事。非必謂帷薄之不脩也。門以内事，世之所重，而其真僞，則非門以外人所得悉也。以是立名，以是造謗，術至工矣。許武舉爲孝廉，以二弟晏、普未顯，欲令成名，乃割財産以爲三分，武自取肥田廣宅、奴婢强者，二弟所得，并悉劣少。鄉人皆稱弟克讓而鄙武貪婪，晏等以此并得選舉。武乃會宗親，泣曰：吾爲兄不肖，盜聲竊位，二弟年長，未豫榮禄，所以求得分財，自取大譏；今理産所增，三倍於前，悉以推二弟，一無所留。於是郡中翕然，遠近稱之。《循吏・許荆傳》。高鳳名聲著聞，太守連召請，恐不得免；自言本巫家，不應爲吏，又詐與寡嫂訟田，遂不仕。《逸民傳》。駱秀被門庭之謗，衆論狐疑，賴有謝淵，乃得證明。《三國・吴志・陸遜傳注》引《會稽典禄》。則其事也。許靖與從弟劭俱知名，而私情不協。劭爲郡功曹，排擯靖不得齒叙，以馬磨自給。《三國志・許靖傳》。靖豈默然受謗之士？所以難於自明者，蓋亦以謗之者爲門内人也。張劭之喪，至壙將窆，柩不肯進，范式執引，於是乃前。《後漢書・獨行傳》。有是理乎？會葬千人，縱爲所蔽，執紼者豈不知其情，猶莫能發其覆也，況於門以内事哉！

陳蕃年十五，閑處一室，庭宇蕪穢，父友候之，謂曰：孺子何不洒掃以待賓客？蕃曰：大丈夫處世，當掃除天下，安事一室乎！爲豫章太守，性方峻，不接賓客，士民亦畏其高。徵爲尚書令，送者不出郭門。蕃喪妻，鄉人畢至，惟許子將不往，曰：仲舉性峻，峻則少通，故不造也。《陳蕃傳》并《注》。此猶白日出而鬼魅匿形也。《易》曰：誣善之人其辭遊，失其守者其辭屈。結黨造作聲譽之人，必畏嚴氣正性之士。

謝甄、邊讓，并善談論，共候林宗，未嘗不連日達夜。符融每見李膺，幅巾奮褎，談辭如雲。《郭太傳》。此《易》所謂躁人之辭多也。仇覽與融同郡，入太學，又與融比宇；融賓客盈室，覽常自守，不與融言。融謂曰：今京師英雄四集，志士交結之秋，雖務經學，守之何固？覽正色曰：天子脩設太學，豈但使人遊談其中！高揖而去，不復與言。後融以告郭林宗，林宗與融齎刺就房謁之，遂請留宿。林宗嗟歎，下牀爲拜。《循吏傳》。覽其陳仲舉之儔乎？符融雖爲所拒，猶能屈己下之，林宗亦爲下拜，此又二人之所以能獲盛名也。何者？嚴氣正性之人，容或持正論不阿，造次之間，爲所敗也；先爲之下，則敵寡矣。故盛名之下，必無骨鯁之士。

《三國・魏志・杜畿傳注》引《杜氏新書》曰："杜恕少與馮翊李豐俱爲父任，總角相善。及各成人，豐砥礪名行以要世譽，而恕誕節直意，與豐殊趣。豐竟馳名一時，京師之士多爲之遊説。而當路者或以豐名過其實，而恕被褐懷玉也。由是爲豐所不善。恕亦任其自然，不力行以合時。豐以顯仕朝廷，恕猶居家自若。"明知其名過其實，而仍畀之膴仕者，毛羽既豐矣，爲之遊説者既衆矣，孰肯逆輿情爲國家正選拔哉？即爲遊説者，寧不知其非實，然拔茅茹以其彙征，所謂以同利爲朋也。《潛夫論・實貢篇》曰："志道者少與，逐俗者多儔，是以朋黨用私，背實趨華。其貢士者，不復依其質幹，準其才行，但虛造聲譽，妄生羽毛。"《後漢書・王符傳》。聲譽可以虛造，況其人本能矯情僞飾者乎？

《實貢篇》又曰："略計所舉，歲且二百。覽察其狀，則德侔顔、冉；詳覈厥能，則鮮及中人。夫士者貴其用也，不必求備。故四友雖美，能不相兼；三仁齊致，事不一節。今使貢士必覈其實，其有小疵，勿强衣飾，出處默語，各因其方，則蕭、曹、周、韓之倫，何足不致，吴、鄧、梁、竇之屬，企踵可待。"諸葛恪與陸遜書曰："君子不求備於一人，自孔氏門徒，大數三千，其見異者七十二人，然猶各有所短，師辟由喭，賜不受命，豈況下此而無所闕？加以當今取士，宜寬於往古，何者？時務從横，而善人單少，國家職司，常苦不充。苟令性不邪惡，志在陳力，便可奬就，騁其所任。若於小小宜適，私行不足，皆宜闊略，不足縷責。"《三國・吴志・諸葛恪傳》。觀此，知當時選舉之弊，全在才不覈其所長，德則務於求備。才不覈其所長，故無能者得以濫竽；德則務於求備，則真率者寡得自全，此選政之所以大壞，風俗之所以日偷也。恪又曰："自漢末以來，中國士大夫如許子將輩，所以更相謗訕，或至於禍，原其本起，非爲大讎，惟坐克己不能盡如禮，而責人專以正義。

夫己不如禮，則人不服；責人以正義，則人不堪。内不服其行，外不堪其責，則不得不相怨。相怨一生，則小人得容其間。得容其間，則三至之言，浸潤之譖，紛錯交至，雖使至明至親者處之，猶難以自定，況已爲隙，且未能明者乎？是故張、陳至於血刃，蕭、朱不終其好，本由於此而已。夫不舍小過，纖微相責，久乃至於家户爲怨，一國無復全行之士也。”然則當時以行取人，而行之所以難全，又正因造謗者多故也。杜恕、李豐，總角之交，後更不善，其去張、陳、蕭、朱亦無幾矣，危哉！即許劭，亦幸其終處廣陵、豫章，而未嘗與許靖同客蜀也。法正入蜀，爲州邑俱僑客者所謗無行，志意不得，及爲蜀郡太守，擅殺毀傷己者數人。太史公曰：“怨毒之於人甚矣哉！”《史記・伍子胥列傳》。其本皆以求名而已。凡求名者，未有不實爲利者也。故曰：“放於利而行，多怨。”

《後漢書・荀彧傳》：“父緄，畏憚宦官，爲彧取中常侍唐衡女。彧以少有才名，故得免於譏議。”《三國志・彧傳注》引《典略》曰：“衡欲以女妻汝南傅公明，公明不娶，轉以與彧。父緄慕衡勢，爲彧娶之。彧爲論者所譏。”裴氏辯之曰：“案《漢紀》云唐衡以桓帝延熹七年死，計彧於時年始二歲，則彧婚之日，衡没久矣，慕勢之言爲不然也。”魏文帝非苟作者，而其言舛誤如此，悠悠之説，尚可信哉？《後漢書・郭太傳》曰：太名聞天下，“後之好事，或附益增張，故多華辭不經，又類卜相之書。今録其章章效於事者，著之篇末。”觀其所録，亦無以徵其必信也。夫史之不可信久矣，亦曷嘗不多載虚譽？觀其多載虚譽，又知名聞天下之徒，事之醜惡不傳者衆也。

《太傳》所録，太之所拔擢者，非賤人，則惡人也。人倫之鑒，未必全無，然亦以太聲勢既盛，故所拔擢，易於成名也。丁諝出於役伍，張秉生於庶民，吴粲、殷禮起乎微賤，顧邵皆拔而友之，爲立聲譽，事亦由此。《三國・吴志・顧雍傳》。太史公曰：“閭巷之人，欲砥行立名者，非附青雲之士，惡能施於後世哉？”《史記・伯夷列傳》。豈獨施於後世爲然，此植黨要名之事，所以不絶於世與！

顧亭林訾魏武帝崇獎跅弛之士，於是權詐迭進，姦逆萌生。謂經術之治，節義之防，光武、明、章數世爲之而未足；毁方敗常之俗，孟德一人變之而有餘。《日知録·兩漢風俗》。亭林欲敬教善俗，其心良苦。然所論史事，則全非其真。漢武帝元封五年，詔曰："蓋有非常之功，必待非常之人，故馬或奔踶而致千里，士或有負俗之累而立功名。夫泛駕之馬，跅弛之士，亦在御之而已。其令州郡察吏民有茂材異等，可爲將相及使絶國者。"《漢書》《本紀》。魏武建安十五年春、十九年十二月、二十二年八月令，意與此全同，所求者皆非常之才也。古之用人，必由鄉舉，鄉里之評，率本行實，此固《周官》六德六行之舊，然徒能得束身自好之士，不能得才足濟變之人也，且亦不能無矯飾。故揚雄自序云不脩廉隅以徼名當世；虞延不拘小節，則無鄉曲之譽；杜篤不脩小節，亦不爲鄉人所禮。《史記·淮陰侯列傳》云："始爲布衣時，貧無行，不得推擇爲吏。"所謂無行，亦不過不能脩飾，以要世譽，非必有惡行爲鄉里所患苦也。太史公《報任安書》，亦自言長無鄉曲之譽。若太史公者，豈猶不足任使與？郡國廉孝，歲以百計，若漢武帝、魏太祖所求非常之才，不知天下能得一二人否？安能變及風俗？亭林言："董昭太和之疏，已謂當今年少，不復以學問爲本，專更以交遊爲業；國士不以孝弟清脩爲首，乃以趨勢求利爲先；至正始之際，而一二浮誕之徒，騁其知識，蔑周、孔之書，習老、莊之教，風俗又爲之一變。"昭之所言，乃漢末奔競之俗，黨禍起時，太學中久如此矣，於魏武之令乎何與？而習老、莊而蔑周、孔，亦與奔競之俗何涉哉？

鄉舉里選所以不可行於後世者，非徒曰俗夸詐，而誠俗不可究詰也。乃其所舉之人，本不足以治當世之事。何者？(未完)

〔二八一〕附　　庸

《漢書·高惠高后文功臣表》："陸量侯須無，詔以爲列諸侯，自置吏令長,受令長沙王。"案此以其地遠,爲天子號令所不及故也。古之附庸亦必有如此情形者。

〔二八二〕 計相主計

《史記·張丞相列傳》:"好書律曆。秦時爲御史,主柱下方書。燕王臧荼反,高祖往擊之,蒼以代相從攻臧荼有功,以六年中封爲北平侯,食邑千二百户。遷爲計相,一月,更以列侯爲主計四歲。是時蕭何爲相國,而張蒼乃自秦時爲柱下史,明習天下圖書計籍。蒼又善用算律曆,故令蒼以列侯居相府,領主郡國上計者。"《漢書》同。略有删字,乃鈔胥所節,不足爲異同也。凡《史》《漢》辭句異同皆如此。《高祖功臣年表》云"爲計相四歲",《漢書·高惠高后文功臣表》同,不云更爲主計,則蒼居相府時,仍居計相之職也。計相即御史,《漢書·宣帝紀》:黄龍元年,詔御史察計簿,其證。《表注》引如淳曰:"計相,官名,但知計會。"《傳注》引如淳釋主計曰:"以其所主,因以爲官號,與計相同。時所卒立,非久施也。"師古曰:"去計相之名,更號主計。"皆以爲特設之官,非也。

〔二八三〕 入財者得補郎

《史記·平準書》:"所忠言:世家子弟富人,或鬥雞走狗馬,弋獵博戲,亂齊民。乃徵諸犯令,相引數千人,命曰株送徒。入財者得補郎,郎選衰矣。"《漢書·食貨志》同。如淳曰:"諸坐博戲事決爲徒者,能入錢得補郎也。"師古曰:"言被牽引者爲其根株所送,當充徒役,而能入財者,即當補郎。"皆以入財者得補郎,即指株送徒言之。然或别爲句,與上文不相蒙也。

〔二八四〕 漢時珠玉之價

昔人説經，每以當時之事爲況。此無以見經義之必然，特頗可考作注者之時之情形耳。如《周官》司市思次介次，鄭《注》云：思次若今市亭也，介次市亭之屬别小者也。司農則云：思，辭也；次，市中候樓也。趙注孟子之滕館於上宫，曰：上宫，樓也；孟子舍止賓客所館之樓上也。作《周官》時市中是否有候樓，孟子時樓上是否可舍止，皆有可疑。然漢時市中有候樓，樓上可舍止，則於此可見矣。肆長職云：各掌其肆之政令，陳其貨賄，名相近者相遠也，實相近者相爾也；而平正之。鄭司農云：謂若珠玉之屬，俱名爲珠，俱名爲玉；而賈或百萬，或數萬，恐農夫愚民見欺，故别異，令相遠。價值百萬或數萬之物，安得爲農夫愚民所求，擬不於倫，真堪發噱。然漢時珠玉之價，則於此可見也。又案《史記・平準書》顔異言：今王侯朝賀以蒼璧，直數千，而其皮薦反四十萬，本末不相稱。則漢世之璧，固有直僅數千者。

原刊《中華文史論叢》第一輯，一九八三年二月出版

〔二八五〕 漢人不重黄金

《後漢書・西羌傳》：漢陽人杜琦，及弟季貢，同郡王信等，與羌通謀，聚衆入上邽城。詔購募得琦首者，封列侯，賜錢百萬。羌、胡斬琦者，賜金百斤，銀二百斤。漢世黄金一斤值錢萬，則金百斤恰與錢百萬相當，羌、胡無封侯之賞，故贏銀二百斤也。夫使漢人果重黄金，詔書何難亦以金百斤爲購。案漢世賜外夷，罕用錢者。《漢書・韓安國傳》：安國言漢遣劉敬，奉金千斤，以結和親。《匈奴

傳》：昭帝時屬國千長義渠王騎士射殺犁汙王，賜黄金二百斤。建平四年，烏珠留單于上書，願朝五年，漢初弗許，以揚雄諫，召還使者，更報單于書許之，賜繒帛五十匹，黄金十斤。王莽拜右犁汙王咸爲孝單于，賜黄金千斤，雜繒千匹。《莽傳》同。咸子助爲順單于，賜黄金五百斤。《烏孫傳》：楚主與漢使謀，擊傷狂王，漢遣中郎將張遵持醫藥治狂王，賜金二十斤。小昆彌烏就屠死，子拊離代立，爲弟日貳所殺，漢遣使者立拊離子安日爲小昆彌，日貳亡，阻康居。漢徙己校屯姑墨，欲候便討焉。安日使姑墨匿等三人詐亡從日貳，刺殺之，都護廉褒賜姑墨匿等金人二十斤。《後漢書·南匈奴傳》：南單于比遣子入侍，賜黄金錦綉，繒布萬匹，絮萬斤。單于歲盡，輒遣奉奏送侍子入朝，元正朝賀，拜祠陵廟畢，漢乃遣單于使，令謁者將送，賜采繒千匹，錦四端，金十斤。建武二十七年，北單于使詣武威求和親，漢遺以雜繒五百匹，又賜獻馬左骨都侯、右谷蠡王雜繒各四百匹。《倭傳》：漢賜卑彌呼白絹五十匹，金八兩。《西南夷傳》：哀牢王類牢反，邪龍縣昆明夷鹵承等應募，率種人與諸郡兵破斬之，賜鹵承帛萬匹。除前漢時呼韓邪來朝，賜黄金二十斤，錢二十萬；《後書·鮮卑傳》言：鮮卑大人，皆來歸附，并詣遼東受賞賜，青、徐二州，給錢歲二億七千萬爲常外，無以錢賜外夷者。蓋呼韓邪身入漢地，有所貿易，可以用錢；《鮮卑傳》所云，則以錢供經費，非以之賜蠻夷也。《袁安傳》：安奏封事，言漢故事，供給南單于費直歲億九十餘萬，西域歲七千四百八十萬，亦以是計經費，非逕以之畀蠻夷。蓋錢在胡地無所用，即與漢人互市有用，以爲賜亦慮重賫。而在漢地，則金又無所用之也。知此，則知黄金本非平民所好矣。

或言《漢書·趙充國傳》：天子告諸羌人，犯法者能相捕斬，除其罪。斬大豪有罪者一人，賜錢四十萬，中豪十五萬，下豪二萬，大男三千，女子及老小千錢。又以其所捕妻子財物盡與之。明賜羌人亦以錢，而賻杜琦以金銀，足見其以金爲貴重也。然羌人在塞内久，或在塞上，可以用錢。後漢則兼募羌、胡，胡者，西域胡人，其地固行金銀之錢,故以金銀爲購耳。此又見在漢地者之不重金銀也。

原刊《中華文史論叢》第一輯,一九八三年二月出版

〔二八六〕 漢聘皇后金

《漢書·王莽傳》:有司奏故事,聘皇后黄金二萬斤,爲錢二萬萬。而《後漢書·杜喬傳》,謂桓帝將納梁冀妹,冀欲令以厚禮迎之,喬據執舊典,不聽。注云:於是悉依惠帝故事,聘黄金一萬斤。則漢初皇后聘金止萬斤,后乃增至二萬也。莽以杜陵女史氏爲皇后,聘黄金三萬斤。莽之作事,固恒較前人爲侈。

《後漢書·獻穆曹皇后紀》:建安十八年,操進三女憲、節、華爲夫人,聘以束帛玄纁五萬匹。《三國魏志·武帝紀》注引《獻帝起居注》云:使賫璧帛玄纁絹五萬匹之鄴納聘。則未嘗用金。蓋後漢時金已少於前漢,獻帝當喪亂之時,多金尤不易致故也。

原刊《中華文史論叢》第一輯,一九八三年二月出版

〔二八七〕 漢武以酷法行幣

歷代泉幣之值,與其物不相稱者,莫如漢武帝之皮幣。紙幣又當别論。觀顔異譏其王侯朝賀以蒼璧值數千,而其皮薦反四十萬可知。職是故,不得不以酷法行之。《漢書·王子侯表》:建成侯拾,元鼎二年,坐使行人奉璧皮薦賀元年十月不會免是也。不獨皮幣,他泉幣亦然。《高惠高后文功臣表》:曲成侯皇柔,元鼎二年,坐爲汝南太守,知民不用赤側錢爲賦,爲鬼薪;鄲侯仲居,元鼎二年,坐爲大常收赤側錢不收,完爲城旦;《百官公卿表》:元鼎三年,鄲侯周仲居爲大常,坐不收赤側錢收行錢論。師古曰:赤側當收而不收,乃收見行之錢也。慎陽侯買,元

狩五年，坐鑄白金棄市是也。《酷吏義縱傳》曰：是時趙禹、張湯爲九卿矣，然其治尚寬，輔法而行，縱以鷹擊毛鷙爲治。後會更五銖錢白金起，民爲姦，京師尤甚，乃以縱爲右内史，王温舒爲中尉。武帝之於行錢，則可謂盡其法矣，其如終不可行何？故曰：下令於流水之原。

原刊《中華文史論叢》第一輯，一九八三年二月出版

〔二八八〕皮　幣

《聘禮》：庭實，皮則攝之，毛在内。鄭《注》：皮，虎豹之皮。凡君於臣，臣於君，麋鹿皮可也。《禮》又云：勞者禮辭，賓揖先入，勞者從之，乘皮設。《注》曰：皮，麋鹿皮也。《禮》又云：凡庭實隨入，左先，皮馬相間可也。《注》云：間猶代也。土物有宜，君子不以所無爲禮。畜獸同類，可以相代。《疏》：《郊特牲》云：虎豹之皮，示服猛也。文無所屬，則天子諸侯皆得用之，此聘使爲君行之，故知皮是虎豹之皮也。《齊語》云：桓公知諸侯歸己，令諸侯輕其幣，用麋鹿皮，非其正也。臣聘君，降於享天子，法用麋鹿皮。當國有馬，而無虎豹皮，則用馬。或有虎豹皮，并有馬，則以皮爲主而用皮也。案聘使用幣，詳見《管子書》；《疏》徒引《國語》，殊未盡。《管子・大匡》曰：諸侯之禮，令齊以豹皮往，小侯以鹿皮報；齊以馬往，小侯以犬報。《小匡》曰：桓公知諸侯之歸己也，故使輕其幣而重其禮。故使天下諸侯以疲馬犬羊爲幣，齊以良馬報。諸侯以縷帛布鹿皮四分以爲幣，齊以文錦虎豹皮報。《霸形》曰：君何不發虎豹之皮文錦以使諸侯，令諸侯以縵帛鹿皮報。《揆度》曰：令諸侯之子將委質者，皆以雙武之皮，卿大夫豹飾，列大夫豹幨。然則皮以虎爲貴，豹次之，鹿爲下；畜以馬爲貴，犬、羊爲賤。又《郊特牲》曰：羅氏致鹿與女。《樂記》曰：大輅者，天子之車也。龍旗九旒，天子之旌也。青黑緣者，天子之寶龜也。從之

以牛羊之羣，則所以贈諸侯也。則鹿亦可以生者爲贈；而犬、羊之外，并可用牛。

原刊《中華文史論叢》第一輯，一九八三年二月出版

〔二八九〕 商賈以幣變易積貨逐利

錢所以易物也，挾錢則百物可得，故人争求之。然遇變亂時，物不可必得，則復賤錢而貴物，以錢實無用也。每逢世亂或幣制變易時，物價必貴；人第知爲物之貴，而不知實錢之賤也。《漢書·食貨志》言：漢鑄莢錢，而不軌逐利之民，畜積餘贏，以稽市物，痛騰躍，米至石萬錢，馬至匹百金。“稽市物”，即今所謂屯積也。漢武時，商賈以幣之變，多積貨逐利，亦由於此。

“痛騰躍”三字殊不辭。晉灼曰：痛，甚也。言計市物賤，豫益畜之，物貴而出賣，故使物甚騰躍也。師古曰：今書本痛字或作踴者，誤耳。踴騰一也，不當重累言之。然則騰躍獨不重累乎？《史記·平準書》此數語作物踴騰，糶米至石萬錢，馬一匹則百金。《集解》曰：晉灼曰：踴，甚也，言計市物賤而豫益稸之也，物貴而出賣，故使物甚騰也。《漢書》糶字作躍。《索隱》曰：如淳曰：踴騰，猶低昂也。低昂者，乍貴乍賤也。《漢書》糶字作躍者，謂物踴貴而價起，有如物之騰躍而起也。案《集解》引晉灼語無躍字，而如淳逕釋踴騰，則《漢書》引晉灼語有躍字者，其爲原文與否，殊未可知。痛，甚也。訓詁既不精確，“痛騰躍”三字之不辭，亦豈師古所不知？則今之《漢書》注，難保非後人改易也。竊疑：《漢書》原文當作：物踴騰，糶至石萬錢，馬至匹百金。今本奪物字，衍米字，又妄改糶爲躍；即《史記》亦衍米字也。《索隱》云：糶者出賣之名。意謂該米及馬言。然穀物之外，古人罕稱出賣爲糶，其説亦非也。

原刊《中華文史論叢》第一輯，一九八三年二月出版

〔二九〇〕居邊而富

《漢書·貨殖傳》言：塞之斥也，唯橋姚以致馬千匹，牛倍之，羊萬，粟以萬鍾計。《後漢書·馬援傳》：援亡命北地遇赦，因留牧畜，賓客多歸附者，遂役屬數百家，轉游隴、漢間，因處田牧，至有牛、馬、羊數千頭，穀萬斛。此固由其人材力殊絶，亦以邊地遺利多，資本少，法禁寬故也。烏氏倮獻遺戎王，戎王十倍其價予畜，此豈以力致之邪？卓氏求致臨邛，程鄭山東遷虜，皆以財雄於蜀，亦其類也。《漢書·叙傳》言：始皇之末，班壹避地樓煩，致馬牛羊數千羣。值漢初定，與民無禁，當孝惠、高后時，以財雄邊，出入弋獵，旌旗鼓吹。然則卓氏射獵之樂，擬於人君，亦以蜀與民無禁故與？周漢之間，故賤商也，然子貢結駟連騎，以聘享諸侯，所至國君，無不分庭與之抗禮。秦始皇令烏氏倮比封君，以時與列臣朝請。客巴寡婦，爲築女懷清臺。孔氏連騎遊諸侯，因通商賈之利，有遊閑公子之名，亦得謂之賤商與？或曰：此特以商爲業耳，其人固士君子之流也。然刁閑之奴，有連車騎交守相者，亦得謂其人固士君子之流邪？大同之治雲遥，小康之世武力把持之局亦去，人之地位實由財力爲之。雖奴虜，苟饒於財，吾未見人不願與交接者也。巴寡婦能以財自衛，則亦可以財陵轢人。班壹富而民慕之，北方多以壹爲字者。則民惟知豪富之慕矣，此政教之所由廢與！

廉范世在邊，廣田地，積財粟，悉以振宗族朋友。史稱其以氣俠立名，振危急，赴險阨，有足壯者，然依倚竇憲，以此爲世所譏，蓋習於雄豪，未知禮義也。

原刊《中華文史論叢》第一輯，一九八三年二月出版

〔二九一〕 牢　　盆

《史記·平準書》：孔僅、東郭咸陽言願募民自給費，因官器作煮鹽，官與牢盆。蘇林曰：牢，價直也，今世人言顧手牢。《史記·索隱》引下多盆字。衍。如淳曰：牢，廩食也，古者名廩爲牢；盆，煮鹽盆也。《索隱》引樂彦云：牢乃盆名。案牢者養牲之室，蓋引申爲凡室之稱。咸陽之法，蓋猶宋趙開之"隔釀"，官給房屋器具，令民就其所煮鹽，外此則皆爲私煮矣。

《鹽鐵論·復古篇》：大夫言：往者豪强大家，得管山海之利，采鐵石鼓鑄，煮鹽，一家聚衆或至千餘人，大抵盡放流人民也。遠去鄉里，棄墳墓，依倚大家，聚深山窮澤之中，成姦僞之業，遂朋黨之權，其輕爲非亦大矣。《刺權篇》言：鼓金煮鹽，其勢必深居幽谷，人民所罕至。姦猾交通山海之際，恐生大姦。大農鹽鐵丞孔僅等上請願募民自給費，因縣官器煮鹽，予用，以杜浮僞之路。此亦令就官場之一因。用即庸，當時庸有官給庸資之事。然顧手牢之語，恐未必可以釋《史記》也；樂彦説更非。

原刊《中華文史論叢》第一輯，一九八三年二月出版

〔二九二〕 疇　　官

《漢書·高帝紀》：二年五月，蕭何發關中老弱未傅者悉詣軍。《注》引如淳曰：律：年二十三，傅之疇官，各從其父疇學之。高不滿六尺二寸以下爲罷癃。案《國語·齊語》述管子作内政寄軍令曰：五家爲軌，故五人爲伍，軌長帥之。十軌爲里，故五十人爲小戎，里有司帥之。四里爲連，故二百人爲卒，連長帥之。十連爲鄉，故二千人爲

旅，鄉良人帥之。五鄉一帥，故萬人爲一軍，五鄉之帥帥之。内教既成，令勿使遷徙。伍之人，祭祀同福，死喪相恤，禍災共之。人與人相疇，家與家相疇。世同居，少同游。故夜戰聲相聞，足以不乖；晝戰目相見，足以相識，其歡欣足以相死。居同樂，行同和，死同哀。是故守則同固，戰則同强。然則所謂疇官者，即軌長、里有司、連長、鄉良人、軍帥也。《國語》又曰：政既成，罷士無伍，罷女無家。無伍，即莫與相疇之謂也。不滿六尺二寸，乃體格不及，律免其從軍者。

如淳此注，專以軍制言。其注《律曆志》"疇人子孫分散"，則云：家業世世相傳爲疇。則各從其父疇學之者，初不限於軍事，而疇之義亦遂不限於并世。蓋疇之義本爲匹爲類，然古者士之子恒爲士，工之子恒爲工，商之子恒爲商，農之子恒爲農：業既世而不遷，則子孫所與爲匹類者，自與父祖無異，故疇又引申爲世業之稱也。

原刊《中華文史論叢》第一輯，一九八三年二月出版

〔二九三〕　盜摩錢質取鋊

《史記·平準書》：姦或盜摩錢裏取鎔。《漢書·食貨志》作盜摩錢質而取鋊。如淳曰：錢一面有文，一面幕，幕爲質。民盜摩漫面而取其鋊，以更鑄作錢也。臣瓚曰：許慎云：鋊，銅屑也。摩錢漫面，以取其屑，更以鑄錢，《西京黄圖叙》曰民摩錢取屑是也。然則質即裏，亦即幕也。漫幕一語，以其無文，故謂之幕。幕可摩取，此後世之錢，所以兩面有文也。鎔冶器法，非其義。《史記》原文亦當作鋊，傳寫誤。《集解》引徐廣曰音容，非也。

《平準書》又云：有司請鑄五銖錢，周郭其下，令不可摩取鎔。《漢書》作周郭其質，令不可得摩取鋊。鎔字亦《史記》誤，質字疑當依《史記》作下，謂錢之四邊也。

原刊《中華文史論叢》第一輯，一九八三年二月出版

〔二九四〕 處亂之道

《後漢書·淳于恭傳》:“初遭賊寇,百姓莫事農桑,恭常獨力田耕,鄉人止之。曰:時方淆亂,死生未分,何空自苦爲?恭曰:縱我不得,他人何傷?墾耨不輟。”此不分人我,故無利害之見;無利害之見,則償利矣。《劉般傳》:“轉側兵革中,西行上隴,遂流至武威,般雖尚少,而篤志脩行,講論不怠;母及諸舅以爲身寄絶域,死生未必,不宜苦精若此,數以曉般,般猶不改其業。”此則性之所好,以此爲樂,正可忘亢,焉知其苦?知此者,可以處亂離矣。

〔二九五〕 商者不農

《後漢書·文苑傳》:黄香,“遷魏郡太守。郡舊有内外園田,常與人分種,收穀歲數千斛。香曰:《田令》商者不農;《王制》仕者不耕,伐冰食禄之人,不與百姓争利。乃悉以賦人,課令耕種。”案漢武帝時公卿上算緡之法,曰賈人有市籍者,及其家屬,皆無得名田。哀帝時師丹之法,賈人亦不得名田爲吏。則禁止兼并之法,漢世自有存者,特不能行耳。

〔二九六〕 漢世振貸

時愈近古,則振濟之出於官者愈多,以距公産之世較近,公家之財産較多也。漢時之振貸即然。《漢書·元帝紀》:初元元年,詔以三輔、太常、郡國公田及苑可省者振業貧民,貲不滿千錢者賦貸種、食。師古注曰:"賦,給與之也。貸,假也。"給與者不須還;假則須償還者也,然時亦豁免之,如永光四年詔所貸貧民勿收責是也。昭帝元鳳三年,詔三年以前所振貸,非丞相御史所請,邊郡受牛者勿收責,則豁免又有等差。又有與逋租賦并免者,如武帝元封元年詔,謂民田租逋賦貸已除;成帝建始三年詔諸逋租賦所振貸勿收是也。其貸與舍,皆以財産多寡爲差。初元元年賦貸,以貲不滿千錢爲率;鴻嘉四年,詔被災害什四以上,民貲不滿三萬,勿出租賦,逋貸未入皆勿收是也。河平四年,遣光禄大夫博士嘉等十一人行舉瀕河之郡水所毁傷、困乏不能自存者財振貸。師古曰:"財與裁同,謂量其等差而振貸之。"所謂量其等差者,蓋不徒計所毁傷,亦并計其貲産矣。永光元年,詔無田者皆假之,貸種、食如貧民。所謂貧民,亦當按貲産定之也。

所振貸者多實物,故神爵元年詔謂所振貸物勿收也。文帝二年,開藉田,詔貸種食未入、入未備者皆赦之。始元二年,詔往年災害多,今年蠶麥傷,所振貸種、食勿收責。地節三年,三月,詔云:前下詔,假公田,貸種、食;十月,詔流民還歸者,假公田,貸種、食。種、食蓋所貸之兩大端。《後漢書·章帝紀》:永平十八年,牛疫,京師及三州大旱,詔勿收兖、豫、徐州田租芻稾,其以見穀振給貧人。謂既勿收,又有以振給之,非謂當時之振給,不以穀而以財貨也。武帝徙貧民於關以西,及充朔方以南新秦中,七十餘萬口,衣食皆仰給縣官。數歲,貸與産業,使者分部護,冠蓋相望,費以億計。《漢書·食貨志》。所賦貸者必甚廣,然非常典。

章帝建初元年,詔三州郡國:"方春東作,恐人稍受廩,往來煩劇,或妨耕農;其各實覈,尤貧者計所貸并與之。"此亦賦與貸有别之證。貸蓋皆并與,賦則稍受者也。和帝永元五年詔:"去秋麥入少,恐民食不足,其上尤貧不能自給者户口人數。往者郡國上貧民,以衣履釜鬵爲貲,而豪右得其饒利。詔書實覈,欲有以益之,而長吏不能躬親,反更徵召會聚,令失農作。若復有犯者,二千石先坐。"徵召會聚,弊更甚於往來稍受。計貲而及於衣履釜鬵,其弊亦與後世之推排、通檢等矣。

順帝永和六年,詔假民有貲者户錢一千。此蓋特異之事。假民以錢者,兩《漢書》僅此一見。所假轉以有貲爲限,失振貸之意矣。豈計其能償邪?《金史·世宗紀》:大定二十一年,三月,上初聞薊、平、灤等州民乏食,命有司發粟糶之,貧不能糴或貸之。有司以貸貧民恐不能償,止貸有户籍者。上至長春宫聞之,更遣人閲實振貸。以監察御史石抹元禮、鄭達卿不糾舉,各笞四十,前所遣官皆論罪。閏月,漁陽令夾谷移里罕、司候判官劉居漸以被命振貸,止給富户,各削三官。通州刺史郭邦傑總其事,奪俸三月。蓋無貲者本有振貸之法,著爲常典,故此不之及也。

假貸本意,必非所以取息也,然其後則有因以爲利者。武帝時,令民得畜邊縣,官假馬母,三歲而歸,及息十一;後又著令,令封君以下至三百石吏以上,差出牡馬天下亭,亭有畜字馬,歲課息十一,《漢書·食貨志》。是矣。畜牧簡易,苟使官吏無他誅求,雖取其息,或猶未爲大害,若以農業之耕耘收穫,手胼足胝,而其貸之也,亦振救之意少而取息之意多,則其弊之所及,有不忍言者矣。

漢世富人,亦有能助官假貸者。《武帝紀》:元狩三年,遣謁者勸有水災郡種麥,舉吏民能假貸貧民者以名聞。《食貨志》云:募豪富人相假貸。蓋特奏名以歆動之也。《宣帝紀》:本始四年,丞相以下至都官令丞上書入穀,輸長安倉,助貸貧民者,得毋用傳。此猶後世之義振。《後漢書·桓帝紀》:永壽元年,司隸、冀州饑,人相食。勑州郡振給貧弱。若王侯吏民有積穀者,一切貣得十分之三,以助稟貸;其百姓吏民以見錢雇直,王侯須新租乃償。此則官貸之於豪富,以濟貧民,頗有後世公債之意矣。延熹四年,減公卿以下奉,貣王侯半租。五年,假公卿以下奉,又换王侯租以助軍糧,出濯龍中藏錢還之。事亦相類。

〔二九七〕 漢士大夫散財振施

讓爵、讓産、散財、振施之事,以漢世爲最多。讓爵、讓産,事僅在一家之中，無足深論，今略論其散財、振施之事。

《後漢書・朱暉傳》：同縣張堪素有名稱。嘗於太學見暉，甚重之，接以友道，乃把暉臂曰：欲以妻子託朱生。暉以堪先達，舉手未敢對。自後不復相見。堪卒，暉聞其妻子貧困，乃自往候視，厚振贍之。暉又與同郡陳揖交善。揖早卒，有遺腹子友，暉嘗哀之。及司徒桓虞爲南陽太守，召暉子駢爲吏，暉辭駢而薦友。《三國・蜀志・張裔傳》：少與犍爲楊恭友善。恭早死，遺孤未數歲，裔迎留，與分屋而居，事恭母如母。恭之子息長大，爲之娶婦，買田宅産業，使立門户。《張嶷傳》：得疾困篤，家素貧匱。廣漢太守蜀郡何祇，名爲通厚。嶷夙與疏闊，乃自轝詣祇，託以治疾。祇傾財醫療，數年除愈。《吴志・陸瑁傳》：少好學篤義。陳國陳融、陳留濮陽逸、沛郡蔣纂、廣陵袁迪等，皆單貧有志，就瑁遊處。瑁割少分甘，與同豐約。及同郡徐原，爰居會稽，素不相識，臨死遺書，託以孤弱，瑁爲起立墳墓，收導其子。此皆施諸知故者也。《後漢書・伏湛傳》：更始立，以爲平原太守。時倉卒兵起，天下驚擾，而湛獨晏然，教授不廢。謂妻子曰：一穀不登，國君徹膳。今民皆飢，奈何獨飽？乃共食麤糲，悉分俸禄，以振鄉里，來客者百餘家。《黨錮傳》：張儉，獻帝初，百姓饑荒，而儉資計差温，乃傾竭財産，與邑里共之，賴其存者以百數。《三國・魏志・常林傳》：避地上黨，耕種山阿。當時旱蝗，林獨豐收，盡呼比鄰，升斗分之。《吴志・陳武傳》：仁厚好施，鄉里遠方客多依託之。《駱統傳》：時饑荒，鄉里及遠方客多有困乏，統爲之飲食衰少。姊問其故。統曰：士大夫糟糠不足，我何心獨飽？姊曰：誠如是，何不告我？乃以私粟與統，又以告母，母亦賢之，遂使分施。此則及於衆庶矣。而同遭喪亂者，其情爲尤切。《三國・魏志・管寧傳注》引《傅子》，言每所居，姻親、知舊、鄰里有困窮者，家儲雖不盈儋石，必分以贍救之。《王朗傳》：雖流移窮困，朝不謀夕，而收卹親舊，分多割少，行義甚著。《楊俊傳》：以兵亂方起，而河内處四達之衢，必爲戰場，乃扶持老弱，詣京密山間，同行者百餘家。俊振濟貧乏，通共有無。宗族、知故，爲人所略作奴僕者凡六家，俊皆傾財贖之。轉避地并州。本郡王象，少孤特，爲人僕隸，年十七八，見使牧羊，而私讀書，因被箠楚。俊嘉其才質，即贖象著家，聘娶立屋，然後與别。《趙儼傳》：避亂荆州，與杜襲、繁欽通財同計，合爲一家。《蜀志·許靖傳》：奔揚州。許貢、王朗與有舊故，往保焉。靖收恤親里，經紀振贍，出於仁厚。孫策東渡江，皆走交州，以避其難。靖身坐岸邊，先載附從，疏親悉發，乃從後去。袁徽寄寓交州，與荀彧書，言許文休自流宕以來，與羣士相隨，每有患急，常先人後己，與九族中外，同其飢寒。其紀綱同類，仁恕惻怛，皆有效事，不能復一二陳之。《吴志·全琮傳》：父柔，嘗使琮齎米數千斛到吴，有所市易。琮至，皆散用，空船而還。柔大怒。琮頓首曰：愚以所市非急，而士大夫方有倒縣之患，故便振贍，不及啓報。是時中州士人避亂而南，依琮居者以百數，琮傾家給濟，與共有無。凡此，皆在流離轉徙之中，益敦睦婣任卹之行者也。《後漢書·獨行傳》：劉翊，"黄巾賊起，郡縣饑荒。翊救給乏絶，資其食者數百人。鄉族貧者，死亡則爲具殯葬，嫠獨則助營妻娶。獻帝遷都西京，翊舉上計掾。是時寇賊興起，道路隔絶，使驛稀有達者。翊夜行晝伏，乃到長安。詔書嘉其忠勤，特拜議郎，遷陳留太守。翊散所握珍玩，惟餘車馬，自載東歸。出關數百里，見士大夫病亡道次，翊以馬易棺，脱衣斂之。又逢知故困餒於路，不忍委去，因殺所駕牛，以救其乏。衆人止之，翊曰：視没不救，非志士也。遂俱餓死。"此固不必逆知其死，然其易至於不濟，則亦至易見矣。而曾不爲身豪髮計留，不亦造次顛沛必於是乎？《劉虞傳》：虞爲幽州牧，青、徐士庶避黄巾之難歸之者百餘萬口，皆收視温恤，爲立産業，流民皆忘其遷徙。此非居高位有大權者不能。若平民，則如魚之相煦以沫耳。然流離轉徙之中，藉是而獲濟者多矣。

楊惲受父財五百萬，及身封侯，皆以分宗族。後母無子，財亦數百萬，死皆與惲，惲盡復分後母昆弟。再受訾千餘萬，皆以分施。郇越，附《王貢兩龔鮑傳》。散其先人訾千餘萬，以分施九族、州里。馬援亡命北地，因留牧畜，賓客多歸附者，遂役屬數百家。轉游隴、漢間，因處田牧，至有牛馬羊數千頭，穀數萬斛。既而歎曰：凡殖貨財産，貴其能施振也，否則守錢虜耳。乃盡散以班昆弟、故舊。樊梵，宏孫。悉推財物二千萬與孤兄子。荀恁，資財千萬，父越卒，悉散與九族。見周燮等傳首。种暠，父爲定陶令，有財三千萬，父卒，悉以振卹宗族及邑里之貧者。折像，有貲財二億，家僮八百人，周施親疏。至終，家無餘貲。《方術傳》。此等能施，似以其富。然如范遷，有宅數畝，田不過一頃，而推與兄子，四子無立錐之地，見《郭丹傳》。則仁義之附，亦匪以其富矣。要不可謂非一時風氣所鼓蕩也。

此其故何哉？曰：去封建之世近，士之好名，甚於其好利，故能施者較多，而其事亦易傳於後耳。王符嘗譏當時之人，"疏骨肉而親便辟，薄知友而厚犬馬。寧見貫朽千萬，而不忍貸人一錢；情知積粟腐倉，而不忍貸人一斗。骨肉怨望於家，細人謗讟於道。"《潛夫論·貴忠》。與史所言之風氣適相反，何哉？王朗"嘗譏世俗有好施之名，而不卹窮賤"，《三國志》本傳《注》引《魏略》。一人之所爲，固可自其兩面觀之也。要之封建之世養士之習未盡亡耳。然則受之者當何如？曰：以所識窮乏得我之情爲之，是嗟來之食也。然其謝也可食，雖曾子亦言之矣。要之當以免死爲限耳。蔡茂素與竇融善，避難歸之，每所餉給，計口取足，是其道也。

散施蓋亦有爲免禍之計者。《晉書·氾騰傳》言其歎曰："生於亂世，貴而能貧，乃可以免。"散家財五十萬，以施宗族。吴明徹，侯景寇京師，天下大亂。明徹有粟麥三千餘斛，而鄰里飢餒。乃白諸兄曰："當今草竊，人不圖久，奈何有此而不與鄉家共之？"於是計口平分，同其豐儉。皆其事也。此亦不必亂世。《後漢書·周黨傳》言其家産千金，少孤，爲宗人所養，而遇之不以理，及長，又不還其財；黨詣鄉、縣訟，主乃歸之，既而散與宗族，悉免遣奴婢。蓋訟雖勝，其地仍不可居也。

〔二九八〕 并耕而食，饔飧而治

觀於後世，有可以知古者。許行曰："賢者與民并耕而食，饔飧而治。"論者或以爲誕而不可信，然烏桓大人以下，各自畜牧治産，不相徭役，《三國志·烏丸傳注》引《魏書》，《後漢書》襲之。即并耕而食，饔飧而治也。不特此也，田疇之隱徐無山也，百姓歸之五千餘家。"疇謂其父老曰：諸君不以疇不肖，遠來相就。衆成都邑，而莫相統一，恐非久安之道，願擇賢長者以爲之主。皆曰：善。同僉推疇。疇乃爲約束，相殺傷、犯盜、諍訟之法，法重者至死，其次抵罪，二十餘條。又制爲婚姻嫁娶之禮，興舉學校講授之業，班行其衆，衆者便之。"《三國魏志》本傳。可謂能爲君矣。然《先賢行狀》載太祖表論疇功曰："耕而後食。"《先賢行狀》又言："王烈避地遼東，躬秉農器，編於四民，而東域之人，奉之若君。"此亦所謂"并耕而食，饔飧而治"者也。太祖表又言"人民化從，咸共資奉"，則後或不復躬耕。此"勞心者治人，勞力者治於人，治於人者食人，治人者食於人"之漸。

〔二九九〕 古者官爲民造屋之事甚多

古者官爲民造屋之事甚多。鼂錯之論移民也，曰："古之徙遠方以實曠虚也；相其陰陽之和，嘗其水泉之味，審其土地之宜，觀其草木之饒；然後營邑立城，制里割宅，通田作之道，正阡陌之界；先爲築室，家有一堂二内，門户之閉，置器物焉。民至有所居，作有所用。"一堂二内，即今三開間之屋，中爲堂，左右爲室者也。《漢書·平帝紀》：元始二年，罷安定呼沲苑，以爲安民縣。起官寺，市里。募徙貧民，縣次給食。至徙所，賜田宅，什器，假與犁、牛、種、食，又起五里於長安城中。宅二百區，以居貧民。民疾疫者，舍空邸第，爲置醫藥。安民縣之所營者新邑，長安中之所起者，則所以改良舊都市者也。又有不由官營，官特唱率人民爲之者。《後漢書・鍾離意傳》《注》引《東觀漢記》曰：意在堂邑，爲政愛利。初到縣市無屋。意出俸錢，率人作屋。人賫茅竹，或持林木，争赴趨作，浹日而成。所營雖陋，其程功則可謂速矣。房屋之適於居住與否，實視所處之地，及其占地充足與否，不在其材料之貴重也。此猶行古之道也。魏晉而後，政事日以苟簡，并此等事而亦罕聞矣。

古人之所以易於營建也有故。古者建屋之地曰廛。記言市廛而不税，謂徒收其地租；許行之滕也，踵其君門，乞受一廛；可見地之皆在官。《漢書・高帝紀》：十二年，賜列侯第，《注》引孟康曰："有甲乙次第，故云第"，可見室屋之在官者亦不少。

〔三〇〇〕 王莽六筦

王莽設六筦之令。《後漢書・隗囂傳注》云：謂酤酒、賣鹽、鐵器、鑄錢、名山大澤，此謂六也。案《漢書・食貨志》，莽下詔曰："夫鹽，食肴之將；酒，百藥之長，嘉會之好；鐵，田農之本；名山大澤，饒衍之藏；五均賒貸，百姓所取平，卬以給澹；錢布銅冶，通行有無，備民用也。此六者，非編户齊民所能家作，必卬於市。雖貴數倍，不得不買。豪民富賈，即要貧弱。先聖知其然也，故斡之。"則《後書・注》奪五均賒貸。錢布銅冶，他本錢皆訛鐵；惟閩本作錢，據《後書・注》，則閩本是也。

〔三〇一〕 甘　棠

古今人不必不相及也，所處之境相類，則其所行者自亦相類矣。

詩言：曾孫來止，以其婦子，饁彼南畝，田畯之喜。與金昭肅皇后所爲極相類。《三國志・杜畿傳》注引《魏略》言：孟康爲弘農太守，時出案行，皆豫勅督郵平水，不得令屬官遣人探候，脩設曲敬，又不欲煩損吏民，常豫勅吏卒，行各持鐮，所在自刈馬草，不止亭傳，露宿樹下，又所從常不過十餘人，郡帶道路，其諸過賓客，自非公法，無所出給，若知舊造之，自出於家，此雖甘棠之美不逮也。

〔三〇二〕 斛 制 之 本[①]

凡量皆口大而下小，惟斛不然。以量之多少，繫乎其表面之平與不平。而表面平否，幾微之差，極難辨别。口小，則因表面之不平以致羨不足者小也。此制定於宣和時，足見趙宋國勢雖弱，厘定制度，自有其度越前人之處。然《齊書・陸澄傳》言："竟陵王子良得古器，小口方腹而底平，可將七八升，以問澄。澄曰：此名服匿，單于以與蘇武。子良後詳視器底有字，仿佛可識，如澄所言。"南北朝人説古物多不確，陸澄之言，未必可信。然小口之器，世固有之，則由此可見。惟其器不甚通行，齊時幾已絶跡，故子良稱爲古器也。豈以其不可出入，不爲豪强駔賈所利，故稍微以至於絶歟。

〔三〇三〕 漢世亭傳之制

交通猶人身之血脈；血脈當無所不通，交通之道亦當無所不達。近世交通利器雖多，然欲其徧於山陬海澨，則必非旦夕之功，端賴有舊式之道路及交通之具，與之互相銜接。吾國今日方事重脩驛運，非

---

① 曾改題爲《斛制》。

徒曰緣江緣海交通便利之地多受封鎖,而姑以是救急云耳;即使海疆安謐,江河百川互相灌溉,而欲深入乎山陬海澨,舊式之通路及交通工具仍不可以不脩。必如是,乃能與用新式器具之大道相銜接,而成完密之交通網,如血脈之無所不通也。此篇詳考漢代亭傳之制,知國小而爲治纖悉之世,交通制度之完備,絶非政事疏闊之世所能想像。然則,《周官》等書所述之制,必非盡誣矣。人力所脩之事雖廢墜,必可以人力恢復之,讀之可使從事於驛運者自壯;而其所言館驛廢墜之由,及其與邊陲關係之重,尤足資今日之藉鑒而發人深省也。

古代人民往來少,而其爲治纖悉,故凡行旅之所資,如宿息、井樹等,無不由公家爲之措置。兩漢去古近,其遺制猶有存焉者。漢高祖至高陽傳舍,使人召酈生。及出成皋,東渡河,獨與滕公俱,從張耳軍脩武。至,宿傳舍,晨自稱漢使,馳入趙壁,奪其軍。《史記·淮陰侯列傳》。王郎兵起,光武趣駕南轅,晨夜不敢入城邑,舍食道旁。至饒陽,官屬皆乏食,光武乃自稱邯鄲使者,入傳舍。及至信都,亦入傳舍,與任光定謀。更始之敗,劉恭步從至高陵,入傳舍。當造次顛沛之際,行旅惟傳舍是依如此,承平時更不必論矣。霍光至平陽傳舍,遣使迎霍仲孺。何武爲刺史,行部必先即學宫見諸生,然後入傳舍,出記問墾田頃畝、五穀美惡,已乃見二千石。韓延壽守左馮翊,行縣至高陵,有昆弟訟田者,延壽即移病入卧傳舍,閉閤思過。《後漢書·陳寔傳》:"大守高倫被徵爲尚書,郡中士大夫送至輪氏傳舍。"《史弼傳》:"出爲平原相,時詔書下舉鉤黨,惟弼獨無所舉,從事坐傳責問。"《方術傳》:"任文公,州辟從事,哀帝時有言越嶲大守欲反,刺史大懼,遣文公等五從事檢行郡界,潛伺虛實,共止傳舍。時暴風卒至,文公遽起,白諸從事促去。"《黨錮傳》:"建寧二年,大誅黨人,詔下急捕范滂等,督郵吴道至縣,抱詔書,閉傳舍,伏床而泣。"可見官吏行止,無不惟傳舍是依,即其家屬亦然。《桓榮傳》:"榮曾孫鸞子曄,尤脩志介。姑爲司空楊賜夫人,鸞卒,姑歸寧赴哀,將至,止於傳舍,整飾從者而後入,曄心非之"是也。又有意圖構亂,詐稱官吏,止於傳舍者。周丘以漢節馳入下邳，至傳舍，召斬令。《史記·吴王濞列傳》。桑弘羊客詐稱御史，止傳。《漢書·魏相傳》。公孫勇與客胡倩等謀反，倩詐稱光禄大夫，從車騎數十，言使督盜賊，止陳留傳舍，太守謁見，欲收取之。《漢書·酷吏田廣明傳》。鮑永，太守趙興署爲功曹。時有矯稱侍中止傳舍者，興欲謁之，永疑其詐，諫，不聽而出。興遂駕往，永拔刀截馬當胸，乃止。後數日，莽詔書果下，捕矯稱者，永由是知名。皆其事。光武遣陳副、鄧隆征劉揚，揚閉門不内，乃復遣耿純持節行赦令於幽、冀，所過并使勞慰王侯。密敕純曰："劉揚若見，因而收之。"純從吏士百餘騎，與副、隆會元氏。俱至真定，止傳舍，因揚至，閉閤誅之。亦其類也。傳舍與驛相依附，驛路所不經，即不能有傳舍，若鄉亭則更爲普徧矣。《漢書·百官公卿表》言："漢承秦制，十里一亭，十亭一鄉。"《續漢書·百官志注》引《漢官儀》則云："十里一亭，五里一郵，郵間相去二里半。郵亦有亭。"《漢書·循吏傳》言黄霸使郵亭鄉官皆畜雞豚，以澹鰥寡貧窮，又言吏出不敢舍郵亭是也。《續志注》又引《風俗通》云："亭，留也。蓋行旅宿舍之所館。"然則，十里之間，凡得宿息之所四矣。《志》引蔡質《漢儀》曰："雒陽二十四街，街一亭；十二城門，門一亭"，此皆在都邑之中。《史記·司馬相如列傳》："相如往臨邛，舍都亭。"《漢書·酷吏傳》："嚴延年母從東海來，欲從延年臘，到雒陽，適見報囚，母大驚，便止都亭，不肯入府。"此則在近郭之地。若十里一亭之亭及郵亭，則皆在郊外，故亦謂之鄉亭。鮑宣遷豫州牧，丞相司直郭欽奏其行部乘傳，去法駕，駕一馬，舍宿鄉亭，爲衆所非。召信臣躬勸耕農，出入阡陌，止舍離鄉亭。《漢書·循吏傳》。後漢劉寬，歷典三郡，每行縣，止息亭傳，輒引學官祭酒及處士諸生執經對講；見父老，慰以農里之言；少年，勉以孝弟之訓。此與何武所爲絶相似。足見鄉亭與傳舍，同爲行旅所依。《後漢書·趙咨傳》："拜東海相，之官，道經滎陽，令敦煌曹暠，咨之故孝廉也，迎路謁候。咨不爲留，暠送至亭次，望塵不及。"《第五倫傳》："拜會稽太守，坐法征，老小攀車叩馬，嗁呼相隨，日裁行數里，不得前，倫乃僞止亭舍，陰乘船去。"《三國志·劉繇傳注》引《續漢書》云："繇伯父寵，除東平陵令，視事數年，以母病棄官，百姓士民攀輿拒輪，充塞道路，車不得行，乃止亭輕服潛遁。"此二事亦絶相類。《後漢書·楊震傳》："有詔遣歸本郡，行至城西夕陽亭，飲酖而卒。"《張晧傳》："子綱，漢安元年，選遣八使，徇行風俗。餘人受命之部，綱獨埋其車輪於洛陽都亭，曰：'豺狼當道，安問狐狸？'遂劾奏大將軍冀、河南尹不疑無君之心十五事。"《黄瓊傳》："永建中，公車征，至綸氏，稱疾不進。詔下縣以禮慰遣，遂不得已。李固以書逆遺之曰：'聞已度伊、洛，近在萬歲亭，豈即事有漸，將順王命乎？'"《循吏衛颯傳注》引《東觀記》："茨充初舉孝廉，之京師，同侣馬死，充到前亭，輒舍車持馬還相迎。"此皆以亭爲止頓之所。《獨行傳》："王忳除郿令，到官，至斄亭。亭長曰：'亭有鬼，數殺過客，不可宿也。'忳不聽，入亭止宿。夜中，有女子訴曰：'妾夫爲涪令，之官，過宿此亭，亭長無狀，枉殺妾家十餘口，埋在樓下，悉盜取財貨。'忳問亭長姓名。女子曰：'即今門下游徼者也。'明旦，召游徼詰問，具服罪。"此事誠涉荒怪，然或忳知其事而借此發之，亭長殺人越貨，事必不誣。《獨行傳》又言張武父業，爲郡門下掾，送太守妻子還鄉里，至河内亭，盜夜劫之，業與賊戰死。可見當時鄉亭自有此等殺人越貨之事也。傳又言范冉與王奂親善，奂爲考城令，境接外黄，冉，外黄人。屢遺書請冉，冉不至。及奂遷漢陽太守，將行，冉乃與弟協步賫麥酒，於道側設壇以待之。冉見奂車徒絡繹，遂不自聞，但與弟辯論於路。奂識其聲，即下車與相揖對。奂曰："行路倉卒，非陳契闊之所，可共前亭宿息，以叙分隔。"皆可見往來者以亭爲宿息之所也。《續書·郡國志注》引《東觀記》："永興元年，亭萬二千四百四十三，郵之數倍之，當二萬四千八百八十六，合之凡三萬七千三百二十九。"固不必其皆輪奂，亦豈能盡爲丘墟？則當時行李之便安爲何如也！不特此也，史言黄霸使郵亭鄉官畜雞豚，師古曰："鄉官者，鄉所治處也。"此未必然，蓋凡鄉間官舍皆屬之。《史記·盧綰列傳》言陳豨告歸過趙，賓客隨之者千餘乘，邯鄲官舍皆滿。千餘乘必非傳舍所能容，故凡官舍均爲其所占居矣。然則亭傳之外，又有官舍可以借居也。行李之便安又何如乎！古代爲治之纖悉如此，無怪後世之論者有所激而欲以封建代郡縣也。

漢世亭傳之制美備如此，然後來卒以廢墜者，何也？則以民間之往來者日多，而公家之所守猶是三代以前之成規，未能隨時擴充，與行旅之殷繁相副也。又當時之亭傳，似徒供士大夫之用，而平民之能蒙其惠者甚鮮。《漢書·兩龔傳》云："昭帝時，涿郡韓福以德行征，至京師，賜策書束帛遣歸。詔行道舍傳舍，縣次具酒肉食從者及馬。王莽依故事白遣龔勝、邴漢。"《後漢書·章帝紀》："建初元年，詔三州兖、豫、徐。郡國流人欲歸本者，其實稟令足還到，聽過止官亭，無雇舍宿。"舍傳舍而有煩特詔，止官亭而須雇舍宿，當時亭傳不供平民之用可知。《後漢書·趙孝傳》："父普，王莽時爲田禾將軍，任孝爲郎。每告歸，常白衣步儋。嘗從長安還，欲止陲亭，亭長先時聞孝當還，以有長者客，掃灑待之。孝既至，不自名，長不肯内，因問曰：'聞田禾將軍子當從長安來，何時至乎？'孝曰：'尋到矣。'於是遂去。"《三國志·劉繇傳注》引《續漢書》，言劉寵弊車羸馬，號爲窶陋。往來京師，嘗下道脱驂過，人莫知焉。寵嘗欲止亭，亭吏止之曰："整頓傳舍，以待劉公，不可得止。"寵因過去。《後漢書·循吏寵傳》所載略同。《後漢書·逸民傳》："桓帝以安車聘韓康，康辭安車，自乘柴車，冒晨先使者發。至亭，亭長以韓征君當過，方發人牛脩道橋。及見康，柴車幅巾，以爲田叟也，使奪其牛，康即釋駕與之。"此三事絶相類，原不能保其無附會；然當時必多有此等事，然後有此等附會之語。此征君之舍傳舍，流民之止官亭，所以有煩特詔歟？事非衆人之所需，而特以虚文應故事，其不能持久而日即於陵夷，夫固無足怪矣。

漢宣帝元康二年，詔曰："吏務平法。或擅興繇役，飾廚傳，稱過使客，越職逾法，以取名譽，譬猶踐薄冰以待白日，豈不殆哉？"則知館驛之病民，由來舊矣。《後漢書·陳寵傳》："安帝數遣黄門常侍及中使伯榮往來甘陵。寵子忠上疏言：'長吏發人脩道，繕理亭傳，多設儲跱，征役無度，老弱相隨，動有萬計，'"則其厲民尤甚矣。《三國志·杜畿傳注》引《魏略》，言孟康出爲弘農，時出案行，皆豫敕督郵、平水，不得令屬官遣人探候，脩設曲敬。又不欲煩損吏民，嘗豫敕吏卒，行各持鐮，所在自刈馬草。不止亭傳，露宿樹下。又所從常不過十餘人。郡帶道路，其諸過賓客，自非公法，無所出給。若知舊造之，自出於家。能如是者，有幾人哉？

《續漢書·百官志注》引永元十年大匠應順上言："郡計吏觀國之光，而舍逆旅，崎嶇私館。"《後漢書·張霸傳》："子楷，門徒常百人，賓客慕之，自父黨宿儒，皆造門焉。車馬填街，徒從無所止。黄門及貴戚之家，皆起舍巷次，以候過客往來之利。"《楊震傳》："侯覽弟參爲益州刺史，累有臧罪，暴虐一州。震子秉劾奏參，檻車征詣廷尉。參皇恐，道自殺。"《注》引謝承書曰："京兆尹袁逢，於長安客舍中得參重車三百餘乘，金銀珍玩不可勝紀。"《後漢書·宦者傳》與此略同。《獨行傳》："陸續詣洛陽詔獄就考。續母遠至京師，作饋食，付門卒進之。續對食悲泣，不能自勝。使者怪而問其故。續曰：'母來不得相見，故泣耳。'問何以知母所作乎？續曰：'母截肉未嘗不方，斷葱以寸爲度，是以知之。'使者問諸謁舍，續母果來。"皆當時京師逆旅衆多之證。《續漢書·五行志》言："靈帝數遊戲西園中，令後宫采女爲客舍主人，身爲商賈服。行至舍，采女下酒食，因共飲食，以爲戲樂。"亦習俗之移人也。《後漢書·黄憲傳》："荀淑至慎陽，遇憲於逆旅，時年十四，竦然異之。"《黨錮傳》："夏馥剪須變形，入林慮山中，爲冶家傭，親突烟炭，形貌毁瘁。後馥弟静，乘車馬，載縑帛，追之於涅陽市中。遇馥不識，聞其聲，乃覺而拜之。馥避不與語。静追隨至客舍共宿。"此又僻左之處亦有逆旅之證也。逆旅之盛如此，晉初之人，猶欲廢之而設官權，見《晉書·潘岳傳》。豈可得哉？

風氣淳樸之世，無逆旅之地，行人往往就人家借宿。此等風氣，近世猶有之，古代更不必論矣。《後漢書·儒林傳》："周防父揚，少孤微，常脩逆旅以共過客，而不受其報。"猶此風氣之遺也。《三國志·

王脩傳》:“年二十,遊學南陽,止張奉舍。奉舉家得疾病,無相視者,脩親隱恤之,病愈乃去。”此亦就人家止宿者,雖不必其不報,然其人當亦非以舍客爲業者也。自逆旅盛而此等風氣日微矣。

鄉亭爲行旅所依止,亦氓庶所聚集,故凡欲示衆之事,皆於是乎著之。王景守廬江,訓民蠶織,爲作法制,著於鄉亭。王涣爲洛陽令,病卒,民思其德,爲立祠安陽亭,皆見《後漢書·循吏傳》。以此也。竇武死,宦者梟其首於洛陽都亭,亦以此。

内地逆旅盛而亭傳微;邊徼之地,則猶不如是。蓋其地人民寡少,行旅亦希,道出其間者,非亭傳無所依止,則非善治亭傳,不能保其交通之不絶也。《漢書·武帝本紀》:“元光五年,發巴、蜀治南夷道。”《史記·漢興以來將相名臣年表》:“元光六年,南夷始置郵亭。”可見郵亭與道路相依之切。趙充國策西羌曰:“計度臨羌東至浩亹,其間郵亭多壞敗者,欲以閑時下所伐材,加以繕治。”永光羌亂,詔書言其燔燒置亭;見《漢書·馮奉世傳》。和帝永元四年,溇中、澧中蠻之叛,《後漢書·南蠻傳》亦言其燔燒郵亭;可見亭傳所繫之重。《三國志·陳羣傳》:“青龍中,羣上疏曰:‘昔劉備自成都至白水,多作傳舍,興費人役,太祖知其疲民也。今中國勞力,亦吴、蜀之所願,此安危之機也。’”案《先主傳》:“建安二十四年,先主自漢中還治成都,拔魏延爲都督,鎮漢中。”《注》引《典略》曰:“備於是起館舍,築亭障,從成都至白水關四百餘區。”羣之所言,即是事也。先主豈不知其疲民?蓋有所不得已也。《張嶷傳》:“漢嘉郡有舊道,經旄牛中至成都,既平且近。自旄牛絶道,已百餘年,更由安上,既險且遠。嶷開通舊道,千里肅清,復古亭驛。”可見控馭邊方,必以亭驛爲首務矣。

《漢書·高帝紀注》引應劭曰:“舊時亭有兩卒:一爲亭父,掌開閉掃除;一爲求盜,掌逐捕盜賊。”《史記集解》引同。而《續·志注》引《風俗通》曰:“亭吏舊名負弩,後爲長,或謂亭父。”《史記索隱》引應劭亦曰:“舊亭卒名弩父,陳、楚謂之亭父,或云亭部,淮南謂之求盜也。”二説乖違,未知孰是。要之其初必重於禦暴,則可知也。漢世亦間有能舉其職者。《後漢書・酷吏周紆傳》:“皇后弟黄門郎竇篤從宫中歸,夜至止姦亭,亭長霍延遮止篤。篤蒼頭與争,延遂拔劍擬篤,而肆詈恣口。”不畏强御,足與止李廣之霸陵尉并傳矣。

〔三〇四〕 除 關

《史記・魏其武安侯列傳》:“魏其、武安俱好儒術,推轂趙綰爲御史大夫,王臧爲郎中令。迎魯申公,欲設明堂,令列侯就國,除關。”《索隱》曰:“謂除關門之税也。”

案《索隱》之言非也。漢世關門,不聞有税,惟以稽察出入耳。《漢書・武帝紀》:太初四年,使弘農都尉治武關,税出入者,以給關吏卒食。自此以前,未聞有税出入者之事也。

文帝十二年,除關毋用傳。至景帝四年乃復置諸關,用傳出入。文帝之舉,當時頌爲仁政。鼂錯對策,美其通關去塞。路温舒亦稱其通關梁,一遠近。魏其、武安之舉蓋亦欲如是。孟子稱關譏而不征,而漢人乃以不譏爲仁政。一統之規模固非分立時所能想見也。

〔三〇五〕 橋梁邊版

《漢書・文帝紀》:二年五月,“詔曰:古之治天下,朝有進善之旌,誹謗之木。”服虔曰:“堯作之橋梁交午柱頭也。”應劭曰:“橋梁邊版,所以書政治之愆失也,至秦去之,今乃復施也。”師古曰:“應説是也。”師古蓋目擊其制,故以應説爲是。此蓋所以爲障,防墮落,交午柱頭,意亦如此,本非所以書政治愆失也,後乃因而書之耳。

〔三〇六〕 飛 行 術

飛行，人之所願也。雖不能遂，然不能禁人不試之。《漢書・王莽傳》：莽募有奇技術可攻匈奴者，"或言能飛，一日千里，可窺匈奴。莽輒試之。取大鳥翮爲兩翼，頭與身皆着毛，通引環紐，飛數百步墮。"大鳥翮非倉卒可得，能飛數百步墮，亦不易。可見其人必習之有素。

《隋書・刑法志》：北齊文宣帝"嘗幸金鳳臺，受佛戒，多召死囚，編籧篨爲翅，命之飛下，謂之放生，墜皆致死，帝視以爲歡笑。"文宣雖殘虐，當時亦必有獲免者，故以放生爲名，而於受佛戒時行之。《北史》云：元世哲從弟黄頭，文宣使與諸囚自金鳳臺各乘紙鴟以飛，獨能飛至紫陌，仍付御史獄，乃餓殺之。即飛行者不死之證。

自金鳳臺至紫陌，蓋不翅數百步矣，足見人非必不可飛，此其所以有試爲之者歟。"一日千里"，蓋傳者夸侈之辭，其人自詭，或亦曰數百千步耳。此原不能如今日之空軍，擲炸彈以擊敵，然當時亦無今之高射炮等，能攻空中之人，以此窺敵，固有餘矣。知一日千里之爲語增，則其人初非誕謾也。

原刊一九四六年天津《民國日報》副刊"史與地"

〔三〇七〕 漢人多從母姓

《廿二史劄記》言"漢皇子未封者，多以母姓爲稱"，舉衛太子、史皇孫爲例。實則其以母姓爲稱，與其封不封無涉。館陶公主以爲竇太后女，號竇太主。見《漢書・東方朔傳》。豈其身無封號邪？元帝稱許太子，見《外戚・孝宣王皇后傳》。淮南太子亦稱蓼太子，見《伍被傳》。蓋時俗語言如此。景帝子王者十三人，其母五人，《史記》謂之《五宗世家》。《索隱》説，《後漢書·竇融傳注》同。此猶黄帝二十五子，得姓者十四人，顯係子從母姓餘習。《漢書·外戚侯表》，有扶柳侯吕平，以皇太后姊長姁子侯。師古曰："平既吕氏所生，不當姓吕。蓋史家惟記母族。"《史表》作昌平，昌蓋誤字。趙氏所舉，有滕公曾孫頗，尚平陽公主，主隨外家姓，號孫公主。故滕公子孫，更爲孫氏。此非從母姓，乃改氏以示其爲皇室之所自出耳，氏固可隨意改易也。

獻帝，靈帝母自養之，號曰董侯。此以祖母姓爲姓也。然少帝養於史道人家，號曰史侯。則獻帝亦非以祖母姓爲姓，而以所養之家之姓爲號爾。漢人視姓無甚不可改易，以姓所以本其所自生，是時已無可知，氏則本可隨意自立也。必欲求其姓者，則有如京房推律定姓之法，轉非依父祖以來之稱號所可得也。

《景十三王傳》言：膠東康王寄，於上最親。師古曰："寄母王夫人，即王皇后之妹，於上爲從母，故寄於諸兄弟之中又更親也。此下有常山王云天子爲最親，其義亦同。"《五宗世家》之名，已足顯母弟親於異母，此更推廣之而及於從母。知禮家雖以父母何算譏野人，而言情亦卒莫能外矣，此尚文之所以不如反質也。

《三國·蜀志·簡雍傳注》：或曰："雍本姓耿，幽州人語謂耿爲簡，遂隨音變之。"《吴志·是儀傳》："本姓氏，初爲縣吏，後仕郡，郡相孔融嘲儀，言氏字民無上，可改爲是，乃遂改焉。"是姓亦可隨音易字。以其本非姓，無關係也。徐衆議之。見《是儀傳注》。《魏志·管寧傳注》引《傅子》，言寧以衰亂之時多妄變氏族者，著《氏姓論》以原本世系。其説未知如何，度亦不過如《潛夫志》之所論耳。

〔三〇八〕 漢世昏姻多出自願

《左氏》昭公元年："鄭徐吾犯之妹美，公孫楚聘之矣，公孫黑又使强委禽焉。犯請於二子,請使女擇焉。"此固一時免患之計,然亦可見古昏姻固許男女自擇。《公羊》之非鄫季姬,乃謂其不待父母之命,媒妁之言,而逕使鄫子來請己,有背男不親求女不親許之義耳,僖十四年。非謂嫁娶可全由父母主之也。漢世猶知此義。《後漢書·宋弘傳》:"帝光武姊湖陽公主新寡,帝與共論朝臣,微觀其意。主曰:宋公威容德器,羣臣莫及。帝曰:方且圖之。後弘被引見,帝令主坐屏風後,因謂弘曰:諺言貴易交,富易妻,人情乎?弘曰:臣聞貧賤之知不可忘,糟糠之妻不下堂。帝顧謂主曰:事不諧矣。"是雖以帝王之尊,至於昏姻,亦曲從本人之意也。《三國·魏志·陳思王傳注》引《魏略》言:太祖欲以愛女妻丁儀,以問五官將。五官將曰:女人觀貌,而正禮目不便,誠恐愛女未必悦也。以爲不如與伏波子楙。太祖從之。此雖未嘗問諸本人,然亦可謂曲體本人之意矣。

〔三〇九〕 漢時嫁娶之年

古之欲蕃育其民者,大抵冀嫁娶之早。漢惠帝六年令:女子年十五以上至三十不嫁,五算《漢書》本紀。是也。王吉言世俗嫁娶太早,未知爲人父母之道而有子,是以教化不明,而民多夭,《漢書·王吉傳》。其言固是一理。然知爲父母之道與否,由於教化之廢興;民之夭壽,繫乎生計之舒蹙,不盡由於嫁娶之遲早也。漢時嫁娶之年可考者:班昭十四而適曹氏,見其所作《女誡》;陸績女鬱生,十三而適張白,見《三國·吴志·績傳注》;皆較惠帝之令爲早。蓋時俗固尚早婚,惟貧人不及者,乃有待於法令之迫促耳。然則欲蕃育人民,而徒立法以迫之,亦非計之善者也。

劉攽曰:"予謂女子五算,亦不頓謫之,自十五至三十爲五等,每等加一算也。"此説頗近馮億。攽蓋疑自十五至三十,罪謫之不當相同耳。予謂自十五至三十,爲生育之年,故不嫁者罪謫之。三十以上，生育之力稍减，故不嫁者又不罪也。

〔三一〇〕　漢時男女交際之廢

《記》曰："陽侯殺繆侯而竊其夫人，故大饗廢夫人之禮。"然則男女交際，古本自由，至後世乃稍因争色而致廢墜也。漢高祖十二年，還過沛，置酒沛宫，沛父老諸母故人日樂飲極驩，道舊故爲笑樂。光武建武十七年，幸章陵，脩園廟，祠舊宅，觀田廬，置酒作樂，賞賜。時宗室諸母因酣悦，相與語曰："文叔少時謹信，與人不款曲，唯直柔耳，今乃能如此！"安帝延光三年，祀孔子及七十二弟子於闕里，自魯相、令、丞、尉及孔氏親屬、婦女、諸生悉會。此古大聚會時男女皆與之證。《三國・魏志・王粲傳注》引《典略》，言太子嘗請諸文學，酒酣坐歡，命夫人甄氏出拜；又引《吴質别傳》，言帝嘗召質及曹休歡會，命郭后出見質等，帝曰："卿仰諦視之。"其至親如此。《衛臻傳》言夏侯惇爲陳留太守，舉臻計吏，命婦出宴；《吴志・孫策傳注》引《吴録》：策母謂策：王晟與汝父，有升堂見妻之分。然則司馬德操造龐德公，逕入其室，呼其妻子作黍，《蜀志・龐統傳注》引《襄陽記》。亦不足怪矣。《蜀志・劉琰傳》："琰妻胡氏入賀太后，太后特令留胡氏，經月乃出。胡氏有美色，琰疑其與後主有私，呼卒五百撾胡，至於以履搏面，而後棄遣。胡具以告言琰，琰坐下獄。有司議曰：卒非撾妻之人，面非受履之地。琰竟棄市。自是大臣妻母朝慶遂絶。"此亦陽侯殺繆侯而竊其夫人之類也。

〔三一一〕　妻 死 不 娶

《漢書・王吉傳》：子駿，妻死不復娶，或問之，駿曰："德非曾參，子非華元，亦何敢娶？”《三國·吴志·孫權傳》黄武四年《注》引《吴書》言：陳化妻早亡，以古事爲鑒，乃不復娶。權聞而貴之，以其年壯，勅宗正妻以宗室女，化固辭以疾。似乎懲羹而吹虀矣。然世固有後妻疾前妻之子而殺之如龐參者，見《後漢書》本傳。則王駿、陳化之所爲，亦有所不得已邪？孔子曰人之性，本不獨親其親，不獨子其子也。而必使之各親其親，各子其子焉，親於此，則不親於彼矣；子於此，則不子於彼矣。相生也，而相殺之機伏焉矣，安得不戈矛起於骨肉之間，肝腦塗於蕭牆之内邪？《諸葛瑾傳注》引《吴書》，言瑾妻死不改娶，有所愛妾，生子不舉。蓋亦慮變起庭闈。然生子不舉，則是先犯殺人之罪矣。拘儒以爲所謂家庭者，是以爲人相生養之地也，而不知人之死於其中者不知凡幾也。“人皆曰予知，驅而納諸罟擭陷阱之中而莫之知辟也”，《禮記·中庸》。哀哉！

〔三一二〕 出妻改嫁上

漢人於出妻及改嫁，視之初不甚重。然屢易妻亦究非美事。故光武帝降赤眉，稱其酋帥有三善：攻破城邑，周徧天下，本故妻婦，無所改易，其一。《後漢書·劉盆子傳》。而馮衍亦自傷有去兩婦之名也。本傳《注》引衍與宣孟書。光武欲以湖陽公主妻宋弘，謂曰：“諺言貴易交，富易妻，人情乎？”弘曰：“臣聞貧賤之知不可忘，糟糠之妻不下堂。”《後漢書·宋弘傳》。此或以漢世尚主非易，爲此託辭。參看《漢尚主之法》條。然其言，則固先貧賤後富貴不去之義矣。鮑永事後母至孝，妻嘗於母前叱狗，即去之。李充家貧，兄弟六人，同食遞衣。妻竊謂充曰：“今貧居如此，難以久安，妾有私財，願思分異。”充僞酬之曰：“如欲別居，當醖酒具會，請呼鄉里内外，共議其事。”婦從充，置酒燕客，充於坐中前跪白母曰：“此婦無狀，而教充離間母兄，罪合遣斥。”便呵叱其婦，逐令出門，婦銜涕而去。《後漢書·李充傳》。皆矯激以立名，非人情之正也。

子曰："聽訟吾猶人也，必也使無訟乎！無情者不得盡其辭，大畏民志，此謂知本。"《禮記·大學》。苟使聽訟者而皆能大畏民志如充者，固在所必誅，而如永者亦清議所必斥矣。

《後漢書·應奉傳注》引《汝南記》曰："華仲妻奉曾祖父順，字華仲。本是汝南鄧元義前妻也。元義父伯考爲尚書僕射，元義還鄉里，妻留事姑，甚謹，姑憎之，幽閉空室，節其食飲，羸露日困，妻終無怨言。後伯考怪而問之，時義子朗年數歲，言母不病，但苦飢耳。伯考流涕曰：何意親姑，反爲此禍？因遣歸家。更嫁爲華仲妻。仲爲將作大匠，妻乘朝車出，元義於路旁觀之，謂人曰：此我故婦，非有他過，家夫人遇之實酷，本自相貴。其子朗時爲郎，母與書皆不答，與衣裳輒燒之。母不以介意，意欲見之，乃至親家李氏堂上，令人以他詞請朗。朗至，見母，再拜涕泣，因起出。母追謂之曰：我幾死，自爲汝家所棄，我何罪過，乃如此邪？因此遂絶也。"朗之不答其母，蓋不欲彰其王母之過。猶《春秋》不以父命辭王父命之義。然《春秋》之義，乃爲有國家者，統緒不可以二，統二則事權不一，而禍將延於下民爾，非以人情論也。以人情論，母固親於王母，雖以此絶其王母可矣。元義憐其故婦，而白其母之過於路人，若違内大惡諱之義者。然是非者天下之公。孟子曰："名之曰幽厲，雖孝子慈孫，百世不能改也。"《離婁》上。夫欲改之者，孝子慈孫之心；不能改者，天下之公義也。元義之母既盡人知之矣，雖欲諱之，又可得乎？抑豈可因爲母諱而誣其妻乎？緘口不言，固無不可，然情之至而不能已於言，亦君子之所不誅也，不得繩以爲親隱之義。

《三國·魏志·劉曄傳》："父普，母脩，産涣及曄。涣九歲，曄七歲，而母病困。臨終，戒涣、曄以普之侍人有諂害之性，身死之後，懼必亂家；汝長大能除之，則吾無恨矣。曄年十三，謂兄涣曰：亡母之言，可以行矣。涣曰：那可爾！曄即入室殺侍者，逕出拜墓。"漢人重復讎，云"懼必亂家"，飾辭；此必曄之母有深怒積怨於侍者耳。王母固不可殺，然以曄之所爲揆之，鄧朗絶其王母，亦無譏焉。

〔三一三〕 出妻改嫁下

漢人不諱改嫁,故雖皇帝後宫,亦恒出之。《漢書・文帝紀》:十二年二月,出孝惠皇帝後宫美人,令得嫁;帝崩,遺詔歸夫人以下至少使。景帝崩,亦出宫人歸其家,復終身。《成帝紀》:永始四年,出杜陵諸未嘗御者歸家。《哀帝紀》:綏和二年,掖庭宫人年三十以下出嫁之。平帝之崩也,詔曰:"皇帝仁惠,無不顧哀,每疾一發,氣輒上逆,害於言語,故不及有遺詔。其出媵妾皆歸家得嫁,如孝文時故事。"《漢書・平帝紀》。景帝稱文帝之德曰:"除宫刑,出美人,重絶人之世也。"《漢書・景帝紀》。鼂錯對策,亦以後宫出嫁爲美談,誠厭於人心也。秦始皇之死也,二世曰:"先帝後宫非有子者,出焉不宜,皆令從死。"《史記・秦始皇本紀》。此秦人之暴政,何足法,而霍光厚葬武帝,且皆以後宫女置於園陵,見《貢禹傳》。所謂不學無術,宦官宫妾之孝也。

魏文帝之爲人不足取,然能自爲終制,革漢人厚葬之習則賢。疾篤,即遣後宫淑媛、昭儀已下歸其家,尤漢帝之所不及矣。有學問者,畢竟不徒然也。

張敞條奏昌邑王曰:"臣敞前書言昌邑哀王歌舞者張脩等十人無子,又非姬,但良人,無官名,王薨當罷歸;太傅豹等擅留,以爲哀王園中人,所不當得爲,請罷歸。故王聞之曰:中人守園,疾者當勿治,相殺傷者當勿法,欲令亟死,太守奈何而欲罷之?"《漢書・武五子傳》。不知誠賀言邪?抑敞故誣之而實欲保全之也?使其誠然,則其心乃侔於秦二世,其見廢也宜矣。而霍光之所爲,亦昌邑太傅之所爲也。文、景再世之仁政,而光一舉壞之,不學無術者之不可以爲國如此。

漢人不諱改嫁,故亦不諱取再嫁之女。谷永勸成帝益納宜子婦人,毋避嘗字,是也。《漢書・谷永傳》。王章攻王鳳,引羌胡殺首子爲言,見《元后傳》。乃欲文致鳳罪耳,非當時之通義也。魏文帝甄皇后,本袁紹中子熙妻；孫權徐夫人，初適同郡陸尚，皆其證。後漢桓帝鄧皇后，母宣，初適鄧香，生后，改嫁梁紀，后隨母居，亦冒姓梁氏，則再醮婦之女也。

《吴志》孫壹降魏，魏以故主芳貴人邢氏妻之，此後宫之改適者也。弘農王之見殺也，謂妻唐姬曰："卿王者妃，勢不復爲吏民妻，自愛。"則謂尊卑之不敵耳，非謂不可改嫁。故其歸鄉里，其父猶欲嫁之，姬誓不許。及李傕破長安，遣兵鈔關東，略得姬，傕欲妻之，固不聽，亦以傕之不足偶也。抑古之貞婦，不於尋常之時而每於存亡之際，此固意氣感激，亦以存亡所繫，平時固無所用之也。曹爽從弟文叔早死，妻夏侯文寧女，名令女，居止常依爽。及爽被誅，曹氏盡死。令女叔父上書與曹氏絶婚，强迎令女歸。文寧使諷之，令女以刀斷鼻，血流滿牀席。或謂之曰："人生世間，如輕塵棲弱草耳，何至辛苦乃爾！且夫家夷滅已盡，守此欲誰爲哉？"令女曰："聞仁者不以盛衰改節，義者不以存亡易心，曹氏前盛之時，尚欲保終，況今衰亡，何忍棄之！"《爽傳注》引皇甫謐《列女傳》。彼其視衰亡時之不可棄背，尤甚於盛時也。語曰："疾風知勁草，世亂識忠臣。"草木無知，不能以疾風而自奮。人則不然，愈危亡，愈激厲於忠義。此忠臣義士之所以史不絶書，而倫紀之所以維持於不敝也。古今中外，忠臣孝子，義夫節婦，其所守者不同，其爲不肯相背負則一也。唐姬之誓死，其亦以此乎？陸績女鬱生，適同郡張白，侍廟三月，婦禮未卒，白遭罹家禍，遷死異郡。鬱生抗聲昭節，義形於色，冠蓋交横，誓而不許。見《吴志・陸績傳注》引《姚信集》信表文。

漢季婚配，頗重門第。魏氏三世立賤，棧潛抗疏以諫，孫盛著爲譏評，無論矣。文德郭皇后外親劉斐與他國爲婚，后聞之，勅曰："諸親戚嫁娶，自當與鄉里門户匹敵者，不得因勢，强與他方人婚也。"《三國・魏志・后妃傳》。蓋鄉里難得高門，外方差易，故劉斐於是求之耳，而后猶以爲戒，則知昏嫁視門户甚重。弘農王屬付唐姬，蓋亦以此也。

《蜀志・後主張皇后傳注》引《漢晉春秋》曰："魏以蜀宫人賜諸將之無妻者，李昭儀曰：我不能二三屈辱。乃自殺。"此蓋以國亡感慨，然亦以録賜等於强配，非其所願故也。古者昏嫁，本由官主，故《周官》有媒氏之官,《管子》有合獨之政。見《入國》篇。降逮漢世,遺意猶存。淮南異國中民家有女者,以待游士而妻之,見《漢書・地理志》。此即《吴越春秋》謂句踐以寡婦淫佚過犯,皆輸山上,士有憂思者,令游山上,以喜其意,實仍官爲婚配之制耳。合男女之法,秦漢而後,平時已不復存,然至變動時猶行之。《漢書・王莽傳》:民犯鑄錢,伍人相坐,没入爲官奴婢,傳詣鍾官,以十萬數;到者易其夫婦,愁苦死者什六七。地皇二年。所謂易其夫婦者,非謂其夫婦本相保而故易之,亦其既已離散,而更爲之擇配耳。三國之世,録奪婦女以配戰士之事乃極多。《魏志・明帝紀》青龍三年《注》引《魏略》,言是時録奪士女前已嫁爲吏民妻者,還以配士,既聽以生口自贖,又簡選其有姿色者内之掖庭。太子舍人張茂上書諫,言:"詔書聽得以生口年紀、顔色與妻相當者自代,故富者則傾家盡産,貧者舉假貸貰,貴買生口以贖其妻;縣官以配士爲名而實内之掖庭,其醜惡者乃出與士。得婦者未必有懽心,而失妻者必有憂色。"其弊至於如此。然《杜畿傳》言畿在河東十六年,文帝即王位,徵爲尚書,《注》引《魏略》言:"初畿在郡,被書録寡婦。是時他郡或有已自相配嫁,依書皆録奪,啼哭道路。畿但取寡者,故所送少;及趙儼代畿而所送多。文帝問畿,畿對曰:臣前所録皆亡者妻,今儼送生人婦也。帝及左右顧而失色。"則明帝所行雖弊,而其事實不始於明帝。《文德郭皇后傳》言:"后姊子孟武還鄉里,求小妻,后止之。遂勑諸家曰:今世婦女少,當配將士,不得因緣取以爲妾也。宜各自慎,毋爲罰首。"《吴志・孫晧傳》元興元年《注》引《江表傳》言:"晧初立,發優詔,恤士民,開倉廩,振貧乏,科出宫女以配無妻,禽獸擾於苑者皆放之。當時翕然稱爲明主。"《陸凱傳》言:凱上疏曰:"伏聞織絡及諸徒坐,乃有千數,願陛下料出賦嫁,給與無妻者。"又疏言:"先帝愛民過於嬰孩,民無妻者以妾妻之。"而韓綜謀叛,且盡以親戚姑姊嫁將吏,所幸婢妾賜親近,以市恩。《韓當傳注》引《吴書》。則録士女以配將士,實爲當時通行之政。其行之雖弊,固猶自古者合獨之政來也。然其行之則不能無弊矣。《張温傳注》引《文士傳》言:

"温姊妹三人皆有節行,爲温事,已嫁者皆見録奪。其仲妹先適顧承,官以許嫁丁氏,成婚有日,遂飲藥而死。"蓋婚姻必出自願,官爲許嫁,不能合於本人之意審矣。李昭儀之自殺,或亦以此歟?《後漢書·獨行劉翊傳》云:"黄巾賊起,郡縣饑荒,翊救給乏絶,死亡則爲具殯葬,嫠獨則助營妻娶。"可見古人雖當亂離之世,未嘗不行合獨之政。特不當由官一切行之,不顧本人之願不耳。《魏志·鍾繇傳》:子毓,曹爽既誅,"入爲侍史中丞、侍中廷尉。聽君父已没,臣子得爲理謗,及士爲侯,其妻不復配嫁,毓所創也。"配嫁固非仁政,爲侯則其妻可免,亦以尊卑之不敵也。殿本《攷證》云《太平御覽》作不復改嫁。此後人不知古事而妄改之。天子媵妾猶可嫁,况侯之妻邪?鄧香爲名族,其妻不諱改嫁。孫權步夫人生二女,長曰魯班,字大虎,前配周瑜子循,後配全琮。少曰魯育,字小虎,前配朱據,後配劉纂。二女在當時爲帝女,亦不諱改嫁,下此者更不可勝數。如李密祖父爲朱提太守,父早亡。母何氏亦更適人。見《蜀志·楊戲傳注》引《華陽國志》。

貞婦二字,昉見《禮記·喪服四制》,蓋漢人語也。其見於法令者,《漢書·宣帝紀》神爵四年,賜潁川貞婦順女帛。《平帝紀》元始元年,復貞婦鄉一人。

《史記·張耳陳餘列傳》:"張耳嘗亡命游外黄,外黄富人女甚美,嫁庸奴,亡其夫,去抵父客。《漢書》作"庸奴其夫,亡邸父客"。父客素知張耳,乃謂女曰:必欲求賢夫,從張耳。女聽,乃卒爲請決,嫁之張耳。"是則欲離婚者,亦必須有居間之人。

漢世宫人出嫁,略無限制,惟不得適諸國。見《後漢書·孝明八王傳》。

《後漢書·方術傳》:謝夷吾舉孝廉,爲壽張令。《注》引《謝承書》曰:"縣人女子張雨,早喪父母,年五十,不肯嫁,留養孤弟二人,教其學問,各得通經。雨皆爲聘娶,皆成善士。夷吾薦於州府,使各選舉,表復雨門户。"張雨之所以不嫁,亦以遭家不造也。

合男女之政,漢世雖不行,然儒者仍知其義,揚雄《校獵賦》"儕男女使莫違",《長楊賦》"婚姻以時,男女莫違",是也。

〔三一四〕 漢世妾稱

妻之外，女子共居處者，古稱妾媵，後世則但稱妾；以古有媵，後世則無之也。然妾謂女子執事之得接於君者，則必有執事之女子然後稱，否則其不合，亦與媵等矣。故漢人稱妻以外共居處之女子，名目頗多，無曰妾者。

《史記·齊悼惠王世家》："高祖長庶男也。其母外婦也，曰曹氏。"外婦，謂不處家中也。然不稱外婦者非必皆處家庭之中，如《漢書·枚乘傳》言："乘在梁時，娶皋母爲小妻。乘之東歸也，皋母不肯隨乘。"明其亦不處家中也。小妻之稱，漢時最爲通行。《孔光傳》言：淳于長坐大逆誅，長小妻迺始等六人皆以長事未發覺時棄去，或更嫁；《後漢書·趙孝王良傳》：玄孫乾，趙相奏其居父喪，私娉小妻；《竇融傳》：女弟爲大司空王邑小妻；《梁節王暢傳》：暢上疏謝，言臣暢小妻三十七人，其無子者願還本家，是也。亦曰傍妻。《漢書·元后傳》言其父禁多取傍妻，是也。亦曰下妻。《王莽傳》：始建國二年十一月，立國將軍建奏"今月癸酉，不知何一男子遮臣建車前，自稱漢氏劉子輿，成帝下妻子也"；《後漢書·光武帝紀》：建武七年五月，"詔吏人遭饑亂及爲青徐賊所略爲奴婢下妻，欲去留者，恣聽之，敢拘制不還，以賣人法從事"；十三年十二月，"詔益州民自八年以來被略爲奴婢者，皆一切免爲庶民；或依託爲人下妻，欲去者，恣聽之；敢拘留者，比青徐二州以略人法從事"，是也。《方術傳》：樊英："潁川陳寔少從英學，嘗有疾，妻遣婢拜問，英下牀答拜。寔怪而問之，英曰：妻，齊也，共奉祭祀，禮無不答。"則妻之稱實不可妄用。然字之義多端，妻固有齊義，亦有共居處之義，漢人於妻，蓋專取其後一義爾。《禮記》"聘則爲妻，奔則爲妾"，然《後漢書·趙孝王傳》，於其取小妻亦稱聘，此聘字亦僅爲娶義爾。

《後漢書·明帝紀》：中元二年四月，詔："邊人遭亂爲内郡人妻，在（中元元年四月）己卯赦前，一切遣還邊，恣其所樂。"此與建武七年及十三年之詔同，不曰下妻而逕曰妻，蓋所依託之人，亦有本無妻者；或閭閻之間，妻妾之位，不能盡依禮法分别也。《酷吏傳》：黄昌，"遷蜀郡太守。初昌爲州書佐，其婦歸寧，遇賊被獲，遂流轉入蜀爲人妻；其子犯事，乃詣昌自訟。昌疑母不類蜀人，因問所由，對曰：妾本會稽餘姚戴次公女，州書佐黄昌妻也。妾嘗歸家，爲賊所略，遂至於此。昌驚，呼前謂曰：何以識黄昌邪？對曰：昌左足心有黑子，嘗自言當爲二千石。昌乃出足示之，因相持悲泣，還爲夫婦。"更嫁既生子長大，與故夫不相識，而猶得還者，以其本被略，非所欲，以法律人情論，均不得視同嫁娶也。

許皇后姊爲淳于長小妻，竇融女弟亦爲王邑小妻，見融本傳。則漢人不甚以小妻爲諱。

〔三一五〕　取女不專爲淫欲[①]

《後漢書·周舉傳》：舉對策言："豎宦之人，虚以形勢，威侮良家，取女閉之，至有白首歿無配偶，逆於天心。"《宦者傳》言四侯之横，亦云"多取良人美女以爲姬妾，皆珍飾華侈，擬則宫人"。蓋當時貴戚專横，取女閉之者甚多。取女閉之，原不過以供執事由之僕役之逾侈，本未必盡爲淫欲也。

〔三一六〕　適 庶 之 别

漢人雖不禁娶妾，然適庶之别頗嚴。《漢書·外戚恩澤侯表》：

---

① 曾改題爲《取女閉之》。

孔鄉侯傅晏,“元壽二年,坐亂妻妾位免,徙合浦”是也。《三國·魏志·鍾會傳注》引《魏氏春秋》言:“會母見寵於繇,繇爲之出其夫人。卞太后以爲言,文帝詔繇復之。繇恚憤,將引鴆,弗獲,餐椒致噤,帝乃止。”雖幸免於罰,然亦危矣。孫權謝夫人,權母吴,爲權聘以爲妃,愛幸有寵。後權納姑孫徐氏,欲令謝下之,而謝不肯。《三國·吴志·妃嬪傳》。則雖人主,亦不能得之於其妃匹也。

適子庶子,地位亦頗不同。《後漢書·王符傳》言:“安定俗鄙庶孽,而符無外家,爲鄉人所賤。自和、安之後,世務游宦,當塗者更相薦引,而符獨耿介不同於俗,以此遂不得升進。”《公孫瓚傳》:“家世二千石,以母賤,爲郡小吏。”《三國志·瓚傳注》引《典略》載瓚表袁紹罪狀,有云:“《春秋》之義,子以母貴。紹母親爲婢使,紹實微賤,不可以爲人後,以義不宜,乃據豐隆之重任,忝辱王爵,損辱袁宗。”是正適之與庶孽,進取之途,大有殊異也。以財産論亦然。《漢書·景十三王傳》言:常山憲王舜,有不愛姬生長男棁,雅不以爲子數,不分與財物。太子代立,又不收恤棁。《衛青傳》言:青少時歸其父,父使牧羊。民母之子皆奴畜之,不以爲兄弟數。則貴族與民間皆然矣。

〔三一七〕 禁以異姓爲後

《三國·蜀志·衛繼傳》:“父爲縣功曹。繼爲兒時,與兄弟隨父游戲庭寺中,縣長蜀郡成都張君無子,數命功曹呼其子省弄,甚憐愛之。張因言宴之間,語功曹欲乞繼,功曹即許之,遂養爲子。”時法禁以異姓爲後,故復爲衛氏。案《劉封傳》:“封本羅侯寇氏之子,長沙劉氏之甥也。先主至荆州,以未有繼嗣,養封爲子。”《吴志·朱然傳》云:“然,治姊子也,本姓施氏。初治未有子,然年十三,乃啓策乞以爲嗣。”劉備、朱治,皆一國之君,而不諱乞人爲嗣,則當時風俗,於親生子及養子，實不甚歧視。《魏志・曹爽傳注》引皇甫謐《列女傳》言：爽誅，其從弟文叔妻夏侯令女，不肯與曹氏絶婚，至於以刀斷鼻。司馬宣王聞而嘉之，聽使乞子字養，爲曹氏後。乞子字養必得許可者，以曹氏當誅戮之餘也。朱治乞子爲後必請於孫策者，亦以其有爵禄也。民間乞子爲後與否，本不與公家事，安可得而盡禁邪？父母之恩，不在生而在養。朱然爲治行喪竟，乞復本姓，孫權不許。蓋以鞠育之恩，不可負也。然然乞復本姓，必猶在行喪之後。今之人乃有躬受豢尸骨未寒視如陌路者，則吾不知其何心矣。《漢書・韓安國傳》："語曰：雖有親父，安知不爲虎？雖有親兄，安知不爲狼？"此所生不必有恩之證。

父母之恩，固不在生而在養，父之於子也亦然。今之人盡有依倚既久，親其所養，轉過於所生者。同居則恩生焉，隔絶則意自睽，人之性則然也。故不獨親其親，不獨子其子，人之性本然也。各親其親，各子其子，非人性之本然，社會之組織，實爲之也。

漢世非立異姓之議，蓋頗盛。故孟達與劉封書，譏其棄父母而爲人後非禮。朱然乞復本姓不許，五鳳中其子績卒表還施氏也。又蜀馬忠，少養外家，姓狐名篤，後乃復姓改名。王平本養外家何氏，後復姓王。觀漢人隨母姓者之多，此蓋所以救其弊。

灌夫父張孟，爲灌嬰舍人，得幸，因進之，至二千石，故蒙灌氏姓爲灌孟。張燕，本姓褚，黄巾起，聚合少年爲羣盜。張牛角亦起與燕合，燕推牛角爲帥。牛角且死，令衆奉燕，燕因改姓張。此固或憑藉其權勢，有所利而爲之，亦未嘗無感恩之念也，養焉而去之薄矣。

《漢書・宣帝紀》：元康三年，"封（張）賀所子弟子侍中中郎將彭祖爲陽都侯。"師古曰："所子者，言養弟子以爲子。"《三國・魏志・后妃傳》："明帝愛女淑薨，取（甄）后亡從孫黄與合葬，追封黄列侯，以夫人郭氏從弟德爲之後，承甄氏姓。"此尚不足以言所子，然襲封亦無禁忌。魏明帝始詔諸侯入奉大統，不得尊其所生。見《紀》太和三年。其於宗法甚重，然其所爲如此，可見當時俗，於異姓爲後，并不禁忌也。《三國·魏志》：文聘薨，子岱先亡，養子休嗣。

《後漢書·皇后紀》："桓帝鄧皇后，和熹皇后從兄子鄧香之女也。母宣，初適香，生后，改嫁梁紀。后少孤，隨母爲居，因冒姓梁氏。梁冀誅，立爲后，帝惡梁氏，改姓爲薄。永興四年，有司奏后本郎中鄧香之女，不宜改易他姓，乃復爲鄧氏。"當時雖惡梁氏而欲改之，然初不亟亟於復本姓也，此亦漢人不甚重視本宗之證。

〔三一八〕 探　籌

《後漢書·胡廣傳》：順帝欲立皇后，而貴人有寵者四人，莫知所建議，欲探籌以神定選。廣與尚書郭虔、史敞上疏諫，乃止。探籌立后，後世必以爲怪談，然彼固曰以覘神意。古之立君者，年鈞以德，德鈞則卜。《左氏》昭公二十六年，王子朝告諸侯之辭。楚共王無冢適，有寵子五人，無適立焉。乃大有事於羣望，而祈曰："請神擇於五人者，使主社稷。"乃徧以璧見於羣望曰：當璧而拜者，神所立也。誰敢違之？《左氏》昭公十三年。此等事後世亦必以爲至愚，行之亦不足以服人，然在爾時，固曰聽於神，非以爲聽於物也；神之意，可見於龜也，而何不可見於籌？可見於當璧而拜也，而何不可見於探籌而得？此等處皆漢俗近古使然，不足異也。

〔三一九〕 漢尚主之法

自昔男權昌盛以來，女子之臣伏於男子久矣。然女子苟別有憑藉，則男子亦有反爲所制者，歷代公主之驕横，即其一端也。漢世尚主之法，王吉、荀爽、荀悦皆非之。吉之言曰："漢家列侯尚公主，諸侯則國人承翁主，使男事女，夫詘於婦，逆陰陽之位，故多女亂。"《漢書·

王吉傳》。爽之言曰:"漢承秦法,設尚主之儀,以妻制夫,以卑臨尊,違乾坤之道,失陽唱之義。"悦亦言"以陰乘陽違天,以婦陵夫違人"。《後漢書·荀爽荀悦傳》。此固不免拘墟之見,然此特帝王家事,於國計民生所關實小,而諸儒亟以爲言者,蓋當時之公主,實有驕縱不可制馭者在也。趙甌北《廿二史劄記》,以館陶公主寵董偃,鄂邑公主通丁外人,譏當時淫逸之甚。卷三。其實此并在寡居之後。若班始尚清河孝王女陰城公主,貴驕淫亂,與嬖人居帷中,而召始入,使伏牀下者,方之蔑矣。始以積怒,拔刃殺主。始,班超孫,事見《超傳》。又光武女酈邑公主,適新陽侯世子陰豐,亦爲所害。後漢一代之中,公主被殺之禍再見,豈偶然哉!光武欲以湖陽公主妻宋弘,弘拒之曰:"貧賤之知不可忘,糟糠之妻不下堂。"《後漢書·宋弘傳》。其論固正矣,安知非逆知尚主之難,乃爲是以拒之邪?楊琁兄喬爲尚書,容儀偉麗,數上言政事。桓帝愛其才貌,詔妻以公主,喬固辭,不聽,遂閉口不食,七日而死。見《後漢書·楊琁傳》。欲尚主而至以死拒,知其中必有大不得已之故矣。

陰豐,《明帝紀》云自殺,永平二年。《后紀》云誅死,《陰識傳》亦云被誅。蓋被誅而後自殺也。《陰識傳》云:"父母當坐,皆自殺,國除。帝以舅氏故,不極其刑。"云不極其刑者,班始要斬,同産皆棄市。《順帝紀》永建五年及《班超傳》。豐獲自殺,同産不坐,蓋即所謂"不極其刑"也。漢趙王友以諸吕女爲后,弗愛,愛他姬。諸吕女怒,去,讒之太后。太后召趙王幽之,以餓死。《漢書·高五王傳》。夏侯尚有愛妾嬖幸,寵奪適室;適室,曹氏女也,文帝遣人絞殺之。《三國·魏志·夏侯尚傳》。與大族爲耦者,其生命岌岌乎不可保矣。

公主驕縱,特其□□之咎,王吉、荀爽、荀悦等皆以制度爲言者,蓋漢承秦法,公主亦立家;尚公主及承翁主者,皆不啻贅婿,故爽、悦并引堯女釐降、帝乙歸妹、王姬嫁齊爲言也。此女系之世,女權所以必張於男系之世。

〔三二〇〕 王莽妃匹無二

三夫人，九嬪，二十七世婦，八十一御妻，首見《禮記·昏義》；《昏義》者，《士昏禮》之傳，安得忽言天子之禮。《三國·魏志·王朗傳》：朗上疏言："《周禮》六宫内官百二十人，而諸經常説，咸以十二爲限。"知此爲古周禮説，莽造之，以爲其和嬪美御之張本者也。《蜀志·董允傳》："後主常欲采擇以充後宫，允以爲古者天子后妃之數不過十二，今嬪嬙已具，不宜增益，終執不聽。"知爾時《周禮》之説，猶未盛行。然張竦爲陳崇草奏，稱莽功德，云妃匹無二，則莽非溺於色者。其立和嬪美御之制，亦徒欲誇盛大而越前人而已。其信方士爲淫樂，蓋亦非以縱淫，而信其可以致神仙也。大抵溺於舊説，而不察情實，爲莽一生受病之根。

又案：言天子娶十二，已非經説之朔。蓋漢人以爲天子不當與諸侯同而增之；原其朔，則亦一取九女而已。古天子、諸侯，本無大别也。漢儒經説，亦有仍主九女之制者，如杜欽、谷永皆是。

〔三二一〕 北 邙

明帝制上陵之禮，魚豢非之，以爲甚違古不墓祭之義。蔡邕雖以爲不可省，然其初亦以爲古不墓祭，謂爲可損也。《後漢書·公孫瓚傳》言："瓚舉上計吏，太守劉君坐事，檻車徵，官法不聽吏下親近，瓚乃改容服，詐稱侍卒，身執徒養，御車到洛陽。太守當徙日南，瓚具豚酒於北芒上，祭辭先人，酹觴祝曰：昔爲人子，今爲人臣，當詣日南；日南多瘴氣，恐或不還，便當長辭墳塋。慷慨悲泣，再拜而去，觀者莫不歎息。"《三國志》同。瓚遼西令支人，安得有墳墓在北邙？蓋時人墓祭者多，瓚乃亦於此祭其先耳；則又甚於墓祭者矣。

漢之有北邙也，猶晉之有九原也。蓋所謂擇不食之地而葬焉者也。《易》曰："古之葬者，厚衣之以薪，葬之中野，不封不樹。"蓋古之葬其親者，如是而已。後世乃葬之於山，一以求高燥，一亦以其爲不食之地，難見毁壞。凡以求其永久而已。然《三國・吴志・孫晧傳》寶鼎元年《注》引《漢晉春秋》云："初望氣者云荆州有王氣破揚州而建業宫不利，故晧徙武昌，遣使者發民掘荆州界大臣名家冢與山岡連者以厭之。"則雖葬於山，亦有不得保其棺者矣，可爲謀永久者戒也。

《諸葛恪傳》曰："建業南有長陵，名曰石子岡，葬者依焉。"此猶洛陽之有北邙也，故至漢世，葬者尚多於山擇不食之地。

〔三二二〕　醫療貴人有四難

《後漢書・方術傳》郭玉，"和帝時爲太醫丞，多有效應；帝奇之，仍試令嬖臣美手腕者與女子雜處帷中，使玉各診一手，問所疾苦。玉曰：左陽右陰，脈有男女，狀若異人，臣疑其故。帝歎息稱善。"此故不難知也。又曰："玉仁愛不矜，雖貧賤厮養，必盡其心力，而醫療貴人，時或不愈；帝乃令貴人羸服變處，一鍼即差。召玉詰問其狀，對曰：醫之爲言意也，腠理至微，隨氣用巧，針石之間，豪芒即乖。神存於心手之際，可得解而不可得言也。夫貴者處尊高以臨臣，臣懷怖懾以承之，其爲療也，有四難焉：自用意而不任臣，一難也；將身不謹，二難也；骨節不强，不能使藥，三難也；好逸惡勞，四難也。鍼有分寸，時有破漏，重以恐懼之心，加以裁慎之志，臣意且猶不盡，何有於病哉？此其所爲不愈也。帝善其對。"此對則不盡實，要之貴人身弱，貧賤者身强，其真原因也。

〔三二三〕 執金吾

執金吾，應劭曰："吾者，禦也。掌執金革，以禦非常。"師古曰："金吾，鳥名也，主辟不祥。天子出行，職主先導，以禦非常，故執此鳥之象，因以名官。"案應説是也。《古今注》曰："金吾，亦棒也，以銅爲之，黄金塗兩末。御史大夫、司隸校尉亦得執焉。御史、校尉、郡守、都尉、縣長之類，皆以木爲吾。"蓋有金吾，有木吾，金吾或象鳥以爲飾，非取義於鳥也。

〔三二四〕 漢初賞軍功之厚

《漢書・高帝紀》：六年，"上已封大功臣三十餘人，其餘争功，未得行封。上居南宫，從復道上，見諸將往往耦語，以問張良。良曰：陛下與此屬共取天下，今已爲天子，而所封皆故人所愛，所誅皆平生仇怨。今軍吏計功，以天下爲不足用徧封，而恐以過失及誅，故相聚謀反耳。"此事見《史記・留侯世家》，蓋所謂留侯語者，不必實。然當時必有此等情勢，乃能附會爲此言，則仍可考漢初情事也。封賞即厚，何至舉天下不足徧，讀者不能無惑。案五年詔，軍吏卒七大夫以上，皆令食邑，十二年詔曰："其有功者上致之王，次爲列侯，下乃食邑。"即此所謂七大夫以上也。則漢初之食邑者多矣，此其所以云計天下不足偏歟？

秦漢之際，封有三等：一、當時之所謂王，漢初封地大者幾侔於戰國時之七國，此沿自楚漢之際，實亦遠襲戰國而來；項籍之分封，固頗復七國時之舊規模也。二、當時所謂列侯者，大率以縣爲國，此如戰國時穰侯、文信侯之類。在古爲大國之封，在戰國時則爲□□矣。又次則七大夫食邑之類,所謂封君也。張良難酈食其封六國之後曰:"天下游士離親戚、棄墳墓、去故舊從陛下游者,徒欲日夜望咫尺之地。"《史記・留侯世家》。所望者亦此七大夫食邑之類而已,非敢望列侯之封也。

五年詔又曰:"七大夫、公乘以上,皆高爵也。諸侯子及從軍歸者甚多高爵,吾數詔吏先與田宅,及所當求於吏者亟與。爵或人君,上所尊禮,久立吏前,曾不爲決,甚亡謂也。異日秦民爵公大夫以上,令丞與亢禮;今吾於爵非輕也,吏獨安取此!且法以有功勞行田宅,今小吏未嘗從軍者多滿,而有功者顧不得,背公立私,守尉長吏教訓甚不善,其令諸吏善遇高爵,稱吾意。"師古曰:"爵高有國邑者,則自君其人,故云或人君也。"《續漢書・百官志》云:列侯"功大者食縣,小者食鄉亭,得臣其所食吏民"。據此詔觀之,則有人君之尊者,正不止於列侯矣。法既以有功勞行田宅矣,而五年五月詔曰:"諸侯子在關中者復之十二歲,其歸者半之。"《史記》作"其歸者復之六歲,食之一歲"。十一年六月,"令士卒從入蜀漢關中者,皆復終身。"十二年詔:"入蜀漢定三秦者,皆世世復。"漢初之於從軍者,可謂甚厚矣。此等疑皆頗襲秦故,可見秦人厲戰之道也,然平民之儋負則因此而加重矣。十二年詔曰:"吾於天下賢士功臣,可謂亡負矣。其有不義背天子擅起兵者,與天下共伐誅之。"此可見當時浮動者之衆。以沙中者爲謀反,雖不必實,然亦可見當時自有此等情勢也。

〔三二五〕 漢世猶用銅兵

《日知録》言:"古者以銅爲兵。戰國至秦,攻争紛亂,銅不充用,以鐵足之;是故銅兵轉少,鐵兵轉多。漸染遷流,遂成風俗。鐵工比肩,銅工稍絶。二漢之世,愈見其微。"其説是矣。然漢世銅之在官者，猶遠較後世爲多。賈誼説漢文收銅勿令布。設使銅布民間，亦如後世，此策豈可行，而誼亦安得作是想乎？即此一端觀之，而銅在官之多可見矣。張良爲鐵椎以擊秦皇；而淮南王自袖金椎以椎辟陽侯，金椎者，銅椎也；然則民間得銅不易，貴人固多有之。民間之兵，或以鐵爲之，貴人之兵，則猶多以銅爲之也。賈山《至言》言秦爲馳道，隱以金椎。此則形容之語，築道者未必能用銅椎也。故服虔以鐵椎釋之。

古代兵器，多由官收藏，至戰時然後給之，漢世猶有此意，各地多有武庫。《漢書·成帝紀》：建始元年，"立故河間王弟上郡庫令良爲王。"《注》引如淳曰："《漢官》：北邊郡庫，官之兵器所藏，故置令。"《食貨志》言武帝時邊兵不足，益以武庫工官兵器。所謂邊兵，當即藏於此等庫中也。田千秋子爲雒陽武庫令，見《魏相傳》。《後漢書·方術·楊由傳》：廣柔縣蠻夷反，郡發庫兵擊之。則後漢時猶是如此矣。《三國·魏志·徐邈傳》：邈爲涼州刺史，以漸收斂民間私仗，藏之府庫。作亂者多盜庫兵。成帝陽朔三年潁川鐵官徒申屠聖等，鴻嘉三年廣漢男子鄭躬等，永始三年山陽鐵官徒蘇令等，平帝元始三年陽陵任横等作亂，皆盜庫兵。見《本紀》。永始三年樊并作亂，亦取庫兵。見《天文志》及《五行志》，鄭躬事亦見《五行志》。戾太子之叛，出武庫兵；燕刺王詐言武帝時受詔領庫兵，見《武五子傳》。《後漢書·梁統傳》：統言隴西北地西河之賊，越州度郡，萬里交結，攻取庫兵，劫略吏人。《後漢書·羌傳》言永初元年羌叛："時羌歸附既久，無復器甲，或持竹竿木枝以代戈矛，或負板案以爲楯，或執銅鏡以象兵。"則揭竿斬木，非賈生過甚之辭。知秦漢之世，民間兵器尚不多，故秦皇欲銷天下之兵，公孫弘欲禁民挾弓弩，見《吾丘壽王傳》。而王莽亦禁民挾弩鎧也。《莽傳》始建國二年。然民間亦非遂無軍械，吕母散家財買兵弩，亦見《莽傳》。《後漢書·劉盆子傳》云：買刀劍。光武起兵時市兵弩。見《後漢書·本紀》。此等民間兵器，當皆以鐵爲之；在官者或猶兼以銅，燕刺王旦賦斂銅鐵作甲兵其證。見《漢書·武五子傳》。

漢世外夷，不甚能用鐵，觀西域之鑄鐵器及它兵器，由漢亡卒之教可知也。見《西域傳》。故律：胡市吏民不得持兵器及鐵出關，《汲黯傳注》引應劭説。然《後漢書·鮮卑傳》蔡邕言"關塞不嚴，禁網多漏，精金良鐵，皆爲賊有"，則亦具文而已矣。

《三國·魏志·䇿招傳》:“年十餘歲,詣同縣樂隱受學。後隱爲車騎將軍何苗長史,招隨卒業。直京都亂,苗、隱見害,招俱與隱門生史路等觸蹈鋒刃,共殯斂隱屍,送喪還歸。道遇寇鈔,路等悉皆散走。賊欲斫棺取釘,招垂淚請赦。賊義之,乃釋而去。”賊欲斫棺取釘,蓋亦欲以爲兵也。可見民間銅鐵之乏。

内地禁民藏兵器,邊垂則又欲令民藏兵器。《後漢書·陸康傳》:“除高成令。縣在邊垂,舊制,令户一人具弓弩以備不虞,不得行來。”是其事。

〔三二六〕 漢武用將

賈生謂匈奴之衆,不過漢一大縣;中行説、桑弘羊謂匈奴之衆,不當漢之一郡。其辭非誣,予既著之《匈奴人口》條矣。王恢之策匈奴也,曰:“臣聞全代之時,北有强胡之敵,内連中國之兵,然尚得養老長幼,種樹以時,倉廩常實,匈奴不輕侵也。今以陛下之威,海内爲一,天下同任”,是爲“萬倍之資,遣百分之一以攻匈奴,譬猶以强弩射且潰之癰也”,《漢書·韓安國傳》。非虚詞也。然武帝用兵匈奴,至於海内疲弊,而匈奴卒不可滅者,其故何也?是則其用人行政,必有不能不負其責者矣。

漢武之大攻匈奴,莫如元狩四年之役。是役也,出塞者官及私馬凡十四萬匹,入塞不滿三萬匹,漢自是遂以馬少,不復能大出擊匈奴矣。果戰争之死亡至於如此乎?李陵以步卒五千出塞,及其敗也,士尚餘三千人,脱至塞者四百餘人。而貳師之再攻大宛,出敦煌者六萬人,牛十萬,馬三萬匹;軍還,入玉門者萬餘人,馬千餘匹而已。史稱“後行非乏食,戰死不甚多,而將吏貪,不愛士卒,侵牟之,以此物故者衆”。《漢書·李廣利傳》。然則元狩四年之役,馬亡失之多,可推而知矣。以貳師之事比例之,其士卒之亡失又可知,史莫之傳也。史稱霍去病

“少而侍中，貴，不省士。其從軍，天子爲遣太官齎數十乘，既還，重車餘棄粱肉，而士有飢者。其在塞外，卒乏糧，或不能自振，而驃騎尚穿域蹋鞠。事多此類”。《史記·衛將軍驃騎列傳》。此士馬喪亡之所以多也。李廣之將兵也：“乏絶之處，見水，士卒不盡飲，廣不近水；士卒不盡食，廣不嘗食。”《史記·李將軍列傳》。使如廣者將，士卒有喪亡至此者乎？史又言：“諸宿將所將士馬兵，不如驃騎；驃騎所將常選，然亦敢深入；常與壯騎先其大軍，軍亦有天幸，未嘗困絶也。”《史記·衛將軍驃騎列傳》。夫其所以未嘗困絶者，以其所將常選，而每出皆爲大舉，匈奴避其鋒不敢嬰耳。使亦如李廣等居一郡，恐蚤爲虜所生得矣。史又云：“天子嘗欲教之孫吴兵法，對曰：顧方略何如耳，不至學古兵法。”同上。此其所以敢深入，既不如李廣之遠斥候，亦不如程不識之正部曲行伍營陳也；其不困絶，誠天幸而已。使此等人將，幾於棄其師矣，貳師之歿匈奴是也。

太史公曰：“予睹李將軍悛悛如鄙人，口不能道辭。及死之日，天下知與不知，皆爲盡哀。彼其忠實心誠信於士大夫也？諺曰：桃李不言，下自成蹊。此言雖小，可以諭大也。”《史記·李將軍列傳》。又言：“驃騎將軍爲人少言不泄。”《史記·衛將軍驃騎列傳》。夫其少言，非其沈毅，乃其本不能言。其不泄也，非其重厚，乃其本無所知，不知有何事可泄也。此非予之厚誣古人，所謂貴不省士者，固多如此，予見亦多矣。荀子論爲將之道曰：“可殺而不可使處不完，可殺而不可使擊不勝，可殺而不可使欺百姓。”故曰：“受命於主而行三軍，三軍既定，則主不能喜，敵不能怒。”《議兵》。故將非以從令爲貴也。而史謂大將軍（衛青）“以和柔自媚於上”，此所謂容悦於其君者也。此等人而可使將乎？李廣之殺霸陵尉，暴矣；然武夫之暴也。元朔六年，衛青之出定襄也，“蘇建盡亡其軍，獨以身得亡去，自歸大將軍。大將軍問其罪正閎、長史安、議郎周霸等：建當云何？霸曰：自大將軍出，未嘗斬裨將。今建棄軍，可斬以明將軍之威。閎、安曰：不然。兵法：小敵之堅，大敵之禽也。今建以數千當單于數萬，力戰一日餘，士盡，不敢有二心，自歸；自歸而斬之，是示後無反意也。不當斬。大將軍曰：青幸得以肺腑待罪行間，不患無威，而霸説我以明威，甚失臣意。且使臣職雖當斬將，以臣之尊寵而不敢自擅專誅於境外，而具歸天子，天子自裁之，於是以見爲人臣不敢專權，不亦可乎？軍吏皆曰：善。遂囚建詣行在所。”《史記·衛將軍驃騎列傳》。夫青之不殺蘇建是也。其所以不殺蘇建者，則非也。果如所言，信賞必罰何？且既不敢專擅矣，何以擅徙李廣部也？元狩四年之出也，《李將軍列傳》云：“廣數自請行，天子以爲老，弗許；良久乃許之，以爲前將軍。既出塞，青捕虜，知單于所居，乃自以精兵走之，而令廣并于右將軍軍，出東道。廣自請。大將軍青亦陰受上誡，以爲李廣老，數奇，毋令當單于，恐不得所欲。”故弗之許。夫既以爲李廣老，數奇，何爲以爲前將軍？則天子以爲老弗許之語，不足信也。青時以公孫敖新失侯，欲使與俱當單于耳。《衛將軍驃騎列傳》云：“元狩四年春，上令大將軍青、驃騎將軍去病將各五萬騎，步兵轉者踵軍數十萬，而敢力戰深入之士皆屬驃騎。驃騎始爲出定襄，當單于。捕虜言單于東，乃更令驃騎出代郡，令大將軍出定襄。”然則上本不令大將軍當單于，而烏得有毋令李廣當單于之誡？上本不令青當單于，而青知單于所居，乃徙李廣也而自以精兵走之，是違上命而要功也，可無誅乎？而天子不之責。李敢怨青之恨其父，擊傷之，驃騎又射殺敢，而上又爲之諱，此豈似能將將者邪？

《李將軍列傳》言陵之降，“李氏名敗，而隴西之士居門下者皆用爲恥焉”；其《報任安書》亦云“李陵生降，隤其家聲”。以李廣之含冤負屈，而陵猶願心爲漢武效力。及其敗也，漢不哀其無救，而又收族其家，可謂此之謂寇讐矣，而其門下與友人猶以爲媿。知漢承封建餘習，士之效忠於其君者，無一而非愚忠也。有此士氣，豈唯一匈奴可平？雖平十匈奴大宛，中國之損失猶未至如元狩、太初兩役之甚也。而武帝專任椒房之親以敗之。夏侯勝之議武帝也，曰：“雖有攘四夷廣土斥境之功，亡德澤於民。”《漢書·夏侯勝傳》。惡知夫武帝之失，不在其思拓境土，而别有所在乎？

《詩》曰："瑣瑣姻婭，則無膴仕。"《小雅·節南山》。吾嘗見民國初年以來，武人之所任者，非其嬖倖，則其亂黨，然後歎漢世之任衛青、霍去病、公孫敖、李廣利，前後如出一轍；而衛青和柔自媚，則又以姻戚而兼嬖幸者也。《史記·佞幸·李延年傳》言：李延年之後，"内寵嬖臣大抵外戚之家，然不足數也。衛青、霍去病亦以外戚貴幸，然頗用材能自進。"則當時之視衛、霍，本以爲佞幸之流。夫用法貴於無私。漢武之析狄山，責功效矣。然李陵欲自當一隊，則億其惡屬貳師；路博德羞爲陵後距，則疑陵教其上書；司馬遷盛言李陵之功，則又疑其欲沮貳師，爲陵遊説；皆所謂逆詐億不信者也。惟公生明，豈有逆詐億不信而能先覺者乎？然既有私其姻戚矣，焉能無逆信哉？

李陵雖生降，然其非畏死偷生，而欲得其當以報漢，此人人之所可信者也。然卒不獲收其效者，則收族其家，爲世大僇，君臣之義已絶矣。子思曰："毋爲戎首，不亦善乎？又何反服之禮之有？"《禮記·檀弓》。李陵之於漢，厚於子胥之於楚矣，此蓋民族不同爲之，非漢君之能得此於陵也。卒之爲匈奴深謀者衛律也，李延年之所薦也；舉大軍以降匈奴者貳師也，親李夫人之兄也，姻婭之效何如哉？

《史記·淮南衡山列傳》：淮南王謂伍被曰："山東即有兵，漢必使大將軍將而制山東，公以爲大將軍何如人也？"被曰："被所善者黄義，從大將軍擊匈奴，還，告被曰：大將軍遇士大夫有禮，於士卒有恩，衆皆樂爲之用；騎上下山若蜚，材幹絶人。被以爲材能如此，數將習兵，未易當也。及謁者曹梁使長安來，言大將軍號令明，當敵勇敢，常爲士卒先。休舍，穿井未通，須士卒盡得水，乃敢飲；軍罷，卒盡已渡河，乃渡；皇太后所賜金帛，盡以賜軍吏；雖古名將弗過也。"此被自首之詞，多引漢美，以求苟免；抑被烈士，未必出此，或漢人改易之，以爲信然，則謬矣。《汲鄭列傳》曰："淮南王謀反，憚黯，曰：好直諫，守節死義，難惑以非，至如説丞相弘，如發蒙振落耳。"此亦漢人附會之辭。公孫丞相之高節，決非策士所能動也。

《漢書・衛霍傳贊》曰:“蘇建嘗説責大將軍至尊重,而天下之賢士大夫無稱焉;願將軍觀古名將所招選者,勉之哉! 青謝曰: 自魏其、武安之厚賓客,天子嘗切齒。彼親待士大夫,招賢黜不肖者,人主之柄也。人臣奉法遵職而已,何與招士? 票騎亦方此意,爲將如此。”此與伍被言大將軍遇士大夫有禮者,適相反矣。

〔三二七〕 塞　路

《漢書・高惠高后文功臣表》: 河陵頃侯郭亭“以塞路入漢”。師古曰:“塞路者,主遮塞要路,以備敵寇也。”案遮塞要路,必有所據以爲守。《武帝紀》太初三年《注》:“師古曰: 漢制: 每塞要處别築爲城,置人鎮守謂之候城,此即障也。”蓋即主塞路之將所守。《表》又云: 東武貞侯郭蒙“入漢爲城將”。師古曰:“城將,將築城之兵也。”南安嚴侯宣虎“以重將破臧荼”。師古曰:“重將者,主將領輜重也。”則當時之兵,各有所主,故臨時築城,不以爲難也。《表》又云: 厭次侯爰類“以慎將元年從起留”。師古曰:“以謹慎爲將也。”案此説恐非是。慎將,蓋亦别有職守,今不可考矣。

要路必有塞,而塞不必其當要路。《匈奴傳》言王恢爲馬邑之權,匈奴絶和親,攻當路塞,則塞之當路者也。

〔三二八〕 山 澤 堡 塢

古之爲盜者,率多保據山澤。賈山言秦羣盜滿山;嚴安言秦窮山通谷,豪士并起;其見於史者: 桓楚亡在澤中;高祖隱芒碭山澤間;彭越常漁巨野澤中爲盜;黥布論輸驪山,率其曹耦亡之江中爲羣盜;陳餘不得封王,亦與其麾下數百人之河上澤中漁獵,皆是。漢高帝五年五月詔曰:"民前或相聚保山澤,不書名數。今天下已定,令各歸其縣,復故爵田宅。"案《後漢書·劉玄傳》言:"王莽末,南方饑饉,人庶羣入野澤,掘鳧茈而食之,更相侵奪。新市人王匡、王鳳爲平理諍訟,遂推爲渠帥,衆數百人。於是諸亡命馬武、王常、成丹等往從之;共攻離鄉聚,藏於緑林中。數月間至七八千人。"則其初原不過相聚求食,其後人多勢衆,乃乘機爲盜。若聚衆不多,或無渠帥,則亦始終爲良民矣。此武陵所以有桃花之源也。然觀漢高帝之詔,則其入山澤,不過爲暫時之計。此亂世隱居山澤者雖多,而至治平即復出。山澤之地,終不得開闢,蓋人之力猶未足以語於此也。

《漢書·武帝紀》:天漢二年,"泰山、琅邪羣盜徐教等阻山攻城,道路不通。遣直指使者暴勝之等衣繡衣杖斧,分部逐捕。刺史郡守以下皆伏誅。"《王尊傳》:"南山羣盜傰宗等數百人爲吏民害,拜故弘農太守傅剛爲校尉,將跡射士千人逐捕,歲餘不能禽。"《蕭望之傳》:"鄠名賊梁子政阻山爲害,久不伏辜。"又言:"哀帝時,南郡江中多盜賊。"《儒林傳》:東門雲爲荆州刺史,"坐爲江賊拜辱命,下獄誅。"則爲羣盜者,猶是以山澤爲依阻之所。然至前後漢間,則人民頗有能結營壘自固者:《後漢書·劉盆子傳》言赤眉入長安城,"三輔郡縣營長遣使貢獻,兵士輒剽奪之。又數虜暴吏民百姓保壁,由是皆復固守。"《郭伋傳》言:"更始新立,三輔連被兵寇,百姓震駭,强宗右姓各擁衆保營,莫肯先附。"《樊宏傳》言:"宏與宗家親屬作營壍自守,老弱歸之者千餘家。"《馮魴傳》言:"王莽末,四方潰畔,魴乃聚賓客,招豪桀,作營壍,以待所歸。"《第五倫傳》言:"王莽末,盜賊起,宗族閭里争往附之。倫乃依險固,築營壁,有賊,輒奮厲其衆,引强持滿以拒之。銅馬、赤眉之屬前後數十輩,皆不能下。"《酷吏·李章傳》言:"光武即位,拜陽平令。時趙魏豪右往往屯聚,清河大姓趙綱遂於縣界起塢壁,繕甲兵,爲在所害。"《儒林傳·孫堪》:"王莽末,兵革并起,宗族老弱在營保間,堪常力戰陷敵,無所回避。數被創刃,宗族賴之,郡中咸服其義勇。"《文苑傳》夏恭:"王莽末,盜賊縱横,攻没郡縣。恭以恩信爲衆所附，擁兵固守，獨安全。”此等結營壘自保之事，前此似罕所見。豈莽末亂勢盛，故民之圖自保者亦力邪？

《三國・魏志・許褚傳》：“漢末，聚少年及宗族數千家，共堅壁以禦寇。”當時北方山賊亦多，然此等保據自固者尚不少也。

至保據山澤爲盜賊者，莽末亦自非無之。如《後漢書・侯霸傳》言：“王莽初，遷隨宰。縣界曠遠，濱帶江湖，而亡命者多爲寇盜。霸到，即案誅豪猾，分捕山賊，縣中清静。”《郭伋傳》言：“潁川盜賊羣起，徵拜潁川太守。召見辭謁，帝勞之曰：君雖精於追捕，而山道險阨，自鬭當一士耳，深宜慎之。伋到郡，招懷山賊，陽夏趙宏、襄城召吴等數百人，皆束手詣伋降，悉遣歸附農。”是也。

《史記・田儋列傳》：“田横與其徒屬五百餘人入海，居島中。高帝聞之，以爲田横兄弟本定齊，齊人賢者多附焉；今在海中，不收，後恐爲亂；迺使使赦田横罪而召之。”此所謂爲亂者，蓋慮其招引郡縣，再圖割據，非慮其爲海盜也。《後漢書・劉盆子傳》言：“吕母入海中，招合亡命，還攻破海曲。”此爲據海島爲盜之始。其後遂稍多。安帝永初中，有海賊張伯路等；詳見《法雄傳》。順帝陽嘉元年，又有海賊曾旌。法雄之討伯路也，“赦詔到，賊猶以軍甲未解，不敢歸降。御史中丞王宗召刺史太守共議，皆以爲當遂擊之。雄曰：賊若乘船浮海，深入遠島，攻之未易也。及有赦令，可且罷兵，以慰誘其心，勢必解散，然後圖之，可不戰而定也。宗善其言。即罷兵，賊聞大喜，乃還所略人。而東萊郡兵獨未解甲，賊復驚恐，遁走遼東，止海島上。五年春，乏食，復抄東萊間。雄率郡兵擊破之。賊逃還遼東，遼東人李久等共斬平之。於是州界清静。”

〔三二九〕 山 越

山越爲患，起於靈帝建寧中。《後漢書・本紀》：建寧二年九月，丹陽山越賊圍太守陳夤,夤擊破之。至後漢之末,而其勢大盛。孫吴諸將,無不嘗有事於山越者。《三國·吴志·孫權傳》:黄武五年,置東安郡,以全琮爲太守,平討山越。據琮本傳,則前此已嘗爲奮威校尉,授兵數千人,以討山越矣。權徐夫人兄矯,以討平山越,拜偏將軍。孫賁,袁術嘗表領豫州刺史,轉丹陽都尉,行征虜將軍,討平山越。顧雍孫承,爲吴郡西部都尉,與諸葛恪等共平山越。黄蓋,諸山越不賓,有寇難之縣,輒用爲守長,又遷丹陽都尉,抑强扶弱,山越懷附。韓當,領樂安長,山越畏服。蔣欽,嘗爲討越中郎將。陳武庶子表,嘉禾三年,諸葛恪領丹陽太守,討平山越,以表領新安都尉,與恪參勢。董襲,嘗拜威越校尉。凌統父操,守永平長,平治山越。朱治,丹陽故鄣人也,年向老,思戀土風,自表屯故鄣,鎮撫山越。吾粲與吕岱討平山越。均見《吴志》本傳。徐陵子平,諸葛恪爲丹陽太守,以平威重思慮,可與效力,請平爲丞,見《虞翻傳注》引《會稽典録》。以上皆明言其爲山越者。其不明言爲山越,而實與山越同者,則不可勝舉。如《周泰傳》云:"策入會稽,署别部司馬,授兵。權愛其爲人,請以自給。策討六縣山賊,權住宣城,使士自衛,不能千人,意尚忽略,不治圍落,而山賊數千人卒至。權始得上馬,而賊鋒刃已交於左右,或斫中馬鞍,衆莫能自定。惟泰奮擊,投身衛權,膽氣倍人,左右由泰并能就戰。賊既解散,身被十二創,良久乃蘇。"《周魴傳》云:"賊帥董嗣負阻劫鈔,豫章、臨川并受其害。吾粲、唐咨嘗以三千兵攻守,連月不能拔。魴表乞罷兵,得以便宜從事。魴遣間諜,授以方策,誘狙殺嗣。嗣弟怖懼,詣武昌降於陸遜,乞出平地,自改爲善,由是數郡無復憂惕。"《鍾離牧傳》云:"建安、鄱陽、新都三郡山民作亂,出牧爲監軍使者,討平之。賊帥黄亂、常俱等出其部伍,以充兵役。"《陸凱傳》云:弟胤,"爲交州刺史、安南校尉。賊帥百餘人,民五萬餘家,深幽不羈,莫不稽顙,交域清泰。就加安南將軍,復討蒼梧建陵賊,破之,前後出兵八千餘人,以充軍用。"此等雖或言賊,或言民,實與言越者無别。以其皆與越雜處,而越已爲其所化也。見後。張温、陸遜、賀齊、諸葛恪,特其尤佼佼者耳。山越所據,亘會稽、吴郡、丹陽、豫章、廬陵、新都、鄱陽,幾盡江東西境。《孫權傳》:"策薨,以事授權。是時惟有會稽、吴郡、丹陽、豫章、廬陵,然深險之地猶未盡從。權乃分部諸將,鎮撫山越,討不從命。"《諸葛恪傳》:"恪求官丹陽,衆議以丹陽地勢險阻,與吴郡、會稽、新都、鄱陽四郡鄰接,周旋數千里,山谷萬重"云云。案江南本皆越地,越皆山居,故其蟠結之區,實尚不止此。特僻遠之地,不必其皆爲患;即爲患亦無關大局,不如此諸郡者處吴腹心之地,故史不甚及之耳。是時南北交争,無不思藉以爲用。孫策之逐袁胤也,袁術深怨之,乃陰遣間使,齎印綬與丹陽宗帥陵陽祖郎,使激動山越,圖共攻策。見《孫輔傳注》引《江表傳》。太史慈之遁蕪湖也,亡入山中,稱丹陽太守。已而進駐涇縣,立屯府,大爲山越所附。是孫策未定江東時,與之争衡者,莫不引山越爲助也。策之將東渡也,周瑜將兵迎之。及入曲阿,走劉繇,策衆已數萬。乃謂瑜曰:"吾以此衆取吴會、平山越已足。卿還鎮丹陽。"孫權代策，即分部諸將，鎮撫山越，討不從命。是孫氏未定江東時，視山越爲勁敵；及其既定江東，仍兢兢以山越爲重也。不特此也，孫權訪世務於陸遜，遜建議："山寇舊惡，依阻深地。夫腹心未平，難以圖遠。"而權之遣張温使蜀也，亦曰："若山越都除，便欲大構於丕。"其欲親征公孫淵也，陸瑁疏諫，謂"使天誅稽於朔野，山虜乘間而起，恐非萬安之長慮"。則當江東久定之後，仍隱然若一敵國矣。以上所引，皆見《吴志》各本傳。無怪曹公以印綬授丹陽賊帥，使扇動山越，爲作内應也。見《陸遜傳》。而吴人亦即思藉是以譎敵。《周魴傳》云："爲鄱陽太守，被命密求山中舊族名帥爲北敵所聞知者，令譎挑曹休。"魴雖謂民帥不足仗任，事或漏泄，遣親人齎牋七條以誘休；然其三曰："今此郡民，雖外名降首，而故在山草，看伺空隙，欲復爲亂，爲亂之日，魴命訖矣。"當時山越之强，可以想見。宜乎張温、陸遜、諸葛恪之徒，咸欲取其衆以强兵也。《遜傳》云：部伍東三郡，强者爲兵，羸者補户，得精卒數萬人。《恪傳》：自詭三年可得甲士四萬，其後歲期人數，皆如本規。《温傳》：孫權下令罪狀温曰："聞曹丕出自淮、泗，故豫勑温有急便出，而温悉内諸將，佈於深山，被命不至。"然駱統表理温曰："計其送兵，以比許晏，數之多少，温不減之，用之强羸，温不下之，至於遲速，温不後之，故得及秋冬之月，赴有警之期。"則温所出兵，已不爲少矣。夫老弱婦女，數必倍蓰於壯丁。遜得精卒數萬，恪得甲士四萬，則總計人數，當各得二三十萬。然《陳武傳》言武庶子表，領新安都尉，與恪參勢，在官三年，廣開降納，得兵萬餘人，則此等參佐之徒所得之衆，又在主將所得之外。《遜傳》言遜建議："克敵寧亂，非衆不濟。"主大部伍，取其精鋭，而《周瑜傳注》引《江表傳》，載黄蓋欺曹公之辭曰："用江東六郡山越之人，以當中國百萬之衆。"則吴之用山越爲兵，由來舊矣。可見所謂山越者，不徒其人果勁，即其數亦非寡弱也。夫越之由來亦舊矣。乃終兩漢之世，寂寂無聞，至於漢魏之間，忽爲州郡所患苦、割據者所倚恃如此，何哉？曰：此非越之驟盛，乃皆亂世，民依阻山谷，與越相雜耳。其所居者雖越地，其人固多華夏也。何以言之？案《後漢書・循吏・衛颯傳》曰："遷桂陽太守。先是含洭、湞陽、曲江三縣，越之故地，武帝平之，内屬桂陽。民居深山，濱谿谷，習其風土，不出田租。去郡遠者，或且千里。吏事往來，輙發民乘船，名曰傳役。每一吏出，徭及數家，百姓苦之。颯乃鑿山通道，五百餘里，列亭傳，置郵驛，於是役省勞息，姦吏杜絶。流民稍還，漸成聚邑，使輸租賦，同之平民。"云"習其風土"，則其本非越人審矣。諸葛恪之求官丹陽也，衆議以丹陽地勢險阻,"逋亡宿惡,咸共逃竄。"駱統之理張温也,亦曰:"宿惡之民,放逸山險,則爲勁寇,將置平土,則爲健兵。"夫曰"逋亡",曰"宿惡",固皆中國人也。《賀齊傳》曰:"守剡長。縣吏斯從,輕俠爲姦,齊欲治之,主簿諫曰:從,縣大族,山越所附,今日治之,明日寇至。齊聞大怒,便立斬從。從族黨遂相糾合,衆千餘人,舉兵攻縣。齊率吏民,開城門突擊,大破之,威震山越。"又曰:"王朗奔東冶,侯官長商升爲朗起兵。策遣永寧長韓晏領南部都尉,將兵討升,以齊爲永寧長。晏爲升所敗,齊又代晏領都尉事。升畏齊威名,遣使乞盟。齊因告喻,爲陳禍福,升遂送上印綬,出舍求降。賊帥張雅、詹强等不願升降,反共殺升。賊盛兵少,未足以討,齊住軍息兵。雅與女壻何雄争勢兩乖,齊令越人因事交構,遂致疑隙,阻兵相圖。齊乃進討,一戰大破雅,强黨震懼,率衆出降。"夫能附中國之大族以爲亂,且能交構於兩帥之間,其名爲越而實非越,尤可概見。周魴被命,密求山中舊族名帥以譎曹休,則并有舊族入居山中者。蓋山深林密之地,政教及之甚難。然各地方皆有窮困之民,能勞苦力作者,此輩往往能深入險阻,與異族雜處。初必主强客弱,久則踵至者漸多,土雖瘠薄,然所占必較廣;山居既習儉樸,又交易之間,多能朘夷人以自利,則致富易而生齒日繁。又以文化程度較高,夷人或從而師長之。久之,遂不覺主客之易位。又久之,則變夷而爲華矣。此三國時山越之盛,所以徒患其阻兵,而不聞以其服左袵而言侏離爲患;一徙置平地,遂無異於齊民也。使其服左袵而言侏離,則與華夏相去甚遠,固不能爲中國益,亦不能爲中國患矣。然則三國時之山越,所以能使吴之君臣旰食者,正以其漸即於華,名爲越而實非越故。前此史志所以不之及者,以此輩本皆安分良民,蟄居深山窮谷之中,與郡縣及齊民,干係皆少,無事可紀也。此時所以忽爲郡縣患者,則以政綱頹弛,逋逃宿惡,乘間恣行故耳。亦以世亂,阻山險自保者多,故其衆驟盛而勢驟張也。然溯其元始,固皆勤苦能事生産之民,荒徼之逐漸開闢,異族之漸即華風,皆此輩之力也。

古書簡略，古人許多經論，往往埋没不見，是在善讀書者深思之。諸葛恪之求官丹陽以出山民也，衆議咸以爲難。以爲“丹陽地勢險阻，與吴郡、會稽、新都、鄱陽四郡鄰接，周旋數千里，山谷萬重，其幽邃民人，未嘗入城邑，對長吏，皆仗兵野逸，白首於林莽。逋亡宿惡，咸共逃竄。山出銅鐵，自鑄甲兵。俗好武習戰，高尚氣力，其升山赴險，抵突叢棘，若魚之走淵，猨狖之騰木也。時觀間隙，出爲寇盜。每致兵征伐，尋其窟藏。其戰則蠭至，敗則鳥竄，自前世以來，不能羈也。”即恪父瑾聞之，亦以事終不逮，歎曰：“恪不大興吾家，將大赤吾族也！”而恪盛陳其必捷。其後山民相攜而出，歲期人數，皆如本規。恪爲丹陽太守，討山越，事在孫權嘉禾三年八月；其平山越事畢，北屯廬江，在六年十月。見《權傳》。問其方略，則曰“移書四郡屬城長吏，令各保其疆界，明立部伍，其從化平民，悉令屯居。乃分納諸將，羅兵幽阻，但繕藩籬，不與交鋒，候其穀稼將熟，輒縱兵芟刈，使無遺種”而已。讀之，亦似平平無奇者。然以分據之兵，衛屯聚之民，當好武習戰必死之寇，至於三年，而能使將不驕惰，兵不挫衄，民不被掠；且山民當饑窮之時，必不惜出其所有，以易穀食，而恪能使“平民屯居，略無所入”；其令行禁止，豈易事哉？恪之治山越，德意或不如清世之傅鼐，其威略則有過之矣。

《後漢書·抗徐傳》附《度尚傳》。曰：“試守宣城長，悉移深林遠藪椎髻鳥語之人，置於縣下。由是境内無復盜賊。”此所謂“盜賊”，即山越之流也。古人入夷狄者，大率椎髻，不足爲異。云“鳥語”則必不然。果皆鳥語，安能徙置縣下。徐所徙，蓋亦華人之入越地者耳。《後漢書》措辭，徒講藻采，不顧事實，難免子玄妄飾之譏矣。

《史記·秦始皇本紀》：三十三年，“發諸嘗逋亡人、贅壻、賈人略取陸梁地。”《正義》曰：“嶺南之人多處山陸，其性强梁，故曰陸梁。”案《爾雅·釋地》：“高平曰陸。”而春秋時晉有高梁之虚，楚沈諸梁字子高，則梁亦有高義。疑“陸梁”是複語，《正義》分疏未當也。華陽之地稱梁州，蓋亦以其高而名之。《太康地記》曰：“梁州，言西方金剛之氣强梁,故名。"《爾雅·釋地釋文》引。亦近望文生義。蜀以所處僻遠,不習戰鬬,故其風氣最弱。讀司馬相如《喻巴蜀檄》可知,何强梁之有?

亂離之世,民率保據山險,初不必百越之地而後然。特越地山谷深阻,爲患尤深,而平之亦較難耳。《魏志·吕虔傳》:"領泰山太守。郡接山海,世亂,聞民人多藏竄。袁紹所置中郎將郭祖、公孫犢等數十輩,保山爲寇,百姓苦之。虔將家兵到郡,開恩信,祖等黨屬皆降服,諸山中亡匿者盡出安土業。簡其强者補戰士,泰山由是遂有精兵,冠名州郡。"此所謂亡匿山中者,亦南方山越之類也。又《杜襲傳》:"領丞相長史,隨太祖到漢中討張魯。太祖還,拜襲駙馬都尉,留督漢中軍事。綏懷開道,百姓自樂出徙洛、鄴者,八萬餘口。"云樂出,則其初亦必亡匿山谷矣。

山越當三國時大致平定,然未嘗遂無遺落也。《晉書·杜預傳》:平吴還鎮,"攻破山夷"。山夷即山越也。《陶侃傳》:屯夏口。"時天下饑荒,山夷多斷江劫掠。侃令諸將詐作商船以誘之。劫果至,生獲數人,是西陽王羕左右。侃即遣兵逼羕,令出向賊,侃整陳於釣臺爲後繼。羕縛送帳下二十人,侃斬之。自是水陸肅清,流亡者歸之盈路,侃竭資振給焉。又立夷市於郡東,大收其利。"夫至藩王左右雜處其中,且能詣郡與華人交市,其非深林遠藪、椎結鳥語之徒明矣。永嘉喪亂以來,北方人民,亦多亡匿山谷者,以其與胡人雜處也,亦稱爲山胡;迄南北朝,未能大定,亦山越之類也。

《隋書·蘇孝慈傳》:"桂林山越相聚爲亂,詔孝慈爲行軍總管擊平之。"《北史》同。《唐書·裴休傳》:"父肅,貞元時爲浙東觀察使。劇賊栗隍,誘山越爲亂,陷州縣。肅引州兵破禽之,自記《平賊》一篇上之,德宗嘉美。"《舊唐書·王播傳》:弟起,起子龜,咸通十四年,"轉越州刺史、浙東團練觀察使。屬徐泗之亂,江淮盜起。山越亂,攻郡,爲賊所害。"又《盧鈞傳》:"爲廣州刺史、嶺南節度使。山越服其德義,令不嚴而人化。"此等山越,未必魏晉屯聚之遺,特史襲舊名名之耳。

然其與華人相雜,則前後如出一轍。《舊書》言盧鈞之刺廣州也,先是土人與蠻僚雜居,昏娶相通,吏或撓之,相誘爲亂。鈞至,立法,俾華夷異處,昏娶不通;蠻人不得立田宅。由是徼外肅清,而不相犯焉。三國時之山越,乃華人入居越地,此則越人出居華境,其事殊,然其互相依倚,致成寇患則一也。一時之禁令,豈能遏兩族之交關,久而漸弛,可以推想,凡此等,皆足考民族同化之跡也。

原刊《光華大學半月刊》第二卷第九期,
一九三四年六月三日出版

〔三三〇〕 閩越民復出

《史記·東越列傳》:東越平後,"天子曰:東越狹,多阻;閩越悍,數反覆;詔軍吏皆將其民徙處江淮間,東越地遂虛。"案此所謂虛者,亦謂虛其城邑耳;若謂悉其人而徙之,更無一人之遺,自爲事理所無。《宋書·州郡志》云:"建安太守,本閩越,秦立爲閩中郡。漢武帝世,閩越反,滅之,徙其民於江淮間,虛其地。後有遁逃山谷者頗出,立爲冶縣。"其説當有所據,足補前史之闕。

〔三三一〕 秦漢文法之學[①]

秦漢之世,法學亦有專門傳授。李斯請欲學法令,以吏爲師;後漢樊準上疏:請復召郡國書佐,使讀律令;魏明帝時,衛覬奏:"九章之律,自古所傳,斷定刑罪,其意微妙。百里長吏,皆宜知律。請置律博士,轉相教授,事遂施行。"此官學也。郭躬父弘習小杜律,躬少傳

① 曾改題爲《秦漢法律之學》。

父業,講授徒衆常數百人,此私學也。路温舒求爲獄小吏,因學律令;嚴延年父爲丞相掾,延年少學法律丞相府;此學之於官者也。于定國少學法于父;王霸世好文法;郭躬少傳父業,子晊亦明法律;弟子鎮少脩家業,鎮子禎亦以能法律至廷尉;鎮弟子禧少明習家業;陳寵曾祖父咸,成哀間以律令爲尚書,寵明習家業,寵子忠亦明習法律;鍾皓世善刑律;此傳之於家者也。文翁選郡縣小吏開敏有材者張叔等十餘人,遣詣京師,受業博士,或學律令;元后父禁,少學法律于長安;則留學異地者也。黄霸少學律令;梁統性剛毅而好法律;不知其爲師承,然其決非無所師承可知。張皓徵拜廷尉,雖非法家,而留心刑獄,數與尚書辨正疑獄,多以詳當見從;王涣少好俠,尚氣力,數通剽輕少年,晚而改節,敦儒學,習《尚書》,讀律令,略舉大義;此又仕而後學,晚而好學者矣。當時國家於文吏,亦頗重用。史言"郭氏自弘後數世皆傳法律,子孫至公者一人,廷尉七人,侯者三人,刺史、二千石、侍中、中郎將者二十餘人,侍御史、正、監、平者甚衆",《後漢書·郭躬傳》。幾於官有世功,族有世業矣。又言"吴雄季高以明法律,斷獄平,起自孤宦,致位司徒",同上。此則以孤寒特擢者也。然其時儒學日見隆重,故法家之地盤,卒漸爲儒家所奪。

以儒家篡法家之統者,莫如以《春秋》折獄。應劭删定律令爲《漢儀》,其奏之之辭曰:"故膠東相董仲舒老病致仕;朝廷每有政議,數遣廷尉張湯親至陋巷,問其得失。於是作《春秋決獄》二百三十二事,動以經對,言之詳矣。"此爲儒家之羼入法學之大宗。《漢書·藝文志·春秋》家有"《公羊董仲舒治獄》十六篇",當即是書。劭自言:"撰具《律本章句》、《尚書舊事》、《廷尉板令》、《決事比例》、《司徒都目》、《五曹詔書》及《春秋斷獄》,凡二百五十篇。蠲去復重,爲之節文。"則仲舒之議,業已與律、令及比并編。後來魏晉脩律,攙入其中者,必不少矣。公孫弘"少時爲薛獄吏,年四十餘,乃學《春秋》雜説"。史稱其"習文法吏事,而又緣飾以儒術"。吕步舒持斧鉞治淮南獄,以《春秋》誼顓斷於外,不請,既還奏事。上皆是之。《漢書·五行志》。張湯決大獄，欲傅古義，乃請博士弟子治《尚書》、《春秋》補廷尉史，亭疑法。《史記·酷吏列傳》。《漢書·兒寬傳》："寬以射策爲掌故，功次，補廷尉文學卒史。時張湯爲廷尉，廷尉府盡用文史法律之吏，而寬以儒生在其間，見謂不習事，不署曹，除爲從史，之北地，視畜數年。還至府，上畜簿，會廷尉時有疑奏，已再見卻矣，掾史莫知所爲，寬爲言其意。掾史因使寬爲奏，奏成，讀之，皆服，以白廷尉湯。湯大驚，召寬與語，乃奇其材，以爲掾。上寬所作奏，即時得可。異日，湯見上。問曰：前奏非俗吏所及，誰爲之者？湯言兒寬。上曰：吾固聞之久矣。湯由是鄉學，以寬爲奏讞掾，以古法義決疑獄，甚重之。"何敞"遷汝南太守。立春日，嘗召督郵還府，分遣儒術大吏案行屬縣，顯孝悌有義行者。及舉冤獄，以《春秋》義斷之"。《後漢書》本傳。"諸官司有所患疾，欲增重科防，以檢御臣下，澤每曰：宜依禮、律。"《三國·吴志·闞澤傳》。皆儒術羼入法學之證。當時之爲學者，亦多如此。路温舒又受《春秋》，通大義；于定國迎師學《春秋》，身執經北面備弟子禮；丙吉本起獄法小吏，後學《詩禮》，皆通大義；王霸父爲郡決曹掾，霸亦少爲獄吏，嘗慷慨不樂吏職，其父奇之，遣西學長安；郭禧兼好儒學；陳寵雖傳法律，而兼通經書；陳球少涉儒學，善律令；張翼高祖父浩兼治律、《春秋》；皆其事。梁統欲改正王嘉所改舊律，三公廷尉以爲不宜，統請口對尚書，言"願陛下采擇賢臣孔光、師丹等議"；則儒生之議爲法家所重，舊矣。《後漢書·儒林傳》：何休"以《春秋》駁漢事六百餘條，妙得《公羊》本意；服虔又以《左傳》駁何休之所駁漢事六十條"。則當時儒家之内，又有分門，亦可謂盛矣。

〔三三二〕　漢文帝除宫刑

漢景帝元年詔曰："孝文皇帝臨天下，……除宫刑，出美人，重絶人之世也。"《史記》作肉刑，辭異意同。上文已有去肉刑語，王先謙《漢書補注》:"《史記》作除肉刑,與上復出,自是傳寫誤改。且下云重絶人世,知非謂肉刑也。"案此恐後人以爲言除肉刑不切而改之,古人於此等處,不甚計較。除宫刑與除肉刑既係一事,即上言肉,下言宫,亦不能謂其不犯復也。鼂錯對策,亦美文帝"除去陰刑",則文帝確有除宫刑之事。崔浩《漢律序》云"文帝除肉刑而宫不易",《史記·孝文本紀索隱》引。誤矣。其所以致誤者,《漢書·孝文本紀》云:"除肉刑法,語在《刑法志》。"而《刑法志》載張蒼等議,但云"當黥者髡鉗爲城旦舂,當劓者笞三百,當斬左止者笞五百,當斬右止、及殺人先自告、及吏坐受賕枉法、守縣官財物而即盜之、已論命復有笞罪者,皆棄市",而不及宫。孟康遂釋文帝令中"今法有肉刑三"之語曰:"黥、劓二,刖左右趾合一,凡三也。"其實令云"斷支體"當指斬止,"刻肌膚"當指黥、劓,云"終身不息"則指宫也。《三國志·鍾繇傳》:繇上疏云:"若今蔽獄之時,訊問三槐、九棘、羣吏、萬民,使如孝景之令,其當棄市,欲斬右趾者許之。其黥、劓、左趾、宫刑者,自如孝文,易以髡、笞。"則孝文亦以髡、笞易宫刑,而《漢志》不之及,其疏漏殊可異也。

宫刑既廢而復用,蓋所以代死刑。景帝中四年秋,"死罪欲腐者許之",其始也。《後漢書·明帝紀》永平八年:"詔三公募郡國中都官死罪繫囚,減罪一等,勿笞,詣度遼將軍營,屯朔方、五原之邊縣。其大逆無道殊死者,一切募下蠶室。"《章帝紀》元和元年詔:"郡國中都官繫囚減死一等,勿笞,詣邊縣;其犯殊死,一切募下蠶室;其女子宫。"章和元年:"詔郡國中都官繫囚減死罪一等,詣金城戍;犯殊死者,一切募下蠶室;其女子宫。"《和帝紀》永元八年:"詔郡國中都官繫囚減死一等,詣敦煌戍;其犯大逆,募下蠶室;其女子宫。"蓋犯凡死罪者減一等,而全其肢體。大逆無道殊死者,不可與之同科,故又加以宫割耳。《明帝紀》永平十六年:"詔令郡國中都官死罪繫囚減死罪一等,勿笞,詣軍營,屯朔方、敦煌;妻子自隨,父母同産欲求從者,恣聽之;女子嫁爲人妻,勿與俱。謀反大逆無道,不用此書。"王朗駁鍾繇之議:"以爲繇欲輕減大辟之條,以增益刖刑之數,此即起偃爲豎,化尸爲人矣。然臣之愚,猶有未合微異之意。夫五刑之屬,著在科律,自有減死一等之法,不死即爲減。施行已久,不待遠假斧鑿於彼肉刑,然後有罪次也。”而不知科律之或任減死,或又假於斧鑿者,固自有其等差也。繇傳言“太祖下令,使平議死刑可宫割者”,則仍係欲以之代死刑。

《漢書・外戚傳》:孝宣許皇后父廣漢,從武帝上甘泉,誤取他郎鞍以被其馬。發覺,吏劾從行而盜,當死。有詔募下蠶室。孟康曰:“死罪囚欲就宫者聽之。”則以宫恕死,由來已久。《傳》又云:孝武鉤弋趙倢伃,“其父坐法宫刑爲中黄門”;太史公亦下腐刑。此等皆非大逆無道殊死之屬;蓋初行時,但以宥凡死者,至後漢時乃分等差也。

〔三三三〕　法令煩苛之弊

法令之煩,莫甚於漢時。蓋以六篇之法不足於用,而令甲及比等紛然并起也。煩苛之弊,衆皆知其爲酷吏因緣上下其手,所欲活則傅生議,所欲陷則予死比。然又有出於此之外者。《後漢書・杜林傳》:建武十四年羣臣上言宜增科禁,詔下公卿,林奏曰:“夫人情挫辱,則義節之風損;法防繁多,則苟免之行興。大漢初興,詳覽失得,故破矩爲圓,斲彫爲樸,蠲除苛政,更立疏網。海内歡欣,人懷寬德。及至其後,漸以滋章。吹毛索疵,詆欺無限。果桃菜茹之饋,集以成臧;小事無妨於義,以爲大戮。故國無廉士,家無完行。至於法不能禁,令不能止。上下相遁,爲敝彌深。臣愚以爲宜如舊制,不合翻移。”帝從之。則當時政俗之弊,固由爲吏者之苛,亦由法令如牛毛,有以爲其所藉手。漢人議論,多疾武帝以後法令滋章,亦有以也。

當時州郡造設苛禁,亦爲煩擾之一端。《漢書・宣帝紀》五鳳二年詔言:"今郡國二千石或擅爲苛禁,禁民嫁娶不得具酒食相賀召。"《後漢書·質帝紀》本初元年詔:"頃者州郡輕慢憲防,競逞殘暴,造設科條,陷入無罪。"亦煩擾之一端也。

〔三三四〕 古代法律不强求統一

記稱"君子行禮,不求變俗"。蓋各地方之人,各有其生活;生活不同,風俗自不同;風俗不同,則其所謂犯罪者自異,固不宜强使一律也。南粤請内屬,漢爲除其故黥劓刑,用漢法。《漢書》本傳。《後漢書·馬援傳》言:"援條奏越律與漢律駁者十餘事,與越人申明舊制以約束之,自後駱越奉行馬將軍故事。"是漢舊本不以漢律强行之越,即馬援亦爲特别以治之也。此猶曰異族也。《三國志·何夔傳》:"遷長廣太守。是時太祖始制新科下州郡,又收租稅綿絹。夔以郡初立,近以師旅之後,不可卒繩以法,乃上言曰:自喪亂已來,民人失所,今雖小安,然服教日淺。所下新科,皆以明罰勑法,齊一大化也。所領六縣,疆域初定,加以饑饉,若一切齊以科禁,恐或有不從教者。有不從教者不得不誅,則非觀民設教隨時之意也。先王辨九服之賦以殊遠近,制三典之刑以平治亂,愚以爲此郡宜依遠域新邦之典,其民間小事,使長吏臨時隨宜,上不背正法,下以順百姓之心。比及三年,民安其業,然後齊之以法,則無所不至矣。太祖從其言。"蓋不顧其俗之適宜與否,而一切斷之,原非適宜於義禮之事,特以後世之所謂法者,已失弼教之意,而徒能責之以强從。上責民以强從,則民也將及脣而責上之所施之不一。於是不復顧其適宜與否,而徒求其形式之齊。此本非□□□□之事,刑法所以寖不爲人所服以此也。廢法而揆之於義,固非今所能行,然今之所謂法者,實爲不厭人心之物,則亦不可以不知也。

〔三三五〕賣首級

俗有所謂宰白鴨者，謂貧困之人，得富人若干錢，則自賣生命，代承死罪是也。《後漢書·劉瑜傳》：瑜上書陳事，言民愁鬱結，起入賊黨，官輒興兵，誅討其罪。貧困之民，或有賣其首級，以要酬賞。則漢世已有之矣。亦可哀矣。

〔三三六〕西　域

中國所謂西域者，本僅指今天山南路之地言之。故曰：南北有大山，北爲今天山。南爲今新疆省沙漠以南之山脈，入甘肅，即祁連山。中央有河，今塔里木河。東則接漢，阨以玉門在今甘肅敦煌縣西百五十里。陽關。今敦煌縣西百三十里，玉門之南。西則限以葱嶺也。自武帝服烏孫，破大宛，後漢時，甘英部將之跡，且西抵條支，則西域二字之範圍，遂愈擴愈廣矣。拓跋魏時，分西域爲四域：自葱嶺以東，流沙以西爲一域，即今天山南路，漢最初所謂西域也；葱嶺以西，海曲以東爲一域，則今波斯、阿富汗之地，所謂伊蘭高原也；者舌以南，月氏以北爲一域，則今咸海以東，阿母河以北，北抵今西伯利亞西南境；兩海之間，水澤以南爲一域，則今咸海里海間地也。元時之花剌子模，地皆在今葱嶺以西。《元史》亦以西域國稱之。又歷代所謂犂軒、拂菻、大秦者，即歐洲之羅馬。前史亦并列西域傳中，則雖謂中國古代所謂西域，包今歐羅巴全洲言之。亦無不可矣。羅馬盛時，幾於統一歐洲。蓋西域二字，其西方并無界限也。

其通西域之道，漢時本分爲二。自玉門陽關，涉鄯善，傍南山北，波河西行，玉莎車，爲南道。南道西逾葱嶺，則出大月氏、安息。自車師前王庭，隨北山，波河西行，至疏勒，爲北道。北道西逾葱嶺，則出大宛、康居、奄蔡。後魏時，更爲四道：自玉門度流沙，西行二千里，至鄯善爲一道。北行者，二千二百里至車師，爲一道。從莎車西行，百里至葱嶺，葱嶺西千三百里至伽倍，爲一道。自莎車西南，五百里至葱嶺，葱嶺西南千三百里至波路，爲一道。實則第一第二兩道，仍即漢所謂南北道。第三第四兩道，則漢所謂南道逾葱嶺，西出大月氏、安息者耳。嗣後歷代與西域諸國之交通，其大體亦恒不外此也。

原刊《瀋陽高師周刊》，一九二二年出版

〔三三七〕 崑崙考

崑崙有二，《史記·大宛列傳》："漢使窮河源，河源出于闐。其山多玉石，采來。天子案古圖書，名河所出山曰崑崙云。"此今于闐河上源之山，一也。《禹貢》："織皮：崑崙、析支、渠搜，西戎即叙。"《釋文》引馬云："崑崙，在臨羌西。"《漢志》金城郡臨羌有崑崙山祠，敦煌郡廣至有崑崙障。《太平御覽·地部》引崔鴻《十六國春秋》："酒泉太守馬岌上言：酒泉南山，即崑崙之體也。"地望并合。《周書·王會解》："正西崑崙，請令以丹青白旄紕罽爲獻。"旄，犛牛尾。紕，《説文》："氐人𦄿也。"𦄿，"西胡毳布也。"犛牛正出甘肅、青海，物産亦符。析支，馬云："在河關西。"《水經·河水注》："司馬彪曰：西羌者，自析支以西，濱於河首，左右居也。河水屈而東北流，經析支之地，是爲河曲矣。"《後漢書·西羌傳》亦曰："河關之西南，濱於賜支，至乎河首，緜地千里。"《禹貢》叙述之次，蓋自西而東。渠搜雖無可考，《涼土異物志》："渠搜國，在大宛北界。"《隋書·西域傳》："鏺汗國，都葱嶺之西五百餘里，古渠搜國也。"地里并不合。度必更在析支之東，故《漢志》朔方郡有渠搜縣，蓋其種落遷徙所居邪？蔣氏廷錫説。見《尚書地理今釋》。析支在河曲，而崑崙更在其西，則必在今黄河上源矣，二也。《書疏》引鄭玄云："衣皮之民，居此崑崙、析支、渠搜三山之野者，皆西戎也。”又申之曰：“鄭以崑崙爲山，謂别有崑崙之山，非河所出者也。”《山海經·海内西經》：“海内崑崙之墟在西北，河水出東北隅。”郭《注》亦曰：“言海内者，明海外復有崑崙山。”一似此兩崑崙者必不可合矣。然予謂以于闐河源之山爲崑崙，實漢人之誤，非其實也。水性就下，天山南路，地勢實低於黄河上源，且其地多沙漠，巨川下流，悉成湖泊；每得潛行南出，更爲大河之源。漢使於西域形勢，蓋本無所知，徒聞大河來自西方，西行驟覯巨川，遂以爲河源在是。漢武不知其誑，遽案古圖書，而以河所出之崑崙名之。蓋漢使謬以非河爲河，漢武遂誤以非河所出之山爲河所出之山矣。太史公曰：“《禹本紀》言河出崑崙。崑崙，其高二千五百餘里，日月所相避隱爲光明也。其上有醴泉、瑶池。今自張騫使大夏之後也，窮河源，惡睹《本紀》所謂崑崙者乎？故言九州山川，《尚書》近之矣。至《禹本紀》、《山海經》所有怪物，余不敢言之也。”《禹本紀》等荒怪之説，自不足信。然其所託，實今河源所出之崑崙。史公據于闐河源之山以斥之，其斥之則是，其所以斥之者則非也。《太史公書》，止於麟止。此篇多元狩後本，實非史公作也。《爾雅》“河出崑崙墟”，雖不言崑崙所在，然又云：“西方之美者，有崑崙墟之球琳琅玕焉。”《淮南·地形訓》作西北方。《禹貢》崑崙之戎，實隸雍州；而雍州之貢，有球琳琅玕。可知《爾雅》河所出之崑崙，即其産球琳琅玕之崑崙，亦即《禹貢》之崑崙矣。《淮南·地形訓》：“河水出崑崙東北陬，貫渤海，入禹所導積石山。”《海内西經》則云：“西南又入渤海，又出海外，入禹所導積石山。”《説文》：“河水出敦煌塞外崑崙山，發源注海。”所謂海、渤海者，蓋指今札陵、鄂陵等泊，所據仍係舊説。《水經》謂“河水入渤海，又出海外，南至積石山下，又南入蔥嶺，出于闐國，又東注蒲昌海”，則誤合舊説與漢人之説爲一矣。以山言之則如彼，以河言之則如此。然則河源所在，古人本不誤，而漢之君臣自誤之也。《周官·大宗伯》，“以黄琮禮地。”鄭注：“此禮地以夏至，謂神在昆侖者也。”《典瑞》：“兩圭有邸，以祀地旅四望。”鄭注：“祀地，謂所祀於北郊，神州之神。”疏：“案《河圖·括地象》，昆侖東南萬五千里，神州是也。"案鄭氏之説，蓋出緯候，故疏引《河圖・括地象》爲證。江、淮、河、濟，古稱四瀆。漢族被跡，先在北方。北方之水，惟河爲大。記曰："三王之祭川也，皆先河而後海。或源也，或委也，此之謂務本。"《大司樂》注謂："禘大祭地祇，則主昆侖。"昆侖爲河源所在，故古人嚴祀之與？

原刊《光華大學半月刊》第二卷第四期，
一九三三年十一月二十五日出版

〔三三八〕 匈奴古名

匈奴在古代，蓋與漢族雜居大河流域，其名稱：或曰獫狁，亦作玁狁。或曰獯鬻，獯亦作熏作葷，鬻亦作粥。或曰匈奴，皆一音之異譯。《史記索隱》："應劭《風俗通》曰：殷時曰獯粥，改曰匈奴。又曰匈奴，葷粥其别名。"《詩・采薇》毛傳："玁狁，北狄也。"《箋》云："北狄，匈奴也。"《吕覽・審爲篇》高注："狄人，獫允，今之匈奴。"案伊尹四方令逕作匈奴。又案《史記》："唐虞以上，有山戎、獫狁、葷粥。"葷粥兩字，蓋係自注，史公非不知其爲一音之轉也。又稱昆夷、畎夷、串夷，則胡字之音轉耳。昆，又作混，作緄。畎，亦作犬。又作昆戎，犬戎。《詩・皇矣》："串夷載路。"鄭《箋》："串夷，即混夷。"《正義》："書傳作畎夷，蓋犬混聲相近，後世而作字異耳。或作犬夷，犬即畎字之省也。"案《詩・采薇》序疏引《尚書大傳》注："犬夷，昆夷也。"《史記・匈奴列傳》："周西伯昌伐畎夷氏。"又"自隴以西，有緜諸、緄戎。"《索隱》、《正義》皆引"韋昭曰：《春秋》以爲犬戎"，足徵此諸字皆一音異譯。《索隱》又引《山海經》云："黄帝生苗，苗生龍，龍生融，融生吾，吾生并明，并明生白，白生犬，犬有二牡，是爲犬戎。"又云："有人面獸身，名犬夷。"則附會字義矣。狄、貉、蠻、閩等字，其初或以爲種族所自生。故《説文》有犬種、豸、蟲種之説。然其後則只爲稱號，不含此等意義。至於犬戎之犬，則確係音譯，諸家之説可徵也。昆夷、獫狁係一種人，猶漢時既稱匈奴，亦稱胡也。《孟子》："文王事昆夷"，"大王事獯粥"，乃變文言之耳。《詩序》："文王之時，西有昆夷之患，北有玁狁之難"，竟以爲兩族人，誤矣。《出車》之詩曰："赫赫南仲，玁狁于襄。"又曰："赫赫南仲，薄伐西戎。"又曰："赫赫南仲，玁狁于夷。"玁狁在西北，可稱戎，亦可稱狄，《詩》取協韵也。《箋》云："時亦伐西戎。獨言平玁狁者，玁狁大，故以爲始，以爲終"，已不免拘滯。序析玁狁、昆戎而二之，益鑿矣。

〔三三九〕 匈奴不諱名而無姓字

《史記·匈奴列傳》:“其俗有名不諱而無姓字。”《漢書》無“姓”字。《集解》:“駰案《漢書》曰:單于姓攣鞮氏。”意以《史記》謂匈奴無姓爲非。此乃誤會。疑《漢書》亦本有“姓”字,而爲淺人所删也。攣鞮氏蓋庶姓,非正姓。《史記》下文又云:“諸大臣皆世官,呼衍氏,蘭氏,其後有須卜氏,此三姓其貴種也。”此“姓”字爲庶姓;“有名不諱而無姓字”之姓,自爲正姓;辭同義異,古人不以爲嫌,不拘拘於立别,或自下注脚也。無姓,自謂無姬、姜、姚、姒之倫,非謂無胥重、魯申之類也。

古人著書,有所本者,大抵直録其辭,不加更定,《史記·陳涉世家》,謂其子孫至今血食,而《漢書·涉傳》,沿襲其文,是其一例。《史通·因襲篇》譏之,實由未知古書文例也。今《史》、《漢》辭句同異,非傳寫譌誤,即妄人改易,而爲鈔胥所删節者尤多,《漢書》虚字,恒較《史記》爲少以此。以自唐以前,《漢書》傳習較廣,謄寫亦煩也。其元文,恐當與《史記》無異。後人顧據今本,以談馬、班文字異同,亦可笑矣。

原刊《國學論衡》第五期上,一九三五年六月三十日出版

〔三四〇〕 匈奴官制

匈奴官制,《史記》曰:“置左右賢王,左右谷蠡王,左右大將,左右大都尉,左右大當户,左右骨都侯。匈奴謂賢曰屠耆,故常以太子爲左屠耆王。自如左右賢王以下至當户,大者萬騎,小者數千,凡二十四長,立號曰萬騎。諸大臣皆世官。呼衍氏,蘭氏,其後有須卜氏,此

三姓其貴種也。諸左方王將居東方，直上谷，以往者東接穢貉、朝鮮；右方王將居西方，直上郡，以西接月氏、氐、羌；而單于之庭直代、雲中：各有分地，逐水草移徙。而左右賢王、左右谷蠡王最爲大國。左右骨都侯輔政。諸二十四長亦各自置千長、百長、什長、裨小王、相封、都尉、當户、且渠之屬。"《匈奴列傳》。《後漢書》曰："其大臣貴者左賢王，次左谷蠡王，次右賢王，次右谷蠡王，謂之四角；次左右日逐王，次左右温禺鞮王，次左右漸將王，是爲六角；皆單于子弟次第當爲單于者也。異姓大臣左右骨都侯，次左右尸逐骨都侯，其餘日逐、且渠、當户諸官號，各以權力優劣、部衆多少爲高下次第焉。單于姓虛連題。異姓有呼衍氏、須卜氏、丘林氏、蘭氏，四姓爲國中名族，常與單于婚姻。呼衍氏爲左，蘭氏、須卜氏爲右，主斷獄聽訟，當決輕重，口白單于，無文書簿領焉。"《南匈奴列傳》。《晉書》曰："其國號有左賢王、右賢王、左奕蠡王、右奕蠡王、左於陸王、右於陸王、左漸尚王、右漸尚王、左朔方王、右朔方王、左獨鹿王、右獨鹿王、左顯禄王、右顯禄王、左安樂王、右安樂王，凡十六等，皆用單于親子弟也。其左賢王最貴，唯太子得居之。其四姓有呼延氏、卜氏、蘭氏、喬氏。而呼延氏最貴，則有左日逐、右日逐，世爲輔相；卜氏則有左沮渠、右沮渠；蘭氏則有左當户、右當户；喬氏則有左都侯、右都侯。又有車陽、沮渠、餘地諸雜號，猶中國百官也。"《四夷列傳》。

三書看似互異，實仍大致相同。《史記》云"自左右賢王至當户，大者萬騎，小者數千"；又云"各有分地，而左右賢王、左右谷蠡王最爲大國"；此匈奴同姓封建之制也。云"左右骨都侯輔政"，明其不在封建之列。然又云"凡二十四長，立號曰萬騎"；又云"二十四長皆各自置千長、百長、什長、相邦"；王静庵《觀堂集林》，有《匈奴相邦印跋》，謂即《史記》之相封，乃漢人避高祖諱改，其説是也。匈奴官名，有與中國同者，亦有與中國異者。予初謂其可與漢制相比附者，則漢人代以中國官名；其不能相比附者，則譯其音。然匈奴與中國同文之説如確，則其官名，或本有與中國同者，相邦是其一證。然則王與侯，或亦匈奴本有此封爵也。同姓皆封王，而異姓封侯，亦可見匈奴之制，厚於同姓。蓋野蠻部落皆然。明其皆有衆與土者。則封建之世，諸部皆有土有民，《晉書》云："北狄以部落爲類，其入居塞者，凡十九種，皆有部落，不相雜錯。"特非王室所樹爲藩屏者耳。《晉書·劉元海載記》：僭位後，"宗室以親疏爲等，悉封郡縣王；異姓以勳謀爲差，皆封郡縣公侯。"蓋猶沿舊制。《劉曜載記》："置左右賢王已下，皆以胡、羯、鮮卑、氐、羌豪桀爲之。"則意存撫納矣。《史記》云"左右骨都侯輔政"；《後漢書》云"呼衍氏爲左，蘭氏、須卜氏爲右，主斷獄聽訟，當決輕重"；二者即是一事，淺演之國，政與刑，常相附麗也。《晉書》云左日逐、右日逐世爲輔相，亦即此職。異姓貴者呼衍氏、蘭氏最早，須卜氏次之，丘林氏又次之。卜氏蓋即須卜氏，喬氏蓋即丘林氏。四者雖并稱貴種，然輔政即聽訟之職，似祇《史記》所謂骨都侯即《晉書》所謂日逐者有之。匈奴之制，蓋以同姓居外，異姓居内，亦可謂以同姓主兵，異姓主政也。四角六角，次第當爲單于，蓋呼韓邪以後之制。烏珠留單于時，左賢王數死，以其號不祥，更曰護于，然其後當次立者，仍稱左賢王，則係一時之制，或彼中雖稱護于，中國人仍以舊名書之也？

太子號稱賢王，則匈奴之法，似係擇賢而立者。然觀左大將之讓位於狐鹿姑，及呼韓邪顓渠閼氏與大閼氏之相讓，則匈奴之法，亦係立嫡立長，立賢蓋其初制也。

〔三四一〕　匈奴人口

賈生謂匈奴之衆，不過漢一大縣，論者多以爲疏。然《史記·匈奴列傳》載中行説之言，謂匈奴人衆，不能當漢之一郡。《鹽鐵論·論功篇》載大夫之言，亦謂匈奴不當漢家之巨郡。三説符會，則賈生之言，非夸誕也。南部之克北部也，領户三萬四千，口二十三萬七千三百，勝兵五萬一百七十。則匈奴户餘六口；而勝兵之數，居其口數四之一强。與《新書·匈奴篇》五口而出介卒一人之説合。蓋一夫上父母，下妻子，老弱婦女，皆不能操兵，故其比例如此也。《後漢書》載屈蘭儲卑胡都須等五十八部之降也,口二十萬,勝兵八千人,則僅當口數二十五之一。左部胡之叛,逢侯還入朔方塞也,勝兵四千人,弱小萬餘口,則又當十之六。蓋喪亂之際,壯丁或以爭鬭而多死亡,老弱或以不能自建而多轉死,見虜略,不能以常例繩也。然則欲知匈奴口數,取其丁壯之數,以五乘之,即得矣。《史記·匈奴列傳》曰"士力能彎弓,盡爲甲騎",此即《後漢書》所謂勝兵者。又曰"自左右賢王以下至當户,大者萬餘騎,小者數千。凡二十四長,立號曰萬騎",則匈奴丁壯,尚不足二十四萬。又曰"冒頓控弦之士三十餘萬",蓋其自號之虚辭,或并其所服從之北夷計之也。今即以匈奴丁壯之數爲二十四萬,以五乘之,不過百二十萬;更謂其所謂口者,婦女不與焉,其數當與男子相等,亦不過二百四十萬耳。漢郡户口,汝南最盛,户餘四十六萬,口幾二百六十萬。漢世口錢重,口數不得無隱匿,其實或尚不止此。謂匈奴人衆,不能當漢之一郡,信矣。

《新書》曰:"竊料匈奴控弦大率六萬騎。五口而出介卒一人,五六三十,此即户口三十萬耳。"《匈奴》。此其不過一大縣之説所由來,爲數未免太少。或但計單于所屬,未及左右方王將邪?匈奴兵數,見於《史》、《漢》者,冒頓之圍高帝於白登最盛,《史記》云四十萬騎,《漢書》云三十餘萬騎,《匈奴列傳》。《史記·劉敬傳》云:"當是時,冒頓爲單于,兵强,控弦三十萬。"《漢書》作四十萬,此與《匈奴列傳》上文,皆舉匈奴全國兵數。冒頓即欲大舉,豈能掃境内而至平城邪?果如是,斷非匿其壯士肥牛馬,遂能誤漢使使以爲可擊矣。《韓王信傳》云:"匈奴使左右賢王將萬餘騎與王黄等屯廣武以南。"此其偏師之數;單于自將大舉,度亦不過萬餘人至數萬人耳。蓋其自號之虚數。其後單于自將,衆率在十萬左右;分兵侵掠,則自萬騎至三萬騎;且鞮侯以前類然。孝文十四年,老上單于入朝那蕭關十四萬騎。後六年,軍臣入上郡、雲中各三萬騎。聶翁壹誘軍臣,軍臣以十萬騎入武州塞。後六年,以二萬騎入,殺遼西太守。伊稚斜既立,以數萬騎入殺代郡太守恭。明年,又入代郡、定襄、上郡,各三萬騎。元朔五年,以萬騎入代郡。越二年,以萬人入上谷。其明年,入右北平、定襄各數萬騎。浞野侯之没,匈奴以八萬騎圍之。天漢四年,貳師等之出,單于以十萬騎待余吾水南。征和三年,貳師等再出,匈奴使大將與李陵將三萬餘騎追漢軍,至浚稽山;又使大將偃渠與左右呼知王將二萬餘騎,要漢兵於天山。使右大都尉與衛律將五千騎,要擊漢兵於夫羊句山狹。貳師深入要功,度郅居水。左賢王、左大將將二萬騎與漢軍戰,軍還,單于又自將五萬騎遮擊之。壺衍鞮、虚閭權渠之世，其衆似少衰，分兵多不逾萬，少裁數千。壺衍鞮立四歲，發左右部二萬騎爲四隊，并入邊爲寇，是隊五千人也。明年，復遣九千騎屯受降城，其右賢王、犂汙王又以四千騎分三隊入日勒、屋蘭、番和，則隊千餘人耳。明年，以三千騎入五原，又以數萬騎南旁塞獵，行攻塞外亭障，略取吏民去。所謂數萬騎，不知可信否。時漢得匈奴降者，言烏桓嘗發先單于冢，匈奴怨之，方發二萬騎擊烏桓，則傳聞不審之辭。是時烏桓尚弱，匈奴擊之，不必用二萬騎也。本始二年，單于自將擊烏孫，不過萬騎。虛閭權渠立，欲與漢和，左大且渠害之，請與呼盧訾各將萬騎南旁塞獵，時又發兩屯各萬騎以備漢，雖稍盛，亦無復前此數萬之衆。時匈奴已稍西徙，然遣左右大將屯田右地，欲以侵迫烏孫西域，不過各萬餘騎；其遣左右奥鞬與左大將擊漢之田車師者，則各六千騎耳；後又遣兵擊丁令，亦不過萬騎。惟元康四年虛閭權渠旁塞獵，史稱其將十餘萬騎，蓋亦虛辭，不足信。然諸單于之相争也，呼韓邪發左地兵四五萬人，以擊握衍朐鞮。屠耆以數萬人襲呼韓邪；呼韓邪既敗，又使左奥鞬王、烏藉都尉各將二萬騎屯東方以備之。其後烏藉、呼揭、車犂各自立，烏藉、車犂皆敗走，與呼揭合，兵四萬人。烏藉、呼揭皆去單于號，并力尊輔車犂。屠耆以四萬騎西擊之。又使左大將、都尉將四萬騎分屯東方，以備呼韓邪。呼韓邪、屠耆之戰，屠耆兵六萬，呼韓邪兵可四萬。是擁衆相争者，尚自二三萬至七八萬，而史云呼韓邪復都單于庭，衆裁數萬人者，以烏厲屈父子既降漢，閏振又自立，分崩離析，衆不盡統於單于也。《漢書·宣帝紀》五鳳三年詔曰："匈奴虛閭權渠單于請求和親，病死。右賢王屠耆堂代立。骨肉大臣立虛閭權渠單于子爲呼韓邪單于，擊殺屠耆堂，諸王并自立，分爲五單于，更相攻擊，死者以萬數，畜産大耗什八九，人民飢餓，相燔燒以求食，因大乖亂。單于閼氏子孫昆弟及呼遬累單于、名王、右伊秩訾、且渠、當户以下，將衆五萬餘人來降。"匈奴是時，死亡及降中國者蓋甚衆。呼韓邪之敗，伊利目收其餘兵，及屠耆餘兵，裁數千人，微矣。迨郅支并之，兵五萬餘。則郅支之衆，本餘四萬，合諸紛争者之衆，亦數十萬矣。其分部人數可考者：渾邪王殺休屠王，并其衆降漢，凡四萬餘人，號十萬；《建元以來侯者年表》，《漯陰侯》：以匈奴渾邪王將衆十萬降侯。《衛將軍驃騎傳》云："降者數萬，號稱十萬。"日逐王先賢撣之降漢，衆數萬騎；《漢書·宣帝紀》云："人衆萬餘。"烏厲屈父子降漢，衆亦數萬人；惟閏振所主，裁五六百騎，則喪亂之際，非其常也。呼韓邪歸漢後，左伊秩訾以讒懼誅，將其衆千餘人降漢。又《漢書·西域傳》："元帝時置戊己校尉，屯田車師前王庭。是時匈奴東蒲類王兹力支將人衆千七百餘人降都護。”亦承喪亂之後，或故小部也。秦漢時用兵，習爲虚號，以自張大，匈奴或亦染此習。又漢家文告，亦有虚辭，張敵軍，正所以夸功伐，視威武也。匈奴號稱十萬騎者，衆當數萬；號數萬者當萬騎；號萬騎者當數千。《史記》所書，或即其自號之虚辭，或係實數，不一律。《史記》云：“自左右賢王以下至當户，大者萬餘騎，小者數千。”蓋其以數萬騎或萬騎入寇者，乃其諸王將舉部以行；而單于自將，常在十萬；則其六萬之衆所立之虚號也。馬邑之役，王恢言三萬衆不能與單于敵，蓋其三萬亦虚號。不然，以恢之勇，未必不能以一敵二也。《漢書・蘇武傳》：衛律謂武：“律歸匈奴，幸蒙大恩，賜號稱王，擁衆數萬。”以五口出介卒一人率之，律所統亦當近萬騎也。吾故疑《新書》之言，爲就單于直屬之衆計之也。使所疑而確，則二十四長之外，又有單于自統之衆六萬騎，其數適得三十萬，與《史記》冒頓控弦之士三十萬之説合。以五乘之，匈奴口數，當得百五十萬；謂婦女在其外，則當得三百萬；亦尚不敵漢之一郡也。而況乎謂匈奴口數，不計婦女，無徵而又遠於事情也？故知賈生、中行説、桑弘羊之言，非夸誕也。古書記事之辭，多有不盡可信者。《史記・李牧傳》謂牧破殺匈奴十餘萬騎。夫至冒頓而匈奴最强大，控弦之士，不過三十萬，安得當牧之時見殺者乃如是其衆邪？此亦當時文告之虚辭也。

《史記》、《兩漢書》述匈奴之衆，曰騎若干與衆若干者異。騎即《後漢書》所謂勝兵，《史記》所謂力能彎弓之士，衆則合老弱婦女言之也。南單于比之降也，斂所主南邊八部，衆四五萬人。事在建武二十三年，自此下距章和二年屯屠何之求并北庭，凡四十二年，匈奴之衆當大盛，而其年屯屠何上言：願發國中及諸部故胡新降精兵，遣左谷蠡王師子等將萬騎出朔方，左賢王安國等將萬騎出居延，臣將餘兵萬人屯五原、朔方塞。則是時南單于之兵，合諸部及新降，不過三萬。明年漢兵之出朔方，南單于以三萬騎偕，蓋傾國以行矣。以五口出介卒一人率之，是時匈奴口數，當得十五萬。其來降時，兵當劣近萬人。而史云北單于遣萬騎擊之，見其衆不敢進者，以其斂衆嚴備，非謂衆寡不相侔也。北單于裁遣萬人者，蓋亦以比傾所有之衆，兵不過萬餘，不料其遽能盡斂之而厚集其力也，則已爲以衆擊寡矣。比之既降也，遣弟左賢王莫擊北單于弟奥鞬左賢王，獲之，又破北單于，并得其衆，合萬餘人；北部奥鞬骨都侯與右骨都侯又率衆三萬餘人來歸。雖奥鞬左賢王及南部五骨都侯旋叛而北，衆亦合三萬餘人，然未幾，五骨都侯子復將其衆三千人歸南部。永平二年，護于丘又率衆千餘人南降。建初元年，皋林温禺犢王還居涿邪山，南單于遣輕騎與緣邊郡及烏桓兵出塞擊之，又降三四千人。八年，北部三木樓訾大人稽留斯等又率三萬八千人款五原塞。元和二年，南單于令師子將輕騎出塞，掩擊北虜，復斬獲千人。是時北部危亂，斬殺降虜，度尚有不盡見於史者，然優留單于之死，章和元年。屈蘭儲卑胡都須等五十八部來降，口尚二十萬。而史猶云"時北虜大亂，加以飢蝗，降者前後而至"，則南北分張之際，北部之衆，實遠盛於南。據此以推，則自呼韓邪降漢之後，休養生息，至於建武之時，其衆之盛，必當不減冒頓。莽世之叛，史言其歷告左右部都尉、諸邊王，入塞寇盜，大輩萬餘，中輩數千，少者數百。蓋以其居近塞，而漢是時緣邊無備，不必大衆然後可以爲寇，故千百騎亦相率而來，而非其衆之不逮盛時也。以是時中國之凋敝，安能禦之？内徙幽并邊人，固其宜矣。然則匈奴之分裂，誠後漢之天幸也。

北部之分崩，其衆歸中國者多，歸南部者顧少。是時南部兵數，都三萬騎；以五口出介卒一人率之，口數當十五萬。而永元二年，史言南部克獲納降，黨衆最盛，口數不過二十三萬餘，勝兵五萬餘耳。然則北部之衆，爲所得者，不足十萬也。永元六年，師子立爲單于，新降胡驚動，叛者十五部二十餘萬人。則此數年之中，又續有降獲。然較諸稽留斯之款塞，屈蘭儲卑胡之來降，則已微矣。不懷其同種，而甘自託於上邦，又以知賈生五餌之謀，不徒處士之大言，少年之鋭氣也。

原刊《國學論衡》第五期上，
一九三五年六月三十日出版

〔三四二〕 匈奴風俗

匈奴風俗，與中國相類者極多，此亦其出於夏桀之一旁證也。《史記》謂匈奴之俗，歲正月諸長少會單于庭，祠；五月大會龍城，祭其先、天地、鬼神；秋大會蹛林，課校人畜計。《後漢書》稱其俗："歲有三龍祠，嘗以正月、五月、九月戊日祭天神。"合二書觀之，則此三會，皆祭天地鬼神。《史記》又曰："單于朝出營，拜日之始生，夕拜月。"此即朝日夕月之禮，皆極與中國類。猶得曰天地日月先祖鬼神，爲凡民族所同尊，不必受之中國也。從古北族無稱其君曰天子者，皆曰汗。汗，大也。蓋譯其音則曰汗，譯其意則曰大人。而匈奴獨稱其君曰撐犂孤塗單于。撐犂，天也；孤塗，子也；單于，廣大之貌也；言其象天單于然也。老上遺漢書，自稱"天地所生日月所置匈奴大單于"；狐鹿姑遺漢書，亦曰"胡者天之驕子也"，謂非中國之法得乎？韓昌、張猛之送呼韓邪出塞也，見單于民衆益盛，塞下禽獸盡，單于足以自衛，不畏郅支；聞其大臣多勸單于北歸者，恐北去後難約束，即與爲盟約，曰："自今以來，漢與匈奴，合爲一家，世世毋得相詐相攻。有竊盜者，相報，行其誅，償其物；有寇，發兵相助。漢與匈奴敢先背約者，受天不祥，令其世世子孫盡如盟。"儼然見古者束牲載書之辭焉。董仲舒謂如匈奴者，非可説以仁義也，獨可説以厚利，結之於天耳。故與之厚利以没其意，與盟於天以堅其約，非偶然也。夫盟誓，亦中國之古俗也。不特此也，月上戊己，祭天神以戊日；其圍高帝於平城也，其騎，西方盡白，東方盡駹，北方盡驪，南方盡騂；此五行干支之説，決不能謂爲偶合。夫五行，固出於夏者也。尤足見淳維胄裔之説，不盡虚誣矣。

貳師之降也，"衛律害其寵。會母閼氏病，律飭胡巫言：先單于怒曰：胡故時祠兵，常言得貳師以社，今何故不用？遂屠貳師以祠。"

《漢書·匈奴列傳》。案以人爲犧，中國亦有此俗。《左氏》僖公三十三年，“孟明曰：君之惠，不以累臣釁鼓。”則古固有以俘釁鼓者。豈匈奴之祠兵而許以人爲犧，亦其類邪？又匈奴之法，漢使不去節，不黥面，不得入穹廬，則以黥爲戮，亦與中國同。

古謂地道尊右，故以右爲尚；又天子之立，左聖、鄉仁、右義、背藏，《禮記·鄉飲酒義》。而匈奴，其坐長左而北向，適與中國相反。然此等風俗，中國本不能畫一，君子行禮，不求變俗，固未嘗不脩其國之故而慎行之也，不得以小異而疑其大同也。

匈奴之俗，持以與中國尚文之世校，誠若不相容；而返諸尚質之世，則有若合符節者。其送死，有棺椁金銀衣裳，而無封樹喪服，此古者不封不樹、喪期無數之俗也。有名不諱而無字；幼名、冠字、五十以伯仲、死謚，本乃周道也；《史記》曰：“冒頓死，子稽粥立，號曰老上單于。”徐廣曰：“一云稽粥第二單于，自後皆以第别之。”《匈奴列傳》。老上其號，稽粥其名，直斥之曰稽粥，即所謂有名不諱者。而自稽粥之後，皆以第計，則即嬴政所謂朕爲始皇帝，後世以數計者，得毋中國未有謚之世，亦有此法邪。

《左氏》成公十六年，晉郤至謂楚有六閒，陳不違晦其一，《注》曰：“晦，月終，陰之盡，故兵家以爲忌。”又昭公二十三年，“戊辰晦，戰于雞父。”《注》曰：“七月二十九日。違兵忌晦戰，擊楚所不意。”《史記》謂匈奴常隨月盛壯以攻戰，月虧則退兵，亦中國古法也。又曰“利則進，不利則退，不羞遁走”，此則與中國異。然勇者不得獨進，怯者不得獨退，乃行陳既嚴後事，其初争戰類似田獵時，則亦人人自爲趨利而已。孫卿譏齊人隆技擊，若飛鳥然，傾側反覆無日，表海大風，蓋猶未能免此也，而何譏於匈奴？

《記》曰：“虞夏之質，殷周之文，至矣。虞夏之文，不勝其質；殷周之質，不勝其文。”《表記》。哀公問於周豐曰：“有虞氏未施信於民，而民信之；夏后氏未施敬於民，而民敬之；何施而得斯於民也？”《檀弓》下。夏人尚忠，其風氣之誠樸，可以想見。《史記》稱匈奴“獄久者不過十日，一國之囚不過數人”；中行説稱匈奴“急則人習騎射，寬則人樂無事，其約束輕，易行也。君臣簡易，一國之政猶一身也”，孰與夫宫室冠帶之國，上下相蒙，法令滋章，盜賊多有哉？“虞、夏之道，寡怨於民；殷、周之道，不勝其敝”，《表記》。蓋自古患之矣。此豈淳維之後皆能率乃先古以填撫其民哉？其奉生者薄，則其社會之組織簡，而俗隨之以淳也。維内和輯，乃能强圉於外。匈奴以不當漢一大縣之衆，而能與中國抗衡，非偶然矣。

原刊《國學論衡》第五期上，一九三五年六月三十日出版

〔三四三〕 匈奴文字

《羅馬史》謂匈奴西徙後，有文字，有詩詞歌詠；當時羅馬有通匈奴文者，匈奴亦有通拉丁文者；惜後世無傳焉。見《元史譯文證補》。夫匈奴之文字，果何所受之哉？當時西域諸國，或書革旁行爲書記，匈奴殆通西域後師受之，亦如回紇文字，受諸大食邪？非也。匈奴之服西域，事在孝文三四年間，前此，久與漢書疏相往還矣。漢遺單于書以尺一寸牘，中行説令單于遺漢書以尺二寸牘，及印封皆令廣大長，是其作書之具，實與中國同。從來北狄書疏，辭意類中國者，莫匈奴若，初未問其出於譯人之潤飾也。中行説教單于左右疏記，以計識其人衆畜牧。必先有文字，疏記乃有可施；《史記》謂其“無文書，以言語爲約束”，固非謂其無文字也。創制文字，實爲大業，縱乏史記，十口不得無傳，中國之稱倉頡是也。謂其受諸西域，則元之八思巴；即因而用之，亦元之塔塔統阿也；不得無問於中國。然則《漢書》於安息，明著其“書革旁行爲書記”，於匈奴，獨不及其文字，何哉？《西域傳》曰：“自且末以往，有異乃記。”記其與中國異，而略其與中國同者，當時史法則然，《匈奴傳》亦循此例焉爾。

日逐王之求内附，使漢人郭衡奉地圖來，則匈奴并有地圖矣。此

必漢人之降匈奴者爲之，然亦必匈奴文字，與中國同，乃可以其圖來上；可見匈奴於中國文字，用之頗廣，較之中行説教以疏記之時，不可同日語矣。或曰：安知非求附時使郭衡輩爲之邪？曰：不然。《漢書·元帝紀》：建昭四年正月，以誅郅支單于告祠郊廟，赦天下。羣臣上壽置酒，以其圖書示後宫貴人。《注》引服虔曰："討郅支之圖書也。"又引或説曰："單于土地山川之形書也。"師古曰："或説非。"以日逐王之事觀之，則或説是矣。討郅支之圖書，何足爲異，何必以示後宫貴人？且圖山川形勢來上者，大抵皆有關兵謀。陳湯之誅郅支，由於矯詔，及其上聞，事已大定矣，安用圖地形來上？以事理揆之，亦知服説之非，或説爲是也。或曰：郅支喪敗之餘，安能攜圖書而去，此必康居物，西域胡所爲也。是又不然。匈奴雖隨畜轉移，亦未嘗無輜重。馬邑之權，王恢主擊匈奴輜重，以單于兵多，弗敢擊，獲罪；元朔二年，天子褒車騎將軍曰："車輜畜産，畢收爲鹵"；元狩二年褒票騎將軍曰："輜重人衆，懾慴者弗取"；四年，大將軍、票騎將軍兵大出，趙信爲單于謀，悉遠北其輜重，以精兵待幕北；見《史記·衛將軍票騎列傳》。《匈奴列傳》：貳師之出，匈奴悉遠其累重於余吾水北，而單于以十萬騎待水南。皆匈奴軍行有輜重之證。《周官》大史，大遷國，抱法而前；而終古、向摯、屠黍之流知國之將亡，則奉圖籍而出奔；見《吕覽·先識》。其事皆可互證。所以三代雖亡，治法猶存，官人百吏，持之以取禄秩也。《荀子·榮辱》。西域胡書，豈後宫貴人所能識？此正匈奴用中國文字之鐵證，而亦其治法有類中國之鐵證矣。

《説文》控字下曰："匈奴引弓曰控弦。"《一切經音義》引作"匈奴謂引弓曰控弦"，是也，今本蓋奪謂字。又一引匈奴作突厥。漢時無突厥，必誤也。然則匈奴言語，亦有與中國同者矣。

《觀堂集林》有《匈奴相邦印跋》，曰："匈奴相邦玉印，藏皖中黄氏。形制文字，均類先秦，當是戰國、秦、漢之物。考六國執政均稱相邦，秦有相邦吕不韋，見戈文。魏有相邦建信侯。見劍文。今觀此印，知匈奴亦然。史作相國，蓋避漢高帝諱改。《史記·大將軍票騎列傳》，屢言獲匈奴相國都尉；而《匈奴列傳》記匈奴官制，但著左右賢王以下二十四長而不舉其目,又言二十四長,亦各自置千長、百長、十長、裨小王、相封、都尉、當户、且渠之屬。相封即相邦,易邦爲封,亦避高帝諱耳。"此印若真,亦匈奴與中國同文之一證也。

原刊《國學論衡》第五期上,一九三五年六月三十日出版

〔三四四〕 匈奴龍庭

匈奴逐水草移徙,無城郭常處。然壺衍鞮之衰也,由左賢王、右谷蠡王之不會龍城;而醢落尸逐鞮之將叛,史亦謂其庭會稀闊;則正月、五月、九月之會所繫至巨。舜、禹之立,以朝覲訟獄之歸,而《史記·殷本紀》言殷之盛衰以諸侯來朝與否爲徵,知朝覲之禮,固不待有宫室城郭之世而後重矣。匈奴之大,蓋自冒頓以來,史但言其庭直代、雲中而未嘗詳言所在;朔方之建,匈奴遂棄漠南,新庭所在,史亦未言其地,誠憾事也。

今案冒頓之庭當在今大同以北之大青山中。何以知之?蒙恬之斥逐匈奴也,匈奴單于曰頭曼。頭曼不勝秦,北徙。史不言其所居。然侯應議罷邊塞事曰:"北邊塞至遼東,外有陰山,東西千餘里,草木茂盛,多禽獸,本冒頓單于依阻其中,治作弓矢,來出爲寇,是其苑囿也。"《漢書·匈奴列傳》。冒頓弑父,龍庭未聞徙地,則頭曼棄河南後,必即居陰山中矣。本居河南,平夷無險,至是蓋依山爲阻。秦之亂,適戍邊者皆去,匈奴得寬;後稍度河南,與中國界於故塞。時,北方游牧之族,在匈奴之東者爲東胡,西爲月氏,北爲丁令。冒頓單于皆擊破之。又南并樓煩、白羊王。白羊王,在河南。《漢書》云:"諸左王將居東方,直上谷,以東接濊貉、朝鮮;右王將居西方,直上郡,以西接氐、羌;而單于庭直代、雲中。"《匈奴列傳》。匈奴蓋至是始盡有漠南北之地。冒頓子老上單于又擊服西域,置僮僕都尉,居焉耆、危須間。賦税諸國,取富給焉。孝文三年,右賢王入居河南爲寇。其明年,單于遺漢書曰:"今以少吏之敗約,故罰右賢王,使至

西方求月氏擊之。以天之福,吏卒良,馬力强,以滅夷月氏,盡斬殺降下定之。樓蘭、烏孫、呼揭及其旁二十六國,皆已爲匈奴。"則匈奴之服西域,在孝文三四年間。而匈奴之國勢,遂臻於極盛。

漢初對匈奴,亦嘗用兵。已而被圍於平城,今山西大同縣。不利,乃用劉敬策,妻以宗室女,與和親。蓋以海内初平,不能用兵,欲以是徐臣之也。高后、文、景之世,守和親之策不變。然匈奴和親不能堅,時入邊殺掠。漢但發兵防之而已。是時當匈奴冒頓、老上、軍臣之世,爲匈奴全盛之時。武帝即位,用王恢策,設馬邑之權,以誘軍臣單于。軍臣覺之而去。匈奴自是絶和親,攻當路塞,數入盜邊。然尚樂關市,耆漢財物,漢亦通關市不絶以中之。元光元年,漢始發兵出擊。自後元朔二年、五年、六年、元狩三年,仍歲大舉。而元朔二年之役,衛青取河南,置朔方郡;在今鄂爾多斯右翼後旗,黄河西岸。漢既築朔方,遂繕蒙恬所爲塞,因河爲固。元狩二年,渾邪王殺休屠王降漢;漢通西域之道自此開,羌、胡之交關自此絶。匈奴受創尤巨。於是伊稚斜單于,軍臣之弟,繼軍臣立。用漢降人趙信計,本胡小王,降漢,封爲翕侯。敗没,又降胡。益北絶幕。欲誘疲漢兵,徼極而取之。元狩四年,漢發十萬騎,私負從馬凡十四萬匹,糧重不與焉。使衛青、霍去病中分兵。青出定襄,今山西右玉縣。至寘顔山趙信城。去病出代,封狼居胥,禪於姑衍,臨瀚海而還。自是匈奴遠遁,而漠南無王庭。漢渡河自朔方以西至令居,今甘肅平番縣。往往通渠,置田官,吏卒五六萬人,稍蠶食,地接匈奴以北矣。

伊稚斜單于後,再傳而至兒單于。兒單于之立,當武帝元封六年。自兒單于以後,益徙而西北。左方兵直雲中,右方兵直酒泉、敦煌。龍庭所在,史亦不詳。而以兵事覈之,則距余吾水至近。天漢四年,貳師之出,且鞮侯單于悉遠其累重於余吾水北,而自以兵十萬待水南。征和二年,聞漢兵大出,左賢王驅其人民,渡余吾水六七里,居兜銜山。壺衍鞮單于時,漢生得甌脱王。匈奴恐以爲導襲之,即北橋余吾,令可渡。《山海經》:"北鮮之山,鮮水出焉。北流注於余吾。""北鮮"二字,疑鮮卑之倒誤。余吾,仙娥,一音之轉。頗疑今色楞格河,古時本名鮮水;即鮮卑水,或譯名但取上一音,或奪卑字。而拜哈勒湖，則名余吾；後乃貤其所注之湖之名，以名其水也。本始二年，五原之兵，出塞八百餘里，而至丹余吾水。丹余吾，當係余吾衆源之一，或其支流。以道里計之，亦當在今色楞格河流域也。古山水多以種族名，而北族如匈奴、纖犂等古皆近塞，後乃播遷而出塞外。北徼山水與内地戎狄同名，理所可有。《公羊》成公元年："王師敗績於貿戎。"《左氏》作茅戎，而云"敗績於徐吾氏"。徐吾即余吾也。杜《注》云："茅戎之别也。"説蓋不誤。戎狄遷徙，習爲故常，自春秋至前漢，閲時久矣，古之貿戎播遷而至漠北，亦理所可有。然則余吾水，或貿戎之别薦居之所耶？遐哉尚矣，弗可得而考矣！兒單于四傳而至壺衍鞮單于。宣帝本始二年，匈奴欲掠烏孫，烏孫公主來求救。漢發五將軍十餘萬衆，出塞各二千餘里以擊之。匈奴聞之，驅畜産遠遁。是以五將少所得，而校尉常惠護烏孫兵，入自西方，獲三萬九千餘級；馬、牛、驢、赢、槖駞五萬餘匹，羊六十餘萬頭。《烏孫傳》云"烏孫皆自取所虜獲"，則此數未必確實。然匈奴之所損，必甚多也。匈奴民衆死傷，及遁逃死亡者，不可勝數。其冬，單于自將攻烏孫，頗有所得。欲還，會大雨雪，人畜凍死，還者不及什一。於是丁令攻其北，烏桓入其東，烏孫擊其西，凡三國所殺數萬級；馬數萬匹，牛羊甚衆。匈奴大虚弱，諸國羈屬者皆瓦解，滋欲鄉和親，然尚未肯屈服於漢也。其後匈奴内亂，五單于争立。呼韓邪盡并諸單于，又爲新立之郅支單于所敗。乃於甘露元年，款五原塞降漢。三年，入朝。郅支北擊烏揭，降之，發其兵，西破堅昆，北降丁令。并三國之衆，留都堅昆。《三國志注》引《魏略》：匈奴單于庭，在安習水上，當係指此時言之。安習水，今額爾齊斯河也。後殺漢使谷吉，自以負漢；又聞呼韓邪日强，恐襲之，欲遠去。會康居數爲烏孫所困，使迎郅支居東邊，欲并力取烏孫以立之。郅支大悦，引而西。康居王甚尊敬之，妻以女。郅支數借兵擊破烏孫。烏孫西邊空虚不居者且千里。郅支驟勝而驕，殺康居王女，又役康居之民爲築城。元帝建昭三年，西域副都護陳湯矯制，發諸國及車師、戊己校尉屯田兵攻殺之。傳首京師。北方積年之大敵，至是稱戡定焉。

匈奴之弱，實由失漠南。侯應《罷邊塞議》謂"邊長老言，匈奴失陰山之後，過之未嘗不哭也"。據《漢書・匈奴傳》：元封六年冬，匈奴大雨雪,畜多飢寒死;誅貳師後,連雨雪數月,畜産死,人民疫病,穀稼不熟;本始二年,單于自將擊烏孫,欲還,會天大雨雪,一日深丈餘,人民畜産凍死,還者不能什一;虛閭權渠單于之立,匈奴飢,人民畜産死十六七。蓋三十七年之間,大變之見於中國史者四矣,度尚有較小,爲中國史所不載者也。

〔三四五〕 頭曼北徙及復度河南之年

《史記·匈奴列傳》云:"秦滅六國,始皇帝使蒙恬將十萬之衆北擊胡,悉收河南地。因河爲塞,築四十四縣,城臨河,徙適戍以充之。而通直道,自九原至雲陽,因邊山險塹谿谷,可繕者治之。起臨洮至遼東萬餘里。又度河據陽山北假中。當是之時,東胡强而月氏盛。匈奴單于曰頭曼,頭曼不勝秦,北徙。十餘年而蒙恬死,諸侯畔秦,中國擾亂,諸秦所徙適戍邊者皆復去;於是匈奴得寬,復稍度河南與中國界於故塞。"蒙恬擊匈奴,據《始皇本紀》,事在三十二、三十三年,上距秦滅六國已六年,下距蒙恬之死僅四年耳,安得云十餘年?然則《匈奴列傳》蓋辜較言之,誤以頭曼北徙,自秦滅六國時起計;抑或頭曼北徙,實在蒙恬出擊之先,史但承蒙恬事叙之,而未詳其年歲,二者必居一於是矣。《高祖紀》:塞王欣、翟王翳降後,繕治河上塞。廢丘降、章邯自殺後,又興關内卒乘塞。是時楚漢相持方急,漢方發關中老弱未傅者悉詣軍;又關中大饑,米斛萬錢,人相食,令民就食蜀漢;非萬不得已,必不肯分兵守邊。疑匈奴之復度河南,與中國界於故塞,當在是時也。

〔三四六〕 頭 曼 城

《漢書·地理志》:五原郡稒陽縣,北出石門障得光禄城,又西北得支就城，又西北得頭曼城。王先謙《漢書補注》云："蓋即冒頓父所築。"案衛律爲壺衍鞮單于謀，穿井築城，治樓以藏穀，與秦人守之。漢兵至，無奈我何。或曰：胡人不能守城，是遺漢糧也。衛律於是止。《匈奴傳》。安得當頭曼時已能築城而居乎？即築之，將誰與守？此蓋胡語偶同，或後人築城，知其地爲頭曼故居，因以名之，必非頭曼所築也。

貳師之出塞也，追北至范夫人城。應劭曰："本漢將築此城。將亡，其妻率餘衆完保之，因以爲名。"張晏曰："范氏能胡詛者。"范氏事跡，當有可考，特應劭、張晏均未詳言之耳。然則謂爲漢人所築，必非億度之辭。漢人築城於胡中，以其能守城也，故能完其餘衆。郅支之築城，已在徙西域後矣，猶不能守，而爲陳湯所破，況頭曼時乎？

〔三四七〕 優留單于非真單于

《後漢書·南匈奴傳》：元和二年，"時北虜衰耗，黨衆離畔，南部攻其前，丁零寇其後，鮮卑擊其左，西域侵其右，不復自立，乃遠引而去。章和元年，鮮卑入左地，擊北匈奴，大破之，斬優留單于。二年，七月，南單于上言：孝章皇帝聖思遠慮，遂欲見成就，故令烏桓、鮮卑討北虜，斬單于首級，破壞其國。今所新降虚渠等詣臣自言：去歲三月中發虜庭，北單于創刈南兵，又畏丁令、鮮卑，遯逃遠去，依安侯河西。今年正月，骨都侯等復共立單于異母兄右賢王爲單于，其人以兄弟争立，并各離散。"《魯恭傳》：和帝初立，議遣竇憲與耿秉擊匈奴，恭上疏諫，言"今匈奴爲鮮卑所殺，遠臧於史侯河西，去塞數千里"。史侯河當即安侯河。安、史字音不同，未知孰誤。觀南單于之言，北單于遁逃之年，即鮮卑殺優留之歲，極似此遁逃之北單于，爲繼優留之後者。然建武二十五年，史已言南單于遣兵擊破北單于，北單于震怖,卻地千里。其後二十七年,北單于遣使詣武威求和親。明帝末,北虜寇鈔邊郡,河西城門晝閉。元和元年,武威太守孟雲上言北單于復願與吏人合市,詔書聽雲遣譯使迎呼慰納之。北單于乃遣大且渠伊莫訾王等驅牛馬萬餘頭來,與漢賈客交易。是北庭久在河西塞外,而最近武威。魯恭所謂去塞數千里者,蓋指河西諸郡邊塞言之。鮮卑轉徙而據匈奴之地,事在永元三年耿夔大破之之後,安得當章和元年已能入其左地,殺其單于乎?然則是年所入,仍是匈奴未西徙時之左地;南單于謂北單于遁逃遠去,自指建武二十五年以後、元和二年以前之事言之,非指章和元年之事。《後漢書》蓋於南單于之言,有所删節,而未求其文義之安;"去歲三月中發虜庭",與"北單于創刈"云云,元文實不相接而誤連之,遂若右賢王繼優留而立,其實不然也。《宋均傳》:章和二年,鮮卑擊破北匈奴,而南單于乘此請兵北伐,因欲還歸舊庭。均族子意上疏曰:"臣察鮮卑侵伐匈奴,正是利其鈔掠;及歸功聖朝,實由貪得重賞。今若聽南虜還都北庭,則不得不禁制鮮卑。鮮卑外失暴掠之願,内無功勞之賞,豺狼貪婪,必爲邊患。"然則優留或實非單于,鮮卑妄言之以冒功,未可知也。又《陳禪傳》:禪以永寧二年,"左轉爲玄菟候城障尉。既行,會北匈奴入遼東,追拜禪遼東太守。胡憚其威强,退還數百里。禪不加兵,但使吏卒往曉慰之。單于隨使還郡。禪於學行禮,爲説道義,以感化之。單于懷服,遺以胡中珍寶而去。"是時遼東塞外,安得有單于?蓋北虜舊部與西方隔絶,將衆者遂以此自號耳。優留單于,或亦其類也。《袁安傳》:北單于爲耿夔所破,遁走烏孫,竇憲上立降者左鹿蠡王阿佟。安言"烏桓、鮮卑新殺北單于,今立其弟,則二虜懷怨"。然則優留單于,乃阿佟之兄也。又案南單于僅云北單于創刈南兵,又畏丁令、鮮卑,不云西域攻之。匈奴未西徙時,雖衰亂,西域諸國,似未必能攻其右。且西域果攻其右,匈奴復安得西徙乎?《後漢書》記元和二年事,恐亦不免雜采舊文而不諦也。

〔三四八〕五　　餌

賈生五餌之説，謂車服以壞其目，飲食以壞其口，音聲以壞其耳，宫室以壞其腹，榮寵之以壞其心。不過以中國侈靡之俗，誘惑蠻夷無知之人耳。乃曰：關市屠沽者，賣飯食者，美臛炙膹者，物各一二百人，則胡人著於長城之下矣。是王將强北之，必攻其王矣。以匈奴之飢，飯羹啗膹炙，嘽滂、多飲酒，其亡竭可立而待也。賜大而愈飢，多財而愈困，遠期五歲、近期三年之内，匈奴亡矣。《新書·匈奴》。夫率其子弟，攻其父母，民之親我歡若父母，其好我芬若椒蘭，反顧其上則若灼黥仇讎，此孟子、孫卿之所想望，充類至義之盡之言，雖三代征伐未能竟其義、如其文者也。乃賈生欲以晏安爲鴆毒，不用兵刃而亡人之國，何其侈哉！豈非處士之大言，少年之鋭氣乎？然《史記》所載，以匈奴降王、相、歸義、屬國之屬侯者，惠、景間十人，安陵侯子軍，垣侯賜，遒侯隆强，容成侯唯徐盧，易侯僕黥，范陽侯代，翕侯邯鄲，弓高侯韓頽當、韓王信孽子，襄城侯韓嬰、信太子之子，亞谷侯它父、故燕王盧綰子，傳云綰孫。建元以來二十有四。翕侯趙信，持裝侯樂，親陽侯月氏，若陽侯猛，涉安侯於單，昌武侯趙安稽，襄成侯無龍，潦侯煖訾，宜冠侯高不識，煇渠侯僕多，下麾侯呼毒尼，漯陰侯渾邪，煇渠侯扁訾，河綦侯烏犂，常樂侯稠雕，壯侯復陸支，衆利侯伊即軒，湘成侯敞屠洛，散侯董荼吾，臧馬侯延年，瞭侯次公，昆侯渠復累，騏侯駒幾，梁期侯任破胡。又秺侯金日磾，都城侯金安上，見《補表》。其見於《漢書·景武昭宣元成功臣表》者又四人。開陵侯成娩，歸德侯先賢撣，信成侯王定，義陽侯厲温敦。以兵敗復降匈奴者，僅一趙信；謀反入匈奴誅者，親陽、若陽二侯；屬國降胡亡入匈奴者，元帝初元元年上郡萬餘人耳。見《紀》。不特此也，漢武即位，通關市以饒給匈奴，而匈奴自單于以下皆親漢，往來長城下，以此幾墮馬邑之權，然猶樂關市，嗜漢財物。渾邪王之降也，賈人與市長安中，坐當死者五百餘人，汲黯譏武帝虚府庫賞賜，發良民侍養，若奉驕子。《黯傳》。夫武帝之厚撫降人，出於侈靡，欲誇視中國富厚者，容或有之；抑憚匈奴之强，而所以奉之者轉厚，亦在所不免；然謂其絶無以此爲餌之意，亦未必然也。然則賈生之策，漢雖不盡行，亦未嘗全不見用矣。

老子曰："化而欲作，吾將塡之以無名之樸。"通觀五千言，以侈靡爲致亂之原，而責上之人躬履儉素，以塡静其民者甚至。夫民日接於紛華靡麗，而曰上之人躬履儉素，遂能使其下薄太牢之享而甘茹其粟，其説似近於迂。然而野蠻之族，與文明之族接，習於侈靡，終致喪亡者，有不自其上之人始者乎？蓋文明民族之所優，野蠻民族之所乏者，有利用厚生之事焉，有紛華靡麗之事焉。利用厚生之事，有益於民生，無害於風俗，苟能采人之所長，以補己之所短，未見其於野蠻民族爲有害；不徒無害，且使其民日臻於樂利，益進於文明，寖至與上國方駕焉。惟侈靡之事，則誠所謂賜大而愈飢，多財而愈困者，惑而溺之，未有不以敗亡隨其後者也。夫使上之人誠能躬履儉素，日計其國人而訓之；而又能操刑法以齊其下，飲食衣服，不軌於正者必誅；如是，則其民之慕效文明之族者，必利用厚生之事，而非紛華靡麗之爲；民日進於富厚文明，受交隣之益而不受其害，夫孰能挾晏安爲鴆毒，而以是爲餌？然而野蠻之族與文明之族遇，爲凡民之表率者，無不惟紛華靡麗之悦，而下之人遂靡然從風，率一國之人，惰於作業，而貪於飲食，冒於貨賄，不徒兵力不敵中國如匈奴者，終至滅亡也；即其乘中國衰亂，爲封豕長蛇，薦食上國者，亦終以此自斃。其事至淺也，其理至明也，而往古來今，前車覆而後車繼，不待人之驅，而自入於罟擭陷阱，豈不哀哉！匈奴之攻戰，斬首虜，賜一巵酒，酒之貴重可知。然秫蘗有待於漢之贈遺，此亦飲食可以壞其口之一證。以是爲賜，上之人不翅明示漢物之可貴矣。

然而勿謂秦無人也。中行説之説老上單于也，曰："匈奴人衆不能當漢之一郡，然所以强者，以衣食異，無仰於漢也。今單于變俗好漢物，漢物不過什二，則匈奴盡歸於漢矣。"何其所言與賈生如出一口也？其爲單于畫曰："其得漢繒絮，以馳草棘中，衣袴皆裂敝，以示不如旃裘之完善也。得漢食物，皆去之，以示不如湩酪之便美也。"何其計之深而慮之遠也？而惜乎單于之不能用也。然而楊惲之折中書謁者令曰："冒頓單于得漢美食好物，謂之殠惡。"《漢書·惲傳》。則冒頓固嘗行之矣。此其所以能盡服從北夷，而南與中國爲敵國與？

原刊《國學論衡》第五期上，一九三五年六月三十日出版

〔三四九〕 蕭望之[①]

惟不足於中者，乃欲炫耀於外。呼韓邪之來朝也，詔有司議其儀，咸曰：宜如諸侯王，位次諸侯王下。蕭望之獨以爲單于非正朔所加，故稱敵國，宜待以不臣之禮，位在諸侯王上。宣帝從之。詔曰："教化所不施，不及以政。"此從《望之傳》。《本紀》作"禮所不施"。而望之之言曰："使匈奴後嗣卒有鳥竄鼠伏，闕於朝享，不爲叛臣。"大哉言乎！中國之於外夷，固有教化之之責，已則不能教，而欲責臣禮於人，是猶未嘗傳道授業而欲責人北面稱弟子也，恧也！卒之彼之稱臣服從者，屈於力也，不則商賈利賞賜也；力所不及，利所不存，遂欲抗顔與我爲敵國。鄉以得其臣爲榮者，至此遂以失其臣爲辱，則何如望之之議，謂"外夷稽首稱藩，中國讓而不臣"之爲謙尊而光，卑而不可踰哉？使后世而知此義也，西人東來之初，可省却許多無謂之争論，又不但此也。蠻夷猾夏，劉聰至責晋帝青衣行酒，而金元之屬，至欲侈然而臣我，雖契丹猶争歲幣之爲貢爲納，皆我之侈然，欲臣畜人，有以教猱升木也。使中國常皇然曰：我雖文明乎，曾未能教導汝，我用愧於厥，以我與汝敵國也。其敢靦顔而臣子乎？彼外夷習見文明人之如此也，將習爲謙讓之不暇，安所取敖慢之態哉？故曰：謙尊而光，卑而不可踰。故曰：戒之，戒之，出乎爾者，反乎爾者也。故曰：言悖而出者，亦悖而入。夫謙尊而光，而侈然自大者之爲可笑而亡謂也，其理至易喻

---

① 曾改題《蕭望之對匈奴之議論》。

也。然惟漢世能行之。無他，當是時中國盛强，足於中不待炫耀於外也。然則不能自强而唯争虚文以爲榮，其爲榮也，亦僅矣。然宣帝賜單于印璽與天子同，見《漢書·食貨志》。何損於漢天子之豪末哉？

匈奴之亂也，議者多欲因其壞亂舉兵滅之；望之獨引《春秋》不伐喪之義，謂宜遣使者弔問，輔其微弱，救其災患，四夷聞之，咸貴中國之仁義。如遂蒙恩得復其位，必稱臣服從，此德之盛也。斯議也，論者必以爲迂，然因外夷之壞亂而舉兵滅之，唐太宗之於突厥、薛延陁，則嘗行之矣，曾何補於默啜之寇盜，更何益於中葉後回紇之驕横哉？觀東西漢之世，兩呼韓邪之後戢戢鄉化，而唐世恒以六胡州旰食，而知尚德不觀兵之效矣。特難爲淺慮者道耳。

〔三五〇〕　全代制匈奴策

蘇子瞻之策西夏曰：靈武之所以不可取者，非數郡之能抗吾中國；吾中國自困而不能舉也。其所以自困而不能舉者，以不生不息之財，養不耕不戰之兵，塊然如巨人之病膇，非不枵然大矣，而手足不能以自舉。欲去是疾也，則莫若捐秦以委之；使秦人斷然如戰國之世，不待中國之援，而中國亦未始有秦者。有戰國之全利，而無戰國之患，則夏人舉矣。《對制科策》。王恢之策匈奴曰："臣聞全代之時，北有强胡之敵，内連中國之兵，然尚得養老長幼，種樹以時，倉廪常實，匈奴不輕侵也。"《漢書·韓安國傳》。恢數爲邊吏，習胡事，又去戰國之世近，其言必非無據；然則非敵國外患之足慮，有敵國外患而我無以待之之足慮。

〔三五一〕　分　　地

讀史者多謂耕稼之民，始重土地；游牧之民，則可以時時遷徙；誤也。游牧之民之遷徙，亦出於不得已耳，故亦極重分地。《史記·匈奴列傳》曰："逐水草遷徙，毋城郭常處耕田之業，然亦各有分地。"又曰："諸左方王將居東方，直上谷，以往者東接穢貉、朝鮮，右方王將居西方，直上郡，以西接月氏、氐、羌，而單于之庭直代、雲中：各有分地，逐水草移徙。"其證也。彼其所謂遷徙者，固皆在分地之内耳。分地之制，惟遼世最嚴。故當其盛時，北方最爲安定。以凡部族皆能保其分地，莫相侵犯，則變動無從起耳。《遼史·營衛志》引舊志曰："契丹之初，草居野次，靡有定所，至涅里，始制部族，各有分地。"非謂前此遂無定居，乃其所居之地，無法令以保鄣之，不能視爲分地耳。

〔三五二〕 秦始皇築長城

秦始皇帝築長城，譽之者以爲立萬古夷夏之防，毀之者以爲不足禦侵略，皆不察情實之談也。《史記·匈奴列傳》曰："士力能彎弓，盡爲甲騎。"又曰："自左右賢王以下至當户，大者萬餘騎，小者數千。凡二十四長，立號曰萬騎。"則匈奴壯丁，尚不足二十四萬。《史記》又云：冒頓"控弦之士三十萬"，蓋其自號之虚詞也。《新書·匈奴篇》曰："竊料匈奴控弦，大率六萬騎，五口而出介卒一人，五六三十，此即户口三十萬耳。"此則其數太少。或賈生所計，非匈奴全國之衆。南部之并北部也，領户三萬四千，口二十三萬七千三百，勝兵五萬一百十七人。所謂勝兵，即力能彎弓之士也。然則匈奴壯丁，居其民數五之一弱。與賈生五口而出介卒一人之説合。今即以匈奴兵數爲二十四萬，以五乘之，其口數亦不過百二十萬耳。賈生謂匈奴之衆，不當漢千石大縣；中行説謂匈奴人衆，不能當漢之一郡，非虚詞也。冒頓盡服從北夷時，口數如此，頭曼以前當何如？《史記》曰："自隴以西，有綿諸、緄戎，翟貆之戎。岐梁山、涇、漆以北，有義渠、大荔、烏氏、朐衍之戎。而晉北有林胡、樓煩之戎，燕北有東胡、山戎，各分散居谿谷，自有君長；往往而聚者，百有餘戎，然莫能相一。”頭曼以前之匈奴，則亦如此而已。此等小部落，大興師征之，則遁逃伏匿，不可得而誅也；師還則寇鈔又起；留卒戍守，則勞費不資；故惟有築長城以防之。長城非起始皇，戰國時，秦、趙、燕三國，即皆有之。皆所以防此等小部落之寇鈔者也。齊之南亦有長城，齊之南爲淮夷，亦小部落，能爲寇鈔者也。若所鄰者爲習於戰陳之國，則有雲梯隧道之攻，雖小而堅如偪陽，猶懼不守，況延袤至千百里乎？然則長城之築，所以省戍役，防寇鈔，休兵而息民也。本不以禦大敵。若戰國秦時之匈奴，亦如冒頓，控弦數十萬，入塞者輒千萬騎，所以禦之者，自别有策矣。謂足立萬古夷夏之防，幾全不察漢後匈奴、鮮卑、突厥之事，瞽孰甚焉。責其勞民而不足立夷夏之防，其論異，其不察史事同也。

〔三五三〕　秦平南越上[①]

《秦始皇本紀》：“三十三年，發諸嘗逋亡人、贅壻、賈人，略取陸梁地，爲桂林、象郡、南海，以適遣戍。”“三十四年，適治獄吏不直者，築長城及南越地。”《六國表》略同。其所戍及所築，皆即所略取之地，非中國與陸梁間之通道也，而《集解》引徐廣曰“五十萬人守五嶺”，疏矣。

徐廣之言，蓋本於《淮南子》。《淮南子·人間訓》曰：秦皇“利越之犀角、象齒、翡翠、珠璣，乃使尉屠睢發卒五十萬，爲五軍：一軍塞鐔城之領，一軍守九嶷之塞，一軍處番禺之都，一軍守南野之界，一軍結餘干之水，三年不解甲弛弩，使監禄無以轉饟。又以卒鑿渠而通糧道，以與越人戰。殺西嘔君譯吁宋，而越人皆入叢薄中，與禽獸處，莫肯爲秦虜。相置桀駿以爲將，而夜攻秦人，大破之。殺尉屠睢，伏尸

① 曾改題爲《秦營南方上》。

流血數十萬,乃發謫戍以備之”。案此事亦見淮南王《諫伐閩越書》,《漢書·嚴助傳》。而無發卒五十萬之語。《漢書·嚴安傳》載安上書,則謂秦使尉屠睢將樓船之士,南攻百越,既敗,乃使尉佗將卒以戍越,《史記·淮南王傳》伍被諫王之辭,又謂秦“使尉佗踰五嶺攻百越,尉佗知中國勞極,止王不來”。今案尉佗本傳,佗在秦時僅爲龍川令,及任囂病且死,召佗,被佗書,行南海尉事,佗乃因以自王,安有將兵征戍之事?更安得當秦始皇時,即止王不來乎?發卒與謫發大異;且略地遣戍,同在一年,即適築亦在其明年,安有所謂三年不解甲弛弩者?古載籍少,《史記》又非民間所有,稱説行事,率多傳聞不審之辭。淮南諫書,自言聞諸長老,明非信史。嚴安、伍被之辭,蓋亦其類。徐廣不察,率爾援據;且繆以淮南所言發卒之數爲《史記》所云謫戍之數,亦疏矣。

淮南王諫伐閩越之辭曰:“不習南方地形者,多以越爲人衆兵强,能難邊城。淮南全國之時,多爲邊吏,臣竊聞之,與中國異。限以高山,人跡所絶,車道不通,天地所以隔外内也,其入中國,必下領水,領水之山峭峻,漂石破舟,不可以大船載食糧下也。越人欲爲變,必先田餘干界中,積食糧,迺入伐材治船。邊城守候誠謹,越人有入伐材者,輒收捕,焚其積聚,雖百越,奈邊城何?”此雖言閩越,南越亦無以異,即有喪敗,安用發大兵爲備乎?兵有利鈍,戰無百勝,當時用兵南越,天時地利,皆非所宜,偏師喪敗,事所可有,然以大體言之,則三郡之開,闢地萬里,越人固未嘗敢以一矢相加遺,安用局促守五嶺乎?使一敗而至於據嶺以守,則三郡之不屬秦久矣,何以陳勝既起,任囂猶能挈南海以授趙佗;而佗既行尉事,南海猶多秦吏,而待佗稍以法誅之邪?見佗本傳。《陳餘傳》載武臣等説諸縣豪桀之辭,謂秦南有五嶺之戍。蓋漢通南越,嶺道有五,故爲此辭者云爾,非必武臣當時,語本如此。《佗傳》言佗檄横浦、陽山、湟谿絶道聚兵以守,則似秦與南越往來,惟有三道耳。

漢武帝之通夜郎也,拜唐蒙爲中郎將,將千人,食重萬餘人。《史記·西南夷傳》。王莽之擊益州也，發天水、隴西騎士，廣漢、巴、蜀、犍爲吏民十萬人，轉輸者合二十萬。猶以軍糧前後不相及，致士卒飢疫，三歲餘死者數萬，見《漢書·西南夷傳》。知當時南方，道路艱阻，運饟者恒倍蓰於士卒。始皇若發五十萬人以攻越，疲於道路者，不將逾百萬乎？又淮南諫書，言“自漢初定已來，七十二年，吴越人相攻擊者不可勝數”；而《史記·東越列傳》：閩越圍東甌，東甌告急天子，天子問太尉田蚡，蚡對亦曰“越人相攻擊固其常”；《漢書·高帝紀》十一年詔亦曰“粤人之俗，好相攻擊”；知當時越人，尚分散爲衆小部落，此其所以有百越之稱也，安用發大兵攻之？彼亦豈能聚大兵來攻，而待發大兵以守乎？

秦所遣謫戍之數，雖不可考，然必不能甚多，故任囂告趙佗，謂“頗有中國人相輔”；《佗傳》。而陸賈説佗，亦謂“王衆不過數十萬，皆蠻夷”也。《史記·賈傳》。《漢書·兩粤傳》載佗《報文帝書》，言“西有西甌，其衆半羸，南面稱王；東有閩粤，其衆數千人，亦稱王；西北有長沙，其半蠻夷，亦稱王”。羸當作嬴，《史記》作其西甄駱裸國，師古曰：“羸，謂劣弱也。”竟未一考《史記》，疏矣。“其衆數千人”，《史記》作“千人衆”。東甌之降也，其衆四萬餘，《史記·漢興以來將相名臣年表》：建元三年，“東甌王廣武侯望率其屬四萬餘人來降，處廬江郡。”閩越强於東甌，衆不得較東甌爲少。知佗於西甌、閩粤、長沙，皆以中國之衆，與蠻夷分别言之。陸生所謂衆數十萬者，必不苞中國人矣。漢高帝之王尉佗也，詔曰：“前時秦徙中縣之民南方三郡，使與百粤雜處。會天下誅秦，南海尉佗居南方，長治之，甚有文理，中縣人以故不耗減。”《漢書·高帝本紀》十一年。則佗自王後，中國人在南方者，初無所損。而陸生不之及者，其數微，不足計也。知秦時所謫，其數必不能多矣。

《史記》所謂築越地者，蓋謂築城郭宫室也。中縣民初至，必不能處深山林叢，勢不能不築宫室以居，城郭以守。然則秦人之徙中縣民，其意雖欲使與越雜處以化之，實仍自爲聚落，故其數不耗減易知也。長沙開闢最久，蓋猶不免焉，而閩越無論矣，故尉佗於此，并以中國人與蠻夷分言之也。

漢人引秦事以譏切當世者甚多，而皆莫如鼂錯之審。錯之論守備邊塞也，曰："臣聞秦時，北攻胡貉，築塞河上；南攻揚粤，置戍卒焉。夫胡貉之地，積陰之處也，木皮三寸，冰厚六尺，食肉而飲酪，其人密理，鳥獸毳毛，其性能寒。揚粤之地，少陰多陽，其人疏理，鳥獸希毛，其性能暑。秦之戍卒不能其水土，戍者死於邊，輸者僨於道。秦民見行，如往棄市，因以讁發之，名曰讁戍，先發吏有讁及贅壻、賈人，後以嘗有市籍者，又後以大父母、父母嘗有市籍者，後入閭，取其左。"此即《史記》所謂發諸嘗逋亡人、贅壻、賈人，適治獄吏不直者也。然錯之言曰："臣聞古之徙遠方以實廣虚也，相其陰陽之和，嘗其水泉之味，審其土地之宜，觀其草木之饒；然後營邑立城，製里割宅，通田作之道，正阡陌之界。先爲築室，家有一堂二内，門户之閉，置器物焉，民至有所居，作有所用，此民所以輕去故鄉而勸之新邑也。"秦之徙民，其慮之雖不能如是之備，然其適築越地，蓋猶存此意焉。錯又言：人情非有匹敵，則不能久安其處，故亡夫若妻者，欲縣官買予之。今案伍被言：尉佗止王南越，使人上書，求女無夫家者三萬人，以爲士卒衣補，秦始皇帝可其萬五千人。被言不諦，説已見前。然傳聞之辭，雖不盡實，亦不能全屬子虚。果若所言，則秦之徙民，得古之遺意者多矣，其迫而徙之雖虐，而既徙之後，固未嘗不深慮之而力衛之也。此其所以三郡之地，能永爲中國之土歟？

當時居越中者，中國人雖少，而越人之數，則初非寡弱。尉佗報文帝書，自稱帶甲百萬有餘。今案《漢書・地理志》，漢所開九郡，除珠崖、儋耳外，其餘七郡，口數餘百三十萬；而珠崖、儋耳，户亦二萬三千餘，見於《賈捐之傳》。然則百萬雖虚辭，而淮南王謂越甲卒不下數十萬；吴王濞遺諸侯書，謂"寡人素事南越三十餘年，其王君不辭分其卒以隨寡人，可得三十餘萬"，《史記》本傳。則非誇飾之語矣。唐蒙謂"夜郎所有精兵，可得十餘萬"。案《漢志》，犍爲郡口四十八萬九千，牂柯郡口十五萬三千，則其辭亦不虚。《史記・西南夷列傳》謂"滇小邑"，又謂滇王"其衆數萬人"；又《建元以來侯者年表》：湘成侯監居翁,"以南越桂林監,聞漢兵破番禺,諭甌駱兵四十餘萬降侯",知南方文化程度雖低,生齒數實不弱,蓋由氣暖而地腴使然。秦所徙中縣民,區區介居其間,而能化之以漸,使即華風,而未嘗自同於劗髮文身之俗,亦可謂難矣。抑秦之所以使之者,固自有其道,而後人過秦之論,有不盡可信者歟?

〔三五四〕 秦平南越下[①]

《史記·南越尉佗列傳》:"秦時已并天下,略定揚越,置桂林、南海、象郡,以謫徙民,與越雜處十三歲。"《集解》引徐廣曰:"秦并天下,至二世元年十三年。并天下八歲,乃平越地,至二世元年六年耳。"案此所謂略定揚越者,乃指秦滅楚後,平江南之地言之,即秦所置會稽郡地,而非桂林、南海、象郡之地也。《楚世家》及《六國表》,皆謂秦始皇二十三年,王翦擊破楚軍,殺項燕;二十四年,虜其王負芻,而《秦始皇本紀》則云:二十三年,王翦虜荆王,秦王游至郢陳。荆將項燕立昌平君爲荆王,反秦於淮南。二十四年,王翦、蒙武攻荆,破荆軍,昌平君死,項燕遂自殺。二十五年,王翦遂定荆江南地,降越君,置會稽郡。其記負芻之虜,早於《表》及《世家》一年;而立昌平君及定江南地事,則《表》及《世家》無之。今案《表》既記負芻於始皇二十四年見虜,而於二十五年又云秦滅楚,蓋指昌平君之亡;而《王翦傳》亦謂翦殺項燕後歲餘,乃虜荆王,與《表》及《世家》合;則《秦本紀》之記事,實誤移上一年,如此,則王翦定江南地,降越君,當在二十六年,正秦并天下之歲;至二世元年,正十三年也。會稽與桂林、南海、象郡之置,雖相距八年,然二者同爲揚越之地,事實相因,故史原其始而言之耳。

項燕之死,《項羽本紀》亦與《六國表》及《世家》同,而《始皇本紀》

---

① 曾改題爲《秦營南方下》。

獨相違異，未知孰是。案軍中奏報，往往不實。竊疑《表》及《世家》均沿戰後奏報之辭。當時謂燕已死，而不知其實生。《始皇本紀》獨記立昌平君事，乃遂删此語也。至《項羽本紀》則因燕與翦戰敗而死，與爲翦所戮無異，乃遂麤言之，古人固多如此。然昌平君之反，則固當確有其事。《表》及《世家》，皆謂考烈王二十二年，"徙都壽春，命曰郢"。此即《本紀》"秦王游至郢陳"之郢，《世家》云："王翦、蒙武遂破楚國，虜楚王負芻，滅楚，名爲郡。"楚國亦指壽春言之，蓋即其地以立郡治。《本紀》記江南之定，在昌平君死後一年；《王翦傳》亦云："竟平荆地爲郡縣，因南征百越之君。"則知平荆地與征百越，自屬兩事。蓋虜負芻之時，秦人雖破壽春，兵力實尚僅及淮北也，然則昌平君所據，必爲淮南無疑，徐廣曰："淮一作江。"作江者恐非矣。

《尉佗傳》云："自尉佗初王後，五世，九十三歲，而國亡焉。"初王，謂佗自立爲南越武王，别於漢十一年遣陸賈立佗爲南越王言之也。其時在高帝五年，距二世元年，又七年矣。

〔三五五〕 趙佗年壽

《史記·南越尉佗列傳》："至建元四年卒。佗孫胡爲南越王。"《漢書》無卒字。案無之者是也。《集解》引徐廣曰："皇甫謐曰：越王趙佗以建元四年卒，爾時漢興七十年，佗蓋百歲矣。"此謐之穿鑿。篇末言"自尉佗初王，後五世九十三歲而國亡焉"，則佗之子亦嘗爲王。佗卒子繼之年不可知，其子卒而胡繼，則在建元四年。以事理推之，未始不可補"佗卒子繼立"五字。然《史記》不之補者，古人之慎也。皇甫謐不考始末，遽以佗卒在建元四年，謬矣。凡謐之言，固多如此。《史記》蓋本無卒字，如謐者億補之也。

《禮記·曲禮》："大夫七十而致事；若不得謝，則必賜之几杖，行役，以婦人適四方乘安車，自稱曰老夫。"文帝元年，佗報謝之書，業已自稱老夫；縱謂其時僅餘六十，至建元四年亦四十四歲矣。況佗書謂老夫處粤四十九年，佗報書未必溯未居官時事，然則佗當令龍川乃至粤，其時年必踰弱冠，則報謝年必踰七十也。又四十四年，則當百十餘歲，長壽者固非無有，然踰百歲者究罕。佗果至百十餘歲，安得漢人絶無齒及者，故知佗必不卒於建元四年也。

〔三五六〕頭　蘭

《史記・西南夷列傳》："南越反，上使馳義侯因犍爲發南夷兵。且蘭君恐遠行，旁國虜其老弱，乃與其衆反，殺使者及犍爲太守。漢乃發巴蜀罪人嘗擊南越者八校尉擊破之。會越已破，漢八校尉不下，即引兵還，行誅頭蘭。頭蘭，常隔滇道者也。"頭蘭，《索隱》云："即且蘭也。"案《漢書》作且蘭，而無"頭蘭常隔滇道者也"句，此鈔《漢書》者，以頭蘭即且蘭而誤節也。若頭蘭即且蘭，則殺使者及犍爲太守之罪大，隔滇道之罪小，此時誅之，必不以數其小罪矣。破且蘭者，巴蜀罪人也。破頭蘭者，八校尉也。《漢書》"嘗擊南粤者"作"當擊南粤者"，"擊破之"作"擊之"，似以兩軍爲一，亦誤。蓋又因既誤頭蘭且蘭爲一而億改也。故知展轉傳鈔，其誤多矣。

〔三五七〕夜郎侯見殺

《後漢書・西南夷夜郎傳》云："初有女子浣於遯水，有三節大竹流入足間，聞其中有號聲，剖竹視之，得一男兒，歸而養之。及長，有才武，自立爲夜郎侯，以竹爲姓。武帝元鼎六年，平南夷，爲牂柯郡，夜郎侯迎降。天子賜其王印綬，後遂殺之。夷獠咸以竹王非血氣所生，甚重之，求爲立後。牂柯太守吴霸以聞，天子乃封其三子爲侯。死，配食其父。今夜郎縣有竹王三郎神是也。"案《史記》言"西南夷君長以百數，獨夜郎、滇受王印”，似不至遽殺之。《漢書》言成帝河平中，夜郎王興與鉤町王禹、漏卧侯俞相攻擊，漢遣使和解，不聽。乃以陳立爲牂柯太守。立因行縣，召斬興。《後漢書》所謂後遂殺之，疑指此。當時仍封其三子爲侯，則其胤嗣初未嘗絶。然《後漢書》言公孫述時，牂柯大姓龍、傅、尹、董氏與郡功曹謝暹保境爲漢，而不及夜郎侯，則封爵雖存，亦已無足重輕矣。

〔三五八〕 倉海君

《史記·留侯世家》：“良嘗學禮淮陽，東見倉海君。”《集解》引如淳曰：“秦郡縣無倉海。或曰東夷君長。”案或説是也。《越世家》言：無强之亡也，“諸族子争立，或爲王，或爲君，濱於江南海上，服朝於楚。後七世，至閩君摇，佐諸侯平秦。漢高帝復以摇爲越王，以奉越後。”《東越列傳》曰：“閩越王無諸及越東海王摇，其先，皆越王句踐之後也。秦已并天下，皆廢爲君長，以其地爲閩中郡。及諸侯畔秦，無諸、摇率越歸鄱陽令吴芮，從諸侯滅秦。當是之時，項籍主命，弗王，以故不附楚。漢擊項籍，無諸、摇率越人佐漢。漢五年，復立無諸爲閩越王，王閩中故地。孝惠三年，舉高帝時越功，曰閩君摇功多，其民便附，乃立摇爲東海王。”曰“或爲王，或爲君”；曰“皆廢爲君長”；曰“弗王，以故不附”；曰“復以摇爲越王”；“復立無諸爲閩越王”；則王之與君，尊卑迥判。蓋能號令他部落者爲王，獨自臣其部落者爲君。今之土司，皆有其所莅之民，皆君也；其桀黠者，嘗覬兼主他部落，則欲爲王者也。《記》曰：“天無二日，民無二王”，此言號令不可不出於一。然號令所加，亦其部落之酋長耳；若其部民，則固一聽命於其君，而王者之政令，初不之及。故各部落各有酋長，初無害於王者之治，惟不當與王者争發號施令之權耳，此秦之立閩中郡，所以必廢無諸、摇爲君長也，無諸、摇蓋皆《越世家》所謂“或爲王”者，故漢之王之，《史記》

皆言復也。《魏略・西戎傳》,謂氐"今雖都統於郡國,然故自有王侯在其墟落間"。《三國・魏志・烏丸鮮卑東夷傳注》引。此王侯爲虚名,其爲君則實矣,何害於治?衛貶號曰君,而最後亡,由此也。然則始皇時,淮陽以東,得有東夷君長,亦固其所。晉灼以倉海君爲海神,説近怪迂,猶知君非凡人之稱;師古謂當時賢者之號,則誤矣。賢者雖有才德,非有土、子民,則不稱君。師古蓋誤謂下文"得力士"云云,與上相屬,以爲必賢者而後能知奇士,故謂良既見之,因而求得力士,而不知《史》、《漢》此文,初不與上相屬也。良之見倉海君,未知其所爲。然必非徒求一力士。或欲用其徒衆以報秦,如吴芮之用越人邪?

謂倉海君爲東夷君長,是也,而姚察謂即武帝時所置倉海郡,則又非。"東見倉海君",與下"得力士"云云,不必相屬,而與上"學禮淮陽",則必相屬。所謂東者,自淮陽而東也。若武帝時之蒼海郡,則因薉君之降而置者也。《漢書・武帝紀》元朔元年。《平準書》言"彭吴賈滅朝鮮,置倉海之郡";《漢書・食貨志》作"彭吴穿濊貊、朝鮮,置滄海郡"。宣帝詔丞相御史,亦言武帝"東定薉貉,朝鮮",《漢書・夏侯勝傳》。皆與朝鮮并舉,安得在淮陽之東邪?

閩越王郢之誅也,詔曰:"郢等首惡,獨無諸孫繇君丑不與謀焉。""乃使中郎將立丑爲越繇王。餘善已殺郢,威行於國,國民多屬,竊自立爲王,繇王不能矯其衆持正。天子聞之,爲餘善不足復興師,曰:餘善數與郢謀亂,而後首誅郢,師得不勞。因立餘善爲東越王,與繇王并處。"《史記・東越列傳》。丑未王時已稱君,可見其自有部屬;而餘善所謂國民多屬者,則繇爲王後所當矯正之衆也,不歸繇而歸餘善,則繇雖王,實仍君而已矣。

《史記・吴王濞傳》:"發使遺諸侯書曰:寡人素事南越三十餘年。其王君皆不辭分其卒以隨寡人,又可得三十餘萬。""其王君",《漢書》作"其王諸君",蓋是。《史記》疑奪。王一也,而所屬之君則多矣。

《漢書・高帝紀》:五年,詔曰:"故衡山王吴芮與子二人、兄子一人,從百粤之兵,以佐諸侯誅暴秦,有大功,諸侯立以爲王。項羽侵奪之地,謂之番君。其以長沙、豫章、象郡、桂林、南海立番君芮爲長沙王。"又曰:"故粤王亡諸世奉粤祀。秦侵奪其地,使其社稷不得血食。諸侯伐秦,亡諸身帥閩中兵以佐滅秦。項羽廢而弗立。今以爲閩粤王,王閩中地,勿使失職。"稱亡諸爲故粤王,可知《史記》所謂"廢爲君長"者,即奪其王位之謂;而項羽奪吴芮地,而仍謂之番君,亦即所謂廢爲君長者也。

原刊《光華大學半月刊》第二卷第八期,
一九三四年四月十五日出版

〔三五九〕 倭人國

《後漢書·鮮卑傳》:言檀石槐"種衆日多,田畜射獵不足給食。檀石槐乃自徇行,見烏集秦水,廣從數百里,水停不流;其中有魚,不能得之。聞倭人善網捕,於是東擊倭人國,得千餘家,徙置秦水上,令捕魚以助糧食"。案烏集即今言窩集;烏集秦水,謂烏集中有水名秦也;其爲何水不可知。然鮮卑東界,僅接夫餘、穢貉,安得越海而伐日本,則此所謂倭者必非日本也。蓋倭乃種族之稱,日本雖倭人,倭人不僅於日本。此倭人國,必倭族分支早近於東北窩集者也。

《東夷傳》言:馬韓"其南界近倭,亦有文身者";弁辰"其國近倭,故頗有文身者"。文身即倭人,此亦倭人不限於日本地方之一證。東北諸族烏桓、鮮卑及濊貉等,實皆自南而北,予别有考。如東北亦有倭人,則深足證予倭爲嵎夷之説之確矣。《後漢書》之語,實本《魏書》,見《三國·魏志·鮮卑傳注》引。烏集秦水作烏侯秦水,倭人國作汗國。又云:"至於今,烏侯秦水上有汗人數百户。"烏侯似即烏洛侯之異譯,其地在那河西南,見《舊唐書·室韋傳》。那河即今嫩江。

〔三六〇〕鮮 卑

鮮卑出於東胡，讀史者無異詞。近人或曰："通古斯 Tungus 者，東胡之音轉也。不譯爲東胡，而譯爲通古斯，則何不稱孔子曰可夫沙士也？"竊有疑焉。《後漢書》曰："烏桓者，本東胡也。漢初，匈奴冒頓滅其國，餘類保烏桓山，因以爲號焉。""鮮卑者，亦東胡之支也。别依鮮卑山，故因號焉。"《三國志注》引《魏書》略同，蓋《後漢書》所本也。然則東胡之亡，衆分爲二。烏桓、鮮卑大小當略相等。顧鮮卑部落，自漢以後，緜延不絶，而烏桓自魏武柳城一捷，遂不復見於史，僅《唐書》所載，有一極小部落曰烏丸，亦作古丸，在烏羅渾之北。《遼史·太祖紀》，詔撒剌討烏丸。穆宗時，烏丸叛，蓋即此烏丸也。然其微已甚矣。烏桓當漢時，徧布五郡塞外，豈有柳城一捷，所餘僅此之理？《通考》云：西晉王浚爲幽州牧，有烏桓單于審登；前燕慕容儁時，有烏桓單于薛雲；後燕慕容盛時，有烏桓渠帥莫賀咄科勃。亦其微已甚，不足數也。何耶？案拓跋氏之先實來自西伯利亞。别有一條考之。《魏書》謂其國有大鮮卑山。希臘、羅馬古史，謂裏海以西，黑海之北，古有辛卑爾族居之。故今黑海北境，有辛卑爾古城；黑海峽口，初名辛卑峽；而俄人稱烏拉嶺一帶曰西悉畢爾。《元史譯文證補·西域古地考·康居奄蔡》。辛卑爾即鮮卑也。此豈東胡滅後餘衆所居邪？抑鮮卑山自歐、亞之界，緜亘滿、蒙之間也？烏桓鮮卑二山，以地里核之，當即今蘇克蘇魯、索岳爾濟等山。案《史記·匈奴列傳索隱》引服虔曰："東胡，在匈奴東，故曰東胡。"《後漢書·烏桓傳》："氏姓無常，以大人健者名字爲姓。"《索隱》又引《續漢書》曰："桓以之名，烏號爲姓。"此八字或有譌誤，然大意可見。然則東胡者，吾國人貤匈奴之名以名之，而加一方位以爲别，猶稱西域諸國曰西胡爾，非譯名也。烏桓蓋彼族大人健者之名姓，乃分部之專號，非全族之通稱。彼族本名，舍鮮卑莫屬矣。此族古代，蓋自歐、亞之界，蔓延於匈奴之北及其東。實在丁令之北。其所居之地，皆以種人之名名之。故裏、黑海，烏拉嶺，西伯利亞及滿、蒙之間，其名不謀而合也。《史記》以東胡、山戎分言。《索隱》引服虔曰："山戎，蓋今鮮卑。"又曰："東胡，烏丸之先，後爲鮮卑。"又引胡廣曰："鮮卑，東胡别種。"則烏桓、鮮卑雖大同，似有小别。

近人或又云：鮮卑，即《禹貢》之析支。説頗可通。然惟據音譯推度，未能詳列證據。予昔嘗爲之補證，曰："析支者，河曲之地，羌人居之，所謂河曲羌也。《後漢書·西羌傳注》引應劭。羌與鮮卑習俗固有極相類者。羌俗氏姓無常，或以父名母姓爲種號，則母有姓父無姓可知。烏桓亦氏姓無常，以大人健者名氏爲姓。又怒則殺其父兄，而終不害其母，以母有族類，父兄無相讎報故也。一也。羌俗父死則妻後母，兄亡則納釐嫂。烏桓亦妻後母，報寡嫂。二也。羌以戰死爲吉利，病終爲不祥。烏桓俗亦貴兵死。三也。此皆鮮卑與河曲羌同族之證也。"由今思之，此等習俗，蠻族類然，用爲證據，未免專輒。且如匈奴父死妻其後母，兄弟死，皆取其妻妻之，復可云與羌及鮮卑同祖邪？然此説雖不足用，而鮮卑出於析支，其説仍有可立者。《禹貢》析支與渠搜并舉，則二族地必相近。《漢志》朔方郡有渠搜縣，蔣廷錫謂後世種落遷徙，説頗近之。《管子·輕重戊》篇："桓公問於管子曰：代國之出何有？管子對曰：代之出，狐白之皮。公其貴買之。代人必去其本，而居山林之中。離枝聞之，必侵其北。"離枝即析支，是析支在代北也。《大匡》篇："桓公乃北伐令支，斬孤竹，遇山戎。"《小匡》篇："北伐山戎，制泠支，斬孤竹。"又曰："北至於孤竹、山戎、濊貉，拘秦夏。"令支，泠支，亦即析支。《漢志》：遼西郡，令支，有孤竹城。地在今河北遷安縣。是析支在今河北境矣。濊貉者，即《詩·韓奕》之追貊。陳氏奂説，見所撰《詩毛氏傳疏》。未知信否。予謂追未必即濊，然追貊之貊，必即濊貉之貉也。《詩》曰："王錫韓侯，其追其貊。"鄭以韓在韓城，追貊爲雍州北面之國。又曰："其後追也，貉也，爲玁狁所逼，稍稍東遷。"説頗可信。予别有考。渠搜者，《禹貢》析支之鄰國，而漢時跡在朔方；濊貉者，周時地在離枝之東，而其後居今東三省境；然則自夏至周，青海至於遼東，種落殆有一大遷徙。離枝、渠搜，何事自今青海遷至雍、冀之北不可知。若濊貉之走遼東西，鮮卑之處今蒙古東境，則殆爲匈奴所逼也。又燕將秦開，襲破東胡，燕因置上谷、漁陽、右北平、遼西、遼東五郡。此五郡者，其初亦必離枝、濊貉諸族所雜居矣。《後漢書・烏桓傳》："若亡畔，爲大人所捕者，邑落不得受之，皆走逐於雍狂之地，沙漠之中。其土多蝮蛇，在丁令西南，烏孫東北焉。"丁令所居，北去匈奴庭安習水七千里，南去車師五千里，見《史記索隱》引《魏略》。安習水，今額爾齊斯河；烏孫則今伊犂地也。烏桓區區，流放罪人，安得如是之遠？得毋居西方時，故以是爲流放罪人之地，東遷後猶沿其法邪？然則吐谷渾附陰山踰隴而入青海，非拓新疆，乃歸故國矣。此説雖似穿鑿，然析支、渠搜、濊貉同有遷徙之跡，則亦殊非偶然也。又肅慎古代，亦不在今吉林境。予别有考。

寫於一九三四年四月前

〔三六一〕　西夜、子合

《後漢書・西域傳》云："《漢書》中誤云西夜、子合是一國，今各自有王。"案《前書・西域傳》云："西夜國王號子合王，治呼犍谷。"《後書》"西夜國一名漂沙"，"子合國居呼犍谷"。《前書》西夜國户三百五十，口四千，勝兵千人。《後書》則户二千五百，口萬餘，勝兵三千人。而子合國户口勝兵之數與《前書》西夜同。然則《後書》之子合是《前書》之西夜；而《後書》之西夜，則新立之國，此所謂稍分者也。

〔三六二〕　徐　　福

黄公度《日本國志・國統志注》云："《梁書》言日本自稱爲吴泰伯後，相傳亦稱爲徐福後，彼國紀載，本以此爲榮。其後學者漸染宋學，喜言國體。寛文中，作《日本通鑑》，源光國駁議曰：謂泰伯後，是以我爲附庸國也。遂削之。賴襄作《政紀》，并秦人徐福來，亦屏而不書。余謂泰伯之後本無所據，殆以日本斷髮文身，俗類句吴，故有此譌傳歟？至徐福之事，見於《三國志》、《後漢書·倭國傳》，意必建武通使時，其使臣所自言。《史記》稱燕、齊遣使求仙，所謂白銀宫闕，員嶠方壺，蓋即今日本地。君房方士習聞其説，故有男女渡海之請，其志固不在小。今紀伊國有徐福祠，熊野山有徐福墓，其明徵也。日本傳國重器三：曰劍，曰鏡，曰璽，皆秦制也。君曰尊，臣曰命，曰大夫，曰將軍，又周秦語也。自稱神國，立教首重敬神；國之大事，莫先於祭；有罪則誦禊詞以自洗濯，又方士之術也。崇神立國，始有規模，計徐福東渡，已及百年矣。當時主政者，非其子孫殆其徒黨歟？至日本稱神武開基，蓋當周末，然考神武至崇神，中更九代，無事足紀，或者神武亦追王之辭乎？”予謂徐福之事，果係彼使臣自言，史家安得不明記之？重器爲秦制，稱謂爲周秦間語，不必方士所傳。敬神之俗，野人皆同，更不必出於方士。謂日本之地早爲中國所知，方士習聞其説，因有渡海之請，説頗近之。

然徐福之漂流，必未能至日本。《三國·吴志》：孫權黄龍二年，“遣將軍衛温、諸葛直將甲士萬人浮海求夷洲及亶洲。亶洲在海中，長老傳言秦始皇帝遣方士徐福，將童男童女數千人入海，求蓬萊神山及仙藥，止此洲不還，世相承，有數萬家。其上人民，時有至會稽貨布；會稽東縣人海行，亦有遭風流移至亶洲者。所在絶遠，卒不可得至，但得夷洲數千人還。”傳説至能使國家爲發大兵，必非絶無根據。度必略有道里鄉方，及沿途所經島嶼，故能循之求得夷洲；而還時亦但云亶洲所在絶遠，不可得至，而不云無其地也。而其將數千人還，尤有足資尋索者，何則？謂爲誇功示信，或以饜時主好奇之心，偕數人若數十人已足，不必至數千人也。然則此數千人殆本華人，而温等乃拔之以還歟？此説如確，則亶洲之有華人，亦必非虚語矣。然其是否徐福，了無徵驗，而其地尤不能爲日本。日本之通中國，蓋自漢武滅朝鮮以來，距是歲三百三十八年矣。日本情形，中國必知之已稔，其地果有徐福所將童男女之後，中國豈得不知？且日本通使南朝，實始晉末；泰始初尚朝貢北方，三國時未能通南方可知。即謂不然，偶或一至則可，又安能時至會稽貨布邪？

漢之未通西域也，而邛竹杖、蜀布，業已先至其地；即以海道論，《史記·貨殖列傳》謂南海爲珠璣、犀、瑇瑁、果、布之湊，即後世西、南洋物也，則秦漢未并南越時，中國與西、南洋久相往來矣。是知民間之交通，必先於政府。謂日本通使南朝之前，南方人民與日絶無往還，非其實也。然必不能如北方之多。蓋是時航海，皆依傍海岸而行，觀《三國志》所述自帶方入倭之路可知。是時南方至日者，非冒險之估客，則執迷之方士耳，徒侶必不能多。北方則不然。其時族制未頽，奴客尤衆，移徙之際，往往相將；而自後漢末年，每每大亂，至於五胡雲擾，人民之流離轉徙者實多，往往相率而行，自成一部，此細讀後漢至南北朝之史可知。田疇能訓練其民，爲故主報讎，爲中國攘斥夷狄；管寧、邴原輩，所將皆流亡之徒，猶能立綱陳紀，足食之後，繼以教化，職是之故。章太炎亟稱此時之士材力絶人，非唐宋後所有，則欲知人而不論其世矣。知此，則知東史所紀華人入日者，皆稱爲某某部，儼然古者之族有世業，以氏名官，必非虛誣。又是時華人入日者，類多自託華胄：如弓月君，或謂秦始皇五世孫，或謂十三世孫；阿知使主，或謂漢靈帝三世孫，或謂四世孫；《姓氏録》所記，又有吴王夫差、漢高祖、光武、齊王肥、蓋寬饒之裔，亦與是時風氣相合。此等語必非日人所能造作，日人本亦無庸造作也。文化懸殊，則此方中庸之材，入彼即能開物成務，此自古以來，遐方開闢，所以必用中原之士，而亦我華人之大有造於倭者矣。

〔三六三〕　交阯嫁娶之俗

《後漢書·循吏傳》任延：“爲九真太守。駱越之民無嫁娶禮法，各因淫好，無適對匹，不識父子之性，夫婦之道。延乃移書屬縣，各使男年二十至五十，女年十五至四十，皆以年齒相配。其貧無禮聘，令長吏以下各省奉禄，以振助之。同時相娶者二千餘人。其産子者，始知種姓。咸曰：使我有是子者，任君也。多名子爲任。初，平帝時，漢中錫光爲交阯太守，教導民夷，漸以禮義，化聲侔於延。領南華風，始於二守焉。"《三國・吴志・薛綜傳》載綜上疏言："漢武帝誅吕嘉，開九郡，設交阯刺史以鎮監之。山川長遠，習俗不齊；言語同異，重譯乃通；民如禽獸，長幼無别；椎結徒跣，貫頭左袵；長吏之設，雖有若無。自斯以來，頗徙中國罪人雜居其間，稍使學書，麤知言語，使驛往來，觀見禮化。及後錫光爲交阯，任延爲九真太守，乃教其耕犂，使之冠履；爲設媒官，始知聘娶；建立學校，導之經義。由此已降，四百餘年，頗有似類。自臣昔客始至之時，珠崖除州縣嫁娶，皆須八月引户，人民集會之時，男女自相可適，乃爲夫妻，父母不能止。交阯糜泠、九真都龐二縣，皆兄死弟妻其嫂，世以此爲俗，長吏恣聽，不能禁制。"云男女自相可適，乃爲夫妻，則非無適對匹，安得産子不知種姓？種姓依母，本不依父也。云除州縣外嫁娶皆如此，則延之教，僅行於州縣之間。蓋中國人之徙居其地者，初同其俗，後乃因教導而獲改也。貧無禮聘，須長吏以下省奉振助，則非不知嫁娶禮法，乃貧無以行禮，不得不自同於蠻俗耳。故知往史傳言，多失其實。

〔三六四〕 高　　離

《後漢書・東夷列傳》夫餘云："初，北夷索離國王出行，其侍兒於後姙身。王還，欲殺之。侍兒曰：前見天上有氣，大如雞子，來降我，因以有身。王囚之，後遂生男。王令置於豕牢，豕以口氣嘘之，不死。復徙於馬蘭，馬亦如之。王以爲神，乃聽母收養，名曰東明。

東明長而善射，王忌其猛，復欲殺之。東明奔走，南至掩淲水，以弓擊水，魚鼈皆聚浮水上，東明乘之得度，因至夫餘而王之焉。"此文本於《魏略》，見《三國志·烏桓鮮卑東夷傳注》引，索離作高離，《梁書》作櫜離。掩淲水作施掩水。《後漢書注》云："索或作橐。"《通典》作橐。案此與《魏書》所述高句麗始祖朱蒙緣起，明係一事。《魏書》謂高句麗出於夫餘，乃因夫餘受封中國較高句麗爲早云然，其實高句麗緣起，不必後於夫餘也。《永樂大王碑記》："乙未歲，王以碑麗不貢，整旅往討。"碑麗疑即《魏略》之高離；《後漢書》索離，實高離之誤。《注》云"索或作橐"，則又櫜之誤也。《永樂大王碑》述鄒牟緣起，亦與此略同，鄒牟即朱蒙也。所臨水作掩刊，則《志注》引《魏略》誤，當從《後漢書》。

〔三六五〕 卑彌呼

魏時通中國之倭女王卑彌呼，昔人謂即神功皇后，今人則謂不然。此説也，日人頗樂聞之，因日人甚諱其曾臣事中國也。然無論卑彌呼爲神功皇后與否，漢魏時自達於中朝者，必日本之共主，而非其小侯，則無足疑，亦不能諱也。

日本之通中國始於漢。《漢書·地理志》云："樂浪海中有倭人，分爲百餘國，以歲時來獻。"《後漢書·東夷傳》云："倭在韓東南大海中，依山島爲居。凡百餘國。自武帝滅朝鮮，使驛當作譯。通於漢者三十許國。"《三國·魏志·東夷傳》云："倭人在帶方東南大海之中，依山島爲國邑。舊百餘國，漢時有朝見者，今使譯所通三十國。"帶方即樂浪，公孫康所分。可見自漢至魏，倭人之隸屬不變。此其僅通於郡縣者也。《魏志》云：從郡至倭，循海岸水行，歷韓國，乍南乍東，到其北岸狗邪韓國，七千餘里，始度一海，千餘里至對馬國。又南，渡一海千餘里，名曰瀚海，至一大國。又渡一海，千餘里至末盧國。東南陸行五百里，到伊都國。東南至奴國百里。東行至不彌國百里。南至投馬國，水行二十日。南至邪馬臺國，女王之所都，水行十日，陸行一月。自女王國以北，其户數道里可得略載，其餘旁國，遠絶，不可得詳。次有斯馬國，次有已百支國，次有伊邪國，次有都支國，次有彌奴國，次有好古都國，次有不呼國，次有姐奴國，次有對蘇國，次有蘇奴國，次有呼邑國，次有華奴蘇奴國，次有鬼國，次有爲吾國，次有鬼奴國，次有邪馬國，次有躬臣國，次有巴利國，次有支維國，次有烏奴國，次有奴國。此女王境界所盡。其南有狗奴國，男子爲王，不屬女王。所述國名，適得三十，當即使譯所通。其初朝見之國，蓋尚不逮此數。故《國志·魏書》以今字別之。《漢志》云"分爲百餘國，以歲時來獻"，一似百餘國皆來獻；《後漢書》云"自武帝滅朝鮮，使驛通於漢者三十許國"，一似三十許國一時俱通者；其措詞，皆不如《國志》之審矣。三十國使譯所通，故《魏志》能舉其名，其餘則自漢至魏，皆但能知其共有若干國而已，不能道其詳也。

倭人之自達中國，始於後漢。《後漢書》云："建武中元二年，倭奴國奉貢朝賀，使人自稱大夫，倭國之極南界也。光武賜以印綬。安帝永初元年，倭國王帥升等獻生口百六十人，願請見。桓、靈間，倭國大亂，更相攻伐，歷年無主，有一女子，名曰卑彌呼，年長不嫁，事鬼神道，能以妖惑衆，於是共立爲王。"《三國志》云："其國本亦以男子爲王，住七八十年，倭國亂，相攻伐歷年，乃共立一女子爲王，名曰卑彌呼。"建武中元二年，下距桓帝建和元年九十年，靈帝建寧元年一百十一年，與所謂住七八十年，更相攻伐歷年者，數略相合。然則《國志》所謂本亦以男子爲王，住七八十年者，乃即自其奉貢之年計之，而非謂倭之有王，始於是時也。此所謂王者，豈即倭奴國之君與？《國志》述諸國之名，當自北而南，而《後漢書》云倭奴爲倭國之極南界；又以彌奴、姐奴、蘇奴、華奴蘇奴、鬼奴、烏奴例之，奴國之名，亦甚似倭奴國之奪。然建武時倭國南界，與女王南界，是否相符，殊難質言；而《後漢書》於帥升稱爲倭國王，於倭奴則無王稱，又似本無王號者，故倭奴是否日本共主,究難斷定也。至帥升則不然矣。日本木宫泰彦作《中日交通史》,引其國博士内籐氏之説云:"北宋本《通典》有倭面土國王師升;日本古本《後漢書》有倭面土國王師升、倭面國王師升;異稱《日本傳》引《通典》,有倭面土地王師升;蓋本作倭面土國王,後省稱倭面國王,又省爲倭國王,或誤爲倭面土地王。倭面土當讀爲ヤマト,即大和國。"其説頗允。《後漢書》稱大倭王居邪馬臺國,邪馬臺似亦ヤマト譯音。《國志》云:"自女王國以北,特置一大率,檢察諸國,諸國畏憚之,常治伊都國。"伊都與倭奴,似亦同音異譯。竊疑邪馬臺,倭奴,乃諸國中之强者,而邪馬臺之勢尤張,故早有王稱。大亂之後,更晉爲大倭王,而伊都則爲大率治所也。四夷之或通於中朝,或僅達郡縣,實因緣事勢,非出偶然。蓋通中朝者,路遠而費多,僻陋之邦,或力不能勝,或亦本無此願,而中朝於外國之使,送迎亦頗勞費,非好大喜功之主,未有務於招致者。古附庸之不達於天子,蓋亦以此也。邪馬臺倭奴之能自達,豈偶然哉?《三國志》又言:"王遣使詣京都、帶方郡,諸韓國及郡使倭國,皆臨津搜露,傳送文書賜遺之物詣女王,不得差錯。"則倭人之通中華,實頗利其賞賜,安有藩屬小國,敢冒大倭王之名而自通者乎?

《三國志》又云:"卑彌呼以死,更立男王,國中不服,更相誅殺,當時殺千餘人。復立卑彌呼宗女壹與,年十三爲王,國中遂定。"案《漢書·地理志》言:"齊地,始桓公兄襄公淫亂,姑姊妹不嫁。於是令國中民家長女不得嫁,名曰巫兒,爲家主祠。嫁者不利其家,民至今以爲俗。"以此俗之成,歸諸齊君,其不足信,自不待論。卑彌呼年長不嫁,能事鬼神,正巫兒之俗也。亦足證倭人即嵎夷,嵎夷本在山東之説矣。見《嵎夷》條。《國志》又謂卑彌呼"有男弟共治國",此又今社會學家所謂舅權也。足見日本之有女主,乃其社會使然,而非偶然之事矣。如是,則日本女主,必不止卑彌呼、壹與二人。木宫泰彦云《記紀》有神功皇后征新羅事,酷類小説,原不能視爲信史。然西曆四稘後半,日人兵陵新羅,則事確有之。案《廣開土王陵碑》云:"辛卯,倭渡海，破百殘、新羅，己亥，百殘違誓，與倭通。新羅使白倭人滿國境。庚子，遣救新羅，倭退。甲辰，倭入帶方界。”百殘即百濟。辛卯爲晉武帝太元十六年，己亥爲安帝隆安三年，庚子四年，甲辰爲元興三年，上距魏明帝景初二年卑彌呼遣使之歲，百五十餘年矣。以卑彌呼爲神功皇后，年歲相距，誠未免太遥。然日本，高麗，皆本無史籍，其古史皆依傍我國之史爲之，年代安足徵信？碑文年月，雖若可信，然日本是時與新羅有兵争，不能謂其兵争之僅在是時也。故卑彌呼究爲神功皇后與否，誠祇能置諸存疑之列，然謂其非倭人之大長，則必不可矣。

木宫泰彦釋帶方郡至邪馬臺之路云：“狗邪韓國即迦羅。對馬國即對馬。一大國，宜據《北史・倭國傳》改一支，即壹岐。末盧國即肥前之松浦。伊都國即筑前之怡土。奴國即筑前之儺。不彌國即筑前之宇瀰，投馬國即筑後之三瀦。”黄公度《日本國志・鄰交志注》云：“日本天明四年，筑前那珂郡人掘地，得一石室，上覆巨石，下以小石爲柱。中有金印一，蛇紐方寸，文曰漢委奴國王。予嘗於博覽會中親見之。日本學者皆曰：那珂郡古爲怡土縣。《日本仲哀紀》所謂伊都縣主，即《魏志》所謂伊都國也。上古國造百三十餘國，在九州者分十九國，在四海者分爲十國。《漢書・地理志》：倭人分爲百餘國。《三國志》：倭人舊邑百餘國，漢時有朝見者，今使譯所通三十國。二書所謂百餘國，與《國造本紀》相符，所謂三十國，蓋指九州四海之地，地在日本西南海濱，距朝鮮最近。此委奴國意必古伊都縣主，或國造之所爲，并非王室之所遣。其曰委奴，譯音無定字云。余因考《魏志》云：到伊都國，世有王，皆統屬女王國，郡使往來常所駐。《後漢書》云：委奴國，倭國之極南界也。又云：其大倭王居邪馬臺國。邪馬臺即大和之譯音，崇神時蓋已都於大和矣。謂委奴國非其王室，此語不誣。”予案日史所言，恐正依傍中史，以此證中史之不誤，恐不足信。黄氏之説，與余説頗相合，正足證并卑彌呼而指爲小侯非王室者，祇是日人褊淺之見也。

〔三六六〕 儒術之興上

自梁任公以周、秦之際，爲中國學術最盛之時；謂漢武罷黜百家，表章六經，實爲衰機所由肇；又謂歷代帝王尊崇儒術，乃以儒家有尊君之義，用以便其專制之私。而世之論者，多襲其説，實則不衷情實之談也。儒術之興，乃事勢所必至，漢武特適逢其會耳。

當秦、漢之世，欲求致治，勢不能不圖更化。秦人權使其士，虜使其民，内峻威刑，外勤戰鬥。□□□□世，不得不然，而非謂可以此致治也。《紀》載始皇之語曰："吾前收天下書不中用者盡去之，悉召文學方術士，甚衆，欲以興太平，方士欲練以求奇藥。""欲以興太平"上，蓋有奪文。此五字指文學言。致太平責文學，練奇藥資方士，皆始皇所謂在不中用之外者也。文學者，通知古今而不囿於當世法律辟禁之士。見《焚書上》條。叔孫通以文學徵，待詔博士；數歲，陳勝起，二世召博士諸儒生問，而通之對諛，賜帛二十疋，衣一襲，拜爲博士。則當時博士，蓋即文學之士爲之。秦博士多儒生，見下條。則所謂文學者，其學術亦可知矣。然則始皇非不欲用儒也，未及用而誹謗之事遽起，案問御史既希旨，諸生又傳相告引，遂至所阬者幾五百人耳。然原其初意，固與漢武無以異也。使天假之年，獲見海内平治，如漢文、景之時者，亦未必不終用儒生，成武帝之業也。

孔子論政，先富後教。孟子曰："無恒產而有恒心者，惟士爲能。若民，則無恒產，因無恒心；苟無恒心，放辟邪侈，無不爲矣。是故明君制民之產，必使仰足以事父母；俯足以畜妻子；樂歲終身飽，凶年免於死亡，然後驅而之善，故民之從之也輕。"《管子》曰："倉廩實而知禮節，衣食足而知榮辱。"《王制》曰："食節事時，民咸安其居。樂事勸功，尊君親上，然後興學。"凡古之言教化，無不如此者。叔孫通之使徵魯儒生也，有兩生不肯行，曰："禮樂，積德百年而後可興也。今天下初定,死者未葬,傷者未起,公所爲不合古。"猶守舊説也。《漢書·禮樂志》曰:"世祖受命中興,撥亂反正,改定京師於土中。即位三十年,四夷賓服,百姓家給,政教清明,乃營立明堂辟雍。"又曰:"今海内更始,民人歸本,户口歲息,平其刑辟,牧以賢良,至於家給,既庶且富;則須庠序禮樂之教化矣。……今大漢繼周,久曠大儀,未有立禮成樂,此賈誼、仲舒、王吉、劉向之徒,所爲發憤而增歎也。"仍是此等議論。漢代改正朔易服色之論,必起於文帝之時,以此。秦皇初并天下,日不暇給,其廣徵文學,而未能遽就其事,其無足怪。然以視漢之高帝,則規模弘遠矣。

漢興文治,蓋有三時:酈生謁高祖,高祖問使者曰:"何如人也?"使者曰:"狀貌類大儒,衣儒衣,冠側注。"高祖即不肯見。酈生更其辭,然後得入。陸賈前説稱《詩》、《書》,高祖曰:"乃公居馬上得之,安事《詩》、《書》。"客冠儒冠來者,高祖輒解其冠,溲溺其中。叔孫通乃從所好,服短衣楚製。通從儒生弟子百餘人,然無所言進,專言諸故羣盜壯士進之。及高祖苦羣臣拔劍擊柱,通乃説之以起朝儀;高祖猶曰:"得毋難乎?"又曰:"可試爲之。令易知,度吾所能行者爲之。"通爲之月餘,請上試觀。上即觀,曰:"吾能爲此。"乃令羣臣習肄,其所謂禮者可知矣。陸生之折高祖曰:"馬上得之,寧可以馬上治之乎?且湯、武逆取而以順守之,文武并用,長久之術也。"蓋以利害動之,高祖乃曰:"試爲我著秦所以失天下,吾所以得之者何?及古成敗之國。"陸生乃麤述存亡之徵,凡著十二篇。自來能應事機者,不必其明於理。高祖之麤野,豈足以語興亡之故?其所著者亦可知矣。今《新語》係僞書,然真者即存,亦必甚淺俗。《絳侯世家》云:"勃不好文學,每召諸生説士,東鄉坐而責之,趣爲我語。"《陸賈傳》:賈謂陳平曰:"臣嘗欲謂太尉絳侯,絳侯與我戲,易吾言。"張良遊俠,蕭、曹刀筆吏,韓信徒能校兵書,張蒼稱於書無所不讀,亦府史之材耳,安足以知文學?蓋漢初之將相大臣又如此。而其時亦正死者未葬,傷者未起,其無意於言教化也固宜。孝惠、高后之時,民務稼穡,衣食滋殖。及文帝之立,而情勢稍變矣。《史記·禮書》曰:"孝文即位,有司議欲定儀禮;孝文好道家之學,以爲繁禮飾貌,無益於治,躬化謂何耳,故罷去之。"與《賈生傳》所云"賈生以爲漢興至孝文二十餘年,天下和洽,當改正朔,易服色,法制度,定官名,興禮樂,乃悉草具其事。孝文帝初即位,謙讓未遑"者合。然《傳》又曰:"天子議以爲賈生任公卿之位,絳、灌、東陽侯、馮敬之屬盡害之,乃短賈生,於是天子後亦疏之,不用其議。"觀公孫臣之進用,則賈生危見任爲公卿不誣。蓋道家之義,特不容妄事紛更,原不謂當束手一事不爲也。《漢書·禮樂志》亦云:"天子説焉,而大臣絳、灌之屬害之,故其議遂寢。"《鼂錯傳》曰:"太子善錯計策,袁盎諸大功臣多不好錯。"又云:"景帝即位,以錯爲内史。法令多所更定,丞相申屠嘉心弗便。""遷爲御史大夫,請諸侯之罪過,削其地,收其枝郡。奏上,上令公卿列侯宗室集議,莫敢難。獨竇嬰争之,由此與錯有隙。"錯之死,論者皆謂袁盎爲之。其實盎疏遯,非竇嬰不得見;而錯之誅,距盎之説已十餘日矣,度其間必更有進讒於景帝者,特史弗傳耳。然則殺錯者非盎,實漢朝之大臣也。故錯之被陷,誼之見排,一也。特所遭之時不同,故一止於遷謫;一遂至於殺身耳。然則高、惠之世,本無意於更化者也;文、景則有意焉,而爲武力功臣所沮者也;丁斯時也,必此等沮撓之人盡去,而又得一好大喜功之主,舉前世謙讓未遑者,悉不讓而爲之,而後更化之事可成,武帝則其人也。武帝之世,則其時也。其能就前人所未就之業,宜哉。然其事,則固始皇以來之所共願也,未之逮耳。

〔三六七〕　儒術之興中

博士,《漢書·百官公卿表》曰"秦官",而沈約《宋書志》謂六國時往往有博士。案《史記·循吏傳》:"公儀休者,魯博士也。以高第爲魯相。"《龜策列傳》:宋元王時,神龜爲豫且所得,見夢,召博士衛平而問焉。《漢書·賈山傳》:"祖父祛,故魏王時博士弟子也。"則約之言是也。草昧之世,無所興作,服官但循成法,固無取通知古今;稍進文明,即不容爾。博聞强識之士,遂爲世之所貴。子産以博物君子,見稱於晉；而楚靈王亦誇倚相能讀《三墳》、《五典》、《八索》、《九丘》；則是物也。春秋時，猶僅就博聞者而問焉，徵故實於史氏；至戰國，遂廣羅道術之士，以備諮詢，亦理勢然矣。班《表》之説，蓋謂漢之博士，沿襲嬴秦，原不謂博士之官，爲秦人所創置也。孔鮒爲陳涉博士，漢高亦以叔孫通爲博士。當戎馬倥偬之際，不廢是官，則亦頗重之矣。

博士雖無重權，然議禮制度考文，由之而定；其於顯庸創制之朝，所係實重。觀其治何家之學，而其時之所尚可知矣。叔孫通、伏生皆儒者，衆所共知。博士之議帝號也，曰："古有天皇，有地皇，有泰皇；泰皇最貴。"天皇、地皇、泰皇者，《尚書大傳》曰：遂人以火紀，火，太陽也，陽尊，故託遂皇於天；宓戲以人事紀，故託戲皇於人；神農悉地力，種穀疏，故託農皇於地。泰即大，大與人古字相通。泰皇，蓋人皇傳寫之譌。參看拙撰《三皇五帝考》。淳于越之諫始皇也，曰："臣聞殷、周之王千餘歲，封子弟功臣，自爲枝輔；今陛下有海内，而子弟爲匹夫，卒有田常六卿之臣，無輔拂，何以相救哉？事不師古，而能長久者，非所聞也。"陳勝之起也，二世召博士諸儒生問，博士諸生三十餘人前曰："人臣無將，將即反，罪死無赦。"觀其所言，而其所學可知矣。《漢書·京房傳》，房弟子姚平曰："昔秦時，趙高用事，有正先者，非刺高而死，高威自成。"孟康曰："姓正，名先，秦博士也。"高之學近法家，當時儒法二家，相譏頗甚，得毋先亦儒家者流與？《梅福傳》："夫叔孫先非不忠也。"師古曰："先猶先生也。"則正先未必名先。始皇之阬儒生也，扶蘇諫曰："諸生皆誦法孔子。"則嬴秦之廷，齊、魯之士爲不少矣。

《始皇本紀》：三十六年，使博士爲仙真人詩；三十七年，夢與海神戰，問占夢博士。或有以此二事，疑當時博士，雜有方士巫祝之流者。然《紀》又言二世三年，夢白虎齧其左驂馬，殺之，召問占夢；則三十七年之"占夢博士"四字不連讀，乃始皇并問此兩官，而非博士以占夢爲職也。至使爲仙真人詩，則以其閑於文學耳。漢世郊廟之歌，有定自匡衡者矣；亦雜有神仙家言，豈得謂稚圭爲方士之流與？

侯生、盧生謂始皇專任獄吏，博士雖七十人，特備員弗用。然帝號之定，實采博士之議；淳于越之言雖不見用，且引起焚書之禍，當時亦曾下其議；而所焚之書，以非博士官所職爲限，則其責博士以通古今如故也。始皇之封禪也，《史記·封禪書》記其事曰："徵從齊、魯之儒生，博士七十人，至乎泰山下。諸儒生或議曰：古者封禪，爲蒲車，惡傷山之土石草木。掃地而祭，席用葅秸，言其易遵也。始皇聞此議各乖異，難施用，由此絀儒生；而遂除車道，上自泰山陽至巔，立石頌秦始皇帝德，明其得封也。從陰道下，禪於梁父，其禮頗采大祝之祀雍上帝所用，而封藏皆祕之，世不得而記也。始皇之上泰山，中阪，遇暴風雨，休於大樹下；諸儒生既絀，不得與用於封事之禮，聞始皇遇風雨，則譏之。"頗采者，不盡采之辭；絀即不與於封事之謂；雖不從其人，實未嘗盡廢其議，故《本紀》紀此事，仍云"與魯儒生議封禪望祭山川之事"。且齊、魯之儒生雖絀，博士七十人，未必不從上山也。漢武之封禪也，《封禪書》記其事曰："天子既聞公孫卿及方士之言，欲放黄帝，以上接神仙人蓬萊士，高世比德於九皇，而頗采儒術以文之。羣儒既已不能辨明封禪事，又牽拘於《詩》、《書》古文而不能騁；上爲封禪祠器，示羣儒，羣儒或曰不與古同，徐偃又曰太常諸生行禮不如魯善，周霸屬圖封禪事，於是上絀偃、霸，而盡罷諸儒不用。"封禪自後世觀之，誠爲秕政，然秦、漢之世，則視之甚重；秦皇、漢武，其不專任儒亦等耳。

《漢書·藝文志》：《高祖》十三篇，高祖與大臣述古語及詔策也；《孝文傳》十一篇，文帝所稱及詔策。今觀《史》、《漢》，兩帝詔策，多粹然儒者之言。文帝除肉刑一詔，原本《書傳》，尤能行經義以除秕政；詔策如此，他所稱述可知，知儒術之興，實不自武帝始矣。

〔三六八〕 儒術之興下

然則漢人議論，無事不引秦爲鑑戒；而夷考其實，其所行者，實乃異世而同揆,是何也？曰：此事勢之不得不然,而生其時者,亦遂莫知其然而然也。世之治也,必有待於民之自善,而不容專恃夫刑驅勢迫。此本非難解之義,夫豈始皇、李斯所不知。董仲舒之言曰:“周之末世,大爲亡道;秦繼其後,又益甚之,習俗薄惡,民人抵冒;今漢繼秦之後,雖欲治之,無可奈何。法出而姦生,令下而詐起。辟之琴瑟,不調甚者,必解而更張之,乃可鼓也;爲政而不行甚者,必變而更化之,乃可理也。”此豈仲舒一人之言哉？趣過目前,而不暇爲久遠之圖者,庸或慮不及此。始皇固非其人,苟一念夫致治清濁之原,而苟爲子孫帝王萬世之計,更化之圖,有必不容緩者矣。更化之事,固非儒家莫能爲。此則始皇之所志,所以與漢儒之所唱導者,异世而同揆也。

漢儒之言更化,其道有二：曰立大學以教於國;曰設庠序以化於邑。古大學與明堂合一,制禮作樂之事皆出焉,漢人固頗行之矣。然與人民實無涉也,故訖無成效可見。至於庠序之化,則終漢世未之能行,故雖以東京大學之盛,而班固之徒,猶蹙然於教化之未興也。《漢書·禮樂志》曰:“世祖受命中興,撥亂反正,改定京師於土中。即位三十年,四夷賓服,百姓家給,政教清明,乃營立明堂辟雍。顯宗即位,躬行其禮,宗祀光武皇帝於明堂,養三老五更於辟雍。威儀既盛美矣,然德化未流洽者,禮樂未具,羣下無所誦説,而庠序尚未設之故也。”

然則庠序而果徧設,漢儒所謂教化之具者而果畢張,風俗遂可以美善矣乎？曰：難言之矣。《漢書·地理志》曰:“文翁爲蜀守,教民讀書法令,未能篤信道德,反以好文刺譏,貴慕權勢;及司馬相如游宦京師諸侯,以文辭顯於世,鄉黨慕循其跡。後有王褒、嚴遵、揚雄之徒,文章冠天下。由文翁唱其教,相如爲之師。”庠序學校之教,其效可睹矣。大史公曰:“夏之政忠,忠之敝,小人以野;故殷人承之以敬,敬之敝,小人以鬼;故周人承之以文,文之敝,小人以僿。故救僿莫若以忠,三王之道若迴圈,終而複始。”周秦之際,可謂文敝矣,秦政不改,反酷刑法,豈不繆乎？以酷刑法爲反於忠者,董仲舒曰:“秦師申商之法,行韓非之説,誅名而不察實。爲善者不必免;而犯惡者未必刑,是以百官皆飾空言虚辭而不顧實,是其義也,好文刺譏,習爲雕蟲,飾其鞶帨,其不顧實,無乃愈甚。”然則漢儒之所爲,自謂能救僿以忠,實乃以水濟水也。

漢儒所謂教化者,不足以治天下,讀張敞奏黄霸之語,最可見之。霸之治郡,先爲人民籌生計,繼乃教以孝弟貞廉之行;徒觀其跡,真所謂先富後教者。而敞之奏曰:“澆淳散樸,有名無實,甚者爲妖。”又曰:“假令京師先行讓畔異路,道不拾遺,其實亡益廉貪貞淫之行,而以僞先天下,固未可也。即諸侯先行之,僞聲軼於京師,非細事也。”其深惡痛絶之,至於如此。觀於王莽之以僞率天下,而卒至於大亂,然後歎敞之見之卓矣。莽之所爲,即所謂以僞先天下,甚者爲妖者耳。

然則如敞之所言,謂漢家承敝通變,造起律令,即以勸善禁姦者,其説果是矣乎?曰:又非也。王吉之言曰:“今俗吏所以牧民者,非有禮義科指,可世世通行者也。以意穿鑿,各取一切,是以詐僞萌生,刑罰無極,質樸日消,恩愛寖薄。”觀漢世法令之支離滅裂,蓋不能不以其言爲然。而敞謂足勸善禁姦,誣矣。賈誼之言曰:“今漢承秦之敝俗,廢禮誼,捐廉恥。今其甚者殺父兄,盜者取廟器,而大臣特以簿書不報期會爲故;至於風俗流溢,恬而不怪,以爲是適然耳。”夫移風易俗,使天下回心而鄉道,類非俗吏之所能爲也。觀於漢世大臣之無遠慮,爲吏者多沿亡秦之失,徒藉刑殺以立威,蓋又不能不以其言爲然。而敞以爲但令貴臣,明飭長吏守丞,歸告二千石,奉法令從事,遂足爲治。得毋當時之二千石,皆非俗吏乎?何言之易也!五穀不熟,不如荑稗,張敞之稗,或愈於黄霸之秕,以爲嘉穀則誤矣。

任法既不足止姦;崇儒又適以長僞;則將何適而可?曰:言治必以教化爲本,教化必以禮樂爲先,此不易之理也。獨惜儒家之言教化者,皆未知禮樂之情耳。《記》曰:“大樂與天地同和,大禮與天地同節。和者,樂之情也;節者,禮之情也。”然非謂吾陳禮樂於此,而民遂能和,而民遂知節也。欲民之能和,必先去其争攘之心,消其愁怨之念;欲民之知節,必先禁其放蕩之行,袪其鄙吝之情。民靨然無以遂其生,又强陵弱衆暴寡而莫之能正,不强圉即無以自衛;而欲陳樂以和之,難矣。富家一食之費,罄貧民終歲之糧,弗能均也。睦淵任卹之風邈,而民不得不厚自封殖,雖有數世温飽之計,猶懷不可終日之尤,弗能化也。而欲立禮以節之,難矣。此制禮作樂,所以必在功成治定之後也。功未成,治未定,曷嘗不以前代之禮樂化其民。然所以成其功定其治者,必當别有作爲,不能舞幹羽以格有苗,寫《孝經》以安反側,審矣。滿堂而飲酒,一人鄉隅而悲泣,則四坐爲之不樂;人心之欣戚,豈不以其境哉?班固之言曰:"今海内更始,民人歸本,户口歲息,平其刑辟,牧以賢良,至於家給,既庶且富,則須庠序禮樂之教化矣。"然而史遷言武帝之初,衆庶街巷有馬,阡陌之間成羣,守閭閻者食粱肉,爲吏者長子孫。而董仲舒言貧民常衣牛馬之衣,食犬彘之食。雖遷,亦謂役財驕溢,或至并兼。夫苟家給人足,又何并兼之有?則知太倉之粟,陳陳相因,都鄙廩庾盡滿,非人人得而食之矣。以此而言庠序禮樂,不亦難乎?故曰:"禮云禮云,玉帛云乎哉?樂云樂云,鐘鼓云乎哉?"而林放問禮之本,子曰:大哉問!

不特此也。禮也者,因時世人情,爲之節文者也;然則非節文人者也,君子行禮,不求變俗,以此,夫異世之禮之不可以强齊,猶異地之禮之不可以强一也。劉向之言曰:"爲其俎豆筦絃之間小不備,因是絶而不爲,是去小不備而就大不備,或莫甚焉。"固也,抑且愈備而愈不能行;何也?愈備,則其去人生日用愈遠,非復因時世人情,爲之節文之義矣。夫禮之初,始諸飲食,其燔黍而捭豚,汙尊而抔飲,蕢桴而土鼓,猶若可以致其敬於鬼神;然而後聖有作,脩火之利,以炮以燔,以亨以炙,以爲醴酪,初不沿燔黍捭豚汙尊抔飲之舊,何則?世殊則事異,人之情不存焉。叔孫生之制朝儀也,高祖曰:"令易知,度吾所能行者爲之。"然則爲民制禮樂者,不當度民之所易知、所能行者乎?故曰:禮也者,義之實也。協諸義而協,則禮雖先王未之有,可以義起也。漢儒日言禮樂教化,而其所從事者,非陳諸廟堂之上,人民不見不聞,則拘牽於俎豆筦絃之間,徒陳古而不與今合;以此化民,得乎？故曰：知禮樂之情者能作；識禮樂之文者能述；作者之謂聖，述者之謂明。又曰：禮之所尊，尊其義也。失其義，陳其數，祝史之事也；拘牽於俎豆筦絃之間，而猶弗能備，則求爲祝史而未能逮也；將以化民，不亦難乎？

《史記·禮書》曰："今上即位，招致儒術之士，令共定儀，十餘年不就。或言古者太平，萬民和喜，瑞應辨至。乃采風俗，定制作。"定制作必采風俗，此即因時世人情爲之節文之義；禮樂之必須制作以此。不然，何不沿前代之舊乎？爲此言者，不知何人，其所陳則古義也。與魯兩生之言，皆令人望古而遥集也。爲此言者，不知何人，其所陳則古義也。

《禮書》又曰："上聞之，制詔御史曰：蓋受命而王，各有所由興；謂因民而作，追俗爲制也。議者咸稱太古，百姓何望？漢亦一家之事，典法不傳，謂子孫何？化隆者閎博，治淺者褊狹，可不勉與？乃以太初之元，改正朔，易服色，封泰山，定宗廟百官之儀，以爲典常，垂之於後云。"制詔所陳，亦古義也，獨惜改正朔易服色等事，皆與民無涉耳。

論後世之禮樂不切於民生者，以《唐志》之言爲最著明：《志》曰："由三代而上，治出於一，而禮樂達於天下；由三代而下，治出於二，而禮樂爲虚名。古者宫室車輿以爲居，衣裳冕弁以爲服，尊爵俎豆以爲器，金石絲竹以爲樂，以適郊廟，以臨朝廷，以事神而治民。其歲時聚會，以爲朝覲聘問；懽欣交接，以爲射鄉食饗；合衆興事，以爲師田學校；下至里閭田畝，吉凶哀樂，凡民之事，莫不一出於禮。由之以教其民，爲孝慈友弟忠信仁義者，常不出於居處動作、衣服飲食之間。蓋其朝夕從事者，無非乎此也，此所謂治出於一。而禮樂達天下，使天下安習而行之，不知所以遷善遠罪而成俗也。及三代已亡，遭秦變古，後之有天下者，自天子百官名號位序，國家制度，宫車服器，一切用秦。其間雖有欲治之主，思所改作，不能超然遠復三代之上，而牽其時俗，稍即以損益，大抵安於苟簡而已。其朝夕從事，則以簿書獄訟兵食爲急，曰：此爲政也，所以治民。至於三代禮樂，具其名物，而藏於有司，時出而用之郊廟朝廷，曰：此爲禮也，所以教民。此所謂治出於二，而禮樂爲虚名。故自漢以來，史官所記，事物名數，降登揖讓拜俛伏興之節，皆有司之事耳。所謂禮之末節也。然用之郊廟朝廷，自搢紳大夫從事其間者，皆莫能曉習，而天下之人，至於老死，未嘗見也。况欲識禮樂之盛，曉然諭其意，而被其教化以成俗乎?"惟其不出於居處動作、衣服飲食之間，是以民至於老死而莫之見。歐氏不責後世之言禮樂者，不能即其時之居處動作、衣服飲食而爲之制，顧責其不能超然遠復三代之上。然則舉民之居處動作、衣服飲食，悉變而還之古乎？是猶有蓬之心也夫！然民之居處動作、衣服飲食，終不可無以治之，是則歐氏所謂簿書獄訟者也；其事固不容不急。張敞謂造起律令，即以勸善禁姦，亦謂此也。然古之所謂禮者，固將舉一世之民，而納之軌物；律令則徒能恐懼之，使之有所不敢爲而已。能治其身，不能治其心也。是以法出而姦生，令下而詐起也，謂其意亦在勸善禁姦，焉是矣，謂即足以勸善禁姦，焉誣矣。

清邵位西作《禮經通論》，謂古無以吉、凶、軍、賓、嘉爲五禮者；言吉與凶，謂居喪及免喪耳，無概以祭禮爲吉禮者。乃作《周官》者特創此目，以括王朝之禮，而非所語於天下之達禮也。天下之達禮，時曰喪、祭、射、鄉、冠、昏、朝、聘，邵氏謂《禮運》之喪祭射御冠昏朝聘，御爲鄉之誤。《禮經》十七篇其物，五禮則布列百司，具藏官府，若後世所謂禮書者，非可舉以教人。邵氏云："保氏以教國子，鄉官以教萬民者，雖曰五禮，以視宗伯所掌，必有詳略繁簡之分；亦猶德行道藝，《地官》、《春官》所載，不盡符同也。"終前漢之世，無傳《周官》者。其書之體，本諸司職掌，不可以名禮也。此亦由後世所謂禮書者，不切民生日用而悟入。然則朝廷之禮，不盡切於民生日用，舊矣。特古有喪、祭、射、鄉、冠、昏、朝、聘之達禮，後世則無之，各率其俗，而一治之以法耳。

夫言古禮而徒欲陳其數，漢世固未嘗無之。《史記·孔子世家》，言魯諸儒講禮，鄉飲大射於孔子冢。《儒林傳》云：高祖誅項籍，舉兵圍魯。魯中諸儒，尚講誦，習禮樂，弦歌之音不絶。史公亦鄉射鄒、嶧，《自序》。則鄒、魯之地，自周以來，禮樂未嘗絶也。其升於朝者，徐生善爲容，傳子至孫延、襄。及徐氏弟子公户滿意、桓生、單次，皆爲漢禮官大夫。《儒林傳》。《漢書·藝文志》云：制氏以雅樂聲律，世在樂官，頗能紀其鏗鏘鼓舞。又云：文帝時，得魏文侯樂人竇公。謂竇公逮事文侯，必無此理。蓋得魏國樂人之傳者耳。然《何武傳》言其徙京兆尹，坐舉方正。所舉者召見，槃辟雅拜，有司以爲詭衆虛僞，左遷。夫獨非禮容乎哉？而《後漢書·劉昆傳》，言其"少習容禮。平帝時，受《施氏易》於沛人戴賓，能彈雅琴，知清角之操。王莽世教授，弟子恒五百餘人。每春秋饗射，常備列典儀。以素木瓠葉爲俎豆，桑弧蒿矢，以射菟首。每有行禮，縣宰輒率吏屬而觀之。王莽以昆多聚徒衆，私行大禮，有僭上心，乃繫昆及家屬於外黄獄。"則并有以此獲罪者矣。然則非無禮樂也，有禮樂而人之情不存焉，如禮何？如樂何？

《漢書·藝文志》有《雅歌詩》四篇，又有《雅琴趙氏》七篇，名定，勃海人，宣帝時丞相魏相所奏。《雅琴師氏》八篇，名中，東海人，傳言師曠後。《雅琴龍氏》九十九篇，名德，梁人。師古曰："劉向《别録》云亦魏相所奏也。與趙定俱召見待詔，後拜爲侍郎。"《後漢書·劉昆傳注》引《别録》曰："雅琴之意，事皆出龍德《諸琴雜事》中。"昆弟子五百餘人，不知所教授者，《施氏易》乎？雅琴乎？容禮乎？先漢儒者，教授數百千人者，數見不鮮。而王莽獨惡昆，則昆所教授，殆必兼及雅琴、容禮，亦如徐氏之有弟子也。然則自古相傳之禮樂，知之者實不獨一二人矣。《漢志》所載之書，今存者不及十一，而世必以爲古籍亡於秦火；三代之禮樂，漢世未嘗無存者，而世必謂周、秦之際，崩壞已盡，皆一概之談耳。《大戴記·投壺》：凡雅二十六篇。其八篇可歌，八篇廢不可歌。七篇《商》、《齊》，可歌也。三篇間歌。又較《漢志·雅歌》四篇爲多。案八篇可歌者，蓋謂《鹿鳴》、《貍首》、《鵲巢》、《采蘩》、《采蘋》、《伐檀》、《白駒》、《騶虞》也。有甲乙相與語，甲曰：今之人，徒襲外國之法律政事，而欲以爲治，不亦難乎？乙曰：今之人，若謂襲外國之法律政事而可以爲治，則可語矣。彼其意，以爲襲外國之法律政事,即爲治耳,不計其功效如何?但以有其事爲已足,漢後之言禮樂者,多有此病。

秦、漢之世,爲儒法遞嬗之會。《漢書·禮志》所載賈誼、董仲舒、王吉、劉向之言,儒家之義也。《循吏傳》所載張敞之奏,法家之義也。《元帝紀》言:"(帝)壯大,柔仁好儒。見宣帝所用多文法吏,以刑名繩下,嘗侍燕,從容言陛下持刑大深,宜用儒生。宣帝作色曰:漢家自有制度,本以霸王道雜之,奈何純任德教,用周政乎?且俗儒不達時宜,好是古非今,使人眩於名實,不知所守,何足委任。乃歎曰:亂我家者,太子也。"所謂王道指儒,霸道指法。漢之治,自宣帝以後,實儒法雜。元帝以後,乃純於儒,然治反不逮者,飾虚文而不察其實也。王莽之虚僞,使後世之人失笑,稍深思之,或又以爲不近情理,疑其未必如是。不知當時自有此等風氣,蓋特其尤甚者耳。以飾虚文而不察實,故無以禁姦,而莽得以篡,莽得以篡,仍崇飾虚文,以爲足以爲治,故卒以召亡。

漢崇儒之主,莫過於武帝;其爲治,實亦儒法雜。一讀《鹽鐵論》,則知桑弘羊之所持,純爲法家之説矣。以武帝之儒法并用,而知吾始皇用儒之説之不虚也。

黄霸何如人也?曰:詐僞人也。霸本以豪傑役使徙雲陵,再入錢穀爲官,其饒於財可知。凡饒於財者,往往喜名譽。其治郡也,米鹽靡密,精力能推行之。凡能自精力者,又往往好名譽也。聞巫家女相當富貴,即娶爲妻,其熱中可見。霸少學律令,喜爲吏,其爲治,專恃司察之術,是儒其名而法其實也。其害安可勝窮!或問其害安在?曰:宣帝之稱揚霸也,曰獄或八年亡重罪囚,霸之治能至此乎?潁川俗夸奢,尚氣力,臧匿難制御,此可旦夕致乎?然則霸故縱舍之以爲名耳。縱舍姦民以爲名,民相安能至八年之久乎?或曰:以霸之善司察,固可以小安。然而如霸之所爲,不能毋多張條教於法令之外。條教繁,名實紊,賞罰無所施矣。此張敞之所深惡也。使無敞之奏,郡國皆承霸意爲之,有其煩碎,而無其司察之才;吏緣爲姦,而民無所措手足，莽末之大亂，必見於宣、元之世。王莽之所爲，意亦無惡於天下，所以致亂者，正坐名實紊而督責不施耳。然則宣帝所謂以霸王道雜之者，果爲治之要義乎？曰：真儒未有不察名實者。子曰："必也正名乎？名不正，則言不順；言不順，則事不成；事不成，則禮樂不興；禮樂不興，則刑罰不中；刑罰不中，則民無所措手足。"何其類申、商之言也？真法家亦必不棄教化。韓非之言曰："糟糠不飽者，不務粱肉；短褐不完者，不待文繡。"原不謂功成治定，猶當壞利去樂也。雖墨子之非樂，亦斯義也。故曰：九流之學，辟之水火，相滅亦相生也。自元帝至於新室之所爲，乃釋儒法之長而用其短，亡國敗家相隨屬，不足怪矣。夫人孰不欲釋其短而用其長，乃至釋其長而用其短，何也？曰：不誠無物，以僞率天下者，終必至於禍天下而還以自禍。

〔三六九〕　漢儒術盛衰上

《漢書》稱武帝初立，罷黜百家，表章六經；案此指建元元年，丞相綰奏罷賢良治申、商、韓非、蘇、張之言者言之。自此以後，利禄之途，遂爲儒家所專矣；此誠學術興替之一大關鍵也。然武帝是時年十七耳，雖非昏愚之主，亦未聞其天亶夙成。成童未幾，焉知儒術爲何事？不特此也，是年衛綰免，魏其侯爲相，武安侯爲太尉，推轂趙綰、王臧，迎魯申公，欲立明堂。二年，乃以趙綰請毋奏事太皇太后敗。夫二年請毋奏事太皇太后，則元年嘗奏事太皇太后可知。然則衛綰之奏，雖謂太后可之可，即魏其武安等之所爲，太后亦未嘗尼之也。又不特此也，建元五年，立五經博士，諸子傳記博士蓋自此罷。此實與罷賢良治申、商、韓非、蘇、張之言者同其功，其時太后亦未崩也。太后固好黄老言者，而其於儒術，優容之如此，何邪？

《史記・禮書》曰："至秦有天下，悉内六國禮儀，采擇其善。至於高祖，叔孫通頗有所增益減損，大抵皆襲秦故，自天子稱號，下至佐僚及宫室官名，少所變改。孝文即位，有司議欲定儀禮，孝文好道家之學，以爲繁禮飾貌，無益於治，躬化謂何耳，故罷去之。孝景時，御史大夫鼂錯，明於世務刑名，數干諫孝景曰：諸侯藩輔，臣子一例，古今之制也。今大國專治異政，不禀京師，恐不可傳後。孝景用其計，而六國叛逆，以錯首名，天子誅錯以解難。是後官者，養交安禄而已，莫敢復議。今上即位，招致儒術之士，令共定儀，十餘年不就。或言古者太平，萬民和喜，瑞應辨至，乃采風俗，定制作。上聞之，制詔御史曰：蓋受命而王，各有所由興。殊路而同歸，謂因民而作，追俗爲制也。議者咸稱太古，百姓何望？漢亦一家之事，典法不傳，謂子孫何？化隆者閎博，治淺者褊狹，可不勉與？乃以太初之元，改正朔，易服色，封泰山，定宗廟百官之儀，以爲典常，垂之於後云。”此漢自武帝以前制作之大略也。案文帝嘗一用公孫臣，并惑於新垣平，拜臣爲博士，與諸生草改曆服色事；又使博士諸生剌六經中作王制，謀議巡狩封禪事，其所爲與武帝何異？或曰：漢人迷信深，此黄龍見成紀爲之，然《賈生列傳》言：“生以爲漢興至孝文二十餘年，天下和洽，當改正朔，易服色，法制度，定官名，興禮樂，乃悉草具其事儀法，色上黄，數用五，爲官名，悉更秦之法。”帝雖謙讓未皇，然以爲生任公卿之位，絳、灌之屬短之，乃不用。然則謂帝之用公孫臣新垣平爲惑於黄龍之瑞，其本意以爲繁禮飾貌，無益於治者，億度之辭，非其實也。賈生《陳政事疏》，極言俗流失，政敗壞，而大臣特以簿書期會爲大故之失，與董生改絃更張之論，如出一轍；而賈山亦勸帝立明堂，造大學。然則制度當正，教化當興，乃當時論治者之公言，非一二人之私意也。夫欲改制度，興教化，固非儒家莫能爲，此所以衛綰、竇嬰、田蚡之所爲，後先一揆；竇太后雖好黄、老，而亦不之尼與？侯生、盧生之謗秦始皇而亡去也，始皇怒曰：“吾前收天下書不中用者盡去之，悉召文學方術士甚衆，欲以興太平，方士欲練以求奇藥。”興太平指文學言。《叔孫通列傳》云：“秦時以文學徵，待詔博士。”而伏生亦秦博士，則始皇所用，儒生正多。興太平亦必指改制度興教化言。始皇雖急法，特以天下初定，反側未絶，行此以事填壓。使其在位歲久，海内無虞，亦未必不能更易治法。然則改制度，興教化，又一統以後論治者之公言，并不待文、景之世也。然則儒術之興，乃時勢爲之，亦猶申、商、韓非、蘇秦、張儀之言，見用於戰國之世耳。或謂儒家明君臣之義，爲雄猜之主所利，故尊崇之以柔天下。夫儒家主尊君抑臣，不主尊君抑民也。苟欲一人爲剛，萬夫爲柔也，用儒家孰若用法家？且亦思漢世勸漢帝誰差天下，求索賢人，禮以帝位，而退自封百里者，誰家之學與？

漢武帝可謂隆儒之主與？曰不可。其初即位時事，乃衛綰、竇嬰、田蚡等所爲，非其所自爲也；其後爲五經博士，置弟子，議出公孫弘；此固由武帝能用弘，從其言；然終武帝之世，儒生見任用者，亦惟弘一人而已。張湯、趙禹，法家也，主父偃、朱買臣，從衡之士也，正衛綰之所欲罷也；改正朔，易服色，遲至太初元年，武帝在位既三十七年矣，苟有崇儒之心，何待是？蓋其封泰山，意在求神仙；其改正朔，亦惑於公孫卿迎日推策之説耳。《禮書》之訾叔孫通也，曰官名少所變改；賈生欲法制度，亦先定官名，議雖未行，然史稱諸律令所更定，及列侯悉就國，皆自賈生發之。其稱鼂錯改制，乃在削適諸侯，而趙綰、王臧，亦欲令列侯就國，除關，舉適諸竇宗室無節行者；然則漢儒言禮，皆重實政，非徒以飾耳目而已。乃武帝所謂定百官之儀者，則更印章以五字耳，見《封禪書》。今《禮書》序存而書亡，武帝所定之儀，已不可得見，度必瑣細無關宏旨，故書亡而其事亦亡，苟其不然，必有能言其略者矣。叔孫通之立朝儀也，徵魯諸生三十餘人，有兩生不肯行，曰“禮樂，積德百年而後可興也，今死者未葬，傷者未起”；與《禮書》所載或人之言，如出一轍。禮者，因人情而爲之節文，故必採風俗，然後可定制作；至武帝所訾，所謂咸稱太古者，則欲大變末俗，以合於其所想望，雖若相反，其不肯苟焉實同；而武帝則徒欲速成而已，雖褊狹有所不恤，此可謂之知禮與？蓋其意本徒欲以飾耳目，而非有意於行實政也。《禮樂志》言世祖立明堂辟雍，顯宗即位，躬行其禮，威儀既盛美矣，然德化未流洽者，庠序未設之故。立明堂辟雍而不設庠序，即由其所興起，徒以飾耳目故，其事亦武帝爲之，可謂之隆儒之主與？《董仲舒傳》云："自武帝初立，魏其、武安侯爲相而隆儒矣，及仲舒對策，推明孔氏，抑黜百家，立學校之官，州郡舉茂材孝廉，皆自仲舒發之。"而據《本紀》，則初令郡國舉孝廉在元光元年十一月，是歲五月，親策賢良，董仲舒、公孫弘等出焉。舉孝廉先於仲舒對策五月，則不得云自仲舒發之。《通鑑》乃繫仲舒對策於建元元年。《考異》云："不知在何時，惟建元元年見於《紀》，故著之。"沈欽韓云："仲舒本傳，孝景時爲博士，武帝即位，舉賢良文學，則其對策在建元元年無疑。又建元六年，遼東高廟災，高園便殿火，《五行志》仲舒對曰云云，本傳在廢爲中大夫時，居家推説其意，對策不得反在元光元年也。"《公孫弘傳》："武帝初即位，弘年六十，以賢良徵。"《嚴助傳》：武帝善助對，擢助爲中大夫。則三人皆同歲。弘後爲博士免歸，元光五年復徵賢良，俱非元光元年事。《董仲舒傳》云："武帝即位，舉賢良文學之士，前後百數，而仲舒以賢良對策焉。"云前後則非一次，安知其在建元元年？高廟災，高園便殿火，《志》云"對"，而《傳》云仲舒居家推説其意，草藁未上，主父偃竊而奏之，則二者非一事。"推説其意"，不論何時皆可，不必正在災時。《傳》云"先是"，明仲舒乃推説行事，其事非在建元六年也。《公孫弘傳》："武帝初即位，招賢良文學士，是時弘年六十，以賢良徵爲博士，使匈奴，還報，不合意，上怒，以爲不能，弘乃移病免歸。元光五年，復徵賢良文學，菑川國復推上弘，弘謝曰：前已嘗西，用不能罷，願更選。國人固推弘。"《史記·封禪書》言建元竇太后崩，其明年，徵文學之士公孫弘等，《漢書》無此四字，蓋鈔胥所删。則《傳》元光五年之五字，實爲元字之誤。《本紀》及《弘》、《仲舒傳》所載詔策，辭雖異而意則同，其爲一詔無疑也。《嚴助傳》云："郡舉賢良，對策百餘人，武帝善助對，繇是獨擢助爲中大夫。"明諸人之對，皆不如助。然仲舒之對，天子異之，至於三策；弘，太常奏其第居下，天子擢爲第一，皆不至不如助，明其非同時舉也。然則《傳》云舉孝廉等事皆自仲舒發之，其辭亦不甚審矣。此亦見漢世之隆儒，出於運會之自然，而非必盡由於誰某也。

原刊一九四六年《益世報》

〔三七〇〕　漢儒術盛衰下

儒術之興，既因實政，故其學於實用頗切。董仲舒在家，朝廷有大議，使使者及廷尉張湯就其家問之，而仲舒弟子吕步舒，實以《春秋》義治淮南獄，此儒術用諸刑法者也。許商以治《尚書》善爲算舉治河，此儒術用諸工程者也。王式爲昌邑王師，昌邑廢，羣臣皆下獄，使者責問：師何以無諫書？式對曰：以三百五篇諫，是以無諫書。《漢書·儒林傳》。而龔遂諫王，亦曰：大王誦《詩》三百五篇，人事浹，王道備，王所行，中《詩》一篇何等也？《昌邑王賀傳》。則《詩》又所以格君心之非，且該一切政事矣。蓋漢世法律未備，決事多據習俗，本義理，此經義所以可折獄。《禹貢》固徒陳行事，經説則未嘗不舉山川之勢，詳疏道之宜及度地居民之法，故明於是者可以治河。韓嬰、劉向有作，凡事無不引《詩》三百篇，牢籠天地，囊括古今，無所不備。見《讀詩拙言》，《東塾讀書記》稱之。陳蘭甫謂《孟子》及《禮記·坊記》、《中庸》、《表記》、《緇衣》、《大學》引《詩》，皆外傳體。蓋《詩》本謡辭，緣情託興，無所的指；然正以無所的指故，隨處可引申觸長，於事顧無所不苞焉；此《齊》、《韓詩》所以必取《春秋》，採雜説，而亦其所以能浹人事而備王道也，脩己治人，資焉無遺憾矣。職是之故，當時之治經者，率重實事而不斷斷於簡策，故其學有用而不煩。《漢書·藝文志》謂古之學者耕且養，三年而通一藝，三十而五經立。窮年不能究其學，累世不能盡其禮，實未足爲儒術病也。馮奉世年三十餘乃學《春秋》；兒寬帶經而鉏；朱買臣擔束薪，行且誦；并耕且養之證。東方朔上書云："三冬文史足用。"如淳曰：貧子冬日乃得學書。此正古者"十月事訖、教於校室"之遺規也。見《公羊》宣公十五年《解詁》。夫如是,則其學不得不止於"承其大體,玩經文"而已,安得有"碎義逃難,便辭巧説,破壞形體"之誚哉?碎義逃難、便辭巧説之始,蓋欲以矜流俗,立聲譽,取利禄,其害實先中於心術,而學術乃受其病也。

今古文之學,相疾如仇讎,人皆病劉歆爲始作俑者矣,然非歆之罪也;異端之起,今文師實自召之。夏侯勝非夏侯建爲章句小儒,破壞大道;建亦非勝爲學疏略,難以應敵。以應敵爲務,即所謂逃難也,務於逃難,自不得不有取於碎義矣。建師事勝及歐陽高,左右采獲,又從五經諸儒問與《尚書》相出入者,牽引以次章句,具文飾説,即所謂便辭巧説也。此實破壞家法之原。公孫禄劾國師公顛倒五經,毁師法,令學士疑惑,見《王莽傳》。特加厲焉而已。《漢志》述當時之弊,"説五字之文,至二三萬言",注引桓譚《新論》,謂秦近君説《堯典》,篇目兩字之説至十餘萬言,但説"曰若稽古"三萬言。《儒林傳》:秦恭延君,學出小夏侯,增師法至百萬言。延君、近君蓋一人。《贊》云:"自武帝立五經博士,開弟子員,訖於元始,百有餘年,傳業者寖盛,枝葉蕃滋,一經説至百餘萬言,大師衆至千餘人。"劉歆《移太常博士》,言"往者綴學之士,分文析字,煩言碎辭,學者罷老且不能究其一藝",則如是者必不止小夏侯一家。務博聞而不思闕疑,廣徵異書,亦固其所。故謂古學家之弊,今學家實啓之也。劉歆之訾今學,曰:"信口説而背傳記,是末師而非往古。"此二語,實爲古學致弊之由。蓋口説自古相傳,雖出末師,淵源有自,積古相傳之精義存焉。而傳記徒有其書,憑後人之億見以説之,自不如積古相傳之説之精也。然古學之重傳記,亦可謂今學家激成之,何者?務博聞而不廣考異書,馮億爲説,其可疾,自又甚於多讀書而不知其義者也。故曰:古學之弊,今學家實啓之也。

道一而已,循誦先儒之説可見,博考異説亦可見也。劉歆之學,略見於《五行》、《藝文志》。其是非姑勿論,要不能謂爲不博通,而何以後來馬、鄭諸儒,支離滅裂,其説且有恒人能見其非者?蓋爲學必先有所見,有所見,則以他人之説證吾説可也,以他人之説訂吾説亦可;若本無所見,徒思左右採獲,以譁世取寵而已,則於他人之説,且不能解,徒以己意曲説之,支離滅裂,復安可免?此與不考異説而妄以己意曲解者亦等耳。夫熟精義理,而證以身所涉歷,與博考書傳,藉萬事以證明一理,實爲爲學之兩途,今古學實由之,本可相輔而行;乃其後各得其弊如此,則學者多意不在學,而徒志於利禄故也。故曰"人能弘道,非道弘人"。

《後漢書·徐防傳》,防上疏曰:"臣聞《詩》、《書》、《禮》、《樂》,定自孔子;發明章句,始於子夏。其後諸家分析,各有異説。漢承亂秦,經典廢絶,本文略存,或無章句。收拾闕遺,建立明經,博徵儒術,開置太學。孔聖既遠,微旨將絶,故立博士十有四家,設甲乙之科,以勉勸學者,所以示人好惡,改敝就善者也。伏見太學試博士弟子,皆以意説,不脩家法,私相容隱,開生姦路。每有策試,輒興諍訟,論議紛錯,互相是非。孔子稱述而不作,又曰吾猶及史之闕文,疾史有所不知而不肯闕也。今不依章句,妄生穿鑿,以遵師爲非義,意説爲得理,輕侮道術,寖以成俗,誠非詔書實選本意。改薄從忠,三世常道,專精務本,儒學所先。臣以爲博士及甲乙策試,宜從其家章句,開五十難以試之,解釋多者爲上第,引文明者爲高説;若不依先師,義有相伐,皆正以爲非。"東京十四博士,大體皆今學也,此亦破碎之弊今學實自啓之之證。

或曰:今學之弊,則既聞命矣,其書之傳於後者,皆終始條貫,末係本明,絶無支離破碎之弊,其故何也?曰:此由今學家之説,皆已不傳,所傳者皆其删繁提要之説故也。章帝建初四年詔,引中元元年詔書,以五經章句煩多,議欲減省;至永平元年,長水校尉儵奏言,先帝大業,當以時施行。於是有白虎觀之會,帝親稱制臨決,如孝宣石渠故事。其書之傳於今者,則《白虎通義》是也。《楊終傳》:"終言宣帝博徵羣儒,論定五經於石渠閣。方今天下少事,學者得成其業,而章句之徒,破壞大體;宜如石渠故事,永爲後世則。於是詔諸儒於白虎觀論考同異焉。"當時之宗旨可知,安得有支離破碎之説存於其間乎? 石渠之議,《梁丘易》、《大小夏侯尚書》、《穀梁春秋》以立;章帝亦令羣儒選高才生受《左氏》、《穀梁春秋》、《古文尚書》、《毛詩》。本欲删繁就簡,乃更益滋異説,何也? 則以異説既興,不可卒泯,又不可一切正之,不得不廣存之也。故曰:古學之分争,今學實自啓之也。

章句始自子夏,後人或疑其説。然無足疑也。此章句即口説,不必有書。故防又謂"本文略存,或無章句"也。申公傳《詩》,疑者則闕勿傳,即防説之證。丁寬作《易説》三萬言,訓故,舉大義而已,後人謂之小章句。大小蓋以多少言之,知後來《易》説,亦漸繁滋矣。《三國志·劉表傳注》引《英雄記》,言表開立學官,博求儒士,使綦毋闓、宋忠等撰《五經章句》,謂之《後定》。《荀彧傳注》引《彧别傳》,亦言彧説太祖"集天下大才通儒,考論六經,刊定傳記,存古今之學,除其煩重",足見訂定章句,在當時實不容緩。《後漢書·桓榮傳》:榮受朱普學章句四十萬言,浮辭繁長,多過其實;及榮入授顯宗,減爲二十三萬言;榮子郁復删省,定成十二萬言,由是有《桓君大小太常章句》。張霸以樊儵删《嚴氏春秋》,猶多繁辭,乃減定爲二十萬言,更名《張氏學》。以删省而更名,則知前此以增益而更名者尤多也。《鄭玄傳論》曰:"經有數家,家有數説,章句多者,或乃百餘萬言,學徒勞而少功,後生疑而莫正。鄭玄括囊大典,網羅衆家,删裁繁誣,刊改漏失,自是學者,略知所歸。"玄之學所以風行一時,亦以其能删繁就簡而已。

王充作《超奇篇》,力言通人貴於儒生。其所謂通人,非徒兼通五經,博綜衆説而已;必也如《漢志》雜家之學,所謂兼儒墨,合名法者乎? 然即一家之學,亦貴博通。《後漢書·宋弘傳》:"帝嘗問弘通博之士,弘薦沛國桓譚,才學洽聞,幾及楊雄、劉向父子。"夫楊雄、劉向父子,固皆不姝姝暖暖於一先生之言者也。然學有通博,有雜博。多聞而有以貫之,通博也;支離矛盾,雜博也。《鄭玄傳》云:袁紹遣使要玄。"紹客多豪俊,并有才説,見玄儒者,未以通人許之，競設異端，百家互起。玄依方辯對，咸出問表。皆得所未聞，莫不嗟服。”以玄爲儒生而輕之，即王充儒生不如通人之説也。如玄者，可以附於通人之列乎？觀其書之支離矛盾，而其所謂博者可知矣，蓋雜博也。

漢時所謂不守章句者，如谷永、《永傳》云：永於經書，汎爲疏達，與杜欽、杜鄴略等，不能洽浹如劉向父子及楊雄也。楊雄、《雄傳》云：不爲章句，訓詁通而已，博覽無所不見。班固、《固傳》云：所學無常師，不爲章句，舉大義而已。王充《充傳》云：好博覽而不守章句。等，皆較通博之士也。亦有近於事功者，如馬援是也。《援傳》云：意不能守章句。於此，見章句之學，既不免於固陋，又無益於神智，宜乎儒術極盛之時，即其衰替之會也。

原刊一九四六年《益世報》

〔三七一〕 立憲古誼

今世所謂君主立憲者，政有闕失，則由相臣任其責，君不任責，此其緣起亦甚古。漢世災異策免三公則是也。何以知此爲立憲政治之原也？曰尸其事者任其責，此天下之通義也。所謂謀人之軍旅，敗則死之；謀人之邦邑，危則亡之也。未有能違之者也。君者，尸一國之事者也；國政敗壞，君安得不任其責？廢之，殺之，宜也。“舊夫餘俗，水旱不調，五穀不孰，輒歸咎於王，或言當易，或言當殺”，《三國志・夫餘傳》。此政治最初之義也。然君或不任職，而别有任職者代之，則政事闕失，自當由實尸其事者任其責。周公請代成王之辭曰：王少未有識，姦神命者，乃旦也，此義也。契丹八部，嘗推一大人，建旗鼓而聽命焉。至其歲久，或其國有災疾而畜牧衰，則八部聚議，以旗鼓立其次而代之。舊以爲此建旗鼓者即八部之共主，其實不然，予别有考。國有疾疫而畜牧衰，建旗鼓者任其咎，而共主不與焉，則以其實不任事也。日本争奪，迄在幕府，其天皇不與焉，亦以此。又主其事者，威權既大,地位日尊,動摇之不易,則擿罰其輔弼者事亦可有。賈生曰:"古者大臣,坐罷軟不勝任者,不謂罷軟,曰下官不職。"此在後來,但爲君待其臣之禮。其初,或亦以其人不易動摇而責其左右,猶商君以太子不可刑而刑其傅黥其師也。古小國見誅於大國,則殺其大臣以説,義亦同此。

〔三七二〕 民主古義[①]

天下非人君所私有,義莫明於西漢,至東漢則稍以湮晦矣。眭弘因大石自立,僵柳復起,謂當有從匹夫爲天子者。使友人内官長賜上書,言:"漢帝宜誰差天下,求索賢人,嬗以帝位,而退自封百里。"此爲專制之世,絶無僅有之事。《漢書》稱弘説曰:"先師董仲舒有言,雖有繼體守文之君,不害聖人之受命。"又稱弘"從嬴公受《春秋》"。《漢書》本傳。嬴公者,仲舒弟子也。見《儒林傳》。漢人好言易姓革命者,非欲徒取諸彼以與此,其意乃欲於政事大有所改革。故凡言根本改變者,未有不於革易之論,而效忠於一姓者也。通觀漢人言論自明。息夫躬雖未言革易,然其欲大施改革固亦與眭弘等同,而史亦言其治《春秋》;則昌言革易,爲《春秋》家之大義矣。然蓋寬饒"引《韓氏易傳》,言五帝官天下,三王家天下,家以傳子,官以傳賢,若四時之運,功成者去,不得其人,則不居其位。"《漢書》本傳。而《五行志》引《京房易傳》,亦曰:"復崩,來無咎。自上下者爲崩,厥應泰山之石顛而下,聖人受命人君虜。"又曰:"石立如人,庶士爲天下雄。立於山同姓,平地異姓,立於水聖人,於澤小人。"與眭弘之言,若合符節,則《易》、《春秋》義同也。此二經,蓋聖人言性與天道之書,雖子貢亦不得而聞歟?然猶不止此。

---

① 原題《西漢官天下之義》。

《説苑·至公篇》曰:"秦始皇帝既吞天下,乃召羣臣而議曰:古者五帝禪賢,三王世繼,孰是?將爲之。博士七十人未對,鮑白令之對曰:天下官,則讓賢是也;天下家,則世繼是也;故五帝以天下爲官,三王以天下爲家。秦始皇帝仰天而歎曰:吾德出於五帝,吾將官天下,誰可使代我後者?鮑白令之對曰:陛下行桀紂之道,欲爲五帝之禪?非陛下所能行也。秦始皇帝大怒曰:令之前。若何以言我行桀紂之道也?趣説之。不解則死。令之對曰:臣請説之。陛下築臺干雲,宫殿五里,建千石之鍾,萬石之虡,婦女連百,倡優累千;興作驪山宫室,至雍,相繼不絶。所以自奉者,殫天下,竭民力,偏駁自私,不能以及人;陛下所謂自營僅存之主也,何暇比德五帝,欲官天下哉?始皇暗然,無以應之,面有慚色。久之曰:令之之言,乃令衆醜我。遂罷謀,無禪意也。"謂秦皇欲官天下,自繫寄託之辭;然官天下之義,爲漢世儒者所常道,則可見矣。曰"行桀紂之道",奈何"欲爲五帝之禪"。曰"自營僅存之主",言以若所爲,危亡將至,繼嗣之謀,非所及也。然則"誰差天下,求索賢人,嬗以帝位,而退自封百里",則可免於死亡之禍。以是匡君,是爲愛君也。

或曰:安知眭弘非求媚霍光,教之以篡乎?聞此言而知自危,殺眭弘以免禍,此非不學無術者所及也。昭帝之崩也,"羣臣議所立,咸持廣陵王。郎有上書言:周太王廢太伯,立王季;文王舍伯邑考,立武王;惟在所宜,雖廢長立少可也,廣陵王不可以承宗廟。言合光意,擢爲九江太守。"《漢書·霍光傳》。光則何所忌憚?縱不敢篡弑,必不因此而殺弘矣。孝宣即位,眭弘子爲郎,當亦光所爲,蓋又借以自圓其立孝宣之説者也。足徵光於弘言無所忌,然則光之殺之者何也?曰:光本不知大體,既下之廷尉,則從其所議耳。宣帝下蓋寬饒書,中二千石執金吾議:以爲寬饒指意欲求禮,大逆不道。鄭昌傷其爲文吏所抵挫,上書訟之。弘之死,則猶之寬饒耳。

《漢書·儒林傳》:"(韓)嬰推詩人之意,而作《内·外傳》數萬言,其語頗與齊、魯間殊,然歸一也。""韓生亦以《易》授人,推《易》意而爲之傳。燕、趙間好詩，故其《易》微，惟韓氏自傳之。”“孝宣時，涿郡韓生其後也。以《易》徵，待詔殿中。曰：所受《易》，即先太傅所傳也。”“司隸校尉蓋寬饒，本受《易》於孟喜，見涿韓生説《易》而好之，即更從受焉。”案《太平御覽》卷百五十九引《韓詩外傳》：“有五帝官天下，三王家天下之語。”知《儒林傳》之説不誣。又《儒林傳》：轅固與黄生争論：“黄生曰：湯、武非受命，乃殺也。固曰：不然。夫桀、紂荒亂，天下之心，皆歸湯、武。湯、武因天下之心，而誅桀、紂，桀、紂之民弗爲使而歸湯、武。湯、武不得已而立，非受命爲何？”此正合於官天下之義。知謂《韓詩》與齊、魯間殊，而其歸一，亦不誣也。李尋治《尚書》，獨好《洪範》災異，又學天文月令陰陽，而亦好賀良之説。《漢書》本傳。知昌言革易，爲漢五經家之通義矣。

谷永對災異曰：“臣聞天生蒸民，不能相治，爲立王者以統理之。方制海内，非爲天子，列土封疆，非爲諸侯，皆以爲民也。垂三統，列三正，去無道，開有德，不私一姓，明天下乃天下之天下，非一人之天下也。”勸成帝急復益納宜子婦人，毋避嘗字，曰推法言之，陛下得繼嗣於微賤之間，乃反爲福。後宫女史使令有直意者，廣求於微賤之間，以遇天所開右。《漢書》本傳。雖未昌言革易，然亦已寓革易之意矣。

學術恒隨風氣爲轉移，衆所不知之義，一二人安得獨知之？即或知之，亦只可深自緘祕耳，安得昌言於衆？今觀漢世，儒家之昌言革易，無所忌憚如此，知此義猶未湮晦也。諸侯將相之欲尊漢王爲皇帝也，漢王曰：“吾聞帝賢者有也。空言虚語，非所守也。吾不敢當帝位。”《史記》本紀。漢高不學之人，非知儒家之義者也。孝文元年，有司請立太子。上曰：“朕既不德，上帝神明未歆享，天下人民，未有嗛志。今縱不能博求天下賢聖有德之人而禪天下焉，而曰豫建太子，是重吾不德也，謂天下何？其安之。有司曰：豫建太子，所以重宗廟社稷，不忘天下也。上曰：楚王，季父也，春秋高，閲天下之義理多矣，明於國家之大體。吴王於朕，兄也，惠仁以好德。淮南王，弟也，秉德以陪朕。豈爲不豫哉？諸侯王宗室昆弟，有功臣，多賢及有德義者，若舉有德以陪朕之不能終，是社稷之靈，天下之福也。今不選舉焉，而曰必子，人其以朕爲忘賢有德者而專於子，非所以憂天下也。朕甚不取也。"《史記》本紀。雖爲虚辭，然天下非人君私有之義，固明白言之矣。

李云以帝欲不諦之語見殺，魏明帝問王肅，猶曰是何得不死？《三國・魏志・王肅傳》。知自東漢以來，忌諱稍深矣。東漢時昌言大改革者亦少。惟郎顗條便宜，"欲大蠲法令、官名、稱號、輿服、器械，事有所更，變大爲小，去奢就儉。"猶有西京賈、董、翼奉之遺風。官天下之義之湮晦，蓋自新、漢間始。古言立君，本有二義：一曰立君所以爲民，一則曰聖人無父，感天而生，以自神其種姓。王莽專言符瑞，造圖讖，神授之義日昌，而民視、民聽之義稍晦矣。或曰：郅惲上書王莽，勸其歸政劉氏，退就臣位。莽以其據經讖，難即害之。收繫須冬，會赦得出。若是乎圖讖之不專便於篡竊也？不知此乃惲或惲之子孫造以媚漢，或自誇其祖父之言。楊厚祖父春卿爲公孫述將，漢兵平蜀，自殺。而厚傳亦曰：春卿臨命，戒子統曰："吾綈袠中有先祖所傳祕記，爲漢家用。爾其修之。"有是理邪？

不龜手之藥一也，或以封，或不免於洴澼洸，則其所以用之者異也。雖有繼體守文之君，不害聖人之受命。眭弘以之勸漢帝禪位賢者，而許芝勸魏代漢，亦曰："《春秋大傳》曰：周公何以不之魯？蓋以爲雖有繼體守文之君，不害聖人受命而王。周公反政，《尸子》以爲孔子非之，以爲周公不聖，不爲兆民也。"輔國將軍等百二十人之奏，亦曰孔子曰："周公其爲不聖乎？以天下讓。是天地日月輕去萬物也。"《三國・魏志・文帝紀注》引《獻帝傳》。猶是語也。略加添改造作，而其意遂大異。

信夫！君主世襲之制，開基之主，起自草野，角羣雄而臣之，險阻艱難備嘗之矣，民之情僞盡知之矣，其措置自可較省。一二傳後，生於深宫之中，長於阿保之手，民生利病非所知也，故書雅記非所習也，而又奉以驕奢淫逸之資，肆其言莫予違之欲，雖有中駟，亦爲下材，非其人特愚，勢使然也。賈生曰："事有召禍，法有起姦。"此之謂也。此理也，仲長統昌言之，《理亂篇》言之晰矣。

〔三七三〕 賈誼過秦論

賈生過秦之論，流俗每分爲三篇，以"秦孝公據殽函之固"至"仁義不施而攻守之勢異也"爲上篇，"秦并海内兼諸侯"至"是二世之過也"爲中篇，"秦并兼諸侯山東三十餘郡"至"故曠日持久而社稷安矣"爲下篇，非也。此文當以俗所謂下篇者爲上篇，其所謂上中者則并不可分爲二篇。俗所謂上篇者，即申説其所謂下篇中"秦地被山帶河"云云之意，其中篇之首至"名號顯美功業長久"，所以過始皇，"今秦二世立"以下過二世，亦申其所謂下篇者"三主失道"之意耳。子嬰之失則第一篇已具之，故不再申説。蓋秦三主之過，實以始皇、二世爲大，故下不再申説，然其論則因之亡而起其意，已具於第一篇中也。篇中之論有重要未能盡意處，别爲篇補之，可以此文爲法。

原刊《光華大學半月刊》，一九三六年出版

〔三七四〕 新語採詩讖

今之《新語》，決爲僞書，然亦間有所本，蓋雜採古書爲之也。《後漢書・張衡傳》云："凡讖皆以爲黄帝伐蚩尤，而《詩讖》獨以爲蚩尤敗，然後堯受命。"今《新語・思務》篇有"堯承蚩尤之失"語。蓋採《詩讖》或其他原本《詩讖》之書也。

原刊《光華大學半月刊》，一九三六年出版

〔三七五〕　論經學今古文之别

有問經學今古文之别者。案《史記·儒林傳》云:"言《詩》,於魯則申培公,於齊則轅固生,於燕則韓太傅;言《尚書》,自濟南伏生;言《禮》,自魯高堂生;言《易》,自菑川田生;言《春秋》,於齊、魯自胡毋生,於趙自董仲舒。"此皆漢初所出,最純正之今文學也。其後分立十四博士——《詩》魯、齊、韓,《書》歐陽、大小夏侯,《禮》大小戴,《易》施、孟、梁邱、京,《春秋》嚴、顔。——案劉歆《讓太常博士書》:"往者博士:《書》有歐陽,《易》則施、孟;然孝宣皇帝猶復廣之,立《穀梁春秋》、《梁邱易》、《大小夏侯尚書》。"《漢書·儒林傳贊》:"初《書》惟有歐陽,《禮》后,《易》楊,《春秋》公羊而已。至孝宣世,復立《大小夏侯尚書》,《大小戴禮》,《施》、《孟》、《梁邱易》,《穀梁春秋》;至元帝世,復立《京氏易》;平帝時,又立《左氏春秋》、《毛詩》、《逸禮》、《古文尚書》。"則《書》之大小夏侯,《禮》之大小戴,《易》之施、孟、梁邱,劉歆云最初即有施、孟,非。《春秋》之穀梁,已非純正之今文學。云孝宣世所立,亦不足信。近人吴興崔適所著《史記探原》、《春秋復始》,論《穀梁》爲古文學,甚詳。

欲考見孔子學説之真相者,當以今文家言爲主;欲考見王莽、劉歆之政見者,當以古文經爲主。欲考見古代之事實者,則今古文皆有價值。其中皆有古代之事實,皆有改制者之理想。吾輩緊要之手段,則在判明其"孰爲事實,孰爲理想"而已。但雖如此説,畢竟今文之價值,較大於古文。其中有兩層理由:一則人之思想,爲時代所限,此無可如何之事,孔子與劉歆、王莽雖同爲改制託古之人,然孔子早於劉歆、王莽數百年,其思想與古代較接近;由之以推求古代之真事實校容易。二則造假話騙人之事,愈至後世而愈難,故王莽、劉歆,後於孔子數百年,而其所造作之言,反較孔子爲荒怪,讖緯之書是也。因騙人難，故不得不索性出於荒怪，使人易於眩惑。——此等怪説，其中雖亦含有幾分之神話，爲治古史者最可寶貴之材料；然出於有意造作者多，大抵足以迷惑古代事實之真相。

今古文在考古上之價值如此，吾人從事於考古之時，不能不將此二者分别清楚，自無待言。蓋今文家説，源出孔子，古文家説，祖述莽、歆。則考見孔子學説之真相者，固不容不剔除莽、歆之言；欲考見莽、歆學説之真相者，亦不容不剔除孔子之語。且古代史實，今日既無忠實從事於記載之書，流傳於後，而欲憑孔子、莽、歆改制所託之書，以推求想像也，亦自不容不先將孔子、莽、歆之所託者分清，然後從事於推求想像也。且古代之書，傳至今日者，大抵闕佚不完；任考一事，皆係東鱗西爪，有頭無尾。夫兩種本同之説，經割截及傳譌之後，即可見其不同。故任考一事，往往有數種異説，使人無所適從。然苟於今古文家之學説，能深知其源流，則極錯雜之説，殆無不可整理之爲兩組者。即諸子之書，於今古文家言，亦必有一合。既整理之爲兩組，乃從而判決其是非，則較臚列多數異説，而從事於判決者大易矣，且誤謬必少。此亦治經必要分别今古文之一最大理由也。

尤有進者：則治經不當以分别今古文爲已足，更當進而鑑别今文家之書，判定其價值之大小。此實爲今後考古者必要之手段。蓋吾國經學，凡分三時期：

（一）今文時期：十四博士以前之説是也。十四博士之説，頗疑其已非純正之今文學。或當對《史記·儒林傳》所述八家，分爲新今文學派與舊今文學派，但此分别爲必要與否，今尚未敢斷言。

（二）古文時期：東漢馬、鄭諸儒之學是，皆崇信古文經，爲之作注釋者。

（三）新古文時期：此派起於魏、晉以後；其中有大關係者，爲王肅一人。蓋東漢末造，古文盛而今文衰。其後古文家中，寖至鄭玄一人之説，獨占勢力。蓋其時經説太繁雜，派别家法太多。繁雜則中人之材，難於徧涉；派别多，乃令人無所適從。鄭玄起，乃將前此之所謂家法者，盡行破壞；全用主觀的方法，隨意採取；亦間用考據的手段，穿鑿牽合。於是有此一家之書，而他家之書若可廢。昧者不察，且謂玄以一人而奄有諸家之長。其實以後世之事譬之，玄所用者，乃毫不講方法，隨意纂鈔之鄉曲陋儒之法也。而其學説，遂自此而大行矣。盛名之下，必有思起而與之争者。當時與玄反對而今可考見者，亦有數人。但其説多亡，無甚關係。而王肅以晉武帝之外祖故，其説大行。而肅所用之手段，尤爲陋劣。蓋科學之所研求者爲事實，學説之合不合，驗諸事實而是非可明。經學家之所研求，則爲與孔子之説符合與否。孔子已往之人也，勢不能復起而爲之判斷，故其是非，本爲一難解決之問題。肅乃用卑劣之手段，僞造《孔子家語》、《孔叢子》、《孔安國尚書傳》、《論語》、《孝經》注，以其學説，託諸孔子後人，曰：此孔氏子孫之言，必爲信史矣。其實孔子之學，傳諸弟子，未聞傳諸子孫也。此亦可謂之託古。而王肅之託古，乃專以之與人争名。託古之變幻至此，真匪夷所思矣。

託古改制，愈託而去古愈遠，清代諸儒之考古，亦愈考而去古愈遠。其初閻、王諸家之攻僞《古文尚書》，則破壞魏、晉以後之新古文，而復於東漢時代之古文學也。自武進莊氏、劉氏，以至最近南海康氏、井研廖氏，則破壞莽、歆所依據之古文經，以求復孔子學説之舊也。今後學者之任務，則在就今文家言，判決其孰爲古代之真事實，孰爲孔子之所託，如此，則孔子之學説與古代之事實，皆可分明，此則今之學者之任務已。

今文經之不得概執爲古代事實，亦不得概以爲孔子所造，而有待於鑒别，即就文學上觀察，亦可見之。蓋言語思想隨時代而遷變，後人之思想，決不能盡同於古人；即必不能作爲與古人密合之言語，此爲確定不移之事實。故鑒别書籍之出於何時代，從文字上觀察，實爲一極可信之法。但其方法必極微密，且必爲科學的，不得爲現在文學家之籠統觀察用“可以意會而不可以言傳”之方法耳。攻擊僞《古文尚書》者，所列之證據甚多，而從文字上判決，如“每歲孟春”之每字，非古書所有;“火炎崐岡,玉石俱焚”,爲魏、晉後人語等是。亦爲其最有力理由之一,且最初之疑點,實由此而入。《今文尚書》中,《堯典》、《禹貢》反較《周誥》、《殷盤》爲平順易讀,此可信爲真《虞夏書》乎!《周易》之卦辭爻辭,何等簡奥難解;與其他春秋時之文字比較,似一時代之文字乎?此皆足以證明今文書中,有孔子自撰之文字,亦有鈔録古書者也。春秋以後人之所撰,與前此之真古書,在考古上,其價值不能同等,無待言已。故有分别之必要也。此分别也,方法有種種,但須著手於考據後,方能言之。

尤有進者,就今文家言中,分别其孰爲鈔録古書,孰爲孔子及孔門後學者所自撰,甚爲緊要。而經與傳之分别,卻不甚緊要。經之中,有鈔録古書者,亦有孔子及孔門後學者所自撰之文字。傳之中,亦兩者俱有之。蓋經與傳,同爲孔門後學者所傳,以其所傳之經爲可信,則其所傳之傳,亦可信也。以其所傳之傳爲不可信,則其所傳之經,亦不可信也。且經與傳必合而觀之,而其義始完。觀吴興崔氏《春秋復始》卷一《公羊傳當正其名曰春秋傳》一條可見。又如《孟子·萬章》上篇論歷史之言,皆爲稱引《書》説,亦可見此中之關係,蓋如是乃可見孟子民貴君輕之義,皆出於孔門,而《尚書》乃爲一有價值之書。

余所不解者,爲北京大學朱君希祖之説,《北京大學月刊》一卷三號《整理中國最古書籍之方法論》。謂欲判别今古文之是非,必取立敵共許之法。“古書中無明文,今古文家之傳説,一概捐除”;“所舉證據,須在今文家古文家共信的書中”。因而欲取《易》十二篇、《書》二十九篇、《詩》三百五篇、《禮》十七篇、除《儀禮》中之傳與記,《詩書》之序。《春秋》、《論語》、《孝經》七書,以爲判決今古文家是非之標準。果如所言,則必(一)保證今古文家之傳説不可靠,而此七部“惟字義有通假大致是相同的”經,則極可靠。然經在傳授源流上,較傳爲可靠之説,孰爲之保證乎?(二)朱君必曰:今古文家所傳之經,“惟字義有通假”,此外則“大致相同”,此即其可靠之證據也。蓋古文家之學爲僞造而非出於孔門,固朱君所不承認也。然試問此七書者,朱君果自能解釋乎?抑解釋之時,仍有取於前人之傳注乎?若云自能解釋,則是宋以後憑臆説經之手段也,度朱君必不取。若有待於後人之傳注,則於今古文家言,必一有所取矣。憑"任取其一以爲解釋之經文",以判決兩造之是非,不亦遠乎?對於經文,今古文家無異説者,原亦有之。然今古文家言,本非絶對相異,其中同處正多,此等處本無問題,無待解決,若向來相持不決之問題,則彼此必各有經文爲據。觀許慎之《五經異義》及鄭駁可見也。若有如朱君所云簡單明了之法,可以解決,前此説經者,豈皆愚騃,無一見及者乎?朱君謂古書當"就各項學術分治;經學之名,亦須捐除",自爲名論,獨其所持之方法,則似精密而實麤疏,且其攻擊今文家之語,乃專指南海康氏欲尊孔子爲教主,暨井研廖氏晚歲荒怪之説言之。此兩説在今日,本無人崇信,何勞如此掊擊?抑豈得以此兩家之説,抹殺一切今文家邪?康氏欲崇孔子爲教主,自係有爲而言。廖氏晚年荒怪之説,亦誠不足信。然康氏昌言孔子改制託古;廖氏發明今古文之别,在於其所説之制度;此則爲經學上之兩大發明。有康氏之説,而後古勝於今之觀念全破,考究古事,乃一無障礙。有廖氏之説,而後今古文之分野,得以判然分明,亦不容一筆抹殺也。近代崇信古學者,莫如章太炎,何以亦不視堯、舜、禹、湯、文、武、周公爲神聖,而有取於孔子託古改制之説邪?清代今文學晚起,今文學家之業,所就未與古文學者之多,事誠有之。然此乃時間問題,不足爲今文學者病,更不足爲今文學之病也。乃近有一部分學者,幾目今文學爲空疏荒怪之流,而盛稱古文學者爲能求是。《東方雜誌》近載陳君嘉益《東方文化與吾人之大任》一文,堅瓠君從而評之曰:"嘗謂吾國經學,本分今文家與古文家兩派,今文家志在經世,其失也緣飾而附會;古文家志在求是,其失也碎義而逃難。夫固各有短長,然舊籍真面目之得遺留於今日,則當由古文家尸其功。即以科學方法而論,亦以古文家較爲近似。陳君文中,於微言大義、《公羊》三世之説,稱引至再,詎其學出於今文家歟?"此言竊不知所謂。

志在經世，古人皆然；純粹求真之主義，近日科學始有之；前此今文家固不知，古文家亦未有也。今文家緣飾附會，證據何在？讖緯之作僞起哀、平，與古文經同時并出之物也，顧不爲緣飾附會乎？舊籍之真面目，得以遺留於今，當由古文家尸其功，此言益不能解。豈謂三家之《詩》，伏生之《書》……皆不足信；惟《古文尚書》、《毛詩》、《逸禮》、《左氏春秋》……乃爲可信乎？且古文經之大異於今文經者究安在？設無古文家，舊籍之真面目，何由遂晦乎？古文家近於科學方法之處又安在？許慎之《五經異義》，據孤證以決是非；鄭玄之徧注羣經，破家法而肆穿鑿，足以當之乎？陳君此文，多雜引近日報章雜誌，及新出之書，本非考古之作，其引證古書，自亦無從嚴甄真僞，一稱《公羊》三世之說，遂以爲其學出於今文家，天下有如此之今文學乎？夫以清代之古文學者爲能求是，則今文學晚出而益精，恐未容執其中一二學者有爲而言之言，一筆抹殺；若謂古代之古文家即能求是，則吾不知其所求何是也。吾爲此論，非欲攻擊時賢，特以學問上之方法，必真足以求真而後可。

以上皆論兩漢時今古文之學。自魏、晉以後，今文學固佚亡殆盡，古文學亦殘闕不完；而别有一種魏、晉人之學，與之代興。其中亦可分兩派：（一）如前所述之王肅等。其學原即東漢時之古文學，鄭、王皆破家法，雜糅今古，然皆側重於古。特其憑臆爲説，變本加厲，至不惜造作僞書，以求相勝；其所説，更不如馬、鄭、賈、服等之可信耳。（二）如王輔嗣之注《周易》。多主空談玄理，而不能如兩漢時之樸實説經。世多以此訾之；然魏、晉人學術之程度，確高於兩漢人。蓋西京儒者，雖有微言大義之存，然罕能貫通，多不過僅守師説；而此師説，又本爲殘闕不完之説。東京儒者，則所求古文，不過訓詁名物之末，其學瑣屑而無條理。儒家之學，至此僅有形質而無精神，實不足以饜人心，而魏、晉人之學，乃代之而起。魏、晉人之學，所以異於漢人者，即在於有我。自有思想，故非有形質而無精神。此派學術，確能使古代哲學思想復活，以爲迎接佛學之預備。雖由此以求孔門之微言大義，古代之典章文物，皆不如漢人之學之足恃；然魏、晉哲學，在中國學術史上，亦有甚大之價值。今此學之湮晦，亦已甚矣，講而明之，寧非學者所有事？夫欲使魏、晉哲學復活，則魏、晉人空談説經之書，其中亦有可寶之材料存焉。且魏、晉時去古究近；古人學説，未曾盡亡；雖曰任情，究有依據。即以魏、晉人之思想，測度古人，亦自較後世所臆測者爲近。則即由此以求古，其價值亦自與唐、宋以後之學不同也。

（附論）後世多以魏、晉人之學爲道家之學，與儒家無涉，此大誤也。吾謂中國古代，自有一種由宗教變化而成之哲學。儒家之哲學，部分在《易》。今文《易》説盡亡；古文家之於《易》，多僅談術數，而儒家之哲學，遂不可見。然今文《易》説，在魏、晉時，固未亡也。魏、晉人之談哲學者，皆《老》、《易》并重。其言《易》，迥異於東漢人。夫一種思想，不能無所本而突然發生，則其中，必多有今文《易》説存焉。所惜者，魏、晉士大夫又有好言神仙之術者，而當時之神仙家，又借儒、道二家之哲學，以自文飾，且援老子以入神仙家。後世之人，雖亦知道家與神仙家，本非一物，然罕知神仙家本一無所有，其類似道家之説，盡係竊諸儒、道二家者。於是於道家與神仙家之界限，終不能畫然分明；至儒家談哲理之説，則并盡舉而奉諸道家與神仙家，不敢自有矣。吾何以知神仙家之本一無所有也？蓋天下無論何種哲學，無能承認人可不死者。且苟談哲學，無論淺深，亦斷無貪求不死者。求不死者俗情，謂人可以不死者，天下之至愚也。曾是言哲學者而有之乎？而神仙家謂人可以不死，以求不死爲目的，此足以證明其毫無哲學思想矣。然則神仙家果何所有乎？曰：神仙家起於燕、齊之間，覩海市之現象，而以爲有仙人。故其所謂仙人者，在海外三神山。又此派之人，頗通醫學，於是組成一種“以求不死爲目的，以（一）求神仙、（二）鍊奇藥、（三）御女爲達目的之手段之至淺極陋之宗教”。彼其所謂不死者，非謂精神可以不死，乃直謂肉體可以不死。尸解之説，乃其大師既死，情見勢絀，臨時想出自解免之言耳，非其所固有也。此派自漢武帝以前，專以熒惑君主爲事。爲所惑者，齊宣、燕昭、秦始皇、漢武帝，皆非昏愚。又《左氏》載齊景公問晏子："古而不死，其樂何如？"古無爲不死之説者，有之者惟神仙家，則景公亦爲所惑矣。景公亦有爲之主也。可見此派自漢武以前，在貴族社會上勢力之大。然至漢武時而其僞畢露矣，怪迂阿諛苟合之技無所施矣，則恃其不死之説，有以中貪夫之心；其金石之劑，服之亦有一時之効，如寒食散是也。仍延其殘喘於士大夫之間。夫既容與於士大夫之間，則不能不略帶哲學的色彩；而《老》、《易》之哲學，爲當時社會上通行之哲學，遂竊取之以爲緣飾附會之資。乃世遂不知其本來一無所有，亦惑矣！然彼之所有，雖盡竊諸儒、道二家，而儒、道二家之哲學，在今日傳書不多，必轉有存於彼書中者。故《道藏》之書，在今日，亦必有一部分有研究之價值也。《太極圖》即其一證也。《太極圖》原出道書，後世之所謂道書，即神仙家之書。清儒力致之，然所能證明者，確係取諸道書中，而在儒家，無傳授形跡之可徵耳；其與《易》説不合處何在，不能得也。夫使其爲圖，果與《易》之爲書了無關係，何以能密合如此，且又可以之演範乎？則其爲《易》之舊説，爲神仙家所竊，在儒家既亡，而在神仙家書中轉存，可以見矣。

東京之季，古學盛而今學微，歐陽、大小夏侯之《書》，施、孟、梁邱之《易》皆亡。《齊詩》在魏已亡。《魯詩》不過江東。《韓詩》雖存，無傳之者。《公》、《穀》亦雖存若亡。於是東京十四博士傳授之緒盡絶。所餘者，惟東漢之古文學與魏、晉人之學之争。其在江左：《周易》則王輔嗣，《尚書》則孔安國，《左傳》則杜元凱，其在河洛：《左傳》則服子慎，《尚書》、《周易》則鄭康成，《詩》則并主於毛公，《禮》則同遵於鄭氏，見《北史·儒林傳》。是江左兩派之勢力相等，而河洛則純爲舊派也。然迄於隋，鄭之《書》與《易》，服之《左氏》皆微，而王輔嗣、僞孔安國、杜元凱之書代之，唐人所脩《十三經注疏》，大體沿隋之舊。其中除《孝經》爲明皇御注外，漢人之注與魏、晉人之注，恰如得其半。義疏之學，至唐代而亦衰，無復措心於經學者；習帖經墨義之士，始有事焉，則相率奉官頒之書爲定本而已。蓋至唐而兩派割據之局定矣。

而何休之《公羊解詁》，巍然爲今文家之碩果，存於其中，後世考今文家言，猶得有所憑藉者，獨賴此書之存，此外比較的爲完整者則《韓詩外傳》、伏生《書傳》及董子之《繁露》而已。

《十三經注疏》爲唐代官纂之書，從古官纂之書無佳者，《正義》荒謬之處，前人已多言之。然材料存焉，仍不可不細讀，特其讀之須有門逕：其（一），有現代之科學思想，（二），知古人學術之源流派别而已。

凡事不知古則無以知今，今、古二字，作前、後解。而各種學問，皆貴實驗，非蒐集多數之材料，紬其公例，以爲立説之基。游談無根，終必自悔。材料有存於現在，得以身驗者，自吾有知識以來，躬所涉歷者是已。有身所不逮，必借資於前人之詔詰者，書籍之足貴蓋由是也。凡事既不知其前，無以知後，則求學問之材料於書籍，亦宜自最古者始，吾國最古之書，則先秦兩漢之書是已。此中經之與子，吾人本平等相看；然求之卻宜自經始。因自漢以後，儒學專行，傳書既多，注疏尤備；自經求子易，自子求經難，手段上之方便則然也。此不獨社會科學然，自然科學亦無不然，陳蘭甫謂草木、鳥獸、飲食、衣服、宫室、車馬，求三代以前者校易，漢魏而後者反難，因前者治經之人多有注釋，後者則記載闕略是也。見《東塾讀書記》。不及檢書原文，但稱述其意而已。

〔三七六〕申　公

《史記·儒林傳》云："申公者，魯人也。高祖過魯，申公以弟子從師入見高祖於南宫。吕太后時，申公游學長安，與劉郢同師。"《漢書》則云："申公，魯人也，少與楚元王交，俱事齊人浮丘伯受《詩》。漢興，高祖過魯，申公以弟子從師入見於魯南宫。吕太后時，浮丘伯在長安，楚元王遣子郢即夷王。與申公俱卒學。"於是高祖過魯時，申公所從入見之師,本不知爲何人者,變爲浮丘伯。而申公之僅與夷王同師者,亦一變而與其父同學矣。案申公以武帝建元元年被徵時,年八十餘;則當秦焚書時,不過十歲左右。當高祖過魯時,約及弱冠。玩《史記·儒林傳》之言,申公自此以前,蓋未出鄉里。《漢書·楚元王傳》曰:"少時嘗與魯穆生、白生、申公俱受《詩》於浮丘伯,伯者,孫卿門人也;及秦焚書,各别去。"高祖崩年五十三,當秦燒書時三十二;元王若少高祖五年,亦已二十有七,與十歲左右之童子,比肩事師,恐未必然也。《鹽鐵論·毀學篇》: 大夫曰:"昔李斯與包丘子俱事荀卿;既而李斯入秦,遂取三公,據萬乘之權,以制海内,功侔伊、望,名巨太山;而包丘子不免於甕牖蒿廬,如潦歲之鼃,口非不衆也,然卒死於溝壑而已。"文學曰:"包丘子飯麻蓬藜,脩道白屋之下,樂其志,安之於廣厦芻豢,無赫赫之勢,亦無戚戚之憂。"雖美刺不同,而其謂浮丘伯未嘗富貴則一。争名者於朝,争利者於市,使其游於長安,安得如此?且元王既尊寵穆生、白生、申公矣,獨不能厚禮迎致其師乎?然則謂高后時浮丘伯在長安,恐又子虚烏有之談也。《楚元王傳》又云:"申公始爲《詩傳》,號《魯詩》。元王亦次之《詩傳》,號曰《元王詩》,世或有之。"元王果有《詩》,不容不登於中祕,《藝文志》何緣無之?且或即有也,古未聞有以"或有"二字連用者,則此語或恐并非《漢書》元文也。

《史記·儒林傳》云:"自魯商瞿受《易》孔子,孔子卒,商瞿傳《易》六世至齊人田何。"蓋自商瞿以後,雖能言其傳授世數,其名字則已不能具舉也。而《漢書》忽爲補出橋庇子庸、馯臂子弓、周醜子家、孫虞子乘四家,果其有之,《史記》何爲不言乎?言羣經傳授源流者,大率愈後而愈詳,而其説亦愈不可信。故知《史記》所謂"言《詩》: 於魯則申培公,於齊則轅固生,於燕則韓太傅;言《尚書》: 自濟南伏生;言《禮》: 自魯高堂生;言《易》: 自菑川田生;言《春秋》: 於齊魯自胡毋生,於趙自董仲舒"者,乃漢初最蚤可溯之大師,自此以前,能言之者罕矣。

《史記·儒林傳》又云:"申公弟子爲博士者十餘人。孔安國至臨淮太守，周霸至膠西内史，夏寬至城陽内史，碭魯賜至東海太守，蘭陵繆生至長沙内史，徐偃爲膠西中尉，鄒人闕門慶忌爲膠東内史，其治官民皆有廉節，稱其學。”“爲博士者十餘人”句，未知是否冒下文諸人言之。然《孔子世家》言“安國爲今皇帝博士，至臨淮太守”，則安國之嘗爲博士審矣。叙《尚書》處言“伏生教濟南張生及歐陽生。歐陽生教千乘兒寬。兒寬既通《尚書》，以文學應郡舉，詣博士受業，受業孔安國”，其所受者係《詩》，可知也。下文又云：“張生亦爲博士。而伏生孫以治《尚書》徵，不能明也。自此之後，魯周霸、孔安國、雒陽賈嘉頗能言尚書事。”《漢書》無“孔安國”三字，此語之爲妄人沾綴可知矣。《索隱》云：“繆音亡救反。繆氏出蘭陵。一音穆。所謂穆生，爲楚元王所禮也。”一音以下，必舊説，而《索隱》引之。如此説，則穆生實申公弟子，非申公同學。一説當有所據，惜乎其詳不可得聞也。

〔三七七〕　何邵公爲學海

《東塾讀書記》云：“《公羊》宣十五年《傳》云：什一行而頌聲作。何《注》言聖人制井田之法，遂及於出兵車，選父老里正，女功緝績，求詩造士，凡六七百言，蓋薈萃古書而貫串之；所謂學海，於此可見一斑。”愚按此段何《注》與《漢書・食貨志》立説略同。特所引事實，一用今文説，一用古文説耳。然則此非何君所自爲，乃經師成説，何君從而述之。《漢志》所本者同，特以所誦習之禮制，易經師舊説耳。此亦可見古學家剽竊今學之一斑。

〔三七八〕　漢興三雍太學

《漢書・禮樂志》云：“成帝時，犍爲郡於水濱得古磬十六枚。劉向因是説上：宜興辟雍，設庠序，陳禮樂，隆雅頌之聲，盛揖遜之容，以風化天下。成帝以向言下公卿議。會向病卒。丞相、大司空奏請立辟雍。《何武傳》："成帝欲脩辟雍，通三公官，即改御史大夫爲大司空，武更爲大司空。"案行長安城南。營表未作，遭成帝崩，羣臣引以定謚。及王莽爲宰衡，欲耀衆庶，遂興辟雍，因以篡位。"《平帝紀》：元始四年，"安漢公奏立明堂、辟雍。"《蕭望之傳》：望之子由，"爲陳留太守。元始中，作明堂、辟雍，大朝諸侯，徵爲大鴻臚。會病，不及賓贊，還歸故官。"《王莽傳》："莽奏起明堂、辟雍、靈臺，爲學者築舍萬區。"説皆相合。《文獻通考・學校考》謂"據《禮樂志》，辟雍王莽時方立。然武帝封泰山，還登明堂，兒寬上壽曰：間者聖統廢絶，陛下發憤，祖立明堂、辟雍。河間獻王來朝，獻雅樂，對三雍宫。《注》曰：三雍，明堂、辟雍、靈臺也。則似已立於武帝時。何也？蓋古者明堂、辟雍，共爲一所。武帝時封泰山，濟南人公玉帶上黄帝時明堂圖，上令奉高作明堂汶上，如帶圖，脩封時以祠太一、五帝。蓋兒寬時爲御史大夫，從祠東封，還登明堂上壽，所言如此，則所指者疑此明堂。意河間獻王所對之地，亦是其處。"案《獻王傳》云"對三雍宫及詔策所問三十餘事"；而《藝文志》有"河間獻王《對上下三雍宫》三篇"；則《通鑑》胡《注》謂爲"對三雍宫之制度，非召對於三雍宫"者，其説自是。武帝"登封泰山，降坐明堂"，見於《本紀》。《郊祀志》亦云："天子從禪還，坐明堂，羣臣更上壽。"然《紀》至元封二年秋，乃書"作明堂於泰山下"。五年，冬，南巡守。三月，"還至泰山，增封。祠高祖於明堂，以配上帝。"《郊祀志》云："四月，至奉高，脩封焉。初，天子封泰山，泰山東北阯古時有明堂處，處險不敞。上欲治明堂奉高旁，未曉其制度。濟南人公玉帶上黄帝時明堂圖。明堂中有一殿，四面無壁，以茅蓋，通水，水環宫垣，爲復道。上有樓，從西南入，名曰崑崙。天子從之入，以拜祀上帝焉。於是上令奉高作明堂汶上，如帶圖。及是歲脩封，則祠泰一、五帝於明堂上坐，合高皇帝祠坐對之。祠后土於下房，以二十太牢。天子從崑崙道入，始拜明堂，如郊禮。畢，尞堂下。"觀此，知臣瓚謂元封元年所坐，即泰山東北址古明堂處，明年秋乃作明堂，其説良是。是時明堂猶未作，而云“祖立明堂、辟雍”者，謂其意欲建立耳，不可泥也。明堂、辟雍是一，漢世更無明文。武帝營立辟雍，亦别無記載。其作明堂，則明白無疑。《地理志》：琅邪郡不其，“有泰一、仙人祠九所及明堂，武帝所起。”則武帝所作明堂，尚不止奉高一處。然言禮樂者皆不之及，蓋以其用方士言所爲，非如儒者所謂陳禮樂以風化天下者也。馬氏又云：“徐天麟《西漢會要》言：《三輔黄圖》，漢辟雍在長安西北七里。恐即王莽所立。又言大學亦在長安西北七里，有市、有獄，豈即辟雍邪？或别一所邪？”案元始之前，既無辟雍，《黄圖》所言，自即王莽所立。《莽傳》爲學者築舍，明與起辟雍分言，二者自不得是一。蓋其營建適在一地耳。馬氏又云：“鮑宣下獄，博士弟子王咸舉旛大學下，曰：欲救鮑司隸者集此下。諸生會者千餘人。此亦西都已立大學之證，當考。”案公孫弘請置博士弟子曰：“古者政教未洽，不備其禮，請因舊官而興焉。”見《史記·儒林傳》。則當時確未有學舍。其後員數日廣，勢非博士舊官所能容，必有其受學之所，即其所而稱爲大學，於理極順。至於專爲學者築舍，則元始之前，必無其事，果其有之，言者必不得不及也。然則西漢三雍及大學之營建，皆在其大命將訖之年，實新朝之初政矣。若後漢則營建甚早。《後書·光武紀》：建武四年，“初起大學”。《儒林傳》在五年，蓋四年起，五年成也。又《紀》：中元元年，“初起明堂、靈臺、辟雍。”《傳》云“初建三雍”。《傳》又云：“明帝即位，親行其禮。坐明堂而朝羣后。登靈臺以望雲物。袒割辟雍之上，尊養三老、五更。饗射禮畢，帝正坐自講，諸儒執經問難於前。冠帶搢紳之人，圜橋門而觀聽者，蓋億萬計。”事在永平二年，見《本紀》及《續書·禮儀志》。《翟酺傳》：酺於順帝時上書，言“明帝時辟雍始成，欲毁大學，大尉趙熹以爲大學、辟雍，皆宜兼存，故并傳至今”。足見當時，於風化天下之具，務求其備。然劉向之説成帝，實兼以庠序爲言；安漢公之興學，亦兼及郡國鄉黨；《平帝紀》：元始三年，安漢公奏立學官。郡、國曰學，縣、道、邑、侯國曰校，校、學置五經師一人。鄉曰庠，聚曰序，序、庠置《孝經》師一人。事未必能盡行,然立法之意,則固無所偏廢也。而光武、明、章,於此曾未留意,則自漢人觀之,終不免於逐末而忘本也。讀《漢書·禮樂志》可見。三雍、大學,於古蓋皆是一,後乃逐漸分離。然至其時,則古意已湮,亦未必徧設矣。《孟子·梁惠王》下:"齊宣王問曰:人皆謂我毁明堂。毁諸?已乎?"於舊有者尚欲毁之,遑論新建?至漢世,乃畢分而畢建。蓋物力豐而粉飾升平之事隨之而盛也。然亦終於爲粉飾升平之事而已矣。

王莽奏立明堂、辟雍,使劉歆等四人治之,事在元始五年,見《紀》,亦見《歆傳》。四人者,歆與平晏、孔永、孫遷也,見《外戚恩澤侯表》。其成也,羣臣奏頌莽功德,曰:"明堂、辟雍,墮廢千載莫能興。"見《莽傳》。足見漢人於武帝所爲,莫或齒數也。

〔三七九〕 私家教授之盛不始東漢

趙甌北《陔餘叢考》卷十六言:"漢時受學者,皆赴京師。蓋遭秦滅學,天下既無書籍,又少師儒;郡國雖已立學,然經義之專門名家,惟太學爲盛;故士無有不游太學者。及東漢中葉以後,學成而歸者,各教授門徒,每一宿儒,門下著録者至千百人,由是學徧天下矣。"此説頗爲失考。疏廣家居教授,學者自遠方至。贛遂教授數百人。見《朱博傳》。翟方進西至京師受經,積十餘年,經學明習,徒衆日廣。其子宣,居長安教授,諸生滿堂。皆前漢時事。許商門人林吉,王莽時爲九卿,自表上師冢,大夫、博士、郎、吏爲許氏學者,各從門人會,車數百兩。《儒林傳》。聲氣之廣,無異東京。吴章,弟子千餘人,莽以爲惡人黨,皆當禁錮。《云敞傳》。劉昆,弟子五百餘人。每春秋饗射,常備列典儀,縣宰輒率吏屬而觀之;莽以昆多聚徒衆,私行大禮,有僭上心,乃繫昆及家屬於外黄獄。《後漢書·儒林傳》。則又後漢黨錮之先聲矣。《後漢書·王良傳》:王莽時稱病不出,教授諸生千餘人。《儒林傳》:洼丹,王莽時避世教授,徒衆數百人。又周澤,隱居教授,門徒常數百人;甄宇,講授嘗數百人;覈其時,亦當在莽世。此僅舉易見者數事,若細覈之,《後書》所載私家教授門徒之多,在西漢末若新世者,必尚不止此數也;而東漢中葉以前,更無論矣。《漢書·儒林傳贊》云:"自武帝立五經博士,開弟子員,設科射策,勸以官禄,訖於元始,百有餘年,傳業者寖盛,大師衆至千餘人。"此固先漢時事。《史記·儒林傳》云:"秦時焚書,伏生壁藏之。其後兵大起,流亡。漢定,伏生求其書,亡數十篇,獨得二十九篇,即以教於齊、魯之間。"云伏生壁藏其書,後獨求得二十九篇,説不足信,云其教於齊、魯之間則真。《傳》又云:"言《詩》,於魯則申培公,於齊則轅固生,於燕則韓太傅。言《尚書》,自濟南伏生。言《禮》,自魯高堂生。言《易》,自菑川田生。言春秋,於齊、魯自胡毋生,於趙自董仲舒。"此尤漢初事,爲博士之學所從出,皆私學也。安得謂遭秦滅學,天下既無書籍,又少師儒乎?胡毋生爲景帝博士,年老,歸教於齊,齊之言《春秋》者宗之。雖爲博士,教授固私家之業。董仲舒,孝景時爲博士,弟子傳以久次相受業,其時未爲博士置弟子,仲舒之教授,亦私家之業也。安得云士無不游太學乎?陳平家貧,兄伯,常耕田,縱平使游學。楚元王與魯穆生、白生,申公俱受詩於浮丘伯,及秦焚書,乃各别去。叔孫通之降漢,從弟子百餘人。然則孔子弟子三千,孟子後車數十乘、從者數百人之風,蓋自東周至秦,未之有改。秦之焚書,漢之興學,實皆受民間風氣之鼓動而不自知耳。惟好學之風盛,故覺其足忌,乃欲焚《詩》、《書》,禁私學。

〔三八〇〕　講學者不親授

漢世大師,所教授之弟子甚多。《後漢書·儒林傳》言:"精廬暫建,赢糧動有千百;其耆名高義,開門授徒者,編牒不下萬人。"皆據事實而言,非億説也。《後漢書》所載諸儒受業者之多,不可徧舉。大抵千人爲及門者之數,萬人則編牒者之數。如牟長,自爲博士及在河内,諸生講學常有千餘人,著録前後萬人;蔡玄,門徒常千人,其著録者萬六千人是也。《黨錮傳》:景毅子顧,爲李膺門徒,而未有録牒,故不及於譴,毅乃慨然曰:本謂膺賢,遣子師之,豈可以漏奪名籍苟安而已?遂自表免歸。此即《儒林傳》所謂編牒,其人不必親至門下也。職是故,其指授必不能徧及。《史記·儒林傳》:董仲舒"下帷講誦,弟子傳以久次相受業,或莫見其面蓋三年"。下文云"董仲舒不觀於舍園",此八字蓋當時成語。《史記》照録之,不加删改,其時之人行文之例然也。《漢書》删改作"不窺園"三字,蓋鈔胥所爲。世遂以"蓋三年"三字下屬,而董仲舒三年不窺園,成爲衆所熟知之故實矣。《漢書·孔光傳》言:光"自爲尚書,止不教授。後爲卿時,會門下大生,講問疑難,舉大義"。《翟方進傳》言:方進候伺胡常大都授時,遣門下諸生至常所問大義疑難。《後漢書·馬融傳》言:"融弟子以次相傳,鮮有入其室者。"《鄭玄傳》云:"融門徒四百餘人,升堂進者五十餘生。融素驕貴。玄在門下三年不得見。乃使高業弟子傳授於玄。間或大會諸生,不過講正大義。"皆是物也。此風至後世亦未嘗改。《晉書·隱逸傳》:楊軻,"養徒數百。雖受業門徒,非入室弟子,莫得親言。所欲論授,須旁無雜人,授入室弟子,令遞相宣授",即其一事。蓋勢有不給也。職是故,隸學籍者雖多,居門下者并不甚衆。《後漢書·儒林程曾傳》,言會稽顧奉等數百人常居門下,則爲罕有之事矣。雖官學亦如此。博士弟子初置,員五十人。此太常所選。郡、國、縣、道、邑之民得詣太常受業如弟子者在外。《漢書·儒林傳》云:"昭帝時,舉賢良文學,增博士弟子員滿百人。宣帝末,增倍之。元帝好儒,能通一經者皆復。數年,以用度不足,更爲設員千人。《元帝紀》:初元五年,博士弟子毋置員,以廣學者。永光三年,冬,復鹽鐵官、博士弟子員。以用度不足,民多復除,無以給中外繇役。郡國置五經百石卒史。成帝末,或言孔子布衣,養徒三千人,今天子太學弟子少。於是增弟子員三千人。歲餘,復如故。平帝時,王莽秉政,增元士之子得受業如弟子,勿以爲員。歲課甲科四十人爲郎中,乙科二十人爲太子舍人,丙科四十人補文學掌故云。"《史記·儒林傳索隱》引如淳云:"《漢儀》:弟子射策,甲科百人補郎中,乙科二百人補太子舍人,皆秩比二百石;次郡國文學,秩百石。"與《漢書》之説異。博士弟子員數可考者如此:其中自以成帝時爲最多,亦不過三千人。《後漢書·翟酺傳》:酺於順帝時上言:"孝文皇帝始置一經博士,武帝大合天下之書,而孝宣論六經於石渠,學者滋盛,弟子萬數。"蓋非專指一時,然其數之多,則三倍於成帝盛時而不止矣。《後漢書·儒林傳》云:"光武中興,愛好經術。未及下車,而先訪儒雅,采求闕文,補綴漏逸。先是四方學士,多懷挾圖書,遁逃林藪,自是莫不抱負墳策,雲會京師。於是立五經博士,各以家法教授。"似其時之生徒,必不能少。而范升於建武四年沮立《費》、《左》,乃言"雖設學官而無弟子",此猶可云博士初立故爾,而翟酺亦言大學頹廢,至爲園採芻牧之處。然則太學之虚實,全與弟子員數之多少無涉。蓋員數衹是員數,隸籍者可以不來,而觀翟方進遣門下諸生詣胡常,則知素無學籍者,亦未始不可臨時來集也。要之與傳習之關係,實甚淺也。

然則此等大師,從之何益?居其門下者,得毋皆仰慕虚名,甚或借資聲氣乎?此在後來,誠爲習見之事,然師道初立時,必不容如此。蓋由爲學之道,先後不同也。《漢書·藝文志》曰:"古之學者耕且養,三年而通一藝,存其大體,玩經文而已。是故用日少而畜德多,三十而五經立也。後世經傳既已乖離,博學者又不思多聞闕疑之義,而務碎義逃難。説五字之文,至於二三萬言。後進彌以馳逐。故幼童而守一藝,白首而後能言。安其所習,毁所不見,終以自蔽。此學者之大患也。"朱買臣常艾薪樵,賣以給食,擔束薪,行且誦書;匡衡時行賃作,帶經而鉏,休息輒讀誦;皆所謂耕且養者:存其大體之學,固如是而可爲,其從師,亦誠於都授時往問大義疑難而足矣。碎義逃難之學,則其勢不能如此。《三國·吴志·程秉傳注》引《吴録》,言徵崇"好尚者從學,所教不過數人輒止,欲令其業必有成也",蓋勢不得不如是也。至此而猶守馬融之驕貴,則師之者除借資聲氣而外,别無他益,不過爲其虚名所眩而已。

大會都講,可以要名譽,可以廣聲氣,於學則無益也。然而可以要名譽,可以廣聲氣,故講學者恒喜爲之。魏、晉以後,所講者自儒而兼及於玄、佛，此風未之有改；宋、明之世，理學聿興，所講者又與二氏立異，此風亦未之有改也。會集者多，則人心易奮。故有如陸子講“君子喻於義”一章，使聽者感激泣下者。然此非陸子不能。不能而猶爲之，則亦以要名譽、廣聲氣而已。唐甄嘗譏之曰：“升五尺之座，坐虎豹之皮，環而聽之者百千人。在堂下者望而不見；負壁者、及階者見而不聞；在尋丈之間者，聞而不知；在左右、前後者，知而不得。是之謂觀講。衆觀而已，何益之有？”《潛書講學》。

《南齊書·高逸傳》：沈驎士，隱居餘不吴差山，講經教授，從學者數十百人，各營屋宇，依止其側。此亦所謂常居門下者也。其數，大概不過如是耳。

〔三八一〕 漢世向學者多孤寒之士

漢世向學者，頗多孤寒之士。公孫弘初牧豕海上。兒寬詣博士受業，貧無資用，常爲弟子都養，及時時間行庸賃，以給衣食。匡衡世農夫，至衡好學，庸作以共資用。承宫，少孤，年八歲，爲人牧豕；鄉里有徐子盛者，以《春秋經》授諸生數百人，宫過息廬下，樂其業，因就聽經，遂請留門下，爲諸生拾薪。桓榮，少學長安，習《歐陽尚書》，事博士九江朱普；貧窶無資，常客傭以自給。公沙穆游太學，無資糧，乃變服客傭，爲吴祐賃舂。庾乘，少給縣庭爲門士，郭林宗見而拔之，勸游學宫，遂爲諸生傭。《後漢書·黨錮傳》。衛颯，家貧，好學問，隨師無糧，常傭以自給。此等皆古所謂耕且養，亦今所謂工讀者。翟方進西至京師受經，後母憐其幼，隨之長安，織屨以給。王章學長安，獨與妻居，章疾病，卧牛衣中。則又有家屬相隨作苦者。王吉少時學問，居長安。東家有大棗樹，垂吉庭中。吉婦取棗以啖吉。吉後知之，乃去婦。東家聞而欲伐其樹，鄰里共止之。因固請吉，令還婦。則漢時游學者，多有家室相隨。光武之長安受《尚書》，資用乏，與同舍生合錢買驢，令從者僦以給諸公費，《本紀》《注》引《東觀記》。已非貧生所敢望矣。苦學者不必皆有所成,然究易於成就。自後漢崇儒重道,明帝既爲功臣子孫、四姓末屬别立校舍;質帝時,梁太后又詔大將軍下至六百石,皆遣子入學;於是貴游子弟,羼入學校之中,勢不得不"章句漸疎多以浮華相尚"矣。《後漢書·儒林傳》。故凡事之衰機,即伏於其極盛之時也。

〔三八二〕游　學

《後漢書·儒林傳論》曰:"自光武中年以後,干戈稍戢,專事經學,自是其風世篤焉。其服儒衣,稱先王,游庠序,聚横塾者,蓋佈之於邦域矣。"此風實尚不待後漢。《漢書·儒林傳》言:"自武帝立五經博士,開弟子員,設科射策,勸以官禄,訖於元始,百有餘年,傳業者寖盛,大師衆至千餘人。"必不能皆在一地也。如是,向學者似不待遠求,然又言"經生所處,不遠千里之路",何也? 讀《三國志·邴原傳注》所引《原别傳》而知其故矣。

《原别傳》曰:"原十一而喪父。家貧。鄰有書舍,原過其旁而泣。師問曰:童子何悲? 原曰:孤者易傷,貧者易感。夫書者必皆具有父兄者,一則羨其不孤,二者羨其得學,心中惻然而爲涕零也。師亦哀原之言而爲之泣,曰:欲書可耳。答曰:無錢資。師曰:童子苟有志,我徒相教,不求資也。於是遂就書。一冬之間,誦《孝經》、《論語》。及長,欲遠游學,詣安丘孫崧。崧辭焉。曰:君鄉里鄭君,君知之乎? 原答曰:然。崧曰:鄭君學覽古今,博文强識,鉤深致遠,誠學者之師模也。君乃舍之,躡屣千里,所謂以鄭爲東家丘者也。君似不知,而曰然者何? 原曰:先生之説,誠可謂苦藥良鍼矣,然猶未達僕之微趣也。人各有志,所規不同。故乃有登山而采玉者,有入海而采珠者。豈可謂登山者不知海之深,入海者不知山之高哉? 君謂僕以鄭爲東家丘,君以僕爲西家愚夫邪? 崧辭謝焉。又曰:兖、豫之士,吾多所識,未有若君者。當以書相分。原重其意,難辭之,持書而别。

原心以爲求師啓學，志高者通，非若交游待分而成也，書何爲哉？乃藏書於家而行。原舊能飲酒，自行之後，八九年間，酒不向口，單步負笈，苦身持力。至陳留則師韓子助，潁川則宗陳仲弓，汝南則交范孟博，涿郡則親盧子幹。歸，以書還孫崧，解不致書之意。"古言知，猶今言相識。云"君似不知而曰然"，猶今言君實不識鄭君，而冒充相識，其辭慢矣，而原答之甚遜。夫崧之學，豈必愈於鄭玄？原舍玄而求之，殆先見拒於玄？玄所以拒之者，交結之士，聲氣宜廣，鄉里中人，不足以相扶翼。抑方望謝隗囂之書曰："以望異域之人，疵瑕未露，欲先崇郭隗，想望樂毅。"《後漢書·隗囂傳》。鄉里中人，庸或知我疵瑕，不相推奉，此亦遠游之士之所以好遠游也。孫崧作書相分，而原不用者，知既相違，書必泛泛，投亦無益，不如擱置也。抑誰知原果藏之於家，抑攜以行而未投乎？務交結之士，其言可盡信哉？羈旅八九年，酒不向口，其苦身持力，則可謂難矣。晉世之趙至，其事最可與原參觀。見《晉書·文苑傳》。至而有成即原，原而不遂即至也，亦可哀矣。

交結亦非一術。《後漢書·文苑傳》：高彪爲諸生，游太學，有雅才而訥於言。嘗從馬融，欲訪大義。融疾不獲見。乃覆刺遺融書，譏其養痾傲士。融省書慚，追還之。彪逝而不顧。彪之見拒於融，猶邴原之不獲於鄭玄，且見拒於孫崧也。原遜辭以答崧，而彪盛氣以陵融者？彪時在太學，聲氣已廣，不憚融矣。融之追還之，蓋亦以此。彪遂不顧者，知嫌隙已搆，更下之亦無益也。《循吏傳》：王涣署仇覽爲主簿，已而謝遣之，使入太學。同郡符融有高名，與覽比宇，賓客盈室。覽常自守，不與融言。融觀其容止，心獨奇之，乃謂曰：與先生同郡壤，鄰房牖。今京師英雄四集，志士交結之秋。雖務經學，守之何固？覽乃正色曰：天子脩設太學，豈但使人游談其中？高揖而去，不復與言。後融以告郭林宗。林宗因與融齎刺就房謁之，遂請留宿。林宗嗟歎，下牀爲拜。覽所以不與融親者，亢厲亦交結之一術也。融終下之，且與林宗俱，其交結之術，可謂異曲而同工矣。覽之見知於王涣，以其爲蒲亭長，勸人生業，爲制科令。陳元母告元不孝，覽不罪元，親到元家，與其母子飲，爲陳人倫孝行。其事絶類黄霸，豈悃愊之士也？其亢厲，亦豈其本志乎？魯丕居大學，"性深沈好學，孳孳不倦。遂杜絶交游，不答候問之禮。"此或真爲己之學，然"士友以此少之"矣。丕、恭弟，見《後漢書·恭傳》。

《晉書·儒林·氾毓傳》言：當時"隱逸之士，劉兆、徐苗等，皆務教授，惟毓不蓄門人，清静自守"。《隋書·隱逸·徐則傳》："幼沈静，寡嗜欲。受業於周弘正，善三玄，精於議論，聲擅都邑。則歎曰：名者，實之賓也，吾其爲賓乎？遂杖策入縉雲山。後學數百人，苦請教授，則謝而遣之。"觀此二事，彌可知學者所以好游之故矣。

游學二字，昉見《史記·春申君列傳》，曰"游學博聞"，蓋謂其因游學所以能博聞也。學術初興，散佈未廣，受業者不免拘墟，故雖極精深，而闕廣大，言之似通，行之實窒，非有君人南面之學，無以用之。及雜家興，"兼儒、墨，合名、法，知國體之有此，見王治之無不貫"，而此弊祛矣。故雜家之興，實學術之一大變也，此惟游學可以致之，故游學實於學術大有裨益者也。然古之游學，所以求博聞，及漢世，學術既一於儒矣，離鄉背井，所聞亦不過如此，而其好遊反甚於古人。此則又使人驚歎於事勢之遷流，有非拘於常理所能測度者矣。

〔三八三〕　夏侯勝、桓榮

《後漢書·桓榮傳》曰："榮少學長安。貧窶無資，常客傭以自給，而精力不倦。王莽敗，天下亂。榮抱其經書，與弟子逃匿山谷。雖常飢困，而講論不輟。建武十九年，年六十餘，始辟大司徒府。授太子經。二十八年，爲太子少傅。賜以輜車乘馬。榮大會諸生，陳其車馬、印綬，曰：今日所蒙，稽古之力也，可不勉哉？三十年，拜爲太常。榮初遭倉卒，與族人桓元卿同飢厄。而榮講誦不息。元卿嗤榮曰：但自苦氣力，何時復施用乎？榮笑不應。及爲太常，元卿歎曰：我農家子，豈意學之爲利，乃至是哉?”此事最爲論者所嗤鄙，以爲當時爲學之所願，乃如此也？然《漢書·夏侯勝傳》言:“勝每講授，常謂諸生曰：士病不明經術，經術苟明，其取青紫，如俛拾地芥耳。”其言與桓榮亦何以異？然其議武帝廟樂，謂其亡德澤於民，不宜立，詆言詔書不可用。侃侃直節，何其賢也？豈徒志於富貴者而能如是哉？事何可以一端論也？人之爲學，爲榮利計者，固或不免。然能有所成就者，後必稍易其初志，不然，未有能有所成就者也，亦且終不能久持之。以予所見，無不如此者。然則桓榮之不棄所學，謂其徒爲垂老之榮利計，亦淺之乎測丈夫矣。

〔三八四〕 漢世豪傑多能讀書

《廿二史劄記》有《東漢功臣多近儒》一條，歷舉光武功臣，多習儒術，與其《漢初布衣卿相之局》一條并觀，可見世變之亟矣。然其所言，猶有未盡者。《後漢書·順陽懷侯傳》云：伯升嘗與俱學長安，習《尚書》、《春秋》。《陰識傳》：伯升起兵時，識游學長安。聞之，委業而歸，率子弟、宗族、賓客千餘人往詣伯升。是伯升與其徒黨，皆曾讀書也。《朱暉傳》：光武與暉父岑俱學長安，有舊故。及即位，求問岑，時已卒，乃召暉拜爲郎。暉尋以病去，卒業太學。則光武同學有舊故者，又不獨一嚴光矣。諸將中蓋以鄧禹、賈復學業爲最優，故最能偃武脩文。然《李通傳》言：光武征討四方，常令通居守京師，鎮撫百姓。脩宫室，起學官。此又賢於蕭何之徒能籌畫兵餉。後漢營建太學之早，通其與有力乎？《鄧禹傳》言：禹有子十三人，各使守一藝。藝蓋謂經藝。故和熹亦能通經；訓不好文學，乃爲禹所非也。《馬武傳》：帝與功臣諸侯燕語，從容言曰：諸卿不遭際會，自度爵禄何所至乎？鄧禹先對曰：臣少嘗學問，可郡文學博士。亦可見禹於經藝頗優。

《後書·儒林傳贊》稱美儒學之功,謂後漢所以衰敝而能多歷年所者,皆學之效。乍觀之,似不免阿私所好。然細思之,設使何進所召,非董卓而爲張温、皇甫嵩,後漢之禍,何遽至此乎?諸葛亮鞠躬盡瘁,人人知其忠誠矣。即魏武帝,建安十五年十二月己亥令,何一語非出自肺腑?引蒙恬以自方,明雖死不敢負漢,意氣感激之士,讀之能無愴然流涕乎?梁太祖之功業,曷嘗能過魏武帝,而汲汲謀篡如不及,人之度量相越,豈不遠哉?予嘗謂:魏武帝之不肯篡漢,漢世儒學盛行之效也。近世湘淮諸將之不能覆清,自宋以來理學盛行之效也。其事之是非利害,難以一言定,要其因果,則如此耳。

抑漢世儒學,能戢梟雄之心,以澹干戈之禍者,尚不僅於魏武帝、諸葛武侯見之也。當時跅弛之士蓋多矣!魏朗,嘗白日操刃,爲兄報讎縣中。後亡命陳國,從博士郤仲信遊。又詣太學受五經。《後漢書·黨錮傳》。徐庶,少好任俠、擊劍。爲人報讎。後更折節學問。《三國志·諸葛亮傳注》引《魏略》。何顒友人虞偉高,有父讎未報,而篤病將終。顒往候之,偉高泣而訴。顒感其義,爲復讎,以頭醊其墓。後爲宦官所陷,亡匿汝南間。所至皆親其豪傑。袁紹慕之,私與往來,結爲奔走之友。是時黨事起,天下多罹其難。顒嘗私入洛陽,從紹計議。其窮困閉戹者,爲求援救,以濟其患。有被掩捕者,則廣設權計,使得逃隱。後又與荀爽、王允等共謀董卓。《後書·黨錮傳》。此等皆大俠者流也。使無名教以範圍之,玄黄龍戰之際,又惡知其所至乎?多一顧念名義之人,即少一裂冠毀冕之人;多一不忍殺人之人,即少一横行無忌之人。文教之維持世運,其功,誠有不可見而又不容盡没者耳。

〔三八五〕 東漢諸將與儒學

生民之禍,無酷於兵。觀秦、漢間之事可知矣。新、漢之際,戰爭猶酷於秦、漢之間，然後漢諸將，則頗有不嗜殺人者，此不可謂非儒學之功也。光武之遣馮異代鄧禹也，敕之曰："諸將非不健鬬，然好虜掠。卿本能馭吏士，念自脩敕，無爲郡縣所苦。"岑彭破荆門，長驅武陽，持軍整齊，秋毫無犯。陳俊爲琅邪太守，專征青徐，檢制軍吏，不與郡縣相干。百姓歌之，銚期自爲將，有所降下，未嘗虜掠。祭遵制御士心，不越法度，所在吏民，不知有軍。李忠與任光同奉世祖，從攻下屬縣。至苦陘，世祖會諸將，問所得財物，惟忠獨無所掠。朱祐將兵多受降，以克定城邑爲本，不存首級之功；又禁制士卒，不得虜掠百姓，軍人多以此怨之。三數將率之不嗜殺人，於九州顛覆之禍，固亦所補甚微，然此不得不歸諸教化之功。馮異者，好讀書，通《左氏春秋》、《孫子兵法》。祭遵少好經書。朱祐初學長安。岑彭、陳俊、任光史雖不言其學業，然彭王莽時守本縣長，俊少爲郡吏，任光爲鄉嗇夫，郡縣吏，而李忠又以好禮脩整稱，王莽時爲新博屬長。漢世吏人亦多儒者，銚期父卒服喪三年，其非不讀書尤可知矣。《祭遵傳》云："嘗爲部吏所侵，結客殺之。初，縣中以其柔也，既而皆憚焉。"《任光傳》云："少忠厚，爲鄉吏所愛。"其非無行之徒可知。職是故，諸將私行，亦多脩飭，如祭遵"爲人廉約小心，克己奉公；賞賜輒盡與士卒，家無餘財；身衣韋褲布被，夫人裳不加緣。""臨死遺誡：牛車載喪，薄葬洛陽。問以家事，終無所言。"遵從弟彤，"在遼東幾三十年，衣無兼副"是也。寇恂不與賈復鬬，馮異每所止舍，諸將并坐論功，異常獨屏大樹下，軍中號曰大樹將軍。此固藺相如、魯仲連之所優爲，然在彼輩或以天資特高，在儒者則爲庸行矣。故知教化之功不可盡誣也。

光武與功臣諸侯燕語，從容言曰："諸卿不遭際會，自度爵禄，何所至乎？"鄧禹先對曰："臣少嘗學問，可郡文學博士。"見《馬武傳》。可知當時諸將，非必以武功自見者。功成之後，尚能敦行脩學，居官亦多能撫循人民，興起教化，非偶然也。如寇恂爲汝南太守，脩鄉校，教生徒，聘能爲《左氏春秋》者，親受學焉。經明行脩，名重朝廷。賈復知光武欲偃干戈，脩文德，乃興鄧禹并剽甲兵，敦儒學。祭遵爲將軍，取士皆用儒術，對酒設樂，必雅歌投壺。又建爲孔子立後，奏置五經大夫。李忠爲丹陽太守，起學校，習禮容，春秋鄉飲，選用明經，皆是。光武雖不任功臣，而高密、固始、膠東三侯，嘗與公卿参議國家大事，亦見其人非盡武夫也。

〔三八六〕儒　　將

論流品者必以儒爲尚，如將曰儒將，醫曰儒醫是也。此由執筆者皆儒生，故自私其類歟？蓋不免焉，而亦不盡然也。世所謂儒醫者，多不閑於手術。此由儒者多四體不勤故也。儒醫尊而鈴醫賤，不復能得重糈，乃多苟圖糊口，不求精進，古專家之技，遂以是而亡，近世平《銀海精微》者，謂其術或非今眼科之所知，其一證也。然儒醫雖不閑於技，而多好求明理，五運六氣等空論，誠不足取；然審證周，用藥慎，能推廣方書之用，而救鈴醫鹵莽之失者，亦不少焉。醫籍俱在，不可誣也。惟將亦然，儒將所長，曰能恤人民，曰能嚴國紀。以嚴國紀言之，於大局一時之安危，所關尤巨。鑒觀往史，而不免感不絶於余心也。

《後漢書·儒林傳》稱儒學之效曰："所談者仁義，所傳者聖法也。故人識君臣父子之綱，家知違邪歸正之路，自桓、靈之間，君道秕僻，朝綱日陵，國隙屢啓，自中知以下，靡不審其崩離，而權强之臣，息其窺盜之謀，豪俊之夫，屈於鄙生之議者，人誦先王言也，下畏逆順勢也。至如張温、皇甫嵩之徒，功定天下之半，聲馳四海之表，俯仰顧盼，則天業可移，猶鞠躬昏主之下，狼狽折札之命，散成兵就繩約而無悔心，暨乎剥橈自極，人神數盡，然後羣英乘其運，世德終其祚，跡衰敝之所由致，而能多歷年所者，斯豈非學之效乎？"斯言也，乍觀之，一若阿私所好者，然試設想：何進之所召者，若非董卓而爲張温、皇甫嵩，漢末之禍，亦何遽至此？張温、皇甫嵩非能大有爲之人，范氏謂其俯仰則天業可移，庸或太過。然如諸葛武侯之在蜀，孰能禁其不自取？猶可曰：國小民寡，大功未就，遽謀篡奪，必無以饜衆心，知者不爲也。乃如魏武帝，中原大亂，皆身所戡定，雖曰一統之功未竟，然吴、蜀之在當日，亦僻壤耳，功不逮此，而遽自尊者，豈可悉數？魏武而欲自取，其孰能禁之？乃觀建安十五年十二月己亥令，殷殷欲以周文、齊桓爲法，反覆樂毅、蒙恬之行事，至於流涕，其確乎不拔爲何如？而世乃妄造荀彧沮其國公九錫之議，謂公爲不平，彧以憂死，可謂以小人之腹，度君子之心矣。難立而易壞者，莫如綱紀。綱紀，無形可見者也，然可以範圍一世之人心，使其莫敢逾越。人心咸軌於正，然後羣之内可以相安，羣之外莫敢予侮。自辛亥革命以來，武人擅權，裂冠毁冕，内亂不已，外寇乘之，八年征戰，雖獲幸勝，而蕭牆之内，猶不能以一朝居，此仁人志士，所由撫膺扼腕，歎息於張温、皇甫嵩、魏武帝、諸葛武侯之不作者也。歷代喪亂之時，陰受儒將之賜而不自知者有二：一在漢、魏之間，一則勝清咸、同之際。今人每訾曾、胡、左、李之倫，翼建夷以覆宗國，此乃未能論世，而欲知人。當是之時，風塵澒洞，九州豺虎，生民之禍，亦已烈矣。設更益之以武夫割據，互相攻伐，中國大局，又將何如？辛亥以後之擾攘，所以遼緩之數十年而後見者，以曾、胡、左、李輩皆讀書人，莫敢干犯名義，且急流勇退，大局麤定，即釋兵權故也。彼固昧於民族之義矣，然視何者爲綱紀，嚴畏而不敢犯，夫固各以其時。試問今日，有能嚴民權之義，若昔時天澤之分者乎？然則所謂軍人教育者，誠不宜徒騖於戰勝攻取之末，而不思其本也。

雖然，儒將之效，則亦有所極矣。以張温、皇甫嵩、魏武帝、諸葛武侯、曾、胡、左、李輩之嚴畏名義，亦不過能使萁豆相煎之禍，遼緩之數十年耳，卒不能消滅之使不作也。是何也？傳曰："兵猶火也，不戢將自焚也。"見《左傳》隱公四年。夫曰自焚，則非敵能勝之，而其敗亡實由於自取矣。自取之道奈何？記曰："不誠無物"，見《禮記·中庸》。而兵事則尚狙詐。夫其爲狙詐也，豈不曰："吾特以是遂吾之所求。"所以求之者雖詐，而其求之之意，固出於至誠惻怛也。此固非欺人之談，然習於詐者,終將稍傷其誠,且尚詐則不能無用機巧之人,而機巧之人,其至誠惻怛之心必較薄,故軍之乘時特起者,雖以哀矜始,及其久屯聚而不散,則終必稍離其真。魏武帝之後,繼之以司馬宣王。曾、胡硁硁,左宗棠雖少矞獷,猶不以權譎爲體,至李鴻章則異是矣,而其後遂乘之以無所不爲之袁世凱,豈不哀哉? 握兵者終必至於無所不爲,何也? 曰: 人生而有欲,不敢肆其欲者,以外力箝制之,使不得逞耳。握兵者則孰能箝制之? 其力終必日擴,其行即隨之而日肆,勢也。惟至誠惻怛之士,所欲更有大於此者,乃能自抑其欲而不敢肆,此等人蓋不易數覯。抑人心不能無隨境而遷,後起者所值之時勢,必不如創業者之艱,則其至誠惻怛之心,亦將隨之而減,則其欲稍縱而行日肆矣。久之則若堤防之潰決而不可御矣。其事至淺也,其禍至博也,見微知著者,不可以不察也。魏武帝雅性節儉,不好華麗,後宫衣不錦綉,侍御履不二采,此蓋其所以能奮起於艱難之中,手戡羣雄。然其爲司空欲身率其下也,歲發調,必使本縣平其資。譙令平曹洪貲財與公家等,而公曰: 我家財那得如子廉邪? 然則公雖節儉,其下不必皆然,公亦明知之而不能禁也。以是推之,當時文武臣僚,風氣可以想見。崔琰、毛玠典選,必崇一概難堪之行,明知其足以長僞而不恤,其亦有所不得已與? 然何益矣,曹爽既已侈敗,司馬宣王務反爽,而其時之侈風乃彌甚,終至滔滔不可復返焉。請舉二事以明之。石崇與王愷競富,晉武帝每助愷,嘗以珊瑚樹賜愷,高三尺許,枝柯扶疏,無所罕比。愷以示崇。崇便以鐵如意碎之。愷既惋惜,又謂崇嫉己寶,聲色方厲。崇曰:"不足多恨,今還卿。"乃命左右悉取珊瑚樹,有三四尺者六七株,條幹絶俗,光采曜日,如愷比者甚衆,愷恍然自失矣。帝又嘗幸王濟宅,供饌甚豐,悉貯琉璃器中。琉璃來自西胡,珊瑚出於南海,漢末喪亂,至魏文帝之世,都畿猶樹木成林,有待斫伐;見《三國志·王昶傳》。而王石等乃能多致遠物如此,當時文武臣僚財力之雄可想,弗求胡獲? 無所不爲之行,蓋有迫之不得不然者矣。積重者難返,善觀世變者,所以不欲兵之久屯聚也。

〔三八七〕 郡國文學

漢世郡國文學之職，於教育頗有關係。諸葛豐及翟方進父翟公，皆嘗爲郡文學。匡衡調補平原文學，學者多上書薦衡，“經明，當世少雙。今爲文學就官，京師後進，皆欲從衡平原，衡不宜在遠方。”可見當時文學，頗有名人爲之。《三國志・杜畿傳注》引《魏略》，言畿爲河東太守，署樂詳爲文學祭酒，使教後進，河東學業大興。《倉慈傳注》引《魏略》，言令狐邵爲弘農太守，是時郡無知經者，乃歷問諸吏，有欲遠行就師，輒假遣，令詣河東就樂詳學，經麤明乃還。因設文學。由是弘農學業轉興。皆文學舉職之效也。

〔三八八〕 傳、説、記①

六經皆古籍，而孔子取以立教，則又自有其義。孔子之義，不必盡與古義合，而不能謂其物不本之於古。其物雖本之於古，而孔子自别有其義。儒家所重者，孔子之義，非自古相傳之典籍也。此兩義各不相妨。故儒家之尊孔子，曰：“賢於堯舜遠矣。”曰：“自生民以來，未有孔子。”《孟子・公孫丑》上。而孔子則謙言“述而不作，信而好古”；《論語・述而》。即推尊孔子者，亦未嘗不以“祖述堯舜，憲章文武”爲言也。《禮記・中庸》。若如崇信今文者之説，謂六經皆孔子所作，前無所承，則孔子何不作一條理明備之書，而必爲此散無友紀之物？又何解於六經文字，古近不同，顯然不出一手，并顯然非出一時乎？若如崇信古學者之言，謂六經皆自古相傳之物，孔子之功，止於抱遺訂墜；而其所

① 原題《六經之傳説記》。

闡明，亦不過古先聖王相傳之道，初未嘗别有所得；則馬、鄭之精密，豈不真勝於孔子之麤疏乎？其説必不可通矣。

惟六經僅相傳古籍，而孔門所重，在於孔子之義。故經之本文，并不較與經相輔而行之物爲重；不徒不較重，抑且無相輔而行之物，而經竟爲無謂之書矣。

與經相輔而行者，大略有三：傳、説、記是也。《漢書·河間獻王傳》曰："獻王所得書，皆經、傳、説、記，七十子之徒所論。"蓋傳、説、記三者，皆與經相輔而行，孔門所傳之書，大略可分此四類也。

傳、説二者，實即一物；不過其出較先，久著竹帛者，則謂之傳；其出較後，猶存口耳者，則謂之説耳。陳氏澧曰："《荀子》曰：《國風》之好色也，其傳曰：盈其欲而不愆其止，其誠可比於金石，其聲可内於宗廟。《大略》。據此，則周時《國風》已有傳矣。《韓詩外傳》亦屢稱傳曰。《史記·三代世表》，褚先生曰：《詩傳》曰：湯之先爲契，無父而生。此皆不知何時之傳也。"《東塾讀書記》六。陳氏所引，實皆孔門《詩傳》，謂不知何時之傳者誤也。然孔子以前，《詩》確已自有傳，《史記·伯夷列傳》引《軼詩傳》是也。以此推之，《孔子世家》稱孔子序《書傳》，書傳二字，蓋平舉之辭？孔子序《書》，蓋或取其本文，或取傳者之辭。故二十八篇，文義顯分古近也。如《金縢》亦記周公之辭，其文義遠較《大誥》等篇爲平近。古代文字用少，書策流傳，義率存於口説，其説即謂之傳。凡古書，莫不有傳與之相輔而行，其物既由來甚舊，而與其所傳之書，又如輔車相依，不可闕一；故古人引用，二者多不甚立别，而傳遂或與其所傳之書，并合爲一焉。漢人引據經傳，不别者甚多，崔氏適《春秋復始》論之甚詳，今更略舉數證。《孟子·萬章》一篇論舜事最多，後人多欲以補《舜典》；然《尚書》二十八篇爲備，實不應有《舜典》。而完廪、浚井等事，亦見《史記·五帝本紀》。《五帝本紀》多同伏生《書傳》。蓋孟子、史公，同用孔門《書》説也。以此推之，《滕文公》篇引《書》曰"若藥不瞑眩，厥疾不瘳"，《論語·爲政》引《書》曰"孝乎惟孝"，亦皆《書傳》文矣。《説文·旻部》敻下引《商書》曰："高宗夢得説，使百工敻求，得之傅巖。"語見《書序》，蓋《書傳》文，而作序者竊取之。"差以豪氂，繆以千里"，見《易·繫辭》。《繫辭釋文》云王肅本有傳字。案《太史公自序》述其父談《論六家要旨》，引《繫辭》"一致而百慮，同歸而殊塗"，謂之《易・大傳》,則王肅本是也。然《自序》又引"豪釐"、"千里"二語,稱"《易》曰",《大戴・保傅》、《小戴・經解》亦然。此漢人引用經傳不別之證。故諸家之《易・繫辭》下或無傳字也。○《孟子・梁惠王》下:"《詩》云:王赫斯怒,爰整其旅,以遏徂莒,以篤周祜,以對於天下。此文王之勇也。文王一怒而安天下之民。《書》曰:天降下民,作之君,作之師,惟曰其助上帝,寵之四方,有罪無罪,惟我在,天下曷敢有越厥志?一人衡行於天下,武王恥之。此武王之勇也。而武王亦一怒而安天下之民。""此文王之勇也","此武王之勇也",句法相同。自此以上,皆當爲《詩書》之辭。然"一人衡行於天下,武王恥之",實爲後人稱述武王之語。《孟子》所引,蓋亦《書傳》文也。○ 傳之爲物甚古,故又可以有傳。《論語》邢疏:"漢武帝謂東方朔云:《傳》曰:時然後言,人不厭其言。又成帝賜翟方進策書云:《傳》曰:高而不危,所以長守貴也。是漢世通謂《論語・孝經》爲傳。"然《漢志》,《魯論》有《傳》十九篇,《孝經》亦有《雜傳》四篇。蓋對孔子手定之書言,則《論語》、《孝經》皆爲傳;對傳《論語》、《孝經》者言,則《論語》、《孝經》亦經比也。○ 傳之名不一。或謂之義,如《禮記・冠義》以下六篇是也。或謂之解,如《管子》之《明法解》、《韓非子》之《解老》是也。《禮記》之《經解》,蓋通解諸經之旨,與《明法解》、《解老》等專解一篇者,體例異而旨趣同,故亦謂之解也。《墨子・經説》,體制亦與傳同,而謂之説,尤傳與説本爲一物之證。○《孟子・梁惠王》上對齊宣王之問曰:"仲尼之徒無道桓文之事者,是以後世無傳焉。"下篇:齊宣王問曰:"文王之囿方七十里,有諸?"孟子對曰:"於傳有之。"《管子・宙合》曰:"宙合有橐天地,其義不傳。"此所謂傳,并即經傳之傳也。《明法解》與所解者析爲兩篇;《宙合》篇前列大綱,後乃申釋其義,則經傳合居一簡,古書如此者甚多。今所傳《易・繫辭》下無傳字,亦不能議其脱也。

《公羊》曰:"定、哀多微辭,主人習其讀而問其傳,則未知己之有罪焉爾。"定公元年。古代文字用少,雖著之傳,其辭仍甚簡略,而又不能無所隱諱。若此,則不得不有藉於説明矣。《漢書・蔡義傳》:"詔求能爲《韓詩》者,徵義待詔,久不進見。義上疏曰:臣山東草萊之人,行能亡所比,容貌不及衆,然而不棄人倫者,竊以聞道於先師,自託於經術也。願賜清閒之燕,得盡精思於前。上召見義,説《詩》,甚説之。"又《儒林傳》:"兒寬初見武帝,語經學。"上曰:"吾始以《尚書》爲樸學,弗好。樸即《老子》"樸散而爲器"之樸。《淮南・精神注》:"樸,猶質也。"所謂木不斲不成器也。此可見經而無傳,傳而無説,即成爲無謂之物。及聞寬説,可觀,乃從寬問一篇。"并可見漢世傳經,精義皆存於説,漢儒所由以背師説爲大戒也。凡説,率至漢師始著竹帛。以前此未著竹帛,故至漢世仍謂之説也。夏侯勝"受詔撰《尚書論語説》";《漢書》本傳。"劉向校書,考《易説》,以爲諸家《易説》,皆祖田何、楊叔、丁將軍,大義略同,惟京氏爲異黨;焦延壽獨得隱士之説,託之孟氏,不相與同",《儒林傳》。是也。《漢書·王莽傳》:莽上奏曰:"殷爵三等,有其説,無其文。"又羣臣請安漢公居攝如天子之奏曰:"《書》曰:我嗣事子孫,大不克共上下,遏失前人光,在家,不知命不易,天應棐諶,乃亡隊命,《説》曰:周公服天子之冕,南面而朝羣臣,發號施令,常稱王命,召公賢人,不知聖人之意,故不説也。"然則説可引據,亦同於傳。蓋傳即先師之説,説而著之竹帛,亦即與傳無異耳。漢人爲學,必貴師傳,正以此故。劉歆等首唱異説,其所以攻擊今文師者,實在"信口説而背傳記,是末師而非往古"《漢書·楚元王傳》附《歆傳》。兩語;而古學家之學,遠不逮今文師者,亦實以此。以其奮數人之私智,以求之傳記,斷不能如歷世相傳之説之精也。公孫禄劾歆"顛倒《五經》,毁師法",《莽傳》。毁師法,即背師説也。

傳附庸於經,記與經則爲同類之物,二者皆古書也。記之本義,蓋謂史籍。《公羊》僖公二年,宫之奇諫曰:"《記》曰:脣亡則齒寒。"《解詁》:"記,史記也。"史記二字,爲漢時史籍之通稱,猶今言歷史也。《韓非子·忠孝》:"《記》曰:舜見瞽瞍,其容造焉。孔子曰:當是時也,危哉,天下岌岌。"此語亦見《孟子·萬章》上篇,咸丘蒙以問孟子,孟子斥爲齊東野人之語,古亦稱史記爲語,可爲《解詁》之證。記字所苞甚廣,宫之奇、咸丘蒙所引,蓋記言之史,小説家之流;其記典禮者,則今所謂《禮記》是也。《記》與《禮》實非異物,故古人引《禮》者或稱《記》,引《記》者亦或稱《禮》。《詩·采蘩箋》引《少牢饋食禮》稱《禮記》,《聘禮注》引《聘義》作《聘禮》,又《論衡·祭意》引《禮記·祭法》皆稱《禮》。○《禮記》中《投壺》、《奔喪》,鄭謂皆同《逸禮》,而《曲禮》首句即曰"《曲禮》曰",可見《禮》與《記》之無别也。今《儀禮》十七篇,惟《士相見》、《大射》、《少牢饋食》、《有司徹》四篇無記。宋儒熊氏朋來之説。凡記皆記經所不備,兼記經外遠古之言。鄭注《燕禮》云:"後世衰微,幽、厲尤甚,《禮樂》之書,稍稍廢棄,蓋自爾之後有記乎？"《士冠禮疏》。《文王世子》引《世子之記》，鄭《注》曰："世子之禮亡，言此存其記。"蓋著之竹帛之時，有司猶能陳其數；或雖官失其守，而私家猶能舉其本末，如孺悲學《士喪禮》於孔子。則謂之《禮》；而不然者，則謂之《記》耳。記之爲物甚古，故亦自有傳；《士冠禮疏》："《喪服記》，子夏爲之作傳，不應自造還自解之。《記》當在子夏之前，孔子之時，未知是誰所録。"案古書多有傳説，已見前，《記》之《傳》，或孔門録是《記》者爲之，或本有而録是《記》者并録之，俱未可定也。而《禮記》又多引舊記也。如《文王世子》引《世子之記》。又引《記》曰"虞、夏、商、周，有師保，有疑丞"云云。《祭統》引《記》曰"齊者不樂"，又引《記》曰"嘗之日，發公室"云云皆是。

傳説同類，記以補經不備，傳則附麗於經，故與經相輔而行之書，亦總稱爲傳記，如劉歆《移太常博士》所言是也。《河間獻王傳》，并稱經傳説記，傳蓋指古書固有之傳而言，如前所引《軼詩傳》及孔子所序之《書傳》是。其孔門所爲之傳，蓋苞括於説中。

大義存於傳，不存於經，試舉一事爲徵。《堯典》究有何義？試讀《孟子・萬章》上篇，則禪讓之大義存焉。夷考伏生《書傳》、《史記・五帝本紀》，説皆與孟子同，蓋同用孔門書説也。此等處，今人必謂伏生襲孟子，史公又襲伏生。殊不知古代簡策流傳甚難，古人又守其師説甚固，異家之説，多不肯用，安得互相勦襲，如此之易？史公説堯舜禪讓，固同《孟子》矣，而其説伊尹，即以割烹要湯爲正説，與《孟子》正相反。何又忽焉立異乎？可見其説禪讓事，乃與《孟子》所本者同，而非即用《孟子》矣。○ 經義并有儒家失傳，存於他家書中者。《吕覽》多儒家言，予别有考。今《尚書甘誓》，徒讀其本文，亦絶無意義。苟與《吕覽・先己》參看，則知孔子之序是篇，蓋取退而脩德之意矣。傳不足以盡義，而必有待於説，試亦引一事爲徵。王魯，新周，故宋，非《春秋》之大義乎？然《公羊》無其文也，非《繁露》其孰能明之？《三代改制質文》篇。案亦見《史記・孔子世家》。又《樂動聲儀》有"先魯後殷新周故宋"之文，見《文選》潘安仁《笙賦注》。古人爲學，所以貴師承也。後人率重經而輕傳、説，其實二者皆漢初先師所傳。若信今文，則先師既不僞經，豈肯僞傳？若信古文，則今古文經，所異惟在文字，今文經正以得古文經而彌見其可信。經可信，傳、説之可信亦因可見矣。或又謂經爲古籍，據以考證古事，必較傳爲足據。殊不知孔門之經，雖係古籍，其文字未必一仍其舊。試觀《堯典》、《禹貢》，文字反較殷《盤》、周《誥》爲平易可知。而古籍之口耳相傳，歷久而不失其辭者，亦未必不存於傳、説、記之中也。然則欲考古事者，偏重經文，亦未必遂得矣。《史記·孔子世家》："孔子在位，聽訟文辭，有可與人共者，不獨有也；至於爲《春秋》，筆則筆，削則削，子夏之徒不能贊一辭。"《公羊》昭十二年《疏》引《春秋説》云："孔子作《春秋》，一萬八千字，九月而書成，以授游、夏之徒，游、夏之徒不能改一字。"然則相傳以爲筆削皆出孔子者，惟《春秋》一經。餘則删定之旨或出孔子，其文辭必非孔子所手定也。即游、夏不能改一字，亦以有關大義者爲限，若於義無關，則文字之出入，古人初不深計。不獨文字，即事物亦有不甚計較者。吕不韋聚賓客著書，既成，佈咸陽市門，縣千金其上，延諸侯游士賓客有能增損一字者予千金。高誘《注》多摘其誤，謂揚子雲恨不及其時車載其金。殊不知不韋所求，亦在能糾正其義。若事物之誤，無緣舉當時游士賓客，不及一揚子雲也。子雲既沾沾自喜，高誘又津津樂道，此其所以適成爲子雲及高氏之見也。

翼經之作，見於《漢志》者：曰外傳，曰雜傳，蓋摭拾前世之傳爲之。《漢書·儒林傳》："韓嬰推詩人之意，而作《内外傳》數萬言。"又曰："韓生亦以《易》授人，推《易》意而爲之傳。"一似其傳皆自爲之者。然《韓詩外傳》見存，大抵徵引成文，蓋必出自前人，乃可謂之傳也。曰傳記，曰傳説，則合傳與記、説爲一書者也。曰説義，蓋説之二名。曰雜記，則記之雜者也。曰故，曰解故，以去古遠，故古言有待訓釋，此蓋漢世始有。曰訓傳，則兼訓釋古言及傳二者也。《毛傳》釋字義處爲詁訓。閒有引成文者，如《小弁》、《緜》之引《孟子》，《行葦》之引《射義》，《瞻卬》之引《祭義》，《閟宫》之引孟仲子，則所謂傳也。

《漢志·春秋》有《左氏微》二篇，又有《鐸氏微》三篇、《張氏微》十篇、《虞氏微傳》二篇。微，蓋即"定哀多微辭"之微；亦即劉歆《移太常博士》所謂"夫子没而微言絶"者也。定哀之閒，辭雖微，義則具存於先師之口説，何絶之有？易世之後，忌諱不存，舉而筆之於書，則即所謂傳也，安用别立微之名乎？今《左氏》具存，解經處極少，且無大義，安有微言？張氏不知何人。鐸氏，《注》曰："楚太傅鐸椒。"虞氏，《注》曰："趙相虞卿。"《史記·十二諸侯年表》曰："鐸椒爲楚威王傅，爲王不能盡觀《春秋》，采取成敗，卒四十章，爲《鐸氏微》。趙孝成王時，其相虞卿，上采《春秋》，下觀近世，亦著八篇，爲《虞氏春秋》。"二書與孔子之《春秋》何涉？鐸氏之書自名《微》，非其書之外，别有所謂微者在也。今乃舉左氏、張氏、虞氏之書而皆爲之微，虞氏且兼爲之傳，其爲妄人所託，不問可知。猶之附麗於經者爲傳、説，補經之不備者爲記，本無所謂緯，而漢末妄人，乃集合傳、説、記之屬，而别立一緯之名也。要之多立名目以自張，而排斥異己而已。故與經相輔而行之書，實盡於傳、説、記三者也。

傳、説、記三者，自以説爲最可貴，讀前文自見。漢世所謂説者，蓋皆存於章句之中。章句之多者，輒數十百萬言，而《漢書》述當時儒學之盛，謂一經説至百萬餘言，《儒林傳》。可知章句之即説。枝葉繁滋，誠不免碎義逃難、博而寡要之失；然積古相傳之精義，則於此存焉。鄭玄釋《春秋運斗樞》云："孔子雖有盛德，不敢顯然改先王之法，以教授於世，陰書於緯，以傳後王。"《王制正義》。古代簡策繁重，既已筆之於書，夫復安能自祕？其爲竊今文家口授傳指之語而失其實，不問可知。《文選》劉歆《移太常博士注》："《論語讖》曰：子夏六十四人。共撰仲尼微言。"此造緯者之自道也。然緯之名目雖妄，而其爲物，則固爲今文經説之薈萃；使其具存，其價值當尚在《白虎通義》之上也；乃以與讖相雜，盡付一炬，亦可哀矣。

原刊《光華大學半月刊》第一卷第四期，
一九三二年十二月五日出版

〔三八九〕 詩無作義

事有古今異者，亦有古今同者。古今異者，後人或不知其異，而即以當日之情形，測度古人；古今同者，則又不知其同，而妄生穿鑿。可謂其失惟鈞矣。古之詩，與後世之謡辭相似者也，其原多出於勞人思婦，矢口所陳，或託物而起興，或感事而陳辭。其辭不必無所因，而既成之後，十口相傳，又不能無所改易。故必欲問詩之作者爲何人，其作之爲何事，不徒在後世不可得，即起古人於九原而問之，亦將茫然無以對。何也？其作者本不可知，至於何爲而作，則作者亦不自知也。三家説《詩》，知本義者極少，即由於此。今所傳《小序》，乃無一詩不知其何爲而作；而其所爲作，且無一不由於政治；幾若勞人思婦，無不知政治之得失者。夫古者謂陳詩可觀民風，抑且可知政治之得失者，以風俗之善惡，與政治之得失相關也；非謂勞人思婦，無一不深知政治，明乎其得失，且知其與風俗之關係也。所謂《小雅》譏己之得失，其流及上也。《雅》且如此，而況於《風》。若如今之《詩序》，則《風雅》何别焉？故今之《詩序》，不必問其所言者如何，但觀其詩之皆能得其本義一端，即知其不可信矣。

《詩》有誦義，無作義，有以此爲攻擊今學之言者。《漢書·藝文志》，謂齊韓《詩》或取《春秋》，采雜説，咸非其本義是也。陳蘭甫辨之云："今本《韓詩外傳》，有元至正十五年錢惟善《序》云：斷章取義，有合於孔門商賜言《詩》之旨。澧案《孟子》云：憂心悄悄，愠於羣小，孔子也；亦外傳之體。《禮記·坊記》、《中庸》、《表記》、《緇衣》、《大學》引《詩》者，尤多似外傳。蓋孔門學《詩》者皆如此。其於詩義，洽熟於心，凡讀古書，論古人古事，皆與詩義相觸發，非後儒所能及。西漢經學，惟《詩》有《毛氏》、《韓氏》兩家之書，傳至今日，讀者得知古人内傳、外傳之體；乃天之未喪斯文也。《直齋書録解題》云：《韓詩外傳》，多記雜説，不專解《詩》，果當時本書否？杭堇浦云：董生《繁露》、韓嬰《外傳》，偭背經旨，敷列雜説，是謂畔經；此則不知内外傳之體矣。"其自注云："韓非有《解老篇》，復有《喻老篇》，引古事以明之，即外傳之體。其《解老》即内傳也。"《東塾讀書記》卷六。愚案：觀此，即可知此體由來之古，所謂詩義洽熟於心。凡讀古書，論古人古事，皆與詩義相觸發者，古簡籍少而誦之專精之世，凡書皆然，正不獨《詩》；抑古之誦《詩》者皆然，亦不獨孔門之言《詩》者也。古人會聚，多賦《詩》以見志，即其一證。

陳蘭甫又云："《毛傳》有述古事，如《韓詩外傳》之體者；如《素冠傳》子夏閔子騫三年喪畢見夫子一節,《小弁傳》高子曰小弁小人之詩也一節,《巷伯傳》昔者顔叔子獨處於室一節,《緜傳》古公處豳一節,虞芮之君相與爭田一節,《行葦傳》孔子射於矍相之圃一節,皆外傳之體。《定之方中傳》建邦能命龜一節,雖非述古事,然因經文卜云其吉一語,而連及九能,亦外傳之體也。”同上。然則《韓詩外傳》乃《毛詩》家所不能爲耳,非其所不欲爲也。

〔三九〇〕 毛詩傳授之誣

羣經傳授源流,有極不可信者。劉歆云:“先師皆起於建元之間。”經學之淵源,必不始此;然先師名字之可記識者,則始於此矣。言羣經之傳授者,當以《史記》、《兩漢書》、《儒林傳》、《藝文志》。《隋書》、《經籍志》。《經典釋文》《叙録》。爲大宗。前人記識,偶有遺落,而後人從而補之,原非必不可有之事。然前人所遺落,何至如是之多,而其所補者,又多無徵不信,齟齬難通,其不免於億造附益可知。君子觀於此,而知信史之難得矣。

《史記·儒林傳》曰:“言《詩》,於魯則申培公,於齊則轅固生,於燕則韓太傅;言《尚書》,自濟南伏生;言《禮》,自魯高堂生;言《易》,自菑川田生;言《春秋》,於齊、魯自胡毋生,於趙自董仲舒。”此其源流,皆確實可據,而其人之行事,亦確有可徵者也。至《漢書》,則已有不盡然者。

《史記》云“言《詩》於魯則申培公”,非謂申培公之學,無所受之也,其名氏不復傳也;故但曰“吕太后時,申公游學長安,與劉郢同師”而已。而《漢書》補出浮丘伯之名,《儒林傳》曰:申公與楚元王交,俱事齊人浮丘伯。吕太后時,浮丘伯在長安,元王遣子郢與申公俱卒業。《元王傳》曰:少時,嘗與魯繆生、白生、申公,俱受《詩》浮丘伯;伯,孫卿門人。及秦焚書,各别去。郢之名,則作郢客。浮丘伯之行事,既無可考;元王賢王,果曾與申公同師,史公無緣不知;知之,無緣置之而獨言其子。然則申公與元王同師，或因與其子同師而傳譌。而繆生、白生嘗與元王同學，或又因其與申公爲同功一體之臣而傅會也。此説如確，則浮丘伯之名，可信與否，亦有不可知者矣。然此尚僅有可疑而已。乃如《毛詩》，《漢志》云："又有毛公之學，自謂子夏所傳，而河間獻王好之，未得立。"自謂者，無徵之辭；好之，亦僅好之而已。乃《詩譜》云："魯人大毛公爲《訓詁傳》，河間獻王得而獻之，以小毛公爲博士。"分毛公爲大小，固已未知所據；而易好之爲獻之，則諸言河間獻書者，何以不及《毛詩》；而劉歆校書中祕，亦何以但稱無師説之《逸禮》、《古文尚書》、《周官》、《左氏》，而不及有《詁訓傳》之《毛詩》乎？鄭氏但言毛公有二，未舉其名也。《後漢書・儒林傳》曰："趙人毛長傳《詩》，是爲《毛詩》。"毛長者，大毛公乎？小毛公乎？何以易魯而爲趙也？《隋志》："《毛詩》二十卷，漢河間太守毛萇撰。"又易長而爲萇，且變趙人爲河間太守，總不知其何據。陸璣云："孔子删《詩》授卜商，商爲之序，以授魯人曾申，申授魏人李克，克授魯人孟仲子，孟仲子授根牟子，根牟子授趙人荀卿，荀卿授魯國毛亨，毛亨作《訓詁傳》，以傳趙國毛萇。時人謂亨爲大毛公，萇爲小毛公。"璣與鄭玄，相去極近，《毛詩》果出子夏，乃聖門高弟，荀卿則六國名儒，豈容置而不言？稱人不舉名字，但用當時稱號，漢人類然，如伏生名勝，始見《後漢書・伏湛傳》，《史》、《漢》皆但作伏生是。案此等有可信者，亦有不可信者。如伏氏世傳儒業，行事衆所共知，先祖之名，後昆自不容虚構；乃如遥遥華胄，信否難徵，欲以譜牒之具存，顯示胤裔之非僞，則名字爵里，或謂往史所不詳，轉非後人所能共信矣。而於邑里頗重，果大毛公魯人，小毛公趙人，康成豈得不加别白也？《釋文》以此爲一説，又引徐整云："子夏授高行子，高行子授薛倉子，薛倉子授帛妙子，帛妙子授河間人大毛公，毛公爲《詩故訓傳》於家，以授趙人小毛公，小毛公爲河間獻王博士。"整亦三國吴人，説之乖異又如此。而所舉人名，又無一有行事可徵驗者，安得不令人疑而不信乎？

原刊《光華大學半月刊》第二卷第六期，
一九三四年三月十五日出版

〔三九一〕 詩序上

《詩序》辯説，最爲紛歧。若知漢時所謂古學者，皆摭拾傳記爲之；其所謂出於某某者，大抵附會依託，不可信據，則亦無疑於此矣。

《詩序》誰作，宋以後説多憑億測，無可徵驗，即亦無從辯論。其爲古説者有三：鄭氏《詩譜》，謂《大序》子夏作，《小序》子夏、毛公合作，一也；《正義》引沈重説。王肅《家語注》，以爲子夏作，二也；《後漢書・儒林傳》：以爲衛宏作，三也。宏與鄭、王，相去甚近，《序》果宏作，鄭、王無緣不知；然《序》有鄭注而無鄭箋，實爲出於《毛傳》以後之確證。其文平近諧婉，且不類西漢人作，更無論先秦矣。鄭、王何至并此而不能辨？然一以爲逕出子夏，一以爲兼出毛公，何也？古人云某書某作，不必其人親著竹帛，特推所自來耳。《序》出子夏、毛公，蓋古學家舊説，其著之竹帛，實始衛宏。鄭、王皆本所自來，故以子夏、毛公爲言耳。《隋志》謂"子夏所創，毛公及衛宏又加潤益"，蓋古學家成説，非苟爲調停之辭也。鄭、王、范曄皆言之不具耳。然《序》實古學家采綴古書所爲，不惟非子夏，亦必不出毛公也。鄭樵云："漢世文字，未有引《詩序》者，惟黄初四年，有曹共公遠君子近小人之語，蓋宏之《序》至是始行也。"此説甚是，可爲《詩序》晚出之確證。

《詩》之《大小序》，亦爲聚訟之一端。有就《關雎》一序，分爲大小者；有就各詩，分析其首句爲《小序》，下爲《大序》者。《釋文》引舊説云："起至用之邦國焉，名《關雎序》，謂之《小序》；自風風也，訖末，名爲《大序》。"朱子作《詩序辯説》，以詩者志之所之至也爲《大序》，餘爲《關雎小序》。以初句爲子夏作，説出成伯嶼。蘇轍《詩集傳》，祇存首句，餘皆删。程大昌《考古編》，亦以首語爲古序，續申者爲衛宏語。案魏源《詩古微》論三家《詩》亦有序，頗允。諸家所引《韓詩》，如《關雎》刺時也，《芣苜》傷夫有惡疾也等，皆與《詩序》首語一例。張揖習《齊詩》，《上林賦注》："《伐檀》，刺賢者不遇也。"亦同。蓋作序者依三家體例爲之也。《隋志・史部》論簿録之語曰:"孔子删書,别爲之序,各陳作者所由。韓毛二《詩》,亦皆相類。"案《舊唐志》:《韓詩》二十卷,卜商序,韓嬰撰。《韓詩翼要》十卷,卜商撰。《毛詩集序》二卷,卜商撰。《新書志》:《韓詩》,卜商序,韓嬰注,二十二卷,又《外傳》十卷,《卜商集序》二卷,又《翼要》十卷。《翼要》當屬《毛詩》。《舊書》韓字蓋衍。韓、毛之序,體例相同,觀《隋志》之言可見。《翼要》則竊疑其放《外傳》也。雖無以知其必然,然《關雎》之序,非僅説《關雎》一詩;而各序首句及其下文,顯有斧鑿痕跡,則無可疑也。予謂《大小序》之分,大體當從朱熹之説,自起至"用之邦國焉"爲《小序》,專序《關雎》一詩。"風風也"至"詩之至也"爲《大序》,總論全詩之義。"然則關雎麟趾"以下,介於《大》、《小序》之間,蓋論全詩之義既竟,專論《周南》、《召南》,又迴合至《關雎》一篇者也。《大》、《小序》之名,蓋傳此序者所立,而非作此序者胸中先有此區别。故以其義論之,則一篇之中,兼苞專論《關雎》、統論詩義及《二南》兩端;以其文言之,則又一氣相承,不能分割也。蓋作《詩序》者,以論全詩及《二南》之語,合諸《關雎序》中,後人欲加分别,乃立大小之名也。此序最可見古學家之説係摭拾傳記而成。

此序統論詩義者,自"風風也"至"教以化之",論風之義;"詩者志之所之"至"移風俗",論詩及樂;"故詩有六義焉"至"六曰頌",論六義;"上以風化下"至"詩之至也",論風、雅、頌。論詩及樂者,取諸《樂記》;論六義者,取諸《周官》;餘與論《二南》及《關雎》一詩者,蓋取諸三家。而其文又有奪佚。且《詩》止《風》、《雅》、《頌》三體,而《序》云詩有六義,乃生賦、比、興究爲詩篇異體,抑詩文異辭之疑。康成最喜牽合《周官》,乃謂孔子録《詩》,已合風雅頌中,難可摘别。并謂《七月》一詩,備有三體,以牽合《周官》籥章之文。於是疑竇叢生,殊不知作《詩序》者,不過見《周官》即漫采之,初未計及《周官》六詩之説,與《詩經》風、雅、頌之體不能相容也。古學家之説多如此。後來彌縫漸密,初出時則極麤略,如鄭衆以《書序》之《周官》,即今謂之《周禮》之《周官》,篇卷多少,文體異同,皆不顧慮,真可發一大噱。以《風》、大小《雅》、《頌》爲四始,無論如何彌縫,其説終不可通。《史記·孔子世家》

曰:"《關雎》之亂,以爲《風》始,《鹿鳴》爲《小雅》始,《文王》爲《大雅》始,《清廟》爲《頌》始。"《詩序》云:"《關雎》,《風》之始也。"説實與《史記》同。《雅》、《頌》安得獨異。然則是謂四始之上,明有奪文;而鄭即隨其奪而曲説之也。《史記》之説,蓋出《魯詩》。《漢書·匡衡傳》,衡上疏曰:"孔子論《詩》,以《關雎》爲始。"則《齊詩》説亦不異。《詩疏》引《氾歷樞》曰:"《大明》在亥,水始也;《四牡》在寅,木始也;《嘉魚》在巳,火始也;《鴻雁》在申,金始也。"此别一説,讖緯之文,不盡可信,然亦不以《風》、《大小雅》、《頌》爲四始也。《曲禮》之"若夫坐如尸,立如齊",據《大戴記·曾子事父母》,明有奪文。而鄭引《左氏》是謂我非夫,讀夫爲如字。亦其隨文曲釋之一證。自敬仲至康成,中間未更喪亂,《詩序》不應更有奪佚,故知《詩序》之作,確在敬仲以前,特與毛義亦不盡合,如《静女》。可決其與《毛傳》非一家言耳。

《漢志》云:"魯申公爲《詩》訓詁,齊轅固生、燕韓生皆爲之傳。或取《春秋》,采雜説,咸非其本義;與不得已,《魯》最爲近之。"此古學家之誣辭,以此攻擊三家,殊不足信;三家遺説,陳氏父子所輯,大抵相同。其原同,其流自不得異也。《史記·儒林傳》曰:"韓生推詩之意而爲《内外傳》數萬言,其語頗與齊、魯間殊,其歸一也。"燕與齊、魯如此,齊魯之間更不待論矣。然夫子自道則真矣。今所傳《詩序》,《鴟鴞》出《金縢》,《北山》同《孟子》,《都人士》同《禮記·緇衣》,《那》同《國語·魯語》,此外同《荀子》者尤多;其無書可見者,則有《高子》,《絲衣序》引之;皆所謂取《春秋》采雜説者也。《詩》三百五篇,從無異説,《詩序》忽多出《南陔》、《白華》、《華黍》、《由庚》、《崇丘》、《由儀》六篇,蓋即采自《鄉飲酒禮》及《燕禮》,三家無《都人士》首章,而毛有之,蓋即據《緇衣》以補之也。鄭漁仲曰:"毛公時,《左傳》、《孟子》、《國語》、《儀禮》未盛,而先與之合。世人未知《毛傳》之密,故俱從三家。及諸書出而證之,諸儒得以考其異同得失。長者出而短者自廢,故皆舍三家而宗毛。"惡知夫毛之與諸書合,正以其出較晚,故所采皆漢時見存之書;三家口説流傳,未著竹帛,故其淵源雖舊,轉若無徵不信邪?朱熹曰:"其初有齊魯韓氏之説,并傳於世,讀者知其出於後人之手,不盡信也。其後三家之傳又絶,而毛説孤行,則其牴牾之跡,無復可見。此序遂若詩人先所命題,詩反因序而作,於是讀者轉相尊信,無敢擬議;至於有所不通,則必委曲遷就,穿鑿而附合之。寧使經之本文,繚戾破碎,不成文理,而終不忍明以《小序》爲出於漢儒也。"其説較漁仲爲允矣。

世同則俗同,俗同則人之心思相類,故彼此之意,易於推測而知,雖復託諸比興,不翅矢口而陳,此陳詩之所以可觀民風也。何休《公羊解詁》曰:"男女有所怨恨,相從而歌,飢者歌其食,勞者歌其事,男年六十、女年五十無子者,官衣食之,使之民間求詩,鄉移於邑,邑移於國,國以聞於天子。故王者不出牖户,盡知天下所苦,不下堂而知四方。"宣公十五年。《漢書·食貨志》略同,蓋出《齊詩》。《詩序》曰:"國史明乎得失之跡,傷人倫之廢,哀刑政之苛,吟詠情性,以風其上,達於事變,而懷其舊俗者也。故變風,發乎情,止乎禮義。發乎情,民之性也;止乎禮義,先王之澤也。"亦以風詩爲出自民間,故知《詩序》之説,多采自三家也。此詩之六義也。三家於詩,有如《芣苢》、《柏舟》等篇,能得其本事者,必非鄉壁虚造,必也有所受之。自古學家爲之,而勞人思婦之辭,皆變爲士夫之作;歌其食歌其事者,皆變爲刺譏朝政矣。如此,則《風》、《雅》何别乎? 善乎朱熹之言之也,曰:"詩之文意事類,可以思而得;其時世名氏,不可以强而推。今乃不然,不知其時者,必强以爲某王某公;不知其人者,必强以爲某甲某乙;於是傅會書史,依託名謚,鑿空妄語,以誑後人。且如《柏舟》,不知其不得於夫,而以爲不遇於君,此則失矣。然有所不及而不自欺,則亦未至於大害理也。今乃斷然以爲衛頃公之時,則其欺罔之罪,不可掩矣。蓋其偶見此詩,冠於三衛變風之首,是以求之春秋之前。而《史記》所書,莊、桓以上,衛之諸君,事皆無可考者,謚亦無甚惡者,獨頃公有賂王請命之事,其謚又爲甄心動懼之名,如漢諸王,必其嘗以罪謫,然後加以此謚,以是意其必有棄賢用佞之失,而遂以此詩予之也。"其於作序者采摭古書穿鑿傅會之情,可謂洞燭無遺矣。芣苢,馬舄;馬舄,車前,《爾雅》亦無異説。而王肅引《周書·王會》云:"芣苢如李,出於西戎。"王基駁云:"《王會》所記雜物奇獸,皆四夷遠國,各齎土地異物,以爲貢贄,非周南婦人所得采。"見《疏》。其説允矣。要而言之,見古書即采摭之,而不顧其合於理不合於理,合於事不合於事而已。凡古學家之説,大抵如此逐漸造成者也。

原刊《光華大學半月刊》第二卷第十期,
一九三四年六月十八日出版

〔三九二〕 詩序下

儒生或不免錮蔽,而非儒生又不可以言經。何者?各種學問,皆自有其條例,非治之者不能知;不治其學,而聞其言,頋者河漢之,輕者非笑之矣。王仲任以能説一經者爲儒生,博覽古今者爲通人,謂儒生不如通人,《論衡·超奇》。固也。如仲任者,可以謂之通人矣乎!讀《論衡》者蓋無異辭,即吾亦無異辭也。然其論經學則多繆,由經學自有條例,仲任不能知也。今日博聞之士,其達識固多逾於專門科學之家,然不可以言科學也,視此。

《論衡·謝短》:"問《詩》家曰:詩作何帝王時也?彼將曰:周衰而詩作,蓋康王時也。康王德缺於房,大臣刺晏,故詩作。夫文、武之隆,貴在成、康,康王未衰,詩安得作?周非一王,何知其康王也?二王之末皆衰,夏、殷衰時,詩何不作?《尚書》曰詩言志,歌永言,此時已有詩也,斷取周以來而謂興於周。古者采詩,詩有文也,今詩無書,何知非秦燔五經,詩獨無餘札也?"此處當有譌誤,其大意則可知。蓋謂古已有詩,安知非爲秦所燔?今乃僅餘周詩,安得據見存之詩,而謂詩作於康王時也?案此乃不解儒生之言而誤駁。《詩》家言詩作康王,元據孔門所傳三百五篇言之,猶《春秋》家所謂託始,本不謂人之能作詩,始於康王時也。不然,《詩》家皆不知《堯典》邪?案采綴古書,曲加傅會,而曰某詩在某王某公時,則不可信。至於口説流傳,則其初必有依據,若必以"周非一王,何知其康王"詰之,則竹帛亦人所著,所著亦本見聞,亦將一一詰之曰"何以知其然"乎?《列女傳》曰:"自古聖王，必有妃匹。妃匹正則興，不正則亂。夏之興也以塗山，亡也以妹喜；殷之興也以有娎，亡也以妲己；周之興也以太姒，亡也以褒姒。周之康王，夫人晏出朝，《關雎》豫見，思得淑女以妃君子。夫雎鳩之鳥，猶未嘗見乘居而匹處也。”説與匡衡正匹妃之《疏》同。曰“豫見”，則防其漸耳；元不謂當康王之身而大衰也。陳古刺今，所刺者今之衰，所陳者無妨其爲古之美。《詩序》改“思得淑女”之“思”爲“樂”，可與改“金根”爲“金銀”者媲美矣。

《毛傳》云：“雎鳩，王雎也，鳥摯而有别。后妃説樂君子之德，無不和諧，又不淫其色，慎固幽深，若雎鳩之有别焉；然後可以風化天下。”義亦與三家同。而不淫其色之語，又爲《序》之所采，知《序》固雜采羣書爲之也。然失其意者多矣。

“哀窈窕”之“哀”字，乃愛憐之義。魏、晉間人，多如此用；漢人用者尚少，先秦更無論矣。惟《墨子·備梯》，子墨子甚哀之，係如此用。然漢人寫定古書，於字句之出入，不甚計較，此等處，難保非寫者所定也。知《序》之著於竹帛，必在東漢時也。然鄭讀爲衷，則非。《詩序》筆法，有極平近者，如“然則《關雎》麟趾之化，王者之風”，此等承接之法，便非西漢人所有。試與《史記·封禪書》“然則怪迂阿諛苟合之士興”相較，便見其用字同而文氣不同。又如“華落”、“色衰”等，亦非西漢人語，著之竹帛者係衛宏，殆無可疑也。

如《論衡·謝短》之説，則今學家謂三百五篇皆周詩。案辯《商頌》非商詩者，如《詩古微·商頌魯韓發微》爲最精。予舊撰《鬼方考》，可相參證。《漢書·藝文志》：“孔子純取周詩，上采殷，下取魯，凡三百五篇。”數語之間，自相矛盾。“上采殷下取魯”六字，蓋後人記識之語，溷入本文者也。魏氏曰：“《左氏》季札觀周樂，爲之歌《頌》，曰：美哉，盛德之所同也！杜《注》：《頌》有殷、魯，故曰盛德之所同。若非皆周世所作，何以季札觀樂，統之《周頌》中乎？”案古人記事，不甚精密，季札觀樂，立夫子正樂之前，而十五《國風》及《雅》《頌》，均與今詩同者，《春官·大師疏》引鄭衆《左氏注》，謂傳家據已定録之，是也。《詩譜序疏》引服虔説同。此亦孔子純取周詩之一證。

商與宋雙聲，魏氏所列證據備矣。尚漏《左》僖二十二年天之棄商久矣一條。雙聲字本可通用，魏氏謂魯定公諱宋，孔子改宋爲商則非。古諱之之字，取同義而異聲，不取同聲而異形也。《宋世家》以《商頌》爲正考父美襄公之作，《孔子世家》孟僖子言正考父佐戴、武、宣，戴、襄相距百十六年，宣、襄相距亦七十九年，且正考父生孔父嘉，殤公時死華督之難，與襄公必不相及。魏氏釋難，殊近强辭。年代人地名之舛譌，乃古書所恒有，不必曲爲之説，亦不得以此而疑三家之説也。

原刊《光華大學半月刊》第二卷第十期，
一九三四年六月十八日出版

〔三九三〕 左氏自相牴牾，詩序襲之

古學家之説，大抵采綴古書而成，然初不甚密，以古書本多牴牾處也。淺者不加詳考，以爲信而有徵，悮矣。《詩序》曰："有女同車，刺忽也；鄭人刺忽之不昏於齊。太子忽嘗有功於齊，齊侯請妻之，齊女賢而不取，卒以無大國之助，至於見逐，故國人刺之。"齊人請妻鄭忽，而忽不欲，見《左氏》桓公六年及十一年，此《序》之所本也。然其後誘執祭仲，要以立突者，宋也。桓公十一年。立突而責賂，魯人平之，不可，於是助突伐宋。十二年。而鄭以紀、魯及齊與宋、衛、燕戰。十三年。又會魯於曹，使弟語來脩曹之會；而齊與宋、蔡、衛、陳伐鄭，十四年。突出忽入；魯會宋、衛、陳納突，不克，十五年。又會宋、蔡、衛於曹而伐之；十六年。昭公見弑，十七年。齊殺高渠彌。十八年。是始終黨突者魯，立以求賂者宋，附和之者曹、衛、蔡、燕；齊則始終助忽也，安在其無大國之助乎？蓋《左氏》自相牴牾，作《詩序》者，亦不暇詳察而采之也。桓六年，以齊侯欲妻忽者即文姜，尤誤。鄭亦沿

之,已見《疏》駁。

原刊《光華大學半月刊》第三卷第一期,
一九三四年十月十日出版

〔三九四〕　毛詩訓詁之誤

《毛詩》稱《訓詁傳》,不徒其傳不足信也,即訓詁亦有誤者。皮鹿門《詩經通論》曰:"或謂大毛公六國時人,安見不比三家更古。曰:毛公六國時人,并無明文可徵;且《毛傳》實有不可信者。丕顯二字,屢見《詩》、《書》,《毛傳》於《文王》有周不顯曰:不顯,顯也。又於不顯亦世曰:不世顯德乎。是其意以不字爲語詞,爲反言;不知不顯即丕顯也。不顯亦世,即丕顯弈世也;不顯不時,即丕顯丕承,《清廟》之不顯不承,正丕顯丕承之證也。《卷阿》伴奂爾游矣,伴奂疊韻,連文爲義,與下優游一例,即《皇矣》之畔援,顔注《漢書》引《詩》,正作畔换,亦即《閔予小子》之判换,所謂美惡不嫌同辭也。《毛傳》乃云廣大有文章貌,是其意分伴奂爲兩義,伴訓廣大,奂訓有文章,不知下句優游,何以解之。毛何不分優游爲兩義乎?《正義》據孔晁引孔子曰:奂乎其無文章,伴乎其無涯際。孔晁,王肅之徒。其所引即《孔叢》、《家語》之類,王肅僞作,必非聖言。《蕩》曾是强御,强御亦二字連文爲義,《左氏》昭元年《傳》曰强御已甚,十二年《傳》曰吾軍帥强御,皆二字連文。《繁露·必仁且智》篇曰:其强足以覆過,其御足以犯難。《史記集解》引《牧誓》鄭《注》曰:强御,猶强暴也。强御,即《爾雅·釋天》之强圉。漢《石門頌》倒其文曰綏億衙强,惟其義同,故可倒用。《毛傳》乃曰:强,梁;御,善也。不知二字連文,而望文生義,豈六國時人之書乎?"案雙聲即重言而異其韻者,其字雖變,其意則一,故可合用,亦可分用,如《老子》之忽兮恍兮是也。孔晁所引,伴奂分言,正見其與優游一例。皮氏斥爲王肅僞作,似非;然《毛傳》訓詁之誤,則百口無以自解矣。又案《莊子·秋水》:何貴何賤,是謂反衍。《釋文》云:本亦作畔衍;《文選·蜀都賦注》引司馬作叛衍,云:叛衍,猶漫衍也,此亦即伴奂異字。

原刊《光華大學半月刊》第二卷第六期,
一九三四年三月十五日出版

〔三九五〕 太誓後得

今之《尚書》,爲伏生所有者,凡二十八篇。《漢書·楚元王傳注》引臣瓚曰:"當時學者,謂《尚書》惟有二十八篇,不知本存百篇也。"與今所傳之數合。然《史記·儒林傳》,謂伏生得二十九篇,以教於齊、魯之間。《論衡·正説》曰:"説《尚書》者,或以爲本百兩篇,後遭秦燔《詩》、《書》,遺在者二十九篇。"又曰:"或説《尚書》二十九篇者,法北斗七宿也。四七二十八篇,其一曰斗矣。"又曰:"或説曰:孔子更選二十九篇,二十九篇獨有法也。"《論衡》所謂儒生,皆指博士之徒,此篇所正之説,即爲博士學者之説,皆今學家言也,而其數皆二十九;《漢書·藝文志》:《尚書經》二十九卷,大小夏侯二家。歐陽《經》三十二卷;其《章句》,則歐陽三十一卷,大小夏侯各二十九卷;《解詁》,大小夏侯二十九篇;彌復睽異,何也?曰:《史記·儒林傳》之文,蓋後人所竄。《歐陽經》三十二卷,汲古閣本作二十二,字皆有譌,《左海經辨》曰:"閻若璩《古文尚書疏證》、惠棟《古文尚書考》、王鳴盛《尚書後案》并引《漢志》作《歐陽經》三十一卷。予徧檢武英殿本、明南北監本、汪文盛本,皆作三十二卷,惟汲古閣本作二十二卷,上'二'字誤脱一筆。《玉海》卷三十七引《漢志》,正作《歐陽經》三十二卷。"當作三十一,與其章句同。伏生經二十八,而大小夏侯二十九,歐陽三十一者,益後得《太誓》,歐陽析爲三,而大小夏侯合爲一,譌竄之《儒林傳》及《論衡》,皆據後來之卷數言之,故與伏生所傳之數不合也。

此增出之一篇，陳恭甫欲以《書序》當之，自非，王伯申辯之甚悉；然以《太誓》爲伏生所固有，則非也。請得而辨正之。

王氏之説，不外二端：曰《史記》、《漢書》皆未及《太誓》後得事；曰諸家徵引在向、歆所謂後得之前者甚多而已。案古人著書，體例麤略，往往偏據一端，不復更加考核。班氏《藝文志》，大抵根據《七略》；其《儒林傳》，則根據《史公書》，而益以後來之事，其所據者，適皆未及《太誓》後得事，班氏亦遂仍之，而未更加蒐補，此等蓋古人所時有矣。至《史記》述伏生事，則全係古學既興後之奰言，其爲後人竄入，更無疑義。斷不能據之，以爲伏生之《書》本有二十九篇之證也。

古人麤略，大抵於年月日人地名等爲最甚。諸家説《太誓》後得，年代不同，即其一證。《别録》言武帝末，見下。馬融惟言後得，不知何時得之，見《泰誓疏》。獻帝建安十四年，黄門侍郎房宏等説云："宣帝本始元年，河内女子有壞老子屋，得古文《泰誓》三篇"，與《論衡》之説略同，見《書序疏》。《書序疏》曰："《漢書》婁敬説高祖云：武王伐紂，不期而會孟津之上者八百諸侯，僞《泰誓》有此文，不知其本出何書也？武帝時，董仲舒對策云：《書》曰：白魚入於王舟，有火入於王屋，流爲烏。周公曰：復哉復哉！今引其文，是武帝之時，已得之矣。"其見解實即王氏所本。然如《尚書》篇卷總數，及其中有一篇爲後得等，則犖犖大端，不容有誤；即欲作僞欺人者，於此等處，亦必不容妄造。故知古書不容輕信，又不容過疑；要在分别觀之，逐一加以審覈也。《正説》又曰："孝宣皇帝之時，河内女子發老屋，得逸《易》、《禮》、《尚書》各一篇，奏之。宣帝下示博士。然後《易》、《禮》、《尚書》，各益一篇，而《尚書》二十九篇始定矣。"云《易》、《禮》各益一篇，誣；河内女子得書，事非誣罔，以後得《太誓》確有其物也。《易》、《禮》，蓋如竇公獻書，與當時已有者復。云《尚書》益一篇，則不誤也。《書序疏》云："《史記》及《儒林傳》皆云：伏生獨得二十九篇，以教齊、魯。案馬融云：《泰誓》後得。鄭玄《書論》亦云民間得《泰誓》。《别録》曰：武帝末，民有得《泰誓》書於壁内者，獻之。與博士，使讀説之。數月，皆起，傳以教人。則《泰誓》非伏生所傳，而言二十九篇者，以司馬遷在武帝之世，見《泰誓》出而得行，入於伏生所傳内，故爲史總之，并云伏生所出,不復曲别分析云民間所得。其實得時,不與伏生所傳同也。"《左氏疏》云:"自秦焚《詩》、《書》,漢初求之,《尚書》惟得二十八篇。故太常孔臧與孔安國書云:《尚書》二十八篇,前世以爲放二十八宿,都不知《尚書》有百篇也。在後又得僞《太誓》一篇,通爲二十九篇。漢、魏以來,未立於學官。"襄公三十一年。疏家不知《史記》之文爲後人所竄,當時無考證之學,其無足怪。然所引馬融、鄭玄皆漢人;《别録》不盡信,亦不盡誣;孔臧與安國書,自系僞物。《史記·儒林傳索隱》載其辭曰:"舊《書》潛於壁室,欻爾復出,古訓復申。臧聞《尚書》二十八篇,取象二十八宿,何圖乃有百篇邪?知以今文讎古隸篆,推科斗,以定五十餘篇,并爲之傳也。"與《僞孔傳序》係出一手,顯然可見。然亦可證臧時《書》止二十八篇,故僞造臧書者,不云二十九也。疏家之説,亦有傳授,小節時有譌誤,大端不容虚誣,正與傳注家言同。固不容以後人之億見,疑自古相傳之事實也。

然則何解於漢人徵引《太誓》者,多在後得之前乎?曰:此由古人經傳不别,後得以前,《太誓》固不存於經,然未嘗不見於傳也。請更進申其説。

《書序疏》曰:"鄭作《書論》,依《尚書緯》云:孔子求書,得黄帝玄孫帝魁之書,迄於秦穆公,凡三千二百四十篇。斷遠取近,定可爲世法者百二十篇。以百二篇爲《尚書》,十八篇爲《中候》。"百二篇之説,蓋因張霸僞書,流傳民間而起;《論衡·正説》:"孝成皇帝時,徵爲古文《尚書》學。東海張霸案百篇之序,空造百兩之篇,獻之成帝。帝出祕百篇以校之,皆不相應,於是下霸於吏。吏白霸罪當至死。成帝高其才而不誅,亦惜其文而不滅,故百兩之篇,傳在世間者,傳見之人則謂《尚書》本有百兩篇矣。"《佚文》亦云:"成帝奇霸之才,赦其辜,亦不滅其經,故《百二篇尚書》傳在民間。"三千二百四十篇,則因《詩》三千餘篇之説而附會;見《史記·孔子世家》,後人多疑之。然《正説》亦云:"《詩經》舊時亦數千篇,孔子删去復重,正而存三百篇。"《史記》亦云:"去其重,取可施於禮義。"苟從"去其重""删去復重"兩語著想,即可知其言之不誣。歷代郊廟歌辭,固多相沿不改者。郊廟且然,況於餘事?後世且然,況於古代?此其全首相復者也。又不論歌謡,辭句往往彼此相襲,雖全篇不同,而一章或數句則無異,古樂府及今日流傳人口者皆然。論者多以佚《詩》散見古書者不多,而疑三千餘篇之説不可信;知此,則知古詩一篇,可化爲數十百篇,以盈三千之數不難矣。○

《書》者，古記言之史，稍文明之國皆有之，如《大學》引《楚書》，《左氏》昭公二十八年司馬叔游引《鄭書》是也。孔子周流列國，所見庸或甚多，然謂數至三千，於理終難盡信；況云求而得之，益可決爲虛説矣。皆不足信。然使古之所謂《書》者，二十八篇之外，别無形跡，則此等説亦必無自而生。今佚《書》之散見古書者固多，即見於伏生《書傳》者，亦自不乏，此則百二篇及三千二百四十篇等説所由來也。

古人立言，大抵不甚精審，而又好爲附會，故其説愈晚出者，則其失真愈甚。史公著書，迄於麟止，當經學初興之日，今文家之曲説未興，況於古學家之淫辭乎？故其言多可信據。《孔子世家》曰："追跡三代之禮，序《書傳》，上紀唐、虞之際，下至秦繆，編次其事。曰：夏禮，吾能言之，杞不足徵也；殷禮，吾能言之，宋不足徵也；足，則吾能徵之矣。觀夏、殷所損益，曰：後雖百世可知也，以一文一質。周監二代，郁郁乎文哉！吾從周。故《書傳》、《禮記》自孔氏。"據此，知《書傳》、《禮記》爲同物。《禮記》備載三代之禮，不止於取以爲教之十七篇，則《書傳》亦多存古事，不限於取以爲教之二十八篇可知矣。此佚《書》之名，所以多見於《書傳》中也。

傳之體，自古有之，别見《傳説記》條。《孔子世家》所謂"序《書傳》"者，蓋與後來之《書傳》非同物。序《書傳》之《書》，謂自古所傳記言之史；其傳，則自古相傳，與此書并行之物。此皆在孔子之前，而孔子序之；自孔子序之之後，則儒家所謂《書》者，乃孔子取以爲教之二十八篇；所謂傳者，則弟子傳此二十八篇者之辭也。古經傳不甚立别。今二十八篇，文義有極簡質，類古史官所記者；亦有極平易，類東周後人所爲者。蓋孔子之於二十八篇，不徒取其經，而兼取其傳。所取以爲教者，雖止於二十八篇，而誦説所及，未嘗以二十八篇爲限。其經傳兼采，亦如其所序之二十八篇也。此則佚《書》之所以多見於《書傳》中也。知此，則無疑於漢人徵引《太誓》，多在後得之先矣。

漢人最重師法；師所不傳，弟子必不敢妄益；而歐陽、夏侯皆以後得之書，附於本經之内，何也？曰：此由其與傳相出入也。諸家所引

《太誓》，多在後得之前，而其文亦見伏生《書傳》，王氏《述聞》已備徵之。如予説，《太誓》必非伏生所有，則諸家所引，謂其非本《書傳》，不可得矣。逸十六篇，絶無師説，馬、鄭即不爲作注，況歐陽、夏侯乎？其能傳以教人，正以其與傳相出入故也。《左》襄三十一年《疏》云："今《尚書·太誓》謂漢、魏諸儒馬融、鄭玄、王肅所注也。"馬融固不信此《太誓》者，而亦爲之作注，以其有師説故也。

《僞泰誓疏》引："馬融《書序》曰：《泰誓》後得，案其文，似若淺露。又云：八百諸侯，不召自來，不期同時，不謀同辭，及火復於上至於王屋，流爲鵰，五至，以穀俱來。舉火神怪，得無在子所不語中乎？又《春秋》引《泰誓》曰：民之所欲，天必從之。《國語》引《泰誓》曰：朕夢協朕卜，襲於休祥，戎商必克。《孟子》引《泰誓》曰：我武維揚，侵於之疆，取彼凶殘，我伐用張，於湯有光。孫卿引《泰誓》曰：獨夫受。《禮記》引《泰誓》曰：予克受，非予武，惟朕文考無罪。受克予，非朕文考有罪，惟予小子無良。今文《泰誓》，皆無此語，吾見《書傳》多矣，所引《泰誓》而不在《泰誓》者甚多，弗復悉記，略舉五事以明之，亦可知矣。"此難甚强，而王氏於此，一語不及，然則伏生造僞書以欺人邪？抑爲僞書所欺也？必知孔子序《書》，雜取經傳，孔門所謂傳者亦然；孔門所傳之經，既爲孔子所序，篇帙或較完具；傳則隨意徵引，首尾大抵不完；然後知古書所引《太誓》，多不在後得《太誓》中之由也。造僞書者，必求諸所徵引俱在，以爲其書非僞之徵，東晉晚出古文正然，漢時後得《太誓》則否，正可以此決其非僞矣。

傳既兼存古書，則後得《泰誓》，似宜附之於傳，不宜以之益經，而三家皆入之本經之内，《孟子·滕文公》趙《注》："今之《尚書·泰誓》，後得以充學。"案《漢志》不别著録，即其附入本經之一證。豈以其爲宣帝詔下故乎？果然，亦難免曲學阿世之譏矣。古學家《書》有百篇之説，固今學家有以啓之也。然《左疏》謂後得《太誓》，未立學官，則雖傳以教人，視之究與本經有别，終見今文師之矜慎矣。

馬融譏後得《太誓》在子所不語中，頗可見孔子序《書》去取之由。

孟子曰:"吾於《武成》,取二三策而已矣。"《武成》固亦不在二十八篇内也。

《宋書禮志》載魏高堂隆改朔議,引《書》"若稽古帝舜曰重華,建皇授政改朔",《御覽・皇王部》引《尚書中候考河命》略同。《新學僞經考》謂此爲劉歆僞造之《舜典》。予謂緯書多用今文,此文蓋亦出《書傳》也。

〔三九六〕　漢人説尚書傳授之誣

漢人於史事,尚未知覈實,故所述羣經授受源流,多不可信;而於《尚書》,野言尤多。《史記・儒林傳》云:"秦時焚書,伏生壁藏之。其後兵大起,流亡。漢定,伏生求其書,亡數十篇,獨得二十九篇,即以教於齊、魯之間。學者由是頗能言《尚書》。諸山東大師,無不涉《尚書》以教矣。"又曰:"孔氏有古文《尚書》,而安國以今文讀之,因以起其家。逸《書》得十餘篇。蓋《尚書》滋多於是矣。"壁藏之信否,及安國有無《古文尚書》,别見《孔壁得書》條。古人學問,率由口耳相傳,罕著竹帛,伏生何至專恃本經,亡其書即無以爲教?獨得二十九篇,即祇能以二十九篇教邪?古人傳經,最重師説,經傳皆散無友紀,師説則自有條理,非可襲取其偏端也。頗能言即涉以教,此乃後世餖飣之學,剽竊之爲,古人豈其若是?《史記》此文,其爲妄人所竄無疑矣。

漢初傳經,皆重義理;至古學興,乃一變而重文字;於是野言又因之而興。衛宏《詔定古文尚書序》云:"伏生老,不能正言;言不可曉也。使其女傳言教錯。齊人語多與潁川異,錯所不知者,凡十二三,略以其意屬讀而已。"《漢書・儒林傳注》引。《舊唐志》:《詔定古文官書》一卷,衛宏撰。《新唐志》又作《詔定古文字書》。古言知,猶今言識。云不知,是指文字言,意謂書本古文,因其不能正言,故錯不能盡識也。殊不知漢初文字,與先秦極爲相近;詳見予所撰《中國文字變遷考》。伏生藏書,晁錯斷無不識之理；即謂不識，而伏生以《尚書》教，已非一日，豈并别寫一本而不能？至鼂錯奉詔往受時，猶出壁藏之本以授之邪？衛宏之言，適自暴其爲以意附會而已。因古學家謂今文經字多譌，而伏生壁藏，必爲先秦古文也，於是有失其本經，口以傳授之説，《僞書》之《僞孔安國傳序》是也，此説與伏生求得二十九篇之説，又不相容。疏家乃謂初實壁内得之，以教齊、魯，傳教既久，誦文則熟，至其末年，因其習誦，或亦目暗，至年九十，鼂錯往受之時，不執經而口授之，以資調停。輾轉附會，委曲彌縫，合而觀之，真可發一大噱。

鼂錯受書伏生，既見《史記》本傳，又見《儒林傳》，當非虚辭，然其措辭，皆不審諦。《儒林傳》云："孝文帝時，欲求能治《尚書》者，天下無有。乃聞伏生能治。"本傳云："孝文帝時，天下無治《尚書》者，獨聞濟南伏生故秦博士，治《尚書》，年九十餘，老不可徵，乃詔太常使人往受之。太常遣錯受《尚書》伏生所。"此所云"天下無有"，"天下無治《尚書》者"，乃謂漢朝求之他方，皆未得其人，而獨聞濟南有伏生也。天下豈真無儒？漢朝自不聞耳。山東之儒，豈止伏生一人？舉尊宿，故言伏生耳。不云漢人不聞，而云天下無有；不云治《尚書》者伏生最爲大師，而云獨聞濟南伏生。後人之誤會，皆此等疏略之辭啓之也。

鼂錯雖受《尚書》於伏生，不聞其更有所授。《史公》云"鼂錯明申商"，《自序》。則錯於《尚書》，時承命往受，錯實非治《尚書》者也。而《論衡》云"鼂錯傳於兒寬"，《正説》。恐亦附會之辭。《後漢書·何敞傳》："祖比干，學《尚書》於鼂錯。"子孫述其父祖，亦多增飾之語，不必信也。如韋孟《諷諫詩》，實其子孫所託，即其一例。

〔三九七〕 孔壁得書

孔壁得書一役，姑勿論其信否，而其輾轉傳述，互相乖異，已足見漢人附會之一端。案此事見於《漢書》者，爲《藝文志》及《楚元王傳》、

《景十三王傳》。《藝文志》所著録者:《尚書古文經》四十六卷,《禮古經》五十六卷,《春秋古經》十二篇,《論語》古二十一篇,《孝經古孔氏》一篇。《志》曰:"《古文尚書》者,出孔子壁中。武帝末,魯共王壞孔子宅,欲以廣其宫,而得《古文尚書》,及《禮》、《記》、《論語》、《孝經》凡數十篇,皆古字也。共王往入其宅,聞鼓琴瑟鐘磬之音,於是懼,乃止不壞。孔安國者,孔子後也,悉得其書,以考二十九篇,得多十六篇。安國獻之。遭巫蠱事,未列於學官。劉向以中古文校歐陽、大小夏侯三家經文,《酒誥》脱簡一,《召誥》脱簡二。率簡二十五字者,脱亦二十五字;簡二十二字者,脱亦二十二字。文字異者七百有餘。脱字數十。"又云:"《禮古經》者,出於魯淹中,及孔氏,學七十當作十七。篇文相似,多三十九篇。及《明堂陰陽》,《王史氏記》。"於《論語》云:"出孔子壁中。兩《子張》。"於《孝經》云:"漢興,長孫氏、博士江翁、少府后蒼、諫大夫翼奉、安昌侯張禹傳之,各自名家。經文皆同。惟孔氏壁中古文爲異。"《志》又云:"'父母生之,續莫大焉'、'故親生之膝下',諸家説不安處,古文字讀皆異。"此可見造古文者,以諸家説爲不安而改之,亦古文經不足信之一證也。《楚元王傳》劉歆《移太常博士》曰:"及魯共王壞孔子宅,欲以爲宫,而得古文於壞壁之中。《逸禮》有三十九,疑當作三十有九。《書》十六篇。天漢之後,孔安國獻之,遭巫蠱倉卒之難,未及施行。及《春秋左氏》,丘明所脩,皆古文舊書,多者二十餘通,臧於祕府,伏而未發。孝成皇帝閔學殘文缺,稍離其真,乃陳發祕臧,校理舊文;得此三事,以考學官所傳,經或脱簡,傳或間編。"歆所言《逸禮》及《書》,篇數與《志》合。所異者,無《明堂陰陽》、《王史氏記》;歆但言"經或脱簡,傳或間編",而《志》明言所脱簡數字數而已。《漢志》云《書》"凡百篇",又云"孔安國悉得其書,以考二十九篇,得多十六篇";則孔壁之《書》,百篇完具。《禮古經》及《明堂陰陽》、《王史氏記》,《漢志》之意,謂出孔壁者幾何未能定,見下。今姑不列;而《書》百篇,加《論語》、《孝經》,已百二十二篇矣。簡策繁重,孔壁安能容之?見下。竊疑《書》有百篇之説,劉歆時尚未有;而《班志》又據後人之説,以改《七略》元文也。脱簡、間編,理所可有，然謂簡二十五字者，脱亦二十五字，簡二十二字者，脱亦二十二字，則爲理所必無。果如此，文義豈復可解？此全係古學既興後，輾轉增飾，不顧事理之辭，向、歆皆通人，必不作此不通之論也。知此必非《七略》元文，或并非《班志》元文矣。不知經有奪文，而即隨文爲説，漢人亦有之。如《詩序》以《關雎》爲《風》始，義實同於三家，下文"是謂四始"之上有奪文。鄭答張逸遂以《風》、《小雅》、《大雅》、《頌》爲四始，即其一事。然此惟專據書本，而又博而不精者，乃有是弊。今文師學有淵源，必無是也。○《史記·儒林傳》：兒寬之學出於歐陽生。《漢書》則兼出孔安國。歐陽生子又受業於寬。寬弟子蕳卿，則夏侯勝之師也。然則安國之《書》，歐陽、夏侯亦當聞之。即謂逸十六篇，以無師説不傳，豈并脱簡脱字，亦不爲補足邪？抑安國衹考逸《書》，而於不逸者，訖未校讎，直待至劉向邪？《史記·五宗世家》：共王以孝景前三年徙爲魯王，二十六年卒。其卒，當在武帝元光五年，前於麟止者八年。《世家》言王好治宫室苑囿狗馬，接徙爲魯王言之；下又云季年好音，則共王好治宫室，尚非季年事，壞壁得書，當在景帝之世矣。而《史記》於此，一語不及，殊可疑也。《漢書·景十三王傳》，叙共王事，略同《史記》。下又歷叙其後嗣。既訖，乃曰："恭王初好治宫室，壞孔子舊宅，以廣其宫，聞鐘磬琴瑟之聲，遂不敢復壞，於其壁中得古文經傳。"沾綴之跡既顯，而又語焉不詳；而其辭又與《藝文志》如出一口，恐係後人據《藝文志》作此約略之辭，綴於傳末，亦非班氏元文也。何者？使此文爲班氏所著，則當云事見《藝文志》，以便讀者互考；若非班氏所著，則作此傳者，與作《藝文志》者，兩不相謀，當紀其詳，不容作此約略之辭矣。若謂《傳》本詳載，班氏以其與《藝文志》複而删之，則并此約略之辭，亦可不著也。故知此非班氏元文也。後人此等記識之語，溷入古書中者甚多，詳見拙撰《章句論》。

《漢書》而外，載得古經事者，又有《説文解字序》及《論衡》。《序》曰："壁中書者，魯恭王壞孔子宅，而得《禮》、《記》、《尚書》、《春秋》、《論語》、《孝經》，又北平侯張蒼獻《春秋左氏傳》。"此《禮》、《記》及《藝文志》之《禮》、《記》二字，皆當分讀，《禮》指《禮古經》，《記》指《明堂陰陽》及《王史氏記》也。或本作禮，禮記，而奪一禮字。然則許説與《藝文志》

合。惟《左氏》,劉歆及《藝文志》皆不言所自來,而許謂獻自張蒼,未知所據耳。《論衡·佚文》曰:"孝武皇帝封弟爲魯恭王。恭王壞孔子宅以爲宫,得佚《尚書》百篇,《禮》三百,《春秋》三十篇,《論語》二十一篇。闓疑當作聞。絃歌之聲,懼,復封塗。上言武帝。武帝遣吏發取。古經《論語》,此時皆出。經傳也,而有闓疑亦當作聞。絃歌之聲,文當興於漢,喜樂得闓之祥也。當傳於漢,寢藏牆壁之中。恭王闓之,聖王感動,絃歌之象。此則古文不當掩,漢俟以爲符也。孝成皇帝讀《百篇尚書》,博士郎吏莫能曉知。徵天下能爲《尚書》者,東海張霸通《左氏春秋》,案《百篇序》,以《左氏》訓詁造作《百二篇》。具成奏上。成帝出祕《尚書》以考校之,無一字相應者。成帝下霸於吏。吏當器辜大不謹敬。成帝奇霸之才,赦其辜,亦不滅其經,故《百二尚書》傳在民間。"《正説》曰:"蓋《尚書》本百篇,孔子以授也。遭秦用李斯之議,燔燒五經。濟南伏生抱百篇藏於山中。孝景皇帝時,始存《尚書》。伏生已出山中。景帝遣晁錯往,從受《尚書》二十餘篇。伏生老死,《書》殘不竟。晁錯傳於兒寬。至孝宣皇帝之時,河内女子發老屋,得逸《易》、《禮》、《尚書》各一篇,奏之。宣帝下示博士。然後《易》、《禮》、《尚書》各益一篇,而《尚書》二十九篇始定矣。至孝景帝時。魯恭王壞孔子教授堂以爲殿。得《百篇尚書》於牆壁中。武帝使使者取視,莫能讀者,遂祕於中,外不得見。至孝成皇帝時,徵爲古文《尚書》學。東海張霸案百篇之序,空造百兩之篇。獻之成帝。帝出祕百篇以校之,皆不相應。於是下霸於吏,吏白霸罪當至死。成帝高其才而不誅,亦惜其文而不滅,故百兩之篇,傳在世間者。傳見之人,則謂《尚書》本有百兩篇矣。"此可見《書》有百篇之説所自來。又曰:"説《論》疑奪語字。者皆知説文解語而已,不知《論語》本幾何篇。……至武帝發取孔子壁中古文,得二十一篇,《齊》、《魯》二,《河間》九篇。三十篇。此文疑有奪誤。《漢志》:"《論語》古二十一篇。出孔子壁中。兩《子張》。"如淳曰:"分《堯曰》篇後子張問何如可以從政以下爲篇,名曰《從政》。"《齊》二十二篇。多《問王》、《知道》。如淳曰:"《問王》、《知道》皆篇名也。"《魯》二十篇。如《志》及如淳説,則《古論》篇數多於《魯論》，而實未嘗異；《齊論》則多二篇。則此文"齊魯二"之"魯"字當衍，三十篇當作三十二篇。否則《河間》九篇當作《河間》七篇。或"《齊》《魯》二"之"二"字衍，亦如下文作《齊》《魯》《河間》九篇。至昭帝女此字疑誤。讀二十一篇。宣帝下太常博士，時尚稱書難曉，名之曰傳，後更隸寫以傳誦。初，孔子孫孔安國以教魯人扶卿，官至荊州刺史，始曰《論語》。今時稱《論語》二十篇，又失《齊》、《魯》、《河間》九篇。本三十篇，分佈亡失，或二十一篇。目或多或少，文讚或是或誤。"《案書》曰："《春秋左氏傳》者，蓋出孔子壁中。孝武皇帝時，魯共王壞孔子教授堂以爲宫，得佚《春秋》三十篇，《左氏傳》也。"仲任言《禮》，篇目又增於舊。《書》有百篇，《漢志》未云皆出孔壁，此始鑿言之；并言伏生抱百篇藏於山中。劉歆及《漢志》皆云孔安國得書，此云武帝使使取視，遂祕於中，外不得見。《左氏春秋》，劉歆、《漢志》皆不言所自來，《許序》言獻自張蒼，此并云得自孔壁。犖犖大端，互相違異如此。

孔壁得書，事有極可疑者。《史記·孔子世家》云："孔子葬魯城北泗上。弟子及魯人，往從冢而家者，百有餘室，因命曰孔里。魯世世相傳，以歲時奉祠孔子冢。而諸儒亦講禮鄉飲大射於孔子冢。孔子冢大一頃，故所居堂，弟子内，後世因廟，藏孔子衣冠琴車書。至於漢，二百餘年不絶。高皇帝過魯，以太牢祠焉。諸侯卿相至，常先謁，然後從政。"史公自言："適魯，觀仲尼廟堂車服禮器，諸生以時習禮其家，余祗回留之，不能去云。"《自序》亦云："觀孔子之遺風，鄉射鄒、嶧。"《後漢書·鮑永傳》：拜魯郡太守。"孔子闕里無故荊棘自除，從講堂至於里門。乃會人衆，脩鄉射之禮，請（董憲别帥彭）豐等共會觀視，手格殺豐等。"《東平憲王傳》："分陰太后器服，特賜蒼及琅邪王京書曰：今魯國孔氏尚有仲尼車輿冠履，明德盛者，光靈遠也。"蓋聖人之居，聲靈赫濯如此。共王即荒淫，安敢遽壞其室？且齊、魯者，漢時文學之都會也，言文學者必稱焉；學問之士，尤多出焉。孔子宅果見壞，必多有及其事者，其文當散見諸處；不當先漢之世，劉歆而外，更無一人齒及也。《景十三王傳》不足信，已見前。《藝文志》本《七略》，《七略》出於歆

《移太常博士》，更明係歆語矣。夫孔子冢大一頃，非宅大一頃也。一頃之地，蓋百有餘室皆在焉。古之授宅者，二畝半在田，二畝半在邑；在田曰廬，在邑曰里。弟子及魯人從冢而家者，以孔里爲名，蓋亦邑居之制。百有餘室，僅大一頃，蓋室不逮一畝矣。後世地狹人稠，固不得盡如古制也。然孔子故居，及諸儒講禮鄉飲大射之處，占地亦必不能甚廣可知。古卿大夫之室，前爲寢，後爲房；民居則一堂二内。見晁錯《論募民徙塞下書》。《史記》稱孔子之居曰故所居堂，弟子内，蓋謂孔氏子弟，非受業之弟子也。頗於民居相近，其占地不能甚廣又可知。能藏書幾何？《史記·儒林傳》曰"高皇帝誅項籍，舉兵圍魯，魯中諸儒，尚講誦，習禮樂，絃歌之音不絶"，則秦亡而儒業即復；《傳》又云"漢興，然後諸儒始得脩其經藝，講習大射鄉飲之禮"，尚係遼緩言之。孔鮒爲陳王涉博士，死於陳下，而鮒弟子襄，爲孝惠皇帝博士。自陳涉之起，至孝惠之立，凡十有六年；至其崩，亦二十有二年耳；爲博士官，年不能甚少，鮒之死，襄必已有知識矣，壁中之書，孔氏所藏與？襄等不應不知；非孔氏所藏與？以魯儒業之盛，中絶之時之暫，與知其事之人，不應無一存者；安待共王發之哉？《史記》云"故所居堂"，而《論衡》言"孔子教授堂"，語亦不合。疑漢世魯中諸儒，自有講堂，即《後漢書·鮑永傳》所言者，初未必孔子教授之所，而仲任又以意言之也。升堂聞絲竹之聲，語已近怪，至謂古文不當掩，而漢俟以爲符，則更媚世之談矣。明孔壁得書之説，與讖緯荒怪之言同時并出也。

劉歆云："天漢之後，孔安國獻之。"安國之年，實不能及天漢，前人已有論者。年月舛誤，古人時有，原不能據此以定歆説之僞，然歆之無真知灼見，則於此可見矣。至《論衡》之言，則其年代事跡，舛誤更甚，更不足據。近人或以充持論覈實而信其説，然持論覈實是一事，審於史實又是一事。充持論誠多覈實，而説史實則多野言。使其生於今日，可以爲哲學家，可以爲科學家，不能爲史學家也。

怪迂之談，託之安國，并不自東晉始。鄭玄《書贊》曰："我先師棘子下生安國，亦好此學。衛、賈、馬二三君子之業，則雅才好博，既宣之矣。"《書堯典疏》引。此東漢之古學家,自託於安國也。亦并不自東漢始。《漢書》述《古文尚書》之學始於孔安國,傳之都尉朝,以至庸生,《後漢書・儒林傳》作庸譚。即劉歆《移太常博士》所謂"魯國桓公、趙國貫公、膠東庸生之遺學,與此同"者也。庸生之《尚書》,傳之胡常;常又傳《穀梁春秋》於瑕丘江公;與江公三傳弟子尹更始之子咸,同受《左氏》於更始;更始之學,出於貫公之子長卿;長卿之學,傳自其父;又受《毛詩》於毛公,傳之賈延年,以及徐敖;而敖又授《尚書》於胡常者也。敖之書,傳之王璜;璜則受《古文易》於費直。古文授受,輾轉皆出此數人,而其世代又多不讎,謂其學有師承,得乎?《後漢書・儒林傳》謂孔僖世傳《古文尚書》,亦不足信。

劉歆所謂魯國桓公者,蓋徐生之弟子。《史記・儒林傳》曰:"諸學者多言《禮》,而魯高堂生最。本《禮》,固自孔子時而其經不具。及至秦焚書,書散亡益多。於今獨有《士禮》,高堂生能言之;而魯徐生善爲容。孝文帝時,徐生以容爲禮官大夫。傳子至孫徐延、徐襄。襄,其天姿善爲容,不能通《禮經》。延頗能,未善也。襄以容爲漢禮官大夫,至廣陵内史。延及徐氏弟子公户滿意、桓生、單次皆嘗爲漢禮官大夫。而瑕丘蕭奮以《禮》爲淮陽太守。是後能言《禮》爲容者,由徐氏焉。"桓生蓋亦頗能通《禮經》而未善者,故西漢人數經師者不之及。則知《史記・儒林傳》所列八家,言《詩》,於魯則申培公,於齊則轅固生,於燕則韓太傅。言《尚書》,自濟南伏生。言《禮》,自魯高堂生。言《易》,自菑川田生。言《春秋》,於齊、魯自胡毋生,於趙自董仲舒。皆當時第一流學者也。而劉歆乃援彼頗通而未善者以自助,抑何其下喬而入幽乎?

漢初傳經,本重大義,至古學出,乃斤斤於文字之間,然其所以自侈者,亦不過謂今經或有譌奪,如所謂文字異者七百有餘、脱字數十而已。至東漢,乃有以古書之字,爲時人所不識者,如《論衡》謂共王得《百篇尚書》,武帝使使者取視,莫能讀者;成帝讀《百篇尚書》,博士郎吏,莫能曉知,是也。《尚書・僞孔傳序》,謂"科斗書廢已久,時人無能知者",説本於此。

《後漢書・陳寵傳》:"曾祖父咸,成哀間以律令爲尚書。平帝時,王莽輔政,乞骸骨去。及莽篡位,召咸,謝病不肯應。三子參、豐、欽皆在位,乃悉令解官。其後莽復徵咸,遂稱病篤。於是乃收斂其家律令書文,皆壁藏之。"則壁藏《詩》、《書》,漢世確有其事。孔壁得書,伏生壁藏,蓋皆因此而附會也。然觀其説之誕謾不中情實,而其爲附會可知矣。秦焚書之令曰:"有敢偶語《詩》、《書》棄市,以古非今者族,吏見知不舉者與同罪。"其誅甚重,而令下三十日不燒,不過黥爲城旦而已。秦法雖酷,行於山東如何,殊不可知。以當時愛尚藝文者之多,豈盡能奉令維謹?官吏亦豈能真按户窮索?《史記・六國表》曰:"《詩》、《書》所以復見者,多藏人家。"明當時不燒者實不少,此實録也。《漢志》言《詩》遭秦而全者,"以其諷誦,不獨在竹帛故也"。一似凡在竹帛,無不燒毁者,則想像之談矣。《漢志》所載書,五百九十六家,萬三千二百六十九卷,雖有漢人所撰,要以出於先秦者爲多,豈皆有人壁藏之歟?抑皆諷誦,不獨在竹帛歟?則知壁藏《詩》、《書》,秦漢間雖有其事,而書之存則不盡由此,抑不由此者正多也。而後人附會,一若孔壁得書,於經籍有絶續存亡之關係者,則皆《論衡》所謂語增而已。仲任詰難經生,不遺餘力,而於古學家附會傳譌之説,初不深思,亦可謂知二五而不知一十矣。

或曰:古人於年月日人地名等,時有錯誤,至於事之大體,則遞相傳述,必不容全屬子虚,子不既言之乎?見《太誓後得》條。孔壁得書,果云烏有,劉歆安得造作讕言,以誣博士;而博士亦何不據事以折之乎?不知古人於史實,不甚措意;不獨博士聞劉歆之言,不知考校孔壁得書果有其事與否;即劉歆,亦或誤采傳譌附會之説,而未之深思也。何者?歆而欲立《逸禮》及《古文尚書》,逕以其爲中祕之藏,主張立之可矣,何必造作讕言,授人以攻擊之柄?況於中祕書非歆所獨見;書之來歷,亦斷非歆所獨聞;歆即欲造作讕言,曾與校讎者,豈肯皆扶同徇隱?然則孔壁得書,必固有是説,而非歆所造作明矣。然則爲是説者,果有真知灼見歟?曰:無之。王仲任,漢世之通人也,而其説史事，紕繆之端，不可勝指。可知學問之事，隨世益密，求史事之覈實，尚非漢人所知也。當日校讎中祕之士，其才知豈能遠踰於仲任？漢世中祕之書，蓋或得之於魯。壁藏《詩》、《書》，秦漢間既有此事，魯國自亦有其人。既有壁藏《詩》、《書》之人，自當有壞壁得書之事。魯共王好治宫室，或亦嘗壞人之室以廣其宫。至於曾否得書，恐必難於究詰。何則？如前所説，謂共王壞孔壁而得古書，有種種不可信者在也。然市三成虎，豈復可以情理求？一人爲附會之辭，後人更彌縫其闕，則初不知爲何書者，後可鑿言之曰《逸禮》與《書》；初不知爲何人者，後可確指之曰魯共王；初不知爲誰氏之宫者，後可故神之曰孔子之宅；初不知其何由入中祕者，後可億度之曰安國獻之；初猶知爲億度，後竟以爲事實矣。此非厚誣古人，觀於孔壁得書之説之首尾衡決；以及《論衡》述及史事之紕繆百出；固使人不能不作此想也。劉歆殆爲是等説所欺歟？南海康氏《新學僞經考》，以一切僞説，悉爲劉歆一人所造，不徒證以史實而不合，即衡以情理，亦必不然，宜乎近人之攻之也。然遂以當時之古學家爲能實事求是，其欲建立古學，純出於欲廣道術之公心，則恐又不合於事實。果能實事求是，則古學家所立之説，不應多支離滅裂之談；果盡出於欲廣道術之公心，則亦不必與人爭立學矣。《漢志》曰："《禮古經》者，出於魯淹中，及孔氏，學七十篇文相似，多三十九篇。"劉敞曰："學七十篇，當作與十七篇。五十六除十七，正多三十九也。"案七十之當爲十七，更無疑義，而學字當爲與字，是否則尚有可疑。如敞説，當於"及孔氏"斷句，《禮古經》兼出淹中孔氏；作學字，則當於魯淹中斷句，《禮古經》專出淹中矣。《隋書·經籍志》曰："又有古經出於淹中。而河間獻王好古愛學，收集餘燼，得而獻之，合五十六篇。"初未及於孔氏。《釋文叙録》引《六藝論》曰："後得孔氏壁中河間獻王古文《禮》五十六篇，《記》百三十一篇，《周禮》六篇。"既兼言《記》，亦無以斷劉氏之意，謂《禮古經》必兼出孔氏也。此亦漢世所謂古經不必出於孔壁之一證。

〔三九八〕 百兩篇

張霸《百兩篇》，據《論衡·佚文》、《正説》，見《孔壁》條。其爲僞書無疑。然觀《漢書·儒林傳》，則又有不然者。《儒林傳》曰："世所傳《百兩篇》者，出東萊張霸。分析，合二十九篇，以爲數十。又采《左氏傳》、《書序》爲作首尾，凡百二篇。篇或數簡，文意淺陋。成帝時，求其古文者，霸以能爲《百兩》徵。以中書校之，非是。霸辭受父，父有弟子尉氏樊并。時太中大夫平當、侍御史周敞勸上存之。後樊并謀反，乃黜其書。"《論衡》云：成帝徵能爲古文者，而霸造《百二篇》奏之，是有成帝之徵，而後有霸之造；《漢書》云：成帝求古文，而霸以能爲《百兩》徵，則霸之能爲《百兩》，在成帝求之之前。觀霸書之黜，由樊并之謀，則霸受父之辭，似非虚語，其不讎一矣。《論衡》云：霸案《百篇》之序，以《左氏》訓詁造作；又云：推精思，作經百篇；是百篇皆出霸僞造，而以《書序》爲依據，如今人之按題作文字者然。而《漢書》云："分析，合二十九篇，以爲數十。"則《百兩篇》中，同於今文書者，已有數十篇矣，安得云皆係僞造？其不讎二矣。案《百篇》之叙而作書，叙當在於書之外；采《書叙》以作首尾，叙亦入於書之中；其不讎三矣。"文意淺陋"者，文指文字言，蓋謂所用多漢時俗語，不應爾雅，以《左氏》訓詁爲之，安得如此？其不讎四矣。"求其古文"者，"其"字當指《尚書》言，謂已有今文，又求古文也。若如《論衡》之言，成帝已有《古文尚書》矣，但當求能通其讀者耳，安得云"求其古文"乎？且既有祕《百篇尚書》，則霸書之僞，一言可決，平當、周敞，何爲勸上存之？而成帝亦安得惜其書而不滅乎？孟喜改師法則弗用；王莽時，諸古學皆立，公孫禄猶劾劉歆傎倒五經，毁師法；師法如此，況於僞造經文乎？云以中書校之，此中書明非《尚書》。蓋成帝之所求，與霸之所能爲，實非一物；特以世無能爲《古文尚書》之人，而《百兩篇》亦《書》之類，故姑以是應詔;而成帝亦出祕府所藏《尚書》一類之書以校之也。《古文尚書》,蓋漢世實無其物,而《尚書》一類之書,在二十九篇之外者正多,雖非孔門之書,要是先秦舊籍,故平當、周敞,勸上存之也。若皆據《左氏》、《書敘》僞造,則既有《左氏》、《書敘》矣,復安取此亂苗之莠?豈亦如後世尊信東晉晚出古文之徒,明知其爲采拾綴合之作,猶欲過而存之邪?故霸之書,無所謂僞也。何也?云非《古文尚書》,則霸本未嘗云能爲《古文尚書》;云其書爲億造,古無是物,則孟堅初無是言,乃仲任之妄説也。而仲任謂漢祕府有《百篇古文尚書》,更不待辯而知其妄矣。

然則當時以校《百兩篇》之中書,果何書與?案《漢志·六藝略·書》家,有《周書》七十一篇。《注》曰:"周史記",師古曰:"劉向云:周時誥誓號令也。蓋孔子所論百篇之餘也。"當時以校《百兩篇》者,疑即此物。何者?既云中書,《七略》應有其目,而《漢志》自此之外,更無《尚書》之類也。七十一加二十九,適百篇,疑《書》有百篇之説既興,曾以此當《尚書》。《漢書·律曆志》載《武成》,即《周書》之《世俘解》,是其一證。若析二十九篇中之《泰誓》爲三,則適百兩篇矣,豈當時校霸書者,雖以其書爲非是,而又竊取其百兩之説,因以祕府所有七十一篇,合博士所傳之三十一篇當之與?《尚書璇璣鈐》云:"孔子求書,得黄帝玄孫帝魁之書,迄於秦穆公,凡三千二百四十篇。定可以爲世法者百二十篇。以百二篇爲《尚書》,十八篇爲《中候》。"案今《尚書》析《顧命》爲《康王之誥》,鄭康成已然。又逸十六篇,亦有《益稷》,此未必今之《益稷》,然或析《益稷》於《皋陶謨》,亦有所本。則二十八篇,當得三十;加後得《泰誓》三篇爲三十三;合《周書》七十一篇爲一百四;更加逸十六篇則百二十矣。又今《周書》雖有七十一篇之目,存者實衹四十二篇。而康成之《書》於二十九篇,分《盤庚》爲三,析《康王之誥》於《顧命》,又分《泰誓》爲三,爲三十四。於所謂逸十六篇者,又分《九共》爲九,共五十八。五十八加四十二,亦適百篇。《書序》尚不足信,而況《周書》。豈今《周書》之序,實後人據《漢志》篇數妄作,而康成之《書》,嘗合見存之《周書》,爲漢古學家所謂百篇之《書》者,而東晉晚出古文之篇數,亦以此爲本與?書闕有間,誠難質言,然其數之巧合,實不能使人無疑也。抑祕府既有此七十一篇,覽觀者以爲《尚書》之類,因興《書》有百篇之説,而更求能爲之者於民間與?書闕有間，誠難質言，然當時以校《百兩篇》者，則似非此書莫屬。即此外更有他書，相校不讎，亦不能定霸書之僞。以此相校不讎，初不能定霸書之僞。何則？孔門所傳之《書》，雖止二十八篇，而自古相傳《尚書》一類之書，則其數正多，固不能謂止孔門所傳之二十八篇，并不能謂止漢祕府所藏之七十一篇也。然則張霸之書而存，雖非《尚書》之倫，亦必《周書》之類；簡編既佚，辭句罕存，實可惜矣。

《論衡》謂張霸"次序篇句，依倚事類，有似真是"，亦足爲其書非僞之徵。何者？云次序篇句，是故有此篇句而次序之；云依倚事類，亦是故有其文，而援古書記事，與相比附；皆非僞造之謂也。《漢書》所謂采《左氏》、《書叙》，爲作首尾者，蓋即依倚事類之謂。蓋霸之書，亦誥誓號令之倫，而采《左氏》、《書叙》，以備其事之本末耳。

然謂采《左氏》爲作首尾則可，謂采《書叙》則殊有可疑。《法言·問神》曰："或曰：《易》損其一也，雖惷知闕焉，至《書》之不備過半矣，而習者不知，惜乎《書序》之不如《易》也。曰：彼數也，可數焉故也。如《書序》，雖孔子亦末如之何矣。"此設辭以明《書序》之不如《易》，非真謂《易》有所損也。見《原易》條。然今之《書序》，非子雲時所有，則觀於此而可明。何則？苟有如今之《書序》者，按序之名，以求《書》之闕，亦惷者能之也，何至雖孔子亦末如之何乎？今之《書序》，子雲且未之見，而況張霸？而況張霸之父？然則所謂張霸采《書序》者，非《書序》采張霸，則作今之《書序》者，與張霸同采古書耳。謂霸采今百篇之序，乃必無之理也。謂據此而造僞書，更不俟論矣。

《問神》又曰："昔之説《書》者序以百，而《酒誥》之篇俄空焉，今亡夫！"此非謂《書》亡《酒誥》之篇，乃謂當時所謂《書序》者，無《酒誥》之序也。此亦今《書序》非子雲時所有之證。

《問神》又曰："虞夏之書渾渾爾，商書灝灝爾，周書噩噩爾。下周者其書誰乎？"此言書之所闕，在於春秋以後也。孟子曰："三代之得天下也以仁，其失天下也以不仁。"又曰："王者之跡息而《詩》亡，《詩》亡然後《春秋》作。"自春秋以後，儒家皆以周爲已亡矣。今二十八篇，出於春秋之後者，僅《文侯之命》、

《秦誓》二篇。即《周書》可確指爲記春秋後事者，亦惟《太子晉》一篇。不應三代以前書多存，春秋以後書反佚。張霸書可采《左氏》爲作首尾，其多春秋後物可知。《漢書》謂其文意淺陋，豈以其書多春秋後文字，持與三代文字相較而云然邪？《論衡》謂其以《左氏》訓詁造作，可知其文實與《左氏》相類也？此説與前不讎之四矛盾，姑并存之。

疑晚出古文者曰：今文多艱澀，而古文反平易，伏生倍文暗誦，乃偏得其所難；安國考定於科斗古書錯亂之餘，反專得其所易。此亦可證《尚書》二十八篇爲備之説。何者？《書》苟真有百篇，其中必更有春秋後物，伏生不應都不省記也。

張霸之學，爲今學乎？爲古學乎？曰：古學也。古代簡牘用少，學問皆存於口耳，故經或脱簡，傳或間編，皆非所計；漢今學家尚如此。《金縢》不記周公之死，而今學家知雷風之變爲周公死後事，明經有脱簡也。《禮記》傳自小戴，而《郊特牲》他篇錯入最多，《玉藻》本篇失次特甚，此傳或間編，今學家初不錯意之證。《公羊》昭公十二年："齊納北燕伯於陽。伯於陽者何？公子陽生也。子曰：我乃知之矣。在側者曰：子苟知之，何以不革？曰：如爾所不知何。"不改舊文，而但存其真於口説，蓋自古相傳之法也。古學則本無師傳，全係據書本考校而得，故於文字之異同，篇章之先後、離合，最爲斤斤。康成注《儀禮》，兼存今古文。又其注經，有讀爲、讀若等例，皆其注意文字之證。其注《郊特牲》、《玉藻》等，於篇章之先後離合，亦所究心。鄭箋《詩》改字，《毛傳》則否。《毛傳》早出，古學尚未行也。又今學家之説，皆傳之自古，流異源同，故雖分爲數家，大體仍相一致。觀三家《詩》可見。古學家之説，由於各自研求，故彼此不能相同，前後亦復相異。張霸析二十九篇爲數十，即其更定篇章；《論衡》所謂"次序篇句"。采《左氏》爲其書作首尾，是據傳記立説；《論衡》所謂"依倚事類"。《詩序》之作，全用此法，參看《詩序》條。其所用者，皆古學家之法也。成、哀而後，古學稍行，而霸書獨以樊并謀反見黜，亦可謂有幸有不幸矣。

《論衡·感類》曰："天之欲令成王以天子之禮葬周公，以公有聖德，有王功。伊尹，天所宜彰也，伊尹死時，天何以不爲雷雨？應曰：以《百兩篇》曰：伊尹死，大霧三日。"《論衡》此篇，所駁擊者爲儒者，儒者即今學家也。然則張霸之書，今學家亦引以立説矣。蓋亦視爲後得《太誓》之論，不以爲僞也。

"勸上存之"之存，師古釋爲立其學，非也。存與黜爲對辭。黜者，不充祕府之謂，故《漢志》無霸書。然其書自在民間，故《儒林傳》謂之世所傳也。然則漢世古書，不爲祕府所有者，正自不乏，後人於書之不見《漢志》者，輒疑爲僞物，亦過矣。

平當者，林尊弟子，尊事歐陽高；其學，實伏生之適傳也，而勸存張霸之書；而後漢儒者，亦引霸書爲説。然則今學家於傳記，曷嘗不博采？惡有如劉歆所謂"專己守殘，黨同門，妬道真"者乎？蓋口説者，自古相傳之説也，雖出末師，而淵源有自；傳記者，徒有其書者也，其書雖古，解釋之引用之者，皆出後人，安知不誤？故以傳記證口説可也，信傳記而背口説不可也。信口説而背傳記，非是末師而非往古，正以末師雖出末世，而其説自古；傳記雖出往古，而説此傳記者，實起於末世耳。諸儒所以篤信口説者，非恐其説之見破，乃自古相傳之師法，不容爲妄人所毁也，安得詆爲私意？而劉歆必欲破之以爲快，正見其無從善服義之公心耳。

《梁書·劉顯傳》："任昉嘗得一篇缺簡書，文字零落，歷示諸人，莫能識者，顯云：是《古文尚書》所删逸篇。昉檢《周書》，果如其説。"此亦昔人以《周書》爲《尚書》之餘之一證也。

原刊《光華大學半月刊》第二卷第九期，
一九三四年六月三日出版

〔三九九〕　僞古文尚書有本於荀子者

《荀子·解蔽》引《道經》曰："人心之危，道心之微，危微之幾，惟明君子而後能知之。"其爲僞《古文尚書·大禹謨》"人心惟危，道心惟微"所本，人皆知之矣。然尚不止此，《堯問》篇："堯問於舜曰：我欲致天下,爲之奈何? 對曰:執一無失,行微無怠,忠信無倦,而天下自來。執一如天地,行微如日月,忠誠盛於内,賁於外,形於四海,天下其在一隅邪,夫有何足致也?"此即《僞書》"惟精惟一"四字所本。更采《論語·堯曰》篇"允執其中"之語以益之,乃成十六字也。古書凡此等處,無不韻者,而此十六字無韻,足見其爲雜湊而成也。《荀子》此篇下節,"其在中蘬之言也,曰:諸侯自爲得師者王,得友者霸,得疑者存,自爲謀而莫己若者亡",亦爲《僞書》所本,《仲虺之誥》:"能自得師者王,謂人莫己若者亡。"即其切近之一證。

行微,《注》曰"行細微之事也";行微如日月,《注》曰"日月之行,人所不見,似於細微",恐非。古言日月,皆取其明,取其東西相從而已,未有取人不見其行爲喻者。《詩·十月之交》"彼月而微,此日而微",《箋》曰:"微,謂不明也。"《廣雅·釋詁》四:"微,明也。"古多反訓,此微字,亦當以明爲義。

〔四〇〇〕 馬鄭序周官之謬

漢世今文之學盛行。大學諸生,至於三萬,豈盡高材絶學之士;王充等譏之,宜也。然古學家之鄙陋,似尤有甚焉者。

《周官》制度,多不與羣經合,故武帝以爲瀆亂不驗;何休亦以爲六國陰謀之書,其説是也。乃馬融、鄭玄等尊而信之,玄更以此與《儀禮》、《禮記》并列爲《三禮》。《周官》與《儀禮》、《禮記》各自爲書,本不容互相牽合。鄭必欲以《周官》爲經禮,《儀禮》爲典禮,於是彼此牽合而異説生。案《儀禮》之名,昉見《後漢書·鄭玄傳》,玄注經引《禮經》,尚皆舉篇名,不云《儀禮》。《儀禮》之名,蓋後人因《中庸》"禮儀三千"之文而立。然其名不始自鄭,其原實出於鄭也。三百三千,特舉成數,見其相什,如《甫刑》言五刑之屬三千,而《吕覽·孝行覽》云刑三百,見弘綱之十倍於細目耳,不能求其事以實之也。鄭注《禮器》曰:"經禮謂《周禮》,其官三百六十。"其穿鑿附會甚矣。《明堂位》言有虞氏官五十,夏后官百,殷二百,周三百。《注》云:"周之六卿,其屬各六十,則周三百六十官也。此云三百者,《記》時《冬官》亡矣。"更可發一噱。《禮記正義序》曰:

"《周禮》見於經籍,其名異者,見有七處:《孝經説》云'禮經三百',一也;《禮器》云'經禮三百',二也;《中庸》云'禮儀三百',三也;《春秋説》云'禮經三百',四也;《禮説》云'有正經三百',五也;《周官外題》謂爲《周禮》,六也;《漢書·藝文志》云'《周官經》六篇',七也。其《儀禮》之别,亦有七處而有五名:一則《孝經説》、《春秋》及《中庸》并云'威儀三千';二則《禮器》云'曲禮三千';三則《禮説》云'動儀三千';四則謂爲《儀禮》;五則《漢書·藝文志》謂《儀禮》爲《古禮經》。"案謂《儀禮》爲《古禮經》,不知何以能爲《儀禮》是曲禮非經禮之證。《漢志》"禮經三百,威儀三千",《注》引韋昭曰:"《周禮》三百六十官也。三百,舉成數也。"同鄭説。又引臣瓚曰:"禮經三百,謂冠昏吉凶,《周禮》三百,是官名也。"則駁鄭説者也。《論衡·謝短》曰:"古禮三百,威儀三千;刑亦正刑三百,科條三千。出於禮,入於刑;禮之所去,刑之所取;故其多少,同一數也。"此相承舊説也。可以見《周官》當經禮之非。經記制度,不與《周官》合者,輒目爲夏、殷禮,或擠爲霸制,而其説之齟齬不可通者多矣。《論衡·謝短》又曰:"問禮家曰:前孔子時,周已制禮,殷禮夏禮凡三王因時損益,篇有多少,文有增減,不知今禮,周乎?殷、夏也?彼必以漢承周,將曰周禮。"此今學家以經記所陳,多爲周禮之證。又曰:"夫周禮六典,又六轉,六六三十六,三百六十,是以周官三百六十也。案今《禮》不見六典,無三百六十官;又不見天子,天子禮廢何時?豈秦滅之哉?"此亦據《周官》以疑禮經,然不以《周官》即爲禮經也。制度之變,必隨時勢。今文五等之封,大者不過百里;《周官》乃至五百里,其書所述爲六國時制,即此一端,較然甚明。乃必以爲周公致太平之書,《周官·天官》鄭《註》:"周公居攝而作六典之職,謂之《周禮》。營邑於土中。七年,致政成王,以此禮授之,使居雒邑,治天下。"又《賈疏序》引《鄭序》曰:"斯道也,文、武所以綱紀周國,君臨天下,周公定之,致隆平龍鳳之瑞。"則其識不如何邵公遠矣。

馬融之言,尤爲可笑。《賈疏序》引融《傳》云:"秦自孝公已下,用商君之法,其政酷烈,與《周官》相反,故始皇禁挾書,特疾惡,欲絶滅之,搜求焚燒之獨悉,是以隱藏百年。孝武帝始除挾書之律,開獻書之路,既出於山巖屋壁,復入於祕府,五家之儒,莫得見焉。至孝成皇帝,達才通人劉向子歆校理祕書,始得列序,著於録略"云云。一派野言,竟似於前此史記,茫然無覩者。《孟子》曰:"諸侯惡其害己也,而皆去其籍。"謂於故典不加保重,非謂有意毁棄。且此語初不指秦,秦人焚書,大抵嚴於官而略於民,故曰:"《詩》、《書》所以復見者,多藏人家;當作民家,蓋唐人避諱所改。而史記獨藏周室,以故滅。"《史記·六國表》。

此詩、書二字，苞一切書籍言；周室二字，亦苞凡諸侯之國。乃古人言語，以偏概全之例。明當時民間之書，不焚者甚多，何嘗有搜求之事。且與秦政相反者，豈獨《周官》而已。除挾書之律乃惠帝，而以爲孝武；命劉向校書乃哀帝，而以爲孝成；蓋因武帝開獻書之路，孝成命劉歆校書，而溷言之，不復分別。此等處古人類然，不足爲怪。然云五家之儒莫得而見，則瞏言矣。《史記·封禪書》云："上與公卿諸生議封禪。封禪用希曠絶，莫知其儀禮；而羣儒采《封禪》、《尚書》、《周官》、《王制》之望祀射牛事。"此所謂《封禪》者，即《漢志》之《古封禪羣祀》，與《尚書》、《周官》、《王制》皆書名。林孝存謂武帝知《周官》末世瀆亂不驗之書，蓋由於此。然則武帝時，羣儒久見《周官》矣。況河間獻王又采《周官》作《樂記》乎！安得謂出於山巖屋壁，復入祕府哉？鄭衆以《書序》之《周官》，與《周官經》即爲一物，篇卷之多少，文體之異同，茫然莫辨，更可發一大噱。

融《傳》又云"時衆儒并出，共排以爲非是；惟歆獨識，其年尚幼，務在廣覽博觀，又多鋭精於《春秋》；末年，乃知其周公致太平之跡，跡具在斯。奈遭天下倉卒，兵革并起，疾疫喪荒，弟子死喪，徒有里人河南緱氏杜子春尚在；永平之初，年且九十，家於南山，能通其讀，頗識其説，鄭衆、賈逵往受業焉。衆、逵洪雅博聞，又以經書記轉當作傳。相證明爲解"云云。此説卻近得實。歆請立《左氏》、《逸禮》、《古文尚書》，事在哀帝建平元年，時尚未以《周官》爲言。《漢紀》言歆以《周官經》六篇爲《周禮》，此書蓋自此始稱《周禮》，前此亦稱《周禮》，則後人據後書之。奏以爲禮經，置博士，則在王莽時矣。《後漢書·鄭興傳》，言興晚善《左氏傳》，天鳳中，將門人從劉歆講正大義；歆美興才，使撰條例章句訓詁，及校《三統曆》。又言興明《周官》，而不言其出於歆，而學出於歆之杜子春，不過能通其讀，頗識其説；則歆於是書，實未嘗有所發明也。康南海顧指其書爲歆僞造，誣矣。然古學本無傳授，皆由好事者附會其説，則觀於此而益明也。

古文經果有其物與否，事殊可疑，觀《孔壁得書》一條可知。然今文家同有其書，所異惟在文字者可疑；若别有其書者，轉不容子虚烏有。如《左氏》解經處雖僞，叙事處自真也。《周官》於諸經，有離有合。不合者，或合於《記》及諸子，如《禮記》之《内則》、《燕義》，《大戴記》之《盛德》、《千乘》、《文王官人》、《朝事》，《管子》，《司馬法》等。其非僞造可知。以《考工記》補《周官》，體製既不相類，制度亦復牴牾，如遂人、匠人。果出僞造，何不并《冬官》僞之乎？

《考工記》曰："不微至，無以爲戚速也。"《注》："齊人有名疾爲戚者，《春秋傳》曰：蓋以操之爲已戚矣。"又曰："輸已卑，則於馬終古登阤也。"《注》："齊人之言終古，猶言常也。"《考工記》蓋齊人所傳。司空掌度地居民，不掌工事，云以補《冬官》，繆也。蓋與餘五篇同述官制，故附之其後耳。《周官》多與《管子》合，或亦齊地學者之書與？《史記》言太公極技巧，《貨殖列傳》。豈故太公之法而《管子》述之與？弗可考矣。

原刊《光華大學半月刊》第二卷第七期，
一九三四年四月一日出版

〔四〇一〕　論二戴記上

大、小戴《禮記》，《漢志》皆無之，而有《記》百三十一篇。《注》曰："七十子後學者所記也。"《六藝論》云："後得孔氏壁中河間獻王古文《禮》五十六篇，《記》百三十一篇，《周禮》六篇。其十七篇，與高堂生所傳同，而字多異。其十七篇外，則《逸禮》是也。""今《禮》行於世者，戴德、戴聖之學也。戴德傳《記》八十五篇，則《大戴禮》是也；戴聖傳《禮》四十九篇，則此《禮記》是也。"《釋文・叙録》及《曲禮疏》。《釋文・叙録》引劉向《别録》曰："《古文記》二百四篇。"又引陳邵《周禮論叙》曰："戴德删《古禮》二百四篇爲八十五篇，謂之《大戴禮》；戴聖删《大戴禮》四十九篇，謂之《小戴禮》。後漢馬融、盧植考諸家同異，附戴聖篇章，去其繁重及所叙略，而行於世，即今之《禮記》是也。鄭玄亦依盧、馬之本而注焉。"《隋書·經籍志》云："漢初河間獻王得仲尼弟子及後學者所記百三十一篇，獻之，時亦無傳之者；至劉向校録經籍，檢得百三十篇，向因第而叙之。而又得《明堂陰陽記》三十三篇，《孔子三朝記》七篇，王氏史氏《記》二十一篇，《樂記》二十三篇，凡五種，合二百十四篇。戴德删其煩重，合而記之，爲八十五篇，謂之《大戴記》；而戴聖又删大戴之書爲四十六篇，謂之《小戴記》。漢末馬融遂傳小戴之學。融又足《月令》一篇，《明堂位》一篇，《樂記》一篇，合四十九篇。而鄭玄受業於融，又爲之注。"今案四十六加八十五，正百三十一，此即《漢志》所謂七十子後學所記者。《隋志》云"仲尼弟子及後學者所記"，語即本此。《六藝論》後人删引，多非元文，所謂得自孔氏壁中河間獻王者，祇指古文《禮》及《周禮》，不該百三十一篇。而《隋志》以百三十一篇亦獻王所得，實誤。《漢志》云："《禮古經》者，出於魯淹中，及孔氏，學七十篇當作十七篇。文相似，多三十九篇。及《明堂陰陽》、《王史氏記》。"今案《漢志·禮》家所著録者：《曲臺后倉》，即《儒林傳》所謂后氏《曲臺記》者，爲漢師所撰；《中庸説》、《明堂陰陽説》皆説；《周官經》、《周官傳》，别爲一家；《軍禮司馬法》，班氏所入；《封禪議對》、《漢封禪羣祀》、《議奏》，注曰"石渠"。亦漢時物。惟《古封禪羣祀》，蓋亦古記之倫。《史記·封禪書》云："羣儒采《封禪》、《尚書》、《周官》、《王制》之望祀射牛事。"所謂《封禪》，蓋即《漢志·古封禪羣祀》中《封禪》之篇也。《古封禪羣祀》二十二篇，合《記》百三十一篇，《明堂陰陽》三十三篇，《王史氏》二十一篇，凡二百七。《小戴記》中：《曲禮》、《檀弓》、《雜記》皆分上下，故或云四十九，或云四十六。若以爲四十六，則《記》百三十一篇，實百二十八。此《别録》所謂《古文記》二百四篇者，然其中之百二十八篇，實今學也。《明堂陰陽》、《王史氏記》、《古封禪羣祀》，蓋非二戴所有。陳邵云"戴德删《古禮》二百四篇爲八十五篇"，實誤。《隋志叙》之劉向叙録後，則誤益甚矣。二戴在武宣間，何由删向所叙録之書耶？《漢志》言百三十一篇，而《隋志》云劉向檢得百三十篇，亦不合。或云：《禮記·喪服四制疏》云《别録》無此文，此實劉向所檢得者少一篇之證，其説可謂巧矣。然《漢志》原出於向，何以仍作百三十一篇耶？竊疑此無異故，直是奪一“一”字，而後人妄改下文都數以就之耳。《别録》雖不足信，亦必略有據依，不能全僞；釋《别録》之文，自以仍從《漢志》條貫爲是。《樂記》，《漢志》在《樂》家，《孔子三朝記》在《論語》家，《隋志》妄相牽引，非是。陳恭甫曲爲之説曰：“《樂記》二十三篇，其十一篇已具百三十一篇《記》中，除之，故爲二百四篇。《孔子三朝記》亦重出；不除者，篇名不同故也。”然則向、歆校書，但閲篇目耶？可謂進退失據矣。戴東原云：“孔穎達《義疏》於《樂記》云：按《别録》：《禮記》四十九篇。《後漢書·橋玄傳》：七世祖仁著《禮記章句》四十九篇，號曰橋君學。仁即班固所謂小戴授梁人橋仁季卿者也。劉橋所見，篇數已爲四十有九，不待融足三篇甚明。康成受學於融，其《六藝論》亦但曰戴聖傳《禮》四十九篇。作《隋志》者，徒謂大戴闕篇，即小戴所録，而尚多三篇，遂聊歸之融耳。”陳恭甫亦云：“《曹褒傳》：父充持《慶氏禮》。褒又傳《禮記》四十九篇，教授諸生千餘人，慶氏學遂行於世。然則褒所受於慶普之《禮記》亦四十九篇也。二戴、慶氏，皆后蒼弟子，惡得謂小戴删大戴之書邪？《釋文叙録》云：劉向《别録》有四十九篇，其篇次與今《禮記》同，然則謂融足三篇者妄矣。”戴陳之説均見《左海經辨》。今案橋仁受學小戴，而著《禮記章句》四十九篇，此正四十九篇出於小戴之證。《後漢書》云：曹充持《慶氏禮》，作章句辯難，於是有慶氏學。褒結髮傳充業，作《通義》十二篇，《演經雜論》百二十篇。又傳《禮記》四十九篇，教授諸生千餘人。慶氏學遂行於世。其中除“又傳《禮記》四十九篇”八字外，皆指禮經言之。慶氏之學，與二戴同出后倉。十七篇三家所同，而《禮記》爲二戴所獨，四十九篇又小戴所獨，故加又字以别之。《史記·五帝本紀贊》云：“孔子所傳《宰予問五帝德》及《帝繫姓》，儒者或不傳。”今二篇皆在《大戴禮記》中。云儒者或不傳，此即二戴以外不必皆傳《禮記》之證。陳氏謂褒所傳四十九篇，亦出慶氏，誤矣。《隋志》：《禮記》十卷，漢中郎將盧植注。《舊唐志》:《禮記》二十卷,盧植注。《新唐志》: 盧植注《小戴禮記》二十卷。《儒林・元行沖傳》載《釋疑論》云:《小戴》行於漢末,馬融爲傳,盧植合二十九篇而爲之解,世所不傳。則《隋志》謂馬融、盧植更定是書,鄭玄依盧、馬之本而作注,必有所本。盧、馬曾去其繁重,及所敘略,故雖益三篇,篇數仍爲四十九,安得謂其以《大戴》闕篇,即《小戴》所録,而尚多三篇,乃聊以歸之乎?《釋文・別録》有四十九篇,篇次與今同外,又有"名爲他家書,拾撰所取,不可謂之《小戴禮》"十六字,陳氏删去未引,則其説亦未確也。《四庫書目提要》云:"鄭玄爲馬融弟子,使三篇果融所增,玄不容不知,豈有以四十九篇屬於戴聖之理。況融所傳者乃《周禮》,若小戴之學,一授橋仁,一授楊榮。後傳其學者,有劉祐、高誘、鄭玄、盧植,融絶不預其授受,又何從而增三篇乎?"不知古人言語麤略,《考工記》實後人所補,而康成於《周官》亦逕云河間獻王得六篇,安保其於《禮記》源流,言之必悉? 兩漢學者,兼通諸經者甚多,史傳安能盡載? 況融之更定《禮記》,實與盧植共之乎? 康成依盧、馬之本作注,説亦見於《禮記疏》,必非無據之談也。要之《記》百三十一篇,實爲今學,大戴傳其八十五,小戴傳其四十六,無所謂大戴删《古記》,小戴删大戴也。《漢志》蓋正合大小戴之所傳而著之耳。

原刊《群雅月刊》第一集第五、六卷,一九四〇年出版

〔四〇二〕 論二戴記中

陳恭甫又云:"魏張揖《上廣雅表》曰: 周公著《爾雅》一篇。爰暨帝劉,魯人叔孫通撰置禮記,文不違古。稚讓之言,必有所據。"因謂"百三十一篇之記,第之者劉向,得之者獻王,而輯之者叔孫通";"《爾雅》爲通所采,當在《大戴記》中",其説尤誤。揖表曰:"昔在周公,纘述唐虞,宗翼文武,剋定四海,勤相成王,踐祚理政,日昃不食,坐而待

旦,德化宣流。越裳徠貢,嘉禾貫桑。六年制禮,以導天下。著《爾雅》一篇,以釋其意義,傳於後嗣。歷載五百,墳典散落,惟《爾雅》恒存。《禮三朝記》:哀公曰:寡人欲學小辨,以觀於政,其可乎?孔子曰:《爾雅》以觀於古,足以辯言矣。《春秋元命苞》言子夏問夫子作《春秋》,不以初哉首基爲始何?是以知周公所造也。率斯以降,越絶六國,越踰秦楚,爰暨帝劉,魯人叔孫通撰置禮記,文不違古。今俗所傳三篇《爾雅》,或言仲尼所增,或言子夏所益,或言叔孫通所補,或言沛郡梁文所考,皆解家所説。先師口傳,既無正驗,聖人所言,是故疑不能明也。"《表》意乃極言文字之當雅,而稱叔孫通撰置禮記,能不違雅耳。絶無今之《禮記》爲通所輯之意。古言典禮事者皆謂之記,不獨古事,即當世之事亦然。《大戴記·公冠》篇載漢昭祝辭其證。《史記·禮書》云:"秦有天下,悉内六國禮儀,采擇其善,雖不合聖制,其尊君抑臣,朝廷濟濟,依古以來。至於高祖,光有四海,叔孫通頗有所增益減損,大抵皆襲秦故。"《自序》云:"漢興,蕭何次律令,韓信申軍法,張蒼爲章程,叔孫通定禮儀。"《漢書·禮樂志》曰:"今叔孫通所撰禮儀,與律令同録,藏於理官。"此即揖所謂撰置禮記者。其所撰皆秦所擇六國舊文,增益減損,不過頗有而已。其文自然近古,故張揖稱其不違,舉爲辭尚爾雅之證也。揖明言俗所傳三篇《爾雅》,或言叔孫通所補,絶不言通嘗置之《禮記》中。安得節取數語,而生曲説乎?《禮記》果通所撰,漢朝何由復失之,而有待於河間獻王得之乎?

陳氏又引臧在東之言曰:"《白虎通·三綱六紀》篇引《禮親屬記》,見《爾雅·釋親》;《孟子》帝館甥於貳室趙岐《注》引《禮記》,亦《釋親》文;《風俗通·聲音》篇引《禮·樂記》,乃《釋樂》文;《公羊》宣十二年《注》引《禮》,乃《釋水》文;則《禮記》中有《爾雅》之文矣。"夫古書文辭,互相出入者何限,安得摭拾之,爲《禮記》中有《爾雅》之證?果若所言,佚《詩》佚《書》在《記》中者不乏,又可謂其皆在《禮記》中乎?

原刊《群雅月刊》第一集第五、六卷,一九四〇年出版

〔四〇三〕 論二戴記下

今之《禮記》,見疑爲秦時書者三篇,《王制》、《月令》、《樂記》是也。予初以《王制》有古者周尺之語,疑爲漢人作;由今思之,殆不其然。古書多後人附益誠然。然有有意作僞者,有偶然記識者,要當觀其大體,不得泥於一端也。二戴《記》撰次之意,今不可見。觀其大體,似係專取故書。《樂記》二十三篇,入《小戴記》者十一,餘十二篇,《正義》具存其目,其末篇曰《竇公》,明係漢時事,見下。《禮記》即不之取。《樂記》予雖信爲馬融所附,然融有增益,亦必依據舊例,一也。《荀子·樂論》,大同《禮記·樂記》,而多闢《墨子》語,蓋後人所增;可證馬融所益,乃較古之本,二也。《史記·封禪書》:文帝"使博士諸生刺六經中作《王制》,謀議巡守封禪事"。盧植疑《王制》以此,然《索隱》引《别録》云文帝所造書,有《本制》、《兵制》、《服制》篇,明與今《禮記》中之《王制》不符。今《王制》言巡守者皆《書傳》,言封禪事者無之。或曰:柴於岱宗即封禪;然則封禪五歲一舉,安得云曠絶莫知其儀耶?《繁露·郊祀對》引《王制》曰"祭天地之牛繭栗,宗廟之牛握,賓客之牛尺";《郊祭》引《王制》曰"喪者不祭,惟祭天爲越紼而行事",皆與今《禮記》之《王制》同,足徵故有其書。《正義》云:"《王制》之作,蓋在秦漢之際。知者,案下文云有正聽之。鄭云漢有正平,承秦所制。又有古者以周尺之言,今以周尺之語,則知是周亡之後也。秦昭王亡周,故鄭答臨碩云:孟子當赧王之際,《王制》之作,復在其後。"然鄭駁《異義》云:"《周禮》是周公之制,《王制》是孔子之後大賢所記先王之事。"則似又以爲孔子嫡傳者。凡鄭説固多如是,不足辨也。

《月令》,蔡邕、王肅并云周公所作,《釋文》。蓋以其見於《周書》云然,其説誠不足據。然邕《明堂月令論》云:《周書》七十一篇,而《月令》第五十三。秦相吕不韋著書，取《月令》爲紀號；淮南王安亦取以爲第四篇，改名曰《時則》。偏見之徒，或云吕不韋作，或云淮南，皆非也。其説自允。鄭《目録》云：《月令》“本《吕氏春秋·十二月紀》之首章，以《禮》家好事，抄合之，後人因題之名曰《禮記》”。杜預《釋例》曰：“《月令》之書，出自吕不韋。其意欲爲秦制，非古典也。”《左氏》桓公六年《疏》引。則昧其原本矣。鄭云“其中官名時事，多不合周法”。《疏》云：“周無大尉，惟秦官有大尉，而此《月令》云乃命大尉，是官名不合周法。”又云：“秦以十月建亥爲歲首，而《月令》云爲來歲授朔日，即是九月爲歲終，十月爲授朔，此是時不合周法。”又自難之曰：“秦始皇十二年，吕不韋死。二十六年并天下，然後以十月爲歲首。歲首用十月時，不韋已死十五年。”又自解之曰：“秦文公獲黑龍，以爲水瑞，何怪未平天下前，不以十月爲歲首乎?”案始皇之改年始，《史記·本紀》明記其事，在二十六年并天下之後。《封禪書》亦曰：“秦始皇既并天下而帝，或曰：黄帝得土德，黄龍地螾見；夏得木德，青龍止於郊，草木暢茂；殷得金德，銀自山溢；周得火德，有赤烏之符；今秦變周，水德之時。昔秦文公出獵獲黑龍，此其水德之瑞。於是秦更名河曰德水，以冬十月爲年首，色上黑，度以六爲名，音上大吕，事統上法。”又曰：“自齊威、宣之時，騶子之徒，論著終始五德之運；及秦帝而齊人奏之，故始皇采用之。”然則終始五德，説實出於東方；以黑龍爲水瑞，乃後來附會之辭。安得鑿空謂秦未平天下前，即以十月爲歲首乎？乃命大尉，《吕覽》作大封，以今言道古事，古人多有其例，然則大尉二字，蓋傳者所改；授朔亦或傳者移之九月，要不得以是偏端，疑全篇皆爲秦人所作也。言《月令》者，是篇及《吕覽》、《淮南》而外，尚有《管子》之《幼官》及《輕重己》，雖不密合，大要所本者同。《周書·月令》已亡，而《時則》記二十四氣之應，與《禮記》、《月令》皆合。竊疑是篇乃合《月令》、《時訓》兩家之言而成。《疏》又以服色車旗，并依時色，與《周官》六冕等不合，而疑其非周法。不知其所據實較《周官》爲古。魯恭言“《月令》周世所造，而所據皆夏之時”，《後漢書》本傳。其説實最平允也。

《漢書·藝文志》云:“武帝時,河間獻王好儒,與毛生等共采《周官》及諸子言樂者,以作《樂記》。”“其内史丞王定傳之,以授常山王禹。禹,成帝時爲謁者,數言其義,獻二十四卷記。劉向校書,得《樂記》二十三篇,與禹不同。”《疏》云:“劉向所校二十三篇,著於《别録》,今《樂記》所斷取十一篇。”案《史記·樂書》亡,張守節云:褚先生取《樂記》補之,其文全與《樂記》同。則十一篇之自爲一篇舊矣。《禮記疏》亦云:“《别録·禮記》四十九篇,《樂記》第十九,則《樂記》十一篇入《禮記》,在劉向前。至劉向爲《别録》時,更載所入《樂記》十一篇,又載餘十二篇,總爲二十三篇。”《義疏》又云:《樂記》者,公孫尼子次撰也。此語未知何出,要必有所本。亡篇十二,《季札》第十八,疑即《左氏》所載季札觀樂事;《竇公》第二十,疑即《漢志》孝文時得魏文侯樂人竇公事。《白虎通義·禮樂》篇引《樂記》曰“聲成文謂之音,知而樂謂之樂”,在今《禮記·樂記》中;又引曰“土曰壎竹曰管”云云,陳卓人《疏證》疑出《樂器》第十三;亡篇之可考者如此。《志》又言竇公獻其書,乃《周官·大司樂》章,疑即所謂河間獻王采《周官》者。《樂記疏》云:“此卷所出,解者不同,今且申鄭旨釋之。”則《樂記》所出,説有多端,必不止一公孫尼子。此亦所謂采諸子者。竊疑王禹之二十四卷,與劉向之二十三篇,亦第小有乖異。正惟大體相同,故可以互勘而著其不同也。然則《樂記》十一篇,乃自古相傳之物;其十二篇,則河間獻王等采摭古籍而成,正不能并十一篇亦疑爲漢人所作矣。

原刊《群雅月刊》第一集第五、六卷,一九四〇年出版

〔四〇四〕 論爾雅誰作

鄭康成《駁五經異義》曰:“《爾雅》者,孔子門人所作,以釋六藝之文。”張揖《進廣雅表》曰:“周公著《爾雅》一篇。今俗所傳三篇,或言

仲尼所增，或言子夏所益，或言叔孫通所補，或言沛郡梁文所考，皆解家所説。先師口傳，既無正驗，聖人所言，是故疑不能明也。”今案《爾雅》之文有明出秦漢後者，如《釋魚》“鱊鮬、鱖鯞”，《注》云：“江東呼爲妾魚。”《疏》引《説文》云：“鮻魚出樂浪潘國。”“魵鰕”，《注》云：“出穢邪頭國，見《吕氏字林》。”《疏》云：“案《説文》亦云。”《釋鳥》“鵽鳩、寇雉”，《注》云：“出北方沙漠地。”“翠鷸”，《注》云：“生鬱林。”《疏》云：“樊光云：出交州。”《釋獸》“貙獌似貍”，《注》云：“今山東呼貙虎之大者爲貙豻。”《疏》云：“《字林》云：豻，胡地野狗。”“狻麑，如虦貓，食虎豹”，《注》云：“即師子也，出西域。”《釋畜》“騊駼，馬”，《疏》云：“《字林》云：北狄良馬也。”此等或尚非叔孫通所知，安得云周、孔及孔門弟子。蓋古言“作”者與今異，今人言作，多指篹集之人；古則推原其所自出。以《爾雅》之文或同《周官》，昔以《周官》爲周公之書，則以爲周公作；以其多釋五經；則指爲孔子作；或言孔子門人，又或以子夏列文學之科而鑿指之。云出叔孫通者，以其爲漢制禮，亦未必有何依據也。惟梁文或爲篹集之一人耳。

凡備檢閲之書，往往遞有增益；《神農本草經》其證。《四庫書目提要》言《爾雅》所取，及於《莊》、《列》、《尸》、《管》、《吕》諸子，《國語》、《楚辭》、《山海經》、《穆天子傳》。《爾雅》固未必爲釋此等書作，《穆天子傳》尤爲晚出僞書，不能在《爾雅》前，然亦可見其采摭之博。《提要》又引曹粹中《放齋詩説》，謂《爾雅》毛公以前，其文猶略，至康成時則加詳，亦其書成甚晚之證。解家以一篇爲周公作，餘則或言仲尼，或言子夏，或言叔孫通，或言梁文，固不足信。然其中有一篇最古，餘爲後來所增益，則或當不誣。趙岐《孟子題辭》，言孝文時，《爾雅》亦置博士，未知信否？然平帝元始五年，嘗徵通《爾雅》者，則民間固有通其學者矣。通其學必有其書，今之《爾雅》，蓋此等人所纂集也。

原刊《群雅月刊》第一集第三卷，
一九四〇年六月一日出版

〔四〇五〕 釋爾雅

“爾雅”二字，昔人多釋爲近正，非其朔也。夏、雅一字，爾雅蓋即近夏。古重楚夏之别，是以《論語》記子所雅言，詩書執禮；而孟子斥許行爲南蠻鴃舌之人。其後南北大通，楚夏之殊稍泯，而去古漸遠，古訓轉覺難通。於是正與不正，初致謹於語言者，後漸致謹於文字。而正與不正之别，始以近夏與否爲準者，繼乃以近古與否爲準矣。《史記・樂書》曰：“今上即位，作十九章，通一經之士，不能獨知其辭，皆集會五經家，相與共誦講習之，乃能通知其意，多爾雅之文。”《儒林傳》公孫弘請置博士弟子曰：“詔書律令下者，明天人分際，通古今之義，文章爾雅，訓辭深厚，恩施甚美；小吏淺聞，不能究宣，無以明布諭下。”《漢書・王莽傳》：“班符命四十二篇於天下，其文爾雅依託，皆爲作説。”皆爾雅之辭近古，而義不易通之證。古本不可稱雅，所以稱近古爲爾雅者，以爾雅二字，習用既久，已變爲近正之義。當時文字，以古爲正，遂從而襲用之耳。以近古釋當時之所謂爾雅，原不爲過。然雅字本無古義，亦無正義，要不得不分别言之也。《大戴禮記・小辨》篇，孔子謂哀公曰：“爾雅以觀於古，足以辨言矣。”此以近古爲爾雅最早者，恐亦漢人語也。

原刊《群雅月刊》第一集第三卷，
一九四〇年六月一日出版

〔四〇六〕 圖讖一

張衡言夏侯勝、眭孟之徒，以道術立名，其所述著，無讖一言。劉向父子領校祕書，閲定九流，亦無讖録。成、哀之後，乃始聞之。《後漢書》本傳。後人因以爲讖始西京之末，非也。讖緯相附，始於西京之末，若徒論讖，則其所由來者舊矣。《説文・言部》："讖，驗也。有徵驗之書。"《竹部》："籤，驗也。"二字音義皆同，即今所謂豫言也。《史記・趙世家》叙秦繆公夢之帝所事，曰："秦讖於是出矣。"《扁鵲列傳》作"策"。《屈原賈生列傳》：賈生賦服鳥曰："發書占之兮，策言其度。"《漢書》作"讖"。作"讖"者蓋是，此正所謂豫言也。《淮南王書・説山》曰："六畜生多耳目者不祥，讖書著之。"《漢書・王莽傳》：莽在平帝時，"徵天下通一藝教授十一人以上，及有逸《禮》，古《書》、《毛詩》、《周官》、《爾雅》、天文、圖讖、鍾律、月令、兵法、《史篇》文字，通知其意者，皆詣公車。"史言其"網羅天下異能之士，至者前後千數"，足見民間固有其書，又有通其學者。今俗所謂求籤，實即求讖，乃古之遺言也。特世莫知籤讖同字，遂昧其本義爾。

〔四〇七〕 圖 讖 二

然則所謂讖者，亦家人言耳，無與於國家興亡之大也。有國有家者，偶或以此自神，則亦如閭里之小知者之所爲，所言者特一姓之事，未有謂能知歷代興亡，帝王統緒者。其有之，則自西京之末始也。

《吕覽・觀表》曰："事與國皆有徵。聖人上知千歲，下知千歲，非意之也，蓋有自云也。緑圖幡薄，從此生矣。"緑圖八字，適在篇末，究爲《吕覽》原文，抑出後人沾綴，未可定。即謂爲原文，亦謂能通乎其道，若孔子言殷因於夏，周因於殷，禮所損益可知，其或繼周者雖百世可知耳，固不謂能知國家興替。《淮南・俶真訓》曰："洛出丹書，河出緑圖，故許由、方回、善卷、披衣，得達其道。"亦僅言遭遇盛世，故大道昌明，不謂其道出自圖書也。《人間訓》曰："秦王挾録圖，見其傳曰：亡秦者胡也。"作録不作緑。《史記・秦始皇本紀》

盧生奏録圖書同。緑圖、録圖，未必是一。亡秦者胡，亦傳録圖者之言，非録圖之文也。乃《論衡・實知》，以“亡秦者胡”爲河圖之文；鄭玄以爲“《河圖》《洛書》，龜龍銜負而出。如《中候》所説：龍馬銜甲，赤文緑色，甲似龜背，袤廣九尺，上有列宿斗正之度，帝王録紀興亡之數”；《論語・子罕・鳳鳥不至章疏》引。則始以圖書爲自有所云矣，此則新莽等之所爲也。

《王莽傳》：“長平館西岸崩，邕涇水不流，毁而北行。遣大司空王邑行視，還奏狀，羣臣上壽，以爲《河圖》所謂以土填水，匈奴滅亡之祥也。”此爲徵引《河圖》之文之始，至後漢而變本加厲矣。《隋書・經籍志》曰：“《河圖》九篇，《洛書》六篇，云自黄帝至周文王所受本文。又别有三十篇，云自初起至於孔子九聖之所增演，以廣其意。又有《七經緯》三十六篇，并云孔子所作，并前合爲八十一篇。”案鄭注《易・大傳》“河出圖，洛出書”曰：“河以通乾出天苞，洛以流坤吐地符。河龍圖發，洛龜書感。《河圖》有九篇，《洛書》有六篇。”《正義》引。《後漢書・張衡傳注》引《衡集》上事曰：“《河洛》五九，《六藝》四九，謂八十一篇也。”即《隋志》之説也。《續漢書・祭祀志》載光武封禪刻石文曰：“皇帝惟慎《河圖》、《雒書》正文。秦相李斯燔《詩》、《書》，樂崩禮壞。建武元年以前，文書散亡，舊典不具，不能明經文，以章句細微相況。八十一篇，明者爲驗。又其十卷，皆不昭晳。子貢欲去告朔之餼羊，子曰：賜也，爾愛其羊，我愛其禮。後有聖人正失誤。”是八十一篇之説，實後漢初所造。《後漢書・尹敏傳》：光武令校圖讖，蠲去崔發所爲王莽著録次比。《儒林傳》：薛漢，建武初爲博士，受詔校定圖讖。蓋光武之所欲去者，即其所謂十卷皆不昭晳者也。張衡曰：王莽篡位，漢世大禍，八十篇何爲不戒？又云：《河洛・六藝》，篇録已定，後人皮傅，無所容篡；桓譚言：今諸巧慧小才伎數之人，增益圖書，矯稱讖記；《後漢書》本傳。王充曰：神怪之言，皆在讖記，所表皆效。孔子條暢增益，以表神怪。或後人詐記，以明效驗，《論衡・實知》篇。又《雷虚》篇曰：“圖出於河，書出於洛，《河圖》、《洛書》，天地所爲，人讀知之。”其《自然》篇，亦極論圖書自成之理。皆不敢逕以八十一篇爲僞，以其爲後漢初所敕定也。然則讖記出自圖書之説，實王莽造之，而光武成之也，亦可謂矯誣矣。《説文》曰："河雒所出書曰讖。"亦東漢人之言。

《王莽傳》言卜者王況爲莽魏成大尹李焉造作讖書十餘萬言。況謂焉曰："君姓李，李音徵，徵，火也，當爲漢輔。"而《後漢書·李通傳》，謂通父守，初事劉歆，好星曆讖記。通素聞守説讖云：劉氏復興，李氏爲輔。《光武紀》謂通等以是説光武，光武乃與定謀。《竇融傳》：隗囂使辯士張玄游説河西。融等召豪傑及諸太守計議。其中智者皆曰："漢承堯運，歷數延長，今皇帝姓號，見於圖書。自前世博物道術之士谷子雲、夏賀良等，建明漢有再受命之符，言之久矣。故劉子駿改易名字，冀應其占。及莽末，道士西門君惠言劉秀當爲天子，遂謀立子駿。事覺，被殺。出謂百姓觀者曰：劉秀真汝主也。皆近事暴著，智者所共見也。"而《鄧晨傳》曰："王莽末，光武嘗與兄伯升及晨俱之宛，與穰人蔡少公等讌語。少公頗學圖讖，言劉秀當爲天子。或曰：是國師公劉秀乎？光武戲曰：何用知非僕邪？"彊華所奉《赤伏符》亦曰："劉秀發兵捕不道，四夷雲集龍鬬野，四七之際火爲主。"見《光武紀》。《續漢書·祭祀志》載光武祭告天地文則曰："劉秀發兵捕不道，卯金脩德爲天子。"莽末之讖，悉若爲漢所造，有是理乎？《公孫述傳》言："述亦好爲符命、鬼神、瑞應之事，妄引讖記。"然又曰："述夢有人語之曰：八厶子系，十二爲期。覺，謂其妻曰：雖貴而祚短，若何？"使此言真出於述，安得漏泄於外？然則莽末之讖，究出於誰，亦殊難言之矣。劉揚造作讖記曰："赤九之後，瘦揚爲主。"《後漢書·耿純傳》。新城山賊張滿既執，歎曰："讖文誤我。"《後漢書·祭遵傳》。然則是時信讖者極多，此後漢君臣，所以相與造作。徒事造作，猶恐不足以自神，乃皆託之於敵也。光武以讖文用孫咸、王梁，見《後漢書·王梁》及《景丹傳》。又謂二十八將，上應二十八宿，見《朱祐》等《傳贊》。《馮異傳》載永初六年詔曰："元功二十八將，讖記有徵。"成敗雖殊，其智，則亦劉揚、張滿之智而已矣。

〔四〇八〕 圖讖三

《續漢書·祭祀志》:“建武三十年,二月,羣臣上言:即位三十年,宜封禪泰山。詔書曰:即位三十年,百姓怨氣滿腹,吾誰欺,欺天乎?曾謂泰山不如林放,何事汙七十二代之編録?桓公欲封,管仲非之。若郡縣遠遣吏上壽,盛稱虚美,必髡,兼令屯田。”從此羣臣不敢復言,善矣。然又云:“三十二年,正月,上齊,夜讀《河圖會昌符》,曰:赤劉之九,會命岱宗。不慎克用,何益於承?誠善用之,姦僞不萌。感此文,乃詔梁松等復案索《河》《雒》讖文言九世封禪事者。松等列奏,乃許焉。”豈至此頓忘“百姓怨氣滿腹”之言乎?《河》《雒》讖文,果誰所造,豈有躬造之而躬自信之者哉?然則光武之東封,亦欲藉是以鎮厭東方,并以眩耀愚俗耳。《後漢書·張純傳》言南單于、烏桓降後,純案七經讖,請立辟雍,及封泰山,遂起明堂、靈臺、辟雍,宣布圖讖於天下,蓋亦以眩耀愚俗也。《本紀》建武十七年《注》引《東觀記》曰“上以日食避正殿,讀圖讖多,御坐廡下淺露,中風發疾”,吾誰欺?欺天乎?

《後漢書·桓譚傳》言光武信讖,多以決定嫌疑。譚上疏,請屏羣小之曲説,述五經之正義。帝省奏不説。其後有詔會議靈臺所處,帝謂譚曰:吾欲讖決之,何如?譚復極言讖之非經。帝大怒曰桓譚非聖無法,將下斬之。譚叩頭流血,良久乃得解。《鄭興傳》曰:“帝嘗問興郊祀事。曰:吾欲以讖斷之,何如?興對曰:臣不爲讖。帝怒曰:卿之不爲讖,非之邪?興惶恐曰:臣於書,有所未學,而無所非也。帝意乃解。興數言政事,依經守義,文章温雅,然以不善讖故,不能任。”光武之信讖,似誠篤矣。然《儒林傳》:尹敏言讖書非聖人所作,帝不納。敏因其闕文增之曰:君無口,爲漢輔。帝見而怪之,召敏問其故。敏對曰:臣見前人增損圖書,敢不自量,竊幸萬一。帝深非之。雖亦以此沈滯，然竟不罪。與其所以遇桓譚者，寬嚴迥不侔矣。然則帝之於譚，亦本惡其質直，而借事以摧挫之耳。鄭興、尹敏之不大用，亦未必以其不信讖也。夫上以誠求，則下以誠應；不誠，未有能以誠報之者也。《郅惲傳》言惲上書王莽，據圖録，言漢歷久長，勸莽更就臣位。莽大怒，而以惲據經讖，難即害之，繫獄須冬，會赦得出。夫莽自遣趙并驗治符命以來，甄尋、王奇、劉棻等且紛紛遭難矣，而何有於惲？《楊厚傳》言厚祖父春卿"善圖讖學，爲公孫述將。漢兵平蜀，春卿自殺，臨命，戒子統曰：吾綈袠中有先祖所傳祕記，爲漢家用，爾其脩之。"既知祕記之爲漢，何以復爲述將？既自殺以徇述矣，又戒其子爲漢，天下有是理乎？楊厚爲後漢言圖讖之大宗，《後漢書·儒林傳》言任安從厚學圖讖。《方術傳》："董扶少遊大學，與鄉人任安齊名，俱事同郡楊厚學圖讖。"《三國蜀志二牧傳注》引陳壽《益部耆舊傳》曰："董扶事楊厚，究極圖讖。"《周羣傳》曰："少學術於楊厚，名亞董扶、任安。"杜微、杜瓊，皆受學於安。《季漢輔臣贊》曰："何彦英事安，與杜瓊同師，援引圖讖，勸先帝即尊位。"而其詐諼如此，以術馭天下者，其所得果如何哉？

〔四〇九〕 圖 讖 四

讖，自古所有也；讖緯相附，則王莽之所爲也。《申鑒·俗嫌》曰："世稱緯書，仲尼之作也，臣悦叔父故司空爽辯之，蓋發其僞也。有起於中興之前，終、張之徒之作乎？或曰：雜。曰：以己雜仲尼乎？以仲尼雜己乎？若彼者，以仲尼雜己而已。然則可謂八十一篇非仲尼之作矣。或曰：燔諸？曰：仲尼之作則否，有取焉，曷其燔。"讖雖妖妄，緯則多存經説，後人卒不忍棄者以此。荀悦之言，早盡之矣。讖緯相符，誠足亂經，亦由欲以所行託之於古。以己所行託之於古，則亦欲有所爲耳。其愚而誕可笑，其苦心仍可諒也。後世之造讖者，猶有之乎？若光武即徒爲身謀而已，與張滿輩何異？然自此，讖遂爲作亂者之所資，視爲禁物矣。《後漢書·竇融傳》，融上書言臣融有子年十五，朝夕教道以經藝，不令得觀天文讖記。《三國·魏志·常林傳注》引《魏略》云：吉茂，建安二十二年，坐其宗人吉本等起事被收。先是科禁内學及兵書，而茂皆有，匿不送官。及其被收，不知當坐本等，顧謂其左右曰：我坐書也。

〔四一〇〕 圖 讖 五

讖之原安在？曰：在社會之迷信。張衡曰："永元中，清河宋景遂以曆紀推言水災，而僞稱洞視玉版。或者至於棄家業，入山林。"《後漢書·張衡傳》。可見時人信讖之深。《後漢書·翟酺傳》："尚書有缺，詔將大夫六百石以上試對政事、天文、道術，以高第者補之。酺自恃能高，而忌故太史令孫懿，恐其先用，乃往候懿。既坐，言無所及，惟涕泣流連。懿怪而問之，酺曰：圖書有漢賊孫登，將以才智，爲中官所害；觀君表相，似當應之；酺受恩接，悽愴君之禍耳。懿憂懼，移病不試。由是酺對第一，拜尚書。"懿非愚夫，而亦爲酺所懾者，人之心力，有以相熏，衆所共信之事，雖堅强明智者，或亦不免爲其所移。三至之讒，正同此理，固非酺之能誑懿也。《論衡·實知》曰："儒者論聖人，以爲前知千歲，後知萬世，有獨見之明，獨聽之聰。事來則名，不學自知，不問自曉，故稱聖則神矣，若蓍龜之知吉凶。"此又讖之所以託諸仲尼歟？

〔四一一〕 圖 讖 六

讖爲王莽所造，固也；然世或以劉歆爲王莽之黨，因以爲讖出於歆，則誣。張衡謂劉向父子領校祕書，閲定九流，亦無讖録，《後漢書·張衡傳》。足以明之矣。《漢書·五行志》曰："劉歆以爲虙犧氏繼天而王，受《河圖》，則而畫之，八卦是也。禹治洪水，賜《雒書》，法而陳之，《洪範》是也。初一日五行云云六十五字，皆《雒書》本文。"歆之所謂《河圖》、《雒書》者如此，安有所謂"列宿斗正之度，帝王録紀興亡之數"者乎？李守初事劉歆，未知信否。即以爲信，亦不能決守所説讖爲歆所造。《蘇竟傳》曰：王莽時，與劉歆等共典校書。延岑護軍鄧仲況擁兵據南陽陰縣爲寇，而劉歆兄子龔爲其謀主。竟時在南陽，與龔書曉之曰："走昔以摩研編削之才，與國師公從事出入，校定祕書。"亦僅言歆曾從事校書，不謂下文"孔丘祕經，爲漢赤制"等語爲歆所造也。《莽傳》言：甄豐、劉歆、王舜爲莽腹心，倡導在位，褒揚功德；安漢、宰衡之號，及封莽母、兩子、兄子，皆豐等所共謀，而豐、舜、歆亦受其賜，并富貴矣，非復欲令莽居攝也。居攝之萌，出於泉陵侯劉慶、前煇光謝囂、長安令田終術。莽羽翼已成，意欲稱攝；豐等承順其意，莽輒復封舜、歆兩子及豐孫。豐等爵位已盛，心意既滿，又實畏漢宗室、天下豪傑；而疏遠欲進者，并作符命，莽遂據以即真，舜、歆内懼而已。其後争爲符命封侯，其不爲者，相戲曰：獨無天帝除書乎？司命陳崇白莽曰：此開姦臣作福之路，而亂天命，宜絶其原。莽亦厭之。遂使尚書大夫趙并驗治，非五威將帥所班，皆下獄。而豐子尋作符命，言新室當分陜，立二伯，以豐爲右伯，莽即從之。豐未行，尋復作符命，言黄皇室主爲尋之妻，莽因是發怒，收捕尋。尋亡，豐自殺。尋隨方士入華山，歲餘，捕得，辭連歆子棻、棻弟泳、大司空邑弟奇，及歆門人丁隆等，牽引公卿黨親列侯以下，死者數百人。均見《王莽傳》。莽之篡漢，意蓋欲有所爲，歆等之輔之亦以此。既欲大有所爲，勢非至於即真不止；謂歆等既已富貴，遂不欲莽即真，此淺之乎測丈夫之言也。然以此證歆等之不爲讖，則可信矣。張衡言："聖人明審律曆，以定吉凶，重之以卜筮，雜之以九宫。或觀星辰逆順，寒燠所由，或察龜策之占，巫覡之言，其所因者，非一術也。"又言："律曆、卦候、九宫、風角，數有徵效，世莫肯學，而競稱不占之書。"《後漢書·張衡傳》。足見讖皆不學無術者所爲，使劉歆等爲之，有如是其陋者邪？

成、哀以後所謂讖者，大體有二：一附會字形，如王莽以錢文有金刀，改爲貨泉，或以貨泉爲白水真人，是也。一曲解文義，如張邯稱説符命，謂《易》言"服戎於莽，升其高陵，三歲不興"，莽，皇帝之名；升謂劉伯升；高陵謂高陵侯子翟義；言劉升、翟義爲伏戎之兵於新皇帝之世，猶殄滅不興，是也。劉歆乃好古文者。古文條例，是爲六書。讖之附會字形者，莫不與六書相背，歆安得信之？范增述南公之言曰："楚雖三户，亡秦必楚"，語意本明。蘇林、臣瓚，亦皆隨語氣釋之。乃服虔以三户爲津名，孟康謂"南公知秦亡必於三户，故出此言。後項羽果渡三户津破章邯軍，降章邯，秦遂亡"。然則"雖"字何解？豈不可發一大噱？曾是劉歆等而爲此邪？讖文之體，蓋放古之謡辭爲之。《史記·三代世表》褚先生述方士考功之言曰："《黄帝終始傳》曰：漢興百有餘年，有人不短不長，出白燕之鄉，持天下之政，時有嬰兒主，卻行車。"即其體。足徵讖不始於成、哀，特成、哀後始盛耳。此猶今日之新詩，爲人之所能爲，亦足徵其爲家人言也。"亡秦者胡"等語，乃約舉讖意，非讖本文。

〔四一二〕 圖 讖 七

讖非劉歆等所爲，固矣。好古學者，又以是爲今文師咎，則其説益誣。爲是説者，乃以緯多用今文説，而讖文荒怪。今文師好言陰陽災異，亦或鄰於荒怪耳。不知緯之所以用今文説者，乃以成、哀之際，古文初興，説尚未出；至於陰陽災異，則與讖絶非一物。《漢書》總敘推言陰陽災異者曰：孝武時有董仲舒、夏侯始昌，昭、宣則眭孟、夏侯勝，元、成則京房、翼奉、劉向、谷永，哀、平則李尋、田終術。《眭》、《兩夏侯》、《京》、《翼》、《李傳》。今其言具存，曷嘗有如讖之矯誣者邪？尹敏建武二年，亦上疏陳《洪範》消災之術，亦得以敏爲信讖者邪？

《隋書·經籍志》曰："漢時，詔東平王蒼正五經章句，皆命從讖。俗儒趨時，益爲其學，篇卷第目，轉加增廣。言五經者，皆馮讖爲説。惟孔安國、毛公、王璜、賈逵之徒獨非之，相承以爲妖妄，亂中庸之典。故因漢魯恭王、河間獻王所得古文，參而考之，以成其義，謂之古學。當世之儒，又非毁之，竟不得行。”此所謂孔安國者，即《尚書》之《僞孔傳》，可以勿論。《毛詩》究出何人，不可知。若如《漢志》之説，謂河間獻王好之，則其時讖尚未興，何緣以爲妖妄？云因恭王、獻王所得，參而考之，以成其義，明古文之説，皆出臆造，非有師承也。然賈逵明引讖文，争立《左氏》，亦得謂之非讖者邪？今文師信讖者誠不乏，然如鄭玄，名爲兼通今古文，而實偏於古，今其經注引讖者即極多，安得專咎今文師乎？以緯書多用今文説而咎今文，則《毛傳》皇天、昊天、旻天之義，亦見《尚書帝命驗》，又得以《毛傳》爲妖妄邪？

〔四一三〕　太史公書亡篇

補《太史公書》是一事，續《太史公書》是一事，後人就《太史公書》有所附益，又是一事。三者不可相殽。

《後漢書·班彪傳》，載彪作《後傳略論》，言司馬遷作本紀、世家、列傳、書、表，凡百三十篇，而十篇缺焉。《漢書·藝文志》：《太史公書》百三十篇，十篇有録無書；本傳同。張晏曰：“遷殁之後，亡《景紀》、《武紀》、《禮書》、《樂書》、《兵書》、《漢興以來將相年表》、《日者列傳》、《三王世家》、《龜策列傳》、《傅靳列傳》。元、成之間，褚先生補缺，作《武帝紀》、《三王世家》、《龜策》、《日者傳》，言辭鄙陋，非遷本意也。”此就百三十篇中所缺者補之，所謂補《太史公書》者也。

《彪傳》又云：“武帝時，司馬遷著《史記》，自太初以後，闕而不録。後好事者頗或綴集時事，然多鄙俗，不足以踵繼其書。”《注》：“好事者，謂揚雄、劉歆、陽城衡、褚少孫、史孝山之徒也。"《漢書·張湯傳贊》："馮商稱張湯之先與留侯同祖，而司馬遷不言，故闕焉。"如淳曰："班固《目録》：馮商，長安人。成帝時，以能屬書，待詔金馬門，受詔續《太史公書》十餘篇。"師古曰："劉歆《七略》云：商，陽陵人。治《易》，事五鹿充宗。能屬文，博通强記，與孟柳俱待詔。頗序列傳，未卒，會病死。"《藝文志注》同。"事五鹿充宗"下，多"後事劉向"四字。《藝文志注》引韋昭曰："馮商受詔續《太史公》十餘篇，在班彪《别録》。"説與如淳同，而《漢志》列商所續《太史公》僅七篇，蓋餘篇因病未卒邪？然無論其爲七篇抑十餘篇，要必在百三十篇之外，此所謂續《太史公書》者也。

張晏言褚少孫補遷書僅四篇，而今所缺十篇俱在，則補遷書者不止一人。然遂謂揚雄、劉歆、陽城衡、史孝山之徒爲之，則又非也。雄等所爲，蓋皆續而非補；而此十篇，亦有可云補，有不可云補者。何則？苟其言補，雖不能必得遷意，要必與遷書體例相同。而如今之所爲，鈔《封禪書》以充《武紀》，鈔《荀子》、《戴記》以當《禮書》、《樂書》，皆與遷書體例，截然不合也。張晏言褚先生所補，言辭鄙陋，而如今之所補，則《武紀》用《封禪書》，即遷所自爲；《三王世家》全録策文；《日者傳》載司馬季主之辭；《龜策傳》載太卜所傳龜策卜事；其辭皆非褚氏所爲，何鄙陋之有？且《武紀》即取《封禪書》，是鈔本書之此篇以補彼篇也，《武紀》完，《封禪書》又缺矣，有是理乎？故知今此四篇，又非褚少孫之舊也。

然則《史記》中不出談、遷處，果何人所爲邪？曰：古書爲後人所亂者甚多，而其亂之也，亦各不同。有本書既缺，他有所采以補之，而其所采大致與本書合者，如今《史記》之《景紀》、《傅靳列傳》、《漢興以來將相年表》是也。此三篇體例最與元書合。《景紀》，《索隱》云以班書補之。今檢其文，與班書絶不同，可知補《史記》者必别有所受之也。有所采雖未必合，而體例與元書相符者，若《律書》、《三王世家》、《日者》、《龜策》兩傳是也。顔師古謂《史記自序》，有《律書》無《兵書》，以駁張晏，誤也。《律書》即《兵書》，昔人已言之矣。亦有全不相干者，則《武紀》、《禮》、《樂》二書是矣。此其意蓋本不在補，特取略有關涉之事，鈔附以備觀覽而已。雖附元書篇中，元書仍不可不謂之缺也。有附録而無元文，亦無補之之文。然今《禮書》、《樂書》中鈔《荀子》、《戴記》處，雖止可謂之附録，而自此以前一節，則與元書體例，尚無不合，豈此一節爲褚少孫所補，而其餘則好事者之爲之與？《樂書》篇末又有"太史公曰"云云，亦割《禮論》之文。

張晏謂《史記》所缺十篇，而今存者亦皆有"太史公曰"字。論者因謂《史記》實未嘗缺，而訾少孫之補爲亡謂，《十七史商榷》。此又非也。太史公三字，蓋非獨談、遷，凡居是官者，皆以之自稱焉。劉知幾謂馬遷既殁，太史之署，非復記言之司，此特以大校言之，安知居其位者，遂一無所述哉？且如今《司馬相如傳贊》，采及揚雄之語，豈談、遷所能爲，然亦著"太史公曰"字。此等苟非居是官者之自稱，則祇可謂鈔他書以續補《史記》者妄益之，然觀"褚先生曰"字，皆未嘗改，則知妄以他人之辭，託諸談、遷者尚不多，非談、遷所能言之"太史公曰"，自以釋爲居是官者之自稱爲較安也。

《史記》中有褚先生之辭者，不止張晏所舉四篇。如《三代世表》、《建元以來侯者年表》是也。然晏不云此諸篇爲褚所補，則知晏所謂補者，乃元書全佚，他有所采以充之，而非如此諸篇，於元書之後，有所沾綴也。諸篇中涉及麟止後事者，大抵皆此類耳。此皆祇可謂之附益，既不可云補，亦不足言續也。

《自叙》曰："三子之王，文辭可觀，作《三王世家》。"今《三王世家》亦載太史公之言曰："封立三王，天子恭讓，羣臣守義，文辭爛然，甚可觀也，是以附之世家。"其言如出一口。似乎遷之元書，爲不亡矣。然又載褚先生之言曰："臣幸得以文學爲侍郎，好覽觀太史公之列傳。傳中稱《三王世家》，文辭可觀。求其世家，終不能得。竊從長老好故事者，取其封策書，編列其事而傳之，令後世得觀賢主之指意。"今此篇所列策文，在"太史公曰"以前者，蓋即褚先生得諸長老者也。然則"太史公曰"以下之語，何自而來？豈其所序之事及辭已亡，而論贊之語獨存與？蓋史遷之書，私書也，其意欲藏之名山，傳之其人，而其後祖述宣布，實由其外孫揚惲。見遷本傳。《楊敞傳》云："惲始讀外祖《太史公記》，頗爲《春秋》。"此乃民間之物，不必爲侍郎而後得觀。褚先生所覽觀之太史公列傳，其所謂太史公者，實非遷也。今觀其辭又曰："王者疆土建國，封立子弟，所以褒親親，序骨肉，尊先祖，貴支體，廣同姓於天下也，是以形勢强而王室安。自古至今，所由來久矣，非有異也，故弗論著也。"此語若出談、遷，則自漢興以來同姓王侯，皆不當列表；而自楚元王以下，宗室受封者，亦不當著於世家矣；有是理乎？列者，序列；古書之序，恒與其書别行。褚少孫既云覽觀太史公之列傳，又云求《三王世家》弗能得，則此所謂列傳者，乃諸篇之序録，如今《史記》中之《自叙》，而非如《史記》中之列傳序列行事者也。今《史記》諸篇中系諸太史公之辭，竊疑此類當尚不乏，特無從一一别白；而此篇"太史公曰"以下之辭，其非出於談、遷，則昭然可覩矣。《禮書》、《樂書》既亡，而篇首仍有系諸太史公之語，蓋亦此類。故知張晏之言，必非無據也。知晏之言有據，則知張守節舉《禮書》、《樂書》等非史公元文者，司馬貞舉《建元以來侯者年表》四十五國、《曆書》太始、征和以下，悉以爲褚先生所補者之非矣。

《三國・魏志・王肅傳》載明帝問肅曰："司馬遷以受刑之故，内懷隱切，著《史記》非貶孝武，令人切齒。"對曰："司馬遷記事，不虚美，不隱惡。劉向、揚雄服其善叙事，有良史之才，謂之實録。漢武帝聞其述《史記》，取孝景及己本紀覽之，於是大怒，削而投之。於今此兩紀有録無書。後遭李陵事，遂下遷蠶室。此爲隱切在孝武，而不在於史遷也。"案遷《報任少卿書》，極言所以隱忍苟活，實爲《史記》之未成，則其著書，實在遭李陵事後，而不在其前，安得有武帝因讀本紀隱切，乃下遷蠶室之事？故昔人於肅説，多不之信也。或曰：著書是一事，成書又是一事。遷書之成，在遭李陵事後；其從事論著，當在繼父爲太史之年，安得謂景、武二紀，遭陵事時必無草創乎？此説可通。然古人輕事重言，往往設辭悟主，不必實有其事。孔融之"想當然耳”，是其明證。《魏志》載肅諫疏及李雲不當死、史遷非隱切之對，意固美其直諫，非嘉其博聞。據明帝問，遷著書自在遭陵事後，肅之言似不能據爲事實也。然景、武兩紀，有録無書，則非虚辭，又可見張晏之説之確矣。

原刊《光華大學半月刊》第三卷第六期，
一九三五年出版

〔四一四〕 淮南王書無中篇

《漢書·淮南王傳》言其“招致賓客方術之士數千人，作爲《内書》二十一篇，《外書》甚衆；又有《中篇》八卷，言神仙黄白之術，亦二十餘萬言”。“又有”以下十九字，必後人竄入。中即内也，《藝文志·雜家》有《淮南内》二十一篇，即今所傳《淮南王書》；又有《外》三十三篇。王既招致方術之士甚衆，未必無言神仙黄白事者，當在此中，不當别有《中篇》也。《楚元王傳》言宣帝復興神仙方術之事，而淮南有《枕中》、《鴻寶》、《苑祕》書，書言神仙使鬼物爲金之術，及鄒衍《重道延命方》，世人莫見；而更生父德，武帝時治淮南獄，得其書，更生幼而讀誦，以爲奇，獻之，言黄金可成；上令典尚方鑄作事，費甚多，方不驗，上乃下更生吏。劉奉世曰：德待詔丞相府，年三十餘，始元二年事也。淮南事元朔六年，是時德甫數歲。案《郊祀志》亦言更生獻淮南《枕中》、《洪寶》、《苑祕》之方，而不言其出於德。然則謂其出於德，乃後人附會之語，而孟堅誤采之也。劉向雖信其書，不必信其出於淮南王也。

《藝文志·易》家有《淮南道訓》二篇，《注》云“淮南王安聘明《易》者九人號九師法”，疑即今《淮南王書》中之《原道訓》。《内書》中此二篇專言《易》，餘則不純於儒，故向、歆入之雜家。師古曰：《内篇》論道，《外篇》雜説。以《内篇》爲純論道者，亦非也。

〔四一五〕 讀論衡

凡一時代中人，其思想必相類。王仲任《論衡》一書，近人盛稱之，以爲能破斥迷信矣，然其時之人之見解，類於仲任者實不少，讀其書《訂鬼》之篇而可知也。

此書列舉時人論鬼之説，凡得八家：一曰人病則憂懼，憂懼見鬼出。譬之伯樂相馬，顧玩所見，無非馬者；庖丁學解牛三年，不見生牛，所見皆死牛。謂思念存想，自見異物。又謂精念存想，或泄於目，或泄於口，或泄於耳。泄於目，目見其形；泄於耳，耳聞其聲；泄於口，口言其事。是則不徒見鬼者不足信，其耳有所聞，或口言其事者，亦皆非實有其物矣。二曰目光與臥亂。所謂臥者，謂氣倦精盡，妄有所見。立此説者，謂之反照，謂其與夢相似。又謂狂者之見鬼物亦然。三曰鬼者人所見得病之氣。其氣象人形而見。氣皆純於天，天文垂象於上，其氣降而生物。本有象於天，則其降下有形於地，此即《易》在天成象在地成形之説。如此説，則形與氣實爲一物。又謂衆星之體，爲人與鳥獸，故見人與鳥獸之形。案古稱庶民惟星，蓋實謂其降而爲人，讀《庶民惟星》條可知。可見此説實衍古哲學之緒也。四曰鬼者老物之精，亦或未老性能變化。五曰鬼者本生於人，時不成人，變化而去。引顓頊有三子，生而死，去爲疫鬼爲證。故鬼神有形體，能立樹，與人相見，非陰陽浮遊之氣若雲煙者所能爲。六曰鬼者甲乙之神。甲乙者天之别氣，其形象人。庚辛報甲乙，故病人且死，殺鬼之至者爲庚辛之神。何以效之？以甲乙日病者，其死生之期，常在庚辛之日也。七曰鬼者物也，與人無異，常在四邊之外，往來中國，與人雜。天地生物，有人若鳥獸，其生凶物亦有似人象鳥獸者。凶禍之家，或見蜚尸，或見走凶，或見人形，三者皆鬼也。而人或謂之鬼，或謂之凶，或謂之魅，或謂之魑。説螭者謂之龍，魅亦龍類，龍不常見，故鬼亦時見時匿，然皆生存實有，非虛無象之類。引《山海經》鬼門萬鬼所出入，神荼鬱壘主閱領萬鬼，執其惡害者以食虎。謂可食之物無空虛者以明之。八曰鬼在百怪之中，太陽之氣中傷人謂之毒，變化謂之妖。妖怪能象人之形，亦能象人之聲，故言有妖，聲有妖，文有妖。妖象人之形，毒象人之兵，毒中人則死，微者即爲腓。杜伯之厲爲妖，其弓矢則毒也。妖或施其毒不見其體，或見其形不施其毒。見其形不施其毒者，如晉太子申生是，不能爲害。施其毒不見其體，則凡受其害，而不知其由者，皆是也。言有妖，如童謡；聲有妖，如濮水琴聲，紂郊鬼哭；文有妖，爲文書之怪。人含氣亦爲妖，如巫之類；是巫之辭，無所因據，故同於聲氣自立、音聲自變也。又博徵諸事以明之，曰火氣恍惚，故妖象存亡。龍，陽物也，故時變化。鬼時藏時見，故知其爲陽氣。陽色赤，故世人見鬼色盡純朱。案此漢人與今異。蜚凶之類爲火光，止集樹木，枝葉枯死。問妖何以能象人形？則曰：太陽之氣，天氣也，天能生人之體，故能象人之容。問何以時見時隱？則曰：陰氣爲骨肉，陽氣爲精神。人之生也，陰陽氣具。精氣爲知，案《禮運》"體魄則降，知氣在上"之知字如此解。此亦可見當時之立説者多本古哲學。骨肉爲强，合錯相持，故能常見而不滅亡。太陽之氣，盛而無陰，故徒能爲象，不能爲形；一見恍惚，輒復滅亡也。此説爲仲任所取，故其《言毒》篇亦謂毒爲太陽之熱氣，人不堪任。《紀妖》篇論張良遇老父得《太公兵法》事曰：《太公兵法》，氣象之也。氣象生人之形，則亦能象太公之書。亦與此説相符會也。八説自今日觀之，當以第一二説爲較合。然仲任不之取。欲取第一説者，則以第一二説以鬼爲無其物。第三説至第八説則不然。仲任宗旨同於形法之家，凡事必求諸物質，故就後六説中擇其推論最博者而取之也。

立論必據事物。有所據之事物是而推論誤者，亦有所據之事物本不足信者。如第五説謂顓頊之子去爲疫鬼；第六説謂甲乙日病者，死生之期皆在庚辛之日；第七説謂神荼鬱壘閱領萬鬼，執以食虎是也。然誤信事實，亦有仍由推論之不精者：《紀妖》篇論張良得兵法事，設問曰："氣無刀筆，何以爲文？"而答之曰："魯惠公夫人仲子，生而有文在其掌，曰爲魯夫人；晉唐叔虞文在其手曰虞；魯成季友文在其手曰友。三文之書，性自然；老父之書，氣自成也。”因謂“太公釣得巨魚，刳魚得書，云吕尚封齊；武王得白魚，喉下文曰以予發，蓋不虚矣。因此復原《河圖》、《洛書》言興衰存亡，帝王際會，審有其文矣。”姑無論此等事之不足信，即以爲可信，而兵法必著於簡策，亦與文在其手、喉下有文者，非同類也。蓋時習以此等事爲實有，故賢者亦有所蔽而不能自拔耳。《言毒》篇謂毒中人若火灼，信有其事矣。曰人或爲蝮所中，割肉置地焦沸，火氣之驗，則未必然也。又曰：“他物之氣入人鼻目，不能疾痛。火煙入鼻，鼻疾；入目，目痛；火氣有烈也。”“盛夏暴行，暑暍而死，熱極爲毒也。人疾行汗出，對爐汗出，鄉日亦汗出，疾温病者亦汗出，四者異事而皆汗出，困同熱等，火日之變也。”説雖未盡然，所據之事自確。又曰“太陽之地，人民促急，促急之人，口舌爲毒。故楚越之人，促急捷疾，與人談言，口唾射人，則人脤胎腫而爲創。南郡極熱之地，其人祝樹樹枯，唾鳥鳥墜”，則并所據之事而亦不確矣。天下之事物多矣，安能一一目驗？其所依據，必有得之於人者。市三成虎，明者不能盡知其誣，此乃無可如何之事，不宜妄以後人之見議論古人也。此亦一時代中人見解所以相類之故。

唯物之家，視精神亦有其質。《漢書·藝文志》駁形法家之論曰：“形與氣相首尾，亦有有其形而無其氣，有其氣而無其形，此精微之獨異也。”此不謂氣非質，特其形不可見耳。仲任之論亦如此。故《論死》篇謂“形須氣而成，氣須形而知”。有形無氣則爲死物，火滅光消而燭在，看似初無所損，然粟米棄出則囊橐無復堅强之形矣，此形須氣之説也。有氣無形則不能成物，譬猶天下無獨然之火，其偶見者，則所謂妖也。人“受命於天，稟氣於元，與物無異”。語見《辨祟》篇。其所以異者，以稟五常之氣。五常之氣，必舍於五藏。故五藏有病，則人荒忽，荒忽則愚癡，此今心理本於生理之説也。氣之生人，猶水之爲冰。冰解爲水，人死復神。人之氣與天地之氣是一非二，正猶盎中之水與盎破後流於地上之水非二，此説恍聞横渠之説，實即《易》所謂

“精氣爲物，游魂爲變”爾。游魂之質必極微弱，仲任譬之卵未爲雞時，其質澒溶如水。害人者必以筋力，徒以精氣加人，猶口氣射人之面，雖賁育不能害人。此仲任所以斷定鬼之不能爲害也。以上所引皆見《論死》篇。

人之所以生者精氣，而能爲精氣者血脈，亦見《論死》篇。仲任謂人之壽夭、强弱、知愚、賢不肖，咸視乎其稟賦。《初稟》篇謂王命定於懷姙，猶卵殻孕而雌雄生，日月至而骨節强，强則雄自率將雌，是其義也。《無形》篇謂壽夭由形，形不可變化，命不可減加；譬諸囊貯粟米，損益粟米，囊亦增減。是故天不能增減人之年，猶之人不能損益苞瓜之汁，令其形如故也。儒家三命之説：曰正命，謂稟吉而得吉者也；曰隨命，行善而得善，行惡而得惡者也；曰遭命，行善得惡者也。仲任駁之，别立三命三性之説：以至百而死者爲正命，五十而死者爲隨命，初稟氣時遭凶惡者爲遭命，稟五常之性者爲正性，隨父母之性者爲隨性，遭得惡物象之者爲遭性。必别立新説者，所以破命隨操行而至之説。《命義》篇所謂“操行善惡者性也，禍福吉凶者命也”。所以必攻命隨操行而至之説者，則以遇不遇無關於才不才，累害自外不由内也。此義《逢遇》、《累害》二篇明之。此等議論，每爲迂儒好談勸戒者所深訾；然賢不肖渾淆，使賢者蒙不白之冤，而不肖者獲不虞之譽，不可也。治亂在時不在行，觀《治期》篇所論可知。世俗不知，則使明知之主虚受其責矣。又不獨此也，論罪者貴略跡而原心，賢賢者獨不當如此乎？《定賢》篇立觀善心之義曰：有善心，雖貧賤困窮功不成而效不立猶爲賢。又曰：治不謀功，要所用者是；行不責效，期所爲者正。此則不徒一洗成敗論人之見，亦且暗契董生“正其誼不謀其利，明其道不計其功”之説矣。其論命義之説，謂命不可勉，時不可力，知者歸之於天，故坦蕩恬忽。此亦儒家無入不自得之義也。故真見是非未有不有裨於道德者，問佞人何以不爲賢，曰：夫佞與賢者同材，佞以情自敗；偷盜與田商同知，盜以欲自劾也。《答佞》篇。此豈徒持福善禍淫之空論所能範圍驅策哉？

性與命之别，性以知德言，命以體格言。《命義》篇所謂死生壽夭之命，《氣壽》篇所謂强弱壽夭之命皆命；《命義》篇所謂貴賤貧富之命則性也。此皆原於稟賦。其繫於遭逢者，則仲任不謂之命，謂之禄，謂之遭遇，謂之幸偶。禄者，今人所謂命運，仲任謂之盛衰興廢；如國君或生於國家鼎盛之時，或生於國勢衰頽之日；人或生於鐘鳴鼎食之家，或爲蓽門圭竇之子是也。遭遇者，謂遇非常之變，歷陽之都一夕沈而爲湖，長平之阬四十萬同時死其事，《氣壽》、《刺孟》兩篇所謂所當觸值之命。幸偶者，一人之遭遇，遭禍福爲幸不幸，觸賞罰爲偶不偶，蓋以自然之利害，或雖人所爲而出於無意者爲禍福，人有意加諸吾者爲賞罰也。合此四者，而人所遭之幸不幸定焉。四者或俱善，或俱惡，其或善或惡者，則視其力之大小以定吉凶，如所謂國命勝人命，壽命勝禄命是也。其意義自較三命舊説爲周币。仲任論命之説，通觀《命禄》、《氣壽》、《幸偶》、《命義》、《無形》、《偶會》、《骨相》、《初稟》諸篇。

《齊世》一篇力闢古勝於今之説，《宣漢》、《恢國》、《驗符》、《須頌》力言今勝於古，看似無意義，然法家之所以不法古始，則正自此義來也。今能覈實與否，於自然現象與社會現象同。覈實於自然現象者，形法之家也；覈實於社會現象者，名法之家也。仲任宗旨於此最近。

然社會現象殆不可與自然現象等量而齊觀者，自然現象今古殆少變更，社會現象則不然矣。《齊世》篇闢上世之人侗長佼好堅强老壽之説，謂天不變易，氣不改更，俱稟元氣，形體何故不同？是矣。然古人沖愉恬淡，又少傳染之病，易於老壽；後世反是，則事之不可誣者也。而仲任亦不謂然，則傎矣。仲任又謂人生一世，壽至百歲；生爲十歲兒時，所見地上之物，生死改易者多，至於百歲所見諸物，無以異也。百歲之間，足以卜筮，此其致誤之由也。

迷信之家，視神如人，謂萬事皆神爲之，而其所謂神爲之者，則猶之人之爲之也。此固繆妄可笑。歸諸自然是矣。觀《論衡》，綜覈名實之法，近於法家。所得結論，近於道家。《譴告》篇謂黄、老二家論説天道得其實矣，《自然》篇謂説合於人事，不入於道德，從道不從事，雖違儒家之説，合黄、老之義也。可見其宗旨所在。然舉理之不可通者，亦槩以自然説之，則大開方便之門，亦一弱點也。仲任等皆未免此病。

仲任等之解釋鬼妖，雖未能將世俗之迷信根本否認，然卒能下“國將亡，妖見，其亡，非妖也；人將死，鬼來，其死，非鬼也；亡國者，兵也；殺人者，病也”之結論。則於死亡之原因，辨之甚覈。對於摧破迷信，已大有功。大抵仲任論事，最致謹於因果之關係，其《偶會》篇曰：“世謂秋氣擊殺穀草，此言失實。夫物以春生夏長，秋而熟老，適自枯死，陰氣適盛，與之會遇。何以驗之？物有秋不死者，生性未極也。人生百歲而終，物生一歲而死，死謂陰氣殺之，人終觸何氣而亡？夜月光盡，不可以作，人力亦倦，欲壹休息；晝日光明，人卧亦覺，力亦復足。非天以日作之，以夜息之也，作與日相應，息與夜相得也。”

〔四一六〕　大人見臨洮

秦大人見臨洮，漢人以爲災異，引之以説長狄；然《漢書·陳勝項籍傳注》引《三輔黄圖》言金人之銘曰：“皇帝二十六年，初兼天下，改諸侯爲郡縣，一法律，同度量，大人來見臨洮，其長五丈，足跡六尺。”則當時實以爲祥瑞也。

〔四一七〕　論漢人行序之説

《後漢書·皇甫嵩傳》，謂張角譌言“蒼天已死，黄天當立”。案以相生之序言之，當云赤天已死；以相勝之序言之，當云白天已死。以黄代蒼，五行家無此説也。疑角本云赤天已死，當時奏報者諱之，乃改爲蒼天。《靈帝紀》云：角自稱黄天。其部師三十六萬皆著黄巾。《續漢書·五行志注》引《物理論》曰：黄巾被服純黄，不將尺兵，肩長衣，翔行舒步，所至郡縣無不從。

五德終始，説出鄒子。其遺文不可得見。惟《文選》沈休文《齊故安陸昭王碑》李善注引《鄒子》曰：五德從所不勝，虞土、夏木、殷金、周火。左思《魏都賦》注引《七略》，亦曰鄒子終始五德，從所不勝，土德爲始，木德繼之，金德次之，火德次之，水德次之。其説當有所本。《吕覽·應同》，以黄帝爲土德，禹爲木德，湯爲金德，文王爲火德。《淮南·齊俗》，言有虞氏祀中霤，服尚黄；夏后氏祀户，服尚青；殷人祀門，服尚白；周人祀竈，服尚赤。《史記·封禪書》曰："秦始皇既并天下而帝，或曰：黄帝得土德，黄龍地螾見；夏得木德，青龍止於郊，草木暢茂；殷得金德，銀自山溢；周得火德，有赤烏之符。今秦變周，水德之時。昔秦文公出獵，獲黑龍，此其水德之瑞。"皆鄒子之説也。其後賈誼、公孫臣、兒寬、司馬遷皆仍之。至劉向父子乃一變，見下。而王莽行焉，光武因之。自此以後，公孫述引《援神契》曰：西太守，乙卯金。謂西方太守而乙絶卯金也。五德之運，黄承赤而白繼黄，金據西方爲白德，而代王氏，得其正序。《後漢書·公孫述傳》。李雲憂國將危，心不能忍，乃露布上書，移副三府，曰：高祖受命，至今三百六十四歲，君期一周，當有黄精代見，姓陳、項、虞、田、許氏，不可令此人居太尉、太傅典兵之官。《李雲傳》。耿包密白袁紹曰：赤德衰盡，袁爲黄胤，宜順天意。《袁紹傳》。袁術以袁氏出陳，爲舜後，以黄代赤，德運之次，遂有僭逆之謀。《袁術傳》。熹平末，黄龍見譙，橋玄問單颺：此何祥也？颺曰：其國當有王者興，不及五十年，龍當復見，此其應也。魏郡人殷登密記之。至建安二十五年春，黄龍復見譙，其冬，魏受禪。見《後漢書·方術·單颺傳》。案亦見《三國·魏文帝紀》。皆相生之説也。即草澤之夫，亦以是爲號召，桓帝建和二年，長平陳景自號"黄帝子"是也。《桓帝紀》。此從監本。宋本黄作皇。案皇、黄古通。後漢之世，學士論行序，仍主相勝之説者，惟一王充；見《論衡·驗符》篇。草澤舉兵，仍以舊説號召者，惟沖帝永嘉元年，歷陽賊華孟自稱"黑帝"耳。見《本紀》，亦見《滕撫傳》。然則後漢之世，相生之説，遠勝於相勝。光武政事多反王莽，惟行序之説仍之者，亦取其爲衆所共喻也。張角乃不學無術之徒，胥動浮言,不遇意圖扇惑,安得更有新説？故知張角“蒼天已死”之蒼,必本作赤而爲漢人所改也。

易相勝爲相生,説雖成於劉向,而實始於甘忠可。王莽稱假皇帝之奏,引哀帝建平二年改元易號之事,曰“案其本事,甘忠可、夏賀良讖書臧蘭臺”,《漢書·王莽傳》。而其增益漏刻,亦與賀良等同,其證也。哀帝號陳聖劉太平皇帝,陳即田,田即土,蓋謂帝雖姓劉,所行者實土德耳。劉向父子絶忠可、賀良之説,而其行序之説,顧與之同,亦可見忠可、賀良之説,非無足取矣。案《史記·封禪書》曰“秦襄公既侯,居西垂,自以主少昊之神,作西畤,祠白帝”,其後“櫟陽雨金,秦獻公自以爲得金瑞,故作畦畤櫟陽,而祀白帝”;此乃傅會之辭。漢高祖二年,“東擊項籍而還入關,問故秦時上帝祠何帝也？對曰：四帝,有白、青、黄、赤帝之祠。高祖曰：吾聞天有五帝,而有四,何也？莫知其説。於是高祖曰：吾知之矣,乃待我而具五也。乃立黑帝祠,命曰北畤。”高帝時尚莫知祠不具五之説,而謂秦當襄獻時,已自以爲金運,其説寧可信乎？《封禪書》又曰:“自齊威宣之時,騶子之徒論著終始五德之運,及秦帝而齊人奏之,故始皇采用之。”則五德終始之説,實來自東方;秦自吕不韋集賓客著書以前,固當無所知也。忠可齊人,然則五德相生相勝之説,皆起於東方矣。

《史記·孟荀列傳》言鄒衍,“深觀陰陽消息,而作怪迂之變,《終始》、《大聖》之篇十餘萬言。其語閎大不經,必先驗小物,推而大之,至於無垠。先序今以上至黄帝,學者所共術,大并世盛衰,因載其禨祥度制,推而遠之,至天地未生,窈冥不可考而原也。”《吕覽》言五德始於黄帝,實爲説出鄒子之徵。以此推之,則顓頊木,帝嚳金,堯火,而虞爲土德,中闕水德。豈鄒子之説,五帝同德,至夏乃以木代土邪？或曰:《漢書·律曆志》曰:“祭典曰：共工氏伯九域。言雖有水德,在火木之間,非其序也。任知刑以强,故伯而不王。秦以水德,在周漢木火之間。周人遷其行序,故《易》不載。”然《周書·史記》言共工自賢,唐氏亡之。《淮南·本經》曰:“共工振滔洪水以薄空桑。舜乃使禹疏三江五湖，闢伊闕，道廛澗。”《荀子·議兵》曰：“禹伐共工。”《戰國·秦策》載蘇秦之言同。《成相》曰：“禹有功，抑下鴻，辟除民害逐共工。”禹治水在舜攝政時，此即《書》所謂舜流共工於幽州，亦即《周書》所謂唐氏亡之也。然則唐虞之間，實有一共工其人。《管子·揆度》曰：“共工之王，水處十之七，陸處十之三，乘天勢以隘制天下。”知以共工爲伯而不王，説實始於向、歆。《漢志》所引祭典，今見《禮記·祭法》、《國語·魯語》，蓋皆向、歆之説既出後改定之文，非古文如此也。此説亦可通。若如此説，則古帝王相承之序，與《大戴記·五帝德》及《史記·五帝本紀》不合。予因之有疑焉。《太史公自序》曰：“卒述陶唐以來，至於麟止，自黄帝始。”既曰陶唐以來，又曰自黄帝始，未免自相矛盾。《五帝本紀贊》文義支離，其經後人竄改，殆無疑義，然其中當頗有元文。《贊》曰：“學者多稱五帝，尚矣。然《尚書》獨載堯以來；而百家言黄帝，其文不雅馴，薦紳先生難言之。孔子所傳《宰予問五帝德》及《帝繫姓》，儒者或不傳。”此數語當係史遷元文。疑遷書本紀第一篇不稱五帝，始自陶唐，後人以《五帝德》之文附益之，乃并其名而易之也。抑《大戴記》無傳授，先儒多不之信，又安知非向、歆之説既行後，或人加以竄易者邪？王莽下書曰：“夫三皇象春，五帝象夏，三王象秋，五伯象冬。皇王，德運也；伯者，繼空續乏以成曆數，故其道駁。”《王莽傳》。此説尚未擯霸者使不得列於行序，然已啓其端。更進一步，即可替共工而以舜承堯，閏嬴秦而以漢繼周矣。可見向、歆之説，亦自甘忠可、夏賀良以來，逐漸增改而成者也。《漢書·藝文志·諸子略·陰陽家》，有《鄒子終始》五十六篇，當即《史記》所謂《終始》之篇。其《大聖》篇則不可知矣。《史記·孝文本紀》言公孫臣上書，陳終始五德事。《漢書·律曆志》言丞相屬寶、長安單安國、安陵桮育治《終始》，蓋皆治鄒子之學者。褚先生補《三代世表》曰：“《黄帝終始傳》曰：漢興百有餘年，有人不短不長，出白燕之鄉，持天下之政。時有嬰兒主，卻行車。臣爲郎時，與方士考功會旗亭下，爲臣言。”方士説雖怪妄，亦附會鄒子之書，知鄒子之學在西京流布甚廣也。

《漢書·郊祀志贊》曰:"漢興之初,庶事草創,惟一叔孫生略定朝廷之儀。若乃正朔、服色、郊望之事,數世猶未章焉。至於孝文,始以夏郊。而張蒼據水德,公孫臣、賈誼更以爲土德,卒不能明。孝武之世,文章爲盛。太初改制,而兒寬、司馬遷等,猶從臣、誼之言,服色數度,遂順黄德。彼以五德之傳從所不勝,秦在水德,故謂漢據土而克之。劉向父子以爲帝出於震,故包羲氏始受木德,其後以母傳子,終而復始,自神農、黄帝下歷唐、虞、三代,而漢得火焉。故高祖始起,神母夜號,著赤帝之符,旗章遂赤,自得天統矣。昔共工氏以水德間於木火,與秦同運,非其次序,故皆不永。"《高帝紀贊》曰:"劉向云戰國時劉氏自秦獲於魏。秦滅魏,遷大梁,都於豐。故周市説雍齒曰:豐,故梁徙也。是以頌高祖云:漢帝本系,出自唐帝。降及於周,在秦作劉。涉魏而東,遂爲豐公。"此可見以共工與秦爲不當行序,漢爲火德,系出唐堯,説實成於向、歆。《眭弘傳》弘謂"漢家堯後",疑其文出後人,非弘本語。

《史記·高祖本紀》:高祖夜經豐西澤中,拔劍擊斬蛇。"後人來至蛇所,有一老嫗夜哭。人問何哭?嫗曰:人殺吾子,故哭之。人曰:嫗子何爲見殺?嫗曰:吾子,白帝子也,化爲蛇,當道,今爲赤帝子斬之,故哭。"又云:高祖立爲沛公,"祠黄帝,祭蚩尤於沛庭,而釁鼓。旗幟皆赤,由所殺蛇白帝子,殺者赤帝子,故上赤。"此中"由所殺蛇白帝子"以下十五字,決爲後人增竄。其餘爲史公元文與否未敢定。然即有此説,亦係尋常譌言,未必與行序有關也。應劭説此,謂秦祠白帝爲金德,而漢以火德滅之,於行序之説可通。《索隱》引《春秋合誠圖》曰:"水神哭,子褒敗。""宋均以爲高祖斬白蛇而神母哭,則此母水精也。"則以秦爲水德。聞水克火,不聞火克水,於理爲不可通矣。劉向父子於此未能彌縫,亦一闕失也。

《高祖紀》又曰:"其先劉媪嘗息大澤之陂,夢與神遇。是時雷電晦冥,太公往視,則見交龍於其上。"但云交龍而已,不言爲何色。夏賀良言赤精子之讖。應劭曰高祖感赤龍而生，自謂赤帝之精，賀良等因是作此讖文，始以龍爲赤色，與行序有關，此亦後來所增益也。然亦可見向、歆之説，實與賀良等同。

原刊《群雅月刊》第一集第一卷，
一九四〇年四月一日出版

〔四一八〕 竇 公

《漢書·藝文志》："六國之君，魏文侯最爲好古，孝文時，得其樂人竇公。"《注》引桓譚《新論》云："竇公年百八十歲，兩目皆盲，文帝奇之，問曰：何因至此？對曰：臣年十三失明，父母哀其不及衆技，教鼓琴，臣導引無所服餌。"案此神仙家之妄託也。竇公之傳出於魏文侯之樂人，非身事魏文侯；猶扁鵲上治虢太子，下逮趙簡子、齊桓侯，同蒙扁鵲之號，實非一人也。故曰"或在齊，或在趙"。自魏文侯至漢文帝，亦不止百八十歲，神仙家之技，故止於此。

〔四一九〕 禁巫祠道中

《漢書·武帝紀》："天漢二年，秋，止禁巫祠道中者。"《注》：文穎曰："始漢家於道中祠，排禍咎，移之於行人百姓，以其不經，今止之也。"師古曰："文説非也。祕祝移過，文帝久已除之。今此總禁百姓巫覡於道中祠祭者耳。"案漢家若無此事，文穎豈得妄説？則師古之言非也，此與祕祝移過，并非一事。祕祝移過，蓋如熒惑守心，而子韋欲移諸相，移諸民，移諸歲；赤雲夾日飛，而周太史謂可移諸將相之類。使宋景、楚昭聽之，官司必有職其事者，非行諸道中者也。禮以正俗，然人心未變，則有仍棄禮而徇俗者。《王嘉傳》：嘉奏封事言：

"董賢母病,長安廚給祠具,道中過者皆飲食。"如淳曰:"禱於道中,故行人皆得飲食。"此即所謂巫祠道中者。宰相行之,安保皇室之不出此乎?《潛夫論·巫列》篇曰:"人有爵位,鬼神有尊卑。巫覡之語,小人所畏;及民間繕治,微蔑小禁;本非天王所當憚。舊時京師,不防動功,造禁以來,吉祥應瑞,子孫昌熾,不能過前。且以君畏臣,以上需下,則必示弱而取陵,殆非致福之招也。"然則漢世祠祭禁忌,同於民間習俗者多矣,又安必巫祠道中之獨不然乎?故知文穎之言,必有所據也。

〔四二〇〕 賽與塞

《後漢書·宦者傳》:"先是瑀等陰於明堂中禱皇天曰:竇氏無道,請皇天輔皇帝誅之,令事必成,天下得寧。既誅武等,詔令大官給塞具。"《注》:"塞,報祠也。音蘇代反。字當爲賽,通用。"案此乃塞字之長短言耳。

〔四二一〕 黄老君

道家之學,與神仙家之言,相去亦遠矣,而後世并爲一談,何也?曰:道家之學,託諸黄帝,而老子傳之,世遂以黄、老并稱,方士崇奉黄帝,耳熟黄、老之名,遂自附於老子耳。

曷言乎道家之學,託諸黄帝,而老子傳之也?案《老子書》辭義最古;全書皆三四言韻語,一也。間有散句,乃後來所加。書中但有牝牡雌雄字,無男女字,稱名特異,二也。全書之義,女權皆優於男權,三也。此必非東周後人所能爲,蓋自古相傳之辭,至老子乃著之竹帛者耳。其辭出於誰某不可知,然必託之黄帝,故漢人恒以黄、老并稱。今《列子書·天瑞》篇引《黄帝書》二條，黄帝之言一條，《力命》篇亦引《黄帝書》一條。《天瑞》篇所引，有一條與《老子書》同，其餘亦極相類。《列子》雖僞物，亦多采摭古籍而成，非盡僞造也。故知道家言必自古即託之黄帝者也。

曷言乎方士耳熟黄、老之名，遂自附於老子也？《三國志·張魯傳注》引《典略》，謂張脩使人爲姦令祭酒，主以《老子》五千文，使都習。夫張脩之道與老子何涉？此誠令人大惑不解者也。讀《後漢書》之《桓帝紀》，乃恍然矣。《紀》云：延熹八年正月，遣中常侍左悺之苦縣祠老子。十一月，使中常侍管霸之苦縣祠老子。九年七月，祠黄、老於濯龍宫。《論》曰：前史稱桓帝好音樂，善鼓琴，飾芳林而考濯龍之宫，設華蓋以祠浮屠、老子，斯將所謂聽於神者乎？注：前史，謂《東觀記》也。《襄楷傳》：楷上疏曰：聞宫中立黄、老、浮屠之祠。此道清虚，貴尚無爲；好生惡殺，省欲去奢。今陛下嗜欲不去，殺罰過理，既乖其道，豈獲其祚哉？或言老子入夷狄爲浮屠；浮屠不三宿桑下，不欲久生恩愛，精之至也；天神遺以好女，浮屠曰：此但革囊盛血，遂不盼之。其守一如此，乃能成道。今陛下淫女豔婦，極天下之麗；甘肥飲美，單天下之味；奈何欲如黄、老乎？又《楚王英傳》：晚節更喜黄、老學，爲浮屠齊戒祭祀。永平八年，詔令天下死罪皆入縑贖。英遣郎中令奉黄縑白紈各三十匹詣國相，國相以聞。詔報曰：楚王誦黄、老之微言，尚浮屠之仁慈。潔齊三月，與神爲誓。何嫌何疑，當有悔吝？其還贖，以助伊蒲塞、桑門之盛饌。然則是時，黄、老、浮屠，轇葛不清舊矣。然《續漢書·祭祀志》曰："桓帝即位十八年，好神仙事。延熹八年，初使中常侍之陳國苦縣祠老子。九年，親祠老子於濯龍。文罽爲壇飾，淳金釦器，華蓋之坐，用郊天樂也。"此與《後漢書》所紀同，而濯龍之祠，《紀》言黄、老，《志》但言老子，則除苦縣爲老子鄉里，故特祠之之外，《三國·魏志·倉慈傳注》曰："案《孔氏譜》：孔乂字元儁，孔子之後。曾祖疇，字元矩，陳相。漢桓帝立老子廟於苦縣之賴鄉，畫孔子像於壁；疇爲陳相，立孔子碑於像前，今見存。"疑老子廟成於延熹八年，故特祠之也。其餘皆當兼祠黄、老。八年一年之中,而遣祠老子者再,則其祠黄帝必甚數,必不止九年一祭。史特記九年之祭者,以其禮獨隆耳。《東觀記》考濯龍與祠老子對舉,則濯龍之祠,所重當在黄帝。其因黄帝而牽及老子之跡,猶隱然可見也。《三國·魏志·武帝紀》:建安二十五年,王崩於洛陽。《注》引《世語》曰:太祖自漢中至洛陽,起建始殿,伐濯龍祠而樹血出。《曹瞞傳》曰:王使工蘇越徙美梨。掘之,根傷,盡出血。越白狀,王躬自視而惡之,以爲不祥,還,遂寢疾。則濯龍實爲妖妄之府,至漢末,猶有此等妖言也。黄帝無書,而老子有五千文,故張脩使其下習之耳。其取五千文,蓋特取其爲老子之書,而非取其書中之義。抑其所取者,亦方士神巫之所謂老子,非道術之士之所謂老子也。《後漢書·逸民傳》曰:矯慎,少學黄、老,隱遁山谷,仰慕松、喬道引之術。汝南吴蒼遺書曰:蓋聞黄、老之言,乘虚入冥,藏身遠遁。亦有理國養人,施於爲政。至如登山絶跡,神不著其證,人不覩其驗。吾欲先生,從其可者,於意何如?此道術之士,隱遁之流,神仙之家,并自託於老子之證。仲長統《卜居論》曰:"安神閨房,思老氏之玄虚;呼吸精和,求至人之彷彿。"亦以老子與神仙家并稱。漢世方士,雖多以飛昇遐舉爲言,然其道實雜而多端。言登山絶跡者可以自託於老子,固不能禁祠祭巫鬼者不之託。抑言他道者可自黄帝而及老子,又不能禁祠祭巫鬼者不因此而及彼也。此黄、老所由以道術之名,一變而爲神巫方士之祖也。

《後漢書·陳愍王寵傳》:景平二年,國相師遷,追奏前相魏愔,與寵共祭天神,希冀非幸,罪至不道。檻車傳送愔、遷詣北寺詔獄。愔辭,與王共祭黄老君,求長生福而已,無他冀幸。劉攽《刊誤》曰:黄老君不成文,當云黄帝、老君。《刊誤補遺》曰:《真誥》云:大洞之道,至精至妙,是守素真人之經。昔中央黄老君祕此經,世不知也。則道家又自有黄老君。《真誥》未必可信,中央黄老君似指天神言之,正合遷之所奏。然遷以誣告獲罪,足徵愔與愍王所祭,實非《真誥》所云。云求長生福,所祀者蓋亦方士所謂黄、老也。黄老君固不成文,增一帝字,黄帝二字,則成文矣,老君何人乎?蓋方士之譾陋者,初不問黄、老爲誰,貿然於其下加一君字耳。史言黄、老道者甚多,乍觀之固似成文,然果以黄爲黄帝,老爲老子,其道又豈可奉祀者邪?

《後漢書·循吏傳》云:延熹中,桓帝事黄、老道,悉毁諸房祀。惟特詔密縣存故太傅卓茂廟,洛陽留王涣祠焉。又《欒巴傳》云:好道。再遷豫章太守。郡土多山川鬼怪,小人嘗破資産以祈禱。巴素有道術,能役鬼神。乃悉毁諸房祀,翦理姦誣。於是妖異自消。百姓始頗爲懼,終皆安之。《三國·魏志·武帝紀注》引《魏書》,言太祖擊黄巾時,黄巾移之書曰:昔在濟南,毁壞神壇,其道乃與中黄大乙同,似若知道,今更迷惑。《後漢書·皇甫嵩傳》言張角奉事黄、老道,則角與桓帝,所事正同,即欒巴之所好,恐亦不外乎此也。《三國志·張魯傳》言魯以鬼道教民,大都與黄巾相似。魯之治,頗留意於人民生計,豈倡此道者以淫祀無福,妄耗民財,思有以革除之,乃爲是以毒攻毒之計與?然桓帝則必非能知此義者也。

觀於桓帝、欒巴、楚王、陳王、張角、張魯等所奉,而後漢之世所謂黄、老者可知已。然竊疑其猶不始此。《史記·儒林傳》曰:孝景不任儒者,而竇太后又好黄、老之術,故諸博士具官待問,未有進者。《魏其武安侯列傳》言:太后好黄、老之言,而魏其、武安、趙綰、王臧等務隆推儒術,貶道家言,是以竇太后滋不説魏其等。竇太后多與政事,助梁王以謀繼嗣,絶非知足知止之人。《儒林傳》又曰:"竇太后好《老子書》,召轅固生問《老子書》。固曰:此是家人言耳。太后怒曰:安得司空城旦書乎?乃使固入圈刺豕。景帝知太后怒而固直言無罪,乃假固利兵;下圈刺豕,正中其心,一刺,豕應手而倒。太后默然,無以復罪,罷之。"太后所問,果爲今《老子書》,固雖不好道,豈得目爲家人言?疑太后所問《老子書》,亦有巫鬼之辭,羼雜其中矣。怒而使之刺豕,理亦殊不可解。豈其所謂家人言者,有刺豕之戒,而固不之信,乃以是困之與?然則《老子書》之爲人所附會也舊矣。

《後漢書・獨行傳》云:"向詡,性卓詭不倫。恒讀《老子》,狀如學道;又似狂生,好被髮著絳綃頭。徵拜侍中。會張角作亂,詡上便宜,頗譏刺左右,不欲國家興兵;但遣將於河上北向讀《孝經》,賊自當消滅。中常侍張讓讒詡:不欲令國家命將出師,疑與角同心,欲爲内應。收送黄門北寺獄,殺之。"案《三國・吴志・孫策傳注》引《江表傳》,言策欲殺于吉,諸將連名陳乞。策曰:"昔南陽張津爲交州刺史,舍前聖典訓,廢漢家法律,嘗著絳帕頭,鼓琴燒香,讀邪俗道書,云以助化,卒爲南夷所殺。此甚無益,諸君但未悟耳。"《注》考桓王前亡,張津後死,謂策以此曉譬諸將,自不可信。然特託之於策爲誣,述張津事必非虚語。詡好著絳綃頭,津則著絳帕頭;詡欲讀《孝經》以滅賊,津則讀道書以助化,其所爲亦頗相類。抑張角譌言蒼天已死,黄天當立,無論從相生相勝之説,黄皆不得代蒼,蓋本言赤天已死,漢人奏報諱之,乃改赤爲蒼。《靈帝紀》曰:"巨鹿人張角自稱黄天,其部師三十六萬,皆著黄巾。"《續漢書・五行志注》引《物理論》曰:"黄巾被服純黄,不將尺兵,肩長衣,翔行舒步,所至郡縣無不從。"夫其著黄巾者,以黄天既立也。然則向詡著絳綃頭,張津著絳帕頭者,漢行猶未改也。角之起也,殺人以祠天,亦見《皇甫嵩傳》。此東夷用人之舊,而被髮亦東夷之俗。然則張讓疑向詡與角同心,不爲無因。謂其欲爲角内應固誣,而詡所好之道,是否即張角所事之黄、老道,則殊難斷其不然矣。又《三國・魏志・管寧傳注》引《魏略》曰:"寒貧者,本姓石,字德林,安定人也。建安初,客三輔。是時長安有宿儒欒文博者,門徒數千,德林亦就學,始精《詩》、《書》。後好内事,於衆輩中最玄默。至十六年,關中亂,南入漢中。不治産業,不畜妻孥,常讀《老子》五千文及諸内書,晝夜吟詠。"此人所信何道,亦殊可疑,而與向詡皆常讀《老子》,此又老子爲邪教牽引之一證矣。

《論衡・道虚》篇曰:"世或以老子之道,爲可以度世。恬淡無欲,養精愛氣。夫人以精神爲壽命,精神不傷,則壽命長而不死。老子行之,踰百,度世爲真人矣。"此亦神仙家附會老子之一證。

〔四二二〕 黄老、老莊、老易

漢代雖儒學專行,然諸子之學傳授仍不絶,其中道家之學尤盛。老莊雖同隸道家,其宗旨實不同,老子之學,主於以柔克剛,仍是鬬争求勝之術。莊子則觀大化之無常,齊是非,泯欣厭,委心任運而已。《漢志》道家闡發老子者,有鄰氏、傅氏、徐氏、劉向四家,闡發莊周者無一焉。前條所引列傳中治道家之學者,亦僅嚴君平云,依老子嚴周之旨著書,班嗣云:貴老嚴之術,其報桓生書,亦盛稱嚴子耳。知其時莊周之説,遠不如老子之盛也。然老氏之學,實無隱居自樂之意,莊生則有之。前條所引治黄老諸家,多有自甘隱遁者,恐未嘗不兼取莊周也。此已開晉代風氣之先矣。

以老子之言,與其謂近於莊,無寧謂近於易,故玄學諸家多以老易并稱,范升向長皆兼治老易,亦魏晉之先河也。

《三國志·秦宓傳》古樸曰:嚴君平見黄老,作《指歸》,《指歸》蓋君平所著書名。

〔四二三〕 讀漢書札記一

天下事無可全欺人者。人之必死,衆目所共見也。以不死誑人,其術拙矣。然時人信之甚篤,蓋亦有由。淫祀之廢也,成帝以問劉向。向言:"陳寶祠自秦文公至今七百餘歲矣,漢興世世常來。光色赤黄,長四五丈,直祠而息,音聲砰隱,野雞皆雊。每見雍太祝祠以太牢,遣候者乘乘傳馳詣行在所,以爲福祥。高祖時五來,文帝二十六來,武帝七十五來,宣帝二十五來,初元元年以來亦二十來。"此衆目昭見之事,非可虚誑。蓋自然之象,爲淺知者所不能解,乃附會爲神怪。其説誣,其象則不虚也。神仙之説,蓋因海上蜃氣而起,故有登遐倒景諸説,而其所謂三神山者,必在海中,而方士亦必起於燕、齊耳。

《史記·封禪書》曰:"三神山者,其傳在勃海中,去人不遠。患且至,則船風引而去。蓋嘗有至者,諸仙人及不死之藥皆在焉。其物禽獸盡白,而黄金銀爲宫闕。未至,望之如雲。及到,三神山反居水下。臨之,風輒引去,終莫能至云。"《漢書·郊祀志》:谷永述當時言神仙者之説,謂能"遌同遥。興輕遐舉,登遐倒景,覽觀縣圃,浮游蓬萊"。司馬相如《大人賦》曰:"世有大人兮,在於中州。宅彌萬里兮,曾不足以少留。悲世俗之迫隘兮,朅輕舉而遠遊。垂絳幡之素蜺兮,載雲氣而上浮。"皆可見神仙之説初興,由蜃氣附會之跡。

神仙家之説,不外四端:一曰求神仙,二曰練奇藥,三曰導引,四曰御女。練藥,導引,御女,皆與醫藥相關。《漢志》神仙家,與醫經,經方,房中同列方技,蓋由於此。然奇藥不必自練,亦可求之於神仙。《史記·封禪書》:三神山嘗有至者,諸仙人及不死之藥皆在焉;又謂始皇"南至湘山,遂登會稽,并海上,冀遇海中三神山之奇藥"是也。《史記·淮南王傳》:伍被言:秦使徐福入海。"還爲僞辭曰:臣見海中大神,言曰:汝西王之使邪?臣答曰:然。汝何求?曰:願請延年益壽藥。神曰:汝秦王之禮薄,得觀而不得取。"尤顯而可見。此與自行練藥者,蓋各爲一派。

服食與練藥,又有不同。練藥必有待於練,服食則自然之物也。《後漢書注》引《漢武内傳》,謂封君達初服黄連五十餘年,卻儉多食茯苓,魏武能餌野葛是也。《華佗傳》云:"樊阿從佗求方可服食益於人者,佗授以漆葉青黏散。"《注》引《佗别傳》曰:"本出於迷入山者,見仙人服之,以告佗。"此神仙家言與醫家相出入者。

導引之術,亦由來甚久。《莊子》已有熊經鳥申之言。《漢書·王吉傳》吉諫昌邑王遊獵曰:"休則俯仰屈申以利形,進退步趨以實下,吸新吐故以練臧,專意積精以適神,於以養生,豈不長哉!"王褒《聖主得賢臣頌》曰:“何必偃仰屈信若彭祖,呴噓呼吸如喬松。”崔實《政論》曰:“夫熊經鳥伸,雖延歷之術,非傷寒之理;呼吸吐納,雖度紀之道,非續骨之膏。”仲長統《卜居論》曰:“呼吸精和,求至人之方佛。”皆導引之術也。《華佗傳》:“佗語吴普曰:古之仙者爲導引之事,熊經鴟顧,引挽要體,動諸關節,以求難老。吾有一術,名五禽之戲:一曰虎,二曰鹿,三曰熊,四曰猨,五曰鳥,亦以除疾,兼利蹏足,以當導引。”則導引又醫家及神仙家之所共也。

《後漢書》言普行五禽之法,年九十餘,耳目聰明,齒牙完堅,此行規則運動之效,首見於史者。注引《佗别傳》曰:“普從佗學,微得其方。魏明帝呼之,使爲禽戲,普以年老,手足不能相及,麤以其法語諸醫。普今年將九十,耳不聾,目不冥,牙齒完堅,飲食無損。”云手足不能相及,蓋其戲即今所傳《八段錦》中所謂“兩手攀足固腎要”者。《後書注》曰:“熊經,若熊之攀枝自懸也。鴟顧,身不動而回顧也。”云若攀枝自懸,則未必真有物可攀,亦不必其真自懸。竊疑《八段錦》中所謂“兩手托天理三焦”,即古所謂熊經者。身不動而回顧,其爲《八段錦》中之“五勞七傷望後瞧”,無疑義矣。《後漢書》又云:“冷壽光行容成公御婦人法,常屈頸鷮息,鬚髮盡白,而色理如三四十時。王真年且百歲,視之面有光澤,似未五十者。自云:周流登五岳名山;悉能行胎息、胎食之方。漱舌下泉咽之。不絶房室。注引《漢武内傳》:“王真習閉氣而吞之,名曰胎息。習漱舌下泉而咽之,名曰胎食。真行之,斷穀二百餘日,肉色光美,力并數人。”又引《抱朴子》曰:“胎息者,能不以鼻口噓翕,如在胎之中。”孟節能含棗核不食,可至五年十年。又能結氣不息,狀若死人,可至百日半年。”胎食、胎息,即今所謂吞津及河車般運之術。静之至,自可不食較久。二百餘日或有之,云五年十年,則欺人之談也。不息若死,亦其息至微耳。魏文帝《典論》曰:“甘陵甘始,名善行氣,老而少容。始來,衆人無不鴟視狼顧,呼吸吐納。軍祭酒弘農董芬,爲之過差,氣閉不通,良久乃蘇。”蓋導引宜順自然,又必行之有序,而與日常起居動作,亦無不有關係。山林枯槁之士,與夫專以此爲事者,其所行,固非尋常之人所能效耳。

房中，神仙，《漢志》各爲一家，其後御女，亦爲神仙中之一派。蓋房中本醫家支流，神仙亦與醫家關係甚密耳。《後漢書·方術傳》言甘始、東郭延年、封君達三人，率能行容成御婦人術。又泠壽光，亦行容成御婦人法。魏文帝《典論》謂："廬江左慈，知補導之術。慈到，衆人競受其術。至寺人嚴峻，往從問受。奄豎真無事於斯，人之逐聲，乃至於是。"此并《漢志》所謂房中之傳。《史記·張丞相列傳》言："妻妾以百數，嘗孕者不復幸。"蓋亦其術。此尚與神仙無涉。《漢書·王莽傳》：莽以郎陽成脩言。黄帝以百二十女致神仙。因備和嬪、美御，與方士驗方術，縱淫樂。則房中、神仙合爲一家矣。

寫於一九三三年十月前

〔四二四〕　讀漢書札記二

道家之説，與方士本不相干。然張脩、于吉等，不惟竊其言，抑且竊其書以立教，一若奉爲先聖先師，而自視爲其支流餘裔者。案張脩使人爲姦令祭酒，祭酒主以《老子》五千文使都習，見《三國志·張魯傳》注引《典略》。于吉有《太平清領經》，見《後漢書·襄楷傳》注引《太平經·帝王》篇，有"元氣有三名：太陽、太陰、中和"；"人有三名：父、母、子"之語。蓋竊老子"一生二，二生三，三生萬物"，"負陰而抱陽，沖氣以爲和"之説者也。何哉？予謂方士之取老子，非取其言，而取其人；其所以取其人，則因道家之學，以黄、老并稱；神仙家亦奉黄帝。黄、老連稱，既爲世所習熟，則因黄帝而附會老子，於事爲甚便耳。

《後漢書·襄楷傳》：楷上書言：聞宫中立黄、老、浮屠之祠。《桓帝紀》延熹九年，七月，庚午，祠黄、老於濯龍宫，蓋即楷所斥。先是八年，正月，遣中常侍左悺之苦縣祠老子。十一月，使中常侍管霸之苦縣祠老子，所以但祠老子者，以之苦縣之故，一歲中遣祠老子至再。則祠黄、老之事，史不及書者多矣。《續書·祭祀志》："桓帝即位十八年,好神仙事。延熹八年,初使中常侍之陳國苦縣祠老子。九年,親祠老子於濯龍。文罽爲壇,飾淳金釦器,設華蓋之坐,用郊天樂也。”此與《後書》帝紀所言同事。而九年之祠,《紀》言黄老,《志》但言老子。《紀》又曰:“前史稱桓帝好音樂,善鼓笙。飾芳林而考濯龍之宫,設華蓋以祠浮圖、老子,斯將所謂聽於神乎!”注:“前史謂《東觀記》也。”以考濯龍與祠老子對言,則濯龍之祠,所重蓋在黄帝。黄帝無書,而老子有五千文在。治符咒治病者且取之,而後此之以哲理緣飾其教者,不必論矣。《典略》言張脩之法略與張角同,而《後漢書·皇甫嵩傳》言張角奉祀黄、老道,此張脩之使人都習《老子》,爲由黄帝而及之鐵證也。楷之疏曰:“聞宫中立黄、老、浮屠之祠。此道清虚,貴尚無爲;好生惡殺,省欲去奢。今陛下嗜欲不去,殺罰過理。既乖其道,豈獲其祚哉!或言老子入夷狄爲浮屠。浮屠不三宿桑下,不欲久生恩愛,精之至也。天神遺以好女,浮屠曰:此但革囊盛血。遂不眄之。其守一如此,乃能成道。今陛下淫女艷婦,極天下之麗;甘肥飲美,單天下之味;奈何欲如黄、老乎?”此所謂老子之道,全與道家不合,蓋方士所附會也。《楚王英傳》:“晚節更喜黄、老,學爲浮屠齋戒祭祀。永平八年,詔令天下死罪皆入縑贖。英遣郎中令奉黄縑白紈三十匹詣國相。國相以聞。詔報曰:楚王誦黄老之微言,尚浮屠之仁慈,潔齋三月,與神爲誓。何嫌何疑,當有悔吝?其還贖,以助伊蒲塞桑門之盛饌。”此所謂黄老學者,亦非九流之道家,乃方士所附會也。然則黄老、神仙、浮屠三者,其轇葛不清舊矣,而桓帝亦沿前人之波而逐其流耳。

又不獨淫昏之君主藩輔然也,枯槁之士亦有之。《後漢書·逸民傳》:矯慎,少好黄老,隱遯山谷,因穴爲室,仰慕松、喬導引之術。汝南吴蒼遺書曰:“蓋聞黄、老之言,乘虚入冥,藏身遠遁;亦有理國養人,施於爲政。至如登山絶跡,神不著其證,人不睹其驗。吾欲先生從其可者,於意何如?”此風以治道家之黄、老,絶神仙家所託之黄、老也。仲長統《卜居論》曰:“安神閨房,思老氏之玄虚。呼吸精和,求至人之仿佛。”亦以道家與神仙家之言并稱。

又《陳愍王寵傳》:“熹平二年,國相師遷追奏前相魏愔與寵共祭天神,希冀非幸,罪至不道。檻車傳送愔、遷詣北寺詔獄。使中常侍王酺與尚書令、侍御史雜考。愔辭與王共祭黄老君,求長生福而已,無它冀幸。”劉攽《刊誤》曰:“黄老君不成文,當云黄帝老君。”《刊誤補遺》曰:“《真誥》云:大洞之道,至精至妙,是守素真人之經。昔中央黄老君祕此經,世不知也。則道家又自有黄老君。”案言中央黄老君,似指天神中之黄帝,則正實師遷所奏。而當時遷以誣告其王誅死,足見《後漢書》所云,非《真誥》所載,貢父之説,爲不誤也。或《後漢書》衍君字。

寫於一九三三年十月前

〔四二五〕于吉神書

《後漢書·襄楷傳》:延熹九年,楷自家詣闕上疏,有云:“臣前上琅邪宫崇受于吉神書,不合明聽。”十餘日,復上書曰:“前者宫崇所獻神書,專以奉天地、順五行爲本,亦有興國廣嗣之術;其文易曉,參同經典;而順帝不行,故國胤不興;孝沖、孝質,頻世短祚。”《傳》曰:“初順帝時,琅邪宫崇詣闕上其師于吉於曲陽泉水上所得神書百七十卷,皆縹白素朱介,青首朱目,號《太平清領書》。其言以陰陽五行爲宗,而多巫覡雜語。有司奏崇所上妖妄不經,乃收藏之,後張角頗有其書焉。”此文頗相矛盾。楷前疏明言自上,何後疏又云宫崇獻神書而順帝不行邪?疏云其文參同經典,而傳謂其多巫覡雜語,亦又不讎。楷前疏臣前上云云十六字,語意未完,且與上下文皆不銜接;後疏,前者宫崇云云五十二字,盡删之,於文義亦無所闕;蓋作史者於成文每多删并,當時必有僞爲楷文,稱揚于吉神書者,范氏不察,誤合之於楷疏也。

于吉爲孫策所殺，見《三國·吴志·策傳注》引《江表傳》。《後漢書·楷傳注》亦引之，而其文不全。《注》又引《志林》曰："初順帝時，琅邪宫崇詣闕上師于吉所得神書於曲陽泉水上，白素朱界，號《太平青領道》，凡百餘卷。順帝至建安中，五六十歲，于吉是時近已百年，年在耄悼，禮不加刑。又天子巡狩，問百年者，就而見之。敬齒以親愛，聖王之至教也。吉罪不及死，而暴加酷刑，是乃謬誅，非所以爲美也。"記于吉書與《後漢書》略同，而卷數互異，似是書卷帙，後來又有增加。自稱百歲，乃方士誣罔之辭，吉安能授宫崇於五六十歲之前，又惑吴人於五六十歲之後？古書卷帙率少；又縑帛價貴，無論其爲百餘卷抑百七十卷，皆不易造作。然則謂吉以是書授崇，崇以是書上順帝，恐皆子虚烏有之談也。《後漢書注》曰："神書即今道家《太平經》也；其經以甲乙丙丁戊己庚辛壬癸爲部，每部一十七卷。"恐即造作是書者，妄託之於宫崇、于吉，并附會之於襄楷耳。于吉之死，《三國志注》又引《搜神記》，與《江表傳》大相逕庭。又《江表傳》記策語謂："昔南陽張津爲交州刺史，舍前聖典訓，廢漢家法律，常著絳帕頭，鼓琴燒香，讀邪俗道書，云以助化，卒爲南夷所殺。"而《志林》推考桓王前亡，張津後死。裴氏案太康八年廣州大中正王範上《交廣二州春秋》，亦謂建安六年，張津猶爲交州牧。孫策死於建安五年。足見此等記載之不足憑矣。范氏書雜采之，又安可信邪？

襄楷事跡，亦見《三國·魏志·武帝紀注》引《九州春秋》。云陳蕃子逸與術士平原襄楷會於冀州刺史王芬坐，楷曰：天文不利宦者，黄門、常侍當族滅矣。逸喜。芬曰：若然者，芬願驅除。於是與許攸等結謀。欲因靈帝北巡行廢立。據其所記，則楷仍《後漢書》所稱善天文陰陽之術者耳。楷兩疏皆端人正士之言，陳蕃舉其方正，鄉里宗之，中平中，與荀爽、鄭玄俱以博士徵，豈信于吉神書者邪？

《楷傳》言："書上，即召詣尚書問狀。楷曰：臣聞古者本無宦官。武帝末，春秋高，數遊後宫，始置之耳，後稍見任。至於順帝，遂益繁熾。今陛下爵之，十倍於前。至今無繼嗣者，豈獨好之而使之然乎？

尚書上其對,詔下有司處正。尚書承旨奏曰:宦者之官,非近世所置,漢初張澤爲大謁者,佐絳侯誅諸吕;孝文使趙談參乘,而子孫昌盛;楷不正辭理,指陳要務,而析言破律,違背經蓺,假借星宿,僞託神靈,造合私意,誣上罔事,請下司隸,正楷罪法,收送洛陽獄。帝以楷言雖激切,然皆天文恒象之數,故不誅。猶司寇論刑。”案《漢書·成帝紀》:建始四年,春,罷中書宦官。《注》引臣瓚曰:“漢初中人有中謁者令,孝武加中謁者令爲中書謁者令,置僕射。宣帝時,任中書官弘恭爲令,石顯爲僕射。元帝即位數年,恭死,顯代爲中書令,專權用事。至成帝,乃罷其官。”《百官公卿表》記成帝建始四年更名中書謁者令爲中謁者令,而不記武帝加中謁者令爲中書謁者令之事,然《蕭望之傳》言,望之以爲中書政本,宜以賢明之選,自武帝遊宴後庭,故用宦者,非國舊制,則瓚言確有所據。武帝所用,乃中書宦官,而非宦官始自武帝。宦官實自古所有,楷不應并此不知。且宫崇之書,順帝時有司既奏其妖妄不經矣,楷果嘗上其書,豈得云所言皆天文恒象之數邪?《楷傳》之不足信,愈可見矣。

〔四二六〕　太平道、五斗米道

《三國·魏志·張魯傳》:“祖父陵,客蜀,學道鵠鳴山中,造作道書以惑百姓。從受道者出五斗米,故世號米賊。陵死,子衡行其道。衡死,魯復行之。益州牧劉焉以魯爲督義司馬,與别部司馬張脩將兵擊漢中太守蘇固,魯遂襲脩殺之,奪其衆。《後漢書·劉焉傳》曰:“與别部司馬張脩將兵掩殺漢中太守蘇固,斷絶斜谷,殺使者。魯既得漢中,遂復殺張脩而并其衆。”案《靈帝紀》:中平元年,“秋七月,巴郡妖巫張脩反,寇郡縣。”《注》引劉艾《紀》曰:“時巴郡巫人張脩療病,愈者雇以五斗米,號爲五斗米師。”則脩先嘗反叛,後乃降於焉。焉死,子璋代立,以魯不順,盡殺魯母家室。魯遂據漢中,以鬼道教民,自號師君。其來學道者,初皆名鬼卒。受本道已信,號祭酒。各領部衆,多者爲治頭大祭酒。皆教以誠信,不欺詐,有病,自首其過。大都與黄巾相似。諸祭酒皆作義舍,如今之亭傳。又置義米肉,縣於義舍,行路者量腹取足;若過多,鬼道輒病之。犯法者,三原,然後乃行刑。不置長吏,皆以祭酒爲治,民夷便樂之。雄據巴、漢垂三十年。"《注》引《典略》曰:"熹平中,妖賊大起,三輔有駱曜。光和中,東方有張角,漢中有張脩。駱曜教民緬匿法,角爲太平道,脩爲五斗米道。太平道者,師持九節杖爲符祝,教病人叩頭思過,因以符水飲之;得病或日淺而愈者,則云此人信道;其或不愈,則爲不信道。脩法略與角同,加施静室,使病者處其中思過。又使人爲姦令祭酒,祭酒主以《老子》五千文,使都習,號爲《後漢書注》引無此字。姦令。爲鬼吏,主爲病者請禱。請禱之法,書病人姓名,説服罪之意。作書三通:其一上之天,著山上;其一埋之地;其一沈之水;謂之三官手書。使病者家出米五斗,以爲常,故號曰五斗米師。實無益於治病,但爲淫妄,然小人昏愚,競共事之。後角被誅,脩亦亡。及魯在漢中,因其民信行脩業,遂增飾之。教使作義舍,以米肉置其中以止行人;又教使自隱,有小過者,當治道百步,則罪除;又依月令,春夏禁殺,又禁酒。流移寄在其地者,不敢不奉。"《後漢書·劉焉傳》及《注》引《典略》均略同。裴松之云:"張脩應是張衡,非《典略》之失,則傳寫之誤。"案此言誤也。魯之教既云因脩而增飾之,安得又云受諸父祖?脩之事跡,信而有徵。陵、衡若父子相傳,其道不爲不久,何以《典論》數"妖賊"不之及?且陵、衡之道,果行之何地乎?行之漢中歟,何以漢中人但知有脩?行之蜀中歟,何以蜀中轉不聞有是法也?疑魯增飾脩法,諱所自出,自謂受諸父祖,傳者誤信之,承祚亦誤采之耳。《蜀志·二牧傳》、《後漢書·劉焉傳》均云魯母挾鬼道,出入焉家,不云其父。疑魯之左道,幼即受諸其母,故能增飾脩法也。

魯,沛國豐人,則是東方人也,何以陵學道於蜀?此亦可疑之一端。或曰:流移訪道,事所恒有。《三國志》謂魯之道大都與黄巾相似,正足徵其原出東方,謂其傳自父祖,或不誣也。然魯之道,實與角并不相似；角言蒼天已死，黄天當立。《後漢書·皇甫嵩傳》。自稱“黄天泰平”。《三國志·孫堅傳》。蒼天疑當作赤天，漢人諱而改之。然則角所依託者，實當時五德終始之説，而脩則於天之外兼事地水，可謂絶不相蒙。《後漢書·皇甫嵩傳》云：角遣弟子八人，使於四方，以善道教化天下。《孫堅傳》云：託有神靈，遣八使以善道教化天下。青、徐、幽、冀、荆、揚、兖、豫八州之人，莫不畢應。遂置三十六方，方猶將軍號也，大方萬餘人，小者六七千，各立渠帥。及其事露，則馳敕諸方，一時俱起。《楊震傳》言：角等執左道，稱大賢，以誑燿百姓，天下繈負歸之。震孫賜，時在司徒，召掾劉陶告曰：張角等遭赦不悔，而稍益滋蔓；今若下州郡捕討，恐更騷擾，速成其患。且欲切勑刺史二千石：簡别流人，各護歸本郡，以孤弱其黨，然後誅其渠帥，可不勞而定，何如？陶對曰：此孫子所謂不戰而屈人之兵，廟勝之術也。賜遂上書言之，會去位，事留中。後帝徙南宫，閲録故事，得賜所上張角奏，及前侍講注籍，乃感悟，下詔封賜臨晉侯，邑千五百户。《抱朴子·道意》篇言：張角、柳根、王歆、李申之徒，錢帛山積，富踰王公，縱肆奢淫，侈服玉食，伎妾盈室，管絃成列，刺客死士，爲其致用，威傾邦君，勢陵有司，亡命逋逃，用爲窟藪。然則角乃漢時所謂豪桀大猾之流，專以誑誘流移爲事。而魯則脩其政教，頗有與民相保之規。《典略》云：流移在其地者，不敢不奉，明其道本行諸土著。魯之敗也，左右欲悉燒寶貨倉庫，魯曰：本欲歸命國家，而意未達。今之走，避鋭鋒，非有惡意。寶貨倉庫，國家之有。遂封藏而去。其本無覬覦非分之心審矣，安得與角之欲代漢而興者同日語邪？符咒治病，左道所同，以是而謂脩之法與角相類，亦見卵而求時夜者流也。或曰：角奉黄、老道，而魯使人習《老子》五千文，此亦其相類之一端也。然黄、老道爲時人信奉已久，故角與魯皆從而依附之，亦不足爲其相類之證也。别見《黄老君》條。

丙帙　魏晉南北朝

〔四二七〕 好名之弊

五胡之亂，所以致神州陸沈，百年丘墟者，其道多端，而尚文之弊其一也。夫尚文之弊，其所由來者舊矣。然人孰不好文而惡質？覩其文采斐然而悦之，遂至溺而不反，雖違彬彬之義，猶是天下之公心也。至於自私其身，以七尺之軀，不能久存，而欲藉文章以傳其名於後，則私矣。崇尚文辭之弊，隋李諤推其原，以爲起於魏之三祖。今觀《三國志·文帝紀注》引《魏書》曰："帝初在東宫，疫癘大起，時人彫傷，帝深感歎，與素所敬者大理王朗書曰：生有七尺之形，死惟一棺之土，惟立德揚名，可以不朽，其次莫如著篇籍。疫癘數起，士人彫落，余獨何人，能全其壽？故論撰所著《典論》、詩、賦，蓋百餘篇，集諸儒於肅城門内，講論大義，侃侃無倦。"《王粲傳注》引《魏略》，載帝爲太子時《與吴質書》曰："昔年疾疫，親故多罹其災；徐、陳、應、劉，一時俱逝，痛何可言邪！"所指蓋即初在東宫時事。又曰："頃撰其遺文，都爲一集。歷觀諸子之文，對之抆淚，既痛逝者，行自念也。"則猶夫與王朗書之志也。王羲之叙蘭亭燕集曰："脩短隨化，終期於盡。古人云：死生亦大矣，豈不痛哉？"又曰："一死生爲虚誕，齊彭、殤爲妄作，後之視今，亦猶今之視昔。"其與文帝，真可謂先後同揆矣。當時所謂名士，存心如此者何限？夫如是，安有殺身成仁，舍生取義者？京洛冠帶之區，安得不淪爲犬羊窟宅，而當任其責者，又豈獨一王夷甫哉？

《晉書·羊祜傳》："祜樂山水，每風景，必造峴山，顧謂從事中郎鄒湛等曰：自有宇宙，便有此山。由來賢達勝士，登此遠望，如我與卿者多矣，皆湮滅無聞，使人悲傷。"《杜預傳》："預好爲後世名。嘗言高岸爲谷，深谷爲陵，刻石爲二碑，紀其勳績。一沈萬山之下，一立峴山之上。曰：焉知此後不爲陵谷乎？"貪癡如此，真所謂以身名爲桎梏者矣。預嘗言德不可企及，立功立言，可庶幾也，而惡知夫能立德則無慕乎外，學問猶以爲麤，事功猶以爲末；雖有蓋世之勳，不朽之言，湮滅而無傳於後，而亦無所憾乎？

原刊《光華大學半月刊》第四卷第三期，
一九三五年十一月十日出版

〔四二八〕 諸葛亮治戎

《三國志·諸葛亮傳》：亮卒於軍，及軍退，宣王案行其營壘處所，曰：天下奇才也。此非虚美之辭。《晉書·職官志》曰：武帝甚重兵官，故軍校多選朝廷清望之士居之。先是陳勰爲文帝所待，特有才用，明解軍令。帝爲晉王，委任使典兵事。及蜀破後，令勰受諸葛亮圍陳用兵倚伏之法，又甲乙校標幟之制，勰悉闇練之，遂以勰爲殿中典兵中郎將，遷將軍。久之，武帝每出入，勰持白獸幡在乘輿左右，鹵簿陳列齊肅。太康末，武帝嘗出射雉，勰時已爲都水使者，散從，車駕逼暗乃還，漏已盡，當合函停乘輿，良久不得合，乃詔勰合之，勰舉白獸幡指麾，須臾之間而函成，皆謝勰閑解，甚爲武帝所任。此事足見諸葛亮之治戎，確有法度也。

〔四二九〕 諸葛亮南征考

諸葛亮之南征,《三國志》記其事甚略。《亮傳注》引《漢晉春秋》曰:亮在南中,所在戰捷。聞孟獲者,爲夷漢所服,募生致之。既得,使觀於營陳之間。問曰:"此軍何如?"獲對曰:"向者不知虚實,故敗。今蒙賜觀看營陳。若祇如此,即定易勝耳。"亮笑,縱使更戰。七縱七禽,而亮猶遣獲,獲止不去,曰:"公天威也,南人不復反矣。"遂至滇池。南中平。皆即其渠師而用之。或以諫亮;亮曰:"若留外人,則當留兵,兵留則無所食,一不易也,加夷新傷破,父兄死傷,留外人而無兵者,必成禍患,二不易也。又夷累有廢殺之罪,自嫌釁重,若留外人,終不相信,三不易也。今吾欲使不留兵,不運糧,而綱紀麤定,夷漢麤安故耳。"《馬謖傳注》引《襄陽記》曰:亮征南中,謖送之數十里。亮曰:"雖共謀之歷年,今可更惠良規。"謖對曰:"南中恃其險阻,不服久矣。雖今日破之,明日復反耳。今公方傾國北伐,以事强賊。彼知官勢内虚,其叛亦速。若殄盡遺類,以除後患,既非仁者之情,且又不可倉卒也。夫用兵之速,攻心爲上,攻城爲下;心戰爲上,兵戰爲下;願公服其心而已。"亮納其策,赦孟獲以服南方,故終亮之世,南方不敢復反。攻心攻城,心戰兵戰,後世侈爲美談,其實不中情實。案當時叛者,牂牁朱褒、益州雍闓、越嶲高定。褒之叛在建興元年,闓、定則尚在其前。《後主傳》:建興元年夏,牂牁太守朱褒反。先是益州郡大姓雍闓反,流太守張裔於吴。越嶲夷王高定亦叛。據《張裔傳》及《馬忠傳》,則闓前次已殺太守正昂。《吕凱傳》云:雍闓等聞先主薨於永安,驕黠滋甚。又載亮表凱及王伉,謂其執忠絶域,十有餘年,則當先主之世,闓亦未嘗服從也。闓又係爲吴所誘。見《蜀志·張裔、吕凱傳》,《吴志·步騭、士燮傳》。其答李嚴書,辭絶桀慢。見《吕凱傳》。蓋其蓄叛謀久矣。其心豈倉卒可服?《李恢傳》云:爲庲降都督,住平夷縣,先主薨,高定恣睢於越嶲,雍闓跋扈於建寧,朱褒反叛於牂牁。丞相亮南征，先由越雋，而恢案道向建寧。諸縣大相糾合，圍恢軍於昆明。恢出擊，大破之。追奔逐者，南至槃江，東接牂牁，與亮聲勢相連。南土平定，恢軍功居多。《吕凱傳》：永昌不韋人也。仕郡五官掾功曹，雍闓降於吴，吴遥署闓爲永昌太守，永昌既在益州郡之西，道路壅塞，與蜀隔絶，而郡太守改易。凱與府丞蜀郡王伉，帥厲吏民，閉境拒闓。及丞相亮南征討闓，既發在道，而闓已爲高定部曲所殺。亮至南，表以凱爲雲南太守，亮平南之後，改益州郡爲建寧郡。分建寧、永昌郡爲雲南郡，又分建寧、牂牁爲興古郡。王伉爲永昌太守。《馬忠傳》云：亮入南，拜忠牂牁太守。郡丞朱褒反，叛亂之後，忠撫育恤理，甚有威惠。昆明種落，西至楪榆，其距越嶲，已不甚遠。亮兵自越嶲而出，至雲南附近，必已與李恢、吕凱相接。永昌本未破壞。自昆明以東，又爲恢所平定，則亮之戰績，當在越嶲、雲南之間。既抵雲南，遂可安行至滇池矣。亮之行，蓋至滇池爲止。自此以東，蓋因李恢兵勢，更遣馬忠往撫育之。《後主傳》僅云：南征四郡，四郡皆平；《亮傳》亦僅云：率衆南征，其秋悉平；不詳述其戰績者，亮軍實無多戰事也。七縱七擒事同兒戲，其説信否，殊難質言。即謂有之，亦必在平原，非山林深阻之區。且以亮訓練節制之師，臨南夷未經大敵之衆，勝算殆可預操。孟獲雖得衆心，實非勁敵。累戰不捷，强弱皎然，豈待七擒而後服？況攻心攻城，心戰兵戰，乃廟算預定之策，非臨機應變之方，謀之歷年，當正指此，安得待出軍之日，然後問之？馬謖亦安得遲至相送之日，然後言之乎？《李恢傳》云：軍還，南夷復叛，殺害守將。恢身往撲討，鉏盡惡類，徙其豪師於成都，賦出叟、濮耕牛戰馬、金銀犀革，充繼軍資，於時費用不乏。此所謂軍還者，當指亮南征之軍。所謂費用不乏，亦即《亮傳》所謂軍資所出，國以富饒。其事相距不遠，故承其秋悉平之下終言之。則是亮軍還未幾，南夷即叛也。《後主傳》：建興十一年，南夷劉胄反，將軍馬忠討平之。《馬忠傳》亦云：建興十一年，南夷豪帥劉胄反，擾亂諸郡。征庲降都督張翼還，以忠代翼，忠遂斬胄，平南土。而據《張翼傳》，則翼之爲庲降都督，事在建興九年，劉胄作亂，翼已舉兵討冑，特未破而被征。然則冑之亂尚未必在十一年；即謂其在十一年，而亮之卒實在十二年八月，相去尚幾兩年也。《馬忠傳》又云：初建寧郡殺太守正昂，縛太守張裔於吴，故都督常駐平夷縣。至忠，乃移治味縣。又越嶲郡亦久失土地，忠率將太守張嶷，開復舊郡。《張嶷傳注》引《益都耆舊傳》云：忠之討冑，嶷屬焉。戰鬭常冠軍首。遂斬冑平南。事訖，牂牁、興古僚種復反。忠令嶷領諸營往討。此事當在建興十一、二年間，亮亦尚未卒。又《後主傳》：延熙三年春，使越嶲太守張嶷平定越嶲郡。《張嶷傳》云：自丞相亮討高定之後，叟夷數反，殺太守龔禄、焦璜。是後太守不敢之郡，祇住安定縣，去郡八百餘里，其郡徒有名而已。時論欲復舊郡，除嶷爲越嶲太守。嶷在官三年，乃徙還故郡。定莋、臺登、卑水三縣，舊出鹽鐵及漆，夷徼久自固。嶷乃率所領奪取，署長吏。郡有舊道，經旄牛中至成都，既平且近。自旄牛絶道，已百餘年，更由安上，既險且遠。嶷乃與旄牛夷盟誓，開通舊道，復古亭驛。又《霍峻傳》：子弋。永昌郡夷僚，恃險不賓，數爲寇害。乃以弋領永昌太守，率偏軍討之。遂斬其豪帥，破壞邑落，郡界寧静。此事在弋爲太子中庶子之後，太子璿之立，事在延熙元年，則戈之守永昌，當略與嶷之守越嶲同時，然則不但終亮之世，南方不敢復反爲虚言；抑亮與李恢、吕凱等，雖竭力經營，南夷仍未大定，直至馬忠督庲降，張嶷守越嶲，霍弋守永昌，然後竟其令功也。諸人者，固未嘗不竭撫育之勞，亦未聞遂釋攻戰之事，此又以見攻心心戰之策，未足專恃矣。要之亮之素志，自在北方；其於南土，不過求其不爲後患而止。軍國攸資，已非夙望，矗安矗定，自繫本懷。一出未能敉平，原不足爲亮病，必欲崇以虚辭，轉貽致譏失實矣。

原刊《青年半月刊》第二卷第三期，

一九四〇年六月一日出版

〔四三〇〕　諸葛亮隨身衣食悉仰於官不别治生

諸葛亮自表後主曰:"成都有桑八百株,薄田十五頃,子弟衣食,自有餘饒。至於臣在外任,無别調度,隨身衣食,悉仰於官,不别治生,以長尺寸,若臣死之日,不使内有餘帛,外有贏財,以負陛下。"及卒,如其所言。見《三國志》本傳。讀史者以爲美談。其實當時能爲此者,非亮一人也。夏侯惇"性清儉,有餘財,輒以分施,不足資之於官,不治産業。"徐邈"賞賜皆散與將士,無入家者"。嘉平六年,詔與田豫并褒之。以上均見《三國志》本傳。鄧芝"爲大將軍二十餘年,身之衣食,資仰於官,不苟素儉,然終不治私産,妻子不免饑寒。死之日,家無餘財"。吕岱"在交州,歷年不餉家,妻子饑乏"。其所爲皆與亮同。陳表"家財盡於養士,死之日,妻子露立"。朱桓"愛養吏士,贍護六親,俸禄産業,皆與共分。及桓疾困,舉營憂戚"。見《三國志》本傳。則尤有進焉者矣。君子行不貴苟難,不以公家之財自私則可矣;禄盡於外,而妻子饑寒則過矣。要之治生自治生,廉潔自廉潔,二者各不相妨也。

袁涣"前後得賜甚多,皆散盡之,家無所儲,終不問産業,乏則取之於人,不爲皦察之行,然時人服其清"。見《三國志》本傳。有袁涣之行則可也。無之,則有借通財之名,行貪取之實者矣。隨身用度,悉仰於官,而無節度,亦不能保貪奢者之不恣取也。爲之權衡斗斛,則并權衡斗斛而竊之,於私産之世而求清廉,終無正本之策也。是故督責之術之不可以少弛也,於財計尤然。

羊續爲南陽太守,妻與子祕俱詣郡舍,續閉門不納。妻自將祕行,其資藏惟有布衾、敝祇裯,鹽麥數斛而已。顧敕祕曰:"吾自奉若此,何以資爾母乎?"使與母俱歸。劉虞"以儉素爲操,冠敝不改,乃就補其穿。及遇害,瓚兵搜其内,而妻妾服羅紈,盛綺飾,時人以此疑之"。均見《後漢書》本傳。步騭"被服居處有如儒生。然門内妻妾,服飾奢綺,頗以此見譏"。見《三國志》本傳。夫虞與騭非必其爲僞也,和洽曰:"夫立教觀俗,貴處中庸,爲可繼也。今崇一概難堪之行以檢殊塗,勉而爲之,必有疲瘁。"見《三國志》本傳。儉者之家人,不必其皆好儉也。身安於儉焉,習於儉焉,勉於儉焉,皆無不可,必欲强其家人以同好,則難矣。迫其家人爲一概難堪之行,以立己名,尤非真率平易者所能爲。故居官者攜家室以俱行,未爲失也,必欲使之絶父子之恩,忘室家之好,如世所稱妻子不入官舍者,亦非中庸之行矣。然身儉素而家人奢泰,以此累其清節者,亦非無之。妻子不入官舍,亦有時足爲苞苴濫取之防,以此自厲,究爲賢者,較之以家自累者,則遠勝矣。《三國志》載:蔣欽,"權嘗入其堂内,母疏帳縹被,婦妾布裙。權歎其在貴守約。"則家人能俱安於儉者,亦有之,然非可概諸人人也。

治生之道,循分爲難。何謂循分?曰:耕而食,織而衣,有益於己,無害於人者是已。然在交易既興之後則難矣。無已,其廉賈乎?然身處闤闠之中,爲操奇計贏之事,而猶能不失其清者,非有道者不能,凡人未足以語此也。士大夫之家,既不能手胼足胝,躬耕耘之業,又不能持籌握算,博蠅頭之利;使爲農商,必將倚勢陵人,滯財役貧矣。陳化敕子弟廢田業,絶治産,仰官廪禄,不與百姓争利,見《三國志·孫權傳》黄武四年《注》引《吴書》。以此也。若其財果出於廪禄,雖治産亦何傷?所以必絶之者,正以士大夫而治生,易有妨於百姓故也。諸葛亮之不别治生,其以此歟?

《三國志·孫休傳》注引《襄陽記》言:"(李)衡每欲治家,妻輒不聽。後密遣客十人,於武陵龍埸泛洲上作宅,種甘橘千株。臨死,敕兒曰:汝母惡我治家,故窮如是。然吾州里有千頭木奴,不責汝衣食,歲上一匹絹,亦可足用耳。衡亡後二十餘日,兒以白母,母曰:此當是種甘橘也。汝家失十户客來七八年,必汝父遣爲宅。汝父恒稱太史公言,江陵千樹橘,當封君家。吾答曰:且人患無德義,不患不富,若貴而能貧,方好耳,用此何爲?吴末,衡甘橘成,歲得絹數千匹,家道殷足,晉咸康中,其宅址枯樹猶在。"患無德義而不憂貧,衡之妻何其賢也? 然勤樹藝之利,而不剥削於人,衡之治生,亦可謂賢矣。然自吴末至咸康,五十年耳,木已枯矣,信乎樹木之利,不如樹人也。

士之能厲清節者寡矣,亂世尤甚,以法紀蕩然,便於貪取也。《三國志・王脩傳》言:袁氏政寬,在職勢者多畜聚。太祖破鄴,籍没審配等家財物以萬數。此袁氏所由亡歟?《郭嘉傳注》引《傅子》,謂嘉言紹有十敗,曹公有十勝,漢末政失於寬,紹以寬濟寬,公糾之以猛。然則紹之寬,非寬於人民,乃寬於虐民者耳。然雖太祖,亦未能使其下皆厲廉節也。太祖爲司空時,以己率下,每歲發調,使本縣平資。於時譙令平曹洪資財與公家等,太祖曰:"我家資那得如子廉邪?"《三國志・曹洪傳注》引《魏略》。洪之多財可知矣。諸葛瑾及其子恪并質素,雖在軍旅,身無采飾;而恪弟融,錦罽文綉,獨爲奢綺。潘璋"性奢泰,末年彌甚,服物僭擬,吏兵富者,或殺取其財物"。均見《三國志》本傳。其不法如此。然非獨武人也,曹爽等實不世之才,而卒以奢敗。魏之何夔,蜀之劉琰,吴之吕範,并以豪汰稱,而其風且傳於奕世。何曾,夔之子也。晉治之不善,王、石等之奢汰實爲之,而其風則仍諸魏末者也。以魏武帝、諸葛武侯之嚴,吴大帝之暴,而不能絶,亦難矣。

太祖父嵩之死,《武帝紀注》引《世語》、《吴書》,其説不同。《世語》云:"嵩在泰山華縣。太祖令泰山太守應劭送家詣兗州,劭兵未至,陶謙密遣數千騎掩捕。嵩家以爲劭迎,不設備。謙兵至,闔門皆死。"《吴書》言:"太祖迎嵩,輜重百餘兩。陶謙遣都尉張闓將騎二百衛送,闓於泰山華、費間殺嵩,取財物,因奔淮南。"謙雖背道任情,謂其與闕宣合從寇鈔,似失之誣,當以《吴書》之言爲是。然無論其爲謙遣騎掩捕,抑衛送之將所爲,嵩之慢藏誨盜則一也。處亂世者,可不戒歟?

魯肅指囷,讀史者亦久傳爲美談,然亦非獨肅也。先主轉軍廣陵海西,糜竺進奴客二千,金銀貨幣,以助軍資。於時困匱,賴以復振,亦肅指囷之類也。知《管子》謂丁氏之粟足食三軍之師,爲不誣矣。然用財貴得其當,劉備、周瑜,皆末世好亂之士,助之果何爲哉?

原刊《青年月刊》第三卷第七期,
一九四一年出版

〔四三一〕 奬率三軍,臣職是當

《三國志·諸葛亮傳》:建興五年,亮率諸軍北駐漢中,臨發,上疏曰:"今南方已定,兵甲已足,當奬率三軍,北定中原。"及馬謖爲張郃所破,亮還漢中,上疏請自貶曰:"《春秋》責帥,臣職是當。"《華陽國志》作"帥將三軍,職臣是當"。皆較優。《三國志》文蓋訛誤。

〔四三二〕 如其不才君可自取

蜀先主謂諸葛亮曰:"若嗣子可輔,輔之;如其不才,君可自取。"《三國志·諸葛亮傳》。世皆以爲豁達大度推心置腹之言,實亦不然也。孫策臨亡,以弟權託張昭。《吴志·張昭傳注》引《吴曆》曰:"策謂昭曰:若仲謀不任事者,君便自取之。正復不克捷,緩步西歸,亦無所慮。"其言與備亦何以異?董昭建議:"宜脩古建封五等。"太祖曰:"建設五等者,聖人也,又非人臣所制,吾何以堪之?"昭曰:"自古以來,人臣匡世,未有今日之功;有今日之功,未有久處人臣之勢者也。"《三國志》本傳。此乃明白曉暢之言,勢之所迫,雖聖人將奈之何哉?菁華已竭,褰裳去之,爲是言易,欲行是事,不可得也。古來聖賢豪杰有蓋世之才智,卒不能自免於敗亡以此。

〔四三三〕君與王之別

《三國志·烏丸傳注》引《魏書》曰："常推募勇健能理決鬥訟相侵犯者爲大人，邑落各有小帥，不世繼也。數百千落自爲一部，大人有所召呼，刻木爲信，邑落傳行，無文字，而部衆莫敢違犯。"《後漢書·烏桓傳》本之，而曰："有勇健能理決鬥訟者，推爲大人，無世業相繼，邑落各有小帥"云云。知《魏書》"不世繼也"句，當在"邑落各有小帥"之上，今本誤倒也。邑落小帥，君也，不可無，亦不能無。或禪或繼，各當自有成法。大人則邑落所共推，猶之朝覲訟獄之所歸也，有其人則奉之，無則闕。德盛則爲衆所歸，德衰則去之。三代以前，王霸之或絶或續，一國之所以忽爲諸侯所宗，忽云諸侯莫朝以此。

《三國志·鮮卑傳注》引《魏書》述檀石槐事曰："乃分其地爲中東西三部。從右北平以東至遼東，接夫餘、貊爲東部，二十餘邑，其大人曰彌加、闕機、素利、槐頭。從右北平以西至上谷爲中部，十餘邑，其大人曰柯最、闕居、慕容等，爲大帥。從上谷以西至敦煌，西接烏孫爲西部，二十餘邑，其大人曰置鞬落羅、日律推演、宴荔游等，皆爲大帥，而制屬檀石槐。"此大人蓋亦邑落所共推。而《後漢書》云："分其地爲三部，各置大人主領之。"一若本無大人，而檀石槐始命之者，誤矣。《魏書》於烏丸，述其法俗甚詳，於鮮卑則甚略，以烏丸、鮮卑法俗多同，述其相異者，同者則不及也。然則鮮卑亦當數百千落乃爲一部。而檀石槐三部，中部十餘邑，東西各二十餘而已。而其大人皆非一人，則大人侔於小帥矣。檀石槐之衆，合計不過五六十落，安能稱强北邊？然則所謂十餘邑二十餘邑云者，乃其大人所治之邑，即中部有大人十餘，東西部各有二十餘耳。屬此諸大人之邑落，自在其外。此諸大人者，乃一方之主，猶之周初周、召分陝，一治周南，一治召南。太公所治，則東至於海，西至於河，南至於穆陵，北至於無棣也。其後吳、楚稱王，猶自各王其域，彼此各不相干。曰天無二日，民無二王，乃冀望之辭，非事實也。《魏書》又曰：自檀石槐死後，諸大人遂世相襲，則猶周衰而齊、晉、秦、楚不隨之而俱替耳。

《魏書》及《後漢書》所謂大人，即後世所謂可汗，檀石槐乃大可汗也。越之亡也，諸族子或爲王，或爲君，濱於江南海上，服朝於楚。其爲王者，猶之鮮卑之諸大人；楚之君則猶檀石槐也。蒙古自成吉思汗以前，哈不勒忽圖剌皆有汗號，成吉思亦先見推爲汗，後乃更見推爲成吉思汗。其初稱汗也，與哈不勒忽圖剌同，猶是小可汗，後則大可汗矣。回紇諸部尊唐太宗爲天可汗，則又駕於諸大可汗之上，雖其等級不同，其理則一也。

〔四三四〕 孫氏父子輕佻

陳壽言孫堅及策皆以輕佻果躁，隕身致敗。其實非獨堅及策如此，即孫權亦然。建安十八年正月，曹公攻濡須，權與相拒月餘。《吳主傳注》引《吳歷》言："權乘輕船，從濡須口入公軍。諸將皆以爲是挑戰者，欲擊之。公曰：此必孫權欲身見吾軍部伍也。勑軍中皆精嚴，弓弩不得妄發。權行五六里，迴還作鼓吹。公見舟船器仗軍伍整肅，喟然歎曰：生子當如孫仲謀，劉景升兒子若豚犬耳！"又引《魏略》曰："權乘大船來觀軍，公使弓弩亂發，箭著其船，船偏重將覆，權因迴船，復以一面受箭，箭均船平，乃還。"二説未知孰是。要之身乘船以入敵軍，危道也。十九年，權征合肥。合肥未下，徹軍還。兵皆就路，權與凌統、甘寧等在津北爲魏將張遼所襲，統等以死扞權，權乘駿馬越津橋得去。《注》引《獻帝春秋》曰："張遼問吳降人：向有紫髯將軍，長上短下，便馬善射，是誰？降人答曰：是孫會稽。遼及樂進相遇，言不早知之，急追自得。舉軍歎恨。"又引《江表傳》曰："權乘駿馬上津橋，橋南已見徹，丈餘無版。谷利在馬後，使權持鞍緩控，利於後著鞭，以助馬勢，遂得超度。權既得免，即拜利都亭侯。”《賀齊傳》《注》引《江表傳》曰：“權征合肥還，爲張遼所掩襲於津北，幾至危殆。齊時率三千兵在津南迎權。權既入大船，會諸將飲宴，齊下席涕泣而言曰：至尊人主，常當持重。今日之事，幾致禍敗，羣下震怖，若無天地，願以此爲終身誡。”此役蓋權生平最危險之一役，然特邂逅致之。《張紘傳》言權是時率輕騎，將往突敵，以紘諫而止。果使遂往，其危險又當如何也。不特此也，《權傳》黄武五年《注》引《江表傳》曰：“權於武昌新裝大船，名爲長安，試泛之釣臺圻。時風大盛，谷利令柂工取樊口。權曰：當張頭取羅州。利拔刀向柂工曰：不取樊口者斬。工即轉柂入樊口，風遂猛不可行，乃還。權曰：阿利畏水，何怯也？”《張昭傳》云：“權每田獵，常乘馬射虎，虎常突前攀持馬鞍。昭變色而前曰：將軍何有當爾？權謝昭曰：年少慮事不遠，以此慚君。然猶不能已，乃作射虎車，爲方目，間不置蓋，一人爲御，自於中射之。時有逸羣之獸，輒復犯車，而權每手擊以爲樂。昭雖諫争，常笑而不答。”蓋其不能自克如此。案堅之死也，以單馬行峴山。而《虞翻傳》言策好馳騁遊獵，翻諫以從官不暇嚴，吏卒常苦之。白龍魚服，困於豫且。策曰：“君言是也。然時有所思，端坐悒悒，有裨諶草創之計，是以行耳。”此文過之辭也。《注》引《吴書》曰：“策討山越，斬其渠帥，悉令左右分行逐賊，獨騎與翻相得山中。翻問左右安在，策曰：悉行逐賊。翻曰：危事也！令策下馬：此草深，卒有驚急，馬不及縈策，但牽之，執弓矢以步。翻善用矛，請在前行。得平地，勸策乘馬。翻步隨之。得一鼓吏，策取角自鳴之，部曲識聲，小大皆出。”其後策之死，果以出獵驅馳逐鹿，所乘馬精駿，從騎絶不能及，單騎與許貢客遇故。是誠虞翻之所慮也。而權之不知以父兄爲鑑，身屢蹈危，而猶不知戒如故，此無他，一時之風氣使之也。《孫翊傳》言其驍悍果烈，有兄策風。《注》引《典略》曰：“翊名儼，性似策。策臨卒，張昭等謂策當以兵屬儼，而策呼權，佩以印綬。”使翊而果，其輕躁當尤甚於權。建安二十五年，權下令諸將曰：“夫存不忘亡，安必慮危，古之善教。昔雋不疑，漢之名臣，於安平之世，而刀劍不離於身，蓋君子之於武備，不可以已。況今處身疆畔，豺狼交接，而可輕忽不思變難哉？頃聞諸將出入，各尚謙約，不從人兵，甚非備慮愛身之謂。夫保己遺名，以安君親，孰與危辱？宜深警戒，務崇其大，副孤意焉。"則當時諸將，亦莫非輕佻果躁之徒也。故曰一時之風氣使然也。

〔四三五〕 孫策欲襲許

孫策欲襲許之説，見於《三國・魏志・武帝紀》，又見於《吴志策傳》，《策傳》且謂其欲襲許迎漢帝。注引《江表傳》，則謂"策前西征，陳登陰遣間使，以印綬與嚴白虎餘黨，圖爲後禍，以報陳瑀見破之辱。登，瑀從兄子。策歸復討登，軍到丹徒，須待運糧，見殺"，《九州春秋》及《傅子》又謂"策聞曹公將征柳城，而欲襲許"，異説紛如。夫策見殺在建安五年，而柳城之役在十二年。《九州春秋》及《傅子》之謬，不待辨矣。孫盛《異同評》謂："策雖威行江外，略有六郡，然黄祖乘其上流，陳登間其心腹，且深險强宗，未盡歸服，曹、袁虎争，勢傾山海，策豈暇遠師汝、潁，而遷帝於吴、越哉？"又謂"紹以建安五年至黎陽，策以四月遇害"。而《志》云策聞曹公與紹相距於官渡，謬矣。謂伐登之言爲有證，其説是也。而裴松之謂："黄祖始被策破，魂氣未反，劉表君臣，本無兼并之志，强宗驍帥，祖郎、嚴虎之徒，禽滅已盡，所餘山越，蓋何足慮。若使策志獲從，大權在手，淮、泗之間，所在可都，何必畢志江外，遷帝揚、越？"又致"武帝建安四年已出屯官渡，策未死之前，久與袁紹交兵"，因謂策之此舉，理應先圖陳登，而不止於登，《國志》所云不謬，則誤矣。劉表、黄祖，庸或不能爲策患，江南之强宗驍帥，則雖處深險之區，實爲心腹之疾，策雖輕狡，豈容一無顧慮，即謂其不足爲患？抑策并不知慮此。然以策之衆，豈足與中國争衡，即謂袁、曹相持，如鷸蚌兩不得解，策欲襲許，亦未有濟，況徒偏師相接乎？淮、泗之間，豈足自立？策之衆，視陶謙、袁術、劉備、吕布何如？若更遠都江表，則義帝之居郴耳，豈足有濟。況漢至獻帝之世，威靈久替，扶之豈足有濟？曹公之克成大業，乃由其能嚴令行，用兵如神，非真天子之虚名也。不然、因獻帝而臣伏於操者何人哉？以曹公之明，挾獻帝而猶無所用，而況於策乎？況以策之輕狡，又豈足以知此乎？

《吴志・吕範傳》云："下邳陳瑀，自號吴郡大守，住海西，與强族嚴白虎交通。策自將討虎，遣範與徐逸攻瑀於海西，梟其大將陳牧。"而《孫策傳》注引《江表傳》謂："建安二年，詔以策爲騎都尉，襲爵烏程侯，領會稽太守。又詔與領徐州牧温侯布，及行吴郡太守安東將軍陳瑀，共討袁術。"則瑀行吴郡太守，乃朝命，非自號也。《傳》又言："是時陳瑀屯海西，策奉詔治嚴，當與布、瑀參同形勢，行到錢塘，瑀陰圖襲策，遣都尉萬演等密渡江，使持印傳三十餘細賊與丹陽、宣城、涇、陵陽、始安、黟、歙諸險縣大帥祖郎、焦已，及吴郡烏程嚴白虎等，使爲内應，伺策軍發，欲攻取諸郡，策覺之，遣吕範、徐逸攻瑀於海西，大破瑀，獲其吏士妻子四千人。"案：策之渡江，本爲袁術，漢朝命吏，如劉繇、王朗、華歆等，無不爲其所逐。是時雖有與吕布、陳瑀同討袁術之命，特權宜用之，非信其心也。有隙可乘，加以誅翦，夫固事理所宜。《吕範傳》注引《九州春秋》曰："初平三年，揚州刺史陳褘死，袁術使瑀領揚州牧，後術爲曹公敗於封丘，南人叛瑀，瑀拒之。術走陰陵，好辭以下瑀，瑀不知權，而又怯，不即攻術，術於淮北集兵向壽春，瑀懼，使其弟公琰請和於術。術執之而進，瑀走歸下邳。"然則瑀實乃心王室者。陳登之結白虎餘黨，蓋亦欲繼其從父之志，戡翦亂人，非徒爲雪家門之耻也。《張邈傳》注引《九州春秋》言：登甚得江淮間歡心，有吞滅江南之志，孫策遣軍攻登，再敗，而遷爲東城太守。孫權遂跨有江外。太祖每臨大江而歎，恨不早用陳元龍計，而令封豕養其爪牙，則登之才，蓋非劉繇、王朗等比，而任之不專，致使大功不竟，輕狡之子，坐據江外數十年，豈不惜哉。

〔四三六〕 張純之叛

《三國志·公孫瓚傳》云:"光和中,涼州賊起,發幽州突騎三千人,假瓚都督行事傳,使將之。軍到薊中,漁陽張純誘遼西烏丸丘力居等叛,劫略薊中,自號將軍,略吏民,攻右北平、遼西屬國諸城,所至殘破。瓚將所領,追討純等有功,遷騎都尉。屬國烏丸貪至王率種人詣瓚降。遷中郎將,封都亭侯,進屯屬國,與胡相攻擊五六年。丘力居等鈔略青、徐、幽、冀,四州被其害,瓚不能御。朝議以宗正東海劉伯安既有德義,昔爲幽州刺史,恩信流著,戎狄附之,若使鎮撫,可不勞衆而定,乃以劉虞爲幽州牧。"案云瓚與胡相攻擊五六年,則張純之叛,不得在中平四年可知。而《後書·靈帝紀》記純、舉之叛在是年。《後書·烏桓傳》亦云:"中平四年前中山太守張純畔入丘力居衆中者,以舉稱天子,純稱彌天安定王",在是年也。《後書·瓚傳》云:"中平中,以瓚督烏桓突騎車騎將軍張温討涼州賊,會烏桓反畔,與賊張純等攻擊薊中,瓚率所領追討純等有功,遷騎都尉。"《注》云:"涼州賊即邊章等。"案邊章之叛,事在中平元年。明年乃命張温討之,下距中平四年,決不足五六年,《後書》之説誤也。中平二年瓚或嘗奉隨張温討邊章之命,然張純之叛,必不在此事之後。《劉虞傳》謂純、舉之叛,在涼州賊起之後,更不足信。

〔四三七〕 邊章、韓遂

《後漢書·董卓傳》云:"北宫伯玉等劫致金城人邊章、韓遂,使專任軍政,共殺金城太守陳懿,攻燒州郡。"《注》引《獻帝春秋》曰:"梁州義從宋建、王國等反,詐金城郡降,求見涼州大人故新安令邊允、從事韓約。約不見,太守陳懿勸之,國等便劫質約等數十人。金城亂,懿出,國等扶以到護羌營,殺之,而釋約、允等。隴西以愛憎露布,冠約、允名以爲賊,州購約、允各千户侯。約、允被購,約改爲遂,允改爲章。"《三國志·魏武紀》:"建安二十年,西平、金城諸將麴演、蔣石等共斬送韓遂首。"《注》引《典略》曰:"遂字文約,始與同郡邊章俱著名西州。章爲督軍從事。遂奉計詣京師,何進宿聞其名,特與相見。遂説進使誅諸閹人,進不從,乃求歸。會涼州宋揚、北宫玉等反,校殿本無伯字,否。舉章、遂爲主,章尋病卒,遂爲揚等所劫,不得已,遂阻兵爲亂,積三十二年,至是乃死,年七十餘矣。"又引劉艾《靈帝紀》曰:"章一名元。"案元疑當作允。校殿本非允之誤否? 遂字文約,亦可見其本名約。宋建亦名揚,北宫伯玉亦名玉,蓋邊郡之事,傳聞不能甚審,故名字或有異同也。自建安二十年上溯三十二年,爲靈帝中平元年,與《後書》本紀、《董卓傳》俱合。何進之謀誅閹人,當在靈帝崩後,而《典略》云:"遂説進誅閹人,"即傳聞不審之一證。然據《獻帝春秋》及《典略》觀之,則章、遂本不欲叛,似皆可信也。

〔四三八〕 曹嵩之死

《三國志·魏武帝本紀》興平元年云:"初,太祖父嵩去官後還譙,董卓之亂,避難琅玡,爲陶謙所害,故太祖志在復仇東伐。"《後漢書·陶謙傳》云:"初,曹操父嵩、避難琅玡,時謙别將守陰平,士卒利嵩財寶,逐襲殺之。"董卓之亂,未嘗及譙,而嵩須避難者,以太祖合兵誅卓也。嵩所避居之琅玡,蓋今山東諸城縣東南之琅玡山,而非治開陽、在今臨沂縣境之琅玡郡,僻處海隅,爲耳目所不及,故可避卓購捕之難。漢陰平縣治在今江蘇沭陰縣東北,相距頗近,故爲陶謙别將戍此者所害也。《三國志注》引《世語》曰:"嵩在泰山華縣,太祖令泰山太守應劭,送家詣兖州,劭兵未至,陶謙密遣數千騎掩捕。嵩家以爲劭迎，不設備，謙兵至，殺太祖弟德於門中，嵩懼，穿後垣先出其妾，妾肥不能得出，嵩逃於廁，與妾俱被害，闔門皆死。"又引韋曜《吴書》曰："太祖迎嵩，輜重百餘兩，陶謙遣都尉張闓將騎二百衛送，闓於泰山、華、費間殺嵩，取財物，因奔淮南。"案：初平四年下邳闕宣聚衆數千人，自稱天子。謙與共舉兵取泰山、華、費，略任城，太祖乃征謙，則兖徐構釁，禍始泰山、華、費。或又以爲操與謙有不共戴天之仇，遂妄謂嵩之見殺，爲在泰山、華、費之間也。初平三年《紀》云："袁術與紹有隙，術求援於公孫瓚，瓚使劉備屯高唐，单經屯平原，陶謙屯發干，以逼紹。太祖與紹會擊，皆破之。"蓋是時之相争者，袁紹與劉表爲朋，袁術與公孫瓚爲伍，太祖據兖州，紹之黨也。田楷據青州，陶謙據徐州，皆瓚之與也。發干之屯，謙既躬進兵以逼紹；泰山之略，謙又合闕宣以圖操，則自初平四年夏以前，陶謙皆攻取之師，袁紹與魏太祖僅備御之師而已。初平四年之秋，興平元年之夏，魏祖始再舉攻謙，謂之徼利之師可，謂之除害之師，亦無不可；謂之復仇則誣。嵩之死，固由謙之不能約束所部，然不能約束所部者亦多矣，究與躬行殺害者有别也。

《後漢書·應劭傳》六年拜泰山太守。"興平元年，前太尉曹嵩及子德，從琅玡入太山，劭遣兵迎之，未到，而徐州牧陶謙素怨嵩子操數擊之，乃使輕騎追嵩、德，并殺之於郡界，劭畏操誅，棄郡奔冀州牧袁紹。"

《三國志·陶謙傳》注引《吴書》謂：曹公父於泰山被殺，歸咎於謙，欲伐謙而畏其强，乃表令州郡一時罷兵。謙被詔，上書拒命，曹公得謙上書事，知不罷兵，乃進攻彭城。裴松之謂此時天子在長安，曹公尚未秉政，罷兵之詔，不得由曹氏出。

〔四三九〕 關羽欲殺曹公

《華陽國志·劉先主志》：建安五年，公東征先主。先主敗績，妻子及關羽見獲。公壯羽勇鋭，拜偏將軍。初，羽隨先主從公圍吕布於濮陽，時秦宜禄爲布求救於張楊。羽啓公："妻無子，下城乞納宜禄妻。"公許之。及至城門，復白。公疑其有色，自納之。後先主與公獵，羽欲於獵中殺公，先主爲天下惜，不聽，故羽常懷懼。公察其神不安，使將軍張遼以情問之。羽歎曰："吾極知曹公待我厚，然我受劉將軍恩，誓以共死，不可背之，要當立功以報曹公。"公聞而義之。案關羽壯士，與劉備誓共死，不肯背之，其夙心也，然其懷懼不安，則自以初求秦宜禄妻，而曹公自納之，及嘗欲殺曹公之故。《三國志・關羽傳》於此均未叙及，則情節漏略矣。《注》引《蜀記》與《華陽國志》之事略同，然但言公留宜禄妻，而羽心不自安，更不言羽因欲殺曹公而懷懼，情節亦爲不全。羽初欲取宜禄妻，其當懷懼，固不如嘗欲殺公之深也。惟云："獵中衆散，羽勸備殺公。"衆散二字，又可補常璩之闕。知古人叙事，多不甚密，欲求一事之真，非互相校勘不可也。

〔四四〇〕 袁曹成敗

袁、曹成敗，昔人議論孔多，然皆事後傅會之辭，非其實也。建安五年，曹操之東征劉備也，《武帝紀》曰："諸將皆曰：與公争天下者袁紹也，今紹方來，而棄之東，紹乘人後，若何？公曰：夫劉備，人傑也，今不去，後必爲患。袁紹雖有大志，而見事遲，必不動也。郭嘉亦勸公。嘉傳無此語。遂東擊備，破之。公還官渡，紹卒不出。"紹傳亦云："太祖自東征備，田豐説紹襲太祖後，紹辭以子疾，不許，豐舉杖擊地曰：夫遭難遇之機，而以嬰兒之病失其會，惜哉。"皆病紹之用兵，不能乘時逐利。案用兵各有形勢，輕兵掩襲，乘時逐利，與持重後進，專以摧破敵人之大軍爲主旨者，各一道也。紹之計，蓋爲先定河北，然後蓄勢并力，以與强者争衡。當操與吕布相持於兖州時，强敵在前，饑軍不立，欲從袁紹之説，遣家居鄴。《三國志・魏書・程昱傳》。其勢可謂危矣，然以程昱之諫而遂止，袁紹亦不之問。其後吕布爲操所敗，張邈從布走，張超猶守雍丘，臧洪以故吏之誼，欲乞兵往救。紹當是時大可存超以爲牽制，而猶終不聽許，至反因此與洪構釁，誠欲專力於河北，未欲問鼎於河南也。建安四年，紹既并公孫瓚，將進軍攻許，則既遣人招張綉，復與劉備連和，其明年，兩軍既相持，則有劉辟等應紹略許下，紹又使劉備助之，則紹於牽制操耳，亦不爲不力矣。然終不發大兵爲之援者，許下距河北遠，多遣兵則勢不能捷，少則無益於事，徒招挫折，故紹不肯遣大兵，即操亦知其如此，度其時日，足以定備，是以敢於輕兵東騖，非真能逆億紹之昧機而不動也。紹之南也，田豐説紹曰："曹公善用兵，變化無方，衆雖少，未可輕也，不如以久持之，簡其精鋭，分爲奇兵，乘虛迭出，以擾河南，救右則出其左，救左則出其右，使敵疲於奔命，民不得安業，我未勞而彼已困，不及二年，可坐克也。今釋廟勝之策，而決成敗於一戰，若不如志，悔無及也。"及兵既接，沮授又曰："北兵數衆，而果勁不及南；南谷虛少，而貨財不及北；南利在於急戰，北利在於緩搏，宜徐持久，曠以日月。"一以兵之不逮，一以將之不及，不欲速戰，而主持久以敝敵。蓋時河北雖云凋敝，然其空乏初不如河南之甚，田豐違旨，終遭械繫，沮授之策，則紹實不可謂不用。紹傳云："太祖與紹相持日久，百姓疲乏，多叛應紹，軍食乏。"《武帝紀》亦謂：操以糧少，與荀彧書，議欲還許。而紹則連穀車爲徐晃、史涣所邀擊者數千乘。又使淳于瓊等五人，將兵萬餘人送之，悉爲操所燒，乃致大潰。則其糧儲之豐可知，使徐晃、史涣功不成，操攻瓊而之誅不啓，抑或不克濟，事之成敗，固未可知。或傳太祖軍糧方盡，書與彧議，欲還許以引紹，彧曰："今軍食雖少，未若楚、漢在滎陽、成皋間也。是時劉、項莫肯先退，先退者勢屈也。公以十分居一之衆，劃地而守之，扼其喉而不得進，已半年矣。情見勢竭，必將有變，此用奇之時，不可失也。"夫楚漢相持，漢以兵多食足見長，楚兵少食盡，其勢與曹操之勢正相反，安得舉以爲喻。陸遜之策劉備曰："備是猾虜，更嘗事多，其軍始集，思慮精專，未可干也。今住已久，不得我便，兵疲意沮，計不復生，犄角此寇，正在今日。"此即荀彧所謂情見勢絀，用奇之時。徐晃、史涣之邀擊，及操之自將以攻淳于瓊，正是其事。然亦幸而獲濟耳，使紹而慮精專，此等竟不能遂，則其後之成否，固猶未可知也。然則袁紹之成敗，亦間不容發耳。所謂還許以引紹者，即是不支而退，使其竟爾如此，而紹以大兵乘其後，曹軍之勢必土崩瓦解，不復支矣。然則紹之籌策，固亦未嘗可謂其不奏功也。

《滿寵傳》云：時袁紹盛於河朔，而汝南紹之本郡，門生賓客佈在諸縣，擁兵拒守。太祖憂之，以寵爲汝南太守。寵募其服從者五百人，率攻下二十餘壁，誘其未降渠帥，於坐上殺十餘人，一時皆平。得户二萬，兵二千人，令就田業。《李通傳》云建安初，通舉衆詣太祖於許。釋通振威中郎將，屯汝南西界。太祖討張綉，劉表遣兵以助綉，太祖軍不利。通將兵夜詣太祖，太祖得以復戰，通爲先登，大破綉軍。拜裨將軍，封建功侯。分汝南二縣，以通爲陽安都尉。通妻伯父犯法，朗陵長趙儼收治，致之大辟。是時殺生之柄，決於牧守，通妻子號泣以請其命。通曰："方與曹公戮力，義不以私廢公。"嘉儼執憲不阿，與爲親交。太祖與袁紹相拒於官渡。紹遣使拜通征南將軍，劉表亦陰招之，通皆拒焉。通親戚部曲流涕曰："今孤危獨守，以失大援，亡可立而待也，不如亟從紹。"通按劍以叱之，即斬紹使，送印綬詣太祖。又擊郡賊瞿恭、江宫、沈成等，皆破殲其衆，送其首。遂定淮、汝之地。《趙儼傳》云：袁紹舉兵南侵，遣使招誘豫州諸郡，諸郡多受其命。惟陽安郡不動，而都尉李通急録户調。儼見通曰："方今天下未集，諸郡并叛，懷附者復收其綿絹，小人樂亂，能無遺恨！且遠近多虞，不可不詳也。"通曰："紹與大將軍相持甚急，左右郡縣背叛乃爾。若綿絹不調送，觀聽者必謂我顧望，有所須待也。"儼曰："誠亦如君慮；然當權其輕重，小緩調，當爲君釋此患。"乃書與荀彧，彧報曰："輒白曹公，公文下郡，綿絹悉以還民。"上下歡喜，郡内遂安。此可見操之多忠亮死節之臣，劉辟等之所以不能摇動以此也。《後漢書·紹傳》云：紹與操相持，許攸進曰："曹操兵少而悉師拒我，許下餘守勢必空虚，若分遣輕軍，星行掩襲，許拔則操爲成禽，如其未潰，可令首尾奔命，破之必也。”夫遣騎輕則如曹仁等優足拒之矣，安得使操疲於奔命而況侈言拔許哉！

曹操之攻淳于瓊也，袁紹聞之謂長子譚曰：“就彼破瓊等，吾攻拔其營，彼固無所歸矣！”乃使張郃、高覽攻曹洪，此亦未爲非計。《三國志·魏書·武帝紀》。而郃謂曹公營固，攻之必不拔，《三國志·張郃傳》。其後果然，則操之備豫不虞不爲不至。安得如書生談兵謂一即可襲取哉。

要之兩漢三國時史所傳，惟一大綱，餘皆事後傅會之辭，遽一一信爲事實則傎矣。《蜀志》又謂曹公北征烏丸，先主説表襲許，表不能用其説，當時又謂孫策聞公與紹相持，乃謀襲許，未發爲刺客所殺，《三國志·魏書·武帝紀》。則近於子虚烏有矣。參《孫策欲襲許》條。

《荀彧傳》載彧論曹公較之袁紹有四勝，又曰不先取吕布，河北亦未易圖也。《郭嘉傳》注引《傅子》又謂嘉料紹有十敗，公有十勝，其所謂十敗十勝者，實與彧之辭無大異，特敷衍之，多其節目耳。又曰：“嘉曰紹方北擊公孫瓚，可因其遠征，東取吕布，不先取布，若紹爲寇，布爲之援，此深害也。”兩人之言有若是其如出一口者乎？其爲事後傅會，而非其實，審矣。然此等綜括大體之辭，較之專論一事者差爲近理。要之當時之史尚係傳述之辭，多所謂某人某人之語，未必可即作其人之辭觀。然以此爲其時人之見解，固無不可也。《史》、《漢》之《留侯傳》，《三國志》之《荀彧傳》均可作如是觀。

〔四四一〕 李　邈

《華陽國志·先賢士女總讚》云：李邈，守漢南，邵兄也。牧璋時，爲牛鞞長，先主領牧，爲從事。正旦命行酒，得進見，讓先主曰：“振威以討賊元功，未效，先寇而滅，邈以將軍之取鄙州，甚爲不宜也。”先主曰：“知其不宜，何以不助之？”邈曰：“匪不敢也，力不足耳。”

有司將殺之，諸葛亮爲請，得免，爲犍爲太守、丞相參軍、安漢將軍。建興六年，亮西征，馬謖在前，亮將殺之。邈諫，以爲秦赦孟明，用霸西戎；楚誅子玉，再世不競。失亮意，還蜀。十三年亮卒。案亮卒在十二年。後主素服發哀三日。邈上疏曰："吕禄、霍禹，未必懷反叛之心，孝宣不好爲殺臣之君，直以臣懼其逼，主畏其威，故姦萌生。亮身杖强兵，狼顧虎臣，五大不在邊，臣常危之。今亮殞殁，蓋宗族得全，西戎静息，大小爲慶。"後主怒，下獄誅之。夫好惡之不可一久矣。今讀《三國志》，諸葛亮爲朝野所好，更無異辭，此豈實録乎？邈幾爲先主所誅，亮爲請得免，則於亮非有私憾，其言如此，則當時同邈所危者，必不止一人也。特莫敢以爲言，若有私議，則史不傳耳。然邈則可謂直矣，縱不然其言，何至下獄誅之？後主之闇，亦可謂甚矣。豈邈素好直，怨者孔多，而借此陷之歟？君子是以知直道之不見容也。

〔四四二〕　姜維不速救成都

《三國志·姜維傳》：維保劍閣拒鍾會，列營守險，會不能克。糧運縣遠，將議還歸。而鄧艾自陰平由景谷道旁入，遂破諸葛瞻於綿竹。後主請降於艾，艾前據成都。維等初聞瞻破，或聞後主欲固守成都，或聞欲東入吴，或聞欲南入建寧，於是引軍由廣漢、郪道以審虚實。尋被後主敕令，乃投戈放甲，詣會於涪軍前，將士咸怒，拔刀斫石。《華陽國志》則謂維未知後主降，謂且固城，素與執政者不平，欲使其知衛敵之難而後逞志，乃回由巴西出郪五城。案維當詣會之後，猶欲殺會而復蜀，其無意於降魏可知。成都雄郡，鄧艾孤軍，安知後主之遽降？維既無意降魏，豈有不捧漏沃焦，與艾争一旦之命者？而顧遲曲其行，則常璩之言是也。王崇謂鄧艾以疲兵二萬溢出江油，姜維舉十萬之師，案道南歸，艾爲成擒，擒艾已訖，復還拒會，則蜀之存亡，未可量也。乃回道之巴，遠至五城，使艾輕進，逕及成都，兵分家滅,己自招之,其言允矣。故知文武不和,未有不招覆亡之禍者也;而武人褊隘,欲望其休休盡匪躬之節難矣。

〔四四三〕 司馬宣王征遼東

《傳》曰:"雖鞭之長,不及馬腹。"此爲兵家所最忌。司馬宣王之征遼東也,策之曰:"棄城預走,上計也。據遼水以距大軍,次計也。坐守襄平,此成擒耳。"又曰:"惟明者能深度彼己,預有所棄,此非其所及也。今縣軍遠征,將謂不能持久,必先距遼水而後守,此中下計也。"既至襄平,大雨,賊恃水,樵牧自若。諸將欲取之,皆不聽。曰:"自發京師,不憂賊攻,但恐賊走。今賊糧垂盡,而圍落未合,掠其牛馬,抄其樵採,此故驅之走也。夫兵者詭道,善因事變。賊憑衆恃雨,故雖飢困,未肯束手,當示無能以安之。取小利以驚之,非計也。"其懼淵之走如此。蓋懸遠之地,少用師則力不足,多用師則餽運不繼;即敵竄伏不敢抗,而分軍搜捕爲難,多軍填厭又不易;師盡撤,則敵復出而前功盡棄,甚或乘吾之敝,擊其莫歸,其患有不可勝言者;故必視之以弱,聚而殲旃也。

《兵法》曰:"用兵之法,……諸侯自戰其地者爲散地。"《孫子·九地》第十一。此言徵之於史而屢驗。司馬宣王之征遼東,兵少於公孫淵,亦其一事也。然此非自度兵强於敵,知慮謀略皆出敵上,足以制其死命不可。故縣師遠征,究非易事也。圍之未合也,司馬陳珪曰:"昔攻上庸,八部并進,晝夜不息,故能一旬之半拔堅城,斬孟達。今者遠來,而更安緩,愚竊惑焉。"宣王曰:"孟達衆少而食支一年;將士四倍於達,而糧不淹月;以一月圖一年,安可不速?以四擊一,正令半解,猶當爲之;是以不計死傷,與糧競也。今賊衆我寡,賊飢我飽,水雨乃爾,功力不設,雖當促之,亦何所爲?""與糧競"之言甚精。宣王所以不肯多用師,以運糧難也。此非兵精於敵,知慮謀略,皆出敵上,後患有不可勝言者;而專恃兵多而又不精者無論矣。楊鎬之征遼是已。此等用兵,即使幸勝,亦不足貴。以其所費多,不易再舉,又不能久駐以殄餘敵也。論者徒咎其分兵爲四,未爲知言。

淵之窮也，使其相國王建、御史大夫柳甫乞降，請解圍面縛，不許。皆斬之。檄告淵曰："昔楚、鄭列國，而鄭伯猶肉袒牽羊而迎之。孤爲王人，位則上公，而建等欲孤解圍退舍，豈楚、鄭之謂邪？必傳言失旨，已相爲斬之。若意有未已，可更遣年少有明決者來。"淵復遣侍中衛演乞克日送任。宣王謂演曰："軍事大要有五：能戰當戰，不能戰當守，不能守當走，餘二事惟有降與死耳。汝不肯面縛，此爲決就死也。不須送任。"此等處，以言用兵，誠可謂當機立斷；以言乎軍禮，則古人遺意，蕩焉盡矣，亦可以觀世變矣。

原刊《光華大學半月刊》第三卷第四期，
一九三四年十一月二十五日出版

〔四四四〕　司馬宣王之忍

孟子曰："不仁哉，梁惠王也！仁者以其所愛，及其所不愛；不仁者以其所不愛，及其所愛。"《盡心下》。吴起殺妻以求將，義士非之。然古説流傳，率多失實，不足信也。拓跋力微，欲圖兼并，手刃其妻，并害妻之兄弟。此在夷狄，不足責也。司馬宣王固云服膺儒教者，其託風痺以辭魏武之辟也，暴書遇雨，不覺自起收之。家惟一婢，見之。張夫人恐事泄致禍，手殺之以滅口，而親執爨。密勿同心，可謂至矣。《安平獻王傳》云：漢末喪亂，與兄弟處危亡之中，簞食瓢飲。蓋宣王家素貧，張夫人所謂糟糠之妻也。乃後寵柏夫人，張夫人遂罕得進見。卧疾往省，詈以老物可憎，致幾自殺。以諸子不食，乃驚而致謝。退謂人曰："老物不足惜，慮困我好兒耳。"《晉書・宣穆張皇后傳》。其天性涼薄，可以見矣。景皇又以其妃魏氏之甥，鴆而殺之。《景懷夏侯皇后傳》。仍世凶德如此。明帝問前世所以得天下。王導陳宣帝創業之謀，及文王末高貴鄉公事。明帝以面覆牀，曰："若如公言，晉祚安得長遠？"蓋其所爲，有鮮卑黄鬚奴所不忍問者矣。記曰："其所厚者薄，而其所薄者厚，未之有也。"

漢高推墮孝惠、魯元公主車下，視太公居俎上；漠然無所動於其中。唐太宗親推刃同氣，而取其妃；千古姦雄，如出一轍，豈仁之果不勝不仁哉？世習於争奪相殺之已久，非阻兵安忍者，不足以有所訣而取濟於一時也。殘賊之横行，亦衆生之共業，有以召之耳。

原刊《光華大學半月刊》第三卷第五期，
一九三四年十二月十日出版

〔四四五〕 晉武帝不廢太子

唐甄曰："善治必達情，達情必近人。人君之於父母，異宫而處，朝見以時，則曰天子之孝，與庶人異；人君之於子孫，異宫而處，朝見以時，則曰天子之慈，與庶人異；人君之於妻，異宫而處，進御有時，則曰天子之匹，與庶人異；骨肉之間，驕亢習成，是以養隆而孝衰，教疏而恩薄。讒人間之，廢嗣廢后，易於反掌。不和於家，亂之本也。"善哉言乎！天子之家，猶庶人之家也。而其家事，往往牽動國事，至於毒痡四海，則政制不善，將一人一家之事，與國事并爲一談致之也。而其家之所以易亂，則淫侈之積，有以成之。伊川之言曰："天下之害，無不由末之勝也。峻宇雕牆，本於宫室；酒池肉林，本於飲食；淫酷殘忍，本於刑罰；窮兵黷武，本於征伐；凡人欲之過者，皆本於奉養，其流之遠，則爲害矣。"惟權力亦然。越人男女同川而浴；而號稱冠帶之國，則必深宫固門，閽寺守之。秦人父子同室而居；而山東禮義之邦，則由命士以上，父子異宫。方其翹然獨異於人，豈不顧盼自憙，而不知兵刃之隨其後也。故曰："高明之家，鬼闞其室。"晉武帝疑太子不堪政事，悉召東宫官屬，使以尚書事令太子決之。太子不能對。賈妃遣左右代對，多引古義。給事中張泓曰：太子不學，陛下所知，今宜以事斷，不可引書。妃從之。泓乃具草，令太子書之。武帝覽而大悦。太子遂安。夫疑太子之不堪政事，何難召與之言？乃必出之以紙墨，假手於傳達，亦可謂迂而不近情者矣。無他，習之已成，不自知也。《易》曰："崇高莫大乎富貴。"積而至於崇高，則危矣。由其與下隔也。《吕覽・達鬱》之篇，可以深長思矣。

原刊《光華大學半月刊》第三卷第五期，
一九三四年十二月十日出版

〔四四六〕 史事失實

子貢曰：紂之不善、不如是之甚也，是以君子惡居下流，天下之惡皆歸焉。善哉言乎。《晉書・賈充傳》言：充婦郭槐，性妒忌，子黎民，年三歲，乳母抱之當閤。黎民見充入，喜笑，充就而拊之，槐望見，謂充私乳母，即鞭殺之。黎民戀念，發病而死。後又生男，過期復爲乳母所抱，充以手摩其頭，郭疑乳母，又殺之，兒亦思慕而死，充遂無胤嗣。天下有此刻板事乎？三歲及過期小兒，知戀念乳母至於發病而死乎？亦罕矣。所謂欲甚其惡者，史猶采之，亦不免於失實矣。

〔四四七〕 劉庸祖、麥鐵杖

傳説之辭，往往輾轉附會，不得其實。而昔人脩史，好奇愛博，過而取之，遂至顯然不足信者，亦有所不暇計矣。《宋書・劉庸祖傳》云：便弓馬，膂力絶人。每犯法，爲郡縣所録，輒越屋踰牆，莫之能擒。夜入人家，爲有司所圍，突圍去，并莫敢追。因夜還京口，半夕便至。明旦，守門詣府州要識，俄而建康移書録之。府州執事者，并證庸祖其夕在京，遂得無恙。《隋書・麥鐵杖傳》云：驍勇有膂力，日行五百里，走及奔馬。陳大建中，結聚爲羣盜。廣州刺史歐陽頠俘之，以獻。没爲官户，配執御傘。每罷朝後，行百餘里，夜至南徐州，踰城而入，行光火劫盜。旦還及時，仍又執傘。如此者十餘度。物主識之，州以狀奏。朝士見鐵杖每旦恒在，不之信也。後數告變，尚書蔡徵曰：此可驗耳。於仗下時，購以百金，求人送詔書與南徐州刺史。鐵杖出應募，賫敕而往。明旦及奏事，帝曰：信然，爲盜明矣。惜其勇捷，誡而釋之。合觀兩事，明明皆非實録。特有此一類傳説，隨事增飾附會耳。其不足信，顯而易見，而李延壽脩《南、北史》，亦俱取之。豈真見不及此哉，亦所謂與其過而廢之，毋寧過而存之也。

〔四四八〕 馬　　鈞

古今巧士，莫過馬鈞。然裴秀難之，曹羲復與之同，何哉？傅玄之説羲曰：馬氏所作，因變而得。是則初所言者，不皆是矣。其不皆是，因不用之，是不世之巧，無由出也。曰“因變而得”，曰“初所言者不皆是”：則鈞之所就，亦皆屢試而後成；而試之無成者，亦在所不免。度秀、羲等必以是而忽之也。此固爲淺見。然自來長於巧者，多短於言。巧者之所成就，多非其所自傳，而長於言者傳之，其人不長於巧也。不知其事之曲折，不著其屢試屢易之艱苦；而但眩其成就之神奇，遂若凡有巧製，皆冥思而得，一蹴而成矣。此古來備物致用立成器以爲天下利者，其事之真，所以多無傳於後也。

前人巧製，每多不傳於後，淺者每咎後人之不克負荷，此亦不然。凡物之能綿延不絶者，必其能有用於時者也。三國之世，諸葛亮作連弩，而馬鈞欲五倍之；鈞又欲發石車；亮又作木牛流馬；時蜀又有李譔，能致思於弓弩機械；而吴亦有張奮能造攻城大攻車，奮，昭弟子，見昭傳。蓋時攻戰方亟，故軍械及運糧之具，相繼而興也。天下一統矣，攻戰無所復事；而運糧以當時之情形，亦無須乎木牛流馬，則其器安得而傳哉？不觀今世所謂機械者之於窮鄉僻壤乎？人力既賤，資本家斥資以購機械，其贏曾不如用人力之爲多也，則機械見屏矣。昔時巧製之不傳,不與此同理乎?故機械之發明改革,實與羣治相關。徒謂機械足以改革社會,亦言之不盡也。

〔四四九〕 王景文

讀宋明帝答王景文求解揚州詔,其通達可謂無以復加,論禍福之不應趨避,無可趨避,不必趨避,尤可謂洞見真際,宜乎其必不爲無益之舉矣。然終不免於殺景文,以景文之亟求退讓,以蘄免禍,似乎臨命時必悲皇不能自主矣,而其從容乃殊出意計之外,則知人之善惡,不繫乎其能明理與否,而繫乎其能循理與否也。抑以景文之淡定,而猶不免禍,豈禍真無可避邪?古豈無獲全於危亂之世者乎?孔子曰:危邦不入,亂邦不居,豈皆臨時而求去乎?景文屢陳退讓,而卒不獲去,豈於避禍之道,猶有圖之不夙者邪?故曰:介於石,不終日,貞吉。

〔四五〇〕 柳仲禮

侯景之圍臺城也,四面援軍雲集,雖不皆精鋭,然其數十倍於景,謂其不能解圍,無是理也。所以無功者,全誤於柳仲禮之懷挾異志。仲禮之爲大都督,乃韋粲所推,粲雖無功,然赴援甚速,死事甚烈,一子三弟,皆及於難,親戚死者數百人,謂非乃心王室不可也。仲禮爲粲外弟,粲當知其爲人,而執欲推之甚固,其故殊不可解。案此無難解也。《柳仲禮傳》云:"侯景潛圖反噬,仲禮先知之,屢啓求以精兵三萬討景,朝廷不許,及景濟江,朝野便望其至,兼蓄雍司精卒,與諸蕃赴援,見推總督。景素聞其名,甚憚之。"《韋粲傳》云:粲建議推仲禮爲大都督,報下流衆軍,裴之高自以年位高,恥居其下。乃云:柳節下已是州將,何須我復鞭板,累日不決。粲乃抗言於衆曰:"今同赴國難,義在除賊,所推柳司州者,政以久扞邊疆,先爲侯景所憚,且士馬精鋭,無出其前,若論位次,柳在粲下,語其年齒,亦少於粲,直以社稷之計,不得復論,今日貴在將和,若人心不同,大事去矣。裴公朝之舊齒,豈應復挾私以沮大計,粲請爲諸君解釋之。"乃舸至之高營,切讓之。之高泣曰:"吾荷國榮,自應率先士卒,顧恨衰老,不能效命,跂望柳使君,共平凶逆,前謂衆議已定,無俟老夫爾。若必有疑,當剖心相示。"於是諸將定議,仲禮方得進軍。合觀二傳,則仲禮當時兵最强,必得大都督而後肯進,粲不得已而推之,而之高之泥之,亦非必自負年位,不肯相下,蓋亦前知其爲人矣。仲禮,驕將也,以其兵强,不得已而用之,而卒爲所誤,故驕將必不可用。

〔四五一〕 曹景宗、韋叡

南北朝時,南北構兵,南多敗衄。梁武帝天監六年邵陽洲之戰,北方以元英之重兵,楊大眼之勇將,而皆潰敗,決裂不可收拾,實南方之一奇捷也。是役之功,實在韋叡,而曹景宗不與焉。

是役也,元英違邢巒之議,逆世宗之詔,志在必取壽陽,固曰愎諫以要功,然守者之力已窮,攻者之勢方烈,設無邵陽洲之捷,昌義之不爲朱脩之、蔡道恭之續者亦僅耳。是役也,武帝實先使曹景宗往援,詔其頓道人洲,待衆軍齊集俱進,而景宗欲專其功,違敕而進,逮遇風沉溺,則又還守先頓,使無韋叡以促之,景宗必逗橈不進,亦如其救司州時矣。《曹景宗傳》言叡受景宗節度,而《南史・韋叡傳》言景宗未敢進。帝詔叡會焉,賜以龍環御刀,曰:"諸將有不用命者、斬之。"則實使叡督促景宗也。叡之受命也,自合肥逕陰陵大澤,遇澗谷輒飛橋以濟師。人畏魏軍盛多,勸叡緩行,叡曰:"鍾離今鑿穴而處,負户而汲,車馳卒奔,猶恐其後,而況緩乎?"旬日而至邵陽,於景宗營前二十里，夜掘長塹，樹鹿角，截洲爲城，比曉而營立。元英大驚，以杖擊地曰："是何神也！"非此捧漏沃焦之勢，又何及於事乎？是時，魏人先於邵陽洲兩岸，爲兩橋，樹栅數百步，跨淮通道，其難克者在此。《韋叡傳》云：叡裝大艦，使梁郡太守馮道根、廬江太守裴邃、秦郡太守李文釗等爲水軍，值淮水暴漲，叡即遣之。鬬艦競發，皆臨敵壘，以小船載草，灌之以膏，從而焚其橋，風怒火盛，煙塵晦冥，敢死之士，拔栅斫橋，水又漂疾，倏忽之間，橋栅盡壞。而道根等皆身自搏戰，軍人奮勇，呼聲動天地，無不一以當百，魏人大潰。《曹景宗傳》言：高祖詔景宗等，預裝高艦，使與魏橋等，爲火攻計。令景宗與叡，各攻一橋。叡攻其南，景宗攻其北。六年三月，春水生，淮水暴長六、七尺，叡遣所督將馮道根、李文釗、裴邃、韋寂等，乘艦登岸擊魏，洲上軍盡殪。景宗因使衆軍皆鼓噪亂登諸城，呼聲震天地。大眼於西岸燒營，英自東岸棄城走，諸壘相次土崩，悉棄其器甲，争投水死，淮水爲之不流。合觀兩傳，先登者實叡軍，而景宗特繼之耳。

天監四年之北伐，詔叡都督衆軍。叡遣長史王超宗及馮道根攻魏小峴城，未能拔。叡巡行圍栅，魏城中忽出數百人，陳於門外。叡欲擊之，諸將皆曰：向本輕來，未有戰備，徐還授甲，乃可進耳。叡曰"魏城中二千餘人，閉門堅守，足以自保，無故出人於外，必其驍勇者也。若能挫之，其城自拔。衆皆猶遲疑，叡指其節曰：朝廷授此，非以爲飾，韋叡之法，不可犯也。乃進兵士，皆殊死戰，魏軍果敗走，因急攻之，中宿而城拔。遂進討合肥。先是右軍司馬胡景略等至合肥，久未能下。叡按行山川曰：吾聞汾水可以灌平陽，絳水可以灌安邑，即此是也。乃堰肥水，親自夜率，頃之，堰成水通，舟艦繼至。魏初分築東西小城夾合肥，叡先攻二城。既而魏援將揚靈胤帥軍五萬奄至，衆懼不敵，請表益兵。叡笑曰：臨難鑄兵，豈及馬腹。且吾求濟師，彼亦徵衆，師克在和不在衆，古之義也。因與戰，破之，軍人少安。初，肥水堰立，使軍主王懷静築城於岸守之，魏攻陷懷静城，千餘人皆没，魏人乘勝至叡堤下，其勢甚盛(未完)。

〔四五二〕 周弘正

從古學人之無行者,周弘正其最乎? 臺城陷,弘正諂附王偉,又與周石珍合族,避侯景諱,改姓姬氏,拜爲太常。景將篡,使掌禮儀。及王僧辨東討,元帝謂之曰:"王師近次,朝士孰當先來?"僧辨曰:"其周弘正乎,弘正智不後機,體能濟勝,無妻子之顧,有獨決之明,其餘碌碌不逮也。"俄而前部傳云,弘正至。記曰:"其所厚者薄,而其所薄者厚,未之有也。"人情孰不念父母,顧妻子,至激於義理者不然,乃有所不得已也。弘正既已屈節於景矣,所謂不得已者安在? 於此而稱其無妻子之顧,有獨決之明。然則知不後機,體能濟勝者,乃惟明於一身之利害,而果以行其趨避之計乎? 弘正之來也。僧辨飛騎迎之,即日啓元帝,帝手書與弘正,仍遣使迎之,及至,禮數甚優,朝臣無比。帝嘗著《金樓子》曰:"余於士大夫,重汝南周弘正。"君若臣之所重者如此,安得不亡國敗家,并喪其身乎。王克仕侯景,景敗,迎候僧辨,僧辨曰: 勞事夷狄之君。何不以此語詰弘正? 他日一敗而臣於淵明,所遣往迎者,即弘正也,豈不哀哉? 抑元帝性多猜忌,於名無所假人,微有勝己者,必加毁害,而於弘正,獨優禮之,何也? 則以其似直而實諛也。史稱弘正俳諧似優,剛腸似直,簡文之立爲太子,弘景奏記,請其抗目夷之義,執子臧之節,明知其時爲不能以是加罪也。元帝不肯歸建鄴,弘正驟諫,似逆帝意,且忤近臣,然當時諫者甚多,朱買臣,帝之親昵也,而亦諫,則非帝之所甚惡,亦非近臣之所深忌也。此所謂剛腸似直者也。其歸元帝也,授之顯官,而以著犢鼻褌衣朱衣,爲有司所彈,其平時之行類俳優可想。君子正其衣冠,尊其瞻視,寧必以此示異於人,内重者外自不得而輕也,觀人者必於其威儀,豈無故哉? 或曰: 娓娓謹威儀者,遂可以有爲乎? 曰: 不必其有爲也。而庶幾有所不爲,有所不爲者,必始於介也,介不足以限奇士,而恒人要不可不以此自勉，故以威儀觀人者，或失之於奇士，必不失之於恒人。

弘正在武帝時，有罪應流徙，勅以賜干陁利國，未去，寄繫尚方，於獄上武帝講武詩，降勅原罪，仍復本位。當時用法甚寬，至欲屏之四夷，其所犯之重可知，此等人宥之何爲哉？

〔四五三〕 張雕不擇所事

張雕爲齊後主所委信，遂以澄清爲己任，意氣甚高，貴幸皆側目。尚書左丞封孝琰與侍中崔季舒，皆爲祖珽所厚。孝琰嘗謂珽曰：公是衣冠宰相，異於餘人。近習聞之，大以爲恨。會齊主將如晉陽，季舒與雕議，以爲壽陽被圍，大軍出拒，信使往還，須禀節度；且道路小人，或相驚恐，以爲大駕向并州，畏避南寇；若不啓諫，恐人情駭動，遂與從駕文官，連名進諫。時貴臣趙彦深、唐邕、段孝玄等，意有異同，季舒與争未決。韓長鸞遽言於帝曰：諸漢官連名總署，聲云諫章并州，其實未必不反，宜加誅戮。齊主遂悉召已署名者集含章殿，斬季舒、雕、孝琰及散騎常侍劉迪、黄門侍郎裴澤、郭遵於殿庭。效忠異族之禍，至於如此。張雕頗有抱負，奈何不擇所事邪？張雕《儒林傳》亦作張雕武。蓋本名雕虎，避唐諱去下一字，或改虎爲武。

〔四五四〕 殺人自殺

《北齊書·廢帝紀》云："文宣登鳳臺，召太子使手刃囚，太子惻然有難色，再三不能斷其首，文宣怒，親以馬鞭撞太子三下，由是氣悸語吃，精神時復昏擾。"《孝昭紀》言孝昭入雲龍門，至昭陽殿"庭中及兩廊下衛士二千餘人，皆被甲，待詔，武衛娥永樂武力絶倫，又被文宣重遇，撫刃思效，廢帝性吃訥兼倉卒不知所言”，遂不能用。然則文宣之教子殺人，乃正所以殺其子也。夫欲殺人者，不過以求自存。然人所以自存之道，豈徒在殺人而已哉？人未有孑然獨存於世者，而欲有以鳩其羣而不涣，則必有道矣。故曰：不嗜殺人者能一之，然則君子之所以存心者又可知矣。古之人未嘗不事田獵也，而又曰君子遠庖廚，有以也夫！

〔四五五〕 藉手報仇

陳武帝遣文帝攻杜龕，王清援之，歐陽頠同清援龕，中更改異，殺清而歸武帝。清子猛，終文帝之世，不聽音樂，疏食布衣，以喪禮自處。宣帝立，乃始求位。《南史·王准之傳》。人或議之，然無可議也。文帝之後嗣，爲宣帝所替，猛蓋謂其仇已雪，抑且視宣帝爲代己報仇者矣。梁武助齊明以傾鬱林亦是道也。然則人不可以妄殺也。妄殺而骨肉之間，或爲仇人所藉手矣。孟子曰：“殺人之父者，人亦殺其父；殺人之兄者，人亦殺其兄。”然則非自殺之也，一間耳，猶未若此之可畏也。

〔四五六〕 紈袴狎客

《通鑒》：長城公禎明二年，隋師將至。帝從容謂侍臣曰：“王氣在此，齊兵三來，周師再來，無不摧敗，彼何爲者邪。”孔範曰：“長江天塹，古以爲限隔南北，今日虜軍，豈能飛渡邪。邊將欲作功勞，妄言事急，臣每患官卑，虜若渡江，臣定作太尉公矣。”或妄言北軍馬死。範曰：“此是我馬，何爲而死。”帝笑以爲然。案時臨平湖草久塞，忽然自開，帝惡之，乃自賣於佛寺爲奴以厭之，則亦未嘗不知事勢之亟。而臨危之際，又藉王氣在此以自寬，耎弱之人，往往如是。至孔範，則惟知獻媚，罔恤大局，强敵壓境，而以談笑道之，更可謂全無心肝矣。此等情態，吾於今世所謂紈袴子弟及狎客者屢見之。

〔四五七〕 三國之校事

所謂特務，并不是近代纔有的，在距今一千七百餘年前，就早已有了。《三國魏志・高柔傳》説："魏國初建，爲尚書郎，轉拜、丞相理曹掾，……遷爲潁川太守，復還爲法曹掾。時置校事盧洪、趙達等，使察羣下。柔諫曰：設官分職，各有所司。今置校事，既非居上信下之旨；又達等數以憎愛，擅作威福，宜檢治之。太祖曰：卿知達等，恐不如吾也。要能刺舉而辨衆事，使賢人君子爲之，則不能也。昔叔孫通用羣盜，良有以也。達等後姦利發，太祖殺之，以謝於柔。"然校事之制，并未因之而廢，所以下文説："校事劉慈等自黄初數年之間，舉吏民姦罪以萬數，柔皆請懲虚實；其餘小小挂法者，不過罰金。"到嘉平中，纔因程昱孫曉之言而廢，昱傳云："時校事放横，曉上疏曰：……昔武皇帝大業草創，衆官未備，而軍旅勤苦，民心不安，乃有小罪，不可不察，故置校事，取其一切耳，然檢御有方，不至縱恣也。……其後漸蒙見任，復爲疾病，轉相因仍，莫正其本。遂令上察官廟，下攝衆司，官無局業，職無分限，隨意任情，惟心所適。法造於筆端，不依科詔；獄成於門下，不顧覆訊。其選官屬，以謹慎爲麤疏，以謥詷爲賢能。其治事，以刻暴爲公嚴，以循理爲怯弱。外則託天威以爲聲勢；内則聚羣姦以爲腹心。大臣恥與分勢，含忍而不言；小人畏其鋒芒，鬱結而無告。至使尹模公於目下，肆其姦慝，罪惡之著，行路皆知，纖惡之過，積年不聞。……今外有公卿、將校，總統諸署；内有侍中、尚書，綜理萬機；司隸校尉督察京輦；御史中丞董攝宫殿；皆高選賢才以充其職；申明科詔以督其違。若此諸賢猶不足任，校事小吏，益不可信。若此諸賢各思盡忠,校事區區,亦復無益。若更高選國士以爲校事,則是中丞、司隸重增一官耳。若如舊選,尹模之姦,今復發矣。進退推算,無所用之。……曹恭公遠君子,近小人,《國風》託以爲刺;衛獻公舍大臣,與小臣謀,定姜謂之有罪;縱令校事有益於國,以禮義言之,尚傷大臣之心,況姦回暴露,而復不罷?是衮闕不補,迷而不返也。於是遂罷校事官。"魏國之建,事在漢獻帝建安廿一年,爲西元二一六年,嘉平爲齊王芳年號,自二四九至二五三年,魏之任校事,約歷四十年。又《吴志·孫權傳》:赤烏元年,"初,權信任校事吕壹,壹性苛慘,用法深刻。太子登數諫,權不納,大臣由是莫敢言。後壹姦罪發露,伏誅。權引咎責躬,乃使中書郎袁禮告謝諸大將。"《朱據傳》:"嘉禾中,始鑄大錢,一當五百。後據部曲應受三萬緡,工王遂詐而受之,典校吕壹疑據實取,考問主者,死於杖下,據哀其無辜,厚棺斂之。壹又表據:吏爲據隱,故厚其殯。權數責問據,據無以自明,藉草待罪,數月,典軍吏劉助覺,言王遂所取,權大感寤曰:朱據見枉,況吏民乎?乃窮治壹罪,賞助百萬。"嘉禾爲權年號,自二三二至二三七年,其明年二三八,爲亦烏元年。

用法之所最忌者,爲於正式機關之外,别立機關;且出入任情,不本成法;程曉之言,可謂極其痛切了。魏武帝是很有明察之才的,《魏志·方技傳》注引東阿王《辨道論》,説:"世有方士,吾王悉所招致,甘陵有甘始,廬江有左慈,陽城有郤儉……始等知上遇之有恒,奉不過於員吏,賞不加於無功,海島難得而游,六黻難得而佩,終不敢進虚誕之言,出非常之語。"魏武帝的嚴明,確乎不甚容易;程曉説他檢御有方,當非虚語,然仍不能不爲趙達等所欺;像孫權的麤疏,就更不必説了。

程曉説任校事有傷大臣之心,而吕壹之誅,孫權使告謝諸將,則魏、吴之任校事,意實在於檢察將吏的貪縱。從來喪亂之際,官方每多不飭,武臣縱恣尤甚,加以檢察實爲必要。然目的雖正,而手段不適,其詔禍尚如此,若如近代法西斯主義者之所爲,專爲維持一己的威權地位起見,不恤用殘酷之吏,肆暴虐於民,則是武曌之任周興、來俊臣,明成祖之立東廠,其作風又在魏武帝、吴大帝之下了。或謂法西斯主義者流,所行雖不適當,亦非無爲國爲民之心,未可一筆抹殺。這話我亦承認。但須知社會國家,關係重大,手段一誤,流毒無窮,正未可以有爲公之心,而冀人寬恕。昔人説:周公營洛陽爲東都,説其地交通便利,有德易以興,無德易以亡,秉政者正不可無此氣度。所以不論我是該推翻的,不該過於防閑别人;即使我確能代表國利民福,反對我者係屬搗亂之徒,我們對他,仍不宜過於壓制,因爲讓他爆發一次,則其搗亂爲衆所共知,即爲衆所共棄,而大局也可以早入於正軌了。又況誰能代表國利民福,根本不易判定呢?

〔四五八〕　用人以撫綏新附

《三國·魏志·鄧艾傳》:艾既平蜀,言於司馬文王曰:"兵有先聲而後實者,今因平蜀之勢以乘吴,吴人震恐,席卷之時也。然大舉之後,將士疲勞,不可便用,且徐緩之;留隴右兵二萬人,蜀兵二萬人,煮鹽興冶,爲軍農要用,并作舟船,豫順流之事,然後發使告以利害,吴必歸化,可不征而定也。今宜厚劉禪以致孫休,安士民以來遠人,若便送禪於京都,吴以爲流徙,則於向化之心不勸。宜權停留,須來年秋冬,比爾吴亦足平。以爲可封禪爲扶風王,錫其資財,供其左右。郡有董卓塢,爲之官舍。爵其子爲公侯,食郡内縣,以顯歸命之寵。開廣陵、城陽以待吴人,則畏威懷德,望風而從矣。"謂吴可不征而定,自屬太過,然其言確係良圖,則不可誣也。然厚待劉禪,僅足傾動孫氏之主耳,若爲長治久安計,則吴、蜀平後,所以撫綏其士大夫者,尤不可少矣。

《晉書·儒林傳》:文立,巴郡臨江人,蜀時游太學,師事譙周,仕至尚書。泰始初,拜濟陰太守,入爲太子中庶子,上表以諸葛亮、蔣琬、費禕等子孫流徙中畿，宜見叙用，一以慰巴蜀之心，其次傾吴人之望，事皆施行。詔稱光武平隴蜀，皆收其賢才以叙之。以立爲散騎常侍。又曰：蜀故尚書犍爲程瓊，雅有德業，與立深交。武帝聞其名，以問立，對曰：臣至知其人，但年垂八十，稟性謙退，無復當時之望，不以上聞耳。是武帝之於蜀士，確頗留意。然《本紀》：泰始五年二月己未，詔蜀相諸葛亮孫京，隨才署史。則即武侯後裔，亦有用之未盡者也。吴平之後，拔用其人，尤爲不盡，劉頌除淮南相，上疏言："封幼稚皇子於吴、蜀，臣之愚慮，謂未盡善。夫吴、越剽輕，庸、蜀險絶，此故變釁之所出，易生風塵之地。且自吴平以來，東南六州將士，更守江表，此肘之至患也。又内兵外守，吴人有不自信之心，宜得壯王以鎮撫之，使内外各安其舊。又孫氏爲國，文武衆職，數擬天朝，一旦堙替，同於編户，不識所蒙更生之恩，而災困逼身，自謂失地，用懷不靖。今得長王以臨其國，隨才授任，文武并叙，士卒百役，不出其鄉。求富貴者取之於國内，内兵得散，新邦乂安，兩獲其所，於事爲宜。"此其事機，可謂極緊急矣。然《賀循傳》言：循以無援於朝，久不進序，陸機上疏薦之。其言曰："臺郎所以使州州有人，非徒以均分顯路，惠及外州而已。誠以庶士殊風，四方異俗，壅隔之害，遠國益甚。至於荆、揚二州，户各數十萬，今揚州無郎，而荆州江南，乃無一人爲京城職者，誠非聖朝待四方之本心。"觀此，知晉初士夫，競進成俗，而能爲國遠慮者，則幾於無人矣。《陶侃傳》：侃察孝廉，至洛陽，數詣張華，華初以遠人，不甚接遇，後與語，乃異之，除郎中。伏波將軍孫秀，以亡國支庶，府望不顯，中華人士，耻爲掾屬，以侃寒宦，召爲舍人。蓋其時之歧視遠人如此。王導輔元帝，説其招致顧榮、賀循，爲史所豔稱。然明帝太寧三年，八月，詔曰："吴時將相名賢之冑，有能纂脩家訓，又忠孝仁義，静己守真，不聞於時者，州郡中正，亟以名聞，勿有所遺。"則至易世之後，而其撫用猶有未盡也。《桓温傳》：温平李勢，"停蜀三旬，舉賢旌善，僞尚書僕射王誓、中書監王瑜、鎮東將軍鄧定、散騎常侍常璩，皆蜀之良也，并以爲參軍，百姓咸悦。"温時如此，而況晉初乎！

《梁書·武帝紀》：天監五年，正月丁卯朔，詔曰："在昔周漢，取士方國，頃代凋譌，幽仄罕被，人地孤絶，用隔聽覽，士操淪胥，因兹靡勸。凡諸郡國舊族邦内無在朝位者，選官搜括，使郡有一人。"此即陸機所謂以除壅隔之害者，固不僅爲士大夫謀出路也。七年二月庚午，詔於州郡縣置州望、郡宗、鄉豪各一人，專掌搜薦，蓋亦爲此。

《魏書·邢巒傳》：夏侯道遷内附，詔加巒使持節、都督征梁漢諸軍事，詔曰："巒至彼，須有板官，以懷初附，高下品第，可依征義陽都督之格也。"及巴西平，巒表曰："巴西、南鄭，相離一千四百，去州迢遞，恒多生動。昔在南之日，以其統綰勢難，故增立巴州，鎮静夷獠。梁州藉利，因而表罷。彼土民望，嚴、蒲、何、楊，非惟五三，族落雖在山居，而多有豪右，文學箋啓，往往可觀，冠帶風流，亦爲不少。但以去州既遠，不能仕進，至於州綱，無由廁跡。巴境民豪，便是無梁州之分，是以鬱快，多生動静。比建義之始，嚴玄思自號巴州刺史，克城已來，仍使行事。巴西廣袤一千，户餘四萬，若彼立州，鎮攝華獠，則大帖民情，從墊江以還，不復勞征，自爲國有。"當時蜀中，勢實岌岌，以世宗固不用巒之議，又王足反正，乃得幸免耳。然則不徒天朝，即州郡，亦不可不思引用賢能以撫綏所屬矣。抑以巴中之辟陋，冠帶風流，猶足稱舉，尚安得諉曰地實無才哉！

又《韓麒麟傳》：麒麟以高祖時爲齊州刺史，以新附之人，未階臺宦，士人沈抑，乃表曰：齊土自屬僞方，歷載久遠，舊州府寮，動有數百。自皇威開被，并職從，省守宰，闕任不聽土人監督。竊惟新人未階朝宦，州郡局任甚少，沈塞者多，願言冠冕，輕爲去就。愚謂守宰有闕，宜推用豪望，增置吏員，廣延賢喆，則華族蒙榮，良才獲叙，懷德安土，庶或在兹。朝議從之。又《李彪傳》：彪上封事七條，其三曰："臣又聞前代明主，皆務懷遠人，禮賢引滯。臣謂宜於河表七州人中，擢其門才，引令赴闕，依中州官比，隨能序之。一可以廣聖朝均新舊之義，二可以懷江、漢移有道之情。"蓋當時反側於兩國之間者，率爲地方豪右，故以是爲招致之具也。《齊書·鬱林王紀》：永明十一年八月，辛丑，詔曰：往歲蠻虜協謀，志擾邊服，羣帥授略，大殲凶醜，革城克捷，及舞陰固守，二處勞人，未有沾爵賞者，可分遣選部，往彼序用。此所序用者，必多當地之人，鼓舞之用，誠不可闕。然《宋書·長沙景王道憐傳》言元嘉時，淮西江北長吏，悉叙勞人武夫，多無政術，雖合酬庸之典，未免擾民之患，又不可以不慎也。

風未甚同、道未甚一之世，各地方之間，恒不免此疆彼界之見。《晉書·孔坦傳》："遷尚書郎，時臺郎初到，普加策試。元帝手策問曰：吴興徐馥爲賊殺郡將，郡今應舉孝廉不?"此在今日言之爲不可解；而當時有此策者，各地方之相視，如今異國人之相視，爲恩爲怨，非以其人，而以其族，此等成見，猶未盡除也。遠方所以宜加意撫綏，其理亦由於此。

原刊一九四七年四月二十五日
上海《益世報》副刊"史苑"

〔四五九〕 近鄉情更怯

詩惟有至性至情者，乃能道出人心坎中事。唐人詩云："近鄉情更怯，不敢問來人。"此非久經羈旅者不知，抑亦久經羈旅者人人心所欲言，而口不能言者也。毛脩之代王鎮惡爲安西司馬，義真敗，爲赫連勃勃所擒。及赫連昌滅，入魏。後朱脩之俘於魏，經年不忍問家鄉消息，久之，乃訪焉。脩之具答，并云："賢子亢矯，甚能自處。"脩之悲不得言，直視良久，乃長嘆曰："烏乎!"自此一不復及。夫經年始訪，即近鄉情更怯之意也。然詩人不過羈旅之思，脩之則更有家國之痛焉。一嘆之後，終身不及，亦可悲矣。長安之戍，實同棄師，功臣良將，駢肩而没。至於虜馬飲江，乃登城而思道濟，亦何益哉?

〔四六〇〕 亂時取二妻

時直非常,則有非常之事。漢魏之際,喪亂薦臻。而要二妻者,遂屢有所聞焉。太康元年,東平王楙上言,相王昌父毖,本居長沙,有妻息,漢末使入中國,值吴叛,仕魏爲黄門郎,與前妻息死生隔絶,更取昌母。今江表一統,昌聞前母久喪,當追成服,求平議。其時議者,謝衡以爲雖有二妻,蓋有故而然,不爲害於道,宜更相爲服,蓋以爲無妨二適者也。張惲謂《堯典》以釐降二女爲文,不殊嫡媵,傳記以妃夫人稱之,明不立正后,則以爲可不分適庶者也。其以爲不容二適者,則虞溥謂未有遭變而二適,故昌父更娶之辰,是前妻義絶之日。許猛以爲地絶。衛恒謂地絶死絶無異。蓋謂不容二適,乃出以求全。然昌妻何故當義絶乎?李胤謂毖爲黄門侍郎,江南已叛,石厚與焉。大義滅親,毖可得以爲妻乎?夫江南叛,非毖之妻叛也。如毖之説,境有叛首,境内之人,皆在當絶之列乎?於義窒矣。虞溥謂妻專一以事夫,夫懷貳以接已。開僞薄之風,傷貞信之教,於以純化篤俗,不亦艱乎?其説是也。地絶之説本已難通。劉卞云:地既通,何故追而絶之,於義尤允。虞溥謂據已更娶,有絶前之證,又欲方之惡疾。謂雖無過,亦可見出。然揆諸人情,終不如卞粹謂昌父當莫審之時而娶後妻,則前妻同之於死而義不絶之爲允也。衛恒謂絶前爲奪舊與新,爲禮律所不許,人情所不安,信矣。絶與死同,無嫌二嫡,此所以濟事之窮,然以言終絶者則可矣。其如絶而復通,如朱某鄭子羣陳詵者何?於是嫡庶之别,終不得不辨矣。劉卞云:毖於南爲邦族,於北爲羈旅,此以名分言之,前妻爲元妃,後婦爲繼室,然娶妻必於邦族,竊所未聞。干寶云:同産者無適側之别,而先生爲兄,諸侯同爵無等級之差,而先封爲長,今二妻之入,無貴賤之禮,則宜以先後爲秩,今生而同室者寡,死而同廟者衆,及其神位,故有上下也。春秋賢趙姬遭禮之變而得禮情，朝廷於此，宜導之以趙姬，齊之以詔命，使先妻恢含容之德，後妻崇卑讓之道，室人達少長之序，百姓見變禮之中，若此可以居生，又況於死乎？如寶之論，以處死則得矣。以之居生，先妻不恢含容之德，後妻不崇卑讓之道，將若何？時吴國朱某，娶妻陳氏，生子東伯，入晉，晉賜妻某氏，生子綏伯。太康中，某已亡，綏伯將母以歸邦族，兄弟交愛敬之道，二母篤先後之序，及其終也，二子交相爲服，即行寶之説者也。君子以爲賢，然虞溥云伯夷讓孤竹，不可以爲後王法，此可以爲教不可以立法也。安豐太守程諒先已有妻，後又娶，遂立二嫡。前妻亡，後妻子勛疑所服，荀勖議曰：昔鄉里鄭子羣娶陳司空從妹，後隔吕布之亂，不復相知存亡，更娶鄉里蔡氏女，徐州平定，陳氏得還，遂二妃并存，蔡氏之子字元釁，爲陳氏服嫡母之服，事陳公以從舅之禮，族兄宗伯曾責元釁，謂抑其親，干寶之議，於斯窮矣。沛國劉仲武先娶毌丘氏，生子正舒正則，毌丘儉反，敗，仲武出其妻，娶王氏生陶，仲武爲毌丘氏别舍而不告絶，及毌丘氏卒，正舒求祔葬焉。而陶不許，舒不釋服，訟於上下，泣血露骨，縗裳綴絡，數十年不得從，以至死亡。陶之所爲於人情，則有嗛矣，於法不能責也。咸康二年零陵李繁姊先適南平郡陳詵，産四子而遭賊，於賊請活姑命，賊略將姊去。詵更娶嚴氏，生三子，繁後得姊消息，往迎還詵，詵籍注領二妻，及李亡，詵疑制服，以事言征西大將軍庾亮，府司馬王愆期議曰：詵有老母，不可以莫之養，妻無歸期，納妾可也。李雖没賊，尚有生冀，詵尋求之理不盡，而便娶妻，誠詵之短，其妻非犯七出，臨危請活姑命，可謂孝婦矣。議者欲令在没略之中，必全苦操，有隕無二，是望凡人皆爲宋伯姬也。後子不及前母，故無制服之文。然礿祠烝嘗，未有不以前母爲母者，亡猶母之，況其存乎？繼室本非適也。雖云非適，義在始終，嚴寧可以，詵不應二妻而已涉二庭乎？若能下之，則趙姬之義，若云不能，官當有制。先適後繼，有自來矣。此議惟責嚴氏不當涉二庭爲過，餘皆平允也。以上據《晉書·禮志》。

《晉書·賈充傳》：初充前妻李氏，淑美有才行，生二女，褒、裕。

褒一名荃，裕一名濬。父豐誅，李氏坐流徙，後娶城陽太守郭配女，即廣城君也。武帝踐阼，李以大赦得還，帝特詔充置左右夫人，充母亦敕充迎李氏。郭槐怒，攘袂數充曰：刊之律令，爲佐命之功，我有其分，李那得與我并？充乃答詔，托以謙沖，不敢當兩夫人盛禮，實畏槐也。而荃爲齊王妃，欲令充遣郭而還其母，時沛國劉含母及帝舅羽林監王虔前妻，皆毌丘儉孫女。此例既多，質之禮官，皆不能決。雖不遣後妻，多異居私通。充自以宰相，爲海内準則，乃爲李築室於永年里，而不往來。荃、濬每號泣請充，充竟不往，會充當鎮關右，公卿供帳祖道。荃、濬懼充遂出，乃排幔出，於坐中叩頭流血，向充及羣僚陳母應還之意，衆以荃王妃，皆驚起而散，充甚愧愕，遣黄門將官人扶去。既而郭槐女爲皇太子妃，帝乃下詔，斷如李比皆不得還，後荃恚憤而薨。及充薨後，李氏二女乃欲令其母祔葬，賈后弗之許也。及后廢，李氏乃得合葬。

〔四六一〕　飲食侈靡之禍

西元三一二、三一六年，洛陽、長安相繼淪陷。自此政府偏安於南方者二百七十三年。其間北方非無可乘之機，然終不克奏恢復之烈者，士大夫階級之腐敗，其大原因也。士大夫階級之腐敗，事有多端，奢侈其大焉者也。奢侈之事，亦有多端，飲食其大焉者也。賀琛之告梁武帝也，曰："今天下宰守，所以皆尚貪殘，罕有廉白者，風俗侈靡，使之然也。淫奢之弊，其事多端，麤舉二條，言其尤者。今之燕喜，相競誇豪。積果如山嶽，列肴同綺綉。露臺之産，不周一燕之資。而賓主之間，裁取滿腹，未及下堂，已同臭腐。又歌姬舞女，本有品制。今雖庶賤，皆盛姬妾。務在貪污，争飾羅綺。故爲吏牧民者，競爲剥削。雖致貲巨億，罷歸之日，不支數年。乃更追恨向所取之少，如復傳翼，增其搏噬，一何悖哉？"案前世士夫，多畜聲伎，燕客則使之奏技以娱賓，而欲延客賞其伎樂者，亦必盛爲飲食以餉之。賀琛所言，二事實一事也。五侯之鯖，著稱雒下，何曾之譜，流衍江東，五胡之禍，蓋與飲食若流終始？豈不哀者？

〔四六二〕 清談一

清談之風，起於魏之正始。世遂以晉人之不事事，歸咎於王弼、何晏之徒，其實非也。晏等不徒非不事事之人，且係欲大有爲之人，觀夏侯玄對司馬宣王之問可知。《蔣濟傳》曰：曹爽專政，丁謐、鄧颺等，輕改法度。會有日食之變，詔羣臣問其得失。濟上疏曰："齊侯問災，晏嬰對以布惠；魯君問異，臧孫答以緩役。應天塞變，乃實人事。今二賊未滅，將士暴露，已數十年，男女怨曠，百姓貧苦。夫爲國法度，惟命世大才，乃能張其綱維，以垂於後，豈中下之吏，所宜改易哉？終無益於治道，適足傷民望，宜使文武之臣，各守其職，率以清平，則和氣祥瑞，可感而致也。"《國志》文最簡略，爽等之所更張，蓋皆無傳於後矣。至於山濤、阮籍等，則皆有所爲而爲之，亦非酣嬉沈醉之徒也。《晉書·戴逵傳》：逵著論曰："竹林之爲放，有疾而爲顰者也；元康之爲放，無德而折巾者也。"可謂洞見情實。范甯乃以末流之弊，追議創始之人，謂王弼、何晏，罪深於桀紂，不亦誣乎？

訾議清談之論，至晉世而後盛，蓋其弊實至晉而始著也。三國時訾議清談者，《魏志·袁煥傳》載煥從弟霸之子亮，深疾何晏、鄧颺等，著論以譏切之。《傳》既不載其論，其説不可得聞。《傅嘏傳注》引《傅子》，有譏切何晏、鄧颺、夏侯玄之語，則嘏本與晏等不合，爲其免官。《管輅傳》及《注》引《輅别傳》，亦有譏切何晏之語，并謂輅豫知晏、颺之當被禍，則事後附會之辭，彌不足信矣。正始八年何晏治身遠小人之奏，卓然儒家禮法之談。庾亮風格峻整，動由禮節，閨門之内，不肅而成，時人亦擬諸夏侯玄。見《晉書·亮傳》。疑正始諸公之縱恣，并不如傳者所言之甚也。

原刊《光華大學半月刊》第四卷第二期，
一九三五年十月二十五日出版

〔四六三〕 清談二

《三國·魏志·荀彧傳注》引何劭《荀粲傳》，粲嘗謂傅嘏、夏侯玄曰："子等在世塗間，功名必勝我，但識劣我耳。"嘏難曰："能盛功名者，識也。天下孰有本不足而末有餘者耶？"粲曰："功名者，志局之所獎也。然則志局自一物耳，固非識之所獨濟也。"此說最通。凡諸清談之徒，特其識解相近，才志自各不同；故其立身途轍，亦各有異。有真不能任事者，若焦和、見《魏志·臧洪傳注》引《九州春秋》。《後漢書·臧洪傳》略同。王澄、謝萬之徒是也。有託以避禍者，如阮孚、謝鯤、庾敳之徒是也。有熱中權勢，無異恒人者，如郭象是也。有處非所宜，以致敗績者，如畢軌是也。以上皆見《晉書》本傳。《曹爽傳注》引《魏略》，謂李勝前後所宰守，未嘗不稱職；勝出未幾，而司馬氏之變起。伐蜀駱谷之謀，亦出於勝。《傳》謂鄧颺等勸爽伐蜀，又謂颺與爽參軍楊偉争於爽前，而偉之言曰："颺、勝將敗國家事，可斬也。"則二人并爲主謀，《魏略》之言不誣也。勝之才，蓋足與司馬景王、鍾會匹敵矣。《晉書·景帝紀》曰："宣帝之將誅曹爽，深謀祕計，獨與帝潛畫，文帝弗之知也。將發夕，乃告之。既而使人覘之，帝寢如常，而文帝不能安席。晨會兵司馬門，鎮静内外，置陳甚整。宣帝曰：此子竟可也。"景帝在諸名士中，可謂最爲梟傑矣。東晉諸主，才略莫優於明帝，而嘗論聖人真假之意，王導等不能屈，蓋亦清談之雋。而名臣如桓彝、温嶠、庾亮、邵續等，亦咸以清談著聞。見《晉書·謝鯤》、《羊曼傳》。王忱鎮荆州，能裁抑桓玄；王廙能誅戮陶侃將佐；其才蓋亦相等，史褒忱而貶廙，則成敗之論耳。王敦雅尚清談；簡文帝爲會稽王，與孫綽商略諸風流人，綽以桓温與劉惔、王濛、謝尚并舉;則亂世之姦雄,亦未嘗非捉麈尾之人矣。殷仲堪之敗,蓋所遭直與忱異,非其才之不足以制桓玄也。殷浩能統率三軍,北定中原,雖喪敗,亦事勢爲之,其才則雄於謝安矣,而況王導乎?

清談者不必皆無能之人,反清談者,亦不必皆有爲之士。庾翼輕杜乂、殷浩,謂當束之高閣。其與浩書,深致譏議。然翼之才,豈能優於亮哉?毌丘儉文武兼資,忠義蓋世,而薦裴秀於曹爽曰:"生而岐嶷,長蹈自然。玄静守真,性入道奥。博問强記,文無不該。"其所稱道,全與時人無殊。則知風尚既成,賢者不必能自外;亦不以此而喪其賢。風俗之衰,受其弊者特恒人耳。然庸衆者英傑之所資,衆人皆莫能自振,賢豪亦無所藉以成其功矣。故風俗之清濁,究爲治亂之原,而有唱道率將之責者,不可以不慎也。

學識既無與於才不才,故觀其人之風度,亦不能定其賢否;古人戒以貌取人,蓋爲是也。簡文帝少有風儀,善容止,凝塵滿席,湛如也。嘗與桓温及武陵王晞同載遊板橋,温遽令鳴鼓吹角,車馳卒奔;晞大恐,求下車,而帝安然無懼色;温由此憚服。初即位,温撰辭欲自陳述,帝對之悲泣,温懼不能言。有司承温旨,奏誅武陵王,帝不許。温固執,至於再三,帝手詔報曰:"若晉祚靈長,公便宜奉行前詔;如其大運去矣,請避賢路。"温覽之,流汗變色,不敢復言。可謂處變不驚矣。然謝安稱爲惠帝之流;謝靈運跡其行事,亦以爲赧、獻之輩。即孝武幼稱聰悟,謝安歎其精理不減先帝,亦未見其才略之有餘於簡文也。王戎之奔郟也,親接鋒刃,談笑自若;時召親賓,歡娱永日;亦可謂歷險夷而不改其度者,曾何解於覆餗之譏哉?

成都王穎,樂廣之壻也,與長沙王乂搆難。乂以問廣,廣神色不變,徐答曰:"廣豈以五男易一女?"乂猶以爲疑,廣竟以憂卒。《晉書·樂廣傳》。則知能矯飾於外者,未必能無動於中也。此較告子之不動心,又遜一籌矣。

孫登贈嵇康曰:"子才多識寡,難乎免於今之世。"《魏志·王粲傳注》引《魏氏春秋》。何晏以爲聖人無喜怒哀樂,鍾會等述之,王弼不與同,以爲:“聖人茂於人者神明也,同於人者五情也。神明茂,故能體沖和以通無;五情同,故不能無哀樂以應物,然則聖人之情,應物而無累於物者也。今以其無累,便謂不復應物,失之多矣。”其《答荀融書》又云:“常狹斯人,以爲未能以情從理者也,而今乃知自然之不可革。”何劭《弼傳》。亦見《魏志注》。孫登所謂識,與荀粲不同。粲所謂識,但指知解,登則兼該夫以情從理,故謂嵇康無識,則無以自免也。人能以情從理與否,亦因稟賦而不同,王弼所謂自然之不可革也。東漢之季,能以情從理者,郭泰、申屠蟠是也;其不能者,李固、張儉是也。荀粲謂父彧不如從兄攸。彧整軌儀以訓物,而攸不治外形,慎密自居而已。《魏志·彧傳注》引《晉陽秋》。邴原能先詣魏祖;在軍歷署,終不當事;《魏志》本傳《注》引《原别傳》。可謂善自韜晦。然其在遼東,猶以清議格物,爲公孫度以下所不安,賴管寧密遣之還,《寧傳注》引《傅子》。則知如張閣之不知美好者,非易事矣。《魏志·邴原傳注》。晉文帝欲爲武帝求昏於阮籍,籍醉六十日,不得言而止。鍾會數以時事問籍,欲因其可否而致之罪,皆以酣醉獲免。山濤與尚書和逌交,又與鍾會、裴秀并申款昵。二人居勢争權,濤平心處中,各得其所,而俱無恨焉。皆見《晉書》本傳。而嵇康以箕踞而鍛忤鍾會,以非薄湯武忤大將軍。亦見《魏志注》引《魏氏春秋》。康之識,豈不如阮籍、山濤哉?情有所不自禁也。何晏等皆好交遊,而丁謐獨以忤諸王繫獄,《曹爽傳注》引《魏略》。視此矣。然則以情從理,誠非易事也,豈真王弼所謂自然不可革者邪?要非所語於能以學問變化氣質者。知自然之不可革也,而不知學問之可以變化氣質也,此當時之名士,所以多無以自免也。

寬容與忌刻,亦秉諸自然者也。王敦之舉兵也,劉隗勸元帝盡除諸王,王導率羣從詣闕請罪。直周顗將入,導呼謂顗曰:“伯仁,以百口累卿。”顗直入不顧,既見帝,言導忠誠,申救甚至。帝納其言,顗喜飲酒,致醉而出。導又呼顗,顗不與言,顧左右曰:“今年殺諸賊奴,取金印如斗大繫肘。”既出,又上表明導,言甚切至。導不知救己,而甚銜之。敦既得志,欲誅顗,以問導,導遂無言。致有“我雖不殺伯仁,伯仁由我而死”之歎，《晉書·周顗傳》。啜其泣矣！嗟何及矣！是導外寬而内忌，顗外率而内寬也。此稟賦之殊也。然一時名士，忌刻者多。故王弼結憾於黎融，亦見《魏志注》。羊祜無德於戎、衍，王澄以舊意侮王敦而見殺，羲之以舊惡恨王述而誓墓。皆見《晉書》本傳。悻悻然小丈夫哉！何其自處之卑，相報之慘也？無他，識解雖超，而情不免於徼利。不忮不求，何用不臧？忮且求，亦何以善其後哉？識足以平揖古賢，而行不免爲市井鄙夫之所恥，君子於是齒冷乎當時之所謂名士者矣。

同是清談之士，有能守禮法者，有不能守禮法者，亦由各率其情而行之，而未能變化之以學問也。王澄、胡毋輔之等任放爲達，或至裸體。樂廣聞而笑之曰：“名教中自有樂地，何必乃爾？”和嶠居喪，以禮法自持，而王戎母憂，不拘禮制。非必樂廣、和嶠操持過於王戎、王澄、胡毋輔之等，亦其性本近謹飭耳。能守禮法與否，亦與其人之才不才無涉。庾亮風格峻整，固爲名臣；王忱放誕，慕王澄之爲人，然其守荆州，亦威風肅然，殊得物和，且能裁抑桓玄也。

王昶名其兄子曰默曰沈，子曰渾曰深，而書以戒之，欲其遵儒者之教，履道家之言；深以惑當時之譽、昧目前之利爲戒；可謂知自克矣。然其言曰：“如不知足，則失所欲。”又曰：“能屈以爲申，讓以爲得，弱以爲强，鮮不遂矣。”《三國·魏志》本傳。則其自克，乃正所以徼利而避禍也。志士不忘在溝壑，勇士不忘喪其元，儉德避難，非苟免之謂也；況又情存於徼利乎？此又嵇康之徒所不忍爲也。

原刊《光華大學半月刊》第四卷第二期，
一九三五年十月二十五日出版

〔四六四〕　清談三

清談之士，以忮敗，尤多以求敗，以其冒利而不能自克也。《三國志》言：何晏等專政，共分割洛陽、野王典農部桑田數百頃，及壞湯沐地，以爲産業，承勢竊取官物，因緣求欲州郡。有司望風，莫敢忤旨。爽飲食車服，擬於乘輿；尚方珍玩，充牣其家；妻妾盈後庭，又私取先帝才人等，以爲伎樂。擅取太樂樂器，武庫禁兵。作窟室，綺疏四周，數與晏等會其中，飲酒作樂。爽等罪狀，出於司馬氏之口，自不免於失實，然不能盡誣也。《注》引《魏略》，言鄧颺好貨，丁謐父斐亦好貨，畢軌在并州名爲驕豪，何晏養於太祖家，服飾擬於太子。然則正始秉政之人，實多驕奢之士，其人皆人望也；司馬氏爲其所擯，屏息不敢出氣者幾十年，其才亦非不足取也；而卒以覆滅者，豈不以驕則人惡之，奢則民怨之，故變起於肘腋之間而不之知、莫之援哉？

《晉書·王衍傳》：父卒於北平，送故甚厚，爲親識之所借貸，因以舍之；數年之間。家資罄盡，出居田園，似誠有高致矣。然石勒之責衍曰："君名蓋四海，身居重任；少壯登朝，至於白首，何得言不豫世事耶？破壞天下，正是君罪。"雖愛衍者，不能爲衍辯也。天下破壞，固非一人所能爲，然懷祿而不去，何歟？如衍者，豈得云識不能及哉？然則其少日之輕財，正是矯情以干譽耳。矯情者，假之也，而不知其終不可假也。衍覩中國已亂，欲爲自全之計，乃以弟澄爲荆州，族弟敦爲青州，謂曰："荆州有江、漢之固，青州有負海之險，卿二人在外，而吾留此，足以爲三窟矣。"而終不免於排牆之禍，哀哉？

當時知名之士，未嘗無儉德之人。如山濤爵同千乘，室無嬪媵；阮修四十不能娶；阮放爲吏部郎，不免饑寒；嵇康、向秀，鍛以自食，秀又與吕安灌園於山陽是也。然此或爲避禍計，或則性本簡傲，不與俗諧，乃甘食蔬衣敝耳，非有得於道也。干寶之言曰："悠悠風塵，皆奔競之士；列官千百，無讓賢之舉。"《愍帝紀論》引。庾峻之言曰："普天之下，先競而後讓；舉世之士，有進而無退。"熊遠之言曰："今逆賊猾夏，暴虐滋甚。二帝幽殯，梓宫未返。昔齊侯既敗，七年不飲酒食肉。況此恥尤大，臣子之責，宜在枕戈，爲王前驅。若此志未果者，當上下克儉，恤人養士，徹樂減膳，惟脩戎事。陛下憂勞於上，而羣官未同戚容於下；每有會同，務在調戲酒食而已。”均見《晉書》本傳。晏安鴆毒，入其中者鮮能自振，此北方之所以終不可復歟！

《記》曰：“君子有諸己而後求諸人，無諸己而後非諸人；所藏乎身不恕，而能喻諸人者，未之有也。”何其言之親切而有味也？吾嘗默察并世中庸之士，亦未嘗無爲善之心，特其自私之念過深，必先措其身於至安，肥其家使無乏，然後正身以圖晚蓋。其意若曰：“天下大矣，吾一人自私何害?”殊不知人心之感應，捷於影響，自私而望人之不私，自利而責人無欲利，不可得也。此古之欲爲善者，所以貴以身先之。而如今人之所爲，是後之也，其不得於人，無足怪矣。王述家貧，求試宛陵令，頗受贈遺，而脩家具，爲州司所檢。王導使謂之曰：“名父之子，不患無禄。屈臨小縣，甚不宜爾。”述答曰：“足自當止。”時人未之達也。比後屢居州郡，清潔絶倫，禄賜皆散之親故，宅宇舊物，不革於昔，始爲當時所歎。《晉書》本傳。此去貪求無已者一間耳；抑世之貪求無已者，豈不自以爲未足，而曰足自當止歟？

清談之士，固多名利之徒，然亦有受誣不白者。殷浩之廢也，史稱桓温將以爲尚書令，遺書告之。浩欣然許焉。將答書，慮有繆誤，開閉者數十，竟達空函，大忤温意，由是遂絶。《晉書》本傳。此厚誣君子之言也。浩縱不肖，何至并矯情鎮物而不能？而以温之忌刻，亦豈待達空函而後絶浩邪？謝安、王坦之猶足厄温，而況於浩？温又豈肯用之以自樹難乎？

原刊《光華大學半月刊》第四卷第二期，
一九三五年十月二十五日出版

〔四六五〕 清 談 四

裴頠《崇有》之論曰：“夫總混羣本，宗極之道也。方以族異，庶類之品也。形象著分，有生之體也。化感錯綜，理跡之原也。夫品而爲族,則所稟者偏;偏無自足,故憑乎外資。是以生而可尋,所謂理也。理之所體,所謂有也。有之所須,所謂資也。資有攸合,所謂宜也。擇乎厥宜,所謂情也。識智既授,雖出處異業,默語殊塗,所以寶生存宜,其情一也。賢人君子,知欲不可絶,而交物有會。觀乎往復,稽中定務。故大建厥極,綏理羣生,訓物垂範,於是乎在。賤有則必外形,外形則必遺制,遺制則必忽防,忽防則必忘禮。禮制弗存,則無以爲政矣。"《晉書》本傳。其説甚辯,然未足以服貴無者之心也。頠之意,乃謂人不能不自愛其生;欲全其生,不能無資乎物;衆皆有求,争奪斯起,故不可無禮以爲率由之準。而不知貴無者之欲去禮,正以其不足以爲率由之準也。奚以知其然也?魏太祖令,謂州人説禰衡受傳孔融之論,以爲:父母與人無親,譬若缻器,寄盛其中;又言若遭饑饉,而父不肖,寧贍活餘人。《三國·魏志·崔琰傳注》引《魏氏春秋》。此等議論,非恒人思慮所及,可知其必出於融,非誣辭也。是融能破世俗所謂父子之義也。《典略》云:"融昔在北海,見王室不寧,招合徒衆,欲圖不軌,此乃誣辭。融非功名之徒,安得有篡奪之念。言我大聖之後也,而滅於宋。有天下者,何必卯金刀?"《魏志·王粲傳注》引。是融能破世俗所謂君臣之義也。君臣父子之倫,乃昔專制之世所最不敢訾議者,而融能毅然反之,足徵其識解之超矣。魏文帝既受禪,顧謂羣臣曰:"舜、禹之事,吾知之矣。"《魏志·文帝紀注》引《魏氏春秋》。阮籍爲晉文帝從事中郎。有司言有子殺母者,籍曰:"嘻,殺父乃可,至殺母乎?"《晉書》本傳。《傳》又曰:"坐者怪其失言。帝曰:殺父,天下之極惡,而以爲可乎?籍曰:禽獸知母而不知父。殺父,禽獸之類也;殺母,禽獸之不若。"此權辭以釋衆議耳,非其本旨也。則知衝決網羅,爲凡談玄者之所共,而非孔融之所獨矣。籍、咸、嵇康、劉伶、謝鯤、胡毋輔之父子,畢卓、王尼、羊曼之倫,所以必蔑棄禮法者,毋亦其視之與方内之士大異,覺其蹴然不安,而不可以一日居邪?

王坦之《廢莊論》云:"夫自足者寡,故理懸於羲、農;徇教者衆,故義申於三代。先王知人情之難肆,懼違行以致訟,故陶鑄羣生,謀之未兆,每攝其契而爲節焉。天下之善人少,不善人多,故莊生之利天下也少，害天下也多。”《晉書》本傳。其意略與裴頠同。然亦未思拘守世俗之禮者，未可云能攝其契也。

李充《學箴》云：“老子云絶仁棄義，家復孝慈，豈仁義之道絶，然後孝慈乃生哉？蓋患乎情仁義者寡，利仁義者衆也。道德喪而仁義彰，仁義彰而名利作，禮教之弊，直在兹也。先王以道德之不行，故以仁義化之；行仁義之不篤，故以禮律檢之。檢之彌繁，而僞亦愈廣。老、莊是乃明無爲之益，塞争欲之門；化之以絶聖棄知，鎮之以無名之樸。聖教救其末，老、莊明其本，本末之塗殊，而爲教一也。人之迷也，其日久矣。見形者衆，及道者鮮。不覿千仞之門，而逐適物之跡，逐跡愈篤，離本愈遠，遂使華端與薄俗俱興，妙緒與淳風并絶。後進惑其如此，將越禮棄學，而希無爲之風，見義教之殺，而不觀其隆矣。”又曰：“世有險夷，運有通圮。損益適時，升降惟理。道不可以一日廢，亦不可以一朝擬。禮不可爲千載制，亦不可以當年止。非仁無以長物，非義無以齊恥。仁義固不可違，去其害仁義者而已。”《晉書》本傳。其論最爲持平也。

然當時放誕之士，初非見不及此，乃皆藉以爲利耳。戴逵之論曰：“儒家尚譽者，本以興賢也。既失其本，則有色取之行，懷情喪真，以容貌相欺，其弊必至於末僞。道家去名者，欲以篤實也。苟失其本，又有越檢之行；情理俱虧，則仰詠兼忘，其弊必至於本薄。夫僞薄者，非二本之失，而爲弊者，必託二本以自通。夫道有常經，而弊無常情，是以六經有失，二政有弊。苟乖其本，固聖賢所無奈何也。”《晉書》本傳。可謂言之深切著明矣。江惇謂“放達不羈，以肆縱爲貴者，非但動違禮法，而亦道之所棄”，《晉書》本傳。其意亦與逵同。夫情有所不安，不能自克，以就當世之繩墨，雖或以是賈禍，其志固可哀矜；至於以是徼名利焉，以是圖便安焉，而其心不可問矣。此又劉伶、阮籍之徒之所棄也。

原刊《光華大學半月刊》第四卷第二期，
一九三五年十月二十五日出版

〔四六六〕 清談五

清談所以求明理也，其後或至於尚氣而求勝。如謝朗，病起體羸，於叔父安前，與沙門支遁講論，遂至相苦。其母王氏再遣信令還。安欲留使竟論。王氏因出云："新婦少遭艱難，一生所寄，惟在此兒。"遂流涕攜朗去。謝道韞爲王凝之妻。凝之弟獻之，嘗與賓客談議，辭理將屈。道韞遣婢白獻之曰："欲爲小郎解圍。"乃施青綾步障自蔽，申獻之前議。皆是也。然此特末流之失，原其朔，則誠有志在明理，從善服義，不計勝負者。《樂廣傳》云："尤善談論，每以約言析理，以厭人心。"《阮瞻傳》云："遇理而辯，辭不足而旨有餘。見司徒王戎，戎問曰：聖人貴名教，老莊明自然，其旨同異？瞻曰：將毋同。戎咨歎良久，即命辟之，時人謂之三語掾。"《王承傳》云："言理辯物，但明其指要，而不飾文辭。有識者服其約而能通。"是當時談者，皆以要言不煩爲貴，不貴喋喋利口也。《廣傳》又云："其所不知，默如也。"《裴頠傳》："樂廣嘗與頠清言，欲以理服之，而頠辭論豐博，廣笑而不言。"《王述傳》云："性沈静，每坐客馳辯，異端競起，而述處之恬如也。"則并不貴有言矣。《王衍傳》曰："義理有所不安，隨即改更，世號口中雌黄。"以上均各見《晉書》本傳。《三國・魏志・荀彧傳注》引何劭《荀粲傳》，謂"太和初，到京邑與傅嘏談。嘏善名理而粲尚玄遠，宗致雖同，倉卒時或有格而不相得意。裴徽通彼我之懷，爲二家騎驛，頃之，粲與嘏善。"《晉書・張憑傳》：詣劉惔，"惔處之下坐，神意不接。憑欲自發而無端，會王濛就惔清言，有所不通，憑於末坐判之，言旨深遠，足暢彼我之懷。一坐皆驚，惔延之上坐，清言彌日。"此尤絶無彼我之見，而能獲講習之益者矣。

原刊《光華大學半月刊》第四卷第二期，
一九三五年十月二十五日出版

〔四六七〕 晉人之矯誕

自後漢以名取士，而當世遂多矯僞之人，色取行違，居之不疑，至易代而猶未革。《晉書》所載，居喪過禮、廬墓積年、負土成墳、讓産讓財、撫養親族、收恤故舊之士甚多，豈皆篤行，蓋以要名也。而其尤矯誕者，要莫如鄧攸。《攸傳》云："石勒過泗水。攸乃斫壞車，以牛馬負妻子而逃。又遇賊掠其牛馬，步走。擔其兒及其弟子綏，度不能兩全，乃謂其妻曰：吾弟早亡，惟有一息，理不可絶，止應自棄我兒耳。幸而得存，我後當有子。妻泣而從之，乃棄之。其子朝棄而暮及，明日，攸繫之於樹而去。攸棄子之後，妻不復孕，過江納妾，甚寵之。訊其家屬，説是北人遭亂，憶父母姓名，乃攸之甥。攸素有德行，聞之感恨，遂不復蓄妾，卒以無嗣。時人義而哀之，爲之語曰：天道無知，使鄧伯道無兒。"史臣論之曰："力所不能，自可割情忍痛，何至豫加徽纆，絶其奔走者乎？斯豈慈父仁人之所用心也？卒以絶嗣，宜哉！"其言善矣，然猶未盡也。夫云"朝棄暮及"，則兒已自能奔走，何待負擔？此而繫之，是自殺其子也。不徒不足稱義，抑當服上刑矣。禮：買妾不知其姓則卜之。攸縱不知此，而當買納之初，豈不訊其家屬？必待寵幸既久，然後及之邪？史之所云，無一語近於情理，而衆口相傳，譽爲義士，固知庸衆之易欺；而當時憤世之士，必欲違衆而蔑禮，至於賈禍而不悔，固亦有激之使然者也。

《隱逸·郭翻傳》云："嘗墜刀於水。路人有爲取者，因與之。路人不取，固辭。翻曰：爾鄉不取，我豈能得？路人曰：我若取此，將爲天地鬼神所責矣。翻知其終不受，復沈刀於水。路人悵焉，乃復沈没取之。翻於是不逆其意，乃以十倍刀價與之。其廉不受惠，皆此類也。"孔子曰："魯道衰，洙泗之間，齗齗如也。"若翻之所爲，豈特齗齗而已。孟子曰："可以取，可以無取，取傷廉；可以與，可以無與，與傷惠。”若翻者，已既傷惠，而又傷人之廉，雖市井薄俗有不忍爲，而謂隱者爲之乎？然當日知名之士，亦間有天性篤厚之人。《劉驎之傳》云：“去驎之家百餘里，有一孤姥，病將死，歎息謂人曰：誰當埋我？惟有劉長史耳。何由令知？驎之先聞其有患，故往候之。直其命終，乃身爲營棺，殯送之。”若驎之者，不敢謂其無徼名之心，然就其事論之，則誠凡民有喪、匍匐救之之仁人矣。世豈遂無仁人？以徼名而勉爲仁者，蓋亦不乏，則名亦未始不足以奬進人也。然終以矯僞之士爲多。是以君子尚玄德，不貴偏畸之行也。

原刊《光華大學半月刊》第四卷第三期，
一九三五年十一月十日出版

〔四六八〕　晉人不重天道

漢世災異，策免三公，上言者亦多援引天道。至魏晉以後，則異是矣。《晉書·摯虞傳》：虞對策東堂。策曰：“頃日食正陽，水旱爲災，將何所脩，以變大眚？”虞對曰：“古之聖明，原始以要終，體本以正末。故憂法度之不當，而不憂人物之失所；憂人物之失所，而不憂災害之流行。誠以法得於此，則物理於彼；人和於下，則災消於上。其有日月之眚，水旱之災，則反聽内視，求其所由，遠觀諸物，近驗諸身。推之於物則無忤，求之於身則無尤。萬物理順，内外咸宜，祝史正辭，言不負誠，而日月錯行，夭癘不戒，此則陰陽之事，非吉凶所在也。期運度數，自然之分，固非人事所能供御，其亦振廩散滯，貶食省用而已矣。是故誠遇期運，則雖陶唐殷湯，有所不變；苟非期運，則宋衛之君，諸侯之相，猶能有感。”《郤詵傳》載詵對策，實同時事。其言曰：“水旱之災，自然理也。故古者三十年耕必有十年之儲，堯湯遭之而人不困，有備故也。自頃風雨，雖頗不時，考之萬國，或境土相接，而豐約不同；或頃畝相連，而成敗異流。固非天之必害於人，人實不能均其勞苦。失之於人,而求之於天,則有司惰職而不勸,百姓殆業而咎時,非所以定人志,致豐年也。宜勤人事而已。"其論雖亦古人所有,然古者勤脩人事,實畏天心,二者或未易軒輊,此專以勸人事爲言,固與兩漢拂士異其趣矣。

〔四六九〕 州郡秩俸供給

送故迎新之費,特郡縣之吏取之於民之一端耳,自此而外,禄秩供給,蓋無一不取之當地者。人不能自攜資財以作官,以當地之財供當地之用,宜也。然立法不嚴,則因之以貪取者亦多矣。

《齊書·豫章王嶷傳》:"宋氏以來,州郡秩俸及雜供給,多隨土所出,無有定准。嶷上表曰:伏尋郡縣長尉俸禄之制,雖有定科,而其餘資給,復由風俗,東北異源,西南各緒,習以爲常,因而弗變。緩之則莫非通規,澄之則靡不入罪。臣謂宜使所在各條公用公田秩石迎送舊典之外,守宰相承,有何供調,尚書精加洗覈,務令優衷。事在可通,隨宜開許,損公侵民,一皆止卻。明立定格,班下四方,永爲恒制。從之。"此即後世陋規歸公之説也。《南史·范雲傳》:"遷零陵内史。零陵舊政,公田俸米之外,别雜調四千石。及雲至郡,止其半,百姓悦之。"又《王延之傳》:"在江州,禄俸外一無所納。"此已爲賢者。《梁書·良吏傳》:孫謙,以宋明帝時爲巴東、建平二郡太守,"俸秩出吏民者,悉原除之。"禄俸豈可不取,得無賢知之過乎?豈其取之之法,固未盡善邪?《齊書·王秀之傳》:"出爲晉平太守。至郡期年,謂人曰:此邦豐壤,禄俸常充,吾山資已足,豈可久留,以妨賢路。上表請代。時人謂王晉平恐富求歸。"豐壤禄俸常充,則瘠土有不給者矣。所謂東北異源,西南各緒也。

《梁書·裴邃傳》:"遷北梁、秦二州刺史,開創屯田,省息邊運,民吏獲安,乃相率餉絹千餘匹。邃從容曰:汝等不應爾,吾又不可逆,納其絹二匹而已。”又孫謙：“齊初爲錢塘令，去官。百姓以謙在職不受餉遺，追載縑帛以送之，謙卻不受。”此等餉遺，并非常例。非常例，則既非秩俸所應得，亦非公用之所資，其卻之宜也。然肆行貪取者亦多。《南史·宗元饒傳》：“遷御史中丞。時合州刺史陳褒贓汙狼藉，遣使就渚斂魚，又令人於六郡乞米，百姓甚苦之，元饒劾奏免之。”又《梁宗室傳》：始興王憺，“拜益州刺史。舊守宰丞尉，歲時乞丐，躬歷村里，百姓苦之，習以爲常。憺至，停斷嚴切，百姓以蘇。”此等乞取，尚復成何事體。又《謝朏傳》：“朏爲吴興，以雞卵賦人，收雞數千。”畜馬乘不察於雞豚，況於賦民而使之畜。食人二雞卵，而衛以是棄干城之將，況於賦民以卵而責其雞乎！

《陳書·孔奂傳》：“除晉陵太守。曲阿富人殷綺，見奂居處素儉，乃餉衣一襲，氈被一具。奂曰：太守身居美禄，何爲不能辦此；但民有未周，不容獨享温飽耳。勞卿厚意，幸勿爲煩。”此蓋富人每喜獻媚官吏，藉相往來，自以爲榮也。然有因此遂見誅求者。《南史·孝義傳》：趙拔扈新城人。兄震動，富於財，太守樊文茂求之不已，震動怒曰：“無厭，將及我！”文茂聞其語，聚其族誅之。拔扈走免，亡命聚黨，殺文茂。非夙與官府交關，雖有誅求，豈容過甚。非所謂慢藏誨盜者邪？

裴邃、孫謙、孔奂等卻吏民之魄，廉矣。然《陳書·文學傳》：褚玠除山陰令，“在任歲餘，守禄俸而已；去官之日，遂乃不堪自致，因留縣境，種蔬菜以自給。”則徒恃禄俸，誠有不能自活者。《南史·裴昭明傳》：元徽中，出爲長沙郡丞，罷任，刺史王藴之謂曰：卿清貧，必無還資。湘中人士，有須一禮之命者，我不愛也。此後世之陋規，所以雖云非法而卒不可絶也。朱修之刺荆州，百城貺贈，一無所受，惟以蠻人宜存撫納，有餉皆受，得輒與佐吏賭之，未嘗入己。《南史》本傳。賭雖非法，可謂曰廉。然去鎮之日，秋豪不犯可也，計在州以來，然油及私牛馬食官穀草，以私錢六十萬償之，則賢知之過矣。伏暅爲東陽太守，郡多麻苧，家人乃至無以爲繩，《梁書·良吏傳》。其失惟鈞。蕭琛頻莅大郡，不治産業，有闕則取,不以爲嫌。《梁書》本傳。此則古人隨身衣食,悉仰於官,不別治生之義也。《南史·何遠傳》:"遷武昌太守,餽遺秋豪無所受。武昌俗皆汲江水,盛夏,遠患水温,每以錢買人井寒水,不取錢者,則摙水還之。"此亦賢知之過。昏莫叩人之門户,求水火,無弗與者,至足矣。受者與之,不受者亦可以無還也。

伏暅之守東陽也,民賦税不登者,輒以太守錢米助之。何思澄父敬叔,爲齊長城令,在縣清廉,不受禮遺。夏節至,忽牓門受餉。數日中,得米二千餘斛,他物稱是。悉以代貧人輸租。《南史·文學傳》。此以其乘輿濟人於溱洧之類也,固不如爲法以遺後嗣矣。而如敬叔之所爲,尤足使巧者藉口也。

有貪取於民,流俗顧不責其貪,猶以他事稱道之者。《梁書·張率傳》:"率嗜酒,事事寬恕,於家務尤忘懷。在新安,遣家僮載米三千石還吴宅;既至,遂耗大半。率問其故,答曰:雀鼠耗也,率笑而言曰:壯哉雀鼠!竟不研問。"三千石米,不爲不多,新安、吴中之路,不爲近矣,果皆出於禄俸,不煩民力乎?家僮侵蝕,置諸不問,以是爲高,則何如陶潛之公田半以種秫也?

朱修之,史美其百城貺贈,一無所受。是爲州郡者,不徒貪取於民,又取之於下僚也。《南史·傅昭傳》:"遷臨海太守。縣令嘗餉栗,置絹於簿下,昭笑而還之。"是其事矣。大官貪取於僚屬,則僚屬不得不益誅求於吏民。斯時之以貪貨聞者,刺史如益州劉悛、梁州陰智伯,并臧貨巨萬。《梁書·江淹傳》。縣令如山陰虞肩,亦臧汙數百萬。《梁書·陸杲傳》。事實相因也。蕭洽仕梁爲南徐州從事,近畿重鎮,職吏數千人,前後在者,皆致巨富,洽清身率職,餽遺一無所受,妻子不免饑寒,誠可謂難矣。

不獨上官貪取於下也,即朝廷亦責郡縣以獻遺。《齊書·明帝紀》,建武元年十一月詔曰:"邑宰禄薄俸微,不足代耕,雖任土恒貢,亦爲勞費,自今悉斷。"可見其名爲土貢,實則出之令長矣。《南史·垣閎傳》:"孝武帝即位,以爲交州刺史。時交土全實,閎罷州還,資財巨萬。孝武末年貪欲,刺史二千石罷任還都,必限使獻奉,又以蒱戲取之,要令罄盡乃止。閎還至南州,而孝武晏駕,擁南資爲富人。明帝初,以爲司州刺史。出爲益州刺史,蜀還之貨,亦數千金,先送獻物,傾西資之半,明帝猶嫌其少。及閎至都,詣廷尉自簿,先詔獄官留閎,於是悉送資財,然後被遣。凡蠻夷不受鞭罰,輸財贖罪,謂之賧,時人謂閎爲被賧刺史。"又《張興世傳》:宋元徽中,"興世在家,擁雍州還資,見錢三千萬,蒼梧王自領人劫之,一夜垂盡,興世憂懼病卒。"又《孔靖傳》:子琇之,"爲臨海太守。在任清約,罷郡還,獻乾姜二十斤。齊武帝嫌其少;及知琇之清,乃歎息。"又《崔慧景傳》:"慧景每罷州,輒傾資獻奉,動數百萬,武帝以此嘉之。"皆可見其誅求無藝,更甚於唐世之進奉也。《蕭惠開傳》:"惠開妹當適桂陽王休範,女又當適孝武子,發遣之資,應須二千萬,乃以爲豫章内史,聽其肆意聚納,由是在都著貪暴之名。"此何異縱虎兕以噬人歟?

北魏之初,百官無禄,故其恣取於下,尤爲有辭。《魏書・崔寬傳》:附《崔玄伯傳》。"拜陝城鎮將。三崤地險,民多寇劫。寬性滑稽,誘接豪右、宿盜魁帥,與相交結,傾衿待遇,不逆微細,是以能得民庶忻心,莫不感其意氣。時官無禄力,惟取給於民。寬善撫納,招致禮遺,大有受取,而與之者無恨。"此取之於豪猾,似無傷於細民。然因此,能無寬縱豪猾邪?《景穆十二王傳》:任城王雲,"出爲冀州刺史,留心政事,甚得下情。合州請户輸絹五尺,粟五升,以報雲恩。"此名爲樂輸,實亦未嘗不出獻媚也。《北齊書・陽州公永樂傳》:"罷豫州,家産不立。神武問其故,對曰:裴監爲長史,辛公正爲别駕,受王委寄,斗酒隻雞不入。神武乃以永樂爲濟州,仍以監、公正爲長史、别駕。謂永樂曰:爾勿大貪,小小義取莫復畏。"神武頗有意於整飭吏治,而其言猶如是,可見其恬不爲怪矣。《周書・裴俠傳》:"除河北郡守。舊制有漁獵夫三十人,以供郡守。俠曰:以口腹役人,吾所不爲也。乃悉罷之。又有丁三十人,供郡守役使,俠亦不以入私,并收庸直,爲官市馬。歲月既積,馬遂成羣。去職之日,一無所取。民歌之曰:肥鮮不食,丁庸不取。裴公貞惠,爲世規矩。"此自奉養之出於民者也。《北齊書·裴讓之傳》：弟讞之，"爲許昌太守。客旅過郡，出私財供給，民間無所與。"則凡吏之宗族交游，亦無不煩民供應矣。《周書·申徽傳》："出爲襄州刺史。時南方初附，舊俗官人皆通餉遺，徽性廉慎，乃畫楊震像於寢室以自戒。"北人之貪取如是，而乃諉其罪於南方舊俗，何其立言之巧也。

原刊一九四七年十一月二十九日

上海《益世報》副刊"史苑"

〔四七〇〕 苻洪因讖改姓之誣

東漢以後，讖緯之説甚行，外夷之竊據中原者，亦相率傅會，殊可笑也。《晉書·苻洪載記》云："始其家池中蒲生，長五丈，五節如竹形，時咸謂之蒲家，因以爲氏焉。洪以讖文有草付應王，又其孫堅背有草付字，遂改姓苻氏。"案《三國·蜀志·後主傳》：建興十四年，"徙武都氐王苻健及氐民四百餘户於廣都。"《張嶷傳》："十四年，武都氐王苻健請降，遣將軍張尉往迎，過期不到，大將軍蔣琬深以爲念。嶷平之曰：苻健求附款至，必無他變。素聞健弟狡黠，又夷狄不能同功，將有乖離，是以稽留耳。數日，問至，健弟果將四百户就魏，獨健來從。"《晉書·宣帝紀》：青龍三年，"武都氐王苻雙强端帥其屬六千餘人來降。"青龍三年，在建興十四年之前一年，是時武都已有苻氏。洪死於晉穆永和六年，年六十六，則當生於武帝太康六年，上距青龍三年，尚五十年也。草付應王之讖，既系妄言；蒲生五丈之説，必爲矯誣，從可知矣。

〔四七一〕 五胡次序無汝羌名

《晉書·苻堅載記》：姚萇求傳國璽於堅，曰："萇次膺符曆，可以爲惠。”堅瞋目叱之曰：“小羌乃敢干逼天子，豈以傳國璽授汝羌也？圖緯符命，何所依據？五胡次序，無汝羌名，違天不祥，其能久乎？”或據謂五胡以羌爲最賤，誤。此羌字指姚萇言之，非指凡羌人。當時最重圖緯，故萇以是求而堅斥其誣。《苻登載記》：馮翊郭質起兵廣鄉以應登，宣檄三輔曰：“姚萇窮凶肆害，毒被人神，於圖讖曆數，萬無一分，而敢妄竊重名，厚顔瞬息，日月固所不照，二儀實亦不育。”意與堅之言同。不然，圖讖豈有不爲一人造而爲一種族造者邪？

〔四七二〕 慕容、拓跋

晉世五胡，率好依附中國，非徒慕容、拓跋稱黄帝之後，宇文託於炎帝，苻秦自稱出於有扈，羌姚謂出於有虞也；即其部落舊名，亦喜附會音義，别生新解。如慕容廆曾祖莫護跋，魏初率其諸部，入居遼西，從宣帝征伐有功，拜率義王，始建國於棘城之北，此蓋慕容氏有土之始，後人遂以其名爲氏。慕容二字，固明明莫護轉音也，乃《晉書·慕容廆載記》曰：“時燕、代多冠步摇冠，莫護跋見而好之，乃斂髮襲冠，諸部因呼之爲步摇，其後音訛，遂爲慕容焉。”豈諸部皆解華語乎？步摇二字，固不難知，然諸部於漢人之冠，未必不能自造一名以名之，亦未必皆用漢名也。況禹入裸國，裸入衣出；莫護跋豈必斂髮襲冠，以其名諸部乎？《秃髮氏載記》云：“其先與後魏同出。”秃髮，拓跋，蓋同音異譯，魏人又自附會爲后土，其謬同此。《秃髮氏載記》云：“壽闐之在孕，母胡掖氏因寢而産於被中，鮮卑謂被爲秃髮，因而氏焉。”此亦附會。秃髮二字，蓋覆被之義。

〔四七三〕 校　　郎

《晉書·沮渠蒙遜載記》：蒙遜聞劉裕滅姚泓，怒甚。門下校郎劉祥言事於蒙遜,蒙遜曰:“汝聞劉裕入關,敢研研然也!”遂殺之。可謂非我族類,其心必異矣。然孰使汝爲異族效力乎?胡三省《通鑑注》曰:“自曹操、孫權置校事司察羣臣,謂之校郎,後遂因之。蒙遜置諸曹校郎,如門下校郎、中兵校郎是也。”義熙十三年。然則蒙遜之司察其臣,可謂特甚。而詐爲之鷹犬,豈佳士哉?其死也,固有自取之道也。

原刊一九四七年五月十二日
天津《民國日報》副刊“史與地”

〔四七四〕 後魏出自西伯利亞

五胡諸族,多好自託於古帝之裔,其説殊不足信。然其自述先世事跡,仍有不盡誣者。要當分别觀之,不得一筆抹殺也。《魏書》謂“後魏之先,出自黄帝。黄帝子曰昌意。昌意少子,受封北國。其後世爲君長,統幽都之北,廣漠之野。黄帝以土德王,北俗謂土爲拓,謂後爲跋,故以爲氏”。又謂“其裔始均,仕堯時,逐女魃於弱水北,人賴其勛,舜命爲田祖”。此全不可信者也。然謂“國有大鮮卑山,因以爲號”,則其説不誣。已見《鮮卑》條。又云:“積六七十代,至成帝毛,統國三十六,大姓九十九,威振北方。五傳至宣帝推寅,南遷大澤,方千餘里。厥土昏冥沮洳。謀更遷徙,未行而崩。又七傳至獻帝鄰,有神人,言:此土荒遐,宜徙建都邑。獻帝年老,以位授其子聖武帝詰汾,命南移。山谷高深,九難八阻,於是欲止。有神獸似馬,其聲類牛,導引歷年乃出。始居匈奴故地。其遷徙策略,多出宣、獻二帝,故時人并號爲推寅,蓋鑽研之義也。”此爲拓跋氏信史,蓋成帝强盛,故傳述之事,始於其時也。《魏書》云:“時事遠近,人相傳授,如史官之有記録焉。”

今西伯利亞之地,自北緯六十五度以北,地理學家稱爲凍土帶。自此南至五十五度,稱森林帶。又南,稱曠野帶。最南,稱山嶽帶。

其山，即西伯利亞與蒙古之界山也。凍土帶極寒，人不能堪之處甚多。森林帶多蚊虻。曠野帶雖沃饒，然卑濕，多疫癘，亦非樂土。拓跋氏蓋始處凍土帶，以苦寒南徙，復陷曠野帶中，最後乃越山嶽帶而至今外蒙古也。大澤方千餘里，必曠野帶中藪澤。或謂今拜喀勒湖，非也。拜喀勒湖乃古北海，爲丁令所居，漢時服屬匈奴，匈奴囚蘇武即於此，可見往來非難，安有山谷高深，九難八阻之事？

〔四七五〕　拓跋氏先世考上

晉世五胡，多好自託於神明之胄，其不足信，自無待言。而魏人自述先世，荒渺尤甚，又嘗以史事誅崔浩，故其説彌不爲人所信。然其中亦略有事實，披沙揀金，往往見寶，所貴善爲推求，不當一筆抹殺也。《魏書·序紀》云："昌意少子，受封北土，國有大鮮卑山，因以爲號。"此因漢世烏丸、鮮卑，史皆云以山爲號，因有是言，不足信者也。又云："積六十七世，至成帝毛統國三十六，大姓九十九。"九十九者，合己爲百姓也。統國三十六者，四面各九國。自受封至成帝六十七世，又五世至宣帝，又七世至獻帝，又二世至神元，其數凡八十一。八十一者，九九之積也。自成帝至神元十五傳，爲三與五之積，蓋取三才五行之義，比擬三皇五帝也。世數及所統國姓，無一非九之積數，有如是巧合者乎？況自神元以前，除成帝、宣帝、獻帝、聖武帝外，絶無事跡可見。世有事跡傳述如是其疏，顧於受封以來之世數，及成帝以降十餘世之名諱，獨能識之弗忘者乎？其爲僞造，夫復奚疑！然安帝統國有九十九姓之説，亦見於《官氏志》。九十九之數，雖不足信，其曾統有諸姓，則必不盡誣，特不當造作成帝其人，而繫之於其時耳。至云：宣帝"南遷大澤，方千餘里，厥土昏冥沮洳，謀更南遷，未行而崩"。獻帝時，"有神人言於國曰：此土荒遐，未足以建都邑，宜復徙居。帝時年老，乃以位授子。""聖武帝詰汾，獻帝命南移，山谷高深，九難八阻，於是欲止。有神獸,其形似馬,其聲類牛,先行道引,歷年乃出。始居匈奴故地。亦見《魏書·靈徵志》。其遷徙策略,多出宣、獻二帝,故人并號曰推寅,蓋俗云鑽研之義。”此中聖武帝其人,及獻帝之名,又爲僞造;而其遷徙之事,及先後有兩推寅,則不盡誣。“詰汾無婦家,力微無舅家”,造作者蓋亦微示人以聖武以上,悉無其人。至推寅則所謂以德爲號者。以德爲號而無其名,又傅以神獸道引荒誕之説,正與野蠻部落十口傳説之性質相符,故知其非子虛也。

《禮志》云:“魏先之居幽都也,鑿石爲祖宗之廟於烏洛侯國西北。自後南遷,其地隔遠。真君中,烏洛侯國遣使朝獻,云石廟如故,民常祈請,有神驗焉。其歲,遣中書侍郎李敞詣石室告祭天地,以皇祖先妣配。”《烏洛侯傳》云:“真君四年來朝。據本紀,事在是年三月壬戌。稱其國西北,有國家先帝舊墟。石室南北九十步,東西四十步,高七十尺。室有神靈,民多祈請。世祖遣中書侍郎李敞告祭焉,刊祝文於室之壁而還。”此云舊墟,蓋是。《禮志》云鑿石爲廟則誣矣。魏之先,能興如是大工乎?然云其地爲魏之故土,則自不誣,此固無庸造作也。烏洛侯在地豆干之北,去代都四千五百里。其國西北有完水,東北流合於難水。其地小水,皆注於難,東入於海。又西北二十日行,有于己尼大水,所謂北海也。難水今嫩江;完水今額爾古訥河;北海即貝加爾湖;于己尼蓋入湖之巨川也。魏人編髮,故稱索虜;而烏洛侯繩髮;地豆干在失韋西千餘里,失韋丈夫索髮;可見自失韋以西北,其俗皆同。謂魏人曾居黑龍江、貝加爾湖之間,必不誣也。然其初所居,尚當在此之北。今西伯利亞:自北緯六十五度以北,地理學家稱爲凍土帶;自此南至五十五度曰森林帶;又南曰曠野帶;極南曰山嶽帶,則蒙古與西伯利亞之界山也。凍土帶極寒,人不能堪之處極多。魏人蓋自此南徙。森林帶多蚊虻,亦非樂土,不可居;且鮮卑習騎射,亦不似林木中人也。魏人當時,似自凍土帶入曠野帶。其地沃饒,然卑溼多疫癘,所謂昏冥沮洳者也。終至山嶽帶定居焉。後又踰山南出,則所謂匈奴故地者,其地當在漠北。自此至漠南,尚當多歷年歲。其事,魏人都不能記矣。自後推寅至神元,歷時必久,世數亦必非一。

魏人此等矯誣之説,果始自何時乎?《衛操傳》謂桓帝崩後,操爲立碑於大邗城南,以頌功德。云魏爲軒轅之苗裔。皇興初,雍州别駕雁門段榮於大邗掘得此碑。此説而信,則拓跋氏之自託於軒轅,尚在惠、懷之世;桓帝死於惠帝永興二年,衛操卒於懷帝永嘉四年。然不足信也。《靈徵志》云:"真君五年二月,張掖郡上言:往曹氏之世,丘池縣大柳谷山石表龍馬之形,石馬脊文曰大討曹,而晉氏代魏。今石文記國家祖宗諱,著受命之符。乃遣使圖寫其文。大石有五,皆青質白章,間成文字。其二石記張、吕之前已然之效。其三石記國家祖宗以至於今。其文記昭成皇帝諱,繼世四六天法平,天下大安,凡十四字;次記太祖道武皇帝諱,應王載記千歲,凡七字;次記太宗明元皇帝諱,長子二百二十年,凡八字;次記太平天王,繼世主治,凡八字;次記皇太子諱,昌封太山,凡五字。初上封太平王,天文圖録又受太平真君之號,與石文相應。太宗名諱之後,有一人象,攜一小兒。見者皆曰:上愛皇孫,提攜卧起,不離左右,此即上象靈契,真天授也。"此事誣罔,無待於言。又《皇后傳》云:"高宗初,穿天淵池,獲一石銘,稱桓帝葬母封氏,遠近赴會二十餘萬人。有司以聞。命藏之太廟。"部落會葬,事所可有,何當舉部偕來,至於二十餘萬乎?其爲誣罔,殆與丘池獲石等矣。觀此二事,則知造作石刻以欺人,實爲魏人慣技。桓帝時雖稍知招徠晉人,恐尚未知以文辭自炫。且衛操、衛雄、姬澹、莫含等,皆乃心華夏,其於拓跋氏,特欲借其力以犄匈奴耳,何事道諛貢媚,爲作誣辭乎?《操傳》又云:"衛雄、姬澹、莫含等名皆見碑。"一似惟恐人之不信,故列多人以爲徵驗者,其情亦大可見矣。然則此等矯誣之説,果始何時乎?案道武定國號詔曰:"昔朕遠祖,總御幽都,控制遐國,雖踐王位,未定九州,"此爲魏人自言其先世可考之始。僭位之後,即追尊成帝已下及后號謚。詔有司議定行次。崔玄伯等奏從土德。蓋一切矯誣之説,皆起於此時。所以自託於軒轅者,以從土德;所以從土德,則以不欲替趙、秦、燕而承晉故也。太和十四年高閭之議如此,見《禮志》。

崔玄伯立説雖異，用意當同，蓋不敢替異族以觸拓跋氏之怒也。世祖册沮渠蒙遜曰："昔我皇祖，胄自黄軒。"見《蒙遜傳》。辭出崔浩。據本紀，事在神䴥四年。高祖時，祕書令高祐、丞李彪等奏曰："自始均以後，至於成帝，其間世數久遠，是以史弗能傳。"《魏書·高祐傳》。皆與《魏書·序紀》合。知道武之世，造作久定，後人特祖述其説而已。

隋文詔魏澹别成《魏史》，義例多與魏收不同。其二曰："魏氏平文以前，部落之君長耳。太祖遠追二十八帝，并極崇高，違堯、舜憲章，越周公典禮。但道武出自結繩，未師典誥。當須南董直筆，裁而正之。反更飾非，豈是觀過？但力微天女所誕，靈異絶世，尊爲始祖，得禮之宜。"《隋書·魏澹傳》。然則拓跋氏先世可考者止於神元，固人人所共知也。道武天興二年，祠上帝，以神元配，瘞地於北郊，以神元竇后配；見《禮志》。太武使祭告天地石室，僅云以皇祖先妣配，而不援昌意、始均、成帝之倫；儻亦不欲厚誣其祖乎？然兩推寅固當確有其人也。

拓跋氏事有年可考者，當始文帝入質之歲，實曹魏景元二年。《魏書》以是年爲神元四十二年者，上推神元元年爲庚子，取與曹魏建國同時也。亦不足信。

或曰：神元能遣子入侍，其部落當不甚微，何至父祖名號，亦無省記？獨不觀《南史·侯景傳》乎？景僭位後，王偉請立七廟，并請七世諱。景曰："前世吾不復憶，惟阿耶名摽。"景黨有知景祖名乙羽周者；自外悉偉别制其名位。神元之初，聲名文物，豈能逾於侯景之時？況神元依妻家以起，乃贅壻之倫；其部落之大，蓋自并没鹿回始；前此蓋微不足道矣。推寅神獸而外，一無省記，又何足怪乎？

《晉書》謂秃髮氏之先，與後魏同出，其説最確。《魏書·源賀傳》：世祖謂賀曰："卿與朕同源，因事分姓，今可爲源氏。"《唐書·宰相世系表》：源氏出自後魏聖武帝詰汾長子疋孤。七世孫秃髮傉檀據南涼。子賀降後魏。太武見之曰："與卿同源，可改爲源氏。"魏人固自言之矣。烏孤五世祖樹機能，略與神元同時。其八世祖匹孤，始自塞北遷於河西。以三十年爲一世計之，匹孤早於神元約百年，其時在後漢中葉，正北匈奴敗亡、鮮卑徙居其地之時也。西伯利亞南邊部落，蓋亦以此時踰山南出。

《宋書・索虜傳》云："其先漢將李陵後也。陵降匈奴，有數百千種，各立名號，索虜亦其一也。"《齊書・魏虜傳》云："匈奴種也。"又云："匈奴女名托跋，妻李陵。胡俗以母名爲姓，故虜爲李陵之後。虜甚諱之，有言其是陵後者輒見殺。"胡俗以母名爲姓，説無徵驗。若援前趙改姓劉氏爲徵，則其時入中國已久，非復胡人故俗矣；況亦母姓而非其名也？匈奴與鮮卑相混，事確有之。《魏書・官氏志》中有須卜氏、林氏其證；而宇文氏出於匈奴，事尤明顯，《隋書・李穆傳》："自云隴西成紀人，漢騎都尉陵之後也。陵没匈奴，子孫代居北狄。其後隨魏南遷，復歸汧、隴。祖斌，以都督鎮高平，因家焉。"此則出於依託矣。然不得云拓跋氏爲匈奴種也。魏太武與宋文帝書曰："彼年已五十，未嘗出户。雖自力而來，如三歲嬰兒，復何知我鮮卑常馬背中領上生活？"合諸世祖命源賀之言，拓跋氏固明以鮮卑自居也。

原刊《齊魯學報》第二期，一九四一年七月出版

〔四七六〕　拓跋氏先世考下

《魏書》謂桓帝葬母，遠近赴者二十萬人，説不足信，既已辭而闢之矣，然《序紀》中類此之言尚多，請一一辯之。《序紀》云：神元之時，控弦上馬二十餘萬。案神元吞并没鹿回，部落誠稍大，然謂有二十餘萬，則必誣也。《晉書・衛瓘傳》曰：除征北大將軍、都督幽州諸軍事、幽州刺史、護烏丸校尉。至鎮，表立平州。後兼督之。於時幽并東有務桓，西有力微，并爲邊害。瓘離間二虜，遂致嫌隙。於是務桓降而力微以憂死。考《武帝紀》，平州之立，事在泰始十年。其明年爲咸寧元年，六月，力微即遣使來獻。三年正月，又使瓘討力微。是年，即《魏書》文帝被害而神元死之年也。《魏書》云：文帝爲神元信

讒所殺，蓋飾辭，實則部落離叛，子見殺而父以憂死耳。此豈似擁衆二十萬者乎？神元之後，傳章帝、文帝、平帝三世，凡十六年，拓跋氏蓋其微已甚。思帝死，昭帝、桓帝、穆帝三分其衆，勢顧稍張。然云控弦騎士四十餘萬，則又誣也。是年，爲晉惠帝元康五年。《魏書》云：穆帝始出并州，遷雜胡，北徙雲中、五原、朔方。又西渡河，擊匈奴、烏丸諸部。越二年，桓帝度漠北巡，因西略諸國，積五歲始還。史云諸降附者二十餘國，蓋其經略頗勤，故其勢稍振。然穆帝七年，即晉愍帝建興六年，與劉琨會於平陽，會石勒禽王浚，國有匈奴雜胡萬餘家，多勒種類，聞勒破幽州，謀爲亂，欲以應勒，發覺，伏誅，討聰之計，於是中止。此即元康五年之所遷也，不過萬餘家，而主部之勢，既不足以制之矣，而《序紀》謂昭帝十年，晉惠帝永興元年。桓帝以十餘萬騎會司馬騰，昭帝同時大舉以助之；穆帝三年，晉懷帝永嘉四年。平文以二萬騎助劉琨攻鐵弗；是年得陘北之地，徙十萬家以充之；五年，永嘉六年。又躬統二十萬衆以擊劉粲；不尤誣乎？

穆帝之死也，《序紀》云：衛雄、姬澹率晉人及烏丸三百餘家隨劉遵南奔并州。此事亦見《雄》、《澹傳》。云時新舊猜嫌，迭相誅戮。雄、澹并爲羣情所附，謀欲南歸，言於衆曰：聞諸舊人忌新人悍戰，欲盡殺之，吾等不早爲計，恐無種矣。晉人及烏丸驚懼，皆曰：死生隨二將軍。於是雄、澹與劉琨任子遵率烏丸、晉人數萬衆而叛。案《晉書・琨傳》云：遵與澹帥盧衆三萬人，馬牛羊十萬，悉來歸琨；下文云：琨悉發其衆，命澹領步騎二萬爲前驅；則《雄》、《澹傳》之言，爲得其實。《序紀》所云，蓋諱飾之辭也。《官氏志》云：昭成建國後，諸方雜人來附者，總謂之烏丸。分爲南北部，帝弟觚監北部，子寔君監南部，分民而治，若古之二伯焉。太祖登國元年，因而不改，南北猶置大人，對治二部。諸方來附，總謂烏丸，蓋其衆實以烏丸爲多，他部莫足與比也。魏初西部崎齕最甚，東部即慕容、宇文，亦見《官氏志》。較拓跋氏爲强，不得爲之臣屬。然則拓跋氏之所有者，南北部耳。而烏丸之盛如此，庫賢沮衆，而神元云亡；普洛唱叛，而道武出走；其無足怪。

然則拓跋氏之本部亦微矣。遵、澮南歸，幾於魚爛，平文綏撫，未知遺落幾何，而《序紀》云西兼烏孫故地，東吞勿吉以西，控弦上馬，將有百萬，不尤言之不怍乎？

《燕鳳傳》云：苻堅問鳳：代王何如人？鳳對曰：寬和仁愛，經略高遠，一時之雄主，常有并吞天下之志。堅曰：卿輩北人，無剛甲利器，敵弱則進，强即退走，安能并兼？鳳曰：北人壯悍，上馬持三仗，驅馳若飛。主上雄儁，率服北土，控弦百萬，號令若一。軍無輜重樵爨之苦，輕行速捷，因敵取資，此南方所以疲敝，而北方所以常勝也。堅曰：彼國人馬，實爲多少？鳳曰：控弦之士數十萬，馬百萬匹。堅曰：卿言人衆可爾，説馬太多，是虚辭耳。鳳曰：雲中川自東山至西河二百里，北山至南山百有餘里，每歲孟秋，馬常大集，略爲滿川。以此推之，使人之言，猶當未盡。此言經後人增飾，非其實。堅當日，蓋問鳳以北方諸部人馬多少，非專問拓跋氏。不然，昭成時敢自誇於秦，謂有并吞之志邪？然《魏書》侈言部衆之多，則可由是知其來歷。蓋皆并計當時北方部族之數，指爲己有耳。説雖夸大，仍略有事實爲憑，善求之，未必不可藉考當日朔陲形勢也。

昭成之世，勢亦小張。其所由然，則以其服高車之衆也。《序紀》：昭成二十六年，討高車，大破之，獲萬口，馬牛羊百餘萬頭。明年，討没歌部，破之，獲牛馬羊數百萬頭。三十年，征衛辰，衛辰與宗族西走，收其部落而還，俘獲生口及馬牛羊數十萬頭。三十三年，征高車，大破之，史不言其有所俘獲。然北狄專以俘掠爲務，未必此役獨不然也。非史失紀，則其所俘較少，未之及。三十九年，苻洛來侵，昭成避於陰山之北，高車雜種，四面寇鈔，不得芻牧，乃復度漠南。《獻明皇后傳》云：苻洛之内侮也，后與太祖及故臣吏避難北徙。俄而高車奄來鈔掠，后乘車與太祖避賊而南。中路失轄。后懼，仰天而告曰：國家胤胄，豈止爾絶滅也？惟神靈扶助。遂馳。輪正不傾，行百餘里，至七介山南，而得免難。可見是時情勢之危。高車之數，蓋遠逾於其舊部矣。

道武之驟盛,其事亦與昭成同。道武之初立也,輔之者惟賀蘭,旋即叛去。其衆僅南北部,猶懷反側。劉顯來侵,北部大人復率烏丸而叛,其不爲昭成之續者幾希。當時所以獲免,蓋惟賴慕容賀驎之援。然劉顯既敗,不數年遂至盛强,則實由其脅服之衆也。道武之破窟咄,事在登國元年十月。明年五月,復徵師於慕容垂,垂又使賀驎來。六月,遂破劉顯於馬邑南,盡收其部落。其明年五月,北征庫莫奚,六月,破之,獲其四部雜畜十餘萬。十二月,西征解如部,破之,獲男女雜畜十數萬。四年正月,襲高車諸部落;二月,討叱突隣部;皆破之。五年三月,西征,襲高車袁紇部,破之,虜獲生口,馬牛羊二十餘萬。四月,與賀驎討賀蘭、紇突隣、紇奚諸部落,破之。九月,破叱奴部於囊曲河。十月,破高車豆陳部於狼山,十一月,紇奚部大人庫寒,十二月,紇突隣大人屈地鞬皆舉部内屬。六年三月,遣討黜弗部,破之。十二月,滅衛辰。簿其珍寶畜産,名馬三十餘萬匹,牛羊四百餘萬頭。山胡酋大幡頽、業易于等率三千餘家内附。八年三月,西征侯吕隣部,四月,破之。六月,遣救慕容永,破類拔部帥劉曜等。類拔,疑當作頞拔。《太宗紀》:永興五年正月,頞拔大渠帥四十餘人詣闕奉貢。徙其部落。八月,征薛干部帥太悉佛,徙其民而還。至十年,遂與慕容氏搆兵矣。以上均見《太祖紀》。蓋虜獲既多,諸部又間有内附者,得其人足以爲强,得其畜足以爲富,故其勢驟張也。然則慕容氏之助拓跋,不幾於藉寇兵齎盜糧乎?道武以皇始元年八月出兵攻燕,至天興元年正月克鄴,事乃麤定。是年六月,還都平城。十二月僭號。明年正月,即復分兵襲高車矣。自此至天賜元年,仍歲出兵北略;二年乃無聞,則以散發故也。明元立,其勤北略復如故。訖太武世不變。非徒建都平城,形勢不得不爾,亦其所以致盛强者,本由於此也。

游牧部落,易合易離。有雄主興,數十百萬之衆,可以立集;及其亡也,則其土崩瓦解亦忽焉。檀石槐之已事,其明徵也。雖契丹之亡,其道亦不外是。拓跋氏所以屢仆復起者,實緣先得陘北,根基稍固之故。然則劉琨之有造於拓跋氏大矣。當時特欲藉其力以犄匈奴,而惡知其爲百三十年之後,索虜薦居中國之漸也。故曰:土地人民,國之寶也。有國有家者,一民尺土,不可以與人。

原刊《齊魯學報》第二期,
一九四一年七月出版

〔四七七〕 拓跋氏之虐

拓跋氏之專以裹脅爲强,不獨其於北族然也,即於中國亦然。道武之定河北,即徙山東六州民吏及徙何、高麗雜夷三十六萬,百工伎巧十萬餘口,以實雲中。旋又徙六州二十二郡守宰、豪傑、吏民二千家於代都。皆天興元年事。自此至太武,破中原之國,無不徙其民。而内地酋豪以及郡縣長吏,亦頗有苦於亂,自歸以托庇者,而其勢不可遏矣。然道武遇中原之人實虐,所加意撫綏者,則北方部族之衆耳。天賜元年,距河北之定已六年矣,而是年三月,限縣户不滿百罷之,當時郡縣之彫殘可想。太武太延元年,詔長安及平涼民徙在京師,其孤老不能自存者,聽還鄉里。以魏人之視民如草芥,而猶有此詔,徙民之流離失所,可知也。而天賜元年,大選朝臣,令各辨宗黨,保舉才行,諸部子孫失業賜爵者二千餘人。其於漢人及部族厚薄,爲何如乎?然亦於其舊部則爾,於新降之衆,遇之未嘗不虐。天興二年,獲高車之衆,即令起鹿苑於南臺陰,北距長城,東苞白登,屬之西山,廣輪數十里,鑿渠引武川水注之苑中,疏爲三溝,分流宫城内外,又穿鴻雁池。此與甫定河北,即發卒治直道,自望都鐵關鑿恒嶺至代,天興元年事。後又屢勤其力,以起宫室苑囿者何異?宜乎高車之衆,時有叛服也。

抑於舊有部族加意撫綏,亦道武僭位以後則然,若上溯諸昭成以前,則其虐用其民,亦與新降之衆無異。《序紀》云:穆帝"忿聰、勒之亂,志欲平之。先是,國俗寬簡,民未知禁;至是明刑峻法,諸部民多以違命得罪,凡後期者,皆舉部戮之;或有室家相攜而赴死所,人問何之？答曰：當往就誅”。此事亦見《刑罰志》，云“死者以萬計”。蠻人性質固多殘酷，然拓跋氏等起於塞外者似尤甚。苻堅之厚撫羌與鮮卑，固非本心；然究猶能僞爲之也。至慕容暐謀殺堅事露，乃并鮮卑在城者盡誅之，少長無遺，本心露矣。然究猶退敗而然也。至於柔然敗投西魏，已無能爲，乃徒以突厥之求，執其君民三千餘人盡付之，使之并命，此則不徒中國所不爲，稍沾中國之化者，亦必不能爲矣。屈丐之敗奔薛干也，道武使求之，部帥太悉佛出屈丐以示使者曰：今窮而見投，寧與俱亡，何忍遣之。所謂後期，蓋後師期，乃欲强發其衆南犯也。時穆帝長子六脩領南部，召之不至，怒討之，失利遂死。蓋南部亦不從其命也。此爲六脩弑父，抑穆帝戰敗自死，尚未可知。蓋普根攻滅六脩，則不得不以六脩弑父爲口實耳。普根先守外境，聞難來赴，攻六脩，滅之。普根立月餘而薨，子始生，桓帝后立之，其冬又薨。其爲良死與否，尚未可知。而平文立，又欲迫其衆南下。平文二年，聞晉愍帝爲劉曜所害，顧謂大臣曰：“今中原無主，天其資我乎？”劉曜遣使請和，不納。明年，石勒請爲兄弟，斬其使以絶之。其決意如此。五年，晉元帝使韓暢加崇爵服，亦絶之。史謂其治兵講武，有平南夏之意，桓帝后以帝得衆心，恐不利於己子，害帝，遂崩，大臣死者數十人。夫苟得衆心，一婦人何能爲？蓋亦以違衆取敗也。桓帝中子賀傉立，是爲惠帝，未親政事，太后臨朝，即遣使與石勒通和，其情事可見。昭成帝十三年，冉閔殺石鑒自立。十四年，昭成曰：“石胡衰滅，冉閔肆禍，中州紛梗，莫有匡救。吾將親率六軍，廓定四海。”乃勑諸部各率所統，以俟大期。諸大人諫，乃止。昭成所爲，猶之穆帝，特較能從諫，故未及禍。然則當道武南伐以前，拓跋氏之覬覦中原舊矣，而其衆皆不同。固知芸芸之民，特欲安居樂業，父子相保，未有無故覬殺掠者，雖游牧之族猶然。而驕暴之主，每以私意驅之。此墨子所由焦脣敝舌以游説於王公大人者邪？道武之軍九門也，中山拒守，饑疫并臻，羣下咸思還北。道武乃謂之曰：“斯固天命，將若之何！四海之人，皆可與爲國，在吾所以撫之耳，何恤乎無民！”真視民如草芥矣。陳留王虔之子悦説太宗，謂京師雜人，不可保信，宜誅其非類者；又雁門人多詐，并可誅之。史稱悦懷姦計，故爲是言，其實乃拓跋氏之積習也。

夫天下不可以力服也。芮芮之於拓跋，亦切近矣，而終魏之世不服。魏人屢勤大兵以討之，而烽火猶時通於平城。雖乘阿那瓌時内亂，一臣伏之，末造復畏之如虎。則魏人因酷虐所喪者多矣。抑魏之兵力，非真足畏也。宋文而後，南風不競，自不足與之敵耳。宋武北伐，道武之衆非減於曩時，而竟坐視後秦之亡而不能救；赫連氏之取長安，而不能議其後，則後燕之奔潰，亦其自亡，而非魏之能亡之也。北方衆雖獷悍，而無訓練節制，乏堅甲利兵，故苻堅謂其不足畏。觀其累敗於羯石、氐苻，衛雄、姬澹之衆，桓帝所倚以征伐者，而不足當石勒之一擊，而以道武方興之鋭，慕容垂垂死之年，猶能唾手而入平城，則知堅之言爲不誣。假使中國安寧，將卒用命，命一大將，嚴兵守塞上，而以賈生五餌之策，招暴酋攜貳之民，當穆帝、平文之世，民有不歸之如水，諸部落有不自相翦滅，雖道武能不爲神元之續乎？而諸將猜疑，長安即失，謀臣武將，或以叛亂受戮，或以猜忌見誅，坐使胡馬飲江，燕巢林木，天之方懠，無然泄泄，莫肯念亂，不亦悲乎！

〔四七八〕　崔 浩 論

往讀史，嘗怪五胡入據中原，中原士大夫皆伈伈俔俔而爲之下，曾未有處心積慮，密圖光復者；今乃知崔浩則其人也。浩仕魏歷三世，雖身在北朝，而心存華夏，魏欲南侵時，恒詭辭飾説，以謀匡救；而又能處心積慮，密爲光復之圖；其智深勇沈，忍辱負重，蓋千古一人而已。徒以所事不成，遂致所志不白，尚論者徒以北朝名臣目之，豈不哀哉！

浩之敗，《魏書》云以史事，此説實不待深思，即知其非實。何者？魏史之作，始於鄧淵，而浩繼之。浩初與史事，在神䴥二年，同作者有浩弟覽、高讜、鄧穎、晁繼、范亨、黄輔等，秉筆者非浩一人也。平涼州後，以浩監祕書事，而高允、張偉，共參著作，則浩不過“總裁而已”。《高允傳》允之言如是，此非虚語也。魏於史事，忌諱最甚，而其誅戮最酷，孰敢顯揭其惡？浩書果觸其忌，閔湛、郗標，安敢以刊石爲請？恭宗素謹慎，亦安得而善其請？浩也内文明而外柔順，爲人寫《急就章》以百數，必稱“馮代强”，以示不敢犯國，其謹也如此，而豈輕於一擲者哉？史稱浩述國事，備而不典，而石銘顯在衢路，往來行者，咸以爲言，此《魏書》之辭。《北史》云：北人咸悉忿毒，相與構浩於帝，其辭較《魏書》爲重。可見浩事情形，傳者并不深悉，後人以其見戮之酷，億測其觸怒北人必深，加重其辭，延壽遂據之以竄易《魏書》耳。一似浩舉北人不可告人之隱，盡行宣泄者。然事發之後，浩僅伏受賕，是有虚美之辭，而無瘴惡之實也。浩之見誅，同作史者一無所問，僅高允於浩被收時召入詰責，終亦見釋。後允久典史事，所續者仍浩故事也，其犯觸者安在？或曰：浩之死，僮吏已上死者百二十八人焉，安得云無所犯觸？此亦不善讀史之過。《北史・允傳》載游雅之言，謂浩被詔責時，聲嘶股戰，不能一言；而允敷陳事理，申釋是非，辭義清辯，音韻高亮。夫允之爲人，豈强於浩？而是時能如是者，浩之所坐，本非史事，允實明知故也。世祖勑允爲詔，自浩已下僮吏已上百二十八人，皆夷五族，允持疑不爲，頻詔催切，允乞更一見，及見，則曰：“浩之所坐，若更有餘釁，非臣敢知。直以犯觸，罪不至死。”觀此言，浩案之真情，躍然可見矣，允徒以史事見詰，又何懼焉？

《宋書・柳元景傳》：元景河東解人。曾祖卓，自本郡遷於襄陽。從祖弟光世，先留鄉里，魏以爲河北太守。光世姊夫爲司徒崔浩，魏之相也。元嘉二十七年，拓跋燾南寇汝、潁，浩密有異圖，光世要河北義士爲浩應。浩謀泄，被誅。河東大姓坐連謀夷滅者甚衆。光世南奔得免。《魏書・浩傳》言：浩之誅，清河崔氏無遠近，范陽盧氏，太原郭氏，河東柳氏，皆浩之姻親，盡夷其族。《盧玄傳》言：玄，浩之外兄。玄子度世，以浩事，棄官逃於高陽鄭羆家。羆匿之。使者囚羆長子，將加捶楚。羆戒之曰：“君子殺身以成仁，汝雖死勿言。”子奉父命，遂被考掠，至乃火爇其體，因以物故，卒無所言。度世後令弟娶羆妹，以報其恩。度世四子：淵、敏、昶、尚。初玄有五子，嫡惟度世，餘皆别生。崔浩之難，其庶兄弟常欲害之，度世常深忿恨。及度世有子，每戒約令絶妾孽，以防後患。至淵兄弟，婢賤生子，雖形貌相類，皆不舉接，爲識者所非。鄭羆之於度世，交義未知如何，然亦何至殺其子以全亡命之人？疑浩之義圖，度世與羆皆與焉。元丕謀逆，子隆、超皆與，而其後妻之子，絶不與聞。《魏書·神元平文諸帝子孫傳》。楊侃與莊帝圖尒朱榮，尒朱榮入洛，侃時休沐，得潛竄歸華陰。後尒朱天光遣招之，立盟許恕其罪。侃從兄昱，令侃出應，假其食言，不過一人身殁，冀全百口。侃往赴之，遂爲天光所害。《魏書·楊侃傳》。當時士大夫之見地，固如是也。北朝嚴適妾之别，因之適庶兄弟，忮刻亦深，讀《顔氏家訓·後娶》篇可知。度世之誡妾孽，蓋實由其隱痛之深，非之者未識其苦心耳。《宋書》之爲實録無疑矣，而信之者絶少，司馬公作《通鑑》，亦不之取，見《考異》。豈不異哉？

浩稱北魏名臣，然細觀所言，便見其無一不爲中國計者。神瑞二年秋，穀不登，王亮、蘇垣勸明元遷鄴，浩力阻之，蓋不欲北族薦居中國，抑亦慮其因饑而至，詒害於民也。宋武之伐姚秦，魏外朝公卿，咸欲發兵斷河上流，勿令西過。又議之内朝，咸同外計。明年，晉齊郡太守王懿降魏，上書勸絶宋武後路，明元因欲遣精騎南襲彭城、壽春。以宋武當日兵鋒之鋭，姚秦衰弱之甚，魏即發兵，亦未必能爲晉害，然究多一敵。浩又力阻之，其以存中國，更顯而易見。明元使太武監國，意自别有所在，説詳另條，浩之力贊之，則似以其母爲漢人之故。是時太武年尚少，逮其成長，其氣質乃純乎爲一鮮卑人，則非浩所能逆料也。時適聞宋武之喪，明元因欲取洛陽、虎牢、滑臺，浩又力阻之。歆之以南金象齒羽毛之珍不求而至之利，怵之以裕新死，黨與未離，兵行其境，必相率拒戰，功不可必之害，其爲中國計，又情見乎辭矣。明元不聽，遂遣奚斤南伐。議於監國之前，曰：先攻城也？先略地也？公孫表欲先攻城，而浩請先略地。曰：分軍略地，至淮爲限。

列置守宰,收歛租穀。滑臺、虎牢,反在軍後,絶望南救,必沿河東走。若或不然,即是囿中之物。讀史者觀北兵馬飲長江之役,六州荒殘,河南遂不可守,以此爲猾夏之上策,謂浩爲魏計甚深,殊不知魏是時之兵,絶非太武自將時比。宋雖將多怯懦,兵力亦尚充足。魏處代北,聲援縣隔,偏師南下,安能列置守宰,至於淮上?是時之争河南,必也力攻數大鎮,以破南朝設守之局。《公孫表傳》言:明元欲先略地,蓋嘗動於浩之議,然其後自將而南,亦力攻虎牢,蓋用兵形勢實如是。浩之言似爲北朝計,實爲中國計也。太武欲用兵於僭僞諸國及北狄,浩無不力贊之,蓋引其力以他向,使不專於中國;抑亦欲疲之也。攻赫連昌之役,《浩傳》言:世祖次其城下,收衆僞退。昌鼓譟而前,舒陳爲兩翼。會有風雨從東南來,揚沙昏冥。宦者趙倪進曰:今風雨從賊後來,我向彼背,天不助人;又將士飢渴,願陛下攝騎避之,更待後日。浩叱之曰:是何言與?千里制勝,一日之中,豈得變易?賊前行不止,後已離絶,宜分軍隱出,掩擊不意。風道在人,豈有常也?世祖曰善,分騎奮擊,昌軍大潰。然據《昌傳》:則昌軍行五六里,世祖衝之,其陳尚不動;及分騎爲左右以犄之,世祖墜馬,流矢中掌;則是役實爲幸勝。不顧風雨及將士飢渴而徼幸於一決,此豈用兵之法?浩殆以是誤魏與?神䴥二年,議擊蠕蠕,朝臣内外,盡不欲行,孫太后尤固止之,而浩堅主宜出。是時宋方議北伐,浩蓋欲分魏兵力,而此役遂至大捷,柔然遠遁,高車降者甚多,反爲魏之大利,則宋不能乘機,魏太武之雄勇實爲之,非浩謀之不臧也。俄魏南藩諸將,表宋大嚴,欲犯河南,請兵三萬,先其未發逆擊之,因誅河北流民在界上者,絶其鄉道,足以挫其鋭氣,使不敢深入。先聲奪人,實用兵之長策。浩乃訾諸將欲南抄以取貲財,爲國生事,非忠臣,蓋欲一舉而杜武臣之口矣。太武聞赫連定與宋文帝遥分河北,欲先事定,諸將以宋師猶在河中爲疑,浩又決宋無北渡意,豈能灼知其然?其欲分魏兵力,猶素志也。太武之伐沮渠牧犍也,奚斤等三十餘人阻之,浩贊之。世皆多浩讀書能致用,此亦爲史籍所誤。當時之所争者,軍行有無水草,古弼、李順等言:“自温圉河以西,至於姑臧城南,天梯山上,冬有積雪,深一丈餘,至春夏消液,下流成川,引以溉灌。彼聞軍至,決此渠口,水不通流,則致渴乏。去城百里之内,赤地無草,又不任久停軍馬。”浩則曰:“《漢書·地理志》稱:涼州之畜,爲天下饒。若無水草,何以畜牧?又漢人爲居,終不於無水草之地築城郭立郡縣也。”夫李順等所言者,乃姑臧城外之事,浩所言則涼州全州。所攻在於姑臧,城外果無水草,他處縱極豐饒,何益於事?立城郭者誠不於無水草之地,然自漢至魏,水道豈無變遷?然則太武之幸成,亦以沮渠牧犍未能決渠以困敵耳。浩之所以教太武者,實爲危道,浩豈不之知,蓋亦欲以是誤魏也。涼州既平,浩勸不徙其民,太武不聽。後蒐於河西,詔浩詣行在所議軍事。浩仍欲募徙豪强大家,以充實涼土,軍舉之日,東西齊勢,以攻蠕蠕,此仍是引魏外向以疲其力之志,其爲中國計,豈不深且遠哉?

《浩傳》言:浩從太宗幸西河太原,登憩高陵之上,下臨河流,傍覽川域,慨然有感,遂與同寮論五等郡縣之是非,考秦始皇、漢武帝之違失,好古識治,時伏其言。寇謙之屬其撰列王者治典,并論其大要,浩乃著書二十餘篇,上推太初,下盡秦漢變弊之跡。大旨先以復五等爲本。兩晉以降,善封建者固不乏其人,然浩之言此,則似别有深意。當時世家大族,在各地方之勢力頗强,其心未嘗不惡北族而欲驅除之,然皆手無斧柯,故終無所成就。拓跋氏設用浩説而行封建,代北之族,受封者固必多,然必亦間以漢族之名臣宿將。客族在中國,雖據數百里之地,必無能爲,而漢族之世家大族,向僅爲郡縣之長,堡塢之主者,各獲君其土而子其民,則情勢大異矣。《高允傳》言:浩薦冀、定、相、幽、并五州之士數十人,各起家郡守。恭宗謂浩曰:“先召之人,亦州郡選也,在職已久,勤勞未答,今可先補前召外任郡縣,以新召者代爲郎吏。又守令宰民,宜使便事者。”浩固争而遣之。允聞之,謂東宫博士管恬曰:“崔公其不免乎!苟逞其非,而校勝於上,何以能濟?”以浩之深沈,豈不知爲危道?然必固争之者,得毋爲登高一呼四山響應之計邪？郡縣雖無根柢，亦時或爲合從討伐之資，而況於封建乎？浩之言此，必别有深意矣。

不獨崔浩，即寇謙之亦有心人也。《魏書・釋老志》：謙之自言，嘗遇仙人成公興，將之入嵩山。歷年，謂謙之曰：興出後，當有人將藥來，得但食之，莫爲疑怪。尋有人將藥而至，皆是毒蟲臭惡之物。謙之大懼，出走。興還問狀，謙之具對。興嘆息曰：先生未便得仙，政可爲帝王師耳。又言：有牧土上師李譜文，來臨嵩岳，云老君之玄孫，爲牧土宫主，領治三十六土人鬼之政，地方十八萬里有奇。其中爲方萬里者有三百六十方，以嵩岳所統廣漢平土方萬里授謙之。而《浩傳》載謙之謂浩曰：吾行道隱居，不營世務，忽受神中之訣，當兼脩儒教，輔助泰平真君，繼千載之絶統。其非忘情於世可知。《釋老志》言：謙之以始光初奉其書而獻之，時朝野聞之，若存若亡，未全信也，崔浩獨異其言，因師事之，受其法術，上疏讚明其事。《浩傳》亦言：謙之每與浩言，聞其論古治亂之跡，常自夜達旦，竦意斂容，無有懈倦。既而歎美之曰：斯言也惠，皆可底行，亦當今之臯陶也。但世人貴遠賤近，不能深察之耳。二人之互相標榜，果何爲哉？太武之攻赫連昌，太尉長孫嵩難之，乃問幽徵於謙之，謙之對曰必克。神䴥二年攻蠕蠕，謙之亦贊之，且固勸太武窮討。其於浩，可謂如驂之靳矣。浩不好老、莊之書，尤非毁佛法，而獨信謙之，寧有是理？浩在道武之世，不過以工書在左右耳，及明元世，忽與軍國大謀，豈真以其嘗授經書哉？明元好陰陽術數，而浩中以《易筮》及《洪範五行》，彼墮其術中，固其所也。太武好用兵，浩則以征伐中其欲，然亦未嘗不侈禨祥。浩之毁佛法也，《釋老志》謂其以爲虚誕，爲世費害。謙之之虚誕，未知視佛爲何如？《志》又言：恭宗見謙之奏造静輪宫，必令其高不聞雞鳴狗吠之聲，欲上與天神交接，功役萬計，經年不成，乃言於世祖曰："人天道殊，卑高定分，今謙之欲要以無成之期，説以不然之事，財力費損，百姓疲勞，無乃不可乎？必如其言，未若因東山萬仞之上，爲功差易。"世祖深然恭宗之言，但以崔浩贊成，難違其意，沈吟者久之，乃曰："吾亦知其無成，事既爾，何惜三五百功？"於佛則病其費害，於老則助其怪迂，浩之悖至是哉？二人之相比周，其意居然可見矣。毛脩之雖終没於魏，實未嘗忘華夏。《傳》言朱脩之俘於魏，(毛)脩之經年不忍問家消息，久之乃訪焉。(朱)脩之具答，并云："賢子元矯，甚能自處。"(毛)脩之悲不得言，直視良久，乃長嘆曰："嗚呼！"自此一不復及。亦可哀矣。《南史·毛脩之傳》。而其得不死，實以謙之營護故。謙之豈無心於中國者哉？

《崔玄伯傳》云：始玄伯因苻堅亂，欲避地江南，於泰山爲張願所獲，本圖不遂，乃作詩以自傷，而不行於時，蓋懼罪也。及浩誅，高允受敕收浩家，始見此詩，允知其意，允孫綽録於《允集》。然則浩之乃心華夏，實不自浩始。即其藏機於密，亦不自浩始，而終於泄露。其事因魏人諱飾之深，遂無可考見，然仍有可微窺者。《盧玄傳》云：浩大欲齊整人倫，分明姓族，玄勸之曰："夫剏制立事，各有其時，樂爲此者，詎幾人也？宜其三思。"浩當時雖無異言，竟不納，浩敗頗亦由此。然則浩謀之泄，似仍是漢人發之也。

浩所擁右者爲王慧龍。慧龍，《傳》言其自以遭難流離，嘗懷憂悴，乃作祭伍子胥文以見意。生一男一女，遂絶房室。布衣蔬食，不參吉事。時制：南人入國者，皆葬桑乾；而慧龍臨没，乞葬河内。雖重私讎，亦非昧於民族大義者。魯軌謂其非愉之子，殆不足信。又北方諸國中，最不服魏者爲涼州人，而張湛、宗欽、段承根，皆與浩善。欽、承根皆與浩俱死，湛亦僅而得免。浩之所善者如此，其爲人不彌可見哉？

〔四七九〕 高　　肇

景明而後，魏政不綱，朝臣之公忠體國者，高肇一人而已。史顧誣爲姦佞之流，甚矣其無是非也。《魏書·張彝傳》：彝除秦州刺史。

“爲國造佛寺，名曰興皇。諸有罪咎者，隨其輕重，謫爲土木之功，無復鞭杖之罰。時陳留公主寡居，彝志願尚主，主亦許之。僕射高肇亦望尚主，主意不可。肇怒，譖彝於世宗，稱其擅立刑法，勞役百姓。詔遣直後萬貳興馳驛檢察。貳興，肇所親愛，必欲致彝深罪。彝清身奉法；求其愆過，卒無所得；見代還洛，猶停廢數年。”彝即清身，所爲豈可云奉法？亂法而勞民，肇爲僕射而舉其罪，可以謂之譖乎？彝之咎，止於見代，欲深罪之者顧如是乎？謂其以争尚主而怨怒，則莫須有之辭也。此亦肇見誣之一端也。

〔四八〇〕 後魏吏治之壞[①]

《廿二史劄記》謂魏入中原，頗以吏治爲意，及其末造，國亂政淆，宰縣者乃多厮役，入北齊而更甚。卷十五。此誤也。拓跋氏非知治體者，其屢詔整飭吏治，必其虐民實甚，更難坐視。此不足見其留意吏治，適足見其吏治之壞耳。據《魏書·本紀》，道武天興元年，定都平城，即遣使循行郡國，舉守宰之不如法者。此承北方僭僞之後，其政治本極苟簡，又新遭喪亂，或不能盡爲後魏咎。然其後歷代詔令頻繁，所述守宰貪暴之狀，悉出意表，即可知其吏治之壞，實爲古今所罕覯矣。明元帝神瑞元年十一月，詔使者巡行諸州，校閲守宰資財，非自家所齎，悉簿爲贓；又詔守宰不如法，聽民詣闕告言之。已可見其貪殘之甚。二年三月詔曰：“刺史守宰，率多逋慢，前後怠惰，數加督罰，猶不悛改。今年貲調懸違者，謫出家財充之，不聽徵發於民。”是其時刺史守宰，不徒下朘民膏，亦且上虧國課也。太武始光四年十二月，行幸中山，守宰以貪污免者十數人。明年（神䴥元年）正月，又以天下守令多行非法，精選忠良悉代之。可見貪暴者之多。太延三年

① 曾改題爲《後魏吏治》。

五月詔曰："比年以來，屢詔有司班宣惠政，與民寧息。而内外羣官及牧守令長，不能憂勤所司，糾察非法，廢公黨私，更相隱置，濁貨爲官，政存苟且。夫法之不用，自上犯之，其令天下吏民，得舉告守令不如法者。"此可見當時監察之司，悉成虚語。文成太安四年五月，詔曰："朕即阼至今，屢下寬大之旨，蠲除煩苛，去諸不急，欲令物獲其所，人安其業。而牧守百里，不能宣揚恩意，求欲無厭，斷截官物，以入於己。使課調懸少，而深文極墨，委罪於民，苟求免咎，曾不改懼。國家之制，賦役乃輕，比年已來，雜調減省。而所在州郡，咸有逋懸，非在職之官綏導失所，貪穢過度，誰使之然？自今常調不充，民不安業，宰民之徒，加以死罪。"觀此，可知神瑞二年之詔之所由來，而其弊迄未嘗革矣。明年九月，又詔曰："牧守莅民，侵食百姓，以營家業，王賦不充，雖歲滿去職，應計前逋，正其刑罪。而主者失於督察，不加彈正，使有罪者優游獲免，無罪者妄受其辜，是啓姦邪之路，長貪暴之心，豈所謂原情處罪，以正天下？自今諸遷代者，仰列在職殿最，案制治罪，克舉者加之爵寵，有愆者肆之刑戮，使能否殊貫，刑賞不差，主者明爲條制，以爲常楷。"蓋時於逋負，督責嚴切，去職者乃蒙蔽監司，嫁其罪於後人也。和平二年正月，詔曰："刺史牧民，爲萬里之表，自頃每因發調，逼民假貸，大商富賈，要射時利，旬日之間，增羸十倍。上下通同，分以潤屋。故編户之家，困於凍餒，豪富之門，日有兼積，爲政之弊，莫過於此。其一切禁絶，犯者十疋以上皆死。布告天下，咸令知禁。"昔時發調，多用實物，編户之家，不能咸備，誅求之亟，惟有乞假於積貯之家，駔賈豪商，遂乘之以要利。此弊由來已久，乃至官吏與之通同，則更不成事體矣。四年三月詔曰："今内外諸司，州鎮守宰，侵使兵民，勞役非一。自今擅有召役，逼雇不程，皆論同枉法。"役之厲民，實尤甚於賦，虐取之餘，重之以召役逼雇，民復何以自存哉？孝文延興二年七月，詔州、郡、縣各遣二人，才堪專對者，赴九月講武，常親問風俗。三年六月詔曰："往年縣召民秀二人，問以守宰治狀，善惡具聞，將加賞罰，而賞者未幾，罪者衆多，肆法傷生，情所未忍。今特垂寬恕之恩，申以解網之惠，諸爲民所列者，特原其罪，盡可貸之。”所謂民秀，蓋即去歲七月所召。太和七年正月詔曰：“朕每思知百姓之所疾苦，以增脩寬政。故具問守宰苛虐之狀於州郡使者、秀孝、計掾，而對多不實，甚乖朕虚求之意。宜案以大辟，明罔上必誅。然情猶未忍，可恕罪聽歸，申下天下，使知後犯無恕。”州郡使者、秀孝、計掾，自不免與官吏扶同，然民秀果敢盡言乎？乃能使賞者希，罰者衆，魏之吏治可想矣。

《魏書·張衮傳》：顯祖詔諸監臨之官，所監治受羊一口，酒一斛者，罪至大辟，與者以從坐論。糾告得尚書已下罪狀者，各隨所糾官輕重而授之。衮玄孫白澤表諫，謂“周之下士，尚有代耕，況皇朝貴仕，而服勤無報，請依律令舊法，稽同前典，班禄酬廉”。案魏初百官無禄，論者或以是爲其時官吏之貪取恕；然昔時郡縣之吏，之任代下，所費悉取於民，所謂送故迎新也。在任時隨身衣食，悉仰於官，亦爲相沿成法，則無禄者雖不能有所得，亦不至有所耗。而且送迎及供應所入，必不能僅足而無餘，豈可以是爲貪求之口實乎？魏之班禄，事在太和八年。而延興三年，詔縣令能静一縣劫盗者，兼治二縣，即食其禄；能静二縣者，兼治三縣，三年遷爲郡守；二千石能静二郡上至三郡亦如之，三年遷爲刺史。此所謂禄，即其出於地方，法令亦許之不以爲罪者也，豈真枵腹從公哉！

州郡弊政之深，一由督察之不力，一由選用之太輕。《北齊書·元文遥傳》云：“齊因魏朝，宰縣多用廝濫，至於士流恥居百里。文遥以縣令爲字人之切，遂請革選，於是密令搜揚貴游子弟，發敕用之。猶恐其披訴，總召集神武門，令趙郡王叡宣旨唱名，厚加慰喻。士人爲縣，自此始也。”趙氏引此，以證魏末之弊。然據《魏書·辛雄傳》：雄以肅宗時轉吏部郎中，上疏曰：“助陛下治天下者，惟在守令，最須簡置，以康國道。但郡縣選舉，由來共輕，貴游儁才，莫肯居此，宜改其弊，以定官方。請上等郡縣爲第一清，中等爲第二清，下等爲第三清。選補之法，妙盡才望，如不可并，後地先才；不得拘以停年，竟無銓革。三載黜陟，有稱者補在京名官，如前代故事，不歷郡縣不得爲内職。”則其弊實不始魏末。《北史·元文遥傳論》云：“漢氏官人，尚書郎出宰百里。晉朝設法，不宰縣不得爲郎。後魏令長，多選舊令史爲之，故縉紳之流恥居其位，爰逮有齊，此途未改。”亦不云其事始於魏末也。《周書·于謹傳》言謹屏居閭里，未有仕進之志，或勸之，謹曰：“州郡之職，昔人所鄙；台鼎之位，須待時來。吾所以優游郡邑，聊以卒歲耳。”此亦魏盛時之俗，非其末葉始然也。《晉書·傅玄傳》：詔羣僚舉郡縣之職以補内官，玄子咸上書曰：“才非一流，職有不同。中間選用，惟内是隆，外舉既頽，復多節目，競内薄外，遂成風俗，此弊誠宜亟革。”則當魏晉之世，外選業已寖輕矣，況於拓跋氏之不知治體者乎！

魏、齊、周三朝中，北周最能模倣中國之治法，其能滅齊而開隋、唐之先路，非無由也。宇文泰任蘇綽，立法改制，模擬《周官》，其事并無足取，而其整頓吏治，則實爲致治之大端。蘇綽制文案程式及計帳户籍之法，又爲六條詔書奏施行之，是也。北齊亦有班五條詔書之法。見《隋書·禮儀志》四。殊無益於吏治者，彼行之以文，此行之以實也。然周時刺史，多以功臣爲之，其弊頗著。《周書·令狐整傳》：弟休，與整同起兵，入爲中外府樂曹參軍。時諸功臣多爲本州刺史，晉公護謂整曰：“以公勳望，應得本州，但朝廷藉公委任，無容遠出，然公門之内，須有衣錦之榮。”乃以休爲敦煌郡守。此可見其習爲故常矣。《隋書·柳彧傳》：遷治書侍御史。於時刺史多任武將，類不稱職。彧上表曰：“伏見詔書，以上柱國和平子爲杞州刺史。其人年垂八十，鐘鳴漏盡，前任趙州，闇於職務，政由羣小，賄賂公行，百姓吁嗟，歌謡滿道，乃云老禾不早殺，餘種穢良田。古人有云：耕當問奴，織當問婢。此言各有所能也。平子弓馬武用，是其所長，治民莅職，非其所解。如謂優老尚年，自可厚賜金帛；若令刺舉，所損殊大。”上善之，平子竟免。此亦周世之餘弊也。又《北齊書·高隆之傳》曰：“魏自孝昌已後，天下多難，刺史太守，皆爲當部都督，雖無兵事，皆立佐僚，所在頗爲煩擾。隆之表請：自非實在邊要，見有兵馬者，悉皆斷之。”夫置吏猥多，則擾民必甚。此等皆當時弊政，正不獨郡縣選任之輕也。

原刊一九四七年二月七日上海《益世報》副刊“史苑”

〔四八一〕 魏立子殺母

《廿二史札記》云：“《魏書・道武宣穆皇后傳》：魏故事，后宫産子，將爲儲貳，其母皆賜死，故后以舊法薨。然考紀傳，道武以前，未有此事。《明元本紀》載道武將立明元爲太子，召而告之曰：昔漢武將立其子而殺其母，不令婦人與國政也。汝當繼統，故吾遠同漢武。於是劉貴人死，明元悲不自勝。據此，則立子先殺其母之例，實自道武始也。偏檢《魏書》，道武以前，實無此例。而傳何以云魏故事邪？《北史》亦同此誤。”今案魏自道武以前，曷嘗有建儲之事，況云欲立其子而殺其母乎？往史之誣，不待辯也。然云其例始於道武亦誤。道武曷嘗立明元爲太子。《明元紀》言：劉貴人死，明元哀泣，不能自勝，太祖怒之。帝還宫，哀不自止，日夜號泣。太祖知而又召之。帝欲入，左右曰：孝子事父，小杖則受，大杖避之，今陛下怒甚，入或不測，不如且出，待怒解而進。帝懼，從之，乃游行逃於外。此蓋既殺其母，又欲誅其子耳，非欲立之也。《齊書・魏虜傳》云：初，佛狸母是漢人，爲木末所殺，佛狸以乳母爲太后。自此以來，太子立，輒誅其母。今案，自佛狸以後，文成元皇后爲常太后所殺，孝文貞皇后則爲文明皇后所殺，惟獻文思皇后爲良死，則其人之有無不可知。《齊書》之言，信有徵矣。然明元之殺太武母，亦非以慮婦人與政而然也。

《魏書・皇后傳》云：明元密皇后，杜氏，鄴人，陽平王超之姊也。初以良家子選入太子宫，有寵，生世祖。及太宗即位，拜貴嬪，泰常五年薨。世祖保母竇氏，初以夫家坐事誅，與二女俱入宫，太宗命爲世祖保母，性仁慈，勤撫導，世祖感其恩訓，奉養不異所生，及即位，尊爲保太后，後尊爲皇太后，與《齊書》佛狸以乳母爲太后之説合，與其母爲木末所殺之説則乖。今案，魏太武以泰常七年攝政，時年十五。密后果歿於泰常五年，太武年已十三，尚何待竇氏之保育，其感恩安得如是其深？然則謂密皇后歿於泰常五年，其説殆不足信，一語既虚，滿盤是假。《杜超傳》謂其泰常中爲相州别駕，奉使京師，以法禁不得與后通問，亦子虚烏有之談。太武之母在魏宫，蓋本無位號，亦難考其以何時見殺。太武之獲長大，非得竇氏保全之力，則必得其養育之功，故其德之如是其深也。《胡靈后傳》云：召入掖庭，爲承華世婦，椒掖之中，以國舊制，相與祈祝，皆願生諸王公主，不願生太子。唯后每謂夫人等言，天子豈可獨無兒子，何緣畏一身之死，而令皇家不育冢嫡乎？及肅宗在孕，同列猶以故事相恐，勸爲諸計，后固意確然，幽夜獨誓云："但使所懷是男，次第當長，子生身死，所不辭也。"此乃附會之談。獻文及廢太子恂母之見殺，未知何故，要必非遵行故事，疑當時宫掖之中，有此等慘酷之事，欲藉辭於先世，乃造作道武欲法漢武之説。不徒《魏史》不能發其覆，即南國傳聞，亦不免爲其所誤也。《太宗紀》：泰常七年四月，甲戌，封皇子燾爲泰平王。初、帝素服寒食散，頻年動發，不堪萬幾。五月，詔皇太子臨朝聽政。是月，泰平王攝政。《世祖紀》：泰常七年四月，封泰平王。五月，爲監國。太宗有疾，命帝總攝百揆。《崔浩傳》載浩對明元之問曰："自聖化龍興，不崇儲貳，是以永興之始，社稷幾危，今宜早建東宫，選公卿忠賢，陛下素所委仗者，使爲師傅，左右信臣，簡在聖心者，以充賓友，入總萬機，出統戎政，監國撫軍，六柄在手。若此，則陛下可以優游無爲，頤神養壽，進御醫藥。萬歲之後，國有成主，民有所歸，則姦宄息望，旁無覬覦，此乃萬世之令典，塞禍之大備也。今長皇子燾，年漸一周，明叡温和，衆情所繫，時登儲副，則天下幸甚。"浩辭中雖有早建東宫，時登儲副等語，然傳言太宗納之，使浩奉策告宗廟，命世祖爲國副主，居正殿臨朝，絶無立爲太子之説。然則本紀中詔皇太子臨朝聽政一語，乃史家措辭不審，抑或原文實係皇長子，後人傳寫，誤長爲太，皆未可知。

要之,明元未嘗立太武爲太子也。《浩傳》又載太武監國後,明元謂左右侍臣,以長孫嵩等六人輔相,吾與汝曹,游行四境,伐叛柔服,可得志於天下矣。會聞宋武帝之喪,遂欲取洛陽、虎牢、滑臺,其後卒自將南下。世豈有不能聽政,顧能躬履行陣者?然則明元使太武監國,意實别有所在,其死於明年,特偶然之事,初非當退居西宫之日,即有不可救藥之病。《浩傳》及《北史·長孫嵩傳》等皆謂明元因病,而命太武監國,又事後附會之談也。序紀言:昭帝之時,分國爲三部,帝與桓、穆二帝,各主其一。其時昭帝未聞外出,而桓、穆二帝,則皆躬出經略,穆帝且歷五年而後歸。其後獻文傳位於孝文,亦曾北征蠕蠕。然則大酋或主國政,或親戎馬,實拓跋氏之舊習,故文明太后迫獻文傳位,而當時不以爲篡也。然則拓跋氏自獻文以前,始終未有建儲之事,安得云道武欲立明元而殺其母,況又謂道武係奉行故事乎?

〔四八二〕 神武得六鎮兵

北齊神武帝之所以興,實緣得爾朱兆所分六鎮之衆,而所以得此衆者,魏齊二書記載皆欠明耳。今綜核其文而億測之。《齊書·神武紀》云:費也頭紇豆陵步藩入秀容,逼晉陽。兆徵神武。神武將往。賀拔焉過兒請緩行以弊之。神武乃往,逗留,辭以河無橋,不得渡。步藩軍盛,兆敗走。兆又請救於神武,神武内圖兆,復慮步藩後之難除,乃與兆悉力破之,藩死。兆深德神武,誓爲兄弟。時世隆、度律、彦伯共執朝政,天光據關右,兆據并州,仲遠據東郡,各擁兵爲暴,天下苦之。葛榮衆流入并,肆者二十餘萬,爲契胡陵暴,皆不聊生。大小二十六反,誅夷者半,猶草竊不止。兆患之,問計於神武。神武曰:"六鎮反殘,不可盡殺。宜選王素腹心者,私使統焉。若有犯者,直罪其帥,則所罪者寡。"兆曰:善。遂以委焉。神武以兆醉,醒後或致疑貳,遂出。宣言"受委統州鎮兵,可集汾東受令",乃建牙陽曲川,陳部分。兵士素惡兆而樂神武，莫不皆至。居無何，又使劉貴請兆：以“并，肆頻歲霜旱，降户掘黄鼠而食之，皆面無穀色，徒汙人國土。請令就食山東，待温飽而處分之。”兆從其議。其長史慕容紹宗諫曰：“今四方擾擾，人懷異望，高公雄略，又握大兵，將不可爲。”兆曰：“香火重誓，何所慮也？”紹宗曰：“親兄弟尚爾難信，何論香火？”時兆左右已受神武金，因譖紹宗與神武舊有隙。兆乃禁紹宗而催神武發。神武乃自晉陽出滏口。路逢尒朱榮妻北鄉長公主自洛陽來，馬三百匹，盡奪易之。兆聞，乃釋紹宗而問焉。紹宗曰：“猶掌握中物也。”於是自追神武。至襄垣，會漳水暴漲，橋壞。神武隔水拜曰：“所以借公主馬，非有他故，備山東盜耳。王受公主言，自來賜追。今渡河而死不辭，此衆便叛。”兆自陳無此意。用輕馬渡，與神武坐幕下，陳謝。遂授刀引頸，使神武斫己。神武大哭曰：“自天柱薨背，賀六渾更何所仰？願大家千萬歲，以申力用。今旁人構間至比，大家何忍復出此言？”兆投刀於地，遂刑白馬而盟，誓爲兄弟。留宿夜飲。尉景伏壯士欲執之，神武齧臂止之，曰：“今殺之，其黨必奔歸聚結，兵饑馬瘦，不可相支。若英雄崛起，則爲害滋甚。不如且置之。兆雖勁捷，而兇狡無謀，不足圖也。”旦日，兆歸營，又召神武。神武將上馬詣之。孫騰牽衣，乃止。兆隔水肆詈，馳還晉陽。如此説是神武受委統衆在平步蕃之後也。《魏書·尒朱兆傳》云：初榮既死，莊帝召河西人紇豆陵步蕃等，令襲秀容。兆入洛後，步蕃兵勢甚盛，南逼晉陽。兆所以不服留洛，回師禦之。兆雖驍果，本無策略，頻爲步藩所敗。於是部勒士馬，謀出山東。令人頻徵獻武王於晉州。乃分三州、六鎮之人，令王統領。既分兵别營，乃引兵南出，以避步蕃之鋭。步蕃至於樂平郡，王與兆還討破之，斬步蕃於秀容之石鼓山。其衆退走。兆將數十騎詣王，通夜宴飲。後還營召王。王知兆難信，未能顯示，將欲詣之。臨上馬，長史孫騰牽衣而止。兆乃隔水責駡騰等。於是各去。王遂自襄垣東出，兆歸晉陽。是神武受委統衆在破步蕃之先也。《齊書》本紀雖與《魏書》岐異，而其《慕容紹宗傳》曰：紇豆陵步藩逼晉陽，尒朱兆擊之，累爲所破，欲以晉州征高祖，共圖步藩。紹宗諫曰："今天下擾擾，人懷覬覦，正是智士用策之秋，高晉州才雄氣猛，英略蓋世，譬諸蛟龍，安可藉以雲雨?"兆怒曰："我與晉州，推誠相待，何忽輒相猜阻，横生此言?"便禁止紹宗，數日方釋。遂割鮮卑隸高祖。高祖共討步藩，滅之。亦謂割衆隸神武，在破步蕃之先，與《魏書》合。今案《魏書・孝莊紀》永安三年十二月，河西人紇豆陵步蕃、破落韓常大敗尒朱兆於秀容山。蓋即兆傳所云，兆入洛後，步蕃進逼之事，兆因此反旆拒之，其戰事猶在秀容，未至晉陽也。其後蓋因兆部勒士馬謀出山東，乃後乘虚南逼至於晉陽，兆於此時蓋又反旆禦之，而又屢爲所敗，乃欲征神武以自助。《齊書》本紀直言步蕃人秀容，逼晉陽，一似長驅直下，所向無前者固非。《魏書・兆傳》亦將步蕃南逼晉陽，誤叙於兆欲部勒士馬，謀出山東之前，信如是亦爲非是。兆當自顧不遑，何暇更謀東略乎？神武在尒朱榮時，即刺晉州。而《慕容紹宗傳》言兆欲以晉州征高祖，一似待步蕃既滅之後，乃以此酬庸者，措語亦殊麤略，覩稱神武爲晉州可知。推原其故，蓋兆之入洛，神武不從，嫌隙既構，兆入洛後，蓋有奪神武晉州之意，至是又仍舊職。故諸家記載，有以晉州征之語，作史者摭其單辭，而未計其與全文不合也，亦可謂疏矣。兆所分神武之衆，蓋即其部勒之，欲率以出山東者，繼因晉陽見逼，乃又率之回援，其衆素怨，是以累敗。大小二十六反，正在此時，非謂統入并、肆後并計之也。其衆本以乖離而敗，故分之神武而即克，然則兆之分兵，蓋亦有不得不然者，非因酒醉而然矣。三州蓋謂并肆及兆所刺汾州，其中并、肆之衆，蓋以葛榮降户爲多。三州六鎮之兵，雖非必鮮卑種人，亦必爲所謂累世北邊，習其俗遂同鮮卑者。《齊書・神武紀》言神武如此。故《紹宗傳》稱爲鮮卑，神武起兵實藉此衆，故其誓師有不得欺漢兒之語也。兆分神武之衆究若干，不可知。然必不能甚多。神武起兵時，雖恃此衆爲主，必不能此外一無所有。韓陵之役，高昂所將，即非鮮卑，此外率部曲與於此役者尚多。然韓陵之戰，猶云馬不滿二千，兵不滿三萬。則受委時，可知本紀侈言其數爲二十余萬。蓋承上文尒朱氏諸人爲暴，遂并凡葛榮降衆言之，而不悟兆所分諸神武者，止就其隸行伍，并止就其當時所統率者而言也。上言凡降户，而下言受委統州鎮兵，可謂一簡之中，自相抵牾矣。神武之受委統衆，自當在破步蕃之先，其建牙陽曲，令士集汾東，則當在就食山東得請之後。《齊書・神武紀》誤其受委在破步蕃之後，《魏書・尒朱兆傳》則漏去請就食山東一節，其事之始末，遂不可知矣。慕容紹宗之諫，在兆分兵畀神武，抑許其東出時，不可知。此雖難必然，竊疑當在分兵之時，《神武紀》言神武請選腹心統衆時，兆曰：善，誰可行也？賀拔允時在坐，請神武。神武拳毆之，折其一齒，曰：生平天柱時，奴輩伏處分如鷹犬，今日天下，安置在王，而阿鞠泥敢誣下罔上，請殺之。兆以神武爲誠，遂以委焉。竊疑當時實公議之欲用神武者固多，反之者亦不少，兆則決用神武。故一怒而禁紹宗，此特借以攝衆，非有惡於紹宗也。史所載紹宗諫兆之辭，固非衆議之語，然紹宗特亦不然分兵於神武者之一，其辭蓋出後來附會，非當時語實如是也。然必非因其征神武，以圖步蕃而發。征神武以圖步蕃，神武且爲兆用，何嫌何疑，而須强諫。《紹宗傳》上言紹宗之諫，以兆之征神武，而下言兆之距諫，不云遂征神武而云割鮮卑以隸，更矛盾不可通矣。六朝史書之疏略，大率如此，恨不能一一斠正之也。并州逼近晉陽，神武居此，必不能叛。一出山東，則真所謂蛟龍得雲雨者矣。當時山東不服尒朱氏者固多，此兆所以部勒其衆而欲親出，神武之請就食，未嘗不以前驅陳力嘗寇爲辭，此兆之所以許之。至奪北鄉之馬，則其非信臣可知，故又悔而自追之。然卒無如何者，則爲神武此衆便叛一語所脅，兆固自度必不能善馭此衆也。六鎮之師武臣力實，尒朱氏所由興，而虐用其衆以資敵，興亡之故，亦可鑒矣。

〔四八三〕　宇文氏先世

《周書》謂周之先，出自炎帝。炎帝爲黄帝所滅，子孫遁居朔野。

其後有葛烏兔者,雄武多算略。鮮卑奉以爲主。遂總十二部落,世爲大人。其裔孫曰普回,因狩,得玉璽三紐,文曰皇帝璽。其俗謂天子曰宇文,故國號宇文,并以爲氏。普回子莫那,自陰山南徙,始居遼西,爲魏甥舅之國。自莫那九世至侯豆歸,爲慕容晃所滅。出自炎帝乃妄語。自莫那至侯豆歸,世次事實亦不具。當以《魏書·宇文莫槐傳》正補之。《宇文莫槐傳》,謂其先出自遼東塞外,世爲東部大人。莫槐虐用其民,爲部下所殺。更立其弟普撥。普撥傳子丘不勤。丘不勤傳子莫廆。莫廆傳子遜昵延。遜昵延傳子乞得龜。丘不勤取魏平帝女,遜昵延取昭帝長女,所謂爲魏甥舅之國也。莫廆、遜昵延、乞得龜三世皆與慕容廆相攻,皆爲廆所敗。乞得龜時,廆乘勝長驅,入其國,收資財億計,徙部人數萬户以歸。别部人逸豆歸,遂殺乞得龜自立。與慕容晃相攻,爲所敗,遠遁漠北,遂奔高句麗。晃徙其部衆五千餘落於昌黎,自是散滅矣。逸豆歸即侯豆歸。侯、逸同聲。侯應議罷邊備塞吏卒,謂"北邊塞至遼東,外有陰山,東西千餘里",則陰山之脈,遠接遼東。《周書》謂莫那自陰山南徙,《魏書》謂莫槐出遼東塞外,似即一人。惟自莫槐至逸豆歸,僅得七世。《周書》世次既不具,所記或有譌誤也。《晉書》以宇文莫槐爲鮮卑;《魏書》謂南單于之遠屬;又謂其語與鮮卑頗異。疑宇文爲匈奴、鮮卑雜種,語亦雜匈奴也。又《魏書》以奚、契丹爲宇文别種,爲慕容晃所破,走匿松漠之間,則逸豆歸敗亡時,慕容廆所徙五千餘落,實未盡其衆,奚、契丹之史,亦可補宇文氏先世事跡之闕矣。奚事跡無考。契丹事跡可知者,始於奇首可汗,别見《契丹部族》條。奇首遺跡,在潢、土二河流域,已爲北竄後事,不足補宇文氏先世事跡之闕。惟《遼史·太祖本紀贊》,謂"遼之先,出自炎帝,此即據《周書》言之。世爲審吉國。其可知者,蓋自奇首云"。審吉二字,尚在奇首以前,或宇文氏故國之名歟?然事跡無可徵矣。

寫於一九三四年四月前

〔四八四〕　周人畏突厥之甚

《隋書·蘇威傳》：威有從父妹，適河南元雄。雄先與突厥有隙，突厥入朝，請雄及其妻子，將甘心焉，周遂遣之。威曰：夷人昧利，可以賂動。遂標賣田宅，罄家所有以贖雄，論者義之。案柔然之亡也，其餘衆千餘家奔關中，突厥請盡殺以甘心焉。周文遂收縛其主已下三千餘人，付突厥使者於青門外斬之。亦既不仁且不武矣，猶得曰柔然故爲中國患，乘此殄之也。若元雄，固中國之人也，乃虜使一來，其受命也如響。棄子民以快夷狄之欲，不亦重愧爲民父母之義乎？周武帝號雄主，而其所爲如此，周之畏突厥，可謂甚矣。其交涉之事，不可告人者必尚多，史皆削之耳。漢高祖被圍於平城，卒其所以得脱者，世莫得而言也。唐高祖嘗稱臣於突厥，《唐書》亦僅微露其辭。屈辱於外，而僞飾於内，所謂臨民者，不亦重可笑哉！

〔四八五〕　突 厥 之 先

突厥强盛，始於土門，然其先，尚有可考者三世，訥都六設、阿賢設、大葉護是也。《北史》載突厥緣起三説：第一説謂始率部落出於穴中者爲阿賢設，至大葉護種類漸强，當後魏之末，而有伊利可汗。第二説謂本平涼雜胡阿史那氏，魏太武滅沮渠氏，阿史那以五百家奔蠕蠕。居金山之陽，爲蠕蠕鐵工，金山形似兜鍪，俗號兜鍪爲"突厥"，因以爲號。第三説則以訥都六設爲伊質泥師都之大兒，阿賢設爲訥都六設之幼子。《新唐書·西突厥傳》云："其先訥都陸之孫吐務，號大葉護，長子曰土門伊利可汗，次子曰室點蜜，亦曰瑟帝米。"訥都陸即訥都六,顯而易見。伊質泥師都,不知果有其人否?而《唐書》之大葉護,即《北史》之大葉護,則無可疑。其名及其爲訥都陸之孫,土門之父,《北史》皆不具,而《唐書》著之。是土門之前可考者確得三世也。特不知大葉護是否阿賢設之子耳。

《北史》之説,《周書》具載之。惟將其第一、第二兩説并爲一説,而無“本平涼雜胡阿史那氏,魏太武滅沮渠氏,阿史那以五百家奔蠕蠕”之説,不知後人傳寫有所刊落邪?抑其辭本如此,而《北史》又有增益也?《周書》曰:“其後曰土門,部落稍盛,始至塞上市繒絮,願通中國。大統十一年,太祖遣酒泉胡安諾槃陁使焉。十二年,土門遂遣使獻方物。時鐵勒將伐茹茹,土門率所部邀擊,破之,盡降其衆五萬餘落。恃其强盛,乃求婚於茹茹。”《隋書》則云:“伊利可汗以兵擊鐵勒,大敗之,降五萬餘家,遂求婚於茹茹。”其辭雖有詳略,其事則無異也。《北史》前録《隋書》之文,後又襲《周書》之語,則其辭重出矣。度《北史》并録兩説,必有自注,爲傳寫者所删耳。

《隋書》曰:“伊利可汗卒,弟逸可汗立,病且卒,捨其子攝圖,立其弟俟斗,稱爲木杆可汗。”逸可汗,《北史》作阿逸可汗,俟斗作俟叔,木杆作水杆。外夷單語甚少,疑《隋書》奪阿字;俟斗、俟叔,并俟斤之誤;水杆爲木杆之誤,顯而易見。《周書》曰:“土門死,子科羅立,號乙息記可汗。科羅死,弟俟斤立,號木汗可汗。”《北史》亦同其文,而曰“科羅捨其子攝圖,并其弟俟斤”,則乙息記之與阿逸,其爲一人,亦鑿然無疑。乙息記,《周書》云爲伊利子,《隋書》謂爲伊利弟,則《周書》是而《隋書》非也。《北史》云:木杆舍其子大邏便,而立其弟他鉢。他鉢病且卒,復命其子菴邏避大邏便。及卒,國中將立大邏便,以其母賤,衆不服,竟立菴邏爲嗣。大邏便不得立,不服,菴邏不能制,遂讓位於攝圖。攝圖立,是爲沙鉢略可汗,以大邏便爲阿波可汗;已而襲破之,殺其母。阿波西奔達頭可汗。《隋書》曰:“達頭者,名玷厥,沙鉢略之從父也。”《北史》同。《新唐書》曰:“瑟帝米之子曰達頭可汗,亦曰步迦可汗。”必乙息記爲土門之子,達頭乃得爲沙鉢略從父;

若爲土門弟，則達頭與沙鉢略爲昆弟行矣。攝圖以子雍虞閭愞，遺令立弟處羅侯。攝圖卒，雍虞閭使迎處羅侯。處羅侯曰："我突厥自木杆可汗來，多以弟代兄，以庶奪適，失先祖之法，不相敬畏，汝當嗣位，我不憚拜汝也。"明兄弟相及，始於木杆之於乙息記，土門不得傳弟也。

《隋書》曰："佗鉢以攝圖爲爾伏可汗，統其東面。又以其弟褥但可汗子爲步離可汗，居西方。"《北史》無子字，案《北史》是也。步離即步迦，此即西突厥之達頭可汗耳。都藍時曾遣母弟褥但特勒獻於闐玉杖。褥但，蓋可汗介弟之尊稱也。

《隋書》曰：攝圖號伊利俱盧設莫何始波羅可汗，一號沙鉢略可汗。下文載其致書隋文帝，自稱伊利俱盧設莫何始波羅，而文帝報書則稱爲伊利俱盧設莫何沙鉢略，然則沙鉢略即始波羅之異譯，中國於四夷名字，恒截稱其末數字以求簡，非有二號也。今人簡稱，多截取首數字，此古今語法不同。然俗人猶沿舊習，如上海法租界有路名勃來泥蒙馬浪，俗人簡稱爲馬浪路，不曰勃來路也。

〔四八六〕　稱禿髮氏爲漢兒

《通鑒》陳宣帝大建五年，源師爲左外兵郎，攝祠部，嘗白高阿那肱，龍見當雩。阿那肱驚曰："何處龍見，其色如何？"師曰："龍星初見，禮當雩祭，非真龍也。"阿那肱怒曰："漢兒多事，强知星宿。"遂不祭。師出，竊嘆曰："禮既廢矣，齊能久乎？"注曰：諸源本出於鮮卑禿髮，高氏生長於鮮卑，自命爲鮮卑，未嘗以爲諱，鮮卑遂自謂貴種，率謂華人爲漢兒，率侮詬之。諸源世仕魏朝，貴顯，習知典禮，遂有雩祭之請，冀以取重，乃以取詬。《通鑒》詳書之，又一慨也。案《通鑒》是年，又載韓長鸞尤疾士人，朝夕宴私，惟事譖訴，嘗帶刀走馬，未嘗安行，瞋目張拳，有啖人之勢，朝士咨事，莫敢仰視，動致呵叱。每駡云：

“漢狗不可耐，惟須殺之。”其輕視漢人，可謂甚矣。諸源本出鮮卑，而高阿那肱等亦以漢人視之，蓋以其已同於漢也。此可見民族異同，只論法俗，不論種姓。春秋之義，用夷禮則夷之，進於中國則中國之，誠有由也。

古稱漢民族曰華。《左氏》：夷不謀夏，裔不亂華，又戎子駒支謂：我諸戎飲食衣服，不與華同是也。古者民族之義，尚未光昌，故稱我民族者，率以其朝代之名。如《漢書・匈奴傳》言：衛律爲單于謀，穿井築城治樓以藏谷，與秦人守之。《西域傳》言：匈奴縛馬前後足置城下，馳言秦人我匄若馬是也。漢有天下久，秦人之稱，遂漸易爲漢人。此時民族之義漸著，知民族之與王朝，非是一物，遂沿稱漢民族爲漢人。朝名猶氏名，以朝名名其民，蓋知有氏族，而未知有民族也。在本國中，諸氏族之界限漸泯，而又與異民族遇，則民族之義漸昌矣。魏晉之世，作史者猶沿舊例，稱漢族人爲魏人、晉人，而語言則迄未嘗改。故鮮卑人猶稱中國人爲漢人也。自此相沿，遂爲定稱。如唐時稱漢蕃不曰唐蕃是也。故我漢族之名，實至漢以後而漸立。

〔四八七〕 禿髮與拓跋

《魏書・源賀傳》：世祖謂賀曰：“卿與朕同源，因事分姓，今可爲源氏。”《廿二史考異》云：古讀輕脣如重脣，髮從犮得聲，與跋音正相近。魏伯起書尊魏而抑涼，故別而二之。《晉書》亦承其説。案此蓋魏人迻譯時有意用不同之字，亦未必伯起爲之也。《魏書・烏孤傳》云：初母孕壽闐，因寢産於被中，乃名禿髮。其俗爲被覆之義。此説似較可信。或謂壽闐爲樹機能之祖。元魏與禿髮氏之分携，安得如是其晚。然無妨禿髮爲被覆之義真，而其出於壽闐爲附會也。《晉書・載記》言：烏孤八世祖匹孤，率其部自塞北遷於河西。元魏與禿髮氏之分携，或當在是時也。

〔四八八〕 乞伏氏

《晉書·乞伏氏載記》云：在昔有如弗斯、出連、叱盧三部，自漠北南出太陰山，遇一巨蟲於路，狀若神龜，大如陵阜，乃殺馬而祭之，祝曰："若善神也，便開路；惡神也，遂塞不通。"俄而不見，乃有一小兒在焉。時又有乞伏部，有老父無子者，請養爲子。衆咸許之。老父欣然，自以有所依馮，字之曰紇干。紇干者，夏言依倚也。年十歲，驍勇善騎射，彎弓五百斤，四部服其雄武，推爲統主，號之曰：乞伏可汗托鐸莫何。托鐸者，言非神非人之稱也。案《魏書·乞伏國仁傳》云："其先如弗，自漠北南出"，則乞伏當屬如弗斯，不得自爲一部。後述延居苑川，以斯引烏埿爲左輔將軍，鎮蔡園川，出連高胡爲右輔將軍，鎮至便川。叱盧那胡爲率義將軍，鎮牽屯山。斯引烏埿，蓋如弗斯部之酋，猶是三部鼎立也。竊疑乞伏氏之於如弗斯，猶孛兒只斤之於蒙古，後乃别爲一族，初非獨爲一部。

如弗與女勃同音，疑部名或係出陰山後居女勃水畔而得，則其得名亦非甚早。

〔四八九〕 大人簡稱爲"大"

《晉書·石勒載記》："時胡部大張㔨督馮莫突等，擁衆數千，壁於上黨，勒往從之。"殿本考證云："綱目集覽，姓大張，名㔨督，正誤云。一部之長，呼爲部大。姓張氏，下文亦有都督部大之名是也。"案"部大"乃部落大人之簡稱。《魏書·段就六眷傳》云："其伯祖曰陸眷，因亂被賣爲漁陽烏丸大庫辱官家奴，諸大人集會幽州，皆持唾壺，惟庫辱官獨無"云云。烏丸大之大，即下文諸大人之大也。《宋書·大且渠蒙遜傳》云:"匈奴有左且渠右且渠之官,蒙遜之先爲此職。羌之酋豪曰大,故且渠以位爲氏,而以大冠之。"其實酋豪曰大,不獨羌人然也。

〔四九〇〕 考績之法上

盧毓爲吏部尚書,魏明帝詔之曰:"選舉莫取有名,名如畫地作餅,不可啖也。"毓對曰:"名不足以致異人,而可以得常士。常士畏教慕善,然後有名,非所當疾也。愚臣既不足以識異人,又主者正以循名案常爲職,但當有以驗其後。故古者敷奏以言,明試以功。今考績之法廢,而以毁譽相進退,故真僞渾雜,虚實相蒙。"帝納其言,即詔作考課法。《三國・魏志・盧毓傳》。案入官之爲利禄之途久矣,無論以何途取之士,皆將巧僞而冒進;初砥行而立名,後枉法而致敗者多矣。故察吏之法,考績實重於登庸。論者多注重於取之之時,而不留意於用之之後,此其所以吏職不舉,而政事罕見脩明也。

《漢書・京房傳》云:"治《易》,事梁人焦延壽。延壽字贛。贛貧賤,以好學得幸梁王,王共其資用,令極意學。既成,爲郡史,察舉,補小黄令。以候司先知姦邪,盜賊不得發。贛常曰:得我道以亡身者,必京生也。"世因謂房之所以亡身者,爲延壽之《易》學,誤也。《儒林傳》言:"延壽云嘗從孟喜問《易》。會喜死,房以延壽《易》即孟氏學,而翟牧、白生不肯,皆曰非也。至成帝時,劉向校書,考《易》説,以爲諸《易》家説皆祖田何、楊叔、丁將軍,大誼略同,惟京氏爲異。黨焦延壽獨得隱士之説,託之孟氏,不相與同。"然則延壽之《易》,實爲無本之學。梁王既共其資用,令極意,安得如此?然則延壽殆别有所學,其用以候司知姦邪者,即本其所學以爲用,而亦即延壽考功課吏之法所自出也。王符言先師京君科察考功,以遺賢俊,太平之基,必自此始,無爲之化,必自此來也。《潛夫論・考績》。杜預言魏氏考課,即京房之遺意。見《晉書》本傳。案魏氏考課，除盧毓外，又有劉劭作《都官考課》七十二條，王昶嘗受詔撰百官考課事。“昶以爲唐、虞雖有黜陟之文，而考課之法不垂。周制冢宰之職，大計羣吏之治而誅賞，又無校比之制。由此言之，聖王明於任賢，略舉黜陟之體，以委達官之長，而總其統紀，故能否可得而知也。”《三國・魏志・王昶傳》。案劉劭所作考課之法，今已不傳，而其所爲《人物志》具存，其論博大精深，斷非一人一時思慮之所能到。蓋實文王官人之遺，足見先秦之世，已有此一種學術，而漢魏之世實承其流，若焦延壽、京房之所授受者則是也。延壽謂房得之以亡身者蓋指此。《漢書》辭不完具，後人遂以爲指《易》學，誤也。

《漢書・王吉傳》：谷永奏言“聖王不以名譽加於實效。考績用人之法”，《谷永傳》：永對策亦言“論材選士，必試於職。明度量以程能，考功實以定德，毋用比周之虛譽，毋聽寖潤之譖愬”。後漢左雄亦欲令“吏職滿歲，宰府州郡乃得辟舉”。《後漢書》本傳。和帝永元五年詔曰：“選舉良才，爲政之本；科別行能，必由鄉曲；而郡國舉吏，不加簡擇。故先帝明勅在所令試之以職，乃得充選。又德行尤異，不須經職者，別署狀上。”然則科別行能，亦當歷試；而德行尤異，乃特爲別署耳。然則兩漢之世，考績之義本明，而惜乎莫之通行也。《三國・魏志・鄧艾傳》：“遷兗州刺史。上言國之所急，惟農與戰，國富則兵强，兵强則戰勝。然農者，勝之本也。上無設爵之勸，則下無財畜之功。今使考績之賞，在於積粟富民，則交游之路絶，浮華之原塞矣。”澄清選舉，必由考績，雖武夫亦知之矣。

欲行考績，必行久任，左雄言之詳矣。《三國・魏志・王昶傳》：司馬宣王既誅曹爽，乃奏博問大臣得失。昶陳治略五事：其二欲用考試，其三欲令居官者久於其職。《劉廙傳注》引《廙別傳》載廙表論治道亦言“數轉易，則往來不已，送迎之煩，不可勝計。轉易之間，輒有姦巧，既於其事不省，而爲政者亦以不得久安之故，知惠益不成於己，而苟且之可免於患，皆將不念盡心於卹民，而夢想於聲譽，此非所以爲政之本意也”,其論全與左雄同。或謂新任職者,多有朝氣,久則不免暮氣,此誠有之;然積久而暮氣乘之,亦由是非不别,功罪不明。苟其不然,安得如此。況新出者雖有朝氣,然□□未足,亦安足任乎?未使天下之士,可不待督責,而自致於□,則善矣。如其不然,考績安可廢?欲行考績,則非□□□□□□□□□□□,王安石所謂賢者則其功可以致於成,不肖者則其罪可以至於著也。

考績必有其法,如王昶之言,是爲無術矣。本慮官吏相比周,而設監司以檢察之;若悉委諸長官,又何煩爲此紛紛乎?豈長官皆可任邪?然監察之司,亦有不可信者。劉廙之言曰:“今之所以爲黜陟者,頗以州郡之毁譽,聽往來之浮言耳。長吏之所以爲佳者,奉法也,憂公也,卹民也。此三事者,或州郡有所不便,往來者有所不安。而長吏執之不已,於治雖得計,其聲譽未爲美;屈而從人,於治雖失計,其聲譽必集也。長吏皆知黜陟之在於此也,亦何能不去本而就末哉?”此監司之弊也。廙以爲長吏皆宜使少久,足使自展。歲課之能,三年總計,乃加黜陟。課之皆當以事,不得依名。事者,皆以户口率其墾田之多少,及盜賊發興,民之亡叛者,爲得負之計。如此行之,則無能之吏,脩名無益;有能之人,無名無損。法之一行,雖無部司之監,姦譽妄毁,可得而盡。以上劉廙之言均見《三國・魏志・劉廙傳注》引《廙别傳》載廙表論治道。夫以部司監郡,而又須防其姦譽妄毁,此齊威王之所以烹阿大夫封即墨大夫也。夫國家之使監司察郡縣,非謂監司必可信也,特其職如此耳。然則法之所定,固亦可使下官監察上官。京房之法,公卿朝臣會議者,皆訾其令上下相司,煩碎不可許,度其法必有大過人者,而惜乎其不傳也。

《後漢書・朱浮傳》:浮因日食上疏,言“間者守宰,數見换易,迎新相代,疲勞道路。尋其視事日淺,未足昭見其職。既加嚴切,人不自保,各相顧望,無自安之心。有司或因睚眦以騁私怨,苟求長短,求媚上意。二千石及長吏,迫於舉劾,懼於刺譏,故争飾詐僞,以希虚譽”。此急考課而不久任之弊也。

敷奏以言，似與軍功無涉，然其事亦未可以已。此則葛洪言之矣。其言曰："古者猶以射擇人，況經術乎？如其舍旃，則未見餘法之賢乎此也。假令不能盡得賢能，要必愈於了不試也。今且令天下諸當在貢舉之流者，莫敢不勤學；但此一條，其爲長益風教，亦不細矣。"又曰："予意謂新年當試貢舉者，今年便可使儒官才士豫作諸策，計足周用集。禁其留草，殿中封閉之。臨試之時，亟賦之，人事因緣於是絶。當答策者，皆可會著一處，高選臺省之官，親監察之，又嚴禁其交關出入，畢事乃遣，違犯有罪無赦。如此，屬託之冀窒矣。夫明君恃己之不可欺，不恃人之不欺己也，亦何恥於峻爲斯制乎？若試經法立，則天下不可以不立學官，而人自勤學矣。"又曰："漢四科亦有明解法令入仕。今在職之人，官無大小，悉不知法令，而使之決獄，是以死生委之，以輕百姓之命，付無知之人也。亦可令廉良之吏，皆取明律令者試之如試經，高者隨才品叙用。如此，天下必少弄法之吏，失理之獄矣。"以上葛洪之言，均見《抱朴子·審舉篇》。其言於後世科舉所致之利，所行之法，一一若燭照而數計；使非其書久著，幾使人疑爲科目既興之後，後人依託前人之談矣。故謂事全不可逆億非也。前人□□之談，後人往往有不率由者。何者？勢之所趨，不得不然，言之者亦不過能審乎其勢耳。此前人之抱道者，所以可自信百世以俟聖人而不惑也。

名不足以致異人，而可以得常士。此言最爲平允。惟可以得常士也，故策試考績諸法，明知其不盡可恃，而終不可廢。惟不足致異人也，故漢武帝、魏太祖欲求跅弛之士也。參看《漢末名士》條。

〔四九一〕 考績之法下

九品中正之弊，歷數百年，夫人而知之矣。其原何自起乎？曰：起於漢末之朋黨也。何以言之？案《三國志·夏侯玄傳》："玄議以爲官才用人,國之柄也,故銓衡專於臺閣,上之分也;孝行存乎閭巷,優劣任之鄉人,下之叙也。夫欲清教審選,在明其分叙,不使相涉而已。若令中正但考行倫輩,輩當行均,斯可官矣。奚必使中正干銓衡之機於下,而執機柄者有所委仗於上,上下交侵,以生紛錯哉?且臺閣臨下,考功校否,衆職之屬,各有官長,旦夕相考,莫究於此;閭閻之議,以意裁處,而使匠宰失位,衆人驅駭,欲風俗清静,其可得乎?天臺縣遠,衆所絶意。所得至者,更在側近,孰不脩飾以要所求?所求有路,則脩己家門者,已不如自達於鄉黨矣。自達鄉黨者,已不如自求之於州邦矣。苟開之有路,而患其飾真離本,雖復嚴責中正,督以刑罰,猶無益也。"然則中正之弊,實由臺閣不聽官長考功校否之談,而凴閭閻以意裁處之議也。

〔四九二〕 才不中器

世之論人者,率先才而後德,以爲徒善無能爲;苟有才,雖或不善,亦可資以成事也。此見大誤。世事之所以紛紛,皆徒有才而不正者,背公營私,損人利己致之也。《三國·魏志·盧毓傳》言:毓於人及選舉,必先性行而後言才。李豐嘗以問毓,毓曰:"才所以爲善也,故大才成大善,小才成小善。今稱之有才而不能爲善,是才不中器也。"物必成器,然後有用;不中器,則直爲無用之材矣。其言可謂深切矣。

〔四九三〕 訪　　問

《晉書·劉卞傳》:"卞從縣令至洛陽,入大學試經,爲臺四品吏。訪問令寫黄紙一鹿車,卞曰:劉卞非爲人寫黄紙者也。訪問知怒,言於中正，退爲尚書令史。”案《齊書·王諶傳》：“明帝好圍碁，置圍碁州邑，以建安王休仁爲圍碁州都大中正，諶與太子右率沈勃、尚書水部庾珪之、彭城丞王抗四人爲小中正，朝請褚思莊、傅楚之爲清定訪問。”訪問蓋中正僚屬，助之采聽清議者也。劉毅論九品曰：“置州都者，取州里清議，咸所歸服，將以鎮異同，一言議。不謂一人之身，了一州之才。”自不能無助之訪問者。然其任私而行如此，九品官人之法，又何以善其後乎？

原刊一九四七年一月十三日天津《民國日報》副刊“史與地”

〔四九四〕山　濤

《通鑑》陳武帝永定三年：周以霖雨，詔羣臣上封事極諫，左光禄大夫猗氏樂遜上言四事，其三以爲選曹、補擬，宜與衆共之。今州郡選置，猶集鄉閭，況天下銓衡，不取物望，既非機事，何足可密？案事見《周書·遜傳》，今本有闕文。胡三省《注》曰：“以此觀之，選曹、補擬，皆密奏於上，蓋自晉山濤啓事始也。”案《晉書·濤傳》言：“濤再居選職，十有餘年，每一官缺，輒啓擬數人，詔旨有所向，然後顯奏，隨帝意所欲爲先，故帝之所用，或非舉首。衆情不察，以濤輕重任意，或譖之於帝，故帝手詔戒濤曰：夫用人惟才，不遺疏遠卑賤，天下便化矣。而濤行之自若。一年之後，衆情乃寢。”濤之掌選，爲世所艷稱，其實上不逆人之意，而行之既久，下之人亦知用舍之皆出於上，而己不任其恩怨，乃巧於逢迎趨避之爲耳。《外戚傳》：王蘊，“累遷尚書吏部郎，性平和，不抑寒素，每一官缺，求者十輩，蘊無所是非。時簡文帝爲會稽王，輔政，蘊輒連狀白之曰：某人有地，某人有才。務存進達，各隨其方，故不得者無怨焉。”其所爲亦濤之類也。

《陳書·徐陵傳》：天康元年，遷吏部尚書，領大著作。陵以梁末以來，選授多失其所，於是提舉綱維，綜覈名實。時有冒進求官，諠競不已者，陵乃爲書宣示曰："所見諸君，多踰本分，猶言大屈，未喻高懷。若問梁朝朱領軍異亦爲卿相，此不踰其本分邪？此是天子所拔，非關選序。梁武帝云：世間人言有目色，我特不目色范悌。宋文帝亦云：人世豈無運命，每有好官缺，輒憶羊玄保。此則清階顯職，不由選也。秦有車府令趙高直至丞相，漢有高廟令田千秋亦爲丞相，此復可爲例邪？"此猶張釋之言：方其時上使使誅之則已，已下廷尉，則天下之平，不可傾也。專制之世，人主舉措，誠有不能以法範圍者，然此等要以少爲佳。《晉書·王戎傳》："南郡太守劉肇賄戎筒中細布五十端，爲司隸所糾，以知而未納，故得不坐，然議者尤之。帝謂朝臣曰：戎之爲行，豈懷私苟得，正當不欲立異耳。帝雖以是言釋之，然爲清慎者所鄙，由是損名。"天子能顛倒賞罰，而不能移易清議；清議有力，則終足以糾正賞罰，使不至於大悖。此足見與衆共之利，而祕密之終成雍蔽矣。

專制之世，人主之威，似可以爲所欲爲矣；然雍蔽既深，亦有時而不得行其意。《北史·景穆十二王傳》：元脩義，"遷吏部尚書。及在銓衡，唯事貨賄，授官大小，皆有定價。時中散大夫高居者，有旨先叙，上黨郡缺，居遂求之；脩義私已許人，抑居不與。居大言不遜，脩義命左右牽曳之。居對大衆，呼天唱賊。人問居曰：白日公庭，安得有賊？居指脩義曰：此坐上者，違天子明詔，物多者得官，京師白劫，此非大賊乎？脩義失色，居行罵而出。後欲邀車駕論脩義罪狀，左僕射蕭寶夤喻之，乃止。"先叙之旨不得行，邀駕論罪不得達，雖有雷霆之威，亦何所用之乎？

原刊一九四七年《東南日報》副刊"文史"

〔四九五〕 限年入仕

中興二年，梁武帝請立選部表云："且聞中間立格，甲族以二十登仕,後門以過立試吏。是則世禄之家,無意爲善,布衣之士,肆心爲惡。此實巨蠹,尤宜刊革。”《梁書·本紀》。其言善矣。然《梁書·文學伏挺傳》云:“齊末,州舉秀才,對策爲當時第一。高祖義師至,挺迎謁於新林,高祖見之,甚悦,謂曰顔子,引爲征東行參軍,時年十八。”是高祖躬道之而躬自蹈之也。此猶可曰倥偬之際,立法未定也。天監四年正月癸卯朔詔曰:“今九流常選,年未三十,不通一經,不得解褐。若有才同甘顔,勿限年次。”而《陳書·文學·岑之敬傳》:“年十六,策《春秋左氏》制旨、《孝經》義,擢爲高第。御史奏曰:皇朝多士,例止明經,若顔閔之流,乃應高第。梁武帝省其策曰:何妨我復有顔閔耶?因召入面試,除童子奉車郎。”之敬豈足當甘顔之目邪?《梁書·朱異傳》:“舊制,年二十五方得解褐,時異適二十一,特敕擢爲揚州議曹從事史。”則解褐之年,較天監四年之詔,又早四年矣。異雖非正人,而實有才能,特敕用之,或轉較伏挺、岑之敬等呫嗶之士爲有當也。

世胄入仕之早者。《張緬傳》:起家祕書郎,出爲淮南太守,時年十八。緬第三弟纘,年十一,尚高祖第四女富陽公主,起家祕書郎,時年十七。祕書郎有四員,宋齊以來,爲甲族起家之選,待次入補,其居職,例數十百日便遷任。纘固求不徙,欲徧觀閣内圖籍。數歲方遷太子舍人。又《南史·劉虬傳》:虬子之遴,年十五,舉茂才明經。虬亦南陽舊族,徙居江陵者也。

《魏書·高宗紀》:和平三年十月丙辰詔曰:“三代之隆,莫不崇尚年齒。今選舉之官,多不以次,令斑白處後,晚進居先,豈所謂彝倫攸叙者也!諸曹選補,宜各先盡勞舊才能。”然《肅宗紀》:熙平二年八月己亥,詔庶族子弟年未十五不聽入仕。則其限年,較南朝尤早矣。《周書·裴寬傳》:年十三,以選爲魏孝明帝挽郎。《吕思禮傳》:年十九舉秀才,對策高第。又北齊楊愔,年十八,拜通直散騎侍郎,其早達亦不減南朝也。

後漢黄香,年十二,太守劉護召署門下孝子。此特用以矜式末俗,偶然之事耳。若南北朝之事,則有可異者。《陳書·虞荔傳》:“年九歲，隨從伯闡候太常陸倕，倕問五經凡有十事，荔隨問輒應，無有遺失，倕甚異之。又嘗詣徵士何胤，時太守衡陽王亦造焉。胤言之於王，王欲見荔，荔辭曰：未有板刺，無容拜謁。王以荔有高尚之志，雅相欽重。還郡，即辟爲主簿，荔又辭以年小，不就。”此其見辟，固未必即在九歲之時，然北齊袁聿脩，則竟以九歲而州辟爲主簿矣。又封孝琬及弟孝琰，皆以年十六州辟主簿。崔贍悛子。年十五，刺史高昂召署主簿。皆見《北齊書》本傳。隋文年十四，京兆尹薛善辟爲功曹，見《隋書·本紀》。《北齊書·白建傳》：“諸子幼稚，俱爲州郡主簿，新君選補，必先召辟。”則一門又不止一人矣。

喪亂之際，地方豪右，往往據地自專，朝廷不能遠馭，則即以其人治之，於是有世襲守令，此實同封建，不可以選舉常格論矣。《周書·泉企傳》：“曾祖景言，魏建節將軍，假宜陽郡守，世襲本縣令，封丹水侯。父安志，復爲建節將軍，宜陽郡守，領本縣令，降爵爲伯。企九歲喪父，服闋襲爵。年十二，鄉人皇平、陳合等三百餘人詣州，請企爲縣令，州爲申上。時吏部尚書郭祚，以企年少，未堪宰民，請別選遣，終此一限，令企代之。魏宣武帝詔曰：企向成立，且爲本鄉所樂，何爲舍此世襲，更求一限？遂依所請。”又企子仲遵，年十三，州辟主簿，十四爲本縣令。此等措置，蓋誠有所不得已者也。隋鄭善果，以父死尉遲迥之難，十四而授刺史。武人酬庸，亦非可以常格論也。

入官雖早，而致仕則遲。《晉書·庾峻傳》，峻以風俗趣競，禮讓陵遲，上疏言：“自非元功國老，三司上才，可聽七十致仕。其父母八十，可聽終養。”然《齊書·明帝紀》：永明中，御史中丞沈淵表百官年登七十，皆令致仕，并窮困私門。建武元年十一月庚子詔曰：“日者百司耆齒，許以自陳，東西二省，猶沾微俸，辭事私庭，榮禄兼謝，興言愛老，實有矜懷。自縉紳年及，可一遵永明七年銓叙之科。”則七十致仕之法，實有難行者矣。《魏書·肅宗紀》：正光四年七月辛亥詔曰：“今庶僚之中，或年迫懸車，循禮宜退；但少收其力，老棄其身，言念勤舊，眷然未忍。或戴白在朝，未當外任；或停私歷紀，甫受考級；如此之徒，雖滿七十，聽其涖民，以終常限。或新辟郡縣，或外佐始停，已滿七十，方求更叙者，吏部可依令不奏。其有高名俊德，老成髦士，灼然顯達，爲時所知者，不拘斯例。若才非秀異，見在朝官，依令合辟者，可給本官半禄，以終其身。"《辛雄傳》：雄"爲《禄養論》，稱仲尼陳五孝，自天子至庶人無致仕之文。《禮記》：八十，一子不從政；九十，家不從政。鄭玄《注》云：復除之。然則止復庶民，非公卿士大夫之謂。以爲宜聽禄養，不約其年。書奏，肅宗納之"。士大夫以官爲家，不易脱屣，固南北皆然也。

《南史・顧協傳》："張率嘗薦之於梁武帝，問協年，率言三十有五。帝曰：北方高涼，四十强仕，南方卑濕，三十已衰，如協便爲已老。但其事親孝，與友信，亦不可遺於草澤，卿便稱敕唤出。於是以協爲兼太學博士。"三十爲老，前世罕聞，豈其時入仕皆習於早，故有斯語邪？

原刊一九四七年二月二十六日
《東南日報》副刊"文史"

〔四九六〕　寒　　素[①]

自魏晉行九品中正之制，而"上品無寒門，下品無世族"，晉劉毅語。直至唐代科舉之制興，而寒素之士始有進身之階，然此固非一蹴而幾，其間演變之跡，有可得言者。《晉書・庾峻傳》云：是時風俗趣競，禮讓陵遲，峻上疏曰："聖王之御世也，因人之性，或出或處，故有朝廷之士，又有山林之士。朝廷之士，佐主成化，猶人之有股肱心膂，共爲一體也。山林之士，被褐懷玉，太上棲於丘園，高節出於衆庶；其

---

① 曾改題爲《選舉寒素之士》。

次輕爵服，遠恥辱以全志；最下就列位，唯無功而能知止；彼其清劭足以抑貪污，退讓足以息鄙事，故在朝之士，聞其風而悦之；將受爵者，皆恥躬之不逮，斯山林之士，避寵之臣，所以爲美也。先王嘉之，大者有玉帛之命，其次有几杖之禮，此先王之弘也。秦塞斯路，利出一官，雖有處士之名，而無爵列於朝者，時不知德，惟爵是聞，故閭閻以公乘侮其鄉人，郎中以上爵傲其父兄。夫不革百王之弊，徒務救世之政，文士競智而務入，武夫恃力而争先；官高矣而意未滿，功報矣其求不已；又國無隨才任官之制，俗無難進易退之恥；位一高，雖無功而不見下，已負敗而復見用，故因前而升，則處士之路塞矣。又仕者黜陟無章，是以普天之下，先競而後讓，舉世之士，有進而無退，大人溺於動俗，執政撓於羣言，衡石爲之失平，清濁安可復分。"處士固不免虚聲，然如干寶所云："悠悠風塵，皆奔競之士，列官千百，無讓賢之舉"者，所乏者非濟世之才，所闕者實廉隅之士，峻之言，乃誠晨鐘暮鼓也。峻又曰："夫人之性陵上，猶水之趣下也，益而不已必決，升而不已必困，始於匹夫行義不敦，終於皇輿爲之敗績。"烏乎，何其言之痛，而於後來懷、愍之禍，若燭照而數計也。

雖然，欲進處士，則亦有難焉者矣。欲以矜式一世，挽回末俗，其人必無欲而不争；聲華馳騖之徒，顯以爲名而陰以爲利，未有足稱爲處士者也。《李重傳》："遷尚書吏部郎，務抑華競，不通私謁，特留以隱逸，由是羣才畢舉，拔用北海西郭湯、琅邪劉珩、燕國霍原、馮翊吉謀等爲祕書郎及諸王文學，故海内莫不歸心。時燕國中正劉沈舉霍原爲寒素，司徒府不從，沈又抗詣中書奏原，而中書復下司徒參論。司徒左長史荀組，以爲寒素者，當謂門寒身素，無世祚之資。原爲列侯，顯佩金紫，先爲人間流通之事，晚乃務學，少長異業，年逾始立，草野之譽未洽，德禮無聞，不應寒素之目。"此則其言實是，而重之右沈者實非也。以留心隱逸之人，而其所拔用者如是。搜求寒素，夫豈易言哉？

雖然，捨寒素而用貴富之禍則有恫焉者矣。《閻纘傳》："愍懷太子之廢也，纘輿棺詣闕，上書理太子之冤，曰：每見選師傅，下至羣吏，率取膏粱擊鐘鼎食之家，希有寒門儒素。”又曰：“非但東宫，歷觀諸王師友文學，皆豪族力能得者，友無亮直三益之節。官以文學爲名，實不讀書，但共鮮衣好馬，縱酒高會，嬉游博弈。請置游談文學，皆選寒門孤宦，以學行自立者，使嚴御史監護其家，絶貴戚子弟，輕薄賓客。”皇太孫立，纘復上書，言“旦夕訓誨，輔導出入，動静劬勞，宜選寒苦之士。其侍臣以下，文武將吏，且勿復取盛戚豪門子弟。若吴太妃家室及賈、郭之黨，如此之輩，生而富溢，無念脩己，率多輕薄浮華，相驅放縱，皆非所補益於吾少主者也。”觀纘之言，得知晉之骨肉相殘，終至青衣行酒，見辱他族，非天之降才爾殊，而其父兄自僇辱之也。烏呼，豈非百世之殷鑒哉！

原刊一九四七年五月十四日《東南日報》副刊“文史”

〔四九七〕　九品官人之始

《三國·魏志·陳羣傳》：“文帝在東宫，深敬器焉，待以交友之禮，常歎曰：自吾有回，門人日以親。及即王位，封羣昌武亭侯，徙爲尚書。制九品官人之法，羣所建也。”似其法始於文帝爲王時者。然《宋書·恩倖傳》言：“漢末喪亂，魏武始基，軍中倉卒，權立九品。”則其法實不始於魏文，亦不必爲陳羣所建。羣之所建者，特以權立之事，制爲定法，此則其事在文帝即王位後，羣徙爲尚書之時耳。《晉書·衛瓘傳》：瓘與太尉亮等上疏言：“魏氏承顛覆之運，起喪亂之後，人士流移，考詳無地，故立九品之制，麤具一時選用之本耳。其始造也，鄉邑清議，不拘爵位，褒貶所加，足爲勸勵，猶有鄉論餘風。中間漸染，遂計資定品，使天下觀望，惟以居位爲貴，人棄德而忽道業，争多少於錐刀之末，傷損風俗，其弊不細。”則其法初立時，未嘗無益，後乃敗壞，特其敗壞甚速耳。

〔四九八〕 九品中正

馬貴與論九品中正，謂其法太拘，引陳壽遭父喪，有疾，使婢丸藥，客見之，鄉里以爲貶，坐是沈滯累年；謝惠連愛幸會稽郡吏杜德靈，及居父憂，贈以五言詩十餘首，坐廢，不豫榮伍；閻纘父卒，繼母不慈，纘恭事彌謹，而母疾之愈甚，乃誣纘盜父時金寶，訟於有司，遂被清議十餘年：三事爲證。案當時中正之拘，其事尚不僅此。《晉書·張輔傳》：梁州刺史楊欣有姊喪，未經旬，車騎長史韓預强聘其女爲妻，輔爲中正，貶預以清風俗，論者稱之。《卞壼傳》：父粹，以清辯鑒察稱；兄弟六人，并登宰府，世稱卞氏六龍，玄仁無雙。玄仁，粹字。弟裒，嘗忤其郡將，郡將怒，訐其門内之私，粹遂以不訓見譏議，陵遲積年。《南史·齊本紀》：高祖建元三年九月，烏程令吴郡顧昌玄，坐父法秀宋泰始中北征死亡，尸骸不反，而昌玄燕樂嬉游，與常人無異，有司請加以清議。又明帝建武元年十二月，宣德右僕射劉朗之，坐不贍給兄子，致使隨母他嫁，免官禁錮終身，付之鄉論。皆其時清議特重禮教之證。《卞壼傳》又云：壼轉御史中丞。時淮南小中正王式繼母，前夫終，更適式父，式父終，喪服訖，議還前夫家，前夫家亦有繼子，奉養至終，遂合葬於前夫。式自云父臨終，母求去，父許諾，於是制出母齊衰朞。壼奏其虧損世教，不可居人倫詮正之任。案侍中、司徒、臨潁公組，敷宣五教，實在任人，而含容違禮，曾不貶黜；揚州大中正、侍中、平望亭侯曄，淮南大中正、散騎侍郎弘，顯執邦論，朝野取信，曾不能率禮正違，崇孝敬之教，并爲不勝其任；請以見事免組、曄、弘官，大鴻臚削爵士，廷尉結罪。疏奏，詔特原組等，式付鄉邑清議，廢棄終身。

《北齊書·羊烈傳》："烈家傳素業，閨門脩飾，爲世所稱，一門女不再醮。魏太和中，於兗州造一尼寺，女寡居無子者，并出家爲尼，咸存戒行。烈天統中與尚書畢義雲争兗州大中正。義雲盛稱門閥，云我累世本州刺史，卿世爲我家故吏。烈答云：卿自畢軌被誅已還，寂無人物，近日刺史，皆是疆埸之上彼此而得，何足爲言？豈若我漢之河南尹，晉之太傅，名德學行，百代傳美；且男清女貞，足以相冠，自外多可稱也。蓋譏義雲之帷薄焉。”是身居中正之職者，其受責備當尤重也。劉毅論九品之弊曰：“孝弟之行，不施朝廷，門外之事，以義斷恩。”於此拘泥之失，可謂一語破的；然論事當原其朔，不應概以末流之弊。九品立法之初，原不過藉考所用之人無大偭規越矩之行，本不謂足盡人倫；其後行之誠失初意，然即如立法之意行之，亦不過能維持風紀，立當時所謂名教之防，本不能期其有他效也。東漢之季，俗重清議，尤貴鄉平，然所褒美，率多虚名無實，甚者德行亦出矯僞，是以魏武下令，欲求盜嫂受金之士；然此乃一時憤激之爲，抑亦亂世權宜之法，豈可概諸平世？平世用人，必本行實；欲考行實，必不能捨棄鄉平；是以何夔建議，謂：“自軍興以來，制度草創，用人未詳其本，是以各引其類，時忘道德。夔聞以賢制爵，則民慎德；以庸制禄，則民興功。以爲自今所用，必先核之鄉閭，使長幼順叙，無相踰越。顯忠直之賞，明公實之報；則賢不肖之分，居然别矣。”毛玠與崔琰并典選舉，史稱“其所舉用，皆清正之士，雖於時有盛名而行不由本者，終莫得進”，蓋即斯意。陳羣之制，不過更立爲定法而已。夏侯玄議九品，謂當銓衡專於臺閣，優劣任之鄉人，明其分叙，不使相涉；中正但當考行倫輩，考功校否，仍當據官長之第；皆與何夔之論相合，可見立法初意。劉毅言：“前九品詔書，善惡必書，以爲褒貶，當時天下，少有所忌。今之九品，所下不彰其罪，所上不列其善；任愛憎之斷，清濁同流，以植其私；故反違前品，大其形勢，以驅動衆人，使必歸己，天下焉得不解德行而鋭人事？”衛瓘亦云：“其始造也，鄉邑清議，不拘爵位，褒貶所加，足爲勸勵，猶有鄉論餘風，中間漸染，遂計資定品，使天下觀望，惟以居位爲貴人。”然則法行之初，亦有微效，後乃陵夷，終至大敗耳。《晉書·孔愉傳》：“初，愉爲司徒長史，以平南將軍温嶠母亡遭亂不葬，乃不過其品。至是蘇峻平，而嶠有重功。愉往石頭詣嶠，嶠執愉手而流涕曰：天下喪亂，忠孝道廢，能持古人之節，歲寒不凋者，惟君一人耳。時人咸稱嶠居公，而重愉之守正。”愉之執持，曷嘗有妨嶠之宣力？以是立名教之坊，使知名勇功之士，不敢蕩檢踰閑，固亦未爲無用。若云其所謂坊者，本不足立，此則別是一義，不能以是爲中正之咎也。

《後漢書・酷吏傳》謂，王吉爲沛相，“課使郡内各舉姦吏豪人諸常有微過、酒肉爲臧者，雖數十年猶加貶棄，注其名籍。”是則善惡所爲，皆有記注，本前世之成法，特其掌之者乃郡縣而非中正耳。《許劭傳》言：劭與從兄靖俱有高名，“好共覈論鄉黨人物，每月輒更其品題，故汝南俗有月旦評。”此雖非官法，而以中正操覈論之權，實自此始。然無論官司記注，私家覈論，必皆本諸行實，則理之無可疑者也。所下不彰其罪，所上不列其善，果何自來哉？劉毅又云：“人心多故，清平者寡，故怨訟者衆。聽之則告訐無已，禁絶則侵枉無極。”可見當時覈論之不平。此訟也，不徒不可勝聽，亦且是非終不可明，乃不得不一切禁之，而有如毅所謂“杜一國之口，培一人之勢，使得縱横，無所顧憚”者矣。然公家不爲申理，不能禁民之不私相讎，毅又言其弊曰：“恨結於親親，猜生於骨肉，當身困於敵讎，子孫罹其殃咎。”其爲禍不亦博乎？

所下不彰其罪，所上不列其善，不過欲驅動衆人，使必歸己而已。惟如是，故所臧否，必也時變。《晉書・祖逖傳》載王隱與梅陶論月旦評曰：“《尚書》稱三載考績，三考黜陟幽明，何得一月便行褒貶？陶曰：此官法也；月旦，私法也。隱曰：《易》稱積善之家，必有餘慶，積不善之家，必有餘殃。稱家者豈不是官？必須積久，善惡乃著，公私何異？若必月旦，則顔回食埃，不免貪污；盜跖引少，則爲清廉。朝種暮穫，善惡未定矣。”《傅咸傳》：“遷司徒左長史，在位多所執正。豫州大中正夏侯駿上言：魯國小中正、司空司馬孔毓，四移病所，不能接賓，求以尚書曹馥代毓，旬日復上毓爲中正。司徒三卻，駿故據正。

咸以駿與奪惟意,乃奏免駿大中正。司徒魏舒,駿之姻屬,屢卻不署,咸據正甚苦。舒終不從,咸遂獨上。舒奏咸激訕不直,詔轉咸爲車騎司馬。”每月輒更,亦何以異於旬日即變! 是故知驅動之爲,公私無異也。

原刊一九四七年一月十三日
天津《民國日報》副刊“史與地”

〔四九九〕 中正非官

《十七史商榷》云:“魏陳羣始立九品官人之法。《三國志》、《晉書》及《南史》諸列傳中,多有爲州郡大中正者,蓋以他官或老於鄉里者充之。掌鄉黨平論,人才臧否,清議係焉。乃《晉・職官志》中絶不一見,何也?”案《魏書・刑罰志》云:“舊制:直閣、直後、直齋,武官隊主、隊副等,以比視官,至於犯譴,不得除罪。尚書令任城王澄奏:案諸州中正,亦非品令所載,又無禄恤,先朝已來,皆得當刑。直閣等禁直上下,有宿衛之勤,理不應異。靈太后令準中正。”品令不載,又無禄恤,則中正非官也。劉毅云:“置州都者,取州里清議,咸所歸服,將以鎮異同,一言議。”《晉書・劉毅傳》。蓋於清議之中,擇一人爲之平隲,乃士大夫之魁首,而非設官分職之一也。

〔五〇〇〕 屯田之弊

屯田之效,莫著於後漢之末。以是時海内凋敝已甚,野無可掠,即擁兵者亦多“無敵自破”,《魏書》語。見《三國・魏志・武帝紀》建安元年《注》引。故羣思致力於此;而又有嚴明之上以督之,故其效易也。然《三國・魏志・袁渙傳》言:“拜爲沛南部都尉。是時新募民開屯田,民不樂,多逃亡。涣白太祖曰:夫民安土重遷,不可卒變,易以順行,難以逆動,宜順其意,樂之者乃取,不欲者勿强。太祖從之,百姓大説。”然則是時之屯田,有强民移徙者矣。安知其非故有業之民哉?蓋欲見屯田之功,即不恤廢其舊有之業也。蘇軾曰:“今有人爲其主牧牛羊者,不告其主而以一牛易五羊。一牛之失,則隱而不言,五羊之獲,則指爲勞績。”蓋官之所謂功,如是者多矣。此政事之所以難言,亦考績之所以不易也。

天下之弊,莫大於名實之不副。《吴志·孫權傳》黄武五年:“陸遜以所在少穀,表令諸將增廣農畝。權報曰:甚善。今孤父子親自受田,車中八牛以爲四耦,雖未及古人,亦欲與衆均等其勞也。”其重視屯墾,亦可謂至矣。而孫休永安二年詔言:“自頃年已來,州郡吏民及諸營兵,多違此業,皆浮船長江,賈作上下,良田漸廢,見穀日少。”然則上有務農之詔,下惟商販之務也。然此猶可言也。乃若魏者,特開屯田之官,專以農桑爲業,而諸典農亦各部吏民,末作治生,以要利入,見《魏志·司馬芝傳》。又何以自解與?然而末作之利,優於本業舊矣。

〔五〇一〕 晉度田收租之制

《晉書·食貨志》:咸和五年,成帝始度百姓田,取十分之一,率畝税米三升。哀帝即位,乃減田租,畝收二升。孝武大元二年,除度田收租之制,王公以下,口税三斛,惟蠲在役之身。八年,又增税米口五石。《文獻通考》云:晉制:男子一人授田七十畝。以畝收三升計之,當口税二斛一斗。以畝收二升計之,當口税一斛四斗。今除度田收租之制,而口税二斛增至五石,則賦頗重矣。豈所謂王公以下云者,又非泛泛授田之百姓歟?當考。

案馬氏所疑是也。《隋書·食貨志》:北齊河清三年定令:京城四面，諸坊之外，三十里内爲公田。受公田者，三縣代遷内，《通典》作户。執事官一品以下逮於羽林、武賁各有差。其外畿郡，華人官第一品以下羽林、武賁已上各有差。職事及百姓請墾田者，名爲受田。《通典》作永業田。奴婢受田者：親王止三百人，嗣王止二百人，第二品嗣王已下及庶姓王止一百五十人，正三品以上及王宗止一百人，七品已上限止八十人，八品以下至庶人限止六十人。其方百里外及州人：一夫受露田八十畝，婦人四十畝。奴婢依良人，限數與在京百官同。丁牛一頭受田六十畝，限止四牛。又每丁給永業二十畝爲桑田，其中種桑五十根、榆三根、棗五根，不在還受之限。非此田者，悉入還受之分。土不宜桑者，給麻田如桑田法。然則王畿百里以内，任土之法，與其外不同。其外有桑田，有露田；其内則皆爲永業也。此制蓋沿自後魏。《魏書・食貨志》：肅宗孝昌二年税京師田畝五升，借賃公田者畝一斗。即指此項田畝言之。税五升者，蓋其所謂代來之户；税一斗者，則華人之借賃者也。北朝立法，多規放南朝。晉世之度田爲税，自亦指王公之田言之：云蠲在役之身，明其人本來無役；又云度百姓田者，則其田不能盡爲王公所有，平民亦有借賃者耳。

原刊《中華文史論叢》第一輯，
一九八三年二月出版

〔五〇二〕 户 調 之 始

户調之式，定自晉武帝。然其事非始於武帝也。《三國・魏志・武帝紀》：建安九年注引《魏書》載公定河北後令曰：其收田租畝四升，户出絹二匹，綿二斤而已，他不得擅興發。《趙儼傳》：儼爲朗陵長。時袁紹舉兵南侵，遣使招誘豫州諸郡，諸郡多受其命，惟陽安郡不動，而都尉李通急録户調。儼見通曰：方今天下未集，諸郡并叛,懷附者復收其綿絹,小人樂亂,能無遺恨。則户調綿絹之制,魏武帝時久行之矣。

案《續漢書・百官志》云:鄉置有秩,郡所署。小者,縣置嗇夫,皆主知民善惡,爲役先後;知民貧富,爲賦多少;平其差品。《後漢書・明帝紀》:中元二年詔曰:郡縣每因徵發,輕爲姦利,詭責羸弱,先急下貧,其務在均平,無令枉刻。《魏志・曹洪傳》注引《魏略》曰:太祖爲司空時,以己率下。每歲發調,使本縣平資。則民之以訾産定賦久矣。

《後漢書・順帝紀》:永和六年七月,詔假民有資者,户錢一千。《漢書・景帝紀》:後二年,以訾算十以上乃得官,詔減爲四。則漢時人民訾産之有無多少,在官皆有記注。《王莽傳》:馮茂擊句町,賦斂民財,什取五,更遣廉丹等復訾民,取其十四。又天鳳六年,一切税天下吏民,訾三十取一。亦見《食貨志》。其取之之率,蓋即以其記注爲據。伍被言秦收大半之賦,《漢書・食貨志》亦云,亦謂其取之過於什五耳。漢田租僅三十取一;人民所見爲重者,實在口錢及賦役。故貢禹以口錢之重爲言;而史稱桑弘羊之功,乃在於民不加賦。《漢書・蕭望之傳》:西羌反,漢遣後將軍征之。張敞上書請令諸有罪、非盜受財、殺人及犯法不得赦者入穀八郡贖罪。望之及少府李强難之。敞曰:少府、左馮翊所言,常人之所守耳。昔先帝征四夷,兵行三十餘年,百姓猶不加賦,而軍用給。今羌虜一隅小夷,跳梁於山谷間,漢但令罪人出財減罪以誅之,其名賢於煩擾良民,横興賦斂也。足見加賦爲害之烈。武帝以民不益賦而天下用饒,賜弘羊爵左庶長,黄金再百斤,其賞誠不虚也。世徒訾弘羊之聚斂;不知若無弘羊,則明季加派之禍,早見於天漢之年,非復綉衣杖斧之所得而平矣。賦之惡在於其取之無藝、無定物、無定數、無定時。明季加派之禍,即如此。"户調綿絹,他不得擅興發",則此弊免矣。然則以户調拯横斂之弊,猶以一條鞭濟加派之窮也。此亦魏武帝之所以克戡大難矣。

《後漢書・劉平傳》云:拜全椒長,政有恩惠,百姓懷感。人或增資就賦,或減年從役。增資就賦説與《續書》"知民貧富,爲賦多少"

合。云減年從役,則役亦以年爲準,與《續書》"知民善惡,爲役先後"之説不符。豈漢世於論年以外,又有以善惡定役之法歟?然此法大易上下其手,非良法也。

原刊《中華文史論叢》第一輯,一九八三年二月出版

〔五〇三〕　滂

《南齊書·周顒傳》云:建元初,爲山陰令。縣舊訂滂民,以供雜使。顒言於太守聞喜公子良曰:竊見滂民之困,困實極矣。役命有常,只應轉竭。蹙迫驅催,莫安其所。險者或竄避山湖,困者自經溝瀆,亦有摧臂斫手,苟自殘落,販傭貼子,權赴急難。每至滂使發動,遵赴常促,輒有靐杖被録,稽顙階垂,泣涕告哀,不知所振。下官未嘗不臨食罷箸,當書偃筆,爲之久之,愴不能已。交事不濟,不得不就加捶罰。見此辛酸,時不可過。山陰邦治,事倍餘城。然略聞諸縣,亦處處皆躓。惟上虞以百户一滂,大爲優足。過此列城,不無彫罄。宜應有以普救倒懸,設流開便,則轉患爲功,得之何遠。此滂字似即今之幫字,蓋民自合若干人爲一幫以應役也。

原刊《中華文史論叢》第一輯,一九八三年二月出版

〔五〇四〕　募兵之利弊

前漢時國威極盛,東京以後,稍以衰替,實由於民兵之廢。規復民兵,固爲久長之計,然設行之不善,則又有轉致騷擾者。杜畿譎衛固曰:"今大發兵,衆必擾,不如徐以貲募兵。"是也。《三國·魏志》本傳。太祖建安十五年十二月己亥令曰:"遭值董卓之難,興舉義兵。是時合兵能多得耳。"《吴志·孫策傳》:"策説(袁)術乞助(吴)景等平定江

東。術表策爲折衝校尉,行殄寇將軍,兵財千餘,騎數十匹,賓客願從者數百人。比至歷陽,衆五六千。"此募兵易得之效。《袁紹傳注》引《九州春秋》言:袁譚在青州,"别使兩將募兵下縣,有賂者見免,無者見取,貧弱者多,乃至竄伏丘野之中,放兵捕索,如獵鳥獸。邑有萬户者,著籍不盈數百。"此名爲召募,實同徵發,非召募之罪也。《吴志·陸遜傳》:嘉禾六年,"中郎將周祗乞於鄱陽召募。事下問遜。遜以爲此郡民易動難安,不可與召,恐致賊寇。而祗固陳取之,郡民吴遽等果作賊殺祗,攻没諸縣。豫章、廬陵宿惡民,并應遽爲寇。"喪亂之世,只慮民之易動耳,不虞其不可得也。募民固非經久之計,然獷悍之民,亦宜有以教之。而其性既習於獷悍,欲化之以善甚難,不得不束之以嚴。欲束之以嚴,則莫若束之行伍之中矣。計民之爲兵,必二三十年而休之,則年稍長而氣稍衰;使在行伍之中,果能束之以紀律,則其性已稍習於良善,固不慮其遣散之後,復爲恣睢也。此則行教化於行伍之中,亦非不知禮義之將所能爲矣。

招兵固易得矣,然撫之不善,則逃亡亦多。《魏志·盧毓傳》言:"時天下草創,多逋逃,故重士亡法,罪及妻子。亡士妻白等,始適夫家數日,未與夫相見,大理奏棄市。"《高柔傳》云:"鼓吹宋金等在合肥亡逃。舊法,軍征士亡,考竟其妻子。太祖患猶不息,更重其刑。金有母妻及二弟皆給官,主者奏盡殺之。"其酷如此。柔言:"宜貸其妻子,一可使賊中不信,二可使誘其還心。"此理易明,人所共曉,然以魏武帝之明,猶爲此法。盧毓諍大理之失,亦不過曰"刑之爲可,殺之爲重"而已。又柔言:"正如前科,固已絶其意望,而猥復重之,柔恐自今在軍之士,見一人亡逃,誅將及己,亦且相隨而走,不可復得殺也。"然則不徒亡士誅及妻子,亦且軍中又有什伍之誅也;然卒不能止士之逃亡,嚴刑峻法何益哉?

《高柔傳》又云:"護軍營士竇禮近出不還。營以爲亡,表言逐捕,没其妻盈及男女爲官奴婢。盈連至州府,稱冤自訟,莫有省者。乃辭詣廷尉。柔問曰:汝何以知夫不亡?盈垂泣對曰:夫少單特,養一老嫗爲母,事甚恭謹,又哀兒女,撫視不離,非是輕狡不顧室家者也。柔重問曰:汝夫不與人有怨讎乎?對曰:夫良善,與人無讎。又曰:汝夫不與人交錢財乎?對曰:嘗出錢與同營士焦子文,求不得。時子文適坐小事繫獄,柔乃見子文,問所坐。言次,曰:汝頗曾舉人錢不?子文曰:自以單貧,初不敢舉人錢物也。柔察子文色動,遂曰:汝昔舉竇禮錢,何言不邪?子文怪知事露,應對不次。柔曰:汝已殺禮,便宜早服。子文於是叩頭,具首殺禮本末,埋藏處所。柔便遣吏卒,承子文辭往掘禮,即得其尸。"夫恭謹養母,哀撫兒女,良善與人無讎,而斤斤於所出之錢,至於見殺,是則田舍翁耳,此豈爲士伍者?而亦隸名護軍,則以迫於單特故也。田舍郎猶以迫於處境而爲兵,此募兵之所以易;抑兵中亦多此等人,此干戈之所以卒戢歟?

〔五〇五〕　魏時將帥之驕

《三國·魏志·董昭傳》:文帝三年,"征東大將軍曹休臨江在洞浦口,自表:願將鋭卒虎步江南,因敵取資,事必克捷;若其無臣,不須爲念。帝恐休便渡江,驛馬詔止。時昭侍側,因曰:今者渡江,人情所難,就休有此志,勢不獨行,當須諸將。臧霸等既富且貴,無復他望,但欲終其天年,保守禄祚而已,何肯乘危自投死地,以求徼幸?苟霸等不進,休意自沮。臣恐陛下雖有敕渡之詔,猶必沉吟,未便從命也。是後無幾,暴風吹賊船,悉詣休等營下,斬首獲生,賊遂迸散。詔敕諸軍促渡。軍未時進,賊救船遂至。"案《賈逵傳注》引《魏略》言太祖之崩,"太子在鄴,鄢陵侯未到,士民頗苦勞役,又有疾癘,於是軍中騷動。羣寮恐天下有變,欲不發喪。逵建議以爲不可祕,乃發哀,令内外皆入臨,臨訖,各安叙不得動。而青州軍擅擊鼓相引去。衆人以爲宜禁止之,不從者討之。逵以爲方大喪在殯,嗣王未立,宜因而撫之。乃爲作長檄,告所在給其飲食。"《臧霸傳》:"(孫)權乞降,太祖還,留霸與夏侯惇等屯居巢。文帝即王位,遷鎮東將軍,進爵武安鄉侯,都督青州諸軍事。及踐阼,進封開陽侯,徙封良成侯。與曹休討吴賊,徵爲執金吾,位特進。"《注》引《魏略》曰:"建安二十四年,霸遣別軍在洛。會太祖崩,霸所部及青州兵,以爲天下將亂,皆鳴鼓擅去。文帝即位,以曹休都督青、徐,霸謂休曰:國家未肯聽霸耳!若假霸步騎萬人,必能横行江表。休言之於帝,帝疑霸軍前擅去,今意壯乃爾,遂東巡,因霸來朝而奪其兵。"然則當時所慮者,曹休之不能制霸,非休之欲渡江也。《魏略》謂休表言霸意,而董昭謂休自欲渡江,失其實矣。《王基傳》:明帝時,基上疏曰:"昔漢有天下,至孝文時,惟有同姓諸侯,而賈誼憂之曰:置火積薪之下而寢其上,因謂之安也。今寇賊未殄,猛將擁兵,檢之則無以應敵,久之則難以遺後,當盛明之世,不務以除患,若子孫不競,社稷之憂也。使賈誼復起,必深切於曩時矣。"讀此知魏時將帥之驕,統一之業之不克早成,良有以也。

將帥之驕也,由於法之不行。諸葛亮所謂"寵之以位,位極則賤,順之以恩,恩竭則慢"也。《三國志》本傳《注》引《蜀記》。《武帝紀》建安八年五月己酉令曰:"《司馬法》:將軍死綏。故趙括之母,乞不坐括。是古之將者,軍破於外,而家受罪於内也。自命將征行,但賞功而不罰罪,非國典也。其令諸將出征,敗軍者抵罪,失利者免官爵。"案《史記·項羽本紀》言:章邯降,"項羽乃立章邯爲雍王,置楚軍中;使長史欣爲上將軍,將秦軍爲前行。秦吏卒多竊言曰:章將軍等詐吾屬降諸侯,今能入關破秦,大善;即不能,諸侯虜吾屬而東,秦必盡誅吾父母妻子。"然則戰敗受誅者,不獨將軍也。而將軍戰敗受罪,直至建安八年始行,何其慢哉?豈以所將者多羣盜若臧霸之流,不容操之過急歟?

又《武帝紀》:"建安七年正月,公軍譙,令曰:吾起義兵,爲天下除暴亂。舊土人民,死喪略盡,國中終日行,不見所識,使吾悽愴傷懷。其舉義兵已來,將士絶無後者,求其親戚以後之,授土田,官給耕牛,置學師以教之。爲存者立廟,使祀其先人,魂而有靈,吾百年之後何恨哉!”十二年二月,“丁酉,令曰:吾起義兵誅暴亂,於今十九年,所征必克,豈吾功哉?乃賢士大夫之力也。天下雖未悉定,吾當要與賢士大夫共定之;而專饗其勞,吾何以安焉!其促定功行封。於是大封功臣二十餘人,皆爲列侯,其餘各以次受封,及復死事之孤,輕重各有差。”《注》引《魏書》載公令曰:“昔趙奢、竇嬰之爲將也,受賜千金,一朝散之,故能濟成大功,永世流聲。吾讀其文,未嘗不慕其爲人也。與諸將士大夫共從戎事,幸賴賢人不愛其謀,羣士不遺其力,是以夷險平亂,而吾得竊大賞,户邑三萬。追思竇嬰散金之義,今分所受租與諸將掾屬及故戍於陳、蔡者,庶以疇答衆勞,不擅大惠也。宜差死事之孤,以租穀及之。若年殷用足,租奉畢入,將大與衆人悉共饗之。”十四年七月,“辛未,令曰:自頃已來,軍數征行,或遇疫氣,吏士死亡不歸,家室怨曠,百姓流離,而仁者豈樂之哉?不得已也。其令死者家無基業不能自存者,縣官勿絶廩,長吏存恤撫循,以稱吾意。”夫此三令,可謂至誠惻怛,其於將士之恩,亦不爲不厚矣。文帝即王位後,延康元年十月癸卯,下令曰:“諸將征伐,士卒死亡者或未收斂,吾甚哀之;其告郡國給槥櫝殯斂,送致其家,官爲設祭。”《文帝紀》。亦可謂能肯堂肯構者。《漢書·高帝紀》:四年八月,“漢王下令:軍士不幸死者,吏爲衣衾棺斂,轉送其家,四方歸心焉。”則知魏氏之於將士,不爲不厚;而將帥之驕如此,治軍者貴威克厥愛,信哉!

〔五〇六〕　魏太祖征烏丸

魏武帝之征烏丸也,塹山堙谷五百餘里。《本紀》《注》引《曹瞞傳》曰:“時寒且旱,二百里無復水,軍又乏食,殺馬數千匹以爲糧,鑿地入三十餘丈乃得水。”亦可謂危矣。“既還,科問前諫者,皆厚賞之,曰：孤前行，乘危以徼幸，雖得之，天所佐也，故不可以爲常。諸君之諫，萬安之計，是以相賞，後勿難言之。”是公亦自知其危也。然而必征之者，《夏侯惇傳》《注》引《魏書》言：“韓浩遷護軍。太祖欲討柳城，領軍史涣以爲道遠深入，非完計也，欲與浩共諫。浩曰：今兵勢强盛，威加四海，戰勝攻取，無不如志，不以此時遂除天下之患，將爲後憂。”善夫，夷狄最慮令其養成氣，毫毛勿拔，將尋斧柯。□□□□之死，清太祖曾何能爲，明不以此特除惡務盡，至其戡尼堪外蘭、滅哈達、犯葉赫，而勢不易除矣。□□□□□而乘兵威以“除天下之患”，此太祖君臣之志，夫亦可謂神武矣！

〔五〇七〕　文臣輕視軍人

《三國·蜀志·劉巴傳注》引《零陵先賢傳》曰：“張飛嘗就巴宿，巴不與語，飛遂忿恚。諸葛亮謂巴曰：張飛雖實武人，敬慕足下。主公今方收合文武，以定大事；足下雖天素高亮，宜少降意也。巴曰：大丈夫處世，當交四海英雄，如何與兵子共語乎？備聞之，怒曰：孤欲定天下，而子初專亂之。其欲還北，假道於此，豈欲成孤事邪？”案《彭羕傳》言：羕左遷爲江陽太守。“聞當遠出，私情不悦，往詣馬超。超問羕曰：卿才具秀拔，主公相待至重，謂卿當與孔明、孝直諸人齊足并驅，寧當外授小郡，失人本望乎？羕曰：老革荒悖，何復道邪！”《注》曰：“古者以革爲兵，故語稱兵革，革猶兵也。羕駡備爲老革，猶言老兵也。”然則當時士夫視備，亦不足齒數，無怪備謂劉巴特欲假道還北矣。《費詩傳》：“先主爲漢中王，遣詩拜關羽爲前將軍。羽聞黄忠爲後將軍，怒曰：大丈夫終不與老兵同列！”是不惟士夫輕軍人，即軍人亦自相輕也。《吴志·孫堅傳注》引《吴録》言：王叡“與堅共擊零、桂賊，以堅武官，言頗輕之”。知文臣之輕視武人，由來已久。

〔五〇八〕　追貴人家屬脅之出戰

《通鑒》：陳宣帝大建八年，周武帝破晉陽，齊主還鄴，引諸貴臣，問以禦周之策，人人異議，齊主不知所從。是時人情洶懼，莫有鬥心，朝士出降，晝夜相屬。高勱曰："今之叛者，多是貴人，至於卒伍，猶未離心，請追五品已上家屬，置之三臺，因脅之以戰，若不捷，則焚臺，此曹顧惜妻子，必當力戰，且王師頻北，賊徒輕我，今背城一決，理必破之。"齊主不能用。案周、齊兵力本相若，齊之所以亡，特因人心崩潰，不能自固耳。以此脅之，理可一戰，惜乎齊主之不能用也。凡兵力本可用，而人心不固者，皆可用此策。

〔五〇九〕　兵無鎧甲

《三國・吴志・孫和傳注》引《吴歷》言：吴興施但聚衆萬餘人，劫和子謙，將至秣陵，欲立之。至九里，爲丁固、諸葛靚所破。但兵裸身無鎧甲，臨陳皆披散。似民間倉卒起兵者，不能備鎧甲也。然《諸葛恪傳》言東興之役，留贊等亦解置鎧甲，不持矛戟，但兜鍪刀楯，倮身緣遏。時天寒雪，尚且如此。則吴人固有倮身而鬬之習。蓋吴、越古本倮，漢世雖襲衣冠，戰時猶沿舊習也。

〔五一〇〕　魏晉法術之學上

漢治自永初而後，縱弛極矣。外戚專權，宦豎竊柄，官方不肅，處士橫議，蓋自朝寧宫禁學校之中，無一以國事爲念者。漢之亡，非降羌黄巾之亡之,實其綱紀不肅,有以自召之也。一時通達治體之士,若王符、仲長統、崔寔等,咸欲以綜覈名實之治救之,當時莫能行,然三國開創之君臣,實皆用此以致治。

《魏志》載建安八年五月己酉太祖令曰:“《司馬法》:將軍死綏。故趙括之母,乞不坐括。是古之將者,軍破於外,而家受罪於内也。自命將征行,但賞功而不罰罪,非國典也。其令諸將出征,敗軍者抵罪,失利者免官爵。”《注》引《魏書》載庚申令曰:“議者或以軍吏雖有功能,德行不足堪任郡國之選,所謂可與適道,未可與權。管仲曰:使賢者食於能則上尊,鬬士食於功則卒輕於死,二者設於國則天下治。未聞無能之人,不鬬之士,并受禄賞,而可以立功興國者也。故明君不官無功之臣,不賞不戰之士;治平尚德行,有事賞功能。論者之言,一似管窺虎歟!”皆法家之精義也。《荀彧傳》載彧論袁、曹成敗,及《郭嘉傳注》引《傅子》述嘉“紹有十敗,公有十勝”之論,大同小異,疑即一説之誤傳。二者皆謂紹御軍寬緩,法令不立,操法令明而賞罰必行。紹任親戚子弟而好名譽,故多得好言飾外之人;操用人不問遠近,賞功無所悋惜,故能得忠正效實之士。紹大臣争權,讒言惑亂;操御下以道,浸潤不行。比而觀之,亦可見曹公之能任法術矣。

建安十五年令曰:“若必廉士而後可用,則齊桓其何以霸世?今天下得無有被褐懷玉而釣于渭濱者乎?又得無盜嫂受金而未遇無知者乎?”十九年令曰:“夫有行之士未必能進取,進取之士未必能有行也。陳平豈篤行,蘇秦豈守信邪?”二十二年令曰:“韓信、陳平負汙辱之名,有見笑之恥,卒能成就王業,聲著千載。吴起貪將,殺妻自信,散金求官,母死不歸,然在魏,秦人不敢東向,在楚則三晉不敢南謀。今天下得無有至德之人放在民間,及果勇不顧,臨敵力戰;若文俗之吏,高才異質,或堪爲將守;負汙辱之名,見笑之行,或不仁不孝而有治國用兵之術:其各舉所知,勿有所遺。”《三國志注》引《魏書》。顧亭林深加貶斥,謂“經術之治,節義之防,光武、明、章數世爲之而未足;毁方敗常之俗,孟德一人變之而有餘”。實則後漢之世,士好立名,凡争名者必假飾於外，其才固未可用，其德亦不足稱。董昭太和之疏，乃東京末世之俗，不徒非魏武所造，并非文帝所爲也。《荀彧傳注》引《彧別傳》，謂其“取士不以一揆，戲志才、郭嘉有負俗之譏，杜畿簡傲少文，皆以智策舉之”。有負俗之譏無論矣，即簡傲少文，亦不利於合徒黨，要鄉曲之譽。可見魏武君臣，取才皆不尚虛聲也。

陳壽評魏祖，謂其“擥申、商之法術，該韓、白之奇策，官方授材，各因其器，矯情任算，不念舊惡”。《注》引《魏書》，亦稱其“知人善察，難眩以僞”。可見其誅賞皆守法而不任情。乃又引《曹瞞傳》：謂其“持法峻刻，諸將有計畫勝出己者，隨以法誅之，及故人舊怨，亦皆無餘”。此可謂能守法歟？《曹瞞傳》又謂“其所刑殺，輒對之垂涕嗟痛之，終無所活”。可見其持法之嚴。此豈任情誅殺者哉？又曰：“嘗出軍，行經麥中，令士卒無敗麥，犯者死。而太祖馬騰入麥中，勑主簿議罪；主簿對以《春秋》之義，罰不加於尊，太祖曰：制法而自犯之，何以帥下？然孤爲軍帥，不可自殺，請自刑。因援劍割髮以置地。又有幸姬，嘗從晝寢，枕之卧，告之曰：須臾覺我。姬見太祖卧安，未即寤。及自覺，棒殺之。嘗討賊，廩穀不足，私謂主者曰：如何？主者曰：可行小斛以足之。太祖曰：善。後軍中言太祖欺衆，太祖謂主者曰：特當借君死以厭衆，不然，事不解。乃斬之，取首題徇曰：行小斛，盜官穀，斬之軍門。其酷虐變詐，皆此類也。”夫罰不加於尊，《春秋》之義，非主簿所能僞造也；軍帥不可自殺，亦理勢之宜，此而可謂之變詐歟？幸姬不受令，或當誅責，何至棒殺？酷虐如此，豈似持法之人？法貴平，不貴酷也。主廩穀者豈一人，而可先許之而後殺之歟？故知野史之言，失實者多矣。

《馬謖傳》謂謖下獄物故，諸葛亮爲之流涕。《注》引《襄陽記》曰：“于時十萬之衆爲之垂涕。亮自臨祭，待其遺孤若平生。蔣琬後詣漢中，謂亮曰：昔楚殺得臣，然後文公喜可知也。天下未定，而戮智計之士，豈不惜乎？亮流涕曰：孫武所以能制勝於天下者，用法明也。四海分裂，兵交方始，若復廢法，何以討賊？”此與魏武之垂涕嗟痛，終無所活，可以參觀。《亮傳》謂亮“庶事精練，物理其本”，《上諸葛氏集表》

曰:"工械技巧,物究其極。"而《魏志注》引《魏書》,亦謂太祖"造作宫室,繕治器械,無不爲之法則,皆盡其意",又可見其殊方而一揆。《諸葛氏集》,有《計算》、《綜覈》兩篇,《表》曰:"其聲教遺言,皆經事綜物,公誠之心,形於文墨,足以知其人之意理,而有補於當世。"《注》引《袁子》,謂"亮之治蜀,田疇闢,倉廩實,器械利,蓄積饒"。凡能成大業者,未有不勤於細物者也。豈有從容暇豫,而自以爲知體者哉?

《季漢輔臣贊注》引《襄陽記》曰:"亮嘗自校簿書。楊顒諫曰:爲治有體,上下不可相侵。今明公躬校簿書,流汗竟日,不亦勞乎?亮謝之。"夫此位分之體,豈亮之所不知?而如是者,危邦之政,固不可以平世之事爲例也。

《費詩傳》:降人李鴻詣亮曰:"間過孟達許,適見王沖從南來,言往者達之去就,明公切齒,欲誅達妻子,賴先主不聽耳。達曰:諸葛亮見顧有本末,終不爾也。盡不信沖言。"故知持法平者,雖背逋之人猶信之,豈有釋法而任情者乎?《魏志》曰:太祖討袁譚時,"民亡椎冰,令不得降。頃之,亡民有詣門首者,公謂曰:聽汝則違令,殺汝則誅首,歸深自藏,毋爲吏所獲。"則執法自有其人,非廢法也。

廖立垂泣,李平致死,何施而得斯於人哉?習鑿齒曰:"夫水至平而邪者取法,鏡至明而醜者亡怒,水鏡之所以能窮物而無怨者,以其無私也。水鏡無私,猶以免謗,況大人君子懷樂生之心,流矜恕之德,法行於不可不用,刑加乎自犯之罪,爵之而非私,誅之而不怒,天下有不服者乎?諸葛亮於是可謂能用刑矣。自秦、漢以來,未之有也。"《李嚴傳注》引。今案陳壽《上諸葛氏集表》,言"至今梁、益之民,咨述亮者,言猶在耳,雖《甘棠》之詠召公,鄭人之歌子產,無以遠譬也"。《注》引《袁子》亦曰:"行法嚴而國人悦服,用民盡其力而下不怨。亮死至今數十年,國人歌思,如周人之思召公也。"異口同辭,必非虚語矣。陳壽又曰:"刑政雖峻而無怨者,以其用心平而勸戒明也。"夫勸戒在先,而後以刑誅其不順者於後,則非不教而誅者矣。此習鑿齒所謂"懷樂生之心,流矜恕之德"者歟?故知義以斷事者,未有不以仁心爲其質者也。

張裔之稱諸葛曰:“賞不遺遠,罰不阿近,爵不可以無功取,刑不可以貴勢免,此賢愚之所以僉忘其身者也。”《張裔傳》。法不以遠近貴賤而異,所謂平也。陳壽之稱諸葛氏曰:“吏不容姦,人懷自厲,道不拾遺,强不陵弱。”此又其不遺乎遠之效也。袁子言亮軍之能鬭也,曰:“蜀人輕脱,亮故堅用之。”兩漢之世,民風以蜀爲最弱,讀司馬相如《諭巴蜀檄》可知。而亮能以之爲强,其道何由?則“法令明,賞罰信,士卒用命,赴險不顧”而已。誰謂治戎與理民,有二道哉?

《吴志·陸遜傳》:上疏陳時事曰:“科法嚴峻,下犯者多。頃年以來,將吏罹罪,雖不慎可責,然天下未一,當圖進取,小宜恩貸,以安下情。且世務日興,良能爲先,自非姦穢入身,難忍之過,乞復顯用,展其力效。峻法嚴刑,非帝王之隆業;有罰無恕,非懷遠之宏規也。”是吴大帝之用法,頗失之嚴,不如諸葛之平恕矣。《魏志》:建安九年九月令曰:“河北罹袁氏之難,其令毋出今年租賦。”重豪强兼并之法,百姓喜悦。《注》引《魏書》載曹公令曰:“有國有家者,不患寡而患不均,不患貧而患不安。袁氏之治也,使豪强擅恣,親戚兼并;下民貧弱,代出租賦,衒鬻家財,不足應命;審配宗族,至乃藏匿罪人,爲逋逃主;欲望百姓親附,甲兵强盛,豈可得邪?其收田租畝四升,户出絹二匹、緜二斤而已,他不得擅興發。郡國守相明檢察之。無令强民有所隱藏,而弱民兼賦也。”是魏武用法,頗能下逮於民,非徒督責官吏而已。其能國富兵强,豈不以此歟?

《蜀志·吕乂傳》:“累遷廣漢、蜀郡太守。蜀郡一都之會,户口衆多,又亮卒之後,士伍亡命,更相重冒,姦巧非一。乂到官,爲之防禁,開喻勸導,數年之中,漏脱自出者萬餘口。”以諸葛亮立法之備,用法之嚴,而身没之後,姦巧遂作。人存政舉,人亡政息,豈不然哉?

原刊《光華大學半月刊》第四卷第一期,
一九三五年十月十日出版

〔五一一〕 魏晉法術之學中

三國承季漢縱恣之後，督責之術，乃時勢所需，非魏武、孔明等一二人故爲嚴峻也。故其時薄有才略之君，皆能留意於此。《魏志·明帝紀注》引《魏書》，稱其“料簡功能，真僞不得相貿，務絶浮華譖毁之端”，“性特强識，雖左右小臣官簿性行，名跡所履，及其父兄子弟，一經耳目，終不遺忘。案此由其留意於督察，非必天性强識也。含垢藏疾，容受直言。聽受吏民士庶上書，一月之中至數十百封，雖文辭鄙陋，猶覽省究竟，意無厭倦”。孫盛亦稱其“政自己出，而優禮大臣，開容善直，雖犯顔極諫，無所摧戮”。此蓋兼聽并觀之術。《魏書》又稱其“特留意於法理”，其操術蓋有由來矣。

然明帝非真能用法之人也。法家之術，如鑑空衡平，首貴絶去私意。所惡於私意者，非徒不可以治人，亦且不足以脩己。抑脩己治人，理無二致；不能脩己，而欲襲取於涖朝行法之時，吾知其不可得矣。明帝雖隆法術，而多秕政；臨終顧託，又不得其人，卒使“當塗”之運，移於“典午”，有以也哉！觀其侈於宫室弋獵，而拒辛毗、楊阜、高堂隆之諫，則知其不能自克矣。《世語》曰：“帝與朝士素不接，即位之後，羣下想聞風采。居數日，獨見侍中劉曄，語盡日。衆人側聽。曄既出，問何如？曄曰：秦始皇、漢孝武之儔，才具微不及耳。”《三國·魏志·明帝紀注》引。夫秦皇、漢武固亦好任法術，而不能抑其侈欲者也。曄之言，何其婉而彰歟？

不能絶去私意，則易致昵近小人。《魏略》秦朗、孔桂，俱列佞幸。魚豢怪武皇之慎賞，明皇之持法，而猶有此等人，《三國·魏志·明帝紀注》。抑知其不足怪也。《楊阜傳》：“阜又上疏欲省宫人諸不見幸者，乃召御府吏問後宫人數。吏守舊令，對曰：禁密，不得宣露。阜怒，杖吏一百，數之曰：國家不與九卿爲密，反與小吏爲密乎？”令真不得宣露，阜豈得任怒杖吏？則知吏云不得宣露，非令意也。明帝使吏不得宣露，非能密，實壞法矣。夫其任秦朗，則亦猶是耳。《魏略》曰：明帝授朗内官，爲驍騎將軍、給事中，每車駕出入，朗常隨從。時明帝喜發舉，數有以輕微而致大辟者，朗終不能有所諫止，又未嘗進一善人，帝亦以是親愛，每顧問之。《三國・魏志・明帝紀注》引。夫安知明帝之所發舉，非陰得之若朗輩者乎？與内官事發舉，而加輕罪以重辟，豈法也哉？即謂不然，而惟順適意旨者是愛，其可謂善治心乎？以是臨下，欲其如鑑空衡平，其可得乎？不能治心，安能持法？故曰明帝非真能用法者也。

《蜀志・先主紀注》引《諸葛亮集》載先主遺詔敕後主曰："可讀《漢書》、《禮記》，閒暇歷觀諸子及《六韜》、《商君書》，益人意智。聞丞相爲寫《申》、《韓》、《管子》、《六韜》一通已畢，未送，道亡，可自更求聞達。"則先主亦尚法術矣。蓋時勢使然，久歷艱難者，皆知之也。又可見孔明、魏武之用法，皆時勢所需，非徒好尚所在矣。

《諸葛亮傳注》引《蜀記》，載郭沖條亮五事。其一曰：亮刑法峻急。法正諫曰："昔高祖入關，約法三章，秦民知德，今君假借威力，跨據一州，初有其國，未垂惠撫；且客主之義，宜相降下，願緩刑弛禁，以慰其望。"亮答曰："君知其一，未知其二。秦以無道，政苛民怨，匹夫大呼，天下土崩，高祖因之，可以弘濟。劉璋暗弱，自焉以來有累世之恩，文法羈縻，互相承奉，德政不舉，威刑不肅。蜀土人士，專權自恣，君臣之道，漸以陵替；寵之以位，位極則賤；順之以恩，恩竭則慢；所以致弊，實由於此。吾今威之以法，法行則知恩；限之以爵，爵加則知榮；榮恩并濟，上下有節。爲治之要，於斯而著。"諸葛之所以任法，此其自道也。先主之專任之，殆亦以君臣同好，而又同鑑於時勢，知非是不足以致治歟？裴松之難沖曰："法正在劉主前死，今稱法正諫，則劉主在也。諸葛職爲股肱，事歸元首；劉主之世，亮又未領益州，慶賞刑政，不出於己。尋沖所述亮答，專自有其能，有違人臣自處之宜。以亮謙順之體，殆必不然。"夫安知先主之慶賞刑政，不皆咨於亮而後行乎？且善則歸君，過則歸己，人方怨咨，安得委其事於君上也？《法正傳》謂成都既服，以正爲蜀郡太守、揚武將軍，外統都畿，内爲謀主。一飡之德，睚眦之怨，無不報復。擅殺毁傷己者數人。或謂諸葛亮曰："法正於蜀郡太縱横，將軍宜啓主公，抑其威福。"此治民雖由法正，而督察羣僚，諸葛實參禁密之證。安得謂慶賞刑政，不由於亮乎？然亮以先主雅愛信正，卒未能啓而裁之。則知先主雖好《六韜》、《商君書》，而持法有不能盡平者矣。此諸葛之所以不可及歟？

《魏志·袁涣傳注》引《魏書》曰："穀熟長吕岐善朱淵、袁津，遣使行學還，召用之，與相見，出，署淵師友祭酒，津決疑祭酒。淵等因各歸家，不受署。岐大怒，將吏民收淵等，皆杖殺之，議者多非焉。涣教勿劾，主簿孫徽等以爲淵等罪不足死；長吏無專殺之義；孔子稱唯器與名，不可以假人，謂之師友而加大戮，刑名相伐，不可以訓。焕教曰：主簿以不請爲罪，此則然矣。謂淵等罪不足死，則非也。夫師友之名，古今有之。然有君之師友，有士大夫之師友。夫君置師友之官者，所以敬其臣也；有罪加於刑焉，國之法也。今不論其罪，而謂之戮師友，斯失之矣。主簿取弟子戮師之名，而加君誅臣之實，非其類也。夫聖哲之治，觀時而動，故不必循常，將有權也。閒者世亂，民陵其上，雖務尊君卑臣，猶或未也，而反長世之過，不亦謬乎？遂不劾。"此事與諸葛亮答法正之語，可以參觀。

《吴志·張紘傳》：臨困，授子靖留箋曰："自古有國有家者，咸欲脩德政以比隆盛世，至於其治，多不馨香。非無忠臣賢佐，闇於治體也，由主不勝其情，弗能用耳。夫人情憚難而趨易，好同而惡異，與治道相反。《傳》曰：從善如登，從惡如崩。言善之難也。人君承奕世之基，據自然之勢，操八柄之威，甘易同之歡，無假取於人；而忠臣挾難進之術，吐逆耳之言，其不合也，不亦宜乎？雖則有釁，巧辯緣間。眩於小忠，戀於恩愛，賢愚雜錯，長幼失叙，其所由來，情亂之也。故明君悟之，求賢如饑渴，受諫而不厭，抑情損欲，以義割恩，上無偏謬之授，下無希冀之望。宜加三思，含垢藏疾，以成仁覆之大。"其言皆法家精義。又南陽謝景,善劉廙先刑後禮之論,見《陸遜傳》。則江東亦不乏法術之士矣。

原刊《光華大學半月刊》第四卷第一期,
一九三五年十月十日出版

〔五一二〕　魏晉法術之學下

正始以後魏政之不綱,則督責之術之不行也。蓋有遠大之志者,必濟之以綜覈之才;不則舉措陵亂,務名而不務實,鮮不未獲其利,反受其害者。《魏志·曹爽傳》謂何晏、鄧颺、李勝、丁謐、畢軌,咸有聲名,進趣於時,明帝以其浮華,皆黜之;及爽秉政,乃復進叙,任爲腹心。此爽之所以敗也。所謂浮華者,《劉廙傳》《注》引《廙别傳》載廙戒弟偉之辭曰:“世之交者,不審擇人,務合黨衆,違先聖人交友之義,非厚己輔仁之謂也。吾觀魏諷,不脩德行,而專以鳩合爲務,華而不實,此直攪世沽名者也。卿其慎之,勿復與通。”華而不實,即浮華之謂,仍是漢末奔競之習耳。此等專務鳩合之徒,亦非絶無有志之士;然志大而才疏,既不能勝其沽名徼利之私,又不能革其酖毒晏安之習,以是而當大任,其不折足覆餗者,蓋亦鮮矣。《劉劭傳》:景初中,受詔作《都官考課》,成七十二條,又作《説略》一篇。劭所爲《人物志》,尚存於今,論官人之法極精,明帝令作《都官考課》,可謂得人。而以帝崩,遂不施行,則景初之遺規,爽等有不克負荷者矣。嗟乎!當明帝顧命之年,司馬氏權雖已起,謂其有取魏氏而代之之心,未必然也。其所以深謀祕策,必覆爽等而後快者,非徒徼利,蓋亦以避禍。而其惕於及禍,則爽等之務立朋黨,攬威權,有以激之使然也。鄉使明帝之終,得一綜覈名實之相,以受顧命,崇悃愊,黜浮華,賞罰以功罪,而不以好惡,庶政既肅,人心大和,司馬氏雖懷不軌之心,寧敢稱兵以逞?抑亦誰與爲徒哉?然則浮華之召禍誠烈矣。

司馬氏雖覆曹爽而代之，然於浮華之風，則初未能革易。晉代清談之習，實沿正始之流而揚其波者也。而正始之浮華，則又沿於東漢之奔競。魏武、明帝，雖欲以綜覈之治救之，卒不能勝，是知變俗之難也。清季，曾國藩嘗作《原才》之篇，慨然於風俗之厚薄，始於一二人心之所鄉。其出而任事也，凜堅貞之操，任誠樸之人，亦可謂不爲風氣所移，而能以轉移風氣自任者矣。然一傳而爲李鴻章，已尚權數而疏綜覈；鴻章所激賞者，袁世凱，岑春煊，則彌任權譎，好大言，不徒不能任用敦樸之人，且頗獎進浮華之士矣。此與魏武、明帝，僅收綜覈之效於一時，而卒不能絶漢末傾危之俗，事頗相類，君子是以知變俗之難也。

然自泰始以降，知綜覈名實，爲當世之急務者，亦未嘗無其人，特莫之能行耳。何曾嘗質阮籍曰："今忠賢執政，綜覈名實，若卿之曹，不可長也。"《晉書·何曾傳》。曾爲人不足取，然當泰始宴遊之時，即能預燭永嘉喪亂之禍，其深識不可及也。"不聞經國遠圖，惟說平生常事"，亦何大過，而知難詒厥孫謀？正以惰氣乘之，則不復能留心軍國。精神之運，既有所不加；名實之間，將有所不察耳。熊遠之疏曰："選官用人，不料實德，惟在白望，不求才幹，鄉舉道廢，請託交行。有德而無力者退，脩望而有助者進；稱職以違俗見譏，虛資以從容見貴。是故公正道虧，私塗日開；强弱相陵，冤枉不理。遂使世人削方爲圓，撓直爲曲。不明其黜陟，以審能否，俗未可得而變也。"《晉書·熊遠傳》。陳頵與王導書曰："中華所以傾弊，四海所以土崩者，正以取才失所，先白望而後實事，浮競驅馳，互相貢薦，言重者先顯，言輕者後叙，遂相波蕩，乃至陵遲。"《晉書·陳頵傳》。然則東晉之不綱，仍由督責之術不行，浮華之風未息耳。王衍詣羊祜陳事，辭甚俊辯，而祜謂敗俗傷化必此人。陶侃諸參佐，或以談戲廢事，侃命取其酒器蒱博之具，悉投之江，吏將則加鞭扑。曰："樗蒱者，牧豬奴戲耳。老莊浮華，非先王之法言，不可行也。君子當正其衣冠，攝其威儀，何有亂頭養望，自謂宏達邪？"卞壼幹實當官，以褒貶爲己任。阮孚每謂之曰："卿恒無閑泰,常如含瓦石,不亦勞乎?”壼曰:“諸君以道德恢弘,風流相尚,執鄙吝者,非壼而誰?”時貴游子弟,多慕王澄、謝鯤爲達。壼厲色於朝曰:“悖禮傷教,罪莫斯甚。中朝傾覆,實由於此。”欲奏推之,王導、庾亮不從,乃止。《晉書·卞壼傳》。此任職之吏,不以浮華放達爲然者也。王坦之頗尚刑名學,而著《廢莊論》;李充幼好刑名之學,而作《學箴》;此學問之士,不以浮華放達爲然者也。夫揮麈談玄,亦何傷於家國。所惡於清談之士者,正以其外清高而内貪鄙,既不事事,而又戀權勢不肯去,求富貴若不及耳。王徽之爲桓温參軍,蓬首散帶,不綜府事。又爲桓沖騎兵參軍,沖問:“卿署何曹?”對曰:“似是馬曹。”又問:“管幾馬?”曰:“不知馬,何由知數?”又問:“馬比死多少?”曰:“未知生,焉知死?”《晉書·王徽之傳》。此等人能見用於魏武,見容於諸葛乎?而以桓温之梟雄猶容之;王導、庾亮皆良相,而猶尼卞壼之奏推貴游;則知俗之既成,雖賢者不易自拔矣。山濤嘗薦阮咸典選,武帝以其耽酒浮虚,遂不用;卞壼爲諸名士所少,而明帝深契之;又《阮孚傳》,謂元帝用申韓以救世;則兩晉之君,亦未嘗不知法術之可任。然元帝終不能如孚之徒;阮放侍明帝東宫,常説老莊,不及軍國,明帝又雅友愛之;則所謂善善而不能用,惡惡而不能去者矣,此中原所由不復歟!

原刊《光華大學半月刊》第四卷第一期,
一九三五年十月十日出版

〔五一三〕　江左陰陽術數之學式微

《南史·宋本紀》:明帝泰始六年,立總明觀,徵學士以充之,置東觀祭酒訪舉各一人,舉士二十人,分爲儒、道、文、史、陰陽五部學,言陰陽者遂無其人。《劉瓛傳》瓛講月令畢,謂學生嚴植之曰:“江左以來,陰陽律數之學廢矣,吾今講此,曾不得其仿佛。”蓋自正始以後,俗尚玄談,皆重理而輕數也。《吴明徹傳》云:“明徹亦微涉書史經傳,就汝南周弘正學天文、孤虛、遁甲，略通其術，頗以英雄自許，武帝亦深奇之。”此則術數之家，欲藉其術以應用者，非儒者明理之學也。

〔五一四〕 賊殺郡將、郡不得舉孝廉

《晉書·孔愉傳》：愉從兄子坦遷尚書郎。“時臺郎初到，普加策試，(元)帝手策問曰：吴興徐馥爲賊，殺郡將，郡今應舉孝廉否？坦對曰：四罪不相及，殛鯀而興禹。徐馥爲逆，何妨一郡之賢？又問：姦臣賊子弑君，汙宫瀦宅，莫大之惡也。鄉舊廢四科之選，今何所依？坦曰：季平子逐魯昭公，豈可廢仲尼也？竟不能屈。”此言“鄉舊廢四科之選”，則其所由來者舊矣。此自今日觀之爲不可解。古者一統未及，則叛者非以其身而以其羣，民情如是，故國法亦隨之而不同也。《魏書·張白澤傳》：太和初，懷州民伊祁苟初三十餘人謀反，將殺刺史，文明太后欲盡誅一城之民。亦是此等見解。

章太炎《五朝法律索隱》曰：“《通典·刑制》中，劉秀之爲尚書右僕射，請改定制令，疑部人殺長吏科，議者謂直赦宜加徙送。秀之以爲：律文雖不明部人殺長官之旨，若直赦但止徙送，便與悠悠殺人曾無一異。人敬官長，比之父母，行害之身，雖遇赦，宜付尚方，窮其天命，家口令補兵。從之。據此，是魏、晉相承之律，部民殺長吏者，亦同凡論。蓋法律者，左以庇民，右以持國。國之所以立者，在其秩分；秩分在其官府，不在其任持官府者。故謀反與攻盜庫兵，自昔皆深其罪。及夫私人相殺，雖部民長吏何擇焉？秀之以官長比父母，薦紳自衛者爲此言，無所依據。漢世孝廉曹吏，爲其州郡將持服，率比父母三年，是由近承封建，民心隆於感恩，顧法律未嘗制是。其部民殺長吏者，漢律亦不見有殊科也。”然則賊殺郡將而廢四科之選，當亦謂叛亂，非止賊其身也。

原刊一九四七年天津《民國日報》副刊“史與地”

〔五一五〕　古今所無何八議之有①

刑貴乎平。有八議，已非蕩蕩平平之道矣。乃有明知其爲八議所不如而猶曲法宥之者。《晉書・羊曼傳》：弟聃，遷廬陵太守，剛克麤暴，恃國戚，縱恣尤甚，睚眦之嫌，輒加刑殺。疑郡人簡良等爲賊，殺二百餘人，誅及嬰孩，所髡鎖復百餘。庾亮執之，歸於京都。有司奏聃罪當死，以景獻皇后是其祖姑，應八議。成帝詔曰："此事古今所無，何八議之有？"然琅邪太妃，聃之甥，入殿叩頭請命；王導又以爲言，卒僅除名而已。可謂曲法失刑矣。

隋秦王俊鎮并州，以奢縱免。楊素進諫，文帝曰："我是五兒之父，若如公意，何不別制天子兒律？"後蜀王秀鎮蜀，有罪徵還，帝曰："頃者秦王糜費財物，我以父道訓之；今秀蠹害生民，當以君道繩之。"於是付執法者。何其言之廓然大公也！人之度量相越，豈不遠哉！

原刊一九四七年上海《益世報》副刊"史苑"第三十四期

〔五一六〕　父母殺子同凡論

章太炎作《五朝法律索隱》，深美魏、晉、宋、齊、梁之法恢卓樂易，其所舉者有四端：一曰重生命，二曰恤無告，三曰平吏民，四曰抑富人。重生命之法有二，其一曰父母殺子同凡論。説曰："《南史・徐羨之傳》：義熙十四年，軍人朱興妻周生子道扶，年三歲，先得癇病。周因其病發，掘地生埋之，爲道扶姑雙女所告，周棄市。羨之議曰：自

① 曾改題爲《曲法失刑》。

然之愛，豺狼猶仁，周之凶忍，宜加顯戮。臣以爲法律之外，尚弘通理。母之即刑，由子明法，爲子之道，焉有自容之地？愚謂可特申之遐裔。從之。據此，是晉律父母殺子，并附死刑。上觀漢法，《白虎通德論》亦同斯説。羨之不學，特議宥恕。夫子既生埋，長冥不視，而云焉有自容之地，寧當與朽骨論孝慈邪？藉如其議，翁姦子婦者，律亦殊死，復甚爲其子求自容之地乎？然羨之議雖暫行一時，不著爲令。近世父母殺子者，皆從輕比，南朝固無此律。後魏法：諸祖父父母忿怒以兵刃殺子孫者五歲刑，毆殺及愛憎而故殺者減一等。是知鮮卑亂制，至今爲梗，甚乎始造桐人以葬者！”

案《宋書·宗室傳》：臨川王義慶爲丹陽尹。民黄初妻趙殺子婦遇赦，應徙送避孫讎，義慶議以爲“親戚爲戮，骨肉相殘，故道乖常，憲紀無定。當求之法外，裁以人情，且禮有過失之宥，律無讎祖之文。況趙之縱暴，本由於酒，論心即實，事盡荒耄。豈得以荒耄之王母，等行路之深讎？臣謂此孫，忍愧銜悲，不違子義，共天同域，無虧孝道”。兼采《南史》之文。如所言，是母爲王母所殺者，當時律家，固謂孫得剚刃於王母也。王母者一家之私尊，禁殺者闔羣之公義；闔羣之公義，固不以一家之私尊廢矣。既曰憲紀無定，當求之法外，而又曰律無讎祖之文，然則律有許殺子之文乎？

又案《宋書·孔季恭傳》：季恭弟子淵之，“大明中爲尚書比部郎。時安陸應城縣民張江陵，與妻吴共駡母黄令死，黄忿恨自經死，值赦。律文：子賊殺傷毆父母，梟首；駡詈，棄市；謀殺夫之父母，亦棄市。值赦，免刑補冶。江陵駡母，母以之自裁，重於傷毆。若同殺科，則疑重，用毆傷及駡科，則疑輕。制惟有打母遇赦猶梟首，無駡母致死值赦之科。淵之議曰：夫題里逆心，而仁者不入，名且惡之，況於人事？故毆傷呪詛，法所不原，詈之致盡，則理無可宥。江陵雖值赦恩，故合梟首。婦本以義，愛非天屬，黄之所恨，情不在吴，原死補冶，有允正法。詔如淵之議，吴免棄市。”是則婦之於姑，其恩本殺於子之於母，即謂父母殺子可從輕者，殺子婦亦不得援以爲例也。斯義明，惡姑之殺婦者，庶可知所戒矣。

又案《宋書·何承天傳》："有尹嘉者，家貧，母熊，自以身貼錢，爲嘉償責。坐不孝當死。承天議曰：被府宣令，普議尹嘉大辟事，稱法吏葛滕籤：母告子不孝，欲殺者許之；法云謂違犯教令，敬恭有虧，父母欲殺，皆許之。嘉雖虧犯教義，而熊無請殺之辭。熊求所以生之而今殺之，非隨所求之謂。滕籤法文，爲非其條。"案父母欲殺則許，非謂順其愛憎，必其本有可殺之罪者。然此究非重人命之道。《漢書·田儋傳》："儋陽爲縛其奴，從少年之廷，欲謁殺奴。"《注》引服虔曰："古殺奴婢皆當告官。"蓋始也專殺自由，後則當告之官而得其許可耳。古者臣子一例，是以父母亦得告之官而殺其子也。既告之官，必不致不論有罪無罪而皆許之矣。然此究非重人命之道也。

弒父弒君，固爲大惡，然誅亦當止其身。《魏書·邢巒傳》："雁門人有害母者，八坐奏轘之而瀦其室，宥其二子。虬巒叔祖祐之從子。駁奏云：君親無將，將而必誅。今謀逆者戮及期親，害親者令不及子。既逆甚梟鏡，禽獸之不若，而使禋祀不絶，遺育永傳，非所以勸忠孝之道，存三綱之義。若聖教含容，不加孥戮，使父子罪不相及，惡止於其身，不則宜投之四裔，敕所在不聽妃匹。《盤庚》言無令易種於新邑，漢法五月食梟羹，皆欲絶其類也。奏入，世宗從之。"此則淫刑也已矣。

原刊一九四七年天津《民國日報》
副刊"史與地"第二十一期

〔五一七〕 諸署共咒詛

少時聞父老言，清高宗問其相曰："卿早朝何食而來？"對曰："臣食少，食雞卵兩枚耳。"高宗怫然曰："雞卵一枚，直銀二兩。卿自言清貧,何乃日朝食能費銀四兩也?”對曰:“人間物價,不如天上之貴;雞卵一枚,乃錢二文耳。”高宗太息曰:“然則朕之一食,乃平民千人之食矣。”此自齊東野人之言,然清世内務府之臧穢,則亦人之所知也。《南史·王悦之傳》:悦之以宋明帝泰始中,掌檢校御府太官太醫諸署。“時承奢忲之後,姦竊者衆,悦之按覆無所避,得姦巧甚多。於是衆署共咒詛。悦之病甚,恒見兩烏衣人捶之。及卒,上乃收典掌者十許人,桎梏之,送淮陰,密令渡瓜步江,投之中流。”此説不知信否。如其信,宋明爲淫刑矣。然咒詛雖不足以殺人,因姦巧見發而咒詛人,則亦有取死之道也。

原刊天津《民國日報》副刊“史與地”第三十五期

〔五一八〕 吉翰殺典籤[1]

《宋書·吉翰傳》:爲徐州刺史,“時有死罪囚,典籤意欲活之,因翰八關齋呈其事。翰省訖,語今且去,明可便呈。明旦,典籤不敢復入,呼之乃來。取昨所呈事視訖,謂之曰:卿意當欲有此囚死命,昨於齋坐見其事,亦有心活之,但此囚罪重,不可全貸,既欲加恩,卿便當代任其罪。因命左右收典籤,付獄殺之,原此囚生命。”此囚蓋本有可原,典籤蓋本有當殺之罪,翰特借此收之耳。曰“不可全貸”,則業已貸其死。是當翰收典籤時,尚未云欲殺之,既付獄之後,乃發其他罪,附之死比耳。當時典籤,原多非佳士也。史家辭不明白,一若意存乞請,便可致之死地者,則爲淫刑以逞矣,曾是循吏而如是乎?《南史》翰入《循吏傳》。

原刊天津《民國日報》副刊“史與地”第三十五期

① 原題《吉翰》。

〔五一九〕　爲法急於黎庶緩於權貴[①]

吾嘗言專制之世，政治之術，兩言而已：曰嚴以察吏，寬以馭民。以梁武帝之學問，超越古今，又能勤於治理，而卒之身死賊手，爲天下笑，豈有他哉？違此兩言而已。《隋書・刑法志》云："(梁)武帝敦睦九族，優借朝士，有犯罪者，皆諷羣下屈法申之。百姓有罪，皆案之以法，其緣坐則老幼不免，一人亡逃，則舉家質作。人既窮急，姦宄益深。後帝親謁南郊，秣陵老人遮帝曰：陛下爲法，急於黎庶，緩於權貴，非長久之術；誠能反是，天下幸甚。帝於是思有以寬之。舊獄法：夫有罪，逮妻子，子有罪，逮父母。十一年天監。正月壬辰，乃下詔曰：自今捕謫之家，及罪應質作，若年有老小者，可停將送。十四年，又除黥面之刑。"此其所更者法而已，徒法不能以自行。《志》又云："帝鋭意儒雅，疎簡刑法，自公卿大臣，咸不以鞫獄留意。姦吏招權，巧文弄法，貨賄成市，多致枉濫，大率二歲刑已上，歲至五千人。"又云："是時王侯子弟皆長，而驕蹇不法。武帝年老，厭於萬機，又專精佛戒，每斷重罪，則終日弗懌。嘗遊南苑，臨川王宏伏人於橋下，將欲爲逆。事覺，有司請誅之。帝但泣而讓曰：我人才十倍於爾，處此恒懷戰懼，爾何爲者？我豈不能行周公之事，念汝愚故也。免所居官，頃之，還復本職。由是王侯驕横轉甚，或白日殺人於都街。劫賊亡命，咸於王家自匿，薄暮塵起，則剥掠行路，謂之打稽。武帝深知其弊，而難於誅討。"然則帝之所謂寬之者，竟何益也？與其思寬於黎庶，不如加嚴於權貴矣。

原刊一九四七年上海《益世報》副刊"史苑"第三十三期

---

① 曾改題爲《梁武帝寬刑法》。

〔五二〇〕 流罪敕賜外國[1]

《禮記》説流放之刑曰："屏諸四夷，不與同中國。"此古國小故然。若後世則方制萬里，雖在國内亦且必有道里矣。《南史·周弘正傳》："爲平西邵陵王府諮議參軍，有罪應流徙，勑以賜干陁利國。未去，寄繫尚方。於獄上武帝《講武詩》，降勑原罪，仍復本位。"一怒而棄諸絶域，又以一言而原之，可見梁武政刑之繆。

〔五二一〕 梁元帝殺劉之遴

《南史·梁元帝紀》云："性好矯飾，多猜忌，於名無所假人，微有勝己者，必加毁害。帝姑義興昭長公主子王銓，兄弟八、九人，有盛名，帝妒害其美，遂改寵姬王氏兄珩名琳，以同其父名。忌劉之遴學，使人鴆之，如此者甚衆，雖骨肉亦徧被其禍。"《之遴傳》言："之遴避難還鄉，湘東王繹嘗疾其才學，聞其西上至夏口，乃密送藥殺之，不欲使人知之，乃自製志銘，厚其賻贈。"元帝之猜忌固矣，然謂之遴爲其所殺，恐或所謂語增，何者？之遴乃一學人，頗好佛法，與世無争，不容爲元帝所忌，若謂忌其才名學問，則世之有才名學問者多矣，可得而盡殺乎？雖甚猜忌，無是理也。蓋世自有一種議論，謂人以争名而相殺，之遴死因曖昧，遂以是附會之，此正如謂隋煬帝殺薛道衡耳。之遴即果爲元帝所殺，其故亦不可知也。至謂忌姑子盛名，而改寵姬兄名，以同其父名，則更可笑矣，此豈足以敗其名邪？

---

① 曾改題爲《梁武帝政刑之繆》。

〔五二二〕 御史不宜司審理

朝廷設糾察之官，宜也。然事權各有攸歸，既司糾察，即不宜再令其審理，此司法獨立之宗旨也。《魏書·高崇傳》：子道穆，莊帝時爲御史中尉，上疏曰："高祖太和之初，置廷尉司直，論刑辟是非，雖事非古始，交濟時要。竊見御史出使，悉受風聞，雖時獲罪人，亦不無枉濫。何者？得堯之罰，不能不怨。守令爲政，容有愛憎，姦猾之徒，恒思報惡，多有妄造無名，共相誣謗。御史一經檢究，恥於不成，杖木之下，以虛爲實，無罪不能自雪者，豈可勝道哉！如臣鄙見，請依太和故事，還置司直十人，名隸廷尉，秩以五品；選歷官有稱、心平性正者爲之。御史若出糾劾，即移廷尉，令知人數。廷尉遣司直與御史俱發，所到州郡，分居別館。御史檢了，移付司直覆問，事訖與御史俱還。中尉彈聞，廷尉科按，一如舊式。庶使獄成罪定，無復稽寬；爲惡取敗，不得稱枉。若御史、司直糾劾失實，悉依所斷獄罪之，聽以所檢，迭相糾發。如二使阿曲，有不盡理，聽罪家詣門下通訴，別加按檢。"詔從之，復置司直。此疏所論，可謂深切著明。其所規畫，亦頗周密。而自唐以後，乃竟於臺中置獄，聽受辭訟，後遂日侵審理之權，何哉？

原刊一九四七年上海《益世報》
副刊"史苑"第三十四期

〔五二三〕 治都邑之道

《南史·王儉傳》：齊太祖以都下舛雜，且多姦盜，欲立符伍，以相檢括，儉諫曰："京師翼翼，四方是湊，必也持符，於事既煩，理成不曠,謝安所謂不爾何以爲京師。"乃止。以不檢括示廣大,實非爲治之道。儉所以不欲爲符伍者,蓋亦慮奉行之吏藉此擾民耳。

治都邑之道,能改變社會之組織,以立治化之基,上也。此義也,漢之翼奉等尚能言之。魏晉而後,無敢言之,亦無能言之者矣。任明察之吏,以誅鉏强梗而安細民,其次也;坐視强梗而莫之懲,斯爲下矣;妄縱邏輯以擾下民,則尤不足齒數矣。《魏書·刑罰志》:高宗太安四年,始設酒禁。是時年穀屢登,士民多因酒致酗訟,或議主政,帝惡其若此,故一切禁之。釀、酤、飲皆斬之,吉凶賓親則開禁,有日程,增置内外候官,伺察諸曹,外部州鎮,至有微服雜亂於府寺間,以求百官疵失,其所窮治,有司苦加訊測,而多相誣逮,輒劾以不敬,諸司官贓二丈皆斬。《官氏志》謂太祖制定官號,以伺察爲候官,謂之白鷺,取其延頸遠望,則其所由來已久,此時特加厲焉耳,百官爲所困擾,何況細民。此明代廠、衛之倫,又非孫、劉校事之比矣。高祖太和三年,下詔曰:"治因政寬,弊由網密,今候職千數,姦巧弄威,重罪受賕不列,細過吹毛而舉,其一切罷之。"於是更置謹直者數百人,以防喧鬥於街衢,吏民安其職業。此則今警察之職而已。

警察之職,所重者亦在摧鉏豪桀,防喧鬥於街衢,抑其小焉者也。《魏書·甄琛傳》:琛遷河南尹,表曰:"國家居代,患多盜竊,世祖太武皇帝,親自發憤,廣置主司里宰,皆以下代令長及五等散男有經略者爲之,又多置吏士,爲其羽翼,崇而重之,始得禁止。遷都已來,天下轉廣,四遠赴會,事過代都,方代雜沓,難可備簡,寇盜公行,劫害不絶,此由諸坊渾雜,釐比不精,主司暗弱,不堪檢察故也。凡使人攻堅木者,必爲之擇良器,今河南郡是陛下天山之堅木,盤根錯節,亂植其中,六部里尉,即攻堅之利器,非貞剛精鋭,無以治之。今擇尹既非南金,里尉鉛刀而割,欲望清肅都邑,不可得也。里正乃流外四品,職輕任碎,多是下才,人懷苟且,不能督察,故使盜得容姦,百賦失理,邊外小縣,所領不過百户,而令長皆以將軍居之,京邑諸坊,大者或千户五百户,其中皆王公卿尹,貴勢姻戚,豪猾僕隸,蔭養姦徒,高門邃宇,不可干問。又有州郡俠客,蔭結貴游,附黨連羣,陰爲市劫,比之邊縣,難易不同。請取武官八品將軍已下幹用貞濟者,以本官俸恤領里尉之任,各食其禄,高者領六部尉,中者領經途尉,下者領里正;不爾,請少高里尉之品,選下品中應遷之者,進而爲之,則督責有所,輦轂可清。"詔曰:"里正當進至勛品,經途從九品,六部尉正九品,諸職中簡取,何必須武人也。"琛又奏以羽林爲游軍,於諸坊巷司察盜賊,於是京邑清静,至今踵焉。《高謙之傳》:除河陰令,舊制:二縣令得面陳得失。時佞幸之輩,惡其有所發聞,遂共奏罷,謙之乃上疏曰:"豪家支屬,戚里親媾,縲紲所及,舉目多是,皆有盜憎之色,咸起怨上之心,縣令輕弱,何能克濟。先帝昔發明詔,得使面陳所懷。臣亡父先臣崇之爲洛陽令,常得入奏是非,所以朝貴斂手,無敢干政,近日以來,此制遂寢,致使神宰威輕,下情不達,乞新舊典,更明往制,庶姦豪知禁,頗自屏心。"此二疏,可見都邑爲治之概也。

原刊一九四七年二月十日天津

《民國日報》副刊"史與地"

〔五二四〕　赦前侵盜仍究[1]

古者吏之惡不僅臧私,然虐民之事,究以由貪取而起者爲多,故絶臧私,實飭吏治之大端也。懲臧私之道甚多,嚴法初非治本之計,然急則治標,嚴法亦不容緩。《周書·明帝紀》,武成元年,五月乙卯詔曰:"比屢有糾發官司赦前事。此雖意在疾惡,但先王制肆眚之道,令天下自新;若又推問,自新何由哉!如此之徒,有司勿爲推究。惟庫厩倉廪,與海内所共,漢帝有云:朕爲天下守財耳。若有侵盜公家財畜錢粟者,魏朝之事,年月既遠,一不須問;自周有天下以來,雖經

① 曾改題爲《懲臧私之道》。

赦宥，而事跡可知者，有司宜即推窮。得實之日，但免其罪，徵備如法。"貪夫徇財，固有甘喪失官爵，而珍視其臧賄者。此令能行，貪風庶少戢乎？

原刊一九四七年上海《益世報》
副刊"史苑"第三十四期

〔五二五〕 無赦之論[①]

無赦之論，漢人常言之，後世則罕有矣，晉世猶間有之。《晉書·武帝紀》：泰始三年，立太子，詔曰："近世每建太子，寬宥施惠之事，間不獲已，順從王公卿士之議耳。方今世運垂平，將陳之以德義，示之以好惡，使百姓蠲多幸之慮，篤終始之行；曲惠小仁，故無取焉。咸使知聞。"《王彪之傳》："時當南郊，簡文帝爲撫軍，執政，訪彪之：應有赦否？答曰：中興以來，郊祀往往有赦，愚意嘗謂非宜。何者？黎庶不達其意，將謂郊祀必赦，至此時，凶愚之輩，復生心於僥倖矣。"此等議論，在後世愈罕聞矣。夫國不能無法；既有法，自不可以不行；赦是使法不行也。然法之用，孰能保其皆得當乎？疆理愈廣，氓庶愈繁，情僞愈滋，官吏之奉法與否，亦益不可知；固執不赦，豈不背哀矜庶戮之意？此所以愈至後世，而無赦之論愈少也。然獄不能皆得當，亦不能皆不當，舉其罪狀確實無疑者而亦釋之，又非爲治之道矣。《周書·樂運傳》，樂運告周宣帝曰："《尚書》曰：眚災肆赦。此謂過誤爲害，罪雖大，當緩赦之。《吕刑》云：五刑之疑，有赦。此謂赦疑從罰，罰疑從免。《論語》曰：赦小過，舉賢才。謹尋經典，未有罪無輕重，溥天大赦之文。"可謂知言矣。

原刊一九四七年五月九日上海《益世報》副刊"史苑"

① 原題《無赦》。

〔五二六〕 法麤術、非妙道

古之言斷獄者必以情。事之情萬殊,而法不能與之爲萬殊。故貴求情者必賤守法,叔向諍鑄刑書,仲尼譏制刑鼎,皆是道也。然此施諸小國寡民、風氣淳樸之世則可耳。若其國大民殷,情僞滋衆,則有不得不爲一切之法者矣。凡執禁以齊衆,不赦過,則是道也。斯理也,《晉書・刑法志》載劉頌、熊遠之説,論之最精。《志》云:惠帝之世,政出羣下,每有疑獄,各立私情,刑法不定,獄訟繁滋。尚書裴頠表陳之,曲議猶不止。時劉頌爲三公尚書,又上疏曰:"陛下爲政,每思盡善,故事求曲當;求曲當則例不得直,思盡善故法不得全。何則?夫法者,固以盡理爲法,而上求盡善,則諸下牽文就意,以赴主之所許,是以法不得全。刑書徵文,徵文必有乖於情聽之斷,而上安於曲當,故執平者因文可引,則生二端。是法多門,令不一,則吏不知所守,下不知所避。姦僞者因法之多門,以售其情,所欲淺深,苟斷不一,則居上者難以檢下,於是事同議異,獄犴不平,有傷於法。"《志》又云:"及於江左,元帝爲丞相,時朝廷草創,議斷不循法律,人立異議,高下無狀。主簿熊遠奏曰:自軍興以來,法度陵替,至於處事不用律令,競作屬命,人立異議,曲適物情,虧傷大例。府立節度,復不奉用,臨事改制,朝作夕改,至於主者不敢任法,每輒關諮,委之大官,非爲政之體。按法蓋麤術,非妙道也。矯割物情,以成法耳。若每隨物情,輒改法制,此爲以情壞法。法之不一,是謂多門,開人事之路,廣私請之端,非先王立法之本意也。"二奏所論甚精,而法麤術非妙道之語,尤爲洞見本原,非謂道不足尚,符乎道,則無所用法矣。

原刊一九四七年五月九日
上海《益世報》副刊"史苑"

〔五二七〕 同伍犯法士庶殊科

古法不可行於後世，而爲後世所誤沿者，莫如比伍相坐。《宋書·王弘傳》載弘與八坐丞郎共疏曰："同伍犯法，無士人不罪之科，然每至詰謫，輒有請訴，若垂恩宥，則法廢不可行。依事糾責，則物以爲苦怨，宜更爲其制，使得憂苦之衷也。"當時議者，江奥謂："符伍雖比屋鄰居，至於士庶之際，實自天隔，舍藏之罪，無以相關。奴客與符伍交接，有所藏蔽，可以得知。是以罪及奴客，自是客身犯愆，非代郎主受罪也。如其無奴，則不應坐。"王淮之謂："昔爲山陰令，士人在伍，謂之押符，同伍有愆，得不及坐。士人有罪，符伍糾之，此非士庶殊科，實使即刑當罪。"蓋緣"束脩之胄，與小人隔絶，防檢無方"，"不逞之士，事接羣細"，"故使糾之"耳。何尚之謂既許士庶緬隔，則聞察自難，不宜以難知之事，定以必知之法。此皆情實如此。弘議謂："士人坐同伍罹謫者，無處無之，多爲時恩所宥，故不盡親謫。"蓋亦以罰不當罪，不得不然，非盡由恩宥也。乃弘謂"庶民不許不知，何許士人不知小民，自非超然簡獨，永絶塵秕者，比門接棟，終自聞知，不必須日夕來往也。"於理似正，然與社會情形不合。

王淮之又云："有奴客者，類多役使，東西分散，住家者少，其有停者，左右驅馳，動止所須，出門甚寡。典計者在家，十無其一，奴客生伍，濫刑必衆。"是非獨使士人親坐其罪爲不當，即罪及奴客，亦未免於枉也。然此猶以奴客不住家言之耳。其實犯法之士，亦視其所犯者如何，不必皆事接羣細，事不接而責其相檢，亦理有所不可，勢有所不能也。故古今情勢懸殊，法必不可不變。什伍相司，商君行之，已爲暴政，而後世無論矣。

《宋書·謝方明傳》：水初三年，出爲丹陽尹，有能名。轉會稽太守。江東民户殷盛，風俗峻刻，强弱相陵，姦吏蜂起，符書一下，文攝相續。又罪及比伍，動相連坐，一人犯吏，則一村廢業，邑里驚擾，狗吠達旦。方明深達治體，不拘文法，闊略苛細，務存綱領。州臺符攝，即時宣下，緩民期會，展其辦舉；郡縣監司，不得妄出，貴族豪士，莫敢犯禁，除比伍之坐，判久系之獄。①

〔五二八〕　後有犯罪宥而勿坐

盟免三死，始於衛之渾良夫；然三而已，三以後則殺之矣。《魏書·宿石傳》："嘗從獵，高宗親欲射虎，石叩馬而諫，引高宗至高原上。後虎騰躍殺人。詔曰：石爲忠臣，鞚馬切諫，免虎之害，後有犯罪，宥而勿坐。"凡犯罪皆免之，妄矣。《于烈傳》："高祖幼沖，文明太后稱制，烈與元丕、陸叡、李沖等各賜金策，許以有罪不死。"亦不過免死而已，無凡犯勿坐之文也。

〔五二九〕　著魏律者

《晉書·刑法志》曰："（魏明帝）命司空陳羣、散騎常侍劉劭、給事黄門侍郎韓遜、議郎庾嶷、中郎黄休、荀詵等删約舊科，旁采漢律，定爲魏法，制《新律》十八篇，《州郡令》四十五篇，《尚書官令》、《軍中令》合百八十餘篇，其《序略》曰"云云。《三國志·魏志·盧毓傳》云："青龍二年，入爲侍中。先是，散騎常侍劉劭受詔定律，未就。毓上論古今科律之意，以爲法宜一正，不宜有兩端，使姦吏得容情。"而《魏志·劉劭傳》言："明帝即位，出爲陳留太守。徵拜騎都尉，與議郎庾嶷、荀詵等定科令，作《新律》十八篇，著《律略論》。遷散騎常侍。"則劭嘗定

① 此爲札記撰寫之後，先生於文末抄的一則史料。

律之初，尚未爲散騎常侍。《毓傳》及《晉志》皆從其後來所遷之官言之。荀詵爲中郎，則《國志》又未分别。《晉志》所謂《序略》，當即《劭傳》所謂《略論》也。

〔五三〇〕 追戮已出之女

《晉書·刑法志》曰："景帝（司馬師）輔政，是時魏法，犯大逆者誅及已出之女。毌丘儉之誅，其子甸妻荀氏應坐死，其族兄顗與景帝姻通，表魏帝以匄其命。詔聽離婚。荀氏所生女芝，爲潁川太守劉子元妻，亦坐死，以懷妊繫獄。荀氏辭詣司隸校尉何曾乞恩，求没爲官婢，以贖芝命。案此事亦見《三國志·何夔傳注》。《注》引干寶《晉紀》云："辭詣廷尉，乞爲官婢，以贖女命。"曾哀之，使主簿程咸上議曰：夫司寇作典，建三等之制；甫侯脩刑，通輕重之法。叔世多變，秦立重辟，漢又脩之。大魏承秦漢之弊，未及革制，所以追戮已出之女，誠欲殄醜類之族也。"據議，其法沿自秦漢，而《志》又言魏法者，蓋秦漢有此法而未必行，及是時乃行之耳。魏文帝誅丁儀、丁廙并其男口，《三國志·陳思王傳》。則雖非已出之女，亦有不并戮者。

《三國志·郭淮傳注》引《世語》曰："淮妻，王淩之妹。淩誅，妹當從坐，御史往收。督將及羌、胡渠帥數千人叩頭請淮表留妻，淮不從。妻上道，莫不流涕，人人扼腕，欲劫留之。淮五子叩頭流血請淮，淮不忍視，乃命左右追妻。於是追者數千騎，數日而還。淮以書白司馬宣王曰：五子哀母，不惜其身；若無其母，是無五子；無五子，亦無淮也。今輒追還，若於法未通，當受罪於主者，覲展在近。書至，宣王亦宥之。"案此書乃迫脅之辭。上文敘事之語，亦淮之託辭，非必其實也。此事之去激變亦僅矣。夫族誅之酷，不過慮報復耳；安知不有因此而引起自危之念，益堅其報復之心，而終不得戢者邪？

〔五三一〕秦　　韓

《三國・魏志・辰韓傳》云:“其耆老傳世,自言古之亡人避秦役來適韓國,馬韓割其東界地與之。其言語不與馬韓同。名國爲邦,弓爲弧,賊爲寇,行酒爲行觴。相呼皆爲徒,有似秦人,非但燕、齊之名物也。”又云:“今有名之爲秦韓者。”《後漢書》云:“有似秦語,故或名之爲秦韓。”無“非但燕、齊之名物”句,遠不如《三國志》之精。蓋自燕至朝鮮,言語本大同,辰韓距朝鮮近,非明著其似秦而非但燕、齊,無以見耆老傳言之可信也。

《宋書・百濟傳》云:“百濟國本與高驪俱在遼東之東千餘里。其後高驪略有遼東,百濟略有遼西。百濟所治,謂之晉平郡晉平縣。”晉平郡晉平縣疑慕容氏或北燕馮氏所置。知非百濟自置者。《梁書》云:“百濟亦據有遼西、晉平二郡地,自置百濟郡。”明晉平、遼西,同爲舊郡也。晉平所在無考,疑在今遼寧沿海。當時高句驪之西侵自陸,百濟之西侵蓋自海。《梁書》云: 天監時,百濟“爲高句驪所破,衰弱者累年,遷居南韓地”。百濟之失遼西專據半島,蓋在此時。其民猶有秦韓之遺焉。《梁書》謂其“呼帽曰冠,襦曰複衫,袴曰褌,其言參諸夏,亦秦韓之遺俗”是也。又曰:“今言語服章,略與高驪同。”此由百濟之王,本與高句驪同種,非其民皆如是。又曰“行不張拱,拜不申足則異”,則亦未盡變三韓之俗矣。拜申足者,《梁書・高句驪傳》云“跪拜申一腳”;《魏書》云“曳一腳”,蓋兩足一信一屈,頗類武坐之致右憲左。《隋書》言其“以兩手據地爲敬”,亦與中國之拜,大同小異也。秦取遼東,在始皇二十五年,下距梁之天監,七百二十三年矣,而避役之亡人,舊俗猶未盡變,亦可謂之貞固矣哉!

秦韓、辰韓,二者似不可溷。辰韓者,三韓之一,秦韓則避役之亡人也。當時所謂秦韓者,疑專指此亡人言之,而與馬韓、弁韓同稱三韓之辰韓初不在内。《三國志》、《後漢書》皆云辰韓爲古之亡人,或名之爲秦韓,疑實誤也。《梁書》云辰韓始有六國,後稍分爲十二,新羅其一,而其稱冠曰遺子禮,襦曰尉解,袴曰柯半,反與中國大相逕庭;其拜及行,與高驪相類。語言待百濟而後通;皆新羅與中國遠,百濟與中國近之證。蓋亡人與辰韓雜居,乃秦漢時事,梁時轉屬百濟,與出自辰韓之新羅,顧無涉矣。自來論者,皆謂新羅出自華夏,實未深考之過也。

《周書》云百濟昏取之禮,略同華俗;父母及夫死,三年治服,餘親則葬訖除之;其王以四仲之月,祭天及五帝之神;亦殊與中國類。

〔五三二〕 晉初東夷種落之多

《晉書·武帝紀》:咸寧二年二月,東夷八國歸化。七月,東夷十七國内附。三年,東夷三國内附。四年三月,東夷六國來獻。是歲,東夷九國内附。太康元年六月甲申,東夷十國歸化。七月,東夷二十國朝獻。二年三月,東夷五國朝獻。六月,東夷五國内附。三年九月,東夷二十九國歸化,獻其方物。七年八月,東夷十一國内附。八年八月,東夷二國内附。九年九月,東夷七國詣校尉内附。十年五月,東夷十一國内附。是歲,東夷絶遠三十餘國來獻。太熙元年二月辛丑,東夷七國朝貢。《惠帝紀》:永平元年,東夷十七國詣校尉内附。蓋十六年之間,東夷之來者十有七,國數逾二百。其中固多前後屢至之國,然東夷國數之多,可想見矣。自是之後,惟孝武帝太元七年九月,東夷五國遣使來貢方物。此外不復見於史。蓋鮮卑漸强,艮維失馭;繼以中原喪亂,東渡以後,聲威益不逮遠使然。然竊疑亦有史失其事者。肅慎之在東北,距校尉頗遠,然成帝時曾遣使來貢,又入貢於石虎、苻堅時,皆曾貢其楛矢,則當時東北與中原形勢,實不甚隔絶;以晉初東夷來者之盛,而謂至惠帝以後,便爾闃然,似於事情不近。若謂諸國皆小弱，遠隔則不能自通，則《苻堅載記》載：太元六年，康居、于闐及海東諸國凡六十有二王，皆遣使獻其方物。此六十二王，不知但指海東諸國言，抑并計康居、于闐，或西域尚有他國，然其中必以海東諸國爲多，則無疑義。七年，海東諸國又遣使獻其方物。然則當東晉中葉，東夷國數，仍不減於西晉之初。國數如是之多，而謂自惠帝初元以降，僅太元初年五國一至，似終難於相信。即謂如是，亦其至者之少，其國數之未曾大減，似猶可推想而得也。然則東夷當慕容氏初亡時，仍是部落分立。句驪、百濟之强大，蓋尚積漸而致也。中國之於四夷，利其分不利其合，句麗、百濟兼併之難如此，而竟予以坐大之機，致隋煬帝、唐太宗再興大役而不能克，内亂詒禍之烈，亦可見矣。

《晉書·張華傳》："乃出華爲持節、都督幽州諸軍事，領護烏桓校尉，安北將軍。撫納新舊，戎夏懷之。東夷馬韓新彌諸國，依山帶海，去州四千餘里，歷世未附者二十餘國，并遣使朝獻。"華之出，據《本紀》，事在太康三年，則《傳》所謂二十餘國者，必即《紀》所謂二十九國者也。《東夷傳》云：裨離國在肅慎西北，馬行可二百日。養雲國去裨離馬行又五十日。寇莫汗國去養雲國又百日行。一羣國去莫汗又百五十日，計去肅慎五萬餘里，其風俗土壤并未詳。泰始三年，各遣小部獻其方物。此諸國當在今黑龍江省北垂至西伯利亞，蓋絶遠之國，偶爾一至。又云："至太熙初，復有牟奴國帥逸芝、惟離模盧國帥沙支臣芝、于離末利國帥加牟臣芝、蒲都國帥因末、繩余國帥馬路、沙樓國帥釤加，各遣正副使詣東夷校尉何龕歸化。"諸國之名，頗與《三國志》所記三韓諸國之名相似，當去校尉治所較近；魏置東夷校尉，居襄平，而分遼東、昌黎、玄菟、帶方、樂浪五郡爲平州。後還合爲幽州，及文懿滅後，有護東夷校尉居襄平。見《晉書·地理志》。《紀》所記東夷諸國，大約皆此等部落也。此十國之至，《紀》皆不載，可見當時四夷朝貢者，《本紀》不能盡記其事。余謂惠帝而後，東夷未必遂絶，似可信矣。

《地理志》云："後漢末，公孫度自號平州牧，及其子康，康子文懿，并擅據遼東;東夷九種,皆服事焉。”此所謂九種者,似襲古九夷之文,非真當時種落有九。魏晉時之東夷校尉,其威稜之遠,實不逮公孫氏,而諸國來者猶盛。謂公孫氏時服事者,乃止九種,其非事實可知。南北朝、隋、唐間脩史者,好飾文辭,致失史實,往往如此。《三國·魏志·齊王芳紀》:正始七年春二月,幽州刺史毌丘儉討高句驪,夏五月,討濊貊,皆破之。韓那奚等數十國各率種落降。又《晉書·文帝紀》:景元四年,天子申晉公九錫之命,司空鄭沖率羣官勸進,有云“時俗畏懷,東夷獻舞”。《樂志》:食舉樂東西廂歌“亹亹文皇”、“韓濊進樂”,所述即一事。此皆魏時事也,可見東夷當魏時來者亦盛。

〔五三三〕 四裔酋長雖降爲編户其種人仍君事之

《三國·魏志·四裔傳》注引《魏略·西戎傳》曰:氐“雖都統於郡國,然故自有王侯,在其虚落間。”案《晉書·石勒載記》曰:“其先匈奴别部羌渠之冑。祖耶奕于,父周曷朱,一名乞翼加,并爲部落小率……曷朱性凶麤,不爲羣胡所附,每使勒代已督攝,部胡愛信之。”然又云:“勒年十四,隨邑人行販洛陽……所居武鄉北原山下,草木皆有鐵騎之象,家園中生人參,花葉甚茂,悉成人狀。父老及相者皆曰:‘此胡狀貌奇異,志度非常,其終不可量也。’勸邑人厚遇之,時多嗤笑。唯鄔人郭敬,陽曲甯驅,以爲信然,并加資贍。勒亦感其恩,爲之力耕。每聞鞞鐸之音,以歸告母,母曰:‘作勞耳鳴,非不祥也。’”則勒當爲司馬騰所執賣之先,久淪爲傭耕負販之儔矣。蓋古之亡國敗家者皆如此,此諸侯不臣寓公,所以稱爲盛德歟?然於其種人,有督攝之權如故。此則敗亡之族,所以時足爲患也。

《載記》又云:“太安中,并州饑亂,勒與諸小胡亡散,乃自雁門還依甯驅。北澤都尉劉監欲縛賣之,驅匿之獲免。勒於是潛詣納降都尉李川,路逢郭敬,泣拜言飢寒。敬對之流涕,以帶貨鬻食之,并給以衣服。勒謂敬曰：'今者大餓，不可守窮。諸胡飢甚，宜誘將冀州就穀，因執賣之，可以兩濟。'敬深然之。會建威將軍閻粹説并州刺史、東嬴公騰，執諸胡，於山東賣充軍實。騰使將軍郭陽、張隆虜羣胡，將詣冀州，兩胡一枷。勒時年二十餘，亦在其中，數爲隆所歐辱。敬先以勒屬郭陽及兄子時，陽，敬族兄也，是以陽、時每爲解請，道路飢病，賴陽、時而濟。既而賣與茌平人師懽爲奴。"案騰之所爲酷矣。然使敬與勒之謀而克遂，其所爲豈必有愈於騰。勒雖降爲編氓，然羣胡猶服其督攝，是猶以君事之也。乃窮餓之時，遽賣其種人以自利，并狡虐矣哉！

〔五三四〕 滑國考

考證之學，自古有之，特前人不如後人之密耳。然後人議前人之疏，亦時或出於誤會，非盡前人之咎也。《梁書·西北諸戎傳》云："滑國者，車師之别種也。漢永建元年，八滑從班勇擊北虜有功，勇上八滑爲後部親漢侯。自魏、晉以來，不通中國。至天監十五年，其王厭帶夷栗陁始遣使獻方物。"又云："元魏之居桑乾也，滑猶爲小國，屬芮芮，後稍强大，征其旁國波斯、盤盤、罽賓、焉耆、龜兹、疏勒、姑墨、于闐、句盤等國，開地千餘里。"元魏之居桑乾，事在晉初，下距天監，載祀不過二百，其時塞北、西域，使譯皆有往來，既非隔絶無聞，亦非年遠而事跡湮滅，儻使芮芮之一屬部，驟致强大，拓地萬里，安得其戰勝攻取之跡，闕焉不傳？且其於芮芮，何以絶不反噬，如後來突厥之所爲乎？此皆衡以事理而絶不可通者也。《梁書》又有白題國云："其先蓋匈奴之别種胡也。漢灌嬰與匈奴戰，斬白題騎一人。今在滑國東，去滑六日行。"其説之不可信，亦與其説滑國同。《裴子野傳》云："西北徼外，有白題及滑國，遣使由岷山道入貢。此二國歷代弗賓，莫知所出。子野曰：漢潁陰侯斬胡白題將一人。服虔《注》云：白題，胡名也。又漢定遠侯擊虜，八滑從之，此其後乎？時人服其博識。”然則以滑國爲八滑之後，乃子野推測之辭，作《梁書》者乃以爲事實，誤矣。滑國即《北史》之嚈噠，明白無疑。《北史·西域傳》云：“嚈噠國，大月氏之種類也，亦曰高車之别種。其原出於塞北，自金山而南。”其不可信，亦與《梁書》同。《通典·邊防典》云：“案劉璠《梁典》：滑國姓嚈噠，後裔以姓爲國號，轉譌又謂之挹怛焉。”《注》云：“其本原，或云車師之種，或云高車之種，或云大月氏之種。又韋節《西蕃記》云：親問其國人，并自稱挹闐。又按《漢書》：陳湯征郅支、康居副王挹闐鈔其後重，此或康居之種類。然傳自遠國，夷語譌舛，年代緜邈，莫知根實，不可得而辨也。”以挹闐爲康居副王之後，正與裴子野之智同。然韋節親聞，説自不誤。因此，可知噠、怛二字，音并同闐，於、邑雙聲，于、於同字，挹噠、挹怛，實于闐之異譯。而通梁之厭帶夷栗陁，殆亦夷栗陁其名，厭帶其姓也。云後裔以姓爲國號，則其初不以姓爲國號可知。《唐書·地理志》：“大汗都督府，以嚈噠部落活路城置。”此即《西域記》之活國，蓋嚈噠嘗居於是，而以其名自通，故《梁書》謂之滑國也。《梁書·西北諸戎滑國傳》云：“少女子，兄弟共妻。”又云：“女人被裘，頭上刻木爲角，長六尺，以金銀飾之。”《北史·西域嚈噠傳》云：“其俗，兄弟共一妻，夫無兄弟者，妻戴一角帽，若有兄弟者，依其多少之數，更加角焉。”多夫之俗，較多妻爲少，俗同而地又相鄰者，當可信爲同族。《北史·吐谷渾傳》云：“白蘭西南二千五百里，隔大嶺，又度四十里海，有女王國。以女爲王，故因號焉。”《西域傳》云：于闐“南去女國三千里”，又云：“女國，在葱嶺南，其國以女爲王。”而唐世西山八國中，亦有一女國，見《舊唐書·德宗紀》貞元九年、《新唐書·韋皋傳》。可見自西康至後藏，戴女王之部族頗多。以女爲主，必也其行女系，女系固非即女權，然女權究易張大也。《北史》之女王國，“土著，宜桑麻，熟五穀”，女國則“氣候多寒，以射獵爲業”，“丈夫惟以征伐爲務”，蓋亦隨其所處而法俗不同。射獵好征戰之族，自後藏北出，于闐正當其衝。《梁書》滑國與于闐，王與妻皆并坐接客；滑“女人被裘”，于闐“婦人皆辮髮，《北史》：女國人皆被髮。衣裘袴”；其俗既極相類。又《梁書・滑傳》云“其跪一拜而止”，此語疑有譌誤。《于闐傳》云：“其人恭，相見則跪，其跪則一膝至地。”此古武坐致右憲左之類，滑俗疑亦同之，此皆滑人曾據于闐之跡。又有周古柯、呵跋檀、胡蜜丹，皆滑旁小國。又云：“凡滑旁之國，衣服容貌，皆與滑同。”蓋其相將俱出者也。《滑傳》云“其言語待河南人譯，然後通”，此其入貢所以必由岷山道。又云“著小袖長身袍”，《渴盤陁傳》云：“風俗與于闐相類。著長身小袖袍，小口袴。”渴盤陁，蓋即《滑傳》之盤盤也。《高昌傳》云：“著長身小袖袍，縵襠袴。”《武興傳》云：“著長身小袖袍，小口袴。”然則自岷山循南山而西，歷天山而北，法俗多同，越北塞而化及金山，自無足異。《北史》所由指嚈噠爲高車、月氏之種與？藏族緣起，史最茫昧，而一經考索，其事跡之有可見者亦如此。而前史但據譯名，妄相附會，不其傎與？民族異同，大端莫如言語。《北史》明言嚈噠之語，與蠕蠕、高車及諸胡不同，而猶目爲高車之種，不尤繆與？然前史所云種者，多指種姓，非謂種族，故所云“車師別種”、“高車別種”、“大月氏種類”者，皆指其君，非指其民。且如拓跋氏，孰不知爲鮮卑種？然《魏書・官氏志》中有須卜氏，有丘林氏，則固匈奴種姓也。契丹爲宇文氏遺落，其誰不知？而《五代史》本傳謂爲匈奴種，以宇文氏之先，爲南單于遠屬也。夫其徒以其君之種姓，而忽其民之族類，則誠疏矣。然舉彼考其君之種姓之辭，而謂其談説其民之種族，則前史不任咎也。抑《通典》以嚈噠之君爲康居副王之種，豈不大謬？然彼固云“夷語譌舛，年代緜邈，莫知根實”。推裴子野之意，亦當如是耳。作《梁書》者逕以其推測之辭爲事實則繆矣，然因此而并斥子野爲武斷則誣。故曰：前人之考據，不如後人之密，而後人所議前人之疏，亦或出於誤會也。

沙琬《西突厥史料》，馮承鈞譯，商務印書館本。引《梁書・滑國傳》之文而加按云：“盤盤，南海國，不應列入西域諸國間。”案《宋書・索虜傳》後附《芮芮傳》云：“其東有槃槃國”，即此盤盤，非南海之盤盤也。

《梁書》又有末國云:"漢世且末國也。北與丁零,東與白題,西與波斯接。"此國亦在西方,與且末相去甚遠。丁氏謙《梁書·夷貉傳考》,謂爲米國之異譯,蓋是。以爲漢世之且末,與以滑爲八滑,致誤之因同也。

原刊一九四六年九月二十日上海《益世報》

〔五三五〕 柔 然

柔然,《南史》云"蓋匈奴之别種",殊誤。《魏書·蠕蠕傳》云:"始神元之末,掠騎有得一奴,髮始齊眉。忘本姓名,其主字之曰木骨閭。木骨閭者,首秃也。木骨閭與郁久閭聲相近,故後子孫因以爲氏。木骨閭既壯,免奴爲騎卒。穆帝時,坐後期當斬,亡匿廣漠谿谷間,收合逋逃,得百餘人。依純突鄰部。疑當作紇突隣。木骨閭死,子車鹿會雄健,始有部落,自號柔然。後世祖以其無知,狀類於蟲,故改其號曰蠕蠕。"阿那瓌之降魏也,啓魏主:"臣先世源由,出於大魏。"觀此,則柔然之先,必爲鮮卑。惟純突隣部,似系高車部落。

〔五三六〕 北族辮髮

北族除匈奴外,殆皆辮髮,而其辮髮之制,又小有不同。《後漢書·烏桓傳》,謂其"父子男女相對踞蹲,以髡頭爲輕便。婦人至嫁時乃養髮,分爲髻"。而鮮卑則"唯婚姻先髡頭"。《魏書·宇文莫槐傳》:"人皆剪髮,而留其頂上,以爲首飾。長過數寸,則截短之。"是其所留之髮頗短。然木骨閭髮齊眉,而拓跋氏謚之曰秃,則拓跋氏之辮髮,又頗長矣。此南朝所以呼爲"索虜"歟?《晉書·載記》述慕容氏得氏之由曰:"時燕、代多冠步摇冠,莫護跋見而好之,乃斂髮襲冠。

諸部因呼之爲步摇，其後音譌，遂爲慕容焉。”竊疑莫護亦慕容音轉，此人實名跋也。此當爲北族慕化解辮之最早者。而後來之滿洲人，乃以强迫漢人薙髮，大肆殺戮，人之度量相越，豈不遠哉？然漢族至今，猶有辮髮而效忠於胡者，則亦可謂不念始矣。

其服飾：男子辮髮，女子則否。《北史・高車傳》：“婦人以皮裹羊骸，戴之首上，縈屈髮鬢而綴之，有似軒冕。”《南史・蠕蠕傳》：“辮髮，衣錦小袖袍、小口袴、深雍鞾。”利御寒而便騎射，亦各適於其地也。《北史・突厥傳》稱其“被髮左衽”；《隋書・突厥傳》載沙鉢略表，謂“削衽解辮，革音從律，習俗已久，未能改變”，可見其由來之舊矣。

〔五三七〕　北俗不解用彈

北夷雖善射而不解彈。《魏書・序紀》云：神元帝四十二年“遣子文帝如魏，以國太子留洛陽。魏晉禪代，和好仍密。始祖春秋已邁，帝以父老求歸，晉武帝具禮護送。四十八年，帝至自晉。五十六年，復如晉；其年冬，返國，行達并州；晉征北將軍衛瓘以帝爲人雄異，恐爲後患，乃密啓晉帝，請留不遣。晉帝難於失信，不許。瓘復請以金錦賂國之大人，令致間隙，使相危害。晉帝從之，遂留帝。五十八年，方遣帝。始祖聞帝歸，大悦，使諸部大人詣陰館迎之。酒酣，帝仰視飛鳥，謂諸大人曰：我爲汝曹取之。援彈飛丸，應弦而落。時國俗無彈，衆咸大驚，乃相謂曰：太子風采被服，同於南夏，兼奇術絶世，若繼國統，變易舊俗，吾等必不得志，不若在國諸子，習本淳樸。咸以爲然。且離間素行，乃謀危害，并先馳還。始祖問曰：我子既歷他國，進德何如？皆對曰：太子才藝非常，引空弓而落飛鳥，是似得晉人異法怪術，亂國害民之兆，惟願察之。自帝在晉之後，諸子愛寵日進。始祖年踰期頤，頗有所惑，聞諸大人之語，意乃有疑，因曰：不可容者，便當除之。於是諸大人乃馳詣塞南，矯害帝。”此説雖出附會，然北俗之不知彈，而視爲神奇，則可見矣。《隋書·長孫晟傳》：晟副宇文神慶送千金公主，攝圖愛焉。"每共遊獵，留之竟歲。嘗有二雕，飛而争肉，因以兩箭與晟曰：請射取之。晟乃彎弓馳往，遇雕相攫，遂一發而雙貫焉。攝圖喜，命諸子弟貴人皆相親友，冀昵近之，以學彈射。"晟之一發雙貫，蓋亦用彈，非用箭也。其後啓民入朝，賜射於武安殿，時有鳶羣飛，上曰：公善彈，爲我取之。十發俱中，并應丸而落，猶欲以彈誇示外夷也。

〔五三八〕 烏丸俗從婦人計

《三國·魏志·烏丸傳注》引《魏書》曰："其嫁娶皆先私通，略將女去，或半歲百日，然後遣媒人送馬牛羊以爲聘娶之禮。《後漢書》作"以爲聘幣"。壻隨妻歸，見妻家無尊卑，旦起皆拜，而不自拜其父母。爲妻家僕役二年，《後漢書》作"一二年間"。妻家乃厚遣送女，居處財物，一出妻家，故其俗從婦人計。至戰闘時，乃自決之。"案此自服務婚稍入買賣婚之世，財産猶屬女子，故除戰闘外，一切皆女子主之也。《史記·大宛列傳》言："自大宛以西至安息國，俗貴女子，女子所言而丈夫乃決正。"蓋部族政治，初亦不離米鹽靡密，故亦多由女子主之也。

《三國志·高句麗傳》曰："其俗作婚姻，言語已定，女家作小屋於大屋後，名壻屋，壻暮至女家户外，自名跪拜，乞得就女宿，如是者再三，女父母乃聽使就小屋中宿，旁頓錢帛，至生子已長大，乃將婦歸家。"此亦從從婦居稍變爲從夫居者。舜尚見帝，帝館甥於貳室，與壻屋頗相類。

〔五三九〕 東沃沮之葬

《三國·魏志·東沃沮傳》云："其葬作大木椁，長十餘丈，開一頭作户。新死者皆假埋之，才使覆形，皮肉盡，乃取骨置椁中。舉家皆共一椁。”案此象生時之居室也，野蠻人之居，固多爲大室也。韓居處作草屋土室，形如冢，其户在上，舉家共在中，無長幼男女之別，同書《韓傳》。即其一證。

〔五四〇〕 曆　　日

古以干支紀日，後世則易之以數。以用干支爲紀，不能與月相合，又不能與年相合，故曆術漸普徧於民間，而其法遂廢矣。《宋書·禮志》二：“案《周禮》女巫掌歲時祓除釁浴，如今三月上巳如水上之類也。《月令》，暮春，天子始乘舟。禊於名川也。《論語》，暮春浴乎沂。自上及下，古有此禮。今三月上巳祓於水濱，蓋出此也。自魏以後，但用三日，不以巳也。”蓋至魏世，用干支紀日者已希矣。

曆術何以普徧於民間，則必恃曆本之普徧。《梁書·傅昭傳》：昭隨外祖於朱雀航賣曆日。所謂曆日，即今曆本也。昔人詩：“偶來松樹下，高枕石頭眠，山中無曆日，寒盡不知年。”謂山中無曆本可得也。

原刊一九四七年四月二十五日上海《益世報》副刊“史苑”

〔五四一〕 減 食 致 壽

梁武帝在歷代帝王中，可謂最能勤勞且寡嗜欲者。以從來學人，居於帝王之位者極少，而帝則確爲學人也。《梁書·賀琛傳》：琛啓陳事條，言甚切直。武帝怒，召主書於前，口授敕責琛，有曰：“朕三更出理事，隨事多少，事少或中前得竟，或事多，至日昃方得就食。日常一食，若晝若夜，無有定時。疾苦之日，或亦再食。昔要腹過於十圍，今之瘦削，裁二尺餘，舊帶猶存，非爲妄説。”帝之責琛，誠爲拒諫，然其能勤勞寡嗜欲，則史家亦盛稱之，非妄説也。顧乃康强致高壽。然則生於憂患，死於安樂，亦非徒以其處境而實由其自律矣。節食尤爲致壽之大端。吾頗留心人之壽夭，自弱冠來，所知識者死，恒訪求其病狀，而推測其致死之由。蓋未見癡肥之人，克至耄耋之歲者；若其有之，則少壯雖癡肥，人老必瘦削。然則飲食若流者，以自促其年耳，亦可悲矣！

原刊一九四七年《東南日報》副刊“文史”

〔五四二〕 罷　　社

《三國志·王脩傳》：“年七歲喪母，母以社日亡，來歲鄰里社，脩感念母，哀甚。鄰里聞之，爲之罷社。”案古人甚重社，安得罷之。所謂罷社者，蓋古人恒因社以作樂，哀其念母而罷之也。此猶得“鄰有喪，舂不相，里有殯，不巷歌”《禮記·曲禮上》。之義。

〔五四三〕 吞　　泥

近世飢荒時，民或吞土以求免死，俗稱之曰觀音土。《三國·吴志·孫權傳注》引《江表傳》，言權攻李術於皖城，術閉門自守，糧食之盡，婦女或丸泥而吞之。建安六年。則漢世已有其事。

〔五四四〕 因　　俗

《通鑒》陳長城公至德元年，隋柳彧以近世風俗，每正月十五夜，燃燈遊戲，奏請禁之。曰："竊見京邑，爰及外州，每以正月望夜，充街塞陌，聚戲朋遊，鳴鼓聒天，燎炬照地，竭資破產，競此一時，盡室并孥，無問貴賤，男女混雜，緇素不分。穢行因此而成，盜賊由斯而起。因循弊風，曾無先覺，無益於化，實損於民，請頒天下，并即禁斷。"詔從之。胡三省注曰：觀此，則上元游戲之弊，其來久矣。後之當路者，能不惑於世俗，奮然革之，亦所謂豪杰之士也。一國之人皆若狂，昔人痛之深矣。然百日之蜡，一日之澤。民固不可無會聚歡樂之時，要在節之以禮耳。且如賜酺，豈不足以致酒禍。然孔子不曰："吾觀於鄉而知王道之易易乎?"俗之興替，必有其由。將頹者不可以人力支，衆之所樂者，亦不能以人力强革也；要在因人情而爲之節文耳，所謂善者因之也。且如百戲，無益有損，然其原出於角觝。秦漢之世，民至空邑以觀，不猶可以奬技勇乎? 技勇之在今日，相需尤切，有心世道之人，能於時節，加以提唱，亦牖民之一道也。且男女之交，其不自由久矣，可無以宣泄之乎，此固自由之世之遺俗也。子貢欲去告朔之餼羊，子曰：賜也，爾愛其羊，我愛其禮。

〔五四五〕 父子相似

人之相似，惟醫學家所謂真雙生子爲然，不徒其貌也，即其心亦相似。然雙生之子，處境亦多相同，幼時尤甚；若處之不同之境，則其貌雖相似，其心即不能盡同。此可見清虚者易遷，重濁者難變，張横渠《正蒙》之説，有不盡誣者也。父子之相似，本不能如雙生之子。且人貌隨年而異，雙生子貌之相似，亦以年之相同也。若父子則有老少之殊，縱使人追憶疇昔而驚其相肖，必不能混淆於一見之下矣。乃《南史·陸倕傳》，謂倕次子緬，有似於倕，一看殆不能别，此誠罕有之事。意者倕生子甚早，子已壯而父猶未老歟? 然終爲罕見之事矣。

原刊一九四八年二月二十五日《東南日報》

〔五四六〕 絶菜患腫

圍城之中，人乏蔬菜以爲食，每致患腫，昔人誤以爲由於乏鹽。如《北史・王思政傳》，謂思政初入潁川，士卒八千人，被圍既久，城中無鹽，腫死者十六七，及城陷之日，存者纔三千人是也。《魏書・房法壽傳》：法壽族子景伯，母亡居喪，不食鹽菜，遂爲水病，積年不愈，孝昌三年卒於家。似足證無鹽致腫之説矣。然《北史・趙琰傳》言：時禁制甚嚴，不聽越關葬於舊兆，琰四十餘年不得葬二親，年逾耳順，孝思彌篤，慨歲月遷移，遷窆無冀，乃絶鹽粟，斷諸餚味，食麥而已。而年至八十，則又何也？《隋書・劉方傳》：方征林邑還，士卒腳腫，死者十四五。此由南方卑溼，易患腳氣病，亦與缺鹽無涉也。

〔五四七〕 脈　　法

中醫多以善診脈自詡，甚者謂能診脈，則不待問而可知所患，此乃欺人之談，少明事理者不之信，即醫家之少明事理者，亦不以此欺人也。然此等附會之説，古即有之。《魏書・術藝傳》，謂顯祖欲驗徐謇所能，乃置諸病人於幕中，使謇隔而脈之，深得病形，兼知色候是矣。此事即有之，亦爲幸中，況傳者過而非其實，《術藝傳》中事跡，率多如是也。脈學之興，蓋本診察之一術，所以補但憑證狀者之不足，以求詳慎，非謂恃此遂可忽視證狀。倉公之學，出於陽慶，《史記》本傳記慶語，謂有黄帝扁鵲之脈書，五色診病，知人生死，決嫌疑，定可治；原不專治脈書。倉公對詔問，謂病名多相類，不可知，故古聖人之脈法，以起度量，立規矩，縣權衡；此即所謂決嫌疑，乃所以補望聞之不足者也。其自述治驗，無一不切其脈者，然亦無一不詳其證狀，即知切脈非可專恃。後世醫家，遇有證脈不合者，多舍脈而從證；以證固明白有據，脈究徒憑探索也。間有舍證從脈者，乃經驗多，知目前之證將有變化，不宜徒據之以爲治，乃逆測未來以立法，實無所謂從脈也。故脈法實不可深恃。然脈法以不如證狀之易見，而有待於探索，故其通知實較難；醫工之較下者，或不知之。《宋書・范曄傳》，謂孔熙先善於治病，兼能診脈，可見是時能治病者，不皆能診脈也。

原刊一九四七年十月十五日《東南日報》副刊“文史”

〔五四八〕 手　　術

近世之論西醫者，多豔稱其手術。其實病之可用手術者，皆有形質可見，而可以逕拔除之，實不可謂之難治。近世手術，所以勝於古人者，乃在人體生理之益明，所用械器之益精，及麻醉消毒等法，爲效益大，而流弊益微耳。此皆他種科學有以輔助醫學，若就醫家療治之術言之，則使用手術，爲法最爲簡逕，固非古人所不能知，其興起度必甚早也。

華佗之技，爲今古所豔稱，以其於鍼藥不及之病，能以刳割治之也。然其時關羽中流矢，嘗破臂作創，刮骨去毒。又《三國・魏志・賈逵傳注》引《魏略》，謂逵生癭稍大，自啓欲令醫割之，太祖惜逵忠，恐其不活，教謝主簿：吾聞“十人割癭九人死”。逵猶行其意，而癭愈大。逵之不愈，或不能歸咎於醫，然諺語亦必有由，則因割癭而死者不少矣。可見醫於刳割之術多拙。然工拙別是一事，觀於割癭者之多，而知是時之醫，能施刳割之術者實不少。若爲關羽破臂刮骨者，則其術并不可謂之拙矣。《魏書・長孫道生傳》，謂道生玄孫子彦，少嘗墜馬折臂，肘上骨起寸餘，乃命開肉鋸骨，流血數升，言戲自若，時以爲踰於關羽。子彦視關羽何如不可知，爲子彦施治之醫，必不減於爲羽施治之醫，則無惑也。是其術固異世而猶存也。《晉書・魏詠之傳》言：詠之生而兔缺，年十八，聞荆州刺史殷仲堪帳下有名醫能療之，貧無行裝，謂家人曰："殘醜如此，用活何爲！"遂齎數斛米西上，以投仲堪。既至，造門自通。仲堪與語，嘉其盛意，召醫視之。醫曰："可割而補之，但須百日進粥，不得語笑。"詠之曰："半生不語，而有半生，亦當療之，況百日邪！"仲堪於是處之别屋，令醫善療之。詠之遂閉口不語，惟食薄粥，其厲志如此。及差，仲堪厚資遣之。此醫之技，亦未必減於華佗也。佗之所以負盛名者，或以其能用麻沸散。近世論醫學者，謂麻醉藥之發明，爲醫家一大事。以病有非刳割不能治者，無此，人或憚痛苦而不敢治；即或不憚，而痛苦非人所能堪，於法亦遂不可治也。爲關羽、長孫子彦作創之醫，未嘗用麻醉藥，顯而易見。《三國・吴志・吕蒙傳》言，蒙疾病，孫權迎置内殿，每有一鍼加，爲之慘戚。蓋亦不能用麻醉藥，故其痛苦實甚。然則是時之醫，能用麻醉藥者似少，此佗之所以獨擅盛名歟？然麻沸散之方，近世鈴醫猶有之，則亦非佗之所獨也。故世容有絶精之技，而必無獨擅之學。

白喉之初起也，醫家多不能治。民間嫗婦，乃有以刀鍼破其白腐處而强抉去之者，往往致死，亦或獲愈。此足證吾手術治病最爲簡直、興起當早之説。蓋病之有形質可見者，就所在而逕抉去之，原爲人所易見；初用之或致死加劇，久之則其術漸精矣。然亦有古人技精，而後世反不逮之者。新醫有閲《銀海精微》者，謂其手術或爲近世眼醫師所不知。此由醫學傳習不盛，醫家又或自祕，前人之所知所能，不能盡傳於後也。然世之偏重儒醫，亦當分尸其咎。凡儒醫多好空談，而手術則非所習；使此輩享盛名，食厚糈，而襲古代醫家真傳之鈴醫，日益衰落，而古醫家專門之技，不傳於後者，亦益多矣。

《晉書・温嶠傳》：嶠平蘇峻後，固求還鎮，先有齒疾，至是拔之，因中風，至鎮未旬而卒。其死，不知果由拔齒致之不，然時醫工能拔去病齒，則因此可知。

古語云："毒蛇螫手，壯士斷腕。"則去病毒之所在，以免延及全身，其由來亦極早。《晉書・盧欽傳》：欽子浮，以病疽截手，遂廢。則去肢體以全生命，古代之醫亦能爲之矣。

邂逅受傷，殘折肢體，甚至傷及藏府而卒不死，亦可使人悟及手術之可用。《北史・彭樂傳》：天平四年，從神武西討，與周文相拒。神武欲緩持之，樂氣奮請決戰，神武從之。樂因醉入深，被刺腸出，内之不盡，截去復戰，身被數創，軍勢遂挫，然樂卒不死。有此等經驗，則使人知腸之可去矣。不然，孰敢臆測腸之可截邪？

醫有借助於巫者，或藉此以振精神，便於施治耳。有形質之疾，謂可但以符呪等治之，恐無是理也。《齊書・陳顯達傳》言：顯達討桂陽賊，矢中左眼，拔箭而鏃不出。地黄村潘嫗善禁，先以釘釘柱，嫗禹步作氣，釘即時出，乃禁顯達目中鏃出之。似謂但禹步作氣而鏃自出者，恐傳者過也。《南史・張融傳》云：有薛伯宗者，善徙癰疽，公孫泰患背，伯宗爲氣封之，徙置齋前柳樹上，明旦癰消，樹邊便起一瘤如拳大，稍稍長，二十餘日，瘤大膿爛，出黄赤汁斗餘，樹爲之痿損。其説尤爲離奇。然自稱能徙癰者，吾小時尚見之，其事似在光緒辛卯歲，吾父腦後忽腫起如瘤，醫家不敢以刀割，亦不能以藥消，乃曰，有某者，自稱能徙癰，不妨姑試之。如其言。其人用何術，予已不省記，但記其云已徙之庭前桂樹上。其後樹無他異，而吾父腫亦旋消。更詢諸醫家，則云此蓋無名腫毒，本非瘤也。故知以神奇自炫者，今古多有，而侈陳奇跡，則無一不出語增耳。

《隋書・隱逸傳》：張文詡嘗有腰疾，會醫者自言善禁，文詡令禁之，遂爲刃所傷，至於頓伏牀枕。醫者叩頭請罪，文詡遽遣之，因爲其隱，謂妻子曰："吾昨風眩落阬所致。"其掩人之短，皆此類也。此可見善禁者亦不能不用刀鍼，或且藉此以施刀鍼也。

原刊一九四七年《東南日報》副刊"文史"

〔五四九〕　國 子 太 學

國子學與太學，初本是二，後乃合而爲一。

古代平民，學於其所居之里之校，秀者升入其鄉之庠序，自庠序升於司徒，入於大學。貴族則學於其家門側之塾。師氏、保氏門闈之學，公宫南之左之小學，與家塾皆一物也，貴族出於此，亦入於大學。故平民登進，較之貴族，多一節級。然既入大學，即與王太子、王子、羣后之太子、卿大夫、元士之適子等夷矣。詳見《古學制》條。漢世博士弟子，太常擇民年十八以上儀狀端正者補；在郡、國、縣、道、邑者，令、相、長、丞上二千石，二千石察可者，得與計偕；尤絶無限制。後漢雖有大將軍至六百石遣子入學之令，亦未聞其較平民多占便宜，可謂蕩蕩平平矣。自國子學立，而此局乃一變。

《宋書・禮志》云："魏文帝黄初五年，立太學於洛陽。齊王正始中，劉馥上書曰：黄初以來，崇立太學，二十餘年，而成者蓋寡。由博士選輕，諸生避役，高門子弟，恥非其倫，故無學者。雖有其名而無其實，雖設其教而無其功。宜高選博士，取行爲人表，經任人師者，掌教國子。依遵古法，使二千石以上子孫，年從十五，皆入太學。明制黜陟，陳榮辱之路。不從。晉武帝泰始八年，有司奏：太學生七千餘人，才任四品，聽留。詔：已試經者留之，其餘遣還郡國。大臣子弟堪受教者，令入學。案此可見學生雖多，大臣子弟實少。咸寧二年，起國子學。蓋《周禮》國之貴遊子弟所謂國子，受教於師氏者也。"此爲國子學設立始末。蓋欲迫令貴遊子弟入學而不能，乃爲之别立一學耳。觀其擬諸師氏，則固以小學視之。《宋書・百官志》言晉初置國子學，隸屬太學，其等級固分明也。至南朝而其制一變。南朝皆無太學。陳宣帝太建三年、後主至德三年，皇太子皆釋奠太學。然此等皆徒有其名而已。《齊書・禮志》載曹思文之表曰："今之國學，即古之太學。晉初太學生三千人，案較之上引《宋書・禮志》所述泰始八年之數，已裁減過半矣。既多猥雜，惠帝時欲辨其涇渭，故元康三年，始立國子學。官品第五以上，得入國學。案"立國子學"，《晉書・本紀》在咸寧二年。《宋書・禮志》作"起國子學"。《晉書・職官志》云："咸寧四年，武帝初立國子學，定置國子祭酒、博士各一人，助教十五人，以教生徒。"蓋屋宇起於二年，官制定於四年，生徒選補之法，實至元康三年而後定，故思文又云立於是年也。天子去太學入國學，以行禮也。太子去太學入國學，以齒讓也。太學之與國學，斯是晉世殊其士庶，異其貴賤耳。”然則國學存而太學廢矣。太學凡民可入，而國學限於貴遊，是則去蕩平之途而求私龍斷也。

原晉所以設國子學者，實緣欲求高門子弟之入學。其求高門子弟入學，則以此輩專務交遊也。《三國·魏志·董昭傳》：昭上疏陳末流之弊曰：“當今年少，不復以學問爲本，專更以交遊爲業；國士不以孝弟清脩爲首，乃以趨勢遊利爲先。合黨連羣，互相褒歎，以毁訾爲罰戮，用黨譽爲爵賞。附己者則歎之盈言，不附者則爲作瑕釁。”此本漢末太學中之弊風，特以遭逢喪亂，學校丘墟，而此風未改，故初在學校中者，後又出於學校外耳。《晉書·傅玄傳》：玄於武帝初上疏，言“漢、魏百官子弟，不脩經藝而務交遊，徒繫名於太學，不聞先王之風”；又言“今聖明之政資始，而漢、魏之失未改，散官衆而學校未設”，蓋以此也。此事關鍵，首在其用人之能覈實，次亦視其果能驅人入學與否。用人果能覈實，遊談將不禁自止。不能驅人入學，則國子學亦與太學等耳。所謂高門子弟者，豈誠以羞與避役者伍而不入學哉？抑因避役而入學，固情有可矜，然爲政之道，當清簡賦役，不能豢避役者於學中，則當時猥雜之徒，雖一舉而盡汰之可也。而又不能，而乃爲之别立一學，不誠無具矣哉？

然晉世所行之政，亦迄未收效也。以國學代太學，蓋始於宋，晉世尚未有此意，故東渡後，建武元年，即立太學。《晉書·本紀》。此事由王導、戴邈。導之言曰：“人知士之所貴，由乎道存，則退而脩其身。脩其身以及其家，正其家以及於鄉，學於鄉以登於朝。反本復始，各求諸己，則敦樸之業著，浮僞之道息。”欲“使朝之子弟，并入於學”。《宋書·禮志》。邈亦言：“貴遊之子，未必有斬將搴旗之才，亦未有從軍征戍之役。”宜“及盛年，講求道藝”。《宋書·禮志》。咸康三年，既立太學，復議國學。設立未幾，又復遣散。《晉書·成帝紀》：咸康三年，正月，立太學。《袁瓌傳》：除國子祭酒，上疏曰：“若得給其宅地備其學徒，臝有其官，則臣之願也。”疏奏，成帝從之。國學之興，自瓌始也。《宋書·禮志》，以疏爲瓌與太常馮懷同上，事在咸康三年，云："疏奏，帝有感焉。由是議立國學，徵集生徒。而世尚莊、老，莫肯用心儒訓。穆帝永和八年，殷浩西征，以軍興罷遣。由此遂廢。"自咸康三年至永和八年，凡十六年。至孝武帝時，乃二學并立。《晉書·孝武帝紀》：太元九年，四月，增置太學生百人。十年，二月，立國學。事由謝石之奏，見《晉書》本傳及《宋書·禮志》。《宋書》載其疏辭，謂上於太元元年，蓋當作九年，因字形近而誤。疏有"皇威遐震，戎車方静"之語，蓋指淝水之捷言之，事在太元八年也。其事由於謝石。史稱"烈宗納其言，選公卿二千石子弟爲生，增造廟屋一百五十五間，而品課無章，士君子恥與其列"。國子祭酒殷茂言之曰："自學建彌年，而功無可名。憚業避役，就存者無幾。或假託親疾，真僞難知。聲實渾亂，莫此之甚。臣聞舊制，國子生皆冠族華胄，比列皇儲，而中者混雜蘭艾，遂令人情恥之。竊謂羣臣内外，清官子姪，普應入學，制以程課。今者見生，或年在扞格，方圓殊趣，宜聽其去就，各從所安。"又庾亮在武昌，開置學官，其教亦言："人情重交而輕財，好逸而惡勞。學業致苦，而禄答未厚，由捷逕者多，故莫肯用心。"又言："若非束脩之流，禮教所不及，而欲階緣免役者，不得爲生。"然則貴遊不入，而避役者羣集，在太學未聞有改，而國學又復如此；即地方設學，亦不能免也。此積習不易變，南朝蓋患其猥雜，故逕獨立國學，然非政體也。

强高門子弟入學，太元十年，蓋頗收效。然《宋書·五行志》云："太元十年，正月，立國子學。學生多頑嚚，因風放火，焚房百餘間。"《晉書·五行志》略同。蓋即高門子弟之所爲也。歷代學校，亦多有所謂風潮，然未有如此次之無意識者，别見《學校風潮》條。當時所謂高門子弟者，其品質可知矣。設學不以教孤寒之士，而斤斤欲教此等人，不亦雕朽木而圬糞土之牆乎？

《北齊書·儒林傳》曰："齊制，諸郡并立學，置博士、助教授經。學生俱差逼充員。士流及豪富之家，皆不從調。備員既非所好，墳籍固不關懷，又多被州郡官人驅使，縱有遊惰，亦不檢治。"此則入學而不能避役，因之非差逼莫肯充員。又魏、晉以降之一變局矣。

〔五五〇〕 爲私家立學

予嘗撰《私家教授之盛不始東漢》一條，讀之，可知學術之興盛，皆人民所自爲，而政府所能爲力者實淺矣；然猶不止此。夫東京十四博士，皆今學也。當時太學著籍之盛，曠古未聞，乃一朝灰炭，而今學之傳授，即隨之而絶，然則當時其學之傳於後生者幾何？無怪范蔚宗譏其"章句漸疏，多以浮華相尚"矣。《後漢書·儒林傳序》。東京私學，亦多有名無實。鄭玄在當時，最稱大師，而其所傳，陵亂無條理，且多矛盾，即可見之。然其傳授，猶歷久不絶。然則當時今學講師，其學尚不逮鄭玄、王肅也，況敢望韓嬰、董仲舒、劉向、揚雄乎？晉立國子學而太學廢。國學皆貴遊子弟，自更不足語於學問，説見《國子太學》條。劉宋以後，國學又替，而就講學之私家，加以扶助者轉盛。則是學術之命脈，仍繫於私家也。

《宋書·禮志》云：高祖受命，詔有司立學，事在永初三年正月，見《紀》。未就而崩。太祖元嘉二十年，復立國學。《本紀》：太祖詔建國學，在元嘉十九年正月。是年十二月，詔言胄子始集，學業方興。《何承天傳》亦云：是年立國子學，以本官領國子博士。而《志》云二十年者，蓋師生集於十九年末，始業實在二十年也。二十七年廢。《紀》在三月，蓋以軍興廢。《孝武帝紀》：大明五年，八月，詔來歲可脩葺庠序，旌延胄子。《禮志》不言其事，疑其實未曾行。宋世國學之立，蓋不及十年也。然其時周續之遁跡廬山，高祖踐阼即召之，爲開館東郭外，招集生徒。元嘉十五年，文帝又徵雷次宗至京師，爲開館於雞籠山。時又使何尚之立玄學，何承天立史學，謝元立文學。凡四學并建。見《隱逸·雷次宗傳》。案此事《南史》入《本紀》，繫元嘉十六年。《宋書·何尚之傳》云：元嘉十三年，彭城王義康欲以司徒左長史劉斌爲丹陽尹，上不許。乃以尚之爲尹。立宅南郭外，置玄學，聚生徒，謂之南學。《南史》同。其立學不知究在何年也。《明帝紀》：泰始六年，九月，立總明觀。《南史》云：分爲儒、道、文、史、陰陽五部學。言陰陽者遂無其人。此猶是率元嘉之舊。國學雖衰,其扶助私家之學,則可謂至矣。齊建元四年,正月,詔立國學。見《禮志》及《本紀》。九月,以國哀罷。《武帝紀》。《百官志》云:其夏國諱廢學。永明三年,正月,詔立學。《本紀》。旋復省廢。未知何時,東昏侯時,曹思文争廢國學,見下。表言永明以無太子故廢,非古典。案建武四年詔言:"往因時康,崇建庠序,屯虞薦有,權從省廢,"則似非以無太子故。建武四年,正月,又詔立學。永泰元年,東昏侯即位,尚書符依永明舊事廢學。國子助教曹思文表言不可廢。有司奏從之。《禮志》。然其立學之久,尚不逮劉宋也。總明觀以永明三年省,蓋以國學已立故。然是歲,又於王儉宅置學士館,悉以四部充儉家。則學術之重心,仍在私家,又竟陵王子良,嘗表世祖,爲劉瓛立館,亦宋世待周續之、雷次宗之意也。梁武踐阼,徵何胤不至,遣何朗、孔壽等六人於東山受學。天監四年,置五經博士各一人。《本紀》。《儒林傳》云:以平原明山賓、吴興沈峻、建平嚴植之、會稽賀瑒、吴郡陸璉補博士,各主一館,則所重者仍在其人。七年,正月,詔大啓庠序,博延胄子,國學蓋自此建立。然恐亦徒有其名。故其後大同七年,又於宫城西立士林館,延集學者也。《陳書・儒林傳》言:高祖"承前代離亂,日不暇給,弗遑勸課。世祖以降,稍置學官。雖博延生徒,成學蓋寡"。陳世,資助私家之事,闃焉無聞,然官立之國學,亦益黯然無色矣。

郡縣亦有爲私家立學者。《宋書・隱逸傳》沈道虔:鄉里年少,相率受學。道虔常無食,無以立學徒。武康令孔欣之厚相資給,受業者咸得有成。《梁書・處士傳》諸葛璩:性勤於誨誘,後生就學者日至,居宅狹陋,無以容之,太守張友爲起講舍。《魏書・崔休傳》:爲渤海,大儒張吾貴有盛名於山東。西方學士咸相宗慕。弟子自遠而至者恒千餘人。生徒既衆,所在多不見容。休乃爲設俎豆,招延禮接,使肄業而還,儒者稱爲口實。皆是。

南北朝實爲資助私家立學最盛之世。固以其時王業偏安,敬教勸學,力有弗逮,乃僅就私家,加以資助。亦以私家立學,爲衆所歸仰者,其人必較有學問,而歸仰之者,亦必較有鄉學之誠,就加資助,轉較官自立學者爲有實際也。學術之興盛,皆社會自然之機運,而非政治所能爲,益可見矣。

〔五五一〕 盲 人 識 字

盲人亦能識字,爲近世言歐美教育者所豔稱。然其事古亦有之。《隋書·藝術傳》:盧大翼目盲,以手摸書而知其字是也。其所摸書,蓋爲簡牘。自簡牘盡廢,而此事遂不可見矣。

〔五五二〕 范 甯 崇 學

《晉書·范汪傳》:爲東陽太守,"在郡大興學校。"子甯,爲餘杭令,"在縣興學校,養生徒,絜己脩禮,志行之士,莫不宗之。朞年之後,風化大行。自中興以來,崇學敦教,未有如甯者也。"補豫章太守,"在郡又大設庠序。遣人往交州采磬石,以供學用。改革舊制,不拘常憲。遠近至者千餘人,資給衆費,一出私禄。并取郡四姓子弟,皆充學生,課讀五經。又起學臺,功用彌廣。江州刺史王凝之上言曰:豫章郡居此州之半。太守臣甯,入參機省,出宰名郡,而肆其奢濁,所爲狼籍。郡城先有六門,甯悉改作重樓,復更開二門,合前爲八。私立下舍七所。臣伏尋宗廟之設,各有品秩,而甯自置家廟。又下十五縣,皆使左宗廟,右社稷,準之太廟,皆資人力,又奪人居宅,工夫萬計。甯若以古制宜崇,自當列上,而敢專輒,惟在任心。州既聞知,即符從事,制不復聽。而甯嚴威屬縣,惟令速立。願出臣表下太常,議之禮典。甯以此抵罪。子泰,棄官稱訴。帝以甯所務惟學,事久不判。會赦,免。"案甯之所爲,誠若奢濁,然遠近至者千餘人,資給衆費，一出私禄，則其無所利焉可知。孝武遲迴不判，以待赦令，良有由也。或疑甯私禄何以能如是之多，則此非指朝所頒禄；各地方相沿，本有行政經費，并有供守令之費，如後世之陋規者。此不能不取，亦不必不取，惟在用之何如耳。豫章居江州之半，此款必不菲也。人有所長，必有所短。用人之道，貴在舍短取長。甯之失，在於迂闊奢泰，以崇學敦教論，則可謂世濟其美矣。若能任以學事，而抑其迂闊奢泰之爲，則用人之道也。

事之當辦與否，與其辦理之善否，係屬兩事。當辦之事，雖辦理不善，衹應改其辦法，不應逕廢其事也。且如青苗，抑配固爲不可，然任兼并之家要倍稱之息，可乎？然則散放之法可變，散放之事，不可已也。宋世之新舊黨，若知此義，事之敗於狐埋狐搰者，必可大減矣。《宋史·胡宿傳》："知湖州，前守滕宗諒大興學校，費錢數十萬。宗諒去，通判、僚吏皆疑以爲欺，不肯書曆。宿誚之曰：君輩佐滕侯久矣，苟有過，盍不早正？乃陰拱以觀，俟其去而非之，豈昔人分謗之意乎？坐者皆大慙。其後湖學爲東南最，宿之力爲多。"滕侯賢者，自無欺罔之事，然其下之人，得毋有欺滕侯者乎？然其事已在前矣。懲此而不承權輿，是重費也。然則胡宿保全湖學之功，不減於滕宗諒之創始也。

宋世張昇鎮許，欲興鄉學，而馬宏沮之，誣縣令因以取民，引見《郡縣鄉里之學下》條。宏之言固誣，然因興作以取民之事，必多有之，宏乃得以肆其誣，則亦不可不儆也。國民政府之都南京也，學校、官司，屋宇皆不周於用，於是競事營建。百務廢弛，惟兹則汲汲恐後。論者皆譏其别有用心焉。此則范甯之罪人也。

《晉書·虞溥傳》："除鄱陽内史。大脩庠序，廣招學徒，至者七百餘人。祭酒求更起屋行禮。溥曰：君子行禮，無常處也。故孔子射於矍相之圃，而行禮於大樹之下。況今學庭庠序，高堂顯敞乎！"斯則范甯之諍友也。子曰："以約失之者鮮矣。"《論語·里仁》。

吕思勉读史札记

吕思勉文集

下

上海古籍出版社

〔五五三〕 周　　朗

一時之人,有一時之人之思想。《宋書·周朗傳》:世祖即位,普責百官讜言。朗上書,謂"宜二十五家選一長,百家置一師。男子十三至十七,皆令學經;十八至二十,盡使脩武。官長皆月至學所,以課其能。習經者五年有立,則言之司徒;用武者三年善藝,亦升之司馬。若七年而經不明,五年而勇不達,則更求其言政置謀,跡其心術行履,復不足取,雖公卿子孫,長歸農畝,終身不得爲吏。"此可謂昔人教育普及之論,其思想似頗特異。然《晉書·慕容皝載記》,載其記室參軍封裕諫辭曰:"四業者國之所資,教學者有國盛事。習戰務農,尤其本也,百工商賈,猶其末耳。宜量軍國所須,置其員數,已外歸之於農,教之戰法。學者三年無成,亦宜還之於農,不可徒充大員,以塞聰儁之路。"皝因此令學生不任教者,除其員録。其思想與朗頗相類。《魏書·景穆十二王傳》:南安王楨之子英,奏言"謹案學令:諸州郡學生,三年一校所通經數,因正使列之。然後遣使就郡練考。儁造之流,應問於魏闕;不革之輩,宜反於齊民。頃以皇都遷構,江、揚未一,故鄉校之訓,弗遑正試。致使薰蕕之質,均誨學廷;蘭蕭之體,等教文肆。今外宰京官,銓考向訖,求遣四門博士明通五經者,道别校練,依令黜陟。"其所行,亦即慕容皝之令。蓋時宇内分裂,競争烈而責望於民者深,故不期而同有此思想也。更上溯之,晉初傅玄上疏,言分民之理,欲采皇甫陶之説,課散官以親耕,亦以直喪亂之後,不容浮食者之衆耳。

〔五五四〕 汲 冢 書

古書湮没復見,最早者無過於晉世之汲冢書。其事見於《晉書》

之《武帝紀》、《律曆志》，及衛瓘、荀勖、束晳、王接、司馬彪、續咸諸傳。《紀》云：咸甯五年十月，“汲郡人不準掘魏襄王冢，得竹簡小篆古書十餘萬言，藏於祕府。”《志》云：“武帝太康元年，汲郡盜發六國時魏襄王冢，亦得玉律。”《衛瓘傳》載瓘子恒所作《四體書勢》云：“太康元年，汲縣人盜發魏襄王冢，得策書十餘萬言。”《束晳傳》云：“太康二年，汲郡人不準盜發魏襄王墓，或言安釐王冢，得竹書數十車。”諸説年代雖不相符，《二十二史考異》云：“《束晳傳》作太康二年，《衛恒傳》作太康元年，與《紀》互異。趙明誠《金石録》，據《太公廟碑》及荀勖序《穆天子傳》，俱云太康二年，以正《晉》《紀》年月之誤。”然亦未檢束、衛兩傳也。注云：“杜預《春秋後序》亦作太康元年。”案杜預《春秋後序》、荀勖《穆天子傳序》，并是僞物。然古事傳者多不審諦，不能以此遂疑其事之真。《律曆志》言：“荀勖校太樂，八音不和，始知後漢至魏，尺長於古四分有餘。勖乃部著作郎劉恭依《周禮》制尺，所謂古尺也。依古尺更鑄銅律吕，以調聲韻。其尺量古器，與本銘尺寸無差。又，汲郡盜發六國時魏襄王冢，得古周時玉律及鐘磬，與新律聲韻闇同。”則當時所得，書籍外尚有他物。書籍縱有僞作，他物不必皆有人作僞。以此互證，亦足見汲冢得書，事非烏有。所得之數，《本紀》與《衛瓘傳》，二説符同。簡策重滯，而每策所容，不過數十字；十萬餘言，自可盈數十車。《束晳傳》説，亦非歧異。十餘萬言之書，即在楮墨盛行之時，得諸地表，亦云匪易，況在楮墨未行之世，而又得諸地下之藏乎？誠足令人神往矣。

然則世之所傳，所謂出自汲冢之書，其物果可信乎？曰：否。汲冢得書，實有其事，係一事；世之所傳，所謂出自汲冢之書，其可信與否，又是一事。汲冢得書，固實有其事，然世之所傳，謂其出於汲冢者，則不徒明以來之僞《竹書紀年》不可信，即其早於此者，如世所謂古本《竹書紀年》等，其不可信，亦未嘗不相等也。此其爲説，觀於《晉書》之《束晳傳》，即可知之。《荀勖傳》言竹書之得，“詔勖撰次之，以爲《中經》，列在祕書。”《束晳傳》言：“初發冢者燒策照取寶物，及官收之，多燼簡斷札，文既殘缺，不復銓次。武帝以其書付祕書校綴次第，尋考指歸，而以今文寫之。皙在著作，得觀竹書，隨疑分釋，皆有義證。”《王接傳》云：“時祕書丞衛恒考正汲冢書，未訖而遭難。佐著作郎束皙述而成之，事多證異義。時東萊太守陳留王庭堅難之，亦有證據。皙又釋難，而庭堅已亡。散騎侍郎潘滔謂接曰：卿才學理議，足解二子之紛，可試論之。接遂詳其得失。摯虞、謝衡皆博物多聞，咸以爲允當。”是觀其大略，加以次第者荀勖；就其所載，加以研求者，則衛瓘、束皙、王庭堅、王接也。《四體書勢》云：“魏初傳古文者，出於邯鄲淳。恒祖敬侯寫淳《尚書》，後以示淳，而淳不别。至正始中，立三字石經，轉失淳法，因科斗之名，遂效其形。太康元年，汲縣人盜發魏襄王冢，得策書十餘萬言。案敬侯所書，猶有髣髴。古書亦有數種，其一卷論楚事者最爲工妙，恒竊悦之。”玩其言，似能次第成書，藉以考見古事者，不過數種，餘則僅堪藉證書法。簡斷編殘，銓次已覺不易，況於考索？此實録也。人之度量相越，不能甚遠，束皙繼業，所就豈能遠過？乃《皙傳》述諸書之目，大凡七十五篇，不識名題者七篇而已，餘則皆能舉其崖略，果可信乎？《司馬彪傳》云：“初譙周以司馬遷《史記》書周秦以上，或采俗語百家之言，不專據正經，周於是作《古史考》二十五篇，皆憑舊典，以糾遷之謬誤。彪復以周爲未盡善也，條《古史考》中凡百二十二事爲不當，多據《汲冢紀年》之義，亦行於世。”夫曰多據，則非盡據，且所據者《紀年》一書耳。《續咸傳》言咸“著《遠遊志》、《異物志》、《汲冢古文釋》，皆十卷，行於世”。六七十篇之書，豈十卷之書所能釋？是彪與咸即誠見汲冢書，所見者亦不多也。

更就《束皙傳》論諸書之語觀之。諸説皆云所發爲魏襄王冢，《皙傳》獨多“或言安釐王冢”六字，説果何所據乎？《傳》又云：“其《紀年》十三篇，紀夏以來至周幽王爲犬戎所滅，以事接之。三家分，仍述魏事，至安釐王之二十年。蓋魏國之史書。”此六字之所由來也。據《史記》，安釐王爲襄王曾孫。襄王子哀王，在位二十三年；哀王子昭王，在位十九年；昭王子則安釐王，在位三十四年，其卒在秦始皇之四年，距襄王之卒，七十有六年矣。此時魏已去亡不遠，能否厚葬，如史所云，實有可疑。古人作僞，多不甚工，往往少加校勘，説即不讎。竊疑《紀年》書本無傳，造作者初不詳覈，乃誤下三世七十六年，而後人反據之以爲説也。

《束晳傳》又云《紀年》，"大略與《春秋》皆多相應。其中經傳大異，則云夏年多殷；益干啓位，啓殺之；太甲殺伊尹；文丁殺季歷；自周受命，至穆王百年，非穆王壽百歲也；幽王既亡，幽王當作厲王，此蓋傳寫之誤。有共伯和者攝行天子事，非二相共和也。"案《史記集解》引《紀年》，謂夏有王與無王，用歲四百七十一年；湯滅夏以至於受，用歲四百九十六年；而《路史》引《易緯稽覽圖》，謂夏年四百三十一，殷年四百九十六。造竹書者，蓋謂自相之亡，至於少康復禹之績，歷年四十，故竊緯候之説，而易其四百三十一爲四百七十一，此其作僞之顯證。啓、益、太甲、伊尹、文丁、季歷之相賊，則其時之人"舜禹之事，我知之矣"之見解耳。古人紀年，初不審諦，而好舉成數，故於人君享國長久者，率以百年言之。如《詩生民疏》引《中候握河紀》云："堯即政七十年，受河圖。《注》云：或云七十二年。"案堯立七十年得舜，辟位凡二十八年崩，則堯年九十八，若云七十實七十二，則適得百歲矣。《史記·五帝本紀》云："舜年二十以孝聞，年三十堯舉之，年五十攝行天子事，年五十八堯崩，年六十一代堯踐帝位。踐帝位三十九年，南巡狩，崩於蒼梧之野。"即位踰年改元，時舜年六十二，在帝位三十九年，舜年亦百歲也。此古傳説本以堯舜爲百歲，而説書者從而爲之舜也。《大戴記·五帝德》："宰我問於孔子曰：昔者予聞諸榮伊曰黄帝三百年，請問黄帝者，人邪？抑非人邪？何以至於三百年乎？孔子曰：生而民得其利百年，死而民畏其神百年，亡而民用其教百年。"《小戴記·文王世子》："文王謂武王曰：女何夢矣？武王對曰：夢帝與我九齡。文王曰：女以爲何也？武王曰：西方有九國焉，君王其終撫諸？文王曰：非也。古者謂年齡，齒亦齡也。我百，爾九十，吾與爾三焉。文王九十七乃終，武王九十三而終。"《書·無逸》曰："文王受命惟中身，厥享國五十年。"言其爲君時年五十有一也。又云："殷高宗之享國,五十有九年。"《石經》殘碑作百年。然則《吕刑》謂穆王享國百年,正合古人語例。造《紀年》者疑其誤而改之,正見其不知古義耳。厲王見流,周召二相共和行政,猶之魯昭公時之三家,衛獻公時之孫林父、甯殖。古者世族權大,此等事蓋甚多,特不能盡見於書傳。謂他國之君釋位而未攝政,卻史無前例。有之,則有夏之衰,后羿自鉏遷於窮石,因夏民以代夏政耳,曾聞其反政於夏乎? 此説也,《史記正義》引《魯連子》同之,不知造《魯連子》者襲僞《紀年》乎? 造僞《紀年》者襲《魯連子》乎? 其爲造作則無疑也。

《束晳傳》又云:"《名》三篇,似《禮記》,又似《爾雅》、《論語》。"此合僞《孔子家語》與《孔叢子》爲一書也。又云:"《師春》一篇,書《左傳》諸卜筮,師春似是造書者姓名也。"玩其言,似所記與《左氏》全同,古書有如是略無出入者乎? 又云:"《瑣語》十一篇,諸國卜、夢、妖怪、相書也。"下文云:"七篇簡書折壞,不識名題。"則名題皆係固有,卜、夢、妖怪、相書,古人是否視爲瑣語,殊難質言。《史通・疑古》引《汲冢瑣語》,有舜放堯於平陽之事,又非卜、夢、妖怪、相書之倫也。又云:"《穆天子傳》五篇,言周穆王遊行四海,見帝臺、西王母。"又有《周穆王美人盛姬死事》。合此二者,正今所謂《穆天子傳》。世多以其言域外地理有合而信之,而不知此正其書出於西域既通後之鐵證也。凡此皆今《晉書》《束晳傳》不足信之徵也。杜預《後序疏》引王隱《晉書・束晳傳》云:汲冢竹書,"大凡七十五卷,其六十八卷皆有名題,其七卷折簡碎雜,不可名題。有《周易》上下經二卷,《紀年》十二卷,《瑣語》十一卷,《周王遊行》五卷,説周穆王遊行天下之事,今謂之《穆天子傳》。此四部差爲整頓。汲郡初得此書,表藏祕府,詔荀勖、和嶠以隸字寫之,勖等於時即已不能盡識。其書今復闕落,又轉寫益誤。《穆天子傳》,世間偏多。"述竹書篇卷凡數,名題可考與否之數,與今《晉書・束晳傳》同,而能言其指歸者,多少迥異。官家校理,往往徒有其名,六十八卷曾否悉行隸寫,殊爲可惑。觀王隱《晉書》與今《晉書》之説之不同,而可見造作者之各自爲説也。衛恒言古書數種,論楚事者最爲工妙，應在整頓之列，而隱《晉書》不及。

漢魏之世，習稱異於大小篆之字爲古文，《説文解字》之例可證也。《晉書·武帝紀》言竹書，并稱小篆、古書，可見二者俱有。其時既在戰國，小篆之數，度必遠多於古文，而今《晉書·束皙傳》乃謂其皆科斗字，亦憑億爲説之一端也。

原刊一九四六年七月二十五日《東南日報》

〔五五五〕 再論汲冢書

近代治古本《竹書紀年》者，以錢君賓四、楊君寬正用力爲最深。二君於戰國史事，推校皆極密。皆謂《紀年》所記年代，較《史記》爲可信。余於戰國史事，未嘗致力，於二君所言，無以平其是非，以其用力之勤，深信所言必非無見。然竊謂考證之學，今古皆有之，而著述體例，則今古不同。古人於其考證所得者，往往不明言爲己見，而或託之他人；又或將推論之辭，與紀載相混。故竊疑竹書所言，雖或可信，亦係後人考證所得，而未必真爲汲冢原文也。嘗以此意語二君，二君未能信其然，而亦無以難之。近予將舊作《汲冢書》筆記一則，刊諸報端，旋得楊君來書，疑出土《紀年》，本僅記戰國事，自魏文侯至襄王之二十年，其餘則出後人增竄；且其增入并非一次。此言殊有意理。天下無赤手僞造之事，晉人既稱其書爲《紀年》，其中自必有若干按年記事者也。然必不能超出共和以上。《晉書·束皙傳》説《紀年》云："紀夏以來至周幽王爲犬戎所滅，以事接之。三家分，仍述魏事，至安釐王之二十年。"此中惟安釐王三字，誠如楊君所疑，原文或爲襄王，而爲後人所億改，餘則似皆出舊文。觀其所言，絶無謂自夏以來皆有年紀之意。然則真竹書即記夏以來事，亦不過存其梗概而已。《史記·晉世家》謂自靖侯以來，年紀可推；《漢書·律曆志》言"《春秋》、《殷曆》，皆以殷，魯自周昭王以下無年數，故據周公伯禽以下爲紀"，知列國年代，有可推尋，皆不能早於周世，且已爲歷人之言，而非史家之籍矣。魯爲周禮所在，猶且如此，晉居深山之中，王靈不及，拜戎不暇，安得所記乃遠至夏殷？故知楊君所言，深有意理，足證所謂古本《紀年》者所紀甚遠之不足信，而又足正予疑其專出後人推校所得之僞也，故樂得而再著之。

楊君書又云，"《紀年》與《趙世家》最爲相合，以此見其可信"，然又以其"與《史記》嬴秦世系，亦有出入，史公記六國時事，多本《秦記》，秦之世系，不應有誤"而疑之。予謂小小奪誤，古書皆所不免。如《史記·秦始皇本紀》後所記秦之先君，不盡與《秦本紀》相合，即其切近之一證。古人著書，有一最要之例，曰："信以傳信，疑以傳疑。"惟如是，故所據雖有異同，皆各如其原文録之，而初不加以刊改。此在後人，或以此議古人之疏，甚且加以痛詆，然正因此，而古籍之有異同者，乃得悉葆其真，以傳於後。較之以意刊改者，爲益弘多矣。古本《紀年》，在戰國之世者，似當兼采鄙説及楊君之説，謂其中有《竹書》原文，兼有後人推校所得。二者分别誠爲不易，然即能分别之，盡得魏氏史官之舊，亦不過古代各種史文之一耳，未必其纖毫不誤也。此意亦不可不知。

原刊一九四六年八月八日《東南日報》

〔五五六〕　四　部

《通鑑》齊武帝永明三年："初，宋太宗置總明觀以集學士，亦謂之東觀。上以國學既立，五月乙未，省總明觀。時王儉領國子祭酒，詔於儉宅開學士館，以總明四部書充之。"胡三省《注》云："分經、史、子、集爲甲、乙、丙、丁四部。又據《宋紀》：明帝泰始六年立總明觀，徵學士以充之；舉士二十人，分爲儒、道、文、史、陰陽五部學，言陰陽者遂無其人。然則四部書者，其儒、道、文、史之書歟！"案總明舉士，雖分五部，觀中之書，不必隨之而分部。四部之分，始於晉之荀勖，自爾以來，相承不改。《通鑑》此文，本於《南史》，《齊書・王儉傳》亦同。四部二字，未必更有異義。胡氏二説，自以前説爲得也。

《隋書・經籍志》言：荀勖四部，“合二萬九千九百四十五卷。惠懷之亂，京華蕩覆，渠閣文籍，靡有孑遺。東晉之初，漸更鳩聚。著作郎李充，以勖舊簿校之，其見存者，但有三千一十四卷，充遂總没衆篇之名，但以甲乙爲次，自爾因循，無所變革。其後中朝遺書，稍流江左。宋元嘉八年，祕書監謝靈運造《四部目録》，大凡六萬四千五百八十二卷。元徽元年，祕書丞王儉又造《目録》，大凡一萬五千七百四卷。齊永明中，祕書丞王亮、監謝朏，又造《四部書目》，大凡一萬八千一十卷。齊末兵火，延燒祕閣，經籍遺散。梁初，祕書監任昉，躬加部集，又於文德殿内，列藏衆書，華林園中，總集釋典，大凡二萬三千一百六卷，而釋氏不豫焉。梁有祕書監任昉、殷鈞《四部目録》，又《文德殿目録》。其術數之書，更爲一部，使奉朝請祖暅撰其名。故梁有《五部目録》。隋煬帝即位，祕閣之書，限寫五十副本，分爲三品，於東都觀文殿東西廂構屋以貯之，東屋藏甲乙，西屋藏丙丁；又聚魏已來古跡名畫，於殿後起二臺，東曰妙楷臺，藏古跡；西曰寶臺，藏古畫；又於内道場集道、佛經，别撰目録。”此自晉至隋書籍分部之大略也。除書畫及釋道氏書外，惟梁世術數之書别爲一部，餘皆以四部括之，此予所謂自荀勖以來相承不改者也。《晉書・李充傳》：“爲大著作郎，於時典籍混亂，充刪除煩重，以類相從，分作四部，甚有條貫，祕閣以爲永制。”《齊書・王儉傳》：“超遷祕書丞，上表求校墳籍，依《七略》撰《七志》四十卷，又撰定《元徽四部書目》。”《梁書・沈約傳》：“齊初爲征虜記室，帶襄陽令，所奉之王，齊文惠太子也。太子入居東宫，爲步兵校尉，管書記，直永壽省，校四部圖書。”《任昉傳》：“轉御史中丞，祕書監。自齊永元以來，祕閣四部，篇卷紛雜，昉手自讎校，由是篇目定焉。”《殷鈞傳》：天監初，起家祕書郎，歷祕書丞，“在職啓校定祕閣四部書，更爲目録。”《張纘傳》：“起家祕書郎，時年十七。祕書郎有四員，宋、齊以來，爲甲族起家之選，待次入補，其居職，例數十百日便遷任。纘固求不徙，欲徧觀閣内圖籍。嘗執四部書目曰：若讀此畢，乃可言優仕矣。"《文學傳》：劉杳撰《古今四部書目》五卷。皆足與《隋志》相證明也。

四部之分，不足以見學術流别，故言校讎之學者多病之。實齋《通義》反復闡述，實惟此一義而已。然四部之分，本其大較，其中更有子目，則學術流别存焉。循其名不能知其實者，惟集部之書爲甚，此實由後世專門之學日亡，立言者無不駁雜之故，與作目録者無涉也。荀勖四部：一曰甲部，紀六藝及小學等書，此劉歆之《六藝略》也；二曰乙部，有古諸子家、近世子家、兵書、兵家、術數，此歆之《諸子》、《兵書》、《術數略》也；三曰丙部，有史記、舊事、皇覽簿、雜事，此爲勖所新增，蓋以記事之作不可與言道之作相混而然；四曰丁部，有詩賦、圖讚、汲冢書。詩賦者歆之《詩賦略》，圖讚蓋王儉《圖譜志》所本，亦爲《七略》所無，汲冢書别爲一門，最爲論者所惑。然勖即昧於學術流别，亦無以汲冢書爲一類之理，蓋緣其書初出，未能盡通，無從分類，而其物爲古簡策，所寶者不徒所言，故别立爲一類，正如後世目録家之别立金石一門耳。《七略》中之《方技》，爲勖四部所無，以《隋志》列於子部推之，度其當入乙部。《晉書・勖傳》云："領祕書監，與中書令張華，依劉向《别録》，整理記籍。"可見其所爲一秉前規。四部之分，蓋特以計庋藏之便，而非以言學術流别。厥後王儉有作，《四部目録》與《七志》亦自殊科，猶此志也。儉之《七志》：一曰《經典志》，紀六藝、小學、史記、雜傳，當勖之甲丙兩部；二曰《諸子志》，紀今古諸子，四曰《軍書志》，紀兵書，五曰《陰陽志》，紀陰陽圖緯，六曰《術藝志》，紀方技，與勖之乙部相當；三曰《文翰志》，紀詩賦，七曰《圖譜志》，紀地域及圖書，與勖之丁部相當，而無汲冢書，蓋其物已不存。《隋志》有《紀年》、《周書》、《古文瑣語》，注皆云汲冢書，隸史部。諸書未必皆出齊後，蓋以其非故簡而爲寫本，故按書之門類隸之，此亦可見荀勖之以汲冢書爲一類，乃以古物視之也。其道、佛附見，不與舊書爲類，蓋亦以其性質不同。梁興，阮孝緒作《七録》：一曰《經典録》，紀六藝，二曰《記傳録》，紀史傳，當王儉之《經典志》；三曰《子兵録》，紀子書、兵書，五曰《技術録》，紀數術，苞儉之《諸子》、《軍書》、《陰陽》、《術藝》四志；四曰《文集録》，紀詩賦，即儉之《文翰志》，圖譜無録，蓋如《隋志》入諸《記傳》；六曰《佛録》，七曰《道録》，亦如儉《志》之殊科。梁世祕書監、文德殿之藏，釋氏不豫，隋世亦於内道場集道、佛經，别撰目録，其意皆與王、阮同。而梁又將術數之書，别爲一部，則其析之更細。然則劉《略》荀《簿》而降，經籍之分類，實相承而漸變，屢變而益詳。四部之分，特庋藏之部居，非分類之準則，顯然可見。李充總没衆篇之名，但分四部，實一時苟簡之爲耳，《晉書》稱其甚有條貫者，蓋前此混亂，并四部之分而無之。而不意後遂以爲永制也。然自隋以來，雖以四部爲宏綱，其中亦未嘗不分子目；就子目而觀之，學術流别，夫固昭然可見。集部之不能循名責實，正猶刻書者所苞較廣，而編目之家，不得不隨之而立叢部，固未可責其魯莽也。

經籍分類，隨乎學術，宜詳而不宜混。近世東西之籍，所言者與中國舊籍，固不盡同，强欲齊其門類，勢必治絲益棼，實不如分而著之爲得。昔人道、釋不雜四部，固足以爲法也。

《漢書・藝文志》言，劉向校讎，每一書已，輒條其篇目，最其指要，録而奏之。此誠不朽之盛業，然其事殊不易爲，故自荀勖以降，遂莫之能爲也。然《隋志》言，王儉《七志》，不述作者之意，而於書名之下，每立一傳，并及傳授源流、後人評論，此則於讀者甚有裨益矣。後世校勘之家，於此等處亦皆極留意，觀《隋志》之言，而知其由來已久也。

原刊一九四八年三月二十四日《東南日報》

〔五五七〕 梁末被焚書籍

梁世藏書有二處，一祕書監，一文德殿也，故有祕書監任昉、殷鈞

《四部目録》,又有《文德殿目録》。牛弘云:"侯景渡江,祕省經籍,雖從兵火,其文德殿内書史,宛然猶存。蕭繹據有江陵,遣將破平侯景,收文德之書及公私典籍重本七萬餘卷,悉送荆州。"與《隋志》云"元帝克平侯景,收文德之書及公私經籍歸於江陵,大凡七萬餘卷"者相合。《南史·侯景傳》,謂王僧辯收圖書八萬卷歸江陵;顏之推《觀我生賦注》,亦謂王司徒表送祕閣舊書八萬卷,蓋舉成數言之。顏《賦注》又云,孝元鳩合,通重十餘萬,則并江陵所故有者言之也。牛弘謂周師入郢,繹悉焚之於外城,所收十纔一二,則其書亦未全焚,但所收甚僅耳。

《隋志》言梁書大凡二萬三千一百六卷,而僧辯所收,已逾七萬,蓋亦通重言之也。牛弘云"總其書數三萬餘卷",則亦以成數言之耳。《梁書·昭明太子傳》云於時東宫有書三萬卷,不知通重言之,抑其所有侔於祕省文德之藏?然即通重言之,其數亦已不少矣。乃《南史·侯景傳》云:賊"登東宫牆射城内。至夜,簡文募人出燒東宫,臺殿遂盡,所聚圖籍數百廚,一皆灰燼。先是簡文夢有人畫作秦始皇,云此人復焚書,至是而驗"。然則梁末所失者,尚不止建業祕省之藏,江陵外城之燼也,亦可云浩劫矣。

《南史·張纘傳》:纘兄緬,有書萬餘卷;纘晚頗好積聚,多寫圖書數萬卷;及死,湘東王皆使收之,書二萬卷。此等皆元帝所藏,出於王僧辯所致之外者也。

兵燹之際,圖籍最宜加意保全,然能保全者實鮮。牛弘言書有五厄,其四固皆兵燹爲之也。《梁書·柳惲傳》:高祖至京邑,惲候謁石頭。時東昏未平,惲上牋陳便宜,請城平之日,先收圖籍。高祖從之。然《隋志》言齊末兵火,延燒祕閣,經籍遺散,則仍未能收取矣。周武平齊,先封書府。亦見《隋志》。楊廣伐陳,既破丹陽,亦使裴矩、高熲收其圖籍。見《隋書·矩傳》。蓋視劉石等之全不措意者爲愈矣。《北齊書·辛術傳》言,術"少愛文史,晚更脩學,雖在戎旅,手不釋卷。及定淮南,凡諸資物,一毫無犯,惟大收典籍,多是宋、齊、梁時佳本,鳩集萬餘卷，并顧陸之徒名畫，二王以下法書，數亦不少，俱不上王府，惟入私門。及還朝，頗以餽遺權要，物議以此少之"。此雖違奉公之義，究勝於拉雜摧燒之者。《魏書·李順傳》：世祖之克統萬，"賜諸將珍寶雜物，順固辭，惟取書數千卷。"則按舊例，入國之日，圖籍原不盡歸公家也。公家苟欲收藏，自可使人轉寫。且據《北齊書·文苑傳》，天保七年，詔令校定羣書，供皇太子，樊遜以祕府書籍，紕繆者多，議向多書之家，牒借參校，而術爲所舉六家之一，則其書，亦未嘗不有禆中藏矣。書籍藏庋，端資愛護，同好借閲，尤貴流通，此二者，公家固未必勝於私家也。學術者天下之公，雖喪敗之余，圖籍亦似宜爲天下共惜。然如於謹者，犬羊何知焉，豈知爲箕疇之訪歟？悉數焚之，亦焦土抗戰之一道也。《南史·梁本紀》。元帝見執，如蕭詧營，甚見詰辱。他日，乃見魏僕射長孫儉，譎儉云，埋金千斤於城内，欲以相贈，儉乃將帝入城。帝因述詧相辱狀，謂儉曰，向聊相譎欲言耳，豈有天子自埋金乎？此事真可發一噱。虜將之所知者，則埋金而已矣。

原刊一九四八年一月七日《東南日報》

〔五五八〕 論晉書一

《晉書·王隱傳》云："隱世寒素。父銓，少好學，有著述之志。每私録晉事及功臣行狀，未就而卒。隱以儒素自守，不交勢援，博學多聞。受父遺業，西都舊事，多所諳究。建興中過江，丞相軍諮祭酒涿郡祖納，雅相知重。納好博弈，每諫止之，納曰：聊用忘憂耳。隱曰：古人遭時則以功達其道，不遇則以言達其才，故否泰不窮也。當今晉未有書，天下大亂，舊事蕩滅，非凡才所能立。君少長王都，游宦四方，華夷成敗，皆在耳目，何不述而裁之？納喟然嘆曰：非不悦子之道，力不足也。乃上疏薦隱。元帝以草創務殷，未遑史官，遂寢不報。

太興初，典章稍備，乃召隱及郭璞，俱爲著作郎，令撰晉史。時著作郎虞預私撰《晉書》，而生長東南，不知中朝事，數訪於隱，并借隱所著書竊寫之，所聞漸廣。是後更疾隱，形於言色。預既豪族，交結權貴，共爲朋黨以斥隱。竟以謗免，黜歸於家。貧無資用，書遂不就，乃依征西將軍庾亮於武昌，亮供其紙筆，書乃得成，詣闕上之。隱雖好著述，而文辭鄙拙，蕪舛不倫。其書次第可觀者，皆其父所撰；文體混漫，義不可解者，隱之作也。"《祖納傳》載隱諫納之辭略同。又載納薦隱疏，稱其"清純亮直，學思沈敏，五經羣史，多所綜悉，且好學不倦，從善如流。若使脩著一代之典，褒貶與奪，誠一時之儁也"。又云："帝以問記室參軍鍾雅，雅曰：納所舉雖有史才，而今未能立也。事遂停。然史官之立，自納始也。"東晉之置史官，事在建武元年十一月，見《元帝紀》。《王導傳》云："時中興草創，未置史官，導始啓立，於是典籍頗具。"蓋其事成於導，而議實發於納。納之所以爲是議，則又隱實啓之也。隱之有功於晉史亦大矣。《魏書·李彪傳》載彪表求脩史之辭曰："近僭晉之世有佐郎王隱，爲著作虞預所毀，亡官在家，晝則樵薪供爨，夜則觀文屬綴，集成《晉書》，存一代之事，司馬紹勅尚書惟給筆札而已。"官給筆札，蓋即庾亮供隱紙筆之譌。抑彪求白衣脩史，乃爲是語。躬自采樵，不忘屬綴，則雖微庾亮之助，隱亦未嘗不自刻厲，其繼志述事，亦可謂勤矣。《祖納傳》又曰："納嘗問梅陶曰：君鄉里立月旦評，何如？陶曰：善褒惡貶，則佳法也。時王隱在坐，因曰：《尚書》稱三載考績，三考黜陟幽明。何得一月便行褒貶？陶曰：此官法也；月旦，私法也。隱曰：《易》稱積善之家，必有餘慶；積不善之家，必有餘殃。稱家者豈不是官？必須積久，善惡乃著，公私何異？古人有言：貞良而亡，先人之殃；酷烈而存，先人之勳。累世乃著，豈但一月。若必月旦，則顔回食埃，不免貪汙。盜跖引少，則爲清廉。朝種暮穫，善惡未定矣。"其評隲之矜慎，可以想見。此納所以稱其使脩一代之典，褒貶與奪，足爲之儁歟？豈有蕪舛不倫，文體混漫，而能如是者歟？當時史記，成於父子繼業者甚多。多不别其孰爲父作，孰爲子述。蓋補缺正謅，必有不容别白者在也。梁世許亨撰《梁書》，梁亂亡散。入陳更加脩撰，仍未成而卒。善心隨見補葺，成七十卷。其《序傳》云："凡稱史臣者，皆先君所言。下稱名案者，并善心補闕。"此亦指論贊言之，姚思廉《梁》、《陳》二書之例耳。其叙事處必無從别白也。隱既不自别白，觀者何以知其孰出於父，孰出於子？毋亦猶沿權貴朋黨訾毁之辭，乃爲是億度專固之論歟？亦足忿嫉矣。

原刊一九四七年三月七日上海《益世報》副刊"史苑"

〔五五九〕 論晉書二

晉史撰述，始自陸機。《史通・古今正史》篇曰："機爲著作郎，撰《三祖紀》。束晳爲佐郎，撰《十志》。會中朝喪亂，其書不存。"然《隋書・經籍志・古史類》有機《晉紀》四卷。《晉書・干寶傳》云："寶以才器，召爲著作郎。中興草創，未置史官。中書監王導上疏曰：夫帝王之跡，莫不必書，著爲令典，垂之無窮。宣皇帝廓定四海，武皇帝受禪於魏，至德大勳，等蹤上聖。而紀傳不存於王府，德音未被乎管弦。宜備史官，勑佐著作郎干寶等漸就撰集。元帝納焉。寶於是始領國史。"然則機所撰者，故府無存，而民間則猶有其書也。《寶傳》又云：寶"著《晉紀》，自宣帝迄於愍帝，五十三年，凡二十卷，奏之。其書簡略，直而能婉，咸稱良史"。其所以簡略者，豈亦以取材無多，而非盡由於體例歟？

干寶之書，《隋志》亦在《古史類》，云二十三卷，與《晉書》本傳卷數不合。未知何故。豈古人好舉成數，作傳者於其卷數不審，乃以大較言之歟？《正史類》有虞預《晉書》二十六卷，《注》云："本四十四卷，訖明帝，今殘缺。"而《晉書・預傳》云"著《晉書》四十餘卷"，亦不能言其確數，則作傳者於所傳之人著述卷數，不能盡審之證。

王隱之書，《隋志》在《正史類》，八十六卷。《注》云："本九十三卷。"《史通》云八十九卷,未知孰是。要其卷數,必遠多於干寶、虞預,則無疑也。然則預雖善攘竊,究不能掩隱之長矣。隱之作蓋以多爲貴,所謂與其過而廢之,毋寧過而存之者。洛都行事,當以是爲得失之林。豈造謗者正嫉其詳備,乃又訾爲蕪穢歟?

原刊一九四七年三月七日上海《益世報》副刊"史苑"

〔五六〇〕 論晉書三

江左之史,《史通》云:"自鄧粲、孫盛、檀道鸞、王韶之已下,相次繼作。遠則偏記兩帝,近則惟叙八朝。至宋湘東太守何法盛,始撰《晉中興書》,勒成一家,首尾該備。齊隱士東莞臧榮緒,又集東西二史,合成一書。皇家貞觀中,有詔以前後晉史十有八家,制作雖多,未能盡善。乃敕史官更加纂録,采正典與雜説數十餘部,兼引僞史十六國書,爲紀十、志二十、列傳七十、載記三十,并叙例、目録,合爲百三十二卷。自是言晉史者,皆棄其舊本,競從新撰者焉。"十八家,浦二田《通釋》云:"《隋》《唐》二《志·正史部》凡八家,其撰人則王隱、虞預、朱鳳、何法盛、謝靈運、臧榮緒、蕭子雲、蕭子顯也。《編年部》凡十一家,其撰人則陸機、干寶、曹嘉之、習鑿齒、鄧粲、孫盛、劉謙之、王韶之、徐廣、檀道鸞、郭季産也。據《志》蓋十有九家,豈緣習氏獨主漢斥魏,以爲異議,遂廢不用歟?"説近臆測。貞觀《脩晉書詔》曰:"十有八家,雖存記注,而才非良史,事虧實録,緒煩而寡要,思勞而少功。叔寧課虚,滋味同於畫餅;子雲學海,涓滴湮於涸流;處叔不預於中興,法盛莫通於創業;洎乎干、陸、曹、鄧,略記帝王;鸞、盛、廣、訟,纔編載記。其文既野,其事罕傳,遂使典午清高,韜遺芳於簡册;金行曩志,闕繼美於驪騵。遐想寂寥,深爲嘆息。"所列舉者,凡十二家,自此而外,闕疑可也。

原刊一九四七年三月七日上海《益世報》副刊"史苑"

〔五六一〕 論晉書四

《晉書·孫盛傳》云:“盛篤學不倦,自少至老,手不釋卷。著《魏氏春秋》、《晉陽秋》,并造詩賦論難復數十篇。《晉陽秋》詞直而理正,咸稱良史焉。既而桓温見之,怒,謂盛子曰:枋頭誠爲失利,何至乃如尊君所説?若此史遂行,自是關君門户事。其子遽拜謝,謂請删改之。時盛年老還家,性方嚴,有軌憲,雖子孫斑白,而庭訓愈峻。至此,諸子乃共號泣稽顙,請爲百口切計。盛大怒,諸子遂竊改之。盛寫兩定本,寄於慕容儁。太元中,孝武帝博求異聞,始於遼東得之,以相考校,多有不同,書遂兩存。”《晉陽秋》,《隋志注》云“訖哀帝”,而枋頭之敗,事在海西公太和四年,則其事實爲非定本之所無。豈盛諸子竟删之歟?然慕容氏在當時,實爲晉敵國。寄定本於敵國,實事理之所無。且即如所云,慕容氏亦早入燕、趙矣,又何待得之遼東?故知所謂定本者,必不出於盛,殆知枋頭之事或有憾於温者之所爲,以盛名高而託之也。寄定本於敵國,雖造作此説者,亦寧不知其辭之謬悠。推其意,亦本不欲此説之見信於人,特欲附名高之人以行其書。甚或轉利於其説之謬悠,使聞者驚奇之而讀其書耳。其心亦良苦矣。

《盛傳》又云:盛善言名理,于時殷浩擅名一時,與抗論者,惟盛而已。盛嘗詣浩談論,對食,奮擲麈尾,毛悉落飯中,食冷而復暖者數四。盛本爲庾翼安西諮議參軍,遷廷尉正。會桓温代翼,留爲參軍,與俱伐蜀。蜀平,賜爵安懷縣侯。累遷温從事中郎。從入關平洛,以功進封吴昌縣侯,出補長沙太守。以家貧,頗營資貨,部從事至郡,察知之,服其高明而不劾。盛與温牋,辭旨放蕩。稱州遣從事觀采風聲,進無威鳳來儀之美,退無鷹鸇搏擊之用。徘徊湘川,將爲怪鳥。温得牋,復遣從事重案之,臧私狼籍,檻車收盛。到州,捨而不罪。其人蓋非端士,而又矜愎尚氣。温之於盛,實不可謂不厚。盛或以嘗見收而有憾焉，著書以詆之，亦理所可有。然寄定本於敵國，究爲理所必無。抑且盛果如此，則於其書之將遭改削，早已知之，又何必大怒以卻諸子之請？故知所謂定本者，必不出於盛。《隋志》所著録之本，實爲盛之原書也。昔人云定，義謂改易。若盛豫知其書將遭改削，而自寫兩本，寄於他國，則其書當云真本。而顧稱之爲定本，則造作此説者，已於無意之間，流露其改易之消息矣。《晉書·盛傳》之文，自《晉陽秋》“詞直而理正”以下，蓋别采自一書，以廣異聞，與上文不相連屬也。

原刊一九四七年三月七日上海《益世報》副刊“史苑”

〔五六二〕 論晉書五

語云，非公正不發憤。著述之家，雖造詣或有淺深，其意則恒在於守先而待後，此不可誣也。《北齊書·宋顯傳》：“顯從祖弟繪，少勤學，多所博覽，好撰述。魏時，張緬《晉書》未入國，繪依准裴松之注《三國志》體，注王隱及《中興書》。又撰《中朝多士傳》十卷，《姓系譜録》五十篇。以諸家年歷不同，多有紕繆，乃刊正異同，撰《年譜録》，未成。河清五年，并遭水漂失。繪雖博聞强記，而天性恍惚。晚又得風疾，言論遲緩。及失所撰之書，乃撫膺慟哭曰：可謂天喪予也！天統中卒。”其志亦可哀矣。觀此，彌可想見王隱之苦心也。豈有從事述作，而專爲名利之計者歟！乃《南史·徐廣傳》云：“時有高平郗紹亦作《晉中興書》，數以示何法盛。法盛有意圖之，謂紹曰：卿名位貴達，不復俟此延譽。我寒士，無聞於時，如袁宏、干寶之徒，賴有著述流聲於後，宜以爲惠。紹不與。書成，在齋内廚中。法盛詣紹，紹不在，直入竊書。紹還失之，無復兼本，於是遂行何書。”豈有但計流聲，遂可向人乞所述作者！果如所言，則寒賤時所述作，逮於貴達，皆可摧燒之矣。抑且《中興書》卷帙繁重，《隋志》七十八卷。入齋竊取，豈無聞見之人？造此説者，不徒不知述作爲何事，亦且不計事理之可通與否矣。此説與謂虞預攘王隱之書者絶相似，而其信否不同如此。故知相似之言，不可不察也。

原刊一九四七年三月七日上海《益世報》副刊“史苑”

〔五六三〕 論晉書六

《齊書·高逸傳》：臧榮緒括東西晉爲一書，紀、録、志、傳百一十卷。《南史·隱逸傳》同。《十七史商榷》謂王隱等以晉人記晉事，載録未全。沈約在榮緒之後，卷數又同，諒不過潤色榮緒之書。若榮緒則各體具備，卷帙繁富，實可即以之垂世，而惜其爲唐世官脩之書所掩。案王隱之書，卷帙幾與榮緒書埒，可見榮緒之書，未爲賅備。沈約《宋書自序》謂：“常以晉氏一代，竟無全書，年二十許，便有撰述之意。泰始初，蔡興宗爲啓明帝，有勑賜許，自此迄今，年逾二十，所撰之書，凡一百二十卷。條流雖舉，而采綴未周。永明初，遇盜，失第五帙。建元四年未終，被勑撰國史。永明二年，又忝兼著作郎，撰次起居注。自兹王役，無暇搜撰。”《梁書·約傳》，謂約所著《晉書》百一十卷。則遇盜所失者凡十卷。《自序》云“采綴未周”，則其書實未大成。而其卷帙已多於榮緒，則謂憾晉無全書而有撰述之意者，必非虚辭。其初撰時必未嘗見榮緒書，後來即或見之，亦必不容舍已作而更就加潤飾也。《北史·序傳》論晉史，謂“太宗深嗟蕪穢，大存刊勒”，則今《晉書》於諸舊作，芟薙必多。不特繁富如王隱書者非所能容，即臧榮緒、沈約之書，亦必不能盡取矣。何以知其然也？案劉知幾論新《晉書》，謂其采正典與雜説，兼引僞史十六國書。則僞史十六國書，實前此正典所未采，新《晉書》載記三十，蓋以此爲本。載記而外，合紀、志、列傳僅七十卷，反少於榮緒之書矣。故新《晉書》必非以榮緒書爲藍本者也。秦、漢而降，一統之局久定。故漢、晉之間，雖三方鼎立，而承祚作《志》,仍合爲一書,以中國實未嘗分也。況如十六國之草草攘竊者歟! 新《晉書》列爲載記,視如新末之羣雄,於義當矣。或曰:既如是,魏、齊、周之史,何以與宋、齊、梁、陳并刊? 此則唐承隋而隋承周,勢有所不得已也。李唐之出於華夏,豈能較高齊之自云出於渤海者爲可信? 舉高齊而"夷"之,事已有所難行矣,況於攘斥宇文、拓跋歟!

原刊一九四七年三月七日上海《益世報》副刊"史苑"

〔五六四〕 論晉書七

兼采僞史十六國書,蓋唐脩《晉書》所以捨舊謀新之一端;而兼采雜説,或亦爲其一端也。後之論者,多以是爲《晉書》病。其實此乃當時史家風氣如此,初非脩《晉書》者之所獨。抑當時史家所以如此,固亦有其不得已者在也。何則? 史料流傳,不越官家記注、私家撰述二者。官家記注,僅具事之外表,而不足以知其情。臧往者何能以是爲已足,則不得不有取於私家雜説矣。《史通・古今正史》篇,謂三國之世,異聞錯出,其流最多,宋文帝以《三國志》載事,傷於簡略,乃命裴松之兼采衆書,補注其闕,由是世言《三國志》者,以裴書爲本。則時人之於裴《注》,實已視同述作,而不以之爲陳書之羽翼矣。陳書之所以簡略,蓋即緣其專取官家記注。干寶《晉紀》所以有"略記帝王"之誚,蓋亦由是也。南北朝時,注史用松之之體者,實非一家,宋繪以是注王隱及何法盛書,已見前。《齊書・文學傳》:崔慰祖臨卒,與從弟緯書云:欲更注遷、固二史,采《史漢》所漏二百餘事,在廚簏,可檢寫之,以存大意。

《梁書・王規傳》:"規集《後漢》衆家同異,注《續漢書》二百卷。"又《文學傳》:劉昭伯父彤,"集衆家《晉書》注干寶《晉紀》,爲四十卷。至昭,又集《後漢》同異,以注范曄書,世稱博悉。"昭《注》百八十卷,與彤及王規之注，卷帙皆遠過於所注之書，可以想見其體例。李延壽預脩《五代史》，然必别作《南》、《北史》者，其《序傳》云："正史外，更勘雜史。於正史所無者一千餘卷，皆以編入。其煩宂者，即削去之。"又表言"小説短書，易爲湮落，脱或殘滅，求勘無所。用是鳩集遺逸，以廣異聞"。其志猶裴松之、李繪、王規、劉彤、劉昭之志也。特一補苴於成書之後，一采擷於纂葺之時耳。脩新《晉書》者之志，則亦猶是也。

采擷既多，説遂或流於荒怪，後之論者，尤以是爲病。如《廿二史劄記·晉書所記怪異》一條是也。此亦當時風氣使然，《晉書·干寶傳》云："性好陰陽術數，留思京房、夏侯勝等傳。寶父先有所寵侍婢，母甚妒忌，及父亡，母乃生推婢於墓中。寶兄弟年小，不之審也。後十餘年，母喪，開墓，而婢伏棺如生，載還，經日乃蘇。言其父常取飲食與之，恩情如生。在家中吉凶輒語之，考校悉驗。地中亦不覺爲惡。既而嫁之，生子。又寶兄嘗病氣絶，積日不冷，後遂寤，云見天地間鬼神事。如夢覺，不自知死。寶以此遂撰集古今神祇靈異、人物變化，名爲《搜神記》，凡二十卷。因作序以陳其志曰：雖考先志於載籍，收遺逸於當時，蓋非一耳一目之所親聞覩也，亦安敢謂無失實者哉！衛朔失國，二傳互其所聞；吕望事周，子長存其兩説。若此比類，往往有焉。從此觀之，聞見之難一，由來尚矣。夫書赴告之定辭，據國史之方策，猶尚若兹。況仰述千載之前，記殊俗之表，綴片言於殘闕，訪行事於故老，將使事不二跡，言無異塗，然後爲信者，固亦前史之所病。然而國家不廢注記之官，學士不絶誦覽之業，豈不以其所失者小，所存者大乎？今之所集，設有承於前載者，則非予之罪也。若使采訪近世之事，苟有虚錯，願與先賢前儒，分其譏謗。"假死更生，事所可有。在今日理亦共明，然當時之人，不之知也。而陰陽術數之説方盛，哲士魁儒，皆欲藉是以窮宇宙之祕。躬逢怪異者，安得不廣事搜羅，以資研討。然猶極言所記者之不必皆信。此與世俗之未嘗親見，而顧深信不疑者，固大異矣。當時信神怪之説者，不止一家，脩《晉書》者遇而存之，亦何足怪。治古史與治近史不同，治近史者或患材多，治古史則惟苦材少。怪異之説之不足信，固也；然因述之信之者之多，正可以見當時風氣。即持無鬼之論，亦豈可以盡删。脩《晉書》者，豈無通知釋典之人，然一讀鳩摩羅什之傳，則知當時之信釋教者，實全與其教義無涉矣。此豈可以改作，亦豈可以删除歟？

原刊一九四七年三月七日上海《益世報》副刊“史苑”

〔五六五〕 論魏史之誣

以私意淆亂史實者，莫如清代，夫人而知之矣。其實清代亦不過其變本加厲者，相類之事，前此久有之矣。清人疑前代以醜惡字樣譯外國人名，乃舉前史譯名妄加改易。夫一時代有一時代之語言，斯一時代有一時代之譯例。清人縱能知滿語，或且能知與滿語相類之蒙古語，安能盡知其餘諸民族之語？況能知數百年前諸民族之語，及其時之譯例乎？然此事亦不始於清。《北史·蠕蠕傳》，謂其人自號柔然，太武以其無知，狀類於蟲，改其號爲蠕蠕。蠕蠕與柔然，芮芮，《宋書》。茹茹，《周書》。均係同音異譯。太武此舉，非更其名，乃易其字。則以醜惡字樣爲外國譯名，實出於褊衷。不特此也，魏人自稱爲黄帝之後，謂北俗謂土爲托，謂后爲跋，故以托跋爲氏。《魏書·帝紀·序紀》。案《齊書·魏虜傳》云：“魏虜，匈奴種也，姓托跋氏。初，匈奴女名托跋，妻李陵，胡俗以母名爲姓，故虜爲李陵之後。”此説之不可信，别見下。是魏人曾以人名釋托跋二字也。其實二者皆非其真。《晉書·秃髮氏載記》謂其先與後魏同出。烏孤七世祖壽闐在孕，其母因寢産於被中，鮮卑謂被爲秃髮，因而氏焉。秃髮氏之亡，其主傉檀之子破羌奔魏，魏賜之氏曰源，名曰賀。《魏書·賀傳》載世祖謂賀曰：“卿與朕源同，因事分姓，今可爲源氏。”足見《晉書》“與後魏同出”之説之確。“秃髮”、“托跋”，同音異譯，顯而易見。《載記》所述之説，雖不敢謂其必真，要較后土及母名之説爲可信。是魏人兩釋“托跋”之義，均屬僞造也。僞造訓詁，亦猶之妄改譯名也。更考《魏書・序紀》之説，尤可見魏人自道其歷史之誣。《序紀》云："昌意少子，受封北土，積六十七世至成帝毛，統國三十六，大姓九十九。"又十四世而至神元。自受封至神元，凡八十一世，八十一者，九九之積也。自成帝至神元十五世，十五者，三與五之積也。九者數之九，三與五，蓋取三才五行之義。統國三十六，四面各九國也。大姓九十九，與己爲百姓也。數之巧合，有如是者乎？《序紀》又言："不爲文字，刻木紀契而已，世事遠近，人相傳授，如史官之紀録焉。"世豈有無文字而能詳記六十七世之世數者？果能詳記世數，何以於名號、事跡，一不省記？其爲誣罔，不言自明。爲此矯誣者誰歟？《衛操傳》言桓帝崩後，操爲立碑以頌功德，云魏爲軒轅苗裔，一似其事爲魏初漢人附虜者所爲。其實一覽《衛操傳》，即知其爲乃心華夏之人，其於托跋氏，特思借其力以犄匈奴耳，豈肯爲之造作誣辭，以欺後世？況統觀前後史實，魏人是時，尚未必有帝制自爲之思。既無帝制自爲之思，必不敢自附於帝王之後。故《衛操傳》之説，必不足信。魏之帝制自爲，實在道武帝天興元年，史稱其追尊成帝已下及后號謚，詔百司議定行次，尚書崔玄伯等奏從土德，其造作必在此時也。

道武之稱帝，在天興元年十二月。先十二歲爲登國元年，《紀》書正月戊申，帝即代王位，四月，改稱魏王。及天興元年六月丙子，詔有司議定國號。羣臣曰："昔周、秦已前，世居所生之土，有國有家，及王天下，即承爲號。自漢已來，罷侯置守，時無世繼，其應運而起者，皆不由尺土之資。今國家萬世相承，啓基雲、代。臣等以爲若取長遠，應以代爲號。"詔曰："昔朕遠祖，總御幽都，控制遐國，雖踐王位，未定九州。逮於朕躬，處百代之季，天下分裂，諸華乏主。民俗雖殊，撫之在德，故躬率六軍，掃平中土。凶逆蕩除，遐邇率服。宜仍先號，以爲魏焉。布告天下，咸知朕意。"所謂總御幽都，控制遐國者，即《序紀》所謂"昌意少子受封北土，其後世爲君長，統幽都之北，廣漠之野，至成帝統國三十六，大姓九十九"者也。魏人造作史實，在於此時，斷然可識。然魏之稱號,何自來乎?案《崔玄伯傳》云:司馬德宗遣使來朝,太祖將報之,詔有司博議國號。玄伯議曰:"國家雖統北方廣漠之土,逮於陛下,應運龍飛,雖曰舊邦,受命維新,是以登極之初,改代曰魏。又慕容永亦奉進魏土。夫魏者大名,神州之上國。斯乃革命之徵驗,利見之玄符也。臣愚以爲宜號爲魏。"太祖從之。玄伯之説,實駁《紀》所載有司之議者。云"慕容永奉進魏土",則魏王之封,實受之於永者耳。然其事恐不在登國元年四月也。

據《魏書》,道武爲昭成帝什翼犍之孫。其父名寔,昭成太子也,後追謚爲獻明帝。昭成時,長孫斤謀逆,寔格之,傷脅而死。秦(苻堅)兵來伐,昭成爲庶長子寔君所弒。堅分其地,自河以西屬劉衛辰,以東屬劉庫仁。庫仁母,平文帝鬱律之女也,昭成復以宗女妻之。於是南部大人長孫嵩及元他等,盡將故民南依庫仁。道武方幼,其母獻明皇后賀氏,亦以之居獨孤部。《晉書·苻堅載記》則云:涉翼犍"子翼圭縛父請降。堅以翼犍荒俗,未參仁義,令入太學習禮。堅嘗之太學,召涉翼犍問曰:中國以學養性而人壽考,漠北噉牛羊而人不壽,何也?翼犍不能答。又問:卿種人有堪將者,可召爲國家用。對曰:漠北人能捕六畜,善馳走,逐水草而已,何堪爲將?又問:好學不?對曰:若不好學,陛下用教臣何爲?堅善其答。"《宋書·索虜傳》云:犍"爲苻堅所破,執還長安,後聽北歸。犍死,子開字涉珪代立"。《齊書·魏虜傳》曰:堅"擒犍還長安,爲立宅,教犍書學。堅敗,子珪,字涉圭,隨舅慕容垂據中山,還領其部"。案《晉書》明載堅與犍問答之語,必不能指爲虚誣,則《魏書》所云犍爲寔君所弒者,實屬妄語。一語虚則他語不得不隨之而虚,謂道武爲昭成之孫者,自不如謂爲其子之可信。蓋《魏書》之云,一以諱昭成見執降伏之辱,一亦欲洗道武翦滅舅氏之惡,乃改昭成之見執於其子爲見弒,而又造作一救父見殺之太子,以與之對消,其心計可謂工矣。然豈能盡箝中國人之口哉?觀此,然後知清代欲焚禁中國書籍爲有由也。《宋書》謂苻堅後聽昭成北歸,《齊書》謂堅敗,道武尚隨慕容垂,二説又當以《齊書》爲確。何者？昭成苟北歸，不應略無事跡可見也。據《魏書·劉庫仁傳》，慕容垂之起，庫仁實右苻丕，因此爲慕容文所殺。庫仁弟眷攝國事。庫仁子顯，殺眷而代之，遂謀殺道武。道武乃走賀蘭部，依其舅賀訥，遂於牛川即代王位。昭成之子窟咄，爲苻堅徙於長安，因隨慕容永，永以爲新興太守。劉顯使弟亢泥迎納之。道武求援於慕容垂。垂使子賀驎往援，破之。又破劉顯。顯奔慕容永。賀蘭部叛道武，賀驎又與道武破之。是後燕之有造於道武者實大。其後賀蘭部爲劉衛辰所攻，請降告困。道武援之，卻衛辰，而遷賀蘭部於東界。賀蘭蓋自此夷爲托跋氏之臣僕。不知如何，忽與後燕啓釁，賀驎伐之，道武救之，而托跋氏與後燕之釁端，亦因之而啓。後燕止托跋氏之使秦王觚，而道武亦轉而納交於慕容永矣。竊疑道武之北歸，慕容垂實使之，其事當在劉庫仁助苻丕之時，時庫仁所統多托跋氏之舊部，使之北歸扇動，以相牽掣也。慕容永封道武爲魏王，則其事當在登國六年七月《紀》書"永使其大鴻臚慕容鈞奉表勸進尊號"之日。天興元年六月之議，乃決臣晉與否，臣晉則仍稱代王，不臣則不矣。道武從崔玄伯之議而不臣，乃去代號而專稱魏。是年十二月，遂有帝制自爲之舉焉。是時慕容永已亡；且拓跋氏尚不甘臣晉，豈肯受封於永？乃以稱魏爲自行改號，而又移其事於登國元年四月，以泯其改易之跡。其心計彌可謂工矣，然終不能盡掩天下人之目也，心勞日拙，詎不信哉？

天興元年之議行次，其事亦見《禮志》。逮太和十四年，復以是爲議，高閭等主以據中原之地者爲正統。趙承晉爲水德，燕承趙爲木德，秦承燕爲火德，魏承秦爲土德。李彪、崔光援漢繼周之例，以魏承晉爲水德。詔羣官議之。卒從彪等之議。案高閭等之議，蓋不敢替諸胡而承中華，以觸忌諱。然孝文實不復以虜自居，故卒棄其說，而從李彪等之議也。然閭等之議，亦非天興時原意。天興時之意，蓋欲祧魏、晉而承漢，故其所億造之神元元年，與曹魏之并國同歲也。是時晉尚未亡，承晉既不可，又不能與晉爭承魏；北方僭僞諸國，又皆無可承，其勢固不得不如此耳。

魏在天興以前，既無帝制自爲之意，自不敢妄託於古之帝王，故《宋》、《齊書》謂其自託於李陵，説必不妄。托跋氏當時，得此已爲褒矣。《齊書》云：虜甚諱之，有言其是陵後者輒見殺，蓋先嘗以是自誇，傳播頗廣，既以黄帝之後自居，則又欲諱其説；然傳播既廣，其勢不可卒止，乃又一怒而濫殺以立威也；可惡亦可笑矣。

後魏與禿髮氏同祖，而烏孤五世祖樹機能，實爲晉人所誅。抑不僅此，神元者，《晉書》之力微，《晉書·衛瓘傳》云：瓘督幽州，於時幽、并東有務桓，西有力微，并爲邊害。瓘離間二虜，遂至間隙，於是務桓降而力微以憂死。據《魏書·序紀》：神元子文帝沙漠汗，實爲諸部大人所殺。神元是否終於牖下，亦難質言。然則托跋氏仍世遭誅，正猶清之有叫場、他失也，固無怪其讎中原之深耳。

自來脩史者，於魏事多取《魏書》，於南朝之紀載，所取甚罕，意謂敵國傳聞之辭，必不如其人自述者之可信也，而孰知適得其反。且如道武，《魏書》本紀謂其“服寒食散，動發，謂百寮左右，人不可信，慮如天文之占，或有肘腋之虞，朝臣至前，追其舊惡，皆見殺害。其餘或以顔色變動，或以喘息不調，或以行步乖節，或以言辭失措，帝皆以爲懷惡在心，變見於外，乃手自毆擊，死者皆陳天安殿前。於是朝野人情，各懷危懼。有司懈怠，莫相督攝。百工偷劫，盜賊公行。巷里之間，人爲希少。帝亦聞之，曰：朕縱之使然，待過災年，當更清治之爾。”夫所殺果止朝臣，何至巷里之間，人爲希少？今觀《宋書·索虜傳》，則云：“開暴虐好殺，民不堪命。先是，有神巫誡開：當有暴禍，惟誅清河，殺萬民，乃可以免。開乃滅清河一郡、常手自殺人，欲令其數滿萬。”然則開之濫殺，及於平民者多矣。此與什翼犍之見俘，皆魏人之記載不可信，而南朝之記載轉可信者也。然此特其偏端耳。其宫闈之慘禍，宗戚之分争，諱言中原人之叛之，與他外族兵争，亦多諱敗爲勝，實屬不勝枚舉，别於他條發之。

不特《魏書》，《周》、《齊書》之誣妄，亦有出人慮外者。西魏之寇江陵也，梁元帝請援於齊，齊使其清河王岳救之。至義陽，荆州已陷，因略地，南至郢州。齊知江陵陷，詔岳旋師。岳留慕容儼據郢。梁使侯瑱攻之。《陳書・瑱傳》云："儼食盡請和，瑱乃還鎮豫章。"此實録也。《北齊書・儼傳》，謂儼鎮郢城，"始入，便爲梁大都督侯瑱、任約率水陸軍奄至城下。儼隨方備禦，瑱等不能克。又於上流鸚鵡洲上造荻蔟，竟數里，以塞船路。人信阻絶，城守孤懸，衆情危懼。儼導以忠義，又悦而安之。城中先有神祠一所，俗號城隍神，公私每有祈禱。於是順士卒之心，乃相率祈請，冀獲冥佑。須臾，衝風歘起，驚濤涌激，漂斷荻蔟，約復以鐵鎖連緝，防禦彌切。儼還共祈請，風浪夜驚，復以斷絶。如此者再三，城人大喜，以爲神助。瑱移軍於城北，造栅置營，焚燒坊郭，産業皆盡。約將戰士萬餘人，各持攻具，於城南置營壘，南北合勢。儼乃率步騎出城奮擊，大破之，擒五百餘人。先是郢城卑下，兼土疏頽壞，儼更脩繕城雉，多作大樓。又造船艦，水陸備具，工無暫闕。蕭循又率衆五萬，與瑱、約合軍，夜來攻擊。儼與將士力戰終夕。至明，約等乃退。追斬瑱驍將張白石首。瑱以千金贖之，不與。夏五月，瑱、約等又相與并力，悉衆攻圍。城中食少，糧運阻絶，無以爲計，惟煮槐楮、桑葉并紵根、水萍、葛、艾等草，及鞾、皮帶、觔角等物而食之。人有死者，即取其肉，火别分噉，惟留骸骨。儼猶申令將士，信賞必罰，分甘同苦，死生以之。自正月至於六月，人無異志。後蕭方智立，遣使請和，顯祖以城在江表，據守非便，有詔還之。儼望帝，悲不自勝。帝呼令至前，執其手，持儼鬚鬢，脱帽看髪，歎息久之。謂儼曰：觀卿容貌，朕不復相識，自古忠烈，豈能過此！"凡所云云，有一語在情理之中者乎？江陵之陷也，巴、湘之地，并屬於周。周遣梁人守之。後陳人加以圍逼。周使賀若敦率步騎六千赴救。又使獨孤盛將水軍與俱。侯瑱自尋陽往禦。又遣徐度會瑱於巴丘。天嘉元年十月，瑱破盛於楊葉洲，盛登岸築城自保。十二月，周巴陵城主尉遲憲降。盛收餘衆遁。明年，正月，周湘州城主殷亮降。二月，以瑱爲湘州刺史。三月，瑱卒，以徐度代之。七月，賀若敦自拔遁歸，人畜死者十七八。見《陳書・世祖紀》。《陳書》所紀者如此，此實録也。

《周書·敦傳》,侈陳敦之戰績,與《北齊書·慕容儼傳》,可稱異曲同工。尤可笑者,云:"相持歲餘,瑱等不能制,求借船送敦渡江。敦慮其或詐,拒而弗許。瑱復遣使謂敦曰:驃騎在此既久,今欲給船相送,何爲不去?敦報云:湘州是我國家之地,爲爾侵逼,敦來之日,欲相平殄,既未得一決,所以不去。瑱後日復遣使來。敦謂使者云:必須我還,可舍我百里,當爲汝去。瑱等留船於江,將兵去津路百里。敦覘知非詐,徐理舟楫,勒衆而還。"姑無論所言之信否,而瑱死在三月,敦之遁在七月,乃《傳》中記其絮絮往復如此,敦豈共鬼語邪?

原刊《兩年:文藝春秋叢刊之一》,
一九四四年十月十日出版

〔五六六〕 讀抱朴子上

世無可欺之人,固之亦無能欺人之事。明明誕妄之事而人信之者,以其中雜有真事也;始而真僞參半,繼而僞稍勝真,又繼而僞爲人所共信矣。《抱朴子·内篇·論仙》謂:"魏文帝窮覽洽聞,自謂於物無所不經,謂天下無切玉之刀,火浣之布,及著《典論》,嘗據言此事;未期,二物畢至,乃歎息,遽毁斯論。"又云:"陳思王著《釋疑論》云:初謂道術,直呼愚民詐僞;……及見武皇帝試左慈等,令斷穀近一月,而顔色不減,氣力自若,常云可五十年不食;正爾,復何疑哉?又令甘始以藥含生魚,而煮之於沸脂中,其無藥者,熟而可食,其銜藥者,遊戲終日,如在水中也;又以藥粉桑以飼蠶,蠶乃到十月不老;又以住年藥食雞雛及新生犬子,皆止不復長;《金丹》篇云:"王君丹法,巴沙及汞内雞子中,漆合之,令雞伏之,三枚,以王相日服之,住年不老。小兒不可服,不復長矣。與新生雞犬服之,皆不復大,鳥獸亦皆如此驗。"蓋神仙家以不長與不老同理。又以還白藥食白犬,百日,毛盡黑。乃知天下之事,不可盡知,而以臆斷之,不可任也。"切玉之刀,火浣之布,在今日已無足異;斷穀數十日,理自可能;

蠶不老，雞不長，白犬毛黑，亦非必不可致；惟銜藥之魚，煮之沸脂中，遊戲終日，則於理必不可解耳。案《三國志·華佗傳注》引東阿王《辨道論》云："世有方士，吾王悉所招致，甘陵有甘始，廬江有左慈，陽城有郤儉。始能行氣導引，慈曉房中之術，儉善辟穀，悉號三百歲。卒所以集之於魏國者，誠恐斯人之徒，接姦宄以欺衆，行妖慝以惑民，豈復欲觀神仙於瀛洲，求安期於海島，釋金輅而履雲輿，棄六驥而美飛龍哉？自家王與太子及余兄弟咸以爲調笑，不信之矣。然始等知上遇之有恒，奉不過於員吏，賞不加於無功，海島難得而遊，六黻難得而佩，終不敢進虚誕之言，出非常之語。……甘始者，老而有少容，自諸術士咸共歸之。然始辭繁寡實，頗有怪言。余常辟左右，獨與之談，問其所行，温顔以誘之，美辭以導之，始語余：吾本師姓韓字世雄，嘗與師於南海作金，前後數四，投數萬斤金於海。又言：諸梁時，西域胡來獻香罽、腰帶、割玉刀，時悔不取也。又言：車師之西國，兒生，擘背出脾，欲其食少而弩行也。又言：取鯉魚五寸一雙，合其一煮藥，俱投沸膏中，有藥者奮尾鼓鰓，遊行沉浮，有若處淵，其一者已熟而可噉。余時問：言率可試不？言：是藥去此逾萬里，當出塞；始不自行不能得也。言不盡於此，頗難悉載，故麤舉其巨怪者。始若遭秦始皇、漢武帝，則復爲徐市、欒大之徒也。"然則始乃方士中之誕謾者，銜藥煮魚，陳思王安得謂武皇帝曾爲試之乎？則此篇殆爲妄人所造矣。然其餘語，固非盡僞，此所謂真僞夾雜者也。

斷穀，聞今印度人猶有能之。西人某嘗嚴密試之，閉之密室中，封禁甚嚴，度無能私遞飲食者，月餘啓視，其人康健如恒也。《雜應篇》云吴景帝嘗鏁閉道士石春，令人備守之年餘，與此事頗相類。此理今日尚不能盡明；然觀病者能經久不食，則知人之生理，苟異恒時，自無所謂一日不再食則飢，更無所謂七日不食則死也。《道意》篇言李寬吞氣斷穀，可得百日以還，亦不堪久，最爲近情，度左慈亦不過如此耳。《雜應》篇云："問諸曾斷穀積久者云：差少病痛，勝於食穀時；其服术及餌黄精及禹餘糧，久令人多氣力，堪負擔遠行，身輕不困；其服諸石藥，一服守之十年五年者，及吞氣服符飲神水輩，但爲不飢耳，體力不任勞也。”此説亦非虛誣。聞日本人嘗制藥，合諸養料，皆無所厥。試使兵士服之，肥澤如平時，而無氣力，不能行動，以胃無所事之也。亡友長沙丁冕英嘗日食九橘，但飲水，不復食，如是者七日，精神作事皆如恒，惟行動無力，偶與物相撞則仆，乃復食。此皆服石藥吞氣服符飲神水之類也。國民軍之攻武昌也，有藥肆學徒爲肆中取何首烏，中途流彈大至，不能返肆，乃負之抵家。家僅有老父，病癱瘓，不能起坐者久矣；父子相守歷月餘，糧絶，乃蒸何首烏而食之，四旬餘，其父竟起。此豈所謂斷穀而少病痛、服术餌黄精等令人多氣力身輕者邪？因悟古書所謂久服輕身延年者，必須當作飯吃，若如今人以爲藥餌而服之，他食什佰于此，無效也。多肉食必生癰疽，然不使勝食餼則否，正同此理。

承君仰賢，嘗戒人少食，曰人有吃死者，無餓死者。《抱朴子》云：“余數見斷穀人三年二年者，多皆身輕色好，堪風寒暑溼，大都無肥者耳。”不肥正更爲美，未見其弊也。又云：“問諸爲之者，絶穀。無不初時少氣力，後復稍健，月勝一月，歲勝一歲。但用符水及單服氣者，皆四十日中疲瘦，過此乃健耳。鄭君云：本性飲酒不多，昔在銅山中，絶穀二年許，飲酒數斗不醉。以此推之，是爲不食更令人耐毒，耐毒則是難病之候也。”皆見《雜應》篇。皆可爲世之迷信多食者作棒喝。

魏文帝《典論》，信有其書矣。而《論仙》篇又曰：“董仲舒所撰《李少君家録》云：少君有不死之方，而家貧無以市藥物，故出於漢，以假途求其財，道成而去。”又引劉向《列仙傳》，爲有仙人之證。夫仲舒及向，豈作此等書者邪？道家好附會道術之士，蓋其言陰陽五行等，有相類者也。然道術之士之言陰陽五行，豈方士之謂哉？然其相依附則已久矣。《史記·封禪書》云：騶衍以陰陽主運，顯於諸侯，而燕、齊海上之方士，傳其術不能通。蓋二者之相淆久矣。

《仙藥》篇云：“漢成帝時，獵者於終南山中見一人，無衣服，身生黑毛；獵人見之，欲逐取之，而其人踰坑越谷，有如飛騰，不可逮及，乃密伺候其所在，合圍得之，乃是婦人；問之，言我本是秦之宫人也，聞關東賊至，秦王出降，宫室燒燔，驚走入山，飢無所食，垂餓死，有一老翁教我食松葉松實，當時苦澀，後稍便之，遂使不飢不渴，冬不寒，夏不熱。……乃將歸，以穀食之，初聞穀臭嘔吐，累日乃安，如是二年許，身毛乃脱落，轉老而死。”“南陽文氏説其先祖，漢末大亂，逃出山中，飢困欲死，有一人教之食术，遂不能飢；數十年乃來還鄉里，顔色更少，氣力勝故；自説在山中時，身輕欲跳，登高履險，歷日不極，行冰雪中，了不知寒。”此兩事自有傅會，非盡實，然不熟食，身輕而體生毛，確非虚語。向見野史中載如此事，猶未之信；丁未春夏間，見上海《時報》譯某西報云，瑞典有人流落入山亦如此，當非虚誣也。當時曾將報留存，惜一九三七年故鄉淪陷，屋廬毁壞，書物都盡，今已不可復得矣。

〔五六七〕 讀抱朴子中

《道意》篇言信巫之弊，至於幸而誤活，財産窮罄，遂復飢寒而死，或乃起爲穿窬剽劫，喪身鋒鏑，陷刑醜惡，其没者無復凶器，尸朽蟲流，其禍至於如此，宜其欲重淫祀之刑，致之大辟也。又謂張角、柳根、王歆、李甲之徒，錢帛山積，富踰王公，縱肆奢淫，侈服玉食，妓妾盈室，管絃成列，刺客死士，爲其致用，威傾邦君，勢陵有司，亡命逋逃，因爲窟藪，此其所以能稱兵以叛與？然張角奉黄老道，而黄老道禁諸房祀，見《黄老君》條。豈亦知霸有天下者陳兵以守，而顧禁人之執兵與？

少時讀此篇之李寬及《祛惑》篇古强、蔡誕、項曼都、白和之事而大笑之。稚川云“寬弟子轉相授受，布滿江表”，即强及誕之言，亦有信之者，予頗疑其爲誕而不信也。及今思之，則尋常人之所信者，原不過如此。李少君言漢武帝銅器，齊桓公十年陳於柏寢，非古强云親見堯、舜、禹、湯且識孔子、秦始皇、項羽、漢高祖與？稚川言强“敢爲虛言，言之不怍”，非即欒大之敢爲大言，處之不疑與？少君言“臣常遊海上，見安期生”，欒大亦曰“臣常往來海中，見安期、羨門之屬”，非誕所謂身事老君，曼都所謂曾遊天上者與？公孫卿言“黄帝郊雍上帝，鬼臾區死葬雍；其後黄帝接萬靈明廷，明廷者，甘泉也。所謂寒門者，谷口也”，明明無稽之談，而言之鑿鑿可指，與蔡誕之言崑崙五城十二樓、五河出其四隅、弱水繞之何異？而其言鼎湖之事，與項曼都謂仙人來迎、共乘龍而昇天，又何似也！然漢武則固信之矣。不特此也，崑崙五城十二樓諸説，不又明著之道家之書與？則知道士之明知能著書者，舉不過文成、五利、公孫卿、李寬、古强、蔡誕、項曼都之倫也。白和，道士有博涉衆事、洽練術數者，以諸疑難諮問，皆爲尋聲論釋，無滯礙，蓋在此曹中已罕覯矣。前數年有作平話描寫劍仙者，童子聞之，或背家而入山，世人羣笑其愚；然觀古者帝王士大夫皆輕信如此，且尋聲附和者甚衆，又曷怪此十餘齡之童子也。然所惡於利口之士者則有之矣。公孫卿曰：“黄帝且戰且學仙，患百姓非其道，乃斷斬非鬼神者。”是知武帝之好戰樂刑殺而逢之也；非鬼神者皆斷斬，則無慮人之非己矣。封而旱，則曰“黄帝時封則天旱，乾封三年”；柏梁臺災，則曰“黄帝就青靈臺，十二日燒，黄帝乃治明庭”。烏乎，何其善於文君之過、逢君之惡如此也！故小人非徒求己身富貴苟容也，毒必被於天下。

方士雖善誑，亦必略有言之成理之説，蓋所以應付明理之人也。如曰世間何以不見仙人，則云仙人殊趣異路，行尸之人安得見之？假令遊戲或經人間，匿真隱異，外同凡庸，比肩接武，孰有能覺乎？英儒偉器，猶不樂見淺薄之人，況彼神仙，何爲汲汲使人知之？《論仙》篇。又曰：或問老氏、彭祖，悉仕於世，中世以來，爲道之士，莫不飄然絶跡幽隱，何也？則曰：曩古純樸，巧僞未萌，信道者勤而學之，不信者默然而已；末俗偷薄，好爲訕毁，謂真正爲妖譌，以神仙爲誕妄，或曰惑衆，或曰亂羣。《明本》篇。然則神仙之不在人間，乃有所不得已也。

此皆所謂彌近理而大亂真者也,然非此固無釋明理者之難也。

〔五六八〕 讀抱朴子下

《金丹》篇曰:“余考覽養性之書,鳩集久視之方,篇卷以千計矣,莫不以還丹金液爲大要。”然則愛尚金丹,非稚川一人之私言,而古來方士之公言也。所以然者,金石質堅,信人服之,則質可堅如金石,蓋其最初之思想如此。《對俗》篇曰:“金玉在於九竅,則死人爲之不朽;鹽鹵沾於肌髓,則脯臘爲之不爛;況以宜身益命之物納之於己乎?”《至理》篇曰:“泥壤易消者也,而陶之爲瓦,則與二儀齊其久;柞柳速朽者也,而燔之爲炭,則可億載而不敗。”皆可見其思想之跡。《對俗》篇又曰:神仙方書,試其小者,莫不效焉,舉方諸求水、陽燧引火爲證。此其所以取信於人者,然彼亦未嘗不因此而堅其自信也。漢武之信欒大也,使驗小方鬬碁,碁自相觸擊,《索隱》引顧氏案《萬畢術》云:“取雞血雜磨鍼鐵,擣和磁石棊頭置局上,自相抵擊也。”知方士於物理頗有所知也。而其誅也,亦以方盡多不讎。文成之誅,亦以方益衰,神不至。烏呼惜乎!今世深明物理之士,不獲生於秦皇漢武之士而益讎,其欺也。

石不如金之堅,故方士之所信者,珠玉次于金銀,至於草木,則謂僅可延年而已。不免於死。信金石草木之初説蓋如此。至并謂金丹可以起死人,隱形,先知,通宿命,厭百鬼,疾病不侵,所求皆至,則增益之辭也。且如房中,其初當亦謂能生,然流俗之言,亦謂能盡其道者,可以移災解罪,轉禍爲福,居官高遷,商賈倍利《微旨》篇。猶此。

方士蓋亦有真信金丹可致不死,草木可以延年者。蓋服金石之劑,不必無强壯之效,而草木可以延年,亦實事也。大抵方士惟誑惑人主鼓動百姓者爲可誅,其餘則其愚可哀,然不能謂其以欺誑爲志也。彼亦有其論理,如《塞難》篇言人非天地所造,天地亦爲一物,而當俯從物理，見解頗高；神仙由於稟賦，即其信不信亦由此，見《塞難》篇，亦見《辨問》。亦頗能自圓其説，然以人之生爲各有所直之星宿則繆矣。此由方士之説，多與古迷信之談夾雜，故其自行推理處雖高，卒不能脱迷信之跡也。

以人之生爲各有所直之星宿者，蓋自古相傳之説，故《洪範》謂王省惟歲，卿士惟月，師尹惟日，庶民惟星也。道家之説，存古宗教之説頗多，如《對俗》篇言司命，《微旨》篇言司過及三尸，皆古迷信時之遺跡。言三尸欲人早死，此尸乃得作鬼，放縱遊行，尤野蠻時代魂魄爲二之普通思想。《地真》篇云："守玄一，并思其身分爲三人，三人已見，又轉益之可至數十人，皆如己身。"此所謂分形之道。一人可分爲三，與三尸之思想同，蓋古以三爲多數也。守一之道，亦見其以魂魄分爲二，此固最素樸之思想也。又述師言，謂金水分形，則自見其三魂七魄，三魂蓋即三尸。

《金丹》篇云："九丹誠爲仙藥之上法，然合作之所用雜藥甚多，若四方清通，市之可具，若九域分隔，則物不可得也。"此與甘始妄言仙藥，及請之，則云藥去此踰萬里，當出塞，始不自行難得同。然始爲自解免之言，而道士之信遠方有藥者，則不必盡虚也，故稚川亦思爲句漏令求丹砂也。

秦、漢方士，世皆目爲神仙家，其實非也。方士之道，雜而多端，而神仙僅其一術耳。

神仙家之術，蓋原起于燕、齊之間，其地時有海市，古人覩其象而不知其理，則以爲人可遥興遐舉，載雲氣而上浮矣。匡衡等之廢淫祀也，成帝以問劉向，向言："甘泉、汾陰及雍五畤始立，皆有神祇感應，然後營之，非苟而已也。武、宣之世，奉此三神，禮敬敕備，神光尤著。祖宗所立神祇舊位，誠未易動。及陳寶祠，自秦文公至今，七百餘歲矣，漢興，世世常來，光色赤黄，長四五丈，直祠而息，音聲砰隱，野雞皆雊。每見雍太祝祠以太牢，遣候者乘一乘傳馳詣行在所，以爲福祥。高祖時五來，文帝二十六來，武帝七十五來，宣帝二十五來，初元元年以來，亦二十來。"《漢書・郊祀志》。此皆衆目昭見之事，非可虚誣。

野蠻之迷信，所言之理雖誤，所見之象則真，是以衆心皈仰，不可移易。

因目覩海市蜃樓，而謂人可遥興遐舉也，則以爲人可不死。求不死之方，最初似偏于服食。服食有使人老壽者。《三國志・華佗傳》：樊阿從佗求可服食益於人者，佗授以漆葉青黏散，言久服去三蟲，利五臟，輕體，使人頭不白。阿從其言，壽百餘歲。《注》引《佗别傳》曰："本出于迷入山者，見仙人服之，以告佗。佗以爲佳，輒語阿，阿又祕之。近者人見阿之壽而氣力强盛，怪之，遂責阿所服，因醉亂誤道之。法一施，人多服者，皆有大驗。"此理所可有。魏武啖野葛，《紀注》引《博物志》。郤儉餌茯苓，《華佗傳注》引《典論》。皆其類也。

古人又以導引求老壽。《史記・留侯世家》言良"性多病，即道引不食穀"；又言其"學辟穀，道引輕身"。《後漢書・方術傳注》引《漢武内傳》，謂王真"習閉氣而吞之，名曰胎息；習嗽舌下泉而咽之，名曰胎食。真行之，斷穀二百餘日，肉色光美，力并數人"。未言其穀食外不食他物。《三國志・華佗傳注》引東阿王《辯道論》，謂："余嘗試郤儉絶穀百日，躬與之寢處，行步起居自若也。夫人不食七日則死，而儉乃如是。"則似全然不食者。其説殊誕謾不可信。陳思王豈能躬與郤儉寢處至百餘日邪？隆古之世，人本不專食穀，及後農業既興，乃專以穀爲食。然穀食之興，亦因栽培之便，謂其最足養人，其實并無此理。世儘有食物，其養生轉逾於穀者。《後漢書・西南夷傳》謂"莋都夷土出長年神藥，仙人山圖所居焉"，蓋亦以食他物養生而附會之也。然此止足養身，至多益壽，必不可以不死。《三國・魏志・王粲傳注》引嵇康兄喜所爲《康傳》言：嵇康"性好服食，嘗採御上藥。以爲神仙者，稟之自然，非積學所致。至於道養得理，以盡性命，若安期、彭祖之倫，可以善求而得"，其證也。方士之倫，乃别求所謂金石之劑。

金石質堅，古人誤謂餌金石，則其體亦能如金石，于是可以不死，《抱朴子》中，全是此論。金石相較，金爲愈堅，故方士尤貴焉。玉亦石類，珠又玉類，故古人又欲餐珠玉者。漢武聽李少君説，化丹沙諸藥劑爲黄金；《史記·封禪書》。桓譚言光武窮折方士黄白之術；《後漢書》本傳。漢武欲得雲表之露以餐玉屑，故立仙掌以承高露；《三國·魏志·衛覬傳》。《鹽鐵論·散不足》篇謂方士言"仙人食金飲珠，然後壽與天地相保"是也。求之不得，則疑其在於海外。《史記·封禪書》曰："三神山嘗有至者，諸仙人及不死之藥皆在焉。"又曰："始皇南至湘山，遂登會稽，并海上，冀遇海中三神山之奇藥。"又《淮南王傳》載伍被言：秦"使徐福入海求神異物，還爲僞辭曰：臣見海中大神言曰：女西王之使邪？臣答曰：然。汝何求？曰：願請延年益壽藥。神曰：汝秦王之禮薄，得觀而不得取"。《封禪書》欒大言："臣常往來海中，見安期、羨門之屬，顧以臣爲賤，不信臣。又以爲康王諸侯耳，不足與方。"然則初欲求仙人，亦特欲求其藥耳，如後世所謂遇仙人即能接引飛昇，古無是説也。神仙家之死，黄誠謂肉體可以上升，公孫卿謂黄帝采首山銅，鑄鼎於荆山下，鼎既成，有龍垂胡髯下迎黄帝，黄帝上騎，羣臣後宫從上者七十餘人是也。其時又有尸解之説，《三國志·華佗傳注》引《典論》："王和平死，弟子夏榮言其尸解。"《封禪書》："李少君病死，天子以爲化去不死。"即尸解之説。

人鍛鍊則體强，不鍛鍊則體弱，此乃習見之理。故其後亦有欲以是求長年者。《莊子》已有熊經鳥伸之言。《漢書·王吉傳》，吉諫昌邑王好獵曰："休則俯仰屈申以利形，進退步趨以實下，吸新吐故以練臧，專意積精以通神。"王褒《聖主得賢臣頌》曰："何必偃仰屈伸若彭祖，呴嘘呼吸如喬、松。"崔寔《政論》曰："夫熊經鳥伸雖延厤之術，非傷寒之理；呼吸吐納雖度紀之道，非續骨之膏。"仲長統《卜居論》曰："安神閨房、思老氏之玄虚；呼吸精和，求至人之彷彿。"是也。《三國志·華佗傳》，佗語(吴)普曰："古之仙者，爲道引之事，熊頸《後漢書》作經。鴟顧，引輓腰體，動諸關節，以求難老。吾有一術，名五禽之戲，一曰虎，二曰鹿，三曰熊，四曰猨，五曰鳥，亦以除疾，并利蹄足，以當道引。"《志》稱佗"曉養性之術，時人以爲年且百歲而貌有壯容"。殿本《考證》云：《册府》"以爲"下有"仙"字，蓋是。《佗傳注》引《典論》謂"甘始善行氣，老有少容"。《後漢書·方術傳》言："王真年且百歲，視之面有光澤似未五十者,自云周流登五岳名山,悉能行胎息胎食之方。”至此神仙家與養身家之術混而不分矣。《後漢書・佗傳注》云:“熊經,若熊之攀枝自縣也,鴟顧,身不動而回顧也。”又引《佗别傳》曰:“吴普從佗學,微得其方。魏明帝呼之使爲禽戲,普以年老,手足不能相及,麤以其法語諸醫。”《典論》曰:“後(甘)始來,衆人無不鴟視狼顧,呼吸吐納。軍謀祭酒弘農董芬爲之過差,氣閉不通,良久乃蘇。”習養生術者多貴乎清静,故王吉言專意積精,仲長統言安神閨房,《後漢書・文苑傳》言蘇順好養生術,隱處求道,晚乃仕。所行者蓋即其術。

房中之術,《漢志》與神仙本各爲一家,然其後遂合爲一。《史記・張丞相列傳》言“妻妾以百數,嘗孕者不復幸”,此似猶能貴養生。《漢書・王莽傳》言“郎陽成脩獻符命言,繼立民母”;又曰“黄帝以百二十女致神仙”;又言“莽日與方士涿郡昭君于後宫考驗方術,縱淫樂焉”;則房中、神仙并爲一術矣。其後則左慈、《三國志注》引《典論》。泠壽光、甘始、東郭延年、封君達等行其術,并見《後漢書・方術傳注》引《列仙傳》曰:“御婦人之術,謂握固不瀉,還精補腦也。”

以上所言,皆可云是神仙家之事,其人有形狀可見,其藥有形質可求,導引鍛鍊,深爲切實,其術原非迷信也。盧生辟惡鬼之説,《秦始皇本紀》。李少君祠竈之方,《封禪書》。祇可謂之巫術耳。

〔五六九〕 水經葉榆水注節録

“《交州外域記》曰:交趾昔未有郡縣之時,土地有雒田,其田從潮水上下,民墾食其田,因名爲雒民。設雒王雒侯,主諸郡縣,縣多爲雒將,雒將銅印青綬,後蜀王子將兵三萬,來討雒王雒侯,服諸雒將,蜀王子因稱爲安陽王。後南越王尉佗舉衆攻安陽王。安陽王有神人名皋通,下輔佐,爲安陽王治神弩一張,一發殺三百人。南越王知不可戰,卻軍住武寧縣。按《晉太康地記》縣屬交距。越遣太子名始,降伏安陽王，稱臣事之。安陽王不知通神人，遇之無道，通便去，語王曰：'能持此弩王天下，不能持此弩者亡天下。'通去，安陽王有女名曰媚珠，見始端正，珠與始交通。始問珠，令取父弩視之。始見弩，便盜以鋸截弩。訖，便逃歸報南越王。南越進兵攻之，安陽王發弩，弩折，遂敗。安陽王下船逕出於海。今平道縣後王宫城見有故處。《晉太康地記》縣屬交趾。越遂服諸雒將。"

中國疆域廣大，民族衆多，各地方之歷史傳説，亦應極多，惜存者殊少。所以然者，各地方文明程度不同，其程度較低者，不能著之竹帛，日久遂至湮没也。然其僅存者，則讀之殊有趣味；藉以考各地方開化情形，亦殊有裨益；如《吴越春秋》、《越絶書》、《華陽國志》等是也。此等各地方之傳説，乃其確實可信之歷史，存於圖經中者必多，惜圖經亦多湮滅。近世之方志，即古之圖經，然多出後人纂輯，古代材料，留存者不多矣。然苟能精心採擷，其中可寶之材料，當仍不乏也。引用古代圖經最多者，在古書中當推《水經注》。今故録此一節，以見其概，此一節乃南越征服南方民族之事，爲史所不載者也。雒，即自晉至唐所謂獠，亦即後漢時所謂哀牢，亦即近世所謂犵狫，亦作猓狫者也。或曰：《明史》所謂暹羅本分暹與羅斛二國，後暹爲羅斛所并，乃稱暹羅。羅斛與哀牢、犵狫，亦屬同音異譯。暹則與古之蜀，漢世之叟及賨，同音異譯也。

文明程度較低之民族，對於興亡大事，往往以傳奇之形式出之，如此篇亦是也。其説似荒唐，然中實含史實。如此篇謂平道縣後有王宫城，則決不能以安陽王爲子虚，亡是之流。然則蜀人之服雒而王之，而南越又隨其後，亦必非虚語矣。特此等史料，皆當打一甚大之折扣，而後可用已。

〔五七〇〕 干寶搜神記

《晉書·干寶傳》云："寶父先有所寵侍婢，母甚妒忌。及父亡，母乃生推婢於墓中。寶兄弟年小,不之審也。後十餘年,母喪,開墓,而婢伏棺如生,載還,經日乃蘇。言其父常取飲食與之,恩情如生。在家中吉凶輒語之,考校悉驗,地中亦不覺爲惡。既而嫁之,生子。又寶兄嘗病氣絶,積日不冷,后遂寤。云見天地間鬼神事,不自知死。寶以此遂撰集古今神祇靈異人物變化,名爲《搜神記》,凡二十卷。”

案寶父侍婢及寶兄之言,未必可信,或亦傳者之過。至假死復生,鑿然有之。寶序極言記載傳述之不足信,而曰:“今之所集,設有承於前載者,則非予之罪也。若使採訪近世之事,苟有虚錯,願與先賢前儒,分其譏謗。”則寶初不以其所記爲必可信也。又曰:“羣言百家,不可勝覽,耳目所受,不可勝載,今麤取足以演八略之旨,成其微説而已。”則寶所聞見尚多,其著之書者,已加簡擇矣。史稱寶性好陰陽術數,留思京房、夏侯勝等傳,又嘗著《晉紀》,蓋兼好史學與哲學者,其好撰集異聞,亦固其所,固非矯誣造作者流,亦非有聞必録,不求其審者比也。

〔五七一〕 北史蠕蠕傳叙次不清

《北史·蠕蠕傳》:“社侖……奔匹候跋,匹候跋處之南鄙,……令其子四人監之,既而社侖率其私屬,執匹候跋四子而叛,襲匹候跋,諸子案諸子上當脱匹候跋三字。收餘衆,亡依高車斛律部。社侖凶狡,有權變,月餘乃釋匹候跋,歸其諸子,欲聚而殲之。密舉兵襲匹候跋,殺匹候跋。……社侖既殺匹候跋,懼王師討之,乃掠五原以西諸部,北度大漠。……社侖與姚興和親。道武遣材官將軍和突襲黜弗素古延諸部,社侖遣騎救素古延,突逆擊破之。社侖遠遁漠北,侵高車,深入其地,遂并諸部,凶勢益振。”一似社侖之侵高車,在爲和突所敗後者。然《高車傳》云:“蠕蠕社侖破敗之後,收拾部落,轉徙廣漠之北,侵入高車之地,斛律部帥倍侯利患之,曰:社侖新集,兵貧馬少,易與耳。

乃舉衆掩擊之，入其國落。高車昧利，不顧後患，分其廬室，妻其婦女，安息寢卧不起。社侖登高望見，乃召集亡散，得千人，晨掩殺之，走而脱者十二三。倍侯利遂奔魏。”所謂侵入高車之地，蓋即其襲殺匹候跋之時，其後嘗爲倍侯利所破，卒又襲破倍侯利，終乃并諸部而勢益振耳。兵貧馬少之日，姚興何所慕而與之和親？亦安有力以救素古延？此自當在破倍侯利并諸部之後，和突所破，特其偏師，安足使社侖遠遁乎？《北史》社侖遠遁之文，原亦不承其爲和突所破，而係遥接上文。然序次不清，遂使讀者易於誤會矣。前史此等處，因無可校讎，而其誤不易見者，恐不少也。

〔五七二〕 金　　人

言佛教入中國者，多據《魏書·釋老志》。《志》云：“漢武元狩中，遣霍去病討匈奴。昆邪王殺休屠王，將其衆五萬來降，獲其金人，帝以爲大神，列於甘泉宫。金人率長丈餘，不祭祀，但燒香禮拜而已。此則佛道流通之漸也。”案《漢書·霍去病傳》，武帝稱其功曰：“收休屠祭天金人。”如淳注曰：“祭天以金人爲主也。”蓋本《金日磾傳贊》“本以休屠作金人爲祭天主，故因賜姓金氏”之文。皆曰祭天，不云禮佛。《梁書·扶南傳》云：“俗事天神。天神以銅爲像，二面者四手，四面者八手，手各有所持，或小兒，或鳥獸，或日月。”此文或本舊聞，不出梁世。然脩《梁書》時，佛教盛行久矣，天神果即佛像，姚思廉不容不知。且《漢書·地理志》，左馮翊雲陽，有休屠金人及逕路神祠三所，《郊祀志》：雲陽有逕路神祠，祭休屠王也。則休屠金人，實自有祠，未嘗列於甘泉也。顔師古以金人爲佛像，誤矣。

《釋老志》又云：“哀帝元壽元年，博士弟子秦景憲受大月氏王使伊存口授浮屠經，中土聞之，未之信也。後孝明帝夜夢金人，頂有白光，飛行殿庭，乃訪羣臣，傅毅始以佛對。帝遣郎中蔡愔、博士弟子秦景等使於天竺,寫浮屠遺範。愔仍與沙門攝摩騰、竺法蘭東還洛陽。中國有沙門及跪拜之法,自此始也。愔又得佛經四十二章,乃釋迦立像。明帝令畫工圖佛像,置清涼臺及顯節陵上,經緘於蘭臺石室。愔之還也,以白馬負經而至,漢因立白馬寺於洛城雍關西。摩騰、法蘭咸卒於此寺。”此説似因後來之佛像而附會。《後漢書・楚王英傳注》引袁宏《漢紀》云:“佛長丈六尺,黄金色,項中佩日月光,變化無方,無所不入,而大濟羣生。初,明帝夢見金人,身大,項有日月光,以問羣臣。或曰:西方有神,其名曰佛,陛下所夢,得毋是乎?於是遣使天竺,問其道術,而圖其形像焉。”《晉書・恭帝紀》言,帝“深信浮屠道,造丈六金像,親於瓦官寺迎之,步從十許里”。《魏書・胡叟傳》言:“蜀沙門法成,鳩率僧旅,幾於千人,《北史》作數千人。鑄丈六金像。”然則當時鑄像,殆有定制,皆長丈六。《崔挺傳》言:“光州故吏聞凶問,莫不悲感,共鑄八尺銅像,於城東廣因寺起八關齋,追奉冥福。”蓋減其長之半。《釋老志》言,魏先於恒農荆山造珉玉丈六像一,永平三年冬,迎置於洛濱之報德寺,世宗躬親致敬。雖易金以玉,而其長無改。《靈徵志》:“太和十九年六月,徐州表言,丈八銅像,汗流於地。”丈八疑丈六之譌也。然則袁宏云佛長丈六尺,明因佛像而爲之辭矣。對明帝之問者,宏不言其姓名,而《魏志》言爲傅毅;宏但云遣使圖佛形像,明時未有鑄像。《魏志》云“帝令畫工圖像”,説亦相同,而又云蔡愔曾得立像,明其雜采衆説,愈後起者,附會愈多。楚王英,明帝之兄,《傳》已言其爲浮屠齋戒祭祀,則佛教之行於中國舊矣,何待明帝遣使求之?金人入夢之説,殊不足信也。

佛像可考最早者,爲漢末笮融所造,見《三國・吴志・劉繇傳》,云融“大起浮圖祠,以銅爲人,黄金塗身,衣以錦采,垂銅槃九重,下爲重樓閣道,可容三千餘人”。其制之崇宏如此,其像亦必不減丈六矣。民間所造則較小。《魏書・靈徵志》云:“永安三年二月,京師民家有二銅像,各長尺餘,一頤下生白豪四,一頰旁生黑毛一。”是也。《北齊書・循吏・蘇瓊傳》言:“徐州城中五級寺,被盜銅像一百軀。”像數既多,其制亦當較小也。

當時造像,所費殊巨。魏高宗爲太祖以下五帝鑄釋迦立像五,各長一丈六尺,都用赤金二萬五千斤,顯祖於天官寺造釋迦立像,高四十三尺,用赤金十萬斤,黄金六百斤,皆見《魏書·釋老志》。此固虜朝所爲,然時郡縣及民間,造金像者亦不少。《宋書·文九王傳》言拓跋燾圍縣瓠,毁佛浮圖,取金像以爲大鉤,施之衝車端;《北齊書·王則傳》言其性貪婪,除洛州刺史,舊京諸像,毁以鑄錢,於時世號河陽錢,皆出其家,其用銅之多可知。《宋書·夷蠻傳》,元嘉十二年,丹陽尹蕭摩之,奏請欲鑄銅像者,皆詣臺自聞,須准報然後就功。《魏書·釋老志》載太武廢佛之詔曰:"敢有事胡神及造形像泥人、銅人者,門誅!"足見民間造像,用銅亦不少也。士蔿對築蒲屈之讓也,曰:"三年將尋師焉,焉用慎!"齊明帝以故宅起湘宫寺,窮極奢侈,巢尚之罷郡還見,帝曰:"卿至湘宫寺未?我起此寺,是大功德。"虞愿在側曰:"陛下起此寺,皆是百姓賣兒貼婦錢,佛若有知,當悲哭哀愍。罪高佛圖,有何功德?"《齊書·良政傳》。斂百姓賣兒貼婦之錢,窮極奢侈,以爲有裨教化,其愚已不可及,況藉敵以爲衝車乎?隋文帝禁毁壞偷盜佛及天尊像者,以惡逆不道論。事在開皇二十年。《隋書·高祖紀》載詔曰:"敢有毁壞偷盜佛及天尊像、嶽鎮海瀆神形者,以不道論。沙門壞佛像,道士壞天尊者,以惡逆論。"又《刑法志》云:"詔沙門、道士壞佛像天尊,百姓壞嶽瀆神像,皆以惡逆論。"張釋之霸陵之對曰:"使其中有可欲,雖錮南山猶有隙;使其中無可欲,雖無石椁,又何戚焉?"然則佛像而不以金爲之,又誰則毁壞偷盜之也?而周世宗可謂倜乎遠矣。彼王則之所爲,亦惡其自圖財利耳。若徒鑄之爲錢,則猶有利於化居,固愈於錮金於寺也。

《南史·林邑傳》云,宋文帝使檀和之克其國,銷其金人,得黄金數十萬斤。此語《宋書》無之,而見於《梁書》,明傳之者語增,非實録。魏造佛像,用赤金十萬斤,黄金六百斤;塗金之法,南北不能大殊,然則宋所得黄金若爲三十萬斤,其所銷金人之銅,當得五千萬斤矣,有是理乎?然林邑金人必較中國爲多,則可信矣。中國佛寺之盛,固不如緬甸,亦不如日本也,謂中國治化,不逮緬甸日本可乎?

造像亦有用銀者。《南史·梁本紀》,武帝大同元年四月壬戌,"幸同泰寺,鑄十方銀像",是也。三年五月癸未,"幸同泰寺,鑄十方金銅像",則又以金銅爲之。此所鑄者必多,其像當亦不大。

玉像南朝亦有之。《齊書·武帝紀》,大漸詔曰:"顯陽殿玉像諸佛及供養,具如别牒。"又《魏書·釋老志》,高宗踐極之年,詔有司爲石像,令如帝身,則反不逮其所爲珉玉像之大,其實珉玉亦石也。

金人入夢之説,既不足信,則漢立白馬寺之説,亦屬子虚矣。《北齊書·韓賢傳》云:"昔漢明帝時,西域以白馬負佛經送洛,因立白馬寺,其經函傳在此寺,形制淳樸,世以爲古物,歷代藏寶。賢無故斫破之,未幾而死,論者或謂賢因此致禍。"又不云經緘於蘭臺石室,足見其皆屬附會之辭也。

原刊一九四八年七月二十八日《東南日報》

〔五七三〕 輪　　迴

《晉書·摯虞傳》:"虞嘗以死生有命,富貴在天,天之所祐者義也,人之所助者信也,履信思順,所以延福,違此而行,所以速禍;然道長世短,禍福舛錯,怵迫之徒,不知所守,蕩而積憤,或迷或放。故作《思遊賦》。""道長世短"四字最精,此佛家之所以説輪迴,而亦其所以能行於中國也。《羊祜傳》云:"祜年五歲時,令乳母取所弄金環。乳母曰:汝先無此物。祜即詣鄰人李氏東垣桑樹中探得之。主人驚曰:此吾亡兒所失物也,云何持去?乳母具言之,李氏悲惋。時人異之,謂李氏子則祜之前身也。"祜之時,佛教之行未久耳,然輪迴之説,已深入人心如此矣。晉南北朝之世,史言輪迴之事尚不乏:如《晉書·藝術傳》言鮑靚爲曲陽李家兒託生,《南史·梁元帝紀》言帝乃眇目僧託生,《北史·李崇傳》言李庶託生爲劉氏女是也。慧琳《均善論》，設爲黑學道士之説，病周孔爲教，正及一世，積善不過子孫之慶，累惡不過餘殃之罰，報効止於榮禄，誅責極於窮賤。《宋書·夷蠻傳》。亦摯虞之意也。

違禍求福，古今所同，古無輪回之説，亦足使人遷善而遠惡者何也？曰：人之性，固有不以禍福而爲善惡者，然此亦古今之所同也。然古無輪回之説，亦足使人遷善遠惡者，則其時之所謂報者，皆以其群而非以其身，且如《易》言以積善之家，必有余慶，積不善之家，必有余殃，其所謂家，非五口八口之家也，五口八口之家易絶耳，報未至而受報之體先亡，則覺道長世短矣。合數十百人而爲一家，則不如是，合數百千人而爲一家，則尤不如是矣。且也國小民寡，則事簡逕而是非易辨，毁譽可憑，則報效誅責，亦與善惡相符矣，此其所以不待輪回之説，亦能使人遷善遠惡歟！然觀孔孟莊周之徒，日咨嗟太息而言命，曰：人能弘道，無如命何，特勸人安之順之而已。則知禍福不與善惡相符，而將使人或迷或放矣、此佛説之所以入而濟其窮歟。

欲説輪迴，則必有輪迴之體；無我輪迴，雖言者諄諄，終不使人共信也。然則必主神不滅矣。范縝《神滅論》曰："問曰：知此神滅，有何利用邪？答曰：浮屠害政，桑門蠹俗，風驚霧起，馳蕩不休，吾哀其弊，思拯其溺。夫竭財以赴僧，破産以趨佛，而不卹親戚，不憐窮匱者何？良由厚我之情深，濟物之意淺。是以圭撮涉於貧友，吝情動於顔色，千鍾委於富僧，歡意暢於容髮，豈不以僧有多稌之期，友無遺秉之報，務施闕於周急，歸德必於在己。又惑以茫昧之言，懼以阿鼻之苦，誘以虚誕之辭，欣以兜率之樂，故捨逢掖，襲横衣，廢俎豆，列缾鉢，家家棄其親愛，人人絶其嗣續。致使兵挫於行間，吏空於官府，粟罄於惰遊，貨殫於泥木。所以姦宄弗勝，頌聲尚擁，惟此之故，其流莫已，其病無限。若陶甄稟於自然，森羅均於獨化，忽焉自有，怳爾而無，來也不禦，去也不追，乘夫天理，各安其性。小人甘其壟畝，君子保其恬素，耕而食，食不可窮也，蠶而衣，衣不可盡也，下有餘以奉其上，上無爲以待其下，可以全生，可以匡國，可以霸君，用此道也。"其辭辯矣。

然濟物情深，厚我意淺，恐非夫人之所能。彼無爲之世，所以上下安和者，非其時之人情，異於有爲之世，其物我之利害固同也。老子曰："民之饑，以其上食税之多。民之輕死，以其奉生之厚。"有多食税者以歆之，而奉生咸欲其厚，而民不得不輕死矣。而欲使小人甘其壟畝，君子保其恬素，得乎？此弊也，豈輪迴之説致之哉？抑俗之既敝，而輪迴之説，乃乘之而起也！

《縝傳》云："縝在齊世，嘗侍竟陵王子良。子良精信釋教，而縝盛稱無佛。子良問曰：君不信因果，世間何得有富貴，何得有賤貧？縝答曰：人之生，譬如一樹花，同發一枝，俱開一蔕，隨風而墮，自有拂簾幌、墜於茵席之上，自有關籬牆、落於糞溷之側。墜茵席者，殿下是也；落糞溷者，下官是也。貴賤雖復殊途，因果竟在何處？子良不能屈，深怪之。"夫墜茵席，落糞溷，得不有其所由然歟？其所由然，非即因果歟？此理非縝所不達，而其言云爾，則子良所謂因果，實乃流俗果報之説，非真因果之理也。《宋書·文五王傳》："太宗常指左右人謂王景文曰：休範人才不及此，以我弟故，生便富貴。釋氏願生王家，良有以也。"願生王家，此子良等之志也。隋越王侗之將死也，焚香禮佛，呪曰："從今以去，願不生帝王尊貴之家。"《隋書·煬三子傳》。哀哉！如宋太宗、齊竟陵王之類，不知臨命之時亦自悔其所願不乎？楚靈王曰："予殺人子多矣，能無及此乎？"《左氏》昭公十三年。不生帝王尊貴之家，或早爲帝王尊貴者所戕賊矣。貴者果不賊人也，人惡得而賊之？孟子曰："殺人之父者，人亦殺其父；殺人之兄者，人亦殺其兄。然則非自殺之也一間耳。"《盡心》下。哀哉！然得謂無因果之理乎？

《梁書·劉歊傳》：歊著《革終論》曰："季札云：骨肉歸於土，魂氣無不之。莊周云：生爲徭役，死爲休息。尋此二説，如或相反。何者？氣無不之，神有也；死爲休息，神無也。原憲云：夏后氏用明器，示民無知也；殷人用祭器，示民有知也；周人兼用之，示民疑也。若稽諸内教，判乎釋部，則諸子之言可尋，三代之禮無越。何者？神爲生本，形爲生具，死者神離此具，而即非彼具也。即非，疑當作非即。雖死者不可復反，而精靈遞變，未嘗滅絶。”此主神不滅之説者也。然又曰“神已去此，館何用存？神已適彼，祭何所祭？”因“欲翦截煩厚，務存儉易”。則主神不滅之説者，亦不必遂爲貪求之行矣。

《晉書・王湛傳》：湛曾孫坦之，“初與沙門竺法師甚厚，每共論幽明報應，便要先死者當報其事。後經年，師忽來，云貧道已死，罪福皆不虚，惟當勤脩道德，以昇濟神明耳。言訖不見。坦之尋亦卒。”此事之爲虚構，自不待言。然就造作此説者之心而觀之，卻可見人無不斤斤於死後之苦樂，此輪迴之説所以乘其機而中之也。然死後報應，究爲將信將疑之事，故人又無不戀戀於生。《隋書・儒林傳》言辛彦之崇信佛道，遷潞州刺史，於城内立浮圖二所，并十五層。開皇十一年，州人張元暴死，數日乃蘇，云遊天上，見新構一堂，制極崇麗。元問其故，人云，潞州刺史辛彦之有功德，造此堂以待之，彦之聞而不悦，其年卒官。聞生天上而猶不悦，可見百虚不敵一實，此迷信之力所以終有所窮也。

《晉書・劉聰載記》：“聰子約死，一指猶暖，遂不殯殮。及蘇，言見(劉)元海於不周山，經五日，遂復從至崑崙山，三日而復返於不周，見諸王公卿將相死者悉在，宫室甚壯麗，號曰蒙珠離國。元海謂約曰：東北有遮須夷國，無主久，待汝父爲之。汝父後三年當來，來後國中大亂，相殺害，吾家死亡略盡，但可永明輩十數人在耳。汝且還，後年當來，見汝不久。約拜辭而歸，道過一國，曰猗尼渠餘國，引約入宫，與約皮囊一枚，曰：爲吾遺漢皇帝。約辭而歸，謂約曰：劉郎後年來，必見過，當以小女相妻。約歸，置皮囊於機上。俄而蘇，使左右機上取皮囊，開之，有一方白玉，題文曰：猗尼渠餘國天王敬信遮須夷國天王，歲在攝提，當相見也。馳使呈聰，聰曰：若審如此，吾不懼死也。”又云：聰將死，時約已死，至是晝見，聰甚惡之，謂粲曰：“吾寢疾惙頓，怪異特甚，往以約之言爲妖，比累日見之，此兒必來迎吾也。何圖人死定有神靈！如是，吾不悲死也。”約之誑聰，與是豆渾地萬之誑醜奴頗相似，事見《魏書・蠕蠕傳》。野蠻之人，率多欲而輕信，其受欺固無足怪。曰審如是，吾不懼死，然見約而又惡之，亦辛彦之之心也。此説主升天而不主輪迴，不周、崑崙等，亦全係中國舊名，可見其與佛教無涉。而其睠睠於死後之苦樂如此，可見人之所欲，古今中外皆同，佛教特乘其機而誘之耳。

成佛、生天，皆不易冀，求免墮落，暫時自以能得人身爲佳，故信佛者於是尤惓惓焉。晉恭帝之將死也，兵人進藥，帝不肯飲，曰："佛教自殺者不得復人身。"乃以被掩殺之。《宋書·褚叔度傳》。宋彭城王義康之死亦然。盧潛爲北齊揚州道行臺尚書，壽陽陷，及左丞李騊駼等皆没。騊駼將逃歸，并要潛，潛曰："我此頭面，何可誑人？吾少時相者云没在吴越地，死生已定，弟其行也。"既而歎曰："壽陽陷，吾以頸血濺城而死，佛教不聽自殺，故荏苒偷生，今可死矣！"於是閉氣而絶。《北史·盧潛傳》。觀此，知佛教戒自殺之説，徧行于當時也。

奉佛以蘄再得人身，若能無死，豈不更善？俗有誦《高王經》則兵火不能侵之説，其所由來者舊矣。《晉書·苻丕載記》云："徐義爲慕容永所獲，械埋其足，將殺之。義誦《觀世音經》，至夜中，土開械脱，於重禁之中若有人導之者，遂奔楊佺期。"《宋書·王玄謨傳》言，玄謨圍滑臺，拓跋燾軍至，奔退。蕭斌將斬之，沈慶之固諫乃止。玄謨始將見殺，夢人告曰："誦《觀音經》千徧則免。"既覺，誦之將千徧，明日將刑，誦之不輟，忽傳呼停刑。《魏書·盧景裕傳》："河間邢摩納與景裕從兄仲禮據鄉作逆，逼其同反，以應元寶炬。齊獻武王命都督賀拔仁討平之。景裕之敗也，繫晉陽獄，至心誦經，枷鎖自脱。是時又有人負罪當死，夢沙門教誦經，覺時，如所夢默誦千徧，臨刑刀折，主者以聞，赦之。此經遂行於世，號曰《高王觀世音》。"《南史·劉霽傳》："母明氏寢疾，霽年已五十，衣不解帶者七旬，誦《觀世音經》數萬徧；夜中感夢，見一僧謂曰：夫人算盡，君精誠篤志，當相爲申延。後六十餘日乃亡。"皆今俗説所本也。《晉書·周浚傳》言子嵩爲王敦所害，臨刑猶於市誦經；《王恭傳》亦云臨刑猶誦佛經。《齊書·王奂傳》："奂司馬黄瑶起、寧蠻長史裴叔業於城内起兵攻奂，奂聞兵入，還内禮佛,未及起,軍人遂斬之。”造次必於是,顛沛必於是,豈其臨命猶冀以是獲免邪?《梁書·儒林傳》:皇侃“性至孝,常日限誦《孝經》二十徧,以擬《觀世音經》”。貪欲之深,真可發一噱。《周書·蕭詧傳》:“甄玄成以江陵甲兵殷盛,遂懷貳心,密書與梁元帝,申其誠款。有得其書者,進之於詧。詧深信佛法,常願不殺誦《法華經》人。玄成素誦《法華經》,遂以此獲免。”以人之貪,我得所欲,其事可謂甚奇。然蕭詧梟獍也,徼福緣於梟獍,庸可必乎?

原刊一九四八年九月一日《東南日報》

〔五七四〕　沙門致敬人主

《宋書·孝武帝紀》:大明六年,“九月戊寅,制沙門致敬人主。”《夷蠻傳》云:“先是晉世庾冰始創議,欲使沙門敬王者,後桓玄復述其義,并不果行。大明六年,世祖使有司奏:臣等參議,以爲沙門接見,比當盡虔,禮敬之容,依其本俗。詔可。前廢帝初,復舊。”則佛教入中國後,其徒直至宋世,乃致敬於人主,而其行之亦無幾時也。庾冰、桓玄之議,何充、桓謙、王謐、慧達等抗之,見《弘明集》。佛教不信之則已,既信之,則不强其致敬,亦頗得大學之禮。雖詔於天子無北面之義,强其致敬,實無當也。《魏書·釋老志》:“法果每言,太祖明叡好道,即是當今如來,沙門宜應盡禮,遂常致拜。謂人曰:能弘道者人主也,我非拜天子,乃是禮佛耳。”然則南朝屢議而不果行者,在北朝則不待言而其人自行之矣。《晉書·赫連勃勃載記》云:“勃勃歸於長安,徵隱士京兆韋祖思。既至,恭懼過禮,勃勃怒曰:吾以國士徵汝,奈何以非類處吾?汝昔不拜姚興,何獨拜我?我今未死,汝猶不以我爲帝王,吾死之後,汝輩弄筆,當置吾何地!遂殺之。”貌爲恭敬者,乃以非類視之,此豈拓跋珪所知?觀此,知其智又出鐵弗下,蓋由其附塞尚不如鐵弗之久也。歐人之東來也,未嘗不依其體僞,以敬東方之主，而建夷必欲强之以行跪拜之禮，足見犬羊無知，千古一轍也。

原刊一九四八年十月十三日《東南日報》

〔五七五〕 沙門與政上

後世之爲僧者，類多遺落世事，有託而逃，佛法初入中國時則不然。《宋書·武三王傳》言廬陵王義真，與謝靈運、顏延之、慧琳道人周旋異常，云得志之日，以靈運、延之爲宰相，慧琳爲西豫州都督。慧琳事見《夷蠻傳》，云其兼外内之學，元嘉中，遂參權要，朝廷大事，皆與議焉。而其時彭城王義康謀叛，參與其事者，亦有法略道人及法静尼。始安王休仁之死也，明帝與諸大臣及方鎮詔，謂"前者積日失適，休仁使曇度道人及勞彦遠屢求啓，闞覘吾起居"。《宋書·文九王傳》。休仁之死，固不以罪，此語則未必盡誣。《齊書·倖臣傳》云："宋世道人楊法持，與太祖有舊，元徽末，宣傳密謀，昇明中，以爲僧正。建元初，罷道，爲甯朔將軍，封州陵縣男，三百户。"則革易之際，道人亦有參與其事者矣。

僧人多與政事，故其罷道極易，法略即罷道爲臧質甯遠參軍者也。本姓孫，及是改名景玄。陳遂興侯詳，少出家爲沙門，武帝討侯景，召令還俗，配以兵馬。《陳書·陳詳傳》。是能戎事者亦或出家也。《南史·陸厥傳》云："時有王斌者，不知何許人，著《四聲論》，行於時。斌初爲道人，博涉經籍，雅有才辯，善屬文。後還俗，以詩樂自樂，人莫能名之。"此文學之士之出家者也。《北齊書·神武帝紀》：神武疾病，謂世子曰："潘相樂本作道人，心和厚，汝兄弟當得其力。"《魏書·酷吏傳》："李洪之少爲沙門，晚乃還俗。"此等人，皆非遺世者也。

慧琳，《宋書》謂其賓客輻湊，門車常有數十兩，四方贈賂相繫，勢傾一時，亦未嘗不可如楊法持入諸佞倖傳也。晉世君相并信佛法者，莫如孝武帝及會稽王道子，而許榮上書，病其僧尼乳母，競進親黨；聞人奭亦云尼姏屬類，傾動亂時，是其亂政殊甚。時范甯請黜王國寶，國寶使陳郡袁悦之因尼妙音，致書太子母陳淑媛，説國寶忠謹，宜見親信，以上均見《晉書·簡文三子傳》。則非徒干亂朝權，并有交通宫禁者矣。《魏書·釋老志》：道登之死，孝文以師喪之，似其人必有清操；然《酷吏傳》言登嘗過高遵，遵以登荷寵於高祖，多奉以貨，深託仗之；及遵見訴，詔廷尉少卿窮鞫，登屢因言次申啓救遵，則亦非謝絶賕謁者。《酷吏傳》又言：張赦提克己厲約，本有清稱，後乃縱妻段氏，多有受納，令僧尼因事通請，遂至貪虐流聞，卒以此敗。則郡縣之朝，亦有爲所干亂者。《齊書·江謐傳》言謐出爲長沙内史，行湘州事，政治苛刻；僧遵道人與謐情款，隨謐莅郡，犯小事，餓繫郡獄，裂三衣食之，既盡而死。謐固酷，僧遵或亦有以取之也。

《北齊書·神武帝紀》言神武自發晉陽，至克潼關，凡四十啓，魏帝皆不答。還洛陽，遣僧道榮奉表關中，又不答。乃集百僚四門耆老議所推立。四門，《北史》作沙門，立君而謀及沙門，似乎不近情理。然《梁書·王僧孺傳》言：僧孺出爲南海太守，“視事期月，有詔徵還，郡民道俗六百人詣闕請留，不許。”郡守之去留，道人既可參與，又何不可與於立君之議邪?《北齊書·文宣帝紀》：天保元年八月庚寅詔曰：“朕以虚寡，嗣弘王業，思所以贊揚盛績，播之萬古，雖史官執筆，有聞無墜，猶恐緒言遺美，時或未書；在位王公文武大小，降及民庶，爰至僧徒，或親奉音旨，或承傳旁説，凡可載之文籍，悉宜條録封上。”可見神武謀及沙門時甚多。本紀之文，自當以《北史》爲是也。

使沙門參與機要者，非獨高歡也，五胡之主時有之。《晉書·石季龍載記》：“沙門吴進，言於季龍曰：胡運將衰，晉當復興，宜苦役晉人，以厭其氣。季龍於是使尚書張羣發近郡男女十六萬，車十萬乘，運土築華林苑及長牆於鄴北，廣長數十里。”《姚襄載記》言襄率衆西行，苻生遣苻堅、鄧羌等要之。襄將戰，沙門智通固諫，襄曰：吾計決矣。戰於三原，爲堅所殺。《慕容垂載記》：參合之役，“有大風黑氣，狀若隄防，或高或下，臨覆軍上。沙門支曇猛言於慕容寶曰：風氣暴迅，魏軍將至之候，宜遣兵禦之。寶笑而不納。曇猛固以爲言，乃遣慕容麟率騎三萬爲後殿，以禦非常。麟以曇猛言爲虚，縱騎遊獵，俄而黄霧四塞，日月晦冥，是夜魏師大至，三軍奔潰。"《慕容德載記》言潘聰勸德據廣固，"德猶豫未決。沙門朗公素知占候，德因訪其所適。朗曰：敬覽三策，時張華勸德據彭城，慕容鍾等勸攻滑臺。潘尚書之議，可謂興邦之術矣。今歲初，長星起於奎、婁，遂掃虚、危，而虚、危，齊之分野，除舊布新之象。宜先定舊魯，巡撫琅邪，待秋風戒節，然後北轉臨齊，天之道也。德大悦。"《魏書・沮渠蒙遜傳》："罽賓沙門曰曇無讖，東入鄯善，自云能使鬼治病，令婦人多子。與鄯善王妹曼頭陁林私通，發覺，亡奔涼州。蒙遜寵之，號曰聖人。曇無讖以男女交接之術教授婦人，蒙遜諸女、子婦，皆往受法。世祖聞諸行人言曇無讖之術，乃召曇無讖。蒙遜不遣，遂發露其事，拷訊殺之。"其説殊不足信。《釋老志》云曇摩讖"曉術數禁呪，歷言他國安危，多所中驗，蒙遜每以國事諮之；神䴥中，帝命蒙遜送讖詣京師，惜而不遣，既而懼魏威責，遂使人殺讖"，當是實情。蓋讖既與聞國事，遣之則慮其漏洩，不遣又慮魏求之無已，故逕殺之，以免交涉之棘手也。此皆五胡之主，多使沙門參與機要之徵也。

元魏諸主，自孝文而後，多好與沙門講論。神武之使道榮奉表，蓋亦以其素蒙接待也。李暠遣舍人黄始、梁興間行歸表於晉，未報，復遣沙門法泉，間行通表。《北史・序傳》。蓋以其易避譏察。梁豫章王綜謀叛，亦求得北來道人釋法鸞，使通問於蕭寶寅。

罷道者不必皆參與機要之徒也，尋常人出入於道俗之間者亦多。高允少孤，年十餘，奉祖父喪還本郡，推財與二弟而爲沙門，未久而罷。其爲沙門，蓋亦如劉孝標居貧不自立，母子并爲尼僧，事見《南史》本傳，亦見《魏書・劉休賓傳》。乃一時之計，非其素志也。魏河南王曜之曾孫和爲沙門，捨其子顯，以爵讓其次弟鑒，鑒固辭。詔許鑾身終之後，令顯襲爵，鑒乃受之。鑒出爲齊州刺史。高祖崩後，和罷沙門還俗，棄其妻子，納一寡婦曹氏爲妻。曹氏年齒已長，攜男女五人，隨鑒至歷城,干亂政事。和與曹及五子,七處受納,鑒皆順其意,言無不從,於是獄以賄成,取受狼籍,齊人苦之,鑒治名大損。鑒薨之後,和復與鑒子伯宗競求承襲,時和子早終。事見《魏書・道武七王列傳》。前後判若兩人,皆由其出家之時,本未斷名利之念也。此等可見當時之人,出家還俗,皆極輕易。

有所規避而出家者,自亦有之。《齊書・倖臣傳》言宋孝武末年,鞭罰過度,校獵江右,選白衣左右百八十人,皆面首富室,從至南州,得鞭者過半,茹法亮憂懼,因緣啓出家,得爲道人。《梁書・文學傳》:伏挺除南臺治書,因事納賄,當被推劾,挺懼罪,變服爲道人,久之藏匿,後遇赦,乃出大心寺。會邵陵王綸爲江州,攜挺之鎮,王好文義,深被恩禮,挺自此還俗。《南史》云:挺不堪蔬素,自此還俗。《張纘傳》:纘爲杜岸所執,送諸岳陽王詧,始被囚縶,尋又逼纘剃髮爲道人。《南史》云:纘懼不免,請爲沙門。《南史・劉虯傳》:子之遴,"侯景初以蕭正德爲帝,之遴時落景所,將使授璽紱,之遴豫知,仍剃髮披法服,乃免。"此等出家,皆非素志,故其還俗更易,其徒屏居佛寺而不出家者,更無論矣。如《北齊書・魏蘭根傳》言高乾死,蘭根懼,去宅,居於寺。《高德政傳》言文宣時,德政甚懼,稱疾屏居佛寺,兼學坐禪是也。要之當時僧俗甚近,故僧人之與俗事者亦多也。

原刊一九四八年十月十三日《東南日報》

〔五七六〕　沙門與政下

沙門之多與政事也,以其時之王公大人,迷信甚深故也。沙門事跡,見於《晉書・藝術傳》者,有佛圖澄、鳩摩羅什、僧涉、曇霍,所傳皆怪異之談。《北史・藝術傳》之靈遠、惠豐,《魏書・釋老志》之惠始,亦其類也。南朝所盛稱者,莫如釋寶志。《梁書・何敬容傳》載其先知敬容敗於河東王;《南史・梁武帝紀》載其先知國泰寺之災;《賊臣傳》載其先知侯景起自汝陰，敗於三湘；甚至《隋書·律曆志》云開皇官尺，或傳梁時有志公道人作此尺，寄入周朝，云與多鬚老翁，周太祖及隋高祖各自以爲謂己，實當時流俗傳最廣者也。志之事跡，見於《南史·隱逸傳》，云有人於宋泰始中見之，出入鍾山，往來都邑，年已五六十矣。此乃無徵不信之談。其可徵信者，齊武帝忿其惑衆，收付建康獄，而其死在梁武帝之天監十三年。自齊武帝元年至天監十三年，凡三十二年；自其末年起計，則二十二年耳。志之入獄，即在齊武帝元年，其時年已六十，至其死時，亦不過九十有二，此固人壽所可有，無足異也。然則其爲流俗所盛傳，特以其敢於惑衆耳，乃梁武帝亦敬事之，可見時人之易惑矣。

流俗所重，莫如先知，故沙門之見附會，多在於此。《晉書·五行志》云："石季龍在鄴，有一馬，尾有燒狀，入其中陽門，出顯陽門，東宫皆不得入，走向東北，俄爾不見，佛圖澄歎曰：災其及矣！逾年而季龍死，其國遂滅。"亦見《澄傳》。《姚興載記》云：興死之歲，"正旦朝羣臣於太極前殿，沙門賀僧，慟泣不能自勝，衆咸怪焉。賀僧者，莫知其所從來，言事皆有效驗，興甚神禮之，常與隱士數人，預於燕會。"《南史·賊臣傳》云："有僧通道人者，意性若狂，飲酒噉肉，不異凡等，世間遊行，已數十載，姓名鄉里，人莫能知，初言隱伏，久乃方驗，人并呼爲闍黎，侯景甚信敬之。景嘗於後堂與其徒共射，時僧通在坐，奪景弓射景陽山，大呼云，得奴已。景後又燕集其黨，又召僧通，僧通取肉搵鹽以進景，問曰：好不？景答所恨太鹹。僧通曰：不鹹則爛。及景死，王僧辯截其二手送齊文宣，傳首江陵，果以鹽五斗置腹中，送於建康，暴之於市，百姓争取屠膾，羹食皆盡。"此等皆以能先知而見稱爲神聖者也。職是故，遂有託於是以惑世者，周太祖、隋高祖各自謂志公所稱多鬚老翁，即是也。《宋書·符瑞志》云："武帝嘗行至下邳，遇一沙門，沙門曰：江表尋當喪亂，拯之必君也。"又云："冀州有沙門法稱，將死，語其弟子普嚴曰：嵩皇神告我云：江東有劉將軍，是漢家苗裔，當受天命，吾以三十二璧、鎮金一餅與將軍爲信。三十二璧者，劉氏卜世之數也。普嚴以告同學法義，法義以（義熙）十三年七月，於嵩高廟石壇下得玉璧三十二枚，黄金一餅，後二年而受晉禪。史臣謹按：法稱所云玉璧三十二枚，宋氏卜世之數者，蓋卜年之數也。三十二者，二三十，則六十矣。宋氏受命，至於禪齊，凡六十年云。"《齊書・祥瑞志》云：永明二年十一月，"虜國民齊祥歸，入靈丘關，聞殷然有聲，仰視之，見山側有紫氣如雲，衆鳥回翔其間。祥往氣所，獲璽，方寸四分，獸紐，文曰坤維聖帝永昌，送與虜太后師道人惠度，欲獻虜主。惠度覩其文，竊謂當今衣冠正朔，在於齊國，遂附道人惠藏送京師，因羽林監崔士亮獻之。三年七月，始興郡民龔玄宣云：去年二月，忽有一道人乞食，因探懷中出篆書真經一卷，六紙，又表北極一紙，又移付羅漢居士一紙，云從兜率天宫下，使送上天子。因失道人所在。"《南史・宋武帝紀》云："嘗遊京口竹林寺，獨卧講堂前，上有五色龍章，衆僧見之，驚以白帝，帝獨喜，曰：上人無妄言。"《梁武帝紀》云："有沙門自稱僧惲，謂帝曰：君項有伏龍，非人臣也。復求，莫知所之。"《宋書・顔竣傳》云："沙門釋僧含，麤有學義，謂竣曰：貧道麤見讖記，當有真人應符，名稱次第，屬在殿下。"案竣仕世祖。《南史・王僧辯傳》云："天監中沙門釋寶志爲讖云：太歲龍，將無理，蕭經霜，草應死，餘人散，十八子。時言蕭氏當滅，李氏代興。及湘州賊陸納等攻破衡州刺史丁道貴，而李洪雅又自零陵稱助討納，尋而洪雅降納，納以爲應符，於是共議尊事爲主。"《北史・藝術傳》云："有沙門靈遠者，不知何許人，有道術。嘗言尒朱榮成敗，豫知其時。又言代魏者齊，葛榮聞之，故自號齊。及齊神武至信都，靈遠與渤海李嵩來謁。神武待靈遠以殊禮，問其天文人事，對曰：齊當興，東海出天子，今王據渤海，是齊地，又太白與月并，宜速用兵，遲則不吉。靈遠後罷道，姓荆，字次德。求之，不知所在。"此等事之爲矯誣，至易見也，而沈約猶據其辭而曲爲之説，時人之迷罔，亦可見矣。

讖之最早見者，如《史記・趙世家》所謂秦讖，似係記事之作，而非歌謡之類，故《扁鵲列傳》亦載其事，而作秦策。後漢君臣競事造作，乃皆成韻語，如歌謡然，蓋取其易於流播也。謡辭至後來，亦可僞造，史家明言之者，如《宋書・王景文傳》謂明帝忌景文及張永，乃自爲謡言曰"一士不可親，弓長射殺人"，是也。當時沙門，亦有爲是者。《宋書・五行志》云："司馬元顯時，民謡詩云：當有十一口，當爲兵所傷，木亘當北度，走入浩浩鄉。又云：金刀既以刻，娓娓金城中。此詩云襄陽道人竺曇林所作。"《志》又云："孟顗釋之曰：十一口者，玄字象也，木亘，桓也，桓氏當悉走入關、洛，故云浩浩鄉也。金刀，劉也，倡義諸公，皆多姓劉，娓娓，美盛貌也。"《北齊書・竇泰傳》云："泰將發鄴，鄴有惠化尼，謡云：竇行臺，去不回。"此等亦因流俗之好求先知，而爲是妄誕也。

然溺於迷信，特其時沙門見信敬之一端；其又一端，則亦以是時沙門多有學藝也。周朗痛陳佛教之弊，謂其假醫術，託卜數，《宋書・周朗傳》。足見其流衍民間，實以二者爲憑藉。而其在廟堂亦然。《魏書・術藝傳》：李修"父亮，少學醫術。又就沙門僧坦研習衆方，略盡其術"；"崔彧少嘗詣青州，逢隱逸沙門，教以《素問》九卷及《甲乙》，遂善醫術。"足徵沙門醫學，確有淵源。賀琛爲宣城王長史，侯景陷城，被創未死，賊輿送莊嚴寺療之，《梁書・賀琛傳》。寺中諸僧，必有嫻於醫術者矣。《魏書・孝文五王傳》："有沙門惠憐者，自云呪水飲人，能差諸病，病人就之者，日有千數，靈太后詔給衣食，事力優重，使於城西之南，治療百姓病，清河王懌表諫。"《北史・李先傳》：曾孫義徽，"太和中補清河王懌府記室，性好《老莊》，甚嗤釋教。靈太后臨朝，屬有沙門惠憐，以呪水飲人，云能愈疾，百姓奔湊，日以千數。義徽白懌，稱其妖妄，因令義徽草奏以諫，太后納其言。"呪水治病，固屬誣罔，然安知其不有醫術佐之；議之者出於好《老莊》而嗤釋教之人，其言亦未必可信也。《魏書・景穆十二王傳》：有沙門爲小新成孫誕采藥。《孝文五王傳》：汝南王悦，好讀佛經，而"有崔延夏者，以左道與悦遊，合服仙藥松术之屬，時輕與出采芝"。似神仙家服食之術，亦爲沙門所知，蓋以其與醫術相出入也。《宋書・沈攸之傳》："攸之將發江陵，使沙門釋僧桀筮之。"《魏書・山偉傳》："偉與儀曹郎袁昇、屯田郎李延孝、外兵郎李奐、三公郎王延業方駕而行，偉少居後。路逢一尼，望之歎曰：此輩緣業，同日而死。謂偉曰：君方近天子，當作好官。而昇等四人，皆於河陰遇害，果如其言。"《術藝・王顯傳》云："世宗夜崩。顯既蒙任遇，兼爲法官，恃勢使威，爲時所疾。朝宰託以侍療無效，執之禁中，詔削爵位。臨執呼寃，直閤以刀鐶撞其腋下，傷中吐血，至右衛府，一宿死。始顯布衣爲諸生，有沙門相顯後當富貴，戒其勿爲吏官，吏官必敗。由是世宗時或欲令其遂攝吏部，每殷勤避之。及世宗崩，肅宗夜即位，受璽册，於儀須兼太尉及吏部，倉卒百官不具，以顯兼吏部行事矣。"《北史・藝術傳》云："魏正始前，有沙門學相，遊懷朔，舉目見人，皆有富貴之表，以爲必無此理，燔其書，而後皆如言，乃知相法不虚也。"此皆沙門嫻於醫卜，兼及相術之徵也。然其學初不止此。《南史・隱逸傳》言關康之嘗就沙門支僧納學算，《宋書》無"算"字，蓋奪。妙盡其能。魏《正光曆》，總合九家，雍州沙門統道融居其一。見《魏書・律曆志》。《術藝傳》："殷紹上《四序堪輿》，表曰：臣以姚氏之世，行學伊川，時遇遊遁大儒成公興，從求九章要術。興時將臣南到陽翟九崖巖沙門釋曇影間，興即北還，臣獨留住，依止影所，求請九章。影復將臣向長廣東山，見道人法穆，法穆時共影爲臣開述九章數家雜要，披釋章次意況大旨。又演隱審五藏六府心髓血脈，商功大算，端部變化，玄象，土圭，《周髀》，練精鋭思，藴習四年，從穆所聞，麤皆髣髴，穆等仁矜，特垂憂閔，復以先師和公所注黄帝《四序經》文三十六卷，合有三百二十四章，專説天地陰陽之本。以此等文，傳授於臣。"此等皆絶業，而當時之沙門能傳之，可謂難矣。《辛紹先傳》：子穆，"初隨父在下邳，與彭城陳敬文友善。敬文弟敬武，少爲沙門，從師遠學，經久不返。敬文病，臨卒，以雜綾二十匹託穆與敬武，久訪不得，經二十餘年，始於洛陽見敬武，以物還之，封題如故，世稱其廉信。"敬武之久學不返，或非徒習經論、參禪定也。

《宋書·文九王傳》言拓拔燾圍縣瓠，毁佛浮圖，取金像以爲大鉤，施之衝車端，以牽樓堞，城内有一沙門，頗有機思，輒設奇以應之。此沙門或曾習兵家言。支曇猛説慕容寶備魏師，亦似知望氣之術。

晉南北朝，沙門多能通知玄學無論矣，此外所該涉者尚廣。今據《隋書·經籍志》觀之，則有《古今樂録》十二卷，陳沙門智匠撰；經部樂。此樂學也。《韻英》三卷，釋静洪撰；《雜體書》九卷，釋正度撰；經部小學。此小學及書法之學也。《四海百川水源記》一卷，釋道安撰；史部地。此地理之學也。《婆羅門天文經》二十一卷，《婆羅門竭伽仙人天文説》三十卷，《婆羅門天文》一卷，《摩登伽經説星圖》一卷，子部天文。《婆羅門算法》三卷，《婆羅門陰陽算曆》一卷，《婆羅門算經》三卷，子部曆數。此天文曆數之學也。《陽遁甲》九卷，釋智海撰，子部五行。此數術之學也。《寒食散對療》一卷，釋道洪撰；《解寒食散方》二卷，釋智斌撰；《釋慧義寒食解雜論》七卷，《解散方》一卷，《釋僧深藥方》三十卷，以上三書皆亡。《摩訶出胡國方》十卷，摩訶胡沙門撰；《諸藥異名》八卷，沙門行矩撰；原注：本十卷，今闕。《單複要驗方》二卷，釋莫滿撰；《釋道洪方》一卷，《釋僧匡鍼灸經》一卷，《龍樹菩薩藥方》四卷，《西域諸仙所説藥方》二十三卷，原注：目一卷，本二十五卷。《香山仙人藥方》十卷，《西録波羅仙人方》三卷，《西域名醫所集要方》四卷，原注：本十二卷。《婆羅門諸仙藥方》二十卷，《婆羅門藥方》五卷，《耆婆所述仙人命論方》二卷，原注：目一卷，本三卷。《乾陀利治鬼方》十卷，《新録乾陀利治鬼方》四卷，原注：本五卷，闕。《龍樹菩薩和香法》二卷，子部藥方。此醫學也。《楚辭音》一卷，釋道騫撰，集部《楚辭》。序云：隋時有釋道騫，善讀之，能爲楚聲，音韻清切，至今傳《楚辭》者皆祖騫公之音，此文學亦聲韻之學也。或中國有而沙門通之，或印土之學由沙門傳入；其盛，蓋不減近世基督教士之傳播西學矣，曷怪好用其人者之多也。

原刊一九四八年十月二十日《東南日報》

〔五七七〕 梁武帝廢郊廟牲牷

梁武信佛，卒召臺城之禍，讀史者皆深譏之，其實不然。梁武受禍，自由刑政之不脩，於信佛乎何與？其以麪代郊廟牲牷，議者以爲宗廟遂不血食，《南史·梁本紀》天監十六年及《隋書·禮儀志》。又《梁書·文學傳》言："時七廟饗薦，已用蔬果，而二郊農社，猶有犧牲。（劉）勰表言二郊宜與七廟同改，詔付尚書議，依勰所陳。"則尤拘墟之見矣。

南北朝時，帝王之主張去殺者，實非梁武一人。《齊書·王奂傳》云：永明六年，奂欲請車駕幸府。上晚信佛法，御膳不宰牲，使王晏謂奂曰："吾前去年爲斷殺事，不復幸詣大臣已判，無容欻爾也。"又《武帝本紀》載帝大漸之詔曰："東隣殺牛，不如西家禴祭。我靈上慎勿以牲爲祭，惟設餅、茶飲、干飯、酒脯而已。"是武帝雖未絶肉，已不殺牲。又《豫章王嶷傳》：嶷臨終召子子廉、子恪命之曰："三日施靈，惟香火、槃水、干飯、酒脯、檳榔而已。朔望菜食一盤，加以甘果，此外悉省。葬後除靈，可施吾常所乘轝扇繖。朔望時節，席地香火、槃水、酒脯、干飯、檳榔便足。"此亦與齊武同，猶曰施之於己也。乃《魏書·禮志》曰："顯祖深愍生命，乃詔曰：其命有司，非郊天地、宗廟、社稷之祀，皆無用牲。於是羣祀悉用酒脯。"《北齊書·文宣帝紀》："天保八年八月庚辰，詔丘、郊、禘、祫、時祀，皆仰市取少牢，不得剖割。農社先蠶，酒肉而已；雩、禖、風、雨、司民、司禄、靈星、雜祀，果餅酒脯。"此其去梁武彌近矣。《齊書·張沖傳》：沖父柬卒，遺命曰："祭我必以鄉土所産，無用牲物。"《魏書·崔挺傳》："挺子孝直顧命諸子，祭勿殺生，其子皆遵行之。"《顏氏家訓·終制篇》云："靈筵勿設枕几，朔望祥禫，惟下白粥清水乾棗，不得有酒肉餅果之祭。親友來餟酹者，一皆拒之。"又云："四時祭祀，周孔所教，欲人勿死其親，不忘孝道也。求諸内典，則無益焉。殺生爲之，翻增罪累。”

欲薄祭祀，自必先絶口腹之欲。梁武帝無論矣，《梁書·賀琛傳》言琛啓陳事條，高祖大怒，召主書於前，口授敕責琛。有云：“昔之牲牢，久不宰殺。朝中會同，菜蔬而已。”雖北主亦有能行之者。《北齊書·文宣紀》：天保七年五月，“帝以肉爲斷慈，遂不復食”，是也。士夫有以信佛而疏食者，如《齊書·高逸傳》言：劉虯精信釋氏，禮佛長齋。《梁書·裴子野傳》言其末年深信釋氏，持其教戒，終身飯麥食蔬。《梁書·到溉傳》言其初與弟洽常共居一齋，洽卒後，便捨爲寺，因斷腥羶，終身蔬食。《文學傳》言：劉杳覩釋氏經教，常行慈忍。自居母憂，便長斷腥羶，持齋蔬食。任孝恭少從蕭寺雲法師讀經論，明佛理，後乃蔬食持戒，信受甚篤。《陳書·徐陵傳》言其第三弟孝克蔬食長齋，持菩薩戒。《北齊書·盧潛傳》言其自揚州刺史徵爲五兵尚書，揚州吏民以潛戒斷酒肉，篤行釋氏，大設僧會，以香華緣道送之。《齊書·張融傳》言：融兼掌正廚，見宰殺，回車逕去，自表解職。知時奉佛者，於殺戒甚虔。間有以不堪蔬素而還俗者：如《南史·儒林傳》之伏挺，則其出家亦本以避罪，非以信佛也。又袁粲孝建元年文帝諱日，羣臣并於中興寺八關齋中，食竟，粲别與黄門郎張淹更進魚肉，爲尚書令何尚之所白免官。則其人本不信佛。亦有不盡由於信佛者，信佛者持戒自尤嚴。《陳書·王固傳》云：固“崇信佛法，及丁所生母憂，遂終身蔬食。嘗聘於西魏，因宴饗之際，請停殺一羊，羊於固前跪拜。又宴於昆明池，魏人以爲南人嗜魚，大設罟網，固以佛法呪之，遂一鱗不獲”。似乎周旋壇坫之間，仍守疏食之舊不變。《齊書·周顒傳》：“何胤言斷食生，猶欲食白魚、䱇脯、糖蟹，以爲非見生物。疑食蚶蠣，使學生議之。學生鍾岏曰：䱇之就脯，驟於屈伸，蟹之將糖，躁擾彌甚。仁人用意，深懷如怛。至於車螯蚶蠣，眉目内闕，慙渾沌之奇；礦殼外緘，非金人之慎。不悴不榮，曾草木之不若；無聲無臭，與瓦礫其何算。故宜長充庖廚，永爲口實。竟陵王子良見岏議大怒。”其持戒可謂嚴矣。然沙門反有不能守戒者。《宋書·謝弘微傳》云：兄曜卒，“弘微蔬食積時，服雖除，猶不噉魚肉。釋慧琳詣弘微，弘微與之共食，猶獨蔬素。慧琳曰：檀越素既多疾，頃者肌色微損。若以無益傷生，豈所望於得理。”是沙門反勸人肉食也。猶曰勸人，抑慧琳本佞幸之流也。梁武帝大弘釋典，將以易俗，乃郭祖深上封事極言其事之弊，有云"僧尼皆令蔬食"。《南史·循吏列傳》。則尋常僧尼亦有肉食者矣，豈不異哉？

梁武帝敕太醫不得以生類爲藥；公家織官紋錦飾，并斷仙人鳥獸之形，以爲褻衣裁翦，有乖仁恕。《南史本紀》天監十六年三月。然北主亦有能行之者。

《魏書·釋老志》載高祖延興二年詔曰："内外之人，興建福業，造立圖寺，務存高廣，傷殺昆蟲含生之類。欲建爲福之因，未知傷生之業。自今一切斷之。"此詔雖在高祖之時，實出顯祖之意。《志》又言：三年十二月，顯祖因田鷹獲鴛鴦一，其偶悲鳴，上下不去。帝乃惕然。於是下詔禁斷鷙鳥，不得育焉。《本紀》世宗永平二年五月辛丑，以旱故禁斷屠殺；十一月詔禁屠殺含孕，以爲永制。《北齊書·文宣帝紀》：天保八年四月庚午詔諸取蝦蟹蜆蛤之類，悉令停斷，唯聽捕魚。乙酉詔公私鷹鷂，俱亦禁絶。九年二月己丑，詔限以仲冬一月燎野，不得他時行火，損昆蟲草木。《武成帝紀》：元年正月，詔斷屠殺，以順春令。《後主紀》：天統五年二月乙丑，詔禁網捕鷹鷂及畜養籠放之物。《上洛王思宗傳》云：子元海，好亂樂禍，然詐仁慈，不飲酒噉肉。文宣天保末年，敬信内法，乃至宗廟不血食，皆元海所謀。及爲右僕射，又説後主禁屠宰，斷酤酒，然本心非清，故終至覆敗。案元海嘗勸武成奉濟南，此未爲非義。其後與祖珽共執朝政，依違陸太姬間，蓋亦事不得已耳，然謂其好亂樂禍則過矣。《周書·武帝紀》：保定二年四月，亦以旱故禁屠宰。《隋書·禮儀志》：祈雨初請後二旬不雨者，即徙市禁屠。州郡尉祈雨，亦徙市斷屠如京師。蓋自此遂爲故事矣。

《宋書·謝靈運傳》言："（會稽）太守孟顗事佛精懇，而爲靈運所輕。會稽東郭有回踵湖，靈運求決以爲田，太祖令州郡履行。此湖去郭近，水物所出，百姓惜之。顗堅執不與。靈運既不得回踵，又求始寧岯崲湖爲田，顗又固執。靈運謂顗非存利民，正慮決湖多害生命，言論毁傷之，與顗遂構讎隙。"靈運固狂悖，然其度顗意或未必盡誣。齊武帝將射雉，竟陵王子良上書諫。見《齊書》本傳。王繢亦稱疾不從。見《齊書·王奂傳》。《魏書·陸俟傳》："俟玄孫子彰崇好道術，曾嬰重疾，藥中須桑螵蛸，子彰不忍害物，遂不服焉。"此與梁武帝禁以生類爲藥用意符同矣。《齊書·高逸傳》："始興人盧度亦有道術，少隨張永北征，永敗，虜追急，阻淮水不得過。度心誓曰：若得免死，從今不復殺生。須臾見兩楯流來，接之得過。"此等戒殺之念，原不過徼利之心，然有以蘄報而然者，亦有不出於此者。聞以仁爲治，不聞以殺爲治，梁武帝齊文宣可議之處則甚多矣，於其戒殺竟何與哉？

〔五七八〕 僧徒爲亂

宗教爲治世之資乎？抑爲作亂者之所藉乎？曰無定也。無論何教，皆可用以治民，亦可藉以犯上。道教自寇謙之而後，廟堂之上亦尊禮之，與儒、釋并列矣。謂其非原出於張角、張魯、孫恩之儔，不可得也。基督教在歐洲，幾欲藉以駕馭帝王成統一之業；其在中國，雖見誣以烹食小兒，誘奸婦女，特其見禁斷時流俗揣測之辭，今日則人知其誣，政府中人且有崇奉之者矣。然在清代太平天国起事之時，謂其非張角、張魯、孫恩之流，不可得也。佛教最稱柔和矣，然自傳入中國以來，假以謀亂者，亦迄不絶；以其所成就，不如張角、張魯、孫恩、太平天国等之大，讀史者遂多忽略焉；然其性質實無以異，不可不一指出之也。

佛教流通，世皆信《魏書·釋老志》之説，謂其以漢明帝之世來自西域，首至洛陽，非也。楚王英者，明帝之兄，而據《後漢書》本傳，永平八年詔令天下死罪皆入縑贖，英遣郎中令奉黄縑白紈三十匹詣國相，國相以聞，詔報之，已有"楚王誦黄、老之微言，尚浮屠之仁慈"之語矣。然則佛教流通，南方殆先于北。大作佛事最早可考者，爲漢末之笮融，事見《三國志·劉繇傳》，亦見《後漢書·陶謙傳》。《傳》言融丹陽人，初聚衆數百，往依徐州牧陶謙。謙使督廣陵、彭城運漕，遂放縱擅殺，坐斷三郡委輸以自入。乃大起浮圖祠，以銅爲人，黄金塗身，衣以錦采，垂銅槃九重，下爲重樓閣道，可容三千餘人，悉課讀佛經，令界内及旁郡人有好佛者聽受道，復其他役以招致之，由此遠近前後至者五千餘人户。每浴佛，多設酒飯，布席於路，經數十里，民人來觀及就食且萬人，費以巨億計。曹公攻陶謙，徐土騷動，融將男女萬口，馬三千匹，走廣陵，廣陵太守趙昱待以賓禮。先是，彭城相薛禮爲陶謙所逼，屯秣陵。融利廣陵之衆，因酒酣殺昱，放兵大略，因載而去，過殺禮。劉繇爲孫策所破，奔丹徒，泝江南保豫章，駐彭澤。笮融先至，殺太守朱晧，入居郡中。繇進討融，爲融所破，更復招合屬縣，攻破融。融敗走入山，爲民所殺。其人實亂徒也。《隋書·經籍志》論《佛經》云："漢末太守竺融亦崇佛法。"竺笮同音，佛徒以釋爲姓，始於道安，先此皆從所受學。《困學紀聞》二十引石林葉氏《避暑録話》。而僧人來自異域者，率以其國名爲姓，如月支人姓支，安息人姓安是也。天竺人則姓竺，竺融疑從天竺人受學，因從其姓者；此説若然，則融，中國人出家之甚早者矣。《三國·吴志·孫綝傳》言其"壞浮屠祠，斬道人"。其詳不可得聞。今案《梁書·海南諸國傳》述高祖改造阿育王寺塔，出舊塔下舍利及佛爪髮事云："阿育王即鐵輪王，王閻浮提，一天下，佛滅度後，一日一夜役鬼神造八萬四千塔，此即其一也。吴時有尼居其地，爲小精舍，孫綝尋毁除之，塔亦同泯。吴平後，諸道人復於舊處建立焉。晉中宗初渡江，更脩飾之。至簡文咸安中，使沙門安法師程造小塔，未及成而亡。弟子僧顯繼而脩立。至孝武太元九年，上金相輪及承露。其後西河離石縣有胡人劉薩何遇疾暴亡，而心下猶暖，其家未敢便殯，經十日更蘇，説云：有兩吏見録，向西北行，不測遠近，至十八地獄，隨報重輕，受諸楚毒；見觀世音語云：汝緣未盡，若得活，可作沙門，洛下、齊城、丹陽、會稽并有阿育王塔，可往禮拜;若壽終,則不墮地獄。語竟,如墮高巖,忽然醒寤。因此出家,名慧達,遊行禮塔,次至丹陽,未知塔處。乃登越城四望,見長干里有異氣色,因就禮拜,果是育王塔所。屢放光明,由是定知必有舍利,乃集衆就掘之,入一丈,得三石碑,并長六尺,中一碑有鐵函,函中有銀函,函中又有金函,盛三舍利及爪髮各一枚,髮長數尺。即遷舍利近北,對簡文所造塔西,造一層塔。十六年,又使沙門僧尚伽爲三層,即高祖所開者也。初穿土四尺,得龍窟及昔人所捨金銀鐶釧釵鑷等諸雜寶物。可深九尺許,方至石磉,磉下有石函,函内有鐵壺,以盛銀坩,坩内有金鏤罂,盛三舍利,如粟粒大,圓正光潔。函内又有琉璃椀,内得四舍利及髮爪,爪有四枚,并沈香色。"説雖怪迂,然穿土所得諸物,不容妄言;則其追溯前代寺塔,亦必非虚語。然江東之有佛教舊矣,孫綝何故毁滅之?觀於笮融之事,而知當時僧衆,未必皆和柔自守之徒,綝或亦有所不得已也。然則佛教初入中國時,已有藉以謀亂者矣。

魏、晉以後,佛教之流通愈盛,其徒之反側亦滋多。宋文帝元嘉九年,益州刺史劉道濟綏撫失和,有司馬飛龍者,自稱晉之宗室,晉末走仇池,遂入緜竹,攻陰平,道濟遣軍擊斬之。而五城人帛氏奴等復爲亂,以道人程道養詐稱飛龍。史雖云出於劫持,然其後道養亦迄未自拔,亂事緜延至十四年乃定焉。見《宋書·劉粹傳》。二十八年又有亡命司馬順則,詐稱晉室近屬,自號齊王,聚衆據梁鄒城;又有沙門自稱司馬百年,號安定王,以應順則。見《宋書·蕭思話傳》。孝武帝大明二年,先是,南彭城蕃縣人高闍、沙門釋曇標、道方等共相誑惑,與秣陵民藍宏期《南史》作宕期。等謀爲亂。又要結殿中將軍苗允、員外散騎侍郎嚴欣之、司空參軍闞千纂、太宰府將程農、王恬等謀,剋八月一日夜起兵,攻宫門,晨掩太宰江夏王義恭,分兵襲殺諸大臣,以闍爲天子。事發覺,凡黨與死者數十人。見《宋書·王僧達傳》。亦見《夷蠻傳》,云高闍爲羌人。觀文武官員與謀者之多,而知其誑惑,史之所傳,庸或得實。然孝武因此以陷王僧達,則其事必與士夫多所牽連可知矣。齊武帝永明十一年，有建康蓮華寺道人釋法智與徐州民周盤龍等作亂，《齊書·王玄載傳》。梁武帝時有沙門僧强自稱爲帝，攻陷北徐州。《梁書·陳慶之傳》。此皆南朝之反側者也。北方則尤甚。《晉書·石季龍載記》云：有安定人侯子光，弱冠美姿儀，自稱佛太子，從大秦國來，當王小秦國，易姓名爲李子楊。遊於鄠縣爰赤眉家，赤眉信敬之，妻以二女，轉相扇惑。京兆樊經、竺龍、此人或亦佛徒，故姓竺。嚴諶、謝樂子等聚衆數千人於杜南山，子楊稱大黄帝，建元曰龍興。其見於《魏書》者：太祖天興五年，有沙門張翹，自號無上王，與丁零鮮于次保聚黨常山之行唐。高祖延興三年十二月，有沙門慧隱謀反。太和五年二月，又有沙門法秀謀反，以上皆見《本紀》。法秀事亦見《天象志》、《靈徵志》。此役與大乘之亂，皆震動一時，與其謀者，有崔道固兄子僧佑及州秀才平雅。僧佑見《魏書·崔玄伯傳》。雅，季之父，見《閹官傳》。《苟頽傳》云："大駕行幸三川，頽留守京師，沙門法秀謀反，頽率禁衛收掩，畢獲，内外晏然。駕還飲至，文明太后曰：當爾之日，卿若持疑不即收捕，處分失所，則事成不測矣。"《恩倖·王叡傳》云："法秀謀逆事發，多所牽引。叡曰：與其殺不辜，寧赦有罪，宜梟斬首惡，餘從疑赦。高祖從之，得免者千餘人。"叡弟亮以告法秀反，賜爵永寧侯。此役似中國之士大夫謀欲覆魏，事未及發，而魏主歸後，又株連頗廣也。十四年有沙門司馬惠御，自言聖王，謀破平原郡。世宗永平二年，有涇州沙門劉惠汪聚衆反。三年二月，有秦州沙門劉光秀謀反。延昌三年十一月，有幽州沙門劉僧紹聚衆反，自號淨居國明法王。皆見《本紀》。光秀事亦見《靈徵志》。僧紹事亦見《天象志》。至四年六月而大乘之禍作。《肅宗本紀》云：沙門法慶聚衆反於冀州，自稱大乘。九月甲寅，元遥破斬之，及渠帥百餘人，傳首京師。熙平二年正月，餘賊復相聚結，攻瀛州，刺史宇文福討平之。《本紀》。此事散見元遥及崔玄伯、宇文福、高允、蕭寶夤、張彝、裴叔業、李叔虎、《酷吏》谷楷、《閹官》封津及《北齊書》封隆之等傳。《元遥傳》云："冀州沙門法慶既爲妖幻，遂説渤海人李歸伯。歸伯合家從之，招率鄉人，推法慶爲主。法慶以歸伯爲十住菩薩、平魔軍司、定漢王，自號大乘。殺一人者爲一住菩薩，殺十人者爲十住菩薩。又合狂藥，令人服之，父子兄弟不相知識，惟以殺害爲事，於是聚衆殺阜城令，破渤海郡，殺害吏人。刺史蕭寶夤遣兼長史崔伯驎討之，敗於煮棗城，伯驎戰歿。凶衆遂盛，所在屠滅寺舍，斬戮僧尼，焚燒經像，云新佛出世，除去舊魔。詔以遥爲使持節、都督北征諸軍事，帥步騎十萬以討之。法慶相率攻遥，遥并擊破之。遥遣輔國將軍張虬等率騎追掩，討破，擒法慶并其妻尼惠暉等斬之，《北史》作斬法慶。傳首京師。後擒歸伯，戮於都市。"《北齊書·封隆之傳》言法慶之衆，爲五萬餘。《魏書·谷楷傳》曰："沙門法慶反於冀州，雖大軍討破，而妖帥尚未梟除，詔楷詣冀州追捕，皆擒獲之。"此蓋法慶以外之小帥。《封津傳》云："大乘賊起，詔津慰勞，津世不居桑梓，故不爲州里所歸。"《高允傳》：允孫綽，"大乘賊起於冀州，元遥討之，詔綽兼散騎常侍，持節，以白虎幡軍前招慰。綽著信州里，降者相尋。"此則攻剿之外，别事招撫者也。《張彝傳》言："大乘賊起於冀、瀛之間，遣都督元遥討平之，多所殺戮，積尸數萬。(彝子)始均以郎中爲行臺，忿軍士重以首級爲功，乃令檢集人首數千，一時焚爇，至於灰燼，用息僥倖。"可見魏帥軍紀之壞。法慶何故專以殺戮爲務，甚至殘及僧尼，殊不可解。歸伯者，叔虎之從兄弟，叔虎弟臺户亦同法慶反，叔寶則以連坐死於洛陽獄。見《魏書·李叔虎傳》。士大夫之與其事者亦不少也。《源賀傳》：賀出爲冀州刺史，"武邑郡姦人石華告沙門道可與賀謀反，高宗謂羣臣曰：朕爲卿等保之。乃精加訊檢，華果引誣。"《逸士傳》：馮亮爲中山王英所獲，至洛，隱居嵩高，與僧徒禮誦爲業。會逆人王敞事發，連山中沙門，亮被執赴尚書省十餘日，詔特免雪，亮不敢還山，遂寓居景明寺。後乃復還山室。此二事雖不知僧人之果與謀與否，然其易於牽連，則亦甚矣。《北齊書·皮景和傳》："陳將吴明徹寇淮南，令景和率衆拒之；有陽平人鄭子饒詐依佛道，設齋會，用米麪不多，供贍甚廣。密從地藏漸出餅飯,愚人以爲神力,見信於魏、衛之間。將爲逆亂,謀洩,掩討,漏逸,乃潛渡河,聚衆數千,自號長樂王。已破乘氏縣,又欲襲西兗州城。景和自南兗州遣騎數百擊破之,斬首二千餘級,生擒子饒,送京師烹之。”此則利用佛教齋會供贍窮民,以聚衆者。《魏書・盧玄傳》:子淵,“高祖議伐蕭賾。淵表曰:臣聞流言:關右之民,自比年以來,競設齋會,假稱豪貴,以相扇惑,顯然於衆坐之中以謗朝廷,無上之心,莫此爲甚。愚謂宜速懲絶,戮其魁帥。不爾,懼成黄巾、赤眉之禍。”淵雖云爾,實則豪貴參與其事者正多,不必出於假託,觀法秀、法慶之事可知。鄭子饒能爲地道,多出餅飯以贍人,亦必豪桀之流也。顯然騰謗於衆坐之間,至引爲南伐之後患,其中或有華夏有心之士志存覆魏者矣。

《宋書・文五王傳》:竟陵王誕遷鎮廣陵,“大明二年,發民築治廣陵城。誕循行,有人干輿揚聲大罵曰:大兵尋至,何以辛苦百姓!誕執之,問其本末,答曰:姓夷名孫,家在海陵,天公去年與道佛共議,欲除此間民人;道佛苦諫得止。大禍將至,何不立六慎門?誕問六慎門云何?答曰:古時有言,禍不入六慎門。誕以其言狂悖,殺之。”此人非有心恙,則亦必能假道佛以惑衆者也。

《魏書・釋老志》:高宗復佛法時下詔曰:“欲爲沙門,不問長幼,出於良家,性行素篤,無諸嫌穢,鄉里所明者,聽其出家。”有是限制,足見是時入道,豪猾者多也。《宋書・垣護之傳》:其伯父之子閬,元嘉中爲員外散騎侍郎。母墓爲東阿寺道人曇洛等所發,閬與弟殿中將軍閎共殺曇洛等五人,詣官歸罪,見原。《北齊書・陽州公永樂傳》:弟長弼,小名阿伽,性麤武,出入城市,好毆擊行路,時人皆呼爲阿伽郎君。時有天恩道人,至凶暴,横行閭肆,後入長弼黨,專以鬬爲事。文宣并收掩付獄,天恩黨十餘人皆棄市,長弼鞭一百。此兩事,并足見僧衆中凶人之多。《周書・齊煬王憲傳》:齊任城王湝、廣寧王孝珩等據守信都,高祖復詔憲討之。大開賞募,多出金帛,沙門求爲戰士者亦數千人。其人可應募爲兵,無怪其易於爲亂矣。

《魏書·釋老志》：高祖延興二年四月詔曰：比丘不在寺舍，遊涉村落，交通姦猾，經歷年歲，令民間五五相保，不得容止。無籍之僧，精加隱括，有者送付州鎮，其在畿郡，送付本曹。若爲三寶巡民教化者，在外齎州鎮維那文移，在臺者齎都維那等印牒，然後聽行，違者加罪。《本紀》云："詔沙門不得去寺浮遊民間，行者仰以公文。"觀此知當時僧衆亦有如基督教士巡遊勸化者，而姦猾乃因之以行矣。世宗永平二年冬，沙門統惠深上言："與經律法師，羣議立制：或有不安寺舍，遊止民間，亂道生過，皆由此等，若有犯者，脱服還民。"仍與延興之詔同意。

僧衆遊涉，究較平民爲自由，觀當時遭難者，或變形爲沙門，或由沙門加以隱匿可知。《晉書·祖約傳》：祖逖有胡奴曰王安，待之甚厚，及在雍丘，告之曰：石勒是爾種類，吾亦不在爾一人，乃厚資遣之，遂爲勒將。祖氏之誅也，安多將從人於市觀省，潛取逖庶子道重藏之爲沙門，時年十歲，石氏滅後，來歸。《宋書·鄧琬傳》：子勛之敗，郢州行事張沈、僞竟陵太守丘景先聞敗，變形爲沙門逃走，追禽伏誅。《梁書·陳慶之傳》：洛陽陷，慶之馬步數千，結陳東返，尒朱榮親自來追，直嵩高山水洪溢，軍人死散，慶之乃落髮爲沙門，間行至豫州。《陳書·王質傳》：侯景軍至京師，質不戰而潰，乃翦髮爲桑門，潛匿人間。《南史·宋宗室諸王傳》言長沙王道憐之孫彦節謀攻齊高帝被殺，子俣與弟陔剃髮被法服向京口，於客舍爲人識，執於建康獄，盡殺之。又《齊武帝諸子傳》言竟陵王子良子昭胄，王敬則事起，明帝召諸王侯入宫；及陳顯達起事，王侯復入宫，昭胄懲往時之懼，與弟永新侯昭穎逃奔江西，變形爲道人。《魏書·房法壽傳》言法壽從弟崇吉南奔，夫婦異路，剃髮爲沙門，改名僧達，投其族叔法延，住歲餘，清河張略之，亦豪俠士也，崇吉遺其金帛，得以自遣；妻從幽州南出，亦得相會。《蕭寶夤傳》言兄寶卷子贊，本名綜，爲齊州刺史，尒朱兆入洛，爲城民趙洛周所逐，爲沙門,潛詣長白山,未幾,趣白鹿山,至陽平遇病而卒。《裴叔業傳》言長兄子彦先,正始中轉渤海相;屬元愉作逆,徵兵郡縣,彦先不從,爲愉拘執,踰獄得免,仍爲沙門,潛行至洛。此皆身爲沙門以求免者也。《宋書・王華傳》:父廞,舉兵以討王恭爲名,恭遣劉牢之擊廞,廞敗走,不知所在。長子泰爲恭所殺,華時年十二,《南史》作十三。在軍中與廞相失,隨沙門釋曇永《南史》作曇冰。逃竄。《南史・袁昂傳》:雍州刺史顗之子也。顗敗,藏於沙門。沙門將以出關,關吏疑非常人,沙門杖而語之,遂免。又《梁宗室傳》:臨川王宏,宣武之難,兄弟皆被收。道人釋惠思藏宏。及武帝師下,宏至新林奉迎。又邵陵王綸,元帝聞其盛,乃遣王僧辯帥舟師一萬以逼綸。綸將劉龍武等降僧辯,綸遂與子躓等十餘人輕舟走武昌。沙門法磬與綸有舊,藏之巖石之下。又《王僧辯傳》言甥徐嗣先,荆州滅亡,爲比丘慧暹藏得脱。《魏書・司馬楚之傳》:劉裕誅夷司馬戚屬,叔父宣期、兄貞之并爲所殺,楚之乃亡,匿諸沙門中,濟江自歷陽西入義陽竟陵蠻中。又《王慧龍傳》:自云司馬德宗尚書僕射愉之孫。劉裕微時,愉不爲禮,及得志,愉合家見誅。慧龍年十四,爲沙門僧彬所匿,百餘日,將慧龍過江。此皆藉沙門之隱藏以獲免者也。沙門中雖多豪猾,究爲方外之人,故其或行或居,譏察者究較寬弛矣。

〔五七九〕 畜　　蠱

畜蠱之俗,近世謂西南有之。《隋書・地理志》曰:"新安、永嘉、建安、遂安、鄱陽、九江、臨川、廬陵、南康、宜春,此數郡往往畜蠱,而宜春偏甚。其法:以五月五日,聚百種蟲,大者至蛇,小者至蝨,合置器中,令自相啖,餘一種存者留之,蛇則曰蛇蠱,蝨則曰蝨蠱,行以殺人。因食入人腹内,食人五藏,死則其産移入蠱主之家,三年不殺他人,則畜者自鍾其弊。累世子孫,相傳不絶,亦有隨女子嫁焉。干寶謂之爲鬼，其實非也。自侯景亂後，蠱家多絶，既無主人，故飛遊道路之中則殞焉。”余少時聞人之言蠱者，大同小異，可見近世西南諸族，在六代時，尚盛於東南也。

〔五八〇〕 淫祀之盛

《宋書·禮志》四：“劉禪景耀六年，詔爲丞相諸葛亮立廟於沔陽。先是所居各請立廟，不許，百姓遂私祭之，而言事者或以爲可立於京師，乃從人意，皆不納。步兵校尉習隆、中書侍郎向允等言於禪曰：昔周人懷邵伯之美，甘棠爲之不伐；越王思范蠡之功，鑄金以存其象。自漢興以來，小善小德，而圖形立廟者多矣；況亮德範遐邇，勳蓋季世，王室之不壞，實斯人是賴。而烝嘗止於私門，廟象闕而莫立，百姓巷祭，戎夷野祀，非所以存德念功，述追在昔也。今若盡從人心，則瀆而無典，建之京師，又逼宗廟，此聖懷所以惟疑也。愚以爲宜因近其墓，立之於沔陽，使屬所以時賜祭。凡其故臣欲奉祠者，皆限至廟。斷其私祀，以崇正禮。於是從之。”諸葛亮誠賢相，民乃競私祭之，且及戎夷，亦爲野祀乎？《志》又曰：“漢時城陽國人以劉章有功於漢，爲之立祠，青州諸郡，轉相放效，濟南尤盛。至魏武帝爲濟南相，皆毁絶之。及秉大政，普加除翦，世之淫祀遂絶。”劉章有功於漢，青州何與焉？而城陽祠之，諸郡且放效之乎？若曰棟折榱崩，僑將厭焉，忠孝之節，天下之所同美也，以是報德，且以厲後之人，魏武又何得目爲淫祀乎？不特此也。《孔季恭傳》云：“出爲吴興太守，加冠軍。先是吴興頻喪太守，云項羽神爲卞山王，居郡聽事，二千石至，常避之，季恭居聽事，竟無害也。”《齊書·李安民傳》云：爲吴興太守，卒官。“吴興有項羽神，護郡聽事，太守不得上。太守到郡，必祀以軛下牛。安民奉佛法，不與神牛，著屐上聽事，又於聽上八關齋。《太平御覽》六五四、八八二引此文，“八關齋”

上并有"設"字。俄而牛死，葬廟側，今呼爲李公牛冢。及安民卒，世以神爲祟。"《蕭惠基傳》云："弟惠休，徙吴興太守，徵爲右僕射。吴興郡項羽神舊酷烈，世人云：惠休事神謹，故得美遷。"《梁書・蕭琛傳》云："遷吴興太守。郡有項羽廟，土民名爲憤王，甚有靈驗，遂於郡聽事安施牀幕爲神座，公私請禱，前後二千石皆於聽拜祀，而避居他室。琛至，徙神還廟，處之不疑。又禁殺牛解祀，以脯代肉。"合此數事觀之，吴興之奉項羽，可謂至虔，羽何功德於吴興乎？猶得曰羽初避地江東，江東故楚地，民以其有功於楚而懷之也。乃如董卓，逆亂之賊也，度無懷思之崇敬之者；而《北史・魏蘭根傳》：謂其母憂，將葬常山。"郡境先有董卓祠，祠有柏樹，蘭根以卓兇逆，不應遺祠至今，乃啓刺史，請伐爲椁。左右人言有靈，蘭根了無疑懼。"是董卓亦受人崇祀數百年也。石虎尤異族淫暴之主也，而《北史・景穆十二王傳》云：南安王楨爲相州刺史，"以旱祈雨於羣神。鄴城有石季龍廟，人奉祀之。楨告神像云：三日不雨，當以鞭罰。請雨不驗，遂鞭像一百。是月疽發背薨。"爲此言者，蓋亦信季龍之能爲厲也。何民之不論善惡，不别内外，不計其有功德及己與否，而好淫祀至於如此也？善乎周朗之言之也。宋世祖之即位也，普責百官讜言，朗上書曰："凡鬼道惑衆，妖巫破俗，觸木而言怪者不可數，寓采而稱神者非可算，其原本是亂男女，合飲食，因之而以祈祝，從之而以報請，是亂不除，爲害未息。凡一苑始立，一神初興，淫風輒以之而甚。今脩隄以北，置園百里，峻山以右，居靈十房，糜財敗俗，其可稱限？"可謂言之深切著明矣。飲食男女，人之大欲存焉。凡民之所費誠多，而爲之唱率者，則其飲食男女之欲遂矣。蒙藏之民奉喇嘛之教至虔也，而達賴、班禪乃深相德基督教，有新舊之争也。天方教异黑白之宗也。五斗米道實出張修，張魯殺修而竊其教，烏呼，世豈有創教傳教之人而真信教者邪？

《齊書・周山圖傳》云：義鄉縣長風廟神姓鄧，先經爲縣令，死遂發靈。山圖啓乞加神位輔國將軍，上世祖。答曰："足狗肉便了事,何用階級爲?”縣令死而發靈,亦習隆等所云小善小德圖形立廟之類也。加之階級,則又將屠牛刲羊,煩費不貲矣。是以世祖不之許也。《武十七王傳》:“竟陵王子良爲會稽太守。夏禹廟盛有禱祀,子良曰:禹泣辜表仁,菲食旌約,服玩果粽,足以致誠。使歲獻扇簟而已。”《隋書·高勱傳》:“拜楚州刺史。先是城北有伍子胥廟,其俗敬鬼,祈禱者必以牛酒,至破産業。勱歎曰:子胥賢者,豈宜損百姓乎?乃告諭所部,自此遂止,百姓賴之。”誠無所費於民,以虚文崇祀之亦何害?然無所費,則其祠亦將不禁而自絶矣。何也?無所利焉,則莫爲之倡率,而欲禱祝報請者,亦將無所景從也。

自宋、齊之世,孔季恭、李安民即不信項羽神,然至梁世而其妖妄仍不息,則以季恭、安民僅逐出之於聽事,而未能逕廢其廟也。然即廢之,亦未必能遂絶之。《梁書·王神念傳》云:“出爲青、冀二州刺史。神念性剛正,所更州郡,必禁止淫祠。青、冀州東北有石鹿山臨海,先有神廟,妖巫欺惑百姓,遠近祈禱,糜費極多。及神念至,便令毁撤,風俗遂改。”而《南史·陰子春傳》云:“子春仕歷位朐山戍主、東莞太守。時青州石鹿山臨海,先有神廟,刺史王神念以百姓祈禱糜費,毁神影,壞屋舍。當坐棟上有一大蛇長丈餘,役夫打撲,不禽,得入海水。爾夜,子春夢見人通名詣子春云:有人見苦,破壞宅舍,既無所託,欽君厚德,欲憩此境。子春心密記之。經二日而知之,甚驚,以爲前所夢神,因辦牲醑請召,安置一處。數日,復夢一朱衣相聞,辭謝云:得君厚惠,當以一州相報。子春心喜,供事彌勤。經月餘,魏欲襲朐山,間諜前知,子春設伏摧破之,詔授南青州刺史,鎮朐山。”此事不知子春故信此神,聞神念之廢之而己立之;抑有信此神者,聞神念之廢之,而説子春立之也?然此神也,則廢於此而立於彼矣。又不僅此也,《周書·于翼傳》云:“出爲安州總管。時屬大旱,涓水絶流。舊俗,每逢亢陽,禱白兆山祈雨。高祖先禁淫祀,山廟已除,翼遣主簿祭之,即日澍雨霑洽,歲遂有年。民庶感之,聚會歌舞,頌翼之德。”其時則有廢之,又有舉之者矣。然所云聚會歌舞者,又安知不爲亂男女、合飲食來邪?

陰子春、于翼之事,其小焉者也。魏武帝之廢淫祀也,文帝、明帝皆能繼其志。文帝黄初五年詔曰:"自今,其敢設非祀之祭,巫祝之言,皆以執左道論,著于令典。"明帝青龍元年,又詔:"郡國山川不在祀典者勿祠。"晉武帝泰始元年詔:"末代信道不篤,僭禮瀆神,縱欲祈請,曾不敬而遠之。徒偷以求幸,妖妄相扇,捨正爲邪,故魏朝疾之。其按舊禮,具爲之制,使功著於人者,必有其報,而妖淫之鬼,不亂其間。"猶此志也。然穆帝升平中,何琦論脩五嶽祠謂:"今非典之祠,可謂非一。考其正名,則淫昏之鬼;推其糜費,則四人之蠹。可俱依法令,先去其甚,俾邪正不瀆。不見省。"而武帝之志荒矣。以上亦皆據《宋書·禮志》。《宋書·武帝紀》:永初二年四月詔曰:"淫祠惑民廢財,前典所絶,可并下在所,除諸房廟,其先賢及以勳德立祠者,不在此例。"此《禮志》所謂"普禁淫祀"者,蓋至此而又一整頓也。《志》云:"由是蔣子文祠以下,普皆毁絶。"然又云:"孝武孝建初,更脩起蔣山祠,所在山川,漸皆脩復。明帝立九州廟於雞籠山,大聚羣神。"則其廢之也,亦不旋踵而即復,且加厲焉。所謂蔣子文者,其行事無可考。《齊書·崔祖思傳》云:"州辟主簿,與刺史劉懷珍於堯廟祀神,廟有蘇侯像。懷珍曰:堯聖人,而與雜神爲列,欲去之,何如?祖思曰:蘇峻今日可謂四凶之五也。懷珍遂令除諸雜神。"祖思,清河東武城人,清河齊世屬冀州。《南史·祖思傳》則云:"年十八,爲都昌令,隨青州刺史垣護之入堯廟,廟有蘇侯神偶坐。護之曰:唐堯聖人,而與蘇侯神共坐,今欲正之,何如?祖思曰:使君若清蕩此坐,則是唐堯重去四凶。由是諸雜神并除。"不云蘇侯爲蘇峻。論者或以蘇峻凶逆,不當見祀,謂《南史》爲可信,然則董卓、石虎又何以見祀邪?若謂蘇侯當在建康,不當在青、冀,則《南史·張沖傳》言:"東昏遣薛元嗣、暨榮伯領兵及糧運送沖,使拒西師。沖病卒,元嗣、榮伯與沖子孜及長史江夏程茂固守,處圍城之中,無他經略,惟迎蔣子文及蘇侯神,日禺中於州聽上祀以求福,鈴鐸聲晝夜不止。又使子文導從登陴巡行,旦日輒復如之,識者知其將亡。”蘇侯可迎入郢城,獨不可至青、冀邪? 以此推之,蔣侯亦必非正神。不然,宋武詔明言先賢及以勳德立祠者不在除例,何以其祠在當時亦見毁絶耶?

凡人當禍福無定之際,則皇惑無主。《宋書·禮志》四云:“蔣侯,宋代稍加爵位,至相國、大都督、中外諸軍事,加殊禮,鍾山王。蘇侯,驃騎大將軍。”今案宋世信此二神者,莫如元凶及太宗。《文九王傳》云:“劭迎蔣侯神於宫内,疏世祖年諱,厭祝祈請。”又云:“始安王休仁都督征討諸軍事。初行,與蘇侯神結爲兄弟,以求神助。及事平,太宗與休仁書曰:此段殊得蘇侯兄弟力。”《南史》云:“明帝初與蘇侯神結爲兄弟。”書辭則曰:“此段殊得蘇兄神力。”皆在軍旅成敗之際也。自此而上溯之,《晉書·簡文三子傳》云:“孫恩至京口,道子無他謀略,惟日禱蔣侯廟,爲厭勝之術。”又《苻堅載記》云:“堅與苻融登城而望王師,見部陳齊整,將士精鋭,又北望八公山上,草木皆類人形,顧謂融曰:此亦勍敵也,何謂少乎? 憮然有懼色。初,朝廷聞堅入寇,會稽王道子以威儀鼓吹,求助於鍾山之神,奉以相國之號。及堅之見草木狀人,若有力焉。”由此而下,暨之《齊書·東昏侯紀》云:“崔慧景事時,拜蔣子文神爲假黄鉞、使持節、相國、太宰、大將軍、録尚書、揚州牧、鍾山王,至是(義師至近郊)又尊爲皇帝,迎神像及諸廟雜神,皆入後堂,使所親巫朱光尚禱祀祈福。《南史·齊東昏侯紀》云:“又偏信蔣侯神,迎來入宫,晝夜祈禱。左右朱光尚詐云見神,動輒諮啓,并云降福。始安之平,遂加位相國,末又號爲靈帝,車服羽儀,一依王者。”又虚設鎧馬齋仗千人,皆張弓拔白,出東掖門,稱蔣王出盪。”亦皆在軍事急迫之際也。《南史·曹景宗傳》云:天監六年,“先是旱甚,詔祈蔣帝神求雨,十旬不降。帝怒,命載荻,欲焚蔣廟并神影。爾日開朗,欲起火,當神上忽有雲如繖,倏忽驟雨如瀉。臺中宫殿,皆自振動。帝懼,馳詔追停,少時還静。自此帝畏信遂深。自踐阼以來,未嘗躬自到廟,於是備法駕將朝臣脩謁。是時,魏軍攻圍鍾離,蔣帝神報敕必許扶助，既而無雨水長，遂挫敵人，亦神之力焉。凱旋之後，廟中人馬脚盡有泥濕，當時并目覩焉。”此蓋大敵當前，借此以激士氣，其靈異之跡，則傳者之所增飾也。《陳書·高祖紀》，帝以十月乙亥，即皇帝位於南郊，丙子即幸鍾山，祀蔣帝廟；三年閏四月，久不雨，又幸鍾山，祭蔣帝廟。亦梁武之志矣。《南史·陳高祖紀》：永定二年正月，又嘗遣中書舍人韋鼎策吴興楚王神爲帝。《南史·毛脩之傳》云：“脩之不信鬼神，所至必焚房廟。時蔣山廟中有好牛馬，并奪取之。”當清平無事之時，雖凡人亦不易惑以淫昏之鬼矣。固知巫覡之流，莫非有所利而爲之者也。

然凡民亦非可以徒誣也，周朗論淫祀又曰：“針藥之術，世寡復脩；診脈之技，人鮮能達；民因是益徵於鬼，遂棄於醫。”凡民當疾病生死不決之時，亦猶之王公貴人當軍事成敗未決之日耳，固易乘危而脅取其財帛矣。然即巫覡亦有徒爲救死計而非以牟利者。《南史·李義傳》云：“諸暨東洿里屠氏女，父失明，母痼疾，親戚相棄，鄉里不容。女移父母遠住紵舍，晝採樵，夜紡績，以供養。父母俱卒，親營殯葬，負土成墳。忽空中有聲云：汝至性可重，山神欲相驅使，汝可爲人療病，必得大富貴。女謂是妖魅，弗敢從。遂得病積時。隣舍人有溪蜮毒者，女試療之，自覺病便差，遂以巫道爲人療疾，無不愈。家産日益，鄉里多欲娶之。女以無兄弟，誓守墳墓不嫁，爲山劫所殺。”豈非惑人之術，然忍責之乎？闢二氏者，恒訾其徒不耕而食，不織而衣。是以古之爲民者四，今之爲民者六。然古者濟急救窮之政，睦婣任卹之道，後世有之乎？亦豈盡不耕而食不織而衣者之罪也。

〔五八一〕　巫能視鬼

巫能視鬼，由來舊矣。夏父弗忌謂“吾見新鬼大，故鬼小”是也。《左氏》文公二年。《史記·魏其武安侯列傳》:"武安侯病,專呼服謝罪。使巫視鬼者視之,見魏其、灌夫共守欲殺之。"《後漢書·孝明八王傳》:梁節王暢乳母王禮等自言能見鬼神事。《三國·吴志·孫休朱夫人傳注》引《搜神記》曰:"孫峻殺朱主,埋於石子岡。歸命即位,將欲改葬之。冢墓相亞,不可識别,而宫人頗識主亡時所著衣服,乃使兩巫各住一處,以伺其靈,使察鑒之,不得相近。久時,二人俱白:見一女人,年可三十餘,上著青錦束頭,紫白袷裳,丹綈絲履,從石子岡上。半岡,而以手抑膝長太息,小住須臾。進一冢上,便住,徘徊良久,奄然不見。二人之言,不謀而同。於是開冢,衣服如之。"《孫和傳》:孫晧遣守丞相孟仁等以靈輿法駕,東迎神於明陵。《注》引《吴書》曰:"比仁還,中使手詔,日夜相繼,奉問神靈起居動止。巫覡言見和被服顔色如平生日。"吴範等傳《注》引《抱朴子》曰:"吴景帝有疾,求覡視者,得一人。景帝欲試之,乃殺鵝而埋於苑中,築一屋,施牀几,以婦人屐履服物著其上,乃使覡視之。告曰:若能説此冢中鬼婦人形狀者,當加賞,而即信矣。竟日盡夕無言,帝推問之急,乃曰:實不見有鬼,但見一頭白鵝立墓上,所以不即白之,疑是鬼神變化作此相,當候其真形而定。無復移易,不知何故,不敢不以實上聞。景帝乃厚賜之。"據此三事,知漢世巫鬼之習猶盛也。

《論衡·論死》篇曰:"夫爲鬼者,人謂死者之精神。如審鬼者死人之精神,則人見之宜徒見裸袒之形,無爲見衣帶被服也。"其辯駁可謂雋快,然此非流俗所知。流俗云見鬼,恒云見其衣帶被服,故有葬之俗焉。王充謂被服無精神,然人以焚燒之,則其物化而爲氣,亦鬼神之倫矣。《三國·魏志·烏丸傳注》引《魏書》,言烏丸之葬,"取亡者所乘馬、衣物、生時服飾,皆燒以送之",由此也。中國古無燒送之俗,豈明器初起時,謂死者誠能用之邪?則其知識反出烏丸下矣。後世衣物等亦率皆燒送,可見人心之漸變也。《魏志·文德郭皇后傳注》引《魏略》曰:"甄后臨没,以(明)帝屬李夫人。及太后崩，夫人乃説甄后見譖之禍，不獲大斂，被髮覆面，帝哀恨流涕，令殯葬太后，皆如甄后故事。”又引《漢晉春秋》曰：“初，甄后之誅，由郭后之寵，及殯，令被髮覆面，以糠塞口，遂立郭后，使養明帝。帝知之，心常懷忿。遂逼殺之。勑殯者使如甄后故事。”《袁紹傳注》引《典論》曰：“（紹妻）劉氏性酷妬，紹死，僵尸未殯，寵妾五人，劉盡殺之。以爲死者有知，當復見紹於地下，乃髠頭墨面以毁其形。”案子西以袂掩面而死。《左氏》哀公十六年。《吴越春秋·夫差内傳》曰：“吴王臨欲伏劍，顧謂左右曰：使死者有知，吾羞前君地下，不忍覩忠臣伍子胥及公孫聖。使其無知，吾負於生。死必連縶組以罩吾目。恐其不蔽，願復重羅繡三幅，以爲掩明。”亦此意也。《漢書·景十三王傳》：廣川王去愛姬陽成昭信殺幸姬王昭平、王地餘。後昭信病，夢見昭平等，以狀告去。去曰：虜乃復見畏我，獨可燔燒耳。掘出尸，皆燒爲灰。後昭信立爲后，復譖幸姬陶望卿，望卿投井死；昭信出之，椓杙其陰中，割其鼻脣，斷其舌。謂去曰：前殺昭平，反來畏我，今欲靡爛望卿，使不能神。與去共支解，置大鑊中，取桃灰毒藥并煮之，連日夜靡盡。亦皆謂毁其形則不能神也。

丁帙　隋唐以下

〔五八二〕　知　　命①

《通鑑》長城公至德四年三月己未，洛陽男子高德上書，請隋主爲太上皇，傳位皇太子。帝曰："朕承天命，撫育蒼生，日旰孜孜，猶恐不逮，豈效近代帝王，傳位於子，自求逸樂哉。"十月，隋主每旦臨朝，日昃不倦。禮部尚書楊尚希諫曰："周文王以憂勤損壽，武王以安樂延年。願陛下舉大綱，責成宰輔，繁碎之務，非人主所宜親也。"帝善之而不能從。案至德元年，柳彧上疏勸不勤細務，已有聖躬有無疆之壽之語矣。帝亦覽而善之，而終不能改者，則其勤勞出於天性故也。逸豫者未必延年。然世俗之見，固以爲如是。隋文不肯自逸。以求民瘼，擬之邾文公之知命，又何愧哉。

〔五八三〕　煬帝雁門之圍

始畢可汗圍煬帝於雁門，《舊唐書・太宗紀》云：時太宗年十

---

① 曾改題爲《隋文不肯自逸》。

八,“應募救援,隸屯衛將軍雲定興營,將行,謂定興曰:始畢敢圍天子,必以國家倉卒無援。我張軍容,令數十里旗幡相續,夜則鉦鼓相應,虜必謂救兵雲集,望塵而遁矣。不然,彼衆我寡,悉軍來戰,必不能支矣。定興從焉。師次崞縣,突厥候騎馳告始畢曰:王師大至。由是解圍而遁。”此唐人之飾説也。始畢敢圍天子,豈其懾於虚聲?據《隋書·煬帝紀》,帝之見圍,齊王暕以後軍保於崞縣。雲定興軍蓋亦隸焉,其軍實僅能自保,未能赴援也。

又《蕭瑀傳》言,瑀於是時進謀曰:“漢高祖解平城之圍,乃閼氏之力。若發一單使以告義成,假使無益,事亦無損。於後獲其諜人,云義成公主遣使告急於始畢,稱北方有警,由是突厥解圍,蓋公主之助也。”此亦妄言。當時告變即由義成,其乃心宗國可知,然竟不能尼始畢之兵。且時留守之事,不聞由義成主之。即北方有警,告急之使,亦豈得出自義成哉?

〔五八四〕　唐高祖稱臣於突厥

唐高祖稱臣於突厥,新舊《唐書》皆不載其事。然《舊唐書·李靖傳》謂:太宗初聞靖破頡利,大悦,謂侍臣曰:“朕聞主憂臣辱,主辱臣死。往者國家草創,太上皇以百姓之故,稱臣於突厥,朕未嘗不痛心疾首,志滅匈奴。今者暫動偏師,無往不捷,單于款塞,恥其雪乎?”《新唐書·突厥傳》云:李靖等出討,捷書日夜至,帝謂羣臣曰:“往國家初定,太上皇以百姓故,奉突厥,詭而臣之,朕嘗痛心病首,思一刷恥於天下,今天誘諸將,所鄉輒克,朕其遂有成功乎?”《通鑑》貞觀三年:“十二月,突利可汗入朝,上謂侍臣曰:往者太上皇以百姓之故,稱臣於突厥,朕常痛心。今單于稽顙,庶幾可雪前恥。”三文所本者同,單于稽顙,自指突利入朝之事。《通鑑》叙述,最爲明析。《舊唐書》雖不逮,猶留單于款塞之文,使人可以推較。

《新唐書》删去此語，顧移“無往不捷”之語於前，改爲“捷書日夜至”，謂太宗此語，乃爲聞捷而發，可謂疏矣。觀此，知高祖嘗稱臣於突厥不疑。《舊唐書·張儉傳》：“貞觀初，以軍功，累遷朔州刺史，時頡利可汗自恃强盛，每有所求，輒遣書稱勅，緣邊諸州，遞相承稟。及儉至，遂拒不受，太宗聞而嘉之。”《新唐書》略同。彼之稱敕於諸州，蓋正由高祖之稱臣於彼。《新唐書·突厥傳》言：高祖初待突厥用敵國禮，武德八年，乃“命有司，更所與書爲詔若敕”。疑稱臣之禮，實至是而始罷，然亦不過用敵國禮。云用詔若敕者，史家諱前此之稱臣爲用敵國禮，則不得不改是時之用敵國禮者爲用詔敕也。《通鑑》：高祖之起，命劉文静使於突厥以請兵，私謂曰：胡騎入中國，生民之大蠹也，吾所以欲得之者，恐劉武周引之，共爲邊患。數百人之外，無所用之。及文静以突厥兵五百人、馬二千匹來至，高祖喜其緩，謂曰：吾西行及河，突厥始至，兵少馬多，皆君將命之功也。恭帝義寧元年。此或史家文飾之辭，高祖未必及此。然唐初確未藉突厥兵以爲用，則高祖之智，雖不及此，羣臣之中，必有能爲是謀者矣。夷狄利厚實，非愛虚名，既非急於求人，何乃無端屈己。蓋唐室先世，出自武川，其自視原與鮮卑無異，以中國而稱臣於突厥，則可恥矣，鮮卑則何有焉！此正猶石敬瑭稱臣於耶律德光，沙陀之種，原未必貴於契丹也。

〔五八五〕 唐太宗除弊政

《舊唐書·太宗紀》：貞觀元年三月，詔曰：崔季舒子剛、郭遵子雲、韋孝琰子君遵，并以門遭時遣，淫刑濫及，宜從褒獎，特異常倫，可免内侍，量才别叙。《新書》同。此自齊歷周、隋至唐，市朝已三易矣。

又二年九月丁未，詔侍臣曰：“婦人幽閉深宫，情實可愍，隋氏末年，求采無已，至於離宫别館，非幸御之所，多聚宫人，皆竭人財力，朕所不取；且灑掃之餘，更何所用？今將出之，任求伉儷，非獨以惜費，亦人得各遂其性。”於是遣尚書左丞戴胄、給事中杜正倫等，於掖庭宫西門簡出之。此亦隋代弊政，至太宗而後除者，可見武德時之政事，殊不足觀也。

〔五八六〕　太宗停薛延陀婚

《舊唐書·薛延陀傳》：延陀請婚，“太宗謂侍臣曰：北狄世爲寇亂，今延陀崛强，須早爲之所。朕熟思之，惟有二策：選徒十萬，擊而虜之，滅除凶醜，百年無事，此一策也；若遂其來請，結以婚姻，緩轡羈縻，亦足三十年安静，此亦一策也；未知何者爲先？司空房玄齡對曰：今大亂之後，創夷未復，且兵凶戰危，聖人所慎。和親之策，實天下幸甚。太宗曰：朕爲蒼生父母，苟可以利之，豈惜一女？遂許以新興公主妻之。因徵夷男備親迎之禮，仍發詔將幸靈州與之會。夷男大悦，謂其國中曰：我本鐵勒之小帥也，天子立我爲可汗，今復嫁我公主，車駕親至靈州，斯亦足矣。於是税諸部羊馬以爲聘財。或説夷男曰：我薛延陀可汗與大唐天子俱一國主，何有自往朝謁？如或拘留，悔之無及。夷男曰：吾聞大唐天子聖德遠被，日月所照，皆來賓服。我歸心委質，冀得覩天顔，死無所恨。然磧北之地，必當有主，舍我别求，固非大國之計。我志決矣，勿復多言。於是言者遂止。太宗乃發使受其羊馬。然夷男先無府藏，調斂其國，往返且萬里，既涉沙磧，無水草，羊馬多死，遂後期；太宗於是停幸靈州。既而其聘羊馬來至，所耗將半，議者以爲夷狄不可禮義畜，若聘財未備而與之婚，或輕中國；當須要其備禮。於是下詔絶其婚。”《新唐書》略同，且曰：“或曰：既許之，信不可失。帝曰：公等計非也。昔漢匈奴强，中國不抗，故飾子女嫁單于。今北狄弱，我能制之；而延陀方謹事我者，顧新立，倚我以服衆；彼同羅、僕骨力足制延陀而不發，懼我也；我又妻之，固中國壻，名重而援堅，諸部將歸之。戎狄野心，能自立，則叛矣。今絶婚，使諸姓聞之，將争擊延陀，亡可待也。"《舊唐書·契苾何力傳》云："何力母姑臧夫人、母弟賀蘭州都督沙門，并在涼府。詔許何力覲省其母，兼撫巡部落。何力父入龜兹，居熱海上，死。何力隨母詣沙州内附，太宗置其部落於甘、涼二州。時薛延陀强盛，契苾部落皆願從之。何力至，聞而大驚曰：主上於汝有厚恩，任我又重，何忍而圖叛逆！諸首領皆曰：可敦及都督已去，何故不行？何力曰：我弟沙門孝而能養，我以身許國，終不能去也。於是衆共執何力至延陀所，置於可汗牙前。何力箕踞而坐，拔佩刀東向大呼曰：豈有大唐烈士受辱蕃庭，天地日月，願知我心！又割左耳以明志不奪也。可汗怒，欲殺之，爲其妻所抑而止。初，太宗聞何力之延陀，明非其本意。或曰：人心各樂其土，何力今入延陀，猶魚之得水也。太宗曰：不然。此人心如鐵石，必不背我。會有使自延陀至，具言其狀。太宗泣謂羣臣曰：契苾何力竟如何？遽遣兵部侍郎崔敦禮持節入延陀，許降公主，求何力。由是還，拜右驍衛大將軍。太宗既許公主於延陀，行有日矣。何力抗表，固言不可。太宗曰：吾聞天子無戲言，既已許之，安可廢？何力曰：然。臣本請延緩其事，不謂總停。臣聞六禮之内，壻合親迎，宜告延陀親來迎婦；縱不敢至京邑，即當使詣靈州。畏漢必不敢來，論親未可有成，日既憂悶，臣又攜離，不盈一年，自相猜忌。延陀志性很戾，若死，必兩子相争，坐而制之，必然之理。太宗從之，延陀恐有詐，竟不至靈州，自後常悒悒不得志，一年而死。兩子果争權，各立爲主。"《新唐書》亦同。案太宗初以親女許延陀，其欲撫之之意，可謂甚厚；而後忽決然絶婚，其間必有爲之謀者。同羅、僕骨力足以制延陀，許之，則名重而援堅；絶，則諸姓將争擊之，此惟固其族類，且新自其中來者，爲能知其情，謂其謀出自何力，似也。然六禮壻當親迎，恐非契苾所知；藉此召至京邑，不則使詣靈州，此等深計遠圖，亦非武夫所及；恐何力徒請絶婚，而措置之方，則别有爲之謀者。《何力傳》既爲何力攘功，《突厥傳》又爲太宗掠美耳。何力之不順延陀，蓋其早入中國，久習華風，非必盡忠唐室。部落既已從順，延陀亦何愛於一夫，而欲固留之。且拔刀割耳，誰則見之。則其本傳所云，殆皆諛墓之詞類耳。夷男淺慮，蓋當如其本傳所言；謂其疑忌不來，恐亦故神其説；且志性很戾者，豈爲失一公主悒悒而死哉？亦明爲附會之辭也。是時言婚不宜絶者爲褚遂良，其意亦重用兵，與房玄齡同。太宗之事四夷，文臣多尼之，武夫則多贊之。征遼之役，諫者孔多，而順之者，獨一李勣，亦是物也。

〔五八七〕　唐初封建之敝

唐初如李靖、李勣、尉遲敬德、秦叔寶等戰功，皆祇封公，其膺王爵，唯外番君長内附，如突利封北平郡王，思摩封懷化郡王。以及羣雄中有來降者如高開道封北平郡王，羅藝封燕郡王。而已。自武后欲大其族，武氏封王者二十餘人，於是王爵始賤。中宗復位，遂亦封敬暉、張柬之等五王并李多祚亦王，韋后外戚追王者亦五人。《新唐書·韋嗣立傳》：中宗時恩倖食邑者衆，封户凡五十四州縣，皆據天下上腴，隨土所宜，牟取利入，爲封户者，急於軍興。嗣立極言其弊，請以丁課，盡送大府，封家詣左藏支給，禁止自徵，以息重困。宋務光亦言滑州七縣而分封者五，國賦少於侯租，入家倍於輸國，乞以封户均餘州，并附租庸使歲送停封使，息驛使。是徵租者，并乘驛矣。《宋璟傳》：武三思封户在河東，遭大水，璟奏災地皆蠲租。有諂三思者，謂穀雖壞而蠶桑故在，請以代租，爲璟所折。《張廷珪傳》：宗楚客、紀處訥、武延秀、韋温等封户在河南北，諷朝廷詔兩道蠶産所宜，雖水旱得以蠶折，廷珪固争得免。可見唐時封户之受困，雖國賦不至此也。

〔五八八〕 唐宫人至朝廷

《文昌雜録》云：唐制，天子坐朝，宫人引至殿上。故杜甫詩有户外昭容紫袖垂，雙瞻御坐引朝儀之句。蓋自武后臨朝，女官隨侍，後遂相沿爲定制耳。《宋史》吕大防疏，稱"唐入閣圖有昭容位"，可見當日著爲朝儀，至形之圖畫也。按《唐書》天祐二年十二月詔曰：宫妃女職，本備内任，今後每遇延英坐日，祇令小黄門祇候引從，宫人不得出内，由此遂罷。則唐末始革除。

〔五八九〕 唐將帥之貪

趙甌北《陔餘叢考》有論宋南渡後將帥之富一條，往者讀之，未嘗不歎息於國家之敗，由官邪；官之失德，寵賂彰；寵賂之彰，武人尤甚；恢復之無成，未始不由於武夫之貪黷也。然何必宋，唐中葉後將帥之貪侈，恐有甚於宋之南渡者矣。如郭子儀非其首邪？論者乃稱其侈窮人欲，而君子不之罪，何阿私所好之甚也！

安、史之敗亡，乃安、史之自敗，非唐人之能亡之也。當禄山、思明未死時，唐兵實未能進取，觀滈水之敗可知。然則朔方之兵力，實非范陽之敵，所以然者，侈爲之也。肅宗之幸靈武，杜鴻漸等奉迎，而留魏少游繕治宫室。少游時爲朔方水陸轉運副使。少游大爲殿宇幄帟皆象宫闕，諸王公主，悉有次舍，供擬窮水陸；又有千餘騎，鎧幟光鮮，振旅以入。帝見宫殿，不悦曰：我至此，欲就大事，安用是爲？稍命去之。肅宗非恭儉之君，而猶以爲過，朔方軍之侈可知矣。杜陵之詩曰："朔方健兒好身手，昔何勇鋭今何愚？"豈無故哉？或曰："雲帆轉遼海，杭稻來東吴，越羅與楚練，照耀輿臺軀。"范陽之軍則不侈乎？不知禄山之能用其衆者，啗之以虜掠也。何千年嘗勸賊令高秀巖以兵三萬出振武，下朔方，誘諸蕃取鹽、夏、鄜、坊。果如是，朔方軍之根本且覆。唐是時方鎮兵力，可用者惟朔方；朔方覆，抗敵且益難，禄山豈不之知？而卒不用其説者，毋亦其衆歆於中國之富，驅之南向易，驅之西向難邪？其衆之所以順之者，以中國是時不習兵革，肆行虜掠，莫之亢也。逮其既入兩京，所裒斂者當不少，然可掠取乎？黄巢之入長安也，其衆見窮民，或抵金帛與之，其所裒斂，亦云多矣。唐之士有歆之而思起而掠取之者乎？則執山寨之民，粥諸賊人，獲數十萬錢而已。朔方軍之所能，則隨迴紇剽河南，使其民以紙爲裳而已矣。茹柔吐剛，是則武夫之德也！

不必安、史亂後也，即唐初亦已如此。唐初名將，莫如李靖。靖之平頡利也，《新唐書》云蕭瑀劾靖持軍無律，縱士大掠，散失奇寶。《舊唐書》云温彦博害其功，譖靖軍無綱紀，致令虜中奇寶，散於亂兵之手。太宗大加責讓，久之乃解。奇寶果散入亂兵之手乎？侯君集之入高昌也，史言其“私取寶物，將士知之，亦競來盜竊，君集恐發其事，不敢制”。突厥奇寶之散失，得毋亦如是乎？《岑文本傳》言孝恭之定荆州，軍中將士，咸欲大掠，文本進説，孝恭乃止之。《靖傳》云：是行也，“高祖以孝恭未更戎旅，三軍之任，一以委靖。”則諸將之請孝恭，實請靖也。《靖傳》云：諸將請孝恭而靖止之。足見孝恭能左右之也。靖陳圖蕭銑十策，高祖乃有攻銑之舉，始謀實出於靖，得毋亦有所歆？特性較謹願，不如君集之鹵莽。又内地肆掠，事易彰露，有所顧慮而中止歟？君集之還也，有司請推其罪，詔下之獄。岑文本上疏訟之，引李廣利、陳湯事，言古者萬里征伐，不録其過。又曰：“將帥之臣，廉慎者寡，貪求者衆。”可謂切中事情矣。萬里征伐，不録其過，豈太宗所不知？而大責讓靖者，文本《疏》言：高昌之役，“議者以其地在遐荒，咸欲置之度外，惟陛下運獨斷之明，授決勝之略。”則是役主之者帝也，怒君集而下之獄，得毋所歆亦有在正辭伐罪之外者乎？觀其因失奇寶，而大責讓靖，則其伐突厥，亦豈徒以其父嘗詭而臣之，而思雪其恥哉？此無足詭。太宗亦武人也。建成之圖太宗也，謂元吉曰："秦王且徧見諸妃，彼金寶多有以賂遺之也，吾安得箕踞受禍？"彼秦王之金寶，果何自來哉？

文本《疏》引黄石公《軍勢》曰："使智，使勇，使貪，使愚。故智者樂立其功，勇者好行其志，貪者邀趨其利，愚者不計其死。"黄石公《軍勢》，自爲依託之書，然此數語，亦頗有理。夫戰非惡事也，除舊布新實以之，以之伐罪則仁，以之禦暴則義，戰所以行仁義也，然以之行仁義者寡矣。

《新唐書·阿史那社尒傳》曰：龜兹之役，郭孝恪之在軍，"牀帷器用，多飾金玉，以遺社尒。社尒不受。"此金玉豈出軍時所齎邪？以遺社尒，得毋使俱有所取，則不能發其事邪？此又一侯君集也。

魏元忠論武后時之將帥也，曰："薛仁貴、郭待封受閫外之寄，奉命專征，不能激厲熊羆，乘機掃撲；敗軍之後，又不能轉禍爲福，因事立功；遂乃棄甲喪師，脱身而走。幸逢寬政，罪止削除，國家網漏吞舟，何以過此？"可謂痛切矣。又曰："仁貴自宣力海東，功無尺寸，坐玩金帛，黷貨無厭。"《舊唐書·魏元忠傳》。則知將帥之不職，無不以好賄者。仁貴始從征遼，以白衣陷陳自旌顯，似亦勇者欲行其志。然觀魏元忠之言，則貪者之邀趨耳，非有志而欲行之者也。其白衣陷陳也，所謂患不得之；及既得之，自無所不至矣。故曰"鄙夫可與事君也與哉"！

《舊唐書·裴行儉傳》曰："初，平都支、遮匐，大獲瓌寶，蕃酋將士願觀之，行儉因宴設，徧出歷示。有馬腦盤，廣二尺餘，文采殊絶。軍吏王休烈奉盤，歷階趨進，誤躡衣，足跌便倒，盤亦隨碎，休烈驚皇，叩頭流血。行儉笑而謂曰：爾非故也，何至於是？更不形顔色。"似乎大度矣，然其始之藏之何爲哉？何不以所獲分賜將士乎？"詔賜都支等資産金器皿三千餘事，駞馬稱是，并分給親故并副使已下，數日便盡。"豈不以瓌寶多，金與駞馬不足貴邪？馬燧之救邢州、臨洺也，將戰，約衆，勝則以家貲賞；及圍解，殫私財賜麾下。德宗嘉之，詔出度支錢五千萬償其財。《舊唐書・馬燧傳》。此固可逆知，然則其賞士也，猶儲之外府也。不然，燧没後，何由以貲甲天下哉？饑歲之春，幼弟不饟；穰歲之秋，過客必食。人之情，固因其所處而異。行儉之碎馬腦盤，而不形於色，果大度也哉？且果形顔色，亦豈當在宴設之際乎？《孟子》曰："好名之人，能讓千乘之國；苟非其人，簞食豆羹見於色。"《盡心》下。

〔五九〇〕 北狄嗜利[①]

事有不謀而合者，遼興宗求關南地於宋，宋使富弼報之。《宋史》記其事，謂弼説契丹主曰："北朝與中國通好，則人主專其利，而臣下無獲，若用兵，則利歸臣下，而人主任其禍，故勸用兵者，皆爲身謀耳。"契丹主驚曰："何謂也？"弼曰："晉高祖欺天叛君，末帝昏亂，土宇狹小，上下離叛，故契丹全師獨克；然壯士健馬，物故大半。今中國提封萬里，精兵百萬，法令脩明，上下一心，北朝欲用兵，能保其必勝乎？就使其勝，所亡士馬，羣臣當之歟？抑人主當之歟？若通好不絶，歲幣盡歸人主，羣臣何利焉？"契丹主大悟，首肯者久之。明日，劉六符謂弼今惟有結婚可議耳。弼曰："婚姻易生嫌隙。本朝長公主出降，賫送不過十萬緡，豈若歲幣無窮之利哉？"其後弼再往契丹，遂不復求婚，專欲增幣。夫就宋遼二史觀之，興宗皆似有大志，非可以區區歲幣餌者。讀史者或疑《宋史・弼傳》之辭爲不實。然《遼史・興宗紀》亦云弼爲興宗言，大意謂遼與宋和，坐獲歲幣，則利在國家，臣下無與；與宋交兵，則利在臣下，害在國家。興宗感其言，和好始定。《遼史》未必取材於宋，則《宋史・弼傳》之

① 曾改題爲《富弼勸遼興宗不用兵》。

言初非不實矣。《舊唐書·鄭善果傳》:從兄元綖,突厥寇并州,高祖令墨璹充使招慰。元璹謂頡利曰:“漢與突厥,風俗各異。漢得突厥,既不能臣;突厥得漢,復何所用?且抄掠資財,皆入將士,在於可汗,一無所得;不如早收兵馬,遣使和好,國家必有重賚,幣帛皆入可汗,免爲劬勞,坐受利益。大唐初有天下,即與可汗結爲兄弟,行人往來,音問不絶。今乃捨善取怨,違多就少,何也?”頡利納其言,即引還。與富弼之折遼興宗,如出一轍。然則興宗亦頡利之倫,宋遼兩史所載,一似志在拓地之雄主,蓋未得其實也。果其志在拓地,富弼安得以財利爲言,取笑異國?而興宗亦安能遽聽之乎?然則史事之增飾不實者多矣。興宗之求地,未必不出於臣下之慫恿;而其臣下之慫恿,未必不以虜掠之利動之。富弼固窺見其微,乃以是折之也。夫弼豈知鄭元璹之所爲而師之哉?其所遇者同,其所以應之之術自不得不同也。然則北虜之嗜利深矣。

原刊《光華大學半月刊》,一九三六年出版

〔五九一〕 金初官制

《金史·百官志》:“金自景祖,始建官屬,統諸部,以專征伐,嶷然自爲一國。其官長皆稱曰勃極烈。故太祖以都勃極烈嗣位,太宗以諳班勃極烈居守。諳班,尊大之稱也。其次曰國論忽魯勃極烈。國論,言貴,忽魯,猶總帥也。又有國論勃極烈,或左右置,所謂國相也。其次諸勃極烈之上,則有國論,乙室,忽魯,移賚,阿買,阿舍,昊,迭之號,以爲升拜宗室功臣之序焉。其部長曰孛堇,統數部者曰忽魯。凡此,至熙宗定官制皆廢,其後惟鎮撫邊民之官曰禿里。烏魯圖之下,有掃穩,脱朵。詳穩之下,有麽忽,習尼昆。此則具於官制而不廢。皆踵遼官名也。”此段文字,殊欠清晰。其《國語解》云:“都勃極烈,總治官名,猶漢云冢宰。諳版勃極烈,官之尊且貴者。國論勃極烈，尊禮優崇，得自由者。胡魯勃極烈，統領官之稱。移賚勃極烈，位第三曰移賚。阿買勃極烈，治城邑者。乙室勃極烈，迎迓之官。札失哈勃極烈，守官署之稱。昃勃極烈，陰陽之官。迭勃極烈，倅貳之官，諸糺詳穩，邊戍之官。諸移里堇，部落墟寨之首領。禿里，掌部落詞訟，察非違者。烏魯古，牧圉之官。"胡魯，即忽魯。國論勃極烈，忽魯勃極烈，據解乃兩官，而《志》誤合爲一。下又重出國論勃極烈之名。"則有國論，乙室，忽魯，移賚，阿買，阿舍，昊，迭之號"句，國論，忽魯又重出。阿舍，即《解》之札失哈。昊爲昃字之誤。蓋此諸號，至熙宗皆廢，故作史者亦不可能了然也。《桓赧散達傳》："國相雅達之子也。雅達之稱國相，不知其所從來。景祖嘗以幣與馬求國相於雅達。雅達許之。景祖得之，以命肅宗。其後撒改亦居是官焉。"案《遼志》：屬國職名，有左相、右相。又載景宗保寧九年，女直國來請宰相，夷離堇之職，以次授者二十一人。則雅達之國相，必受諸遼，故須以幣與馬求之。然則金初國論勃極烈爲最尊之官，都勃極烈，諳版勃極烈，皆後來所設，故移賚勃極烈位居第三也。

《志》又云："諸糺詳穩一員，掌戍守邊堡。麽忽一員，掌貳詳穩。習尼昆，掌本糺差役等事。""諸移里堇司。移里堇一員，分掌部族村寨之事。""諸禿里。禿里一員，掌部落詞訟，訪察違背等事。""諸羣牧所，國言謂烏魯古。提控諸烏魯古一員。又設掃穩，脱朵，分掌諸畜，所謂牛馬羣子也。"此等序謂踵遼官名，其下皆無勃極烈字。然則凡有勃極烈字者，皆女真之舊也。金初官制大略可見矣。

〔五九二〕　明末貪風之害

《明史·梁廷棟傳》：崇禎三年秋，"廷棟以兵食不足，將加賦。

因言今日閭左雖窮,然不窮於遼餉也。一歲中陰爲加派者,不知其數。如朝覲、考滿、行取、推升,少者費五六千金,合海内計之,國家選一番守令,天下加派數百萬。巡撫查盤、訪緝,饋遺謝薦,多者至二三萬金。合天下計之,國家遣一番巡方,天下加派百餘萬。而日民窮於遼餉,何也?臣考九邊額設兵餉,兵不過五十萬,餉不過千五百三十餘萬,何憂不足?故今日民窮之故,惟在官貪,使貪風不除,即不加派,民愁苦自若。使貪風一息,即再加派,民歡忻亦自若。"此説最爲痛快,歷代民之所病,未有在於法令之所明取者。使以私租爲官賦,此外遂絶無所取,民未必其疾首蹙額也。但必不能所取耳。

〔五九三〕 清建儲之法

清聖祖時,諸子争立,允礽再廢,其後遂未立儲。雍正元年,世宗親書所欲立者之名,藏諸正大光明扁額之後,後遂沿爲成法。此雖不必遂善,然亦家天下之世防弊之一法也。然此法實因内寵而後立。《清史稿·諸王傳》:"端慧太子永璉,高宗第二子,乾隆三年十月殤,年九歲,十一月,諭曰:"永璉乃皇后所生,朕之嫡子。聰明貴重,氣宇不凡,皇考命名,隱示承宗器之意。朕御極後,恪守成式,親書密旨,召諸大臣藏於乾清宫正大光明榜後。是雖未册立,已命爲皇太子矣。今既薨逝,一切典禮,用皇太子儀注行。旋册贈皇太子,謚端慧。"又:"哲親王永琮,高宗第七子,與端慧太子同爲嫡子,端慧太子薨,高宗屬意焉。乾隆十二年十二月,以痘殤,方二歲。上諭謂先朝未有以元后正嫡紹承大統者,朕乃欲行先人所未行之事,邀先人不能獲之福,此乃朕過耶?命喪儀視皇子從優,謚曰悼敏。"觀此,知二子不死,世宗所立之法,未必不又廢於高宗時也。

〔五九四〕 唐代市舶一

市舶之職，盛於宋實始於唐。然唐代之市舶使，似非如宋代爲征榷之要司也。《舊唐書・玄宗紀》：開元二年十二月，“右威衛中郎將周慶立爲安南使舶使，與波期僧廣造奇巧，將以進内。監選使、殿中侍御史柳澤上書諫，上嘉納之。”又《代宗紀》：廣德元年十二月甲辰，“宦官市舶使吕太一逐廣南節度使張體，縱下大掠廣州。”終唐之世，因市舶而遣使，姓名可考者，惟此二人而已。《通考》即僅舉此二人。慶立之事，亦見《新唐書・柳澤傳》，使名作市舶，不作使舶。然竊疑使舶并非誤字，後來市舶之名通行，傳澤事者乃從而改之耳。至“波期”爲“波斯”之誤，則無足疑也。太一之事，亦見兩《唐書・韋倫傳》。《舊唐書》云：代宗以中官吕太一於嶺南矯詔募兵爲亂，乃以倫爲韶州刺史、兼御史中丞、韶連柳三州都團練使，竟遭太一用賂反間，貶信州司馬。《新唐書》略同，惟柳州作郴州。郴於韶、連爲近，似當從之。《通鑑》則繫其事於十一月，云：“宦官廣州市舶使吕太一發兵作亂，節度使張休棄城，奔端州。太一從兵掠焚，官軍討平之。”節度使之名，似當以《鑑》爲是；俗書“體”字從人從本，因此乃誤爲“體”。云發兵，蓋即發其矯詔新募之兵；舊兵則當隸節度，太一恐不易擅發也。云官軍討平之，一似其亂不旋踵而定者，蓋終言之；其事實不在即時，不然，則唐朝不必更遣韋倫矣。至其記事早於《唐紀》一月，則《唐紀》蓋據奏報到日書之，《通鑑》必有所據也。

《通鑑注》云：“唐置市舶使於廣州，以收商舶之利，時以宦者爲之。”明其并非經制。兩《唐書・盧奂傳》，皆附其父懷慎傳後。皆謂其官南海有清節，中使之市舶者，亦不敢干其法。又《舊唐書・盧鈞傳》言：鈞爲廣州刺史、嶺南節度使。南海有蠻舶之利，珍貨畢湊。

舊帥作法興利以致富，凡爲南海者，靡不捆載而還；鈞遣監軍領市舶使，而己一不干與。則立法皆由節度，使名亦所兼領，别遣乃出偶然，故姓名可考者甚希也。大權既在節鎮，中使蓋無能爲，太一乃激而生變耳。

原刊一九四九年三月二十日《東南日報》

〔五九五〕 唐代市舶二

唐代管理市舶之權，實在交、廣節鎮，故居是職而以清廉或貪墨聞者特多。《舊唐書・盧奂傳》："天寶初，爲晉陵太守，時南海郡利兼水陸，瓌寶山積，劉巨鱗、彭果《新唐書》作杲。相替爲太守、五府節度，皆坐臧巨萬而死。乃特授奂爲南海太守，遐方之地，貪吏斂跡，人用安之。以爲自開元以來四十年，廣府節度清白者有四，謂宋璟、裴伷先、李朝隱及奂。"又《李勉傳》：大曆四年，"除廣州刺史，兼嶺南節度觀察使。前後西域舶泛海至者歲纔四五，勉性廉潔，舶來都不檢閲，故末年至者四十餘。在官累年，器用車服無增飾。及代歸，至石門，停舟，悉搜家人所貯南貨犀象諸物，投之江中，耆老以爲可繼前朝宋璟、盧奂、李朝隱之徒。"此數君蓋當時最以清節著聞，藉藉人口者也。《新唐書》皆略同。惟《奂傳》無裴伷先之名，而曰："時謂自開元後四十年，治廣有清節者，宋璟、李朝隱、奂三人而已。"案伷先，兩《唐書》皆附其從父炎傳。《舊唐書》無事跡，《新唐書》謂其流北廷時，"無復名檢，專居賄，五年至數千萬。娶降胡女爲妻，妻有黄金駿馬牛羊，以財自雄。養客數百人。自北廷屬京師，多其客，詗候朝廷事，聞知十常七八。"蓋以爲跅弛非廉隅之士，故於《奂傳》芟其名。然伷先是時之志，蓋欲以有所爲，不得繩以小節。且人固有瑕瑜不相掩，亦有後先易轍者。伷先縱早歲跅弛，亦不害其晚節之能飭廉隅，更謂其不廉；而時人以與璟、朝隱、奂并稱，自係當時輿論。著其事而斥其論之不允可也，改易其事，而謂輿論所稱，祇有三人，則繆矣。若謂其無實跡可指，則兩《唐書·李朝隱傳》，亦皆不列其在廣政跡；《宋璟傳》雖舉其政績，亦不及其清廉。須知史事遺落者極多，正籍此等單辭片語以補足之也。又《李勉傳》謂其在廣末年蕃舶至者四十餘，勉既在官累年，則自非其至廣明年之事，《新唐書》乃謂勉既廉絜，又不暴征，明年至者四千餘柁。沈德潛曰："夷舶至者四十餘，未見不暴征之效也，《新唐書》爲允。"殿本《考證》。何以十倍之數，不足見寬政之效，而必有待於千倍？且夷舶至者，豈易增至千倍乎？此"千"字恐正是"十"字之誤，不足爲子京咎。然以勉居官之末年爲明年，則必子京之疏矣，信乎文士之不可以脩史也。

盧奐等外，《唐書》稱其清廉者，又有王方慶、名綝，以字行，《新唐書》作綝。孔戣、《新舊唐書》皆附其從父巢父傳。馬總、鄭絪、蕭倣、《舊唐書》附其從兄俛傳，《新唐書》自有傳。李尚隱、馮立、劉崇龜、《新唐書·劉政會傳》。韋正貫等。《新唐書》附其從兄臯傳。又盧鈞，已見上條。著其貪墨者，則有遂安公壽、見《舊唐書·盧祖尚傳》。路元睿、見兩《唐書·王方慶傳》。路嗣恭、王鍔、王茂元、鄭權、胡証、李象古、嗣曹王臯之子。徐浩、韓約、見《新唐書·李鄭二王賈舒傳》。郎餘慶，見《新唐書·儒學傳》，附其弟餘令後。而李琢爲安南都護，侵刻獠民，致府爲蠻人所陷，徵兵赴援，騷動累年，詒禍尤巨。見《舊唐書·懿宗紀》。路嗣恭起郡縣吏至大官，皆以恭恪爲理，而平哥舒晃之亂，多誅商舶之徒，四字見《舊唐書》本傳，謂與商舶有關涉者也，《新唐書》改作舶商，殊欠審諦。前後沒其家財寶數百萬貫。徐浩以文雅稱，及授廣州，多積貨財，爲時論所貶。信乎不見可欲，使心不亂乎？柳澤諫玄宗語。然劉崇龜爲廣州，姻舊或干以財，但寫《荔支圖》與之，可謂廉矣，而不能防檢其家，既歿，有鬻珠翠羽者，由是名損。孔戣清節尤著，而長慶中亦有告其在南海時家人受賂者。即李勉，雖能搜家人所貯而投之江，亦不能禁家人之不貯之也。則信乎權利之地之不易居也。蕭倣之爲嶺南也，南海多穀紙，倣勑子弟繕寫缺落文史。子廩曰：此去京師，水陸萬里，書成不可露齎，當須篋笥，人觀兼乘，謂是貨財，薏苡之嫌，得爲深戒。倣曰：吾不之思也。乃止。此事與吴祐諫其父恢大相類，恐出附會。然好名者以此自飾，則此嫌之仍不易泯可知矣。

徐浩之罷嶺南，以瓌貨數十萬餉元載。見《新唐書·李栖筠傳》。載故貪墨，不足道也。楊炎救時相，鄭注尤奇材，非没溺於利者，而《路嗣恭傳》言：嗣恭没商舶之徒家財，盡入私室，不以貢獻，代宗心甚銜之，故賞不酬勞。及德宗即位，楊炎受其貨，始叙前功。《薛存誠傳》云："鄭權因鄭注得廣州節度。權至鎮，盡以公家珍寶赴京師，以酬恩地。"則雖賢者亦不免隨波矣。《鄭權傳》云："權出鎮，有中人之助，南海多珍貨，權頗積聚以遺之，大爲朝士所嗤。"此據《舊唐書》。《新唐書》云："多裒貲珍，使吏輸送，凡帝左右助力者皆有納焉。"觀此，知權所賄者，實不僅鄭注一人。《舊唐書·薛存誠傳》"以酬恩地"之言，亦非指注言之也。《新唐書》改云悉盜公庫珍貨輸注家，亦欠審諦。則中人之利此者甚多，此吕太一所由能敗韋倫乎？毋亦市舶多以中人爲使，爲以教猱升木邪？鄭權雖爲朝士所嗤，然路嗣恭之子恕，私第有佳林園，自貞元初迄元和末，朝之名卿，咸從之遊，則士夫雖口詆中人，又未嘗不沾其潤澤矣。王茂元爲嶺南，蠻落安之，然積聚家財巨萬計。李訓之敗，中官利其財，掎摭其事，言茂元因王涯、鄭注見用，茂元懼，罄家財以賂兩軍，僅免。胡証以寶曆二年節度嶺南，大和二年卒，爲時不及三年，卒時年七十一矣，而史言其善蓄積，務華侈，厚自奉養，童奴數百，於京城修行里起第，連亘閭巷；嶺表奇貨，道途不絶，京邑推爲富家。當時官嶺南者致富之易，與士大夫之没溺而不知止，可以概見。証素與賈餗善，及李訓敗，禁軍利其財，稱其子溵匿餗，乃破其家，一日之内，家財并盡。軍人執溵入左軍，仇士良命斬之以徇。則尚不如茂元之克全其生命矣。象有齒以焚其身，豈不哀哉！

《舊唐書·酷吏·敬羽傳》："胡人康謙善賈，資産億萬計。楊國忠爲相，授安南都護。至德中，爲試鴻臚卿，專知山南東路驛。人嫉之，告其陰通史朝義。《新唐書》略同。又《安禄山傳》云謙"上元中，出家貲佐山南驛稾,肅宗喜其濟,許之,累試鴻臚卿。埍在賊中,有告其叛,坐誅”。“喜其濟”三字不辭,疑有奪誤。謙髭鬚長三尺,過帶;按之兩宿,鬢髮皆秃,膝踝亦栲碎,視之者以爲鬼物,非人類也。乞捨其生,以後送狀奏殺之,没其資産。”以好賄而任胡人爲都護,而胡人亦卒以冒進殺其軀,具見是時寵賂之彰,紀綱之大壞也。

交、廣之闇無天日如此,故冒利者多甘心焉,如鄭權以家人數多,俸入不足,而乞助於中人以求之,是也。然士大夫之視爲畏途者究多。盧祖尚許太宗至交州,已而悔之,太宗怒,斬之朝堂。雖失刑,然交、廣擇人之難,亦可想見。李綱在隋世,爲楊素所排,乃因劉方之討林邑,言於文帝曰:“林邑多珍寶,自非正人不可委。”因言綱可任,文帝遂以綱爲行軍司馬。《舊唐書·李綱傳》。玄宗嘗大陳樂於勤政樓,既罷,兵部侍郎盧絢按轡絶道去,帝愛其醖藉,稱美之。明日,李林甫召絢子曰:“尊府素望,上欲任以交、廣,若憚行,且當請老。”絢懼,從之。《新唐書·李林甫傳》。皆可見時人心目中,視交、廣爲何如地也,此開拓新地之所以不易歟!

原刊一九四九年三月二十日《東南日報》

〔五九六〕 唐代市舶三

《新唐書·韋皋傳》:皋弟子正貫,“擢嶺南節度使。南海舶賈始至,大帥必取象犀明珠,上珍而讎以下直。正貫既至,無所取,吏咨其清。”又《盧鈞傳》:“擢嶺南節度使。海道商舶始至,異時帥府争先往,賤讎其珍,鈞一不取,時稱絜廉。”先官買而後聽其與民交易,官買與私買異直,此蓋相沿榷法,而官吏因之自潤,雖傷廉,究猶有所藉口也。《孔戣傳》:“舊制:海商死者,官籍其貲,滿三月無妻子詣府,則没入。戣以海道歲一往復,苟有驗者,不爲限,悉推與。”户絶者貲産入官,中國法亦如是,初非歧視蕃商;然海道歲一往復,則不應三月即没入,蓋故立苛例以規利也。《傳》又云:"蕃舶泊步有下碇税,始至有閱貨宴,所餉犀琲,下及僕隸,戣禁絶,無所求索。"此等則如後世之規費,以餽遺之名取之,於法無所影附矣,雖禁豈能真絶?所餉下及僕隸,此李勉北歸時,家人所由有南貨之藏歟?抑此等雖云非法,亦當皆有舊規,然貪取者之情,又不能以是爲足,此則崑崙之所以一怒而戕路元叡歟。《舊唐書·波斯傳》:乾元元年,波斯與大食同寇廣州,《新唐書》作襲廣州。劫倉庫,焚廬舍,《新唐書》作焚倉庫廬舍。浮海而去。彼爲通商來,交易足以求利,何事稱戈以叛?疑亦必有激之使然者也。

當時貪墨之吏,非僅取之商舶也,并有誅求於土酋者。《隋書·食貨志》言:晉自寓居江左,"嶺外酋帥,因生口翡翠明珠犀象之饒,雄於鄉曲者,朝廷多因而署之,以收其利。歷宋、齊、梁、陳,皆因而不改。"可見土酋因蕃舶致富者之多。《權武傳》:武檢校潭州總管,"多造金帶,遺嶺南酋領,其人答以寶物,武皆納之,由是致富。"此尚爲取不傷廉。若貪暴之徒,則其所爲,蓋有不可忍者,此李琢之所以招蠻寇也。馮盎族人子猷,貞觀中入朝,載金一舸自隨。《新唐書·馮盎傳》。楊思勗破陳行範,獲口馬金玉巨萬計,《舊唐書·楊思勗傳》。王方慶之督廣州,管内諸州首領,舊多貪縱,百姓有詣府稱冤者,府官以先受首領參餉,未嘗鞫問,方慶乃集止府寮,絶其交往,首領縱暴者悉繩之,由是境内清肅。《舊唐書·王方慶傳》。此等,皆可見南方土酋之富,及官吏與之交關者之多也。

原刊一九四九年三月二十日《東南日報》

〔五九七〕 唐代市舶四

蕃舶之利,雖多入貪官囊橐,亦未嘗於國用無裨,江左署嶺外酋帥以收其利,其最顯然者矣。韋堅之開廣運潭也,别各郡之船,各於栿背上積其郡之所産，南海郡船積瑇瑁、真珠、象牙、沈香，《舊唐書·韋堅傳》。可見其爲常貢之物。《新唐書·徐申傳》：申進嶺南節度使，外蕃歲以珠、瑇瑁、香、文犀浮海至，申於常貢外，未嘗賸索，商賈饒盈。可見其貢有常額。《薛存誠傳》謂鄭權所以酬恩者，悉係盜諸公庫，又可見其有關地方經費矣。五代時閩、廣進奉中原者，猶以南貨多。《舊五代史》梁太祖開平元年，廣州進奇寶名藥，品類甚多，又進龍腦、腰帶、珍珠枕、瑇瑁、香藥等。二年，福州貢瑇瑁琉璃犀象器，并珍玩、香藥、奇品、海味，色類良多，價累千萬。四年，廣州貢犀玉，獻舶上薔薇水。乾化元年，廣州貢犀象奇珍及金銀等，其估數千萬。安南兩使留後曲美進筒中蕉五百匹，龍腦、鬱金各五瓶，他海貨等有差。又進南蠻通好金器六物，銀器十二，并乾陁綾花緤越毦等雜織奇巧者各三十件。皆見《本紀》。《歐史·南漢世家》，載宋之興，劉鋹將邵廷琄勸鋹脩兵爲備，不然，則悉珍寶奉中國，遣使以通好。逮潘美師至，龔澄樞、李托等謀曰："北師之來，利吾國寶貨耳，焚爲空城，師不能駐，當自還也。"乃盡焚其府庫宫殿，而鋹以海舶十餘悉載其珍寶嬪御，欲以入海。其視寶貨之重如此。黄巢之攻廣州也，丐爲安南都護、廣州節度使。鄭畋欲因以縻之，于琮言南海市舶利不貲，賊得之益富而國用屈，乃止。見《新唐書·巢傳》及兩《唐書·畋傳》。可見其有禆度支，由來已久也。《舊唐書·王鍔傳》："遷廣州刺史、嶺南節度使。廣人與夷人雜處，地征薄而叢求於川市。鍔能計居人之業而榷其利，所得與兩税相埒。以兩税錢上供，時進及供奉外，餘皆自入。西南大海中諸國舶至，則盡没其利，由是鍔家財富於公藏。"此可見平時上供，亦不能無藉於舶利也。周慶立作淫巧以蕩上心，敬宗侈宫室而舶賈獻沈香材，見《新唐書·宗室傳》。固非所語於經制也。

《隋書·南蠻傳》言，文帝之征林邑，乃由天下無事，而羣臣言其多奇寶。此似非文帝之所爲，觀其用一行軍司馬，尚因楊素之言而屬意於李綱可知也。然《舊唐書·丘和傳》言，和爲交趾太守，林邑之西諸國，并遣遺和明珠、文犀、金寶，蕭銑聞而利之，乃命甯長真渡海侵和。則事殊不敢保其必無。銑在羣雄中，亦尚爲知治體者也。其甚者，乃至如劉晟遣暨彦贇以兵入海，略商人金帛矣。亦見《歐史・世家》。

原刊一九四九年三月二十日《東南日報》

〔五九八〕 唐代市舶五

蕃舶載來嶺表之物，何由流行全國乎？《舊唐書・王鍔傳》謂鍔"日發十餘艇，重以犀象珠貝，稱商貨而出諸境。《新唐書》曰：與商賈雜出於境。周以歲時，循環不絶，凡八年。京師權門，多富鍔之財"。則其轉輸，殆與凡商貨無異，亦可謂盛矣。又《懿宗紀》：咸通四年七月朔，制曰："安南溪峒首領，素推誠節，雖蠻寇竊據城壁，而酋豪各守土疆。如聞溪峒之間，悉藉嶺北茶藥，宜令諸道，一任商人興販，不得禁止往來。"溪峒之於茶藥，亦必有以南貨相易者。要之商旅既通，即無慮其物之不得流衍也。

抑當時賈胡蹤跡，亦不限於交、廣。《舊唐書・鄧景山傳》，言其引田神功以討劉展，神功至揚州，大掠居人資産，鞭笞發掘略盡，商胡大食、波斯等商旅，死者數千人。《神功傳》曰"商胡波斯被殺者數千人"。《新唐書》皆略同。可見商胡居揚州者之衆。猶曰揚一益二，其富庶固冠海内也。《新唐書・趙弘智傳》：兄弘安，曾孫矜，客死柳州，官爲斂葬。後十七年，子來章始壯，自襄陽往求其喪，不得，野哭。再閲旬，卜人秦諷爲筮曰："宜遇西人，深目而髯，乃得其實。"明日，有老人過其所，問之，得矜墓，遂歸葬弘安墓次。此所謂西人，必賈胡也，其蹤跡深入今之粤西，且居之頗久矣。

《舊五代史》：唐莊宗平蜀，得金銀共二十二萬兩，珠玉犀象二萬。此亦南珍。《舊唐書・張柬之傳》：柬之諫戍姚州，謂珍奇之貢不入。則自今緬甸經滇西入蜀之路未必通，蓋亦自交、廣來者。又《新五代史・吴越世家》，謂錢氏多掠得嶺海商賈寶貨，亦可見其物之北上者不少也。又《閩世家》言：王審知招來海中蠻夷商賈；海上黄崎，波濤爲阻，一夕風雨，雷電震擊，開以爲港，閩人以爲審知德政所致，號爲甘棠港。此蒙蕃舶之利者歸美之辭也。可見五代時閩中蕃舶亦盛，其物或有踰杉嶺而入吴越者，錢氏所掠，不必皆來自嶺南也。

原刊一九四九年三月二十日《東南日報》

〔五九九〕賜　田

《舊唐書·于志寧傳》：志寧與張行成、高季輔俱蒙賜地。奏曰："臣居關右，代襲箕裘，周、魏以來，基址不墜。行成等新營莊宅，尚少田園。於臣有餘，乞申私讓。"高宗嘉其意，乃分賜行成及季輔。《新書·李襲志傳》：弟襲譽，嘗謂子孫曰："吾性不喜財，遂至窶乏。然負京有賜田十頃，能耕之足以食；河内千樹桑，事之可以衣。"《牛僧孺傳》："隋僕射奇章公弘之裔。幼孤，下杜樊鄉，有賜田數頃，依以爲生。"皆見士大夫之於賜田，守之頗久。王者之於土地，貴能予亦能奪，乃足以明賞罰而行懲勸；若貴人守之太久，則平民得之愈難，王公何以戒慎？民萌何以勸勉？隋文帝時，蘇威立議，以爲户口滋多，民田不贍，欲減功臣地以給民。而王誼曰："百官者，歷世勳賢，方蒙爵土，一旦削之，未見其可。如臣所慮，正恐朝臣功德不建，何患人田有不足？"上然之，竟寢威議。隋文蓋不欲失功臣之歡心也，誼之言則可謂悖矣。

元世賜田最多，别見《遼金元時賜田占田之多》條。然拘還者亦多。如《元史·武宗紀》：至大二年，九月，御史臺臣言："比者近幸爲人奏請，賜江南田千二百三十頃，爲租五十萬石，乞拘還官。"從之。《順帝紀》：至正二年，六月，命江浙撥賜僧道田還官徵糧，以備軍儲。皆其大焉者也。此蓋賜田太多，不得不然。亦有既拘還復賜之者，如

《成宗紀》：大德九年，十月，賜安南王陳益稷湖廣地五百頃。《仁宗紀》：至大四年，九月，益稷入見，言“有司拘臣所授田，就食無所”。帝謂省臣：“授田如故。”《武宗紀》：大德十一年，時賜田悉奪還官，以月赤察兒自世祖時積有勳勞，以前後所賜合百頃與之。詳見《遼金元時賜田占田之多》條。至大元年，六月，以没入朱清、張瑄田産隸中宫，立江浙財賦總管府、提舉司。三年，十一月，以清子虎，瑄子文龍往治海漕，以所籍宅一區、田百頃給之。《順帝紀》：至元二年，二月，詔以世祖所賜王積翁田八十頃還其子都中，亦見傳。皆是也。

〔六〇〇〕 唐武宗時僧尼所有田畝平均數

《新唐書·食貨志》：武宗廢浮屠，天下毁寺四千六百，招提蘭若四萬。籍僧尼爲民二十六萬五千人，奴婢十五萬人，田數千萬頃。以人數除田，近於人得一頃，似亦與民間小康之家無異。然俗人須贍八口，僧尼徒奉一身；又俗人弔死問疾等耗費多，僧尼不徒無之，尚可受布施也，此度牒之所以貴歟？

〔六〇一〕 質田以耕

《新唐書·盧羣傳》：鄭滑節度行軍司馬姚南仲入朝，以羣代節度。“羣嘗客於鄭，質良田以耕。至是則出券貸直，以田歸其人。”一似羣質田時嘗躬耕，或傭力而督之耕者。然《舊唐書·傳》云：“先寓居鄭州，典質良田數頃。及爲節度使，至鎮，各與本地契書。分付所管令長，令召還本主。”則其田實散在諸縣，不徒躬耕，即傭人而督之耕，亦力所不及也。《新唐書》之辭，殊爲失實。

〔六〇二〕　田業賣質無禁

《金史·食貨志·田制》曰:"民田業各從其便,賣、質於人無禁,但令隨地輸租而已。"此爲道地之私有制,即所謂無制度也。《新唐書·食貨志》述開元時事云:"初,永徽中禁買賣世業、口分田。其後豪强并兼,貧者失業。於是詔買者還地而罰之。"案《新唐書·長孫無忌傳》:長孫順德,太宗時刺澤州,前刺史張長貴、趙士達占部中腴田數十頃,奪之以給貧單。《舊唐書·良吏傳》:賈敦頤,永徽五年遷洛州刺史,時豪富之室,皆籍外占田;敦頤都括獲三千餘頃,以給貧乏。《新唐書》云:舉没三千餘頃。此亦令買者還地之類。租庸調法存時,自不得不然。其後租庸調法雖廢,蓋亦未頒言可以賣、質,北宋之世猶然,至金世,乃有賣、質無禁之説。《金史》此言,自有所本也。

〔六〇三〕　農民所需田畝之數

一農民究須得田若干,乃可自活,此隨時隨地而不同者也。蓋土愈沃,則所需之數愈少;時愈晚,則耕作之法愈精,所需之數亦愈少也。李悝盡地力之教,言一夫挾五口,治田百畝,歲收百五十石,則畝得一石半。此説當較近情實。鼂錯言農夫五口之家,其服役者不下二人,其能耕者不過百畝,百畝之收,不過百石,則約略言之耳。古百畝僅當今三十餘畝,一石亦僅得今二斗。則今三十畝之地,在當時歲收今三十石也。《宋史·食貨志》曰:"天下墾田,景德中,丁謂著《會計録》云,總得一百八十六萬餘頃。以是歲七百二十二萬餘户計之,是四户耕田一頃。繇是而知天下隱田多矣。"意以四户耕一頃爲少。而林勳《本政書》,欲使民一夫占田五十畝。亦見《志》,又見本傳。《金史·食貨志》:大定二十七年,"隨處官豪之家，多請占官地，轉與他人種佃，規取課利。命有司拘刷見數，以與貧難無地者，每丁授五十畝，庶不致失所。餘佃不盡者，方許豪家驗丁租佃。"則五十畝者，宋時人所能耕，而亦其自養之所需也。五十畝足以自養，故百畝爲多。《明史·錢士升傳》：附《錢龍錫傳》。崇禎七年，"武生李璡，請括江南富户，報名輸官，行首實、籍没之法。"士升疏駁之，曰："其曰搢紳豪右之家，大者千百萬，中者百十萬，以萬計者不能枚舉，此説當係以銀兩或緡錢計，頗失之夸。顧亭林《菰中隨筆》引《龔子芻言》曰："今江南雖極大之縣，數萬金之富，不過二十家；萬金者倍之；數千金者又倍之；數百金以下稍殷實者，不下數百家。"估計較近情實。據《經世文編》卷八引。臣不知其所指何地。就江南論之，富家數畝以對，百計者什六七，千計者什三四，萬計者千百中一二耳！江南如此，何況他省？"固亦列百畝於富家矣。《徐問傳》言其"田不滿百畝"，《吴嶽傳》亦曰"田不及百畝"，二人固皆清廉，又未必能躬耕，然亦勉可自活，可見百畝在其時爲已多也。斯時制民之産者：紹興六年，張浚奏改江淮屯田爲營田。"以五頃爲一莊，募民承佃。其法：五家爲保，共佃一莊，别給十畝爲蔬圃。"《宋史·食貨志》。元世祖至元二十八年，七月，"募民耕江南曠土，户不過五頃。官授之券，俾爲永業。三年後徵租。"成宗元貞元年，十二月，"也速帶而之軍，因李璮亂去山東，其元駐之地，爲人所墾，歲久成業，争訟不已。命别以境内荒田給之，正軍五頃，餘丁二頃，已滿數者不給。"大德元年，十二月，"徙襄陽屯田合剌魯軍於南陽，户受田百五十畝。"泰定帝泰定三年，正月，"以山東、湖廣官田，賜民耕墾，人三頃。"皆見《本紀》。此等皆係荒地，故所授較多，非尋常情形也。《元史·良吏·觀音奴傳》："寧陵豪民楊甲，夙嗜王乙田三頃，不能得。直王以饑，攜其妻就食淮南，而王得疾死，其妻還，則田爲楊據矣。"又《孝友·魏敬益傳》："雄州容城人。有田僅十六頃。此僅字爲幾及之義，意以爲多，非以爲少。唐、宋時人用僅字多如此。如《舊唐書·張延賞傳》，言其爲劍南節度，"蜀土殘弊，蕩然無制度，延賞薄賦約事，動遵法度，僅至庶富"是也。一日，語其子曰：自吾買四莊村之田十頃，環其村之民皆不能自給，吾深憫焉。今將以田歸其人。

汝謹守餘田,可無餒也。乃呼四莊村民,强與之。”有田三頃,而一遇饑荒,即須攜妻就食於外;十六頃去十頃,尚得六頃,乃守之僅足無餒;皆不可解,蓋記者不詳也。

〔六〇四〕 田畝隱匿

《明史·食貨志》:洪武二十六年,覈天下土田,總八百五十萬七千六百二十三頃,蓋駸駸無棄土矣。弘治十五年,天下土田,止四百二十二萬八千五十八頃,不及洪武之半,殊不合情理。猶可諉曰政事廢弛也。張居正之丈量,可云嚴切矣,且史言其“尚綜核,頗以溢額爲功,有司多改小弓,以求田多,或掊克見田,以充虛額”。而其田數總計,爲“七百一萬三千九百七十六頃”,亦尚不逮洪武。此可見一經隱匿,覈實之難,亦可見歷代户口、田畝之數,無一非兒戲之流,去實際甚遠矣。

〔六〇五〕 流民田産

流民田産,當如何措置,此一頗難處之事也。《宋史·食貨志》:至道二年,太常博士、直史館陳靖上言:“今京畿周環二十三州,幅員數千里,地之墾者,十纔二三;税之入者,又十無五六。復有匿里舍而稱逃亡,棄耕農而事遊惰。賦額歲減,國用不充。詔書累下,許民復業,蠲其租調,寬以歲時。然鄉縣擾之,每一户歸業,則刺報所由。朝耕尺寸之田,暮入差徭之籍,追胥責問,繼踵而來,雖蒙蠲其常租,實無補於捐瘠。況民之流徙,始由貧困,或避私債,或逃公税。亦既亡遯,則鄉里檢其資財,至於室廬什器,桑棗材木,咸計其直,或鄉官用以輸税,或債主取以償逋;生計蕩然,還無所詣,以兹浮蕩,絶意歸耕。”欲“授以閒曠之田”，“許令别置版圖”，“候至三五年間，生計成立”，乃“計户定征，量田授税”。此固一策。然墾荒與復故業孰易？且此二十三州中，適多曠土，故此策可行也，不則何以授之？况民逃不能撫，而公私共分其所有，豈理也哉？《志》又云：紹興三年，九月，“户部言百姓棄産，已詔二年外許人請射，十年内雖已請射及充職田者，并聽歸業。孤幼及親屬應得財産者，守令驗實給還。冒占者論如律。州縣奉行不虔，監司按劾。從之。先是臣僚言：近詔州縣拘籍被虜百姓税賦，而苛酷之吏，不考其實，其間有父母被虜兒女存者，有中道脱者，有全家被虜而親屬偶歸者，一槩籍没，人情皇皇，故有是命。”又《洪皓傳》：子适，提舉江東路常平茶鹽。“會完顔亮來侵，上親征，适覲金陵，言本路旱，百姓逐食於淮，復遭金兵，今各懷歸，而田産爲官鬻，請聽其估贖之。”乘兵荒攘民業，而責其價贖，更不成語矣。紹興三年户部所定條例，似較近理，然十年、二年之限，亦未盡善。民固有流亡三四十年而猶懷故土者也。《明史·王來傳》：來爲山西左參政，請“荒田令附近之家，通力合作，供租之外，聽其均分。原主復業則還之”。田不荒，而復業者亦無虞失職，似爲最善。

《元史·良吏段直傳》：“爲澤州長官。澤民多避兵未還者，直命籍其田廬於親戚、鄰人之户。且約曰：俟業主至，當析而歸之。逃民聞之，多來還者，命歸其田廬如約，民得安業。”此其措置，亦與王來同，特多一籍諸親鄰之户之舉耳。所以如此，蓋所以避歸官。歸官而更以還民，則事難而易滋弊矣。逃户設終不歸，田廬將遂爲其親鄰所有，故其親鄰亦樂從之也。

〔六〇六〕 宋末公田

宋末之買公田，固爲秕政，然未至如論者所言之甚也。公田之起，據史所載，實由陳堯道等言廩兵、和糴、造楮之弊，乞依祖宗限田，於兩浙、江東西官民户踰限田，抽三分之一，買充公田。則其議實自託於抑兼并。今姑忽論其然否，然是時之財政，舍此固别無救急之策也。買公田事在景定四年，然淳祐六年，謝方叔即言："豪强兼并之患，至今日而極，非限民名田有所不可，是亦救世道之微權也。國朝駐蹕錢塘，百有二十餘年矣。外之境土日荒，内之生齒日繁，權勢之家日盛，兼并之習日滋，百姓日貧，經制日壞，上下煎迫，若有不可爲之勢。所謂富貴操柄者，若非人主之所得專，識者懼焉。夫百萬生靈資生養之具，皆本於穀粟，而穀粟之産，皆出於田。今百姓膏腴皆歸貴勢之家，租米有及百萬石者。小民百畝之田，頻年差充保役，官吏誅求百端，不得已，則獻其産於巨室，以規免役。小民田日減而保役不休，大官田日增而保役不及。以此弱之肉，强之食，兼并浸盛，民無以遂其生。於斯時也，可不嚴立經制，以爲之防乎？去年諫官嘗以限田爲説，朝廷付之悠悠。不知今日國用、邊餉，皆仰和糴。然權勢多田之家，和糴不容以加之，保役不容以及之。敵人睥睨於外，盜賊窺伺於内。居此之時，與其多田厚貲，不可長保，曷若捐金助國，共紓目前？在轉移而開導之耳。乞諭二三大臣，摭臣僚論奏而行之。使經制以定，兼并以塞。於以尊朝廷，於以裕國計。陛下勿牽貴近之言以摇初意，大臣勿避仇怨之多而廢良策，則天下幸甚。"此時距景定四年尚十七年，然其言，無一不若爲後來之買田發者。且曰"乞諭二三大臣，摭臣僚論奏而行之"，則言此者初非方叔一人矣。然則買公田實當時之輿論也。此何哉？會子則已濫矣，金銀數亦無多，且究不能逕作錢幣，故上下所貴，惟在穀粟，而國用遂專資和糴。和糴取穀粟於小民，買限外之田而收其租，則取穀粟於豪强，其是非固無待再計者也。然則買公田非徒救急，以義理論，亦無可訾議矣。所争者，行之之善否耳。《賈似道傳》云："浙西田，畝有值千緡者，似道均以四十緡買之。數稍多，予銀絹；又多，與度牒、告身。吏又恣爲操切，浙中大擾。"此固擾亂太甚。然禍止中於田主，而未及佃户。陳堯道等之議曰："得一千萬畝之田，則歲有六七百萬斛之入。"其所冀者，爲一石弱之租。《食貨志》:"六郡回買公田,畝起租滿石者償二百貫,九斗者償一百八十貫,八斗者償一百六十貫,七斗者償一百四十貫,六斗者償一百二十貫。"然則當時租額,蓋自六斗至一石。《志》又言紹興時,兩浙轉運司官莊田四萬二千餘畝,歲收稻麥等四萬八千餘斛,其租額亦略相等。則陳堯道等所欲收之租,其額固未嘗加重也。或曰:《食貨志》言:"南渡後水田之利,富於中原,故水利大興。而諸籍没田募民耕者,皆仍私租舊額,每失之重。輸納之際,公私事例迥殊。私租額重而納輕,承佃猶可;公租額重而納重,則佃不堪命。州縣胥吏,與倉庾百執事,皆得侵漁耕者。"此時之公田,又安知其不如是歟? 此固然。然以定額論,則私租之納,亦未必能甚輕。以别有事例論,則此時之公田,方倚以給軍國一切費用,虐取之或未敢過甚。亦且事例必逐漸而興,積久乃成爲牢不可破。自景定四年十月命浙西六郡置公田莊,至咸淳四年六月而罷。官募民自耕輸租,租減什三。德祐元年三月,以公田還田主,令率租户爲兵。前後不及一紀,新例亦未必能繁興也。然則宋末之買公田,虐實未及於佃户,觀史所載,皆徒爲田主鳴不平,而未能切實舉出佃户受害之據,可證也。即於田主,亦未曾徧加毒害。《食貨志》又載咸淳十年陳堅等奏曰:"今東南之民力竭矣,西北之邊患棘矣,諸葛亮所謂危急存亡之時也。而邸第戚畹,御前寺觀,田連阡陌,亡慮數千萬計,皆巧立名色,盡蠲二税。州縣乏興,鞭撻黎庶,鬻妻賣子,而鐘鳴鼎食之家,蒼頭廬兒,漿酒藿肉;琳宫梵宇之流,安居暇食,優遊死生。"其淫荒縱恣如故。蓋買田本限六郡,即六郡之中,亦未必能徧及也。然則買公田之爲害,固不如衆所云云者之烈矣。

《明史·食貨志》言:"太祖怒蘇、松、嘉、湖爲張士誠守,乃籍諸豪族及富民田,以爲官田,按私租簿爲税額。而司農卿楊憲,又以浙西地膏腴,增其賦,畝加二倍。故浙西官民田,視他方倍蓰,畝税有二三石者。"加二倍爲二三石,則未加時乃六七斗至一石也。又《公主傳》:太祖女壽春公主,"爲太祖所愛,賜吴江縣田一百二十餘頃,皆上腴。

歲入八千石，踰他主數倍。”此畝得六斗餘，亦宋末舊額也。《宋史·食貨志》：建炎三年，“凡天下官田，令民依鄉例自陳輸租。”又《職官志》：職田，“佃户以浮客充，所得課租，均分如鄉原例。”此爲宋時成法，末年之公田租額，亦如是也。

《宋史·食貨志》又述買公田時定例云：“五千畝以上，以銀半分，官告五分，度牒二分，會子二分半。五千畝以下，以銀半分，官告三分，度牒三分，會子三分半。千畝以下，度牒、會子各半。五百畝至三百畝，全以會子。”其後每石止給四十貫，而半是告、牒。則當時所謂多田之家，自三百畝至五千畝也。

《宋史·瀛國公紀》：德祐元年，八月，“拘閻貴妃集慶寺、賈貴妃演福寺田還安邊所。”夫安邊所之設，其可哀痛，亦與後來之買公田無異矣，而貴妃乃取以施寺，亦可謂無心肝、無綱紀者矣。

《元史·世祖紀》：至元二十一年，十二月，“中書省臣言：江南官田，爲權豪、寺觀欺隱者多，宜免其積年收入，限以日期，聽人首實。踰限爲人所告者徵，以其半給告者。從之。”二十三年，七月，“用中書省臣言，以江南隸官之田，多爲强豪所據，立營田總管府。其所據田，仍履畝計之。”《成宗紀》：元貞二年，七月，“括伯顔、阿术、阿里海牙等所據江南田及權豪匿隱者令輸租。”是易姓而後，地之爲豪强所據如故也。《盧世榮傳》：“以九事説世祖詔天下”，“其七曰：江南田主收佃客租課，減免一分。”《成宗紀》：至元三十一年，十月，“江浙行省言：陛下即位之初，詔蠲今歲田租十分之三。然江南與江北異。貧者佃富人之田，歲輸其租。今所蠲特及田主，其佃民輸租如故。宜令佃民當輸田主者，亦如所蠲之數。從之。”大德八年，正月，“以災異故，詔江南佃户私租太重，以十分爲率減二分，永爲定例。”《武宗紀》：至大元年，十一月，“詔紹興被災尤甚，今歲又旱，凡佃户止輸田主十分之四。”公家飭減私租，事甚罕見，有之，惟元世之於江南耳。《順帝紀》：至正十四年，“詔諭民間私租太重，以十分爲率普減二分，永爲定例”，疑亦因江南而推暨也。《清史稿·聖祖紀》：康熙四十九年，十一月，“詔凡遇蠲賦之年，免業主七分，佃户三分，著爲令。”又《杭奕禄傳》：雍正三年，遷光禄寺卿。“上蠲蘇州、松江田賦四十五萬。杭奕禄疏言：有田納賦，既邀蠲免，無田而佃種人田者，納租業主，亦宜酌減，俾貧富均霑實惠。上謂此奏甚公，下廷臣議，定業户免額一錢，佃户免租穀三升。上命如議速行。”蠲租兼及佃户，蓋自此始有定令。然此等法令，多成具文也。

自漢世減輕田租後，國家之所以虐民者，在賦而不在税。賦有取其物者，有用其力者，明世所謂銀差、力差也，二者皆可加至無藝，税所增固恒不甚多。至南宋，專恃和糴以濟國用，則不翅并重其税矣。此民之所以不堪也。税所增既不甚多，則公家之增取於田者，在舍官税而以田主自居，如私家之收其租。然既取其租，則亦不能更取其税矣。若如明以來之江南，官税既同私租，而其田仍入私家之手，則爲再取其私租矣。此又民之所以不堪也。歷來割據者取民恒重，一統之朝，則恒輕減之。如《清史稿·石琳傳》：琳以康熙二十五年調雲南巡撫。疏言：“雲南自明初置鎮設衛，以田養軍，曰屯田。又有給指揮等官爲俸，聽其招佃者，曰官田。其租入，較民賦十數倍，猶佃民之納租於田主。國初吴三桂留鎮，以租額爲賦額，相沿至今。積逋愈多，官民交困。宜改依民賦上則起科。”其一例也。而如明祖之所爲，是自同於草寇也。其惡，實遠較買公田、廣和糴爲甚。

李全降蒙古，楊氏及福據楚州，“支邑民田，皆以少價抑買之，自收賦以贍軍。”《宋史·全傳》。此亦猶南宋之買公田也。足見此爲當時理財之策，故人能見及之也。

〔六〇七〕 遼金元時賜田占田之多

遼、金、元三朝，以地賜其臣下，及其臣自占者頗多。《金史·李石傳》：“先世仕遼爲宰相。高祖仙壽，嘗脱遼主之舅於難，遼帝賜仙壽遼陽及湯池地千頃，他物稱是。”《遼史》闕佚最甚，此類事傳者不多，然必不止此一事，據此，亦可推想其餘矣。《金史》亦闕佚，然較《遼》已稍詳。《按荅海傳》：宗雄次子。世宗時“徙平州。詔給平州官田三百頃，屋三百間；宗州官田一百頃”。《納合椿年傳》：“冒占西南路官田八百餘頃。大定中，括檢田土，百姓陳言官豪占據官地，貧民不得耕種。温都思忠子長壽、椿年子猛安參謀合等三十餘家，凡冒占三千餘頃。詔諸家除牛頭税地各再給十頃，其餘盡付貧民種佃。”此事亦見《食貨志》，與此大致相同。《志》又載世宗之言，謂：“又聞山西田亦多爲權要所占。有一家一口至三百頃者，以致小民無田可耕，徙居陰山之惡地，何以自存？其令占官地十頃以上者，皆括籍入官，將均賜貧民。”《完顏匡傳》：“承安中，撥賜家口地土。匡乃自占濟南、真定、代州上腴田。百姓舊業輒奪之，及限外自取。上聞其事，不以爲罪，惟用安州邊吴泊舊放圍場地、奉聖州在官閑田易之，以向自占者悉還百姓。”皆其事之可考見者。元代則尤多。《元史·世祖紀》：中統四年，八月，敕京兆路給賜劉整第一區、田二十頃。至元三年，六月，賜整畿内地五十頃。八年，九月，又賜整鈔五百錠，鄧州田五百頃。宋之降臣如此，本國之勳舊可知。《武宗紀》：大德十一年，十一月，“賜太師月赤察兒江南田四十頃。時賜田悉奪還官，中書省爲言。有旨：月赤察兒自世祖時積有勳勞，非餘人比，宜以前後所賜，合百頃與之。仍敕行省平章别不花領其歲入。”至大二年，九月，“御史臺臣言：比者近幸爲人奏請賜江南田千二百三十頃，爲租五十萬石，乞拘還官。從之。”《文宗紀》：至順三年，三月，“燕帖木兒言：平江、松江澱山湖圩田，方五百頃有奇，當入官糧七千七百石。其總佃者死，頗爲人占耕。今臣願增糧爲萬石入官，令人佃種，以所得餘米，贍臣弟撒敦。從之。”本傳云：“賜平江官地五百頃。”據《傳》，在此以前，尚有龍慶州、平江、松江、江陰等賜地。《順帝紀》：至正四年，六月，“賜脱脱松江田，爲立松江等處稻田提領所。”《特薛禪傳》：其玄孫琱阿不剌，至大二年，“賜平江稻田一千五百頃。”《伯顔傳》：泰定三年，“遷河南行省平章政事。舊所賜河南田五千頃，以二千頃奉帝師祝釐，八百頃助宿衛，自取不及其半。”此等皆土田。《札八兒傳》：“太祖覽中都山川形勢，顧謂左右近臣曰：朕之所以至此者，札八兒之功爲多。又謂札八兒曰：汝引弓射之，隨箭所落，悉畀汝爲己地。”《鎮海傳》：“既破燕，太祖命於城中環射四箭，凡箭所至，園池邸舍之處，悉以賜之。”則并及於都會矣。史事傳者固有多少，然以遼、金比諸元，恐終如小巫之見大巫也。

此等田地，自多令漢人佃蒔取租，然亦有用供田獵、畜牧者。《元史・帖木兒不花傳》：鎮南王脱歡第四子。移鎮廬州。順帝至元元年，“撥廬州饒州牧地一百頃賜之。”《肖乃台傳》：“金亡，賜東平户三百，俾食其賦。命嚴實爲治第宅。分撥牧馬草地。日膳供二羊。”《撒吉思傳》：“李璮平後，授山東行省都督，遷經略、統軍二使，兼益都路達魯花赤。”“統軍抄不花，田遊無度，害稼病民。元帥野速答爾，據民田爲牧地。撒吉思隨事表聞。有旨：杖抄不花一百，令野速答爾還其田。”《和尚傳》：子千奴，“東平、大名諸路有諸王牧馬草地，與民田相間，互相侵冒，有司視强弱爲予奪，連歲争訟不能定。命千奴治之。其訟遂息。”《程思康傳》：成宗即位，除河東、山西廉訪使。“太原歲飼諸王駝馬一萬四千餘匹，思廉爲請，止飼千匹。”此等皆使中原之地，鞠爲茂草者也。《金史・哀宗紀》：正大六年，十二月，“罷附京獵地百里，聽民耕稼。”此時之金，猶占民田以爲獵地，豈不哀哉？然《田琢傳》載琢以貞祐末上書，請盡力耕墾，謂“官司圉牧，勢家兼并，宜籍其數而授之農民”，則民田之費於官司圉牧者且多矣，奚止虜主？元世山澤之禁最嚴，一固貪其利入，一亦欲恣遊獵、事放牧。《元史・仁宗紀》：皇慶二年，七月，“保定、真定、河間民流不止。命所在有司給糧兩月，仍悉免今年差税。諸被災地并弛山澤之禁。獵者毋入其境。”足見平時之有禁，多爲遊獵計也。《世祖紀》：至元二十六年，閏月，“澶州饑，民劉德成犯獵禁，詔釋之。”澶州即饑而未曾弛禁者也。《武宗紀》：至大二年，九月，“以薪價貴，禁權豪畜鷹犬之家，不得占據山場，聽民樵採”，足見權豪并有禁民樵採者矣。《刑法志》禁令門：縱頭匹食踐田禾，强取草料，暨放鷹、圍獵等禁,皆爲當時之權貴設也。《元史·耶律楚材傳》:“太祖之世,歲有事西域,未暇經理中原。官吏多聚斂自私,資至巨萬,而官無儲偫。案謂是時官無儲偫是矣,謂官吏多資至巨萬,亦未必然,參看《羊羔利》條。近臣别迭等言漢人無補於國,可悉空其人,以爲牧地。楚材曰:陛下將南伐,軍需宜有所資。誠均定中原地税、商税、鹽酒、鐵冶、山澤之利,歲可得銀五十萬兩,帛八萬匹,粟四十餘萬石,足以供給,何謂無補哉?帝曰:卿試爲朕行之。乃奏立燕京等十路徵收課税使。”然則漢人藉出税以免死耳。不能執干戈以自衛者,亦可鑒矣。

當兹喪亂之世,寺觀之乘機攘奪者亦多。《金史·世宗紀》:大定二十六年,三月,“香山寺成。幸其寺。賜名大永安。給田二千畝,粟七千株,錢二萬貫。”此已不爲少矣,而比諸元世,則亦如小巫之見大巫。元世賞賜僧寺,動至百頃,見於史者,不可枚舉。其尤多者,如《世祖紀》:中統二年,八月,“賜慶壽寺、海雲寺陸地五百頃。”《文宗紀》:天曆二年,九月,“市故宋太后全氏田,爲大承天護聖寺永業。”至順元年,二月,“命市故瀛國公田,爲大龍翔集慶寺永業。”四月,“括益都、般陽、寧海閒田十六萬二千九十頃,賜大承天護聖寺爲永業。”《順帝紀》:至正七年,十一月,“撥山東地土十六萬二千餘頃屬大承天護聖寺。”皆是也。而如《仁宗紀》:延祐六年,十月,“中書省臣言白雲宗總攝沈明仁强奪民田二萬頃”者,尚在其外。倚外族以魚肉人民,教云乎哉?

〔六〇八〕 金屯田户租佃

金世宗欲以女真制漢人,遷之中原,奪民地以養之,其用意可謂深遠矣。獨不思待之之優如此,彼尚何爲而力耕?《金史·食貨志》:大定二十一年,“上謂宰臣曰:山東、大名等路,猛安謀克户之民,往往驕縱,不親稼穡。不令家人農作,盡令漢人佃蒔,取租而已。”時距授田未幾,情形即已如此。《張九思傳》:"九思言屯田猛安人爲盜徵償,家貧輒賣所種屯地。凡家貧不能徵償者,止令事主以其地招佃,收其租入。估價與徵償相當,即以其地還之。臨洮尹完顔讓亦論屯田貧人徵償賣田,乞用九思議。從之。"則浸浸乎不能自保其地矣。《章宗紀》:泰和四年,九月,"定屯田户自種及租佃法。"蓋已公然許其租佃。

〔六〇九〕 元 時 獻 田

明世莊田,由政府賜與勳戚者,固爲惡政,然究猶略有制限,至請乞及投獻興,而其禍益瀰漫不可收拾矣。而二者皆起自元世。此可見異族於吾民無所愛惜,亦可見其不知政理也。請乞之著者,如燕帖木兒乞賜平江、松江圩田五百頃,已見《遼金元時賜田占田之多》條。而投獻之事尤衆。《元史·成宗紀》:大德元年,十二月,"禁諸王、駙馬并權豪毋奪民田,其獻田者有刑。"二年,正月,"禁諸王、公主、駙馬受諸人呈獻公私田地及擅招户者。"《武宗紀》:至大元年,七月,"皇子和世㻋請立總管府,領提舉司四,括河南歸德、汝寧境内瀕河荒地,約六萬餘頃,歲收其租。令河南省臣高興總其事。中書省臣言:先是有亦馬罕者,妄稱省委括地,蠶食其民,以有主之田俱爲荒地,所至騷動。民高榮等六百人訴於都省,追其驛券,方議其罪,遇赦獲免,今乃獻其地於皇子。"《英宗紀》:延祐七年,二月,"括勘崇祥院地,其冒以官地獻者追其直,以民地獻者歸其主。"至治二年,十二月,"鐵木迭兒子宣政院使八思吉思,坐受劉夔冒獻田地伏誅,仍籍其家。"《張孔孫傳》:除大名路總管,兼府尹。"有獻故河隄三百餘里於太后者。即上章,謂宜悉還細民。從之。"事在成宗初。《王約傳》:仁宗即位,特拜河南行省右丞。"先是至大間,尚書省用建言者冒獻河、汴官民地爲無主,奏立田糧府,歲輸數萬石,是歲,詔罷之,竄建言人於海外,命河南行省復其舊業。行省方并緣爲姦，田猶未給。約至，立期檄郡縣，釐正如詔。"皆可見投獻之猖獗。此與苦賦役之重，獻地大户者不同。一獻己之所有，一則妄指他人之所有；一猶包庇之以避賦役，一則純爲剥取耳。《明史·忠義·馬如蛟傳》："出按四川。蜀中姦民，悉以他人田産投勢家。如蛟列上十事，永革其弊。"此亦元世之遺風，前世不聞有此也。

〔六一〇〕 莊　　田

莊本民居之稱，猶村落之類，故俗語猶曰村莊。其後富貴之家，多買田畝，派人管理，謂之莊田，而莊字乃稍有指田之意。然亦後起之義，原其朔，實指管理此田者所居之宅舍言之。于志寧謂張行成等"新成莊宅，尚少田園"是也。見《賜田》條。陸務觀詩曰："斜陽疏柳趙家莊，負鼓盲翁正作場。身後是非誰管得？滿村聽説蔡中郎。"此爲莊字初義。《宋史·食貨志》："紹興六年，張浚奏改江淮屯田爲營田。以五頃爲一莊，募民承佃。其法五家爲保，共佃一莊。"則後起之義矣。《志》又載方田之法，有方帳，有莊帳，有甲帖，有户帖。是莊大於甲而小於方。《金史·高汝礪傳》：軍户既遷，將括地分授。汝礪諍之曰："河南民地官田，計數相半。又多全佃官田之家，墳塋、莊井，俱在其中。率皆貧民，一旦奪之，何以自活？"此所謂莊，皆平民之居，多田者管理其田之莊，亦沿襲其名耳。

莊田之名，似始唐世。《宋書·孔靖傳》：靖子靈符，"於永興立墅，周回三十三里，水陸地二百六十五頃，含帶二山。"《梁書·后妃傳》：高祖於鍾山建大愛敬寺。太宗簡皇后王氏父騫"舊墅在寺側，有良田八十餘頃，即晉丞相王導賜田也。高祖遣主書宣旨，就騫求市，欲以施寺。騫答旨云：此田不賣；若是敕取，所不敢言。酬對又脱略，高祖怒，遂付市評田價，以直逼還之。"則南北朝時，管理田産者稱墅也。《通鑑》：唐宣宗大中十年，"上以京兆久不理，以韋澳爲京兆尹。鄭光莊吏恣横，積年租税不入，澳執而械之。"胡三省《注》曰："莊吏，掌主家田租者也。"則始易而稱莊矣。唐是時公田亦漸多，取之皆同於私租，故有莊宅使之設。《薛史·宋彦筠傳》：彦筠將終，以伊、洛間田莊十數區上進，足見官私管理之法相同也。

官家之設莊田，蓋求變税爲租，然於"勸耕"之義大悖矣。《薛史·周太祖紀》：廣順三年，正月乙丑，"詔諸道州府繫屬户部營田及租税、課利等，除京兆府莊宅務、贍國軍榷鹽務、兩京行從莊外，其餘并割屬州縣。所徵租税、課利，官中祇管舊額，其職員節級，一切停廢。應有客户元佃繫省莊田、桑土、舍宇，便賜逐户，充爲永業，仍仰縣司給與憑由。應諸處元屬營田户部院及繫縣人户所納租中課利，起今年後并與除放。所有見牛犢，并賜本户，官中永不收繫云。帝在民間，素知營田之弊，至是，以天下繫官莊田僅萬計，悉以分賜見佃户充永業。是歲，出户三萬餘。百姓既得爲己業，比户欣然，於是葺屋植樹，敢致功力。又東南郡邑，各有租牛課户。往因梁太祖渡淮，軍士掠民牛以千萬計，梁太祖盡給與諸州民，輸租課。自是六十餘載。時移代改，牛租猶在，百姓苦之，至是特與除放。未幾，京兆府莊宅務及榷鹽務，亦歸州縣依例處分。"《通鑑》曰："前世屯田，皆在邊地，使戍兵佃之。唐末，中原宿兵，所在皆置營田以耕曠土；其後又募高貲户，使輸課佃之，户部别置官司總領，不隸州縣。或丁多無役，或容庇姦盜，州縣不能詰。"然則租之所入無幾，而他所損者，則不知凡幾矣。《薛史·世宗紀》：顯德二年，正月乙未，"詔應逃户莊田，并許人請射承佃，供納税租：如三周年内本户來歸者，其莊田不計荒熟，并交還一半；五周年内歸業者，三分交還一分；如五周年外歸業者，其莊田除本户墳塋外，不在交付之限。"不以爲官田招人承種，而必爲是措置者，亦以非如是則不能勸耕也。

莊田之制，大略如此。近人或以擬諸歐洲之封建諸侯，則大誤矣。彼皆兼有治理之權，抑且諸邦，閉關絶市，亦各足自活；中國之有莊田者,豈能如此哉?佃户之於地主,自不能不從服,然其從服,又與能幾何?《通鑑》:後周太祖廣順元年,衡山指揮使廖偃,與其季父節度巡官匡凝,謀率莊户及鄉人悉爲兵,與彭師暠共立希萼爲衡山王。胡《注》曰:"佃豪家之田而納其租,謂之莊户。"田主之能用之者,如此而已。

宋世海宇承平,教化興起,有財者較之前世,少知理義,多田者亦然。范仲淹之義莊,最爲人所稱道,猶限於一家也。《宋史·宗室傳》:善譽,"移潼川路提刑、轉運判官。以羡貲給諸郡置莊,民生子及娠者俱給米。"然則其早年爲昌國簿攝邑事時,"勸編户裒金買田,以助嫁娶喪葬",亦置莊以供費也。彦倓,"知紹興府。復鹿鳴禮,置興賢莊以資其費。築捍海石塘,亦置莊以備增築。"《劉黻傳》:"知慶元府事。建濟民莊,以濟士民之急,資貢士春官之費,備郡庠耆老緩急之需。"皆以莊田行善政,利徧及於閭閻,較范氏之專計一家者爲優矣。然意在剥削者究多。《黄疇若傳》:安邊所之置,疇若"乞以官司、房廊及激賞庫四季所獻,并侂胄萬畝莊等,一并拘椿"。則侂胄有萬畝之莊矣。《理宗紀》:景定元年,十二月,"詔華亭奉宸莊,其隸外廷助軍餉。"奉宸殆宋世之皇莊歟?

〔六一一〕　職田收租之重

《元史·齊履謙傳》:泰定二年,宣撫江西、福建。"福建憲司職田,每畝歲輸米三石,民不勝苦。履謙命准令輸之。由是召怨。"畝輸三石,浙西之田不至此,肆意剥削,真堪駭歎!

〔六一二〕　豪强占田之害

豪强之占田,所病者實不盡在其租額之重,而在其收租之酷;又不盡在其收租之酷，而在其規避諸賦役，而盡并諸平民也。明之莊田，人知其爲虐政矣，然其租額，不過銀三分、米五升，多者乃銀五分、米廿升耳。《明史·李敏傳》：敏以成化二十一年，召拜户部尚書。“當憲宗末，中官、佞幸，多賜莊田。既得罪，率辭而歸之官。罪重者奪之。然不以賦民。敏請召佃，畝科銀三分，帝從之，然他莊田如故。會京師大水，敏乃極陳其害。請盡革莊户，賦民耕，畝概徵銀三分，充各宫用度。無皇莊之名，而有足用之效。至權要莊田，亦請擇佃户領之，有司收其課，聽諸家領取。時不能用。”《周經傳》：孝宗“以肅寧諸縣地四百餘頃賜壽寧侯張鶴齡。其家人因侵民地三倍。且毆民至死。時王府、勳戚莊田，例畝徵銀三分，獨鶴齡奏加徵二分，且概加之沙鹻地”。《諸王傳》：英宗第二子德莊王見潾。“正德初，詔王府莊田畝徵銀三分，歲爲常。見潾奏：初年兖州莊田歲畝二十升。獨清河一縣，成化中用少卿宋旻議，歲畝五升。若如新詔，臣將無以自給。”《韓文傳》：“保定巡撫王璟請革皇莊。廷議從之。帝命再議。文請命巡撫官召民佃，畝徵銀三分輸内庫，而盡撤中官管莊者。大學士劉健等亦力言内臣管莊擾民，乃命留中官各一人，校尉十人，餘如文議。”此新詔所由來也，觀此，知莊田租額，雖略有高下，然定法銀不過三分，米至二十升，亦爲最多矣。而其收租，則弘治時李敏極言其害，曰：“管莊官校，招集羣小，稱莊頭、伴當。占地土，斂財物，污婦女。稍與分辨，輒被誣奏，官校執縛，舉家驚惶。民心傷痛入骨。”見《明史·食貨志》。亦見本傳。甚至如神宗時，福王莊地，散在諸省，“王府官及諸閹，丈地徵税，旁午於道，扈養廝役，廩食以萬計，漁斂慘毒不忍聞。駕帖捕民，格殺莊佃，所在騷然。”《食貨志》。此乃盜賊也，其可忍乎？然猶可諉曰：此固法所不許，在政治清明時，即不能有此等事也。若其規避賦役，則并自託於法令，以爲蔭蔽矣。宋政和時，品官限田，一品百頃，降殺以十，至九品而爲十頃。南渡後則一品爲五十頃，降殺以五，至九品而爲五頃。身死減半，蔭盡，役同編户。見《宋史·食貨志》。此已不爲不厚矣，然其所依託，則遠不止此。《宋史·本紀》：高宗紹興元年，十二月，“詔官户名田過制者，與民均科。”二十九年，三月，“限命官子孫制田減父祖之半。并其詭名寄産者，格外田畝，同編户科役。”孝宗乾道四年，九月，“限品官子孫名田。”皆爲此輩發者也。《食貨志》：紹興六年，知平江府章誼言：“民所甚苦者，催科無法，税役不均。强宗巨室，阡陌相望，而多無税之田，使下户爲之破産。”謝方叔所以太息於“小民田日減而保役不休，大官田日增而保役不及”也。引見《宋末公田》條。

《元史·食貨志》：至元二十八年，“命江淮寺觀田，宋舊有者免租，續置者輸税。”《仁宗紀》：延祐五年，十月，“敕僧人除宋舊有及朝廷撥賜土田免租税，餘田與民一體科徵。”《文宗紀》：天曆二年，十二月，“詔諸僧寺田，自金、宋所有及累朝賜予者，悉除其租，其有當輸租者，仍免其役。”此等亦皆沿自宋世，陳堅等所以痛心疾首於“琳宫梵宇”也。亦見《宋末公田》條。

《宋史·孝義·侯可傳》：“調華原主簿。富人有不占田籍而質人田券至萬畝，歲責其租。可晨馳至富家，發櫝，出券歸其主。”多質田而不占籍，蓋亦利免賦役也。

〔六一三〕 異族間兼并

財利無國界也，故雖異國異族之間，亦有互相兼并之事。《宋史·蔡挺傳》：知渭州。“蕃部歲饑，以田質於弓箭手，過期輒没。挺爲資官錢，歲息什一。後遂推爲蕃、漢青苗助役法。”又《賈昌朝傳》：判大名府。“邊人以地外質，契丹故稍侵邊界。昌朝爲立法：質地而主不時贖，人得贖而有之。歲餘，地悉復。”又《西南溪峒諸蠻傳》：乾道十一年，“禁民毋質瑶人田，以奪其業。俾能自養，以息邊釁。從知沅州王鎮之請也。”足見南北皆有其事矣。蔡挺能體恤質舉者，甚善。然官吏能如是者絶鮮，且身亦圖利，遂至積涓涓之流，成滔天之禍焉。《聖武記·乾隆湖貴征苗記》云：“苗之未變也，畏隸如官，官如神。兵民利焉，百户、外委利焉，司土者利焉。”“初，永綏廳懸苗巢中，環城外寸地皆苗。不數十年，盡占爲民地。獸窮則齧，於是姦苗倡言逐客民，復故地，而羣寨争殺，百户響應矣。”指欲復故土者爲姦，可乎？清世内亂之熾，實始於其所謂川楚教匪者，而川楚教匪之熾，實以湖貴苗亂掣其兵力之故。所謂積涓涓之流，而成滔天之禍者也。雖然，兼并之召禍，初不自乾隆中始。雍正之西南土司改流，蓋亦以是爲先驅焉。《清史稿·楊名時傳》：名時於乾隆元年疏言："御夷之道，貴在羈縻，未有怨毒猜嫌而能長久寧帖者。貴州境内，多與苗疆相接。生苗在南，漢人在北，而熟苗居中，受雇直爲漢人傭，相安已久。生苗所居，深山密箐，有熟苗爲之限，常聲内地兵威以懾之，故亦罔敢窺伺。自議開拓苗疆，生苗界上，常屯官兵，干戈相尋，而生苗始不安其所。至熟苗，無事則供力役，用兵則爲鄉導。軍民待之若奴隸，生苗疾之若寇讎。官兵勝，則生苗乘間抄殺以洩忿；官兵敗，又或屠戮以冒功。由是熟苗怨恨，反結生苗爲亂。如台拱本在化外，有司迎合要功，輒謂苗民獻地，上官不察，竟議駐師，遂使生苗煽亂，屢陷官兵，蹂躪内地。間有就撫熟苗，又爲武臣殘殺，賣其妻女。是以賊志益堅，人懷必死。爲今日計，惟有棄苗疆而不取。撤重兵還駐内地，要害築城，俾民有可依，兵有可守。來則御之，去則舍之。明懸賞格，有能擒首惡及率衆歸順者，給與土官世襲，分管其地。更加意撫綏熟苗，使勿爲生苗所劫掠，官兵所侵陵，庶有俛首向化之日。不然，臣恐兵端不能遽息也。"熟苗所耕，當亦苗地，顧爲漢人之傭，其地蓋爲漢人所巧取豪奪。既已奴役熟苗矣，乃又以之爲介，而進侵生苗之地，苗人安得不反抗？名時云："爲今日計，惟有棄苗疆而不取。"明苗地當還諸苗矣。又《孫嘉淦傳》：嘉淦於乾隆七年疏言："内地武弁，不得干與民事，苗疆獨不然。文員不敢輕入峒寨，但令差役催科，持票滋擾而已。争訟、劫殺之案，皆委之於武弁。威權所及，攤派隨之。於是因公科斂，文武各行其令；因事需索，兵役競逞其能；甚至没其家貲，辱及婦女。苗民不勝其忿，與之并命，而嫌釁遂成。爲大吏者，或剿或撫，意見各殊，行文查勘，動經數月。苗得聞風豫備，四處句連，飲血酒，傳木刻，亂起甚易，戡定實難。幸就削平，而後之人仍蹈前轍，搜捕株連，滋擾益甚。苗、瑶無所告訴，乘隙復動，惟力是視。歷來治苗之官，既無愛養之道，又乏約束之方。無事恣其侵漁，有事止於剿殺。

剿殺之後，仍事侵漁，侵漁既久，勢必又至剿殺。長此循環，伊於胡底？語曰：善爲政者，因其勢而利導之。苗人散居，各有頭人。凡作姦、窩匪之處，兵役偵之而不得者，頭人能知之；鬥争、劫殺之事，官法繩之而不解者，頭人能調之。故治苗在治頭人。令各寨用頭人爲寨長。一峒之中，取頭人所信服者爲峒長，使各約束寨長而聽於縣令。衆苗有事，寨長處之不能，以告峒長；又不能，以告縣令。如是，則於苗疆有提綱挈領之方，於有司自收令行禁止之效。且峒長數見牧令，有争訟可告官區處，而無仇殺之舉。牧令數見峒長，有條教可面飭遵行，而無吏役熒蔽之患。擾累既杜，則心志易孚。所謂立法簡易，因其俗而利導者也。"其謂苗地當還諸苗，實與名時如出一轍。孟子曰：善戰者服上刑。鄂爾泰、張廣泗等其人也。

《清史稿·循吏傳》：李大本，附《謝仲坃傳》。乾隆時爲寶慶府理瑶同知。"横嶺峒苗乏食，籲官求粟。大本多方振之。復爲苗民籌生計。請於上官曰：横嶺峒自逆渠授首，安插餘苗，因惡其人，故薄其産，每口授田，才三十穦至四十穦。每穦上田獲米六升，中田五升，下田四升，得米無多；又峒田稍腴者，盡與堡卒，極惡者方畀苗民；歲入不足，男則斫柴易米，女則劚蕨爲粉，給口實。年來生齒日繁，材木竭，米價益昂，饑餓愁歎，深可憐閔。恐不可坐視而不爲之所。見有入官苗田一千三百四十八畝。舊募漢民佃種，出租供饟。姦良不一，屢經洮汰。請視苗民家貧丁衆者書諸簿。有漢佃應除者，即書簿之苗丁，次第受種，出租如故，則苗民得食，而饟亦無虧。乃補救之一端。議上，不許。後巡撫陳宏謀見之，曰：此識時務之言也。將陳其事。會他遷，未果。"此漢人戰勝苗、瑶後攘奪其土地之一事也。

又《徐本傳》：雍正十年，擢安慶巡撫。十一年，疏言："雲、貴、廣西改流土司，安置内地，例十人給官房五楹，地五十畝，安慶置二十一人，地遠在來安。請變價别購，俾耕以食。"改流後之土司，殆古所謂寓公也。諸侯不臣寓公，而清人遇之之薄如此。

不徒内地也，即新闢之臺灣亦有兼并之患。《清史稿·陳大受傳》：乾隆十一年，調福建巡撫。十二年，疏言："臺灣番民生業艱難，向漢民重息稱貸。子女、田産，每被盤折。請撥臺穀二萬石，分貯諸羅、彰化、淡水諸縣，視鳳山例接濟。其不願借者聽。報可。"重利盤剥之無孔不入如此。

漢人每能盤剥番人者，以其生利之力較强也。《清史稿·常明傳》：嘉慶十五年，爲四川總督。"寧遠府屬夷地，多募漢人充佃，自教匪之亂，川民避入者增至數十萬人，争端漸起。十七年，常明疏請漢民移居夷地及佃種者，編查入册，不追既往。此後嚴禁夷人招佃與漢民轉佃。報可。"此數十萬人之入夷地，必多由夷人招募者矣。又《吴傑傳》：道光十三年，川南叛夷犯邊，師久無功。疏言：夷族"愚惰不諳農事，漢民租地，耕作有年，既漸闢磽鹵爲膏腴，羣夷涎其收穫，復思奪歸。搆釁之原，不外於此。今當勘丈清釐。凡漢民屯種夷地，强占者勒令退還，佃種者悉令贖歸；無主之田，墾荒已久，聚成村落，未便遷移，畫爲漢界，禁其再行侵占，庶争端永息"。觀此，知漢人侵占，事實有之，然夷族召募，亦不可云無。既化磽鹵爲膏腴，復豔收穫而思攘奪，自非事理之平。然則漢、夷齟齬，咎固多在漢人，而亦不可云盡在漢人也。

《宋史·西南溪峒諸蠻傳》：嘉定七年，臣僚言："辰、沅、靖三州之地，多接溪峒。其居内地者謂之省民，熟户、山瑶、峒丁，乃居外爲捍蔽。其初區處詳密，立法行事，悉有定制。峒丁等皆計口給田，多寡闊狹，疆畔井井。擅鬻者有禁，私易者有罰。一夫歲輸租三斗，無他繇役，故皆樂爲之用。邊陲有警，衆庶雲集，争負弩矢前驅，出萬死不顧。比年防禁日弛。山瑶、峒丁，得私售田。田之歸於民者，常賦外復輸税，公家因資之以爲利，故謾不加省。而山瑶、峒丁之常租仍虚挂版籍，責其償益急，往往不能聊生，反寄命瑶人，或導其入寇，爲害滋甚。宜勑湖廣監司檄諸郡，俾循舊制毋廢，庶邊境綏靖，而遠人獲安也。"此熟户、山瑶、峒丁，正與清時貴州之熟苗同。

《清史稿·馮光熊傳》：爲貴州巡撫。嘉慶三年，春，疏請"申禁漢民典買苗田，及重債盤剥，驅役苗佃”。光熊與於平苗之役，足見苗叛實由漢人侵奪其土地也。又《謝啓昆傳》：嘉慶四年，擢廣西巡撫。“廣西土司四十有六，生計日絀，貸於客民，輒以田産準折。啓昆請禁重利盤剥，違者治罪，田産給還土司。其無力回贖者，俟收田租滿一本一利，田歸原主，五年爲斷；其不禁客民入苗地者，廉土民馴愚，物産稀少，藉販運以通有無也。”此可見所盤剥者不僅苗民，并及其酋長，而從事盤剥者，又非僅農民而兼有商人矣。又《甘肅土司傳》，言其“輸糧供役，與民無異。惟是生息蕃庶，所分田土多鬻民間，與民錯雜而居，聯姻而社，并有不習土語者。故土官易制”云。此乃逐漸受漢人之剥削，不待干戈而滅亡者。知土地可以買賣爲封建之大敵也。

《清史稿·鄂爾達傳》：乾隆四年，調川陜總督。“疏言榆林邊民，歲往鄂爾多斯種地，牛具、籽種、日用，皆貸於鄂爾多斯。秋收餘糧易牛羊皮，入内地變價，重息還債。請於出口時，視種地多寡，借以官銀，秋收以糧抵，俾免借貸折耗之苦，倉儲亦可漸充。上從之。”此又塞外部落酋豪，招致漢民，加以剥削者也。然中原之主，亦有剥削外夷者。《金史·世宗紀》：大定十七年，十月，“詔以羊十萬付烏古里、石壘部畜，收其滋息，以予貧民。”此則漢武帝之出牝馬亭矣。

〔六一四〕 富人之不法

《宋史·吴延祚傳》：子元載。雍熙三年，徙知秦州。州民李益者，爲長道縣酒務官。家饒於財，僮奴數千指，恣横持郡吏短長，長吏而下皆畏之。民負息錢者數百家，郡爲督理如公家租調。獨推官馮伉不從。益遣奴數輩，伺伉按行市中，拽之下馬，因毁辱之。先是，益厚賂朝中權貴爲庇護，故累年不敗。及伉屢表其事，又爲邸吏所匿，不得達。後因市馬譯者附表以聞。譯因入見，上其表。帝大怒，詔元載逮捕之。詔書未至，京師權貴已報益。益懼，亡命。元載以聞，帝愈怒,詔州郡物色急捕之。獲於河中府民郝氏家。鞫於御史府,具得其狀,斬之,盡没其家。益子仕衡,先舉進士,任光禄寺丞,詔除籍,終身不齒。益之伏法,民皆飯僧相慶。淳化二年,徙知成都府。及王小波亂,不能捕滅,受代歸闕,而成都不守。時李仕衡通判華州,常銜元載因事殺其父,伺元載至闕,遣人閱行裝,收其關市之税。元載拒之,仕衡抗章疏其罪,坐責郢州團練副使。又《高斯得傳》:移湖南提點刑獄。攸縣富民陳衡老,以家丁、糧食資强賊,劫殺平民。斯得至,有愬其事者。首吏受賕而左右之。衡老造庭,首吏拱立。斯得發其姦,械首吏下獄,羣胥失色股栗。於是研鞫,具得其狀。乃黥配首吏,具白朝省,追毁衡老官資,簿録其家。會諸邑水災,衡老願出米五萬石振濟以贖罪。衡老壻吴自性,與衡老館客太學生馮煒等謀中傷斯得盜拆官櫝。斯得白於朝,復正其罪。出一篋書,具得自性等交通省部吏胥情狀。斯得并言於朝。下其事天府,索出賕銀六萬餘兩,黥配自性及省、寺高鑄等二十餘人。初,自性厚賂宦者言於理宗曰:"斯得以緡錢百萬進,願易近地一節。"理宗曰:"高某硬漢,安得有是?"此兩事可謂不法已極。然李仕衡既遭禁錮,又判華州;理宗雖不聽宦者,亦不聞加以究治;何也? 可謂物必自腐而後蟲生之矣。

陳衡老求免罪,一出米即至五萬石,或疑其數太多,史辭不實。然《食貨志》載賈黯請立民社義倉,駁諸路難者之説曰:"若謂恐招盜賊,盜賊利在輕貨,不在粟麥。今鄉村富室,有貯粟數萬石者,不聞有劫掠之虞。"則貯粟數萬石,在宋時實非希有之事。鄉村人家多有,而況衡老之以富名者也?《元史·王磐傳》:世業農,歲得麥萬石。鄉人號萬石王家。又《王克敬傳》:元統初,起爲江浙行省參知政事。松江大姓,有歲漕米萬石獻京師者,其人既死,子孫貧且行乞,有司仍歲徵,弗足,則雜置松江田賦中,令民包納。克敬具論免之。則歲入萬石,歲出萬石,皆視爲恒事矣,足見富人積粟之多。又《元史·史天倪傳》:曾祖倫少好俠,因築室發土得金,始饒於財。甲子歲大祲,發粟八萬石振餓者。祖成珪,倜儻有父風,遭亂盜賊四起,乃悉散其家財,惟存廩粟而已。振餓發粟八萬石,求免罪一出五萬石,又豈足異也。悉散家財,惟存廩粟,蓋亦知盜賊所利在於輕劑,足證賣黠之説。秦之敗也,豪傑争取金玉,而任民獨窖倉粟,《史記・貨殖列傳》。亦以此也。

《清史稿・范毓馪傳》:"山西介休人。范氏故巨富。康熙中,師征準噶爾,輸米餽軍,率以百二十金致一石。六十年,再出師,毓馪兄毓䭪請以家財轉饟,受運值視官運三之一。雍正間,師出西北二路。怡親王允祥薦毓䭪主饟,計穀多寡,程道路遠近,以次受值,凡石米自十一兩五錢至二十五兩有差,累年運米百餘萬石。寇犯北路,失米十三萬餘石,毓䭪斥私財補運,凡白金百四十四萬兩。師既罷,米轉運近地,户部按近值核銷,故所受遠值,責毓䭪追繳,凡白金二百六十二萬,復出私財採蕿,市銅供鑄錢以償。"此其資財,以歲漕萬石者擬之,又如小巫之見大巫矣。《論》謂其兄弟"出私財助軍興,幾傾其家而不悔,求諸往史,所未有也。"信哉!以助虜之開邊,則何也?

〔六一五〕青苗法

青苗法之利弊,果何如乎?曰:其事在當時,相需孔殷,然行之決不能無弊。何也?曰:宋承五代之後,民困似抒而實未抒。故其時言及民生者,無不以爲困苦不堪,而重利盤剥,病民尤甚。得公家之貸款以濟之,民始獲少蘇喘息矣。故曰相需甚殷也。然官吏則安能任此?王安石以法示蘇轍。轍曰:"以錢貸民,使出息二分,本非爲利。然出納之際,吏緣爲姦,雖有法不能禁。"《宋史・食貨志》。自是平情之論。抑非獨吏緣爲姦也,官即不邀功賞,亦必自顧考成。既有令,安得不散?既散之,安得不籌及收回?於是抑配及令民相保、分配轉擇有力之户諸弊,相隨而至,而追呼亦不得不用矣。理有固然,勢有必至,斯事有召禍,而法有起姦矣。此法李參行諸陝西,民獲其利。

安石知鄞縣，貸穀與民，立息以償，俾新陳相易，邑人便之，亦與青苗無異。所以能如此者，以行之者異其人；抑爲一方一邑之政，非勒以法令、行諸全國者也。

官吏不免以取息爲意；抑出入之際，能否無少與多取之弊，事極難言。然謂其取之轉浮於私家倍稱之邀，則亦未爲平允。《宋史·陳舜俞傳》：知山陰縣。青苗法行，不奉令，上疏自劾曰："民間出舉財物，取息重止一倍，約償緡錢，而穀粟、布縷、魚鹽、薪蔌、耰鉏、斧錡之屬，得雜取之。朝廷募民貸取，有司約中熟爲價，而必償緡錢，欲如私家雜償他物不可得。祖宗著令，以財物相出舉，任從書契，官不爲理。其保全元元之意，深遠如此。今誘之以便利，督之以威刑，方之舊法異矣。"然則民所最苦，惟在必償緡錢。至於利率，則韓琦言"借之一千，令納一千三百"，見《食貨志》。《志》又載范鎮之言，亦曰："陛下初詔云：公家無所利其入，今提舉司以户等給錢，皆令出三分之息。"衹今所謂三分。又云："凡春貸十千，半年之内，便令納利二千；秋再放十千，至歲終，又令納利二千；則是貸萬錢者，歲令出息四千。"亦不過四分。王廣淵爲此法所由行，然其傳云："廣淵以方春農事興，兼并之家，得以乘急要利，乞留本道錢帛五十萬，貸之貧民，歲可獲息二十五萬。"亦不過五分耳，未及倍也。《李常傳》：常言："州縣散常平錢，實不出本，勒民出息。"此等弊政，必積久而後致，初行時必不敢如此。故王安石請令常具官吏主名，而常不能對也。

元祐元年，廢青苗法，四月，復之。史云出范純仁意。紹聖二年，淮南轉運副使莊公岳請勿立定額。奉議郎鄭僅等願戒抑配，止收一分之息。皆見《食貨志》。此可見青苗之弊，抑配及取息重，爲其兩大端也。

蘇頌言："提舉青苗官，不能體朝廷之意，邀功争利，務爲煩擾。且與諸司不相臨統，文移同異，州縣莫知適從。乞與常平衆役，一切付之監司，改提舉爲之屬。則事有統一，而於更張之政，無所損也。"不從。此自是立法之弊。蓋但求其事之行，因重其提舉之權，而不計其統屬之不明也。

《神宗紀》：熙寧三年，正月乙卯，"詔諸路散青苗錢禁抑配。"五月癸巳，"詔并邊州郡毋給青苗錢。"蓋抑配等弊，朝廷未嘗不豫燭之，故禁戒之詔與行法之詔并下，且於緣邊逆絶之也。然《蔡挺傳》言：挺知慶州，蕃部歲饑，以田質於弓箭手，過期輒没。挺爲貸官錢，歲息什一。後遂推爲蕃漢青苗、助役法。則蕃部亦有資於此矣。

《食貨志》述和糴，言"陝西糴穀，歲豫給青苗錢。天聖已來，罷不復給"。《仁宗紀》：天聖四年，十月辛未，"罷陝西青苗錢。"李參之青苗錢，當源於此。《參傳》言熙寧青苗法萌於參，實數典而忘祖也。《志》又述俵糴云："熙寧八年，令中書計運米百萬石費約三十七萬緡，帝怪其多。王安石因言：俵糴非特省六七十萬緡歲漕之費，且河北入中之價，權之在我。遇斗斛貴住糴，即百姓米無所糶，自然價損。非惟實邊，亦免傷農。乃詔歲以末鹽錢鈔、在京粳米六十萬貫石，付都提舉市易司貿易。度民田入多寡，豫給錢物。秋成於澶州、北京及緣邊入米麥粟封椿。即物價踴，權止入中，聽糴便司兑用，須歲豐補償。紹聖三年，用吕大忠言，召農民相保，豫貸官錢之半，循税限催科，餘錢至夏秋用時價隨所輸貼納。崇寧中，蔡京令坊郭、鄉村，以等第給錢，俟收，以時價入粟。邊郡弓箭手、青唐蕃部皆然。"此既類豫買，亦得青苗錢之意也。

《遼史・食貨志》言其"東京沿邊諸州，各有和糴倉。依祖宗法，出陳易新，許民自願假貸，收息二分。所在無慮二三十萬石。雖累兵興，未嘗用乏。逮天慶間，金兵大入，盡爲所有"。案《遼史》雖云闕佚，然苟和糴假貸，出入之間，大有弊竇，不能絶無事跡散見。而今竟無有，疑其循舊斂散，頗可相安；而取息二分，滋長不已，故雖累兵興，未嘗用乏也。然則倉儲出貸，實有弘益，亦不必滋弊。宋青苗法之滋弊，實以其推行太急，未能順其自然之勢，又無祛弊之法；而攻新法者，又欲一舉而盡去之，而不肯平心商榷，以袪其弊而收其利耳。

義倉之法始於隋。朱子所創之社倉，實大與之類。所異者，一借貸取息，一但事振濟耳。足見借貸取息，未足爲病也。清雍正二年，議定社倉收息之法："凡借本穀一石，冬間收息二斗。小歉減半。大歉全免，祇收本穀。至十年後，息倍於本，祇以加一行息。"《清史稿·食貨志·倉庫》。亦不諱取息也。

〔六一六〕 羊羔利

放債者子本相侔，即禁再取利，爲中國相沿之法，已見《借貸利率》條。至元時，乃有所謂羊羔利者，至期不償，則以利爲本而復生利。人皆以是爲回鶻咎，其實不然也。《元史·太宗紀》：十二年，"是歲，以官民貸回鶻金償官者，歲加倍，名羊羔息，其害爲甚，詔以官物代還，凡七萬六千錠。仍命凡假貸歲久，惟子本相侔而止，著爲令。"《耶律楚材傳》："州郡長吏，多借賈人銀以償官，息累數倍，曰羊羔兒利，至奴其妻子，猶不足償。楚材奏令本利相侔而止，永爲定制。民間所負者，官爲代償之。"《良吏·譚澄傳》：澄爲交城令。"歲乙未，籍民户，有司多以浮客占籍，及征賦，逃竄殆盡，官爲稱貸，積息數倍，民無以償。澄入覲，因中書耶律楚材，面陳其害。太宗惻然，爲免其逋，其私負者，年雖多，息取倍而止。"此三者即一事。《王珍傳》："歲庚子，入見，言於帝太宗。曰：大名困於賦調，貸借西域賈人銀八十錠，及逋糧五萬斛。若復徵之，民無生者矣。詔官償所借銀，復盡蠲其逋糧。"《史天澤傳》：蔡州破後，"天澤還真定。時政煩賦重，貸錢於西北賈人以代輸，累倍其息，謂之羊羔利，民不能給。天澤奏請官爲償，一本息而止。繼以歲饑，假貸充貢賦，積銀至一萬三千錠，天澤傾家貲，率族屬、官吏代償之。"所謂西域賈人，西北賈人，亦即《太宗紀》所謂回鶻。《嚴實傳》：第二子忠濟，襲實爲東平路行軍萬户管民長官。中統二年，召還京師。"忠濟治東平日，借貸於人，代部民納逋賦，歲久愈多。及謝事，債家執文券來徵。帝聞之，悉命發内藏代償。"《耶律阿海傳》：孫買哥，襲父中都路也可達魯花赤。"時供億浩繁，屢貸於民，買哥悉以私帑償之。事聞，賜銀萬兩。"《董文炳傳》：歲乙未，以父任爲稾城令。"前令因軍興乏用，稱貸於人，而貸家取息歲倍，縣以民蠶麥償之。文炳曰：民困矣，吾爲令，義不忍視也，吾當爲代償。乃以田廬若干畝計直與貸家。"所從貸之人與民，亦必是物也。此等借貸，皆由官尸其事。亦有由民尸之者。如《王玉傳》：言玉權真定五路萬户。"有民負西域賈人銀，倍其母不能償，玉出銀五千兩代償之。"此亦必貸以充貢賦，故能由官代償。蓋官吏時有更調，其可信或尚不如當地之豪民，故以民爲借主也。官吏借貸，以充貢賦，前此未聞。《閻復傳》：復於元貞三年上疏，言"古者刑不上大夫，今郡守以徵租受杖，非所以厲廉隅"。元貞如此，而況中統以前？蓋迫於淫威，不得不爾。此自元朝之酷，於回鶻乎何與？回鶻之可誅者，或爲乘危以邀重利耳。然《劉秉忠傳》：秉忠嘗上書世祖言："今宜打算官民所欠債負，若實爲應當差發所借，宜依合罕皇帝聖旨，一本一利，官司歸還。凡陪償無名虚契所負，及還過元本者，并行赦免。"時世祖尚未立，其後於此説蓋嘗認真行之。故《姚樞傳》：樞被召至，爲書數千言，其及救時之弊者，有曰"倚債負，則賈胡不得以子爲母，破稱貸之家"也。遠年債負，限於一本一利，其法蓋出鄉村。農民收入少，春耕時借，至秋穫而不能償者，待至明秋，所入亦不過如此；因其借在去年而增息，必至永不能償，故不得不限以元額。若商人之資本，則本爲流通蕃息之財，周轉之次數愈多，則其所生之利愈巨，不論歷時之久暫，概限以子本相侔，實未爲得其平，更有何人肯事出舉？故此法在中國，本未必行於城市，而回鶻竟受此限制，其所損爲已多矣，尚得爲之咎乎？或曰：劉秉忠言有無名虚契，此已爲非法。又《廉希憲傳》："嗣國王頭輦哥行省鎮遼陽，有言其擾民不便者，詔起希憲爲北京行省平章政事。有西域人，自稱駙馬，營於城外，繫富民，誣其祖父嘗貸息錢，索償甚急。民訴之行省。希憲命收捕之。其人怒，乘馬入省堂，坐榻上。希憲命捽下跪，而問之曰：法無私獄，汝何人,敢擅繫民?令械繫之。其人皇懼求哀,國王亦爲之請,乃稍寬,令待對,舉營夜遁。”又《王磐傳》:出爲真定、順德等路宣慰使。“有西域大賈,稱貸取息。有不時償者,輒置獄於家,拘繫榜掠其人。且恃勢干官府,直來坐廳事,指揮自若。磐大怒。叱左右捽下,箠之數十。時府治寓城上,即擠諸城下,幾死。郡人稱快。”此兩事則更堪髮指矣。殊不知此乃元代親貴所爲,與西域賈人無涉也。《新元史·食貨志》云:“斡脱官錢者,諸王、妃、主以錢借人,如期并其子母徵之,元初謂之羊羔兒息。時官吏多借西域賈人銀,以償所負,息累數倍,至没其妻子,猶不足償。耶律楚材奏令本利相侔,永爲定例。中統三年,定諸王投下取索債負人員,須至宣撫司彼此對證;委無異詞,依一本一利還之。毋得將欠債官民人等强行拖拽,人口頭匹准折財産,攪擾不安,違者罪之。至元八年,立斡脱所,以掌其追徵之事。二十年,蠲昔剌斡脱所負官錢。是年,詔未收之斡脱錢悉免之。二十九年,復詔窮民無力者,本利免其追徵,中户則徵其本而免其利。元貞元年,詔貸斡脱錢而逃匿者罪之,仍以其錢賞首告者。《舊史·本紀》逃匿作逃隱。又:大德四年,正月,“命和林戍軍借斡脱錢者,止償其本。”大德元年,禁權豪斡脱。二年,諸王阿只吉索斡脱錢,命江西行省籍負債者之子婦。省臣以江南平定之後,以人爲貨,久行禁止,移中書省罷其事。五年,禁斡脱錢夾帶他人營運,違者罪之。六年,札忽真妃子、念木烈大王位下遣使人燕只哥歹等追徵斡脱錢物。不由中書,亦無元借斡脱錢數目,止云借斡脱錢人不魯罕丁等三人。展轉相攀,牽累一百四十餘户。中書省議準:凡徵斡脱官錢者,開坐債負户計、人名、數目呈中書省,轉咨行省官,同爲徵理。照驗元坐取斡脱錢人姓名,依理追徵。毋致句擾違錯。著爲令。”觀此,知回鶻之借貸,入元初不久,即爲親貴所攘奪矣,回鶻在中國放債,由來已久。《舊唐書·李晟傳》:子惎,累官至右龍武大將軍,沈湎酒色,恣爲豪侈,積債至數千萬。其子貸迴鶻錢一萬餘貫不償,爲迴鶻所訴。文宗怒,貶惎爲定州司法參軍。即其一事。《通鑑》:德宗貞元三年,河隴既没於吐蕃,自天寶已來,安西、北廷奏事及西域使人在長安者,歸路既絶,人馬皆仰給於鴻臚。禮賓委府縣供之,於度支受直。度支不時付直,長安市肆不勝其弊。李泌知胡客留長安久者,或四十餘年,皆有妻子,買田宅,舉質取利,安居不欲歸,命檢括胡客有田宅者停其給,凡得四千人。胡三省《注》:"舉者,舉貸以取倍稱之利也。質者,以物質錢,計月而取其利也。"案此所謂倍稱者,猶言其爲重利耳,非謂其利與本相侔也。此等胡客,隨迴鶻而來者甚多,故亦冒迴鶻之名。讀《新唐書·回鶻傳》可見。元世西域來者,不皆回鶻。回鶻,元時稱畏吾兒,亦不稱回鶻。放債者稱回鶻,蓋猶是唐世胡客之後,元初來自西域之賈胡,與之合流也。然則西域商人在中國放債,不但爲時甚早,亦且歷時甚久矣。迄不聞其以重利盤剥,爲民所恨,爲法所誅,何哉?無如西域之親貴以資依倚,勢固不容爾也。《元史·張珪傳》:珪於泰定初論當世得失,有曰:"中賣寶物,世祖時不聞其事。自成宗以來,始有此弊。分珠寸石,售直數萬。大抵皆時貴與斡脱中寶之人,妄稱呈獻,冒給回賜,高其直且十倍。蠶蠹國財,暗行分用。"斡脱之罔利,在此不在彼,亦時貴所爲也。

〔六一七〕 印 子 錢

予十餘齡時,即聞上海有所謂印子錢者,專由印度人放諸華人。其後旅滬,聞人言亦如是。然其實非也。《清史稿·成性傳》:附《朱克簡傳》。康熙十一年,授工科給事中。疏陳民生十害,其九爲放債,云:"百姓十室九空,無藉乘急取利,逐月合券,俗謂印子錢,利至十之七八,折没妻孥。"則清初已有之矣。其時爲此者,似以旗人爲多。蓋法之所禁,非恃勢不能爲也。《清史稿·趙士麟傳》:康熙二十三年,授浙江巡撫。"杭州民貸於駐防旗兵,名爲印子錢。取息重,至鬻妻孥、賣田舍;不償,則閧於官。營兵馬化龍毆官,成大獄。士麟移會將軍,掣繳券約,捐資代償。將軍令減子歸母,母復減十之六。事遂解,民大稱頌。"此事可謂不法已極。然士麟徒能代償,不能懲也。又《馬如龍傳》:康熙二十四年,遷杭州知府。"杭州民貸於旗營,息重不能償,質及子女。如龍請於將軍,覈子母,以公使錢代償。杭州民咸頌如龍。"則士麟之所爲,并不過救一時之急,尚未能庇及來年也。《劉蔭樞傳》:康熙時,除刑科給事中。疏言:"京師放債,六七當十;半年不償,即行轉票,以子爲母。數年之間,累萬盈千。乞敕嚴立科條,照實貸銀數三分起息。"《衛既齊傳》:康熙時,授直隸霸州州判。"民貸於旗丁,子錢過倍,横索無已。既齊力禁戢之,無敢逞。"則又南北皆然。《成性傳》云逐月合券,此云半年不償乃轉票,似其盤剥較輕,然借時先有折扣,則亦未可謂輕也。此與趙甌北所云放京債者無異,見《京債》條。足見其由來已久。《張照傳》:乾隆七年,擢刑部尚書。"民間貸錢徵息,子母互相權,謂之印子錢。雍正間,八旗佐領等有以印子錢朘所部旗丁者,世宗諭禁革,都統李禧因請貸錢者得自陳,免其償,并治貸者罪。至是,照言印子錢宜禁,如止重利放債,依違禁取利本律治罪,禧所議宜罷不用。從之。"蓋重利放債,究以印子錢爲最甚也。參看《羊羔利》條。

上海晚近之重利放債,民國二十一年十二月八日之《時事新報》曾載之。其説分洋債與印子錢爲二。名印度人所放者曰洋債。云:其利爲十分。如借百元者,月付息十元,一年則百二十元矣。借者不書借據,但於空白紙上印一指模與之。若不能償,則彼於此紙上填寫本利而興訟。所寫利率,不過二分,以避盤剥之咎,然本錢則任其填寫矣。印子錢,該報云最爲普徧。大抵借五十元者,先扣去鞋襪費五元,實止借得四十五元,而每日須還一元,二月爲清,則共得六十元矣。所借少則爲期短。如借十元先扣一元,日還四角,一月爲清,則共得十二元也。又有曰禮拜錢者,每星期付息一次。如借銀十元,扣去鞋襪費一元,每星期付息一元。又有曰加二錢者,借百元,月付息二十元。又有曰皮球錢者,還不逾日,晨借十元,晚還十元二角。以上皆《時事新報》所載也。别有一報,予所作筆記及剪存報紙,因舊居爲倭寇炸毁,悉亡佚破損。此紙即破損者之一。所記報名及年月日,均不可考。則以印子錢專爲印度人所放。蓋印子錢本中國重利盤剥之舊名,在晚近之上海,則以印度人所放爲多也。《時事新報》此則,乃上海商業儲蓄銀行所登,爲該行静安寺路分行創辦信用小借款而設,實廣告也。信用小借款,利率自云爲七釐半。局外人論者云:以其先扣利息及本金分期拔還,實合一分五釐以上。

〔六一八〕 掌　　固

《通鑑》隋高祖開皇十七年:"大理掌固來曠上言大理官司太寬,帝以曠爲忠直,遣每旦於五品行中參見。曠又告少卿趙綽濫免徒囚,帝使信臣推驗,初無阿曲。帝怒,命斬之。綽固争,以爲曠不合死"云云。胡《注》云:掌固,蓋即漢之掌故。唐省、臺、寺、監,皆有掌固,固隋制也。案《舊唐書·職官志》尚書省云亭長、掌固,檢校省門户倉庫廳事陳設之事。見《尚書都省注》。此非漢掌故職,其人亦未必能上書言事;然則隋制似類漢,唐制未必襲隋。

〔六一九〕 縱　　火

《隋書·高熲傳》:文帝問熲以取陳之策。熲曰:"江南土薄,舍多竹茅,所有儲積,皆非地窖。若密遣行人,因風縱火,待彼脩立,復更燒之。不出數年,自可財力俱盡。"今按以此策施之營造多用木材之國,實良圖也。或謂安得如許人入彼境?不如彼據我境,我民之習其情,通其語者多矣。此輩固非盡忠,純然歆以厚利,質其家屬而驅使之,安見不可得數千人之用邪?彼入我境之浪人,皆是物也,今之藏穀,誠不於茅竹之舍,然今之制敵者,又豈專恃縱火邪?

〔六二〇〕 競　　渡

競渡之戲見於正史者,《隋書·地理志》始載之云:"屈原以五月望日赴汨羅,土人追至洞庭不見,湖大船小,莫得濟者,乃歌曰:'何由得渡湖。'因爾鼓櫂争歸,競會亭上,習以相傳,爲競渡之戲。其迅楫齊馳,櫂歌亂響,喧振水陸,觀者如雲,諸郡率然,而南郡、襄陽尤甚。二郡又有牽鈎之戲,云從講武所出,楚將伐吴,以爲教戰,流遷不改,習以相傳。鈎初發動,皆有鼓節,羣譟歌謡,振驚遠近,俗云以此厭勝,用致豐穰。其事亦傳於他郡。"案觀南郡、襄陽之舉,則祈穀與習武之意爲多,屈原之説特其附會耳。京口之俗,亦以五月五日爲鬥力之戲,各料强弱相敵,事類講武,"梁簡文之臨雍部,發教禁之,由是頗息。"則其明證。而祈年、講武又非二事,《禮記》曰:季春出火可焚也。然後簡其精鋭,歷其卒伍,而君親誓命,以習軍旅,左之右之,坐之起之,以觀其習變也。而流示諸會,而鹽諸利,以觀其不犯命也。求服其志,不貪其得,故以戰則克,以祭則受福。凡公共集會,無不作有益之事,寓教誡之意如此。然久之迷信漸淡,争戰漸希,則徒變而爲遊戲矣。角觝之變是也,此亦可云社會進化。

〔六二一〕 怪　　異

歷代《五行志》所載諸怪異事,有可以理解者,亦有不可解者。其不可解者或出虚誣,然亦有不解盡指爲虚誣者,要之,理無窮而人之所解知者尚少耳。《宋史·五行志》:太平興國九年,揚子縣民妻生男,毛被體半寸餘,面長,頂高,烏眉,眉毛麤密,近髮際有毛兩道,軟長眉,紫唇,紅耳,厚鼻,大類西域僧。至三歲,畫圖以獻。當時揚州未必無胡人雜居，此婦或與胡通而生此子。此理之可解者也。其不可解者，元豐末，嘗有物大如席，夜見寢殿上，而神宗崩。元符末，又數見，哲宗崩。至大觀間，漸晝見。政和元年以後，大作，每得人語聲則出。先若列屋摧倒之聲，其形廑丈餘，髣髴如龜，金眼，行動硜硜有聲。黑氣蒙之，下人了了，氣之所及，腥血四灑，兵刃皆不能施。又或變人形，亦或爲驢，自春歷夏，晝夜出無時，遇冬則罕見。多在掖庭宫人所居之地，亦嘗及内殿，後習以爲常，人亦不大怖。宣和末，寖少，而亂遂作。此事記載，庸不盡實，然歷時甚久，見者甚多，亦不能盡指爲虚誣，何邪？

〔六二二〕 傳衣鉢

《新五代史·和凝傳》云："唐故事，知貢舉者所放進士，以己及第時名次爲重。凝舉進士及第時第五，後知貢舉，選范質爲第五。後質位至宰相，封魯國公，官至太子太傅，皆與凝同，當時以爲榮焉。"《文獻通考·選舉考》引葉石林曰："唐末，禮部知貢舉，有得程文優者，即以己登第時名次處之，不以甲乙爲高下也，謂之傳衣鉢。和凝登第，名在十三，後得范魯公質，遂處以十三。其後范登相位，官至太子太傅，封國於魯，與凝皆同，世以爲異也。"

〔六二三〕 生　日

生日稱慶，古無有也。《隋書·高祖紀》，仁壽三年四月癸卯詔曰："哀哀父母，生我劬勞。欲報之德，昊天罔極。但風樹不静，嚴敬莫追，霜露既降，感思空切。六月十三日是朕生日，宜令海内爲武元皇帝、元明皇后斷屠。"是爲帝王詔旨自言生日之始，然尚出於追念劬勞之意，未曾令人稱慶也。《舊唐書·玄宗紀》，開元十七年："八月癸亥，上以降誕日，燕百寮於花萼樓下。百寮表請以每年八月五日爲千秋節，王公已下獻鏡及承露囊，天下諸州咸令燕樂，休暇三日，仍編爲令。從之。"則羣以宴樂爲務，絶無感愴之意矣。《新唐書·禮樂志》述其事，謂其"君臣共爲荒樂，當時流俗多傳其事以爲盛。其後巨盜起，陷兩京，自此天下用兵不息，而離宫苑囿，遂以荒堙。獨其餘聲遺曲傳人間，聞者爲之悲涼感動"，豈不哀哉！然自肅宗已後，皆以生日爲節，惟德宗不立節，然王虔休猶作《繼天誕聖樂》以進，固知其端一開，其流不易塞也。《舊唐書·職官志》禮部："凡千秋節御樓設九部之樂，百官袴褶陪位。"《禮樂志》又曰："帝幸驪山，楊貴妃生日，命小部張樂長生殿，因奏新曲，未有名，會南方進荔枝，因名曰《荔枝香》。"《舊唐書·睿宗諸子傳》："（玄宗）每年至憲生日，必幸其宅，移時宴樂。"則相與爲荒嬉者，又不獨一千秋節矣。

《舊唐書·韋綬傳》："穆宗即位，以師友之恩，召爲尚書右丞兼集賢院學士。綬以七月六日是穆宗載誕節，請以是日百官詣光順門賀太后，然後上皇帝壽。時政道頗僻，勑出，人不敢議。久之，宰相奏古無生日稱賀之儀，其事終寢。"《新唐書·唐臨傳》：孫紹，中宗時爲太常博士。"四時及列帝誕日，遣使者詣陵如事生，紹以爲非禮，引正誼固争。"是生日唐時人固皆知其非禮也，特莫能諍耳。夫古無是禮者，何也？古無曆日，安知生日。臧榮緒以宣尼庚子生，是日陳五經而拜之，失尊聖之道矣。然宣尼庚子生，猶有書傳可據也。武宗初即位，即以二月十五日爲玄元皇帝降生日，立爲降聖節，則矯誣甚矣。

所惡於生日稱慶者，何也？曰：爲其多費也。《舊唐書·文宗紀》："開成二年九月史無九月字，然八月壬辰朔，其月不得有甲申。甲申詔曰：慶成節朕之生辰，天下錫宴，庶同歡泰。不欲屠宰，用表好生，非是信尚空門，將希無妄之福。恐中外臣庶，不諭朕懷，廣置齋筵，大集僧衆，非獨凋耗物力，兼恐致惑生靈。自今宴會蔬食，任陳脯醢，永爲常例。"觀此，知廣置齋筵，費轉大於陳脯醢者也。"又勑：慶成節，宜令京兆尹準上巳、重陽例，於曲江會文武百寮，延英奉觴宜權停。”蓋自甘露變後，帝居常忽忽不懌，見《新唐書·李訓傳》。故有此勑。然曲江之會，自此又成故事矣。《紀》於是年及三年四年皆書之。《新唐書·趙隱傳》：隱以咸通末輔政，“懿宗誕日宴慈恩寺，隱侍母以安輿臨觀。”可見燕集之盛。《舊唐書·哀帝紀》：帝以八月丙午即位，“甲寅，中書奏：皇帝九月三日降誕，請以其日爲乾和節。從之。丁巳，勑：乾和節方在哀疚，其内道場宜停。庚申，勑：乾和節文武百寮諸軍諸使諸道進奏官准故事於寺觀設齋，不得宰殺，衹許酒果脯醢。辛酉，勑：三月二十三日嘉會節。伏以大行皇帝仙駕上昇，靈山將卜，神既遊於天際，節宜輟於人間。准故事，嘉會節宜停。”是時唐已朝不保夕，而旬日之間，因此降勑者四焉，豈不哀哉！梁太祖生日曰大明節，開平二年，百官設齋於相國寺。三年，帝御文明殿，設齋僧道，召宰臣、翰林學士預之。後唐明宗生日曰應聖節，百寮於敬愛寺設齋。晉高祖生日曰天和節，宴近臣於廣政殿。周太祖生日曰永壽節，廣順二年七月丙辰，詔内外臣寮，每遇永壽節舊設齋供，今後中書門下與文武百官共設一齋，侍衛親軍都指揮使已下共設一齋，樞密使内諸司使已下共設一齋，其餘前任職員及諸司職掌更不得開設道場及設齋。皆見《舊五代史·本紀》，飲食若流，萬舞翼翼，謂之何哉？

休假例爲三日，自唐至五代無變。《舊五代史·梁太祖紀》：開平元年五月“辛巳，有司奏以降誕之日爲大明節，休假前後各一日”。《末帝紀》：乾化三年三月，“文武百官上言，請以九月十二日帝降誕日爲明聖節，休假三日，從之。”《唐明宗紀》：天成元年六月，“中書奏請以九月九日皇帝降誕日爲應聖節，休假三日，從之。”降聖節本休假一日，《舊唐書·武宗紀》。《薛史·後唐·明宗紀》：天成三年正月，中書上言：“舊制遇二月十五日爲聖祖降聖節，應休假三日，準會昌元年二月勑休假一日，請準近勑。從之。”則未嘗有三日之制也。《末帝紀》：清泰二年正月乙巳，“中書門下奏：遇千春節，凡刑獄公事奏覆，候次月施行。今後請重繫者即候次月，輕繫者即節前奏覆決遣。從之。”《晉高祖紀》：天福六年“二月辛卯詔天下郡縣，不得以天和節禁屠宰，輒滯刑獄”。則其廢事，又有出於休假之外者矣。

《舊唐書·崔日用傳》：玄宗拜日用吏部尚書，“日用嘗採《毛詩·大雅、小雅》二十篇及司馬相如《封禪書》，因上生日表上之，以申規諷，并述告成之事。”《韋執誼傳》：“德宗載誕日，皇太子獻佛像。”生日進獻，其初蓋不過如此而已。乃後遂有大相逕庭者。《新唐書·常衮傳》言：代宗時，“天子誕日，諸道争以侈麗奉獻，不則爲老子、浮屠解禱事。衮以爲：漢文帝還千里馬不用，晉武帝焚雉頭裘，宋高祖碎琥珀枕，是三主者，非有聰明大聖以致治安，謹身率下而已。今諸道饋獻，皆淫侈不急，而節度使、刺史非能男耕而女織者，類出於民，是歛怨以媚上也，請皆還之。”然《食貨志》言：帝生日、端午，於四方貢獻至數千萬者，加以恩澤。則豈徒不能還之而已！《舊唐書·齊映傳》：映以貞元二年拜平章事，三年正月貶夔州，又轉衡州，七年授桂管觀察使，又改洪州刺史、江西觀察使。“映常以頃爲相輔，無大過而罷，冀其復入用，乃掊斂貢奉，及大爲金銀器以希旨。先是，銀缾高者五尺餘，李兼爲江西觀察使，乃進六尺者，至是，因帝誕日、端午，映爲缾高八尺者以獻。”《盧徵傳》：“貞元八年春同州刺史闕，特詔用徵，數歲轉華州刺史。徵冀復入用，深結託中貴，厚遺之。故事：同、華以近地人貧，每正、至、端午、降誕，所獻甚薄；徵遂竭其財賦，每有所進獻，輒加常數，人不堪命。”蓋踵事增華，遂成風氣矣。《新唐書·鄭珣瑜傳》：“爲河南尹，未入境，會德宗生日，尹當獻馬，吏欲前取印白珣瑜視事，且納贄；珣瑜徐曰：未到官而遽事獻禮歟？不聽。”蓋吏之務求自媚如此。《舊五代史·梁太祖紀》：開平元年大明節，内外臣寮各以奇貨良馬上壽；二年，諸道節度、刺史各進獻鞍馬、銀器、綾帛以祝壽；三年，諸道節度、刺史及内外諸司使咸有進獻。此豈能男耕女織歟？又《袁象先傳》云：“梁祖領四鎮，統兵十萬，威震天下。關東藩守，皆其將吏，方面補授，由其保薦，四方輿金輦璧，駿奔結轍，納賂於其庭，如是者十餘年，寖成風俗。藩侯牧守，下逮羣吏，罕有廉白者，率皆掊歛剥下，以事權門。”觀此而梁祖之生辰所取於其下者可知矣。

又《唐明宗紀》：即位後，詔“天下節度、防禦使，除正、至、端午、降誕四節量事進奉，達情而已，自於州府圓融，不得科斂百姓。其刺史雖遇四節，不在貢奉。”又《晉高祖紀》：天福六年正月戊辰詔：“應諸州無屬州錢處，今後冬至、寒食、端午、天和節及諸色謝賀，不得進貢。”觀此，知當時諸州之於各節進奉，實有力不能勝之苦也。然又《漢隱帝紀》：乾祐三年三月，“鄴都留守高行周、兗州符彦卿、鄆州慕容彦超、西京留守白文珂、鎮州武行德、安州楊信、潞州常思、府州折從阮皆自鎮來朝，嘉慶節故也。”則諸州鎮於貢奉之外，又有身自來朝者矣。僕僕道途，又增館驛之費，在朝廷亦更增宴犒之費而已。又《唐明宗紀》：天成二年九月“僞吴楊溥遣使以應聖節貢獻”，則鄰國亦有來者，可見其時之人視生日之重矣。

《舊唐書·李德裕傳》云：“元和已來，累勅天下州府，不得私度僧尼。徐州節度使王智興聚貨無厭，以敬宗誕月，請於泗州置僧壇，度人資福，以邀厚利。江、淮之民，皆羣黨渡淮。德裕奏論曰：王智興於所屬泗州置僧尼戒壇，自去冬於江淮已南，所在懸牓招置。江淮自元和二年後，不敢私度；自聞泗州有壇，户有三丁，必令一丁落髮，意在規避王徭，影庇資産。自正月已來，落髮者無算。臣今於蒜山渡點其過者，一日一百餘人。勘問惟十四人是舊日沙彌，餘是蘇、常百姓，亦無本州文憑，尋已勒還本貫。訪聞泗州置壇次第，凡僧徒到者，人納二緡，給牒即迴，别無法事。若不特行禁止，比到誕節，計江、淮已南，失卻六十萬丁壯。”此藩鎮借進奉之名，以圖自利之實最顯者也。失卻丁壯，爲官家所深懼。然《薛史·梁末帝紀》：龍德元年，“三月丁亥朔，禮部員外郎李樞上言：請禁天下私度僧尼及不許妄求師號紫衣。如願出家受戒者，皆須赴闕比試藝業施行。願歸俗者，一聽自便。詔曰：兩都左右街賜紫衣及師號僧，委功德使具名聞奏。今後有闕，方得奏薦；仍須道行精至，夏臘高深，方得補填。每遇明聖節，兩街各許官壇度七人，諸道如要度僧，亦仰就京官壇，仍令禮部給牒。今後祇兩街置僧録，道録、僧正并廢。”此詔限制頗嚴，然明聖節仍許度七人者，蓋終牽於福報之説也。又《唐莊宗紀》：同光二年十月甲戌，“河南尹張全義上言：萬壽節日，請於嵩山開瑠璃戒壇度僧百人。從之。”莊宗亂政不足論。又《唐末帝紀》：清泰二年三月辛亥，“功德使奏：每年誕節，諸州府奏薦僧道，其僧尼欲立講論科、講經科、表白科、文章應制科、持念科、禪科、聲贊科，道士欲立經法科、講論科、文章應制科、表白科、聲贊科、焚脩科，以試其能否。從之。”唐世每逢誕節，恒有會三教講論之舉，見《舊唐書·李泌、韋渠牟、白居易》、《新唐書·徐岱傳》。《梁太祖紀》：開平元年宣旨罷之。然《明宗紀》：天成元年召緇黄之衆於中興殿講論，從近例也。則其後又復矣。州府蓋因之，而有奏薦之舉邪？

《薛史·晉高祖紀》：天福四年二月庚子，“以天和節宴羣官於廣政殿，賜物有差。”是逢誕節，上於其下，亦有所賜也。《通鑑》後漢隱帝乾祐三年：“隱帝遣供奉官押班陽曲張永德賜昭義節度使常思生辰物。”胡三省《注》曰：“生辰物，謂聖節回賜。”《舊唐書·太宗紀》：貞觀二年“六月庚寅皇子治生，宴五品已上，賜帛有差，仍賜天下是日生者粟”，更爲無名之濫賜矣。《高宗紀》：龍朔二年“六月己未朔，皇子旭輪生”，“七月丁亥朔，以東宫誕育滿月，大赦天下，賜酺三日”。案此時旭輪非東宫，《新唐書·紀》書以“子旭輪生滿月，大赦，賜酺三日”是也。又永淳元年“二月癸未，以太子誕皇孫滿月，大赦，改開耀二年爲永淳元年，大酺三日”。則生子滿月相慶，唐時亦已有之，賜酺亦爲濫恩，大赦更成亂政矣。

《薛史·晉少帝紀》：天福七年七月，“遣中使就中書賜宰臣馮道生辰器幣，道以幼屬亂離，早喪父母，不記生日，堅讓不受。”豈真不記生日哉？無亦不欲受無名之賜，而爲此遜辭以謝邪？馮道猶如此，而世之遇生辰儼然受餽者可恥矣。

《通鑑》後漢隱帝乾祐三年二月：“朝廷欲移易藩鎮，因其請赴嘉慶節上壽，許之。”《注》：“《五代會要》：帝以三月九日爲嘉慶節。”洪邁《隨筆》曰：“唐穆宗即位之初年，詔曰：七月六日是朕載誕之辰，其日，百寮、命婦宜於光順門進名參賀，朕於門内與百寮相見。明日，又勅受賀儀宜停。先是，左丞韋綬奏行之，宰臣以爲古無降誕受賀之禮，奏罷之。然次年復行賀禮。誕節之制，始於明皇，今天下宴集，休假三日。受賀之事，蓋自長慶至今用之也。”

〔六二四〕　瞽者審於音聲

或曰：無目則聽益聰，昔太平天国與清軍相持，兩軍皆慮敵人之掘地道而攻城也，則於城内豫掘地道，使瞽者坐其中而聽之，知外有掘地者，則豫爲之備。案《詩・有瞽箋》云：“瞽，矇也。以爲樂官者，目無所見，於音聲審也。”則古有是説矣。

〔六二五〕　猴育於人

《輟耕録》有猴盜一條，云：“夏雪簑云：嘗見優人杜生彦明說：向自江西回至韶州，寓宿旅邸，邸先有客曰相公者居焉。刺綉衣服，琢玉帽頂，而僅皮履。生惑，具酒肴延款，問以姓名、履歷，客具答甚悉，初不知其爲盜也。次日，客酬燕，邀至其室，見柱上鎖一小猴，形神精狡，既而縱使周旋席間，忽番語遣之，俄捧一碟至，復番語詈之，即易一椀至。生驚異，詢其故。客曰：某有婢，得子，彌月而亡，此時猴生旬有五日，其母斃於獵犬，終日叫號可憐，因令此婢就乳之。及長成，遂能隨人指使，兼解番語耳。生别後，至清州，留吴同知處，忽報客有携一猴入城者，吴語生云：此人乃江湖巨盜，凡至人家，窺見房室路逕，并藏蓄所在，至夜，使猴入内偷竊，彼則在外應接，吾必奪此猴，爲人除害也。明日，客謁吴，吴款以飯，需其猴，初甚拒，吴曰：否則，就此斷其首，客不得已，允許，吴酬白金十兩，臨去，番語屬猴。適譯史聞得來告吴曰：客教猴云，汝若不飲不食，彼必解爾縛，可亟逃來，我祗在十里外小寺中伺也。吴未之信，至晚，試與之果核水食之類，皆不食,急使人覘之,此客果未行,歸報,引猴撾殺之。”此條所記,必多誇侈失實之辭,然必非子虛,猴固有言語,特遠較人爲簡耳。心理學有所謂隔離兒童者,謂人失撫育,而育於物,過六歲後,雖與人接,終不能言語矣。反其道而觀之,猴育於人,能解數十句人語,固無足怪,謂教以不飲不食,以冀解縛而逃,又與相期十里外,必附會造作之辭。然可使遞器物,或指使取某物,則必不誣矣。人使之竊,猴何罪焉,且亦未經鞫訊,焉知所言必實,而遽撾殺猴,而終不問其人,失刑甚矣,豈第違愛物之道哉!

〔六二六〕 隋唐胡化之殘跡

自金行失馭,五胡擾亂中原者垂三百年,至隋興而後結其局。然謂隋唐之世,腥羶之跡,業已蕩滌無餘,則又不可。試觀《唐書·宰相世系表》,其族類之出於胡者幾何?河南劉氏出於匈奴,獨孤氏亦自托於匈奴,然不必可信。蓋當時不獨華夏,即匈奴亦以爲較勝於北方諸族,而攀附之矣。唐世渾氏明爲鐵勒,而亦自托於渾邪王,其明證也。元氏、長孫氏皆出拓跋,源氏出於秃髮,明白無疑。宇文氏爲南單于之裔,似非虛構,别見《宇文氏先世》條。然臣屬佚豆歸之費野頭氏,亦從其主稱宇文氏,令狐氏又嘗賜姓爲宇文氏,則亦非盡南單于胄胤矣。竇氏自托於竇氏,其實即没鹿回嘗賜姓曰紇豆陵。河南房氏自謂系出清河,使北虜留而不遣,虜族謂房爲屋引,因改爲屋引氏,後世隨魏南遷,乃復爲房氏,其實房之改爲屋引不可知,屋引之改爲房,則真耳。而侯氏之實爲侯伏氏,河間張氏之實爲比羅氏,于氏之實爲萬紐于氏,閻氏之實爲大野氏。視此矣,京兆高氏自謂與北齊同祖,北齊之出渤海不可信,則京兆高氏之出渤海,亦不可信也。丙氏自托與李陵,兼援胡漢族於假託中,又别創一格。而有唐一代用藩將尤盛。夫輔弼必資客族,則是異族之政權,未嘗見削也。戰鬥多恃藩將,則是異族之武力未嘗遂衰也。然則隋唐兩代不過躡九五而制幽夏者,不出異族而已。謂漢族之文治武功已盡復兩漢以前之舊,固不可也。抑隋唐先世皆出武川,其自托於漢族信否不可知,而其與異族關係之密,則不誣矣。謂其有以大異於北齊,吾不信也。

〔六二七〕 契丹先世

鮮卑部落興起最後者，時曰契丹。契丹者，宇文氏別種，爲慕容氏所破，竄於松、漠之間。又爲元魏道武帝所破，乃分爲二：西曰奚，本稱庫莫奚，隋以後去庫莫，但稱奚。東曰契丹。奚衆依土護真水，今老哈河。盛夏徙保冷陘山。在嬀州西北。契丹在潢水之西、土河之北，潢水，今西拉木倫河，土河，即老哈河。奚衆分爲五部，契丹分爲八部焉。魏孝文時，有部族曰地豆干者，在室韋西千餘里。欲與高句麗、柔然分其地。契丹懼，内附，止白狼水東。亦今老哈河，《遼史・營衛志》云：是時始去奇首可汗故壤。北齊文宣帝之世，擊破之，虜其男女十餘萬口。又爲突厥所逼，僅以萬家寄於高句麗。隋時，乃復來歸，依托紇臣水吐護真之異譯。以居。分爲十部。唐初，其酋長窟哥内屬，以其地置松漠都督府。又有辱紇主曲據者，亦來歸，以其地爲玄州。奚酋可度者内附，以其地爲饒樂都督府。又以八部、五部皆爲州，而以營州治柳城。統饒樂、松漠二府焉。唐時，君臨契丹者爲大賀氏，繼爲遥輦氏，最後爲世里氏。《遼史・地理志》謂唐以大賀氏窟哥爲使持節都督十州軍事，窟哥殆大賀氏之始主邪？窟哥死，契丹連奚叛。行軍總管阿史德樞賓執松漠都督阿卜固，獻於京師。阿卜固蓋亦大賀氏，窟哥後也。窟哥孫曰盡忠，爲松漠都督。先是高祖時，契丹別部酋帥孫敖曹内附。詔於營州城旁安置。即以其地爲歸誠州。盡忠，敖曹孫，萬榮之妹壻也。武后時，盡忠、萬榮反，陷營州，進攻幽、冀。武后發大兵討之，不能克。會盡忠死，其衆爲突厥默啜所襲破，萬榮亦敗於奚，爲其家奴所殺，其餘衆不能立，遂附於突厥。契丹是時，雖見破壞，然其兵力，則已嶄然見頭角矣。玄宗開元二年，盡忠從父弟失活，以默啜政衰，來歸。奚酋李大酺亦降。時奚亦服默啜。仍置松漠、饒樂二府，復營州都督。失活卒，開元六年。從父弟娑固襲。有可突干者，勇悍。娑固欲除之，不克，奔營州。都督許欽澹發兵及李大酺攻之,敗績。娑固、大酺皆死,欽澹懼,徙軍入榆關。是爲奚人見弱於契丹之始。可突干立娑固從父弟郁干,卒,開元十年。弟吐干襲。復與可突干猜阻,來奔。國人立吐干弟邵固。《遼史》。《唐書》云李盡忠弟,必誤。爲可突干所弒,脅奚衆共附突厥。奚酋魯蘇大酺弟。不能拒,亦來奔。幽州擊可突干,破之。可突干走。奚衆降。可突干復盜邊,朝廷擢張守珪爲幽州長史,經略之。守珪善將,可突干懼,陽請臣,而稍趨西北倚突厥。有過折者,亦契丹部長,與可突干俱掌兵,不相能。守珪使客陰邀之,即斬可汗屈列及可突干來降,時開元二十二年也。以過折爲松漠都督。未幾,爲可突干餘黨泥禮所弒,屠其家。泥里,即雅里,亦作涅里,遼太祖七世祖也。《遼史・百官志》載遥輦氏可汗九世:曰窪,曰阻午,曰胡剌,曰蘇,曰鮮質,曰昭古,曰耶瀾,曰巴剌,曰痕德堇。《營衛志》以屈列當窪可汗,則自邵固以上,皆大賀氏矣。《遼史・耶律曷魯傳》:説奚曰:"契丹與奚,言語相通,實一國也。我夷離堇於奚,豈有陵轢之心哉?漢人殺我祖奚首,奚離堇怨次骨,日夜思報漢人,顧力微弱,使我求援於奚耳。"此奚離堇指太祖,則奚首者,太祖先世,爲漢人所殺者也,疑即可突干。遼人立迪輦阻里,唐賜姓名曰李懷秀,妻以宗室之女,時天寶四年也。是歲,殺公主,叛去。迪輦阻里,《遼史》以當阻午可汗。安禄山討破之。更封其酋李楷落。禄山又出兵討契丹,大敗。《遼史・營衛志》:"太祖四世祖耨里思,時爲迭剌部夷離堇,遣只里姑逆戰潢水南,禄山大敗。"《蕭塔葛傳》:"八世祖只魯,遥輦氏時,嘗爲虞人,當安禄山來攻,只魯戰於魯山之陽,敗之。以功爲北府宰相。"即其事也,可見契丹是時兵力之强。自是契丹中衰,附奚以通於唐。其酋長曰屈戍。武宗會昌二年,回紇破,來降。《遼史》以當耶瀾。習爾,咸通中再貢獻。《遼史》以當巴剌,曰欽德,即痕德堇也。嬗於遼太祖。

太祖七世祖曰雅禮,即弒過折之泥禮,已見前。據《太祖本紀》,雅禮之子曰昆牒,昆牒之子曰頦領,頦領之子曰肅祖耨里思,肅祖之子曰懿祖薩剌德,懿祖之子曰玄祖勻德,玄祖之子曰德祖撒剌的,德祖之子,即太祖也。當大賀氏之亡,推戴雅里者頗衆。雅里讓不有國，而立遥輦氏。見《耶律曷魯傳》。時則契丹八部，僅存其五，雅里仍更析爲八。又析三耶律爲七，二審密爲五。三耶律者，曰大賀，曰遥輦，曰世里，即相次居汗位者。二審密者，曰拔里，曰乙室已，即後來之國舅也。三耶律之析爲七也，大賀、遥輦二氏分爲六，而世里氏仍合爲一。是爲迭剌部。故終遥輦氏之世，强不可制云。契丹之初，草居野次，靡有定所。雅里始制部族各有分地。又立制度，置官屬，刻木爲契，畫地爲牢，政令大行。《地理志》：慶州，"遼國五代祖勃突，貌異常。有武略，力敵百人。衆推爲主，生勃突山，因以爲名。没葬山下。"以世數核之，當爲頦領。以音譯求之，則於毘牒爲近。案雅里爲太祖七世祖，并太祖數之，實當云八世。明白無疑。而《兵衛志》誤作六世，豈《地理志》亦誤差一世，因以毘牒爲五世歟？肅祖大度寡欲，令不嚴而人化。懿祖嘗與黄室韋挑戰，矢貫數扎。玄祖教民稼穡，又善畜牧，國以殷富。德祖仁民愛物，始置鐵冶。其弟述瀾，亦稱釋魯，《皇子表》：述瀾爲玄祖三子，德祖第四。爲于越。遥輦氏歲貢於突厥，至是始免。疑當作回紇，屈戍時事。述瀾北征干厥、室韋，南略易、定、奚、霫。始興版築，置城邑。教民種桑麻，習織組。已有廣土衆民之志。至太祖，乘遥輦氏之衰，又值晚唐之亂，遂崛起而成大業焉。以上遼先世事跡，大抵見《營衛志》。兼據《兵衛志》、《食貨志》及《皇子表》。太祖東北滅渤海，服室韋、女直；西北服黠戛斯；西南服党項、沙陀、韃靼、吐谷渾、回鶻；遠至吐蕃、于闐、波斯、大食，亦通朝貢，其聲威可謂極廣。《遼史・地理志》稱其地"東至海，西至金山，暨於流沙，北至臚朐河，南至白溝"，猶僅以疆理所及言之也。

〔六二八〕 契丹部族

契丹部族，見於史者，在元魏及唐五代時，其數皆八，惟隋時分爲十部，而逸其名。元魏八部：曰悉萬丹，亦作欣服萬丹。曰何大何，曰伏弗郁，曰羽陵，曰日連，曰匹絜，曰黎，曰吐六干。唐時八部：曰達稽，曰紇便，曰獨活，曰芬問，曰突便，曰芮奚，曰墜斤，曰伏。《五代史》八部：曰旦利皆，曰乙室活，曰實活，曰納尾，曰頻没，曰納會雞，曰集解，曰奚嗢。其名前後皆不同。《遼史·營衛志》云："奇首八部，爲高麗、蠕蠕所侵，僅以萬口附於元魏。生聚未幾，北齊見侵，掠男女十餘萬口，繼爲突厥所逼，寄處高麗，不過萬家。部落離散，非復古八部矣。"又謂大賀氏之亡，八部僅存其五。太祖七世祖雅里，更析爲八，似乎契丹部族，時有變更，然唐之置羈縻州也，達稽部爲峭落州，紇便部爲彈汗州，獨活部爲無逢州，芬問部爲羽陵州，突便部爲日連州，芮奚部爲徒河州，墜斤部爲萬丹州，伏部爲匹黎、赤山二州，則芬問部即羽陵，突便部即日連，芮奚部即何大何，墜斤部即悉萬丹，伏部即匹絜，惟達稽、紇便、獨活三部，不能知其與元魏時何部相當耳。然則部衆雖更，部名雖改，而其分部之法，則後實承前。《五代史》部名之異於唐，此八部蓋即雅里就五部所析。當亦如是矣。《遼史·地理志》：永州，"有木葉山，上建契丹始祖廟。奇首可汗在南廟，可敦在北廟。繪塑二聖并八子神像。相傳有神人，乘白馬，自馬盂山浮土河而東。有天女，駕青牛，由平地松林泛潢河而下，至木葉山，二水合流，相遇，爲配偶，生八子。其後族屬漸盛，分爲八部。"蓋八部之分，由來甚舊，所托甚尊，故累遭喪敗，其制不改耶？《太祖本紀》："遼之先世，出自炎帝，世爲審吉國。其可知者，蓋自奇首云。奇首生都庵山，徙潢河之濱。太祖七年，登都庵山，撫奇首可汗遺跡，徘徊顧瞻而興歎焉。"《地理志》：上京道，龍化州，"奇首可汗居此，稱龍庭。"《營衛志》："潢河之西，土河之北，奇首可汗故壤也。"又云："奇首可汗、胡剌可汗、蘇可汗、昭古可汗，皆遼之先，世次不可考。"白馬青牛，説雖荒誕，然奇首則似非子虚烏有之流。然隋時何以獨分爲十部？又唐置羈縻州之先，契丹酋長窟哥及辱紇主曲據皆來歸，唐以窟哥之地置松漠都督府，以辱紇主曲據所部爲玄州，合八部亦十部也。《遼史·營衛志》説如此。此又何説耶？曰：八部者，所以象奇首八子；八部外之二部，則所以象奇首可汗及其可敦，即《遼史》所謂三耶律、二審密者也。并三耶律二審密言之，則曰十部；去此二部言之，則曰八部。漢人言之有異，契丹之分部，則未嘗變也。何以知之？曰：以太祖創業之事知之。

《五代史》述太祖之創業也，曰："契丹部族之大者曰大賀氏。後分爲八部。部之長號大人。而常推一大人，建旗鼓，以統八部。至其歲久，或其國有疾疫而畜牧衰，則八部共議，以旗鼓立其次而代之。被代者以爲約本如此，不敢爭。某部大人遥輦次立，時劉仁恭據有幽州，數出兵摘星嶺攻之。秋霜落，則燒其野草。契丹馬多饑死，即以良馬賂仁恭，求市牧地，請聽盟約，甚謹。八部之人，以爲遥輦不任事，選於其衆，以阿保機代之。阿保機，不知其何部人也。是時劉守光暴虐，幽、涿之人，多亡入契丹。阿保機又間入塞，攻陷城邑，俘其人民，依唐州縣置城以居之。漢人教阿保機曰：中國之王，無代立者。由是阿保機益以威制諸部而不肯代。其立九年，諸部以其久不代，共責誚之。阿保機不得已，傳其旗鼓，而謂諸部曰：吾立九年，所得漢人多矣，吾欲自爲一部，以治漢城，可乎？諸部許之。漢城在炭山東南灤河上，有鹽鐵之利，乃後魏滑鹽縣也。其地可植五穀。阿保機率漢人耕種，爲治城郭、邑屋、廛市，如幽州制度。漢人安之，不復思歸。阿保機知衆可用。用其妻述律策，使人告諸部大人曰：我有鹽池，諸部所食。然諸部知食鹽之利，而不知鹽有主人，可乎？當來犒我。諸部以爲然。共以牛酒會鹽池。阿保機伏兵其旁。酒酣，伏發，盡殺諸部大人。遂立不復代。"似契丹共主，本由選立，至遼太祖乃變爲世襲者。然據《唐書》及《遼史》，則遥輦諸汗，世次相承，初無大賀氏亡，分爲八部之説。《遼史・太祖紀》：唐天復元年，痕德堇可汗立，爲本部夷離堇，專征討。十月，授大迭烈府夷離堇。三年十月，拜于越，總知軍國事。天祐三年十二月，痕德堇可汗殂。明年正月，即皇帝位。其汗位受諸遥輦，又彰彰也。此又何説邪？曰：太祖之所爭，乃夷離堇之職，而非汗位也。夷離堇者，後來之北南二大王，《遼史》謂其統部族軍民之政。《五代史》所謂建旗鼓以統八部者，蓋即指此？世宗之立，即由北南二大王。李胡爭之，卒不勝，可見北南二王權力之大。契丹雖有共主，然征伐決之會議，田獵部得自行，其權力實不甚完，況於遥輦氏之僅亦守府？《五代史》之所紀，蓋得之漢人傳述。斯時述契丹事者，知有夷離堇而不知有可汗，正猶秦人之知有穰侯而不知有王，其無足怪。然太祖之汗位，則固受之痕德堇，非由八部所推之大人而變，謂太祖變公推之夷離堇爲專任則可，謂其變嬗代之共主爲世襲，則不可也。《遼史·營衛志》謂雅里析八部爲王，立二府以總之。又析三耶律爲七，二審密爲五。三耶律者，曰大賀，曰遥輦，曰世里，即相次居汗位者。二審密者，曰乙室己，曰拔里，即耶律氏所世與爲婚姻者也。二府，蓋即後來之北南二宰相府：北宰相府，皇族四帳，世預其選。南宰相府，國舅五帳，世預其選。然則是時之總八部者，蓋即三耶律，二審密；以其象奇首，故世汗位；以其象奇首可敦，故世婚皇族也。隋時，十部。唐時八部之外，别有松漠，玄州，其故蓋亦如此？《五代史》謂八部之長，皆號大人；又謂推一大人，建旗鼓以統八部；似建旗鼓之大人，即在八部大人之中者。然又謂阿保機不知何部人，又謂太祖請自爲一部，則太祖實非八部大人；其部族且在八部之外，亦隱隱可見也。

〔六二九〕 契丹農業

奚與契丹本皆以遊牧爲生。《北史》稱其“隨逐水草，頗同突厥”者也。至太祖之考匀德，仲父述瀾，始教民以樹藝、組織。太祖益招致漢人，令其耕種。及平諸弟之亂，弭兵輕賦，專意于農。至太宗時，則獵及出兵，皆戒傷禾稼。蓋駸駸進于耕稼矣。《遼史·食貨志》。道宗時，西蕃多叛。命耶律唐古督耕稼以給西軍。唐古率衆田臚朐河側，歲登上熟。《遼史》本傳。是其耕稼，不徒近中國之地，并以施之諸部族也。然史稱“契丹舊俗，其富以馬，其强以兵”，又稱“太祖時，畜牧之盛，括富人馬不加多，賜大小鶻軍萬餘匹不加少。自太宗至興宗，垂二百年，羣牧之盛如一日。天祚初年，馬猶有數萬羣，每羣不下千匹”。《遼史·食貨志》。則其生業，究以畜牧爲重云。

〔六三〇〕 契丹文字

契丹先世，本無文字。《遼史》本紀：太祖神册五年，始製契丹大字。九月壬寅，大字成，詔頒行之。《五代史》謂漢人教契丹以隸書之半增損之，作文字數千，以代刻木之約。則契丹大字，實出中國。又《皇子表》：迭刺，性敏給。回鶻使至，無能通其語者。太祖使迭剌迓之，相從二旬，盡習其言與書，因製契丹小字，數少而該貫。則契丹小字，出于回鶻。今世所傳契丹書，係增損漢文爲之，則其小字，蓋未嘗通行也。《突吕不傳》：製契丹大字，贊成爲多。《耶律魯不古傳》：太祖製契丹國字，以贊成功，授林牙、監脩國史。

〔六三一〕 契丹文學

契丹文化之進步，觀其種人通文學者之多，可以知之。其首出者當推人皇王倍。嘗市書萬卷，藏之醫巫閭絶頂之望海堂。通陰陽，知音律，精醫藥、砭焫之術。工遼、漢文章。嘗譯《陰符經》。善畫本國人物，如《射騎》、《獵雪騎》、《千鹿圖》等，皆入宋祕府云。《遼史·宗室·義宗傳》。此外通文學者，宗室中若世宗第五子和魯重，若人皇王第四子平王隆先，若耶律學古，耶律資忠，耶律庶成、庶箴兄弟，庶箴子蒲魯，耶律韓留，耶律昭，耶律陳家奴，耶律良。外戚中若蕭勞古及其子朴，蕭陽阿，蕭柳，蕭韓家奴。究心史學者，則庶成，韓家奴，及耶律孟簡，耶律谷欲，耶律儼。善畫者，則耶律題學，耶律裹里。善醫者，則庶成及蕭胡篤之祖敵魯，耶律敵魯，迭里特等。其事備見於《遼史》，迥非草昧榛狉之舊矣。《興宗紀》：重熙十三年，六月，丙申，"詔前南院大王耶律谷欲，翰林都林牙耶律庶成等編集國朝上世以來事蹟。"《耶律谷欲傳》："奉詔與耶律庶箴、蕭韓家奴編遼國上世事蹟，未成而卒。"《耶律孟簡傳》："大康中，詣闕上表，言遼興幾二百年，宜有國史。上命置局編脩。"實重熙十三年之詔所由來也。天祚帝乾統三年，又詔耶律儼纂太祖以下《實録》，共成七十卷。又案《遼史》謂耶律富魯舉進士第，帝怒其父庶箴擅令子就科目，有違國制，鞭之二百。則遼人并不欲其本族人從事文學。然《天祚紀》又謂耶律大石舉天慶五年進士。蓋一時風氣所趨，雖國法亦不能禁也。

〔六三二〕 契丹慕漢

《遼史·儀衛志》云："遼國自太宗入晉之後，皇帝與南班漢官用漢服，太后與北班契丹臣僚用國服。"《太宗本紀》：會同三年，十二月，"丙辰，詔契丹人授漢官者從漢儀，聽與漢人婚姻。"《外戚表序》："契丹外戚，其先曰二審密氏，曰拔里，曰乙室已。至遼太祖，娶述律氏。大同元年，太宗自汴將還，留外戚小漢爲汴州節度使。賜姓名蕭翰，以從中國之俗。由是拔里，乙室已，述律三族，皆爲蕭姓。"《后妃傳》曰："太祖慕漢高皇帝，故耶律兼稱劉氏，以乙室、拔里比蕭相國，遂爲蕭氏。"其慕效漢人之心，可謂切矣。

〔六三三〕 突厥、契丹宗教類烏桓

烏桓之俗，"敬鬼神，祠天地、日月、星辰、山川及先大人之有健名者，祠用牛羊，畢，皆燒之。"《後漢書·烏桓傳》。"有病，知以艾灸，或燒石自熨，燒地卧其上，或隨痛病處，以刀決脈出血，及祝天地山川之神，無鍼藥。"《三國·魏志·烏丸傳注》引《魏書》。蓋重巫，而醫術則方在萌芽也。"俗貴兵死，斂尸以棺，有哭泣之哀。至葬，則歌舞相送。肥養一犬，以彩繩纓牽；并取死者所乘馬衣物，皆燒而送之，言以屬累犬，使護死者神靈歸赤山。赤山，在遼東西北數千里，如中國人死者魂神歸岱山也。"《後漢書·烏桓傳》。《三國·魏志·注》引《魏書》："至葬日，夜聚親舊員坐，牽犬馬歷位，或歌哭者，擲肉與之，使二人口誦呪文，使死者魂神逕至，歷險阻，勿令横鬼遮護，達其赤山，然後殺犬馬衣物燒之。"

契丹舊俗，亦敬天而尊祖。《遼史·地理志》："永州，有木葉山，上建契丹始祖廟，奇首可汗在南廟，可敦在北廟，繪塑二聖并八子神像。相傳有神人，乘白馬，自馬盂山浮土河而東；有天女，駕青牛車由平地松林泛潢河而下；至木葉山，二水合流，相遇爲配偶，生八子。其後族屬漸盛，分爲八部。"《述律后傳》："嘗至遼、土二河之會，有女子乘青牛車，倉猝避路，忽不見。未幾，童謡曰：青牛嫗，曾避路。蓋諺謂地祇爲青牛嫗云。"青牛嫗爲地祇，則白馬神人必天神矣。凡舉兵，必率文武臣僚，以青牛白馬祭告天、地、日神，惟不拜月。分命近臣告太祖以下陵及木葉山神，乃詔諸道徵兵焉。《遼史·兵衛志》。《遼史》謂"終遼之世，郊丘不建"，《儀衛志》二。乃不用漢禮祭天，非其俗本不祭天也。

《禮志》："冬至日，國俗，屠白羊、白馬、白雁，各取血和酒，天子望拜黑山。黑山在境北，俗謂國人魂魄，其神司之，猶中國之岱宗云。每歲是日，五京進紙造人馬萬餘事，祭山而焚之。俗甚嚴畏，非祭不敢近山。"黑山，似即烏桓之赤山。契丹舊地，在潢、土二水合流處；其北，正在遼東西北數千里也。又云："歲十月，五京進紙造小衣甲、槍刀、器械萬副。十五日，天子與羣臣望祭木葉山。用國字書狀，并焚之。國語謂之戴辣。戴，燒也；辣，甲也。"似亦烏桓送死燒乘馬衣物之俗。《北史·契丹傳》云："父母死而悲哭者，以爲不壯，但以其屍置于山樹之上，經三年後，乃收其骨而焚之。因酹酒而祝曰：冬月時，向陽食。若我射獵時，使我多得猪鹿。"與《後漢書》所述烏桓之俗不合。《後漢書》云鮮卑"其言語習俗，與烏桓同"。契丹，鮮卑部落，不應殊異至此。或魏時契丹嘗與他族雜處，《北史》誤以他族之俗，爲契丹之俗也。遼俗東向而尚左，東西爲經，南北爲緯，故御帳東向而横帳，此亦烏桓穹廬東開向日之習。

其喪葬之禮，有足見其俗之右武者。《北史·高車傳》，"其死亡葬送，掘地作坎，坐尸於中，張臂引弓，佩刀挾矟，無異於生，而露坎不掩”，是也。《突厥傳》：“死者，停尸於帳，子孫及親屬男女各殺羊馬，陳於帳前祭之。遶帳走馬七匝，詣帳門，以刀剺面，且哭，血淚俱流。如此者七度，乃止。擇日，取亡者所乘馬及經服用之物，并屍俱焚之，收其餘灰，待時而葬。春夏死者，候草木黄落；秋冬死者，候華茂，然後坎而瘞之。案古之爲喪服者，至親以期斷，取天地已易，四時已變，凡在天地之中者，莫不更始之義也。士庶人三月而葬，亦取天道一時而小變之義也。突厥之所謂時者，雖與中國異，然其候時之變而葬，則與中國同。可以見禮之緣起，大略相類也。葬日，親屬設祭及走馬、剺面，如初死之儀。表木爲塋，立屋其中。圖畫死者形儀及其生時所戰陳狀。此可知壁畫之緣起。嘗殺一人，則立一石，有至千百者。又以祭之羊馬頭，盡懸於標上。”案突厥喪儀，頗類烏桓，惟焚尸爲異。豈以近接西胡，故染其俗邪？抑古氐、羌之俗也？羌族本有火葬之俗。

〔六三四〕 蒙古之由來

蒙古，《遼史》作盟古，亦作萌古；《金史》作盟骨；《契丹事跡》作朦古；《松漠紀聞》作盲骨子；《西遊記》始作蒙古，明時脩元史沿用之，遂爲定稱焉。此種人即唐時室韋之蒙兀部。《元史譯文證補》卷二十七下。然宋時已稱此種人爲韃靼，明時蒙人亦自去蒙古之號，稱爲韃靼，則蒙古之與韃靼，亦必有關係矣。今試一考韃靼之起源如下：

《五代史》：靺鞨之遺種，本在奚、契丹之東北，後爲契丹所攻，而部族分散，或屬契丹，或屬渤海，別部散居陰山者，自號韃靼，後從克用入關，破黄巢，由是居雲、代之間。

據《唐書》、《五代史》及《遼史》，渤海盛强時，靺鞨悉役屬之。契丹當太祖以前，初無攻破靺鞨之事。惟據《册府元龜》黑水帥突地稽隨末率部落千餘家内屬，處之營州，唐武德初以其部落置燕州，此爲黑水靺鞨之分處營州者，爲契丹所攻，分居陰山，必即此一支也。

《黑韃事略》:“黑韃之國,號大蒙古,沙漠之地有蒙古山,韃語謂銀曰蒙古,女真名其國曰大金,故韃名其國曰大銀。”

《古今紀要逸編》:韃靼與女真同種,皆靺鞨之後,其居混同江者曰女真,居陰山北者曰韃靼。韃靼之近漢者曰熟韃靼,遠漢者曰生韃靼。韃靼有二,曰黑,曰白,皆事女真。黑韃靼至忒没真叛之,自稱成吉思皇帝。又有蒙古國,在女真東北,我嘉定四年,韃靼始并其名號,稱大蒙古國。

《蒙韃備録》:韃靼始起,地處契丹之西北,族出於沙陀别種,故歷代無聞。其種有三:曰黑,曰白,曰生。案生熟自以其距漢遠近言之,不得與黑白并列爲種别,此説蓋誤。所謂白韃靼者,顔貌稍細;所謂生韃靼者,甚貧且拙且無能爲,但知乘馬隨衆而已。今成吉思皇帝及將相大臣皆黑韃靼也。

黄震謂韃靼與女真同種,孟珙謂其地處契丹西北,均與《五代史》相合,至謂其族出於沙陀别種,則因二族居地相近,血統混淆而然。韃靼所以有黑白之别,或即由此。惟蒙兀室韋,《唐書》謂在室建河南,成吉思之興,亦在斡難河畔,今鄂諾河。與陰山相距甚遠,而彭大雅謂黑韃國號大蒙古。黄震又謂韃靼之外,别有蒙古,韃靼并其名以自號,爲可疑耳。案《蒙韃備録》又云:韃人在本國时,金虜大定間,燕京及契丹地有謡言云:韃靼去,趕得官家没處去。虜酋雍宛轉聞之,驚曰:必是韃人爲我國患,乃下令,極於窮荒,出兵剿之,每三歲遣兵向北剿殺,謂之滅丁。迄今中原盡能記之。韃人逃遁沙漠,怨入骨髓,至僞章宗明昌年間,不令殺戮,以是韃人稍稍還本國,添丁兵育。

因童謡而出兵剿殺,語涉不經,然世宗初年,北邊曾有移剌窩斡之亂,牽動甚衆,仍歲興師,説非無據。韃靼之北走而與蒙古合,蓋盛於此時,此漠北部族之所以驟强也。而其前此之非絶無交往,抑可推已。抑蒙古種族之與韃靼相混合,尚有一證。據拉施特《蒙古全史》云:《元史譯文證補》卷一。相傳古時蒙兀與他族戰,全軍覆没,僅遺男女各二人,遁入一小山,斗絶險巇,惟一逕通出入,而此中壤地寬平,水草茂美,乃攜牲畜輜重往居,名其山曰阿兒格乃袞。二男一名腦古,一名乞顔。乞顔義爲奔瀑急流,以其膂力邁衆,一往無前,故以稱名。乞顔後裔繁盛,稱之曰乞要特。乞顔變音爲乞要,曰特者,統類之詞也。後世地狹人稠,乃謀出山,而舊逕蕪塞,且苦艱險,繼得鐵礦,洞穴深邃。爰伐木熾炭,篝火穴中,宰七十牛,剖革爲筒,鼓風助火,鐵石盡鎔,衢路遂辟,後裔於元旦鍛鐵於爐,君與宗親次第捶之,著爲典禮。此段事實之怪誕,無待於言,然拉施特身仕宗藩之朝,親見捶鐵典禮,斷不能指爲虚誣。且乞要特即《元史》之奇渥温,有元帝室得氏之由,實由於此,尤不能目爲無據。惟其説與《北史》所述突厥起源極爲相類,洪侍郎因疑蒙人拾突厥唾餘,以自叙先德。然拉施特脩史時,盡出先時卷牘,比資考覈,後命蒙古大臣諳掌故者襄事,何等鄭重,焉得作此謂他人父之語?且突厥之在當日,亦敗亡奔北之餘耳,引爲同族,豈足爲榮。反復思之,然後知蒙古部落,實爲韃靼與室韋之混種,而韃靼則爲靺鞨與沙陀、突厥之混種。拉施特《蒙古全史》所載,蓋沙陀、突厥相傳之神話也。

〔六三五〕 元室之先世

元室先世,或疑出自吐蕃。《蒙古源流考》云土伯特智固木贊博汗爲姦臣隆納木所弒,其三子皆出亡。第三子布爾特齋諾渡騰吉思海東行,至拜噶所屬之布爾幹哈勒圖納山下必塔地方,人衆尊爲君長,是也。《源流考》之作意在闡揚喇嘛教,援蒙古以入吐蕃,殊不足信。《祕史》但云自天而生之孛兒貼赤那,與其妻豁阿馬蘭勒同渡騰吉思水,東至斡難沐漣之源不兒罕合勒敦山而已。孛兒貼赤那即布爾納齋諾,譯言蒼狼。阿馬蘭勒譯言慘白牝鹿也。騰吉思水不可考。不兒罕哈勒敦山,即今車臣土謝圖兩部之布爾罕哈勒那都嶺也。

孛兒貼赤那之子曰巴塔赤罕,巴塔赤罕生塔馬察,塔馬察生豁生豁里察兒篾兒干，豁里察兒篾兒干生阿兀站孛羅温，阿兀站孛羅温生撒里合察兀，撒里合察兀生也客你敦，也客你敦生撏鎖赤，撏鎖赤生合兒出，合兒出生孛而只吉歹蔑兒干，孛而只吉歹蔑兒干妻曰忙豁勒真豁阿。忙豁勒真猶言蒙古部人，豁阿，女子美稱。蓋孛兒帖赤那之後，至是娶蒙古部女，遂以蒙古爲部名。猶金始祖函普娶完顔部女而以完顔爲部名也。孛兒只吉歹蔑兒干之子曰脱羅豁勒真伯顔，生二子，長曰都蛙鎖豁兒，次曰朵奔蔑兒干，朵奔蔑兒干娶豁里秃馬敦部人豁里剌兒台蔑兒干之女，拉施特云秃馬敦爲巴兒忽真之一種，居巴兒忽真脱古木之地，在拜喀勒湖東。《祕史》云：豁里剌兒台蔑兒干居阿里黑兀孫，即今伊爾庫斯克省之伊爾庫河，地在拜喀勒湖西，此族後以豁里剌兒爲氏，即《元史》之火魯剌思也。曰阿闌豁阿。《元史・本紀》、《世系表》作阿闌果火，《蒙古源流考》作阿掄郭斡。生二子，曰别勒古訥台，曰不古訥台。既寡又生三子，曰不忽合塔吉，曰不合秃撒勒只，曰孛端察兒蒙合黑。初朵奔蔑兒干獵於脱豁察黑温都兒，温都兒譯言高山。遇兀良哈人，即鹿林中乞其餘，已而遇馬阿里黑伯牙兀歹，馬阿里黑其名，伯牙兀歹其氏，即《元史》之伯岳吾，《輟耕録》作伯要歹。《源流》：瑪哈賚攜子而行，飢困請以子易肉，與一股肉，而攜其子歸以爲奴。别勒古訥台、不古訥台疑其母私於奴，母知之，春日烹伏臘之羊，召五子賜食曰：夜見白黄色人穿穹廬頂孔入，摩挲我腹，光明透腹中，其去也以昧爽，我竊窺之如黄犬然，遂生此三子，後日必有貴者。不忽合塔吉之後爲合答斤氏；不合秃撒勒只之後爲撒勒只兀惕氏；孛端察兒蒙合黑之後爲孛兒只斤氏。孛兒只斤譯言灰色目睛，以與神人同也。此三族蒙兀人稱之曰尼倫，義謂絜清；别派爲多兒勒斤，猶言常人也。孛端察兒子曰合必赤把阿秃兒，合必赤把阿秃兒子曰蔑年土敦，蔑年土敦七子，而長子合赤曲魯克爲成吉思汗七世祖，幼子納臣把阿秃兒生兀魯兀歹及忙忽台，兀魯兀歹之後爲兀魯兀惕氏，忙忽台之後爲忙乎惕氏，成吉思汗戡定漠北，得此二族之力爲多。合赤曲魯克子曰海都，則成吉思汗六世祖也。以上皆據《祕史》。孛端察兒《元史・本紀》作孛端叉完，孛兒只斤《源流考》作博爾濟錦，蔑年土敦《元史》本紀作咩撚篤敦云。妻莫拏倫生七子,爲押剌伊而人所敗,滅其家,惟長孫海都及幼子納真得免。《宗室世系表》蔑年土敦作咩麻篤敦,七子長曰既拏篤兒罕,七曰納真,二至六皆失名。既拏篤兒罕子曰海都。拉施特《史》押剌伊兒作札剌亦兒,載其被難之事跡略同,惟謂孛端察兒二子,長曰布格,次曰布克台,布格子曰土敦邁甯,布克台子曰納臣,土敦邁甯生九子,其妻莫奴倫,居諾賽兒吉及黑山之地,而遭扎拉亦兒之難。莫拏倫及其八子皆被害,惟幼子海都被匿得免。《源流考》合必赤把阿禿兒作哈必齋已圖爾,其子曰伯特爾巴圖爾。案土敦邁甯似即蔑年土敦之倒誤,伯格爾似即布格,下三字,乃其稱號也。

海都三子,長曰伯升忽兒多黑申,《元史》本紀拜姓忽兒,《世系表》、《輟耕録》同,而姓僞爲住,拉施特《史》拜桑古兒,《源流考》作拜星呼爾多克斯,以爲哈齋庫魯克子。次曰察剌合領忽,《輟耕録》及《宗室世系表》均作察剌罕甯兒,案兒字當是昆字形近之誤,拉施特《史》作扯勒黑領昆。次曰抄真斡兒帖該。《宗室世系表》作獠忽真兀秃迭葛。伯升忽兒多黑申爲成吉思汗五世祖,察剌合爲遼令穩,故稱領忽,領忽者,令穩音轉也。其子曰想昆必勒格,想昆亦詳穩對音。《宗室世系表》察剌罕甯兒之子爲直拏斯,拉施特《史》作莎兒郭圖赤那。按赤那即直拏斯。李文田云必勒格即貝勒對音。蓋莎兒郭圖魯赤那其名,想昆必勒格,皆其稱號也。想昆必勒格子曰俺巴孩,其後以泰亦赤兀爲氏。《元史》作咸補海罕,拉施特書作俺巴該。伯申豁兒多黑申之子曰屯必乃薛禪,薛禪,蒙古語聰明之稱也。《元史·本紀》、《世系表》均作敦必乃,拉施特《史》作托邁乃。是爲成吉思汗四世祖,屯必乃子曰合不勒可汗。《元史》、《輟耕録》均作葛不寒。合不勒可汗子曰把兒壇把阿秃兒。《元史》、《輟耕録》作八里丹,《源流考》作巴爾達木巴圖爾。把兒壇把阿秃兒子曰也速該把阿秃兒,《源流考》作伊蘇凱巴圖爾。是生成吉思汗。

〔六三六〕 元興以前北方諸部族

自回紇之亡,北方無大部族,今略叙成吉思汗興起以前形勢如下。

一、翁吉剌部,亦作弘吉剌,《元史》及《親征録》。又作鴻吉剌。《源流考》。蒙古甥舅之國也。據《祕史》，此族與主因塔塔兒戰，地在捕魚兒、闊漣兩海子間，則其居地當在今呼倫貝爾附近。《元史·特薛禪傳》謂弘吉剌氏居於苦烈，兒温都兒斤、迭烈捕兒、也里古納河之地。案今根河出伊勒呼里山，西流百餘里，逕苦烈業爾山之南，其北有特勒布爾河，略與平行。苦烈業爾即苦烈兒之異譯。温都兒，蒙古語爲高山也。特勒布爾即迭烈不二兒，也里古納乃額爾古訥河之音差也。

二、塔塔兒部，即韃靼之異譯，此族與蒙古世爲仇讎，其分部頗多。據《祕史》所載有主因塔塔兒，阿亦里兀惕塔塔兒，備魯兀惕塔塔兒等。主因即朱邪之異譯，可證其爲沙陀、突厥與靺鞨之混種，其居地當在捕魚兒海附近。

三、蔑兒乞部，此種人居斡兒垣、薛涼格二水流域。斡兒垣，今鄂爾坤河。薛涼格，今色楞格河也。其分部之名，見於《祕史》者，有兀都亦惕、兀洼思、合阿惕等。

四、兀良孩部，《明史》作兀良哈，即今烏梁海。西人謂其容貌近土耳其人，當系突厥種。據《祕史》當時遊牧之地，亦在不兒罕山。

五、客列部，亦作克烈，《元史·本紀》及《親征録》。怯烈，《元史》列傳。又作克里葉特，《源流考》。始居欠欠州，亦曰謙河，在唐砮烏梁海境内，詳見《元史譯文證補》卷二十六下。其部長曰默兒忽斯，生二子，長曰忽而察忽思，是爲不亦魯黑汗。《親征録》作忽兒札胡思盃禄可汗。次古兒罕。《親征録》作菊兒可汗。不亦魯黑卒，子脱鄰斡勒，此从《祕史》，拉施特作脱忽魯兒。性猜忌，殺其諸弟台帖木兒、太石不花帖木兒等，又欲殺母弟額兒客哈喇，《親征録》作也力可哈剌。額兒客哈喇奔乃蠻，古兒罕攻之，脱鄰斡勒奔也速該，也速該速爲起兵，逐古兒罕，始建牙於土兀喇沐漣上，土兀喇沐漣，今土拉河也。客列或云即康里轉音，則亦屬突厥族。

六、汪古部，即《遼史》之烏古也。其部名見於《遼史·百官志》者，有烏古涅剌、斡特盌烏古、隈烏古、三河烏古等，又有烏隈烏骨、里烏濊等部，疑亦烏古之轉音，此亦白韃靼，爲金守長城。《元史譯文證補》卷一。地在今歸綏縣北，《馬祖常月乃合神道碑》云：雍古部族居净州之天山，净州故城在今歸綏縣北四子部落内，祁連山即天山也。

七、乃蠻部，亦作乃滿，又作乃馬，據《元史·地理志》，本居吉利吉思，唐黠嘎斯之地。其部長曰亦難察可汗，《親征録》作亦難赤。生二子，長曰太赤不合，拉施特作太亦布哈。是爲塔陽可汗。《元史》、《親征録》作太陽汗。次曰古出古敦，是爲不亦魯黑汗。《元史》作不魯欲罕，《親征録》作盃禄可汗。兄弟交惡，分國而治，塔陽居金山之陽，忽里牙速兀、今烏里雅蘇台河。札八兒今匝盆河。二水間，南近沙漠，不亦魯黑居兀魯黑塔黑之地，北近金山。

八、斡亦剌部，此種人均居今西伯利亞南境，其種名見於《祕史》者，有不里牙惕、巴兒渾、兀兒速惕、合卜合納思、康合思、禿巴昔等，不里牙惕在薩拜喀勒省之巴爾古精河上，阿穆爾省之牛滿河上亦有之，牛滿河一名布里雅特河，即不里牙惕之異譯也。兀兒速惕在謙河之北，《西北地附録》稱爲烏斯，謂以水爲名，蓋即烏蘇里之異譯。合卜合納思《西北地附録》作撼合納云，在烏斯東，謙河所從出，則在今多特淖爾附近。康合思地在今杭愛山之北，禿巴思在今俄領托波兒斯克省境。此種人種類蓋甚多，故《祕史》統稱之曰禿綿斡亦剌，禿綿亦作土綿，譯言萬也。

九、乞兒吉速部，亦作吉利吉思，即唐時之黠戛斯也。當時居地在也兒的石河流域，即今額爾齊斯河。

十、失必兒部，鮮卑之異譯，蓋西伯利本鮮卑之故土也。據多桑地圖在乞兒吉思正北，則在今鄂畢河流域。

以上乃當時漠南北諸部分布之大略情形也，自此以西南，即皆回紇種人之地矣。

〔六三七〕 蒙古之漸强

蒙古之初，蓋服屬於遼，故察剌合必勒格再世受遼令穩、詳穩之職，及哈不勒始有汗號，統轄蒙兀全部，威望甚盛。金主聞其名，召至禮遇甚優，一日酒醉，鼓掌歡躍，持金主鬚，金主釋不問，厚贈遣歸。大臣謂縱此人，將爲邊患，遣使邀以返，哈不勒不從，詞意强横。金主再使往，哈不勒謀於婦及部衆殺之。萬户胡沙虎來討，糧盡而還，追敗之海嶺，時宋高宗紹興七年，金天會十五年也。見《續綱目》。哈不勒可汗疾，亟念諸子無足付大事者，令部衆議立俺巴孩，時翁吉剌氏與主因塔塔兒搆衅，哈不勒七子助母族與戰，殺其酋木秃兒把阿秃兒，已而俺巴孩嫁女于阿亦里納惕、備魯兀惕兩種，塔塔兒身送之，主因塔塔兒乘機抱怨，執送金，金以木驢殺之。命從者巴剌合赤拉施特作布勒格赤。歸告忽圖剌及合答安太石。俺巴孩子，《親征録》作阿丹汗，拉施特《蒙古全史》作哈丹大石。於是諸部族會議，共立忽都剌爲汗。哈不勒可汗第四子。入金界，敗其兵，大掠而歸。都元帥兀朮來討，連歲不能克，乃議和，割西平河今臚朐河。以北二十七團寨與之，歲遺牛羊米豆，時宋紹興十七年，金熙宗皇統七年也。《續綱目》據《大金國志》又云：册其長熬羅孛極烈爲蒙輔國王，不受，自號大蒙古國。熬羅孛極烈自稱太祖元明皇帝，改元天興。孟珙《蒙韃備録》引李大諒《征蒙記》亦云：蒙人嘗改元天興，自稱太祖元明皇帝，孟氏疑之，謂蒙古先時不識漢字，無符璽文書，改元建號將安用之。然《蒙韃備録》亦云：韃國所鄰前有糺族，左右乃沙陀等部，舊有蒙古斯國，在金人僞天會間，亦嘗擾金，虜爲患，金人嘗與之戰，後乃多與金幣和之。據此則當時北方，確有所謂蒙古國者，雖其先無文書建號，改元似無所用，然亦即抗衡上國，崛沙寒之北，則安知不有降人教以妄竊帝號，以自尊大，且太祖乃廟號，生時豈可自稱？則亦適成其爲蒙人之稱帝而已。至敖羅孛極烈自稱，自與忽都剌音異，然蒙人稱名多系官號。今按《金史・百官志》官兵皆稱勃極烈。又云忽魯猶總帥也。又云部長曰孛堇，統數部者曰忽魯，則熬羅孛極烈當即忽魯勃極烈之異譯，義謂數部之總貝勒耳。忽都剌可汗與合答安太石謀復主因塔塔兒之仇，與其部長闊端巴剌合及札里不花前後十三戰，竟不能克，惟乙亥歲一役，也速該戰敗之，獲其酋帖木真兀格《親征録》作帖木真斡怯。豁里不花。《親征録》作忽魯不花，拉施特《蒙古全史》作庫里不花。而成吉思汗適生，因名之曰帖木真，志武功也。據《年壽考》成吉思汗生於宋高宗紹興二十五年，《源流考》謂生於壬申即紹興三十三年，與《元史・本紀》合。

忽都剌可汗卒後，蒙兀無共主，復衰。案忽都剌長子拙赤，《親征録》作朮赤可汗，拉施特《蒙古全史》亦作拙赤罕，似亦曾蒙汗號者。然觀忽都剌卒後，全族離遏情形，則縱襲汗位，亦必并無威力。而也速該又適於是時卒，於是成吉思少年困阨之運至矣。

〔六三八〕 成吉思平定漠南北

成吉思十三歲時，父挈之省舅家爲乞昏，途遇翁吉剌惕德薛禪，奇其狀貌，要與俱歸，字以女孛兒帖。《元史・后妃表》作孛兒台，《源流考》作布爾德。也速該獨返，爲主因塔塔兒人所毒，馳歸遂卒。時宋乾道三年也。也速該生時，嘗統轄尼倫全部，同族隱忌之，故其卒後，事變即生。而泰亦赤烏氏與成吉思齮齕尤甚，也速該部族亦多叛去，成吉思嘗爲泰亦赤兀所執，命荷校徇軍中。成吉思伺其會飲，以校擊守者而遁，泰亦赤兀來追，沉身水道中，又匿毳車中，乃得免，初克烈部長脱鄰斡勒常蒙也速該救援，故相結爲安答。蒙古語交物之友。成吉思既娶孛兒帖，乃以其黑貂之裘獻之，脱鄰斡勒喜，許緩急相助，自是始有外援矣。初忽圖剌可汗末年，也速該飛獵斡難沐漣上，遇兀都亦惕蔑兒乞也客赤列都，《源流考》作伊克齊埒圖，云是塔塔兒人，誤。娶婦歸篡之，即成吉思母訶額侖也。《元史》、《親征録》作月倫，《源流考》作烏格楞哈屯，拉施特《蒙古全史》作諤倫云，義爲雲斡勒忽訥惕翁吉剌氏。及是也客赤列都兄脱黑脱阿《親征録》作脱脱。爲弟復仇，與兀佳思蔑兒乞答亦兒兀孫及合阿惕蔑兒乞合阿台答兒馬剌來襲，得孛兒帖去，成吉思乞師於脱鄰斡勒及札答剌部長札木哈，孛端察兒嘗虜一孕婦，所生前夫之子，曰札只剌歹，其後爲札答剌氏。襲其庭，復得孛兒帖，始與札木哈同牧年餘，窺札木哈有厭薄意，棄之他徙，諸部族棄札木哈，從之者頗多，共推爲汗。是年稱汗，見《源流考》。駐牧合剌只魯格小山名，今車臣汗右翼前旗哈剌莽鼐山支阜。之闊闊納浯兒，譯言青海子。時宋淳熙十六年也。札木合約泰亦赤兀等十三部來襲，汗亦分軍爲十三翼，迎之戰於答闌巴泐渚納，史稱答闌版朱思之野，今黑龍江呼倫淖爾西南巴泐渚納烏蘇鄂模，東北出爲班朱尼水注呼倫淖爾。敗績退至斡難河北哲烈捏之隘。今呼倫貝爾西北界上第五十三鄂博則林圖。札木合乃還，行經赤那思牧地，獲諸部長之附帖木真者，爲七十鑊烹之，衆益惡其殘暴，歸心於汗者愈多，時主因塔塔兒蔑古真薛兀勒圖《元史》、《親征記》作蔑里真笑里徒，拉施特《蒙古全史》作摩勒蘇里徒。叛金，金丞相完顔襄出討，汗與脱鄰斡勒助金攻殺之，襄喜援汗札兀忽里，封脱鄰斡勒爲王，札兀惕蒙語謂百，忽里者忽魯轉音，猶云百夫長者。《金史·百官志》部長曰孛堇，統數部者曰忽魯。《親征記》原注若金招討使，據《祕史》王京又對太祖説，我回去金國皇帝行奏知，再大的名分招討使，教你做者，則札兀忽里非即招討使。脱鄰斡勒自此亦稱王罕。

王罕之攻塔塔兒也，乃蠻亦難察汗乘之，納其弟額兒客合剌，王罕還戰不勝，奔西遼。其弟札哈敢不及，其餘衆多來歸，久之王罕東歸，至古泄兀兒納兀兒，今庫蘇古爾。饑困，使人與汗相聞，汗使勇士速克該往援，躬迓之於客魯漣，命其衆還事之，已而伐兀都亦惕蔑兒乞大獲，以饋王罕，王罕由是復振，襲蔑兒乞破之，脱黑脱阿奔巴兒忽真，今地屬俄，仍名巴兒忽真。汗遂與王罕伐乃蠻，襲不亦魯黑罕，不亦魯黑罕奔欠欠州，翁吉剌諸部會於刊沐漣州，今根河。立札木合爲古兒罕，潛師來襲，汗逆擊破之，札木合遁，翁吉剌惕來降，已而不亦魯黑汗及脱黑脱阿之子忽秃，拉施特《蒙古全史》作忽圖。泰亦赤兀阿兀出把阿秃兒，《親征録》作阿忽出拔都。斡亦剌惕、即衛拉特，見後。朵兒別、都蛙鎖豁兒四子之後，《元史》及《親征録》作朵魯班。塔塔兒合答斤，朵奔蔑兒斡子不忽合塔吉之後，《元史》、《親征録》、拉施特《蒙古全史》皆作哈塔斤，《源流考》作哈塔錦。諸部連師來伐，汗與王罕連兵逆之，會大雨雪，敵軍引退，至闊亦田之野，今呼倫貝爾南奎騰河。士馬僵凍，紛墜山澗，不復成列，札木哈率衆來應，見事敗即退，諸部皆奔潰，汗自追阿兀出把阿秃兒殺之，泰亦赤烏亡，已而王罕子你勒合桑昆，《録》亦剌合鮮昆，《紀》亦獵喝翔昆。與汗有隙來襲，時汗軍士馬不足三千，王罕衆數倍，兀魯兀忙忽二族力戰，矢中鮮昆面，王罕乃斂兵罷，然王罕軍勢仍盛，乃連夜退軍，於是徙牧巴泐渚納，俄界内斡難河北巴兒瀦納泊。出不意襲王罕，盡俘其民，王罕父子以數騎走，至乃蠻界上，王罕爲其戍將豁里速別赤所殺，函首塔陽罕；鮮昆輾轉至曲先，《源流考》作龜兹。爲喀剌赤焉耆番名哈剌沙爾。部主黑鄰赤哈剌所殺，見《親征録》。客列部亡，地西接乃蠻矣。

乃蠻塔陽罕使告汪古部長阿剌忽失的吉惕忽里《親征録》王孤部長阿剌兀思的乞火力，《元史・本紀》白達達部主阿剌忽里，《本傳》作阿剌兀思剔吉忽里。共伐蒙古，汪古部長以告，歲甲子，宋甯宗嘉泰四年。汗自將伐之，太陽罕迎敵，置營康孩山合池兒水上，杭愛山中哈隨河。脱黑脱阿札合敢不王罕弟。及泰亦赤兀酋阿鄰大石斡亦剌惕酋忽都合別乞劄木合等咸從，塔陽以蒙兀馬瘦，議退軍，誘蒙兀深入，然後還擊，其子古出魯克及其將豁里速別誚其怯，塔陽怒，疾驅渡斡兒洹水，戰於納忽山東麓，乃蠻敗績，豁里速別赤死之，俘塔陽罕。古出魯克脱黑脱阿、札木合先後奔不亦魯黑，追之，駐軍金山，明年襲不亦魯黑，擒殺之，乃蠻亡。古出魯克脱黑脱阿西走，追及之額兒的失，即也兒的石。脱黑脱阿中流矢死，古出魯克奔西遼，札不哈轉徙入倘魯山，唐努山。左右執以獻殺之，漠南北盡平，歲丙寅，宋甯宗開禧二年。諸部大會於斡難沐漣之源，上尊號曰成吉思汗。

〔六三九〕 蒙古傳説本於回紇

唐人取福山石壞回紇風水，因之災異迭起，遷於西州，説出虞集《高昌王碑》，而《元史・亦都護傳》因之。於國家興替之故，一無所記，而造爲此怪迂之説，亦可笑矣。然蒙古人之傳説，有與之相類者。《輟耕録》萬歲山條云："浙省參政赤德爾嘗云：向任留守司都事時，聞故老言：國家起朔漠日，塞上有一山，形勢雄偉，金人望氣者謂此山有王氣，非我之利，金人謀欲厭勝之，計無所出。時國已多事，乃求通好入貢，既而曰：他無所冀，願得某山以鎮壓我土耳。衆皆鄙笑而許之。金人乃大發卒鑿掘，輦運至幽州城北，積累成山，因開挑海子，栽植花木，營構宫殿，以爲游幸之所。未幾，金亡，世皇徙都之。至元四年，興築宫城，山適在禁中，遂賜今名云。"此説與《畏吾傳》説極相類，非畏吾人造作以媚元人，則元人習於畏吾者造作之以自張，更無足疑也。又《受佛戒》條云："累朝皇帝先受佛戒九次，方正大寶，而近侍陪位者必九人或七人，譯語謂之暖答世，此國俗然也。今上之初入戒壇時，見馬哈剌佛前有物爲供，因問學士沙剌班，曰：此何物？曰：羊心。上曰：曾聞用人心肝者，有諸。曰：嘗聞之而未嘗目睹，請問剌馬。剌馬者，帝師也。上遂命沙剌班傳旨問之，答曰：有之，凡人萌歹心害人者，事覺，則以其心肝作供耳。上再命問曰：此羊曾害人乎？帝師無答。"

〔六四〇〕　元人初興時程度

《輟耕録》皇族列拜條曰："己丑秋八月，太宗即皇帝位，耶律文正王時爲中書令，定册立儀禮，皇族尊長，皆令就班列拜，尊長之有拜禮，蓋自此始。"記曰：族人不敢以其戚戚君，尊君也。蓋亦非一日之致矣。又朝儀條曰："至元初，尚未遑興建宫闕，凡遇稱賀，臣庶皆集帳前，無尊卑貴賤之辨。執法官厭其喧雜，揮杖出逐之，去而復來者數次。翰林承旨王文忠公磐，時兼太常卿，慮將詒笑外國，奏請立朝儀，遂如其言。"元代制作皆起世祖，終不免沐猴而冠，此時則并未知冠，直是沐猴而已矣。又貞烈條言："宋之亡，安定夫人陳氏、安康夫人朱氏，與二小姬沐浴整衣，焚香自縊死。"明日奉聞，世祖命斷其首，懸全后寓所，在己欲其詈人，則在人不能禁其詈己，此理之甚易明者也，而猶不能知，亦沐猴而冠之一端也。

〔六四一〕 度斤、鬱督軍、都尉鞬、烏德鞬

突利南徙度斤舊鎮。胡三省云:“即都斤山,舊沙鉢略所居。”案《新唐書・突厥傳》曰:“可汗建廷都斤山。”薛延陀傳曰:“樹牙鬱督軍山,直京師西北六千里。頡利滅,率其部稍東,保都尉鞬山獨邏水之陰,遠京師纔三千里而贏。”回紇傳曰:“南居突厥故地,徙牙烏德鞬山、昆河之間。”獨邏水,今土拉河。昆河,今鄂爾坤河。都尉鞬山與烏德鞬山,地當相近。烏德鞬爲突厥故地,疑與都斤是一。惟鬱督軍山頗遠。然《延陀傳》又謂“西突厥處羅可汗之殺鐵勒諸酋也,推契苾哥楞爲易勿真莫賀可汗,據貪汗山,奉薛延陀乙室鉢爲野咥可汗。保燕末山。而突厥射匱可汗復强,二部黜可汗號,往臣之。回紇、拔野古、阿跌、同羅、僕骨、白霫在鬱督軍山者,東附始畢可汗。乙室鉢在金山者,西役葉護可汗。”以鬱督軍山與金山對舉,則距土拉、鄂爾坤二河,亦不能甚遠。竊疑都斤、都尉鞬、烏德鞬、鬱督軍均系一音異譯,皆即今之杭愛山;而《新唐書》“直京師西北六千里”之語有譌也。

〔六四二〕 九　　姓

突厥、回紇皆有所謂九姓者,然名同而實不同。《舊唐書・李勣傳》:白道之戰,突厥敗,屯營於磧口,遣使請和。詔鴻臚卿唐儉往赦之。勣與李靖軍會,相與議曰:“頡利雖敗,人衆尚多,若走渡磧,保於九姓,道遥阻深,追則難及;今詔使唐儉至彼,其必弛備;我等隨後襲之,此不戰而平賊矣。”《狄仁傑傳》:仁傑於神功元年入相,上疏論西戍四鎮東戍安東之弊云:“近貞觀年中,克平九姓,册李思摩爲可汗,

使統諸部者，蓋以夷狄叛則伐之，降則撫之，得推亡固存之義，無遠戍勞人之役。”《鐵勒傳》言：延陀之敗，“西遁之衆，共推夷男兄子咄摩支爲可汗，西歸故地，乃去可汗之號，遣使奉表，請居鬱督軍山北。詔兵部尚書崔敦禮就加綏撫。而諸部鐵勒素服薛延陀之衆，及咄摩支至，九姓渠帥莫不危懼；朝議恐爲磧北之患，復令李勣進加討擊。勣率九姓鐵勒二萬騎至於天山。咄摩支見官軍奄至，惶駭不知所爲。且聞詔使蕭嗣業在迴紇中，因而請降。”《突厥傳》：“伏念既破，骨咄禄鳩集亡散，入總材山聚爲羣盗，有衆五千餘人。又抄掠九姓，得羊馬甚多，漸至强盛。”此北突厥之九姓也。其名無可考。《傳》又言：開元三年：“默啜與九姓首領阿布思等戰於磧北，九姓大潰，人畜多死，阿布思率衆來降。四年，默啜又北討九姓拔曳固，戰於獨樂河，拔曳固大敗。默啜負勝輕歸而不設備，遇拔曳固迸卒頡質略於柳林中，突出擊默啜，斬之。”《新唐書》略同，惟無阿布思之名，而云思結等部來降，則阿布思似係思結酋長。《舊唐書·張説傳》：開元八年，“朔方大使王晙誅河曲降虜阿布思等千餘人。時并州大同、横野等軍有九姓同羅、拔曳固等部落，皆懷震懼。説率輕騎二十人，持旌節直詣其部落，宿於帳下，召酋帥慰撫之。九姓感義，其心乃安。”似思結、拔曳固、同羅，皆九姓之一。白眉可汗之死，《新唐書·突厥傳》云：“始突厥國於後魏大統時，至是滅。後或朝貢，皆舊部九姓云。”是阿史那氏雖亡，九姓猶在。突厥緣起，《周書》云：“突厥者，蓋匈奴之别種，姓阿史那氏。别爲部落，後爲鄰國所破，盡滅其族。有一兒，年且十歲；兵人見其小，不忍殺之，乃刖其足，棄草澤中。有牝狼以肉飼之，及長，與狼合，遂有孕焉。彼王聞此兒尚在，重遣殺之。使者見狼在側，并欲殺狼。狼遂逃於高昌國之北山。山有洞穴，穴内有平壤茂草，周回數百里，四面俱山，狼匿其中，遂生十男。十男長大，外託妻孕，其後各有一姓，阿史那卽一也。或云突厥之先出於索國，在匈奴之北。其部落大人曰阿謗步，兄弟十七人。其一曰伊質泥師都，狼所生也。謗步等性并愚癡，國遂被滅。泥師都既别感異氣，能徵召風雨，娶二妻，云是夏神、冬神之女也。一孕而生四男,其一變爲白鴻;其一國於阿輔水、劍水之間,號爲契骨;其一國於處折水;其一居踐斯處折施山,卽其大兒也。山上仍有阿謗步種類,并多寒露,大兒爲出火温養之,咸得全濟,遂共奉大兒爲主,號爲突厥,卽訥都六設也。訥都六有十妻,所生子皆以母族爲姓。阿史那是其小妻之子也。訥都六死,十母子内欲擇立一人,乃相率於大樹下,共爲約曰:向樹跳躍,能最高者,卽推立之。阿史那子年幼而跳最高者,諸子遂奉以爲主,號阿賢設。"《突厥傳》。二説不同,而同以阿史那爲十姓之一,竊疑所謂九姓者,乃彼所以爲阿史那九昆之後者也。西突厥,《舊唐書》本傳云:"其人雜有都陸及弩失畢、歌邏禄、處月、處密、伊吾等諸種,風俗大抵與突厥同,惟言語微差。"都陸亦作咄陸,又作咄六。咥利失之立也,"其國分爲十部,每部令一人統之,號爲十設;每設賜以一箭,故稱十箭焉。又分十箭爲左右廂,一廂各置五箭。其左廂號五咄六部落,置五大啜,一啜管一箭;其右廂號五弩失畢,置五大俟斤,一俟斤管一箭,都號爲十箭。"蓋此十部,直隸可汗,餘皆西遷。後雜處者雖同,曰相雜,仍有親疏之差。《傳》又云:"室點密統領十大首領,有兵十萬衆,往平西域諸胡國,自爲可汗,號十姓部落。"此所率之俱往者。咄六、弩失畢,殆卽其所率之俱往者歟?沙鉢羅可汗時,"統攝咄陸、弩失畢十姓。其咄陸有五啜:一曰處木昆律啜,二曰胡禄居闕啜,三曰攝舍提暾啜,四曰突騎施賀羅施啜,五曰鼠尼施處半啜。弩失畢有五俟斤:一曰阿悉結闕俟斤,二曰哥舒闕俟斤,三曰拔塞幹暾沙鉢俟斤,四曰阿悉結泥孰俟斤,五曰哥舒處半俟斤。"同上。蓋卽此十部落之姓也。此十部雖較歌邏禄、處月、處密、伊吾等爲親,而其非突厥種姓則一。故武后時陳子昂上疏言:"國家能制十姓者,由九姓强大臣服中國也。"《新唐書》本傳。其後西突厥終於不振者,乃由突騎施葛邏禄之强,實卽本與雜居諸族代之而興耳。然則西突厥之九姓,殆與東突厥無異也。此突厥之九姓也。若夫回紇,則《舊唐書》本傳云:"有十一都督,本九姓部落,一曰藥羅葛,卽可汗之姓,二曰胡咄葛,三曰咄羅勿,四曰貊歌息訖，五曰阿勿嘀，此字疑有誤。六曰葛薩，七曰斛嗢素，八曰藥勿葛，九曰奚耶勿。每一部落一都督。破拔悉密，收一部落；破葛邏禄，收一部落；各置都督一人，統號十一部落。每行止鬭戰，常以二客部落爲軍鋒。”《新唐書》九姓之名同，又云：“藥羅葛，回紇姓也，與僕骨、渾、拔野古、同羅、思結、契苾六種相等夷，不列於數。”拔野古、同羅、思結，既皆可擬爲突厥九姓之一，而僕骨、渾、契苾，回紇與之相等夷，則九姓已得其七。薛與延陀本異部，更以益之，豈卽突厥之始所謂九姓者歟？書闕有間，難以質言矣。藥羅葛雖於九姓獨尊，然亦不相殊絶。太和公主之下降也，《舊唐書》謂“九姓相分負其輿，隨日右轉於庭者九”。九姓相，蓋卽九姓都督。又云：“上元元年九月己丑，回紇九姓可汗使大臣俱陸莫達干等入朝奉表起居。”九姓可汗之名，蓋據其所自稱也。《新唐書·回紇傳》言：“德宗立，使中人告喪，且脩好。時九姓胡勸可汗入寇，可汗欲悉師向塞，見使者不爲禮。宰相頓莫賀達干諫，不聽。頓莫賀怒，因擊殺之，并屠其支黨及九姓胡幾二千人，卽自立爲合骨咄禄毗伽可汗，使長建達干從使者入朝。建中元年，詔京兆少尹源休持節册頓莫賀爲武義成功可汗。始回紇至中國，常參以九姓胡，往往留京師，至千人，居貲殖産甚厚。會酋長突董、翳蜜施、大小梅録等還國，裝槖係道，留振武三月，供擬珍豐，費不貲。軍使張光晟陰伺之，皆盛女子以槖。光晟使驛吏刺以長錐，然後知之。已而聞頓莫賀新立，多殺九姓胡人，懼不敢歸，往往亡去，突董察視嚴亟。羣胡獻計於光晟，請悉斬回紇，光晟許之，卽上言回紇非素强，助之者九胡爾，今其國亂，兵方相加，而虜利則往，財則合，無財與利，一亂不振。不以此時乘之，復歸人與幣，是所謂借賊兵，資盜糧也。乃使裨校陽不禮，突董果怒，鞭之。光晟因勒兵盡殺回紇羣胡，收槖它、馬數千，繒錦十萬。”此文以回紇與九姓對舉，似九姓純爲西胡者然。二書列舉九姓，藥羅葛皆與焉，豈不自相矛盾？蓋自默啜之盛，回紇稍引而西，久與羣胡相雜，故其九姓中皆雜有胡人，馴致喧賓奪主，而史家遂逕稱九姓爲九姓胡耳，固非謂其本無區别也。然而回紇西遷之後，雜居之羣胡盛，而本種轉微,則於此可以微窺矣。突厥、回紇皆以得西胡之教道興,亦以染其嗜利之習,寖陵夷衰微,以至於亡,亦北族之龜鑑也。

〔六四三〕 回 文

《元史譯文證補》曰:"回紇稱謂,多本突厥。可汗、可敦、特勒之名無論矣。突厥别部將兵者,皆謂之設。默啜可汗立其子弟爲左廂察、右廂察。毗伽可汗本蕃號爲小殺。而回紇亦有左殺、右殺,分管諸部。曰設,曰察,曰殺,皆譯音之異。骨咄禄可汗及葉護之稱,達干之名,回紇并同突厥。度其言語,或亦多同。突厥文字,不復可考。回紇文字,至今猶存,所謂托忒字體是也。與西里亞文字相仿。泰西人謂唐時,天主教人自西里亞東來傳教,唐人稱爲景教。陝西之《景教碑》,碑旁字兩行,卽西里亞字,此其確證。回紇之有文字,實由天主教人授以西里亞文字之故。此一説也。回紇人自元以後,大率入天方教。而天方文字,本於西里亞。故信教之回人謂蒙古文出於回紇,回紇文出於天方,以歸功於謨罕默德。此又一説也。各私其教,傅會所由,皆屬妄説。竊疑回紇文字,亦本突厥。特無左證,以折異議。"案《北史》謂突厥文字旁行,有類於胡。所謂胡者,西胡,指西域諸國也。丁令族人居西域者甚多,蓋遂受其文字,突厥、回紇皆沿而用之耳。《周書・突厥傳》云:"其徵發兵馬,科税雜畜,輒刻木爲數,并一金鏃箭蠟印封之,以爲信契。"蓋有文字而不甚用也。觀其能於塋屋中圖畫死者形儀及其生時戰陳之狀,則其圖畫已有可觀,必不至不知文字。又《北史・蠕蠕傳》:"無文記。將帥以羊屎麤記兵數。後頗知刻木爲記。"似其文字又受之丁令者。

〔六四四〕 畜牧宜在長城外

《隋書・賀婁子幹傳》:高祖以隴西頻被寇掠,甚患之。彼俗不設村塢，命子幹勒民爲堡，營田積穀，以備不虞。子幹上書曰：隴西河右，土曠民希，邊境未寧，不可廣爲田種，比見屯田之所，獲少費多，虚役人功，卒逢踐暴，屯田疏遠者，請皆廢省。但隴右之民，以畜牧爲事，若更屯聚，彌不獲安，祇可嚴謹斥候，豈容集人聚畜，請要路之所，加以防守，但使鎮戍連接，烽堠相望，民雖散居，必謂無慮。高祖從之。案邊緣之地，每苦游牧部族之侵略，屯兵守圉，費大勞多，發兵攻之，則彼遠走高飛，不可得而跡，此歷代之所大患也。今若於緣邊之地，皆興畜牧之利，而於其内爲之堅城深池，則我之長技與彼同，不徒不患其侵略，且可乘間出擊，懲創之矣。彼若大舉，我可於堅城之内，更設牧場，驅民入保，是畜牧於長城之外，所以爲長城衛，而長城又所以爲畜牧之衛也。兼華夷之長技而用之，既不如歷代緣邊，慘遭殺略，亦不致如匈奴遇漢兵深入，奔走，有孕重墮殰之苦矣，此安邊之至計也。屠敬山先生屢遊蒙古，常云：制北之策，無逾於秋高時焚其牧草，我無折傷，使彼自斃，劉仁恭所以能制契丹也。我以是施於彼，彼亦可以是施於我，則制敵又當在牧地之外，先發以創之，如彼此相安，則又宜各守疆界，通工易事，漸以化之也。

〔六四五〕　吐蕃緣起

吐蕃緣起，《新舊唐書》之説不同，《舊唐書》云："其種落莫知所出也，或云南涼禿髮利鹿孤之後也。利鹿孤有子曰樊尼，及利鹿孤卒，樊尼尚幼，弟傉檀嗣位，以樊尼爲安西將軍。後魏神瑞元年，傉檀爲西秦乞佛熾盤所滅，樊尼招集餘衆，以投沮渠蒙遜，蒙遜以爲臨松太守。及蒙遜滅，樊尼乃率衆西奔，濟黄河，逾積石，於羌中建國，開地千里。樊尼威惠夙著，爲羣羌所懷，皆撫以恩信，歸之如市。遂改姓爲窣勃野，以禿髮爲國號，語訛謂之吐蕃　。其後子孫繁昌，又侵伐不息，土宇漸廣。歷周及隋，猶隔諸羌，未通於中國。"《新唐書》云："吐蕃本西羌屬，蓋百有五十種，散處河湟、江岷間；有發羌、唐旄等，然未始與中國通。居析支水西。祖曰鶻提勃悉野，健武多智，稍并諸羌，據其地。蕃、發聲近，故其子孫曰吐蕃，而姓勃窣野。或曰南涼禿髮利鹿孤之後，二子，曰樊尼，曰傉檀。傉檀嗣，爲乞佛熾盤所滅。樊尼挈殘部臣沮渠蒙遜，以爲臨松太守。蒙遜滅，樊尼率兵西濟河，逾積石，遂撫有羣羌云。"《舊唐書》之窣勃野，窣勃二字，當係誤倒。二書所説實同，惟《新唐書》析出於西羌與出於南涼之説爲二，謂其姓及部族之名，皆爲羌所固有；《舊唐書》則合二説爲一，謂姓爲樊尼所改，部族之名，爲禿髮音轉耳。衡量二説，自以《新唐書》爲是。何者？羌人本以父名母姓爲種號，德宗時，吐蕃贊普乞立贊，《新唐書》云"姓户盧提氏"，或亦如研種之後更號燒當，非必易姓。若禿髮氏則久漸漢化，未必更沿此習，且逋播之餘應有也。淪亡之痛，正當睠念宗邦，何故忽焉改姓，一也。五胡之漸染漢化者，雖或失其所據，亦未必遂即於夷，觀沮渠、無諱等輾轉西域時可知。禿髮氏即或不逮，亦何至遂亡其祖，而後奔亡之跡，開拓之功，一無省記，徒令後人爲傳疑不審之辭乎？二也。河湟小族，通於中國者多矣，開地千里，在彼中已爲泱泱大風，何乃不思款塞？況其侵伐不息，則異族之受其侵擾者必多，縱令幣贄不通，亦豈傳聞無自？三也。然則樊尼建國羌中，其事庸或可有，而其後必已寖微，絶與吐蕃無涉也。《新唐書》下文云："其後有君長曰瘕悉董摩，董摩生佗土度，佗土生揭利失若，揭利生勃弄若，勃弄生詎素若，詎素生論贊索，論贊生棄宗弄贊。"其後之"其"字，當指鶻提勃悉野而言。此説與前第一説，當即採自一書，文本相承，子京次序不審，中間以述吐蕃法俗之語，遂使後人不知董摩究爲誰後耳。此則文士之不可以脩史也。

《舊唐書》云："其國都城號爲邏些城。"《新唐書》云："其贊普居跋布川，或邏娑川。"邏娑即邏些，其城蓋在川側。《新唐書·地理志》："邏些在東南，距農歌二百里。又經鹽池、暖泉、江布靈河，百一十里渡姜濟河，經吐蕃墾田，二百六十里至卒歌驛。乃渡臧河，經佛堂，百八十里至勃令驛鴻臚館，至贊普牙帳，其西南跋布海。"見鄯州下。跋布海蓋跋布川之所入也。邏些蓋卽今之拉薩。長慶初，劉元鼎使吐蕃，《舊唐書》云："初見贊普於悶懼盧川，蓋贊普夏衙之所。其川在邏娑川南百里，臧河之所流也。"《新唐書》作悶怛盧川，又曰："河之西南，地如砥，原野秀沃，夾河多檉柳，山多柏。度悉結羅嶺，鑿石通車，逆金城公主道也。至麋谷，就館臧河之北川，贊普之夏牙也。"此更在邏些之表，逆金城公主經此，則棄宗弄讚已居之矣。然其初疆則不在此，卽後來亦恒居此。《舊唐書》云："吐蕃在長安之西八千里。"《新唐書》同。似可指拉薩。然《新唐書》又云："距鄯善五百里。"此豈拉薩地邪？惟析支、積石，乃與相當耳。沙州之爲唐守也。贊普徙帳南山，使尚綺心兒攻之。南山者，祁連山也。苟贊普恒居拉薩，豈有因攻一殘破之州，遠跡至此者乎？達摩之亂，史言其國中地震裂，水泉湧，岷山崩，洮水逆流，鼠食稼，人饑疫，死者相枕藉，鄯、廓間夜聞鼙鼓聲，人相驚。然則岷山之於吐蕃，猶沙麓之在晉，洮水猶伊洛之在周，鄯、廓乃正其東鄙耳。《新唐書》又云："渾末，亦曰嗢末，吐蕃奴部也。虜法，出師必發豪室，皆以奴從，平居散處耕牧。及恐熱亂，無所歸，共相嘯合數千人，以嗢末自號，居甘、肅、瓜、沙、河、渭、岷、廓、疊、宕間，其近蕃牙者最勇，而馬尤良云。"奴之耕牧，必邇其主。然則吐蕃豪，正在此諸州之間，蕃牙亦當在是也。恐熱自稱舉義兵，其攻思羅乃在渭州，又力攻鄯州之尚婢婢，蓋正以其地近蕃牙。若乞離胡亦居邏娑，則思羅、婢婢皆疆埸之臣，不必以爲先務矣。《舊唐書》云邏些城"屋皆平頭，高者至數十尺。貴人處於大氊帳，名爲拂廬。"《新唐書》云："有城郭廬舍不肯處，聯毳帳以居，號大拂廬，容數百人，其衛候嚴，而牙甚隘。部人處小拂廬。"貴人、部人，皆外來游牧之族；居平頭屋者，則其地之土著。有城郭廬舍而不居，其遷徙往來自易。然則吐蕃者，析支水西之羌，南牧至今雅魯藏布江者耳。正猶起丹淅之會，蓽路藍縷，以啓山林，終至江陵、秭歸也。

《新唐書・吐蕃傳》云："婦人辮髮而縈之。"此固羌俗。又云："婦人無及政。"亦與東女之以女爲君者不同，足證其起青海，非起西藏。其信佛教,亦後起之事。《新唐書》又云:"其俗重鬼右巫,事羱羝爲大神。喜浮屠法,習呪詛,國之政事,必以桑門參決。"乃綜其前後言之,非其初卽如是也。張鎰之盟尚結贊也,盟畢,結贊請鎰就壇之西南隅佛幄中焚香爲誓,《舊唐書·吐蕃傳》。此在德宗貞元四年。其遣使求五台山圖,《舊唐書·本紀》及《吐蕃傳》。則在穆宗長慶四年。《新唐書·吐蕃傳》:憲宗元和五年,"以祠部郎中徐復往使,并賜鉢闡布書。鉢闡布者,虜浮圖與國事者也,亦曰鉢掣逋。"劉元鼎之見贊普,鉢掣逋立於右。亦皆中晚唐時事,開元、天寶中,猶不聞有是也。

吐蕃兵力,在河湟、青海間者,實遠較其在西域爲强。王孝傑能取四鎮,而素羅汗山之戰,不免敗績,其明證也。欽陵之擾亂中原,何所不至,然素羅汗山戰後,復遣使來請和,不過爲好語,求罷四鎮戍兵,索分十姓之地而已。武后使郭元振往察之,元振請要其歸青海及吐渾舊封以相易,可謂深協機宜。蓋度欽陵之必不能許,而欽陵亦竟不能以兵力取之,則由其距西域遠,鞭長莫及也。若其腹心之地在今拉薩,則其距河湟、青海亦遠,其爲患,必不能如是之深矣。

原刊一九四八年七月二十二日《東南日報》

〔六四六〕 唐代吐蕃兵力

《舊唐書·陸贄傳》:贄於德宗時,上疏論兵事曰:"今四裔之最强盛爲中國甚患者,莫大於吐蕃。舉國勝兵之徒,纔當中國十數大郡而已,其於内虞外備,亦與中國不殊,所能寇邊,數則蓋寡。"此非虚言也。《郭子儀傳》:子儀於大曆九年入朝,召對延英,言"今吐蕃充斥,勢强十倍。兼河隴之地,雜羌渾之衆。"然語其兵數,則亦不過曰"近入内地,稱四節度,每將盈萬,每賊兼乘數匹"而已。《韓滉傳》:貞元二年,"滉上言吐蕃盜有河湟,爲日已久,大曆已前,中國多難,所以肆其侵軼。臣聞其近歲已來,兵衆寖弱,西迫大食之强,北病回紇之衆,東有南詔之防,計其分鎮之外,戰兵在河隴者,五六萬而已。"而其明年,入蕃使崔翰奏:於蕃中誘問給役者,求蕃國人馬真數,云凡五萬九千餘人,馬八萬六千匹,可戰者僅三萬人,餘悉老幼。《德宗紀》。案此文亦見《吐蕃傳》,崔翰作崔澣。馬八萬六千匹,作八萬六千餘匹。餘悉老幼,作餘悉童幼,備數而已。徒循其名,未覈其實也。此固其在河隴兵數,非其舉國兵數,然亦雜羌、渾等衆,非盡其本族人也。

吐蕃之寡如此,而能爲中國甚患者,以其所裹脅之雜種多也。《舊唐書・吐蕃傳》云,大曆十一年,劍南節度使崔甯破吐蕃四節度兼突厥、吐渾、氐、蠻、羌、党項等二十餘萬衆。《新唐書・南詔傳》云,貞元十七年,韋臯將杜毗羅破吐蕃,康、黑衣大食等皆降。摟突厥以寇西川,率康、大食而犯南詔,其用之可謂竭其力矣。神川之敗,乃由其與回鶻争北庭,死傷衆,而欲徵萬人於異牟尋,亦猶是矣。

惟患寡也,故其用兵專以俘掠爲務。貞元三年五月平涼劫盟之後,率羌、渾之衆犯塞,遣羌、渾之衆衣漢戎服,僞稱邢君牙之衆,代李晟節。奄至吴山及寶鶏北界,焚燒廬舍,驅掠人畜,百姓丁壯者驅之以歸,羸老者咸殺之,或斷手鑿目,棄之而去。九月,吐蕃大掠汧陽、吴山、華亭等界人庶男女萬餘口,悉送至安化峽西,將分隸羌、渾等。乃曰:"從爾輩東鄉哭辭鄉國。"衆遂大哭,一慟而絶者數百人,投崖谷死傷者千餘人。攻陷華亭,虜士衆十三四,收丁壯,棄老而去。北攻連雲堡,又陷之,驅掠其衆及邠、涇編户逃竄山谷者,并牛畜萬計,悉其衆送至彈箏峽。四年五月,三萬餘騎犯塞,分入涇、邠、甯、慶、麟等州,焚彭原縣廨舍,所至燒廬舍,人畜没者約二三萬計。先是,吐蕃入寇,恒以秋冬,及春則多遇疾疫而退。是來也,方盛暑,而無患,蓋華人陷者,厚其資産,質其妻子,爲戎虜所將而侵軼焉。《舊唐書・吐蕃傳》。《本紀》云:"吐蕃入寇以秋冬,今盛暑而來,華人陷蕃者道之也。"措辭不如《吐蕃傳》之審。徒道之,不能免其疾疫也。此可見其兵之不出本族者多也。以華人而轉爲所劫質，來爲寇賊，率其子弟，攻其父母，豈不哀哉！然爲所劫質者，固未嘗自忘其國也。《新唐書·吐蕃傳》言：沙州之陷也，"州人皆胡服臣虜，每歲時祀父祖，衣中國之服，號慟而藏之。"此卽香山《新樂府》所云"惟許正朝服漢儀，斂衣整巾潛淚垂"者。又云："誓心密定歸鄉計，不使蕃中妻子知。暗思幸有殘筋力，更恐年衰歸不得。蕃候嚴兵鳥不飛，脱身冒死奔逃歸。晝伏宵行經大漠，雲陰月黑風沙惡。驚藏青冢寒草疏，偷渡黄河夜冰薄。忽聞漢軍鼙鼓聲，路旁走出再拜迎。遊騎不聽能漢語，將軍遂縛作蕃生。配向江南卑溼地，料無存恤空防備。念此吞聲仰訴天，若爲辛苦度殘年。涼原鄉井不得見，胡地妻兒虚棄捐。"宣宗大中四年，沙州首領張義潮以瓜、沙、伊、肅、鄯、甘、河、西、蘭、岷、廓十一州歸，《新唐書·吐蕃傳》記其事曰："始義潮陰結豪英歸唐，一日，衆擐甲譟州門，漢人皆助之，虜守者驚走，遂攝州事，繕甲兵，耕且戰，悉復餘州。"相與戮力者，猶漢人也。《新唐書》又述長慶中劉元鼎爲盟會使入蕃事云："踰成紀、武川，抵河廣武梁，故時城郭未隳，蘭州地皆秔稻，桃李榆柳岑蔚，户皆唐人，見使者麾蓋，夾道觀。至龍支城，耋老千人拜且泣，問天子安否，言頃從軍没於此，今子孫示忍忘唐服，朝廷尚念之乎？兵何日來？言已皆嗚咽。密問之，豐州人也。"香山《新樂府》又詠《西涼伎》曰："貞元邊將愛此曲，醉坐笑看看不足，娱賓犒士宴監軍，師子胡兒長在目。有一征夫年七十，見弄《涼州》低面泣。泣罷斂手白將軍，主憂臣辱昔所聞。自從天寶兵戈起，犬戎日夜吞西鄙，涼州陷來四十年，河隴侵將七千里。平時安西萬里疆，今日邊防在鳳翔；緣邊空屯十萬卒，飽食温衣閒過日。遺民腸斷在涼州，將卒相看無意收，天子每思常痛惜，將軍欲説合慚羞。奈何仍看西涼伎，取笑資歡無所媿，縱無智力未能收，忍取《西涼》弄爲戲。"遺民腸斷，其如將帥之不知媿恥何？工部詩："安得廉恥將，三軍同晏眠。"恥一作頗。顧亭林謂以作恥爲長。雖武夫，則以知恥爲本，豈不重可念哉？貞元十七年七月，吐蕃寇鹽州，又陷麟州，殺刺史郭鋒，毁城隍，大掠居人，驅党項部落而去。次鹽州西九十里横槽烽頓軍，呼延州僧延素輩七人，稱徐舍人召。其火隊吐蕃没勒，遽引延素等疾趨至帳前，皆馬革梏手，毛繩縲頸，見一吐蕃年少，身長六尺餘，赤髭大目，乃徐舍人也。命解縛，坐帳中，曰："師勿懼，余本漢人，司空英國公五代孫也。屬武后斲喪王室，高祖建義中泯，子孫流播絶域，今三代矣。雖代居職位，世掌兵要，思本之心無涯，顧血族無由自拔耳。此蕃、漢交境也，復九十里至安樂州，師無由歸東矣。又曰：余奉命率師備邊，因求資食，遂涉漢疆，展轉東進，至麟州，城既無備，援兵又絶，是以拔之，知郭使君是勳臣子孫，必將活之，不幸爲亂兵所害。適有飛鳥使至，飛鳥，猶中國驛騎也，云術者上變，召軍亟還，遂歸之。《舊唐舊·吐蕃傳》。斯人可謂有丘首之思矣。然君子之澤，五世而斬，終不見拔，亦安能不化爲異類哉？"

或曰：吐蕃之所以雄張者，以其人雖少而皆强悍善戰也。《舊唐書》述其俗云：其人"弓劍不離身。重壯賤老，母拜於子，子倨於父，出入皆少者在前，老者居其後。軍令嚴肅，每戰，前隊皆死，後隊方進。重兵死，惡病終。累代戰没，以爲甲門。臨陣敗北者，懸狐尾於其首，表其似狐之怯，稠人廣衆，必以徇焉，其俗恥之，以爲次死"。夫其激厲其民如此，其民安得不死不旋踵？一夫善射，百夫决拾，一人致死，萬夫莫當。况於舉國如此乎？是則魏元忠言之矣。元忠之言曰："凡人識不經遠，皆言吐蕃戰，前隊盡，後隊方進，甲堅騎多，而山有氛瘴，官軍遠入，前無所獲，不積穀數百萬，無大舉之資。臣以爲吐蕃之望中國，猶孤星之對太陽，有自然之大小、不疑之明暗，夷狄雖禽獸，亦知愛其性命，豈肯前盡死而後進哉？由殘迫其人，非下所願也。必其戰不顧死，則兵法許敵能鬬，當以智算取之。何憂不克哉！向使將能殺敵，横尸蔽野，斂其頭顱以爲京觀，則此虜聞官軍鐘鼓，望塵卻走，何暇前隊皆死哉！自仁貴等覆師喪氣，故虜得跳梁山谷。又師行必藉馬力，不數十萬，不足與虜争。臣請天下自王公及齊人挂籍之口，人税百錢；又弛天下馬禁，使民得乘大馬，不爲數限，官籍其凡，勿使得隱，不三年，人間畜馬可五十萬，即詔州縣以所税口錢市之，若王師大舉,一朝可用。且虜以騎爲强,若一切使人乘之,則市取其良,以益中國,使得漸耗虜兵之盛,國家之利也。”《新唐書》本傳。然則虜使其民,豈遂足以爲强乎?況其所劫而用之者,又不皆本族人哉?棄宗弄讚之寇松州也,衆號二十萬。此固爲虚辭,然在破吐渾、党項及白蘭諸羌之後,又本摟羊同以來,其數亦必不寡,然牛進達之師,纔以前鋒撓之,即懼而卻走矣。亦由其所裹脅者,多異族人,不爲之用故也。不特此也,强徵異國之兵,又足以激其怨叛,其於南詔即是也。《舊唐書·郭元振傳》:元振於神龍中疏論阿史那忠節欲引吐蕃以擊娑葛事,曰:“往者吐蕃所争,惟論十姓、四鎮,國家不能捨與,所以不得通和。今吐蕃不相侵擾者,不是顧國家和信不來,直是其國中諸豪及泥婆羅門等屬國自有攜貳。故贊普躬往南征,身殞寇庭,國中大亂,嫡庶競立,將相争權,自相屠滅。兼以人畜疲癘,財力困窮,人事天時,俱未稱愜。所以屈志,且共漢和。”國中大亂,未必非贊普南征不反召之。贊普之南征不反,則國中諸豪及屬國之攜貳致之;國中諸豪及屬國之攜貳,恐亦用其力太過,有以召之也。然則虐用其民者,又足以爲强乎!以欲從人則可,以人從欲鮮濟,其分崩離析,可立而待也。此以其人論也。以其械器論,則《新唐書·吐蕃傳》云:“其鎧胄精良,衣之周身,竅兩目,勁弓利刃,不能甚傷。”此即魏元忠所云之凡人所以稱其甲堅。然陸贄則謂其器非犀利,甲不堅完,蓋凡人徒見其制之新異而稱之,實亦未足深恃也。此制,宋時之西夏尚如此,固不聞宋人以爲足畏。惟其馬多,則係事實。郭子儀誇稱開元、天寶中朔方戎備之盛,曰:“戰士十萬,戰馬三萬。”馬數才當人數什三,而吐蕃入寇,則人兼乘數四矣。子儀自云:“所統將士,不當賊四分之一,所有征馬,不當賊百分之二。”是則十餘人纔得一馬耳。走不逐飛,其爲不敵,無待言矣。何以致之,曰:不脩馬復之令,且禁民乘大馬。然則士之不足,人爲之乎?自爲之乎?故曰:國必自伐,而后人伐之。雖然,好侵伐人者,果其民皆願欲之乎?抑亦黷武者殘迫其人,非下所願也。吐蕃之大爲中國患,一在高宗、武后之世,一在德宗之時;若玄宗時之兵釁，則可謂啓自吐蕃，亦可謂啓自中國。肅、代時河隴之陷，則承玄宗時兵事而然，抑爲僕固懷恩所誘，不能專責吐蕃也。高宗、武后時之邊禍，禄東贊父子爲之；德宗時之兵禍，則尚結贊實爲之。尚結贊專權禍國，見貞元九年南詔遺韋皋書，載《新唐書・南詔傳》。韋皋臺登之捷，殺其青海大酋乞臧遮遮，實爲尚結贊之子，見《新唐書・韋皋傳》。足見南北兵釁，皆其一家所爲，正猶禄東贊之有欽陵贊婆也。苟非此等權臣擅國之時，脩好尋盟之使，固亦相繼於道。然則孰爲好戰者可見矣。一二人豈能驅迫千萬人，雖有貴爵以激厲之，亦豈能以杞柳爲杯棬乎？

原刊一九四八年十二月六日《東南日報》

〔六四七〕 四　　鎮

《舊唐書・龜兹傳》云："太宗既破龜兹，移置安西都護府於其國城，以郭孝恪爲都護，兼統于闐、疏勒、碎葉，謂之四鎮。高宗嗣位，不欲廣地勞人，復命有司棄龜兹等四鎮，移安西依舊於西州。其後吐蕃大入，焉耆已西四鎮城堡，并爲賊所陷。則天臨朝，長壽元年，武威軍總管王孝傑、阿史那忠節大破吐蕃，克復龜兹、于闐等四鎮。自此復於龜兹置安西都護府，用漢兵三萬人以鎮之。"《新唐書・龜兹傳》辭雖異而事則同，惟於焉耆已西四鎮之没，明著其在儀鳳時；又孝傑之復四鎮，不舉龜兹、于闐之名，但云復四鎮地而已。《本紀》亦但渾言之曰"克四鎮"。然《舊唐書・本紀》則詳言之曰"復龜兹、于闐、疏勒、碎葉鎮"。似四鎮之爲龜兹、于闐、疏勒、碎葉，未嘗變也。然兩書《龜兹傳》皆言焉耆已西四鎮，又似焉耆實爲四鎮之一者。今案四鎮之廢，實在咸亨元年，《舊紀》云："吐蕃寇陷白州等一十八州，又與于闐合衆襲龜兹撥换城，陷之。罷安西四鎮。"《新唐書》云："吐蕃陷龜兹撥换城。廢安西四鎮。"《通鑑》則云：吐蕃陷西域十八州，又與于闐襲龜兹撥换城，陷之。罷龜兹、于闐、焉耆、疏勒四鎮。則是時四鎮之一，確爲焉耆而非碎葉矣。果何時改置邪？長壽元年之役，《通鑑》云："西州都督唐休璟請復取龜兹、于闐、疏勒、碎葉四鎮，敕以孝傑爲武威軍總管，與武備大將軍阿史那忠節將兵擊吐蕃。"則其時之四鎮，又爲碎葉而非焉耆，又何時改置乎？是時四鎮皆屬吐蕃，中國又安得以空文改置，此彌可惑也。今案兩書《地理志》，列舉四鎮都督府之名，皆曰龜兹、毗沙、即于闐。疏勒、焉耆；而《新唐書》於焉耆都督府注云："有碎葉城。"則四鎮各有所屬城堡，在其屬境之内，治所或有變置，仍據其原來治所言之，故焉耆一鎮，或曰焉耆，或曰碎葉也。其國城或理於碎葉，從其所理而言之也。

《新唐書·焉耆傳》："開元七年，龍嬾突死，焉吐拂延立。於是十姓可汗請居碎葉，安西節度使湯嘉惠表以焉耆備四鎮。詔焉耆、龜兹、疏勒、于闐征西域賈，各食其征；由北道者輪臺征之。"此時鎮城，蓋復自碎葉移於焉耆也。

〔六四八〕康　里

康里，《元祕史》作康鄰。西史謂亦突厥族。其地在鹹海之北，西抵黑海。大食哈里發愛其勇悍，多募爲兵。數傳而後，遂跋扈，哈里發之廢立，亦操其手。花剌子模王阿剌哀丁謨罕默德有兵四十萬，皆康里人。王母亦康里部酋女。王母以康里人爲將，權與王埒。諸將亦倚王母，不聽令。成吉思西征時，花剌子模所以一敗塗地者，由其威權素奪，不可以御大敵也。蒙古西征，由訛打剌城主殺蒙古西行之人。城主，王母之弟也。《元史》之克列部，或曰即康里轉音。其族本居欠欠州。即謙河流域。在今唐努烏梁海境。詳見《元史譯文證補·西北地附録釋地下》、《吉利吉思撼合納謙州益蘭州等處》條。至王罕，乃徙土兀拉沐漣。今土拉河。王罕爲成吉思父執。成吉思初起時，東征西討，嘗與合兵。後以王罕子你勒合與成吉思有隙，乃至構兵，爲成吉思所滅。

〔六四九〕 西山八國

唐中葉後，西南内附諸戎落，有所謂西山八國者。其事始於貞元九年韋皋之出師西山，皋因此加統押西山八國使名。其後爲劍南西川節度使，若以副大使兼節度事者，率兼此名不替。如元和元年之高崇文，大中十一年之白敏中，光化三年之王建皆是，皆見《舊唐書》本紀。使名之仍舊，固不足證藩屬之長存，然《新唐書・路巖傳》，述巖爲劍南西川節度時，仍有西山八國來朝之事，其時已在咸通中，則八國之服屬確頗久。吐蕃之猾夏，初非由其種姓之强，實由西北夷落爲所脅服者衆。貞元以後，吐蕃固已就衰，不能大爲邊患，然其所以就衰，亦以爲所脅制者稍卽攜離之故，若是乎韋皋招撫之功，亦不可没也。然此八國究爲何國，至今仍有疑義，此則不能不歎史文之闕佚矣。今試裒録諸史之文，略志所疑如下。

《舊唐書・東女傳》："貞元九年七月，其王湯立悉與哥鄰國王董卧庭、白狗國王羅陁忽、逋租國王弟鄧吉知、南水國王姪薛尚悉囊、弱水國王董辟和、悉董國王湯息贊、清遠國王蘇唐磨、咄霸國王董藐蓬，各率其種落詣劍南西川内附。其哥隣國等皆散居山川。弱水王卽國初女國之弱水部落。其悉董國在弱水西，故亦謂之弱水西悉董王。舊皆分隸邊郡，祖、父例授將軍、中郎、果毅等官；自中原多故，皆爲吐蕃所役屬。其部落，大者不過三二千户，各置縣令十數人理之。土有絲絮，歲輸於吐蕃。至是悉與之同盟，相率獻款，兼齎天寶中國家所賜官誥共三十九通以進。西川節度使韋皋處其衆於維、霸、保等州，給以種糧耕牛，咸樂生業。立悉等數國王自來朝，召見於麟德殿。授立悉銀青光禄大夫、歸化州刺史；鄧吉知試太府少卿兼丹州長史；薛尚悉囊試少府少監兼霸州長史；董卧庭行至綿州卒，贈武德州刺史，命其子利囉爲保寧都督府長史，襲哥隣王。立悉妹乞悉漫頗有才智，從其兄來朝，封和義郡夫人。其大首領董卧卿等，皆授以官。俄又授女國王兄湯厥銀青光禄大夫、試太府卿；清遠王弟蘇歷顛銀青光禄大夫、試衛尉卿；南國王疑當作南水國王，奪“水”字。薛莫庭及湯息贊、董藐蓬，女國唱後湯拂庭、美玉鉢、南郎唐，此十一字或有譌誤。并授銀青光禄大夫、試太僕卿。其年，西山松州生羌等二萬餘户，相繼内附。其黏信部落主董夢葱，龍諾部落主董辟忽，皆授試衛尉卿。立悉等并赴明年元會訖，錫以金帛，各遣還。尋詔加韋皋統押近界羌、蠻及西山八國使。其部落代襲刺史等官，然亦潛通吐蕃，故謂之兩面羌。”案乞悉漫云從兄來朝，則其國雖以女爲稱，而湯立悉實係男子，必與女弟偕來者；豈其國法實當以女爲王，湯立悉實係攝位，若魯之隱、桓歟？史文闕略，難以質言矣。女與哥隣等國凡九，云悉與之同盟，似乎女國實爲盟主，而其地位特尊。《德宗本紀》：貞元十二年十二月癸未，回紇、南詔、劍南、西山國、女國王并來朝賀。“西山”之下，儻奪“八”字，則女國亦叙於八國之外，此説可無疑矣。然或“西山國”之“國”爲衍字，而“西山女國”四字連文，則此説又難遽定也。《新唐書·南詔傳》，異牟尋詔書韋皋，述吐蕃之暴有云：“西山女王，見奪其位。”西山女王可連稱，則女國亦得冠以西山兩字也。

《新唐書·東女傳》：“貞元九年，其王湯立悉與白狗君及哥隣君董卧庭、逋租君鄧吉知、南水君薛尚悉曩、弱水君董避和、悉董君湯息贊、清遠君蘇唐磨、咄霸君董藐蓬，皆詣劍南韋皋求内附。其種散居西山、弱水，雖自謂王，蓋小小部落耳。自失河隴，悉爲吐蕃羈屬，部數千户，輒置令，歲督絲絮。至是猶上天寶所賜詔書。皋處其衆於維、霸等州，賜牛、糧，治生業。立悉等入朝，差賜官禄。於是松州羌二萬口相踵入附。立悉等官刺史，皆得世襲，然陰附吐蕃，故謂兩面羌。”案此文無白狗君之名，維、霸、保三州缺保州，其爲傳寫奪落，抑子京疏漏，無從知之。其甚謬者，鄧吉知、薛尚吉曩，不著其爲王之弟姪，而逕稱爲君，與餘六國同，恐不容諉於鈔胥矣。董卧庭，唐命其子襲王，明當時有王之稱，無君之號，而子京於八國皆稱爲君，豈以其爲小小部落，名實不副而黜之歟？歷來稱帝稱王，名實不副者多矣，可盡黜歟？女國較之八國，未必特大，獨仍王稱，抑又何歟？

《舊唐書·德宗本紀》，貞元九年七月，"劍南西川羌女國王楊立志、哥隣王董卧庭、白狗王羅陀忩、弱水王董避和、逋租王弟鄧告知、南水王姪尚悉曩等六國君王，自來朝貢。六國初附吐蕃，韋皋出西山討吐蕃，故六蠻内附，各授官敕遣之。"案此文楊立志，羅陀忩、鄧告知之名，皆與《東女傳》異，證以武德初東女之王爲湯滂氏，垂拱時所遣之使爲湯劍左，似乎楊當作湯。《通鑑》羅陀忩作羅陀忽，亦似忽爲譌文，忩爲正字。若悉與志，吉與告，則未能知其孰是也。薛尚悉曩但云尚悉曩者，吐蕃國法，不呼本姓，但王族則曰論，官族則曰尚，疑尚悉曩爲其役屬吐蕃時之稱，薛則其本姓也。四國之王親行，二國但遣弟姪，概云自來，似欠分别。豈君、王二字，王指其國主，而君指其弟姪歟？

又十一年九月丁巳，加韋皋統押近界諸蠻及山西八國、雲南安撫等使。案《本紀》，皋加統押八國使名，始見於此，觀下引《通鑑》，乃知其非始於此也。山西，疑當作西山。

又《韋皋傳》："九年，朝廷築鹽州城，慮爲吐蕃掩襲，詔皋出兵牽維之。乃命大將董勔、張芬出西山及南道，破峨和城、通鶴軍。吐蕃南道元帥論莽熱率衆來援，又破之，殺傷數千人，焚定廉城。凡平堡柵五十餘所，以功進位檢校右僕射。皋又招撫西山羌女、訶陵、白狗、逋租、弱水、南王等八國酋長，入貢闕廷。十一年九月，加統押近界諸蠻、西山八國兼雲南安撫等使。"案此文哥隣作訶陵，夷語無正字也。南王疑當作南水。雖云八國，實止有六，其名皆與《本紀》同，蓋此六國之王，或身入朝，或遣弟姪，餘國當時實未來也。

《新唐書·韋皋傳》："九年，天子城鹽州，策虜且來橈襲，詔皋出師牽維之。乃命大將董勔、張芬出西山、靈關，破峨和、通鶴、定廉城，踰的博嶺，遂圍維州，搏棲雞，攻下羊溪等三城，取劍山屯焚之。南道元帥論莽熱來援，與戰，破其軍，進收白岸，乃城鹽州。詔皋休士，以功爲檢校尚書右僕射、扶風縣伯。於是西山羌女、訶陵、南水、白狗、逋租、弱水、清遠、咄霸八國酋長，皆因皋請入朝。乃遣幕府崔佐時由石門趣雲南，而南詔復通。石門者，隋史萬歲南征道也。天寶中，鮮于仲通下兵南溪，道遂閉。至是，蠻逕北谷，近吐蕃，故皋治復之。繇黎州出邛部，直雲南，置清溪關，號曰南道。乃詔皋統押近界諸蠻、西山八國、雲南安撫使。”案此文述皋招撫諸國，略因舊傳之文。觀哥鄰亦作訶陵可知。益清遠、咄霸而無悉董。云因皋請入朝，而不曰來朝，則似當時請朝者八國，卽來者六國，而悉董獨後者。西山八國中，其無悉董歟？然觀《舊唐書・東女傳》，則當時授官，所闕者乃弱水而非悉董，則又未可遽定也。

《通鑑》貞元九年七月，“劍南西山諸羌女王湯立志、哥隣王董卧庭、白狗王羅陀忽、弱水王董辟和、南水王薛莫庭、悉董王湯悉贊、清遠王蘇唐磨、咄霸王董邈蓬及逋租王，先皆役屬吐蕃，至是各率衆内附。韋皋處之於維、保、霸州，給以耕牛種糧。立志、陀忽、辟和入朝，皆拜官，厚賜而遣之。”案此文與《舊唐書・本紀》，或當同本實録；彼作劍南西川羌，此作西山，恐當以此爲是。諸國王之名，無可考者，獨一逋租耳。

又十年，“春，正月，劍南西山羌、蠻二萬餘户來降。詔加韋皋押近界羌、蠻及西山八國使。”十一年，“九月丁巳，加韋皋雲南安撫使。”案《舊唐書・本紀》，韋皋統押近界諸蠻及西山八國、雲南安撫使名，首見於貞元十一年九月，新舊《唐書・韋皋傳》，皆與之同。觀《通鑑》此條及《舊唐書・東女傳》，乃知使名之加，非一時事。所謂近界羌、蠻者，指黏 信、龍諾言之，西山八國，自指女、哥隣、白狗、逋租、南水、弱水、悉董、清遠、咄霸九國中之八。至雲南安撫，則因南詔之來服而加。新舊《唐書・皋傳》，皆并叙其招撫西山諸國及南詔之功，故不加分别而總書之。《舊唐書・本紀》不書十年正月加皋使名之事，則自係漏略也。八國，《通鑑》十年胡《注》云：“卽前女王、哥隣等。弱水最弱小，不得豫八國數。”未知何據。《舊唐書・東女傳》云：“弱水王，卽國初女國之弱水部落。"案《隋書·附國傳》云:"有嘉良夷,即其東部,所居種姓自相率領,土俗與附國同。附國有二萬餘家,政令自王出。嘉良夷政令繫之酋帥。"似嘉良夷雖不純臣於附,仍有等級之分。弱水之於女國亦然,故九國同來,授官獨不之及,而統押之使,亦不之齒,若古附庸之不達於天子歟?胡氏讀書極博,其語必有所據,惜乎其言之不詳也。

原刊一九四九年三月六日《東南日報》

〔六五〇〕女　國

唐時女國,人皆知其有二,而不知其實有三焉。蓋今後藏地方有一女國,四川西境,又有一女王,新舊《唐書》之《東女傳》,皆誤合爲一也。

《女國列傳》,始於《隋書》,云在葱嶺之南。又其《于闐傳》云"南去女國三千里"。《北史》皆同。《大唐西域記》:東女,在婆羅吸摩補羅北大雪山中,東接土蕃,北接于闐,西接三波訶多。其地明在今後藏。《舊唐書·東女傳》云:"東與茂州、党項接,東南與雅州接,界隔羅女蠻及白狼夷。"則在今四川西境矣。《魏書·吐谷渾傳》云:"北有乙弗勿敵國,北又有阿蘭國,北又有女王國,以女爲主,疑當作王。人所不至,其傳云然。"謂吐谷渾北有女王,説殊可惑。今觀《北史》,乃云:"吐谷渾北有乙弗勿敵國。白蘭山西北有可蘭國。白蘭西南二千五百里,隔大嶺,又度四十里海,有女王國,人庶萬餘落,風俗土著,宜桑麻,熟五穀,以女爲王,故因號焉。譯使不至,其傳云然。"則《魏書》文爲奪誤,女王實在白蘭之西南,不在吐谷渾之北也。去白蘭二千五百里,道里雖若甚遥,然傳聞之辭,不必審諦,亦且山行里數,當較平地爲長,則此女王亦即《舊唐書》所云鄰於茂、雅之女國也。此國土著宜桑麻,熟五穀。而《隋書·女國傳》云:"氣候多寒,以射獵爲業。"亦顯見其非一國。《新唐書・東女傳》云:"東與吐蕃、党項、茂州接,西屬三波訶,北距于闐,東南屬雅州羅女蠻、白狼夷。"揉兩說而爲一,而不悟其地之相去數千里也,亦可笑矣。

然誤合二說爲一者,不自《新唐書》始也。《舊唐書・東女傳》云:"其王所居,名康延川,中有弱水南流,用牛皮爲船以渡。"《新唐書》略同,而於居康延川下,增入"岩險四繚"四字。康延川當係川名。女國區内既有康延川,又有弱水,尚安得岩險四繚? 貞元中内附之西山諸國,在今四川西境無疑,而《舊唐書》述其地云:"弱水王卽國初女國之弱水部落,其悉董國在弱水西,故亦謂之弱水西悉董王。"可知弱水在四川西境。《隋書・西域傳》云"附國者,蜀郡西北二千餘里。有嘉良夷,卽其東部。嘉良有水,闊六七十丈,附國有水,闊百餘丈,并南流,用皮爲舟而濟。附國南有薄緣夷。西有女國。"《新唐書・南蠻傳》略同。《隋書》下文又云:"其東北,連山綿亘數千里,接於党項,往往有羌。"此卽《舊唐書》所云女國東與党項接者,此女國實與附國、嘉良夷同在四川西境,其所濱之水,蓋卽大渡河之上游及其支流。康延川則疑在後藏,乃葱嶺南之女國所濱。《舊唐書》誤合爲一,而《新唐書》又誤承之也。《西域記》謂"東女之地,東西長,南北狹",而《舊唐書》謂"其境東西九日行,南北二十日行"。《新唐書》同。此亦明非一説,以其顯然違異,故兩書皆未兼採耳。

《隋書・女國傳》云:"出鍮石、朱砂、麝香、氂牛、駿馬、蜀馬,尤多鹽,恒將鹽向天竺興販,其利數倍。亦數與天竺及党項戰争。"此數語亦誤合兩女國之事爲一。葱嶺南所出之馬,必不得謂之蜀馬,將鹽向天竺興販,與天竺戰争,必葱嶺南之國而後能之;與党項戰争,則又非葱嶺南之國所能爲也。

《隋書・女國傳》不言其種族,《舊唐書・東女傳》云"西羌之別種",《西域記》則稱爲蘇伐剌拏瞿呾邏,云"唐言金氏,出上黄金,故以名焉"。此亦二説。《新唐書》云:"東女,亦曰蘇伐剌拏瞿呾羅,羌別種也。"又强合爲一矣。《隋書・女國傳》,謂其"俗事阿脩羅神",《舊唐書》云“文字同於天竺”,《新唐書》云“風俗大抵與天竺同”,皆可見其爲天竺族類。《隋書》云:“男女皆以彩色塗面,一日之中,或數度變改之,人皆被髮。”《新唐書》云:“被髮,以青塗面。”被髮固羌俗,然非羌所獨有,塗面則惟吐蕃爲然,川康間不聞有是,亦可見其國在吐蕃之表。《隋書》云:“其俗貴婦人,輕丈夫,而性不妬忌。”《舊唐書》云:“俗重婦人而輕丈夫。”《新唐書》云:“俗輕男子,女貴者咸有侍男。”可見其爲藏地一妻多夫之族。此俗印度亦有之。若羌人,則父没妻後母,兄亡納釐嫂,《後漢書·西羌傳》。正與之相反矣。

諸史所記女國與中國交涉,亦多可疑者,今更一檢覈之。《隋書·女國傳》云:“開皇六年,遣使朝貢,其後遂絶。”此傳所述法俗,雖或出於西山女國,究以葱嶺南女國之事爲多,此年之使誠難謂非來自葱嶺。然《舊唐書·東女傳》云:“隋大業中,蜀王秀遣使招之,拒而不受。”秀在仁壽二年,卽見幽縶,煬帝卽位,禁錮如初,大業中安得通使域外?然此語亦不得全虚,蓋當其在蜀之時,曾有遣使之事也。秀雖侈,所遣之使,未必能至葱嶺之南,則所招者必西山之女國矣。《舊唐書》又云:“武德中,女王湯滂氏始遣使貢方物,高祖厚資而遣之。還至隴右,會突厥入寇,被掠於虜廷。及頡利平,其使復來入朝,太宗送令反國,并降璽書慰撫之。”《新唐書》云:“武德時,王湯滂氏始遣使入貢,高祖厚報,爲突厥所掠,不得通。貞觀中,使復至,太宗璽制慰撫。”據《舊唐書》之文,似其使爲突厥所羈,頡利平乃脱身復來者;如《新唐書》之文,則似貞觀中來者,别爲一使矣,未知其究如何也。《新唐書》又云:“顯慶初,遣使高霸黎文與王子三盧來朝,授右監門中郎將。”此事《舊唐書》不載。而云:“垂拱二年,其王斂臂遣大臣湯劍左來朝,仍請官號。則天册拜斂臂爲左玉鈴衛員外將軍,仍以瑞錦製蕃服以賜之。”《新唐書》亦載此事,而略其年。但云:“其王斂臂,使大臣來請官號,武后册拜斂臂左玉鈴衛員外將軍,賜瑞錦服。”不知傳寫奪落邪?抑子京疏之也?《舊唐書》又云:“天授三年,其王俄琰兒來朝。萬歲通天元年,遣使來朝。開元二十九年十二月,其王趙曳夫遣子獻方物。天寶元年，命有司宴於曲江，令宰臣已下同宴，又封曳夫爲歸昌王，授左金吾衛大將軍，賜其子帛八十匹，放還。”《新唐書》無萬歲通天時遣使之事，於天授、開元間事亦簡略言之，云：“天授、開元間，王及子再來朝，詔與宰相宴曲江，封曳夫爲歸昌王、左金吾衛大將軍。”既失俄琰兒之名，又略趙曳夫之姓。西南夷落大長，頗多漢人，就唐時言之，如東謝、西趙、東西爨等皆是。趙亦未必非漢姓，不能如尋常行文，於夷狄之名，但截取其末兩字。且尋常截取末兩字者，初亦必見其全名也。且此兩役，皆王與子偕來乎？抑各一來乎？亦覺游移不定。如此而自詡其“文省事增”，誠不如毋省之爲愈矣。尤可疑者，《舊唐書》下文云“後復以男子爲王”，《新唐書》則云“後乃以男子爲王”。先未云以男子爲王，亦得言復？《舊唐書》用字，似不如《新唐書》之審。然此文果出自爲，似不應誤繆至此。竊疑實因沿襲舊文而誤，或此國曾以男子爲王，而史佚其事，或舊史實未佚奪，而撰《舊唐書》者採摭未周，致其事不可見，而於此“復”字又未及改，遂令讀者滋疑也。此國在武德、顯慶、垂拱、通天、開元中，皆僅遣使朝貢，獨天授則其王自來。女王固未必皆不出門，然其於跋涉，究較男子爲遜，則或武德、顯慶、垂拱、通天、開元時皆女王在位，獨俄琰兒則爲男王邪？此説誠近鑿空，然《舊唐書》之“復”字，非出自爲，則理有可信，仍之雖傷鹵率，猶使人有隙可尋；《新唐書》奮筆改之，則無復形跡可見矣。此等處理宜矜慎，而其輕易如是，誠使人不能無惑於文士之不可以脩史也。綜觀開元以前此國與中國之交涉，惟隋開皇之使，不敢斷其來自何國，其在唐世，則龍朔而後，蕃氛業已甚惡，葱嶺以南之國，焉得數來？垂拱後來者，必爲西山之國可知矣。貞元中來附者，其在西山，更無疑義，而垂拱所遣大臣名湯劍左，貞元時之王名湯立悉，亦作立志，參看西山八國條。則湯似其國中大族，湯滂氏或亦西山女王。若湯滂氏果爲西山女王，則貞觀、顯慶中來者，亦必非葱嶺南國矣。河源以西諸國，與中國本少往來。吐蕃初境，實在青海西南，而自隋以前，尚且絶無聞知，《新唐書・高祖本紀》，武德六年四月己酉，吐蕃寇芳州，爲吐蕃見於史籍之始。況其爲天竺北境大雪山中之國？諸史取材，皆欠精審，難保其知有葱嶺南之女國，不加考覈，而遽以西山女國之事附之。然則開皇六年之使，是否出於葱嶺南之女國；葱嶺南之女國，究曾通於中國與否，均可疑也。惟是時葱嶺之南，確有一女國，而中國亦知有是國，則無可疑耳。吐蕃强盛之後，能出兵以陷四鎮，殘勃律，貞元中又大出兵以御大食，則今後藏之地，必悉爲所控製，此女國之存亡，又不可知矣。

《新唐書·南詔傳》，異牟尋遺臯書述吐蕃之暴，有云："西山女王，見奪其位。"此女王卽貞元九年與哥隣諸國俱内附，稱爲西山八國者也。《通鑑》是年胡《注》云："西山卽雪山，今威州保寧縣有雪山，連乳川白狗嶺，有九峯，積雪春夏不消。白狗嶺與雪山相連。威州，唐之維州也。"此説甚審，但衹以之注哥隣等國，而其注女王，則仍沿《新唐書》之誤。蓋昔人於域外地理，多不詳知，故以身之之精博，而不能無此失也。參看西山八國條。

《舊唐書·東女傳》云："以西海中復有女國，故稱東女焉。"其説是也。《新唐書》云："西海亦有女自王，故稱東别之。"則似是而非矣。西女，見《新唐書·西域傳》。《傳》述波剌斯事竟，乃云："西北距拂菻，西南際海島，有西女種，皆女子，多珍貨，附拂菻，拂菻君長歲遣男子配焉。俗産男不舉。"此文亦本《西域記》，《記》云："拂懔西南海島有西女國。"則此文"拂菻"二字當重，今不重，則西女在波剌斯西南，不在拂菻西南矣。不知傳寫奪落邪？抑又子京之疏也？今卽不論此，而波剌斯卽波斯。《新唐書》既有《波斯傳》，波剌斯事，卽不應錯出於此。卽謂無傷，亦應説明其爲一國，而又不然，此則子京之疏，無可解免者矣。今更勿論此。而西女之稱女國，實非由其有女自王。《三國志·沃沮傳》云：王頎别遣追討句驪王宫，窮其東界，問其耆老：海東復有人不？耆老言：有一國亦在海中，純女無男。《後漢書·沃沮傳》亦載此事。又云："或傳其國有神井，闚之輒生子云。"此説自不足信，而其俗與唐時之西女，則可云無獨有偶。國不論文野，以女子爲王者皆不乏，以國家原於氏族，女子本可爲氏族之長也。若産男不舉，致國中純女無男，有待它國之君，歲遣男子配合，則實爲異俗。唐時之西女，以此而得女國之名，其事固不容抹殺。今云以有女自王，而稱女國，則杜撰史實矣。特製新文，以易舊語，而徒使史事失真，不亦心勞日絀乎。此又見文士之不可以脩史也。

原刊一九四九年二月二十七日《東南日報》

〔六五一〕 高麗無私田

《宋史・高麗傳》曰："百官以米爲奉，皆給田，納禄半給，死乃拘之。國無私田，民計口授業。十六以上則充軍，六軍三衛常留官府，三歲以選戍西北，半歲而更。有警則執兵，任事則服勞，事已，復歸農畝。王亦有分地，以供私用。王母、妃主、世子，皆受湯沐田。"此制殊近於古，然未聞高麗之民，視中國爲康樂者？其取之，未必輕於中國之私租也。封建之世，民所苦者在官税；郡縣之世，民所苦者爲私租。中國人習於統一之既久，以爲無私租而僅有官税者，其官税亦如漢以後私租之輕；即少重，亦不過變三十税一爲什一而已，而惡知其大不然也。以私租爲官税者，爲宋末之公田，明初江、浙之重賦。其虐取，尚未如封建之世暴君之烈也，而民已不堪矣。

〔六五二〕 新羅擊走靺鞨海寇

《舊唐書・渤海傳》：開元二十年，其王大武藝"遣其將張文休率海賊攻登州，當奪殺字。刺史韋俊。詔遣門藝往幽州徵兵以討之。仍令太僕員外卿金思蘭往新羅發兵以攻其南境。屬山阻寒凍，雪深丈餘，兵士死者過半，竟無功而還"。《新唐書》略同。《舊唐書・新羅傳》云：開元二十一年，"渤海靺鞨越海入寇登州，渤海之寇登州，新舊《唐書·本紀》在開元二十年九月，而《舊唐書》傳在二十一年者，蓋遣門藝、金思蘭在是年，故傳追書之。時興光族人金思蘭先因入朝留京師，拜爲太僕員外卿，至是遣歸國，發兵以討靺鞨；仍加授興光爲開府儀同三司、寧海軍使。”徒使興光出兵以攻渤海南境，不必有寧海軍使之授。《新唐書·新羅傳》云：“渤海靺鞨掠登州，興光擊走之。帝進興光寧海軍大使，使攻靺鞨。”則興光當受命攻渤海南境之前，實已在海道擊走渤海矣。《新唐書》言新羅有張保皐、鄭年者，“自其國皆來爲武寧軍小將。後保皐歸新羅，謁其王曰：徧中國以新羅人爲奴婢，願得鎮清海，使賊不得掠人西去。清海，海路之要也。王與保皐萬人守之。自大和後，海上無鬻新羅人者。”可見是時中國與新羅間海路往來之亟，張文休所率海賊，未必非此等販賣人口之徒也。

〔六五三〕　禁僧道買田以其田贍學

僧道世皆呰其不耕而食，不織而衣，然士非不耕而食，不織而衣者乎？若曰僧道無益於世，而士爲世所不可少，則亦士之言而已矣。惡能使僧道共信乎？以吾觀之，士之毒天下，且有甚於僧道者矣。然此别是一説。以尋常通工易事之道論，僧道固不耕而食，不織而衣，而又無以爲貿者也。免死猶可而自豐殖乎？禁其買田也固宜。

宋初嘗禁僧道買田。真宗崩，内遣中人持金賜玉泉山僧寺市田，言爲先帝植福，後毋以爲例。由是寺觀稍益市田，而其法乃壞，見《宋史·食貨志》。《元史·泰定帝紀》：泰定四年九月，禁僧道買民田，違者坐罪，没其直。《明史·虞謙傳》：“建文中，請限僧道田，人無過十畝，餘以均給平民，從之。”永樂罷。亦宋初之志也。《宋史·高宗紀》：紹興二十一年九月，“藉寺觀絶産以贍學。”《食貨志》云：“以大理寺主簿丁仲京言，凡學田爲勢家侵佃者，命提學官覺察。又命撥僧寺常住絶産以贍學，户部議，并撥無敕額庵院田。詔可。”此以常理論,自亦是化無用爲有用也。

〔六五四〕 元仁宗重視國學

元仁宗頗重視國學。《本紀》:至大四年,四月,敕:"國子監師儒之職,有才德者不拘品級,雖布衣亦選用。"閏七月,詔諭省臣曰:"國子學,世祖皇帝深所注意。如平章不忽木等,皆蒙古人,而教以成才。朕今親定國子生額爲三百人,仍增陪堂生二十人。通一經者,以次補伴讀。著爲定式。"先是二月,命李孟領國子監學。十二月,命孟整飭國子監學。其後又命張珪、皇慶二年二月。許思敬、六月。趙世延延祐元年二月。綱領國子學。延祐二年,八月,增國子生百員,歲貢伴讀四員。其於國學,可謂惓惓焉矣。案元自真金,即建學宫中,命王恂教近侍子弟。恂卒,劉因繼之。見《因傳》。成宗大德八年,二月,增置國子生二百員,選宿衛大臣子孫充之。武宗至大二年,十一月,尚書省臣言:"比年衛士大濫,率多無賴。請充衛士者必廷見乃聽。"從之。又擇衛士子弟充國子學生。皆見《本紀》。蓋元本族人多獷悍,而又倚爲心腹,不肯不用,乃思以是柔之,即仁宗之用意,亦不外此也。然其效必微矣。

〔六五五〕 明初國子生

明初待國子生之厚,可謂曠古無倫,然其督之亦極嚴。《明史·選舉志》云:"監丞置集愆簿,有不遵者書之。再三犯者決責,四犯者至發遣安置。"然《宋訥傳》云:"訥既卒,帝思之。誡諸生守訥學規。違者罪至死。"則有不止於發遣、安置者矣。《志》又云:"省親、畢姻回籍限期,以道里遠近爲差,違限者謫選遠方典史,有罰充吏者。"然《胡儼傳》云:"永樂二年,九月,拜國子祭酒。時用法嚴峻,國子生託事告歸者坐戍邊。儼至,即奏除之。"則又有不止於謫選及罰充吏者矣。不徒督學生嚴也,即於教官亦然。《選舉志》云:"太祖時,教官考滿,兼覈其歲貢生員之數。後以歲貢爲學校常例,府、州、縣學各一人。翰林考試,不中者遣還,提調教官罰停廩禄。""洪武二十六年,定學官考課法,專以科舉爲殿最。九年任滿,核其中式舉人,府九人、州六人、縣三人者爲最。其教官又考通經,即與升遷。舉人少者爲平等,即考通經亦不遷。舉人至少及全無者爲殿,又考不通經,則黜降。"然《姦臣傳》云:陳瑛,"成祖北巡,皇太子監國。有學官坐事謫充太學膳夫者,皇太子令法司與改役,瑛格不行。"則亦有不止於黜降者矣。法令貴乎能行,徒法不行,猶無法也。考試無至公之理;學生天資及境遇,亦萬有不齊;以其得舉之多寡,定教官之殿最,自窒礙而難行,故其後此法遂廢。至於教官之學問,亦應有進而無退,則於理極明。故至清季,學使按臨,教官仍須考試。然以吾所見,則教官倩不知誰何之人,自作自無不可,然學使按臨,教官多忙碌,故假倩者多。作文一篇投之,學使則依縣分之先後,以定其名次而已。如吾郡八縣,武進第一,陽湖第二,無錫第三,金匱第四,宜興第五,荆溪第六,江陰第七,靖江第八,教官名次之先後,亦恒如之。行法如此,真堪一噱。

明於國子生,任之亦極重。洪武二十六年,盡擢監生劉政、龍鐔等六十四人爲行省布政、按察兩使,及參政、參議、副使、僉事等官。其爲四方大吏者無算。臺諫之選,亦出於太學。其常調者,乃爲府州縣六品以下官。亦見《選舉志》。其時士之能自效者亦不少。魚鱗圖册,爲明、清兩代賦役之法所依,迄民國猶沿之,即國子生武淳等所定也。事在洪武二十年,見《明史·食貨志》及《古朴》、《吕震傳》。又洪武十年,户部奏天下税課司局征商不如額者百七八十處,遣中官、國子生及部委官各一人覈實,立爲定額。永樂七年,遣御史、監生於收課處榷辦課程。亦見《食貨志》。則於庶政,委任之者多矣。監生之歷事,猶進士之觀政。陸桴亭論用人云:"舊制,舉進士,必分試九卿衙門觀政,每衙門約三十餘人。堂長、司僚,與之朝夕而試之事,會其實以上於天官。天官籍注,以定銓選。隨才授職,職必久任。故洪、永時得人爲盛。今之觀政,則不過隨班作揖而已。名存實亡,可慨也夫!"洪、永時,進士之觀政者如此,監生之歷事者可知。人材多出於其中,亦有由也。《選舉志》又言:"明初優禮師儒,教官擢給事、御史。"此亦非徒優禮,蓋其時之教官,亦多用通知政事者爲之也。

〔六五六〕 郡縣鄉里之學上

古時學術之興盛,教化之周浹,人民自爲之乎?抑官府爲之乎?曰:人民自爲之也。往時官府之所爲,多有名而無實。

凡事必本大而末小,然後能固。故郡國者,京師之本也;鄉里者,郡國之本也。此義漢人猶知之,至後世則稍湮晦矣。公孫弘之請置博士弟子也,曰"建首善自京師始"。《史記·儒林傳》。不曰建三雍、立大學而治道遂備也。其後漢人之所爲,正是如此,則論者多訾之,讀《漢書·禮樂志》可見。然非漢世法令無令地方興學之事也。《漢書·循吏文翁傳》言:"武帝時令天下郡國皆立學校官。"此令爲中國一統後中央令地方立學之始,關係極巨,然他無可考,蓋雖有令而未行,故史家視爲不足重而未之記,而其事亦末由散見於他處也。王莽奏立學官:郡、國曰學,縣、道、邑、侯國曰校,校、學置五經師一人。鄉曰庠,聚曰序,序、庠置《孝經》師一人。《平帝紀》元始三年。其制尤爲美備。然其未之行,更不待言矣。自此以後,法令亦無不令地方立學者。雖喪亂之世,偏安割據之國猶然,而一統之世,清晏之時,更無論矣。《三國志·魏武帝紀》:建安八年,七月,令曰:"喪亂已來,十有五年,後生者不見仁義禮讓之風,吾甚傷之。其令郡國各脩文學。縣滿五百户置校官,選其鄉之俊造而教學之。庶幾先王之道不廢,而有以益於天下。"此喪亂之世,亟圖興學者也。《晉書·石勒載記》:令郡國立學官。每郡置博士、祭酒二人,弟子百五十人。《石季龍載記》:下書令諸郡國立五經博士。

《苻堅載記》：廣脩學宫，召郡國學生通一經以上充之。《姚萇載記》：下書令留臺、諸鎮，各置學官。此皆割據之國，於戎馬倥偬之際，猶欲立學者也。《梁書·儒林傳》：天監四年，分遣博士、祭酒到州郡立學。辦理尤爲切實。然亦終於爲法令而已矣。

至趙宋以後，而情形乃漸變。蓋自漢武帝置博士弟子，設科射策，勸以官禄，學校久成爲選舉之一途。選舉有登用人才之意者二：一爲學校，一爲科目。以爲世信重論，學校遠非科目之比，然科目亦不能全與學校脱離，故至近世，二者遂互相依倚。其事始於宋慶曆四年，范仲淹令士必在學三百日然後得應試，而成於明世之學校儲材，以待科舉。於是有應科舉之人處，必當有學校，而學校不得不徧設矣。故宋慶曆四年，實爲學校制度變革之一界限。前乎此者，法令有設學之文，而實未嘗設。間有設者，存乎其人，人亡則政息。後乎此者，則逐漸設立，寖至各郡縣皆有學，不過實不事事而已。雖同是有名無實，而其所謂有名無實者，又各有不同也。

然則宋以後郡縣之學，究較唐以前爲盛也。此亦民間好學之風氣，有以陰驅而潛率之，非盡官府之力也。《宋史·祖無擇傳》，言其"出知袁州。自慶曆詔天下立學，十年間，其弊徒文具，無命教之實。無擇首建學官，置生徒，郡國絃誦之風，由此始盛"。又《宋綬傳》：子敏求。"嘗建言州郡有學舍而無學官，故士輕去鄉里以求師，請置學官，後頗施行之。"然則慶曆令天下立學，實亦徒有其名也。宋世郡縣之學最著名者，莫如湖學。此自由滕宗諒之好興學，胡瑗之善教，與政令何涉哉？書院在宋世，風起雲涌，官立者固多，私立者尤衆。即以官立者論，官何不興學校而必立書院？毋亦以學校爲官辦之事，拘於法令，難於求功，易於叢弊，書院則爲民間新興之事，辦理易於認真乎？《忠義·尹穀傳》言："潭士以居學肄業爲重，州學生月試積分高等，升湘西嶽麓書院生，又積分高等，升嶽麓精舍生，潭人號爲三學生。兵興時，三學生聚居州學，猶不廢業。穀死，諸生數百人往哭之。城破，多感激死義者。"此其向學之精勤，臨變之鎮定，民族之正氣存焉，豈徒官禄所能勸哉？《金史·胡礪傳》言：定州學校"爲河朔冠。士子聚居者，常以百數”。此等亦必有其由，特史未詳言耳。

《元史·選舉志》：至元二十八年，“令江南諸路學及各縣學内設立小學，選老成之士教之。或自願招師，或自受家學於父兄者，亦從其便。其他先儒過化之地，名賢經行之所，與好事之家出錢粟贍學者，并立爲書院。”此就當時民間之情形而整齊之者也。看似規畫精密，實則官一無所爲也。其爲官所當爲者，亦一無所就。《明史·選舉志》云：“郡縣之學，與太學相維，創立自唐始。宋置諸路州學官，元頗因之，其法皆未具。迄明，天下府、州、縣、衛所，皆建儒學，教官四千二百餘員，弟子無算。教養之法備矣。洪武二年，太祖初建國學，諭中書省臣曰：學校之教，至元，其弊極矣。上下之間，波頽風靡，學校雖設，名存實亡。兵變以來，人習戰争，惟知干戈，莫識俎豆。朕惟治國以教化爲先，教化以學校爲本。京師雖有太學，而天下學校未興。宜令郡縣皆立學校，延師儒，授生徒，講論聖道。使人日漸月化，以復先王之舊。於是大建學校，府設教授，州設學正，縣設教諭，各一。俱設訓導，府四，州三，縣二。生員之數，府學四十人，州縣以次減十。蓋無地而不設之學，無人而不納之教，庠聲序音，重規叠矩，無間於下邑荒徼，山陬海涯。此明代學校之盛，唐、宋以來所不及也。”觀“名存實亡”四字，便可知元代所謂學校者爲何如。然明代學校之盛，如《明史》所言者，恐亦未必不徒以其名也。《葉伯巨傳》：伯巨以洪武九年上書，有曰：“廩膳諸生，國家資之以取人才之地也。今四方師生，缺員甚多，縱使具員，守令亦鮮有以禮讓之實，作其成器者。朝廷切切於社學，屢行取勘師生姓名，所習課業。乃今社鎮城郭，或但置立門牌；遠村僻處，則又徒存其名，守令不過具文案、備照刷而已。上官分部按臨，亦但循習故常，依紙上照刷，未嘗巡行點視也。興廢之實，上下視爲虚文。小民不知孝弟忠信爲何物，而禮義廉恥掃地矣。”觀此，知明太祖并未能變元代學校名存實亡之習。以太祖之嚴厲，當立法之初，而猶如此，後世自更不必論。《張昭傳》云：天順三年秋，建安老人賀煬上書論時事，言：“今銓授縣令，多年老監生。逮滿九載，年幾七十，苟且貪污。"未幾，又言："朝廷建學立師，將以陶鎔士類。而師儒鮮積學，草野小夫夤緣津要，初解兔園之册，已廁鶚薦之羣。及受職泮林，猥瑣貪饕，要求百故，而授業解惑，莫措一詞。生徒亦往往玩愒歲月，佻達城闕，待次循資，濫升太學。侵尋老耋，倖博一官。但廑身家之謀，無復功名之念。及今不嚴甄選，人材日陋，士習日非矣。"其言如此，則明除各府州縣皆有學官外，亦何以異於前世哉？

然明世學風，雖云頹靡，學中尚頗有人。《明史·魏驥傳》："永樂中，以進士副榜授松江訓導。常夜分攜茗粥勞諸生。諸生感奮，多成就者。"《彭勗傳》："除南雄府教授。學舍後有祠，數見光怪，學官弟子率禱祀，勗撤而焚之。"《陳選傳》："督學南畿。按部常止宿學宮，夜巡兩廡，察諸生誦讀。"皆其證也。以吾所見清世之學校，則絶無此事矣。又《明史·列女傳》："吴氏，潞州廩生盧清妻。清授徒自給。後失廩，充掾於汴，憤恥發狂死。"蓋以學不及降等。則明世猶有甄別學生行業之事，清世亦非以他案無黜革矣。教官非無積學者，亦非無師之者，然自是師其人，非以其爲教官也。然則學校之遷流，勢自趨向於有名無實也。其故何哉？往時學術之興盛，教化之周浹，久不繫乎官立之學。官立之學，祇是以利禄誘人；以利禄誘人，其效本不過如此而已。《清史稿·選舉志·學校》云："凡新進生員，如國子監坐監例，令在學肄業，以次期新生入學爲滿。"又云："教官考校之法，有月課、季考。除丁憂、患病、遊學、有事故者，不應月課三次者戒飭，無故終年不應者黜革。試卷申送學政查覆。訖於嘉慶，月課漸不舉行。"然《職官志·國子監》云："在學肄業者爲南學，在外肄業赴學考試者爲北學。"則監生已不盡坐監。月課之舉行，徵諸聞見，亦決非至嘉慶而後廢弛也。

〔六五七〕　郡縣鄉里之學下

鄉里之學，又分二級。古者學於其里之校，而升入其鄉之庠序是也。見《古學制》條。後世法令設學,大抵至鄉而止。王莽奏立學官,鄉曰庠,聚曰序,序、庠置《孝經》師一人是已。見上條。《舊唐書·禮儀志》:武德七年,二月,"詔州縣及鄉,并令置學。"《玄宗紀》:開元二十六年,正月,"制天下州縣,每鄉一學。仍擇師資,令其教授。"觀此,知有學者不必皆有人教授。其措施亦與前世同。《通鑑》云:"令天下州縣,里別置學。"唐制,百户爲里,五里爲鄉,《舊唐書·食貨志》。如所言,則鄉有五學,近乎何休所云八十家爲里,中里爲校室者矣,亦見《古學制》條。疑其説誤也。然此等法令,皆成具文,究鄉置一學,抑里別置學,亦不足深較也。《元史·世祖紀》:至元二十三年,大司農司上諸路學校,凡二萬一百六十所。二十五年,二萬四千四百餘。二十八年,二萬一千三百餘。其數之多如此,必兼鄉以下學言之。其名存實亡,已見上條。明世設學,最稱普徧。洪武八年,正月,"詔天下立社學。"《本紀》。史所載,盡力於此者,亦有數人。《明史·楊繼宗傳》:成化初,擢嘉興知府,大興社學。民間子弟八歲不就學者,罰其父兄。《循吏傳》:方克勤,爲濟寧知府,立社學數百區。馬紹恩,知紹興府,廣設社學。《文苑傳》:張弼,遷南安知府,毁淫祠百數十區,建爲社學。然實鳳毛麟角而已。

官府之所爲,既不足恃,則人民不得不自謀。受教最易者,自爲父兄。元至元二十八年令所謂自受家學於父兄者也。見上條。然父兄不能皆有學,則不得不别求師。於是有以此爲業者。《漢書·藝文志》所云閭里書師,《三國志·邴原傳注》引《原别傳》所云原鄰舍之師,《元史·列女傳》所述之王德政皆是也。皆見《束脩》條。《元史·忠義傳》:王佐,"從父居上都,教授里巷。"此蓋在城市。《孝友傳》:王思聰,"素力田,農隙則教授諸生,得束脩以養親。"此則在鄉村矣。《隋書·李密傳》言:楊玄感敗,密詣淮陽,舍於村中,變姓名爲劉智遠,聚徒教授。密是時必不敢居通衢大道。《宋史·馬仁瑀傳》:"十餘歲時,其父令就學,輒逃歸。又遣於鄉校習《孝經》,旬餘不識一字。博士笞之。仁瑀夜中獨往焚學堂,博士僅以身免。"亦必人煙寥落,乃可爲所欲爲。《元史·崔敬傳》:"出僉山北廉訪司事,按部全寧。獄有李秀，以坐造僞鈔連數十人，而皆與秀不相識，敬疑而讞之。秀曰：吾以訓童子爲業，居村落間，有司至秀舍，謂秀爲僞造鈔者，捶楚之下，不敢不誣服耳。”蓋亦以所居僻左而疑之也。然則雖甚荒僻之地，亦有童子師矣。《金史・隱逸傳》：薛繼先，“隱居洛西山中，課童子讀書。”則山陬亦有之矣。《明史・劉顯傳》：“南昌人，生而膂力絶倫，稍通文義。家貧落魄，間行入蜀，爲童子師。”又可見求之者衆，故雖羈旅之士，亦可以此自業也。此等童子師，蓋與古里校之教相當。稍進則爲鄉校，與古庠序相當，其所教亦有進焉。馬仁瑀之師，能教《孝經》，已可與邴原之師侔，而非閭里書師僅教識字者比。《宋史・安燾傳》：“年十一，從學里中，羞與羣兒伍，聞有老先生聚徒，往師之。先生曰：汝方爲誦數之學，未可從吾遊，當羣試省題一詩，中選乃置汝。燾無難色。詩成，出諸生上，由是知名。”《元史・儒學傳》：戴表元，“從里師習詞賦，輒棄不肯爲。”事在宋世。此所教者，皆當時應試之事。《五代史・劉岳傳》：岳以遺下《兔園册》誚馮道，道大怒。歐公云：“《兔園册》者，鄉校俚儒教田夫牧子之所誦。”實亦應試者所誦習之書也。《宋史・陳襄傳》：“福州侯官人。少孤，能自立。出遊鄉校，與陳烈、周希孟、鄭穆爲友。時學者沈溺於雕琢之文，所謂知天盡性之説，皆指爲迂闊而莫之講。四人者始相與唱道於海濱，聞者皆笑以驚，守之不爲變，卒從而化，謂之四先生。”則又超出於爲應試之學之上者矣。《陳書・儒林傳》：顧越，吴郡鹽官人，“所居新坡黄岡，世有鄉校。由是顧氏多儒學。”《齊書・高逸傳》：顧歡，“鄉中有學舍，歡貧，無以受業，於舍壁後倚聽，無遺忘者。”歡亦鹽官人也。《唐書・陳子昂傳》：“六世祖大樂，當齊時，兄弟競豪傑，梁武帝命爲郡司馬。父元敬，世高貲，歲饑，出粟萬石振鄉里。子昂年十八，未知書，以富家子，尚氣決，弋博自如。”此蓋最難施教者。而“他日入鄉校，感悔，即痛修飭”。《舊五代史・烏震傳》，言其“少孤，自勤於鄉校”。《金史・赤盞暉傳》，亦言其“少遊鄉校”。《元史・吴澄傳》云：“九歲，從羣子弟試鄉校，每中前列。”則鄉校所造就者頗多。《舊唐書・白居易傳》：居易與元稹書曰："自長安抵江西，三四千里，凡鄉校、佛寺、逆旅、行舟之中，往往有題僕詩者。"三四千里間，往往碁置，其教之被於社會者，亦可謂廣矣。《舊唐書・苗晉卿傳》，言其"歸鄉里，出俸錢二萬爲鄉學本"。《明史・楊恒傳》：言其外族方氏，建義塾，館四方遊學士。詳見《束脩》條。則惓惓於此者頗多。蓋有由也。

有力者延師於家，以教其子弟，亦歷代有之。《宋史・歐陽守道傳》："少孤貧，無師，自力於學。里人聘爲子弟師。"《楊棪傳》："少能詞賦。里陳氏館之教子。"《馬廷鸞傳》："甘貧力學。既冠，里人聘爲童子師。"《余天錫傳》："史彌遠延爲子弟師。"《元史・孔思晦傳》："遠近争聘爲子弟師。"《儒學・宇文公諒傳》："弱冠有操行。嘉興富民延爲子弟師。"皆是。此事爲古之所無。《漢書・孫寶傳》："以明經爲郡吏。御史大夫張忠辟寶爲屬，欲令授子經，更爲除舍，設儲偫。寶自劾去，忠固還之，心内不平。後署寶主簿。寶徙入舍，祭竈，請比鄰。忠陰察，怪之，使所親問寶：前大夫爲君設除大舍，子自劾去者，欲爲高節也。今兩府高士，俗不爲主簿，子既爲之，徙舍甚説，何前後不相副也？寶曰：高士不爲主簿，而大夫君以寶爲可，一府莫言非，士安得獨自高？前日君男欲學文，而移寶自近。禮有來學，義無往教；道不可詘，身詘何妨？且不遭者可無不爲，況主簿乎？忠聞之甚慙。"蓋古所謂外傅等，實皆家臣，從師自别是一事，故其説如此也。《明史・儒林傳》：周蕙，"爲臨洮衛卒。吴瑾鎮陝西，欲聘爲子師，固辭不赴。或問之，蕙曰：吾軍士也，召役則可。若以爲師，師豈可召哉？瑾躬送二子於其家，蕙始納贄焉。"與孫寶可謂異世同揆。生今反古，固不易爲。然《宋史・危稹傳》言其"遷諸王宫教授。稹謂以教名官，而實未嘗教，請改創宗子學，立課試法如兩學。從之"。蓋共學尚有切磋之益，獨學則無之也。然則延師於家，不徒非禮，亦無益於其子弟矣。

私家設塾，亦有不徒自教其子弟者。《元史・儒學・張䇓傳》："中州士大夫，欲淑子弟以朱子《四書》者，皆遣從䇓遊，或開私塾迎之。”此私塾之所教，必非一家之子弟矣。又《史天倪傳》：“曾祖倫，少好俠，因築室，發土得金，始饒於財。金末，中原塗炭，乃建家塾，招徠學者，所藏活豪士甚衆，以俠稱於河朔，士族陷爲奴虜者，輒出金贖之。”尤可見家塾聚徒之衆也。

《元史·列女傳》：“馮氏，名淑安，字静君，大名宦家女，山陰縣尹山東李如忠繼室也。如忠初娶蒙古氏，生子任。如忠殁兩月，遺腹生一子，名伏。李氏及蒙古氏之族在北，聞如忠殁於官，家多遺財，相率來山陰。馮氏方病，乘間盡取其貲及子任以去。一室蕭然，惟餘如忠及蒙古氏之柩而已。鬻衣櫂厝二柩蕺山下，攜其子廬墓側。時年始二十二，羸形苦節，爲女師以自給。”則前代民間，已有女師矣。

鄉學二字，尋常皆指下於縣之學而言。中國官治，至縣而止，故縣以上之學，必爲官立，鄉以下之學，則多爲民立矣。然《魏書·高祖紀》：天安元年，九月，“初立鄉學。郡置博士二人，助教二人，學生六十人。”此鄉學二字，實指郡學言之。《景穆十二王傳》：南安王楨之子英，奏言：“謹案學令，諸州郡學生，三年一校。頃以皇都遷構，江、揚未一，故鄉校之訓，弗遑正試，致使薰蕕之質，均誨學廷，蘭蕭之體，等教文肆。”其證也。《隋書·梁彦光傳》，言其爲相州刺史，招致山東大儒，每鄉立學，此鄉學疑又指縣學言之，謂相州屬縣，每縣各立一學也。《宋史·畢士安傳》：“子仲衍，以蔭爲陽翟主簿。張昇，縣人也，方鎮許，請於朝，欲興鄉校，既具材計工，又聽民自以其力輸助。邑子馬宏，以口舌横閭里，謾謂諸豪曰：張公興學，而縣令乃因以取諸民，由十百而至千萬，未已也，君將不堪。誠捐百金與我，我能止役。豪信其能，予百金。宏即詣府，宣言縣吏盡私爲學之費，又將賦於民。昇果疑焉，敕縣且止，又揭其事於道。令欲上疏辯，仲衍曰：無益也。不如取宏治之，不辯自直矣。會攝縣事，即逮捕驗治，五日，得其姦，言於昇，流宏鄂州，一縣相賀。”此鄉校，亦必郡縣之學也。

〔六五八〕 山　長

《事物原會》卷八,載乾隆三十年十一月初八日上諭曰:"各省書院,延師訓課,向有山長之稱,名義殊爲未協。既曰書院,則主講席者,自應稱爲院長。著於各督撫奏事之便,傳諭知之。"按書院之主講席者稱爲山長,乃因其緣起本在山中也。名之不隨實變也久矣。事物遷流,不舍晝夜,轉瞬而名實即不盡符。從而更之,可勝改乎?適見弘曆之不通文義也。

古人讀書,多在山中,蓋取其静也。《舊唐書·裴休傳》,言其童時與兄儔,弟俅,"同學於濟源别墅。虞人有以鹿贄儔者,儔、俅烹之,召休食。休曰:我等窮生,菜食不充;今日食肉,翼日何繼?無宜改饌。獨不食。"虞人贄鹿,其在山中可知。《新唐書·文苑·蕭穎士傳》:安禄山反,"藏家書於箕、潁間",而"身走山南",則藏書者亦於山也。太史公著書,曰藏之名山,則此事由來已舊。亦以山中較安静,難毁損也。聚徒教授者或於山,蓋亦因其讀書之處。讀書者或於僧寺,僧寺亦多在山中也。

〔六五九〕 兔 園 策

《舊五代史·馮道傳》云:"工部侍郎任贊,因班退,與同列戲道於後曰:若急行,必遺下《兔園策》。道尋知之,召贊謂曰:《兔園策》皆名儒所集,道能諷之,中朝士子,止看文場秀句,便爲舉業,皆竊取公卿,何淺狹之甚邪?贊大愧焉。"《新史·劉岳傳》云:"宰相馮道,世本田家,狀貌質野,朝士多笑其陋。道旦入朝,兵部侍郎任贊與岳在其後。道行數反顧。贊問岳:道反顧何爲?岳曰:遺下《兔園册》耳。

《兔園册》者，鄉校俚儒教田夫牧子之所誦也，故岳舉以誚道。道聞之，大怒，徙岳祕書監。”岳時爲吏部侍郎。《困學紀聞》云：“《兔園册府》三十卷。唐蔣王惲命僚佐杜嗣先放應科目策，自設問對，引經史爲訓注。惲，太宗子，故用梁王兔園名其書。馮道《兔園策》謂此也。”《宋史・藝文志》亦云：“《兔園册府》三十卷，杜嗣先撰。”而晁公武《讀書志》云：“《兔園册》十卷，唐虞世南撰。”題名之異，蓋由纂集本非一人，無足爲怪。所可怪者，乃其卷數之不同耳。案晁氏又云：“奉王命，纂古今事爲四十八門，皆偶儷之語。至五代時，行於民間。村塾以授學童。故有遺兔園册之誚。”孫光憲《北夢瑣言》云：“《兔園策》乃徐、庾文體，非鄙樸之談。但家藏一本，人多賤之。”合觀諸文，知士大夫之取此書，初蓋以供對策之用，後則所重者惟在其儷語，而不在其訓注。蓋有録其辭而删其注者？故其卷帙止三之一。若寫作巾箱本，則并可藏之懷袖間矣。文場秀句，由此作也。村童無意科名，何必誦此等書？然其師何知？但見取科名者皆誦之，則亦以之教其弟子矣。抑争名者於朝，争利者於市，朝市之間，風氣之變遷恒速，而在鄉僻之地則遲。古人教學僮識字，多以須識之字，編成韵語，如《急就篇》等皆是。其後覺其所取之字，及其辭之所道者，不盡適用，則或取他書代之，如《三字經》、《千字文》、《百家姓》是也。更後，又覺其不盡適用，都邑之間，乃代以所謂方字，字字而識之，然村塾之中，教《三字經》等如故也。唐、宋取士，皆尚辭華，故其人習於聲病對偶。自元以降，科舉之法已變矣，然村塾之中，仍有以《故事瓊林》、《龍文鞭影》教學僮者，吾小時猶及見之。其書皆爲儷語，而以故實爲注，實新撰之兔園册、文場秀句也。問以誦此何爲？則亦曰：昔人如是，吾亦如是而已，他無可説也。

原刊《華東師範大學學報》一九五八年
第一期，一九五八年一月十五日出版

〔六六〇〕 學校經費

孤寒向學之士，歷代皆有之。漢世事已列專條。其在後世者：如《晉書·隱逸·祈嘉傳》，言其西至敦煌，依學官誦書，嘉，酒泉人。貧無衣食，爲諸生都養以自給；《宋史·王次翁傳》，言其入太學，貧甚，夜持書就旁舍借燈讀之，皆是也。貧者士之常，固無足怪。然國家於士，無所資給可也，有養士之費，而士仍奇貧，則不可解矣。《金史·章宗紀》：泰和元年，更定贍學養士法。生員給民佃官田，人六十畝，歲支粟三十石。國子生人百八畝，歲給以所入，官爲掌其數。曰更定，則前此已有所給。其數雖不爲厚，亦應不至於甚薄。然《雷淵傳》言其庶出，年最幼，諸兄不齒，父殁，不能安於家，乃發憤入太學。衣敝履穿，坐榻無席。自以跣露，恒兀坐讀書，不迎送賓客。其貧至於如此，亦可異矣。吾猶及見清世所謂府、州、縣學者，大體皆有學田，所入亦不甚菲，然多供教官私用，亦如劉禹錫所云釋奠之費，適資三獻官飾衣裳、飴妻子者。《新唐書》本傳。廪生皆有膳費，謂之廪糧，江北猶薄有所給，江南則罔或取之，亦皆入教官之橐也。

郡縣之學，自宋以後，所設日多，其經費，大抵恃學田也。即書院亦然。《元史·世祖紀》：至元二十三年，二月，江南諸路學田昔皆隸官，詔復給本學，以便教養。二十五年，十月，尚書省臣請令集賢院諸司，分道鉤考江南郡學田所入羨餘，貯之集賢院，以給多材藝者。從之。《崔彧傳》：彧奏江西詹玉。始以妖術，致位集賢。當桑哥持國，遣其掊核江西學糧，貪酷暴横，學校大廢。二十七年，正月，復立興文署，掌經籍板及江南學田錢穀。二十九年，正月，詔："江南州縣學田，歲入聽其自掌。春秋釋奠外，以廪師生及士之無告者。貢士莊田，則令覈數入官。"學田所入，至爲言利之臣所覬覦，其數必不菲矣。明、清二代，設學更多於元，通計天下學田，數必視元倍蓰。然以吾所見，書院經費，亦有不免侵蝕者，而學校無論也。乾隆中，都天下學田萬一千五百八十餘頃。見《清史稿・食貨志・田制》。

〔六六一〕 讀經用演習之法

《東塾讀書記》卷八，引鄉射禮"司馬出於下射之南，還其後，降自西階"云云，曰："如此類者，圍繞交錯，繪圖亦殊不易，或緜蕝習之，乃知之耳。"又曰："阮文達公爲張臯文《儀禮圖》序云：予嘗以爲讀禮者當先爲頌。昔叔孫通爲緜蕝以習儀，他日，亦欲使家塾子弟畫地以肄禮，庶於治經之道，事半而功倍也。澧案畫地之法，澧嘗試爲之，真事半而功倍，恨未得卒業耳。"《注》曰："李璧玲孝廉，名能定，在澧家教家姪等讀書，嘗邀澧及家姪宗元，畫地而習之也。"然則文達所有志者，蘭甫先生已身試之矣。愚案朱子跋《三禮家範》云："《司馬氏書》，案此指《書儀》。讀者見其節文度數之詳，往往未見習行，而已有望風退怯之意；又或見其堂室之廣，給使之多，儀物之盛，而竊自病其力之不足；未有能舉而行之者也。殊不知禮書之文雖多，而身親試之，或不過於頃刻；其物雖博，而亦有所謂不若禮不足而敬有餘者；今乃逆憚其難，以小不備之故而反就於大不備，豈不誤哉？"朱子殆亦嘗身試之乎？

〔六六二〕 爲外族立學

外族遣人來學，歷代多有之，此於文教覃敷，所關固大。然於境内之蠻夷，即今所謂少數民族者，加以教化，其關係實尤大也。《宋史・神宗紀》：熙寧八年，三月，知河州鮮于師中乞置蕃學，教蕃酋子弟。賜田十頃，歲給錢千緡，增解進士二人。從之。《孝宗紀》：淳熙八年,四月,立郴州宜章、桂陽軍臨武縣學,以教養峒民子弟。《蠻夷傳》:"誠、徽州。熙寧時,其酋光僭降,與其子日儼,請建學舍,求名士教子孫。詔潭州長史朴成爲徽、誠等州教授。"此皆爲外族立學者也。《孝宗紀》:淳熙元年,四月,許桂陽軍谿洞子弟入州學聽讀,此則許其入中國之學者也。明時,雲南、四川皆有土官生。《明史・選舉志》。其後宣慰、安撫等土官,俱設儒學。《職官志》。則亦二者俱有。

爲外族立學及許其入學之事,《明史》所載頗多。《雲南土司傳》:"永樂元年,楚雄府言:所屬蠻民,不知理義,惟僰種賦性温良,有讀書識字者。府、州已嘗設學教養,其縣學未設。縣所轄六里,僰人過半。請立學置官訓誨。從之。十五年,順州知州王義言:沾被聖化,三十餘年。聲教所届,言語漸通。子弟亦有俊秀。請建學教育。從之。十六年,麗江檢校龐文郁言:本府及寶山、巨津、通安、蘭州四州,歸化日久,請建學校。從之。"《廣西土司傳》:"正統十二年,思恩府設儒學,置教授一員,訓導四員,從知府岑瑛請也。景泰五年,從瑛請,建廟、學,造祭祀樂器。"皆外族自請設學之事。《四川土司傳》:"宣德九年,永寧宣撫奢蘇奏生儒皆土僚,朝廷所授官,言語不通,難以訓誨。永寧監生李源,資厚學通,乞如雲南鶴慶府例,授爲儒學訓導。詔從之。"病教官之言語不通而求易其人,似教學尚非盡虚文也。《四川土司傳》:"洪武二十三年,烏撒土知府阿能,烏蒙、芒部土官各遣子弟入監讀書。建昌土官安配遣子僧保等四十二人入監讀書。天全六番招討司:永樂二年,高敬讓來朝,并賀立皇太子,且遣其子虎入國子學。賜虎衣衾等物。十年,敬讓遣子虎貢馬。初虎入國學讀書,以丁母憂去,至是服闋還監。皇太子命禮部賜予如例。播州宣慰使司:洪武二十一年,并所屬宣撫司官各遣其子來朝,請入太學。帝敕國子監官善訓導之。正德二年,使楊斌爲其子相請入學,并得賜冠帶。永寧宣撫司禄照,坐事逮至京,得直,還,卒於途。其子阿聶與弟智皆在太學。遂以庶母奢尾署司事。洪武二十六年,奢尾入朝,請以阿聶襲。從之。"此等皆遣子弟入監之事。《雲南土司傳》:"車里軍民宣慰使司刀暹答,永樂四年,遣子刀典入國學,實陰自納質。帝知其隱,賜衣幣,慰諭遣還。"《廣西土司傳》:萬曆初,岑溪有潘積善者,僭號平天王,與六十三山、六山、七山諸傜僮,據山爲寇。居民請剿。會大兵征羅旁,不暇及。總制淩雲翼檄以禍福。積善願歸降輸賦。乃貸其死,且以其子入學。此亦或有羈質之意。《湯沐傳》:附《馬録傳》。"巡撫貴州,請立土官世籍,絶其争襲,而令其子弟入學。報可。"此令其入學,亦或爲絶其争襲之一助。然此等必非本意也。《貴州土司傳》:"萬曆二十八年,皮林逆苗吴國佐、石纂太等作亂。國佐本洪州司特洞寨苗。頗知書。嘗入永從學爲生員。"似教學初不能消反側。然《唐胄傳》言:"遷廣西提學僉事,令土官及瑶、蠻悉遣子入學。屢遷廣西左布政使。官軍討古田賊,久無功,胄遣使撫之。其魁曰:是前唐使君,令吾子入學者。即解甲。"則究有所謂撫綏之效矣。

〔六六三〕　古代文書簡易

章實齋六經皆史之説,特有鑒於作史之道宜然,藉是以發之而已。且如古者文書簡易,而其時簡策繁重,文書欲不簡易,亦不可得。章氏乃謂周代掌故皆六倍其文而庋之諸司,此豈近情理哉?《隋書·劉炫傳》:"弘嘗從容問炫曰:案《周禮》士多而府史少;今令史百倍於前,判官減則不濟,其故何也?炫答曰:古人委任責成,歲終考其殿最,案不重校,文不繁悉,府史之任,掌要目而已。今之文簿,恒慮覆治鍛煉,若其不密,萬里追證,百年舊案,故諺曰:老吏抱案死,古今不同,若此之相懸也。事繁政弊,職此之由。"士多而府史少一語,足破古代文書繁重之惑。

《周書·高昌傳》述其設官,頗爲委曲。而又曰:"其大事決之於王,小事則世子及二公,王子爲之。隨狀斷決,平章録記,事訖即除。籍書之外,無久掌之文案。官人雖有列位,并無曹府,惟每旦集於牙門,平論衆事。”官無曹府，此古之明堂，所以於政事無所不包也。作《周官》者所據之國，固非高昌之比，然謂其能容更繁於後世之文書，得乎？

〔六六四〕 古但以干支紀日

《春在堂隨筆》載清咸豐二年，餘姚客星山出土之三老碑云：“三老諱通，字少父，庚午忌日，祖母失諱，字宗君，癸未忌日。掾諱忽，字子儀，建武十七年，歲在辛丑四月五日辛卯忌日。母諱捐，字□此字俞氏釋文闕，碑爲周清泉世熊所藏，俞氏後得其釋文作謁。君。建武廿八年歲在壬子五月十日甲戌忌日。曲園云：三老生一子而有九孫，此碑乃其第七孫名邯者所立，以識祖父名字，且存忌日。然祖及祖母忌日，有日而無年月，亦疏略矣。”後又云：“余始譏其疏略，既而思之，其於父母，既備載年月日，何於祖父祖母遂疏略如此，此必有故也。竊疑古人以干支紀日，不以初一初二紀日。其家相傳，三老於庚午日死，祖母於癸未日死，相傳既久，忘其年月，民間不知曆術，安能推知其爲某年某月某日乎？於是子孫遇庚午癸未日，則以爲忌日。蓋古人忌日之制，本是如此。試以子卯疾日證之，子卯有二說，鄭司農以爲五行子卯相刑，此不必問其何月也。而賈逵云：桀以乙卯日死，紂以甲子日亡，則有日無月，似不可通，乃鄭康成、何劭公等翕然宗之無異辭者。蓋援忌日之例，止論干支，不問爲某月第幾日。如紂以甲子亡，以三統術推之，爲武王十一年二月五日，至次年二月五日，乃上年紂亡之日，在今人必以此爲疾日矣。古人不然，二月五日不值甲子，即非疾日，而凡遇甲子，即是疾日。一年有六甲子，是有六疾日也。疾日忌日，其例并同。今人但以父母亡日爲忌日，非古矣。”案後説是也，太陽年非古人所知，據天象以紀時，初所知者，則月之晦朔耳。月之運行二十九日餘而一周，此又非古人所知，乃以爲三十日。然其不合，不久即見，乃又捨月之晦朔，而逕以三十日爲紀時之一節，倍之而爲六十日,遂有干支紀時之法。夫以六十日爲一節,則可得六節有奇,古書記人年壽多長,豈其所謂若干歲者,或有若干甲子之傳訛歟?

〔六六五〕　事、物二字通用

事、物二字通用,古書所見甚多,不煩舉證。此語相沿甚久,《通鑑》唐肅宗至德元載,李萼説顔真卿曰:“昔討默啜,甲兵皆貯清河庫,今有五十餘萬事。”一事即一物,不待解釋也。胡《注》曰:“一物可以給一事,因謂之事。”爲之説,反覺迂曲。

〔六六六〕　讀説文釋例

菉友先生,於説文功力之深,無俟更加稱述。其言曰:“儒者體物,率從書册中得之,不盡可信。”二十卷第二條。今讀此書,實驗之功力頗深,於動植器物等皆然。信乎其體物之功,不限於書册中矣。尤不可及也,援據俗語處亦多,其説緶字云:“吾鄉謂衣小坼對合縫之近似織補者然謂之緶。今語雖沿古義,亦未知正合古人意否。段氏謂緶其邊,則未聞其語,但以同聲之字,意揣説之也。”案緶其邊之語,今尚存於吾鄉,特北方無此語耳。遽斥懋堂先生爲意揣,誣矣。此以見格物之難也。且衣坼而對合縫之,所縫者亦正坼處之邊也。古今南北語意自同,菉友先生偶未之思耳。

〔六六七〕　述旨誤遂因之

清末之端郡王載漪,實當作瑞郡王,而作端者,以誤沿誤也。仁宗子綿忻,封瑞親王,子奕誌襲爲郡王。奕誌無子,載漪以惇親王子爲之後,光緒二十年進封端郡王。《清史稿・諸王傳》云:"循故事宜仍舊號,更爲端者,述旨誤遂因之。"此可謂以别字改正字者矣。

〔六六八〕 瀋陽大東門額應取下保存

瀋陽大東門額,旁署大金崇德某年云云。按清人自號其國曰清以前,實嘗建號曰金,後乃諱之。滿洲二字,明人譯作滿住,乃大酋之稱;非國名,并非部族名也。清人對明人,每曰我滿住云云。明人對清人,亦恒曰汝滿住云云。其後住又作洲,一似地名者,遂訛爲部族之稱。此説見日本稻葉君山《清朝全史》,及近人《心史史料》,而瀋陽大東門額,則其誠證也。予按滿洲部族,古稱肅慎,亦作息慎、稷慎。宋號女真,亦作慮真,朱里真,《大金國志》。及清代稱索倫,皆一音之轉。其部族之名,蓋數千年來,未之有改也。而漢時稱挹婁,南北朝隋唐亦曰靺鞨,或作勿吉。挹婁乃懿路之異譯,義言穴居,蓋分部穴居者之名,非其部族之本號,説見《滿洲源流考》。靺鞨二字,向不得其解,迨讀稻葉氏書及《心史史料》,乃悟此二字,亦滿住異譯。滿族向無國名,對外輒稱大酋,人因誤以其酋長之稱,爲部族之名,固後先一轍也。此段考據,殊有趣味,且此門額,實爲三百年物,允宜取下保存也。

戊帙　通　代

〔六六九〕　西王母考

西王母古有兩説：一以爲神，一以爲國。然二説仍即一説也。《山海經·西山經》曰："又西三百五十里曰玉山，是西王母所居也。西王母其狀如人，豹尾，虎齒，而善嘯，蓬髮，戴勝。是司天之厲及五殘。"《海内北經》曰："西王母，梯几而戴勝杖。"《郝疏》云："如淳注《漢書》司馬相如《大人賦》引此經無杖字。"其南有三青鳥，爲西王母取食，在昆侖虚北。《大荒西經》云："西海之南，流沙之濱，赤水之後，黑水之前，有大山，名曰昆侖之丘。有神，人面虎身，有文，有尾，皆白，處之。其下有弱水之淵環之。其外有炎火之山，投物輒然。有人戴勝，虎齒，有豹尾，穴處，名曰西王母。此山萬物盡有。"上文又云："西有王母之山。"郝《疏》云："西有當爲有西，《太平御覽》九百二十八引此經作西王母山可證。"此皆以爲神者也。《淮南·覽冥》謂羿請不死之藥於西王母，當即指此。《吴越春秋·越王陰謀外傳》云："立東郊以祭陽，名曰東皇公，立西郊以祭陰，名曰西王母。"《史記·趙世家》："繆王使造父御，西巡狩，見西王母，樂之忘歸。"《索隱》曰："譙周不信此事，而云：予嘗聞之，代俗以東西陰陽所出入，宗其神，謂之王父母，或曰地名，在西域，有何據乎？"此亦以爲神，而其説迥異。《大戴禮記·少間》、《尚書大傳》均言舜之時，西王母獻其白琯。《新唐書》言堯身涉流沙，封獨山，見西王母，《脩政語上》。《論衡》謂禹、益見西王母，《别通》。《爾雅·釋地》，以觚竹、北户、日下、西王母爲四荒。《淮南·墬形》云："西王母在流沙之瀕。"則皆以爲國名矣。古多怪異之談，後世知識稍進，則其所謂神者，怪異之性質較少，哲學之見解漸多，及儒生，乃逕説之以人事。此可見同一名也，而其實迥異，輾轉變遷，遂至判然二物。然謂其説非同原，固不可也。

古所謂西王母之神者，究在今何地與？不可知也。何也？流沙、弱水等，久成繆悠傳説之辭，不易即地理鑿求其所在也。惟以爲在西方，寖假而以爲在極西，則其見解迄未變。《爾雅》遂以爲四荒之一。《淮南王》云："在流沙之瀕。"流沙，亦古人所以爲極西之地，而實未能確知其所在者也。因西王母之所在，實不可知，而又相沿以爲極西之地，於是凡心所以爲極西之地，即指爲西王母之所在。《史記·大宛列傳》云："安息長老傳聞條支有弱水西王母而未嘗見。"安息人安知有弱水西王母？其爲中國人所附會，不言可知。《後漢書·西域傳》云："大秦，或云其國有弱水、流沙，近西王母所居處，幾於日所入也。《漢書》云從條支西行二百餘日，近日所入，則與今書異矣。"《三國志注》引《魏略·西戎傳》曰："前世繆以爲條支在大秦西，今其實在東。前世又繆以爲弱水在條支西，今弱水在大秦西。前世又繆以爲從條支西行二百餘日，近日所入，今從大秦西近日所入。"《魏書·西域傳》曰："大秦西海水之西有河，河西南流。河西有南、北山。山西有赤水，西有白玉山。西有白玉山上，當奪赤水或水字。玉山西有西王母山，玉爲堂云。從安息西界循海曲，亦至大秦，四萬餘里。於彼國觀日月星辰，無異中國，而前史云條支西行百里日入處，失之遠矣。"此古人於舊説所以爲極西之地者，悉推而致之身所以爲極西之地之表之證。日月星辰，天象可徵，故日入處之説易破。弱水西王母等，則身苟有所未至，即無從遽斷爲子虚，而其地遂若長存於西極之表矣。循此以往，所謂西王母者，將愈推而愈西，而因有王莽之矯誣，乃又曳之而東，而致諸今青海之境。《論衡·恢國》篇曰："孝平元始四年，金城塞外羌獻其魚鹽之地，願内屬。漢遂得西王母石室，因爲西海郡。”此爲西王母東遷之由。《漢志》金城郡臨羌有西王母石室，蓋即孝平時所得。其後《十六國春秋》云：“前涼張駿酒泉太守馬岌上言：酒泉南山，即昆侖之丘也。周穆王見西王母，樂而忘歸，即謂此。有石室、王母堂、珠璣樓、嚴飾焕若神宫。”《史記·秦本紀正義》引。《晉書·沮渠蒙遜載記》曰：“蒙遜襲卑禾虜，卑禾虜率衆迎降。遂循海而西，至鹽池，祀西王母寺。寺中有《玄石神圖》，命其中書侍郎張穆賦焉，銘之於寺前，遂如金山而歸。”《隋書·地理志》：“西海郡，置在古伏俟城，即吐谷渾國都。有西王母石窟、青海、鹽池。”亦皆《漢志》所謂臨羌縣之地。堂與寺等，蓋皆漢立西海郡後之所爲也。閱世既久，西王母之傳説稍衰，適西域者，不復就其所知之表，而指爲西王母之所在；而孝平之世，所指爲西王母之所在者，因其指一石室以實之，且有爲之堂及寺者，其説轉久而不衰，而西王母遂若真在今青海之境矣。《水經·伊水注》：“有七谷水注之。水西出女几山之南七溪山，上有西王母祠。東南流，注於伊水。伊水又東北逕伏流嶺東，嶺上有崑崙祠，民猶祈焉。劉澄之《永初記》稱陸渾縣西有伏流坂者也。今山在縣南崖口北三十里許，西則非也。”案陸渾縣在今河南嵩縣東北。《漢書·哀帝紀》：建平“四年春，大旱，關東民傳行西王母籌，經歷郡國，西入關至京師。民又會聚祠西王母，或夜持火上屋，擊鼓號呼相驚恐”。蓋伊洛之間，漢世猶有西王母遺跡，故譌言由之而起。此雖不敢指爲古所謂西王母之神者所在，然其距古所以爲西王母所在之地，必較近也。

建平時之譌言，《天文》、《五行》二志，較《哀帝紀》所叙爲詳。《天文志》云：“其四年正月、二月、三月，民相驚動，讙譁奔走，傳行詔籌，祠西王母。又曰：從目人當來。”《五行志》云：“建平四年正月，民驚走，持稾或棷一枚，傳相付與，曰行詔籌。道中相過逢，多至千數。或被髮徒踐，或夜折關，或踰牆入，或乘車騎奔馳，以置驛傳行，經歷郡國二十六，至京師。其夏，京師郡國民聚會里巷阡陌，設祭，張博具，歌舞,祠西王母。又傳書曰:母告百姓:佩此書者不死。不信我言,視門樞下當有白髮。至秋止。”案《淮南·墬形》:“八絃,西北方曰一目,曰沙所。”一目即從目,沙所即流沙之濱也。被髮者,羌人之俗。《左氏》僖公二十二年,“初,平王之東遷也,辛有適伊川,見被髮而祭於野者,曰:不及百年,此其戎乎?其禮先亡矣。秋,秦、晉遷陸渾之戎於伊川。”辛有之言,固後來所附會,然伊洛之間,有被髮之族,則不誣也。《大荒西經》言其神“人面虎身,有文,有尾,皆白”,而漢時譌言,謂視門樞下當有白髮,其説亦隱相符會。司馬相如《大人賦》曰:“低徊陰山翔以紆曲兮,吾乃今日覩西王母。暠然白首戴勝而穴處兮,亦幸有三足烏爲之使。必長生若此而不死兮,雖濟萬世不足以喜。”三足烏與三青鳥,亦當有關係。暠然白首,此譌言之所以以白髮爲效。長生不死,則羿之所以請藥於是也。然則漢世伊洛間之所流傳,固猶與最古之説相近者也。

原刊《説文月刊》第一卷第九期,
一九三九年十月出版

〔六七〇〕 論中國户口册籍之法

《東方雜志》二十五卷第四册,載有《千五百年前敦煌户口册與中國史籍户口比率》一文。爲英人齋爾士所撰,吾國王庸譯。原文所據,係得自敦煌石室西涼李暠建初十二年户籍殘紙。凡十户,完具者九。口數都三十六。户適得四口。齋爾士因此推論:吾國歷代户口比率,嘗在户四口弱至五口强之間。獨趙宋則最多不足三口,最少且不及二户三口。據《文獻通考》“乾德元年,令諸州歲奏男夫,二十爲丁,六十爲老,女口不豫”之文,謂宋世口數,但指男子。元豐三年畢仲衍《中書備對》,各路口數,皆丁口并列。其數:户一千四百八十五萬二千六百八十四,口三千三百三十萬三千八百八十九,丁一千七百八十四萬六千八百七十三。以千七百萬之丁，而人口總數，僅得三千三百萬，未免太少；若謂口數僅指男子，則人口總數，可假定爲六千六百萬。户口比率，仍近一與四矣。王氏盛稱之，謂吾國學者於此未能注意，即李微之、馬貴與亦未計及，直待數百年後，發之英人，豈不異哉？予謂宋世常行之法，李、馬二氏，無容不知。歷代公家計帳，不合情理者甚多，正不容强執事理，以求解釋。齋爾士之見，亦適成其爲外人之見而已。此事不足深論。予顧因此，而欲一論歷代户口册籍之法焉。

吾國古代户口之籍，蓋僅藏於州閭；其登諸天府者，則僅取與國用有關，此徵諸禮而可知者也。《禮記·内則》：子生三月，父名之。遂告宰名。宰書曰：某年某月某日某生，而藏之。宰告閭史。閭史書爲二，其一藏諸閭府，其一獻諸州史。州史獻諸州伯。州伯命書而藏諸州府。是一人之生，州閭之府，咸有其名籍也。此制僅士夫之家如此，抑全國之民皆然？僅男子之生如此，抑女子之生亦然？頗難質言。案《周官》："媒氏，掌萬民之判。凡男女，自成名以上，皆書年、月、日、名焉。仲春之月，令會男女。"會男女即合男女，見《禮記·禮運》、《管子·幼官》。古人民嫁娶，法令頗加干涉，故《孟子》以"内無怨女，外無曠夫"爲仁政。《梁惠王》下。《墨子》亦謂聖王之法，丈夫年二十，毋敢不處家；女子年十五，毋敢不事人也。《節用上》。此必舉國之男女。則書名州閭者，必不僅士夫之家，亦必不限於男子矣。媒氏之"成名"，鄭即援《内則》子生三月父名之爲釋，於禮固無不合也。此所謂全國民籍，藏於州閭者也。《周官》專司民數之官，實爲司民。其職曰："掌登萬民之數。自生齒以上，皆書於版。辨其國中與其都鄙及其郊野。異其男女。歲登下其死生。及三年大比，以萬民之數詔司寇。司寇及孟冬祀司民之日，獻其數於王。王拜受之，登於天府。内史、司會、冢宰貳之，以贊王治。"此所登，亦近全國人口總數。然其意，則不爲清查人口，而爲會稽穀食，故不以成名之月，而以生齒之時。小司寇之職曰："及大比，登民數。自生齒以上，登於天府。内史、司會、冢宰貳之,以制國用。孟冬祀司民,獻民數於王,王拜受之。以圖國用而進退之。”意尤明白可見。《賈子》曰:“受計之禮,主所親拜者二:聞生民之數則拜之,聞登穀則拜之。”《禮篇》。尤可見二者之相關也。小司徒之職,“掌建邦之教法,以稽國中及四郊都鄙之夫家九比之數,乃頒比法於六鄉之大夫。使各登其鄉之衆寡、六畜、車輦。大比以起軍旅,以作田役,以比追胥,以令貢賦。”故以已昏妃者爲限。大比之政,凡鄉遂之官,皆有責焉。無不言夫家者。鄉師云:“以時稽其夫家衆寡。”鄉大夫云:“以歲時登其夫家之衆寡。”族師云:“校登其族之夫家衆寡。”縣師云:“辨其夫家人民田萊之數。”遂人云:“以歲時登其夫家之衆寡。”遂師同。遂大夫云:“以歲時稽其夫家之衆寡。”鄼長云:“以時校登其夫家,比其衆寡。”惟閭師但云“掌國中及四郊之人民六畜之數”,鄙師云“以時數其衆庶”,皆無夫家之文。然此諸官所職,皆係一事,特其文有詳略,則無可疑也。此猶後世之役籍。役固國用之大端也。故曰:自州閭之府以外,户口之籍,皆其與國用有關者也。

漢世民數,蓋在計簿。計簿之式,今不可知。《司民注》曰:“版,今户籍也。”漢治最近古。鄭君之言,或不僅取以相況。《史記·秦始皇本紀》後附《秦紀》:獻公十年,“爲户籍相伍。”什伍即州閭之制,此即《内則》所載書名州閭之法。蓋秦至是始有之。又始皇十六年,“南陽假守騰,初令男子書年。”蓋獻公雖創户籍,所書仍未精詳,故騰又更其法。《漢書·高帝紀》:五年,五月,詔曰:“民前或相聚保山澤,不書名數。今天下已定,令各歸其縣,復故爵田宅。”師古曰:“名數,謂户籍也。”此籍之詳者,亦當在鄉亭,其都數當上之郡縣耳。是時尚無紙,户籍稱版,可知不書以縑帛,斷不能悉致諸郡縣之廷也。漢法多沿自秦,觀秦有户籍之晚,知其制必不能大異於古,則漢法亦必無以大異於古。賈生所言,雖古禮,或仍爲當世之典,亦未可知。則其登諸計簿者,亦必非全國人口總數,而僅取與穀食有關,亦可推測而得矣。

媒氏主牉合,司民會口實,其所登,自不容限於男子。大比之法,主爲兵役,而亦不遺女子者,古兵役固不獨在男也。《商君書·兵守》,有“壯男爲一軍,壯女爲一軍,男女之老弱者爲一軍”之文。《墨子·備城門》諸篇,亦有以丁女充軍之説。齊將下晉,男女以班。《左氏》襄公二十五年。楚圍漢王於滎陽,漢軍絶食,乃夜出女子東門,二千餘人,被甲。女子可調集,可編制,其非無名籍審矣。漢惠帝六年,“令民女子年十五以上,至三十不嫁五算。”《注》引《漢律》:“賈人與奴婢倍算。”則口賦亦不異男女,女子不容無籍可知。降逮後世,户調之式,均田之令,租庸調之法,田皆男女并授,更不必論矣。《通考》乾德六年之令,當别是一事,與奏報民數無關。齋爾士引《宣化府志》及《畿輔通志》大名宋代户口比率,與《通考》所載不同。宣化一比五又七五。大名一比三又六六。而《畿輔通志》霸州比率,則又相近。一比一又三五。可見歷代官中册籍,悠繆不可究詰者甚多。正不容强執情理,以相揆也。

古代民數,當較後世爲得實,讀史者蓋無異辭。而《周官》職方所載九州男女比率,乃殊不可信。揚州二男五女、荆州一男二女、豫州二男三女、青州二男二女、兖州二男三女、雍州三男二女、幽州一男三女、冀州五男三女、并州二男三女。予謂古代受計,必不能徧及九州。《周官》小司徒:“三年大比,則受邦國之比要。”邦國二字,當作縣内諸侯解。書言邦國者多如此,非謂九州萬國也。《周官》之説,疑雜陰陽數術之談,非據册籍會稽而得也。或謂古人言數,皆不舉畸零,故其説若不可通如此。此亦可備一説。

〔六七一〕　論保甲

保甲之法,創自王荆公,其意本欲以之爲兵,然後人仿行之者,則大抵在喪亂之際,用以查軋户口,使外姦不得入,内之則遊蕩無業,作姦犯科之人,亦可以有所稽考,以圖保持秩序。像想用之爲兵;以及爲古代分田里,定賦役,一切政事,都以閭里起點之意;蕩焉無存了。

用保甲查軋户口,排擠姦民,此即《史記·商君列傳》所謂“令民爲什伍,而相收司連坐”之法。因爲既行此制,必使其互相保任,同保同甲之中,有犯罪的,即使并不知情,亦應坐失覺之罪,論者多以此爲商君所創苛酷之法,其實不然。案《周官》:族師之職,“五家爲比,十家爲聯,五人爲伍,十人爲聯,四閭爲族,八閭爲聯,使之相保相受,刑罪慶賞,相及相共”;又比長,“五家相受相和親,有罪奇邪則相及”;鄰長,“掌相糾相受”;士師,“掌鄉合州黨族閭比之聯,與其人民之什伍,使之相安相受,以比追胥之事,以施刑罰慶賞”。《墨子·尚賢篇》引《泰誓》説:“小人見姦巧,乃聞不言也,發,罪鈞。”春秋十九年,“梁亡”,《繁露》説其事云,“梁使民比地爲伍,一家亡,五家殺刑。”《公羊解詁》説同。此皆什伍收司連坐之法,足見其由來已舊。案古代民户編制,共有兩法:一以十和五做單位,大抵和兵制相連。如《周官》:鄉以五家爲比,五比爲閭,四閭爲族,五族爲黨,五黨爲州,五州爲鄉。遂以五家爲鄰,五鄰爲里,四里爲酇,五酇爲鄙,五鄙爲縣,五縣爲遂。而其兵制,則以五人爲伍,五伍爲兩,四兩爲卒,五卒爲旅,五旅爲師,五師爲軍,恰係家出一人,這怕不是家出一人,而是立法之初,以一能充兵的人爲編制之單位,所以如此罷?至於《尚書大傳》説:“古八家而爲鄰,三鄰而爲朋,三朋而爲里,五里而爲邑,十邑而爲都,十都而爲師,州十有二師”,則係根據井田編制,和兵制毫無干涉,收司連坐之法,起於什伍之間,可見其本係軍刑。古代刑法,嚴酷的恒起於軍旅之間,乃所以對付異族和本族中附敵的人,至其施諸本族之中的,則極爲平恕,此義甚長,必别爲專篇,乃能詳之。然看《周官》,司徒等於人民的懲戒,不過拘禁、圜土。役作嘉石。及去其冠飾,書其邪惡之狀,著之於背明刑。而止。其附於刑者必歸於士。士本戰士之稱,士師者士之長,掌邦刑者謂之司寇。寇乃外來之敵,亦可想見其大概了。軍旅之事,與異族争一旦之命,嚴刑酷法,其事良非得已。至於後世,萑苻之盜,閭巷之雄,迫於饑寒,聊以救死。實非異族相争之比,亦用嚴刑酷法,加以摧排,且因此而擾及良民,其事本不合理。然即不論此,良民亦止有束手而受無罪之戮,斷不會因此而收排除姦人之效的。這是因爲時異勢殊,社會情形,今古不同啊! 讀《宋書・王弘傳》,就可知道了。

據《宋書・王弘傳》:當時八座承郎疏言:“同伍犯法,無士人不罪之科,然每至詰謫,輒有請訴”,如其加以恩宥,則法廢不可行。若必執法不撓,則人情又以爲苦怨,因此請求改制。一時議者有好幾個人,據其説:則當時人民犯罪,牽及同伍的,庶族無不連坐,士人則多蒙赦宥。甚有如山陰縣,在王淮之爲令時,竟不坐罪的。否則罪其奴客,比事似極不平。然士庶生活緬隔,庶族犯罪,士人無由知之,而士人犯坐及同伍之罪的,則不能與小人相關,這確是事實。所以有人説:士人有罪,罪其奴客,并非使其代主人受罪,乃是他罪有應得,亦不能謂其無理。而且就是奴客,亦有説其或受役使,分散在外;或供使令,恒在主人左右,并不出門;責其覺察同伍,亦是爲難的。觀此,便知士人受連坐之罪,當局所以不能不加以寬恕,因爲法究不能“專決於名”呀。知此,則知雖用相司連坐之法,亦不能收弊絶風清之效之由。因爲使人民互相伺察,祇能行於居民鮮少,生活單純之日。到民居一稠密,生活情形一複雜,人民就彼此不能相知,即使用嚴刑酷法以迫之,亦祇有束手而受無罪之戮了。

然則後世所謂保甲之法,就絲毫無效了嗎? 此亦不然。但其爲效實極有限,而且祇能行之喪亂之時,而決不能行之治平之日。爲什麽呢?“土著爲寇,必引外姦,而外姦之來,亦必有所止”,這原是事實。但此等人,在居民鮮少之地,是人人認得的,根本用不着推校。此等地方而爲姦民所蟠據,必其土著之民,力不足以與之相抗,即使加以推校,亦屬無益。如其土著之民,力足與以相抗,則此等人必匿跡於深山大澤,荒祠古廟之中,不與居民相離了。民居稠密之處,小之則爲市鎮,大之則爲都會,其間誠有不逞之徒匿跡之所。然此等地方,情勢複雜,推校極難,而且其事多有弊竇,往往徒以擾民而仍不收清查之益。所以善於爲政者,於此率重緝捕而後推校。其所注意者,乃在旅館、酒樓、娼家、賭場等處,而比户的居民,顧在其後。當風聲鶴唳之際，亦未嘗不推行什伍之法。然其用意，不過因不逞之徒，多强悍有黨羽，良善之民，多懾於其勢而不敢拒；又或本係戚族相知，牽於情面而不能拒；甚者舊係同黨，今雖悔改，爲其所脅而無從拒。有同伍相坐之法，以隨其後，則什伍之間，可以互相助，而其勢較壯。其爲用止於如此而已，此外不能更有何等作用。至於孤村殘落，力薄不足自衛，荒祠古廟，左近并無人烟，則本非比伍之法所能及。所以每逢喪亂，祇有聚村落而成堡塢。盜匪横行之時，并有人倡議將荒祠古廟等悉行焚毁，説雖失之急烈，亦有不得已之苦衷。以度地居民之道言之，則今日都會鎮市，失之過大，鄉村則失之過小。過大則居民太多，其情不親，利害之相關不切，故遇事不能合作，輿論制裁，亦歸無效，過小則居民太少，其人率愿樸不知世事，不能有所興作，即欲有興作，亦力有不逮。今後根本之計，實宜漸將都會、市鎮，斫而小之，鄉村則合并而使之加大，方能漸見合理。斷非就現在的形勢，但推行比伍之法，即能期其有進步的。鄉村之不能合并，大抵因農民之居宅，離所耕之田，不能太遠。此當脩治道路，使之平坦寬闊，車馬可以往來。則相距雖遠，亦不致費時失事，而道路四達，則便於梭巡，荒祠古廟等，亦不慮有人匿跡其間了。以上所言，多偏於弭亂之計，因爲向來辦保甲的，其意實多偏重於此。至於地方自治，一切米鹽靡密之事，無不起原於閭伍，則别是一事，與歷來爲弭亂計所辦的保甲等，了無干涉。不但不相干涉，甚且必將此種積習一掃而空之，而地方自治之事，乃可以有爲。此另是一義，當别論。

〔六七二〕 度地居民

《孟子·滕文公》上曰："死徙無出鄉，鄉田同井，出入相友，守望相助，疾病相扶持，則百姓親睦。"大抵古時度地居民，自有定法，過少則其力不足以相濟，過多則人不相狎而其情不親，是非不足憑，人言不足恤矣。古者“鄰有喪，舂不相；里有殯，不巷歌。”《禮記·曲禮》。《管子·小匡》曰：“卒伍政定於里，軍旅政定於郊，内教既成，令不得遷徙；故卒伍之人，人與人相保，家與家相愛，少相居，長相遊，祭祀相福，死喪相恤，禍福相憂，居處相樂，行作相和，哭泣相哀；是故夜戰，其聲相聞，足以無亂；晝戰，其目相見，足以相識，歡欣足以相死；是故以守則固，以戰相勝。”《郊特牲》述社祭及君親誓命以習軍旅之制，而繼之曰：“以戰則克，以祭則受福”，亦是物也。

禮之有節文也，亦其出於自然者也。《雜記》曰：“三年之喪，雖功衰不吊，自諸侯達諸士。如有服而將往哭之，則服其服而往。練則吊，既葬大功，吊哭而退，不聽事焉。期之喪未葬，吊於鄉人，哭而退，不聽事焉。功衰吊，待事不執事，小功緦，執事不與於禮。相趨也，出宫而退；相揖也，哀次而退；相問也，既封而退；相見也，反哭而退；朋友，虞祔而退。吊非從主人也，四十者執綍；鄉人，五十者從反哭，四十者待盈坎。”因其身之有故與無故也，老壯也，居之遠近也，而皆異其節；非强爲之也，皆因其情而情又出於自然者也；故曰：禮也者，因人之情而爲之節文，然過重於節文，則情有因之而漓者矣，故曰：禮，與其奢也寧儉，喪，與其易也寧戚。《論語·先進》。要之不忘其本而已矣。故曰：“聖人終日行，不離輜重。”《老子》。

《潛夫論·浮侈篇》曰：“今舉世舍農桑，趨商賈，牛馬車輿填塞道路，游手爲功，充盈都邑。”又曰：“今察洛陽，浮末者什於農夫；虚僞游手者什於浮末。天下百郡千縣，市邑萬數，類皆如此。本末何足相供，則民安得不飢寒。”然則古之都邑，罪惡之藪也。符所言都邑之人，或以謀姦合任爲業，或以遊敖博弈爲事，或作泥車、瓦狗、馬騎、倡俳諸戲弄小兒之具以巧詐，婦人則學巫祝，鼓舞事神，以欺誣細民，熒惑百姓；此與後世之情形，有以異乎？無以異也。

符言京師貴戚葬者：必欲江南檽梓豫章之木。其致之也，伐之高山，引之窮谷，入海乘淮，逆河泝洛，工匠雕刻，連累日月，會衆而後動，多牛而後致，重且萬斤，功將萬夫，其難也如是，而邊遠下土，猶相競用，致使東至樂浪，西達敦煌，費力傷財於萬里之地。夫權臣貴戚，皆淫侈之徒也。彼千方百計，以取高位厚禄；其取之也，猶御人於國門之外也；不則猶齊人之乞食於墦間也；所甘心者，淫侈而已。而使之舍其所樂，不亦與虎謀皮哉？然以少數人抯制多數人，以非正義之事壓制正義，終非可以持久；公理有必明之日，民權有必達之時，至於爲治者果爲公意，而非復少數人，則淫侈之事，在所必禁矣，至此則都邑墟矣。

荀悦論井田：謂土地布列在豪强，卒而革之，并有怨心，則生紛亂，制度難行。若高祖初定天下，光武中興之後，人衆稀少，立之易矣。夫卒而革之，非義有所不可也，而勢有所難行。勢之所不能行，雖聖人無如之何也。勢可行而卒莫之行，則非無識即苟且矣。夫都邑猶井田也，卒而革之，事不可爲也。然遭大亂之後，立制度，使不得過若干家。浮侈之事，禁不得爲；華靡之物，禁不得用；放古者度地居民之制，使地邑民居，必參相得也，不亦可乎？然豈所語於今之爲政者哉！

齊景公曰："君不君，臣不臣，父不父，子不子，雖有粟，吾得而食諸？"《論語·顔淵》。衛嗣君曰："治無小，亂無大，教化喻於民，三百之城，足以爲治。民無廉恥，雖有十左氏，將何以用之？"《戰國策·衛策》。故治國之道，在教化明，法令行，物不足惜也。苟可以明義也，雖完整，猶將毁之，況其已經破敗而勞復建邪？

禁侈非徒以明義也，即以淫侈者之身論，庸獨利乎？董卓之入洛也，洛中貴戚室第相望，金帛財産，家家殷積。卓放縱兵士，突其廬舍，淫略婦女，剽虜資物，謂之"搜牢"。《後漢書》本傳。此即王符之所哀嘆者也。豈徒洛陽，古今繁盛之都邑，其極安有不如此者也？水流必趨於平也，猶財富之必趨於均也。注水於丘陵之上，則必流於四方，若都邑之財，四散而歸於村野，周浹而徧於山林，則人間之海平矣。平，斯安矣。

東漢之末，生民幾於盡矣。是時之握兵者，亦知民不足，則兵不强；兵不强，則終無以自存也。故其少有遠慮者，咸致力於屯墾焉。《三國·魏志·王昶傳》言文帝踐阼，昶爲洛陽典農。時都畿樹木成林，昶斫開荒萊，勤勸百姓，墾田特多。夫自獻帝而遷至於文帝踐阼，亦既三十年矣，而洛陽之荒廢猶如此，然則是時之從事於墾闢者，儼然如臨天造草昧之世也。

度地居民，使地邑民居，必參相得，固無不可就之功矣。《三國·魏志·國淵傳》言：太祖欲廣置屯田，使淵典其事。淵屢陳損益，相土處民，計民置吏，明功課之法。《鄭渾傳》言：太祖征漢中，以渾爲京兆尹，渾以百姓新集，爲制移居之法，使兼復者與單輕者相伍，温信者與孤老爲比。後渾轉爲山陽、魏郡太守，又以郡下百姓，苦乏材木，乃課樹榆爲籬，并益樹五果；榆皆成藩，五果豐實。入魏郡界，村落齊整如一。又《注》引《魏略》言：顏斐後爲京兆太守，令屬縣整阡陌，樹桑果。皆能頗合度地居民之誼也。使執政皆知是誼，大亂之後，民居固可焕然改觀也。然知斯誼者卒寡。且如吾邑自兵亂之後，破壞纍纍，孰爲新建，孰爲故跡，父老固歷歷能指之也。而新建者之零亂如故，若夫人各有私，不顧大局，豈一日也哉？

〔六七三〕　開國之主必親戎

《晉書·王鑒傳》：鑒勸元帝親征杜弢，《疏》曰："當五霸之世，將非不良，士非不勇，征伐之役，君必親之，故齊桓免胄於邵陵，晉文擐甲於城濮。昔漢高、光武二帝，征無遠近，敵無大小，必乎振金鼓，身當矢石，櫛風沐雨，壺漿不贍，馳騖四方，匪皇寧處，然後皇基克構，元勛以融。今大弊之極，劇於曩代，崇替之命，繫我而已。欲使鑾旗無野次之役，聖躬遠風塵之勞，而大功坐就，鑒未見其易也。魏武既定中國，親征柳城，揚旗盧龍之嶺，頓轡重塞之表，非有當時烽燧之虞，蓋一日縱敵，終己之患，雖戎輅蒙嶮，不以爲勞，況急於此者乎？劉玄德躬登漢山而夏侯之鋒摧，吴僞祖親泝長江而關羽之首懸，袁紹猶豫後機，挫衄三分之勢，劉表卧守其衆，卒亡全楚之地。歷觀古今，撥亂之主，雖聖賢，未有高拱閑居，不勞而濟者也。"其言可謂深切著明。

晉元帝、宋高宗皆沈潛有謀，勤於政理，然終僅就偏安之業，且并此亦幾岌岌不可保者，不能駕御武人實爲之。王敦之患，人所共知。然宋高宗而不能替三宣撫司，江東亦未必能自立也。人皆以漢高祖能滅項羽爲有大略，其實不然。高祖之大略，不在於其能滅項羽，而在於項羽滅後，六、七年間，能盡滅同時并起之異姓諸王，何者？項羽戰績，爲史所艷稱者，不過巨鹿、彭城、垓下三役耳。垓下之戰，乃匹夫之勇，無足稱。鉅鹿一戰，確有摧堅陷陣之能，亦藉楚衆之精鋭；吴夫差、越句踐固嘗再用之以振威於北方；雖項燕亦用之大破秦軍於楚垂亡之日矣，非盡羽之能也。彭城之役，則漢自不整耳，蓋漢所用者爲思東歸之士，至此已爲散地，而五諸侯之兵，亦心力不齊，號令不一也。漢高入關，財帛無所取，婦女無所幸，而至此，乃收楚貨寶美人，日置酒高會，此猶項羽去關中時，不能禁其衆無暴掠，屠咸陽，殺子嬰，燒秦宫室，亦非羽之所欲也。漢王以四月敗彭城，五月即收兵屯滎陽，六月又還攻章邯，至八月乃復東出；於斯時也，項羽何難急攻破之，長驅西上，而羽竟不能，是其昧於乘機矣。明年漢三年五月，破滎陽，六月，下成皋，而仍未能深入，徒隔河相持，漢王遂得以其間虜魏豹，下趙、代，破燕、齊，且結彭越以擾楚後。雖黥布，亦觀望形勢而叛楚。是時所事惟漢，非如漢初出時之猶重齊也。漢堅守以老楚師，而藉信、越以攻其後，爲楚計者，宜集全力擊破漢王之軍，深入窮追，直抵二周之郊，而叩函谷之關，使其不復能立，則信、越無與圖功，必也轉而從楚，他諸侯更不必論矣。而羽竟不能然，是不徒無遠略，并野戰亦不足取也，故曰，漢之亡楚，不足爲異也。乃其既滅楚之後，則漢高與諸功臣，君臣之分未定也，秦滅六國，父兄有天下，而子弟爲匹夫，在當時之人視之，實爲變局而非常理，故秦一亡而天下復分，戲下之會，以義帝之空名奉楚懷王，其視之，猶周之天子也，項籍爲西楚霸王，猶東周之桓、文也，特王侯之名異耳，其餘大者爲王，小者爲侯若君，亦六國時之遺法也，當時之人，視此必以爲彝典，謂有一人將如秦皇，盡滅同列，獨有天下，必非意想所及。項羽使人説韓信以三分天下,而信不聽,蒯徹勸之又不聽,史言信自以功高,漢終不奪我齊,此乃附會之談,非其實。當時之人,自以兵力據地而王,豈待他人之與之,既不待人之與之,又何慮人之奪之。尸皇帝之名,遂可任意樹置翦滅侯王,亦豈當時之人意想所及?此項羽亡後,韓信等所由不惜以皇帝之名畀漢王與?幾曾見周之武、成,能任意翦滅齊、楚哉?故漢高之鏟除異姓諸王,非以君替其臣,乃敵國之相滅耳,其能奏功如是之速,則以身恒在行間,赴機疾捷也。且漢高以五年十月滅楚,正月王韓信、彭越、英布、張耳、韓王信,是年九月,即擊虜荼。明年十月,禽韓信,正月,王荆王賈、楚王交,并王喜於代,子肥於齊,而徙韓王信於太原,信請徙治馬邑,許之。七年十月,信反,高祖自將擊之,深入至平城,雖以輕敵致敗,然其果鋭亦甚矣,圍既解,仍擊信餘寇於東垣。十年九月,擊陳豨,自至邯鄲。十一年冬,破之,其年三月,復使掩捕梁王,即以其地王子恢及友,七月黥布反,又自將擊之。十二年十月,破之,王兄子濞於吴。未幾,盧綰反,使樊噲擊之,帝之不親戎者惟此役,蓋其時已疾病矣。綜觀楚滅之後,七年之中,高帝蓋未嘗一日安居也。以當時人心之習於分裂,漢初王室形勢之弱,使帝少濡滯苟安,身没之後,諸侯之合縱締交,圜視而起,豈待問哉?然則天下之克定於其一,其功信不成於滅楚之日,而成於其後之七年中也。而其所以成功,亦實由其馳騖四方,匪皇寧處,鑒之言,可不謂之知言哉?鑒所引證諸王霸之主,事皆易明,獨漢高之成功,少隱曲而難見,故具論之如上。

原刊一九四七年《東南日報》“文史”副刊

〔六七四〕　漢唐邊防之策

中國古代,蓋爲湖居之族?古稱人所居之處曰“州”,即後世之“洲”字,其音則與島相同。漢世公玉帶獻明堂圖,水環宫垣,上有樓,從西南入,《周官》師氏居虎門之左,保氏守王闈。蔡邕說:“南門稱門,西門稱闈,明堂者,古天子之居。”蓋猶沿其遺像。古之人蓋四面憑水以爲固,故至後世築城,猶必環之以池也,此最古之邊防也。

湖居之族,蓋以漁爲業,後乃漸進於農耕。中國之文明,蓋肇始於是? 故《易》稱包犧氏作網罟,神農氏斲木爲耜,揉木爲耒也,包犧氏、神農氏非實有其人,古言氏猶後世言族,言有如是之部族二耳;如是之部族,實爲文明所由肇,故特舉之也。然其後此等部族,嘗爲田獵畜牧之部族所擊服焉,觀古君大夫士以牛羊犬豕爲食,庶人則食谷與魚鱉可知。畜牧之族,其初恒事田獵,畜牧時或居原隰,田獵時必處山林。人之好戰斗,其習恒自田獵之世來,其後所居雖易,至於守禦,則猶沿是以爲固。《易》曰:“王公設險以守其國。”《詩》曰:“畇畇原隰,曾孫甸之”,《孟子》曰:“域民不以封疆之界,固國不以山谷之險”,皆治人而食於人者居山,食人而治於人者居平地之證,此邊防形勢之一變也。

農耕愈重,治人而食於人者,亦皆以是爲業,則其人必降丘宅土。斯時之所慮者,鄰近野蠻之族,每喜乘間抄略。出兵征之乎? 彼無定居,不易犂其巢穴。屯兵防之乎? 我又不勝其勞費。所幸者,此等野人,部族率皆寡小,不能興大兵,一水一山之隔,即非其所能越,乃因山川自然之阻以爲防,其不周匝處,則以人力築牆補之。此等營建。環繞四面者爲郭,專於一面者即長城也,此所以防小寇。戰國之世,秦、趙、燕三國北邊皆有長城,其時匈奴尚未大,他騎寇蓋尤小;齊之南亦有長城,蓋所以備淮泗夷者也。

戰國末造,内地文化較低之族,殆悉化爲冠帶之民,如淮泗夷,高長城以防之。至秦有天下,乃悉散爲人户,見《後漢書·東夷傳》,其言蓋有所本。其一端也。斯時之所慮者,六國之民,非心服而反側,秦人防之之策;一益固其本國之境,賈生所謂踐華爲城,因河爲池者也,設使新服之地皆叛,其故國則猶可守,趙高弑二世,立子嬰,蓋嘗欲取是策,留侯勸漢高祖都關中,猶未脱此等見解也。一於新服之地,擇其要害之處而據之，賈生所謂信臣精卒，陳利兵而誰何者也，至漢文帝之世，通關梁，一符傳，而此法乃除。二者皆一統之初，鉗制國内之術，以不切於時勢，故不旋踵而其法遂廢也。

城外之防，北邊爲極，以其地爲遊牧之族所居，利抄略，且强悍也。防之之策，秦初仍襲舊猷，乃舉本國所固有及燕、趙二國之長城，連接之，擴充之，脩補之，以成一引弓之民與冠帶之族之大界焉。然人心猶率其歸，世變已啓其新；長城者，可以禦小寇，而不可以防大敵者也。漢初冒頓崛起，破東胡，走月氏，并白羊，樓煩二王，服渾庾、屈射、丁零、鬲昆、新犂諸國，其形勢已非復前世之騎寇，更無論山戎矣。其大入塞，騎至數萬，少亦數千，雖不長於攻城，然優足批亢擣虚，亦可時時肆擾，或逆絶外援，以困一堅城，斷非備多力分之長城，所能遏其焰也。故漢世雖勤北邊，迄無脩築長城之事。

斯時之邊防當如何？曰：已不復能言守，而唯有向外開拓。漢世之能免於匈奴之患也，則以武、昭、宣之世，數大舉深入窮追故也。甚至以斷其右臂之故，不恤勞民以通西域焉，其取勢亦可謂遠矣。至是，則漢室之邊防，不在邊境而在邊境之外。樹邊防於邊境之外若之何？一曰控其道路，今人所謂綫也，若漢置西域都護，并護天山南北兩道是也。一曰據其要害，今人所謂點也，若唐設諸都護府是也。大抵漢唐之於外夷也，利其弱不利其强，利其分不利其合，睹其强大也，必謀所以早摧挫之，唐太宗之於薛延陀是也。彼其互相吞并也，必遏止之，使不得遂。西域本三十六國，後稍分爲五十餘，莽世都護覆没，莎車王賢遂乘機吞并，後漢定西域，又悉復之，其顯而易見者也；若其桀驁，將馴至於逆命，尤必有以豫折其蔭，爲虺弗摧，爲蛇若何？默啜之中興突厥，使中原士大夫爲之旰食，其殷鑒矣。歷代盛時，防邊之策，大抵如此。唯明代武功不振，僅恃築長城爲防守之計，爲統一後一變局。

漢、唐盛時之所爲，其可謂之上策乎？猶未也，兵家之言曰："善守者不恃人之不我攻，而恃我之不可攻"，善已，然猶不能懈於守也。

兵有利鈍，戰無百勝，豈徒兩軍相争時爲然，兩國相持亦如是。人固有利不利時，國豈能無饑饉寇盜？丁斯時也，安能爲不可勝以待敵？且外夷亦必有興盛之時，安能終錮之？漢、唐盛時，所守非不遠，卒之或以我之弱，或以彼之强，所守終不能不撤，則猶未足以語於“守在四夷”之義也。然則如之何而可？曰：不分彼我之界，非以我防彼也，而與彼偕進於大道，愚者教之，困者賑之，使之利與我合而不利與我分，彼欲禍我乎？是自禍也，世豈有樂自禍者乎？是彼爲我守也，此則守在四夷之義也。道則高矣美矣，孰能副之，吾未之見也。太史公所由嘆《司馬法》閎廓深遠，雖三代征伐，未能竟其義邪？

〔六七五〕　入中入邊之原

歷代官賣之法，莫善於宋之入中入邊，蓋如是則官可省漕運之煩也。抑供入中入邊之物，皆有獨佔之性質者，非如是，則不賣，則并可以獎勵某種産業矣。明代行中鹽之制，而商屯因之以興，是也。漢通西南夷道，作者數萬人，千里負儋饋糧，率十餘鍾致一石，散幣於邛、僰以集之。數歲，道不通，蠻夷因以數攻，吏發兵誅之。悉巴蜀租賦，不足以更之，乃募豪民田南夷，入粟縣官，而内受錢於都内。此已開宋代入邊之先聲，而其效亦與明代商屯等矣。嘗謂欲殖邊必需資本，國家不易有此大力，商人不肯投資於邊，此一難也。人民真願移徙者，不得官力之輔助；官招募所得，或爲浮浪之人，并不能勤事生産，或且逃歸，此二難也。此二者，若能假手於商人，俱較官辦爲佳。蓋商人重利，自能招致勤事生産之民，且有以部勒之，不至虚費本錢也。所難者，使商人肯投資從事於此耳。今以其必欲得之物交换之，則資本及人力不期而集於邊遠之處矣；國家更能設官管理，使商人不能虐其所顧用之民，則善之善者也。

原刊《中華文史論叢》第一輯，一九八三年二月出版

〔六七六〕 策試之制上

《文獻通考·選舉考》引致堂胡氏之言曰:“漢策問賢良,非試之也,延於大殿,天子稱制,訪以理道,其事重矣。”馬氏曰:“自孝文策鼂錯之後,賢良方正皆承親策,上親覽而第其優劣;至孝昭年幼未即政,故無親策之事,乃詔有司,問以民所疾苦;然所問者,鹽鐵、均輸、榷酤,皆當時大事。令建議之臣,與之反覆詰難,講究罷行之宜,卒從其説,爲之罷榷酤。然則雖未嘗親奉大對,而其視上下姑相應以義理之浮文者,反爲勝之。國家以科目取士,士以科目進身者,必如此,然後爲有益於人國耳。”案對策與射策不同,射策者,疑其人之不能而試之;對策則以其人爲賢知而問之。《漢書·蕭望之傳注》曰:“射策者,謂爲難問疑義書之於策,量其大小,署爲甲乙之科,列而置之,不使彰顯。有欲射者,隨其所取,得而釋之,以知優劣。射之言投射也。對策者,顯問以政事經義,令各對之,而觀其文辭定高下也。”《後漢書·順帝紀》,陽嘉元年《注》引《前書音義》曰:“甲科謂作簡策難問,列置案上,任試者意投射,取而答之,謂之射策;上者爲甲,次者爲乙。若録政化得失,顯而問之,謂之對策也。”馬氏又云:“漢武帝之於董仲舒也,意有未盡,則再策之,三策之;晉武帝之於摯虞、阮种亦然。”由此也。然至後世,則對策其名者,亦不免射策其實矣。

《晉書·孔坦傳》云:“先是,以兵亂之後,務存慰悦,遠方秀孝到,不策試,普加除署。至是,帝申明舊制,皆令試經,有不中科,刺史、太守免官。太興三年,秀孝多不敢行,其有到者,并託疾。帝欲除署孝廉,而秀才如前制。坦奏議曰:古者且耕且學,三年而通一經,以平康之世,猶假漸漬,積以日月。自喪亂以來,十有餘年,干戈載揚,俎豆禮戢,家廢講誦,國闕庠序,率爾責試,竊以爲疑。然宣下以來,涉歷三載，累遇慶會，遂未一試，揚州諸郡，接近京都，懼累及君父，多不敢行；其遠州邊郡，掩誣朝廷，冀於不試，冒昧來赴，既到審試，遂不敢會。臣愚以爲不會與不行，其爲闕也同。若當偏加除署，是爲肅法奉憲者失分，僥倖投射者得官。王命無貳，憲制宜信。去年察舉，一皆策試。如不能試，可不拘到，遣歸不署。又秀才雖以事策，亦汜問經義，苟所未學，實難闇通，不足復曲碎乖例，違舊造異，謂宜因其不會，徐更革制。可申明前下，崇脩學校，普延五年，以展講習。帝納焉。聽孝廉申至七年，秀才如故。"《甘卓傳》："中興初，以邊寇未静，學校陵遲，特聽不試孝廉，而秀才猶依舊策試。卓上疏以爲答問損益，當須博古通今，明達政體，必求諸《墳》、《索》，乃堪其舉。臣所忝州，湘州。往遭寇亂，學校久替，人士流播，不得比之餘州。謂宜同孝廉例，申與期限。疏奏，朝議不許。卓於是精加隱括，備禮，舉桂陽谷儉爲秀才。儉辭不獲命，州厚禮遣之。諸州秀才聞當考試，皆憚不行，惟儉一人到臺，遂不復策試。儉恥其州少士，乃表求試，以高第除中郎。儉少有志行，寒苦自立，博涉經史。於時南土凋荒，經籍道息，儉不能遠求師友，惟在家研精，雖所得實深，未有名譽；又恥衒耀取達，遂歸，終身不仕，卒於家。"觀此二事，可知雖秀才之試，亦已漸同經生之業。《石勒載記》言其立秀孝試經之制，蓋亦有所因循。至於孝廉，則《魏舒傳》言其"年四十餘，郡上計掾察孝廉，宗黨以舒無學業，勸令不就，可以爲高耳。舒曰：若試而不中，其負在我，安可虚竊不就之高，以爲己榮乎？於是自課，百日習一經，因而對策升第"，則幾同國子明經之舉矣。

秀才之試，雖究與射策有異，又變而崇尚文辭，此在北朝，其弊最顯。《北齊書·儒林傳》：劉晝，"河清初還冀州，舉秀才入京，考策不第，乃恨不學屬文，方復緝綴辭藻。"馬敬德，"河間郡王將舉爲孝廉，固辭不就，乃詣州求舉秀才。舉秀才例取文士，州將以其純儒，無意推薦。敬德請試方略，乃策問之，所答五條，皆有文理，乃欣然舉選。至京，依秀才策問，惟得中第。乃請試經業，問十條并通，擢授國子助教。”蓋儒生之於文辭，究非專長也。劉景安與崔亮書，謂：“朝廷貢才，止求其文，不取其理，察孝廉惟論章句，不及治道。”《魏書・崔亮傳》。可見二者之分野矣。《魏書・邢巒傳》：“有司奏策秀孝，高祖詔曰：秀孝殊問，經權異策，邢巒才清，可令策秀。”所謂才清，蓋亦長於文辭耳。《隋書・杜正玄傳》：“開皇末舉秀才，尚書試方略，正玄應對如響，下筆成章。僕射楊素，負才傲物，正玄抗辭酬對，無所屈撓，素甚不悦。久之，會林邑獻白鸚鵡，素促召正玄，使者相望，及至，即令作賦，正玄倉卒之際，援筆立成。素見文不加點，始異之，因令更擬諸雜文筆十餘條，又皆立成，而辭理華贍。素乃歎曰：此真秀才，吾不及也，授晉王行參軍。”《北史》正玄附《杜銓傳》後，述此事頗有附會之辭，不如此之可信。此幾純以文辭爲重，亦北朝之餘習也。南朝似略愈於此，而其實亦不然。《梁書・文學傳》，謂何遜“弱冠州舉秀才，南鄉范雲見其對策，大相稱賞”。又云：雲“謂所親曰：頃觀文人，質則過儒，麗則傷俗，其能含清濁，中今古，得之何生矣”。則所重亦在其文。《顧協傳》：“舉秀才，尚書令沈約覽其策而嘆曰：江左以來，未有斯作。”《孔休源傳》：“州舉秀才，太尉徐孝嗣省其策，深善之，謂同坐曰：董仲舒、華令思何以尚此？足稱王佐之才。”似其人深明於當世之務者，實亦未必不采庶子之春華，忘家丞之秋實也。姚察謂二漢求士，率先經術，近世取人，多由文史，《江淹任昉傳論》。可以知其變遷矣。

或曰：馬氏所舉董仲舒、摯虞、阮种之流，皆賢良也，此後世制科之先河，秀才則與孝廉同爲常舉耳。其策之之法，自不能無異。然《晉書・王接傳》云：永寧初，舉秀才，友人遺書勸無行，“接報書曰：今世道交喪，將遂剥亂，而識智之士，鉗口韜筆，禍敗日深，如火之燎原，其可救乎？非榮斯行，欲極陳所見，冀有覺悟耳。是歲，三王義舉，惠帝復阼，以國有大慶，天下秀孝，一皆不試，接以爲恨。”是則秀才對策，亦未嘗不可極其謇諤矣。《魏書・高祖紀》：延興二年，七月，“詔州郡縣各遣二人，才堪專對者，赴九月講武，當親問風俗。”三年,六月,"詔曰:往年縣召民秀二人,問以守宰治狀,善惡具聞,將加賞罰。而賞者未幾,罪者衆多,肆法傷生,情所未忍。今特垂寬恕之恩,申以解網之惠。諸爲民所列者,特原其罪,盡可貸之。"所謂民秀,蓋即去歲所召也。太和七年,正月,"詔曰:朕每思知百姓之所疾苦,以增脩寬政,而明不遠燭,實有缺焉。故具問守宰苟虐之狀於州郡使者、秀孝、計掾,而對多不實,甚乖朕虚求之意,宜案以大辟,明罔上必誅。然情猶未忍,可恕罪聽歸,申下天下,使知後犯無恕。"背公下比,不徒遠愧始元之賢良,亦且近慙延興之民秀矣。然魏孝文之問之,則固得枉於執事毋悼後害之義,此蓋由其興於代北,究較中原爲質樸故也。

《齊書·謝超宗傳》:"都令史駱宰議策秀才考格,五問并得爲上,四、三爲中,二爲下,一不合與第。超宗議:非患對不盡問,患以恒文弗奇。與其俱奇,一亦宜采。詔從宰議。"清問當求奇士,考試自貴兼通,舍奇求多,亦對策漸近射策之一證。

策試非獨秀孝。《孔坦傳》言:"坦遷尚書郎。時臺郎初到,普加策試,帝元帝。手策問曰:吴興徐馥爲賊,殺郡將,郡今應舉孝廉不?坦對曰:四罪不相及,殛鯀而興禹。徐馥爲逆,何妨一郡之賢?又問:姦臣賊子殺君,汙宫瀦宅,莫大之惡也。鄉舊廢四科之選,今何所依?坦曰:季平子逐魯昭公,豈可廢仲尼也!竟不能屈。"此不徒親策以時事,亦且如馬氏所言,意有未盡,則再策之三策之矣。《魏書·文苑·温子昇傳》:"熙平初,中尉、東平王匡博召辭人,以充御史,同時射策者八百餘人,子昇與盧仲宣、孫搴等二十四人爲高第。於是預選者争相引決,匡使子昇當之,皆受屈而去。搴謂人曰:朝來靡旗亂轍者,皆子昇逐北。遂補御史。"此云射策,當係對策,蓋二者之實漸淆,其名亦隨之而淆也。所召者爲辭人,所取者爲子昇等,可見徐景安所云"朝廷貢才止求其文"者,尚不僅指秀才言之也。然則唐世進士之浮華,其所由來者漸矣。

原刊一九四六年十二月二十日《益世報》

〔六七七〕 策試之制下

策問之法，漸變而近於考試，其於政事，遂絶無所益乎？曰：否。射策者，帖經墨義之所本也。秀才策事，亦氾問經義，則大義論策之所本也。唐世秀才之科廢絶，然進士偏重詩賦，實即南北朝來秀才策試兼重文辭之習。故唐世之進士明經，實即前世之州郡秀孝；所異者，前世選舉之權，操之郡縣，至唐則可投牒自列耳。然則科目之制，其所由來者遠矣。後世科目之法可廢乎，則前世秀孝之舉，考試之法，亦可去矣。

世有説立乎千百年之前，而於千百年後之事，若燭照而數計者，葛稚川《審舉》之篇是也。其言曰："秀、孝皆宜如舊試經答策。防其所對之姦，當令必絶，其不中者勿署吏，罰禁錮。其所舉書不中者，刺史太守免官。不中左遷，中者多，不中者少，後轉不得過故。若受賕舉所不當，發覺有驗者，除名禁錮終身，不以赦令原，所舉者與同罪。試用此法，一二歲之間，秀、孝必多不行者，亦足知天下貢舉之不精久矣。過此則必多脩德而勤學者矣。或曰：能言不必能行，今試經對策雖過，豈必有政事之才乎？抱朴子答曰：古者猶以射擇人，況經術乎？如其舍旃，則未見餘法之賢乎此也。夫豐草不秀瘠土，巨魚不生小水，格言不吐庸人之口，高文不墮頑夫之筆。今孝廉必試經無脱謬，而秀才必對策無失指，則亦不得闇蔽也。假令不能盡得賢能，要必愈於了不試也。今且令天下諸當在貢舉之流者，莫敢不勤學，但此一條，其爲長益風教，亦不細矣。自有天性好古，心悦藝文，學不爲禄，味道忘貧，若法高卿、周生烈者，萬之一耳。至於寧越、兒寬、黄霸之徒，所以强自篤勵於典籍者，非天性也，皆由患苦困瘁，欲以經術自拔耳。向使非漢武之世，則朱買臣、嚴助之屬，亦未必讀書也。今若遐邇一例，明考課試，必多負笈千里以尋師友，轉其禮賂之費以買記籍者,不俟終日矣。予意謂新年當試貢舉者,今年便可使儒官才士,豫作諸策,計可周用,集上,禁其留草,殿中封閉之,臨試之時亟賦之,人事因緣於是絶。當答策者,皆可會著一處,高選臺省之官,親監察之,又嚴禁其交關出入,畢事乃遣,違犯有罪無赦。如此,屬託之冀窒矣。夫明君恃己之不可欺,不恃人之不欺己也,亦何恥於峻爲斯制乎? 若試經法立,則天下可以不立學官,而人自勤學矣。"案後世科目之利,曰官不立學,雖立亦有名無實,而人自勤學,文教於是覃敷也。其制,雖不能必得才,亦不足以得上才,而究愈於不試,實未有他法以代之。而其關防之法,則不得不嚴。唐、宋、明、清行事,皆足爲證,稚川一一言之,若燭照而數計,可謂聖矣。何以克聖? 理有必至,勢有固然,辨之者精,察之者審也。君子是以貴好學深思也。

漢世丞相故事,四科取士,一曰德行高妙,志節清白;二曰學通行脩,經中博士;三曰明達法令,足以決疑,能案章覆問,文中御史;四曰剛毅多略,遭事不惑,明足以決,才任三輔。一者德,四者才,二者儒學,三者文法之學也。孝廉課試,始於左雄,諸生試家法,文吏課牋奏,即此之二、三。黄瓊以雄所上孝廉之選,專於儒學文吏,於取士之義,猶有所遺,奏增孝弟及能從政者爲四科,即補以此之一、四也。以理論之,誠設四科,乃爲該備。然才德不可試諸一時,故左雄專於儒吏也。儒吏之中,則不宜有所偏重矣。稚川又曰:"漢四科亦有明解法令入仕。今在職之人,官無大小,悉不知法令。或有微言難曉,小吏多頑,而使之決獄,是以死生委之,以輕百姓之命,付無知之人也。作官長不知法,爲下吏所欺而不知,又決其口筆者,憒憒,不能知食法與不食,不問不以付主者,或以意斷事,蹉跌不慎法令,亦可令廉良之吏,皆取明律令者試之如試經,高者隨才品敘用。如此,天下必少弄法之吏,失理之獄矣。"此後世明法之科所由立也。宋承唐制,科目甚多,熙寧變法盡廢之,獨立新科明法,以待士之不能改業者。有用無用,夫固較然不可誣。而後世弄法之吏、失理之獄之多,亦由明法之科之廢,科目偏重儒學也。稚川言之於千載之前,亦若燭照而數計矣。

稚川又曰:“今普天一統,九垓同風,王制政令,誠宜齊一。夫衡量小器,猶不可使往往而有異,況人士之格,而可參差而無檢乎? 江表雖遠,密邇海隅,然染道化,率禮教,亦既千餘載矣,往雖暫隔,不盈百年,而儒學之事,亦不偏廢也。惟其土宇褊於中州,故人士之數,不得鈞其多少耳,及其德行才學之高者,子游、仲任之徒,亦未謝上國也。昔吴土初附,其貢士見偃以不試,今太平已近四十年矣,猶復不試,所以使東南儒業,衰於在昔也。”案自吴之亡,至大興三年,凡四十年。據《孔坦傳》:秀孝策試之令,當在建武、大興之間,稚川之作,疑在是時。據其言,則北方秀孝之試,因亂曠絶,南方實迄未舉行,非關喪亂也。又案《晉書·五行志》:“成帝咸和六年正月丁巳,會州郡秀孝於樂賢堂,有麏見於前,獲之。自喪亂以後,風教陵夷,秀孝策試,乏四科之實。麏興於前,或斯故乎?”則其後雖復策試之制,依然有名無實矣。又《宋書·武帝紀》:義熙七年,“先是諸州郡所遣秀才、孝廉,多非其人,公表天子,申明舊制,依舊策試。”則晉末又嘗不試。

《晉書·摯虞傳》云:“舉賢良,與夏侯湛等十七人策爲下第,拜中郎。武帝詔曰:省諸賢良答策,雖所言殊塗,皆明於王義,有益政道,欲詳覽其對,究觀賢士大夫用心。因詔諸賢良方正直言,會東堂策問。”《阮种傳》:“詔三公、卿尹、常伯、牧守各舉賢良方正直言之士,於是太保何曾舉种。時种與郤詵及東平王康,俱居上第,即除尚書郎。然毁譽之徒,或言對者因緣假託,帝乃更延羣士,庭以問之。”此二者即一事。《虞傳》載策問曰:“若有文武器能,有益於時務,而未見申叙者,各舉其人,及有負俗謗議,宜先洗濯者,亦各言之。”《种傳》載詔辭曰:“若有文武隱逸之士,各舉所知,雖幽賤負俗,勿有所限。”實一詔而史氏辭有異同,可以爲證也。《郤詵傳》載詔辭云:“朕獲承祖宗之休烈,於兹七載。”則此事當在泰始七八年間,《本紀》不載其事。再策由於毁譽之辭,實不如馬氏所云“意有未盡”。然此等事當不多,其大體固當如馬氏所云耳。然疑有弊而親策,則實不自宋祖始矣。親策也而騰謗者謂其因緣假託，則當時關防，殊不嚴密，稚川所以欲立法以防所對之姦與？策問令再舉人，亦明阻被薦者至再令薦舉之意。而惜乎二人之皆無所舉也。虞對曰："臣生長蓽門，不逮異物，雖有賢才，所未接識，不敢瞽言妄舉，無以疇答聖問。"种對曰："文武隱逸之士，幽賤負俗之才，故非愚臣之所能識。"

原刊一九四六年十二月《益世報》

〔六七八〕 郡縣送故迎新之費

郡縣送故迎新之費，自昔有之。《漢書·循吏傳》：黄霸爲潁川守。許丞老，病聾，督郵白欲逐之，霸不聽。或問其故，霸曰："數易長吏，送故迎新之費，及姦吏緣絶簿書，盜財物，公私費耗甚多，皆當出於民。"是其事也。《游俠傳》言：哀帝時，"天下殷富，郡二千石死官，賦斂葬送，皆千萬以上。"《後漢書·張禹傳》：禹父歆，終於汲令。"汲吏人賻送，前後數百萬。"則當漢世，數已甚侈，魏、晉已後，斯風彌扇。晉初，傅咸即以長吏到官未幾便遷，吏卒疲於送迎爲病。《晉書·虞預傳》："太守庾琛命爲主簿，預上記陳時政所失，曰：自頃長吏輕多去來，送故迎新，交錯道路。受迎者惟恐船馬之不多，見送者惟恨吏卒之常少。窮奢竭費謂之忠義，省煩從簡呼爲薄俗，轉相仿效，流而不反，雖有常防，莫肯遵脩。加以王途未夷，所在停滯，送者經年，永失播植。一夫不耕，十夫無食，況轉百數，所妨不貲。愚謂宜勒屬縣，若令尉先去官者，人船吏侍皆具條列，到當依法減省，使公私允當。"言其弊尤爲痛切。《南史·恩倖·吕文顯傳》云："晉、宋舊制，宰人之官，以六年爲限。近世以六年過久，又以三周爲期，謂之小滿。而遷換去來，又不依三周之制，送故迎新，吏人疲於道路。"則其弊降而益甚矣。

《漢書·高惠高後文功臣表》：清安侯臾，"元鼎元年，坐爲九江太守受故官送免。”似受送本爲非法，然虞預病送迎者雖有常防，莫肯遵脩，又欲使去官者具自條列，依法減省，則其習爲故常久矣。《隋書・百官志》：梁世，郡縣吏有迎新送故之員，各因其大小而置；陳世，郡縣官之任代下，有迎新送故之法，餉餽皆百姓出，并以定令。蓋守令多異地人，國家既不給以道途之費，原不能責以自具也。此以理論，實不爲過；既有定法，遵守不渝，亦不能謂取非其義，然能合於常防者則寡矣。

送迎之費，廉吏亦間有不受者，則史家以爲美談。如《梁書・良吏傳》：范述曾，以齊明帝時出爲永嘉太守，郡送故舊錢二十餘萬，一無所受。始之郡，不將家屬，及還，吏無荷儋者。《南史・范岫傳》：爲安成内史，見徵，吏將送一無所納，是也。此雖高節，亦未可責諸人人。若王衍父卒於北平，送故甚厚，爲親識之所借貸，因以捨之，數年之間，家資罄盡。《晉書》本傳。沈懷文，父宣爲新安太守，丁父憂，郡送故豐厚，奉終禮畢，餘悉班之親戚，一無所留。《南史》本傳。雖合不易於喪之義，已非大法小廉之旨。若齊豫章王嶷爲荆州刺史，史稱其務在省約，停府州儀迎物，東歸部曲亦不賫府州物；而其後齋庫失火，燒荆州還貲，評直三千餘萬，《齊書》本傳。則不取也，而取過畢矣。劉悛，史稱其强濟有世調，善於流俗。爲武陵内史。齊明帝崩，表奔赴，敕帶郡還都，吏民送者數千人。悛人人執手，係以涕泣，百姓感之，贈送甚厚。《齊書》本傳。脅肩諂笑，病於夏畦，以是求貸，不其恧與！

《南史・王僧達傳》：“與兄錫不協，錫罷臨海郡還，送故及俸禄百萬以上，僧達一夕令奴輩取無餘。”有以分施鳴高者，又有任情攘奪者，士大夫之所爲，真可發一噱。

虞預言當時之送迎者，“窮奢竭費謂之忠義，省煩從簡呼爲薄俗。”此雖自託於忠厚，實則豪富之民，每欲獻媚於官吏，以爲寵榮；又貲費之來必由科率，或由經手侵漁者，乃鄙俗勢利之見耳。然風氣誠樸之區，亦或有能得民心，餽遺出於真誠者；必峻卻之，又非人情也。謝朏子諼爲東陽内史，及還，五官送錢一萬，止留一百，答曰：數多劉寵，更以爲媿。《南史·謝弘微傳》。頗堪媲美古人。

後世官員所用器物，有由地方或屬員供給者，瀕行每攜之而去。需用時由當地供給，猶不失隨身衣食悉仰於官之義；攜之而去，則成臧物矣。然古亦有如是者。《南史·宋宗室及諸王傳》：衡陽王義季爲荆州，“發州之日，帷帳器服諸應隨刺史者，悉留之，荆楚以爲美談。”曰“應隨”，則其取之亦成成例矣。《梁書·江革傳》：除武陵王長史、會稽郡丞、行府州事。“將還，民皆戀惜之，贈遺無所受。送故依舊訂舫，革并不納，惟乘臺所給一舸。”曰“依舊”，則舟車亦有成例也。

《梁書·劉季連傳》：季連之受命高祖，“飭還裝。高祖以西臺將鄧元起爲益州刺史。元起，南郡人，季連爲南郡之時，素薄元起。典籤朱道琛者，嘗爲季連府都録，無賴小人，有罪，季連欲殺之，逃叛以免。至是，説元起曰：益州亂離已久，公私府庫必多耗失，劉益州臨歸空竭，豈能遠遣候遞。道琛請先使檢校，緣路奉迎；不然，萬里資糧，未易可得。元起許之。道琛既至，言語不恭，又歷造府州人士，見器物輒奪之。有不獲者，語曰：會當屬人，何須苦惜。於是軍府大懼，謂元起至必誅季連，禍及黨與，競言之於季連。季連亦以爲然，又惡昔之不禮元起也，遂召佐史，矯稱齊宣德皇后令，聚兵復反。收朱道琛殺之。”《元起傳》：季連既平，“元起以鄉人庾黔婁爲録事參軍，又得荆州刺史蕭遥欣故客蔣光濟，并厚待之，任以州事。黔婁甚清潔，光濟多計謀，并勸爲善政。元起之克季連也，城内財寶無所私，勤恤民事，口不論財色。性本能飲酒，至一斛不亂，及是絶之。蜀土翕然稱之。元起舅子梁矜孫，性輕脱，與黔婁志行不同，乃言於元起曰：城中稱有三刺史，節下何以堪之。元起由此疏黔婁、光濟，而治跡稍損。在州二年，以母老乞歸供養，詔許焉，徵爲右衛將軍，以西昌侯蕭淵藻代之。是時，梁州長史夏侯道遷以南鄭叛，引魏人，白馬戍主尹天寶馳使報蜀，魏將王景胤、孔陵寇東西晉壽，并遣告急。此處史文有誤。《南史·鄧元起傳》云：“時梁州長史夏侯道遷以南鄭叛，引魏將王景胤、孔陵攻東西晉壽，并遣告急。”據《魏書·邢巒傳》，則王景胤爲梁晉壽太守，孔陵亦梁將，爲王足所破者。

疑梁書元文,當作魏將某寇東西晉壽,太守王景胤、某官孔陵并遣告急。文有奪佚,傳寫者以意連屬之,以致誤謬;《南史》誤據之,而又有删節也。衆勸元起急救之。元起曰:朝廷萬里,軍不卒至,若寇賊侵淫,方須撲討,董督之任,非我而誰?何事悤悤便救?黔婁等苦諫之,皆不從。高祖亦假元起都督征討諸軍,將救漢中。比至,魏已攻陷兩晉壽。淵藻將至。元起頗營還裝,糧儲器械,略無遺者。淵藻入城,甚怨望,因表其逗留不憂軍事,收付州獄,於獄自縊。"是元起先以慮闕迎資激季連之叛,繼又以厚營還裝自喪其生也。案元起佳士,其入蜀也,在道久,軍糧乏絶,或説以檢巴西籍注,因而罰之,所獲必厚,元起然之,以李膺諫而止。史又言其"少時又嘗至西沮田舍,有沙門造之乞,元起問田人曰:有稻幾何?對曰:二十斛。元起悉以施之。時人稱其大度。"此其所以能克城之日,財寶無所私,在州二年,口不論財色。豈有不攘竊於兵亂之日,聚斂於在州之時,顧侵漁於臨去之際者乎!季連之敗也,史稱蜀中喪亂已二年矣,城中食盡,升米三千,亦無所糴,餓死者相枕,無親黨者,又殺而食之。季連食粥累月,飢窘無計,因此乃降。夏侯道遷之叛,魏以邢巒爲梁、秦二州刺史,巒力求取蜀,其表云:"益州頃經劉季連反叛,鄧元起攻圍,資儲散盡,倉庫空竭,今猶未復。"《南史·元起傳》,略同《梁書》,惟不云淵藻誣其不憂軍事而下諸獄,而云:"蕭藻入城,求其良馬。元起曰:年少郎子,何用馬爲。藻恚,醉而殺之。元起麾下圍城哭,且問其故。藻懼曰:天子有詔。衆乃散。遂誣以反,帝疑焉。有司追劾削爵土,詔減邑之半,封松滋縣侯。故吏廣漢羅研詣闕訟之,帝曰,果如我所量也。使讓藻曰:元起爲汝報讎,汝爲讎報讎,忠孝之道如何?乃貶藻號爲冠軍將軍,贈元起征西將軍,給鼓吹,謚忠侯。"元起功臣宿將,即不憂軍事,豈藻所可擅囚?藻亦豈能憂國持正如是?蓋實因求貨不得,妄加殺害。逮其麾下圍城,則厚誣君父以自解,又因是舉,遂以反誣元起。詐雖不讎,梁武亦不能明正其罪,乃轉以不憂軍事莫須有之辭罪元起,而爲之掩飾耳,其失刑甚矣。藻既臨州,民齊苟兒叛,以十萬衆攻城,既解,藻弟淵猷嘲羅研曰:"卿蜀人樂禍貪亂，一至於此。"民窮如是，其兄之負罪如是，而爲是嘲謔之辭，可見是時貴族之無人心。研對曰"蜀中積弊，實非一朝。百家爲村，不過數家有食。窮迫之人，什有八九；束縛之使，旬有二三。貪亂樂禍，無足多怪。若令家畜五母之雞，一母之豕，牀上有百錢布被，甑中有數升麥飯，雖蘇、張巧説於前，韓、白按劍於後，將不能使一夫爲盜，況貪亂乎。"見《南史·羅研傳》。然則蜀中困敝，由來已久。《梁書·劉季連傳》曰："初元起在道，懼事不集，無以爲賞。士之至者，皆許以辟命，於是受别駕治中檄者將二千人。"蓋實由財帛不給，以至於此。檢罰巴西籍注，或亦勢不得已，然元起卒以李膺之言而止，可見其深惡誅求，寧肯作繭絲於爲州之日。休養生息，原非旦夕可期。其去州之時，糧儲器械，一無所有，蓋實以創夷未復；不能應機出兵，實亦由是。夏侯道遷之叛也，巴西人嚴玄思附魏，魏將王足，又所鄉輒克，蜀中勢實岌岌。以宣武固不聽邢巒之謀，又以羊祉爲益州，王足聞而引退，後反降梁。《魏書》王足事附見《崔延伯傳》。而邢巒遣守巴西之李仲遷，亦以荒於酒色，爲城人所殺反正，乃獲幸免。當時情勢，所急在外，寧以代者不卒至而自安哉！然則元起遣朱道琛先使檢校，或誠爲激變之由，然事或迫於不得已；其見戕於淵藻，則必以求貨不得，致遭枉害也。然皆因送故迎新之侈有以啓之，陋規之貽禍，不亦溥乎！

梁武帝大同九年張纘刺湘州，中大同元年岳陽王詧刺雍州，太清元年湘東王繹刺荆州。太清二年，帝改以纘刺雍州，而以河東王譽爲湘州刺史。纘素輕少王，州府候迎及資待甚薄，譽深銜之。及至州，遂託疾不見纘，及檢括州府庶事，留纘不遣。時湘東王與譽各率所領入援臺，纘乃詒湘東書曰："河東戴檣上水，欲襲江陵，岳陽在雍，共謀不逞。"湘東信之，三藩之釁始搆。河東與纘，不旋踵而喪其身，湘東、岳陽，輾轉相讎，卒致江陵之奇變。此真所謂以睚眦之釁而致滔天之禍者。然溯其原，則亦送迎之費有以階之厲也。

北朝郡縣，送迎之弊，與南朝同。《魏書·高祖紀》：延興二年，十二月詔曰："《書》云：三載一考，三考黜陟幽明。頃者已來，官以勞升，未久而代。牧守無恤民之心，競爲聚斂，送故迎新，相屬於路，非所以固民志，隆治道也。自今牧守温仁清儉、克己奉公者，可久於其任；歲積有成，遷位一級。其有貪殘非道、侵削黎庶者，雖在官甫爾，必加黜罰。著之於令，永爲彝準。”此詔之意，雖在久任以觀治效，速黜以去貪殘，然送故迎新之煩擾，亦其所欲革之一端也。《任城王雲傳》：除徐州刺史，以太妃蓋氏薨，表求解任。“性善撫綏，得徐方之心，爲百姓所追戀。送遺錢貨，一無所受。”此事不足證雲之廉，適足證徐方送遺之厚爾。《鄧淵傳》：曾孫羨，出爲齊州長史，“在治十年，經三刺史，以清勤著稱。齊人懷其恩德，號曰良二千石。及代還，大受民故送遺，頗以此爲損。”《北史·循吏·孟業傳》：“魏彭城王韶，齊神武之壻也，拜定州刺史，除業爲典籤。及韶代下，業亦隨還，贈送一無所受。”則非徒刺史，即其僚屬，亦有因送迎而受餽遺者矣。《魏書·陸俟傳》：子馥，出爲相州刺史，假長廣公。徵爲散騎常侍。其還也，“吏民大斂布帛以遺之，馥一皆不受，民亦不取，於是以物造佛寺焉，名長廣公寺。”此雖不受，何益於民！《北齊書·酷吏傳》：宋遊道，“父季預，爲渤海太守。遊道弱冠隨父在郡。父亡，吏人贈遺，一無所受。”《周書·薛端傳》：轉基州刺史，至州未幾卒，“遺誡薄葬，府州贈遺，勿有所受。”能如是者蓋寡矣。

原刊一九四六年十一月二十二日《益世報》

〔六七九〕　上行下效之習

《論語·顔淵》：“季康子患盜，問於孔子。孔子對曰：苟子之不欲，雖賞之不竊。”《左氏》襄公二十一年：“邾庶其以漆閭丘來奔，季武子以公姑姊妻之，皆有賜於其從者，於是魯多盜。季孫謂臧武仲曰：子盍詰盜？武仲曰：不可詰也，子召外盜而大禮焉，何以止吾盜。”夫上之所爲，民之歸也。上所不爲，而民或爲之，是以加刑罰焉而莫敢不懲；若上之所爲，而民亦爲之，乃其所也，又可禁乎？《史記·夏本紀》曰："皋陶敬禹之德，令民皆則禹，不如言，刑從之。"蓋邃古之世，曾以上之所行，即爲下所當爲，此上行下效之習，所以深入人心也。後世以爲人自有其所當循之道，爲上者亦不當背；古則以爲上之所行，即爲當然之道，其見解迥異。《後漢書·烏桓傳》："其約法，違大人言者，罪至死。"與中國古俗可以參觀。

〔六八〇〕 使臣圖自利

《聘義》述主國待客之禮曰："古之用財者不能均如此，然而用財如此其厚者，言盡之於禮也。盡之於禮，則内君臣不相陵而外不相侵，故天子制之而諸侯務焉爾。"蓋外交之事，其集，兩國實利賴之；苟其不集，三軍暴骨，是以不得不慎也。乃貪鄙之夫，不恤糜國帑，壞國事，以爲私圖，此則雖聖人末如之何也已。《三國·魏志·武帝紀》："安定太守毌丘興將之官，公戒之曰：羌胡欲與中國通，自當遣人來，慎勿遣人往。善人難得，必將教羌胡妄有所請求，因欲以自利；不從，便爲失異俗意，從之則無益事。興至，遣校尉范陵至羌中，陵果教羌，使自請爲屬國都尉。公曰：吾預知當爾，非聖也，但更事多耳。"《周書·突厥傳》：楊忠與突厥伐齊還，言於高祖曰："突厥甲兵惡，爵賞輕，首領多而無法令，何謂難制馭，正由比者使人妄道其强盛，欲令國家厚其使者，身往重取其報。朝廷受其虚言，將士望風畏慴。今以臣觀之，前後使人皆可斬也。"夫當建安之世，涼州之彫敝，可謂甚矣。周、齊之時，中國之所以事突厥者，亦云疲矣。而使人之但圖自利如此，豈非所謂全無心肝者哉？

敝中國以事四夷者，漢武帝其首也。武帝之欲通西域，本爲招月氏共通匈奴，其意原欲寬中國之民力，意至善也。乃月氏不來，而聞大宛、大夏、安息、大月氏之屬，或兵弱，或兵雖强而可以賂遺設利朝，欲招致之，以示威德徧於四海，則動於侈心矣。卒之暴骨於大宛，憂勞於烏孫，竭中國以事四夷，曾不得其一卒以助攻匈奴，絲粟之財以實府庫，宜乎夏侯勝之發憤，而班孟堅作《西域傳贊》憤惋形於辭氣也。然而漢之彫敝，自其征大宛始，而大宛之逆命，則漢使之椎埋固有以激之。而漢使者之所以失體如此，則武帝明知其爲小人而猶聽其言且欲激而用之，有以使之然也。故非更事多者，不可以爲人君。若魏武者，雖曰未聖，吾必謂之聖矣。

〔六八一〕　江南風氣之變

項籍以江東子弟八千人渡江而西，其在北方，戰必勝，攻必取，未知其績出於此八千子弟者，究有幾何，然鉅鹿之戰，距籍出兵未遠，史所謂戰士一以當十，兵呼聲動天者，其中必有江東之士，則揆諸事理，似無足疑者也。漢人論各地方風氣及兵事，稱南方剽鋭者甚多，固未必皆指江東，然《地理志》言吴越之士，輕死好用劍，則江東風氣，仍甚勇悍可知，此孫策所由能以一旅之衆，定三分之業歟。迺自晉室東渡以後，江南遽以柔弱聞，何哉？用與不用之殊也。所以或用或不用，則以一國之民，或事生産，或備攻戰，亦有其分工協力之道焉，民風之强弱，非天之降才爾殊也，人事則使之然。

《宋書·武帝紀》：隆安五年，孫恩向滬瀆，高祖棄城追之，高祖時築城於海鹽故治。海鹽令鮑陋遣子嗣之，以吴兵一千，請爲前驅。高祖曰："賊兵甚精，吴人不習戰，若前驅失利，必敗我軍，可在後爲聲援。"不從，果爲賊所没。又自序：元凶弑立，分江東爲會州，以隨王誕爲刺史，沈正説誕司馬顧琛，以江東義鋭之衆，爲天下唱始，琛曰："江東忘戰日久。士不習兵，當須四方有義舉，然後應之。"此皆江東之民，欠闕訓練之證，然其風氣則實未遽變，宋武之討南燕，慕容超見羣臣，議距王師。公孫五樓言："吴兵輕果，初鋒勇鋭不可當。"此固未必皆吴人，其中亦未必無江東之士也。顧覬之於宋文帝坐論江東人物，及顧榮,袁淑謂覬之曰:"卿南人怯懦,豈辦作賊。"誤矣。自晉滅吴以來,吴人之叛者踵相接。據《晉書》本紀,武帝太康二年九月,有吴故將莞恭帛奉舉兵反,攻害建業令,遂圍揚州。八年十月,有南康平固縣吏李豐反。十一月,有海安令蕭輔聚衆反。十二月,又有吴興人蔣迪聚黨反。至元帝大興元年,尚有孫皓子璠以謀反伏誅。《五行志》云:武帝平吴後,江南童謡曰:"局縮肉,數横目,中國當敗,吴當復。"又曰:"宫門柱,且當朽,吴當復在三十年後。"又曰:"雞鳴不拊翼,吴復不用力。"於是吴人皆謂在孫氏子孫,故竊發爲亂者相繼,則似紀所不書者尚多。《華譚傳》:譚舉秀才,武帝策之曰:"吴蜀恃險,今既蕩平,蜀人服化,無携貳之心,而吴人趑雎,屢作妖寇,豈蜀人敦樸,易可化誘,吴人輕鋭,難安易動乎?"亦可見是時江表情勢之岌岌也。陳敏起兵,實有割據江東之志,顧榮、甘卓等皆從之,以子弟凶暴而敗,後來周玘父子,仍有傾覆執政之謀,其成敗,亦間不容髮耳。晉初北方兵力,雖似强盛,實則諸將皆已驕淫,不可復用。觀樹機能之亂,功臣宿將,莫能陳力,卒藉新進疏逖之馬隆募兵平之可知。齊萬年之叛,關中危殆,六陌之戰,周處雖以無繼敗亡,然能寒氐賊之膽者,惟此一戰耳。"灑落君臣契,飛騰戰伐名",緬想周瑜決策以拒曹公,又欲羈劉備而挾關羽、張飛以攻戰。魯肅最稱持重,亦不爲關羽所弱,至吕蒙,卒取羽而定荆州。陸遜又有猇亭之捷,英風浩氣,蓋非魏蜀所克比倫。東晉之不振,乃正以北來世族,把持政權,而不能任江東英鋭之士耳。設以吴桓王大帝處此,五胡豈足平哉,烏乎!

過江以後,稱善戰者必曰傖楚。《宋書·殷孝祖傳》:太宗初即位,普天同逆,朝廷惟保丹陽一郡,永世縣尋又反叛,義興賊垂至延陵,内外憂危,咸欲奔散,孝祖忽至,衆力不少,并傖楚壯士,人情於是大安。《齊書·崔慧景傳》:慧景向京師,子覺及崔恭祖領前鋒,皆傖楚善戰,是其二事也。吴人謂中州人曰傖。語見《晉書·周處傳》。楚者,江淮之間,乃楚之舊壤也。《晉書·祖逖傳》云:京師大亂,逖率親黨數百家,避地淮泗。少長咸宗之,推爲行主。達泗口,元帝逆用爲徐州刺史,尋征軍諮祭酒,居丹徒之京口。逖以社稷傾覆,常懷振復之志,賓客義徒,皆暴桀勇士,逖遇之如子弟。時揚土大饑,此輩多爲盜竊,攻剽富室。逖撫慰問之曰:"比復南塘一出否?"或爲吏所繩,逖輒擁護救解之,談者以少逖,然自若也。《郗鑒傳》:鑒寢疾,上疏遜位曰:"臣所統錯雜,率多北人,或逼遷徙,或是新附,百姓懷土,皆有歸本之心。臣宣國恩,示以好惡,處與田宅,漸得少安。聞臣疾篤,衆情駭動,若當北渡,必啓寇心。太常臣謨,平簡貞正,素望所歸,謂可以爲都督徐州刺史。臣亡兄息晉陵内史邁,謙愛養士,甚爲流亡所宗,又是臣門户子弟,堪任兖州刺史。公家之事,知無不爲,是以敢希祁奚之舉。"此等流亡暴桀之士,即當時之所謂傖,《梁書·陳伯之傳》:幼有膂力,年十三四,好着獺皮冠,帶刺刀,候伺鄰里稻熟,輒偷刈之。嘗爲田主所見,呵之云:"楚子莫動。"將執之。伯之因杖刀而進,將刺之曰:"楚子定何如?"田主皆反走。伯之徐檐稻而歸。此等家貧無行之徒,則當時之所謂楚也。流亡暴桀之士,家貧無行之徒,自易於輕悍好鬥,故欲求武用者多資焉。如齊王融欲輔竟陵王子良,招集江西諸傖楚,始安王遥光謀叛,亦召諸傖楚是也。劉牢之敗苻堅之師,陳慶之送元顥之衆,其中傖楚,必不少矣。然當時精兵中亦非遂無江東之士,沈田子青泥之戰,實爲勘定關中一大關鍵,而《宋書自序》稱其所領江東勇士,便習短兵,知公孫五樓稱宋武之衆爲吴兵,非無由也。輕死好用劍之風,誰謂其已消歇哉?

未經訓練臨時徵發之士,當時謂之白丁。《宋書·鄧琬傳》:安成太守劉襲舉郡歸順,琬遣廖琰率數千人并發廬陵白丁攻襲。《沈攸之傳》:索虜南寇,發三吴民丁,攸之亦被發,至京都,詣領軍劉遵考求補白丁隊主是也。《齊書·王敬則傳》:敬則以舊將舉事,百姓擔篙荷鍤隨逐之,十餘萬衆,遇左興盛、劉山陽二寨,盡力攻之,官軍不敵,欲退,而圍不開,各死戰。胡松領馬軍突其後,白丁無器仗,皆驚散,敬則軍遂大敗。此亦猶鮑嗣之之衆,牽動宋武之軍。唐寓之舉事,富陽發男丁防縣,會稽太守沈文季發吴、嘉興、海鹽鹽官民丁救之，亦敗。及齊武帝遣禁兵數千人馬數百匹東討，至錢塘，乃擒斬寓之，見《齊書・文季傳》。亦白丁不可用之證也。然此自由其闕於訓練之故，苟加以訓練，即白丁亦成精兵。征姚泓也，拓跋氏發兵緣河隨大軍進止，宋武所遣先渡河者，即白直隊主丁旿也，胡三省《通鑑》注曰：選白丁之壯勇者入直左右，使旿領之。亦可見訓練所繫之重矣。

《宋書・劉敬宣傳》：孫恩舉事，牢之自表東討，軍次虎疁，敬宣請以騎并南山趣其後，吴人畏馬，又懼首尾受敵，遂大敗。此與唐寓之之敗於齊禁兵，如出一轍，吴人畏馬，亦以不習騎戰故也。

缺訓練而不能戰，則何地不然。《梁書・楊公則傳》：攻東昏時，公則所領多湘溪人，性怯懦，城内輕之，以爲易與，每出蕩，輒先犯公則壘。公則獎勵軍士，克獲更多。湘溪何以蒙懦怯之稱，亦以地處腹里不習戰鬥故也。《宋書・沈曇慶傳》論曰：江南之爲國，外奉貢賦，内充府實，止於荆揚二州，揚部分析，境極江南，考之漢城，惟丹陽、會稽而已。地廣野豐，民勤本業，一歲或稔，則數郡忘饑。會土帶海旁湖，良疇亦數十萬頃，膏腴上地，畝直一金，鄠杜之間，不能比也。荆城跨南楚之富，揚部有全吴之沃，魚鹽杞梓之利，充仞八方，絲綿布帛之饒，覆衣天下。此所云者，乃自今兩湖至江、浙緣江沼澤之地，在當時，已爲南朝舉國財富之所自出矣。而淮南、江北之地，自吴魏來久爲争戰之場，其民之習於戰伐亦宜也。故曰民風之强弱，非天之降才有殊，用與不用之異也。何以或用或不用，則一國之民，或事生産，或備攻戰，分工協力之道也，勢使之然也。

原刊一九四七年二月二十四日
天津《民國日報》副刊“史與地”

〔六八二〕 南强篇

《中庸》：“子路問强，子曰：南方之强與？北方之强與？抑而强與？寬柔以教，不報無道，南方之强也，君子居之；衽金革，死而不厭，北方之强也，而强者居之。故君子和而不流，强哉矯；中立而不倚，强哉矯；國有道，不變塞焉，强哉矯；國無道，至死不變，强哉矯。”小時讀此，嘗竊疑於南方之强，與君子之所謂强哉矯者，是一是二，由今思之，乃知其斷然是一，不足疑也。蓋就風俗而論，只有南方之强與北方之强二端，孔子尚南方之强，而抑北方之强，而子路之所謂强，則實有類於北方之强者。孔子始而詰之曰：南方之强與？北方之强與？抑而强與？一似子路之强，出於南北風氣之外者，辭之婉也。繼言南方之强，而明著之曰君子居之，明宗尚之所在也。言北方之强，而直斥之曰而强者居之，則明告子路，以其所謂强者，果居何等也。夫世俗之視南方之强，則徒以爲寬柔以教，不報無道而已，然其實不止於是，故又以和而不流四端，開示真諦也。

人孰不好强而惡弱，好榮而惡辱，然而撫劍疾視之爲强，則亦不足恃矣。一族一國，猶一人也，過剛者必折，不戢者自焚，理無難明，事亦習見，然而人莫不慕夫撫劍疾視之爲强，則以撫劍疾視者，固有時而獲勝；而雍容揖讓者，遂不免於敗績而失據也。然而勝負自有其原，衡論者固不當徒拘於其表。歷來民族國家之競争，勝者之風氣，固多尚武，然其所以勝者，實别有在，初非由其好殺；敗者之風氣，固多柔靡，其使之柔靡者，亦自有其由，初非徒矯其柔靡之跡而遂克有濟；更不應因此遂懷偏激之見，并其所謂寬柔以教，不報無道者，而亦唾棄之也。寬柔以教，不報無道，固制勝之術，而非敗績之原也，曠觀往史：民族起於林麓沙跡、瘠薄之區者，恒好争而有勝；而其居於江海藪澤肥沃之區者，恒流於柔靡而敗，晉之於五胡，宋之於遼、金、元，明之於清，希臘之於馬其頓，羅馬之於日耳曼皆是也。其故何哉？謂國力之不敵與？人口之衆，財力之富，機器之利，兵法部勒之明，其相去皆不可以道里計也；而成敗利鈍，適與之反者，沃土之民多淫，瘠土之民思義，淫則溺於晏安，無復奮發有爲、杖節死綏之志；抑溺於淫樂者，豈肯胼手胝足，櫛風沐雨而致之，則必誅求其下，攘奪於人；又耽淫樂者必無直節，於是是非不明，毁譽無準，通敵者不見誅，守節者不見賞，怨毒之氣盈於下，苟婾之習成於朝，安往而不爲人弱也？然則文明民族之敗績，野蠻民族之克捷，全與其人民之强弱無關。若徒就戰事立論，晉、宋、明、希臘、羅馬之兵，固未嘗真不敵野蠻侵略之族。夫文明民族之敗於野蠻，在東方，其可征者，則炎、黄之争其始也。炎帝姜姓，三苗之祖也，《墨子》道三苗之事曰："日妖宵出，雨血三朝，龍生於廟，犬哭於市"，《非攻下》。流傳之説如此。其瞀於禨祥，可以想見。瞀於禨祥，未有不耽於淫樂者，古所謂巫風也。炎族之不敵黄族，其原蓋由於此。然太古之文明，起於東南江海之交，而不起於西北山林之地，則彰彰明甚也。地下隰濕熱，則草木暢茂，生事資焉，《禮運》言先王之世，食草木之實，而《郊特牲》言農夫黄衣黄冠；知古衣食所資，實以植物爲主，此必東南濕熱之地也。《郊特牲》曰："伊耆氏始爲蜡。"《明堂位》曰："土鼓、蕢桴、葦籥，伊耆氏之樂也。"《禮運》言禮之初，亦曰"蕢桴而土鼓。"二篇所述，其皆神農氏之事。一説伊耆氏者，或以爲神農，或以爲堯，以爲神農者蓋是，以爲堯者非也。蜡之祭，合萬物而索饗之，則有坊與水庸；迎猫，爲其食田鼠也；迎虎，爲其食田豕也；主先嗇而祭司嗇，固農耕之民所有事也。若堯則黄帝之後，黄帝遷徙往來無常處，安知重農？堯命羲和曆象日月星辰，敬授人時，似非不知重農者？然特襲之所征服之族，非其所固有也。孟子曰："夏后氏五十而貢。"又述龍子之言曰："治地莫不善於貢。貢者，校數歲之中以爲常，樂歲，粒米狼戾，多取之而不爲虐，則寡取之；凶年，糞其田而不足，則必取盈焉。"《滕文公上》。然則貢者，君民異族，君但責其民歲納税若干，而其苦樂生死，初非所問。有夏如此，況於陶唐哉？《商君書》曰："神農之世，男耕而食，婦織而衣，刑政不用而治，甲兵不起而王，神農既歿，以强勝弱，以衆暴寡，故黄帝内行刀鋸，外用甲兵。"《畫策》。炎黄二族，一尚和平，一好戰伐，此其明證。在尚北方之强者，必曰：尚和平，則炎族之所以敗也。然蚩尤實始作兵，春秋戰國之世，吴楚之兵，猶銛於北方，炎帝之族，遁居江南之遺教也。黄族則弦木爲弧，剡木爲矢而已矣，其械器之不敵亦明矣。然而炎族終爲黄族弱，則知勝負之原，固别有在，而不在於其械器矣。豈惟械器？夫豈無譎士勇夫！大勢既去，則亦蒿目扼腕，五合六聚而不能救也。豈惟不能救？不北走胡，則南走越，蓋有反爲敵用者矣。

然則南方之所以敗，在其地肥而生事饒足，因之當路之人，溺於晏安，刻剥其下，固與寬柔以教，不報無道之風氣無涉。而寬柔以教，不報無道之風，實開世界大同之門，啓民族和親之路，往史具在，來者難誣。北方之族，以其貧瘠而奮發有爲，乖離不甚，所以遇異族者雖酷，然在其羣之内，則直道存焉。由余所以誨穆公，中行説所以折漢使，皆是物也。然其死而不厭之風，則實毁世界之文明，淪人道於禽獸。科學未興之世，人力弱而不能受制於天行，風氣之不同，各視其所居之地。治化之一進一退，文明之既成復毁，皆由於此。自今以後，革社會組織之偏，以拯各地方風氣之敝，因合各地方風氣之善，以矯一地方風氣之偏，世運之大同，民族之和親，必於是乎有賴矣。

《淮南王書》曰："雁門之北，狄不谷食，賤長貴壯，俗尚氣力。人不弛弓，馬不解勒。"《原道訓》。此即孔子所謂北方之强也。《説苑》曰："子路鼓瑟，有北鄙之聲。孔子聞之曰：信矣，由之不才也。夫先王之製音也，奏中聲，爲中節，流入於南，不歸於北。南者生育之鄉，北者殺伐之域。故君子執中以爲本，務生以爲基。故其音温和而居中，以象生育之氣，憂哀悲痛之感，不加乎心，暴厲淫荒之動，不在乎體。夫然者，乃治存之風，安樂之爲也。彼小人則不然，執末以論本，務剛以爲基。故其音湫厲而微末，以象殺伐之氣。和節中正之感，不加乎心，温儼恭莊之動，不存乎體。夫殺者，乃亂亡之風，奔北之爲也。昔舜造南風之聲，其興也勃焉。紂爲北鄙之聲，其廢也忽焉。"《修文》。修文此中國所謂中道，即南方之道；而所謂北方之强，即後世匈奴、鮮卑等游牧之族殺伐之俗之鐵證也。殷人所居，實近東南，紂都朝歌，乃漸徙而北，彼其淫虐，得毋漸染北俗與？然殷代文教，究近於南；周起豐鎬，實在於北，孔子修春秋，變周之文，從殷之質，其以此與？孔子亦言從周，則以杞、宋文獻不足，而周禮爲時所用故也。然曰周之失文勝者，野蠻人之學於文明人，固但能得其形跡也。此孔子所由欲變之與？

原刊一九三七年三月二十四日

《時事新報》副刊“古代文化”第一期

〔六八三〕 尸體不朽

《後漢書·劉盆子傳》云：“赤眉發掘諸陵，取其寶貨，遂汙辱吕后屍。凡賊所發，有玉匣。斂者率皆如生，故赤眉得多行婬穢。”《三國志·劉表傳注》引《世語》曰：“表死後八十餘年，至晉太康中，表冢見發，表及妻身形如生，芬香聞數里。”《吴志·孫休傳注》引《抱朴子》曰：“吴景帝時，戍將於廣陵掘諸冢，取版以治城，所壞甚多。復發一大冢，内有重閣，户扇皆樞轉可開閉，四周爲徼道通車，其高可以乘馬。又鑄銅爲人數十枚，長五尺，皆大冠朱衣，執劍列侍。靈座皆刻銅人，背後石壁言殿中將軍，或言侍郎、常侍，似公王之冢。破其棺，棺中有人，髮已班白，衣冠鮮明，面體如生人。棺中雲母厚尺許，以白玉璧三十枚藉尸。兵人輩共舉出死人，以倚冢壁。有一玉長一尺許，形似冬瓜，從死人懷中透出墮地。兩耳及鼻孔中，皆有黄金如棗許大，此則骸骨有假物而不朽之効也。”案其葬埋之侈，至於如此，則其别有不朽之術可知。謂其必由於金玉，亦未必然也。即《後漢書》之言，亦如葛洪者附會之耳。

〔六八四〕 藏首級

趙襄子殺知伯，漆其頭以爲飲器，世皆以是譏其暴。然其事非迄於襄子，則亦非始於襄子也。漢人戕新莽，藏其頭於武庫，至晉元康五年乃被焚，見《晉書・惠帝紀》及《五行志》。莽頭果至晉時尚存否，殊難質言，然漢人嘗藏其頭，則必不誣矣。《宋書・臧質傳》言質之死，江夏王義恭等請依漢王莽事例，漆其頭首，藏於武庫。詔可之。易代猶奉爲成例，果何爲哉？《陳書・宣帝紀》：太建五年十二月，詔曰："古者反噬叛逆，盡族誅夷，所以藏其首級，戒之後世。比者所戮，止在一身，子胤或存，梟懸自足，不容久歸武庫，長比月支。惻隱之懷，有仁不忍。維熊曇朗、留異、陳寶應、周迪、鄧緒等及今者王琳首，并還親屬，以弘廣宥。"則其時於叛者，且以藏其首爲故常矣。觀詔文之意，似以其親屬既盡，莫爲收斂而然，然亦豈文王葬骨之仁也？《章昭達傳》言子大寶，至德三年反，生擒送都，於路死，傳首梟於朱雀航，夷三族。死而猶傳其首，亦淫刑也。又夷其三族，則又非宣帝時戮止其身者比矣。《南史》作"尋被擒，梟首朱雀航"，則失"路死傳首"之事。史文之不可妄删如此。

或曰：匈奴殺月氏王，以其頭爲飲器，則此蓋胡俗，而趙襄子效之。然匈奴固淳維後，法俗類中國者甚多，予别有考，則亦難謂此非中國法也。

〔六八五〕 孝　　子

行必貴中庸，何也？無所厚於此，則亦無所薄於彼，通觀焉而皆得其宜也。世恒於有所特厚者艶稱之，而不知其所特薄者已隨之而起，特人莫之覺耳。吾鄉有性情暴戾而居喪盡禮者，衆皆以其居喪盡禮而譽之，又以其性情暴戾而訾之，幾若其出於兩人之身，而不知其同具於一時也。高宗，殷之賢王也，繼世即位，而慈良於喪，然實殺孝己。其慈於親，正其所以虐於子，皆失中之情爲之也。高宗之爲人，蓋與周太王、晉獻公頗相類，夫吴太伯之不爲殷孝己晉共世子者亦幸耳。安知周太王、晉獻公不特有所厚乎？故曰："世無惡，只有過不及。"

《舊唐書·楊炎傳》："祖哲以孝行有異，旌其門閭；父播登進士第，隱居不仕，玄宗征爲諫議大夫，棄官就養，亦以孝行禎祥表其門閭。炎……釋褐，辟河西節度，掌書記，神烏令李大簡嘗因醉辱炎，至是與炎同幕，率左右反接之，鐵棒撾之二百，流血被地，幾死，是悖戾之人也。""節度使吕崇賁愛其才，不之責"，失政刑矣。炎後"徵拜起居舍人，辭禄就養岐下，丁憂，廬於墓前，號泣不絶聲，有紫芝白雀之祥，又表其門閭"，史稱"孝著三代，門樹六闕，古未有也"。禎祥豈足信哉？況三世仍見乎？然其行則必有足炫流俗者矣。是惟能反接人而檛之者優爲之，其名亦惟如是之人能居之不疑也。然則中庸之士如之何？曰：施由親始，勢使然也。然毋忘愛無差等之義，故孟子之言，不足以難夷之也。咸丘蒙曰："盛德之士，君不得而臣，父不得而子。舜南面而立，堯率諸侯北面而朝之，瞽叟亦北面而朝之，舜見瞽叟，其容有蹙。"孟子曰："此非君子之言，齊東野人之語也。"《新唐書·康承訓傳》："（龐）勛謁漢高祖廟受命，以其父舉直爲大司馬，守徐州。或曰：方大事，不可私於父，失上下序。舉直乃拜於廷，勛坐受之。"此與孟子所云齊東野人之言，何以異哉？故知東野人之情，古今無異，固可以詭激之行詐之以立名也。

《新唐書·高儉傳》：子"真行至左衛將軍，其子岐連章懷太子事，詔令自誡切，真行以佩刀刺殺之，斷首棄道上。高宗鄙其爲，貶睦州刺史。"此其所爲，豈特可鄙？衡以父殺其子當誅之義，高宗爲失刑矣。《舊五代史·晉少帝紀》："天福八年十月，西京奏百姓馬知饒殺男吴九不死，以其侵母食也，詔赦之。"蓋律固以爲當誅也。又《李彦珣傳》："彦珣素不孝於父母，在鄉絶其供饋。……范延光既叛，署爲步軍都監，委以守陴，招討使楊光遠……遣人就邢臺訪得其母，令於城下以招之，彦珣識其母，發矢斃之。……及隨延光出降，授坊州刺史，近臣以彦珣之惡逆，奏於高祖，高祖曰：赦命已行，不可改也。遂令赴郡。”此蓋當時叛者衆，務安反側，不敢行誅，不能以法論也。又《王瑜傳》：“入爲刑部郎中。丙午歲，父欽祚刺舉義州，瑜歸寧至郡，會契丹據有中夏，何建以秦州歸蜀。瑜説欽祚曰：若不西走，當是契丹矣。厲色數諫，其父怒而不從。因其卧疾涉旬，瑜仗劍而脅之曰：老懦無謀，欲趨炮烙，不即爲計，則死於刃下。父不得已而聽之。”此則臨爲戎之界，權以免其父於不義，與楊光遠之子劫父降敵志在自免者，殊不同科。瑜本有才，觀此事可知其明於民族大義，傳多載其惡，不足信也。

〔六八六〕　五　　倫

墨子言兼愛，而孟子斥爲無父，世雖或疑其辭之過甚，而終以其説爲不刊，此由溺於小康以降之俗，以爲親疏遠近，出於理勢之自然，無可變革，而不知其皆由於人羣之組織也。世言人羣之倫紀，以爲自然不可變革者，莫如五倫，其實無論諸子書，即儒書之言倫紀者，其説亦不一律；五倫之名，特見於《中庸》，最爲人所習熟，遂奉爲不刊之典耳。經、子言倫紀，全與《中庸》合者，惟《吕覽》之十際。《壹行》：“先王所惡，無惡於不可知；不可知，則君臣、父子、兄弟、朋友、夫妻之際敗矣；十際皆敗，亂莫大焉。凡人倫，以十際爲安者也；釋十際，則與麋鹿虎狼無以異，多勇者則爲制耳矣。”《孟子·滕文公上》曰：“使契爲司徒，教以人倫：父子有親，君臣有義，夫婦有别，長幼有序，朋友有信”，以長幼易兄弟。《禮記·禮運》曰：“何謂人義？父慈，子孝；兄良，弟弟；夫義，婦聽；長惠，幼順；君仁，臣忠”；以長幼易朋友，《王制》七教，父子、兄弟，夫婦，君臣，長幼，朋友，賓客。於《中庸》五倫外，益以長幼賓客，《周書常訓》八政，夫妻，父子，兄弟，君臣。則又獨闕朋友。不特此也，《中庸》又曰：“君子之道四，丘未能一焉，所求乎子以事父，未能也；所求乎臣以事君，未能也；所求乎弟以事兄，未能也；所求乎朋友先施之，未能也。”獨闕夫婦一倫，則即本篇之中，亦且自相違異矣。《左氏》隱公三年，載石碏之辭曰："賤妨貴，少陵長，遠間親，新間舊，小加大，淫破義，所謂六逆也。君義，臣行；父慈，子孝；兄愛，弟敬；所謂六順也。"文公十八年，載季文子之辭曰："舜臣堯，舉八元，使布五教於四方，父義，母慈，兄友，弟共，子孝。"或闕夫婦朋友，或僅具父子兄弟二倫，其違異尤甚。其故何哉？蓋古人之言，皆隨其意之所至，論理初不謹嚴。石碏之偏舉君臣、父子、兄弟，乃所以妃六逆；而季文子之辭，亦偶舉以盈五數耳；固未計及其所取所舍者，是否悉衷於理也。《中庸》之自相違異，亦若是則已矣；而其五倫之説，又安見其不可損益乎？夫自小康以降，人羣之組織，既益繁複，分際之殊，悉舉而枚數之，奚翅十百？若反諸人性之本然，則道仁，仁與不仁而已矣。不獨親其親，不獨子其子，惇樸之俗，固可徵於古，亦未嘗不有驗於今；驚怖其言，若河漢而無極，只見其有蓬之心也。

朱熹《章句》釋五倫曰："即《書》所謂五典；《孟子》所謂父子有親，君臣有義，夫婦有别，長幼有序，朋友有信是也。"案《王制・禮運》，皆以長幼與兄弟并舉，可見《章句》之不然。《書》之五典，師無明説。僞孔即以左氏季文子之言釋之；康成釋"五品不遜"亦然；則徒尊信古文，蔑棄今説，而不計其中理與否，自不如《章句》引《孟子》之得矣。

原刊《齊魯學報》第二期，一九四一年出版

〔六八七〕 田　　制

井田之制，古之論者多以爲宜行諸大亂之後，人少之時。《漢紀》所載荀悦之論，最衆所熟知者也。此説自有其理，然謂非如此不可，則亦未爲的當。何者？歷代土田，固多爲私家所占，然在官者仍不少也。私家之田，不可卒奪，官田獨不可詳立制度，以之爲本，推諸私田乎?《漢書·高帝紀》:五年,五月,兵皆罷歸家。詔曰:"民前或相聚保山澤,不書名數。今天下已定,令各歸其縣,復故爵、田宅。"又曰:"諸侯子及從軍歸者,甚多高爵,吾數詔吏先與田宅,及所當求於吏者,亟與。爵或人君,上所尊禮,久立吏前,曾不爲決,甚無謂也。異日秦民爵公大夫以上,令、丞與亢禮,今吾於爵非輕也,吏獨安取此!且法以有功勞行田宅,今小吏未嘗從軍者多滿,而有功者顧不得,背公立私,守、尉、長吏教訓甚不善。其令諸吏善遇高爵,稱吾意。且廉問,有不如吾詔者,以重論之。"讀此詔,便知當時田宅,在官者多,吏且能制其予奪,九年徙齊、楚大族關中,所由能予以利田宅也。自晉至唐,田皆有還受之法,公田自必甚多。至金世,乃云賣質於人無禁。説見《田業賣質無禁》條。然《金史·高汝礪傳》言:軍户既遷,將括地分授,汝礪諍之,謂"河南民地、官田,計數相半"。民地自有隱匿,然官田數已不少。《明史·食貨志》載弘治時,"官田視民田得七之一"亦然。此豈不足立制度,爲推行之本乎?

荀悦言:井田之制,"土地布列在豪强,卒而革之,并有怨心,則生紛亂,制度難行。若高祖初定天下,光武中興之後,人衆稀少,立之易矣。既未悉備井田之法,宜以口數限田,爲之立限;人得耕種,不得賣買;以贍貧弱,以防兼并,且爲制度張本,不亦善乎?"此即《申鑒》所謂"耕而勿有,以俟制度"者。仲長統《昌言》曰:"今者土廣民希,中地未墾,猶當限以大家,勿令過制。地有草者,盡曰官田,力堪農事,乃聽受之。若聽其自取,後必爲災也。"其説與悦若合符節。詳密之條例,不徒非急務,或且非必須。扼要言之,未耕者悉爲公田,惟能耕者乃得受之,即此二語,已盡裒多益寡、稱物平施之義矣。將此二語,明白宣示,與此違者,限期正之;詳密之條例,隨時隨地定之,豈必俟大亂之後?而亦豈慮紛亂之生乎?或曰:并兼者之悖戾,則何所不至?雖如此,豈遂不與政府抗?然耕者其右之乎?耕者不之右,豪强能爲亂乎?故均地之制,實不難行也。其不行,乃莫之行,非不可行也。何以莫之行?曰:皇莊也,官莊也,職田也,公廨田也,其剥削莫不同於豪强。然則自天子以至於公卿大夫士，皆豪强也。與虎謀皮得乎？然則荀悦等之論，特鑒於新莽之敗而云然耳，固未盡制土分民之理也。

魏三長之立也，李安世上疏曰："竊見州郡之民，或因年儉流移，棄賣田宅，漂居異鄉，事涉數世。三長既立，始返舊墟，廬井荒毁，桑榆改植。事已歷遠，易生假冒。强宗豪族，肆其侵陵，遠認魏晉之家，近引親舊之驗。又年載稍久，鄉老所惑，羣證雖多，莫可取據。各附親知，互有長短，兩證徒具，聽者猶疑，争訟遷延，連紀不判。良疇委而不開，柔桑枯而不採，僥倖之徒興，繁多之獄作。欲令家豐歲儲，人給資用，其可得乎？愚謂今雖桑井難復，宜更均量，審其逕術，令分藝有準，力業相稱，細民獲資生之利，豪右靡餘地之盈。則無私之澤，乃播均於兆庶；如阜如山，可有積於比户矣。又所争之田，宜限年斷；事久難明，悉屬今主。然後虚妄之民，絶望於覬覦；守分之士，永免於陵奪矣。"當時强宗豪族之所爲，即仲長統所謂自取者。而均田之令，則從事後正之者也，亦曷嘗見其能爲亂乎？

《韓非子》曰："夫與人相若也，無豐年、旁入之利，而獨以完給者，非力則儉也。與人相若也，無饑饉、疾疚、禍罪之殃，獨以貧窮者，非侈則惰也。今人徵斂於富人，以布施於貧家，是奪力儉而與侈惰也。"《顯學》。人與人是否相若，事極難言。然使其資地相同，所異者衹在豐年、旁入之利，饑饉、疾疚、禍罪之殃，韓非之言，庸或未爲大過；若先據特厚之資，持是以剥削人，則其所以致富者，乃强豪，非力儉也。此而加以右護可乎？占荒田者是已。《晉書·李班載記》：班嘗謂李雄："古者墾田均平，貧富獲所。今貴者廣占荒田，貧者種殖無地，富者以己所餘賣之。此豈王者大均之義乎？"《梁書·武帝紀》：大同七年，詔："如聞頃者，豪家富室，多占取公田，貴價僦税，以與貧民，傷時害政，爲蠹已甚。"《宋史·食貨志》：紹興二十六年，通判安豐軍王時升言："淮南土皆膏腴，然地未盡闢、民不加多者，緣豪强虚占良田，而無徧耕之力；流民襁負而至，而無開耕之地。"又淳熙九年，袁樞振兩淮還，奏："民占田不知其數。力不能墾，則廢爲荒地。他人請佃，則以疆界爲詞，官無稽考。是以野不加闢，户不加多，而郡縣之計益窘。"《金史·食貨志》：大定二十七年，"隨處官豪之家，多請占官地，轉與他人種佃，規取課利。"《世宗紀》：大定二十年，十月，上謂宰臣："山後之地，皆爲親王、公主、權勢之家所占，轉租於民。"此等皆由人得自取所致。荀悦所由欲以口數立限，户調式所以有占田之數也。

土地制度之難立，在於太重先占之權。《晉書·隱逸傳》：郭翻，"欲墾荒田，先立表題，經年無主，然後乃作。稻將熟，有認之者，悉推與之。縣令聞而詰之，以稻還翻，翻遂不受。"此以制行論，原不失爲廉讓之美德，然非所語於爲政矣。李安世言桑井難復，宜更均量；所争之田，宜立限斷。皆必破棄私有之權，然後其策克遂者也。《舊唐書·哀帝紀》：天祐二年十月，勑："洛城坊曲内，舊有朝臣、諸司宅舍，經亂荒榛。張全義葺理已來，皆已耕墾。既供軍賦，即係公田。或恐每有披論，認爲世業，須煩案驗，遂啓倖門。其都内坊曲及畿内已耕殖田土，諸色人并不得論認。如要業田，一任買置。凡論認者，不在給還之限。如有本主元自差人勾當，不在此限。如荒田無主，即許識認。"即以詔旨剥奪私有之權者也。謂不合義可乎？

宋楊戩之立公田也，《戩傳》謂其謀出於胥吏杜公才。"立法索民田契。自甲之乙，乙之丙，展轉究尋。至無可證，則度地所出，增立賦租。"以戩之暴，猶必展轉尋索田契，可見昔人視私有權之重。此在常局，固亦不得不然，然不能以此妨礙改革之大計也。

《漢書·王莽傳》載中郎區博諫莽之辭曰："井田雖聖王法，其廢久矣。周道既衰，而民不從。秦知順民之心，可以獲大利也，故滅廬井而置阡陌，遂王諸夏，訖今海内未厭其敝。今欲違民心，追復千載絶跡，雖堯、舜復起，而無百年之漸，弗能行也。"此所謂順民之心者，謂民滅廬井、置阡陌而秦聽之，非謂廬井爲秦所滅，阡陌爲秦所置也。曰民未厭其敝，乃謂民未思復井田，非謂其不惡富者占逾分之田，而己無立錐之地也。曰欲復井田，必有百年之漸，亦以繁碎之條例言。

若知行井田之義在於均田，則亦初不俟此也。

《宋史·楊存中傳》：乾道元年，興屯田，存中獻私田在楚州者三萬九千畝。此亦乘兵荒而占取者也。王時升、袁樞所言不過平民，其爲害已如此，況將帥乎？

〔六八八〕 官家出舉上

振貸平民之事，後世日見其少，而出舉興生之事顧日多。《後漢書·樊宏傳》：子鯈，以永平十年卒。"帝遣小黄門張音問所遺言。先是河南縣亡失官錢，典負者坐死及罪徙者甚衆，并委責於人，以償其耗。鄉部吏司因此爲姦。鯈常疾之。又野王歲獻甘醪、膏餳，每輒擾人，吏以爲利。鯈并欲奏罷之，疾病未及得上。音歸，具以聞。帝覽之而悲歎，勑二郡并令從之。"《虞詡傳》：永建元年，爲司隸校尉。爲張防所陷，論輸左校。復拜議郎。數日，遷尚書僕射。"是時長吏、二千石聽百姓讁罰者輸贖，號爲義錢，託爲貧人儲，而守令因以聚斂。詡上疏曰：元年以來，貧百姓章言長吏受取百萬以上者，匈匈不絶；讁罰吏人，至數千萬；而三公、刺史，少所舉奏。尋永平、章和中，州郡以走卒錢給貸貧人，司空劾案，州及郡縣，皆坐免黜。今宜遵前典，蠲除權制。於是詔書下詡章，切責州郡。讁罰輸贖，自此而止。"此皆官自放責以取利者也。《朱儁傳》："少孤，母嘗販繒爲業。儁以孝養致名，爲縣門下書佐。時同郡周規辟公府，當行，假郡庫錢百萬，以爲冠幘費，而後倉卒督責，規家貧無以備，儁乃竊母繒帛，爲規解對。"觀規所假之巨，而長吏受取之多，無足異矣。《北齊書·宋遊道傳》：爲尚書左丞，"入省，劾太師咸陽王坦、太保孫騰、司徒高隆之、司空侯景、録尚書元弼、尚書令司馬子如官貸金銀，催徵酬價，雖非指事臧賄，終是不避權豪。"可見官家出舉，歷代不絶。然論者究尚以爲非法，至隋、唐之世，而所謂公廨錢者，乃公然以出舉興生爲事矣。

《隋書·食貨志》:"開皇八年,五月,高熲奏諸州無課調處,及課州管户數少者,官人禄力,乘前已來,恒出隨近之州。但判官本爲牧人,役力理出所部。請於所管户内,計户徵税。帝從之。先是京官及諸州,并給公廨錢,迴易取利,以給公用。至十四年六月,工部尚書蘇孝慈等,以爲所在官司,因循往昔,以公廨錢物,出舉、興生。惟利是求。煩擾百姓,敗損風俗,莫斯之甚。於是奏皆給地以營農。迴易取利,一皆禁止。"此先是二字,可上溯至拓跋魏之世。魏百官本無禄,至孝文太和八年,乃頒禄而罷在官商人,見《魏書·本紀》。未頒禄前,疑即任商人出舉、興生以自給。然雖頒禄之後,疑亦未能盡絶,至衰敝之世,乃又從而揚之。宋遊道所劾咸陽王坦等,即其事也。《隋志》又云:"開皇十七年,十一月,詔在京及在外諸司公廨,在市迴易,及諸處興生,并聽之,惟禁出舉收利。"蓋出舉之弊,較興生爲尤甚矣。唐世公廨錢,屢罷屢復,甚至祠祭、蕃夷别設、宰相堂除食利、六宫飱錢等,皆恃此以給之。事見《新唐書·食貨志》。其散見他處者:《舊唐書·玄宗紀》:開元二十六年,正月,長安、萬年兩縣,各與本錢一千貫,收利供騅。三月,河南、洛陽兩縣,亦借本錢一千貫,收利充人吏課役。《代宗紀》:永泰元年,三月,詔左僕射裴冕等十三人并集賢院待詔。上以勳臣罷節制者,京師無職事,乃合於禁門、書院間,以文儒、公卿寵之也。仍特給飱本錢三千貫。《穆宗紀》:元和十五年,八月,賜教坊錢五千貫,充息利本錢。長慶三年,十月,賜内園使公廨本錢一萬貫,軍器使三千貫。《懿宗紀》:咸通五年,五月,以南蠻侵犯湖南,桂州是嶺路係口,諸道兵馬、綱運,無不經過,頓遞供承,動多差配。潭、桂兩道,各賜錢三萬貫,以助軍錢,亦以充館驛息利本錢。江陵、江西、鄂州三道,比於潭、桂,徭配稍簡。令本道觀察使詳其間劇,準此例興置。《禮樂志》:永泰二年,國子學成,貸錢一萬貫,五分收錢,以供監官、學生之費。《新唐書·宦者·魚朝恩傳》云:賜錢千萬,取子錢供秩飯。蓋無一事不恃爲經費之源矣。公家將資本放出,使民間得資周轉,免於閣置,又得取其利息,以充經費,似亦未爲失計。然其授受之間,必盡守私家貳貸之法乃可。若其别有所挾,則其弊不可勝窮矣。

《宋史·寧宗紀》:嘉泰四年,七月,"蠲内外諸軍逋負營運息錢。"則宋時諸軍,仍有從事營運者。《遼史·聖宗紀》:開泰二年,七月,"詔以敦睦宫子錢振貧民。"此子錢亦必取之於民者也。《食貨志》:"聖宗乾亨間,以上京云爲户,訾具實饒,善避徭役,遺害貧民。遂勒各户,凡子錢到本,悉送歸官,與民均差。"云爲户,蓋藉代官營運而免役者。《元史·河渠志》:蜀堰之成,餘款二十萬一千八百緡,責灌守以貸於民,歲取其息,以備祭祀及淘灘、脩堰之費。《百官志》:大司農司供膳司,所屬有輔用庫,掌規運息錢,以給供需。太醫院大都惠民局,掌收官錢,經營出息,市藥脩劑,以惠貧民。《食貨志》:惠民藥局:太宗九年,始於燕京等十路置局。官給銀五百錠,爲規運之本。世祖中統二年,又命王祐置局。四年,復置局於上都。每中統鈔一百兩,收息錢一兩五錢。至元二十五年,以陷失官本,悉罷革之。至成宗大德三年,又準舊例,於各路設置焉。内宰司廣惠庫,至元三十年,以鈔本五千錠立庫,放典收息,納於備用庫。《世祖紀》:至元十四年,二月,"立永昌路山丹城等驛。仍給鈔千錠爲本,俾取息以給驛傳之須。諸王只必鐵木兒言:永昌路驛百二十五,疲於供給,質妻孥以應役。詔賜鈔百八十錠贖還之。"《武宗紀》:大德十一年,七月,"從和林省臣請,如甘肅省例,給鈔二千錠,歲收子錢,以佐供給。"至大三年,十月,"三寶奴言:故丞相和禮霍孫時,參議府左右司斷事官、六部官日具一膳,不然則抱飢而還,稽誤公事,今則無以爲資。乞各賜鈔二百錠規運,取其息錢以爲食。制可。"《仁宗紀》:延祐六年,六月,"賜大乾元寺鈔萬錠,俾營子錢,供繕脩之費。"十一月,"中書省臣言:曩賜諸王阿只吉鈔三萬錠,使營子錢,以給田獵廩膳,毋取諸民。今其部阿魯忽等出獵,恣索於民,且爲姦事。宜令宗正府、刑部訊鞫之,以正典刑。制曰可。"《順帝紀》:至正六年,十二月,"詔復立大護國仁王寺昭應宫財用規運總管府,凡貸民間錢二十六萬餘錠。"《孔思晦傳》:仁宗時,襲封衍聖公。"子思書院舊有營運錢萬緡,貸於民,取子錢以供祭祀。久之,民不輸子錢,并負其本。思晦理而復之。"皆可見出舉關涉之廣也。

宋時布帛,有所謂預買者。《宋史·食貨志》云:太宗時,馬元方爲三司判官,建言:"方春乏絶時,預給庫錢貸民,至夏秋令輸絹於官。"大中祥符三年,河北轉運使李士衡又言:"本路歲給諸軍帛七十萬,民間罕有緡錢,常預假於豪民,出倍稱之息。至期則輸賦之外,先償逋欠,以是工機之利愈薄。請預給帛錢,俾及時輸送,則民獲利而官亦足用。"詔優予其直。自是諸路亦如之。或蠶事不登,許以大小麥折納。仍免倉耗及頭子錢。亦見元方及仕衡傳。案《五代史·常思傳》:"廣順三年,徙鎮歸德,居三年,來朝,又徙平盧。思因啓曰:臣居宋,宋民負臣絲息十萬兩,願以券上進。太祖頷之。案時居位者應爲世宗。即焚其券,詔宋州悉蠲除之。"思蓋名進其券,實冀朝廷爲之徵償也。《通鑑》後唐莊宗同光二年,"孔謙貸民錢,使以賤價償絲,屢檄州縣督之。翰林學士承旨、權知汴州盧質上言:梁趙巖爲租庸使,舉貸誅斂,結怨於人。陛下革故鼎新,爲人除害,而有司未改其所爲,是趙巖復生也。"此與宋之預買,雖緩急不同,原其朔則同爲一事。蓋民間先有此等剥削之法,官乃恃其財勢,從而攘其利耳。故預買本意,雖在寬民,後亦變爲剥削之政矣。《宋史·王隨傳》:真宗時,"遷淮南轉運使,父憂,起復。時歲比饑,隨敕屬部出庫錢,貸民市種糧,歲中約輸絹以償,流庸多復業。"此亦初興時之預買。《張美傳》:太祖時,"拜定國軍節度。縣官市木關中,同州歲出緡錢數十萬以假民,長吏十取其一,謂之率分錢,歲至數百萬。美獨不取。他郡有詣闕訴長吏受率分錢者,皆命償之。"此則由預買變爲放債矣。俵糴價亦豫給,見《青苗法》條。

《清史稿·陳鴻傳》:道光二年,"奉命稽察銀庫。其妻固賢明,曰:可送妾輩歸矣。驚問之,曰:銀庫美差,苟爲所染,昵君者麕至,禍且不測,妾不忍見君菜市也。鴻指天自誓,禁絶賂遺。中庭已列花數盆,急揮去,盆墮地碎,中有藏鏹,益聳懼。遂奏庫衡年久鐵陷,請敕工部選精鐵易之。送庫日,責成管庫大臣率科道庫員校驗,然後啓用。禁挪壓餉銀、空白出納,及劈鞘諸弊。庫吏百計餂之,不動。復請户部逐月移送收銀總簿;别立放銀簿,鈐用印信,以資考覈。先是御史趙佩湘馭吏嚴,其死也,論者疑其中毒。鴻涖庫,勺水不敢飲。”又《徐法績傳》:“遷給事中。稽察銀庫,案事在道光九年後。無所染。(道光)十二年,分校會試。同官與吏乘隙爲姦,匿雲南餉銀。法績出闈,亟按之,謀始沮。”《論》曰:“陳鴻、徐法績,清操相繼,冀挽頹風,而庫藏大獄,卒發於十數年之間,甚矣實心除弊之罕覯其人也!”案所謂庫藏大獄者,事在道光二十三年,虧空凡九百萬兩,見《黄爵滋傳》。又《和瑛傳》:爲喀什噶爾參贊大臣,“劾喀喇沙爾歷任辦事大臣,私以庫款貸與軍民及土爾扈特回子,取息錢入己,降革治罪有差。”則知私以庫款出貸,歷代皆有其事。

又《覺羅寶興傳》:道光時,爲四川總督。“以馬邊諸廳、縣增設防兵,籌議邊防經費,請按糧津貼,計可徵銀百萬兩。以三十萬爲初設防兵之需。每歲經費,即以餘銀七十萬兩生息,置田供支。上以津貼病民,撥部帑銀百萬。翰林院侍讀學士王炳瀛奏:四川前買義田,徧及百餘州縣。若更以數十萬帑銀於各州縣買田收租,膏腴將盡歸公産。請限於四廳近邊地收買,安置屯防。下寶興妥議。疏言:邊防完竣,用銀二十二萬兩有奇。以三十七萬發鹽茶各商,歲得息三萬七千餘兩,足敷增設練勇餉械之需。餘銀四十萬,聽部撥别用。遂罷買田議。”此事亦見《何凌漢傳》,可以參觀。隋代以興生賢於出舉,給地賢於迴易,此則適與相反,足見社會情形,隨世變易也。存商利息,不過一分,亦遠較前代爲輕。

《新唐書·苗晉卿傳》:爲魏郡太守,“會入計,因上表請歸鄉里。出俸錢三萬爲鄉學本,以教授子弟。”則民間事業,亦多以出舉收息充經費。《宋史·常楙傳》:“爲浙東安撫使。值水災。兩浙及會稽、山陰死者暴露,與貧而無以爲斂者,以十萬楮置普惠庫,取息造棺以給之。”《黄畬傳》:“知台州。置養濟院;又創安濟坊,以居病囚;皆自有子本錢,使不廢。”此等雖出官辦,實與民間自辦者無異,故亦稱善政。

公家之出舉,所惡者原在其恃勢横行,實同豪奪,而非在其出舉也。

《元史·姦臣·盧世榮傳》:世榮奏:"國家雖立平準,然無曉規運者,以致鈔法虚弊,諸物踴貴。宜令各路立平準周急庫,輕其月息,以貸貧民。如此,則貸者衆而本且不失。"此欲出貸,與隋、唐之出舉不同;所云規運,亦與其所謂興生者大異。世榮理財之策,不徒非歷代計臣所知,并非學人議論所及,疑實來自西域。其能行於中國與否,自難遽斷,然入諸《姦臣傳》,則實厚誣也。

公家亦有入舉者,已見《古振貸二》條。宋元嘉二十七年北伐,揚、南徐、兖、江四州,富民家貲滿五千萬,僧尼滿二千萬者,并四分换一。過此率討,事息即還。蕭穎胄起兵,史亦言其换借富資,以充軍費。當時所謂换,即今所謂借也。《元史·王檝傳》:"戊子,宋理宗紹定元年,成吉思汗死之明年也。奉監國公主命,領省中都。屬盜起信安,結北山盜李密,轉掠近縣。檝曰:都城根本之地,何可無備?引水環城。調度經費,檝自爲券,假之賈人,而斂不及民。"燕帖木兒之起,伯顔應之,亦借貲商人,許以倍息。此等皆在用兵之時。《新唐書·薛仁貴傳》:子訥,遷藍田令。"富人倪氏,訟息錢於肅政臺。中丞來俊臣受賕,發義倉粟數千斛償之。訥曰:義倉本備水旱,安可絶衆人之仰私一家?報上不與。會俊臣得罪,亦止。"訟息錢而判以義倉粟爲償,其事殊不可解。度其貸款,必與地方公務有關涉也,此則在於平時矣。

〔六八九〕　官家出舉下

專制之世,官私不甚分明。官之所爲,與作官者之所爲,往往混爲一談;而私家之所爲,亦有託諸官或作官之人者。出舉其一事也。

《史記·蕭相國世家》言:高祖擊黥布,數使使問相國何爲。客有説相國買田地,貰貸以自汙者。此説,蓋漢初治縱横家言者所造,不足信,然當時有此等事,則可想見也。《漢書·王子侯表》:旁光侯殷，元鼎元年坐貸子錢不占租、取息過律，會赦，免；陵鄉侯訢，建始二年坐使人傷家丞，又貸穀息過律，免；其明證矣。《宋書・蔡興宗傳》："遷會稽太守。會土全實，民物殷阜。王公妃主，邸舍相望，撓亂在所，大爲民害。子息滋長，督責無窮。興宗悉啓罷省。"《隋書・秦王俊傳》：鎮并州，"出錢求息，民吏苦之。"《舊唐書・高季輔傳》：太宗時上封事，言"公主、勳貴，放息出舉，追求什一。"《新唐書・徐有功傳》：博州刺史琅琊王沖，責息錢於貴鄉，遣家奴督斂，與尉顔餘慶相聞知。《遼史・道宗紀》：清寧三年，十二月，"禁職官於部内假貸、貿易。"太康九年，七月，"禁外官部内貸錢取息，及使者館於民家。"《金史・馬琪傳》："世宗謂宰臣曰：比者馬琪主奏高德温獄，其於富户寄錢，皆略不奏。朕以琪明法律而正直，所爲乃爾。稱職之才，何其難也？"《元史・刑法志・禁令》："諸監臨官輒舉貸於民者，取與俱罪之。"《明史・太祖諸子傳》：寧王宸濠，"責民間子錢，强奪田宅、子女。"《外戚傳》：孫忠，"家奴貸子錢於濱州民，規利數倍，有司望風奉行，民不堪，訴諸朝，言官交章劾之。命執家奴戍邊，忠不問。"皆作官之人。若貴勢之家，自以其錢出貸，非以官錢也。其與官相依倚者，則如漢掖庭獄"爲人起責，分利受謝"；《漢書・谷永傳》。羅裒致千餘萬，舉其半賂遺曲陽、定陵侯，依其權力，賒貸郡國；《貨殖傳》。北齊諸商胡，負官債息者，宦者陳德信縱其妄注淮南富家，令州縣徵責，《北齊書・盧潛傳》。皆是。《明史・楊松傳》：附《駱開禮傳》。"歷官御史，巡視皇城。尚膳少監黄雄徵子錢與民閧，兵馬司捕送松所。事未決，而内監令校尉趣雄入直，詭言有駕帖。松驗問無有，遂劾雄詐稱詔旨。帝穆宗令黜兵馬司官，而鐫松三級，謫山西布政司照磨。"則并有依託宫禁者矣。

與官相依倚者，以商人爲最多。以其兼事出舉、興生，二者皆有恃於官勢也。《魏書・高宗紀》：和平二年，正月，詔曰："刺史牧民，爲萬里之表。自頃每因發調，逼民假貸，大商富賈，要射時利，旬日之間，增贏十倍。上下通同，分以潤屋。爲政之弊，莫過於此。其一切禁絶。犯者十匹以上皆死。"此所謂假貸，蓋謂賒欠貨物，即晁錯所謂

“乘上之急，所賣必倍”，乃興生之事，非出舉之事也。然游資在手，兼事出舉，自亦甚便。故劉從諫署賈人子爲牙將，使行賈州縣，其人遂所在暴横，責子貸錢矣。《新唐書》本傳。

《舊唐書·杜亞傳》：充東都留守。“既病風，尚建利以固寵。奏請開苑内地爲營田，以資軍糧，減度支每年所給。從之。”“苑内地堪耕食者，先爲留司中官及軍人等開墾已盡。亞計急，乃取軍中雜錢舉息與畿内百姓。每至田收之際，多令軍人車牛，散入村鄉，收斂百姓所得菽粟將還軍。民家略盡，無可輸税，人多艱食，由是大致流散。”此軍人從事放債者也。《明史·顔鯨傳》：“擢御史，出視倉場。姦人馬漢，怙定國公勢，貸子錢漕卒。償不時，則没入其糧，爲怨家所訴。漢持定國書至，鯨立論殺之。”則又貴勢之放債於軍人者矣。

《北齊書·循吏·蘇瓊傳》：遷南清河太守。“道人道研爲濟州沙門統，資産巨富，在郡多有出息，常得郡縣爲徵。及欲求謁，度知其意，每見則談問玄理，應對肅敬。研雖爲債數來，無由啓口。”此可見當時僧人，亦多與官吏相結託。

與官吏相結託者，不過取其權力而已，綱紀頽敝之世，又有不待官而自行之者。《通鑑》後漢高祖乾祐元年，蜀司空兼中書侍郎、同平章事張業，於私第置獄繫負債者，或歷年，至有瘐死者，是也。然此等事非可常行，故與官結託者究多。

士大夫亦有以貰貸爲可恥者。《宋書·王弘傳》：父珣，“頗好積聚，財物布在民間。珣薨，弘悉燔燒券書，一不收責。”《顧覬之傳》：“五子：約、緝、綽、縝、緄。綽私財甚豐，鄉里士庶多負其責，覬之每禁之不能止。及後爲吴郡，誘綽曰：我常不許汝出責，定思貧薄亦不可居。民間與汝交關，有幾許不盡，及我在郡，爲汝督之。將來豈可得？凡諸券書皆何在？綽大喜，悉出諸文券一大廚與覬之。覬之悉焚燒，宣語遠近：負三郎責，皆不須還，凡券書悉燒之矣。綽懊歎彌日。”《齊書·崔慰祖傳》：“父梁州之資，家財千萬，散與宗族。料得父時假貰文疏，謂族子紘曰：彼有，自當見還，彼無，吾何言哉？悉火焚之。”《宋史·陳希亮傳》:“幼孤,好學。年十六,將從師。其兄難之,使治錢息三十餘萬。希亮悉召取錢者,焚其券而去。”皆其事也。然此等人如鳳毛麟角矣。

士大夫亦有入舉者。如范質兄子杲,家貧,貸人錢數百萬是也。《宋史·質傳》。此等人,謹慎守法者,亦多爲債主所苦。《舊唐書·崔衍傳》:繼母李氏,不慈於衍,而衍事李氏益謹。李氏所生子郃,每多取子母錢,使其主以契書徵負於衍。衍歲爲償之。故衍官至江州刺史,而妻子衣食無所餘。蓋其盤剥頗深矣。宋王旦爲中書舍人,家貧,與昆弟貸人息錢,違期,以所乘馬償之。《宋史·王祐傳》。太宗并用李沆、宋湜、王化基爲右補闕、知制誥,各賜錢百萬。又以沆素貧,多負人錢,别賜三十萬償之。《宋史沆傳》。亦其事也。其豪横者,則或不作償計。《漢書·高惠高后文功臣表》:河陽嚴侯陳涓,子信,坐不償人責過六月,免,其最早者矣。《宣元六王傳》:朱博自言負責數百萬,淮南憲王欽遣吏爲償二百萬。《佞幸傳》:鄧通敗後,家負責數巨萬。《後漢書·梁冀傳》:冀從士孫奮貸錢五千萬,奮與以三千萬。此等蓋皆相交關爲姦利,非迫於用,其借以供揮霍者。則如《潛夫論》言:“王侯、貴戚、豪富,高負千萬,不肯償責。小民守門號哭啼呼,曾無怵惕慙怍哀矜之意。苟崇聚酒徒無行之人,或毆擊責主,入於死亡。諸妄驕奢、作大責者,必非救飢寒而解困急,振貧窮而行禮義者也,咸以崇驕奢而奉淫湎耳。”《斷訟》。是其事也。小民安有錢可以出借?蓋皆出於賒欠。漢高祖從王媪、武負貰酒;吕母益釀醇酒,賒與少年來沽者;《後漢書·劉盆子傳》。潘璋居貧好賒沽;皆是。王符又言:“永平時,諸侯負責,輒有削黜之罰,其後皆不敢負民。”可見負民習爲恒事。然究不能不受法律之裁正,故又必崇聚酒徒無行之人,以其不畏法律也。此等可謂不法已極。唐章懷太子之子守禮,常帶數千貫錢債。或諫之。守禮曰:豈有天子兄,没人葬?《舊唐書·高宗諸子傳》。轉爲愿樸者矣。

《宋史·姦臣·吕惠卿傳》:鄧綰言其兄弟强借秀州富民錢買田。此説未知信否。然以詆惠卿縱誣,當時必自有此等事。此又貴勢入舉之一種也。

《新唐書·宋璟傳》:"京兆人權梁山謀逆,勑河南尹王怡馳傳往按,牢械充滿,久未決,乃命璟爲留守,復其獄。初,梁山詭稱婚集,多假貸,吏欲并坐貸人。璟曰:婚禮借索大同,而狂謀率然,非所防億。使知而不假,是與爲反。貸者弗知,何罪之云?平縱數百人。"假貸何必分向數百人?數百人何以皆信之?其事殊不可解。梁山蓋豪俠者流?其詭稱婚集,蓋亦如今豪俠者所謂"開賀"?特今則竟以相遺,爾時則猶稱假貸耳。史言陳湯家貧,匄貸無節,此與漢高、潘璋、從吕母赊沽之少年,正漢諸侯王所崇聚者耳。

《宋史·李漢超傳》:"遷齊州防御使兼關南兵馬都監。人有訟漢超强取其女爲妾及貸而不償者,太祖召而問之曰:汝女可適何人?曰:農家也。又問:漢超未至關南,契丹如何?曰:歲苦侵暴。曰:今復爾邪?曰:否。太祖曰:漢超,朕之貴臣也,爲其妾,不猶愈於農婦乎?使漢超不守關南,尚能保汝家之所有乎?責而遣之。密使諭漢超曰:亟還其女并所貸。朕姑貰汝,勿復爲也。不足於用,何不以告朕耶?"此人敢與漢超訟,訟而能達九重,必非貧弱,漢超蓋亦擇富民而魚肉之耳。

時愈晚,則出舉取利之事愈多。《宋史·文苑·賀鑄傳》:"以尚氣使酒,不得美官,悒悒不得志。食官祠禄,退居吴下,以是杜門,將遂其老。家貧,貸子錢自給。有負者,輒折券與之。秋豪不以丐人。"又《孝義·郝戭傳》:"家貧,竭力營養。或憐傷之,貸以錢數百萬,使取息自贍。戭重謝,留錢五六年不用,復返之。"此雖尚與子錢家所爲有異,然亦足見士大夫之恃子錢自活者日多矣。

〔六九〇〕京　　債

《陔餘叢考》卷三十三,有一條論歷代放債起息之重輕,其論近代京債云:"富人挾貲住京師,遇月選官之不能出京者,量其地之遠近,缺之豐嗇,或七八十兩作百兩,謂之扣頭。甚至有四扣、五扣者,其取利最重。按此事古亦有之。《史記·貨殖傳》:吴楚七國反時,長安列侯當從軍者,欲貸子錢,子錢家莫肯貸,惟無鹽氏捐金出貸,其息十之。吴楚平,而無鹽氏之息十倍。曰子錢家,則專有此出錢取息之人,如今放京債者也。曰息十倍,則如今京債之重利也。又《舊唐書·武宗紀》:中書奏選官多京債,到任填還,致其貪求,罔不由此。乃定户部預借料錢到任扣還之例。此又後世京債故事,及官借俸錢之始。"愚案:肯貸款者獨一無鹽氏,可見當時所謂子錢家者,并不注意於此,故此例實不甚切。唐武宗時事,見《舊唐書·本紀》會昌二年,則真後世之京債也。《宋史·吕祐之傳》:"端拱中,副吕端使高麗,假内府錢五十萬以辦裝。還遇風濤,舟欲覆,祐之悉取所得貨沈之,即止。復獻《海外覃皇澤詩》十九首。太宗嘉之,仍蠲其所貸。"此亦官借俸錢之類也。

《舊唐書·高瑀傳》云:"大和初,忠武節度使王沛卒。物議以陳、許軍四征有功,必自擇帥,或以禁軍之將得之。宰相裴度、韋處厚議:瑀深沈方雅,曾刺陳、蔡,人懷良政,又熟忠武軍情,欲請用瑀。事未聞,陳、許表至,果請瑀爲帥。乃授忠武節度使。自大曆已來,節制除拜,多出禁軍中尉。凡命一帥,必廣輸重賂。禁軍將校當爲帥者,自無家財,必取資於人,得鎮之後,則膏血疲民以償之。及瑀之拜,以内外公議,縉紳相慶曰:韋公作相,債帥鮮矣!"然則京債之盤剥,又不止於文臣也。《后妃傳》:文宗母蕭氏,因亂去鄉里,有母弟一人。文宗詔閩越求訪。后,福建人。有蕭洪者,冒充后弟。上以爲復得元舅,拜河陽懷節度使,遷鄜坊。先是,有自神策兩軍出爲方鎮者,軍中多資其行裝,至鎮三倍償之。時有自左軍出爲鄜坊者,資錢未償而卒,乃徵錢於洪。洪不肯。卒以此敗。此則以軍人而放京債,無怪其神通之廣大矣。《宋史·尹洙傳》:知潞州,"部將孫用,由軍校補邊,自京師貸息錢到官,無以償。洙惜其才可用,恐以犯法罷去,假公使錢爲償之。"區區軍校補邊,亦爲京債所及,可謂無微不至矣。

《清史稿·劉蔭樞傳》: 康熙時,除刑科給事中。疏言:"京師放債,六七當十。半年不償,即行轉票,以子爲母。數年之間,累萬盈千。乞敕嚴立科條,照實貸銀數,三分起息。"與甌北所言,如出一轍。

〔六九一〕營　債

軍人不徒剥削債帥也,亦剥削其兵士。《宋史·兵志》: 政和二年,臣僚言:"祖宗軍政大備,比多逃亡,其弊有六。""二曰舉放營債。"所謂舉放營債,蓋貸款於兵士而收其息也。《志》又載熙寧十年,詔:"安南道死、戰没者,所假衣奉,咸蠲除之。弓箭手、民兵、義勇等,有貸於官者,展償限一年。"出征須自假貸,其役使之酷可想。《元史·成宗紀》: 大德元年,十二月,中書省臣同河南平章孛羅歡等言:"外郡戍卒封樁錢,軍官遷延,不以時取,而以己錢貸之,徵其倍息。"《兵志》: 世祖至元十年,八月,"禁軍吏之長舉債,不得重取其息,以損軍力。違者罪之。"《刑法志·職制上》: 軍官之罪,有"舉債倍息"。《職制下》:"諸軍官役其出征軍人家屬,又借之錢而多取其息者,并坐之。"足見其弊之普徧。《明史·王章傳》:"出按甘肅。邊卒貸武弁金,償以賊首,武弁以冒功,坐是數啓邊釁。章著令,非大舉毋得以零級冒功。"更可謂無奇不有矣。

坐此剥削,故兵士甚貧。《宋史·高宗紀》: 紹興二十九年,五月,"禁權要豪民舉錢軍中取息。"《遼史·文學·蕭韓家奴傳》: 重熙間,應詔言:"戍卒之食,多不能給。求假於人,則十倍其息,至有鬻子、割田不能償者。"《金史·奧屯忠孝傳》:"改沁南軍。坐前在衛州句集妨農軍借民錢不令償,由是貧富不相假貸,軍民不相安,降寧海州刺史。"足見軍士之須假貸,歷代皆然也。兵之陵民,何所不至? 而至於舉錢取息,則不得不受其羈軛。錢之爲力,可謂大矣。

《三國志·高柔傳》云:“護軍營士竇禮近出不還。營以爲亡,表言逐捕,没其妻盈及男女爲官奴婢。盈連至州府,稱冤自訟,莫有省者。乃辭詣廷尉。柔問曰:汝何以知夫不亡?盈垂泣對曰:夫少單特,養一老嫗爲母,事甚恭謹,又哀兒女,撫視不離,非是輕狡不顧室家者也。柔重問曰:汝夫不與人有怨讎乎?對曰:夫良善,與人無讎。又曰:汝夫不與人交錢財乎?對曰:嘗出錢與同營士焦子文,求不得。時子文適坐小事繫獄。柔乃見子文,問所坐。言次,曰:汝頗曾舉人錢不?子文曰:自以單貧,初不敢舉人錢物也。柔察子文色動,遂曰:汝昔舉竇禮錢,何言不邪?子文怪知事露,應對不次。柔曰:汝已殺禮,便宜早服。子文於是叩頭,具首殺禮本末,埋藏處所。柔便遣吏卒,承子文辭往掘禮,即得其尸。詔書復盈母子爲平民。班下天下,以禮爲戒。”此又營伍之中,自相假貸之事也。竇禮信非輕狡,然觀其事,則知出舉取利,謹厚者亦復爲之矣。

〔六九二〕 民間借貸

借貸之事,在城市者,蓋以工商爲多,鄉村則多農民。鄉村貲財少,農民又多愿樸,故其盤剥爲尤酷。晁錯説漢文帝,言商人兼并農人,蓋其意主抑商,故但言商人;其實田連阡陌之家,亦未嘗不如是也。《後漢書·樊宏傳》,言其父重,“世善農稼,好貨殖,開廣田土三百餘頃,年八十餘終。其素所假貸人間數百萬,遺令焚削文契。責家聞者皆慙,争往償之。諸子從勑,竟不肯受。”《魏書·盧義僖傳》:“義僖少時,幽州頻遭水旱。先有穀數萬石貸民。義僖以年穀不熟,乃燔其契。”《北齊書·盧叔武傳》:“叔武在鄉時,有粟千石。每至春夏,鄉人無食者,令自載取,至秋,任其償,都不計較,而歲歲常得倍餘。”《北史·李士謙傳》:“士謙出粟萬石,以貸鄉人。屬年穀不登,責家無以償,皆來致謝。士謙曰:吾家餘粟,本圖振贍,豈求利哉?於是悉召債家，爲設酒食，對之燔契。明年，大熟，責家争來償。士謙拒之，一無所受。”此等多粟之家，蓋皆當時之大地主也。諸人皆獲好義之名，然合全局觀之，則必求利者其常，而振施者其變矣。《宋史·食貨志》言：太宗時，“富者操奇贏之資，貧者取倍稱之息，一或小稔，責償愈急，税調未畢，資儲罄然。遂令州縣戒里胥、鄉老察視，有取富民穀麥貲財，出息不得踰倍，未輸税，毋得先償私逋，違者罪之。”“宣仁太后臨朝，起司馬光爲門下侍郎。光抗疏曰：四民之中，惟農最苦。幸而收成，公私之債，交争互奪。穀未離場，帛未下機，已非己有。”其言之可謂痛矣。放此等債者，其追索恒特酷。宋武帝負刁逵社錢三萬，爲所執録，事見《南史·本紀》。《魏書·刁雍》及《島夷傳》皆同，惟《北史·雍傳》作一萬。其後輾轉報復，可謂以涓涓之流，而釀滔天之禍。宋武亦豪傑之流，而猶如此，況於羸弱者乎？《宋史·崔與之傳》，言民有窘於豪民逋負，毆死其子誣之者，蓋誠有所不得已也。

亦有商人、地主，合而爲一者。《清史稿·循吏·鄭敦允傳》：附《狄尚絅傳》。道光八年，出爲湖北襄陽知府。“棗陽地瘠民貧，客商以重利稱貸，田産折入客籍者多。敦允許貸户自陳，子浮於母則除之。積困頓蘇。”以商人貸款而準折人田産，此晁錯所以謂商人兼并農人也。

乘人之急而魚肉之，已足誅矣。乃又有誘人使入陷阱者。《宋史·真宗紀》：大中祥符二年，正月，“詔誘人子弟析家産，或潛舉息錢，輒壞墳域者，令所在擒捕流配。”宜矣。

《元史·成宗紀》：大德五年，十月，“詔權豪勢要之家，佃户貸糧者，聽於來歲秋成還之。”此田主於收租之外，更以借貸剥削其佃户者也。

在城市者，蓋多以錢借貸。《元史·孝友傳》：“孫秀實，大寧人。里人王仲和，嘗託秀實貸富人鈔二千錠，貧不能償，棄其親逃去。數年，其親思之，疾，秀實日餽薪米存問，終不樂。秀實哀之，悉爲代償，取券還其親。後命奴控馬齎金，訪仲和使歸，父子歡聚，聞者莫不歎美。又李懷玉等貸秀實鈔一千五百錠，度無以償，盡還其券不徵。”此等皆爲數頗巨,蓋工商有貲産者。《梁書·王志傳》:天監元年,遷丹陽尹。"京師有寡婦,無子,姑亡,舉債以斂葬,既葬而無以還之。志愍其義,以俸錢償焉。"則凡民之迫於用者也。《史記·貨殖列傳》:長安有子錢家。《元史吴鼎傳》:同知中政院事。"浙有兩富豪曰朱、張家,多貸與民錢。其後兩家誅没,而券之已償者,亦入於官,官惟驗券徵理,民不能堪。鼎力爲辨白,始獲免。"專以出貸爲事,蓋亦所謂子錢家矣。《宋史·吴奎傳》:權開封府。"富人孫氏辜榷財利,負其息者,至評取物産及婦女。奎發孫宿惡,徙其兄弟於江淮間,豪猾畏斂。"子錢家之居輦轂下者,其神通,又非尋常之子錢家比也。

豪猾雖自有勢力,究仍多依倚官府。宋秦州民李益,民負息錢,官爲督理,引見《富人之不法》條。《金史·章宗紀》:明昌元年,八月,"禁指託親王、公主奴隸,占綱船,侵商旅,及妄徵錢債。"亦其倫也。《宋史·陳舜俞傳》:舜俞諍青苗法有云:"祖宗著令:以財物相出舉,任從書契,官不爲理,其保全元元之意,深遠如此。"以官不理債務爲保全元元,蓋知官吏必左袒債主也。《儒林·黄震傳》:"調吴縣尉,吴多豪勢家,告私債則以屬尉。民多飢凍窘苦,死尉卒手。震至,不受貴家告。"吴之豪勢家,亦秦之李益也。

官之右護富民,亦有出於不得已者。蓋既不能剗除貧富,又舉相沿已久、習以爲安之局而壞之,其爲患,必更有不堪設想者也。《宋史·沈立傳》:"遷兩浙轉運使。蘇、湖水,民艱食,縣戒强豪民發粟以振,立亟命還之,而勸使自稱貸,須歲稔,官爲責償。"《朱壽隆傳》:爲京東轉運使。"歲惡民移,壽隆諭大姓、富室畜爲田僕,舉貸立息,官爲置籍索之,貧富交利。"皆以此也。《崔與之傳》:知建昌之新城。"歲適大歉。有强發民廩者,執其首,折手足以徇,盜爲止。勸分有法,貧富安之。"《陳居仁傳》:"移建寧府。歲饑,出儲粟平其價,弛逋負以巨萬計,代輸畸零藴税。有因告糴殺人者,會赦免,居仁曰:此亂民也,釋之將覆出爲惡,遂誅之。"意亦如是。然折其手足已甚矣,况殺之乎?

《金史·黄久約傳》:"時以貧富不均,或欲令富民分貸貧者,下有司議。久約曰:物之不齊,物之情也。貧富不均,亦理之常。若從或者言,適足以斂怨,非損有餘補不足之道。章宗時領右丞相,韙其議。"案行或者之言,則不得不官爲理欠,此其一難。然明二祖仁、宣時,曾令"富人蠲佃户租,大户貸貧民粟,免其雜役爲息,豐年償之。"見《明史·食貨志》。又《劉辰傳》:遷江西布政司參政。"歲饑,勸富民貸飢者,蠲其徭役,以爲之息。官爲立券,期年而償。"則迫之雖屬難行,勸之亦自有其術也。

富人莫能救恤,貧民自不得不相濡以沫。既曰貧民,安有餘力,則合衆之道尚焉。《新唐書·循吏傳》:韋宙,出爲永州刺史。"民貧無牛,以力耕。宙爲置社,二十家月會錢若干,探名,得者先市牛,以是爲準,久之,牛不乏。"此即後世糾會之法,緩急之藉以濟者多矣。

〔六九三〕質　典

出舉者必不甘喪其所有也,於是乎有質典。可質典之物甚衆。《梁書·處士庾詵傳》:"隣人有被誣爲盜者,被劾妄款。詵矜之,乃以書質錢二萬,令門生詐爲其親,代之酬備。"《南史·謝弘微傳》:曾孫僑,"素貴。嘗一朝無食,其子啓欲以《班史》質錢。答曰:寧餓死,豈可以此充食乎?"北齊祖珽,嘗以《華林徧略》數帙,質錢樗蒲。是書可爲質也。褚炫病,無以市藥,以冠劍爲質。《南史·褚彦回傳》。孫騰、司馬子如嘗詣李元忠,逢其方坐樹下,葛巾擁被,對壺獨酌,使婢卷兩褥,以質酒肉。及卒,又以金蟬質絹,乃得斂焉。杜甫之詩曰:"朝回日日典春衣,每向江頭盡醉歸。"詩人之辭,似不容盡據爲典實。然《宋史·張秉傳》言:"秉好飭衣服,潔饌具。每公宴及朋友家集會,多自挈肴膳而往。家甚貧,常質衣以給費焉。"則杜陵之辭,亦非盡子虚矣。是凡衣飾皆可爲質也。《元史·儒學·胡長孺傳》:爲台州寧海縣主簿。“永嘉民有弟質珠步摇於兄者，贖焉，兄妻愛之，給以亡於盜。屢訟不獲直，往告長孺。長孺曰：爾非吾民也，叱之去。未幾，治盜。長孺㗖盜誣兄受步摇爲臧，逮兄赴官，力辨數弗置。長孺曰：爾家信有是，何謂誣耶？兄倉皇曰：有固有之，乃弟所質者。趣持至驗之。呼其弟示曰：得非爾家物乎？弟曰：然。遂歸焉。”此又以貴重之物爲質者也。以物爲質而後出舉，實最利於舉主。然舉主必資力雄厚，且必能保守其質物。獨力不給，集衆爲之，而典肆興矣。然非一蹴可幾也。

《南史·循吏傳》：甄法崇孫彬。“嘗以一束苧就州長沙寺庫質錢。後贖苧還，於苧束中得五兩金，以手巾裹之，彬得，送還寺庫。道人驚云：近有人以此金質錢，時有事不得舉而失。檀越乃能見還，輒以金半仰酬。往復十餘，彬堅然不受。”案《齊書·褚淵傳》言：淵死後，弟澄，“以錢萬一千，就招提寺贖太祖所賜淵白貂坐褥，壞作裘及纓。”則當時僧寺，實爲一質押稱貸之所。《魏書·釋老志》：永平二年冬，沙門統惠深上言：“比來僧尼，或因三寶，出貸私財。”僧尼且然，豈況於寺？出舉而多受質物，則寺庫立矣。《舊唐書·德宗紀》：建中三年，“借京城富商錢，所得纔八十萬貫。少尹韋稹，又取僦櫃質庫法拷索之。”《通鑑》云：“括僦櫃質錢，凡蓄積錢帛粟麥者，皆借四分之一，封其櫃窖。”胡《注》云：“民間以物質錢，異時贖出，於母錢之外復還子錢，謂之僦櫃。”《通鑑》本文，質字下似奪庫字。綜觀諸文，蓋藏錢帛之所謂之櫃，粟麥之所謂之窖，出於錢粟之外者，則謂之庫也。至此則緣起僧寺，託於周急以自文者，公然爲牟利之舉矣。《老學庵筆記》云：“今僧寺輒作庫質錢取利，謂之長生庫。”則宋時僧寺，猶有從事於此者，然日衰矣。《五代史補》云：“慕容彦超之被圍也，勉其麾下曰：吾庫中金銀如山積，若全此城，盡以爲賜，汝等勿患富貴。有卒私言曰：侍中銀皆鐵胎，得之何用？諸軍聞之，稍稍解體。高祖入，有司閲其庫藏銀，鐵胎者果什七八。初，彦超令人開質庫，有以鐵胎銀質錢者，經年後庫吏始覺，言之彦超。初甚怒，頃之，謂吏曰：此易致耳，汝宜僞竇庫牆，凡金銀器用暨縑帛等，速皆藏匿，仍亂撒其餘，以爲賊踐，吾當擒此輩矣。庫吏如其教。彦超下令：恐百姓疑彦超隱其物，宜令三日内各投狀，明言質物色目，當倍償之。百姓以爲然，投狀相繼。翼日，鐵胎銀主果出。於是擒之，置之深屋中，使教部曲輩晝夜造，用廣府庫。此銀是也。"則五代時并有官典矣。

《金史·百官志》："中都流泉務。大定十三年，上謂宰臣曰：聞民間質典，利息重者至五七分，或以利爲本，小民苦之。若官爲設庫務，十中取一爲息，以助官吏廩給之費，似可便民。卿等其議以聞。有司奏於中都、南京、東平、真定等處并置質典庫，以流泉爲名，各設使、副一員。凡典質物，使、副親評價直，許典七分，月利一分；不及一月者，以日計之。經二周年外，又踰月不贖，即聽下架出賣。出帖子時，寫質物人姓名、物之名色、金銀等第分兩、所典年月日、錢貫、下架年月之類。若亡失者，收贖日勒合干人，驗元典官本，并合該利息，陪償入官外，更勒庫子，驗典物日上等時估償之。物雖故舊，依新價償。仍委運司佐貳幕官識漢字者一員提控，若有違犯則究治。每月具數申報上司。大定二十八年十月，京府、節度州添設流泉務，凡二十八所。明昌元年，皆罷之。二年，在都依舊存設。"此典肆規制見於史最早者。其待質物者，較後世私典頗優。然此類事官辦必不能善，故後不得不皆罷也。《元史·文宗紀》：至順元年，正月，"賜燕帖木兒質庫一。"知元時亦有官典。然《刑法志·禁令》云："諸典質不設正庫，不立信帖，違例取息者禁之。"則私典究盛矣。信帖，即金流泉務之帖子。《齊書·蕭坦之傳》：坦之死，收其從兄翼宗，"檢家赤貧，惟有質錢帖子數百。"此事《通鑑》見永元元年。《注》云："質錢帖者，以物質錢，錢主給帖與之，以爲照驗，他日出子本錢收贖。"其昉也。

商業初興時，受官管制頗嚴，如《禮記王制》所載："有圭璧金璋，不粥於市"等是也。典肆亦然。《元史·仁宗紀》：至大四年，九月，"禁衛士不得私衣侍宴服，及以質於人。"《寧宗紀》：至順三年，十月，"敕百官及宿衛士有只孫衣者，凡與宴饗，皆服以侍，其或質諸人者罪之。"《刑法志·職制下》:"諸管軍官輒以所佩金銀符充典質者,笞五十七,降散官一等。受質者減半。"皆是。然此等亦終成具文而已。

近代典業之興盛,實爲生計進步之一大端。私産未廢,貧貸之間,固終不能免於剥削,亦自有其淺深,不容不問其程度,一例誅責之也。"緩急人之所時有",(《史記·游俠列傳》語。原意非指錢財,但愈至後世,緩急系於錢財者愈巨。)必不可無通融之所,而在鄉村爲尤難。自吾所傳聞之世,下逮少時所見,全國典肆,蓋有數千,而在鄉實多於在城。其受質也,主於粟米、絲綿、布帛、衣物;於他瑣屑之物,亦多受質。利率月二分。而其爲質者守護其作質之物,亦他放債者所弗逮也。又其受官管理頗嚴,故其營業頗爲穩固,存款者多樂於是,典肆得之,可以擴充其營業,而公私款項,亦有存放之所也。典肆之敗壞,實與銀圓之流行相關。當銀圓未行時,典肆實爲極穩固之業,逮其盛行,平錢稍盡,錢價日跌,典肆以受官管理故,出入仍皆用錢,而社會實已用銀。質物時得錢若干,將來仍以此數來贖,合之銀價,所虧甚巨,雖加息無益也。典肆在斯時,受創最巨。其後雖許改正,然民生日蹙,質物而不能贖者日多,且所質之物,多爲衣服。晚近風氣,裁製多尚新奇,而自洋布及人造絲盛行,衣服亦不如土布暨純絲所製紬緞之牢固,不贖者遂益增多,售諸衣莊,亦不能得善價,典肆遂紛紛倒閉矣。民國二十年後,上海銀行有至内地設抵押所者。然其所受之廣,及其與農民之相習,尚遠不如典肆也。倭難旋作,事亦遂輟。

鄉民除土地外,可以質典之物甚少,此兼并之所以盛行也。《宋史·仁宗紀》:天聖六年,九月,"詔河北災傷,民質桑土與人者悉歸之,候歲豐償所貸。"此等原欲保護貧民,然無益也。何者?出舉者必不甘喪其所有,無質典,則借貸愈難也。《金史·高汝礪傳》:汝礪言:"循例推排",民"或虚作貧乏,故以産業低價質典"。足見質典之事,平時并不甚多。張駿嘗以穀帛付民,歲收倍利。利不充者,簿賣田宅。見《魏書》。宋時,以田宅抵市易錢久不償者,估實直如賣坊場河渡法。若未輸錢者，官收其租息。元豐二年令。見《宋史・食貨志》。此皆官家，故能如是。民間惟武斷者爲之，而兼并轉盛矣。此亦鄉間之典肆，所以有益於民也。

《宋史・劉文質傳》：子涣，"歷知邢、恩、冀、涇、澶五州。治平中，河北地震，民乏粟，率賤賣耕牛，以苟朝夕。涣在澶，盡發公錢買之。明年，民無牛耕，價增十倍。涣復出所市牛，以元直與民。澶民賴不失業。"此亦猶許其典質也。故典質者即或重取其息，較之迫買，相去終有間也。

以貨物爲抵，而貸款以經商者，爲《周官》之泉府。王莽亦行之。宋市易法、抵當所，亦頗得其意。市易法未能行，而抵當所卒不能廢。見《宋史・食貨志》、《職官志》。黄畲知台州，"爲抵當庫"；徐鹿卿爲江東轉運判官，"歲大饑，減抵當庫息"；皆見《宋史》本傳。則地方亦頗藉以周轉。

《宋史・李謙溥傳》：子允正，雍熙四年，"遷閤門通事舍人。時女弟適許王，以居第質於宋偓。太宗詰之曰：爾父守邊二十餘年，止有此第耳，何以質之？允正具以奏。即遣内侍輦錢贖還。縉紳咸賦詩頌美。"《向敏中傳》："故相薛居正孫安上不肖，其居第有詔無得貿易，敏中違詔質之。會居正子惟吉嫠婦柴，將攜資産適張齊賢，安上訴其事，柴遂言敏中嘗求娶己，不許，以是陰庇安上。"《金史・移剌子敬傳》："卒，家無餘財，其子質宅以營葬事。"皆城市中以宅爲質者。

以人爲質，久爲法所不許，然亦終不能絶。《元史・刑法志・禁令》："諸稱貸錢穀，奪人子女以爲奴婢者，重加之罪。"即其事也。前代奴婢，以罪没入與以貧窮粥賣者不同。以罪没入者可黥面，以貧窮粥賣者不能也。見《三國志・毛玠傳》。而《元史・世祖紀》：至元二十年，十一月，"禁雲南權勢多取債息，仍禁没人口爲奴，及黥其面者。"則并視如罪人矣。《宋史・食貨志》上："寧宗開禧元年，夔路轉運判官范蓀言：本路施、黔等州荒遠，綿亘山谷，地曠人稀，其占田多者須人耕墾，富豪之家誘客户舉室遷去。乞將皇祐官莊客户逃移之法校定：

凡爲客户者,許役其身,毋及其家屬;凡典賣田宅,聽其離業,毋就租以充客户;凡貸錢,止憑文約交還,毋抑勒以爲地客;凡客户身故,其妻改嫁者,聽其自便,女聽其自嫁。庶使深山窮谷之民,得安生理。刑部以皇祐逃移舊法輕重適中,可以經久,淳熙比附略人之法太重,今後凡理訴官莊客户,并用皇祐舊法。從之。”典賣田宅,而不許其離業;貸錢除交還外,又抑勒以爲地客;皆爲奴之漸也。淳熙比附略人法,亦必有其由,恐其不法,尚不僅如范蓀所言耳。

凡事獨力不如合衆徒,貸貲於人,而富家聯合爲之,乃近世錢莊所由興;其收受質物者,則典肆所由興也。故錢莊典肆之興,亦爲生計自然之演進。

〔六九四〕 借貸利率

古書言利息最早者,爲《周官》泉府“以國服爲之息”之語。司農謂以其所賈之國所出爲息。假令其國出絲絮,則以絲絮償;其國出絺葛,則以絺葛償。説頗牽强,且亦未及息率。康成云:以其於國服事之税爲息。并據載師之文,而云:受園廛之田而貸萬泉者,則期出息五百。賈《疏》因并“近郊十一”等文用之,且推諸小宰八成之“稱責”,其鑿空亦與司農同,其所言之利率,亦不足信矣。《史記·貨殖列傳》云:“封者食租税,歲率户二百。千户之君則二十萬,朝覲聘享出其中。庶民農、工、商賈,率亦歲萬息二千,百萬之家則二十萬,而更徭租賦出其中。衣食之欲,恣所好美矣。”《漢書·貢禹傳》云:“商賈求利,東西南北,各用智巧,好衣美食,一歲有十二之利。”而《食貨志》晁錯謂農夫“取倍稱之息”。如淳曰:“取一償二爲倍稱。”師古曰:“稱,舉也,今俗所謂舉錢者也。”案此猶今云借加倍償還之債。則當時息率之低者,爲今所謂二分,其高者則今所謂十分也。《史記·貨殖列傳》又云:“子貸金錢千貫;節駔會,貪賈三之,廉賈五之;此亦比千乘之家。”

《集解》引《漢書音義》云:"貪賈未當賣而賣,未可買而買,故得利少而十得三;廉賈貴而賣,賤乃買,故十得五。"此説殊誤。金錢千貫,其什二正二十萬。三之五之,即《易·繫辭傳》"參伍以變"之"參伍"字,乃動字,非數字。此言賈人以駔會所平物價爲節度,而參伍用之,亦可得什二之利耳。故下文又總結之曰"他雜業不中什二,則非吾財"也。《貨殖列傳》又云:"吴楚七國兵起時,長安中列侯封君行從軍旅,齎貸子錢。子錢家以爲侯邑國在關東,關東成敗未決,莫肯與。惟無鹽氏出捐千金貸,其息什之。三月,吴楚平。一歲之中,則無鹽氏之息什倍,用此富埒關中。"《索隱》云:"出一得十倍。"此説更誤。本一息十,亘古未聞。果若所云,列侯封君,安肯俯首就範?其息什之,蓋亦謂子本相侔,即所謂倍稱之息。什倍,謂以十分之十加厚,非謂以一出,以十一入也。蓋以盤剥農夫之利率,施諸列侯封君耳。

《泉府注》云"王莽時,民貸以治産業者,但計贏所得受息,無過歲什一",與《漢書·食貨志》合《王莽傳》云"收息百月三",如淳曰"出百錢與民,月收其息三錢也",二説不同,未知孰是。蓋《食貨志》所言爲定法,而初行時未能遽如法邪?

《魏書·張駿傳》:以穀帛付民,歲收倍利。利不充者,簿賣田宅。此亦倍稱之息,蓋沿民間舊習也。利不充即簿賣田宅,則民間出舉者所不能矣。

隋、唐之世,官之取於民者,遠過於秦、漢時之什二。公廨錢之制,見於《新書·食貨志》者:貞觀十五年,以捉錢令史主之,所主纔五萬錢以下,而市肆販易,月納息錢四千,此今所謂八分利也。永徽中,天下置公廨本錢,以典史主之,收贏十之七。開元十年罷之。十八年復,收贏十之六。元和十年新收置公廨本錢,則收息五之一。案《全唐文》卷三載玄宗詔云:"比來公私舉放,取利頗深,有損貧下,事須釐革。自今已後,天下私舉質宜四分收利,官本五分收利。"《新唐書·禮樂志》:永泰二年,國子學成,貸錢一萬貫,五分收息。《舊唐書·沈傳師傳》:"建中二年夏,勑中書、門下兩省分置待詔官三十員。

各準品秩給俸錢、廪餼、幹力，什器、館宇之設；以公錢爲之本，收息以贍用。”傳師父既濟上疏，言“今官三十員，皆給俸錢、幹力，及廚廪、什器、廳宇，約計一月不減百萬。以他司息利準之，當以錢二千萬爲之本”，亦以五分爲率也。然則當時官貸五分，私貸四分，蓋視爲持平之利率，故中葉後咸遵之也。

古所謂倍稱之息者，并未言及其時之長短。然以理度之，其爲時必不長。以此等借貸，原出農家，必也春耕時借，秋穫時還也。設以半年爲期，則一年所得，將再倍其本矣。此其所以爲重也。後世則不論其時之長短，但息過於本則禁之。《舊五代史·梁末帝紀》：貞明六年，四月丁亥，《新五代史》作己亥。制：“私放遠年債負，生利過倍，自違格條，所在州縣，不在更與徵理之限。”龍德元年，五月丙戌，制：“公私債負，納利及一倍已上者，不得利上生利。”《唐明宗紀》：長興元年，圜丘赦制：“應私債出利已經倍者，祇許徵本；已經兩倍者，本利并放。”《晉高祖紀》：天福六年赦詔：“私下債負，徵利一倍者并放。”《宋史·太祖紀》：乾德四年，八月丁酉，“詔除蜀倍息。”《食貨志》：太宗時，“令州縣戒里胥、鄉老察視，有取富民穀麥貲財，出息不得踰倍。”《光宗紀》：淳熙十六年，閏五月，“免郡縣淳熙十四年以前私負。十五年以後，輸息及本者亦蠲之。”《金史·食貨志·和糴》：宣宗貞祐中，“上封事者言：比年以來屢艱食，雖由調度征斂之繁，亦兼并之家有以奪之也。收則乘賤多糴，困急則以貸人，私立券質，名爲無利，而實數倍。饑民惟恐不得，莫敢較者，故場功甫畢，官租未了，而囤已空矣。國朝立法，舉財物者，月利不過三分，積久至倍則止，今或不期月而息三倍。願明勑有司，舉行舊法，豐熟之日，增價和糴。”皆禁其踰倍者也。《元史·良吏·譚澄傳》：爲交城令。“歲乙未，籍民户，有司多以浮客占籍，及征賦，逃竄殆盡，官爲稱貸，積息數倍，民無以償。澄入覲，因中書耶律楚材面陳其害，太宗惻然，爲免其逋。其私負者，年雖多，息取倍而止。”《劉秉忠傳》：秉忠上書世祖，時世祖未立。有云：“今宜打算官民所欠債負，若實爲應當差發所借，宜依合罕皇帝聖旨，一本一利,官司歸還。凡陪償無名虚契所負,及還過元本者,并行赦免。"亦仍守中國舊法。其後遂自定爲法令。《布魯海牙傳》:"世祖即位,擇信臣宣撫十道,命布魯海牙使真定。真定富民出錢貸人者,不踰時倍取其息。布魯海牙正其罪,使償者息如本而止。後定爲令。"《世祖紀》:至元六年,九月戊午,"敕民間貸錢取息,雖踰限,止償一本息。"《刑法志・禁令》:"諸稱貸錢穀,年月雖多,不過一本一息。有輒取贏於人,或轉换契券,息上加息;或占人牛馬財産,奪人子女以爲奴婢者,重加之罪,仍償多取之息,其本息没官。"蓋皆《布魯海牙傳》所謂令者也。《成宗紀》:至元三十一年,六月,"完澤貸民錢,多取其息,命依世祖定制。"所指蓋亦此令。《陳思謙傳》:"至順元年,拜陜西行臺監察御史。先是關陜大饑,民多粥産流徙,及來歸,皆無地可耕。思謙言聽民倍直贖之,使富者收兼入之利,貧者獲已棄之業。從之。"亦認倍稱爲合法者也。

月利不過三分,《金史・食貨志》外,又見《元史・世祖本紀》。至元十九年,四月,"定民間貸錢取息之法,以三分爲率",其事也。亦重於漢時之什二。案《漢書・王子侯表》:旁光侯殷坐取息過律,陵鄉侯訢坐貸穀息過律,皆獲罪。則重利盤剥,久有法禁,但恒不易行耳。《周官》朝士:"凡民同貨財者,令以國法行之,犯令者刑罰之。"司農云:"同貨財謂合錢共賈。"康成則云:"富人畜積者,多時收斂之,乏時以國服之法出之。雖有騰躍,共贏不得過此,以利出者與取者;過此則罰之,若今時加貴取息坐臧。"釋"同貨財"未知孰是,謂其時有加貴取息坐臧之法,則必不誣也。

〔六九五〕　古代賤商之由

子貢廢著粥財,而結駟連騎。束帛之幣,以聘享諸侯。所至,國君莫不分庭與之抗禮。烏氏倮以畜牧富,秦始皇帝令比封君,以時與列臣朝請。巴寡婦清擅丹穴之利,則以爲貞婦而客之。晁錯論當時商人,謂其交通王侯,力過吏勢。其重富人如此,然言及商賈,則又恒以爲賤,何哉? 楊惲《報孫會宗書》曰:“惲幸有餘禄,方糴賤販貴,逐十一之利,此賈豎之事,污辱之處,惲親行之,下流之人,衆毁所歸,不寒而栗。”可謂若將浼焉。又其甚者,“國君過市則刑人赦;夫人過市,罰一幕;世子過市,罰一帟;命夫過市,罰一蓋;命婦過市,罰一帷”。《周官·地官司市》。幾於刑餘之賤矣。豈真以其皇皇求財利,非士大夫之意,故賤之乎? 非也。隆古之民好争,惟武健是尚,耕稼畜牧,已非所問。貿遷有無,更不必論矣。是惟賤者爲之。其後居高明者,非不欲自封殖,則亦使賤者爲之。《貨殖列傳》曰:“齊俗賤奴虜。而刁閑獨愛貴之。桀黠奴,人之所惡也。惟刁閑收取,使之逐漁鹽商賈之利。”今所傳漢人樂府《孤兒行》曰:“孤兒生,孤兒遇生,命當獨苦。父母在時,乘堅車,駕駟馬。父母已去,兄嫂令我行賈,南到九江,東到齊與魯。”王子淵《僮約》曰:“舍後有樹,嘗裁作船。上至江州下到湔,主爲府椽求用錢。推訪堊,販棕索。綿亭買席,往來都落。當爲婦女求脂澤,販於小市,歸都擔枲。轉出旁蹉,牽犬販鵝。武都買茶,楊氏儋荷。往來市聚,慎護姦偷。入市不得夷蹲旁卧,惡言醜駡。多作刀矛,持入益州,貨易羊牛。”雖諷刺之辭,或溢其實。游戲之文,不爲典要,然當時販粥,皆使賤者爲之,則可見矣。《貨殖列傳》所列諸人,度亦深居,發踪指示,坐收其利,非真躬與賈豎處也。不然,安得曰“千金之子,不死於市”哉? 且達官貴人,因好利故,至於與賈豎抗禮,而語及其人,則又賤之,亦非自舛倍也。近世淮南鹺賈,有起自奴僕者,士人或從之求匄,猶不欲與通婚姻。鄉人有嫁女軍人者,軍人故盜也。戚黨耻之,雖其人亦自慚恧。然耻之者,亦未嘗不以其從軍人餔啜爲幸。爲貪財利,乃蟻慕小人,語及家世,則又自矜亢,承流品之餘習,丁好利之末世,人之情固然,其無足怪。

附: 市區

古代之市,皆自爲一區,不與民居相雜,所以治理之者甚備,監督之者亦嚴。其見於《周官》者 ,有胥師以察其詐僞;賈師以定其恒賈;

司虣以禁其鬥囂；司稽以執其盜賊；胥以掌其坐作出入之禁令，肆長以掌其貨賄之陳列；而司市總其成。鄭《注》云："司市，市官之長。"又云"自胥師以及司稽，皆司市所自辟除也。胥及肆長。市中給繇役者"。又有質人以掌其質劑、書契、度量、淳制，廛人以斂其布。凡治市之吏，居於思次。司市："以次序分地而經市，凡市入，則胥執鞭度，守門市之羣吏平肆，展成奠賈，上旌於思次以令市。市師莅焉。而聽大治大訟。胥師賈師，莅於介次。而聽小治小訟。"《注》："次，謂吏所舍。思次，若今市亭也。介次，市亭之屬，別小者也。鄭司農云：思，辭也。次，市中候樓也。玄謂思當爲司，聲之誤也。"《天官》：内宰："凡建國，佐後立布，設其次，置其叙，正其肆，陳其貨賄，出其度量淳制。祭之以陰禮。"通貨賄則以節傳出入之。司市："凡通貨賄以璽節出入之。"司關："掌國貨之節，以聯門市。凡貨不出於關者，舉其貨，罰其人。凡所達貨賄者，則以節傳出之。"《注》："貨節謂商本所發司市之璽節也。自外來者，則案其節而書其貨之多少，通之國門，國門通之司市。自内出者，司市爲之璽節，通之國門，國門通之關門。"又云："商或取貨於民間，無璽節者至關，關爲之璽節及傳出之。其有璽節，亦爲之傳。傳如今移過所文書。"物之藏則於廛。《孟子・公孫丑》上："市廛而不征，法而不廛。"《注》："廛，市宅也。"《王制》："市廛而不稅。"《注》："廛市物邸舍。"《周官》載師："以廛里任國中之地。"《注》："故書廛或作壇。鄭司農云：壇讀爲廛。廛，市中空地未有肆，城中空地未有宅者，玄謂廛里者，若今云邑里居矣。廛，民居之區域也，里，居也。"又《序官・廛人注》："故書廛爲壇。杜子春讀壇爲廛。説云市中空地。玄謂：廛，民居匠域之稱。"又廛布《注》云："邸舍之稅。"又，遂人"夫一廛"《注》："鄭司農云：廛，居也。揚子雲有田一廛，謂百畝之居也。玄謂廛，城邑之居。孟子所云：五畝之宅，樹之以桑麻者也。"愚按廛爲區域之稱，所謂市中城中空地者，正區域之謂也。但鄉間可居之區域，亦稱爲廛。築室其上，亦得沿廛之稱。初不論其在邑在野、有宅無宅、爲民居、爲邸舍也。孟子言："廛而不稅。"指商肆，下又言"廛無夫里之布。"則指民居。載師"以廛里任國中之地"，明言在國中。遂人"夫一廛"，則必在野矣。《荀子・王制》："定廛宅。"似以廛與宅爲對文。許行"願受一廛而爲氓"。則又似爲通名，不必鑿指其爲空地，抑爲宅舍也。雖關下亦有之。司關，"司貨賄之出入者，掌其治禁，與其證廛"，《注》："征廛者，貨賄之稅與所止邸舍也。關下亦有邸客舍，其出布爲市之廛。"是貨物之運販、屯積、粥賣，皆有定處，有定途也。《周官》：司市"大市日昃而市，百族爲主。朝市朝時而市，商賈爲主。夕市夕時而市，販夫販婦爲主"。《疏》云："大市於中，朝市於東偏，夕市於西偏，《郊特牲》所云是也。"案《郊特牲》云："朝市之於西方，失之矣。"《注》："朝市宜於市之東偏。"引《周官》此文爲説，此疏所據也。然則一市之中，亦有部分不容紊越矣。《周官・王制》："有圭璧金璋,不粥於市。命服命車,不粥於市。宗廟之器,不粥於市。犧牲不粥於市。戎器不粥於市。用器不中度,不粥於市。兵車不中度,不粥於市。布帛精麤不中度,幅廣狹不中量,不粥於市。姦色亂正色,不粥於市。錦文珠玉成器,不粥於市。衣服飲食,不粥於市。五穀不時,果實未熟,不粥於市。木不中伐,不粥於市。禽獸魚鱉不中殺,不粥於市。"又曰:天子巡守,"命市納賈,以觀民之所好惡。"惟市有定地。故監督易施,而物價亦可考而知也。秦漢而降,此意仍存《三輔黄圖》謂長安市有十,各方二百二十六步,六市在道西,四市在道東,凡四里,爲一市。是漢之市有定地也。《唐書·百官志》謂:"市肆皆建標築土爲候。凡市,日中擊鼓三百以會衆。日入前七刻,擊鉦三百而散。有果毅巡迣,平貨物爲三等之直,十日爲簿。"兩京諸市署令。是唐之市有定地也。此猶京國云爾。王莽於長安及五都立五均官,更名長安東西市令及洛陽、邯鄲、臨菑、宛、成都市長,皆爲五均司市師。則大都會皆有市長矣。隋開皇中,以錢惡,京師及諸州邸肆之上,皆令立榜置樣爲準。不中樣者,不入於市。則天長安中,亦懸樣於市,令百姓照樣用錢。則渚州邸肆皆有定所矣。北魏胡靈后時,嘗税入市者人一錢。《遼史》謂太祖置羊城於炭山北,起榷務,以通諸道市易。太宗得燕,置南京,城北有市,令有司治其徵;餘四京及他州縣産懋遷之地,置亦如之。則遼之市亦由官設,由官管理矣。要之邸肆民居,毫無區别,通衢僻巷,咸有商家,未有如今日者。此固由市制之益壞,亦可見貿易之日盛也。

原刊《光華大學經濟雜志》創刊號,
一九三〇年一月出版

〔六九六〕 論金銀之用

中國用金銀爲幣,果始何時乎?曰用銀爲幣,始於金末,而成於明之中葉,金則迄未嘗爲幣也。自明廢紙幣以前,可稱爲幣者惟銅耳。何以言之？

《史記・平準書》云："虞夏之幣，金爲三品，或黄，或白，或赤。"此爲書傳言用金銀最古者。《平準書》本僞物，此數語在篇末，又係後人記識之語，混入正文。《漢書・食貨志》云："凡貨，金錢布帛之用，夏殷以前，其詳靡記云。"記識者何由知之？《漢志》又言："太公爲周立九府圜法：黄金方寸，而重一斤。"《管子》的《國蓄》、《地數》、《揆度》、《輕重》諸篇皆言先王以"珠玉爲上幣，黄金爲中幣，刀布爲下幣"。所謂先王，蓋亦指周。《輕重乙》以爲癸度係對周武王之言。則用黄金爲幣，當始於周也。《管子・山權數》言禹以歷山、湯以莊山之金鑄幣，未言何金，然下文係言銅。然此時所謂幣者，與後世之所謂幣，其意大異，不可不察。

凡物之得爲易中者，必有二因：一曰有用，一曰好玩。《漢志》釋食貨之義曰："食爲農殖嘉穀可食之物，布謂布帛可衣，及金刀龜貝，所以分財布利通有無者也。"所謂食，即今所謂消費；所謂貨，即今所謂交易也。《志》又云："貨寶於金，利於刀，流於泉，布於布，束於帛。"則所謂貨者，實兼指金、銅、龜、貝、布、帛言之。是時之金，果可行用民間爲易中之物乎？則不能無疑矣。

漢志載李悝盡地力之教，粟石三十。《史記・貨殖列傳》亦言："糶二十病農，九十病末。"則三十實當時恒價。古權量當今四之一，則百二十錢得今粟一石，一錢得粟八合餘矣，此可供零星貿易之用乎？而況於黄金乎？然則古之金，果用諸何處？曰用諸遠方。《管子》曰："玉起於禺氏，金起於汝、漢，珠起於赤野，東西南北距周七千八百里。《通典》引作七、八千里。水絶壤斷，舟車不能通。先王爲其途之遠，其至之難，故託用於其重。"《國蓄》、《地數》、《揆度》、《輕重乙》略同。又曰："湯七年旱，禹五年水，民之無糧賣子者。湯以莊山之金鑄幣，而贖民之無糧賣子者。禹以歷山之金鑄幣，而贖民之無糧賣子者。"《山權數》。蓋古者交易未興，資生之物，國皆自給，有待於外者，厥惟荒歉之年。故《周官・司市》"國凶荒札喪，則市無徵而作布"。布者銅幣，所以通尋常之貿易。《揆度》所謂"百乘之國，中而立市，東西南北度五十里"；"千乘之國，中而立市，東西南北度百五十餘里"；"萬乘之國，中而立市，東西南北度五百里"者也。

至於相距七、八千里之處，則銅又傷重費，而不得不以黄金珠玉通其有無也。此黄金珠玉，豈持以與平民易哉？非以爲聘幣而乞糴於王公貴人，則以與所謂萬金之賈者市耳。至於民間，則錢之用且極少，而黄金珠玉無論也。李悝言粟石三十，乃用以計價耳，非必當時之糴糶者，皆以錢粟相易也。《管子・輕重丁》：桓公欲藉國之富商畜賈，管子請使賓無馳而南，隰朋馳而北，寧戚馳而東，鮑叔馳而西，視四方稱貸之間，受息之民幾何家。反報西方稱貸之家，多者千鍾，少者六七百鍾，其出之中也一鍾，其受息之萌九百餘家。南方稱貸之家多者千萬，少者六七百萬，其出之中伯五也，其受息之萌八百餘家。東方稱貸之家丁惠高國，多者五千鍾，少者三十鍾，其出之中鍾五釜也，其受息之萌八九百家。北方稱貸之家多者千萬，少者六、七百萬，其出之中伯二十也，受息之氓九百餘家。凡稱貸之家，出泉參千萬，出粟參數千萬鍾，受子息民參萬家。可見當時稱貸錢穀并用，及當時富家藏粟之多。其中丁惠高國，乃大夫也。桓公又憂大夫并其財而不出，腐朽五穀而不散，可見大夫與富商畜賈，并爲多藏錢粟之家矣。大夫如此，國君可知。《山權數》：北郭有得龜者，管子請命之曰："賜若服中大夫。東海之龜，託舍於若。"四年，伐孤竹。丁氏家粟，可食三軍之師行五月。召丁氏而命之曰："吾今將有大事，請以寶爲質於子，以假子之邑粟。"當時以珠玉黄金等爲幣，皆用之。此等人非如後世帛幣用諸尋常貿易之間也。

然則貨幣之原始可知已矣。布帛泉刀，物之有用者也，所以與平民易也。泉爲錢之借字。錢本農器名，錢刀并以金爲之。械器麤拙之時，日用之物，人民并能自造，惟金所成之械器不然。《易・大傳》曰：神農"斫木爲耜，揉木爲耒。"黄帝、堯、舜"弦木爲弧，剡木爲矢"。則兵及農器，亦不用金。然究爲難造之物，非夫人所能爲，故爲人所貴，而可用爲易中也。珠玉黄金，可資玩好者，所以與王公貴人易也。龜爲神物，貝屬玩好，龜少而難得，惟王公貴人有之，貝則較多，故民間亦用爲易中焉。故曰"古者貨貝而寶龜"。《説文》寶者，保也。字或作保，與俘相似。故莊六年"齊人來歸衛寶"。左氏訛爲俘貨者，非也，對居言之。書曰："懋遷有無非居。"《史記・貨殖列傳》作"廢著"。《漢志》云："貨寶於金。"可見黄金與龜，并皆寶藏，不用於市。周時之錢，則貝之後身也。錢之圜所以像貝，函方所以便貫穿。古者貝亦貫而用之，故《説文》云："貫，錢貝之貫。"毌，"從一横貫。"⼐，所以像寶貨之形也。漢武帝以白鹿皮爲幣，又造白金三品，以龍、馬、龜爲文，則古珠玉、黄金、寶龜之屬也。王侯宗室朝覲聘享，必以皮幣薦璧，然後得行，正合古者用上幣中幣之法。白金欲强凡人用之,則終廢不行矣。王莽變法,黄金重一斤,值錢萬。朱提銀重八兩爲一流,直一千五百八十。它銀一流直千。宣帝時,穀石四錢。然則挾它金一流者,將一舉買穀二百五十石乎?其不行宜矣。買穀十石,用錢四十,取携毫無不便也。用銀尚不及三分之一兩。古權量當今四之一,尚不及一錢,如何分割乎?王莽造錯刀,以黄金錯其文,曰一刀,直五千。張晏曰:"刻之作字,以黄金填其文,上曰一,下曰刀"。漢時黄金,一斤值錢萬。錯刀所錯之黄金,固必不及半斤,亦以金價太貴,不便分割,故欲錯之於銅而用之也。

職是故,古所謂子母相權者,非謂以金、銀、銅等不同之物相權,乃謂以銅所鑄之錢大小不同者相權。周景王將鑄大錢,單穆公曰:"不可。古者天降災戾,於是乎量資幣,權輕重,以救民。民患輕,則爲之作重幣以行之,於是有母權子而行,民皆得焉。若不堪重,則多作輕而行之,亦不廢重。於是乎有子權母而行,小大利之。今王廢輕而作重,民失其資,能無匱乎?"是其時金所以宜爲幣者,以其可分。什之伍之,其價亦必什之伍之。百取其一,千取其一,其價亦必爲百之一,千之一。夫物之不齊,物之情也。三品之金,其物固異,其價安能强齊?今世以金銀爲主幣,銀銅爲輔幣,其視輔幣,以爲主幣若干分之一耳,不復視爲本物。猶恐其物故有直,民或舍其爲輔幣之值,而論其故直也。故必劣其成色,限其用數以防之,若防川焉,而猶時亦潰决。漢世錢之重,幾牟於今之銀圓,安得欲用金銀?既不欲金銀,安得喻今主輔幣相輔而行之理?既不喻今主輔幣相輔而行之理,相異之金安得并用爲幣乎?漢志曰:"秦兼天下,幣爲二等:黄金以溢爲名,上幣;銅錢質如周錢,文曰半兩,重如其文。而珠玉龜貝銀錫之屬爲器飾寶藏,不爲幣。"珠玉龜貝銀錫之屬不爲幣固矣,黄金雖號上幣,實亦非今之所謂幣也。今之所謂幣者,必周浹於日用市易之間,秦漢之黄金能之乎?則亦用爲器飾寶藏,特以有幣之名,故賜予時用之耳。得之者固與今之人得珠玉鑽石等同,非如今之人之得金銀也。或曰晁錯言"珠玉金銀輕微易藏,在於把握,可以周海内而無飢寒之患”。則固極通用矣,安得云不足爲幣? 曰此言其易藏,非謂其可以易物。可以易物者,凡物之所同。輕微易藏,則珠玉金銀之所獨也。凡物之有用而爲人所欲者,果能挾以周行,皆可以無飢寒之患,然則凡物皆可謂之幣邪?

顧亭林《日知録》以金哀宗正大間,鈔廢不行,民間但以銀市易,爲上下皆用銀之始。王西莊《十七史商榷》謂專用銀錢二幣,直至明中葉始定。以生計學理衡之,説皆不誤。趙甌北《陔餘叢考》駁王氏之説,殊爲不然。然甌北又謂當時用銀,猶今俗之用金,則説亦不誤,而又駁王氏者,昔人於泉幣與人民尋常用爲易中之物,分别未清也。亭林引《後漢書·光武紀》王莽末天下旱蝗,黄金一斤易粟一斛,爲當時民間未嘗無黄金之證,則殊不然。此特以金計價,非謂真持金一斤易粟一斛,即有其事,其人幾何? 今日荒歉之區,固亦有持黄金易粟者,可謂中國今日用金爲幣乎?

然則用銀爲幣,晚近以前,果絶無其事,而用金爲幣,則更從來未有乎? 曰是亦不然,特其有之皆在偏隅之地耳。五朝史《志》云:梁初,“交廣以金銀爲貨”;後周時,“河西諸郡或用西域金銀之錢”。或者,不盡然之詞。《志》又云:陳時,“嶺南諸州多用鹽、米、布交易,不用錢”。蓋通用鹽、米、布;值巨,或須行遠,則濟以金銀。《日知録》引韓愈奏狀云:“五嶺買賣一以銀”;元稹奏狀言:“自嶺以南,以金銀爲貨幣。”張籍詩曰:“海國戰騎象,蠻州市用銀。”《宋史·仁宗紀》:“景祐二年,詔諸路歲輸緡錢,福建、二廣以銀。”則與偏隅之地交易,用金銀由來已久,且迄不絶。然終不能行之全國者,以其與銅異物,價不齊,相權固不便也。歷代錢法大壞,民至以物易物,數見不鮮。據《陔餘叢考》所考,其時金銀初未嘗乏,然民終不用爲幣。《舊唐書》:憲宗元和三年六月詔曰:“天下有銀之山,必有銅礦。銅者,可資於鼓鑄。銀者,無益於生人。其天下自五嶺以北見採銀坑,并宜禁斷。”則明言銀之不可爲幣矣。宋代交、會跌價,香藥犀象并供稱提,而民仍不用金銀。金以銀爲鈔本,亦弗能信其鈔。其後民間以銀市易,則鈔既不用,錢又無有,迫於無如何耳。故知中國人之用銀,乃迫不得已爲之,而非其所欲也。

夫民之所以不用金銀爲幣者,何也? 曰:以其與銅異物,物異則價不齊,不能并用爲幣也。故在古代,患物之重,寧鑄大銅錢,與小錢相權。然生事日進,則資生之物有待於交易者日多;交易愈多,用幣愈廣;用幣既廣,泉幣之數,勢必隨之而增;泉幣日增,其價必落;幣價落而交易又多,勢必以重賫爲患。大錢之名值,與其實值不符,民所弗信也。符則大錢之重賫與小錢等矣。古之作大錢,非患小錢重賫,乃患錢幣數少耳。專用銅幣,至此將窮,安得不濟以金銀乎? 曰斯時也,實當以紙幣濟銅錢之窮,不當以金銀也。《唐書·食貨志》載飛錢之始,由“商賈至京師,委錢諸道進奏院及諸軍,諸使,富家”,而“以輕裝趨四方,合券乃取之”。《文獻通考》載交子之始,由蜀人患鐵錢重,私爲券以便貿易,皆以爲錢之代表,而非遂以紙爲錢。其後宋造交、會、關子,金行鈔,或不畜本,或雖畜本而不足,或則所以代本者爲他物而非錢,故爲民所弗信耳。若其可以代錢,則唐於飛錢,宋於交子,并弗能禁。飛錢之行,京兆尹裴武請禁之。元和時,遂以“家有滯藏,物價寖輕”爲患。交子之行,富人十六户主之。後富人資稍衰,不能償所負,争訟數起。寇瑊嘗守蜀,請禁之。薛田爲轉運使,議廢交子,則貿易不便,請官爲置務,禁民私造,乃置交子務於益州。金章宗初立,或欲罷鈔法,有司亦言“商旅利於致遠,往往以錢買鈔,公私俱便之事,豈可罷去”。以鈔代錢,有輕賫之益,而無價格不齊之患,實非并用金銀所逮,惜乎人民已自發明此策,而爲理財者所亂也。故曰:“善者因之。”又曰:“代大匠斵,希不傷手。”

今日紛紛,莫如逕用銀爲幣,其值巨者,以鈔代之。若慮匯兑之際,外人操縱金銀之價,則定一比率,設法維持之可也。銀之輔幣,不必爲銅,可别以一種合金爲之,爲一角、一分、一釐諸種。此猶以紙代銀,視爲十分圜、百分圜、千分圜之一,而不復視爲本物,特不用紙而用一種合金耳。所以不用紙者,以幣之值愈小,其爲用愈繁,紙易敝壞,多耗費也。所以并不用銅者,以銅行用久,民或不視爲銀幣之十分之一,百分之一,千分之一,而仍論其銅之價,則圜法不立。用新造之合金，其物爲舊日所無，自無固有之價，民自視爲銀幣之化身矣。此亦暫時之事，若論郅治，則必如孔子所言："貨惡其棄於地也，不必藏於己；力惡其不出於身也，不必爲己。"如今社會學家所言，有分配而無交易乃可。即以小康論，亦必支付，雖用泉幣，定數則以實物，如今謂貨物本位者。整齊錢幣，特姑取濟目前而已。

用鈔之弊，昔人有言之者，亭林所謂"廢堅剛可久之貨，而行軟熟易敗之物"也。紙值最賤，賤則彌利僞造矣。其質易敗，又不可以貯藏也。新舊鈔異價之事，往往有之。鈔法行時，民多用鈔而藏實幣，鈔價由是賤，實幣由是貴，久則實幣與鈔異價，而鈔法壞矣。固由民信實幣，不信虛鈔，亦由紙質易敗，不可久藏也。曠觀歷代值小之幣，未有能用紙者。宋之交會，本以代表見錢，金之行鈔，則爲銅少權制。元中統元年造鈔，始於十文，至元十一年，添造釐鈔爲一文、二文、三文，十五年而罷。明初設局鑄錢，後以無銅，乃更行鈔，然百文以下，皆用錢。至洪武二十七年，以民重錢輕鈔，乃令悉收錢歸官，依數換鈔，不許更用，則鈔法亦寖壞矣：鈔可以行錢，而不可以爲錢，固由虛不敵實，亦由輔幣之值愈小，愈便於用。金利分割，堅剛可久，紙不然也。故主幣可用紙，輔幣用紙易敗耳。

〔六九七〕 續論金銀之用

予嘗論古代之黄金，僅行於王公貴人、富商畜賈之間，人民初未以爲用，故不可以爲錢，觀於亭林論銅之語而益信，亭林之言曰："乏銅之患，前代已言之。江淹謂古劍多用銅，如昆吾、歐冶之類皆銅也。楚子賜鄭伯金，盟曰無以鑄兵，故以鑄三鍾。原注：杜氏注：古者以銅爲兵。《漢書·食貨志》：賈誼言，收銅勿令布，以作兵器。《韓延壽傳》：爲東郡太守，取官銅物，候月蝕，鑄作刀劍鈎鐔，放效尚方事。古金三品，黑金是鐵，赤金是銅，黄金是金。夏后之時，九牧貢金，乃鑄鼎於荆山之下。董安於之治晉陽公宫，令舍之堂，皆以煉銅爲柱質。荆軻之擊秦王中銅柱，而始皇收天下之兵鑄金人十二，即銅人也。原注：《三輔舊事》曰：聚天下兵器，鑄銅人十二，各重二十四萬斤。漢世在長樂宫門。《魏志》云：董卓壞以鑄小錢。吴門楊氏曰：門當爲王之誤。闔閭冢，銅椁三重。秦始皇冢，亦以銅爲椁。戰國至秦，攻争紛亂，銅不充用，故以鐵足之。鑄銅既難，求鐵甚易，是故銅兵轉少，鐵兵轉多，年甚一年，歲甚一歲，漸染流遷，遂成風俗，所以鐵工比肩，而銅工稍絶。二漢之世，愈見其微。建安二十四年，魏太子鑄三寶刀、二匕首，天下百煉之精利，而悉是鑄鐵，不能復鑄銅矣。考之於史，自漢以後，銅器絶少，惟魏明帝銅人二，號曰翁仲。又鑄黄龍、鳳凰各一。而武后鑄銅爲九州鼎，用銅五十六萬七百一十二斤。原注：唐韓滉爲鎮海軍節度，以佛寺銅鐘鑄弩牙兵器。自此以外，寂爾無聞，止有銅馬、銅駝、銅匭之屬。昭烈入蜀，僅鑄鐵錢。而見存於今者，如真定之佛、蒲州之牛、滄州之獅，無非黑金者矣。"亭林論銅之漸少甚精，然謂銅所以少，由於攻争紛亂，銅不充用，則非也。果如所言，秦、漢而後，天下統一，兵争曠絶，民亦不挾兵器以自衛，往往歷一二百年，即戰争亦不以銅爲兵器，何以銅不見多乎？蓋銅之少，非真少也，乃以散在民間而見其少耳。銅之所以散在民間，則因人民生計漸裕，所以資生者降而愈厚，用爲器者多也。無論如何巨富之家，一人之藏，斷不敵千萬人之積。秦始皇帝收天下之兵，鑄以爲金人十二，重各二十四萬斤。此數尚未必實。散諸民則家得一斤，有銅者亦僅二百八十八萬家耳，不見其多也。推此論之，則古代黄金之多，亦以其聚覺其然耳，非值與後世相去懸絶也。今日中國人口號四萬萬，女子半之，姑以十分之一有黄金一錢計，已得二百萬兩，當漢八百萬兩，五十萬斤矣。

賈生説文帝"收銅勿令布"。武帝時，錢法大亂，卒之"悉禁郡國無鑄錢，專令上林三官鑄。錢既多，而令天下非三官錢不得行，諸郡國前所鑄錢皆廢銷之，輸入其銅三官"。錢法乃理，所行實即賈生之策也。漢世錢重，宣帝時粟石四錢，漢權量當今四之一，則得今粟六升餘矣。其時之民，所以資生者尚菲，所用之錢蓋無幾，故可悉收而改鑄。若在今日，雖黄金豈可得而悉收，雖銀圓亦豈易盡改鑄邪？漢世黄金一斤值錢萬，以宣帝時穀價除之，得粟二千五百石，豈人民所能有邪？

金之漸見其少，始於南北朝時。以《陔餘叢考》考金銀以兩計始於梁，而《書》《疏》謂漢、魏贖罪皆用黄金。後魏以金難得，令金一兩收絹十四也。案《齊書・東昏侯紀》："後宫服御，極選珍奇，府庫舊物，不復周用，貴市民間，金銀寶物，價皆數倍京邑，酒租皆折使輸金，以爲金涂，猶不能足。"此雖用之侈，亦府庫金漸少，民間金漸多之證。蓋三代以前，貴族平民階級甚著，秦、漢而後，天下一統，封建廢絶，官吏雖或貴富，較諸向者傳世之君、卿大夫，則不可以道里計，其數之多少，亦相懸絶矣。昔之富有者既以世變之劇烈，人事之推移，其財日趨於散。新興者之數不足與之相償。平民之財産，則以銖積寸累，而日有所增，財貨之下流，夫固不足爲怪。然因此故，而錢幣之措置，乃較古倍難，何者？錢法大亂時，必盡舉所有改鑄之，然數少收之易，數多則收之難，賈生"收銅勿令布"之説，惟漢武幾於行之，後世卒莫能行，以此也。後世盡收舊錢而鑄新錢者有兩次，一隋一明也。隋已無以善其後，明則以銷鑄有利，舊錢逐漸消磨以盡耳，非國家能悉收而改鑄之也。詳見《日知録・錢法之變》條。銅禁金世最烈，銅器不可缺者，皆造於官。其後官不勝煩，民不勝弊，乃聽民冶造，而官爲立價以售。然其鑄錢，資銅於銷錢如故也。明初，置局鼓鑄，有司責民輸銅，民毁器皿以進，深以爲苦，乃改而行鈔。凡此皆銅散而不可復收之證也。北齊以私鑄多，令市長銅價。隋時，鑄錢須和錫鑞，錫鑞既賤，私鑄不可禁約，乃禁出錫鑞處不得私採。此二者，一禁之於售賣之處，一禁之於開採之鄉，亦非今日礦産徧地，冶肆徧於窮鄉僻壤者之所能行矣。清雍正間，李紱疏言：錢文入爐，即化爲銅，不可得而捕，惟禁斷打造銅器之鋪，則銷毁亦無所用，其弊不禁自除。此仍"收銅勿令布"之意也。然其事豈可行乎？晚近康有爲又欲令金肆之金，先盡國家收買，積之以行金幣。一時之積或可致，然如是金價必貴，私銷之弊必起，非盡積之銀行，而以紙代之不可。然民信實幣既久，金不可見，而純以紙代，信亦不易立也。若謂錢幣之用，只在市買；市買必須，雖不見金，民亦不得不用；不得不用則信立矣，則又何必用金乎？謂金價貴，利輕賫，紙幣不益輕乎？故行金幣，究勞擾而無益，尚不如就見已流通之銀，而權之以紙也。

欲齊幣制，所難者不在私鑄，而尤在私銷。私鑄但能行不愛銅、不惜工之論即可防，政治苟清明，雖持法令，亦足齊其末也。私銷則錢一入爐，即化爲金，無形跡可求。其事不待技藝，人人可以爲之，又不必集衆置器，可各爲之隱屏。此直防無可防，非特防不勝防矣。以銀爲器，貴不如金，用不如銅，私銷初無所利，但使名值與實值相符，即爲能行不愛銅之論矣。以紙爲幣，制必極精，務使姦人不能仿爲，所以行不惜工之論也。紙質無值，不慮私銷。輔幣以合金爲之，故無此物，衆所不貴，使用之數不待限而自有限。以無此物，則莫以爲器，自亦不利私銷。或謂可以爲幣之物，不能使人不以爲器，則造此物，專以爲幣，可定法令，不許以造他器。苟見此物所造之器，即爲姦，法禁之自易，非如金銀銅等爲法爲姦，卒不可辨也。然則私鑄私銷，兩無可慮，不勞而幣制可理矣。

《日知録·以錢爲賦》一條，引《白氏長慶集策》曰："夫賦斂之本者，量桑地以出租，計夫家以出庸。租庸者，穀帛而已。今則穀帛之外，又責之以錢。錢者，桑地不生銅，私家不敢鑄，業於農者，何從得之？至乃吏胥追徵，官限迫蹙，則易其所有，以赴公程。當豐歲，則賤糶半價，不足以充緡錢；遇凶年，則息利倍稱，不足以償逋債。豐凶既若此，爲農者何所望焉！是以商賈大族，乘時射利者日以富豪，田壟罷人，望歲勤力者，日以貧困。"《李翱集·疏改税法》一篇言："錢者，官司所鑄。粟帛者，農之所出。今乃使農人賤賣粟帛，易錢入官，由是豪家大商，皆多積錢，以逐輕重，故農人日困，末業日增。"宋紹熙元年，臣僚言："古者賦出於民之所有，不强其所無。今之爲絹者，一倍折而爲錢，再倍折而爲銀。銀愈貴，錢愈難得，穀愈不可售。使民賤糶而貴折，則大熟之歲，反爲民害。願詔州郡，凡多取而多折者，重置於罰。民有糶不售者，令常平就糴，異時歲歉，平價以糶，庶於民無傷，於國有補。"從之。顧氏《錢糧論》曰："往在山東，見登、萊并海之人，多言穀賤，處山僻不得銀以輸官。今來關中，自鄠以西，至於岐下，則歲甚登，穀甚多，而民且相率賣其妻子。至徵糧之日，則村民畢出，謂之人市。問其長吏，則曰一縣之鬻於軍營而請印者，歲近千人，其逃亡或自盡者又不知凡幾也。何以故？則有穀而無銀也。"其與薊門當事書，謂“目見鳳翔之民，舉債於權要，每銀一兩，償米四石。”“請舉秦民之夏麥秋米及豆草，一切徵其本色，貯之官倉，至來年青黄不接之時而賣之，則司農之金固在也，而民間省倍蓰之出。”清任源祥《賦役議》亦謂“徵愈急則銀愈貴，銀愈貴則穀愈賤，穀愈賤則農愈困，農愈困則田愈輕。”昔人之非折色而欲徵本色者，其論大率如此。予謂此固由民貧，平時略無餘畜，欲完税即不得不急賣其新穀；亦由鄉間資生，皆屬實物，即有餘畜，亦非銀錢也。近代之民如此，況於古昔。予謂古者金銅之多，特以其聚而見其然，審矣。《錢糧論》又曰：“今若於通都大邑行商麕集之地，雖盡徵以銀，而民不告病。至於遐陬僻壤舟車不至之處，即以什之三徵之，而猶不可得。”可見銀錢特乏於鄉間。或謂如此則近世之民，其乏泉幣與秦漢等耳。予謂金銅散之民間，豈盡在城市間乎？曰金大略在城市間，錢則近世鄉民亦皆有之。然徵税又不以錢而以銀，此其所以覺其難得也。讀顧氏論火耗之説可知。

〔六九八〕　行鈔奇談，僞鈔奇技

楮幣尺寸可考，始於有明。陸容《菽園雜記》云：“金、元鈔皆不詳其尺寸之制。今之鈔，竪長一官尺，横八寸。”此説也，少時見之嘗疑之。逮民國初年，南京掘得明代鈔版，尺寸一一相符，然後知前人記載之不虚。以此推之，宋、金、元之楮幣，其尺寸亦必不小也。不獨以前，清咸豐時行鈔，亦仍係如此。故許梿論鈔法有云：“洋錢乃外夷之制，謂非中國所應行使則可，謂鈔便於洋錢則不可。洋錢不過寸餘，身帶二寸之囊，貯洋錢十枚有餘，倘貯小鈔十貫，每貫長必尺許，闊必五六寸，紙又極厚，就令折叠如洋錢之大，囊腹皤然矣。或謂十貫自有總鈔，無須零析，此又不通之論。尋常日用，豈可從十貫起乎？”案昔時楮幣，所以不得不大，蓋緣欲防僞造，則花文字跡，鏤刻不得不多，而欲求花文字跡之多，則昔時鏤刻之技，必不能如今日印刷術所成之微細，蓋亦有所不得已也。然咸、同間士子應試所懷之書籍，字跡之細，亦僅累黍，與後來石印所成相差無幾。特其成之大難，所費工力太巨，與石印相較，自不合算，故自石印興而其業遂漸替耳。咸豐欲行鈔時，雖尚無石印之術，即用此等工人爲之，鈔之大，亦必不至長尺許闊五、六寸也。梿又述當時難者之辭，謂“民間用錢票，長不過四寸，闊不過三寸，紙又極薄”。紙薄或慮其易敝，長四寸闊三寸之制，何以官家必不可仿行邪？此亦可見辦事者不肯用心，不察實在情形之弊也。

楮幣既已通行，自可以法律定其所值。當其推行之始，民信未立，則必與實物相附麗，所附麗者，自以向來通行之錢幣爲便。故行鈔之初，必須兑换，而所與相兑换者，實莫便於現錢。斯時錢鈔，斷宜并行，況鈔制巨大，不宜零用邪？咸豐時千錢之鈔，其不便，尚有如許梿所云，況明世寶鈔，起自百文；元世中統鈔起自十文，至元鈔起自五文，其間嘗造釐鈔，則起自一文；至大時造銀鈔亦起於二釐者乎？然宋世稱提，即用香藥、寶貨，元則雜用金、銀與絲爲鈔本；議鑄錢與鈔并行，藉銅錢以實鈔法者，宋、金、元、明四朝，僅脱脱一人而已，而當時駁難者蜂起，即脩元史者之意，亦甚不以其説爲然。昧於錢幣之理如此，尚何以善其事乎？

楮幣本無所值，欲行鈔，自不得不注意於防僞。然昔人所言防僞之法，有極可笑者。許梿弟楣，作《造鈔條論》，述當時主行鈔者之議曰：“特造佳紙，禁民間不得行用。多爲印記，篆法精工，使人難於摹仿。”案包慎伯有答王亮臣書云：“世臣前書云：取高麗及貢、宣兩紙之匠與料，領於中官，和合兩法爲紙，即使中習其法，而兩匠則終身不出，其紙既可垂久遠，而外間不得其法，無可作僞，固已得其大端。然鈔有大小，則紙亦隨之，雖至小之鈔，皆令四面毛邊；更考宋紙寬簾之法，使簾紋寬一寸以上；又用高麗發箋之法，先製數大字於夾層之中，正反皆見；此爲尤要。”即特造佳紙，禁民間不得行用之説也。王茂蔭條議鈔法，請“飭於製鈔局特派一二有心計之員，另處密室，於每鈔上暗設標識數處。所設標識，惟此一二人知之。仍立一標識簿，載明每年之鈔，標識幾處，如何辨認，封藏以便後來檢對。其標識按年更换，以杜窺測。”許梿述議者之説，又有謂“大鈔用善書者書之，使筆跡可驗。其餘則監造大臣，皆自書名，作僞者必不能以一人而摹衆字”。王茂蔭又欲“令各州縣解藩庫之鈔，均令於正面之旁，注明某年月日某州縣恭解。民間輾轉流通，均許背面記明年月，收自何人。或加圖記花字。遇有僞鈔，不罪用鈔之人，惟究鈔所由來，逐層追溯，得造僞之人而止”。此即多爲印記，篆法精工，使人難以模仿之見也。其説誠亦煞費苦心，然繁難迂曲如此，其事尚安可行？即造鈔者能行之，世尚有樂於用鈔者乎？

作僞之技，亦有迥出意外者。許梱《造鈔條論》，許梿曾加識語云：“乙巳夏，在蘇州讞局，會審常熟民入京控該縣重徵一案。據粘呈串票數紙。將常熟印信比對符合，而漕書俱云實無此重串。逮後審明係原告人描畫印信。適有臬札在堂，令其當堂描畫。伊將筆管撕一篾片，隨醮印泥，點觸紙上，印文麤細缺蝕，絲毫不差。”又云：“昔年在山左讞局，有吕姓粘莊票控告一案。票注二百千。錢莊只認二十千。檢查莊簿，實止二十千。細驗票上百字，一無補綴痕跡，圖記、花板、字跡，分毫不爽。竟不能斷爲僞票。初疑莊伙舞弊，虚出二百千之票，而書二十千於簿，研鞫至再，原告吐露真情。云以水洗去十字，改爲百字。始猶不信，令其當堂洗改。次日，持一白筆來，不知筆内有無藥水。即將原票千字，用清水一滴，以筆掃洗，上下襯紙按吸。隨洗隨吸，至白乃止。世有巧奪天工如此者。”此等奇技，縱有至密之法，又何從而防之？然恃此等奇技而作僞，所能僞者幾何？行鈔者又豈以是爲慮？故知政令之行，自有其康莊大道，籌國事者，正不必用心於無益之地也。

〔六九九〕 禁　　奢

奢侈之風，雖歷代皆有，然在古代，固爲道德所不許，抑亦法律所不許也。至漢世，此誼猶明。《後漢書・明帝紀》：永平十二年，詔"有司申明科禁，宜於今者，宣下郡國"。《章帝紀》：建初二年，詔"科條制度，所宜施行，在事者備爲之禁"。《和帝紀》：永元十一年，詔：舊令節之制度，"在位犯者，當先舉正。市道小民，但且申明憲綱，勿因科令，加虐羸弱。"《安帝紀》：永初元年，詔三公明申舊令。元初五年，詔"舊令制度，各有科品"，"設張法禁，懇惻分明，而有司惰任，訖不奉行。秋節既立，鷙鳥將用，且復重申，以觀後效"。《桓帝紀》：永興二年，詔"申明舊令，如永平故事"。皆欲以法齊其民。此等法令，後世匪曰無之；禁奢之時，亦未嘗不援以爲言；實明知其不能行，視爲官樣文章而已。漢世則事雖已不能行，人猶以爲可行，而冀行之也。故其議論亦然。晁錯言："法律賤商人，商人已富貴矣；尊農夫，農夫已貧賤矣。故俗之所貴，主之所賤也；吏之所卑，法之所尊也。上下相反，好惡乖迕，而欲國富法立，不可得也。"其言可謂深切著明。故其時之人，所譏切者，皆在法令之不定。《漢書・貨殖傳》論貧富之不均，"繇法度之無限。"而夏侯玄譏"漢文雖身衣弋綈，而不革正法度，似指立在身之名，非篤齊治制之意。"案《後漢書・荀爽傳》：爽於延熹元年對策陳便宜，言宜"略依古禮尊卑之差，及董仲舒制度之别，嚴督有司，必行其命"；而玄亦以當時之科制爲未足，欲大理其本，"準度古法文質之宜，取其中則，以爲禮度"；皆所謂革正法度者。彼皆信法度之必可行，故欲有事於革正也。

善夫嚴安之言之也。曰："今天下人民，用財侈靡。車馬、衣裘、宫室，皆競脩飾。調五聲使有節族，雜五色使有文章，重五味方丈於前，以觀欲天下。彼民之情，見美則願之，是教民以侈也。侈而無節，則不可澹。民離本而徼末矣。末不可徒得，故搢紳者不憚爲詐，帶劍者夸殺人以矯奪，而世不知愧。故姦軌浸長。臣願爲民制度，以防其淫。使貧富不相耀，以和其心。心既和平，其性恬安。恬安不營，則盜賊銷。盜賊銷則刑罰少。刑罰少則陰陽和。四時正，風雨時，草木暢茂，五穀蕃熟，六畜遂字，民不夭厲，和之至也。"《老子》曰"民之輕死,以其奉生之厚”,末不可徒得故也。《管子》曰:“地之生財有時,民之用力有倦,而人君之欲無窮。以有時與有倦,養無窮之君,而度量不生於其間,則上下相疾也。是以臣有弒其君,子有弒其父者矣。”權脩。《易》曰:“臣弒其君,子弒其父,非一朝一夕之故,其所由來者漸矣,由辨之不早辨也。”度量之有無,則有國家者所當謹也。

禁奢之舉,非不順於民心也。雖或違之,固不如順悦之者之衆也。何也?“失節之嗟,民所自患,正恥不及羣,故勉强而爲之”,故“釐其風而正其失,易於反掌”也。賀琛之言。見《梁書》本傳。張魯依月令,春夏禁殺,又禁酒,流移寄在其地者,不敢不奉,《三國志·魯傳注》引《典略》。況威權大於魯者乎?然惟魯能行之,何也?曰:惟米賊,乃與縱欲敗度者異其黨類也。董和爲成都令,防遏踰僭,爲之軌制。縣界豪强,憚和嚴法,遂説劉璋,轉和爲巴東屬國都尉。《三國·蜀志·和傳》。蓋法度之難行如此。豈無江充、陽球之倫,然此曹意實不在行法;毁法而有利於身,即遇壞法之事,熟視若無覩矣。陳思王妻衣繡,魏武帝怒其違制,殺之。見《三國·魏志·崔琰傳注》引《世語》。其事不可常行,亦不能常行也。《宋史·謝絳傳》言:仁宗初,“詔罷織密花透背,禁人服用,且云自掖庭始。既而内人賜衣,復取於有司。又後苑作製玳瑁器,索龜筒於市。龜筒,禁物也,民間不得有,而索不已。”此等法令,則直同兒戲矣。《後漢書·張酺傳》:“酺病臨危,敕其子曰:顯節陵掃地露祭,欲率天下以儉。吾爲三公,既不能宣揚王化,令吏人從制,豈可不務節約乎?其無起祠堂,可作稾蓋廡,施祭其下而已。”不能正人,而徒自責,猶爲賢者。至於俗吏,則有縱釋勢豪,加虐羸弱者矣。漢宣帝五鳳二年詔,謂“今郡國二千石,或擅爲苛禁,禁民嫁娶不得具酒食相賀召”是也。豈徒科禁,即勸人治生者,如黄霸治潁川,“爲條教,置父老、師帥、伍長,班行之於民間”;仇覽長蒲亭,“爲制科令,至於果菜爲限,雞豕有數”,亦衹以擾民而已。何也?指立在身之名者,必不免於爲僞,爲僞則未有能善其後者也。觀張敞譏黄霸之語可知。

《晉書·李重傳》,述泰始八年己巳詔書申明律令:“諸士卒、百工已上，所服乘皆不得違制。若一縣一歲之中，有違犯者三家，洛陽縣十家已上，官長免。”蓋明知官吏之不奉行，而以是督之也。此其終爲具文，亦無待再計矣。東渡後謝石奢侈，及死，博士范弘之議謚之曰襄墨。朝議不從，單謚曰襄。其議曰：“漢文襲弋綈之服，諸侯猶侈；武帝焚雉頭之裘，靡麗不息。良由儉德雖彰，而威禁不肅；道自我建，而刑不及物。若存罰其違，亡貶其惡，則四維必張，禮義行矣。”《晉書·儒林·范弘之傳》。此尚是漢人議論，然亦止於議論而已。

《舊唐書·文宗紀》：大和三年，九月，勑兩軍、諸司、内官不得著紗縠綾羅等衣服。十一月，南郊禮畢大赦節文，禁止奇貢，云“四方不得以新樣織成非常之物爲獻，機杼纖麗若花絲布、繚綾之類，并宜禁斷。勑到一月，機杼一切焚棄。”四年，四月，詔内外班列職位之士，各務素樸。有僭差尤甚者，御史糾上。六年，六月，右僕射王涯奉勑，准令式條疏士庶衣服、車馬、第舍之制度。勑下後，浮議沸騰。杜悰於勑内條件易施行者寬其限，事竟不行，公議惜之。《新唐書·車服志》：文宗即位，以四方車服僭奢，下詔準儀制令品秩勳勞爲等級。詔下，人多怨者。京兆尹杜悰條易行者爲寬限，而事遂不行。惟淮南觀察使李德裕令管内婦人衣袖四尺者闊一尺五寸，裙曳地四五寸者減三寸。《王涯傳》：文宗惡俗侈靡，詔涯懲革，涯條上其制。凡衣服、室宇，使略如古。貴戚皆不便，謗訕囂然，議遂格。七年，八月，甲申朔，御宣政殿册皇太子永。是日，降詔云：“比年所頒制度，皆約國家令式，去其甚者，稍謂得中。而士大夫苟自便身，安於習俗，因循未革，以至於今。百官士族，起今年十月，其衣服、輿馬，并宜準大和六年十月七日勑。如有固違，重加黜責。”六年十月七日勑，蓋即杜悰所條也。文宗禁奢之意，最鋭最堅，然亦徒託空言而已。

漢世賢者，尚有不待禁制，自守軌範者。《漢書·王吉傳》言：“自吉至崇，世名清廉，然材器名稱稍不能及父，而禄位彌隆。皆好車馬衣服，其自奉養，極爲鮮明，而亡金銀錦繡之物。及遷徙去處，所載不過囊衣，不畜積餘財。去位家居，亦布衣疏食。天下服其廉而怪其奢，故俗傳王陽能作黄金。”案漢世官禄較厚，居位者不事居積，自奉自可較豐，無足怪也。《三國·蜀志·費禕傳注》引《禕别傳》，言禕“雅性儉素，家不積財。兒子皆令布衣素食，出入不從車騎，無異凡人。”所守亦與吉同。古之制禮，奉養依貴賤而異。故古者富與貴一，貧與賤一。後世則不然矣。富與貴、貧與賤何以一？小儒必曰：才德之大小爲之也。盍亦思富與貴者，果因其才德而居之歟？抑亦既富且貴，乃爲是説以自文也。持此説者，以荀卿爲最力。宜乎康南海斥爲小康之言，未聞大同之教也。

王吉、費禕，能守法而已，尚未足以爲儉也。然能守法而不越，亦不故爲矯激，在當時已爲賢者矣。真可云有儉德者，蓋莫如公孫弘。論世者多譏其曲學阿世，此誣也。阿世者必有所求，彼也見舉則謝不肯行，晚達而無所畜聚，阿世果何爲哉？王吉、貢禹，志同道合。禹乞骸骨，自言禄賜愈多，家日益富，惟儉者爲能知足，則禹有儉德可知。禹有儉德，而吉亦可知矣。其自奉養之鮮明，蓋以爲法當如是，非有所溺於物欲，故去位家居，即能復其布衣疏食之舊也。《後漢書·袁安傳》，言其孫彭，“行至清，爲吏麤袍糲食。終於議郎。胡廣等追表其有清絜之美，比前朝貢禹、第五倫。”廣等去禹等近，所言必有灼見也。公孫弘、王吉、貢禹、第五倫，位皆不爲不顯，然絶未有聞風興起者，至毛玠、崔琰，因選權在手，乃稍收激揚之效。漢世之言禁奢者，皆欲乞靈於法律，豈無由哉？毛玠、崔琰所取，和洽譏其隱僞，是也，然國奢示儉，玠等亦或出於不得已。蓋嘗論之：軍興則萬事墮廢，綱紀墜地。曹爽，有爲之才也，然司馬氏譏其奢侈，恐不盡誣。奢侈之風，果何自來哉？竊疑魏武時已然，毛玠、崔琰不得已，乃矯枉而過其直。不然，彼豈不知其所取者之足容矯僞哉？和洽言：“太祖建立洪業，奉師徒之費，供軍賞之用，吏士豐於資食，倉府衍於穀帛，由不飾無用之宫，絶浮華之費。”夫君獨儉於上，而臣奢侈於下，何益？然則毛玠、崔琰之所爲，確有益於太祖也，然至曹爽等卒以賄敗。然則漢末奢侈之風，魏武雖一抑塞之而未能絶也。司馬氏以此罪曹爽，而身亦未能革，爲之徒者，縱恣尤甚於爽等，而神州陸沈矣。

《魏略》以常林、吉茂、沐并、時苗四人爲《清介傳》，《三國・魏志・常林傳注》引。皆和洽所謂隱僞之徒也。苗爲壽春令。“始之官，乘薄耷車，黄牸牛；布被囊。居官歲餘，牛生一犢。及其去，留其犢，謂主簿曰：令來時本無此犢，犢是淮南所生有也。羣吏曰：六畜不識父，自當隨母。苗不聽。時人皆以爲激，然由此名聞天下。”觀“由此名聞天下”六字，而其所爲爲之可知。時人皆以爲激，豈不如見其肺肝然哉？然隱僞者曾不以是爲媿也。此一時風氣所趨，能爲隱僞者之所以多也。然究尚愈於并不能爲隱僞之徒。《吴志・是儀傳》言：吕壹歷白將相大臣，或一人以罪聞者數四，獨無以白儀。則有清德者究易自全也。或曰：世遂無有清德而獲禍者歟？曰：有之矣，然非以其清也。時苗往謁蔣濟。濟素嗜酒，適會其醉，不能見苗。苗恚恨，還，刻木爲人，署曰酒徒蔣濟，置之牆下，旦夕射之。其忿戾如此。詩曰：“不忮不求，何用不臧？”有清德者之獲禍，以其忮，非以其清也。晏子豈無清德？何以卒全於亂國哉？

《徐邈傳》：盧欽言：“往者毛孝先、崔季珪等用事，貴清素之士，於時皆變易車服，以求名高，而徐公不改其常。比來天下奢靡，轉相倣效，而徐公雅尚自若。”不改常度，自最可貴。所以如此，蓋由無求。隱僞者之遠利，實以求名也。《姜維傳》：郤正著論論維曰：“據上將之重，處羣臣之右，宅舍弊薄，資財無餘；側室無妾媵之褻，後庭無聲樂之娱。衣服取供，輿馬取備，飲食節制，不奢不約，官給費用，隨手消盡。察其所以然者，非以激貪厲濁，抑情自割也，直謂如是爲足，不在多求。”此幾於性之矣。蓋其所務者大，於小者自有所不暇及也。故曰：“士志於道，而恥惡衣惡食者，未足與議也。”《論語・里仁》。彼實未志於道也。

王吉言：“古者衣服車馬，貴賤有章。今上下僭差，人人自制，是以貪財誅利，不畏死亡。周之所以能致治，刑措而不用者，以其禁邪於冥冥，絶惡於未萌也。”言之亦可謂深切著明，彼其所以謹守小康之世之法度而不敢踰也。《潛書・尚樸》曰：“荆人炫服。有爲太僕者，好墨布，鄉人皆效之，帛不入境，染工遠徙。荆之尚墨布也，則太僕爲之也。陳友諒之父好衣褐，破蘄，不殺衣褐者。有洛之賈在蘄，以褐得免，歸而終身衣褐，鄉人皆效之。帛不入境，染工遠徙；洛之尚褐也，則賈爲之也。”鑄萬生直喪亂之時，侈固非民所欲，故有反之者，民從之如流水。《晉書・王導傳》言：蘇峻亂後，帑藏空竭，庫中惟有練數千端，粥之不讎，而國用不給。導患之，乃與朝賢俱製練布單衣，士人翕然服之，練遂踴貴。乃令主者出賣，端至一金。與此可以參觀。此等皆不能有大效，故漢人必欲以法馭之也。

《舊唐書・鄭覃傳》：“文宗謂宰臣曰：朕聞前時内庫惟二錦袍，飾以金鳥。一袍玄宗幸温湯御之，一即與貴妃。當時貴重如此。如今奢靡，豈復貴之？料今富家，往往皆有。”然則世愈亂愈奢也。所以然者，法度廢而綱紀隳也。《新唐書・漢陽公主傳》：順宗女。“文宗尤惡世流侈。因主入，問曰：姑所服何年法也？今之弊何代而然？對曰：妾自貞元時辭宫，所服皆當時賜，未嘗敢變。元和後數用兵，悉出禁藏纖麗物賞戰士，由是散於人間，狃以成風。”可爲一證。

顧亭林《菰中隨筆》云：“人富則難使也。夫人之輕於生，必自輕於貨也始。是故人富而重其生。絶吭伏劍，不出素封千户之家；感慨自裁，多在婢妾賤人之輩。”又曰：“古之偷生蒙恥，幸免而歸，爲鄉里所不齒者有矣，未若今之甚也。非特不齒也，破其廬，劫其資，燔其室，而後厭於人心。何哉？古不富而今富也。富然後樹怨深，富然後人思奪之。”斯言也，可爲制富貴者之法，亦可爲乘亂攘竊者之炯戒也。景延廣處危幕之上，乃大治第宅，置妓樂，卒以此顧慮其家，不能引決，爲虜所縶。此可謂絶吭伏劍，不出素封千户之家者矣。

《史記・春申君列傳》云：“平原君使人於春申君，春申君舍之於上舍。趙使欲夸楚，爲瑇瑁簪，刀劍室以珠玉飾之，請命春申君客。春申君客三千餘人，其上客皆躡珠履，以見趙使，趙使大慙。”此等誇飾之辭，原不足信。然太史公曰：“吾適楚，觀春申君故城，宫室盛矣哉！”則必非虚語矣。哀哉，以是時之楚，而猶爲是城郭宫室也！至昌平君、項燕之死，不終爲他人奉矣乎？然豈徒一春申君哉？

〔七〇〇〕 毁奢侈之物

《晉書·武帝紀》：咸寧四年，十一月，太醫司馬程據獻雉頭裘。帝以奇技異服，典禮所禁，焚之於殿前。勅内外敢有犯者罪之。此事最爲讀史者所豔稱，其實類此者非一事也。《陸雲傳》：雲拜吴王晏郎中。“晏於西園大營第室。雲上書，言清河王昔起墓宅時，手詔追述先帝節儉之教，懇切之旨，形於四海。清河王毁壞成宅以奉詔命。”則當武帝時，實有奉教而毁已成之物者，雉頭裘之焚，不能謂其無益於觀聽也。《齊書·高帝紀》：“即位後，敕中書舍人桓景真曰：主衣中似有玉介導。此制始自大明末，後泰始尤增其麗。留此置主衣，政是興長疾源，可即時打碎。凡復有可異物，皆宜隨例也。”《文惠太子傳》：薨後，“世祖履行東宫，見太子服玩過制，大怒，勅有司隨事毁除。”《梁書·武帝紀》：“受相國、梁公之命。是日，焚東昏淫奢異服六十二種於都街。”《陳書·宣帝紀》：太建七年，四月，監豫州陳桃根於所部得青牛，獻之，詔遣還民。桃根又表上織成羅文錦被裘各二，詔於雲龍門外焚之。凡此皆棄其物。《南史·梁武帝紀》：天監四年，正月，有司奏吴令唐傭鑄盤龍火爐，翔鳳硯蓋。詔禁錮終身。則雖未毁其物而絶其人。《宋書·周朗傳》：朗上書論革侈俗曰：“自今以去，宜爲節目。若工人復造奇技淫器，皆焚之而重其罪。”則并欲絶其製造之源，其所及彌深廣矣。《魏書·韓秀傳》：子務，爲郢州刺史，獻七寶牀、象牙席。詔曰：“晉武帝焚雉頭裘，朕常嘉之。今務所獻，亦此之類矣。可付其家人。”此詔當出宣武。《長孫道生傳》：道生廉約，第宅卑陋。出鎮後，其子弟頗更脩繕，起堂廡。道生還，切責之，令毁宅。則北朝君臣，亦有知此義者。宇文氏仰慕華風，故其行之尤力。《周書·武帝紀》：建德元年，十二月，幸道會苑，以上善殿壯麗，焚之。六年，正月，入鄴。詔："東山、南園及三臺，可并毁撤。瓦木諸物，凡入用者，盡賜下民。山園之田，各還本主。"五月，詔曰："往者冢臣專任，制度有違，正殿别寢，事窮壯麗。非直雕牆峻宇，深戒前王，而締構宏敞，有踰清廟。不軌不物，何以示後？兼東夏初平，民未見德，率先海内，宜自朕始。其露寢會義、崇信、含仁、雲和、思齊諸殿等，農隙之時，悉可毁撤。雕斲之物，并賜貧民。繕造之宜，務從卑樸。"又詔曰："京師宫殿，已從撤毁。并、鄴二所，華侈過度，誠復作之非我，豈容因而弗革？諸堂殿壯麗，并宜除蕩，甍宇雜物，分賜窮民。三農之隙，别漸營構，正蔽風雨，務在卑狹。"其雷厲風行，并非南朝所及矣。隋文儉德，冠絶古今。《本紀》：開皇十五年，六月，相州刺史豆盧通貢綾文布，命焚之於朝堂，絶與晉武帝焚雉頭裘類。《秦王俊傳》：薨後"所爲侈麗之物，悉命焚之"，亦猶齊武帝之於文惠也。《舊唐書·張玄素傳》：貞觀四年，詔發卒脩洛陽宫乾陽殿，以備巡幸。玄素上書諫，有曰："陛下初平東都，層樓廣殿，皆令撤毁。"其後面對，又言："陛下初平東都，太上皇勑大殿高門并宜焚毁。陛下以瓦木可用，不宜焚灼，請賜與貧人。事雖不行，天下翕然，謳歌至德。"《竇璡傳》："爲將作大匠，脩葺洛陽宫。於宫中鑿池起山，崇飾雕麗。太宗怒，遽令毁之。"亦周武帝之志也。《玄宗紀》：開元二年，六月，"内出珠玉、錦繡等服玩，又令於正殿前焚之。"《新唐書》：七月，乙未，"焚錦繡、珠玉於前殿"。《通鑑》：開元二十五年，"命將作大匠康訔素之東都毁明堂。訔素上言：毁之勞人。請去上層，卑於舊九十五尺，仍舊爲乾元殿。從之。"玄宗後雖奢侈，其初政，亦尚能式遵舊典也。中葉以後，武人跋扈，然《舊唐書·德宗紀》：大曆十四年，七月，"毁元載、馬璘、劉忠翼之第，以其雄侈踰制也。"則亦不能任意妄作。《文宗紀》：大和元年，四月，"毁昇陽殿東放鴨亭，望仙門側看樓十間，并敬宗所造也。"則前王之所爲，亦自正之矣。三年南郊赦文云："四方機杼纖麗，若花絲布、繚綾之類，并宜禁斷。勑到一月，機杼并即焚棄。"是欲舉周朗之所言者而行之也。《田弘正傳》："魏州自承嗣已來，館宇、服玩，有踰常制者，悉命徹毁之。”《舊五代史・周太祖紀》：廣順元年，二月，“内出寶玉器及金銀結縷寶裝牀几飲食之具數十，碎之於殿廷。仍詔所司：凡珍華悦目之物，不得入宫。”則武人之賢者，亦知此義矣。《宋史・太宗紀》：淳化元年，八月，毁左藏庫金銀器皿，亦與周太祖所爲同。《範雍傳》：“玉清昭應宫災。章獻太后泣對大臣曰：先帝竭力成此宫，一夕延燎幾盡，惟一二小殿存耳。雍抗言曰：不若悉燔之也。先朝以此竭天下之力，遽爲灰燼，非出人意。如因其所存，又將葺之，則民不堪命，非所以畏天戒也。時王曾亦止之，遂詔勿葺。”此真侃侃直節矣。《高宗紀》：紹興二年，五月，“兩浙轉運副使徐康國獻銷金屏障。詔有司毁之，奪康國二官。”二十七年，三月，“詔焚交阯所貢翠羽於通衢，仍禁宫人服用銷金翠羽。”《王十朋傳》：秦檜死，上親政，策士，擢爲第一。用其言，嚴銷金鋪翠之令，取交阯所貢翠物焚之。《寧宗紀》：嘉泰元年，四月，“詔以風俗侈靡，災後官軍營造，務遵法制。三月臨安大火。内出銷金鋪翠，焚之通衢。禁民無或服用。”《明史・陳友諒傳》：“友諒豪侈，嘗造鏤金牀甚工。宫中器物類是。既亡，江西行省以牀進。太祖歎曰：此與孟昶七寶溺器何異？命有司毁之。”皆能守前世之遺規者也。《彭澤傳》：“出爲徽州知府。將遣女，治漆器數十，使吏送其家。澤父大怒，趣焚之，徒步詣徽。澤驚，出迓，目吏負其裝。父怒曰：吾負此數千里，汝不能負數步耶？入，杖澤堂下。杖已，持裝逕去。”古人之清正如此，此其所以毁既成之物而弗怍也。自恒人之情言之，必曰：弗之用，斯可矣，毁之寧不可惜？然自毁之者言之，則其物并無可用之處。夫無可用之處，則是無用之物也，毁之又何足惜？夫毁之則重勞者，莫如宫室。然翼奉説漢元帝，言其時宫室、苑囿，奢泰難供，以故民困國虚，亡累年之畜。不改其本，難以末正。漢德隆盛，在於孝文，躬行節儉，如令處於當今，因此制度，必不能成功名。故願遷都正本。衆制皆定，亡復繕治宫館不急之費，歲可餘一年之畜。夫亡復繕治，寧不漸壞？與撤毁亦何以異？撤毁固不能無勞民，然繕治則將勞民無已，與夫撤毁之止於一次者爲何如哉？且留之將何爲乎？將以觀欲天下乎？民生而日抒矣，雖用今所謂奢侈之物而不爲侈矣，至其時，豈不能更造哉？而留此不軌之物，以塞其革正之路乎？

《南史·宋武帝紀》："帝素有熱病，并患金創，末年尤劇，坐卧常須冷物。後有人獻石牀，寢之極以爲佳。乃歎曰：木牀且費，而況石耶？即令毁之。"以疾而須石牀，實不可謂之侈。況於帝之金創，殆以定内禦外所致，而猶毁之，然則不必聖賢，即英雄亦不易爲也。

〔七〇一〕 後世惠民之政多西京所已有

清湯文正斌嘗言：歲祲免租，特少蘇民困而已，必屢舉於豐年，富乃可藏於民。又凡免當年田租，皆中飽於官吏，故每遇國有大慶，或水旱形見，不肖者轉急徵以待賜除。必豫免次年田租，然後民不可欺，吏難巧法。聖祖深然之，遂定爲經法，凡免地丁編折銀，必於前一年頒諭。康熙三十年，特諭户部：自今以往，海内農田正賦編折，通三年輪免一年，周而復始，直省均以編，不問歲之豐凶。其後雖以西邊事起中輟，然世宗、高宗屢蠲天下田租，皆先一年降旨，以次輪免，猶循行其意也。

此事論者亟稱文正之賢。然余讀《宋史·食貨志》：嘉熙二年臣僚言：陛下自登大寶以來，蠲賦之詔，無歲無之，而百姓未沾實惠，蓋民輸率先期歸於吏胥、攬户，及遇詔下，則所放者吏胥之物，所倚閣者攬户之錢，是以寬恤之詔雖頒，愁歎之聲如故。嘗觀漢史，恤民之詔多减明年田租。今宜仿漢故事，如遇朝廷行大惠，則以今年下詔，明年减租，示民先知减數，則吏難爲欺，民拜實賜矣。從之。然則免租之先一年降旨，特宋代已行之法，而宋又沿之於漢者也。至輪免天下田租，論者多稱爲有清仁政；然漢文帝時，除民之田租至於十有三年，則又非三年輪免一次之比矣。則信乎後世惠民之政，皆西京所已行者也。

原刊一九二〇年《武進商報》

〔七〇二〕 寶　　物

孟子曰："諸侯之寶三：土地、人民、政事。寶珠玉者，殃必及身。"《盡心》下。乍觀之，其言似甚可怪。以一國之大，何至不知寶而寶珠玉？然觀古以覬重器而伐國、出重器而媾和者之多，而知孟子之言，非有過矣。楚靈王，雄主也，而其謂子革曰："昔我先王熊繹，與吕伋、王孫牟、燮父、禽父并事康王，四國皆有分，我獨無有。"《左氏》昭公十二年。蒯聵，亦久歷艱難之主也，而其謂渾良夫曰："吾繼先君而不得其器，若之何？"《左氏》哀公十六年。皆若不勝其怏怏之情焉。即樂毅報燕惠王，侈陳前王之功績，亦曰："珠玉、財寶、車甲、珍器，盡收入於燕。齊器設於寧臺，大吕陳於元英，故鼎返於曆室。"其重之也如是。無怪子常以裘珮與馬，止唐、蔡之君，而釀滔天之禍矣。"虞叔有玉，虞公求旃。弗獻。既而悔之，曰：匹夫無罪，懷璧其罪。吾焉用此？其以賈害也？乃獻之。又求其寶劍。叔曰：是無厭也。無厭，將及我。遂伐虞公。故虞公出奔共池。"《左氏》桓公十年。知懷璧之將以賈害而獻之，可謂難矣。而虞公猶以無厭之求致敗；叔亦以懼將及而出其君。處好寶物之世，而求自全，難矣哉！

《晉書·桓玄傳》，言其"尤愛寶物，珠玉不離於手。人士有法書、好畫及佳園宅者，悉欲歸己。猶難逼奪之，皆蒱博而取。遣臣佐四出，掘果移竹，不遠數千里。百姓佳果、美竹，無復遺餘"。此似癡絶，惟紈袴少年爲之，然歷代皇室，誰不多藏珠玉、法書、好畫邪？宋徽宗之花石綱，非即玄之遣人四出掘果移竹乎？《傳》又言其請平姚興，"初欲飾裝，無他處分，先使作輕舸，載服玩及書畫等物。或諫之，玄曰：書畫服玩，既宜恒在左右；且兵凶戰危，脱有不意，當使輕而易運。衆咸笑之。”然古來有國有家者，至於亡滅之際，孰不猶有所藏乎？《宋史·劉重進傳》，言其以顯德三年克泰州。“初，楊行密子孫居海陵，號永寧宫。周師渡淮，盡爲李景所殺。重進入其家，得玉硯、玉杯盤、水晶盞、碼磁盌、翡翠瓶以獻。”是楊氏亡時，其寶物初未盡亡也。又《賈黄中傳》，言其以太平興國二年知昇州，“一日，案行府署中，見一室，扃鑰甚固。命發視之，得金寶數十匱，計直數百萬，乃李氏宫中遺物也，即表上之。”是李氏亡時，其寶物亦未盡亡也。然寶之果何益哉？《張洎傳》言：李煜既歸朝，貧甚，洎猶匄索之。煜以白金頮面器與洎，洎尚未滿意。然則不徒敵國，雖舊臣，猶以懷璧而肆誅求矣。寶之則其罪矣，果何爲哉？亦豈可終寶哉？

《宋史·賈似道傳》，言其“酷嗜寶玩，建多寶閣，日一登玩”，此即桓玄見人有寶，盡欲歸己之心。又云：“聞余玠有玉帶，已殉葬矣，發其冢取之。”居宰相之位，而爲椎埋之行，此古人所以因求寶物而致動干戈也。《徐鹿卿傳》：“丞相史彌遠之弟，通判温州，利韓世忠家寶玩，籍之。鹿卿奏削其官。”世忠家不以寶玩，是時亦豈見籍哉？高宗幸醫王繼先，怙寵干法，富浮公室，數十年無敢摇之者。聞邊警，輦重寶歸吴興，爲避敵計。杜莘老疏其十罪。高宗乃籍其貲，鬻錢入御前激賞庫，以賞將士。事見《莘老傳》。亦以愛寶物促其敗也。

《明史·孟一脈傳》：一脈於萬歷時上疏有曰“浮梁之磁，南海之珠，玩好之奇，器用之巧，錙銖取之，泥沙用之，於是民間皆爲麗侈。窮耳目之好，竭工藝之新，不知紀極，中人得十金，即足供一歲之用，今一物常兼中人數家之産”云云。夫工藝之新，今人所譽爲文明者也。然人之因此而陷於飢寒者衆矣，而其物亦卒隨兵燹而盡，哀哉！

〔七〇三〕 疏食上

茹毛飲血，此皆以爲形容野蠻人之詞耳，其實不然，此四字見《禮記·禮運》。《正義》云:“雖食鳥獸之肉,若不能飽者,則茹食其毛以助飽,若漢時蘇武以雪雜羊毛而食之,是其類也。”古人恒苦饑荒,蘇武之窮乏,於古必數見不鮮,足見其非形容之詞。《詩·豳風》:“九月築場圃。”《箋》云:“耕治之以種菜茹。”《正義》云:“茹者咀嚼之名,以爲菜之别稱,故書傳謂菜爲茹。”案毛言茹,菜亦言茹,則古人之食菜,與茹毛同。肉不能飽而茹毛,草木之實不能飽而茹菜,其致一也。然茹植物之始,非必皆後世老圃之所植也,蓋草根樹皮,無弗食焉,其去後世饑荒時之所食,亦無幾耳。《禮記·月令》:仲冬之月,山林藪澤,有能取蔬食,田獵禽獸者,野虞教道之;其有相侵奪者,罪之不赦。《周官》大宰九職:“八曰臣妾,聚斂疏材。”委人:“掌斂野之賦,凡疏材、木材、凡畜聚之物。”《管子·七臣七主》曰:果蓏素食當十石。《八觀》曰:萬家以下,則就山澤;萬家以上,則去山澤。皆可見其養人之廣。若後世,則惟饑荒之時食之,見諸救荒本草中耳。

《淮南·主術》曰:夏取果蓏,秋畜疏食。則果蓏與疏食不同;果蓏者草木之實也,疏食其根莖也。《禮記》鄭《注》曰:草木之實爲疏食。《周官》鄭《注》曰:疏材,根實可食者。混二者爲一,恐非。

疏食較穀食爲麤,穀之麤者,亦較其精者爲麤,故後亦稱穀之麤者爲疏食。《禮記·雜記》:“吾祭,作而辭曰:疏食不足祭也。吾餐,作而辭曰:疏食也,不足以傷吾子。”《正義》曰:“疏麤之食,不可强飽,以致傷害。”是也。今者穀之精者,不足養人,人人知之矣。予謂更推之,則專食麤穀,或者不如兼食各種植物。古《本草》有所謂久服輕身延年者,今人試之,或無其效,則以古説爲不可信。然古人所謂久服者,恐非如今人以之爲藥物,乃以之爲饔飧也。國民軍圍武昌,某藥肆學徒,爲其肆送何首烏,中塗炮火大作,流彈紛至,不能至肆,姑歸家止焉,已而其肆閉。此學徒家惟老父一人,久癱瘓卧牀弗能動矣。父子二人,閉門坐守。糧絶,遂以何首烏當飯。一月許,其父竟愈。此事見上海某報,予曾録存之,今亦在游擊區中,弗能道其詳,然其大致固猶能記憶也。此人癱瘓之獲愈,不知果由以何首烏代飯否?

然《本草》中所云常服之品，若以之代飯，必有效驗可見，則理有可信也。神農爲古農業之稱，本非指人，如《月令》云：毋發令而待，以妨神農之事是也。所謂《神農本草經》者，非謂炎帝神農氏所作之本草經，乃謂農家原本草木性味之書耳。古農家所以能知百草之性者，亦以其所食不專於穀物也。

原刊一九四一年《大美晚報》副刊"午刊"第一期

〔七〇四〕 疏食下

疏食足濟民食，漢世猶知之。《後漢書・和帝紀》：永元五年九月壬午，令郡縣勸民蓄疏食，以助五穀。其官有陂池，令得採取，勿收假税二歲。十一年二月，遣使循行郡國，稟貸被災害不能自存者，令得漁採山林池澤，不收假税。十二年二月，詔貸被災諸郡民種糧，賜下貧鰥寡孤獨不能自存者及郡國流民，聽入陂池漁採，以助疏食。十五年六月，詔令百姓鰥寡漁採陂池，勿收假税二歲。《安帝紀》：永初三年七月庚子，詔長吏案行在所，皆令種宿麥疏食，務盡地力。其貧者給種餉。案《劉玄傳》言：王莽末，南方饑饉，人庶羣入野澤，掘鳧茈而食之，此即所謂疏食也。《漢書・王莽傳》：天鳳五年，以大司馬司允費興爲荆州牧。見，問到部方略。興對曰：荆揚之民，率依阻山澤，以漁採爲業。間者國張六管，税山澤，妨奪民之利；連年久旱，百姓飢窮，故爲盜賊。莽怒，免興官。然至地皇三年，卒開山澤之防，諸能採取山澤之物而順月令者恣聽之，勿令出税，可見疏食關係之大。《劉玄傳》言：入野澤掘鳧茈者，更相侵奪，王匡王鳳爲平理諍訟，遂推爲渠帥。此所謂飲食必有訟，而能平理諍訟者，爲衆所推，亦即所謂争而不已，必就其能斷曲直者而聽命焉者也。元魏嘗罷河東鹽池之税矣，富强者專擅其用，貧弱者不得資益。延興初，復立監司，量其貴賤，節其賦入，公私兼利。世宗即位，復罷其禁。豪貴之家，復乘勢占奪。近池之民，又輒障吝。强弱相陵，聞於遠近。神龜初，卒復置監官。然則設官管理，本非徒計利入，亦所以抑豪强而公美利也。而惜乎主管榷者，賢者徒知利國，不肖者且躬肆侵漁也。

《漢書・地理志》言：江南以漁獵山伐爲業，果蓏蠃蛤，食物常足，故呰窳媮生而亡積聚。飲食還給，不憂凍餓，亦無千金之家。夫其無積聚而不憂凍餓，正以山澤之利，不與五穀俱荒故也。莽以峻切之政齊之，其致亂宜矣。然龔遂爲渤海太守，秋冬課收斂，益畜果實菱芡，勞來循行，郡中皆有畜積，則北方亦未嘗無疏食之利也。《後漢書・江革傳》云：負母逃難，常採拾以爲養。《獨行傳》：范冉遭黨人禁錮，遂推鹿車，載妻子，捃拾自資。《注》引《袁山松書》曰：冉去官，嘗使兒捃拾麥，得五斛，此即收斂所餘，龔遂所以欲課民收斂也。《詩》曰：彼有遺秉，此有不斂穧，龍子言樂歲粒米狼戾，小民無遠慮，固不得不有賢長官教督之。或曰：一舉而盡斂之，寡婦之利安在？曰：禮義生於富足，孟子曰：民非水火不生活，昏暮叩人之門户，求水火，無勿與者，至足矣。聖人治天下，使有菽粟如水火，而民焉有不仁者乎？豈尚慮寡婦之無以爲養耶？

昧於義者，率言人生而自私，故行私産之制，則地無遺利，其實行私産之制，則遺利多而狼戾亦愈甚。何者？力非爲己，則不出於身，貨不藏於己，即任其棄於地也。《漢書・貨殖傳》言貧者含粟飲水，富者犬馬餘肉粟。犬馬而餘肉粟，豈非狼戾之甚者邪？

《後漢書・桓帝紀》：永興二年六月，詔司隸校尉部刺史曰：蝗災爲害，水變仍至，五穀不登，人無宿儲。其令所傷郡國種蕪菁，以助人食。此亦疏食助穀食，惟仍有待於種耳。古之種穀者不得種一穀，以防災害也。見《公羊》宣公十五年《解詁》。然災害有凡穀者皆不能種，而疏食猶可種者。又有地本不宜於穀，而猶可種疏食者。夫穀食較之疏食，穀食則美矣。然既知穀食，而遂盡廢疏食，則亦無是理。種穀者徒知種穀，穀不可種，遂束手待斃，亦未盡重民食之道也。

王莽末，天下旱蝗，黄金一斤，易粟一斛。建武之初，野穀旅生，麻尗尤盛，人收其利。《後漢書·光武紀》建武二年。此遭大亂之後，田畝荒廢，悉變爲平時之山澤也。馮異之入關，黄金一斤，易豆五升，道路斷隔，委輸不至，軍士悉以果實爲糧。《後漢書》本傳。獻帝之幸安邑，亦以棗栗爲糧。《後漢書·伏皇后紀》。《三國志·魏武帝紀注》引《魏書》，言自遭荒亂，率乏糧穀。袁紹之在河北，軍人仰食桑椹，袁術在江淮，取給蒲蠃建安元年。果實而足食三軍之師，雖曰不得飽；其利之厚，則可見矣。講求農業者，安得不推廣之於穀食之外邪？

《史記·陳丞相世家》曰：平爲人長，美色。人或謂曰：貧，何食而肥若是？其嫂嫉平之不視家生産，曰：亦食糠覈耳。其實糠覈之養人，未必遽遜於穀物也。《漢書·食貨志》言王莽分遣大夫謁者教民煮木爲酪，酪不可食，重爲煩擾。《莽傳》云：分教民煮草木爲酪，酪不可食，重爲煩費。夫至於遣使設教，則必固有其法審矣。大夫謁者教或不善；木可爲酪，則必不誣也。

原刊一九四一年《宇宙風半月刊》百年紀念

〔七〇五〕 肉食與素食

古惟貴者、老者乃得食肉，庶人之食，魚鱉而已。漢世猶有其風。《漢書·王吉傳》云：自吉至崇，世名清廉，禄位彌隆，皆好車馬衣服，其自奉養，極爲鮮明，而無金銀錦繡之物，及遷徙去處，所載不過囊衣，不畜積餘財，去位家居，亦布衣疏食，天下服其廉而怪其奢。故俗傳王氏能作黄金。蓋漢世居官者，多好畜積餘財，藏金銀錦繡，王氏一不事此，而惟以之自奉養，則固可使人怪其奢，何待能作黄金，彼豈不能預爲他日計，而必一去位即布衣疏食，蓋以爲制度宜然也。《後漢書·崔駰傳》云：子瑗，愛士好賓客，盛脩肴膳，單極滋味，居常疏食菜羹而已，亦非力不能自奉，以爲禮則然也。《三國·蜀志·費禕傳注》引《禕别傳》曰：禕雅性儉素，家不積財，兒子皆令布衣素食，出入不從車騎，無異凡人。可見凡人皆布衣素食。其居官而仍素食者，則爲儉德。《後漢書・孔奮傳》：守姑臧長，時天下擾亂，惟河西獨安，而姑臧稱爲富邑，通貨羌胡，市日四合，每居縣者，不盈數月，輒至豐積，奮在職四年，財産無所增，事母孝謹，雖爲儉約，奉養極求珍膳，躬率妻子，同甘菜茹。《楊震傳》：舉茂才，四遷荆州刺史，東萊太守，後轉涿郡太守，性公廉，不受私謁，子孫常蔬食步行。《黨錮傳》：羊陟拜河南尹，計日受奉，常食乾飯茹菜。《三國・吴志・是儀傳》：孫權幸儀舍，求視蔬飯，親嘗之，對之歎息，即增奉賜，益田宅。及費禕皆其選也。

孔奮躬率妻子，同甘菜茹，而事母極求珍膳，所以養老也。閔仲叔客居安邑，老病，家貧不能得肉，日買猪肝一片，屠者或不肯與，安邑令聞，敕吏常給焉。仲叔怪而問之，知，乃歎曰：閔仲叔豈以口腹累安邑邪？遂去。《後漢書・周燮等傳》。其未去時，豈不能素食，亦以爲養老之禮則然也。《郭泰傳》：茅容年四十餘，耕於野，時與等輩避雨樹下，衆皆夷踞相對，容獨危坐愈恭，林宗行見之，而奇其異，遂與共言，因請寓宿。旦日，容殺雞爲饌，林宗謂爲已設，既而以共其母，自以草蔬與客同飯。林宗起拜之曰：卿賢乎哉！因勸令學，卒以成德，亦養老之禮，猶存於野者也。

茅容以草蔬與客同飯，蓋田家待客，本不過爾。故丈人爲子路殺雞爲黍，《論語》亦特記之矣。然即貴人待客，於禮亦不甚奢。張禹成就弟子尤著者，彭宣、戴崇。宣爲人恭儉有法度，而崇愷弟多知，禹心親愛崇，敬宣而疏之，崇每候禹，常責師宜置酒設樂，與弟子相娱，禹將崇入後堂飲食，婦女相對，優人管弦鏗鏘，極樂，昏夜乃罷。而宣之來也，禹見之於便坐，講論經義，日宴賜食，不過一肉，巵酒相對，宣未嘗得至後堂，及兩人皆聞知，各自得也。《漢書》本傳。禹之待戴崇，特奢淫之爲，其待彭宣則禮也。《三國・吴志・步騭傳》：世亂，避難江東，單身窮困，與廣陵衛旌，同年相善，俱以種瓜自給。會稽焦征羌，郡之豪族，人客放縱，騭與旌求食其地，懼爲所侵，乃共脩刺奉瓜以獻，征羌作食，身享大案，殽膳重沓，以小盤飯與鷩、旌，惟菜茹而已。旌不能食，鷩極飯致飽，乃辭出。旌怒鷩曰：何能忍此？鷩曰：吾等貧賤，是以主人以貧賤遇之，固其宜也，當何所恥。以貧賤遇人，食以菜茹，則知貧賤者食人，亦不過如是也。征羌之失，在其身享大案，殽膳重沓。若以一肉卮酒，與客相對，或如茅容，以草蔬與客同飯，亦不爲失。何則？漢和熹鄧后，朝夕一肉飯，而張禹亦以一肉賜彭宣，知食不重肉，貴人常奉則然，所以待客者，亦不過身所常御，征羌以是待客，又孰得而非之哉？《三國・魏志・武宣卞皇后傳注》引《魏書》曰：帝爲太后弟秉起第，第成，太后幸第，請諸家外親設，廚無異膳，太后左右，菜食、粟飯，無魚肉。此亦以常禮待客，又可見在平時，雖貴人左右，亦不肉食也。

《漢書・貨殖傳》：任公家約，非田畜所生不衣食，公事不畢，則不得飲酒食肉，此古田家禮本如是。任氏特家富而不改其故耳。《鹽鐵論・散不足篇》曰：古者燔黍食稗，而熚豚以相饗，其後鄉人飲酒，老者重豆，少者立食，一醬一肉，旅飲而已。及其後賓婚相召，則豆羹白飯，綦膾熟肉，今民間酒食，殽旅重疊，燔炙滿案。又曰：古者庶人糲食藜藿，非鄉飲酒、膢腊、祭祀無酒肉。故諸侯無故不殺牛羊，士大夫無故不殺犬豕。今閭巷縣佰，阡陌屠沽，無故烹殺，相聚野外，負粟而往，挈肉而歸。又曰：古者不粥飪，不市食。及其後則有屠沽沽酒，市脯魚鹽而已。今熟食徧列，殽施成市。似乎漢人之食，奢侈異常矣。然《論衡》，謂海内屠肆，六畜死者，日數千頭，不過今日一大市耳。二十八年五月十三日《申報》云：戰前上海猪肉，日銷五千至八九千頭，大伏重陽，爲清淡之期，日僅四五百頭，通計日二千三四百頭。案此牛羊肉猶不在内也。知《鹽鐵論》之言，有過其實也。閔仲叔日買猪肝一片，屠者或不肯與，夫以仲叔之廉，豈其貰貸不還，所以不肯與者，蓋以宰殺無多，欲留以待他人之求也。濁氏以胃脯而連騎，《漢書・貨殖傳》。則凡小業皆可致富。亦不能以是而言漢世粥飪之盛也。要而言之，漢世之飲食，猶遠較今世爲儉。

無屠沽則食必特殺，因家常畜，惟有雞豚，《鹽鐵論》言：一豕之肉，得中年之收。亦見《散不足篇》。故多殺雞。《三國・魏志・典韋傳》：襄邑劉氏，與睢陽李永爲仇，韋爲報之，永故富春長，備衛甚謹，韋乘車載雞酒，僞爲候者，門開，懷匕首入，殺永，并殺其妻。可見相問遺者亦如是，使是處皆有屠肆，適市求之，豈不較殺雞更便，此亦可見漢世屠肆之不甚多也。

原刊一九四一年十月二日《大美晚報》副刊“午刊”

〔七〇六〕 蔗　　餳

蔗餳，《唐書》謂其法得自摩揭陀。然《三國・吴志・孫亮傳注》引《吴歷》，謂亮出西苑，食生梅，使黄門至中藏取蜜漬梅。《江表傳》則謂：亮使黄門以銀碗并蓋，就中藏吏取交州所獻甘蔗餳。裴松之謂：《吴歷》之言，不如《江表傳》爲實。案古人多食飴蜜，蔗餳在此時爲難得之物，記者訛蔗餳爲蜜，事所可有，訛蜜爲蔗餳，則無是理，裴氏之言是也。交州是時亦中國地，使知造蔗餳之法，唐初必無待取之摩揭陀矣。蓋有其物而非自造也。然中國之有蔗餳則舊矣。

〔七〇七〕 車 與 騎

車戰之易而爲騎也，自戰争之日烈始也。騎兵利馳逐，則戰場雖廣，而兵士不覺其勞，且可出敵後而斷其援，又旁鈔其兩側，間遇山陵，亦不爲所阻，較之兵車僅限於平原之地數十百里之間，利於持重而不宜於逐利者大異矣。故國土愈廣，戰事波及之地愈遠，則騎兵愈盛，車戰遂日以式微也。

南北朝分裂，垂三百年，南恒爲北弱，其機，實決於元嘉二十七年虜馬飲江之役。此役也,索虜初未能占中國之地,然六州殘破,元氣大傷,恢復之圖,自此遂不易言矣。其所由然,實緣虜於是役,不事攻取,并不求戰勝,而專事殘毁故也。元太祖之攻金,不求下燕京,而四出殘毁,河北遂不可守,與此役頗相似。居國之民,行軍不如行國之便捷,其所殘破之地,即不得如行國之遠。春秋以前,與中原錯處之戎狄,可謂皆在腹心之地,而不能爲深患者,以彼徒我車,擾亂僅及邊鄙也。衛懿公之滅於狄,蓋奇變,不恒有。雖大邑如長葛,亦非戎狄所能入矣,況於蹂躪數千里之地乎?自秦、趙、燕諸國越北山、踰太行而與匈奴隣,則中國始與騎寇相遇;冒頓盛强,北邊之侵擾愈亟,然亦緣邊之地耳,非深入腹裏也。此五胡之所以爲大患,晉初諸臣所以欲徙戎也。然則佛貍之南侵,實爲前此未有之局,此中國之所以不能豫與?佛貍寡謀,豈知以此爲制勝之策,不過肆其殘暴而已。然無意中卻爲戰事創一新局。此世變之所以可畏也。

孟子曰:"國家閒暇,及是時,明其政刑,雖大國必畏之矣。"《公孫丑》上。南北朝之世,北擾攘而南安謐者,莫如梁武帝之時,此國家閒暇時也。欲恢復北方,終不能不決勝於中原平曠之地,則非有騎兵不可。周朗之言曰:"今人知不以羊追狼,蟹捕鼠,而令重車弱卒與肥馬悍胡相逐,其不能濟固宜矣。漢之中年,能事胡者,以馬多也。胡之後服漢者,亦以馬少也。既兵不可去,車騎應蓄。"《宋書》本傳。其言可謂深切著明矣。乃梁武未嘗無恢復之圖,而終不聞有馬復之令,疆埸之上,惟恃水軍以資扞禦,間欲攻取,亦惟恃決堰爲上策。然則寒山之敗,豈徒淵明之無能哉?觀其徒恃此以取彭城,而知其恢復之無望矣。

中原之地,可以爲牧場與?曰:不可。然當戎馬生郊之日,暫設監牧以擬戎備,夫固無所不可也。《隋書·賀婁子幹傳》:討吐谷渾還,"高祖以隴西頻被寇掠,甚患之。彼俗不設村塢,敕子幹勒民爲堡,營田積穀,以備不虞。子幹上書曰:隴西河右,土曠民希,邊境未寧,不可廣爲田種。比見屯田之所,獲少費多,虚役人功,卒逢踐暴。

屯田疎遠者，請皆廢省。但隴右之民，以畜牧爲事，若更屯聚，彌不獲安。祇可嚴謹斥候，豈容集人聚畜？請要路之所，加其防守。但使鎮戍連接，烽候相望，民雖散居，必謂無慮。高祖從之。”營田積穀，實爲進取之基，然散野之民，卒逢踐暴，殆爲勢所必不能免。雖有堡塢，亦不易守。從來偏安之世，北方之不易復，淮南北之彫敝實爲之。其所由然，實以鄰敵，不易謀生聚也。若畫其地爲内外二重，内事田種，外營牧畜，則我之長技，皆與彼同，而生聚之謀易立矣。此從來用長淮者未之及。然予深信其計之可用，抑豈徒南北分争之世，用諸長淮，國境與敵隣接而畏其蹂躪者，皆可以此爲外衛也。

魏戎馬之由來，《魏書·太宗紀》：永興五年正月，“詔諸州六十户出戎馬一匹。”泰常六年二月，“調民二十户輸戎馬一匹，大牛一頭。三月，制六部民羊滿百口輸戎馬一匹。”此諸詔令，雖徧及其境内，然能出戎馬者，必以北邊之地爲多。《尒朱榮傳》言其“家世豪擅，財貨豐贏。牛羊駝馬，色别爲羣，谷量而已。”榮父新興，太和中繼爲酋長。“朝廷每有征討，輒獻私馬，兼備資糧，助裨軍用。”及榮正光中，“四方兵起，遂散畜牧，招合義勇，給其衣馬”焉。尒朱氏之所以興，正拓跋氏之所以興也。《鐵弗傳》言衛辰之亡，魏獲其馬牛羊四百餘萬頭。鐵弗氏之久與拓跋爲强對，亦以是也。

《通鑑》：晉孝武帝太元十六年，拓跋珪追柔然，諸將請還，珪問：“若殺副馬爲三日食，足乎？”胡三省《注》曰：“凡北人用騎，兵各乘一馬，又有一馬爲副馬。”宋文帝元嘉六年，“魏主至漠南，捨輜重，帥輕騎兼馬襲擊柔然。”《注》曰：“兼馬者，每一騎兼有副馬也。”副馬之制，蒙古猶然。故胡氏言凡北人以通今古，非專指鮮卑言也。《尒朱榮傳》：“葛榮將向京師，衆號百萬，榮啓求討之。九月，乃率精騎七千，馬皆有副，倍道兼行，東出滏口。”榮之破葛榮，克以寡制衆，馳逐之利，亦有助焉。

《皮豹子傳》：豹子爲仇池鎮將。興安二年，表曰：“臣所領之衆，本自不多，惟仰民兵，專恃防固。其統萬、安定二鎮之衆，從戎以來，經三四歲,長安之兵,役過期月,未有代期,衣糧俱盡,形顔枯槁,窘切戀家,逃亡不已,既臨寇難,不任攻戰。士民姦通,知臣兵弱,南引文德,共爲脣齒。計文德去年八月,與義隆梁州刺史劉秀之同征長安,聞臺遣大軍,勢援雲集,長安地平,用馬爲便,畏國騎軍,不敢北出。”以魏人當時兵勢之弱,而宋猶畏之,此騎步不敵之明證也。《宋書·劉敬宣傳》:“孫恩爲亂,東土騷擾,牢之自表東討,軍次虎嘐,賊皆死戰。敬宣請以騎傍南山趣其後。吴賊畏馬,又懼首尾受敵,遂大敗。”亦南人不習騎戰之徵。

兵車自秦、漢以來,非遂不用也。然特以防衝突,供載運,不恃以逐利矣。《史記·陳涉世家》言:涉起蘄,“行收兵,至陳,車六七百乘,騎千餘,卒數萬人。”又云:周文西擊秦,“行收兵,至關,車千乘,卒數十萬。”似其時行軍,用車仍不爲少。然衛青與匈奴遇,令武剛車自環爲營,李陵之擊匈奴,“至浚稽山,與單于相直。軍居兩山間,以大車爲營,且戰且引南行,數日抵山谷中,連戰,士卒中矢傷,三創者載輦,兩創者將車,一創者持兵戰。陵曰:吾士氣少衰而鼓不起者,何也?軍中豈有女子乎?始軍出時,關東羣盜妻子徙邊者,隨軍爲卒妻婦,大匿車中。陵搜得,皆劍斬之。”《漢書》本傳。及管敢亡降匈奴,教單于遮道急攻陵,陵乃棄車去,士徒斬車輻而持之。史言驃騎將軍車重與大將軍等;又《趙充國傳》言:“義渠安國以騎都尉將騎三千屯備羌,至浩亹,爲虜所擊,失亡車重兵器甚衆。”皆車以防衝突供運載之證。《後漢書·南匈奴傳》言:光武“造戰車,可駕數牛,上作樓櫓,置於塞上,以拒匈奴”,亦用以拒守,非以之攻戰也。言秦、漢兵制者,多以車騎爲騎兵,材官爲步兵,樓船爲水兵,其實不然。《漢書·刑法志》云:“天下既定,踵秦而置材官於郡國,京師有南北軍之屯。至武帝平百越,内增七校,外有樓船,皆歲時講肄脩武備云。”言材官不言車騎。《鼂錯傳》:“材官騶發。”《注》引臣瓚曰:“材官,騎射之官也。”則材官與車騎是一。《惠帝紀》:七年,“發車騎材官詣滎陽。”師古曰:“車,常擬軍興者,若近代之戍車也;騎,常所養馬,并其人使行充騎，若今武馬及所養者主也。”則車與騎又有别。車蓋即所謂車士，《馮唐傳》：唐“拜爲車騎都尉，主中尉及郡國車士”是也。騎士之名，則諸書習見，不待徵引矣。《高帝紀》二年《注》引《漢儀注》曰：“民年二十三爲正，一歲爲衛士，一歲爲材官騎士，習射御騎馳戰陳。”又曰：“年五十六，衰老，乃得免爲庶民，就田里。”習射御者習爲車兵，習騎馳者習爲騎兵，習戰陳者習爲步兵。即材官，不言車士者，騎之爲用尤要，故以騎士該之。抑步兵或不閑車騎之術，車騎則不可不閑步兵之技；故材官爲兵之大名，言材官又可以統車騎也。灌嬰、傅寬、靳歙等皆以騎將立功，而其傳中有車司馬、候騎、將騎、千人將、騎長等名，知將吏之間，所職亦自有别。《張敞傳》言其“以正違忤大將軍霍光，而使主兵車”，則主車之職，固下於主騎矣。戰車雖可以防衝突，然必以騎兵爲之翼衛，而其勢乃張。何承天撰《安邊論》，其第三策曰：“纂耦車牛，以飾戎械。計千家之資，不下五百耦牛，爲車五百兩，其第二策言浚復城隍，以一城千室計。參合鉤連，以衛其衆。設使城不可固，平行趨險，賊所不能干。”《宋書》本傳。此徒爲自免計而已。檀道濟之救青州，刁雍策之曰：“賊畏官軍突騎，以鎖連車爲函陳。大峴已南，處處狹隘，不得方軌。雍求將義兵五千，要險破之。”《魏書·刁雍傳》。此徒用車不能制勝之證。宋武帝伐南燕，分車四千兩爲二翼，方軌徐行，而以騎爲游軍，則聲勢較壯而敵弗能拒。拓跋燾之寇彭城，沈慶之議以車營爲函箱，陳精兵爲外翼，奉二王走歷城。説雖未行，然慶之畫策素謹慎，其爲是議，必度其可以自達也。吕梁之役，蕭摩訶勸吴明徹“率步卒乘馬轝徐行，摩訶領鐵騎數千，驅馳前後，必當使公安達京邑”，猶此意矣。宋武之伐後秦，魏使數千騎緣河隨大軍進止。帝使丁旿率七百人及車百乘於河北岸上，而使朱超石繼之，卒大破虜。兵車之建功，至於是而止矣。然其用，亦仍在拒守自固也。

《宋書·蒯恩傳》：“高祖征孫恩，縣差爲征民，充乙士，使伐馬芻。恩常負大束，兼倍餘人，每捨芻於地，歎曰：大丈夫彎弓三石，奈何充馬士！高祖聞之，即給器杖。恩大喜。”此馬士則徒主芻牧而已，并不與戰鬥,故并器杖而無之也。

〔七〇八〕 鐵　　面

《唐書・吐蕃傳》:"其鎧胄精良,衣之周身,竅兩目,勁弓利刃,不能甚傷。"《宋史・西夏傳》述其制亦如是,蓋即受諸吐蕃者也。人之最不可傷者爲面,胄雖深,亦不能盡蔽之。此吐蕃所製之所以爲良。《晉書・朱伺傳》:"夏口之戰,伺用鐵面自衛。"蓋所以補胄之不足。《宋書・殷孝祖傳》: 太宗初即位,"遣向虎檻,拒對南賊。御杖先有諸葛亮筩袖鎧帽,二十五石弩射之不能入,上悉以賜孝祖。"兼護手面,蓋亦鎧胄之良者矣。

〔七〇九〕 胡　　考

匈奴爲東方人種,昔之人無異辭也,夏穗卿撰《古代史》,始據《晉書・石季龍載記》,冉閔之誅胡羯,高鼻多鬚濫死者半,而疑其形貌有類西方人,然未能言其故也。其後王静安撰《西胡考》、《西胡續考》,博徵故籍,斷言: 先漢之世,匈奴、西域,業已兼被胡稱; 後漢以降,匈奴寖微,西域遂專胡號; 其見卓矣。顧又引冉閔誅胡羯,暨《季龍載記》崔約狎孫珍事,謂羯爲匈奴别部,而其形貌爲高鼻多鬚,則匈奴形貌可想。蓋匈奴之亡,鮮卑起而代之,自是迄於蠕蠕,主北垂者皆鮮卑同族。後魏之末,高車代興,亦與匈奴異種。獨西域人形貌與匈奴相似,故匈奴失國,遂專胡名,則非也。今請得而辯之。

胡之名,初本專指匈奴,後乃貤爲北族通稱,更後,則凡深目高鼻多鬚,形貌與東方人異者,舉以是稱焉。其初貤以稱北族也,以其形貌相同,不可無以爲别,故以方位冠之。烏丸、鮮卑之先,稱爲東胡是也。其後循是例，施諸西北，則曰西胡，曰西域胡。其但曰胡者，略稱也。陳湯之誅郅支，紀云發西域胡兵，傳但稱胡兵。居地可以屢遷，俗尚亦易融合，惟形貌之異，卒不可泯，故匈奴、烏丸、鮮卑等，入中國後，胡名遂隱，惟西域人則始終蒙是稱焉。浸假凡貌類西域人者，皆以是稱之，而胡之名，遂自方位之殊，易爲種族之别矣。然則胡爲匈奴本名，後轉移於西域者，正以匈奴形貌與中國同，西域則殊異故。乃轉以西域形貌之異，而疑匈奴形貌本不與中國同，則傎矣。近人何君震亞、衛君聚賢撰《匈奴與匈牙利考》，謂匈奴膚色本白，高鼻多鬚，其後鼻低頷闊，頭員膚黄，由與漢族相雜，亦億度而未得其實。匈奴之入居中國者，固可因昏姻相通，變其形貌，其西遷者，則與中國人昏媾甚鮮；即有一二殽雜，斷不能遽變其形貌也。《吕纂載記》："纂嘗與鳩摩羅什棊。殺羅什子，曰斫胡奴頭。"蓋時俗以胡形相詬病，故以此相靳，此石宣所以一怒而誅崔約。然必羯貌本不同胡，乃有是怒，否則諱之不可得，轉不以爲忌矣。《三國・吴志・士燮傳》，謂燮出入，胡人夾轂焚香者數十，此胡人必天竺之流。《南史・鄧琬傳》，謂劉胡本以面坳黑似胡，故名坳胡，可證南人而亦稱爲胡。可見胡名主於形貌，與方位無關矣。然自後漢至唐，胡固猶西方人種與匈奴之公稱也；昔人但知匈奴稱胡，王氏又謂後漢以降，胡名爲西域所專，兩失之矣。

王氏《西胡考》曰："魏晉以來，凡草木之名冠以胡字者，其實皆西域物也。"其説是也，顧猶不止此。西域諸國，文明程度本高，故其器物之流傳中國者亦夥，北族則無是也。《續漢書・五行志》曰："靈帝好胡服、胡帳、胡牀、胡坐、胡飯、胡箜篌、胡笛、胡舞，京都貴戚，皆競爲之。此服妖也。其後董卓多擁胡兵，填塞街衢，虜掠宫掖，發掘園陵。"靈帝所好諸物，來自西域，不言可喻。董卓所擁兵，其中容有西域胡，然必不能皆是。《三國・蜀志》：延熙十年，涼州胡王白虎文等率衆降，姜維迎逆安撫，居之於繁縣。白爲西域姓，然白虎文所率，亦必不能盡爲西域人也。

《晉書・匈奴傳》，謂其入居塞内者十九種，而屠各最豪貴，故得爲單于,統領諸種。屠各事跡,見於史者頗多,蓋其部落本大也。然頗與羌及漢人雜。《石勒載記》:勒討靳準,準使卜泰送乘輿服御請和。勒送泰於劉曜。曜潛與泰結盟,使還平陽,宣慰諸屠各。《苻堅載記》:屠各張罔聚衆數千,自稱大單于,寇掠郡縣。堅使鄧羌討平之。《苻登載記》:登僭位後,屠各董成、張龍世等應之。姚萇死,登盡衆而東,攻克屠各姚奴、帛蒲二堡。《姚萇載記》:僭位後如秦州,與苻堅刺史王統相持。天水屠各、略陽羌胡應萇者二萬餘户。統懼,乃降。《禿髮傉檀載記》:與赫連勃勃戰陽武,爲所敗。慮東西寇至,徙三百里内百姓,入於姑臧,國中駭怨。屠各成七兒,率其屬三百人,叛傉檀於北城,推梁貴爲盟主。此中惟卜氏爲匈奴四姓之一,餘皆漢姓,蓋二族相殽久矣。《宋書・傅弘之傳》,高祖北伐,弘之與沈田子等自武關入,進據藍田,招懷戎、晉。晉人龐斌之、胡人康横等,各率部落歸化。弘之素善騎乘,高祖至長安,弘之於姚泓馳道内,緩服戲馬,或馳或驟,往反二十里中,甚有姿制。羌胡觀者數千人,并驚惋歎息。《柳元景傳》云:龐法起據潼關,關中義徒,處處蜂起。四山羌胡,咸皆請奮。此與《姚萇載記》之羌胡同,皆羌與匈奴部落;康雖西域姓,特爲之首領而已,未必其部落中多有深目高鼻之徒。何也?此等羌胡多山居,西胡則未必入山也。見後。

匈奴部落遁居山中者曰稽胡,亦曰山胡,《周書》有傳,云:"劉元海五部之苗裔也。或曰山戎、赤狄之後。"二説以前爲是。若如後説,兩漢史籍,不得一言不及也。《周書》所記者:劉蠡升、見後。劉平伏、見《周書・文帝紀》魏大統七年。亦見于謹、豆盧寧、厙狄昌、梁椿、梁臺、侯莫陳崇諸傳。郝阿保、與劉桑德并見《豆盧寧傳》。郝狼皮、劉桑德、郝三郎、白郁久、喬是羅、喬三勿用、喬白郎、喬素勿用、劉没鐸、見《周武帝紀》建德六年。亦見齊煬王憲、趙王招、譙孝王儉、滕開王友、李遷哲、劉雄各傳。劉受羅干,見《周書・宣帝紀》宣政元年,及《越野王盛》、《宇文神舉》、《宇文孝伯傳》。○《隋書・王誼傳》云:汾州稽胡叛,越王、譙王雖爲總管,并受誼節度。然實遠不止此,今請得而備徵之。《魏書》:太祖登國六年,山胡酋大幡頹、業易于等降附。天興元年,離石胡帥呼延鐵、西河胡帥張崇等叛，使庾岳討平之。亦見《岳傳》。鄜城屠各董羌、杏城盧水郝奴各率其衆内附。二年，西河胡帥護諾于内附。太宗永興二年，詔將軍周觀率衆詣西河離石鎮撫山胡。亦見《觀傳》。三年，詔安同等持節循行并、定二州及諸山居雜胡、丁零，問其疾苦。亦見《同傳》。是歲，西河胡張賢等率營部内附。五年，赦天下。西河張外、建興王紹，自以所犯罪重，不敢解散。遣元屈鎮并州，劉潔、魏勤等鎮西河。濩澤劉逸自號征東將軍、三巴王，王紹爲署置官屬，攻逼建興郡。屈等討平之。河西胡曹龍、張大頭等入蒲子，逼脅張外。外推龍爲大單于。龍降魏，執送張外，斬之。是歲，吐京叛胡招引赫連屈丐。元屈督劉潔、魏勤討之。兵敗，勤死，潔被執，送屈丐。屈，文安公泥子，見《神元平文諸子孫傳》，又見《劉潔》及《公孫表傳》。神瑞元年，并州刺史樓伏連誘西河胡曹成、吐京胡劉初原，攻殺屈孑所置吐京護軍，并禽叛胡阿度支等。亦見《伏連傳》。屠各帥張文興等率流民七千餘家，河西胡酋劉遮、劉退孤等率部落萬餘家，渡河内屬。二年，河西胡劉雲率數萬户内附。河西飢胡屯聚上黨，推白亞栗斯爲盟主，自號單于，建元建平，命公孫表等五將討之。衆廢栗斯而立劉虎，號率善王。表兵敗，用崔玄伯計，使叔孫建攝表軍討平之。時泰常元年矣。亦見《天象志》、《靈徵志》、公孫表、崔玄伯、叔孫建、邱惟諸傳。三年，河東胡、蜀五千餘家相率内屬。五年，河西屠各帥黄大虎遣使内附。世祖始光四年，西討赫連昌，濟君子津。三城胡酋鵠子相率内附。神䴥元年，并州胡酋卜田謀反伏誅，餘衆不安。詔王倍斤鎮慮虒撫慰之。王建子。見《建傳》。上郡休屠胡酋金崖率部、屠各隗詰歸率萬餘家内屬。延和二年，崖與安定鎮將延普、涇州刺史狄子玉子玉係羌，見《陸俟傳》。搆隙，攻普，不克，退往胡空谷，驅掠平民，據險自固。轉陸俟爲安定鎮將，追討崖等，皆獲之。亦見《俟傳》。隴西休屠王弘祖率衆内屬。金崖既死，部人立其從弟當川。三年，常山王素討獲之，斬於長安以徇。是歲，命諸軍討山胡白龍於西河，克之，斬白龍及其將帥，屠其城。亦見《娥清奚眷傳》。大破其餘黨於五原。太延三年，討其餘黨於西河，滅之。世祖攻白龍，以輕出爲所窘，賴陳建以免。見《建傳》。又《宋書·薛安都傳》：索虜使助秦州刺史北賀汨擊反胡白龍子，滅之。太平真君六年，二月，西至吐京，討徙叛胡，出配郡縣。三月，酒泉公郝温反於杏城，殺守將王幡。縣吏蓋鮮率宗族討温，温棄城走，自殺。九月，盧水胡蓋吴復反於杏城。遣其部落帥白廣平西掠新平、安定，分兵略臨晉、長安。河東蜀薛永宗永宗，汾陰人，見《裴駿傳》。又案汾陰薛氏，爲蜀中大姓，見《薛辯傳》。當時胡、蜀關係甚密。入汾曲，受其位號。魏兵屢敗，世祖親征經年，僅乃克之。吴未平時，金城邊冏、天水梁會反，據上邽東城。休官屠各及諸雜户二萬餘人，爲之形援。秦州刺史封勑文擊斬冏。衆復推會爲帥。安定屠各路那羅亦與之合。安豐公閭根與勑文并討，會走漢中。蓋吴之亡，并禽路那羅，而略陽王元達，復因梁會之反，聚衆攻城，招引休官、屠各，推天水休官王宦興爲秦地王。復爲勑文所破。以上兼據《勑文傳》。八年，吐京胡阻險爲盜，武昌王提、淮南王他討之，不下。山胡曹僕渾等渡河西，保山以自固，招引朔方諸胡。提等引軍討僕渾。高涼王那自安定討平朔方胡，與提等共攻僕渾，斬之。亦見《神元平文諸子孫》及《道武七王傳》。高宗興安元年，隴西屠各王景文叛。詔統萬鎮將、南陽王惠壽討平之。亦見《于栗磾傳》。和平元年，遣樂安王良、皮豹子兩道討河西叛胡。高祖太和二十年，右將軍元隆大破汾州叛胡。二十一年，南巡，次離石。叛胡歸罪，宥之。世宗永平四年，汾州劉龍駒反，薛和討破之。亦見《辛紹光傳》，云胡賊，又云作逆華州。肅宗正光五年，汾州山胡薛羽等爲寇，正平、平陽二郡，尤被其害。裴良爲西北道行臺，被圍於汾州。裴延儁、章武王融等討之。延儁以疾還，融等與五城郡山胡馮宜都、賀悦回成等戰，敗績。宜都等乘勝圍城。良出戰，於陳斬回成，復誘諸胡斬送宜都首。然劉蠡升衆復振，良卒與城人奔西河。見《融》及《延儁傳》。孝昌元年，蠡升遂自稱天子。二年，絳蜀陳雙熾亦自號建始王。遣長孫稚討平之。其羣胡北連蠡升，南通絳蜀者，裴慶孫自軹關入討，至陽胡城，於其地立邵郡。見《延儁傳》。而蠡升居雲陽谷，西土歲被其患，謂之胡荒。至孝静帝天平二年，北齊神武帝乃討平之。亦見《北齊書·神武紀》。又《崔挺傳》：從父弟元珍，正光末，山胡作逆，除平陽太守，頻破胡賊，郡内以安。其明年，汾州胡王迢觸、曹貳龍反。立百官，建年號。神武復討平之。此條見《北齊書·神武紀》及《皮景和傳》。武定二年，神武復與文襄討山胡，俘獲萬餘户，分配諸州。此條見《魏書·孝静帝紀》。石樓之險，自魏世不能至，北齊文宣帝天保四年，山胡圍離石，帝討之，未至，胡已逃竄。亦見《薛循義傳》。明年，乃與斛律金、常山王演犄角，攻破石樓。以上皆見本紀。其見列傳者：則魏世有秦州屠各王法智，推州主簿吕苟兒爲主，建年號，置百官，攻逼州郡。涇州屠各陳瞻亦聚衆反。以濟陰王之子麗爲秦州刺史，率楊椿討平之。見《景穆十二王》及《楊播傳》。高祖初，吐京胡反，自號辛支王。南安惠王第二子彬行汾州事，討平之，因除汾州刺史。胡民去居等六百餘人謀反，又率州兵討破之。本傳及《奚康生傳》。山胡劉什婆寇掠郡縣，穆崇玄孫羆爲吐京鎮將，討滅之。本傳。陸真爲長安鎮將，胡賊帥賀略孫叛於石樓，真擊破之。泰常初，郡縣斬叛胡翟猛雀於林慮山，遺種竄行唐、襄國，周幾追討，盡誅之。上邽休官吕豐、屠各王飛廉等八千餘家據險爲逆，吕羅漢討禽之。以上皆見本傳。此外《魏書》來大千、尉撥、封軌、《封懿傳》。李洪之、王椿、《王叡傳》。《北齊書》皮景和、鮮于世榮、綦連猛、元景安、《周書》李檦、《李弼傳》。達奚武、楊忠、韓果、辛威、宇文深、《宇文測傳》。竇熾、韋孝寬、楊檦、王子直、《北史》魏城陽王徽、韓均、《韓茂傳》。房豹、《房法壽傳》。房謨、《隋書》虞慶則、宇文慶、侯莫陳潁、慕容三藏諸傳，亦咸有征撫山胡之事。諸胡中惟劉、卜、蓋、《魏書·官氏志》：蓋樓氏，後改爲蓋氏。呼延、賀悦爲北族姓，白爲西域姓，白亞栗斯究複姓，抑但姓白，頗難定。史雖稱爲栗斯，然昔時於外國人名，固恒截取其末兩字爲稱也。餘皆漢姓矣。跡其所爲，則據山險，《魏書·景穆十二王傳》：安定靖王次子燮，世宗初，除華州刺史，表言"州治李潤堡，胡夷内附，遂爲戎落。居岡飲澗，井谷穢雜，升降劬勞，往還數里。"《北齊書·皮景和傳》：征步落稽，將五六騎深入一谷中，值賊百餘人，便共格戰。《周書·韓果傳》：從大軍破稽胡於北山，"胡地險阻，人跡罕至，果進兵窮討，散其種落。稽胡憚果勁健，號爲著翅人。"均可見其所居之深阻。事劫掠，《北史·城陽王長壽傳》：孫徽，明帝時爲并州刺史。汾州山胡舊多劫掠，自徽爲郡，羣胡自相戒，勿得侵擾。《韓茂傳》：子均，除廣阿鎮大將。趙郡屠各、西山丁零聚黨山澤，以劫害爲業，均皆誘慰追捕，遠近震跼。《周書・韋孝寬傳》：移鎮玉壁，兼攝南汾州事。先是山胡負險，屢爲劫盜，孝寬示以威信，州境肅然。汾州之北，離石之南，悉是生胡，鈔掠居人，阻斷河路。孝寬深患之。而地入於齊，無方誅翦。孝寬當其要處，置一大城，遣開府姚岳監築之。《隋書・郭榮傳》：宇文護以稽胡數爲寇，使綏集之。榮於上郡、延安築五城，以遏其要路，稽胡由是不能爲寇。漏籍而不供租税，《魏書・景穆十二王傳》：京兆王子推子遥，肅宗初，遷冀州刺史。以諸胡先無籍貫，姦良莫辨，悉令造籍。又以諸胡設籍，欲税之以充軍用。胡人不願，乃共構遥。《周幾傳》：白澗、行唐民數千家，負險不供租税，幾與長孫道生宣示禍福，逃民遂還。征討俘獲，動至千萬。其最多者，曹僕渾之平，赴險死者以萬數。劉虎之敗，斬首萬餘級，餘衆奔走，投沁而死，水爲不流，虜其男女十餘萬口。劉蠡升之亡，《魏書》云獲逋逃二萬餘户，《北史》云胡、魏五萬户，則逋逃與胡人數略相等也。文宣之破石樓，斬首數萬級，獲雜畜十餘萬。招以仁政，亦有不待兵而服者。《魏書・穆崇傳》：玄孫羆。改吐京鎮爲汾州，以羆爲刺史。前吐京太守劉升，居郡甚有威惠，限滿還都，胡民八百人詣羆請之。羆爲表請，高祖從焉。《尉撥傳》：出爲杏城鎮將，在任九年，大收民和，山民一千餘家，上郡屠各、盧水胡八百餘落，盡附爲民。《王叡傳》：子椿，孝昌中尒朱榮表慰勞汾胡。汾胡與椿比州，服其聲望，所在降下。《周書・楊檦傳》：稽胡恃險不賓，屢行鈔竊，檦往慰撫。檦頗有權略，能得邊情，誘化酋渠，多來款附，乃有隨檦入朝者。《隋書・虞慶則傳》：越王盛討平稽胡，將班師。高熲與盛謀，須文武幹略者鎮遏之。表請慶則，於是拜石州總管，甚有威惠，稽胡慕義歸者八千餘户。○當時山民，實多苦賦役逃死者，然上之人遇之殊酷，征討斬殺無論矣，即平時亦然。《魏書・李彪傳》，謂彪慰喻汾胡，得其兇渠，皆鞭面殺之，其一事也。哀哀生民，復何所逃死邪？○齊文宣之平石樓，《北史》云男子十二以上皆斬，女子及幼弱以賞軍士，其酷如此。或謂積重之勢，不得不然，然《魏書・李洪之傳》云：河西羌胡反，顯祖親征，詔洪之爲河西都將討山胡。皆保險拒戰。洪之開以大信，聽其復業，胡人遂降。則拒戰者亦不過求免死耳，初不必妄肆殺戮，而後可服也。且其人本亦服征役，《魏書・尉元傳》：上表言彭城戍兵多是胡人，欲换取南豫州徙民之兵，又以中州鮮卑增其兵數。《劉潔傳》：與建寧王崇於三城胡部中簡兵六千，將以戍姑臧。胡不從命，千餘人叛走。潔與崇擊誅之，虜其男女數千人。《周書・韋孝寬傳》：陳平齊之策，欲使北山稽胡絶汾晉之路。建德五年，趙王招自華谷攻汾州，果發稽胡，與大軍犄角。《隋書・豆盧勣傳》：子毓，爲漢王諒主簿。諒反，毓閉城拒之，遣稽胡守堞。皆稽胡從戍事之證。《隋書・高祖紀》：開皇元年四月，發稽胡脩築長城，二旬而罷。是役也，胡亡者千餘人，命韋沖綏懷，月餘，并赴長城，見《韋世康傳》。又唐隱太子討劉企成，揚言增置州縣，須有城邑，悉課羣胡執版築，而陰勒兵執殺之。新舊《唐書》本傳皆同。皆稽胡服力役之證也。輸軍資，《周書·楊忠傳》：保定四年，大軍東伐，晉公護出洛陽，命忠出沃野以應突厥。時軍糧少，諸將憂之，而計無所出。忠曰：當權以濟事耳。乃招稽胡諸首領，咸令在坐，使王傑盛軍容鳴鼓而至。忠陽怪而問之，傑曰：大冢宰已平洛陽，天子聞銀、夏之間，生胡擾動，使傑就公討之。又令突厥使者馳至告曰：可汗更入并州，留兵馬十餘萬在長城下，故遣問公，若有稽胡不服，欲來共公破之。坐者皆懼，忠慰喻而遣之，於是諸胡相率歸命，饋輸填積。是胡人亦能供軍也。齊文宣九錫之命曰："胡人別種，延蔓山谷，酋渠萬族，廣袤千里，憑險不恭，恣其桀黠，有樂淳風，相攜叩款，粟帛之調，王府充積。"雖有溢美之辭，必非盡子虛矣。得之則可配郡縣，太平真君六年、武定二年之役見前。又呼延鐵、張崇之叛，史言由於不樂内徙。討白龍餘黨時，詔山胡爲白龍所逼及歸降者，聽爲平民。王景文之平，徙其黨三千餘家於趙、魏。純與三國時之山越、南北朝時之羣蠻同。知雜居其間者，實以漢人爲多。又其人與蜀甚親，蜀即賨，亦久與漢人相雜。其舉事者或稱單于，或稱天子，非襲匈奴舊名，即用漢族尊號，亦可見其與西域無干。山胡與索虜相抗者甚多，惟蓋吴爲有雄略。其將白廣平，實可疑爲西域種。又吴之死，《魏書·陸俟傳》云其爲二叔所殺，《宋書·索虜傳》則云屠各反叛，吴自討之，爲流矢所中死，疑《宋書》之言爲實 。二叔蓋會逢其適，借以要功耳。然則吴本客族，故屠各叛之邪？非也。内相乖攜，何國蔑有？觀吴上宋室表，堂堂之陳，正正之旗，聲討索虜，辭嚴義正，儼然以神明之胄自居。蓋北族久居中原，深漸漢化者。白固非必胡姓，即謂爲胡姓，亦爲吴效奔走者耳，不得以此，并疑吴爲西胡也。《隋書·侯莫陳穎傳》：周武帝時，從滕王逌擊龍泉文城叛胡，與柱國豆盧勣分路而進。先是稽胡叛亂，輒略邊人爲奴婢；至是，詔胡有壓匿良人者誅，籍没其妻子。有人言爲胡村所隱匿者，勣將誅之，以穎言而止。則知漢人除逋逃入胡者外，又有爲其所略者。胡中漢人之多可知。雖以故爲夷落，仍稱爲胡，實則十之八九，未嘗非神明之胄也。十九種蓋以微矣，而況於深目高鼻之徒歟？

隋有天下後，胡患頗息，然及大業十年，復有劉苗王之叛。見《隋書·本紀》。其子季真、六兒繼之，至唐初始平。見《新唐書·本紀》武德二、三年。新舊《唐書》有《季真傳》。又見《北史·隋宗室諸王·離石太守子崇》，《唐書·宗室·

襄武王琛傳》。唐兵之起也,稽胡五萬略宜春,竇軌討破之。《舊唐書·竇威傳》。其時又有劉迦論者據雕陰,稽胡劉鷂子,與相影響。《舊唐書·屈突通傳》。至太宗進取涇陽,乃擊破之。《新唐書·本紀》。馬三寶從平京師,亦別擊破叛胡劉拔真於北山,《新唐書》本傳。稽胡大帥劉仚成部落數萬,爲邊害,隱太子討之,破之鄜州,詐誅六千餘人。事在武德三、四年。見《新唐書·本紀》。仚成降師都,師都信讒殺之。其下乃多叛,來降。新舊《唐書·師都傳》。高宗永淳二年,綏州城平縣人白鐵余率部落稽以叛。此據《舊唐書·程務挺傳》。《新唐書》則云:綏州部落稽白鐵余據平城叛。程務挺討禽之。至中葉後,僕固懷恩上書自陳,尚有鄜坊稽胡草擾之語。《舊唐書》本傳。又據《舊唐書·吐蕃傳》:大曆九年四月,以吐蕃侵擾,豫爲邊備,降勑,令郭子儀以上郡、北地、四塞、五原、義渠、稽胡、鮮卑雜種步馬五萬,嚴會栒邑。則至安史亂後,其部落猶有存者。其同化亦可謂難矣。然此特其種姓可稽,其俗尚當無以異於華人也。

匈奴人入中原者,其境遇可分三等:上焉者,頗漸染中原之文教,如劉元海、劉聰、劉曜、劉宣、卜珝之徒是也。卜珝見《晉書·藝術傳》,元海等均見《載記》。雖或有溢美之詞,亦必不能盡誣也。又有離石胡人劉薩阿,出家名慧達,見《梁書·諸夷傳》。次之者則從戎事,冉閔所誅及魏時戍彭城者,蓋即其倫。魏太武與臧質書曰:"吾今所遣鬭兵,盡非我國人,城東北是丁零與胡,南是三秦氐羌。設使丁零死者,正可減常山趙郡賊;胡死,減并州賊;氐羌死,減關中賊。卿若殺丁零與胡,無不利。"《宋書·質傳》。知冉閔屠戮後,其衆之在行間者尚多也。然其從事田作者實尤多。此等能漢語者,蓋多已與漢人無别,其不能者,則入山而爲山胡矣。《周書·稽胡傳》曰:"其丈夫衣服及死亡殯葬,與中夏略同。其渠帥頗識文字,然語類夷狄,因譯乃通。"

《晉書·北狄傳》云:"呼韓邪單于失其國,攜率部落,入臣於漢,漢嘉其意,割并州北界以安之。於是匈奴五千餘落,入居朔方諸郡,與漢人雜處。其部落隨所居郡縣,使宰牧之,與編户大同,而不輸貢賦。"此特招懷寬典,不責之以輸將,非其人不習農事也。其衆既至千萬落，沿邊雖云土滿，不得盡爲牧場，非力耕何以自存乎？《傳》又云：“武帝踐阼後，塞外匈奴大水，塞泥、黑難等二萬餘落歸化，帝復納之，使居河西故宜陽城下，復與晉人雜居。”《石勒載記》言其“年十四，隨邑人行販洛陽”，又言“鄔人郭敬、陽曲寧驅，并加資贍。勒亦感其恩，爲之力耕。又言勒與李陽鄰居，歲嘗争麻地，互相毆擊。太安中，并州饑亂，勒與諸小胡亡散，乃自雁門還依寧驅。北澤都尉劉監欲縛賣之，驅匿之獲免。勒於是潛詣納降都尉李川。路逢郭敬，謂敬曰：今日大餓，不可守窮。諸明飢甚，宜誘將冀州就穀，因執賣之，可以兩濟。敬深然之。會建威將軍閻粹説并州刺史東嬴公騰，執諸胡於山東賣充軍實。勒亦在其中，賣與茌平人師懽爲奴。”《晉書·王恂傳》，言太原諸郡，以匈奴人爲田客，動有百數，觀勒事而知其不誣矣。《苻堅載記》云：“匈奴左賢王衛辰遣使降於堅，遂請田内地。堅許之。”《宋書·索虜傳》亦云：“朔方以西，西至上郡，東西千餘里。漢世徙謫民居之。土地良沃。苻堅時，衛臣入塞寄田，春來秋去。堅雲中護軍賈雍掠其田者，獲生口馬牛羊，堅悉以還之，衛臣感恩，遂稱臣入居塞内。”知匈奴之居緣邊者，亦皆能勤事耕牧，況於内地？當風塵澒洞之日，不避之山深林密之地而安歸哉？冉閔所誅，《載記》不言其數。《晉書·天文志》：月奄犯五緯下云“十萬餘人”，月五星犯列舍妖星客星下云“十餘萬人”。疑亦當作十萬餘。《宋書·天文志》同。《韋謏傳》言閔“以降胡一千處麾下”，又載謏諫閔之辭，則云“降胡數千”。降者之數如此，不降者度亦不過倍蓰。鄴中之數如此，益以四方屯戍，辜較不過十萬。二志所云，當非虚語。此於匈奴之衆，蓋不過十一耳，宜其從征戍者猶多，入山林者逾衆也。夫争名者必於朝，争利者必於市，未有退居田野者也。西胡之入中國，大抵以朝貢或行賈，其文明程度素高，未必甘爲胼手胝足之事，故山胡雖種落繁熾，絶不聞其中有深目高鼻之徒。白廣平等庸或西域種，不過平時爲之大長，戰時爲之支將而已矣。此猶太伯之居吴，無余之處越，以君之資章甫，而謂其民悉襲冠裳，可乎？冉閔之誅胡羯，高鼻多鬚，濫死者半，則以殺機既動，見異類即誅鋤之，而不暇别擇耳。正惟胡羯非高鼻多鬚,故高鼻多鬚之死爲濫,安得以此轉疑胡羯之貌爲高鼻多鬚乎?

《北齊書·楊愔傳》云:"太保、平原王隆之與愔隣宅。愔嘗見其門外有富胡數人,謂左右曰:我門前幸無此物。"《北史·柳虯傳》,謂雍州有胡家被劫,廣陵王欣家奴與焉。必其家故富厚,乃爲盗賊所覬覦,此蓋皆賈胡之流。又《元諧傳》:諧與王誼往來,胡僧告其謀反。此胡僧必與朝士相交通,故能誣陷勳舊也。《齊幼主本紀》云:幼主時,"諸宫奴婢、閹人、商人、胡户、雜户、歌舞人、見鬼人,濫得富貴者,將以萬數。"而《恩倖傳》云:"史醜多之徒胡小兒等數十,眼鼻深險,一無可用。"眼鼻深險,即深目高鼻之謂。史爲昭武九姓之國,當時西胡,固多以國名爲姓也。此皆南北朝之世西胡事跡可徵者,與匈奴、羯固迥不侔矣。

《宋書·天文志》:咸和六年,正月,"胡賊殺掠婁、武進二縣民。於是遣戍中州。明年,胡賊又略南沙、海虞民。"此胡賊當是航海來之賈胡。《恩倖傳》有于天寶,其先胡人,亦當是西胡,惟不知其何時來,航海抑遵陸耳。《州郡志》:"華山太守胡人流寓,孝武大明元年立。"此則稽胡之類,來自并、雍者也。故知以一"胡"字通稱西北二族,當時南北皆然。

《晉書·石勒載記》云:"其先匈奴别部羌渠之胄。祖邪奕于,父周曷朱,一字乞翼加,并爲部落小率。"《魏書·羯胡傳》無"羌渠之胄"四字,而多"分散居於上黨武鄉羯室,因號羯胡"十四字。羌渠二字,可有二解:匈奴單于之名,一也。《晉書·北狄傳》,述匈奴入居塞内者十九種,中有羌渠,二也。外夷有名不諱,或即以先世之名爲種號,則二名仍係一實矣。然竊疑非也。羌渠卒於中平五年。石勒卒於咸和七年,年六十,當生於泰始九年。上距中平五年八十五歲。勒果羌渠之胄,非其曾孫,即其玄孫,安得不詳其世數,泛言胄裔乎?匈奴單于入居中國者,於扶羅、呼廚泉,皆羌渠子。劉元海者,於扶羅之孫,而羌渠之曾孫也。勒果亦羌渠後,則於單于爲近屬,安得父祖已微爲小率，勒且爲人耕作，隨人商販，至於爲人縛賣乎？於扶羅之衆留漢者，左部居太原、泫氏，右部居祁，南部居蒲子，北部居新興，中部居大陵。劉氏皆家居晉陽、汾澗之濱，曷嘗有散居武鄉者？且勒果先單于後，安得云别部乎？故知此羌渠二字，必非單于之名。抑予并疑其非十九種中之羌渠種。何也？勒之稱趙王也，號胡爲國人。下令禁國人不得報嫂，及在喪昏取，其燒葬令如本俗。報嫂固匈奴舊俗，在喪昏取，或亦非所禁，燒葬則匈奴不聞有是也，惟氐羌有之。然則羌渠之胄，猶言羌酋之裔耳。《載記》言勒之討靳準也，據襄陵北原，羌羯降者四萬餘落。及攻準於平陽，巴帥及羌羯降者十餘萬落。皆以羌羯連言，其情若甚親者，豈無因哉？《晉書・張實傳》：愍帝將降劉曜，下詔於實曰："羯胡劉載僭稱大號，禍加先帝，肆殺藩王。"實叔父肅，請爲先鋒擊曜。實不許。肅曰："羯逆滔天，朝廷傾覆。肅晏安方裔，難至不奮，何以爲人臣？"逕皆稱匈奴爲羯，則以羯與匈奴，雜居既久耳。其流合，其原未必同也。

《舊唐書・唐休璟傳》："調露中，單于突厥背叛，誘扇奚、契丹侵略州縣。後奚、羯胡又與桑乾突厥同反，(營州)都督周道務遣休璟將兵擊破之。"則羯種至唐，尚有存於東北者。杜陵《詠懷古跡》詩稱安禄山爲羯胡，疑亦必有所據也。

西胡譸張於北族之中，蓋自柔然時始。前乎此者，匈奴、鮮卑，皆東方種；柔然雖鮮卑别部，所用實多鐵勒之衆，鐵勒固自北海蔓延於兩海之間者也。柔然之敗而復振也，雖曰乘魏之衰，然其社句可汗名婆羅門，實爲胡語。其姊妹三人，皆妻嚈噠，又自豆崙以後，與鐵勒副伏至羅部争，多在西域之地。副伏至羅與嚈噠，亦關係甚深。然則柔然當衰敝之時，實與西域諸國頗密。其蹶而復起，安知不有西域人爲之主謀？特史於四裔事多荒略，弗能道耳。至於突厥，則有資於西胡殊顯。裴矩言突厥淳陋，易離間，但内多羣胡教道之。因以計誅史蜀胡悉。《新唐書》本傳。始畢時事。張公謹策突厥可取曰："頡利疏突厥，親諸胡，胡性反覆，大軍臨之，内必生變。"《新唐書》本傳。是突厥以諸胡强，亦以諸胡亡也。《唐書·突厥傳》，言突厥再亡，後或朝貢，皆舊部九姓。九姓者，曰藥羅葛、曰胡咄葛、曰啒羅勿、曰貊歌息訖、曰阿勿嘀、曰葛薩、曰斛嗢素、曰藥勿葛、曰奚邪勿，見《回紇傳》，蓋皆鐵勒。史言其處磧北，然實近西域。九姓部落，蔓衍甚廣。頡利之敗於白道也，屯營磧口，遣使請和。詔唐儉往赦之。李靖、李勣相與謀曰：頡利雖敗，人衆尚多，若走度磧，保於九姓，追則難及。今詔使至，彼必弛備，隨後襲之，不戰而平賊矣。又陳子昂上疏，言國家能制十姓者，繇九姓强大，臣伏中國。今九姓叛亡，磧北諸姓，已非國有。欲犄角亡叛，惟金山諸蕃，共爲形勢。《新唐書·突厥傳》言默啜討九姓，戰磧北，九姓潰，輕歸不設備，爲拔野固殘卒所殺。此皆以九姓在磧北者也。《新唐書·方鎮表》，言河西節度使治涼州，副使治甘州，景雲元年置，督察九姓部落。而陳子昂亦言甘州北當九姓，則地接河西矣。薛仁貴之定天山也，九姓有衆十餘萬，令驍健數千人來拒，仁貴并阬殺之。新舊《書》皆言九姓自此遂衰，則天山又其薈萃之區也。蓋自伊列河以往，乃十姓地，其東皆九姓也。○《張説傳》：王晙誅河曲降虜，并州大同、横野軍有九姓同羅、拔曳固等部落，皆懷震懼。説率輕騎二十人，持旌節直詣其部落，宿於帳下，召酋帥慰撫之。九姓感其義，乃安。此九姓，乃開元時内附，散居太原以北，置天兵軍領之者。見《張嘉貞傳》。《回紇傳》：始回紇至中國，常參以九姓胡，往往留京師，居資殖産甚厚。蘇定方之征賀魯也，至怛篤城，有胡降附，定方盡殺之，而取其資財。新舊《唐書》本傳同。蓋其人皆賈胡之流。回紇居中國者，多以放債爲事，蓋非回紇，實九姓胡爲之也。張光晟言回紇非素强，助之者九胡爾。《新唐書·回紇傳》。是回紇亦以西胡强也。史朝義平後，回紇留其將安恪、石常庭於河陽，以守護所掠財物。見新舊《唐書·馬燧》、《李忠臣傳》。又張光晟殺突董後，回紇使康赤心來。安、石、康皆胡姓，知回紇中西胡多矣。不特此也，北族喪敗之餘，往往得西胡而復振。河曲六州，雖屢反側，訖無能爲，及康待賓用之，則六州皆陷，卒空其地而禍始已。與待賓俱叛者，曰安慕容，曰何黑奴，曰石神奴，曰康鐵頭，繼待賓而叛者曰康願子，皆胡姓也。《張孝忠傳》，言禄山使破九姓突厥，新舊《唐書》同。則九姓蔓衍，已及東方。而賈胡亦即隨之而至，《舊唐書·地理志》言燕、威、慎、玄、崇、夷賓、師、鮮、帶、黎、沃、昌、歸義、瑞、信、青山、凜十七州，皆東北蕃降胡散處。皆在幽州、營州境内。其中瑞州以處突厥、凜州以處降胡，《新唐書》亦以凜州爲降胡州。餘爲靺鞨、奚、契丹、室韋、海外新羅等。此諸種落，蓋皆有交關，而胡人仍操貿遷之業。故兩書《宋慶禮傳》，皆言其復立營州，招集賈胡，爲立邸肆也。兩書皆言安禄山、史思明通六蕃語，爲互市郎，蓋亦賈胡中之佼佼者矣。《舊書》言禄山爲柳城雜種胡，本無姓氏。《新唐書》謂其本姓康。胡未聞無姓氏，《新唐書》之言是也。史思明，《新唐書》言爲突厥種，《舊唐書》謂爲突厥雜種胡人。思明貌廞目側鼻，蓋猶類胡，《舊唐書》之言是也。然則二人非特躬操駔儈之業，其種姓固亦出西胡矣。王氏引《侯鯖録》，言後唐莊宗像，兩眼外皆髭，此即所謂多須髯者。《五代史·氏叔琮傳》，言晉人攻臨汾，叔琮選壯士二人，深目而胡鬚者，《舊史》作深目虬鬚，貌如沙陀。牧馬襄陵道旁，晉人以爲晉兵。雜行道中，伺其怠，禽晉二人以歸。此所謂晉人，實即沙陀。沙陀之狀貌，斷可識矣。五代諸臣，出代北者多胡姓，如康福、蔚州人，世爲軍校。莊宗嘗曰：吾家以羊馬爲生。福狀貌類胡人，而豐厚。胡宜羊馬，乃令福牧馬於相州。福善諸戎語，明帝嘗召入便殿，訪以外事，輒爲蕃語以對。康思立、本山陰諸部人。康義誠、代北三部落人。康延孝、塞北部落人。安叔千、沙陀三部落人。安重榮、朔州人。安從進、振武索葛部人。李存孝、代州飛狐人，本姓安。存信、本姓張氏。其父君政，回鶻李思忠部人。案存信能四夷語，通六蕃書。子從訓，《舊唐書》亦言其善蕃字，通佛理，亦必與西胡關係甚深者也。安審琦、其先沙陀部人。白奉進，雲州清塞軍人，父曰達子，世居朔野，以弋獵爲事。皆是也。然則沙陀雖云突厥，其與西胡相殽，亦云甚矣。《五代史·雜傳》，馬重績，其先出於北狄，而世事軍中。重績明數術，通歷法，疑亦西域種也。蓋北族雖勁悍，然文明程度不高，故非有曠世之才，如冒頓、阿保機、帖木真者以用之，即不能以自振，西胡則不然也。安史之亂，實可謂西胡驅北族以成之者。康待賓亦其流，沙陀特其禍之尤烈者耳。然則西胡雖不能以獨力擾亂中原，固亦不能謂其不足爲患矣。

文明人入野蠻部落中，往往爲所尊奉。《五代史·康福傳》云："福世本夷狄，而夷狄貴沙陀，故嘗自言沙陀種也。福常有疾，卧閣中，寮佐入問疾，見其錦衾，相顧竊戲曰：錦衾爛兮。福聞之，怒曰：

我沙陀種也,安得謂我爲奚?”沙陀之見尊可想。此李克用父子所由能收率北族,横行中原歟?

唐世於四夷,凡貌類白種者,仍稱之爲胡。《舊唐書·楊元琰傳》:元琰奏請出家,“中宗不許。敬暉聞而笑曰:向不知奏請出家,合贊成其事,剃卻胡頭,豈不妙也?元琰多鬚類胡,暉以此言戲之。”又《五代史·慕容彦超傳》,謂其“黑色胡髯,號閻崑崙”,皆可爲證。《新唐書·高宗紀》,顯慶元年,“禁胡人爲幻戲者”。此胡人,亦必來自西域之白種也。

原刊《國學論衡》第六期,
一九三五年十二月三十一日出版

〔七一〇〕 胡服考書後[①]

古服上衣下裳,連衣裳而一之則曰深衣,無以袴爲外服者。此篇因謂袴褶之制,始於趙武靈王,其原出於胡服,似未必然也。康成説韍之緣起曰:“古者田漁而食,因衣其皮,先知蔽前,後知蔽後。後王易之以布帛,而獨存其蔽前者,不忘本也。”夫但知蔽前爲韍,兼知蔽後,則爲裳矣。朝祭之必裳,猶其存韍,皆不輕變古之意也。謂古人凡事因仍,不知改變,亦可。至就勞役,則有裈而不袴者,《淮南子·原道》:“短綣不袴,以便涉游”,司馬相如著犢鼻裈,與庸保雜作是也。有袴而不裳者,《禮記》“童子不衣裘裳”是也。勞役有之,戎事亦宜。然王氏謂《周禮·司服》鄭《注》云:“今伍伯緹衣。崔豹《古今注》云:今户伯絳幘纁衣。伍伯者,車前導引之卒,見《釋名》、《續漢志》、《古今注》。今傳世漢畫像車前之卒,皆短衣著褲,由伍佰之絳幘纁衣爲褲褶之服,知光武之絳衣赤幘,及赤幘大冠,不獨冠胡服之冠,亦服胡服之服

① 原題《書觀堂集林胡服考後》。

矣。"又曰："《漢書·匈奴傳》：中行説曰：其得漢絮繒，以馳草棘中，衣袴皆裂弊，以視不如旃裘堅善也。中國古服如端衣深衣，袴皆在内，馳草棘中不得裂弊。袴而裂弊，是匈奴之服，袴外無表，即同於跗褶服也。"案：《司服》鄭《注》兼引《左氏》成公十六年"有韎韋之跗注"，杜《注》曰："跗注，戎服，若袴而屬於跗。"鄭引此，蓋僅證其衣裳之同色。《疏》謂鄭以跗當爲幅者，非若袴而屬於跗，則與衣不連，其制蓋亦有踦。杜云：若袴而不逕云袴者，以袴不皆屬於跗也。此古戎服著袴之徵，不待胡也。《曲禮》："童子不衣裘裳。"《玉藻》："童子不裘不帛。"《内則》："十年，衣不帛，襦袴。""衣不帛"句，即《曲禮》所謂"童子不裘"，《玉藻》所謂"不裘不帛"也。不言裘者，與下文"二十而冠，可以衣裘帛"互相備也。"襦袴"，則《曲禮》所謂"童子不裳"也。所以不裳者，《曲禮》鄭《注》曰："裘太温，消陰氣，使不堪，《正義》：使不堪苦者，熱消陰氣，則不堪苦使。不衣裘裳便易。"《疏》曰："給役，則著裳不便，故童子并緇布襦袴。"初説不誤。《内則》《注》云："不用帛爲襦袴，爲太温，傷陰氣。"正以"不用帛"句，恐人不知古人言語互相足之例，故備言之。《疏》云："衣不帛襦袴者，謂不以帛爲襦袴"，則誤矣。童子之不裘不帛，固以太温，亦以不堪苦使，不裳則專爲便易，可見服勞者之必去裳矣。戴德喪服變除："童子當室，謂十五至十九，爲父後，持宗廟之重者，其服深衣不裳。"《玉藻》："童子無緦服，聽事不麻。"《注》："雖不服緦，猶免，深衣，無麻，往給事也。"蓋喪祭不可以襦袴，故加之深衣。《曲禮》《疏》曰："童子不衣裘裳，二十則可。故《内則》云：二十可以衣裘帛。"二十而後裘帛，則亦二十而後裳，不言者，與上文互相備故。《大戴》言：童子不裳，以十九爲限也。然則裳，冠者之服也，冠而不裳者，將責成人之禮焉。然則裳，禮服也，服勞役者，非童子則賤者，禮不下庶人，其不必裳明矣。故庶人但以深衣爲吉服，同於襦袴之童子也。《左氏》昭公二十五年：師已稱童謡曰："鸜鵒跦跦，公在乾侯，徵褰與襦。"《説文》："褰，袴也。"《方言》："袴，齊魯之間謂之襱。"蹇之言"袪也"，《曲禮》："暑無褰裳"見《注》。舉也。褰裳，則利遐舉也。故《詩》

曰:“子惠思我,褰裳涉溱。”然則欲遠行者,亦必袴而不裳矣。《説文》:“襦,短衣也。”《方言》:“復襦,江、湘之間謂之襗。”襗從竪,竪者,童竪。《廣雅》:“儒,短也。”故短人稱侏儒。古有恒言:“寒者利短褐。”短褐者,襦之以褐爲之者也。然則古之賤貧人,殆無袴而不裳也。《玉藻》曰:“纊爲繭,緼爲袍,禪爲絅,帛爲褶。”《詩》:“豈曰無衣,與子同袍。”《傳》:“袍,襺也,《釋言》文。《玉藻》云:纊爲襺,緼爲袍。《注》云:衣有著之異名也。緼謂今纊及舊絮也。然則純著新綿名爲襺,雜用舊絮名爲袍,雖著有異名,其制度是一;故云袍襺也。”《釋名》:“袍,丈夫著下至跗者也。袍,苞也,苞内衣也。”《周官·内司服》《注》謂王后六服,皆袍制,然則古惟賤貧人但有短褐,貴人衣裳之内,固有長袍,特外必加以衣裳,若深衣耳。去之則貴者長袍,賤者短褐,與今同矣,豈待胡服哉?《喪大紀》:“袍必有表。”《士喪禮》《疏》:“褖衣,連衣裳者,用以表袍。”王静庵此《胡服考》篇,考索之功深,而於事理未嘗深思也。

原刊《小雅》第五期,一九三一年出版

〔七一一〕 論文明民族與野蠻民族之消長

抑文明民族見陵於野蠻民族,非獨中國也。印度之於西亞,希臘之於馬其頓,羅馬之於日爾曼,數者實如出一轍。然則武力之不競,乃文明民族之通病,非中國獨然也。欲求中國武力不競之原因,又非先求文明民族武力不競之原因不可矣。

論者多謂文明民族,好鬥之心,健鬥之力,遠非野蠻民族之比,是以每遇輒北。斯言似是而實不然。何者?果如所言,則必文明民族,真不能敵野蠻民族而後可,然考諸歷史,殊非事實也。五胡亂華之世,北方争鬥,蓋罕用漢族爲兵,即有之,亦不視爲精鋭,此非東晉後始然,後漢以來,久啓其端矣。此蓋由異族性質强武,故中國亦好用之,如張宗昌等之喜用白俄人也。然當高齊之初,高敖曹所將漢人,即視鮮卑并無遜色。而如東晉之末,宋武帝北伐之師,蕭梁之世,陳慶之送元顥北還之衆,其强悍善鬥,雖野蠻民族視之,猶愧弗及焉。此外如元兵之强,而完顔彝能屢勝之;清初起時之鋭,而袁崇焕能屢卻之,此等事不勝枚舉。故謂文明民族,戰鬥之力,不逮野蠻民族,乃從其勝負既定之後,辜較成敗爲之辭,而非真就每次争戰,詳察其實,而得此説也。夫其説既係事後辜較之談,則安知其勝負之原因,不别有所在,而果在兩軍之戰鬥力邪?夫就文明民族與野蠻民族全體衡之,其好鬥之心,與健鬥之力,誠皆非野蠻民族之敵,然以中國之大,豈待舉國尚武,而後足與蠻夷敵哉?賈生論匈奴之衆,不過漢一大縣。《史記》謂匈奴,自左右賢王至當户,大者萬餘騎,小者數千人,凡二十四長,立號曰萬騎,則匈奴甲騎尚不足二十四萬,老弱同於壯丁,婦女同於男子,亦不過百萬耳,此豈待以舉國之衆以敵之哉?蘇軾謂全趙可以制匈奴,信不誣矣。夫必待舉國之衆,强悍善戰,而後足與野蠻民族敵,則文明民族,因其生事教化之殊異,誠不免爲一難題。若一兩縣尚武之衆,而謂中國無之,豈情實乎?況乎人之性質,可以訓練而成,舉全國之民,悉訓練之而臻於强悍,自非旦夕間事。若謂數十百萬之衆,不能訓練以躋於有成,則非情實也。況乎五方風俗之不齊,又有不待訓練,本已强悍者邪?然則謂文明民族之不敵野蠻民族,由其人民性質之柔弱者,非也。至於財力器械之不敵,則皆與遠西接觸後事,昔日之無此情形,更不俟論。然則中國不敵夷狄,其原因果安在哉?

孟子曰:"城非不高也,池非不深也,兵革非不堅利也,米粟非不多也,委而去之,是地利不如人和也。"文明民族之不敵野蠻民族,此蓋爲其真原因。古來第一漢姦,當推中行説。中行説論漢與匈奴之長短曰:匈奴約束輕,易行也。君臣簡易,一國之政,猶一身也。漢則禮義之敝,上下交怨。伊古以來,爲以等説者,不知凡幾。至於明清之際,亭林蒿目世變,痛心宗國之淪亡,而其論中國外夷强弱之原因，猶無以易此説也。然古來持以等議論者，皆以爲中國重滯，外夷逕捷。中國重滯，由於文繁，外夷逕捷，由於法簡，歸其原於政治之得失而已，而不知有分數則使衆如使寡。使衆如使寡，則用大猶用小也。而小敵之堅，大敵之禽，十則圍之，五則攻之，衆且大者之勢，卒非寡弱者所能與也。然則中國之不敵外夷，尚不在其政治之逕捷與重滯，而别有所在矣。嗟乎，孟子所謂天時地利，不如人和者邪！夫以中國之文明，用中國之衆且大，謂其不能有分數，使之如寡小者，不可得也。抑觀歷代之法令，雖不足以云逕捷，然如使其實而行之，雖稍重滯，謂政事軍事，必致於敗壞決裂，不可收拾，無是理也。所以敗壞決裂，不可收拾者，皆名實不符。覈其名猶是，而按其實則非，有以致之耳。所以名實不符者，則由其社會之積弊已深，私人之利益，與公衆相反者衆也。今請舉實事以明之，當日俄戰争之際，日本有所謂代耕之俗焉，一夫出征，則其所荒棄之田，由其鄰里代爲之耕，而凡征人之妻子，有所求於市，市人或廉其價，有疾，醫者或不取費，爲之療治。其事殊，其意一也，中國有之乎？夫士之臨陣而屢北，非果畏創夷，怯白刃也，其十八九，蓋亦由其後顧而不能無憂焉。管夷吾有老母在，則三戰而之北，古之人已然矣。然則如日本之士，與中國之士，使之陷陣卻敵，奮不顧身，孰爲有後顧憂，孰無之乎？人孰不好生而惡死，然所謂生者，非徒傀然七尺之軀，偷息於天地間云爾，固貴有生人之趣。今使戰敗而歸，父母不以爲子，妻不以爲夫，友朋不之齒，其生人之趣安在？安得不輕死傷，重降北，而如其輿論久背公黨私，雖爲降虜，爲敵間諜，甚者且爲之先驅，苟其富貴利達，父母妻子，宗族交遊，引以爲光寵如故也，洪承疇、吴三桂之徒，安得不接跡於世哉？況也，奪伯氏邑而無怨言，徙廖立而致其垂泣，管葛之用心無特法，其不可多得也久矣。世固有慷慨之士，本願效忠於國，其才亦有可用，徒以扼於權姦，不獲申理，遂不恤反顔事仇者，宋末之劉整、夏貴是也。其罪固通於天，然遏抑之者，亦寧能不分負其責哉？此等事悉數難終，要皆文明社會多，而野蠻社會少。文明社會有之，或冤沈海底，野蠻社會有之，必較易平反。故文明之人，非生而怯也，其社會固束縛之，馳驟之，使之不得不怯，甚至迫害之，使不得不從敵。野蠻社會之人，則皆反是。故文明人之見陵於野蠻人，非不幸也，優勝劣敗，理有固然。論者或以文明人之見陵於野蠻人，而歎福善禍淫之不足信，而不知此正福善禍淫之最可信者。何則？文明人雖文明，其社會組織固惡，野蠻人雖野蠻，其社會組織固善也。惟社會組織雖善，文明程度太低，則亦不足戰勝。歷代野蠻人所以受制於文明人者以此，然至其文明漸進，而足以與文明人爲敵，則文明人之厄運遂至。如鮮卑，其初屢見破於中國與匈奴，然至精金良鐵，多漏出塞，而鮮卑有其器，漢人逋逃，爲之謀主，而鮮卑有其法，檀石槐遂兼匈奴，擾漢邊，中國任名將，發大兵，三道出塞，一時敗績矣。然則今日之黄白人，雖若天之驕子乎？至於利器悉爲黑人之所有，以黑人健全之社會組織，用白人之利器，今之所謂文明人者，能否久居人上，或不免爲蒙古盛强時之中國人與西域人，猶未可知也。夫以今日之白人，其勢力誠如驕陽當天，未知時日之曷喪，然世事之變遷，寧可逆料，當唐天子稱天可汗，盡服從北夷時，安知室建河畔一小部落曰蒙兀者，乃能創建跨據歐亞之大業哉？

故民族强弱，究極言之，實與治化隆汙，息息相關，而治化之隆汙，其本原，實在社會組織，徒求之於政事之理亂，抑其末焉者也。此等究極之談，目前言之，誠若迂闊而遠於務。然如現在普通人之見解，以爲衹須訓練人民，使之健鬥，又或標榜一二民族英雄，資其矜式，便盡提倡民族主義之能事，則可謂膚淺之至。從古以來，人民無以一人之力，與異族鬥者，皆合若干人爲一團，以與異族鬥。合若干人爲一團，以與異族鬥，則此一團中人之和，與夫一團中人人之勇相較，而和之用實爲較大，何則？惟一團中人相與和，乃能致一團中人人之勇。否則雖有勇夫，不過仗劍死敵，以求其一心之安，於國事初無絲毫裨益，其下焉者，或不免反顔事仇也。夫欲徹底改善社會組織，自非旦夕間事，然居今日而言提倡民族主義，亦不宜專從麤淺處著眼，羣之和，重於一夫之勇，雖不能徹底改革，亦不可不有事焉。具體言之，則如今日，能訓練人民，使之皆可爲戰士，故屬要著，然如何籌畫，乃可使出征之士，較少後顧之憂，乃可使爲國宣勞者，可爲公衆所愛慕，袖手旁觀，若臨陣奔北之士，可爲公衆所不齒，此等風氣之造成，較諸授人民以行陳擊刺之技，實尤要也。言不能悉，舉一端，他可類推。

昔時讀史者，多注重於個人之行爲，故多崇拜英雄，今日之眼光，則異於是。何者？知事之成敗，複雜萬端，成者不必有功，敗者不必有罪，謀勝者不必智，戰敗者不必怯也。生物界之情形，大抵中材多，極强極弱者少，惟人亦然，無時無地無英雄，亦無時無地無庸劣之士。羣之盛衰，非判之於其有材無才，乃判之於有材者能否居於有所作爲之地位，庸劣者能否退處不能爲害之地位耳。故望君子道長，小人道消。君子道消，小人道長，言消長而不言有無，其意可深長思也，此義言故與學者，皆不可不知也。

〔七一二〕 突厥與蒙古同祖

突厥原起，《北史》所載，凡有三説。一曰："其先居西海之右，獨爲部落，蓋匈奴之别種也。姓阿史那氏。後爲鄰國所破，盡滅其族。有一兒，年且十歲，兵人見其小，不忍殺之，乃刖其足，斷其臂，棄草澤中。有牝狼以肉餌之。及長，與狼交合，遂有孕焉。彼王聞此兒尚在，重遣殺之。使者見在狼側，并欲殺狼。於時若有神物，投狼於西海之東，落高昌國西北山。山有洞穴，内有平壤茂草，周迴數百里，《隋書》作地方二百餘里。四面俱山，狼匿其中，遂生十男。十男長，外託妻孕。其後各爲一姓，阿史那即其一也，最賢，遂爲君長。故牙門建狼頭纛，示不忘本也。漸至數百家。經數世，有阿賢設者，率部落出於穴中，臣於蠕蠕。"二曰："突厥本平涼雜胡，姓阿史那氏。魏太武皇帝滅沮渠氏，阿史那以五百家奔蠕蠕。世居金山之陽，爲蠕蠕鐵工。金山形似兜鍪,俗號兜鍪爲突厥。因以爲號。”三曰:“突厥之先,出於索國,在匈奴之北。其部落大人曰阿謗步,兄弟七十人,其一曰伊質泥師都,狼所生也。阿謗步等性并愚癡,國遂被滅。泥師都既别感異氣,能徵召風雨。娶二妻,云是夏神、冬神之女。一孕而生四男:其一變爲白鴻;其一國於阿輔水、劍水之間,號爲契骨;其一國於處折水;其一居跋斯處折施山,即其大兒也。山上仍有阿謗步種類,并多寒露。大兒爲出火温養之,咸得全濟。遂共奉大兒爲主,號爲突厥,即納都六設也。都六有十妻,所生子皆以母族姓,阿史那是其小妻之子也。都六死,十母子内欲擇立一人。乃相率於大樹下,共爲約曰:向樹跳躍,能最高者,即推立之。阿史那年幼,而跳最高,諸子遂奉以爲主,號阿賢設。”又《元史譯文證補》譯拉施特《蒙古全史》,述蒙古緣起曰:“相傳古時蒙兀與他族戰,全軍覆没。僅遺男女各二人,遁入一山,斗絶險巇,惟一逕通出入。而山中壤地寬平,水草茂美,乃攜牲畜輜重往居,名其山曰阿兒格乃衮。二男:一名腦古,一名乞顔。乞顔,義爲奔瀑急流。以其膂力邁衆,一往無前,故以稱名。乞顔後裔繁盛,稱之曰乞要特。乞顔變音爲乞要,曰特者,統類之詞也。後世地狹人稠,乃謀出山,而舊逕蕪塞,且苦艱險。繼得鐵礦,洞穴深邃,爰伐木熾炭,篝火穴中。宰七十牛,剖革爲筩,鼓風助火,鐵石盡鎔,衢路遂闢。後裔於元旦鍛鐵於爐,君與宗親,次第捶之,著爲典禮。”與《北史》第一説絶相類。而鍛鐵之説,又足與第二説之世爲鐵工相印證。以風馬牛不相及之兩族,而其傳説之相似,至於如是,實可異也。土門求婚柔然,阿那瓌詈之曰:爾是我鐵奴,何敢發是言也。

民族繆悠之傳説,雖若爲情理所必無。然其中必有事實存焉。披沙揀金,往往見寶,正不容以言不雅馴,一筆抹殺也。今試先即《北史》所載三説觀之。案此三説雖相乖異,然其中仍有相同之處。突厥姓阿史那氏,一也;突厥有十姓,阿史那其一,二也;首出之主曰阿賢設,三也;突厥先世,嘗爲他族所破滅,四也。狼生十子,説極荒唐,然突厥後世,牙門實建有狼頭纛。又有所謂九姓部落者,於突厥爲最親。九姓之名：曰藥羅葛，曰胡咄葛，曰啒羅勿，曰貊歌息訖，曰阿勿嘀，曰葛薩，曰斛嗢素，曰藥勿葛，曰奚邪勿。見《唐書·回紇傳》。《突厥傳》述突厥之亡，謂後或朝貢，皆舊部九姓云。此謂阿史那氏既亡，其餘九姓，猶或來朝貢也。又《回紇傳》載九姓胡勸牟羽可汗入寇，宰相頓莫賀達干諫，不聽，怒，遂弑可汗。屠其支黨及九姓胡幾二千人。九姓胡先隨回紇入中國者聞之，因不敢歸。此爲九姓胡與回紇有别之證。九姓胡既與回紇較疏，則突厥之於九姓，必較回紇爲親。故《唐書》稱爲舊部。蓋回紇等皆後來服於突厥者，惟九姓則爲阿史那同族也。又突厥可汗，嘗歲率重臣，祭其先窟。而西突厥亦歲遣使臣，向其先世所居之窟致祭。則繆悠之傳説，實爲數典所不忘，斷不容指爲虚誣矣。據《元史譯文證補》，突厥最西之可薩部，實在裏海、黑海之濱。然則突厥先世，殆本居西海之右，迨爲他族所破，乃輾轉遁入阿爾泰之南山中，其地在高昌西北，其名則跋斯處折施邪？鍛鐵之業，發明頗難。鮮卑、契丹皆與漢人相習久而後能之。女真初起時，漢人有攜甲至其部者，尚率其下出重貲以市。突厥僻陋，未必有此。或沮渠亡後，敗逋北走者之所教與？

蒙古傳説，與突厥相類，洪氏疑蒙人襲突厥唾餘以叙先德。夫突厥之在當日，則亦敗亡奔北之餘耳，引爲同族，豈足爲榮？若謂傳述者語涉不經，載筆者意存毁謗，則拉施特身仕宗藩之朝，親見捶鐵典禮；又乞要特即奇渥温，爲有元帝室得氏之由，亦斷不容指爲虚構。拉施特之脩史也，其主盡出先時卷牘，以資考核；又命蒙古大臣，諳習掌故者，襄理其事；安得作此謂他人父之言？拉施特亦安敢億造異説，作爲謗書邪？然此説與《北史》第一説，相類太甚。又《蒙古祕史》，蒙古始祖名孛兒帖赤那，譯言蒼狼。帖赤那與阿史那、泥師都，似皆同音異譯；雖欲不謂爲一説而不得也。此又何故邪？予反覆思之，然後知蒙古爲韃靼、室韋雜種，韃靼爲靺鞨及沙陀突厥雜種，拉施特《蒙古全史》之説，確與《北史》第一説，同出一原也。

蒙古先世，《元史》不載。洪氏謂即《唐書》大室韋之蒙兀部，其説甚確。然蒙人實自稱韃靼。《祕史》即然。《祕史》作達達，即韃靼異譯也。順帝北遷，五傳而大汗統絶。其後裔仍自號韃靼可汗。此何説邪？

《五代史》云："韃靼，靺鞨之遺種。本在奚、契丹之東北。後爲契丹所攻，而部族分散。或屬契丹，或屬渤海。别部散居陰山者，自號韃靼。後從克用入關，破黄巢。由是居雲、代之間。"據《唐書》、《五代史》、《遼史》，渤海盛時，靺鞨悉役屬之。契丹太祖以前，并無攻破靺鞨之事。《滿洲源流考》引《册府元龜》：謂"黑水帥突地稽，隋時率部落千餘家内屬，處之營州。唐武德中，以其部落置燕州。《五代史》所謂爲契丹攻破者，實即此族。"其説是也。然此族實與室韋之蒙兀部風馬牛不相及，何緣以之自號乎？案彭大雅《黑韃事略》曰："黑韃之國，號大蒙古。沙漠之地，有蒙古山。韃語謂銀曰蒙古。女真名其國曰大金，故韃名其國曰銀。"黄震《古今紀要逸編》云："韃靼與女真同種，皆靺鞨之後。其在混同江者曰女真。在陰山北者曰韃靼。韃靼之近漢者曰熟韃靼，遠漢者曰生韃靼。韃靼有二：曰黑，曰白，皆事女真。黑韃靼至忒没真叛之，自稱成吉思皇帝。又有蒙古國，在女真東北。我嘉定四年，韃靼始并其名號，稱大蒙古國。"孟珙《蒙韃備録》曰："韃靼始起，地處契丹西北。族出於沙陀别種，故歷代無聞。其種有三：曰黑，曰白，曰生。案生、熟自以距漢遠近言，不得與黑白并列爲種别，此説蓋誤。所謂白韃靼者，顔貌稍細。所謂生韃靼者，甚貧，且拙，且無能爲，惟知乘馬隨衆而已。今成吉思皇帝及將相大臣，皆黑韃靼也。"據此三説，則韃靼及蒙古，自係二族。而韃靼之中，又有黑、白之别。族出於沙陀别種，蓋緣李克用敗亡，曾居其部，遺種與靺鞨相雜，遂生黑白之别，其無足怪。惟所謂蒙古國者，除室韋之蒙兀部，無可當之。二者相距甚遠，何由并合，爲可疑耳。案《蒙韃備録》又云："韃人在本國時，金虜大定間，燕京及契丹地有謡言云：韃靼去，趕得官家没處去。虜酋雍宛轉聞之，驚曰：必是韃人，爲我國患。乃下令：極於窮荒，出兵勦之。每三歲，遣兵向北勦殺，謂之減丁。迄今中原盡能記之。韃人逋逃沙漠，怨入骨髓。至僞章宗明昌年間，不令殺戮。以是韃人稍稍還本國，添丁長育。"因童謡而出兵勦殺，語涉不經。然世宗初年，北邊曾有移剌窩斡之亂，牽動甚衆，仍歲興師，説非無據。韃靼之北走而與蒙兀合，蓋在此時也。然此以韃靼之部落言也。至於有元帝室，則其與蒙兀部落之牉合，尚别有一重因緣。《蒙古祕史》云："自天而生之孛兒帖赤那，與其妻豁阿馬闌勒，同渡騰吉思水，東至斡難沐漣之源不兒罕哈勒敦。"孛兒帖赤那，譯言蒼狼。豁阿，女子美稱。馬闌勒，譯言慘白牝鹿。乃人以狼鹿名。《大典》本之譯述，意在考證蒙古語言，非以求其史實。故但旁注其爲狼鹿，而不復釋爲人名。輯《大典》本《祕史》者，但就其旁解之文鈔之，遂有狼鹿生人之謼也。此爲奇渥温氏徙居漠北之始。孛兒帖赤那生巴塔赤罕。巴塔赤罕生塔馬察。塔馬察生豁里察兒蔑兒干。豁里察兒蔑兒干生阿兀站孛羅温。阿兀站孛羅温生撒里合察兀。撒里合察兀生也客你敦。也客你敦生撏鎖赤。撏鎖赤生合兒出。合兒出生孛兒只吉歹蔑兒干。孛兒只吉歹蔑兒干之妻曰忙豁勒真豁阿。忙豁勒真，猶言蒙古部人。蓋孛兒帖赤那之後，至此娶蒙古部女，遂以蒙古爲部名。猶金始祖函普，娶完顏部女，子孫遂以完顏爲氏也。説本屠氏寄《蒙兀兒史記》。〇又案《蒙古源流考》云："土伯特智固木贊博汗，爲姦臣隆納木所弑。三子皆出亡。季子布爾特齊諾，渡騰吉思海，東行，至拜噶所屬之布爾干哈勒圖納山下必塔地方，人衆尊爲君長。"布爾特齊諾即《祕史》之孛兒帖赤那也。或據此，謂有元先世，出自吐蕃王室。然《源流考》之作，意在闡揚喇嘛教，故援蒙古以入吐蕃。其説殊不足信。即如此處，以智固木贊博汗爲色哩特贊博汗之子。色哩特贊博汗者，尼雅特贊博汗之八世孫也。而下文又云：尼雅特贊博汗七世孫色哩特贊博汗，爲其臣隆納木所弑。又此處述智固木贊博汗，遠在名哩勒丹蘇隆贊之前。名哩勒丹蘇隆贊即《唐書》之棄宗弄讚，與太宗同時者也。其言尚可信乎？爲金守長城之部曰汪古。成吉思汗之侵金，汪古實假以牧地，爲之鄉導，故金人先失外險，猝不及防。乃蠻之伐蒙古，約汪古與俱。汪古以告成吉思，成吉思乃得先發制人。蓋汪古之於蒙古，論部酋，論部族，皆有同族之親；而滅丁剿殺之舉，汪古雖力不能救，未嘗不心焉痛之；故於元爲特厚，而於金乃獨酷邪？納都六三字，與腦古音極相近。"設"爲突厥别部典兵者之稱。豈突厥先世，爲他族所破壞後，分爲二派：一爲腦古，即納都六設；一爲乞顔，即奇渥温氏之祖與？果然，則阿兒格乃衮之名，且足補突厥先窟稱名之闕矣。

寫於一九三四年四月前

〔七一三〕　突厥渠帥凡五

隋文帝討沙鉢略之詔曰："且彼渠帥，其數凡五。"五者，蓋謂沙鉢略一、菴羅二、阿波三、處羅侯四、貪汗五也。突厥之大，肇基葉護，《隋書》但云"當後魏之末，有伊利可汗，以兵擊鐵勒，大敗之，……遂求婚於茹茹"俱見《隋書・突厥傳》。而已。不言其與葉護世係也。《新唐書・西突厥傳》則云："西突厥，其先訥都陸之孫吐務，號大葉護，長子曰土門伊利可汗，次子曰室點蜜，亦曰瑟帝米。即室點蜜異譯耳。《隋書・突厥傳》云：攝圖號伊利俱盧設莫何始波羅可汗，一號沙鉢略。下文沙鉢略致書隋文帝，自稱伊利俱盧設莫何始波羅可汗，而文帝報書稱爲伊利俱盧設莫何沙鉢略可汗，明沙鉢略即始波羅異譯也。瑟帝米之子曰達頭可汗……始與東突厥分烏孫故地有之。"則似當大葉護時，已有二子東西分治之制矣。《周書・突厥傳》云："土門死，子科羅立。科羅號乙息記可汗。科羅死，弟俟斤立，號木汗可汗。"《隋書・突厥傳》云："伊利可汗卒，弟逸可汗立。病且卒，捨其子攝圖，立其弟俟斗，當作俟斤，字之誤。稱爲木杆可汗。"《北史・突厥傳》云："乙息記可汗且死，捨其子攝圖，立其弟俟斤，是爲木杆可汗。"明乙息記與逸可汗爲一人。後來攝圖捨其子雍虞閭，而立其弟處羅侯。雍虞閭使迎之，處羅侯曰："我突厥自木杆可汗以來，多以弟代兄，以庶奪嫡，失先祖之法，不相敬畏。汝當嗣位，我不憚拜汝也。"《北史》、《隋書・突厥傳》。可見突厥弟兄相及，實始木杆矣。《周書・楊忠傳》：忠以保定三年與突厥伐齊，木汗可汗、控也頭可汗、步離可汗等以十萬騎來會。又《楊荐傳》："孝閔帝踐阼，使突厥結婚。突厥可汗弟地頭可汗阿史那庫頭居東面，與齊通和，説其兄欲背先約。"地頭疑即也頭字之誤。木杆復捨其子大邏便，而立其弟，是爲佗鉢可汗。佗鉢以攝圖爲爾伏可汗，統其東面；又以其弟褥但可汗子爲步離可汗，居西方。見《北史》、《隋書・突厥傳》。然則步離殆爲居西方者之稱號，木杆時,也頭或地頭亦當統東面也。佗鉢且卒,謂其子菴羅避大邏便,而菴羅竟立。旋又讓於攝圖,是爲沙鉢略可汗、居都斤山,菴羅降居獨洛水,稱第二可汗。大邏便謂沙鉢略曰:"我與爾俱可汗子。爾今極尊,我獨無位,何也?"沙鉢略患之,以爲阿波可汗,還領所部。見《北史》、《隋書·突厥傳》。隋文帝討沙鉢略之役,沙鉢略率阿波、貪汗二可汗來拒戰。長孫晟使説阿波,阿波留塞上,使人隨晟入朝。攝圖聞其貳,乃掩北牙,盡獲其衆,而殺其母。事見《隋書·長孫晟傳》。云北牙,蓋對攝圖所遷爲南牙言之。然則《突厥傳》云阿波還領所部者,即謂還居木杆故地;還領所部者爲北,乃對攝圖所處爲南而言之也。晟之説文帝曰:"通使玷厥,説合阿波,則攝圖迴兵,自防右地。又引處羅,遣連奚霫,則攝圖分衆,還備左方。"《長孫晟傳》。明阿波在西,處羅在東。然阿波之爲右,特對處羅之在左言之。以言木杆分國之舊,則右方實當爲貪汗。故阿波、攝圖之釁既啓,攝圖以貪汗素睦於阿波,奪其衆而廢之,而貪汗亦亡奔達頭也。處羅侯之子啓民,染干。初號突利可汗,《突厥傳》以爲沙鉢略子,誤。長孫晟曾與相見,必不誤也。其後始畢之子什鉢,亦號突利可汗,居東方。然則居東方者,又嘗號突利。要之大可汗外,以一人分主東方,一人分主西方,殆爲突厥之定制。至沙鉢略時,既有一廢可汗之子,稱爲第二可汗,又有更前可汗之子,還據舊都,而與己相侔,以致與己而爲五,已足啓分崩之漸。

又案王孝傑在西域取四鎮後,尚有冷泉之捷,事在延載元年,見《新唐書·本紀》,其詳則見於《西突厥傳》。云:"西突厥部立阿史那俀子爲可汗,與吐蕃寇武威道。大總管王孝傑與戰冷泉、大領谷,破之。碎葉鎮守使韓思忠又破泥熟俟斤及突厥施質汗、胡禄等,因拔吐蕃泥熟没斯城。"《通鑑》則云:"武威道總管王孝傑破吐蕃勃論贊及突厥可汗俀子等於冷泉及大嶺,各三萬餘人。碎葉鎮守使韓思忠破泥熟俟斤等萬餘人。"《考異》曰:"此事諸書皆無,惟《統紀》有之。《統紀》又破吐蕃萬泥勳没馱城,此語不可曉,今删去。"案《新唐書》之文,與《統紀》大同小異,云惟《統紀》有之,蓋温公之偶疏。所删《統紀》之語，雖不甚可曉，要爲當時與蕃戰又一克捷。“泥熟没斯城”，蓋即泥熟俟斤所居，俟斤乃突厥官號。而云“吐蕃泥熟没斯城者”，蓋時泥熟俟斤服屬於吐蕃也。此役蓋吐蕃、突厥連兵而來，然卒爲孝傑等所破，可見吐蕃在西域兵力有限，此欽陵所由但以筆舌求之而終不能以兵力取之也。天寶後，河隴雖陷，而安西、北庭仍久之而後亡，竊疑其亦由於此。

〔七一四〕　突厥之兵

《北史·高車傳》云：“爲性麤猛，黨類同心，至於寇難，翕然相依。鬭無行陳，頭别衝突，乍出乍入，不能堅戰。”《鐵勒傳》曰：“人性凶忍，善於騎射。貪婪尤甚，以寇抄爲生。”是其事也。社崙始立軍法：以千人爲軍，軍置將；百人爲幢，幢置帥。先登者賜以鹵獲，退懦者，以石擊首殺之，或臨時捶撻，見《北史·蠕蠕傳》。然收效蓋寡。楊忠與突厥伐齊，還，言於周武帝曰：“突厥甲兵惡，賞罰輕，首領多而無法令，何謂難制馭？”《北史·突厥傳》。頡利入寇，唐太宗謂突厥“衆而不整，君臣惟利是視。可汗在水西，而酋帥皆來謁我，我醉而縛之，其勢易甚”。《唐書·突厥傳》。可見自南北朝至隋、唐，其散漫情形，迄未嘗改。此其所以地雖廣，兵雖多，而終不競於中國歟？《北史·突厥傳》：“候月將滿，轉爲寇抄。”與匈奴同，蓋所以利夜行也。

〔七一五〕　賨、叟、駱、蜀

《後漢書·劉表傳》：“初平元年，長沙太守孫堅殺荆州刺史王叡，詔書以表爲荆州刺史。時江南宗賊大盛。”亦見《三國志·劉表傳注》引司馬彪《戰略》，蓋《後漢書》所本。《注》云：“宗黨共爲賊。”何義門云：“宗恐與巴賨之賨同義，南蠻號也。"案何説是也。賨人，即《後漢書》所謂巴郡南郡蠻。《後漢書》云："秦昭襄王時，有一白虎，嘗從羣虎數遊秦、蜀、巴、漢之境，傷害千餘人。昭王乃重募國中有能殺虎者，賞邑萬家，金百鎰。時有巴郡閬中夷人，能作白竹之弩，乃登樓射殺白虎。昭王嘉之，而以其夷人，不欲加封，乃刻石盟要，復夷人頃田不租，十妻不算，傷人者論，殺人者得以倓錢贖死。至高祖爲漢王，發夷人還伐三秦。秦地既定，乃遣還巴中，復其渠帥羅、朴、督、鄂、度、夕、龔七姓不輸租賦，餘户乃歲入賨錢，口四十。"《南蠻傳》。《晉書・李特載記》云："秦并天下，以爲黔中郡，薄賦斂之，口歲出錢四十，巴人呼賦爲賨，因謂之賨人焉。"此説亦誤。《三國・蜀志・季漢輔臣贊》云：程季然，"劉璋時爲漢昌長。縣有賨人，種類剛猛，昔從高祖以定關中。"蓋因其人名賨，乃稱其所出之錢爲賨錢，非呼賦爲賨，而謂其人爲賨人也。

賨人當後漢末，蔓衍頗廣。《三國・吴志・孫策傳》曰：時，豫章上繚宗民萬餘家在江東，策勸廬江太守劉勳攻取之。《注》引《江表傳》曰：勳"乃遣從弟偕告糴於豫章太守華歆。歆郡素少穀，遣吏將偕就海昏上繚，使諸宗帥共出三萬斛米以與偕。偕往歷月，纔得數千斛。偕乃報勳，具説形狀，使勳來襲取之。勳得偕書，便潛軍到海昏邑下。宗帥知之，空壁逃匿，勳了無所得"。又《太史慈傳注》引《江表傳》曰："慈見策曰：鄱陽民帥别立宗部，阻兵守界，不受子魚所遣長吏。海昏有上繚壁，有五六千家相結聚作宗伍，惟輸租布於郡耳，發召一人遂不可得。"又《孫輔傳注》引《江表傳》曰："策既平定江東，逐袁胤。袁術深怨策，乃陰遣間使齎印綬與丹陽宗帥陵陽祖郎等，使激動山越，大合衆，圖共攻策。"則今江西、安徽均宗人所蔓衍矣。《後漢書・巴郡南郡蠻傳》云："建武二十三年，南郡潳山蠻雷遷等始反叛。遣武威將軍劉尚討破之，徙其種人七千餘口，置江夏界中，今沔中蠻是也。和帝永元十三年，巫蠻許聖等以郡收税不均，懷怨恨，遂屯聚反叛。明年夏，遣使者督荆州諸郡兵討破之。聖等乞降，復悉徙置江夏。"末年蔓衍今皖贛之境者，蓋即當時所徙也。然屯聚者，仍當以漢人爲多,特與賨相依附耳。參看《山越》條。

近人游記云:"暹羅人民,舊分暹與猓二種。暹之故國,實在緬甸北境,與雲南鄰。分南北二區,各有土王。予游仰光,嘗至上緬甸,入其王居。猓亦有土王。最尊者在暹北青梅。"又云:"暹人實來自雲南大理一帶。旅暹蕭君佛成,謂雲南土人言數與暹羅同。予聽之,惟五讀如海,六讀如霍,稱十二曰十雙,餘皆與華同。雲君竹亭有友,能操暹語。而不能操華語。至廣西,遇土人,語竟相通云。"予案暹即賨也。《三國・吴志・士燮傳》:燮卒,孫權以交阯縣遠,乃分合浦以北爲廣州,吕岱爲刺史;交阯以南爲交州;戴良爲刺史。又遣陳時代燮爲交阯太守。岱留南海,良與時俱前。行到合浦,而燮子徽,自署交阯太守,發宗兵拒良,交阯桓鄰,燮舉吏也,叩頭諫徽。徽怒,笞殺鄰。鄰兄治子發,又合宗兵擊徽。此即宗人之在後印度者也。

又賨、叟亦係同音。《蜀志・諸葛亮傳注》引《漢晉春秋》載亮上言曰:"自臣到漢中,中間朞年耳 ,然喪趙雲、陽羣、馬玉、閻芝、丁立、白壽、劉郃、鄧銅等及曲長屯將七十餘人,突將無前。賨、叟、青羌散騎、武騎一千餘人,此皆數十年之内所糾合四方之精鋭,非一州之所有。"此特以大體言之,賨、叟未必不取自蜀。《後漢書・劉焉傳》:"馬騰與範劉焉第四子。謀誅李傕,焉遣叟兵五千助之。"《三國・蜀志・二牧傳》:"劉璋聞曹公征荆州,遣别駕從事蜀郡張肅送叟兵三百人。"則叟兵正出於蜀。《後漢書》《注》曰:"漢世謂蜀爲叟。孔安國注《尚書》云:蜀,叟也。"又《董卓傳》:"吕布軍有叟兵内反。"《注》亦曰:"叟兵,謂蜀兵也。"竊疑蜀與賨、叟仍係一語。古稱蜀,漢世則或稱賨或稱叟耳。孔明以賨、叟連稱,蓋所謂複語。或自巴以東稱賨,蜀稱叟,孔明之兵二者兼有,故并舉之邪?《後漢書・光武紀》:建武十九年,西南夷寇益州郡。《注》引《華陽國志》曰:"武帝元封二年,叟夷反。將軍郭昌討平之,因開爲益州郡。"《西南夷邛都夷傳》:越巂太守"巴郡張翕,政化清平,得夷人和。在郡十七年卒,夷人愛慕如喪父母。蘇祈叟二百餘人,齎牛羊送喪至翕本縣安漢,起墳祭祀"。《三國・蜀志・

李恢傳》:“遂以恢爲庲降都督,使持節領交州刺史,住平夷縣。先主薨,高定恣睢於越嶲,雍闓跋扈於建寧,朱褒反叛於牂牁。丞相亮南征,先由越嶲,而恢案道向建寧。諸縣大相糾合,圍恢軍於昆明。恢出擊,大破之。追奔逐北,南至槃江,東接牂牁,與亮聲勢相連。南土平定,恢軍功居多。後軍還,南夷復叛,殺害守將。恢身往撲討,鉏盡惡類,徙其豪帥於成都,賦出叟、濮耕牛戰馬金銀犀革,充繼軍資,於時費用不乏。”《張嶷傳》:“越嶲郡自丞相亮討高定之後,叟夷數反,殺太守龔禄、焦璜。”并今川、滇境夷人稱叟之證。

至於僚,《晉書·李勢載記》:“李奕自晉壽舉兵反之。初,蜀土無僚,至此始從山而出,北至犍爲、梓潼,布在山谷十餘萬落,不可禁制,大爲百姓之患。勢既驕吝,而性愛財色,荒淫不恤國事。夷僚叛亂,軍守離缺,境宇日蹙。”《苻堅載記》:堅遣王統、朱彤寇蜀,晉梁州刺史楊亮率巴僚萬餘拒之。益州陷後,蜀人張育、楊光等起兵與巴僚相應,以叛於堅。育自號蜀王,與巴僚酋帥張重、尹萬等進圍成都。《殷仲堪傳》:仲堪奏言:“巴、宕二郡,爲羣僚所覆,城邑空虛,士庶流亡,要害膏腴,皆爲僚有。”此所謂僚,并在巴、氐之地。《三國·蜀志·張嶷傳注》引《益部耆舊傳》,謂“牂牁、興古僚種復反”。《晉書·武帝紀》:太康四年,“牂牁僚二千餘落内屬。”則漢世夜郎之地,亦有僚矣。僚之名,漢世不見,非不見也,漢所謂甌駱者,即僚也。《史記·南越列傳》曰:“以兵威邊,財物賂遺閩越、西甌駱,役屬焉。”其謝文帝書云:“其西甌駱裸國亦稱王。”《傳》又云:“越桂林監居翁諭甌駱屬漢。”“其西甌駱”,《漢書》作“西有西甌”。而《史記·東越列傳》:惠帝三年,“立摇爲東海王,都東甌,世俗號爲東甌王。”《南越傳》《索隱》:“姚氏案:《廣州記》云:交趾有駱田,仰潮水上下,人食其田,名爲駱人,有駱王、駱侯。諸縣自名爲駱將,銅印青綬,即今之令長也。後蜀王子將兵討駱侯,自稱爲安陽王,治封溪縣。後南越王尉佗攻破安陽王,令二使典主交趾、九真二郡。”即駱越也。蓋單呼曰甌,曰駱,累呼則兼言甌駱,二字本雙聲。晉以後所謂僚,後漢時所謂哀牢,《三國志・霍峻傳》:"時永昌郡夷僚恃險不賓,數爲寇害。"此僚即哀牢之證。今日所謂仡佬,皆同音異字。而《廣州記》所謂蜀王子,亦即叟人,以蜀伐駱,即是以叟伐僚。以今日之語言之,則以暹伐佬耳。《廣州記》所載駱、蜀相争之事,《水經・葉榆水注》引《交州外域記》,言之尤詳。其言曰:"交趾昔未有郡縣之時,土地有雒田,其田從潮水上下。民墾食其田,因名爲雒民。設雒王、雒侯,主諸郡縣。縣多爲雒將,雒將銅印青綬。後蜀王子將兵三萬來討雒王、雒侯,服諸雒將,蜀王子因稱爲安陽王。後南越王尉佗舉衆攻安陽王。安陽王有神人,名皋通,下輔佐,爲安陽王治神弩一張,一發殺三百人。南越王知不可戰,卻軍住武寧縣;越遣太子名始,降服安陽王,稱臣事之。安陽王不知通神人,遇之無道。通便去,語王曰:能持此弩王天下,不能持此弩者亡天下。通去。安陽王有女名曰媚珠,見始端正,珠與始交通。始問珠,令取父弩視之。始見弩,便盜以鋸截弩,訖,便逃歸,報南越王。南越進兵攻之。安陽王發弩,弩折,遂敗。安陽王下船,逕出於海,越遂服諸雒將。"又曰:"越王令二使者典主交趾、九真二郡民。後漢遣伏波將軍路博德討越王。路將軍到合浦,越王令二使者齎牛百頭酒千鍾及二郡民户口簿詣路將軍,乃拜二使者爲交趾、九真太守。諸雒將主民如故。後朱䳒雒將子名詩,索䴊泠雒將女名徵側爲妻。側爲人有膽勇,將詩起賊,攻破州郡,服諸雒將,皆屬。徵側爲王,治䴊泠縣,復交趾、九真二郡民二歲調賦。後漢遣伏波將軍馬援將兵討側,詩走入金溪究,三歲乃得。爾時西蜀并遣兵共討側等,悉定郡縣,爲令長也。"《舊唐書・地理志》引《南越志》云:"交趾之地,最爲膏腴,舊有君長日雄王,其佐日雄侯。後蜀王將兵三萬討雄王,滅之。蜀以其子爲安陽王,治交趾。尉佗在番禺,遣兵攻之。王有神弩,一發殺越軍萬人,趙佗乃與之和,以其子始爲質。安陽王以媚珠妻之。子始得弩,毁之。越兵至,乃殺安陽王,兼其地。"此所謂日雄王、日雄侯乃"曰雒王、曰雒侯"之誤。下文雄王,亦雒王之誤。《後漢書・臧宫傳》:"建武十一年,將兵至中盧,屯駱越。"《注》:"中盧,縣名,屬南郡。蓋駱越人徙於此,因以爲名。"此駱越其本必在巴、氐之地,尤顯而易見也。

叟之所居,與氐密邇,故二字亦連稱。《李特載記》曰:辛冉"遣人分牓通逵,購募特兄弟,許以重賞。特見,大懼,悉取以歸,與驤改其購云:能送六郡之豪李、任、閻、趙、楊、上官及氐叟侯王一首,賞百匹。"此氐叟二字,亦複語耳。其北出者多稱氐,亦或稱叟。《懷帝紀》:永嘉三年七月,"平陽人劉芒蕩自稱漢後,誑誘羌戎,僭帝號於馬蘭山。支胡五斗叟郝索聚衆數千爲亂,屯新豐,與芒蕩合黨。"《高密孝王略傳》:“京兆流人王逌與叟人郝洛聚衆數千,屯於冠軍。”此所謂叟,即北朝時所謂“蜀與汾胡結不解緣”者也,在晉世亦或稱蜀。《孝武帝紀》: 太元十八年九月,“楊佺期擊氐帥楊佛嵩於潼谷,敗之。”《姚萇載記》云:“楊佛嵩帥胡蜀三千餘户降於萇,晉將楊佺期、趙睦追之。”《載記》之蜀,即《本紀》之氐也。

南北朝之世,賨、叟之名罕見,皆稱爲蜀。《宋書・孔覬傳》:“阮佃夫募得蜀人數百,多壯勇便戰,皆著犀皮鎧,執短兵。本應就佃夫向晉陵,未發,會農夫須人,分以配之。及戰,每先登,東人并畏憚。又怪其形飾殊異,舊傳狐獠食人,每見之輒奔走。”《五行志》:“晉元帝永昌元年,寧州刺史王遜遣子澄入質,將渝、濮雜夷數百入京邑。民忽訛言寧州人大食人家小兒。親有見其蒸煮滿釜甑中者。又云失兒皆有主名,婦人尋道,拊心而哭。於是百姓各禁録小兒,不得出門。尋又言已得食人之主,官當大航頭大杖考竟。而日有四五百人晨聚航頭,以待觀行刑。朝廷之士相問者,皆曰信然。或言郡縣文書已上。王澄大懼,檢測之,事了無形,民家亦未嘗有失小兒者; 然後知其訛言也。”此事蓋即所謂舊傳狐獠食人者,蜀之即僚可知矣。其在北者,以河東爲大宗; 在河東者,又以薛氏爲大。《魏書・太祖紀》: 天興元年,河東蜀薛榆、氐帥符興各率其種内附。二年,蜀帥韓礱内附。《太宗紀》: 永興三年河東蜀民黄思、郭綜等率營部七百餘家内屬。泰常三年,河東胡、蜀五千餘家相率内屬。八年,河東蜀薛定、薛輔率五千餘家内屬。《世祖紀》: 太平真君六年,河東蜀薛永宗舉兵與蓋吴相應。明年爲魏所破,永宗男女無少長皆赴汾水死。《薛辯傳》曰:“其先自蜀徙於河東之汾陰,因家焉。祖陶《北史》作濤。與薛祖、薛落等分統部衆,世號三薛。父彊《北史》作强。復代領部落,而祖、落子孫微劣,彊遂總攝三營。歷石虎、苻堅,常憑河自固。仕姚興爲鎮東將軍,入爲尚書。彊卒,辯復襲統其營。劉裕平姚泓,辯舉營降裕。及裕失長安,辯來歸國。子謹隨裕渡江。辯將歸國,密使報謹,遂自彭城來奔。”其後世仕魏。蓋吴、薛永宗舉兵時,謹子洪祚世祖賜名初古拔。受詔糾合宗鄉，壁於河際，以斷其往來之路。蓋其黨類猶在也。《北史・辯傳》云：强字威明，與王猛友善。“桓温入關中，猛以巾褐謁之。温曰：江東無卿比也。秦國定多奇士，如生輩尚有幾人？吾欲與之俱南。猛曰：公求可與撥亂濟時者，友人薛威明其人也。温曰：聞之久矣。方致朝命。强聞之，自商山來謁。與猛皆署軍謀祭酒。强察温有大志而無成功，乃勸猛止。俄而温敗。乃苻堅立，猛見委任。其平陽公融爲書，將以車馬聘强，猛以爲不可屈，乃止。及堅如河東伐張平，自與數百騎馳至强壘下，求與相見。强使主簿責之。因慷慨宣言曰：此城終無生降之臣，但有死節之將耳。堅諸將請攻之。堅曰：須吾平晉，自當面縛。捨之以勸事君者。後堅伐晉，軍敗，强遂總宗室强兵，威振河輔。强卒，辯襲統其營。”蓋諸薛之在汾陰，根柢深固，不肯捨之而去。其不屈於苻堅，與其不肯隨桓温而南，用意正同，非果能豫燭温之喪敗也。諸薛雖仕於魏，而河東之蜀，黨類迄未嘗涣，延及秦、隴，亦多聲氣相通，迄周、齊之世猶然。《魏書・文成五王傳》：河間王琛以討汾晉胡、蜀，卒於軍。長孫道生曾孫稚，正平郡蜀反，假鎮西將軍、討蜀都督討之。《魏書・長孫道生傳》。時則建興蜀亦反，源賀孫子恭與稚合勢進討，大破之。《魏書・源賀傳》。孝昌二年，絳蜀反，費于之孫穆討平之。《魏書・費于傳》。《傅豎眼傳》：爲益州刺史。及高肇伐蜀，假豎眼征虜將軍、持節，領步兵三萬先討北巴。蕭衍遣寧州刺史任太洪從陰平入益州北境，欲擾動氐蜀，以絶運道。氐蜀翕然從之。太洪率氐蜀數千圍逼關城，豎眼遣寧朔將軍成興孫討之。太洪遣軍主邊昭等率氐蜀三千攻逼興孫栅。《尒朱兆傳》：兆將入洛陽，招齊獻武王，獻武辭以山蜀未平，今方攻討。《北齊書・神武紀》云：辭以絳蜀、汾胡數反。《尒朱天光傳》：天光爲雍州刺史，以討万俟醜奴，赤水蜀賊斷路，天光擊破之。此事亦見《周書》賀拔岳寇洛，《李弼》、《侯莫陳悦傳》皆云討赤水蜀。《自序》云：子建除東益州刺史。“正光五年，南、北二秦城人莫折念生、韓祖香、張長命相繼構逆，僉以州城之人莫不勁勇，同類悉反，宜先收其器械。子建以爲城人數當行陳，盡皆驍果，安之足以爲用,急之腹背爲憂,乃悉召居城老壯曉示之。并上言:諸城人本非罪坐而來者,悉求聽免。肅宗優詔從之。子建漸分其父兄子弟外居郡戍,内外相顧,終獲保全。及唐永代之,羣氏慕戀,相率斷道。慰譬旬日,方得前行。東益氐、蜀尋反,攻逼唐永,永棄城而走。”《北齊書·封隆之傳》:子子繪,爲平陽太守,“大軍討復東雍,平柴壁及喬山、紫谷絳蜀等,子繪恒以太守前驅慰勞。”此所謂蜀,并即巴氐。《魏書·董紹傳》云:“蕭寶夤反長安也,紹上書求擊之,云:臣當出瞎巴三千,生噉蜀子。肅宗謂黄門徐紇曰:此巴真瞎也?紇曰:此是紹之壯辭,云巴人勁勇,見敵無所畏懼,非實瞎也。”其明證也。《周書·異域傳》云:“世宗時,興州人段吒及下辯、柏樹二縣民反,氐酋姜多復率廚中氐、蜀攻陷落叢郡以應之。”姜爲羌姓,而姜多復爲氐帥,則氐、羌族類相近耳。

《魏書·自序》謂東益州城人莫不勁勇;徐紇亦謂巴人勁勇,見敵無所畏懼;則巴氐北遷之後,剽悍之性,初未失墜。《北史》載:魏孝文與朝臣論海内姓地人物,“戲謂薛謹孫聰曰:世人謂卿諸薛是蜀人,定是蜀人不?聰對曰:臣遠祖廣德,世仕漢朝,時人呼爲漢臣。九世祖永隨劉備入蜀,時人呼爲蜀臣。今事陛下,是虜,非蜀也。帝撫掌笑曰:卿幸可自明非蜀,何乃遂復苦朕?”孝文雖虜,頗即華風,非苦人如唐太宗者;以蜀戲聰,明聰非蜀。然洪祚族叔安都實勁勇有氣力,不下於楊大眼,久與之居,故當習而自化耳。

《後漢書·板楯蠻傳》云:“閬中有渝水,其人多居水左右。俗喜歌舞,高祖觀之,曰:此武王伐紂之歌也。乃命樂人習之,所謂《巴渝舞》也。”漢初雅樂,實未淪亡,高帝之言,必有所據。乃晉以後所謂僚者,幾於一無所知,何哉?夫巴在春秋時,久與楚有交涉,非固陋之國也。秦滅巴、蜀,疑尚有待於戰國之時,豈有武王伐紂,乃能用劍閣以南之衆?竊疑《牧誓》所謂庸蜀等,并不在後世之地。巴氐亦然,其與僚實同類而異種。氐處水濱,僚居山谷,氐人北徙,僚乃乘虚出居平地,寖至蔓延,盡由李勢之失政也。率賨人從漢高定三秦者,名范因。

秦中既定，封爲閬中侯，前後《漢書》皆不載，見《晉書·樂志》。

原刊《雲南旅滬學會會刊》第二期，
一九三五年四月三十日出版

〔七一六〕丁　令

洪氏鈞《元史譯文證補》，謂：今日葱嶺西北西南諸部，我國統稱之曰回，西人則稱爲突厥。回紇之盛，威令未行於鹹海、裏海之間；其衰，播遷未越於葱嶺、金山以外。突厥盛時，東自遼海以西至西海，萬里；南自沙漠以北至北海，五六千里。極西之部可薩，亦曰曷薩。西國古籍，載此部名哈薩克，即曷薩轉音；亦曰喀薩克，即可薩轉音。裏海、黑海之北，皆其種落屯集。又東羅馬古書，載與突厥通使。東羅馬即《唐書》之拂菻國也。種落繁多，幅員遼闊，匈奴而後，實惟突厥。而散居西土，亦惟突厥舊部爲多。回紇、突厥之稱，誠不敢謂己是而人非。予案洪氏此言，乃知二五而不知一十也。若舉强部以概其餘，則西人與突厥之交涉多，而在東土，則回紇爲後亡，彼我所稱，均未爲失。若原其朔，則此族當正稱曰丁令。突厥、回紇皆其分部之後起者耳。我之稱回紇固非，彼之稱突厥，亦未是也。

丁令之名，昉見於漢。《山海經·海内經》："有釘靈之國，其民從膝以下有毛，馬蹏，善走。"《山海經》僞書，此條乃據後世史志所造。其來歷見《三國志》注引《魏略》。又黄佐《六藝流別》卷十七《五行篇》引《尚書大傳》："北方之極，自丁令北至積雪之野，帝顓頊神玄冥司之。"陳氏壽祺《尚書大傳輯校》採之。亦作丁零，丁靈。異譯作敕勒，又作鐵勒。中夏稱爲高車。《北史》分高車、鐵勒爲二傳，乃就其服於魏與未服於魏者分之，似無所據。《唐書》以回紇初與鐵勒諸部并屬突厥，仍列爲鐵勒十五部之一，而於突厥别爲一傳，不復著其爲鐵勒，亦未安也。

何以知突厥、回紇皆鐵勒之分部也？曰：言語相同，爲種族相同之鐵證。洪氏於突厥、回紇言語之相同者,歷舉凡如干事,則二者必爲同族無疑。《唐書》回紇本列爲鐵勒十五部之一。回紇又作袁紇。《魏書·高車傳》,其種有表紇氏。表紇即袁紇之譌。又《北史·鐵勒傳》:獨洛河北有韋紇。韋紇亦回紇之異譯也。回紇之爲鐵勒,明白無疑,而突厥言語,與之相同,安得不爲鐵勒哉?又突厥興於金山,金山固鐵勒之地也。《北史》述突厥緣起,其一説曰:突厥之先,"伊折泥師都娶二妻,云是夏神、冬神之女。一孕而生四男。其一國於阿輔水、劍水之間,號爲契骨。"契骨者,《唐書》所謂黠戛斯,古堅昆國。或曰居勿,曰結骨,其種雜丁令者也。又《魏書·高車傳》云:"或云:其先,匈奴之甥也。俗云:匈奴單于生二女,姿容甚美,國人皆以爲神。單于曰:我有此女,安可配人?將以與天。乃於國北無人之地築高臺,置二女其上。曰:請天自迎之。經三年,其母欲迎之。單于曰:不可,未徹之間耳。復一年,乃有一老狼,晝夜守臺嘷呼,因穿臺下爲空穴,經時不去。其小女曰:吾父處我於此,欲以與天。而今狼來,或是神物,天使之然。將下就之。其姊大驚,曰:此是畜生,無乃辱父母也。妹不從,下爲狼妻而産子。後遂滋繁成國。故其人好引聲長歌,又似狼嘷。"此説謂鐵勒之先,出於匈奴單于之二女,與伊質泥師都娶二妻之説,頗有類似之處。又《北史》述突厥原起第一説,亦以突厥爲狼種。突厥姓阿史那氏,以予考之,即《元祕史》帖赤那三字之異譯,義謂狼也。見《突厥與蒙古同祖》條。然則突厥、鐵勒,其謬悠傳説,亦實不可分也。

《魏書》云:"高車,蓋古赤狄之餘種也。初號爲狄歷,北方以爲勑勒,諸夏以爲高車、丁零。其語略與匈奴同,而時有小異。"赤狄餘種,不知何所據而云然。徵諸史傳,鐵勒之語亦無與匈奴類者。豈丁令種落有與匈奴近者,其種遂相雜,故其語多同,吾國人因别稱之曰高車以與其餘之丁零别與?赤狄餘種之説,似又因其語與匈奴同而附會,以古以匈奴即狄也。高車傳説既自託於匈奴之甥;又謂其先祖母,匈奴單于寘之國北無人之地;則高車故地,必在匈奴之北。謂其與匈奴相近，或不誣邪？《魏書》述高車之稱所由來，謂其"車輪高大，輻數至多"。阿卜而嘎錫則謂古時其部侵掠他族，鹵獲至多，騎不勝負。有部人能製車，車高大，勝重載，乃盡取鹵獲以返，故以高車名其部。見《元史譯文證補·康里補傳》。鐵勒種類，程度至低。能製車之部落，或亦其與匈奴近者與？推測之説，雖若可通，終未敢遂以爲信已。或云古代匈奴，實與漢族雜居大河流域。北荒之地，不得無人。今據《魏書》，則丁令、鐵勒、實爲狄歷異譯。狄歷疊韻，簡稱之，固可但作一狄字。豈古稱北族爲狄，其原實指此族言之邪？此説於音譯雖近，然丁令古代與漢族有交接之證據太乏，亦未敢遂以爲信也。○日本高桑駒吉曰：康里二字 Kankey 乃突厥語，謂車也。

寫於一九三四年四月前

〔七一七〕 丁 令 居 地

鐵勒諸族，大者曰突厥，曰薛延陀，曰回紇。突厥至南北朝之末始盛；延陀、回紇之强，則當唐世矣。然其種落散布朔垂，實由來已久。突厥疆域之廣，實由於此，非其力征經營，果有以超匈奴而幾蒙古也。今就諸史所載鐵勒居地，略爲考索如下。

鐵勒古稱丁令，其名首見於《史記·匈奴列傳》。《匈奴列傳》云：冒頓"北服渾庾、屈射、丁靈、鬲昆、薪犂之國"。《漢書》渾庾作渾窳，丁靈作丁零，鬲昆作隔昆，薪犂作新犂。新犂上又衍一龍字。《漢書·匈奴列傳》云：郅支"北擊烏揭，烏揭降。發其兵，西破堅昆，北降丁令"。《三國志注》引《魏略》云："呼得國在葱嶺北，烏孫西北，康居東北，勝兵萬餘人。堅昆國在康居西北，勝兵三萬人。丁令國在康居北，勝兵六萬人。此上三國，堅昆中央，俱去匈奴單于庭安習水七千里，《史記·索隱》亦引此語，而誤作接習水。南去車師六國五千里，西南去康居界三千里，西去康居王治八千里。或以爲此丁令即匈奴北丁令也，而北丁令在烏孫西，似其種別也。又匈奴北有渾窳國，有屈射國，有丁令國，有隔昆國，有新黎國，明北海之南自復有丁令，非此烏孫之西丁令也。”案匈奴徙蘇武北海上，丁令盜武牛羊，見《漢書·李廣蘇建傳》。北海，今拜喀勒湖，而此與堅昆、呼得接壤之丁令，則實在今西伯利亞西南境。隔昆、堅昆，一音之轉，即唐時之黠戛斯。《唐書·回鶻傳》：“黠戛斯，古堅昆國也。或曰居勿，曰結骨。其種雜丁令，乃匈奴西鄙也。其君曰阿熱。阿熱駐牙青山。青山之東，有水曰劍河。”劍河即後世之謙河，在今唐努烏梁海境内。見《元史譯文證補·謙河考》。安習水，今額爾齊斯河。烏孫，今伊犂。康居之地，起今伊犂之西，西訖裏海，北抵鹹海附近。《元史譯文證補·西域古地考康居奄蔡》。然則此三國之地，實在今西伯利亞境内，唐努烏梁海之西北，額爾齊斯河之東南，略當今吐魯番諸縣之正北。《魏略》云堅昆中央，而《漢書》云，郅支降烏揭後，西破堅昆，北降丁令，則烏揭在堅昆之東，丁令在堅昆之西北。其去北海，蓋千里而遥。故《三國志注》諍其非一，然按諸後世史傳，則丁令居地，實尚不止此也。《北史》述鐵勒諸部，勝兵最多者，不過三萬，且皆已合若干部落。而《魏略》謂丁令勝兵六萬，亦必合多部言之。

《北史·鐵勒傳》云：“鐵勒種類最多。自西海之東，依山據谷，往往不絶。獨洛河北，有僕骨、同羅、韋紇、拔也古、覆羅，并號俟斤，蒙陳、吐如紇、斯結、渾、斛薛等諸姓，勝兵可二萬。伊吾以西，焉耆之北，傍白山，則有契苾、薄落職、乙咥、蘇婆、那曷、烏護、紇骨、也咥、於尼護等，勝兵可二萬。金山西南，有薛延陁、咥勒兒、十槃、達契等，一萬餘兵。康國北，傍阿得水，則有訶咥、曷截、撥忽、比干、具海、曷比悉、何嵯蘇、拔也末、謁達等，有三萬許兵。得嶷海東西，有蘇路羯、三素咽、篾促、薩忽等諸姓，八千餘。拂菻東，則有恩屈、阿蘭、北褥、九離、伏嗢昏等，近二萬人。北海南，則都波等。雖姓氏各别，總謂爲鐵勒。”案以上諸部名，多不可句讀，然其地則大略可徵：西海，蓋今裏海。獨洛河，今土拉河。伊吾，今新疆哈密縣。焉耆，今新疆焉耆縣。白山在其北。金山，今阿爾泰山。康國，今撒馬兒干。得嶷海，疑今鹹海。拂菻，則羅馬也。

《新唐書》：鐵勒，凡十五部：曰袁紇，即回紇，居薛延陀北娑陵水上。曰拔野古，漫散磧北，地千里，直僕骨東，鄰於靺鞨。曰僕骨，在多覽葛之東，地最北。曰同羅，在薛延陀北，多覽葛之東，距京師七千里而羸。曰渾，在諸部最南。曰契苾，在焉耆西北鷹娑川，多覽葛之南。曰多覽葛，在薛延陀東，濱同羅水。曰都播，北瀕小海，西堅昆，南回紇。曰骨利幹，處瀚海北。其地北距海，去京師最遠，又北度海，則晝長夜短，日入烹羊胛，熟，東方已明。曰白霫，居鮮卑故地，直京師東北五千里，與同羅、僕骨接。避薛延陀，保奥支水、冷陘山，南契丹，北烏羅渾，東靺鞨，西拔野古，地圓袤二千里，山繚其外。曰斛薛，處多覽葛北。曰奚結，處同羅北。曰思結，在延陀故牙。回紇在薛延陀北娑陵水，則延陀故牙，在娑陵水南。娑陵水，今色楞格河。《唐書》異譯，亦作仙娥。同羅水，亦今土拉河。都播北瀕小海，蓋今庫蘇古爾。骨利幹北距海，仍即今拜喀勒湖。《地理志》：骨利幹西十三日至都播，又北六七日至堅昆，道里符合。惟謂骨利幹、都播二部落北有小海，冰堅時馬行八日可度，一似骨利幹、都播共瀕一小海者然，則語欠分析。馬行八日可度，自指拜喀勒湖，庫蘇古爾無此大。若謂都播亦瀕拜喀勒，則道里不合。且北海自古不稱小海，必《地理志》誤。至《北史》云北海南則都播等者，以北海爲大水，故舉以爲言；且言“等”，則非指都播一部也。鮮卑故地，當在今東北、蒙古之間。云圓袤二千里，山繚其外，則包今嫩江流域矣。

此族居地，蓋自貝加爾湖西附金山之陰；又西，當庫里鄂模，伊犂河所注泊，今圖作巴勒哈什。鹹海、裏海之北，直抵黑海。東西緜亘，成一直綫。南北朝以前，據漠南北之地者，爲匈奴、鮮卑。其西則中國、匈奴狎主齊盟之城郭三十六國也。又其西，則烏孫也，大宛也，大月氏也。繼大月氏而起者，則嚈噠也。皆强國也。故此族無由南牧。迨鮮卑漸次南遷，此族乃踵之而入色楞格、土拉二河流域，且東取鮮卑故地。其爲魏所破，而遷諸漠南者，則史所謂高車也。留居漠北，爲柔然所撫用者，則史所謂鐵勒也。至南北朝之末，而此族之中，自有一强部起，則突厥是也。突厥之興，適當柔然、嚈噠之衰，一舉而皆爲所破。

散處之鐵勒靡不臣之。而其疆域,遂大莫與京矣。延陀、回紇之盛,雖未能踵武突厥,摶東西爲一體,然其種人之散布各地者固自若。此其所以自唐以後,仍爲中西亞及東歐之一大族也。

寫於一九三四年四月前

〔七一八〕 丁令宗教

丁令諸族敬天地、日月、先祖,亦與匈奴同。《隋書·突厥傳》:"五月中,多殺羊馬以祭天。"《北史·突厥傳》:"以五月中旬,集他人水拜祭天神。於都斤西五百里,有高山迥出,上無草樹,謂之勃登凝棃,夏言地神也。"此可見"因高祀高"之禮,意登封所由昉也。又云:"可汗恒處於都斤山。牙帳東開,蓋敬日之所出也。此類烏桓。每歲率諸貴人,祭其先窟。"西突厥亦"歲使重臣向其先世所居之窟致祭焉"。又曰:"以五月、八月聚祭神。"《高車傳》:"時有震死及疫癘,則爲之祈福。若安全無他,則爲之報賽。多殺雜畜,燒骨以燎,走馬遶旋,多者數百匝。男女無大小皆集會。"又曰:"文成時,五部高車合聚祭天,衆至數萬,大會走馬,殺牲游遶,歌吟忻忻。其俗稱自前世以來,無盛於此會。"此即匈奴蹛林之俗也。亦重休咎徵。木杆可汗與周武帝約昏,武帝使逆女,突厥貳於齊,會有雷風之變,乃許使者以后歸。《周書·皇后傳》。隋文帝之罪狀突厥也,曰:"彼地咎徵妖作,年將一紀。乃獸爲人語,人作神言,云其國亡,訖而不見。"《隋書·突厥傳》。文帝固好禨祥,然唐太宗亦謂突厥"盛夏而霜,五日并出,三月連明,赤氣滿野",《唐書·突厥傳》。則必彼中先有此等妖祥之説,然後中國從而摭拾之矣。又其見於《唐書》者:武德元年,始畢牙帳自破,明年而始畢死。天雨血三日,國中羣犬夜號,求之不見,而處羅死。均見《突厥傳》。"延陀將滅,有丐食於其部者,延客帳下,妻視客,人而狼首,主不覺,客已食,妻語部人共追之。至鬱督軍山,見二人焉,曰:我神也,薛延陀且滅。追者懼,卻走,遂失之。果敗此山下。"《回鶻傳》。又回紇人自述其亡國之事云:"唐以金蓮公主憲宗女太和公主,穆宗時,下嫁登囉羽録没密施句主毗伽可汗。又三傳而爲黠戛斯所破。女回紇葛勵的斤。別建牙於和林之別力跛力答,言婦所居山也。又有山曰天哥里于答哈,言天靈山也。南有石山曰胡力答哈,言福山也。唐使與相地者至其國,曰:和林之盛强,以有此山也。盍壞之以弱其國?乃詭語葛勵曰:既爲昏姻,將有求於爾,其與之乎?福山之石,於上國無所用,而唐人願見。葛勵與之。石大不能動,唐人烈而焚之,沃以醇酢,石碎,輦去,國中鳥獸爲之悲號。後七日,葛勵卒。自是災異屢見,民弗安居。傳位者又數亡,乃遷於西州。"語出虞集《高昌王世勳碑》,《元史·亦都護傳》採之,而誤西州爲交州。於内憂多患,一無所憶,而轉傳此荒誕不經之語,亦可以見其程度矣。《北史·高車傳》:"俗不清潔,喜致震霆。每震,則叫呼射天而棄之,移去。來歲,秋,馬肥,復相率候於震所,埋羖羊,然火拔刀,女巫祝説,似如中國袚除,而羣隊馳馬,旋繞百匝,乃止。人持一束柳桋回,豎之,以乳酪灌焉。"一震霆之微,亦以爲祥而禳之。可謂甚矣。

《唐書·黠戛斯傳》,謂其呼巫爲甘。黠戛斯雖白種,亦雜丁令,其語言多同回紇,此殆丁令語邪?柔然末主阿那瓌,兄曰醜奴。醜奴父曰伏圖,伏圖父曰那蓋。那蓋,可汗豆崙之叔父也。豆崙時,高車副伏羅部叛,部長阿伏至羅與從弟窮奇走車師之北,自立。豆崙與那蓋分兩道擊之,豆崙數敗,而那蓋累捷。國人咸以那蓋爲天所助,殺豆崙而立之。卒,伏圖立。時窮奇已爲嚈噠所殺,虜其子彌俄突等。阿伏至羅亦以殘暴,爲其下所殺。立其宗人跋利延。嚈噠將納彌俄突,國人殺跋利延迎立之。伏圖擊彌俄突,敗死於蒲類海北。醜奴立,壯健善用兵,西擊高車,大破之,禽殺彌俄突,盡并叛者,柔然復盛,實中興之主也,而以信巫亡其國。初,伏圖納豆崙之妻候吕陵氏,生醜奴、阿那瓌等六人。醜奴立後,忽亡一子,字祖惠,求募不能得。副升牟妻是豆渾地萬,年二十許,爲醫巫。言此兒今在天上,我能呼得之。醜奴母子欣悦。後歲仲秋,在大澤中施帳幄,齋潔七日,祈請天神。經一宿,祖惠忽在帳中,自云恒在天上。醜奴母子抱之悲喜,大會國人,號地萬爲聖女,納爲可賀敦,授夫副升牟爵位,賜牛馬羊三千頭。地萬既挾左道,亦有姿色,醜奴甚加寵愛,信用其言,亂其國政。如是積歲,祖惠年長,其母問之,祖惠言我恒在地萬家,不曾上天;上天者,地萬教也。其母以告醜奴,醜奴言地萬懸鑒遠事,不可不信,勿用讒言也。既而地萬恐懼,譖祖惠於醜奴,醜奴陰殺之。魏明帝正光初,醜奴母遣莫何去汾李具列等絞殺地萬。醜奴怒,欲誅具列等。會阿至羅未詳何人。侵醜奴,醜奴擊之,軍敗,還,爲母與其大臣所殺。立阿那瓌。十日,其族兄俟力發示發伐之,阿那瓌戰敗,南走歸魏。阿那瓌母及其二弟,尋爲示發所殺。見《北史·蠕蠕》、《高車傳》。案阿那瓌自降魏後、遂居漠南。北方諸部,非復威力所及,突厥遂以此時大張。向使仍居漠北,挾積世之聲威,以攝服諸部,突厥之興,或不至如是其速也。地萬雖以色寵,其始實由巫進,亦可見巫風之足以亡人國矣。僕固懷恩之挾回紇入寇也,回紇有二巫,言此行必不戰,當見大人而還。及與郭子儀盟,相顧笑曰:巫不吾欺也。其出兵必以巫卜可知。又其巫自謂能致風雨,亦常用之於行軍。見《唐書·回鶻傳》。《南史·蠕蠕傳》:"其國能以術祭天而致風雪,前對皎日,後則泥潦横流。故其戰敗,莫能追及。或於中夏爲之,則不能雨。問其故,蓋以暖云。"薛延陀之敗,會雨雪,衆皸瘃,死者十八。《唐書》謂"始延陀能以術禬神致雪,冀困勣師,及是反自敝"云。此即《悦般傳》所謂"術人能作霖雨盲風大雪及行潦"者,《北史·西域傳》。蓋北族之舊俗也。《北史·突厥傳》:可汗初立,近侍重臣等輿之以氈。隨日轉九回。每回,臣下皆拜。拜訖,乃扶令乘馬,以帛絞其頸,使纔不至絶,然後釋而急問之,曰:你能作幾年可汗?其主既神情瞀亂,不能詳定多少,臣下等隨其所言,以驗脩短之數。

〔七一九〕 奚

奚衆當唐時,未嘗犯邊,有勞征討,致遭破壞;然其後反弱於契丹,豈以宴安致然邪?抑其衆本寡弱也?南北朝時,奚分五部:曰辱紇主,曰莫賀弗,曰契箇,曰木昆,曰室得。有阿會氏,五部中最盛,諸部皆歸之。見《北史·奚傳》。唐時,五部:曰阿會,曰處和,曰奥失,曰度稽,曰元俟折。見《新唐書·奚傳》。五代時五部:曰阿薈,曰啜米,曰粤質,曰奴皆,曰黑訖支,《新五代史·奚傳》。蓋即唐五部異譯。居幽州東北數百里之琵琶川。契丹太祖强,奚服屬之,常爲之守界上。契丹苛虐,奚王去諸怨叛,以别部西徙嬀州,依北山射獵。嬀州北之山。常採北山麝香、人參賂劉守光以自託。其族至數千帳,始分爲東西奚。去諸卒,子掃剌立。莊宗破劉守光,賜掃剌姓李,更其名曰紹威。紹威卒,子拽剌立。初,紹威娶契丹女舍利逐不魯之姊爲妻。後逐不魯叛,亡入西奚,紹威納之。及幽、薊十六州割,紹威與逐不魯皆已死。契丹太宗北還,拽剌迎謁。太宗曰:"非爾罪也;負我者,掃剌與逐不魯爾。"乃發其墓,粉其骨而颺之。後太宗滅晉,拽剌常以兵從。其後不復見於中國。蓋奚至是始盡入契丹。見《新五代史·奚傳》。然奚在契丹中,尚爲大部族。遼之亡,奚王回離保猶能擁衆自立云。奚之名,見於《遼史·屬國表》者,西奚、東奚之外,又有烏馬山奚。

〔七二〇〕 幽 都

《書》:"流共工于幽洲",《淮南子》作幽都,《史記》作幽陵,三者蓋一地。《正義》引《括地志》云:"故龔城在檀州燕樂縣界,故老傳云舜流共工幽州,居此城。"案此在約略之詞。《山海經·海内經》:"北海之内有山名曰幽都之山。"《淮南·墬形訓》:"西北方曰不周之山,曰幽都之門。"高誘《注》:"幽,闇;都,聚也。"則幽都蓋以山爲名,以闇、聚爲義。《後漢書·烏桓傳》:"俗貴兵死,斂尸以棺,有哭泣之哀;至葬,則歌舞相送。肥養一犬,以彩繩纓牽,并取死者所乘馬衣物,皆燒而送之;言以屬累犬,使護死神靈歸赤山。赤山在遼東西北數千里,如中國人死者魂神歸岱山也。"《三國志·烏丸傳注》:"至葬日,夜聚親舊員坐,牽犬馬歷位,或歌哭者,擲肉與之,使二人口誦咒文,使死者魂神逕至,歷險阻,勿令橫鬼遮護,達其赤山,然後殺犬馬衣物燒之。"

《遼史·禮志》:歲時雜儀:"冬至日,國俗,屠白羊、白馬、白雁,各取血和酒,天子望拜黑山。黑山在境北,俗謂國人魂魄,其神司之,猶中國之岱宗云。每歲是日,五京進紙造人馬萬餘事,祭山而焚之。俗甚嚴畏,非祭不敢近山。"契丹,鮮卑後。鮮卑與烏桓同種。赤山、黑山名雖異,二史俱謂人死後魂魄所歸,當即一地,與闔聚之義正合。凡後世史籍所載諸四裔,有爲古代聲教所及者,有不然者。其爲古代聲教所及者,禮俗亦往往與中國古代相類,如匈奴、鮮卑等是也。別有考。

赤山、黑山之傳説,亦必有所受之。契丹故地在木葉山潢河、土河合流處,見《遼史·地理志》。此爲契丹人自述,其史實校他史所述出於漢人之記載者爲確。其北正在遼東西北數千里,地望亦符;惟自中國言之,當云正北。故《史記》亦云以變北狄。與《淮南》於西北方之説,頗似牴牾。然古人言山,所包甚廣,非如今世但指一邱一壑言之;今熱河道北方之山,與漠北大幹氣脈,固亦相接;則古所云幽都之山者,或竟統括今金山、杭愛之脈,亦未可知;果如是,則言北、言西北,均無不可矣。然則古所謂幽州,實包今内外蒙古及西伯利亞南境,故拓跋氏世處北荒,亦云受封中國也。

〔七二一〕 蠻夷滑夏由傳漢人文化①

漢靈帝時,議擊鮮卑。蔡邕謂"關塞不嚴,禁網多漏,精金良鐵,皆爲賊有;漢人逋逃,爲之謀主,兵利馬疾,過於匈奴。"《後漢書·鮮卑

① 曾改題爲《四裔傳漢人文化》。

傳》。又《三國志》稱軻比能:"自袁紹據河北,中國人多亡叛歸之,教作兵器鎧楯,頗學文字。故其勒御部衆,擬則中國。出入弋獵,建立旌麾,以鼓節爲進退。"《後漢書》謂烏桓:"婦人能刺韋作文繡,織氀毼。男子能作弓矢鞍勒,鍛金鐵爲兵器。"疑皆中國人所教也。

契丹既與中國交通,其文明程度頗有進。契丹太祖之興也,史稱劉守光暴虐,幽、涿之人,多亡入契丹。阿保機又間入塞,攻陷城邑,俘其人民,依唐州縣置城以居之。其後自爲一部,治漢城。其地可植五穀,阿保機率漢人耕種,爲治城郭、邑屋、廛市,如幽州制度,漢人安之,不復思歸。又謂阿保機之久專旗鼓而不肯受代,實出漢人之教。《新五代史·契丹傳》。此雖未必然,然其自爲一部,所用實係漢人,則彰彰矣。契丹隋世十部,兵多者不過三千,少者千餘。大賀氏八部,勝兵合四萬三千。阿保機會李克用於雲中,乃以兵三十萬;伐代北,兵四十萬。天祐二年。親征幽州,旌旗相望數百里。此如林之旅,果何自來哉?契丹建國,誠以部族爲爪牙。阿保機北討南征,所俘降游牧之民亦不少。然《遼史》稱其析本部迭剌部。爲五院六院,宮衛缺然,乃分州縣,析部族,以立宮衛軍;述律后居守之際,又摘蕃、漢精騎爲屬珊軍;凡三十萬。則其兵實有漢人,漢人有造於契丹亦大矣。《魏書·蠕蠕傳》:道武帝謂崔宏:"蠕蠕之人,昔來號爲頑嚚,每來抄掠,駕牸牛奔遁,驅犍牛隨之。牸牛伏不能前,異部人有教其以犍牛易之者,蠕蠕曰:其母尚不能行,而況其子!終於不易,遂爲敵所虜。今社崙學中國,立法置戰陳,卒成邊害。道家言聖人生,大盜起,信矣。"

〔七二二〕 以結昏姻求和親

以女之於外國求和親也,統一之後,自婁敬之建策始也。蓋古列國間之爲是者多矣,故敬初不以是爲辱。然"齊景公曰:'既不能令又不受命,是絶物也。'涕出而女於吴"。則古固有迫而出此者矣。《唐書·新羅傳》:"貞觀五年,獻女樂二。太宗曰:'比林邑獻鸚鵡,言思鄉,丐還,況於人乎?'《林邑傳》:獻五色鸚鵡、白鸚鵡,數訴寒,有詔還之。付使者歸之。"《高麗傳》:"其王藏遣使者,上方物,且謝罪,獻二姝口。帝敕還之,謂使者曰:'色者人所重,然愍其去親戚以傷乃心,我不取也。'"又玄宗開元中"獻二女,帝曰:'女皆王姑姊妹,違本俗,別所親,朕不忍留。'厚賜還之。"可謂盛德矣。及中宗以雍王守禮女爲金城公主,妻吐蕃,念其年幼,"賜錦繒別數萬,雜伎諸工悉從,給龜兹樂……帝爲幸始平,帳飲,引羣臣及虜使者宴酒所,帝悲涕嘘唏,爲赦始平縣,罪死皆免,賜民繇賦一年,改縣爲金城,鄉曰鳳池,里曰愴別。"肅宗以幼女寧國公主下嫁回紇,"帝餞公主,因幸咸陽,數慰勉。主泣曰:'國方多事,死不恨。'"此所謂念其遠也,亦哀之矣。然卒不能庇而使之,違本俗,別所親,豈不哀哉? 寧國之下嫁也,漢中郡王瑀攝御史大夫,爲册命使,可汗"引瑀入,瑀不拜。可汗曰:'見國君,禮無不拜。'瑀曰:'天子顧可汗有功,以愛女結好。比中國與夷狄昏,皆宗室子。今寧國乃帝玉女,有德容,萬里來降,可汗天子婿,當以禮見,安踞受詔邪?'可汗慚,乃起奉詔,拜受册。翼日,尊主爲可敦。"案淮陽壯王道玄。弟道明送弘化公主於吐谷渾,坐漏言非帝女,奪王。而吐蕃言公主非帝女,我亦知之。則唐世公主下嫁,雖宗室子,皆冒稱帝女,而瑀乃明言之,何邪?

〔七二三〕 貉族考

序云:少時讀《周書·王會篇》,見其所列多漢世遠國,以爲漢以後人僞爲之,不之信也。稍長,讀義疏,見《王制疏》引李巡注《爾雅》,釋九夷、八蠻、六戎、五狄,雜舉漢後郡縣夷狄之名,尤一笑置之。近考貉族事,見夫餘、句麗開國傳説,乃與淮泗間之徐偃王同,更上溯之秦、楚、殷、周,亦無不相類者,乃恍然於種落遷徙不恒厥居,古者對内之夷未嘗不可播遷於塞外,而郡縣建置亦多因部落舊名,《周書》及李巡之言,固皆非無據也。讀書不能深思博考,而率爾致疑,亦繆矣。夫知種落遷徙,一部族之名先後相睽,可以至於數百千里,持是以讀古書,可以發前人所未發者,豈獨《周書》與《爾雅注》兩事。今亦未暇博考,姑舉一二事言之。漢世大夏在嬀水之濱,嬀水今阿母河也。以西史證中籍,大夏即 Bactria 安息即 Parthia,明白無疑。安息之名,蓋 Aisakidal 之音譯,大夏則爲中國舊名。《史記》言齊桓公西伐大夏,涉流沙。秦始皇帝二十六年《琅邪刻石》言:皇帝之土,西涉流沙,南盡北户,東有東海,北過大夏。今案:《禮記・王制》言四海之内,東不盡東海,西不盡流沙,南不盡衡山,北不盡恒山;則北户在衡山之南,大夏亦在恒山之北耳。夫安得在嬀水之濱?然《史》、《漢》於大夏皆不著其非先秦舊國,又不言稱名之由來,何哉?讀《周書・王會》暨《伊尹獻令》,北方咸有大夏,而《獻令》又有莎車,然後知漢世西域諸國,多本處内地,後乃遠徙,出於玉門、陽關,而接乎葱嶺也。《漢書・西域傳》云:"自且末以往,皆種五穀,土地草木,畜産作兵,略與漢同,有異乃記云。"今讀諸國傳,記其事者少,不記者多。又漢言諸國種,有塞、有氐羌;然明言其爲塞若氐羌,或據其俗,可見其爲塞若氐羌者亦少。則知三十六國,固多中原移殖之民。抑氐羌亦秦、隴、楚、蜀間民族也。漢族與氐羌可以西徙,何獨至於莎車、大夏而疑之?然則嬀水之濱大夏,殆即殷、周之世列於四門之國所移殖。雖史無可徵,而種族法俗咸有可考,故史不明言也。不特此也,丁零、堅昆,亦漢後之遠國也。《漢書・蘇武傳》言武居北海濱,丁零盜武牛羊。北海者,今貝加爾湖,而《三國志注》引《魏略》言堅昆在康居西北,丁零在康居北,并去匈奴單于庭安習水七千里,則在今額爾齊斯河之表矣。然《漢書》言冒頓北服渾窳、屈射、丁零、隔昆、龍、新犂之國,而《王會》正北有孅犂、其龍。孅犂、其龍即龍、新犂,新犂亦即李斯《諫逐客書》所謂乘纖離之馬者。秦人得乘其馬，其距秦必不甚遠，然則丁零、堅昆，始亦當近中國，後乃隨匈奴之遠徙而北走也。大地之表，寒燠不同，肥磽亦異。文明之啓，勢不能不視其所處之境，故民族進化，遲速不同，後進之族，必藉先進之誘掖。夫以行事觀之，則蔥嶺之東，北海之南，南海之北，殆無非我所教導者，先知先覺之稱，我民族殆無愧矣。古之人所由"以東漸西，被朔南暨，聲教訖於四海"自誇歟？然有文事者必有武備。我國民以文教之昌，武備遂落人後。今日者，我夙所啓發之地，無不爲他人所覬覦，浸至邱墓廬舍，遊釣之鄉，亦岌岌不自保，豈不哀哉！作貉族考，亦欲我國民思先烈而克自振拔也。中華民國二十三年四月二十六日，武進吕思勉自序。

古所謂四裔者，程度莫高於東夷，此讀經、子者所共喻；而謂東夷之程度，高於三方，求諸後世之史籍，厥惟貉族足以當之，此又讀史者所無異辭也。貉族名國，著稱史籍者，曰夫餘，曰高句麗，曰百濟。又有不成爲國，惟有若干邑落者，時曰沃沮，曰濊。麗、濟同出夫餘。夫餘，《三國志》本傳曰："其印文言濊王之印，國有故城名濊城。"沃沮分爲南北，言語法俗，大抵與句麗同。南沃沮即漢樂浪東部都尉所主嶺東七縣之地，《三國志》謂其"皆以濊爲民"；《志》又云："其耆老舊謂與句麗同種。"種者，種姓。史於四夷言種姓，猶於中國言姓氏，可見夫餘與濊，君長亦係同族。其所出布名貉布。然則夫餘、句麗、百濟、沃沮及濊，皆古所謂濊貉也。

此族在東北，實爲文化之先驅。所謂東北者，以地理言之，實在興安嶺之東南，渤海灣之東北，既異蒙古之沙磧，復殊西伯利亞之苦寒。而遼東，朝鮮兩半島，映出南方，尤得海上交通之便。日本三島，以地理形勢論，亦當屬此區。此區中之文化，貉族實爲之師長。日本之開化，由於朝鮮，人所共知。滿族開化，始於渤海；繼渤海而起者爲金，繼金而起者爲清。渤海大氏，本臣屬句麗。句麗滅，遷於營州。後因契丹李盡忠之亂東走。唐師追之，大氏因句麗、靺鞨之衆以拒，乃克自立。金始祖函普，實高麗人。清人自神其種姓，託之天女所生。實據近人所考，其始受明建州衛指揮使之職者曰猛哥帖木兒，嘗入侍朝鮮，受其官職，見日本稻葉君山《清朝全史》，及近人孟森《心史史料》。則亦朝鮮之臣僕耳。蓋東北諸族，其開化，無非貉族所牖啓者。諸族爲我再傳弟子，貉族則我之高第弟子也。

貉族之文化，何自來乎？然謂古代之朝鮮，即在後世朝鮮之地，終覺其説之難通。詳見予所撰《朝鮮東遷之跡》條。古皆謂其出於箕子。《漢書·地理志》："殷道衰，箕子去之朝鮮，教其民以禮義田蠶織作。樂浪朝鮮民犯禁八條：相殺以當時償殺；相傷以穀償；相盜者，男没入爲其家奴，女子爲婢；欲自贖者，人五十萬，雖免爲民，俗猶羞之，嫁娶無所讎；是以其民終不相盜，無門户之閉，婦人貞信不淫辟。可貴哉，仁賢之化也。"今觀夫餘，在國衣尚白，祭天以殷正月，見《三國志》。其説誠有不盡誣者。古有所謂肅慎者，即後世之挹婁、靺鞨也。知挹婁、靺鞨必爲古之肅慎者，以楛矢石砮，至後世猶存；且《三國志》、《晉書》本傳及《史記·夏本紀索隱》引《括地志》，皆謂其長尺有咫，與《國語》、《史記》、《説苑》、《家語》合也。據《晉書》，此族當魏景元末，及晉元帝中興時，皆嘗以楛矢石砮來貢；而據《宋書》及《南史》，宋大明中，高句麗又嘗貢之；則其物得諸目擊，非苟襲舊文者比矣。○又此族，《後漢書》、《三國志》皆稱挹婁，而《晉書》仍稱肅慎，云一名挹婁，此必其人仍以肅慎之名自通，不則當云挹婁古肅慎矣。《魏書·勿吉傳》："舊肅慎國也。"舊字蓋指晉時言之，若指三代以前，亦當用古字也。而《左氏》昭公九年詹桓伯讓晉之辭，以之與燕、亳并列，爲周之北土，與魏、駘、芮、岐、畢爲西土，蒲姑、商奄爲東土，巴、濮、楚、鄧爲南土者同科。此濮在今河南、湖北之間，《國語》楚蚡冒始啓濮，韋《注》謂爲南陽之國；又《左氏》杜《注》，謂庸亦百濮夷是也。又此時之楚，尚在丹、淅二水之間，見《過庭録·楚鬻熊居丹陽武王徙郢考》。若謂古代肅慎，即在後世挹婁、靺鞨之地，則今松花江上游，周初視之，已與河南北、山東西、陝西、湖北相等，此爲情理所必無。然則肅慎殆亦始鄰燕、亳，後乃播遷於今之吉林者也。肅慎如是，朝鮮何獨不然？然則箕子封地，雖不可考，以理度之，恐不能在渝關之外也。朝鮮初封之地，雖不可考，而其播遷之跡，則略有可稽。《史記·蘇秦列傳》載秦説燕文侯之辭曰："燕東有朝鮮、遼東"，此時朝鮮似尚在遼東之内。其後燕將秦開襲破東胡，置上谷、漁陽、右北平、遼西、遼東五郡，朝鮮蓋以此時，播越塞表。肅慎、濊貉之北徙，當在是時。詳見《朝鮮東遷之跡》。《三國志・辰韓傳》云："其耆老傳世，自言古之亡人避秦役來適韓國。"《夫餘傳》亦云："國之耆老，自説古之亡人。"十口相傳，歷時不能甚久。其相傳甚久者，往往爲荒唐之辭，如神話等。以辰韓證夫餘，亦可知其東走，不過在戰國之世也。

然則濊貉東徙之跡，尚有可考者乎？曰：有。今欲考其播遷之時，必先稽其故居之地。古書言濊貉者，始於《管子》。《小匡》篇云："西征，攘白狄之地，遂至於西河，方舟投柎，乘桴濟河，至於石沈。縣車束馬，踰太行與卑耳之貉，拘秦、夏。"卑耳之貉，當作卑耳之谿。《小問》篇曰："桓公北伐孤竹，未至卑耳之谿"；《説苑・辨物》篇，亦謂桓公北征孤竹，未至卑耳谿，見知道之神，從之而太行，踰之正入西河也。《荀子・彊國》謂秦北與胡、貉爲鄰；《墨子・兼愛》以燕、代、胡、貉、西河之民并舉；而《史記・封禪書》，桓公謂"寡人北伐山戎，過孤竹；西伐大夏，涉流沙；縣車束馬，上卑耳之山"；可見胡、貉、秦、夏，四者相次。以大較言之：踰太行，濟卑耳，則涉西河，接胡、貉；益西爲秦；自秦而西爲夏；過大夏則入流沙。桓公兵力，未必至是，蓋齊人侈言之。然諸國之地望必不誤，此猶作寓言者，其事雖子虚，其名物必不妄也。獨山戎，《左氏》謂其病燕；而《穀梁》曰："燕，周之分子也，貢職不至，山戎爲之伐矣。"莊三十年。則其地近於薊；孤竹，《漢志》謂在遼西令支，今河北遷安縣也；其地若不相及者。然《管子・輕重甲》曰："今寡人欲北舉事孤竹、離枝。"《輕重戊》曰："桓公問於管子曰：代國之出何有？管子對曰：代之出，狐白之皮，公其貴買之。代民必去其本，而居山林之中。離枝聞之，必侵其北。"離枝即令支。孤竹、令支，當時皆近代；其地在北方，不在東北，故《孟子》言"伯夷辟紂，居北海之濱"也。《離婁》上。《公羊》謂齊侯伐山戎，旗獲而過我；《檀弓》謂孔子過泰山側，有婦人哭於墓者而哀；《新序》亦記此事，而云孔子北之山戎；《論衡・遭虎》篇云孔子行魯林中，《定賢》篇云魯林中哭婦；則山戎實在泰山附近，其所病者，恐爲南燕而非北燕。魯濟之遇，《左氏》曰："謀山戎也。"《説苑・權謀》亦曰："齊侯將伐山戎、孤竹，使人請助於魯。”果在北燕之表，請助於魯何爲？而其還，亦安得旗獲而過魯邪？杜預《釋例・土地名》，以北戎、山戎、無終三者爲一，昭公元年《疏》。説蓋有所受之。北戎見於《春秋》者：僖公十年，齊侯、許男伐北戎，其見於《左氏》者：隱公九年侵鄭，桓公六年伐齊。無終見於《左氏》者：襄公四年，遣使如晉，請和諸戎，魏絳勸晉侯許之，曰：“戎狄荐居，貴貨易土，土可賈焉。”又曰：“邊鄙不聳，民狎其野，穡人成功。”則其地必密邇晉。昭公元年，荀吴敗無終及羣狄太原，蓋亦即晉陽之地耳。然則山戎在齊、晉、鄭、許之間；孤竹在其北，近代；濊貉則在其西，近西河，與胡雜處，而鄰於秦也。《韓奕》之詩曰：“王錫韓侯，其追其貉。”此韓侯，鄭以爲即後來韓原之地，故謂梁山在左馮翊西北；而釋“溥彼韓城，燕師所完”之燕師爲平安時衆民。王肅、孫毓，不滿其説，乃以燕爲北燕；《釋文》。而以涿郡方城縣之寒號城爲韓侯城；《水經・聖水注》：方城，今河北固安縣。後儒亦有主其説者；皆由誤以燕爲北燕，謂驅薊丘之衆，於役韓原，爲不可通耳。而不知《詩》明言韓姞，其爲南燕而非北燕彰彰也。俞理初説，見《癸巳類稿》。知燕之爲南燕，則韓之在韓原無可疑，而追、貉爲王畿北面之國，亦無可疑矣。陳碩甫《毛詩傳疏》，謂追、濊聲相近，疑追貉即濊貉，徒據音讀推測，更無他證。然以情事揆之，説亦可立。何者？《史記・趙世家》，載山陽侯朱書曰：“余將賜女林胡之地，至於後世，且有伉王，奄有河宗，至於休溷諸貉。”所謂伉王，蓋指武靈。此乃武靈王既闢西河之後，史氏造作此言，可見其時西河之地，仍有貉族居之，蓋即《詩》之所謂追貉，《管子》之所謂濊貉也。鄭《箋》又云：“其後追也、貉也，爲玁狁所逼，稍稍東遷。”此言未知所本。然觀武靈王時，荐居西河者，實以林胡、樓煩爲大，而濊貉無聞焉；又孤竹、離枝等，故近代者，咸有東徙之跡，則鄭説疑亦有據。濊貉故處西河，後乃日徙而東北，其留者，蓋僅如南山之小月氏矣。然西河故濊貉之所處，故言西河者猶舉其名，而征略則不之及也。自此濊貉遂近北燕。《史記・燕世家》謂“燕北迫蠻貉”，《貨殖列傳》謂“燕東綰濊貉、朝鮮、真番之利”是也。自五郡開，乃益被逐東北走。《漢書·武帝紀》：元朔元年，“東夷薉君南閭等口二十八萬人降，爲蒼海郡。”此即《食貨志》所謂“彭吴穿濊貉、朝鮮，置滄海郡”者，曰穿，則地必在朝鮮之表，《史記·平準書》作“彭吴賈滅朝鮮，置滄海之郡。”彭吴賈與彭吴，未知孰是。言滅朝鮮，則《史記》似誤，以是時朝鮮尚未滅也。蓋即後來嶺東七縣之地。然其部落，仍有留居北燕附近者。《高帝紀》：四年，“北貉、燕人，來致梟騎助漢”是也。濊貉東北徙之遺跡，可考見者如此。《水經注》：清漳逾章武故城西，故濊邑也。枝瀆出焉，謂之濊水。章武今河北大城、滄兩縣之地。此亦濊之近於北燕者。

然當時之播越東北者，正不獨濊貉一族也。《三國志·夫餘傳》云：“國之耆老，自説古之亡人。”“其印文言濊王之印，國有故城名濊城。蓋本濊貉之地，而夫餘王其中，自謂亡人，抑有似也。”何以知夫餘非即濊貉，而謂其王濊貉中？故老傳言，當必有據。然謂夫餘、濊貉，截然異族，則又不可。何者？果其君民異族，則其文化之間，彼此必有差異，然夫餘與出於夫餘之句麗、百濟，其文化固與沃沮及濊大同也。《晉書·夫餘傳》，言“其國殷富，自先世以來，未嘗被破”，此亦非以同族入主者不能。然則夫餘、麗、濟之與濊貉，乃同民族而異其部落者耳。彼又何自來邪？曰：蓋古之九夷也。

古釋九夷者有二説：一《後漢書·東夷傳》，所謂畎夷、于夷、方夷、黄夷、白夷、赤夷、玄夷、風夷、陽夷；一李巡注《爾雅》，所謂一曰玄菟、二曰樂浪、三曰高驪、四曰滿飾、五曰鳧臾、六曰索家、七曰東屠、八曰倭人、九曰天鄙者也。《禮記·王制孔疏》。《後漢書》之説，出於《竹書紀年》，見《注》。李巡之説，玄菟、樂浪，皆漢郡名；高驪即高句麗，鳧臾即夫餘，與倭人并漢世東北遠國；以釋古之九夷，毋乃不類？其餘名目，尤雅記無徵。故説經者多不之信也。然郡縣名之不可爲夷狄名；漢世之夫餘、句麗與倭，其地與古之九夷不相及；李巡即固陋，豈不之知？又豈有僞造書史無徵之名，而可以欺人者乎？古來作僞者多矣，有如是其拙者乎？然則李巡之説，殆有所本，特後人不之知耳。

且巡所舉九夷之名，固不盡無徵也。《周書·王會》：北方臺正東有高夷，其西有屠州。西面者，正北方有良夷。高夷蓋即高句麗，高句麗但言高，《三國志·高句麗傳》云："漢時賜鼓吹技人，常從玄菟郡受朝服衣幘。後稍驕恣，不復詣郡，於東界築小城，置朝服衣幘其中，歲時來取之，今胡猶名此城爲幘溝婁。溝婁者，句麗名城也。"《周書》云："自號曰高句麗，仍以高爲氏。"此言實誤。句麗，溝婁，同音異譯。實緣其王氏高，故國號高句麗，猶華言高氏城耳。良夷蓋即樂浪。高句麗爲種落名，又爲漢縣名，事極明白。然則樂浪、玄菟，事同一律，非李巡妄以漢郡縣名爲九夷之名，乃漢郡縣固以種落名，而其種落，實有古之九夷在其中耳。屠州疑即東屠。州蓋聚落之稱，初但稱屠，後或分爲東西也。滿飾疑即所謂滿潘汗者。《魏略》云滿潘汗，而漢有潘汗縣，蓋滿與潘汗爲二也。倭人，蓋亦即漢世之倭。晚周之世，海道交通頗盛，中國東方之夷，能浮海而至日本，其無足怪。惟天鄙不可考。至於索家，則予又因此而得妙悟焉。

《後漢書·夫餘傳》云："初，北夷索離國王出行，其侍兒於後姙身。王還，欲殺之。侍兒曰：前見天上有氣，大如雞子，來降我，因以有身。王囚之，後遂生男。王令置於豕牢，豕以口氣噓之，不死。復徙於馬蘭，馬亦如之。王以爲神，乃聽母收養，名曰東明。東明長而善射，王忌其猛，復欲殺之。東明奔走，南至掩淲水，以弓擊水，魚鱉皆聚浮水上，東明乘之得度，因至夫餘而王之焉。"此事亦見《論衡·吉驗》篇，索離作橐離；《後漢書注》亦云："索或作橐，音度洛反。"《三國志注》引《魏略》則作槀離，記事并大同。《梁書·高句麗傳》，則謂句麗出自東明，東明本北夷櫜離王之子。其下記事，亦與《後漢書》、《魏略》、《論衡》不異。槀離，櫜離，并即高麗，顯而易見，蓋傖謂夫餘之類惟有高麗而改之。然諸書皆言高麗出自夫餘，不言夫餘出自高麗，傖改者實誤，索離，蓋即索家也。

因此神話，又可推見古代貉族分布之廣。《魏書·高句麗傳》曰："高句麗者，出自夫餘。自言先祖朱蒙。朱蒙母，河伯女，爲夫餘王閉於室中，爲日所照，引身避之，日影又逐。既而有孕，生一卵，大如五升，夫餘王棄之與犬，犬不食；棄之於路，牛馬避之；後棄之野，衆鳥以毛茹之。夫餘王割剖之，不能破，遂還其母。其母以物裹之，置於暖處。有一男，破殼而出，及其長也，字之曰朱蒙。其俗言朱蒙者，善射也。夫餘人以朱蒙非人所生，將有異志，請除之。王不聽，命之養馬。朱蒙每私試，知有善惡，駿者減食令瘦，駑者善養令肥。夫餘王以肥者自乘，以瘦者給朱蒙。後狩於田，以朱蒙善射，限之一矢。朱蒙雖矢少，殪獸甚多。夫餘之臣，又謀殺之。朱蒙母陰知，告朱蒙曰：國將害汝，以汝才略，宜遠適四方。朱蒙乃與烏引、烏違等二人棄夫餘東南走。中道，遇一大水，欲濟無梁。夫餘人追之甚急。朱蒙告水曰：我是日子，河伯外孫，今日逃走，追兵垂及，如何得濟？於是魚鼈并浮，爲之成橋，朱蒙得渡，魚鼈乃解，追騎不得渡。朱蒙遂至普述水，遇見三人：其一人著麻衣，一人著衲衣，一人著水藻衣，與朱蒙至紇升骨城，遂居焉。"其説與《後漢書》、《魏略》、《論衡》小異，而與《好大王碑》大同。《好大王碑》曰："惟昔始祖鄒牟王之創基也，出自北夫餘，天帝之子，母河伯女郎，剖卵降出。"又曰：命駕巡東南下，路由夫餘奄利大水。王臨津言曰：我是皇天之子，母河伯女郎，爲我連葭浮龜。應聲即爲連葭浮龜，然後造渡。於沸流谷忽本西城山上而建都焉。○《北史》同《魏書》，《周書》辭少略，惟其所本與《魏書》同則無疑。惟碑又謂"黄龍來下，王於忽本東岡負龍，上升天"，爲《魏書》所未及耳。今案《博物志》述徐偃王之事曰："徐君宫人，娠而生卵，以爲不祥，棄之水濱。獨孤母有犬，名鵠倉，獵於水濱，得所棄卵，銜以來歸。獨孤母以爲異，覆煖之，遂蚹成兒。生時正偃，故以爲名。徐君宫中聞之，乃更録取。長而仁智，襲徐君國。後鵠倉臨死，生角而九尾，實黄龍也。偃王令葬之徐界中，今見狗壟。"此説與《魏書》、《好大王碑》之説，相似已極，謂非同出一原不可也。然則徐與夫餘、句麗，關係必極密矣。

昔人説貉，或以爲在北方，《孟子·告子》下趙《注》，《周官》職方鄭《注》，《説文·豸部》貉字下。或以爲在東北方，《周官·秋官》貉隸鄭《注》，《詩》、《周官正義》引《鄭志》，《説文·羊部》羌字下。無以爲在南方者。《魯頌》有"淮夷蠻貉"之文，《論語》有"蠻貉之邦"之語，《衛靈公》。咸以爲汎指異族之辭耳。夷、蠻、戎、狄等名，其初或有所專屬，其後遂變爲通稱，此誠習見不足疑。然細考之，亦有不盡然者。四字之中，惟夷與其餘三字，均可相屬。戎狄二字，亦可連言。若蠻與戎狄，則從無舉者。惟貉亦然。有夷貉，有蠻貉，無戎貉、狄貉也。然則汎指異族之辭者，仍與方位略有關係，貉不與戎狄相屬，而與夷蠻相屬，可知其初本在東南矣。《魯頌·閟宫》之詩曰："奄有龜、蒙，遂荒大東，至於海邦，淮夷來同。"又曰："保有鳧、嶧，遂荒徐宅，至於海邦，淮夷、蠻貉。"皆以淮夷與徐、貉同稱。《公羊》僖公十四年，"諸侯城緣陵，孰城之？城杞也。曷爲城杞？滅也。孰滅之？蓋徐、莒脅之。"《左氏》則曰："會於鹹，淮夷病杞故。"十四年，"諸侯城緣陵而遷杞焉。"此爲徐即淮夷之證。《左氏》昭公元年："周有徐、奄。"杜注："二國皆嬴姓。《書序》曰：成王伐淮夷，遂踐奄。徐即淮夷。"蓋以其地言之，則曰淮夷；以其族言之則曰貉；以其中之名國言之，則曰徐耳。孫仲容《墨子閒詁》引李巡之説而辨之曰："《王制疏》所云，皆海外遠夷之種别，此九夷與吴、楚相近，蓋即淮夷，非海外東夷也。《書叙》云：成王伐淮夷，遂踐奄。《韓非子·説林上篇》云：周公旦攻九夷而商蓋服。商蓋即商奄，則九夷亦即淮夷。故《吕氏春秋·古樂》篇云：成王立，殷民反，王命周公踐伐之。商人服象，爲虐於東夷，周公遂以師逐之，至於江南。又《樂成》篇云：猶尚有管叔、蔡叔之事，與東夷八國不聽之謀。高《注》云：東夷八國附從二叔，不聽王命。周公居攝，三年伐奄，八國之中最大，著在《尚書》。餘七國小，又先服，故不載於經也。案東夷八國，亦即九夷也。春秋以後，蓋臣屬楚、吴、越三國；戰國時，又專屬楚。《説苑·君道》篇，説越王句踐與吴戰，大敗之，兼有九夷。《淮南子·齊俗訓》云：越王句踐霸天下，泗上十二諸侯，皆率九夷以朝。《戰國策·秦策》云：楚苞九夷，方千里。《魏策》云：張儀曰：楚破南陽九夷，内沛，許、鄢陵危。《文選》李斯《上秦始皇書》，説秦伐楚，苞九夷，制鄢、郢。李《注》云：九夷屬楚。若然，九夷實在淮、泗之間，北與齊、魯接壤。故《論語》子欲居九夷。參互校覈，其疆域固可考矣。"《非攻中》。案孫説九夷之地是也，必謂其非海外東夷，則猶昧於種落遷徙之事。蓋自商、周之間，至於秦、漢之世，其爲時亦久遠矣。後世種落遷徙，有數十百年之間而大異於其故者，何獨至於三代、秦、漢之世而疑之乎？古書皆但言夷、蠻、戎、狄，《周官》獨益之以閩、貉，職方氏。《禮記》、《明堂位》。《論語》、《子罕》。《爾雅》，皆言九夷，《周書·伊尹朝獻》：正東九夷。《墨子·節葬下》：禹東教乎九夷。《周官》獨有所謂九貉，知此九種者，以地言之則曰夷，以族言之則曰貉，《周官》之别九貉於四夷，蓋以其在東夷中爲最大耳。然則古所謂夷貉、蠻貉，固有所專指，而非盡汎稱矣。

抑貉族之分布，尚有不止於此者。《魯頌》曰："戎狄是膺，荆、舒是懲。"所謂戎者，蓋指徐言之。徐之國雖在南，而其兵力嘗及西北，故亦可稱戎。見予《江漢常武》條。《費誓》曰"徂兹淮夷，徐戎并興"是也。狄則足句辭耳。《閟宫》之詩，皆頌魯平淮、徐之功，而必兼及荆、舒，則荆、舒之與淮、徐，必有關係可知。今案《史記·楚世家》云："楚之先祖出自帝顓頊高陽。高陽生稱，稱生卷章，卷章生重黎。重黎爲帝嚳高辛居火正，甚有功，能光融天下，帝嚳命曰祝融。共工氏作亂，帝嚳使重黎誅之而不盡。帝乃以庚寅日誅重黎，而以其弟吴回爲重黎後，復居火正，爲祝融。吴回生陸終。陸終生子六人，坼剖而産焉。其長，一曰昆吾，二曰參胡，三曰彭祖，四曰會人，五曰曹姓，六曰季連，羋姓，楚其後也。"坼剖而産，《集解》引譙周、干寶，皆以爲疑，而引脩己背坼而生禹，簡狄胸剖而生契；魏黄初五年，汝南屈雍妻王氏生男，從右胳下出，以爲之解，殆失《史記》之意。坼剖而産，蓋亦謂始生爲卵，後乃破殼而出耳。《史記》之文，與《大戴禮記·帝繫》篇，大同小異。《帝繫》篇云："陸終氏娶於鬼方氏，鬼方氏之妹謂之女隤氏，産六子，孕而不粥，三年，啓其左脅，六人出焉。其一曰樊，是爲昆吾；其二曰惠連，是爲參胡；其三曰籛，是爲彭祖；其四曰萊言，是爲云鄶人；其五曰安，是爲曹姓；其六曰季連，是爲羋姓。"《史記索隱》引《世本》同。惟籛作籛鏗，萊言作求言，云鄶人作鄶人耳。《集解》又引《世本》曰："昆吾者，衛是也；參胡者，韓是也；彭祖者，彭城是也；會人者，鄭是也；曹姓者，邾是也；季連者，楚是也。"《戴記》、《世本》之文，較《史記》爲具。然啓左脅而六人出，恐係後人以附會之辭改竄，非元文。《大戴記》無傳授，昔人即不盡信也。《太平御覽》引《帝繫》此文，作"啓其左脅三人出，右脅三人出”。是楚與徐之神話，極相類也。舒當春秋時有舒庸、舒蓼、舒鳩、舒龍、舒鮑、舒龔，皆偃姓。《左氏》文公十二年《正義》引《世本》。偃姓皐陶後，與秦同祖；而秦楚之關係，又有極密者。《秦本紀》曰：“秦之先，帝顓頊之苗裔孫曰女脩。女脩織，玄鳥隕卵，女脩吞之，生子大業。”是秦所祖與楚同，而其神話亦極相類也。又曰：“大業取少典之子，曰女華。女華生大費，與禹平水土。已成，帝錫玄圭。禹受曰：非予能成，亦大費爲輔。帝舜曰：咨爾費，贊禹功，其賜爾阜游，爾後嗣將大出。乃妻之姚姓之玉女，大費拜受。佐舜調馴鳥獸，鳥獸多馴服，是爲柏翳，舜賜姓嬴氏。”《索隱》曰：“尋檢《史記》上下諸文，伯翳與伯益是一人不疑，而《陳杞系家》，即叙伯翳與伯益爲二，未知太史公疑而未決邪？抑亦謬誤爾。”案《陳杞世家》之文，實漏彭祖而重出一益，予别有考。翳、益之爲一人，則無可疑。此秦與舒同祖也。《左氏》文公五年：“臧文仲聞六與蓼滅，曰：皐陶、庭堅不祀，忽諸！”《注》：“蓼與六，皆皐陶後。”此蓼當即舒蓼。此云蓼滅，而宣公八年又云“楚爲衆舒叛故，伐舒蓼滅之”者，春秋時國滅而復建者多矣，如舒鳩，於襄公二十五年，爲楚所滅，而定公二年，吴子又使舒鳩氏誘楚人，亦其一例也。其同類又有六；而徐與奄又皆嬴姓，《左》昭元年杜《注》，見前引。《正義》云：《世本》文。與秦同；然則秦與淮、徐、荆、舒，皆同出一祖矣。

更由此而上推，則商周先世之神話，亦有與此類者。《商頌》曰：“天命玄鳥，降而生商。”鄭《箋》謂“鳦遺卵，娀氏之女簡狄吞之而生契”，《史記·殷本紀》及《三代世表》褚先生引《詩傳》説同。説既極與徐楚類。而《生民》之詩，詠后稷生於姜嫄之事曰：“不坼不副，無災無害。”鄭《箋》於此無説。毛《傳》乃云：“凡人在母，母則病；生則坼副，菑害其母。”此必妄爲之説。毛《傳》不取緯候，後人或以此多之，其實古説自係如此，適見其爲無本之學耳。詩又云：“延寘之隘巷，牛羊腓字之。誕置之平林，會伐平林。誕置之寒冰，鳥覆翼之。鳥乃去矣，后稷呱矣。”竊疑坼副狀卵之破；不坼不副，言其卵未嘗自破；無災無害，蓋亦如《魏書》之説，謂割剖等不能傷；鳥去而后稷呱，則亦如《魏書》、《博物志》之言，謂以煖孚之,乃破殼而出耳。此説而確,則商周先世之神話,實與徐、楚、夫餘、句麗大同。所謂剖左脅而出,以及坼背、剖胸,全係後人不解坼副字義,而妄行穿鑿矣。《蜀本紀》云:"禹坼副而生。"而其地有刳兒坪,《路史》引。亦此説之一證也。《論衡·奇怪》篇引儒者之説曰:"禹、卨逆生,闓母背而出,后稷順生,不坼不副,不感動母體。"説與《蜀本紀》岐異。蓋《蜀本紀》爲舊説,《論衡》所引,則附會之説也。徐與句麗神話皆託之於龍,似起於近海之處,正是九夷之地。吾國開化,肇自羲、農,地皆在今山東,實與九夷相接。黄帝之族,起自河北,兵力雖視羲、農之族爲强,開化實較羲、農之族爲晚。凡後起之國,往往蹈襲先進之族之文化。殷周皆黄帝後,得毋其神話,實竊之於東方近海之國歟?遐哉尚矣,弗可得而質矣,然其事則殊可深長思也。

抑古之所謂東夷及嬴姓、芈姓之族,其與西北民族争鬥之跡,則通古史,猶有可考見者焉。《國語·鄭語》:史伯述祝融之後凡八姓:曰己、曰董、曰彭、曰秃、曰妘、曰曹、曰斟、曰芈。夏之霸曰昆吾,商之伯曰大彭、豕韋。昆吾,己姓;大彭,彭姓;豕韋,彭姓之别也。韋《注》。史伯言斟姓無後,然夏之亡於寒浞,實依斟灌及斟尋,則斟雖無後於周時,初非無國於夏代。以斟灌、斟尋爲夏同姓之國者蓋非。桀之亡也,昆吾實與之俱。而湯於伐昆吾之先,又嘗伐韋、顧,《詩·商頌》。夏師敗績,湯遂伐三朡;《史記·殷本紀》。鬷夷氏則董姓也。《左氏》載椒舉之言曰:"夏桀爲仍之會,有緡叛之;商紂爲黎之蒐,東夷叛之。"昭公四年。○《韓非子·十過》:"紂爲黎丘之盟,而東夷叛之。"又載叔向之言,謂"桀克有緡以喪其國,紂克東夷而隕其身。"昭公十一年。緡者,有仍之姓。《史記·吴世家集解》引賈逵説。帝相之滅,后緡方娠,逃出自竇,歸於有仍。《左氏》哀公元年。以患難相依、昏姻之國而至於叛離,桀之亡蓋有由矣。《説苑·權謀》篇曰:"湯欲伐桀。伊尹曰:請阻乏貢職,以觀其動。桀怒,起九夷之師以伐之。伊尹曰:未可。彼尚能起九夷之師,是罪在我也。湯乃謝罪請服,復入貢職。明年,又不供貢職。桀怒,起九夷之師。九夷之師不起。伊尹曰:可矣。湯乃興師伐桀而殘之。"案

《春秋》桓公五年，“仍叔之子來聘”，《穀梁》作任叔，則仍、任二字古通，古之有仍，即春秋之任國，實亦東夷之地。有緡之叛，與九夷之不起，事正相因。此可見夏與祝融之後及東夷，關係之密也。大彭，即春秋時彭城，正東夷形勝之地，而殷之末世滅之，《楚世家》。似乎自翦其羽翼者。楚莊王謂“紂之百克，而卒無後”，《左氏》宣公十二年。合諸叔向之言，又似紂之兵力甚强，特疲敝於東，致爲西方之周所乘者。書缺有間，難以質言。然紂之亡也以妲己，妲己不知果有逸德，足以亡殷與否，而己姓於殷爲昏姻之國，則信而有徵矣。而嬴姓之奄與淮夷、徐戎，尤爲殷之强輔。《孟子》言：“周公伐奄，三年討其君。”《滕文公》下。《墨子》亦言：“周公旦非關叔，辭三公，東處於商蓋。”《耕柱》。商蓋，即商奄也。王懷祖云：“蓋字古與盍通。盍奄草書相似，故奄譌作盍，又譌作蓋。《韓子·説林》：周公旦已勝殷，將攻商奄，今本奄作蓋，誤與此同。昭二十七年《左傳》吴公子掩餘，《史記·吴世家》、《刺客傳》并作蓋餘，亦其類也。”孫仲容《閒詁》曰：“王説是也。”《史記·秦本紀》云：“蜚廉生惡來，惡來有力，蜚廉善走，父子并以材力事紂。周武王之伐紂，并殺惡來。是時蜚廉爲紂石北方，還，無所報，爲壇霍太山而報，得石棺。銘曰：帝令處父，不與殷亂，賜爾石棺以華氏。死，遂葬於霍太山。”與《孟子》言“驅飛廉於海隅而戮之”《滕文公》下。不合。竊疑《秦紀》之言，有所諱飾，然其言不與殷亂則真矣。蓋禄父叛周之時，又起而佐之，以致爲周所戮。竊疑伐奄三年討其君，與驅飛廉於海隅而戮之，正是一事，飛廉即奄君也。奄之地在魯，《左昭》九年《疏》引服虔。《説文·邑部》：“郁，周公所誅郁國在魯。”又《史記·周本紀集解》引鄭：“奄國，在淮夷之北。”其南爲大彭故墟，又其西則徐。《漢志》臨淮郡，治徐縣，春秋時徐子國，今安徽盱眙縣也。案徐疆域頗廣。《説文·邑部》：“郐，邾下邑地，魯東有徐戎。”《史記·魯世家》：頃公十九年，“楚伐我，取徐州。”徐廣曰：“徐州，在魯東，今薛縣。”《索隱》引《郡國志》曰：“六國時曰徐州。”此今山東滕縣地。蓋徐盛時，疆域嘗至此。奄之抗周也，淮夷、徐戎并興，魯公伯禽實征之。見《書·費誓》。奄既亡，以其餘民封伯禽於少皞之虚。《左氏》定公四年。淮夷、徐戎蓋未嘗大破，故數傳之後，徐偃王復乘繆王之好遊，起而自王焉。詳見予《江漢常武》條。是役也，蜚廉之後造父實助穆王，東歸平亂，見《史記·秦本紀》。

《趙世家》云:“造父爲繆王御,長驅歸周,一日千里。”自係傳説非實。然造父之黨於周,必不虚也。由是獲封於趙城,雖趙氏之族,由此而大,然忘親事讎,實媿見蜚廉於地下矣。偃王稍後而楚始强。《楚世家》言熊渠當夷王時。熊渠封長子康爲句亶王,中子紅爲鄂王,少子執疵爲越章王。越章,即豫章,地在今安徽當塗,見《楚鬻融封丹陽武王徙郢考》。九夷之服屬於楚,當始於是。及齊桓稱霸,與楚争九夷甚烈。僖公四年,桓公伐楚,“還而齊人執陳轅濤塗。濤塗謂桓公曰:君既服南夷矣,何不還師濱海而東,服東夷且歸?桓公曰:諾。於是還師濱海而東,大陷於沛澤之中,顧而執濤塗。”《公羊》僖公四年。《左氏》曰:“陳轅濤塗謂鄭申侯曰:師出於陳、鄭之間,國必甚病;若出於東方,觀兵於東夷,循海而歸,其可也。申侯曰:善。濤塗以告,齊侯許之。申侯見,曰:師老矣,若出於東方而遇敵,懼不可用也;若出於陳、鄭之間,共其資糧屝屨,其可也。齊侯説,與之虎牢,執轅濤塗。”一似齊桓聞申侯之言而悟,遂未嘗東略者。蓋其叙事有漏,正無妨虎牢之賞,爲既陷沛澤後追思之舉也。《左氏》本出《國語》,多記士大夫言行,叙軍國之事轉略,觀邲之戰可見。是役蓋攻東夷而敗。然十五年,楚人伐徐,《左氏》曰:“徐即諸夏故也。”則桓公之經略,頗有成績矣。是時,助桓公經略淮、徐者爲魯,《魯頌》盛誇其功伐;而黨於淮、徐者鄫、莒,緣陵之役,已見前。僖公十六年,有淮之會,《左氏》曰:“謀鄫,且東略也。”二十一年,邾人滅須句。二十二年,僖公伐而復之,旋復有升陘之敗。《檀弓》曰:“邾婁復之以矢,蓋自戰於升陘始也。”可見邾婁風氣之强悍,及其讐魯之深。鄫、莒則出自祝融之曹姓之後也。《管子》誇齊桓“北伐山戎,制令支,斬孤竹,而九夷始聽。”《小匡》。宰孔之告晉侯曰:“齊侯不務德而勤遠略,故北伐山戎,南伐楚,西爲此會也。東略之不知,西則否矣。”《左氏》僖公九年。可見齊桓東略之勤。當時争霸,實在中原之地,而勤於東略如此,蓋楚之强,實以九夷爲之輔,故欲披其黨而分其勢也。齊桓既亡,宋襄繼起圖霸,使邾文公用鄫子於次睢之社,欲以屬東夷。《左氏》僖公十九年。齊、魯謀鄫以拒邾,宋襄所爲,適與相反,蓋兵力不足,故以此示招懷,其意蓋亦欲攜之於楚,然此等詐謀,卒無所用,而有泓之敗。自是楚勢大張,魯且析而入之,而以其師伐齊焉。晉文崛起,運其譎而不正之智,齊、秦與宋,皆爲之輔,乃獲助楚於城濮。然至文公九年,晉君少,不在諸侯,楚公子朱遂自東夷伐陳。此可見楚之有資於東夷。晉雖合北方之諸侯，力終不足服楚，乃有通吴以撓楚之舉。《左氏》成公六年。其謀發自巫臣，而巫臣之有憾於楚，實以夏姬之故。《左氏》成公二年。其事殊詼詭可喜，然恐傳説非實。傳説之事，往往以一婦人爲之經緯，如《蒙古源流》書中如夏之妹喜，殷之妲己，周之褒姒，楚之夏姬，吴之西施，實皆此種性質。吴之先，"斷髮文身，臝以爲飾"；《左氏》哀公七年。乘車、射御、戰陳，皆有待於巫臣之教而後能；其文明程度，實遠較淮、徐之夷爲低，而晉人不恤屈己以通之；而吴自是亦遂世睦於晉以謀楚。雖曰遠交近攻，外交之策宜然，得毋以其同爲姬姓故，其情易親歟？而吴、越世讎，其相齮齕尤甚。夫夫差之於句踐，固有殺父之仇；句踐之於夫差，亦有滅國之怨。然自闔廬以上，其相齮齕，又何爲哉？《國語》、《世本》，皆云越爲芈姓，得毋越之讎吴，正猶吴之親晉，皆由種姓同異使之然歟？詳見《越之姓》條。吴、越皆斷髮文身，九夷則初無此俗。《左氏》昭公三十年，"吴滅徐，徐子章禹斷其髮，攜其夫人，以逆吴子"，蓋從其俗以示服。杜《注》謂"自刑示懼"，非也。楚成王之使獻天子也，天子賜之胙，曰："鎮爾南方夷、越之亂。"《楚世家》。《荀子》亦曰："干、越、夷、貉之子，生而同聲，長而異俗。"《勸學》。以夷與越分言，其確爲兩族可知。《春秋》昭公五年，楚子、蔡侯、陳侯、許男、頓子、沈子、徐人、越人伐吴。《左氏》云："楚子以諸侯及東夷伐吴。"諸侯指蔡、陳、許、頓、沈五國，東夷指徐、越也。越與吴同俗，而與徐同稱東夷，此亦越之君與楚相近之一證。夫以吴之强，能溝通江、淮，且遣偏師入海以伐齊，寧不能溯江以攻楚？然而入郢之役，必有待於大隧、直轅、冥阨之開，則以東夷大抵從楚也。巫臣之通吴也，《左氏》言"蠻夷屬於楚者，吴盡取之"，此所謂蠻夷，蓋即羣舒之類，實當吴沿江上溯之路者也。然嗣後吴楚之争，大抵在南巢以下，可見吴實未大得志。哀公十九年春，"越人侵楚，以誤吴也。""秋，楚沈諸梁伐東夷。三夷男女及楚師盟於敖。"三夷，蓋即越之所侵，可見入郢之後，東夷仍多屬楚。不特此也，秦除繆公之世嘗一與晉親外，率皆助楚以掎晉。昭王之出走，惟秦人不憚遠役，以卻吴師；亦惟越人批亢擣虚，以躡吴後。則民族之親疏同異，又有隱然可見者。太公初封，萊夷即與之争國；晉居深山之中，戎狄之與鄰，而遠於王室；王靈不及，拜戎不暇。以視秦雜戎狄之俗；楚篳路藍縷，崎嶇山林之間者，又何以異？而秦自繆公脩政，東境至河，宗周故壤，悉爲所據，其視東方，亦何多讓？楚之久儕於聲明文物之國，與晉狎主齊盟者，更無論矣。然山東諸國，率皆以夷狄遇之，得毋非盡文野之殊，亦有民族異同之見歟？遐哉尚矣，弗可得而質矣，然其事則殊可深長思也。

孟子之難白圭也，曰："子之道，貉道也。"又曰："夫貉，五穀不生，惟黍生之，無城郭宫室宗廟祭祀之禮，無諸侯幣帛饔飧，無百官有司，故二十取一而足也。"《告子》下。此蓋指南方之貉言之。若北方之濊貉，東北徙而爲夫餘、句麗、百濟者，則固有城郭宫室宗廟祭祀之禮；有諸侯幣帛饔飧；有百官有司矣。然則北方之貉，文明程度，實較南方爲高。然孟子又曰："欲輕之於堯、舜之道者，大貉、小貉也；欲重之於堯、舜之道者，大桀、小桀也。"此語亦見《書·大傳》及《公羊》，宣公十五年。蓋儒家所常道。然則貉與中國所異者，征斂輕重之間耳，其立法固相類矣。在四夷之中，實惟貉差堪與中國比擬也。此子所以欲居九夷歟？

《生民》之詩曰："克禋克祀，以弗無子。"《傳》、《箋》皆以爲高禖之祀。高禖之祀，以燕至之月，可見其與殷之神話相關，而其禮實著於《月令》。《月令》者，古明堂行政之典，然授朔以九月，武職以尉名，則其篇籍實傳自秦。《秦始皇本紀》曰："始皇推終始五德之傳，以爲周得火德，秦代周，德從所不勝。方今水德之始，改年始、朝賀，皆自十月朔。衣服旄旌節旗皆上黑。"而《封禪書》言："秦始皇既并天下而帝，或曰：黄帝得土德，黄龍地螾見；夏得木德，青龍止於郊，草木暢茂；殷得金德，銀自山溢；周得火德，有赤烏之符；今秦變周，水德之時。昔秦文公出獵，獲黑龍，此其水德之瑞。於是秦更命河曰德水，以冬十月爲年首，色尚黑。"案授朔以九月，則秦之以十月爲歲首，所由來者舊矣。《封禪書》又曰："自齊威、宣之時，騶子之徒論著終始五德之運，及秦帝，而齊人奏之，故始皇採用之。"恐未必然也。《三國志》言夫餘以殷正月祭天，而句麗及濊，皆以十月。蓋貉族舊有二法，夫餘同於殷，句麗及濊，則同於秦也。《封禪書》又言："秦以冬十月爲歲首，故常以十月上宿郊見，通權火，拜於咸陽之旁，而衣尚白。"則其後來雖尚黑，其舊俗實有同於殷者，亦可見諸族關係之密矣。《封禪書》："秦襄公始作西畤，祠白帝；宣公作密畤，祭青帝；靈公作吴陽上畤，祭黄帝；下畤，祭炎帝；而獨不聞有黑帝之祠。高帝二年，東擊項籍，而還入關，問故秦時上帝祠何帝也？對曰：四帝：有白、青、黄、赤帝之祠。高祖曰：吾聞天有五帝，而有四，何也？莫知其説。"竊疑秦以黑帝爲感生帝，祠之特異於四帝，非無祠也。

劉申叔嘗言："八卦五行，各爲一教。周信八卦，殷信五行。有扈氏居西方，而夏啓征之，以威侮五行爲其罪狀，蓋八卦之教行於西，五行之教行於東。武王雖問《洪範》於箕子，蓋未嘗用其説也。"案周人果背五行與否，難定；夏、殷之信五行，則彰彰矣。九疇錫於夏后，《洪範》傳自胥餘，則其徵也。《史記》謂匈奴出於夏桀，説實不誣，予别有考。見《匈奴爲夏后氏苗裔》條。而匈奴之於五行，即極尊信。日上戊己，祭天神以戊日。其圍高帝於平城也，其騎：西方盡白，東方盡駹，北方盡驪，南方盡騂。此其久知十干及方色之徵，斷不能謂爲偶合也。貉族諸國亦然。《周書·百濟傳》謂"其王以四仲之月祭天及五帝之神"，又謂其"都下有萬家，分爲五部：曰上部、前部、中部、下部、後部。城之内外民庶，及餘小城，皆分隸焉。"此即《三國志》所謂"諸加别主四出道"者，亦五官之制也。朱蒙與烏引、烏違同行，其後又遇三人，亦適合五官之數。

貉族又有浮海而東者，時曰扶桑。扶桑之地，以予考之，實當在美洲，而希勒格氏著書，謂在堪察加半島，見近人馮承鈞譯《中國史乘中未詳諸國考證》。姑勿具論，其爲貉族之分支，則章章也。國王名乙祁，貴人稱對盧，皆句麗語。又句麗，其昏姻，方語已定，女家作小屋於大屋後，名壻屋。壻暮至女家户外，自名跪拜，乞得就女宿。如是者再三，女父母乃聽，使就小屋中宿。至生子已長大，乃將婦歸家。而扶桑，其昏姻，壻往女家門外作屋，晨夕灑掃。經年而女不悦，即驅之；相悦，乃成昏。其俗亦相類。扶桑之俗，衣色隨年改易。甲乙年青，丙丁年赤，戊己年黄，庚辛年白，壬癸年黑，雖與《月令》之隨時改易不同，然其原實出於一，則亦不容疑也。

《三國志·高句麗傳》謂："其國東有大穴，名隧穴，十月國中大會，迎隧神還於國東上祭之，置木隧於神坐。"此制於中國無徵，然亦合因地事地之義。又《濊傳》，言其俗"祭虎以爲神"。案《左氏》言楚子文之生，"邛夫人使棄諸夢中，虎乳之。邛子田，見之，懼而歸，以告，遂使收之。"宣公四年。邛固祝融之後；而此説與夫餘王之棄朱蒙，亦極相類，似非偶然。又《周書·高麗傳》，謂其"有神廟二所：一曰夫餘神，刻木作婦人之象；一曰登高神，云是其始祖夫餘神之子。并置官司，遣人守護，蓋河伯女與朱蒙云。"此亦猶周人特立姜嫄之廟也。

《書》曰："高宗諒闇，三年不言。"而廢立之事，惟伊尹嘗一行之，蓋其君權故輕也。《宋書·扶桑傳》，謂其"嗣王立，三年不親國事"；而《三國志·夫餘傳》，謂"舊夫餘俗，水旱不調，五穀不熟，輒歸咎於王，或言當易，或言當殺"，豈猶有殷之遺風歟？

貉族之俗，與中國類者，莫如喪禮。案《禮記·雜記》載孔子之言曰："少連、大連善居喪，三日不怠，三月不懈，期悲哀，三年憂，東夷之子也。"此則淮泗之夷，其俗亦與北方之貉類。又夫餘，殺人殉葬，多者百數，而諸國皆好厚葬，其俗亦頗類於秦。

貉族用刑，最爲嚴急。《三國志·夫餘傳》云："殺人者死，没其家人爲奴婢。竊盜者一責十二。男女淫，婦人妒，皆殺之。尤憎妒，已殺，尸之國南山上，至腐爛。女家欲得，輸牛馬，乃與之。"《周書·高麗傳》："其刑法：謀反及叛者，先以火焚爇，然後斬首，籍没其家。盜者，十餘倍徵贓，若貧不能備，及負公私債者，皆聽評其子女爲奴婢以償之。"案《韓非》言："殷之法，刑棄灰於街者。"《内儲説》。又曰："一曰：殷之法，棄灰於道者斷其手。"得毋用法之峻，亦有由來邪？觀前所引《漢書·地理志》之文，亦可見殷人用法之峻。

原刊《中山文化教育館季刊》創刊號，

一九三四年八月十五日出版

〔七二四〕　貉族發現西半球説

近人《法顯發見西半球説》云："《法顯佛國記》云：弘始二年，歲在己亥，與慧景、道整、慧應、慧嵬等同契，至天竺尋求戒律。初發長安，六年，到中印國。停經六年，到師子國。同行紛披，或留或亡。即載商人大舶上，可有二百餘人。得好信風。東下。三日，便直大風，舶漏水入。商人大怖，命在須臾。如是大風，晝夜十三日，到一島邊。潮退之後，見船漏處，即補塞之。於是復前。大海彌漫無邊，不識東西；惟望日月星宿而進。若陰雨時，爲逐風去，亦無所準。當夜暗時，但見大浪相搏，恍若火色。商人荒遽，不知那向。海深無底，又無下石住處。至天明已，乃知東西，還復望正而進。若直伏日，則無活路。如是九十許日，乃到一國，名耶婆提，其國外道婆羅門興盛，佛法無足言。停此國五月日，復隨他商人大船，亦二百許人；賫五十日糧。以四月十六日發，東北行趣廣州。一月餘日，夜鼓二時，遇黑風暴雨，於是天多連陰，海師相望僻誤，遂經七十餘日。即便西北行求岸。晝夜十二日，到長廣郡界牢山南岸。得好水菜，知是漢地。或言未至廣州，或言已過，莫知所定。即乘小舶，入浦覓人，得兩臘人，即將歸；今法顯譯語問之，答言此是青州長廣郡界，統屬晉家。是歲晉義熙十二年矣。案師子國，即今錫蘭。本欲自錫蘭東歸廣州，乃反爲風所播，東向耶婆提國。耶婆提者，以今對音擬之，即南美耶科陁尒國；直墨西哥南，而東濱太平洋。科音作婆者，六代人婆、和兩音多相混。如婆藪槃豆，一譯作和脩槃頭，是其證。耶婆提，正音作耶和提，明即耶科陀爾矣。世傳墨西哥舊爲大國，幅員至廣，則耶科陁爾，當時爲墨西哥屬地無疑。所以知耶科提必在美洲，非南洋羣島者，自師子國還向廣州，爲期不過四十六日。據《唐書・地理志》。故法顯失道，商舶亦賫五十日糧。今遭大風，晝夜十三日，始至一島，又九十日而至一國，合前三日計之，已得一百六日；是東行倍程可知。況南洋師子國，途次悉有洲島；當時帆船，皆傍海而行，未有直放大洋者。今言海深無底，不可下石，而九十日中，又不見附海島嶼，明陷入太平洋中，非南洋羣島。逮至耶婆提國，猶不知爲西半球，復向東北取道；又行百餘日，始折而西。夫自美洲東行，又百許日，則還繞大西洋而歸矣。當時海師，不了地體渾圓，惟向東方求逕，還繞太西，進行既久，乃軼青州海岸之東，始向西北折行，十二日方達牢山。是顯非特發見美洲，又還繞地球一周也。然據《佛國記》言：耶婆提國，已先有婆羅門，特無佛法。則法顯以前，必有印度人遇風漂播至此者，故婆羅門教得傳其地。又觀美洲山脈，横貫南北者，在北美曰落迦，南美曰昂底斯。落迦本印度稱山之語，如補陀落迦，咀落迦，彈落迦，竭地落迦是也。落迦岡底斯爲西藏大山，即葱嶺所自起。美之山脈，莫長於昂底斯，正與葱嶺等，明昂底斯亦即岡底斯音轉。斯皆以梵語命山，益明婆羅門曾先至美洲，特以姓名不著，而尸其名者獨在法顯，斯可爲梵國前哲悲，亦爲漢土尊宿幸矣。”予案觀《宋書・四裔傳》，則知印人浮海而東者，自古即極多。婆羅門之先至美洲，非必如原文所云，出於遇風漂播，特其與貉族之至美洲，熟爲先後，則尚不可知耳。

近人《異聞録》云：“《山海經・海外東經》：言湯谷上有扶桑，十日所浴。《淮南子・天文訓》：言日出於湯谷，浴於咸池，拂於扶桑。此皆悠謬之談。然《梁書》確有扶桑國。齊永元元年，其國有沙門慧深，來至荆州。云扶桑在大漢國東二萬餘里。近西人諾哀曼(Nenmann)，推度其地，謂即美洲墨西哥。此説未知確否。特墨西哥建國甚早。與閩粤沿海諸地，同一緯綫，中隔太平洋，在齊梁時，非不能與中華交通。《梁書》言扶桑國多扶桑，故以爲名。扶桑葉似桐，而初生如筍。績其皮爲布，以爲衣，亦以爲棉。其文字以扶桑皮爲紙。今考墨西哥特産之植物，則有摩伽(Magney)。其學名曰 Agave Ameri cana。土人亦名百歲花，謂經百歲始一花。其物多纖維。古時墨西哥象形文字，皆書於摩伽葉。此猶印度之貝葉，埃及之巴比利葉。若遽謂摩伽即梁時之扶桑,恐亦近於附會。但齊、梁時由中國東行二萬餘里,果有文物之國,則除墨西哥外,實無地以當之。此諾哀曼氏所以疑扶桑爲墨西哥也。近世落花生,本來自南美之巴西,而《福清縣志》言僧應元往扶桑覓種寄回,似亦以南美爲扶桑。或者古人知中國極東有美洲,因附會《山海經》,名曰扶桑也。"又三十年代初,外交部嘗咨教育部云:"據駐紐約總領事張祥麟呈稱:准美國亞拉斯加省前任總督函稱:本省前年掘土,發現古物二件:一係陶器,一係銅器。如能證明確係中國古物,則可證實華人曾經發見美洲。乞查明示覆等因。并附發現古物拍照四紙前來。職領檢閱《金石索》,内載形似泉幣一圖,其形恰與美人所發現之銅器相同;正面反面之摹本,亦無差異。該書注云:係唐代孫思邈《入山符》。惟未能釋明所載符文,係何意義。此地書籍不備,無從研究。至所發現之陶器,因物未目睹,亦無從查考。玆特將照片四紙,隨呈附送。可否咨行教育部,將符文意義,查明見覆,以憑轉覆等情。相應檢同原送照片二紙,咨行貴部,查照核覆,以憑轉知可也。"教育部覆文云:"查該項銅器,確係我國厭勝錢幣。《西清古鑒圖》録是錢,以其面有符文,定名爲符印錢,且謂文與孫思邈《入山符》略髣髴。《金石索》及《吉金所見録》等錢譜,均沿襲其説,而未詳其製作年代及符文意義。本部辨其形制、圖像、筆意,當屬宋代道家作品。又查各項厭勝錢文,皆祈福避凶之作。是錢符文,意義要不外此。一俟本部考有確證,再行詳覆。至陶器形制,甚似我國宋、元時磁洗。惟有無磁釉,質地及色澤若何,該總領事既未目睹原器,原文亦未經注明,本部自未便臆斷爲何時器物也"云云。觀此,知華人至美洲,雖或在印度人後,亦必在歐人之先矣。

〔七二五〕　唐宋暨以前之中日交際

日本與中國之交際,前後不同:自漢至唐,以國家之往還爲主,宋以後,則以人民之往還爲主矣。而國家之往還,亦前後不同:南北朝以前,日本甘心臣服中國,隋以後始欲以敵國自居,然中國迄未嘗以敵國之禮待之。

漢、魏時中日交際已見《卑彌呼》條。晉泰始初,日本又重譯入貢,其後與北朝無交涉,與南朝則往還頗繁,具見《宋書・夷蠻傳》、《南史・夷貊傳》。倭王及世子之名,可考者凡五,據近代史家所考,則倭王讚爲仁德天皇,讚弟珍爲反正天皇,倭王濟爲允恭天皇,濟世子興爲安康天皇,興弟武爲雄略天皇。其時日本表文,恒自稱使持節、都督倭百濟新羅任那秦韓慕韓即馬韓諸軍事、安東大將軍、倭國王。中國但去百濟二字,餘即如其所稱以授之。蓋百濟、日本,同受封於中國,不當使日本督百濟也。木官泰彦《中日交通史》謂《日本書紀》,實係鈔録中國史,而於《宋書》中所載倭事,悉屏不録,蓋以稱臣奉表爲辱國之事故。唐代詔書,日史不載,亦係此意。案源光國所作《大日本史》,青山延光所作《日史紀事本末》。亦均謂通使始隋,於南北朝前事皆不載。然亦謂此事爲掌書記之漢人所爲,其王室初不之知,終未免辭遁矣。

蘇因高之來,挾日出處天子致書日没處天子之書,是爲彼欲與我亢禮之始。貞觀四年,日本始通使於唐,唐使新州刺史高表仁此從《舊唐書》,與日本史合,《新唐書》作高仁表。送之,至都,與争禮不平,不肯宣天子詔,可見日人之倨傲。《日本國志・鄰交志》謂新舊《唐書》,不載日人一表,桓武天皇延曆二十三年,唐德宗貞元二年,葛野麻吕使唐,遇風,飄至福州長谿縣,州吏訝其無國書,入船檢察,葛野麻吕命學僧空海致書觀察使云:"竹符銅契,本防姦僞。誠實無詐,何事文契?敝邑使人,已無詐託,信物亦不用璽印,建中以前,舊典如此。今以無國書見責,事與昔乖,願顧鄰誼。"黄氏謂:"據此,則當時使臣皆不齎表文,蓋不臣則我所不受,稱臣則彼所不甘;而彼國有所需求,不能停使,故爲此權宜之策耳。"又日本孝謙天皇天平勝寶二年,唐玄宗天寶九年也,遣藤原清河等於唐,既至,正月朔,玄宗受諸蕃使朝賀於含元殿,叙新羅使東,班在大食上;清河等西,班在吐蕃下,日本留學生阿部仲麻吕以爲不宜班後新羅，爲之請，將軍吴懷實，乃引清河與新羅使易位。黄氏謂："其在中國列之於新羅、大食之下，未嘗待以鄰交；而其在日本，遣使則不齎表文，迎客則不居臣禮，以小事大則有之，以臣事君則未也。"黄氏之書，意欲藥當時中國自大之病，故多鍼砭之辭。其謂日人未嘗肯臣中國，固係實情；然中國不以鄰敵之禮待之，日亦未能顯拒，則亦不可不知也。小野妹子即蘇因高之來也，隋使裴世清送之。《中日交通史》云："妹子歸，奏稱煬帝報書，在百濟見掠，本居宣長馭戎慨言曰：'隋帝之書，甚爲倨敖，故妹子僞稱被掠，不以上聞。'至裴世清所齎之書，則載於《日本書紀》，首云'皇帝問倭皇'，下又有'知皇介居海表，撫寧民庶，境内安樂，風俗融和'等語，而《經籍後傳記》則云：'其書曰皇帝問倭王。聖德太子惡其黜天子之號爲王，不賞其使。'木宫泰彦謂《書紀》改王爲皇，其説是也。日本之遣使於唐，自舒明天皇二年始，貞觀四年。而終於仁明天皇承和五年，唐文宗開成三年。尋常以爲終於宇多天皇寬平六年，即唐昭宗乾寧元年，然是年使實未行。前後二百有八年，遣使者十九。唐惟代宗大曆十四年，曾遣中使趙寶英送其使歸國，溺於海。其僚屬孫興進、秦衍期以明年至日。日史亦謂有國書。黄氏謂寶英乃中使，有無國書，已有可疑，即有之，亦不當在僚屬手。宋徽宗政和六年，中國商人齎牒至日。牒云："矧爾東夷之長，實惟日本之邦。曩脩方貢，歸順明時，隔闊彌年，久闕來王之義；遭逢熙旦，宜敦事大之誠。"日本鳥羽天皇下百官議，置不答。菅原在良之議曰："推古天皇十六年，隋煬帝書曰皇帝問倭皇；天智天皇十年，大唐郭務悰來聘，書曰大唐帝敬問日本天皇；天武天皇元年，郭務悰來，書函題曰大唐皇帝敬問倭王，又大唐皇帝勑日本國衛尉寺少卿大分書曰：皇帝敬致書於日本國王；古式如此。"隋煬帝書辭之不實，説已見前，黄氏云："考郭務悰乃劉仁軌所遣使，當時以係私使，不令入京，而此云有國書，疑失實。"予案唐與日本書函往來，宜有定式，不應忽稱日本，忽稱倭；忽稱天皇，忽稱王，忽稱國王。《唐書》云："日本，古倭奴也。"又云："後稍習夏音，惡倭名，更號日本。使者自言國近日所出，以爲名。或云：日本乃小國，爲倭所并，故冒其號，使者不以情，故疑焉。"《唐書》此語，繫咸亨元年遣使賀平高麗後，則自咸亨以前，猶以倭之名自通，天智十年，猶在咸亨之前，安得有問日本天皇語？則在良之議，信否又甚可疑矣。唐開元二十四年賜日本勑書云："勑日本國王主明樂美衔德。"黄氏云：主，《唐書》作王，當從《文苑英華》；衔，《文苑英華》作御，當從《唐書》。黄氏謂此六字實日本天皇二字譯音，蓋中國問其國王之名，而日使詭辭以對。然則安敢以天皇二字，自通於唐？而唐勑書亦安得有敬問日本天皇之語歟？且日於當時，亦未聞拒唐勑書不受也。又宋神宗時，日僧成壽弟子歸國，神宗託致日皇御筆文書金泥《法華經》及錦，日人以書中有迴賜日本國之語，會議當受與否，歷三年不決，然終以書物爲報。亦見《中日交通史》。此則其不願稱臣於我；然亦我以上邦自居，彼未能堅拒之明徵也。宋朝與日本往還，惟神宗、徽宗二次，此外日史所謂大宋牒文狀，皆明州刺史書，日亦以太宰府之名報之。然南宋乾道八年，明州刺史贈方物，牒文有賜日本國王語，日人大譁，平清盛不顧衆議，卒作報書，則日本武人之甘心屈節，由來已舊，正不必獨咎後來之足利氏也。明太祖洪武元年，使至日本、安南、占城、高麗告建國；二年，又使至日本責以倭寇事，皆爲日人所拒；三年，使趙秩往，日人乃遣使偕來。《明史》謂日奉表稱臣，則《明史》之誤。然中國當是時，必不必得一日本之稱臣爲榮，《明史》亦未必致誤。諉爲僧人所爲，則又以南北朝對我之稱臣，諉諸漢人掌書記者之故智也。豈有此等事而執筆者敢擅專之理歟？足利義留受封於明，其子義持不以爲然，後遂與明絶，然其初立時，明人封册之，義持亦遣使謝恩也。

〔七二六〕 朝鮮東徙之跡

武王封箕子於朝鮮，昔人皆以爲即後世朝鮮之地。夫如是，則自周以前，遼東西非久經開闢不可。然謂遼東西久經開闢，書傳無徵也。昔人有青州越海之説，蓋由《堯典》之暘谷，緯候謂在遼西而然。

然《尚書大傳》:"元祀岱大山","中祀大交霍山","秋祀柳谷華山","幽都弘山祀"。《注》云:"弘山,恒山也。"則羲和四子之所宅,即四時巡守之所至;以暘谷爲在遼西,乃緯候侈大之辭,實不足據矣。暘谷在遼西之説破,則青州越海之説,殊不足憑。遼東西之開闢,恐不能在燕置五郡以前。謂箕子所封,即後世朝鮮之地,乃事理所必無矣。

朝鮮古地雖不可考,然《管子·輕重甲》曰:"吴、越不朝,珠象而以爲幣乎?發、朝鮮不朝,請文皮毤服而以爲幣乎?禺氏不朝,請以白璧爲幣乎?崑崙之虚不朝,請以璆琳琅玕爲幣乎?故夫握而不見於手,含而不見於口,而闢千金者珠也,然後八千里之吴、越,可得而朝也。一豹之皮,容金而金也,然後八千里之發、朝鮮,可得而朝也。懷而不見於抱,挾而不見於掖,而闢千金者,白璧也,然後八千里之禺氏,可得而朝也。簪珥而闢千金者,璆琳琅玕也,然後八千里之崑崙之虚,可得而朝也。"其視朝鮮,與其視吴、越等耳,可證其不甚遠也。發亦北方古國,别見《發北發》條。

《山海經》一書,言朝鮮者二:《海内北經》云:"朝鮮在列陽東,海北,山南,列陽屬燕",列陽者,列水之陽。《漢志》:樂浪郡吞列縣,《注》云:"分黎山,列水所出,西至粘蟬入海,行八百二十里。"蓋即今臨津江。列陽在其北,朝鮮在列陽之東,蓋即漢樂浪郡之朝鮮縣。此朝鮮既東徙後之地。《海内經》:"東海之内,北海之隅,有國名曰朝鮮。"或古箕子之所封歟?然其所在,不可得而確考矣。

朝鮮遷徙之跡,史亦無徵。然反復推校,尚有隱約可見者。《史記·蘇秦列傳》載秦説燕文侯之辭曰:"燕東有朝鮮、遼東。"古書叙述地名,大率近者居前,則爲此辭者之意,似尚謂遼東在朝鮮之表。《燕世家》及《六國表》蘇秦之説,均在文侯二十八年。《三國志·注》引《魏略》曰:"昔箕子之後朝鮮侯,見周衰,燕尊爲王,欲東略地,朝鮮侯亦自稱爲王,欲興兵逆擊燕,以尊周室。其大夫禮諫之,乃止。使禮西説燕,燕止之,"之"字疑衍。不攻。後子孫稍驕虐,燕乃遣將秦開攻其西方,取地二千餘里,至滿番汗爲界。"案《史記·匈奴列傳》言燕將秦開爲質於胡,歸而襲破東胡,東胡卻千餘里。燕築長城,自造陽至襄平,置上谷、漁陽、右北平、遼西、遼東郡以拒胡。《鹽鐵論·伐功篇》亦曰:"燕襲走東胡,闢地千里,度遼東而攻朝鮮。"似燕所開之五郡,皆取之於胡,而朝鮮是時,已在遼東之表者。然東胡之後爲烏桓、鮮卑,其所分保之二山,似不能越今蘇克蘇魯、索岳爾濟一帶。謂燕人開置以前,五郡之地悉爲所有,似不近情。竊疑秦漢之世,東北種落,朝鮮、夫餘、肅慎等,其初并處塞内,至燕開五郡時,乃移居塞外也。漢遼東郡有番汗縣,疑即滿番汗之地。《注》云:"沛水出塞外。"番、沛同音,非水以種落名,則種落以水名也。

《朝鮮列傳》言自始全燕時,嘗略屬真番、朝鮮,爲置吏,築鄣塞。秦滅燕,屬遼東外徼。漢興,爲其遠,難守,復修遼東故塞,至浿水爲界,屬燕。燕王盧綰反,入匈奴。滿亡命,走出塞,渡浿水,居秦故空地上下鄣,稍役屬真番、朝鮮、蠻夷及故燕齊亡命者王之,都王險。自序:燕丹散亂遼間,滿收其亡民,厥聚海東,以集真番,葆塞爲外臣。所謂上下鄣,蓋即燕所築鄣塞也。燕初與朝鮮以滿番汗爲界,後竟略屬之,則秦開攻朝鮮之後,燕嘗又拓一境,朝鮮至北遂夷爲臣僕矣。然其封爵自在,至秦世猶然。《秦始皇本紀》:二十六年"地東至海,暨朝鮮",此秦東界仍燕之舊之證。朝鮮亦在封内,《朝鮮列傳》所謂"屬遼東外徼"者也。《魏略》言:"及秦并天下,使蒙恬築長城,到遼東。時朝鮮王否立,畏秦襲之,略服屬秦,不肯朝會。"此其封爵仍存之證也。秦長城東端在樂浪郡遂成縣,見《晉書·地理志》。蓋自襄平以西之長城,爲燕拒胡所築;自此東至遂城,則蒙恬所爲也。然鄣塞即長城之類,燕既略屬真番、朝鮮,自襄平以東,不得毫無防衛,蒙恬蓋亦因燕之舊而脩之耳。

《漢武帝紀·注》臣瓚引《茂陵書》:臨屯縣治東暆縣,去長安六千一百三十八里;真番郡治霅縣,去長安七千六百四十里。《續書·郡國志》朝鮮去洛陽五千里。則臨屯在朝鮮之表,真番又在臨屯之表也。然《史記》言全燕時,嘗略屬真番、朝鮮;又言衛滿稍役屬真番、朝鮮；皆先真番而後朝鮮。惟《貨殖列傳》言：燕鄰烏桓、夫餘，東綰穢貉、朝鮮、真番之利。”朝鮮次真番之前。又言“滿得兵威財物，侵降其旁小邑，真番、臨屯皆未服屬。”亦先真番而後臨屯。豈其叙次皆自遠而近哉？非也。上云“稍役屬真番、朝鮮”者，指真番、朝鮮之民；下云“真番、臨屯皆來服屬”者，指真番、臨屯之邑。真番之邑，後來雖在臨屯之表；竊疑其民，其初更在朝鮮之裏；故并舉二國者，皆以真番次前；其後雖越臨屯而作邑，而其民猶有與朝鮮雜處，而爲衛滿所役屬者也。然則戰國、秦、漢之間，東北種落之遷移，亦云亟矣。

原刊《光華大學半月刊》第三卷第一期，
一九三四年十月十日出版

〔七二七〕 朝鮮終不用清年號

東洋諸國，漸漬中國文教最深者，莫如朝鮮，故其仇視清人亦最甚。《春在堂隨筆》云：“《玉吾集》十八卷，朝鮮人宋相琦字玉汝者所撰。玉吾其别號也，詩文皆有可觀，末卷附神道碑銘及諡狀。稱公於崇禎丁酉十一月二十日卯時生，癸卯六月一日卒，春秋六十有七。考明崇禎十七年中無丁酉，疑有舛誤。及讀卷末附其孫名載禧者跋語，稱崇禎三庚辰十月，乃知彼國在定鼎之初，雖奉大清年號，而仍以崇禎紀年。其生於崇禎丁酉，實順治十四年。卒於癸卯，實雍正元年。其孫所稱崇禎三庚辰，實乾隆二十五年，蓋以崇禎十三年歲在庚辰，至此凡三歷庚辰耳。夫清朝龍興之始，朝鮮沿襲亡明年號，或尚可附於洪範十有三祀之義，至乾隆中葉，彼國久列藩封，世膺封號，乃尚以崇禎紀年，不亦偵乎！”夫以文明事野蠻，猶之以大事小，尺蠖之屈，事非得已。若如曲園之言，一膺封號，即當心悦誠服，然則宋高宗亦當傾心以奉金虜乎？是非傎倒之譏，不知其果當誰屬矣。終朝鮮之世，未嘗奉清年號，至其亡猶然，此金于霖先生親爲余言之者。

匹夫時有義舉,國家則無之,以合人而成羣,其程度恒低於其羣中人之高者也。專制之世,舉國惟一人之命是聽,義師轉時或有之,明神宗之援朝鮮是矣,故朝鮮人甚德之。明亡後乃爲大報壇以祀之,然朝鮮之傾心中國,亦不徒以神宗之救援朝鮮。在句麗之世,猾夏最甚。蓋當其爲中國郡縣時,頗受抑厭使然,及王氏時,則頗歸心於宋而敵視遼金元矣。宋亡之後,王氏嗣君多取元女。元人又或置行省於其國,剃髮易服,胡化大行,然乃其梟獍之媚外者爲之,非其民心之所欲也。朝鮮太祖本以攘斥胡虜興,終李氏之朝,提倡中國文教最力,其於中國學術,實深入堂奥,非日本所及也。今世論民族者,以同化爲最高之義。若朝鮮者雖因言語不同,未能盡與華化。然其文教,則可謂與中國無殊矣。草尚之風必偃,士君子者,細民之率將,朝鮮今雖暫屈於强暴,然民心不死,國必不亡。復國之後,當與中國合爲聯邦也。

〔七二八〕 辰　　國

《史記·朝鮮列傳》言:"真番旁衆國,欲上書見天子,又擁閼不通。"《漢書》作"真番、辰國"。案此當作真番旁辰國。《漢書》奪"旁"字,《史記》之"衆"字,則淺人臆改也。《三國志》云:韓"有三種:一曰馬韓,二曰辰韓,三曰弁韓。辰韓者,古之辰國也。"又云:"辰王治月支國。"又云:辰韓,"其耆老傳世,自言古之亡人避秦役來適韓國,馬韓割其東界地與之。……始有六國,稍分爲十二國。弁辰亦十二國。"又云:"弁、辰韓當作弁辰、辰韓,奪一辰字。合二十四國。其十二國屬辰王。辰王常用馬韓人作之,世世相繼。辰王當作辰韓。不得自立爲王。"《注》引《魏略》曰:明其爲流移之人,故爲馬韓所制。案既云辰韓者古之辰國矣,又云爲古之亡人;既云韓有三種矣,又云辰王常用馬韓人作之;未免自相矛盾。韓有三種之"種",謂種姓。史於四裔言種姓,猶於中國言姓氏,乃指其王之氏族，非指其民之種類也。《後漢書》云：馬韓在西，五十四國，辰韓在東，十有二國，弁辰在辰韓之南，亦十有二國，凡七十八國，皆古之辰國也。馬韓最大，共立其種爲辰王，都目支國，盡王三韓之地，其諸國王先皆是馬韓種人焉。又云："初，朝鮮王準爲衛滿所破，乃將其餘衆數千人走入海，攻馬韓，破之，自立爲韓王。準後滅絶，馬韓人復自立爲辰王。"其文較《國志》爲清晰。蓋在箕準攻破馬韓之先，自有所謂辰王者，爲馬韓種，都目支，即《國志》所謂月支，嘗盡王三韓之地，此古之辰國也。逮箕氏亡而馬韓復立，則僅有五十四國，而弁辰、辰韓亦各有十二國，此則所謂韓有三種者也。諸國王皆是馬韓種，指古之辰國言，或但指後來之馬韓五十四國；否則不得云韓有三種矣。韓之分而爲三，蓋在箕氏入據之後；其初則自爲一統，故《史記》但以辰國言之也。

《後漢書》云：箕準自立爲韓王，《國志》亦謂侯淮，《注》引《魏略》亦作準，則此淮字誤。自號韓王。《後漢書》又謂準後滅絶，馬韓人復自立爲辰王；則辰爲韓人自稱之名，韓乃箕氏所立之號耳。弁韓亦稱弁辰，可見其舊無韓名也。衛滿既攘箕準，箕準即服馬韓，則《史》、《漢》所云"欲上書見天子者"，實即箕氏之後，乃稱爲辰國而不稱爲韓王，蓋以其舊名名之也。

《詩·韓奕》"溥彼韓城，燕師所完。"鄭箋以韓即後來之韓原，釋燕師爲平安時衆民。王肅、孫毓非之，以燕爲北燕。見《釋文》。而肅以涿郡方城縣之寒號城爲韓侯城。見《水經·聖水注》。案《詩》明言韓姞，則燕師之燕，即係國名，亦屬南燕，肅及孫毓説殊非。然其説實本於王符。《潛夫論·志氏姓》曰："昔周宣王亦有韓侯，其國也近燕。故《詩》云：溥彼韓城，燕師所完。其後韓西亦姓韓，爲衛滿所伐，遷居海中。"此韓侯所近者爲南燕抑北燕，《潛夫論》未嘗明言；則以寒號城爲韓侯，乃王肅之妄耳。爲衛滿所伐者亦姓韓，其説當有據，殊足考箕子之後自立爲韓王之所由也。蓋箕子之後，周時初不以箕爲氏。

漢武帝之略朝鮮，以其地爲樂浪、臨屯、玄菟、真番四郡。樂浪，

《史記·正義》引"《括地志》云：高驪都平壤城，本漢樂浪郡王險城。又古云朝鮮地也。"而《史記·朝鮮列傳》言衛滿"得兵威財物，侵降其旁小邑，真番、臨屯皆來服屬。"則樂浪乃朝鮮故土，爲衛滿所攘取者；真番、臨屯則其以兵威財物所侵降之小邑也。《後漢書·東沃沮傳》言："武帝滅朝鮮，以沃沮地爲玄菟郡。後爲夷貊所侵，徙郡於高句驪西北，更以沃沮爲縣，屬樂浪東部都尉。"《濊傳》言："元朔元年濊君南閭等畔右渠，率二十八萬口詣遼東内屬。武帝以其地爲蒼海郡，數年乃罷。蒼海郡之罷，《本紀》不載其事。據《公孫弘傳》則與罷西南夷同時。西南夷之罷，據《本紀》事在元朔三年。至元封三年，滅朝鮮，分置樂浪、臨屯、玄菟、真番四部。至昭帝始元五年，罷臨屯、真番以并樂浪、玄菟，玄菟復徙居句驪。自單單大領以東，沃沮、濊、貊悉屬樂浪；後以境土廣遠，復分嶺東七縣置樂浪東部都尉。"《三國志》言嶺東七縣皆以濊爲民，蓋即南閭故壤，史言其叛右渠來降，則其先亦屬衛氏。漢滅衛氏之時，未聞分兵略地，所置四郡不得出衛氏故封之外，而沃沮爲玄菟郡治，蓋亦先屬衛氏矣。然則自衛滿出塞以前，朝鮮、真番、臨屯、沃沮、濊、貊、辰國當各自分立，不相統屬；至衛氏興，朝鮮既爲所竊據；真番、臨屯、沃沮、濊、貊亦爲所羈制；惟辰國非其兵力財力所及，而又爲朝鮮所破壞。漢武滅衛氏，其所羈制之地，悉以之爲郡縣。後以夷貊强盛，漸次撤廢，而句驪始强。南方之地，箕氏雖旋絶，辰國亦不能復，遂裂爲三韓也。自戰國至漢，半島諸族興替之跡，略可睹矣。

《三國志注》引"《魏略》曰：初，右渠未破時，朝鮮相歷溪卿以諫右渠不用，東之辰國，時民隨出居者二千餘户，亦與朝鮮、真番不相往來。至王莽地皇時，廉斯鑡爲辰韓右渠帥，聞樂浪土地美，人民饒樂，亡欲來降。出其邑落，見田中驅雀男子一人，其語非韓人。問之，男子曰：我等漢人，名户來，我等輩千五百人伐材木，爲韓所擊得，皆斷髮爲奴，積三年矣。鑡曰：我當降漢樂浪，汝欲去不？户來曰：可。鑡因將户來出詣含資縣，縣言郡，郡即以鑡爲譯，從芩中乘大船入辰韓,逆取户來降伴輩,尚得千人,其五百人已死。鑡時曉謂辰韓:汝還五百人。若不者,樂浪當遣萬兵乘船來擊汝。辰韓曰:五百人已死。我當出贖直耳。乃出辰韓萬五千人,弁韓布萬五千匹,鑡收取直還。郡表鑡功義,賜冠幘、田宅,子孫數世。至安帝延光四年時,故受復除。”觀此事,知辰國與其北方往來頗稀,故衛氏不能役屬之也。

原刊《光華大學半月刊》第三卷第一期,
一九三四年十月十日出版

〔七二九〕 高麗遣人來學中國爲置博士[①]

《宋史·高麗傳》:徽宗時,其王顒卒,子俁嗣。貢使接踵,且令士子金瑞等五人入太學。朝廷爲置博士。《張根傳》:弟樸,爲太學博士。“改吏部員外郎。高麗遣子弟入學肄業,又兼博士”。蓋即其時事也。宋時,高麗人來學最誠。太宗初,其王伷,即命金行成入國子監。太平興國二年,賜進士第。遂仕中國。伷弟治,表乞放還,而行成不肯。淳化初,卒於安州通判,在中國凡十五年。治於雍熙三年,遣崔罕、王彬入國學。淳化三年,賜進士第,授官,遣還,在中國亦歷七年。而康戩,其父允,三世爲高麗兵部侍郎。開寶中,即遣戩隨賓貢肄業國學。太平興國五年,登進士第。歷仕中國,至景德三年乃卒,則在中國逾三十年。胡馬依北風,越鳥巢南枝,行成等貪戀上國,遂忘首丘之思,似不免於忘本。其愛慕華風,可謂深矣。於其來學而特爲之置博士,蓋中國亦甚重其事矣。

然有愛樂中國而來者,亦必有出於勉强者,此事理之自然也。

---

① 曾改題爲《高麗遣人來學》。

《明史·朝鮮傳》: 太祖即位之五年,高麗表請遣子弟入太學。帝曰:"入學固美事,但涉海遠,不欲者勿强。"蓋時高麗以遣子弟入學爲交際之策,帝有以燭其情也。胡惟庸反,日本與通。帝決意絶之,專以防海爲務。然其時王子滕祐壽來入國學,帝猶善待之。琉球中山生與山南生有非議詔書者,帝聞,置之死,而待其國如故。其人之來學者亦如故。帝固非拒外國來學之人也。宣宗宣德八年,朝鮮王李祹奏遣子弟詣太學或遼東學,帝仍不許,但賜《五經》、《四書》、《性理》、《通鑑綱目》諸書,亦必有所見。

《陳書·儒林陸詡傳》言:"梁世,百濟國表求講《禮》博士。詔令詡行。"此又中國派遣博士至外國者。

〔七三〇〕 琉球來學

外國遣人來學,以唐代爲最盛,爾後迄不能及。蓋外國初通中國時,文明程度,相去較遠,久之則漸近;而中國學校亦有名無實時多,故來者不勸也。東洋諸國,通於中國者,以琉球爲最晚,故其來學,在近世亦爲最勤。《明史·琉球傳》言: 洪武時,中山嘗遣女官生二人先後來肄業,此爲自古所無之事,足見其向學之殷。清世遣陪臣子弟入學,始於康熙二十七年,同治間猶有至者,見《清史稿·選舉志》。《本紀》: 二十三年六月,書"遣球請遣子弟入國子監讀書,許之。"二十七年不記此事,但書"琉球入貢"。蓋二十三年請而得許,至二十七年,乃遣隨貢使來也。又《紀》於康熙五十九年八月,書"琉球請令其陪臣子弟入國子監讀書,許之。"同治六年四月,書"允琉球國子弟入監讀書。"蓋每來輒奏請,而非循例派遣? 然來者必不止此數也。來者稱爲官生,凡四人,見《屬國傳》。又《職官志》: 琉球學,有漢教習一人,以貢生選充,後省。此在彼國,或亦成爲進取之一途,未必果爲學問,然其來究最久也。又《德宗紀》: 光緒六年九月,"允朝鮮派工匠來天津學造器械。"此蓋新式兵器仿自西洋者,爲朝鮮所無,故又遣人來學也。

〔七三一〕鄉　　校

民國三十五年九月八日，上海《大公報》載徐頌九論移民實邊之文，述滇西之俗：謂其“村必有廟。廟皆有公倉，衆出穀以實之。廟門左右，必有小門，時曰茶鋪，衆所集會之地也。議公事，選舉鄉、保長，攤籌經費，辦理小學皆於此。婚、喪、祝壽等事，亦於此行之。故是廟也，非尋常佛寺、道院，耗民財以豢閒民者比也。村之議會也，公所也，學校也，禮堂也，殯儀館也，而亦即其俱樂部也”。予案此正古之學校也。《公羊解詁》述井田之制曰：“在田曰廬，在邑曰里。一里八十户。八家共一巷。中里爲校室。選其耆老有高德者，名曰父老。”“十月事訖，父老教於校室。八歲者學小學，十五者學大學。”宣公十五年。此與伏生《書傳》所云“大夫、士七十而致仕，老於鄉里。大夫爲父師，士爲少師。耰鉏已藏，祈樂已入，注：祈樂，當爲新穀。歲事已畢，餘子皆入學。十五始入小學，見小節，踐小義；十八入大學，見大節，踐大義焉。距冬至四十五日，始出學，傅農事”，正係一説。《左氏》襄公三十一年，“鄭人游於鄉校，以論執政。然明謂子産曰：毁鄉校何如？子産曰：何爲？夫人朝夕退而游焉，以議執政之善否。其所善者，吾則行之；其所惡者，吾則改之；是吾師也。若之何毁之？”惟僅冬日教學，餘時皆如議會、公所，亦如俱樂部，故人得朝夕游其間也，《新唐書・韋挺傳》：挺上疏言：“閭里細人，每有重喪，不即發問，先造邑社，待營辦具，乃始發哀。至假車乘、雇棺槨以榮送葬。既葬，鄰伍會集，相與酣醉，名曰出孝。”以是爲風俗之薄。其實，此亦猶今滇西行喪禮於廟也。貧家營葬且不易，乃能假車乘、雇棺槨以爲榮，蓋由同社者之相助。宜興童伯章斐嘗告予：“其邑之某某鄉，有喪者，弔客至，喪家之隣共飲食之，喪家不問也。”隣伍蓋皆弔者，豈可無以飲食之？所醉飽者，蓋亦出衆力，非必喪家所費也。假車乘、雇棺槨以爲榮,誠爲無謂。然不有多其車乘,美其棺椁以爲榮者,民又孰從而效之?所謂士大夫者,厚葬靡財以爲孝,而又禁民之厚葬,乃曰:以貴賤分厚薄,自然之等差也。制爲禮,强民守之。其所令,反其所好,民孰能從之哉?

原刊《華東師範大學學報》一九五七年第三期,一九五七年七月十五日出版

〔七三二〕宦學篇

古以宦學連稱,亦以仕學并舉。《禮記》言"宦學事師,非禮不親。"《禮記·曲禮》。《論語》言"仕而優則學,學而優則仕"《子張》。是也。宦者學習,仕者任事,《史記·留侯世家》言"良年少,未宦事韓。"事即仕也。然宦學二者,又自殊途,學於學校,宦於官署,所學各不相干。古學校不能謂無其物,然迄未聞有一人焉卒業於學校,進身於仕途,或則出其在校所學以致用者,由此。蓋古之學校,其初實神教之府。春秋教以禮樂,禮者,事神之儀;樂者,娱神之樂。冬夏教以詩書,詩者,樂之歌辭;書者,教中故籍也。故太學、清廟、明堂,異名同物。出征執有罪,反釋奠於學,非文事武事相干,釋奠於明堂之神也。尊師重道,執醬而饋,執爵而酳,北面請益而弗臣,非知重學問,尊教中之老宿也。然則古學校中,初無致用之學,所有者,則幽深玄遠之哲學耳。《禮記·學記》曰:"君子如欲化民成俗,其必由學乎?"又曰:"古之王者,建國君民,教學爲先。"又曰:"君子以大德不官,大道不器。"此即《漢志》所稱道家爲君人南面之學,其説略存於《老子》、《管子》書中,皆哲學與神教相雜者也。墨子最重實用,而辯學之剖析微芒者反存於《墨經》中,以其學出於史角,史角明於郊廟之禮故也。切於實用之學,則從官署之中,孕育而出。《漢志》所推九流之學,出於王官是也。九流之家,固多兼通古之神教哲學,然特以此潤飾其任事之術,其緣起固判

然不同，任職官署之人，尤未必通知九流之學，觀九流爲私家之學，寖且爲始皇所禁，而令欲學法令者以吏爲師可知也。秦始皇曰："吾前收天下書不中用者盡去之，悉召文學方術士甚衆，欲以興太平，方士欲練以求奇藥。"興太平指文學士言，此博士之流，始皇所與共圖天下者，然特謨議於廟堂之上而已。奉行法令者，不求其有所知也。降逮漢初猶是如此。

行法者貴能通知法意，尤貴能得法外意。能知法意，則奉行可以盡善；能得法外意，則并可知法之弊而籌改革之方矣。欲通知法意，非深通其所事之科之學不可；欲能得法外意，則必兼通他科之學；故宦學合一，實學術之一進化，亦政治之一進化也。宦學之合一，其自漢置博士弟子許其入官始乎？史稱公卿大夫士吏，多文學彬彬之士，即美其非僅通當代法令而已也。中國歷代選舉之途甚多，政府之所最重者，爲學校科舉兩途，所可惜者，學校之所肄，科舉之所試，皆非當官之所務。致學校科舉出身之人，其習於事，反不如異途，而亦并不能通知其意耳。

昔日之教育，皆所以教治人之人者也。而學校之所肄，科舉之所試，皆非當官之所務，何邪？此其故，一當求之法制之沿革，一則由於事實之遷流也。漢世博士弟子，其所學者，原不如法吏之切於用；然漢世去古近，儒家之學，可逕措之於事者；尚不乏焉，經義折獄，即其一端也。是時法次甚簡，折獄根據習慣若條理者頗多，經義亦習慣若條理之一端，非違法也。降逮後世，社會情形，去古愈遠，通經漸不能致用，而考試之法，則猶沿漢代諸生試家法之舊焉，後漢左雄所創。是爲唐時之明經。當時高才博學，足以經國理民者，本有秀才科可應，以其大難，能應者寡，後不復舉，而俗尚舞章，進士遂爲舉世所重焉。其科始創於隋，試詩賦，蓋煬帝好浮華爲之。然度煬帝初意，亦非謂工時賦者可以經國理民，非如漢靈帝之鴻都，集玩弄之臣，則如唐玄宗之翰林，求書記之選耳；而後遂以辨官才使膺民社，則法制之流失也。歷代法制，變遷而失初意者，固多如此。又儒術盛行之世，尊之者，信爲包羅事理，囊括古今，通於是者，即可以應付一切；而欲應付一切者，亦皆不可不通於是，此則學校科舉之偏重經義，始於宋，盛於元，而大成於明者之所由來也。一時代必有一時代所特尊之學，原不足追咎古人，惟通於其理者，亦必習於事而後可以應用。而向者學校科舉之所求，於能通其理外，事遂一無所習；而其所謂理者，亦實非其理，寖至自此出身之人，成爲一物不知之士，此又法制之流失，寖失其初意者也。

清季有老於仕途者，嘗語人曰：官非予之所能爲，衙門之所爲也。人問其説，答曰：須策畫之事，則有幕友焉；循例而行之事，則有吏胥焉。予何爲哉，坐嘯畫諾而已矣！設無幕友吏胥，予固不能辦其事也。聞者笑其尸位，其實無足笑也。當官而行，不能不據法令；法令至繁，非專門肄習者，不能深悉。向者親民之官，莫如州縣，幕友則有刑名、錢穀之司，不能相攝；吏則如六部之分科焉，非好爲之，不得已也，所可詫者，則官之一無所知耳。論者深惡官場辦事，循名而不責實，一切集矢於吏，清季遂欲一舉而盡去之。殊不知循名而不責實，乃社會風氣，彼此以文法相詸，而不以真誠相見之咎，非行政事者之矢。苟政事而不循文法，民益將無所措手足矣，何則？今日如此者，明日可以如彼，甲地如此者，乙地可以如彼也。故鄉者幕友吏胥，各專其職，其事實不容已，亦不可非。所不足者，則幕友吏胥，皆無學問，又或父子相繼，或師友交私，朋比把持，使才智之士，無途以自奮，亦且明知其作姦犯科，欲去之而不得耳。

〔七三三〕 不樂仕進

儒教行於中國二千餘年，所謂士君子者，皆自少即讀儒書，以其所言爲至當，而於其時社會之情形，大異於今日，曾不之察，其所主張之治法，遂無不生今反古矣，此其所以見目爲迂遠而闊於事情也。如論教學，皆以爲榮以仕進，人必競勸，即其一端。

《漢書・循吏傳》云:"文翁,景帝末爲蜀郡守。見蜀地辟陋,有蠻夷風,乃選郡縣小吏開敏有材者張叔等十餘人,親自飭厲,遣詣京師,受業博士,或學律令。數歲,蜀生皆成就還歸,文翁以爲右職,用次察舉,官有至郡守、刺史者。又脩起學官於成都市中,招下縣子弟,以爲學官弟子,爲除更繇,高者以補郡縣吏,次爲孝弟力田。常選學官僮子,使在便坐受事。每出行縣,益從學官諸生明經飭行者與俱,使傳教令,出入閨閤。縣邑吏民,見而榮之。數年,争欲爲學官弟子,富人至出錢以求之。繇是大化。蜀地學於京師者,比齊、魯焉。"《新唐書・文藝・歐陽詹傳》云:"閩越地肥衍,有山泉禽魚,雖能通文書吏事,不肯北宦。及常衮罷宰相,爲觀察使,始擇縣鄉秀民能文辭者,與爲賓主,鈞禮,觀游饗集必與,里人矜耀,故其俗稍相勸仕。"觀此二事,似乎榮以仕進,人必競勸矣。然《宋史・地理志》言:川峽四路,"土植宜柘,繭絲織文纖麗者,窮於天下。地狹而腴,民勤耕作,無寸土之曠,歲三四收。其所獲,多爲遨遊之費,踏青、藥市之集尤盛焉,動至連月。好音樂,少愁苦,尚奢靡,性輕揚,喜虚稱。庠塾聚學者衆,然懷土,罕趨仕進。"則爲學者會不樂仕進也。抑又何也?人孰肯以虚名易實利?抑懷居人人所同。《潛書・養重》篇曰:"昔者蜀有二士:曰駱純,曰殷正,以文學稱。楊榮爲相,使使奉書幣二,而屬之於布政使,曰:駱、殷二子,蜀之雋士也,吾懷其人久矣,君其爲我致之來。於是駱子貧而無妻,教生徒於鄉里。殷子富有田園、畜牧、山林之饒。駱子受書幣,越三日而啓行。殷子辭以疾,固不肯行。其友勸之行。殷子曰:吾非不知楊公之賢,可與爲交,且力能進用我也。然富貴之家,不可客也;危疑之朝,不可居也。車馬之上,不如我山居之安;公卿之禄,不如我歲入之多。舍己之安而任人之危,舍己之多而受人之少,不待智者而知其不可矣。遂終身隱而不出焉。"然則文翁、常衮之所致,得無皆駱純之流乎?《宋史・張去華傳》:"父誼,好學,不事産業。既孤,諸父使督耕隴上。他日往視之,見閲書於樹下。怒其不親穡事,詬辱之。誼謂其兄曰:若不就學於外,素志無成矣。遂潛詣洛陽龍門書院。"《元史·王思誠傳》:"七歲從師,授《孝經》、《論語》,即能成誦。家本業農。其祖佑,詬家人曰:兒大不教力田,反教爲迂儒邪?"此二者,皆富人通有之見,雖殷正未能免焉者也。人孰肯以虚名易實利?抑誰無懷土之情?而可徒以仕進誘乎。

然則人富其遂不可教乎?曰:否。不以虚名易實利,懷土不肯仕宦,多數人則然。然古人有不以飽暖逸居爲已足者。《宋史·孝義傳》:胡仲堯,洪州奉新人。"構學舍於華林山别墅,聚書萬卷,大設廚廩,以延四方游學之士。"陳昉,江州德安人。"建書樓於别墅,延四方之士。肄業者多依焉。"洪文撫,南康建昌人。"就所居雷湖北創書舍,招來學者。"彼獨非張誼之諸父、王思誠之大父之倫乎?而其所爲如是,然則世固有少數人不以飽暖逸居爲已足者也。此等人亦必先飽暖逸居而後能爲之,故言教必先言富,然亦非徒榮進所可誘致也。故徒執爵禄,而以爲無所求而不得者,終爲不察情實之談也。

〔七三四〕 入學之年

《尚書大傳》言,古者十八而入大學。漢世太常補博士弟子,限年十八以上,蓋遵是説也。然其時入學者多遲。終軍年十八,選爲博士弟子,年數適符。軍固儁材。若蕭望之治《齊詩》,事同縣后蒼且十年,乃以令詣太常受業,則其年必非弱冠矣。詣博士者如此,事私師者亦然。公孫弘年四十餘,乃學《春秋》、《雜説》是也。翟方進年十二三,失父孤學,給事太守府爲小史,數爲掾史所詈辱。乃從汝南蔡父相,問己能所宜。辭其後母,欲西至京師受經。母憐其幼,隨之長安,織屨以給。方進是時雖云幼,距十八亦必不遠。史稱其積十餘年,經學明習,徒衆日廣,則必不止三十矣。先漢末年,情勢漸變,至後漢而益甚。魯恭年十五,即與弟丕俱居太學。張堪年十六,受業長安。張霸七歲通《春秋》。丁鴻,年十三,從桓榮受《歐陽尚書》,三年而明章句。杜安，年十三，入太學，號奇童。安，根父，見《後漢書・根傳》，此語係本《先賢行狀》，《三國志・杜襲傳注》引之，而作“號曰神童”。任延，年十二，爲諸生，學於長安，明《詩》、《易》、《春秋》，顯名太學，號爲任聖童。鍾會，四歲受《孝經》，七歲誦《論語》，八歲誦《詩》，十歲誦《尚書》，十一誦《易》，十二誦《春秋左氏傳》、《國語》，十三誦《周禮》、《禮記》，十四誦《成侯易記》，十五入太學，問四方奇文異訓。《三國志・會傳注》引其母傳。并有弱冠即事教授如梁竦者。竦，統子，見《後漢書・統傳》。世固有早慧之士，豈能如是比肩接踵？其爲務名而不務實無疑矣。魏、晉而後，此風彌盛。《宋書・范泰傳》：高祖受命，議建國學，以泰領國子祭酒。泰上表曰：“十五志學，誠有其文。若年降無幾，而深有志尚者，何必限以一格？”則其時功令，入學之年，已較漢世爲早，而時人猶以爲遲也。斯時入學之年見於史者：王錫，年十二，爲國學生。錫，份孫，見《梁書・份傳》。王承，七歲通《周易》，選補國子生，年十五，射策高第。蕭乾，年九歲，召補國子《周易》生，十五舉明經。張瓚，召補國子生，起家祕書郎，時年十七。實較後漢尤早。而許懋，十四入太學，受《毛詩》，旦領師説，晚而覆誦，坐下聽者，常數十百人，亦更甚於梁竦之弱冠即事教授者矣。蓋斯時學校，已成爲選舉之一途，貴族出仕皆早，故其入學亦隨之，全與學業無涉也。謝幾卿，年十二，召補國子生。齊文惠太子自臨策試，謂祭酒王儉曰：“幾卿本長玄理，今可以經義訪之。”儉承旨發問，幾卿隨事辨對，辭無滯者，文惠大稱賞焉。周弘正，年十歲，通《老子》、《周易》，十五召補國子生，仍於國學講《周易》，諸生傳習其義。以季春入學，孟冬應舉，學司以其日淺，弗許。博士到洽議曰：“周郎年未弱冠，便自講一經，雖曰諸生，實堪師表，無俟策試。”大同八年，梁武帝撰《孔子正言章句》，詔下國學宣制旨義。袁憲時年十四，被召爲國子《正言》生，謁祭酒到溉，溉目而送之，愛其神采。在學一歲，國子博士周弘正謂憲父君正曰：“賢子今兹欲策試否？”君正曰：“經義猶淺，未敢令試。”居數日，君正遣門下客岑文豪與憲候弘正。會弘正將登講坐，弟子畢集。乃延憲入室，授以麈尾，令憲樹義。時謝岐、何妥在坐，弘正謂曰："二賢雖窮奥賾，得毋憚此後生邪？"何、謝於是遞起義端，深極理致。憲與往復數番，酬對閑敏。弘正謂妥曰："恣卿所問，勿以童稚相期。"時學衆滿堂，觀者重沓，而憲神色自若，辯論有餘。弘正亦起數難，終不能屈，因告文豪曰："卿還咨袁吴郡，此郎已堪見代爲博士矣。"時生徒對策，多行賄賂，文豪請具束脩。君正曰："我豈能用錢爲兒買第邪？"學司銜之。及憲試，争起劇難。憲隨問抗答，剖析如流。到溉顧憲曰："袁君正其有後矣。"及君正將之吴郡，溉祖道於征虜亭，謂君正曰："昨策生，蕭敏孫、徐孝克非不解義，至於風神器局，去賢子遠矣。"尋舉高第。上下扶同，共爲欺罔，真堪浩歎；而其諂媚之態，尤令人作惡也。

《宋書・隱逸傳》：周續之。豫章太守范寧，於郡立學，招集生徒，遠方至者甚衆。續之年十二，詣寧受業。居學數年，通五經并緯候，名冠同門，號曰顔子。風氣所漸，不徒京師，郡邑亦不免矣。然寧素好學，其所立學，考校亦必較核實。其徒尚浮名，或轉不如國學之甚也。

〔七三五〕 學校由行禮變爲治經

古之言學校者，皆重行禮視化，非重讀書講學問也。漢武帝元朔五年之詔，猶曰："導民以禮，風之以樂，今禮壞樂崩，朕甚愍焉。其令禮官勸學，舉遺興禮，以爲天下先。太常其議與博士弟子崇鄉黨之化。"而丞相與太常博士之議，亦曰："聞三代之道，鄉里有教，夏曰校，殷曰序，周曰庠，"不曰古有辟雍、泮宫也。然則徒爲博士置弟子，而教不及於鄉里，殆非初意也。然此亦非但政府之咎，民間之風氣，實有使之然者。《後漢書・文苑傳》：劉梁除北新城長。大作講舍，延聚生徒數百人，身執經卷，試策殿最。《三國志・杜畿傳》言：畿守河東，冬月脩戎講武。又開學官，親自執經教授。《注》引《魏略》曰：博士樂詳，由畿而升。至今河東特多儒者，則畿之由矣。又《王肅傳注》引《魏略》，言賈洪歷守三縣令，所在輒開除廐舍，親授諸生。《管輅傳注》引《輅别傳》云：父爲琅邪即丘長，時年十五，來至官舍讀書。於時黌上有遠方及國内諸生四百餘人，皆服其才。此所治者，皆博士弟子之業，非所謂導民以禮，風之以樂，以崇鄉黨之化者也。此其故何哉？人亦孰不欲富貴？既設科射策，勸以官禄矣，孰肯舍是路而不由哉？《明史·選舉志》："社學。自洪武八年，延師以教民間子弟，兼讀御製《大誥》及本朝律令。正統時，許補儒學生員。弘治十七年，令各府、州、縣建立社學，選擇明師。民間幼童十五以下者，送入讀書，講習冠、婚、喪、祭之禮。然其法久廢，寖不舉行。"讀《大誥》、律令，講習冠、婚、喪、祭之禮，猶古所謂導民以禮，風之以樂，所以求其馴擾易治者也。許補儒學生員，則使爲博士弟子，治治人之學矣。卒不能不許，而讀法、習禮，寖廢不行，足見入社學者之所求，與立社學者之所期不同也。亦猶漢世勸學，本欲以行禮視化，而其後來者，皆以讀書治學問爲務也。此等級之平夷爲之，以是爲病，則不免拘墟之見矣。

〔七三六〕 孔子廟

《新唐書·劉禹錫傳》："禹錫嘗歎天下學校之廢，乃奏記宰相曰：言者謂天下少士，而不知養材之道，鬱堙不揚，非天不生材也。是不耕而歎廪庾之無餘，可乎？貞觀時，學舍千二百區，生徒三千餘，外夷遣子弟入附者五國。今室廬圮廢，生徒衰少，非學官不振，病無貲以給也。凡學官，春秋釋奠於先師，斯止辟雍、泮宫，非及天下。今州縣咸以春秋上丁，有事孔子廟，其禮不應古，甚非孔子意。武德初，詔國學立周公、孔子廟，四時祭。貞觀中，詔脩孔子廟兖州。後許敬宗等奏天下州縣置三獻官，其他如立社。玄宗與儒臣議，罷釋奠牲牢，薦酒脯。時王孫林甫爲宰相，不涉學，使御史中丞王敬從以明衣牲牢著爲令,遂無有非之者。今夔四縣,歲釋奠費十六萬。禹錫時爲夔州刺史。舉天下州縣,歲凡費四千萬。適資三獻官飾衣裳、飴妻子,於學無補也。請下禮官博士議,罷天下州縣牲牢衣幣,春秋祭如開元時。籍其貲,半畀所隸州,使增學校,舉半歸太學,猶不下萬計,可以營學室,具器用,豐饌食,增掌故以備使令;儒官各加稍食;州縣進士,皆立程督;則貞觀之風,粲然可復。"其指陳利害,可謂深切著明矣。然《文獻通考·學校考》引歐陽修《襄州穀城縣夫子廟記》曰:"隋、唐之際,天下州縣,皆立學,置學官、生員,而釋奠之禮,遂以著令。其後州縣學廢,而釋奠之禮,吏以其著令故,得不廢。學廢矣,無所從祭,則皆廟而祭之。"馬君按云:"自唐以來,州縣莫不有學,則凡學莫不有先聖之廟矣。然考之前賢文集,如柳子厚《柳州文宣王廟碑》與歐公此記,及劉公是《新息縣鹽城縣夫子廟記》,皆言廟而不及學。蓋衰亂之後,荒陋之邦,往往庠序頹圮,教養廢弛,而文廟獨存。長官之有識者,以興學立教,其事重而費鉅;故姑葺文廟,俾不廢夫子之祠,所謂猶賢乎已。"然則有廟而無學,又非禹錫惜祭祀所費太多,而學校經費不足者比矣。其故何哉?二公所言,固爲當時實録,然若深求其故,則尚有不止乎此者在也。

《齊書·江祏傳》:祏弟祀,爲南東海太守,治下有宣尼廟,久廢不脩,祀更開構建立。則有孔子廟者,久不止京師及魯國矣。先聖、先師,蓋釋奠時祀之於學,不别作廟。然《隋書·梁彦光傳》言:彦光爲相州刺史。滏陽人焦通,性酗酒,事親禮闕,爲從弟所訟。彦光將至州學,令觀於孔子廟。廟中有韓伯瑜母杖不痛,哀母力弱,對母悲泣之像。通遂感悟。則學中久有廟矣。《唐書·禮志》:貞觀四年,詔州縣學皆作孔子廟;咸亨元年,詔州縣皆營孔子廟;《舊唐書·高宗紀》:咸亨元年,五月,詔曰:"諸州縣孔子廟堂有破壞,并先來未造者,宜令所司,速事營造。"則營建更形普徧。《舊唐書·良吏傳》:韋機,顯慶中爲檀州刺史。邊州素無學校,機敦勸生徒,創立孔子廟。圖七十二子及自古賢達,皆爲之贊。其營建實以廟爲急。又《倪若水傳》:開元初,出爲汴州刺史。增脩孔子廟堂及州縣學舍，勸勵生徒，儒教甚盛。《曹華傳》：爲沂州刺史、沂海兗觀察使，移理於兗。春秋釋奠於孔子廟，立學講經。亦皆以廟、學并言。馬君謂自唐以來，州縣莫不有學，則凡學莫不有廟者，殆非虛語也。自宋以降，重廟更甚。《宋史・王承美傳》：爲豐州刺史，請於州城置孔子廟，詔可之。《田錫傳》：移睦州。睦州人舊阻禮教，錫建孔子廟，表請以經籍給諸生，詔賜九經，自是人知向學。《孝義傳》：胡仲容，建本縣孔子廟，頗爲宏敞。皆言廟而不及學。《龔鼎臣傳》：知渠州。渠故僻陋，無學者，鼎臣請於朝，建廟、學，選邑子爲生，日講説，立課肄法，人大勸。亦以廟、學并言。《外國・大理傳》：政和六年，使李紫琮來，過鼎州，求詣學瞻拜先聖像，徧謁見諸生。其意亦以瞻拜聖像爲重也。《遼史・能吏傳》：大公鼎，改良鄉令，建孔子廟學。《百官志》縣學下，則但云大公鼎爲良鄉縣尹，建孔子廟。其重廟而輕學可知。《金史・孔璠傳》。熙宗即位，興制度禮樂，立孔子廟於上京。蓋徒立廟。《章宗紀》：明昌元年，三月，詔脩曲阜孔子廟、學。泰和四年，二月，詔刺史：州郡無宣聖廟、學者，并增脩之。雖言學，意所重亦必在廟。《蒲察鄭留傳》：改順義軍節度使。西京人李安兄弟争財，府縣不能決，按察司移鄭留平理。月餘不問。會釋奠孔子廟，鄭留乃引安兄弟與諸生列坐會酒，陳説古之友悌數事。安兄弟感悟，相讓而歸。《任天寵傳》：遷威戎縣令。縣故堡塞，無文廟、學舍，天寵以廢署建。可見金時州縣，有學者亦皆有廟也。《元史・選舉志》：國初燕京始平，宣撫王檝，請以金樞密院爲宣聖廟。《世祖紀》：中統二年，八月，命開平守臣釋奠於宣聖廟。《哈剌哈孫傳》：爲左丞相，京師久闕孔子廟，而國學寓他署，乃奏建廟、學，選名儒爲學官，採近臣子弟入學。其重廟亦與金人等。《何伯祥傳》：子瑋。京師孔子廟成，瑋言唐、虞、三代，國都閭巷，莫不有學，今孔廟既成，宜建國學於其側。從之。是反以廟爲主，而以學從之也。《張柔傳》：移鎮保州，遷廟學於城東南，增其舊制。《嚴實傳》：子忠濟，襲東平路行軍萬户。東平廟學故隘陋，改卜高爽地於城東。

《木華黎傳》：弟帶孫之後只必，襲父爲東平達魯花赤。嘗出家藏書二千餘卷置東平廟、學，使學徒講肄之。《趙良弼傳》：良弼别業在温縣，故有地三千畝。乃析爲二：六與懷州，四與孟州，皆永隸廟、學，以贍生徒。《段直傳》：爲澤州長官。大脩孔子廟。割田千畝，置書萬卷，迎儒士李俊民爲師，以招延四方來學者。不五六年，學之士子，以通經被選者百二十有二人。《白景亮傳》：特授衢州路總管。郡學之政久弛，從祀諸賢無塑像，諸生無廪膳，祭服、樂器有缺，景亮皆爲備之，儒風大振。《賽典赤贍思丁傳》：至元十一年，行省雲南。創建孔子廟、明倫堂，購經史，授學田，由是文風稍興。三子忽辛，大德時，改雲南行省右丞。贍思丁爲平章時，建孔子廟爲學校，撥田五頃，以供祭祀、教養。贍思丁卒，田爲大德寺所有，忽辛按廟學舊籍奪歸之。乃復下諸郡邑，偏立廟、學，選文學之士，爲之教官，文風大興。《張立道傳》：至元十五年，除忠慶路總管，佩虎符。先是雲南未知尊孔子，祀王逸少爲先師。立道首建孔子廟，置學舍，勸士人子弟以學，擇蜀士之賢者，迎以爲弟子師，歲時率諸生行釋奠禮，人習禮讓，風俗稍變矣。遷臨安廣西道軍民宣撫使，復創廟學於建水路。諸人於學皆極有功，然所脩飭必及於廟。蓋有有廟而無學者矣，未有立學而不先立廟者。甚有如《明史・忠義傳》所云：王愷，太祖克衢州，命總制軍民事，學校毁，與孔子家廟之在衢者并新之。視家廟與學校等重者矣。《錢唐傳》：洪武二年，詔孔廟春秋釋奠，止行於曲阜，天下不必通祀。唐伏闕上疏，言孔子垂教萬世，天下共遵其教，故天下得通祀孔子，報本之禮不可廢。侍郎程徐亦疏言：古今祀典，獨社稷、三皇與孔子，通祀天下。民非社稷、三皇則無以生，非孔子之道則無以立。孔子以道設教，天下祀之，非祀其人，祀其教也，祀其道也。今使天下之人，讀其書，由其教，行其道，而不得舉其祀，非所以維人心，扶世教也。皆不聽。久之，乃用其言。二人之論，與劉禹錫適相反，以明太祖之剛愎而不能終違也，可以見輿情之所在矣。予猶及見清世所謂府、州、縣學者，人皆稱爲孔子廟，無或知爲學校者也。其故何哉？官府所設之學，學術久不存焉，而祭祀則人知嚴之，故其遷流所届如此也。《清史稿·世宗紀》：雍正二年，正月，“建孔子廟於歸化城。”《仁宗紀》：嘉慶元年，二月，“勅甘肅貴德廳建文廟。”亦徒云建廟。

〔七三七〕 鄉飲射禮

古代教育，重於行禮，六禮之中，鄉爲尤重，故鄉飲、鄉射，至漢世猶不絶焉。《史記·孔子世家》言：“魯世世相傳，以歲時奉祠孔子冢，而諸儒亦講禮鄉飲大射於孔子冢。”其盛況可想。《自序》言“觀孔子之遺風，鄉射鄒、嶧”，則史公并曾親與其事也。漢既崇儒，尤重其事。《漢書·成帝紀》：鴻嘉二年，三月，博士行飲酒禮。《漢紀》作鄉飲酒禮，《五行志》作大射禮，蓋射、鄉并行。《後漢書·伏湛傳》：建武三年，爲大司徒，奏行鄉飲酒禮。《續漢書·禮儀志》：明帝永平二年，三月，上始率羣臣，躬養三老、五更於辟雍，行大射之禮。郡、縣、道行鄉飲酒於學校。皆祀聖師周公、孔子，牲以犬。《注》引鄭玄注《鄉飲酒禮》曰：“今郡國十月行鄉飲酒禮。”《後漢書·儒林傳》：本初元年，梁太后詔曰：大將軍下至六百石，悉遣子就學，每歲輒於鄉射月一饗會之，以此爲常。《注》引《漢官儀》曰：“春三月，秋九月，習鄉射禮，禮生皆使太學學生。”蓋在東京，飲射皆爲常典矣。韓延壽，所至必脩治學宫，春秋饗射，陳鐘鼓管絃，盛升降揖讓。李忠，遷丹陽太守。以越俗不好學，嫁娶禮儀，衰於中國，乃爲起學校，習禮容，春秋鄉飲。鮑永，拜魯郡太守。孔子闕里，無故荆棘自除，乃會人衆脩鄉射之禮，因以格殺彭豐。秦彭，遷丹陽太守。敦明庠序，每春秋饗射，輒脩升降揖讓之儀。皆良吏之欲以此化民者也。劉昆，王莽世，教授弟子五百餘人。每春秋饗射，常備列典儀。以素木瓠葉爲俎豆，桑弧蒿矢，以射菟首。每有行禮，縣宰輒率吏屬而觀之。則私家講習，亦甚重此矣。魏、晉而後，其事稍衰，然仍不絶。《晉書·隱逸·索襲傳》：敦煌太守陰澹,欲行鄉射之禮,請襄爲三老。《宋書·蔡廓傳》:子興宗,遷會稽太守。三吴舊有鄉射禮,久不復脩,興宗行之,禮儀甚整。是也。《唐書·太宗紀》:貞觀六年,七月,詔天下行鄉飲酒禮。則唐世又以爲常典。《李栖筠傳》:出爲常州刺史。大起學校,堂上畫孝友傳示諸生。爲鄉飲酒禮,登歌降飲,人人知勸。亦其能奉行者也。宋儒好復古,故宋後其禮又漸盛。《宋史·李沆傳》:弟維,知歙州。至郡,興學舍,歲時行鄉射之禮。《王沼傳》:降知滑州,徙成德軍。建學校,行鄉飲酒禮。《龔茂良傳》:爲廣東提刑。即番山之址建學,又置番禺、南海縣學。既成,釋奠,行鄉飲酒以落之。《儒林·魏了翁傳》:知眉州。朔望詣學宫,親爲講説。行鄉飲酒禮,以示教化。《元史·烏古孫澤傳》:行興化路總管府事。興學校,召長老及諸生,講肄經義,行鄉飲酒禮。《儒學·周仁榮傳》:署美化書院山長。美化在處州萬山中,人鮮知學。仁榮舉行鄉飲酒禮,士俗爲變。《明史·魏觀傳》:洪武五年,知蘇州府。前守陳寧苛刻,人呼陳烙鐵。觀盡改寧所爲,以明教化、正風俗爲治。建黌舍,行鄉飲酒禮,政化大行。皆其事之往往不絶者也。古去草昧之世近,其民好争鬥,故爲鄉飲酒之禮以教弟,爲鄉射之禮以示不争,後世風俗久變;素木瓠葉,桑弧蒿矢,亦與人生日用不切;而猶沿襲其事,欲以化民,可謂循名而不察實者矣。抑飲、射皆所以禁未然也,貴能使人感奮興起。而明世鄉飲酒之禮,顧使“凡有過犯之人,列於外坐,同類者成席,不許雜於善良之中。”洪武二十二年令。見《明史·禮志》。是會人衆以僇辱之也。將使强者忿戾,弱者自棄,曷若不使與於會聚之爲得哉?

〔七三八〕束　脩

《論語·述而》:“子曰:自行束脩以上,吾未嘗無誨焉。”束脩二字,可有二解:一以脩爲贄,一束身脩行也。即以前説爲是,亦所以致其敬，而非曰利其物。然此乃古道，在後世，則教者必有所取，學者必有所與，而束脩二字，遂爲弟子奉其師以財利之名矣。

然古道在後世，仍久而後湮。叔孫通之降漢，從弟子百餘人，及爲漢制朝儀，得賜金五百斤，皆以賜諸生。趙典，每得賞賜，輒分與諸生之貧者。包咸，顯宗以師傅舊恩，而素清苦，常特賞賜，奉禄增於諸卿；皆散與諸生之貧者。皆弟子無以奉其師，顧有取於其師者也。此猶曰貧者。若戴崇，每候張禹，常責師宜置酒設樂，與弟子相娱。則并非因其困乏矣。蓋古師弟子之倫，介乎君臣、朋友之間，君固當食其臣，朋友亦有通財之義，故其相處之道如此也。漢世於教授者多稱爲養徒，如《後漢書・來歙傳》，言其六世孫豔，"好學下士，開館養徒"是也，蓋由於此。此似爲高義，然社會之組織既變，古道終不可行，遂有"不行束脩，未嘗有所教誨"之劉焯矣。《隋書》本傳。然猶有不行束脩者，又可見古道之未盡泯也。《北齊書・儒林傳》：馮煒，"門徒束脩，一豪不受"，亦由於此。

養徒之弊，有不免所識窮乏得我者，竇武得兩宫賞賜，悉散與太學諸生，及載肴糧於路，匄施貧民是也。此所施者，猶爲諸生及貧民。若竇瓌，周紆劾其"學無經術，而妄搆講舍，外招儒徒，實會姦黨"，《後漢書・酷吏傳》。則其弊有不可勝言者，宜乎其事之不可久也。

《馮偉傳》言其"閉門不出，將三十年，不問生産"，蓋其家本饒足。又言其"耕而飯，蠶而衣，簞食瓢飲，不改其樂"，蓋其性實澹泊，儉於自奉，初不由於貧乏，故能無所取於學者。若乃家無儋石，藉勞力以自活，則既從事於教授，自不可無以代耕。邴原鄰舍之師，許不求資而徒相教，見《游學》條。此出特許，則其本必求資可知。蓋藉以餬口者。《漢書・藝文志》有閭里書師，蓋以教書故稱書師。邴原之師，原從之讀《孝經》、《論語》，可稱《孝經》、《論語》師，要皆閭里之師也。閭里之師，殆皆藉教授以餬口。至於傳經之大師，然後所取者多而且廣，可以有所取，亦可以有所與，乃得模擬古之士大夫，而以養徒爲名高矣。然氾毓不蓄門人，稱爲清静，亦見《游學》條。則蓄焉者可知。轉不如閭里之師，自食其力者之無愧於心矣。

社會之組織既變，則人之所以自處及其相處之道，亦隨之而變，此勢之必不可免者也。一巨子多養徒衆之局既去，而人皆恃通工易事以爲生，師固不能無所取於弟子。此在漢世，亦業已如是。文翁選郡縣小吏詣京師，受業博士，或學律令，減省少府用度，買刀布蜀物，齎計吏以遺博士，即弟子必有以奉其師之一事也。《宋史·趙安仁傳》：孫君錫，爲宗正丞。時增諸宗院講書教授官，而逐院自備緡錢爲月餽，貧者或不能以時致，宗師輒移文督取。君錫言：國家養天下士於太學，尚不較其費，安有教育宗室，令自行束脩之理？詔悉從官給。《元史·李謙傳》：爲東平府教授，生徒四集。累官萬户府經歷。復教授東平。先時教授無俸，郡斂儒户銀百兩備束脩。謙辭曰：家幸非甚貧，豈可聚貨以自殖乎？此皆教師不能無禄之證。然無禄而有所取可也，元時國學，不聞無禄，而《孛术魯翀傳》言：舊制，弟子員初入學，以羊贄，所貳之品與羊等，則取之有傷於廉矣。吾少時所見清世之府、州、縣學，生員入學之初，尚必有以贄其師。應試時，本有廪膳生爲之保任，保其身家清白及非冒籍。及此，更由其與教官議贄幣多少，斤斤頗甚。議定，生員投贄一見其師，自此師生若路人矣。

《元史·列女傳》：王德政妻郭氏。少孤，事母張氏孝謹，以女儀聞於鄉。及笄，富貴家慕之，争求聘。張氏不許。時德政教授里中，年四十餘，貌甚古陋。張氏以貧不能教二子，欲納德政爲壻，使教之。宗族皆不然。郭氏慨然，願順母志。既婚，與德政相敬如賓。屬教二弟有成。此亦師不能徒相教之一事。卒教其二子有成，亦爲不負託付，然終媿邴原之師矣。

《元史·許有壬傳》：有壬之父熙載，仕長沙日，設義學訓諸生。既殁而諸生思之，爲立東岡書院。《明史·隱逸·楊恒傳》：諸暨人。外族方氏建義塾，館四方游學士。恒幼，往受諸經，輒領其旨要。曰義學，蓋不取其資者。孤寒向學之士，殆非此無以濟也。

〔七三九〕　論語、孝經

漢人讀經，率先《論語》、《孝經》，此法相沿甚久。《顔氏家訓·勉學》篇云："士大夫子弟，數歲已上，莫不被教，多者或至《禮》、《傳》，少者不失《詩》、《論》。"又云："自荒亂已來，諸見俘虜，雖百世小人，知讀《論語》、《孝經》者，尚爲人師。"《魏書·外戚傳》：馮熙，生於長安，爲姚氏魏母所養。以叔父樂陵公邈因戰入蠕蠕，魏母攜熙逃避，至氐羌中撫育。年十二，好弓馬，有勇幹，氐羌皆歸附之。魏母見其如此，將還長安。始就博士學問，從師受《孝經》、《論語》。《周書·文閔明武宣諸子傳》：宋獻公震。年十歲，誦《孝經》、《論語》、《毛詩》，後與世宗俱受《禮記》、《尚書》於盧誕。《隋書·蔡王智積傳》：父景王整，高祖龍潛時與不睦；太妃尉氏，又與獨孤皇后不相諧；以是智積常懷危懼。有五男，止教讀《孝經》、《論語》而已，亦不令交通賓客。《韋師傳》：初就學，始讀《孝經》，捨書而歎曰：名教之極，其在兹乎？《文學傳》：王頍，少好游俠，年二十，尚不知書，爲兄顒所責怒，於是感激，始讀《孝經》、《論語》。《元史·王思誠傳》：七歲從師，授《孝經》、《論語》，即能成誦。《儒學傳》：陳櫟生三歲，祖母吴氏口授《孝經》、《論語》，輒成誦。又伯顔，六歲從里儒授《孝經》、《論語》，即成誦。蓋至朱子之學大行，入學者皆先誦《四書》，而先誦《論語》、《孝經》之法乃變。

〔七四〇〕　學校中體罰

近世學校，禁用體罰，然中國自昔有之。《陳書·新安王伯固傳》："爲國子祭酒。爲政嚴苛。國學有惰游不脩習者，重加檟楚，生徒懼焉。由是學業頗進。"此必國學中舊有此罰，伯固乃得施之也。《舊唐書·陽嶠傳》言：嶠"爲國子祭酒。學徒漸弛。嶠課率經業，稍行鞭箠。學生怨之，頗有喧謗，乃相率乘夜於街中毆之。上聞，而令所由杖殺無理者。由是始息"。學校中無可行鞭箠之理，蓋亦用夏楚，而史家措辭不審也。此皆國學，尚不免夏楚，而郡縣以下之學可知矣。《宋史·馬仁瑀傳》："十餘歲時，父令就學，輒逃歸。又遣於鄉校習《孝經》，旬餘不識一字。博士笞之。仁瑀夜中獨往焚學堂，博士僅以身免。"此則私塾中習用體罰，由來舊矣。

《宋史·宗室傳》：趙師羼，知臨安府。"武學士柯子沖、盧宣德以事至府，師羼擅撻遣之，衆盡喧，文武二學之士交投牒，師羼乃罷免，與祠。"地方官擅責學生，近世爲法所不許。不論文武，學生未經斥革者，有犯祗能送學中覊禁。學中亦可用木板責打手心，所謂夏楚也，然久無其事矣。覊禁時，學中胥役，或亦小有求取，然較州縣衙門之胥役，則不可同日語矣。故健訟之地，視生員特重，以官威有所格，則可以有所恃，而干與訟事以牟利耳。

《清史稿·德宗紀》：光緒三十三年，四月，"命衍聖公孔令貽稽察山東學務。"此人在當時，曾責打某校教師手心。論者頗不然之。以擅施體罰於學生，已爲其時所不許，乃施之教師也。封建在中國，久成虚名，乃忽焉任之以事，而其壞法亂紀即如此。除惡務盡，信哉！

〔七四一〕 鳴鼓衆質

事莫惡於挾勢以相臨。挾貴，挾賢，挾長，挾有勳勞，挾故，見《孟子·盡心》上篇。挾故，趙《注》云："與師有故舊之好。"此無可挾，疑非。故，事也。蓋謂挾一事足以相脅者。其實皆挾勢也。挾衆亦然。歷代講學，喜於衆屬耳目之地，以口舌爭勝。使聽者而賢於我歟，我安可靦顔講説？使聽者而不如我歟，我顧因博其稱許，而不惜自衒粥，是無耻之甚者也。然猶有可恕者，曰：此等皆選耎不自樹立之徒，雖卑鄙，猶未至於暴戾也。若乃挾衆勢以攻一人，則更不可恕矣。《宋史·吴師禮傳》：“游太學。時兄師仁爲正，守《春秋》學。他學官有惡之者，條其疑問諸生。師禮悉以兄説對。學官怒，鳴鼓坐堂衆質之。師禮引據三傳，意氣自如。”此學官果自居何等邪？熙寧學校貢舉之法，平心論之，未爲非是，然法雖善而行之不善，亦有不能免於惡者。《石公弼傳》云：“三舍法行，士子計等第，頗事告訐。”虞蕃訟博士受賄，蓋即告訐之一事。見《蔡確傳》。其言或不免過甚。然株連衆而追求酷，則必非虚語也。《劉摯傳》云：“神宗更新學制，養士以千數，有司立爲約束，過於煩密。摯上疏哲宗時。曰：比以太學屢起獄訟，有司緣此，造爲法禁，煩苛愈於治獄，條目多於防盗，上下疑貳，以求苟免。甚可怪者，博士、諸生，禁不相見，教諭無所施，質問無所從，月巡所隸之齋而已。齋舍既不一，隨經分隸，則又《易》博士兼巡《禮》齋，《詩》博士兼巡《書》齋。所至備禮請問，相與揖諾；亦或不交一言而退，以防私請，以杜賄賂。學校如此，豈先帝所以造士之意哉？”豈不令人駭笑乎？《崔鶠傳》：“欽宗即位，上疏曰：諫議大夫馮澥近上章曰：士無異論，太學之盛也。澥尚敢爲此姦言乎？王安石除異己之人，著三經之説以取士，天下靡然雷同，陵夷至於大亂，此無異論之效也。蔡京又以學校之法馭士人，如軍法之馭卒伍，一有異論，累及學官。若蘇軾、黄庭堅之文，范鎮、沈括之雜説，悉以嚴刑重賞，禁其收藏，其苛錮多士，亦已密矣。而澥猶以爲太學之盛，欺罔不已甚乎？”鶠乃舊黨，所言必不免失中。然謂“紹述一道德而天下一於諂佞，紹述同風俗而天下同於欺罔”，則甚可痛而不可不深長思也。人固有所行者是，而其行之之心則非者。一時雖或有功，久必不勝其弊。昔賢所以貴“正其義不謀其利，明其道不計其功”也。

《金史·選舉志》：章宗大定二十九年，上封事者乞興學校，推行三舍法。事下尚書省集百官議。户部尚書鄧儼等謂三舍法行，“多席勢力尚趨走之弊。故蘇軾有三舍既興、貨賂公行之語。臣等謂立法貴乎可久。彼三舍之法，委之學官選試，啓僥倖之門，不可爲法。”則熙、豐時太學有弊，自是事實。然此豈嚴刑密網所能治邪？入太學本爲官禄之勸，委學官選試，而望其無貨賂、告訐，豈可得哉？其關鍵在毋以選試之權，委之學官而已。此學校所以必與科舉并行也。

宋理宗時，太學生林日養，受宦官之賂，上書攻謝方叔、洪天錫。學舍惡其黨姦，鳴鼓攻之，引見《學校風潮》條。《明史・王省傳》：“凡三爲教官，最後得濟陽。燕兵至，爲游兵所執。從容引譬，詞義慷慨。衆舍之。歸坐明倫堂，伐鼓聚諸生，謂曰：若等知此堂何名？今日君臣之義何如？因大哭。諸生亦哭。省以頭觸柱死。”伐鼓，蓋學中相傳聚衆之法也。或以教忠，或則挾衆以臨匹夫，以媚權貴而快私忿，人之度量相越，何其遠也！

講學以口舌争勝，非争學術是非之流失，實由古人本有以口舌争勝之惡習，而貤及於學術耳。讀《抱朴子・疾謬》之篇而可知也。《後漢書・儒林傳》：戴憑，“年十六，郡舉明經，徵試博士，拜郎中。時詔公卿大會，羣臣皆就席，憑獨立。光武問其意。對曰：博士説經皆不如臣，而坐居臣上，是以不得就席。帝即召上殿，令與諸儒難説，憑多所解釋，帝善之，拜爲侍中。正旦朝賀，百僚畢會，帝令羣臣能説經者更相難詰，義有不通，輒奪其席以益通者，憑遂重坐五十餘席。”憑幼不遜悌，光武之用之，亦如其令優伶剽剥人耳。《陳書・儒林傳》：張譏，“天嘉中，遷國子助教。是時周弘正在國學，發《周易》題。弘正第四弟弘直，亦在講席。譏與弘正論議，弘正乃屈。弘直危坐厲聲，助其申理。譏乃正色謂弘直曰：今日義集，辯正名理，雖知兄弟急難，四公不得有助。弘直曰：僕助君師，何爲不可？舉坐以爲笑樂。”此亦如觀優戲耳。《隋書・儒林傳》：元善，“通博在何妥之下，然以風流醖藉，俯仰可觀，音韻清朗，聽者妄倦，由是爲後進所歸。妥每懷不平，心欲屈善。因善講《春秋》初發題，諸儒畢集。善私謂妥曰：名望已定，幸無相苦。妥然之。及就講肆，妥遂引古今滯義以難善，多不能對。善深銜之，二人由是有隙。”又劉焯，“因國子釋奠，與劉炫二人論義,深挫諸儒,咸懷妬恨,遂爲飛章所謗,除名爲民。"《新唐書·儒學·孔穎達傳》:"煬帝召天下儒官集東都,詔國子祕書學士與論議,穎達爲冠,又年最少,老師宿儒恥出其下,陰遣客刺之,匿楊玄感家得免。"其妬嫉賊害,至於如此,豈不可駭?《周書·儒林·熊安生傳》:"天和三年,齊請通好。兵部尹公正使焉,與齊人語,及《周禮》。齊人不能對。乃令安生至賓館與公正言。公正有口辯,安生語所未至者,便撮機要而驟問之。安生曰:禮義弘深,自有條貫。必欲升堂觀奥,寧可汩其先後?但能留意,當爲次第陳之。公正於是具問所疑,安生皆爲一一演説,咸究其根本,公正深所嗟服。"以口給禦人始,而以請益從善終,何其賢也!

〔七四二〕 學校風潮

今世有所謂學校風潮者,其事實古已有之。學校風潮,乃一種羣衆運動。可以大聲疾呼,申明一事之是非曲直,而不能深謀遠慮,定措置之方。并不能洞燭隱微,知癥結所在。論者或以是爲學生運動病,此乃未知學生運動之性質者也。歷代之學校風潮,雖亦不盡純正,然其所蘄求指斥,合於義者究多。此可見羣衆之可欺以其實,而不可欺以其名也。進一步,使大多數人,皆知綜核名實之道,以羣衆運動,申明事之是非曲直,而更有切實而持久之辦法以繼之,則政治可以改觀矣。

漢哀帝時,鮑宣爲司隸,鉤止丞相掾史,没入其車馬。事下御史中丞。侍御史至司隸官,欲捕從事,閉門不肯内。坐距閉使者,下廷尉獄。博士弟子濟南王咸舉旛太學下,曰:欲救鮑司隸者會此下。諸生會者千餘人。朝日,遮丞相孔光自言,丞相車不得行。又守闕上書。後漢光武帝時,歐陽歙徵爲大司徒,坐在汝南臧罪千餘萬發覺下獄。諸生守闕,爲歙求哀者千餘,至有自髡剔者。案宣本著高節。歙之被繫也，平原禮震，自繫上書，求代其死。高獲亦冠鐵冠，帶鈇鑕，詣闕請歙。見《後漢書·方術傳》。光武不赦，歙死獄中。歙掾陳元，又上書追訟之，言甚切至。帝乃賜以棺木，贈印綬，賻縑三千匹，子復并獲嗣爵。則歙獄蓋實寃，不然，以光武用法之嚴，未必肯輕於平反也。桓帝時，梁冀專朝，而帝無子，連歲饑荒，災異數見。劉陶游太學，乃上疏陳事。朱暉孫穆，以治宦者趙忠，輸作左校，陶等數千人，又詣闕上書訟之。桓帝覽其奏，爲之赦穆。時有上書言宜改鑄大錢者，事下四府羣僚及太學能言之士，陶上議沮之，帝竟不鑄錢。則陶實達於政事，非徒能鼓衆唱議。而桓帝之於諸生也，能用其言，又導之使言，實賢於光武之遂殺歐陽歙，哀帝之竟抵鮑宣罪者矣。靈帝時，皇甫規爲徐璜等所陷，下吏，論輸左校，諸公及太學生張鳳等三百餘人上書訟之。史云規會赦歸家，不云由鳳等之訟，則靈帝之聽言，亦不如桓帝。熹平元年，有何人書朱雀闕，言"天下大亂，曹節、王甫幽殺太后，侯覽多殺黨人，公卿皆尸禄，無有忠言者"。司隸校尉劉猛不肯急捕，月餘，主名不立。猛坐左轉，代以段熲，四出逐捕，及太學游生，繫者千餘人。見《後漢書·宦者傳》。《靈帝紀》云：宦官諷司隸校尉段熲捕繫太學諸生千餘人。則始公然與輿論爲敵矣。段熲武人，剿羌時恣意殺戮，又比宦者，捕繫平民，及於學生，罪不容於死矣。竇武難作，陳蕃將官屬諸生八十餘人，并拔刃，突入承明門。則漢世儒生，不徒主持清議，并有能以身赴難者，要不失爲正氣所在也。

晉世於太學外復立國子學。孝武帝用謝石之説，增置生員，造廟屋百五十五間，而學生頑嚚，因風放火，焚房百餘間。此爲歷代學校風潮中最無意識者，説見《國子太學》條。唐玄宗初，陽嶠入爲國子祭酒。時學徒漸弛，嶠課率經業，稍行鞭箠，學生怨之，頗有喧謗，乃相率乘夜於街中毆之。上聞，令所由杖殺，由是始息。此其輕俠，或非因風放火之倫，其頑不率教，則更甚矣。至於令所由杖殺，不亦酷哉？晉世國學固皆貴游，唐則并太學亦皆品官及勳封子弟，足見貴人之不可教矣。楊瑒遷國子祭酒，請明經習《左傳》者盡帖平文；通《周禮》、

《儀禮》、《公羊》、《穀梁》者量加優獎。詔習此諸經者，出身免任散官，遂著於式。生徒爲瑒立頌學門外。歐陽詹舉進士，與韓愈聯第，又與愈善。詹先爲四門助教，率其徒伏闕舉愈博士。此等徒知干進，且或比周，亦殊愧士節。蓋唐代士風，本近嗜利，故其所爲如此也。其關涉政治者，惟德宗時之請留陽城。然城所因之得罪者薛約，實非佳士；留城之太學諸生，以何蕃爲首，亦矯僞之徒；則此舉亦黨争，非關政事得失也。柳宗元顧遺蕃等書，比之李膺、嵇康時太學生徒仰闕執訴，不亦輕於許可乎？

以唐世之黨争與宋世之黨争較，則唐世徒爲私利，而宋世實有政見之不同，二者未可同日語也。學潮亦然。神宗時，太學盛而學風實壞，説見《鳴鼓衆質》條。然張商英罷而蔡京復用，太學諸生嘗訟其寃。何執中代京相，太學諸生陳朝老亦詣闕上書言之。鄧肅入太學，時東南貢花石綱，肅作詩十一章，言守令搜求擾民；用事者見之，屏出學。則雖用威脅利誘，并不能遂弭人言。陳公輔爲平江府教授，朱勔方變倖，當官者奴事之，公輔絶不與交；勔有兄喪，諸生欲往弔，公輔不與告。則郡縣教官，亦有毅然不可犯者矣。及金兵至，而陳東等代表民意，力主澄清政局，抗禦强敵，正氣大伸。東以欽宗即位後上書，數蔡京、童貫、王黼、梁師成、李彦、朱勔之罪，謂之六賊。靖康元年二月，復及都民數萬人此據《欽宗紀》。《聶昌傳》云十餘萬人，恐失實。伏闕上書，請復用李綱及种師道，且言李邦彦等嫉綱，恐其成功，罷綱正墮金人之計。會邦彦入朝，《邦彦傳》云退朝。衆數其罪而駡。《邦彦傳》云：且欲毆之，邦彦疾馳得免。吴敏傳宣，衆不退，遂撾登聞鼓，山呼動地。殿帥王宗濋恐生變，奏上勉從之。遣耿南仲號於衆曰：已得旨宣綱矣。内侍朱珙之宣綱後期，衆臠而磔之，并殺内侍數十人。此純爲一羣衆運動。政府後雖從衆，初亦欲以兵力壓伏之。時與東俱上書者，尚有太學生高登。《登傳》云："軍民不期而會者數萬，王時雍縱兵欲盡殲之，登與十人屹立不動。"可謂見危授命者矣。金兵解去，學官觀望時宰議，盡屏伏闕之士，自東始。時雍又欲盡置諸生於獄，人人惴恐。聶昌力言不可。乃用楊時爲祭酒,復東職,遣昌詣學撫諭,然後定。是時嬖臣多從上皇東下,惟宦者梁師成,當欽宗爲太子時,鄆王楷寵盛,有動揺東宫意,能力保護,以舊恩留京師。東又與布衣張炳俱疏其罪,其於一時之嬖幸,可謂無所寬假矣。明年,正月,欽宗如金軍。太學生徐揆,率諸生扣南薰門,以書抵二酋,請車駕還闕。二酋使以馬載揆至軍詰難,揆厲聲抗論,爲所殺。金人脅立異姓,衆如其意舉張邦昌。孫傅、張叔夜不署狀,金人執之,置軍中。王時雍時爲留守,再集百官詣祕書省。至即閉省門,以兵環之。俾范瓊諭衆以立邦昌。衆意唯唯。有太學生難之。瓊恐沮衆,厲聲折之,遣歸學舍。此時獨持異議,安得不爲徐揆之續?然則是時之太學生,實有見危授命之節,非客氣也。初吴敏欲弭謗議,奏補陳東官,賜第,除太學録。東又請誅蔡氏,且力辭官以歸,前後書凡五上。高宗即位,相李綱,召東赴行在。比至,綱已罷。東即上書乞留綱而罷黄潛善、汪伯彦。會崇仁布衣歐陽澈上書詆時事,語侵宫掖,帝謂其言不實,潛善乘間啓殺澈,遂并及東。《澈傳》云:金人大入,要盟而去。澈聞,輒語人曰:我能口伐金人,强於百萬之師,願殺身以安社稷。有如上書不見信,請質子女於朝,身使穹廬,御親王以歸。鄉人每笑其狂,止之,不可,乃徒步走行在。高宗即位南京,伏闕上封事,極詆用事大臣,遂見殺。澈蓋迂儒,無足憚,當局所憚者實東也。是時而猶殺言者,誠足使人流涕者矣。秦檜成和議,太學生張伯麟題壁曰:夫差,而忘越王殺而父乎?杖脊,刺配吉陽軍。其悖悍如此。然檜死,王十朋、馮方、胡憲、查籥、李浩相繼論事,太學生爲《五賢詩》述其事。周葵素與檜異,權禮部侍郎,兼國子祭酒,侍御史湯鵬舉乞罷之。太學生黄作、詹淵率諸生都堂留葵。翼日,博士何俌等言於朝,乞懲戒。詔作、淵皆送五百里外編管,葵出知信州。太學中之正氣,殊未泯也。孝宗隆興二年,十一月,甲午,以黄榜禁太學生伏闕。是日,太學生張觀等七十二人上書,請斬湯思退、王之望、尹穡,竄其黨洪适、晁公武,而用陳康伯、胡銓等,以濟大計。幾復見陳東、高登之慷慨矣。

凡騖於名或激於意氣者，往往遇一事焉而隨之而動，己亦不知其所以然。此所謂役於氣而不能自主者也。一人如此，成衆自更然。光宗之不朝重華宫，此特一家之私事，於朝政無與也。君民之關係久疏，但使朝無覬覦之人，即植遺腹，朝委裘，天下亦自不亂。趙汝愚等之謀禪，蓋實有功名之心焉？人民何必附和？然紹熙五年，大學生汪安仁等二百餘人欲上書，而龔日章等百餘人以投匭上書爲緩，必欲伏闕，《宋史·楊大全傳》。是亦不可以已乎？及汝愚罷相，國子祭酒李祥、博士楊簡皆以爲言。侂胄党正言李沐劾罷之。侍講章潁亦以言汝愚罷。太學生楊宏中、周端朝、張衜、林仲麟、蔣傅、徐範留汝愚、潁及祥、簡，悉送五百里外編管。此亦參與黨争而已。然《宏中傳》云：祥、簡被斥，宏中曰：師儒能辨大臣之冤，而諸生不能留師儒之去，於義安乎？衆莫應。獨仲麟、範、衜、傅、端朝願與其議。《範傳》云：書已具，有閩士亦署名。忽夜傳韓侂胄將寘言者重辟，閩士怖，請削名。範之友亦勸止之。範慨然曰：業已書名，尚何變？其臨難毋苟免，亦無愧高登矣。

開禧元年，四月，武學生華岳上書，諫朝廷不宜用兵，恐啓邊釁。以忤韓侂胄，送建寧府編管。書辭見本傳，論侂胄之專恣，政事之敗壞，武備之不脩，極伉直。《侂胄傳》云：乞斬侂胄、蘇師旦、周筠，以謝天下。書奏，侂胄大怒，下大理，貶建寧圜土中。侂胄誅，放還，復入學，登第，爲殿前司官屬，鬱不得志。謀去史彌遠，事覺，下臨安獄。獄具，坐議大臣當死。寧宗知岳名，欲生之，彌遠曰：是欲殺臣者。竟杖死東市。史言岳輕財好俠，蓋意氣用事者，然不肯以國事爲孤注，則非武夫寡慮者比也。先攻韓侂胄，後謀史彌遠，蓋極知權姦之誤國，内安爲外攘之本者，其識見頗與陳東類也。時太學博士錢廷玉，附會侂胄，言恢復之計，見《侂胄傳》。

華岳不欲啓釁，以其無幸勝之理，非謂義不當謀恢復也，故事勢一有轉變，輿論亦即隨之。嘉定七年，十一月，遣聶子述使金賀正旦，刑部侍郎劉鑰等及太學諸生上章言其不可；十二年，五月，太學生何處恬等伏闕上書，以工部尚書胡榘欲和金人，請誅之以謝天下，皆是。皆見《本紀》。

爭濟王之獄，與請朝重華宮不同。請朝重華宮，可以沽名，而無後患，爭濟王之獄，則不然也。獄之起也，大學博士李韶上封事諫，且以書曉史彌遠，亦爲難得矣。

宋之末葉，學潮頗牽涉黨爭。其顯著者，一爲爭史嵩之起復。事在淳祐四年。太學生百四十四人，武學生六十七人，京學生九十四人，宗學生三十四人，及建昌軍教授盧鉞，皆上書言其不可。《嵩之傳》。侍御史劉漢弼言願聽嵩之終喪，帝乃以范鍾、杜範并相。五年，正月，漢弼卒。太學生蔡德潤等百七十三人伏闕上書，以爲暴卒。《漢弼傳》。是年，四月，杜範卒；六月，兵部侍郎徐元杰卒，時亦謂非善終。程公許上書極言之。公許時爲起居郎，兼直學士院，權中書舍人。嵩之罷起復及相范鍾、杜範三制，皆其所草。先是嵩之從子璟卿，嘗以書諫嵩之，暴卒，相傳嵩之致毒。《嵩之傳》。然實皆莫須有之事也。讀《程公許傳》可見。

一爲攻余晦之事。晦爲天錫從子。《宋史・程元鳳傳》云："淳祐十二年，拜右正言，兼侍講。余晦恃恩妄作，三學諸生伏闕上書，白其罪狀，司業蔡抗又力言之，元鳳數其罪劾之。奏上，以晦爲大理少卿，抗爲宗正少卿。元鳳又上疏，請留抗而黜晦，以安士心。乃命抗仍兼司業，晦予郡。"晦時爲臨安尹。理宗生平，於援立之恩最惓惓，蓋不免放縱之也。

一爲攻宦官盧允升、董宋臣。寶祐三年，監察御史洪天錫疏論二人，留中不下，而御筆授天錫大理少卿。太學生池元堅論擊允升、宋臣。讒者以天錫之論，爲時相謝方叔意；及天錫去，亦曰：方叔意也。方叔上疏自解。監察御史朱應元攻方叔罷相。允升、宋臣猶以爲未快，厚賂太學生林日養，上書力詆天錫、方叔。且曰：乞誅方叔，使天下明知宰相、臺諫之去，出自獨斷，於内侍初無預焉。書既上，學舍惡自養黨姦，相與鳴鼓攻之，上書以聲其罪。自有學潮以來，太學中人，以此次爲最不一致矣。

一爲攻丁大全之事。大全迫逐董槐，事在寶祐四年六月，三學生屢上書以爲言。詔以槐爲觀文殿大學士，提舉臨安府洞霄宫。十一月，以監察御史吴衍、翁應弼劾太學、武學生劉黻等八人不率，詔拘管江西、湖南州軍。宗學生與伯等七人并削籍，拘管外宗正司。是時太學生獲罪者六人：劉黻外爲陳宗、黄鏞、曾唯、陳宜中、林則祖。《大全》及《宜中傳》。司業率十二齋生冠帶送之橋門之外。大全益怒，立碑三學，誡諸生毋妄議國政，且令自後有上書者，前廊生看詳，以牒報檢院。士論翕然，稱六人爲六君子。而宗學諭馮去非，亦不肯書名石碑下，諸生下獄，去非復調護宗學生之就逮者焉。《宜中》、《去非傳》。大全貶，劉黻還太學。侍御史陳垓劾程公許，右正言蔡榮劾黄之純，去職，黻又率諸生上書争之。《黻傳》，亦見《公許傳》。

《賈似道傳》云："似道既專恣日甚，畏人議己，務以權術駕馭。不愛官爵，牢籠一時名士。又加太學餐錢，寬科場恩例，以小利啗之。由是言路斷絶，威福肆行。"然景定五年，太學生蕭規、葉李等上書言似道專政，似道命京尹劉良貴招摭以罪，悉黥配之。是役也，《食貨志》云：三學六館皆上書；《元史·葉李傳》云：伏闕者凡八十三人；而良貴之陷李，亦誣其僭用金飾齋扁，未敢以攻執政爲其罪；則初未能以一手掩天下目也。李亦可謂能持正論者。其後受虜命北上，至晚節不終，則聲華之爲累耳。故明夷利貞也。

陳宜中初本攻人者，後乃爲人所攻。丁大全之敗也，丞相吴潛奏還宜中。賈似道入相，復爲之請，有詔六人皆免省試，令赴景定三年廷試，而宜中中第二人。宜中於似道，蓋實不免比周。似道督師江上，以國事付王爚、章鑑及宜中，蓋取其素與己。爚、宜中於其既出，稍欲自異，及聞其敗，乘勢蹙之。既而二人自爲矛盾。爚子乃嗾京學生劉九皋等伏闕上書，攻宜中擅權，黨似道。時爲德祐元年七月，宜中遂逕去，遣使召之，不至。其後罷爚，命臨安府捕逮京學生，召之，亦不至。蓋知國危，借此脱身也，亦云巧矣。然其後奔走朔方，身死異域，卒未肯屈節北廷，則曾讀詩書者，雖傾危之士，亦終知顧惜名義也。

宋末,學生忠貞不屈者頗多。淳祐七年,十二月,詔太學生程九萬自北脱身來歸,且條上邊事,賜迪功郎。德祐二年,正月,三學生誓死不去,特與放釋褐出身。俱見《宋史·本紀》。此足媿當時儒生如許衡輩之屈節外族,及朝臣之紛紛遁去者矣。《元史·世祖紀》:至元十三年,二月,甲子,董文炳、唆都發宋隨朝文士劉褎然及三學諸生赴京師。太學生徐應鑣父子四人同赴井死。五月,壬寅,宋三學生四十六人至京師。九月,庚子,命姚樞、王磐選宋三學生之有實學者留京師,餘聽還家。三學生之爲北廷所羈縶者,蓋甚少也。

金、元以外族入據中國,自無爲之盡忠者。《金史·僕散端傳》:"貞祐二年五月,判南京留守,與河南統軍使長壽、按察轉運使王質表請南遷,凡三奏,宣宗意乃決。百官士庶皆言其不可。太學生趙昉等四百人上書極論利害,宣宗慰遣之。"金之危亡,學生有所建白者,惟此而已。《元史·王思誠傳》:"國子監諸生相率爲鬨,復命爲司業。思誠召諸生立堂下,黜其首爲鬨者五人,罰而降齋者七十人,勤者升,惰者黜,於是更相勉勵。"此鬨不知其爲何事,然必無甚關係也。

至於明世,而學生之崇尚氣節者又多。王省死建文之難,引見《鳴鼓衆質》條。又陳思賢,洪武末爲漳州教授,以忠孝大義勗諸生。燕王登極詔至,慟哭曰:明倫之義,正在今日。堅卧不迎詔。率其徒吴性原、陳應宗、林珏、鄒君默、曾廷瑞、吕賢六人,即明倫堂爲舊君位,哭臨如禮。有司執之送京師,思賢及六生皆死。高賢寧,濟陽儒學生。嘗受學於王省,以節義相砥礪。建文中,貢入太學。燕兵圍濟南,賢寧在圍中。王射書城中諭降,賢寧作《周公輔成王論》射城外。王悦其言,爲緩攻。王即位後,賢寧被執入見。成祖曰:此作論秀才耶?秀才好人,予一官。賢寧固辭。錦衣衛指揮紀綱,故劣行被黜生也,素與賢寧善,勸就職。賢寧曰:君爲學校所棄,固應爾,我食廩有年,義不可,且嘗辱王先生之教矣。綱爲言於帝,竟得歸。然則紀綱亦非怙惡不悛者也。明有天下日淺,太祖又暴戾,無足爲效死,而其臣之忠於建文如此。蓋自宋以來，君臣之義久著，元時潛伏無所用之，至此又勃然而興也。高瑶，由鄉舉爲荆門州學訓導。成化三年，抗疏陳十事。其一請追加郕王廟號。憲宗雖不用，然久之，竟復郕王帝號。又有虎臣者，成化中貢入太學。孝宗踐阼，將建棕棚萬歲山，備登眺。臣抗疏切諫。祭酒費誾懼禍及，鋃鐺縶臣堂樹下。俄官校宣臣至左順門，傳旨慰諭曰：若言是，棕棚已毁矣。誾大慚。此皆能責難於君者也。李時勉，正統六年，爲國子祭酒。初，時勉請改建國學，帝命王振往視，時勉待振無加禮。振銜之，廉其短，無所得。時勉嘗芟彝倫堂樹旁枝，振遂言時勉擅伐官樹入家，取中旨，與司業趙琬、掌饌金鑑并枷國子監前。方盛暑，枷三日不解。監生李貴等千餘人詣闕乞貸。有石大用者，上章願以身代。諸生圜集朝門，呼聲徹殿庭。振聞諸生不平，恐激變。及通政司奏大用章，振内慚。助教李繼，請解於太后父會昌侯孫忠。太后言之帝。帝初不知也，立釋之。大用樸魯，初不爲六館所知，及是，名動京師。時王驥攻麓川，會川衛訓導詹英抗疏劾之，辭極切至。見《驥傳》。蓋一時教官、學生，與權奄之搏鬬烈矣。楊守阯，守陳弟，附《守陳傳》。成化初鄉試第一。祭酒邢讓下獄，率六館生伏闕訟寃。《讓傳》云：讓以用會饌錢事，與後祭酒陳鑑、司業張業、典籍王允等俱得罪，坐死。用饌錢似屬不合，然在當時，似已成陋規，取陋規未必有罪，即有罪亦不至死。《讓傳》又言讓負才狹中，意所輕重，輒形於詞色，名位相軋者多忌之，則其獄或實寃，在諸生亦非阿私所好也。李夢陽爲江西提學副使，與同列相訐，羈廣信獄，諸生萬餘爲訟寃。夢陽非君子，與相訐者亦非正人，其事無足深論。劉大夏戍肅州，諸司憚劉瑾，絶饋問，儒學生徒傳食之，則公道究存於學校中矣。楊漣劾魏忠賢，得嚴旨，蔡毅中領祭酒事，率屬抗疏争之，尤爲大義懔然。

學校中人，亦有不顧廉恥，干犯名義者。如林日養、費誾是也。尚不止此。魏忠賢之建生祠也，監生陸萬齡，至謂孔子作《春秋》，忠賢作《要典》；孔子誅少正卯，忠賢誅東林；宜建祠國學西，與先聖并尊。司業朱之俊，輒爲舉行。會熹宗崩，乃止。見《明史・閹黨・閻鳴泰傳》。此真匪夷所思者矣。然有羣衆運動，即有其蟊賊，亦不足怪也。

〔七四三〕 武　舉

武舉起於唐世，所試者長垜、馬槍、翹關、負重等，皆膂力之事也，至宋以後乃漸變。《宋史・選舉志》："孝宗隆興元年，殿中侍御史胡沂言：唐郭子儀以武舉異等，初補右衛長史，歷振遠、横塞、天德軍使。國初，試中武藝人，并赴陝西任使。又武舉中選者，或除京東捉賊；或三路沿邊，試其效用；或經略司教押軍隊，準備差使。今率授以榷酤之事，是所取非所用，所用非所學也。請取近歲中選人數，量其材品考任，授以軍職，使之習練邊事，諳曉軍旅，實選用之初意也。乾道二年，中書舍人蔣芾亦以爲言，請以武舉登第者，悉處之軍中。帝以問洪适。适對曰：武舉人以文墨進，雜於卒伍，非便也。帝曰：累經任使，可以將佐處之。"觀此，知武舉出身者，與卒伍絶非同類矣。用兵固非文墨之事，然忠義及智謀，皆自文墨而出，亦豈可舍之不務邪？黄梨洲以從毅宗死者皆文臣，建義於郡縣者，皆文臣及儒生，而武人之爲大帥者，無不乘時易幟，謂觀於此，然後知承平時待以徒隸者之未爲非。《明夷待訪録・兵制》二。其言或不免少激，然執干戈者不可不受教育，則理無可疑也。《元史・世祖紀》：至元十三年，"帝既平宋，召宋諸將問曰：爾等何降之易邪？對曰：宋有强臣賈似道，擅國柄，每優禮文士，而獨輕武官。臣等久積不平，心離體解，所以望風而送款也。帝命董文忠答之曰：借使似道實輕汝曹，特似道一人之過耳。且汝主何負焉？正如所言，則似道之輕汝也固宜。"其言頗足與梨洲之言相發明。元主而能知此者，此固事理之當然，不待智者而後知之也。而叛國之武臣，不得以惷愚爲解也審矣。

從來言教育者，皆詳於文而幾不及武。惟南北朝時，頗有異於是者。《齊書・崔祖思傳》：祖思啓陳政事，謂宜於太廟之南，引脩文序，司農以北，廣開武校是也。《魏書・韋閬傳》：族子彧，爲東豫州刺史。以蠻俗荒梗，不識禮儀，表立太學，魏世州郡之學，對縣以下之學，稱爲太學。《李平傳》言：平在相州，脩飾太學。《高祐傳》言：祐爲兗州刺史，鎮滑臺。以郡國雖有太學，縣黨宜有黌序，乃縣立講學，黨立教學，村立小學。《崔挺傳》：挺族子纂之從祖弟遊，轉河東太守。太學舊在城内，遊移置城南閑敞之處，親自説經。《北史・酈道元傳》：道元試守魯陽，表立黌序。詔曰：魯陽本以蠻人，不立大學，今可聽之，以成良守文翁之化。皆是。又成人之學，對童稚之學言之，亦曰大學。《景穆十二王傳》：南安王楨之子英，奏言太學之館久置於下國，四門之教方構於京瀍，是也。又於城北置崇武館以習武，則并曾試行之矣。《宋書・周朗傳》：世祖即位，普責百官讜言。朗上書，言"宜二十五家選一長，百家置一師。男子十三至十七，皆令學經；十八至二十，盡使脩武。習經者五年有立，則言之司徒；用武者三年善藝，亦升之司馬。"則人人當文武兼脩，其用意尤爲周至。蓋由競争烈而其所責望於民者深也。別見《周朗》條。

〔七四四〕　春秋史記皆史籍通稱

《公羊》莊公七年，"《不脩春秋》曰：雨星不及地尺而復，君子脩之曰：星霣如雨。"《解詁》曰："《不脩春秋》，史記也。古者謂史記爲《春秋》。"此言漢時所謂史記，與古之《春秋》，異名同實也。案孟子曰："晉之《乘》，楚之《檮杌》，魯之《春秋》，一也。"《離婁》下。是《春秋》爲魯史專名。然墨子云吾見百國《春秋》，李德林答魏收書，見《隋書》本傳。案《史通六家》篇，亦有此語。則已爲史籍通名矣。《史記・十二諸侯年表》曰："魯君子左丘明，懼弟子人人異端，各安其意，失其真，故因孔子史記，具論其語，成《左氏春秋》。鐸椒爲楚威王傅，爲王不能盡觀春秋，採取成敗，卒四十章，爲《鐸氏微》。趙孝成王時，其相虞卿，上採《春秋》,下觀近世,亦著八篇,爲《虞氏春秋》。吕不韋者,秦莊襄王相,亦上觀尚古,删拾《春秋》,集六國時事,以爲《八覽》、《六論》、《十二紀》,爲《吕氏春秋》。及如荀卿、孟子、公孫固、韓非之徒,各往往捃摭《春秋》之文以著書,不可勝紀。”諸家採摭,非徒魯史,皆稱《春秋》;而孔子之《春秋》,稱爲史記;此《春秋》、史記,異名同實之徵也。《十二諸侯年表》,非史遷元文,當經《左氏》既出後人脩改,疑爲東西漢間人語。《六國表》曰:“太史公讀《秦記》”,又曰:“秦既得意,燒天下詩書,諸侯史記尤甚,爲其有所刺譏也。詩書所以復見者,多藏人家,而史記獨藏周室,以故滅,惜哉!惜哉!獨有《秦記》,又不載日月,其文略不具。”又曰:“余於是因《秦記》,踵《春秋》之後,起周元王,表六國時事,迄二世。”或曰記,或曰史記,辭有單複,其實一也。《漢書·楚元王傳》:劉向言:“漢之入秦,五星聚於東井,得天下之象也。孝惠時,有雨血,日食於衝,滅光星見之異。孝昭時,有泰山卧石自立,上林僵柳復起,大星如月西行,衆星隨之,此爲特異,孝宣興起之表。天狗夾漢而西,久陰不雨者二十餘日,昌邑不終之異也。皆著於漢紀。”紀記同字,其後荀悦著書稱《漢紀》,亦猶太史公稱秦史爲《秦記》也。

《六國表》云因《秦記》,必多秦史原文。其體例皆如《春秋》。《秦始皇本紀》末重叙秦之先君立年及葬處,《索隱》云:皆當據《秦紀》爲説。其體例亦與《春秋》同。而墨子書所引《春秋》,體例顧與《春秋》異;見《明鬼下篇》。又《賈子·胎教》引青史氏之記,乃典志之倫,而亦稱爲記,則《春秋》與史記,并爲史籍之通名舊矣。竊疑通稱史籍爲《春秋》者,乃魯人之辭。蓋以本國之史,爲凡史籍之通名。而通稱史籍爲記,其由來實更古。何者?記、志一字。孔子言“大道之行也,與三代之英,丘未之逮也,而有志焉”,《禮記·禮運》。莊子亦稱“《春秋》經世,先王之志”,《天下》。皆即漢人之所謂記。其稱史記,則易單辭爲複語耳。

以史記爲史籍通稱,南北朝時,仍有此語。《周官·都宗人注》:“都或有山川及因國無主,九皇、六十四民之祀。”《疏》云:“按史記,伏羲以前，九皇、六十四民，并是上古無名號之君，絶世無後，今宜主祭之也。”此史記即史籍通稱，不專指一書。

原刊《齊魯學報》第二期，一九四一年七月出版

〔七四五〕　記　府

《史記·蒙恬列傳》：恬曰：“昔周成王初立，未離繦緥，周公旦負王以朝，卒定天下；及成王有病，甚殆，公旦自揃其爪，以沈於河，曰：王未有識，是旦執事，有罪殃，旦受其不祥，乃書而藏之記府；可謂信矣。及王能治國，有賊臣，言周公旦欲爲亂久矣，王若不備，必有大事。王乃大怒。周公旦走而奔於楚。成王觀於記府，得周公旦沈書，乃流涕曰：孰謂周公旦欲爲亂乎？殺言之者，而反周公旦。”秦、漢間人，通稱史籍爲史記，亦曰記；記府，謂藏史記之府也。恬述周初事雖不必實；然戰國之世，秦必有專藏史記之府矣，《秦始皇本紀》所謂“史官非秦記皆燒之”者也。

原刊《齊魯學報》第二期，一九四一年七月出版

〔七四六〕　空籍五歲

《史記·陳杞世家》：“惠公立，探續哀公卒時年而爲元，空籍五歲矣。”《索隱》：“惠公探取哀公死，楚、陳滅之後爲元年，故今空經年籍五歲矣；一云：籍，借也，爲借失國之後年爲五年。”説不甚明，疑文有譌奪。《史記》之意，蓋謂自哀公死至惠公復立之時，其間凡五年，無史籍以記事，故惠公事之可紀者，當自其六年始也。此可見至春秋時，史官已逐年有事可紀，且頗致謹於記年。

原刊《齊魯學報》第二期，一九四一年七月出版

〔七四七〕 本紀世家皆史記前已有

《史記·管蔡世家》之末，總叙周文王之後曰："伯邑考，其後不知所封。武王發，其後爲周，有本紀言。管叔鮮，作亂誅死，無後。周公旦，其後爲魯，有世家言。蔡叔度，其後爲蔡，有世家言。曹叔振鐸，其後爲曹，有世家言。成叔武，其後世無所見。霍叔處，其後晉獻公時滅霍。康叔封，其後爲衛，有世家言。冉季載，其後世無所見。"此所謂有本紀言、有世家言者，并指舊史言之。其贊曰："管叔作亂，無足載者，然周武王崩，成王少，天下既疑，賴同母之弟成叔、冉季之屬十人爲輔拂，是以諸侯卒宗周，故附之世家言。"則自言其所編次之世家言者也。《衛世家贊》："太史公曰：余讀世家言，至於宣公之太子以婦見誅，弟壽争死以相讓"云云，亦指舊有之世家言。

《陳杞世家》末，"舜之後，周武王封之陳，至楚惠王滅之，有世家言。禹之後，周武王封之杞，楚惠王滅之，有世家言。契之後爲殷，殷有本紀言。殷破，周封其後於宋，齊湣王滅之，有世家言。后稷之後爲周，秦昭王滅之，有本紀言。皋陶之後，或封英、六，楚穆王滅之，無譜。伯夷之後，至周武王，復封於齊，曰太公望，陳氏滅之，有世家言。伯翳之後，至周平王時封爲秦，項羽滅之，有本紀言。垂、益、夔、龍，其後不知所封，不見也。右十一人者，皆唐、虞之際名有功德臣也。其五人之後皆至帝王，餘乃爲顯諸侯。滕、薛、騶、夏、殷、周之閒封也，小，不足齒列，弗論也。周武王時，侯伯尚千餘人，及幽、厲之後，諸侯力攻相并，江、黄、胡、沈之屬，不可勝數，故弗采著於傳上。"殿本《考證》：張照云："按上當是云字之譌，各本皆同，故弗改。"此節總論唐、虞之際有功德之臣，其後有無可考，與《管蔡世家》末總論周文王之後同，而皋陶之後，獨云無譜，則知本紀、世家言，與譜係屬兩物。本紀、世家言，蓋據譜而作，故有本紀、世家言者，不必復計譜之有無；然無本紀、世家言者，不必其遂無譜也。有本紀、世家言者，譜亦不必皆具，如周及越，其先世次，并有奪佚。此與《管蔡世家》末節，疑并非史公之辭，乃舊史本有此語，而史公録之。然則滕、薛、騶弗論，江、黄、胡、沈之屬弗著，亦皆非史公語矣。史公之作《史記》，於舊有之本紀、世家言，當無所棄取也。

《大宛列傳》："太史公曰：《禹本紀》言河出昆侖。昆侖，其高二千五百餘里，日月所相避隱爲光明也。其上有醴泉、瑶池。今自張騫使大夏之後也，窮河源，惡睹《本紀》所謂昆侖者乎？故言九州山川，《尚書》近之矣。至《禹本紀》、《山海經》所有怪物，余不敢言之也。"

案《山海經》，《漢書・藝文志》著録於形法家，蓋古度地居民之遺法，所謂大舉九州之勢，以立城郭宫舍者，非今之《山海經》。今之《山海經》，所載亦多古語，然其名爲《山海經》，事必較晚，或尚非劉歆所知。此篇論贊，斷非史公元文，然《禹本紀》則無害其爲古書；即謂其出較晚，其名亦必有所本，必非襲《太史公書》也。此亦本紀之名，太史公前已有之徵也。

《燕世家》云："孝王三年卒，子今王喜立。"可見作此世家者爲王喜時人。

原刊《齊魯學報》第二期，一九四一年七月出版

〔七四八〕　史記於衆所習知之事皆弗論

《史記・管晏列傳》："太史公曰：吾讀管氏《牧民》、《山高》、《乘馬》、《輕重》、《九府》，及《晏子春秋》，詳哉其言之也。既見其著書，欲觀其行事，故次其傳。至其書，世多有之，是以不論，論其軼事。"《老莊申韓列傳》曰："申子、韓子，皆著書傳於後世，學者多有。余獨悲韓

子爲《説難》而不能自脱耳。"篇中獨頗載《説難》之辭，餘皆不及焉。《司馬穰苴列傳》曰："世既多《司馬兵法》，以故不論，著穰苴之列傳焉。"《孫子吴起列傳》："太史公曰：世俗所稱師旅，皆道《孫子十三篇》、吴起《兵法》，世多有，故弗論，論其行事所施設者。"《商君列傳》："太史公曰：余嘗讀商君開塞、耕戰書，與其人行事相類。"傳中亦不及其書，是書爲世所多有者，皆弗論也。《孟子荀卿列傳》曰："自如孟子至於吁子，世多有其書，故不論其傳云。""其傳云"上疑奪一"論"字。然《管晏傳贊》又曰："方晏子伏莊公尸，哭之成禮然後去，豈所謂見義不爲無勇者邪？至其諫説，犯君之顔，此所謂進思盡忠，退思補過者哉？"諫説犯君之言，庸或即在《晏子春秋》中，伏莊公尸哭之成禮，則真晏子之行事也，而傳中亦不之及。又《楚元王世家》："太史公曰：國之將興，必有禎祥，君子用而小人退；國之將亡，賢人隱，亂臣貴。使楚王戊毋刑申公，遵其言；趙任防與先生；豈有篡殺之謀，爲天下僇哉？"《索隱》云："此及《漢書》雖不見趙不用防與公，蓋當時猶知事跡，或別有所見，故太史公明引以結其贊。"然則行事之爲衆所習知者，史公亦多弗論也。《管晏列傳》云傳其軼事，蓋謂此也。此蓋古人著書，但求大意得，不以詳密爲貴；抑其時簡策繁重，縑帛賈貴，不如後世楮墨之便易，勢亦不得不然也。

原刊《齊魯學報》第二期，一九四一年七月出版

〔七四九〕　太史公書採戰國策

《史記·吕不韋傳》："吕不韋者，陽翟大賈人也。"《索隱》："《戰國策》以不韋爲濮陽人，又記其事跡，亦多與此傳不同。班固雖云太史公據《戰國策》，然爲此傳，當別有所聞見，故不全依彼説。或者劉向定《戰國策》時，以己異聞，改易彼書，遂令不與史遷記合也。"今案班固之論，蓋本於其父彪，然《漢書·司馬遷傳贊》，與《後漢書·彪傳》

所載彪之《略論》，顯有異同。《遷傳贊》曰："孔子因魯史記而作《春秋》。而左丘明論輯其本事以爲之傳。又纂異同爲《國語》。又有《世本》，録黄帝以來至春秋時帝王公侯卿大夫祖世所出。春秋之後，七國并争，秦兼諸侯，有《戰國策》。漢興伐秦定天下，有《楚漢春秋》。故司馬遷據《左氏》、《國語》，採《世本》、《戰國策》，述《楚漢春秋》，接其後事，訖於大漢。"《彪傳》所載彪《略論》則曰："唐虞三代，詩書所及，世有史官，以司典籍，暨於諸侯，國自有史，故《孟子》曰：楚之《檮杌》、晉之《乘》、魯之《春秋》，其事一也。定、哀之間，魯君子左丘明論集其文，作《左氏傳》三十篇。又撰異同，號曰《國語》，二十一篇。由是《乘》、《檮杌》之事遂闇，而《左氏》、《國語》獨章。又有記録黄帝以來至春秋時帝王公卿大夫，號曰《世本》，一十五篇。春秋之後，七國并争，秦并諸侯，則有《戰國策》三十三篇。漢興定天下，太中大夫陸賈記録時功，作《楚漢春秋》九篇。孝武之世，太史令司馬遷，採《左氏》、《國語》，删《世本》、《戰國策》，據楚、漢列國時事，上自黄帝，下訖獲麟，作本紀、世家、列傳、書、表，凡百三十篇，而十篇缺焉。"《傳贊》言《左氏》、《國語》、《世本》、《楚漢春秋》，皆無篇數；而《略論》有之。且《傳贊》亦不言《楚漢春秋》爲陸賈作；云"漢興伐秦定天下，有《楚漢春秋》"；云"述《楚漢春秋》，接其後事"：頗似"楚漢春秋"四字，爲秦、漢間紀事之書之總稱，而非專指一書言之者。然則其所謂採《戰國策》者，是否指後來三十三篇之《國策》言！亦自有可疑也。

裴駰《集解序》："班固有言曰：司馬遷據《左氏》、《國語》，採《世本》、《戰國策》。"《索隱》："《戰國策》，高誘云：六國時縱横之説也，一曰《短長書》，亦曰《國事》。劉向撰爲三十三篇，名曰《戰國策》，按此是班固取其後名而書之，非遷時已名《戰國策》。"案《戰國策》本縱横家言，後人視爲史籍，本屬非是。漢時爲縱横家言者，尚不乏人，其所傳，自不能與劉向所撰，絶無異同。且今之《戰國策》是否劉向所撰，亦有可疑。何也？以凡世所傳古書，有劉向之叙者，多不可信也。

古人著書,文辭非其所重,故其有所依據者,大抵直録前人之辭,不加更定。今《左氏》所載,事跡誠多與《史記》相同,辭句則皆大異。何史公於此,忽破成例乎?故謂今之《左氏》曾爲史公所見者必誣。即《世本》,世所傳者,亦未必盡與史公所據相合,以二者相校,其間亦有異同也。

〔七五〇〕 路　　史

太史公謂百家之言黄帝者,其文不雅馴,因之言五帝惟取古《繫世》及《尚書》家言。古説流傳,看似荒唐,中實苞含史實,因此而失傳者,蓋不知凡幾矣。後來緯候之作,雖妖妄不經,所苞古説仍甚多;設使不雜之以讖,由西漢人之手悉如其原狀而傳之,其有裨史學者必不少,亦可惜矣。然言古史,最爲後人所稱道者,莫如馬驌,實亦抱此等見解者也。惟《路史》最爲卓絶,所蒐異説極多;排比雖或失當,然考證論斷,多有特識,亦非規規於世俗之繩墨者,所能望其項背也。韋曜《洞紀》曰:"天地剖判,君世宰人,可得而言者:惟庖犧畫卦,神農作稼,黄帝輿服,最爲昭顯;其餘非書紀所述,難可紀焉。"《御覽皇王部一》知曜亦規規於世俗之繩墨而不敢取異説者。語曰:彼自有解,汝不解耳。惜乎世之知信其所解者甚多,肯寶其所不解者甚少也。

〔七五一〕 史家講書法之原

史家講書法,起於歐陽公之脩《五代史》,而大成於朱子之脩《綱目》;然其由來實甚早。《漢書・文帝紀》:十年,"將軍薄昭死。"《注》引鄭氏曰:"有罪,故言死。"後元年,"孝惠皇后張氏薨。"《注》引張晏曰:“后黨於吕氏,廢處北宫,故不曰崩。”姑無論作《漢書》者有此意與否,而注家則確已有借書法以爲褒貶之意矣。

〔七五二〕 六經皆史之蔽

章實齋六經皆史之説,特有鑒於作史之道宜然,借是以發之而已。必如近人託古改制之説,謂其明知古事之不然,而姑爲是言以自重,昔人誠未必然。然古事傳者麤略;昔人又有一崇古之成見,心所跂慕之境,誤會爲古實如是,則其事極易。此猶今人憤國事之不淑,動輒曰東西列强如何如何,列强果如所言乎? 無亦十九皆想象之聲乎! 然謂其有意欺人,固不可也;然遂以其所言者爲實然,則尤不可。且如古者文書簡易,而其時簡策繁重,文書欲不簡易,亦不可得。章氏乃謂周代掌故,皆六倍其文而庋之諸司,此豈近情理哉?《隋書・劉炫傳》: 牛弘問炫曰:“《周禮》士多而府史少,今令史百倍於前,判官減則不濟,其故何也?”炫答曰:“古人委任責成,歲終考其殿最,案不重校,文不繁悉,府史之任,掌要目而已。今之文簿,恒慮覆治,鍛鍊若其不密,萬里追證百年舊案,故諺曰‘老吏抱案死’。古今不同,若此之相懸也,事繁政弊,職此之由。”士多而府史少一語,足破古代文書繁重之惑。

《周書・高昌傳》,述其設官,頗爲委曲;而又曰:“其大事決之於王,小事則世子及二公(王子爲之)隨狀斷決,平章録記,事訖即除。籍書之外,無久掌之文桉。官人雖有列位,并無曹府,惟每旦集於牙門,評議衆事。”官無曹府,此古之明堂所以於政事無所不苞也;作《周官》者所據之國,固非高昌之比,然謂其能容更繁於後世之文書,得乎?

原刊一九四七年十一月五日
《東南日報》副刊“文史”

〔七五三〕 崔浩魏記

崔浩之死，非以史事，而浩書亦未嘗廢。見《崔浩論》條。然《李彪傳》，彪表求脩史，言“自成帝已來，至於太和，崔浩、高允，著述國書，編年序録，爲《春秋》之體，遺録時事，三無一存”。則高允所記，雖云續浩，而浩書之見刊落者，亦不少矣。此何故歟？《浩傳》言浩書“盡述國事，備而不典，而石銘顯在衢路，往來行者咸以爲言”。此語最可注意。野蠻部族，史事流傳，悉由十口，《魏書・序紀》謂其“世事遠近，人相傳授，如史官之記録”。《序紀》固矯誣之物，而拓跋先世事跡，有由故老相傳者，則必不誣。《奚斤傳》言：斤聰辯强識，善於談論，遠説先朝故事，雖未皆是，時有所得，聽者歎美焉。《北史・魏諸宗室傳》云：“（東陽王）丕聲氣高朗，博記國事，饗宴之際，恒居坐端，必抗音大言，叙列既往成敗”，皆其徵也。十口流傳，安有故書爲證，好奇愛博，過而存之，則所謂備而不典者矣。南北朝時，視史記爲褒貶所寓，欲以是榮其先世，其有過惡，引爲深玷，務求毁滅之者甚多。觀魏收作史，諸家子孫，陳訴不絶，雖齊文宣袒收，訴者反致獲罪，而仍不能止可知。然則當時於浩，多有不滿，致魏朝得借以爲浩罪狀者，其流謗之人可知也。然拓跋氏之史跡，因此而見刊落喪失者，必不少矣，豈不惜哉！

或云：崔光既志在覆魏，而又斤斤爲之存其史跡，何也？曰：史也者，天下之公，不徒非一人一家之私，抑亦非一部一族之私也。況我既見侮於魏矣，前車之覆，後車之鑒，可不詳魏之行事，以資我之鑒戒歟？盡力於魏之史記者，前有李彪，後有崔光。光之還領著作也，史言其年耆多務，疾病稍增，而自强不已，及疾甚，敕子侄等，猶以史功不成，殁有遺恨。臨殁，又言弟子鴻於肅宗，鴻即撰《十六國春秋》者也。其作《十六國春秋》也，史言其二世仕江左，故不録僭晉、劉、蕭之書。又恐識者責之,未敢出之於外。世宗聞其撰録,遣散騎常侍趙邕,詔其隨成者送呈。鴻以其書有與國初相涉,言多失體,且既未訖,迄不奏聞。後典起居注,乃妄載其表,謂謹以所訖者附臣邕呈奏云云。又云,鴻自正光以前,不敢顯行其書,自後,以其伯光貴重當朝,知時人未能發明其事,乃頗相傳讀,亦以光故,執事者遂不論之。子子元,永安中乃奏其父書。夫曰涉魏初者言多失體,則鴻之書必義正辭嚴,抑十六國事與魏相涉,因此與晉、宋相涉者,必也多存其真,而非如今《魏書》之矯誣諱飾。其亡也,實與崔浩之書所謂備而不典者,同其可惜矣。始祕其書,而正光已後,稍稍出之於外者,以其時魏政已亂,不暇更興文字之獄,亦非徒以光之庇之也。意雖疾魏,而猶妄言曾經呈奏者,蓋以如是,則可云其書曾經進御,而致攻擊之者,或以是而少息其心焉。永安之時,魏朝業幾不國,而子元猶欲奏其父書,則以時人率重金匱石室之藏,如是則其書易行也,凡欲以存史事而已,豈其有愛於魏歟?《魏書·自序》云:"世宗時,命邢巒追撰《高祖起居注》。書至太和十四年,又令崔鴻、王遵業補續焉。下訖肅宗,事甚委悉。"則鴻於魏史,亦曾竭力。以鴻之明於逆順,而其盡力於魏史如是,而光之心從可知,而浩之心亦從可知矣。豈其有愛於虜歟?

魏收撰《魏書》,時人稱爲穢史。其後北齊後主,曾於武平四年,詔史官更撰《魏書》,而其事未有成。隋文帝詔魏澹别成《魏史》,《隋書·澹傳》云"時稱簡正"。與其後煬帝又詔楊素更撰《魏書》,以素薨而止。事見《隋書·潘徽傳》,則澹之書必仍有不滿人意者在也。《北史·崔光傳》云:光子劼,常恨魏收書,欲更作編年紀。使其成之,必有足觀,而竟不能就,豈不重可惜歟?

原刊一九四七年七月二日《東南日報》

副刊"文史"第四十八期

〔七五四〕 吴均齊春秋

《梁書·文學·吴均傳》云:"均表求撰《齊春秋》,書成奏之,高祖以其書不實,使中書舍人劉之遴詰問數條,竟支離無對,敕付省焚之,坐免職。"《南史》云:"均將著史以自名,欲撰齊書,求借齊起居注及羣臣行狀,武帝不許,遂私撰《齊春秋》奏之。書稱帝爲齊明帝佐命,帝惡其實録,以其書不實,使中書舍人劉之遴詰問數十條,竟支離無對,敕付省焚之,坐免職。"《史通·古今正史》篇曰:均乞給起居注并羣臣行狀,有詔:"齊氏故事,布在流俗,聞見既多,可自搜訪也。"詔辭不容僞造,則《南史》之説是也。流俗傳説,往往能知事之内情,而於其外表則不能皆確,如時、月、日、地名、官名等是也。既靳起居注及羣臣行狀不與,而復以不實爲之罪,可謂巧於立説矣。

《南史·梁書·帝紀》云:"初,皇考(梁武帝蕭衍父順之)之薨,不得志,事見《齊魚復侯傳》。至是,鬱林失德,齊明帝作輔,將爲廢立計,帝欲助齊明,傾齊武之嗣,以雪心恥,齊明亦知之,每與帝謀。"此即所謂帝爲齊明佐命者也。復讎在當時,不徒不以爲諱,且以爲榮,梁武未必惡吴均之實録。然順之之殺魚復侯,亦本非美事,《齊書》亦不著其事。梁武蓋爲其父諱,故不欲著其實也。然均書竟不能絶,亦何益耶?《梁書》、《南史》,叙均所著書,皆有《齊春秋》,《隋志》亦著録。《史通》云:其私本竟能與蕭氏所撰并傳於後,蓋所焚者特其進呈之本而已。善乎孟子之言之也,曰:"暴其民甚,則身弒國亡;不甚,則身危國削,名之曰幽、厲,雖孝子慈孫,百世不能改也。"天下之公,固終不容以一人一家之私掩也。

原刊一九四七年七月二日
《東南日報》副刊"文史"第四十八期

〔七五五〕 江淹齊史

《齊書・文學・檀超傳》云:"建元二年,初置史官,以超與江淹掌史職。超史功未就,卒官,江淹撰成之,猶不備也。"《南史》不云卒官。云徙交州,於路見殺,餘語同。《梁書・江淹傳》云:"凡所著述百餘篇,自撰爲前後集,并《齊史》十志,并行於世。"《南史》云:"淹任性文雅,不以著述在懷,所撰十三篇,竟無次序。"又云:"凡所著述,自撰爲前後集,并《齊史》傳志,并行於世。"《隋書・經籍志》史部正史類,梁有江淹《齊史》十三卷亡。《史通・古今正史》篇云:"淹始受詔著述,以爲史之所難,無出於志,故先著十志,以見其才。"云先著,後來當續有所撰。然則《隋志》之十三卷,當係十卷爲志,三卷爲傳也。

原刊一九四七年《東南日報》副刊"文史"第四十六期

〔七五六〕 沈約宋書

趙甌北《廿二史劄記》謂沈約《宋書》,多取徐爰舊本,舉其革易之際,爲宋諱者反甚於爲齊爲證,可謂卓識。然謂"約於永明五年奉敕,次年二月即告成,共紀、志、列傳一百卷,古來脩史,未有若此之速者。"則其説未審。《十七史商榷》云:"約表云:本紀、列傳,繕寫已畢,合志、表七十卷,臣今奏呈,所撰諸志,須成續上。今約書,紀十卷,傳六十卷,適七十卷,外有志三十卷而無表,與《梁書》本傳云著《宋書》百卷適合,則表中志表二字乃衍文。"其説是也。然期月而成紀傳七十卷,亦非仍舊貫不爲功矣。宋史始於何承天,草立紀傳,止於武帝功臣,所撰志惟天文、律歷,亦見約上書表。《宋書》元本,實大成於徐爰,《郡齋讀書志》謂約書以何承天書爲本,旁採徐爰之説,則大誤矣。

原刊一九四七年四月二日《東南日報》副刊"文史"

〔七五七〕 唐以前無斷代史

正史自班氏而降,皆斷代爲書,頗爲論者所訾議。然史之斷代,乃成於事之偶然;初未有人謂理當如是,此至唐世猶然也。何以言之?《史通·古今正史》篇云:"太宗以梁、陳及齊、周、隋氏,并未有書,乃命學士分脩,仍使祕書監魏徵總知其務,合爲《五代紀傳》,并目録凡二百五十二卷。書成,下於史閣。惟有十志,斷爲三十卷,尋擬續奏,未有其文。又詔左僕射于志寧、太史令李淳風、著作郎韋安仁、符璽郎李延壽同撰;其先撰史人,惟令狐德棻重預其事。太宗崩後,刊勒始成。其篇第雖編入《隋書》,其實别行,俗呼爲《五代史志》。"云"合爲《五代紀傳》",則梁、陳、齊、周、隋之史,未嘗各别爲書可知。五代既合爲一書,十志自無編入《隋書》之理。所謂"編入《隋書》"者,蓋篇第之偶誤。然篇第雖誤,而書仍别行,可見十志未與《隋書》合,亦即可證《隋書》未與《梁》、《陳》、《齊》、《周書》分也。《梁》、《陳》、《齊》、《周》、《隋》既合爲一;《宋》、《齊》、《魏》何緣獨分?李延壽作《南北史》,實合八代爲一編,延壽亦嘗與官脩,觀私書之體例,自可推見官書之本意。隋爲一統之世,可繼《宋》、《齊》、《梁》、《陳》、《魏》、《齊》、《周》之後;《晉》又何不可冠《宋》、《齊》、《梁》、《陳》、《魏》、《齊》、《周》之前?更自此而上推,曹魏以前之史,又何不可合而爲一?《南北史·序傳》,自言以擬《史記》,則其明徵矣。然當時史家,意雖主合,而後人仍以斷代視之者,則緣纂脩之時,實係各爲起訖,體例既不畫一,前後銜接之間,又不免複緟矛盾,未免離之兩美,合之兩傷耳。

繼《太史公書》之後，最有意於貫穿古今者，自當推梁武帝之《通史》。《史通》云："其書自秦以上，皆以《史記》爲本，而别採他説，以廣異聞。至兩漢以還，則全録當時紀傳，而上下通達，臭味相依。又吴、蜀二主皆入世家，五胡及拓跋氏列於《夷狄傳》。大抵其體皆如《史記》，所異者無表而已。""上下通達，臭味相依"，蓋謂其體例，去其複緟矛盾，必如是，乃覺血脈相貫，而可合爲一編也。"别採他説，以廣異聞"，意蓋主於求備，於《史記》如是，《漢書》已下自亦不至有所刊落。故梁武帝語蕭子顯，謂此書若成，衆史可廢。其無表者，蓋析其事以入紀傳，而非逕行芟削也。《齊書・檀超傳》：超掌史職，上表立條例，即謂封爵各詳本傳，無假年表。此書《梁書・本紀》云六百卷，《史通》云六百二十卷。《本紀》或以成數言之，《隋志》作四百八十卷，自係有所闕佚；然《梁書・吴均傳》言書起三皇迄齊代，而《隋志》云起三皇迄梁，則後人或就原書有所增益；《梁紀》卷數減於《史通》，亦不能斷爲係舉成數矣。以梁事續蕭齊，則又時人作史不主斷代之明徵也。《周書・明帝紀》言："帝集公卿以下有文學者八十餘人，於麟趾殿刊校經史，又捃采衆書，自羲、農以來，訖於魏末，叙爲世譜，凡五百卷。"《陳書・陸瓊傳》：瓊子從典，陳亡後入隋，楊素奏使續《史記》，迄於隋，其書未就。二書體例，蓋與梁武帝之《通史》同。元暉《科録》，《隋志》入之子部雜家，意蓋以爲類書；《史通》叙於《古今正史》之篇，則意亦以爲通史。《魏書・儒林・平恒傳》云："自周以降，暨於魏世，帝王傳代之由，貴臣升降之緒，皆撰録品第，商略是非，號曰《略注》，合百餘篇"，意亦似與《科録》相類。《隋志》云，雜史類："自後漢以來，學者多鈔撮舊史，自爲一書，或起自人皇，或斷之近代。"雖斷限有遠近之殊，取材有多寡之異，其意亦并主於通貫也。《宋書・江夏王義恭傳》：嘗撰《要記》五卷，起前漢，訖晉太元。所苞者廣，而卷帙甚少。《陳書・顧野王傳》：撰《通史要略》一百卷。則其卷帙頗巨矣。

原刊一九四七年天津《民國日報》副刊"史與地"

〔七五八〕 讀洞冥記

少讀《史記》，言李少君、欒大事，心嘗怪之，以爲其惑人之術何淺，而人亦何以竟爲所惑也。及讀《抱朴子・祛惑》篇，言古强自云曾見堯、舜、禹、湯、孔子，凡人皆信其言。及病死黄整家，整猶疑其化去。蔡誕自言爲老君守龍不謹，責付崑崙，崑崙去天不過數十丈，聞者亦多信之。項曼都自言乘龍升天，謁拜天帝，失儀見斥，河東因號爲斥仙人。稚川云："予昔數見雜散道士輩，走貴人之門，專令從者作爲空名，云其已四五百歲矣。人適問之年紀，佯不聞也，含笑俯仰，云八九十。須臾自言：我曾在華陰山斷穀五十年，復於嵩山少室四十年，復在泰山六十年，復與某人在箕山五十年，爲同人徧説所歷。正爾，欲令人計合之，已數百歲人也。"此其術真不可以欺孺子，而亦能令人煙起霧合。然後知恒人之所信，不過如此，文成、五利之能惑人，無足怪也。

稚川言古强"曾略涉書記，頗知故事"，此道家之書每多附會史事之由。其所附會，亦多淺陋可笑。予昔亦讀而疑之，今乃知其不足怪。其出之於口者如是，其筆之於書者，自亦不過如是也。其實《史記・封禪書》載公孫卿言黄帝事，即係如此，不過時代較早，且載諸正史，人不但不知其繆，且有援之以言古史者矣。

《洞冥記》載李充自言三百歲，孟岐年可七百歲。語及周初事，了然如目前。嘗侍周公升壇，以手摩成王足；周公與之玉笏。黄安懷荆讀書，畫地記數，日久地成池。坐一神龜，廣二尺。人問子坐此龜幾年矣？對曰：昔伏羲始造網罟，獲此龜，以授吾，吾坐龜背已平矣。此蟲畏日月之光，二千歲即一出頭，吾坐此龜，已見五出頭矣。皆古强之類也。

歐洲文字有陰陽性之别，雖無生命之物，無形體之事，亦莫不然。

予初聞怪之，繼而思之，古言干將、莫邪，以爲劍有雌雄，則歐人以無生命之物，亦有雌雄，亦不足怪也。蓋邃初之人，固不知生物與無生物之别也。《洞冥記》言漢武帝解鳴鴻之刀，以賜東方朔，朔曰：此刀黄帝採首山之銅鑄之，雄已飛去，雌者猶存，亦干將、莫邪之類也。

〔七五九〕 神 異 經

秦、漢間方士，多好求仙採藥於窮荒之地，故於域外地理，頗有所知。傳述既廣，即未嘗親歷者，亦摭拾其辭以欺世，故其書多荒怪之談。然輾轉傳譌，自有所本，理而董之，亦或可考見其朔也。

《神異經》云："東方荒外，有豫章焉。樹主一州。其高千丈，圍百丈，本上三百丈。本如有條枝，敷張如帳。上有玄狐黑猿。樹主人，爲南北列，并面向西南。有九力士，操斧伐之，以占九州吉凶。斫復，其州有福；遲者，州伯有病；積歲不復者，其州滅亡。"據此，豫章在古亦爲神木，與扶桑等同。

又云："荒外有大山，其中生不盡之木。晝夜火然。得暴風不猛，猛雨不滅。"又云："不盡木，火中有鼠，重千斤。毛長二尺餘，細如絲。恒居火中，洞赤。時時出外而毛白。以水逐而沃之，即死。取紡績其毛，織以爲布。用之若有垢涴，以火燒之則浄也。"又云："南荒之外有火山。晝夜火然。火中有鼠重百斤。毛長二尺餘，細如絲，可以作布。恒居火中，時時出外而白。以水逐而沃之，乃死。取其毛，緝織以爲布。"又云："東海之外，荒海中有山，焦炎而峙，高深莫測，蓋稟至陽之爲質也。海水激浪投其上，噏然而盡。計其晝夜，噏攝無極。若熬鼎，受其灑汗耳。"此皆因火山及火浣布而附會者也。《述異記》云："南方有災火山。四月生火，十二月火滅。火滅之後，草木皆生枝條。至火生，草木葉落，如中國寒時也。取此木以爲薪，然之不燼。以其皮績之，爲火浣布。"與《神異經》同一附會。

又云："南方山有邯㸐之林，其高百丈，圍三尺八寸。促節多汁，甜如蜜。咋嚙其汁,令人潤澤。可以節蚘蟲。人腹中蚘蟲,其狀如蚓,此消穀蟲也;多則傷人,少則穀不消。是甘蔗能滅多益少。凡蔗亦然。"觀此,則中國人早知有蔗,特未能製以爲餳耳。邯𧃡,舊刻下注甘蔗二字,邯爲借字,𧃡則特造之字也。

又云:"北方荒中有石湖,方千里,岸深五丈餘,恒冰,惟夏至左右五六十日解耳。有横公魚,長七八尺,形如鯉而目赤。晝在湖中,夜化爲人。刺之不入,煮之不死。以烏梅二枚煮之則熟。食之可止邪病。"此似今西伯利亞之湖。

原刊《齊魯學報》第二期,一九四一年七月出版

〔七六〇〕 博 物 志

古人多有隨意鈔録之作,此書亦其一也。其題署何人,全不足據。書亦絶無體例,蓋鄉曲陋儒之所爲。古類書弘博者甚多,皆不傳,而此等書獨有傳於後者,卷帙少則迻録易;且不知體例之人所爲,正爲不知體例之人所悦。通知著述體例之士少,不知著述體例之人多,而此等書遂傳之寖廣,不易湮滅矣。

然其爲物既古,則作者雖陋,而仍時有可採。以其與他古籍間有異同,足資參證,又或足補他書之所不備也。如云:"泰山,一曰天孫,言爲天帝孫也。主召人魂魄。東方萬物始成,知人生命之長短。"案《後漢書·烏桓傳》曰:"俗貴兵死,斂尸以棺,有哭泣之哀;至葬,則歌舞相送。肥養一犬,以彩繩纓牽,并取死者所乘馬衣物,皆燒而送之,言以屬累犬,使護死者神靈歸赤山。赤山,在遼東西北數千里。如中國人死者魂神歸岱山也。"《注》即引此書爲説。又《風俗通義》云:"俗説岱宗上有金篋玉策,能知人年壽脩短。武帝探策得十八,因讀曰八十,其後果用耆長。"泰山知人生死,其説蓋甚古,傳於今者鮮矣,賴有此書及《後漢書》、《風俗通》,可以相證也。又云:"太行北去,不知山

所限極，亦如東海，不知所窮盡也。漠北廣遠，中國人鮮有至北海者。漢使票騎將軍霍去病北伐單于，至瀚海而還，有北海明矣。”可見古人於北方地理，甚爲茫昧也。

古書述事多荒誕，然細加推勘，皆可知其致誤之由，雖荒誕，非虚搆也；然其或見信或不見信，則仍視其傳之之書。此書云：“有一國，在海中，純女無男。又説得一布衣，從海浮出，其身如中國人衣，兩袖長二丈。又得一破船，隨波出在海岸邊。有一人，項中復有面，生得，與語不相通，不食而死。其地皆在沃沮東大海中。”此事亦見《三國志・東夷傳》，蓋當時傳聞，實有此辭，抑且有事實爲據，非虚搆也，然使不見《國志》，惟載是書，人亦將視爲東野人之語矣。

又云：“禹平天下，會諸侯會稽之野，防風氏後到，殺之。夏德之盛，二龍降之。禹使范成光御之行域外，既周而還。至南海，經防風。防風氏之二臣，以塗山之戮，見禹便怒而射之。迅風雷雨，二龍升去。二臣恐，以刃自貫其心而死。禹哀之，乃拔其刃，療以不死之藥，是爲穿胸民。”又云：“交趾民，在穿胸東。”説雖荒誕，然防風之族，及其所在，藉可推測。穿胸蓋文身之民，刻畫其胸以爲飾也。

又云：“荆州極西南界至蜀，諸民曰獠子。婦人妊娠，七月而産。臨水生兒，便置水中，浮則取養之，沈便棄之。然千百多浮。既長，皆拔去上齒牙各一，以爲身飾。”獠人能没水捕魚，觀此，可知其習之之夙矣。

又云：“交州夷名曰俚子。俚子弓長數尺，箭長(尺)餘，以燋銅爲鏑，塗毒藥於鏑鋒，中人即死。不時斂藏，即膨張沸爛，須臾燋煎都盡，惟骨耳。”説似過甚，然夷人有毒矢，則必不誣也。《後漢書・南蠻傳》：建武十二年，九真徼外蠻里張游，率種人慕化内屬，封爲歸漢里君。注：“里，蠻之别號，今呼爲俚人。”知俚之稱，實起於交域也。《志》又言：“西方之人高鼻深目，多毛。南方之人大口。”西方人蓋白種，南方人則馬來族，固皆實録也。

古人本好附會，不求其實。此等短書，其荒陋，自更出於意計之外，然其附會之由，亦間有可考者。如云："堯以天下讓於虞，三苗之君非之，帝殺有苗；有苗之民，浮入南海，爲三苗國。"案鄭注《甫刑》，以苗民爲貶辭，其説蓋是。然高注《淮南子》，已别列一説，謂竄三苗國民於三危矣。郭注《山海經》亦云："堯以天下讓舜，三苗之君非之，帝殺之，有苗之民，叛入南海，爲三苗國。"與《博物志》同，蓋因民字而附會。《志》又言："漢武帝時，弱水西國，有人乘毛車渡弱水來獻。"蓋因弱字而附會也。又云："齊桓公與管仲自敦煌西涉流沙。沙石千餘里，無水。時則有沃流處，人莫能知。皆乘橐駞，橐駞知水脈，遇其處，輒停，以足蹋地。人於其蹋處闕之，輒得水。"此釋流沙，其荒甚矣，然古文家以居延澤當之，庸愈乎？

最可笑者，謂魏武帝伐冒頓，遇物如狸，能殺師子，竟不知冒頓在漢初也。此等處幸而傳者亦皆淺陋，故能存其真，否則一經校改，轉無由知其本不可信矣。

《志》云："《周書》曰：西域獻火浣布，昆吾氏獻切玉刀。火浣布汙則燒之，則潔。刀切玉如臈。布，漢世有獻者，刀則未聞。"此所云《周書》，未知爲何書。《志》又曰："《莊子》曰：地三年種蜀黍，其後七年多蛇。"案《釋文》謂《莊子》"言多詭誕，或似《山海經》，或類占夢書，故注者以意去取。其内篇衆家并同，自餘或有外而無雜。惟郭子玄所注，特會莊生之旨，故爲世所貴"。《莊子》五十二篇，今本惟三十三篇，蓋非其全。此所引蓋在逸篇中。然則其云《周書》，亦必有據也。

《志》云："《老子》云：萬民皆附西王母，惟王、聖人、真人、仙人、道人之命，上屬九天君耳。"此方士壽命之説。又云："《神仙傳》曰：食者，百病妖邪之所鍾。"又曰："所食逾少，心愈開，(年)愈益。所食愈多，心愈塞，年愈損。"此方士攝養之方。其言壽命，妖妄不經；言攝養，頗有至理也。

《志》云："舊説云：天河與海通。近世有人居海渚者，年年八月，有浮槎，去來不失期。人有奇志，立飛閣於槎上，多齎糧，乘槎而去。十餘日中，猶觀日月星辰，自後茫茫忽忽，亦不覺晝夜。去十餘日，奄至一處，有城郭狀，屋舍甚嚴。遥望宫中，多織婦。見一丈夫，牽牛渚次飲之。牽牛人乃驚問曰：何由至此？此人具説來意，并問此是何處，答曰：君還至蜀郡，問嚴君平，則知之。竟不上岸。因還，如期。後至蜀問君平。曰：某年月日，有客星犯牽牛宿。計年月，正是此人到天河時也。"觀此，知古人謂水與天接。

《志》云："人有山行墮深澗者，無出路，饑餓欲死。左右見龜蛇甚多，朝暮引頸向東方。人因伏地學之，遂不餓。體殊輕便，能登巖岸。經數年後，竦身舉臂，遂超山澗上，即得還家。顏色悦懌，頗更黠慧勝故。還食穀，啖滋味，百餘日中，復本質。"案人不火食，即身輕能超越，野史中數見之。清末，似係光緒三十三年丁未。《時報》尚載有瑞典、那威人如此，蓋非虚語。人不食不能生，此人或亦以不火食而身輕；學龜蛇呼吸，則方士附會之辭也。

語有傳之甚久者。余小時，先母嘗語予曰："行霧中必飽食，飲酒尤佳。昔有三人，曉行遇霧，一無恙，一病，一死。無恙者飲酒，病者飽食，死者空腹。"先母云聞諸故老，不云見於書史也。余後讀方書見之，亦不云説有所本。然是書已載之。

《志》云："人藉帶眠則夢蛇。"與今心理學家之説合。

《志》云："燒白石作白灰，既訖，積著地，經日俱冷，遇雨及水澆，即便然，煙焰起。"此事今人無不知之者矣，然此書鄭重而道之，以爲戲術，可見其時知者尚少，更無論資以爲用也。

《志》云："居無近絶溪羣冢，狐蟲之所近，此則死氣陰匿之處也。"其説無稽。然絶溪羣冢，易以致疾，而非尊生者之所居，則實矣。又云："山居之民，多癭腫疾，由於飲泉之不流者，今荆南諸山郡多此疾。瘇由踐土之無鹵者，今江外諸山縣，偏多此病。"言醫理未然，然言何地多何病，亦足備醫史之甄采也。

原刊《齊魯學報》第二期，一九四一年七月出版

〔七六一〕 拾遺記

此書爲道家之書，其附會之跡，顯然可見，然亦有間存古説者。

《記》云："帝嚳之妃，鄒屠氏之女也。軒轅去蚩尤之凶，遷其民善者於鄒屠之地，遷惡者於有北之鄉。其先以地命族，後分爲鄒氏、屠氏。女行不踐地，常履風雲，游於伊洛。帝乃期焉，納以爲妃。"案顓頊取於蜀山氏，爲蚩尤之族，予别有考。今觀此説，則帝嚳亦取於蚩尤，無怪秦、楚等南方之族，皆以帝嚳爲祖也。

《記》云："堯命夏鯀治水，九載無績。鯀自沈於羽淵，化爲玄魚，時揚鬚振鱗，横脩波之上；見者謂爲河精。羽淵與河、海通源也。海民於羽山之中，脩立鯀廟，四時以致祭祀。常見玄魚與蛟龍，跳躍而出，觀者驚而畏矣。鯀之靈化，其事互説。神變猶一，而色狀不同。玄魚黄熊，四音相亂。傳寫流文，鯀字或魚邊玄也。羣疑衆説，并略記焉。"案以鯀化爲玄魚，似據字形傅會。然《尚書》亦言禹錫玄圭，何爲而必錫玄圭乎？殷起東南，而契稱玄王；鯀、禹治水，亦在東南，而鯀化玄魚，禹錫玄圭。又古東南之族稱黎，黎即黑也。夏后氏尚黑，大事斂用日昏，戎事乘驪，牲用玄。然則古東南之族，殆以黑爲徽號，而殷人尚白，乃其遷殷後事，封商時初不然也。

《記》云："禹鑿龍關之山，亦謂之龍門。至一空巖，深數十里，幽暗不可復行，禹乃負火而進。有獸，狀如豕，銜夜明之珠，其光如燭。又有青犬，行吠於前。禹計可十里，迷於晝夜。既覺，漸明，見向來豕犬，變爲人形，皆著玄衣。又見一神，蛇身人面。禹因與語，神即示禹八卦之圖，列於金板之上。又有八神侍側。禹曰：華胥生聖子，是汝邪？答曰：華胥是九河神女，以生余也。乃探玉簡授禹，長一尺二寸，以合十二時之數，使量度天地。禹即執持此簡，以平水土。蛇身之神，即羲皇也。"此説亦以豕犬之神爲玄衣，又以華胥爲九河神女，以羲皇爲蛇身,并足見吾族起於江海之會。

《記》云:"(周)昭王二十四年,塗脩國獻青鳳、丹鵲,各一雌一雄。孟夏之時,鳳、鵲皆脱易毛羽,聚鵲翅以爲扇,緝鳳羽以飾車蓋也。扇:一名遊飄,二名條翮,三名虧光,四名仄影。時東甌獻二女:一名延娟,二名延娛。使二人更摇此扇,侍於王側,輕風四散,泠然自涼。此二人,辯口麗辭,巧善歌笑;步塵上無跡,行日中無影。及昭王淪於漢水,二女與王乘舟,夾擁王身,同溺於水。故江漢之人,到今思之,立祀於江湄。數十年間,人於江漢之上,猶見王與二女,乘舟戲於水際。至暮春上巳之日,禊集祠間,或以時鮮甘味,采蘭杜苞裹,以沈水中,或結五色紗囊盛食,或用金鐵之器,并沈水中,以驚蛟龍水蟲,使畏之,不侵此食也。"此與帝之二女傳説相涉,所沈之食,又與角黍相類也。

《記》云:燕昭王九年,"思諸神異。有谷將子,學道之人也,言於王曰:西王母將來遊,必語虚無之術。不踰一年,王母果至,與昭王遊於燧林之下,説炎帝鑽火之術。"又云:"秦始皇好神仙之事。有宛渠之民,乘螺舟而至。舟形似螺,沈行海底,而水不浸入,一名淪波舟。其國人長十丈,編鳥獸之毛以蔽形。始皇與之語,及天地初開之時,了如親覩。曰:臣少時,躡虚卻行,日遊萬里。及其老朽也,坐見天地之外事。臣國在咸池,日没之所,九萬里,以萬歲爲一日。俗多陰霧,遇其晴日,則天豁然雲裂,耿若江漢,則有玄龍、黑鳳,翻翔而下。及夜,燃石以繼日光。此石出燃山,其土石皆自光澈,叩之則碎,狀如粟,一粒輝映一堂。昔炎帝始變生食,用此火也。"古書皆以爲燧人鑽木取火,此獨以爲炎帝,顧名思義亦通,蓋亦有所本。

《記》云:"(漢)孝惠帝二年,四方咸稱車書同文軌,天下太平,干戈偃息,遠國殊鄉,重譯來貢。時有道士,姓韓,名稚,則韓終之胤也,越海而來,云是東海神使,聞聖德洽乎區宇,故悦服而來庭。時有東極,出扶桑之外,有泥離之國來朝。其人長四尺,兩角如蠒,牙出於脣,自乳以來,有靈毛自蔽,居於深穴,其壽不可測也。帝云方士韓稚，解絶國人言。令問人壽幾何？經見幾代之事？答曰：五運相承，迭生迭死，如飛塵細雨，存歿不可論算。問女媧以前可聞乎？對曰：蛇身已上，八風均，四時序，不以威悦，攬乎精運。又問燧人以前，答曰：自鑽火變腥以來，父老而慈，子壽而孝。自軒皇以來，屑屑焉以相誅滅，浮靡囂動，淫於禮，亂於樂，世德澆譌，淳風墜矣。”此以燧人爲變腥，與前説異，蓋各有所本。以女媧爲蛇身，亦舊説也。

《記》云：“晉太始元年，魏帝爲陳留王之歲，有頻斯國人來朝，以五色玉爲衣，如今之鎧。其使不食中國滋味，自齎金壺，壺中有漿，凝如脂，嘗一滴則壽千歲。其國有大楓木，成林，高六七十里，善算者以里計之，雷電常出樹之半。其枝交蔭於上，蔽不見日月之光，其下平净掃灑，雨霧不能入焉。樹東有大石室，可容萬人坐，壁上刻爲三皇之像，天皇十三頭，地皇十一頭，人皇九頭，皆龍身。亦有膏燭之處，緝石爲牀，牀上有膝痕，深三寸。牀前有竹簡，長尺二寸，書大篆之文，皆言開闢以來事，人莫能識。或言伏羲畫卦之時有此書，或言是蒼頡造書之處。傍有丹石井，非人之所鑿，下及漏泉，水常沸湧，諸仙欲飲之時，以長綆引汲也。”此言三皇，襲緯書之文，云皆龍身，亦依附舊説。

《記》云：“石季倫愛婢名翔風，魏末於胡中得之，年始十歲，使房内養之；至十五，無有比其容貌。特以姿態見美，妙别玉聲，巧觀金色。石氏之富，方比王家，驕侈當世，珍寶奇異，視如瓦礫，積如糞土，皆殊方異國所得，莫有辨識其出處者。乃使翔風别其聲色，悉知其處。”是時胡人來者多賈客，所市率珍異之物，觀此等傳説，實隱見當時西域商業情形也。

《記》云：“瀛洲，一名魂洲，亦曰環洲。東有淵洞，有魚，長千丈，色斑，鼻端有角，時鼓舞羣戲。遠望水間有五色雲，就視，乃此魚噴水爲雲，如慶雲之麗，無以加也。”此即今之鯨。可見説雖荒怪，自有所本。

此《記》附會，有極可笑者。如以鯀字亦作鮌，乃謂其化爲玄魚；

長安城北有司寒之館，則謂爲漢惠帝祠韓終之所，改其字爲祠韓；因人家元日，刻木鑄金或畫雞於牖上，乃以爲堯時秖支所獻重明之鳥；皆是也。其云："傅説賃爲赭衣者舂於深巖以自給，夢乘雲繞日而行，筮得利建侯之卦，歲餘，湯以玉帛聘爲阿衡。"則并誤傅説與伊尹爲一人矣，真可發一噱。

《山海經·海外南經》有岐舌國。郭《注》云："其人舌皆岐，或云支舌也。"郝《疏》云："支舌即岐舌。《爾雅·釋地》云：枳首蛇，即岐首蛇，岐一作枝，枝支古字通也。又支與反字形相近，《淮南·墜形訓》有反舌民。高誘《注》云：語不可知，而自相曉。又注《吕氏春秋·功名》篇云：一説南方有反舌國，舌本在前，末倒向喉，故曰反舌。是支舌，古本作反舌也。《藝文類聚》十七卷引此經作反舌國，其人反舌。《太平御覽》三百六十七卷亦引此經同，而云一曰交。案交蓋支字之譌也。二書所引經文作反舌，與古本正合。"案《類聚》、《御覽》皆出郭《注》後，不應二書不誤，而郭《注》反誤。今觀此《記》云："西方有因霄之國，人皆善嘯。丈夫嘯聞百里，婦人嘯聞五十里，如笙竽之音。秋冬則聲清亮，春夏則聲沈下。人舌尖處倒向喉内；亦曰兩舌重沓，以爪徐刮之，則嘯聲愈遠。故《吕氏春秋》云反舌殊鄉之國，即此謂也。"然則郭《注》所引者，即此等道士造作之説耳。

《記》又云："太初二年，大月氏國貢雙頭雞，四足一尾，鳴則俱鳴。武帝置於甘泉故館，更以餘雞混之，得其種類，而不能鳴。諫者曰：《詩》云：牝雞無晨。一云：牝雞之晨，惟家之索。今雄類不鳴，非吉祥也。帝乃送還西域。行至西關，雞反顧，望漢宫而哀鳴。故謡言曰：三七末世，雞不鳴，犬不吠，宫中荆棘亂相係，當有九虎争爲帝。至王莽簒位，將軍有九虎之號。其後喪亂彌多，宫掖中生蒿棘，家無雞鳴犬吠。"案牝雞無晨，牝雞之晨，惟家之索，見僞《古文尚書》，此書引之，而又誤《書》爲《詩》，方士之荒陋，固如是也，然其時代之晚，亦可見矣。

原刊《齊魯學報》第二期，一九四一年七月出版

〔七六二〕 述異記

此書雖亦小説之類,然中存古説頗多,較之輾轉改飾者,頗有區别。盤古古説,實賴此書以存,予别有考。今再略舉數事如下。

《記》云:"南海小虞山中有鬼母,能産天地。鬼一産十鬼,朝産之,暮食之。今蒼梧有鬼姑神是也。虎頭龍足,蟒目蛟眉。《注》:蟒虵目圓,蛟眉連生。今吴、越間防風廟土木作其形,龍首牛耳,連眉一目。"案虞山即吴山,此可證吴之名或原於南方。鬼母能産天地,則宇宙原始,實由女神,較之《山海經》以羲和、常儀爲帝俊之妻,其思想更古矣。朝生子而暮食之,其性質頗爲酷虐,野蠻人固多畏惡神也。抑此亦古之寓言,以釋萬物之生死者與?其形狀類龍虵,可見其説起於海濱。而吴、越間防風廟土木作其形,又可見吴、越與南越,民族關係頗切也。抑其所謂龍首牛耳者,牛耳或牛角之傳譌,則又與蚩尤有關係矣。見下。

《記》又云:"昔禹會塗山,執玉帛者萬國。防風氏後至,禹誅之。其長三丈;其骨,頭專車。今南中民有姓防風氏,即其後也,皆長大。越俗祭防風神,奏防風古樂,截竹長三尺,吹之如嘷,三人披髮而舞。"禹會諸侯,恐不能至越地。防風氏事,非禹後播遷南方者傳述而誤其地,則其人自與土著之越相争鬬,而傳諸禹也。然南方民有姓防風者,則可見防風氏之實有其國。抑"伏羲鱗身,女媧虵軀",見《魯靈光殿賦》。而傳亦謂爲風姓;又北方實有房國,房即防也;得毋始皆在南,後乃稍徙而北歟?《記》又云:"南康郡有君山,高秀重疊,有類臺榭,名曰女媧宫。"則女媧之傳説,固亦有在南方者矣。

《記》又云:"軒轅之初立也,有蚩尤氏,兄弟七十二人,銅頭鐵額,食鐵石。軒轅誅之於涿鹿之野。蚩尤能作雲霧。涿鹿,今在冀州,有蚩尤神,俗云人身牛蹄,四目六手。今冀州人掘地,得髑髏如銅鐵者,即蚩尤之骨也。今有蚩尤齒,長二寸,堅不可碎。秦、漢間説:蚩尤氏耳鬢如劍戟,頭有角;與軒轅鬬,以角觝人,人不能向。今冀州有樂名蚩尤戲,其民兩兩三三,頭戴牛角而相觝。漢造角觝戲,蓋其遺製也。”又云:“太原村落間祭蚩尤神,不用牛頭。今冀州有蚩尤川,即涿鹿之野。漢武時,太原有蚩尤神晝見,龜足蛇首,首疫,其俗遂爲立祠。”案銅頭鐵額,骨如銅鐵,皆因蚩尤造兵而傅會。古蓋以蚩尤之族,多力如牛,故涿鹿之戰,有教熊、羆、貔貅、貙、虎之説也。吴、越間防風廟鬼姑神,蓋亦牛首,故其像猶作牛耳;抑牛耳或亦牛角之譌也?角觝之戲盛於秦,秦爲飛廉後,固亦東南之族。《秦本紀》特記豐大特之神,亦可見其族之重牛矣。太原蚩尤神,龜足蛇首,則其族本起濱海之徵也。《易·繫辭傳疏》引《帝王世紀》:炎帝人身牛首。《海外北經》:共工之臣相柳氏。相柳之所抵,厥爲津谿,疑亦謂其牛首有角。

蒼頡,古説皆以爲帝王,無以爲黄帝史者,其廟碑云:“天生德於大聖,四目靈光,爲百王作憲。”《春秋元命苞》云:“倉頡四目,是謂并明。”《路史》言:廬陵縣化仁山舊祠,有倉頡像,四目龍袞。蓋亦傳之自古。而蚩尤俗傳亦云四目,則倉頡亦南方之族矣。然則中國文字,實始於南也。

《記》又云:“堯使鯀治洪水,不勝其任,遂誅鯀於羽山,化爲黄能,入於羽泉。今會稽祭禹廟不用熊,曰:黄能即黄熊也。陸居曰熊,水居曰能。昉按今江、淮中有鮁名熊。熊蛇之精,至冬化爲雉,至夏復爲蛇。今吴中不食雉,毒故也。”此可見鯀之傳説,亦與南方有關。《月令》言“爵入大水爲蛤”,知古謂飛潛可以相化,龍特其尤神者耳。此亦水濱之民之思想也。堯使鯀治水時,蓋仍在東方,未遷西北。

《記》又云:“饒州,俗傳軒轅氏鑄鏡於湖邊。今有軒轅磨鏡石。石上常潔,不生蔓草。”案軒轅蹤跡,不得至饒州,然亦可見南方鑄冶之早。

《漢書·地理志》云:“粤地,牽牛婺女之分野也。今之蒼梧、鬱林、合浦、交阯、九真、南海、日南,皆粤分也。其君禹後,帝少康之庶子云,封於會稽。"臣瓚曰:"自交阯至會稽,七八千里。百粤雜處,各有種姓,不得盡云少康之後也。"案《漢書》之意,本指封於會稽者言之,臣瓚實誤駁。然會稽之越而外,其君固亦未必無禹後也。《述異記》云:"吴既滅越,棲句踐於會稽之上,地方千里。句踐得范蠡之謀,乃示民以耕桑。延四方之士,作臺於外,而館賢士。今會稽山有越王臺。今交州麻林,一名紵林,句踐種麻,將以弦弓。交州糠頭山,句踐貯米,於其上舂,積糠爲山。今會稽之上,有越王鑄劍洲、箭鏃洲。往往有得古箭鏃。"又云:"廣州東界,有大夫文種之墓。墓下有石,有華表柱,石鶴一隻。種即越王句踐之謀臣也。"又云:"洞庭湖中有釣洲。昔范蠡乘扁舟至此,遇風,止釣於洲上,刻石記焉。有一陂,陂中有范蠡魚。昔范蠡釣得大魚,烹食之,小者放於陂中。陂邊有范蠡石牀、石硯、鉆鏟。范蠡宅在湖中。"洞庭有范蠡遺跡,殊不足信。交、廣之域,秦、漢後始開闢,豈有能傅會句踐、文種者?然亦有其遺跡,則必會稽之越亡後,遺族濱於江南海上者,傳其先世之事跡而弗審其地,致有此誤也。

古人於植物多有迷信。其最顯而易見者爲桃。君臨臣喪,以巫祝桃茢執戈;桃弧棘矢,以共禦王事是也。羿死桃棓,蓋亦由是。《述異記》云:"南中有楓子鬼。楓木之老者爲人形,亦呼爲靈楓。"又云:"後漢季子長爲政,欲知囚情,以梧桐木爲之,象囚形。穿地爲坎,卧木囚於其中,祝之,罪正者不動,寃者木囚動出,時以爲精誠所應。子長時爲大理卿。"又云:"秦繆公時,陳倉人掘地得物,若羊非羊,似豬非豬。繆公道中逢二童子,曰:此名蝹,在地中,食死人腦。若以松柏穿其首,則死。故今種柏在墓上,以防其害也。"此皆謂草木自有精靈,蓋所謂物魅也。

《述異記》云:"袁紹在冀州時,滿市黄金,而無斗粟,餓者相食。人爲之語曰:虎豹之口,不如饑人。劉備在荆州時,粟與金同價。"又云:"永嘉之亂,洛中饑荒。懷帝遣人觀市,珠玉金銀,闐委市中,而無粟麥。袁宏表云:田畝由是丘虚,都市化爲珠玉是也。"又云:"漢末大饑,江淮間童謡云：太岳如市,人死如林。持金易粟,貴於黄金。”又云:“洛中童謡曰：雖有千黄金,無如我斗粟。斗粟自可飽,千金何所直?”觀此,知珠玉金銀,久爲市易所資,非徒以供玩飾矣。又云:“漢世古諺曰：雖有神藥,不如少年;雖有珠玉,不如金錢。”觀此,又知泉貨之早以金錢爲主也。

《唐書》云:“日本,古倭奴也。”又云:“後稍習夏音,惡倭名,更號日本。使者自言國近日所出,以爲名。或云：日本乃小國,爲倭所并,故冒其號,使者不以情,故疑焉。”《唐書》此語,繫咸亨元年遣使賀平高麗後,則自咸亨以前,猶以倭之名自通也。《述異記》云:“磅磄山,去扶桑五萬里,日所不及,其地甚寒。有桃樹,千圍,萬年一實。一説：日本國有金桃,其實重一斤。”一説之辭,必後人所附益矣。《記》又云:“大食王國在西海中。有一方石,石上多樹,幹赤葉青。枝上總生小兒,長六七寸。見人皆笑,動其手足。頭著樹枝,使摘一枝,小兒便死。”大食之名,亦非梁世所有也。

《記》又云:“殷紂時,大龜生毛而兔生角,是甲兵將興之兆。”龜毛兔角,古無此語,此必佛教入中國後附會之辭也。但任昉時已可有,不必後人竄亂耳。

原刊《齊魯學報》第二期,
一九四一年七月出版

附　《燕石札記》自序

予小時讀書即有札記，迄於今未廢，閱時既久，積稿頗多。每思改定，依經子史分爲三編，以就正於有道。皮骨奔走，卒卒寡閑。僅因友人主編雜志索稿，或學校生徒質問，發篋整理，間或成篇而已。念全書殺青無期，乃謀陸續刊佈，總名之曰燕石札記。俟積稿清釐略竟，然後分類編次焉。學問之道無窮，淺陋如予，所述寧足觀采。惟半生精力所在，不忍棄擲。千慮一得，冀或爲并世學人效土壤細流之助而已。儻蒙進而教之，俾愚夫不至終寶其燕石則所深幸也。二十五年十月六日，武進吕思勉自識。